中国人口普查
CHINA POPULATION CENSUS

2020

内蒙古自治区人口普查年鉴（第1册）

INNER MONGOLIA POPULATION CENSUS YEARBOOK 2020

(BOOK 1)

内蒙古自治区第七次全国人口普查领导小组办公室
内蒙古自治区统计局 编

Compiled by
Office of the Leading Group of Inner Mongolia Autonomous Region for the Seventh National Population Census
Inner Mongolia Autonomous Region Bureau of Statistics

U0884511

中国统计出版社
China Statistics Press

© 中国统计出版社有限公司 2022
版权所有。未经许可，本书的任何部分不得以任何方式在世界任何地区以任何文字翻印、拷贝、仿制或转载。

© 2022 China Statistics Press Co., Ltd.
All rights reserved. No part of the publication may be reproduced or transmitted in any form or by any means, electronic or mechanical, including photocopying, recording, or any information storage and retrieval system, without written permission from the publisher.

图书在版编目（CIP）数据

内蒙古自治区人口普查年鉴. 2020. 第 1 册 / 内蒙古自治区第七次全国人口普查领导小组办公室，内蒙古自治区统计局编. -- 北京 : 中国统计出版社, 2022.8
ISBN 978-7-5037-9860-3

Ⅰ. ①内… Ⅱ. ①内… ②内… Ⅲ. ①人口普查－统计资料－内蒙古－2020－年鉴 Ⅳ. ①C924.252.6-54

中国版本图书馆 CIP 数据核字(2022)第 127946 号

内蒙古自治区人口普查年鉴-2020（第 1 册）
Inner Mongolia Population Census Yearbook 2020 (Book 1)

作　　者/内蒙古自治区第七次全国人口普查领导小组办公室　内蒙古自治区统计局
责任编辑/张　洁
封面设计/李雪燕
出版发行/中国统计出版社有限公司
通信地址/北京市丰台区西三环南路甲 6 号　邮政编码/100073
发行电话/邮购（010）63376909　书店（010）68783171
网　　址/http://www.zgtjcbs.com/
印　　刷/内蒙古宏业包装印务有限公司
经　　销/新华书店
开　　本/880mm×1230mm　1/16
字　　数/1680 千字
印　　张/52.5
版　　别/2022 年 8 月第 1 版
版　　次/2022 年 8 月第 1 次印刷
定　　价/1080.00 元（全五册附光盘）

版权所有，侵权必究。
如有印装差错，请与发行部联系退换。本书附 CD-ROM 一张，如有差异，以图书内容为准。

《内蒙古自治区人口普查年鉴—2020》
编辑委员会

主　　编：潘志峰

副 主 编：田新茹　静永波　汪传敬　夏荣华　史润林

编　　委：（以姓氏笔画为序）

王　利　王艳伟　白　菲　吕　强　杜文杰

李　茂　张春燕　陈剑明　春　英　崔京英

康　静　靳文利

编辑部主任：张建华

执 行 编 辑：石云峰

编 辑 人 员：（以姓氏笔画为序）

王　琳　李　亮　汪欣宇　张　娜　阿斯雅

陈　婧　吴红霞　屈　峰　郝建航　姜　涛

郭　炜

编 辑 说 明

在以习近平同志为核心的党中央坚强领导下，在自治区党委、政府的高度重视下，按照国务院第七次全国人口普查领导小组统一部署，全区各级人民政府和各有关部门精心组织、协同推进，全体普查人员艰苦努力、无私奉献，千万普查对象共同参与、积极配合，内蒙古自治区第七次全国人口普查取得了圆满成功，获得了丰富详实的资料。为了满足社会各界的需要，现将汇总的数据资料编辑出版。

为便于读者使用本资料，现将有关情况说明如下:

一、普查对象和标准时点

第七次全国人口普查的普查对象指普查标准时点在中华人民共和国境内的自然人以及在中华人民共和国境外但未定居的中国公民，不包括在中华人民共和国境内短期停留的境外人员。普查标准时点为 2020 年 11 月 1 日零时。

二、普查表式

第七次全国人口普查采用长、短两种普查表。普查短表包括反映人口基本状况的项目，由全部住户（不包括港澳台居民和外籍人员）填报；普查长表包括所有短表项目和人口的经济活动、婚姻生育和住房等情况的项目，在全部住户中抽取 10%的户（不包括港澳台居民和外籍人员）填报。

三、资料主要内容

本资料分为三部分。第一部分是全部人口数据，主要反映人口的基本状况，分为八卷，共 196 张表；第二部分是普查长表数据，主要反映人口的各种结构情况，分为九卷，共 218 张表；第三部分是附录，主要是普查的有关规定和技术文件等。

四、数据汇总口径及推算说明

本资料是普查实际登记直接汇总的数据，资料中各项指标的汇总结果未做任何误差校正，读者在使用时应考虑不同指标登记误差因素的影响。

由于普查长表是按户抽样并进行登记，因此人口总数以及各种人口结构数据的抽样比会存在略微差异，请读者使用本资料推算总体时，对采用的方法予以注意。

五、城乡划分规定

本次人口普查关于城乡的划分，按照国家统计局《统计上划分城乡的规定》执行。

六、其他

本资料中部分相对数由于单位取舍问题而产生的计算误差，均未做机械调整。本资料中空项表示无数字或数字很小。

编辑说明

目　　录

第 1 册

第一部分　全部数据资料

第一卷　概要

第三卷 年龄

第四卷 教育

第 2 册

第一部分　全部数据资料(续)

第五卷　家庭

第六卷　死亡

第七卷 户口登记状况

第 3 册

第二部分　长表数据资料

第一卷　概要

第二卷　民族

第三卷　教育

第五卷 婚姻

第六卷 生育

第 5 册

第二部分 长表数据资料(续)

第七卷 迁移和户口登记地

第八卷 老年人口

第九卷 住房

第三部分　附　录

第一部分　全部数据资料

第一卷　概要

1-1　各地区户数、

地　　区	户　　数						
				合　　计			
	合计	家庭户	集体户	合计	男	女	性别比（女=100）
内蒙古	**9974153**	**9483957**	**490196**	**24049155**	**12275274**	**11773881**	**104.26**
呼和浩特市	**1421675**	**1314910**	**106765**	**3446100**	**1740118**	**1705982**	**102.00**
新城区	273494	248937	24557	699672	350844	348828	100.58
回民区	175170	161946	13224	436042	216071	219971	98.23
玉泉区	214667	200817	13850	524573	265083	259490	102.16
赛罕区	359506	324884	34622	885321	443731	441590	100.48
土默特左旗	120008	115723	4285	263131	135515	127616	106.19
托克托县	72528	70071	2457	166192	86070	80122	107.42
和林格尔县	68138	61912	6226	162476	81960	80516	101.79
清水河县	37437	36612	825	76674	40042	36632	109.31
武川县	46761	45743	1018	95869	49751	46118	107.88
呼和浩特经济技术开发区	53966	48265	5701	136150	71051	65099	109.14
包头市	**1158569**	**1099919**	**58650**	**2709378**	**1373718**	**1335660**	**102.85**
东河区	208412	199814	8598	484218	242557	241661	100.37
昆都仑区	328363	311599	16764	787681	396182	391499	101.20
青山区	221543	207270	14273	535128	265736	269392	98.64
石拐区	12177	11061	1116	24745	13661	11084	123.25
白云鄂博矿区	10485	9616	869	22681	12359	10322	119.73
九原区	99176	91782	7394	245190	129253	115937	111.49
土默特右旗	108715	105155	3560	237421	122257	115164	106.16
固阳县	57673	55954	1719	118624	62444	56180	111.15
达尔罕茂明安联合旗	34328	33158	1170	69563	36203	33360	108.52
包头稀土高新技术产业开发区	77697	74510	3187	184127	93066	91061	102.20
乌海市	**239799**	**223131**	**16668**	**556621**	**291044**	**265577**	**109.59**
海勃湾区	141746	132847	8899	339155	173881	165274	105.21
海南区	43788	39898	3890	94770	52361	42409	123.47
乌达区	54265	50386	3879	122696	64802	57894	111.93
赤峰市	**1588349**	**1543099**	**45250**	**4035967**	**2049636**	**1986331**	**103.19**
红山区	179513	168803	10710	469079	234928	234151	100.33
元宝山区	115983	112695	3288	284990	143355	141635	101.21
松山区	262933	252084	10849	706312	361387	344925	104.77
阿鲁科尔沁旗	101916	99901	2015	240360	121361	118999	101.98
巴林左旗	122382	120322	2060	277522	139927	137595	101.69
巴林右旗	62988	61402	1586	155027	78085	76942	101.49
林西县	81105	79357	1748	186663	93872	92791	101.16
克什克腾旗	79527	76870	2657	186143	95093	91050	104.44
翁牛特旗	138047	135465	2582	333970	170380	163590	104.15
喀喇沁旗	99603	97897	1706	262792	134729	128063	105.21
宁城县	173354	169870	3484	484397	248592	235805	105.42
敖汉旗	170998	168433	2565	448712	227927	220785	103.23

人口数和性别比

单位：户、人

人口数								平均家庭户规模（人/户）
家庭户				集体户				
小计	男	女	性别比（女=100）	小计	男	女	性别比（女=100）	
22296184	**11229242**	**11066942**	**101.47**	**1752971**	**1046032**	**706939**	**147.97**	**2.35**
3018151	**1511392**	**1506759**	**100.31**	**427949**	**228726**	**199223**	**114.81**	**2.30**
586967	288854	298113	96.89	112705	61990	50715	122.23	2.36
381925	189925	192000	98.92	54117	26146	27971	93.48	2.36
471199	236508	234691	100.77	53374	28575	24799	115.23	2.35
750094	370132	379962	97.41	135227	73599	61628	119.42	2.31
246338	127354	118984	107.03	16793	8161	8632	94.54	2.13
158753	80958	77795	104.07	7439	5112	2327	219.68	2.27
138033	71228	66805	106.62	24443	10732	13711	78.27	2.23
74390	38486	35904	107.19	2284	1556	728	213.74	2.03
92922	48096	44826	107.29	2947	1655	1292	128.10	2.03
117530	59851	57679	103.77	18620	11200	7420	150.94	2.44
2494296	**1245153**	**1249143**	**99.68**	**215082**	**128565**	**86517**	**148.60**	**2.27**
452751	224316	228435	98.20	31467	18241	13226	137.92	2.27
728516	360706	367810	98.07	59165	35476	23689	149.76	2.34
476144	234172	241972	96.78	58984	31564	27420	115.11	2.30
21509	11531	9978	115.56	3236	2130	1106	192.59	1.94
20183	10477	9706	107.94	2498	1882	616	305.52	2.10
219564	111137	108427	102.50	25626	18116	7510	241.23	2.39
224033	114048	109985	103.69	13388	8209	5179	158.51	2.13
111661	58002	53659	108.09	6963	4442	2521	176.20	2.00
65608	33730	31878	105.81	3955	2473	1482	166.87	1.98
174327	87034	87293	99.70	9800	6032	3768	160.08	2.34
508503	**258459**	**250044**	**103.37**	**48118**	**32585**	**15533**	**209.78**	**2.28**
311042	156236	154806	100.92	28113	17645	10468	168.56	2.34
85322	45190	40132	112.60	9448	7171	2277	314.93	2.14
112139	57033	55106	103.50	10557	7769	2788	278.66	2.23
3864773	**1950832**	**1913941**	**101.93**	**171194**	**98804**	**72390**	**136.49**	**2.50**
425785	212268	213517	99.42	43294	22660	20634	109.82	2.52
275876	137417	138459	99.25	9114	5938	3176	186.96	2.45
663302	334716	328586	101.87	43010	26671	16339	163.24	2.63
233432	117490	115942	101.34	6928	3871	3057	126.63	2.34
269936	135700	134236	101.09	7586	4227	3359	125.84	2.24
149518	75016	74502	100.69	5509	3069	2440	125.78	2.44
180920	90613	90307	100.34	5743	3259	2484	131.20	2.28
178307	89874	88433	101.63	7836	5219	2617	199.43	2.32
324667	165280	159387	103.70	9303	5100	4203	121.34	2.40
255796	130628	125168	104.36	6996	4101	2895	141.66	2.61
469690	240144	229546	104.62	14707	8448	6259	134.97	2.76
437544	221686	215858	102.70	11168	6241	4927	126.67	2.60

1-1 续表 1

地区	户数			合计			
	合计	家庭户	集体户	合计	男	女	性别比(女=100)
通辽市	**1082835**	**1045667**	**37168**	**2873168**	**1449181**	**1423987**	**101.77**
科尔沁区	276865	262594	14271	718665	356823	361842	98.61
科尔沁左翼中旗	145880	143947	1933	399631	205226	194405	105.57
科尔沁左翼后旗	118925	116531	2394	321438	163374	158064	103.36
开鲁县	118163	115487	2676	313364	156472	156892	99.73
库伦旗	57720	56325	1395	151133	77239	73894	104.53
奈曼旗	132995	130472	2523	375312	189918	185394	102.44
扎鲁特旗	101421	98756	2665	251806	127345	124461	102.32
通辽经济技术开发区	75655	69227	6428	203143	100601	102542	98.11
霍林郭勒市	55211	52328	2883	138676	72183	66493	108.56
鄂尔多斯市	**880230**	**797496**	**82734**	**2153638**	**1154944**	**998694**	**115.65**
东胜区	221817	203073	18744	574242	296410	277832	106.69
康巴什区	42385	35226	7159	118796	60755	58041	104.68
达拉特旗	135835	131433	4402	328593	170287	158306	107.57
准格尔旗	153824	138438	15386	359184	197999	161185	122.84
鄂托克前旗	37275	33190	4085	92724	51486	41238	124.85
鄂托克旗	67657	59696	7961	162726	89601	73125	122.53
杭锦旗	48357	46505	1852	110824	57884	52940	109.34
乌审旗	68471	58520	9951	158566	91164	67402	135.25
伊金霍洛旗	104609	91415	13194	247983	139358	108625	128.29
呼伦贝尔市	**960372**	**918965**	**41407**	**2242875**	**1132938**	**1109937**	**102.07**
海拉尔区	155262	147231	8031	365012	179191	185821	96.43
扎赉诺尔区	39082	37656	1426	84424	42042	42382	99.20
阿荣旗	103344	100655	2689	257815	131314	126501	103.80
莫力达瓦达斡尔族自治旗	94075	91756	2319	228822	117053	111769	104.73
鄂伦春自治旗	76871	73099	3772	174023	88127	85896	102.60
鄂温克族自治旗	61000	57549	3451	141102	71088	70014	101.53
陈巴尔虎旗	21274	20002	1272	50556	26727	23829	112.16
新巴尔虎左旗	15362	14631	731	37007	18970	18037	105.17
新巴尔虎右旗	16103	14904	1199	38358	20732	17626	117.62
满洲里市	62650	59243	3407	150508	76282	74226	102.77
牙克石市	119652	114103	5549	256396	128132	128264	99.90
扎兰屯市	128841	123626	5215	318933	162036	156897	103.28
额尔古纳市	30726	29548	1178	68482	34925	33557	104.08
根河市	36130	34962	1168	71437	36319	35118	103.42
巴彦淖尔市	**677036**	**654451**	**22585**	**1538715**	**785739**	**752976**	**104.35**
临河区	246830	236835	9995	582206	293640	288566	101.76
五原县	99493	97988	1505	224809	114404	110405	103.62
磴口县	42313	40977	1336	90196	46253	43943	105.26
乌拉特前旗	116728	113773	2955	257826	132406	125420	105.57
乌拉特中旗	53782	51044	2738	112159	59688	52471	113.75
乌拉特后旗	24571	22249	2322	53946	29437	24509	120.11
杭锦后旗	93319	91585	1734	217573	109911	107662	102.09

单位：户、人

人口数								平均家庭户规模（人/户）
家庭户				集体户				
小计	男	女	性别比（女=100）	小计	男	女	性别比（女=100）	
2733362	**1375571**	**1357791**	**101.31**	**139806**	**73610**	**66196**	**111.20**	**2.61**
663591	328949	334642	98.30	55074	27874	27200	102.48	2.53
391577	201073	190504	105.55	8054	4153	3901	106.46	2.72
311873	158489	153384	103.33	9565	4885	4680	104.38	2.68
303231	150835	152396	98.98	10133	5637	4496	125.38	2.63
146504	74746	71758	104.16	4629	2493	2136	116.71	2.60
364948	184403	180545	102.14	10364	5515	4849	113.73	2.80
243516	122484	121032	101.20	8290	4861	3429	141.76	2.47
177903	88017	89886	97.92	25240	12584	12656	99.43	2.57
130219	66575	63644	104.61	8457	5608	2849	196.84	2.49
1902172	**969225**	**932947**	**103.89**	**251466**	**185719**	**65747**	**282.48**	**2.39**
513849	257769	256080	100.66	60393	38641	21752	177.64	2.53
93262	45351	47911	94.66	25534	15404	10130	152.06	2.65
309323	156750	152573	102.74	19270	13537	5733	236.12	2.35
317096	163553	153543	106.52	42088	34446	7642	450.75	2.29
79892	40726	39166	103.98	12832	10760	2072	519.31	2.41
139394	72024	67370	106.91	23332	17577	5755	305.42	2.34
102907	52143	50764	102.72	7917	5741	2176	263.83	2.21
135366	71746	63620	112.77	23200	19418	3782	513.43	2.31
211083	109163	101920	107.11	36900	30195	6705	450.34	2.31
2094233	**1049704**	**1044529**	**100.50**	**148642**	**83234**	**65408**	**127.25**	**2.28**
330875	162113	168762	96.06	34137	17078	17059	100.11	2.25
79474	39310	40164	97.87	4950	2732	2218	123.17	2.11
249224	126339	122885	102.81	8591	4975	3616	137.58	2.48
219882	112490	107392	104.75	8940	4563	4377	104.25	2.40
162039	81499	80540	101.19	11984	6628	5356	123.75	2.22
129213	64313	64900	99.10	11889	6775	5114	132.48	2.25
44967	23056	21911	105.23	5589	3671	1918	191.40	2.25
34111	17261	16850	102.44	2896	1709	1187	143.98	2.33
33224	16947	16277	104.12	5134	3785	1349	280.58	2.23
138460	69929	68531	102.04	12048	6353	5695	111.55	2.34
238009	117891	120118	98.15	18387	10241	8146	125.72	2.09
301495	151646	149849	101.20	17438	10390	7048	147.42	2.44
64751	32656	32095	101.75	3731	2269	1462	155.20	2.19
68509	34254	34255	100.00	2928	2065	863	239.28	1.96
1468425	**742107**	**726318**	**102.17**	**70290**	**43632**	**26658**	**163.67**	**2.24**
550440	276319	274121	100.80	31766	17321	14445	119.91	2.32
219519	111117	108402	102.50	5290	3287	2003	164.10	2.24
87029	44306	42723	103.71	3167	1947	1220	159.59	2.12
247518	124893	122625	101.85	10308	7513	2795	268.80	2.18
104827	54323	50504	107.56	7332	5365	1967	272.75	2.05
48198	24977	23221	107.56	5748	4460	1288	346.27	2.17
210894	106172	104722	101.38	6679	3739	2940	127.18	2.30

1-1 续表 2

地区	户数			合计			
	合计	家庭户	集体户	合计	男	女	性别比(女=100)
乌兰察布市	**822335**	**795202**	**27133**	**1706328**	**869837**	**836491**	**103.99**
集宁区	178427	165926	12501	425059	210058	215001	97.70
卓资县	45000	43839	1161	85648	45616	40032	113.95
化德县	48073	46535	1538	95273	48566	46707	103.98
商都县	87002	85501	1501	173926	87608	86318	101.49
兴和县	81508	80649	859	167881	85382	82499	103.49
凉城县	59870	58493	1377	119061	61873	57188	108.19
察哈尔右翼前旗	61232	58397	2835	125172	65629	59543	110.22
察哈尔右翼中旗	45542	44671	871	86108	45038	41070	109.66
察哈尔右翼后旗	53113	52424	689	103599	53025	50574	104.85
四子王旗	65878	64490	1388	129372	66428	62944	105.54
丰镇市	96690	94277	2413	195229	100614	94615	106.34
兴安盟	**554512**	**535843**	**18669**	**1416929**	**717239**	**699690**	**102.51**
乌兰浩特市	142375	133638	8737	356035	175183	180852	96.87
阿尔山市	14071	13433	638	32301	16695	15606	106.98
科尔沁右翼前旗	108216	105633	2583	285392	145912	139480	104.61
科尔沁右翼中旗	78631	76347	2284	207380	105637	101743	103.83
扎赉特旗	122423	120023	2400	315153	161734	153419	105.42
突泉县	88796	86769	2027	220668	112078	108590	103.21
锡林郭勒盟	**473840**	**450592**	**23248**	**1107075**	**571371**	**535704**	**106.66**
二连浩特市	31454	30172	1282	75794	38807	36987	104.92
锡林浩特市	140583	132075	8508	349953	176194	173759	101.40
阿巴嘎旗	16566	15481	1085	38589	20583	18006	114.31
苏尼特左旗	14808	14433	375	33643	18165	15478	117.36
苏尼特右旗	28916	27888	1028	62402	31910	30492	104.65
东乌珠穆沁旗	29285	27675	1610	70610	36659	33951	107.98
西乌珠穆沁旗	41532	36321	5211	99255	55077	44178	124.67
太仆寺旗	52537	51733	804	109370	56021	53349	105.01
镶黄旗	12150	11668	482	27399	14395	13004	110.70
正镶白旗	20733	20263	470	42950	22415	20535	109.16
正蓝旗	31656	30958	698	69908	35820	34088	105.08
多伦县	43505	42287	1218	103736	53068	50668	104.74
乌拉盖管委会	10115	9638	477	23466	12257	11209	109.35
阿拉善盟	**114601**	**104682**	**9919**	**262361**	**139509**	**122852**	**113.56**
阿拉善左旗	77348	72162	5186	176744	92388	84356	109.52
阿拉善右旗	10429	9705	724	22647	12047	10600	113.65
额济纳旗	16015	14163	1852	35756	18852	16904	111.52
内蒙古阿拉善经济开发区	10809	8652	2157	27214	16222	10992	147.58

单位：户、人

人口数								平均家庭户规模（人／户）
家庭户				集体户				
小计	男	女	性别比（女=100）	小计	男	女	性别比（女=100）	
1613705	**817854**	**795851**	**102.76**	**92623**	**51983**	**40640**	**127.91**	**2.03**
378761	186377	192384	96.88	46298	23681	22617	104.70	2.28
81016	42737	38279	111.65	4632	2879	1753	164.23	1.85
91020	45797	45223	101.27	4253	2769	1484	186.59	1.96
169358	85053	84305	100.89	4568	2555	2013	126.92	1.98
163190	82802	80388	103.00	4691	2580	2111	122.22	2.02
114910	59499	55411	107.38	4151	2374	1777	133.60	1.96
115612	59329	56283	105.41	9560	6300	3260	193.25	1.98
84307	44029	40278	109.31	1801	1009	792	127.40	1.89
101665	51862	49803	104.13	1934	1163	771	150.84	1.94
125570	64211	61359	104.65	3802	2217	1585	139.87	1.95
188296	96158	92138	104.36	6933	4456	2477	179.90	2.00
1336929	**671813**	**665116**	**101.01**	**80000**	**45426**	**34574**	**131.39**	**2.50**
319633	156238	163395	95.62	36402	18945	17457	108.52	2.39
29555	14827	14728	100.67	2746	1868	878	212.76	2.20
274400	139338	135062	103.17	10992	6574	4418	148.80	2.60
197824	100196	97628	102.63	9556	5441	4115	132.22	2.59
303892	154580	149312	103.53	11261	7154	4107	174.19	2.53
211625	106634	104991	101.56	9043	5444	3599	151.26	2.44
1028533	**519275**	**509258**	**101.97**	**78542**	**52096**	**26446**	**196.99**	**2.28**
71681	36300	35381	102.60	4113	2507	1606	156.10	2.38
317749	157167	160582	97.87	32204	19027	13177	144.40	2.41
34698	17756	16942	104.80	3891	2827	1064	265.70	2.24
32184	17043	15141	112.56	1459	1122	337	332.94	2.23
59535	30008	29527	101.63	2867	1902	965	197.10	2.13
66144	33737	32407	104.10	4466	2922	1544	189.25	2.39
84820	43397	41423	104.77	14435	11680	2755	423.96	2.34
105836	53778	52058	103.30	3534	2243	1291	173.74	2.05
25294	12697	12597	100.79	2105	1698	407	417.20	2.17
41283	21205	20078	105.61	1667	1210	457	264.77	2.04
67359	34313	33046	103.83	2549	1507	1042	144.63	2.18
99876	50595	49281	102.67	3860	2473	1387	178.30	2.36
22074	11279	10795	104.48	1392	978	414	236.23	2.29
233102	**117857**	**115245**	**102.27**	**29259**	**21652**	**7607**	**284.63**	**2.23**
161706	81552	80154	101.74	15038	10836	4202	257.88	2.24
20587	10442	10145	102.93	2060	1605	455	352.75	2.12
29976	14655	15321	95.65	5780	4197	1583	265.13	2.12
20833	11208	9625	116.45	6381	5014	1367	366.79	2.41

1-1a 各地区户数、

地区	户数			合计			
	合计	家庭户	集体户	合计	男	女	性别比(女=100)
内蒙古	**3836659**	**3586072**	**250587**	**9446419**	**4714495**	**4731924**	**99.63**
呼和浩特市	**894551**	**814754**	**79797**	**2232683**	**1109269**	**1123414**	**98.74**
新城区	240736	217919	22817	618831	308064	310767	99.13
回民区	168233	155400	12833	417448	205534	211914	96.99
玉泉区	190230	178084	12146	463142	232766	230376	101.04
赛罕区	295352	263351	32001	733262	362905	370357	97.99
包头市	**792189**	**749311**	**42878**	**1897779**	**949922**	**947857**	**100.22**
东河区	180958	172997	7961	421812	210335	211477	99.46
昆都仑区	315527	298947	16580	759714	381336	378378	100.78
青山区	212528	198640	13888	513596	254076	259520	97.90
石拐区	7135	6684	451	15424	8042	7382	108.94
白云鄂博矿区	10485	9616	869	22681	12359	10322	119.73
九原区	65556	62427	3129	164552	83774	80778	103.71
乌海市	**217523**	**204670**	**12853**	**513469**	**264201**	**249268**	**105.99**
海勃湾区	132456	125087	7369	318969	161480	157489	102.53
海南区	32120	30378	1742	74354	39417	34937	112.82
乌达区	52947	49205	3742	120146	63304	56842	111.37
赤峰市	**386013**	**365123**	**20890**	**1013670**	**508660**	**505010**	**100.72**
红山区	164771	154681	10090	429895	214436	215459	99.53
元宝山区	76968	74486	2482	187249	93085	94164	98.85
松山区	144274	135956	8318	396526	201139	195387	102.94
通辽市	**224773**	**209396**	**15377**	**563959**	**278630**	**285329**	**97.65**
科尔沁区	173298	160674	12624	434037	211087	222950	94.68
霍林郭勒市	51475	48722	2753	129922	67543	62379	108.28
鄂尔多斯市	**252755**	**230624**	**22131**	**668906**	**340010**	**328896**	**103.38**
东胜区	209959	195012	14947	549285	278818	270467	103.09
康巴什区	42385	35226	7159	118796	60755	58041	104.68
鄂托克旗	411	386	25	825	437	388	112.63
呼伦贝尔市	**406952**	**385928**	**21024**	**944115**	**465620**	**478495**	**97.31**
海拉尔区	149744	141877	7867	352991	172935	180056	96.05
扎赉诺尔区	36478	35216	1262	79325	39353	39972	98.45
满洲里市	60613	57312	3301	146348	74089	72259	102.53
牙克石市	62372	59071	3301	140369	68125	72244	94.30
扎兰屯市	58568	54531	4037	139934	68751	71183	96.58
额尔古纳市	18698	17888	810	43261	21552	21709	99.28
根河市	20479	20033	446	41887	20815	21072	98.78
巴彦淖尔市	**163917**	**157453**	**6464**	**399699**	**198840**	**200859**	**98.99**
临河区	163917	157453	6464	399699	198840	200859	98.99
乌兰察布市	**210185**	**198443**	**11742**	**493988**	**244276**	**249712**	**97.82**
集宁区	158363	147907	10456	380206	187601	192605	97.40
丰镇市	51822	50536	1286	113782	56675	57107	99.24
兴安盟	**128099**	**119519**	**8580**	**319866**	**156094**	**163772**	**95.31**
乌兰浩特市	120141	111928	8213	301730	146829	154901	94.79
阿尔山市	7958	7591	367	18136	9265	8871	104.44
锡林郭勒盟	**159702**	**150851**	**8851**	**398285**	**198973**	**199312**	**99.83**
二连浩特市	30207	29071	1136	73207	37238	35969	103.53
锡林浩特市	129495	121780	7715	325078	161735	163343	99.02

人口数和性别比(城市)

单位：户、人

人口数								平均家庭户规模(人/户)
家庭户				集体户				
小计	男	女	性别比(女=100)	小计	男	女	性别比(女=100)	
8500366	**4196041**	**4304325**	**97.48**	**946053**	**518454**	**427599**	**121.25**	**2.37**
1905682	**937126**	**968556**	**96.75**	**327001**	**172143**	**154858**	**111.16**	**2.34**
513780	250822	262958	95.38	105051	57242	47809	119.73	2.36
366279	181731	184548	98.47	51169	23803	27366	86.98	2.36
416424	207892	208532	99.69	46718	24874	21844	113.87	2.34
609199	296681	312518	94.93	124063	66224	57839	114.50	2.31
1737814	**858511**	**879303**	**97.64**	**159965**	**91411**	**68554**	**133.34**	**2.32**
392152	193156	198996	97.07	29660	17179	12481	137.64	2.27
701365	346546	354819	97.67	58349	34790	23559	147.67	2.35
456446	223954	232492	96.33	57150	30122	27028	111.45	2.30
13820	7150	6670	107.20	1604	892	712	125.28	2.07
20183	10477	9706	107.94	2498	1882	616	305.52	2.10
153848	77228	76620	100.79	10704	6546	4158	157.43	2.46
473751	**238692**	**235059**	**101.55**	**39718**	**25509**	**14209**	**179.53**	**2.31**
294764	147244	147520	99.81	24205	14236	9969	142.80	2.36
69002	35629	33373	106.76	5352	3788	1564	242.20	2.27
109985	55819	54166	103.05	10161	7485	2676	279.71	2.24
934093	**463478**	**470615**	**98.48**	**79577**	**45182**	**34395**	**131.36**	**2.56**
388958	193257	195701	98.75	40937	21179	19758	107.19	2.51
180960	89240	91720	97.30	6289	3845	2444	157.32	2.43
364175	180981	183194	98.79	32351	20158	12193	165.32	2.68
506226	**248707**	**257519**	**96.58**	**57733**	**29923**	**27810**	**107.60**	**2.42**
384128	186255	197873	94.13	49909	24832	25077	99.02	2.39
122098	62452	59646	104.70	7824	5091	2733	186.28	2.51
593599	**295428**	**298171**	**99.08**	**75307**	**44582**	**30725**	**145.10**	**2.57**
499585	249676	249909	99.91	49700	29142	20558	141.76	2.56
93262	45351	47911	94.66	25534	15404	10130	152.06	2.65
752	401	351	114.25	73	36	37	97.30	1.95
867483	**425602**	**441881**	**96.32**	**76632**	**40018**	**36614**	**109.30**	**2.25**
319309	156164	163145	95.72	33682	16771	16911	99.17	2.25
74958	36962	37996	97.28	4367	2391	1976	121.00	2.13
134637	67912	66725	101.78	11711	6177	5534	111.62	2.35
129726	62318	67408	92.45	10643	5807	4836	120.08	2.20
127348	62045	65303	95.01	12586	6706	5880	114.05	2.34
40752	20104	20648	97.37	2509	1448	1061	136.48	2.28
40753	20097	20656	97.29	1134	718	416	172.60	2.03
380247	**188038**	**192209**	**97.83**	**19452**	**10802**	**8650**	**124.88**	**2.41**
380247	188038	192209	97.83	19452	10802	8650	124.88	2.41
451897	**222499**	**229398**	**96.99**	**42091**	**21777**	**20314**	**107.20**	**2.28**
341382	167618	173764	96.46	38824	19983	18841	106.06	2.31
110515	54881	55634	98.65	3267	1794	1473	121.79	2.19
284654	**138103**	**146551**	**94.24**	**35212**	**17991**	**17221**	**104.47**	**2.38**
268068	129856	138212	93.95	33662	16973	16689	101.70	2.40
16586	8247	8339	98.90	1550	1018	532	191.35	2.18
364920	**179857**	**185063**	**97.19**	**33365**	**19116**	**14249**	**134.16**	**2.42**
69544	35114	34430	101.99	3663	2124	1539	138.01	2.39
295376	144743	150633	96.09	29702	16992	12710	133.69	2.43

1-1b 各地区户数、

地区	户数			合计			
	合计	家庭户	集体户	合计	男	女	性别比(女=100)
内蒙古	**2796670**	**2643180**	**153490**	**6781056**	**3424007**	**3357049**	**101.99**
呼和浩特市	**201191**	**184441**	**16750**	**494834**	**249881**	**244953**	**102.01**
新城区	1071	1020	51	2241	1183	1058	111.81
回民区							
玉泉区							
赛罕区	1033	968	65	2325	1219	1106	110.22
土默特左旗	44504	41067	3437	105947	53224	52723	100.95
托克托县	30773	29350	1423	76352	38859	37493	103.64
和林格尔县	31054	26218	4836	82219	39394	42825	91.99
清水河县	15319	14838	481	36566	18424	18142	101.55
武川县	23471	22715	756	53034	26527	26507	100.08
呼和浩特经济技术开发区	53966	48265	5701	136150	71051	65099	109.14
包头市	**184017**	**171068**	**12949**	**436614**	**225371**	**211243**	**106.69**
东河区	8640	8392	248	20572	10535	10037	104.96
昆都仑区	187	36	151	748	632	116	544.83
青山区	1003	734	269	2418	1614	804	200.75
石拐区	1816	1193	623	2993	2141	852	251.29
白云鄂博矿区							
九原区	9512	5963	3549	25366	16221	9145	177.38
土默特右旗	47708	44796	2912	116238	58383	57855	100.91
固阳县	23563	22375	1188	54002	27504	26498	103.80
达尔罕茂明安联合旗	16997	16138	859	37358	18986	18372	103.34
包头稀土高新技术产业开发区	74591	71441	3150	176919	89355	87564	102.05
乌海市	**9117**	**7471**	**1646**	**17408**	**10832**	**6576**	**164.72**
海勃湾区	1518	1433	85	3699	1973	1726	114.31
海南区	6281	4857	1424	11159	7361	3798	193.81
乌达区	1318	1181	137	2550	1498	1052	142.40
赤峰市	**439652**	**422959**	**16693**	**1129816**	**562223**	**567593**	**99.05**
红山区	9063	8463	600	24406	12865	11541	111.47
元宝山区	12319	11884	435	30211	15424	14787	104.31
松山区	9427	9110	317	24781	12748	12033	105.94
阿鲁科尔沁旗	42921	41358	1563	107140	52485	54655	96.03
巴林左旗	47320	45960	1360	109060	53594	55466	96.62
巴林右旗	37125	35677	1448	94024	46581	47443	98.18
林西县	44653	43005	1648	109890	54473	55417	98.30
克什克腾旗	37865	36320	1545	97052	47884	49168	97.39
翁牛特旗	50651	48546	2105	127237	63943	63294	101.03
喀喇沁旗	39820	38285	1535	107771	53932	53839	100.17
宁城县	55724	52875	2849	153827	76631	77196	99.27
敖汉旗	52764	51476	1288	144417	71663	72754	98.50

人口数和性别比(镇)

单位：户、人

人口数								平均家庭户规模（人/户）
家庭户				集体户				
小计	男	女	性别比（女=100）	小计	男	女	性别比（女=100）	
6264779	**3118284**	**3146495**	**99.10**	**516277**	**305723**	**210554**	**145.20**	**2.37**
436190	**220739**	**215451**	**102.45**	**58644**	**29142**	**29502**	**98.78**	**2.36**
2076	1086	990	109.70	165	97	68	142.65	2.04
2122	1105	1017	108.65	203	114	89	128.09	2.19
92443	47059	45384	103.69	13504	6165	7339	84.00	2.25
72630	36388	36242	100.40	3722	2471	1251	197.52	2.47
63083	32087	30996	103.52	19136	7307	11829	61.77	2.41
35386	17759	17627	100.75	1180	665	515	129.13	2.38
50920	25404	25516	99.56	2114	1123	991	113.32	2.24
117530	59851	57679	103.77	18620	11200	7420	150.94	2.44
393003	**196845**	**196158**	**100.35**	**43611**	**28526**	**15085**	**189.10**	**2.30**
19798	10063	9735	103.37	774	472	302	156.29	2.36
51	35	16	218.75	697	597	100	597.00	1.42
1572	831	741	112.15	846	783	63	1242.86	2.14
1652	1074	578	185.81	1341	1067	274	389.42	1.38
13085	6803	6282	108.29	12281	9418	2863	328.96	2.19
105639	52498	53141	98.79	10599	5885	4714	124.84	2.36
49522	24892	24630	101.06	4480	2612	1868	139.83	2.21
34403	17216	17187	100.17	2955	1770	1185	149.37	2.13
167281	83433	83848	99.51	9638	5922	3716	159.36	2.34
13966	**8062**	**5904**	**136.55**	**3442**	**2770**	**672**	**412.20**	**1.87**
3429	1810	1619	111.80	270	163	107	152.34	2.39
8383	5038	3345	150.61	2776	2323	453	512.80	1.73
2154	1214	940	129.15	396	284	112	253.57	1.82
1069681	**529777**	**539904**	**98.12**	**60135**	**32446**	**27689**	**117.18**	**2.53**
22125	11445	10680	107.16	2281	1420	861	164.92	2.61
28714	14489	14225	101.86	1497	935	562	166.37	2.42
23791	12171	11620	104.74	990	577	413	139.71	2.61
102198	49921	52277	95.49	4942	2564	2378	107.82	2.47
103093	50567	52526	96.27	5967	3027	2940	102.96	2.24
89056	43885	45171	97.15	4968	2696	2272	118.66	2.50
104513	51471	53042	97.04	5377	3002	2375	126.40	2.43
92368	45260	47108	96.08	4684	2624	2060	127.38	2.54
120051	60287	59764	100.88	7186	3656	3530	103.57	2.47
101753	50634	51119	99.05	6018	3298	2720	121.25	2.66
142306	70468	71838	98.09	11521	6163	5358	115.02	2.69
139713	69179	70534	98.08	4704	2484	2220	111.89	2.71

1-1b 续表 1

地　区	户　数			合　计			
	合计	家庭户	集体户	合计	男	女	性别比(女=100)
通辽市	**341177**	**321831**	**19346**	**873530**	**431038**	**442492**	**97.41**
科尔沁区	18326	17298	1028	46022	23608	22414	105.33
科尔沁左翼中旗	46609	44790	1819	119166	59055	60111	98.24
科尔沁左翼后旗	42477	40189	2288	106278	52070	54208	96.06
开鲁县	47909	45453	2456	123077	60312	62765	96.09
库伦旗	25067	23760	1307	60938	30416	30522	99.65
奈曼旗	48379	46254	2125	131429	64832	66597	97.35
扎鲁特旗	48325	46247	2078	118424	58149	60275	96.47
通辽经济技术开发区	63949	57712	6237	167879	82410	85469	96.42
霍林郭勒市	136	128	8	317	186	131	141.98
鄂尔多斯市	**395502**	**365306**	**30196**	**999056**	**525775**	**473281**	**111.09**
东胜区	1532	1105	427	2967	1918	1049	182.84
康巴什区							
达拉特旗	78481	75145	3336	207102	105012	102090	102.86
准格尔旗	99611	92658	6953	250568	131133	119435	109.79
鄂托克前旗	20839	19603	1236	54710	28221	26489	106.54
鄂托克旗	52315	47655	4660	128004	68289	59715	114.36
杭锦旗	27787	26236	1551	69101	35562	33539	106.03
乌审旗	40509	36052	4457	98830	54543	44287	123.16
伊金霍洛旗	74428	66852	7576	187774	101097	86677	116.64
呼伦贝尔市	**309690**	**293110**	**16580**	**712799**	**359190**	**353609**	**101.58**
海拉尔区	666	635	31	1451	747	704	106.11
扎赉诺尔区	2604	2440	164	5099	2689	2410	111.58
阿荣旗	49958	47909	2049	124589	61737	62852	98.23
莫力达瓦达斡尔族自治旗	33511	32203	1308	82870	41015	41855	97.99
鄂伦春自治旗	57240	53965	3275	128919	64332	64587	99.61
鄂温克族自治旗	46126	42872	3254	108893	54191	54702	99.07
陈巴尔虎旗	15346	14236	1110	37231	19305	17926	107.69
新巴尔虎左旗	8294	7674	620	20713	10222	10491	97.44
新巴尔虎右旗	10704	10023	681	25206	12498	12708	98.35
满洲里市	2037	1931	106	4160	2193	1967	111.49
牙克石市	49027	46843	2184	99373	51297	48076	106.70
扎兰屯市	13140	12315	825	34115	17965	16150	111.24
额尔古纳市	5526	5275	251	10903	5644	5259	107.32
根河市	15511	14789	722	29277	15355	13922	110.29
巴彦淖尔市	**224436**	**216756**	**7680**	**523253**	**262460**	**260793**	**100.64**
临河区	6028	5719	309	13418	7068	6350	111.31
五原县	45999	44823	1176	112379	56202	56177	100.04
磴口县	22886	22144	742	50639	25246	25393	99.42
乌拉特前旗	58845	57165	1680	136352	67713	68639	98.65
乌拉特中旗	28453	27134	1319	61286	31297	29989	104.36
乌拉特后旗	15331	14276	1055	35121	18137	16984	106.79
杭锦后旗	46894	45495	1399	114058	56797	57261	99.19

单位：户、人

人口数								平均家庭户规模（人/户）
家庭户				集体户				
小计	男	女	性别比（女=100）	小计	男	女	性别比（女=100）	
800124	**393621**	**406503**	**96.83**	**73406**	**37417**	**35989**	**103.97**	**2.49**
42538	21694	20844	104.08	3484	1914	1570	121.91	2.46
111645	55287	56358	98.10	7521	3768	3753	100.40	2.49
97178	47496	49682	95.60	9100	4574	4526	101.06	2.42
113937	55379	58558	94.57	9140	4933	4207	117.26	2.51
56650	28140	28510	98.70	4288	2276	2012	113.12	2.38
122561	60384	62177	97.12	8868	4448	4420	100.63	2.65
111663	54601	57062	95.69	6761	3548	3213	110.43	2.41
143658	70465	73193	96.27	24221	11945	12276	97.30	2.49
294	175	119	147.06	23	11	12	91.67	2.30
909093	**460218**	**448875**	**102.53**	**89963**	**65557**	**24406**	**268.61**	**2.49**
1913	1053	860	122.44	1054	865	189	457.67	1.73
193953	96500	97453	99.02	13149	8512	4637	183.57	2.58
232491	117545	114946	102.26	18077	13588	4489	302.70	2.51
49519	24560	24959	98.40	5191	3661	1530	239.28	2.53
114471	58740	55731	105.40	13533	9549	3984	239.68	2.40
62753	31044	31709	97.90	6348	4518	1830	246.89	2.39
88232	46448	41784	111.16	10598	8095	2503	323.41	2.45
165761	84328	81433	103.56	22013	16769	5244	319.77	2.48
656384	**326388**	**329996**	**98.91**	**56415**	**32802**	**23613**	**138.92**	**2.24**
1354	693	661	104.84	97	54	43	125.58	2.13
4516	2348	2168	108.30	583	341	242	140.91	1.85
118100	58098	60002	96.83	6489	3639	2850	127.68	2.47
78646	38705	39941	96.91	4224	2310	1914	120.69	2.44
118324	58599	59725	98.11	10595	5733	4862	117.91	2.19
97762	48035	49727	96.60	11131	6156	4975	123.74	2.28
32512	16349	16163	101.15	4719	2956	1763	167.67	2.28
18322	8890	9432	94.25	2391	1332	1059	125.78	2.39
22941	11232	11709	95.93	2265	1266	999	126.73	2.29
3823	2017	1806	111.68	337	176	161	109.32	1.98
92067	47152	44915	104.98	7306	4145	3161	131.13	1.97
30452	15090	15362	98.23	3663	2875	788	364.85	2.47
10082	5172	4910	105.34	821	472	349	135.24	1.91
27483	14008	13475	103.96	1794	1347	447	301.34	1.86
500584	**248766**	**251818**	**98.79**	**22669**	**13694**	**8975**	**152.58**	**2.31**
12309	6342	5967	106.28	1109	726	383	189.56	2.15
108616	53982	54634	98.81	3763	2220	1543	143.88	2.42
48880	24242	24638	98.39	1759	1004	755	132.98	2.21
132116	65094	67022	97.12	4236	2619	1617	161.97	2.31
57455	28850	28605	100.86	3831	2447	1384	176.81	2.12
32389	16263	16126	100.85	2732	1874	858	218.41	2.27
108819	53993	54826	98.48	5239	2804	2435	115.15	2.39

1−1b 续表 2

地 区	户 数						
				合 计			
	合计	家庭户	集体户	合计	男	女	性别比(女=100)
乌兰察布市	**239244**	**230343**	**8901**	**524629**	**261833**	**262796**	**99.63**
集宁区	5479	4717	762	14063	6237	7826	79.70
卓资县	18140	17398	742	38058	19144	18914	101.22
化德县	26567	25615	952	56643	28053	28590	98.12
商都县	36887	35827	1060	81789	40139	41650	96.37
兴和县	31625	31110	515	75800	37668	38132	98.78
凉城县	22382	21510	872	48884	24269	24615	98.59
察哈尔右翼前旗	24093	22669	1424	54179	27566	26613	103.58
察哈尔右翼中旗	14352	13928	424	29775	14829	14946	99.22
察哈尔右翼后旗	24481	23906	575	52048	26206	25842	101.41
四子王旗	31085	30270	815	64979	32475	32504	99.91
丰镇市	4153	3393	760	8411	5247	3164	165.83
兴安盟	**175572**	**167494**	**8078**	**434317**	**215255**	**219062**	**98.26**
乌兰浩特市	7402	7050	352	16279	8175	8104	100.88
阿尔山市	4736	4495	241	10909	5660	5249	107.83
科尔沁右翼前旗	33227	31439	1788	85917	42064	43853	95.92
科尔沁右翼中旗	38915	36897	2018	97559	48402	49157	98.46
扎赉特旗	56419	54145	2274	141147	70751	70396	100.50
突泉县	34873	33468	1405	82506	40203	42303	95.04
锡林郭勒盟	**184573**	**176241**	**8332**	**419612**	**210439**	**209173**	**100.61**
二连浩特市	571	474	97	1045	701	344	203.78
锡林浩特市	1484	1405	79	2034	1467	567	258.73
阿巴嘎旗	10317	9443	874	22778	11381	11397	99.86
苏尼特左旗	8380	8159	221	18205	9051	9154	98.87
苏尼特右旗	22501	21670	831	47424	23751	23673	100.33
东乌珠穆沁旗	20472	19486	986	47742	23906	23836	100.29
西乌珠穆沁旗	26374	24373	2001	61756	31063	30693	101.21
太仆寺旗	21591	21083	508	49564	24399	25165	96.96
镶黄旗	8545	8159	386	18860	9509	9351	101.69
正镶白旗	10874	10511	363	23427	11696	11731	99.70
正蓝旗	17415	16888	527	38590	19170	19420	98.71
多伦县	27141	26122	1019	67316	33562	33754	99.43
乌拉盖管委会	8908	8468	440	20871	10783	10088	106.89
阿拉善盟	**92499**	**86160**	**6339**	**215188**	**109710**	**105478**	**104.01**
阿拉善左旗	60986	57900	3086	142493	71463	71030	100.61
阿拉善右旗	8109	7705	404	17629	8966	8663	103.50
额济纳旗	13478	12178	1300	30456	15210	15246	99.76
内蒙古阿拉善经济开发区	9926	8377	1549	24610	14071	10539	133.51

单位：户、人

人口数								平均家庭户规模（人/户）
家庭户				集体户				
小计	男	女	性别比（女=100）	小计	男	女	性别比（女=100）	
493951	**245400**	**248551**	**98.73**	**30678**	**16433**	**14245**	**115.36**	**2.14**
10712	5350	5362	99.78	3351	887	2464	36.00	2.27
35157	17669	17488	101.03	2901	1475	1426	103.44	2.02
54058	26612	27446	96.96	2585	1441	1144	125.96	2.11
78502	38496	40006	96.23	3287	1643	1644	99.94	2.19
72482	35967	36515	98.50	3318	1701	1617	105.19	2.33
46237	22830	23407	97.53	2647	1439	1208	119.12	2.15
49207	24655	24552	100.42	4972	2911	2061	141.24	2.17
28875	14351	14524	98.81	900	478	422	113.27	2.07
50458	25278	25180	100.39	1590	928	662	140.18	2.11
62471	31094	31377	99.10	2508	1381	1127	122.54	2.06
5792	3098	2694	115.00	2619	2149	470	457.23	1.71
400149	**195804**	**204345**	**95.82**	**34168**	**19451**	**14717**	**132.17**	**2.39**
15053	7483	7570	98.85	1226	692	534	129.59	2.14
9912	4979	4933	100.93	997	681	316	215.51	2.21
78414	38031	40383	94.18	7503	4033	3470	116.22	2.49
89421	43930	45491	96.57	8138	4472	3666	121.99	2.42
130512	64057	66455	96.39	10635	6694	3941	169.86	2.41
76837	37324	39513	94.46	5669	2879	2790	103.19	2.30
394357	**194971**	**199386**	**97.79**	**25255**	**15468**	**9787**	**158.05**	**2.24**
824	502	322	155.90	221	199	22	904.55	1.74
1817	1318	499	264.13	217	149	68	219.12	1.29
20367	9839	10528	93.46	2411	1542	869	177.45	2.16
17557	8673	8884	97.62	648	378	270	140.00	2.15
45181	22382	22799	98.17	2243	1369	874	156.64	2.08
44598	22145	22453	98.63	3144	1761	1383	127.33	2.29
55852	27389	28463	96.23	5904	3674	2230	164.75	2.29
47421	23209	24212	95.86	2143	1190	953	124.87	2.25
17696	8663	9033	95.90	1164	846	318	266.04	2.17
22434	11085	11349	97.67	993	611	382	159.95	2.13
36852	18211	18641	97.69	1738	959	779	123.11	2.18
64172	31664	32508	97.40	3144	1898	1246	152.33	2.46
19586	9891	9695	102.02	1285	892	393	226.97	2.31
197297	**97693**	**99604**	**98.08**	**17891**	**12017**	**5874**	**204.58**	**2.29**
133575	65867	67708	97.28	8918	5596	3322	168.45	2.31
16628	8247	8381	98.40	1001	719	282	254.96	2.16
26737	12668	14069	90.04	3719	2542	1177	215.97	2.20
20357	10911	9446	115.51	4253	3160	1093	289.11	2.43

1-1c 各地区户数、

地区	户数			合计			
	合计	家庭户	集体户	合计	男	女	性别比(女=100)
内蒙古	**3340824**	**3254705**	**86119**	**7821680**	**4136772**	**3684908**	**112.26**
呼和浩特市	**325933**	**315715**	**10218**	**718583**	**380968**	**337615**	**112.84**
新城区	31687	29998	1689	78600	41597	37003	112.42
回民区	6937	6546	391	18594	10537	8057	130.78
玉泉区	24437	22733	1704	61431	32317	29114	111.00
赛罕区	63121	60565	2556	149734	79607	70127	113.52
土默特左旗	75504	74656	848	157184	82291	74893	109.88
托克托县	41755	40721	1034	89840	47211	42629	110.75
和林格尔县	37084	35694	1390	80257	42566	37691	112.93
清水河县	22118	21774	344	40108	21618	18490	116.92
武川县	23290	23028	262	42835	23224	19611	118.42
呼和浩特经济技术开发区							
包头市	**182363**	**179540**	**2823**	**374985**	**198425**	**176560**	**112.38**
东河区	18814	18425	389	41834	21687	20147	107.64
昆都仑区	12649	12616	33	27219	14214	13005	109.30
青山区	8012	7896	116	19114	10046	9068	110.79
石拐区	3226	3184	42	6328	3478	2850	122.04
白云鄂博矿区							
九原区	24108	23392	716	55272	29258	26014	112.47
土默特右旗	61007	60359	648	121183	63874	57309	111.46
固阳县	34110	33579	531	64622	34940	29682	117.71
达尔罕茂明安联合旗	17331	17020	311	32205	17217	14988	114.87
包头稀土高新技术产业开发区	3106	3069	37	7208	3711	3497	106.12
乌海市	**13159**	**10990**	**2169**	**25744**	**16011**	**9733**	**164.50**
海勃湾区	7772	6327	1445	16487	10428	6059	172.11
海南区	5387	4663	724	9257	5583	3674	151.96
乌达区							
赤峰市	**762684**	**755017**	**7667**	**1892481**	**978753**	**913728**	**107.12**
红山区	5679	5659	20	14778	7627	7151	106.66
元宝山区	26696	26325	371	67530	34846	32684	106.61
松山区	109232	107018	2214	285005	147500	137505	107.27
阿鲁科尔沁旗	58995	58543	452	133220	68876	64344	107.04
巴林左旗	75062	74362	700	168462	86333	82129	105.12
巴林右旗	25863	25725	138	61003	31504	29499	106.80
林西县	36452	36352	100	76773	39399	37374	105.42
克什克腾旗	41662	40550	1112	89091	47209	41882	112.72
翁牛特旗	87396	86919	477	206733	106437	100296	106.12
喀喇沁旗	59783	59612	171	155021	80797	74224	108.86
宁城县	117630	116995	635	330570	171961	158609	108.42
敖汉旗	118234	116957	1277	304295	156264	148031	105.56

人口数和性别比(乡村)

单位：户、人

人口数								平均家庭户规模(人/户)
家庭户				集体户				
小计	男	女	性别比(女=100)	小计	男	女	性别比(女=100)	
7531039	**3914917**	**3616122**	**108.26**	**290641**	**221855**	**68786**	**322.53**	**2.31**
676279	**353527**	**322752**	**109.54**	**42304**	**27441**	**14863**	**184.63**	**2.14**
71111	36946	34165	108.14	7489	4651	2838	163.88	2.37
15646	8194	7452	109.96	2948	2343	605	387.27	2.39
54775	28616	26159	109.39	6656	3701	2955	125.25	2.41
138773	72346	66427	108.91	10961	7261	3700	196.24	2.29
153895	80295	73600	109.10	3289	1996	1293	154.37	2.06
86123	44570	41553	107.26	3717	2641	1076	245.45	2.11
74950	39141	35809	109.30	5307	3425	1882	181.99	2.10
39004	20727	18277	113.40	1104	891	213	418.31	1.79
42002	22692	19310	117.51	833	532	301	176.74	1.82
363479	**189797**	**173682**	**109.28**	**11506**	**8628**	**2878**	**299.79**	**2.02**
40801	21097	19704	107.07	1033	590	443	133.18	2.21
27100	14125	12975	108.86	119	89	30	296.67	2.15
18126	9387	8739	107.42	988	659	329	200.30	2.30
6037	3307	2730	121.14	291	171	120	142.50	1.90
52631	27106	25525	106.19	2641	2152	489	440.08	2.25
118394	61550	56844	108.28	2789	2324	465	499.78	1.96
62139	33110	29029	114.06	2483	1830	653	280.25	1.85
31205	16514	14691	112.41	1000	703	297	236.70	1.83
7046	3601	3445	104.53	162	110	52	211.54	2.30
20786	**11705**	**9081**	**128.90**	**4958**	**4306**	**652**	**660.43**	**1.89**
12849	7182	5667	126.73	3638	3246	392	828.06	2.03
7937	4523	3414	132.48	1320	1060	260	407.69	1.70
1860999	**957577**	**903422**	**105.99**	**31482**	**21176**	**10306**	**205.47**	**2.46**
14702	7566	7136	106.03	76	61	15	406.67	2.60
66202	33688	32514	103.61	1328	1158	170	681.18	2.51
275336	141564	133772	105.82	9669	5936	3733	159.01	2.57
131234	67569	63665	106.13	1986	1307	679	192.49	2.24
166843	85133	81710	104.19	1619	1200	419	286.40	2.24
60462	31131	29331	106.14	541	373	168	222.02	2.35
76407	39142	37265	105.04	366	257	109	235.78	2.10
85939	44614	41325	107.96	3152	2595	557	465.89	2.12
204616	104993	99623	105.39	2117	1444	673	214.56	2.35
154043	79994	74049	108.03	978	803	175	458.86	2.58
327384	169676	157708	107.59	3186	2285	901	253.61	2.80
297831	152507	145324	104.94	6464	3757	2707	138.79	2.55

1-1c 续表 1

地区	户数			合计			
	合计	家庭户	集体户	合计	男	女	性别比(女=100)
通辽市	**516885**	**514440**	**2445**	**1435679**	**739513**	**696166**	**106.23**
科尔沁区	85241	84622	619	238606	122128	116478	104.85
科尔沁左翼中旗	99271	99157	114	280465	146171	134294	108.84
科尔沁左翼后旗	76448	76342	106	215160	111304	103856	107.17
开鲁县	70254	70034	220	190287	96160	94127	102.16
库伦旗	32653	32565	88	90195	46823	43372	107.96
奈曼旗	84616	84218	398	243883	125086	118797	105.29
扎鲁特旗	53096	52509	587	133382	69196	64186	107.81
通辽经济技术开发区	11706	11515	191	35264	18191	17073	106.55
霍林郭勒市	3600	3478	122	8437	4454	3983	111.83
鄂尔多斯市	**231973**	**201566**	**30407**	**485676**	**289159**	**196517**	**147.14**
东胜区	10326	6956	3370	21990	15674	6316	248.16
康巴什区							
达拉特旗	57354	56288	1066	121491	65275	56216	116.11
准格尔旗	54213	45780	8433	108616	66866	41750	160.16
鄂托克前旗	16436	13587	2849	38014	23265	14749	157.74
鄂托克旗	14931	11655	3276	33897	20875	13022	160.31
杭锦旗	20570	20269	301	41723	22322	19401	115.06
乌审旗	27962	22468	5494	59736	36621	23115	158.43
伊金霍洛旗	30181	24563	5618	60209	38261	21948	174.33
呼伦贝尔市	**243730**	**239927**	**3803**	**585961**	**308128**	**277833**	**110.90**
海拉尔区	4852	4719	133	10570	5509	5061	108.85
扎赉诺尔区							
阿荣旗	53386	52746	640	133226	69577	63649	109.31
莫力达瓦达斡尔族自治旗	60564	59553	1011	145952	76038	69914	108.76
鄂伦春自治旗	19631	19134	497	45104	23795	21309	111.67
鄂温克族自治旗	14874	14677	197	32209	16897	15312	110.35
陈巴尔虎旗	5928	5766	162	13325	7422	5903	125.73
新巴尔虎左旗	7068	6957	111	16294	8748	7546	115.93
新巴尔虎右旗	5399	4881	518	13152	8234	4918	167.43
满洲里市							
牙克石市	8253	8189	64	16654	8710	7944	109.64
扎兰屯市	57133	56780	353	144884	75320	69564	108.27
额尔古纳市	6502	6385	117	14318	7729	6589	117.30
根河市	140	140		273	149	124	120.16
巴彦淖尔市	**288683**	**280242**	**8441**	**615763**	**324439**	**291324**	**111.37**
临河区	76885	73663	3222	169089	87732	81357	107.84
五原县	53494	53165	329	112430	58202	54228	107.33
磴口县	19427	18833	594	39557	21007	18550	113.25
乌拉特前旗	57883	56608	1275	121474	64693	56781	113.93
乌拉特中旗	25329	23910	1419	50873	28391	22482	126.28
乌拉特后旗	9240	7973	1267	18825	11300	7525	150.17
杭锦后旗	46425	46090	335	103515	53114	50401	105.38

单位：户、人

人口数								平均家庭户规模（人/户）
家庭户				集体户				
小计	男	女	性别比（女=100）	小计	男	女	性别比（女=100）	
1427012	**733243**	**693769**	**105.69**	**8667**	**6270**	**2397**	**261.58**	**2.77**
236925	121000	115925	104.38	1681	1128	553	203.98	2.80
279932	145786	134146	108.68	533	385	148	260.14	2.82
214695	110993	103702	107.03	465	311	154	201.95	2.81
189294	95456	93838	101.72	993	704	289	243.60	2.70
89854	46606	43248	107.76	341	217	124	175.00	2.76
242387	124019	118368	104.77	1496	1067	429	248.72	2.88
131853	67883	63970	106.12	1529	1313	216	607.87	2.51
34245	17552	16693	105.15	1019	639	380	168.16	2.97
7827	3948	3879	101.78	610	506	104	486.54	2.25
399480	**213579**	**185901**	**114.89**	**86196**	**75580**	**10616**	**711.94**	**1.98**
12351	7040	5311	132.56	9639	8634	1005	859.10	1.78
115370	60250	55120	109.31	6121	5025	1096	458.49	2.05
84605	46008	38597	119.20	24011	20858	3153	661.53	1.85
30373	16166	14207	113.79	7641	7099	542	1309.78	2.24
24171	12883	11288	114.13	9726	7992	1734	460.90	2.07
40154	21099	19055	110.73	1569	1223	346	353.47	1.98
47134	25298	21836	115.85	12602	11323	1279	885.30	2.10
45322	24835	20487	121.22	14887	13426	1461	918.96	1.85
570366	**297714**	**272652**	**109.19**	**15595**	**10414**	**5181**	**201.00**	**2.38**
10212	5256	4956	106.05	358	253	105	240.95	2.16
131124	68241	62883	108.52	2102	1336	766	174.41	2.49
141236	73785	67451	109.39	4716	2253	2463	91.47	2.37
43715	22900	20815	110.02	1389	895	494	181.17	2.28
31451	16278	15173	107.28	758	619	139	445.32	2.14
12455	6707	5748	116.68	870	715	155	461.29	2.16
15789	8371	7418	112.85	505	377	128	294.53	2.27
10283	5715	4568	125.11	2869	2519	350	719.71	2.11
16216	8421	7795	108.03	438	289	149	193.96	1.98
143695	74511	69184	107.70	1189	809	380	212.89	2.53
13917	7380	6537	112.90	401	349	52	671.15	2.18
273	149	124	120.16					1.95
587594	**305303**	**282291**	**108.15**	**28169**	**19136**	**9033**	**211.85**	**2.10**
157884	81939	75945	107.89	11205	5793	5412	107.04	2.14
110903	57135	53768	106.26	1527	1067	460	231.96	2.09
38149	20064	18085	110.94	1408	943	465	202.80	2.03
115402	59799	55603	107.55	6072	4894	1178	415.45	2.04
47372	25473	21899	116.32	3501	2918	583	500.51	1.98
15809	8714	7095	122.82	3016	2586	430	601.40	1.98
102075	52179	49896	104.58	1440	935	505	185.15	2.21

1-1c 续表 2

地区	户数			合计			
	合计	家庭户	集体户	合计	男	女	性别比（女=100）
乌兰察布市	**372906**	**366416**	**6490**	**687711**	**363728**	**323983**	**112.27**
集宁区	14585	13302	1283	30790	16220	14570	111.32
卓资县	26860	26441	419	47590	26472	21118	125.35
化德县	21506	20920	586	38630	20513	18117	113.23
商都县	50115	49674	441	92137	47469	44668	106.27
兴和县	49883	49539	344	92081	47714	44367	107.54
凉城县	37488	36983	505	70177	37604	32573	115.45
察哈尔右翼前旗	37139	35728	1411	70993	38063	32930	115.59
察哈尔右翼中旗	31190	30743	447	56333	30209	26124	115.64
察哈尔右翼后旗	28632	28518	114	51551	26819	24732	108.44
四子王旗	34793	34220	573	64393	33953	30440	111.54
丰镇市	40715	40348	367	73036	38692	34344	112.66
兴安盟	**250841**	**248830**	**2011**	**662746**	**345890**	**316856**	**109.16**
乌兰浩特市	14832	14660	172	38026	20179	17847	113.07
阿尔山市	1377	1347	30	3256	1770	1486	119.11
科尔沁右翼前旗	74989	74194	795	199475	103848	95627	108.60
科尔沁右翼中旗	39716	39450	266	109821	57235	52586	108.84
扎赉特旗	66004	65878	126	174006	90983	83023	109.59
突泉县	53923	53301	622	138162	71875	66287	108.43
锡林郭勒盟	**129565**	**123500**	**6065**	**289178**	**161959**	**127219**	**127.31**
二连浩特市	676	627	49	1542	868	674	128.78
锡林浩特市	9604	8890	714	22841	12992	9849	131.91
阿巴嘎旗	6249	6038	211	15811	9202	6609	139.23
苏尼特左旗	6428	6274	154	15438	9114	6324	144.12
苏尼特右旗	6415	6218	197	14978	8159	6819	119.65
东乌珠穆沁旗	8813	8189	624	22868	12753	10115	126.08
西乌珠穆沁旗	15158	11948	3210	37499	24014	13485	178.08
太仆寺旗	30946	30650	296	59806	31622	28184	112.20
镶黄旗	3605	3509	96	8539	4886	3653	133.75
正镶白旗	9859	9752	107	19523	10719	8804	121.75
正蓝旗	14241	14070	171	31318	16650	14668	113.51
多伦县	16364	16165	199	36420	19506	16914	115.32
乌拉盖管委会	1207	1170	37	2595	1474	1121	131.49
阿拉善盟	**22102**	**18522**	**3580**	**47173**	**29799**	**17374**	**171.51**
阿拉善左旗	16362	14262	2100	34251	20925	13326	157.02
阿拉善右旗	2320	2000	320	5018	3081	1937	159.06
额济纳旗	2537	1985	552	5300	3642	1658	219.66
内蒙古阿拉善经济开发区	883	275	608	2604	2151	453	474.83

单位：户、人

人口数								平均家庭户规模（人/户）
家庭户				集体户				
小计	男	女	性别比（女=100）	小计	男	女	性别比（女=100）	
667857	**349955**	**317902**	**110.08**	**19854**	**13773**	**6081**	**226.49**	**1.82**
26667	13409	13258	101.14	4123	2811	1312	214.25	2.00
45859	25068	20791	120.57	1731	1404	327	429.36	1.73
36962	19185	17777	107.92	1668	1328	340	390.59	1.77
90856	46557	44299	105.10	1281	912	369	247.15	1.83
90708	46835	43873	106.75	1373	879	494	177.94	1.83
68673	36669	32004	114.58	1504	935	569	164.32	1.86
66405	34674	31731	109.27	4588	3389	1199	282.65	1.86
55432	29678	25754	115.24	901	531	370	143.51	1.80
51207	26584	24623	107.96	344	235	109	215.60	1.80
63099	33117	29982	110.46	1294	836	458	182.53	1.84
71989	38179	33810	112.92	1047	513	534	96.07	1.78
652126	**337906**	**314220**	**107.54**	**10620**	**7984**	**2636**	**302.88**	**2.62**
36512	18899	17613	107.30	1514	1280	234	547.01	2.49
3057	1601	1456	109.96	199	169	30	563.33	2.27
195986	101307	94679	107.00	3489	2541	948	268.04	2.64
108403	56266	52137	107.92	1418	969	449	215.81	2.75
173380	90523	82857	109.25	626	460	166	277.11	2.63
134788	69310	65478	105.85	3374	2565	809	317.06	2.53
269256	**144447**	**124809**	**115.73**	**19922**	**17512**	**2410**	**726.64**	**2.18**
1313	684	629	108.74	229	184	45	408.89	2.09
20556	11106	9450	117.52	2285	1886	399	472.68	2.31
14331	7917	6414	123.43	1480	1285	195	658.97	2.37
14627	8370	6257	133.77	811	744	67	1110.45	2.33
14354	7626	6728	113.35	624	533	91	585.71	2.31
21546	11592	9954	116.46	1322	1161	161	721.12	2.63
28968	16008	12960	123.52	8531	8006	525	1524.95	2.42
58415	30569	27846	109.78	1391	1053	338	311.54	1.91
7598	4034	3564	113.19	941	852	89	957.30	2.17
18849	10120	8729	115.94	674	599	75	798.67	1.93
30507	16102	14405	111.78	811	548	263	208.37	2.17
35704	18931	16773	112.87	716	575	141	407.80	2.21
2488	1388	1100	126.18	107	86	21	409.52	2.13
35805	**20164**	**15641**	**128.92**	**11368**	**9635**	**1733**	**555.97**	**1.93**
28131	15685	12446	126.02	6120	5240	880	595.45	1.97
3959	2195	1764	124.43	1059	886	173	512.14	1.98
3239	1987	1252	158.71	2061	1655	406	407.64	1.63
476	297	179	165.92	2128	1854	274	676.64	1.73

1-2 各地区分性别、

地 区	人口数			居住本乡、镇、街道，户口在本乡、镇、街道		
	合计	男	女	小计	男	女
内蒙古	**24049155**	**12275274**	**11773881**	**12500329**	**6371165**	**6129164**
呼和浩特市	**3446100**	**1740118**	**1705982**	**1266548**	**639144**	**627404**
新城区	699672	350844	348828	241892	118030	123862
回民区	436042	216071	219971	127461	63476	63985
玉泉区	524573	265083	259490	106195	54971	51224
赛罕区	885321	443731	441590	326703	161489	165214
土默特左旗	263131	135515	127616	165058	86040	79018
托克托县	166192	86070	80122	94555	48319	46236
和林格尔县	162476	81960	80516	83603	43447	40156
清水河县	76674	40042	36632	47759	24912	22847
武川县	95869	49751	46118	49714	26468	23246
呼和浩特经济技术开发区	136150	71051	65099	23608	11992	11616
包头市	**2709378**	**1373718**	**1335660**	**1141555**	**571323**	**570232**
东河区	484218	242557	241661	202638	100940	101698
昆都仑区	787681	396182	391499	299545	146904	152641
青山区	535128	265736	269392	218901	106575	112326
石拐区	24745	13661	11084	7508	3923	3585
白云鄂博矿区	22681	12359	10322	8863	4635	4228
九原区	245190	129253	115937	65822	33283	32539
土默特右旗	237421	122257	115164	161809	84312	77497
固阳县	118624	62444	56180	79587	41894	37693
达尔罕茂明安联合旗	69563	36203	33360	40679	21419	19260
包头稀土高新技术产业开发区	184127	93066	91061	56203	27438	28765
乌海市	**556621**	**291044**	**265577**	**231978**	**115335**	**116643**
海勃湾区	339155	173881	165274	140951	69417	71534
海南区	94770	52361	42409	34695	17720	16975
乌达区	122696	64802	57894	56332	28198	28134
赤峰市	**4035967**	**2049636**	**1986331**	**2437535**	**1247122**	**1190413**
红山区	469079	234928	234151	156027	77868	78159
元宝山区	284990	143355	141635	167359	83807	83552
松山区	706312	361387	344925	300524	155211	145313
阿鲁科尔沁旗	240360	121361	118999	156726	79988	76738
巴林左旗	277522	139927	137595	177846	91128	86718
巴林右旗	155027	78085	76942	87213	44434	42779
林西县	186663	93872	92791	112057	56785	55272
克什克腾旗	186143	95093	91050	111393	56382	55011
翁牛特旗	333970	170380	163590	248760	127360	121400
喀喇沁旗	262792	134729	128063	192592	99920	92672
宁城县	484397	248592	235805	380731	196759	183972
敖汉旗	448712	227927	220785	346307	177480	168827

户口登记状况的人口

单位：人

居住本乡、镇、街道，户口在外乡、镇、街道，离开户口登记地半年以上			居住本乡、镇、街道，户口待定			原住本乡、镇、街道，现在港澳台或国外工作学习		
小计	男	女	小计	男	女	小计	男	女
11462961	**5858767**	**5604194**	**61321**	**32788**	**28533**	**24544**	**12554**	**11990**
2159244	**1090635**	**1068609**	**16198**	**8406**	**7792**	**4110**	**1933**	**2177**
452897	230282	222615	3707	1994	1713	1176	538	638
306172	151435	154737	1801	899	902	608	261	347
415704	208729	206975	2380	1251	1129	294	132	162
552255	278892	273363	4757	2604	2153	1606	746	860
97157	49061	48096	798	338	460	118	76	42
70996	37479	33517	555	219	336	86	53	33
78237	38189	40048	577	292	285	59	32	27
28663	15015	13648	221	102	119	31	13	18
45825	23124	22701	240	104	136	90	55	35
111338	58429	52909	1162	603	559	42	27	15
1558644	**797706**	**760938**	**6844**	**3572**	**3272**	**2335**	**1117**	**1218**
280020	140850	139170	1192	595	597	368	172	196
485539	247928	237611	1984	1074	910	613	276	337
313959	157996	155963	1398	755	643	870	410	460
17189	9710	7479	38	22	16	10	6	4
13773	7698	6075	34	21	13	11	5	6
178587	95569	83018	694	360	334	87	41	46
75109	37683	37426	411	207	204	92	55	37
38822	20453	18369	190	83	107	25	14	11
28626	14668	13958	188	81	107	70	35	35
127020	65151	61869	715	374	341	189	103	86
322639	**174705**	**147934**	**1713**	**869**	**844**	**291**	**135**	**156**
196842	103791	93051	1180	596	584	182	77	105
59785	34483	25302	254	138	116	36	20	16
66012	36431	29581	279	135	144	73	38	35
1590833	**798624**	**792209**	**4901**	**2395**	**2506**	**2698**	**1495**	**1203**
312270	156665	155605	606	315	291	176	80	96
117027	59213	57814	246	145	101	358	190	168
404158	205391	198767	1204	581	623	426	204	222
82984	41058	41926	277	114	163	373	201	172
99339	48615	50724	205	100	105	132	84	48
67409	33442	33967	171	77	94	234	132	102
74419	36989	37430	151	77	74	36	21	15
74327	38464	35863	304	185	119	119	62	57
84596	42700	41896	378	183	195	236	137	99
69798	34608	35190	270	114	156	132	87	45
102770	51377	51393	642	300	342	254	156	98
101736	50102	51634	447	204	243	222	141	81

1−2 续表 1

地　区	人口数			居住本乡、镇、街道，户口在本乡、镇、街道		
	合计	男	女	小计	男	女
通辽市	**2873168**	**1449181**	**1423987**	**1995772**	**1021692**	**974080**
科尔沁区	718665	356823	361842	397948	201953	195995
科尔沁左翼中旗	399631	205226	194405	344263	179322	164941
科尔沁左翼后旗	321438	163374	158064	262372	135042	127330
开鲁县	313364	156472	156892	254118	128422	125696
库伦旗	151133	77239	73894	123045	63355	59690
奈曼旗	375312	189918	185394	315995	161444	154551
扎鲁特旗	251806	127345	124461	183920	93865	90055
通辽经济技术开发区	203143	100601	102542	69944	35527	34417
霍林郭勒市	138676	72183	66493	44167	22762	21405
鄂尔多斯市	**2153638**	**1154944**	**998694**	**700060**	**356669**	**343391**
东胜区	574242	296410	277832	113946	56183	57763
康巴什区	118796	60755	58041	26554	12873	13681
达拉特旗	328593	170287	158306	132647	68788	63859
准格尔旗	359184	197999	161185	133721	69135	64586
鄂托克前旗	92724	51486	41238	45956	23164	22792
鄂托克旗	162726	89601	73125	50976	25891	25085
杭锦旗	110824	57884	52940	63073	32512	30561
乌审旗	158566	91164	67402	60693	30905	29788
伊金霍洛旗	247983	139358	108625	72494	37218	35276
呼伦贝尔市	**2242875**	**1132938**	**1109937**	**1365950**	**695051**	**670899**
海拉尔区	365012	179191	185821	166083	81279	84804
扎赉诺尔区	84424	42042	42382	46380	23084	23296
阿荣旗	257815	131314	126501	171846	88952	82894
莫力达瓦达斡尔族自治旗	228822	117053	111769	167196	87084	80112
鄂伦春自治旗	174023	88127	85896	120863	61519	59344
鄂温克族自治旗	141102	71088	70014	83377	42344	41033
陈巴尔虎旗	50556	26727	23829	31440	16410	15030
新巴尔虎左旗	37007	18970	18037	21130	10994	10136
新巴尔虎右旗	38358	20732	17626	20274	10431	9843
满洲里市	150508	76282	74226	58814	28958	29856
牙克石市	256396	128132	128264	171438	85893	85545
扎兰屯市	318933	162036	156897	212392	109946	102446
额尔古纳市	68482	34925	33557	46986	23983	23003
根河市	71437	36319	35118	47731	24174	23557
巴彦淖尔市	**1538715**	**785739**	**752976**	**827099**	**421851**	**405248**
临河区	582206	293640	288566	238211	119943	118268
五原县	224809	114404	110405	142793	73169	69624
磴口县	90196	46253	43943	57808	29517	28291
乌拉特前旗	257826	132406	125420	155302	79982	75320
乌拉特中旗	112159	59688	52471	62844	32914	29930
乌拉特后旗	53946	29437	24509	26058	13460	12598
杭锦后旗	217573	109911	107662	144083	72866	71217

单位：人

居住本乡、镇、街道，户口在外乡、镇、街道，离开户口登记地半年以上			居住本乡、镇、街道，户口待定			原住本乡、镇、街道，现在港澳台或国外工作学习		
小计	男	女	小计	男	女	小计	男	女
870289	**423759**	**446530**	**3451**	**1781**	**1670**	**3656**	**1949**	**1707**
319108	154070	165038	774	385	389	835	415	420
54604	25505	29099	264	128	136	500	271	229
58013	27766	30247	262	141	121	791	425	366
58877	27844	31033	168	91	77	201	115	86
27572	13604	13968	170	94	76	346	186	160
58633	28112	30521	302	144	158	382	218	164
67304	33179	34125	197	103	94	385	198	187
132021	64435	67586	1077	580	497	101	59	42
94157	49244	44913	237	115	122	115	62	53
1445835	**794295**	**651540**	**6972**	**3569**	**3403**	**771**	**411**	**360**
457886	239030	218856	2143	1061	1082	267	136	131
91787	47640	44147	417	226	191	38	16	22
194645	100853	93792	1215	600	615	86	46	40
224519	128360	96159	834	443	391	110	61	49
46477	28158	18319	239	131	108	52	33	19
111093	63379	47714	604	303	301	53	28	25
47375	25178	22197	323	158	165	53	36	17
97401	60003	37398	385	211	174	87	45	42
174652	101694	72958	812	436	376	25	10	15
868452	**432943**	**435509**	**4723**	**3077**	**1646**	**3750**	**1867**	**1883**
197727	97286	100441	779	445	334	423	181	242
37863	18862	19001	106	58	48	75	38	37
85052	41850	43202	256	147	109	661	365	296
60858	29567	31291	373	200	173	395	202	193
52466	26115	26351	570	424	146	124	69	55
56883	28229	28654	459	341	118	383	174	209
18947	10225	8722	122	73	49	47	19	28
15686	7844	7842	143	105	38	48	27	21
17854	10145	7709	162	126	36	68	30	38
90960	46818	44142	599	425	174	135	81	54
84629	42082	42547	202	108	94	127	49	78
104991	51306	53685	516	264	252	1034	520	514
21171	10696	10475	266	212	54	59	34	25
23365	11918	11447	170	149	21	171	78	93
706437	**361095**	**345342**	**4095**	**2169**	**1926**	**1084**	**624**	**460**
341528	172386	169142	2060	1085	975	407	226	181
81365	40884	40481	489	259	230	162	92	70
32160	16610	15550	181	100	81	47	26	21
101793	52025	49768	555	306	249	176	93	83
48863	26516	22347	316	164	152	136	94	42
27747	15892	11855	105	62	43	36	23	13
72981	36782	36199	389	193	196	120	70	50

1-2 续表 2

地区	人口数			居住本乡、镇、街道，户口在本乡、镇、街道		
	合计	男	女	小计	男	女
乌兰察布市	**1706328**	**869837**	**836491**	**937922**	**485453**	**452469**
集宁区	425059	210058	215001	143246	71699	71547
卓资县	85648	45616	40032	58166	31178	26988
化德县	95273	48566	46707	54114	27693	26421
商都县	173926	87608	86318	113230	57962	55268
兴和县	167881	85382	82499	111549	57219	54330
凉城县	119061	61873	57188	79192	41840	37352
察哈尔右翼前旗	125172	65629	59543	77736	40168	37568
察哈尔右翼中旗	86108	45038	41070	60876	32265	28611
察哈尔右翼后旗	103599	53025	50574	63784	33162	30622
四子王旗	129372	66428	62944	65912	34549	31363
丰镇市	195229	100614	94615	110117	57718	52399
兴安盟	**1416929**	**717239**	**699690**	**967515**	**496023**	**471492**
乌兰浩特市	356035	175183	180852	173358	85721	87637
阿尔山市	32301	16695	15606	22568	11422	11146
科尔沁右翼前旗	285392	145912	139480	201328	104347	96981
科尔沁右翼中旗	207380	105637	101743	159187	81522	77665
扎赉特旗	315153	161734	153419	243013	127005	116008
突泉县	220668	112078	108590	168061	86006	82055
锡林郭勒盟	**1107075**	**571371**	**535704**	**528048**	**271758**	**256290**
二连浩特市	75794	38807	36987	26249	12969	13280
锡林浩特市	349953	176194	173759	111553	55722	55831
阿巴嘎旗	38589	20583	18006	21137	11268	9869
苏尼特左旗	33643	18165	15478	20626	10919	9707
苏尼特右旗	62402	31910	30492	35350	18178	17172
东乌珠穆沁旗	70610	36659	33951	38789	19947	18842
西乌珠穆沁旗	99255	55077	44178	42619	22417	20202
太仆寺旗	109370	56021	53349	80419	41622	38797
镶黄旗	27399	14395	13004	15572	8082	7490
正镶白旗	42950	22415	20535	27255	14398	12857
正蓝旗	69908	35820	34088	39537	20511	19026
多伦县	103736	53068	50668	58304	30179	28125
乌拉盖管委会	23466	12257	11209	10638	5546	5092
阿拉善盟	**262361**	**139509**	**122852**	**100347**	**49744**	**50603**
阿拉善左旗	176744	92388	84356	72039	36159	35880
阿拉善右旗	22647	12047	10600	11983	6052	5931
额济纳旗	35756	18852	16904	14264	6497	7767
内蒙古阿拉善经济开发区	27214	16222	10992	2061	1036	1025

单位：人

居住本乡、镇、街道，户口在外乡、镇、街道，离开户口登记地半年以上			居住本乡、镇、街道，户口待定			原住本乡、镇、街道，现在港澳台或国外工作学习		
小计	男	女	小计	男	女	小计	男	女
762753	**381613**	**381140**	**4801**	**2311**	**2490**	**852**	**460**	**392**
280340	137595	142745	1206	646	560	267	118	149
27221	14298	12923	227	117	110	34	23	11
40923	20745	20178	213	113	100	23	15	8
60178	29422	30756	453	184	269	65	40	25
55828	27932	27896	459	206	253	45	25	20
39413	19838	19575	394	163	231	62	32	30
47051	25272	21779	334	155	179	51	34	17
25024	12678	12346	147	64	83	61	31	30
39514	19711	19803	250	115	135	51	37	14
63000	31623	31377	341	190	151	119	66	53
84261	42499	41762	777	358	419	74	39	35
443911	**218272**	**225639**	**2030**	**1180**	**850**	**3473**	**1764**	**1709**
180991	88661	92330	440	223	217	1246	578	668
9406	4977	4429	288	274	14	39	22	17
83117	41069	42048	327	169	158	620	327	293
47183	23607	23576	339	188	151	671	320	351
71107	34164	36943	313	165	148	720	400	320
52107	25794	26313	323	161	162	177	117	60
573332	**296283**	**277049**	**4446**	**2666**	**1780**	**1249**	**664**	**585**
48834	25347	23487	569	397	172	142	94	48
236437	119321	117116	1694	1018	676	269	133	136
17304	9228	8076	111	74	37	37	13	24
12827	7120	5707	145	101	44	45	25	20
26887	13638	13249	121	71	50	44	23	21
31419	16510	14909	322	169	153	80	33	47
56203	32395	23808	347	224	123	86	41	45
28645	14248	14397	249	117	132	57	34	23
11602	6187	5415	91	55	36	134	71	63
15431	7858	7573	127	71	56	137	88	49
30012	15116	14896	187	109	78	172	84	88
45012	22687	22325	380	181	199	40	21	19
12719	6628	6091	103	79	24	6	4	2
160592	**88837**	**71755**	**1147**	**793**	**354**	**275**	**135**	**140**
103874	55711	48163	628	419	209	203	99	104
10547	5929	4618	76	46	30	41	20	21
21072	12034	9038	389	305	84	31	16	15
25099	15163	9936	54	23	31			

1－2a 各地区分性别、

地区	人口数			居住本乡、镇、街道，户口在本乡、镇、街道		
	合计	男	女	小计	男	女
内蒙古	**9446419**	**4714495**	**4731924**	**3251673**	**1602456**	**1649217**
呼和浩特市	**2232683**	**1109269**	**1123414**	**676598**	**331735**	**344863**
新城区	618831	308064	310767	219022	106324	112698
回民区	417448	205534	211914	120297	59075	61222
玉泉区	463142	232766	230376	87870	45675	42195
赛罕区	733262	362905	370357	249409	120661	128748
包头市	**1897779**	**949922**	**947857**	**717942**	**352744**	**365198**
东河区	421812	210335	211477	167934	83119	84815
昆都仑区	759714	381336	378378	289273	141768	147505
青山区	513596	254076	259520	214440	104315	110125
石拐区	15424	8042	7382	3122	1605	1517
白云鄂博矿区	22681	12359	10322	8863	4635	4228
九原区	164552	83774	80778	34310	17302	17008
乌海市	**513469**	**264201**	**249268**	**217971**	**107991**	**109980**
海勃湾区	318969	161480	157489	135557	66499	69058
海南区	74354	39417	34937	27441	14006	13435
乌达区	120146	63304	56842	54973	27486	27487
赤峰市	**1013670**	**508660**	**505010**	**302647**	**151993**	**150654**
红山区	429895	214436	215459	130013	64438	65575
元宝山区	187249	93085	94164	85446	42317	43129
松山区	396526	201139	195387	87188	45238	41950
通辽市	**563959**	**278630**	**285329**	**190714**	**94749**	**95965**
科尔沁区	434037	211087	222950	149787	73631	76156
霍林郭勒市	129922	67543	62379	40927	21118	19809
鄂尔多斯市	**668906**	**340010**	**328896**	**132818**	**64617**	**68201**
东胜区	549285	278818	270467	105763	51482	54281
康巴什区	118796	60755	58041	26554	12873	13681
鄂托克旗	825	437	388	501	262	239
呼伦贝尔市	**944115**	**465620**	**478495**	**446131**	**218999**	**227132**
海拉尔区	352991	172935	180056	157352	76756	80596
扎赉诺尔区	79325	39353	39972	42859	21245	21614
满洲里市	146348	74089	72259	56292	27646	28646
牙克石市	140369	68125	72244	80992	39364	41628
扎兰屯市	139934	68751	71183	58412	28897	29515
额尔古纳市	43261	21552	21709	27606	13780	13826
根河市	41887	20815	21072	22618	11311	11307
巴彦淖尔市	**399699**	**198840**	**200859**	**116837**	**57083**	**59754**
临河区	399699	198840	200859	116837	57083	59754
乌兰察布市	**493988**	**244276**	**249712**	**172370**	**86261**	**86109**
集宁区	380206	187601	192605	126073	62754	63319
丰镇市	113782	56675	57107	46297	23507	22790
兴安盟	**319866**	**156094**	**163772**	**150506**	**73451**	**77055**
乌兰浩特市	301730	146829	154901	138048	67219	70829
阿尔山市	18136	9265	8871	12458	6232	6226
锡林郭勒盟	**398285**	**198973**	**199312**	**127139**	**62833**	**64306**
二连浩特市	73207	37238	35969	25189	12408	12781
锡林浩特市	325078	161735	163343	101950	50425	51525

户口登记状况的人口(城市)

单位：人

居住本乡、镇、街道，户口在外乡、镇、街道，离开户口登记地半年以上			居住本乡、镇、街道，户口待定			原住本乡、镇、街道，现在港澳台或国外工作学习		
小计	男	女	小计	男	女	小计	男	女
6154293	**3090865**	**3063428**	**31074**	**16840**	**14234**	**9379**	**4334**	**5045**
1540842	**769690**	**771152**	**11653**	**6220**	**5433**	**3590**	**1624**	**1966**
395224	199370	195854	3432	1844	1588	1153	526	627
294830	145343	149487	1722	862	860	599	254	345
372809	185828	186981	2185	1139	1046	278	124	154
477979	239149	238830	4314	2375	1939	1560	720	840
1172950	**593649**	**579301**	**4990**	**2648**	**2342**	**1897**	**881**	**1016**
252469	126527	125942	1063	528	535	346	161	185
467886	238236	229650	1946	1057	889	609	275	334
296949	148622	148327	1340	729	611	867	410	457
12266	6418	5848	31	17	14	5	2	3
13773	7698	6075	34	21	13	11	5	6
129607	66148	63459	576	296	280	59	28	31
293596	**155263**	**138333**	**1624**	**817**	**807**	**278**	**130**	**148**
182099	94330	87769	1134	575	559	179	76	103
46666	25281	21385	220	114	106	27	16	11
64831	35652	29179	270	128	142	72	38	34
708797	**355579**	**353218**	**1571**	**792**	**779**	**655**	**296**	**359**
299149	149629	149520	571	297	274	162	72	90
101409	50550	50859	147	93	54	247	125	122
308239	155400	152839	853	402	451	246	99	147
372103	**183315**	**188788**	**809**	**410**	**399**	**333**	**156**	**177**
283453	137064	146389	578	297	281	219	95	124
88650	46251	42399	231	113	118	114	61	53
533252	**273967**	**259285**	**2531**	**1274**	**1257**	**305**	**152**	**153**
441144	226155	214989	2112	1046	1066	266	135	131
91787	47640	44147	417	226	191	38	16	22
321	172	149	2	2		1	1	
494960	**244873**	**250087**	**2061**	**1315**	**746**	**963**	**433**	**530**
194460	95568	98892	767	436	331	412	175	237
36295	18019	18276	102	56	46	69	33	36
89337	45948	43389	591	419	172	128	76	52
59182	28675	30507	104	54	50	91	32	59
81181	39687	41494	207	110	97	134	57	77
15428	7597	7831	193	154	39	34	21	13
19077	9379	9698	97	86	11	95	39	56
281130	**140839**	**140291**	**1498**	**800**	**698**	**234**	**118**	**116**
281130	140839	140291	1498	800	698	234	118	116
319715	**157040**	**162675**	**1631**	**855**	**776**	**272**	**120**	**152**
252773	124140	128633	1104	594	510	256	113	143
66942	32900	34042	527	261	266	16	7	9
168380	**82101**	**86279**	**515**	**332**	**183**	**465**	**210**	**255**
162873	79223	83650	363	187	176	446	200	246
5507	2878	2629	152	145	7	19	10	9
268568	**134549**	**134019**	**2191**	**1377**	**814**	**387**	**214**	**173**
47323	24348	22975	555	388	167	140	94	46
221245	110201	111044	1636	989	647	247	120	127

1－2b 各地区分性别、

地区	人口数			居住本乡、镇、街道，户口在本乡、镇、街道		
	合计	男	女	小计	男	女
内蒙古	**6781056**	**3424007**	**3357049**	**3009784**	**1511700**	**1498084**
呼和浩特市	**494834**	**249881**	**244953**	**150348**	**76151**	**74197**
新城区	2241	1183	1058	1770	944	826
回民区						
玉泉区						
赛罕区	2325	1219	1106	1750	913	837
土默特左旗	105947	53224	52723	34743	17636	17107
托克托县	76352	38859	37493	29808	14808	15000
和林格尔县	82219	39394	42825	26532	13487	13045
清水河县	36566	18424	18142	15713	7974	7739
武川县	53034	26527	26507	16424	8397	8027
呼和浩特经济技术开发区	136150	71051	65099	23608	11992	11616
包头市	**436614**	**225371**	**211243**	**163352**	**82059**	**81293**
东河区	20572	10535	10037	7161	3624	3537
昆都仑区	748	632	116	3	3	
青山区	2418	1614	804	92	42	50
石拐区	2993	2141	852	295	159	136
白云鄂博矿区						
九原区	25366	16221	9145	5414	2725	2689
土默特右旗	116238	58383	57855	52528	26810	25718
固阳县	54002	27504	26498	27590	14031	13559
达尔罕茂明安联合旗	37358	18986	18372	17263	8837	8426
包头稀土高新技术产业开发区	176919	89355	87564	53006	25828	27178
乌海市	**17408**	**10832**	**6576**	**4235**	**2224**	**2011**
海勃湾区	3699	1973	1726	373	191	182
海南区	11159	7361	3798	2503	1321	1182
乌达区	2550	1498	1052	1359	712	647
赤峰市	**1129816**	**562223**	**567593**	**496232**	**249160**	**247072**
红山区	24406	12865	11541	13358	6890	6468
元宝山区	30211	15424	14787	22703	11483	11220
松山区	24781	12748	12033	21180	10866	10314
阿鲁科尔沁旗	107140	52485	54655	38059	18862	19197
巴林左旗	109060	53594	55466	39183	19719	19464
巴林右旗	94024	46581	47443	33749	16802	16947
林西县	109890	54473	55417	46213	22981	23232
克什克腾旗	97052	47884	49168	36310	17869	18441
翁牛特旗	127237	63943	63294	55863	28247	27616
喀喇沁旗	107771	53932	53839	48263	24568	23695
宁城县	153827	76631	77196	71379	35673	35706
敖汉旗	144417	71663	72754	69972	35200	34772

户口登记状况的人口(镇)

单位：人

居住本乡、镇、街道，户口在外乡、镇、街道，离开户口登记地半年以上			居住本乡、镇、街道，户口待定			原住本乡、镇、街道，现在港澳台或国外工作学习		
小计	男	女	小计	男	女	小计	男	女
3750215	**1901020**	**1849195**	**17787**	**9620**	**8167**	**3270**	**1667**	**1603**
341883	**172428**	**169455**	**2476**	**1226**	**1250**	**127**	**76**	**51**
468	237	231	3	2	1			
567	299	268	7	6	1	1	1	
70797	35397	35400	382	176	206	25	15	10
46242	23916	22326	283	123	160	19	12	7
55365	25741	29624	305	159	146	17	7	10
20684	10372	10312	167	77	90	2	1	1
36422	18037	18385	167	80	87	21	13	8
111338	58429	52909	1162	603	559	42	27	15
271812	**142552**	**129260**	**1200**	**628**	**572**	**250**	**132**	**118**
13343	6874	6469	67	37	30	1		1
745	629	116						
2321	1571	750	5	1	4			
2698	1982	716						
19916	13477	6439	30	16	14	6	3	3
63475	31438	32037	220	128	92	15	7	8
26342	13441	12901	62	27	35	8	5	3
19953	10086	9867	108	48	60	34	15	19
123019	63054	59965	708	371	337	186	102	84
13121	**8575**	**4546**	**47**	**31**	**16**	**5**	**2**	**3**
3310	1774	1536	16	8	8			
8630	6022	2608	22	16	6	4	2	2
1181	779	402	9	7	2	1		1
631847	**312202**	**319645**	**1407**	**680**	**727**	**330**	**181**	**149**
11013	5955	5058	27	16	11	8	4	4
7434	3901	3533	36	14	22	38	26	12
3558	1854	1704	19	10	9	24	18	6
68824	33510	35314	187	81	106	70	32	38
69782	33830	35952	87	41	46	8	4	4
60141	29719	30422	110	51	59	24	9	15
63598	31454	32144	67	33	34	12	5	7
60531	29888	30643	182	114	68	29	13	16
71199	35613	35586	155	73	82	20	10	10
59347	29293	30054	129	57	72	32	14	18
82159	40812	41347	259	124	135	30	22	8
74261	36373	37888	149	66	83	35	24	11

1-2b 续表 1

地　区	人口数			居住本乡、镇、街道，户口在本乡、镇、街道		
	合计	男	女	小计	男	女
通辽市	**873530**	**431038**	**442492**	**490457**	**245147**	**245310**
科尔沁区	46022	23608	22414	36979	18930	18049
科尔沁左翼中旗	119166	59055	60111	79099	40027	39072
科尔沁左翼后旗	106278	52070	54208	65241	32323	32918
开鲁县	123077	60312	62765	78547	38921	39626
库伦旗	60938	30416	30522	39231	19690	19541
奈曼旗	131429	64832	66597	85613	42765	42848
扎鲁特旗	118424	58149	60275	64123	31678	32445
通辽经济技术开发区	167879	82410	85469	41571	20788	20783
霍林郭勒市	317	186	131	53	25	28
鄂尔多斯市	**999056**	**525775**	**473281**	**275114**	**139153**	**135961**
东胜区	2967	1918	1049	1323	675	648
康巴什区						
达拉特旗	207102	105012	102090	47235	24190	23045
准格尔旗	250568	131133	119435	74807	38116	36691
鄂托克前旗	54710	28221	26489	22385	10904	11481
鄂托克旗	128004	68289	59715	33193	16718	16475
杭锦旗	69101	35562	33539	28039	14119	13920
乌审旗	98830	54543	44287	24771	12286	12485
伊金霍洛旗	187774	101097	86677	43361	22145	21216
呼伦贝尔市	**712799**	**359190**	**353609**	**450509**	**227863**	**222646**
海拉尔区	1451	747	704	1035	532	503
扎赉诺尔区	5099	2689	2410	3521	1839	1682
阿荣旗	124589	61737	62852	63228	31452	31776
莫力达瓦达斡尔族自治旗	82870	41015	41855	49421	24447	24974
鄂伦春自治旗	128919	64332	64587	89470	44830	44640
鄂温克族自治旗	108893	54191	54702	58572	29469	29103
陈巴尔虎旗	37231	19305	17926	22673	11641	11032
新巴尔虎左旗	20713	10222	10491	8877	4453	4424
新巴尔虎右旗	25206	12498	12708	13101	6501	6600
满洲里市	4160	2193	1967	2522	1312	1210
牙克石市	99373	51297	48076	76755	39401	37354
扎兰屯市	34115	17965	16150	27625	14656	12969
额尔古纳市	10903	5644	5259	8807	4578	4229
根河市	29277	15355	13922	24902	12752	12150
巴彦淖尔市	**523253**	**262460**	**260793**	**246065**	**123024**	**123041**
临河区	13418	7068	6350	9535	4929	4606
五原县	112379	56202	56177	50189	25097	25092
磴口县	50639	25246	25393	27886	13845	14041
乌拉特前旗	136352	67713	68639	62390	31353	31037
乌拉特中旗	61286	31297	29989	23506	11804	11702
乌拉特后旗	35121	18137	16984	14342	7238	7104
杭锦后旗	114058	56797	57261	58217	28758	29459

单位：人

居住本乡、镇、街道，户口在外乡、镇、街道，离开户口登记地半年以上			居住本乡、镇、街道，户口待定			原住本乡、镇、街道，现在港澳台或国外工作学习		
小计	男	女	小计	男	女	小计	男	女
380916	**184742**	**196174**	**1681**	**898**	**783**	**476**	**251**	**225**
8977	4646	4331	28	12	16	38	20	18
39901	18952	20949	104	44	60	62	32	30
40840	19642	21198	95	51	44	102	54	48
44409	21322	23087	71	39	32	50	30	20
21541	10639	10902	110	68	42	56	19	37
45632	21973	23659	135	69	66	49	25	24
54149	26380	27769	98	54	44	54	37	17
125203	61027	64176	1040	561	479	65	34	31
264	161	103						
720630	**384934**	**335696**	**3123**	**1592**	**1531**	**189**	**96**	**93**
1638	1240	398	6	3	3			
159385	80587	78798	435	211	224	47	24	23
174991	92617	82374	699	362	337	71	38	33
32152	17228	14924	158	84	74	15	5	10
94234	51281	42953	562	281	281	15	9	6
40789	21300	19489	264	136	128	9	7	2
73730	42087	31643	314	162	152	15	8	7
143711	78594	65117	685	353	332	17	5	12
260330	**130077**	**130253**	**1435**	**991**	**444**	**525**	**259**	**266**
415	214	201	1	1				
1568	843	725	4	2	2	6	5	1
61221	30207	31014	99	57	42	41	21	20
33249	16455	16794	162	95	67	38	18	20
38947	19132	19815	423	329	94	79	41	38
49910	24486	25424	265	174	91	146	62	84
14445	7602	6843	88	52	36	25	10	15
11765	5715	6050	64	52	12	7	2	5
11982	5910	6072	96	74	22	27	13	14
1623	870	753	8	6	2	7	5	2
22513	11838	10675	80	44	36	25	14	11
6401	3264	3137	45	18	27	44	27	17
2063	1038	1025	27	24	3	6	4	2
4228	2503	1725	73	63	10	74	37	37
275590	**138608**	**136982**	**1351**	**696**	**655**	**247**	**132**	**115**
3814	2099	1715	58	33	25	11	7	4
61799	30895	30904	331	175	156	60	35	25
22620	11337	11283	110	52	58	23	12	11
73550	36146	37404	327	169	158	85	45	40
37549	19374	18175	208	106	102	23	13	10
20685	10847	9838	83	46	37	11	6	5
55573	27910	27663	234	115	119	34	14	20

1-2b 续表 2

地 区	人 口 数			居住本乡、镇、街道，户口在本乡、镇、街道		
	合计	男	女	小计	男	女
乌兰察布市	**524629**	**261833**	**262796**	**240783**	**121450**	**119333**
集宁区	14063	6237	7826	3266	1706	1560
卓资县	38058	19144	18914	22735	11623	11112
化德县	56643	28053	28590	24279	12097	12182
商都县	81789	40139	41650	39870	19961	19909
兴和县	75800	37668	38132	34020	16815	17205
凉城县	48884	24269	24615	25670	12886	12784
察哈尔右翼前旗	54179	27566	26613	23702	11942	11760
察哈尔右翼中旗	29775	14829	14946	16839	8547	8292
察哈尔右翼后旗	52048	26206	25842	23905	12269	11636
四子王旗	64979	32475	32504	21210	10762	10448
丰镇市	8411	5247	3164	5287	2842	2445
兴安盟	**434317**	**215255**	**219062**	**229256**	**115013**	**114243**
乌兰浩特市	16279	8175	8104	5071	2558	2513
阿尔山市	10909	5660	5249	7792	3973	3819
科尔沁右翼前旗	85917	42064	43853	26210	12971	13239
科尔沁右翼中旗	97559	48402	49157	58435	29032	29403
扎赉特旗	141147	70751	70396	84217	43141	41076
突泉县	82506	40203	42303	47531	23338	24193
锡林郭勒盟	**419612**	**210439**	**209173**	**186076**	**93047**	**93029**
二连浩特市	1045	701	344	13	10	3
锡林浩特市	2034	1467	567	182	94	88
阿巴嘎旗	22778	11381	11397	10146	5066	5080
苏尼特左旗	18205	9051	9154	9328	4615	4713
苏尼特右旗	47424	23751	23673	23326	11631	11695
东乌珠穆沁旗	47742	23906	23836	21756	10851	10905
西乌珠穆沁旗	61756	31063	30693	21269	10646	10623
太仆寺旗	49564	24399	25165	28540	14215	14325
镶黄旗	18860	9509	9351	8844	4483	4361
正镶白旗	23427	11696	11731	10468	5350	5118
正蓝旗	38590	19170	19420	15010	7449	7561
多伦县	67316	33562	33754	27759	13830	13929
乌拉盖管委会	20871	10783	10088	9435	4807	4628
阿拉善盟	**215188**	**109710**	**105478**	**77357**	**37409**	**39948**
阿拉善左旗	142493	71463	71030	53260	26089	27171
阿拉善右旗	17629	8966	8663	9096	4496	4600
额济纳旗	30456	15210	15246	13008	5828	7180
内蒙古阿拉善经济开发区	24610	14071	10539	1993	996	997

单位：人

居住本乡、镇、街道，户口在外乡、镇、街道，离开户口登记地半年以上			居住本乡、镇、街道，户口待定			原住本乡、镇、街道，现在港澳台或国外工作学习		
小计	男	女	小计	男	女	小计	男	女
281949	**139443**	**142506**	**1798**	**896**	**902**	**99**	**44**	**55**
10763	4518	6245	33	13	20	1		1
15180	7451	7729	139	68	71	4	2	2
32190	15863	16327	172	92	80	2	1	1
41603	20036	21567	297	133	164	19	9	10
41483	20705	20778	293	145	148	4	3	1
22994	11275	11719	201	99	102	19	9	10
30275	15531	14744	193	87	106	9	6	3
12859	6246	6613	69	33	36	8	3	5
27988	13859	14129	150	75	75	5	3	2
43495	21556	21939	246	149	97	28	8	20
3119	2403	716	5	2	3			
203612	**99425**	**104187**	**839**	**507**	**332**	**610**	**310**	**300**
11174	5603	5571	32	13	19	2	1	1
2982	1565	1417	116	111	5	19	11	8
59471	28957	30514	160	93	67	76	43	33
38494	19040	19454	175	110	65	455	220	235
56737	27507	29230	139	72	67	54	31	23
34754	16753	18001	217	108	109	4	4	
231796	**116404**	**115392**	**1527**	**896**	**631**	**213**	**92**	**121**
1031	691	340	1		1			
1851	1373	478	1		1			
12557	6273	6284	59	37	22	16	5	11
8757	4356	4401	101	71	30	19	9	10
23981	12059	11922	92	48	44	25	13	12
25714	12917	12797	244	130	114	28	8	20
40226	20251	19975	246	161	85	15	5	10
20890	10112	10778	121	67	54	13	5	8
9910	4971	4939	69	39	30	37	16	21
12860	6287	6573	80	48	32	19	11	8
23443	11639	11804	114	72	42	23	10	13
39242	19579	19663	300	145	155	15	8	7
11334	5896	5438	99	78	21	3	2	1
136729	**71630**	**65099**	**903**	**579**	**324**	**199**	**92**	**107**
88516	44932	43584	566	375	191	151	67	84
8438	4416	4022	72	43	29	23	11	12
17212	9230	7982	211	138	73	25	14	11
22563	13052	9511	54	23	31			

1-2c 各地区分性别、

地区	人口数			居住本乡、镇、街道，户口在本乡、镇、街道		
	合计	男	女	小计	男	女
内蒙古	**7821680**	**4136772**	**3684908**	**6238872**	**3257009**	**2981863**
呼和浩特市	**718583**	**380968**	**337615**	**439602**	**231258**	**208344**
新城区	78600	41597	37003	21100	10762	10338
回民区	18594	10537	8057	7164	4401	2763
玉泉区	61431	32317	29114	18325	9296	9029
赛罕区	149734	79607	70127	75544	39915	35629
土默特左旗	157184	82291	74893	130315	68404	61911
托克托县	89840	47211	42629	64747	33511	31236
和林格尔县	80257	42566	37691	57071	29960	27111
清水河县	40108	21618	18490	32046	16938	15108
武川县	42835	23224	19611	33290	18071	15219
呼和浩特经济技术开发区						
包头市	**374985**	**198425**	**176560**	**260261**	**136520**	**123741**
东河区	41834	21687	20147	27543	14197	13346
昆都仑区	27219	14214	13005	10269	5133	5136
青山区	19114	10046	9068	4369	2218	2151
石拐区	6328	3478	2850	4091	2159	1932
白云鄂博矿区						
九原区	55272	29258	26014	26098	13256	12842
土默特右旗	121183	63874	57309	109281	57502	51779
固阳县	64622	34940	29682	51997	27863	24134
达尔罕茂明安联合旗	32205	17217	14988	23416	12582	10834
包头稀土高新技术产业开发区	7208	3711	3497	3197	1610	1587
乌海市	**25744**	**16011**	**9733**	**9772**	**5120**	**4652**
海勃湾区	16487	10428	6059	5021	2727	2294
海南区	9257	5583	3674	4751	2393	2358
乌达区						
赤峰市	**1892481**	**978753**	**913728**	**1638656**	**845969**	**792687**
红山区	14778	7627	7151	12656	6540	6116
元宝山区	67530	34846	32684	59210	30007	29203
松山区	285005	147500	137505	192156	99107	93049
阿鲁科尔沁旗	133220	68876	64344	118667	61126	57541
巴林左旗	168462	86333	82129	138663	71409	67254
巴林右旗	61003	31504	29499	53464	27632	25832
林西县	76773	39399	37374	65844	33804	32040
克什克腾旗	89091	47209	41882	75083	38513	36570
翁牛特旗	206733	106437	100296	192897	99113	93784
喀喇沁旗	155021	80797	74224	144329	75352	68977
宁城县	330570	171961	158609	309352	161086	148266
敖汉旗	304295	156264	148031	276335	142280	134055

户口登记状况的人口(乡村)

单位：人

居住本乡、镇、街道，户口在外乡、镇、街道，离开户口登记地半年以上			居住本乡、镇、街道，户口待定			原住本乡、镇、街道，现在港澳台或国外工作学习		
小计	男	女	小计	男	女	小计	男	女
1558453	**866882**	**691571**	**12460**	**6328**	**6132**	**11895**	**6553**	**5342**
276519	**148517**	**128002**	**2069**	**960**	**1109**	**393**	**233**	**160**
57205	30675	26530	272	148	124	23	12	11
11342	6092	5250	79	37	42	9	7	2
42895	22901	19994	195	112	83	16	8	8
73709	39444	34265	436	223	213	45	25	20
26360	13664	12696	416	162	254	93	61	32
24754	13563	11191	272	96	176	67	41	26
22872	12448	10424	272	133	139	42	25	17
7979	4643	3336	54	25	29	29	12	17
9403	5087	4316	73	24	49	69	42	27
113882	**61505**	**52377**	**654**	**296**	**358**	**188**	**104**	**84**
14208	7449	6759	62	30	32	21	11	10
16908	9063	7845	38	17	21	4	1	3
14689	7803	6886	53	25	28	3		3
2225	1310	915	7	5	2	5	4	1
29064	15944	13120	88	48	40	22	10	12
11634	6245	5389	191	79	112	77	48	29
12480	7012	5468	128	56	72	17	9	8
8673	4582	4091	80	33	47	36	20	16
4001	2097	1904	7	3	4	3	1	2
15922	**10867**	**5055**	**42**	**21**	**21**	**8**	**3**	**5**
11433	7687	3746	30	13	17	3	1	2
4489	3180	1309	12	8	4	5	2	3
250189	**130843**	**119346**	**1923**	**923**	**1000**	**1713**	**1018**	**695**
2108	1081	1027	8	2	6	6	4	2
8184	4762	3422	63	38	25	73	39	34
92361	48137	44224	332	169	163	156	87	69
14160	7548	6612	90	33	57	303	169	134
29557	14785	14772	118	59	59	124	80	44
7268	3723	3545	61	26	35	210	123	87
10821	5535	5286	84	44	40	24	16	8
13796	8576	5220	122	71	51	90	49	41
13397	7087	6310	223	110	113	216	127	89
10451	5315	5136	141	57	84	100	73	27
20611	10565	10046	383	176	207	224	134	90
27475	13729	13746	298	138	160	187	117	70

1-2c 续表 1

地区	人口数			居住本乡、镇、街道，户口在本乡、镇、街道		
	合计	男	女	小计	男	女
通辽市	**1435679**	**739513**	**696166**	**1314601**	**681796**	**632805**
科尔沁区	238606	122128	116478	211182	109392	101790
科尔沁左翼中旗	280465	146171	134294	265164	139295	125869
科尔沁左翼后旗	215160	111304	103856	197131	102719	94412
开鲁县	190287	96160	94127	175571	89501	86070
库伦旗	90195	46823	43372	83814	43665	40149
奈曼旗	243883	125086	118797	230382	118679	111703
扎鲁特旗	133382	69196	64186	119797	62187	57610
通辽经济技术开发区	35264	18191	17073	28373	14739	13634
霍林郭勒市	8437	4454	3983	3187	1619	1568
鄂尔多斯市	**485676**	**289159**	**196517**	**292128**	**152899**	**139229**
东胜区	21990	15674	6316	6860	4026	2834
康巴什区						
达拉特旗	121491	65275	56216	85412	44598	40814
准格尔旗	108616	66866	41750	58914	31019	27895
鄂托克前旗	38014	23265	14749	23571	12260	11311
鄂托克旗	33897	20875	13022	17282	8911	8371
杭锦旗	41723	22322	19401	35034	18393	16641
乌审旗	59736	36621	23115	35922	18619	17303
伊金霍洛旗	60209	38261	21948	29133	15073	14060
呼伦贝尔市	**585961**	**308128**	**277833**	**469310**	**248189**	**221121**
海拉尔区	10570	5509	5061	7696	3991	3705
扎赉诺尔区						
阿荣旗	133226	69577	63649	108618	57500	51118
莫力达瓦达斡尔族自治旗	145952	76038	69914	117775	62637	55138
鄂伦春自治旗	45104	23795	21309	31393	16689	14704
鄂温克族自治旗	32209	16897	15312	24805	12875	11930
陈巴尔虎旗	13325	7422	5903	8767	4769	3998
新巴尔虎左旗	16294	8748	7546	12253	6541	5712
新巴尔虎右旗	13152	8234	4918	7173	3930	3243
满洲里市						
牙克石市	16654	8710	7944	13691	7128	6563
扎兰屯市	144884	75320	69564	126355	66393	59962
额尔古纳市	14318	7729	6589	10573	5625	4948
根河市	273	149	124	211	111	100
巴彦淖尔市	**615763**	**324439**	**291324**	**464197**	**241744**	**222453**
临河区	169089	87732	81357	111839	57931	53908
五原县	112430	58202	54228	92604	48072	44532
磴口县	39557	21007	18550	29922	15672	14250
乌拉特前旗	121474	64693	56781	92912	48629	44283
乌拉特中旗	50873	28391	22482	39338	21110	18228
乌拉特后旗	18825	11300	7525	11716	6222	5494
杭锦后旗	103515	53114	50401	85866	44108	41758

单位：人

居住本乡、镇、街道，户口在外乡、镇、街道，离开户口登记地半年以上			居住本乡、镇、街道，户口待定			原住本乡、镇、街道，现在港澳台或国外工作学习		
小计	男	女	小计	男	女	小计	男	女
117270	**55702**	**61568**	**961**	**473**	**488**	**2847**	**1542**	**1305**
26678	12360	14318	168	76	92	578	300	278
14703	6553	8150	160	84	76	438	239	199
17173	8124	9049	167	90	77	689	371	318
14468	6522	7946	97	52	45	151	85	66
6031	2965	3066	60	26	34	290	167	123
13001	6139	6862	167	75	92	333	193	140
13155	6799	6356	99	49	50	331	161	170
6818	3408	3410	37	19	18	36	25	11
5243	2832	2411	6	2	4	1	1	
191953	**135394**	**56559**	**1318**	**703**	**615**	**277**	**163**	**114**
15104	11635	3469	25	12	13	1	1	
35260	20266	14994	780	389	391	39	22	17
49528	35743	13785	135	81	54	39	23	16
14325	10930	3395	81	47	34	37	28	9
16538	11926	4612	40	20	20	37	18	19
6586	3878	2708	59	22	37	44	29	15
23671	17916	5755	71	49	22	72	37	35
30941	23100	7841	127	83	44	8	5	3
113162	**57993**	**55169**	**1227**	**771**	**456**	**2262**	**1175**	**1087**
2852	1504	1348	11	8	3	11	6	5
23831	11643	12188	157	90	67	620	344	276
27609	13112	14497	211	105	106	357	184	173
13519	6983	6536	147	95	52	45	28	17
6973	3743	3230	194	167	27	237	112	125
4502	2623	1879	34	21	13	22	9	13
3921	2129	1792	79	53	26	41	25	16
5872	4235	1637	66	52	14	41	17	24
2934	1569	1365	18	10	8	11	3	8
17409	8355	9054	264	136	128	856	436	420
3680	2061	1619	46	34	12	19	9	10
60	36	24				2	2	
149717	**81648**	**68069**	**1246**	**673**	**573**	**603**	**374**	**229**
56584	29448	27136	504	252	252	162	101	61
19566	9989	9577	158	84	74	102	57	45
9540	5273	4267	71	48	23	24	14	10
28243	15879	12364	228	137	91	91	48	43
11314	7142	4172	108	58	50	113	81	32
7062	5045	2017	22	16	6	25	17	8
17408	8872	8536	155	78	77	86	56	30

1-2c 续表 2

地区	人口数			居住本乡、镇、街道，户口在本乡、镇、街道		
	合计	男	女	小计	男	女
乌兰察布市	**687711**	**363728**	**323983**	**524769**	**277742**	**247027**
集宁区	30790	16220	14570	13907	7239	6668
卓资县	47590	26472	21118	35431	19555	15876
化德县	38630	20513	18117	29835	15596	14239
商都县	92137	47469	44668	73360	38001	35359
兴和县	92081	47714	44367	77529	40404	37125
凉城县	70177	37604	32573	53522	28954	24568
察哈尔右翼前旗	70993	38063	32930	54034	28226	25808
察哈尔右翼中旗	56333	30209	26124	44037	23718	20319
察哈尔右翼后旗	51551	26819	24732	39879	20893	18986
四子王旗	64393	33953	30440	44702	23787	20915
丰镇市	73036	38692	34344	58533	31369	27164
兴安盟	**662746**	**345890**	**316856**	**587753**	**307559**	**280194**
乌兰浩特市	38026	20179	17847	30239	15944	14295
阿尔山市	3256	1770	1486	2318	1217	1101
科尔沁右翼前旗	199475	103848	95627	175118	91376	83742
科尔沁右翼中旗	109821	57235	52586	100752	52490	48262
扎赉特旗	174006	90983	83023	158796	83864	74932
突泉县	138162	71875	66287	120530	62668	57862
锡林郭勒盟	**289178**	**161959**	**127219**	**214833**	**115878**	**98955**
二连浩特市	1542	868	674	1047	551	496
锡林浩特市	22841	12992	9849	9421	5203	4218
阿巴嘎旗	15811	9202	6609	10991	6202	4789
苏尼特左旗	15438	9114	6324	11298	6304	4994
苏尼特右旗	14978	8159	6819	12024	6547	5477
东乌珠穆沁旗	22868	12753	10115	17033	9096	7937
西乌珠穆沁旗	37499	24014	13485	21350	11771	9579
太仆寺旗	59806	31622	28184	51879	27407	24472
镶黄旗	8539	4886	3653	6728	3599	3129
正镶白旗	19523	10719	8804	16787	9048	7739
正蓝旗	31318	16650	14668	24527	13062	11465
多伦县	36420	19506	16914	30545	16349	14196
乌拉盖管委会	2595	1474	1121	1203	739	464
阿拉善盟	**47173**	**29799**	**17374**	**22990**	**12335**	**10655**
阿拉善左旗	34251	20925	13326	18779	10070	8709
阿拉善右旗	5018	3081	1937	2887	1556	1331
额济纳旗	5300	3642	1658	1256	669	587
内蒙古阿拉善经济开发区	2604	2151	453	68	40	28

单位：人

居住本乡、镇、街道，户口在外乡、镇、街道，离开户口登记地半年以上			居住本乡、镇、街道，户口待定			原住本乡、镇、街道，现在港澳台或国外工作学习		
小计	男	女	小计	男	女	小计	男	女
161089	**85130**	**75959**	**1372**	**560**	**812**	**481**	**296**	**185**
16804	8937	7867	69	39	30	10	5	5
12041	6847	5194	88	49	39	30	21	9
8733	4882	3851	41	21	20	21	14	7
18575	9386	9189	156	51	105	46	31	15
14345	7227	7118	166	61	105	41	22	19
16419	8563	7856	193	64	129	43	23	20
16776	9741	7035	141	68	73	42	28	14
12165	6432	5733	78	31	47	53	28	25
11526	5852	5674	100	40	60	46	34	12
19505	10067	9438	95	41	54	91	58	33
14200	7196	7004	245	95	150	58	32	26
71919	**36746**	**35173**	**676**	**341**	**335**	**2398**	**1244**	**1154**
6944	3835	3109	45	23	22	798	377	421
917	534	383	20	18	2	1	1	
23646	12112	11534	167	76	91	544	284	260
8689	4567	4122	164	78	86	216	100	116
14370	6657	7713	174	93	81	666	369	297
17353	9041	8312	106	53	53	173	113	60
72968	**45330**	**27638**	**728**	**393**	**335**	**649**	**358**	**291**
480	308	172	13	9	4	2		2
13341	7747	5594	57	29	28	22	13	9
4747	2955	1792	52	37	15	21	8	13
4070	2764	1306	44	30	14	26	16	10
2906	1579	1327	29	23	6	19	10	9
5705	3593	2112	78	39	39	52	25	27
15977	12144	3833	101	63	38	71	36	35
7755	4136	3619	128	50	78	44	29	15
1692	1216	476	22	16	6	97	55	42
2571	1571	1000	47	23	24	118	77	41
6569	3477	3092	73	37	36	149	74	75
5770	3108	2662	80	36	44	25	13	12
1385	732	653	4	1	3	3	2	1
23863	**17207**	**6656**	**244**	**214**	**30**	**76**	**43**	**33**
15358	10779	4579	62	44	18	52	32	20
2109	1513	596	4	3	1	18	9	9
3860	2804	1056	178	167	11	6	2	4
2536	2111	425						

1-3 各地区分性别的户口登记地在外乡镇街道的人口状况

单位：人

地区	户口登记地					
	合计			本县(市、区)		
	合计	男	女	小计	男	女
内蒙古	**11462961**	**5858767**	**5604194**	**4777803**	**2342163**	**2435640**
呼和浩特市	**2159244**	**1090635**	**1068609**	**468840**	**231905**	**236935**
新城区	452897	230282	222615	93670	45689	47981
回民区	306172	151435	154737	38851	18974	19877
玉泉区	415704	208729	206975	50818	25051	25767
赛罕区	552255	278892	273363	112070	54514	57556
土默特左旗	97157	49061	48096	32672	16321	16351
托克托县	70996	37479	33517	44053	22368	21685
和林格尔县	78237	38189	40048	35774	18280	17494
清水河县	28663	15015	13648	22019	11184	10835
武川县	45825	23124	22701	35349	17769	17580
呼和浩特经济技术开发区	111338	58429	52909	3564	1755	1809
包头市	**1558644**	**797706**	**760938**	**495280**	**243028**	**252252**
东河区	280020	140850	139170	122926	60018	62908
昆都仑区	485539	247928	237611	154710	75666	79044
青山区	313959	157996	155963	87565	42568	44997
石拐区	17189	9710	7479	7318	3739	3579
白云鄂博矿区	13773	7698	6075	1432	751	681
九原区	178587	95569	83018	22652	11254	11398
土默特右旗	75109	37683	37426	48807	24007	24800
固阳县	38822	20453	18369	23955	12224	11731
达尔罕茂明安联合旗	28626	14668	13958	17453	8604	8849
包头稀土高新技术产业开发区	127020	65151	61869	8462	4197	4265
乌海市	**322639**	**174705**	**147934**	**103456**	**51103**	**52353**
海勃湾区	196842	103791	93051	66364	32248	34116
海南区	59785	34483	25302	11033	5803	5230
乌达区	66012	36431	29581	26059	13052	13007
赤峰市	**1590833**	**798624**	**792209**	**971445**	**482917**	**488528**
红山区	312270	156665	155605	109372	53699	55673
元宝山区	117027	59213	57814	73640	36347	37293
松山区	404158	205391	198767	186325	95483	90842
阿鲁科尔沁旗	82984	41058	41926	70606	34518	36088
巴林左旗	99339	48615	50724	87883	42586	45297
巴林右旗	67409	33442	33967	47133	23040	24093
林西县	74419	36989	37430	52461	25785	26676
克什克腾旗	74327	38464	35863	57387	28585	28802
翁牛特旗	84596	42700	41896	66749	33732	33017
喀喇沁旗	69798	34608	35190	50749	25248	25501
宁城县	102770	51377	51393	82731	41225	41506
敖汉旗	101736	50102	51634	86409	42669	43740

1-3　续表 1　　　　单位：人

地　区	户口登记地					
	合　计			本县(市、区)		
	合计	男	女	小计	男	女
通辽市	**870289**	**423759**	**446530**	**458818**	**216709**	**242109**
科尔沁区	319108	154070	165038	204190	96701	107489
科尔沁左翼中旗	54604	25505	29099	34588	15826	18762
科尔沁左翼后旗	58013	27766	30247	33692	15637	18055
开鲁县	58877	27844	31033	39598	18120	21478
库伦旗	27572	13604	13968	16809	8147	8662
奈曼旗	58633	28112	30521	43352	20502	22850
扎鲁特旗	67304	33179	34125	49698	23678	26020
通辽经济技术开发区	132021	64435	67586	13322	6364	6958
霍林郭勒市	94157	49244	44913	23569	11734	11835
鄂尔多斯市	**1445835**	**794295**	**651540**	**530190**	**263191**	**266999**
东胜区	457886	239030	218856	120032	58923	61109
康巴什区	91787	47640	44147	6266	3111	3155
达拉特旗	194645	100853	93792	130473	64342	66131
准格尔旗	224519	128360	96159	111849	55955	55894
鄂托克前旗	46477	28158	18319	17470	8671	8799
鄂托克旗	111093	63379	47714	24031	12024	12007
杭锦旗	47375	25178	22197	25320	12501	12819
乌审旗	97401	60003	37398	31808	16058	15750
伊金霍洛旗	174652	101694	72958	62941	31606	31335
呼伦贝尔市	**868452**	**432943**	**435509**	**419808**	**202473**	**217335**
海拉尔区	197727	97286	100441	79422	38453	40969
扎赉诺尔区	37863	18862	19001	22525	11116	11409
阿荣旗	85052	41850	43202	60942	29473	31469
莫力达瓦达斡尔族自治旗	60858	29567	31291	40010	19092	20918
鄂伦春自治旗	52466	26115	26351	17269	8319	8950
鄂温克族自治旗	56883	28229	28654	13172	6198	6974
陈巴尔虎旗	18947	10225	8722	4680	2241	2439
新巴尔虎左旗	15686	7844	7842	7067	3311	3756
新巴尔虎右旗	17854	10145	7709	6649	3142	3507
满洲里市	90960	46818	44142	21917	10613	11304
牙克石市	84629	42082	42547	48821	23689	25132
扎兰屯市	104991	51306	53685	70885	33993	36892
额尔古纳市	21171	10696	10475	9292	4447	4845
根河市	23365	11918	11447	17157	8386	8771
巴彦淖尔市	**706437**	**361095**	**345342**	**394588**	**196102**	**198486**
临河区	341528	172386	169142	191386	94125	97261
五原县	81365	40884	40481	48263	24450	23813
磴口县	32160	16610	15550	14460	7317	7143
乌拉特前旗	101793	52025	49768	65857	32270	33587
乌拉特中旗	48863	26516	22347	24866	12439	12427
乌拉特后旗	27747	15892	11855	8745	4465	4280
杭锦后旗	72981	36782	36199	41011	21036	19975

1-3 续表 2

单位：人

地区	户口登记地					
	合计			本县(市、区)		
	合计	男	女	小计	男	女
乌兰察布市	**762753**	**381613**	**381140**	**446236**	**220691**	**225545**
集宁区	280340	137595	142745	106033	51659	54374
卓资县	27221	14298	12923	16535	8544	7991
化德县	40923	20745	20178	28234	13889	14345
商都县	60178	29422	30756	44021	21322	22699
兴和县	55828	27932	27896	45137	22562	22575
凉城县	39413	19838	19575	28359	14177	14182
察哈尔右翼前旗	47051	25272	21779	17573	8890	8683
察哈尔右翼中旗	25024	12678	12346	18353	9224	9129
察哈尔右翼后旗	39514	19711	19803	28430	14075	14355
四子王旗	63000	31623	31377	49811	24778	25033
丰镇市	84261	42499	41762	63750	31571	32179
兴安盟	**443911**	**218272**	**225639**	**228181**	**109258**	**118923**
乌兰浩特市	180991	88661	92330	79704	38175	41529
阿尔山市	9406	4977	4429	2355	1184	1171
科尔沁右翼前旗	83117	41069	42048	33909	16347	17562
科尔沁右翼中旗	47183	23607	23576	30477	14545	15932
扎赉特旗	71107	34164	36943	47976	22831	25145
突泉县	52107	25794	26313	33760	16176	17584
锡林郭勒盟	**573332**	**296283**	**277049**	**205773**	**98077**	**107696**
二连浩特市	48834	25347	23487	2163	1064	1099
锡林浩特市	236437	119321	117116	59402	28448	30954
阿巴嘎旗	17304	9228	8076	7190	3247	3943
苏尼特左旗	12827	7120	5707	4973	2217	2756
苏尼特右旗	26887	13638	13249	11918	5619	6299
东乌珠穆沁旗	31419	16510	14909	10914	5086	5828
西乌珠穆沁旗	56203	32395	23808	21208	9848	11360
太仆寺旗	28645	14248	14397	21047	10200	10847
镶黄旗	11602	6187	5415	6398	2968	3430
正镶白旗	15431	7858	7573	9876	4722	5154
正蓝旗	30012	15116	14896	17781	8527	9254
多伦县	45012	22687	22325	29377	14290	15087
乌拉盖管委会	12719	6628	6091	3526	1841	1685
阿拉善盟	**160592**	**88837**	**71755**	**55188**	**26709**	**28479**
阿拉善左旗	103874	55711	48163	46156	22327	23829
阿拉善右旗	10547	5929	4618	4956	2382	2574
额济纳旗	21072	12034	9038	4066	1994	2072
内蒙古阿拉善经济开发区	25099	15163	9936	10	6	4

1-3　续表 3

单位：人

地　区	户口登记地					
	本自治区其他县(市、区)			自治区外		
	小计	男	女	小计	男	女
内蒙古	**4998738**	**2513708**	**2485030**	**1686420**	**1002896**	**683524**
呼和浩特市	**1431362**	**709490**	**721872**	**259042**	**149240**	**109802**
新城区	290127	143262	146865	69100	41331	27769
回民区	227373	110163	117210	39948	22298	17650
玉泉区	317773	157878	159895	47113	25800	21313
赛罕区	382141	191015	191126	58044	33363	24681
土默特左旗	54386	27157	27229	10099	5583	4516
托克托县	20227	10464	9763	6716	4647	2069
和林格尔县	33951	15393	18558	8512	4516	3996
清水河县	4414	2362	2052	2230	1469	761
武川县	8179	4104	4075	2297	1251	1046
呼和浩特经济技术开发区	92791	47692	45099	14983	8982	6001
包头市	**824909**	**416867**	**408042**	**238455**	**137811**	**100644**
东河区	109642	53379	56263	47452	27453	19999
昆都仑区	259622	132283	127339	71207	39979	31228
青山区	177262	87723	89539	49132	27705	21427
石拐区	5736	3094	2642	4135	2877	1258
白云鄂博矿区	10282	5622	4660	2059	1325	734
九原区	126988	67121	59867	28947	17194	11753
土默特右旗	20934	10480	10454	5368	3196	2172
固阳县	10722	5504	5218	4145	2725	1420
达尔罕茂明安联合旗	8898	4607	4291	2275	1457	818
包头稀土高新技术产业开发区	94823	47054	47769	23735	13900	9835
乌海市	**121244**	**63148**	**58096**	**97939**	**60454**	**37485**
海勃湾区	80631	41540	39091	49847	30003	19844
海南区	21700	11604	10096	27052	17076	9976
乌达区	18913	10004	8909	21040	13375	7665
赤峰市	**516142**	**258456**	**257686**	**103246**	**57251**	**45995**
红山区	176738	87975	88763	26160	14991	11169
元宝山区	31295	16240	15055	12092	6626	5466
松山区	194997	97238	97759	22836	12670	10166
阿鲁科尔沁旗	9435	4904	4531	2943	1636	1307
巴林左旗	7194	3540	3654	4262	2489	1773
巴林右旗	17797	8983	8814	2479	1419	1060
林西县	17884	8929	8955	4074	2275	1799
克什克腾旗	11804	6375	5429	5136	3504	1632
翁牛特旗	14844	7433	7411	3003	1535	1468
喀喇沁旗	14606	7143	7463	4443	2217	2226
宁城县	9993	4969	5024	10046	5183	4863
敖汉旗	9555	4727	4828	5772	2706	3066

1－3 续表 4

单位：人

地 区	户口登记地					
	本自治区其他县(市、区)			自治区外		
	小计	男	女	小计	男	女
通辽市	**321637**	**158106**	**163531**	**89834**	**48944**	**40890**
科尔沁区	86485	41705	44780	28433	15664	12769
科尔沁左翼中旗	12359	5995	6364	7657	3684	3973
科尔沁左翼后旗	15277	7782	7495	9044	4347	4697
开鲁县	13340	6397	6943	5939	3327	2612
库伦旗	6156	3007	3149	4607	2450	2157
奈曼旗	10186	4954	5232	5095	2656	2439
扎鲁特旗	13321	6922	6399	4285	2579	1706
通辽经济技术开发区	108702	52282	56420	9997	5789	4208
霍林郭勒市	55811	29062	26749	14777	8448	6329
鄂尔多斯市	**528242**	**277624**	**250618**	**387403**	**253480**	**133923**
东胜区	224065	112648	111417	113789	67459	46330
康巴什区	68546	34503	34043	16975	10026	6949
达拉特旗	42444	22370	20074	21728	14141	7587
准格尔旗	58593	33666	24927	54077	38739	15338
鄂托克前旗	5414	2854	2560	23593	16633	6960
鄂托克旗	43732	24220	19512	43330	27135	16195
杭锦旗	15188	7996	7192	6867	4681	2186
乌审旗	11677	6669	5008	53916	37276	16640
伊金霍洛旗	58583	32698	25885	53128	37390	15738
呼伦贝尔市	**290062**	**145549**	**144513**	**158582**	**84921**	**73661**
海拉尔区	85444	41007	44437	32861	17826	15035
扎赉诺尔区	9743	4903	4840	5595	2843	2752
阿荣旗	14656	7505	7151	9454	4872	4582
莫力达瓦达斡尔族自治旗	10147	5216	4931	10701	5259	5442
鄂伦春自治旗	20460	10412	10048	14737	7384	7353
鄂温克族自治旗	34666	17202	17464	9045	4829	4216
陈巴尔虎旗	10225	5533	4692	4042	2451	1591
新巴尔虎左旗	6789	3401	3388	1830	1132	698
新巴尔虎右旗	7581	4307	3274	3624	2696	928
满洲里市	31671	16122	15549	37372	20083	17289
牙克石市	24788	12655	12133	11020	5738	5282
扎兰屯市	22114	11096	11018	11992	6217	5775
额尔古纳市	7908	4079	3829	3971	2170	1801
根河市	3870	2111	1759	2338	1421	917
巴彦淖尔市	**234851**	**118070**	**116781**	**76998**	**46923**	**30075**
临河区	115811	58328	57483	34331	19933	14398
五原县	25499	12172	13327	7603	4262	3341
磴口县	13209	6787	6422	4491	2506	1985
乌拉特前旗	24019	11877	12142	11917	7878	4039
乌拉特中旗	16264	8848	7416	7733	5229	2504
乌拉特后旗	13107	6987	6120	5895	4440	1455
杭锦后旗	26942	13071	13871	5028	2675	2353

1-3　续表 5

单位：人

地　区	户口登记地					
	本自治区其他县(市、区)			自治区外		
	小计	男	女	小计	男	女
乌兰察布市	**247152**	**120413**	**126739**	**69365**	**40509**	**28856**
集宁区	146734	69745	76989	27573	16191	11382
卓资县	7950	4179	3771	2736	1575	1161
化德县	7330	3715	3615	5359	3141	2218
商都县	12114	5947	6167	4043	2153	1890
兴和县	6274	3098	3176	4417	2272	2145
凉城县	8292	4193	4099	2762	1468	1294
察哈尔右翼前旗	21613	11111	10502	7865	5271	2594
察哈尔右翼中旗	4988	2425	2563	1683	1029	654
察哈尔右翼后旗	8937	4443	4494	2147	1193	954
四子王旗	10612	5425	5187	2577	1420	1157
丰镇市	12308	6132	6176	8203	4796	3407
兴安盟	**161115**	**79197**	**81918**	**54615**	**29817**	**24798**
乌兰浩特市	78680	37991	40689	22607	12495	10112
阿尔山市	5533	2889	2644	1518	904	614
科尔沁右翼前旗	41014	20069	20945	8194	4653	3541
科尔沁右翼中旗	12231	6402	5829	4475	2660	1815
扎赉特旗	12060	6000	6060	11071	5333	5738
突泉县	11597	5846	5751	6750	3772	2978
锡林郭勒盟	**286538**	**147409**	**139129**	**81021**	**50797**	**30224**
二连浩特市	38840	19765	19075	7831	4518	3313
锡林浩特市	143947	71600	72347	33088	19273	13815
阿巴嘎旗	7720	4220	3500	2394	1761	633
苏尼特左旗	5732	3224	2508	2122	1679	443
苏尼特右旗	12382	6295	6087	2587	1724	863
东乌珠穆沁旗	17467	9496	7971	3038	1928	1110
西乌珠穆沁旗	24801	14441	10360	10194	8106	2088
太仆寺旗	4049	2090	1959	3549	1958	1591
镶黄旗	3147	1577	1570	2057	1642	415
正镶白旗	3913	2023	1890	1642	1113	529
正蓝旗	9289	4865	4424	2942	1724	1218
多伦县	7286	3778	3508	8349	4619	3730
乌拉盖管委会	7965	4035	3930	1228	752	476
阿拉善盟	**35484**	**19379**	**16105**	**69920**	**42749**	**27171**
阿拉善左旗	20225	10556	9669	37493	22828	14665
阿拉善右旗	1090	629	461	4501	2918	1583
额济纳旗	5090	3084	2006	11916	6956	4960
内蒙古阿拉善经济开发区	9079	5110	3969	16010	10047	5963

1-3a 各地区分性别的户口登记地在外乡镇街道的人口状况(城市)

单位：人

地区	户口登记地					
	合计			本县(市、区)		
	合计	男	女	小计	男	女
内蒙古	**6154293**	**3090865**	**3063428**	**2103158**	**1025797**	**1077361**
呼和浩特市	**1540842**	**769690**	**771152**	**275384**	**134212**	**141172**
新城区	395224	199370	195854	88234	42979	45255
回民区	294830	145343	149487	38208	18653	19555
玉泉区	372809	185828	186981	47780	23515	24265
赛罕区	477979	239149	238830	101162	49065	52097
包头市	**1172950**	**593649**	**579301**	**383032**	**186940**	**196092**
东河区	252469	126527	125942	116455	56767	59688
昆都仑区	467886	238236	229650	153147	74839	78308
青山区	296949	148622	148327	85647	41594	44053
石拐区	12266	6418	5848	6948	3541	3407
白云鄂博矿区	13773	7698	6075	1432	751	681
九原区	129607	66148	63459	19403	9448	9955
乌海市	**293596**	**155263**	**138333**	**100712**	**49466**	**51246**
海勃湾区	182099	94330	87769	64870	31418	33452
海南区	46666	25281	21385	10029	5147	4882
乌达区	64831	35652	29179	25813	12901	12912
赤峰市	**708797**	**355579**	**353218**	**314471**	**156929**	**157542**
红山区	299149	149629	149520	106433	52215	54218
元宝山区	101409	50550	50859	68823	33875	34948
松山区	308239	155400	152839	139215	70839	68376
通辽市	**372103**	**183315**	**188788**	**210051**	**100688**	**109363**
科尔沁区	283453	137064	146389	188303	89869	98434
霍林郭勒市	88650	46251	42399	21748	10819	10929
鄂尔多斯市	**533252**	**273967**	**259285**	**125419**	**61461**	**63958**
东胜区	441144	226155	214989	119076	58309	60767
康巴什区	91787	47640	44147	6266	3111	3155
鄂托克旗	321	172	149	77	41	36
呼伦贝尔市	**494960**	**244873**	**250087**	**246409**	**118969**	**127440**
海拉尔区	194460	95568	98892	78843	38158	40685
扎赉诺尔区	36295	18019	18276	22178	10936	11242
满洲里市	89337	45948	43389	21880	10593	11287
牙克石市	59182	28675	30507	38486	18343	20143
扎兰屯市	81181	39687	41494	61370	29539	31831
额尔古纳市	15428	7597	7831	7645	3609	4036
根河市	19077	9379	9698	16007	7791	8216
巴彦淖尔市	**281130**	**140839**	**140291**	**167578**	**81924**	**85654**
临河区	281130	140839	140291	167578	81924	85654
乌兰察布市	**319715**	**157040**	**162675**	**148352**	**72411**	**75941**
集宁区	252773	124140	128633	93932	45559	48373
丰镇市	66942	32900	34042	54420	26852	27568
兴安盟	**168380**	**82101**	**86279**	**72436**	**34587**	**37849**
乌兰浩特市	162873	79223	83650	70934	33844	37090
阿尔山市	5507	2878	2629	1502	743	759
锡林郭勒盟	**268568**	**134549**	**134019**	**59314**	**28210**	**31104**
二连浩特市	47323	24348	22975	2105	1029	1076
锡林浩特市	221245	110201	111044	57209	27181	30028

1-3a　续表　　单位：人

地　区	户口登记地					
	本自治区其他县(市、区)			自治区外		
	小计	男	女	小计	男	女
内蒙古	**3206711**	**1587113**	**1619598**	**844424**	**477955**	**366469**
呼和浩特市	**1082039**	**531394**	**550645**	**183419**	**104084**	**79335**
新城区	247538	120921	126617	59452	35470	23982
回民区	219301	105936	113365	37321	20754	16567
玉泉区	284791	140714	144077	40238	21599	18639
赛罕区	330409	163823	166586	46408	26261	20147
包头市	**614015**	**306737**	**307278**	**175903**	**99972**	**75931**
东河区	94469	45651	48818	41545	24109	17436
昆都仑区	248114	126129	121985	66625	37268	29357
青山区	165534	81354	84180	45768	25674	20094
石拐区	3793	1911	1882	1525	966	559
白云鄂博矿区	10282	5622	4660	2059	1325	734
九原区	91823	46070	45753	18381	10630	7751
乌海市	**111782**	**57570**	**54212**	**81102**	**48227**	**32875**
海勃湾区	74661	38100	36561	42568	24812	17756
海南区	18572	9680	8892	18065	10454	7611
乌达区	18549	9790	8759	20469	12961	7508
赤峰市	**346526**	**172292**	**174234**	**47800**	**26358**	**21442**
红山区	168377	83540	84837	24339	13874	10465
元宝山区	23710	11965	11745	8876	4710	4166
松山区	154439	76787	77652	14585	7774	6811
通辽市	**125176**	**62053**	**63123**	**36876**	**20574**	**16302**
科尔沁区	72299	34586	37713	22851	12609	10242
霍林郭勒市	52877	27467	25410	14025	7965	6060
鄂尔多斯市	**286612**	**142800**	**143812**	**121221**	**69706**	**51515**
东胜区	217892	108204	109688	104176	59642	44534
康巴什区	68546	34503	34043	16975	10026	6949
鄂托克旗	174	93	81	70	38	32
呼伦贝尔市	**158227**	**77509**	**80718**	**90324**	**48395**	**41929**
海拉尔区	83790	40150	43640	31827	17260	14567
扎赉诺尔区	8909	4458	4451	5208	2625	2583
满洲里市	30807	15672	15135	36650	19683	16967
牙克石市	14714	7291	7423	5982	3041	2941
扎兰屯市	13037	6388	6649	6774	3760	3014
额尔古纳市	4976	2504	2472	2807	1484	1323
根河市	1994	1046	948	1076	542	534
巴彦淖尔市	**92186**	**46491**	**45695**	**21366**	**12424**	**8942**
临河区	92186	46491	45695	21366	12424	8942
乌兰察布市	**141812**	**68063**	**73749**	**29551**	**16566**	**12985**
集宁区	133903	64245	69658	24938	14336	10602
丰镇市	7909	3818	4091	4613	2230	2383
兴安盟	**75574**	**36391**	**39183**	**20370**	**11123**	**9247**
乌兰浩特市	72439	34762	37677	19500	10617	8883
阿尔山市	3135	1629	1506	870	506	364
锡林郭勒盟	**172762**	**85813**	**86949**	**36492**	**20526**	**15966**
二连浩特市	37879	19191	18688	7339	4128	3211
锡林浩特市	134883	66622	68261	29153	16398	12755

1-3b 各地区分性别的户口登记地在外乡镇街道的人口状况(镇)

单位：人

地区	户口登记地					
	合计			本县(市、区)		
	合计	男	女	小计	男	女
内蒙古	**3750215**	**1901020**	**1849195**	**2146556**	**1050976**	**1095580**
呼和浩特市	**341883**	**172428**	**169455**	**134231**	**67618**	**66613**
新城区	468	237	231	98	49	49
回民区						
玉泉区						
赛罕区	567	299	268	63	32	31
土默特左旗	70797	35397	35400	25522	12779	12743
托克托县	46242	23916	22326	32166	16370	15796
和林格尔县	55365	25741	29624	25576	13044	12532
清水河县	20684	10372	10312	17630	8854	8776
武川县	36422	18037	18385	29612	14735	14877
呼和浩特经济技术开发区	111338	58429	52909	3564	1755	1809
包头市	**271812**	**142552**	**129260**	**88524**	**43949**	**44575**
东河区	13343	6874	6469	3530	1788	1742
昆都仑区	745	629	116	7	6	1
青山区	2321	1571	750	386	209	177
石拐区	2698	1982	716	92	55	37
白云鄂博矿区						
九原区	19916	13477	6439	865	508	357
土默特右旗	63475	31438	32037	44317	21743	22574
固阳县	26342	13441	12901	18228	9263	8965
达尔罕茂明安联合旗	19953	10086	9867	12802	6260	6542
包头稀土高新技术产业开发区	123019	63054	59965	8297	4117	4180
乌海市	**13121**	**8575**	**4546**	**1302**	**766**	**536**
海勃湾区	3310	1774	1536	466	242	224
海南区	8630	6022	2608	590	373	217
乌达区	1181	779	402	246	151	95
赤峰市	**631847**	**312202**	**319645**	**531028**	**260900**	**270128**
红山区	11013	5955	5058	2494	1269	1225
元宝山区	7434	3901	3533	2838	1448	1390
松山区	3558	1854	1704	1923	997	926
阿鲁科尔沁旗	68824	33510	35314	62472	30287	32185
巴林左旗	69782	33830	35952	64556	31145	33411
巴林右旗	60141	29719	30422	44308	21617	22691
林西县	63598	31454	32144	48337	23695	24642
克什克腾旗	60531	29888	30643	52563	25792	26771
翁牛特旗	71199	35613	35586	62283	31284	30999
喀喇沁旗	59347	29293	30054	48245	23937	24308
宁城县	82159	40812	41347	73242	36230	37012
敖汉旗	74261	36373	37888	67767	33199	34568

1-3b 续表 1

单位：人

地 区	户口登记地					
	合 计			本县(市、区)		
	合计	男	女	小计	男	女
通辽市	**380916**	**184742**	**196174**	**204950**	**97327**	**107623**
科尔沁区	8977	4646	4331	4481	2220	2261
科尔沁左翼中旗	39901	18952	20949	29753	13864	15889
科尔沁左翼后旗	40840	19642	21198	28972	13602	15370
开鲁县	44409	21322	23087	33475	15666	17809
库伦旗	21541	10639	10902	15363	7475	7888
奈曼旗	45632	21973	23659	37492	17917	19575
扎鲁特旗	54149	26380	27769	43946	21050	22896
通辽经济技术开发区	125203	61027	64176	11425	5504	5921
霍林郭勒市	264	161	103	43	29	14
鄂尔多斯市	**720630**	**384934**	**335696**	**370508**	**182864**	**187644**
东胜区	1638	1240	398	70	43	27
康巴什区						
达拉特旗	159385	80587	78798	114355	56027	58328
准格尔旗	174991	92617	82374	103107	50751	52356
鄂托克前旗	32152	17228	14924	16193	7976	8217
鄂托克旗	94234	51281	42953	21648	10762	10886
杭锦旗	40789	21300	19489	23954	11796	12158
乌审旗	73730	42087	31643	30079	15056	15023
伊金霍洛旗	143711	78594	65117	61102	30453	30649
呼伦贝尔市	**260330**	**130077**	**130253**	**130094**	**63015**	**67079**
海拉尔区	415	214	201	45	24	21
扎赉诺尔区	1568	843	725	347	180	167
阿荣旗	61221	30207	31014	47664	23256	24408
莫力达瓦达斡尔族自治旗	33249	16455	16794	25540	12549	12991
鄂伦春自治旗	38947	19132	19815	13966	6654	7312
鄂温克族自治旗	49910	24486	25424	12096	5635	6461
陈巴尔虎旗	14445	7602	6843	3863	1796	2067
新巴尔虎左旗	11765	5715	6050	6594	3067	3527
新巴尔虎右旗	11982	5910	6072	6034	2792	3242
满洲里市	1623	870	753	37	20	17
牙克石市	22513	11838	10675	9731	5021	4710
扎兰屯市	6401	3264	3137	2683	1271	1412
额尔古纳市	2063	1038	1025	367	168	199
根河市	4228	2503	1725	1127	582	545
巴彦淖尔市	**275590**	**138608**	**136982**	**169972**	**85010**	**84962**
临河区	3814	2099	1715	1738	881	857
五原县	61799	30895	30904	39590	20098	19492
磴口县	22620	11337	11283	12004	6015	5989
乌拉特前旗	73550	36146	37404	52415	25548	26867
乌拉特中旗	37549	19374	18175	22309	11005	11304
乌拉特后旗	20685	10847	9838	7708	3852	3856
杭锦后旗	55573	27910	27663	34208	17611	16597

1－3b　续表 2　　单位：人

地　区	户口登记地					
	合　计			本县(市、区)		
	合计	男	女	小计	男	女
乌兰察布市	**281949**	**139443**	**142506**	**203473**	**100316**	**103157**
集宁区	10763	4518	6245	4781	2398	2383
卓资县	15180	7451	7729	9182	4602	4580
化德县	32190	15863	16327	24242	11926	12316
商都县	41603	20036	21567	32519	15610	16909
兴和县	41483	20705	20778	35059	17504	17555
凉城县	22994	11275	11719	17887	8759	9128
察哈尔右翼前旗	30275	15531	14744	12584	6327	6257
察哈尔右翼中旗	12859	6246	6613	10012	4921	5091
察哈尔右翼后旗	27988	13859	14129	21255	10490	10765
四子王旗	43495	21556	21939	35584	17573	18011
丰镇市	3119	2403	716	368	206	162
兴安盟	**203612**	**99425**	**104187**	**132013**	**63631**	**68382**
乌兰浩特市	11174	5603	5571	7014	3468	3546
阿尔山市	2982	1565	1417	699	357	342
科尔沁右翼前旗	59471	28957	30514	26086	12631	13455
科尔沁右翼中旗	38494	19040	19454	27716	13213	14503
扎赉特旗	56737	27507	29230	43441	20930	22511
突泉县	34754	16753	18001	27057	13032	14025
锡林郭勒盟	**231796**	**116404**	**115392**	**128670**	**60964**	**67706**
二连浩特市	1031	691	340	31	18	13
锡林浩特市	1851	1373	478	282	230	52
阿巴嘎旗	12557	6273	6284	5990	2642	3348
苏尼特左旗	8757	4356	4401	4209	1878	2331
苏尼特右旗	23981	12059	11922	11174	5311	5863
东乌珠穆沁旗	25714	12917	12797	10170	4697	5473
西乌珠穆沁旗	40226	20251	19975	19804	9159	10645
太仆寺旗	20890	10112	10778	16551	7928	8623
镶黄旗	9910	4971	4939	6196	2863	3333
正镶白旗	12860	6287	6573	9320	4442	4878
正蓝旗	23443	11639	11804	15038	7205	7833
多伦县	39242	19579	19663	26631	12873	13758
乌拉盖管委会	11334	5896	5438	3274	1718	1556
阿拉善盟	**136729**	**71630**	**65099**	**51791**	**24616**	**27175**
阿拉善左旗	88516	44932	43584	43307	20557	22750
阿拉善右旗	8438	4416	4022	4659	2224	2435
额济纳旗	17212	9230	7982	3816	1830	1986
内蒙古阿拉善经济开发区	22563	13052	9511	9	5	4

1-3b 续表 3

单位：人

地 区	户口登记地					
	本自治区其他县(市、区)			自治区外		
	小计	男	女	小计	男	女
内蒙古	**1123581**	**568356**	**555225**	**480078**	**281688**	**198390**
呼和浩特市	**175466**	**86569**	**88897**	**32186**	**18241**	**13945**
新城区	255	122	133	115	66	49
回民区						
玉泉区						
赛罕区	398	207	191	106	60	46
土默特左旗	39036	19213	19823	6239	3405	2834
托克托县	11416	5763	5653	2660	1783	877
和林格尔县	23756	9791	13965	6033	2906	3127
清水河县	2257	1101	1156	797	417	380
武川县	5557	2680	2877	1253	622	631
呼和浩特经济技术开发区	92791	47692	45099	14983	8982	6001
包头市	**146038**	**76145**	**69893**	**37250**	**22458**	**14792**
东河区	7327	3695	3632	2486	1391	1095
昆都仑区	310	237	73	428	386	42
青山区	1374	923	451	561	439	122
石拐区	667	464	203	1939	1463	476
白云鄂博矿区						
九原区	15607	10765	4842	3444	2204	1240
土默特右旗	16005	7965	8040	3153	1730	1423
固阳县	6571	3318	3253	1543	860	683
达尔罕茂明安联合旗	5805	2988	2817	1346	838	508
包头稀土高新技术产业开发区	92372	45790	46582	22350	13147	9203
乌海市	**3922**	**2254**	**1668**	**7897**	**5555**	**2342**
海勃湾区	1496	766	730	1348	766	582
海南区	2062	1274	788	5978	4375	1603
乌达区	364	214	150	571	414	157
赤峰市	**76457**	**38227**	**38230**	**24362**	**13075**	**11287**
红山区	7066	3786	3280	1453	900	553
元宝山区	3431	1829	1602	1165	624	541
松山区	1073	516	557	562	341	221
阿鲁科尔沁旗	4865	2446	2419	1487	777	710
巴林左旗	3451	1667	1784	1775	1018	757
巴林右旗	13903	7015	6888	1930	1087	843
林西县	12593	6257	6336	2668	1502	1166
克什克腾旗	6109	3029	3080	1859	1067	792
翁牛特旗	7258	3511	3747	1658	818	840
喀喇沁旗	8867	4273	4594	2235	1083	1152
宁城县	4205	2107	2098	4712	2475	2237
敖汉旗	3636	1791	1845	2858	1383	1475

1-3b 续表 4

单位：人

地区	户口登记地					
	本自治区其他县(市、区)			自治区外		
	小计	男	女	小计	男	女
通辽市	**145162**	**70351**	**74811**	**30804**	**17064**	**13740**
科尔沁区	3086	1602	1484	1410	824	586
科尔沁左翼中旗	5718	2814	2904	4430	2274	2156
科尔沁左翼后旗	7295	3679	3616	4573	2361	2212
开鲁县	7571	3715	3856	3363	1941	1422
库伦旗	3779	1815	1964	2399	1349	1050
奈曼旗	5264	2529	2735	2876	1527	1349
扎鲁特旗	7547	3803	3744	2656	1527	1129
通辽经济技术开发区	104721	50286	54435	9057	5237	3820
霍林郭勒市	181	108	73	40	24	16
鄂尔多斯市	**183152**	**97421**	**85731**	**166970**	**104649**	**62321**
东胜区	425	249	176	1143	948	195
康巴什区						
达拉特旗	31113	15870	15243	13917	8690	5227
准格尔旗	42662	23154	19508	29222	18712	10510
鄂托克前旗	3370	1736	1634	12589	7516	5073
鄂托克旗	37265	19948	17317	35321	20571	14750
杭锦旗	11557	5925	5632	5278	3579	1699
乌审旗	8346	4598	3748	35305	22433	12872
伊金霍洛旗	48414	25941	22473	34195	22200	11995
呼伦贝尔市	**89411**	**45433**	**43978**	**40825**	**21629**	**19196**
海拉尔区	220	117	103	150	73	77
扎赉诺尔区	834	445	389	387	218	169
阿荣旗	8113	4155	3958	5444	2796	2648
莫力达瓦达斡尔族自治旗	3378	1746	1632	4331	2160	2171
鄂伦春自治旗	15639	7889	7750	9342	4589	4753
鄂温克族自治旗	30430	14950	15480	7384	3901	3483
陈巴尔虎旗	7289	3865	3424	3293	1941	1352
新巴尔虎左旗	4003	1914	2089	1168	734	434
新巴尔虎右旗	4773	2470	2303	1175	648	527
满洲里市	864	450	414	722	400	322
牙克石市	8441	4486	3955	4341	2331	2010
扎兰屯市	2292	1248	1044	1426	745	681
额尔古纳市	1275	643	632	421	227	194
根河市	1860	1055	805	1241	866	375
巴彦淖尔市	**83255**	**40826**	**42429**	**22363**	**12772**	**9591**
临河区	1471	861	610	605	357	248
五原县	18019	8520	9499	4190	2277	1913
磴口县	8524	4218	4306	2092	1104	988
乌拉特前旗	15485	7382	8103	5650	3216	2434
乌拉特中旗	10594	5521	5073	4646	2848	1798
乌拉特后旗	10402	5393	5009	2575	1602	973
杭锦后旗	18760	8931	9829	2605	1368	1237

1-3b　续表 5　　单位：人

地　　区	户口登记地 本自治区其他县(市、区) 小计	男	女	自治区外 小计	男	女
乌兰察布市	**58176**	**27863**	**30313**	**20300**	**11264**	**9036**
集宁区	5478	1899	3579	504	221	283
卓资县	4508	2205	2303	1490	644	846
化德县	5073	2532	2541	2875	1405	1470
商都县	6870	3326	3544	2214	1100	1114
兴和县	3682	1798	1884	2742	1403	1339
凉城县	3889	1906	1983	1218	610	608
察哈尔右翼前旗	14097	7011	7086	3594	2193	1401
察哈尔右翼中旗	2210	1019	1191	637	306	331
察哈尔右翼后旗	5349	2605	2744	1384	764	620
四子王旗	6490	3240	3250	1421	743	678
丰镇市	530	322	208	2221	1875	346
兴安盟	**53549**	**26252**	**27297**	**18050**	**9542**	**8508**
乌兰浩特市	3114	1543	1571	1046	592	454
阿尔山市	1868	975	893	415	233	182
科尔沁右翼前旗	29582	14235	15347	3803	2091	1712
科尔沁右翼中旗	7852	4061	3791	2926	1766	1160
扎赉特旗	6035	3020	3015	7261	3557	3704
突泉县	5098	2418	2680	2599	1303	1296
锡林郭勒盟	**78986**	**41173**	**37813**	**24140**	**14267**	**9873**
二连浩特市	573	337	236	427	336	91
锡林浩特市	553	311	242	1016	832	184
阿巴嘎旗	5266	2770	2496	1301	861	440
苏尼特左旗	3855	2064	1791	693	414	279
苏尼特右旗	10908	5557	5351	1899	1191	708
东乌珠穆沁旗	13534	7087	6447	2010	1133	877
西乌珠穆沁旗	17191	9242	7949	3231	1850	1381
太仆寺旗	2457	1208	1249	1882	976	906
镶黄旗	2599	1302	1297	1115	806	309
正镶白旗	2667	1345	1322	873	500	373
正蓝旗	6458	3366	3092	1947	1068	879
多伦县	5951	3063	2888	6660	3643	3017
乌拉盖管委会	6974	3521	3453	1086	657	429
阿拉善盟	**30007**	**15842**	**14165**	**54931**	**31172**	**23759**
阿拉善左旗	16997	8601	8396	28212	15774	12438
阿拉善右旗	696	374	322	3083	1818	1265
额济纳旗	3801	2188	1613	9595	5212	4383
内蒙古阿拉善经济开发区	8513	4679	3834	14041	8368	5673

1-3c 各地区分性别的户口登记地在外乡镇街道的人口状况(乡村)

单位：人

地区	户口登记地					
	合计			本县(市、区)		
	合计	男	女	小计	男	女
内蒙古	**1558453**	**866882**	**691571**	**528089**	**265390**	**262699**
呼和浩特市	**276519**	**148517**	**128002**	**59225**	**30075**	**29150**
新城区	57205	30675	26530	5338	2661	2677
回民区	11342	6092	5250	643	321	322
玉泉区	42895	22901	19994	3038	1536	1502
赛罕区	73709	39444	34265	10845	5417	5428
土默特左旗	26360	13664	12696	7150	3542	3608
托克托县	24754	13563	11191	11887	5998	5889
和林格尔县	22872	12448	10424	10198	5236	4962
清水河县	7979	4643	3336	4389	2330	2059
武川县	9403	5087	4316	5737	3034	2703
呼和浩特经济技术开发区						
包头市	**113882**	**61505**	**52377**	**23724**	**12139**	**11585**
东河区	14208	7449	6759	2941	1463	1478
昆都仑区	16908	9063	7845	1556	821	735
青山区	14689	7803	6886	1532	765	767
石拐区	2225	1310	915	278	143	135
白云鄂博矿区						
九原区	29064	15944	13120	2384	1298	1086
土默特右旗	11634	6245	5389	4490	2264	2226
固阳县	12480	7012	5468	5727	2961	2766
达尔罕茂明安联合旗	8673	4582	4091	4651	2344	2307
包头稀土高新技术产业开发区	4001	2097	1904	165	80	85
乌海市	**15922**	**10867**	**5055**	**1442**	**871**	**571**
海勃湾区	11433	7687	3746	1028	588	440
海南区	4489	3180	1309	414	283	131
乌达区						
赤峰市	**250189**	**130843**	**119346**	**125946**	**65088**	**60858**
红山区	2108	1081	1027	445	215	230
元宝山区	8184	4762	3422	1979	1024	955
松山区	92361	48137	44224	45187	23647	21540
阿鲁科尔沁旗	14160	7548	6612	8134	4231	3903
巴林左旗	29557	14785	14772	23327	11441	11886
巴林右旗	7268	3723	3545	2825	1423	1402
林西县	10821	5535	5286	4124	2090	2034
克什克腾旗	13796	8576	5220	4824	2793	2031
翁牛特旗	13397	7087	6310	4466	2448	2018
喀喇沁旗	10451	5315	5136	2504	1311	1193
宁城县	20611	10565	10046	9489	4995	4494
敖汉旗	27475	13729	13746	18642	9470	9172

1-3c　续表 1　　　　单位：人

地　区	户口登记地					
	合　计			本县(市、区)		
	合计	男	女	小计	男	女
通辽市	**117270**	**55702**	**61568**	**43817**	**18694**	**25123**
科尔沁区	26678	12360	14318	11406	4612	6794
科尔沁左翼中旗	14703	6553	8150	4835	1962	2873
科尔沁左翼后旗	17173	8124	9049	4720	2035	2685
开鲁县	14468	6522	7946	6123	2454	3669
库伦旗	6031	2965	3066	1446	672	774
奈曼旗	13001	6139	6862	5860	2585	3275
扎鲁特旗	13155	6799	6356	5752	2628	3124
通辽经济技术开发区	6818	3408	3410	1897	860	1037
霍林郭勒市	5243	2832	2411	1778	886	892
鄂尔多斯市	**191953**	**135394**	**56559**	**34263**	**18866**	**15397**
东胜区	15104	11635	3469	886	571	315
康巴什区						
达拉特旗	35260	20266	14994	16118	8315	7803
准格尔旗	49528	35743	13785	8742	5204	3538
鄂托克前旗	14325	10930	3395	1277	695	582
鄂托克旗	16538	11926	4612	2306	1221	1085
杭锦旗	6586	3878	2708	1366	705	661
乌审旗	23671	17916	5755	1729	1002	727
伊金霍洛旗	30941	23100	7841	1839	1153	686
呼伦贝尔市	**113162**	**57993**	**55169**	**43305**	**20489**	**22816**
海拉尔区	2852	1504	1348	534	271	263
扎赉诺尔区						
阿荣旗	23831	11643	12188	13278	6217	7061
莫力达瓦达斡尔族自治旗	27609	13112	14497	14470	6543	7927
鄂伦春自治旗	13519	6983	6536	3303	1665	1638
鄂温克族自治旗	6973	3743	3230	1076	563	513
陈巴尔虎旗	4502	2623	1879	817	445	372
新巴尔虎左旗	3921	2129	1792	473	244	229
新巴尔虎右旗	5872	4235	1637	615	350	265
满洲里市						
牙克石市	2934	1569	1365	604	325	279
扎兰屯市	17409	8355	9054	6832	3183	3649
额尔古纳市	3680	2061	1619	1280	670	610
根河市	60	36	24	23	13	10
巴彦淖尔市	**149717**	**81648**	**68069**	**57038**	**29168**	**27870**
临河区	56584	29448	27136	22070	11320	10750
五原县	19566	9989	9577	8673	4352	4321
磴口县	9540	5273	4267	2456	1302	1154
乌拉特前旗	28243	15879	12364	13442	6722	6720
乌拉特中旗	11314	7142	4172	2557	1434	1123
乌拉特后旗	7062	5045	2017	1037	613	424
杭锦后旗	17408	8872	8536	6803	3425	3378

1-3c 续表 2

单位：人

地区	户口登记地					
	合计			本县(市、区)		
	合计	男	女	小计	男	女
乌兰察布市	**161089**	**85130**	**75959**	**94411**	**47964**	**46447**
集宁区	16804	8937	7867	7320	3702	3618
卓资县	12041	6847	5194	7353	3942	3411
化德县	8733	4882	3851	3992	1963	2029
商都县	18575	9386	9189	11502	5712	5790
兴和县	14345	7227	7118	10078	5058	5020
凉城县	16419	8563	7856	10472	5418	5054
察哈尔右翼前旗	16776	9741	7035	4989	2563	2426
察哈尔右翼中旗	12165	6432	5733	8341	4303	4038
察哈尔右翼后旗	11526	5852	5674	7175	3585	3590
四子王旗	19505	10067	9438	14227	7205	7022
丰镇市	14200	7196	7004	8962	4513	4449
兴安盟	**71919**	**36746**	**35173**	**23732**	**11040**	**12692**
乌兰浩特市	6944	3835	3109	1756	863	893
阿尔山市	917	534	383	154	84	70
科尔沁右翼前旗	23646	12112	11534	7823	3716	4107
科尔沁右翼中旗	8689	4567	4122	2761	1332	1429
扎赉特旗	14370	6657	7713	4535	1901	2634
突泉县	17353	9041	8312	6703	3144	3559
锡林郭勒盟	**72968**	**45330**	**27638**	**17789**	**8903**	**8886**
二连浩特市	480	308	172	27	17	10
锡林浩特市	13341	7747	5594	1911	1037	874
阿巴嘎旗	4747	2955	1792	1200	605	595
苏尼特左旗	4070	2764	1306	764	339	425
苏尼特右旗	2906	1579	1327	744	308	436
东乌珠穆沁旗	5705	3593	2112	744	389	355
西乌珠穆沁旗	15977	12144	3833	1404	689	715
太仆寺旗	7755	4136	3619	4496	2272	2224
镶黄旗	1692	1216	476	202	105	97
正镶白旗	2571	1571	1000	556	280	276
正蓝旗	6569	3477	3092	2743	1322	1421
多伦县	5770	3108	2662	2746	1417	1329
乌拉盖管委会	1385	732	653	252	123	129
阿拉善盟	**23863**	**17207**	**6656**	**3397**	**2093**	**1304**
阿拉善左旗	15358	10779	4579	2849	1770	1079
阿拉善右旗	2109	1513	596	297	158	139
额济纳旗	3860	2804	1056	250	164	86
内蒙古阿拉善经济开发区	2536	2111	425	1	1	

1-3c　续表 3　　单位：人

地　区	户口登记地					
	本自治区其他县(市、区)			自治区外		
	小计	男	女	小计	男	女
内蒙古	**668446**	**358239**	**310207**	**361918**	**243253**	**118665**
呼和浩特市	**173857**	**91527**	**82330**	**43437**	**26915**	**16522**
新城区	42334	22219	20115	9533	5795	3738
回民区	8072	4227	3845	2627	1544	1083
玉泉区	32982	17164	15818	6875	4201	2674
赛罕区	51334	26985	24349	11530	7042	4488
土默特左旗	15350	7944	7406	3860	2178	1682
托克托县	8811	4701	4110	4056	2864	1192
和林格尔县	10195	5602	4593	2479	1610	869
清水河县	2157	1261	896	1433	1052	381
武川县	2622	1424	1198	1044	629	415
呼和浩特经济技术开发区						
包头市	**64856**	**33985**	**30871**	**25302**	**15381**	**9921**
东河区	7846	4033	3813	3421	1953	1468
昆都仑区	11198	5917	5281	4154	2325	1829
青山区	10354	5446	4908	2803	1592	1211
石拐区	1276	719	557	671	448	223
白云鄂博矿区						
九原区	19558	10286	9272	7122	4360	2762
土默特右旗	4929	2515	2414	2215	1466	749
固阳县	4151	2186	1965	2602	1865	737
达尔罕茂明安联合旗	3093	1619	1474	929	619	310
包头稀土高新技术产业开发区	2451	1264	1187	1385	753	632
乌海市	**5540**	**3324**	**2216**	**8940**	**6672**	**2268**
海勃湾区	4474	2674	1800	5931	4425	1506
海南区	1066	650	416	3009	2247	762
乌达区						
赤峰市	**93159**	**47937**	**45222**	**31084**	**17818**	**13266**
红山区	1295	649	646	368	217	151
元宝山区	4154	2446	1708	2051	1292	759
松山区	39485	19935	19550	7689	4555	3134
阿鲁科尔沁旗	4570	2458	2112	1456	859	597
巴林左旗	3743	1873	1870	2487	1471	1016
巴林右旗	3894	1968	1926	549	332	217
林西县	5291	2672	2619	1406	773	633
克什克腾旗	5695	3346	2349	3277	2437	840
翁牛特旗	7586	3922	3664	1345	717	628
喀喇沁旗	5739	2870	2869	2208	1134	1074
宁城县	5788	2862	2926	5334	2708	2626
敖汉旗	5919	2936	2983	2914	1323	1591

1-3c 续表 4

单位：人

地区	户口登记地					
	本自治区其他县(市、区)			自治区外		
	小计	男	女	小计	男	女
通辽市	**51299**	**25702**	**25597**	**22154**	**11306**	**10848**
科尔沁区	11100	5517	5583	4172	2231	1941
科尔沁左翼中旗	6641	3181	3460	3227	1410	1817
科尔沁左翼后旗	7982	4103	3879	4471	1986	2485
开鲁县	5769	2682	3087	2576	1386	1190
库伦旗	2377	1192	1185	2208	1101	1107
奈曼旗	4922	2425	2497	2219	1129	1090
扎鲁特旗	5774	3119	2655	1629	1052	577
通辽经济技术开发区	3981	1996	1985	940	552	388
霍林郭勒市	2753	1487	1266	712	459	253
鄂尔多斯市	**58478**	**37403**	**21075**	**99212**	**79125**	**20087**
东胜区	5748	4195	1553	8470	6869	1601
康巴什区						
达拉特旗	11331	6500	4831	7811	5451	2360
准格尔旗	15931	10512	5419	24855	20027	4828
鄂托克前旗	2044	1118	926	11004	9117	1887
鄂托克旗	6293	4179	2114	7939	6526	1413
杭锦旗	3631	2071	1560	1589	1102	487
乌审旗	3331	2071	1260	18611	14843	3768
伊金霍洛旗	10169	6757	3412	18933	15190	3743
呼伦贝尔市	**42424**	**22607**	**19817**	**27433**	**14897**	**12536**
海拉尔区	1434	740	694	884	493	391
扎赉诺尔区						
阿荣旗	6543	3350	3193	4010	2076	1934
莫力达瓦达斡尔族自治旗	6769	3470	3299	6370	3099	3271
鄂伦春自治旗	4821	2523	2298	5395	2795	2600
鄂温克族自治旗	4236	2252	1984	1661	928	733
陈巴尔虎旗	2936	1668	1268	749	510	239
新巴尔虎左旗	2786	1487	1299	662	398	264
新巴尔虎右旗	2808	1837	971	2449	2048	401
满洲里市						
牙克石市	1633	878	755	697	366	331
扎兰屯市	6785	3460	3325	3792	1712	2080
额尔古纳市	1657	932	725	743	459	284
根河市	16	10	6	21	13	8
巴彦淖尔市	**59410**	**30753**	**28657**	**33269**	**21727**	**11542**
临河区	22154	10976	11178	12360	7152	5208
五原县	7480	3652	3828	3413	1985	1428
磴口县	4685	2569	2116	2399	1402	997
乌拉特前旗	8534	4495	4039	6267	4662	1605
乌拉特中旗	5670	3327	2343	3087	2381	706
乌拉特后旗	2705	1594	1111	3320	2838	482
杭锦后旗	8182	4140	4042	2423	1307	1116

1-3c　续表 5　　单位：人

地　区	户口登记地					
	本自治区其他县(市、区)			自治区外		
	小计	男	女	小计	男	女
乌兰察布市	**47164**	**24487**	**22677**	**19514**	**12679**	**6835**
集宁区	7353	3601	3752	2131	1634	497
卓资县	3442	1974	1468	1246	931	315
化德县	2257	1183	1074	2484	1736	748
商都县	5244	2621	2623	1829	1053	776
兴和县	2592	1300	1292	1675	869	806
凉城县	4403	2287	2116	1544	858	686
察哈尔右翼前旗	7516	4100	3416	4271	3078	1193
察哈尔右翼中旗	2778	1406	1372	1046	723	323
察哈尔右翼后旗	3588	1838	1750	763	429	334
四子王旗	4122	2185	1937	1156	677	479
丰镇市	3869	1992	1877	1369	691	678
兴安盟	**31992**	**16554**	**15438**	**16195**	**9152**	**7043**
乌兰浩特市	3127	1686	1441	2061	1286	775
阿尔山市	530	285	245	233	165	68
科尔沁右翼前旗	11432	5834	5598	4391	2562	1829
科尔沁右翼中旗	4379	2341	2038	1549	894	655
扎赉特旗	6025	2980	3045	3810	1776	2034
突泉县	6499	3428	3071	4151	2469	1682
锡林郭勒盟	**34790**	**20423**	**14367**	**20389**	**16004**	**4385**
二连浩特市	388	237	151	65	54	11
锡林浩特市	8511	4667	3844	2919	2043	876
阿巴嘎旗	2454	1450	1004	1093	900	193
苏尼特左旗	1877	1160	717	1429	1265	164
苏尼特右旗	1474	738	736	688	533	155
东乌珠穆沁旗	3933	2409	1524	1028	795	233
西乌珠穆沁旗	7610	5199	2411	6963	6256	707
太仆寺旗	1592	882	710	1667	982	685
镶黄旗	548	275	273	942	836	106
正镶白旗	1246	678	568	769	613	156
正蓝旗	2831	1499	1332	995	656	339
多伦县	1335	715	620	1689	976	713
乌拉盖管委会	991	514	477	142	95	47
阿拉善盟	**5477**	**3537**	**1940**	**14989**	**11577**	**3412**
阿拉善左旗	3228	1955	1273	9281	7054	2227
阿拉善右旗	394	255	139	1418	1100	318
额济纳旗	1289	896	393	2321	1744	577
内蒙古阿拉善经济开发区	566	431	135	1969	1679	290

1-4 各地区分性别、民族的人口

单位：人

地区	合计			汉族		
	合计	男	女	小计	男	女
内蒙古	**24049155**	**12275274**	**11773881**	**18935537**	**9727865**	**9207672**
呼和浩特市	**3446100**	**1740118**	**1705982**	**2943814**	**1495287**	**1448527**
新城区	699672	350844	348828	586209	295819	290390
回民区	436042	216071	219971	362503	180992	181511
玉泉区	524573	265083	259490	459768	233444	226324
赛罕区	885321	443731	441590	714961	360668	354293
土默特左旗	263131	135515	127616	232254	119254	113000
托克托县	166192	86070	80122	157264	81652	75612
和林格尔县	162476	81960	80516	145381	74186	71195
清水河县	76674	40042	36632	75549	39454	36095
武川县	95869	49751	46118	92020	47972	44048
呼和浩特经济技术开发区	136150	71051	65099	117905	61846	56059
包头市	**2709378**	**1373718**	**1335660**	**2525506**	**1282577**	**1242929**
东河区	484218	242557	241661	450886	226356	224530
昆都仑区	787681	396182	391499	733402	369390	364012
青山区	535128	265736	269392	494105	245839	248266
石拐区	24745	13661	11084	23425	12962	10463
白云鄂博矿区	22681	12359	10322	20689	11327	9362
九原区	245190	129253	115937	232878	122604	110274
土默特右旗	237421	122257	115164	225664	116129	109535
固阳县	118624	62444	56180	115740	61048	54692
达尔罕茂明安联合旗	69563	36203	33360	56313	29606	26707
包头稀土高新技术产业开发区	184127	93066	91061	172404	87316	85088
乌海市	**556621**	**291044**	**265577**	**517607**	**271194**	**246413**
海勃湾区	339155	173881	165274	315852	162449	153403
海南区	94770	52361	42409	88048	48661	39387
乌达区	122696	64802	57894	113707	60084	53623
赤峰市	**4035967**	**2049636**	**1986331**	**3062422**	**1559908**	**1502514**
红山区	469079	234928	234151	361337	182437	178900
元宝山区	284990	143355	141635	236807	119284	117523
松山区	706312	361387	344925	510260	261268	248992
阿鲁科尔沁旗	240360	121361	118999	138476	70284	68192
巴林左旗	277522	139927	137595	170431	86839	83592
巴林右旗	155027	78085	76942	79696	40700	38996
林西县	186663	93872	92791	173319	87438	85881
克什克腾旗	186143	95093	91050	154525	79284	75241
翁牛特旗	333970	170380	163590	274701	140472	134229
喀喇沁旗	262792	134729	128063	128036	65143	62893
宁城县	484397	248592	235805	417331	214519	202812
敖汉旗	448712	227927	220785	417503	212240	205263

1-4　续表 1　　　　单位：人

地　区	合　计			汉　族		
	合计	男	女	小计	男	女
通辽市	**2873168**	**1449181**	**1423987**	**1438401**	**732161**	**706240**
科尔沁区	718665	356823	361842	406639	204944	201695
科尔沁左翼中旗	399631	205226	194405	102767	52920	49847
科尔沁左翼后旗	321438	163374	158064	84190	43123	41067
开鲁县	313364	156472	156892	256435	128607	127828
库伦旗	151133	77239	73894	58271	30036	28235
奈曼旗	375312	189918	185394	227865	116262	111603
扎鲁特旗	251806	127345	124461	118442	61233	57209
通辽经济技术开发区	203143	100601	102542	102323	51470	50853
霍林郭勒市	138676	72183	66493	81469	43566	37903
鄂尔多斯市	**2153638**	**1154944**	**998694**	**1924091**	**1040281**	**883810**
东胜区	574242	296410	277832	533983	277101	256882
康巴什区	118796	60755	58041	102980	53224	49756
达拉特旗	328593	170287	158306	311667	161880	149787
准格尔旗	359184	197999	161185	328360	182054	146306
鄂托克前旗	92724	51486	41238	71983	40987	30996
鄂托克旗	162726	89601	73125	133504	74780	58724
杭锦旗	110824	57884	52940	87822	46384	41438
乌审旗	158566	91164	67402	127101	75288	51813
伊金霍洛旗	247983	139358	108625	226691	128583	98108
呼伦贝尔市	**2242875**	**1132938**	**1109937**	**1796519**	**912183**	**884336**
海拉尔区	365012	179191	185821	286148	142370	143778
扎赉诺尔区	84424	42042	42382	77813	38921	38892
阿荣旗	257815	131314	126501	229108	116634	112474
莫力达瓦达斡尔族自治旗	228822	117053	111769	177448	91117	86331
鄂伦春自治旗	174023	88127	85896	151928	77162	74766
鄂温克族自治旗	141102	71088	70014	81933	41915	40018
陈巴尔虎旗	50556	26727	23829	24438	13539	10899
新巴尔虎左旗	37007	18970	18037	10170	5648	4522
新巴尔虎右旗	38358	20732	17626	10194	6434	3760
满洲里市	150508	76282	74226	131035	66693	64342
牙克石市	256396	128132	128264	229260	114739	114521
扎兰屯市	318933	162036	156897	273033	138751	134282
额尔古纳市	68482	34925	33557	51059	26237	24822
根河市	71437	36319	35118	62952	32023	30929
巴彦淖尔市	**1538715**	**785739**	**752976**	**1426361**	**730387**	**695974**
临河区	582206	293640	288566	546594	276567	270027
五原县	224809	114404	110405	215390	109832	105558
磴口县	90196	46253	43943	81004	41592	39412
乌拉特前旗	257826	132406	125420	244183	125773	118410
乌拉特中旗	112159	59688	52471	88154	47453	40701
乌拉特后旗	53946	29437	24509	40356	22558	17798
杭锦后旗	217573	109911	107662	210680	106612	104068

1-4 续表 2

单位：人

地区	合计			汉族		
	合计	男	女	小计	男	女
乌兰察布市	**1706328**	**869837**	**836491**	**1621654**	**828620**	**793034**
集宁区	425059	210058	215001	395179	196110	199069
卓资县	85648	45616	40032	82981	44311	38670
化德县	95273	48566	46707	92611	47288	45323
商都县	173926	87608	86318	170506	85933	84573
兴和县	167881	85382	82499	161188	82016	79172
凉城县	119061	61873	57188	114098	59328	54770
察哈尔右翼前旗	125172	65629	59543	120309	63151	57158
察哈尔右翼中旗	86108	45038	41070	82834	43445	39389
察哈尔右翼后旗	103599	53025	50574	96385	49403	46982
四子王旗	129372	66428	62944	113759	58731	55028
丰镇市	195229	100614	94615	191804	98904	92900
兴安盟	**1416929**	**717239**	**699690**	**753335**	**385260**	**368075**
乌兰浩特市	356035	175183	180852	224281	111331	112950
阿尔山市	32301	16695	15606	24697	12936	11761
科尔沁右翼前旗	285392	145912	139480	139528	72326	67202
科尔沁右翼中旗	207380	105637	101743	32282	17347	14935
扎赉特旗	315153	161734	153419	177933	91543	86390
突泉县	220668	112078	108590	154614	79777	74837
锡林郭勒盟	**1107075**	**571371**	**535704**	**728623**	**383355**	**345268**
二连浩特市	75794	38807	36987	56399	29278	27121
锡林浩特市	349953	176194	173759	258880	132220	126660
阿巴嘎旗	38589	20583	18006	16942	9697	7245
苏尼特左旗	33643	18165	15478	13238	7750	5488
苏尼特右旗	62402	31910	30492	40479	21059	19420
东乌珠穆沁旗	70610	36659	33951	24664	13492	11172
西乌珠穆沁旗	99255	55077	44178	43164	26384	16780
太仆寺旗	109370	56021	53349	101638	52141	49497
镶黄旗	27399	14395	13004	11489	6554	4935
正镶白旗	42950	22415	20535	26309	14172	12137
正蓝旗	69908	35820	34088	38171	20102	18069
多伦县	103736	53068	50668	82222	42439	39783
乌拉盖管委会	23466	12257	11209	15028	8067	6961
阿拉善盟	**262361**	**139509**	**122852**	**197204**	**106652**	**90552**
阿拉善左旗	176744	92388	84356	128650	68328	60322
阿拉善右旗	22647	12047	10600	16380	8898	7482
额济纳旗	35756	18852	16904	28983	15386	13597
内蒙古阿拉善经济开发区	27214	16222	10992	23191	14040	9151

1-4 续表 3

单位：人

地区	蒙古族			回族			藏族		
	小计	男	女	小计	男	女	小计	男	女
内蒙古	**4247815**	**2110163**	**2137652**	**214918**	**108676**	**106242**	**4541**	**2357**	**2184**
呼和浩特市	**398688**	**193913**	**204775**	**44620**	**22084**	**22536**	**865**	**438**	**427**
新城区	90853	43851	47002	6164	3000	3164	225	130	95
回民区	44209	20618	23591	22150	10951	11199	76	44	32
玉泉区	50651	24610	26041	6274	3163	3111	124	60	64
赛罕区	144886	70530	74356	6161	3072	3089	194	98	96
土默特左旗	27530	14683	12847	1392	669	723	66	18	48
托克托县	6906	3490	3416	843	428	415	40	18	22
和林格尔县	15055	6798	8257	402	176	226	28	13	15
清水河县	871	476	395	66	32	34	5	1	4
武川县	2593	1259	1334	331	153	178	38	20	18
呼和浩特经济技术开发区	15134	7598	7536	837	440	397	69	36	33
包头市	**113204**	**56153**	**57051**	**34969**	**17211**	**17758**	**401**	**214**	**187**
东河区	12443	5903	6540	16365	8018	8347	79	46	33
昆都仑区	33687	16655	17032	6709	3213	3496	90	47	43
青山区	25267	12203	13064	6034	2925	3109	85	48	37
石拐区	893	454	439	235	145	90	20	10	10
白云鄂博矿区	1448	731	717	178	95	83	11	4	7
九原区	8737	4720	4017	1499	812	687	25	17	8
土默特右旗	8726	4625	4101	1861	941	920	34	13	21
固阳县	1726	836	890	567	291	276	9	6	3
达尔罕茂明安联合旗	12573	6276	6297	169	89	80	13	5	8
包头稀土高新技术产业开发区	7704	3750	3954	1352	682	670	35	18	17
乌海市	**22091**	**10834**	**11257**	**10401**	**5613**	**4788**	**389**	**221**	**168**
海勃湾区	15526	7456	8070	3680	1902	1778	173	84	89
海南区	3204	1680	1524	2583	1469	1114	143	90	53
乌达区	3361	1698	1663	4138	2242	1896	73	47	26
赤峰市	**814470**	**408048**	**406422**	**28924**	**14660**	**14264**	**188**	**91**	**97**
红山区	74399	35964	38435	13592	6721	6871	22	10	12
元宝山区	36866	18294	18572	1394	740	654	12	3	9
松山区	148122	75063	73059	4739	2409	2330	40	21	19
阿鲁科尔沁旗	96828	48431	48397	216	114	102	10	6	4
巴林左旗	97904	48405	49499	607	298	309	20	14	6
巴林右旗	72259	35834	36425	466	243	223	3	2	1
林西县	9315	4391	4924	1365	703	662	7	3	4
克什克腾旗	26637	13229	13408	2627	1355	1272	6	2	4
翁牛特旗	55660	27961	27699	281	138	143	16	7	9
喀喇沁旗	113484	58395	55089	488	250	238	24	16	8
宁城县	58514	29854	28660	1537	817	720	16	5	11
敖汉旗	24482	12227	12255	1612	872	740	12	2	10

1-4 续表 4

单位：人

地区	蒙古族			回族			藏族		
	小计	男	女	小计	男	女	小计	男	女
通辽市	**1325826**	**661537**	**664289**	**11783**	**5907**	**5876**	**161**	**77**	**84**
科尔沁区	263316	127266	136050	6945	3433	3512	57	31	26
科尔沁左翼中旗	290712	149095	141617	161	75	86	21	10	11
科尔沁左翼后旗	231349	117227	114122	483	256	227	6	3	3
开鲁县	47384	22913	24471	1293	691	602	9	4	5
库伦旗	88100	44713	43387	1005	518	487	10	4	6
奈曼旗	140699	70188	70511	142	69	73	15	6	9
扎鲁特旗	126059	62447	63612	385	184	201	17	8	9
通辽经济技术开发区	87674	42529	45145	1002	485	517	19	7	12
霍林郭勒市	50533	25159	25374	367	196	171	7	4	3
鄂尔多斯市	**208259**	**102933**	**105326**	**6401**	**3716**	**2685**	**1026**	**589**	**437**
东胜区	34072	16026	18046	1596	907	689	157	88	69
康巴什区	14215	6744	7471	248	125	123	53	30	23
达拉特旗	14710	7263	7447	725	386	339	32	20	12
准格尔旗	27267	14031	13236	701	353	348	88	49	39
鄂托克前旗	20096	10107	9989	276	185	91	22	10	12
鄂托克旗	26157	13029	13128	1782	1085	697	479	285	194
杭锦旗	22430	11183	11247	180	109	71	46	16	30
乌审旗	30358	15153	15205	394	263	131	27	17	10
伊金霍洛旗	18954	9397	9557	499	303	196	122	74	48
呼伦贝尔市	**237454**	**116447**	**121007**	**25582**	**12775**	**12807**	**135**	**64**	**71**
海拉尔区	49082	22599	26483	8330	4087	4243	27	11	16
扎赉诺尔区	3570	1657	1913	1211	589	622	2	1	1
阿荣旗	8656	4310	4346	242	123	119	6	5	1
莫力达瓦达斡尔族自治旗	6675	3401	3274	224	108	116	12	6	6
鄂伦春自治旗	7933	4002	3931	496	244	252	5	3	2
鄂温克族自治旗	31592	15620	15972	1408	715	693	21	13	8
陈巴尔虎旗	22200	11233	10967	407	223	184	4		4
新巴尔虎左旗	25955	12881	13074	49	26	23	2	2	
新巴尔虎右旗	27195	13733	13462	65	32	33			
满洲里市	11924	5812	6112	1105	546	559	6	3	3
牙克石市	13092	6443	6649	3837	1942	1895	6	2	4
扎兰屯市	18624	9342	9282	1154	589	565	35	15	20
额尔古纳市	6764	3305	3459	5554	2782	2772	7	2	5
根河市	4192	2109	2083	1500	769	731	2	1	1
巴彦淖尔市	**84702**	**41559**	**43143**	**19085**	**9642**	**9443**	**595**	**258**	**337**
临河区	22922	10780	12142	9096	4569	4527	187	73	114
五原县	5662	2730	2932	2868	1437	1431	98	34	64
磴口县	4764	2422	2342	3758	1913	1845	86	43	43
乌拉特前旗	11423	5561	5862	853	408	445	96	53	43
乌拉特中旗	22755	11560	11195	454	260	194	28	15	13
乌拉特后旗	13122	6622	6500	121	66	55	29	15	14
杭锦后旗	4054	1884	2170	1935	989	946	71	25	46

1-4　续表 5　　　　单位：人

地　　区	蒙古族			回　族			藏　族		
	小计	男	女	小计	男	女	小计	男	女
乌兰察布市	**64926**	**31487**	**33439**	**6889**	**3403**	**3486**	**242**	**99**	**143**
集宁区	21709	9923	11786	3774	1846	1928	76	41	35
卓资县	1545	752	793	410	213	197	60	13	47
化德县	1991	953	1038	219	109	110	24	12	12
商都县	2719	1324	1395	281	152	129	8	5	3
兴和县	5865	3002	2863	216	99	117	5	1	4
凉城县	1974	985	989	216	103	113	10	2	8
察哈尔右翼前旗	3835	1969	1866	251	130	121	18	9	9
察哈尔右翼中旗	2511	1216	1295	338	171	167	3	1	2
察哈尔右翼后旗	6848	3454	3394	83	43	40	9	4	5
四子王旗	14167	7050	7117	570	246	324	14	7	7
丰镇市	1762	859	903	531	291	240	15	4	11
兴安盟	**593223**	**296625**	**296598**	**3137**	**1559**	**1578**	**58**	**27**	**31**
乌兰浩特市	107157	51887	55270	2022	989	1033	12	7	5
阿尔山市	6148	3029	3119	200	112	88			
科尔沁右翼前旗	132225	66494	65731	260	131	129	14	7	7
科尔沁右翼中旗	172007	86751	85256	141	69	72	9	1	8
扎赉特旗	130393	66741	63652	324	162	162	9	5	4
突泉县	45293	21723	23570	190	96	94	14	7	7
锡林郭勒盟	**334868**	**165895**	**168973**	**10768**	**5491**	**5277**	**103**	**62**	**41**
二连浩特市	18516	9053	9463	132	72	60	2		2
锡林浩特市	77093	37106	39987	4361	2173	2188	33	20	13
阿巴嘎旗	21058	10572	10486	122	64	58	11	11	
苏尼特左旗	20091	10213	9878	63	43	20	12	8	4
苏尼特右旗	21283	10508	10775	220	128	92	5	4	1
东乌珠穆沁旗	45093	22679	22414	232	132	100	17	7	10
西乌珠穆沁旗	53847	27344	26503	479	272	207	3	3	
太仆寺旗	4453	2147	2306	309	165	144	3		3
镶黄旗	15707	7711	7996	39	24	15	1	1	
正镶白旗	16169	8007	8162	70	36	34	3	2	1
正蓝旗	28164	13933	14231	664	323	341	6	3	3
多伦县	5638	2798	2840	3940	1978	1962	6	3	3
乌拉盖管委会	7756	3824	3932	137	81	56	1		1
阿拉善盟	**50104**	**24732**	**25372**	**12359**	**6615**	**5744**	**378**	**217**	**161**
阿拉善左旗	36753	18003	18750	9825	5210	4615	169	98	71
阿拉善右旗	5932	2945	2987	53	36	17	21	12	9
额济纳旗	5929	2996	2933	295	166	129	107	62	45
内蒙古阿拉善经济开发区	1490	788	702	2186	1203	983	81	45	36

1-4 续表 6 单位：人

地区	维吾尔族			苗族			彝族		
	小计	男	女	小计	男	女	小计	男	女
内蒙古	**941**	**530**	**411**	**9406**	**4624**	**4782**	**4618**	**2368**	**2250**
呼和浩特市	**268**	**137**	**131**	**1519**	**755**	**764**	**1163**	**590**	**573**
新城区	96	54	42	323	163	160	269	171	98
回民区	61	32	29	152	80	72	130	74	56
玉泉区	23	9	14	229	120	109	164	99	65
赛罕区	54	18	36	409	211	198	272	123	149
土默特左旗	1		1	139	56	83	74	22	52
托克托县	3	1	2	52	15	37	78	30	48
和林格尔县	8	7	1	77	37	40	57	22	35
清水河县	1	1		11	6	5	9	3	6
武川县	2	1	1	53	24	29	71	26	45
呼和浩特经济技术开发区	19	14	5	74	43	31	39	20	19
包头市	**131**	**75**	**56**	**1062**	**516**	**546**	**612**	**342**	**270**
东河区	30	16	14	157	93	64	69	39	30
昆都仑区	49	22	27	282	128	154	139	79	60
青山区	35	23	12	252	119	133	142	88	54
石拐区	1		1	36	23	13	6	5	1
白云鄂博矿区	1	1		12	5	7	5	4	1
九原区	2	2		74	37	37	92	63	29
土默特右旗	2	2		66	31	35	57	23	34
固阳县	2	1	1	58	24	34	22	6	16
达尔罕茂明安联合旗	1	1		49	20	29	28	8	20
包头稀土高新技术产业开发区	8	7	1	76	36	40	52	27	25
乌海市	**56**	**39**	**17**	**246**	**125**	**121**	**116**	**68**	**48**
海勃湾区	35	24	11	126	62	64	54	28	26
海南区	7	6	1	84	50	34	43	26	17
乌达区	14	9	5	36	13	23	19	14	5
赤峰市	**73**	**36**	**37**	**975**	**470**	**505**	**369**	**157**	**212**
红山区	42	24	18	154	77	77	55	24	31
元宝山区	5	1	4	46	21	25	22	13	9
松山区	3	3		173	87	86	68	39	29
阿鲁科尔沁旗	2		2	30	14	16	14	6	8
巴林左旗	7	2	5	47	22	25	18	6	12
巴林右旗	1	1		28	15	13	6	2	4
林西县	3		3	77	39	38	18	7	11
克什克腾旗	3	1	2	51	16	35	14	8	6
翁牛特旗	4	2	2	40	21	19	14	3	11
喀喇沁旗	1		1	84	41	43	47	15	32
宁城县	1	1		203	99	104	77	28	49
敖汉旗	1	1		42	18	24	16	6	10

1-4　续表 7　　　　单位：人

地　区	维吾尔族			苗　族			彝　族		
	小计	男	女	小计	男	女	小计	男	女
通辽市	**36**	**17**	**19**	**1021**	**493**	**528**	**212**	**91**	**121**
科尔沁区	18	7	11	393	193	200	69	28	41
科尔沁左翼中旗				78	38	40	10	5	5
科尔沁左翼后旗	4	1	3	113	51	62	24	11	13
开鲁县	7	5	2	89	43	46	28	12	16
库伦旗				43	22	21	21	10	11
奈曼旗	1		1	67	29	38	20	6	14
扎鲁特旗	2	2		33	16	17	14	10	4
通辽经济技术开发区	2	1	1	114	53	61	17	5	12
霍林郭勒市	2	1	1	91	48	43	9	4	5
鄂尔多斯市	**158**	**101**	**57**	**705**	**357**	**348**	**646**	**395**	**251**
东胜区	73	42	31	126	56	70	131	85	46
康巴什区	7	4	3	36	20	16	41	24	17
达拉特旗	6	5	1	132	67	65	58	33	25
准格尔旗	24	12	12	124	65	59	164	81	83
鄂托克前旗	3	1	2	52	24	28	29	16	13
鄂托克旗	10	4	6	73	35	38	27	13	14
杭锦旗				30	18	12	5		5
乌审旗	28	27	1	49	24	25	89	75	14
伊金霍洛旗	7	6	1	83	48	35	102	68	34
呼伦贝尔市	**57**	**24**	**33**	**1694**	**826**	**868**	**279**	**140**	**139**
海拉尔区	14	6	8	194	95	99	35	20	15
扎赉诺尔区				46	23	23	8	4	4
阿荣旗	3	2	1	143	61	82	14	9	5
莫力达瓦达斡尔族自治旗	1	1		178	80	98	27	12	15
鄂伦春自治旗	6	2	4	227	110	117	33	17	16
鄂温克族自治旗	4	1	3	127	67	60	15	10	5
陈巴尔虎旗				47	19	28	1		1
新巴尔虎左旗	1	1		39	20	19	10	5	5
新巴尔虎右旗	1		1	33	14	19	9	3	6
满洲里市	5	3	2	96	49	47	30	11	19
牙克石市	15	5	10	241	117	124	32	15	17
扎兰屯市	4	2	2	235	125	110	42	18	24
额尔古纳市	3	1	2	70	35	35	13	7	6
根河市				18	11	7	10	9	1
巴彦淖尔市	**38**	**23**	**15**	**433**	**204**	**229**	**349**	**143**	**206**
临河区	20	13	7	140	68	72	120	51	69
五原县	2	1	1	44	19	25	67	23	44
磴口县	2	1	1	32	15	17	37	18	19
乌拉特前旗	4	4		75	36	39	54	25	29
乌拉特中旗	1		1	52	27	25	24	10	14
乌拉特后旗	6	2	4	19	6	13	11	4	7
杭锦后旗	3	2	1	71	33	38	36	12	24

1-4 续表 8

单位：人

地 区	维吾尔族			苗 族			彝 族		
	小计	男	女	小计	男	女	小计	男	女
乌兰察布市	**15**	**9**	**6**	**572**	**273**	**299**	**427**	**167**	**260**
集宁区	5	4	1	186	97	89	100	61	39
卓资县				24	14	10	8	1	7
化德县	2	1	1	28	15	13	60	13	47
商都县	1		1	22	3	19	39	21	18
兴和县				21	10	11	26	11	15
凉城县	3	1	2	105	46	59	25	9	16
察哈尔右翼前旗				79	38	41	40	21	19
察哈尔右翼中旗	1		1	21	8	13	34	10	24
察哈尔右翼后旗	1	1		8	4	4	23	4	19
四子王旗	2	2		27	16	11	50	10	40
丰镇市				51	22	29	22	6	16
兴安盟	**34**	**22**	**12**	**635**	**318**	**317**	**155**	**98**	**57**
乌兰浩特市	19	14	5	194	100	94	41	22	19
阿尔山市				19	7	12	17	12	5
科尔沁右翼前旗				69	37	32	30	24	6
科尔沁右翼中旗	2	1	1	66	27	39	14	7	7
扎赉特旗	4	1	3	109	56	53	21	14	7
突泉县	9	6	3	178	91	87	32	19	13
锡林郭勒盟	**30**	**19**	**11**	**428**	**214**	**214**	**241**	**150**	**91**
二连浩特市	2	2		1	1		19	11	8
锡林浩特市	17	12	5	158	79	79	81	48	33
阿巴嘎旗				26	9	17	8	7	1
苏尼特左旗				7	3	4	32	28	4
苏尼特右旗	1	1		11	5	6	9	6	3
东乌珠穆沁旗	5	2	3	27	16	11	4	2	2
西乌珠穆沁旗	1	1		76	39	37	16	9	7
太仆寺旗	1		1	26	15	11	13	4	9
镶黄旗				8	6	2	5	3	2
正镶白旗	2	1	1	9	5	4	4	1	3
正蓝旗				46	21	25	13	8	5
多伦县				28	11	17	29	20	9
乌拉盖管委会	1		1	5	4	1	8	3	5
阿拉善盟	**45**	**28**	**17**	**116**	**73**	**43**	**49**	**27**	**22**
阿拉善左旗	37	24	13	63	36	27	34	19	15
阿拉善右旗	4	2	2	5	4	1	3	2	1
额济纳旗	3	2	1	36	23	13	8	3	5
内蒙古阿拉善经济开发区	1		1	12	10	2	4	3	1

1-4　续表 9　　单位：人

地　区	壮族			布依族			朝鲜族		
	小计	男	女	小计	男	女	小计	男	女
内蒙古	**3124**	**1416**	**1708**	**4006**	**1916**	**2090**	**18216**	**8875**	**9341**
呼和浩特市	**751**	**343**	**408**	**611**	**289**	**322**	**1580**	**746**	**834**
新城区	163	80	83	132	71	61	487	222	265
回民区	104	51	53	70	37	33	171	90	81
玉泉区	135	61	74	102	41	61	191	90	101
赛罕区	199	97	102	156	78	78	615	290	325
土默特左旗	47	15	32	43	18	25	47	19	28
托克托县	18	9	9	22	7	15	9	4	5
和林格尔县	46	17	29	23	12	11	18	8	10
清水河县	1	1		11	3	8	1	1	
武川县	9	4	5	18	4	14	10	7	3
呼和浩特经济技术开发区	29	8	21	34	18	16	31	15	16
包头市	**477**	**200**	**277**	**439**	**205**	**234**	**950**	**439**	**511**
东河区	100	43	57	62	30	32	102	47	55
昆都仑区	154	74	80	109	49	60	420	189	231
青山区	104	40	64	130	65	65	249	121	128
石拐区	1	1		2		2	6	4	2
白云鄂博矿区	2		2	6	2	4	4	1	3
九原区	52	17	35	28	13	15	47	19	28
土默特右旗	26	10	16	29	13	16	21	11	10
固阳县	6	3	3	29	14	15	8	1	7
达尔罕茂明安联合旗	1		1	19	10	9	14	4	10
包头稀土高新技术产业开发区	31	12	19	25	9	16	79	42	37
乌海市	**103**	**50**	**53**	**116**	**60**	**56**	**143**	**65**	**78**
海勃湾区	56	30	26	86	47	39	102	46	56
海南区	7	2	5	15	9	6	15	9	6
乌达区	40	18	22	15	4	11	26	10	16
赤峰市	**505**	**235**	**270**	**353**	**167**	**186**	**1492**	**729**	**763**
红山区	115	57	58	57	25	32	330	158	172
元宝山区	35	15	20	15	8	7	99	51	48
松山区	127	63	64	56	28	28	290	143	147
阿鲁科尔沁旗	12	9	3	7	3	4	89	41	48
巴林左旗	27	15	12	13	8	5	97	46	51
巴林右旗	5	3	2	15	4	11	145	82	63
林西县	15	4	11	43	24	19	52	18	34
克什克腾旗	20	9	11	32	13	19	49	25	24
翁牛特旗	28	12	16	16	6	10	135	72	63
喀喇沁旗	25	11	14	24	9	15	62	30	32
宁城县	45	16	29	62	34	28	90	43	47
敖汉旗	51	21	30	13	5	8	54	20	34

1-4 续表 10

单位：人

地区	壮族			布依族			朝鲜族		
	小计	男	女	小计	男	女	小计	男	女
通辽市	**224**	**96**	**128**	**499**	**228**	**271**	**2493**	**1239**	**1254**
科尔沁区	86	36	50	195	87	108	1328	666	662
科尔沁左翼中旗	14	2	12	33	19	14	128	70	58
科尔沁左翼后旗	19	9	10	76	33	43	162	72	90
开鲁县	25	12	13	44	18	26	92	45	47
库伦旗	16	7	9	25	12	13	32	14	18
奈曼旗	11	5	6	31	15	16	117	56	61
扎鲁特旗	15	5	10	23	9	14	135	80	55
通辽经济技术开发区	18	10	8	55	27	28	275	136	139
霍林郭勒市	20	10	10	17	8	9	224	100	124
鄂尔多斯市	**248**	**130**	**118**	**255**	**134**	**121**	**314**	**156**	**158**
东胜区	61	28	33	59	22	37	121	58	63
康巴什区	34	15	19	11	4	7	24	6	18
达拉特旗	16	6	10	32	17	15	33	17	16
准格尔旗	47	26	21	44	22	22	63	32	31
鄂托克前旗	11	8	3	23	13	10	8	4	4
鄂托克旗	13	6	7	26	17	9	11	7	4
杭锦旗	3		3	9	6	3	16	12	4
乌审旗	23	15	8	22	14	8	14	6	8
伊金霍洛旗	40	26	14	29	19	10	24	14	10
呼伦贝尔市	**229**	**106**	**123**	**777**	**367**	**410**	**5947**	**2925**	**3022**
海拉尔区	58	26	32	97	51	46	800	381	419
扎赉诺尔区	5	3	2	15	8	7	62	22	40
阿荣旗	17	6	11	55	24	31	1262	652	610
莫力达瓦达斡尔族自治旗	21	10	11	74	44	30	617	331	286
鄂伦春自治旗	15	8	7	134	58	76	247	121	126
鄂温克族自治旗	18	7	11	63	31	32	223	103	120
陈巴尔虎旗	8	4	4	12	6	6	31	16	15
新巴尔虎左旗	1		1	24	8	16	17	8	9
新巴尔虎右旗	5	2	3	13	6	7	25	13	12
满洲里市	7	5	2	52	27	25	283	148	135
牙克石市	27	11	16	97	38	59	570	257	313
扎兰屯市	33	15	18	110	50	60	1549	755	794
额尔古纳市	7	4	3	22	11	11	93	45	48
根河市	7	5	2	9	5	4	168	73	95
巴彦淖尔市	**133**	**58**	**75**	**184**	**93**	**91**	**254**	**111**	**143**
临河区	53	23	30	74	33	41	124	62	62
五原县	15	3	12	9	4	5	23	8	15
磴口县	12	3	9	9	5	4	17	7	10
乌拉特前旗	26	15	11	21	13	8	29	9	20
乌拉特中旗	3	3		31	18	13	19	7	12
乌拉特后旗	9	6	3	12	8	4	7	3	4
杭锦后旗	15	5	10	28	12	16	35	15	20

1-4　续表 11　　　　　　　　　　　　　　　　　　　　　　　　　　单位：人

地　　区	壮　　族			布 依 族			朝 鲜 族		
	小计	男	女	小计	男	女	小计	男	女
乌兰察布市	**164**	**67**	**97**	**215**	**92**	**123**	**231**	**100**	**131**
集宁区	74	33	41	59	26	33	113	41	72
卓资县	8	2	6	14	5	9	6	5	1
化德县	7	2	5	6	2	4	6	3	3
商都县	5	2	3	11	6	5	14	4	10
兴和县	9	1	8	6	4	2	8	5	3
凉城县	5	3	2	46	14	32	25	11	14
察哈尔右翼前旗	20	6	14	26	12	14	14	6	8
察哈尔右翼中旗	2		2	12	7	5	8	4	4
察哈尔右翼后旗	4		4	2	1	1	10	6	4
四子王旗	18	13	5	12	6	6	11	7	4
丰镇市	12	5	7	21	9	12	16	8	8
兴安盟	**119**	**55**	**64**	**282**	**136**	**146**	**4511**	**2207**	**2304**
乌兰浩特市	46	23	23	93	53	40	2436	1170	1266
阿尔山市	3	1	2	9	3	6	35	14	21
科尔沁右翼前旗	23	12	11	42	19	23	535	270	265
科尔沁右翼中旗	8	2	6	32	15	17	587	297	290
扎赉特旗	22	9	13	42	18	24	727	363	364
突泉县	17	8	9	64	28	36	191	93	98
锡林郭勒盟	**118**	**50**	**68**	**218**	**113**	**105**	**270**	**140**	**130**
二连浩特市	7	5	2	6	5	1	28	14	14
锡林浩特市	52	15	37	84	44	40	119	56	63
阿巴嘎旗				11	3	8	2	2	
苏尼特左旗	1		1	5	2	3	7	4	3
苏尼特右旗	3	1	2	3	1	2	8	4	4
东乌珠穆沁旗	8	6	2	17	11	6	18	13	5
西乌珠穆沁旗	12	7	5	41	16	25	37	22	15
太仆寺旗	8	3	5	10	3	7	14	9	5
镶黄旗	7	5	2	6	6		1	1	
正镶白旗	1	1		10	4	6	5	1	4
正蓝旗	1	1		13	9	4	9	3	6
多伦县	18	6	12	10	7	3	15	7	8
乌拉盖管委会				2	2		7	4	3
阿拉善盟	**53**	**26**	**27**	**57**	**32**	**25**	**31**	**18**	**13**
阿拉善左旗	38	19	19	30	18	12	21	14	7
阿拉善右旗	4	1	3	4	2	2	2	1	1
额济纳旗	9	4	5	17	8	9	4	2	2
内蒙古阿拉善经济开发区	2	2		6	4	2	4	1	3

1-4 续表 12

单位：人

地　　区	满　族			侗　族			瑶　族		
	小计	男	女	小计	男	女	小计	男	女
内蒙古	**469734**	**240191**	**229543**	**4351**	**2205**	**2146**	**608**	**281**	**327**
呼和浩特市	**41883**	**20794**	**21089**	**607**	**299**	**308**	**154**	**67**	**87**
新城区	12283	6094	6189	111	56	55	36	17	19
回民区	5310	2611	2699	86	39	47	25	11	14
玉泉区	5643	2761	2882	84	37	47	18	6	12
赛罕区	13924	6912	7012	173	76	97	44	20	24
土默特左旗	1084	553	531	53	29	24	10	6	4
托克托县	569	283	286	11	5	6	3		3
和林格尔县	1091	566	525	38	21	17	8	3	5
清水河县	106	48	58	1	1		3		3
武川县	324	169	155	14	11	3	3	2	1
呼和浩特经济技术开发区	1549	797	752	36	24	12	4	2	2
包头市	**26792**	**13392**	**13400**	**466**	**240**	**226**	**86**	**41**	**45**
东河区	3366	1685	1681	55	33	22	17	10	7
昆都仑区	11056	5541	5515	139	72	67	28	13	15
青山区	7387	3608	3779	130	69	61	10	4	6
石拐区	76	34	42	5	2	3	1	1	
白云鄂博矿区	277	160	117	5	3	2			
九原区	1414	762	652	28	15	13	3	3	
土默特右旗	703	354	349	23	8	15	14	4	10
固阳县	300	147	153	32	13	19	1		1
达尔罕茂明安联合旗	198	107	91	22	12	10	3	1	2
包头稀土高新技术产业开发区	2015	994	1021	27	13	14	9	5	4
乌海市	**4291**	**2226**	**2065**	**91**	**40**	**51**	**15**	**8**	**7**
海勃湾区	2811	1418	1393	66	31	35	8	4	4
海南区	475	274	201	10	6	4	2	2	
乌达区	1005	534	471	15	3	12	5	2	3
赤峰市	**122676**	**63447**	**59229**	**412**	**218**	**194**	**72**	**27**	**45**
红山区	18313	9101	9212	67	40	27	11	5	6
元宝山区	9445	4806	4639	25	15	10	4	1	3
松山区	41627	21858	19769	97	56	41	19	4	15
阿鲁科尔沁旗	4576	2410	2166	10	6	4			
巴林左旗	8123	4164	3959	15	6	9	1	1	
巴林右旗	2287	1139	1148	8	3	5	3	1	2
林西县	2218	1129	1089	46	24	22	9	5	4
克什克腾旗	2027	1073	954	25	14	11			
翁牛特旗	2953	1622	1331	15	9	6			
喀喇沁旗	20291	10726	9565	30	12	18	9	4	5
宁城县	6071	2985	3086	55	25	30	11	4	7
敖汉旗	4745	2434	2311	19	8	11	5	2	3

1-4　续表 13　　单位：人

地　区	满　族			侗　族			瑶　族		
	小计	男	女	小计	男	女	小计	男	女
通辽市	**87911**	**45110**	**42801**	**543**	**272**	**271**	**45**	**23**	**22**
科尔沁区	37641	19183	18458	208	93	115	19	8	11
科尔沁左翼中旗	5235	2772	2463	51	26	25	5	2	3
科尔沁左翼后旗	4680	2431	2249	57	33	24	2	2	
开鲁县	7670	3986	3684	51	27	24	4	2	2
库伦旗	3404	1797	1607	22	13	9			
奈曼旗	6169	3195	2974	27	18	9	4	3	1
扎鲁特旗	6487	3245	3242	26	12	14	1		1
通辽经济技术开发区	10989	5572	5417	70	30	40	8	5	3
霍林郭勒市	5636	2929	2707	31	20	11	2	1	1
鄂尔多斯市	**9072**	**4882**	**4190**	**265**	**145**	**120**	**58**	**33**	**25**
东胜区	3198	1673	1525	52	28	24	12	4	8
康巴什区	966	461	505	13	11	2	9	4	5
达拉特旗	916	464	452	40	23	17	4		4
准格尔旗	1955	1093	862	32	15	17	15	13	2
鄂托克前旗	102	60	42	24	11	13	1		1
鄂托克旗	352	206	146	29	12	17	2	1	1
杭锦旗	174	92	82	23	17	6	2	1	1
乌审旗	291	179	112	23	16	7	1		1
伊金霍洛旗	1118	654	464	29	12	17	12	10	2
呼伦贝尔市	**75279**	**38738**	**36541**	**901**	**438**	**463**	**35**	**16**	**19**
海拉尔区	9662	4708	4954	112	46	66	5	3	2
扎赉诺尔区	1137	541	596	32	12	20	1		1
阿荣旗	13705	7232	6473	63	29	34	2		2
莫力达瓦达斡尔族自治旗	11570	6006	5564	84	38	46	3	1	2
鄂伦春自治旗	3491	1806	1685	131	67	64	2	2	
鄂温克族自治旗	2964	1526	1438	68	37	31	1	1	
陈巴尔虎旗	745	412	333	30	11	19	3	1	2
新巴尔虎左旗	226	127	99	31	19	12	1	1	
新巴尔虎右旗	326	236	90	20	9	11			
满洲里市	4232	2171	2061	61	28	33			
牙克石市	5488	2744	2744	122	65	57	10	4	6
扎兰屯市	17904	9273	8631	112	58	54	6	3	3
额尔古纳市	2213	1119	1094	27	15	12	1		1
根河市	1616	837	779	8	4	4			
巴彦淖尔市	**4682**	**2380**	**2302**	**194**	**105**	**89**	**41**	**19**	**22**
临河区	2113	1051	1062	57	26	31	15	6	9
五原县	484	242	242	17	8	9	16	8	8
磴口县	349	180	169	11	7	4			
乌拉特前旗	734	366	368	15	11	4	3	1	2
乌拉特中旗	435	243	192	21	10	11	1	1	
乌拉特后旗	171	100	71	15	11	4	1		1
杭锦后旗	396	198	198	58	32	26	5	3	2

1-4 续表 14

单位：人

地区	满族			侗族			瑶族		
	小计	男	女	小计	男	女	小计	男	女
乌兰察布市	**8806**	**4589**	**4217**	**240**	**128**	**112**	**34**	**16**	**18**
集宁区	3103	1529	1574	73	36	37	6	4	2
卓资县	471	259	212	6	5	1	2	1	1
化德县	218	122	96	15	8	7	3	1	2
商都县	248	129	119	2		2			
兴和县	319	161	158	14	7	7	3	1	2
凉城县	2326	1273	1053	47	30	17	1		1
察哈尔右翼前旗	368	193	175	30	15	15	7	2	5
察哈尔右翼中旗	281	158	123	7	3	4	1		1
察哈尔右翼后旗	176	87	89	5	2	3	1	1	
四子王旗	493	247	246	16	11	5	7	5	2
丰镇市	803	431	372	25	11	14	3	1	2
兴安盟	**58144**	**29315**	**28829**	**338**	**179**	**159**	**33**	**16**	**17**
乌兰浩特市	18440	8953	9487	117	62	55	10	6	4
阿尔山市	1055	516	539	13	5	8	2	2	
科尔沁右翼前旗	12173	6350	5823	32	13	19	6	2	4
科尔沁右翼中旗	1964	990	974	39	26	13	2	1	1
扎赉特旗	4956	2527	2429	55	34	21	5	1	4
突泉县	19556	9979	9577	82	39	43	8	4	4
锡林郭勒盟	**29129**	**14756**	**14373**	**251**	**115**	**136**	**30**	**14**	**16**
二连浩特市	575	311	264	5	3	2			
锡林浩特市	8026	3921	4105	91	42	49	16	9	7
阿巴嘎旗	330	184	146	13	3	10	1	1	
苏尼特左旗	134	82	52						
苏尼特右旗	277	140	137	9	5	4	3	1	2
东乌珠穆沁旗	406	240	166	17	6	11	1	1	
西乌珠穆沁旗	1237	782	455	63	33	30	2	1	1
太仆寺旗	2827	1509	1318	11	5	6			
镶黄旗	75	47	28	3	1	2	2		2
正镶白旗	326	165	161	5	2	3			
正蓝旗	2705	1363	1342	22	11	11			
多伦县	11726	5757	5969	7	3	4	5	1	4
乌拉盖管委会	485	255	230	5	1	4			
阿拉善盟	**1069**	**562**	**507**	**43**	**26**	**17**	**5**	**1**	**4**
阿拉善左旗	719	368	351	20	13	7	1		1
阿拉善右旗	62	43	19	7	5	2			
额济纳旗	171	95	76	13	7	6	3		3
内蒙古阿拉善经济开发区	117	56	61	3	1	2	1	1	

1-4　续表 15

单位：人

地　　区	白　族			土家族			哈尼族		
	小计	男	女	小计	男	女	小计	男	女
内蒙古	**895**	**429**	**466**	**6112**	**3168**	**2944**	**455**	**146**	**309**
呼和浩特市	**213**	**104**	**109**	**1236**	**636**	**600**	**230**	**76**	**154**
新城区	47	26	21	259	136	123	33	17	16
回民区	27	13	14	144	58	86	9	1	8
玉泉区	36	19	17	199	126	73	17	6	11
赛罕区	53	29	24	364	181	183	32	18	14
土默特左旗	11	5	6	68	34	34	10	3	7
托克托县	18	6	12	39	20	19	53	12	41
和林格尔县	8	2	6	62	26	36	3		3
清水河县				1		1	2		2
武川县	3		3	28	12	16	65	18	47
呼和浩特经济技术开发区	10	4	6	72	43	29	6	1	5
包头市	**124**	**61**	**63**	**837**	**462**	**375**	**47**	**16**	**31**
东河区	13	6	7	94	48	46	3	2	1
昆都仑区	35	16	19	278	163	115	9	4	5
青山区	30	13	17	222	112	110	10	3	7
石拐区				15	7	8			
白云鄂博矿区	2	1	1	4	3	1	1		1
九原区	15	9	6	72	46	26	7	3	4
土默特右旗	4	1	3	43	26	17	7	1	6
固阳县	5	3	2	29	16	13			
达尔罕茂明安联合旗	6	4	2	11	5	6	5		5
包头稀土高新技术产业开发区	14	8	6	69	36	33	5	3	2
乌海市	**19**	**10**	**9**	**187**	**116**	**71**	**8**	**5**	**3**
海勃湾区	7	2	5	102	62	40	5	4	1
海南区	9	5	4	36	22	14	3	1	2
乌达区	3	3		49	32	17			
赤峰市	**76**	**35**	**41**	**505**	**259**	**246**	**42**	**14**	**28**
红山区	19	7	12	116	70	46	3		3
元宝山区	3	3		30	11	19	3		3
松山区	10	2	8	113	60	53	8	3	5
阿鲁科尔沁旗	1		1	8	5	3			
巴林左旗	16	11	5	21	9	12			
巴林右旗	1	1		20	13	7			
林西县	2	2		34	18	16			
克什克腾旗	3	2	1	37	14	23			
翁牛特旗				11	8	3	3	2	1
喀喇沁旗	4	3	1	26	11	15	14	4	10
宁城县	14	4	10	65	33	32	8	3	5
敖汉旗	3		3	24	7	17	3	2	1

1-4 续表 16

单位：人

地区	白族			土家族			哈尼族		
	小计	男	女	小计	男	女	小计	男	女
通辽市	**80**	**34**	**46**	**463**	**220**	**243**	**8**	**2**	**6**
科尔沁区	26	12	14	192	97	95	6	2	4
科尔沁左翼中旗	19	8	11	37	9	28			
科尔沁左翼后旗	9	4	5	47	20	27			
开鲁县	2	1	1	30	13	17	1		1
库伦旗	3	1	2	25	15	10			
奈曼旗	4		4	33	13	20			
扎鲁特旗	4	1	3	11	7	4			
通辽经济技术开发区	9	4	5	57	26	31	1		1
霍林郭勒市	4	3	1	31	20	11			
鄂尔多斯市	**70**	**37**	**33**	**443**	**256**	**187**	**40**	**16**	**24**
东胜区	12	6	6	122	66	56	13	4	9
康巴什区	11	5	6	25	15	10	5	2	3
达拉特旗	1		1	38	21	17	1		1
准格尔旗	13	6	7	55	32	23	3		3
鄂托克前旗	2	1	1	17	9	8	12	8	4
鄂托克旗	13	7	6	60	35	25	1		1
杭锦旗	4	1	3	36	21	15	3	2	1
乌审旗	4	3	1	32	21	11			
伊金霍洛旗	10	8	2	58	36	22	2		2
呼伦贝尔市	**120**	**63**	**57**	**699**	**347**	**352**	**13**	**3**	**10**
海拉尔区	17	10	7	143	69	74	3		3
扎赉诺尔区	6	3	3	20	10	10			
阿荣旗	8	1	7	60	36	24	1		1
莫力达瓦达斡尔族自治旗	15	8	7	57	24	33	1		1
鄂伦春自治旗	8	3	5	70	35	35	3		3
鄂温克族自治旗	9	6	3	54	22	32			
陈巴尔虎旗	5	4	1	18	4	14			
新巴尔虎左旗	6	3	3	15	6	9			
新巴尔虎右旗	1	1		13	7	6	1	1	
满洲里市	12	4	8	44	23	21	3	2	1
牙克石市	16	9	7	103	55	48			
扎兰屯市	12	7	5	73	41	32	1		1
额尔古纳市	1	1		24	12	12			
根河市	4	3	1	5	3	2			
巴彦淖尔市	**38**	**13**	**25**	**567**	**268**	**299**	**10**	**2**	**8**
临河区	16	5	11	162	71	91	6	2	4
五原县	4	2	2	31	15	16	2		2
磴口县				38	16	22			
乌拉特前旗	7	2	5	194	87	107	1		1
乌拉特中旗	3	1	2	71	38	33	1		1
乌拉特后旗	1		1	19	11	8			
杭锦后旗	7	3	4	52	30	22			

1-4 续表 17

单位：人

地 区	白族			土家族			哈尼族		
	小计	男	女	小计	男	女	小计	男	女
乌兰察布市	**76**	**32**	**44**	**410**	**180**	**230**	**37**	**6**	**31**
集宁区	20	11	9	116	59	57	3	1	2
卓资县	3	1	2	37	14	23	1		1
化德县	5	2	3	13	8	5			
商都县	10	5	5	8	3	5	1	1	
兴和县	12	4	8	11	6	5	1		1
凉城县	9	4	5	59	23	36	2		2
察哈尔右翼前旗	8	4	4	43	24	19	2		2
察哈尔右翼中旗	2		2	5	1	4	6		6
察哈尔右翼后旗	3	1	2	6	4	2			
四子王旗				37	15	22	19	3	16
丰镇市	4		4	75	23	52	2	1	1
兴安盟	**33**	**15**	**18**	**302**	**154**	**148**	**8**	**1**	**7**
乌兰浩特市	11	7	4	100	48	52	2		2
阿尔山市	2	2		12	9	3	1		1
科尔沁右翼前旗	3	2	1	34	20	14	1		1
科尔沁右翼中旗	3		3	34	18	16			
扎赉特旗	9	2	7	61	28	33	3	1	2
突泉县	5	2	3	61	31	30	1		1
锡林郭勒盟	**32**	**17**	**15**	**263**	**142**	**121**	**10**	**4**	**6**
二连浩特市				11	9	2			
锡林浩特市	13	8	5	103	56	47	1		1
阿巴嘎旗	1	1		12	5	7			
苏尼特左旗	1		1	5	3	2			
苏尼特右旗	1		1	16	11	5			
东乌珠穆沁旗	1	1		8	5	3			
西乌珠穆沁旗	4	3	1	30	18	12	2	1	1
太仆寺旗	2		2	9	3	6	1		1
镶黄旗	1	1		19	15	4			
正镶白旗	2	2		5	1	4			
正蓝旗	2		2	10		10			
多伦县	2	1	1	35	16	19	4	2	2
乌拉盖管委会	2		2				2	1	1
阿拉善盟	**14**	**8**	**6**	**200**	**128**	**72**	**2**	**1**	**1**
阿拉善左旗	6	4	2	115	86	29	1		1
阿拉善右旗	2	2		12	5	7			
额济纳旗	5	2	3	53	27	26	1	1	
内蒙古阿拉善经济开发区	1		1	20	10	10			

1-4 续表 18

单位：人

地区	哈萨克族			傣族			黎族		
	小计	男	女	小计	男	女	小计	男	女
内蒙古	**165**	**89**	**76**	**255**	**94**	**161**	**1384**	**618**	**766**
呼和浩特市	**18**	**10**	**8**	**72**	**25**	**47**	**194**	**87**	**107**
新城区	6	3	3	11	3	8	44	20	24
回民区	7	3	4	7	2	5	12	4	8
玉泉区	2	2		11	5	6	28	17	11
赛罕区	1		1	15	9	6	69	33	36
土默特左旗				8	1	7	13	2	11
托克托县				11	3	8	13	8	5
和林格尔县	1	1		1		1	7	2	5
清水河县				1		1			
武川县				3		3			
呼和浩特经济技术开发区	1	1		4	2	2	8	1	7
包头市	**7**	**3**	**4**	**47**	**15**	**32**	**185**	**82**	**103**
东河区	2	1	1	5	3	2	14	9	5
昆都仑区	2	1	1	14	3	11	75	32	43
青山区	1		1	3	2	1	45	18	27
石拐区							1		1
白云鄂博矿区							1	1	
九原区	2	1	1	8	3	5	8	5	3
土默特右旗				13	3	10	24	11	13
固阳县							3	1	2
达尔罕茂明安联合旗				1		1	2		2
包头稀土高新技术产业开发区				3	1	2	12	5	7
乌海市	**2**	**2**		**8**	**3**	**5**	**21**	**13**	**8**
海勃湾区				5	3	2	11	7	4
海南区	1	1					8	5	3
乌达区	1	1		3		3	2	1	1
赤峰市	**6**	**4**	**2**	**39**	**16**	**23**	**256**	**112**	**144**
红山区				6	4	2	43	16	27
元宝山区							12	6	6
松山区				7	3	4	73	42	31
阿鲁科尔沁旗	1		1	1		1	15	6	9
巴林左旗				2		2	16	7	9
巴林右旗							8	3	5
林西县	1	1					5	3	2
克什克腾旗	1	1					5	1	4
翁牛特旗				4	3	1	19	6	13
喀喇沁旗				6	1	5	17	7	10
宁城县	3	2	1	8	3	5	20	7	13
敖汉旗				5	2	3	23	8	15

1-4　续表 19　　　　单位：人

地区	哈萨克族			傣族			黎族		
	小计	男	女	小计	男	女	小计	男	女
通辽市	**6**	**2**	**4**	**16**	**9**	**7**	**165**	**72**	**93**
科尔沁区	4		4	5	3	2	60	30	30
科尔沁左翼中旗	1	1					7	3	4
科尔沁左翼后旗							15	1	14
开鲁县							15	7	8
库伦旗	1	1					14	8	6
奈曼旗				3		3	15	10	5
扎鲁特旗							14	7	7
通辽经济技术开发区				5	3	2	15	4	11
霍林郭勒市				3	3		10	2	8
鄂尔多斯市	**6**	**3**	**3**	**18**	**7**	**11**	**88**	**36**	**52**
东胜区	1	1		7	5	2	28	10	18
康巴什区	3	1	2	1	1		3	2	1
达拉特旗				6		6	12	2	10
准格尔旗				3	1	2	21	12	9
鄂托克前旗									
鄂托克旗				1		1	11	5	6
杭锦旗							1		1
乌审旗	1		1				2	2	
伊金霍洛旗	1	1					10	3	7
呼伦贝尔市	**8**	**4**	**4**	**6**	**3**	**3**	**168**	**66**	**102**
海拉尔区	1		1	1		1	36	14	22
扎赉诺尔区							7	4	3
阿荣旗							12	6	6
莫力达瓦达斡尔族自治旗	1		1	1		1	15	5	10
鄂伦春自治旗	1		1				14	7	7
鄂温克族自治旗							8	3	5
陈巴尔虎旗							2		2
新巴尔虎左旗							1		1
新巴尔虎右旗				1	1				
满洲里市	2	1	1	3	2	1	18	4	14
牙克石市	1	1					19	7	12
扎兰屯市	2	2					24	11	13
额尔古纳市							5	1	4
根河市							7	4	3
巴彦淖尔市	**3**	**1**	**2**	**4**		**4**	**84**	**33**	**51**
临河区	2	1	1	1		1	52	21	31
五原县				2		2	9	6	3
磴口县							5		5
乌拉特前旗							6	1	5
乌拉特中旗				1		1	5	2	3
乌拉特后旗	1		1						
杭锦后旗							7	3	4

1-4 续表 20

单位：人

地区	哈萨克族			傣族			黎族		
	小计	男	女	小计	男	女	小计	男	女
乌兰察布市	**1**	**1**		**30**	**9**	**21**	**88**	**47**	**41**
集宁区				3	1	2	36	20	16
卓资县							3		3
化德县	1	1		14	5	9	1		1
商都县				1	1		4	1	3
兴和县				3		3	11	7	4
凉城县				1		1	6	4	2
察哈尔右翼前旗				3		3	5	3	2
察哈尔右翼中旗							4	2	2
察哈尔右翼后旗							1	1	
四子王旗				4	2	2	12	6	6
丰镇市				1		1	5	3	2
兴安盟	**1**		**1**	**7**	**3**	**4**	**82**	**40**	**42**
乌兰浩特市							19	10	9
阿尔山市				1	1		1		1
科尔沁右翼前旗				1		1	17	10	7
科尔沁右翼中旗	1		1	2	1	1	11	4	7
扎赉特旗							5	2	3
突泉县				3	1	2	29	14	15
锡林郭勒盟	**7**	**2**	**5**	**8**	**4**	**4**	**33**	**18**	**15**
二连浩特市							3	1	2
锡林浩特市	4	2	2	3	1	2	14	9	5
阿巴嘎旗	2		2				1		1
苏尼特左旗									
苏尼特右旗				1	1				
东乌珠穆沁旗				1		1	1	1	
西乌珠穆沁旗							2	2	
太仆寺旗	1		1	1	1				
镶黄旗				1		1			
正镶白旗				1	1		1	1	
正蓝旗							3		3
多伦县							4	1	3
乌拉盖管委会							4	3	1
阿拉善盟	**100**	**57**	**43**				**20**	**12**	**8**
阿拉善左旗	1	1					12	7	5
阿拉善右旗	94	53	41				1		1
额济纳旗	4	2	2				7	5	2
内蒙古阿拉善经济开发区	1	1							

1-4　续表 21　　　　单位：人

地　　区	傈僳族			佤　族			畲　族		
	小计	男	女	小计	男	女	小计	男	女
内蒙古	**691**	**203**	**488**	**590**	**183**	**407**	**365**	**234**	**131**
呼和浩特市	**363**	**107**	**256**	**141**	**30**	**111**	**81**	**47**	**34**
新城区	28	12	16	8	5	3	8	5	3
回民区	15	6	9	15	6	9	9	8	1
玉泉区	27	7	20	13	3	10	18	9	9
赛罕区	27	12	15	23	3	20	28	13	15
土默特左旗	69	21	48	20	7	13	2	2	
托克托县	127	31	96	14	1	13	6	2	4
和林格尔县	40	10	30	7	1	6	6	5	1
清水河县	2		2	2		2	1	1	
武川县	21	6	15	37	4	33			
呼和浩特经济技术开发区	7	2	5	2		2	3	2	1
包头市	**66**	**22**	**44**	**60**	**19**	**41**	**57**	**32**	**25**
东河区	5	1	4	8	3	5	4	3	1
昆都仑区	13	5	8	8	2	6	17	10	7
青山区	7	2	5	12	6	6	22	14	8
石拐区	1	1					3	2	1
白云鄂博矿区	1		1						
九原区	2		2	4	1	3	1	1	
土默特右旗	17	6	11	4	2	2			
固阳县	7	1	6	1		1	3	1	2
达尔罕茂明安联合旗	8	2	6	17	2	15	1		1
包头稀土高新技术产业开发区	5	4	1	6	3	3	6	1	5
乌海市	**4**	**2**	**2**	**20**	**3**	**17**	**10**	**8**	**2**
海勃湾区				14	3	11	10	8	2
海南区				1		1			
乌达区	4	2	2	5		5			
赤峰市	**90**	**24**	**66**	**27**	**12**	**15**	**35**	**25**	**10**
红山区	2	1	1	1		1	10	7	3
元宝山区	3		3	4	2	2			
松山区	6	2	4	18	8	10	9	5	4
阿鲁科尔沁旗	1		1				2	1	1
巴林左旗	2		2	1		1	2	2	
巴林右旗							1	1	
林西县									
克什克腾旗	1	1					2	2	
翁牛特旗	3	1	2						
喀喇沁旗	15	5	10	2	1	1	1		1
宁城县	52	11	41				1	1	
敖汉旗	5	3	2	1	1		7	6	1

1-4 续表 22 单位：人

地　区	傈僳族			佤　族			畲　族		
	小计	男	女	小计	男	女	小计	男	女
通辽市	**21**	**8**	**13**	**31**	**12**	**19**	**14**	**7**	**7**
科尔沁区	4	2	2	7	4	3	6	2	4
科尔沁左翼中旗	6		6	2		2	1		1
科尔沁左翼后旗				1		1	1	1	
开鲁县	3	2	1	11	2	9	3	2	1
库伦旗				4	3	1	1		1
奈曼旗	2	2		1		1			
扎鲁特旗	2	1	1	4	3	1			
通辽经济技术开发区	3	1	2				1	1	
霍林郭勒市	1		1	1		1	1	1	
鄂尔多斯市	**40**	**15**	**25**	**52**	**36**	**16**	**33**	**18**	**15**
东胜区	11	5	6	9	3	6	12	5	7
康巴什区	2	1	1	1		1	1	1	
达拉特旗	2	2		4	3	1	2	2	
准格尔旗	17	7	10	6	3	3	7	4	3
鄂托克前旗	1		1				1	1	
鄂托克旗									
杭锦旗				1		1	1		1
乌审旗	1		1	29	25	4	5	2	3
伊金霍洛旗	6		6	2	2		4	3	1
呼伦贝尔市	**14**	**3**	**11**	**17**	**9**	**8**	**16**	**8**	**8**
海拉尔区	2		2	3	3		7	4	3
扎赉诺尔区	1		1	2		2			
阿荣旗	8	2	6	2		2			
莫力达瓦达斡尔族自治旗				6	4	2	1		1
鄂伦春自治旗	1		1	1	1		1		1
鄂温克族自治旗							1	1	
陈巴尔虎旗									
新巴尔虎左旗									
新巴尔虎右旗							1		1
满洲里市				1	1				
牙克石市	2	1	1				2	2	
扎兰屯市				2		2	2		2
额尔古纳市									
根河市							1	1	
巴彦淖尔市	**4**		**4**	**35**	**8**	**27**	**31**	**16**	**15**
临河区	3		3	5	1	4	2		2
五原县	1		1	7	2	5			
磴口县							11	3	8
乌拉特前旗				13	3	10	5	2	3
乌拉特中旗				5	1	4	8	8	
乌拉特后旗							4	3	1
杭锦后旗				5	1	4	1		1

1-4 续表 23

单位：人

地 区	傈僳族			佤 族			畲 族		
	小计	男	女	小计	男	女	小计	男	女
乌兰察布市	**56**	**10**	**46**	**152**	**33**	**119**	**11**	**7**	**4**
集宁区	8	1	7	8	6	2	8	6	2
卓资县				1		1			
化德县	1		1	15	4	11			
商都县	5	1	4	9	3	6			
兴和县	4	2	2	76	14	62	2		2
凉城县	2		2	12	2	10			
察哈尔右翼前旗	12	3	9	12	2	10	1	1	
察哈尔右翼中旗	3	1	2	2		2			
察哈尔右翼后旗	13		13	3		3			
四子王旗	3		3	12	2	10			
丰镇市	5	2	3	2		2			
兴安盟	**9**	**6**	**3**	**13**	**3**	**10**	**23**	**18**	**5**
乌兰浩特市	3	2	1				3		3
阿尔山市				3		3			
科尔沁右翼前旗	4	3	1	5		5	19	18	1
科尔沁右翼中旗				1	1				
扎赉特旗	1		1	1		1	1		1
突泉县	1	1		3	2	1			
锡林郭勒盟	**23**	**6**	**17**	**40**	**18**	**22**	**23**	**19**	**4**
二连浩特市	2		2				2	1	1
锡林浩特市	5	3	2	31	15	16	1		1
阿巴嘎旗							1	1	
苏尼特左旗							6	6	
苏尼特右旗	1	1							
东乌珠穆沁旗	3		3				3	3	
西乌珠穆沁旗									
太仆寺旗	9	2	7	3	2	1			
镶黄旗							9	7	2
正镶白旗	3		3						
正蓝旗							1	1	
多伦县				6	1	5			
乌拉盖管委会									
阿拉善盟	**1**		**1**	**2**		**2**	**31**	**29**	**2**
阿拉善左旗	1		1	2		2	27	25	2
阿拉善右旗									
额济纳旗							3	3	
内蒙古阿拉善经济开发区							1	1	

1−4 续表 24

单位：人

地区	高山族			拉祜族			水族		
	小计	男	女	小计	男	女	小计	男	女
内蒙古	**109**	**60**	**49**	**529**	**121**	**408**	**826**	**367**	**459**
呼和浩特市	**14**	**10**	**4**	**259**	**60**	**199**	**106**	**47**	**59**
新城区	3	2	1	14	3	11	14	6	8
回民区	3	2	1	8	3	5	10	3	7
玉泉区	1	1		14	3	11	18	11	7
赛罕区	7	5	2	20	6	14	36	15	21
土默特左旗				9	3	6	9	4	5
托克托县				14	4	10	9	5	4
和林格尔县				1		1	1	1	
清水河县				2		2	1		1
武川县				173	38	135	3		3
呼和浩特经济技术开发区				4		4	5	2	3
包头市	**6**	**3**	**3**	**54**	**10**	**44**	**75**	**32**	**43**
东河区				4		4	12	5	7
昆都仑区	4	2	2	1		1	15	8	7
青山区				3	1	2	21	9	12
石拐区							2	1	1
白云鄂博矿区				1	1				
九原区				6		6	9	3	6
土默特右旗	2	1	1	3	1	2	3	1	2
固阳县				4	1	3	6	2	4
达尔罕茂明安联合旗				29	3	26	4	3	1
包头稀土高新技术产业开发区				3	3		3		3
乌海市				**9**	**3**	**6**	**30**	**13**	**17**
海勃湾区				5	2	3	19	8	11
海南区				3	1	2	5	4	1
乌达区				1		1	6	1	5
赤峰市	**8**	**4**	**4**	**18**	**3**	**15**	**62**	**32**	**30**
红山区				4	1	3	9	6	3
元宝山区				1	1		4	3	1
松山区	3	1	2	6	1	5	11	6	5
阿鲁科尔沁旗							3	1	2
巴林左旗							2	1	1
巴林右旗							2	2	
林西县	1	1					15	5	10
克什克腾旗							4	3	1
翁牛特旗				1		1			
喀喇沁旗	4	2	2	2		2	2	1	1
宁城县				1		1	8	3	5
敖汉旗				3		3	2	1	1

1-4　续表 25　　　　单位：人

地　　区	高山族			拉祜族			水　族		
	小计	男	女	小计	男	女	小计	男	女
通辽市	**4**	**1**	**3**	**5**	**4**	**1**	**112**	**51**	**61**
科尔沁区	3	1	2				45	19	26
科尔沁左翼中旗							5	3	2
科尔沁左翼后旗							17	7	10
开鲁县				1		1	13	3	10
库伦旗							6	5	1
奈曼旗							6	3	3
扎鲁特旗				4	4		4	2	2
通辽经济技术开发区							14	7	7
霍林郭勒市	1		1				2	2	
鄂尔多斯市	**1**	**1**		**21**	**9**	**12**	**54**	**21**	**33**
东胜区				1		1	18	8	10
康巴什区							1	1	
达拉特旗				5	2	3	3	2	1
准格尔旗				6	1	5			
鄂托克前旗							8	5	3
鄂托克旗							11	3	8
杭锦旗							1		1
乌审旗				1	1		4	1	3
伊金霍洛旗	1	1		8	5	3	8	1	7
呼伦贝尔市	**38**	**23**	**15**	**5**	**2**	**3**	**186**	**77**	**109**
海拉尔区	6	5	1				20	11	9
扎赉诺尔区							5	3	2
阿荣旗	16	9	7				19	7	12
莫力达瓦达斡尔族自治旗	1		1	2	1	1	20	8	12
鄂伦春自治旗	1	1					36	15	21
鄂温克族自治旗	1	1					11	5	6
陈巴尔虎旗							8	4	4
新巴尔虎左旗				1		1	6	1	5
新巴尔虎右旗							1		1
满洲里市				1		1	12	6	6
牙克石市	9	5	4				25	11	14
扎兰屯市	4	2	2				20	4	16
额尔古纳市							3	2	1
根河市				1	1				
巴彦淖尔市	**6**		**6**	**20**	**5**	**15**	**40**	**17**	**23**
临河区	2		2	1	1		12	4	8
五原县				1	1		2	1	1
磴口县				6	1	5	1		1
乌拉特前旗	4		4	5	2	3	5	2	3
乌拉特中旗				7		7	4	3	1
乌拉特后旗							3	3	
杭锦后旗							13	4	9

1-4 续表 26 单位：人

地区	高山族			拉祜族			水族		
	小计	男	女	小计	男	女	小计	男	女
乌兰察布市	**5**	**4**	**1**	**120**	**20**	**100**	**35**	**13**	**22**
集宁区	1	1		3		3	12	5	7
卓资县	1	1		1		1	1		1
化德县	2	2		8		8			
商都县				1		1			
兴和县	1		1	35	5	30	3	3	
凉城县				3		3	8	2	6
察哈尔右翼前旗				5	3	2	6	1	5
察哈尔右翼中旗				4	1	3	1		1
察哈尔右翼后旗				1		1	2	1	1
四子王旗				58	11	47	1	1	
丰镇市				1		1	1		1
兴安盟	**17**	**11**	**6**	**8**	**2**	**6**	**69**	**34**	**35**
乌兰浩特市	4	3	1	3	1	2	18	11	7
阿尔山市							2	1	1
科尔沁右翼前旗	8	5	3	1		1	10	5	5
科尔沁右翼中旗				2		2	7	2	5
扎赉特旗	4	2	2	1		1	12	4	8
突泉县	1	1		1	1		20	11	9
锡林郭勒盟	**8**	**3**	**5**	**8**	**3**	**5**	**46**	**24**	**22**
二连浩特市									
锡林浩特市	5	2	3				15	9	6
阿巴嘎旗							3	1	2
苏尼特左旗							2		2
苏尼特右旗							1		1
东乌珠穆沁旗							5	3	2
西乌珠穆沁旗							7	3	4
太仆寺旗				3	1	2	1	1	
镶黄旗				2		2	2	2	
正镶白旗				1		1	4	2	2
正蓝旗							4	2	2
多伦县	3	1	2	2	2		1		1
乌拉盖管委会							1	1	
阿拉善盟	**2**		**2**	**2**		**2**	**11**	**6**	**5**
阿拉善左旗	2		2	2		2	7	4	3
阿拉善右旗							1	1	
额济纳旗							3	1	2
内蒙古阿拉善经济开发区									

1-4 续表 27 单位：人

地 区	东乡族			纳西族			景颇族		
	小计	男	女	小计	男	女	小计	男	女
内蒙古	**1026**	**565**	**461**	**76**	**34**	**42**	**52**	**14**	**38**
呼和浩特市	**257**	**134**	**123**	**22**	**10**	**12**	**13**	**3**	**10**
新城区	66	33	33				4	1	3
回民区	87	48	39	3	1	2	1	1	
玉泉区	30	15	15	1	1		3		3
赛罕区	25	12	13	6	4	2	4	1	3
土默特左旗	15	7	8	1		1			
托克托县	3	1	2	9	4	5			
和林格尔县	7	2	5	2		2	1		1
清水河县	1	1							
武川县	12	6	6						
呼和浩特经济技术开发区	11	9	2						
包头市	**204**	**118**	**86**	**10**	**4**	**6**	**7**	**1**	**6**
东河区	43	27	16	2		2	2		2
昆都仑区	42	22	20	2	1	1	2		2
青山区	65	39	26	5	3	2	2	1	1
石拐区	2	2							
白云鄂博矿区	4	2	2						
九原区	12	6	6						
土默特右旗									
固阳县	6	4	2						
达尔罕茂明安联合旗	1		1				1		1
包头稀土高新技术产业开发区	29	16	13	1		1			
乌海市	**116**	**61**	**55**	**1**		**1**	**2**	**1**	**1**
海勃湾区	45	21	24	1		1	1		1
海南区	14	8	6				1	1	
乌达区	57	32	25						
赤峰市	**52**	**29**	**23**	**8**	**4**	**4**	**2**	**1**	**1**
红山区	12	5	7	4	3	1	1	1	
元宝山区	2	2							
松山区	1	1		4	1	3			
阿鲁科尔沁旗									
巴林左旗	5	3	2						
巴林右旗	20	12	8						
林西县	4	2	2						
克什克腾旗									
翁牛特旗									
喀喇沁旗									
宁城县	8	4	4				1		1
敖汉旗									

1−4 续表 28　　　　单位：人

地　区	东乡族			纳西族			景颇族		
	小计	男	女	小计	男	女	小计	男	女
通辽市				**6**	**1**	**5**	**2**		**2**
科尔沁区				2		2			
科尔沁左翼中旗							1		1
科尔沁左翼后旗									
开鲁县				1		1	1		1
库伦旗				3	1	2			
奈曼旗									
扎鲁特旗									
通辽经济技术开发区									
霍林郭勒市									
鄂尔多斯市	**107**	**51**	**56**	**10**	**7**	**3**	**4**	**1**	**3**
东胜区	12	7	5	2	1	1			
康巴什区	3	3							
达拉特旗	16	10	6	5	3	2			
准格尔旗	6	2	4	3	3		2		2
鄂托克前旗	3	2	1						
鄂托克旗	44	17	27						
杭锦旗	1		1						
乌审旗	3	2	1						
伊金霍洛旗	19	8	11				2	1	1
呼伦贝尔市	**55**	**32**	**23**	**10**	**7**	**3**	**6**	**2**	**4**
海拉尔区	17	9	8	8	5	3	1		1
扎赉诺尔区									
阿荣旗	4	2	2	1	1				
莫力达瓦达斡尔族自治旗							1	1	
鄂伦春自治旗							4	1	3
鄂温克族自治旗	1	1							
陈巴尔虎旗	4	3	1						
新巴尔虎左旗									
新巴尔虎右旗	1		1						
满洲里市	14	9	5						
牙克石市	1	1		1	1				
扎兰屯市	4		4						
额尔古纳市	5	4	1						
根河市	4	3	1						
巴彦淖尔市	**39**	**19**	**20**						
临河区	30	14	16						
五原县									
磴口县	6	3	3						
乌拉特前旗	2	1	1						
乌拉特中旗	1	1							
乌拉特后旗									
杭锦后旗									

1-4　续表 29　　　　单位：人

地　区	东乡族			纳西族			景颇族		
	小计	男	女	小计	男	女	小计	男	女
乌兰察布市	**49**	**20**	**29**	**7**	**1**	**6**	**6**	**2**	**4**
集宁区	2	1	1	2	1	1	2	2	
卓资县	3	1	2	1		1			
化德县	1		1						
商都县	4	2	2						
兴和县							1		1
凉城县	1		1	3		3			
察哈尔右翼前旗	1	1							
察哈尔右翼中旗	1		1				2		2
察哈尔右翼后旗									
四子王旗	23	9	14				1		1
丰镇市	13	6	7	1		1			
兴安盟	**1**		**1**				**6**	**2**	**4**
乌兰浩特市	1		1						
阿尔山市									
科尔沁右翼前旗									
科尔沁右翼中旗							1		1
扎赉特旗							1	1	
突泉县							4	1	3
锡林郭勒盟	**12**	**5**	**7**	**2**		**2**	**4**	**1**	**3**
二连浩特市	9	3	6						
锡林浩特市	2	2		2		2			
阿巴嘎旗									
苏尼特左旗									
苏尼特右旗	1		1						
东乌珠穆沁旗									
西乌珠穆沁旗									
太仆寺旗									
镶黄旗									
正镶白旗									
正蓝旗									
多伦县							4	1	3
乌拉盖管委会									
阿拉善盟	**134**	**96**	**38**						
阿拉善左旗	63	40	23						
阿拉善右旗	19	15	4						
额济纳旗	16	10	6						
内蒙古阿拉善经济开发区	36	31	5						

1-4 续表 30

单位：人

地区	柯尔克孜族			土族			达斡尔族		
	小计	男	女	小计	男	女	小计	男	女
内蒙古	**159**	**86**	**73**	**600**	**273**	**327**	**73523**	**35829**	**37694**
呼和浩特市	**13**	**5**	**8**	**105**	**43**	**62**	**4114**	**1941**	**2173**
新城区	4	1	3	17	7	10	1200	569	631
回民区	4	1	3	6	3	3	379	171	208
玉泉区				14	9	5	452	216	236
赛罕区	4	2	2	35	16	19	1765	827	938
土默特左旗				5	2	3	83	45	38
托克托县				9	3	6	30	18	12
和林格尔县				8	1	7	41	19	22
清水河县				1		1	9	7	2
武川县				5	2	3	8	3	5
呼和浩特经济技术开发区	1	1		5		5	147	66	81
包头市	**6**	**3**	**3**	**74**	**34**	**40**	**1260**	**619**	**641**
东河区	1	1		5	2	3	109	48	61
昆都仑区	1		1	17	4	13	477	240	237
青山区	4	2	2	8	3	5	401	190	211
石拐区							4	2	2
白云鄂博矿区							16	11	5
九原区				13	6	7	82	41	41
土默特右旗				3	1	2	34	21	13
固阳县				2		2	28	12	16
达尔罕茂明安联合旗				18	12	6	33	22	11
包头稀土高新技术产业开发区				8	6	2	76	32	44
乌海市				**40**	**22**	**18**	**214**	**94**	**120**
海勃湾区				20	10	10	164	70	94
海南区				10	9	1	15	6	9
乌达区				10	3	7	35	18	17
赤峰市	**2**		**2**	**15**	**9**	**6**	**890**	**414**	**476**
红山区	1		1				199	92	107
元宝山区				5	2	3	59	26	33
松山区				1		1	211	104	107
阿鲁科尔沁旗							23	12	11
巴林左旗							52	20	32
巴林右旗							21	10	11
林西县				1		1	67	32	35
克什克腾旗							35	19	16
翁牛特旗	1		1				40	22	18
喀喇沁旗							50	21	29
宁城县				2	2		103	46	57
敖汉旗				6	5	1	30	10	20

1-4　续表 31　　　　单位：人

地　区	柯尔克孜族			土　族			达斡尔族		
	小计	男	女	小计	男	女	小计	男	女
通辽市	**4**	**3**	**1**	**15**	**5**	**10**	**1271**	**611**	**660**
科尔沁区				3	1	2	562	265	297
科尔沁左翼中旗	1	1		1		1	82	39	43
科尔沁左翼后旗				4	2	2	74	39	35
开鲁县							66	30	36
库伦旗				1		1	36	15	21
奈曼旗	1		1				35	17	18
扎鲁特旗				1		1	66	37	29
通辽经济技术开发区				5	2	3	237	115	122
霍林郭勒市	2	2					113	54	59
鄂尔多斯市	**1**		**1**	**69**	**40**	**29**	**528**	**258**	**270**
东胜区				11	7	4	199	99	100
康巴什区	1		1	2	1	1	48	22	26
达拉特旗				4	2	2	47	18	29
准格尔旗				2	2		90	49	41
鄂托克前旗				4	1	3	12	7	5
鄂托克旗				39	22	17	25	7	18
杭锦旗				1		1	15	10	5
乌审旗				3	3		24	11	13
伊金霍洛旗				3	2	1	68	35	33
呼伦贝尔市	**106**	**64**	**42**	**10**	**4**	**6**	**62112**	**30377**	**31735**
海拉尔区	17	8	9				6729	3113	3616
扎赉诺尔区				1	1		343	167	176
阿荣旗	5	3	2	2		2	1838	879	959
莫力达瓦达斡尔族自治旗	16	10	6				26459	13128	13331
鄂伦春自治旗	2	1	1	2		2	4402	2112	2290
鄂温克族自治旗	20	15	5				12173	5988	6185
陈巴尔虎旗	17	14	3				833	417	416
新巴尔虎左旗							340	174	166
新巴尔虎右旗	1		1				383	207	176
满洲里市	5	3	2	3	1	2	927	440	487
牙克石市	13	3	10				2491	1200	1291
扎兰屯市	10	7	3	2	2		4220	2085	2135
额尔古纳市							508	240	268
根河市							466	227	239
巴彦淖尔市				**83**	**36**	**47**	**396**	**189**	**207**
临河区				34	17	17	223	115	108
五原县				2	1	1	34	18	16
磴口县				14	6	8	23	12	11
乌拉特前旗				11	2	9	24	11	13
乌拉特中旗				5	1	4	38	9	29
乌拉特后旗				5	3	2	17	7	10
杭锦后旗				12	6	6	37	17	20

1-4 续表 32 单位：人

地　区	柯尔克孜族			土　族			达斡尔族		
	小计	男	女	小计	男	女	小计	男	女
乌兰察布市	**3**	**2**	**1**	**66**	**15**	**51**	**403**	**211**	**192**
集宁区	2	2		9	2	7	226	118	108
卓资县				39	7	32	12	6	6
化德县							13	10	3
商都县							20	9	11
兴和县							12	6	6
凉城县				8	4	4	22	10	12
察哈尔右翼前旗				2		2	34	21	13
察哈尔右翼中旗							10	2	8
察哈尔右翼后旗							7	3	4
四子王旗				1		1	28	13	15
丰镇市	1		1	7	2	5	19	13	6
兴安盟	**3**	**1**	**2**	**4**	**1**	**3**	**1259**	**598**	**661**
乌兰浩特市	2	1	1	3	1	2	591	279	312
阿尔山市	1		1				49	28	21
科尔沁右翼前旗							186	90	96
科尔沁右翼中旗				1		1	103	45	58
扎赉特旗							221	110	111
突泉县							109	46	63
锡林郭勒盟	**21**	**8**	**13**	**31**	**20**	**11**	**968**	**468**	**500**
二连浩特市				2	1	1	39	19	20
锡林浩特市	21	8	13	8	5	3	530	236	294
阿巴嘎旗							30	15	15
苏尼特左旗				2	2		24	13	11
苏尼特右旗				9	5	4	44	19	25
东乌珠穆沁旗							44	23	21
西乌珠穆沁旗				1	1		142	82	60
太仆寺旗							15	6	9
镶黄旗							13	7	6
正镶白旗							15	9	6
正蓝旗				9	6	3	46	25	21
多伦县							12	5	7
乌拉盖管委会							14	9	5
阿拉善盟				**88**	**44**	**44**	**108**	**49**	**59**
阿拉善左旗				20	9	11	82	38	44
阿拉善右旗				27	13	14	9	4	5
额济纳旗				23	13	10	13	6	7
内蒙古阿拉善经济开发区				18	9	9	4	1	3

1-4　续表 33　　　　单位：人

地　区	仫佬族			羌　族			布朗族		
	小计	男	女	小计	男	女	小计	男	女
内蒙古	**103**	**52**	**51**	**197**	**107**	**90**	**19**	**7**	**12**
呼和浩特市	**15**	**6**	**9**	**46**	**26**	**20**	**6**	**1**	**5**
新城区	3	2	1	6	4	2	1	1	
回民区	3		3	4	2	2			
玉泉区	3	2	1	13	10	3			
赛罕区	5	2	3	9	5	4			
土默特左旗	1		1	4	2	2			
托克托县				2		2	1		1
和林格尔县									
清水河县				2	1	1			
武川县				4	1	3	4		4
呼和浩特经济技术开发区				2	1	1			
包头市	**25**	**14**	**11**	**29**	**17**	**12**	**2**	**2**	
东河区	8	2	6	11	8	3			
昆都仑区	4	1	3	9	4	5	2	2	
青山区	12	11	1	4	2	2			
石拐区									
白云鄂博矿区									
九原区				2	2				
土默特右旗				1		1			
固阳县	1		1	2	1	1			
达尔罕茂明安联合旗									
包头稀土高新技术产业开发区									
乌海市	**2**	**2**		**4**	**3**	**1**	**3**	**2**	**1**
海勃湾区	2	2							
海南区				1	1				
乌达区				3	2	1	3	2	1
赤峰市	**8**	**6**	**2**	**17**	**6**	**11**			
红山区	1		1						
元宝山区				1		1			
松山区				13	5	8			
阿鲁科尔沁旗									
巴林左旗	1	1		1	1				
巴林右旗									
林西县									
克什克腾旗									
翁牛特旗				1		1			
喀喇沁旗									
宁城县	5	4	1	1		1			
敖汉旗	1	1							

1−4 续表 34

单位：人

地　区	仫佬族			羌　族			布朗族		
	小计	男	女	小计	男	女	小计	男	女
通辽市	**11**	**4**	**7**	**4**	**1**	**3**			
科尔沁区	7	3	4	3		3			
科尔沁左翼中旗	2	1	1						
科尔沁左翼后旗				1	1				
开鲁县									
库伦旗									
奈曼旗									
扎鲁特旗									
通辽经济技术开发区	1		1						
霍林郭勒市	1		1						
鄂尔多斯市	**6**	**3**	**3**	**27**	**11**	**16**			
东胜区	2		2	5	2	3			
康巴什区				5	3	2			
达拉特旗	3	3		11	3	8			
准格尔旗				1		1			
鄂托克前旗				1	1				
鄂托克旗									
杭锦旗									
乌审旗				3	1	2			
伊金霍洛旗	1		1	1	1				
呼伦贝尔市	**11**	**5**	**6**	**7**	**3**	**4**			
海拉尔区	1		1	1		1			
扎赉诺尔区				1		1			
阿荣旗	1	1							
莫力达瓦达斡尔族自治旗	2	1	1	1		1			
鄂伦春自治旗									
鄂温克族自治旗									
陈巴尔虎旗									
新巴尔虎左旗									
新巴尔虎右旗	2	2		1	1				
满洲里市	2		2						
牙克石市	1		1	3	2	1			
扎兰屯市	2	1	1						
额尔古纳市									
根河市									
巴彦淖尔市	**5**	**2**	**3**	**18**	**11**	**7**			
临河区	2		2	7	6	1			
五原县	2	2							
磴口县									
乌拉特前旗				4	2	2			
乌拉特中旗									
乌拉特后旗	1		1	1	1				
杭锦后旗				6	2	4			

1-4　续表 35　　单位：人

地　区	仫佬族			羌　族			布朗族		
	小计	男	女	小计	男	女	小计	男	女
乌兰察布市	**11**	**4**	**7**	**17**	**8**	**9**	**3**		**3**
集宁区	5	2	3	11	6	5			
卓资县									
化德县							1		1
商都县				1		1	1		1
兴和县	1	1							
凉城县	3		3						
察哈尔右翼前旗				1	1				
察哈尔右翼中旗				3	1	2	1		1
察哈尔右翼后旗	1		1						
四子王旗									
丰镇市	1	1		1		1			
兴安盟	**3**	**3**		**2**	**2**		**2**	**1**	**1**
乌兰浩特市	3	3							
阿尔山市									
科尔沁右翼前旗							2	1	1
科尔沁右翼中旗									
扎赉特旗				1	1				
突泉县				1	1				
锡林郭勒盟	**5**	**3**	**2**	**23**	**16**	**7**	**3**	**1**	**2**
二连浩特市	2	1	1	12	9	3			
锡林浩特市				6	3	3	1		1
阿巴嘎旗									
苏尼特左旗				1	1				
苏尼特右旗									
东乌珠穆沁旗				4	3	1			
西乌珠穆沁旗	3	2	1						
太仆寺旗									
镶黄旗									
正镶白旗									
正蓝旗									
多伦县							2	1	1
乌拉盖管委会									
阿拉善盟	**1**		**1**	**3**	**3**				
阿拉善左旗				1	1				
阿拉善右旗									
额济纳旗	1		1	2	2				
内蒙古阿拉善经济开发区									

1－4 续表 36 单位：人

地区	撒拉族			毛南族			仡佬族		
	小计	男	女	小计	男	女	小计	男	女
内蒙古	**211**	**104**	**107**	**92**	**42**	**50**	**526**	**324**	**202**
呼和浩特市	**43**	**21**	**22**	**19**	**8**	**11**	**103**	**71**	**32**
新城区	5	2	3	6	3	3	19	15	4
回民区	22	11	11	1		1	13	7	6
玉泉区	5	3	2	3	1	2	14	9	5
赛罕区	7	3	4	1		1	30	20	10
土默特左旗							11	9	2
托克托县				1		1			
和林格尔县				2	1	1	5	3	2
清水河县									
武川县							2	1	1
呼和浩特经济技术开发区	4	2	2	5	3	2	9	7	2
包头市	**24**	**10**	**14**	**12**	**3**	**9**	**55**	**37**	**18**
东河区	2	1	1	1		1	19	15	4
昆都仑区	6	2	4	6	1	5	9	6	3
青山区	10	5	5	3	2	1	11	4	7
石拐区	1		1				1		1
白云鄂博矿区							1	1	
九原区				2		2	6	5	1
土默特右旗	5	2	3				3	1	2
固阳县							2	2	
达尔罕茂明安联合旗							2	2	
包头稀土高新技术产业开发区							1	1	
乌海市	**50**	**24**	**26**	**2**	**1**	**1**	**15**	**11**	**4**
海勃湾区	17	9	8	2	1	1	11	7	4
海南区							3	3	
乌达区	33	15	18				1	1	
赤峰市	**25**	**14**	**11**	**5**	**2**	**3**	**47**	**27**	**20**
红山区	12	6	6				6	3	3
元宝山区							1	1	
松山区	2	1	1	1	1		9	2	7
阿鲁科尔沁旗							1	1	
巴林左旗							2	1	1
巴林右旗	3	2	1				1		1
林西县	3	1	2	1		1	6	5	1
克什克腾旗							5	5	
翁牛特旗				1		1	5	4	1
喀喇沁旗							7	4	3
宁城县	5	4	1	2	1	1	3		3
敖汉旗							1	1	

1-4　续表 37　　　　单位：人

地　区	撒拉族			毛南族			仡佬族		
	小计	男	女	小计	男	女	小计	男	女
通辽市				**9**	**5**	**4**	**54**	**37**	**17**
科尔沁区				1	1		33	23	10
科尔沁左翼中旗				1		1	7	5	2
科尔沁左翼后旗				3	1	2	1	1	
开鲁县				2	2		3	3	
库伦旗							3	2	1
奈曼旗							2		2
扎鲁特旗							2	2	
通辽经济技术开发区				2	1	1	3	1	2
霍林郭勒市									
鄂尔多斯市	**23**	**11**	**12**	**7**	**2**	**5**	**39**	**23**	**16**
东胜区	2	1	1	2		2	10	5	5
康巴什区	3	2	1	2	1	1	3	2	1
达拉特旗	1	1					7	4	3
准格尔旗							4	3	1
鄂托克前旗				1	1		3	2	1
鄂托克旗	8	4	4	1		1	2	1	1
杭锦旗	1		1				1		1
乌审旗	4	2	2				2	2	
伊金霍洛旗	4	1	3	1		1	7	4	3
呼伦贝尔市	**3**	**2**	**1**	**16**	**9**	**7**	**84**	**50**	**34**
海拉尔区	2	1	1	1		1	15	10	5
扎赉诺尔区							3	3	
阿荣旗				1	1		9	5	4
莫力达瓦达斡尔族自治旗				1		1	7	2	5
鄂伦春自治旗				2	1	1	8	4	4
鄂温克族自治旗				1		1	7	4	3
陈巴尔虎旗				1	1		2	2	
新巴尔虎左旗							1	1	
新巴尔虎右旗							1		1
满洲里市	1	1		1		1	9	6	3
牙克石市				4	3	1	10	8	2
扎兰屯市				3	2	1	9	3	6
额尔古纳市				1	1		2	1	1
根河市							1	1	
巴彦淖尔市	**5**	**4**	**1**	**5**	**3**	**2**	**27**	**14**	**13**
临河区	5	4	1	1	1		7	3	4
五原县							4	3	1
磴口县				1	1				
乌拉特前旗							3	1	2
乌拉特中旗							2	1	1
乌拉特后旗				1	1		3	2	1
杭锦后旗				2		2	8	4	4

1-4 续表 38 单位：人

地　区	撒拉族			毛南族			仡佬族		
	小计	男	女	小计	男	女	小计	男	女
乌兰察布市	**5**	**1**	**4**	**9**	**5**	**4**	**39**	**17**	**22**
集宁区				5	4	1	11	6	5
卓资县	2		2				1		1
化德县									
商都县									
兴和县							3	1	2
凉城县				1		1	8	5	3
察哈尔右翼前旗							11	3	8
察哈尔右翼中旗									
察哈尔右翼后旗							1		1
四子王旗	3	1	2	1		1	2	1	1
丰镇市				2	1	1	2	1	1
兴安盟				**5**	**3**	**2**	**28**	**16**	**12**
乌兰浩特市							12	6	6
阿尔山市							1	1	
科尔沁右翼前旗							1	1	
科尔沁右翼中旗				1	1		1	1	
扎赉特旗				2	2		7	5	2
突泉县				2		2	6	2	4
锡林郭勒盟				**3**	**1**	**2**	**31**	**20**	**11**
二连浩特市									
锡林浩特市				1		1	7	4	3
阿巴嘎旗							1		1
苏尼特左旗							1		1
苏尼特右旗							3	3	
东乌珠穆沁旗							2	2	
西乌珠穆沁旗				2	1	1	7	4	3
太仆寺旗									
镶黄旗							1	1	
正镶白旗							1		1
正蓝旗							3	1	2
多伦县							4	4	
乌拉盖管委会							1	1	
阿拉善盟	**33**	**17**	**16**				**4**	**1**	**3**
阿拉善左旗	2	1	1				1	1	
阿拉善右旗							1		1
额济纳旗	3	2	1				2		2
内蒙古阿拉善经济开发区	28	14	14						

1-4　续表 39　　　　单位：人

地　区	锡伯族			阿昌族			普米族		
	小计	男	女	小计	男	女	小计	男	女
内蒙古	**3387**	**1762**	**1625**	**11**	**8**	**3**	**13**	**7**	**6**
呼和浩特市	**266**	**118**	**148**	**2**	**2**		**3**	**2**	**1**
新城区	70	28	42	2	2				
回民区	34	14	20						
玉泉区	21	11	10				1	1	
赛罕区	109	50	59				2	1	1
土默特左旗	4	4							
托克托县	2	1	1						
和林格尔县	3	2	1						
清水河县	4	1	3						
武川县	1		1						
呼和浩特经济技术开发区	18	7	11						
包头市	**346**	**186**	**160**				**1**		**1**
东河区	42	24	18				1		1
昆都仑区	180	90	90						
青山区	79	43	36						
石拐区									
白云鄂博矿区	6	4	2						
九原区	13	9	4						
土默特右旗	4	3	1						
固阳县	2	1	1						
达尔罕茂明安联合旗									
包头稀土高新技术产业开发区	20	12	8						
乌海市	**63**	**41**	**22**						
海勃湾区	56	36	20						
海南区	5	3	2						
乌达区	2	2							
赤峰市	**283**	**148**	**135**	**4**	**1**	**3**			
红山区	50	31	19	3	1	2			
元宝山区	59	31	28						
松山区	82	44	38						
阿鲁科尔沁旗	4	2	2	1		1			
巴林左旗	19	10	9						
巴林右旗	4		4						
林西县	8	4	4						
克什克腾旗	3	1	2						
翁牛特旗	3	1	2						
喀喇沁旗	11	5	6						
宁城县	22	8	14						
敖汉旗	18	11	7						

1-4 续表 40

单位：人

地　区	锡伯族			阿昌族			普米族		
	小计	男	女	小计	男	女	小计	男	女
通辽市	**964**	**500**	**464**	**1**	**1**		**3**		**3**
科尔沁区	446	235	211	1	1				
科尔沁左翼中旗	184	91	93						
科尔沁左翼后旗	35	19	16				1		1
开鲁县	39	20	19				2		2
库伦旗	65	29	36						
奈曼旗	12	6	6						
扎鲁特旗	12	8	4						
通辽经济技术开发区	121	62	59						
霍林郭勒市	50	30	20						
鄂尔多斯市	**70**	**39**	**31**	**3**	**3**		**3**	**2**	**1**
东胜区	18	9	9	3	3				
康巴什区	9	3	6						
达拉特旗	10	7	3				3	2	1
准格尔旗	9	4	5						
鄂托克前旗	6	5	1						
鄂托克旗	3	1	2						
杭锦旗	3	3							
乌审旗	1		1						
伊金霍洛旗	11	7	4						
呼伦贝尔市	**847**	**440**	**407**	**1**	**1**				
海拉尔区	124	60	64						
扎赉诺尔区	16	8	8						
阿荣旗	166	83	83						
莫力达瓦达斡尔族自治旗	117	63	54						
鄂伦春自治旗	49	23	26						
鄂温克族自治旗	77	43	34						
陈巴尔虎旗	7	4	3						
新巴尔虎左旗	3	1	2						
新巴尔虎右旗	2	2							
满洲里市	59	33	26						
牙克石市	73	35	38	1	1				
扎兰屯市	135	72	63						
额尔古纳市	8	5	3						
根河市	11	8	3						
巴彦淖尔市	**47**	**25**	**22**						
临河区	23	13	10						
五原县									
磴口县	1	1							
乌拉特前旗	10	6	4						
乌拉特中旗	10	3	7						
乌拉特后旗	1	1							
杭锦后旗	2	1	1						

1-4 续表 41

单位：人

地区	锡伯族			阿昌族			普米族		
	小计	男	女	小计	男	女	小计	男	女
乌兰察布市	**34**	**23**	**11**				**1**	**1**	
集宁区	16	9	7						
卓资县									
化德县									
商都县	1	1							
兴和县	7	3	4				1	1	
凉城县									
察哈尔右翼前旗	1	1							
察哈尔右翼中旗									
察哈尔右翼后旗									
四子王旗	8	8							
丰镇市	1	1							
兴安盟	**407**	**203**	**204**						
乌兰浩特市	171	91	80						
阿尔山市	17	8	9						
科尔沁右翼前旗	57	16	41						
科尔沁右翼中旗	14	7	7						
扎赉特旗	49	24	25						
突泉县	99	57	42						
锡林郭勒盟	**57**	**38**	**19**				**2**	**2**	
二连浩特市									
锡林浩特市	28	16	12						
阿巴嘎旗	4	3	1						
苏尼特左旗									
苏尼特右旗									
东乌珠穆沁旗	2		2						
西乌珠穆沁旗	18	17	1				2	2	
太仆寺旗	3	2	1						
镶黄旗									
正镶白旗									
正蓝旗									
多伦县	2		2						
乌拉盖管委会									
阿拉善盟	**3**	**1**	**2**						
阿拉善左旗	1	1							
阿拉善右旗									
额济纳旗	1		1						
内蒙古阿拉善经济开发区	1		1						

1-4 续表 42 单位：人

地区	塔吉克族			怒族			乌孜别克族		
	小计	男	女	小计	男	女	小计	男	女
内蒙古	**2**	**1**	**1**	**12**	**4**	**8**	**7**	**4**	**3**
呼和浩特市									
新城区									
回民区									
玉泉区									
赛罕区									
土默特左旗									
托克托县									
和林格尔县									
清水河县									
武川县									
呼和浩特经济技术开发区									
包头市	**1**	**1**		**1**		**1**	**4**	**3**	**1**
东河区									
昆都仑区							1	1	
青山区							3	2	1
石拐区									
白云鄂博矿区									
九原区									
土默特右旗	1	1							
固阳县				1		1			
达尔罕茂明安联合旗									
包头稀土高新技术产业开发区									
乌海市				**1**		**1**			
海勃湾区									
海南区									
乌达区				1		1			
赤峰市				**3**	**2**	**1**	**1**		**1**
红山区				1	1				
元宝山区				2	1	1			
松山区							1		1
阿鲁科尔沁旗									
巴林左旗									
巴林右旗									
林西县									
克什克腾旗									
翁牛特旗									
喀喇沁旗									
宁城县									
敖汉旗									

1-4 续表 43

单位：人

地 区	塔吉克族			怒 族			乌孜别克族		
	小计	男	女	小计	男	女	小计	男	女
通辽市									
科尔沁区									
科尔沁左翼中旗									
科尔沁左翼后旗									
开鲁县									
库伦旗									
奈曼旗									
扎鲁特旗									
通辽经济技术开发区									
霍林郭勒市									
鄂尔多斯市									
东胜区									
康巴什区									
达拉特旗									
准格尔旗									
鄂托克前旗									
鄂托克旗									
杭锦旗									
乌审旗									
伊金霍洛旗									
呼伦贝尔市				**5**	**1**	**4**	**1**	**1**	
海拉尔区									
扎赉诺尔区									
阿荣旗				2	1	1			
莫力达瓦达斡尔族自治旗							1	1	
鄂伦春自治旗				1		1			
鄂温克族自治旗									
陈巴尔虎旗									
新巴尔虎左旗									
新巴尔虎右旗									
满洲里市				2		2			
牙克石市									
扎兰屯市									
额尔古纳市									
根河市									
巴彦淖尔市									
临河区									
五原县									
磴口县									
乌拉特前旗									
乌拉特中旗									
乌拉特后旗									
杭锦后旗									

1-4 续表 44

单位：人

地　　区	塔吉克族			怒　　族			乌孜别克族		
	小计	男	女	小计	男	女	小计	男	女
乌兰察布市									
集宁区									
卓资县									
化德县									
商都县									
兴和县									
凉城县									
察哈尔右翼前旗									
察哈尔右翼中旗									
察哈尔右翼后旗									
四子王旗									
丰镇市									
兴安盟									
乌兰浩特市									
阿尔山市									
科尔沁右翼前旗									
科尔沁右翼中旗									
扎赉特旗									
突泉县									
锡林郭勒盟	**1**		**1**	**2**	**1**	**1**			
二连浩特市									
锡林浩特市				1	1				
阿巴嘎旗									
苏尼特左旗									
苏尼特右旗									
东乌珠穆沁旗									
西乌珠穆沁旗									
太仆寺旗				1		1			
镶黄旗									
正镶白旗									
正蓝旗									
多伦县	1		1						
乌拉盖管委会									
阿拉善盟							**1**		**1**
阿拉善左旗									
阿拉善右旗							1		1
额济纳旗									
内蒙古阿拉善经济开发区									

1-4　续表 45

单位：人

地　　区	俄罗斯族			鄂温克族			德 昂 族		
	小计	男	女	小计	男	女	小计	男	女
内蒙古	**4633**	**2284**	**2349**	**27958**	**13550**	**14408**	**12**	**6**	**6**
呼和浩特市	**176**	**82**	**94**	**907**	**422**	**485**	**3**	**1**	**2**
新城区	60	32	28	259	126	133			
回民区	20	9	11	98	39	59			
玉泉区	22	10	12	93	38	55			
赛罕区	57	23	34	371	170	201			
土默特左旗	6	1	5	21	14	7			
托克托县				9	6	3			
和林格尔县	1	1		25	11	14			
清水河县				4	2	2			
武川县	3	2	1	1	1		1		1
呼和浩特经济技术开发区	7	4	3	26	15	11	2	1	1
包头市	**53**	**21**	**32**	**321**	**146**	**175**	**6**	**4**	**2**
东河区	4	1	3	28	10	18			
昆都仑区	16	7	9	107	47	60	5	3	2
青山区	21	7	14	114	51	63	1	1	
石拐区				4	3	1			
白云鄂博矿区	1	1		1		1			
九原区	3	1	2	21	15	6			
土默特右旗				15	5	10			
固阳县				7	2	5			
达尔罕茂明安联合旗	1		1	5	4	1			
包头稀土高新技术产业开发区	7	4	3	19	9	10			
乌海市	**12**	**6**	**6**	**33**	**13**	**20**			
海勃湾区	4	4		26	11	15			
海南区	4	1	3	3		3			
乌达区	4	1	3	4	2	2			
赤峰市	**50**	**23**	**27**	**226**	**100**	**126**			
红山区	7		7	50	21	29			
元宝山区	7	4	3	11	5	6			
松山区	9	3	6	52	26	26			
阿鲁科尔沁旗				17	6	11			
巴林左旗	14	7	7	12	6	6			
巴林右旗	3	2	1	12	8	4			
林西县				14	4	10			
克什克腾旗	5	4	1	16	4	12			
翁牛特旗	2	1	1	6	3	3			
喀喇沁旗	2	1	1	8	2	6			
宁城县	1	1		18	8	10			
敖汉旗				10	7	3			

1-4 续表 46

单位：人

地区	俄罗斯族			鄂温克族			德昂族		
	小计	男	女	小计	男	女	小计	男	女
通辽市	**58**	**30**	**28**	**309**	**124**	**185**			
科尔沁区	23	13	10	149	56	93			
科尔沁左翼中旗	2	1	1	31	16	15			
科尔沁左翼后旗	2	1	1	14	6	8			
开鲁县	1	1		11	4	7			
库伦旗				8	2	6			
奈曼旗				10	4	6			
扎鲁特旗	17	7	10	9	3	6			
通辽经济技术开发区	9	5	4	53	22	31			
霍林郭勒市	4	2	2	24	11	13			
鄂尔多斯市	**21**	**11**	**10**	**180**	**80**	**100**	**3**	**1**	**2**
东胜区	8	5	3	62	25	37	1		1
康巴什区	1	1		18	10	8			
达拉特旗	2		2	12	6	6	2	1	1
准格尔旗	2	2		21	9	12			
鄂托克前旗				6	3	3			
鄂托克旗				16	4	12			
杭锦旗	1	1		8	4	4			
乌审旗	4	2	2	17	6	11			
伊金霍洛旗	3		3	20	13	7			
呼伦贝尔市	**4113**	**2040**	**2073**	**25363**	**12366**	**12997**			
海拉尔区	993	458	535	2047	887	1160			
扎赉诺尔区	47	29	18	50	24	26			
阿荣旗	10	7	3	2199	1098	1101			
莫力达瓦达斡尔族自治旗	5	1	4	4900	2515	2385			
鄂伦春自治旗	17	7	10	2241	1136	1105			
鄂温克族自治旗	192	87	105	9933	4767	5166			
陈巴尔虎旗	42	23	19	1659	775	884			
新巴尔虎左旗	8	2	6	81	26	55			
新巴尔虎右旗	4	3	1	49	19	30			
满洲里市	294	124	170	198	96	102			
牙克石市	363	173	190	346	182	164			
扎兰屯市	138	71	67	1199	617	582			
额尔古纳市	1883	996	887	140	67	73			
根河市	117	59	58	321	157	164			
巴彦淖尔市	**20**	**10**	**10**	**93**	**40**	**53**			
临河区	14	7	7	39	13	26			
五原县	1	1		9	2	7			
磴口县	1		1	6	4	2			
乌拉特前旗	1	1		11	5	6			
乌拉特中旗	1		1	8	5	3			
乌拉特后旗				4	2	2			
杭锦后旗	2	1	1	16	9	7			

1-4　续表 47　　　　单位：人

地　区	俄罗斯族			鄂温克族			德 昂 族		
	小计	男	女	小计	男	女	小计	男	女
乌兰察布市	**21**	**7**	**14**	**89**	**47**	**42**			
集宁区	6	1	5	45	23	22			
卓资县	1	1		1		1			
化德县	1	1		1		1			
商都县				3	2	1			
兴和县				3	2	1			
凉城县	3	1	2	7	4	3			
察哈尔右翼前旗	8	2	6	8	5	3			
察哈尔右翼中旗	1	1		6	4	2			
察哈尔右翼后旗				1	1				
四子王旗	1		1	6	2	4			
丰镇市				8	4	4			
兴安盟	**67**	**35**	**32**	**255**	**128**	**127**			
乌兰浩特市	24	14	10	107	54	53			
阿尔山市				7	4	3			
科尔沁右翼前旗	15	7	8	30	14	16			
科尔沁右翼中旗	5	2	3	16	7	9			
扎赉特旗	9	3	6	69	37	32			
突泉县	14	9	5	26	12	14			
锡林郭勒盟	**25**	**9**	**16**	**158**	**70**	**88**			
二连浩特市	3	1	2	15	7	8			
锡林浩特市	10	5	5	76	37	39			
阿巴嘎旗	1		1	2	1	1			
苏尼特左旗				4	2	2			
苏尼特右旗				10	4	6			
东乌珠穆沁旗	2		2	13	6	7			
西乌珠穆沁旗	2	2		21	6	15			
太仆寺旗	2	1	1	2		2			
镶黄旗	4		4	2	1	1			
正镶白旗	1		1	2	1	1			
正蓝旗				3	2	1			
多伦县				4	2	2			
乌拉盖管委会				4	1	3			
阿拉善盟	**17**	**10**	**7**	**24**	**14**	**10**			
阿拉善左旗	9	5	4	14	8	6			
阿拉善右旗				1	1				
额济纳旗	8	5	3	6	5	1			
内蒙古阿拉善经济开发区				3		3			

1-4 续表 48

单位：人

地　　区	保安族			裕固族			京　族		
	小计	男	女	小计	男	女	小计	男	女
内蒙古	**38**	**19**	**19**	**64**	**32**	**32**	**22**	**11**	**11**
呼和浩特市	**6**	**2**	**4**	**7**	**2**	**5**			
新城区	4	1	3	1		1			
回民区	1		1						
玉泉区				3	2	1			
赛罕区				1		1			
土默特左旗				2		2			
托克托县									
和林格尔县									
清水河县									
武川县	1	1							
呼和浩特经济技术开发区									
包头市	**7**	**5**	**2**	**9**	**5**	**4**	**4**	**2**	**2**
东河区	3	2	1	1	1		3	1	2
昆都仑区	1	1		4	2	2			
青山区				3	2	1			
石拐区									
白云鄂博矿区	1		1						
九原区				1		1	1	1	
土默特右旗									
固阳县									
达尔罕茂明安联合旗									
包头稀土高新技术产业开发区	2	2							
乌海市	**10**	**4**	**6**	**4**	**4**				
海勃湾区	5	3	2	1	1				
海南区				1	1				
乌达区	5	1	4	2	2				
赤峰市							**3**	**2**	**1**
红山区									
元宝山区									
松山区							1	1	
阿鲁科尔沁旗									
巴林左旗									
巴林右旗									
林西县									
克什克腾旗									
翁牛特旗									
喀喇沁旗							1	1	
宁城县							1		1
敖汉旗									

1-4　续表 49　　　　单位：人

地　区	保安族			裕固族			京　族		
	小计	男	女	小计	男	女	小计	男	女
通辽市							**2**	**2**	
科尔沁区									
科尔沁左翼中旗							1	1	
科尔沁左翼后旗									
开鲁县									
库伦旗									
奈曼旗							1	1	
扎鲁特旗									
通辽经济技术开发区									
霍林郭勒市									
鄂尔多斯市	**6**	**3**	**3**	**10**	**4**	**6**			
东胜区	2		2	2	1	1			
康巴什区				1		1			
达拉特旗									
准格尔旗				2	1	1			
鄂托克前旗									
鄂托克旗	2	1	1	5	2	3			
杭锦旗									
乌审旗	2	2							
伊金霍洛旗									
呼伦贝尔市	**1**	**1**		**2**		**2**	**9**	**4**	**5**
海拉尔区				2		2			
扎赉诺尔区									
阿荣旗							1	1	
莫力达瓦达斡尔族自治旗									
鄂伦春自治旗							1		1
鄂温克族自治旗							7	3	4
陈巴尔虎旗									
新巴尔虎左旗									
新巴尔虎右旗									
满洲里市									
牙克石市									
扎兰屯市									
额尔古纳市	1	1							
根河市									
巴彦淖尔市				**5**	**4**	**1**			
临河区				5	4	1			
五原县									
磴口县									
乌拉特前旗									
乌拉特中旗									
乌拉特后旗									
杭锦后旗									

1-4 续表 50　　　　单位：人

地区	保安族			裕固族			京族		
	小计	男	女	小计	男	女	小计	男	女
乌兰察布市	**4**	**3**	**1**	**1**		**1**	**2**	**1**	**1**
集宁区	4	3	1						
卓资县									
化德县									
商都县									
兴和县							1	1	
凉城县							1		1
察哈尔右翼前旗									
察哈尔右翼中旗									
察哈尔右翼后旗				1		1			
四子王旗									
丰镇市									
兴安盟							**2**		**2**
乌兰浩特市							2		2
阿尔山市									
科尔沁右翼前旗									
科尔沁右翼中旗									
扎赉特旗									
突泉县									
锡林郭勒盟	**1**	**1**		**1**	**1**				
二连浩特市									
锡林浩特市				1	1				
阿巴嘎旗	1	1							
苏尼特左旗									
苏尼特右旗									
东乌珠穆沁旗									
西乌珠穆沁旗									
太仆寺旗									
镶黄旗									
正镶白旗									
正蓝旗									
多伦县									
乌拉盖管委会									
阿拉善盟	**3**		**3**	**25**	**12**	**13**			
阿拉善左旗	2		2	1		1			
阿拉善右旗				1	1				
额济纳旗	1		1	23	11	12			
内蒙古阿拉善经济开发区									

1-4　续表 51　　　　单位：人

地　　区	塔塔尔族			独 龙 族			鄂伦春族		
	小计	男	女	小计	男	女	小计	男	女
内蒙古	**10**	**5**	**5**	**3**	**2**	**1**	**4219**	**1982**	**2237**
呼和浩特市	**1**	**1**					**169**	**69**	**100**
新城区							51	16	35
回民区							18	6	12
玉泉区							28	16	12
赛罕区	1	1					59	27	32
土默特左旗							1		1
托克托县									
和林格尔县							2	1	1
清水河县							2		2
武川县							1	1	
呼和浩特经济技术开发区							7	2	5
包头市	**4**	**1**	**3**	**1**	**1**		**62**	**26**	**36**
东河区	1		1				16	7	9
昆都仑区							20	10	10
青山区	1	1					17	5	12
石拐区							1	1	
白云鄂博矿区							1		1
九原区							3	1	2
土默特右旗	1		1	1	1		1	1	
固阳县							1		1
达尔罕茂明安联合旗									
包头稀土高新技术产业开发区	1		1				2	1	1
乌海市							**13**	**6**	**7**
海勃湾区							10	5	5
海南区							3	1	2
乌达区									
赤峰市				**1**		**1**	**76**	**38**	**38**
红山区				1		1	4		4
元宝山区							1	1	
松山区							18	11	7
阿鲁科尔沁旗							4	1	3
巴林左旗							29	14	15
巴林右旗							2		2
林西县							4	3	1
克什克腾旗							1	1	
翁牛特旗							2	1	1
喀喇沁旗							2	2	
宁城县							3	2	1
敖汉旗							6	2	4

1-4 续表 52

单位：人

地 区	塔塔尔族			独 龙 族			鄂伦春族		
	小计	男	女	小计	男	女	小计	男	女
通辽市	**3**	**2**	**1**				**102**	**42**	**60**
科尔沁区	1		1				66	29	37
科尔沁左翼中旗							1	1	
科尔沁左翼后旗							1		1
开鲁县							1		1
库伦旗	1	1							
奈曼旗							3	2	1
扎鲁特旗							5	1	4
通辽经济技术开发区							16	8	8
霍林郭勒市	1	1					9	1	8
鄂尔多斯市							**28**	**15**	**13**
东胜区							10	6	4
康巴什区							3	1	2
达拉特旗							2	1	1
准格尔旗							4	2	2
鄂托克前旗									
鄂托克旗							2	1	1
杭锦旗							2	2	
乌审旗							1		1
伊金霍洛旗							4	2	2
呼伦贝尔市							**3574**	**1691**	**1883**
海拉尔区							203	92	111
扎赉诺尔区							8	3	5
阿荣旗							149	70	79
莫力达瓦达斡尔族自治旗							223	110	113
鄂伦春自治旗							2458	1151	1307
鄂温克族自治旗							129	76	53
陈巴尔虎旗							21	9	12
新巴尔虎左旗							8	4	4
新巴尔虎右旗							4	1	3
满洲里市							35	16	19
牙克石市							78	34	44
扎兰屯市							187	94	93
额尔古纳市							56	25	31
根河市							15	6	9
巴彦淖尔市	**1**		**1**				**13**	**7**	**6**
临河区	1		1				6	3	3
五原县							1		1
磴口县									
乌拉特前旗									
乌拉特中旗							1	1	
乌拉特后旗							1	1	
杭锦后旗							4	2	2

1-4　续表 53　　　　单位：人

地　　区	塔塔尔族			独 龙 族			鄂伦春族		
	小计	男	女	小计	男	女	小计	男	女
乌兰察布市	**1**	**1**		**1**	**1**		**11**	**7**	**4**
集宁区							8	4	4
卓资县									
化德县									
商都县									
兴和县				1	1		1	1	
凉城县							1	1	
察哈尔右翼前旗									
察哈尔右翼中旗									
察哈尔右翼后旗							1	1	
四子王旗									
丰镇市	1	1							
兴安盟							**154**	**72**	**82**
乌兰浩特市							30	13	17
阿尔山市							1	1	
科尔沁右翼前旗							35	22	13
科尔沁右翼中旗							8	4	4
扎赉特旗							74	31	43
突泉县							6	1	5
锡林郭勒盟							**17**	**9**	**8**
二连浩特市									
锡林浩特市							4	1	3
阿巴嘎旗							3	1	2
苏尼特左旗									
苏尼特右旗							1	1	
东乌珠穆沁旗							2		2
西乌珠穆沁旗							4	4	
太仆寺旗									
镶黄旗									
正镶白旗									
正蓝旗							3	2	1
多伦县									
乌拉盖管委会									
阿拉善盟									
阿拉善左旗									
阿拉善右旗									
额济纳旗									
内蒙古阿拉善经济开发区									

1-4 续表 54

单位：人

地区	赫哲族			门巴族			珞巴族		
	小计	男	女	小计	男	女	小计	男	女
内蒙古	**39**	**18**	**21**	**2**	**1**	**1**	**1**	**1**	
呼和浩特市				**1**	**1**				
新城区				1	1				
回民区									
玉泉区									
赛罕区									
土默特左旗									
托克托县									
和林格尔县									
清水河县									
武川县									
呼和浩特经济技术开发区									
包头市	**4**	**1**	**3**						
东河区									
昆都仑区									
青山区	1		1						
石拐区									
白云鄂博矿区									
九原区	1		1						
土默特右旗	1	1							
固阳县									
达尔罕茂明安联合旗									
包头稀土高新技术产业开发区	1		1						
乌海市	**1**		**1**						
海勃湾区	1		1						
海南区									
乌达区									
赤峰市	**10**	**5**	**5**						
红山区									
元宝山区									
松山区									
阿鲁科尔沁旗									
巴林左旗	8	5	3						
巴林右旗	2		2						
林西县									
克什克腾旗									
翁牛特旗									
喀喇沁旗									
宁城县									
敖汉旗									

1-4 续表 55

单位：人

地 区	赫哲族			门巴族			珞巴族		
	小计	男	女	小计	男	女	小计	男	女
通辽市	**1**	**1**							
科尔沁区									
科尔沁左翼中旗									
科尔沁左翼后旗									
开鲁县									
库伦旗									
奈曼旗	1	1							
扎鲁特旗									
通辽经济技术开发区									
霍林郭勒市									
鄂尔多斯市	**4**	**2**	**2**						
东胜区									
康巴什区	2	1	1						
达拉特旗									
准格尔旗									
鄂托克前旗									
鄂托克旗									
杭锦旗									
乌审旗									
伊金霍洛旗	2	1	1						
呼伦贝尔市	**17**	**8**	**9**						
海拉尔区									
扎赉诺尔区									
阿荣旗									
莫力达瓦达斡尔族自治旗	1		1						
鄂伦春自治旗	2	2							
鄂温克族自治旗	9	3	6						
陈巴尔虎旗									
新巴尔虎左旗									
新巴尔虎右旗									
满洲里市									
牙克石市	1		1						
扎兰屯市	4	3	1						
额尔古纳市									
根河市									
巴彦淖尔市									
临河区									
五原县									
磴口县									
乌拉特前旗									
乌拉特中旗									
乌拉特后旗									
杭锦后旗									

1-4 续表 56

单位：人

地 区	赫哲族			门巴族			珞巴族		
	小计	男	女	小计	男	女	小计	男	女
乌兰察布市	**1**		**1**	**1**		**1**			
集宁区									
卓资县	1		1						
化德县									
商都县									
兴和县									
凉城县									
察哈尔右翼前旗									
察哈尔右翼中旗				1		1			
察哈尔右翼后旗									
四子王旗									
丰镇市									
兴安盟	**1**	**1**							
乌兰浩特市	1	1							
阿尔山市									
科尔沁右翼前旗									
科尔沁右翼中旗									
扎赉特旗									
突泉县									
锡林郭勒盟									
二连浩特市									
锡林浩特市									
阿巴嘎旗									
苏尼特左旗									
苏尼特右旗									
东乌珠穆沁旗									
西乌珠穆沁旗									
太仆寺旗									
镶黄旗									
正镶白旗									
正蓝旗									
多伦县									
乌拉盖管委会									
阿拉善盟							**1**	**1**	
阿拉善左旗									
阿拉善右旗									
额济纳旗							1	1	
内蒙古阿拉善经济开发区									

1-4 续表 57

单位：人

地 区	基诺族			未定族称人口			入 籍		
	小计	男	女	小计	男	女	小计	男	女
内蒙古	**11**	**2**	**9**	**1840**	**913**	**927**	**96**	**46**	**50**
呼和浩特市	**7**		**7**	**335**	**160**	**175**	**11**	**6**	**5**
新城区				65	33	32	2	1	1
回民区				31	17	14	4	2	2
玉泉区	2		2	72	27	45	3	2	1
赛罕区				107	50	57			
土默特左旗	4		4	13	7	6	1		1
托克托县				4	3	1			
和林格尔县				9	4	5	1	1	
清水河县				4	2	2			
武川县				7	3	4			
呼和浩特经济技术开发区	1		1	23	14	9			
包头市	**2**	**1**	**1**	**170**	**86**	**84**	**14**	**5**	**9**
东河区				19	6	13	2	1	1
昆都仑区				33	19	14	2	1	1
青山区				55	30	25	2		2
石拐区				3	1	2			
白云鄂博矿区				2	1	1			
九原区	1	1		13	7	6	3	2	1
土默特右旗				4	2	2	1	1	
固阳县				11	7	4	3		3
达尔罕茂明安联合旗				15	5	10			
包头稀土高新技术产业开发区	1		1	15	8	7	1		1
乌海市				**50**	**26**	**24**	**2**	**2**	
海勃湾区				34	19	15	2	2	
海南区				8	4	4			
乌达区				8	3	5			
赤峰市				**137**	**69**	**68**	**7**	**3**	**4**
红山区				20	9	11			
元宝山区				7	4	3			
松山区				21	12	9	1		1
阿鲁科尔沁旗				8	2	6			
巴林左旗				7	3	4			
巴林右旗				5	2	3			
林西县				10	6	4			
克什克腾旗				9	6	3			
翁牛特旗				4	2	2	1	1	
喀喇沁旗				13	6	7			
宁城县				26	14	12	3	1	2
敖汉旗				7	3	4	2	1	1

1-4 续表 58

单位：人

地区	基诺族			未定族称人口			入籍		
	小计	男	女	小计	男	女	小计	男	女
通辽市				**250**	**130**	**120**	**19**	**9**	**10**
科尔沁区				90	45	45	6	4	2
科尔沁左翼中旗				23	12	11	1		1
科尔沁左翼后旗				39	15	24	8	4	4
开鲁县				25	17	8	2		2
库伦旗				11	9	2	2	1	1
奈曼旗				15	7	8			
扎鲁特旗				12	11	1			
通辽经济技术开发区				25	9	16			
霍林郭勒市				10	5	5			
鄂尔多斯市				**121**	**68**	**53**	**4**	**2**	**2**
东胜区				16	8	8			
康巴什区				5	4	1			
达拉特旗				23	11	12			
准格尔旗				22	9	13	1	1	
鄂托克前旗				17	14	3			
鄂托克旗				16	11	5	1		1
杭锦旗				4	2	2			
乌审旗				3	1	2			
伊金霍洛旗				15	8	7	2	1	1
呼伦贝尔市	**2**	**1**	**1**	**319**	**160**	**159**	**23**	**12**	**11**
海拉尔区				45	27	18	3	2	1
扎赉诺尔区				11	6	5	1		1
阿荣旗				25	14	11			
莫力达瓦达斡尔族自治旗				31	16	15	3		3
鄂伦春自治旗				47	22	25	3	3	
鄂温克族自治旗				31	16	15	1	1	
陈巴尔虎旗				11	3	8			
新巴尔虎左旗				10	5	5	1	1	
新巴尔虎右旗				6	5	1			
满洲里市				23	12	11	3	2	1
牙克石市				36	16	20			
扎兰屯市	2	1	1	32	13	19	5	2	3
额尔古纳市				9	5	4	3	1	2
根河市				2		2			
巴彦淖尔市				**61**	**29**	**32**	**4**	**1**	**3**
临河区				28	12	16	2		2
五原县				2	1	1			
磴口县				2		2			
乌拉特前旗				3	2	1	1	1	
乌拉特中旗				10	7	3			
乌拉特后旗				5	1	4			
杭锦后旗				11	6	5	1		1

1-4　续表 59　　　　单位：人

地　区	基诺族			未定族称人口			入　籍		
	小计	男	女	小计	男	女	小计	男	女
乌兰察布市				**103**	**46**	**57**	**4**	**2**	**2**
集宁区				30	12	18			
卓资县				4	4				
化德县				6	4	2			
商都县							1		1
兴和县				9	5	4	2	1	1
凉城县				20	8	12			
察哈尔右翼前旗				11	1	10	1	1	
察哈尔右翼中旗				3	2	1			
察哈尔右翼后旗				3	3				
四子王旗				6	3	3			
丰镇市				11	4	7			
兴安盟				**150**	**67**	**83**	**4**	**2**	**2**
乌兰浩特市				56	21	35	1		1
阿尔山市				5	3	2			
科尔沁右翼前旗				25	12	13	1	1	
科尔沁右翼中旗				16	10	6			
扎赉特旗				21	7	14	1		1
突泉县				27	14	13	1	1	
锡林郭勒盟				**126**	**61**	**65**	**4**	**2**	**2**
二连浩特市				2		2			
锡林浩特市				49	25	24			
阿巴嘎旗				2	1	1	1		1
苏尼特左旗				7	5	2			
苏尼特右旗				3	2	1			
东乌珠穆沁旗				10	5	5			
西乌珠穆沁旗				29	15	14	1	1	
太仆寺旗				4	1	3			
镶黄旗				2	2				
正镶白旗				1	1				
正蓝旗				10	4	6			
多伦县				4		4	2	1	1
乌拉盖管委会				3		3			
阿拉善盟				**18**	**11**	**7**			
阿拉善左旗				12	7	5			
阿拉善右旗				1	1				
额济纳旗				2	2				
内蒙古阿拉善经济开发区				3	1	2			

1-4a 各地区分性别、民族的人口(城市)

单位：人

地区	合计			汉族		
	合计	男	女	小计	男	女
内蒙古	**9446419**	**4714495**	**4731924**	**7895842**	**3965843**	**3929999**
呼和浩特市	**2232683**	**1109269**	**1123414**	**1836246**	**918203**	**918043**
新城区	618831	308064	310767	510704	255670	255034
回民区	417448	205534	211914	345564	171409	174155
玉泉区	463142	232766	230376	404775	204549	200226
赛罕区	733262	362905	370357	575203	286575	288628
包头市	**1897779**	**949922**	**947857**	**1761844**	**883470**	**878374**
东河区	421812	210335	211477	390833	195325	195508
昆都仑区	759714	381336	378378	706467	355085	351382
青山区	513596	254076	259520	473208	234518	238690
石拐区	15424	8042	7382	14673	7682	6991
白云鄂博矿区	22681	12359	10322	20689	11327	9362
九原区	164552	83774	80778	155974	79533	76441
乌海市	**513469**	**264201**	**249268**	**477846**	**246382**	**231464**
海勃湾区	318969	161480	157489	296956	150816	146140
海南区	74354	39417	34937	69420	36808	32612
乌达区	120146	63304	56842	111470	58758	52712
赤峰市	**1013670**	**508660**	**505010**	**751929**	**378854**	**373075**
红山区	429895	214436	215459	327684	164664	163020
元宝山区	187249	93085	94164	151217	75236	75981
松山区	396526	201139	195387	273028	138954	134074
通辽市	**563959**	**278630**	**285329**	**323596**	**164025**	**159571**
科尔沁区	434037	211087	222950	247317	123275	124042
霍林郭勒市	129922	67543	62379	76279	40750	35529
鄂尔多斯市	**668906**	**340010**	**328896**	**613696**	**313749**	**299947**
东胜区	549285	278818	270467	509920	260104	249816
康巴什区	118796	60755	58041	102980	53224	49756
鄂托克旗	825	437	388	796	421	375
呼伦贝尔市	**944115**	**465620**	**478495**	**785438**	**390067**	**395371**
海拉尔区	352991	172935	180056	275514	136791	138723
扎赉诺尔区	79325	39353	39972	73176	36466	36710
满洲里市	146348	74089	72259	127302	64719	62583
牙克石市	140369	68125	72244	122134	59361	62773
扎兰屯市	139934	68751	71183	117718	57963	59755
额尔古纳市	43261	21552	21709	33039	16618	16421
根河市	41887	20815	21072	36555	18149	18406
巴彦淖尔市	**399699**	**198840**	**200859**	**373348**	**186345**	**187003**
临河区	399699	198840	200859	373348	186345	187003
乌兰察布市	**493988**	**244276**	**249712**	**464169**	**230197**	**233972**
集宁区	380206	187601	192605	352744	174681	178063
丰镇市	113782	56675	57107	111425	55516	55909
兴安盟	**319866**	**156094**	**163772**	**211023**	**104264**	**106759**
乌兰浩特市	301730	146829	154901	197164	97106	100058
阿尔山市	18136	9265	8871	13859	7158	6701
锡林郭勒盟	**398285**	**198973**	**199312**	**296707**	**150287**	**146420**
二连浩特市	73207	37238	35969	54985	28343	26642
锡林浩特市	325078	161735	163343	241722	121944	119778

1-4a　续表 1　　　　　　　　　　　　　　　　　　　　单位：人

地　区	蒙古族			回　族			藏　族		
	小计	男	女	小计	男	女	小计	男	女
内蒙古	**1154679**	**553287**	**601392**	**135907**	**67231**	**68676**	**1690**	**896**	**794**
呼和浩特市	**308679**	**147907**	**160772**	**39655**	**19581**	**20074**	**529**	**289**	**240**
新城区	86467	41693	44774	5866	2848	3018	201	115	86
回民区	42928	19916	23012	22023	10865	11158	68	38	30
玉泉区	45052	21604	23448	6044	3051	2993	85	41	44
赛罕区	134232	64694	69538	5722	2817	2905	175	95	80
包头市	**76993**	**37388**	**39605**	**29316**	**14266**	**15050**	**273**	**151**	**122**
东河区	11189	5251	5938	15527	7598	7929	73	44	29
昆都仑区	32950	16238	16712	6582	3152	3430	85	44	41
青山区	24912	12028	12884	5862	2823	3039	81	47	34
石拐区	555	258	297	78	40	38	11	5	6
白云鄂博矿区	1448	731	717	178	95	83	11	4	7
九原区	5939	2882	3057	1089	558	531	12	7	5
乌海市	**20926**	**10187**	**10739**	**8682**	**4543**	**4139**	**293**	**161**	**132**
海勃湾区	15003	7163	7840	3179	1582	1597	119	51	68
海南区	2660	1384	1276	1541	811	730	106	64	42
乌达区	3263	1640	1623	3962	2150	1812	68	46	22
赤峰市	**194710**	**96129**	**98581**	**16960**	**8408**	**8552**	**57**	**26**	**31**
红山区	70173	33899	36274	13494	6672	6822	21	9	12
元宝山区	27713	13664	14049	797	424	373	11	3	8
松山区	96824	48566	48258	2669	1312	1357	25	14	11
通辽市	**204292**	**96838**	**107454**	**6649**	**3274**	**3375**	**44**	**24**	**20**
科尔沁区	157024	73336	83688	6288	3081	3207	37	20	17
霍林郭勒市	47268	23502	23766	361	193	168	7	4	3
鄂尔多斯市	**47712**	**22400**	**25312**	**1736**	**949**	**787**	**204**	**113**	**91**
东胜区	33488	15652	17836	1474	817	657	151	83	68
康巴什区	14215	6744	7471	248	125	123	53	30	23
鄂托克旗	9	4	5	14	7	7			
呼伦贝尔市	**87603**	**41062**	**46541**	**17587**	**8639**	**8948**	**57**	**23**	**34**
海拉尔区	48184	22175	26009	8279	4057	4222	27	11	16
扎赉诺尔区	3320	1534	1786	1092	523	569	2	1	1
满洲里市	11636	5670	5966	1084	533	551	6	3	3
牙克石市	8398	4001	4397	2883	1441	1442	2		2
扎兰屯市	9160	4366	4794	923	463	460	14	6	8
额尔古纳市	4433	2098	2335	2262	1078	1184	5	1	4
根河市	2472	1218	1254	1064	544	520	1	1	
巴彦淖尔市	**18716**	**8750**	**9966**	**4935**	**2441**	**2494**	**108**	**43**	**65**
临河区	18716	8750	9966	4935	2441	2494	108	43	65
乌兰察布市	**21046**	**9736**	**11310**	**3993**	**1969**	**2024**	**79**	**39**	**40**
集宁区	19842	9166	10676	3553	1729	1824	69	36	33
丰镇市	1204	570	634	440	240	200	10	3	7
兴安盟	**86707**	**41195**	**45512**	**2050**	**1008**	**1042**	**11**	**7**	**4**
乌兰浩特市	83339	39533	43806	1922	939	983	11	7	4
阿尔山市	3368	1662	1706	128	69	59			
锡林郭勒盟	**87295**	**41695**	**45600**	**4344**	**2153**	**2191**	**35**	**20**	**15**
二连浩特市	17387	8448	8939	129	70	59	2		2
锡林浩特市	69908	33247	36661	4215	2083	2132	33	20	13

1-4a 续表 2

单位：人

地区	维吾尔族			苗族			彝族		
	小计	男	女	小计	男	女	小计	男	女
内蒙古	**612**	**325**	**287**	**3720**	**1875**	**1845**	**1855**	**1016**	**839**
呼和浩特市	**205**	**94**	**111**	**947**	**485**	**462**	**647**	**336**	**311**
新城区	75	42	33	270	141	129	241	155	86
回民区	58	29	29	140	70	70	91	37	54
玉泉区	23	9	14	196	97	99	122	74	48
赛罕区	49	14	35	341	177	164	193	70	123
包头市	**115**	**61**	**54**	**705**	**353**	**352**	**405**	**254**	**151**
东河区	29	15	14	132	79	53	64	37	27
昆都仑区	49	22	27	264	124	140	130	75	55
青山区	35	23	12	240	115	125	134	84	50
石拐区	1		1	19	11	8	4	4	
白云鄂博矿区	1	1		12	5	7	5	4	1
九原区				38	19	19	68	50	18
乌海市	**52**	**35**	**17**	**188**	**90**	**98**	**93**	**53**	**40**
海勃湾区	33	22	11	108	53	55	51	27	24
海南区	5	4	1	46	25	21	25	13	12
乌达区	14	9	5	34	12	22	17	13	4
赤峰市	**49**	**28**	**21**	**251**	**122**	**129**	**91**	**39**	**52**
红山区	42	24	18	139	70	69	48	22	26
元宝山区	4	1	3	27	12	15	9	3	6
松山区	3	3		85	40	45	34	14	20
通辽市	**16**	**5**	**11**	**335**	**165**	**170**	**55**	**25**	**30**
科尔沁区	14	4	10	248	118	130	46	21	25
霍林郭勒市	2	1	1	87	47	40	9	4	5
鄂尔多斯市	**79**	**45**	**34**	**149**	**70**	**79**	**159**	**102**	**57**
东胜区	72	41	31	113	50	63	118	78	40
康巴什区	7	4	3	36	20	16	41	24	17
鄂托克旗									
呼伦贝尔市	**37**	**15**	**22**	**602**	**310**	**292**	**131**	**59**	**72**
海拉尔区	14	6	8	183	88	95	34	19	15
扎赉诺尔区				42	21	21	7	4	3
满洲里市	5	3	2	94	48	46	30	11	19
牙克石市	12	4	8	123	60	63	19	8	11
扎兰屯市	3	1	2	104	63	41	25	8	17
额尔古纳市	3	1	2	49	26	23	11	5	6
根河市				7	4	3	5	4	1
巴彦淖尔市	**16**	**10**	**6**	**67**	**35**	**32**	**73**	**39**	**34**
临河区	16	10	6	67	35	32	73	39	34
乌兰察布市	**5**	**4**	**1**	**177**	**96**	**81**	**85**	**45**	**40**
集宁区	5	4	1	157	88	69	78	45	33
丰镇市				20	8	12	7		7
兴安盟	**19**	**14**	**5**	**164**	**81**	**83**	**45**	**27**	**18**
乌兰浩特市	19	14	5	150	77	73	30	17	13
阿尔山市				14	4	10	15	10	5
锡林郭勒盟	**19**	**14**	**5**	**135**	**68**	**67**	**71**	**37**	**34**
二连浩特市	2	2		1	1		8	5	3
锡林浩特市	17	12	5	134	67	67	63	32	31

1–4a 续表 3 单位：人

地区	壮族			布依族			朝鲜族		
	小计	男	女	小计	男	女	小计	男	女
内蒙古	**1735**	**794**	**941**	**1574**	**759**	**815**	**8227**	**3873**	**4354**
呼和浩特市	**527**	**251**	**276**	**395**	**194**	**201**	**1394**	**661**	**733**
新城区	159	79	80	122	66	56	469	216	253
回民区	92	42	50	67	35	32	159	82	77
玉泉区	100	48	52	78	30	48	181	88	93
赛罕区	176	82	94	128	63	65	585	275	310
包头市	**371**	**158**	**213**	**307**	**144**	**163**	**803**	**368**	**435**
东河区	93	39	54	53	25	28	96	43	53
昆都仑区	147	72	75	105	48	57	417	189	228
青山区	103	40	63	127	63	64	245	118	127
石拐区	1	1					3	2	1
白云鄂博矿区	2		2	6	2	4	4	1	3
九原区	25	6	19	16	6	10	38	15	23
乌海市	**97**	**46**	**51**	**100**	**53**	**47**	**131**	**54**	**77**
海勃湾区	53	28	25	77	43	34	94	39	55
海南区	4		4	10	6	4	11	5	6
乌达区	40	18	22	13	4	9	26	10	16
赤峰市	**235**	**116**	**119**	**77**	**39**	**38**	**646**	**317**	**329**
红山区	112	55	57	51	24	27	320	153	167
元宝山区	27	14	13	10	6	4	89	43	46
松山区	96	47	49	16	9	7	237	121	116
通辽市	**85**	**35**	**50**	**133**	**60**	**73**	**1002**	**497**	**505**
科尔沁区	66	26	40	119	52	67	782	399	383
霍林郭勒市	19	9	10	14	8	6	220	98	122
鄂尔多斯市	**91**	**40**	**51**	**62**	**22**	**40**	**145**	**64**	**81**
东胜区	57	25	32	51	18	33	121	58	63
康巴什区	34	15	19	11	4	7	24	6	18
鄂托克旗									
呼伦贝尔市	**115**	**57**	**58**	**257**	**121**	**136**	**2215**	**1028**	**1187**
海拉尔区	55	24	31	94	49	45	792	374	418
扎赉诺尔区	5	3	2	10	5	5	59	21	38
满洲里市	7	5	2	51	27	24	282	147	135
牙克石市	10	4	6	49	15	34	395	169	226
扎兰屯市	25	12	13	40	17	23	490	234	256
额尔古纳市	7	4	3	11	7	4	79	37	42
根河市	6	5	1	2	1	1	118	46	72
巴彦淖尔市	**31**	**12**	**19**	**29**	**13**	**16**	**106**	**53**	**53**
临河区	31	12	19	29	13	16	106	53	53
乌兰察布市	**79**	**36**	**43**	**52**	**24**	**28**	**120**	**46**	**74**
集宁区	72	32	40	49	23	26	108	40	68
丰镇市	7	4	3	3	1	2	12	6	6
兴安盟	**48**	**23**	**25**	**81**	**45**	**36**	**1522**	**717**	**805**
乌兰浩特市	45	22	23	79	44	35	1498	707	791
阿尔山市	3	1	2	2	1	1	24	10	14
锡林郭勒盟	**56**	**20**	**36**	**81**	**44**	**37**	**143**	**68**	**75**
二连浩特市	6	5	1	6	5	1	27	13	14
锡林浩特市	50	15	35	75	39	36	116	55	61

1-4a 续表 4

单位：人

地区	满族			侗族			瑶族		
	小计	男	女	小计	男	女	小计	男	女
内蒙古	**200036**	**99271**	**100765**	**1712**	**832**	**880**	**295**	**134**	**161**
呼和浩特市	**35668**	**17607**	**18061**	**385**	**174**	**211**	**111**	**47**	**64**
新城区	11890	5897	5993	100	50	50	36	17	19
回民区	5192	2546	2646	81	38	43	24	10	14
玉泉区	5310	2608	2702	71	30	41	18	6	12
赛罕区	13276	6556	6720	133	56	77	33	14	19
包头市	**22985**	**11462**	**11523**	**322**	**173**	**149**	**53**	**29**	**24**
东河区	3198	1613	1585	46	28	18	16	10	6
昆都仑区	10982	5509	5473	131	68	63	27	13	14
青山区	7337	3577	3760	125	66	59	8	4	4
石拐区	57	27	30	1	1		1	1	
白云鄂博矿区	277	160	117	5	3	2			
九原区	1134	576	558	14	7	7	1	1	
乌海市	**4100**	**2103**	**1997**	**83**	**37**	**46**	**15**	**8**	**7**
海勃湾区	2698	1351	1347	62	29	33	8	4	4
海南区	418	234	184	7	5	2	2	2	
乌达区	984	518	466	14	3	11	5	2	3
赤峰市	**47407**	**23962**	**23445**	**97**	**55**	**42**	**22**	**6**	**16**
红山区	17189	8533	8656	61	36	25	11	5	6
元宝山区	7171	3596	3575	12	7	5	3	1	2
松山区	23047	11833	11214	24	12	12	8		8
通辽市	**26019**	**12862**	**13157**	**154**	**71**	**83**	**17**	**7**	**10**
科尔沁区	20655	10086	10569	128	56	72	16	7	9
霍林郭勒市	5364	2776	2588	26	15	11	1		1
鄂尔多斯市	**4056**	**2051**	**2005**	**62**	**37**	**25**	**20**	**7**	**13**
东胜区	3087	1587	1500	48	25	23	11	3	8
康巴什区	966	461	505	13	11	2	9	4	5
鄂托克旗	3	3		1	1				
呼伦贝尔市	**29277**	**14444**	**14833**	**326**	**152**	**174**	**12**	**6**	**6**
海拉尔区	9516	4637	4879	107	44	63	5	3	2
扎赉诺尔区	1091	518	573	28	12	16	1		1
满洲里市	4149	2123	2026	56	27	29			
牙克石市	3686	1787	1899	69	36	33	3	2	1
扎兰屯市	8209	4043	4166	43	21	22	3	1	2
额尔古纳市	1598	802	796	19	11	8			
根河市	1028	534	494	4	1	3			
巴彦淖尔市	**1763**	**865**	**898**	**19**	**7**	**12**	**12**	**5**	**7**
临河区	1763	865	898	19	7	12	12	5	7
乌兰察布市	**3475**	**1745**	**1730**	**69**	**33**	**36**	**8**	**4**	**4**
集宁区	2918	1450	1468	61	31	30	5	3	2
丰镇市	557	295	262	8	2	6	3	1	2
兴安盟	**17002**	**8135**	**8867**	**104**	**51**	**53**	**9**	**6**	**3**
乌兰浩特市	16351	7822	8529	96	48	48	7	4	3
阿尔山市	651	313	338	8	3	5	2	2	
锡林郭勒盟	**8284**	**4035**	**4249**	**91**	**42**	**49**	**16**	**9**	**7**
二连浩特市	547	291	256	5	3	2			
锡林浩特市	7737	3744	3993	86	39	47	16	9	7

1－4a 续表 5

单位：人

地区	白族			土家族			哈尼族		
	小计	男	女	小计	男	女	小计	男	女
内蒙古	**419**	**208**	**211**	**2887**	**1517**	**1370**	**141**	**59**	**82**
呼和浩特市	**143**	**75**	**68**	**844**	**433**	**411**	**67**	**29**	**38**
新城区	41	24	17	247	132	115	29	16	13
回民区	27	13	14	134	52	82	9	1	8
玉泉区	35	18	17	160	97	63	16	6	10
赛罕区	40	20	20	303	152	151	13	6	7
包头市	**84**	**38**	**46**	**640**	**355**	**285**	**25**	**11**	**14**
东河区	11	5	6	90	48	42	2	2	
昆都仑区	32	14	18	270	161	109	9	4	5
青山区	30	13	17	217	108	109	10	3	7
石拐区				10	4	6			
白云鄂博矿区	2	1	1	4	3	1	1		1
九原区	9	5	4	49	31	18	3	2	1
乌海市	**17**	**9**	**8**	**165**	**101**	**64**	**7**	**5**	**2**
海勃湾区	7	2	5	92	56	36	5	4	1
海南区	7	4	3	26	14	12	2	1	1
乌达区	3	3		47	31	16			
赤峰市	**27**	**11**	**16**	**194**	**104**	**90**	**8**	**1**	**7**
红山区	19	7	12	106	65	41	3		3
元宝山区	3	3		19	5	14	2		2
松山区	5	1	4	69	34	35	3	1	2
通辽市	**24**	**12**	**12**	**181**	**94**	**87**	**1**	**1**	
科尔沁区	20	9	11	150	74	76	1	1	
霍林郭勒市	4	3	1	31	20	11			
鄂尔多斯市	**23**	**11**	**12**	**143**	**80**	**63**	**17**	**6**	**11**
东胜区	12	6	6	117	64	53	12	4	8
康巴什区	11	5	6	25	15	10	5	2	3
鄂托克旗				1	1				
呼伦贝尔市	**49**	**25**	**24**	**303**	**152**	**151**	**6**	**2**	**4**
海拉尔区	16	9	7	134	63	71	3		3
扎赉诺尔区	6	3	3	19	9	10			
满洲里市	12	4	8	42	21	21	3	2	1
牙克石市	5	3	2	58	33	25			
扎兰屯市	6	3	3	36	20	16			
额尔古纳市	1	1		10	4	6			
根河市	3	2	1	4	2	2			
巴彦淖尔市	**12**	**3**	**9**	**88**	**38**	**50**	**2**	**2**	
临河区	12	3	9	88	38	50	2	2	
乌兰察布市	**20**	**11**	**9**	**135**	**55**	**80**	**5**	**2**	**3**
集宁区	18	11	7	100	48	52	3	1	2
丰镇市	2		2	35	7	28	2	1	1
兴安盟	**9**	**7**	**2**	**88**	**44**	**44**	**2**		**2**
乌兰浩特市	8	6	2	82	39	43	2		2
阿尔山市	1	1		6	5	1			
锡林郭勒盟	**11**	**6**	**5**	**106**	**61**	**45**	**1**		**1**
二连浩特市				11	9	2			
锡林浩特市	11	6	5	95	52	43	1		1

1-4a 续表 6 单位：人

地 区	哈萨克族			傣 族			黎 族		
	小计	男	女	小计	男	女	小计	男	女
内蒙古	**41**	**19**	**22**	**117**	**54**	**63**	**657**	**305**	**352**
呼和浩特市	**14**	**7**	**7**	**42**	**18**	**24**	**139**	**66**	**73**
新城区	4	2	2	11	3	8	41	19	22
回民区	7	3	4	7	2	5	12	4	8
玉泉区	2	2		11	5	6	27	16	11
赛罕区	1		1	13	8	5	59	27	32
包头市	**7**	**3**	**4**	**30**	**11**	**19**	**138**	**62**	**76**
东河区	2	1	1	5	3	2	14	9	5
昆都仑区	2	1	1	14	3	11	75	32	43
青山区	1		1	3	2	1	40	15	25
石拐区									
白云鄂博矿区							1	1	
九原区	2	1	1	8	3	5	8	5	3
乌海市	**2**	**2**		**8**	**3**	**5**	**18**	**10**	**8**
海勃湾区				5	3	2	11	7	4
海南区	1	1					5	2	3
乌达区	1	1		3		3	2	1	1
赤峰市				**11**	**6**	**5**	**89**	**44**	**45**
红山区				5	3	2	34	12	22
元宝山区							10	4	6
松山区				6	3	3	45	28	17
通辽市	**4**		**4**	**7**	**5**	**2**	**49**	**24**	**25**
科尔沁区	4		4	4	2	2	40	22	18
霍林郭勒市				3	3		9	2	7
鄂尔多斯市	**4**	**2**	**2**	**8**	**6**	**2**	**31**	**12**	**19**
东胜区	1	1		7	5	2	28	10	18
康巴什区	3	1	2	1	1		3	2	1
鄂托克旗									
呼伦贝尔市	**4**	**2**	**2**	**4**	**2**	**2**	**87**	**35**	**52**
海拉尔区	1		1	1		1	36	14	22
扎赉诺尔区							7	4	3
满洲里市	2	1	1	3	2	1	18	4	14
牙克石市	1	1					9	6	3
扎兰屯市							11	4	7
额尔古纳市							2		2
根河市							4	3	1
巴彦淖尔市	**2**	**1**	**1**				**35**	**13**	**22**
临河区	2	1	1				35	13	22
乌兰察布市				**3**	**1**	**2**	**40**	**22**	**18**
集宁区				3	1	2	35	19	16
丰镇市							5	3	2
兴安盟				**1**	**1**		**15**	**7**	**8**
乌兰浩特市							15	7	8
阿尔山市				1	1				
锡林郭勒盟	**4**	**2**	**2**	**3**	**1**	**2**	**16**	**10**	**6**
二连浩特市							3	1	2
锡林浩特市	4	2	2	3	1	2	13	9	4

1-4a　续表 7　　　　单位：人

地　区	傈僳族			佤　族			畲　族		
	小计	男	女	小计	男	女	小计	男	女
内蒙古	**155**	**58**	**97**	**155**	**57**	**98**	**163**	**91**	**72**
呼和浩特市	**82**	**32**	**50**	**45**	**13**	**32**	**56**	**29**	**27**
新城区	23	10	13	5	4	1	7	5	2
回民区	15	6	9	12	3	9	5	4	1
玉泉区	26	7	19	11	3	8	16	7	9
赛罕区	18	9	9	17	3	14	28	13	15
包头市	**25**	**7**	**18**	**26**	**10**	**16**	**41**	**26**	**15**
东河区	4	1	3	8	3	5	3	2	1
昆都仑区	11	4	7	8	2	6	16	10	6
青山区	7	2	5	8	4	4	21	13	8
石拐区							1	1	
白云鄂博矿区	1		1						
九原区	2		2	2	1	1			
乌海市	**4**	**2**	**2**	**16**	**3**	**13**	**10**	**8**	**2**
海勃湾区				13	3	10	10	8	2
海南区									
乌达区	4	2	2	3		3			
赤峰市	**6**	**3**	**3**	**6**	**2**	**4**	**14**	**8**	**6**
红山区	2	1	1	1		1	10	7	3
元宝山区				4	2	2			
松山区	4	2	2	1		1	4	1	3
通辽市	**3**	**2**	**1**	**4**	**2**	**2**	**7**	**3**	**4**
科尔沁区	2	2		3	2	1	6	2	4
霍林郭勒市	1		1	1		1	1	1	
鄂尔多斯市	**13**	**6**	**7**	**9**	**2**	**7**	**12**	**6**	**6**
东胜区	11	5	6	8	2	6	11	5	6
康巴什区	2	1	1	1		1	1	1	
鄂托克旗									
呼伦贝尔市	**4**	**1**	**3**	**5**	**3**	**2**	**9**	**4**	**5**
海拉尔区	2		2	2	2		7	4	3
扎赉诺尔区	1		1	2		2			
满洲里市				1	1				
牙克石市	1	1							
扎兰屯市							2		2
额尔古纳市									
根河市									
巴彦淖尔市	**1**		**1**	**2**	**1**	**1**	**1**		**1**
临河区	1		1	2	1	1	1		1
乌兰察布市	**7**		**7**	**8**	**6**	**2**	**8**	**6**	**2**
集宁区	7		7	8	6	2	8	6	2
丰镇市									
兴安盟	**3**	**2**	**1**	**3**		**3**	**2**		**2**
乌兰浩特市	3	2	1				2		2
阿尔山市				3		3			
锡林郭勒盟	**7**	**3**	**4**	**31**	**15**	**16**	**3**	**1**	**2**
二连浩特市	2		2				2	1	1
锡林浩特市	5	3	2	31	15	16	1		1

1-4a 续表 8

单位：人

地区	高山族			拉祜族			水族		
	小计	男	女	小计	男	女	小计	男	女
内蒙古	**52**	**29**	**23**	**70**	**21**	**49**	**290**	**139**	**151**
呼和浩特市	**14**	**10**	**4**	**41**	**12**	**29**	**60**	**29**	**31**
新城区	3	2	1	13	3	10	12	5	7
回民区	3	2	1	7	3	4	10	3	7
玉泉区	1	1		13	3	10	15	8	7
赛罕区	7	5	2	8	3	5	23	13	10
包头市	**4**	**2**	**2**	**9**	**2**	**7**	**48**	**20**	**28**
东河区				4		4	9	3	6
昆都仑区	4	2	2	1		1	15	8	7
青山区				3	1	2	20	8	12
石拐区							1		1
白云鄂博矿区				1	1				
九原区							3	1	2
乌海市				**7**	**3**	**4**	**25**	**11**	**14**
海勃湾区				5	2	3	15	7	8
海南区				1	1		4	3	1
乌达区				1		1	6	1	5
赤峰市	**3**	**1**	**2**	**6**	**2**	**4**	**12**	**8**	**4**
红山区				4	1	3	7	5	2
元宝山区				1	1				
松山区	3	1	2	1		1	5	3	2
通辽市	**3**		**3**				**27**	**12**	**15**
科尔沁区	2		2				25	10	15
霍林郭勒市	1		1				2	2	
鄂尔多斯市				**1**		**1**	**17**	**9**	**8**
东胜区				1		1	16	8	8
康巴什区							1	1	
鄂托克旗									
呼伦贝尔市	**16**	**10**	**6**	**2**	**1**	**1**	**56**	**25**	**31**
海拉尔区	6	5	1				19	11	8
扎赉诺尔区							5	3	2
满洲里市				1		1	12	6	6
牙克石市	6	3	3				10	3	7
扎兰屯市	4	2	2				8	1	7
额尔古纳市							2	1	1
根河市				1	1				
巴彦淖尔市	**2**		**2**				**4**	**2**	**2**
临河区	2		2				4	2	2
乌兰察布市	**1**	**1**		**2**		**2**	**13**	**5**	**8**
集宁区	1	1		2		2	12	5	7
丰镇市							1		1
兴安盟	**4**	**3**	**1**	**2**	**1**	**1**	**13**	**9**	**4**
乌兰浩特市	4	3	1	2	1	1	12	9	3
阿尔山市							1		1
锡林郭勒盟	**5**	**2**	**3**				**15**	**9**	**6**
二连浩特市									
锡林浩特市	5	2	3				15	9	6

1-4a　续表 9　　　　单位：人

地　　区	东乡族			纳西族			景颇族		
	小计	男	女	小计	男	女	小计	男	女
内蒙古	**571**	**311**	**260**	**38**	**18**	**20**	**18**	**5**	**13**
呼和浩特市	**189**	**99**	**90**	**10**	**6**	**4**	**8**	**2**	**6**
新城区	58	28	30				1		1
回民区	87	48	39	3	1	2	1	1	
玉泉区	30	15	15	1	1		2		2
赛罕区	14	8	6	6	4	2	4	1	3
包头市	**156**	**92**	**64**	**9**	**4**	**5**	**6**	**1**	**5**
东河区	43	27	16	2		2	2		2
昆都仑区	31	17	14	2	1	1	2		2
青山区	65	39	26	5	3	2	2	1	1
石拐区	2	2							
白云鄂博矿区	4	2	2						
九原区	11	5	6						
乌海市	**101**	**55**	**46**	**1**		**1**	**2**	**1**	**1**
海勃湾区	34	17	17	1		1	1		1
海南区	10	6	4				1	1	
乌达区	57	32	25						
赤峰市	**15**	**8**	**7**	**8**	**4**	**4**	**1**	**1**	
红山区	12	5	7	4	3	1	1	1	
元宝山区	2	2							
松山区	1	1		4	1	3			
通辽市				**2**		**2**			
科尔沁区				2		2			
霍林郭勒市									
鄂尔多斯市	**15**	**10**	**5**	**2**	**1**	**1**			
东胜区	12	7	5	2	1	1			
康巴什区	3	3							
鄂托克旗									
呼伦贝尔市	**43**	**24**	**19**	**3**	**3**		**1**		**1**
海拉尔区	17	9	8	2	2		1		1
扎赉诺尔区									
满洲里市	14	9	5						
牙克石市	1	1		1	1				
扎兰屯市	4		4						
额尔古纳市	5	4	1						
根河市	2	1	1						
巴彦淖尔市	**25**	**11**	**14**						
临河区	25	11	14						
乌兰察布市	**15**	**7**	**8**	**1**		**1**			
集宁区	2	1	1						
丰镇市	13	6	7	1		1			
兴安盟	**1**		**1**						
乌兰浩特市	1		1						
阿尔山市									
锡林郭勒盟	**11**	**5**	**6**	**2**		**2**			
二连浩特市	9	3	6						
锡林浩特市	2	2		2		2			

1—4a 续表 10

单位：人

地区	柯尔克孜族			土族			达斡尔族		
	小计	男	女	小计	男	女	小计	男	女
内蒙古	**87**	**38**	**49**	**199**	**87**	**112**	**20311**	**9552**	**10759**
呼和浩特市	**10**	**2**	**8**	**64**	**30**	**34**	**3715**	**1739**	**1976**
新城区	4	1	3	17	7	10	1183	560	623
回民区	4	1	3	6	3	3	373	166	207
玉泉区				14	9	5	439	209	230
赛罕区	2		2	27	11	16	1720	804	916
包头市	**6**	**3**	**3**	**34**	**10**	**24**	**1055**	**519**	**536**
东河区	1	1		5	2	3	106	47	59
昆都仑区	1		1	17	4	13	469	240	229
青山区	4	2	2	8	3	5	400	189	211
石拐区							3	2	1
白云鄂博矿区							16	11	5
九原区				4	1	3	61	30	31
乌海市				**35**	**18**	**17**	**199**	**86**	**113**
海勃湾区				17	8	9	155	65	90
海南区				8	7	1	9	3	6
乌达区				10	3	7	35	18	17
赤峰市	**1**		**1**	**4**	**2**	**2**	**387**	**179**	**208**
红山区	1		1				192	89	103
元宝山区				3	2	1	44	19	25
松山区				1		1	151	71	80
通辽市	**2**	**2**		**1**	**1**		**620**	**286**	**334**
科尔沁区				1	1		507	232	275
霍林郭勒市	2	2					113	54	59
鄂尔多斯市	**1**		**1**	**10**	**5**	**5**	**244**	**119**	**125**
东胜区				8	4	4	196	97	99
康巴什区	1		1	2	1	1	48	22	26
鄂托克旗									
呼伦贝尔市	**43**	**21**	**22**	**4**	**2**	**2**	**12549**	**5898**	**6651**
海拉尔区	17	8	9				6550	3022	3528
扎赉诺尔区				1	1		318	154	164
满洲里市	5	3	2	3	1	2	909	433	476
牙克石市	12	3	9				1863	884	979
扎兰屯市	9	7	2				2252	1095	1157
额尔古纳市							388	183	205
根河市							269	127	142
巴彦淖尔市				**19**	**9**	**10**	**191**	**97**	**94**
临河区				19	9	10	191	97	94
乌兰察布市	**1**	**1**		**16**	**4**	**12**	**222**	**113**	**109**
集宁区	1	1		9	2	7	214	109	105
丰镇市				7	2	5	8	4	4
兴安盟	**2**	**1**	**1**	**3**	**1**	**2**	**574**	**267**	**307**
乌兰浩特市	2	1	1	3	1	2	545	252	293
阿尔山市							29	15	14
锡林郭勒盟	**21**	**8**	**13**	**9**	**5**	**4**	**555**	**249**	**306**
二连浩特市				2	1	1	39	19	20
锡林浩特市	21	8	13	7	4	3	516	230	286

1-4a 续表 11 单位：人

地　区	仫佬族			羌　族			布朗族		
	小计	男	女	小计	男	女	小计	男	女
内蒙古	**62**	**29**	**33**	**99**	**55**	**44**	**7**	**5**	**2**
呼和浩特市	**13**	**5**	**8**	**26**	**16**	**10**	**1**	**1**	
新城区	2	1	1	5	3	2	1	1	
回民区	3		3	4	2	2			
玉泉区	3	2	1	9	6	3			
赛罕区	5	2	3	8	5	3			
包头市	**24**	**14**	**10**	**19**	**10**	**9**	**2**	**2**	
东河区	8	2	6	7	5	2			
昆都仑区	4	1	3	8	3	5	2	2	
青山区	12	11	1	4	2	2			
石拐区									
白云鄂博矿区									
九原区									
乌海市	**2**	**2**		**4**	**3**	**1**	**3**	**2**	**1**
海勃湾区	2	2							
海南区				1	1				
乌达区				3	2	1	3	2	1
赤峰市	**1**		**1**	**1**		**1**			
红山区	1		1						
元宝山区				1		1			
松山区									
通辽市	**6**	**3**	**3**	**3**		**3**			
科尔沁区	5	3	2	3		3			
霍林郭勒市	1		1						
鄂尔多斯市	**2**		**2**	**9**	**4**	**5**			
东胜区	2		2	4	1	3			
康巴什区				5	3	2			
鄂托克旗									
呼伦贝尔市	**5**		**5**	**4**	**1**	**3**			
海拉尔区	1		1	1		1			
扎赉诺尔区				1		1			
满洲里市	2		2						
牙克石市	1		1	2	1	1			
扎兰屯市	1		1						
额尔古纳市									
根河市									
巴彦淖尔市				**4**	**3**	**1**			
临河区				4	3	1			
乌兰察布市	**5**	**2**	**3**	**11**	**6**	**5**			
集宁区	5	2	3	11	6	5			
丰镇市									
兴安盟	**2**	**2**							
乌兰浩特市	2	2							
阿尔山市									
锡林郭勒盟	**2**	**1**	**1**	**18**	**12**	**6**	**1**		**1**
二连浩特市	2	1	1	12	9	3			
锡林浩特市				6	3	3	1		1

1-4a 续表 12 单位：人

地 区	撒拉族			毛南族			仡佬族		
	小计	男	女	小计	男	女	小计	男	女
内蒙古	**123**	**62**	**61**	**39**	**15**	**24**	**235**	**155**	**80**
呼和浩特市	**36**	**18**	**18**	**9**	**2**	**7**	**69**	**49**	**20**
新城区	5	2	3	5	2	3	18	15	3
回民区	21	11	10	1		1	11	6	5
玉泉区	5	3	2	2		2	13	9	4
赛罕区	5	2	3	1		1	27	19	8
包头市	**16**	**7**	**9**	**10**	**3**	**7**	**42**	**27**	**15**
东河区				1		1	18	14	4
昆都仑区	6	2	4	6	1	5	9	6	3
青山区	10	5	5	3	2	1	10	3	7
石拐区									
白云鄂博矿区							1	1	
九原区							4	3	1
乌海市	**47**	**22**	**25**	**2**	**1**	**1**	**12**	**9**	**3**
海勃湾区	14	7	7	2	1	1	9	6	3
海南区							2	2	
乌达区	33	15	18				1	1	
赤峰市	**14**	**7**	**7**				**8**	**4**	**4**
红山区	12	6	6				6	3	3
元宝山区							1	1	
松山区	2	1	1				1		1
通辽市				**1**	**1**		**20**	**15**	**5**
科尔沁区				1	1		20	15	5
霍林郭勒市									
鄂尔多斯市	**3**	**2**	**1**	**4**	**1**	**3**	**12**	**6**	**6**
东胜区				2		2	9	4	5
康巴什区	3	2	1	2	1	1	3	2	1
鄂托克旗									
呼伦贝尔市	**3**	**2**	**1**	**6**	**3**	**3**	**40**	**27**	**13**
海拉尔区	2	1	1	1		1	15	10	5
扎赉诺尔区							3	3	
满洲里市	1	1		1		1	9	6	3
牙克石市				4	3	1	5	4	1
扎兰屯市							7	3	4
额尔古纳市							1	1	
根河市									
巴彦淖尔市	**4**	**4**					**3**	**2**	**1**
临河区	4	4					3	2	1
乌兰察布市				**6**	**4**	**2**	**12**	**7**	**5**
集宁区				5	4	1	11	6	5
丰镇市				1		1	1	1	
兴安盟							**11**	**5**	**6**
乌兰浩特市							11	5	6
阿尔山市									
锡林郭勒盟				**1**		**1**	**6**	**4**	**2**
二连浩特市									
锡林浩特市				1		1	6	4	2

1-4a　续表 13　　　　单位：人

地　区	锡伯族			阿昌族			普米族		
	小计	男	女	小计	男	女	小计	男	女
内蒙古	**1600**	**824**	**776**	**8**	**8**		**4**	**2**	**2**
呼和浩特市	**228**	**100**	**128**	**2**	**2**		**3**	**2**	**1**
新城区	70	28	42	2	2				
回民区	34	14	20						
玉泉区	20	11	9				1	1	
赛罕区	104	47	57				2	1	1
包头市	**317**	**168**	**149**				**1**		**1**
东河区	42	24	18				1		1
昆都仑区	180	90	90						
青山区	79	43	36						
石拐区									
白云鄂博矿区	6	4	2						
九原区	10	7	3						
乌海市	**62**	**40**	**22**						
海勃湾区	56	36	20						
海南区	5	3	2						
乌达区	1	1							
赤峰市	**159**	**87**	**72**	**1**	**1**				
红山区	49	30	19	1	1				
元宝山区	49	25	24						
松山区	61	32	29						
通辽市	**266**	**137**	**129**	**1**	**1**				
科尔沁区	216	107	109	1	1				
霍林郭勒市	50	30	20						
鄂尔多斯市	**27**	**12**	**15**	**3**	**3**				
东胜区	18	9	9	3	3				
康巴什区	9	3	6						
鄂托克旗									
呼伦贝尔市	**335**	**171**	**164**	**1**	**1**				
海拉尔区	123	60	63						
扎赉诺尔区	16	8	8						
满洲里市	59	33	26						
牙克石市	51	22	29	1	1				
扎兰屯市	74	41	33						
额尔古纳市	5	3	2						
根河市	7	4	3						
巴彦淖尔市	**18**	**10**	**8**						
临河区	18	10	8						
乌兰察布市	**15**	**9**	**6**						
集宁区	15	9	6						
丰镇市									
兴安盟	**147**	**76**	**71**						
乌兰浩特市	133	70	63						
阿尔山市	14	6	8						
锡林郭勒盟	**26**	**14**	**12**						
二连浩特市									
锡林浩特市	26	14	12						

1-4a 续表 14 单位：人

地区	塔吉克族			怒族			乌孜别克族		
	小计	男	女	小计	男	女	小计	男	女
内蒙古				**5**	**2**	**3**	**5**	**3**	**2**
呼和浩特市									
新城区									
回民区									
玉泉区									
赛罕区									
包头市							**4**	**3**	**1**
东河区									
昆都仑区							1	1	
青山区							3	2	1
石拐区									
白云鄂博矿区									
九原区									
乌海市				**1**		**1**			
海勃湾区									
海南区									
乌达区				1		1			
赤峰市				**1**	**1**		**1**		**1**
红山区				1	1				
元宝山区									
松山区							1		1
通辽市									
科尔沁区									
霍林郭勒市									
鄂尔多斯市									
东胜区									
康巴什区									
鄂托克旗									
呼伦贝尔市				**2**		**2**			
海拉尔区									
扎赉诺尔区									
满洲里市				2		2			
牙克石市									
扎兰屯市									
额尔古纳市									
根河市									
巴彦淖尔市									
临河区									
乌兰察布市									
集宁区									
丰镇市									
兴安盟									
乌兰浩特市									
阿尔山市									
锡林郭勒盟				**1**	**1**				
二连浩特市									
锡林浩特市				1	1				

1–4a　续表 15　　　　单位：人

地　区	俄罗斯族			鄂温克族			德 昂 族		
	小计	男	女	小计	男	女	小计	男	女
内蒙古	**3251**	**1547**	**1704**	**5021**	**2286**	**2735**	**7**	**4**	**3**
呼和浩特市	**156**	**71**	**85**	**791**	**356**	**435**			
新城区	60	32	28	247	119	128			
回民区	20	9	11	94	36	58			
玉泉区	22	10	12	92	37	55			
赛罕区	54	20	34	358	164	194			
包头市	**45**	**17**	**28**	**262**	**119**	**143**	**6**	**4**	**2**
东河区	4	1	3	28	10	18			
昆都仑区	16	7	9	103	45	58	5	3	2
青山区	21	7	14	114	51	63	1	1	
石拐区				2	1	1			
白云鄂博矿区	1	1		1		1			
九原区	3	1	2	14	12	2			
乌海市	**12**	**6**	**6**	**28**	**10**	**18**			
海勃湾区	4	4		22	8	14			
海南区	4	1	3	2		2			
乌达区	4	1	3	4	2	2			
赤峰市	**21**	**5**	**16**	**86**	**42**	**44**			
红山区	7		7	47	21	26			
元宝山区	7	4	3	9	4	5			
松山区	7	1	6	30	17	13			
通辽市	**23**	**12**	**11**	**158**	**58**	**100**			
科尔沁区	19	10	9	135	48	87			
霍林郭勒市	4	2	2	23	10	13			
鄂尔多斯市	**9**	**6**	**3**	**77**	**34**	**43**	**1**		**1**
东胜区	8	5	3	59	24	35	1		1
康巴什区	1	1		18	10	8			
鄂托克旗									
呼伦贝尔市	**2939**	**1409**	**1530**	**3351**	**1537**	**1814**			
海拉尔区	973	447	526	2008	872	1136			
扎赉诺尔区	46	29	17	47	22	25			
满洲里市	293	124	169	194	92	102			
牙克石市	233	109	124	249	124	125			
扎兰屯市	120	60	60	518	258	260			
额尔古纳市	1183	596	587	99	47	52			
根河市	91	44	47	236	122	114			
巴彦淖尔市	**12**	**6**	**6**	**28**	**8**	**20**			
临河区	12	6	6	28	8	20			
乌兰察布市	**5**	**1**	**4**	**45**	**25**	**20**			
集宁区	5	1	4	39	22	17			
丰镇市				6	3	3			
兴安盟	**17**	**9**	**8**	**108**	**55**	**53**			
乌兰浩特市	17	9	8	103	52	51			
阿尔山市				5	3	2			
锡林郭勒盟	**12**	**5**	**7**	**87**	**42**	**45**			
二连浩特市	3	1	2	15	7	8			
锡林浩特市	9	4	5	72	35	37			

1-4a 续表 16

单位：人

地区	保安族			裕固族			京族		
	小计	男	女	小计	男	女	小计	男	女
内蒙古	**27**	**12**	**15**	**26**	**14**	**12**	**4**	**2**	**2**
呼和浩特市	**5**	**1**	**4**	**5**	**2**	**3**			
新城区	4	1	3	1		1			
回民区	1		1						
玉泉区				3	2	1			
赛罕区				1		1			
包头市	**5**	**3**	**2**	**9**	**5**	**4**	**4**	**2**	**2**
东河区	3	2	1	1	1		3	1	2
昆都仑区	1	1		4	2	2			
青山区				3	2	1			
石拐区									
白云鄂博矿区	1		1						
九原区				1		1	1	1	
乌海市	**10**	**4**	**6**	**4**	**4**				
海勃湾区	5	3	2	1	1				
海南区				1	1				
乌达区	5	1	4	2	2				
赤峰市									
红山区									
元宝山区									
松山区									
通辽市									
科尔沁区									
霍林郭勒市									
鄂尔多斯市	**2**		**2**	**3**	**1**	**2**			
东胜区	2		2	2	1	1			
康巴什区				1		1			
鄂托克旗									
呼伦贝尔市	**1**	**1**		**2**		**2**			
海拉尔区				2		2			
扎赉诺尔区									
满洲里市									
牙克石市									
扎兰屯市									
额尔古纳市	1	1							
根河市									
巴彦淖尔市				**2**	**1**	**1**			
临河区				2	1	1			
乌兰察布市	**4**	**3**	**1**						
集宁区	4	3	1						
丰镇市									
兴安盟									
乌兰浩特市									
阿尔山市									
锡林郭勒盟				**1**	**1**				
二连浩特市									
锡林浩特市				1	1				

1–4a　续表 17　　　　单位：人

地　区	塔塔尔族			独 龙 族			鄂伦春族		
	小计	男	女	小计	男	女	小计	男	女
内蒙古	**5**	**3**	**2**	**1**		**1**	**809**	**359**	**450**
呼和浩特市							**147**	**60**	**87**
新城区							50	15	35
回民区							17	6	11
玉泉区							27	15	12
赛罕区							53	24	29
包头市	**2**	**1**	**1**				**55**	**22**	**33**
东河区	1		1				15	7	8
昆都仑区							20	10	10
青山区	1	1					17	5	12
石拐区									
白云鄂博矿区							1		1
九原区							2		2
乌海市							**13**	**6**	**7**
海勃湾区							10	5	5
海南区							3	1	2
乌达区									
赤峰市				**1**		**1**	**18**	**9**	**9**
红山区				1		1	4		4
元宝山区							1	1	
松山区							13	8	5
通辽市	**2**	**1**	**1**				**68**	**27**	**41**
科尔沁区	1		1				60	26	34
霍林郭勒市	1	1					8	1	7
鄂尔多斯市							**13**	**7**	**6**
东胜区							10	6	4
康巴什区							3	1	2
鄂托克旗									
呼伦贝尔市							**450**	**207**	**243**
海拉尔区							201	91	110
扎赉诺尔区							8	3	5
满洲里市							35	16	19
牙克石市							52	24	28
扎兰屯市							105	51	54
额尔古纳市							41	20	21
根河市							8	2	6
巴彦淖尔市							**5**	**3**	**2**
临河区							5	3	2
乌兰察布市	**1**	**1**					**8**	**4**	**4**
集宁区							8	4	4
丰镇市	1	1							
兴安盟							**28**	**13**	**15**
乌兰浩特市							28	13	15
阿尔山市									
锡林郭勒盟							**4**	**1**	**3**
二连浩特市									
锡林浩特市							4	1	3

1－4a 续表 18 单位：人

地区	赫哲族			门巴族			珞巴族		
	小计	男	女	小计	男	女	小计	男	女
内蒙古	**7**	**2**	**5**	**1**	**1**				
呼和浩特市				**1**	**1**				
新城区				1	1				
回民区									
玉泉区									
赛罕区									
包头市	**2**		**2**						
东河区									
昆都仑区									
青山区	1		1						
石拐区									
白云鄂博矿区									
九原区	1		1						
乌海市	**1**		**1**						
海勃湾区	1		1						
海南区									
乌达区									
赤峰市									
红山区									
元宝山区									
松山区									
通辽市									
科尔沁区									
霍林郭勒市									
鄂尔多斯市	**2**	**1**	**1**						
东胜区									
康巴什区	2	1	1						
鄂托克旗									
呼伦贝尔市	**1**		**1**						
海拉尔区									
扎赉诺尔区									
满洲里市									
牙克石市	1		1						
扎兰屯市									
额尔古纳市									
根河市									
巴彦淖尔市									
临河区									
乌兰察布市									
集宁区									
丰镇市									
兴安盟	**1**	**1**							
乌兰浩特市	1	1							
阿尔山市									
锡林郭勒盟									
二连浩特市									
锡林浩特市									

1-4a　续表 19　　　　单位：人

地　区	基诺族			未定族称人口			入　籍		
	小计	男	女	小计	男	女	小计	男	女
内蒙古	**4**	**1**	**3**	**776**	**382**	**394**	**38**	**18**	**20**
呼和浩特市	**2**		**2**	**249**	**118**	**131**	**9**	**5**	**4**
新城区				59	31	28	2	1	1
回民区				29	15	14	4	2	2
玉泉区	2		2	66	26	40	3	2	1
赛罕区				95	46	49			
包头市				**110**	**58**	**52**	**9**	**4**	**5**
东河区				18	6	12	2	1	1
昆都仑区				32	19	13	2	1	1
青山区				54	29	25	2		2
石拐区				1		1			
白云鄂博矿区				2	1	1			
九原区				3	3		3	2	1
乌海市				**43**	**21**	**22**	**2**	**2**	
海勃湾区				29	15	14	2	2	
海南区				7	4	3			
乌达区				7	2	5			
赤峰市				**35**	**19**	**16**			
红山区				20	9	11			
元宝山区				3	2	1			
松山区				12	8	4			
通辽市				**74**	**40**	**34**	**5**	**3**	**2**
科尔沁区				64	35	29	5	3	2
霍林郭勒市				10	5	5			
鄂尔多斯市				**18**	**9**	**9**			
东胜区				12	5	7			
康巴什区				5	4	1			
鄂托克旗				1		1			
呼伦贝尔市	**2**	**1**	**1**	**118**	**63**	**55**	**10**	**4**	**6**
海拉尔区				44	26	18	2	1	1
扎赉诺尔区				11	6	5	1		1
满洲里市				23	12	11	2	2	
牙克石市				20	10	10			
扎兰屯市	2	1	1	15	6	9	3	1	2
额尔古纳市				5	3	2	2		2
根河市									
巴彦淖尔市				**14**	**8**	**6**	**2**		**2**
临河区				14	8	6	2		2
乌兰察布市				**22**	**6**	**16**			
集宁区				19	5	14			
丰镇市				3	1	2			
兴安盟				**44**	**17**	**27**	**1**		**1**
乌兰浩特市				42	16	26	1		1
阿尔山市				2	1	1			
锡林郭勒盟				**49**	**23**	**26**			
二连浩特市				2		2			
锡林浩特市				47	23	24			

1-4b 各地区分性别、民族的人口(镇)

单位：人

地　区	合　计			汉　族		
	合计	男	女	小计	男	女
内蒙古	**6781056**	**3424007**	**3357049**	**5200595**	**2655896**	**2544699**
呼和浩特市	**494834**	**249881**	**244953**	**440078**	**223805**	**216273**
新城区	2241	1183	1058	2073	1097	976
回民区						
玉泉区						
赛罕区	2325	1219	1106	2224	1157	1067
土默特左旗	105947	53224	52723	91106	46028	45078
托克托县	76352	38859	37493	70794	36125	34669
和林格尔县	82219	39394	42825	69532	34040	35492
清水河县	36566	18424	18142	35892	18092	17800
武川县	53034	26527	26507	50552	25420	25132
呼和浩特经济技术开发区	136150	71051	65099	117905	61846	56059
包头市	**436614**	**225371**	**211243**	**404511**	**208821**	**195690**
东河区	20572	10535	10037	19609	10067	9542
昆都仑区	748	632	116	719	608	111
青山区	2418	1614	804	2303	1538	765
石拐区	2993	2141	852	2850	2047	803
白云鄂博矿区						
九原区	25366	16221	9145	23297	14637	8660
土默特右旗	116238	58383	57855	108213	54225	53988
固阳县	54002	27504	26498	52431	26747	25684
达尔罕茂明安联合旗	37358	18986	18372	29708	15247	14461
包头稀土高新技术产业开发区	176919	89355	87564	165381	83705	81676
乌海市	**17408**	**10832**	**6576**	**15495**	**9721**	**5774**
海勃湾区	3699	1973	1726	3394	1797	1597
海南区	11159	7361	3798	9864	6598	3266
乌达区	2550	1498	1052	2237	1326	911
赤峰市	**1129816**	**562223**	**567593**	**837273**	**418962**	**418311**
红山区	24406	12865	11541	20506	10877	9629
元宝山区	30211	15424	14787	26421	13528	12893
松山区	24781	12748	12033	19408	9972	9436
阿鲁科尔沁旗	107140	52485	54655	65564	32559	33005
巴林左旗	109060	53594	55466	59984	29792	30192
巴林右旗	94024	46581	47443	54735	27710	27025
林西县	109890	54473	55417	100544	50029	50515
克什克腾旗	97052	47884	49168	81099	40272	40827
翁牛特旗	127237	63943	63294	109074	55193	53881
喀喇沁旗	107771	53932	53839	42841	21061	21780
宁城县	153827	76631	77196	127886	63832	64054
敖汉旗	144417	71663	72754	129211	64137	65074

1-4b 续表 1

单位：人

地区	合计			汉族		
	合计	男	女	小计	男	女
通辽市	**873530**	**431038**	**442492**	**441274**	**221393**	**219881**
科尔沁区	46022	23608	22414	27052	14063	12989
科尔沁左翼中旗	119166	59055	60111	39579	20064	19515
科尔沁左翼后旗	106278	52070	54208	35735	18051	17684
开鲁县	123077	60312	62765	94875	46749	48126
库伦旗	60938	30416	30522	22221	11293	10928
奈曼旗	131429	64832	66597	77166	38473	38693
扎鲁特旗	118424	58149	60275	60069	30378	29691
通辽经济技术开发区	167879	82410	85469	84423	42230	42193
霍林郭勒市	317	186	131	154	92	62
鄂尔多斯市	**999056**	**525775**	**473281**	**886024**	**470295**	**415729**
东胜区	2967	1918	1049	2887	1868	1019
康巴什区						
达拉特旗	207102	105012	102090	195164	99201	95963
准格尔旗	250568	131133	119435	228847	120275	108572
鄂托克前旗	54710	28221	26489	43129	22646	20483
鄂托克旗	128004	68289	59715	108981	58910	50071
杭锦旗	69101	35562	33539	55561	29026	26535
乌审旗	98830	54543	44287	81599	46149	35450
伊金霍洛旗	187774	101097	86677	169856	92220	77636
呼伦贝尔市	**712799**	**359190**	**353609**	**540698**	**274900**	**265798**
海拉尔区	1451	747	704	1349	700	649
扎赉诺尔区	5099	2689	2410	4637	2455	2182
阿荣旗	124589	61737	62852	108588	53773	54815
莫力达瓦达斡尔族自治旗	82870	41015	41855	60293	29914	30379
鄂伦春自治旗	128919	64332	64587	111710	55880	55830
鄂温克族自治旗	108893	54191	54702	64753	33004	31749
陈巴尔虎旗	37231	19305	17926	18307	10016	8291
新巴尔虎左旗	20713	10222	10491	5634	3101	2533
新巴尔虎右旗	25206	12498	12708	5715	3101	2614
满洲里市	4160	2193	1967	3733	1974	1759
牙克石市	99373	51297	48076	91776	47347	44429
扎兰屯市	34115	17965	16150	28895	15140	13755
额尔古纳市	10903	5644	5259	9091	4729	4362
根河市	29277	15355	13922	26217	13766	12451
巴彦淖尔市	**523253**	**262460**	**260793**	**475574**	**239531**	**236043**
临河区	13418	7068	6350	12877	6787	6090
五原县	112379	56202	56177	106623	53451	53172
磴口县	50639	25246	25393	45695	22789	22906
乌拉特前旗	136352	67713	68639	128362	63980	64382
乌拉特中旗	61286	31297	29989	45964	23902	22062
乌拉特后旗	35121	18137	16984	25925	13682	12243
杭锦后旗	114058	56797	57261	110128	54940	55188

1-4b 续表 2

单位：人

地区	合计			汉族		
	合计	男	女	小计	男	女
乌兰察布市	**524629**	**261833**	**262796**	**495060**	**247760**	**247300**
集宁区	14063	6237	7826	12809	5813	6996
卓资县	38058	19144	18914	36321	18331	17990
化德县	56643	28053	28590	54819	27201	27618
商都县	81789	40139	41650	79790	39174	40616
兴和县	75800	37668	38132	71810	35714	36096
凉城县	48884	24269	24615	46300	22969	23331
察哈尔右翼前旗	54179	27566	26613	51522	26267	25255
察哈尔右翼中旗	29775	14829	14946	28277	14115	14162
察哈尔右翼后旗	52048	26206	25842	47615	24043	23572
四子王旗	64979	32475	32504	57534	28980	28554
丰镇市	8411	5247	3164	8263	5153	3110
兴安盟	**434317**	**215255**	**219062**	**232441**	**117536**	**114905**
乌兰浩特市	16279	8175	8104	10121	5132	4989
阿尔山市	10909	5660	5249	8494	4458	4036
科尔沁右翼前旗	85917	42064	43853	44870	22496	22374
科尔沁右翼中旗	97559	48402	49157	23284	12428	10856
扎赉特旗	141147	70751	70396	93125	46920	46205
突泉县	82506	40203	42303	52547	26102	26445
锡林郭勒盟	**419612**	**210439**	**209173**	**267634**	**138163**	**129471**
二连浩特市	1045	701	344	907	614	293
锡林浩特市	2034	1467	567	1861	1366	495
阿巴嘎旗	22778	11381	11397	12153	6544	5609
苏尼特左旗	18205	9051	9154	9099	4801	4298
苏尼特右旗	47424	23751	23673	36240	18556	17684
东乌珠穆沁旗	47742	23906	23836	20669	10893	9776
西乌珠穆沁旗	61756	31063	30693	28395	15137	13258
太仆寺旗	49564	24399	25165	45336	22338	22998
镶黄旗	18860	9509	9351	9317	5025	4292
正镶白旗	23427	11696	11731	15728	8139	7589
正蓝旗	38590	19170	19420	23454	12032	11422
多伦县	67316	33562	33754	51123	25627	25496
乌拉盖管委会	20871	10783	10088	13352	7091	6261
阿拉善盟	**215188**	**109710**	**105478**	**164533**	**85009**	**79524**
阿拉善左旗	142493	71463	71030	104920	53308	51612
阿拉善右旗	17629	8966	8663	13667	7057	6610
额济纳旗	30456	15210	15246	25152	12599	12553
内蒙古阿拉善经济开发区	24610	14071	10539	20794	12045	8749

1-4b　续表 3　　　　单位：人

地　　区	蒙古族			回　族			藏　族		
	小计	男	女	小计	男	女	小计	男	女
内蒙古	**1334425**	**645072**	**689353**	**48842**	**25194**	**23648**	**1785**	**919**	**866**
呼和浩特市	**46242**	**21989**	**24253**	**2666**	**1299**	**1367**	**143**	**63**	**80**
新城区	113	56	57	24	14	10	1		1
回民区									
玉泉区									
赛罕区	84	51	33	4	4				
土默特左旗	13040	6345	6695	785	366	419	24	6	18
托克托县	4387	2181	2206	502	254	248	14	8	6
和林格尔县	11254	4696	6558	273	117	156	12	3	9
清水河县	522	266	256	38	19	19	2		2
武川县	1708	796	912	203	85	118	21	10	11
呼和浩特经济技术开发区	15134	7598	7536	837	440	397	69	36	33
包头市	**23789**	**12287**	**11502**	**3959**	**2061**	**1898**	**72**	**38**	**34**
东河区	438	217	221	375	185	190			
昆都仑区	21	18	3	3	2	1	1	1	
青山区	60	34	26	42	33	9	1	1	
石拐区	48	25	23	70	57	13	2		2
白云鄂博矿区									
九原区	1599	1246	353	219	156	63	5	5	
土默特右旗	5739	3005	2734	1575	794	781	18	8	10
固阳县	1000	483	517	272	132	140	4	3	1
达尔罕茂明安联合旗	7265	3553	3712	98	46	52	7	2	5
包头稀土高新技术产业开发区	7619	3706	3913	1305	656	649	34	18	16
乌海市	**511**	**276**	**235**	**1242**	**736**	**506**	**27**	**18**	**9**
海勃湾区	75	38	37	208	130	78	3	1	2
海南区	338	180	158	858	514	344	19	16	3
乌达区	98	58	40	176	92	84	5	1	4
赤峰市	**255474**	**124592**	**130882**	**7163**	**3719**	**3444**	**60**	**24**	**36**
红山区	2946	1491	1455	79	42	37			
元宝山区	2981	1474	1507	63	30	33	1		1
松山区	3969	2043	1926	168	92	76	1		1
阿鲁科尔沁旗	38742	18492	20250	136	77	59	6	3	3
巴林左旗	44917	21751	23166	411	199	212	9	8	1
巴林右旗	36921	17693	19228	417	219	198	3	2	1
林西县	6369	2954	3415	1283	662	621	5	3	2
克什克腾旗	12243	5738	6505	2396	1220	1176	3	2	1
翁牛特旗	16230	7773	8457	155	78	77	6	2	4
喀喇沁旗	56698	28682	28016	382	198	184	9	2	7
宁城县	21517	10588	10929	1089	587	502	10		10
敖汉旗	11941	5913	6028	584	315	269	7	2	5

1-4b 续表 4 单位：人

地区	蒙古族			回族			藏族		
	小计	男	女	小计	男	女	小计	男	女
通辽市	**395122**	**190920**	**204202**	**3792**	**1921**	**1871**	**53**	**25**	**28**
科尔沁区	15979	7990	7989	42	19	23	5	2	3
科尔沁左翼中旗	76744	37576	39168	90	41	49	8	5	3
科尔沁左翼后旗	67059	32234	34825	391	206	185	3	1	2
开鲁县	23085	10946	12139	967	517	450	4	2	2
库伦旗	35433	17413	18020	987	506	481	4	3	1
奈曼旗	50316	24324	25992	68	29	39	8	3	5
扎鲁特旗	53480	25367	28113	314	154	160	8	3	5
通辽经济技术开发区	72870	34982	37888	933	449	484	13	6	7
霍林郭勒市	156	88	68						
鄂尔多斯市	**103508**	**50305**	**53203**	**3192**	**1800**	**1392**	**675**	**374**	**301**
东胜区	42	24	18	24	19	5			
康巴什区									
达拉特旗	10443	5055	5388	447	242	205	24	16	8
准格尔旗	19256	9588	9668	433	195	238	62	30	32
鄂托克前旗	11271	5392	5879	146	91	55	12	3	9
鄂托克旗	16483	7991	8492	1471	836	635	431	241	190
杭锦旗	13168	6323	6845	124	79	45	25	11	14
乌审旗	16656	8047	8609	214	137	77	18	12	6
伊金霍洛旗	16189	7885	8304	333	201	132	103	61	42
呼伦贝尔市	**96748**	**47260**	**49488**	**4022**	**2066**	**1956**	**33**	**19**	**14**
海拉尔区	57	25	32	8	4	4			
扎赉诺尔区	250	123	127	119	66	53			
阿荣旗	4955	2444	2511	152	78	74	4	3	1
莫力达瓦达斡尔族自治旗	2470	1242	1228	122	50	72	4	2	2
鄂伦春自治旗	6262	3150	3112	429	211	218	4	3	1
鄂温克族自治旗	23615	11376	12239	1211	608	603	10	7	3
陈巴尔虎旗	16409	8077	8332	304	163	141	3		3
新巴尔虎左旗	14564	6863	7701	34	18	16	1	1	
新巴尔虎右旗	18920	9106	9814	40	18	22			
满洲里市	288	142	146	21	13	8			
牙克石市	3976	2068	1908	898	473	425	4	2	2
扎兰屯市	2291	1270	1021	51	34	17	2	1	1
额尔古纳市	983	491	492	197	105	92			
根河市	1708	883	825	436	225	211	1		1
巴彦淖尔市	**39091**	**18678**	**20413**	**5554**	**2796**	**2758**	**228**	**113**	**115**
临河区	341	169	172	139	78	61	1	1	
五原县	3381	1591	1790	1857	915	942	53	23	30
磴口县	2685	1321	1364	1829	924	905	42	25	17
乌拉特前旗	6628	3095	3533	485	227	258	77	42	35
乌拉特中旗	14660	7053	7607	220	122	98	12	6	6
乌拉特后旗	8874	4293	4581	82	44	38	16	7	9
杭锦后旗	2522	1156	1366	942	486	456	27	9	18

1-4b　续表 5　　　　　　　　　　　　　　　　　　　　　　　　　　单位：人

地　区	蒙古族			回　族			藏　族		
	小计	男	女	小计	男	女	小计	男	女
乌兰察布市	**23914**	**11366**	**12548**	**1606**	**790**	**816**	**103**	**32**	**71**
集宁区	1083	356	727	69	36	33	3	1	2
卓资县	970	456	514	308	163	145	57	12	45
化德县	1415	665	750	158	79	79	9	2	7
商都县	1564	742	822	166	89	77	5	4	1
兴和县	3566	1772	1794	128	55	73	5	1	4
凉城县	1061	519	542	120	58	62	4	1	3
察哈尔右翼前旗	2129	1052	1077	143	71	72	6	3	3
察哈尔右翼中旗	1224	573	651	73	36	37	1		1
察哈尔右翼后旗	4223	2059	2164	50	27	23	5	2	3
四子王旗	6619	3136	3483	354	152	202	8	6	2
丰镇市	60	36	24	37	24	13			
兴安盟	**179904**	**86844**	**93060**	**778**	**404**	**374**	**30**	**15**	**15**
乌兰浩特市	5212	2535	2677	68	34	34			
阿尔山市	1977	968	1009	67	40	27			
科尔沁右翼前旗	35718	16921	18797	176	92	84	9	5	4
科尔沁右翼中旗	71861	34758	37103	108	55	53	5	1	4
扎赉特旗	44130	21880	22250	252	128	124	9	5	4
突泉县	21006	9782	11224	107	55	52	7	4	3
锡林郭勒盟	**131489**	**62053**	**69436**	**4940**	**2509**	**2431**	**38**	**21**	**17**
二连浩特市	110	69	41						
锡林浩特市	131	78	53	15	9	6			
阿巴嘎旗	10211	4637	5574	98	49	49	2	2	
苏尼特左旗	8952	4168	4784	29	15	14	2	1	1
苏尼特右旗	10626	4905	5721	209	124	85	5	4	1
东乌珠穆沁旗	26376	12632	13744	220	124	96	15	6	9
西乌珠穆沁旗	31794	15086	16708	400	210	190	1	1	
太仆寺旗	2342	1093	1249	212	110	102	1		1
镶黄旗	9386	4385	5001	37	22	15	1	1	
正镶白旗	7415	3419	3996	48	26	22	2	2	
正蓝旗	12684	5959	6725	382	173	209	2	1	1
多伦县	4507	2230	2277	3172	1579	1593	6	3	3
乌拉盖管委会	6955	3392	3563	118	68	50	1		1
阿拉善盟	**38633**	**18502**	**20131**	**9928**	**5093**	**4835**	**323**	**177**	**146**
阿拉善左旗	28847	13721	15126	7535	3803	3732	147	80	67
阿拉善右旗	3804	1824	1980	31	18	13	11	6	5
额济纳旗	4569	2216	2353	264	144	120	85	47	38
内蒙古阿拉善经济开发区	1413	741	672	2098	1128	970	80	44	36

1-4b 续表 6

单位：人

地区	维吾尔族			苗族			彝族		
	小计	男	女	小计	男	女	小计	男	女
内蒙古	**207**	**119**	**88**	**2164**	**1027**	**1137**	**1166**	**533**	**633**
呼和浩特市	**30**	**21**	**9**	**208**	**97**	**111**	**175**	**72**	**103**
新城区	5	4	1	1		1	2	2	
回民区									
玉泉区									
赛罕区				4	2	2			
土默特左旗				42	18	24	28	13	15
托克托县	3	1	2	15	5	10	23	7	16
和林格尔县	2	1	1	43	19	24	37	13	24
清水河县				4	2	2	8	3	5
武川县	1	1		25	8	17	38	14	24
呼和浩特经济技术开发区	19	14	5	74	43	31	39	20	19
包头市	**12**	**11**	**1**	**166**	**83**	**83**	**103**	**49**	**54**
东河区				13	7	6	1	1	
昆都仑区									
青山区									
石拐区				10	8	2	1		1
白云鄂博矿区									
九原区	1	1		10	7	3	12	8	4
土默特右旗	2	2		25	11	14	18	9	9
固阳县	1	1		17	7	10	7	4	3
达尔罕茂明安联合旗				23	11	12	19	5	14
包头稀土高新技术产业开发区	8	7	1	68	32	36	45	22	23
乌海市				**20**	**11**	**9**	**12**	**8**	**4**
海勃湾区				2		2			
海南区				16	10	6	10	7	3
乌达区				2	1	1	2	1	1
赤峰市	**18**	**6**	**12**	**176**	**70**	**106**	**116**	**55**	**61**
红山区				9	3	6	3		3
元宝山区				2	1	1			
松山区				10	6	4	18	18	
阿鲁科尔沁旗	2		2	12	4	8	2		2
巴林左旗	6	2	4	19	10	9	4	1	3
巴林右旗	1	1		10	4	6	3	1	2
林西县	3		3	19	7	12	5	2	3
克什克腾旗	2	1	1	15	4	11	6	4	2
翁牛特旗	3	2	1	16	10	6	6	2	4
喀喇沁旗	1		1	12	4	8	7	3	4
宁城县				31	10	21	54	20	34
敖汉旗				21	7	14	8	4	4

1-4b　续表 7　　　　单位：人

地　区	维吾尔族			苗　族			彝　族		
	小计	男	女	小计	男	女	小计	男	女
通辽市	**14**	**8**	**6**	**210**	**109**	**101**	**68**	**25**	**43**
科尔沁区				26	15	11	4	2	2
科尔沁左翼中旗				14	7	7	3	1	2
科尔沁左翼后旗	4	1	3	28	17	11	8	2	6
开鲁县	6	4	2	16	7	9	11	3	8
库伦旗				10	6	4	10	4	6
奈曼旗				16	8	8	6	2	4
扎鲁特旗	2	2		4	3	1	11	7	4
通辽经济技术开发区	2	1	1	96	46	50	15	4	11
霍林郭勒市									
鄂尔多斯市	**50**	**27**	**23**	**246**	**121**	**125**	**213**	**105**	**108**
东胜区				2		2			
康巴什区									
达拉特旗	4	3	1	52	22	30	19	10	9
准格尔旗	24	12	12	65	37	28	92	39	53
鄂托克前旗	3	1	2	16	6	10	9	4	5
鄂托克旗	10	4	6	60	28	32	15	5	10
杭锦旗				9	9		4		4
乌审旗	2	1	1	14	4	10	12	8	4
伊金霍洛旗	7	6	1	28	15	13	62	39	23
呼伦贝尔市	**14**	**5**	**9**	**568**	**266**	**302**	**77**	**47**	**30**
海拉尔区									
扎赉诺尔区				4	2	2	1		1
阿荣旗				62	29	33	3	2	1
莫力达瓦达斡尔族自治旗	1	1		45	16	29	5	4	1
鄂伦春自治旗	5	2	3	154	78	76	24	14	10
鄂温克族自治旗	4	1	3	91	45	46	11	7	4
陈巴尔虎旗				30	11	19			
新巴尔虎左旗				17	9	8	6	2	4
新巴尔虎右旗	1		1	17	7	10	3	1	2
满洲里市				2	1	1			
牙克石市	2		2	97	45	52	13	7	6
扎兰屯市	1	1		26	10	16	4	3	1
额尔古纳市				12	6	6	2	2	
根河市				11	7	4	5	5	
巴彦淖尔市	**12**	**8**	**4**	**105**	**39**	**66**	**109**	**48**	**61**
临河区				6	1	5	3	1	2
五原县	1	1		13	5	8	36	15	21
磴口县	2	1	1	11	3	8	11	6	5
乌拉特前旗	2	2		36	17	19	31	13	18
乌拉特中旗				11	3	8	7	3	4
乌拉特后旗	5	2	3	11	1	10	8	3	5
杭锦后旗	2	2		17	9	8	13	7	6

1—4b　续表 8　　　　单位：人

地　区	维吾尔族			苗　族			彝　族		
	小计	男	女	小计	男	女	小计	男	女
乌兰察布市	**5**	**3**	**2**	**105**	**38**	**67**	**153**	**51**	**102**
集宁区				9	1	8			
卓资县				9	5	4	4		4
化德县				8	4	4	38	10	28
商都县	1		1	6	1	5	30	17	13
兴和县				4	2	2	8	2	6
凉城县	2	1	1	31	13	18	4		4
察哈尔右翼前旗				21	4	17	18	11	7
察哈尔右翼中旗				6	2	4	10	4	6
察哈尔右翼后旗				1	1		11	2	9
四子王旗	2	2		5	3	2	26	4	22
丰镇市				5	2	3	4	1	3
兴安盟	**7**	**4**	**3**	**158**	**80**	**78**	**33**	**19**	**14**
乌兰浩特市				16	9	7	2	1	1
阿尔山市				3	3		2	2	
科尔沁右翼前旗				9	5	4	4	2	2
科尔沁右翼中旗				23	11	12	6	4	2
扎赉特旗	3	1	2	42	23	19	12	7	5
突泉县	4	3	1	65	29	36	7	3	4
锡林郭勒盟	**9**	**3**	**6**	**138**	**68**	**70**	**66**	**33**	**33**
二连浩特市							11	6	5
锡林浩特市				4	1	3			
阿巴嘎旗				15	5	10	2	1	1
苏尼特左旗							3	2	1
苏尼特右旗				5	3	2	5	3	2
东乌珠穆沁旗	5	2	3	17	8	9	3	1	2
西乌珠穆沁旗				53	26	27	5	3	2
太仆寺旗	1		1	8	5	3	6	1	5
镶黄旗				3	3		4	3	1
正镶白旗	2	1	1				2	1	1
正蓝旗				21	11	10	9	5	4
多伦县				8	3	5	9	5	4
乌拉盖管委会	1		1	4	3	1	7	2	5
阿拉善盟	**36**	**23**	**13**	**64**	**45**	**19**	**41**	**21**	**20**
阿拉善左旗	32	21	11	24	18	6	28	15	13
阿拉善右旗				1	1		3	2	1
额济纳旗	3	2	1	27	16	11	8	3	5
内蒙古阿拉善经济开发区	1		1	12	10	2	2	1	1

1-4b　续表 9　　　　单位：人

地　区	壮族			布依族			朝鲜族		
	小计	男	女	小计	男	女	小计	男	女
内蒙古	**770**	**325**	**445**	**859**	**409**	**450**	**4571**	**2292**	**2279**
呼和浩特市	**113**	**38**	**75**	**77**	**38**	**39**	**81**	**37**	**44**
新城区							2	1	1
回民区									
玉泉区									
赛罕区				1	1		2		2
土默特左旗	33	12	21	6	4	2	22	8	14
托克托县	8	3	5	11	4	7	4	1	3
和林格尔县	40	15	25	13	6	7	14	6	8
清水河县				5	2	3			
武川县	3		3	7	3	4	6	6	
呼和浩特经济技术开发区	29	8	21	34	18	16	31	15	16
包头市	**62**	**24**	**38**	**60**	**28**	**32**	**107**	**55**	**52**
东河区	6	3	3	2	1	1	2	2	
昆都仑区									
青山区				1	1				
石拐区							1		1
白云鄂博矿区									
九原区	10	3	7	1	1		2	2	
土默特右旗	11	4	7	10	5	5	14	7	7
固阳县	4	2	2	11	5	6			
达尔罕茂明安联合旗				11	7	4	9	2	7
包头稀土高新技术产业开发区	31	12	19	24	8	16	79	42	37
乌海市	**2**	**1**	**1**	**4**	**2**	**2**	**2**	**2**	
海勃湾区									
海南区	2	1	1	2	2		2	2	
乌达区				2		2			
赤峰市	**129**	**55**	**74**	**49**	**28**	**21**	**458**	**227**	**231**
红山区	3	2	1	2	1	1	7	4	3
元宝山区	3		3	2		2			
松山区	2		2	4	2	2	2	1	1
阿鲁科尔沁旗	10	7	3	2	2		67	34	33
巴林左旗	10	5	5	3	2	1	47	24	23
巴林右旗	5	3	2	3	2	1	98	52	46
林西县	5	2	3	11	7	4	35	11	24
克什克腾旗	14	7	7	6	4	2	31	16	15
翁牛特旗	17	7	10	2	1	1	64	32	32
喀喇沁旗	10	5	5	4	2	2	38	16	22
宁城县	22	8	14	9	5	4	43	26	17
敖汉旗	28	9	19	1		1	26	11	15

1—4b 续表 10

单位：人

地 区	壮 族			布依族			朝鲜族		
	小计	男	女	小计	男	女	小计	男	女
通辽市	**61**	**23**	**38**	**122**	**55**	**67**	**646**	**331**	**315**
科尔沁区	6	3	3	15	6	9	35	22	13
科尔沁左翼中旗	4	1	3	3	1	2	59	25	34
科尔沁左翼后旗	7	4	3	23	11	12	75	34	41
开鲁县	7	1	6	16	7	9	55	28	27
库伦旗	7	2	5	5	2	3	23	12	11
奈曼旗	7	4	3	5	2	3	53	25	28
扎鲁特旗	9	1	8	6	2	4	77	51	26
通辽经济技术开发区	14	7	7	49	24	25	269	134	135
霍林郭勒市									
鄂尔多斯市	**125**	**69**	**56**	**61**	**38**	**23**	**125**	**66**	**59**
东胜区									
康巴什区									
达拉特旗	11	5	6	9	5	4	21	11	10
准格尔旗	44	24	20	17	8	9	52	24	28
鄂托克前旗	5	5		4	3	1	5	2	3
鄂托克旗	13	6	7	16	11	5	9	5	4
杭锦旗	2		2				10	7	3
乌审旗	15	8	7	7	5	2	6	5	1
伊金霍洛旗	35	21	14	8	6	2	22	12	10
呼伦贝尔市	**69**	**28**	**41**	**288**	**133**	**155**	**1683**	**830**	**853**
海拉尔区							1	1	
扎赉诺尔区				5	3	2	3	1	2
阿荣旗	10	4	6	21	11	10	582	288	294
莫力达瓦达斡尔族自治旗	8	3	5	22	12	10	295	161	134
鄂伦春自治旗	8	3	5	90	40	50	204	96	108
鄂温克族自治旗	15	5	10	48	23	25	205	95	110
陈巴尔虎旗	6	3	3	10	5	5	25	14	11
新巴尔虎左旗	1		1	16	6	10	10	6	4
新巴尔虎右旗	2	1	1	8	5	3	18	8	10
满洲里市				1		1	1	1	
牙克石市	16	7	9	38	15	23	159	79	80
扎兰屯市	2	2		14	7	7	122	51	71
额尔古纳市				8	2	6	8	2	6
根河市	1		1	7	4	3	50	27	23
巴彦淖尔市	**43**	**18**	**25**	**29**	**15**	**14**	**92**	**30**	**62**
临河区				5	3	2	3	1	2
五原县	12	3	9	1	1		14	4	10
磴口县	6	1	5	2	1	1	15	7	8
乌拉特前旗	9	5	4	7	4	3	21	5	16
乌拉特中旗	2	2		6	2	4	12	4	8
乌拉特后旗	6	4	2	4	2	2	6	2	4
杭锦后旗	8	3	5	4	2	2	21	7	14

1-4b　续表 11　　　　单位：人

地　区	壮　族			布依族			朝鲜族		
	小计	男	女	小计	男	女	小计	男	女
乌兰察布市	**34**	**8**	**26**	**34**	**16**	**18**	**48**	**21**	**27**
集宁区				2		2	2		2
卓资县	6	1	5	4	1	3	3	3	
化德县	2		2	1	1		2		2
商都县	4	1	3	3	3		10	3	7
兴和县	3	1	2	1		1	1	1	
凉城县				12	5	7	8	1	7
察哈尔右翼前旗	9	3	6	6	2	4	6	3	3
察哈尔右翼中旗				2	2		3	1	2
察哈尔右翼后旗	3		3				8	5	3
四子王旗	5	1	4	3	2	1	5	4	1
丰镇市	2	1	1						
兴安盟	**42**	**20**	**22**	**42**	**19**	**23**	**1218**	**632**	**586**
乌兰浩特市	1	1		2	1	1	48	28	20
阿尔山市				5	2	3	9	3	6
科尔沁右翼前旗	14	7	7	2		2	311	163	148
科尔沁右翼中旗	5	1	4	8	5	3	568	292	276
扎赉特旗	12	5	7	11	4	7	173	93	80
突泉县	10	6	4	14	7	7	109	53	56
锡林郭勒盟	**41**	**17**	**24**	**57**	**18**	**39**	**85**	**47**	**38**
二连浩特市	1		1						
锡林浩特市									
阿巴嘎旗				6		6			
苏尼特左旗	1		1	1		1	5	3	2
苏尼特右旗	3	1	2				7	3	4
东乌珠穆沁旗	5	3	2	13	7	6	13	9	4
西乌珠穆沁旗	5		5	19	3	16	23	12	11
太仆寺旗	8	3	5	3	1	2	11	7	4
镶黄旗	7	5	2				1	1	
正镶白旗				3	1	2	1		1
正蓝旗	1	1		7	3	4	6	3	3
多伦县	10	4	6	3	1	2	12	6	6
乌拉盖管委会				2	2		6	3	3
阿拉善盟	**49**	**24**	**25**	**36**	**19**	**17**	**26**	**14**	**12**
阿拉善左旗	37	18	19	12	7	5	19	12	7
阿拉善右旗	2		2	3	1	2	2	1	1
额济纳旗	8	4	4	15	7	8	1		1
内蒙古阿拉善经济开发区	2	2		6	4	2	4	1	3

1-4b 续表 12

单位：人

地　区	满　族			侗　族			瑶　族		
	小计	男	女	小计	男	女	小计	男	女
内蒙古	**132245**	**66728**	**65517**	**912**	**462**	**450**	**179**	**91**	**88**
呼和浩特市	**3809**	**1909**	**1900**	**65**	**42**	**23**	**26**	**13**	**13**
新城区	18	8	10						
回民区									
玉泉区									
赛罕区	5	3	2	1	1				
土默特左旗	677	333	344	7	3	4	8	6	2
托克托县	426	205	221	5	2	3	1		1
和林格尔县	828	413	415	11	8	3	8	3	5
清水河县	80	35	45				2		2
武川县	226	115	111	5	4	1	3	2	1
呼和浩特经济技术开发区	1549	797	752	36	24	12	4	2	2
包头市	**3148**	**1601**	**1547**	**56**	**26**	**30**	**19**	**10**	**9**
东河区	116	49	67	1		1	1		1
昆都仑区	1	1		1	1				
青山区	6	4	2				1		1
石拐区	5	2	3	1	1				
白云鄂博矿区									
九原区	161	123	38	2	2		1	1	
土默特右旗	531	267	264	6	2	4	6	3	3
固阳县	197	97	100	10	4	6			
达尔罕茂明安联合旗	137	76	61	8	3	5	1	1	
包头稀土高新技术产业开发区	1994	982	1012	27	13	14	9	5	4
乌海市	**64**	**42**	**22**	**4**	**1**	**3**			
海勃湾区	12	5	7	2	1	1			
海南区	31	21	10	1		1			
乌达区	21	16	5	1		1			
赤峰市	**28054**	**14095**	**13959**	**64**	**26**	**38**	**20**	**8**	**12**
红山区	826	433	393	3	2	1			
元宝山区	709	374	335	5	2	3			
松山区	1181	607	574	3	1	2			
阿鲁科尔沁旗	2555	1292	1263						
巴林左旗	3533	1744	1789	7	3	4			
巴林右旗	1745	851	894	1		1	1		1
林西县	1488	742	746	14	6	8	8	5	3
克什克腾旗	1155	576	579	8	5	3			
翁牛特旗	1615	818	797	3	1	2			
喀喇沁旗	7685	3923	3762	9	3	6	5	2	3
宁城县	3031	1497	1534	5		5	2		2
敖汉旗	2531	1238	1293	6	3	3	4	1	3

1-4b　续表 13　　　　单位：人

地　区	满族			侗族			瑶族		
	小计	男	女	小计	男	女	小计	男	女
通辽市	**30815**	**15566**	**15249**	**103**	**52**	**51**	**16**	**10**	**6**
科尔沁区	2782	1433	1349	7	6	1	1	1	
科尔沁左翼中旗	2482	1252	1230	3	1	2	2		2
科尔沁左翼后旗	2797	1429	1368	14	9	5	2	2	
开鲁县	3923	1994	1929	9	5	4	2	2	
库伦旗	2167	1137	1030	3	1	2			
奈曼旗	3714	1939	1775	5	2	3	1	1	
扎鲁特旗	4337	2128	2209	7	2	5	1		1
通辽经济技术开发区	8606	4248	4358	55	26	29	7	4	3
霍林郭勒市	7	6	1						
鄂尔多斯市	**3879**	**2092**	**1787**	**86**	**48**	**38**	**34**	**24**	**10**
东胜区	7	5	2						
康巴什区									
达拉特旗	767	376	391	18	12	6	3		3
准格尔旗	1483	803	680	12	6	6	15	13	2
鄂托克前旗	62	35	27	7	5	2	1		1
鄂托克旗	282	159	123	21	6	15	2	1	1
杭锦旗	129	63	66	12	10	2	2	1	1
乌审旗	215	126	89	7	6	1			
伊金霍洛旗	934	525	409	9	3	6	11	9	2
呼伦贝尔市	**23668**	**12132**	**11536**	**283**	**135**	**148**	**14**	**6**	**8**
海拉尔区	12	3	9						
扎赉诺尔区	46	23	23	4		4			
阿荣旗	7986	4066	3920	29	13	16	1		1
莫力达瓦达斡尔族自治旗	4908	2487	2421	18	8	10			
鄂伦春自治旗	2672	1345	1327	88	43	45	1	1	
鄂温克族自治旗	2484	1276	1208	43	23	20	1	1	
陈巴尔虎旗	596	320	276	20	7	13	3	1	2
新巴尔虎左旗	125	71	54	11	6	5			
新巴尔虎右旗	113	66	47	9	3	6			
满洲里市	83	48	35	5	1	4			
牙克石市	1488	790	698	44	26	18	7	2	5
扎兰屯市	2226	1169	1057	7	2	5	1	1	
额尔古纳市	342	166	176	2	1	1			
根河市	587	302	285	3	2	1			
巴彦淖尔市	**1859**	**944**	**915**	**40**	**21**	**19**	**11**	**5**	**6**
临河区	30	21	9	5	3	2			
五原县	329	166	163				4	2	2
磴口县	274	138	136	3	2	1			
乌拉特前旗	498	240	258	5	3	2	1		1
乌拉特中旗	309	167	142	9	4	5	1	1	
乌拉特后旗	135	72	63	6	5	1	1		1
杭锦后旗	284	140	144	12	4	8	4	2	2

1-4b 续表 14

单位：人

地区	满族			侗族			瑶族		
	小计	男	女	小计	男	女	小计	男	女
乌兰察布市	**2927**	**1503**	**1424**	**48**	**31**	**17**	**17**	**6**	**11**
集宁区	70	25	45	1	1				
卓资县	286	147	139	1	1		2	1	1
化德县	140	70	70	4	2	2	3	1	2
商都县	167	88	79						
兴和县	182	87	95	5	3	2	3	1	2
凉城县	1257	662	595	20	13	7	1		1
察哈尔右翼前旗	225	106	119	9	4	5	5	1	4
察哈尔右翼中旗	158	91	67						
察哈尔右翼后旗	118	61	57				1	1	
四子王旗	297	145	152	3	3		2	1	1
丰镇市	27	21	6	5	4	1			
兴安盟	**18664**	**9194**	**9470**	**70**	**38**	**32**	**11**	**6**	**5**
乌兰浩特市	743	396	347	6	4	2	1	1	
阿尔山市	316	161	155	4	2	2			
科尔沁右翼前旗	4592	2281	2311	2		2	3	1	2
科尔沁右翼中旗	1554	780	774	18	11	7	1	1	
扎赉特旗	3076	1534	1542	16	11	5			
突泉县	8383	4042	4341	24	10	14	6	3	3
锡林郭勒盟	**14410**	**7166**	**7244**	**75**	**31**	**44**	**7**	**2**	**5**
二连浩特市	16	12	4						
锡林浩特市	20	12	8						
阿巴嘎旗	239	125	114	8	2	6			
苏尼特左旗	86	45	41						
苏尼特右旗	252	120	132	2	1	1	3	1	2
东乌珠穆沁旗	327	183	144	6	2	4			
西乌珠穆沁旗	825	455	370	42	19	23	2	1	1
太仆寺旗	1614	835	779						
镶黄旗	61	38	23						
正镶白旗	202	97	105						
正蓝旗	1960	950	1010	14	7	7			
多伦县	8403	4081	4322				2		2
乌拉盖管委会	405	213	192	3		3			
阿拉善盟	**948**	**484**	**464**	**18**	**11**	**7**	**4**	**1**	**3**
阿拉善左旗	638	323	315	7	5	2			
阿拉善右旗	41	24	17						
额济纳旗	156	83	73	10	6	4	3		3
内蒙古阿拉善经济开发区	113	54	59	1		1	1	1	

1-4b　续表 15　　　　单位：人

地　　区	白　族			土家族			哈尼族		
	小计	男	女	小计	男	女	小计	男	女
内蒙古	**230**	**112**	**118**	**1536**	**766**	**770**	**151**	**45**	**106**
呼和浩特市	**23**	**10**	**13**	**168**	**87**	**81**	**79**	**21**	**58**
新城区									
回民区									
玉泉区									
赛罕区									
土默特左旗	5	4	1	31	16	15	4	1	3
托克托县				15	10	5	31	10	21
和林格尔县	7	2	5	41	15	26	1		1
清水河县									
武川县	1		1	9	3	6	37	9	28
呼和浩特经济技术开发区	10	4	6	72	43	29	6	1	5
包头市	**14**	**6**	**8**	**114**	**62**	**52**	**11**	**4**	**7**
东河区				2		2			
昆都仑区				1		1			
青山区				3	2	1			
石拐区				2	1	1			
白云鄂博矿区									
九原区	2	1	1	7	7		4	1	3
土默特右旗	1		1	12	9	3	1		1
固阳县	4	2	2	14	6	8			
达尔罕茂明安联合旗	2	1	1	5	2	3	1		1
包头稀土高新技术产业开发区	5	2	3	68	35	33	5	3	2
乌海市				**6**	**4**	**2**			
海勃湾区									
海南区				4	3	1			
乌达区				2	1	1			
赤峰市	**23**	**13**	**10**	**123**	**60**	**63**	**8**	**4**	**4**
红山区				6	3	3			
元宝山区				4	2	2	1		1
松山区	1		1	4	1	3			
阿鲁科尔沁旗	1		1	5	3	2			
巴林左旗	15	10	5	11	4	7			
巴林右旗	1	1		19	12	7			
林西县				20	11	9			
克什克腾旗				23	7	16			
翁牛特旗				4	3	1	2	2	
喀喇沁旗	1	1		7	4	3			
宁城县	4	1	3	14	7	7	5	2	3
敖汉旗				6	3	3			

1-4b 续表 16 单位：人

地区	白族			土家族			哈尼族		
	小计	男	女	小计	男	女	小计	男	女
通辽市	**41**	**18**	**23**	**131**	**58**	**73**	**4**	**1**	**3**
科尔沁区	3	2	1	15	10	5	2	1	1
科尔沁左翼中旗	17	7	10	11	3	8			
科尔沁左翼后旗	7	4	3	17	7	10			
开鲁县				9	5	4	1		1
库伦旗				10	7	3			
奈曼旗	3		3	16	4	12			
扎鲁特旗	2	1	1	4	1	3			
通辽经济技术开发区	9	4	5	49	21	28	1		1
霍林郭勒市									
鄂尔多斯市	**20**	**8**	**12**	**181**	**106**	**75**	**13**	**7**	**6**
东胜区				3	1	2			
康巴什区									
达拉特旗	1		1	17	9	8			
准格尔旗	5	2	3	25	15	10	3		3
鄂托克前旗	1		1	4	2	2	5	5	
鄂托克旗	3		3	54	29	25	1		1
杭锦旗	3	1	2	24	15	9	3	2	1
乌审旗				17	12	5			
伊金霍洛旗	7	5	2	37	23	14	1		1
呼伦贝尔市	**47**	**26**	**21**	**200**	**100**	**100**	**3**		**3**
海拉尔区				1		1			
扎赉诺尔区				1	1				
阿荣旗	2		2	39	22	17	1		1
莫力达瓦达斡尔族自治旗	10	6	4	11	6	5	1		1
鄂伦春自治旗	6	2	4	40	21	19	1		1
鄂温克族自治旗	8	5	3	36	17	19			
陈巴尔虎旗	4	3	1	10	1	9			
新巴尔虎左旗	4	2	2	4	1	3			
新巴尔虎右旗				3	1	2			
满洲里市				2	2				
牙克石市	11	6	5	41	21	20			
扎兰屯市	1	1		4	1	3			
额尔古纳市				7	5	2			
根河市	1	1		1	1				
巴彦淖尔市	**9**	**3**	**6**	**207**	**95**	**112**	**1**		**1**
临河区				5	1	4			
五原县	1		1	18	8	10			
磴口县				22	12	10			
乌拉特前旗	4	2	2	120	53	67	1		1
乌拉特中旗	1		1	14	6	8			
乌拉特后旗				11	6	5			
杭锦后旗	3	1	2	17	9	8			

1-4b　续表 17　　　　单位：人

地　区	白族			土家族			哈尼族		
	小计	男	女	小计	男	女	小计	男	女
乌兰察布市	**28**	**14**	**14**	**113**	**50**	**63**	**18**	**2**	**16**
集宁区	1		1	3		3			
卓资县				33	12	21	1		1
化德县				5	3	2			
商都县	10	5	5	4	3	1	1	1	
兴和县	8	4	4	4	2	2	1		1
凉城县	5	3	2	16	7	9	1		1
察哈尔右翼前旗	3	2	1	21	13	8			
察哈尔右翼中旗				5	1	4			
察哈尔右翼后旗	1		1	4	3	1			
四子王旗				13	3	10	14	1	13
丰镇市				5	3	2			
兴安盟	**7**	**2**	**5**	**78**	**34**	**44**	**3**	**1**	**2**
乌兰浩特市	1		1	5	4	1			
阿尔山市	1	1		6	4	2			
科尔沁右翼前旗	1		1	8	1	7			
科尔沁右翼中旗	1		1	13	6	7			
扎赉特旗	3	1	2	27	13	14	3	1	2
突泉县				19	6	13			
锡林郭勒盟	**5**	**4**	**1**	**89**	**43**	**46**	**9**	**4**	**5**
二连浩特市									
锡林浩特市				1		1			
阿巴嘎旗				5	2	3			
苏尼特左旗				1	1				
苏尼特右旗	1		1	6	2	4			
东乌珠穆沁旗				4	2	2			
西乌珠穆沁旗	2	2		16	8	8	2	1	1
太仆寺旗				8	2	6	1		1
镶黄旗	1	1		17	14	3			
正镶白旗				2		2			
正蓝旗				4		4			
多伦县	1	1		25	12	13	4	2	2
乌拉盖管委会							2	1	1
阿拉善盟	**13**	**8**	**5**	**126**	**67**	**59**	**2**	**1**	**1**
阿拉善左旗	5	4	1	46	30	16	1		1
阿拉善右旗	2	2		12	5	7			
额济纳旗	5	2	3	48	22	26	1	1	
内蒙古阿拉善经济开发区	1		1	20	10	10			

1-4b 续表 18

单位：人

地 区	哈萨克族			傣 族			黎 族		
	小计	男	女	小计	男	女	小计	男	女
内蒙古	**27**	**14**	**13**	**57**	**20**	**37**	**327**	**121**	**206**
呼和浩特市	**2**	**2**		**11**	**3**	**8**	**21**	**5**	**16**
新城区									
回民区									
玉泉区									
赛罕区									
土默特左旗				3	1	2	7	1	6
托克托县				1		1	3	2	1
和林格尔县	1	1					3	1	2
清水河县				1		1			
武川县				2		2			
呼和浩特经济技术开发区	1	1		4	2	2	8	1	7
包头市				**4**	**1**	**3**	**12**	**6**	**6**
东河区									
昆都仑区									
青山区									
石拐区									
白云鄂博矿区									
九原区									
土默特右旗							2	1	1
固阳县									
达尔罕茂明安联合旗				1		1			
包头稀土高新技术产业开发区				3	1	2	10	5	5
乌海市							**3**	**3**	
海勃湾区									
海南区							3	3	
乌达区									
赤峰市	**4**	**2**	**2**	**10**	**6**	**4**	**73**	**27**	**46**
红山区				1	1		6	2	4
元宝山区							1	1	
松山区							5	2	3
阿鲁科尔沁旗	1		1	1		1	2		2
巴林左旗							3	2	1
巴林右旗							6	3	3
林西县	1	1					2	1	1
克什克腾旗							4	1	3
翁牛特旗				4	3	1	13	5	8
喀喇沁旗							11	5	6
宁城县	2	1	1	3	1	2	7	2	5
敖汉旗				1	1		13	3	10

1-4b　续表 19　　单位：人

地　区	哈萨克族			傣　族			黎　族		
	小计	男	女	小计	男	女	小计	男	女
通辽市				**5**	**2**	**3**	**45**	**13**	**32**
科尔沁区							4	1	3
科尔沁左翼中旗							1		1
科尔沁左翼后旗							5		5
开鲁县							5		5
库伦旗							6	4	2
奈曼旗				1		1	4	3	1
扎鲁特旗							7	2	5
通辽经济技术开发区				4	2	2	13	3	10
霍林郭勒市									
鄂尔多斯市				**7**	**1**	**6**	**37**	**16**	**21**
东胜区									
康巴什区									
达拉特旗				4		4	6	1	5
准格尔旗				3	1	2	15	8	7
鄂托克前旗									
鄂托克旗							10	5	5
杭锦旗									
乌审旗									
伊金霍洛旗							6	2	4
呼伦贝尔市	**1**		**1**				**51**	**16**	**35**
海拉尔区									
扎赉诺尔区									
阿荣旗							2	1	1
莫力达瓦达斡尔族自治旗							11	3	8
鄂伦春自治旗	1		1				11	4	7
鄂温克族自治旗							6	2	4
陈巴尔虎旗							2		2
新巴尔虎左旗									
新巴尔虎右旗									
满洲里市									
牙克石市							10	1	9
扎兰屯市							5	4	1
额尔古纳市							1		1
根河市							3	1	2
巴彦淖尔市	**1**		**1**	**1**		**1**	**14**	**5**	**9**
临河区									
五原县							4	2	2
磴口县							1		1
乌拉特前旗							3		3
乌拉特中旗				1		1	2	1	1
乌拉特后旗	1		1						
杭锦后旗							4	2	2

1−4b 续表 20

单位：人

地区	哈萨克族			傣族			黎族		
	小计	男	女	小计	男	女	小计	男	女
乌兰察布市	**1**	**1**		**14**	**5**	**9**	**18**	**9**	**9**
集宁区									
卓资县									
化德县	1	1		8	2	6			
商都县				1	1		2		2
兴和县							4	3	1
凉城县				1		1	3	1	2
察哈尔右翼前旗									
察哈尔右翼中旗							1	1	
察哈尔右翼后旗									
四子王旗				4	2	2	8	4	4
丰镇市									
兴安盟				**2**	**1**	**1**	**29**	**12**	**17**
乌兰浩特市							4	3	1
阿尔山市							1		1
科尔沁右翼前旗				1		1	7	3	4
科尔沁右翼中旗				1	1		2		2
扎赉特旗							3	1	2
突泉县							12	5	7
锡林郭勒盟	**3**		**3**	**3**	**1**	**2**	**8**	**1**	**7**
二连浩特市									
锡林浩特市									
阿巴嘎旗	2		2				1		1
苏尼特左旗									
苏尼特右旗				1	1				
东乌珠穆沁旗				1		1			
西乌珠穆沁旗									
太仆寺旗	1		1						
镶黄旗				1		1			
正镶白旗									
正蓝旗							2		2
多伦县							3		3
乌拉盖管委会							2	1	1
阿拉善盟	**15**	**9**	**6**				**16**	**8**	**8**
阿拉善左旗	1	1					10	5	5
阿拉善右旗	9	5	4				1		1
额济纳旗	4	2	2				5	3	2
内蒙古阿拉善经济开发区	1	1							

1-4b　续表 21　　　　　　　　　　　　　　　　　　　　　　　　单位：人

地　　区	傈僳族			佤　　族			畲　　族		
	小计	男	女	小计	男	女	小计	男	女
内蒙古	**173**	**53**	**120**	**153**	**36**	**117**	**77**	**38**	**39**
呼和浩特市	**94**	**30**	**64**	**42**	**6**	**36**	**12**	**6**	**6**
新城区									
回民区									
玉泉区									
赛罕区									
土默特左旗	11	6	5	5	2	3	1	1	
托克托县	40	12	28	10	1	9	6	2	4
和林格尔县	24	5	19	3		3	2	1	1
清水河县				1		1			
武川县	12	5	7	21	3	18			
呼和浩特经济技术开发区	7	2	5	2		2	3	2	1
包头市	**19**	**10**	**9**	**14**	**3**	**11**	**9**	**3**	**6**
东河区							1	1	
昆都仑区									
青山区									
石拐区							1		1
白云鄂博矿区									
九原区				1		1	1	1	
土默特右旗	8	4	4	1		1			
固阳县	2		2						
达尔罕茂明安联合旗	5	2	3	8	1	7			
包头稀土高新技术产业开发区	4	4		4	2	2	6	1	5
乌海市				**2**		**2**			
海勃湾区									
海南区									
乌达区				2		2			
赤峰市	**14**	**4**	**10**	**1**	**1**		**4**	**4**	
红山区									
元宝山区	2		2						
松山区									
阿鲁科尔沁旗	1		1						
巴林左旗	1		1				1	1	
巴林右旗							1	1	
林西县									
克什克腾旗	1	1					2	2	
翁牛特旗	1		1						
喀喇沁旗	6	3	3						
宁城县	2		2						
敖汉旗				1	1				

1－4b　续表 22　　　　　　　　　　　　　　　　单位：人

地　区	傈僳族			佤　族			畲　族		
	小计	男	女	小计	男	女	小计	男	女
通辽市	**6**	**4**	**2**	**4**	**2**	**2**	**3**	**1**	**2**
科尔沁区									
科尔沁左翼中旗	1		1				1		1
科尔沁左翼后旗				1		1			
开鲁县	1	1					2	1	1
库伦旗				1	1				
奈曼旗	1	1		1		1			
扎鲁特旗	1	1		1	1				
通辽经济技术开发区	2	1	1						
霍林郭勒市									
鄂尔多斯市	**10**	**1**	**9**	**7**	**6**	**1**	**11**	**3**	**8**
东胜区									
康巴什区									
达拉特旗	1	1		3	2	1			
准格尔旗	6		6	3	3		3		3
鄂托克前旗									
鄂托克旗									
杭锦旗							1		1
乌审旗	1		1				5	2	3
伊金霍洛旗	2		2	1	1		2	1	1
呼伦贝尔市	**7**	**1**	**6**	**4**	**1**	**3**	**5**	**3**	**2**
海拉尔区									
扎赉诺尔区									
阿荣旗	6	1	5	1		1			
莫力达瓦达斡尔族自治旗				3	1	2	1		1
鄂伦春自治旗	1		1				1		1
鄂温克族自治旗									
陈巴尔虎旗									
新巴尔虎左旗									
新巴尔虎右旗									
满洲里市									
牙克石市							2	2	
扎兰屯市									
额尔古纳市									
根河市							1	1	
巴彦淖尔市				**10**	**2**	**8**	**18**	**6**	**12**
临河区									
五原县				3	1	2			
磴口县							9	2	7
乌拉特前旗				4		4	4	1	3
乌拉特中旗				3	1	2	2	2	
乌拉特后旗							2	1	1
杭锦后旗							1		1

1-4b　续表 23　　　　单位：人

地　区	傈僳族			佤　族			畲　族		
	小计	男	女	小计	男	女	小计	男	女
乌兰察布市	**13**	**2**	**11**	**62**	**13**	**49**	**2**	**1**	**1**
集宁区									
卓资县				1		1			
化德县				9	3	6			
商都县	3		3	5	2	3			
兴和县	3	2	1	32	6	26	1		1
凉城县									
察哈尔右翼前旗	1		1	7	2	5	1	1	
察哈尔右翼中旗	2		2						
察哈尔右翼后旗	2		2	2		2			
四子王旗	2		2	6		6			
丰镇市									
兴安盟	**1**		**1**	**4**	**2**	**2**			
乌兰浩特市									
阿尔山市									
科尔沁右翼前旗	1		1	1		1			
科尔沁右翼中旗				1	1				
扎赉特旗									
突泉县				2	1	1			
锡林郭勒盟	**8**	**1**	**7**	**3**		**3**	**9**	**7**	**2**
二连浩特市									
锡林浩特市									
阿巴嘎旗							1	1	
苏尼特左旗							1	1	
苏尼特右旗	1	1							
东乌珠穆沁旗	3		3						
西乌珠穆沁旗									
太仆寺旗	2		2						
镶黄旗							6	4	2
正镶白旗	2		2						
正蓝旗							1	1	
多伦县				3		3			
乌拉盖管委会									
阿拉善盟	**1**		**1**				**4**	**4**	
阿拉善左旗	1		1						
阿拉善右旗									
额济纳旗							3	3	
内蒙古阿拉善经济开发区							1	1	

1-4b 续表 24 单位：人

地 区	高山族			拉祜族			水族		
	小计	男	女	小计	男	女	小计	男	女
内蒙古	**39**	**20**	**19**	**247**	**56**	**191**	**178**	**75**	**103**
呼和浩特市				**139**	**32**	**107**	**9**	**2**	**7**
新城区									
回民区									
玉泉区									
赛罕区									
土默特左旗				5	2	3	2		2
托克托县				6	2	4	1		1
和林格尔县									
清水河县									
武川县				124	28	96	1		1
呼和浩特经济技术开发区				4		4	5	2	3
包头市	**1**	**1**		**18**	**5**	**13**	**9**	**2**	**7**
东河区							1		1
昆都仑区									
青山区									
石拐区									
白云鄂博矿区									
九原区				2		2	3	1	2
土默特右旗	1	1							
固阳县							1		1
达尔罕茂明安联合旗				13	2	11	1	1	
包头稀土高新技术产业开发区				3	3		3		3
乌海市				**1**		**1**			
海勃湾区									
海南区				1		1			
乌达区									
赤峰市	**4**	**2**	**2**	**3**		**3**	**7**	**4**	**3**
红山区							1		1
元宝山区									
松山区				2		2			
阿鲁科尔沁旗									
巴林左旗									
巴林右旗									
林西县							1	1	
克什克腾旗							1	1	
翁牛特旗									
喀喇沁旗	4	2	2				1	1	
宁城县							3	1	2
敖汉旗				1		1			

1-4b　续表 25　　　　单位：人

地　　区	高山族			拉祜族			水　族		
	小计	男	女	小计	男	女	小计	男	女
通辽市				**5**	**4**	**1**	**25**	**14**	**11**
科尔沁区							3	3	
科尔沁左翼中旗							2	1	1
科尔沁左翼后旗							5	3	2
开鲁县				1		1	4		4
库伦旗									
奈曼旗									
扎鲁特旗				4	4				
通辽经济技术开发区							11	7	4
霍林郭勒市									
鄂尔多斯市	**1**	**1**		**12**	**4**	**8**	**15**	**3**	**12**
东胜区									
康巴什区									
达拉特旗				3	2	1			
准格尔旗				5	1	4			
鄂托克前旗							3	2	1
鄂托克旗							7	1	6
杭锦旗									
乌审旗							2		2
伊金霍洛旗	1	1		4	1	3	3		3
呼伦贝尔市	**13**	**7**	**6**	**1**		**1**	**72**	**28**	**44**
海拉尔区									
扎赉诺尔区									
阿荣旗	8	3	5				8	3	5
莫力达瓦达斡尔族自治旗							4	1	3
鄂伦春自治旗	1	1					22	8	14
鄂温克族自治旗	1	1					9	4	5
陈巴尔虎旗							5	1	4
新巴尔虎左旗				1		1	5	1	4
新巴尔虎右旗									
满洲里市									
牙克石市	3	2	1				15	8	7
扎兰屯市							3	1	2
额尔古纳市							1	1	
根河市									
巴彦淖尔市	**4**		**4**	**13**	**4**	**9**	**4**	**3**	**1**
临河区				1	1				
五原县									
磴口县				6	1	5			
乌拉特前旗	4		4	3	2	1	1	1	
乌拉特中旗				3		3	2	1	1
乌拉特后旗							1	1	
杭锦后旗									

1–4b 续表 26　　　　单位：人

地　区	高山族			拉祜族			水　族		
	小计	男	女	小计	男	女	小计	男	女
乌兰察布市	**3**	**2**	**1**	**52**	**7**	**45**	**3**	**2**	**1**
集宁区									
卓资县									
化德县	2	2		6		6			
商都县				1		1			
兴和县	1		1	15	2	13	2	2	
凉城县				1		1	1		1
察哈尔右翼前旗				3	2	1			
察哈尔右翼中旗				2	1	1			
察哈尔右翼后旗									
四子王旗				24	2	22			
丰镇市									
兴安盟	**10**	**7**	**3**				**14**	**9**	**5**
乌兰浩特市							2	1	1
阿尔山市							1	1	
科尔沁右翼前旗	6	4	2						
科尔沁右翼中旗							1	1	
扎赉特旗	3	2	1				2		2
突泉县	1	1					8	6	2
锡林郭勒盟	**1**		**1**	**3**		**3**	**14**	**7**	**7**
二连浩特市									
锡林浩特市									
阿巴嘎旗							1		1
苏尼特左旗									
苏尼特右旗									
东乌珠穆沁旗							4	3	1
西乌珠穆沁旗							6	2	4
太仆寺旗									
镶黄旗				2		2			
正镶白旗				1		1	1		1
正蓝旗							1	1	
多伦县	1		1						
乌拉盖管委会							1	1	
阿拉善盟	**2**		**2**				**6**	**1**	**5**
阿拉善左旗	2		2				3		3
阿拉善右旗									
额济纳旗							3	1	2
内蒙古阿拉善经济开发区									

1-4b 续表 27

单位：人

地 区	东乡族			纳西族			景颇族		
	小计	男	女	小计	男	女	小计	男	女
内蒙古	**267**	**140**	**127**	**20**	**10**	**10**	**20**	**5**	**15**
呼和浩特市	**36**	**19**	**17**	**10**	**4**	**6**	**1**		**1**
新城区									
回民区									
玉泉区									
赛罕区									
土默特左旗	8	2	6						
托克托县	3	1	2	8	4	4			
和林格尔县	6	2	4	2		2	1		1
清水河县									
武川县	8	5	3						
呼和浩特经济技术开发区	11	9	2						
包头市	**32**	**16**	**16**	**1**		**1**	**1**		**1**
东河区									
昆都仑区									
青山区									
石拐区									
白云鄂博矿区									
九原区									
土默特右旗									
固阳县	2		2						
达尔罕茂明安联合旗	1		1				1		1
包头稀土高新技术产业开发区	29	16	13	1		1			
乌海市	**4**	**1**	**3**						
海勃湾区	1		1						
海南区	3	1	2						
乌达区									
赤峰市	**28**	**16**	**12**				**1**		**1**
红山区									
元宝山区									
松山区									
阿鲁科尔沁旗									
巴林左旗									
巴林右旗	20	12	8						
林西县									
克什克腾旗									
翁牛特旗									
喀喇沁旗									
宁城县	8	4	4				1		1
敖汉旗									

1–4b 续表 28

单位：人

地区	东乡族			纳西族			景颇族		
	小计	男	女	小计	男	女	小计	男	女
通辽市							**1**		**1**
科尔沁区									
科尔沁左翼中旗									
科尔沁左翼后旗									
开鲁县							1		1
库伦旗									
奈曼旗									
扎鲁特旗									
通辽经济技术开发区									
霍林郭勒市									
鄂尔多斯市	**58**	**21**	**37**	**7**	**5**	**2**	**4**	**1**	**3**
东胜区									
康巴什区									
达拉特旗	5	3	2	5	3	2			
准格尔旗	5	2	3	2	2		2		2
鄂托克前旗									
鄂托克旗	39	12	27						
杭锦旗	1		1						
乌审旗									
伊金霍洛旗	8	4	4				2	1	1
呼伦贝尔市	**11**	**8**	**3**	**1**	**1**		**2**	**2**	
海拉尔区									
扎赉诺尔区									
阿荣旗	4	2	2	1	1				
莫力达瓦达斡尔族自治旗							1	1	
鄂伦春自治旗							1	1	
鄂温克族自治旗	1	1							
陈巴尔虎旗	4	3	1						
新巴尔虎左旗									
新巴尔虎右旗									
满洲里市									
牙克石市									
扎兰屯市									
额尔古纳市									
根河市	2	2							
巴彦淖尔市	**4**	**2**	**2**						
临河区									
五原县									
磴口县	2	1	1						
乌拉特前旗	1		1						
乌拉特中旗	1	1							
乌拉特后旗									
杭锦后旗									

1-4b　续表 29　　　　单位：人

地　区	东乡族			纳西族			景颇族		
	小计	男	女	小计	男	女	小计	男	女
乌兰察布市	**15**	**6**	**9**	**1**		**1**	**4**		**4**
集宁区									
卓资县	3	1	2	1		1			
化德县									
商都县	1	1							
兴和县							1		1
凉城县	1		1						
察哈尔右翼前旗									
察哈尔右翼中旗							2		2
察哈尔右翼后旗									
四子王旗	10	4	6				1		1
丰镇市									
兴安盟							**3**	**1**	**2**
乌兰浩特市									
阿尔山市									
科尔沁右翼前旗									
科尔沁右翼中旗							1		1
扎赉特旗							1	1	
突泉县							1		1
锡林郭勒盟	**1**		**1**				**3**	**1**	**2**
二连浩特市									
锡林浩特市									
阿巴嘎旗									
苏尼特左旗									
苏尼特右旗	1		1						
东乌珠穆沁旗									
西乌珠穆沁旗									
太仆寺旗									
镶黄旗									
正镶白旗									
正蓝旗									
多伦县							3	1	2
乌拉盖管委会									
阿拉善盟	**78**	**51**	**27**						
阿拉善左旗	55	35	20						
阿拉善右旗	4	3	1						
额济纳旗	16	10	6						
内蒙古阿拉善经济开发区	3	3							

1-4b 续表 30

单位：人

地区	柯尔克孜族			土族			达斡尔族		
	小计	男	女	小计	男	女	小计	男	女
内蒙古	**49**	**33**	**16**	**250**	**104**	**146**	**31078**	**14975**	**16103**
呼和浩特市	**1**	**1**		**21**	**7**	**14**	**248**	**120**	**128**
新城区							1		1
回民区									
玉泉区									
赛罕区									
土默特左旗				4	2	2	48	26	22
托克托县				6	3	3	18	10	8
和林格尔县				4	1	3	25	12	13
清水河县							3	3	
武川县				2	1	1	6	3	3
呼和浩特经济技术开发区	1	1		5		5	147	66	81
包头市				**19**	**14**	**5**	**144**	**74**	**70**
东河区							1		1
昆都仑区									
青山区							1	1	
石拐区									
白云鄂博矿区									
九原区				3	3		8	5	3
土默特右旗				1		1	26	16	10
固阳县				1		1	12	5	7
达尔罕茂明安联合旗				6	5	1	20	15	5
包头稀土高新技术产业开发区				8	6	2	76	32	44
乌海市				**1**	**1**		**3**	**2**	**1**
海勃湾区							1	1	
海南区				1	1		2	1	1
乌达区									
赤峰市				**1**		**1**	**225**	**98**	**127**
红山区							6	3	3
元宝山区							4	4	
松山区							1	1	
阿鲁科尔沁旗							13	5	8
巴林左旗							26	9	17
巴林右旗							11	4	7
林西县				1		1	42	16	26
克什克腾旗							23	13	10
翁牛特旗							13	6	7
喀喇沁旗							24	8	16
宁城县							51	24	27
敖汉旗							11	5	6

1-4b　续表 31　　　　单位：人

地　区	柯尔克孜族			土　族			达斡尔族		
	小计	男	女	小计	男	女	小计	男	女
通辽市				**10**	**4**	**6**	**429**	**214**	**215**
科尔沁区							8	6	2
科尔沁左翼中旗							40	22	18
科尔沁左翼后旗				4	2	2	41	23	18
开鲁县							29	15	14
库伦旗				1		1	21	8	13
奈曼旗							16	5	11
扎鲁特旗							48	25	23
通辽经济技术开发区				5	2	3	226	110	116
霍林郭勒市									
鄂尔多斯市				**45**	**23**	**22**	**176**	**79**	**97**
东胜区									
康巴什区									
达拉特旗				4	2	2	22	6	16
准格尔旗							57	27	30
鄂托克前旗				2	1	1	5	3	2
鄂托克旗				33	16	17	22	6	16
杭锦旗				1		1	8	5	3
乌审旗				3	3		13	6	7
伊金霍洛旗				2	1	1	49	26	23
呼伦贝尔市	**46**	**31**	**15**	**4**	**1**	**3**	**28836**	**13896**	**14940**
海拉尔区							17	10	7
扎赉诺尔区							25	13	12
阿荣旗	5	3	2	1		1	877	388	489
莫力达瓦达斡尔族自治旗	5	3	2				12399	6000	6399
鄂伦春自治旗	2	1	1	2		2	3379	1606	1773
鄂温克族自治旗	16	11	5				9836	4715	5121
陈巴尔虎旗	16	13	3				692	331	361
新巴尔虎左旗							222	110	112
新巴尔虎右旗	1		1				306	158	148
满洲里市							18	7	11
牙克石市	1		1				527	268	259
扎兰屯市				1	1		293	168	125
额尔古纳市							49	23	26
根河市							196	99	97
巴彦淖尔市				**13**	**2**	**11**	**108**	**47**	**61**
临河区									
五原县							22	11	11
磴口县							18	9	9
乌拉特前旗				9	2	7	14	8	6
乌拉特中旗				3		3	20	6	14
乌拉特后旗				1		1	13	5	8
杭锦后旗							21	8	13

1－4b　续表 32　　　　单位：人

地　区	柯尔克孜族			土　族			达斡尔族		
	小计	男	女	小计	男	女	小计	男	女
乌兰察布市	**1**	**1**		**48**	**11**	**37**	**86**	**41**	**45**
集宁区	1	1					2	2	
卓资县				38	7	31	5	2	3
化德县							7	5	2
商都县							11	2	9
兴和县							3	1	2
凉城县				7	4	3	11	5	6
察哈尔右翼前旗				2		2	19	10	9
察哈尔右翼中旗							6	1	5
察哈尔右翼后旗							4	2	2
四子王旗				1		1	17	10	7
丰镇市							1	1	
兴安盟	**1**		**1**	**1**		**1**	**407**	**194**	**213**
乌兰浩特市							28	15	13
阿尔山市	1		1				13	9	4
科尔沁右翼前旗							97	47	50
科尔沁右翼中旗				1		1	70	30	40
扎赉特旗							136	68	68
突泉县							63	25	38
锡林郭勒盟				**10**	**6**	**4**	**317**	**164**	**153**
二连浩特市									
锡林浩特市				1	1		1		1
阿巴嘎旗							26	11	15
苏尼特左旗							19	10	9
苏尼特右旗				8	4	4	38	16	22
东乌珠穆沁旗							34	18	16
西乌珠穆沁旗				1	1		118	65	53
太仆寺旗							7	3	4
镶黄旗							12	7	5
正镶白旗							14	9	5
正蓝旗							32	18	14
多伦县							9	3	6
乌拉盖管委会							7	4	3
阿拉善盟				**77**	**35**	**42**	**99**	**46**	**53**
阿拉善左旗				16	6	10	77	35	42
阿拉善右旗				26	12	14	9	4	5
额济纳旗				17	8	9	9	6	3
内蒙古阿拉善经济开发区				18	9	9	4	1	3

1-4b 续表 33

单位：人

地区	仫佬族			羌族			布朗族		
	小计	男	女	小计	男	女	小计	男	女
内蒙古	**14**	**9**	**5**	**49**	**26**	**23**	**8**	**2**	**6**
呼和浩特市				**9**	**3**	**6**	**3**		**3**
新城区									
回民区									
玉泉区									
赛罕区									
土默特左旗				1	1				
托克托县				2		2	1		1
和林格尔县									
清水河县				1		1			
武川县				3	1	2	2		2
呼和浩特经济技术开发区				2	1	1			
包头市				**4**	**4**				
东河区				1	1				
昆都仑区				1	1				
青山区									
石拐区									
白云鄂博矿区									
九原区				1	1				
土默特右旗									
固阳县				1	1				
达尔罕茂明安联合旗									
包头稀土高新技术产业开发区									
乌海市									
海勃湾区									
海南区									
乌达区									
赤峰市	**4**	**4**							
红山区									
元宝山区									
松山区									
阿鲁科尔沁旗									
巴林左旗									
巴林右旗									
林西县									
克什克腾旗									
翁牛特旗									
喀喇沁旗									
宁城县	3	3							
敖汉旗	1	1							

1-4b 续表 34 单位：人

地 区	仫佬族			羌 族			布朗族		
	小计	男	女	小计	男	女	小计	男	女
通辽市	**1**		**1**	**1**	**1**				
科尔沁区									
科尔沁左翼中旗									
科尔沁左翼后旗				1	1				
开鲁县									
库伦旗									
奈曼旗									
扎鲁特旗									
通辽经济技术开发区	1		1						
霍林郭勒市									
鄂尔多斯市	**1**		**1**	**16**	**5**	**11**			
东胜区									
康巴什区									
达拉特旗				10	2	8			
准格尔旗				1		1			
鄂托克前旗				1	1				
鄂托克旗									
杭锦旗									
乌审旗				3	1	2			
伊金霍洛旗	1		1	1	1				
呼伦贝尔市	**1**	**1**		**2**	**2**				
海拉尔区									
扎赉诺尔区									
阿荣旗	1	1							
莫力达瓦达斡尔族自治旗									
鄂伦春自治旗									
鄂温克族自治旗									
陈巴尔虎旗									
新巴尔虎左旗									
新巴尔虎右旗				1	1				
满洲里市									
牙克石市				1	1				
扎兰屯市									
额尔古纳市									
根河市									
巴彦淖尔市	**2**	**1**	**1**	**7**	**3**	**4**			
临河区									
五原县	1	1							
磴口县									
乌拉特前旗				2	1	1			
乌拉特中旗									
乌拉特后旗	1		1						
杭锦后旗				5	2	3			

1-4b　续表 35

单位：人

地　区	仫佬族			羌　族			布朗族		
	小计	男	女	小计	男	女	小计	男	女
乌兰察布市				**3**	**2**	**1**	**1**		**1**
集宁区									
卓资县									
化德县							1		1
商都县				1		1			
兴和县									
凉城县									
察哈尔右翼前旗				1	1				
察哈尔右翼中旗				1	1				
察哈尔右翼后旗									
四子王旗									
丰镇市									
兴安盟	**1**	**1**					**2**	**1**	**1**
乌兰浩特市	1	1							
阿尔山市									
科尔沁右翼前旗							2	1	1
科尔沁右翼中旗									
扎赉特旗									
突泉县									
锡林郭勒盟	**3**	**2**	**1**	**4**	**3**	**1**	**2**	**1**	**1**
二连浩特市									
锡林浩特市									
阿巴嘎旗									
苏尼特左旗									
苏尼特右旗									
东乌珠穆沁旗				4	3	1			
西乌珠穆沁旗	3	2	1						
太仆寺旗									
镶黄旗									
正镶白旗									
正蓝旗									
多伦县							2	1	1
乌拉盖管委会									
阿拉善盟	**1**		**1**	**3**	**3**				
阿拉善左旗				1	1				
阿拉善右旗									
额济纳旗	1		1	2	2				
内蒙古阿拉善经济开发区									

1−4b 续表 36

单位：人

地区	撒拉族			毛南族			仡佬族		
	小计	男	女	小计	男	女	小计	男	女
内蒙古	**59**	**28**	**31**	**22**	**8**	**14**	**130**	**72**	**58**
呼和浩特市	**4**	**2**	**2**	**6**	**3**	**3**	**16**	**11**	**5**
新城区									
回民区									
玉泉区									
赛罕区									
土默特左旗							3	2	1
托克托县									
和林格尔县				1		1	4	2	2
清水河县									
武川县									
呼和浩特经济技术开发区	4	2	2	5	3	2	9	7	2
包头市	**3**	**1**	**2**	**2**		**2**	**7**	**5**	**2**
东河区	2	1	1						
昆都仑区									
青山区									
石拐区	1		1				1		1
白云鄂博矿区									
九原区				2		2	1	1	
土默特右旗							2	1	1
固阳县							1	1	
达尔罕茂明安联合旗							1	1	
包头稀土高新技术产业开发区							1	1	
乌海市							**2**	**1**	**1**
海勃湾区							1		1
海南区							1	1	
乌达区									
赤峰市	**6**	**3**	**3**	**2**		**2**	**8**	**6**	**2**
红山区									
元宝山区									
松山区									
阿鲁科尔沁旗									
巴林左旗							1	1	
巴林右旗	3	2	1						
林西县	3	1	2	1		1	2	1	1
克什克腾旗							3	3	
翁牛特旗				1		1			
喀喇沁旗							2	1	1
宁城县									
敖汉旗									

1-4b　续表 37　　　　单位：人

地　　区	撒拉族			毛南族			仡佬族		
	小计	男	女	小计	男	女	小计	男	女
通辽市				**4**	**2**	**2**	**14**	**9**	**5**
科尔沁区							3	3	
科尔沁左翼中旗							5	4	1
科尔沁左翼后旗				1		1			
开鲁县				1	1		1	1	
库伦旗							1	1	
奈曼旗							2		2
扎鲁特旗									
通辽经济技术开发区				2	1	1	2		2
霍林郭勒市									
鄂尔多斯市	**11**	**6**	**5**	**1**		**1**	**16**	**8**	**8**
东胜区									
康巴什区									
达拉特旗							3	2	1
准格尔旗							3	2	1
鄂托克前旗							2	1	1
鄂托克旗	6	3	3				2	1	1
杭锦旗							1		1
乌审旗	3	2	1				1	1	
伊金霍洛旗	2	1	1	1		1	4	1	3
呼伦贝尔市				**5**	**2**	**3**	**20**	**11**	**9**
海拉尔区									
扎赉诺尔区									
阿荣旗							3	1	2
莫力达瓦达斡尔族自治旗							1		1
鄂伦春自治旗				2	1	1	4	2	2
鄂温克族自治旗				1		1	5	3	2
陈巴尔虎旗				1	1				
新巴尔虎左旗							1	1	
新巴尔虎右旗							1		1
满洲里市									
牙克石市							4	3	1
扎兰屯市				1		1			
额尔古纳市									
根河市							1	1	
巴彦淖尔市							**8**	**4**	**4**
临河区									
五原县							1	1	
磴口县									
乌拉特前旗									
乌拉特中旗							1	1	
乌拉特后旗							3	2	1
杭锦后旗							3		3

1-4b 续表 38

单位：人

地　　区	撒拉族			毛南族			仡佬族		
	小计	男	女	小计	男	女	小计	男	女
乌兰察布市	**3**		**3**				**19**	**6**	**13**
集宁区									
卓资县	2		2						
化德县									
商都县									
兴和县							2		2
凉城县							7	4	3
察哈尔右翼前旗							9	2	7
察哈尔右翼中旗									
察哈尔右翼后旗									
四子王旗	1		1				1		1
丰镇市									
兴安盟							**7**	**3**	**4**
乌兰浩特市									
阿尔山市									
科尔沁右翼前旗									
科尔沁右翼中旗									
扎赉特旗							4	2	2
突泉县							3	1	2
锡林郭勒盟				**2**	**1**	**1**	**11**	**7**	**4**
二连浩特市									
锡林浩特市									
阿巴嘎旗							1		1
苏尼特左旗									
苏尼特右旗							1	1	
东乌珠穆沁旗									
西乌珠穆沁旗				2	1	1	4	3	1
太仆寺旗									
镶黄旗									
正镶白旗							1		1
正蓝旗							2	1	1
多伦县							1	1	
乌拉盖管委会							1	1	
阿拉善盟	**32**	**16**	**16**				**2**	**1**	**1**
阿拉善左旗	1		1				1	1	
阿拉善右旗									
额济纳旗	3	2	1				1		1
内蒙古阿拉善经济开发区	28	14	14						

1-4b　续表 39

单位：人

地　区	锡伯族			阿昌族			普米族		
	小计	男	女	小计	男	女	小计	男	女
内蒙古	**943**	**505**	**438**				**4**	**2**	**2**
呼和浩特市	**30**	**14**	**16**						
新城区									
回民区									
玉泉区									
赛罕区									
土默特左旗	3	3							
托克托县	2	1	1						
和林格尔县	3	2	1						
清水河县	4	1	3						
武川县									
呼和浩特经济技术开发区	18	7	11						
包头市	**25**	**16**	**9**						
东河区									
昆都仑区									
青山区									
石拐区									
白云鄂博矿区									
九原区	2	2							
土默特右旗	3	2	1						
固阳县									
达尔罕茂明安联合旗									
包头稀土高新技术产业开发区	20	12	8						
乌海市	**1**	**1**							
海勃湾区									
海南区									
乌达区	1	1							
赤峰市	**72**	**34**	**38**						
红山区	1	1							
元宝山区	7	4	3						
松山区									
阿鲁科尔沁旗	4	2	2						
巴林左旗	13	8	5						
巴林右旗	4		4						
林西县	8	4	4						
克什克腾旗	2		2						
翁牛特旗	2	1	1						
喀喇沁旗	10	5	5						
宁城县	8	2	6						
敖汉旗	13	7	6						

1-4b 续表 40 单位：人

地 区	锡伯族			阿昌族			普米族		
	小计	男	女	小计	男	女	小计	男	女
通辽市	**291**	**155**	**136**				**1**		**1**
科尔沁区	19	15	4						
科尔沁左翼中旗	67	30	37						
科尔沁左翼后旗	32	18	14						
开鲁县	30	17	13				1		1
库伦旗	23	11	12						
奈曼旗	9	3	6						
扎鲁特旗	9	5	4						
通辽经济技术开发区	102	56	46						
霍林郭勒市									
鄂尔多斯市	**36**	**24**	**12**				**3**	**2**	**1**
东胜区									
康巴什区									
达拉特旗	10	7	3				3	2	1
准格尔旗	5	3	2						
鄂托克前旗	6	5	1						
鄂托克旗	3	1	2						
杭锦旗	2	2							
乌审旗									
伊金霍洛旗	10	6	4						
呼伦贝尔市	**292**	**160**	**132**						
海拉尔区									
扎赉诺尔区									
阿荣旗	97	50	47						
莫力达瓦达斡尔族自治旗	38	22	16						
鄂伦春自治旗	39	16	23						
鄂温克族自治旗	63	37	26						
陈巴尔虎旗	5	3	2						
新巴尔虎左旗	3	1	2						
新巴尔虎右旗	2	2							
满洲里市									
牙克石市	21	12	9						
扎兰屯市	20	13	7						
额尔古纳市									
根河市	4	4							
巴彦淖尔市	**22**	**11**	**11**						
临河区									
五原县									
磴口县									
乌拉特前旗	10	6	4						
乌拉特中旗	9	3	6						
乌拉特后旗	1	1							
杭锦后旗	2	1	1						

1-4b　续表 41　　　　单位：人

地　区	锡伯族			阿昌族			普米族		
	小计	男	女	小计	男	女	小计	男	女
乌兰察布市	**11**	**10**	**1**						
集宁区	1		1						
卓资县									
化德县									
商都县	1	1							
兴和县									
凉城县									
察哈尔右翼前旗	1	1							
察哈尔右翼中旗									
察哈尔右翼后旗									
四子王旗	7	7							
丰镇市	1	1							
兴安盟	**147**	**72**	**75**						
乌兰浩特市	3	3							
阿尔山市	3	2	1						
科尔沁右翼前旗	38	8	30						
科尔沁右翼中旗	11	6	5						
扎赉特旗	13	8	5						
突泉县	79	45	34						
锡林郭勒盟	**13**	**7**	**6**						
二连浩特市									
锡林浩特市									
阿巴嘎旗	2	1	1						
苏尼特左旗									
苏尼特右旗									
东乌珠穆沁旗	2		2						
西乌珠穆沁旗	7	6	1						
太仆寺旗									
镶黄旗									
正镶白旗									
正蓝旗									
多伦县	2		2						
乌拉盖管委会									
阿拉善盟	**3**	**1**	**2**						
阿拉善左旗	1	1							
阿拉善右旗									
额济纳旗	1		1						
内蒙古阿拉善经济开发区	1		1						

1-4b 续表 42

单位：人

地区	塔吉克族			怒族			乌孜别克族		
	小计	男	女	小计	男	女	小计	男	女
内蒙古				**3**	**1**	**2**			
呼和浩特市									
新城区									
回民区									
玉泉区									
赛罕区									
土默特左旗									
托克托县									
和林格尔县									
清水河县									
武川县									
呼和浩特经济技术开发区									
包头市									
东河区									
昆都仑区									
青山区									
石拐区									
白云鄂博矿区									
九原区									
土默特右旗									
固阳县									
达尔罕茂明安联合旗									
包头稀土高新技术产业开发区									
乌海市									
海勃湾区									
海南区									
乌达区									
赤峰市				**2**	**1**	**1**			
红山区									
元宝山区				2	1	1			
松山区									
阿鲁科尔沁旗									
巴林左旗									
巴林右旗									
林西县									
克什克腾旗									
翁牛特旗									
喀喇沁旗									
宁城县									
敖汉旗									

1-4b　续表 43

单位：人

地　　区	塔吉克族			怒　　族			乌孜别克族		
	小计	男	女	小计	男	女	小计	男	女
通辽市									
科尔沁区									
科尔沁左翼中旗									
科尔沁左翼后旗									
开鲁县									
库伦旗									
奈曼旗									
扎鲁特旗									
通辽经济技术开发区									
霍林郭勒市									
鄂尔多斯市									
东胜区									
康巴什区									
达拉特旗									
准格尔旗									
鄂托克前旗									
鄂托克旗									
杭锦旗									
乌审旗									
伊金霍洛旗									
呼伦贝尔市				**1**		**1**			
海拉尔区									
扎赉诺尔区									
阿荣旗									
莫力达瓦达斡尔族自治旗									
鄂伦春自治旗				1		1			
鄂温克族自治旗									
陈巴尔虎旗									
新巴尔虎左旗									
新巴尔虎右旗									
满洲里市									
牙克石市									
扎兰屯市									
额尔古纳市									
根河市									
巴彦淖尔市									
临河区									
五原县									
磴口县									
乌拉特前旗									
乌拉特中旗									
乌拉特后旗									
杭锦后旗									

1-4b 续表 44

单位：人

地　区	塔吉克族			怒　族			乌孜别克族		
	小计	男	女	小计	男	女	小计	男	女
乌兰察布市									
集宁区									
卓资县									
化德县									
商都县									
兴和县									
凉城县									
察哈尔右翼前旗									
察哈尔右翼中旗									
察哈尔右翼后旗									
四子王旗									
丰镇市									
兴安盟									
乌兰浩特市									
阿尔山市									
科尔沁右翼前旗									
科尔沁右翼中旗									
扎赉特旗									
突泉县									
锡林郭勒盟									
二连浩特市									
锡林浩特市									
阿巴嘎旗									
苏尼特左旗									
苏尼特右旗									
东乌珠穆沁旗									
西乌珠穆沁旗									
太仆寺旗									
镶黄旗									
正镶白旗									
正蓝旗									
多伦县									
乌拉盖管委会									
阿拉善盟									
阿拉善左旗									
阿拉善右旗									
额济纳旗									
内蒙古阿拉善经济开发区									

1-4b　续表 45

单位：人

地　　区	俄罗斯族			鄂温克族			德 昂 族		
	小计	男	女	小计	男	女	小计	男	女
内蒙古	**662**	**334**	**328**	**12514**	**5873**	**6641**	**5**	**2**	**3**
呼和浩特市	**15**	**7**	**8**	**68**	**39**	**29**	**3**	**1**	**2**
新城区				1	1				
回民区									
玉泉区									
赛罕区									
土默特左旗	5	1	4	15	10	5			
托克托县				5	4	1			
和林格尔县	1	1		18	7	11			
清水河县				2	1	1			
武川县	2	1	1	1	1		1		1
呼和浩特经济技术开发区	7	4	3	26	15	11	2	1	1
包头市	**7**	**4**	**3**	**38**	**19**	**19**			
东河区									
昆都仑区									
青山区									
石拐区									
白云鄂博矿区									
九原区				3	2	1			
土默特右旗				9	5	4			
固阳县				5	2	3			
达尔罕茂明安联合旗				2	1	1			
包头稀土高新技术产业开发区	7	4	3	19	9	10			
乌海市				**1**		**1**			
海勃湾区									
海南区				1		1			
乌达区									
赤峰市	**17**	**11**	**6**	**68**	**29**	**39**			
红山区				1		1			
元宝山区				1	1				
松山区	1	1		1	1				
阿鲁科尔沁旗				11	5	6			
巴林左旗	9	4	5	10	5	5			
巴林右旗	3	2	1	10	6	4			
林西县				11	1	10			
克什克腾旗	3	3		7	1	6			
翁牛特旗	1	1		2	2				
喀喇沁旗				3		3			
宁城县				10	6	4			
敖汉旗				1	1				

1-4b 续表 46

单位：人

地　区	俄罗斯族			鄂温克族			德昂族		
	小计	男	女	小计	男	女	小计	男	女
通辽市	**23**	**11**	**12**	**98**	**46**	**52**			
科尔沁区	2	2		4	3	1			
科尔沁左翼中旗	1		1	23	12	11			
科尔沁左翼后旗				3	2	1			
开鲁县				8	3	5			
库伦旗									
奈曼旗				4	2	2			
扎鲁特旗	11	4	7	5	3	2			
通辽经济技术开发区	9	5	4	51	21	30			
霍林郭勒市									
鄂尔多斯市	**8**	**3**	**5**	**68**	**35**	**33**	**2**	**1**	**1**
东胜区				1	1				
康巴什区									
达拉特旗	1		1	9	5	4	2	1	1
准格尔旗	1	1		7	4	3			
鄂托克前旗				3	1	2			
鄂托克旗				13	2	11			
杭锦旗	1	1		6	4	2			
乌审旗	3	1	2	13	6	7			
伊金霍洛旗	2		2	16	12	4			
呼伦贝尔市	**532**	**272**	**260**	**11958**	**5597**	**6361**			
海拉尔区	4	3	1	1		1			
扎赉诺尔区	1		1	3	2	1			
阿荣旗	9	6	3	1042	501	541			
莫力达瓦达斡尔族自治旗	1		1	2091	1021	1070			
鄂伦春自治旗	16	7	9	1673	827	846			
鄂温克族自治旗	160	69	91	6108	2769	3339			
陈巴尔虎旗	33	18	15	716	302	414			
新巴尔虎左旗	2		2	44	20	24			
新巴尔虎右旗	2	1	1	39	17	22			
满洲里市	1		1	4	4				
牙克石市	107	54	53	76	46	30			
扎兰屯市	11	7	4	120	68	52			
额尔古纳市	165	95	70	27	12	15			
根河市	20	12	8	14	8	6			
巴彦淖尔市	**3**		**3**	**35**	**16**	**19**			
临河区									
五原县				5	1	4			
磴口县	1		1	4	3	1			
乌拉特前旗				9	3	6			
乌拉特中旗	1		1	7	4	3			
乌拉特后旗				3	2	1			
杭锦后旗	1		1	7	3	4			

1-4b 续表 47

单位：人

地区	俄罗斯族			鄂温克族			德昂族		
	小计	男	女	小计	男	女	小计	男	女
乌兰察布市	**7**	**2**	**5**	**22**	**11**	**11**			
集宁区				6	1	5			
卓资县				1		1			
化德县				1		1			
商都县				1	1				
兴和县				2	2				
凉城县	1		1	4	3	1			
察哈尔右翼前旗	5	2	3	4	3	1			
察哈尔右翼中旗									
察哈尔右翼后旗									
四子王旗	1		1	3	1	2			
丰镇市									
兴安盟	**28**	**14**	**14**	**91**	**49**	**42**			
乌兰浩特市	6	4	2	3	2	1			
阿尔山市				2	1	1			
科尔沁右翼前旗	9	5	4	16	7	9			
科尔沁右翼中旗	2	1	1	8	3	5			
扎赉特旗	7	2	5	47	29	18			
突泉县	4	2	2	15	7	8			
锡林郭勒盟	**9**	**3**	**6**	**45**	**19**	**26**			
二连浩特市									
锡林浩特市									
阿巴嘎旗				1		1			
苏尼特左旗				2	1	1			
苏尼特右旗				7	3	4			
东乌珠穆沁旗				11	5	6			
西乌珠穆沁旗	2	2		12	4	8			
太仆寺旗	2	1	1	1		1			
镶黄旗	4		4						
正镶白旗	1		1	2	1	1			
正蓝旗				3	2	1			
多伦县				4	2	2			
乌拉盖管委会				2	1	1			
阿拉善盟	**13**	**7**	**6**	**22**	**13**	**9**			
阿拉善左旗	5	2	3	13	8	5			
阿拉善右旗				1	1				
额济纳旗	8	5	3	5	4	1			
内蒙古阿拉善经济开发区				3		3			

1－4b 续表 48

单位：人

地 区	保安族			裕固族			京 族		
	小计	男	女	小计	男	女	小计	男	女
内蒙古	**7**	**6**	**1**	**29**	**13**	**16**	**8**	**2**	**6**
呼和浩特市	**1**	**1**		**1**		**1**			
新城区									
回民区									
玉泉区									
赛罕区									
土默特左旗				1		1			
托克托县									
和林格尔县									
清水河县									
武川县	1	1							
呼和浩特经济技术开发区									
包头市	**2**	**2**							
东河区									
昆都仑区									
青山区									
石拐区									
白云鄂博矿区									
九原区									
土默特右旗									
固阳县									
达尔罕茂明安联合旗									
包头稀土高新技术产业开发区	2	2							
乌海市									
海勃湾区									
海南区									
乌达区									
赤峰市							**1**		**1**
红山区									
元宝山区									
松山区									
阿鲁科尔沁旗									
巴林左旗									
巴林右旗									
林西县									
克什克腾旗									
翁牛特旗									
喀喇沁旗									
宁城县							1		1
敖汉旗									

1-4b　续表 49　　　　单位：人

地　区	保安族			裕固族			京　族		
	小计	男	女	小计	男	女	小计	男	女
通辽市									
科尔沁区									
科尔沁左翼中旗									
科尔沁左翼后旗									
开鲁县									
库伦旗									
奈曼旗									
扎鲁特旗									
通辽经济技术开发区									
霍林郭勒市									
鄂尔多斯市	**2**	**2**		**7**	**3**	**4**			
东胜区									
康巴什区									
达拉特旗									
准格尔旗				2	1	1			
鄂托克前旗									
鄂托克旗	1	1		5	2	3			
杭锦旗									
乌审旗	1	1							
伊金霍洛旗									
呼伦贝尔市							**6**	**2**	**4**
海拉尔区									
扎赉诺尔区									
阿荣旗									
莫力达瓦达斡尔族自治旗									
鄂伦春自治旗							1		1
鄂温克族自治旗							5	2	3
陈巴尔虎旗									
新巴尔虎左旗									
新巴尔虎右旗									
满洲里市									
牙克石市									
扎兰屯市									
额尔古纳市									
根河市									
巴彦淖尔市									
临河区									
五原县									
磴口县									
乌拉特前旗									
乌拉特中旗									
乌拉特后旗									
杭锦后旗									

1-4b 续表 50

单位：人

地区	保安族			裕固族			京族		
	小计	男	女	小计	男	女	小计	男	女
乌兰察布市							**1**		**1**
集宁区									
卓资县									
化德县									
商都县									
兴和县									
凉城县							1		1
察哈尔右翼前旗									
察哈尔右翼中旗									
察哈尔右翼后旗									
四子王旗									
丰镇市									
兴安盟									
乌兰浩特市									
阿尔山市									
科尔沁右翼前旗									
科尔沁右翼中旗									
扎赉特旗									
突泉县									
锡林郭勒盟	**1**	**1**							
二连浩特市									
锡林浩特市									
阿巴嘎旗	1	1							
苏尼特左旗									
苏尼特右旗									
东乌珠穆沁旗									
西乌珠穆沁旗									
太仆寺旗									
镶黄旗									
正镶白旗									
正蓝旗									
多伦县									
乌拉盖管委会									
阿拉善盟	**1**		**1**	**21**	**10**	**11**			
阿拉善左旗				1		1			
阿拉善右旗									
额济纳旗	1		1	20	10	10			
内蒙古阿拉善经济开发区									

1-4b 续表 51

单位：人

地区	塔塔尔族			独龙族			鄂伦春族		
	小计	男	女	小计	男	女	小计	男	女
内蒙古	**1**		**1**	**1**	**1**		**2533**	**1209**	**1324**
呼和浩特市							**11**	**3**	**8**
新城区									
回民区									
玉泉区									
赛罕区									
土默特左旗							1		1
托克托县									
和林格尔县							1		1
清水河县							1		1
武川县							1	1	
呼和浩特经济技术开发区							7	2	5
包头市	**1**		**1**	**1**	**1**		**5**	**3**	**2**
东河区									
昆都仑区									
青山区									
石拐区									
白云鄂博矿区									
九原区							1	1	
土默特右旗				1	1		1	1	
固阳县							1		1
达尔罕茂明安联合旗									
包头稀土高新技术产业开发区	1		1				2	1	1
乌海市									
海勃湾区									
海南区									
乌达区									
赤峰市							**32**	**16**	**16**
红山区									
元宝山区									
松山区									
阿鲁科尔沁旗							3		3
巴林左旗							17	8	9
巴林右旗							2		2
林西县							4	3	1
克什克腾旗							1	1	
翁牛特旗							2	1	1
喀喇沁旗									
宁城县							2	2	
敖汉旗							1	1	

1-4b 续表 52 单位：人

地　区	塔塔尔族			独 龙 族			鄂伦春族		
	小计	男	女	小计	男	女	小计	男	女
通辽市							**24**	**10**	**14**
科尔沁区									
科尔沁左翼中旗									
科尔沁左翼后旗							1		1
开鲁县							1		1
库伦旗									
奈曼旗							2	1	1
扎鲁特旗							4	1	3
通辽经济技术开发区							16	8	8
霍林郭勒市									
鄂尔多斯市							**8**	**4**	**4**
东胜区									
康巴什区									
达拉特旗									
准格尔旗							2		2
鄂托克前旗									
鄂托克旗									
杭锦旗							2	2	
乌审旗									
伊金霍洛旗							4	2	2
呼伦贝尔市							**2393**	**1141**	**1252**
海拉尔区									
扎赉诺尔区									
阿荣旗							78	37	41
莫力达瓦达斡尔族自治旗							93	46	47
鄂伦春自治旗							2030	953	1077
鄂温克族自治旗							120	73	47
陈巴尔虎旗							21	9	12
新巴尔虎左旗							5	1	4
新巴尔虎右旗							3	1	2
满洲里市									
牙克石市							24	8	16
扎兰屯市							9	8	1
额尔古纳市							4	1	3
根河市							6	4	2
巴彦淖尔市							**4**	**2**	**2**
临河区									
五原县									
磴口县									
乌拉特前旗									
乌拉特中旗									
乌拉特后旗							1	1	
杭锦后旗							3	1	2

1-4b　续表 53

单位：人

地　区	塔塔尔族			独 龙 族			鄂伦春族		
	小计	男	女	小计	男	女	小计	男	女
乌兰察布市									
集宁区									
卓资县									
化德县									
商都县									
兴和县									
凉城县									
察哈尔右翼前旗									
察哈尔右翼中旗									
察哈尔右翼后旗									
四子王旗									
丰镇市									
兴安盟							**47**	**25**	**22**
乌兰浩特市							2		2
阿尔山市							1	1	
科尔沁右翼前旗							18	14	4
科尔沁右翼中旗							1	1	
扎赉特旗							24	9	15
突泉县							1		1
锡林郭勒盟							**9**	**5**	**4**
二连浩特市									
锡林浩特市									
阿巴嘎旗							2		2
苏尼特左旗									
苏尼特右旗							1	1	
东乌珠穆沁旗							2		2
西乌珠穆沁旗							3	3	
太仆寺旗									
镶黄旗									
正镶白旗									
正蓝旗							1	1	
多伦县									
乌拉盖管委会									
阿拉善盟									
阿拉善左旗									
阿拉善右旗									
额济纳旗									
内蒙古阿拉善经济开发区									

1-4b 续表 54

单位：人

地　区	赫哲族			门巴族			珞巴族		
	小计	男	女	小计	男	女	小计	男	女
内蒙古	**8**	**3**	**5**	**1**		**1**	**1**	**1**	
呼和浩特市									
新城区									
回民区									
玉泉区									
赛罕区									
土默特左旗									
托克托县									
和林格尔县									
清水河县									
武川县									
呼和浩特经济技术开发区									
包头市	**1**		**1**						
东河区									
昆都仑区									
青山区									
石拐区									
白云鄂博矿区									
九原区									
土默特右旗									
固阳县									
达尔罕茂明安联合旗									
包头稀土高新技术产业开发区	1		1						
乌海市									
海勃湾区									
海南区									
乌达区									
赤峰市	**1**	**1**							
红山区									
元宝山区									
松山区									
阿鲁科尔沁旗									
巴林左旗	1	1							
巴林右旗									
林西县									
克什克腾旗									
翁牛特旗									
喀喇沁旗									
宁城县									
敖汉旗									

1-4b　续表 55　　　　　　　　　　　　　　　　　　　　　单位：人

地　区	赫哲族			门巴族			珞巴族		
	小计	男	女	小计	男	女	小计	男	女
通辽市									
科尔沁区									
科尔沁左翼中旗									
科尔沁左翼后旗									
开鲁县									
库伦旗									
奈曼旗									
扎鲁特旗									
通辽经济技术开发区									
霍林郭勒市									
鄂尔多斯市									
东胜区									
康巴什区									
达拉特旗									
准格尔旗									
鄂托克前旗									
鄂托克旗									
杭锦旗									
乌审旗									
伊金霍洛旗									
呼伦贝尔市	**5**	**2**	**3**						
海拉尔区									
扎赉诺尔区									
阿荣旗									
莫力达瓦达斡尔族自治旗									
鄂伦春自治旗									
鄂温克族自治旗	5	2	3						
陈巴尔虎旗									
新巴尔虎左旗									
新巴尔虎右旗									
满洲里市									
牙克石市									
扎兰屯市									
额尔古纳市									
根河市									
巴彦淖尔市									
临河区									
五原县									
磴口县									
乌拉特前旗									
乌拉特中旗									
乌拉特后旗									
杭锦后旗									

1-4b 续表 56 单位：人

地区	赫哲族			门巴族			珞巴族		
	小计	男	女	小计	男	女	小计	男	女
乌兰察布市	**1**		**1**	**1**		**1**			
集宁区									
卓资县	1		1						
化德县									
商都县									
兴和县									
凉城县									
察哈尔右翼前旗									
察哈尔右翼中旗				1		1			
察哈尔右翼后旗									
四子王旗									
丰镇市									
兴安盟									
乌兰浩特市									
阿尔山市									
科尔沁右翼前旗									
科尔沁右翼中旗									
扎赉特旗									
突泉县									
锡林郭勒盟									
二连浩特市									
锡林浩特市									
阿巴嘎旗									
苏尼特左旗									
苏尼特右旗									
东乌珠穆沁旗									
西乌珠穆沁旗									
太仆寺旗									
镶黄旗									
正镶白旗									
正蓝旗									
多伦县									
乌拉盖管委会									
阿拉善盟							**1**	**1**	
阿拉善左旗									
阿拉善右旗									
额济纳旗							1	1	
内蒙古阿拉善经济开发区									

1-4b　续表 57　　　　单位：人

地　区	基诺族			未定族称人口			入　籍		
	小计	男	女	小计	男	女	小计	男	女
内蒙古	**6**	**1**	**5**	**430**	**210**	**220**	**19**	**9**	**10**
呼和浩特市	**4**		**4**	**32**	**18**	**14**	**1**	**1**	
新城区									
回民区									
玉泉区									
赛罕区									
土默特左旗	3		3	3	1	2			
托克托县				1	1				
和林格尔县				3	1	2	1	1	
清水河县									
武川县				2	1	1			
呼和浩特经济技术开发区	1		1	23	14	9			
包头市	**2**	**1**	**1**	**28**	**14**	**14**	**2**		**2**
东河区									
昆都仑区									
青山区									
石拐区									
白云鄂博矿区									
九原区	1	1		4	2	2			
土默特右旗				1		1			
固阳县				3	2	1	1		1
达尔罕茂明安联合旗				5	2	3			
包头稀土高新技术产业开发区	1		1	15	8	7	1		1
乌海市				**1**	**1**				
海勃湾区									
海南区									
乌达区				1	1				
赤峰市				**18**	**9**	**9**	**2**	**1**	**1**
红山区									
元宝山区				2	2				
松山区									
阿鲁科尔沁旗									
巴林左旗				2		2			
巴林右旗				1		1			
林西县				5	3	2			
克什克腾旗				4	2	2			
翁牛特旗				1		1			
喀喇沁旗				1	1				
宁城县				2	1	1	2	1	1
敖汉旗									

1−4b 续表 58 单位：人

地 区	基诺族			未定族称人口			入 籍		
	小计	男	女	小计	男	女	小计	男	女
通辽市				**66**	**30**	**36**	**2**	**1**	**1**
科尔沁区				5		5			
科尔沁左翼中旗				6	2	4			
科尔沁左翼后旗				14	9	5			
开鲁县				5	3	2	1		1
库伦旗				4	4		1	1	
奈曼旗				5	1	4			
扎鲁特旗				3	3				
通辽经济技术开发区				24	8	16			
霍林郭勒市									
鄂尔多斯市				**51**	**31**	**20**	**4**	**2**	**2**
东胜区				1		1			
康巴什区									
达拉特旗				11	6	5			
准格尔旗				10	6	4	1	1	
鄂托克前旗				8	7	1			
鄂托克旗				10	7	3	1		1
杭锦旗				2	1	1			
乌审旗									
伊金霍洛旗				9	4	5	2	1	1
呼伦贝尔市				**110**	**49**	**61**	**5**	**3**	**2**
海拉尔区				1	1				
扎赉诺尔区									
阿荣旗				11	6	5			
莫力达瓦达斡尔族自治旗				9	5	4			
鄂伦春自治旗				33	15	18	1	1	
鄂温克族自治旗				22	9	13			
陈巴尔虎旗				9	3	6			
新巴尔虎左旗				2	1	1	1	1	
新巴尔虎右旗				2	1	1			
满洲里市							1		1
牙克石市				12	4	8			
扎兰屯市				4	2	2	1		1
额尔古纳市				3	2	1	1	1	
根河市				2		2			
巴彦淖尔市				**17**	**8**	**9**	**1**		**1**
临河区				2	1	1			
五原县									
磴口县				1		1			
乌拉特前旗				1	1				
乌拉特中旗				3	2	1			
乌拉特后旗				4	1	3			
杭锦后旗				6	3	3	1		1

1-4b　续表 59　　　　单位：人

地　区	基诺族			未定族称人口			入　籍		
	小计	男	女	小计	男	女	小计	男	女
乌兰察布市				**22**	**9**	**13**	**2**	**1**	**1**
集宁区				1		1			
卓资县				1	1				
化德县				4	2	2			
商都县							1		1
兴和县				4	4		1	1	
凉城县				4		4			
察哈尔右翼前旗				3		3			
察哈尔右翼中旗				1		1			
察哈尔右翼后旗									
四子王旗				3	2	1			
丰镇市				1		1			
兴安盟				**36**	**16**	**20**			
乌兰浩特市				4		4			
阿尔山市				3	2	1			
科尔沁右翼前旗				2	1	1			
科尔沁右翼中旗				5	5				
扎赉特旗				13	3	10			
突泉县				9	5	4			
锡林郭勒盟				**38**	**20**	**18**			
二连浩特市									
锡林浩特市									
阿巴嘎旗				1		1			
苏尼特左旗				4	3	1			
苏尼特右旗				2	1	1			
东乌珠穆沁旗				8	5	3			
西乌珠穆沁旗				14	10	4			
太仆寺旗									
镶黄旗									
正镶白旗									
正蓝旗				4	1	3			
多伦县				3		3			
乌拉盖管委会				2		2			
阿拉善盟				**11**	**5**	**6**			
阿拉善左旗				7	3	4			
阿拉善右旗									
额济纳旗				1	1				
内蒙古阿拉善经济开发区				3	1	2			

1—4c　各地区分性别、民族的人口(乡村)

单位：人

地　区	合　计			汉　族		
	合计	男	女	小计	男	女
内蒙古	**7821680**	**4136772**	**3684908**	**5839100**	**3106126**	**2732974**
呼和浩特市	**718583**	**380968**	**337615**	**667490**	**353279**	**314211**
新城区	78600	41597	37003	73432	39052	34380
回民区	18594	10537	8057	16939	9583	7356
玉泉区	61431	32317	29114	54993	28895	26098
赛罕区	149734	79607	70127	137534	72936	64598
土默特左旗	157184	82291	74893	141148	73226	67922
托克托县	89840	47211	42629	86470	45527	40943
和林格尔县	80257	42566	37691	75849	40146	35703
清水河县	40108	21618	18490	39657	21362	18295
武川县	42835	23224	19611	41468	22552	18916
呼和浩特经济技术开发区						
包头市	**374985**	**198425**	**176560**	**359151**	**190286**	**168865**
东河区	41834	21687	20147	40444	20964	19480
昆都仑区	27219	14214	13005	26216	13697	12519
青山区	19114	10046	9068	18594	9783	8811
石拐区	6328	3478	2850	5902	3233	2669
白云鄂博矿区						
九原区	55272	29258	26014	53607	28434	25173
土默特右旗	121183	63874	57309	117451	61904	55547
固阳县	64622	34940	29682	63309	34301	29008
达尔罕茂明安联合旗	32205	17217	14988	26605	14359	12246
包头稀土高新技术产业开发区	7208	3711	3497	7023	3611	3412
乌海市	**25744**	**16011**	**9733**	**24266**	**15091**	**9175**
海勃湾区	16487	10428	6059	15502	9836	5666
海南区	9257	5583	3674	8764	5255	3509
乌达区						
赤峰市	**1892481**	**978753**	**913728**	**1473220**	**762092**	**711128**
红山区	14778	7627	7151	13147	6896	6251
元宝山区	67530	34846	32684	59169	30520	28649
松山区	285005	147500	137505	217824	112342	105482
阿鲁科尔沁旗	133220	68876	64344	72912	37725	35187
巴林左旗	168462	86333	82129	110447	57047	53400
巴林右旗	61003	31504	29499	24961	12990	11971
林西县	76773	39399	37374	72775	37409	35366
克什克腾旗	89091	47209	41882	73426	39012	34414
翁牛特旗	206733	106437	100296	165627	85279	80348
喀喇沁旗	155021	80797	74224	85195	44082	41113
宁城县	330570	171961	158609	289445	150687	138758
敖汉旗	304295	156264	148031	288292	148103	140189

1-4c　续表 1　　单位：人

地　区	合　计			汉　族		
	合计	男	女	小计	男	女
通辽市	**1435679**	**739513**	**696166**	**673531**	**346743**	**326788**
科尔沁区	238606	122128	116478	132270	67606	64664
科尔沁左翼中旗	280465	146171	134294	63188	32856	30332
科尔沁左翼后旗	215160	111304	103856	48455	25072	23383
开鲁县	190287	96160	94127	161560	81858	79702
库伦旗	90195	46823	43372	36050	18743	17307
奈曼旗	243883	125086	118797	150699	77789	72910
扎鲁特旗	133382	69196	64186	58373	30855	27518
通辽经济技术开发区	35264	18191	17073	17900	9240	8660
霍林郭勒市	8437	4454	3983	5036	2724	2312
鄂尔多斯市	**485676**	**289159**	**196517**	**424371**	**256237**	**168134**
东胜区	21990	15674	6316	21176	15129	6047
康巴什区						
达拉特旗	121491	65275	56216	116503	62679	53824
准格尔旗	108616	66866	41750	99513	61779	37734
鄂托克前旗	38014	23265	14749	28854	18341	10513
鄂托克旗	33897	20875	13022	23727	15449	8278
杭锦旗	41723	22322	19401	32261	17358	14903
乌审旗	59736	36621	23115	45502	29139	16363
伊金霍洛旗	60209	38261	21948	56835	36363	20472
呼伦贝尔市	**585961**	**308128**	**277833**	**470383**	**247216**	**223167**
海拉尔区	10570	5509	5061	9285	4879	4406
扎赉诺尔区						
阿荣旗	133226	69577	63649	120520	62861	57659
莫力达瓦达斡尔族自治旗	145952	76038	69914	117155	61203	55952
鄂伦春自治旗	45104	23795	21309	40218	21282	18936
鄂温克族自治旗	32209	16897	15312	17180	8911	8269
陈巴尔虎旗	13325	7422	5903	6131	3523	2608
新巴尔虎左旗	16294	8748	7546	4536	2547	1989
新巴尔虎右旗	13152	8234	4918	4479	3333	1146
满洲里市						
牙克石市	16654	8710	7944	15350	8031	7319
扎兰屯市	144884	75320	69564	126420	65648	60772
额尔古纳市	14318	7729	6589	8929	4890	4039
根河市	273	149	124	180	108	72
巴彦淖尔市	**615763**	**324439**	**291324**	**577439**	**304511**	**272928**
临河区	169089	87732	81357	160369	83435	76934
五原县	112430	58202	54228	108767	56381	52386
磴口县	39557	21007	18550	35309	18803	16506
乌拉特前旗	121474	64693	56781	115821	61793	54028
乌拉特中旗	50873	28391	22482	42190	23551	18639
乌拉特后旗	18825	11300	7525	14431	8876	5555
杭锦后旗	103515	53114	50401	100552	51672	48880

1-4c 续表 2

单位：人

地区	合计			汉族		
	合计	男	女	小计	男	女
乌兰察布市	**687711**	**363728**	**323983**	**662425**	**350663**	**311762**
集宁区	30790	16220	14570	29626	15616	14010
卓资县	47590	26472	21118	46660	25980	20680
化德县	38630	20513	18117	37792	20087	17705
商都县	92137	47469	44668	90716	46759	43957
兴和县	92081	47714	44367	89378	46302	43076
凉城县	70177	37604	32573	67798	36359	31439
察哈尔右翼前旗	70993	38063	32930	68787	36884	31903
察哈尔右翼中旗	56333	30209	26124	54557	29330	25227
察哈尔右翼后旗	51551	26819	24732	48770	25360	23410
四子王旗	64393	33953	30440	56225	29751	26474
丰镇市	73036	38692	34344	72116	38235	33881
兴安盟	**662746**	**345890**	**316856**	**309871**	**163460**	**146411**
乌兰浩特市	38026	20179	17847	16996	9093	7903
阿尔山市	3256	1770	1486	2344	1320	1024
科尔沁右翼前旗	199475	103848	95627	94658	49830	44828
科尔沁右翼中旗	109821	57235	52586	8998	4919	4079
扎赉特旗	174006	90983	83023	84808	44623	40185
突泉县	138162	71875	66287	102067	53675	48392
锡林郭勒盟	**289178**	**161959**	**127219**	**164282**	**94905**	**69377**
二连浩特市	1542	868	674	507	321	186
锡林浩特市	22841	12992	9849	15297	8910	6387
阿巴嘎旗	15811	9202	6609	4789	3153	1636
苏尼特左旗	15438	9114	6324	4139	2949	1190
苏尼特右旗	14978	8159	6819	4239	2503	1736
东乌珠穆沁旗	22868	12753	10115	3995	2599	1396
西乌珠穆沁旗	37499	24014	13485	14769	11247	3522
太仆寺旗	59806	31622	28184	56302	29803	26499
镶黄旗	8539	4886	3653	2172	1529	643
正镶白旗	19523	10719	8804	10581	6033	4548
正蓝旗	31318	16650	14668	14717	8070	6647
多伦县	36420	19506	16914	31099	16812	14287
乌拉盖管委会	2595	1474	1121	1676	976	700
阿拉善盟	**47173**	**29799**	**17374**	**32671**	**21643**	**11028**
阿拉善左旗	34251	20925	13326	23730	15020	8710
阿拉善右旗	5018	3081	1937	2713	1841	872
额济纳旗	5300	3642	1658	3831	2787	1044
内蒙古阿拉善经济开发区	2604	2151	453	2397	1995	402

1-4c 续表 3

单位：人

地 区	蒙古族			回 族			藏 族		
	小计	男	女	小计	男	女	小计	男	女
内蒙古	**1758711**	**911804**	**846907**	**30169**	**16251**	**13918**	**1066**	**542**	**524**
呼和浩特市	**43767**	**24017**	**19750**	**2299**	**1204**	**1095**	**193**	**86**	**107**
新城区	4273	2102	2171	274	138	136	23	15	8
回民区	1281	702	579	127	86	41	8	6	2
玉泉区	5599	3006	2593	230	112	118	39	19	20
赛罕区	10570	5785	4785	435	251	184	19	3	16
土默特左旗	14490	8338	6152	607	303	304	42	12	30
托克托县	2519	1309	1210	341	174	167	26	10	16
和林格尔县	3801	2102	1699	129	59	70	16	10	6
清水河县	349	210	139	28	13	15	3	1	2
武川县	885	463	422	128	68	60	17	10	7
呼和浩特经济技术开发区									
包头市	**12422**	**6478**	**5944**	**1694**	**884**	**810**	**56**	**25**	**31**
东河区	816	435	381	463	235	228	6	2	4
昆都仑区	716	399	317	124	59	65	4	2	2
青山区	295	141	154	130	69	61	3		3
石拐区	290	171	119	87	48	39	7	5	2
白云鄂博矿区									
九原区	1199	592	607	191	98	93	8	5	3
土默特右旗	2987	1620	1367	286	147	139	16	5	11
固阳县	726	353	373	295	159	136	5	3	2
达尔罕茂明安联合旗	5308	2723	2585	71	43	28	6	3	3
包头稀土高新技术产业开发区	85	44	41	47	26	21	1		1
乌海市	**654**	**371**	**283**	**477**	**334**	**143**	**69**	**42**	**27**
海勃湾区	448	255	193	293	190	103	51	32	19
海南区	206	116	90	184	144	40	18	10	8
乌达区									
赤峰市	**364286**	**187327**	**176959**	**4801**	**2533**	**2268**	**71**	**41**	**30**
红山区	1280	574	706	19	7	12	1	1	
元宝山区	6172	3156	3016	534	286	248			
松山区	47329	24454	22875	1902	1005	897	14	7	7
阿鲁科尔沁旗	58086	29939	28147	80	37	43	4	3	1
巴林左旗	52987	26654	26333	196	99	97	11	6	5
巴林右旗	35338	18141	17197	49	24	25			
林西县	2946	1437	1509	82	41	41	2		2
克什克腾旗	14394	7491	6903	231	135	96	3		3
翁牛特旗	39430	20188	19242	126	60	66	10	5	5
喀喇沁旗	56786	29713	27073	106	52	54	15	14	1
宁城县	36997	19266	17731	448	230	218	6	5	1
敖汉旗	12541	6314	6227	1028	557	471	5		5

1-4c 续表 4

单位：人

地区	蒙古族			回族			藏族		
	小计	男	女	小计	男	女	小计	男	女
通辽市	**726412**	**373779**	**352633**	**1342**	**712**	**630**	**64**	**28**	**36**
科尔沁区	90313	45940	44373	615	333	282	15	9	6
科尔沁左翼中旗	213968	111519	102449	71	34	37	13	5	8
科尔沁左翼后旗	164290	84993	79297	92	50	42	3	2	1
开鲁县	24299	11967	12332	326	174	152	5	2	3
库伦旗	52667	27300	25367	18	12	6	6	1	5
奈曼旗	90383	45864	44519	74	40	34	7	3	4
扎鲁特旗	72579	37080	35499	71	30	41	9	5	4
通辽经济技术开发区	14804	7547	7257	69	36	33	6	1	5
霍林郭勒市	3109	1569	1540	6	3	3			
鄂尔多斯市	**57039**	**30228**	**26811**	**1473**	**967**	**506**	**147**	**102**	**45**
东胜区	542	350	192	98	71	27	6	5	1
康巴什区									
达拉特旗	4267	2208	2059	278	144	134	8	4	4
准格尔旗	8011	4443	3568	268	158	110	26	19	7
鄂托克前旗	8825	4715	4110	130	94	36	10	7	3
鄂托克旗	9665	5034	4631	297	242	55	48	44	4
杭锦旗	9262	4860	4402	56	30	26	21	5	16
乌审旗	13702	7106	6596	180	126	54	9	5	4
伊金霍洛旗	2765	1512	1253	166	102	64	19	13	6
呼伦贝尔市	**53103**	**28125**	**24978**	**3973**	**2070**	**1903**	**45**	**22**	**23**
海拉尔区	841	399	442	43	26	17			
扎赉诺尔区									
阿荣旗	3701	1866	1835	90	45	45	2	2	
莫力达瓦达斡尔族自治旗	4205	2159	2046	102	58	44	8	4	4
鄂伦春自治旗	1671	852	819	67	33	34	1		1
鄂温克族自治旗	7977	4244	3733	197	107	90	11	6	5
陈巴尔虎旗	5791	3156	2635	103	60	43	1		1
新巴尔虎左旗	11391	6018	5373	15	8	7	1	1	
新巴尔虎右旗	8275	4627	3648	25	14	11			
满洲里市									
牙克石市	718	374	344	56	28	28			
扎兰屯市	7173	3706	3467	180	92	88	19	8	11
额尔古纳市	1348	716	632	3095	1599	1496	2	1	1
根河市	12	8	4						
巴彦淖尔市	**26895**	**14131**	**12764**	**8596**	**4405**	**4191**	**259**	**102**	**157**
临河区	3865	1861	2004	4022	2050	1972	78	29	49
五原县	2281	1139	1142	1011	522	489	45	11	34
磴口县	2079	1101	978	1929	989	940	44	18	26
乌拉特前旗	4795	2466	2329	368	181	187	19	11	8
乌拉特中旗	8095	4507	3588	234	138	96	16	9	7
乌拉特后旗	4248	2329	1919	39	22	17	13	8	5
杭锦后旗	1532	728	804	993	503	490	44	16	28

1-4c　续表 5　　单位：人

地　区	蒙古族			回　族			藏　族		
	小计	男	女	小计	男	女	小计	男	女
乌兰察布市	**19966**	**10385**	**9581**	**1290**	**644**	**646**	**60**	**28**	**32**
集宁区	784	401	383	152	81	71	4	4	
卓资县	575	296	279	102	50	52	3	1	2
化德县	576	288	288	61	30	31	15	10	5
商都县	1155	582	573	115	63	52	3	1	2
兴和县	2299	1230	1069	88	44	44			
凉城县	913	466	447	96	45	51	6	1	5
察哈尔右翼前旗	1706	917	789	108	59	49	12	6	6
察哈尔右翼中旗	1287	643	644	265	135	130	2	1	1
察哈尔右翼后旗	2625	1395	1230	33	16	17	4	2	2
四子王旗	7548	3914	3634	216	94	122	6	1	5
丰镇市	498	253	245	54	27	27	5	1	4
兴安盟	**326612**	**168586**	**158026**	**309**	**147**	**162**	**17**	**5**	**12**
乌兰浩特市	18606	9819	8787	32	16	16	1		1
阿尔山市	803	399	404	5	3	2			
科尔沁右翼前旗	96507	49573	46934	84	39	45	5	2	3
科尔沁右翼中旗	100146	51993	48153	33	14	19	4		4
扎赉特旗	86263	44861	41402	72	34	38			
突泉县	24287	11941	12346	83	41	42	7	3	4
锡林郭勒盟	**116084**	**62147**	**53937**	**1484**	**829**	**655**	**30**	**21**	**9**
二连浩特市	1019	536	483	3	2	1			
锡林浩特市	7054	3781	3273	131	81	50			
阿巴嘎旗	10847	5935	4912	24	15	9	9	9	
苏尼特左旗	11139	6045	5094	34	28	6	10	7	3
苏尼特右旗	10657	5603	5054	11	4	7			
东乌珠穆沁旗	18717	10047	8670	12	8	4	2	1	1
西乌珠穆沁旗	22053	12258	9795	79	62	17	2	2	
太仆寺旗	2111	1054	1057	97	55	42	2		2
镶黄旗	6321	3326	2995	2	2				
正镶白旗	8754	4588	4166	22	10	12	1		1
正蓝旗	15480	7974	7506	282	150	132	4	2	2
多伦县	1131	568	563	768	399	369			
乌拉盖管委会	801	432	369	19	13	6			
阿拉善盟	**11471**	**6230**	**5241**	**2431**	**1522**	**909**	**55**	**40**	**15**
阿拉善左旗	7906	4282	3624	2290	1407	883	22	18	4
阿拉善右旗	2128	1121	1007	22	18	4	10	6	4
额济纳旗	1360	780	580	31	22	9	22	15	7
内蒙古阿拉善经济开发区	77	47	30	88	75	13	1	1	

1−4c 续表 6　　　　单位：人

地　区	维吾尔族			苗　族			彝　族		
	小计	男	女	小计	男	女	小计	男	女
内蒙古	**122**	**86**	**36**	**3522**	**1722**	**1800**	**1597**	**819**	**778**
呼和浩特市	**33**	**22**	**11**	**364**	**173**	**191**	**341**	**182**	**159**
新城区	16	8	8	52	22	30	26	14	12
回民区	3	3		12	10	2	39	37	2
玉泉区				33	23	10	42	25	17
赛罕区	5	4	1	64	32	32	79	53	26
土默特左旗	1		1	97	38	59	46	9	37
托克托县				37	10	27	55	23	32
和林格尔县	6	6		34	18	16	20	9	11
清水河县	1	1		7	4	3	1		1
武川县	1		1	28	16	12	33	12	21
呼和浩特经济技术开发区									
包头市	**4**	**3**	**1**	**191**	**80**	**111**	**104**	**39**	**65**
东河区	1	1		12	7	5	4	1	3
昆都仑区				18	4	14	9	4	5
青山区				12	4	8	8	4	4
石拐区				7	4	3	1	1	
白云鄂博矿区									
九原区	1	1		26	11	15	12	5	7
土默特右旗				41	20	21	39	14	25
固阳县	1		1	41	17	24	15	2	13
达尔罕茂明安联合旗	1	1		26	9	17	9	3	6
包头稀土高新技术产业开发区				8	4	4	7	5	2
乌海市	**4**	**4**		**38**	**24**	**14**	**11**	**7**	**4**
海勃湾区	2	2		16	9	7	3	1	2
海南区	2	2		22	15	7	8	6	2
乌达区									
赤峰市	**6**	**2**	**4**	**548**	**278**	**270**	**162**	**63**	**99**
红山区				6	4	2	4	2	2
元宝山区	1		1	17	8	9	13	10	3
松山区				78	41	37	16	7	9
阿鲁科尔沁旗				18	10	8	12	6	6
巴林左旗	1		1	28	12	16	14	5	9
巴林右旗				18	11	7	3	1	2
林西县				58	32	26	13	5	8
克什克腾旗	1		1	36	12	24	8	4	4
翁牛特旗	1		1	24	11	13	8	1	7
喀喇沁旗				72	37	35	40	12	28
宁城县	1	1		172	89	83	23	8	15
敖汉旗	1	1		21	11	10	8	2	6

1-4c　续表 7　　　　单位：人

地　　区	维吾尔族			苗　　族			彝　　族		
	小计	男	女	小计	男	女	小计	男	女
通辽市	**6**	**4**	**2**	**476**	**219**	**257**	**89**	**41**	**48**
科尔沁区	4	3	1	119	60	59	19	5	14
科尔沁左翼中旗				64	31	33	7	4	3
科尔沁左翼后旗				85	34	51	16	9	7
开鲁县	1	1		73	36	37	17	9	8
库伦旗				33	16	17	11	6	5
奈曼旗	1		1	51	21	30	14	4	10
扎鲁特旗				29	13	16	3	3	
通辽经济技术开发区				18	7	11	2	1	1
霍林郭勒市				4	1	3			
鄂尔多斯市	**29**	**29**		**310**	**166**	**144**	**274**	**188**	**86**
东胜区	1	1		11	6	5	13	7	6
康巴什区									
达拉特旗	2	2		80	45	35	39	23	16
准格尔旗				59	28	31	72	42	30
鄂托克前旗				36	18	18	20	12	8
鄂托克旗				13	7	6	12	8	4
杭锦旗				21	9	12	1		1
乌审旗	26	26		35	20	15	77	67	10
伊金霍洛旗				55	33	22	40	29	11
呼伦贝尔市	**6**	**4**	**2**	**524**	**250**	**274**	**71**	**34**	**37**
海拉尔区				11	7	4	1	1	
扎赉诺尔区									
阿荣旗	3	2	1	81	32	49	11	7	4
莫力达瓦达斡尔族自治旗				133	64	69	22	8	14
鄂伦春自治旗	1		1	73	32	41	9	3	6
鄂温克族自治旗				36	22	14	4	3	1
陈巴尔虎旗				17	8	9	1		1
新巴尔虎左旗	1	1		22	11	11	4	3	1
新巴尔虎右旗				16	7	9	6	2	4
满洲里市									
牙克石市	1	1		21	12	9			
扎兰屯市				105	52	53	13	7	6
额尔古纳市				9	3	6			
根河市									
巴彦淖尔市	**10**	**5**	**5**	**261**	**130**	**131**	**167**	**56**	**111**
临河区	4	3	1	67	32	35	44	11	33
五原县	1		1	31	14	17	31	8	23
磴口县				21	12	9	26	12	14
乌拉特前旗	2	2		39	19	20	23	12	11
乌拉特中旗	1		1	41	24	17	17	7	10
乌拉特后旗	1		1	8	5	3	3	1	2
杭锦后旗	1		1	54	24	30	23	5	18

1-4c 续表 8

单位：人

地区	维吾尔族			苗族			彝族		
	小计	男	女	小计	男	女	小计	男	女
乌兰察布市	**5**	**2**	**3**	**290**	**139**	**151**	**189**	**71**	**118**
集宁区				20	8	12	22	16	6
卓资县				15	9	6	4	1	3
化德县	2	1	1	20	11	9	22	3	19
商都县				16	2	14	9	4	5
兴和县				17	8	9	18	9	9
凉城县	1		1	74	33	41	21	9	12
察哈尔右翼前旗				58	34	24	22	10	12
察哈尔右翼中旗	1		1	15	6	9	24	6	18
察哈尔右翼后旗	1	1		7	3	4	12	2	10
四子王旗				22	13	9	24	6	18
丰镇市				26	12	14	11	5	6
兴安盟	**8**	**4**	**4**	**313**	**157**	**156**	**77**	**52**	**25**
乌兰浩特市				28	14	14	9	4	5
阿尔山市				2		2			
科尔沁右翼前旗				60	32	28	26	22	4
科尔沁右翼中旗	2	1	1	43	16	27	8	3	5
扎赉特旗	1		1	67	33	34	9	7	2
突泉县	5	3	2	113	62	51	25	16	9
锡林郭勒盟	**2**	**2**		**155**	**78**	**77**	**104**	**80**	**24**
二连浩特市									
锡林浩特市				20	11	9	18	16	2
阿巴嘎旗				11	4	7	6	6	
苏尼特左旗				7	3	4	29	26	3
苏尼特右旗	1	1		6	2	4	4	3	1
东乌珠穆沁旗				10	8	2	1	1	
西乌珠穆沁旗	1	1		23	13	10	11	6	5
太仆寺旗				18	10	8	7	3	4
镶黄旗				5	3	2	1		1
正镶白旗				9	5	4	2		2
正蓝旗				25	10	15	4	3	1
多伦县				20	8	12	20	15	5
乌拉盖管委会				1	1		1	1	
阿拉善盟	**9**	**5**	**4**	**52**	**28**	**24**	**8**	**6**	**2**
阿拉善左旗	5	3	2	39	18	21	6	4	2
阿拉善右旗	4	2	2	4	3	1			
额济纳旗				9	7	2			
内蒙古阿拉善经济开发区							2	2	

1-4c　续表 9

单位：人

地　　区	壮　　族			布 依 族			朝 鲜 族		
	小计	男	女	小计	男	女	小计	男	女
内蒙古	**619**	**297**	**322**	**1573**	**748**	**825**	**5418**	**2710**	**2708**
呼和浩特市	**111**	**54**	**57**	**139**	**57**	**82**	**105**	**48**	**57**
新城区	4	1	3	10	5	5	16	5	11
回民区	12	9	3	3	2	1	12	8	4
玉泉区	35	13	22	24	11	13	10	2	8
赛罕区	23	15	8	27	14	13	28	15	13
土默特左旗	14	3	11	37	14	23	25	11	14
托克托县	10	6	4	11	3	8	5	3	2
和林格尔县	6	2	4	10	6	4	4	2	2
清水河县	1	1		6	1	5	1	1	
武川县	6	4	2	11	1	10	4	1	3
呼和浩特经济技术开发区									
包头市	**44**	**18**	**26**	**72**	**33**	**39**	**40**	**16**	**24**
东河区	1	1		7	4	3	4	2	2
昆都仑区	7	2	5	4	1	3	3		3
青山区	1		1	2	1	1	4	3	1
石拐区				2		2	2	2	
白云鄂博矿区									
九原区	17	8	9	11	6	5	7	2	5
土默特右旗	15	6	9	19	8	11	7	4	3
固阳县	2	1	1	18	9	9	8	1	7
达尔罕茂明安联合旗	1		1	8	3	5	5	2	3
包头稀土高新技术产业开发区				1	1				
乌海市	**4**	**3**	**1**	**12**	**5**	**7**	**10**	**9**	**1**
海勃湾区	3	2	1	9	4	5	8	7	1
海南区	1	1		3	1	2	2	2	
乌达区									
赤峰市	**141**	**64**	**77**	**227**	**100**	**127**	**388**	**185**	**203**
红山区				4		4	3	1	2
元宝山区	5	1	4	3	2	1	10	8	2
松山区	29	16	13	36	17	19	51	21	30
阿鲁科尔沁旗	2	2		5	1	4	22	7	15
巴林左旗	17	10	7	10	6	4	50	22	28
巴林右旗				12	2	10	47	30	17
林西县	10	2	8	32	17	15	17	7	10
克什克腾旗	6	2	4	26	9	17	18	9	9
翁牛特旗	11	5	6	14	5	9	71	40	31
喀喇沁旗	15	6	9	20	7	13	24	14	10
宁城县	23	8	15	53	29	24	47	17	30
敖汉旗	23	12	11	12	5	7	28	9	19

1-4c 续表 10　　　　单位：人

地区	壮族			布依族			朝鲜族		
	小计	男	女	小计	男	女	小计	男	女
通辽市	**78**	**38**	**40**	**244**	**113**	**131**	**845**	**411**	**434**
科尔沁区	14	7	7	61	29	32	511	245	266
科尔沁左翼中旗	10	1	9	30	18	12	69	45	24
科尔沁左翼后旗	12	5	7	53	22	31	87	38	49
开鲁县	18	11	7	28	11	17	37	17	20
库伦旗	9	5	4	20	10	10	9	2	7
奈曼旗	4	1	3	26	13	13	64	31	33
扎鲁特旗	6	4	2	17	7	10	58	29	29
通辽经济技术开发区	4	3	1	6	3	3	6	2	4
霍林郭勒市	1	1		3		3	4	2	2
鄂尔多斯市	**32**	**21**	**11**	**132**	**74**	**58**	**44**	**26**	**18**
东胜区	4	3	1	8	4	4			
康巴什区									
达拉特旗	5	1	4	23	12	11	12	6	6
准格尔旗	3	2	1	27	14	13	11	8	3
鄂托克前旗	6	3	3	19	10	9	3	2	1
鄂托克旗				10	6	4	2	2	
杭锦旗	1		1	9	6	3	6	5	1
乌审旗	8	7	1	15	9	6	8	1	7
伊金霍洛旗	5	5		21	13	8	2	2	
呼伦贝尔市	**45**	**21**	**24**	**232**	**113**	**119**	**2049**	**1067**	**982**
海拉尔区	3	2	1	3	2	1	7	6	1
扎赉诺尔区									
阿荣旗	7	2	5	34	13	21	680	364	316
莫力达瓦达斡尔族自治旗	13	7	6	52	32	20	322	170	152
鄂伦春自治旗	7	5	2	44	18	26	43	25	18
鄂温克族自治旗	3	2	1	15	8	7	18	8	10
陈巴尔虎旗	2	1	1	2	1	1	6	2	4
新巴尔虎左旗				8	2	6	7	2	5
新巴尔虎右旗	3	1	2	5	1	4	7	5	2
满洲里市									
牙克石市	1		1	10	8	2	16	9	7
扎兰屯市	6	1	5	56	26	30	937	470	467
额尔古纳市				3	2	1	6	6	
根河市									
巴彦淖尔市	**59**	**28**	**31**	**126**	**65**	**61**	**56**	**28**	**28**
临河区	22	11	11	40	17	23	15	8	7
五原县	3		3	8	3	5	9	4	5
磴口县	6	2	4	7	4	3	2		2
乌拉特前旗	17	10	7	14	9	5	8	4	4
乌拉特中旗	1	1		25	16	9	7	3	4
乌拉特后旗	3	2	1	8	6	2	1	1	
杭锦后旗	7	2	5	24	10	14	14	8	6

1-4c　续表 11　　　　　单位：人

地　区	壮　族			布依族			朝鲜族		
	小计	男	女	小计	男	女	小计	男	女
乌兰察布市	**51**	**23**	**28**	**129**	**52**	**77**	**63**	**33**	**30**
集宁区	2	1	1	8	3	5	3	1	2
卓资县	2	1	1	10	4	6	3	2	1
化德县	5	2	3	5	1	4	4	3	1
商都县	1	1		8	3	5	4	1	3
兴和县	6		6	5	4	1	7	4	3
凉城县	5	3	2	34	9	25	17	10	7
察哈尔右翼前旗	11	3	8	20	10	10	8	3	5
察哈尔右翼中旗	2		2	10	5	5	5	3	2
察哈尔右翼后旗	1		1	2	1	1	2	1	1
四子王旗	13	12	1	9	4	5	6	3	3
丰镇市	3		3	18	8	10	4	2	2
兴安盟	**29**	**12**	**17**	**159**	**72**	**87**	**1771**	**858**	**913**
乌兰浩特市				12	8	4	890	435	455
阿尔山市				2		2	2	1	1
科尔沁右翼前旗	9	5	4	40	19	21	224	107	117
科尔沁右翼中旗	3	1	2	24	10	14	19	5	14
扎赉特旗	10	4	6	31	14	17	554	270	284
突泉县	7	2	5	50	21	29	82	40	42
锡林郭勒盟	**21**	**13**	**8**	**80**	**51**	**29**	**42**	**25**	**17**
二连浩特市							1	1	
锡林浩特市	2		2	9	5	4	3	1	2
阿巴嘎旗				5	3	2	2	2	
苏尼特左旗				4	2	2	2	1	1
苏尼特右旗				3	1	2	1	1	
东乌珠穆沁旗	3	3		4	4		5	4	1
西乌珠穆沁旗	7	7		22	13	9	14	10	4
太仆寺旗				7	2	5	3	2	1
镶黄旗				6	6				
正镶白旗	1	1		7	3	4	4	1	3
正蓝旗				6	6		3		3
多伦县	8	2	6	7	6	1	3	1	2
乌拉盖管委会							1	1	
阿拉善盟	**4**	**2**	**2**	**21**	**13**	**8**	**5**	**4**	**1**
阿拉善左旗	1	1		18	11	7	2	2	
阿拉善右旗	2	1	1	1	1				
额济纳旗	1		1	2	1	1	3	2	1
内蒙古阿拉善经济开发区									

1－4c　续表 12　　　　单位：人

地　区	满　族			侗　族			瑶　族		
	小计	男	女	小计	男	女	小计	男	女
内蒙古	**137453**	**74192**	**63261**	**1727**	**911**	**816**	**134**	**56**	**78**
呼和浩特市	**2406**	**1278**	**1128**	**157**	**83**	**74**	**17**	**7**	**10**
新城区	375	189	186	11	6	5			
回民区	118	65	53	5	1	4	1	1	
玉泉区	333	153	180	13	7	6			
赛罕区	643	353	290	39	19	20	11	6	5
土默特左旗	407	220	187	46	26	20	2		2
托克托县	143	78	65	6	3	3	2		2
和林格尔县	263	153	110	27	13	14			
清水河县	26	13	13	1	1		1		1
武川县	98	54	44	9	7	2			
呼和浩特经济技术开发区									
包头市	**659**	**329**	**330**	**88**	**41**	**47**	**14**	**2**	**12**
东河区	52	23	29	8	5	3			
昆都仑区	73	31	42	7	3	4	1		1
青山区	44	27	17	5	3	2	1		1
石拐区	14	5	9	3		3			
白云鄂博矿区									
九原区	119	63	56	12	6	6	1	1	
土默特右旗	172	87	85	17	6	11	8	1	7
固阳县	103	50	53	22	9	13	1		1
达尔罕茂明安联合旗	61	31	30	14	9	5	2		2
包头稀土高新技术产业开发区	21	12	9						
乌海市	**127**	**81**	**46**	**4**	**2**	**2**			
海勃湾区	101	62	39	2	1	1			
海南区	26	19	7	2	1	1			
乌达区									
赤峰市	**47215**	**25390**	**21825**	**251**	**137**	**114**	**30**	**13**	**17**
红山区	298	135	163	3	2	1			
元宝山区	1565	836	729	8	6	2	1		1
松山区	17399	9418	7981	70	43	27	11	4	7
阿鲁科尔沁旗	2021	1118	903	10	6	4			
巴林左旗	4590	2420	2170	8	3	5	1	1	
巴林右旗	542	288	254	7	3	4	2	1	1
林西县	730	387	343	32	18	14	1		1
克什克腾旗	872	497	375	17	9	8			
翁牛特旗	1338	804	534	12	8	4			
喀喇沁旗	12606	6803	5803	21	9	12	4	2	2
宁城县	3040	1488	1552	50	25	25	9	4	5
敖汉旗	2214	1196	1018	13	5	8	1	1	

1-4c　续表 13

单位：人

地　区	满　族			侗　族			瑶　族		
	小计	男	女	小计	男	女	小计	男	女
通辽市	**31077**	**16682**	**14395**	**286**	**149**	**137**	**12**	**6**	**6**
科尔沁区	14204	7664	6540	73	31	42	2		2
科尔沁左翼中旗	2753	1520	1233	48	25	23	3	2	1
科尔沁左翼后旗	1883	1002	881	43	24	19			
开鲁县	3747	1992	1755	42	22	20	2		2
库伦旗	1237	660	577	19	12	7			
奈曼旗	2455	1256	1199	22	16	6	3	2	1
扎鲁特旗	2150	1117	1033	19	10	9			
通辽经济技术开发区	2383	1324	1059	15	4	11	1	1	
霍林郭勒市	265	147	118	5	5		1	1	
鄂尔多斯市	**1137**	**739**	**398**	**117**	**60**	**57**	**4**	**2**	**2**
东胜区	104	81	23	4	3	1	1	1	
康巴什区									
达拉特旗	149	88	61	22	11	11	1		1
准格尔旗	472	290	182	20	9	11			
鄂托克前旗	40	25	15	17	6	11			
鄂托克旗	67	44	23	7	5	2			
杭锦旗	45	29	16	11	7	4			
乌审旗	76	53	23	16	10	6	1		1
伊金霍洛旗	184	129	55	20	9	11	1	1	
呼伦贝尔市	**22334**	**12162**	**10172**	**292**	**151**	**141**	**9**	**4**	**5**
海拉尔区	134	68	66	5	2	3			
扎赉诺尔区									
阿荣旗	5719	3166	2553	34	16	18	1		1
莫力达瓦达斡尔族自治旗	6662	3519	3143	66	30	36	3	1	2
鄂伦春自治旗	819	461	358	43	24	19	1	1	
鄂温克族自治旗	480	250	230	25	14	11			
陈巴尔虎旗	149	92	57	10	4	6			
新巴尔虎左旗	101	56	45	20	13	7	1	1	
新巴尔虎右旗	213	170	43	11	6	5			
满洲里市									
牙克石市	314	167	147	9	3	6			
扎兰屯市	7469	4061	3408	62	35	27	2	1	1
额尔古纳市	273	151	122	6	3	3	1		1
根河市	1	1		1	1				
巴彦淖尔市	**1060**	**571**	**489**	**135**	**77**	**58**	**18**	**9**	**9**
临河区	320	165	155	33	16	17	3	1	2
五原县	155	76	79	17	8	9	12	6	6
磴口县	75	42	33	8	5	3			
乌拉特前旗	236	126	110	10	8	2	2	1	1
乌拉特中旗	126	76	50	12	6	6			
乌拉特后旗	36	28	8	9	6	3			
杭锦后旗	112	58	54	46	28	18	1	1	

1-4c 续表 14

单位：人

地区	满族			侗族			瑶族		
	小计	男	女	小计	男	女	小计	男	女
乌兰察布市	**2404**	**1341**	**1063**	**123**	**64**	**59**	**9**	**6**	**3**
集宁区	115	54	61	11	4	7	1	1	
卓资县	185	112	73	5	4	1			
化德县	78	52	26	11	6	5			
商都县	81	41	40	2		2			
兴和县	137	74	63	9	4	5			
凉城县	1069	611	458	27	17	10			
察哈尔右翼前旗	143	87	56	21	11	10	2	1	1
察哈尔右翼中旗	123	67	56	7	3	4	1		1
察哈尔右翼后旗	58	26	32	5	2	3			
四子王旗	196	102	94	13	8	5	5	4	1
丰镇市	219	115	104	12	5	7			
兴安盟	**22478**	**11986**	**10492**	**164**	**90**	**74**	**13**	**4**	**9**
乌兰浩特市	1346	735	611	15	10	5	2	1	1
阿尔山市	88	42	46	1		1			
科尔沁右翼前旗	7581	4069	3512	30	13	17	3	1	2
科尔沁右翼中旗	410	210	200	21	15	6	1		1
扎赉特旗	1880	993	887	39	23	16	5	1	4
突泉县	11173	5937	5236	58	29	29	2	1	1
锡林郭勒盟	**6435**	**3555**	**2880**	**85**	**42**	**43**	**7**	**3**	**4**
二连浩特市	12	8	4						
锡林浩特市	269	165	104	5	3	2			
阿巴嘎旗	91	59	32	5	1	4	1	1	
苏尼特左旗	48	37	11						
苏尼特右旗	25	20	5	7	4	3			
东乌珠穆沁旗	79	57	22	11	4	7	1	1	
西乌珠穆沁旗	412	327	85	21	14	7			
太仆寺旗	1213	674	539	11	5	6			
镶黄旗	14	9	5	3	1	2	2		2
正镶白旗	124	68	56	5	2	3			
正蓝旗	745	413	332	8	4	4			
多伦县	3323	1676	1647	7	3	4	3	1	2
乌拉盖管委会	80	42	38	2	1	1			
阿拉善盟	**121**	**78**	**43**	**25**	**15**	**10**	**1**		**1**
阿拉善左旗	81	45	36	13	8	5	1		1
阿拉善右旗	21	19	2	7	5	2			
额济纳旗	15	12	3	3	1	2			
内蒙古阿拉善经济开发区	4	2	2	2	1	1			

1-4c　续表 15

单位：人

地　　区	白族			土家族			哈尼族		
	小计	男	女	小计	男	女	小计	男	女
内蒙古	**246**	**109**	**137**	**1689**	**885**	**804**	**163**	**42**	**121**
呼和浩特市	**47**	**19**	**28**	**224**	**116**	**108**	**84**	**26**	**58**
新城区	6	2	4	12	4	8	4	1	3
回民区				10	6	4			
玉泉区	1	1		39	29	10	1		1
赛罕区	13	9	4	61	29	32	19	12	7
土默特左旗	6	1	5	37	18	19	6	2	4
托克托县	18	6	12	24	10	14	22	2	20
和林格尔县	1		1	21	11	10	2		2
清水河县				1		1	2		2
武川县	2		2	19	9	10	28	9	19
呼和浩特经济技术开发区									
包头市	**26**	**17**	**9**	**83**	**45**	**38**	**11**	**1**	**10**
东河区	2	1	1	2		2	1		1
昆都仑区	3	2	1	7	2	5			
青山区				2	2				
石拐区				3	2	1			
白云鄂博矿区									
九原区	4	3	1	16	8	8			
土默特右旗	3	1	2	31	17	14	6	1	5
固阳县	1	1		15	10	5			
达尔罕茂明安联合旗	4	3	1	6	3	3	4		4
包头稀土高新技术产业开发区	9	6	3	1	1				
乌海市	**2**	**1**	**1**	**16**	**11**	**5**	**1**		**1**
海勃湾区				10	6	4			
海南区	2	1	1	6	5	1	1		1
乌达区									
赤峰市	**26**	**11**	**15**	**188**	**95**	**93**	**26**	**9**	**17**
红山区				4	2	2			
元宝山区				7	4	3			
松山区	4	1	3	40	25	15	5	2	3
阿鲁科尔沁旗				3	2	1			
巴林左旗	1	1		10	5	5			
巴林右旗				1	1				
林西县	2	2		14	7	7			
克什克腾旗	3	2	1	14	7	7			
翁牛特旗				7	5	2	1		1
喀喇沁旗	3	2	1	19	7	12	14	4	10
宁城县	10	3	7	51	26	25	3	1	2
敖汉旗	3		3	18	4	14	3	2	1

1−4c 续表 16 单位：人

地 区	白 族			土 家 族			哈 尼 族		
	小计	男	女	小计	男	女	小计	男	女
通辽市	**15**	**4**	**11**	**151**	**68**	**83**	**3**		**3**
科尔沁区	3	1	2	27	13	14	3		3
科尔沁左翼中旗	2	1	1	26	6	20			
科尔沁左翼后旗	2		2	30	13	17			
开鲁县	2	1	1	21	8	13			
库伦旗	3	1	2	15	8	7			
奈曼旗	1		1	17	9	8			
扎鲁特旗	2		2	7	6	1			
通辽经济技术开发区				8	5	3			
霍林郭勒市									
鄂尔多斯市	**27**	**18**	**9**	**119**	**70**	**49**	**10**	**3**	**7**
东胜区				2	1	1	1		1
康巴什区									
达拉特旗				21	12	9	1		1
准格尔旗	8	4	4	30	17	13			
鄂托克前旗	1	1		13	7	6	7	3	4
鄂托克旗	10	7	3	5	5				
杭锦旗	1		1	12	6	6			
乌审旗	4	3	1	15	9	6			
伊金霍洛旗	3	3		21	13	8	1		1
呼伦贝尔市	**24**	**12**	**12**	**196**	**95**	**101**	**4**	**1**	**3**
海拉尔区	1	1		8	6	2			
扎赉诺尔区									
阿荣旗	6	1	5	21	14	7			
莫力达瓦达斡尔族自治旗	5	2	3	46	18	28			
鄂伦春自治旗	2	1	1	30	14	16	2		2
鄂温克族自治旗	1	1		18	5	13			
陈巴尔虎旗	1	1		8	3	5			
新巴尔虎左旗	2	1	1	11	5	6			
新巴尔虎右旗	1	1		10	6	4	1	1	
满洲里市									
牙克石市				4	1	3			
扎兰屯市	5	3	2	33	20	13	1		1
额尔古纳市				7	3	4			
根河市									
巴彦淖尔市	**17**	**7**	**10**	**272**	**135**	**137**	**7**		**7**
临河区	4	2	2	69	32	37	4		4
五原县	3	2	1	13	7	6	2		2
磴口县				16	4	12			
乌拉特前旗	3		3	74	34	40			
乌拉特中旗	2	1	1	57	32	25	1		1
乌拉特后旗	1		1	8	5	3			
杭锦后旗	4	2	2	35	21	14			

1-4c　续表 17　　　　单位：人

地　区	白族			土家族			哈尼族		
	小计	男	女	小计	男	女	小计	男	女
乌兰察布市	**28**	**7**	**21**	**162**	**75**	**87**	**14**	**2**	**12**
集宁区	1		1	13	11	2			
卓资县	3	1	2	4	2	2			
化德县	5	2	3	8	5	3			
商都县				4		4			
兴和县	4		4	7	4	3			
凉城县	4	1	3	43	16	27	1		1
察哈尔右翼前旗	5	2	3	22	11	11	2		2
察哈尔右翼中旗	2		2				6		6
察哈尔右翼后旗	2	1	1	2	1	1			
四子王旗				24	12	12	5	2	3
丰镇市	2		2	35	13	22			
兴安盟	**17**	**6**	**11**	**136**	**76**	**60**	**3**		**3**
乌兰浩特市	2	1	1	13	5	8			
阿尔山市							1		1
科尔沁右翼前旗	2	2		26	19	7	1		1
科尔沁右翼中旗	2		2	21	12	9			
扎赉特旗	6	1	5	34	15	19			
突泉县	5	2	3	42	25	17	1		1
锡林郭勒盟	**16**	**7**	**9**	**68**	**38**	**30**			
二连浩特市									
锡林浩特市	2	2		7	4	3			
阿巴嘎旗	1	1		7	3	4			
苏尼特左旗	1		1	4	2	2			
苏尼特右旗				10	9	1			
东乌珠穆沁旗	1	1		4	3	1			
西乌珠穆沁旗	2	1	1	14	10	4			
太仆寺旗	2		2	1	1				
镶黄旗				2	1	1			
正镶白旗	2	2		3	1	2			
正蓝旗	2		2	6		6			
多伦县	1		1	10	4	6			
乌拉盖管委会	2		2						
阿拉善盟	**1**		**1**	**74**	**61**	**13**			
阿拉善左旗	1		1	69	56	13			
阿拉善右旗									
额济纳旗				5	5				
内蒙古阿拉善经济开发区									

1−4c　续表 18　　　　单位：人

地　区	哈萨克族			傣　族			黎　族		
	小计	男	女	小计	男	女	小计	男	女
内蒙古	**97**	**56**	**41**	**81**	**20**	**61**	**400**	**192**	**208**
呼和浩特市	**2**	**1**	**1**	**19**	**4**	**15**	**34**	**16**	**18**
新城区	2	1	1				3	1	2
回民区									
玉泉区							1	1	
赛罕区				2	1	1	10	6	4
土默特左旗				5		5	6	1	5
托克托县				10	3	7	10	6	4
和林格尔县				1		1	4	1	3
清水河县									
武川县				1		1			
呼和浩特经济技术开发区									
包头市				**13**	**3**	**10**	**35**	**14**	**21**
东河区									
昆都仑区									
青山区							5	3	2
石拐区							1		1
白云鄂博矿区									
九原区									
土默特右旗				13	3	10	22	10	12
固阳县							3	1	2
达尔罕茂明安联合旗							2		2
包头稀土高新技术产业开发区							2		2
乌海市									
海勃湾区									
海南区									
乌达区									
赤峰市	**2**	**2**		**18**	**4**	**14**	**94**	**41**	**53**
红山区							3	2	1
元宝山区							1	1	
松山区				1		1	23	12	11
阿鲁科尔沁旗							13	6	7
巴林左旗				2		2	13	5	8
巴林右旗							2		2
林西县							3	2	1
克什克腾旗	1	1					1		1
翁牛特旗							6	1	5
喀喇沁旗				6	1	5	6	2	4
宁城县	1	1		5	2	3	13	5	8
敖汉旗				4	1	3	10	5	5

1-4c　续表 19　　　　单位：人

地　区	哈萨克族			傣　族			黎　族		
	小计	男	女	小计	男	女	小计	男	女
通辽市	**2**	**2**		**4**	**2**	**2**	**71**	**35**	**36**
科尔沁区				1	1		16	7	9
科尔沁左翼中旗	1	1					6	3	3
科尔沁左翼后旗							10	1	9
开鲁县							10	7	3
库伦旗	1	1					8	4	4
奈曼旗				2		2	11	7	4
扎鲁特旗							7	5	2
通辽经济技术开发区				1	1		2	1	1
霍林郭勒市							1		1
鄂尔多斯市	**2**	**1**	**1**	**3**		**3**	**20**	**8**	**12**
东胜区									
康巴什区									
达拉特旗				2		2	6	1	5
准格尔旗							6	4	2
鄂托克前旗									
鄂托克旗				1		1	1		1
杭锦旗							1		1
乌审旗	1		1				2	2	
伊金霍洛旗	1	1					4	1	3
呼伦贝尔市	**3**	**2**	**1**	**2**	**1**	**1**	**30**	**15**	**15**
海拉尔区									
扎赉诺尔区									
阿荣旗							10	5	5
莫力达瓦达斡尔族自治旗	1		1	1		1	4	2	2
鄂伦春自治旗							3	3	
鄂温克族自治旗							2	1	1
陈巴尔虎旗									
新巴尔虎左旗							1		1
新巴尔虎右旗				1	1				
满洲里市									
牙克石市									
扎兰屯市	2	2					8	3	5
额尔古纳市							2	1	1
根河市									
巴彦淖尔市				**3**		**3**	**35**	**15**	**20**
临河区				1		1	17	8	9
五原县				2		2	5	4	1
磴口县							4		4
乌拉特前旗							3	1	2
乌拉特中旗							3	1	2
乌拉特后旗									
杭锦后旗							3	1	2

1-4c 续表 20

单位：人

地区	哈萨克族			傣族			黎族		
	小计	男	女	小计	男	女	小计	男	女
乌兰察布市				**13**	**3**	**10**	**30**	**16**	**14**
集宁区							1	1	
卓资县							3		3
化德县				6	3	3	1		1
商都县							2	1	1
兴和县				3		3	7	4	3
凉城县							3	3	
察哈尔右翼前旗				3		3	5	3	2
察哈尔右翼中旗							3	1	2
察哈尔右翼后旗							1	1	
四子王旗							4	2	2
丰镇市				1		1			
兴安盟	**1**		**1**	**4**	**1**	**3**	**38**	**21**	**17**
乌兰浩特市									
阿尔山市									
科尔沁右翼前旗							10	7	3
科尔沁右翼中旗	1		1	1		1	9	4	5
扎赉特旗							2	1	1
突泉县				3	1	2	17	9	8
锡林郭勒盟				**2**	**2**		**9**	**7**	**2**
二连浩特市									
锡林浩特市							1		1
阿巴嘎旗									
苏尼特左旗									
苏尼特右旗									
东乌珠穆沁旗							1	1	
西乌珠穆沁旗							2	2	
太仆寺旗				1	1				
镶黄旗									
正镶白旗				1	1		1	1	
正蓝旗							1		1
多伦县							1	1	
乌拉盖管委会							2	2	
阿拉善盟	**85**	**48**	**37**				**4**	**4**	
阿拉善左旗							2	2	
阿拉善右旗	85	48	37						
额济纳旗							2	2	
内蒙古阿拉善经济开发区									

1-4c　续表 21

单位：人

地　区	傈僳族			佤　族			畲　族		
	小计	男	女	小计	男	女	小计	男	女
内蒙古	**363**	**92**	**271**	**282**	**90**	**192**	**125**	**105**	**20**
呼和浩特市	**187**	**45**	**142**	**54**	**11**	**43**	**13**	**12**	**1**
新城区	5	2	3	3	1	2	1		1
回民区				3	3		4	4	
玉泉区	1		1	2		2	2	2	
赛罕区	9	3	6	6		6			
土默特左旗	58	15	43	15	5	10	1	1	
托克托县	87	19	68	4		4			
和林格尔县	16	5	11	4	1	3	4	4	
清水河县	2		2	1		1	1	1	
武川县	9	1	8	16	1	15			
呼和浩特经济技术开发区									
包头市	**22**	**5**	**17**	**20**	**6**	**14**	**7**	**3**	**4**
东河区	1		1						
昆都仑区	2	1	1				1		1
青山区				4	2	2	1	1	
石拐区	1	1					1	1	
白云鄂博矿区									
九原区				1		1			
土默特右旗	9	2	7	3	2	1			
固阳县	5	1	4	1		1	3	1	2
达尔罕茂明安联合旗	3		3	9	1	8	1		1
包头稀土高新技术产业开发区	1		1	2	1	1			
乌海市				**2**		**2**			
海勃湾区				1		1			
海南区				1		1			
乌达区									
赤峰市	**70**	**17**	**53**	**20**	**9**	**11**	**17**	**13**	**4**
红山区									
元宝山区	1		1						
松山区	2		2	17	8	9	5	4	1
阿鲁科尔沁旗							2	1	1
巴林左旗	1		1	1		1	1	1	
巴林右旗									
林西县									
克什克腾旗									
翁牛特旗	2	1	1						
喀喇沁旗	9	2	7	2	1	1	1		1
宁城县	50	11	39				1	1	
敖汉旗	5	3	2				7	6	1

1－4c 续表 22 单位：人

地区	傈僳族			佤族			畲族		
	小计	男	女	小计	男	女	小计	男	女
通辽市	**12**	**2**	**10**	**23**	**8**	**15**	**4**	**3**	**1**
科尔沁区	2		2	4	2	2			
科尔沁左翼中旗	5		5	2		2			
科尔沁左翼后旗							1	1	
开鲁县	2	1	1	11	2	9	1	1	
库伦旗				3	2	1	1		1
奈曼旗	1	1							
扎鲁特旗	1		1	3	2	1			
通辽经济技术开发区	1		1				1	1	
霍林郭勒市									
鄂尔多斯市	**17**	**8**	**9**	**36**	**28**	**8**	**10**	**9**	**1**
东胜区				1	1		1		1
康巴什区									
达拉特旗	1	1		1	1		2	2	
准格尔旗	11	7	4	3		3	4	4	
鄂托克前旗	1		1				1	1	
鄂托克旗									
杭锦旗				1		1			
乌审旗				29	25	4			
伊金霍洛旗	4		4	1	1		2	2	
呼伦贝尔市	**3**	**1**	**2**	**8**	**5**	**3**	**2**	**1**	**1**
海拉尔区				1	1				
扎赉诺尔区									
阿荣旗	2	1	1	1		1			
莫力达瓦达斡尔族自治旗				3	3				
鄂伦春自治旗				1	1				
鄂温克族自治旗							1	1	
陈巴尔虎旗									
新巴尔虎左旗									
新巴尔虎右旗							1		1
满洲里市									
牙克石市	1		1						
扎兰屯市				2		2			
额尔古纳市									
根河市									
巴彦淖尔市	**3**		**3**	**23**	**5**	**18**	**12**	**10**	**2**
临河区	2		2	3		3	1		1
五原县	1		1	4	1	3			
磴口县							2	1	1
乌拉特前旗				9	3	6	1	1	
乌拉特中旗				2		2	6	6	
乌拉特后旗							2	2	
杭锦后旗				5	1	4			

1-4c　续表 23　　　　单位：人

地　区	傈僳族			佤　族			畲　族		
	小计	男	女	小计	男	女	小计	男	女
乌兰察布市	**36**	**8**	**28**	**82**	**14**	**68**	**1**		**1**
集宁区	1	1							
卓资县									
化德县	1		1	6	1	5			
商都县	2	1	1	4	1	3			
兴和县	1		1	44	8	36	1		1
凉城县	2		2	12	2	10			
察哈尔右翼前旗	11	3	8	5		5			
察哈尔右翼中旗	1	1		2		2			
察哈尔右翼后旗	11		11	1		1			
四子王旗	1		1	6	2	4			
丰镇市	5	2	3	2		2			
兴安盟	**5**	**4**	**1**	**6**	**1**	**5**	**21**	**18**	**3**
乌兰浩特市							1		1
阿尔山市									
科尔沁右翼前旗	3	3		4		4	19	18	1
科尔沁右翼中旗									
扎赉特旗	1		1	1		1	1		1
突泉县	1	1		1	1				
锡林郭勒盟	**8**	**2**	**6**	**6**	**3**	**3**	**11**	**11**	
二连浩特市									
锡林浩特市									
阿巴嘎旗									
苏尼特左旗							5	5	
苏尼特右旗									
东乌珠穆沁旗							3	3	
西乌珠穆沁旗									
太仆寺旗	7	2	5	3	2	1			
镶黄旗							3	3	
正镶白旗	1		1						
正蓝旗									
多伦县				3	1	2			
乌拉盖管委会									
阿拉善盟				**2**		**2**	**27**	**25**	**2**
阿拉善左旗				2		2	27	25	2
阿拉善右旗									
额济纳旗									
内蒙古阿拉善经济开发区									

1-4c　续表 24　　　　单位：人

地　区	高山族			拉祜族			水　族		
	小计	男	女	小计	男	女	小计	男	女
内蒙古	**18**	**11**	**7**	**212**	**44**	**168**	**358**	**153**	**205**
呼和浩特市				**79**	**16**	**63**	**37**	**16**	**21**
新城区				1		1	2	1	1
回民区				1		1			
玉泉区				1		1	3	3	
赛罕区				12	3	9	13	2	11
土默特左旗				4	1	3	7	4	3
托克托县				8	2	6	8	5	3
和林格尔县				1		1	1	1	
清水河县				2		2	1		1
武川县				49	10	39	2		2
呼和浩特经济技术开发区									
包头市	**1**		**1**	**27**	**3**	**24**	**18**	**10**	**8**
东河区							2	2	
昆都仑区									
青山区							1	1	
石拐区							1	1	
白云鄂博矿区									
九原区				4		4	3	1	2
土默特右旗	1		1	3	1	2	3	1	2
固阳县				4	1	3	5	2	3
达尔罕茂明安联合旗				16	1	15	3	2	1
包头稀土高新技术产业开发区									
乌海市				**1**		**1**	**5**	**2**	**3**
海勃湾区							4	1	3
海南区				1		1	1	1	
乌达区									
赤峰市	**1**	**1**		**9**	**1**	**8**	**43**	**20**	**23**
红山区							1	1	
元宝山区							4	3	1
松山区				3	1	2	6	3	3
阿鲁科尔沁旗							3	1	2
巴林左旗							2	1	1
巴林右旗							2	2	
林西县	1	1					14	4	10
克什克腾旗							3	2	1
翁牛特旗				1		1			
喀喇沁旗				2		2	1		1
宁城县				1		1	5	2	3
敖汉旗				2		2	2	1	1

1-4c　续表 25　　　　单位：人

地　区	高山族			拉祜族			水　族		
	小计	男	女	小计	男	女	小计	男	女
通辽市	**1**	**1**					**60**	**25**	**35**
科尔沁区	1	1					17	6	11
科尔沁左翼中旗							3	2	1
科尔沁左翼后旗							12	4	8
开鲁县							9	3	6
库伦旗							6	5	1
奈曼旗							6	3	3
扎鲁特旗							4	2	2
通辽经济技术开发区							3		3
霍林郭勒市									
鄂尔多斯市				**8**	**5**	**3**	**22**	**9**	**13**
东胜区							2		2
康巴什区									
达拉特旗				2		2	3	2	1
准格尔旗				1		1			
鄂托克前旗							5	3	2
鄂托克旗							4	2	2
杭锦旗							1		1
乌审旗				1	1		2	1	1
伊金霍洛旗				4	4		5	1	4
呼伦贝尔市	**9**	**6**	**3**	**2**	**1**	**1**	**58**	**24**	**34**
海拉尔区							1		1
扎赉诺尔区									
阿荣旗	8	6	2				11	4	7
莫力达瓦达斡尔族自治旗	1		1	2	1	1	16	7	9
鄂伦春自治旗							14	7	7
鄂温克族自治旗							2	1	1
陈巴尔虎旗							3	3	
新巴尔虎左旗							1		1
新巴尔虎右旗							1		1
满洲里市									
牙克石市									
扎兰屯市							9	2	7
额尔古纳市									
根河市									
巴彦淖尔市				**7**	**1**	**6**	**32**	**12**	**20**
临河区							8	2	6
五原县				1	1		2	1	1
磴口县							1		1
乌拉特前旗				2		2	4	1	3
乌拉特中旗				4		4	2	2	
乌拉特后旗							2	2	
杭锦后旗							13	4	9

1-4c 续表 26　　单位：人

地　区	高山族			拉祜族			水　族		
	小计	男	女	小计	男	女	小计	男	女
乌兰察布市	**1**	**1**		**66**	**13**	**53**	**19**	**6**	**13**
集宁区				1		1			
卓资县	1	1		1		1	1		1
化德县				2		2			
商都县									
兴和县				20	3	17	1	1	
凉城县				2		2	7	2	5
察哈尔右翼前旗				2	1	1	6	1	5
察哈尔右翼中旗				2		2	1		1
察哈尔右翼后旗				1		1	2	1	1
四子王旗				34	9	25	1	1	
丰镇市				1		1			
兴安盟	**3**	**1**	**2**	**6**	**1**	**5**	**42**	**16**	**26**
乌兰浩特市				1		1	4	1	3
阿尔山市									
科尔沁右翼前旗	2	1	1	1		1	10	5	5
科尔沁右翼中旗				2		2	6	1	5
扎赉特旗	1		1	1		1	10	4	6
突泉县				1	1		12	5	7
锡林郭勒盟	**2**	**1**	**1**	**5**	**3**	**2**	**17**	**8**	**9**
二连浩特市									
锡林浩特市									
阿巴嘎旗							2	1	1
苏尼特左旗							2		2
苏尼特右旗							1		1
东乌珠穆沁旗							1		1
西乌珠穆沁旗							1	1	
太仆寺旗				3	1	2	1	1	
镶黄旗							2	2	
正镶白旗							3	2	1
正蓝旗							3	1	2
多伦县	2	1	1	2	2		1		1
乌拉盖管委会									
阿拉善盟				**2**		**2**	**5**	**5**	
阿拉善左旗				2		2	4	4	
阿拉善右旗							1	1	
额济纳旗									
内蒙古阿拉善经济开发区									

1-4c　续表 27　　　　单位：人

地　　区	东乡族			纳西族			景颇族		
	小计	男	女	小计	男	女	小计	男	女
内蒙古	**188**	**114**	**74**	**18**	**6**	**12**	**14**	**4**	**10**
呼和浩特市	**32**	**16**	**16**	**2**		**2**	**4**	**1**	**3**
新城区	8	5	3				3	1	2
回民区									
玉泉区							1		1
赛罕区	11	4	7						
土默特左旗	7	5	2	1		1			
托克托县				1		1			
和林格尔县	1		1						
清水河县	1	1							
武川县	4	1	3						
呼和浩特经济技术开发区									
包头市	**16**	**10**	**6**						
东河区									
昆都仑区	11	5	6						
青山区									
石拐区									
白云鄂博矿区									
九原区	1	1							
土默特右旗									
固阳县	4	4							
达尔罕茂明安联合旗									
包头稀土高新技术产业开发区									
乌海市	**11**	**5**	**6**						
海勃湾区	10	4	6						
海南区	1	1							
乌达区									
赤峰市	**9**	**5**	**4**						
红山区									
元宝山区									
松山区									
阿鲁科尔沁旗									
巴林左旗	5	3	2						
巴林右旗									
林西县	4	2	2						
克什克腾旗									
翁牛特旗									
喀喇沁旗									
宁城县									
敖汉旗									

1-4c 续表 28 单位：人

地区	东乡族			纳西族			景颇族		
	小计	男	女	小计	男	女	小计	男	女
通辽市				**4**	**1**	**3**	**1**		**1**
科尔沁区									
科尔沁左翼中旗							1		1
科尔沁左翼后旗									
开鲁县				1		1			
库伦旗				3	1	2			
奈曼旗									
扎鲁特旗									
通辽经济技术开发区									
霍林郭勒市									
鄂尔多斯市	**34**	**20**	**14**	**1**	**1**				
东胜区									
康巴什区									
达拉特旗	11	7	4						
准格尔旗	1		1	1	1				
鄂托克前旗	3	2	1						
鄂托克旗	5	5							
杭锦旗									
乌审旗	3	2	1						
伊金霍洛旗	11	4	7						
呼伦贝尔市	**1**		**1**	**6**	**3**	**3**	**3**		**3**
海拉尔区				6	3	3			
扎赉诺尔区									
阿荣旗									
莫力达瓦达斡尔族自治旗									
鄂伦春自治旗							3		3
鄂温克族自治旗									
陈巴尔虎旗									
新巴尔虎左旗									
新巴尔虎右旗	1		1						
满洲里市									
牙克石市									
扎兰屯市									
额尔古纳市									
根河市									
巴彦淖尔市	**10**	**6**	**4**						
临河区	5	3	2						
五原县									
磴口县	4	2	2						
乌拉特前旗	1	1							
乌拉特中旗									
乌拉特后旗									
杭锦后旗									

1-4c　续表 29　　　　单位：人

地　区	东乡族			纳西族			景颇族		
	小计	男	女	小计	男	女	小计	男	女
乌兰察布市	**19**	**7**	**12**	**5**	**1**	**4**	**2**	**2**	
集宁区				2	1	1	2	2	
卓资县									
化德县	1		1						
商都县	3	1	2						
兴和县									
凉城县				3		3			
察哈尔右翼前旗	1	1							
察哈尔右翼中旗	1		1						
察哈尔右翼后旗									
四子王旗	13	5	8						
丰镇市									
兴安盟							**3**	**1**	**2**
乌兰浩特市									
阿尔山市									
科尔沁右翼前旗									
科尔沁右翼中旗									
扎赉特旗									
突泉县							3	1	2
锡林郭勒盟							**1**		**1**
二连浩特市									
锡林浩特市									
阿巴嘎旗									
苏尼特左旗									
苏尼特右旗									
东乌珠穆沁旗									
西乌珠穆沁旗									
太仆寺旗									
镶黄旗									
正镶白旗									
正蓝旗									
多伦县							1		1
乌拉盖管委会									
阿拉善盟	**56**	**45**	**11**						
阿拉善左旗	8	5	3						
阿拉善右旗	15	12	3						
额济纳旗									
内蒙古阿拉善经济开发区	33	28	5						

1-4c 续表 30

单位：人

地区	柯尔克孜族			土族			达斡尔族		
	小计	男	女	小计	男	女	小计	男	女
内蒙古	**23**	**15**	**8**	**151**	**82**	**69**	**22134**	**11302**	**10832**
呼和浩特市	**2**	**2**		**20**	**6**	**14**	**151**	**82**	**69**
新城区							16	9	7
回民区							6	5	1
玉泉区							13	7	6
赛罕区	2	2		8	5	3	45	23	22
土默特左旗				1		1	35	19	16
托克托县				3		3	12	8	4
和林格尔县				4		4	16	7	9
清水河县				1		1	6	4	2
武川县				3	1	2	2		2
呼和浩特经济技术开发区									
包头市				**21**	**10**	**11**	**61**	**26**	**35**
东河区							2	1	1
昆都仑区							8		8
青山区									
石拐区							1		1
白云鄂博矿区									
九原区				6	2	4	13	6	7
土默特右旗				2	1	1	8	5	3
固阳县				1		1	16	7	9
达尔罕茂明安联合旗				12	7	5	13	7	6
包头稀土高新技术产业开发区									
乌海市				**4**	**3**	**1**	**12**	**6**	**6**
海勃湾区				3	2	1	8	4	4
海南区				1	1		4	2	2
乌达区									
赤峰市	**1**		**1**	**10**	**7**	**3**	**278**	**137**	**141**
红山区							1		1
元宝山区				2		2	11	3	8
松山区							59	32	27
阿鲁科尔沁旗							10	7	3
巴林左旗							26	11	15
巴林右旗							10	6	4
林西县							25	16	9
克什克腾旗							12	6	6
翁牛特旗	1		1				27	16	11
喀喇沁旗							26	13	13
宁城县				2	2		52	22	30
敖汉旗				6	5	1	19	5	14

1-4c　续表 31　　　　单位：人

地　区	柯尔克孜族			土　族			达斡尔族		
	小计	男	女	小计	男	女	小计	男	女
通辽市	**2**	**1**	**1**	**4**		**4**	**222**	**111**	**111**
科尔沁区				2		2	47	27	20
科尔沁左翼中旗	1	1		1		1	42	17	25
科尔沁左翼后旗							33	16	17
开鲁县							37	15	22
库伦旗							15	7	8
奈曼旗	1		1				19	12	7
扎鲁特旗				1		1	18	12	6
通辽经济技术开发区							11	5	6
霍林郭勒市									
鄂尔多斯市				**14**	**12**	**2**	**108**	**60**	**48**
东胜区				3	3		3	2	1
康巴什区									
达拉特旗							25	12	13
准格尔旗				2	2		33	22	11
鄂托克前旗				2		2	7	4	3
鄂托克旗				6	6		3	1	2
杭锦旗							7	5	2
乌审旗							11	5	6
伊金霍洛旗				1	1		19	9	10
呼伦贝尔市	**17**	**12**	**5**	**2**	**1**	**1**	**20727**	**10583**	**10144**
海拉尔区							162	81	81
扎赉诺尔区									
阿荣旗				1		1	961	491	470
莫力达瓦达斡尔族自治旗	11	7	4				14060	7128	6932
鄂伦春自治旗							1023	506	517
鄂温克族自治旗	4	4					2337	1273	1064
陈巴尔虎旗	1	1					141	86	55
新巴尔虎左旗							118	64	54
新巴尔虎右旗							77	49	28
满洲里市									
牙克石市							101	48	53
扎兰屯市	1		1	1	1		1675	822	853
额尔古纳市							71	34	37
根河市							1	1	
巴彦淖尔市				**51**	**25**	**26**	**97**	**45**	**52**
临河区				15	8	7	32	18	14
五原县				2	1	1	12	7	5
磴口县				14	6	8	5	3	2
乌拉特前旗				2		2	10	3	7
乌拉特中旗				2	1	1	18	3	15
乌拉特后旗				4	3	1	4	2	2
杭锦后旗				12	6	6	16	9	7

1-4c 续表 32 单位：人

地 区	柯尔克孜族			土 族			达斡尔族		
	小计	男	女	小计	男	女	小计	男	女
乌兰察布市	**1**		**1**	**2**		**2**	**95**	**57**	**38**
集宁区							10	7	3
卓资县				1		1	7	4	3
化德县							6	5	1
商都县							9	7	2
兴和县							9	5	4
凉城县				1		1	11	5	6
察哈尔右翼前旗							15	11	4
察哈尔右翼中旗							4	1	3
察哈尔右翼后旗							3	1	2
四子王旗							11	3	8
丰镇市	1		1				10	8	2
兴安盟							**278**	**137**	**141**
乌兰浩特市							18	12	6
阿尔山市							7	4	3
科尔沁右翼前旗							89	43	46
科尔沁右翼中旗							33	15	18
扎赉特旗							85	42	43
突泉县							46	21	25
锡林郭勒盟				**12**	**9**	**3**	**96**	**55**	**41**
二连浩特市									
锡林浩特市							13	6	7
阿巴嘎旗							4	4	
苏尼特左旗				2	2		5	3	2
苏尼特右旗				1	1		6	3	3
东乌珠穆沁旗							10	5	5
西乌珠穆沁旗							24	17	7
太仆寺旗							8	3	5
镶黄旗							1		1
正镶白旗							1		1
正蓝旗				9	6	3	14	7	7
多伦县							3	2	1
乌拉盖管委会							7	5	2
阿拉善盟				**11**	**9**	**2**	**9**	**3**	**6**
阿拉善左旗				4	3	1	5	3	2
阿拉善右旗				1	1				
额济纳旗				6	5	1	4		4
内蒙古阿拉善经济开发区									

1-4c 续表 33

单位：人

地 区	仫佬族			羌 族			布朗族		
	小计	男	女	小计	男	女	小计	男	女
内蒙古	**27**	**14**	**13**	**49**	**26**	**23**	**4**		**4**
呼和浩特市	**2**	**1**	**1**	**11**	**7**	**4**	**2**		**2**
新城区	1	1		1	1				
回民区									
玉泉区				4	4				
赛罕区				1		1			
土默特左旗	1		1	3	1	2			
托克托县									
和林格尔县									
清水河县				1	1				
武川县				1		1	2		2
呼和浩特经济技术开发区									
包头市	**1**		**1**	**6**	**3**	**3**			
东河区				3	2	1			
昆都仑区									
青山区									
石拐区									
白云鄂博矿区									
九原区				1	1				
土默特右旗				1		1			
固阳县	1		1	1		1			
达尔罕茂明安联合旗									
包头稀土高新技术产业开发区									
乌海市									
海勃湾区									
海南区									
乌达区									
赤峰市	**3**	**2**	**1**	**16**	**6**	**10**			
红山区									
元宝山区									
松山区				13	5	8			
阿鲁科尔沁旗									
巴林左旗	1	1		1	1				
巴林右旗									
林西县									
克什克腾旗									
翁牛特旗				1		1			
喀喇沁旗									
宁城县	2	1	1	1		1			
敖汉旗									

1－4c 续表 34 单位：人

地　区	仫佬族			羌　族			布朗族		
	小计	男	女	小计	男	女	小计	男	女
通辽市	**4**	**1**	**3**						
科尔沁区	2		2						
科尔沁左翼中旗	2	1	1						
科尔沁左翼后旗									
开鲁县									
库伦旗									
奈曼旗									
扎鲁特旗									
通辽经济技术开发区									
霍林郭勒市									
鄂尔多斯市	**3**	**3**		**2**	**2**				
东胜区				1	1				
康巴什区									
达拉特旗	3	3		1	1				
准格尔旗									
鄂托克前旗									
鄂托克旗									
杭锦旗									
乌审旗									
伊金霍洛旗									
呼伦贝尔市	**5**	**4**	**1**	**1**		**1**			
海拉尔区									
扎赉诺尔区									
阿荣旗									
莫力达瓦达斡尔族自治旗	2	1	1	1		1			
鄂伦春自治旗									
鄂温克族自治旗									
陈巴尔虎旗									
新巴尔虎左旗									
新巴尔虎右旗	2	2							
满洲里市									
牙克石市									
扎兰屯市	1	1							
额尔古纳市									
根河市									
巴彦淖尔市	**3**	**1**	**2**	**7**	**5**	**2**			
临河区	2		2	3	3				
五原县	1	1							
磴口县									
乌拉特前旗				2	1	1			
乌拉特中旗									
乌拉特后旗				1	1				
杭锦后旗				1		1			

1-4c　续表 35　　　　单位：人

地　区	仫佬族			羌　族			布朗族		
	小计	男	女	小计	男	女	小计	男	女
乌兰察布市	**6**	**2**	**4**	**3**		**3**	**2**		**2**
集宁区									
卓资县									
化德县									
商都县							1		1
兴和县	1	1							
凉城县	3		3						
察哈尔右翼前旗									
察哈尔右翼中旗				2		2	1		1
察哈尔右翼后旗	1		1						
四子王旗									
丰镇市	1	1		1		1			
兴安盟				**2**	**2**				
乌兰浩特市									
阿尔山市									
科尔沁右翼前旗									
科尔沁右翼中旗									
扎赉特旗				1	1				
突泉县				1	1				
锡林郭勒盟				**1**	**1**				
二连浩特市									
锡林浩特市									
阿巴嘎旗									
苏尼特左旗				1	1				
苏尼特右旗									
东乌珠穆沁旗									
西乌珠穆沁旗									
太仆寺旗									
镶黄旗									
正镶白旗									
正蓝旗									
多伦县									
乌拉盖管委会									
阿拉善盟									
阿拉善左旗									
阿拉善右旗									
额济纳旗									
内蒙古阿拉善经济开发区									

1−4c 续表 36

单位：人

地区	撒拉族			毛南族			仡佬族		
	小计	男	女	小计	男	女	小计	男	女
内蒙古	**29**	**14**	**15**	**31**	**19**	**12**	**161**	**97**	**64**
呼和浩特市	**3**	**1**	**2**	**4**	**3**	**1**	**18**	**11**	**7**
新城区				1	1		1		1
回民区	1		1				2	1	1
玉泉区				1	1		1		1
赛罕区	2	1	1				3	1	2
土默特左旗							8	7	1
托克托县				1		1			
和林格尔县				1	1		1	1	
清水河县									
武川县							2	1	1
呼和浩特经济技术开发区									
包头市	**5**	**2**	**3**				**6**	**5**	**1**
东河区							1	1	
昆都仑区									
青山区							1	1	
石拐区									
白云鄂博矿区									
九原区							1	1	
土默特右旗	5	2	3				1		1
固阳县							1	1	
达尔罕茂明安联合旗							1	1	
包头稀土高新技术产业开发区									
乌海市	**3**	**2**	**1**				**1**	**1**	
海勃湾区	3	2	1				1	1	
海南区									
乌达区									
赤峰市	**5**	**4**	**1**	**3**	**2**	**1**	**31**	**17**	**14**
红山区									
元宝山区									
松山区				1	1		8	2	6
阿鲁科尔沁旗							1	1	
巴林左旗							1		1
巴林右旗							1		1
林西县							4	4	
克什克腾旗							2	2	
翁牛特旗							5	4	1
喀喇沁旗							5	3	2
宁城县	5	4	1	2	1	1	3		3
敖汉旗							1	1	

1-4c 续表 37

单位：人

地区	撒拉族			毛南族			仡佬族		
	小计	男	女	小计	男	女	小计	男	女
通辽市				**4**	**2**	**2**	**20**	**13**	**7**
科尔沁区							10	5	5
科尔沁左翼中旗				1		1	2	1	1
科尔沁左翼后旗				2	1	1	1	1	
开鲁县				1	1		2	2	
库伦旗							2	1	1
奈曼旗									
扎鲁特旗							2	2	
通辽经济技术开发区							1	1	
霍林郭勒市									
鄂尔多斯市	**9**	**3**	**6**	**2**	**1**	**1**	**11**	**9**	**2**
东胜区	2	1	1				1	1	
康巴什区									
达拉特旗	1	1					4	2	2
准格尔旗							1	1	
鄂托克前旗				1	1		1	1	
鄂托克旗	2	1	1	1		1			
杭锦旗	1		1						
乌审旗	1		1				1	1	
伊金霍洛旗	2		2				3	3	
呼伦贝尔市				**5**	**4**	**1**	**24**	**12**	**12**
海拉尔区									
扎赉诺尔区									
阿荣旗				1	1		6	4	2
莫力达瓦达斡尔族自治旗				1		1	6	2	4
鄂伦春自治旗							4	2	2
鄂温克族自治旗							2	1	1
陈巴尔虎旗							2	2	
新巴尔虎左旗									
新巴尔虎右旗									
满洲里市									
牙克石市							1	1	
扎兰屯市				2	2		2		2
额尔古纳市				1	1		1		1
根河市									
巴彦淖尔市	**1**		**1**	**5**	**3**	**2**	**16**	**8**	**8**
临河区	1		1	1	1		4	1	3
五原县							3	2	1
磴口县				1	1				
乌拉特前旗							3	1	2
乌拉特中旗							1		1
乌拉特后旗				1	1				
杭锦后旗				2		2	5	4	1

1-4c 续表 38 单位：人

地 区	撒拉族			毛南族			仡佬族		
	小计	男	女	小计	男	女	小计	男	女
乌兰察布市	**2**	**1**	**1**	**3**	**1**	**2**	**8**	**4**	**4**
集宁区									
卓资县							1		1
化德县									
商都县									
兴和县							1	1	
凉城县				1		1	1	1	
察哈尔右翼前旗							2	1	1
察哈尔右翼中旗									
察哈尔右翼后旗							1		1
四子王旗	2	1	1	1		1	1	1	
丰镇市				1	1		1		1
兴安盟				**5**	**3**	**2**	**10**	**8**	**2**
乌兰浩特市							1	1	
阿尔山市							1	1	
科尔沁右翼前旗							1	1	
科尔沁右翼中旗				1	1		1	1	
扎赉特旗				2	2		3	3	
突泉县				2		2	3	1	2
锡林郭勒盟							**14**	**9**	**5**
二连浩特市									
锡林浩特市							1		1
阿巴嘎旗									
苏尼特左旗							1		1
苏尼特右旗							2	2	
东乌珠穆沁旗							2	2	
西乌珠穆沁旗							3	1	2
太仆寺旗									
镶黄旗							1	1	
正镶白旗									
正蓝旗							1		1
多伦县							3	3	
乌拉盖管委会									
阿拉善盟	**1**	**1**					**2**		**2**
阿拉善左旗	1	1							
阿拉善右旗							1		1
额济纳旗							1		1
内蒙古阿拉善经济开发区									

1-4c　续表 39　　　　单位：人

地　区	锡伯族			阿昌族			普米族		
	小计	男	女	小计	男	女	小计	男	女
内蒙古	**844**	**433**	**411**	**3**		**3**	**5**	**3**	**2**
呼和浩特市	**8**	**4**	**4**						
新城区									
回民区									
玉泉区	1		1						
赛罕区	5	3	2						
土默特左旗	1	1							
托克托县									
和林格尔县									
清水河县									
武川县	1		1						
呼和浩特经济技术开发区									
包头市	**4**	**2**	**2**						
东河区									
昆都仑区									
青山区									
石拐区									
白云鄂博矿区									
九原区	1		1						
土默特右旗	1	1							
固阳县	2	1	1						
达尔罕茂明安联合旗									
包头稀土高新技术产业开发区									
乌海市									
海勃湾区									
海南区									
乌达区									
赤峰市	**52**	**27**	**25**	**3**		**3**			
红山区				2		2			
元宝山区	3	2	1						
松山区	21	12	9						
阿鲁科尔沁旗				1		1			
巴林左旗	6	2	4						
巴林右旗									
林西县									
克什克腾旗	1	1							
翁牛特旗	1		1						
喀喇沁旗	1		1						
宁城县	14	6	8						
敖汉旗	5	4	1						

1-4c 续表 40 单位：人

地 区	锡伯族			阿昌族			普米族		
	小计	男	女	小计	男	女	小计	男	女
通辽市	**407**	**208**	**199**				**2**		**2**
科尔沁区	211	113	98						
科尔沁左翼中旗	117	61	56						
科尔沁左翼后旗	3	1	2				1		1
开鲁县	9	3	6				1		1
库伦旗	42	18	24						
奈曼旗	3	3							
扎鲁特旗	3	3							
通辽经济技术开发区	19	6	13						
霍林郭勒市									
鄂尔多斯市	**7**	**3**	**4**						
东胜区									
康巴什区									
达拉特旗									
准格尔旗	4	1	3						
鄂托克前旗									
鄂托克旗									
杭锦旗	1	1							
乌审旗	1		1						
伊金霍洛旗	1	1							
呼伦贝尔市	**220**	**109**	**111**						
海拉尔区	1		1						
扎赉诺尔区									
阿荣旗	69	33	36						
莫力达瓦达斡尔族自治旗	79	41	38						
鄂伦春自治旗	10	7	3						
鄂温克族自治旗	14	6	8						
陈巴尔虎旗	2	1	1						
新巴尔虎左旗									
新巴尔虎右旗									
满洲里市									
牙克石市	1	1							
扎兰屯市	41	18	23						
额尔古纳市	3	2	1						
根河市									
巴彦淖尔市	**7**	**4**	**3**						
临河区	5	3	2						
五原县									
磴口县	1	1							
乌拉特前旗									
乌拉特中旗	1		1						
乌拉特后旗									
杭锦后旗									

1-4c　续表 41　　　　单位：人

地　　区	锡伯族			阿昌族			普米族		
	小计	男	女	小计	男	女	小计	男	女
乌兰察布市	**8**	**4**	**4**				**1**	**1**	
集宁区									
卓资县									
化德县									
商都县									
兴和县	7	3	4				1	1	
凉城县									
察哈尔右翼前旗									
察哈尔右翼中旗									
察哈尔右翼后旗									
四子王旗	1	1							
丰镇市									
兴安盟	**113**	**55**	**58**						
乌兰浩特市	35	18	17						
阿尔山市									
科尔沁右翼前旗	19	8	11						
科尔沁右翼中旗	3	1	2						
扎赉特旗	36	16	20						
突泉县	20	12	8						
锡林郭勒盟	**18**	**17**	**1**				**2**	**2**	
二连浩特市									
锡林浩特市	2	2							
阿巴嘎旗	2	2							
苏尼特左旗									
苏尼特右旗									
东乌珠穆沁旗									
西乌珠穆沁旗	11	11					2	2	
太仆寺旗	3	2	1						
镶黄旗									
正镶白旗									
正蓝旗									
多伦县									
乌拉盖管委会									
阿拉善盟									
阿拉善左旗									
阿拉善右旗									
额济纳旗									
内蒙古阿拉善经济开发区									

1−4c 续表 42

单位：人

地 区	塔吉克族			怒 族			乌孜别克族		
	小计	男	女	小计	男	女	小计	男	女
内蒙古	**2**	**1**	**1**	**4**	**1**	**3**	**2**	**1**	**1**
呼和浩特市									
新城区									
回民区									
玉泉区									
赛罕区									
土默特左旗									
托克托县									
和林格尔县									
清水河县									
武川县									
呼和浩特经济技术开发区									
包头市	**1**	**1**		**1**		**1**			
东河区									
昆都仑区									
青山区									
石拐区									
白云鄂博矿区									
九原区									
土默特右旗	1	1							
固阳县				1		1			
达尔罕茂明安联合旗									
包头稀土高新技术产业开发区									
乌海市									
海勃湾区									
海南区									
乌达区									
赤峰市									
红山区									
元宝山区									
松山区									
阿鲁科尔沁旗									
巴林左旗									
巴林右旗									
林西县									
克什克腾旗									
翁牛特旗									
喀喇沁旗									
宁城县									
敖汉旗									

1-4c　续表 43

单位：人

地　　区	塔吉克族			怒　族			乌孜别克族		
	小计	男	女	小计	男	女	小计	男	女
通辽市									
科尔沁区									
科尔沁左翼中旗									
科尔沁左翼后旗									
开鲁县									
库伦旗									
奈曼旗									
扎鲁特旗									
通辽经济技术开发区									
霍林郭勒市									
鄂尔多斯市									
东胜区									
康巴什区									
达拉特旗									
准格尔旗									
鄂托克前旗									
鄂托克旗									
杭锦旗									
乌审旗									
伊金霍洛旗									
呼伦贝尔市				**2**	**1**	**1**	**1**	**1**	
海拉尔区									
扎赉诺尔区									
阿荣旗				2	1	1			
莫力达瓦达斡尔族自治旗							1	1	
鄂伦春自治旗									
鄂温克族自治旗									
陈巴尔虎旗									
新巴尔虎左旗									
新巴尔虎右旗									
满洲里市									
牙克石市									
扎兰屯市									
额尔古纳市									
根河市									
巴彦淖尔市									
临河区									
五原县									
磴口县									
乌拉特前旗									
乌拉特中旗									
乌拉特后旗									
杭锦后旗									

1−4c 续表 44

单位：人

地　　区	塔吉克族			怒　　族			乌孜别克族		
	小计	男	女	小计	男	女	小计	男	女
乌兰察布市									
集宁区									
卓资县									
化德县									
商都县									
兴和县									
凉城县									
察哈尔右翼前旗									
察哈尔右翼中旗									
察哈尔右翼后旗									
四子王旗									
丰镇市									
兴安盟									
乌兰浩特市									
阿尔山市									
科尔沁右翼前旗									
科尔沁右翼中旗									
扎赉特旗									
突泉县									
锡林郭勒盟	**1**		**1**	**1**		**1**			
二连浩特市									
锡林浩特市									
阿巴嘎旗									
苏尼特左旗									
苏尼特右旗									
东乌珠穆沁旗									
西乌珠穆沁旗									
太仆寺旗				1		1			
镶黄旗									
正镶白旗									
正蓝旗									
多伦县	1		1						
乌拉盖管委会									
阿拉善盟							**1**		**1**
阿拉善左旗									
阿拉善右旗							1		1
额济纳旗									
内蒙古阿拉善经济开发区									

1−4c 续表 45

单位：人

地区	俄罗斯族			鄂温克族			德昂族		
	小计	男	女	小计	男	女	小计	男	女
内蒙古	**720**	**403**	**317**	**10423**	**5391**	**5032**			
呼和浩特市	**5**	**4**	**1**	**48**	**27**	**21**			
新城区				11	6	5			
回民区				4	3	1			
玉泉区				1	1				
赛罕区	3	3		13	6	7			
土默特左旗	1		1	6	4	2			
托克托县				4	2	2			
和林格尔县				7	4	3			
清水河县				2	1	1			
武川县	1	1							
呼和浩特经济技术开发区									
包头市	**1**		**1**	**21**	**8**	**13**			
东河区									
昆都仑区				4	2	2			
青山区									
石拐区				2	2				
白云鄂博矿区									
九原区				4	1	3			
土默特右旗				6		6			
固阳县				2		2			
达尔罕茂明安联合旗	1		1	3	3				
包头稀土高新技术产业开发区									
乌海市				**4**	**3**	**1**			
海勃湾区				4	3	1			
海南区									
乌达区									
赤峰市	**12**	**7**	**5**	**72**	**29**	**43**			
红山区				2		2			
元宝山区				1		1			
松山区	1	1		21	8	13			
阿鲁科尔沁旗				6	1	5			
巴林左旗	5	3	2	2	1	1			
巴林右旗				2	2				
林西县				3	3				
克什克腾旗	2	1	1	9	3	6			
翁牛特旗	1		1	4	1	3			
喀喇沁旗	2	1	1	5	2	3			
宁城县	1	1		8	2	6			
敖汉旗				9	6	3			

1-4c 续表 46

单位：人

地区	俄罗斯族			鄂温克族			德昂族		
	小计	男	女	小计	男	女	小计	男	女
通辽市	**12**	**7**	**5**	**53**	**20**	**33**			
科尔沁区	2	1	1	10	5	5			
科尔沁左翼中旗	1	1		8	4	4			
科尔沁左翼后旗	2	1	1	11	4	7			
开鲁县	1	1		3	1	2			
库伦旗				8	2	6			
奈曼旗				6	2	4			
扎鲁特旗	6	3	3	4		4			
通辽经济技术开发区				2	1	1			
霍林郭勒市				1	1				
鄂尔多斯市	**4**	**2**	**2**	**35**	**11**	**24**			
东胜区				2		2			
康巴什区									
达拉特旗	1		1	3	1	2			
准格尔旗	1	1		14	5	9			
鄂托克前旗				3	2	1			
鄂托克旗				3	2	1			
杭锦旗				2		2			
乌审旗	1	1		4		4			
伊金霍洛旗	1		1	4	1	3			
呼伦贝尔市	**642**	**359**	**283**	**10054**	**5232**	**4822**			
海拉尔区	16	8	8	38	15	23			
扎赉诺尔区									
阿荣旗	1	1		1157	597	560			
莫力达瓦达斡尔族自治旗	4	1	3	2809	1494	1315			
鄂伦春自治旗	1		1	568	309	259			
鄂温克族自治旗	32	18	14	3825	1998	1827			
陈巴尔虎旗	9	5	4	943	473	470			
新巴尔虎左旗	6	2	4	37	6	31			
新巴尔虎右旗	2	2		10	2	8			
满洲里市									
牙克石市	23	10	13	21	12	9			
扎兰屯市	7	4	3	561	291	270			
额尔古纳市	535	305	230	14	8	6			
根河市	6	3	3	71	27	44			
巴彦淖尔市	**5**	**4**	**1**	**30**	**16**	**14**			
临河区	2	1	1	11	5	6			
五原县	1	1		4	1	3			
磴口县				2	1	1			
乌拉特前旗	1	1		2	2				
乌拉特中旗				1	1				
乌拉特后旗				1		1			
杭锦后旗	1	1		9	6	3			

1-4c　续表 47　　　　单位：人

地　区	俄罗斯族			鄂温克族			德 昂 族		
	小计	男	女	小计	男	女	小计	男	女
乌兰察布市	**9**	**4**	**5**	**22**	**11**	**11**			
集宁区	1		1						
卓资县	1	1							
化德县	1	1							
商都县				2	1	1			
兴和县				1		1			
凉城县	2	1	1	3	1	2			
察哈尔右翼前旗	3		3	4	2	2			
察哈尔右翼中旗	1	1		6	4	2			
察哈尔右翼后旗				1	1				
四子王旗				3	1	2			
丰镇市				2	1	1			
兴安盟	**22**	**12**	**10**	**56**	**24**	**32**			
乌兰浩特市	1	1		1		1			
阿尔山市									
科尔沁右翼前旗	6	2	4	14	7	7			
科尔沁右翼中旗	3	1	2	8	4	4			
扎赉特旗	2	1	1	22	8	14			
突泉县	10	7	3	11	5	6			
锡林郭勒盟	**4**	**1**	**3**	**26**	**9**	**17**			
二连浩特市									
锡林浩特市	1	1		4	2	2			
阿巴嘎旗	1		1	1	1				
苏尼特左旗				2	1	1			
苏尼特右旗				3	1	2			
东乌珠穆沁旗	2		2	2	1	1			
西乌珠穆沁旗				9	2	7			
太仆寺旗				1		1			
镶黄旗				2	1	1			
正镶白旗									
正蓝旗									
多伦县									
乌拉盖管委会				2		2			
阿拉善盟	**4**	**3**	**1**	**2**	**1**	**1**			
阿拉善左旗	4	3	1	1		1			
阿拉善右旗									
额济纳旗				1	1				
内蒙古阿拉善经济开发区									

1-4c 续表 48 单位：人

地 区	保安族			裕固族			京 族		
	小计	男	女	小计	男	女	小计	男	女
内蒙古	**4**	**1**	**3**	**9**	**5**	**4**	**10**	**7**	**3**
呼和浩特市				**1**		**1**			
新城区									
回民区									
玉泉区									
赛罕区									
土默特左旗				1		1			
托克托县									
和林格尔县									
清水河县									
武川县									
呼和浩特经济技术开发区									
包头市									
东河区									
昆都仑区									
青山区									
石拐区									
白云鄂博矿区									
九原区									
土默特右旗									
固阳县									
达尔罕茂明安联合旗									
包头稀土高新技术产业开发区									
乌海市									
海勃湾区									
海南区									
乌达区									
赤峰市							**2**	**2**	
红山区									
元宝山区									
松山区							1	1	
阿鲁科尔沁旗									
巴林左旗									
巴林右旗									
林西县									
克什克腾旗									
翁牛特旗									
喀喇沁旗							1	1	
宁城县									
敖汉旗									

1-4c　续表 49　　　　单位：人

地　区	保安族			裕固族			京　族		
	小计	男	女	小计	男	女	小计	男	女
通辽市							**2**	**2**	
科尔沁区									
科尔沁左翼中旗							1	1	
科尔沁左翼后旗									
开鲁县									
库伦旗									
奈曼旗							1	1	
扎鲁特旗									
通辽经济技术开发区									
霍林郭勒市									
鄂尔多斯市	**2**	**1**	**1**						
东胜区									
康巴什区									
达拉特旗									
准格尔旗									
鄂托克前旗									
鄂托克旗	1		1						
杭锦旗									
乌审旗	1	1							
伊金霍洛旗									
呼伦贝尔市							**3**	**2**	**1**
海拉尔区									
扎赉诺尔区									
阿荣旗							1	1	
莫力达瓦达斡尔族自治旗									
鄂伦春自治旗									
鄂温克族自治旗							2	1	1
陈巴尔虎旗									
新巴尔虎左旗									
新巴尔虎右旗									
满洲里市									
牙克石市									
扎兰屯市									
额尔古纳市									
根河市									
巴彦淖尔市				**3**	**3**				
临河区				3	3				
五原县									
磴口县									
乌拉特前旗									
乌拉特中旗									
乌拉特后旗									
杭锦后旗									

1-4c 续表 50　　单位：人

地　区	保安族			裕固族			京族		
	小计	男	女	小计	男	女	小计	男	女
乌兰察布市				**1**		**1**	**1**	**1**	
集宁区									
卓资县									
化德县									
商都县									
兴和县							1	1	
凉城县									
察哈尔右翼前旗									
察哈尔右翼中旗									
察哈尔右翼后旗				1		1			
四子王旗									
丰镇市									
兴安盟							**2**		**2**
乌兰浩特市							2		2
阿尔山市									
科尔沁右翼前旗									
科尔沁右翼中旗									
扎赉特旗									
突泉县									
锡林郭勒盟									
二连浩特市									
锡林浩特市									
阿巴嘎旗									
苏尼特左旗									
苏尼特右旗									
东乌珠穆沁旗									
西乌珠穆沁旗									
太仆寺旗									
镶黄旗									
正镶白旗									
正蓝旗									
多伦县									
乌拉盖管委会									
阿拉善盟	**2**		**2**	**4**	**2**	**2**			
阿拉善左旗	2		2						
阿拉善右旗				1	1				
额济纳旗				3	1	2			
内蒙古阿拉善经济开发区									

1-4c　续表 51　　　　单位：人

地　区	塔塔尔族			独 龙 族			鄂伦春族		
	小计	男	女	小计	男	女	小计	男	女
内蒙古	**4**	**2**	**2**	**1**	**1**		**877**	**414**	**463**
呼和浩特市	**1**	**1**					**11**	**6**	**5**
新城区							1	1	
回民区							1		1
玉泉区							1	1	
赛罕区	1	1					6	3	3
土默特左旗									
托克托县									
和林格尔县							1	1	
清水河县							1		1
武川县									
呼和浩特经济技术开发区									
包头市	**1**		**1**				**2**	**1**	**1**
东河区							1		1
昆都仑区									
青山区									
石拐区							1	1	
白云鄂博矿区									
九原区									
土默特右旗	1		1						
固阳县									
达尔罕茂明安联合旗									
包头稀土高新技术产业开发区									
乌海市									
海勃湾区									
海南区									
乌达区									
赤峰市							**26**	**13**	**13**
红山区									
元宝山区									
松山区							5	3	2
阿鲁科尔沁旗							1	1	
巴林左旗							12	6	6
巴林右旗									
林西县									
克什克腾旗									
翁牛特旗									
喀喇沁旗							2	2	
宁城县							1		1
敖汉旗							5	1	4

1-4c 续表 52

单位：人

地 区	塔塔尔族			独龙族			鄂伦春族		
	小计	男	女	小计	男	女	小计	男	女
通辽市	**1**	**1**					**10**	**5**	**5**
科尔沁区							6	3	3
科尔沁左翼中旗							1	1	
科尔沁左翼后旗									
开鲁县									
库伦旗	1	1							
奈曼旗							1	1	
扎鲁特旗							1		1
通辽经济技术开发区									
霍林郭勒市							1		1
鄂尔多斯市							**7**	**4**	**3**
东胜区									
康巴什区									
达拉特旗							2	1	1
准格尔旗							2	2	
鄂托克前旗									
鄂托克旗							2	1	1
杭锦旗									
乌审旗							1		1
伊金霍洛旗									
呼伦贝尔市							**731**	**343**	**388**
海拉尔区							2	1	1
扎赉诺尔区									
阿荣旗							71	33	38
莫力达瓦达斡尔族自治旗							130	64	66
鄂伦春自治旗							428	198	230
鄂温克族自治旗							9	3	6
陈巴尔虎旗									
新巴尔虎左旗							3	3	
新巴尔虎右旗							1		1
满洲里市									
牙克石市							2	2	
扎兰屯市							73	35	38
额尔古纳市							11	4	7
根河市							1		1
巴彦淖尔市	**1**		**1**				**4**	**2**	**2**
临河区	1		1				1		1
五原县							1		1
磴口县									
乌拉特前旗									
乌拉特中旗							1	1	
乌拉特后旗									
杭锦后旗							1	1	

1-4c　续表 53

单位：人

地　区	塔塔尔族			独龙族			鄂伦春族		
	小计	男	女	小计	男	女	小计	男	女
乌兰察布市				**1**	**1**		**3**	**3**	
集宁区									
卓资县									
化德县									
商都县									
兴和县				1	1		1	1	
凉城县							1	1	
察哈尔右翼前旗									
察哈尔右翼中旗									
察哈尔右翼后旗							1	1	
四子王旗									
丰镇市									
兴安盟							**79**	**34**	**45**
乌兰浩特市									
阿尔山市									
科尔沁右翼前旗							17	8	9
科尔沁右翼中旗							7	3	4
扎赉特旗							50	22	28
突泉县							5	1	4
锡林郭勒盟							**4**	**3**	**1**
二连浩特市									
锡林浩特市									
阿巴嘎旗							1	1	
苏尼特左旗									
苏尼特右旗									
东乌珠穆沁旗									
西乌珠穆沁旗							1	1	
太仆寺旗									
镶黄旗									
正镶白旗									
正蓝旗							2	1	1
多伦县									
乌拉盖管委会									
阿拉善盟									
阿拉善左旗									
阿拉善右旗									
额济纳旗									
内蒙古阿拉善经济开发区									

1-4c 续表 54

单位：人

地区	赫哲族			门巴族			珞巴族		
	小计	男	女	小计	男	女	小计	男	女
内蒙古	**24**	**13**	**11**						
呼和浩特市									
新城区									
回民区									
玉泉区									
赛罕区									
土默特左旗									
托克托县									
和林格尔县									
清水河县									
武川县									
呼和浩特经济技术开发区									
包头市	**1**	**1**							
东河区									
昆都仑区									
青山区									
石拐区									
白云鄂博矿区									
九原区									
土默特右旗	1	1							
固阳县									
达尔罕茂明安联合旗									
包头稀土高新技术产业开发区									
乌海市									
海勃湾区									
海南区									
乌达区									
赤峰市	**9**	**4**	**5**						
红山区									
元宝山区									
松山区									
阿鲁科尔沁旗									
巴林左旗	7	4	3						
巴林右旗	2		2						
林西县									
克什克腾旗									
翁牛特旗									
喀喇沁旗									
宁城县									
敖汉旗									

1-4c 续表 55

单位：人

地区	赫哲族			门巴族			珞巴族		
	小计	男	女	小计	男	女	小计	男	女
通辽市	**1**	**1**							
科尔沁区									
科尔沁左翼中旗									
科尔沁左翼后旗									
开鲁县									
库伦旗									
奈曼旗	1	1							
扎鲁特旗									
通辽经济技术开发区									
霍林郭勒市									
鄂尔多斯市	**2**	**1**	**1**						
东胜区									
康巴什区									
达拉特旗									
准格尔旗									
鄂托克前旗									
鄂托克旗									
杭锦旗									
乌审旗									
伊金霍洛旗	2	1	1						
呼伦贝尔市	**11**	**6**	**5**						
海拉尔区									
扎赉诺尔区									
阿荣旗									
莫力达瓦达斡尔族自治旗	1		1						
鄂伦春自治旗	2	2							
鄂温克族自治旗	4	1	3						
陈巴尔虎旗									
新巴尔虎左旗									
新巴尔虎右旗									
满洲里市									
牙克石市									
扎兰屯市	4	3	1						
额尔古纳市									
根河市									
巴彦淖尔市									
临河区									
五原县									
磴口县									
乌拉特前旗									
乌拉特中旗									
乌拉特后旗									
杭锦后旗									

1-4c 续表 56 单位：人

地区	赫哲族			门巴族			珞巴族		
	小计	男	女	小计	男	女	小计	男	女
乌兰察布市									
集宁区									
卓资县									
化德县									
商都县									
兴和县									
凉城县									
察哈尔右翼前旗									
察哈尔右翼中旗									
察哈尔右翼后旗									
四子王旗									
丰镇市									
兴安盟									
乌兰浩特市									
阿尔山市									
科尔沁右翼前旗									
科尔沁右翼中旗									
扎赉特旗									
突泉县									
锡林郭勒盟									
二连浩特市									
锡林浩特市									
阿巴嘎旗									
苏尼特左旗									
苏尼特右旗									
东乌珠穆沁旗									
西乌珠穆沁旗									
太仆寺旗									
镶黄旗									
正镶白旗									
正蓝旗									
多伦县									
乌拉盖管委会									
阿拉善盟									
阿拉善左旗									
阿拉善右旗									
额济纳旗									
内蒙古阿拉善经济开发区									

1-4c 续表 57

单位：人

地 区	基诺族			未定族称人口			入 籍		
	小计	男	女	小计	男	女	小计	男	女
内蒙古	**1**		**1**	**634**	**321**	**313**	**39**	**19**	**20**
呼和浩特市	**1**		**1**	**54**	**24**	**30**	**1**		**1**
新城区				6	2	4			
回民区				2	2				
玉泉区				6	1	5			
赛罕区				12	4	8			
土默特左旗	1		1	10	6	4	1		1
托克托县				3	2	1			
和林格尔县				6	3	3			
清水河县				4	2	2			
武川县				5	2	3			
呼和浩特经济技术开发区									
包头市				**32**	**14**	**18**	**3**	**1**	**2**
东河区				1		1			
昆都仑区				1		1			
青山区				1	1				
石拐区				2	1	1			
白云鄂博矿区									
九原区				6	2	4			
土默特右旗				3	2	1	1	1	
固阳县				8	5	3	2		2
达尔罕茂明安联合旗				10	3	7			
包头稀土高新技术产业开发区									
乌海市				**6**	**4**	**2**			
海勃湾区				5	4	1			
海南区				1		1			
乌达区									
赤峰市				**84**	**41**	**43**	**5**	**2**	**3**
红山区									
元宝山区				2		2			
松山区				9	4	5	1		1
阿鲁科尔沁旗				8	2	6			
巴林左旗				5	3	2			
巴林右旗				4	2	2			
林西县				5	3	2			
克什克腾旗				5	4	1			
翁牛特旗				3	2	1	1	1	
喀喇沁旗				12	5	7			
宁城县				24	13	11	1		1
敖汉旗				7	3	4	2	1	1

1-4c 续表 58

单位：人

地区	基诺族			未定族称人口			入籍		
	小计	男	女	小计	男	女	小计	男	女
通辽市				**110**	**60**	**50**	**12**	**5**	**7**
科尔沁区				21	10	11	1	1	
科尔沁左翼中旗				17	10	7	1		1
科尔沁左翼后旗				25	6	19	8	4	4
开鲁县				20	14	6	1		1
库伦旗				7	5	2	1		1
奈曼旗				10	6	4			
扎鲁特旗				9	8	1			
通辽经济技术开发区				1	1				
霍林郭勒市									
鄂尔多斯市				**52**	**28**	**24**			
东胜区				3	3				
康巴什区									
达拉特旗				12	5	7			
准格尔旗				12	3	9			
鄂托克前旗				9	7	2			
鄂托克旗				5	4	1			
杭锦旗				2	1	1			
乌审旗				3	1	2			
伊金霍洛旗				6	4	2			
呼伦贝尔市				**91**	**48**	**43**	**8**	**5**	**3**
海拉尔区							1	1	
扎赉诺尔区									
阿荣旗				14	8	6			
莫力达瓦达斡尔族自治旗				22	11	11	3		3
鄂伦春自治旗				14	7	7	2	2	
鄂温克族自治旗				9	7	2	1	1	
陈巴尔虎旗				2		2			
新巴尔虎左旗				8	4	4			
新巴尔虎右旗				4	4				
满洲里市									
牙克石市				4	2	2			
扎兰屯市				13	5	8	1	1	
额尔古纳市				1		1			
根河市									
巴彦淖尔市				**30**	**13**	**17**	**1**	**1**	
临河区				12	3	9			
五原县				2	1	1			
磴口县				1		1			
乌拉特前旗				2	1	1	1	1	
乌拉特中旗				7	5	2			
乌拉特后旗				1		1			
杭锦后旗				5	3	2			

1-4c　续表 59　　　　单位：人

地　　区	基诺族			未定族称人口			入　籍		
	小计	男	女	小计	男	女	小计	男	女
乌兰察布市				**59**	**31**	**28**	**2**	**1**	**1**
集宁区				10	7	3			
卓资县				3	3				
化德县				2	2				
商都县									
兴和县				5	1	4	1		1
凉城县				16	8	8			
察哈尔右翼前旗				8	1	7	1	1	
察哈尔右翼中旗				2	2				
察哈尔右翼后旗				3	3				
四子王旗				3	1	2			
丰镇市				7	3	4			
兴安盟				**70**	**34**	**36**	**3**	**2**	**1**
乌兰浩特市				10	5	5			
阿尔山市									
科尔沁右翼前旗				23	11	12	1	1	
科尔沁右翼中旗				11	5	6			
扎赉特旗				8	4	4	1		1
突泉县				18	9	9	1	1	
锡林郭勒盟				**39**	**18**	**21**	**4**	**2**	**2**
二连浩特市									
锡林浩特市				2	2				
阿巴嘎旗				1	1		1		1
苏尼特左旗				3	2	1			
苏尼特右旗				1	1				
东乌珠穆沁旗				2		2			
西乌珠穆沁旗				15	5	10	1	1	
太仆寺旗				4	1	3			
镶黄旗				2	2				
正镶白旗				1	1				
正蓝旗				6	3	3			
多伦县				1		1	2	1	1
乌拉盖管委会				1		1			
阿拉善盟				**7**	**6**	**1**			
阿拉善左旗				5	4	1			
阿拉善右旗				1	1				
额济纳旗				1	1				
内蒙古阿拉善经济开发区									

1-5 各地区分年龄、性别的人口

单位：人

地　区	合　计			0岁		
	合计	男	女	小计	男	女
内蒙古	**24049155**	**12275274**	**11773881**	**172951**	**89403**	**83548**
呼和浩特市	**3446100**	**1740118**	**1705982**	**26908**	**13794**	**13114**
新城区	699672	350844	348828	5264	2668	2596
回民区	436042	216071	219971	3576	1832	1744
玉泉区	524573	265083	259490	4685	2408	2277
赛罕区	885321	443731	441590	7132	3694	3438
土默特左旗	263131	135515	127616	1541	793	748
托克托县	166192	86070	80122	999	471	528
和林格尔县	162476	81960	80516	1143	604	539
清水河县	76674	40042	36632	367	185	182
武川县	95869	49751	46118	440	236	204
呼和浩特经济技术开发区	136150	71051	65099	1761	903	858
包头市	**2709378**	**1373718**	**1335660**	**17684**	**9139**	**8545**
东河区	484218	242557	241661	2909	1495	1414
昆都仑区	787681	396182	391499	5017	2561	2456
青山区	535128	265736	269392	3429	1828	1601
石拐区	24745	13661	11084	108	57	51
白云鄂博矿区	22681	12359	10322	105	59	46
九原区	245190	129253	115937	1983	1005	978
土默特右旗	237421	122257	115164	1388	739	649
固阳县	118624	62444	56180	591	313	278
达尔罕茂明安联合旗	69563	36203	33360	321	138	183
包头稀土高新技术产业开发区	184127	93066	91061	1833	944	889
乌海市	**556621**	**291044**	**265577**	**4131**	**2142**	**1989**
海勃湾区	339155	173881	165274	2767	1419	1348
海南区	94770	52361	42409	617	331	286
乌达区	122696	64802	57894	747	392	355
赤峰市	**4035967**	**2049636**	**1986331**	**30587**	**15923**	**14664**
红山区	469079	234928	234151	4151	2153	1998
元宝山区	284990	143355	141635	1781	903	878
松山区	706312	361387	344925	6927	3674	3253
阿鲁科尔沁旗	240360	121361	118999	1486	766	720
巴林左旗	277522	139927	137595	1739	898	841
巴林右旗	155027	78085	76942	1225	628	597
林西县	186663	93872	92791	1143	600	543
克什克腾旗	186143	95093	91050	1312	690	622
翁牛特旗	333970	170380	163590	2342	1218	1124
喀喇沁旗	262792	134729	128063	1761	953	808
宁城县	484397	248592	235805	3566	1861	1705
敖汉旗	448712	227927	220785	3154	1579	1575

1-5　续表 1　　　　单位：人

地　　区	合　　计			0岁		
	合计	男	女	小计	男	女
通辽市	**2873168**	**1449181**	**1423987**	**18763**	**9734**	**9029**
科尔沁区	718665	356823	361842	3758	1981	1777
科尔沁左翼中旗	399631	205226	194405	2315	1168	1147
科尔沁左翼后旗	321438	163374	158064	1936	1011	925
开鲁县	313364	156472	156892	1921	1017	904
库伦旗	151133	77239	73894	1053	556	497
奈曼旗	375312	189918	185394	2823	1448	1375
扎鲁特旗	251806	127345	124461	1723	918	805
通辽经济技术开发区	203143	100601	102542	1930	972	958
霍林郭勒市	138676	72183	66493	1304	663	641
鄂尔多斯市	**2153638**	**1154944**	**998694**	**20053**	**10376**	**9677**
东胜区	574242	296410	277832	5973	3052	2921
康巴什区	118796	60755	58041	1330	644	686
达拉特旗	328593	170287	158306	2588	1333	1255
准格尔旗	359184	197999	161185	3018	1598	1420
鄂托克前旗	92724	51486	41238	829	436	393
鄂托克旗	162726	89601	73125	1485	765	720
杭锦旗	110824	57884	52940	931	493	438
乌审旗	158566	91164	67402	1451	792	659
伊金霍洛旗	247983	139358	108625	2448	1263	1185
呼伦贝尔市	**2242875**	**1132938**	**1109937**	**13216**	**6839**	**6377**
海拉尔区	365012	179191	185821	2292	1164	1128
扎赉诺尔区	84424	42042	42382	381	185	196
阿荣旗	257815	131314	126501	2006	1045	961
莫力达瓦达斡尔族自治旗	228822	117053	111769	1512	792	720
鄂伦春自治旗	174023	88127	85896	968	497	471
鄂温克族自治旗	141102	71088	70014	875	439	436
陈巴尔虎旗	50556	26727	23829	269	157	112
新巴尔虎左旗	37007	18970	18037	247	129	118
新巴尔虎右旗	38358	20732	17626	309	158	151
满洲里市	150508	76282	74226	885	454	431
牙克石市	256396	128132	128264	931	499	432
扎兰屯市	318933	162036	156897	2010	1040	970
额尔古纳市	68482	34925	33557	334	183	151
根河市	71437	36319	35118	197	97	100
巴彦淖尔市	**1538715**	**785739**	**752976**	**10836**	**5633**	**5203**
临河区	582206	293640	288566	4677	2469	2208
五原县	224809	114404	110405	1481	774	707
磴口县	90196	46253	43943	488	235	253
乌拉特前旗	257826	132406	125420	1582	838	744
乌拉特中旗	112159	59688	52471	704	365	339
乌拉特后旗	53946	29437	24509	435	218	217
杭锦后旗	217573	109911	107662	1469	734	735

1−5 续表 2 单位：人

地 区	合 计			0岁		
	合计	男	女	小计	男	女
乌兰察布市	**1706328**	**869837**	**836491**	**9687**	**5057**	**4630**
集宁区	425059	210058	215001	3019	1586	1433
卓资县	85648	45616	40032	381	206	175
化德县	95273	48566	46707	554	269	285
商都县	173926	87608	86318	887	463	424
兴和县	167881	85382	82499	1025	533	492
凉城县	119061	61873	57188	577	305	272
察哈尔右翼前旗	125172	65629	59543	650	335	315
察哈尔右翼中旗	86108	45038	41070	330	173	157
察哈尔右翼后旗	103599	53025	50574	451	244	207
四子王旗	129372	66428	62944	698	373	325
丰镇市	195229	100614	94615	1115	570	545
兴安盟	**1416929**	**717239**	**699690**	**9611**	**4880**	**4731**
乌兰浩特市	356035	175183	180852	2565	1307	1258
阿尔山市	32301	16695	15606	174	93	81
科尔沁右翼前旗	285392	145912	139480	2039	1007	1032
科尔沁右翼中旗	207380	105637	101743	1370	683	687
扎赉特旗	315153	161734	153419	2115	1084	1031
突泉县	220668	112078	108590	1348	706	642
锡林郭勒盟	**1107075**	**571371**	**535704**	**9083**	**4706**	**4377**
二连浩特市	75794	38807	36987	636	310	326
锡林浩特市	349953	176194	173759	3058	1583	1475
阿巴嘎旗	38589	20583	18006	299	144	155
苏尼特左旗	33643	18165	15478	278	144	134
苏尼特右旗	62402	31910	30492	392	225	167
东乌珠穆沁旗	70610	36659	33951	603	318	285
西乌珠穆沁旗	99255	55077	44178	914	496	418
太仆寺旗	109370	56021	53349	719	379	340
镶黄旗	27399	14395	13004	224	121	103
正镶白旗	42950	22415	20535	250	137	113
正蓝旗	69908	35820	34088	567	292	275
多伦县	103736	53068	50668	959	469	490
乌拉盖管委会	23466	12257	11209	184	88	96
阿拉善盟	**262361**	**139509**	**122852**	**2392**	**1180**	**1212**
阿拉善左旗	176744	92388	84356	1484	740	744
阿拉善右旗	22647	12047	10600	194	93	101
额济纳旗	35756	18852	16904	437	220	217
内蒙古阿拉善经济开发区	27214	16222	10992	277	127	150

1-5　续表 3　　　　单位：人

地　区	1-4岁			5-9岁			10-14岁		
	小计	男	女	小计	男	女	小计	男	女
内蒙古	**882705**	**456610**	**426095**	**1184065**	**616732**	**567333**	**1137952**	**592970**	**544982**
呼和浩特市	**133985**	**69133**	**64852**	**167130**	**86286**	**80844**	**151232**	**78188**	**73044**
新城区	27264	14101	13163	36821	19095	17726	33134	17196	15938
回民区	15479	8043	7436	19354	9944	9410	18994	9845	9149
玉泉区	22433	11511	10922	25167	12926	12241	24646	12662	11984
赛罕区	36712	18963	17749	43964	22709	21255	33903	17380	16523
土默特左旗	7941	4036	3905	10486	5413	5073	10781	5617	5164
托克托县	5363	2793	2570	8184	4214	3970	9554	4943	4611
和林格尔县	4991	2585	2406	7459	3881	3578	7346	3958	3388
清水河县	2043	1067	976	3274	1686	1588	3976	2087	1889
武川县	2218	1159	1059	3279	1679	1600	3906	1917	1989
呼和浩特经济技术开发区	9541	4875	4666	9142	4739	4403	4992	2583	2409
包头市	**94760**	**48928**	**45832**	**126636**	**64869**	**61767**	**116218**	**59206**	**57012**
东河区	15333	7957	7376	20234	10320	9914	19147	9691	9456
昆都仑区	29330	14986	14344	39855	20387	19468	36136	18394	17742
青山区	17922	9247	8675	24499	12651	11848	21691	11115	10576
石拐区	558	332	226	648	319	329	578	278	300
白云鄂博矿区	711	376	335	781	403	378	615	299	316
九原区	10062	5266	4796	12844	6611	6233	11947	6062	5885
土默特右旗	6733	3412	3321	10640	5385	5255	10672	5515	5157
固阳县	3073	1605	1468	4420	2274	2146	4695	2369	2326
达尔罕茂明安联合旗	1782	960	822	2350	1203	1147	2303	1161	1142
包头稀土高新技术产业开发区	9256	4787	4469	10365	5316	5049	8434	4322	4112
乌海市	**21012**	**10830**	**10182**	**25953**	**13377**	**12576**	**23654**	**11975**	**11679**
海勃湾区	13924	7212	6712	16494	8422	8072	14138	7181	6957
海南区	3356	1748	1608	4697	2500	2197	4527	2241	2286
乌达区	3732	1870	1862	4762	2455	2307	4989	2553	2436
赤峰市	**158559**	**82689**	**75870**	**214316**	**117000**	**97316**	**215617**	**119258**	**96359**
红山区	21287	11274	10013	26595	14715	11880	21730	11912	9818
元宝山区	9206	4784	4422	12349	6787	5562	14150	8105	6045
松山区	35201	18527	16674	40179	22348	17831	34935	20052	14883
阿鲁科尔沁旗	7649	3993	3656	10878	5701	5177	12414	6492	5922
巴林左旗	8490	4446	4044	13030	6837	6193	16784	8741	8043
巴林右旗	5910	3050	2860	7628	3971	3657	8291	4417	3874
林西县	6247	3216	3031	7985	4178	3807	9275	4751	4524
克什克腾旗	6901	3579	3322	8246	4247	3999	7975	4147	3828
翁牛特旗	11672	6124	5548	16035	8915	7120	17858	10158	7700
喀喇沁旗	9015	4756	4259	13957	7610	6347	15546	8614	6932
宁城县	19118	9715	9403	29487	16268	13219	30315	17098	13217
敖汉旗	17863	9225	8638	27947	15423	12524	26344	14771	11573

1-5 续表 4

单位：人

地 区	1-4岁			5-9岁			10-14岁		
	小计	男	女	小计	男	女	小计	男	女
通辽市	**97299**	**50134**	**47165**	**146981**	**76301**	**70680**	**154038**	**80109**	**73929**
科尔沁区	20624	10728	9896	31790	16446	15344	32791	16794	15997
科尔沁左翼中旗	11826	5993	5833	19962	10445	9517	23688	12237	11451
科尔沁左翼后旗	9733	5042	4691	16645	8555	8090	20553	10724	9829
开鲁县	10281	5222	5059	15642	8104	7538	16847	8796	8051
库伦旗	5051	2672	2379	7757	4127	3630	8682	4678	4004
奈曼旗	14699	7645	7054	23405	12273	11132	21791	11521	10270
扎鲁特旗	9096	4603	4493	12929	6574	6355	13970	7194	6776
通辽经济技术开发区	9508	4883	4625	10391	5392	4999	8976	4621	4355
霍林郭勒市	6481	3346	3135	8460	4385	4075	6740	3544	3196
鄂尔多斯市	**104570**	**54741**	**49829**	**146108**	**76082**	**70026**	**118544**	**61547**	**56997**
东胜区	30608	15995	14613	42778	22294	20484	34003	17591	16412
康巴什区	7174	3778	3396	9085	4722	4363	7048	3748	3300
达拉特旗	13573	6967	6606	22124	11470	10654	19073	9784	9289
准格尔旗	15492	8078	7414	22492	11506	10986	20934	10737	10197
鄂托克前旗	4234	2229	2005	5512	2847	2665	3880	2048	1832
鄂托克旗	8002	4181	3821	10451	5468	4983	7902	4092	3810
杭锦旗	4554	2452	2102	6249	3111	3138	5180	2630	2550
乌审旗	8116	4391	3725	11060	5961	5099	8056	4384	3672
伊金霍洛旗	12817	6670	6147	16357	8703	7654	12468	6533	5935
呼伦贝尔市	**67924**	**35084**	**32840**	**88970**	**46086**	**42884**	**91789**	**47776**	**44013**
海拉尔区	11746	6125	5621	12765	6672	6093	11481	5892	5589
扎赉诺尔区	1924	960	964	2209	1125	1084	2491	1306	1185
阿荣旗	10184	5348	4836	13827	7153	6674	14291	7513	6778
莫力达瓦达斡尔族自治旗	7808	4075	3733	12364	6495	5869	13622	7062	6560
鄂伦春自治旗	5093	2589	2504	6838	3492	3346	7339	3817	3522
鄂温克族自治旗	4512	2345	2167	5655	2889	2766	5284	2730	2554
陈巴尔虎旗	1285	641	644	1647	876	771	1707	924	783
新巴尔虎左旗	1322	673	649	1725	913	812	1524	766	758
新巴尔虎右旗	1345	698	647	1587	828	759	1360	711	649
满洲里市	4826	2444	2382	6744	3532	3212	6576	3523	3053
牙克石市	4872	2447	2425	5949	3090	2859	6909	3661	3248
扎兰屯市	10150	5218	4932	14346	7354	6992	15221	7803	7418
额尔古纳市	1817	973	844	2055	1051	1004	2359	1237	1122
根河市	1040	548	492	1259	616	643	1625	831	794
巴彦淖尔市	**55467**	**28687**	**26780**	**66481**	**33847**	**32634**	**61914**	**31551**	**30363**
临河区	23077	11973	11104	26990	13887	13103	24758	12697	12061
五原县	7933	4155	3778	10119	5210	4909	9322	4621	4701
磴口县	2701	1386	1315	2853	1436	1417	2885	1448	1437
乌拉特前旗	8626	4447	4179	11640	5804	5836	10758	5481	5277
乌拉特中旗	3539	1838	1701	4086	2088	1998	3686	1923	1763
乌拉特后旗	2091	1099	992	2159	1077	1082	1885	973	912
杭锦后旗	7500	3789	3711	8634	4345	4289	8620	4408	4212

1-5　续表 5　　　　单位：人

地　区	1-4岁			5-9岁			10-14岁		
	小计	男	女	小计	男	女	小计	男	女
乌兰察布市	**44776**	**22768**	**22008**	**62879**	**31706**	**31173**	**71177**	**34924**	**36253**
集宁区	14203	7231	6972	18256	9349	8907	18330	9146	9184
卓资县	1856	915	941	2203	1130	1073	2348	1163	1185
化德县	2496	1242	1254	3123	1530	1593	3485	1641	1844
商都县	3902	1949	1953	5958	2960	2998	7121	3418	3703
兴和县	4492	2285	2207	7488	3806	3682	8783	4228	4555
凉城县	2753	1415	1338	4151	2135	2016	5339	2652	2687
察哈尔右翼前旗	2684	1376	1308	3696	1842	1854	4651	2329	2322
察哈尔右翼中旗	1624	845	779	2197	1107	1090	2661	1318	1343
察哈尔右翼后旗	2223	1144	1079	3357	1615	1742	3861	1926	1935
四子王旗	3364	1737	1627	4623	2305	2318	5017	2409	2608
丰镇市	5179	2629	2550	7827	3927	3900	9581	4694	4887
兴安盟	**48366**	**24775**	**23591**	**72989**	**37480**	**35509**	**74390**	**38196**	**36194**
乌兰浩特市	12605	6392	6213	16949	8651	8298	15754	8083	7671
阿尔山市	885	459	426	907	459	448	796	429	367
科尔沁右翼前旗	10534	5348	5186	15138	7793	7345	15222	7830	7392
科尔沁右翼中旗	7144	3670	3474	11048	5689	5359	12039	6276	5763
扎赉特旗	10311	5350	4961	18008	9223	8785	18733	9437	9296
突泉县	6887	3556	3331	10939	5665	5274	11846	6141	5705
锡林郭勒盟	**43566**	**22404**	**21162**	**53495**	**27359**	**26136**	**49484**	**25145**	**24339**
二连浩特市	2938	1527	1411	4257	2077	2180	4151	2077	2074
锡林浩特市	14928	7570	7358	17070	8751	8319	16088	8247	7841
阿巴嘎旗	1420	701	719	1534	790	744	1334	678	656
苏尼特左旗	1326	702	624	1590	829	761	1337	718	619
苏尼特右旗	1938	1009	929	2570	1299	1271	2400	1182	1218
东乌珠穆沁旗	2910	1511	1399	3747	1918	1829	3490	1744	1746
西乌珠穆沁旗	4129	2155	1974	4762	2434	2328	3978	2048	1930
太仆寺旗	2905	1518	1387	3978	2019	1959	4546	2261	2285
镶黄旗	982	533	449	1209	621	588	1046	538	508
正镶白旗	1194	633	561	1465	736	729	1367	628	739
正蓝旗	2923	1484	1439	3222	1626	1596	2773	1445	1328
多伦县	4875	2500	2375	6733	3529	3204	5912	3019	2893
乌拉盖管委会	1098	561	537	1358	730	628	1062	560	502
阿拉善盟	**12421**	**6437**	**5984**	**12127**	**6339**	**5788**	**9895**	**5095**	**4800**
阿拉善左旗	7637	3985	3652	7674	4041	3633	6841	3594	3247
阿拉善右旗	915	465	450	759	363	396	702	334	368
额济纳旗	2376	1251	1125	2004	1043	961	1382	672	710
内蒙古阿拉善经济开发区	1493	736	757	1690	892	798	970	495	475

1-5 续表 6

单位：人

地 区	15-19岁			20-24岁			25-29岁		
	小计	男	女	小计	男	女	小计	男	女
内蒙古	**1005267**	**523910**	**481357**	**1063742**	**552501**	**511241**	**1450355**	**757769**	**692586**
呼和浩特市	**193320**	**99297**	**94023**	**256656**	**126579**	**130077**	**243435**	**122911**	**120524**
新城区	39145	20756	18389	55102	27476	27626	49588	24844	24744
回民区	26955	13089	13866	37881	16901	20980	33600	16724	16876
玉泉区	24837	11985	12852	37089	17383	19706	45288	22596	22692
赛罕区	59427	31735	27692	82969	43387	39582	64228	32004	32224
土默特左旗	12520	6314	6206	11395	5643	5752	13409	7283	6126
托克托县	7606	3960	3646	4996	2929	2067	8675	4718	3957
和林格尔县	11469	5138	6331	14260	5691	8569	7848	4144	3704
清水河县	3096	1633	1463	2093	1211	882	3453	1852	1601
武川县	3150	1639	1511	2688	1460	1228	3517	1868	1649
呼和浩特经济技术开发区	5115	3048	2067	8183	4498	3685	13829	6878	6951
包头市	**120772**	**64114**	**56658**	**142021**	**76282**	**65739**	**162428**	**83480**	**78948**
东河区	17420	8553	8867	21637	10504	11133	28765	14837	13928
昆都仑区	33929	18607	15322	47323	26431	20892	49884	25142	24742
青山区	32234	15622	16612	36309	18278	18031	32472	16760	15712
石拐区	970	537	433	970	528	442	1609	910	699
白云鄂博矿区	607	297	310	848	514	334	1339	760	579
九原区	14971	9732	5239	11838	7530	4308	15913	8128	7785
土默特右旗	9728	5148	4580	10979	5960	5019	10711	5759	4952
固阳县	4195	2147	2048	3959	2171	1788	5708	3056	2652
达尔罕茂明安联合旗	1288	681	607	1931	1059	872	3108	1661	1447
包头稀土高新技术产业开发区	5430	2790	2640	6227	3307	2920	12919	6467	6452
乌海市	**20012**	**10366**	**9646**	**24310**	**13254**	**11056**	**38058**	**20772**	**17286**
海勃湾区	14217	7283	6934	15874	8423	7451	23854	12503	11351
海南区	1907	1095	812	3769	2187	1582	6683	3982	2701
乌达区	3888	1988	1900	4667	2644	2023	7521	4287	3234
赤峰市	**168707**	**93529**	**75178**	**144672**	**76398**	**68274**	**208246**	**108440**	**99806**
红山区	19147	10174	8973	26542	12823	13719	32541	16398	16143
元宝山区	11326	6519	4807	9281	5040	4241	13163	7142	6021
松山区	33781	20210	13571	29635	16233	13402	46480	23848	22632
阿鲁科尔沁旗	9378	4887	4491	7878	4158	3720	12905	6781	6124
巴林左旗	13267	6840	6427	9816	5079	4737	13698	7207	6491
巴林右旗	5008	2599	2409	4561	2430	2131	7977	4081	3896
林西县	7616	3947	3669	6564	3479	3085	9951	5110	4841
克什克腾旗	5634	2983	2651	5842	3196	2646	8651	4592	4059
翁牛特旗	12707	7034	5673	10221	5739	4482	14617	7960	6657
喀喇沁旗	12207	6859	5348	8291	4491	3800	9156	4732	4424
宁城县	19312	10855	8457	13088	6962	6126	19677	10387	9290
敖汉旗	19324	10622	8702	12953	6768	6185	19430	10202	9228

1-5　续表 7　　　　单位：人

地　区	15-19岁			20-24岁			25-29岁		
	小计	男	女	小计	男	女	小计	男	女
通辽市	**126847**	**65487**	**61360**	**119218**	**60869**	**58349**	**182201**	**95008**	**87193**
科尔沁区	35503	17732	17771	41677	20136	21541	47845	24475	23370
科尔沁左翼中旗	15033	8077	6956	15443	8355	7088	25745	13972	11773
科尔沁左翼后旗	11698	6147	5551	10488	5519	4969	16887	8880	8007
开鲁县	13835	7198	6637	10927	5738	5189	18266	9496	8770
库伦旗	5283	2871	2412	4866	2597	2269	7967	4211	3756
奈曼旗	15830	8394	7436	12541	6603	5938	21544	11263	10281
扎鲁特旗	10381	5543	4838	8220	4235	3985	15191	7921	7270
通辽经济技术开发区	14533	6969	7564	9708	4657	5051	17392	8650	8742
霍林郭勒市	4751	2556	2195	5348	3029	2319	11364	6140	5224
鄂尔多斯市	**76196**	**40032**	**36164**	**83843**	**48037**	**35806**	**145628**	**82371**	**63257**
东胜区	23097	11280	11817	26533	13698	12835	43802	23475	20327
康巴什区	11266	6266	5000	8961	4847	4114	7844	3979	3865
达拉特旗	11952	6198	5754	8664	4842	3822	15934	8564	7370
准格尔旗	12815	6833	5982	12043	7529	4514	22062	12979	9083
鄂托克前旗	3024	1683	1341	2927	1638	1289	6056	3363	2693
鄂托克旗	3459	1934	1525	7585	4778	2807	13456	8097	5359
杭锦旗	2493	1335	1158	3173	1876	1297	5974	3360	2614
乌审旗	3595	1986	1609	5394	3503	1891	13068	8139	4929
伊金霍洛旗	4495	2517	1978	8563	5326	3237	17432	10415	7017
呼伦贝尔市	**79978**	**40571**	**39407**	**83558**	**43004**	**40554**	**130609**	**67493**	**63116**
海拉尔区	17296	8289	9007	20486	9838	10648	25257	12583	12674
扎赉诺尔区	1909	1002	907	2767	1414	1353	4886	2525	2361
阿荣旗	10023	5147	4876	7336	3690	3646	15604	7878	7726
莫力达瓦达斡尔族自治旗	8820	4562	4258	7887	4049	3838	13774	7247	6527
鄂伦春自治旗	4636	2476	2160	5543	2976	2567	9291	4792	4499
鄂温克族自治旗	5193	2766	2427	4759	2587	2172	8198	4324	3874
陈巴尔虎旗	783	414	369	1671	964	707	2963	1692	1271
新巴尔虎左旗	533	287	246	1298	722	576	2510	1342	1168
新巴尔虎右旗	625	354	271	1362	811	551	2653	1487	1166
满洲里市	5618	2759	2859	6985	3541	3444	9236	4700	4536
牙克石市	9328	4982	4346	8444	4557	3887	12656	6691	5965
扎兰屯市	11758	5802	5956	10618	5389	5229	17122	8722	8400
额尔古纳市	1875	921	954	2473	1397	1076	3856	2101	1755
根河市	1581	810	771	1929	1069	860	2603	1409	1194
巴彦淖尔市	**51021**	**26050**	**24971**	**51663**	**26513**	**25150**	**84532**	**44290**	**40242**
临河区	23980	12258	11722	25221	12179	13042	38457	19746	18711
五原县	6855	3461	3394	5752	3039	2713	9897	5078	4819
磴口县	2017	1061	956	2872	1574	1298	4763	2551	2212
乌拉特前旗	7199	3629	3570	6417	3450	2967	11376	5949	5427
乌拉特中旗	2625	1438	1187	3604	2107	1497	5572	3223	2349
乌拉特后旗	1143	617	526	1743	1012	731	3373	1970	1403
杭锦后旗	7202	3586	3616	6054	3152	2902	11094	5773	5321

1-5 续表 8 单位：人

地 区	15-19岁			20-24岁			25-29岁		
	小计	男	女	小计	男	女	小计	男	女
乌兰察布市	**66040**	**31608**	**34432**	**58515**	**28653**	**29862**	**81737**	**42097**	**39640**
集宁区	25909	11653	14256	23296	10166	13130	27120	13502	13618
卓资县	3167	1512	1655	1967	1098	869	3426	1937	1489
化德县	2845	1372	1473	2627	1350	1277	4360	2271	2089
商都县	6028	2896	3132	4961	2412	2549	6561	3324	3237
兴和县	5026	2458	2568	4668	2404	2264	7559	3814	3745
凉城县	3396	1793	1603	3054	1662	1392	4377	2345	2032
察哈尔右翼前旗	4551	2291	2260	3697	2019	1678	5872	3213	2659
察哈尔右翼中旗	2181	1177	1004	1849	983	866	2709	1394	1315
察哈尔右翼后旗	2650	1335	1315	2825	1519	1306	4206	2202	2004
四子王旗	3853	1914	1939	3486	1853	1633	5670	2940	2730
丰镇市	6434	3207	3227	6085	3187	2898	9877	5155	4722
兴安盟	**54253**	**27564**	**26689**	**48837**	**24877**	**23960**	**87471**	**45186**	**42285**
乌兰浩特市	19956	9612	10344	15995	7704	8291	25188	12728	12460
阿尔山市	501	273	228	1250	753	497	2320	1302	1018
科尔沁右翼前旗	8819	4648	4171	8578	4421	4157	17745	9204	8541
科尔沁右翼中旗	7397	3862	3535	6452	3434	3018	12815	6772	6043
扎赉特旗	10792	5644	5148	9536	4916	4620	17570	9077	8493
突泉县	6788	3525	3263	7026	3649	3377	11833	6103	5730
锡林郭勒盟	**40035**	**20987**	**19048**	**39339**	**21675**	**17664**	**66307**	**34766**	**31541**
二连浩特市	2506	1305	1201	2732	1427	1305	4825	2513	2312
锡林浩特市	18713	9629	9084	14828	7836	6992	24424	12455	11969
阿巴嘎旗	810	445	365	1344	776	568	2236	1274	962
苏尼特左旗	792	444	348	1275	764	511	2223	1248	975
苏尼特右旗	1767	910	857	1984	1098	886	3216	1674	1542
东乌珠穆沁旗	2132	1189	943	2795	1555	1240	4341	2306	2035
西乌珠穆沁旗	2497	1390	1107	3804	2336	1468	7004	4038	2966
太仆寺旗	3228	1709	1519	2736	1480	1256	3685	1839	1846
镶黄旗	666	342	324	769	480	289	1367	769	598
正镶白旗	1033	573	460	1248	731	517	1896	1031	865
正蓝旗	1673	877	796	2062	1136	926	4098	2153	1945
多伦县	3699	1889	1810	3050	1639	1411	5566	2754	2812
乌拉盖管委会	519	285	234	712	417	295	1426	712	714
阿拉善盟	**8086**	**4305**	**3781**	**11110**	**6360**	**4750**	**19703**	**10955**	**8748**
阿拉善左旗	6148	3227	2921	7233	3943	3290	12453	6834	5619
阿拉善右旗	567	306	261	772	439	333	1387	776	611
额济纳旗	806	421	385	1392	852	540	2866	1554	1312
内蒙古阿拉善经济开发区	565	351	214	1713	1126	587	2997	1791	1206

1-5　续表 9　　　　单位：人

地　　区	30-34岁			35-39岁			40-44岁		
	小计	男	女	小计	男	女	小计	男	女
内蒙古	**2042455**	**1054898**	**987557**	**1923895**	**1003174**	**920721**	**1780481**	**924262**	**856219**
呼和浩特市	**309974**	**156131**	**153843**	**290083**	**149089**	**140994**	**247490**	**125982**	**121508**
新城区	64801	32187	32614	64907	32239	32668	53511	27073	26438
回民区	39108	19735	19373	36757	18752	18005	32841	16473	16368
玉泉区	53643	27386	26257	48163	25255	22908	41709	21412	20297
赛罕区	81948	40420	41528	75871	38111	37760	59349	29657	29692
土默特左旗	17044	8926	8118	16747	9148	7599	16696	8670	8026
托克托县	11379	5828	5551	13631	7203	6428	12847	6826	6021
和林格尔县	9942	5057	4885	10870	5692	5178	10727	5658	5069
清水河县	4561	2372	2189	4481	2454	2027	5041	2588	2453
武川县	4741	2404	2337	4622	2351	2271	6330	3202	3128
呼和浩特经济技术开发区	22807	11816	10991	14034	7884	6150	8439	4423	4016
包头市	**231508**	**117901**	**113607**	**210054**	**107959**	**102095**	**192779**	**97725**	**95054**
东河区	39926	20456	19470	36677	19192	17485	33618	17183	16435
昆都仑区	72913	36356	36557	65742	32911	32831	58102	28909	29193
青山区	43529	22087	21442	41774	20776	20998	38389	18923	19466
石拐区	1867	1131	736	1391	834	557	1491	849	642
白云鄂博矿区	2316	1361	955	1496	883	613	1754	943	811
九原区	23331	11921	11410	19947	10427	9520	17919	9207	8712
土默特右旗	15462	7947	7515	15978	8748	7230	15483	8232	7251
固阳县	7454	4057	3397	6728	3669	3059	7387	3909	3478
达尔罕茂明安联合旗	3963	2095	1868	3926	2090	1836	5258	2789	2469
包头稀土高新技术产业开发区	20747	10490	10257	16395	8429	7966	13378	6781	6597
乌海市	**52736**	**28548**	**24188**	**44076**	**23976**	**20100**	**43521**	**23390**	**20131**
海勃湾区	33207	17399	15808	27319	14381	12938	25676	13401	12275
海南区	9149	5291	3858	7944	4603	3341	8032	4568	3464
乌达区	10380	5858	4522	8813	4992	3821	9813	5421	4392
赤峰市	**336642**	**171980**	**164662**	**310995**	**157649**	**153346**	**266448**	**135046**	**131402**
红山区	52328	26367	25961	40592	20325	20267	31696	15889	15807
元宝山区	21004	10784	10220	20511	10163	10348	19975	9928	10047
松山区	72628	36610	36018	57128	28582	28546	46518	23052	23466
阿鲁科尔沁旗	19630	10329	9301	20282	10578	9704	15371	8055	7316
巴林左旗	18606	9620	8986	24138	12389	11749	19018	9708	9310
巴林右旗	13145	6843	6302	12792	6573	6219	11313	5828	5485
林西县	13716	7105	6611	13059	6443	6616	11205	5698	5507
克什克腾旗	15464	8075	7389	11842	6098	5744	11769	6193	5576
翁牛特旗	23235	12149	11086	23395	11900	11495	22292	11480	10812
喀喇沁旗	18843	9516	9327	20124	10272	9852	17068	8627	8441
宁城县	39910	20321	19589	36163	18814	17349	31494	16138	15356
敖汉旗	28133	14261	13872	30969	15512	15457	28729	14450	14279

1-5 续表 10 单位：人

地 区	30-34岁			35-39岁			40-44岁		
	小计	男	女	小计	男	女	小计	男	女
通辽市	**239334**	**124308**	**115026**	**241969**	**126793**	**115176**	**227374**	**118344**	**109030**
科尔沁区	60710	30979	29731	56944	29323	27621	51320	26195	25125
科尔沁左翼中旗	33683	18215	15468	35463	19364	16099	32648	17424	15224
科尔沁左翼后旗	22751	11950	10801	28765	15263	13502	27645	14621	13024
开鲁县	22710	11358	11352	23779	12078	11701	25142	12676	12466
库伦旗	11379	5914	5465	12948	6780	6168	12770	6758	6012
奈曼旗	28284	14647	13637	29712	15446	14266	30668	15749	14919
扎鲁特旗	19175	10213	8962	22012	11533	10479	22342	11783	10559
通辽经济技术开发区	23492	11862	11630	17773	9066	8707	13408	6865	6543
霍林郭勒市	17150	9170	7980	14573	7940	6633	11431	6273	5158
鄂尔多斯市	**222630**	**119446**	**103184**	**199548**	**108130**	**91418**	**172150**	**93998**	**78152**
东胜区	64591	33165	31426	58010	29964	28046	47799	24816	22983
康巴什区	12974	6315	6659	12048	5975	6073	8215	4077	4138
达拉特旗	26534	13366	13168	27414	14241	13173	27321	14304	13017
准格尔旗	36277	20036	16241	31899	18023	13876	27478	15569	11909
鄂托克前旗	9027	5169	3858	7363	4271	3092	7939	4576	3363
鄂托克旗	18807	10533	8274	15334	8582	6752	13628	7708	5920
杭锦旗	8741	4582	4159	8229	4314	3915	8710	4545	4165
乌审旗	18296	10792	7504	15244	8959	6285	12133	7362	4771
伊金霍洛旗	27383	15488	11895	24007	13801	10206	18927	11041	7886
呼伦贝尔市	**177938**	**91713**	**86225**	**168096**	**87070**	**81026**	**176529**	**91528**	**85001**
海拉尔区	33593	16964	16629	27482	13971	13511	25135	12563	12572
扎赉诺尔区	6005	3127	2878	4804	2470	2334	5689	2915	2774
阿荣旗	22474	11360	11114	23948	12347	11601	21327	11094	10233
莫力达瓦达斡尔族自治旗	17523	8964	8559	19335	9907	9428	21461	11349	10112
鄂伦春自治旗	12054	6235	5819	11562	5909	5653	13813	7173	6640
鄂温克族自治旗	12074	6297	5777	11372	5923	5449	10782	5527	5255
陈巴尔虎旗	4018	2309	1709	4128	2339	1789	4332	2406	1926
新巴尔虎左旗	3289	1769	1520	3412	1850	1562	3511	1864	1647
新巴尔虎右旗	3801	2120	1681	3888	2229	1659	3809	2158	1651
满洲里市	14215	7150	7065	12863	6563	6300	12742	6608	6134
牙克石市	15647	8260	7387	13600	6934	6666	17658	8821	8837
扎兰屯市	25261	12928	12333	24223	12722	11501	25432	13457	11975
额尔古纳市	4761	2498	2263	4571	2381	2190	5584	2856	2728
根河市	3223	1732	1491	2908	1525	1383	5254	2737	2517
巴彦淖尔市	**122771**	**63868**	**58903**	**116140**	**62012**	**54128**	**117336**	**61102**	**56234**
临河区	52182	26717	25465	46941	24532	22409	44849	23158	21691
五原县	16258	8255	8003	17477	9312	8165	16842	8686	8156
磴口县	5969	3233	2736	5540	2939	2601	6004	3165	2839
乌拉特前旗	18510	9623	8887	17581	9420	8161	20338	10444	9894
乌拉特中旗	8125	4598	3527	8025	4522	3503	9633	5285	4348
乌拉特后旗	5386	3072	2314	4772	2760	2012	4609	2673	1936
杭锦后旗	16341	8370	7971	15804	8527	7277	15061	7691	7370

1-5　续表 11　　　　单位：人

地　区	30-34岁			35-39岁			40-44岁		
	小计	男	女	小计	男	女	小计	男	女
乌兰察布市	**104540**	**53598**	**50942**	**102922**	**53116**	**49806**	**108622**	**55560**	**53062**
集宁区	36014	18105	17909	33194	16755	16439	30645	15144	15501
卓资县	4385	2473	1912	4020	2238	1782	3868	2104	1764
化德县	5098	2638	2460	4682	2431	2251	6466	3340	3126
商都县	7709	3792	3917	9399	4624	4775	11072	5543	5529
兴和县	9738	4848	4890	9752	4999	4753	10271	5351	4920
凉城县	5564	2879	2685	5706	2985	2721	6067	3054	3013
察哈尔右翼前旗	7144	3952	3192	6487	3579	2908	6867	3664	3203
察哈尔右翼中旗	3614	1864	1750	3706	1968	1738	4835	2505	2330
察哈尔右翼后旗	5231	2671	2560	5999	3091	2908	6714	3493	3221
四子王旗	6951	3487	3464	7682	3959	3723	9850	5104	4746
丰镇市	13092	6889	6203	12295	6487	5808	11967	6258	5709
兴安盟	**118905**	**61162**	**57743**	**127521**	**68028**	**59493**	**114648**	**61151**	**53497**
乌兰浩特市	32245	16153	16092	31766	16294	15472	27202	14072	13130
阿尔山市	2555	1384	1171	2242	1197	1045	2357	1243	1114
科尔沁右翼前旗	23429	12263	11166	25374	13841	11533	21241	11519	9722
科尔沁右翼中旗	16318	8594	7724	20530	11157	9373	18447	10031	8416
扎赉特旗	29180	14991	14189	29591	16067	13524	27996	15224	12772
突泉县	15178	7777	7401	18018	9472	8546	17405	9062	8343
锡林郭勒盟	**98486**	**51739**	**46747**	**92229**	**48396**	**43833**	**91940**	**48735**	**43205**
二连浩特市	6507	3306	3201	7165	3647	3518	6928	3576	3352
锡林浩特市	35497	18124	17373	28835	14577	14258	28391	14118	14273
阿巴嘎旗	3392	1878	1514	3312	1885	1427	3525	1961	1564
苏尼特左旗	3188	1809	1379	3109	1768	1341	3225	1779	1446
苏尼特右旗	4683	2499	2184	4781	2460	2321	5438	2859	2579
东乌珠穆沁旗	6763	3621	3142	6675	3485	3190	6244	3430	2814
西乌珠穆沁旗	10924	6400	4524	9700	5617	4083	9261	5515	3746
太仆寺旗	5386	2757	2629	5640	2847	2793	7234	3713	3521
镶黄旗	2197	1168	1029	2269	1232	1037	2557	1435	1122
正镶白旗	2743	1469	1274	3083	1703	1380	3784	2103	1681
正蓝旗	6176	3201	2975	5679	2972	2707	6031	3243	2788
多伦县	8663	4262	4401	9847	5105	4742	7274	3849	3425
乌拉盖管委会	2367	1245	1122	2134	1098	1036	2048	1154	894
阿拉善盟	**26991**	**14504**	**12487**	**20262**	**10956**	**9306**	**21644**	**11701**	**9943**
阿拉善左旗	16567	8900	7667	13015	6857	6158	15128	7995	7133
阿拉善右旗	1859	1022	837	1660	896	764	1999	1094	905
额济纳旗	4023	1871	2152	2971	1560	1411	2622	1401	1221
内蒙古阿拉善经济开发区	4542	2711	1831	2616	1643	973	1895	1211	684

1-5 续表 12

单位：人

地　区	45-49岁			50-54岁			55-59岁		
	小计	男	女	小计	男	女	小计	男	女
内蒙古	**2320088**	**1187721**	**1132367**	**2297399**	**1181252**	**1116147**	**2030567**	**1030880**	**999687**
呼和浩特市	**290767**	**144875**	**145892**	**263838**	**133760**	**130078**	**249987**	**126358**	**123629**
新城区	59312	29618	29694	51962	26289	25673	48269	24245	24024
回民区	36594	18272	18322	32884	16699	16185	30191	15332	14859
玉泉区	47148	23779	23369	40208	20661	19547	34886	18110	16776
赛罕区	69781	34132	35649	63864	31454	32410	61114	30085	31029
土默特左旗	23196	11417	11779	24432	12423	12009	25492	13169	12323
托克托县	15813	7935	7878	13449	6906	6543	13094	6689	6405
和林格尔县	12824	6503	6321	11975	6255	5720	12312	6210	6102
清水河县	6963	3506	3457	7030	3508	3522	7264	3673	3591
武川县	10176	5088	5088	10246	5475	4771	10136	5380	4756
呼和浩特经济技术开发区	8960	4625	4335	7788	4090	3698	7229	3465	3764
包头市	**257389**	**128927**	**128462**	**258232**	**131917**	**126315**	**231878**	**118713**	**113165**
东河区	44464	22267	22197	48014	24478	23536	47797	24320	23477
昆都仑区	76982	37985	38997	73940	37428	36512	60019	30582	29437
青山区	49567	24747	24820	49282	24806	24476	41207	20775	20432
石拐区	2453	1378	1075	2797	1574	1223	2743	1572	1171
白云鄂博矿区	3252	1745	1507	3074	1767	1307	2238	1308	930
九原区	23396	11877	11519	22346	11717	10629	19253	10016	9237
土默特右旗	20730	10320	10410	21273	10661	10612	23340	11576	11764
固阳县	11302	5841	5461	12037	6455	5582	12229	6668	5561
达尔罕茂明安联合旗	7573	3849	3724	7871	4204	3667	7789	4111	3678
包头稀土高新技术产业开发区	17670	8918	8752	17598	8827	8771	15263	7785	7478
乌海市	**62053**	**32743**	**29310**	**60367**	**31992**	**28375**	**45243**	**23810**	**21433**
海勃湾区	36160	18485	17675	34508	17798	16710	27117	13916	13201
海南区	11208	6287	4921	10828	6142	4686	7465	4220	3245
乌达区	14685	7971	6714	15031	8052	6979	10661	5674	4987
赤峰市	**380331**	**192332**	**187999**	**391780**	**198068**	**193712**	**359487**	**178542**	**180945**
红山区	39573	19498	20075	37279	18511	18768	34622	17487	17135
元宝山区	31470	15509	15961	32685	16495	16190	26853	13570	13283
松山区	62464	31045	31419	60307	30306	30001	55314	27675	27639
阿鲁科尔沁旗	23441	12143	11298	26085	12523	13562	22782	11255	11527
巴林左旗	27196	13664	13532	26125	13533	12592	25989	12820	13169
巴林右旗	17572	9046	8526	16244	8257	7987	13649	6660	6989
林西县	17963	9052	8911	17644	9131	8513	18436	9100	9336
克什克腾旗	18351	9584	8767	20837	10802	10035	18220	9238	8982
翁牛特旗	30908	15917	14991	34527	17451	17076	32450	15757	16693
喀喇沁旗	24304	12457	11847	25768	13294	12474	25622	12780	12842
宁城县	45892	23562	22330	47858	24190	23668	43844	21660	22184
敖汉旗	41197	20855	20342	46421	23575	22846	41706	20540	21166

1-5　续表 13　　　　单位：人

地　区	45-49岁			50-54岁			55-59岁		
	小计	男	女	小计	男	女	小计	男	女
通辽市	**274722**	**140416**	**134306**	**268529**	**134837**	**133692**	**238732**	**117130**	**121602**
科尔沁区	62901	31405	31496	65720	32535	33185	62355	30653	31702
科尔沁左翼中旗	39924	20679	19245	37838	19021	18817	33361	16234	17127
科尔沁左翼后旗	33364	17122	16242	31892	16180	15712	26931	13317	13614
开鲁县	31196	15897	15299	30486	15654	14832	27889	13536	14353
库伦旗	15192	7791	7401	15195	7658	7537	12723	6336	6387
奈曼旗	36962	19276	17686	34881	17698	17183	30151	14802	15349
扎鲁特旗	27310	14100	13210	25322	12568	12754	20367	10068	10299
通辽经济技术开发区	15414	7722	7692	15419	7513	7906	15030	7274	7756
霍林郭勒市	12459	6424	6035	11776	6010	5766	9925	4910	5015
鄂尔多斯市	**206047**	**112402**	**93645**	**185368**	**102802**	**82566**	**149012**	**79280**	**69732**
东胜区	52658	27217	25441	43238	22627	20611	34678	17865	16813
康巴什区	8668	4337	4331	7306	3624	3682	6451	3154	3297
达拉特旗	30781	15836	14945	27833	14611	13222	25613	13241	12372
准格尔旗	35413	19669	15744	32438	18570	13868	26105	14384	11721
鄂托克前旗	10822	6582	4240	10036	5999	4037	6855	3730	3125
鄂托克旗	16656	9297	7359	14988	8357	6631	10544	5781	4763
杭锦旗	11254	5778	5476	11219	5917	5302	9711	5114	4597
乌审旗	15601	9513	6088	14998	9227	5771	10944	6049	4895
伊金霍洛旗	24194	14173	10021	23312	13870	9442	18111	9962	8149
呼伦贝尔市	**238226**	**121434**	**116792**	**248339**	**126416**	**121923**	**217695**	**110710**	**106985**
海拉尔区	34860	17048	17812	35729	17436	18293	33977	16864	17113
扎赉诺尔区	9321	4687	4634	11206	5632	5574	10037	5085	4952
阿荣旗	24305	12539	11766	23415	11795	11620	20954	10425	10529
莫力达瓦达斡尔族自治旗	23082	11867	11215	21548	10804	10744	18268	9217	9051
鄂伦春自治旗	19392	9904	9488	21552	11193	10359	17878	9218	8660
鄂温克族自治旗	14478	7215	7263	15228	7630	7598	14121	7140	6981
陈巴尔虎旗	6307	3326	2981	6471	3440	3031	5341	2795	2546
新巴尔虎左旗	4474	2345	2129	4008	2073	1935	3265	1730	1535
新巴尔虎右旗	4569	2555	2014	4283	2437	1846	3368	1787	1581
满洲里市	16246	8399	7847	15526	7989	7537	12985	6669	6316
牙克石市	28876	14314	14562	35174	17800	17374	31507	16156	15351
扎兰屯市	32971	17198	15773	32347	16732	15615	29284	14765	14519
额尔古纳市	8381	4321	4060	8653	4447	4206	7263	3730	3533
根河市	10964	5716	5248	13199	7008	6191	9447	5129	4318
巴彦淖尔市	**165232**	**82928**	**82304**	**168557**	**84913**	**83644**	**141685**	**72563**	**69122**
临河区	60056	29861	30195	58416	28659	29757	48017	24172	23845
五原县	24014	11812	12202	25402	12742	12660	21876	11164	10712
磴口县	10696	5346	5350	11968	5919	6049	9537	4923	4614
乌拉特前旗	28817	14642	14175	28792	14959	13833	24772	13021	11751
乌拉特中旗	13264	6906	6358	13275	7066	6209	11011	5851	5160
乌拉特后旗	6134	3382	2752	5998	3359	2639	4737	2611	2126
杭锦后旗	22251	10979	11272	24706	12209	12497	21735	10821	10914

1-5 续表 14

单位：人

地区	45-49岁			50-54岁			55-59岁		
	小计	男	女	小计	男	女	小计	男	女
乌兰察布市	**156302**	**79855**	**76447**	**167240**	**87701**	**79539**	**160910**	**83369**	**77541**
集宁区	39426	19670	19756	39224	20212	19012	35802	18625	17177
卓资县	6759	3571	3188	8211	4359	3852	8909	4751	4158
化德县	9254	4855	4399	10362	5757	4605	9486	4814	4672
商都县	16715	8381	8334	17157	9062	8095	16916	8547	8369
兴和县	13615	7050	6565	15087	7885	7202	15081	7692	7389
凉城县	10520	5316	5204	12187	6046	6141	11732	6027	5705
察哈尔右翼前旗	10991	5965	5026	12304	6670	5634	12349	6545	5804
察哈尔右翼中旗	7987	4138	3849	9198	4788	4410	9891	5123	4768
察哈尔右翼后旗	9881	5092	4789	10438	5518	4920	10357	5398	4959
四子王旗	13967	7039	6928	14372	7669	6703	13001	6715	6286
丰镇市	17187	8778	8409	18700	9735	8965	17386	9132	8254
兴安盟	**142675**	**73898**	**68777**	**141453**	**71965**	**69488**	**120618**	**59835**	**60783**
乌兰浩特市	32033	16135	15898	32192	15859	16333	29161	14139	15022
阿尔山市	4011	2095	1916	4908	2617	2291	3841	1984	1857
科尔沁右翼前旗	29291	15317	13974	29803	15187	14616	25693	12851	12842
科尔沁右翼中旗	22288	11462	10826	20313	10293	10020	16743	8141	8602
扎赉特旗	33338	17632	15706	30703	15850	14853	25179	12727	12452
突泉县	21714	11257	10457	23534	12159	11375	20001	9993	10008
锡林郭勒盟	**117415**	**62223**	**55192**	**113923**	**60650**	**53273**	**93994**	**49031**	**44963**
二连浩特市	9075	4541	4534	8119	4321	3798	5910	3224	2686
锡林浩特市	34911	17765	17146	32292	16443	15849	26880	13674	13206
阿巴嘎旗	4779	2653	2126	4607	2505	2102	3705	2023	1682
苏尼特左旗	3929	2193	1736	3638	1990	1648	2907	1585	1322
苏尼特右旗	7228	3736	3492	7286	3903	3383	5965	3110	2855
东乌珠穆沁旗	8239	4363	3876	7794	4030	3764	5784	3065	2719
西乌珠穆沁旗	11493	6759	4734	10554	6166	4388	7731	4116	3615
太仆寺旗	10567	5588	4979	11885	6431	5454	11472	5963	5509
镶黄旗	3046	1728	1318	3315	1810	1505	2475	1302	1173
正镶白旗	4918	2724	2194	5166	2780	2386	4457	2278	2179
正蓝旗	7573	4025	3548	7453	3895	3558	6452	3369	3083
多伦县	9128	4801	4327	9423	5089	4334	8378	4366	4012
乌拉盖管委会	2529	1347	1182	2391	1287	1104	1878	956	922
阿拉善盟	**28929**	**15688**	**13241**	**29773**	**16231**	**13542**	**21326**	**11539**	**9787**
阿拉善左旗	19649	10365	9284	20182	10680	9502	14801	7796	7005
阿拉善右旗	2938	1610	1328	3114	1734	1380	2001	1145	856
额济纳旗	3681	2040	1641	3932	2191	1741	2840	1604	1236
内蒙古阿拉善经济开发区	2661	1673	988	2545	1626	919	1684	994	690

1-5　续表 15　　　　单位：人

地　　区	60-64岁			65-69岁			70-74岁		
	小计	男	女	小计	男	女	小计	男	女
内蒙古	**1618315**	**811291**	**807024**	**1324263**	**645995**	**678268**	**786180**	**376914**	**409266**
呼和浩特市	**209196**	**107053**	**102143**	**174451**	**85856**	**88595**	**99585**	**49946**	**49639**
新城区	38832	19511	19321	29486	14318	15168	16671	7860	8811
回民区	24465	12409	12056	19075	9215	9860	11600	5386	6214
玉泉区	27406	14246	13160	20690	10372	10318	11267	5442	5825
赛罕区	50598	25470	25128	39131	18851	20280	22339	10511	11828
土默特左旗	21593	11504	10089	21621	10750	10871	12343	6595	5748
托克托县	11996	6070	5926	12781	6104	6677	6969	3951	3018
和林格尔县	12330	6375	5955	12177	6218	5959	6601	3755	2846
清水河县	7178	3731	3447	6526	3413	3113	4006	2285	1721
武川县	9132	4864	4268	8864	4576	4288	5777	3091	2686
呼和浩特经济技术开发区	5666	2873	2793	4100	2039	2061	2012	1070	942
包头市	**175727**	**89050**	**86677**	**138878**	**67464**	**71414**	**89909**	**41807**	**48102**
东河区	37384	18810	18574	26963	13236	13727	16406	7434	8972
昆都仑区	42216	21197	21019	31321	14806	16515	23174	9976	13198
青山区	29857	14716	15141	23679	11008	12671	18232	7845	10387
石拐区	2032	1067	965	2009	1042	967	1090	591	499
白云鄂博矿区	994	567	427	681	300	381	676	250	426
九原区	14405	7477	6928	10900	5493	5407	6081	3021	3060
土默特右旗	20740	10783	9957	19865	9749	10116	10775	5776	4999
固阳县	10987	5702	5285	10219	5226	4993	5954	3228	2726
达尔罕茂明安联合旗	6646	3325	3321	5782	2939	2843	3336	1771	1565
包头稀土高新技术产业开发区	10466	5406	5060	7459	3665	3794	4185	1915	2270
乌海市	**27620**	**14258**	**13362**	**24101**	**11561**	**12540**	**16229**	**7184**	**9045**
海勃湾区	17198	8838	8360	14117	6828	7289	9174	4112	5062
海南区	4546	2412	2134	4116	1981	2135	2430	1182	1248
乌达区	5876	3008	2868	5868	2752	3116	4625	1890	2735
赤峰市	**315356**	**154595**	**160761**	**238845**	**114716**	**124129**	**131490**	**61597**	**69893**
红山区	28479	13895	14584	21695	10162	11533	11770	5215	6555
元宝山区	20359	9860	10499	16094	7264	8830	9355	3866	5489
松山区	46868	22795	24073	35772	17101	18671	18258	8616	9642
阿鲁科尔沁旗	19294	9596	9698	13988	6572	7416	8454	3878	4576
巴林左旗	23157	11195	11962	17387	8317	9070	9745	4562	5183
巴林右旗	11480	5552	5928	8384	3840	4544	5047	2287	2760
林西县	17526	8529	8997	13090	6406	6684	7310	3615	3695
克什克腾旗	17221	8526	8695	12684	6080	6604	7219	3422	3797
翁牛特旗	30145	14520	15625	23060	11104	11956	13349	6277	7072
喀喇沁旗	23120	11579	11541	17942	8735	9207	8585	4198	4387
宁城县	39791	19622	20169	29200	14629	14571	15420	7631	7789
敖汉旗	37916	18926	18990	29549	14506	15043	16978	8030	8948

1-5 续表 16 单位：人

地　区	60-64岁			65-69岁			70-74岁		
	小计	男	女	小计	男	女	小计	男	女
通辽市	**191804**	**92786**	**99018**	**161019**	**75709**	**85310**	**90066**	**41116**	**48950**
科尔沁区	51533	25149	26384	42432	19980	22452	23004	10570	12434
科尔沁左翼中旗	26265	12627	13638	22839	10745	12094	12330	5772	6558
科尔沁左翼后旗	20981	10265	10716	19432	9124	10308	10861	4939	5922
开鲁县	23397	11225	12172	19629	9162	10467	11412	5112	6300
库伦旗	10522	5187	5335	8698	4158	4540	5148	2471	2677
奈曼旗	25553	12235	13318	21714	10228	11486	12425	5597	6828
扎鲁特旗	15644	7452	8192	12632	5862	6770	7645	3419	4226
通辽经济技术开发区	11260	5495	5765	8827	4219	4608	4657	2094	2563
霍林郭勒市	6649	3151	3498	4816	2231	2585	2584	1142	1442
鄂尔多斯市	**112882**	**59421**	**53461**	**88758**	**44852**	**43906**	**48975**	**25201**	**23774**
东胜区	24562	12796	11766	17251	8593	8658	9506	4659	4847
康巴什区	4643	2407	2236	2895	1454	1441	1298	676	622
达拉特旗	22910	11686	11224	19735	9970	9765	10794	5813	4981
准格尔旗	20122	11026	9096	16672	8737	7935	9441	5027	4414
鄂托克前旗	4961	2572	2389	3949	1891	2058	2342	1118	1224
鄂托克旗	7152	3750	3402	5650	2789	2861	3124	1505	1619
杭锦旗	7869	4132	3737	7027	3506	3521	3972	2040	1932
乌审旗	7307	3805	3502	5732	2831	2901	3104	1528	1576
伊金霍洛旗	13356	7247	6109	9847	5081	4766	5394	2835	2559
呼伦贝尔市	**152365**	**76171**	**76194**	**126177**	**60514**	**65663**	**74230**	**33642**	**40588**
海拉尔区	25124	12396	12728	19401	9244	10157	11197	4894	6303
扎赉诺尔区	6723	3384	3339	5532	2615	2917	3119	1325	1794
阿荣旗	16346	8114	8232	14675	7302	7373	8347	4219	4128
莫力达瓦达斡尔族自治旗	14957	7380	7577	12860	6354	6506	7054	3587	3467
鄂伦春自治旗	11500	5764	5736	9870	4771	5099	6237	2735	3502
鄂温克族自治旗	10429	5094	5335	7931	3756	4175	4240	1886	2354
陈巴尔虎旗	3332	1646	1686	2614	1197	1417	1590	689	901
新巴尔虎左旗	2217	1058	1159	1561	655	906	866	322	544
新巴尔虎右旗	2158	1044	1114	1485	646	839	834	336	498
满洲里市	9257	4724	4533	6968	3336	3632	3679	1674	2005
牙克石市	19474	9946	9528	15855	7568	8287	9794	4154	5640
扎兰屯市	22304	11239	11065	20042	9599	10443	12121	5745	6376
额尔古纳市	4453	2295	2158	3902	1841	2061	2568	1110	1458
根河市	4091	2087	2004	3481	1630	1851	2584	966	1618
巴彦淖尔市	**103710**	**52696**	**51014**	**92173**	**46139**	**46034**	**57446**	**27996**	**29450**
临河区	34037	17054	16983	29340	14589	14751	18012	8583	9429
五原县	16057	8309	7748	15003	7614	7389	9496	4660	4836
磴口县	6865	3687	3178	5884	2997	2887	4009	1860	2149
乌拉特前旗	18833	9669	9164	17799	8737	9062	11135	5535	5600
乌拉特中旗	8381	4263	4118	7282	3686	3596	4188	2041	2147
乌拉特后旗	3267	1623	1644	2634	1302	1332	1590	758	832
杭锦后旗	16270	8091	8179	14231	7214	7017	9016	4559	4457

1-5　续表 17

单位：人

地　区	60-64岁			65-69岁			70-74岁		
	小计	男	女	小计	男	女	小计	男	女
乌兰察布市	**155815**	**79920**	**75895**	**141915**	**73902**	**68013**	**94650**	**50569**	**44081**
集宁区	28162	14403	13759	20128	9908	10220	12406	6022	6384
卓资县	9730	5302	4428	10235	5378	4857	6701	3731	2970
化德县	9680	4619	5061	8259	4198	4061	5887	3222	2665
商都县	16744	8471	8273	17208	9053	8155	12120	6334	5786
兴和县	16207	8220	7987	15489	8091	7398	10506	5556	4950
凉城县	12560	6644	5916	12427	6801	5626	8494	4818	3676
察哈尔右翼前旗	12503	6420	6083	12113	6286	5827	7919	4305	3614
察哈尔右翼中旗	10287	5485	4802	9763	5226	4537	6323	3463	2860
察哈尔右翼后旗	10580	5377	5203	9659	4987	4672	6646	3524	3122
四子王旗	11984	6068	5916	10432	5405	5027	6596	3525	3071
丰镇市	17378	8911	8467	16202	8569	7633	11052	6069	4983
兴安盟	**91844**	**44409**	**47435**	**74234**	**34871**	**39363**	**44317**	**19886**	**24431**
乌兰浩特市	21750	10235	11515	17455	8027	9428	10721	4645	6076
阿尔山市	1797	934	863	1174	540	634	774	270	504
科尔沁右翼前旗	19534	9608	9926	15199	7179	8020	9091	4113	4978
科尔沁右翼中旗	12996	6106	6890	9830	4491	5339	6281	2759	3522
扎赉特旗	18900	9282	9618	15855	7465	8390	8896	4139	4757
突泉县	16867	8244	8623	14721	7169	7552	8554	3960	4594
锡林郭勒盟	**70083**	**34750**	**35333**	**53779**	**25630**	**28149**	**32640**	**14821**	**17819**
二连浩特市	3900	2023	1877	2743	1393	1350	1538	712	826
锡林浩特市	19152	9565	9587	13965	6571	7394	8822	3778	5044
阿巴嘎旗	2287	1161	1126	1598	737	861	1022	389	633
苏尼特左旗	1784	904	880	1253	575	678	777	304	473
苏尼特右旗	4394	2229	2165	3171	1528	1643	2170	894	1276
东乌珠穆沁旗	3618	1775	1843	2372	1107	1265	1372	543	829
西乌珠穆沁旗	4807	2360	2447	3267	1445	1822	1992	775	1217
太仆寺旗	11471	5669	5802	10545	5208	5337	6275	3352	2923
镶黄旗	1901	884	1017	1425	649	776	883	365	518
正镶白旗	3516	1703	1813	2810	1366	1444	1779	870	909
正蓝旗	4744	2273	2471	3662	1699	1963	2083	943	1140
多伦县	7110	3481	3629	5980	2875	3105	3275	1638	1637
乌拉盖管委会	1399	723	676	988	477	511	652	258	394
阿拉善盟	**11913**	**6182**	**5731**	**9933**	**4781**	**5152**	**6643**	**3149**	**3494**
阿拉善左旗	8625	4428	4197	7331	3494	3837	4975	2356	2619
阿拉善右旗	1016	510	506	1016	471	545	744	349	395
额济纳旗	1551	824	727	1180	602	578	723	338	385
内蒙古阿拉善经济开发区	721	420	301	406	214	192	201	106	95

1-5 续表 18

单位：人

地区	75-79岁			80-84岁			85-89岁		
	小计	男	女	小计	男	女	小计	男	女
内蒙古	**481258**	**220192**	**261066**	**339491**	**154556**	**184935**	**153019**	**68893**	**84126**
呼和浩特市	**60145**	**28418**	**31727**	**46098**	**21583**	**24515**	**23729**	**10867**	**12862**
新城区	10650	4593	6057	8704	3866	4838	4483	2012	2471
回民区	7110	3204	3906	5743	2513	3230	2811	1181	1630
玉泉区	6833	3215	3618	4909	2186	2723	2592	1087	1505
赛罕区	14300	6476	7824	11162	5100	6062	5400	2535	2865
土默特左旗	7018	3381	3637	5342	2670	2672	2766	1377	1389
托克托县	3961	2151	1810	2865	1424	1441	1679	784	895
和林格尔县	3796	2040	1756	2631	1377	1254	1433	668	765
清水河县	2512	1345	1167	1616	853	763	959	468	491
武川县	2804	1413	1391	2338	1209	1129	1206	588	618
呼和浩特经济技术开发区	1161	600	561	788	385	403	400	167	233
包头市	**64922**	**28577**	**36345**	**48612**	**23324**	**25288**	**21555**	**10535**	**11020**
东河区	12097	5093	7004	9331	3990	5341	4537	2001	2536
昆都仑区	18645	7798	10847	14488	7243	7245	6238	3206	3032
青山区	14693	6410	8283	11019	5409	5610	4034	2009	2025
石拐区	705	305	400	427	218	209	213	99	114
白云鄂博矿区	595	234	361	406	189	217	143	73	70
九原区	3833	1779	2054	2541	1177	1364	1234	576	658
土默特右旗	5878	3011	2867	4236	2111	2125	2203	1110	1093
固阳县	3427	1706	1721	2580	1237	1343	1303	645	658
达尔罕茂明安联合旗	1949	984	965	1428	716	712	737	367	370
包头稀土高新技术产业开发区	3100	1257	1843	2156	1034	1122	913	449	464
乌海市	**11940**	**5295**	**6645**	**7465**	**3541**	**3924**	**2941**	**1388**	**1553**
海勃湾区	6566	2972	3594	4347	2076	2271	1797	854	943
海南区	1730	761	969	1094	493	601	433	196	237
乌达区	3644	1562	2082	2024	972	1052	711	338	373
赤峰市	**78393**	**35090**	**43303**	**55631**	**24206**	**31425**	**22133**	**9280**	**12853**
红山区	8382	3597	4785	6449	2702	3747	2930	1242	1688
元宝山区	7804	3199	4605	5343	2425	2918	1772	802	970
松山区	11382	5165	6217	8082	3640	4442	3278	1402	1876
阿鲁科尔沁旗	4408	1977	2431	2750	1150	1600	985	396	589
巴林左旗	4715	2113	2602	3102	1346	1756	1159	461	698
巴林右旗	2436	1064	1372	1571	631	940	581	238	343
林西县	3568	1661	1907	2759	1164	1595	1160	489	671
克什克腾旗	3616	1686	1930	2791	1230	1561	1175	546	629
翁牛特旗	7123	3265	3858	5217	2238	2979	2121	877	1244
喀喇沁旗	5694	2650	3044	3794	1755	2039	1500	626	874
宁城县	9783	4407	5376	6740	2949	3791	2740	1116	1624
敖汉旗	9482	4306	5176	7033	2976	4057	2732	1085	1647

1-5 续表 19

单位：人

地 区	75-79岁			80-84岁			85-89岁		
	小计	男	女	小计	男	女	小计	男	女
通辽市	**46126**	**19988**	**26138**	**29840**	**12497**	**17343**	**12955**	**5303**	**7652**
科尔沁区	13083	5478	7605	8811	3666	5145	4000	1723	2277
科尔沁左翼中旗	5799	2533	3266	3560	1542	2018	1400	602	798
科尔沁左翼后旗	5426	2449	2977	3323	1362	1961	1490	604	886
开鲁县	5229	2232	2997	3007	1267	1740	1290	505	785
库伦旗	2757	1217	1540	1970	810	1160	844	323	521
奈曼旗	5932	2578	3354	4077	1651	2426	1742	654	1088
扎鲁特旗	3947	1737	2210	2516	1108	1408	960	366	594
通辽经济技术开发区	2515	1101	1414	1655	701	954	850	362	488
霍林郭勒市	1438	663	775	921	390	531	379	164	215
鄂尔多斯市	**33897**	**17129**	**16768**	**24721**	**12183**	**12538**	**11264**	**5361**	**5903**
东胜区	6982	3430	3552	5286	2517	2769	2222	1063	1159
康巴什区	751	368	383	520	257	263	205	80	125
达拉特旗	7082	3719	3363	5390	2772	2618	2597	1268	1329
准格尔旗	6603	3500	3103	4702	2560	2142	2499	1295	1204
鄂托克前旗	1507	677	830	945	445	500	380	160	220
鄂托克旗	2159	1026	1133	1436	603	833	647	249	398
杭锦旗	2676	1379	1297	1809	841	968	799	367	432
乌审旗	2180	945	1235	1471	641	830	627	277	350
伊金霍洛旗	3957	2085	1872	3162	1547	1615	1288	602	686
呼伦贝尔市	**48879**	**20461**	**28418**	**35083**	**15557**	**19526**	**15903**	**7303**	**8600**
海拉尔区	7473	3094	4379	5722	2368	3354	2778	1207	1571
扎赉诺尔区	2399	907	1492	1862	849	1013	844	364	480
阿荣旗	4503	2289	2214	2564	1277	1287	1094	497	597
莫力达瓦达斡尔族自治旗	3448	1711	1737	2017	947	1070	997	465	532
鄂伦春自治旗	4891	1947	2944	3472	1596	1876	1391	692	699
鄂温克族自治旗	2641	1069	1572	2041	881	1160	871	395	476
陈巴尔虎旗	960	420	540	679	297	382	317	130	187
新巴尔虎左旗	545	209	336	379	132	247	190	79	111
新巴尔虎右旗	429	173	256	305	133	172	110	40	70
满洲里市	2161	923	1238	1599	696	903	929	376	553
牙克石市	8297	3037	5260	6905	3019	3886	3165	1496	1669
扎兰屯市	6636	3085	3551	4250	1909	2341	1934	920	1014
额尔古纳市	1716	720	996	1172	518	654	464	229	235
根河市	2780	877	1903	2116	935	1181	819	413	406
巴彦淖尔市	**36170**	**17746**	**18424**	**22415**	**10794**	**11621**	**10087**	**4888**	**5199**
临河区	11771	5615	6156	7310	3452	3858	3169	1551	1618
五原县	5606	2824	2782	3371	1690	1681	1597	775	822
磴口县	2568	1270	1298	1643	761	882	723	363	360
乌拉特前旗	6722	3326	3396	4227	2091	2136	2055	1012	1043
乌拉特中旗	2539	1258	1281	1643	778	865	740	347	393
乌拉特后旗	1022	464	558	615	299	316	265	128	137
杭锦后旗	5942	2989	2953	3606	1723	1883	1538	712	826

1－5　续表 20　　　　单位：人

地　区	75－79岁			80－84岁			85－89岁		
	小计	男	女	小计	男	女	小计	男	女
乌兰察布市	**54586**	**26988**	**27598**	**39341**	**17814**	**21527**	**19245**	**8344**	**10901**
集宁区	8819	3837	4982	6699	2805	3894	3273	1387	1886
卓资县	3537	1909	1628	2399	1159	1240	1250	552	698
化德县	2965	1451	1514	2344	1037	1307	1007	419	588
商都县	6306	3188	3118	4684	2172	2512	1985	839	1146
兴和县	5926	2948	2978	4431	2067	2364	2139	923	1216
凉城县	4761	2498	2263	3224	1551	1673	1758	774	984
察哈尔右翼前旗	5026	2453	2573	3390	1452	1938	1783	725	1058
察哈尔右翼中旗	3415	1772	1643	2244	1075	1169	1033	517	516
察哈尔右翼后旗	4009	1944	2065	2878	1243	1635	1290	562	728
四子王旗	3509	1816	1693	2661	1303	1358	1317	652	665
丰镇市	6313	3172	3141	4387	1950	2437	2410	994	1416
兴安盟	**22243**	**9645**	**12598**	**13785**	**5721**	**8064**	**6006**	**2531**	**3475**
乌兰浩特市	5978	2498	3480	3815	1518	2297	1825	763	1062
阿尔山市	818	241	577	621	238	383	295	145	150
科尔沁右翼前旗	4488	2021	2467	2620	1091	1529	1087	472	615
科尔沁右翼中旗	2788	1196	1592	1670	662	1008	602	222	380
扎赉特旗	4171	1815	2356	2655	1118	1537	1141	498	643
突泉县	4000	1874	2126	2404	1094	1310	1056	431	625
锡林郭勒盟	**19481**	**8826**	**10655**	**13538**	**6027**	**7511**	**5877**	**2532**	**3345**
二连浩特市	886	401	485	617	278	339	277	112	165
锡林浩特市	5663	2558	3105	4006	1830	2176	1644	764	880
阿巴嘎旗	678	292	386	426	168	258	194	85	109
苏尼特左旗	523	213	310	307	127	180	136	50	86
苏尼特右旗	1377	603	774	1058	438	620	432	191	241
东乌珠穆沁旗	815	323	492	581	252	329	236	91	145
西乌珠穆沁旗	1174	488	686	730	324	406	349	138	211
太仆寺旗	3318	1629	1689	2297	1048	1249	1077	461	616
镶黄旗	544	216	328	337	139	198	139	48	91
正镶白旗	1077	484	593	733	313	420	321	121	200
正蓝旗	1257	542	715	895	378	517	439	199	240
多伦县	1793	884	909	1312	608	704	560	237	323
乌拉盖管委会	376	193	183	239	124	115	73	35	38
阿拉善盟	**4476**	**2029**	**2447**	**2962**	**1309**	**1653**	**1324**	**561**	**763**
阿拉善左旗	3460	1586	1874	2244	1003	1241	968	407	561
阿拉善右旗	467	219	248	327	136	191	174	77	97
额济纳旗	443	176	267	318	139	179	143	62	81
内蒙古阿拉善经济开发区	106	48	58	73	31	42	39	15	24

1-5 续表 21

单位：人

地区	90-94岁			95-99岁			100岁及以上		
	小计	男	女	小计	男	女	小计	男	女
内蒙古	**42650**	**19951**	**22699**	**9916**	**4519**	**5397**	**2141**	**881**	**1260**
呼和浩特市	**6256**	**3138**	**3118**	**1550**	**748**	**802**	**285**	**126**	**159**
新城区	1403	730	673	321	149	172	42	18	24
回民区	800	409	391	195	100	95	29	13	16
玉泉区	736	346	390	202	99	103	36	16	20
赛罕区	1607	797	810	421	218	203	101	42	59
土默特左旗	580	296	284	159	73	86	29	17	12
托克托县	278	139	139	62	26	36	11	6	5
和林格尔县	271	124	147	60	22	38	11	5	6
清水河县	194	105	89	35	18	17	6	2	4
武川县	237	123	114	56	26	30	6	3	3
呼和浩特经济技术开发区	150	69	81	39	17	22	14	4	10
包头市	**5798**	**2992**	**2806**	**1342**	**680**	**662**	**276**	**129**	**147**
东河区	1267	611	656	247	114	133	45	15	30
昆都仑区	1852	980	872	474	247	227	101	50	51
青山区	1020	554	466	245	141	104	45	29	16
石拐区	64	33	31	16	5	11	6	2	4
白云鄂博矿区	41	26	15	7	4	3	2	1	1
九原区	341	183	158	86	43	43	19	5	14
土默特右旗	491	252	239	95	53	42	21	10	11
固阳县	297	135	162	66	25	41	13	6	7
达尔罕茂明安联合旗	170	81	89	44	15	29	8	4	4
包头稀土高新技术产业开发区	255	137	118	62	33	29	16	7	9
乌海市	**977**	**529**	**448**	**189**	**99**	**90**	**33**	**14**	**19**
海勃湾区	557	304	253	120	62	58	24	12	12
海南区	197	121	76	39	20	19	3		3
乌达区	223	104	119	30	17	13	6	2	4
赤峰市	**6306**	**2686**	**3620**	**1203**	**519**	**684**	**223**	**93**	**130**
红山区	1018	468	550	230	102	128	43	19	24
元宝山区	434	183	251	68	27	41	7		7
松山区	945	405	540	183	82	101	47	19	28
阿鲁科尔沁旗	245	107	138	50	21	29	7	3	4
巴林左旗	311	134	177	43	14	29	7	3	4
巴林右旗	166	66	100	39	21	18	8	3	5
林西县	337	151	186	85	39	46	24	8	16
克什克腾旗	311	144	167	67	27	40	15	8	7
翁牛特旗	566	245	321	113	44	69	17	8	9
喀喇沁旗	410	183	227	74	34	40	11	8	3
宁城县	844	330	514	130	67	63	25	10	15
敖汉旗	719	270	449	121	41	80	12	4	8

1-5 续表 22

单位：人

地 区	90-94岁			95-99岁			100岁及以上		
	小计	男	女	小计	男	女	小计	男	女
通辽市	**4135**	**1791**	**2344**	**968**	**423**	**545**	**248**	**98**	**150**
科尔沁区	1423	673	750	347	157	190	94	45	49
科尔沁左翼中旗	391	172	219	96	42	54	22	7	15
科尔沁左翼后旗	493	237	256	111	48	63	33	15	18
开鲁县	362	153	209	98	41	57	19	5	14
库伦旗	266	100	166	51	21	30	11	3	8
奈曼旗	492	172	320	70	32	38	16	6	10
扎鲁特旗	331	119	212	82	27	55	11	2	9
通辽经济技术开发区	292	129	163	86	43	43	27	11	16
霍林郭勒市	85	36	49	27	12	15	15	4	11
鄂尔多斯市	**2673**	**1217**	**1456**	**643**	**280**	**363**	**128**	**56**	**72**
东胜区	516	243	273	116	57	59	33	13	20
康巴什区	80	31	49	23	10	13	11	6	5
达拉特旗	549	251	298	110	44	66	22	7	15
准格尔旗	526	268	258	127	61	66	26	14	12
鄂托克前旗	100	33	67	30	18	12	6	1	5
鄂托克旗	200	79	121	51	21	30	10	6	4
杭锦旗	197	90	107	51	18	33	6	4	2
乌审旗	135	54	81	50	25	25	4		4
伊金霍洛旗	370	168	202	85	26	59	10	5	5
呼伦贝尔市	**5469**	**2703**	**2766**	**1505**	**689**	**816**	**397**	**174**	**223**
海拉尔区	908	442	466	250	116	134	60	21	39
扎赉诺尔区	255	136	119	47	20	27	14	9	5
阿荣旗	413	202	211	125	56	69	54	24	30
莫力达瓦达斡尔族自治旗	335	158	177	117	46	71	33	15	18
鄂伦春自治旗	545	286	259	124	50	74	34	15	19
鄂温克族自治旗	302	148	154	87	30	57	29	17	12
陈巴尔虎旗	90	42	48	44	19	25	8	4	4
新巴尔虎左旗	89	33	56	31	14	17	11	5	6
新巴尔虎右旗	53	14	39	19	11	8	6	2	4
满洲里市	348	166	182	98	47	51	22	9	13
牙克石市	1036	544	492	264	136	128	55	20	35
扎兰屯市	664	301	363	195	88	107	44	20	24
额尔古纳市	168	91	77	40	18	22	17	7	10
根河市	263	140	123	64	38	26	10	6	4
巴彦淖尔市	**2418**	**1213**	**1205**	**557**	**271**	**286**	**104**	**39**	**65**
临河区	741	397	344	180	84	96	25	7	18
五原县	350	170	180	85	45	40	16	8	8
磴口县	175	79	96	34	20	14	2		2
乌拉特前旗	515	264	251	106	56	50	26	9	17
乌拉特中旗	183	87	96	45	16	29	9	2	7
乌拉特后旗	64	23	41	18	12	6	6	5	1
杭锦后旗	390	193	197	89	38	51	20	8	12

1-5　续表 23　　　　单位：人

地　区	90-94岁			95-99岁			100岁及以上		
	小计	男	女	小计	男	女	小计	男	女
乌兰察布市	**4388**	**1871**	**2517**	**896**	**370**	**526**	**145**	**47**	**98**
集宁区	914	440	474	195	104	91	25	8	17
卓资县	232	107	125	57	18	39	7	3	4
化德县	215	80	135	66	27	39	12	3	9
商都县	411	159	252	66	19	47	16	2	14
兴和县	478	187	291	96	28	68	24	9	15
凉城县	324	141	183	73	27	46	17	5	12
察哈尔右翼前旗	416	179	237	65	24	41	14	5	9
察哈尔右翼中旗	209	90	119	49	25	24	3	2	1
察哈尔右翼后旗	284	117	167	55	21	34	5	2	3
四子王旗	285	129	156	48	24	24	6	2	4
丰镇市	620	242	378	126	53	73	16	6	10
兴安盟	**2119**	**922**	**1197**	**499**	**203**	**296**	**145**	**54**	**91**
乌兰浩特市	669	296	373	171	59	112	40	13	27
阿尔山市	62	31	31	9	7	2	4	1	3
科尔沁右翼前旗	362	152	210	72	31	41	33	16	17
科尔沁右翼中旗	227	110	117	68	22	46	14	5	9
扎赉特旗	373	142	231	78	40	38	32	13	19
突泉县	426	191	235	101	44	57	22	6	16
锡林郭勒盟	**1777**	**740**	**1037**	**471**	**189**	**282**	**133**	**40**	**93**
二连浩特市	72	31	41	9	4	5	3	2	1
锡林浩特市	590	274	316	151	64	87	45	18	27
阿巴嘎旗	62	29	33	18	8	10	7	1	6
苏尼特左旗	32	14	18	11	5	6	3		3
苏尼特右旗	115	49	66	33	12	21	4	2	2
东乌珠穆沁旗	70	25	45	19	6	13	10	2	8
西乌珠穆沁旗	115	49	66	54	22	32	16	6	10
太仆寺旗	308	112	196	79	35	44	19	3	16
镶黄旗	36	11	25	10	4	6	2		2
正镶白旗	87	27	60	16	4	12	7	1	6
正蓝旗	118	54	64	19	11	8	9	3	6
多伦县	143	59	84	48	13	35	8	2	6
乌拉盖管委会	29	6	23	4	1	3			
阿拉善盟	**334**	**149**	**185**	**93**	**48**	**45**	**24**	**11**	**13**
阿拉善左旗	247	115	132	65	35	30	17	7	10
阿拉善右旗	30	7	23	4		4	2	1	1
额济纳旗	43	19	24	20	10	10	3	2	1
内蒙古阿拉善经济开发区	14	8	6	4	3	1	2	1	1

1-5a 各地区分年龄、性别的人口(城市)

单位：人

地　　区	合　　计			0岁		
	合计	男	女	小计	男	女
内蒙古	**9446419**	**4714495**	**4731924**	**74564**	**38532**	**36032**
呼和浩特市	**2232683**	**1109269**	**1123414**	**18753**	**9602**	**9151**
新城区	618831	308064	310767	4756	2395	2361
回民区	417448	205534	211914	3398	1738	1660
玉泉区	463142	232766	230376	4305	2203	2102
赛罕区	733262	362905	370357	6294	3266	3028
包头市	**1897779**	**949922**	**947857**	**12519**	**6479**	**6040**
东河区	421812	210335	211477	2511	1300	1211
昆都仑区	759714	381336	378378	4874	2485	2389
青山区	513596	254076	259520	3297	1752	1545
石拐区	15424	8042	7382	88	44	44
白云鄂博矿区	22681	12359	10322	105	59	46
九原区	164552	83774	80778	1644	839	805
乌海市	**513469**	**264201**	**249268**	**3983**	**2062**	**1921**
海勃湾区	318969	161480	157489	2702	1390	1312
海南区	74354	39417	34937	547	292	255
乌达区	120146	63304	56842	734	380	354
赤峰市	**1013670**	**508660**	**505010**	**9748**	**5095**	**4653**
红山区	429895	214436	215459	3876	2007	1869
元宝山区	187249	93085	94164	1289	644	645
松山区	396526	201139	195387	4583	2444	2139
通辽市	**563959**	**278630**	**285329**	**3652**	**1909**	**1743**
科尔沁区	434037	211087	222950	2398	1272	1126
霍林郭勒市	129922	67543	62379	1254	637	617
鄂尔多斯市	**668906**	**340010**	**328896**	**7231**	**3665**	**3566**
东胜区	549285	278818	270467	5892	3016	2876
康巴什区	118796	60755	58041	1330	644	686
鄂托克旗	825	437	388	9	5	4
呼伦贝尔市	**944115**	**465620**	**478495**	**5471**	**2846**	**2625**
海拉尔区	352991	172935	180056	2262	1149	1113
扎赉诺尔区	79325	39353	39972	374	180	194
满洲里市	146348	74089	72259	882	454	428
牙克石市	140369	68125	72244	630	348	282
扎兰屯市	139934	68751	71183	948	509	439
额尔古纳市	43261	21552	21709	242	137	105
根河市	41887	20815	21072	133	69	64
巴彦淖尔市	**399699**	**198840**	**200859**	**3772**	**2010**	**1762**
临河区	399699	198840	200859	3772	2010	1762
乌兰察布市	**493988**	**244276**	**249712**	**3600**	**1865**	**1735**
集宁区	380206	187601	192605	2793	1457	1336
丰镇市	113782	56675	57107	807	408	399
兴安盟	**319866**	**156094**	**163772**	**2316**	**1193**	**1123**
乌兰浩特市	301730	146829	154901	2212	1136	1076
阿尔山市	18136	9265	8871	104	57	47
锡林郭勒盟	**398285**	**198973**	**199312**	**3519**	**1806**	**1713**
二连浩特市	73207	37238	35969	613	298	315
锡林浩特市	325078	161735	163343	2906	1508	1398

1-5a　续表 1

单位：人

地　区	1-4岁			5-9岁			10-14岁		
	小计	男	女	小计	男	女	小计	男	女
内蒙古	**380750**	**197008**	**183742**	**479371**	**249178**	**230193**	**423332**	**219232**	**204100**
呼和浩特市	**92177**	**47637**	**44540**	**111654**	**57629**	**54025**	**95767**	**49354**	**46413**
新城区	24750	12799	11951	32865	17030	15835	28837	14992	13845
回民区	14758	7677	7081	18570	9530	9040	18246	9458	8788
玉泉区	20219	10410	9809	22251	11459	10792	21544	11063	10481
赛罕区	32450	16751	15699	37968	19610	18358	27140	13841	13299
包头市	**68366**	**35314**	**33052**	**90181**	**46235**	**43946**	**81231**	**41320**	**39911**
东河区	13325	6932	6393	17414	8882	8532	16269	8214	8055
昆都仑区	28487	14561	13926	38447	19647	18800	34810	17724	17086
青山区	17239	8898	8341	23398	12071	11327	20636	10560	10076
石拐区	461	270	191	499	245	254	449	212	237
白云鄂博矿区	711	376	335	781	403	378	615	299	316
九原区	8143	4277	3866	9642	4987	4655	8452	4311	4141
乌海市	**20135**	**10365**	**9770**	**24711**	**12749**	**11962**	**22363**	**11328**	**11035**
海勃湾区	13420	6942	6478	15797	8067	7730	13424	6817	6607
海南区	3025	1569	1456	4196	2243	1953	4019	1995	2024
乌达区	3690	1854	1836	4718	2439	2279	4920	2516	2404
赤峰市	**49792**	**26238**	**23554**	**59219**	**32701**	**26518**	**49711**	**27690**	**22021**
红山区	19850	10486	9364	24594	13579	11015	20003	10909	9094
元宝山区	6711	3526	3185	8997	4991	4006	10007	5626	4381
松山区	23231	12226	11005	25628	14131	11497	19701	11155	8546
通辽市	**19439**	**10143**	**9296**	**27726**	**14398**	**13328**	**24483**	**12652**	**11831**
科尔沁区	13219	6939	6280	19619	10203	9416	17991	9228	8763
霍林郭勒市	6220	3204	3016	8107	4195	3912	6492	3424	3068
鄂尔多斯市	**37535**	**19639**	**17896**	**51558**	**26862**	**24696**	**40701**	**21155**	**19546**
东胜区	30332	15846	14486	42433	22122	20311	33617	17387	16230
康巴什区	7174	3778	3396	9085	4722	4363	7048	3748	3300
鄂托克旗	29	15	14	40	18	22	36	20	16
呼伦贝尔市	**28010**	**14352**	**13658**	**33226**	**17217**	**16009**	**32861**	**17124**	**15737**
海拉尔区	11511	5996	5515	12508	6530	5978	11087	5694	5393
扎赉诺尔区	1878	931	947	2142	1094	1048	2385	1250	1135
满洲里市	4783	2419	2364	6673	3487	3186	6449	3446	3003
牙克石市	3293	1607	1686	4178	2163	2015	4657	2468	2189
扎兰屯市	4495	2289	2206	5305	2709	2596	5400	2776	2624
额尔古纳市	1370	742	628	1617	828	789	1826	965	861
根河市	680	368	312	803	406	397	1057	525	532
巴彦淖尔市	**18942**	**9784**	**9158**	**22129**	**11365**	**10764**	**19205**	**9787**	**9418**
临河区	18942	9784	9158	22129	11365	10764	19205	9787	9418
乌兰察布市	**17649**	**8930**	**8719**	**23183**	**11818**	**11365**	**23882**	**11882**	**12000**
集宁区	13341	6768	6573	16885	8662	8223	16804	8415	8389
丰镇市	4308	2162	2146	6298	3156	3142	7078	3467	3611
兴安盟	**11539**	**5873**	**5666**	**15287**	**7805**	**7482**	**13707**	**7032**	**6675**
乌兰浩特市	10981	5582	5399	14741	7529	7212	13314	6822	6492
阿尔山市	558	291	267	546	276	270	393	210	183
锡林郭勒盟	**17166**	**8733**	**8433**	**20497**	**10399**	**10098**	**19421**	**9908**	**9513**
二连浩特市	2879	1491	1388	4192	2046	2146	4082	2041	2041
锡林浩特市	14287	7242	7045	16305	8353	7952	15339	7867	7472

1−5a 续表 2

单位：人

地区	15−19岁			20−24岁			25−29岁		
	小计	男	女	小计	男	女	小计	男	女
内蒙古	**482798**	**246792**	**236006**	**563572**	**281242**	**282330**	**665567**	**334529**	**331038**
呼和浩特市	**136614**	**70141**	**66473**	**197733**	**96855**	**100878**	**173737**	**85619**	**88118**
新城区	35549	18760	16789	51330	25387	25943	44612	22205	22407
回民区	26184	12653	13531	37043	16416	20627	31987	15794	16193
玉泉区	21656	10349	11307	32616	15152	17464	41491	20546	20945
赛罕区	53225	28379	24846	76744	39900	36844	55647	27074	28573
包头市	**87175**	**44819**	**42356**	**108702**	**56886**	**51816**	**119715**	**60601**	**59114**
东河区	14951	7279	7672	19680	9471	10209	25459	13004	12455
昆都仑区	33235	18224	15011	46209	25799	20410	48276	24227	24049
青山区	31693	15313	16380	35326	17644	17682	30992	15840	15152
石拐区	591	316	275	621	314	307	1018	527	491
白云鄂博矿区	607	297	310	848	514	334	1339	760	579
九原区	6098	3390	2708	6018	3144	2874	12631	6243	6388
乌海市	**19341**	**9982**	**9359**	**22341**	**11846**	**10495**	**34995**	**18573**	**16422**
海勃湾区	13931	7112	6819	14756	7593	7163	22382	11474	10908
海南区	1557	899	658	2991	1654	1337	5222	2900	2322
乌达区	3853	1971	1882	4594	2599	1995	7391	4199	3192
赤峰市	**49004**	**27828**	**21176**	**50583**	**25393**	**25190**	**71410**	**35973**	**35437**
红山区	18146	9543	8603	25005	11955	13050	30615	15337	15278
元宝山区	8557	4808	3749	6272	3214	3058	9617	5009	4608
松山区	22301	13477	8824	19306	10224	9082	31178	15627	15551
通辽市	**31191**	**15261**	**15930**	**36003**	**17159**	**18844**	**43548**	**21970**	**21578**
科尔沁区	26797	12914	13883	30915	14280	16635	32663	16098	16565
霍林郭勒市	4394	2347	2047	5088	2879	2209	10885	5872	5013
鄂尔多斯市	**34088**	**17369**	**16719**	**34765**	**17993**	**16772**	**49973**	**26078**	**23895**
东胜区	22802	11092	11710	25771	13124	12647	42079	22072	20007
康巴什区	11266	6266	5000	8961	4847	4114	7844	3979	3865
鄂托克旗	20	11	9	33	22	11	50	27	23
呼伦贝尔市	**41446**	**20370**	**21076**	**42157**	**20775**	**21382**	**59231**	**29588**	**29643**
海拉尔区	17098	8191	8907	20084	9603	10481	24717	12257	12460
扎赉诺尔区	1803	943	860	2595	1314	1281	4655	2388	2267
满洲里市	5517	2708	2809	6842	3466	3376	9052	4585	4467
牙克石市	7162	3784	3378	4436	2276	2160	7156	3576	3580
扎兰屯市	7188	3422	3766	5453	2646	2807	9270	4571	4699
额尔古纳市	1453	699	754	1556	817	739	2728	1376	1352
根河市	1225	623	602	1191	653	538	1653	835	818
巴彦淖尔市	**18054**	**9188**	**8866**	**16243**	**7915**	**8328**	**30059**	**14877**	**15182**
临河区	18054	9188	8866	16243	7915	8328	30059	14877	15182
乌兰察布市	**26238**	**12146**	**14092**	**23568**	**10698**	**12870**	**31839**	**15652**	**16187**
集宁区	22182	10139	12043	19901	8911	10990	24767	12191	12576
丰镇市	4056	2007	2049	3667	1787	1880	7072	3461	3611
兴安盟	**19076**	**9142**	**9934**	**14923**	**7084**	**7839**	**23327**	**11607**	**11720**
乌兰浩特市	18726	8957	9769	14153	6645	7508	21828	10811	11017
阿尔山市	350	185	165	770	439	331	1499	796	703
锡林郭勒盟	**20571**	**10546**	**10025**	**16554**	**8638**	**7916**	**27733**	**13991**	**13742**
二连浩特市	2458	1274	1184	2636	1367	1269	4700	2419	2281
锡林浩特市	18113	9272	8841	13918	7271	6647	23033	11572	11461

1-5a 续表 3

单位：人

地 区	30-34岁			35-39岁			40-44岁		
	小计	男	女	小计	男	女	小计	男	女
内蒙古	**919103**	**461096**	**458007**	**816959**	**412357**	**404602**	**707309**	**355701**	**351608**
呼和浩特市	**217090**	**107650**	**109440**	**202623**	**101588**	**101035**	**164145**	**82287**	**81858**
新城区	58614	29029	29585	58152	28659	29493	46747	23556	23191
回民区	37256	18603	18653	35268	17824	17444	31443	15640	15803
玉泉区	49051	24930	24121	43206	22486	20720	37053	18953	18100
赛罕区	72169	35088	37081	65997	32619	33378	48902	24138	24764
包头市	**169918**	**85728**	**84190**	**154098**	**77880**	**76218**	**137610**	**68775**	**68835**
东河区	35299	18036	17263	32461	16888	15573	29286	14949	14337
昆都仑区	70607	35110	35497	63778	31837	31941	56097	27835	28262
青山区	41885	21158	20727	40205	19920	20285	36738	18082	18656
石拐区	1180	667	513	820	445	375	903	456	447
白云鄂博矿区	2316	1361	955	1496	883	613	1754	943	811
九原区	18631	9396	9235	15338	7907	7431	12832	6510	6322
乌海市	**48937**	**25796**	**23141**	**40839**	**21711**	**19128**	**39979**	**21020**	**18959**
海勃湾区	31405	16123	15282	25750	13314	12436	24023	12316	11707
海南区	7300	3916	3384	6422	3515	2907	6325	3404	2921
乌达区	10232	5757	4475	8667	4882	3785	9631	5300	4331
赤峰市	**114008**	**56765**	**57243**	**90196**	**44662**	**45534**	**71255**	**35158**	**36097**
红山区	49232	24695	24537	38035	18991	19044	29246	14617	14629
元宝山区	15763	7936	7827	15128	7296	7832	14289	6940	7349
松山区	49013	24134	24879	37033	18375	18658	27720	13601	14119
通辽市	**57307**	**29032**	**28275**	**52223**	**26841**	**25382**	**43011**	**22093**	**20918**
科尔沁区	40833	20248	20585	38289	19270	19019	32189	16181	16008
霍林郭勒市	16474	8784	7690	13934	7571	6363	10822	5912	4910
鄂尔多斯市	**75156**	**37476**	**37680**	**68137**	**34319**	**33818**	**53999**	**27257**	**26742**
东胜区	62117	31127	30990	56044	28323	27721	45721	23143	22578
康巴什区	12974	6315	6659	12048	5975	6073	8215	4077	4138
鄂托克旗	65	34	31	45	21	24	63	37	26
呼伦贝尔市	**80626**	**40628**	**39998**	**68470**	**34557**	**33913**	**69628**	**34971**	**34657**
海拉尔区	32979	16650	16329	26786	13601	13185	24277	12100	12177
扎赉诺尔区	5809	3013	2796	4626	2357	2269	5361	2736	2625
满洲里市	14046	7043	7003	12699	6475	6224	12468	6466	6002
牙克石市	9775	4888	4887	8687	4175	4512	10633	5058	5575
扎兰屯市	12396	6181	6215	10755	5439	5316	10446	5366	5080
额尔古纳市	3552	1787	1765	3078	1578	1500	3403	1726	1677
根河市	2069	1066	1003	1839	932	907	3040	1519	1521
巴彦淖尔市	**42995**	**21484**	**21511**	**38083**	**19485**	**18598**	**33989**	**17317**	**16672**
临河区	42995	21484	21511	38083	19485	18598	33989	17317	16672
乌兰察布市	**43370**	**21695**	**21675**	**39993**	**20029**	**19964**	**36604**	**18192**	**18412**
集宁区	33607	16771	16836	30743	15424	15319	28085	13871	14214
丰镇市	9763	4924	4839	9250	4605	4645	8519	4321	4198
兴安盟	**29801**	**14743**	**15058**	**28400**	**14350**	**14050**	**24396**	**12506**	**11890**
乌兰浩特市	28220	13891	14329	27225	13735	13490	23170	11876	11294
阿尔山市	1581	852	729	1175	615	560	1226	630	596
锡林郭勒盟	**39895**	**20099**	**19796**	**33897**	**16935**	**16962**	**32693**	**16125**	**16568**
二连浩特市	6293	3165	3128	6944	3510	3434	6682	3425	3257
锡林浩特市	33602	16934	16668	26953	13425	13528	26011	12700	13311

1-5a 续表 4

单位：人

地 区	45-49岁			50-54岁			55-59岁		
	小计	男	女	小计	男	女	小计	男	女
内蒙古	**863469**	**429140**	**434329**	**810420**	**405766**	**404654**	**706278**	**354527**	**351751**
呼和浩特市	**179733**	**88655**	**91078**	**157523**	**78080**	**79443**	**147014**	**72899**	**74115**
新城区	50267	24931	25336	43890	21892	21998	41606	20603	21003
回民区	34763	17242	17521	31117	15702	15415	28727	14495	14232
玉泉区	40967	20610	20357	34541	17566	16975	30005	15465	14540
赛罕区	53736	25872	27864	47975	22920	25055	46676	22336	24340
包头市	**180149**	**89661**	**90488**	**178448**	**90535**	**87913**	**153508**	**78082**	**75426**
东河区	38577	19256	19321	41880	21289	20591	41417	21065	20352
昆都仑区	73840	36394	37446	70752	35730	35022	57124	29035	28089
青山区	47253	23592	23661	46906	23544	23362	39194	19680	19514
石拐区	1480	777	703	1648	874	774	1685	916	769
白云鄂博矿区	3252	1745	1507	3074	1767	1307	2238	1308	930
九原区	15747	7897	7850	14188	7331	6857	11850	6078	5772
乌海市	**56635**	**29392**	**27243**	**54777**	**28498**	**26279**	**40959**	**21262**	**19697**
海勃湾区	33667	16986	16681	32063	16318	15745	25243	12845	12398
海南区	8619	4647	3972	8027	4329	3698	5384	2923	2461
乌达区	14349	7759	6590	14687	7851	6836	10332	5494	4838
赤峰市	**90039**	**43974**	**46065**	**82501**	**40905**	**41596**	**70868**	**35421**	**35447**
红山区	35623	17463	18160	33040	16325	16715	30893	15563	15330
元宝山区	21197	10179	11018	20896	10450	10446	15060	7682	7378
松山区	33219	16332	16887	28565	14130	14435	24915	12176	12739
通辽市	**46971**	**23072**	**23899**	**44533**	**21838**	**22695**	**41179**	**20069**	**21110**
科尔沁区	35430	17139	18291	33717	16316	17401	32252	15655	16597
霍林郭勒市	11541	5933	5608	10816	5522	5294	8927	4414	4513
鄂尔多斯市	**57966**	**29078**	**28888**	**47207**	**23779**	**23428**	**38623**	**19455**	**19168**
东胜区	49231	24707	24524	39827	20123	19704	32093	16259	15834
康巴什区	8668	4337	4331	7306	3624	3682	6451	3154	3297
鄂托克旗	67	34	33	74	32	42	79	42	37
呼伦贝尔市	**96899**	**48091**	**48808**	**100187**	**49569**	**50618**	**91001**	**45437**	**45564**
海拉尔区	33362	16259	17103	34042	16532	17510	32438	16076	16362
扎赉诺尔区	8773	4388	4385	10436	5220	5216	9319	4712	4607
满洲里市	15808	8150	7658	14905	7677	7228	12427	6375	6052
牙克石市	14933	7189	7744	15874	7654	8220	15286	7551	7735
扎兰屯市	13445	6821	6624	13528	6691	6837	12274	6019	6255
额尔古纳市	4609	2312	2297	4598	2274	2324	4051	1987	2064
根河市	5969	2972	2997	6804	3521	3283	5206	2717	2489
巴彦淖尔市	**40118**	**19776**	**20342**	**34672**	**16782**	**17890**	**27039**	**13326**	**13713**
临河区	40118	19776	20342	34672	16782	17890	27039	13326	13713
乌兰察布市	**46261**	**23043**	**23218**	**45519**	**23331**	**22188**	**40464**	**21039**	**19425**
集宁区	35470	17643	17827	34822	17837	16985	31858	16451	15407
丰镇市	10791	5400	5391	10697	5494	5203	8606	4588	4018
兴安盟	**28455**	**14281**	**14174**	**28491**	**13975**	**14516**	**25836**	**12421**	**13415**
乌兰浩特市	26227	13119	13108	25886	12582	13304	23728	11340	12388
阿尔山市	2228	1162	1066	2605	1393	1212	2108	1081	1027
锡林郭勒盟	**40243**	**20117**	**20126**	**36562**	**18474**	**18088**	**29787**	**15116**	**14671**
二连浩特市	8769	4357	4412	7778	4109	3669	5601	3027	2574
锡林浩特市	31474	15760	15714	28784	14365	14419	24186	12089	12097

1-5a　续表 5　　　　单位：人

地　区	60-64岁			65-69岁			70-74岁		
	小计	男	女	小计	男	女	小计	男	女
内蒙古	**525105**	**260714**	**264391**	**398184**	**188884**	**209300**	**246046**	**109630**	**136416**
呼和浩特市	**119543**	**59549**	**59994**	**89040**	**42943**	**46097**	**51452**	**23933**	**27519**
新城区	33820	16700	17120	25395	12239	13156	14474	6731	7743
回民区	23263	11749	11514	18137	8705	9432	11135	5126	6009
玉泉区	23761	12249	11512	17455	8672	8783	9690	4631	5059
赛罕区	38699	18851	19848	28053	13327	14726	16153	7445	8708
包头市	**111231**	**55508**	**55723**	**82793**	**39361**	**43432**	**59244**	**25719**	**33525**
东河区	31959	15980	15979	22385	10950	11435	14157	6244	7913
昆都仑区	40201	20078	20123	29828	14029	15799	22399	9599	12800
青山区	28336	13882	14454	22537	10411	12126	17689	7552	10137
石拐区	1191	615	576	1177	593	584	691	354	337
白云鄂博矿区	994	567	427	681	300	381	676	250	426
九原区	8550	4386	4164	6185	3078	3107	3632	1720	1912
乌海市	**24823**	**12689**	**12134**	**21650**	**10244**	**11406**	**15033**	**6551**	**8482**
海勃湾区	15933	8126	7807	13061	6249	6812	8628	3838	4790
海南区	3224	1672	1552	2893	1335	1558	1893	884	1009
乌达区	5666	2891	2775	5696	2660	3036	4512	1829	2683
赤峰市	**54526**	**26378**	**28148**	**40757**	**18821**	**21936**	**22561**	**9674**	**12887**
红山区	25119	12251	12868	18930	8844	10086	10431	4568	5863
元宝山区	10204	4928	5276	7685	3438	4247	5152	1996	3156
松山区	19203	9199	10004	14142	6539	7603	6978	3110	3868
通辽市	**33103**	**15941**	**17162**	**25468**	**11550**	**13918**	**14869**	**6549**	**8320**
科尔沁区	27297	13223	14074	21208	9570	11638	12576	5560	7016
霍林郭勒市	5806	2718	3088	4260	1980	2280	2293	989	1304
鄂尔多斯市	**27362**	**14121**	**13241**	**18857**	**9329**	**9528**	**10123**	**4938**	**5185**
东胜区	22636	11664	10972	15887	7841	8046	8796	4243	4553
康巴什区	4643	2407	2236	2895	1454	1441	1298	676	622
鄂托克旗	83	50	33	75	34	41	29	19	10
呼伦贝尔市	**64413**	**31951**	**32462**	**51891**	**24430**	**27461**	**30738**	**13422**	**17316**
海拉尔区	24180	11894	12286	18541	8813	9728	10695	4677	6018
扎赉诺尔区	6224	3111	3113	5068	2394	2674	2877	1221	1656
满洲里市	8821	4514	4307	6608	3151	3457	3472	1573	1899
牙克石市	10207	5067	5140	8629	4035	4594	5063	2174	2889
扎兰屯市	9389	4566	4823	7925	3627	4298	5334	2362	2972
额尔古纳市	2839	1409	1430	2659	1262	1397	1671	736	935
根河市	2753	1390	1363	2461	1148	1313	1626	679	947
巴彦淖尔市	**18401**	**9092**	**9309**	**14514**	**6945**	**7569**	**8969**	**3996**	**4973**
临河区	18401	9092	9309	14514	6945	7569	8969	3996	4973
乌兰察布市	**31891**	**16190**	**15701**	**22722**	**11107**	**11615**	**14266**	**6858**	**7408**
集宁区	24432	12477	11955	16948	8310	8638	10277	4912	5365
丰镇市	7459	3713	3746	5774	2797	2977	3989	1946	2043
兴安盟	**18614**	**8714**	**9900**	**14901**	**6782**	**8119**	**9043**	**3825**	**5218**
乌兰浩特市	17692	8229	9463	14313	6509	7804	8638	3692	4946
阿尔山市	922	485	437	588	273	315	405	133	272
锡林郭勒盟	**21198**	**10581**	**10617**	**15591**	**7372**	**8219**	**9748**	**4165**	**5583**
二连浩特市	3653	1892	1761	2632	1325	1307	1483	685	798
锡林浩特市	17545	8689	8856	12959	6047	6912	8265	3480	4785

1-5a 续表 6 单位：人

地　　区	75-79岁			80-84岁			85-89岁		
	小计	男	女	小计	男	女	小计	男	女
内蒙古	**174628**	**74816**	**99812**	**130134**	**58383**	**71751**	**57503**	**26325**	**31178**
呼和浩特市	**33414**	**14727**	**18687**	**26656**	**11803**	**14853**	**13153**	**5850**	**7303**
新城区	9583	4036	5547	7941	3505	4436	4067	1807	2260
回民区	6898	3096	3802	5567	2436	3131	2717	1148	1569
玉泉区	5977	2792	3185	4320	1911	2409	2235	939	1296
赛罕区	10956	4803	6153	8828	3951	4877	4134	1956	2178
包头市	**46722**	**19779**	**26943**	**35751**	**17089**	**18662**	**15088**	**7367**	**7721**
东河区	10794	4496	6298	8480	3613	4867	4087	1810	2277
昆都仑区	18176	7563	10613	14212	7113	7099	6047	3119	2928
青山区	14352	6246	8106	10765	5290	5475	3917	1948	1969
石拐区	466	194	272	274	139	135	129	62	67
白云鄂博矿区	595	234	361	406	189	217	143	73	70
九原区	2339	1046	1293	1614	745	869	765	355	410
乌海市	**11239**	**4934**	**6305**	**6958**	**3308**	**3650**	**2716**	**1307**	**1409**
海勃湾区	6263	2811	3452	4179	1993	2186	1705	822	883
海南区	1402	597	805	817	367	450	321	155	166
乌达区	3574	1526	2048	1962	948	1014	690	330	360
赤峰市	**17578**	**7259**	**10319**	**12987**	**5671**	**7316**	**5001**	**2158**	**2843**
红山区	7591	3205	4386	5884	2443	3441	2620	1111	1509
元宝山区	5312	2050	3262	3717	1732	1985	1112	512	600
松山区	4675	2004	2671	3386	1496	1890	1269	535	734
通辽市	**9169**	**3868**	**5301**	**6445**	**2666**	**3779**	**2620**	**1130**	**1490**
科尔沁区	7847	3261	4586	5601	2307	3294	2279	979	1300
霍林郭勒市	1322	607	715	844	359	485	341	151	190
鄂尔多斯市	**7237**	**3529**	**3708**	**5435**	**2583**	**2852**	**2242**	**1059**	**1183**
东胜区	6471	3153	3318	4907	2322	2585	2036	979	1057
康巴什区	751	368	383	520	257	263	205	80	125
鄂托克旗	15	8	7	8	4	4	1		1
呼伦贝尔市	**21235**	**8581**	**12654**	**16019**	**6824**	**9195**	**7491**	**3350**	**4141**
海拉尔区	7135	2942	4193	5487	2266	3221	2662	1160	1502
扎赉诺尔区	2236	845	1391	1712	776	936	761	329	432
满洲里市	2071	884	1187	1524	661	863	884	359	525
牙克石市	4214	1620	2594	3398	1460	1938	1565	729	836
扎兰屯市	3048	1329	1719	2091	852	1239	892	406	486
额尔古纳市	1026	455	571	652	295	357	240	125	115
根河市	1505	506	999	1155	514	641	487	242	245
巴彦淖尔市	**6225**	**2767**	**3458**	**4043**	**1779**	**2264**	**1761**	**887**	**874**
临河区	6225	2767	3458	4043	1779	2264	1761	887	874
乌兰察布市	**10039**	**4345**	**5694**	**7727**	**3207**	**4520**	**3817**	**1612**	**2205**
集宁区	7522	3204	4318	5908	2437	3471	2875	1222	1653
丰镇市	2517	1141	1376	1819	770	1049	942	390	552
兴安盟	**5565**	**2247**	**3318**	**3699**	**1438**	**2261**	**1779**	**768**	**1011**
乌兰浩特市	5081	2115	2966	3321	1297	2024	1604	676	928
阿尔山市	484	132	352	378	141	237	175	92	83
锡林郭勒盟	**6205**	**2780**	**3425**	**4414**	**2015**	**2399**	**1835**	**837**	**998**
二连浩特市	865	386	479	602	276	326	271	111	160
锡林浩特市	5340	2394	2946	3812	1739	2073	1564	726	838

1-5a　续表 7　　　　单位：人

地　区	90-94岁			95-99岁			100岁及以上		
	小计	男	女	小计	男	女	小计	男	女
内蒙古	**16909**	**8521**	**8388**	**3741**	**1842**	**1899**	**677**	**280**	**397**
呼和浩特市	**3810**	**1944**	**1866**	**913**	**470**	**443**	**139**	**54**	**85**
新城区	1264	664	600	279	132	147	33	12	21
回民区	761	394	367	184	96	88	26	12	14
玉泉区	619	292	327	152	76	76	28	12	16
赛罕区	1166	594	572	298	166	132	52	18	34
包头市	**4187**	**2195**	**1992**	**954**	**497**	**457**	**189**	**92**	**97**
东河区	1164	561	603	220	103	117	37	13	24
昆都仑区	1775	949	826	445	231	214	95	47	48
青山区	968	529	439	227	135	92	43	29	14
石拐区	37	17	20	12	3	9	4	2	2
白云鄂博矿区	41	26	15	7	4	3	2	1	1
九原区	202	113	89	43	21	22	8		8
乌海市	**871**	**488**	**383**	**159**	**88**	**71**	**25**	**8**	**17**
海勃湾区	512	281	231	106	56	50	19	7	12
海南区	144	105	39	25	16	9	1		1
乌达区	215	102	113	28	16	12	5	1	4
赤峰市	**1586**	**751**	**835**	**294**	**126**	**168**	**46**	**19**	**27**
红山区	927	438	489	201	91	110	34	15	19
元宝山区	249	117	132	33	11	22	2		2
松山区	410	196	214	60	24	36	10	4	6
通辽市	**825**	**401**	**424**	**153**	**74**	**79**	**41**	**14**	**27**
科尔沁区	753	370	383	131	63	68	33	11	22
霍林郭勒市	72	31	41	22	11	11	8	3	5
鄂尔多斯市	**549**	**252**	**297**	**125**	**59**	**66**	**37**	**15**	**22**
东胜区	466	218	248	101	48	53	26	9	17
康巴什区	80	31	49	23	10	13	11	6	5
鄂托克旗	3	3		1	1				
呼伦贝尔市	**2419**	**1211**	**1208**	**573**	**275**	**298**	**123**	**51**	**72**
海拉尔区	861	419	442	225	105	120	54	21	33
扎赉诺尔区	236	126	110	42	17	25	13	8	5
满洲里市	315	150	165	84	40	44	18	6	12
牙克石市	479	244	235	96	53	43	18	6	12
扎兰屯市	281	140	141	60	25	35	11	5	6
额尔古纳市	69	34	35	19	7	12	3	1	2
根河市	178	98	80	47	28	19	6	4	2
巴彦淖尔市	**394**	**238**	**156**	**84**	**39**	**45**	**8**	**1**	**7**
临河区	394	238	156	84	39	45	8	1	7
乌兰察布市	**1088**	**505**	**583**	**249**	**124**	**125**	**19**	**8**	**11**
集宁区	793	390	403	177	101	76	16	8	8
丰镇市	295	115	180	72	23	49	3		3
兴安盟	**564**	**254**	**310**	**122**	**46**	**76**	**25**	**8**	**17**
乌兰浩特市	527	235	292	119	43	76	24	8	16
阿尔山市	37	19	18	3	3		1		1
锡林郭勒盟	**616**	**282**	**334**	**115**	**44**	**71**	**25**	**10**	**15**
二连浩特市	63	28	35	9	4	5	2	2	
锡林浩特市	553	254	299	106	40	66	23	8	15

1-5b 各地区分年龄、性别的人口(镇)

单位：人

地区	合计			0岁		
	合计	男	女	小计	男	女
内蒙古	**6781056**	**3424007**	**3357049**	**55714**	**28720**	**26994**
呼和浩特市	**494834**	**249881**	**244953**	**4266**	**2174**	**2092**
新城区	2241	1183	1058	7	2	5
回民区						
玉泉区						
赛罕区	2325	1219	1106	10	4	6
土默特左旗	105947	53224	52723	786	388	398
托克托县	76352	38859	37493	553	269	284
和林格尔县	82219	39394	42825	609	322	287
清水河县	36566	18424	18142	235	124	111
武川县	53034	26527	26507	305	162	143
呼和浩特经济技术开发区	136150	71051	65099	1761	903	858
包头市	**436614**	**225371**	**211243**	**3415**	**1740**	**1675**
东河区	20572	10535	10037	178	80	98
昆都仑区	748	632	116			
青山区	2418	1614	804	22	13	9
石拐区	2993	2141	852	2	1	1
白云鄂博矿区						
九原区	25366	16221	9145	71	31	40
土默特右旗	116238	58383	57855	799	424	375
固阳县	54002	27504	26498	330	169	161
达尔罕茂明安联合旗	37358	18986	18372	214	95	119
包头稀土高新技术产业开发区	176919	89355	87564	1799	927	872
乌海市	**17408**	**10832**	**6576**	**75**	**48**	**27**
海勃湾区	3699	1973	1726	19	10	9
海南区	11159	7361	3798	43	26	17
乌达区	2550	1498	1052	13	12	1
赤峰市	**1129816**	**562223**	**567593**	**9559**	**4914**	**4645**
红山区	24406	12865	11541	205	108	97
元宝山区	30211	15424	14787	204	99	105
松山区	24781	12748	12033	138	73	65
阿鲁科尔沁旗	107140	52485	54655	876	453	423
巴林左旗	109060	53594	55466	889	457	432
巴林右旗	94024	46581	47443	880	439	441
林西县	109890	54473	55417	792	414	378
克什克腾旗	97052	47884	49168	868	457	411
翁牛特旗	127237	63943	63294	1117	560	557
喀喇沁旗	107771	53932	53839	969	513	456
宁城县	153827	76631	77196	1307	681	626
敖汉旗	144417	71663	72754	1314	660	654

1-5b 续表 1

单位：人

地区	合计			0岁		
	合计	男	女	小计	男	女
通辽市	**873530**	**431038**	**442492**	**6929**	**3620**	**3309**
科尔沁区	46022	23608	22414	191	105	86
科尔沁左翼中旗	119166	59055	60111	751	389	362
科尔沁左翼后旗	106278	52070	54208	729	373	356
开鲁县	123077	60312	62765	849	453	396
库伦旗	60938	30416	30522	522	284	238
奈曼旗	131429	64832	66597	1124	569	555
扎鲁特旗	118424	58149	60275	997	551	446
通辽经济技术开发区	167879	82410	85469	1765	895	870
霍林郭勒市	317	186	131	1	1	
鄂尔多斯市	**999056**	**525775**	**473281**	**10431**	**5451**	**4980**
东胜区	2967	1918	1049	14	7	7
康巴什区						
达拉特旗	207102	105012	102090	2013	1049	964
准格尔旗	250568	131133	119435	2423	1278	1145
鄂托克前旗	54710	28221	26489	615	323	292
鄂托克旗	128004	68289	59715	1327	682	645
杭锦旗	69101	35562	33539	745	390	355
乌审旗	98830	54543	44287	1104	590	514
伊金霍洛旗	187774	101097	86677	2190	1132	1058
呼伦贝尔市	**712799**	**359190**	**353609**	**4180**	**2143**	**2037**
海拉尔区	1451	747	704	1		1
扎赉诺尔区	5099	2689	2410	7	5	2
阿荣旗	124589	61737	62852	1074	543	531
莫力达瓦达斡尔族自治旗	82870	41015	41855	555	287	268
鄂伦春自治旗	128919	64332	64587	667	352	315
鄂温克族自治旗	108893	54191	54702	732	365	367
陈巴尔虎旗	37231	19305	17926	199	114	85
新巴尔虎左旗	20713	10222	10491	154	78	76
新巴尔虎右旗	25206	12498	12708	234	125	109
满洲里市	4160	2193	1967	3		3
牙克石市	99373	51297	48076	261	133	128
扎兰屯市	34115	17965	16150	203	101	102
额尔古纳市	10903	5644	5259	32	16	16
根河市	29277	15355	13922	58	24	34
巴彦淖尔市	**523253**	**262460**	**260793**	**4435**	**2295**	**2140**
临河区	13418	7068	6350	70	41	29
五原县	112379	56202	56177	1026	539	487
磴口县	50639	25246	25393	370	179	191
乌拉特前旗	136352	67713	68639	1095	591	504
乌拉特中旗	61286	31297	29989	468	248	220
乌拉特后旗	35121	18137	16984	349	170	179
杭锦后旗	114058	56797	57261	1057	527	530

1-5b 续表 2

单位：人

地区	合计			0岁		
	合计	男	女	小计	男	女
乌兰察布市	**524629**	**261833**	**262796**	**3533**	**1819**	**1714**
集宁区	14063	6237	7826	78	45	33
卓资县	38058	19144	18914	225	114	111
化德县	56643	28053	28590	416	196	220
商都县	81789	40139	41650	582	311	271
兴和县	75800	37668	38132	668	348	320
凉城县	48884	24269	24615	307	163	144
察哈尔右翼前旗	54179	27566	26613	396	196	200
察哈尔右翼中旗	29775	14829	14946	164	79	85
察哈尔右翼后旗	52048	26206	25842	271	145	126
四子王旗	64979	32475	32504	411	214	197
丰镇市	8411	5247	3164	15	8	7
兴安盟	**434317**	**215255**	**219062**	**3352**	**1701**	**1651**
乌兰浩特市	16279	8175	8104	132	68	64
阿尔山市	10909	5660	5249	54	26	28
科尔沁右翼前旗	85917	42064	43853	931	465	466
科尔沁右翼中旗	97559	48402	49157	678	336	342
扎赉特旗	141147	70751	70396	985	507	478
突泉县	82506	40203	42303	572	299	273
锡林郭勒盟	**419612**	**210439**	**209173**	**3386**	**1757**	**1629**
二连浩特市	1045	701	344	3	1	2
锡林浩特市	2034	1467	567	5	4	1
阿巴嘎旗	22778	11381	11397	161	79	82
苏尼特左旗	18205	9051	9154	129	62	67
苏尼特右旗	47424	23751	23673	248	150	98
东乌珠穆沁旗	47742	23906	23836	359	183	176
西乌珠穆沁旗	61756	31063	30693	597	331	266
太仆寺旗	49564	24399	25165	376	196	180
镶黄旗	18860	9509	9351	152	80	72
正镶白旗	23427	11696	11731	136	78	58
正蓝旗	38590	19170	19420	312	157	155
多伦县	67316	33562	33754	739	358	381
乌拉盖管委会	20871	10783	10088	169	78	91
阿拉善盟	**215188**	**109710**	**105478**	**2153**	**1058**	**1095**
阿拉善左旗	142493	71463	71030	1305	646	659
阿拉善右旗	17629	8966	8663	156	77	79
额济纳旗	30456	15210	15246	417	209	208
内蒙古阿拉善经济开发区	24610	14071	10539	275	126	149

1-5b　续表 3　　　　单位：人

地　区	1-4岁			5-9岁			10-14岁		
	小计	男	女	小计	男	女	小计	男	女
内蒙古	**300800**	**155496**	**145304**	**400789**	**207601**	**193188**	**362082**	**187307**	**174775**
呼和浩特市	**24092**	**12399**	**11693**	**29993**	**15520**	**14473**	**26363**	**13688**	**12675**
新城区	51	29	22	66	35	31	63	36	27
回民区									
玉泉区									
赛罕区	50	22	28	56	30	26	72	43	29
土默特左旗	4554	2323	2231	5701	2922	2779	5293	2758	2535
托克托县	3330	1720	1610	5157	2651	2506	5994	3151	2843
和林格尔县	3246	1697	1549	4666	2466	2200	4233	2294	1939
清水河县	1525	780	745	2498	1287	1211	2753	1427	1326
武川县	1795	953	842	2707	1390	1317	2963	1396	1567
呼和浩特经济技术开发区	9541	4875	4666	9142	4739	4403	4992	2583	2409
包头市	**18580**	**9611**	**8969**	**23766**	**12172**	**11594**	**21547**	**11086**	**10461**
东河区	1016	536	480	1083	540	543	976	519	457
昆都仑区	5	3	2	6	3	3	6	4	2
青山区	80	34	46	56	31	25	63	39	24
石拐区	10	5	5	13	5	8	18	10	8
白云鄂博矿区									
九原区	401	206	195	681	367	314	788	397	391
土默特右旗	4567	2336	2231	7249	3699	3550	7113	3713	3400
固阳县	2044	1065	979	2836	1453	1383	2853	1431	1422
达尔罕茂明安联合旗	1375	734	641	1823	933	890	1672	835	837
包头稀土高新技术产业开发区	9082	4692	4390	10019	5141	4878	8058	4138	3920
乌海市	**432**	**222**	**210**	**654**	**322**	**332**	**660**	**334**	**326**
海勃湾区	159	80	79	242	125	117	231	122	109
海南区	231	126	105	368	181	187	360	175	185
乌达区	42	16	26	44	16	28	69	37	32
赤峰市	**53020**	**27624**	**25396**	**72435**	**39049**	**33386**	**70068**	**37992**	**32076**
红山区	1080	585	495	1383	774	609	1137	651	486
元宝山区	956	472	484	1270	669	601	1301	774	527
松山区	933	502	431	1412	769	643	1474	843	631
阿鲁科尔沁旗	4607	2387	2220	6239	3242	2997	6581	3384	3197
巴林左旗	4321	2288	2033	5975	3113	2862	7095	3710	3385
巴林右旗	4352	2258	2094	5654	2967	2687	5563	2934	2629
林西县	4702	2417	2285	5688	2949	2739	6040	3063	2977
克什克腾旗	4845	2543	2302	5659	2916	2743	4769	2453	2316
翁牛特旗	6241	3289	2952	8043	4499	3544	7544	4274	3270
喀喇沁旗	4940	2586	2354	7422	4031	3391	7357	4062	3295
宁城县	7810	4037	3773	11187	6134	5053	10545	5893	4652
敖汉旗	8233	4260	3973	12503	6986	5517	10662	5951	4711

1－5b 续表 4

单位：人

地区	1－4岁			5－9岁			10－14岁		
	小计	男	女	小计	男	女	小计	男	女
通辽市	**35743**	**18408**	**17335**	**48179**	**24759**	**23420**	**44511**	**22932**	**21579**
科尔沁区	1219	615	604	1883	984	899	2166	1156	1010
科尔沁左翼中旗	4048	2066	1982	6287	3260	3027	6565	3304	3261
科尔沁左翼后旗	3908	2005	1903	5811	2944	2867	5790	2943	2847
开鲁县	4585	2373	2212	6653	3373	3280	6452	3364	3088
库伦旗	2417	1294	1123	3238	1693	1545	2849	1516	1333
奈曼旗	5905	3068	2837	8761	4540	4221	7298	3820	3478
扎鲁特旗	5196	2631	2565	6901	3478	3423	6346	3210	3136
通辽经济技术开发区	8457	4352	4105	8638	4483	4155	7040	3615	3425
霍林郭勒市	8	4	4	7	4	3	5	4	1
鄂尔多斯市	**56945**	**29772**	**27173**	**79657**	**41355**	**38302**	**63021**	**32563**	**30458**
东胜区	31	11	20	40	16	24	39	22	17
康巴什区									
达拉特旗	10980	5569	5411	17182	8846	8336	14517	7428	7089
准格尔旗	13309	6967	6342	19759	10107	9652	17994	9214	8780
鄂托克前旗	3339	1789	1550	4141	2125	2016	2658	1349	1309
鄂托克旗	7170	3737	3433	9581	5025	4556	7032	3631	3401
杭锦旗	3809	2056	1753	5201	2582	2619	3924	1988	1936
乌审旗	6490	3511	2979	8900	4766	4134	6006	3249	2757
伊金霍洛旗	11817	6132	5685	14853	7888	6965	10851	5682	5169
呼伦贝尔市	**22417**	**11637**	**10780**	**30587**	**15711**	**14876**	**30820**	**15939**	**14881**
海拉尔区	22	12	10	37	16	21	64	35	29
扎赉诺尔区	46	29	17	67	31	36	106	56	50
阿荣旗	5501	2895	2606	7306	3746	3560	7071	3643	3428
莫力达瓦达斡尔族自治旗	3290	1725	1565	5431	2778	2653	5596	2874	2722
鄂伦春自治旗	3706	1884	1822	5161	2639	2522	5475	2827	2648
鄂温克族自治旗	3826	1994	1832	4680	2397	2283	4279	2217	2062
陈巴尔虎旗	1031	516	515	1419	752	667	1385	746	639
新巴尔虎左旗	855	428	427	1212	636	576	1036	528	508
新巴尔虎右旗	1065	549	516	1239	643	596	1021	523	498
满洲里市	43	25	18	71	45	26	127	77	50
牙克石市	1347	719	628	1534	799	735	1984	1058	926
扎兰屯市	1145	584	561	1835	944	891	1929	962	967
额尔古纳市	182	98	84	142	76	66	185	89	96
根河市	358	179	179	453	209	244	562	304	258
巴彦淖尔市	**24219**	**12431**	**11788**	**28965**	**14662**	**14303**	**25604**	**12923**	**12681**
临河区	343	186	157	386	183	203	414	223	191
五原县	5665	2944	2721	7199	3702	3497	6033	2924	3109
磴口县	2137	1073	1064	2190	1120	1070	1960	993	967
乌拉特前旗	6359	3260	3099	8184	4087	4097	7280	3687	3593
乌拉特中旗	2617	1360	1257	3087	1568	1519	2607	1334	1273
乌拉特后旗	1697	894	803	1795	897	898	1514	774	740
杭锦后旗	5401	2714	2687	6124	3105	3019	5796	2988	2808

1–5b　续表 5　　　　单位：人

地　区	1–4岁			5–9岁			10–14岁		
	小计	男	女	小计	男	女	小计	男	女
乌兰察布市	**18603**	**9386**	**9217**	**26394**	**13124**	**13270**	**28346**	**13879**	**14467**
集宁区	355	189	166	602	294	308	634	307	327
卓资县	1287	636	651	1455	729	726	1489	726	763
化德县	2089	1038	1051	2546	1234	1312	2741	1283	1458
商都县	2978	1477	1501	4422	2174	2248	4754	2306	2448
兴和县	3407	1717	1690	5473	2788	2685	5534	2688	2846
凉城县	1760	905	855	2580	1293	1287	2994	1516	1478
察哈尔右翼前旗	1836	935	901	2294	1172	1122	2740	1404	1336
察哈尔右翼中旗	913	473	440	1222	607	615	1405	688	717
察哈尔右翼后旗	1645	833	812	2478	1190	1288	2555	1262	1293
四子王旗	2295	1167	1128	3245	1610	1635	3376	1627	1749
丰镇市	38	16	22	77	33	44	124	72	52
兴安盟	**17032**	**8639**	**8393**	**24709**	**12625**	**12084**	**21810**	**11091**	**10719**
乌兰浩特市	604	303	301	546	284	262	460	240	220
阿尔山市	261	131	130	298	153	145	304	162	142
科尔沁右翼前旗	4335	2165	2170	4802	2381	2421	3414	1755	1659
科尔沁右翼中旗	3628	1832	1796	5665	2893	2772	4925	2510	2415
扎赉特旗	5215	2708	2507	8955	4622	4333	8125	4049	4076
突泉县	2989	1500	1489	4443	2292	2151	4582	2375	2207
锡林郭勒盟	**18243**	**9433**	**8810**	**24214**	**12445**	**11769**	**20350**	**10273**	**10077**
二连浩特市	12	9	3	13	9	4	21	10	11
锡林浩特市	16	8	8	17	8	9	10	2	8
阿巴嘎旗	844	416	428	1201	617	584	907	443	464
苏尼特左旗	759	417	342	1094	568	526	875	464	411
苏尼特右旗	1467	763	704	2015	1011	1004	1822	883	939
东乌珠穆沁旗	1945	1014	931	2814	1433	1381	2383	1195	1188
西乌珠穆沁旗	3009	1569	1440	3737	1909	1828	2775	1442	1333
太仆寺旗	1948	1004	944	2634	1350	1284	2793	1378	1415
镶黄旗	735	402	333	935	493	442	769	392	377
正镶白旗	803	429	374	1115	566	549	958	447	511
正蓝旗	1831	932	899	2196	1112	1084	1843	966	877
多伦县	3831	1941	1890	5134	2663	2471	4201	2131	2070
乌拉盖管委会	1043	529	514	1309	706	603	993	520	473
阿拉善盟	**11474**	**5934**	**5540**	**11236**	**5857**	**5379**	**8982**	**4607**	**4375**
阿拉善左旗	6880	3572	3308	6941	3635	3306	6075	3178	2897
阿拉善右旗	813	414	399	682	327	355	636	303	333
额济纳旗	2295	1213	1082	1930	1009	921	1314	639	675
内蒙古阿拉善经济开发区	1486	735	751	1683	886	797	957	487	470

1-5b 续表 6

单位：人

地区	15-19岁			20-24岁			25-29岁		
	小计	男	女	小计	男	女	小计	男	女
内蒙古	**315341**	**162389**	**152952**	**247888**	**128186**	**119702**	**436077**	**221396**	**214681**
呼和浩特市	**30921**	**15038**	**15883**	**31329**	**14134**	**17195**	**34335**	**17052**	**17283**
新城区	40	20	20	82	48	34	108	48	60
回民区									
玉泉区									
赛罕区	66	35	31	67	40	27	98	62	36
土默特左旗	9009	4293	4716	6572	2814	3758	7179	3607	3572
托克托县	4218	2186	2032	2175	1242	933	4591	2314	2277
和林格尔县	7962	3134	4828	11817	4245	7572	4595	2288	2307
清水河县	2249	1157	1092	818	438	380	1689	789	900
武川县	2262	1165	1097	1615	809	806	2246	1066	1180
呼和浩特经济技术开发区	5115	3048	2067	8183	4498	3685	13829	6878	6951
包头市	**24418**	**14296**	**10122**	**21317**	**12525**	**8792**	**27427**	**14022**	**13405**
东河区	867	427	440	632	327	305	1472	752	720
昆都仑区	6	4	2	92	75	17	152	130	22
青山区	48	36	12	304	263	41	468	371	97
石拐区	20	12	8	145	102	43	308	209	99
白云鄂博矿区									
九原区	7747	5705	2042	3980	3289	691	739	454	285
土默特右旗	7094	3684	3410	7272	3775	3497	6425	3160	3265
固阳县	2556	1282	1274	1908	1002	906	3143	1551	1592
达尔罕茂明安联合旗	808	433	375	1024	541	483	2089	1070	1019
包头稀土高新技术产业开发区	5272	2713	2559	5960	3151	2809	12631	6325	6306
乌海市	**244**	**129**	**115**	**641**	**427**	**214**	**1297**	**916**	**381**
海勃湾区	38	17	21	128	81	47	222	120	102
海南区	171	95	76	440	301	139	945	708	237
乌达区	35	17	18	73	45	28	130	88	42
赤峰市	**66579**	**35049**	**31530**	**34555**	**17475**	**17080**	**63564**	**31512**	**32052**
红山区	631	412	219	971	532	439	1410	778	632
元宝山区	1223	761	462	918	526	392	1310	757	553
松山区	493	307	186	701	434	267	942	497	445
阿鲁科尔沁旗	6077	3123	2954	3362	1644	1718	7313	3605	3708
巴林左旗	9043	4578	4465	3846	1889	1957	6759	3352	3407
巴林右旗	4072	2058	2014	2806	1427	1379	5902	2886	3016
林西县	5487	2787	2700	4070	2107	1963	6832	3387	3445
克什克腾旗	4186	2184	2002	3092	1529	1563	5573	2735	2838
翁牛特旗	7611	3914	3697	3537	1851	1686	6963	3536	3427
喀喇沁旗	8050	4429	3621	3150	1564	1586	4690	2245	2445
宁城县	11954	6427	5527	4068	2045	2023	7693	3736	3957
敖汉旗	7752	4069	3683	4034	1927	2107	8177	3998	4179

1-5b 续表 7

单位：人

地区	15-19岁			20-24岁			25-29岁		
	小计	男	女	小计	男	女	小计	男	女
通辽市	**56126**	**27821**	**28305**	**33058**	**16291**	**16767**	**63082**	**31254**	**31828**
科尔沁区	1817	1072	745	1925	1066	859	2657	1450	1207
科尔沁左翼中旗	7069	3467	3602	3924	1944	1980	7627	3793	3834
科尔沁左翼后旗	6167	2878	3289	3633	1829	1804	6366	3120	3246
开鲁县	8740	4422	4318	4490	2221	2269	8872	4395	4477
库伦旗	2909	1514	1395	2110	1078	1032	4010	2009	2001
奈曼旗	9771	4972	4799	4518	2229	2289	9163	4514	4649
扎鲁特旗	6597	3411	3186	4268	2100	2168	8793	4267	4526
通辽经济技术开发区	13052	6082	6970	8184	3820	4364	15583	7699	7884
霍林郭勒市	4	3	1	6	4	2	11	7	4
鄂尔多斯市	**32487**	**17176**	**15311**	**34319**	**19962**	**14357**	**70675**	**38521**	**32154**
东胜区	33	23	10	93	64	29	211	161	50
康巴什区									
达拉特旗	10028	5131	4897	6010	3272	2738	11778	5968	5810
准格尔旗	9064	4736	4328	7986	4586	3400	15372	8125	7247
鄂托克前旗	2265	1243	1022	1936	1022	914	4206	2103	2103
鄂托克旗	2930	1617	1313	6136	3768	2368	11056	6334	4722
杭锦旗	1787	948	839	2031	1172	859	4762	2596	2166
乌审旗	2684	1461	1223	3365	2050	1315	9187	5273	3914
伊金霍洛旗	3696	2017	1679	6762	4028	2734	14103	7961	6142
呼伦贝尔市	**19857**	**10438**	**9419**	**23341**	**12359**	**10982**	**41809**	**21430**	**20379**
海拉尔区	27	12	15	27	17	10	37	22	15
扎赉诺尔区	106	59	47	172	100	72	231	137	94
阿荣旗	5790	2904	2886	4188	2073	2115	8929	4278	4651
莫力达瓦达斡尔族自治旗	1959	1063	896	2924	1429	1495	6059	3056	3003
鄂伦春自治旗	3488	1825	1663	4075	2153	1922	6745	3387	3358
鄂温克族自治旗	4457	2383	2074	3673	1896	1777	6478	3295	3183
陈巴尔虎旗	568	304	264	1170	662	508	2252	1217	1035
新巴尔虎左旗	218	117	101	630	329	301	1445	727	718
新巴尔虎右旗	371	220	151	821	445	376	1744	861	883
满洲里市	101	51	50	143	75	68	184	115	69
牙克石市	1591	876	715	3446	1974	1472	4686	2635	2051
扎兰屯市	730	387	343	1026	585	441	1681	889	792
额尔古纳市	103	55	48	324	211	113	404	247	157
根河市	348	182	166	722	410	312	934	564	370
巴彦淖尔市	**19555**	**9936**	**9619**	**15583**	**7933**	**7650**	**31977**	**15957**	**16020**
临河区	559	438	121	362	206	156	560	307	253
五原县	4980	2463	2517	3298	1666	1632	6830	3334	3496
磴口县	1374	714	660	1637	829	808	3345	1663	1682
乌拉特前旗	4539	2248	2291	3621	1828	1793	7676	3739	3937
乌拉特中旗	1920	1036	884	1999	1043	956	3664	1940	1724
乌拉特后旗	895	475	420	1150	603	547	2512	1338	1174
杭锦后旗	5288	2562	2726	3516	1758	1758	7390	3636	3754

1-5b 续表 8

单位：人

地区	15-19岁			20-24岁			25-29岁		
	小计	男	女	小计	男	女	小计	男	女
乌兰察布市	**23345**	**11029**	**12316**	**17062**	**7997**	**9065**	**28532**	**14038**	**14494**
集宁区	1225	286	939	2160	574	1586	730	379	351
卓资县	2557	1184	1373	894	459	435	1727	853	874
化德县	2214	1070	1144	1701	829	872	3164	1576	1588
商都县	4221	1981	2240	2594	1193	1401	4404	2111	2293
兴和县	3247	1562	1685	2328	1116	1212	4857	2277	2580
凉城县	1842	949	893	1205	613	592	2116	1028	1088
察哈尔右翼前旗	2972	1465	1507	1938	993	945	3591	1837	1754
察哈尔右翼中旗	925	509	416	674	328	346	1286	598	688
察哈尔右翼后旗	1743	855	888	1599	845	754	2942	1485	1457
四子王旗	2294	1114	1180	1734	892	842	3438	1692	1746
丰镇市	105	54	51	235	155	80	277	202	75
兴安盟	**21311**	**10788**	**10523**	**14836**	**7338**	**7498**	**31995**	**15716**	**16279**
乌兰浩特市	388	189	199	682	352	330	1282	657	625
阿尔山市	93	54	39	400	259	141	656	399	257
科尔沁右翼前旗	4772	2462	2310	2958	1418	1540	7952	3829	4123
科尔沁右翼中旗	5090	2534	2556	3221	1674	1547	6493	3226	3267
扎赉特旗	6753	3416	3337	4533	2190	2343	9599	4730	4869
突泉县	4215	2133	2082	3042	1445	1597	6013	2875	3138
锡林郭勒盟	**13215**	**6856**	**6359**	**12914**	**6903**	**6011**	**24967**	**12455**	**12512**
二连浩特市	14	9	5	27	19	8	44	38	6
锡林浩特市	13	8	5	44	33	11	82	65	17
阿巴嘎旗	528	282	246	682	348	334	1262	654	608
苏尼特左旗	402	222	180	583	296	287	1099	545	554
苏尼特右旗	1310	675	635	1416	766	650	2341	1182	1159
东乌珠穆沁旗	1452	775	677	1688	882	806	2842	1409	1433
西乌珠穆沁旗	1674	891	783	2110	1144	966	4442	2290	2152
太仆寺旗	2240	1172	1068	1355	675	680	2221	1025	1196
镶黄旗	489	239	250	505	305	200	1056	567	489
正镶白旗	682	367	315	630	366	264	1210	610	600
正蓝旗	925	493	432	1135	592	543	2611	1286	1325
多伦县	3021	1467	1554	2111	1113	998	4409	2122	2287
乌拉盖管委会	465	256	209	628	364	264	1348	662	686
阿拉善盟	**7283**	**3833**	**3450**	**8933**	**4842**	**4091**	**16417**	**8523**	**7894**
阿拉善左旗	5528	2863	2665	5827	3000	2827	10398	5343	5055
阿拉善右旗	467	249	218	604	327	277	1099	586	513
额济纳旗	739	383	356	1037	585	452	2309	1122	1187
内蒙古阿拉善经济开发区	549	338	211	1465	930	535	2611	1472	1139

1-5b　续表 9

单位：人

地　　区	30-34岁			35-39岁			40-44岁		
	小计	男	女	小计	男	女	小计	男	女
内蒙古	**652705**	**327891**	**324814**	**599896**	**306321**	**293575**	**534842**	**274517**	**260325**
呼和浩特市	**52542**	**26360**	**26182**	**45513**	**24068**	**21445**	**38000**	**19439**	**18561**
新城区	105	55	50	101	54	47	132	69	63
回民区									
玉泉区									
赛罕区	119	69	50	109	66	43	116	53	63
土默特左旗	10078	5072	5006	9470	5021	4449	8096	4189	3907
托克托县	6782	3222	3560	8551	4389	4162	7314	3807	3507
和林格尔县	6163	3034	3129	6729	3428	3301	6063	3089	2974
清水河县	2956	1382	1574	3017	1523	1494	3277	1598	1679
武川县	3532	1710	1822	3502	1703	1799	4563	2211	2352
呼和浩特经济技术开发区	22807	11816	10991	14034	7884	6150	8439	4423	4016
包头市	**42050**	**21218**	**20832**	**36810**	**19214**	**17596**	**33347**	**17070**	**16277**
东河区	2156	1109	1047	1714	933	781	1661	833	828
昆都仑区	137	123	14	80	73	7	56	53	3
青山区	325	238	87	213	143	70	159	94	65
石拐区	395	297	98	333	249	84	330	235	95
白云鄂博矿区									
九原区	968	526	442	944	529	415	1044	537	507
土默特右旗	10503	4970	5533	10761	5563	5198	9707	5010	4697
固阳县	4528	2307	2221	4032	2107	1925	4245	2121	2124
达尔罕茂明安联合旗	2743	1393	1350	2775	1415	1360	3260	1657	1603
包头稀土高新技术产业开发区	20295	10255	10040	15958	8202	7756	12885	6530	6355
乌海市	**1623**	**1146**	**477**	**1395**	**951**	**444**	**1561**	**1033**	**528**
海勃湾区	291	163	128	308	158	150	347	190	157
海南区	1184	882	302	941	683	258	1032	722	310
乌达区	148	101	47	146	110	36	182	121	61
赤峰市	**108580**	**53321**	**55259**	**104297**	**50799**	**53498**	**82701**	**41008**	**41693**
红山区	2273	1236	1037	1827	958	869	1620	844	776
元宝山区	2020	1066	954	1833	942	891	1812	946	866
松山区	1779	938	841	1781	882	899	1649	792	857
阿鲁科尔沁旗	10961	5364	5597	11060	5358	5702	7792	3935	3857
巴林左旗	9565	4711	4854	11722	5776	5946	8342	3983	4359
巴林右旗	9465	4771	4694	8279	4042	4237	7360	3694	3666
林西县	10361	5239	5122	9192	4403	4789	7473	3768	3705
克什克腾旗	10422	5117	5305	7588	3670	3918	6543	3328	3215
翁牛特旗	12252	6088	6164	11177	5476	5701	9635	4850	4785
喀喇沁旗	10392	4962	5430	10901	5336	5565	7696	3766	3930
宁城县	15939	7555	8384	14816	7298	7518	11375	5582	5793
敖汉旗	13151	6274	6877	14121	6658	7463	11404	5520	5884

1-5b 续表 10

单位：人

地　区	30-34岁			35-39岁			40-44岁		
	小计	男	女	小计	男	女	小计	男	女
通辽市	**83441**	**41620**	**41821**	**75809**	**38262**	**37547**	**68149**	**34541**	**33608**
科尔沁区	3412	1781	1631	3271	1753	1518	3243	1680	1563
科尔沁左翼中旗	10811	5455	5356	10253	5339	4914	9663	4979	4684
科尔沁左翼后旗	8967	4509	4458	9516	4772	4744	8606	4386	4220
开鲁县	10757	5163	5594	10462	5182	5280	9870	4857	5013
库伦旗	5691	2854	2837	5080	2555	2525	4789	2456	2333
奈曼旗	12220	6031	6189	10882	5425	5457	10784	5396	5388
扎鲁特旗	10821	5397	5424	11038	5486	5552	10258	5217	5041
通辽经济技术开发区	20750	10420	10330	15285	7742	7543	10901	5545	5356
霍林郭勒市	12	10	2	22	8	14	35	25	10
鄂尔多斯市	**113854**	**58491**	**55363**	**100564**	**52742**	**47822**	**83312**	**44129**	**39183**
东胜区	239	181	58	173	137	36	162	120	42
康巴什区									
达拉特旗	20755	10071	10684	21188	10578	10610	19978	10180	9798
准格尔旗	27844	14090	13754	25318	13262	12056	20453	10786	9667
鄂托克前旗	6220	3149	3071	4521	2327	2194	4389	2241	2148
鄂托克旗	15889	8411	7478	12702	6792	5910	10307	5596	4711
杭锦旗	7006	3538	3468	6445	3284	3161	5843	2927	2916
乌审旗	13233	7204	6029	10664	5844	4820	7624	4357	3267
伊金霍洛旗	22668	11847	10821	19553	10518	9035	14556	7922	6634
呼伦贝尔市	**57004**	**29165**	**27839**	**54975**	**28213**	**26762**	**56585**	**29399**	**27186**
海拉尔区	74	38	36	100	54	46	88	51	37
扎赉诺尔区	196	114	82	178	113	65	328	179	149
阿荣旗	12749	6250	6499	12617	6217	6400	10716	5456	5260
莫力达瓦达斡尔族自治旗	7633	3653	3980	8080	3999	4081	7690	3900	3790
鄂伦春自治旗	9002	4586	4416	8416	4202	4214	10043	5140	4903
鄂温克族自治旗	9940	5074	4866	9119	4655	4464	8189	4150	4039
陈巴尔虎旗	3047	1679	1368	3061	1693	1368	3130	1726	1404
新巴尔虎左旗	2042	1032	1010	1892	975	917	1851	952	899
新巴尔虎右旗	2605	1310	1295	2597	1368	1229	2296	1191	1105
满洲里市	169	107	62	164	88	76	274	142	132
牙克石市	5031	2863	2168	4215	2368	1847	6035	3238	2797
扎兰屯市	2939	1548	1391	3010	1660	1350	2909	1628	1281
额尔古纳市	430	250	180	470	234	236	851	444	407
根河市	1147	661	486	1056	587	469	2185	1202	983
巴彦淖尔市	**51365**	**25741**	**25624**	**47911**	**24958**	**22953**	**44109**	**22510**	**21599**
临河区	633	346	287	730	407	323	843	442	401
五原县	11715	5787	5928	11832	6143	5689	10072	5155	4917
磴口县	4337	2235	2102	3869	2006	1863	3599	1872	1727
乌拉特前旗	12951	6350	6601	11652	5890	5762	11941	5864	6077
乌拉特中旗	5817	2993	2824	5284	2771	2513	5387	2816	2571
乌拉特后旗	4033	2136	1897	3440	1865	1575	2937	1585	1352
杭锦后旗	11879	5894	5985	11104	5876	5228	9330	4776	4554

1-5b 续表 11

单位：人

地区	30-34岁			35-39岁			40-44岁		
	小计	男	女	小计	男	女	小计	男	女
乌兰察布市	**39110**	**19305**	**19805**	**39632**	**19727**	**19905**	**42225**	**21337**	**20888**
集宁区	854	426	428	904	460	444	785	379	406
卓资县	2604	1303	1301	2481	1245	1236	2352	1230	1122
化德县	4136	2056	2080	3614	1762	1852	4953	2506	2447
商都县	5709	2715	2994	6698	3139	3559	7245	3601	3644
兴和县	7087	3424	3663	6876	3441	3435	6431	3264	3167
凉城县	3282	1561	1721	3497	1721	1776	3391	1639	1752
察哈尔右翼前旗	4618	2433	2185	3994	2031	1963	3985	2055	1930
察哈尔右翼中旗	1951	936	1015	1914	952	962	2299	1107	1192
察哈尔右翼后旗	3833	1906	1927	4198	2098	2100	4432	2262	2170
四子王旗	4602	2221	2381	5055	2551	2504	5873	2957	2916
丰镇市	434	324	110	401	327	74	479	337	142
兴安盟	**41492**	**20514**	**20978**	**39881**	**20549**	**19332**	**34168**	**17816**	**16352**
乌兰浩特市	1363	761	602	1271	693	578	1229	610	619
阿尔山市	769	408	361	811	444	367	852	457	395
科尔沁右翼前旗	9138	4504	4634	7331	3725	3606	5285	2703	2582
科尔沁右翼中旗	8011	3975	4036	9116	4722	4394	8177	4309	3868
扎赉特旗	14793	7258	7535	13870	7236	6634	12155	6471	5684
突泉县	7418	3608	3810	7482	3729	3753	6470	3266	3204
锡林郭勒盟	**38393**	**19234**	**19159**	**36105**	**18159**	**17946**	**33356**	**17356**	**16000**
二连浩特市	67	44	23	72	53	19	88	56	32
锡林浩特市	164	140	24	131	91	40	242	188	54
阿巴嘎旗	1903	950	953	1646	838	808	1725	898	827
苏尼特左旗	1623	804	819	1463	746	717	1456	749	707
苏尼特右旗	3489	1767	1722	3404	1682	1722	3771	1901	1870
东乌珠穆沁旗	4341	2193	2148	4325	2145	2180	3779	2012	1767
西乌珠穆沁旗	6892	3564	3328	5514	2829	2685	4706	2514	2192
太仆寺旗	3534	1705	1829	3778	1824	1954	4256	2074	2182
镶黄旗	1611	811	800	1537	809	728	1493	794	699
正镶白旗	1711	818	893	1705	861	844	1972	1023	949
正蓝旗	3921	1930	1991	3358	1697	1661	3021	1559	1462
多伦县	6881	3328	3553	7269	3612	3657	5087	2604	2483
乌拉盖管委会	2256	1180	1076	1903	972	931	1760	984	776
阿拉善盟	**23251**	**11776**	**11475**	**17004**	**8679**	**8325**	**17329**	**8879**	**8450**
阿拉善左旗	14004	7085	6919	10702	5289	5413	11967	5981	5986
阿拉善右旗	1544	802	742	1310	662	648	1498	768	730
额济纳旗	3495	1460	2035	2583	1264	1319	2193	1104	1089
内蒙古阿拉善经济开发区	4208	2429	1779	2409	1464	945	1671	1026	645

1-5b 续表 12

单位：人

地区	45-49岁			50-54岁			55-59岁		
	小计	男	女	小计	男	女	小计	男	女
内蒙古	**649830**	**331298**	**318532**	**607988**	**312536**	**295452**	**504409**	**255975**	**248434**
呼和浩特市	**43040**	**21684**	**21356**	**35247**	**18422**	**16825**	**30212**	**15430**	**14782**
新城区	198	93	105	227	117	110	247	133	114
回民区									
玉泉区									
赛罕区	222	107	115	236	125	111	260	141	119
土默特左旗	9105	4497	4608	8211	4131	4080	7221	3792	3429
托克托县	7669	3906	3763	5277	2762	2515	4050	2028	2022
和林格尔县	6337	3235	3102	5096	2762	2334	4291	2187	2104
清水河县	3868	1926	1942	2919	1499	1420	2461	1290	1171
武川县	6681	3295	3386	5493	2936	2557	4453	2394	2059
呼和浩特经济技术开发区	8960	4625	4335	7788	4090	3698	7229	3465	3764
包头市	**41661**	**21121**	**20540**	**38595**	**19803**	**18792**	**33458**	**17272**	**16186**
东河区	1824	940	884	1692	877	815	1682	859	823
昆都仑区	57	52	5	74	58	16	46	34	12
青山区	163	80	83	128	68	60	119	65	54
石拐区	502	361	141	398	300	98	244	189	55
白云鄂博矿区									
九原区	1662	879	783	1782	954	828	1566	817	749
土默特右旗	10250	5098	5152	8613	4301	4312	7461	3702	3759
固阳县	5896	2940	2956	5228	2782	2446	4372	2373	1999
达尔罕茂明安联合旗	4453	2250	2203	4032	2123	1909	3488	1872	1616
包头稀土高新技术产业开发区	16854	8521	8333	16648	8340	8308	14480	7361	7119
乌海市	**2196**	**1377**	**819**	**2323**	**1480**	**843**	**1667**	**1035**	**632**
海勃湾区	405	215	190	422	221	201	326	171	155
海南区	1455	950	505	1557	1058	499	1012	684	328
乌达区	336	212	124	344	201	143	329	180	149
赤峰市	**101822**	**50678**	**51144**	**93520**	**46593**	**46927**	**80282**	**39273**	**41009**
红山区	2445	1252	1193	2388	1252	1136	2120	1109	1011
元宝山区	2958	1488	1470	3576	1793	1783	3271	1608	1663
松山区	2421	1231	1190	2477	1284	1193	2456	1251	1205
阿鲁科尔沁旗	9424	4738	4686	9022	4210	4812	7139	3513	3626
巴林左旗	10137	4926	5211	8181	4079	4102	7246	3491	3755
巴林右旗	9992	5094	4898	8207	4152	4055	6645	3237	3408
林西县	10551	5270	5281	9208	4751	4457	8824	4354	4470
克什克腾旗	8671	4353	4318	8920	4471	4449	7363	3575	3788
翁牛特旗	10767	5401	5366	10378	5224	5154	8707	4264	4443
喀喇沁旗	8972	4456	4516	8223	4087	4136	7765	3830	3935
宁城县	13436	6573	6863	11862	5813	6049	10027	4835	5192
敖汉旗	12048	5896	6152	11078	5477	5601	8719	4206	4513

1-5b 续表 13

单位：人

地区	45-49岁			50-54岁			55-59岁		
	小计	男	女	小计	男	女	小计	男	女
通辽市	**76491**	**38605**	**37886**	**72682**	**35740**	**36942**	**64618**	**31459**	**33159**
科尔沁区	4291	2240	2051	4954	2513	2441	4521	2240	2281
科尔沁左翼中旗	11334	5801	5533	10409	5150	5259	9482	4603	4879
科尔沁左翼后旗	9681	4832	4849	9294	4621	4673	8252	3989	4263
开鲁县	11037	5569	5468	10082	4995	5087	9094	4383	4711
库伦旗	5417	2747	2670	5701	2823	2878	4811	2358	2453
奈曼旗	11385	5774	5611	10470	5146	5324	8876	4343	4533
扎鲁特旗	11292	5686	5606	9985	4824	5161	7976	3914	4062
通辽经济技术开发区	12004	5929	6075	11731	5632	6099	11560	5604	5956
霍林郭勒市	50	27	23	56	36	20	46	25	21
鄂尔多斯市	**94786**	**50398**	**44388**	**80176**	**43780**	**36396**	**58745**	**31511**	**27234**
东胜区	343	254	89	436	294	142	369	206	163
康巴什区									
达拉特旗	19657	9993	9664	15001	7865	7136	11266	5884	5382
准格尔旗	24455	12693	11762	20319	11025	9294	15297	8188	7109
鄂托克前旗	5487	2996	2491	4659	2534	2125	3292	1733	1559
鄂托克旗	12140	6464	5676	10664	5699	4965	7121	3773	3348
杭锦旗	6758	3495	3263	6013	3206	2807	4285	2303	1982
乌审旗	8600	4972	3628	7530	4455	3075	5114	2854	2260
伊金霍洛旗	17346	9531	7815	15554	8702	6852	12001	6570	5431
呼伦贝尔市	**76664**	**39227**	**37437**	**82922**	**42611**	**40311**	**70193**	**35956**	**34237**
海拉尔区	174	93	81	191	98	93	187	87	100
扎赉诺尔区	548	299	249	770	412	358	718	373	345
阿荣旗	11153	5616	5537	9743	4876	4867	8426	4116	4310
莫力达瓦达斡尔族自治旗	7800	3922	3878	6889	3339	3550	5833	2886	2947
鄂伦春自治旗	14503	7354	7149	16458	8492	7966	13392	6864	6528
鄂温克族自治旗	10694	5277	5417	10937	5421	5516	10427	5196	5231
陈巴尔虎旗	4314	2255	2059	4434	2307	2127	3840	1974	1866
新巴尔虎左旗	2285	1164	1121	2076	1037	1039	1728	882	846
新巴尔虎右旗	2586	1295	1291	2471	1217	1254	2178	1038	1140
满洲里市	438	249	189	621	312	309	558	294	264
牙克石市	11830	6048	5782	16515	8656	7859	13974	7399	6575
扎兰屯市	3686	2046	1640	3451	1909	1542	3132	1628	1504
额尔古纳市	1700	889	811	2019	1075	944	1592	827	765
根河市	4953	2720	2233	6347	3460	2887	4208	2392	1816
巴彦淖尔市	**54474**	**27101**	**27373**	**48835**	**24488**	**24347**	**38159**	**19316**	**18843**
临河区	1539	777	762	1725	864	861	1564	771	793
五原县	11239	5527	5712	9758	4869	4889	7602	3841	3761
磴口县	5590	2731	2859	5803	2865	2938	4293	2108	2185
乌拉特前旗	14725	7279	7446	12440	6271	6169	9876	5119	4757
乌拉特中旗	6665	3378	3287	5955	3072	2883	4761	2434	2327
乌拉特后旗	3505	1805	1700	3280	1704	1576	2493	1313	1180
杭锦后旗	11211	5604	5607	9874	4843	5031	7570	3730	3840

1-5b 续表 14

单位：人

地 区	45-49岁			50-54岁			55-59岁		
	小计	男	女	小计	男	女	小计	男	女
乌兰察布市	**54432**	**27586**	**26846**	**50953**	**26981**	**23972**	**42065**	**22081**	**19984**
集宁区	1117	549	568	1258	656	602	1033	561	472
卓资县	3493	1735	1758	3828	2000	1828	3618	1900	1718
化德县	6143	3098	3045	5979	3285	2694	4529	2281	2248
商都县	8909	4405	4504	7845	4141	3704	6021	3092	2929
兴和县	6905	3632	3273	5949	3101	2848	4905	2534	2371
凉城县	5169	2523	2646	5066	2525	2541	4016	2088	1928
察哈尔右翼前旗	5480	2824	2656	5085	2700	2385	4344	2342	2002
察哈尔右翼中旗	3387	1715	1672	3122	1606	1516	2831	1513	1318
察哈尔右翼后旗	5671	2859	2812	5297	2814	2483	4499	2413	2086
四子王旗	7233	3612	3621	6438	3407	3031	5314	2754	2560
丰镇市	925	634	291	1086	746	340	955	603	352
兴安盟	**40177**	**20475**	**19702**	**38931**	**19587**	**19344**	**33511**	**16288**	**17223**
乌兰浩特市	1659	810	849	1876	948	928	1563	781	782
阿尔山市	1356	698	658	1790	943	847	1338	688	650
科尔沁右翼前旗	7160	3568	3592	7556	3716	3840	6727	3159	3568
科尔沁右翼中旗	9599	4901	4698	9087	4609	4478	7446	3573	3873
扎赉特旗	13415	7038	6377	11832	6046	5786	10152	5094	5058
突泉县	6988	3460	3528	6790	3325	3465	6285	2993	3292
锡林郭勒盟	**41917**	**21617**	**20300**	**41334**	**21393**	**19941**	**35157**	**17963**	**17194**
二连浩特市	130	93	37	174	112	62	150	112	38
锡林浩特市	440	312	128	379	296	83	240	189	51
阿巴嘎旗	2424	1295	1129	2574	1322	1252	2274	1174	1100
苏尼特左旗	1866	929	937	1857	925	932	1628	825	803
苏尼特右旗	5335	2663	2672	5576	2965	2611	4572	2367	2205
东乌珠穆沁旗	5158	2633	2525	5181	2570	2611	4101	2108	1993
西乌珠穆沁旗	5823	2987	2836	5668	2880	2788	4976	2391	2585
太仆寺旗	4985	2538	2447	4796	2478	2318	4261	2169	2092
镶黄旗	1758	927	831	2104	1090	1014	1625	829	796
正镶白旗	2629	1398	1231	2598	1326	1272	2264	1155	1109
正蓝旗	3716	1895	1821	3482	1755	1727	3126	1616	1510
多伦县	5559	2836	2723	4973	2618	2355	4376	2256	2120
乌拉盖管委会	2094	1111	983	1972	1056	916	1564	772	792
阿拉善盟	**22170**	**11429**	**10741**	**22470**	**11658**	**10812**	**16342**	**8391**	**7951**
阿拉善左旗	14858	7427	7431	15009	7562	7447	11229	5657	5572
阿拉善右旗	2080	1085	995	2277	1209	1068	1413	754	659
额济纳旗	2946	1554	1392	3085	1641	1444	2246	1185	1061
内蒙古阿拉善经济开发区	2286	1363	923	2099	1246	853	1454	795	659

1-5b 续表 15

单位：人

地区	60-64岁			65-69岁			70-74岁		
	小计	男	女	小计	男	女	小计	男	女
内蒙古	**378628**	**186185**	**192443**	**306931**	**144572**	**162359**	**185850**	**85395**	**100455**
呼和浩特市	**22887**	**11804**	**11083**	**19564**	**9415**	**10149**	**11588**	**5880**	**5708**
新城区	210	120	90	267	132	135	173	96	77
回民区									
玉泉区									
赛罕区	285	154	131	246	114	132	132	63	69
土默特左旗	5012	2632	2380	4322	2141	2181	2398	1229	1169
托克托县	3295	1634	1661	3137	1459	1678	1797	883	914
和林格尔县	3295	1738	1557	2934	1362	1572	1827	932	895
清水河县	1965	989	976	1728	838	890	1085	599	486
武川县	3159	1664	1495	2830	1330	1500	2164	1008	1156
呼和浩特经济技术开发区	5666	2873	2793	4100	2039	2061	2012	1070	942
包头市	**24261**	**12431**	**11830**	**19133**	**9217**	**9916**	**11163**	**5252**	**5911**
东河区	1357	697	660	1112	547	565	523	271	252
昆都仑区	15	13	2	8	4	4	1	1	
青山区	90	43	47	75	38	37	37	20	17
石拐区	119	72	47	76	44	32	30	20	10
白云鄂博矿区									
九原区	1117	605	512	874	440	434	477	249	228
土默特右旗	6266	3156	3110	5354	2521	2833	3013	1421	1592
固阳县	3142	1618	1524	2619	1250	1369	1793	873	920
达尔罕茂明安联合旗	2338	1164	1174	2048	962	1086	1323	600	723
包头稀土高新技术产业开发区	9817	5063	4754	6967	3411	3556	3966	1797	2169
乌海市	**953**	**551**	**402**	**757**	**409**	**348**	**376**	**203**	**173**
海勃湾区	213	117	96	161	90	71	93	46	47
海南区	530	317	213	424	227	197	170	96	74
乌达区	210	117	93	172	92	80	113	61	52
赤峰市	**70102**	**33378**	**36724**	**53064**	**24471**	**28593**	**29918**	**13690**	**16228**
红山区	1830	920	910	1455	680	775	681	342	339
元宝山区	2680	1324	1356	2192	1012	1180	1184	525	659
松山区	2286	1121	1165	1810	880	930	899	445	454
阿鲁科尔沁旗	6243	2949	3294	4704	2095	2609	2830	1226	1604
巴林左旗	6045	2859	3186	4528	2034	2494	2683	1196	1487
巴林右旗	5277	2453	2824	4329	1944	2385	2681	1162	1519
林西县	7798	3643	4155	5874	2776	3098	3305	1552	1753
克什克腾旗	7031	3367	3664	5164	2387	2777	2894	1295	1599
翁牛特旗	8310	3915	4395	6505	2980	3525	3967	1826	2141
喀喇沁旗	6616	3176	3440	4878	2287	2591	2283	1099	1184
宁城县	8264	3959	4305	5762	2654	3108	3106	1475	1631
敖汉旗	7722	3692	4030	5863	2742	3121	3405	1547	1858

1-5b 续表 16

单位：人

地 区	60-64岁			65-69岁			70-74岁		
	小计	男	女	小计	男	女	小计	男	女
通辽市	**51773**	**24513**	**27260**	**42783**	**19606**	**23177**	**24202**	**10690**	**13512**
科尔沁区	3637	1761	1876	3328	1611	1717	1685	803	882
科尔沁左翼中旗	7582	3528	4054	6400	2942	3458	3434	1519	1915
科尔沁左翼后旗	6625	3147	3478	5922	2680	3242	3550	1580	1970
开鲁县	7672	3629	4043	6271	2883	3388	3701	1608	2093
库伦旗	4008	1940	2068	3352	1536	1816	1869	869	1000
奈曼旗	7173	3337	3836	5894	2671	3223	3350	1430	1920
扎鲁特旗	6500	3057	3443	4995	2184	2811	3119	1342	1777
通辽经济技术开发区	8557	4101	4456	6598	3089	3509	3490	1537	1953
霍林郭勒市	19	13	6	23	10	13	4	2	2
鄂尔多斯市	**40843**	**21302**	**19541**	**31801**	**15602**	**16199**	**18729**	**9109**	**9620**
东胜区	290	155	135	212	119	93	99	53	46
康巴什区									
达拉特旗	8779	4435	4344	7200	3456	3744	4239	2071	2168
准格尔旗	10858	5861	4997	8093	4116	3977	4712	2357	2355
鄂托克前旗	2231	1130	1101	1939	890	1049	1202	540	662
鄂托克旗	4809	2466	2343	3724	1832	1892	2234	1051	1183
杭锦旗	2979	1513	1466	2871	1355	1516	1874	867	1007
乌审旗	3027	1535	1492	2177	1049	1128	1249	587	662
伊金霍洛旗	7870	4207	3663	5585	2785	2800	3120	1583	1537
呼伦贝尔市	**45434**	**22429**	**23005**	**37449**	**17536**	**19913**	**22759**	**9762**	**12997**
海拉尔区	134	72	62	124	65	59	74	37	37
扎赉诺尔区	499	273	226	464	221	243	242	104	138
阿荣旗	6482	3083	3399	5966	2812	3154	3420	1587	1833
莫力达瓦达斡尔族自治旗	4751	2257	2494	3854	1770	2084	2319	1092	1227
鄂伦春自治旗	7880	3905	3975	6910	3245	3665	4458	1820	2638
鄂温克族自治旗	7814	3782	4032	6047	2827	3220	3152	1390	1762
陈巴尔虎旗	2551	1230	1321	2101	949	1152	1194	523	671
新巴尔虎左旗	1189	539	650	881	349	532	557	207	350
新巴尔虎右旗	1528	710	818	1117	473	644	643	259	384
满洲里市	436	210	226	360	185	175	207	101	106
牙克石市	7997	4205	3792	6187	3039	3148	4057	1683	2374
扎兰屯市	2187	1100	1087	1893	887	1006	1060	501	559
额尔古纳市	663	375	288	533	236	297	422	173	249
根河市	1323	688	635	1012	478	534	954	285	669
巴彦淖尔市	**26962**	**13362**	**13600**	**24132**	**11470**	**12662**	**16155**	**7397**	**8758**
临河区	1166	586	580	1116	566	550	701	358	343
五原县	4821	2427	2394	4097	1975	2122	2801	1255	1546
磴口县	3165	1614	1551	2508	1225	1283	1843	763	1080
乌拉特前旗	6953	3494	3459	6482	3019	3463	4400	2013	2387
乌拉特中旗	3441	1709	1732	3078	1482	1596	1975	891	1084
乌拉特后旗	1754	818	936	1515	707	808	1030	472	558
杭锦后旗	5662	2714	2948	5336	2496	2840	3405	1645	1760

1-5b 续表 17

单位：人

地区	60-64岁			65-69岁			70-74岁		
	小计	男	女	小计	男	女	小计	男	女
乌兰察布市	**34992**	**17314**	**17678**	**29000**	**14317**	**14683**	**19941**	**9966**	**9975**
集宁区	877	454	423	576	284	292	425	177	248
卓资县	3161	1678	1483	2704	1349	1355	1758	887	871
化德县	4202	1849	2353	3240	1577	1663	2290	1206	1084
商都县	4842	2409	2433	4132	2096	2036	2733	1313	1420
兴和县	3880	1841	2039	3154	1571	1583	2165	1048	1117
凉城县	3420	1729	1691	3016	1470	1546	2255	1200	1055
察哈尔右翼前旗	3520	1753	1767	2911	1412	1499	1786	896	890
察哈尔右翼中旗	2370	1213	1157	1973	941	1032	1434	699	735
察哈尔右翼后旗	3482	1790	1692	2754	1333	1421	1917	946	971
四子王旗	4365	2128	2237	3605	1765	1840	2506	1211	1295
丰镇市	873	470	403	935	519	416	672	383	289
兴安盟	**25154**	**11913**	**13241**	**20967**	**9441**	**11526**	**12702**	**5560**	**7142**
乌兰浩特市	1163	581	582	852	386	466	681	287	394
阿尔山市	656	329	327	420	182	238	274	102	172
科尔沁右翼前旗	5025	2385	2640	3852	1757	2095	2362	1005	1357
科尔沁右翼中旗	5914	2713	3201	4944	2194	2750	3045	1336	1709
扎赉特旗	7275	3490	3785	6282	2820	3462	3528	1585	1943
突泉县	5121	2415	2706	4617	2102	2515	2812	1245	1567
锡林郭勒盟	**26178**	**12630**	**13548**	**20278**	**9285**	**10993**	**12855**	**5407**	**7448**
二连浩特市	126	74	52	54	35	19	28	13	15
锡林浩特市	83	45	38	65	28	37	44	19	25
阿巴嘎旗	1555	742	813	1194	548	646	816	310	506
苏尼特左旗	1092	530	562	905	408	497	622	238	384
苏尼特右旗	3443	1760	1683	2669	1271	1398	1917	788	1129
东乌珠穆沁旗	2805	1361	1444	2033	947	1086	1124	454	670
西乌珠穆沁旗	3616	1711	1905	2688	1166	1522	1640	628	1012
太仆寺旗	3365	1629	1736	2718	1267	1451	1737	827	910
镶黄旗	1402	640	762	1114	506	608	718	288	430
正镶白旗	1624	777	847	1304	578	726	884	388	496
正蓝旗	2365	1111	1254	2029	903	1126	1174	503	671
多伦县	3489	1637	1852	2631	1210	1421	1545	718	827
乌拉盖管委会	1213	613	600	874	418	456	606	233	373
阿拉善盟	**9089**	**4558**	**4531**	**8003**	**3803**	**4200**	**5462**	**2479**	**2983**
阿拉善左旗	6358	3151	3207	5717	2690	3027	3989	1797	2192
阿拉善右旗	759	358	401	855	388	467	641	296	345
额济纳旗	1316	677	639	1041	521	520	636	282	354
内蒙古阿拉善经济开发区	656	372	284	390	204	186	196	104	92

1—5b 续表 18

单位：人

地区	75—79岁			80—84岁			85—89岁		
	小计	男	女	小计	男	女	小计	男	女
内蒙古	**115431**	**51672**	**63759**	**80068**	**35645**	**44423**	**34367**	**15590**	**18777**
呼和浩特市	**6870**	**3424**	**3446**	**4861**	**2371**	**2490**	**2490**	**1220**	**1270**
新城区	81	47	34	48	28	20	27	17	10
回民区									
玉泉区									
赛罕区	84	42	42	46	26	20	32	14	18
土默特左旗	1313	629	684	967	452	515	509	252	257
托克托县	1155	612	543	775	364	411	437	217	220
和林格尔县	1110	557	553	800	402	398	365	186	179
清水河县	740	376	364	455	236	219	268	136	132
武川县	1226	561	665	982	478	504	452	231	221
呼和浩特经济技术开发区	1161	600	561	788	385	403	400	167	233
包头市	**7346**	**3288**	**4058**	**5231**	**2497**	**2734**	**2374**	**1161**	**1213**
东河区	310	155	155	209	95	114	87	29	58
昆都仑区	2	2					3		3
青山区	26	11	15	16	11	5	19	12	7
石拐区	21	14	7	16	9	7	8	4	4
白云鄂博矿区									
九原区	271	125	146	156	68	88	69	32	37
土默特右旗	1738	858	880	1276	593	683	609	306	303
固阳县	1128	521	607	832	400	432	421	208	213
达尔罕茂明安联合旗	872	408	464	657	323	334	288	141	147
包头稀土高新技术产业开发区	2978	1194	1784	2069	998	1071	870	429	441
乌海市	**230**	**112**	**118**	**207**	**89**	**118**	**71**	**32**	**39**
海勃湾区	46	24	22	32	15	17	11	5	6
海南区	114	52	62	113	50	63	39	19	20
乌达区	70	36	34	62	24	38	21	8	13
赤峰市	**17114**	**7618**	**9496**	**12088**	**5020**	**7068**	**4865**	**2020**	**2845**
红山区	402	190	212	322	145	177	167	79	88
元宝山区	780	353	427	487	197	290	175	89	86
松山区	544	247	297	379	167	212	155	64	91
阿鲁科尔沁旗	1502	659	843	970	418	552	337	138	199
巴林左旗	1329	588	741	927	386	541	315	128	187
巴林右旗	1343	574	769	838	330	508	297	123	174
林西县	1662	754	908	1289	522	767	531	226	305
克什克腾旗	1535	687	848	1226	504	722	536	241	295
翁牛特旗	2188	1019	1169	1493	639	854	592	234	358
喀喇沁旗	1675	744	931	1138	489	649	485	187	298
宁城县	2202	936	1266	1525	614	911	678	273	405
敖汉旗	1952	867	1085	1494	609	885	597	238	359

1-5b 续表 19

单位：人

地区	75-79岁			80-84岁			85-89岁		
	小计	男	女	小计	男	女	小计	男	女
通辽市	**12752**	**5470**	**7282**	**8291**	**3397**	**4894**	**3506**	**1415**	**2091**
科尔沁区	878	369	509	552	233	319	257	112	145
科尔沁左翼中旗	1748	721	1027	1158	510	648	455	195	260
科尔沁左翼后旗	1754	770	984	1061	406	655	449	183	266
开鲁县	1813	777	1036	1023	407	616	487	184	303
库伦旗	1006	448	558	720	284	436	308	109	199
奈曼旗	1845	781	1064	1323	540	783	510	175	335
扎鲁特旗	1709	719	990	1083	452	631	382	162	220
通辽经济技术开发区	1999	885	1114	1368	564	804	656	294	362
霍林郭勒市				3	1	2	2	1	1
鄂尔多斯市	**13659**	**6588**	**7071**	**9712**	**4758**	**4954**	**4223**	**2039**	**2184**
东胜区	85	46	39	64	30	34	28	14	14
康巴什区									
达拉特旗	3013	1485	1528	2258	1125	1133	1006	486	520
准格尔旗	3362	1658	1704	2405	1288	1117	1241	636	605
鄂托克前旗	902	391	511	509	249	260	158	72	86
鄂托克旗	1585	739	846	1031	453	578	431	167	264
杭锦旗	1381	689	692	917	428	489	376	181	195
乌审旗	929	386	543	636	266	370	248	107	141
伊金霍洛旗	2402	1194	1208	1892	919	973	735	376	359
呼伦贝尔市	**16433**	**6400**	**10033**	**12168**	**5372**	**6796**	**5051**	**2388**	**2663**
海拉尔区	39	17	22	24	11	13	18	8	10
扎赉诺尔区	163	62	101	150	73	77	83	35	48
阿荣旗	1815	863	952	1011	488	523	407	176	231
莫力达瓦达斡尔族自治旗	1165	542	623	637	274	363	276	118	158
鄂伦春自治旗	4003	1522	2481	2964	1331	1633	1119	562	557
鄂温克族自治旗	1951	770	1181	1578	665	913	676	318	358
陈巴尔虎旗	713	308	405	519	217	302	239	108	131
新巴尔虎左旗	308	111	197	207	79	128	122	44	78
新巴尔虎右旗	338	129	209	265	110	155	65	26	39
满洲里市	90	39	51	75	35	40	45	17	28
牙克石市	3573	1242	2331	3072	1352	1720	1379	667	712
扎兰屯市	640	293	347	397	189	208	183	89	94
额尔古纳市	369	133	236	312	128	184	110	52	58
根河市	1266	369	897	957	420	537	329	168	161
巴彦淖尔市	**10540**	**5031**	**5509**	**6560**	**3088**	**3472**	**2909**	**1436**	**1473**
临河区	374	191	183	232	121	111	77	40	37
五原县	1744	859	885	1041	480	561	494	248	246
磴口县	1330	641	689	835	374	461	358	186	172
乌拉特前旗	3002	1423	1579	1958	925	1033	926	467	459
乌拉特中旗	1283	606	677	835	407	428	359	167	192
乌拉特后旗	666	294	372	377	195	182	156	81	75
杭锦后旗	2141	1017	1124	1282	586	696	539	247	292

1-5b 续表 20

单位：人

地区	75-79岁			80-84岁			85-89岁		
	小计	男	女	小计	男	女	小计	男	女
乌兰察布市	**12197**	**5756**	**6441**	**8985**	**3879**	**5106**	**4193**	**1855**	**2338**
集宁区	234	119	115	139	70	69	57	19	38
卓资县	1070	519	551	804	354	450	450	197	253
化德县	1242	594	648	939	409	530	395	161	234
商都县	1707	802	905	1294	583	711	553	233	320
兴和县	1331	616	715	981	429	552	503	221	282
凉城县	1364	657	707	994	433	561	502	213	289
察哈尔右翼前旗	1238	541	697	904	354	550	419	168	251
察哈尔右翼中旗	935	424	511	642	276	366	246	129	117
察哈尔右翼后旗	1267	572	695	925	358	567	412	185	227
四子王旗	1436	715	721	1113	507	606	539	284	255
丰镇市	373	197	176	250	106	144	117	45	72
兴安盟	**6306**	**2727**	**3579**	**3895**	**1607**	**2288**	**1464**	**605**	**859**
乌兰浩特市	284	120	164	162	70	92	55	20	35
阿尔山市	262	84	178	197	82	115	96	44	52
科尔沁右翼前旗	1204	554	650	730	326	404	290	141	149
科尔沁右翼中旗	1356	602	754	794	309	485	243	93	150
扎赉特旗	1843	767	1076	1186	463	723	455	182	273
突泉县	1357	600	757	826	357	469	325	125	200
锡林郭勒盟	**8147**	**3521**	**4626**	**5625**	**2476**	**3149**	**2199**	**972**	**1227**
二连浩特市	10	9	1	4	2	2	3	1	2
锡林浩特市	27	11	16	17	10	7	7	4	3
阿巴嘎旗	570	244	326	345	140	205	121	60	61
苏尼特左旗	398	172	226	231	99	132	96	38	58
苏尼特右旗	1232	549	683	934	397	537	345	161	184
东乌珠穆沁旗	726	289	437	494	230	264	145	58	87
西乌珠穆沁旗	979	417	562	610	279	331	228	91	137
太仆寺旗	1122	474	648	854	359	495	401	180	221
镶黄旗	444	170	274	277	120	157	107	40	67
正镶白旗	594	253	341	388	161	227	165	74	91
正蓝旗	742	311	431	515	225	290	231	107	124
多伦县	942	441	501	730	337	393	288	131	157
乌拉盖管委会	361	181	180	226	117	109	62	27	35
阿拉善盟	**3837**	**1737**	**2100**	**2445**	**1091**	**1354**	**1022**	**447**	**575**
阿拉善左旗	2954	1352	1602	1822	829	993	732	313	419
阿拉善右旗	372	179	193	263	107	156	133	67	66
额济纳旗	412	162	250	292	126	166	123	55	68
内蒙古阿拉善经济开发区	99	44	55	68	29	39	34	12	22

1-5b　续表 21

单位：人

地　　区	90-94岁			95-99岁			100岁及以上		
	小计	男	女	小计	男	女	小计	男	女
内蒙古	**9069**	**4293**	**4776**	**1945**	**858**	**1087**	**406**	**164**	**242**
呼和浩特市	**572**	**295**	**277**	**123**	**54**	**69**	**26**	**10**	**16**
新城区	6	3	3	1	1		1		1
回民区									
玉泉区									
赛罕区	15	7	8	3	1	2	1	1	
土默特左旗	114	64	50	31	14	17	6	4	2
托克托县	79	38	41	15	5	10	1		1
和林格尔县	68	31	37	10	4	6	3	1	2
清水河县	51	27	24	9	3	6			
武川县	89	56	33	15	9	6			
呼和浩特经济技术开发区	150	69	81	39	17	22	14	4	10
包头市	**572**	**306**	**266**	**118**	**59**	**59**	**25**	**10**	**15**
东河区	15	5	10	6	4	2			
昆都仑区	1		1	1		1			
青山区	5	4	1	2		2			
石拐区	5	3	2						
白云鄂博矿区									
九原区	23	9	14	3	1	2	3	1	2
土默特右旗	139	75	64	25	17	8	4	1	3
固阳县	81	46	35	13	4	9	2	1	1
达尔罕茂明安联合旗	64	34	30	12	3	9			
包头稀土高新技术产业开发区	239	130	109	56	30	26	16	7	9
乌海市	**34**	**10**	**24**	**9**	**4**	**5**	**3**	**2**	**1**
海勃湾区	4	2	2				1	1	
海南区	22	6	16	7	3	4	1		1
乌达区	8	2	6	2	1	1	1	1	
赤峰市	**1399**	**615**	**784**	**249**	**109**	**140**	**35**	**15**	**20**
红山区	41	11	30	14	4	10	4	3	1
元宝山区	52	22	30	8	1	7	1		1
松山区	41	15	26	9	6	3	2		2
阿鲁科尔沁旗	88	38	50	12	6	6	1		1
巴林左旗	93	43	50	18	7	11	1		1
巴林右旗	69	29	40	10	6	4	3	1	2
林西县	163	73	90	42	16	26	6	2	4
克什克腾旗	138	59	79	24	9	15	5	4	1
翁牛特旗	174	88	86	34	16	18	2		2
喀喇沁旗	144	69	75	21	11	10	4	3	1
宁城县	228	89	139	37	20	17	6	2	4
敖汉旗	168	79	89	20	7	13			

1-5b 续表 22

单位：人

地区	90-94岁			95-99岁			100岁及以上		
	小计	男	女	小计	男	女	小计	男	女
通辽市	**1106**	**495**	**611**	**251**	**121**	**130**	**48**	**19**	**29**
科尔沁区	98	44	54	30	16	14	7	4	3
科尔沁左翼中旗	129	72	57	30	14	16	7	4	3
科尔沁左翼后旗	160	85	75	30	17	13	7	1	6
开鲁县	128	56	72	36	17	19	3	1	2
库伦旗	105	40	65	22	8	14	4	1	3
奈曼旗	152	59	93	22	10	12	3	2	1
扎鲁特旗	139	52	87	27	9	18	2		2
通辽经济技术开发区	194	86	108	53	30	23	14	6	8
霍林郭勒市	1	1		1		1	1		1
鄂尔多斯市	**896**	**436**	**460**	**186**	**71**	**115**	**35**	**19**	**16**
东胜区	4	3	1	1	1		1	1	
康巴什区									
达拉特旗	212	106	106	33	11	22	9	3	6
准格尔旗	245	131	114	46	22	24	13	7	6
鄂托克前旗	34	10	24	7	5	2			
鄂托克旗	103	40	63	26	8	18	6	4	2
杭锦旗	72	39	33	20	3	17	2	2	
乌审旗	44	16	28	19	11	8			
伊金霍洛旗	182	91	91	34	10	24	4	2	2
呼伦贝尔市	**1646**	**851**	**795**	**394**	**172**	**222**	**111**	**52**	**59**
海拉尔区	4	1	3	4	1	3	1		1
扎赉诺尔区	19	10	9	5	3	2	1	1	
阿荣旗	152	79	73	42	20	22	31	16	15
莫力达瓦达斡尔族自治旗	97	43	54	28	6	22	4	2	2
鄂伦春自治旗	388	215	173	53	21	32	13	6	7
鄂温克族自治旗	194	103	91	42	11	31	8	5	3
陈巴尔虎旗	48	18	30	15	7	8	1		1
新巴尔虎左旗	21	6	15	3	2	1	1		1
新巴尔虎右旗	16	4	12	6	2	4			
满洲里市	33	16	17	14	7	7	4	3	1
牙克石市	487	262	225	143	71	72	29	10	19
扎兰屯市	56	24	32	14	5	9	9	6	3
额尔古纳市	47	29	18	8	6	2	5	1	4
根河市	84	41	43	17	10	7	4	2	2
巴彦淖尔市	**650**	**346**	**304**	**132**	**70**	**62**	**22**	**9**	**13**
临河区	17	13	4	6	2	4	1		1
五原县	107	52	55	23	11	12	2	1	1
磴口县	81	46	35	15	9	6			
乌拉特前旗	238	125	113	43	30	13	11	4	7
乌拉特中旗	68	37	31	13	4	9	3	1	2
乌拉特后旗	19	8	11	3	2	1	1	1	
杭锦后旗	120	65	55	29	12	17	4	2	2

1—5b　续表 23　　　　单位：人

地　区	90—94岁			95—99岁			100岁及以上		
	小计	男	女	小计	男	女	小计	男	女
乌兰察布市	**884**	**379**	**505**	**178**	**71**	**107**	**27**	**7**	**20**
集宁区	15	8	7	4	1	3	1		1
卓资县	82	38	44	16	7	9	3	1	2
化德县	82	30	52	25	11	14	3	2	1
商都县	117	50	67	21	5	16	8	2	6
兴和县	99	44	55	18	6	12	2		2
凉城县	83	35	48	22	7	15	3	1	2
察哈尔右翼前旗	111	49	62	15	6	9	2		2
察哈尔右翼中旗	64	28	36	18	8	10			
察哈尔右翼后旗	105	46	59	20	8	12	3	1	2
四子王旗	93	39	54	13	8	5	1		1
丰镇市	33	12	21	6	4	2	1		1
兴安盟	**490**	**216**	**274**	**110**	**51**	**59**	**24**	**8**	**16**
乌兰浩特市	23	13	10	4	2	2			
阿尔山市	17	12	5	4	3	1	1		1
科尔沁右翼前旗	78	39	39	12	6	6	3	1	2
科尔沁右翼中旗	94	46	48	27	13	14	6	2	4
扎赉特旗	158	57	101	31	19	12	7	3	4
突泉县	120	49	71	32	8	24	7	2	5
锡林郭勒盟	**595**	**245**	**350**	**148**	**51**	**97**	**36**	**8**	**28**
二连浩特市	5	2	3						
锡林浩特市	2	2		4	3	1	2	1	1
阿巴嘎旗	38	19	19	8	2	6			
苏尼特左旗	20	11	9	7	3	4			
苏尼特右旗	91	42	49	24	7	17	3	1	2
东乌珠穆沁旗	37	14	23	6		6	4	1	3
西乌珠穆沁旗	52	23	29	16	6	10	4	1	3
太仆寺旗	140	58	82	37	15	22	13	2	11
镶黄旗	21	4	17	7	3	4	1		1
正镶白旗	43	17	26	8	3	5	4	1	3
正蓝旗	51	17	34	5	3	2	1		1
多伦县	72	32	40	24	6	18	4	1	3
乌拉盖管委会	23	4	19	2		2			
阿拉善盟	**225**	**99**	**126**	**47**	**25**	**22**	**14**	**5**	**9**
阿拉善左旗	155	73	82	33	17	16	10	3	7
阿拉善右旗	25	7	18				2	1	1
额济纳旗	34	12	22	12	7	5	1		1
内蒙古阿拉善经济开发区	11	7	4	2	1	1	1	1	

1-5c 各地区分年龄、性别的人口(乡村)

单位：人

地区	合计			0岁		
	合计	男	女	小计	男	女
内蒙古	**7821680**	**4136772**	**3684908**	**42673**	**22151**	**20522**
呼和浩特市	**718583**	**380968**	**337615**	**3889**	**2018**	**1871**
新城区	78600	41597	37003	501	271	230
回民区	18594	10537	8057	178	94	84
玉泉区	61431	32317	29114	380	205	175
赛罕区	149734	79607	70127	828	424	404
土默特左旗	157184	82291	74893	755	405	350
托克托县	89840	47211	42629	446	202	244
和林格尔县	80257	42566	37691	534	282	252
清水河县	40108	21618	18490	132	61	71
武川县	42835	23224	19611	135	74	61
呼和浩特经济技术开发区						
包头市	**374985**	**198425**	**176560**	**1750**	**920**	**830**
东河区	41834	21687	20147	220	115	105
昆都仑区	27219	14214	13005	143	76	67
青山区	19114	10046	9068	110	63	47
石拐区	6328	3478	2850	18	12	6
白云鄂博矿区						
九原区	55272	29258	26014	268	135	133
土默特右旗	121183	63874	57309	589	315	274
固阳县	64622	34940	29682	261	144	117
达尔罕茂明安联合旗	32205	17217	14988	107	43	64
包头稀土高新技术产业开发区	7208	3711	3497	34	17	17
乌海市	**25744**	**16011**	**9733**	**73**	**32**	**41**
海勃湾区	16487	10428	6059	46	19	27
海南区	9257	5583	3674	27	13	14
乌达区						
赤峰市	**1892481**	**978753**	**913728**	**11280**	**5914**	**5366**
红山区	14778	7627	7151	70	38	32
元宝山区	67530	34846	32684	288	160	128
松山区	285005	147500	137505	2206	1157	1049
阿鲁科尔沁旗	133220	68876	64344	610	313	297
巴林左旗	168462	86333	82129	850	441	409
巴林右旗	61003	31504	29499	345	189	156
林西县	76773	39399	37374	351	186	165
克什克腾旗	89091	47209	41882	444	233	211
翁牛特旗	206733	106437	100296	1225	658	567
喀喇沁旗	155021	80797	74224	792	440	352
宁城县	330570	171961	158609	2259	1180	1079
敖汉旗	304295	156264	148031	1840	919	921

1-5c　续表 1

单位：人

地　区	合　计			0岁		
	合计	男	女	小计	男	女
通辽市	**1435679**	**739513**	**696166**	**8182**	**4205**	**3977**
科尔沁区	238606	122128	116478	1169	604	565
科尔沁左翼中旗	280465	146171	134294	1564	779	785
科尔沁左翼后旗	215160	111304	103856	1207	638	569
开鲁县	190287	96160	94127	1072	564	508
库伦旗	90195	46823	43372	531	272	259
奈曼旗	243883	125086	118797	1699	879	820
扎鲁特旗	133382	69196	64186	726	367	359
通辽经济技术开发区	35264	18191	17073	165	77	88
霍林郭勒市	8437	4454	3983	49	25	24
鄂尔多斯市	**485676**	**289159**	**196517**	**2391**	**1260**	**1131**
东胜区	21990	15674	6316	67	29	38
康巴什区						
达拉特旗	121491	65275	56216	575	284	291
准格尔旗	108616	66866	41750	595	320	275
鄂托克前旗	38014	23265	14749	214	113	101
鄂托克旗	33897	20875	13022	149	78	71
杭锦旗	41723	22322	19401	186	103	83
乌审旗	59736	36621	23115	347	202	145
伊金霍洛旗	60209	38261	21948	258	131	127
呼伦贝尔市	**585961**	**308128**	**277833**	**3565**	**1850**	**1715**
海拉尔区	10570	5509	5061	29	15	14
扎赉诺尔区						
阿荣旗	133226	69577	63649	932	502	430
莫力达瓦达斡尔族自治旗	145952	76038	69914	957	505	452
鄂伦春自治旗	45104	23795	21309	301	145	156
鄂温克族自治旗	32209	16897	15312	143	74	69
陈巴尔虎旗	13325	7422	5903	70	43	27
新巴尔虎左旗	16294	8748	7546	93	51	42
新巴尔虎右旗	13152	8234	4918	75	33	42
满洲里市						
牙克石市	16654	8710	7944	40	18	22
扎兰屯市	144884	75320	69564	859	430	429
额尔古纳市	14318	7729	6589	60	30	30
根河市	273	149	124	6	4	2
巴彦淖尔市	**615763**	**324439**	**291324**	**2629**	**1328**	**1301**
临河区	169089	87732	81357	835	418	417
五原县	112430	58202	54228	455	235	220
磴口县	39557	21007	18550	118	56	62
乌拉特前旗	121474	64693	56781	487	247	240
乌拉特中旗	50873	28391	22482	236	117	119
乌拉特后旗	18825	11300	7525	86	48	38
杭锦后旗	103515	53114	50401	412	207	205

1–5c 续表 2

单位：人

地 区	合 计			0岁		
	合计	男	女	小计	男	女
乌兰察布市	**687711**	**363728**	**323983**	**2554**	**1373**	**1181**
集宁区	30790	16220	14570	148	84	64
卓资县	47590	26472	21118	156	92	64
化德县	38630	20513	18117	138	73	65
商都县	92137	47469	44668	305	152	153
兴和县	92081	47714	44367	357	185	172
凉城县	70177	37604	32573	270	142	128
察哈尔右翼前旗	70993	38063	32930	254	139	115
察哈尔右翼中旗	56333	30209	26124	166	94	72
察哈尔右翼后旗	51551	26819	24732	180	99	81
四子王旗	64393	33953	30440	287	159	128
丰镇市	73036	38692	34344	293	154	139
兴安盟	**662746**	**345890**	**316856**	**3943**	**1986**	**1957**
乌兰浩特市	38026	20179	17847	221	103	118
阿尔山市	3256	1770	1486	16	10	6
科尔沁右翼前旗	199475	103848	95627	1108	542	566
科尔沁右翼中旗	109821	57235	52586	692	347	345
扎赉特旗	174006	90983	83023	1130	577	553
突泉县	138162	71875	66287	776	407	369
锡林郭勒盟	**289178**	**161959**	**127219**	**2178**	**1143**	**1035**
二连浩特市	1542	868	674	20	11	9
锡林浩特市	22841	12992	9849	147	71	76
阿巴嘎旗	15811	9202	6609	138	65	73
苏尼特左旗	15438	9114	6324	149	82	67
苏尼特右旗	14978	8159	6819	144	75	69
东乌珠穆沁旗	22868	12753	10115	244	135	109
西乌珠穆沁旗	37499	24014	13485	317	165	152
太仆寺旗	59806	31622	28184	343	183	160
镶黄旗	8539	4886	3653	72	41	31
正镶白旗	19523	10719	8804	114	59	55
正蓝旗	31318	16650	14668	255	135	120
多伦县	36420	19506	16914	220	111	109
乌拉盖管委会	2595	1474	1121	15	10	5
阿拉善盟	**47173**	**29799**	**17374**	**239**	**122**	**117**
阿拉善左旗	34251	20925	13326	179	94	85
阿拉善右旗	5018	3081	1937	38	16	22
额济纳旗	5300	3642	1658	20	11	9
内蒙古阿拉善经济开发区	2604	2151	453	2	1	1

1-5c 续表 3

单位：人

地区	1-4岁			5-9岁			10-14岁		
	小计	男	女	小计	男	女	小计	男	女
内蒙古	**201155**	**104106**	**97049**	**303905**	**159953**	**143952**	**352538**	**186431**	**166107**
呼和浩特市	**17716**	**9097**	**8619**	**25483**	**13137**	**12346**	**29102**	**15146**	**13956**
新城区	2463	1273	1190	3890	2030	1860	4234	2168	2066
回民区	721	366	355	784	414	370	748	387	361
玉泉区	2214	1101	1113	2916	1467	1449	3102	1599	1503
赛罕区	4212	2190	2022	5940	3069	2871	6691	3496	3195
土默特左旗	3387	1713	1674	4785	2491	2294	5488	2859	2629
托克托县	2033	1073	960	3027	1563	1464	3560	1792	1768
和林格尔县	1745	888	857	2793	1415	1378	3113	1664	1449
清水河县	518	287	231	776	399	377	1223	660	563
武川县	423	206	217	572	289	283	943	521	422
呼和浩特经济技术开发区									
包头市	**7814**	**4003**	**3811**	**12689**	**6462**	**6227**	**13440**	**6800**	**6640**
东河区	992	489	503	1737	898	839	1902	958	944
昆都仑区	838	422	416	1402	737	665	1320	666	654
青山区	603	315	288	1045	549	496	992	516	476
石拐区	87	57	30	136	69	67	111	56	55
白云鄂博矿区									
九原区	1518	783	735	2521	1257	1264	2707	1354	1353
土默特右旗	2166	1076	1090	3391	1686	1705	3559	1802	1757
固阳县	1029	540	489	1584	821	763	1842	938	904
达尔罕茂明安联合旗	407	226	181	527	270	257	631	326	305
包头稀土高新技术产业开发区	174	95	79	346	175	171	376	184	192
乌海市	**445**	**243**	**202**	**588**	**306**	**282**	**631**	**313**	**318**
海勃湾区	345	190	155	455	230	225	483	242	241
海南区	100	53	47	133	76	57	148	71	77
乌达区									
赤峰市	**55747**	**28827**	**26920**	**82662**	**45250**	**37412**	**95838**	**53576**	**42262**
红山区	357	203	154	618	362	256	590	352	238
元宝山区	1539	786	753	2082	1127	955	2842	1705	1137
松山区	11037	5799	5238	13139	7448	5691	13760	8054	5706
阿鲁科尔沁旗	3042	1606	1436	4639	2459	2180	5833	3108	2725
巴林左旗	4169	2158	2011	7055	3724	3331	9689	5031	4658
巴林右旗	1558	792	766	1974	1004	970	2728	1483	1245
林西县	1545	799	746	2297	1229	1068	3235	1688	1547
克什克腾旗	2056	1036	1020	2587	1331	1256	3206	1694	1512
翁牛特旗	5431	2835	2596	7992	4416	3576	10314	5884	4430
喀喇沁旗	4075	2170	1905	6535	3579	2956	8189	4552	3637
宁城县	11308	5678	5630	18300	10134	8166	19770	11205	8565
敖汉旗	9630	4965	4665	15444	8437	7007	15682	8820	6862

1-5c 续表 4

单位：人

地 区	1-4岁			5-9岁			10-14岁		
	小计	男	女	小计	男	女	小计	男	女
通辽市	**42117**	**21583**	**20534**	**71076**	**37144**	**33932**	**85044**	**44525**	**40519**
科尔沁区	6186	3174	3012	10288	5259	5029	12634	6410	6224
科尔沁左翼中旗	7778	3927	3851	13675	7185	6490	17123	8933	8190
科尔沁左翼后旗	5825	3037	2788	10834	5611	5223	14763	7781	6982
开鲁县	5696	2849	2847	8989	4731	4258	10395	5432	4963
库伦旗	2634	1378	1256	4519	2434	2085	5833	3162	2671
奈曼旗	8794	4577	4217	14644	7733	6911	14493	7701	6792
扎鲁特旗	3900	1972	1928	6028	3096	2932	7624	3984	3640
通辽经济技术开发区	1051	531	520	1753	909	844	1936	1006	930
霍林郭勒市	253	138	115	346	186	160	243	116	127
鄂尔多斯市	**10090**	**5330**	**4760**	**14893**	**7865**	**7028**	**14822**	**7829**	**6993**
东胜区	245	138	107	305	156	149	347	182	165
康巴什区									
达拉特旗	2593	1398	1195	4942	2624	2318	4556	2356	2200
准格尔旗	2183	1111	1072	2733	1399	1334	2940	1523	1417
鄂托克前旗	895	440	455	1371	722	649	1222	699	523
鄂托克旗	803	429	374	830	425	405	834	441	393
杭锦旗	745	396	349	1048	529	519	1256	642	614
乌审旗	1626	880	746	2160	1195	965	2050	1135	915
伊金霍洛旗	1000	538	462	1504	815	689	1617	851	766
呼伦贝尔市	**17497**	**9095**	**8402**	**25157**	**13158**	**11999**	**28108**	**14713**	**13395**
海拉尔区	213	117	96	220	126	94	330	163	167
扎赉诺尔区									
阿荣旗	4683	2453	2230	6521	3407	3114	7220	3870	3350
莫力达瓦达斡尔族自治旗	4518	2350	2168	6933	3717	3216	8026	4188	3838
鄂伦春自治旗	1387	705	682	1677	853	824	1864	990	874
鄂温克族自治旗	686	351	335	975	492	483	1005	513	492
陈巴尔虎旗	254	125	129	228	124	104	322	178	144
新巴尔虎左旗	467	245	222	513	277	236	488	238	250
新巴尔虎右旗	280	149	131	348	185	163	339	188	151
满洲里市									
牙克石市	232	121	111	237	128	109	268	135	133
扎兰屯市	4510	2345	2165	7206	3701	3505	7892	4065	3827
额尔古纳市	265	133	132	296	147	149	348	183	165
根河市	2	1	1	3	1	2	6	2	4
巴彦淖尔市	**12306**	**6472**	**5834**	**15387**	**7820**	**7567**	**17105**	**8841**	**8264**
临河区	3792	2003	1789	4475	2339	2136	5139	2687	2452
五原县	2268	1211	1057	2920	1508	1412	3289	1697	1592
磴口县	564	313	251	663	316	347	925	455	470
乌拉特前旗	2267	1187	1080	3456	1717	1739	3478	1794	1684
乌拉特中旗	922	478	444	999	520	479	1079	589	490
乌拉特后旗	394	205	189	364	180	184	371	199	172
杭锦后旗	2099	1075	1024	2510	1240	1270	2824	1420	1404

1-5c　续表 5　　　　单位：人

地　区	1-4岁			5-9岁			10-14岁		
	小计	男	女	小计	男	女	小计	男	女
乌兰察布市	**8524**	**4452**	**4072**	**13302**	**6764**	**6538**	**18949**	**9163**	**9786**
集宁区	507	274	233	769	393	376	892	424	468
卓资县	569	279	290	748	401	347	859	437	422
化德县	407	204	203	577	296	281	744	358	386
商都县	924	472	452	1536	786	750	2367	1112	1255
兴和县	1085	568	517	2015	1018	997	3249	1540	1709
凉城县	993	510	483	1571	842	729	2345	1136	1209
察哈尔右翼前旗	848	441	407	1402	670	732	1911	925	986
察哈尔右翼中旗	711	372	339	975	500	475	1256	630	626
察哈尔右翼后旗	578	311	267	879	425	454	1306	664	642
四子王旗	1069	570	499	1378	695	683	1641	782	859
丰镇市	833	451	382	1452	738	714	2379	1155	1224
兴安盟	**19795**	**10263**	**9532**	**32993**	**17050**	**15943**	**38873**	**20073**	**18800**
乌兰浩特市	1020	507	513	1662	838	824	1980	1021	959
阿尔山市	66	37	29	63	30	33	99	57	42
科尔沁右翼前旗	6199	3183	3016	10336	5412	4924	11808	6075	5733
科尔沁右翼中旗	3516	1838	1678	5383	2796	2587	7114	3766	3348
扎赉特旗	5096	2642	2454	9053	4601	4452	10608	5388	5220
突泉县	3898	2056	1842	6496	3373	3123	7264	3766	3498
锡林郭勒盟	**8157**	**4238**	**3919**	**8784**	**4515**	**4269**	**9713**	**4964**	**4749**
二连浩特市	47	27	20	52	22	30	48	26	22
锡林浩特市	625	320	305	748	390	358	739	378	361
阿巴嘎旗	576	285	291	333	173	160	427	235	192
苏尼特左旗	567	285	282	496	261	235	462	254	208
苏尼特右旗	471	246	225	555	288	267	578	299	279
东乌珠穆沁旗	965	497	468	933	485	448	1107	549	558
西乌珠穆沁旗	1120	586	534	1025	525	500	1203	606	597
太仆寺旗	957	514	443	1344	669	675	1753	883	870
镶黄旗	247	131	116	274	128	146	277	146	131
正镶白旗	391	204	187	350	170	180	409	181	228
正蓝旗	1092	552	540	1026	514	512	930	479	451
多伦县	1044	559	485	1599	866	733	1711	888	823
乌拉盖管委会	55	32	23	49	24	25	69	40	29
阿拉善盟	**947**	**503**	**444**	**891**	**482**	**409**	**913**	**488**	**425**
阿拉善左旗	757	413	344	733	406	327	766	416	350
阿拉善右旗	102	51	51	77	36	41	66	31	35
额济纳旗	81	38	43	74	34	40	68	33	35
内蒙古阿拉善经济开发区	7	1	6	7	6	1	13	8	5

1-5c 续表 6

单位：人

地　区	15-19岁			20-24岁			25-29岁		
	小计	男	女	小计	男	女	小计	男	女
内蒙古	**207128**	**114729**	**92399**	**252282**	**143073**	**109209**	**348711**	**201844**	**146867**
呼和浩特市	**25785**	**14118**	**11667**	**27594**	**15590**	**12004**	**35363**	**20240**	**15123**
新城区	3556	1976	1580	3690	2041	1649	4868	2591	2277
回民区	771	436	335	838	485	353	1613	930	683
玉泉区	3181	1636	1545	4473	2231	2242	3797	2050	1747
赛罕区	6136	3321	2815	6158	3447	2711	8483	4868	3615
土默特左旗	3511	2021	1490	4823	2829	1994	6230	3676	2554
托克托县	3388	1774	1614	2821	1687	1134	4084	2404	1680
和林格尔县	3507	2004	1503	2443	1446	997	3253	1856	1397
清水河县	847	476	371	1275	773	502	1764	1063	701
武川县	888	474	414	1073	651	422	1271	802	469
呼和浩特经济技术开发区									
包头市	**9179**	**4999**	**4180**	**12002**	**6871**	**5131**	**15286**	**8857**	**6429**
东河区	1602	847	755	1325	706	619	1834	1081	753
昆都仑区	688	379	309	1022	557	465	1456	785	671
青山区	493	273	220	679	371	308	1012	549	463
石拐区	359	209	150	204	112	92	283	174	109
白云鄂博矿区									
九原区	1126	637	489	1840	1097	743	2543	1431	1112
土默特右旗	2634	1464	1170	3707	2185	1522	4286	2599	1687
固阳县	1639	865	774	2051	1169	882	2565	1505	1060
达尔罕茂明安联合旗	480	248	232	907	518	389	1019	591	428
包头稀土高新技术产业开发区	158	77	81	267	156	111	288	142	146
乌海市	**427**	**255**	**172**	**1328**	**981**	**347**	**1766**	**1283**	**483**
海勃湾区	248	154	94	990	749	241	1250	909	341
海南区	179	101	78	338	232	106	516	374	142
乌达区									
赤峰市	**53124**	**30652**	**22472**	**59534**	**33530**	**26004**	**73272**	**40955**	**32317**
红山区	370	219	151	566	336	230	516	283	233
元宝山区	1546	950	596	2091	1300	791	2236	1376	860
松山区	10987	6426	4561	9628	5575	4053	14360	7724	6636
阿鲁科尔沁旗	3301	1764	1537	4516	2514	2002	5592	3176	2416
巴林左旗	4224	2262	1962	5970	3190	2780	6939	3855	3084
巴林右旗	936	541	395	1755	1003	752	2075	1195	880
林西县	2129	1160	969	2494	1372	1122	3119	1723	1396
克什克腾旗	1448	799	649	2750	1667	1083	3078	1857	1221
翁牛特旗	5096	3120	1976	6684	3888	2796	7654	4424	3230
喀喇沁旗	4157	2430	1727	5141	2927	2214	4466	2487	1979
宁城县	7358	4428	2930	9020	4917	4103	11984	6651	5333
敖汉旗	11572	6553	5019	8919	4841	4078	11253	6204	5049

1−5c　续表 7

单位：人

地　　区	15−19岁			20−24岁			25−29岁		
	小计	男	女	小计	男	女	小计	男	女
通辽市	**39530**	**22405**	**17125**	**50157**	**27419**	**22738**	**75571**	**41784**	**33787**
科尔沁区	6889	3746	3143	8837	4790	4047	12525	6927	5598
科尔沁左翼中旗	7964	4610	3354	11519	6411	5108	18118	10179	7939
科尔沁左翼后旗	5531	3269	2262	6855	3690	3165	10521	5760	4761
开鲁县	5095	2776	2319	6437	3517	2920	9394	5101	4293
库伦旗	2374	1357	1017	2756	1519	1237	3957	2202	1755
奈曼旗	6059	3422	2637	8023	4374	3649	12381	6749	5632
扎鲁特旗	3784	2132	1652	3952	2135	1817	6398	3654	2744
通辽经济技术开发区	1481	887	594	1524	837	687	1809	951	858
霍林郭勒市	353	206	147	254	146	108	468	261	207
鄂尔多斯市	**9621**	**5487**	**4134**	**14759**	**10082**	**4677**	**24980**	**17772**	**7208**
东胜区	262	165	97	669	510	159	1512	1242	270
康巴什区									
达拉特旗	1924	1067	857	2654	1570	1084	4156	2596	1560
准格尔旗	3751	2097	1654	4057	2943	1114	6690	4854	1836
鄂托克前旗	759	440	319	991	616	375	1850	1260	590
鄂托克旗	509	306	203	1416	988	428	2350	1736	614
杭锦旗	706	387	319	1142	704	438	1212	764	448
乌审旗	911	525	386	2029	1453	576	3881	2866	1015
伊金霍洛旗	799	500	299	1801	1298	503	3329	2454	875
呼伦贝尔市	**18675**	**9763**	**8912**	**18060**	**9870**	**8190**	**29569**	**16475**	**13094**
海拉尔区	171	86	85	375	218	157	503	304	199
扎赉诺尔区									
阿荣旗	4233	2243	1990	3148	1617	1531	6675	3600	3075
莫力达瓦达斡尔族自治旗	6861	3499	3362	4963	2620	2343	7715	4191	3524
鄂伦春自治旗	1148	651	497	1468	823	645	2546	1405	1141
鄂温克族自治旗	736	383	353	1086	691	395	1720	1029	691
陈巴尔虎旗	215	110	105	501	302	199	711	475	236
新巴尔虎左旗	315	170	145	668	393	275	1065	615	450
新巴尔虎右旗	254	134	120	541	366	175	909	626	283
满洲里市									
牙克石市	575	322	253	562	307	255	814	480	334
扎兰屯市	3840	1993	1847	4139	2158	1981	6171	3262	2909
额尔古纳市	319	167	152	593	369	224	724	478	246
根河市	8	5	3	16	6	10	16	10	6
巴彦淖尔市	**13412**	**6926**	**6486**	**19837**	**10665**	**9172**	**22496**	**13456**	**9040**
临河区	5367	2632	2735	8616	4058	4558	7838	4562	3276
五原县	1875	998	877	2454	1373	1081	3067	1744	1323
磴口县	643	347	296	1235	745	490	1418	888	530
乌拉特前旗	2660	1381	1279	2796	1622	1174	3700	2210	1490
乌拉特中旗	705	402	303	1605	1064	541	1908	1283	625
乌拉特后旗	248	142	106	593	409	184	861	632	229
杭锦后旗	1914	1024	890	2538	1394	1144	3704	2137	1567

1-5c 续表 8

单位：人

地 区	15-19岁			20-24岁			25-29岁		
	小计	男	女	小计	男	女	小计	男	女
乌兰察布市	**16457**	**8433**	**8024**	**17885**	**9958**	**7927**	**21366**	**12407**	**8959**
集宁区	2502	1228	1274	1235	681	554	1623	932	691
卓资县	610	328	282	1073	639	434	1699	1084	615
化德县	631	302	329	926	521	405	1196	695	501
商都县	1807	915	892	2367	1219	1148	2157	1213	944
兴和县	1779	896	883	2340	1288	1052	2702	1537	1165
凉城县	1554	844	710	1849	1049	800	2261	1317	944
察哈尔右翼前旗	1579	826	753	1759	1026	733	2281	1376	905
察哈尔右翼中旗	1256	668	588	1175	655	520	1423	796	627
察哈尔右翼后旗	907	480	427	1226	674	552	1264	717	547
四子王旗	1559	800	759	1752	961	791	2232	1248	984
丰镇市	2273	1146	1127	2183	1245	938	2528	1492	1036
兴安盟	**13866**	**7634**	**6232**	**19078**	**10455**	**8623**	**32149**	**17863**	**14286**
乌兰浩特市	842	466	376	1160	707	453	2078	1260	818
阿尔山市	58	34	24	80	55	25	165	107	58
科尔沁右翼前旗	4047	2186	1861	5620	3003	2617	9793	5375	4418
科尔沁右翼中旗	2307	1328	979	3231	1760	1471	6322	3546	2776
扎赉特旗	4039	2228	1811	5003	2726	2277	7971	4347	3624
突泉县	2573	1392	1181	3984	2204	1780	5820	3228	2592
锡林郭勒盟	**6249**	**3585**	**2664**	**9871**	**6134**	**3737**	**13607**	**8320**	**5287**
二连浩特市	34	22	12	69	41	28	81	56	25
锡林浩特市	587	349	238	866	532	334	1309	818	491
阿巴嘎旗	282	163	119	662	428	234	974	620	354
苏尼特左旗	390	222	168	692	468	224	1124	703	421
苏尼特右旗	457	235	222	568	332	236	875	492	383
东乌珠穆沁旗	680	414	266	1107	673	434	1499	897	602
西乌珠穆沁旗	823	499	324	1694	1192	502	2562	1748	814
太仆寺旗	988	537	451	1381	805	576	1464	814	650
镶黄旗	177	103	74	264	175	89	311	202	109
正镶白旗	351	206	145	618	365	253	686	421	265
正蓝旗	748	384	364	927	544	383	1487	867	620
多伦县	678	422	256	939	526	413	1157	632	525
乌拉盖管委会	54	29	25	84	53	31	78	50	28
阿拉善盟	**803**	**472**	**331**	**2177**	**1518**	**659**	**3286**	**2432**	**854**
阿拉善左旗	620	364	256	1406	943	463	2055	1491	564
阿拉善右旗	100	57	43	168	112	56	288	190	98
额济纳旗	67	38	29	355	267	88	557	432	125
内蒙古阿拉善经济开发区	16	13	3	248	196	52	386	319	67

1-5c　续表 9　　　　单位：人

地　区	30-34岁			35-39岁			40-44岁		
	小计	男	女	小计	男	女	小计	男	女
内蒙古	**470647**	**265911**	**204736**	**507040**	**284496**	**222544**	**538330**	**294044**	**244286**
呼和浩特市	**40342**	**22121**	**18221**	**41947**	**23433**	**18514**	**45345**	**24256**	**21089**
新城区	6082	3103	2979	6654	3526	3128	6632	3448	3184
回民区	1852	1132	720	1489	928	561	1398	833	565
玉泉区	4592	2456	2136	4957	2769	2188	4656	2459	2197
赛罕区	9660	5263	4397	9765	5426	4339	10331	5466	4865
土默特左旗	6966	3854	3112	7277	4127	3150	8600	4481	4119
托克托县	4597	2606	1991	5080	2814	2266	5533	3019	2514
和林格尔县	3779	2023	1756	4141	2264	1877	4664	2569	2095
清水河县	1605	990	615	1464	931	533	1764	990	774
武川县	1209	694	515	1120	648	472	1767	991	776
呼和浩特经济技术开发区									
包头市	**19540**	**10955**	**8585**	**19146**	**10865**	**8281**	**21822**	**11880**	**9942**
东河区	2471	1311	1160	2502	1371	1131	2671	1401	1270
昆都仑区	2169	1123	1046	1884	1001	883	1949	1021	928
青山区	1319	691	628	1356	713	643	1492	747	745
石拐区	292	167	125	238	140	98	258	158	100
白云鄂博矿区									
九原区	3732	1999	1733	3665	1991	1674	4043	2160	1883
土默特右旗	4959	2977	1982	5217	3185	2032	5776	3222	2554
固阳县	2926	1750	1176	2696	1562	1134	3142	1788	1354
达尔罕茂明安联合旗	1220	702	518	1151	675	476	1998	1132	866
包头稀土高新技术产业开发区	452	235	217	437	227	210	493	251	242
乌海市	**2176**	**1606**	**570**	**1842**	**1314**	**528**	**1981**	**1337**	**644**
海勃湾区	1511	1113	398	1261	909	352	1306	895	411
海南区	665	493	172	581	405	176	675	442	233
乌达区									
赤峰市	**114054**	**61894**	**52160**	**116502**	**62188**	**54314**	**112492**	**58880**	**53612**
红山区	823	436	387	730	376	354	830	428	402
元宝山区	3221	1782	1439	3550	1925	1625	3874	2042	1832
松山区	21836	11538	10298	18314	9325	8989	17149	8659	8490
阿鲁科尔沁旗	8669	4965	3704	9222	5220	4002	7579	4120	3459
巴林左旗	9041	4909	4132	12416	6613	5803	10676	5725	4951
巴林右旗	3680	2072	1608	4513	2531	1982	3953	2134	1819
林西县	3355	1866	1489	3867	2040	1827	3732	1930	1802
克什克腾旗	5042	2958	2084	4254	2428	1826	5226	2865	2361
翁牛特旗	10983	6061	4922	12218	6424	5794	12657	6630	6027
喀喇沁旗	8451	4554	3897	9223	4936	4287	9372	4861	4511
宁城县	23971	12766	11205	21347	11516	9831	20119	10556	9563
敖汉旗	14982	7987	6995	16848	8854	7994	17325	8930	8395

1-5c 续表 10

单位：人

地 区	30-34岁			35-39岁			40-44岁		
	小计	男	女	小计	男	女	小计	男	女
通辽市	**98586**	**53656**	**44930**	**113937**	**61690**	**52247**	**116214**	**61710**	**54504**
科尔沁区	16465	8950	7515	15384	8300	7084	15888	8334	7554
科尔沁左翼中旗	22872	12760	10112	25210	14025	11185	22985	12445	10540
科尔沁左翼后旗	13784	7441	6343	19249	10491	8758	19039	10235	8804
开鲁县	11953	6195	5758	13317	6896	6421	15272	7819	7453
库伦旗	5688	3060	2628	7868	4225	3643	7981	4302	3679
奈曼旗	16064	8616	7448	18830	10021	8809	19884	10353	9531
扎鲁特旗	8354	4816	3538	10974	6047	4927	12084	6566	5518
通辽经济技术开发区	2742	1442	1300	2488	1324	1164	2507	1320	1187
霍林郭勒市	664	376	288	617	361	256	574	336	238
鄂尔多斯市	**33620**	**23479**	**10141**	**30847**	**21069**	**9778**	**34839**	**22612**	**12227**
东胜区	2235	1857	378	1793	1504	289	1916	1553	363
康巴什区									
达拉特旗	5779	3295	2484	6226	3663	2563	7343	4124	3219
准格尔旗	8433	5946	2487	6581	4761	1820	7025	4783	2242
鄂托克前旗	2807	2020	787	2842	1944	898	3550	2335	1215
鄂托克旗	2853	2088	765	2587	1769	818	3258	2075	1183
杭锦旗	1735	1044	691	1784	1030	754	2867	1618	1249
乌审旗	5063	3588	1475	4580	3115	1465	4509	3005	1504
伊金霍洛旗	4715	3641	1074	4454	3283	1171	4371	3119	1252
呼伦贝尔市	**40308**	**21920**	**18388**	**44651**	**24300**	**20351**	**50316**	**27158**	**23158**
海拉尔区	540	276	264	596	316	280	770	412	358
扎赉诺尔区									
阿荣旗	9725	5110	4615	11331	6130	5201	10611	5638	4973
莫力达瓦达斡尔族自治旗	9890	5311	4579	11255	5908	5347	13771	7449	6322
鄂伦春自治旗	3052	1649	1403	3146	1707	1439	3770	2033	1737
鄂温克族自治旗	2134	1223	911	2253	1268	985	2593	1377	1216
陈巴尔虎旗	971	630	341	1067	646	421	1202	680	522
新巴尔虎左旗	1247	737	510	1520	875	645	1660	912	748
新巴尔虎右旗	1196	810	386	1291	861	430	1513	967	546
满洲里市									
牙克石市	841	509	332	698	391	307	990	525	465
扎兰屯市	9926	5199	4727	10458	5623	4835	12077	6463	5614
额尔古纳市	779	461	318	1023	569	454	1330	686	644
根河市	7	5	2	13	6	7	29	16	13
巴彦淖尔市	**28411**	**16643**	**11768**	**30146**	**17569**	**12577**	**39238**	**21275**	**17963**
临河区	8554	4887	3667	8128	4640	3488	10017	5399	4618
五原县	4543	2468	2075	5645	3169	2476	6770	3531	3239
磴口县	1632	998	634	1671	933	738	2405	1293	1112
乌拉特前旗	5559	3273	2286	5929	3530	2399	8397	4580	3817
乌拉特中旗	2308	1605	703	2741	1751	990	4246	2469	1777
乌拉特后旗	1353	936	417	1332	895	437	1672	1088	584
杭锦后旗	4462	2476	1986	4700	2651	2049	5731	2915	2816

1-5c　续表 11　　单位：人

地　区	30-34岁			35-39岁			40-44岁		
	小计	男	女	小计	男	女	小计	男	女
乌兰察布市	**22060**	**12598**	**9462**	**23297**	**13360**	**9937**	**29793**	**16031**	**13762**
集宁区	1553	908	645	1547	871	676	1775	894	881
卓资县	1781	1170	611	1539	993	546	1516	874	642
化德县	962	582	380	1068	669	399	1513	834	679
商都县	2000	1077	923	2701	1485	1216	3827	1942	1885
兴和县	2651	1424	1227	2876	1558	1318	3840	2087	1753
凉城县	2282	1318	964	2209	1264	945	2676	1415	1261
察哈尔右翼前旗	2526	1519	1007	2493	1548	945	2882	1609	1273
察哈尔右翼中旗	1663	928	735	1792	1016	776	2536	1398	1138
察哈尔右翼后旗	1398	765	633	1801	993	808	2282	1231	1051
四子王旗	2349	1266	1083	2627	1408	1219	3977	2147	1830
丰镇市	2895	1641	1254	2644	1555	1089	2969	1600	1369
兴安盟	**47612**	**25905**	**21707**	**59240**	**33129**	**26111**	**56084**	**30829**	**25255**
乌兰浩特市	2662	1501	1161	3270	1866	1404	2803	1586	1217
阿尔山市	205	124	81	256	138	118	279	156	123
科尔沁右翼前旗	14291	7759	6532	18043	10116	7927	15956	8816	7140
科尔沁右翼中旗	8307	4619	3688	11414	6435	4979	10270	5722	4548
扎赉特旗	14387	7733	6654	15721	8831	6890	15841	8753	7088
突泉县	7760	4169	3591	10536	5743	4793	10935	5796	5139
锡林郭勒盟	**20198**	**12406**	**7792**	**22227**	**13302**	**8925**	**25891**	**15254**	**10637**
二连浩特市	147	97	50	149	84	65	158	95	63
锡林浩特市	1731	1050	681	1751	1061	690	2138	1230	908
阿巴嘎旗	1489	928	561	1666	1047	619	1800	1063	737
苏尼特左旗	1565	1005	560	1646	1022	624	1769	1030	739
苏尼特右旗	1194	732	462	1377	778	599	1667	958	709
东乌珠穆沁旗	2422	1428	994	2350	1340	1010	2465	1418	1047
西乌珠穆沁旗	4032	2836	1196	4186	2788	1398	4555	3001	1554
太仆寺旗	1852	1052	800	1862	1023	839	2978	1639	1339
镶黄旗	586	357	229	732	423	309	1064	641	423
正镶白旗	1032	651	381	1378	842	536	1812	1080	732
正蓝旗	2255	1271	984	2321	1275	1046	3010	1684	1326
多伦县	1782	934	848	2578	1493	1085	2187	1245	942
乌拉盖管委会	111	65	46	231	126	105	288	170	118
阿拉善盟	**3740**	**2728**	**1012**	**3258**	**2277**	**981**	**4315**	**2822**	**1493**
阿拉善左旗	2563	1815	748	2313	1568	745	3161	2014	1147
阿拉善右旗	315	220	95	350	234	116	501	326	175
额济纳旗	528	411	117	388	296	92	429	297	132
内蒙古阿拉善经济开发区	334	282	52	207	179	28	224	185	39

1-5c 续表 12

单位：人

地　区	45-49岁			50-54岁			55-59岁		
	小计	男	女	小计	男	女	小计	男	女
内蒙古	**806789**	**427283**	**379506**	**878991**	**462950**	**416041**	**819880**	**420378**	**399502**
呼和浩特市	**67994**	**34536**	**33458**	**71068**	**37258**	**33810**	**72761**	**38029**	**34732**
新城区	8847	4594	4253	7845	4280	3565	6416	3509	2907
回民区	1831	1030	801	1767	997	770	1464	837	627
玉泉区	6181	3169	3012	5667	3095	2572	4881	2645	2236
赛罕区	15823	8153	7670	15653	8409	7244	14178	7608	6570
土默特左旗	14091	6920	7171	16221	8292	7929	18271	9377	8894
托克托县	8144	4029	4115	8172	4144	4028	9044	4661	4383
和林格尔县	6487	3268	3219	6879	3493	3386	8021	4023	3998
清水河县	3095	1580	1515	4111	2009	2102	4803	2383	2420
武川县	3495	1793	1702	4753	2539	2214	5683	2986	2697
呼和浩特经济技术开发区									
包头市	**35579**	**18145**	**17434**	**41189**	**21579**	**19610**	**44912**	**23359**	**21553**
东河区	4063	2071	1992	4442	2312	2130	4698	2396	2302
昆都仑区	3085	1539	1546	3114	1640	1474	2849	1513	1336
青山区	2151	1075	1076	2248	1194	1054	1894	1030	864
石拐区	471	240	231	751	400	351	814	467	347
白云鄂博矿区									
九原区	5987	3101	2886	6376	3432	2944	5837	3121	2716
土默特右旗	10480	5222	5258	12660	6360	6300	15879	7874	8005
固阳县	5406	2901	2505	6809	3673	3136	7857	4295	3562
达尔罕茂明安联合旗	3120	1599	1521	3839	2081	1758	4301	2239	2062
包头稀土高新技术产业开发区	816	397	419	950	487	463	783	424	359
乌海市	**3222**	**1974**	**1248**	**3267**	**2014**	**1253**	**2617**	**1513**	**1104**
海勃湾区	2088	1284	804	2023	1259	764	1548	900	648
海南区	1134	690	444	1244	755	489	1069	613	456
乌达区									
赤峰市	**188470**	**97680**	**90790**	**215759**	**110570**	**105189**	**208337**	**103848**	**104489**
红山区	1505	783	722	1851	934	917	1609	815	794
元宝山区	7315	3842	3473	8213	4252	3961	8522	4280	4242
松山区	26824	13482	13342	29265	14892	14373	27943	14248	13695
阿鲁科尔沁旗	14017	7405	6612	17063	8313	8750	15643	7742	7901
巴林左旗	17059	8738	8321	17944	9454	8490	18743	9329	9414
巴林右旗	7580	3952	3628	8037	4105	3932	7004	3423	3581
林西县	7412	3782	3630	8436	4380	4056	9612	4746	4866
克什克腾旗	9680	5231	4449	11917	6331	5586	10857	5663	5194
翁牛特旗	20141	10516	9625	24149	12227	11922	23743	11493	12250
喀喇沁旗	15332	8001	7331	17545	9207	8338	17857	8950	8907
宁城县	32456	16989	15467	35996	18377	17619	33817	16825	16992
敖汉旗	29149	14959	14190	35343	18098	17245	32987	16334	16653

1-5c　续表 13　　　　单位：人

地　区	45-49岁			50-54岁			55-59岁		
	小计	男	女	小计	男	女	小计	男	女
通辽市	**151260**	**78739**	**72521**	**151314**	**77259**	**74055**	**132935**	**65602**	**67333**
科尔沁区	23180	12026	11154	27049	13706	13343	25582	12758	12824
科尔沁左翼中旗	28590	14878	13712	27429	13871	13558	23879	11631	12248
科尔沁左翼后旗	23683	12290	11393	22598	11559	11039	18679	9328	9351
开鲁县	20159	10328	9831	20404	10659	9745	18795	9153	9642
库伦旗	9775	5044	4731	9494	4835	4659	7912	3978	3934
奈曼旗	25577	13502	12075	24411	12552	11859	21275	10459	10816
扎鲁特旗	16018	8414	7604	15337	7744	7593	12391	6154	6237
通辽经济技术开发区	3410	1793	1617	3688	1881	1807	3470	1670	1800
霍林郭勒市	868	464	404	904	452	452	952	471	481
鄂尔多斯市	**53295**	**32926**	**20369**	**57985**	**35243**	**22742**	**51644**	**28314**	**23330**
东胜区	3084	2256	828	2975	2210	765	2216	1400	816
康巴什区									
达拉特旗	11124	5843	5281	12832	6746	6086	14347	7357	6990
准格尔旗	10958	6976	3982	12119	7545	4574	10808	6196	4612
鄂托克前旗	5335	3586	1749	5377	3465	1912	3563	1997	1566
鄂托克旗	4449	2799	1650	4250	2626	1624	3344	1966	1378
杭锦旗	4496	2283	2213	5206	2711	2495	5426	2811	2615
乌审旗	7001	4541	2460	7468	4772	2696	5830	3195	2635
伊金霍洛旗	6848	4642	2206	7758	5168	2590	6110	3392	2718
呼伦贝尔市	**64663**	**34116**	**30547**	**65230**	**34236**	**30994**	**56501**	**29317**	**27184**
海拉尔区	1324	696	628	1496	806	690	1352	701	651
扎赉诺尔区									
阿荣旗	13152	6923	6229	13672	6919	6753	12528	6309	6219
莫力达瓦达斡尔族自治旗	15282	7945	7337	14659	7465	7194	12435	6331	6104
鄂伦春自治旗	4889	2550	2339	5094	2701	2393	4486	2354	2132
鄂温克族自治旗	3784	1938	1846	4291	2209	2082	3694	1944	1750
陈巴尔虎旗	1993	1071	922	2037	1133	904	1501	821	680
新巴尔虎左旗	2189	1181	1008	1932	1036	896	1537	848	689
新巴尔虎右旗	1983	1260	723	1812	1220	592	1190	749	441
满洲里市									
牙克石市	2113	1077	1036	2785	1490	1295	2247	1206	1041
扎兰屯市	15840	8331	7509	15368	8132	7236	13878	7118	6760
额尔古纳市	2072	1120	952	2036	1098	938	1620	916	704
根河市	42	24	18	48	27	21	33	20	13
巴彦淖尔市	**70640**	**36051**	**34589**	**85050**	**43643**	**41407**	**76487**	**39921**	**36566**
临河区	18399	9308	9091	22019	11013	11006	19414	10075	9339
五原县	12775	6285	6490	15644	7873	7771	14274	7323	6951
磴口县	5106	2615	2491	6165	3054	3111	5244	2815	2429
乌拉特前旗	14092	7363	6729	16352	8688	7664	14896	7902	6994
乌拉特中旗	6599	3528	3071	7320	3994	3326	6250	3417	2833
乌拉特后旗	2629	1577	1052	2718	1655	1063	2244	1298	946
杭锦后旗	11040	5375	5665	14832	7366	7466	14165	7091	7074

1－5c 续表 14

单位：人

地区	45－49岁			50－54岁			55－59岁		
	小计	男	女	小计	男	女	小计	男	女
乌兰察布市	**55609**	**29226**	**26383**	**70768**	**37389**	**33379**	**78381**	**40249**	**38132**
集宁区	2839	1478	1361	3144	1719	1425	2911	1613	1298
卓资县	3266	1836	1430	4383	2359	2024	5291	2851	2440
化德县	3111	1757	1354	4383	2472	1911	4957	2533	2424
商都县	7806	3976	3830	9312	4921	4391	10895	5455	5440
兴和县	6710	3418	3292	9138	4784	4354	10176	5158	5018
凉城县	5351	2793	2558	7121	3521	3600	7716	3939	3777
察哈尔右翼前旗	5511	3141	2370	7219	3970	3249	8005	4203	3802
察哈尔右翼中旗	4600	2423	2177	6076	3182	2894	7060	3610	3450
察哈尔右翼后旗	4210	2233	1977	5141	2704	2437	5858	2985	2873
四子王旗	6734	3427	3307	7934	4262	3672	7687	3961	3726
丰镇市	5471	2744	2727	6917	3495	3422	7825	3941	3884
兴安盟	**74043**	**39142**	**34901**	**74031**	**38403**	**35628**	**61271**	**31126**	**30145**
乌兰浩特市	4147	2206	1941	4430	2329	2101	3870	2018	1852
阿尔山市	427	235	192	513	281	232	395	215	180
科尔沁右翼前旗	22131	11749	10382	22247	11471	10776	18966	9692	9274
科尔沁右翼中旗	12689	6561	6128	11226	5684	5542	9297	4568	4729
扎赉特旗	19923	10594	9329	18871	9804	9067	15027	7633	7394
突泉县	14726	7797	6929	16744	8834	7910	13716	7000	6716
锡林郭勒盟	**35255**	**20489**	**14766**	**36027**	**20783**	**15244**	**29050**	**15952**	**13098**
二连浩特市	176	91	85	167	100	67	159	85	74
锡林浩特市	2997	1693	1304	3129	1782	1347	2454	1396	1058
阿巴嘎旗	2355	1358	997	2033	1183	850	1431	849	582
苏尼特左旗	2063	1264	799	1781	1065	716	1279	760	519
苏尼特右旗	1893	1073	820	1710	938	772	1393	743	650
东乌珠穆沁旗	3081	1730	1351	2613	1460	1153	1683	957	726
西乌珠穆沁旗	5670	3772	1898	4886	3286	1600	2755	1725	1030
太仆寺旗	5582	3050	2532	7089	3953	3136	7211	3794	3417
镶黄旗	1288	801	487	1211	720	491	850	473	377
正镶白旗	2289	1326	963	2568	1454	1114	2193	1123	1070
正蓝旗	3857	2130	1727	3971	2140	1831	3326	1753	1573
多伦县	3569	1965	1604	4450	2471	1979	4002	2110	1892
乌拉盖管委会	435	236	199	419	231	188	314	184	130
阿拉善盟	**6759**	**4259**	**2500**	**7303**	**4573**	**2730**	**4984**	**3148**	**1836**
阿拉善左旗	4791	2938	1853	5173	3118	2055	3572	2139	1433
阿拉善右旗	858	525	333	837	525	312	588	391	197
额济纳旗	735	486	249	847	550	297	594	419	175
内蒙古阿拉善经济开发区	375	310	65	446	380	66	230	199	31

1-5c 续表 15

单位：人

地　区	60-64岁			65-69岁			70-74岁		
	小计	男	女	小计	男	女	小计	男	女
内蒙古	**714582**	**364392**	**350190**	**619148**	**312539**	**306609**	**354284**	**181889**	**172395**
呼和浩特市	**66766**	**35700**	**31066**	**65847**	**33498**	**32349**	**36545**	**20133**	**16412**
新城区	4802	2691	2111	3824	1947	1877	2024	1033	991
回民区	1202	660	542	938	510	428	465	260	205
玉泉区	3645	1997	1648	3235	1700	1535	1577	811	766
赛罕区	11614	6465	5149	10832	5410	5422	6054	3003	3051
土默特左旗	16581	8872	7709	17299	8609	8690	9945	5366	4579
托克托县	8701	4436	4265	9644	4645	4999	5172	3068	2104
和林格尔县	9035	4637	4398	9243	4856	4387	4774	2823	1951
清水河县	5213	2742	2471	4798	2575	2223	2921	1686	1235
武川县	5973	3200	2773	6034	3246	2788	3613	2083	1530
呼和浩特经济技术开发区									
包头市	**40235**	**21111**	**19124**	**36952**	**18886**	**18066**	**19502**	**10836**	**8666**
东河区	4068	2133	1935	3466	1739	1727	1726	919	807
昆都仑区	2000	1106	894	1485	773	712	774	376	398
青山区	1431	791	640	1067	559	508	506	273	233
石拐区	722	380	342	756	405	351	369	217	152
白云鄂博矿区									
九原区	4738	2486	2252	3841	1975	1866	1972	1052	920
土默特右旗	14474	7627	6847	14511	7228	7283	7762	4355	3407
固阳县	7845	4084	3761	7600	3976	3624	4161	2355	1806
达尔罕茂明安联合旗	4308	2161	2147	3734	1977	1757	2013	1171	842
包头稀土高新技术产业开发区	649	343	306	492	254	238	219	118	101
乌海市	**1844**	**1018**	**826**	**1694**	**908**	**786**	**820**	**430**	**390**
海勃湾区	1052	595	457	895	489	406	453	228	225
海南区	792	423	369	799	419	380	367	202	165
乌达区									
赤峰市	**190728**	**94839**	**95889**	**145024**	**71424**	**73600**	**79011**	**38233**	**40778**
红山区	1530	724	806	1310	638	672	658	305	353
元宝山区	7475	3608	3867	6217	2814	3403	3019	1345	1674
松山区	25379	12475	12904	19820	9682	10138	10381	5061	5320
阿鲁科尔沁旗	13051	6647	6404	9284	4477	4807	5624	2652	2972
巴林左旗	17112	8336	8776	12859	6283	6576	7062	3366	3696
巴林右旗	6203	3099	3104	4055	1896	2159	2366	1125	1241
林西县	9728	4886	4842	7216	3630	3586	4005	2063	1942
克什克腾旗	10190	5159	5031	7520	3693	3827	4325	2127	2198
翁牛特旗	21835	10605	11230	16555	8124	8431	9382	4451	4931
喀喇沁旗	16504	8403	8101	13064	6448	6616	6302	3099	3203
宁城县	31527	15663	15864	23438	11975	11463	12314	6156	6158
敖汉旗	30194	15234	14960	23686	11764	11922	13573	6483	7090

1－5c 续表 16

单位：人

地 区	60－64岁			65－69岁			70－74岁		
	小计	男	女	小计	男	女	小计	男	女
通辽市	**106928**	**52332**	**54596**	**92768**	**44553**	**48215**	**50995**	**23877**	**27118**
科尔沁区	20599	10165	10434	17896	8799	9097	8743	4207	4536
科尔沁左翼中旗	18683	9099	9584	16439	7803	8636	8896	4253	4643
科尔沁左翼后旗	14356	7118	7238	13510	6444	7066	7311	3359	3952
开鲁县	15725	7596	8129	13358	6279	7079	7711	3504	4207
库伦旗	6514	3247	3267	5346	2622	2724	3279	1602	1677
奈曼旗	18380	8898	9482	15820	7557	8263	9075	4167	4908
扎鲁特旗	9144	4395	4749	7637	3678	3959	4526	2077	2449
通辽经济技术开发区	2703	1394	1309	2229	1130	1099	1167	557	610
霍林郭勒市	824	420	404	533	241	292	287	151	136
鄂尔多斯市	**44677**	**23998**	**20679**	**38100**	**19921**	**18179**	**20123**	**11154**	**8969**
东胜区	1636	977	659	1152	633	519	611	363	248
康巴什区									
达拉特旗	14131	7251	6880	12535	6514	6021	6555	3742	2813
准格尔旗	9264	5165	4099	8579	4621	3958	4729	2670	2059
鄂托克前旗	2730	1442	1288	2010	1001	1009	1140	578	562
鄂托克旗	2260	1234	1026	1851	923	928	861	435	426
杭锦旗	4890	2619	2271	4156	2151	2005	2098	1173	925
乌审旗	4280	2270	2010	3555	1782	1773	1855	941	914
伊金霍洛旗	5486	3040	2446	4262	2296	1966	2274	1252	1022
呼伦贝尔市	**42518**	**21791**	**20727**	**36837**	**18548**	**18289**	**20733**	**10458**	**10275**
海拉尔区	810	430	380	736	366	370	428	180	248
扎赉诺尔区									
阿荣旗	9864	5031	4833	8709	4490	4219	4927	2632	2295
莫力达瓦达斡尔族自治旗	10206	5123	5083	9006	4584	4422	4735	2495	2240
鄂伦春自治旗	3620	1859	1761	2960	1526	1434	1779	915	864
鄂温克族自治旗	2615	1312	1303	1884	929	955	1088	496	592
陈巴尔虎旗	781	416	365	513	248	265	396	166	230
新巴尔虎左旗	1028	519	509	680	306	374	309	115	194
新巴尔虎右旗	630	334	296	368	173	195	191	77	114
满洲里市									
牙克石市	1270	674	596	1039	494	545	674	297	377
扎兰屯市	10728	5573	5155	10224	5085	5139	5727	2882	2845
额尔古纳市	951	511	440	710	343	367	475	201	274
根河市	15	9	6	8	4	4	4	2	2
巴彦淖尔市	**58347**	**30242**	**28105**	**53527**	**27724**	**25803**	**32322**	**16603**	**15719**
临河区	14470	7376	7094	13710	7078	6632	8342	4229	4113
五原县	11236	5882	5354	10906	5639	5267	6695	3405	3290
磴口县	3700	2073	1627	3376	1772	1604	2166	1097	1069
乌拉特前旗	11880	6175	5705	11317	5718	5599	6735	3522	3213
乌拉特中旗	4940	2554	2386	4204	2204	2000	2213	1150	1063
乌拉特后旗	1513	805	708	1119	595	524	560	286	274
杭锦后旗	10608	5377	5231	8895	4718	4177	5611	2914	2697

1-5c　续表 17

单位：人

地　区	60-64岁			65-69岁			70-74岁		
	小计	男	女	小计	男	女	小计	男	女
乌兰察布市	**88932**	**46416**	**42516**	**90193**	**48478**	**41715**	**60443**	**33745**	**26698**
集宁区	2853	1472	1381	2604	1314	1290	1704	933	771
卓资县	6569	3624	2945	7531	4029	3502	4943	2844	2099
化德县	5478	2770	2708	5019	2621	2398	3597	2016	1581
商都县	11902	6062	5840	13076	6957	6119	9387	5021	4366
兴和县	12327	6379	5948	12335	6520	5815	8341	4508	3833
凉城县	9140	4915	4225	9411	5331	4080	6239	3618	2621
察哈尔右翼前旗	8983	4667	4316	9202	4874	4328	6133	3409	2724
察哈尔右翼中旗	7917	4272	3645	7790	4285	3505	4889	2764	2125
察哈尔右翼后旗	7098	3587	3511	6905	3654	3251	4729	2578	2151
四子王旗	7619	3940	3679	6827	3640	3187	4090	2314	1776
丰镇市	9046	4728	4318	9493	5253	4240	6391	3740	2651
兴安盟	**48076**	**23782**	**24294**	**38366**	**18648**	**19718**	**22572**	**10501**	**12071**
乌兰浩特市	2895	1425	1470	2290	1132	1158	1402	666	736
阿尔山市	219	120	99	166	85	81	95	35	60
科尔沁右翼前旗	14509	7223	7286	11347	5422	5925	6729	3108	3621
科尔沁右翼中旗	7082	3393	3689	4886	2297	2589	3236	1423	1813
扎赉特旗	11625	5792	5833	9573	4645	4928	5368	2554	2814
突泉县	11746	5829	5917	10104	5067	5037	5742	2715	3027
锡林郭勒盟	**22707**	**11539**	**11168**	**17910**	**8973**	**8937**	**10037**	**5249**	**4788**
二连浩特市	121	57	64	57	33	24	27	14	13
锡林浩特市	1524	831	693	941	496	445	513	279	234
阿巴嘎旗	732	419	313	404	189	215	206	79	127
苏尼特左旗	692	374	318	348	167	181	155	66	89
苏尼特右旗	951	469	482	502	257	245	253	106	147
东乌珠穆沁旗	813	414	399	339	160	179	248	89	159
西乌珠穆沁旗	1191	649	542	579	279	300	352	147	205
太仆寺旗	8106	4040	4066	7827	3941	3886	4538	2525	2013
镶黄旗	499	244	255	311	143	168	165	77	88
正镶白旗	1892	926	966	1506	788	718	895	482	413
正蓝旗	2379	1162	1217	1633	796	837	909	440	469
多伦县	3621	1844	1777	3349	1665	1684	1730	920	810
乌拉盖管委会	186	110	76	114	59	55	46	25	21
阿拉善盟	**2824**	**1624**	**1200**	**1930**	**978**	**952**	**1181**	**670**	**511**
阿拉善左旗	2267	1277	990	1614	804	810	986	559	427
阿拉善右旗	257	152	105	161	83	78	103	53	50
额济纳旗	235	147	88	139	81	58	87	56	31
内蒙古阿拉善经济开发区	65	48	17	16	10	6	5	2	3

1-5c 续表 18 单位：人

地区	75-79岁			80-84岁			85-89岁		
	小计	男	女	小计	男	女	小计	男	女
内蒙古	**191199**	**93704**	**97495**	**129289**	**60528**	**68761**	**61149**	**26978**	**34171**
呼和浩特市	**19861**	**10267**	**9594**	**14581**	**7409**	**7172**	**8086**	**3797**	**4289**
新城区	986	510	476	715	333	382	389	188	201
回民区	212	108	104	176	77	99	94	33	61
玉泉区	856	423	433	589	275	314	357	148	209
赛罕区	3260	1631	1629	2288	1123	1165	1234	565	669
土默特左旗	5705	2752	2953	4375	2218	2157	2257	1125	1132
托克托县	2806	1539	1267	2090	1060	1030	1242	567	675
和林格尔县	2686	1483	1203	1831	975	856	1068	482	586
清水河县	1772	969	803	1161	617	544	691	332	359
武川县	1578	852	726	1356	731	625	754	357	397
呼和浩特经济技术开发区									
包头市	**10854**	**5510**	**5344**	**7630**	**3738**	**3892**	**4093**	**2007**	**2086**
东河区	993	442	551	642	282	360	363	162	201
昆都仑区	467	233	234	276	130	146	188	87	101
青山区	315	153	162	238	108	130	98	49	49
石拐区	218	97	121	137	70	67	76	33	43
白云鄂博矿区									
九原区	1223	608	615	771	364	407	400	189	211
土默特右旗	4140	2153	1987	2960	1518	1442	1594	804	790
固阳县	2299	1185	1114	1748	837	911	882	437	445
达尔罕茂明安联合旗	1077	576	501	771	393	378	449	226	223
包头稀土高新技术产业开发区	122	63	59	87	36	51	43	20	23
乌海市	**471**	**249**	**222**	**300**	**144**	**156**	**154**	**49**	**105**
海勃湾区	257	137	120	136	68	68	81	27	54
海南区	214	112	102	164	76	88	73	22	51
乌达区									
赤峰市	**43701**	**20213**	**23488**	**30556**	**13515**	**17041**	**12267**	**5102**	**7165**
红山区	389	202	187	243	114	129	143	52	91
元宝山区	1712	796	916	1139	496	643	485	201	284
松山区	6163	2914	3249	4317	1977	2340	1854	803	1051
阿鲁科尔沁旗	2906	1318	1588	1780	732	1048	648	258	390
巴林左旗	3386	1525	1861	2175	960	1215	844	333	511
巴林右旗	1093	490	603	733	301	432	284	115	169
林西县	1906	907	999	1470	642	828	629	263	366
克什克腾旗	2081	999	1082	1565	726	839	639	305	334
翁牛特旗	4935	2246	2689	3724	1599	2125	1529	643	886
喀喇沁旗	4019	1906	2113	2656	1266	1390	1015	439	576
宁城县	7581	3471	4110	5215	2335	2880	2062	843	1219
敖汉旗	7530	3439	4091	5539	2367	3172	2135	847	1288

1-5c　续表 19　　　　单位：人

地　区	75-79岁			80-84岁			85-89岁		
	小计	男	女	小计	男	女	小计	男	女
通辽市	**24205**	**10650**	**13555**	**15104**	**6434**	**8670**	**6829**	**2758**	**4071**
科尔沁区	4358	1848	2510	2658	1126	1532	1464	632	832
科尔沁左翼中旗	4051	1812	2239	2402	1032	1370	945	407	538
科尔沁左翼后旗	3672	1679	1993	2262	956	1306	1041	421	620
开鲁县	3416	1455	1961	1984	860	1124	803	321	482
库伦旗	1751	769	982	1250	526	724	536	214	322
奈曼旗	4087	1797	2290	2754	1111	1643	1232	479	753
扎鲁特旗	2238	1018	1220	1433	656	777	578	204	374
通辽经济技术开发区	516	216	300	287	137	150	194	68	126
霍林郭勒市	116	56	60	74	30	44	36	12	24
鄂尔多斯市	**13001**	**7012**	**5989**	**9574**	**4842**	**4732**	**4799**	**2263**	**2536**
东胜区	426	231	195	315	165	150	158	70	88
康巴什区									
达拉特旗	4069	2234	1835	3132	1647	1485	1591	782	809
准格尔旗	3241	1842	1399	2297	1272	1025	1258	659	599
鄂托克前旗	605	286	319	436	196	240	222	88	134
鄂托克旗	559	279	280	397	146	251	215	82	133
杭锦旗	1295	690	605	892	413	479	423	186	237
乌审旗	1251	559	692	835	375	460	379	170	209
伊金霍洛旗	1555	891	664	1270	628	642	553	226	327
呼伦贝尔市	**11211**	**5480**	**5731**	**6896**	**3361**	**3535**	**3361**	**1565**	**1796**
海拉尔区	299	135	164	211	91	120	98	39	59
扎赉诺尔区									
阿荣旗	2688	1426	1262	1553	789	764	687	321	366
莫力达瓦达斡尔族自治旗	2283	1169	1114	1380	673	707	721	347	374
鄂伦春自治旗	888	425	463	508	265	243	272	130	142
鄂温克族自治旗	690	299	391	463	216	247	195	77	118
陈巴尔虎旗	247	112	135	160	80	80	78	22	56
新巴尔虎左旗	237	98	139	172	53	119	68	35	33
新巴尔虎右旗	91	44	47	40	23	17	45	14	31
满洲里市									
牙克石市	510	175	335	435	207	228	221	100	121
扎兰屯市	2948	1463	1485	1762	868	894	859	425	434
额尔古纳市	321	132	189	208	95	113	114	52	62
根河市	9	2	7	4	1	3	3	3	
巴彦淖尔市	**19405**	**9948**	**9457**	**11812**	**5927**	**5885**	**5417**	**2565**	**2852**
临河区	5172	2657	2515	3035	1552	1483	1331	624	707
五原县	3862	1965	1897	2330	1210	1120	1103	527	576
磴口县	1238	629	609	808	387	421	365	177	188
乌拉特前旗	3720	1903	1817	2269	1166	1103	1129	545	584
乌拉特中旗	1256	652	604	808	371	437	381	180	201
乌拉特后旗	356	170	186	238	104	134	109	47	62
杭锦后旗	3801	1972	1829	2324	1137	1187	999	465	534

1-5c 续表 20 单位：人

地 区	75-79岁			80-84岁			85-89岁		
	小计	男	女	小计	男	女	小计	男	女
乌兰察布市	**32350**	**16887**	**15463**	**22629**	**10728**	**11901**	**11235**	**4877**	**6358**
集宁区	1063	514	549	652	298	354	341	146	195
卓资县	2467	1390	1077	1595	805	790	800	355	445
化德县	1723	857	866	1405	628	777	612	258	354
商都县	4599	2386	2213	3390	1589	1801	1432	606	826
兴和县	4595	2332	2263	3450	1638	1812	1636	702	934
凉城县	3397	1841	1556	2230	1118	1112	1256	561	695
察哈尔右翼前旗	3788	1912	1876	2486	1098	1388	1364	557	807
察哈尔右翼中旗	2480	1348	1132	1602	799	803	787	388	399
察哈尔右翼后旗	2742	1372	1370	1953	885	1068	878	377	501
四子王旗	2073	1101	972	1548	796	752	778	368	410
丰镇市	3423	1834	1589	2318	1074	1244	1351	559	792
兴安盟	**10372**	**4671**	**5701**	**6191**	**2676**	**3515**	**2763**	**1158**	**1605**
乌兰浩特市	613	263	350	332	151	181	166	67	99
阿尔山市	72	25	47	46	15	31	24	9	15
科尔沁右翼前旗	3284	1467	1817	1890	765	1125	797	331	466
科尔沁右翼中旗	1432	594	838	876	353	523	359	129	230
扎赉特旗	2328	1048	1280	1469	655	814	686	316	370
突泉县	2643	1274	1369	1578	737	841	731	306	425
锡林郭勒盟	**5129**	**2525**	**2604**	**3499**	**1536**	**1963**	**1843**	**723**	**1120**
二连浩特市	11	6	5	11		11	3		3
锡林浩特市	296	153	143	177	81	96	73	34	39
阿巴嘎旗	108	48	60	81	28	53	73	25	48
苏尼特左旗	125	41	84	76	28	48	40	12	28
苏尼特右旗	145	54	91	124	41	83	87	30	57
东乌珠穆沁旗	89	34	55	87	22	65	91	33	58
西乌珠穆沁旗	195	71	124	120	45	75	121	47	74
太仆寺旗	2196	1155	1041	1443	689	754	676	281	395
镶黄旗	100	46	54	60	19	41	32	8	24
正镶白旗	483	231	252	345	152	193	156	47	109
正蓝旗	515	231	284	380	153	227	208	92	116
多伦县	851	443	408	582	271	311	272	106	166
乌拉盖管委会	15	12	3	13	7	6	11	8	3
阿拉善盟	**639**	**292**	**347**	**517**	**218**	**299**	**302**	**114**	**188**
阿拉善左旗	506	234	272	422	174	248	236	94	142
阿拉善右旗	95	40	55	64	29	35	41	10	31
额济纳旗	31	14	17	26	13	13	20	7	13
内蒙古阿拉善经济开发区	7	4	3	5	2	3	5	3	2

1－5c 续表 21

单位：人

地区	90－94岁			95－99岁			100岁及以上		
	小计	男	女	小计	男	女	小计	男	女
内蒙古	**16672**	**7137**	**9535**	**4230**	**1819**	**2411**	**1058**	**437**	**621**
呼和浩特市	**1874**	**899**	**975**	**514**	**224**	**290**	**120**	**62**	**58**
新城区	133	63	70	41	16	25	8	6	2
回民区	39	15	24	11	4	7	3	1	2
玉泉区	117	54	63	50	23	27	8	4	4
赛罕区	426	196	230	120	51	69	48	23	25
土默特左旗	466	232	234	128	59	69	23	13	10
托克托县	199	101	98	47	21	26	10	6	4
和林格尔县	203	93	110	50	18	32	8	4	4
清水河县	143	78	65	26	15	11	6	2	4
武川县	148	67	81	41	17	24	6	3	3
呼和浩特经济技术开发区									
包头市	**1039**	**491**	**548**	**270**	**124**	**146**	**62**	**27**	**35**
东河区	88	45	43	21	7	14	8	2	6
昆都仑区	76	31	45	28	16	12	6	3	3
青山区	47	21	26	16	6	10	2		2
石拐区	22	13	9	4	2	2	2		2
白云鄂博矿区									
九原区	116	61	55	40	21	19	8	4	4
土默特右旗	352	177	175	70	36	34	17	9	8
固阳县	216	89	127	53	21	32	11	5	6
达尔罕茂明安联合旗	106	47	59	32	12	20	8	4	4
包头稀土高新技术产业开发区	16	7	9	6	3	3			
乌海市	**72**	**31**	**41**	**21**	**7**	**14**	**5**	**4**	**1**
海勃湾区	41	21	20	14	6	8	4	4	
海南区	31	10	21	7	1	6	1		1
乌达区									
赤峰市	**3321**	**1320**	**2001**	**660**	**284**	**376**	**142**	**59**	**83**
红山区	50	19	31	15	7	8	5	1	4
元宝山区	133	44	89	27	15	12	4		4
松山区	494	194	300	114	52	62	35	15	20
阿鲁科尔沁旗	157	69	88	38	15	23	6	3	3
巴林左旗	218	91	127	25	7	18	6	3	3
巴林右旗	97	37	60	29	15	14	5	2	3
林西县	174	78	96	43	23	20	18	6	12
克什克腾旗	173	85	88	43	18	25	10	4	6
翁牛特旗	392	157	235	79	28	51	15	8	7
喀喇沁旗	266	114	152	53	23	30	7	5	2
宁城县	616	241	375	93	47	46	19	8	11
敖汉旗	551	191	360	101	34	67	12	4	8

1-5c 续表 22 单位：人

地区	90-94岁			95-99岁			100岁及以上		
	小计	男	女	小计	男	女	小计	男	女
通辽市	**2204**	**895**	**1309**	**564**	**228**	**336**	**159**	**65**	**94**
科尔沁区	572	259	313	186	78	108	54	30	24
科尔沁左翼中旗	262	100	162	66	28	38	15	3	12
科尔沁左翼后旗	333	152	181	81	31	50	26	14	12
开鲁县	234	97	137	62	24	38	16	4	12
库伦旗	161	60	101	29	13	16	7	2	5
奈曼旗	340	113	227	48	22	26	13	4	9
扎鲁特旗	192	67	125	55	18	37	9	2	7
通辽经济技术开发区	98	43	55	33	13	20	13	5	8
霍林郭勒市	12	4	8	4	1	3	6	1	5
鄂尔多斯市	**1228**	**529**	**699**	**332**	**150**	**182**	**56**	**22**	**34**
东胜区	46	22	24	14	8	6	6	3	3
康巴什区									
达拉特旗	337	145	192	77	33	44	13	4	9
准格尔旗	281	137	144	81	39	42	13	7	6
鄂托克前旗	66	23	43	23	13	10	6	1	5
鄂托克旗	94	36	58	24	12	12	4	2	2
杭锦旗	125	51	74	31	15	16	4	2	2
乌审旗	91	38	53	31	14	17	4		4
伊金霍洛旗	188	77	111	51	16	35	6	3	3
呼伦贝尔市	**1404**	**641**	**763**	**538**	**242**	**296**	**163**	**71**	**92**
海拉尔区	43	22	21	21	10	11	5		5
扎赉诺尔区									
阿荣旗	261	123	138	83	36	47	23	8	15
莫力达瓦达斡尔族自治旗	238	115	123	89	40	49	29	13	16
鄂伦春自治旗	157	71	86	71	29	42	21	9	12
鄂温克族自治旗	108	45	63	45	19	26	21	12	9
陈巴尔虎旗	42	24	18	29	12	17	7	4	3
新巴尔虎左旗	68	27	41	28	12	16	10	5	5
新巴尔虎右旗	37	10	27	13	9	4	6	2	4
满洲里市									
牙克石市	70	38	32	25	12	13	8	4	4
扎兰屯市	327	137	190	121	58	63	24	9	15
额尔古纳市	52	28	24	13	5	8	9	5	4
根河市	1	1							
巴彦淖尔市	**1374**	**629**	**745**	**341**	**162**	**179**	**74**	**29**	**45**
临河区	330	146	184	90	43	47	16	6	10
五原县	243	118	125	62	34	28	14	7	7
磴口县	94	33	61	19	11	8	2		2
乌拉特前旗	277	139	138	63	26	37	15	5	10
乌拉特中旗	115	50	65	32	12	20	6	1	5
乌拉特后旗	45	15	30	15	10	5	5	4	1
杭锦后旗	270	128	142	60	26	34	16	6	10

1-5c 续表 23

单位：人

地 区	90-94岁			95-99岁			100岁及以上		
	小计	男	女	小计	男	女	小计	男	女
乌兰察布市	**2416**	**987**	**1429**	**469**	**175**	**294**	**99**	**32**	**67**
集宁区	106	42	64	14	2	12	8		8
卓资县	150	69	81	41	11	30	4	2	2
化德县	133	50	83	41	16	25	9	1	8
商都县	294	109	185	45	14	31	8		8
兴和县	379	143	236	78	22	56	22	9	13
凉城县	241	106	135	51	20	31	14	4	10
察哈尔右翼前旗	305	130	175	50	18	32	12	5	7
察哈尔右翼中旗	145	62	83	31	17	14	3	2	1
察哈尔右翼后旗	179	71	108	35	13	22	2	1	1
四子王旗	192	90	102	35	16	19	5	2	3
丰镇市	292	115	177	48	26	22	12	6	6
兴安盟	**1065**	**452**	**613**	**267**	**106**	**161**	**96**	**38**	**58**
乌兰浩特市	119	48	71	48	14	34	16	5	11
阿尔山市	8		8	2	1	1	2	1	1
科尔沁右翼前旗	284	113	171	60	25	35	30	15	15
科尔沁右翼中旗	133	64	69	41	9	32	8	3	5
扎赉特旗	215	85	130	47	21	26	25	10	15
突泉县	306	142	164	69	36	33	15	4	11
锡林郭勒盟	**566**	**213**	**353**	**208**	**94**	**114**	**72**	**22**	**50**
二连浩特市	4	1	3				1		1
锡林浩特市	35	18	17	41	21	20	20	9	11
阿巴嘎旗	24	10	14	10	6	4	7	1	6
苏尼特左旗	12	3	9	4	2	2	3		3
苏尼特右旗	24	7	17	9	5	4	1	1	
东乌珠穆沁旗	33	11	22	13	6	7	6	1	5
西乌珠穆沁旗	63	26	37	38	16	22	12	5	7
太仆寺旗	168	54	114	42	20	22	6	1	5
镶黄旗	15	7	8	3	1	2	1		1
正镶白旗	44	10	34	8	1	7	3		3
正蓝旗	67	37	30	14	8	6	8	3	5
多伦县	71	27	44	24	7	17	4	1	3
乌拉盖管委会	6	2	4	2	1	1			
阿拉善盟	**109**	**50**	**59**	**46**	**23**	**23**	**10**	**6**	**4**
阿拉善左旗	92	42	50	32	18	14	7	4	3
阿拉善右旗	5		5	4		4			
额济纳旗	9	7	2	8	3	5	2	2	
内蒙古阿拉善经济开发区	3	1	2	2	2		1		1

1－6 各地区分性别、受教育程度的3岁及以上人口

单位：人

地　区	3岁及以上人口			未上过学		
	合计	男	女	小计	男	女
内蒙古	**23464323**	**11972857**	**11491466**	**901203**	**269547**	**631656**
呼和浩特市	**3354556**	**1692917**	**1661639**	**115849**	**33810**	**82039**
新城区	681328	341344	339984	13238	4289	8949
回民区	424832	210326	214506	8775	2535	6240
玉泉区	508971	257072	251899	11027	3429	7598
赛罕区	860477	430817	429660	19114	6247	12867
土默特左旗	257660	132732	124928	17713	5067	12646
托克托县	162678	84273	78405	13834	3746	10088
和林格尔县	158915	80102	78813	13985	3886	10099
清水河县	75379	39383	35996	8180	1720	6460
武川县	94425	48993	45432	6480	1812	4668
呼和浩特经济技术开发区	129891	67875	62016	3503	1079	2424
包头市	**2647087**	**1341536**	**1305551**	**80755**	**24466**	**56289**
东河区	474120	237338	236782	11392	3657	7735
昆都仑区	768978	386643	382335	13175	4771	8404
青山区	523389	259602	263787	8894	2862	6032
石拐区	24370	13445	10925	1798	599	1199
白云鄂博矿区	22253	12133	10120	703	173	530
九原区	238340	125723	112617	8790	2410	6380
土默特右旗	232808	119873	112935	18321	4695	13626
固阳县	116584	61381	55203	6884	2102	4782
达尔罕茂明安联合旗	68431	35611	32820	4369	1375	2994
包头稀土高新技术产业开发区	177814	89787	88027	6429	1822	4607
乌海市	**542627**	**283799**	**258828**	**18853**	**5762**	**13091**
海勃湾区	329844	169062	160782	10278	3316	6962
海南区	92591	51209	41382	4724	1396	3328
乌达区	120192	63528	56664	3851	1050	2801
赤峰市	**3931724**	**1995404**	**1936320**	**140728**	**39960**	**100768**
红山区	454865	227516	227349	8460	2704	5756
元宝山区	278945	140247	138698	6202	1812	4390
松山区	682472	348800	333672	21185	6070	15115
阿鲁科尔沁旗	235248	118696	116552	6960	2191	4769
巴林左旗	271807	136946	134861	8807	2569	6238
巴林右旗	150971	75995	74976	4756	1527	3229
林西县	182516	91697	90819	6508	2010	4498
克什克腾旗	181588	92730	88858	12260	3251	9009
翁牛特旗	326324	166372	159952	17797	4855	12942
喀喇沁旗	256886	131603	125283	14323	3710	10613
宁城县	472160	242348	229812	17490	4687	12803
敖汉旗	437942	222454	215488	15980	4574	11406

1-6　续表 1

单位：人

地　　区	3岁及以上人口			未上过学		
	合计	男	女	小计	男	女
通辽市	**2810974**	**1417273**	**1393701**	**76509**	**25963**	**50546**
科尔沁区	705677	350102	355575	11069	3875	7194
科尔沁左翼中旗	392364	201613	190751	16476	5760	10716
科尔沁左翼后旗	315409	160282	155127	9908	3604	6304
开鲁县	306863	153171	153692	6224	2053	4171
库伦旗	147764	75418	72346	4112	1335	2777
奈曼旗	365914	185056	180858	12349	4080	8269
扎鲁特旗	246004	124354	121650	11750	3754	7996
通辽经济技术开发区	196650	97320	99330	2645	906	1739
霍林郭勒市	134329	69957	64372	1976	596	1380
鄂尔多斯市	**2084971**	**1119076**	**965895**	**110062**	**30496**	**79566**
东胜区	553935	285856	268079	17275	5024	12251
康巴什区	114383	58457	55926	2795	714	2081
达拉特旗	319738	165730	154008	20262	5134	15128
准格尔旗	348796	192573	156223	19167	5284	13883
鄂托克前旗	89938	50008	39930	5999	1816	4183
鄂托克旗	157469	86855	70614	9482	2815	6667
杭锦旗	107797	56262	51535	9985	2587	7398
乌审旗	153438	88384	65054	8198	2490	5708
伊金霍洛旗	239477	134951	104526	16899	4632	12267
呼伦贝尔市	**2198189**	**1109841**	**1088348**	**48586**	**17813**	**30773**
海拉尔区	357160	175134	182026	5544	2030	3514
扎赉诺尔区	83143	41386	41757	1008	354	654
阿荣旗	251162	127810	123352	6522	2495	4027
莫力达瓦达斡尔族自治旗	223714	114386	109328	6995	2801	4194
鄂伦春自治旗	170717	86472	84245	5447	1814	3633
鄂温克族自治旗	138167	69582	68585	2545	978	1567
陈巴尔虎旗	49706	26278	23428	872	345	527
新巴尔虎左旗	36164	18533	17631	913	404	509
新巴尔虎右旗	37428	20259	17169	805	349	456
满洲里市	147400	74689	72711	1290	549	741
牙克石市	253148	126486	126662	4066	1311	2755
扎兰屯市	312269	158596	153673	8359	3195	5164
额尔古纳市	67277	34280	32997	1919	588	1331
根河市	70734	35950	34784	2301	600	1701
巴彦淖尔市	**1501708**	**766592**	**735116**	**92496**	**25608**	**66888**
临河区	566454	285440	281014	27913	7705	20208
五原县	219654	111694	107960	15453	4484	10969
磴口县	88413	45361	43052	7230	1946	5284
乌拉特前旗	252268	129510	122758	18943	4973	13970
乌拉特中旗	109818	58485	51333	6734	2036	4698
乌拉特后旗	52513	28707	23806	2876	820	2056
杭锦后旗	212588	107395	105193	13347	3644	9703

1–6 续表 2

单位：人

地　区	3岁及以上人口			未上过学		
	合计	男	女	小计	男	女
乌兰察布市	**1675056**	**853767**	**821289**	**121550**	**32551**	**88999**
集宁区	415043	204900	210143	9723	2452	7271
卓资县	84384	44980	39404	7507	2211	5296
化德县	93481	47674	45807	6556	1757	4799
商都县	171201	86230	84971	15242	3965	11277
兴和县	164705	83761	80944	19891	4919	14972
凉城县	117149	60878	56271	14191	4032	10159
察哈尔右翼前旗	123155	64584	58571	10795	2768	8027
察哈尔右翼中旗	85016	44481	40535	7479	2031	5448
察哈尔右翼后旗	102086	52211	49875	8703	2115	6588
四子王旗	127189	65285	61904	6887	2079	4808
丰镇市	191647	98783	92864	14576	4222	10354
兴安盟	**1386004**	**701292**	**684712**	**45482**	**16804**	**28678**
乌兰浩特市	347758	170915	176843	6988	2482	4506
阿尔山市	31694	16371	15323	649	187	462
科尔沁右翼前旗	278774	142552	136222	10481	3686	6795
科尔沁右翼中旗	202894	103330	99564	9093	3238	5855
扎赉特旗	308647	158363	150284	14048	5628	8420
突泉县	216237	109761	106476	4223	1583	2640
锡林郭勒盟	**1077280**	**556029**	**521251**	**41581**	**13681**	**27900**
二连浩特市	73709	37720	35989	1679	494	1185
锡林浩特市	339747	171021	168726	6776	2278	4498
阿巴嘎旗	37590	20107	17483	1642	597	1045
苏尼特左旗	32711	17677	15034	1143	419	724
苏尼特右旗	61125	31204	29921	2311	677	1634
东乌珠穆沁旗	68665	35654	33011	2378	844	1534
西乌珠穆沁旗	96387	53538	42849	2928	1050	1878
太仆寺旗	107218	54890	52328	10961	3497	7464
镶黄旗	26740	14040	12700	794	249	545
正镶白旗	42142	21980	20162	2743	924	1819
正蓝旗	67955	34815	33140	2984	934	2050
多伦县	100511	51463	49048	4331	1406	2925
乌拉盖管委会	22780	11920	10860	911	312	599
阿拉善盟	**254147**	**135331**	**118816**	**8752**	**2633**	**6119**
阿拉善左旗	171621	89754	81867	6036	1807	4229
阿拉善右旗	22040	11753	10287	1083	307	776
额济纳旗	34151	18027	16124	868	299	569
内蒙古阿拉善经济开发区	26335	15797	10538	765	220	545

1-6　续表 3

单位：人

地　区	学前教育			小　学		
	小计	男	女	小计	男	女
内蒙古	**680780**	**353091**	**327689**	**5682035**	**2660207**	**3021828**
呼和浩特市	**103547**	**53660**	**49887**	**609599**	**286889**	**322710**
新城区	20316	10475	9841	102266	48493	53773
回民区	11797	6257	5540	63063	28962	34101
玉泉区	17259	8884	8375	88140	41216	46924
赛罕区	27631	14386	13245	120635	56046	64589
土默特左旗	6141	3092	3049	75907	36351	39556
托克托县	4496	2306	2190	41910	19894	22016
和林格尔县	4399	2246	2153	41624	20216	21408
清水河县	1727	897	830	24449	11476	12973
武川县	1966	1036	930	30353	14161	16192
呼和浩特经济技术开发区	7815	4081	3734	21252	10074	11178
包头市	**71396**	**37008**	**34388**	**507448**	**235623**	**271825**
东河区	11357	5864	5493	80781	37191	43590
昆都仑区	21209	10875	10334	129305	59227	70078
青山区	13112	6925	6187	75585	33788	41797
石拐区	432	238	194	5770	2905	2865
白云鄂博矿区	495	268	227	3680	1654	2026
九原区	7878	4196	3682	50718	23984	26734
土默特右旗	5924	2973	2951	66673	31628	35045
固阳县	2717	1394	1323	38996	18683	20313
达尔罕茂明安联合旗	1450	761	689	21899	10403	11496
包头稀土高新技术产业开发区	6822	3514	3308	34041	16160	17881
乌海市	**14280**	**7357**	**6923**	**98093**	**46404**	**51689**
海勃湾区	8865	4564	4301	53512	25106	28406
海南区	2418	1283	1135	21406	10498	10908
乌达区	2997	1510	1487	23175	10800	12375
赤峰市	**117765**	**61911**	**55854**	**1175805**	**538904**	**636901**
红山区	15996	8632	7364	84613	39424	45189
元宝山区	7065	3721	3344	61980	27283	34697
松山区	24367	12993	11374	164867	75522	89345
阿鲁科尔沁旗	5384	2776	2608	78156	35877	42279
巴林左旗	6416	3323	3093	85542	38636	46906
巴林右旗	3931	2005	1926	47958	22219	25739
林西县	4695	2405	2290	64332	29347	34985
克什克腾旗	4680	2420	2260	61228	28371	32857
翁牛特旗	8600	4575	4025	123273	56880	66393
喀喇沁旗	6957	3690	3267	82051	38509	43542
宁城县	14955	7744	7211	145443	66926	78517
敖汉旗	14719	7627	7092	176362	79910	96452

1-6 续表 4

单位：人

地　区	学前教育			小　学		
	小计	男	女	小计	男	女
通辽市	**78932**	**40882**	**38050**	**726667**	**334819**	**391848**
科尔沁区	17156	8948	8208	130918	60305	70613
科尔沁左翼中旗	10067	5202	4865	114682	54950	59732
科尔沁左翼后旗	7871	4099	3772	98571	45895	52676
开鲁县	8430	4365	4065	89138	39594	49544
库伦旗	4196	2216	1980	44324	20106	24218
奈曼旗	11416	5865	5551	119255	54565	64690
扎鲁特旗	7106	3585	3521	73828	33882	39946
通辽经济技术开发区	7084	3685	3399	30815	14231	16584
霍林郭勒市	5606	2917	2689	25136	11291	13845
鄂尔多斯市	**85066**	**44786**	**40280**	**528298**	**257076**	**271222**
东胜区	24388	12809	11579	115366	55068	60298
康巴什区	5865	3078	2787	19131	9250	9881
达拉特旗	11143	5791	5352	90823	43525	47298
准格尔旗	13061	6815	6246	102636	50097	52539
鄂托克前旗	3642	1899	1743	25455	12264	13191
鄂托克旗	6178	3272	2906	38542	18844	19698
杭锦旗	3659	1918	1741	33993	16588	17405
乌审旗	7206	3940	3266	42781	21063	21718
伊金霍洛旗	9924	5264	4660	59571	30377	29194
呼伦贝尔市	**49876**	**25653**	**24223**	**454752**	**210975**	**243777**
海拉尔区	8189	4290	3899	44387	20069	24318
扎赉诺尔区	1514	742	772	13365	5830	7535
阿荣旗	7336	3839	3497	72080	33127	38953
莫力达瓦达斡尔族自治旗	5759	2946	2813	70373	34286	36087
鄂伦春自治旗	3891	2012	1879	39286	18270	21016
鄂温克族自治旗	3320	1713	1607	23380	10637	12743
陈巴尔虎旗	986	513	473	11376	5246	6130
新巴尔虎左旗	1046	521	525	10081	4832	5249
新巴尔虎右旗	1005	542	463	10193	5207	4986
满洲里市	3827	1931	1896	15360	7452	7908
牙克石市	3545	1768	1777	36810	16119	20691
扎兰屯市	7497	3829	3668	88016	41009	47007
额尔古纳市	1322	698	624	12057	5561	6496
根河市	639	309	330	7988	3330	4658
巴彦淖尔市	**42809**	**22052**	**20757**	**329471**	**159688**	**169783**
临河区	17744	9256	8488	102543	49404	53139
五原县	5777	2980	2797	59620	29137	30483
磴口县	2079	1083	996	18321	8914	9407
乌拉特前旗	7096	3587	3509	63819	31106	32713
乌拉特中旗	2832	1468	1364	27252	13407	13845
乌拉特后旗	1563	826	737	10583	5471	5112
杭锦后旗	5718	2852	2866	47333	22249	25084

1-6　续表 5　　　　　　　　　　　　　　　　　　　　　　　　　单位：人

地　　区	学前教育			小　　学		
	小计	男	女	小计	男	女
乌兰察布市	**36333**	**18270**	**18063**	**501114**	**234002**	**267112**
集宁区	10429	5313	5116	71734	31720	40014
卓资县	1455	718	737	26890	13105	13785
化德县	1904	924	980	33068	15208	17860
商都县	3619	1729	1890	62955	28622	34333
兴和县	4033	2053	1980	58878	28800	30078
凉城县	2192	1108	1084	40119	19328	20791
察哈尔右翼前旗	2137	1062	1075	40594	19371	21223
察哈尔右翼中旗	1416	730	686	30501	14442	16059
察哈尔右翼后旗	1884	952	932	35207	16288	18919
四子王旗	2889	1472	1417	39744	17983	21761
丰镇市	4375	2209	2166	61424	29135	32289
兴安盟	**38849**	**19795**	**19054**	**427166**	**202731**	**224435**
乌兰浩特市	9870	4943	4927	67287	31532	35755
阿尔山市	668	338	330	4683	2040	2643
科尔沁右翼前旗	8566	4363	4203	100180	48441	51739
科尔沁右翼中旗	5949	3046	2903	66278	31243	35035
扎赉特旗	7995	4118	3877	116938	56829	60109
突泉县	5801	2987	2814	71800	32646	39154
锡林郭勒盟	**32952**	**17017**	**15935**	**275669**	**130425**	**145244**
二连浩特市	2303	1174	1129	17824	8036	9788
锡林浩特市	10802	5569	5233	64229	29375	34854
阿巴嘎旗	962	490	472	11628	5834	5794
苏尼特左旗	974	506	468	9894	4924	4970
苏尼特右旗	1556	766	790	15996	7299	8697
东乌珠穆沁旗	2177	1126	1051	21081	10293	10788
西乌珠穆沁旗	3207	1611	1596	26859	12974	13885
太仆寺旗	2336	1212	1124	34834	16959	17875
镶黄旗	828	443	385	6761	2987	3774
正镶白旗	975	518	457	12669	6063	6606
正蓝旗	2191	1108	1083	18106	8491	9615
多伦县	3701	1983	1718	29813	14407	15406
乌拉盖管委会	940	511	429	5975	2783	3192
阿拉善盟	**8975**	**4700**	**4275**	**47953**	**22671**	**25282**
阿拉善左旗	5477	2883	2594	32194	15042	17152
阿拉善右旗	635	324	311	4954	2363	2591
额济纳旗	1532	808	724	6541	3105	3436
内蒙古阿拉善经济开发区	1331	685	646	4264	2161	2103

1—6 续表 6

单位：人

地区	初中			高中			大学专科		
	小计	男	女	小计	男	女	小计	男	女
内蒙古	**8143252**	**4453870**	**3689382**	**3562745**	**1932094**	**1630651**	**2399015**	**1288416**	**1110599**
呼和浩特市	**937268**	**512842**	**424426**	**540164**	**284695**	**255469**	**491476**	**256293**	**235183**
新城区	166675	87981	78694	119702	60966	58736	111906	57302	54604
回民区	123467	65893	57574	85710	44119	41591	68460	35813	32647
玉泉区	167720	91273	76447	90796	47437	43359	68191	34456	33735
赛罕区	178695	93989	84706	130308	65567	64741	168771	88108	80663
土默特左旗	97693	55943	41750	31034	17967	13067	16022	8734	7288
托克托县	62410	35231	27179	21399	12684	8715	11840	6710	5130
和林格尔县	47566	28128	19438	19235	11525	7710	11706	6600	5106
清水河县	22740	14337	8403	9417	5906	3511	5245	3096	2149
武川县	33205	19166	14039	12094	7216	4878	6917	3879	3038
呼和浩特经济技术开发区	37097	20901	16196	20469	11308	9161	22418	11595	10823
包头市	**880140**	**474548**	**405592**	**475583**	**246062**	**229521**	**326067**	**173910**	**152157**
东河区	186591	99159	87432	96323	48618	47705	46700	24288	22412
昆都仑区	233902	120967	112935	153548	77626	75922	105949	55159	50790
青山区	146223	76131	70092	103133	51308	51825	92349	49161	43188
石拐区	9901	6024	3877	3774	2240	1534	1648	946	702
白云鄂博矿区	5826	3280	2546	6315	3756	2559	2828	1687	1141
九原区	88320	49336	38984	37259	20908	16351	26910	15971	10939
土默特右旗	89948	51906	38042	23911	13669	10242	14650	8089	6561
固阳县	42204	24771	17433	14617	8483	6134	6437	3654	2783
达尔罕茂明安联合旗	23776	13683	10093	7659	4415	3244	5046	2890	2156
包头稀土高新技术产业开发区	53449	29291	24158	29044	15039	14005	23550	12065	11485
乌海市	**189561**	**107217**	**82344**	**100154**	**54470**	**45684**	**75435**	**40001**	**35434**
海勃湾区	102536	56238	46298	64300	34004	30296	53924	28073	25851
海南区	39441	23897	15544	13855	8300	5555	7424	4164	3260
乌达区	47584	27082	20502	21999	12166	9833	14087	7764	6323
赤峰市	**1380607**	**750335**	**630272**	**558759**	**311054**	**247705**	**310101**	**170975**	**139126**
红山区	135169	69490	65679	104048	54124	49924	56720	29902	26818
元宝山区	113737	58258	55479	48914	26938	21976	23002	13075	9927
松山区	213458	115984	97474	109617	59965	49652	83318	45465	37853
阿鲁科尔沁旗	91114	48949	42165	26924	15154	11770	13176	7304	5872
巴林左旗	100675	54433	46242	37824	20945	16879	18073	9858	8215
巴林右旗	54567	28826	25741	19056	10427	8629	11447	6467	4980
林西县	59827	32249	27578	26360	14752	11608	12754	7008	5746
克什克腾旗	52257	29344	22913	26107	15514	10593	14867	8599	6268
翁牛特旗	112674	63495	49179	33686	19690	13996	16770	9881	6889
喀喇沁旗	95897	53260	42637	32305	18985	13320	14215	7871	6344
宁城县	197487	108960	88527	51034	29505	21529	24971	14102	10869
敖汉旗	153745	87087	66658	42884	25055	17829	20788	11443	9345

1-6 续表 7

单位：人

地区	初中			高中			大学专科		
	小计	男	女	小计	男	女	小计	男	女
通辽市	**1158428**	**614158**	**544270**	**397406**	**214093**	**183313**	**195715**	**103970**	**91745**
科尔沁区	282024	144804	137220	139184	70854	68330	61750	32177	29573
科尔沁左翼中旗	182386	98661	83725	37057	21117	15940	17521	9506	8015
科尔沁左翼后旗	135306	72701	62605	37413	20483	16930	14050	7708	6342
开鲁县	143966	75486	68480	32005	17719	14286	14940	8142	6798
库伦旗	59536	32401	27135	19242	10937	8305	8154	4579	3575
奈曼旗	151060	82029	69031	38147	21309	16838	19641	10734	8907
扎鲁特旗	92965	50872	42093	30895	17464	13431	15948	8549	7399
通辽经济技术开发区	63688	32710	30978	37709	19327	18382	27792	13477	14315
霍林郭勒市	47497	24494	23003	25754	14883	10871	15919	9098	6821
鄂尔多斯市	**604062**	**359828**	**244234**	**299471**	**176947**	**122524**	**245803**	**139489**	**106314**
东胜区	164830	92172	72658	88250	48662	39588	76559	39027	37532
康巴什区	19987	10813	9174	18224	9534	8690	19426	10150	9276
达拉特旗	107549	62485	45064	44220	24833	19387	26574	14870	11704
准格尔旗	102273	63448	38825	44949	27626	17323	36504	22172	14332
鄂托克前旗	25855	16402	9453	12559	8177	4382	9456	5662	3794
鄂托克旗	48956	29916	19040	24559	14992	9567	19164	11508	7656
杭锦旗	29321	17596	11725	12154	7226	4928	10354	6221	4133
乌审旗	40284	25420	14864	22058	14539	7519	19531	12881	6650
伊金霍洛旗	65007	41576	23431	32498	21358	11140	28235	16998	11237
呼伦贝尔市	**939750**	**492705**	**447045**	**332818**	**173847**	**158971**	**214567**	**114046**	**100521**
海拉尔区	123806	62368	61438	72974	36356	36618	51158	26241	24917
扎赉诺尔区	40580	20618	19962	12490	6452	6038	9290	5048	4242
阿荣旗	117288	62583	54705	25262	13976	11286	14149	7643	6506
莫力达瓦达斡尔族自治旗	96547	51606	44941	23428	12385	11043	12399	6547	5852
鄂伦春自治旗	77715	41145	36570	22711	12018	10693	13941	7565	6376
鄂温克族自治旗	47387	24403	22984	25573	13515	12058	20472	10827	9645
陈巴尔虎旗	21466	12087	9379	7287	3975	3312	4682	2681	2001
新巴尔虎左旗	12887	6827	6060	5163	2792	2371	3663	2008	1655
新巴尔虎右旗	12784	7436	5348	5580	3124	2456	3689	2053	1636
满洲里市	72211	37152	35059	25699	13317	12382	15910	8197	7713
牙克石市	123149	63078	60071	43364	22384	20980	25783	13923	11860
扎兰屯市	130078	69611	60467	41851	22320	19531	23107	12241	10866
额尔古纳市	28468	15050	13418	10490	5525	4965	8169	4499	3670
根河市	35384	18741	16643	10946	5708	5238	8155	4573	3582
巴彦淖尔市	**557989**	**310422**	**247567**	**242414**	**131965**	**110449**	**141576**	**73251**	**68325**
临河区	194371	105826	88545	104264	55183	49081	68522	34847	33675
五原县	84916	47163	37753	29246	16126	13120	15398	7785	7613
磴口县	34680	19150	15530	13680	7783	5897	7895	4334	3561
乌拉特前旗	96505	54860	41645	35628	19855	15773	19609	10165	9444
乌拉特中旗	40554	23427	17127	16631	9732	6899	9071	5074	3997
乌拉特后旗	19134	11244	7890	8943	5259	3684	5320	3037	2283
杭锦后旗	87829	48752	39077	34022	18027	15995	15761	8009	7752

1-6 续表 8

单位：人

地区	初中			高中			大学专科		
	小计	男	女	小计	男	女	小计	男	女
乌兰察布市	**552402**	**317238**	**235164**	**220551**	**123717**	**96834**	**147665**	**81068**	**66597**
集宁区	133291	69833	63458	79094	41101	37993	60493	31274	29219
卓资县	28384	17157	11227	10893	6437	4456	6143	3656	2487
化德县	30896	17858	13038	10380	6006	4374	7177	4125	3052
商都县	54360	32260	22100	19054	10922	8132	10835	6159	4676
兴和县	53302	31613	21689	15829	9286	6543	8870	5077	3793
凉城县	35290	21460	13830	12709	7756	4953	7693	4529	3164
察哈尔右翼前旗	41940	25561	16379	14295	8450	5845	8747	4876	3871
察哈尔右翼中旗	26936	16360	10576	9323	5697	3626	5788	3392	2396
察哈尔右翼后旗	33414	19744	13670	11756	6839	4917	7549	4360	3189
四子王旗	47689	27100	20589	14984	8598	6386	9963	5481	4482
丰镇市	66900	38292	28608	22234	12625	9609	14407	8139	6268
兴安盟	**512903**	**275554**	**237349**	**181824**	**97075**	**84749**	**99443**	**51828**	**47615**
乌兰浩特市	118230	60339	57891	71176	35998	35178	40172	19751	20421
阿尔山市	13541	7236	6305	5086	2734	2352	4036	2321	1715
科尔沁右翼前旗	99882	54854	45028	27868	15377	12491	16272	8641	7631
科尔沁右翼中旗	75343	41185	34158	24510	13707	10803	12204	6614	5590
扎赉特旗	114172	62122	52050	28731	15902	12829	15712	8507	7205
突泉县	91735	49818	41917	24453	13357	11096	11047	5994	5053
锡林郭勒盟	**355411**	**195972**	**159439**	**167798**	**91647**	**76151**	**114526**	**63119**	**51407**
二连浩特市	25430	13799	11631	12428	6959	5469	7051	3803	3248
锡林浩特市	110121	57732	52389	61473	31625	29848	48239	25528	22711
阿巴嘎旗	11536	6732	4804	5504	3146	2358	3417	1927	1490
苏尼特左旗	9753	5656	4097	4695	2844	1851	3525	2023	1502
苏尼特右旗	21243	11763	9480	10041	5451	4590	6001	3351	2650
东乌珠穆沁旗	22917	12599	10318	9363	5255	4108	5699	3190	2509
西乌珠穆沁旗	32064	18963	13101	14793	9320	5473	9273	5765	3508
太仆寺旗	35090	20306	14784	12584	6875	5709	6776	3824	2952
镶黄旗	8281	4773	3508	4307	2389	1918	3106	1839	1267
正镶白旗	13586	7764	5822	5670	3144	2526	3775	2230	1545
正蓝旗	21947	12061	9886	10866	5960	4906	6578	3597	2981
多伦县	35592	19437	16155	13061	6952	6109	8664	4679	3985
乌拉盖管委会	7851	4387	3464	3013	1727	1286	2422	1363	1059
阿拉善盟	**74731**	**43051**	**31680**	**45803**	**26522**	**19281**	**36641**	**20466**	**16175**
阿拉善左旗	51943	29591	22352	30485	16980	13505	23324	12636	10688
阿拉善右旗	6003	3410	2593	3502	2133	1369	3053	1811	1242
额济纳旗	9642	5475	4167	6664	3953	2711	5107	2747	2360
内蒙古阿拉善经济开发区	7143	4575	2568	5152	3456	1696	5157	3272	1885

1-6 续表 9

单位：人

地区	大学本科			硕士研究生			博士研究生		
	小计	男	女	小计	男	女	小计	男	女
内蒙古	**1943502**	**950199**	**993303**	**140526**	**59877**	**80649**	**11265**	**5556**	**5709**
呼和浩特市	**490822**	**236556**	**254266**	**59775**	**25132**	**34643**	**6056**	**3040**	**3016**
新城区	131593	64656	66937	14345	6518	7827	1287	664	623
回民区	58193	24786	33407	4987	1781	3206	380	180	200
玉泉区	59384	28020	31364	5872	2092	3780	582	265	317
赛罕区	180743	91228	89515	31013	13435	17578	3567	1811	1756
土默特左旗	12706	5408	7298	415	159	256	29	11	18
托克托县	6553	3601	2952	220	93	127	16	8	8
和林格尔县	19263	7181	12082	1078	287	791	59	33	26
清水河县	3450	1875	1575	152	67	85	19	9	10
武川县	3231	1652	1579	161	62	99	18	9	9
呼和浩特经济技术开发区	15706	8149	7557	1532	638	894	99	50	49
包头市	**284533**	**139957**	**144576**	**19904**	**9256**	**10648**	**1261**	**706**	**555**
东河区	38854	17732	21122	1985	762	1223	137	67	70
昆都仑区	103188	53571	49617	8155	4128	4027	547	319	228
青山区	78018	36675	41343	5759	2593	3166	316	159	157
石拐区	1002	477	525	39	13	26	6	3	3
白云鄂博矿区	2307	1249	1058	94	63	31	5	3	2
九原区	17277	8422	8855	1123	459	664	65	37	28
土默特右旗	12941	6707	6234	398	176	222	42	30	12
固阳县	4558	2214	2344	161	74	87	10	6	4
达尔罕茂明安联合旗	4091	2023	2068	133	59	74	8	2	6
包头稀土高新技术产业开发区	22297	10887	11410	2057	929	1128	125	80	45
乌海市	**43550**	**21392**	**22158**	**2576**	**1139**	**1437**	**125**	**57**	**68**
海勃湾区	34152	16729	17423	2182	982	1200	95	50	45
海南区	3203	1621	1582	114	47	67	6	3	3
乌达区	6195	3042	3153	280	110	170	24	4	20
赤峰市	**235469**	**117275**	**118194**	**11602**	**4587**	**7015**	**888**	**403**	**485**
红山区	47403	22278	25125	2308	901	1407	148	61	87
元宝山区	17173	8803	8370	790	314	476	82	43	39
松山区	61045	30852	30193	4338	1822	2516	277	127	150
阿鲁科尔沁旗	13055	6294	6761	438	135	303	41	16	25
巴林左旗	13987	6989	6998	432	165	267	51	28	23
巴林右旗	8863	4406	4457	366	105	261	27	13	14
林西县	7700	3809	3891	318	107	211	22	10	12
克什克腾旗	9784	5069	4715	374	148	226	31	14	17
翁牛特旗	13014	6808	6206	456	167	289	54	21	33
喀喇沁旗	10602	5370	5232	502	192	310	34	16	18
宁城县	19948	10076	9872	769	316	453	63	32	31
敖汉旗	12895	6521	6374	511	215	296	58	22	36

1-6 续表 10

单位：人

地区	大学本科			硕士研究生			博士研究生		
	小计	男	女	小计	男	女	小计	男	女
通辽市	**166884**	**79395**	**87489**	**9566**	**3604**	**5962**	**867**	**389**	**478**
科尔沁区	59748	27631	32117	3545	1359	2186	283	149	134
科尔沁左翼中旗	13587	6240	7347	517	156	361	71	21	50
科尔沁左翼后旗	11800	5613	6187	436	163	273	54	16	38
开鲁县	11593	5614	5979	533	179	354	34	19	15
库伦旗	7864	3720	4144	314	112	202	22	12	10
奈曼旗	13377	6261	7116	613	191	422	56	22	34
扎鲁特旗	12893	6027	6866	562	193	369	57	28	29
通辽经济技术开发区	24108	11833	12275	2537	1037	1500	272	114	158
霍林郭勒市	11914	6456	5458	509	214	295	18	8	10
鄂尔多斯市	**199171**	**104115**	**95056**	**12521**	**6064**	**6457**	**517**	**275**	**242**
东胜区	63107	31143	31964	3999	1874	2125	161	77	84
康巴什区	25581	13295	12286	3286	1583	1703	88	40	48
达拉特旗	18471	8790	9681	662	288	374	34	14	20
准格尔旗	28745	16356	12389	1403	741	662	58	34	24
鄂托克前旗	6729	3675	3054	225	100	125	18	13	5
鄂托克旗	10222	5325	4897	341	168	173	25	15	10
杭锦旗	8013	3977	4036	306	141	165	12	8	4
乌审旗	12917	7780	5137	441	259	182	22	12	10
伊金霍洛旗	25386	13774	11612	1858	910	948	99	62	37
呼伦贝尔市	**150749**	**71929**	**78820**	**6649**	**2691**	**3958**	**442**	**182**	**260**
海拉尔区	48571	22724	25847	2374	998	1376	157	58	99
扎赉诺尔区	4712	2269	2443	174	67	107	10	6	4
阿荣旗	8227	4027	4200	274	107	167	24	13	11
莫力达瓦达斡尔族自治旗	7944	3714	4230	253	94	159	16	7	9
鄂伦春自治旗	7496	3568	3928	212	75	137	18	5	13
鄂温克族自治旗	14314	7038	7276	1112	446	666	64	25	39
陈巴尔虎旗	2932	1387	1545	95	39	56	10	5	5
新巴尔虎左旗	2331	1120	1211	77	28	49	3	1	2
新巴尔虎右旗	3259	1507	1752	106	40	66	7	1	6
满洲里市	12669	5915	6754	407	158	249	27	18	9
牙克石市	15734	7627	8107	645	254	391	52	22	30
扎兰屯市	12737	6129	6608	591	249	342	33	13	20
额尔古纳市	4703	2296	2407	144	60	84	5	3	2
根河市	5120	2608	2512	185	76	109	16	5	11
巴彦淖尔市	**90105**	**41456**	**48649**	**4558**	**2005**	**2553**	**290**	**145**	**145**
临河区	48041	21860	26181	2903	1280	1623	153	79	74
五原县	8899	3871	5028	314	129	185	31	19	12
磴口县	4323	2050	2273	187	92	95	18	9	9
乌拉特前旗	10262	4790	5472	370	156	214	36	18	18
乌拉特中旗	6487	3226	3261	236	107	129	21	8	13
乌拉特后旗	3914	1974	1940	177	76	101	3		3
杭锦后旗	8179	3685	4494	371	165	206	28	12	16

1-6　续表 11

单位：人

地　区	大学本科			硕士研究生			博士研究生		
	小计	男	女	小计	男	女	小计	男	女
乌兰察布市	**90644**	**45006**	**45638**	**4497**	**1782**	**2715**	**300**	**133**	**167**
集宁区	47335	22063	25272	2835	1096	1739	109	48	61
卓资县	3007	1647	1360	95	46	49	10	3	7
化德县	3356	1744	1612	134	46	88	10	6	4
商都县	4926	2491	2435	184	76	108	26	6	20
兴和县	3736	1945	1791	146	59	87	20	9	11
凉城县	4754	2576	2178	178	76	102	23	13	10
察哈尔右翼前旗	4428	2398	2030	191	81	110	28	17	11
察哈尔右翼中旗	3421	1771	1650	136	52	84	16	6	10
察哈尔右翼后旗	3452	1875	1577	111	36	75	10	2	8
四子王旗	4785	2465	2320	225	95	130	23	12	11
丰镇市	7444	4031	3413	262	119	143	25	11	14
兴安盟	**76680**	**36020**	**40660**	**3474**	**1418**	**2056**	**183**	**67**	**116**
乌兰浩特市	32325	15132	17193	1661	719	942	49	19	30
阿尔山市	2899	1448	1451	128	63	65	4	4	
科尔沁右翼前旗	14667	6846	7821	806	320	486	52	24	28
科尔沁右翼中旗	9120	4181	4939	364	110	254	33	6	27
扎赉特旗	10732	5140	5592	285	107	178	34	10	24
突泉县	6937	3273	3664	230	99	131	11	4	7
锡林郭勒盟	**85219**	**42468**	**42751**	**3852**	**1573**	**2279**	**272**	**127**	**145**
二连浩特市	6747	3351	3396	237	99	138	10	5	5
锡林浩特市	35846	17963	17883	2113	875	1238	148	76	72
阿巴嘎旗	2818	1343	1475	77	35	42	6	3	3
苏尼特左旗	2616	1261	1355	100	39	61	11	5	6
苏尼特右旗	3847	1845	2002	127	50	77	3	2	1
东乌珠穆沁旗	4820	2266	2554	210	77	133	20	4	16
西乌珠穆沁旗	7045	3767	3278	209	84	125	9	4	5
太仆寺旗	4451	2146	2305	171	62	109	15	9	6
镶黄旗	2553	1318	1235	98	38	60	12	4	8
正镶白旗	2608	1296	1312	110	38	72	6	3	3
正蓝旗	5120	2592	2528	149	68	81	14	4	10
多伦县	5136	2509	2627	199	84	115	14	6	8
乌拉盖管委会	1612	811	801	52	24	28	4	2	2
阿拉善盟	**29676**	**14630**	**15046**	**1552**	**626**	**926**	**64**	**32**	**32**
阿拉善左旗	20909	10294	10615	1201	497	704	52	24	28
阿拉善右旗	2699	1361	1338	105	41	64	6	3	3
额济纳旗	3632	1596	2036	160	40	120	5	4	1
内蒙古阿拉善经济开发区	2436	1379	1057	86	48	38	1	1	

1—6a 各地区分性别、受教育程度的3岁及以上人口(城市)

单位：人

地　区	3岁及以上人口			未上过学		
	合计	男	女	小计	男	女
内蒙古	**9191347**	**4582539**	**4608808**	**173408**	**55364**	**118044**
呼和浩特市	**2169128**	**1076451**	**1092677**	**38003**	**12212**	**25791**
新城区	602149	299447	302702	10364	3360	7004
回民区	406765	200062	206703	8016	2251	5765
玉泉区	448966	225484	223482	8269	2645	5624
赛罕区	711248	351458	359790	11354	3956	7398
包头市	**1853188**	**926905**	**926283**	**33406**	**11282**	**22124**
东河区	413054	205795	207259	7963	2688	5275
昆都仑区	741526	372056	369470	11551	4263	7288
青山区	502326	248190	254136	7945	2571	5374
石拐区	15109	7864	7245	1059	366	693
白云鄂博矿区	22253	12133	10120	703	173	530
九原区	158920	80867	78053	4185	1221	2964
乌海市	**500041**	**257257**	**242784**	**15307**	**4783**	**10524**
海勃湾区	309940	156799	153141	8878	2900	5978
海南区	72429	38409	34020	2694	857	1837
乌达区	117672	62049	55623	3735	1026	2709
赤峰市	**980296**	**491153**	**489143**	**16293**	**5481**	**10812**
红山区	416614	207543	209071	6356	2175	4181
元宝山区	182906	90829	92077	3277	1024	2253
松山区	380776	192781	187995	6660	2282	4378
通辽市	**551358**	**272122**	**279236**	**5314**	**1901**	**3413**
科尔沁区	425616	206716	218900	3592	1389	2203
霍林郭勒市	125742	65406	60336	1722	512	1210
鄂尔多斯市	**644387**	**327267**	**317120**	**18447**	**5236**	**13211**
东胜区	529200	268384	260816	15596	4500	11096
康巴什区	114383	58457	55926	2795	714	2081
鄂托克旗	804	426	378	56	22	34
呼伦贝尔市	**925408**	**455966**	**469442**	**12982**	**4641**	**8341**
海拉尔区	345265	168936	176329	5109	1892	3217
扎赉诺尔区	78072	38715	39357	870	301	569
满洲里市	143261	72508	70753	1222	523	699
牙克石市	138201	67038	71163	1778	597	1181
扎兰屯市	136801	67125	69676	1710	640	1070
额尔古纳市	42378	21071	21307	927	305	622
根河市	41430	20573	20857	1366	383	983
巴彦淖尔市	**386893**	**192203**	**194690**	**10040**	**2829**	**7211**
临河区	386893	192203	194690	10040	2829	7211
乌兰察布市	**481823**	**238067**	**243756**	**10999**	**2813**	**8186**
集宁区	370848	182803	188045	7313	1855	5458
丰镇市	110975	55264	55711	3686	958	2728
兴安盟	**312321**	**152174**	**160147**	**5184**	**1797**	**3387**
乌兰浩特市	294577	143124	151453	4798	1686	3112
阿尔山市	17744	9050	8694	386	111	275
锡林郭勒盟	**386504**	**192974**	**193530**	**7433**	**2389**	**5044**
二连浩特市	71167	36178	34989	1452	398	1054
锡林浩特市	315337	156796	158541	5981	1991	3990

1–6a 续表 1

单位：人

地区	学前教育			小学		
	小计	男	女	小计	男	女
内蒙古	**284087**	**147925**	**136162**	**1417561**	**648566**	**768995**
呼和浩特市	**68802**	**35810**	**32992**	**288184**	**132356**	**155828**
新城区	18268	9435	8833	80389	37701	42688
回民区	11245	5958	5287	58836	26729	32107
玉泉区	15371	7939	7432	71560	33164	38396
赛罕区	23918	12478	11440	77399	34762	42637
包头市	**49633**	**25866**	**23767**	**290666**	**131842**	**158824**
东河区	9641	4985	4656	63342	28776	34566
昆都仑区	20534	10538	9996	121361	55254	66107
青山区	12551	6615	5936	69259	30754	38505
石拐区	349	191	158	3168	1476	1692
白云鄂博矿区	495	268	227	3680	1654	2026
九原区	6063	3269	2794	29856	13928	15928
乌海市	**13652**	**7036**	**6616**	**87470**	**40701**	**46769**
海勃湾区	8487	4366	4121	48555	22555	26000
海南区	2200	1172	1028	16444	7689	8755
乌达区	2965	1498	1467	22471	10457	12014
赤峰市	**35914**	**19186**	**16728**	**165072**	**75928**	**89144**
红山区	14856	8027	6829	70996	32837	38159
元宝山区	5193	2753	2440	30075	13221	16854
松山区	15865	8406	7459	64001	29870	34131
通辽市	**16163**	**8462**	**7701**	**72747**	**33112**	**39635**
科尔沁区	10762	5658	5104	50039	22898	27141
霍林郭勒市	5401	2804	2597	22708	10214	12494
鄂尔多斯市	**30057**	**15796**	**14261**	**128175**	**60709**	**67466**
东胜区	24175	12709	11466	108849	51379	57470
康巴什区	5865	3078	2787	19131	9250	9881
鄂托克旗	17	9	8	195	80	115
呼伦贝尔市	**20232**	**10320**	**9912**	**119381**	**53743**	**65638**
海拉尔区	8000	4182	3818	41623	18797	22826
扎赉诺尔区	1475	723	752	12165	5298	6867
满洲里市	3788	1908	1880	14346	6997	7349
牙克石市	2418	1178	1240	16651	7203	9448
扎兰屯市	3080	1566	1514	22095	9882	12213
额尔古纳市	1050	547	503	7806	3537	4269
根河市	421	216	205	4695	2029	2666
巴彦淖尔市	**14654**	**7671**	**6983**	**52659**	**24975**	**27684**
临河区	14654	7671	6983	52659	24975	27684
乌兰察布市	**13319**	**6750**	**6569**	**87253**	**38176**	**49077**
集宁区	9808	5003	4805	59677	26158	33519
丰镇市	3511	1747	1764	27576	12018	15558
兴安盟	**9052**	**4547**	**4505**	**51473**	**23551**	**27922**
乌兰浩特市	8636	4342	4294	49201	22602	26599
阿尔山市	416	205	211	2272	949	1323
锡林郭勒盟	**12609**	**6481**	**6128**	**74481**	**33473**	**41008**
二连浩特市	2253	1145	1108	16942	7557	9385
锡林浩特市	10356	5336	5020	57539	25916	31623

1－6a 续表 2

单位：人

地区	初中			高中			大学专科		
	小计	男	女	小计	男	女	小计	男	女
内蒙古	**2787736**	**1442957**	**1344779**	**1813584**	**927557**	**886027**	**1376713**	**716513**	**660200**
呼和浩特市	**506509**	**264215**	**242294**	**388129**	**195608**	**192521**	**398331**	**206165**	**192166**
新城区	130795	67743	63052	110034	55465	54569	107129	54869	52260
回民区	116535	61655	54880	82525	42166	40359	66807	34937	31870
玉泉区	143400	77079	66321	83760	43274	40486	64639	32935	31704
赛罕区	115779	57738	58041	111810	54703	57107	159756	83424	76332
包头市	**587255**	**306574**	**280681**	**375714**	**189514**	**186200**	**262247**	**137516**	**124731**
东河区	159888	84010	75878	89038	44732	44306	43914	22861	21053
昆都仑区	221840	114134	107706	150300	75750	74550	104700	54426	50274
青山区	136976	70858	66118	101023	49978	51045	91071	48320	42751
石拐区	5923	3406	2517	2590	1400	1190	1199	657	542
白云鄂博矿区	5826	3280	2546	6315	3756	2559	2828	1687	1141
九原区	56802	30886	25916	26448	13898	12550	18535	9565	8970
乌海市	**170403**	**93847**	**76556**	**94993**	**50669**	**44324**	**72982**	**38301**	**34681**
海勃湾区	93851	50325	43526	61706	32102	29604	52564	27125	25439
海南区	30104	17183	12921	11644	6641	5003	6445	3484	2961
乌达区	46448	26339	20109	21643	11926	9717	13973	7692	6281
赤峰市	**290681**	**146603**	**144078**	**215406**	**112434**	**102972**	**138352**	**74107**	**64245**
红山区	120929	61425	59504	99653	51453	48200	54893	28868	26025
元宝山区	71184	34898	36286	38867	20677	18190	18827	10478	8349
松山区	98568	50280	48288	76886	40304	36582	64632	34761	29871
通辽市	**174860**	**86166**	**88694**	**142189**	**72487**	**69702**	**69156**	**36653**	**32503**
科尔沁区	130663	63470	67193	118034	58661	59373	53728	27815	25913
霍林郭勒市	44197	22696	21501	24155	13826	10329	15428	8838	6590
鄂尔多斯市	**175006**	**95072**	**79934**	**103072**	**55304**	**47768**	**94327**	**47851**	**46476**
东胜区	154582	84001	70581	84806	45743	39063	74868	37684	37184
康巴什区	19987	10813	9174	18224	9534	8690	19426	10150	9276
鄂托克旗	437	258	179	42	27	15	33	17	16
呼伦贝尔市	**375225**	**188627**	**186598**	**180142**	**90683**	**89459**	**119456**	**61920**	**57536**
海拉尔区	117500	58906	58594	71889	35745	36144	50395	25805	24590
扎赉诺尔区	37958	19173	18785	11861	6091	5770	8989	4851	4138
满洲里市	69809	35812	33997	25385	13131	12254	15693	8090	7603
牙克石市	60894	29827	31067	28032	14003	14029	16466	8509	7957
扎兰屯市	53359	26655	26704	28880	14546	14334	17289	8922	8367
额尔古纳市	16200	8347	7853	7175	3652	3523	5637	2967	2670
根河市	19505	9907	9598	6920	3515	3405	4987	2776	2211
巴彦淖尔市	**120879**	**62826**	**58053**	**86110**	**43941**	**42169**	**59602**	**30105**	**29497**
临河区	120879	62826	58053	86110	43941	42169	59602	30105	29497
乌兰察布市	**159696**	**82550**	**77146**	**88930**	**46325**	**42605**	**68793**	**36140**	**32653**
集宁区	118149	60885	57264	72667	37502	35165	56970	29593	27377
丰镇市	41547	21665	19882	16263	8823	7440	11823	6547	5276
兴安盟	**103278**	**52097**	**51181**	**68468**	**34300**	**34168**	**39992**	**19583**	**20409**
乌兰浩特市	96274	48351	47923	65490	32750	32740	37520	18210	19310
阿尔山市	7004	3746	3258	2978	1550	1428	2472	1373	1099
锡林郭勒盟	**123944**	**64380**	**59564**	**70431**	**36292**	**34139**	**53475**	**28172**	**25303**
二连浩特市	24544	13194	11350	12122	6747	5375	6961	3741	3220
锡林浩特市	99400	51186	48214	58309	29545	28764	46514	24431	22083

1-6a　续表 3　　　　单位：人

地　区	大学本科			硕士研究生			博士研究生		
	小计	男	女	小计	男	女	小计	男	女
内蒙古	**1222927**	**593310**	**629617**	**106703**	**46030**	**60673**	**8628**	**4317**	**4311**
呼和浩特市	**419676**	**203589**	**216087**	**55727**	**23606**	**32121**	**5767**	**2890**	**2877**
新城区	129650	63741	65909	14247	6479	7768	1273	654	619
回民区	57472	24421	33051	4950	1765	3185	379	180	199
玉泉区	55600	26126	29474	5796	2060	3736	571	262	309
赛罕区	176954	89301	87653	30734	13302	17432	3544	1794	1750
包头市	**236246**	**115792**	**120454**	**16962**	**7938**	**9024**	**1059**	**581**	**478**
东河区	37233	16947	20286	1905	731	1174	130	65	65
昆都仑区	102558	53251	49307	8138	4122	4016	544	318	226
青山区	77450	36355	41095	5737	2581	3156	314	158	156
石拐区	791	359	432	25	6	19	5	3	2
白云鄂博矿区	2307	1249	1058	94	63	31	5	3	2
九原区	15907	7631	8276	1063	435	628	61	34	27
乌海市	**42582**	**20739**	**21843**	**2534**	**1125**	**1409**	**118**	**56**	**62**
海勃湾区	33646	16402	17244	2162	974	1188	91	50	41
海南区	2800	1340	1460	95	41	54	3	2	1
乌达区	6136	2997	3139	277	110	167	24	4	20
赤峰市	**111521**	**54530**	**56991**	**6632**	**2693**	**3939**	**425**	**191**	**234**
红山区	46525	21819	24706	2264	882	1382	142	57	85
元宝山区	14795	7504	7291	634	245	389	54	29	25
松山区	50201	25207	24994	3734	1566	2168	229	105	124
通辽市	**66845**	**31721**	**35124**	**3807**	**1474**	**2333**	**277**	**146**	**131**
科尔沁区	55233	25423	29810	3305	1263	2042	260	139	121
霍林郭勒市	11612	6298	5314	502	211	291	17	7	10
鄂尔多斯市	**87796**	**43745**	**44051**	**7261**	**3439**	**3822**	**246**	**115**	**131**
东胜区	62191	30437	31754	3975	1856	2119	158	75	83
康巴什区	25581	13295	12286	3286	1583	1703	88	40	48
鄂托克旗	24	13	11						
呼伦贝尔市	**93624**	**44231**	**49393**	**4101**	**1689**	**2412**	**265**	**112**	**153**
海拉尔区	48240	22559	25681	2356	993	1363	153	57	96
扎赉诺尔区	4578	2207	2371	166	65	101	10	6	4
满洲里市	12588	5872	6716	404	158	246	26	17	9
牙克石市	11448	5517	5931	476	188	288	38	16	22
扎兰屯市	9902	4708	5194	465	197	268	21	9	12
额尔古纳市	3468	1669	1799	111	44	67	4	3	1
根河市	3400	1699	1701	123	44	79	13	4	9
巴彦淖尔市	**40045**	**18566**	**21479**	**2758**	**1218**	**1540**	**146**	**72**	**74**
临河区	40045	18566	21479	2758	1218	1540	146	72	74
乌兰察布市	**49835**	**24134**	**25701**	**2877**	**1126**	**1751**	**121**	**53**	**68**
集宁区	43468	20723	22745	2693	1038	1655	103	46	57
丰镇市	6367	3411	2956	184	88	96	18	7	11
兴安盟	**33114**	**15525**	**17589**	**1710**	**753**	**957**	**50**	**21**	**29**
乌兰浩特市	31003	14463	16540	1608	702	906	47	18	29
阿尔山市	2111	1062	1049	102	51	51	3	3	
锡林郭勒盟	**41643**	**20738**	**20905**	**2334**	**969**	**1365**	**154**	**80**	**74**
二连浩特市	6650	3292	3358	234	99	135	9	5	4
锡林浩特市	34993	17446	17547	2100	870	1230	145	75	70

1－6b 各地区分性别、受教育程度的3岁及以上人口(镇)

单位：人

地区	3岁及以上人口			未上过学		
	合计	男	女	小计	男	女
内蒙古	**6586259**	**3323596**	**3262663**	**200368**	**59670**	**140698**
呼和浩特市	**479335**	**241979**	**237356**	**16128**	**4601**	**11527**
新城区	2209	1166	1043	158	63	95
回民区						
玉泉区						
赛罕区	2290	1206	1084	135	33	102
土默特左旗	102967	51726	51241	2650	846	1804
托克托县	74296	37810	36486	2798	770	2028
和林格尔县	80058	38253	41805	2711	838	1873
清水河县	35671	17983	17688	1922	411	1511
武川县	51953	25960	25993	2251	561	1690
呼和浩特经济技术开发区	129891	67875	62016	3503	1079	2424
包头市	**424320**	**219009**	**205311**	**13613**	**3836**	**9777**
东河区	19885	10185	9700	691	197	494
昆都仑区	746	631	115	7	5	2
青山区	2347	1582	765	53	13	40
石拐区	2985	2138	847	72	32	40
白云鄂博矿区						
九原区	25115	16097	9018	686	172	514
土默特右旗	113252	56839	56413	3649	986	2663
固阳县	52740	26846	25894	1300	371	929
达尔罕茂明安联合旗	36524	18552	17972	1242	360	882
包头稀土高新技术产业开发区	170726	86139	84587	5913	1700	4213
乌海市	**17115**	**10666**	**6449**	**882**	**258**	**624**
海勃湾区	3603	1928	1675	145	55	90
海南区	10992	7259	3733	621	179	442
乌达区	2520	1479	1041	116	24	92
赤峰市	**1095973**	**544680**	**551293**	**25255**	**7915**	**17340**
红山区	23704	12475	11229	1017	269	748
元宝山区	29569	15118	14451	966	233	733
松山区	24233	12449	11784	1120	312	808
阿鲁科尔沁旗	104073	50909	53164	1661	605	1056
巴林左旗	106142	52070	54072	1659	637	1022
巴林右旗	91087	45075	46012	1801	628	1173
林西县	106840	52887	53953	2317	780	1537
克什克腾旗	93930	46255	47675	3552	924	2628
翁牛特旗	123333	61893	61440	3682	1104	2578
喀喇沁旗	104527	52230	52297	2479	733	1746
宁城县	149000	74131	74869	2372	701	1671
敖汉旗	139535	69188	70347	2629	989	1640

1－6b　续表 1

单位：人

地　　区	3岁及以上人口			未上过学		
	合计	男	女	小计	男	女
通辽市	**850246**	**419103**	**431143**	**16541**	**5677**	**10864**
科尔沁区	45294	23227	22067	995	341	654
科尔沁左翼中旗	116664	57800	58864	2624	910	1714
科尔沁左翼后旗	103842	50830	53012	2009	697	1312
开鲁县	120130	58790	61340	1832	682	1150
库伦旗	59276	29516	29760	1327	414	913
奈曼旗	127635	62887	64748	2401	895	1506
扎鲁特旗	115092	56427	58665	3432	1071	2361
通辽经济技术开发区	162001	79442	82559	1904	659	1245
霍林郭勒市	312	184	128	17	8	9
鄂尔多斯市	**962250**	**506550**	**455700**	**40472**	**11051**	**29421**
东胜区	2937	1904	1033	108	25	83
康巴什区						
达拉特旗	200049	101418	98631	6743	1703	5040
准格尔旗	241891	126585	115306	9357	2453	6904
鄂托克前旗	52566	27071	25495	2382	688	1694
鄂托克旗	123333	65860	57473	6657	1967	4690
杭锦旗	66634	34239	32395	4335	1163	3172
乌审旗	94837	52384	42453	2269	748	1521
伊金霍洛旗	180003	97089	82914	8621	2304	6317
呼伦贝尔市	**698367**	**351755**	**346612**	**14601**	**5099**	**9502**
海拉尔区	1439	742	697	72	22	50
扎赉诺尔区	5071	2671	2400	138	53	85
阿荣旗	120961	59842	61119	2153	842	1311
莫力达瓦达斡尔族自治旗	80787	39936	40851	1477	613	864
鄂伦春自治旗	126598	63156	63442	3155	1001	2154
鄂温克族自治旗	106423	52917	53506	1759	662	1097
陈巴尔虎旗	36574	18959	17615	501	198	303
新巴尔虎左旗	20199	9962	10237	362	140	222
新巴尔虎右旗	24498	12137	12361	444	172	272
满洲里市	4139	2181	1958	68	26	42
牙克石市	98442	50816	47626	2012	637	1375
扎兰屯市	33409	17622	15787	1163	426	737
额尔古纳市	10789	5581	5208	369	92	277
根河市	29038	15233	13805	928	215	713
巴彦淖尔市	**507591**	**254436**	**253155**	**21389**	**6120**	**15269**
临河区	13176	6928	6248	1217	318	899
五原县	108730	54306	54424	3607	1184	2423
磴口县	49247	24569	24678	2289	567	1722
乌拉特前旗	132363	65628	66735	5974	1669	4305
乌拉特中旗	59629	30441	29188	2554	794	1760
乌拉特后旗	33988	17568	16420	1497	429	1068
杭锦后旗	110458	54996	55462	4251	1159	3092

1—6b 续表 2

单位：人

地　区	3岁及以上人口			未上过学		
	合计	男	女	小计	男	女
乌兰察布市	**512269**	**255551**	**256718**	**20993**	**5465**	**15528**
集宁区	13812	6100	7712	366	100	266
卓资县	37215	18715	18500	1626	545	1081
化德县	55189	27337	27852	1680	427	1253
商都县	79839	39158	40681	2817	728	2089
兴和县	73504	36513	36991	3122	754	2368
凉城县	47724	23674	24050	3144	796	2348
察哈尔右翼前旗	52846	26870	25976	1858	441	1417
察哈尔右翼中旗	29203	14547	14656	1115	237	878
察哈尔右翼后旗	51018	25672	25346	2060	486	1574
四子王旗	63546	31734	31812	2154	612	1542
丰镇市	8373	5231	3142	1051	339	712
兴安盟	**423195**	**209573**	**213622**	**9133**	**3345**	**5788**
乌兰浩特市	15816	7930	7886	491	179	312
阿尔山市	10744	5580	5164	181	56	125
科尔沁右翼前旗	82959	40570	42389	1404	514	890
科尔沁右翼中旗	95281	47240	48041	2234	722	1512
扎赉特旗	137876	69058	68818	3894	1527	2367
突泉县	80519	39195	41324	929	347	582
锡林郭勒盟	**407898**	**204386**	**203512**	**14914**	**4445**	**10469**
二连浩特市	1038	697	341	90	30	60
锡林浩特市	2022	1459	563	42	10	32
阿巴嘎旗	22220	11116	11104	1034	315	719
苏尼特左旗	17717	8786	8931	611	178	433
苏尼特右旗	46512	23240	23272	1737	458	1279
东乌珠穆沁旗	46543	23293	23250	1424	471	953
西乌珠穆沁旗	59780	29998	29782	1671	523	1148
太仆寺旗	48279	23732	24547	2321	676	1645
镶黄旗	18378	9250	9128	639	187	452
正镶白旗	22923	11422	11501	1371	412	959
正蓝旗	37442	18582	18860	1281	336	945
多伦县	64821	32342	32479	1922	599	1323
乌拉盖管委会	20223	10469	9754	771	250	521
阿拉善盟	**207700**	**105908**	**101792**	**6447**	**1858**	**4589**
阿拉善左旗	137927	69125	68802	4136	1194	2942
阿拉善右旗	17114	8717	8397	832	212	620
额济纳旗	28924	14419	14505	754	249	505
内蒙古阿拉善经济开发区	23735	13647	10088	725	203	522

1-6b　续表 3　　单位：人

地　区	学前教育			小　学		
	小计	男	女	小计	男	女
内蒙古	**240172**	**124816**	**115356**	**1430099**	**649297**	**780802**
呼和浩特市	**20251**	**10507**	**9744**	**93814**	**43168**	**50646**
新城区	49	28	21	738	352	386
回民区						
玉泉区						
赛罕区	41	20	21	539	252	287
土默特左旗	3587	1829	1758	21287	10063	11224
托克托县	2932	1506	1426	14250	6542	7708
和林格尔县	2871	1478	1393	14541	6840	7701
清水河县	1345	695	650	9177	3880	5297
武川县	1611	870	741	12030	5165	6865
呼和浩特经济技术开发区	7815	4081	3734	21252	10074	11178
包头市	**14904**	**7694**	**7210**	**86576**	**40302**	**46274**
东河区	770	410	360	4874	2381	2493
昆都仑区	4	2	2	36	23	13
青山区	39	23	16	303	160	143
石拐区	6	2	4	480	330	150
白云鄂博矿区						
九原区	402	225	177	4358	2047	2311
土默特右旗	4070	2077	1993	23635	10987	12648
固阳县	1826	931	895	12728	5695	7033
达尔罕茂明安联合旗	1111	586	525	8413	3624	4789
包头稀土高新技术产业开发区	6676	3438	3238	31749	15055	16694
乌海市	**294**	**147**	**147**	**4564**	**2385**	**2179**
海勃湾区	108	61	47	1299	610	689
海南区	154	74	80	2561	1432	1129
乌达区	32	12	20	704	343	361
赤峰市	**40437**	**21218**	**19219**	**270592**	**121771**	**148821**
红山区	800	405	395	7541	3603	3938
元宝山区	706	354	352	8352	3694	4658
松山区	701	373	328	8518	3872	4646
阿鲁科尔沁旗	3370	1766	1604	23278	10142	13136
巴林左旗	3139	1638	1501	21850	9571	12279
巴林右旗	2991	1550	1441	21322	9388	11934
林西县	3583	1838	1745	28510	12556	15954
克什克腾旗	3493	1815	1678	23381	10150	13231
翁牛特旗	4735	2526	2209	35182	16306	18876
喀喇沁旗	3904	2072	1832	22927	10409	12518
宁城县	6246	3313	2933	29493	13618	15875
敖汉旗	6769	3568	3201	40238	18462	21776

1-6b 续表 4

单位：人

地　区	学前教育			小　学		
	小计	男	女	小计	男	女
通辽市	**28562**	**14881**	**13681**	**160874**	**71313**	**89561**
科尔沁区	1003	532	471	10845	5042	5803
科尔沁左翼中旗	3524	1839	1685	22997	10367	12630
科尔沁左翼后旗	3273	1724	1549	20383	8970	11413
开鲁县	3714	1955	1759	23419	9907	13512
库伦旗	1988	1043	945	11750	5213	6537
奈曼旗	4632	2406	2226	26930	12072	14858
扎鲁特旗	4257	2157	2100	23665	10149	13516
通辽经济技术开发区	6166	3220	2946	20740	9515	11225
霍林郭勒市	5	5		145	78	67
鄂尔多斯市	**47115**	**24914**	**22201**	**234698**	**111219**	**123479**
东胜区	27	9	18	1092	526	566
康巴什区						
达拉特旗	8999	4686	4313	45038	21062	23976
准格尔旗	11440	5993	5447	65409	30583	34826
鄂托克前旗	2873	1513	1360	12659	5765	6894
鄂托克旗	5616	2994	2622	28819	13925	14894
杭锦旗	3123	1648	1475	16449	7677	8772
乌审旗	5913	3224	2689	23042	11008	12034
伊金霍洛旗	9124	4847	4277	42190	20673	21517
呼伦贝尔市	**17185**	**8922**	**8263**	**133825**	**59792**	**74033**
海拉尔区	19	9	10	395	169	226
扎赉诺尔区	39	19	20	1200	532	668
阿荣旗	4141	2174	1967	24943	10900	14043
莫力达瓦达斡尔族自治旗	2615	1347	1268	18513	8644	9869
鄂伦春自治旗	2974	1538	1436	23425	10432	12993
鄂温克族自治旗	2808	1441	1367	15903	7042	8861
陈巴尔虎旗	832	427	405	7727	3409	4318
新巴尔虎左旗	711	362	349	4461	2006	2455
新巴尔虎右旗	807	434	373	5571	2517	3054
满洲里市	39	23	16	1014	455	559
牙克石市	947	502	445	17356	7713	9643
扎兰屯市	920	490	430	8597	4048	4549
额尔古纳市	117	63	54	1481	651	830
根河市	216	93	123	3239	1274	1965
巴彦淖尔市	**18870**	**9653**	**9217**	**93037**	**43698**	**49339**
临河区	280	137	143	3596	1739	1857
五原县	4197	2171	2026	20166	9681	10485
磴口县	1679	896	783	7810	3645	4165
乌拉特前旗	5173	2604	2569	25497	11641	13856
乌拉特中旗	2185	1126	1059	11781	5474	6307
乌拉特后旗	1318	697	621	5884	2835	3049
杭锦后旗	4038	2022	2016	18303	8683	9620

1-6b　续表 5

单位：人

地　区	学前教育			小　学		
	小计	男	女	小计	男	女
乌兰察布市	**15755**	**7880**	**7875**	**127129**	**54209**	**72920**
集宁区	265	124	141	2672	1169	1503
卓资县	982	473	509	7518	3166	4352
化德县	1637	792	845	15236	6313	8923
商都县	2733	1319	1414	21064	8817	12247
兴和县	3054	1555	1499	19613	8634	10979
凉城县	1407	721	686	12633	5372	7261
察哈尔右翼前旗	1406	700	706	11526	5012	6514
察哈尔右翼中旗	810	427	383	6781	2756	4025
察哈尔右翼后旗	1413	719	694	12626	5374	7252
四子王旗	2018	1036	982	14857	6248	8609
丰镇市	30	14	16	2603	1348	1255
兴安盟	**13551**	**6931**	**6620**	**90668**	**40969**	**49699**
乌兰浩特市	388	179	209	3831	1871	1960
阿尔山市	214	114	100	1590	673	917
科尔沁右翼前旗	3292	1638	1654	14653	6367	8286
科尔沁右翼中旗	3219	1653	1566	19541	8584	10957
扎赉特旗	4080	2150	1930	35028	16499	18529
突泉县	2358	1197	1161	16025	6975	9050
锡林郭勒盟	**14927**	**7738**	**7189**	**98272**	**44042**	**54230**
二连浩特市	9	7	2	330	191	139
锡林浩特市	12	5	7	315	150	165
阿巴嘎旗	688	353	335	5766	2557	3209
苏尼特左旗	651	338	313	4434	1967	2467
苏尼特右旗	1170	576	594	10907	4698	6209
东乌珠穆沁旗	1617	839	778	12820	5932	6888
西乌珠穆沁旗	2532	1283	1249	15331	6845	8486
太仆寺旗	1672	858	814	10635	4721	5914
镶黄旗	603	327	276	4329	1803	2526
正镶白旗	692	383	309	5465	2400	3065
正蓝旗	1476	758	718	8213	3627	4586
多伦县	2890	1516	1374	14580	6794	7786
乌拉盖管委会	915	495	420	5147	2357	2790
阿拉善盟	**8321**	**4331**	**3990**	**36050**	**16429**	**19621**
阿拉善左旗	4951	2582	2369	23330	10544	12786
阿拉善右旗	577	300	277	3240	1405	1835
额济纳旗	1471	769	702	5640	2649	2991
内蒙古阿拉善经济开发区	1322	680	642	3840	1831	2009

1－6b 续表 6

单位：人

地区	初中			高中			大学专科		
	小计	男	女	小计	男	女	小计	男	女
内蒙古	**2316454**	**1224202**	**1092252**	**1108940**	**598064**	**510876**	**721574**	**393308**	**328266**
呼和浩特市	**160234**	**86585**	**73649**	**75737**	**42003**	**33734**	**56359**	**30122**	**26237**
新城区	880	520	360	236	136	100	115	52	63
回民区									
玉泉区									
赛罕区	1120	628	492	300	184	116	116	70	46
土默特左旗	37611	20056	17555	17079	9332	7747	9946	5243	4703
托克托县	29627	15317	14310	12352	6931	5421	7585	4200	3385
和林格尔县	22981	12424	10557	10854	5997	4857	7647	4201	3446
清水河县	11200	6239	4961	5880	3321	2559	3375	1969	1406
武川县	19718	10500	9218	8567	4794	3773	5157	2792	2365
呼和浩特经济技术开发区	37097	20901	16196	20469	11308	9161	22418	11595	10823
包头市	**145314**	**78592**	**66722**	**69024**	**37664**	**31360**	**51404**	**29381**	**22023**
东河区	8248	4520	3728	3026	1558	1468	1484	756	728
昆都仑区	216	174	42	199	177	22	189	173	16
青山区	645	374	271	550	408	142	557	470	87
石拐区	1501	1070	431	669	516	153	202	150	52
白云鄂博矿区									
九原区	6764	3924	2840	5950	4084	1866	6467	5310	1157
土默特右旗	43829	22827	21002	15905	8337	7568	11155	6038	5117
固阳县	20294	10893	9401	9111	5029	4082	4231	2367	1864
达尔罕茂明安联合旗	13379	7250	6129	5256	2912	2344	3834	2183	1651
包头稀土高新技术产业开发区	50438	27560	22878	28358	14643	13715	23285	11934	11351
乌海市	**8358**	**5767**	**2591**	**1848**	**1329**	**519**	**800**	**528**	**272**
海勃湾区	1516	871	645	333	217	116	151	90	61
海南区	5706	4153	1553	1159	872	287	535	366	169
乌达区	1136	743	393	356	240	116	114	72	42
赤峰市	**382959**	**194027**	**188932**	**196019**	**105698**	**90321**	**100331**	**54700**	**45631**
红山区	9272	5207	4065	3141	1910	1231	1262	711	551
元宝山区	12495	6695	5800	4278	2552	1726	1720	1015	705
松山区	10248	5704	4544	2010	1241	769	987	592	395
阿鲁科尔沁旗	39244	19456	19788	17898	9533	8365	9148	4924	4224
巴林左旗	37710	18696	19014	23231	12058	11173	10237	5419	4818
巴林右旗	33082	16626	16456	14820	7908	6912	9825	5472	4353
林西县	35516	18086	17430	20089	10852	9237	10268	5605	4663
克什克腾旗	26603	13553	13050	18409	10091	8318	10929	6002	4927
翁牛特旗	40093	20768	19325	20448	10913	9535	10197	5754	4443
喀喇沁旗	37373	18848	18525	20800	11405	9395	9401	5033	4368
宁城县	53141	26229	26912	29820	15912	13908	14413	7820	6593
敖汉旗	48182	24159	24023	21075	11323	9752	11944	6353	5591

1-6b　续表 7　　　　　　　　　　　　　　　　　　　　　　单位：人

地　区	初　中			高　中			大学专科		
	小计	男	女	小计	男	女	小计	男	女
通辽市	**316033**	**160314**	**155719**	**163557**	**85231**	**78326**	**87674**	**45595**	**42079**
科尔沁区	24349	12847	11502	5256	2944	2312	1820	994	826
科尔沁左翼中旗	52386	26638	25748	18812	9941	8871	9237	4909	4328
科尔沁左翼后旗	37430	18788	18642	23418	11840	11578	9257	5020	4237
开鲁县	49599	24766	24833	22380	11772	10608	10330	5549	4781
库伦旗	19490	9991	9499	12757	6808	5949	5869	3247	2622
奈曼旗	47338	23888	23450	24347	12636	11711	12485	6697	5788
扎鲁特旗	39856	20453	19403	21846	11691	10155	11895	6246	5649
通辽经济技术开发区	45468	22868	22600	34720	17585	17135	26775	12929	13846
霍林郭勒市	117	75	42	21	14	7	6	4	2
鄂尔多斯市	**278989**	**158661**	**120328**	**141545**	**80637**	**60908**	**121260**	**69356**	**51904**
东胜区	903	685	218	394	320	74	247	204	43
康巴什区									
达拉特旗	67158	36603	30555	33381	17636	15745	22325	12189	10136
准格尔旗	70928	40272	30656	32165	18133	14032	28097	15961	12136
鄂托克前旗	13733	7586	6147	7908	4504	3404	7332	4097	3235
鄂托克旗	37147	21475	15672	19772	11579	8193	16275	9412	6863
杭锦旗	17797	10027	7770	8984	5081	3903	8800	5193	3607
乌审旗	24245	13884	10361	14835	8954	5881	14145	8575	5570
伊金霍洛旗	47078	28129	18949	24106	14430	9676	24039	13725	10314
呼伦贝尔市	**309797**	**161241**	**148556**	**103717**	**55053**	**48664**	**72351**	**39207**	**33144**
海拉尔区	809	463	346	70	43	27	46	25	21
扎赉诺尔区	2622	1445	1177	629	361	268	301	197	104
阿荣旗	56251	28461	27790	16659	8801	7858	10291	5536	4755
莫力达瓦达斡尔族自治旗	34805	17361	17444	10965	5725	5240	7495	3954	3541
鄂伦春自治旗	59493	30775	28718	18893	9802	9091	11962	6458	5504
鄂温克族自治旗	34038	17187	16851	20280	10618	9662	17708	9205	8503
陈巴尔虎旗	15564	8656	6908	5693	3052	2641	3765	2082	1683
新巴尔虎左旗	6638	3320	3318	3418	1787	1631	2853	1526	1327
新巴尔虎右旗	7871	4145	3726	4047	2094	1953	2995	1584	1411
满洲里市	2402	1340	1062	314	186	128	217	107	110
牙克石市	52587	28000	24587	13376	7257	6119	8155	4748	3407
扎兰屯市	15681	8516	7165	3820	2293	1527	2086	1229	857
额尔古纳市	5301	2823	2478	1555	857	698	1323	764	559
根河市	15735	8749	6986	3998	2177	1821	3154	1792	1362
巴彦淖尔市	**185512**	**99162**	**86350**	**96380**	**50513**	**45867**	**56468**	**28834**	**27634**
临河区	5582	3177	2405	1661	1140	521	531	282	249
五原县	41439	21796	19643	20043	10383	9660	11793	5863	5930
磴口县	17629	9180	8449	9555	4981	4574	6333	3413	2920
乌拉特前旗	49112	26114	22998	23577	12376	11201	14764	7400	7364
乌拉特中旗	19540	10806	8734	11230	6065	5165	6819	3571	3248
乌拉特后旗	11037	6045	4992	6396	3505	2891	4275	2337	1938
杭锦后旗	41173	22044	19129	23918	12063	11855	11953	5968	5985

1-6b 续表 8 单位：人

地 区	初 中			高 中			大学专科		
	小计	男	女	小计	男	女	小计	男	女
乌兰察布市	**185381**	**99467**	**85914**	**79550**	**43515**	**36035**	**53461**	**30024**	**23437**
集宁区	5003	2697	2306	1396	786	610	1449	523	926
卓资县	13325	7087	6238	7189	3760	3429	4203	2402	1801
化德县	20188	10732	9456	7983	4392	3591	5713	3257	2456
商都县	28097	14711	13386	13081	6979	6102	8132	4625	3507
兴和县	28160	14881	13279	10425	5636	4789	6437	3643	2794
凉城县	14738	7922	6816	7374	4132	3242	4909	2841	2068
察哈尔右翼前旗	19822	10912	8910	8774	4734	4040	6028	3254	2774
察哈尔右翼中旗	10185	5382	4803	4678	2647	2031	3391	1959	1432
察哈尔右翼后旗	17985	9668	8317	8151	4488	3663	6012	3467	2545
四子王旗	24795	13213	11582	9561	5209	4352	6688	3655	3033
丰镇市	3083	2262	821	938	752	186	499	398	101
兴安盟	**156828**	**79987**	**76841**	**75996**	**39722**	**36274**	**42457**	**22569**	**19888**
乌兰浩特市	6642	3414	3228	2614	1385	1229	1216	620	596
阿尔山市	4874	2571	2303	1797	994	803	1361	818	543
科尔沁右翼前旗	25271	12828	12443	15623	7997	7626	10769	5660	5109
科尔沁右翼中旗	35257	18174	17083	18261	9751	8510	9531	5086	4445
扎赉特旗	53298	27338	25960	21088	11110	9978	12059	6427	5632
突泉县	31486	15662	15824	16613	8485	8128	7521	3958	3563
锡林郭勒盟	**130209**	**69434**	**60775**	**67231**	**35721**	**31510**	**46379**	**25489**	**20890**
二连浩特市	436	333	103	125	101	24	23	15	8
锡林浩特市	603	429	174	467	408	59	331	255	76
阿巴嘎旗	6415	3617	2798	3577	1905	1672	2495	1338	1157
苏尼特左旗	4896	2607	2289	2623	1413	1210	2458	1327	1131
苏尼特右旗	15894	8649	7245	8253	4375	3878	5193	2874	2319
东乌珠穆沁旗	15089	7994	7095	6976	3741	3235	4506	2434	2072
西乌珠穆沁旗	18992	10016	8976	9357	5060	4297	6493	3596	2897
太仆寺旗	16397	8499	7898	8676	4526	4150	4911	2713	2198
镶黄旗	4831	2674	2157	3184	1677	1507	2541	1461	1080
正镶白旗	6494	3490	3004	3814	2003	1811	2904	1663	1241
正蓝旗	10859	5728	5131	6769	3504	3265	4773	2538	2235
多伦县	22573	11687	10886	10663	5448	5215	7441	3981	3460
乌拉盖管委会	6730	3711	3019	2747	1560	1187	2310	1294	1016
阿拉善盟	**56840**	**30965**	**25875**	**38336**	**20978**	**17358**	**32630**	**17503**	**15127**
阿拉善左旗	38253	20472	17781	25589	13481	12108	20924	10927	9997
阿拉善右旗	4417	2383	2034	2916	1703	1213	2637	1498	1139
额济纳旗	7932	4324	3608	5341	2903	2438	4365	2159	2206
内蒙古阿拉善经济开发区	6238	3786	2452	4490	2891	1599	4704	2919	1785

1-6b　续表 9

单位：人

地　　区	大学本科			硕士研究生			博士研究生		
	小计	男	女	小计	男	女	小计	男	女
内蒙古	**541573**	**263033**	**278540**	**25408**	**10396**	**15012**	**1671**	**810**	**861**
呼和浩特市	**53476**	**23790**	**29686**	**3143**	**1104**	**2039**	**193**	**99**	**94**
新城区	31	15	16	2		2			
回民区									
玉泉区									
赛罕区	36	18	18	3	1	2			
土默特左旗	10495	4251	6244	295	100	195	17	6	11
托克托县	4609	2489	2120	134	51	83	9	4	5
和林格尔县	17418	6205	11213	986	241	745	49	29	20
清水河县	2681	1431	1250	83	32	51	8	5	3
武川县	2500	1232	1268	108	41	67	11	5	6
呼和浩特经济技术开发区	15706	8149	7557	1532	638	894	99	50	49
包头市	**40733**	**20274**	**20459**	**2586**	**1161**	**1425**	**166**	**105**	**61**
东河区	751	347	404	37	15	22	4	1	3
昆都仑区	94	76	18	1	1				
青山区	192	126	66	8	8				
石拐区	55	38	17						
白云鄂博矿区									
九原区	475	328	147	12	7	5	1		1
土默特右旗	10685	5447	5238	298	122	176	26	18	8
固阳县	3152	1514	1638	91	42	49	7	4	3
达尔罕茂明安联合旗	3194	1596	1598	90	39	51	5	2	3
包头稀土高新技术产业开发区	22135	10802	11333	2049	927	1122	123	80	43
乌海市	**350**	**249**	**101**	**16**	**2**	**14**	**3**	**1**	**2**
海勃湾区	50	24	26	1		1			
海南区	241	180	61	12	2	10	3	1	2
乌达区	59	45	14	3		3			
赤峰市	**77615**	**38342**	**39273**	**2555**	**915**	**1640**	**210**	**94**	**116**
红山区	637	355	282	30	12	18	4	3	1
元宝山区	977	537	440	64	31	33	11	7	4
松山区	600	329	271	43	22	21	6	4	2
阿鲁科尔沁旗	9188	4388	4800	269	86	183	17	9	8
巴林左旗	8100	3972	4128	203	75	128	13	4	9
巴林右旗	6950	3423	3527	279	70	209	17	10	7
林西县	6294	3081	3213	244	80	164	19	9	10
克什克腾旗	7296	3619	3677	251	93	158	16	8	8
翁牛特旗	8694	4410	4284	270	100	170	32	12	20
喀喇沁旗	7316	3610	3706	306	111	195	21	9	12
宁城县	13120	6383	6737	374	147	227	21	8	13
敖汉旗	8443	4235	4208	222	88	134	33	11	22

1-6b 续表 10

单位：人

地区	大学本科			硕士研究生			博士研究生		
	小计	男	女	小计	男	女	小计	男	女
通辽市	**72170**	**34236**	**37934**	**4445**	**1688**	**2757**	**390**	**168**	**222**
科尔沁区	974	506	468	51	21	30	1		1
科尔沁左翼中旗	6865	3120	3745	198	65	133	21	11	10
科尔沁左翼后旗	7783	3682	4101	269	103	166	20	6	14
开鲁县	8468	4025	4443	370	123	247	18	11	7
库伦旗	5863	2717	3146	219	77	142	13	6	7
奈曼旗	9038	4158	4880	439	129	310	25	6	19
扎鲁特旗	9716	4503	5213	398	141	257	27	16	11
通辽经济技术开发区	23462	11525	11937	2501	1029	1472	265	112	153
霍林郭勒市	1		1						
鄂尔多斯市	**93419**	**48371**	**45048**	**4536**	**2220**	**2316**	**216**	**121**	**95**
东胜区	161	130	31	5	5				
康巴什区									
达拉特旗	15834	7292	8542	543	235	308	28	12	16
准格尔旗	23272	12553	10719	1177	610	567	46	27	19
鄂托克前旗	5488	2835	2653	177	74	103	14	9	5
鄂托克旗	8731	4348	4383	296	148	148	20	12	8
杭锦旗	6881	3329	3552	255	114	141	10	7	3
乌审旗	10039	5788	4251	334	195	139	15	8	7
伊金霍洛旗	23013	12096	10917	1749	839	910	83	46	37
呼伦贝尔市	**44755**	**21573**	**23182**	**2004**	**817**	**1187**	**132**	**51**	**81**
海拉尔区	26	10	16	1		1	1	1	
扎赉诺尔区	134	62	72	8	2	6			
阿荣旗	6320	3048	3272	189	74	115	14	6	8
莫力达瓦达斡尔族自治旗	4771	2236	2535	134	51	83	12	5	7
鄂伦春自治旗	6504	3089	3415	176	58	118	16	3	13
鄂温克族自治旗	12845	6318	6527	1025	421	604	57	23	34
陈巴尔虎旗	2404	1096	1308	79	34	45	9	5	4
新巴尔虎左旗	1705	799	906	50	21	29	1	1	
新巴尔虎右旗	2681	1159	1522	80	32	48	2		2
满洲里市	81	43	38	3		3	1	1	
牙克石市	3843	1891	1952	154	64	90	12	4	8
扎兰屯市	1104	597	507	35	22	13	3	1	2
额尔古纳市	633	324	309	9	7	2	1		1
根河市	1704	901	803	61	31	30	3	1	2
巴彦淖尔市	**34544**	**15845**	**18699**	**1303**	**562**	**741**	**88**	**49**	**39**
临河区	284	124	160	24	10	14	1	1	
五原县	7249	3130	4119	219	85	134	17	13	4
磴口县	3770	1793	1977	168	85	83	14	9	5
乌拉特前旗	7979	3699	4280	263	112	151	24	13	11
乌拉特中旗	5321	2521	2800	184	78	106	15	6	9
乌拉特后旗	3427	1659	1768	152	61	91	2		2
杭锦后旗	6514	2919	3595	293	131	162	15	7	8

1-6b　续表 11　　　　单位：人

地　区	大学本科			硕士研究生			博士研究生		
	小计	男	女	小计	男	女	小计	男	女
乌兰察布市	**29045**	**14601**	**14444**	**878**	**356**	**522**	**77**	**34**	**43**
集宁区	2619	683	1936	40	18	22	2		2
卓资县	2304	1253	1051	62	27	35	6	2	4
化德县	2666	1390	1276	83	32	51	3	2	1
商都县	3802	1935	1867	99	42	57	14	2	12
兴和县	2625	1382	1243	64	25	39	4	3	1
凉城县	3407	1844	1563	105	43	62	7	3	4
察哈尔右翼前旗	3296	1755	1541	119	49	70	17	13	4
察哈尔右翼中旗	2165	1111	1054	72	26	46	6	2	4
察哈尔右翼后旗	2704	1450	1254	63	20	43	4		4
四子王旗	3294	1685	1609	165	69	96	14	7	7
丰镇市	163	113	50	6	5	1			
兴安盟	**33131**	**15480**	**17651**	**1355**	**539**	**816**	**76**	**31**	**45**
乌兰浩特市	611	276	335	22	5	17	1	1	
阿尔山市	703	342	361	23	11	12	1	1	
科尔沁右翼前旗	11231	5265	5966	677	284	393	39	17	22
科尔沁右翼中旗	6959	3179	3780	267	88	179	12	3	9
扎赉特旗	8209	3920	4289	202	79	123	18	8	10
突泉县	5418	2498	2920	164	72	92	5	1	4
锡林郭勒盟	**34784**	**17048**	**17736**	**1115**	**438**	**677**	**67**	**31**	**36**
二连浩特市	24	20	4	1		1			
锡林浩特市	251	202	49				1		1
阿巴嘎旗	2179	999	1180	63	29	34	3	3	
苏尼特左旗	1964	926	1038	75	28	47	5	2	3
苏尼特右旗	3251	1566	1685	106	43	63	1	1	
东乌珠穆沁旗	3932	1819	2113	165	59	106	14	4	10
西乌珠穆沁旗	5264	2623	2641	137	49	88	3	3	
太仆寺旗	3553	1690	1863	108	45	63	6	4	2
镶黄旗	2164	1091	1073	79	27	52	8	3	5
正镶白旗	2104	1044	1060	74	24	50	5	3	2
正蓝旗	3965	2040	1925	99	48	51	7	3	4
多伦县	4581	2248	2333	160	65	95	11	4	7
乌拉盖管委会	1552	780	772	48	21	27	3	1	2
阿拉善盟	**27551**	**13224**	**14327**	**1472**	**594**	**878**	**53**	**26**	**27**
阿拉善左旗	19553	9431	10122	1147	475	672	44	19	25
阿拉善右旗	2406	1179	1227	86	35	51	3	2	1
额济纳旗	3260	1324	1936	156	38	118	5	4	1
内蒙古阿拉善经济开发区	2332	1290	1042	83	46	37	1	1	

1－6c 各地区分性别、受教育程度的3岁及以上人口(乡村)

单位：人

地　区	3岁及以上人口			未上过学		
	合计	男	女	小计	男	女
内蒙古	**7686717**	**4066722**	**3619995**	**527427**	**154513**	**372914**
呼和浩特市	**706093**	**374487**	**331606**	**61718**	**16997**	**44721**
新城区	76970	40731	36239	2716	866	1850
回民区	18067	10264	7803	759	284	475
玉泉区	60005	31588	28417	2758	784	1974
赛罕区	146939	78153	68786	7625	2258	5367
土默特左旗	154693	81006	73687	15063	4221	10842
托克托县	88382	46463	41919	11036	2976	8060
和林格尔县	78857	41849	37008	11274	3048	8226
清水河县	39708	21400	18308	6258	1309	4949
武川县	42472	23033	19439	4229	1251	2978
呼和浩特经济技术开发区						
包头市	**369579**	**195622**	**173957**	**33736**	**9348**	**24388**
东河区	41181	21358	19823	2738	772	1966
昆都仑区	26706	13956	12750	1617	503	1114
青山区	18716	9830	8886	896	278	618
石拐区	6276	3443	2833	667	201	466
白云鄂博矿区						
九原区	54305	28759	25546	3919	1017	2902
土默特右旗	119556	63034	56522	14672	3709	10963
固阳县	63844	34535	29309	5584	1731	3853
达尔罕茂明安联合旗	31907	17059	14848	3127	1015	2112
包头稀土高新技术产业开发区	7088	3648	3440	516	122	394
乌海市	**25471**	**15876**	**9595**	**2664**	**721**	**1943**
海勃湾区	16301	10335	5966	1255	361	894
海南区	9170	5541	3629	1409	360	1049
乌达区						
赤峰市	**1855455**	**959571**	**895884**	**99180**	**26564**	**72616**
红山区	14547	7498	7049	1087	260	827
元宝山区	66470	34300	32170	1959	555	1404
松山区	277463	143570	133893	13405	3476	9929
阿鲁科尔沁旗	131175	67787	63388	5299	1586	3713
巴林左旗	165665	84876	80789	7148	1932	5216
巴林右旗	59884	30920	28964	2955	899	2056
林西县	75676	38810	36866	4191	1230	2961
克什克腾旗	87658	46475	41183	8708	2327	6381
翁牛特旗	202991	104479	98512	14115	3751	10364
喀喇沁旗	152359	79373	72986	11844	2977	8867
宁城县	323160	168217	154943	15118	3986	11132
敖汉旗	298407	153266	145141	13351	3585	9766

1-6c　续表 1　　单位：人

地　区	3岁及以上人口			未上过学		
	合计	男	女	小计	男	女
通辽市	**1409370**	**726048**	**683322**	**54654**	**18385**	**36269**
科尔沁区	234767	120159	114608	6482	2145	4337
科尔沁左翼中旗	275700	143813	131887	13852	4850	9002
科尔沁左翼后旗	211567	109452	102115	7899	2907	4992
开鲁县	186733	94381	92352	4392	1371	3021
库伦旗	88488	45902	42586	2785	921	1864
奈曼旗	238279	122169	116110	9948	3185	6763
扎鲁特旗	130912	67927	62985	8318	2683	5635
通辽经济技术开发区	34649	17878	16771	741	247	494
霍林郭勒市	8275	4367	3908	237	76	161
鄂尔多斯市	**478334**	**285259**	**193075**	**51143**	**14209**	**36934**
东胜区	21798	15568	6230	1571	499	1072
康巴什区						
达拉特旗	119689	64312	55377	13519	3431	10088
准格尔旗	106905	65988	40917	9810	2831	6979
鄂托克前旗	37372	22937	14435	3617	1128	2489
鄂托克旗	33332	20569	12763	2769	826	1943
杭锦旗	41163	22023	19140	5650	1424	4226
乌审旗	58601	36000	22601	5929	1742	4187
伊金霍洛旗	59474	37862	21612	8278	2328	5950
呼伦贝尔市	**574414**	**302120**	**272294**	**21003**	**8073**	**12930**
海拉尔区	10456	5456	5000	363	116	247
扎赉诺尔区						
阿荣旗	130201	67968	62233	4369	1653	2716
莫力达瓦达斡尔族自治旗	142927	74450	68477	5518	2188	3330
鄂伦春自治旗	44119	23316	20803	2292	813	1479
鄂温克族自治旗	31744	16665	15079	786	316	470
陈巴尔虎旗	13132	7319	5813	371	147	224
新巴尔虎左旗	15965	8571	7394	551	264	287
新巴尔虎右旗	12930	8122	4808	361	177	184
满洲里市						
牙克石市	16505	8632	7873	276	77	199
扎兰屯市	142059	73849	68210	5486	2129	3357
额尔古纳市	14110	7628	6482	623	191	432
根河市	266	144	122	7	2	5
巴彦淖尔市	**607224**	**319953**	**287271**	**61067**	**16659**	**44408**
临河区	166385	86309	80076	16656	4558	12098
五原县	110924	57388	53536	11846	3300	8546
磴口县	39166	20792	18374	4941	1379	3562
乌拉特前旗	119905	63882	56023	12969	3304	9665
乌拉特中旗	50189	28044	22145	4180	1242	2938
乌拉特后旗	18525	11139	7386	1379	391	988
杭锦后旗	102130	52399	49731	9096	2485	6611

1-6c 续表 2

单位：人

地区	3岁及以上人口			未上过学		
	合计	男	女	小计	男	女
乌兰察布市	**680964**	**360149**	**320815**	**89558**	**24273**	**65285**
集宁区	30383	15997	14386	2044	497	1547
卓资县	47169	26265	20904	5881	1666	4215
化德县	38292	20337	17955	4876	1330	3546
商都县	91362	47072	44290	12425	3237	9188
兴和县	91201	47248	43953	16769	4165	12604
凉城县	69425	37204	32221	11047	3236	7811
察哈尔右翼前旗	70309	37714	32595	8937	2327	6610
察哈尔右翼中旗	55813	29934	25879	6364	1794	4570
察哈尔右翼后旗	51068	26539	24529	6643	1629	5014
四子王旗	63643	33551	30092	4733	1467	3266
丰镇市	72299	38288	34011	9839	2925	6914
兴安盟	**650488**	**339545**	**310943**	**31165**	**11662**	**19503**
乌兰浩特市	37365	19861	17504	1699	617	1082
阿尔山市	3206	1741	1465	82	20	62
科尔沁右翼前旗	195815	101982	93833	9077	3172	5905
科尔沁右翼中旗	107613	56090	51523	6859	2516	4343
扎赉特旗	170771	89305	81466	10154	4101	6053
突泉县	135718	70566	65152	3294	1236	2058
锡林郭勒盟	**282878**	**158669**	**124209**	**19234**	**6847**	**12387**
二连浩特市	1504	845	659	137	66	71
锡林浩特市	22388	12766	9622	753	277	476
阿巴嘎旗	15370	8991	6379	608	282	326
苏尼特左旗	14994	8891	6103	532	241	291
苏尼特右旗	14613	7964	6649	574	219	355
东乌珠穆沁旗	22122	12361	9761	954	373	581
西乌珠穆沁旗	36607	23540	13067	1257	527	730
太仆寺旗	58939	31158	27781	8640	2821	5819
镶黄旗	8362	4790	3572	155	62	93
正镶白旗	19219	10558	8661	1372	512	860
正蓝旗	30513	16233	14280	1703	598	1105
多伦县	35690	19121	16569	2409	807	1602
乌拉盖管委会	2557	1451	1106	140	62	78
阿拉善盟	**46447**	**29423**	**17024**	**2305**	**775**	**1530**
阿拉善左旗	33694	20629	13065	1900	613	1287
阿拉善右旗	4926	3036	1890	251	95	156
额济纳旗	5227	3608	1619	114	50	64
内蒙古阿拉善经济开发区	2600	2150	450	40	17	23

1-6c　续表 3　　　　单位：人

地　　区	学前教育			小　　学		
	小计	男	女	小计	男	女
内蒙古	**156521**	**80350**	**76171**	**2834375**	**1362344**	**1472031**
呼和浩特市	**14494**	**7343**	**7151**	**227601**	**111365**	**116236**
新城区	1999	1012	987	21139	10440	10699
回民区	552	299	253	4227	2233	1994
玉泉区	1888	945	943	16580	8052	8528
赛罕区	3672	1888	1784	42697	21032	21665
土默特左旗	2554	1263	1291	54620	26288	28332
托克托县	1564	800	764	27660	13352	14308
和林格尔县	1528	768	760	27083	13376	13707
清水河县	382	202	180	15272	7596	7676
武川县	355	166	189	18323	8996	9327
呼和浩特经济技术开发区						
包头市	**6859**	**3448**	**3411**	**130206**	**63479**	**66727**
东河区	946	469	477	12565	6034	6531
昆都仑区	671	335	336	7908	3950	3958
青山区	522	287	235	6023	2874	3149
石拐区	77	45	32	2122	1099	1023
白云鄂博矿区						
九原区	1413	702	711	16504	8009	8495
土默特右旗	1854	896	958	43038	20641	22397
固阳县	891	463	428	26268	12988	13280
达尔罕茂明安联合旗	339	175	164	13486	6779	6707
包头稀土高新技术产业开发区	146	76	70	2292	1105	1187
乌海市	**334**	**174**	**160**	**6059**	**3318**	**2741**
海勃湾区	270	137	133	3658	1941	1717
海南区	64	37	27	2401	1377	1024
乌达区						
赤峰市	**41414**	**21507**	**19907**	**740141**	**341205**	**398936**
红山区	340	200	140	6076	2984	3092
元宝山区	1166	614	552	23553	10368	13185
松山区	7801	4214	3587	92348	41780	50568
阿鲁科尔沁旗	2014	1010	1004	54878	25735	29143
巴林左旗	3277	1685	1592	63692	29065	34627
巴林右旗	940	455	485	26636	12831	13805
林西县	1112	567	545	35822	16791	19031
克什克腾旗	1187	605	582	37847	18221	19626
翁牛特旗	3865	2049	1816	88091	40574	47517
喀喇沁旗	3053	1618	1435	59124	28100	31024
宁城县	8709	4431	4278	115950	53308	62642
敖汉旗	7950	4059	3891	136124	61448	74676

1—6c 续表 4 单位：人

地区	学前教育			小学		
	小计	男	女	小计	男	女
通辽市	**34207**	**17539**	**16668**	**493046**	**230394**	**262652**
科尔沁区	5391	2758	2633	70034	32365	37669
科尔沁左翼中旗	6543	3363	3180	91685	44583	47102
科尔沁左翼后旗	4598	2375	2223	78188	36925	41263
开鲁县	4716	2410	2306	65719	29687	36032
库伦旗	2208	1173	1035	32574	14893	17681
奈曼旗	6784	3459	3325	92325	42493	49832
扎鲁特旗	2849	1428	1421	50163	23733	26430
通辽经济技术开发区	918	465	453	10075	4716	5359
霍林郭勒市	200	108	92	2283	999	1284
鄂尔多斯市	**7894**	**4076**	**3818**	**165425**	**85148**	**80277**
东胜区	186	91	95	5425	3163	2262
康巴什区						
达拉特旗	2144	1105	1039	45785	22463	23322
准格尔旗	1621	822	799	37227	19514	17713
鄂托克前旗	769	386	383	12796	6499	6297
鄂托克旗	545	269	276	9528	4839	4689
杭锦旗	536	270	266	17544	8911	8633
乌审旗	1293	716	577	19739	10055	9684
伊金霍洛旗	800	417	383	17381	9704	7677
呼伦贝尔市	**12459**	**6411**	**6048**	**201546**	**97440**	**104106**
海拉尔区	170	99	71	2369	1103	1266
扎赉诺尔区						
阿荣旗	3195	1665	1530	47137	22227	24910
莫力达瓦达斡尔族自治旗	3144	1599	1545	51860	25642	26218
鄂伦春自治旗	917	474	443	15861	7838	8023
鄂温克族自治旗	512	272	240	7477	3595	3882
陈巴尔虎旗	154	86	68	3649	1837	1812
新巴尔虎左旗	335	159	176	5620	2826	2794
新巴尔虎右旗	198	108	90	4622	2690	1932
满洲里市						
牙克石市	180	88	92	2803	1203	1600
扎兰屯市	3497	1773	1724	57324	27079	30245
额尔古纳市	155	88	67	2770	1373	1397
根河市	2		2	54	27	27
巴彦淖尔市	**9285**	**4728**	**4557**	**183775**	**91015**	**92760**
临河区	2810	1448	1362	46288	22690	23598
五原县	1580	809	771	39454	19456	19998
磴口县	400	187	213	10511	5269	5242
乌拉特前旗	1923	983	940	38322	19465	18857
乌拉特中旗	647	342	305	15471	7933	7538
乌拉特后旗	245	129	116	4699	2636	2063
杭锦后旗	1680	830	850	29030	13566	15464

1-6c　续表 5　　　　单位：人

地　区	学前教育			小　学		
	小计	男	女	小计	男	女
乌兰察布市	**7259**	**3640**	**3619**	**286732**	**141617**	**145115**
集宁区	356	186	170	9385	4393	4992
卓资县	473	245	228	19372	9939	9433
化德县	267	132	135	17832	8895	8937
商都县	886	410	476	41891	19805	22086
兴和县	979	498	481	39265	20166	19099
凉城县	785	387	398	27486	13956	13530
察哈尔右翼前旗	731	362	369	29068	14359	14709
察哈尔右翼中旗	606	303	303	23720	11686	12034
察哈尔右翼后旗	471	233	238	22581	10914	11667
四子王旗	871	436	435	24887	11735	13152
丰镇市	834	448	386	31245	15769	15476
兴安盟	**16246**	**8317**	**7929**	**285025**	**138211**	**146814**
乌兰浩特市	846	422	424	14255	7059	7196
阿尔山市	38	19	19	821	418	403
科尔沁右翼前旗	5274	2725	2549	85527	42074	43453
科尔沁右翼中旗	2730	1393	1337	46737	22659	24078
扎赉特旗	3915	1968	1947	81910	40330	41580
突泉县	3443	1790	1653	55775	25671	30104
锡林郭勒盟	**5416**	**2798**	**2618**	**102916**	**52910**	**50006**
二连浩特市	41	22	19	552	288	264
锡林浩特市	434	228	206	6375	3309	3066
阿巴嘎旗	274	137	137	5862	3277	2585
苏尼特左旗	323	168	155	5460	2957	2503
苏尼特右旗	386	190	196	5089	2601	2488
东乌珠穆沁旗	560	287	273	8261	4361	3900
西乌珠穆沁旗	675	328	347	11528	6129	5399
太仆寺旗	664	354	310	24199	12238	11961
镶黄旗	225	116	109	2432	1184	1248
正镶白旗	283	135	148	7204	3663	3541
正蓝旗	715	350	365	9893	4864	5029
多伦县	811	467	344	15233	7613	7620
乌拉盖管委会	25	16	9	828	426	402
阿拉善盟	**654**	**369**	**285**	**11903**	**6242**	**5661**
阿拉善左旗	526	301	225	8864	4498	4366
阿拉善右旗	58	24	34	1714	958	756
额济纳旗	61	39	22	901	456	445
内蒙古阿拉善经济开发区	9	5	4	424	330	94

1-6c 续表 6

单位：人

地区	初中			高中			大学专科		
	小计	男	女	小计	男	女	小计	男	女
内蒙古	**3039062**	**1786711**	**1252351**	**640221**	**406473**	**233748**	**300728**	**178595**	**122133**
呼和浩特市	**270525**	**162042**	**108483**	**76298**	**47084**	**29214**	**36786**	**20006**	**16780**
新城区	35000	19718	15282	9432	5365	4067	4662	2381	2281
回民区	6932	4238	2694	3185	1953	1232	1653	876	777
玉泉区	24320	14194	10126	7036	4163	2873	3552	1521	2031
赛罕区	61796	35623	26173	18198	10680	7518	8899	4614	4285
土默特左旗	60082	35887	24195	13955	8635	5320	6076	3491	2585
托克托县	32783	19914	12869	9047	5753	3294	4255	2510	1745
和林格尔县	24585	15704	8881	8381	5528	2853	4059	2399	1660
清水河县	11540	8098	3442	3537	2585	952	1870	1127	743
武川县	13487	8666	4821	3527	2422	1105	1760	1087	673
呼和浩特经济技术开发区									
包头市	**147571**	**89382**	**58189**	**30845**	**18884**	**11961**	**12416**	**7013**	**5403**
东河区	18455	10629	7826	4259	2328	1931	1302	671	631
昆都仑区	11846	6659	5187	3049	1699	1350	1060	560	500
青山区	8602	4899	3703	1560	922	638	721	371	350
石拐区	2477	1548	929	515	324	191	247	139	108
白云鄂博矿区									
九原区	24754	14526	10228	4861	2926	1935	1908	1096	812
土默特右旗	46119	29079	17040	8006	5332	2674	3495	2051	1444
固阳县	21910	13878	8032	5506	3454	2052	2206	1287	919
达尔罕茂明安联合旗	10397	6433	3964	2403	1503	900	1212	707	505
包头稀土高新技术产业开发区	3011	1731	1280	686	396	290	265	131	134
乌海市	**10800**	**7603**	**3197**	**3313**	**2472**	**841**	**1653**	**1172**	**481**
海勃湾区	7169	5042	2127	2261	1685	576	1209	858	351
海南区	3631	2561	1070	1052	787	265	444	314	130
乌达区									
赤峰市	**706967**	**409705**	**297262**	**147334**	**92922**	**54412**	**71418**	**42168**	**29250**
红山区	4968	2858	2110	1254	761	493	565	323	242
元宝山区	30058	16665	13393	5769	3709	2060	2455	1582	873
松山区	104642	60000	44642	30721	18420	12301	17699	10112	7587
阿鲁科尔沁旗	51870	29493	22377	9026	5621	3405	4028	2380	1648
巴林左旗	62965	35737	27228	14593	8887	5706	7836	4439	3397
巴林右旗	21485	12200	9285	4236	2519	1717	1622	995	627
林西县	24311	14163	10148	6271	3900	2371	2486	1403	1083
克什克腾旗	25654	15791	9863	7698	5423	2275	3938	2597	1341
翁牛特旗	72581	42727	29854	13238	8777	4461	6573	4127	2446
喀喇沁旗	58524	34412	24112	11505	7580	3925	4814	2838	1976
宁城县	144346	82731	61615	21214	13593	7621	10558	6282	4276
敖汉旗	105563	62928	42635	21809	13732	8077	8844	5090	3754

1-6c 续表 7

单位：人

地区	初中			高中			大学专科		
	小计	男	女	小计	男	女	小计	男	女
通辽市	**667535**	**367678**	**299857**	**91660**	**56375**	**35285**	**38885**	**21722**	**17163**
科尔沁区	127012	68487	58525	15894	9249	6645	6202	3368	2834
科尔沁左翼中旗	130000	72023	57977	18245	11176	7069	8284	4597	3687
科尔沁左翼后旗	97876	53913	43963	13995	8643	5352	4793	2688	2105
开鲁县	94367	50720	43647	9625	5947	3678	4610	2593	2017
库伦旗	40046	22410	17636	6485	4129	2356	2285	1332	953
奈曼旗	103722	58141	45581	13800	8673	5127	7156	4037	3119
扎鲁特旗	53109	30419	22690	9049	5773	3276	4053	2303	1750
通辽经济技术开发区	18220	9842	8378	2989	1742	1247	1017	548	469
霍林郭勒市	3183	1723	1460	1578	1043	535	485	256	229
鄂尔多斯市	**150067**	**106095**	**43972**	**54854**	**41006**	**13848**	**30216**	**22282**	**7934**
东胜区	9345	7486	1859	3050	2599	451	1444	1139	305
康巴什区									
达拉特旗	40391	25882	14509	10839	7197	3642	4249	2681	1568
准格尔旗	31345	23176	8169	12784	9493	3291	8407	6211	2196
鄂托克前旗	12122	8816	3306	4651	3673	978	2124	1565	559
鄂托克旗	11372	8183	3189	4745	3386	1359	2856	2079	777
杭锦旗	11524	7569	3955	3170	2145	1025	1554	1028	526
乌审旗	16039	11536	4503	7223	5585	1638	5386	4306	1080
伊金霍洛旗	17929	13447	4482	8392	6928	1464	4196	3273	923
呼伦贝尔市	**254728**	**142837**	**111891**	**48959**	**28111**	**20848**	**22760**	**12919**	**9841**
海拉尔区	5497	2999	2498	1015	568	447	717	411	306
扎赉诺尔区									
阿荣旗	61037	34122	26915	8603	5175	3428	3858	2107	1751
莫力达瓦达斡尔族自治旗	61742	34245	27497	12463	6660	5803	4904	2593	2311
鄂伦春自治旗	18222	10370	7852	3818	2216	1602	1979	1107	872
鄂温克族自治旗	13349	7216	6133	5293	2897	2396	2764	1622	1142
陈巴尔虎旗	5902	3431	2471	1594	923	671	917	599	318
新巴尔虎左旗	6249	3507	2742	1745	1005	740	810	482	328
新巴尔虎右旗	4913	3291	1622	1533	1030	503	694	469	225
满洲里市									
牙克石市	9668	5251	4417	1956	1124	832	1162	666	496
扎兰屯市	61038	34440	26598	9151	5481	3670	3732	2090	1642
额尔古纳市	6967	3880	3087	1760	1016	744	1209	768	441
根河市	144	85	59	28	16	12	14	5	9
巴彦淖尔市	**251598**	**148434**	**103164**	**59924**	**37511**	**22413**	**25506**	**14312**	**11194**
临河区	67910	39823	28087	16493	10102	6391	8389	4460	3929
五原县	43477	25367	18110	9203	5743	3460	3605	1922	1683
磴口县	17051	9970	7081	4125	2802	1323	1562	921	641
乌拉特前旗	47393	28746	18647	12051	7479	4572	4845	2765	2080
乌拉特中旗	21014	12621	8393	5401	3667	1734	2252	1503	749
乌拉特后旗	8097	5199	2898	2547	1754	793	1045	700	345
杭锦后旗	46656	26708	19948	10104	5964	4140	3808	2041	1767

1-6c 续表 8

单位：人

地区	初中			高中			大学专科		
	小计	男	女	小计	男	女	小计	男	女
乌兰察布市	**207325**	**135221**	**72104**	**52071**	**33877**	**18194**	**25411**	**14904**	**10507**
集宁区	10139	6251	3888	5031	2813	2218	2074	1158	916
卓资县	15059	10070	4989	3704	2677	1027	1940	1254	686
化德县	10708	7126	3582	2397	1614	783	1464	868	596
商都县	26263	17549	8714	5973	3943	2030	2703	1534	1169
兴和县	25142	16732	8410	5404	3650	1754	2433	1434	999
凉城县	20552	13538	7014	5335	3624	1711	2784	1688	1096
察哈尔右翼前旗	22118	14649	7469	5521	3716	1805	2719	1622	1097
察哈尔右翼中旗	16751	10978	5773	4645	3050	1595	2397	1433	964
察哈尔右翼后旗	15429	10076	5353	3605	2351	1254	1537	893	644
四子王旗	22894	13887	9007	5423	3389	2034	3275	1826	1449
丰镇市	22270	14365	7905	5033	3050	1983	2085	1194	891
兴安盟	**252797**	**143470**	**109327**	**37360**	**23053**	**14307**	**16994**	**9676**	**7318**
乌兰浩特市	15314	8574	6740	3072	1863	1209	1436	921	515
阿尔山市	1663	919	744	311	190	121	203	130	73
科尔沁右翼前旗	74611	42026	32585	12245	7380	4865	5503	2981	2522
科尔沁右翼中旗	40086	23011	17075	6249	3956	2293	2673	1528	1145
扎赉特旗	60874	34784	26090	7643	4792	2851	3653	2080	1573
突泉县	60249	34156	26093	7840	4872	2968	3526	2036	1490
锡林郭勒盟	**101258**	**62158**	**39100**	**30136**	**19634**	**10502**	**14672**	**9458**	**5214**
二连浩特市	450	272	178	181	111	70	67	47	20
锡林浩特市	10118	6117	4001	2697	1672	1025	1394	842	552
阿巴嘎旗	5121	3115	2006	1927	1241	686	922	589	333
苏尼特左旗	4857	3049	1808	2072	1431	641	1067	696	371
苏尼特右旗	5349	3114	2235	1788	1076	712	808	477	331
东乌珠穆沁旗	7828	4605	3223	2387	1514	873	1193	756	437
西乌珠穆沁旗	13072	8947	4125	5436	4260	1176	2780	2169	611
太仆寺旗	18693	11807	6886	3908	2349	1559	1865	1111	754
镶黄旗	3450	2099	1351	1123	712	411	565	378	187
正镶白旗	7092	4274	2818	1856	1141	715	871	567	304
正蓝旗	11088	6333	4755	4097	2456	1641	1805	1059	746
多伦县	13019	7750	5269	2398	1504	894	1223	698	525
乌拉盖管委会	1121	676	445	266	167	99	112	69	43
阿拉善盟	**17891**	**12086**	**5805**	**7467**	**5544**	**1923**	**4011**	**2963**	**1048**
阿拉善左旗	13690	9119	4571	4896	3499	1397	2400	1709	691
阿拉善右旗	1586	1027	559	586	430	156	416	313	103
额济纳旗	1710	1151	559	1323	1050	273	742	588	154
内蒙古阿拉善经济开发区	905	789	116	662	565	97	453	353	100

1-6c 续表 9

单位：人

地 区	大学本科			硕士研究生			博士研究生		
	小计	男	女	小计	男	女	小计	男	女
内蒙古	**179002**	**93856**	**85146**	**8415**	**3451**	**4964**	**966**	**429**	**537**
呼和浩特市	**17670**	**9177**	**8493**	**905**	**422**	**483**	**96**	**51**	**45**
新城区	1912	900	1012	96	39	57	14	10	4
回民区	721	365	356	37	16	21	1		1
玉泉区	3784	1894	1890	76	32	44	11	3	8
赛罕区	3753	1909	1844	276	132	144	23	17	6
土默特左旗	2211	1157	1054	120	59	61	12	5	7
托克托县	1944	1112	832	86	42	44	7	4	3
和林格尔县	1845	976	869	92	46	46	10	4	6
清水河县	769	444	325	69	35	34	11	4	7
武川县	731	420	311	53	21	32	7	4	3
呼和浩特经济技术开发区									
包头市	**7554**	**3891**	**3663**	**356**	**157**	**199**	**36**	**20**	**16**
东河区	870	438	432	43	16	27	3	1	2
昆都仑区	536	244	292	16	5	11	3	1	2
青山区	376	194	182	14	4	10	2	1	1
石拐区	156	80	76	14	7	7	1		1
白云鄂博矿区									
九原区	895	463	432	48	17	31	3	3	
土默特右旗	2256	1260	996	100	54	46	16	12	4
固阳县	1406	700	706	70	32	38	3	2	1
达尔罕茂明安联合旗	897	427	470	43	20	23	3		3
包头稀土高新技术产业开发区	162	85	77	8	2	6	2		2
乌海市	**618**	**404**	**214**	**26**	**12**	**14**	**4**		**4**
海勃湾区	456	303	153	19	8	11	4		4
海南区	162	101	61	7	4	3			
乌达区									
赤峰市	**46333**	**24403**	**21930**	**2415**	**979**	**1436**	**253**	**118**	**135**
红山区	241	104	137	14	7	7	2	1	1
元宝山区	1401	762	639	92	38	54	17	7	10
松山区	10244	5316	4928	561	234	327	42	18	24
阿鲁科尔沁旗	3867	1906	1961	169	49	120	24	7	17
巴林左旗	5887	3017	2870	229	90	139	38	24	14
巴林右旗	1913	983	930	87	35	52	10	3	7
林西县	1406	728	678	74	27	47	3	1	2
克什克腾旗	2488	1450	1038	123	55	68	15	6	9
翁牛特旗	4320	2398	1922	186	67	119	22	9	13
喀喇沁旗	3286	1760	1526	196	81	115	13	7	6
宁城县	6828	3693	3135	395	169	226	42	24	18
敖汉旗	4452	2286	2166	289	127	162	25	11	14

1-6c 续表 10

单位：人

地区	大学本科			硕士研究生			博士研究生		
	小计	男	女	小计	男	女	小计	男	女
通辽市	**27869**	**13438**	**14431**	**1314**	**442**	**872**	**200**	**75**	**125**
科尔沁区	3541	1702	1839	189	75	114	22	10	12
科尔沁左翼中旗	6722	3120	3602	319	91	228	50	10	40
科尔沁左翼后旗	4017	1931	2086	167	60	107	34	10	24
开鲁县	3125	1589	1536	163	56	107	16	8	8
库伦旗	2001	1003	998	95	35	60	9	6	3
奈曼旗	4339	2103	2236	174	62	112	31	16	15
扎鲁特旗	3177	1524	1653	164	52	112	30	12	18
通辽经济技术开发区	646	308	338	36	8	28	7	2	5
霍林郭勒市	301	158	143	7	3	4	1	1	
鄂尔多斯市	**17956**	**11999**	**5957**	**724**	**405**	**319**	**55**	**39**	**16**
东胜区	755	576	179	19	13	6	3	2	1
康巴什区									
达拉特旗	2637	1498	1139	119	53	66	6	2	4
准格尔旗	5473	3803	1670	226	131	95	12	7	5
鄂托克前旗	1241	840	401	48	26	22	4	4	
鄂托克旗	1467	964	503	45	20	25	5	3	2
杭锦旗	1132	648	484	51	27	24	2	1	1
乌审旗	2878	1992	886	107	64	43	7	4	3
伊金霍洛旗	2373	1678	695	109	71	38	16	16	
呼伦贝尔市	**12370**	**6125**	**6245**	**544**	**185**	**359**	**45**	**19**	**26**
海拉尔区	305	155	150	17	5	12	3		3
扎赉诺尔区									
阿荣旗	1907	979	928	85	33	52	10	7	3
莫力达瓦达斡尔族自治旗	3173	1478	1695	119	43	76	4	2	2
鄂伦春自治旗	992	479	513	36	17	19	2	2	
鄂温克族自治旗	1469	720	749	87	25	62	7	2	5
陈巴尔虎旗	528	291	237	16	5	11	1		1
新巴尔虎左旗	626	321	305	27	7	20	2		2
新巴尔虎右旗	578	348	230	26	8	18	5	1	4
满洲里市									
牙克石市	443	219	224	15	2	13	2	2	
扎兰屯市	1731	824	907	91	30	61	9	3	6
额尔古纳市	602	303	299	24	9	15			
根河市	16	8	8	1	1				
巴彦淖尔市	**15516**	**7045**	**8471**	**497**	**225**	**272**	**56**	**24**	**32**
临河区	7712	3170	4542	121	52	69	6	6	
五原县	1650	741	909	95	44	51	14	6	8
磴口县	553	257	296	19	7	12	4		4
乌拉特前旗	2283	1091	1192	107	44	63	12	5	7
乌拉特中旗	1166	705	461	52	29	23	6	2	4
乌拉特后旗	487	315	172	25	15	10	1		1
杭锦后旗	1665	766	899	78	34	44	13	5	8

1-6c　续表 11　　　　单位：人

地　　区	大学本科			硕士研究生			博士研究生		
	小计	男	女	小计	男	女	小计	男	女
乌兰察布市	**11764**	**6271**	**5493**	**742**	**300**	**442**	**102**	**46**	**56**
集宁区	1248	657	591	102	40	62	4	2	2
卓资县	703	394	309	33	19	14	4	1	3
化德县	690	354	336	51	14	37	7	4	3
商都县	1124	556	568	85	34	51	12	4	8
兴和县	1111	563	548	82	34	48	16	6	10
凉城县	1347	732	615	73	33	40	16	10	6
察哈尔右翼前旗	1132	643	489	72	32	40	11	4	7
察哈尔右翼中旗	1256	660	596	64	26	38	10	4	6
察哈尔右翼后旗	748	425	323	48	16	32	6	2	4
四子王旗	1491	780	711	60	26	34	9	5	4
丰镇市	914	507	407	72	26	46	7	4	3
兴安盟	**10435**	**5015**	**5420**	**409**	**126**	**283**	**57**	**15**	**42**
乌兰浩特市	711	393	318	31	12	19	1		1
阿尔山市	85	44	41	3	1	2			
科尔沁右翼前旗	3436	1581	1855	129	36	93	13	7	6
科尔沁右翼中旗	2161	1002	1159	97	22	75	21	3	18
扎赉特旗	2523	1220	1303	83	28	55	16	2	14
突泉县	1519	775	744	66	27	39	6	3	3
锡林郭勒盟	**8792**	**4682**	**4110**	**403**	**166**	**237**	**51**	**16**	**35**
二连浩特市	73	39	34	2		2	1		1
锡林浩特市	602	315	287	13	5	8	2	1	1
阿巴嘎旗	639	344	295	14	6	8	3		3
苏尼特左旗	652	335	317	25	11	14	6	3	3
苏尼特右旗	596	279	317	21	7	14	2	1	1
东乌珠穆沁旗	888	447	441	45	18	27	6		6
西乌珠穆沁旗	1781	1144	637	72	35	37	6	1	5
太仆寺旗	898	456	442	63	17	46	9	5	4
镶黄旗	389	227	162	19	11	8	4	1	3
正镶白旗	504	252	252	36	14	22	1		1
正蓝旗	1155	552	603	50	20	30	7	1	6
多伦县	555	261	294	39	19	20	3	2	1
乌拉盖管委会	60	31	29	4	3	1	1	1	
阿拉善盟	**2125**	**1406**	**719**	**80**	**32**	**48**	**11**	**6**	**5**
阿拉善左旗	1356	863	493	54	22	32	8	5	3
阿拉善右旗	293	182	111	19	6	13	3	1	2
额济纳旗	372	272	100	4	2	2			
内蒙古阿拉善经济开发区	104	89	15	3	2	1			

1-7 各地区分性别的15岁及以上文盲人口

单位：人、%

地区	15岁及以上人口			文盲人口			文盲人口占15岁及以上人口比重		
	合计	男	女	合计	男	女	合计	男	女
内蒙古	**20671482**	**10519559**	**10151923**	**792204**	**216205**	**575999**	**3.83**	**2.06**	**5.67**
呼和浩特市	**2966845**	**1492717**	**1474128**	**94654**	**23901**	**70753**	**3.19**	**1.60**	**4.80**
新城区	597189	297784	299405	8842	2149	6693	1.48	0.72	2.24
回民区	378639	186407	192232	6432	1456	4976	1.70	0.78	2.59
玉泉区	447642	225576	222066	8706	2163	6543	1.94	0.96	2.95
赛罕区	763610	380985	382625	14101	3711	10390	1.85	0.97	2.72
土默特左旗	232382	119656	112726	15804	4315	11489	6.80	3.61	10.19
托克托县	142092	73649	68443	12078	3058	9020	8.50	4.15	13.18
和林格尔县	141537	70932	70605	12636	3336	9300	8.93	4.70	13.17
清水河县	67014	35017	31997	7494	1498	5996	11.18	4.28	18.74
武川县	86026	44760	41266	5697	1500	4197	6.62	3.35	10.17
呼和浩特经济技术开发区	110714	57951	52763	2864	715	2149	2.59	1.23	4.07
包头市	**2354080**	**1191576**	**1162504**	**62741**	**16193**	**46548**	**2.67**	**1.36**	**4.00**
东河区	426595	213094	213501	8116	2101	6015	1.90	0.99	2.82
昆都仑区	677343	339854	337489	8063	2166	5897	1.19	0.64	1.75
青山区	467587	230895	236692	5654	1247	4407	1.21	0.54	1.86
石拐区	22853	12675	10178	1604	526	1078	7.02	4.15	10.59
白云鄂博矿区	20469	11222	9247	578	125	453	2.82	1.11	4.90
九原区	208354	110309	98045	7577	1860	5717	3.64	1.69	5.83
土默特右旗	207988	107206	100782	16047	3945	12102	7.72	3.68	12.01
固阳县	105845	55883	49962	5897	1717	4180	5.57	3.07	8.37
达尔罕茂明安联合旗	62807	32741	30066	3921	1211	2710	6.24	3.70	9.01
包头稀土高新技术产业开发区	154239	77697	76542	5284	1295	3989	3.43	1.67	5.21
乌海市	**481871**	**252720**	**229151**	**14082**	**3561**	**10521**	**2.92**	**1.41**	**4.59**
海勃湾区	291832	149647	142185	6851	1702	5149	2.35	1.14	3.62
海南区	81573	45541	36032	4085	1087	2998	5.01	2.39	8.32
乌达区	108466	57532	50934	3146	772	2374	2.90	1.34	4.66
赤峰市	**3416888**	**1714766**	**1702122**	**113604**	**26769**	**86835**	**3.32**	**1.56**	**5.10**
红山区	395316	194874	200442	5465	1297	4168	1.38	0.67	2.08
元宝山区	247504	122776	124728	4950	1174	3776	2.00	0.96	3.03
松山区	589070	296786	292284	15572	3310	12262	2.64	1.12	4.20
阿鲁科尔沁旗	207933	104409	103524	6219	1748	4471	2.99	1.67	4.32
巴林左旗	237479	119005	118474	6470	1489	4981	2.72	1.25	4.20
巴林右旗	131973	66019	65954	4123	1156	2967	3.12	1.75	4.50
林西县	162013	81127	80886	5572	1581	3991	3.44	1.95	4.93
克什克腾旗	161709	82430	79279	10642	2551	8091	6.58	3.09	10.21
翁牛特旗	286063	143965	142098	15834	3754	12080	5.54	2.61	8.50
喀喇沁旗	222513	112796	109717	11663	2667	8996	5.24	2.36	8.20
宁城县	401911	203650	198261	14670	3328	11342	3.65	1.63	5.72
敖汉旗	373404	186929	186475	12424	2714	9710	3.33	1.45	5.21

1-7　续表 1　　　　单位：人、%

地　区	15岁及以上人口			文盲人口			文盲人口占15岁及以上人口比重		
	合计	男	女	合计	男	女	合计	男	女
通辽市	**2456087**	**1232903**	**1223184**	**81771**	**26201**	**55570**	**3.33**	**2.13**	**4.54**
科尔沁区	629702	310874	318828	9716	3023	6693	1.54	0.97	2.10
科尔沁左翼中旗	341840	175383	166457	20742	7278	13464	6.07	4.15	8.09
科尔沁左翼后旗	272571	138042	134529	12315	4309	8006	4.52	3.12	5.95
开鲁县	268673	133333	135340	4764	1233	3531	1.77	0.92	2.61
库伦旗	128590	65206	63384	4303	1353	2950	3.35	2.07	4.65
奈曼旗	312594	157031	155563	12564	3706	8858	4.02	2.36	5.69
扎鲁特旗	214088	108056	106032	13596	4361	9235	6.35	4.04	8.71
通辽经济技术开发区	172338	84733	87605	2070	552	1518	1.20	0.65	1.73
霍林郭勒市	115691	60245	55446	1701	386	1315	1.47	0.64	2.37
鄂尔多斯市	**1764363**	**952198**	**812165**	**94522**	**23569**	**70953**	**5.36**	**2.48**	**8.74**
东胜区	460880	237478	223402	12422	2831	9591	2.70	1.19	4.29
康巴什区	94159	47863	46296	2290	460	1830	2.43	0.96	3.95
达拉特旗	271235	140733	130502	17744	4059	13685	6.54	2.88	10.49
准格尔旗	297248	166080	131168	16756	4403	12353	5.64	2.65	9.42
鄂托克前旗	78269	43926	34343	5328	1524	3804	6.81	3.47	11.08
鄂托克旗	134886	75095	59791	7976	2139	5837	5.91	2.85	9.76
杭锦旗	93910	49198	44712	9172	2175	6997	9.77	4.42	15.65
乌审旗	129883	75636	54247	6729	1789	4940	5.18	2.37	9.11
伊金霍洛旗	203893	116189	87704	16105	4189	11916	7.90	3.61	13.59
呼伦贝尔市	**1980976**	**997153**	**983823**	**37305**	**11959**	**25346**	**1.88**	**1.20**	**2.58**
海拉尔区	326728	159338	167390	3272	893	2379	1.00	0.56	1.42
扎赉诺尔区	77419	38466	38953	732	207	525	0.95	0.54	1.35
阿荣旗	217507	110255	107252	4528	1409	3119	2.08	1.28	2.91
莫力达瓦达斡尔族自治旗	193516	98629	94887	5505	1945	3560	2.84	1.97	3.75
鄂伦春自治旗	153785	77732	76053	4706	1460	3246	3.06	1.88	4.27
鄂温克族自治旗	124776	62685	62091	2147	729	1418	1.72	1.16	2.28
陈巴尔虎旗	45648	24129	21519	1038	403	635	2.27	1.67	2.95
新巴尔虎左旗	32189	16489	15700	1214	512	702	3.77	3.11	4.47
新巴尔虎右旗	33757	18337	15420	1133	497	636	3.36	2.71	4.12
满洲里市	131477	66329	65148	674	214	460	0.51	0.32	0.71
牙克石市	237735	118435	119300	2921	822	2099	1.23	0.69	1.76
扎兰屯市	277206	140621	136585	5842	1947	3895	2.11	1.38	2.85
额尔古纳市	61917	31481	30436	1804	523	1281	2.91	1.66	4.21
根河市	67316	34227	33089	1789	398	1391	2.66	1.16	4.20
巴彦淖尔市	**1344017**	**686021**	**657996**	**79527**	**20484**	**59043**	**5.92**	**2.99**	**8.97**
临河区	502704	252614	250090	23440	5909	17531	4.66	2.34	7.01
五原县	195954	99644	96310	12666	3335	9331	6.46	3.35	9.69
磴口县	81269	41748	39521	6666	1707	4959	8.20	4.09	12.55
乌拉特前旗	225220	115836	109384	16636	4097	12539	7.39	3.54	11.46
乌拉特中旗	100144	53474	46670	6435	1929	4506	6.43	3.61	9.66
乌拉特后旗	47376	26070	21306	2740	775	1965	5.78	2.97	9.22
杭锦后旗	191350	96635	94715	10944	2732	8212	5.72	2.83	8.67

1-7 续表 2

单位：人、%

地区	15岁及以上人口			文盲人口			文盲人口占15岁及以上人口比重		
	合计	男	女	合计	男	女	合计	男	女
乌兰察布市	**1517809**	**775382**	**742427**	**115063**	**30340**	**84723**	**7.58**	**3.91**	**11.41**
集宁区	371251	182746	188505	9095	2054	7041	2.45	1.12	3.74
卓资县	78860	42202	36658	7024	2063	4961	8.91	4.89	13.53
化德县	85615	43884	41731	6736	1817	4919	7.87	4.14	11.79
商都县	156058	78818	77240	14585	3778	10807	9.35	4.79	13.99
兴和县	146093	74530	71563	17888	4303	13585	12.24	5.77	18.98
凉城县	106241	55366	50875	13112	3669	9443	12.34	6.63	18.56
察哈尔右翼前旗	113491	59747	53744	10378	2708	7670	9.14	4.53	14.27
察哈尔右翼中旗	79296	41595	37701	7154	1959	5195	9.02	4.71	13.78
察哈尔右翼后旗	93707	48096	45611	8760	2164	6596	9.35	4.50	14.46
四子王旗	115670	59604	56066	6498	1834	4664	5.62	3.08	8.32
丰镇市	171527	88794	82733	13833	3991	9842	8.06	4.49	11.90
兴安盟	**1211573**	**611908**	**599665**	**51853**	**18947**	**32906**	**4.28**	**3.10**	**5.49**
乌兰浩特市	308162	150750	157412	5894	1938	3956	1.91	1.29	2.51
阿尔山市	29539	15255	14284	543	147	396	1.84	0.96	2.77
科尔沁右翼前旗	242459	123934	118525	10603	3704	6899	4.37	2.99	5.82
科尔沁右翼中旗	175779	89319	86460	14010	5022	8988	7.97	5.62	10.40
扎赉特旗	265986	136640	129346	17303	7019	10284	6.51	5.14	7.95
突泉县	189648	96010	93638	3500	1117	2383	1.85	1.16	2.54
锡林郭勒盟	**951447**	**491757**	**459690**	**38664**	**11895**	**26769**	**4.06**	**2.42**	**5.82**
二连浩特市	63812	32816	30996	1651	423	1228	2.59	1.29	3.96
锡林浩特市	298809	150043	148766	5714	1671	4043	1.91	1.11	2.72
阿巴嘎旗	34002	18270	15732	1721	614	1107	5.06	3.36	7.04
苏尼特左旗	29112	15772	13340	1121	394	727	3.85	2.50	5.45
苏尼特右旗	55102	28195	26907	2205	638	1567	4.00	2.26	5.82
东乌珠穆沁旗	59860	31168	28692	2271	740	1531	3.79	2.37	5.34
西乌珠穆沁旗	85472	47944	37528	2925	984	1941	3.42	2.05	5.17
太仆寺旗	97222	49844	47378	10333	3267	7066	10.63	6.55	14.91
镶黄旗	23938	12582	11356	763	192	571	3.19	1.53	5.03
正镶白旗	38674	20281	18393	2713	881	1832	7.02	4.34	9.96
正蓝旗	60423	30973	29450	2868	817	2051	4.75	2.64	6.96
多伦县	85257	43551	41706	3418	956	2462	4.01	2.20	5.90
乌拉盖管委会	19764	10318	9446	961	318	643	4.86	3.08	6.81
阿拉善盟	**225526**	**120458**	**105068**	**8418**	**2386**	**6032**	**3.73**	**1.98**	**5.74**
阿拉善左旗	153108	80028	73080	5829	1653	4176	3.81	2.07	5.71
阿拉善右旗	20077	10792	9285	1146	319	827	5.71	2.96	8.91
额济纳旗	29557	15666	13891	763	235	528	2.58	1.50	3.80
内蒙古阿拉善经济开发区	22784	13972	8812	680	179	501	2.98	1.28	5.69

1-7a　各地区分性别的15岁及以上文盲人口(城市)

单位：人、%

地　区	15岁及以上人口			文盲人口			文盲人口占15岁及以上人口比重		
	合计	男	女	合计	男	女	合计	男	女
内蒙古	**8088402**	**4010545**	**4077857**	**119921**	**28825**	**91096**	**1.48**	**0.72**	**2.23**
呼和浩特市	**1914332**	**945047**	**969285**	**25735**	**6019**	**19716**	**1.34**	**0.64**	**2.03**
新城区	527623	260848	266775	6397	1432	4965	1.21	0.55	1.86
回民区	362476	177131	185345	5851	1287	4564	1.61	0.73	2.46
玉泉区	394823	197631	197192	6236	1507	4729	1.58	0.76	2.40
赛罕区	629410	309437	319973	7251	1793	5458	1.15	0.58	1.71
包头市	**1645482**	**820574**	**824908**	**21788**	**5400**	**16388**	**1.32**	**0.66**	**1.99**
东河区	372293	185007	187286	5334	1343	3991	1.43	0.73	2.13
昆都仑区	653096	326919	326177	6723	1796	4927	1.03	0.55	1.51
青山区	449026	220795	228231	4845	1015	3830	1.08	0.46	1.68
石拐区	13927	7271	6656	969	328	641	6.96	4.51	9.63
白云鄂博矿区	20469	11222	9247	578	125	453	2.82	1.11	4.90
九原区	136671	69360	67311	3339	793	2546	2.44	1.14	3.78
乌海市	**442277**	**227697**	**214580**	**10866**	**2703**	**8163**	**2.46**	**1.19**	**3.80**
海勃湾区	273626	138264	135362	5608	1350	4258	2.05	0.98	3.15
海南区	62567	33318	29249	2214	604	1610	3.54	1.81	5.50
乌达区	106084	56115	49969	3044	749	2295	2.87	1.33	4.59
赤峰市	**845200**	**416936**	**428264**	**9607**	**2101**	**7506**	**1.14**	**0.50**	**1.75**
红山区	361572	177455	184117	3757	922	2835	1.04	0.52	1.54
元宝山区	160245	78298	81947	2275	511	1764	1.42	0.65	2.15
松山区	323383	161183	162200	3575	668	2907	1.11	0.41	1.79
通辽市	**488659**	**239528**	**249131**	**3715**	**1004**	**2711**	**0.76**	**0.42**	**1.09**
科尔沁区	380810	183445	197365	2236	680	1556	0.59	0.37	0.79
霍林郭勒市	107849	56083	51766	1479	324	1155	1.37	0.58	2.23
鄂尔多斯市	**531881**	**268689**	**263192**	**13189**	**2831**	**10358**	**2.48**	**1.05**	**3.94**
东胜区	437011	220447	216564	10858	2363	8495	2.48	1.07	3.92
康巴什区	94159	47863	46296	2290	460	1830	2.43	0.96	3.95
鄂托克旗	711	379	332	41	8	33	5.77	2.11	9.94
呼伦贝尔市	**844547**	**414081**	**430466**	**7976**	**2200**	**5776**	**0.94**	**0.53**	**1.34**
海拉尔区	315623	153566	162057	2894	780	2114	0.92	0.51	1.30
扎赉诺尔区	72546	35898	36648	599	162	437	0.83	0.45	1.19
满洲里市	127561	64283	63278	590	184	406	0.46	0.29	0.64
牙克石市	127611	61539	66072	1114	309	805	0.87	0.50	1.22
扎兰屯市	123786	60468	63318	920	268	652	0.74	0.44	1.03
额尔古纳市	38206	18880	19326	807	243	564	2.11	1.29	2.92
根河市	39214	19447	19767	1052	254	798	2.68	1.31	4.04
巴彦淖尔市	**335651**	**165894**	**169757**	**7462**	**1666**	**5796**	**2.22**	**1.00**	**3.41**
临河区	335651	165894	169757	7462	1666	5796	2.22	1.00	3.41
乌兰察布市	**425674**	**209781**	**215893**	**9502**	**2086**	**7416**	**2.23**	**0.99**	**3.44**
集宁区	330383	162299	168084	6437	1404	5033	1.95	0.87	2.99
丰镇市	95291	47482	47809	3065	682	2383	3.22	1.44	4.98
兴安盟	**277017**	**134191**	**142826**	**3819**	**1150**	**2669**	**1.38**	**0.86**	**1.87**
乌兰浩特市	260482	125760	134722	3485	1064	2421	1.34	0.85	1.80
阿尔山市	16535	8431	8104	334	86	248	2.02	1.02	3.06
锡林郭勒盟	**337682**	**168127**	**169555**	**6262**	**1665**	**4597**	**1.85**	**0.99**	**2.71**
二连浩特市	61441	31362	30079	1454	346	1108	2.37	1.10	3.68
锡林浩特市	276241	136765	139476	4808	1319	3489	1.74	0.96	2.50

1-7b 各地区分性别的15岁及以上文盲人口(镇)

单位：人、%

地 区	15岁及以上人口			文盲人口			文盲人口占15岁及以上人口比重		
	合计	男	女	合计	男	女	合计	男	女
内蒙古	**5661671**	**2844883**	**2816788**	**162158**	**40611**	**121547**	**2.86**	**1.43**	**4.32**
呼和浩特市	**410120**	**206100**	**204020**	**12652**	**2960**	**9692**	**3.08**	**1.44**	**4.75**
新城区	2054	1081	973	184	64	120	8.96	5.92	12.33
回民区									
玉泉区									
赛罕区	2137	1120	1017	131	31	100	6.13	2.77	9.83
土默特左旗	89613	44833	44780	1899	499	1400	2.12	1.11	3.13
托克托县	61318	31068	30250	1933	392	1541	3.15	1.26	5.09
和林格尔县	69465	32615	36850	2159	554	1605	3.11	1.70	4.36
清水河县	29555	14806	14749	1648	303	1345	5.58	2.05	9.12
武川县	45264	22626	22638	1834	402	1432	4.05	1.78	6.33
呼和浩特经济技术开发区	110714	57951	52763	2864	715	2149	2.59	1.23	4.07
包头市	**369306**	**190762**	**178544**	**10831**	**2650**	**8181**	**2.93**	**1.39**	**4.58**
东河区	17319	8860	8459	553	149	404	3.19	1.68	4.78
昆都仑区	731	622	109	3	1	2	0.41	0.16	1.83
青山区	2197	1497	700	42	11	31	1.91	0.73	4.43
石拐区	2950	2120	830	59	28	31	2.00	1.32	3.73
白云鄂博矿区									
九原区	23425	15220	8205	611	142	469	2.61	0.93	5.72
土默特右旗	96510	48211	48299	2863	678	2185	2.97	1.41	4.52
固阳县	45939	23386	22553	961	228	733	2.09	0.97	3.25
达尔罕茂明安联合旗	32274	16389	15885	943	225	718	2.92	1.37	4.52
包头稀土高新技术产业开发区	147961	74457	73504	4796	1188	3608	3.24	1.60	4.91
乌海市	**15587**	**9906**	**5681**	**771**	**214**	**557**	**4.95**	**2.16**	**9.80**
海勃湾区	3048	1636	1412	124	42	82	4.07	2.57	5.81
海南区	10157	6853	3304	545	149	396	5.37	2.17	11.99
乌达区	2382	1417	965	102	23	79	4.28	1.62	8.19
赤峰市	**924734**	**452644**	**472090**	**16779**	**3683**	**13096**	**1.81**	**0.81**	**2.77**
红山区	20601	10747	9854	784	169	615	3.81	1.57	6.24
元宝山区	26480	13410	13070	822	171	651	3.10	1.28	4.98
松山区	20824	10561	10263	942	220	722	4.52	2.08	7.03
阿鲁科尔沁旗	88837	43019	45818	797	171	626	0.90	0.40	1.37
巴林左旗	90780	44026	46754	698	155	543	0.77	0.35	1.16
巴林右旗	77575	37983	39592	885	178	707	1.14	0.47	1.79
林西县	92668	45630	47038	1855	528	1327	2.00	1.16	2.82
克什克腾旗	80911	39515	41396	2683	516	2167	3.32	1.31	5.23
翁牛特旗	104292	51321	52971	2965	701	2264	2.84	1.37	4.27
喀喇沁旗	87083	42740	44343	1575	328	1247	1.81	0.77	2.81
宁城县	122978	59886	63092	1483	273	1210	1.21	0.46	1.92
敖汉旗	111705	53806	57899	1290	273	1017	1.15	0.51	1.76

1-7b　续表 1　　单位：人、%

地　区	15岁及以上人口			文盲人口			文盲人口占15岁及以上人口比重		
	合计	男	女	合计	男	女	合计	男	女
通辽市	**738168**	**361319**	**376849**	**13144**	**3585**	**9559**	**1.78**	**0.99**	**2.54**
科尔沁区	40563	20748	19815	845	268	577	2.08	1.29	2.91
科尔沁左翼中旗	101515	50036	51479	2559	799	1760	2.52	1.60	3.42
科尔沁左翼后旗	90040	43805	46235	1586	489	1097	1.76	1.12	2.37
开鲁县	104538	50749	53789	1142	267	875	1.09	0.53	1.63
库伦旗	51912	25629	26283	1029	264	765	1.98	1.03	2.91
奈曼旗	108341	52835	55506	1628	447	1181	1.50	0.85	2.13
扎鲁特旗	98984	48279	50705	2948	708	2240	2.98	1.47	4.42
通辽经济技术开发区	141979	69065	72914	1395	339	1056	0.98	0.49	1.45
霍林郭勒市	296	173	123	12	4	8	4.05	2.31	6.50
鄂尔多斯市	**789002**	**416634**	**372368**	**33151**	**7661**	**25490**	**4.20**	**1.84**	**6.85**
东胜区	2843	1862	981	107	20	87	3.76	1.07	8.87
康巴什区									
达拉特旗	162410	82120	80290	5700	1128	4572	3.51	1.37	5.69
准格尔旗	197083	103567	93516	7378	1632	5746	3.74	1.58	6.14
鄂托克前旗	43957	22635	21322	1901	489	1412	4.32	2.16	6.62
鄂托克旗	102894	55214	47680	5218	1320	3898	5.07	2.39	8.18
杭锦旗	55422	28546	26876	3774	861	2913	6.81	3.02	10.84
乌审旗	76330	42427	33903	1224	329	895	1.60	0.78	2.64
伊金霍洛旗	148063	80263	67800	7849	1882	5967	5.30	2.34	8.80
呼伦贝尔市	**624795**	**313760**	**311035**	**10630**	**3061**	**7569**	**1.70**	**0.98**	**2.43**
海拉尔区	1327	684	643	65	21	44	4.90	3.07	6.84
扎赉诺尔区	4873	2568	2305	133	45	88	2.73	1.75	3.82
阿荣旗	103637	50910	52727	1182	321	861	1.14	0.63	1.63
莫力达瓦达斡尔族自治旗	67998	33351	34647	894	296	598	1.31	0.89	1.73
鄂伦春自治旗	113910	56630	57280	2529	707	1822	2.22	1.25	3.18
鄂温克族自治旗	95376	47218	48158	1134	323	811	1.19	0.68	1.68
陈巴尔虎旗	33197	17177	16020	414	134	280	1.25	0.78	1.75
新巴尔虎左旗	17456	8552	8904	323	105	218	1.85	1.23	2.45
新巴尔虎右旗	21647	10658	10989	400	129	271	1.85	1.21	2.47
满洲里市	3916	2046	1870	84	30	54	2.15	1.47	2.89
牙克石市	94247	48588	45659	1546	442	1104	1.64	0.91	2.42
扎兰屯市	29003	15374	13629	853	290	563	2.94	1.89	4.13
额尔古纳市	10362	5365	4997	341	75	266	3.29	1.40	5.32
根河市	27846	14639	13207	732	143	589	2.63	0.98	4.46
巴彦淖尔市	**440030**	**220149**	**219881**	**17233**	**4222**	**13011**	**3.92**	**1.92**	**5.92**
临河区	12205	6435	5770	1064	263	801	8.72	4.09	13.88
五原县	92456	46093	46363	2407	610	1797	2.60	1.32	3.88
磴口县	43982	21881	22101	1986	435	1551	4.52	1.99	7.02
乌拉特前旗	113434	56088	57346	4721	1114	3607	4.16	1.99	6.29
乌拉特中旗	52507	26787	25720	2577	757	1820	4.91	2.83	7.08
乌拉特后旗	29766	15402	14364	1287	334	953	4.32	2.17	6.63
杭锦后旗	95680	47463	48217	3191	709	2482	3.34	1.49	5.15

1-7b 续表 2

单位：人、%

地 区	15岁及以上人口			文盲人口			文盲人口占15岁及以上人口比重		
	合计	男	女	合计	男	女	合计	男	女
乌兰察布市	**447753**	**223625**	**224128**	**18663**	**4379**	**14284**	**4.17**	**1.96**	**6.37**
集宁区	12394	5402	6992	602	172	430	4.86	3.18	6.15
卓资县	33602	16939	16663	1466	471	995	4.36	2.78	5.97
化德县	48851	24302	24549	1848	476	1372	3.78	1.96	5.59
商都县	69053	33871	35182	2435	523	1912	3.53	1.54	5.43
兴和县	60718	30127	30591	2274	418	1856	3.75	1.39	6.07
凉城县	41243	20392	20851	2763	649	2114	6.70	3.18	10.14
察哈尔右翼前旗	46913	23859	23054	1569	323	1246	3.34	1.35	5.40
察哈尔右翼中旗	26071	12982	13089	968	184	784	3.71	1.42	5.99
察哈尔右翼后旗	45099	22776	22323	1834	393	1441	4.07	1.73	6.46
四子王旗	55652	27857	27795	1915	441	1474	3.44	1.58	5.30
丰镇市	8157	5118	3039	989	329	660	12.12	6.43	21.72
兴安盟	**367414**	**181199**	**186215**	**8786**	**3067**	**5719**	**2.39**	**1.69**	**3.07**
乌兰浩特市	14537	7280	7257	595	219	376	4.09	3.01	5.18
阿尔山市	9992	5188	4804	144	46	98	1.44	0.89	2.04
科尔沁右翼前旗	72435	35298	37137	1047	338	709	1.45	0.96	1.91
科尔沁右翼中旗	82663	40831	41832	2713	857	1856	3.28	2.10	4.44
扎赉特旗	117867	58865	59002	3693	1446	2247	3.13	2.46	3.81
突泉县	69920	33737	36183	594	161	433	0.85	0.48	1.20
锡林郭勒盟	**353419**	**176531**	**176888**	**13711**	**3654**	**10057**	**3.88**	**2.07**	**5.69**
二连浩特市	996	672	324	95	34	61	9.54	5.06	18.83
锡林浩特市	1986	1445	541	46	11	35	2.32	0.76	6.47
阿巴嘎旗	19665	9826	9839	1142	355	787	5.81	3.61	8.00
苏尼特左旗	15348	7540	7808	598	170	428	3.90	2.25	5.48
苏尼特右旗	41872	20944	20928	1652	421	1231	3.95	2.01	5.88
东乌珠穆沁旗	40241	20081	20160	1259	345	914	3.13	1.72	4.53
西乌珠穆沁旗	51638	25812	25826	1490	390	1100	2.89	1.51	4.26
太仆寺旗	41813	20471	21342	1913	473	1440	4.58	2.31	6.75
镶黄旗	16269	8142	8127	657	157	500	4.04	1.93	6.15
正镶白旗	20415	10176	10239	1346	395	951	6.59	3.88	9.29
正蓝旗	32408	16003	16405	1351	332	1019	4.17	2.07	6.21
多伦县	53411	26469	26942	1348	317	1031	2.52	1.20	3.83
乌拉盖管委会	17357	8950	8407	814	254	560	4.69	2.84	6.66
阿拉善盟	**181343**	**92254**	**89089**	**5807**	**1475**	**4332**	**3.20**	**1.60**	**4.86**
阿拉善左旗	121292	60432	60860	3704	930	2774	3.05	1.54	4.56
阿拉善右旗	15342	7845	7497	882	226	656	5.75	2.88	8.75
额济纳旗	24500	12140	12360	580	154	426	2.37	1.27	3.45
内蒙古阿拉善经济开发区	20209	11837	8372	641	165	476	3.17	1.39	5.69

1−7c　各地区分性别的15岁及以上文盲人口(乡村)

单位：人、%

地　　区	15岁及以上人口			文盲人口			文盲人口占15岁及以上人口比重		
	合计	男	女	合计	男	女	合计	男	女
内蒙古	**6921409**	**3664131**	**3257278**	**510125**	**146769**	**363356**	**7.37**	**4.01**	**11.16**
呼和浩特市	**642393**	**341570**	**300823**	**56267**	**14922**	**41345**	**8.76**	**4.37**	**13.74**
新城区	67512	35855	31657	2261	653	1608	3.35	1.82	5.08
回民区	16163	9276	6887	581	169	412	3.59	1.82	5.98
玉泉区	52819	27945	24874	2470	656	1814	4.68	2.35	7.29
赛罕区	132063	70428	61635	6719	1887	4832	5.09	2.68	7.84
土默特左旗	142769	74823	67946	13905	3816	10089	9.74	5.10	14.85
托克托县	80774	42581	38193	10145	2666	7479	12.56	6.26	19.58
和林格尔县	72072	38317	33755	10477	2782	7695	14.54	7.26	22.80
清水河县	37459	20211	17248	5846	1195	4651	15.61	5.91	26.97
武川县	40762	22134	18628	3863	1098	2765	9.48	4.96	14.84
呼和浩特经济技术开发区									
包头市	**339292**	**180240**	**159052**	**30122**	**8143**	**21979**	**8.88**	**4.52**	**13.82**
东河区	36983	19227	17756	2229	609	1620	6.03	3.17	9.12
昆都仑区	23516	12313	11203	1337	369	968	5.69	3.00	8.64
青山区	16364	8603	7761	767	221	546	4.69	2.57	7.04
石拐区	5976	3284	2692	576	170	406	9.64	5.18	15.08
白云鄂博矿区									
九原区	48258	25729	22529	3627	925	2702	7.52	3.60	11.99
土默特右旗	111478	58995	52483	13184	3267	9917	11.83	5.54	18.90
固阳县	59906	32497	27409	4936	1489	3447	8.24	4.58	12.58
达尔罕茂明安联合旗	30533	16352	14181	2978	986	1992	9.75	6.03	14.05
包头稀土高新技术产业开发区	6278	3240	3038	488	107	381	7.77	3.30	12.54
乌海市	**24007**	**15117**	**8890**	**2445**	**644**	**1801**	**10.18**	**4.26**	**20.26**
海勃湾区	15158	9747	5411	1119	310	809	7.38	3.18	14.95
海南区	8849	5370	3479	1326	334	992	14.98	6.22	28.51
乌达区									
赤峰市	**1646954**	**845186**	**801768**	**87218**	**20985**	**66233**	**5.30**	**2.48**	**8.26**
红山区	13143	6672	6471	924	206	718	7.03	3.09	11.10
元宝山区	60779	31068	29711	1853	492	1361	3.05	1.58	4.58
松山区	244863	125042	119821	11055	2422	8633	4.51	1.94	7.20
阿鲁科尔沁旗	119096	61390	57706	5422	1577	3845	4.55	2.57	6.66
巴林左旗	146699	74979	71720	5772	1334	4438	3.93	1.78	6.19
巴林右旗	54398	28036	26362	3238	978	2260	5.95	3.49	8.57
林西县	69345	35497	33848	3717	1053	2664	5.36	2.97	7.87
克什克腾旗	80798	42915	37883	7959	2035	5924	9.85	4.74	15.64
翁牛特旗	181771	92644	89127	12869	3053	9816	7.08	3.30	11.01
喀喇沁旗	135430	70056	65374	10088	2339	7749	7.45	3.34	11.85
宁城县	278933	143764	135169	13187	3055	10132	4.73	2.13	7.50
敖汉旗	261699	133123	128576	11134	2441	8693	4.25	1.83	6.76

1-7c 续表 1

单位：人、%

地区	15岁及以上人口			文盲人口			文盲人口占15岁及以上人口比重		
	合计	男	女	合计	男	女	合计	男	女
通辽市	**1229260**	**632056**	**597204**	**64912**	**21612**	**43300**	**5.28**	**3.42**	**7.25**
科尔沁区	208329	106681	101648	6635	2075	4560	3.18	1.95	4.49
科尔沁左翼中旗	240325	125347	114978	18183	6479	11704	7.57	5.17	10.18
科尔沁左翼后旗	182531	94237	88294	10729	3820	6909	5.88	4.05	7.82
开鲁县	164135	82584	81551	3622	966	2656	2.21	1.17	3.26
库伦旗	76678	39577	37101	3274	1089	2185	4.27	2.75	5.89
奈曼旗	204253	104196	100057	10936	3259	7677	5.35	3.13	7.67
扎鲁特旗	115104	59777	55327	10648	3653	6995	9.25	6.11	12.64
通辽经济技术开发区	30359	15668	14691	675	213	462	2.22	1.36	3.14
霍林郭勒市	7546	3989	3557	210	58	152	2.78	1.45	4.27
鄂尔多斯市	**443480**	**266875**	**176605**	**48182**	**13077**	**35105**	**10.86**	**4.90**	**19.88**
东胜区	21026	15169	5857	1457	448	1009	6.93	2.95	17.23
康巴什区									
达拉特旗	108825	58613	50212	12044	2931	9113	11.07	5.00	18.15
准格尔旗	100165	62513	37652	9378	2771	6607	9.36	4.43	17.55
鄂托克前旗	34312	21291	13021	3427	1035	2392	9.99	4.86	18.37
鄂托克旗	31281	19502	11779	2717	811	1906	8.69	4.16	16.18
杭锦旗	38488	20652	17836	5398	1314	4084	14.03	6.36	22.90
乌审旗	53553	33209	20344	5505	1460	4045	10.28	4.40	19.88
伊金霍洛旗	55830	35926	19904	8256	2307	5949	14.79	6.42	29.89
呼伦贝尔市	**511634**	**269312**	**242322**	**18699**	**6698**	**12001**	**3.65**	**2.49**	**4.95**
海拉尔区	9778	5088	4690	313	92	221	3.20	1.81	4.71
扎赉诺尔区									
阿荣旗	113870	59345	54525	3346	1088	2258	2.94	1.83	4.14
莫力达瓦达斡尔族自治旗	125518	65278	60240	4611	1649	2962	3.67	2.53	4.92
鄂伦春自治旗	39875	21102	18773	2177	753	1424	5.46	3.57	7.59
鄂温克族自治旗	29400	15467	13933	1013	406	607	3.45	2.62	4.36
陈巴尔虎旗	12451	6952	5499	624	269	355	5.01	3.87	6.46
新巴尔虎左旗	14733	7937	6796	891	407	484	6.05	5.13	7.12
新巴尔虎右旗	12110	7679	4431	733	368	365	6.05	4.79	8.24
满洲里市									
牙克石市	15877	8308	7569	261	71	190	1.64	0.85	2.51
扎兰屯市	124417	64779	59638	4069	1389	2680	3.27	2.14	4.49
额尔古纳市	13349	7236	6113	656	205	451	4.91	2.83	7.38
根河市	256	141	115	5	1	4	1.95	0.71	3.48
巴彦淖尔市	**568336**	**299978**	**268358**	**54832**	**14596**	**40236**	**9.65**	**4.87**	**14.99**
临河区	154848	80285	74563	14914	3980	10934	9.63	4.96	14.66
五原县	103498	53551	49947	10259	2725	7534	9.91	5.09	15.08
磴口县	37287	19867	17420	4680	1272	3408	12.55	6.40	19.56
乌拉特前旗	111786	59748	52038	11915	2983	8932	10.66	4.99	17.16
乌拉特中旗	47637	26687	20950	3858	1172	2686	8.10	4.39	12.82
乌拉特后旗	17610	10668	6942	1453	441	1012	8.25	4.13	14.58
杭锦后旗	95670	49172	46498	7753	2023	5730	8.10	4.11	12.32

1-7c 续表 2

单位：人、%

地 区	15岁及以上人口			文盲人口			文盲人口占15岁及以上人口比重		
	合计	男	女	合计	男	女	合计	男	女
乌兰察布市	**644382**	**341976**	**302406**	**86898**	**23875**	**63023**	**13.49**	**6.98**	**20.84**
集宁区	28474	15045	13429	2056	478	1578	7.22	3.18	11.75
卓资县	45258	25263	19995	5558	1592	3966	12.28	6.30	19.83
化德县	36764	19582	17182	4888	1341	3547	13.30	6.85	20.64
商都县	87005	44947	42058	12150	3255	8895	13.96	7.24	21.15
兴和县	85375	44403	40972	15614	3885	11729	18.29	8.75	28.63
凉城县	64998	34974	30024	10349	3020	7329	15.92	8.63	24.41
察哈尔右翼前旗	66578	35888	30690	8809	2385	6424	13.23	6.65	20.93
察哈尔右翼中旗	53225	28613	24612	6186	1775	4411	11.62	6.20	17.92
察哈尔右翼后旗	48608	25320	23288	6926	1771	5155	14.25	6.99	22.14
四子王旗	60018	31747	28271	4583	1393	3190	7.64	4.39	11.28
丰镇市	68079	36194	31885	9779	2980	6799	14.36	8.23	21.32
兴安盟	**567142**	**296518**	**270624**	**39248**	**14730**	**24518**	**6.92**	**4.97**	**9.06**
乌兰浩特市	33143	17710	15433	1814	655	1159	5.47	3.70	7.51
阿尔山市	3012	1636	1376	65	15	50	2.16	0.92	3.63
科尔沁右翼前旗	170024	88636	81388	9556	3366	6190	5.62	3.80	7.61
科尔沁右翼中旗	93116	48488	44628	11297	4165	7132	12.13	8.59	15.98
扎赉特旗	148119	77775	70344	13610	5573	8037	9.19	7.17	11.43
突泉县	119728	62273	57455	2906	956	1950	2.43	1.54	3.39
锡林郭勒盟	**260346**	**147099**	**113247**	**18691**	**6576**	**12115**	**7.18**	**4.47**	**10.70**
二连浩特市	1375	782	593	102	43	59	7.42	5.50	9.95
锡林浩特市	20582	11833	8749	860	341	519	4.18	2.88	5.93
阿巴嘎旗	14337	8444	5893	579	259	320	4.04	3.07	5.43
苏尼特左旗	13764	8232	5532	523	224	299	3.80	2.72	5.40
苏尼特右旗	13230	7251	5979	553	217	336	4.18	2.99	5.62
东乌珠穆沁旗	19619	11087	8532	1012	395	617	5.16	3.56	7.23
西乌珠穆沁旗	33834	22132	11702	1435	594	841	4.24	2.68	7.19
太仆寺旗	55409	29373	26036	8420	2794	5626	15.20	9.51	21.61
镶黄旗	7669	4440	3229	106	35	71	1.38	0.79	2.20
正镶白旗	18259	10105	8154	1367	486	881	7.49	4.81	10.80
正蓝旗	28015	14970	13045	1517	485	1032	5.41	3.24	7.91
多伦县	31846	17082	14764	2070	639	1431	6.50	3.74	9.69
乌拉盖管委会	2407	1368	1039	147	64	83	6.11	4.68	7.99
阿拉善盟	**44183**	**28204**	**15979**	**2611**	**911**	**1700**	**5.91**	**3.23**	**10.64**
阿拉善左旗	31816	19596	12220	2125	723	1402	6.68	3.69	11.47
阿拉善右旗	4735	2947	1788	264	93	171	5.58	3.16	9.56
额济纳旗	5057	3526	1531	183	81	102	3.62	2.30	6.66
内蒙古阿拉善经济开发区	2575	2135	440	39	14	25	1.51	0.66	5.68

1−8 各地区家庭户规模

单位：户、%

地区	家庭户户数	一人户		二人户		三人户	
		户数	比重	户数	比重	户数	比重
内蒙古	**9483957**	**2209731**	**23.30**	**3565544**	**37.60**	**2389562**	**25.20**
呼和浩特市	**1314910**	**333608**	**25.37**	**467847**	**35.58**	**352236**	**26.79**
新城区	248937	59529	23.91	83946	33.72	72970	29.31
回民区	161946	36736	22.68	56513	34.90	48431	29.91
玉泉区	200817	48582	24.19	66030	32.88	60271	30.01
赛罕区	324884	87037	26.79	108484	33.39	87160	26.83
土默特左旗	115723	32442	28.03	48796	42.17	24016	20.75
托克托县	70071	16683	23.81	28257	40.33	16310	23.28
和林格尔县	61912	16535	26.71	24660	39.83	12798	20.67
清水河县	36612	11872	32.43	15627	42.68	5717	15.62
武川县	45743	13616	29.77	20781	45.43	8232	18.00
呼和浩特经济技术开发区	48265	10576	21.91	14753	30.57	16331	33.84
包头市	**1099919**	**264799**	**24.07**	**419486**	**38.14**	**300143**	**27.29**
东河区	199814	45617	22.83	79044	39.56	56271	28.16
昆都仑区	311599	72051	23.12	107795	34.59	95097	30.52
青山区	207270	47632	22.98	78023	37.64	59864	28.88
石拐区	11061	4097	37.04	4451	40.24	1731	15.65
白云鄂博矿区	9616	2849	29.63	3798	39.50	2293	23.85
九原区	91782	18038	19.65	35057	38.20	26519	28.89
土默特右旗	105155	28002	26.63	45948	43.70	21759	20.69
固阳县	55954	19804	35.39	22255	39.77	9460	16.91
达尔罕茂明安联合旗	33158	10186	30.72	15583	47.00	5627	16.97
包头稀土高新技术产业开发区	74510	16523	22.18	27532	36.95	21522	28.88
乌海市	**223131**	**57487**	**25.76**	**79951**	**35.83**	**59020**	**26.45**
海勃湾区	132847	31378	23.62	46850	35.27	37492	28.22
海南区	39898	13246	33.20	13518	33.88	8512	21.33
乌达区	50386	12863	25.53	19583	38.87	13016	25.83
赤峰市	**1543099**	**307420**	**19.92**	**572965**	**37.13**	**378977**	**24.56**
红山区	168803	35395	20.97	54764	32.44	47536	28.16
元宝山区	112695	21596	19.16	44317	39.32	29115	25.84
松山区	252084	42372	16.81	88243	35.01	68328	27.11
阿鲁科尔沁旗	99901	22065	22.09	40113	40.15	24460	24.48
巴林左旗	120322	34650	28.80	43857	36.45	25687	21.35
巴林右旗	61402	11378	18.53	24723	40.26	15810	25.75
林西县	79357	20165	25.41	30892	38.93	18002	22.68
克什克腾旗	76870	16675	21.69	32656	42.48	17512	22.78
翁牛特旗	135465	29180	21.54	54727	40.40	29409	21.71
喀喇沁旗	97897	17327	17.70	36381	37.16	23024	23.52
宁城县	169870	27967	16.46	57194	33.67	40996	24.13
敖汉旗	168433	28650	17.01	65098	38.65	39098	23.21

1-8　续表 1　　单位：户、%

地　区	家庭户户数	一人户户数	一人户比重	二人户户数	二人户比重	三人户户数	三人户比重
通辽市	**1045667**	**183908**	**17.59**	**363905**	**34.80**	**287681**	**27.51**
科尔沁区	262594	50766	19.33	92958	35.40	73138	27.85
科尔沁左翼中旗	143947	25735	17.88	44624	31.00	39062	27.14
科尔沁左翼后旗	116531	19020	16.32	40551	34.80	31369	26.92
开鲁县	115487	17360	15.03	44340	38.39	31017	26.86
库伦旗	56325	9308	16.53	20757	36.85	15116	26.84
奈曼旗	130472	19319	14.81	43182	33.10	34538	26.47
扎鲁特旗	98756	18629	18.86	37542	38.01	26614	26.95
通辽经济技术开发区	69227	13125	18.96	22870	33.04	20627	29.80
霍林郭勒市	52328	10646	20.34	17081	32.64	16200	30.96
鄂尔多斯市	**797496**	**197421**	**24.76**	**271758**	**34.08**	**189499**	**23.76**
东胜区	203073	43399	21.37	61916	30.49	56533	27.84
康巴什区	35226	7588	21.54	9522	27.03	9257	26.28
达拉特旗	131433	29989	22.82	50835	38.68	29589	22.51
准格尔旗	138438	37461	27.06	48428	34.98	31361	22.65
鄂托克前旗	33190	7863	23.69	12017	36.21	7422	22.36
鄂托克旗	59696	15713	26.32	20432	34.23	14079	23.58
杭锦旗	46505	12378	26.62	18809	40.45	9755	20.98
乌审旗	58520	17587	30.05	18637	31.85	11716	20.02
伊金霍洛旗	91415	25443	27.83	31162	34.09	19787	21.65
呼伦贝尔市	**918965**	**224201**	**24.40**	**360614**	**39.24**	**229624**	**24.99**
海拉尔区	147231	36597	24.86	56939	38.67	39767	27.01
扎赉诺尔区	37656	9583	25.45	16638	44.18	9634	25.58
阿荣旗	100655	20086	19.96	36871	36.63	26738	26.56
莫力达瓦达斡尔族自治旗	91756	21763	23.72	33142	36.12	22194	24.19
鄂伦春自治旗	73099	18584	25.42	30204	41.32	16593	22.70
鄂温克族自治旗	57549	14270	24.80	22773	39.57	14657	25.47
陈巴尔虎旗	20002	4848	24.24	8306	41.53	4796	23.98
新巴尔虎左旗	14631	3625	24.78	5295	36.19	3657	24.99
新巴尔虎右旗	14904	4419	29.65	5094	34.18	3597	24.13
满洲里市	59243	14108	23.81	20741	35.01	17467	29.48
牙克石市	114103	33382	29.26	47815	41.91	25162	22.05
扎兰屯市	123626	24896	20.14	47572	38.48	31981	25.87
额尔古纳市	29548	7150	24.20	12839	43.45	7136	24.15
根河市	34962	10890	31.15	16385	46.87	6245	17.86
巴彦淖尔市	**654451**	**147446**	**22.53**	**282094**	**43.10**	**159616**	**24.39**
临河区	236835	50746	21.43	93709	39.57	65206	27.53
五原县	97988	20221	20.64	45560	46.50	22704	23.17
磴口县	40977	10358	25.28	18967	46.29	8606	21.00
乌拉特前旗	113773	26484	23.28	52621	46.25	24800	21.80
乌拉特中旗	51044	15348	30.07	22276	43.64	9643	18.89
乌拉特后旗	22249	6473	29.09	8503	38.22	5089	22.87
杭锦后旗	91585	17816	19.45	40458	44.18	23568	25.73

1-8 续表 2

单位：户、%

地 区	家庭户	一人户		二人户		三人户	
	户 数	户数	比重	户数	比重	户数	比重
乌兰察布市	**795202**	**248656**	**31.27**	**339795**	**42.73**	**151587**	**19.06**
集宁区	165926	36475	21.98	66260	39.93	47033	28.35
卓资县	43839	16910	38.57	18978	43.29	5991	13.67
化德县	46535	15183	32.63	21076	45.29	7785	16.73
商都县	85501	26834	31.38	39258	45.92	14217	16.63
兴和县	80649	25930	32.15	34198	42.40	14121	17.51
凉城县	58493	20383	34.85	24501	41.89	9574	16.37
察哈尔右翼前旗	58397	19035	32.60	26014	44.55	9646	16.52
察哈尔右翼中旗	44671	15160	33.94	21471	48.06	6212	13.91
察哈尔右翼后旗	52424	17354	33.10	23717	45.24	8847	16.88
四子王旗	64490	21407	33.19	28961	44.91	10681	16.56
丰镇市	94277	33985	36.05	35361	37.51	17480	18.54
兴安盟	**535843**	**102143**	**19.06**	**199001**	**37.14**	**144567**	**26.98**
乌兰浩特市	133638	29357	21.97	48612	36.38	37281	27.90
阿尔山市	13433	3213	23.92	5865	43.66	3223	23.99
科尔沁右翼前旗	105633	17205	16.29	39448	37.34	28280	26.77
科尔沁右翼中旗	76347	13133	17.20	27047	35.43	21410	28.04
扎赉特旗	120023	21559	17.96	44089	36.73	33080	27.56
突泉县	86769	17676	20.37	33940	39.12	21293	24.54
锡林郭勒盟	**450592**	**112403**	**24.95**	**170851**	**37.92**	**112042**	**24.87**
二连浩特市	30172	5964	19.77	11612	38.49	8883	29.44
锡林浩特市	132075	27208	20.60	47266	35.79	39601	29.98
阿巴嘎旗	15481	4189	27.06	5956	38.47	3522	22.75
苏尼特左旗	14433	4718	32.69	4623	32.03	3173	21.98
苏尼特右旗	27888	7806	27.99	11443	41.03	6281	22.52
东乌珠穆沁旗	27675	6990	25.26	9183	33.18	6965	25.17
西乌珠穆沁旗	36321	9291	25.58	12656	34.84	9026	24.85
太仆寺旗	51733	15254	29.49	23633	45.68	9004	17.40
镶黄旗	11668	3214	27.55	4651	39.86	2697	23.11
正镶白旗	20263	6304	31.11	8719	43.03	3778	18.64
正蓝旗	30958	8915	28.80	11946	38.59	6815	22.01
多伦县	42287	10067	23.81	15610	36.91	9958	23.55
乌拉盖管委会	9638	2483	25.76	3553	36.86	2339	24.27
阿拉善盟	**104682**	**30239**	**28.89**	**37277**	**35.61**	**24570**	**23.47**
阿拉善左旗	72162	19842	27.50	26509	36.74	17303	23.98
阿拉善右旗	9705	3011	31.03	3668	37.79	2095	21.59
额济纳旗	14163	5004	35.33	4529	31.98	3046	21.51
内蒙古阿拉善经济开发区	8652	2382	27.53	2571	29.72	2126	24.57

1-8 续表 3

单位：户、%

地区	四人户		五人户		六人户	
	户数	比重	户数	比重	户数	比重
内蒙古	**950775**	**10.03**	**257424**	**2.71**	**91271**	**0.96**
呼和浩特市	**125799**	**9.57**	**26819**	**2.04**	**7168**	**0.55**
新城区	24724	9.93	5924	2.38	1491	0.60
回民区	15775	9.74	3464	2.14	864	0.53
玉泉区	21274	10.59	3555	1.77	959	0.48
赛罕区	30708	9.45	8305	2.56	2699	0.83
土默特左旗	8549	7.39	1602	1.38	248	0.21
托克托县	7832	11.18	761	1.09	174	0.25
和林格尔县	6292	10.16	1264	2.04	292	0.47
清水河县	2977	8.13	345	0.94	68	0.19
武川县	2627	5.74	419	0.92	54	0.12
呼和浩特经济技术开发区	5041	10.44	1180	2.44	319	0.66
包头市	**93665**	**8.52**	**17131**	**1.56**	**3873**	**0.35**
东河区	15241	7.63	2883	1.44	609	0.30
昆都仑区	29558	9.49	5658	1.82	1203	0.39
青山区	17069	8.24	3695	1.78	854	0.41
石拐区	627	5.67	125	1.13	28	0.25
白云鄂博矿区	570	5.93	79	0.82	21	0.22
九原区	9756	10.63	1794	1.95	531	0.58
土默特右旗	8557	8.14	765	0.73	93	0.09
固阳县	3735	6.68	485	0.87	112	0.20
达尔罕茂明安联合旗	1513	4.56	202	0.61	38	0.11
包头稀土高新技术产业开发区	7039	9.45	1445	1.94	384	0.52
乌海市	**20927**	**9.38**	**4418**	**1.98**	**1121**	**0.50**
海勃湾区	13271	9.99	2944	2.22	763	0.57
海南区	3804	9.53	651	1.63	145	0.36
乌达区	3852	7.64	823	1.63	213	0.42
赤峰市	**187301**	**12.14**	**61670**	**4.00**	**28764**	**1.86**
红山区	21181	12.55	6823	4.04	2603	1.54
元宝山区	12245	10.87	3640	3.23	1502	1.33
松山区	34414	13.65	12006	4.76	5670	2.25
阿鲁科尔沁旗	9825	9.83	2452	2.45	821	0.82
巴林左旗	11782	9.79	3043	2.53	1067	0.89
巴林右旗	6987	11.38	1823	2.97	588	0.96
林西县	7561	9.53	1957	2.47	650	0.82
克什克腾旗	7302	9.50	1948	2.53	660	0.86
翁牛特旗	15722	11.61	4206	3.10	1829	1.35
喀喇沁旗	13132	13.41	4869	4.97	2572	2.63
宁城县	24319	14.32	11233	6.61	6668	3.93
敖汉旗	22831	13.55	7670	4.55	4134	2.45

1－8 续表 4　　单位：户、%

地　区	四人户		五人户		六人户	
	户数	比重	户数	比重	户数	比重
通辽市	**126953**	**12.14**	**55643**	**5.32**	**22446**	**2.15**
科尔沁区	27989	10.66	12442	4.74	4280	1.63
科尔沁左翼中旗	20142	13.99	9313	6.47	3844	2.67
科尔沁左翼后旗	14533	12.47	7579	6.50	2881	2.47
开鲁县	13302	11.52	6463	5.60	2556	2.21
库伦旗	7063	12.54	2679	4.76	1195	2.12
奈曼旗	18798	14.41	8784	6.73	4758	3.65
扎鲁特旗	11458	11.60	3174	3.21	1155	1.17
通辽经济技术开发区	7711	11.14	3410	4.93	1217	1.76
霍林郭勒市	5957	11.38	1799	3.44	560	1.07
鄂尔多斯市	**111453**	**13.98**	**19726**	**2.47**	**6323**	**0.79**
东胜区	32209	15.86	6490	3.20	2157	1.06
康巴什区	6449	18.31	1601	4.54	687	1.95
达拉特旗	17595	13.39	2423	1.84	817	0.62
准格尔旗	18115	13.09	2400	1.73	563	0.41
鄂托克前旗	4278	12.89	1186	3.57	344	1.04
鄂托克旗	7551	12.65	1370	2.29	438	0.73
杭锦旗	4640	9.98	657	1.41	199	0.43
乌审旗	8415	14.38	1556	2.66	469	0.80
伊金霍洛旗	12201	13.35	2043	2.23	649	0.71
呼伦贝尔市	**73111**	**7.96**	**23381**	**2.54**	**6592**	**0.72**
海拉尔区	9719	6.60	3346	2.27	711	0.48
扎赉诺尔区	1367	3.63	372	0.99	53	0.14
阿荣旗	11600	11.52	3719	3.69	1402	1.39
莫力达瓦达斡尔族自治旗	9754	10.63	3503	3.82	1144	1.25
鄂伦春自治旗	5874	8.04	1418	1.94	337	0.46
鄂温克族自治旗	4291	7.46	1213	2.11	269	0.47
陈巴尔虎旗	1487	7.43	415	2.07	97	0.48
新巴尔虎左旗	1569	10.72	359	2.45	97	0.66
新巴尔虎右旗	1299	8.72	386	2.59	86	0.58
满洲里市	4840	8.17	1597	2.70	388	0.65
牙克石市	5682	4.98	1707	1.50	283	0.25
扎兰屯市	12709	10.28	4583	3.71	1571	1.27
额尔古纳市	1773	6.00	509	1.72	118	0.40
根河市	1147	3.28	254	0.73	36	0.10
巴彦淖尔市	**52612**	**8.04**	**9574**	**1.46**	**2558**	**0.39**
临河区	21159	8.93	4525	1.91	1221	0.52
五原县	7947	8.11	1176	1.20	320	0.33
磴口县	2466	6.02	447	1.09	117	0.29
乌拉特前旗	8386	7.37	1142	1.00	277	0.24
乌拉特中旗	3149	6.17	455	0.89	131	0.26
乌拉特后旗	1629	7.32	430	1.93	105	0.47
杭锦后旗	7876	8.60	1399	1.53	387	0.42

1-8 续表 5

单位：户、%

地 区	四人户		五人户		六人户	
	户数	比重	户数	比重	户数	比重
乌兰察布市	**47336**	**5.95**	**6271**	**0.79**	**1251**	**0.16**
集宁区	13069	7.88	2412	1.45	547	0.33
卓资县	1697	3.87	213	0.49	41	0.09
化德县	2202	4.73	234	0.50	42	0.09
商都县	4706	5.50	400	0.47	75	0.09
兴和县	5658	7.02	624	0.77	99	0.12
凉城县	3476	5.94	470	0.80	75	0.13
察哈尔右翼前旗	3132	5.36	431	0.74	106	0.18
察哈尔右翼中旗	1635	3.66	162	0.36	20	0.04
察哈尔右翼后旗	2240	4.27	225	0.43	37	0.07
四子王旗	3078	4.77	311	0.48	40	0.06
丰镇市	6443	6.83	789	0.84	169	0.18
兴安盟	**59427**	**11.09**	**21406**	**3.99**	**7701**	**1.44**
乌兰浩特市	12604	9.43	4306	3.22	1250	0.94
阿尔山市	813	6.05	243	1.81	67	0.50
科尔沁右翼前旗	13100	12.40	5157	4.88	2022	1.91
科尔沁右翼中旗	9561	12.52	3517	4.61	1375	1.80
扎赉特旗	14283	11.90	4875	4.06	1768	1.47
突泉县	9066	10.45	3308	3.81	1219	1.40
锡林郭勒盟	**42692**	**9.47**	**9195**	**2.04**	**2701**	**0.60**
二连浩特市	2967	9.83	536	1.78	180	0.60
锡林浩特市	13980	10.58	3069	2.32	806	0.61
阿巴嘎旗	1276	8.24	374	2.42	124	0.80
苏尼特左旗	1295	8.97	391	2.71	135	0.94
苏尼特右旗	1939	6.95	323	1.16	80	0.29
东乌珠穆沁旗	3310	11.96	845	3.05	288	1.04
西乌珠穆沁旗	4055	11.16	939	2.59	283	0.78
太仆寺旗	3149	6.09	514	0.99	143	0.28
镶黄旗	908	7.78	150	1.29	38	0.33
正镶白旗	1187	5.86	213	1.05	46	0.23
正蓝旗	2546	8.22	547	1.77	149	0.48
多伦县	5129	12.13	1062	2.51	367	0.87
乌拉盖管委会	951	9.87	232	2.41	62	0.64
阿拉善盟	**9499**	**9.07**	**2190**	**2.09**	**773**	**0.74**
阿拉善左旗	6377	8.84	1509	2.09	524	0.73
阿拉善右旗	759	7.82	124	1.28	43	0.44
额济纳旗	1245	8.79	253	1.79	75	0.53
内蒙古阿拉善经济开发区	1118	12.92	304	3.51	131	1.51

1-8 续表 6

单位：户、%

地　　区	七人户		八人户		九人户		十人及以上户	
	户数	比重	户数	比重	户数	比重	户数	比重
内蒙古	**14473**	**0.15**	**3070**	**0.03**	**955**	**0.01**	**1152**	**0.01**
呼和浩特市	**877**	**0.07**	**242**	**0.02**	**99**	**0.01**	**215**	**0.02**
新城区	193	0.08	63	0.03	18	0.01	79	0.03
回民区	116	0.07	24	0.01	10	0.01	13	0.01
玉泉区	98	0.05	25	0.01	10		13	0.01
赛罕区	284	0.09	86	0.03	39	0.01	82	0.03
土默特左旗	44	0.04	12	0.01	7	0.01	7	0.01
托克托县	32	0.05	7	0.01	5	0.01	10	0.01
和林格尔县	52	0.08	9	0.01	6	0.01	4	0.01
清水河县	3	0.01					3	0.01
武川县	7	0.02	3	0.01	1		3	0.01
呼和浩特经济技术开发区	48	0.10	13	0.03	3	0.01	1	
包头市	**524**	**0.05**	**148**	**0.01**	**57**	**0.01**	**93**	**0.01**
东河区	87	0.04	37	0.02	10	0.01	15	0.01
昆都仑区	162	0.05	45	0.01	10		20	0.01
青山区	103	0.05	15	0.01	7		8	
石拐区			2	0.02				
白云鄂博矿区	1	0.01	2	0.02			3	0.03
九原区	60	0.07	16	0.02	4		7	0.01
土默特右旗	20	0.02	5		1		5	
固阳县	36	0.06	20	0.04	20	0.04	27	0.05
达尔罕茂明安联合旗	5	0.02	1		1		2	0.01
包头稀土高新技术产业开发区	50	0.07	5	0.01	4	0.01	6	0.01
乌海市	**151**	**0.07**	**40**	**0.02**	**12**	**0.01**	**4**	
海勃湾区	106	0.08	31	0.02	9	0.01	3	
海南区	17	0.04	2	0.01	2	0.01	1	
乌达区	28	0.06	7	0.01	1			
赤峰市	**4699**	**0.30**	**870**	**0.06**	**228**	**0.01**	**205**	**0.01**
红山区	353	0.21	91	0.05	25	0.01	32	0.02
元宝山区	214	0.19	38	0.03	13	0.01	15	0.01
松山区	819	0.32	153	0.06	38	0.02	41	0.02
阿鲁科尔沁旗	122	0.12	25	0.03	5	0.01	13	0.01
巴林左旗	176	0.15	35	0.03	15	0.01	10	0.01
巴林右旗	81	0.13	10	0.02	1		1	
林西县	92	0.12	13	0.02	12	0.02	13	0.02
克什克腾旗	91	0.12	17	0.02	2		7	0.01
翁牛特旗	295	0.22	70	0.05	11	0.01	16	0.01
喀喇沁旗	487	0.50	67	0.07	22	0.02	16	0.02
宁城县	1189	0.70	219	0.13	58	0.03	27	0.02
敖汉旗	780	0.46	132	0.08	26	0.02	14	0.01

1-8　续表 7　　　　单位：户、%

地　区	七人户		八人户		九人户		十人及以上户	
	户数	比重	户数	比重	户数	比重	户数	比重
通辽市	**3904**	**0.37**	**828**	**0.08**	**234**	**0.02**	**165**	**0.02**
科尔沁区	764	0.29	158	0.06	54	0.02	45	0.02
科尔沁左翼中旗	843	0.59	246	0.17	81	0.06	57	0.04
科尔沁左翼后旗	487	0.42	88	0.08	15	0.01	8	0.01
开鲁县	351	0.30	72	0.06	14	0.01	12	0.01
库伦旗	161	0.29	35	0.06	5	0.01	6	0.01
奈曼旗	871	0.67	153	0.12	44	0.03	25	0.02
扎鲁特旗	150	0.15	29	0.03	4		1	
通辽经济技术开发区	208	0.30	38	0.05	14	0.02	7	0.01
霍林郭勒市	69	0.13	9	0.02	3	0.01	4	0.01
鄂尔多斯市	**910**	**0.11**	**194**	**0.02**	**70**	**0.01**	**142**	**0.02**
东胜区	283	0.14	49	0.02	16	0.01	21	0.01
康巴什区	88	0.25	18	0.05	5	0.01	11	0.03
达拉特旗	109	0.08	34	0.03	13	0.01	29	0.02
准格尔旗	78	0.06	17	0.01	4		11	0.01
鄂托克前旗	58	0.17	11	0.03	5	0.02	6	0.02
鄂托克旗	67	0.11	28	0.05	7	0.01	11	0.02
杭锦旗	39	0.08	5	0.01	2		21	0.05
乌审旗	100	0.17	18	0.03	5	0.01	17	0.03
伊金霍洛旗	88	0.10	14	0.02	13	0.01	15	0.02
呼伦贝尔市	**1050**	**0.11**	**216**	**0.02**	**82**	**0.01**	**94**	**0.01**
海拉尔区	97	0.07	25	0.02	14	0.01	16	0.01
扎赉诺尔区	7	0.02	1				1	
阿荣旗	181	0.18	38	0.04	10	0.01	10	0.01
莫力达瓦达斡尔族自治旗	209	0.23	32	0.03	12	0.01	3	
鄂伦春自治旗	67	0.09	13	0.02	7	0.01	2	
鄂温克族自治旗	53	0.09	14	0.02	5	0.01	4	0.01
陈巴尔虎旗	22	0.11	8	0.04	6	0.03	17	0.08
新巴尔虎左旗	10	0.07	4	0.03	4	0.03	11	0.08
新巴尔虎右旗	12	0.08	6	0.04	3	0.02	2	0.01
满洲里市	68	0.11	17	0.03	7	0.01	10	0.02
牙克石市	54	0.05	10	0.01	3		5	
扎兰屯市	250	0.20	42	0.03	11	0.01	11	0.01
额尔古纳市	17	0.06	5	0.02			1	
根河市	3	0.01	1				1	
巴彦淖尔市	**370**	**0.06**	**93**	**0.01**	**43**	**0.01**	**45**	**0.01**
临河区	183	0.08	43	0.02	21	0.01	22	0.01
五原县	35	0.04	11	0.01	6	0.01	8	0.01
磴口县	13	0.03	1		1		1	
乌拉特前旗	49	0.04	5		6	0.01	3	
乌拉特中旗	27	0.05	6	0.01	4	0.01	5	0.01
乌拉特后旗	16	0.07	3	0.01			1	
杭锦后旗	47	0.05	24	0.03	5	0.01	5	0.01

1-8 续表 8

单位：户、%

地区	七人户		八人户		九人户		十人及以上户	
	户数	比重	户数	比重	户数	比重	户数	比重
乌兰察布市	**204**	**0.03**	**40**	**0.01**	**13**		**49**	**0.01**
集宁区	82	0.05	26	0.02	8		14	0.01
卓资县	6	0.01	1				2	
化德县	10	0.02	1		1		1	
商都县	8	0.01	2				1	
兴和县	16	0.02	1				2	
凉城县	13	0.02	1					
察哈尔右翼前旗	16	0.03	3	0.01	3	0.01	11	0.02
察哈尔右翼中旗	4	0.01	1				6	0.01
察哈尔右翼后旗	3	0.01	1					
四子王旗	10	0.02			1		1	
丰镇市	36	0.04	3				11	0.01
兴安盟	**1179**	**0.22**	**264**	**0.05**	**65**	**0.01**	**90**	**0.02**
乌兰浩特市	164	0.12	34	0.03	12	0.01	18	0.01
阿尔山市	6	0.04	1	0.01	1	0.01	1	0.01
科尔沁右翼前旗	316	0.30	70	0.07	19	0.02	16	0.02
科尔沁右翼中旗	218	0.29	57	0.07	13	0.02	16	0.02
扎赉特旗	275	0.23	64	0.05	12	0.01	18	0.01
突泉县	200	0.23	38	0.04	8	0.01	21	0.02
锡林郭勒盟	**510**	**0.11**	**116**	**0.03**	**42**	**0.01**	**40**	**0.01**
二连浩特市	24	0.08	6	0.02				
锡林浩特市	102	0.08	28	0.02	5		10	0.01
阿巴嘎旗	25	0.16	7	0.05	3	0.02	5	0.03
苏尼特左旗	55	0.38	24	0.17	12	0.08	7	0.05
苏尼特右旗	10	0.04	1		1		4	0.01
东乌珠穆沁旗	71	0.26	12	0.04	6	0.02	5	0.02
西乌珠穆沁旗	55	0.15	10	0.03	5	0.01	1	
太仆寺旗	26	0.05	4	0.01	2		4	0.01
镶黄旗	8	0.07	1	0.01			1	0.01
正镶白旗	10	0.05	6	0.03				
正蓝旗	34	0.11	2	0.01	3	0.01	1	
多伦县	76	0.18	13	0.03	3	0.01	2	
乌拉盖管委会	14	0.15	2	0.02	2	0.02		
阿拉善盟	**95**	**0.09**	**19**	**0.02**	**10**	**0.01**	**10**	**0.01**
阿拉善左旗	70	0.10	14	0.02	7	0.01	7	0.01
阿拉善右旗	3	0.03	1	0.01			1	0.01
额济纳旗	8	0.06	2	0.01	1	0.01		
内蒙古阿拉善经济开发区	14	0.16	2	0.02	2	0.02	2	0.02

1－8a　各地区家庭户规模(城市)

单位：户、%

地　　区	家庭户户　数	一人户		二人户		三人户	
		户数	比重	户数	比重	户数	比重
内蒙古	**3586072**	**810368**	**22.60**	**1259670**	**35.13**	**1044616**	**29.13**
呼和浩特市	**814754**	**201301**	**24.71**	**270845**	**33.24**	**239148**	**29.35**
新城区	217919	52117	23.92	73168	33.58	64488	29.59
回民区	155400	35369	22.76	54020	34.76	46697	30.05
玉泉区	178084	43529	24.44	58061	32.60	54134	30.40
赛罕区	263351	70286	26.69	85596	32.50	73829	28.03
包头市	**749311**	**169477**	**22.62**	**274144**	**36.59**	**223553**	**29.83**
东河区	172997	39262	22.70	68105	39.37	49783	28.78
昆都仑区	298947	68314	22.85	102853	34.41	92427	30.92
青山区	198640	45682	23.00	74549	37.53	57633	29.01
石拐区	6684	2145	32.09	2649	39.63	1344	20.11
白云鄂博矿区	9616	2849	29.63	3798	39.50	2293	23.85
九原区	62427	11225	17.98	22190	35.55	20073	32.15
乌海市	**204670**	**49421**	**24.15**	**73437**	**35.88**	**56685**	**27.70**
海勃湾区	125087	28781	23.01	43896	35.09	36155	28.90
海南区	30378	8279	27.25	10431	34.34	7647	25.17
乌达区	49205	12361	25.12	19110	38.84	12883	26.18
赤峰市	**365123**	**68897**	**18.87**	**120953**	**33.13**	**106390**	**29.14**
红山区	154681	32776	21.19	49480	31.99	44328	28.66
元宝山区	74486	14451	19.40	28167	37.82	20882	28.03
松山区	135956	21670	15.94	43306	31.85	41180	30.29
通辽市	**209396**	**45080**	**21.53**	**72505**	**34.63**	**62994**	**30.08**
科尔沁区	160674	35360	22.01	56929	35.43	47508	29.57
霍林郭勒市	48722	9720	19.95	15576	31.97	15486	31.78
鄂尔多斯市	**230624**	**47697**	**20.68**	**68061**	**29.51**	**65099**	**28.23**
东胜区	195012	39985	20.50	58352	29.92	55793	28.61
康巴什区	35226	7588	21.54	9522	27.03	9257	26.28
鄂托克旗	386	124	32.12	187	48.45	49	12.69
呼伦贝尔市	**385928**	**93933**	**24.34**	**151719**	**39.31**	**104303**	**27.03**
海拉尔区	141877	35260	24.85	54464	38.39	38694	27.27
扎赉诺尔区	35216	8679	24.65	15550	44.16	9254	26.28
满洲里市	57312	13503	23.56	19869	34.67	17107	29.85
牙克石市	59071	14761	24.99	24224	41.01	15344	25.98
扎兰屯市	54531	12068	22.13	21028	38.56	14987	27.48
额尔古纳市	17888	4091	22.87	7169	40.08	4840	27.06
根河市	20033	5571	27.81	9415	47.00	4077	20.35
巴彦淖尔市	**157453**	**32632**	**20.72**	**53760**	**34.14**	**50165**	**31.86**
临河区	157453	32632	20.72	53760	34.14	50165	31.86
乌兰察布市	**198443**	**45985**	**23.17**	**76354**	**38.48**	**55800**	**28.12**
集宁区	147907	31193	21.09	58464	39.53	43472	29.39
丰镇市	50536	14792	29.27	17890	35.40	12328	24.39
兴安盟	**119519**	**26292**	**22.00**	**43344**	**36.27**	**34239**	**28.65**
乌兰浩特市	111928	24349	21.75	40186	35.90	32373	28.92
阿尔山市	7591	1943	25.60	3158	41.60	1866	24.58
锡林郭勒盟	**150851**	**29653**	**19.66**	**54548**	**36.16**	**46240**	**30.65**
二连浩特市	29071	5548	19.08	11187	38.48	8696	29.91
锡林浩特市	121780	24105	19.79	43361	35.61	37544	30.83

1-8a 续表 1

单位：户、%

地 区	四人户		五人户		六人户	
	户数	比重	户数	比重	户数	比重
内蒙古	**356556**	**9.94**	**86115**	**2.40**	**24487**	**0.68**
呼和浩特市	**79562**	**9.77**	**18151**	**2.23**	**4998**	**0.61**
新城区	21278	9.76	5283	2.42	1315	0.60
回民区	15033	9.67	3307	2.13	822	0.53
玉泉区	18457	10.36	3037	1.71	774	0.43
赛罕区	24794	9.41	6524	2.48	2087	0.79
包头市	**65735**	**8.77**	**12920**	**1.72**	**2950**	**0.39**
东河区	12785	7.39	2437	1.41	513	0.30
昆都仑区	28511	9.54	5437	1.82	1173	0.39
青山区	16245	8.18	3572	1.80	833	0.42
石拐区	414	6.19	105	1.57	26	0.39
白云鄂博矿区	570	5.93	79	0.82	21	0.22
九原区	7210	11.55	1290	2.07	384	0.62
乌海市	**19693**	**9.62**	**4207**	**2.06**	**1054**	**0.51**
海勃湾区	12574	10.05	2829	2.26	727	0.58
海南区	3329	10.96	562	1.85	118	0.39
乌达区	3790	7.70	816	1.66	209	0.42
赤峰市	**48071**	**13.17**	**14342**	**3.93**	**5572**	**1.53**
红山区	19431	12.56	6080	3.93	2213	1.43
元宝山区	8325	11.18	1895	2.54	659	0.88
松山区	20315	14.94	6367	4.68	2700	1.99
通辽市	**19807**	**9.46**	**6816**	**3.26**	**1801**	**0.86**
科尔沁区	14160	8.81	5127	3.19	1276	0.79
霍林郭勒市	5647	11.59	1689	3.47	525	1.08
鄂尔多斯市	**38421**	**16.66**	**8037**	**3.48**	**2826**	**1.23**
东胜区	31948	16.38	6435	3.30	2138	1.10
康巴什区	6449	18.31	1601	4.54	687	1.95
鄂托克旗	24	6.22	1	0.26	1	0.26
呼伦贝尔市	**25460**	**6.60**	**8366**	**2.17**	**1794**	**0.46**
海拉尔区	9403	6.63	3220	2.27	688	0.48
扎赉诺尔区	1318	3.74	357	1.01	50	0.14
满洲里市	4760	8.31	1585	2.77	387	0.68
牙克石市	3470	5.87	1064	1.80	179	0.30
扎兰屯市	4475	8.21	1559	2.86	365	0.67
额尔古纳市	1275	7.13	398	2.22	99	0.55
根河市	759	3.79	183	0.91	26	0.13
巴彦淖尔市	**16296**	**10.35**	**3462**	**2.20**	**952**	**0.60**
临河区	16296	10.35	3462	2.20	952	0.60
乌兰察布市	**16783**	**8.46**	**2765**	**1.39**	**610**	**0.31**
集宁区	11907	8.05	2239	1.51	510	0.34
丰镇市	4876	9.65	526	1.04	100	0.20
兴安盟	**10796**	**9.03**	**3654**	**3.06**	**1007**	**0.84**
乌兰浩特市	10356	9.25	3509	3.14	975	0.87
阿尔山市	440	5.80	145	1.91	32	0.42
锡林郭勒盟	**15932**	**10.56**	**3395**	**2.25**	**923**	**0.61**
二连浩特市	2908	10.00	525	1.81	178	0.61
锡林浩特市	13024	10.69	2870	2.36	745	0.61

1－8a　续表 2　　　　单位：户、%

地　区	七人户		八人户		九人户		十人及以上户	
	户数	比重	户数	比重	户数	比重	户数	比重
内蒙古	**3002**	**0.08**	**676**	**0.02**	**221**	**0.01**	**361**	**0.01**
呼和浩特市	**478**	**0.06**	**107**	**0.01**	**43**	**0.01**	**121**	**0.01**
新城区	153	0.07	41	0.02	16	0.01	60	0.03
回民区	111	0.07	21	0.01	7		13	0.01
玉泉区	63	0.04	11	0.01	7		11	0.01
赛罕区	151	0.06	34	0.01	13		37	0.01
包头市	**359**	**0.05**	**100**	**0.01**	**26**		**47**	**0.01**
东河区	60	0.03	30	0.02	7		15	0.01
昆都仑区	160	0.05	44	0.01	9		19	0.01
青山区	100	0.05	14	0.01	7		5	
石拐区			1	0.01				
白云鄂博矿区	1	0.01	2	0.02			3	0.03
九原区	38	0.06	9	0.01	3		5	0.01
乌海市	**131**	**0.06**	**32**	**0.02**	**8**		**2**	
海勃湾区	93	0.07	23	0.02	7	0.01	2	
海南区	10	0.03	2	0.01				
乌达区	28	0.06	7	0.01	1			
赤峰市	**691**	**0.19**	**128**	**0.04**	**36**	**0.01**	**43**	**0.01**
红山区	266	0.17	62	0.04	20	0.01	25	0.02
元宝山区	86	0.12	14	0.02	3		4	0.01
松山区	339	0.25	52	0.04	13	0.01	14	0.01
通辽市	**258**	**0.12**	**75**	**0.04**	**28**	**0.01**	**32**	**0.02**
科尔沁区	194	0.12	67	0.04	25	0.02	28	0.02
霍林郭勒市	64	0.13	8	0.02	3	0.01	4	0.01
鄂尔多斯市	**366**	**0.16**	**67**	**0.03**	**20**	**0.01**	**30**	**0.01**
东胜区	278	0.14	49	0.03	15	0.01	19	0.01
康巴什区	88	0.25	18	0.05	5	0.01	11	0.03
鄂托克旗								
呼伦贝尔市	**241**	**0.06**	**58**	**0.02**	**22**	**0.01**	**32**	**0.01**
海拉尔区	93	0.07	25	0.02	14	0.01	16	0.01
扎赉诺尔区	6	0.02	1				1	
满洲里市	68	0.12	16	0.03	7	0.01	10	0.02
牙克石市	25	0.04	3	0.01			1	
扎兰屯市	35	0.06	10	0.02	1		3	0.01
额尔古纳市	12	0.07	3	0.02			1	0.01
根河市	2	0.01						
巴彦淖尔市	**137**	**0.09**	**23**	**0.01**	**15**	**0.01**	**11**	**0.01**
临河区	137	0.09	23	0.01	15	0.01	11	0.01
乌兰察布市	**94**	**0.05**	**26**	**0.01**	**8**		**18**	**0.01**
集宁区	79	0.05	25	0.02	8	0.01	10	0.01
丰镇市	15	0.03	1				8	0.02
兴安盟	**132**	**0.11**	**29**	**0.02**	**10**	**0.01**	**16**	**0.01**
乌兰浩特市	127	0.11	28	0.03	9	0.01	16	0.01
阿尔山市	5	0.07	1	0.01	1	0.01		
锡林郭勒盟	**115**	**0.08**	**31**	**0.02**	**5**		**9**	**0.01**
二连浩特市	23	0.08	6	0.02				
锡林浩特市	92	0.08	25	0.02	5		9	0.01

1-8b 各地区家庭户规模(镇)

单位：户、%

地　　区	家庭户户　数	一人户		二人户		三人户	
		户数	比重	户数	比重	户数	比重
内蒙古	**2643180**	**606031**	**22.93**	**957134**	**36.21**	**694976**	**26.29**
呼和浩特市	**184441**	**42187**	**22.87**	**63619**	**34.49**	**52665**	**28.55**
新城区	1020	345	33.82	418	40.98	168	16.47
回民区							
玉泉区							
赛罕区	968	320	33.06	381	39.36	153	15.81
土默特左旗	41067	10814	26.33	14580	35.50	10987	26.75
托克托县	29350	5455	18.59	9967	33.96	8883	30.27
和林格尔县	26218	6125	23.36	8665	33.05	6932	26.44
清水河县	14838	3309	22.30	5459	36.79	3470	23.39
武川县	22715	5243	23.08	9396	41.36	5741	25.27
呼和浩特经济技术开发区	48265	10576	21.91	14753	30.57	16331	33.84
包头市	**171068**	**39721**	**23.22**	**64541**	**37.73**	**46844**	**27.38**
东河区	8392	1820	21.69	3093	36.86	2367	28.21
昆都仑区	36	24	66.67	10	27.78	1	2.78
青山区	734	219	29.84	269	36.65	173	23.57
石拐区	1193	770	64.54	391	32.77	30	2.51
白云鄂博矿区							
九原区	5963	1445	24.23	2674	44.84	1230	20.63
土默特右旗	44796	9514	21.24	16256	36.29	13016	29.06
固阳县	22375	6016	26.89	8430	37.68	5466	24.43
达尔罕茂明安联合旗	16138	4098	25.39	7186	44.53	3714	23.01
包头稀土高新技术产业开发区	71441	15815	22.14	26232	36.72	20847	29.18
乌海市	**7471**	**3433**	**45.95**	**2466**	**33.01**	**898**	**12.02**
海勃湾区	1433	286	19.96	606	42.29	302	21.07
海南区	4857	2645	54.46	1387	28.56	463	9.53
乌达区	1181	502	42.51	473	40.05	133	11.26
赤峰市	**422959**	**81650**	**19.30**	**146435**	**34.62**	**114483**	**27.07**
红山区	8463	1614	19.07	3000	35.45	2068	24.44
元宝山区	11884	2417	20.34	4979	41.90	2623	22.07
松山区	9110	1699	18.65	3470	38.09	1982	21.76
阿鲁科尔沁旗	41358	7436	17.98	15119	36.56	12685	30.67
巴林左旗	45960	15107	32.87	13381	29.11	10803	23.51
巴林右旗	35677	6402	17.94	13036	36.54	10200	28.59
林西县	43005	9158	21.30	15309	35.60	11807	27.45
克什克腾旗	36320	5887	16.21	13640	37.56	10344	28.48
翁牛特旗	48546	9297	19.15	18115	37.32	12486	25.72
喀喇沁旗	38285	6215	16.23	12832	33.52	10497	27.42
宁城县	52875	8871	16.78	16637	31.46	14807	28.00
敖汉旗	51476	7547	14.66	16917	32.86	14181	27.55

1-8b　续表 1　　　　单位：户、%

地　　区	家庭户	一人户		二人户		三人户	
	户　数	户数	比重	户数	比重	户数	比重
通辽市	**321831**	**63909**	**19.86**	**114754**	**35.66**	**90545**	**28.13**
科尔沁区	17298	3858	22.30	6474	37.43	3937	22.76
科尔沁左翼中旗	44790	9385	20.95	15522	34.66	12197	27.23
科尔沁左翼后旗	40189	8076	20.10	15347	38.19	11031	27.45
开鲁县	45453	7781	17.12	17365	38.20	13127	28.88
库伦旗	23760	5127	21.58	9072	38.18	6217	26.17
奈曼旗	46254	8390	18.14	14746	31.88	13239	28.62
扎鲁特旗	46247	9688	20.95	16757	36.23	12986	28.08
通辽经济技术开发区	57712	11584	20.07	19399	33.61	17790	30.83
霍林郭勒市	128	20	15.63	72	56.25	21	16.41
鄂尔多斯市	**365306**	**81910**	**22.42**	**113675**	**31.12**	**96231**	**26.34**
东胜区	1105	459	41.54	529	47.87	81	7.33
康巴什区							
达拉特旗	75145	13956	18.57	23275	30.97	21585	28.72
准格尔旗	92658	19181	20.70	29112	31.42	25709	27.75
鄂托克前旗	19603	4248	21.67	6329	32.29	4910	25.05
鄂托克旗	47655	11676	24.50	15625	32.79	12080	25.35
杭锦旗	26236	6097	23.24	9108	34.72	6713	25.59
乌审旗	36052	10643	29.52	9141	25.36	8060	22.36
伊金霍洛旗	66852	15650	23.41	20556	30.75	17093	25.57
呼伦贝尔市	**293110**	**75188**	**25.65**	**116239**	**39.66**	**70009**	**23.88**
海拉尔区	635	167	26.30	305	48.03	103	16.22
扎赉诺尔区	2440	904	37.05	1088	44.59	380	15.57
阿荣旗	47909	9926	20.72	16495	34.43	13726	28.65
莫力达瓦达斡尔族自治旗	32203	7400	22.98	10835	33.65	8544	26.53
鄂伦春自治旗	53965	13841	25.65	22552	41.79	12450	23.07
鄂温克族自治旗	42872	10020	23.37	16918	39.46	11494	26.81
陈巴尔虎旗	14236	3284	23.07	5848	41.08	3613	25.38
新巴尔虎左旗	7674	1676	21.84	2864	37.32	2109	27.48
新巴尔虎右旗	10023	2579	25.73	3576	35.68	2697	26.91
满洲里市	1931	605	31.33	872	45.16	360	18.64
牙克石市	46843	15823	33.78	20119	42.95	8431	18.00
扎兰屯市	12315	2100	17.05	5083	41.27	3209	26.06
额尔古纳市	5275	1597	30.27	2767	52.45	750	14.22
根河市	14789	5266	35.61	6917	46.77	2143	14.49
巴彦淖尔市	**216756**	**47307**	**21.83**	**84652**	**39.05**	**60284**	**27.81**
临河区	5719	1225	21.42	2983	52.16	1067	18.66
五原县	44823	8153	18.19	16854	37.60	13681	30.52
磴口县	22144	5353	24.17	9236	41.71	5590	25.24
乌拉特前旗	57165	11991	20.98	23085	40.38	15577	27.25
乌拉特中旗	27134	8310	30.63	10298	37.95	6102	22.49
乌拉特后旗	14276	3576	25.05	5288	37.04	3838	26.88
杭锦后旗	45495	8699	19.12	16908	37.16	14429	31.72

1-8b 续表 2

单位：户、%

地　　区	家庭户	一人户		二人户		三人户	
	户　数	户数	比重	户数	比重	户数	比重
乌兰察布市	**230343**	**64213**	**27.88**	**92102**	**39.98**	**53311**	**23.14**
集宁区	4717	1140	24.17	1827	38.73	1220	25.86
卓资县	17398	5574	32.04	7281	41.85	3349	19.25
化德县	25615	7196	28.09	10679	41.69	5730	22.37
商都县	35827	9505	26.53	13981	39.02	8724	24.35
兴和县	31110	7453	23.96	10790	34.68	8550	27.48
凉城县	21510	6056	28.15	8553	39.76	4804	22.33
察哈尔右翼前旗	22669	5966	26.32	9179	40.49	5530	24.39
察哈尔右翼中旗	13928	3785	27.18	6369	45.73	2854	20.49
察哈尔右翼后旗	23906	6748	28.23	9723	40.67	5693	23.81
四子王旗	30270	9269	30.62	12265	40.52	6529	21.57
丰镇市	3393	1521	44.83	1455	42.88	328	9.67
兴安盟	**167494**	**36102**	**21.55**	**62318**	**37.21**	**46120**	**27.54**
乌兰浩特市	7050	2086	29.59	2748	38.98	1605	22.77
阿尔山市	4495	987	21.96	2099	46.70	1036	23.05
科尔沁右翼前旗	31439	5542	17.63	12035	38.28	8898	28.30
科尔沁右翼中旗	36897	7827	21.21	13534	36.68	10080	27.32
扎赉特旗	54145	11359	20.98	19620	36.24	15619	28.85
突泉县	33468	8301	24.80	12282	36.70	8882	26.54
锡林郭勒盟	**176241**	**47533**	**26.97**	**65979**	**37.44**	**41872**	**23.76**
二连浩特市	474	212	44.73	196	41.35	47	9.92
锡林浩特市	1405	1088	77.44	246	17.51	55	3.91
阿巴嘎旗	9443	2623	27.78	3823	40.49	2148	22.75
苏尼特左旗	8159	2484	30.44	2987	36.61	1885	23.10
苏尼特右旗	21670	6237	28.78	9189	42.40	4718	21.77
东乌珠穆沁旗	19486	5217	26.77	6834	35.07	4838	24.83
西乌珠穆沁旗	24373	6267	25.71	8890	36.47	6053	24.83
太仆寺旗	21083	5364	25.44	8249	39.13	4937	23.42
镶黄旗	8159	2248	27.55	3273	40.12	1840	22.55
正镶白旗	10511	2915	27.73	4415	42.00	2286	21.75
正蓝旗	16888	4866	28.81	6296	37.28	3950	23.39
多伦县	26122	5832	22.33	8579	32.84	6986	26.74
乌拉盖管委会	8468	2180	25.74	3002	35.45	2129	25.14
阿拉善盟	**86160**	**22878**	**26.55**	**30354**	**35.23**	**21714**	**25.20**
阿拉善左旗	57900	14558	25.14	20911	36.12	15017	25.94
阿拉善右旗	7705	2257	29.29	2927	37.99	1750	22.71
额济纳旗	12178	3812	31.30	4048	33.24	2849	23.39
内蒙古阿拉善经济开发区	8377	2251	26.87	2468	29.46	2098	25.04

1-8b　续表 3　　　　单位：户、%

地　区	四人户		五人户		六人户	
	户数	比重	户数	比重	户数	比重
内蒙古	**296707**	**11.23**	**64022**	**2.42**	**20156**	**0.76**
呼和浩特市	**22182**	**12.03**	**2948**	**1.60**	**696**	**0.38**
新城区	60	5.88	25	2.45	2	0.20
回民区						
玉泉区						
赛罕区	57	5.89	25	2.58	18	1.86
土默特左旗	4113	10.02	458	1.12	87	0.21
托克托县	4716	16.07	273	0.93	45	0.15
和林格尔县	3820	14.57	527	2.01	132	0.50
清水河县	2302	15.51	248	1.67	49	0.33
武川县	2073	9.13	212	0.93	44	0.19
呼和浩特经济技术开发区	5041	10.44	1180	2.44	319	0.66
包头市	**16952**	**9.91**	**2399**	**1.40**	**522**	**0.31**
东河区	906	10.80	174	2.07	28	0.33
昆都仑区	1	2.78				
青山区	69	9.40	4	0.54		
石拐区	1	0.08			1	0.08
白云鄂博矿区						
九原区	512	8.59	64	1.07	33	0.55
土默特右旗	5550	12.39	409	0.91	42	0.09
固阳县	2194	9.81	219	0.98	39	0.17
达尔罕茂明安联合旗	959	5.94	144	0.89	32	0.20
包头稀土高新技术产业开发区	6760	9.46	1385	1.94	347	0.49
乌海市	**523**	**7.00**	**102**	**1.37**	**38**	**0.51**
海勃湾区	190	13.26	33	2.30	12	0.84
海南区	271	5.58	62	1.28	22	0.45
乌达区	62	5.25	7	0.59	4	0.34
赤峰市	**58700**	**13.88**	**14774**	**3.49**	**5831**	**1.38**
红山区	1036	12.24	429	5.07	238	2.81
元宝山区	1175	9.89	441	3.71	198	1.67
松山区	1075	11.80	516	5.66	304	3.34
阿鲁科尔沁旗	4607	11.14	1106	2.67	349	0.84
巴林左旗	5057	11.00	1166	2.54	381	0.83
巴林右旗	4643	13.01	1024	2.87	327	0.92
林西县	4919	11.44	1346	3.13	402	0.93
克什克腾旗	4660	12.83	1286	3.54	436	1.20
翁牛特旗	6829	14.07	1278	2.63	467	0.96
喀喇沁旗	6304	16.47	1613	4.21	692	1.81
宁城县	8751	16.55	2436	4.61	1136	2.15
敖汉旗	9644	18.73	2133	4.14	901	1.75

1-8b 续表 4

单位：户、%

地 区	四人户		五人户		六人户	
	户数	比重	户数	比重	户数	比重
通辽市	**34691**	**10.78**	**12714**	**3.95**	**4249**	**1.32**
科尔沁区	1759	10.17	876	5.06	304	1.76
科尔沁左翼中旗	4900	10.94	1972	4.40	632	1.41
科尔沁左翼后旗	3940	9.80	1317	3.28	393	0.98
开鲁县	4645	10.22	1863	4.10	583	1.28
库伦旗	2353	9.90	689	2.90	263	1.11
奈曼旗	6208	13.42	2370	5.12	1007	2.18
扎鲁特旗	5098	11.02	1269	2.74	384	0.83
通辽经济技术开发区	5778	10.01	2355	4.08	681	1.18
霍林郭勒市	10	7.81	3	2.34	2	1.56
鄂尔多斯市	**60802**	**16.64**	**9305**	**2.55**	**2808**	**0.77**
东胜区	31	2.81	2	0.18	2	0.18
康巴什区						
达拉特旗	13836	18.41	1806	2.40	588	0.78
准格尔旗	16002	17.27	2089	2.25	482	0.52
鄂托克前旗	3095	15.79	714	3.64	249	1.27
鄂托克旗	6658	13.97	1164	2.44	372	0.78
杭锦旗	3649	13.91	483	1.84	141	0.54
乌审旗	6585	18.27	1158	3.21	363	1.01
伊金霍洛旗	10946	16.37	1889	2.83	611	0.91
呼伦贝尔市	**22798**	**7.78**	**6627**	**2.26**	**1791**	**0.61**
海拉尔区	41	6.46	13	2.05	3	0.47
扎赉诺尔区	49	2.01	15	0.61	3	0.12
阿荣旗	5531	11.54	1642	3.43	503	1.05
莫力达瓦达斡尔族自治旗	3753	11.65	1206	3.74	372	1.16
鄂伦春自治旗	3943	7.31	896	1.66	231	0.43
鄂温克族自治旗	3157	7.36	1000	2.33	223	0.52
陈巴尔虎旗	1050	7.38	320	2.25	75	0.53
新巴尔虎左旗	702	9.15	236	3.08	64	0.83
新巴尔虎右旗	848	8.46	242	2.41	67	0.67
满洲里市	80	4.14	12	0.62	1	0.05
牙克石市	1829	3.90	517	1.10	86	0.18
扎兰屯市	1318	10.70	423	3.43	146	1.19
额尔古纳市	115	2.18	37	0.70	7	0.13
根河市	382	2.58	68	0.46	10	0.07
巴彦淖尔市	**20561**	**9.49**	**3058**	**1.41**	**762**	**0.35**
临河区	346	6.05	76	1.33	14	0.24
五原县	5217	11.64	715	1.60	180	0.40
磴口县	1616	7.30	283	1.28	59	0.27
乌拉特前旗	5585	9.77	720	1.26	173	0.30
乌拉特中旗	2017	7.43	302	1.11	86	0.32
乌拉特后旗	1231	8.62	268	1.88	68	0.48
杭锦后旗	4549	10.00	694	1.53	182	0.40

1-8b　续表 5　　　　单位：户、%

地　区	四人户		五人户		六人户	
	户数	比重	户数	比重	户数	比重
乌兰察布市	**18447**	**8.01**	**1893**	**0.82**	**324**	**0.14**
集宁区	419	8.88	88	1.87	20	0.42
卓资县	1030	5.92	133	0.76	28	0.16
化德县	1783	6.96	187	0.73	33	0.13
商都县	3290	9.18	272	0.76	47	0.13
兴和县	3880	12.47	372	1.20	57	0.18
凉城县	1872	8.70	180	0.84	40	0.19
察哈尔右翼前旗	1733	7.64	218	0.96	35	0.15
察哈尔右翼中旗	821	5.89	89	0.64	9	0.06
察哈尔右翼后旗	1558	6.52	154	0.64	27	0.11
四子王旗	1987	6.56	189	0.62	25	0.08
丰镇市	74	2.18	11	0.32	3	0.09
兴安盟	**16070**	**9.59**	**5048**	**3.01**	**1520**	**0.91**
乌兰浩特市	434	6.16	143	2.03	33	0.47
阿尔山市	274	6.10	72	1.60	26	0.58
科尔沁右翼前旗	3301	10.50	1222	3.89	365	1.16
科尔沁右翼中旗	3678	9.97	1265	3.43	403	1.09
扎赉特旗	5396	9.97	1570	2.90	483	0.89
突泉县	2987	8.92	776	2.32	210	0.63
锡林郭勒盟	**16487**	**9.35**	**3248**	**1.84**	**916**	**0.52**
二连浩特市	16	3.38	3	0.63		
锡林浩特市	10	0.71	4	0.28	2	0.14
阿巴嘎旗	656	6.95	144	1.52	39	0.41
苏尼特左旗	630	7.72	129	1.58	33	0.40
苏尼特右旗	1311	6.05	167	0.77	40	0.18
东乌珠穆沁旗	1984	10.18	459	2.36	125	0.64
西乌珠穆沁旗	2391	9.81	580	2.38	164	0.67
太仆寺旗	2091	9.92	325	1.54	87	0.41
镶黄旗	650	7.97	117	1.43	26	0.32
正镶白旗	703	6.69	149	1.42	31	0.29
正蓝旗	1429	8.46	266	1.58	70	0.41
多伦县	3749	14.35	689	2.64	242	0.93
乌拉盖管委会	867	10.24	216	2.55	57	0.67
阿拉善盟	**8494**	**9.86**	**1906**	**2.21**	**699**	**0.81**
阿拉善左旗	5600	9.67	1267	2.19	464	0.80
阿拉善右旗	633	8.22	101	1.31	34	0.44
额济纳旗	1154	9.48	235	1.93	71	0.58
内蒙古阿拉善经济开发区	1107	13.21	303	3.62	130	1.55

1-8b 续表 6　　单位：户、%

地　　区	七人户		八人户		九人户		十人及以上户	
	户数	比重	户数	比重	户数	比重	户数	比重
内蒙古	**3020**	**0.11**	**637**	**0.02**	**212**	**0.01**	**285**	**0.01**
呼和浩特市	**92**	**0.05**	**22**	**0.01**	**18**	**0.01**	**12**	**0.01**
新城区	2	0.20						
回民区								
玉泉区								
赛罕区	4	0.41	1	0.10	6	0.62	3	0.31
土默特左旗	14	0.03	3	0.01	6	0.01	5	0.01
托克托县	7	0.02	1				3	0.01
和林格尔县	13	0.05	2	0.01	2	0.01		
清水河县	1	0.01						
武川县	3	0.01	2	0.01	1			
呼和浩特经济技术开发区	48	0.10	13	0.03	3	0.01	1	
包头市	**62**	**0.04**	**9**	**0.01**	**4**		**14**	**0.01**
东河区	3	0.04	1	0.01				
昆都仑区								
青山区								
石拐区								
白云鄂博矿区								
九原区	4	0.07	1	0.02				
土默特右旗	7	0.02	1				1	
固阳县	3	0.01	1				7	0.03
达尔罕茂明安联合旗	4	0.02					1	0.01
包头稀土高新技术产业开发区	41	0.06	5	0.01	4	0.01	5	0.01
乌海市	**11**	**0.15**						
海勃湾区	4	0.28						
海南区	7	0.14						
乌达区								
赤峰市	**855**	**0.20**	**156**	**0.04**	**31**	**0.01**	**44**	**0.01**
红山区	51	0.60	19	0.22	3	0.04	5	0.06
元宝山区	42	0.35	3	0.03	4	0.03	2	0.02
松山区	46	0.50	10	0.11	1	0.01	7	0.08
阿鲁科尔沁旗	42	0.10	9	0.02	3	0.01	2	
巴林左旗	51	0.11	12	0.03	2			
巴林右旗	41	0.11	3	0.01			1	
林西县	49	0.11	8	0.02	2		5	0.01
克什克腾旗	55	0.15	11	0.03			1	
翁牛特旗	53	0.11	14	0.03	2		5	0.01
喀喇沁旗	117	0.31	8	0.02	4	0.01	3	0.01
宁城县	182	0.34	40	0.08	8	0.02	7	0.01
敖汉旗	126	0.24	19	0.04	2		6	0.01

1-8b 续表 7

单位：户、%

地区	七人户		八人户		九人户		十人及以上户	
	户数	比重	户数	比重	户数	比重	户数	比重
通辽市	**708**	**0.22**	**163**	**0.05**	**51**	**0.02**	**47**	**0.01**
科尔沁区	70	0.40	9	0.05	6	0.03	5	0.03
科尔沁左翼中旗	126	0.28	35	0.08	11	0.02	10	0.02
科尔沁左翼后旗	71	0.18	12	0.03	1		1	
开鲁县	67	0.15	17	0.04	3	0.01	2	
库伦旗	26	0.11	9	0.04	2	0.01	2	0.01
奈曼旗	198	0.43	55	0.12	20	0.04	21	0.05
扎鲁特旗	58	0.13	7	0.02				
通辽经济技术开发区	92	0.16	19	0.03	8	0.01	6	0.01
霍林郭勒市								
鄂尔多斯市	**392**	**0.11**	**84**	**0.02**	**29**	**0.01**	**70**	**0.02**
东胜区	1	0.09						
康巴什区								
达拉特旗	61	0.08	19	0.03	6	0.01	13	0.02
准格尔旗	66	0.07	11	0.01	3		3	
鄂托克前旗	46	0.23	6	0.03	2	0.01	4	0.02
鄂托克旗	51	0.11	18	0.04	4	0.01	7	0.01
杭锦旗	22	0.08	2	0.01	1		20	0.08
乌审旗	68	0.19	17	0.05	2	0.01	15	0.04
伊金霍洛旗	77	0.12	11	0.02	11	0.02	8	0.01
呼伦贝尔市	**304**	**0.10**	**81**	**0.03**	**31**	**0.01**	**42**	**0.01**
海拉尔区	3	0.47						
扎赉诺尔区	1	0.04						
阿荣旗	61	0.13	16	0.03	4	0.01	5	0.01
莫力达瓦达斡尔族自治旗	77	0.24	13	0.04	3	0.01		
鄂伦春自治旗	36	0.07	11	0.02	3	0.01	2	
鄂温克族自治旗	41	0.10	13	0.03	3	0.01	3	0.01
陈巴尔虎旗	20	0.14	6	0.04	6	0.04	14	0.10
新巴尔虎左旗	7	0.09	3	0.04	4	0.05	9	0.12
新巴尔虎右旗	6	0.06	4	0.04	3	0.03	1	0.01
满洲里市			1	0.05				
牙克石市	25	0.05	7	0.01	3	0.01	3	0.01
扎兰屯市	24	0.19	6	0.05	2	0.02	4	0.03
额尔古纳市	2	0.04						
根河市	1	0.01	1	0.01			1	0.01
巴彦淖尔市	**87**	**0.04**	**24**	**0.01**	**11**	**0.01**	**10**	
临河区	3	0.05	2	0.03	1	0.02	2	0.03
五原县	12	0.03	4	0.01	3	0.01	4	0.01
磴口县	6	0.03					1	
乌拉特前旗	29	0.05	2		3	0.01		
乌拉特中旗	12	0.04	4	0.01	1		2	0.01
乌拉特后旗	5	0.04	2	0.01				
杭锦后旗	20	0.04	10	0.02	3	0.01	1	

1－8b 续表 8

单位：户、%

地区	七人户		八人户		九人户		十人及以上户	
	户数	比重	户数	比重	户数	比重	户数	比重
乌兰察布市	**45**	**0.02**	**4**				**4**	
集宁区	2	0.04	1	0.02				
卓资县	3	0.02						
化德县	7	0.03						
商都县	6	0.02	1				1	
兴和县	6	0.02					2	0.01
凉城县	5	0.02						
察哈尔右翼前旗	6	0.03	1				1	
察哈尔右翼中旗	1	0.01						
察哈尔右翼后旗	3	0.01						
四子王旗	6	0.02						
丰镇市			1	0.03				
兴安盟	**222**	**0.13**	**57**	**0.03**	**18**	**0.01**	**19**	**0.01**
乌兰浩特市	1	0.01						
阿尔山市	1	0.02						
科尔沁右翼前旗	50	0.16	12	0.04	7	0.02	7	0.02
科尔沁右翼中旗	76	0.21	21	0.06	6	0.02	7	0.02
扎赉特旗	73	0.13	18	0.03	4	0.01	3	0.01
突泉县	21	0.06	6	0.02	1		2	0.01
锡林郭勒盟	**159**	**0.09**	**22**	**0.01**	**11**	**0.01**	**14**	**0.01**
二连浩特市								
锡林浩特市								
阿巴嘎旗	8	0.08					2	0.02
苏尼特左旗	9	0.11			2	0.02		
苏尼特右旗	2	0.01	1		1		4	0.02
东乌珠穆沁旗	20	0.10	5	0.03	3	0.02	1	0.01
西乌珠穆沁旗	26	0.11	2	0.01				
太仆寺旗	21	0.10	3	0.01	2	0.01	4	0.02
镶黄旗	4	0.05					1	0.01
正镶白旗	8	0.08	4	0.04				
正蓝旗	10	0.06	1	0.01				
多伦县	38	0.15	4	0.02	1		2	0.01
乌拉盖管委会	13	0.15	2	0.02	2	0.02		
阿拉善盟	**83**	**0.10**	**15**	**0.02**	**8**	**0.01**	**9**	**0.01**
阿拉善左旗	59	0.10	13	0.02	5	0.01	6	0.01
阿拉善右旗	2	0.03					1	0.01
额济纳旗	8	0.07			1	0.01		
内蒙古阿拉善经济开发区	14	0.17	2	0.02	2	0.02	2	0.02

1-8c 各地区家庭户规模(乡村)

单位：户、%

地区	家庭户户数	一人户		二人户		三人户	
		户数	比重	户数	比重	户数	比重
内蒙古	**3254705**	**793332**	**24.37**	**1348740**	**41.44**	**649970**	**19.97**
呼和浩特市	**315715**	**90120**	**28.54**	**133383**	**42.25**	**60423**	**19.14**
新城区	29998	7067	23.56	10360	34.54	8314	27.72
回民区	6546	1367	20.88	2493	38.08	1734	26.49
玉泉区	22733	5053	22.23	7969	35.05	6137	27.00
赛罕区	60565	16431	27.13	22507	37.16	13178	21.76
土默特左旗	74656	21628	28.97	34216	45.83	13029	17.45
托克托县	40721	11228	27.57	18290	44.92	7427	18.24
和林格尔县	35694	10410	29.16	15995	44.81	5866	16.43
清水河县	21774	8563	39.33	10168	46.70	2247	10.32
武川县	23028	8373	36.36	11385	49.44	2491	10.82
呼和浩特经济技术开发区							
包头市	**179540**	**55601**	**30.97**	**80801**	**45.00**	**29746**	**16.57**
东河区	18425	4535	24.61	7846	42.58	4121	22.37
昆都仑区	12616	3713	29.43	4932	39.09	2669	21.16
青山区	7896	1731	21.92	3205	40.59	2058	26.06
石拐区	3184	1182	37.12	1411	44.32	357	11.21
白云鄂博矿区							
九原区	23392	5368	22.95	10193	43.57	5216	22.30
土默特右旗	60359	18488	30.63	29692	49.19	8743	14.48
固阳县	33579	13788	41.06	13825	41.17	3994	11.89
达尔罕茂明安联合旗	17020	6088	35.77	8397	49.34	1913	11.24
包头稀土高新技术产业开发区	3069	708	23.07	1300	42.36	675	21.99
乌海市	**10990**	**4633**	**42.16**	**4048**	**36.83**	**1437**	**13.08**
海勃湾区	6327	2311	36.53	2348	37.11	1035	16.36
海南区	4663	2322	49.80	1700	36.46	402	8.62
乌达区							
赤峰市	**755017**	**156873**	**20.78**	**305577**	**40.47**	**158104**	**20.94**
红山区	5659	1005	17.76	2284	40.36	1140	20.14
元宝山区	26325	4728	17.96	11171	42.43	5610	21.31
松山区	107018	19003	17.76	41467	38.75	25166	23.52
阿鲁科尔沁旗	58543	14629	24.99	24994	42.69	11775	20.11
巴林左旗	74362	19543	26.28	30476	40.98	14884	20.02
巴林右旗	25725	4976	19.34	11687	45.43	5610	21.81
林西县	36352	11007	30.28	15583	42.87	6195	17.04
克什克腾旗	40550	10788	26.60	19016	46.90	7168	17.68
翁牛特旗	86919	19883	22.88	36612	42.12	16923	19.47
喀喇沁旗	59612	11112	18.64	23549	39.50	12527	21.01
宁城县	116995	19096	16.32	40557	34.67	26189	22.38
敖汉旗	116957	21103	18.04	48181	41.20	24917	21.30

1-8c 续表 1

单位：户、%

地 区	家庭户	一人户		二人户		三人户	
	户 数	户数	比重	户数	比重	户数	比重
通辽市	**514440**	**74919**	**14.56**	**176646**	**34.34**	**134142**	**26.08**
科尔沁区	84622	11548	13.65	29555	34.93	21693	25.64
科尔沁左翼中旗	99157	16350	16.49	29102	29.35	26865	27.09
科尔沁左翼后旗	76342	10944	14.34	25204	33.01	20338	26.64
开鲁县	70034	9579	13.68	26975	38.52	17890	25.54
库伦旗	32565	4181	12.84	11685	35.88	8899	27.33
奈曼旗	84218	10929	12.98	28436	33.76	21299	25.29
扎鲁特旗	52509	8941	17.03	20785	39.58	13628	25.95
通辽经济技术开发区	11515	1541	13.38	3471	30.14	2837	24.64
霍林郭勒市	3478	906	26.05	1433	41.20	693	19.93
鄂尔多斯市	**201566**	**67814**	**33.64**	**90022**	**44.66**	**28169**	**13.98**
东胜区	6956	2955	42.48	3035	43.63	659	9.47
康巴什区							
达拉特旗	56288	16033	28.48	27560	48.96	8004	14.22
准格尔旗	45780	18280	39.93	19316	42.19	5652	12.35
鄂托克前旗	13587	3615	26.61	5688	41.86	2512	18.49
鄂托克旗	11655	3913	33.57	4620	39.64	1950	16.73
杭锦旗	20269	6281	30.99	9701	47.86	3042	15.01
乌审旗	22468	6944	30.91	9496	42.26	3656	16.27
伊金霍洛旗	24563	9793	39.87	10606	43.18	2694	10.97
呼伦贝尔市	**239927**	**55080**	**22.96**	**92656**	**38.62**	**55312**	**23.05**
海拉尔区	4719	1170	24.79	2170	45.98	970	20.56
扎赉诺尔区							
阿荣旗	52746	10160	19.26	20376	38.63	13012	24.67
莫力达瓦达斡尔族自治旗	59553	14363	24.12	22307	37.46	13650	22.92
鄂伦春自治旗	19134	4743	24.79	7652	39.99	4143	21.65
鄂温克族自治旗	14677	4250	28.96	5855	39.89	3163	21.55
陈巴尔虎旗	5766	1564	27.12	2458	42.63	1183	20.52
新巴尔虎左旗	6957	1949	28.01	2431	34.94	1548	22.25
新巴尔虎右旗	4881	1840	37.70	1518	31.10	900	18.44
满洲里市							
牙克石市	8189	2798	34.17	3472	42.40	1387	16.94
扎兰屯市	56780	10728	18.89	21461	37.80	13785	24.28
额尔古纳市	6385	1462	22.90	2903	45.47	1546	24.21
根河市	140	53	37.86	53	37.86	25	17.86
巴彦淖尔市	**280242**	**67507**	**24.09**	**143682**	**51.27**	**49167**	**17.54**
临河区	73663	16889	22.93	36966	50.18	13974	18.97
五原县	53165	12068	22.70	28706	53.99	9023	16.97
磴口县	18833	5005	26.58	9731	51.67	3016	16.01
乌拉特前旗	56608	14493	25.60	29536	52.18	9223	16.29
乌拉特中旗	23910	7038	29.44	11978	50.10	3541	14.81
乌拉特后旗	7973	2897	36.34	3215	40.32	1251	15.69
杭锦后旗	46090	9117	19.78	23550	51.10	9139	19.83

1-8c 续表 2

单位：户、%

地 区	家庭户户数	一人户		二人户		三人户	
		户数	比重	户数	比重	户数	比重
乌兰察布市	**366416**	**138458**	**37.79**	**171339**	**46.76**	**42476**	**11.59**
集宁区	13302	4142	31.14	5969	44.87	2341	17.60
卓资县	26441	11336	42.87	11697	44.24	2642	9.99
化德县	20920	7987	38.18	10397	49.70	2055	9.82
商都县	49674	17329	34.89	25277	50.89	5493	11.06
兴和县	49539	18477	37.30	23408	47.25	5571	11.25
凉城县	36983	14327	38.74	15948	43.12	4770	12.90
察哈尔右翼前旗	35728	13069	36.58	16835	47.12	4116	11.52
察哈尔右翼中旗	30743	11375	37.00	15102	49.12	3358	10.92
察哈尔右翼后旗	28518	10606	37.19	13994	49.07	3154	11.06
四子王旗	34220	12138	35.47	16696	48.79	4152	12.13
丰镇市	40348	17672	43.80	16016	39.69	4824	11.96
兴安盟	**248830**	**39749**	**15.97**	**93339**	**37.51**	**64208**	**25.80**
乌兰浩特市	14660	2922	19.93	5678	38.73	3303	22.53
阿尔山市	1347	283	21.01	608	45.14	321	23.83
科尔沁右翼前旗	74194	11663	15.72	27413	36.95	19382	26.12
科尔沁右翼中旗	39450	5306	13.45	13513	34.25	11330	28.72
扎赉特旗	65878	10200	15.48	24469	37.14	17461	26.51
突泉县	53301	9375	17.59	21658	40.63	12411	23.28
锡林郭勒盟	**123500**	**35217**	**28.52**	**50324**	**40.75**	**23930**	**19.38**
二连浩特市	627	204	32.54	229	36.52	140	22.33
锡林浩特市	8890	2015	22.67	3659	41.16	2002	22.52
阿巴嘎旗	6038	1566	25.94	2133	35.33	1374	22.76
苏尼特左旗	6274	2234	35.61	1636	26.08	1288	20.53
苏尼特右旗	6218	1569	25.23	2254	36.25	1563	25.14
东乌珠穆沁旗	8189	1773	21.65	2349	28.68	2127	25.97
西乌珠穆沁旗	11948	3024	25.31	3766	31.52	2973	24.88
太仆寺旗	30650	9890	32.27	15384	50.19	4067	13.27
镶黄旗	3509	966	27.53	1378	39.27	857	24.42
正镶白旗	9752	3389	34.75	4304	44.13	1492	15.30
正蓝旗	14070	4049	28.78	5650	40.16	2865	20.36
多伦县	16165	4235	26.20	7031	43.50	2972	18.39
乌拉盖管委会	1170	303	25.90	551	47.09	210	17.95
阿拉善盟	**18522**	**7361**	**39.74**	**6923**	**37.38**	**2856**	**15.42**
阿拉善左旗	14262	5284	37.05	5598	39.25	2286	16.03
阿拉善右旗	2000	754	37.70	741	37.05	345	17.25
额济纳旗	1985	1192	60.05	481	24.23	197	9.92
内蒙古阿拉善经济开发区	275	131	47.64	103	37.45	28	10.18

1-8c　续表 3　　　　　　　　　　　　　　　　单位：户、%

地　区	四人户		五人户		六人户	
	户数	比重	户数	比重	户数	比重
内蒙古	**297512**	**9.14**	**107287**	**3.30**	**46628**	**1.43**
呼和浩特市	**24055**	**7.62**	**5720**	**1.81**	**1474**	**0.47**
新城区	3386	11.29	616	2.05	174	0.58
回民区	742	11.34	157	2.40	42	0.64
玉泉区	2817	12.39	518	2.28	185	0.81
赛罕区	5857	9.67	1756	2.90	594	0.98
土默特左旗	4436	5.94	1144	1.53	161	0.22
托克托县	3116	7.65	488	1.20	129	0.32
和林格尔县	2472	6.93	737	2.06	160	0.45
清水河县	675	3.10	97	0.45	19	0.09
武川县	554	2.41	207	0.90	10	0.04
呼和浩特经济技术开发区						
包头市	**10978**	**6.11**	**1812**	**1.01**	**401**	**0.22**
东河区	1550	8.41	272	1.48	68	0.37
昆都仑区	1046	8.29	221	1.75	30	0.24
青山区	755	9.56	119	1.51	21	0.27
石拐区	212	6.66	20	0.63	1	0.03
白云鄂博矿区						
九原区	2034	8.70	440	1.88	114	0.49
土默特右旗	3007	4.98	356	0.59	51	0.08
固阳县	1541	4.59	266	0.79	73	0.22
达尔罕茂明安联合旗	554	3.25	58	0.34	6	0.04
包头稀土高新技术产业开发区	279	9.09	60	1.96	37	1.21
乌海市	**711**	**6.47**	**109**	**0.99**	**29**	**0.26**
海勃湾区	507	8.01	82	1.30	24	0.38
海南区	204	4.37	27	0.58	5	0.11
乌达区						
赤峰市	**80530**	**10.67**	**32554**	**4.31**	**17361**	**2.30**
红山区	714	12.62	314	5.55	152	2.69
元宝山区	2745	10.43	1304	4.95	645	2.45
松山区	13024	12.17	5123	4.79	2666	2.49
阿鲁科尔沁旗	5218	8.91	1346	2.30	472	0.81
巴林左旗	6725	9.04	1877	2.52	686	0.92
巴林右旗	2344	9.11	799	3.11	261	1.01
林西县	2642	7.27	611	1.68	248	0.68
克什克腾旗	2642	6.52	662	1.63	224	0.55
翁牛特旗	8893	10.23	2928	3.37	1362	1.57
喀喇沁旗	6828	11.45	3256	5.46	1880	3.15
宁城县	15568	13.31	8797	7.52	5532	4.73
敖汉旗	13187	11.28	5537	4.73	3233	2.76

1-8c　续表 4　　　　单位：户、%

地　区	四人户		五人户		六人户	
	户数	比重	户数	比重	户数	比重
通辽市	**72455**	**14.08**	**36113**	**7.02**	**16396**	**3.19**
科尔沁区	12070	14.26	6439	7.61	2700	3.19
科尔沁左翼中旗	15242	15.37	7341	7.40	3212	3.24
科尔沁左翼后旗	10593	13.88	6262	8.20	2488	3.26
开鲁县	8657	12.36	4600	6.57	1973	2.82
库伦旗	4710	14.46	1990	6.11	932	2.86
奈曼旗	12590	14.95	6414	7.62	3751	4.45
扎鲁特旗	6360	12.11	1905	3.63	771	1.47
通辽经济技术开发区	1933	16.79	1055	9.16	536	4.65
霍林郭勒市	300	8.63	107	3.08	33	0.95
鄂尔多斯市	**12230**	**6.07**	**2384**	**1.18**	**689**	**0.34**
东胜区	230	3.31	53	0.76	17	0.24
康巴什区						
达拉特旗	3759	6.68	617	1.10	229	0.41
准格尔旗	2113	4.62	311	0.68	81	0.18
鄂托克前旗	1183	8.71	472	3.47	95	0.70
鄂托克旗	869	7.46	205	1.76	65	0.56
杭锦旗	991	4.89	174	0.86	58	0.29
乌审旗	1830	8.14	398	1.77	106	0.47
伊金霍洛旗	1255	5.11	154	0.63	38	0.15
呼伦贝尔市	**24853**	**10.36**	**8388**	**3.50**	**3007**	**1.25**
海拉尔区	275	5.83	113	2.39	20	0.42
扎赉诺尔区						
阿荣旗	6069	11.51	2077	3.94	899	1.70
莫力达瓦达斡尔族自治旗	6001	10.08	2297	3.86	772	1.30
鄂伦春自治旗	1931	10.09	522	2.73	106	0.55
鄂温克族自治旗	1134	7.73	213	1.45	46	0.31
陈巴尔虎旗	437	7.58	95	1.65	22	0.38
新巴尔虎左旗	867	12.46	123	1.77	33	0.47
新巴尔虎右旗	451	9.24	144	2.95	19	0.39
满洲里市						
牙克石市	383	4.68	126	1.54	18	0.22
扎兰屯市	6916	12.18	2601	4.58	1060	1.87
额尔古纳市	383	6.00	74	1.16	12	0.19
根河市	6	4.29	3	2.14		
巴彦淖尔市	**15755**	**5.62**	**3054**	**1.09**	**844**	**0.30**
临河区	4517	6.13	987	1.34	255	0.35
五原县	2730	5.13	461	0.87	140	0.26
磴口县	850	4.51	164	0.87	58	0.31
乌拉特前旗	2801	4.95	422	0.75	104	0.18
乌拉特中旗	1132	4.73	153	0.64	45	0.19
乌拉特后旗	398	4.99	162	2.03	37	0.46
杭锦后旗	3327	7.22	705	1.53	205	0.44

1-8c 续表 5

单位：户、%

地区	四人户		五人户		六人户	
	户数	比重	户数	比重	户数	比重
乌兰察布市	**12106**	**3.30**	**1613**	**0.44**	**317**	**0.09**
集宁区	743	5.59	85	0.64	17	0.13
卓资县	667	2.52	80	0.30	13	0.05
化德县	419	2.00	47	0.22	9	0.04
商都县	1416	2.85	128	0.26	28	0.06
兴和县	1778	3.59	252	0.51	42	0.08
凉城县	1604	4.34	290	0.78	35	0.09
察哈尔右翼前旗	1399	3.92	213	0.60	71	0.20
察哈尔右翼中旗	814	2.65	73	0.24	11	0.04
察哈尔右翼后旗	682	2.39	71	0.25	10	0.04
四子王旗	1091	3.19	122	0.36	15	0.04
丰镇市	1493	3.70	252	0.62	66	0.16
兴安盟	**32561**	**13.09**	**12704**	**5.11**	**5174**	**2.08**
乌兰浩特市	1814	12.37	654	4.46	242	1.65
阿尔山市	99	7.35	26	1.93	9	0.67
科尔沁右翼前旗	9799	13.21	3935	5.30	1657	2.23
科尔沁右翼中旗	5883	14.91	2252	5.71	972	2.46
扎赉特旗	8887	13.49	3305	5.02	1285	1.95
突泉县	6079	11.41	2532	4.75	1009	1.89
锡林郭勒盟	**10273**	**8.32**	**2552**	**2.07**	**862**	**0.70**
二连浩特市	43	6.86	8	1.28	2	0.32
锡林浩特市	946	10.64	195	2.19	59	0.66
阿巴嘎旗	620	10.27	230	3.81	85	1.41
苏尼特左旗	665	10.60	262	4.18	102	1.63
苏尼特右旗	628	10.10	156	2.51	40	0.64
东乌珠穆沁旗	1326	16.19	386	4.71	163	1.99
西乌珠穆沁旗	1664	13.93	359	3.00	119	1.00
太仆寺旗	1058	3.45	189	0.62	56	0.18
镶黄旗	258	7.35	33	0.94	12	0.34
正镶白旗	484	4.96	64	0.66	15	0.15
正蓝旗	1117	7.94	281	2.00	79	0.56
多伦县	1380	8.54	373	2.31	125	0.77
乌拉盖管委会	84	7.18	16	1.37	5	0.43
阿拉善盟	**1005**	**5.43**	**284**	**1.53**	**74**	**0.40**
阿拉善左旗	777	5.45	242	1.70	60	0.42
阿拉善右旗	126	6.30	23	1.15	9	0.45
额济纳旗	91	4.58	18	0.91	4	0.20
内蒙古阿拉善经济开发区	11	4.00	1	0.36	1	0.36

1-8c 续表 6

单位：户、%

地区	七人户		八人户		九人户		十人及以上户	
	户数	比重	户数	比重	户数	比重	户数	比重
内蒙古	**8451**	**0.26**	**1757**	**0.05**	**522**	**0.02**	**506**	**0.02**
呼和浩特市	**307**	**0.10**	**113**	**0.04**	**38**	**0.01**	**82**	**0.03**
新城区	38	0.13	22	0.07	2	0.01	19	0.06
回民区	5	0.08	3	0.05	3	0.05		
玉泉区	35	0.15	14	0.06	3	0.01	2	0.01
赛罕区	129	0.21	51	0.08	20	0.03	42	0.07
土默特左旗	30	0.04	9	0.01	1		2	
托克托县	25	0.06	6	0.01	5	0.01	7	0.02
和林格尔县	39	0.11	7	0.02	4	0.01	4	0.01
清水河县	2	0.01					3	0.01
武川县	4	0.02	1				3	0.01
呼和浩特经济技术开发区								
包头市	**103**	**0.06**	**39**	**0.02**	**27**	**0.02**	**32**	**0.02**
东河区	24	0.13	6	0.03	3	0.02		
昆都仑区	2	0.02	1	0.01	1	0.01	1	0.01
青山区	3	0.04	1	0.01			3	0.04
石拐区			1	0.03				
白云鄂博矿区								
九原区	18	0.08	6	0.03	1		2	0.01
土默特右旗	13	0.02	4	0.01	1		4	0.01
固阳县	33	0.10	19	0.06	20	0.06	20	0.06
达尔罕茂明安联合旗	1	0.01	1	0.01	1	0.01	1	0.01
包头稀土高新技术产业开发区	9	0.29					1	0.03
乌海市	**9**	**0.08**	**8**	**0.07**	**4**	**0.04**	**2**	**0.02**
海勃湾区	9	0.14	8	0.13	2	0.03	1	0.02
海南区					2	0.04	1	0.02
乌达区								
赤峰市	**3153**	**0.42**	**586**	**0.08**	**161**	**0.02**	**118**	**0.02**
红山区	36	0.64	10	0.18	2	0.04	2	0.04
元宝山区	86	0.33	21	0.08	6	0.02	9	0.03
松山区	434	0.41	91	0.09	24	0.02	20	0.02
阿鲁科尔沁旗	80	0.14	16	0.03	2		11	0.02
巴林左旗	125	0.17	23	0.03	13	0.02	10	0.01
巴林右旗	40	0.16	7	0.03	1			
林西县	43	0.12	5	0.01	10	0.03	8	0.02
克什克腾旗	36	0.09	6	0.01	2		6	0.01
翁牛特旗	242	0.28	56	0.06	9	0.01	11	0.01
喀喇沁旗	370	0.62	59	0.10	18	0.03	13	0.02
宁城县	1007	0.86	179	0.15	50	0.04	20	0.02
敖汉旗	654	0.56	113	0.10	24	0.02	8	0.01

1-8c 续表 7

单位：户、%

地区	七人户		八人户		九人户		十人及以上户	
	户数	比重	户数	比重	户数	比重	户数	比重
通辽市	**2938**	**0.57**	**590**	**0.11**	**155**	**0.03**	**86**	**0.02**
科尔沁区	500	0.59	82	0.10	23	0.03	12	0.01
科尔沁左翼中旗	717	0.72	211	0.21	70	0.07	47	0.05
科尔沁左翼后旗	416	0.54	76	0.10	14	0.02	7	0.01
开鲁县	284	0.41	55	0.08	11	0.02	10	0.01
库伦旗	135	0.41	26	0.08	3	0.01	4	0.01
奈曼旗	673	0.80	98	0.12	24	0.03	4	
扎鲁特旗	92	0.18	22	0.04	4	0.01	1	
通辽经济技术开发区	116	1.01	19	0.17	6	0.05	1	0.01
霍林郭勒市	5	0.14	1	0.03				
鄂尔多斯市	**152**	**0.08**	**43**	**0.02**	**21**	**0.01**	**42**	**0.02**
东胜区	4	0.06			1	0.01	2	0.03
康巴什区								
达拉特旗	48	0.09	15	0.03	7	0.01	16	0.03
准格尔旗	12	0.03	6	0.01	1		8	0.02
鄂托克前旗	12	0.09	5	0.04	3	0.02	2	0.01
鄂托克旗	16	0.14	10	0.09	3	0.03	4	0.03
杭锦旗	17	0.08	3	0.01	1		1	
乌审旗	32	0.14	1		3	0.01	2	0.01
伊金霍洛旗	11	0.04	3	0.01	2	0.01	7	0.03
呼伦贝尔市	**505**	**0.21**	**77**	**0.03**	**29**	**0.01**	**20**	**0.01**
海拉尔区	1	0.02						
扎赉诺尔区								
阿荣旗	120	0.23	22	0.04	6	0.01	5	0.01
莫力达瓦达斡尔族自治旗	132	0.22	19	0.03	9	0.02	3	0.01
鄂伦春自治旗	31	0.16	2	0.01	4	0.02		
鄂温克族自治旗	12	0.08	1	0.01	2	0.01	1	0.01
陈巴尔虎旗	2	0.03	2	0.03			3	0.05
新巴尔虎左旗	3	0.04	1	0.01			2	0.03
新巴尔虎右旗	6	0.12	2	0.04			1	0.02
满洲里市								
牙克石市	4	0.05					1	0.01
扎兰屯市	191	0.34	26	0.05	8	0.01	4	0.01
额尔古纳市	3	0.05	2	0.03				
根河市								
巴彦淖尔市	**146**	**0.05**	**46**	**0.02**	**17**	**0.01**	**24**	**0.01**
临河区	43	0.06	18	0.02	5	0.01	9	0.01
五原县	23	0.04	7	0.01	3	0.01	4	0.01
磴口县	7	0.04	1	0.01	1	0.01		
乌拉特前旗	20	0.04	3	0.01	3	0.01	3	0.01
乌拉特中旗	15	0.06	2	0.01	3	0.01	3	0.01
乌拉特后旗	11	0.14	1	0.01			1	0.01
杭锦后旗	27	0.06	14	0.03	2		4	0.01

1-8c　续表 8　　　　单位：户、%

地　区	七人户		八人户		九人户		十人及以上户	
	户数	比重	户数	比重	户数	比重	户数	比重
乌兰察布市	**65**	**0.02**	**10**		**5**		**27**	**0.01**
集宁区	1	0.01					4	0.03
卓资县	3	0.01	1				2	0.01
化德县	3	0.01	1		1		1	
商都县	2		1					
兴和县	10	0.02	1					
凉城县	8	0.02	1					
察哈尔右翼前旗	10	0.03	2	0.01	3	0.01	10	0.03
察哈尔右翼中旗	3	0.01	1				6	0.02
察哈尔右翼后旗			1					
四子王旗	4	0.01			1		1	
丰镇市	21	0.05	1				3	0.01
兴安盟	**825**	**0.33**	**178**	**0.07**	**37**	**0.01**	**55**	**0.02**
乌兰浩特市	36	0.25	6	0.04	3	0.02	2	0.01
阿尔山市							1	0.07
科尔沁右翼前旗	266	0.36	58	0.08	12	0.02	9	0.01
科尔沁右翼中旗	142	0.36	36	0.09	7	0.02	9	0.02
扎赉特旗	202	0.31	46	0.07	8	0.01	15	0.02
突泉县	179	0.34	32	0.06	7	0.01	19	0.04
锡林郭勒盟	**236**	**0.19**	**63**	**0.05**	**26**	**0.02**	**17**	**0.01**
二连浩特市	1	0.16						
锡林浩特市	10	0.11	3	0.03			1	0.01
阿巴嘎旗	17	0.28	7	0.12	3	0.05	3	0.05
苏尼特左旗	46	0.73	24	0.38	10	0.16	7	0.11
苏尼特右旗	8	0.13						
东乌珠穆沁旗	51	0.62	7	0.09	3	0.04	4	0.05
西乌珠穆沁旗	29	0.24	8	0.07	5	0.04	1	0.01
太仆寺旗	5	0.02	1					
镶黄旗	4	0.11	1	0.03				
正镶白旗	2	0.02	2	0.02				
正蓝旗	24	0.17	1	0.01	3	0.02	1	0.01
多伦县	38	0.24	9	0.06	2	0.01		
乌拉盖管委会	1	0.09						
阿拉善盟	**12**	**0.06**	**4**	**0.02**	**2**	**0.01**	**1**	**0.01**
阿拉善左旗	11	0.08	1	0.01	2	0.01	1	0.01
阿拉善右旗	1	0.05	1	0.05				
额济纳旗			2	0.10				
内蒙古阿拉善经济开发区								

1-9 各地区家庭户类别

单位：户、%

地区	家庭户户数	一代户		二代户	
		户数	比重	户数	比重
内蒙古	**9483957**	**5342168**	**56.33**	**3551257**	**37.44**
呼和浩特市	**1314910**	**734205**	**55.84**	**521537**	**39.66**
新城区	248937	128484	51.61	106858	42.93
回民区	161946	84034	51.89	69812	43.11
玉泉区	200817	104372	51.97	88211	43.93
赛罕区	324884	178505	54.94	127390	39.21
土默特左旗	115723	75866	65.56	37068	32.03
托克托县	70071	42494	60.64	26120	37.28
和林格尔县	61912	39188	63.30	20616	33.30
清水河县	36612	26335	71.93	9922	27.10
武川县	45743	32586	71.24	12451	27.22
呼和浩特经济技术开发区	48265	22341	46.29	23089	47.84
包头市	**1099919**	**624204**	**56.75**	**435228**	**39.57**
东河区	199814	113165	56.64	79239	39.66
昆都仑区	311599	160456	51.49	137960	44.27
青山区	207270	113107	54.57	84739	40.88
石拐区	11061	8300	75.04	2495	22.56
白云鄂博矿区	9616	6245	64.94	3130	32.55
九原区	91782	49860	54.32	38636	42.10
土默特右旗	105155	69199	65.81	34171	32.50
固阳县	55954	39585	70.75	15358	27.45
达尔罕茂明安联合旗	33158	24481	73.83	8166	24.63
包头稀土高新技术产业开发区	74510	39806	53.42	31334	42.05
乌海市	**223131**	**125757**	**56.36**	**87359**	**39.15**
海勃湾区	132847	71210	53.60	55037	41.43
海南区	39898	25120	62.96	13570	34.01
乌达区	50386	29427	58.40	18752	37.22
赤峰市	**1543099**	**817067**	**52.95**	**580926**	**37.65**
红山区	168803	81855	48.49	70920	42.01
元宝山区	112695	59971	53.22	43287	38.41
松山区	252084	122483	48.59	102197	40.54
阿鲁科尔沁旗	99901	57882	57.94	36114	36.15
巴林左旗	120322	72630	60.36	40636	33.77
巴林右旗	61402	33962	55.31	23474	38.23
林西县	79357	47987	60.47	26867	33.86
克什克腾旗	76870	46996	61.14	25306	32.92
翁牛特旗	135465	78811	58.18	46714	34.48
喀喇沁旗	97897	49690	50.76	36562	37.35
宁城县	169870	77722	45.75	64915	38.21
敖汉旗	168433	87078	51.70	63934	37.96

1-9 续表 1 单位：户、%

地 区	家庭户	一代户		二代户	
	户 数	户数	比重	户数	比重
通辽市	**1045667**	**505293**	**48.32**	**411801**	**39.38**
科尔沁区	262594	133348	50.78	99654	37.95
科尔沁左翼中旗	143947	63200	43.91	59154	41.09
科尔沁左翼后旗	116531	54978	47.18	45462	39.01
开鲁县	115487	57653	49.92	42899	37.15
库伦旗	56325	28181	50.03	21883	38.85
奈曼旗	130472	57505	44.07	52355	40.13
扎鲁特旗	98756	52341	53.00	39086	39.58
通辽经济技术开发区	69227	32314	46.68	28796	41.60
霍林郭勒市	52328	25773	49.25	22512	43.02
鄂尔多斯市	**797496**	**439553**	**55.12**	**324413**	**40.68**
东胜区	203073	95995	47.27	95517	47.04
康巴什区	35226	14850	42.16	17393	49.38
达拉特旗	131433	76317	58.07	50879	38.71
准格尔旗	138438	81832	59.11	53217	38.44
鄂托克前旗	33190	18709	56.37	12579	37.90
鄂托克旗	59696	33651	56.37	23435	39.26
杭锦旗	46505	29532	63.50	15554	33.45
乌审旗	58520	34447	58.86	21762	37.19
伊金霍洛旗	91415	54220	59.31	34077	37.28
呼伦贝尔市	**918965**	**534501**	**58.16**	**325878**	**35.46**
海拉尔区	147231	84992	57.73	53328	36.22
扎赉诺尔区	37656	23928	63.54	12597	33.45
阿荣旗	100655	52272	51.93	39414	39.16
莫力达瓦达斡尔族自治旗	91756	50504	55.04	33706	36.73
鄂伦春自治旗	73099	44634	61.06	24680	33.76
鄂温克族自治旗	57549	33788	58.71	20542	35.69
陈巴尔虎旗	20002	12234	61.16	6742	33.71
新巴尔虎左旗	14631	8443	57.71	5393	36.86
新巴尔虎右旗	14904	8799	59.04	5279	35.42
满洲里市	59243	31796	53.67	24295	41.01
牙克石市	114103	72892	63.88	35871	31.44
扎兰屯市	123626	66455	53.75	45766	37.02
额尔古纳市	29548	18529	62.71	9581	32.43
根河市	34962	25235	72.18	8684	24.84
巴彦淖尔市	**654451**	**404643**	**61.83**	**226844**	**34.66**
临河区	236835	134735	56.89	91513	38.64
五原县	97988	62370	63.65	32872	33.55
磴口县	40977	27720	67.65	12032	29.36
乌拉特前旗	113773	74653	65.62	36536	32.11
乌拉特中旗	51044	35782	70.10	14037	27.50
乌拉特后旗	22249	14013	62.98	7364	33.10
杭锦后旗	91585	55370	60.46	32490	35.48

1-9 续表 2

单位：户、%

地　　区	家庭户	一代户		二代户	
	户　数	户数	比重	户数	比重
乌兰察布市	**795202**	**558159**	**70.19**	**223137**	**28.06**
集宁区	165926	94612	57.02	65713	39.60
卓资县	43839	34144	77.88	9140	20.85
化德县	46535	34681	74.53	11366	24.42
商都县	85501	63287	74.02	21290	24.90
兴和县	80649	57202	70.93	22573	27.99
凉城县	58493	42797	73.17	14706	25.14
察哈尔右翼前旗	58397	43234	74.03	14204	24.32
察哈尔右翼中旗	44671	35136	78.66	9078	20.32
察哈尔右翼后旗	52424	39440	75.23	12428	23.71
四子王旗	64490	47901	74.28	15814	24.52
丰镇市	94277	65725	69.71	26825	28.45
兴安盟	**535843**	**277723**	**51.83**	**206348**	**38.51**
乌兰浩特市	133638	69575	52.06	52995	39.66
阿尔山市	13433	8463	63.00	4227	31.47
科尔沁右翼前旗	105633	53362	50.52	40087	37.95
科尔沁右翼中旗	76347	37034	48.51	31050	40.67
扎赉特旗	120023	60684	50.56	47692	39.74
突泉县	86769	48605	56.02	30297	34.92
锡林郭勒盟	**450592**	**260296**	**57.77**	**169060**	**37.52**
二连浩特市	30172	16429	54.45	12561	41.63
锡林浩特市	132075	66671	50.48	58211	44.07
阿巴嘎旗	15481	9324	60.23	5368	34.67
苏尼特左旗	14433	8551	59.25	4973	34.46
苏尼特右旗	27888	17650	63.29	9394	33.68
东乌珠穆沁旗	27675	14828	53.58	11010	39.78
西乌珠穆沁旗	36321	20486	56.40	13724	37.79
太仆寺旗	51733	36672	70.89	13824	26.72
镶黄旗	11668	7132	61.12	4084	35.00
正镶白旗	20263	13987	69.03	5698	28.12
正蓝旗	30958	19312	62.38	10323	33.35
多伦县	42287	23616	55.85	16377	38.73
乌拉盖管委会	9638	5638	58.50	3513	36.45
阿拉善盟	**104682**	**60767**	**58.05**	**38726**	**36.99**
阿拉善左旗	72162	41693	57.78	26913	37.30
阿拉善右旗	9705	6176	63.64	3176	32.73
额济纳旗	14163	8185	57.79	5353	37.80
内蒙古阿拉善经济开发区	8652	4713	54.47	3284	37.96

1-9　续表 3　　　　单位：户、%

地　区	三代户		四代户		五代及以上户	
	户数	比重	户数	比重	户数	比重
内蒙古	**577594**	**6.09**	**12931**	**0.14**	**7**	
呼和浩特市	**58442**	**4.44**	**726**	**0.06**		
新城区	13473	5.41	122	0.05		
回民区	8012	4.95	88	0.05		
玉泉区	8150	4.06	84	0.04		
赛罕区	18711	5.76	278	0.09		
土默特左旗	2752	2.38	37	0.03		
托克托县	1425	2.03	32	0.05		
和林格尔县	2068	3.34	40	0.06		
清水河县	354	0.97	1			
武川县	703	1.54	3	0.01		
呼和浩特经济技术开发区	2794	5.79	41	0.08		
包头市	**40052**	**3.64**	**435**	**0.04**		
东河区	7316	3.66	94	0.05		
昆都仑区	13011	4.18	172	0.06		
青山区	9367	4.52	57	0.03		
石拐区	262	2.37	4	0.04		
白云鄂博矿区	238	2.48	3	0.03		
九原区	3249	3.54	37	0.04		
土默特右旗	1772	1.69	13	0.01		
固阳县	990	1.77	21	0.04		
达尔罕茂明安联合旗	506	1.53	5	0.02		
包头稀土高新技术产业开发区	3341	4.48	29	0.04		
乌海市	**9911**	**4.44**	**103**	**0.05**	**1**	
海勃湾区	6524	4.91	75	0.06	1	
海南区	1199	3.01	9	0.02		
乌达区	2188	4.34	19	0.04		
赤峰市	**141027**	**9.14**	**4076**	**0.26**	**3**	
红山区	15698	9.30	330	0.20		
元宝山区	9245	8.20	192	0.17		
松山区	26672	10.58	731	0.29	1	
阿鲁科尔沁旗	5767	5.77	138	0.14		
巴林左旗	6903	5.74	153	0.13		
巴林右旗	3898	6.35	68	0.11		
林西县	4393	5.54	110	0.14		
克什克腾旗	4462	5.80	106	0.14		
翁牛特旗	9655	7.13	285	0.21		
喀喇沁旗	11277	11.52	366	0.37	2	
宁城县	26243	15.45	990	0.58		
敖汉旗	16814	9.98	607	0.36		

1-9 续表 4

单位：户、%

地区	三代户		四代户		五代及以上户	
	户数	比重	户数	比重	户数	比重
通辽市	**124646**	**11.92**	**3925**	**0.38**	**2**	
科尔沁区	28720	10.94	872	0.33		
科尔沁左翼中旗	20988	14.58	604	0.42	1	
科尔沁左翼后旗	15587	13.38	503	0.43	1	
开鲁县	14336	12.41	599	0.52		
库伦旗	6081	10.80	180	0.32		
奈曼旗	19911	15.26	701	0.54		
扎鲁特旗	7183	7.27	146	0.15		
通辽经济技术开发区	7880	11.38	237	0.34		
霍林郭勒市	3960	7.57	83	0.16		
鄂尔多斯市	**33056**	**4.14**	**474**	**0.06**		
东胜区	11456	5.64	105	0.05		
康巴什区	2960	8.40	23	0.07		
达拉特旗	4116	3.13	121	0.09		
准格尔旗	3367	2.43	22	0.02		
鄂托克前旗	1878	5.66	24	0.07		
鄂托克旗	2565	4.30	45	0.08		
杭锦旗	1398	3.01	21	0.05		
乌审旗	2268	3.88	43	0.07		
伊金霍洛旗	3048	3.33	70	0.08		
呼伦贝尔市	**57489**	**6.26**	**1096**	**0.12**	**1**	
海拉尔区	8791	5.97	120	0.08		
扎赉诺尔区	1122	2.98	9	0.02		
阿荣旗	8744	8.69	225	0.22		
莫力达瓦达斡尔族自治旗	7332	7.99	214	0.23		
鄂伦春自治旗	3716	5.08	69	0.09		
鄂温克族自治旗	3190	5.54	29	0.05		
陈巴尔虎旗	1013	5.06	13	0.06		
新巴尔虎左旗	787	5.38	8	0.05		
新巴尔虎右旗	816	5.48	10	0.07		
满洲里市	3126	5.28	26	0.04		
牙克石市	5273	4.62	67	0.06		
扎兰屯市	11129	9.00	275	0.22	1	
额尔古纳市	1421	4.81	17	0.06		
根河市	1029	2.94	14	0.04		
巴彦淖尔市	**22609**	**3.45**	**355**	**0.05**		
临河区	10424	4.40	163	0.07		
五原县	2694	2.75	52	0.05		
磴口县	1206	2.94	19	0.05		
乌拉特前旗	2545	2.24	39	0.03		
乌拉特中旗	1210	2.37	15	0.03		
乌拉特后旗	864	3.88	8	0.04		
杭锦后旗	3666	4.00	59	0.06		

1-9　续表 5　　　　单位：户、%

地　　区	三代户		四代户		五代及以上户	
	户数	比重	户数	比重	户数	比重
乌兰察布市	**13735**	**1.73**	**171**	**0.02**		
集宁区	5539	3.34	62	0.04		
卓资县	544	1.24	11	0.03		
化德县	483	1.04	5	0.01		
商都县	911	1.07	13	0.02		
兴和县	864	1.07	10	0.01		
凉城县	980	1.68	10	0.02		
察哈尔右翼前旗	940	1.61	19	0.03		
察哈尔右翼中旗	454	1.02	3	0.01		
察哈尔右翼后旗	551	1.05	5	0.01		
四子王旗	768	1.19	7	0.01		
丰镇市	1701	1.80	26	0.03		
兴安盟	**50582**	**9.44**	**1190**	**0.22**		
乌兰浩特市	10858	8.12	210	0.16		
阿尔山市	733	5.46	10	0.07		
科尔沁右翼前旗	11919	11.28	265	0.25		
科尔沁右翼中旗	8103	10.61	160	0.21		
扎赉特旗	11383	9.48	264	0.22		
突泉县	7586	8.74	281	0.32		
锡林郭勒盟	**20912**	**4.64**	**324**	**0.07**		
二连浩特市	1172	3.88	10	0.03		
锡林浩特市	7120	5.39	73	0.06		
阿巴嘎旗	773	4.99	16	0.10		
苏尼特左旗	874	6.06	35	0.24		
苏尼特右旗	839	3.01	5	0.02		
东乌珠穆沁旗	1792	6.48	45	0.16		
西乌珠穆沁旗	2069	5.70	42	0.12		
太仆寺旗	1217	2.35	20	0.04		
镶黄旗	450	3.86	2	0.02		
正镶白旗	567	2.80	11	0.05		
正蓝旗	1308	4.23	15	0.05		
多伦县	2253	5.33	41	0.10		
乌拉盖管委会	478	4.96	9	0.09		
阿拉善盟	**5133**	**4.90**	**56**	**0.05**		
阿拉善左旗	3513	4.87	43	0.06		
阿拉善右旗	350	3.61	3	0.03		
额济纳旗	618	4.36	7	0.05		
内蒙古阿拉善经济开发区	652	7.54	3	0.03		

1-9a 各地区家庭户类别(城市)

单位：户、%

地 区	家庭户 户 数	一代户 户数	一代户 比重	二代户 户数	二代户 比重
内蒙古	**3586072**	**1865320**	**52.02**	**1518548**	**42.35**
呼和浩特市	**814754**	**424555**	**52.11**	**347333**	**42.63**
新城区	217919	111504	51.17	94069	43.17
回民区	155400	80411	51.74	67163	43.22
玉泉区	178084	91940	51.63	78938	44.33
赛罕区	263351	140700	53.43	107163	40.69
包头市	**749311**	**398817**	**53.22**	**318840**	**42.55**
东河区	172997	97139	56.15	69353	40.09
昆都仑区	298947	152163	50.90	133818	44.76
青山区	198640	107836	54.29	81599	41.08
石拐区	6684	4431	66.29	2016	30.16
白云鄂博矿区	9616	6245	64.94	3130	32.55
九原区	62427	31003	49.66	28924	46.33
乌海市	**204670**	**111283**	**54.37**	**83763**	**40.93**
海勃湾区	125087	65673	52.50	53065	42.42
海南区	30378	17138	56.42	12151	40.00
乌达区	49205	28472	57.86	18547	37.69
赤峰市	**365123**	**171140**	**46.87**	**161058**	**44.11**
红山区	154681	74243	48.00	66181	42.79
元宝山区	74486	38147	51.21	31538	42.34
松山区	135956	58750	43.21	63339	46.59
通辽市	**209396**	**107127**	**51.16**	**86219**	**41.18**
科尔沁区	160674	83777	52.14	64678	40.25
霍林郭勒市	48722	23350	47.92	21541	44.21
鄂尔多斯市	**230624**	**104312**	**45.23**	**111875**	**48.51**
东胜区	195012	89194	45.74	94366	48.39
康巴什区	35226	14850	42.16	17393	49.38
鄂托克旗	386	268	69.43	116	30.05
呼伦贝尔市	**385928**	**220272**	**57.08**	**142962**	**37.04**
海拉尔区	141877	81284	57.29	51897	36.58
扎赉诺尔区	35216	22077	62.69	12053	34.23
满洲里市	57312	30429	53.09	23779	41.49
牙克石市	59071	33621	56.92	21867	37.02
扎兰屯市	54531	29021	53.22	21114	38.72
额尔古纳市	17888	10177	56.89	6597	36.88
根河市	20033	13663	68.20	5655	28.23
巴彦淖尔市	**157453**	**77934**	**49.50**	**71456**	**45.38**
临河区	157453	77934	49.50	71456	45.38
乌兰察布市	**198443**	**112880**	**56.88**	**79367**	**39.99**
集宁区	147907	82548	55.81	60234	40.72
丰镇市	50536	30332	60.02	19133	37.86
兴安盟	**119519**	**61669**	**51.60**	**48149**	**40.29**
乌兰浩特市	111928	56967	50.90	45705	40.83
阿尔山市	7591	4702	61.94	2444	32.20
锡林郭勒盟	**150851**	**75331**	**49.94**	**67526**	**44.76**
二连浩特市	29071	15643	53.81	12269	42.20
锡林浩特市	121780	59688	49.01	55257	45.37

1-9a　续表

单位：户、%

地　　区	三代户		四代户		五代及以上户	
	户数	比重	户数	比重	户数	比重
内蒙古	**199607**	**5.57**	**2597**	**0.07**		
呼和浩特市	**42459**	**5.21**	**407**	**0.05**		
新城区	12253	5.62	93	0.04		
回民区	7745	4.98	81	0.05		
玉泉区	7149	4.01	57	0.03		
赛罕区	15312	5.81	176	0.07		
包头市	**31316**	**4.18**	**338**	**0.05**		
东河区	6426	3.71	79	0.05		
昆都仑区	12796	4.28	170	0.06		
青山区	9151	4.61	54	0.03		
石拐区	233	3.49	4	0.06		
白云鄂博矿区	238	2.48	3	0.03		
九原区	2472	3.96	28	0.04		
乌海市	**9529**	**4.66**	**95**	**0.05**		
海勃湾区	6278	5.02	71	0.06		
海南区	1083	3.57	6	0.02		
乌达区	2168	4.41	18	0.04		
赤峰市	**32309**	**8.85**	**616**	**0.17**		
红山区	13994	9.05	263	0.17		
元宝山区	4730	6.35	71	0.10		
松山区	13585	9.99	282	0.21		
通辽市	**15779**	**7.54**	**271**	**0.13**		
科尔沁区	12019	7.48	200	0.12		
霍林郭勒市	3760	7.72	71	0.15		
鄂尔多斯市	**14311**	**6.21**	**126**	**0.05**		
东胜区	11349	5.82	103	0.05		
康巴什区	2960	8.40	23	0.07		
鄂托克旗	2	0.52				
呼伦贝尔市	**22394**	**5.80**	**300**	**0.08**		
海拉尔区	8578	6.05	118	0.08		
扎赉诺尔区	1077	3.06	9	0.03		
满洲里市	3078	5.37	26	0.05		
牙克石市	3533	5.98	50	0.08		
扎兰屯市	4322	7.93	74	0.14		
额尔古纳市	1101	6.15	13	0.07		
根河市	705	3.52	10	0.05		
巴彦淖尔市	**7944**	**5.05**	**119**	**0.08**		
临河区	7944	5.05	119	0.08		
乌兰察布市	**6122**	**3.09**	**74**	**0.04**		
集宁区	5068	3.43	57	0.04		
丰镇市	1054	2.09	17	0.03		
兴安盟	**9528**	**7.97**	**173**	**0.14**		
乌兰浩特市	9092	8.12	164	0.15		
阿尔山市	436	5.74	9	0.12		
锡林郭勒盟	**7916**	**5.25**	**78**	**0.05**		
二连浩特市	1151	3.96	8	0.03		
锡林浩特市	6765	5.56	70	0.06		

1-9b 各地区家庭户类别(镇)

单位：户、%

地区	家庭户户数	一代户		二代户	
		户数	比重	户数	比重
内蒙古	**2643180**	**1408996**	**53.31**	**1091261**	**41.29**
呼和浩特市	**184441**	**94996**	**51.50**	**83431**	**45.23**
新城区	1020	702	68.82	281	27.55
回民区					
玉泉区					
赛罕区	968	658	67.98	237	24.48
土默特左旗	41067	22141	53.91	17896	43.58
托克托县	29350	14113	48.09	14834	50.54
和林格尔县	26218	13620	51.95	11685	44.57
清水河县	14838	8112	54.67	6503	43.83
武川县	22715	13309	58.59	8906	39.21
呼和浩特经济技术开发区	48265	22341	46.29	23089	47.84
包头市	**171068**	**93763**	**54.81**	**71840**	**41.99**
东河区	8392	4304	51.29	3747	44.65
昆都仑区	36	33	91.67	3	8.33
青山区	734	445	60.63	268	36.51
石拐区	1193	1151	96.48	41	3.44
白云鄂博矿区					
九原区	5963	3879	65.05	1932	32.40
土默特右旗	44796	23022	51.39	20850	46.54
固阳县	22375	12743	56.95	9183	41.04
达尔罕茂明安联合旗	16138	10304	63.85	5467	33.88
包头稀土高新技术产业开发区	71441	37882	53.03	30349	42.48
乌海市	**7471**	**5711**	**76.44**	**1593**	**21.32**
海勃湾区	1433	855	59.67	516	36.01
海南区	4857	3901	80.32	872	17.95
乌达区	1181	955	80.86	205	17.36
赤峰市	**422959**	**204227**	**48.29**	**186258**	**44.04**
红山区	8463	4300	50.81	3149	37.21
元宝山区	11884	6794	57.17	3950	33.24
松山区	9110	4711	51.71	3190	35.02
阿鲁科尔沁旗	41358	20274	49.02	18543	44.84
巴林左旗	45960	25929	56.42	17396	37.85
巴林右旗	35677	17684	49.57	15708	44.03
林西县	43005	22097	51.38	17951	41.74
克什克腾旗	36320	17738	48.84	15584	42.91
翁牛特旗	48546	24745	50.97	20950	43.15
喀喇沁旗	38285	16813	43.92	18001	47.02
宁城县	52875	21992	41.59	25564	48.35
敖汉旗	51476	21150	41.09	26272	51.04

1-9b　续表 1

单位：户、%

地　区	家庭户	一代户		二代户	
	户　数	户数	比重	户数	比重
通辽市	**321831**	**158628**	**49.29**	**133184**	**41.38**
科尔沁区	17298	9472	54.76	5687	32.88
科尔沁左翼中旗	44790	21928	48.96	18166	40.56
科尔沁左翼后旗	40189	20561	51.16	16302	40.56
开鲁县	45453	22405	49.29	18861	41.50
库伦旗	23760	12759	53.70	9283	39.07
奈曼旗	46254	20437	44.18	20420	44.15
扎鲁特旗	46247	23718	51.29	19536	42.24
通辽经济技术开发区	57712	27251	47.22	24902	43.15
霍林郭勒市	128	97	75.78	27	21.09
鄂尔多斯市	**365306**	**178700**	**48.92**	**171853**	**47.04**
东胜区	1105	966	87.42	128	11.58
康巴什区					
达拉特旗	75145	33510	44.59	38616	51.39
准格尔旗	92658	44133	47.63	45657	49.27
鄂托克前旗	19603	9389	47.90	8914	45.47
鄂托克旗	47655	25087	52.64	20471	42.96
杭锦旗	26236	13722	52.30	11538	43.98
乌审旗	36052	18263	50.66	16226	45.01
伊金霍洛旗	66852	33630	50.31	30303	45.33
呼伦贝尔市	**293110**	**171578**	**58.54**	**104137**	**35.53**
海拉尔区	635	442	69.61	157	24.72
扎赉诺尔区	2440	1851	75.86	544	22.30
阿荣旗	47909	23038	48.09	20869	43.56
莫力达瓦达斡尔族自治旗	32203	15825	49.14	13595	42.22
鄂伦春自治旗	53965	32506	60.24	18718	34.69
鄂温克族自治旗	42872	23977	55.93	16175	37.73
陈巴尔虎旗	14236	8187	57.51	5197	36.51
新巴尔虎左旗	7674	3984	51.92	3173	41.35
新巴尔虎右旗	10023	5405	53.93	3948	39.39
满洲里市	1931	1367	70.79	516	26.72
牙克石市	46843	33078	70.61	12214	26.07
扎兰屯市	12315	6404	52.00	4921	39.96
额尔古纳市	5275	4051	76.80	1108	21.00
根河市	14789	11463	77.51	3002	20.30
巴彦淖尔市	**216756**	**119866**	**55.30**	**89601**	**41.34**
临河区	5719	4024	70.36	1517	26.53
五原县	44823	22721	50.69	20609	45.98
磴口县	22144	13277	59.96	8079	36.48
乌拉特前旗	57165	31761	55.56	23782	41.60
乌拉特中旗	27134	16912	62.33	9392	34.61
乌拉特后旗	14276	8050	56.39	5615	39.33
杭锦后旗	45495	23121	50.82	20607	45.30

1-9b 续表 2

单位：户、%

地　　区	家庭户	一代户		二代户	
	户　数	户数	比重	户数	比重
乌兰察布市	**230343**	**144921**	**62.92**	**81571**	**35.41**
集宁区	4717	2594	54.99	1917	40.64
卓资县	17398	11977	68.84	5119	29.42
化德县	25615	16661	65.04	8574	33.47
商都县	35827	21792	60.83	13450	37.54
兴和县	31110	16880	54.26	13795	44.34
凉城县	21510	13382	62.21	7687	35.74
察哈尔右翼前旗	22669	13955	61.56	8255	36.42
察哈尔右翼中旗	13928	9449	67.84	4288	30.79
察哈尔右翼后旗	23906	15513	64.89	8062	33.72
四子王旗	30270	19878	65.67	9904	32.72
丰镇市	3393	2840	83.70	520	15.33
兴安盟	**167494**	**88077**	**52.59**	**66685**	**39.81**
乌兰浩特市	7050	4223	59.90	2446	34.70
阿尔山市	4495	2863	63.69	1397	31.08
科尔沁右翼前旗	31439	15943	50.71	12498	39.75
科尔沁右翼中旗	36897	19115	51.81	14691	39.82
扎赉特旗	54145	27568	50.92	22603	41.75
突泉县	33468	18365	54.87	13050	38.99
锡林郭勒盟	**176241**	**101891**	**57.81**	**66238**	**37.58**
二连浩特市	474	405	85.44	63	13.29
锡林浩特市	1405	1318	93.81	79	5.62
阿巴嘎旗	9443	5669	60.03	3351	35.49
苏尼特左旗	8159	4852	59.47	2937	36.00
苏尼特右旗	21670	14116	65.14	7023	32.41
东乌珠穆沁旗	19486	10692	54.87	7655	39.28
西乌珠穆沁旗	24373	13405	55.00	9481	38.90
太仆寺旗	21083	12431	58.96	7908	37.51
镶黄旗	8159	4898	60.03	2918	35.76
正镶白旗	10511	6569	62.50	3544	33.72
正蓝旗	16888	9950	58.92	6200	36.71
多伦县	26122	12856	49.22	11805	45.19
乌拉盖管委会	8468	4730	55.86	3274	38.66
阿拉善盟	**86160**	**46638**	**54.13**	**34870**	**40.47**
阿拉善左旗	57900	30973	53.49	23811	41.12
阿拉善右旗	7705	4716	61.21	2710	35.17
额济纳旗	12178	6482	53.23	5093	41.82
内蒙古阿拉善经济开发区	8377	4467	53.32	3256	38.87

1-9b　续表 3　　单位：户、%

地　区	三代户		四代户		五代及以上户	
	户数	比重	户数	比重	户数	比重
内蒙古	**140224**	**5.31**	**2698**	**0.10**	**1**	
呼和浩特市	**5943**	**3.22**	**71**	**0.04**		
新城区	36	3.53	1	0.10		
回民区						
玉泉区						
赛罕区	69	7.13	4	0.41		
土默特左旗	1023	2.49	7	0.02		
托克托县	402	1.37	1			
和林格尔县	898	3.43	15	0.06		
清水河县	223	1.50				
武川县	498	2.19	2	0.01		
呼和浩特经济技术开发区	2794	5.79	41	0.08		
包头市	**5420**	**3.17**	**45**	**0.03**		
东河区	336	4.00	5	0.06		
昆都仑区						
青山区	21	2.86				
石拐区	1	0.08				
白云鄂博矿区						
九原区	150	2.52	2	0.03		
土默特右旗	921	2.06	3	0.01		
固阳县	443	1.98	6	0.03		
达尔罕茂明安联合旗	364	2.26	3	0.02		
包头稀土高新技术产业开发区	3184	4.46	26	0.04		
乌海市	**164**	**2.20**	**2**	**0.03**	**1**	**0.01**
海勃湾区	61	4.26			1	0.07
海南区	83	1.71	1	0.02		
乌达区	20	1.69	1	0.08		
赤峰市	**31732**	**7.50**	**742**	**0.18**		
红山区	982	11.60	32	0.38		
元宝山区	1114	9.37	26	0.22		
松山区	1168	12.82	41	0.45		
阿鲁科尔沁旗	2489	6.02	52	0.13		
巴林左旗	2592	5.64	43	0.09		
巴林右旗	2245	6.29	40	0.11		
林西县	2889	6.72	68	0.16		
克什克腾旗	2941	8.10	57	0.16		
翁牛特旗	2804	5.78	47	0.10		
喀喇沁旗	3393	8.86	78	0.20		
宁城县	5163	9.76	156	0.30		
敖汉旗	3952	7.68	102	0.20		

1-9b 续表 4

单位：户、%

地区	三代户		四代户		五代及以上户	
	户数	比重	户数	比重	户数	比重
通辽市	**29260**	**9.09**	**759**	**0.24**		
科尔沁区	2057	11.89	82	0.47		
科尔沁左翼中旗	4601	10.27	95	0.21		
科尔沁左翼后旗	3250	8.09	76	0.19		
开鲁县	4075	8.97	112	0.25		
库伦旗	1681	7.07	37	0.16		
奈曼旗	5224	11.29	173	0.37		
扎鲁特旗	2949	6.38	44	0.10		
通辽经济技术开发区	5419	9.39	140	0.24		
霍林郭勒市	4	3.13				
鄂尔多斯市	**14500**	**3.97**	**253**	**0.07**		
东胜区	10	0.90	1	0.09		
康巴什区						
达拉特旗	2942	3.92	77	0.10		
准格尔旗	2847	3.07	21	0.02		
鄂托克前旗	1283	6.54	17	0.09		
鄂托克旗	2062	4.33	35	0.07		
杭锦旗	962	3.67	14	0.05		
乌审旗	1537	4.26	26	0.07		
伊金霍洛旗	2857	4.27	62	0.09		
呼伦贝尔市	**17109**	**5.84**	**286**	**0.10**		
海拉尔区	35	5.51	1	0.16		
扎赉诺尔区	45	1.84				
阿荣旗	3924	8.19	78	0.16		
莫力达瓦达斡尔族自治旗	2707	8.41	76	0.24		
鄂伦春自治旗	2699	5.00	42	0.08		
鄂温克族自治旗	2696	6.29	24	0.06		
陈巴尔虎旗	842	5.91	10	0.07		
新巴尔虎左旗	511	6.66	6	0.08		
新巴尔虎右旗	662	6.60	8	0.08		
满洲里市	48	2.49				
牙克石市	1537	3.28	14	0.03		
扎兰屯市	968	7.86	22	0.18		
额尔古纳市	115	2.18	1	0.02		
根河市	320	2.16	4	0.03		
巴彦淖尔市	**7197**	**3.32**	**92**	**0.04**		
临河区	172	3.01	6	0.10		
五原县	1466	3.27	27	0.06		
磴口县	775	3.50	13	0.06		
乌拉特前旗	1605	2.81	17	0.03		
乌拉特中旗	825	3.04	5	0.02		
乌拉特后旗	606	4.24	5	0.04		
杭锦后旗	1748	3.84	19	0.04		

1-9b　续表 5　　　　单位：户、%

地　区	三代户		四代户		五代及以上户	
	户数	比重	户数	比重	户数	比重
乌兰察布市	**3808**	**1.65**	**43**	**0.02**		
集宁区	203	4.30	3	0.06		
卓资县	296	1.70	6	0.03		
化德县	377	1.47	3	0.01		
商都县	577	1.61	8	0.02		
兴和县	430	1.38	5	0.02		
凉城县	435	2.02	6	0.03		
察哈尔右翼前旗	452	1.99	7	0.03		
察哈尔右翼中旗	191	1.37				
察哈尔右翼后旗	330	1.38	1			
四子王旗	484	1.60	4	0.01		
丰镇市	33	0.97				
兴安盟	**12505**	**7.47**	**227**	**0.14**		
乌兰浩特市	374	5.30	7	0.10		
阿尔山市	234	5.21	1	0.02		
科尔沁右翼前旗	2945	9.37	53	0.17		
科尔沁右翼中旗	3039	8.24	52	0.14		
扎赉特旗	3907	7.22	67	0.12		
突泉县	2006	5.99	47	0.14		
锡林郭勒盟	**7976**	**4.53**	**136**	**0.08**		
二连浩特市	6	1.27				
锡林浩特市	8	0.57				
阿巴嘎旗	418	4.43	5	0.05		
苏尼特左旗	352	4.31	18	0.22		
苏尼特右旗	527	2.43	4	0.02		
东乌珠穆沁旗	1113	5.71	26	0.13		
西乌珠穆沁旗	1460	5.99	27	0.11		
太仆寺旗	734	3.48	10	0.05		
镶黄旗	342	4.19	1	0.01		
正镶白旗	391	3.72	7	0.07		
正蓝旗	730	4.32	8	0.05		
多伦县	1439	5.51	22	0.08		
乌拉盖管委会	456	5.38	8	0.09		
阿拉善盟	**4610**	**5.35**	**42**	**0.05**		
阿拉善左旗	3086	5.33	30	0.05		
阿拉善右旗	277	3.60	2	0.03		
额济纳旗	596	4.89	7	0.06		
内蒙古阿拉善经济开发区	651	7.77	3	0.04		

1-9c 各地区家庭户类别(乡村)

单位：户、%

地 区	家庭户	一代户		二代户	
	户 数	户数	比重	户数	比重
内蒙古	**3254705**	**2067852**	**63.53**	**941448**	**28.93**
呼和浩特市	**315715**	**214654**	**67.99**	**90773**	**28.75**
新城区	29998	16278	54.26	12508	41.70
回民区	6546	3623	55.35	2649	40.47
玉泉区	22733	12432	54.69	9273	40.79
赛罕区	60565	37147	61.33	19990	33.01
土默特左旗	74656	53725	71.96	19172	25.68
托克托县	40721	28381	69.70	11286	27.72
和林格尔县	35694	25568	71.63	8931	25.02
清水河县	21774	18223	83.69	3419	15.70
武川县	23028	19277	83.71	3545	15.39
呼和浩特经济技术开发区					
包头市	**179540**	**131624**	**73.31**	**44548**	**24.81**
东河区	18425	11722	63.62	6139	33.32
昆都仑区	12616	8260	65.47	4139	32.81
青山区	7896	4826	61.12	2872	36.37
石拐区	3184	2718	85.36	438	13.76
白云鄂博矿区					
九原区	23392	14978	64.03	7780	33.26
土默特右旗	60359	46177	76.50	13321	22.07
固阳县	33579	26842	79.94	6175	18.39
达尔罕茂明安联合旗	17020	14177	83.30	2699	15.86
包头稀土高新技术产业开发区	3069	1924	62.69	985	32.10
乌海市	**10990**	**8763**	**79.74**	**2003**	**18.23**
海勃湾区	6327	4682	74.00	1456	23.01
海南区	4663	4081	87.52	547	11.73
乌达区					
赤峰市	**755017**	**441700**	**58.50**	**233610**	**30.94**
红山区	5659	3312	58.53	1590	28.10
元宝山区	26325	15030	57.09	7799	29.63
松山区	107018	59022	55.15	35668	33.33
阿鲁科尔沁旗	58543	37608	64.24	17571	30.01
巴林左旗	74362	46701	62.80	23240	31.25
巴林右旗	25725	16278	63.28	7766	30.19
林西县	36352	25890	71.22	8916	24.53
克什克腾旗	40550	29258	72.15	9722	23.98
翁牛特旗	86919	54066	62.20	25764	29.64
喀喇沁旗	59612	32877	55.15	18561	31.14
宁城县	116995	55730	47.63	39351	33.63
敖汉旗	116957	65928	56.37	37662	32.20

1−9c　续表 1　　　　单位：户、%

地　区	家庭户	一代户		二代户	
	户　数	户数	比重	户数	比重
通辽市	**514440**	**239538**	**46.56**	**192398**	**37.40**
科尔沁区	84622	40099	47.39	29289	34.61
科尔沁左翼中旗	99157	41272	41.62	40988	41.34
科尔沁左翼后旗	76342	34417	45.08	29160	38.20
开鲁县	70034	35248	50.33	24038	34.32
库伦旗	32565	15422	47.36	12600	38.69
奈曼旗	84218	37068	44.01	31935	37.92
扎鲁特旗	52509	28623	54.51	19550	37.23
通辽经济技术开发区	11515	5063	43.97	3894	33.82
霍林郭勒市	3478	2326	66.88	944	27.14
鄂尔多斯市	**201566**	**156541**	**77.66**	**40685**	**20.18**
东胜区	6956	5835	83.88	1023	14.71
康巴什区					
达拉特旗	56288	42807	76.05	12263	21.79
准格尔旗	45780	37699	82.35	7560	16.51
鄂托克前旗	13587	9320	68.59	3665	26.97
鄂托克旗	11655	8296	71.18	2848	24.44
杭锦旗	20269	15810	78.00	4016	19.81
乌审旗	22468	16184	72.03	5536	24.64
伊金霍洛旗	24563	20590	83.83	3774	15.36
呼伦贝尔市	**239927**	**142651**	**59.46**	**78779**	**32.83**
海拉尔区	4719	3266	69.21	1274	27.00
扎赉诺尔区					
阿荣旗	52746	29234	55.42	18545	35.16
莫力达瓦达斡尔族自治旗	59553	34679	58.23	20111	33.77
鄂伦春自治旗	19134	12128	63.38	5962	31.16
鄂温克族自治旗	14677	9811	66.85	4367	29.75
陈巴尔虎旗	5766	4047	70.19	1545	26.80
新巴尔虎左旗	6957	4459	64.09	2220	31.91
新巴尔虎右旗	4881	3394	69.53	1331	27.27
满洲里市					
牙克石市	8189	6193	75.63	1790	21.86
扎兰屯市	56780	31030	54.65	19731	34.75
额尔古纳市	6385	4301	67.36	1876	29.38
根河市	140	109	77.86	27	19.29
巴彦淖尔市	**280242**	**206843**	**73.81**	**65787**	**23.48**
临河区	73663	52777	71.65	18540	25.17
五原县	53165	39649	74.58	12263	23.07
磴口县	18833	14443	76.69	3953	20.99
乌拉特前旗	56608	42892	75.77	12754	22.53
乌拉特中旗	23910	18870	78.92	4645	19.43
乌拉特后旗	7973	5963	74.79	1749	21.94
杭锦后旗	46090	32249	69.97	11883	25.78

1-9c 续表 2

单位：户、%

地　区	家庭户	一代户		二代户	
	户　数	户数	比重	户数	比重
乌兰察布市	**366416**	**300358**	**81.97**	**62199**	**16.97**
集宁区	13302	9470	71.19	3562	26.78
卓资县	26441	22167	83.84	4021	15.21
化德县	20920	18020	86.14	2792	13.35
商都县	49674	41495	83.53	7840	15.78
兴和县	49539	40322	81.39	8778	17.72
凉城县	36983	29415	79.54	7019	18.98
察哈尔右翼前旗	35728	29279	81.95	5949	16.65
察哈尔右翼中旗	30743	25687	83.55	4790	15.58
察哈尔右翼后旗	28518	23927	83.90	4366	15.31
四子王旗	34220	28023	81.89	5910	17.27
丰镇市	40348	32553	80.68	7172	17.78
兴安盟	**248830**	**127977**	**51.43**	**91514**	**36.78**
乌兰浩特市	14660	8385	57.20	4844	33.04
阿尔山市	1347	898	66.67	386	28.66
科尔沁右翼前旗	74194	37419	50.43	27589	37.18
科尔沁右翼中旗	39450	17919	45.42	16359	41.47
扎赉特旗	65878	33116	50.27	25089	38.08
突泉县	53301	30240	56.73	17247	32.36
锡林郭勒盟	**123500**	**83074**	**67.27**	**35296**	**28.58**
二连浩特市	627	381	60.77	229	36.52
锡林浩特市	8890	5665	63.72	2875	32.34
阿巴嘎旗	6038	3655	60.53	2017	33.41
苏尼特左旗	6274	3699	58.96	2036	32.45
苏尼特右旗	6218	3534	56.83	2371	38.13
东乌珠穆沁旗	8189	4136	50.51	3355	40.97
西乌珠穆沁旗	11948	7081	59.27	4243	35.51
太仆寺旗	30650	24241	79.09	5916	19.30
镶黄旗	3509	2234	63.66	1166	33.23
正镶白旗	9752	7418	76.07	2154	22.09
正蓝旗	14070	9362	66.54	4123	29.30
多伦县	16165	10760	66.56	4572	28.28
乌拉盖管委会	1170	908	77.61	239	20.43
阿拉善盟	**18522**	**14129**	**76.28**	**3856**	**20.82**
阿拉善左旗	14262	10720	75.16	3102	21.75
阿拉善右旗	2000	1460	73.00	466	23.30
额济纳旗	1985	1703	85.79	260	13.10
内蒙古阿拉善经济开发区	275	246	89.45	28	10.18

1—9c　续表 3　　　　单位：户、%

地　区	三代户		四代户		五代及以上户	
	户数	比重	户数	比重	户数	比重
内蒙古	**237763**	**7.31**	**7636**	**0.23**	**6**	
呼和浩特市	**10040**	**3.18**	**248**	**0.08**		
新城区	1184	3.95	28	0.09		
回民区	267	4.08	7	0.11		
玉泉区	1001	4.40	27	0.12		
赛罕区	3330	5.50	98	0.16		
土默特左旗	1729	2.32	30	0.04		
托克托县	1023	2.51	31	0.08		
和林格尔县	1170	3.28	25	0.07		
清水河县	131	0.60	1			
武川县	205	0.89	1			
呼和浩特经济技术开发区						
包头市	**3316**	**1.85**	**52**	**0.03**		
东河区	554	3.01	10	0.05		
昆都仑区	215	1.70	2	0.02		
青山区	195	2.47	3	0.04		
石拐区	28	0.88				
白云鄂博矿区						
九原区	627	2.68	7	0.03		
土默特右旗	851	1.41	10	0.02		
固阳县	547	1.63	15	0.04		
达尔罕茂明安联合旗	142	0.83	2	0.01		
包头稀土高新技术产业开发区	157	5.12	3	0.10		
乌海市	**218**	**1.98**	**6**	**0.05**		
海勃湾区	185	2.92	4	0.06		
海南区	33	0.71	2	0.04		
乌达区						
赤峰市	**76986**	**10.20**	**2718**	**0.36**	**3**	
红山区	722	12.76	35	0.62		
元宝山区	3401	12.92	95	0.36		
松山区	11919	11.14	408	0.38	1	
阿鲁科尔沁旗	3278	5.60	86	0.15		
巴林左旗	4311	5.80	110	0.15		
巴林右旗	1653	6.43	28	0.11		
林西县	1504	4.14	42	0.12		
克什克腾旗	1521	3.75	49	0.12		
翁牛特旗	6851	7.88	238	0.27		
喀喇沁旗	7884	13.23	288	0.48	2	
宁城县	21080	18.02	834	0.71		
敖汉旗	12862	11.00	505	0.43		

1-9c 续表 4

单位：户、%

地区	三代户		四代户		五代及以上户	
	户数	比重	户数	比重	户数	比重
通辽市	**79607**	**15.47**	**2895**	**0.56**	**2**	
科尔沁区	14644	17.31	590	0.70		
科尔沁左翼中旗	16387	16.53	509	0.51	1	
科尔沁左翼后旗	12337	16.16	427	0.56	1	
开鲁县	10261	14.65	487	0.70		
库伦旗	4400	13.51	143	0.44		
奈曼旗	14687	17.44	528	0.63		
扎鲁特旗	4234	8.06	102	0.19		
通辽经济技术开发区	2461	21.37	97	0.84		
霍林郭勒市	196	5.64	12	0.35		
鄂尔多斯市	**4245**	**2.11**	**95**	**0.05**		
东胜区	97	1.39	1	0.01		
康巴什区						
达拉特旗	1174	2.09	44	0.08		
准格尔旗	520	1.14	1			
鄂托克前旗	595	4.38	7	0.05		
鄂托克旗	501	4.30	10	0.09		
杭锦旗	436	2.15	7	0.03		
乌审旗	731	3.25	17	0.08		
伊金霍洛旗	191	0.78	8	0.03		
呼伦贝尔市	**17986**	**7.50**	**510**	**0.21**	**1**	
海拉尔区	178	3.77	1	0.02		
扎赉诺尔区						
阿荣旗	4820	9.14	147	0.28		
莫力达瓦达斡尔族自治旗	4625	7.77	138	0.23		
鄂伦春自治旗	1017	5.32	27	0.14		
鄂温克族自治旗	494	3.37	5	0.03		
陈巴尔虎旗	171	2.97	3	0.05		
新巴尔虎左旗	276	3.97	2	0.03		
新巴尔虎右旗	154	3.16	2	0.04		
满洲里市						
牙克石市	203	2.48	3	0.04		
扎兰屯市	5839	10.28	179	0.32	1	
额尔古纳市	205	3.21	3	0.05		
根河市	4	2.86				
巴彦淖尔市	**7468**	**2.66**	**144**	**0.05**		
临河区	2308	3.13	38	0.05		
五原县	1228	2.31	25	0.05		
磴口县	431	2.29	6	0.03		
乌拉特前旗	940	1.66	22	0.04		
乌拉特中旗	385	1.61	10	0.04		
乌拉特后旗	258	3.24	3	0.04		
杭锦后旗	1918	4.16	40	0.09		

1-9c　续表 5

单位：户、%

地　区	三代户		四代户		五代及以上户	
	户数	比重	户数	比重	户数	比重
乌兰察布市	**3805**	**1.04**	**54**	**0.01**		
集宁区	268	2.01	2	0.02		
卓资县	248	0.94	5	0.02		
化德县	106	0.51	2	0.01		
商都县	334	0.67	5	0.01		
兴和县	434	0.88	5	0.01		
凉城县	545	1.47	4	0.01		
察哈尔右翼前旗	488	1.37	12	0.03		
察哈尔右翼中旗	263	0.86	3	0.01		
察哈尔右翼后旗	221	0.77	4	0.01		
四子王旗	284	0.83	3	0.01		
丰镇市	614	1.52	9	0.02		
兴安盟	**28549**	**11.47**	**790**	**0.32**		
乌兰浩特市	1392	9.50	39	0.27		
阿尔山市	63	4.68				
科尔沁右翼前旗	8974	12.10	212	0.29		
科尔沁右翼中旗	5064	12.84	108	0.27		
扎赉特旗	7476	11.35	197	0.30		
突泉县	5580	10.47	234	0.44		
锡林郭勒盟	**5020**	**4.06**	**110**	**0.09**		
二连浩特市	15	2.39	2	0.32		
锡林浩特市	347	3.90	3	0.03		
阿巴嘎旗	355	5.88	11	0.18		
苏尼特左旗	522	8.32	17	0.27		
苏尼特右旗	312	5.02	1	0.02		
东乌珠穆沁旗	679	8.29	19	0.23		
西乌珠穆沁旗	609	5.10	15	0.13		
太仆寺旗	483	1.58	10	0.03		
镶黄旗	108	3.08	1	0.03		
正镶白旗	176	1.80	4	0.04		
正蓝旗	578	4.11	7	0.05		
多伦县	814	5.04	19	0.12		
乌拉盖管委会	22	1.88	1	0.09		
阿拉善盟	**523**	**2.82**	**14**	**0.08**		
阿拉善左旗	427	2.99	13	0.09		
阿拉善右旗	73	3.65	1	0.05		
额济纳旗	22	1.11				
内蒙古阿拉善经济开发区	1	0.36				

1-10 各地区分性别、月份的出生人口
(2019.11.1-2020.10.31)

单位：人

地 区	出生人口			2019年11月		
	合计	男	女	小计	男	女
内蒙古	**173255**	**89566**	**83689**	**17601**	**9130**	**8471**
呼和浩特市	**26932**	**13805**	**13127**	**2764**	**1444**	**1320**
新城区	5268	2670	2598	564	304	260
回民区	3579	1834	1745	348	170	178
玉泉区	4690	2410	2280	507	264	243
赛罕区	7136	3695	3441	750	398	352
土默特左旗	1542	793	749	150	70	80
托克托县	1002	473	529	93	62	31
和林格尔县	1146	605	541	89	44	45
清水河县	367	185	182	38	19	19
武川县	441	237	204	40	23	17
呼和浩特经济技术开发区	1761	903	858	185	90	95
包头市	**17713**	**9158**	**8555**	**1858**	**958**	**900**
东河区	2917	1500	1417	314	161	153
昆都仑区	5021	2562	2459	526	261	265
青山区	3439	1836	1603	386	206	180
石拐区	108	57	51	18	4	14
白云鄂博矿区	105	59	46	9	6	3
九原区	1987	1008	979	186	98	88
土默特右旗	1389	740	649	128	70	58
固阳县	593	314	279	52	33	19
达尔罕茂明安联合旗	321	138	183	36	10	26
包头稀土高新技术产业开发区	1833	944	889	203	109	94
乌海市	**4135**	**2144**	**1991**	**428**	**217**	**211**
海勃湾区	2768	1419	1349	280	142	138
海南区	617	331	286	65	36	29
乌达区	750	394	356	83	39	44
赤峰市	**30640**	**15956**	**14684**	**3184**	**1614**	**1570**
红山区	4156	2156	2000	435	231	204
元宝山区	1782	904	878	198	100	98
松山区	6941	3683	3258	745	395	350
阿鲁科尔沁旗	1488	767	721	140	68	72
巴林左旗	1739	898	841	162	84	78
巴林右旗	1227	630	597	110	48	62
林西县	1144	601	543	109	51	58
克什克腾旗	1318	696	622	142	69	73
翁牛特旗	2344	1218	1126	261	129	132
喀喇沁旗	1767	954	813	193	100	93
宁城县	3576	1867	1709	365	174	191
敖汉旗	3158	1582	1576	324	165	159

1-10　续表 1

单位：人

地　　区	出生人口			2019年11月		
	合计	男	女	小计	男	女
通辽市	**18806**	**9752**	**9054**	**1814**	**975**	**839**
科尔沁区	3768	1985	1783	352	192	160
科尔沁左翼中旗	2319	1169	1150	231	118	113
科尔沁左翼后旗	1940	1013	927	171	93	78
开鲁县	1929	1019	910	161	87	74
库伦旗	1054	556	498	85	48	37
奈曼旗	2831	1452	1379	306	158	148
扎鲁特旗	1727	920	807	150	83	67
通辽经济技术开发区	1933	975	958	208	114	94
霍林郭勒市	1305	663	642	150	82	68
鄂尔多斯市	**20078**	**10390**	**9688**	**2153**	**1130**	**1023**
东胜区	5987	3058	2929	647	326	321
康巴什区	1332	645	687	149	70	79
达拉特旗	2593	1337	1256	266	143	123
准格尔旗	3020	1599	1421	255	143	112
鄂托克前旗	829	436	393	94	48	46
鄂托克旗	1485	765	720	163	93	70
杭锦旗	931	493	438	105	55	50
乌审旗	1453	794	659	191	106	85
伊金霍洛旗	2448	1263	1185	283	146	137
呼伦贝尔市	**13263**	**6861**	**6402**	**1245**	**679**	**566**
海拉尔区	2295	1164	1131	218	125	93
扎赉诺尔区	385	188	197	28	13	15
阿荣旗	2013	1049	964	192	105	87
莫力达瓦达斡尔族自治旗	1513	793	720	138	78	60
鄂伦春自治旗	971	499	472	97	50	47
鄂温克族自治旗	881	440	441	93	50	43
陈巴尔虎旗	269	157	112	29	21	8
新巴尔虎左旗	247	129	118	23	17	6
新巴尔虎右旗	311	159	152	32	18	14
满洲里市	889	457	432	83	54	29
牙克石市	941	503	438	100	55	45
扎兰屯市	2017	1043	974	160	71	89
额尔古纳市	334	183	151	31	17	14
根河市	197	97	100	21	5	16
巴彦淖尔市	**10865**	**5650**	**5215**	**1105**	**562**	**543**
临河区	4684	2474	2210	508	275	233
五原县	1493	780	713	126	57	69
磴口县	488	235	253	48	19	29
乌拉特前旗	1587	841	746	152	78	74
乌拉特中旗	704	365	339	78	37	41
乌拉特后旗	435	218	217	47	20	27
杭锦后旗	1474	737	737	146	76	70

1-10 续表 2

单位：人

地 区	出生人口			2019年11月		
	合计	男	女	小计	男	女
乌兰察布市	**9694**	**5062**	**4632**	**970**	**504**	**466**
集宁区	3023	1588	1435	305	169	136
卓资县	381	206	175	48	20	28
化德县	554	269	285	61	30	31
商都县	887	463	424	99	53	46
兴和县	1025	533	492	109	58	51
凉城县	578	306	272	50	25	25
察哈尔右翼前旗	650	335	315	43	23	20
察哈尔右翼中旗	331	174	157	25	16	9
察哈尔右翼后旗	451	244	207	42	21	21
四子王旗	699	374	325	54	25	29
丰镇市	1115	570	545	134	64	70
兴安盟	**9631**	**4893**	**4738**	**907**	**443**	**464**
乌兰浩特市	2567	1307	1260	253	125	128
阿尔山市	174	93	81	14	11	3
科尔沁右翼前旗	2047	1015	1032	175	87	88
科尔沁右翼中旗	1372	684	688	133	65	68
扎赉特旗	2118	1085	1033	214	98	116
突泉县	1353	709	644	118	57	61
锡林郭勒盟	**9100**	**4712**	**4388**	**916**	**485**	**431**
二连浩特市	638	310	328	72	37	35
锡林浩特市	3059	1583	1476	326	174	152
阿巴嘎旗	299	144	155	29	15	14
苏尼特左旗	280	144	136	34	16	18
苏尼特右旗	392	225	167	38	25	13
东乌珠穆沁旗	605	318	287	61	32	29
西乌珠穆沁旗	917	499	418	89	50	39
太仆寺旗	719	379	340	54	31	23
镶黄旗	225	122	103	18	7	11
正镶白旗	251	137	114	29	18	11
正蓝旗	568	293	275	61	34	27
多伦县	962	469	493	86	36	50
乌拉盖管委会	185	89	96	19	10	9
阿拉善盟	**2398**	**1183**	**1215**	**257**	**119**	**138**
阿拉善左旗	1488	742	746	150	77	73
阿拉善右旗	195	93	102	15	7	8
额济纳旗	437	220	217	46	18	28
内蒙古阿拉善经济开发区	278	128	150	46	17	29

1-10　续表 3

单位：人

地　区	2019年12月			2020年1月		
	小计	男	女	小计	男	女
内蒙古	**16919**	**8628**	**8291**	**16268**	**8367**	**7901**
呼和浩特市	**2687**	**1356**	**1331**	**2601**	**1286**	**1315**
新城区	549	273	276	505	232	273
回民区	340	172	168	353	186	167
玉泉区	484	223	261	445	225	220
赛罕区	735	401	334	669	327	342
土默特左旗	147	68	79	157	85	72
托克托县	94	38	56	102	47	55
和林格尔县	103	58	45	116	59	57
清水河县	36	20	16	38	20	18
武川县	35	15	20	51	28	23
呼和浩特经济技术开发区	164	88	76	165	77	88
包头市	**1776**	**897**	**879**	**1689**	**911**	**778**
东河区	276	134	142	281	152	129
昆都仑区	544	262	282	478	258	220
青山区	326	169	157	317	166	151
石拐区	7	3	4	8	7	1
白云鄂博矿区	6	6		15	11	4
九原区	199	106	93	205	111	94
土默特右旗	141	71	70	129	66	63
固阳县	68	41	27	49	28	21
达尔罕茂明安联合旗	32	12	20	27	13	14
包头稀土高新技术产业开发区	177	93	84	180	99	81
乌海市	**399**	**194**	**205**	**429**	**224**	**205**
海勃湾区	253	114	139	301	157	144
海南区	84	47	37	50	26	24
乌达区	62	33	29	78	41	37
赤峰市	**2967**	**1554**	**1413**	**2749**	**1434**	**1315**
红山区	425	219	206	401	223	178
元宝山区	166	85	81	175	92	83
松山区	720	377	343	641	328	313
阿鲁科尔沁旗	157	81	76	125	73	52
巴林左旗	169	82	87	169	97	72
巴林右旗	115	58	57	109	52	57
林西县	100	60	40	109	60	49
克什克腾旗	104	56	48	130	62	68
翁牛特旗	215	116	99	192	96	96
喀喇沁旗	177	100	77	143	74	69
宁城县	335	180	155	302	159	143
敖汉旗	284	140	144	253	118	135

1-10 续表 4

单位：人

地区	2019年12月			2020年1月		
	小计	男	女	小计	男	女
通辽市	**1730**	**867**	**863**	**1673**	**917**	**756**
科尔沁区	336	170	166	338	192	146
科尔沁左翼中旗	208	110	98	194	105	89
科尔沁左翼后旗	183	85	98	159	72	87
开鲁县	183	93	90	159	90	69
库伦旗	101	47	54	94	45	49
奈曼旗	236	121	115	269	155	114
扎鲁特旗	157	82	75	160	97	63
通辽经济技术开发区	194	92	102	187	93	94
霍林郭勒市	132	67	65	113	68	45
鄂尔多斯市	**2199**	**1127**	**1072**	**1997**	**1025**	**972**
东胜区	667	368	299	562	288	274
康巴什区	134	66	68	155	71	84
达拉特旗	274	136	138	253	119	134
准格尔旗	300	150	150	284	162	122
鄂托克前旗	101	50	51	84	47	37
鄂托克旗	175	84	91	158	87	71
杭锦旗	90	34	56	117	61	56
乌审旗	157	84	73	142	79	63
伊金霍洛旗	301	155	146	242	111	131
呼伦贝尔市	**1188**	**576**	**612**	**1196**	**617**	**579**
海拉尔区	200	95	105	225	118	107
扎赉诺尔区	31	13	18	32	13	19
阿荣旗	181	82	99	191	101	90
莫力达瓦达斡尔族自治旗	135	68	67	125	60	65
鄂伦春自治旗	91	41	50	94	53	41
鄂温克族自治旗	81	43	38	77	40	37
陈巴尔虎旗	21	9	12	16	10	6
新巴尔虎左旗	27	11	16	23	14	9
新巴尔虎右旗	22	14	8	33	14	19
满洲里市	86	37	49	88	42	46
牙克石市	82	43	39	72	41	31
扎兰屯市	180	95	85	171	87	84
额尔古纳市	27	14	13	34	14	20
根河市	24	11	13	15	10	5
巴彦淖尔市	**1090**	**560**	**530**	**1085**	**565**	**520**
临河区	446	225	221	465	246	219
五原县	167	89	78	145	74	71
磴口县	67	34	33	47	27	20
乌拉特前旗	155	78	77	168	87	81
乌拉特中旗	71	39	32	75	40	35
乌拉特后旗	43	21	22	40	21	19
杭锦后旗	141	74	67	145	70	75

1-10　续表 5　　　　单位：人

地　区	2019年12月			2020年1月		
	小计	男	女	小计	男	女
乌兰察布市	**921**	**482**	**439**	**889**	**457**	**432**
集宁区	303	162	141	278	137	141
卓资县	40	22	18	43	19	24
化德县	55	26	29	43	25	18
商都县	68	38	30	80	44	36
兴和县	96	51	45	100	49	51
凉城县	70	38	32	45	22	23
察哈尔右翼前旗	66	32	34	65	29	36
察哈尔右翼中旗	27	18	9	31	17	14
察哈尔右翼后旗	38	19	19	36	27	9
四子王旗	58	29	29	67	40	27
丰镇市	100	47	53	101	48	53
兴安盟	**880**	**443**	**437**	**920**	**422**	**498**
乌兰浩特市	278	146	132	237	111	126
阿尔山市	12	5	7	16	8	8
科尔沁右翼前旗	195	112	83	173	80	93
科尔沁右翼中旗	114	54	60	142	45	97
扎赉特旗	160	76	84	199	98	101
突泉县	121	50	71	153	80	73
锡林郭勒盟	**842**	**442**	**400**	**808**	**403**	**405**
二连浩特市	66	37	29	59	21	38
锡林浩特市	277	151	126	277	147	130
阿巴嘎旗	23	11	12	28	14	14
苏尼特左旗	20	9	11	21	4	17
苏尼特右旗	36	20	16	39	19	20
东乌珠穆沁旗	54	30	24	59	38	21
西乌珠穆沁旗	96	49	47	88	39	49
太仆寺旗	72	36	36	56	28	28
镶黄旗	17	10	7	23	17	6
正镶白旗	25	13	12	18	12	6
正蓝旗	50	26	24	46	22	24
多伦县	94	43	51	76	31	45
乌拉盖管委会	12	7	5	18	11	7
阿拉善盟	**240**	**130**	**110**	**232**	**106**	**126**
阿拉善左旗	157	82	75	130	53	77
阿拉善右旗	17	10	7	20	9	11
额济纳旗	44	29	15	53	27	26
内蒙古阿拉善经济开发区	22	9	13	29	17	12

1-10 续表 6

单位：人

地区	2020年2月			2020年3月			2020年4月		
	小计	男	女	小计	男	女	小计	男	女
内蒙古	**14689**	**7540**	**7149**	**14847**	**7644**	**7203**	**13676**	**7098**	**6578**
呼和浩特市	**2195**	**1096**	**1099**	**2263**	**1203**	**1060**	**2125**	**1059**	**1066**
新城区	460	228	232	436	231	205	433	216	217
回民区	288	157	131	305	169	136	241	127	114
玉泉区	346	173	173	373	204	169	327	162	165
赛罕区	599	285	314	612	326	286	579	287	292
土默特左旗	119	65	54	133	62	71	118	60	58
托克托县	94	41	53	77	35	42	94	42	52
和林格尔县	100	49	51	118	67	51	107	60	47
清水河县	30	17	13	33	16	17	38	10	28
武川县	33	21	12	33	21	12	42	22	20
呼和浩特经济技术开发区	126	60	66	143	72	71	146	73	73
包头市	**1496**	**754**	**742**	**1571**	**800**	**771**	**1383**	**725**	**658**
东河区	236	109	127	268	131	137	221	113	108
昆都仑区	465	229	236	465	243	222	393	189	204
青山区	269	135	134	301	167	134	291	164	127
石拐区	5	4	1	15	7	8	11	9	2
白云鄂博矿区	9	6	3	12	4	8	9	2	7
九原区	164	88	76	176	90	86	135	76	59
土默特右旗	124	66	58	115	59	56	108	55	53
固阳县	51	25	26	57	25	32	54	30	24
达尔罕茂明安联合旗	28	11	17	31	14	17	19	10	9
包头稀土高新技术产业开发区	145	81	64	131	60	71	142	77	65
乌海市	**335**	**172**	**163**	**343**	**182**	**161**	**316**	**172**	**144**
海勃湾区	216	103	113	230	119	111	216	123	93
海南区	53	31	22	49	25	24	51	30	21
乌达区	66	38	28	64	38	26	49	19	30
赤峰市	**2687**	**1408**	**1279**	**2688**	**1384**	**1304**	**2386**	**1252**	**1134**
红山区	350	188	162	339	158	181	287	142	145
元宝山区	151	73	78	148	66	82	135	70	65
松山区	614	340	274	549	287	262	542	285	257
阿鲁科尔沁旗	121	55	66	125	74	51	115	42	73
巴林左旗	156	87	69	169	80	89	137	68	69
巴林右旗	99	54	45	108	52	56	75	39	36
林西县	111	65	46	109	58	51	103	54	49
克什克腾旗	124	66	58	123	69	54	128	70	58
翁牛特旗	211	112	99	226	128	98	173	98	75
喀喇沁旗	132	72	60	153	82	71	141	76	65
宁城县	321	152	169	320	160	160	285	166	119
敖汉旗	297	144	153	319	170	149	265	142	123

1-10 续表 7

单位：人

地 区	2020年2月			2020年3月			2020年4月		
	小计	男	女	小计	男	女	小计	男	女
通辽市	**1664**	**843**	**821**	**1714**	**876**	**838**	**1495**	**761**	**734**
科尔沁区	341	168	173	353	187	166	274	144	130
科尔沁左翼中旗	210	101	109	225	103	122	189	85	104
科尔沁左翼后旗	154	80	74	158	79	79	152	89	63
开鲁县	171	95	76	159	88	71	171	87	84
库伦旗	76	46	30	99	53	46	98	56	42
奈曼旗	251	116	135	272	140	132	227	107	120
扎鲁特旗	160	72	88	140	78	62	149	81	68
通辽经济技术开发区	185	102	83	166	81	85	164	75	89
霍林郭勒市	116	63	53	142	67	75	71	37	34
鄂尔多斯市	**1665**	**872**	**793**	**1454**	**734**	**720**	**1527**	**794**	**733**
东胜区	436	213	223	393	192	201	464	234	230
康巴什区	106	57	49	100	55	45	95	44	51
达拉特旗	218	112	106	216	114	102	215	114	101
准格尔旗	302	167	135	257	135	122	240	117	123
鄂托克前旗	73	40	33	52	27	25	44	25	19
鄂托克旗	122	60	62	121	60	61	98	55	43
杭锦旗	70	38	32	66	36	30	79	44	35
乌审旗	132	70	62	91	42	49	109	59	50
伊金霍洛旗	206	115	91	158	73	85	183	102	81
呼伦贝尔市	**1177**	**606**	**571**	**1220**	**634**	**586**	**1124**	**593**	**531**
海拉尔区	218	114	104	186	94	92	217	105	112
扎赉诺尔区	33	17	16	27	14	13	50	25	25
阿荣旗	185	95	90	198	103	95	140	83	57
莫力达瓦达斡尔族自治旗	118	64	54	133	54	79	139	65	74
鄂伦春自治旗	88	43	45	98	57	41	81	44	37
鄂温克族自治旗	82	43	39	74	38	36	76	32	44
陈巴尔虎旗	18	8	10	29	15	14	21	14	7
新巴尔虎左旗	25	13	12	23	13	10	22	10	12
新巴尔虎右旗	25	17	8	34	17	17	15	7	8
满洲里市	89	39	50	85	37	48	57	29	28
牙克石市	92	51	41	98	56	42	82	51	31
扎兰屯市	167	82	85	193	111	82	175	105	70
额尔古纳市	26	12	14	31	21	10	24	12	12
根河市	11	8	3	11	4	7	25	11	14
巴彦淖尔市	**901**	**469**	**432**	**922**	**464**	**458**	**786**	**397**	**389**
临河区	390	210	180	400	199	201	331	171	160
五原县	131	79	52	125	63	62	108	58	50
磴口县	44	15	29	42	22	20	30	16	14
乌拉特前旗	122	67	55	138	66	72	121	56	65
乌拉特中旗	55	26	29	51	27	24	57	31	26
乌拉特后旗	37	20	17	40	16	24	31	19	12
杭锦后旗	122	52	70	126	71	55	108	46	62

1-10 续表 8

单位：人

地 区	2020年2月			2020年3月			2020年4月		
	小计	男	女	小计	男	女	小计	男	女
乌兰察布市	**832**	**450**	**382**	**841**	**440**	**401**	**817**	**414**	**403**
集宁区	251	135	116	245	125	120	257	133	124
卓资县	23	16	7	37	20	17	34	22	12
化德县	40	18	22	46	19	27	52	21	31
商都县	62	28	34	77	44	33	83	44	39
兴和县	85	46	39	103	52	51	80	38	42
凉城县	52	27	25	50	33	17	51	24	27
察哈尔右翼前旗	65	37	28	56	29	27	47	23	24
察哈尔右翼中旗	36	16	20	36	19	17	19	7	12
察哈尔右翼后旗	47	26	21	41	20	21	41	25	16
四子王旗	69	42	27	62	35	27	61	32	29
丰镇市	102	59	43	88	44	44	92	45	47
兴安盟	**807**	**404**	**403**	**860**	**435**	**425**	**759**	**404**	**355**
乌兰浩特市	212	96	116	214	109	105	190	103	87
阿尔山市	11	6	5	16	9	7	9	3	6
科尔沁右翼前旗	163	78	85	187	96	91	166	79	87
科尔沁右翼中旗	119	57	62	125	67	58	93	53	40
扎赉特旗	185	100	85	200	98	102	172	105	67
突泉县	117	67	50	118	56	62	129	61	68
锡林郭勒盟	**720**	**361**	**359**	**775**	**389**	**386**	**766**	**434**	**332**
二连浩特市	64	36	28	63	30	33	42	23	19
锡林浩特市	230	113	117	269	145	124	257	138	119
阿巴嘎旗	22	7	15	22	9	13	27	20	7
苏尼特左旗	22	12	10	19	9	10	21	13	8
苏尼特右旗	30	18	12	35	23	12	33	18	15
东乌珠穆沁旗	49	30	19	49	21	28	48	25	23
西乌珠穆沁旗	77	46	31	63	32	31	89	51	38
太仆寺旗	54	24	30	60	30	30	60	37	23
镶黄旗	13	4	9	18	7	11	21	12	9
正镶白旗	13	9	4	18	9	9	16	9	7
正蓝旗	47	16	31	58	30	28	51	32	19
多伦县	82	38	44	88	39	49	79	45	34
乌拉盖管委会	17	8	9	13	5	8	22	11	11
阿拉善盟	**210**	**105**	**105**	**196**	**103**	**93**	**192**	**93**	**99**
阿拉善左旗	129	65	64	119	64	55	128	63	65
阿拉善右旗	19	9	10	14	6	8	20	8	12
额济纳旗	43	23	20	46	24	22	29	13	16
内蒙古阿拉善经济开发区	19	8	11	17	9	8	15	9	6

1-10　续表 9　　　　单位：人

地　区	2020年5月			2020年6月			2020年7月		
	小计	男	女	小计	男	女	小计	男	女
内蒙古	**13215**	**6821**	**6394**	**13180**	**6877**	**6303**	**13320**	**6831**	**6489**
呼和浩特市	**2061**	**1053**	**1008**	**2059**	**1068**	**991**	**2094**	**1074**	**1020**
新城区	403	201	202	398	203	195	396	212	184
回民区	283	146	137	291	158	133	294	143	151
玉泉区	395	189	206	343	186	157	374	197	177
赛罕区	532	274	258	527	257	270	556	286	270
土默特左旗	115	65	50	111	68	43	112	59	53
托克托县	60	29	31	86	42	44	77	33	44
和林格尔县	80	45	35	90	41	49	87	39	48
清水河县	23	11	12	28	17	11	22	14	8
武川县	37	18	19	30	18	12	41	16	25
呼和浩特经济技术开发区	133	75	58	155	78	77	135	75	60
包头市	**1339**	**699**	**640**	**1345**	**709**	**636**	**1303**	**652**	**651**
东河区	213	128	85	211	108	103	211	106	105
昆都仑区	409	210	199	385	215	170	355	175	180
青山区	259	130	129	258	141	117	251	138	113
石拐区	6	1	5	7	4	3	7	4	3
白云鄂博矿区	9	4	5	15	9	6	5	2	3
九原区	135	69	66	164	73	91	148	72	76
土默特右旗	103	56	47	95	54	41	97	48	49
固阳县	44	22	22	49	26	23	51	22	29
达尔罕茂明安联合旗	30	13	17	24	12	12	25	6	19
包头稀土高新技术产业开发区	131	66	65	137	67	70	153	79	74
乌海市	**304**	**161**	**143**	**295**	**160**	**135**	**342**	**179**	**163**
海勃湾区	201	109	92	204	108	96	219	120	99
海南区	52	22	30	39	22	17	51	23	28
乌达区	51	30	21	52	30	22	72	36	36
赤峰市	**2384**	**1241**	**1143**	**2344**	**1222**	**1122**	**2316**	**1213**	**1103**
红山区	372	187	185	321	163	158	313	153	160
元宝山区	132	71	61	134	64	70	129	78	51
松山区	490	264	226	496	275	221	551	293	258
阿鲁科尔沁旗	105	59	46	109	63	46	119	66	53
巴林左旗	132	65	67	138	65	73	137	68	69
巴林右旗	83	49	34	108	59	49	106	61	45
林西县	91	48	43	89	48	41	82	44	38
克什克腾旗	109	56	53	93	50	43	95	51	44
翁牛特旗	194	104	90	181	91	90	179	93	86
喀喇沁旗	137	68	69	165	87	78	128	75	53
宁城县	276	138	138	278	138	140	251	124	127
敖汉旗	263	132	131	232	119	113	226	107	119

1−10 续表 10

单位：人

地　　区	2020年5月			2020年6月			2020年7月		
	小计	男	女	小计	男	女	小计	男	女
通辽市	**1474**	**714**	**760**	**1449**	**771**	**678**	**1512**	**741**	**771**
科尔沁区	302	141	161	313	169	144	264	123	141
科尔沁左翼中旗	178	82	96	187	95	92	191	102	89
科尔沁左翼后旗	164	82	82	147	83	64	176	88	88
开鲁县	151	81	70	159	89	70	162	76	86
库伦旗	77	34	43	77	44	33	95	46	49
奈曼旗	215	103	112	207	106	101	214	109	105
扎鲁特旗	130	71	59	132	67	65	149	72	77
通辽经济技术开发区	157	77	80	131	67	64	144	70	74
霍林郭勒市	100	43	57	96	51	45	117	55	62
鄂尔多斯市	**1449**	**741**	**708**	**1526**	**813**	**713**	**1453**	**729**	**724**
东胜区	450	220	230	438	246	192	444	217	227
康巴什区	105	50	55	113	49	64	100	52	48
达拉特旗	165	87	78	164	85	79	183	94	89
准格尔旗	230	111	119	235	123	112	209	112	97
鄂托克前旗	59	32	27	72	36	36	64	30	34
鄂托克旗	101	52	49	119	56	63	116	49	67
杭锦旗	74	38	36	78	50	28	66	34	32
乌审旗	106	54	52	115	67	48	102	52	50
伊金霍洛旗	159	97	62	192	101	91	169	89	80
呼伦贝尔市	**1078**	**552**	**526**	**1035**	**538**	**497**	**1056**	**556**	**500**
海拉尔区	183	90	93	187	89	98	187	88	99
扎赉诺尔区	32	16	16	33	17	16	24	12	12
阿荣旗	176	91	85	148	69	79	165	84	81
莫力达瓦达斡尔族自治旗	133	69	64	95	54	41	131	83	48
鄂伦春自治旗	81	48	33	74	32	42	69	33	36
鄂温克族自治旗	70	39	31	74	38	36	59	27	32
陈巴尔虎旗	21	12	9	22	15	7	27	20	7
新巴尔虎左旗	18	8	10	15	9	6	22	10	12
新巴尔虎右旗	25	12	13	30	14	16	23	11	12
满洲里市	73	38	35	81	47	34	70	43	27
牙克石市	77	32	45	70	37	33	70	31	39
扎兰屯市	150	74	76	157	87	70	164	91	73
额尔古纳市	28	20	8	30	19	11	28	13	15
根河市	11	3	8	19	11	8	17	10	7
巴彦淖尔市	**750**	**398**	**352**	**787**	**415**	**372**	**759**	**410**	**349**
临河区	322	167	155	341	182	159	323	177	146
五原县	88	49	39	110	56	54	104	54	50
磴口县	34	22	12	38	18	20	32	14	18
乌拉特前旗	95	51	44	110	66	44	104	63	41
乌拉特中旗	51	26	25	50	26	24	49	29	20
乌拉特后旗	40	20	20	32	14	18	32	17	15
杭锦后旗	120	63	57	106	53	53	115	56	59

1-10　续表 11

单位：人

地　区	2020年5月			2020年6月			2020年7月		
	小计	男	女	小计	男	女	小计	男	女
乌兰察布市	**812**	**440**	**372**	**729**	**361**	**368**	**766**	**408**	**358**
集宁区	250	139	111	201	104	97	237	124	113
卓资县	29	10	19	20	10	10	19	11	8
化德县	36	14	22	39	17	22	42	24	18
商都县	77	39	38	84	42	42	80	35	45
兴和县	83	49	34	82	43	39	76	37	39
凉城县	47	24	23	53	25	28	48	32	16
察哈尔右翼前旗	62	33	29	45	23	22	50	29	21
察哈尔右翼中旗	30	19	11	25	11	14	34	18	16
察哈尔右翼后旗	31	19	12	42	18	24	36	23	13
四子王旗	75	41	34	46	22	24	56	27	29
丰镇市	92	53	39	92	46	46	88	48	40
兴安盟	**705**	**381**	**324**	**739**	**390**	**349**	**799**	**411**	**388**
乌兰浩特市	170	85	85	205	104	101	211	108	103
阿尔山市	11	6	5	19	10	9	16	11	5
科尔沁右翼前旗	164	79	85	155	81	74	179	94	85
科尔沁右翼中旗	98	67	31	115	59	56	103	54	49
扎赉特旗	153	81	72	152	84	68	187	93	94
突泉县	109	63	46	93	52	41	103	51	52
锡林郭勒盟	**682**	**358**	**324**	**681**	**331**	**350**	**733**	**367**	**366**
二连浩特市	47	26	21	40	19	21	60	23	37
锡林浩特市	232	117	115	229	111	118	261	132	129
阿巴嘎旗	27	13	14	25	8	17	24	8	16
苏尼特左旗	21	11	10	22	14	8	18	9	9
苏尼特右旗	33	22	11	19	12	7	34	17	17
东乌珠穆沁旗	51	26	25	62	36	26	43	17	26
西乌珠穆沁旗	57	37	20	58	24	34	65	27	38
太仆寺旗	59	25	34	62	36	26	59	36	23
镶黄旗	19	14	5	17	6	11	18	12	6
正镶白旗	15	7	8	18	8	10	19	10	9
正蓝旗	41	24	17	41	18	23	47	26	21
多伦县	64	27	37	72	36	36	79	47	32
乌拉盖管委会	16	9	7	16	3	13	6	3	3
阿拉善盟	**177**	**83**	**94**	**191**	**99**	**92**	**187**	**91**	**96**
阿拉善左旗	112	51	61	127	70	57	117	60	57
阿拉善右旗	18	9	9	15	10	5	13	5	8
额济纳旗	27	15	12	28	12	16	31	14	17
内蒙古阿拉善经济开发区	20	8	12	21	7	14	26	12	14

1-10 续表 12

单位：人

地区	2020年8月			2020年9月			2020年10月		
	小计	男	女	小计	男	女	小计	男	女
内蒙古	**13383**	**6889**	**6494**	**13075**	**6887**	**6188**	**13082**	**6854**	**6228**
呼和浩特市	**2007**	**1060**	**947**	**2034**	**1055**	**979**	**2042**	**1051**	**991**
新城区	369	198	171	394	194	200	361	178	183
回民区	258	120	138	280	149	131	298	137	161
玉泉区	358	192	166	359	195	164	379	200	179
赛罕区	537	295	242	504	265	239	536	294	242
土默特左旗	149	76	73	131	63	68	100	52	48
托克托县	69	31	38	70	32	38	86	41	45
和林格尔县	72	40	32	97	54	43	87	49	38
清水河县	21	10	11	31	16	15	29	15	14
武川县	29	18	11	33	17	16	37	20	17
呼和浩特经济技术开发区	145	80	65	135	70	65	129	65	64
包头市	**1387**	**713**	**674**	**1349**	**710**	**639**	**1217**	**630**	**587**
东河区	225	113	112	242	137	105	219	108	111
昆都仑区	396	202	194	342	173	169	263	145	118
青山区	273	149	124	238	132	106	270	139	131
石拐区	6	3	3	7	4	3	11	7	4
白云鄂博矿区	5	3	2	6	2	4	5	4	1
九原区	149	73	76	178	83	95	148	69	79
土默特右旗	111	61	50	131	72	59	107	62	45
固阳县	44	23	21	41	23	18	33	16	17
达尔罕茂明安联合旗	22	10	12	19	12	7	28	15	13
包头稀土高新技术产业开发区	156	76	80	145	72	73	133	65	68
乌海市	**325**	**162**	**163**	**293**	**151**	**142**	**326**	**170**	**156**
海勃湾区	239	113	126	199	105	94	210	106	104
海南区	37	20	17	40	22	18	46	27	19
乌达区	49	29	20	54	24	30	70	37	33
赤峰市	**2288**	**1181**	**1107**	**2282**	**1203**	**1079**	**2365**	**1250**	**1115**
红山区	304	166	138	320	173	147	289	153	136
元宝山区	162	73	89	119	65	54	133	67	66
松山区	505	260	245	533	283	250	555	296	259
阿鲁科尔沁旗	128	59	69	126	67	59	118	60	58
巴林左旗	126	59	67	126	74	52	118	69	49
巴林右旗	100	57	43	103	47	56	111	54	57
林西县	76	34	42	84	39	45	81	40	41
克什克腾旗	90	46	44	95	53	42	85	48	37
翁牛特旗	170	85	85	169	80	89	173	86	87
喀喇沁旗	113	65	48	128	70	58	157	85	72
宁城县	280	160	120	254	147	107	309	169	140
敖汉旗	234	117	117	225	105	120	236	123	113

1-10　续表 13

单位：人

地　区	2020年8月			2020年9月			2020年10月		
	小计	男	女	小计	男	女	小计	男	女
通辽市	**1509**	**791**	**718**	**1358**	**740**	**618**	**1414**	**756**	**658**
科尔沁区	327	179	148	265	152	113	303	168	135
科尔沁左翼中旗	167	88	79	166	82	84	173	98	75
科尔沁左翼后旗	171	89	82	164	94	70	141	79	62
开鲁县	159	80	79	150	77	73	144	76	68
库伦旗	80	46	34	96	51	45	76	40	36
奈曼旗	245	129	116	170	91	79	219	117	102
扎鲁特旗	139	72	67	130	74	56	131	71	60
通辽经济技术开发区	134	65	69	133	74	59	130	65	65
霍林郭勒市	87	43	44	84	45	39	97	42	55
鄂尔多斯市	**1558**	**786**	**772**	**1578**	**838**	**740**	**1519**	**801**	**718**
东胜区	486	237	249	496	257	239	504	260	244
康巴什区	98	41	57	100	52	48	77	38	39
达拉特旗	199	109	90	232	121	111	208	103	105
准格尔旗	235	119	116	219	119	100	254	141	113
鄂托克前旗	70	40	30	64	33	31	52	28	24
鄂托克旗	99	46	53	91	56	35	122	67	55
杭锦旗	61	35	26	58	29	29	67	39	28
乌审旗	102	56	46	102	66	36	104	59	45
伊金霍洛旗	208	103	105	216	105	111	131	66	65
呼伦贝尔市	**1047**	**541**	**506**	**979**	**492**	**487**	**918**	**477**	**441**
海拉尔区	172	87	85	148	77	71	154	82	72
扎赉诺尔区	36	20	16	25	11	14	34	17	17
阿荣旗	147	78	69	154	90	64	136	68	68
莫力达瓦达斡尔族自治旗	134	81	53	122	59	63	110	58	52
鄂伦春自治旗	70	34	36	61	28	33	67	36	31
鄂温克族自治旗	77	39	38	64	24	40	54	27	27
陈巴尔虎旗	20	11	9	24	14	10	21	8	13
新巴尔虎左旗	17	8	9	20	10	10	12	6	6
新巴尔虎右旗	23	9	14	29	15	14	20	11	9
满洲里市	66	30	36	60	34	26	51	27	24
牙克石市	80	44	36	69	36	33	49	26	23
扎兰屯市	161	79	82	161	72	89	178	89	89
额尔古纳市	28	13	15	23	11	12	24	17	7
根河市	16	8	8	19	11	8	8	5	3
巴彦淖尔市	**861**	**442**	**419**	**848**	**453**	**395**	**971**	**515**	**456**
临河区	345	172	173	373	207	166	440	243	197
五原县	125	62	63	126	68	58	138	71	67
磴口县	27	14	13	43	18	25	36	16	20
乌拉特前旗	149	80	69	118	62	56	155	87	68
乌拉特中旗	53	27	26	52	27	25	62	30	32
乌拉特后旗	32	22	10	30	14	16	31	14	17
杭锦后旗	130	65	65	106	57	49	109	54	55

1-10 续表 14

单位：人

地　区	2020年8月			2020年9月			2020年10月		
	小计	男	女	小计	男	女	小计	男	女
乌兰察布市	**767**	**404**	**363**	**710**	**370**	**340**	**640**	**332**	**308**
集宁区	238	127	111	240	122	118	218	111	107
卓资县	37	22	15	25	17	8	26	17	9
化德县	53	30	23	45	22	23	42	23	19
商都县	56	28	28	63	39	24	58	29	29
兴和县	75	39	36	68	30	38	68	41	27
凉城县	47	21	26	39	20	19	26	15	11
察哈尔右翼前旗	49	30	19	54	26	28	48	21	27
察哈尔右翼中旗	29	16	13	25	11	14	14	6	8
察哈尔右翼后旗	36	16	20	27	16	11	34	14	20
四子王旗	55	25	30	49	30	19	47	26	21
丰镇市	92	50	42	75	37	38	59	29	30
兴安盟	**771**	**390**	**381**	**745**	**385**	**360**	**739**	**385**	**354**
乌兰浩特市	204	119	85	207	105	102	186	96	90
阿尔山市	21	8	13	15	8	7	14	8	6
科尔沁右翼前旗	163	69	94	168	85	83	159	75	84
科尔沁右翼中旗	121	58	63	101	46	55	108	59	49
扎赉特旗	161	84	77	160	80	80	175	88	87
突泉县	101	52	49	94	61	33	97	59	38
锡林郭勒盟	**696**	**335**	**361**	**733**	**409**	**324**	**748**	**398**	**350**
二连浩特市	42	15	27	48	27	21	35	16	19
锡林浩特市	223	111	112	252	138	114	226	106	120
阿巴嘎旗	21	8	13	24	16	8	27	15	12
苏尼特左旗	22	14	8	31	15	16	29	18	11
苏尼特右旗	29	14	15	32	16	16	34	21	13
东乌珠穆沁旗	42	17	25	44	27	17	43	19	24
西乌珠穆沁旗	69	44	25	74	41	33	92	59	33
太仆寺旗	61	25	36	63	35	28	59	36	23
镶黄旗	24	15	9	17	7	10	20	11	9
正镶白旗	27	14	13	27	18	9	26	10	16
正蓝旗	49	19	30	36	20	16	41	26	15
多伦县	72	32	40	74	44	30	96	51	45
乌拉盖管委会	15	7	8	11	5	6	20	10	10
阿拉善盟	**167**	**84**	**83**	**166**	**81**	**85**	**183**	**89**	**94**
阿拉善左旗	98	51	47	98	49	49	123	57	66
阿拉善右旗	9	4	5	18	7	11	17	9	8
额济纳旗	38	21	17	28	12	16	24	12	12
内蒙古阿拉善经济开发区	22	8	14	22	13	9	19	11	8

1-10a　各地区分性别、月份的出生人口
(2019.11.1-2020.10.31)(城市)

单位：人

地　区	出生人口			2019年11月		
	合计	男	女	小计	男	女
内蒙古	**74673**	**38585**	**36088**	**7850**	**4106**	**3744**
呼和浩特市	**18768**	**9608**	**9160**	**1983**	**1029**	**954**
新城区	4760	2397	2363	507	270	237
回民区	3401	1740	1661	337	167	170
玉泉区	4310	2205	2105	467	238	229
赛罕区	6297	3266	3031	672	354	318
包头市	**12543**	**6495**	**6048**	**1337**	**681**	**656**
东河区	2518	1304	1214	276	138	138
昆都仑区	4878	2486	2392	513	253	260
青山区	3306	1760	1546	366	197	169
石拐区	88	44	44	15	2	13
白云鄂博矿区	105	59	46	9	6	3
九原区	1648	842	806	158	85	73
乌海市	**3985**	**2062**	**1923**	**416**	**208**	**208**
海勃湾区	2703	1390	1313	275	138	137
海南区	547	292	255	58	31	27
乌达区	735	380	355	83	39	44
赤峰市	**9764**	**5105**	**4659**	**1056**	**563**	**493**
红山区	3880	2010	1870	408	216	192
元宝山区	1290	645	645	150	80	70
松山区	4594	2450	2144	498	267	231
通辽市	**3655**	**1910**	**1745**	**366**	**209**	**157**
科尔沁区	2400	1273	1127	220	129	91
霍林郭勒市	1255	637	618	146	80	66
鄂尔多斯市	**7247**	**3672**	**3575**	**790**	**393**	**397**
东胜区	5906	3022	2884	640	323	317
康巴什区	1332	645	687	149	70	79
鄂托克旗	9	5	4	1		1
呼伦贝尔市	**5491**	**2855**	**2636**	**494**	**281**	**213**
海拉尔区	2265	1149	1116	212	122	90
扎赉诺尔区	378	183	195	26	11	15
满洲里市	886	457	429	82	54	28
牙克石市	636	350	286	71	42	29
扎兰屯市	951	510	441	73	37	36
额尔古纳市	242	137	105	19	12	7
根河市	133	69	64	11	3	8
巴彦淖尔市	**3776**	**2012**	**1764**	**412**	**219**	**193**
临河区	3776	2012	1764	412	219	193
乌兰察布市	**3604**	**1867**	**1737**	**389**	**206**	**183**
集宁区	2797	1459	1338	286	158	128
丰镇市	807	408	399	103	48	55
兴安盟	**2318**	**1193**	**1125**	**230**	**115**	**115**
乌兰浩特市	2214	1136	1078	221	107	114
阿尔山市	104	57	47	9	8	1
锡林郭勒盟	**3522**	**1806**	**1716**	**377**	**202**	**175**
二连浩特市	615	298	317	70	36	34
锡林浩特市	2907	1508	1399	307	166	141

1-10a 续表 1

单位：人

地区	2019年12月			2020年1月		
	小计	男	女	小计	男	女
内蒙古	**7533**	**3860**	**3673**	**7153**	**3690**	**3463**
呼和浩特市	**1920**	**986**	**934**	**1793**	**883**	**910**
新城区	500	255	245	455	206	249
回民区	322	166	156	339	178	161
玉泉区	450	212	238	409	207	202
赛罕区	648	353	295	590	292	298
包头市	**1258**	**626**	**632**	**1218**	**654**	**564**
东河区	241	118	123	250	136	114
昆都仑区	528	252	276	471	253	218
青山区	316	162	154	307	159	148
石拐区	4	2	2	8	7	1
白云鄂博矿区	6	6		15	11	4
九原区	163	86	77	167	88	79
乌海市	**386**	**189**	**197**	**418**	**219**	**199**
海勃湾区	250	114	136	293	154	139
海南区	74	42	32	47	24	23
乌达区	62	33	29	78	41	37
赤峰市	**1023**	**529**	**494**	**927**	**490**	**437**
红山区	397	200	197	371	210	161
元宝山区	119	61	58	127	66	61
松山区	507	268	239	429	214	215
通辽市	**339**	**167**	**172**	**335**	**196**	**139**
科尔沁区	214	104	110	226	130	96
霍林郭勒市	125	63	62	109	66	43
鄂尔多斯市	**795**	**432**	**363**	**710**	**356**	**354**
东胜区	661	366	295	555	285	270
康巴什区	134	66	68	155	71	84
鄂托克旗						
呼伦贝尔市	**507**	**241**	**266**	**492**	**252**	**240**
海拉尔区	200	95	105	223	117	106
扎赉诺尔区	30	12	18	32	13	19
满洲里市	86	37	49	88	42	46
牙克石市	58	31	27	52	31	21
扎兰屯市	94	47	47	65	35	30
额尔古纳市	20	11	9	25	9	16
根河市	19	8	11	7	5	2
巴彦淖尔市	**355**	**184**	**171**	**382**	**208**	**174**
临河区	355	184	171	382	208	174
乌兰察布市	**366**	**188**	**178**	**342**	**170**	**172**
集宁区	288	152	136	254	129	125
丰镇市	78	36	42	88	41	47
兴安盟	**252**	**135**	**117**	**208**	**97**	**111**
乌兰浩特市	244	131	113	198	92	106
阿尔山市	8	4	4	10	5	5
锡林郭勒盟	**332**	**183**	**149**	**328**	**165**	**163**
二连浩特市	64	36	28	59	21	38
锡林浩特市	268	147	121	269	144	125

1-10a　续表 2　　　　单位：人

地　区	2020年2月			2020年3月			2020年4月		
	小计	男	女	小计	男	女	小计	男	女
内蒙古	**6212**	**3154**	**3058**	**6284**	**3273**	**3011**	**5697**	**2936**	**2761**
呼和浩特市	**1537**	**752**	**785**	**1563**	**841**	**722**	**1428**	**714**	**714**
新城区	426	209	217	403	212	191	393	199	194
回民区	278	152	126	285	160	125	228	116	112
玉泉区	314	150	164	335	180	155	297	147	150
赛罕区	519	241	278	540	289	251	510	252	258
包头市	**1071**	**540**	**531**	**1142**	**595**	**547**	**973**	**509**	**464**
东河区	195	97	98	233	117	116	187	96	91
昆都仑区	458	223	235	445	233	212	381	184	197
青山区	260	131	129	292	161	131	281	160	121
石拐区	4	3	1	14	6	8	8	7	1
白云鄂博矿区	9	6	3	12	4	8	9	2	7
九原区	145	80	65	146	74	72	107	60	47
乌海市	**327**	**168**	**159**	**336**	**177**	**159**	**301**	**163**	**138**
海勃湾区	213	103	110	227	116	111	209	119	90
海南区	51	30	21	46	24	22	43	25	18
乌达区	63	35	28	63	37	26	49	19	30
赤峰市	**840**	**446**	**394**	**784**	**389**	**395**	**700**	**368**	**332**
红山区	324	172	152	313	141	172	266	132	134
元宝山区	118	56	62	104	49	55	90	46	44
松山区	398	218	180	367	199	168	344	190	154
通辽市	**329**	**164**	**165**	**362**	**183**	**179**	**247**	**126**	**121**
科尔沁区	218	103	115	222	116	106	180	91	89
霍林郭勒市	111	61	50	140	67	73	67	35	32
鄂尔多斯市	**538**	**269**	**269**	**488**	**245**	**243**	**553**	**275**	**278**
东胜区	431	211	220	388	190	198	457	231	226
康巴什区	106	57	49	100	55	45	95	44	51
鄂托克旗	1	1					1		1
呼伦贝尔市	**496**	**255**	**241**	**472**	**247**	**225**	**488**	**256**	**232**
海拉尔区	213	110	103	186	94	92	209	102	107
扎赉诺尔区	32	17	15	27	14	13	50	25	25
满洲里市	89	39	50	85	37	48	57	29	28
牙克石市	59	35	24	63	38	25	55	29	26
扎兰屯市	78	39	39	83	47	36	88	58	30
额尔古纳市	17	10	7	22	15	7	14	6	8
根河市	8	5	3	6	2	4	15	7	8
巴彦淖尔市	**312**	**174**	**138**	**307**	**158**	**149**	**264**	**137**	**127**
临河区	312	174	138	307	158	149	264	137	127
乌兰察布市	**301**	**161**	**140**	**303**	**157**	**146**	**295**	**150**	**145**
集宁区	231	121	110	235	120	115	232	119	113
丰镇市	70	40	30	68	37	31	63	31	32
兴安盟	**184**	**86**	**98**	**207**	**108**	**99**	**167**	**92**	**75**
乌兰浩特市	176	82	94	195	100	95	164	91	73
阿尔山市	8	4	4	12	8	4	3	1	2
锡林郭勒盟	**277**	**139**	**138**	**320**	**173**	**147**	**281**	**146**	**135**
二连浩特市	56	31	25	62	30	32	40	21	19
锡林浩特市	221	108	113	258	143	115	241	125	116

1-10a 续表 3

单位：人

地区	2020年5月			2020年6月			2020年7月		
	小计	男	女	小计	男	女	小计	男	女
内蒙古	**5701**	**2909**	**2792**	**5656**	**2972**	**2684**	**5734**	**2939**	**2795**
呼和浩特市	**1478**	**735**	**743**	**1426**	**733**	**693**	**1465**	**763**	**702**
新城区	364	180	184	361	178	183	356	194	162
回民区	270	134	136	278	150	128	280	138	142
玉泉区	364	173	191	322	175	147	345	184	161
赛罕区	480	248	232	465	230	235	484	247	237
包头市	**944**	**500**	**444**	**959**	**504**	**455**	**903**	**465**	**438**
东河区	175	106	69	184	94	90	188	98	90
昆都仑区	398	204	194	373	207	166	343	168	175
青山区	251	128	123	242	130	112	237	128	109
石拐区	4	1	3	5	2	3	7	4	3
白云鄂博矿区	9	4	5	15	9	6	5	2	3
九原区	107	57	50	140	62	78	123	65	58
乌海市	**290**	**155**	**135**	**280**	**154**	**126**	**323**	**170**	**153**
海勃湾区	198	109	89	196	106	90	213	117	96
海南区	44	19	25	35	20	15	40	19	21
乌达区	48	27	21	49	28	21	70	34	36
赤峰市	**753**	**398**	**355**	**725**	**392**	**333**	**744**	**375**	**369**
红山区	350	176	174	300	154	146	299	147	152
元宝山区	97	51	46	94	47	47	88	47	41
松山区	306	171	135	331	191	140	357	181	176
通辽市	**283**	**126**	**157**	**290**	**155**	**135**	**288**	**139**	**149**
科尔沁区	187	85	102	203	111	92	175	87	88
霍林郭勒市	96	41	55	87	44	43	113	52	61
鄂尔多斯市	**549**	**268**	**281**	**545**	**293**	**252**	**540**	**266**	**274**
东胜区	444	218	226	430	243	187	439	214	225
康巴什区	105	50	55	113	49	64	100	52	48
鄂托克旗				2	1	1	1		1
呼伦贝尔市	**432**	**219**	**213**	**470**	**256**	**214**	**441**	**226**	**215**
海拉尔区	183	90	93	186	88	98	185	88	97
扎赉诺尔区	31	15	16	32	16	16	24	12	12
满洲里市	72	38	34	81	47	34	70	43	27
牙克石市	52	21	31	50	26	24	52	26	26
扎兰屯市	66	39	27	77	51	26	77	39	38
额尔古纳市	19	13	6	28	18	10	21	10	11
根河市	9	3	6	16	10	6	12	8	4
巴彦淖尔市	**249**	**127**	**122**	**278**	**151**	**127**	**264**	**144**	**120**
临河区	249	127	122	278	151	127	264	144	120
乌兰察布市	**291**	**158**	**133**	**239**	**120**	**119**	**274**	**142**	**132**
集宁区	232	126	106	186	94	92	215	112	103
丰镇市	59	32	27	53	26	27	59	30	29
兴安盟	**163**	**85**	**78**	**184**	**89**	**95**	**190**	**102**	**88**
乌兰浩特市	153	80	73	177	86	91	182	97	85
阿尔山市	10	5	5	7	3	4	8	5	3
锡林郭勒盟	**269**	**138**	**131**	**260**	**125**	**135**	**302**	**147**	**155**
二连浩特市	46	26	20	39	19	20	59	23	36
锡林浩特市	223	112	111	221	106	115	243	124	119

1-10a　续表 4　　　　　　　　　　　　　　　　　　单位：人

地　区	2020年8月			2020年9月			2020年10月		
	小计	男	女	小计	男	女	小计	男	女
内蒙古	**5725**	**2940**	**2785**	**5610**	**2947**	**2663**	**5518**	**2859**	**2659**
呼和浩特市	**1368**	**723**	**645**	**1392**	**724**	**668**	**1415**	**725**	**690**
新城区	331	173	158	349	166	183	315	155	160
回民区	233	108	125	268	143	125	283	128	155
玉泉区	331	179	152	331	178	153	345	182	163
赛罕区	473	263	210	444	237	207	472	260	212
包头市	**971**	**497**	**474**	**939**	**487**	**452**	**828**	**437**	**391**
东河区	190	91	99	214	119	95	185	94	91
昆都仑区	382	197	185	335	169	166	251	143	108
青山区	264	144	120	229	125	104	261	135	126
石拐区	5	2	3	6	3	3	8	5	3
白云鄂博矿区	5	3	2	6	2	4	5	4	1
九原区	125	60	65	149	69	80	118	56	62
乌海市	**313**	**155**	**158**	**283**	**144**	**139**	**312**	**160**	**152**
海勃湾区	234	111	123	192	101	91	203	102	101
海南区	31	16	15	38	20	18	40	22	18
乌达区	48	28	20	53	23	30	69	36	33
赤峰市	**751**	**382**	**369**	**743**	**398**	**345**	**718**	**375**	**343**
红山区	292	161	131	294	161	133	266	140	126
元宝山区	121	53	68	84	43	41	98	46	52
松山区	338	168	170	365	194	171	354	189	165
通辽市	**296**	**160**	**136**	**239**	**134**	**105**	**281**	**151**	**130**
科尔沁区	211	117	94	159	90	69	185	110	75
霍林郭勒市	85	43	42	80	44	36	96	41	55
鄂尔多斯市	**580**	**275**	**305**	**587**	**305**	**282**	**572**	**295**	**277**
东胜区	481	233	248	487	253	234	493	255	238
康巴什区	98	41	57	100	52	48	77	38	39
鄂托克旗	1	1					2	2	
呼伦贝尔市	**434**	**221**	**213**	**377**	**193**	**184**	**388**	**208**	**180**
海拉尔区	169	87	82	145	74	71	154	82	72
扎赉诺尔区	36	20	16	24	11	13	34	17	17
满洲里市	66	30	36	59	34	25	51	27	24
牙克石市	47	28	19	43	23	20	34	20	14
扎兰屯市	86	40	46	74	34	40	90	44	46
额尔古纳市	21	11	10	17	9	8	19	13	6
根河市	9	5	4	15	8	7	6	5	1
巴彦淖尔市	**280**	**140**	**140**	**314**	**174**	**140**	**359**	**196**	**163**
临河区	280	140	140	314	174	140	359	196	163
乌兰察布市	**285**	**155**	**130**	**278**	**139**	**139**	**241**	**121**	**120**
集宁区	225	121	104	219	110	109	194	97	97
丰镇市	60	34	26	59	29	30	47	24	23
兴安盟	**191**	**111**	**80**	**183**	**96**	**87**	**159**	**77**	**82**
乌兰浩特市	180	106	74	174	90	84	150	74	76
阿尔山市	11	5	6	9	6	3	9	3	6
锡林郭勒盟	**256**	**121**	**135**	**275**	**153**	**122**	**245**	**114**	**131**
二连浩特市	42	15	27	45	26	19	33	14	19
锡林浩特市	214	106	108	230	127	103	212	100	112

1-10b 各地区分性别、月份的出生人口 (2019.11.1-2020.10.31)(镇)

单位：人

地区	出生人口			2019年11月		
	合计	男	女	小计	男	女
内蒙古	**55803**	**28766**	**27037**	**5882**	**3013**	**2869**
呼和浩特市	**4273**	**2178**	**2095**	**436**	**225**	**211**
新城区	7	2	5	4	2	2
回民区						
玉泉区						
赛罕区	10	4	6			
土默特左旗	786	388	398	79	34	45
托克托县	556	271	285	57	42	15
和林格尔县	612	323	289	56	27	29
清水河县	235	124	111	30	15	15
武川县	306	163	143	25	15	10
呼和浩特经济技术开发区	1761	903	858	185	90	95
包头市	**3417**	**1742**	**1675**	**371**	**188**	**183**
东河区	179	81	98	22	13	9
昆都仑区						
青山区	22	13	9	5	3	2
石拐区	2	1	1			
白云鄂博矿区						
九原区	71	31	40	7	3	4
土默特右旗	800	425	375	76	38	38
固阳县	330	169	161	35	18	17
达尔罕茂明安联合旗	214	95	119	26	7	19
包头稀土高新技术产业开发区	1799	927	872	200	106	94
乌海市	**77**	**50**	**27**	**9**	**7**	**2**
海勃湾区	19	10	9	4	3	1
海南区	43	26	17	5	4	1
乌达区	15	14	1			
赤峰市	**9575**	**4923**	**4652**	**1054**	**508**	**546**
红山区	206	108	98	21	12	9
元宝山区	204	99	105	22	10	12
松山区	138	73	65	14	5	9
阿鲁科尔沁旗	877	453	424	88	43	45
巴林左旗	889	457	432	86	44	42
巴林右旗	881	440	441	79	35	44
林西县	792	414	378	79	36	43
克什克腾旗	872	461	411	98	48	50
翁牛特旗	1118	560	558	136	60	76
喀喇沁旗	974	514	460	122	60	62
宁城县	1310	684	626	146	73	73
敖汉旗	1314	660	654	163	82	81

1-10b 续表 1

单位：人

地 区	出生人口			2019年11月		
	合计	男	女	小计	男	女
通辽市	**6947**	**3628**	**3319**	**713**	**383**	**330**
科尔沁区	192	106	86	22	9	13
科尔沁左翼中旗	754	390	364	71	39	32
科尔沁左翼后旗	730	374	356	75	35	40
开鲁县	855	454	401	79	42	37
库伦旗	522	284	238	49	29	20
奈曼旗	1128	571	557	127	68	59
扎鲁特旗	998	551	447	100	55	45
通辽经济技术开发区	1767	897	870	190	106	84
霍林郭勒市	1	1				
鄂尔多斯市	**10435**	**5453**	**4982**	**1154**	**625**	**529**
东胜区	14	7	7			
康巴什区						
达拉特旗	2014	1049	965	219	121	98
准格尔旗	2425	1279	1146	207	117	90
鄂托克前旗	615	323	292	76	40	36
鄂托克旗	1327	682	645	149	88	61
杭锦旗	745	390	355	84	41	43
乌审旗	1105	591	514	155	80	75
伊金霍洛旗	2190	1132	1058	264	138	126
呼伦贝尔市	**4198**	**2152**	**2046**	**415**	**218**	**197**
海拉尔区	1		1			
扎赉诺尔区	7	5	2	2	2	
阿荣旗	1077	545	532	108	60	48
莫力达瓦达斡尔族自治旗	555	287	268	50	26	24
鄂伦春自治旗	670	354	316	59	27	32
鄂温克族自治旗	736	366	370	73	40	33
陈巴尔虎旗	199	114	85	20	13	7
新巴尔虎左旗	154	78	76	17	14	3
新巴尔虎右旗	236	126	110	27	14	13
满洲里市	3		3	1		1
牙克石市	265	135	130	24	12	12
扎兰屯市	205	102	103	21	6	15
额尔古纳市	32	16	16	4	2	2
根河市	58	24	34	9	2	7
巴彦淖尔市	**4445**	**2298**	**2147**	**442**	**219**	**223**
临河区	70	41	29	7	6	1
五原县	1031	540	491	83	36	47
磴口县	370	179	191	37	15	22
乌拉特前旗	1098	592	506	121	66	55
乌拉特中旗	468	248	220	51	26	25
乌拉特后旗	349	170	179	38	15	23
杭锦后旗	1059	528	531	105	55	50

1-10b 续表 2

单位：人

地 区	出生人口			2019年11月		
	合计	男	女	小计	男	女
乌兰察布市	**3533**	**1819**	**1714**	**382**	**199**	**183**
集宁区	78	45	33	8	6	2
卓资县	225	114	111	29	14	15
化德县	416	196	220	51	26	25
商都县	582	311	271	68	35	33
兴和县	668	348	320	84	47	37
凉城县	307	163	144	26	12	14
察哈尔右翼前旗	396	196	200	30	20	10
察哈尔右翼中旗	164	79	85	14	9	5
察哈尔右翼后旗	271	145	126	37	17	20
四子王旗	411	214	197	34	13	21
丰镇市	15	8	7	1		1
兴安盟	**3357**	**1705**	**1652**	**331**	**161**	**170**
乌兰浩特市	132	68	64	10	6	4
阿尔山市	54	26	28	5	3	2
科尔沁右翼前旗	932	466	466	84	39	45
科尔沁右翼中旗	679	337	342	72	34	38
扎赉特旗	986	507	479	108	50	58
突泉县	574	301	273	52	29	23
锡林郭勒盟	**3390**	**1758**	**1632**	**333**	**167**	**166**
二连浩特市	3	1	2			
锡林浩特市	5	4	1	1	1	
阿巴嘎旗	161	79	82	15	6	9
苏尼特左旗	129	62	67	15	5	10
苏尼特右旗	248	150	98	22	15	7
东乌珠穆沁旗	359	183	176	37	19	18
西乌珠穆沁旗	597	331	266	65	37	28
太仆寺旗	376	196	180	31	16	15
镶黄旗	152	80	72	16	7	9
正镶白旗	137	78	59	17	12	5
正蓝旗	312	157	155	26	10	16
多伦县	741	358	383	69	29	40
乌拉盖管委会	170	79	91	19	10	9
阿拉善盟	**2156**	**1060**	**1096**	**242**	**113**	**129**
阿拉善左旗	1307	647	660	141	73	68
阿拉善右旗	156	77	79	12	5	7
额济纳旗	417	209	208	44	18	26
内蒙古阿拉善经济开发区	276	127	149	45	17	28

1-10b　续表 3　　单位：人

地　区	2019年12月			2020年1月		
	小计	男	女	小计	男	女
内蒙古	**5664**	**2890**	**2774**	**5292**	**2709**	**2583**
呼和浩特市	**410**	**199**	**211**	**425**	**221**	**204**
新城区						
回民区						
玉泉区						
赛罕区	1		1	3	2	1
土默特左旗	76	33	43	80	51	29
托克托县	52	19	33	60	28	32
和林格尔县	67	36	31	52	29	23
清水河县	27	13	14	25	14	11
武川县	23	10	13	40	20	20
呼和浩特经济技术开发区	164	88	76	165	77	88
包头市	**354**	**187**	**167**	**325**	**179**	**146**
东河区	16	7	9	14	8	6
昆都仑区						
青山区	1	1		3	2	1
石拐区						
白云鄂博矿区						
九原区	8	2	6	11	6	5
土默特右旗	92	52	40	72	39	33
固阳县	42	25	17	27	15	12
达尔罕茂明安联合旗	19	7	12	19	10	9
包头稀土高新技术产业开发区	176	93	83	179	99	80
乌海市	**5**	**2**	**3**	**4**	**2**	**2**
海勃湾区				2		2
海南区	5	2	3	2	2	
乌达区						
赤峰市	**973**	**528**	**445**	**872**	**430**	**442**
红山区	19	15	4	23	9	14
元宝山区	22	9	13	20	9	11
松山区	19	12	7	15	7	8
阿鲁科尔沁旗	103	55	48	81	49	32
巴林左旗	90	48	42	87	48	39
巴林右旗	82	43	39	76	33	43
林西县	82	51	31	74	42	32
克什克腾旗	70	35	35	94	41	53
翁牛特旗	106	53	53	100	48	52
喀喇沁旗	98	58	40	84	39	45
宁城县	138	75	63	118	60	58
敖汉旗	144	74	70	100	45	55

1-10b 续表 4

单位：人

地 区	2019年12月			2020年1月		
	小计	男	女	小计	男	女
通辽市	**680**	**346**	**334**	**590**	**325**	**265**
科尔沁区	16	10	6	14	7	7
科尔沁左翼中旗	59	38	21	59	36	23
科尔沁左翼后旗	80	38	42	55	29	26
开鲁县	88	45	43	67	34	33
库伦旗	61	28	33	43	24	19
奈曼旗	99	47	52	102	59	43
扎鲁特旗	98	52	46	83	51	32
通辽经济技术开发区	179	88	91	167	85	82
霍林郭勒市						
鄂尔多斯市	**1173**	**581**	**592**	**1068**	**558**	**510**
东胜区	1		1	2		2
康巴什区						
达拉特旗	225	110	115	204	104	100
准格尔旗	249	124	125	222	121	101
鄂托克前旗	81	42	39	69	39	30
鄂托克旗	156	75	81	144	79	65
杭锦旗	75	31	44	97	52	45
乌审旗	124	64	60	110	63	47
伊金霍洛旗	262	135	127	220	100	120
呼伦贝尔市	**373**	**176**	**197**	**383**	**194**	**189**
海拉尔区						
扎赉诺尔区	1	1				
阿荣旗	97	40	57	110	56	54
莫力达瓦达斡尔族自治旗	45	22	23	41	19	22
鄂伦春自治旗	68	29	39	71	40	31
鄂温克族自治旗	67	33	34	66	33	33
陈巴尔虎旗	17	8	9	10	7	3
新巴尔虎左旗	19	7	12	14	8	6
新巴尔虎右旗	18	13	5	25	10	15
满洲里市						
牙克石市	21	10	11	20	10	10
扎兰屯市	14	9	5	16	6	10
额尔古纳市	2	2		4	2	2
根河市	4	2	2	6	3	3
巴彦淖尔市	**492**	**254**	**238**	**464**	**249**	**215**
临河区	13	6	7	11	7	4
五原县	114	65	49	108	55	53
磴口县	51	23	28	35	18	17
乌拉特前旗	113	56	57	129	71	58
乌拉特中旗	51	28	23	45	25	20
乌拉特后旗	36	17	19	33	18	15
杭锦后旗	114	59	55	103	55	48

1-10b　续表 5　　　　　　　　　　　　　　　　　　　　　　　　　　　　单位：人

地　　区	2019年12月			2020年1月		
	小计	男	女	小计	男	女
乌兰察布市	**341**	**173**	**168**	**339**	**171**	**168**
集宁区	4	2	2	8	2	6
卓资县	22	11	11	25	9	16
化德县	41	17	24	34	20	14
商都县	47	26	21	50	29	21
兴和县	67	34	33	74	35	39
凉城县	44	26	18	25	12	13
察哈尔右翼前旗	40	17	23	42	17	25
察哈尔右翼中旗	13	9	4	17	8	9
察哈尔右翼后旗	23	13	10	22	16	6
四子王旗	39	17	22	42	23	19
丰镇市	1	1				
兴安盟	**313**	**151**	**162**	**324**	**146**	**178**
乌兰浩特市	16	6	10	10	7	3
阿尔山市	4	1	3	4	2	2
科尔沁右翼前旗	95	60	35	83	38	45
科尔沁右翼中旗	61	25	36	71	21	50
扎赉特旗	89	39	50	94	50	44
突泉县	48	20	28	62	28	34
锡林郭勒盟	**339**	**178**	**161**	**288**	**137**	**151**
二连浩特市	1	1				
锡林浩特市						
阿巴嘎旗	10	4	6	15	5	10
苏尼特左旗	11	4	7	10	2	8
苏尼特右旗	23	16	7	30	16	14
东乌珠穆沁旗	39	24	15	32	20	12
西乌珠穆沁旗	70	35	35	60	27	33
太仆寺旗	39	19	20	31	14	17
镶黄旗	13	7	6	14	9	5
正镶白旗	14	8	6	7	5	2
正蓝旗	30	19	11	19	8	11
多伦县	78	34	44	53	21	32
乌拉盖管委会	11	7	4	17	10	7
阿拉善盟	**211**	**115**	**96**	**210**	**97**	**113**
阿拉善左旗	134	71	63	116	47	69
阿拉善右旗	14	8	6	15	7	8
额济纳旗	41	27	14	50	26	24
内蒙古阿拉善经济开发区	22	9	13	29	17	12

1-10b 续表 6

单位：人

地 区	2020年2月			2020年3月			2020年4月		
	小计	男	女	小计	男	女	小计	男	女
内蒙古	**4832**	**2473**	**2359**	**4752**	**2406**	**2346**	**4243**	**2192**	**2051**
呼和浩特市	**349**	**167**	**182**	**363**	**195**	**168**	**346**	**168**	**178**
新城区	1		1				2		2
回民区									
玉泉区									
赛罕区				1	1		1		1
土默特左旗	64	30	34	68	32	36	56	30	26
托克托县	58	25	33	48	27	21	48	19	29
和林格尔县	57	26	31	64	37	27	48	27	21
清水河县	18	10	8	18	11	7	21	8	13
武川县	25	16	9	21	15	6	24	11	13
呼和浩特经济技术开发区	126	60	66	143	72	71	146	73	73
包头市	**291**	**142**	**149**	**257**	**116**	**141**	**256**	**137**	**119**
东河区	21	2	19	17	6	11	15	8	7
昆都仑区									
青山区	1		1				2	1	1
石拐区							1		1
白云鄂博矿区									
九原区				3	2	1	2	1	1
土默特右旗	71	34	37	64	33	31	63	30	33
固阳县	33	18	15	31	12	19	21	13	8
达尔罕茂明安联合旗	23	9	14	16	7	9	13	7	6
包头稀土高新技术产业开发区	142	79	63	126	56	70	139	77	62
乌海市	**5**	**4**	**1**	**4**	**3**	**1**	**7**	**6**	**1**
海勃湾区				1	1		2	2	
海南区	2	1	1	2	1	1	5	4	1
乌达区	3	3		1	1				
赤峰市	**853**	**449**	**404**	**882**	**463**	**419**	**720**	**366**	**354**
红山区	17	8	9	21	14	7	17	9	8
元宝山区	14	5	9	24	7	17	15	8	7
松山区	13	9	4	6	2	4	8	4	4
阿鲁科尔沁旗	71	35	36	64	40	24	61	18	43
巴林左旗	90	52	38	84	38	46	70	31	39
巴林右旗	75	41	34	75	39	36	54	24	30
林西县	76	44	32	76	42	34	70	37	33
克什克腾旗	88	44	44	77	44	33	75	46	29
翁牛特旗	92	52	40	118	67	51	85	49	36
喀喇沁旗	66	38	28	84	47	37	68	32	36
宁城县	123	60	63	119	55	64	88	54	34
敖汉旗	128	61	67	134	68	66	109	54	55

1-10b 续表 7

单位：人

地区	2020年2月			2020年3月			2020年4月		
	小计	男	女	小计	男	女	小计	男	女
通辽市	**613**	**315**	**298**	**613**	**318**	**295**	**558**	**277**	**281**
科尔沁区	16	11	5	22	13	9	8	6	2
科尔沁左翼中旗	74	35	39	93	43	50	56	27	29
科尔沁左翼后旗	51	23	28	53	29	24	62	37	25
开鲁县	78	39	39	67	41	26	68	38	30
库伦旗	38	25	13	50	23	27	44	25	19
奈曼旗	101	50	51	106	56	50	88	32	56
扎鲁特旗	88	38	50	76	42	34	79	43	36
通辽经济技术开发区	167	94	73	146	71	75	153	69	84
霍林郭勒市									
鄂尔多斯市	**911**	**476**	**435**	**768**	**389**	**379**	**744**	**399**	**345**
东胜区	2	2					1		1
康巴什区									
达拉特旗	170	85	85	171	86	85	160	78	82
准格尔旗	237	129	108	208	107	101	172	84	88
鄂托克前旗	50	27	23	27	12	15	32	18	14
鄂托克旗	112	53	59	108	53	55	83	49	34
杭锦旗	59	30	29	48	27	21	60	32	28
乌审旗	100	51	49	68	36	32	77	46	31
伊金霍洛旗	181	99	82	138	68	70	159	92	67
呼伦贝尔市	**369**	**182**	**187**	**423**	**223**	**200**	**330**	**175**	**155**
海拉尔区									
扎赉诺尔区	1		1						
阿荣旗	111	53	58	105	55	50	67	42	25
莫力达瓦达斡尔族自治旗	38	17	21	54	23	31	54	22	32
鄂伦春自治旗	55	27	28	67	40	27	51	32	19
鄂温克族自治旗	74	37	37	64	31	33	64	28	36
陈巴尔虎旗	15	6	9	23	11	12	18	11	7
新巴尔虎左旗	10	7	3	17	9	8	13	5	8
新巴尔虎右旗	20	14	6	26	16	10	11	6	5
满洲里市									
牙克石市	28	14	14	34	18	16	23	19	4
扎兰屯市	11	5	6	24	16	8	16	4	12
额尔古纳市	4		4	4	2	2	3	2	1
根河市	2	2		5	2	3	10	4	6
巴彦淖尔市	**366**	**188**	**178**	**358**	**170**	**188**	**296**	**144**	**152**
临河区	7	3	4	5	2	3	5	3	2
五原县	88	53	35	84	42	42	67	32	35
磴口县	28	11	17	32	18	14	23	13	10
乌拉特前旗	80	48	32	89	34	55	73	35	38
乌拉特中旗	38	18	20	37	20	17	27	14	13
乌拉特后旗	30	16	14	32	11	21	22	13	9
杭锦后旗	95	39	56	79	43	36	79	34	45

1-10b 续表 8

单位：人

地　　区	2020年2月			2020年3月			2020年4月		
	小计	男	女	小计	男	女	小计	男	女
乌兰察布市	**306**	**164**	**142**	**294**	**140**	**154**	**288**	**147**	**141**
集宁区	9	7	2	4	1	3	4	3	1
卓资县	14	8	6	22	10	12	23	17	6
化德县	24	10	14	27	11	16	38	15	23
商都县	39	19	20	51	26	25	60	31	29
兴和县	52	29	23	63	28	35	47	22	25
凉城县	27	15	12	27	18	9	30	16	14
察哈尔右翼前旗	45	23	22	28	11	17	24	11	13
察哈尔右翼中旗	17	7	10	17	7	10	6	1	5
察哈尔右翼后旗	32	18	14	19	10	9	23	13	10
四子王旗	42	25	17	36	18	18	32	18	14
丰镇市	5	3	2				1		1
兴安盟	**298**	**147**	**151**	**313**	**148**	**165**	**269**	**138**	**131**
乌兰浩特市	10	7	3	7	4	3	7	4	3
阿尔山市	3	2	1	4	1	3	6	2	4
科尔沁右翼前旗	80	39	41	81	40	41	81	35	46
科尔沁右翼中旗	68	32	36	63	35	28	40	24	16
扎赉特旗	88	40	48	106	47	59	82	48	34
突泉县	49	27	22	52	21	31	53	25	28
锡林郭勒盟	**278**	**144**	**134**	**300**	**148**	**152**	**272**	**160**	**112**
二连浩特市	1		1						
锡林浩特市	1		1				2	2	
阿巴嘎旗	10	4	6	14	7	7	14	11	3
苏尼特左旗	14	8	6	11	3	8	4	3	1
苏尼特右旗	18	11	7	25	18	7	18	6	12
东乌珠穆沁旗	33	20	13	28	13	15	29	14	15
西乌珠穆沁旗	53	34	19	40	22	18	56	31	25
太仆寺旗	27	13	14	35	16	19	25	17	8
镶黄旗	8	3	5	13	6	7	17	10	7
正镶白旗	10	7	3	9	5	4	9	5	4
正蓝旗	25	8	17	43	22	21	25	16	9
多伦县	62	29	33	70	32	38	53	35	18
乌拉盖管委会	16	7	9	12	4	8	20	10	10
阿拉善盟	**193**	**95**	**98**	**177**	**93**	**84**	**157**	**75**	**82**
阿拉善左旗	118	59	59	105	58	47	101	47	54
阿拉善右旗	15	7	8	14	6	8	13	7	6
额济纳旗	41	21	20	42	21	21	28	12	16
内蒙古阿拉善经济开发区	19	8	11	16	8	8	15	9	6

1-10b　续表 9　　单位：人

地区	2020年5月			2020年6月			2020年7月		
	小计	男	女	小计	男	女	小计	男	女
内蒙古	**4181**	**2201**	**1980**	**4206**	**2193**	**2013**	**4156**	**2150**	**2006**
呼和浩特市	**296**	**152**	**144**	**338**	**179**	**159**	**314**	**164**	**150**
新城区									
回民区									
玉泉区									
赛罕区				1		1	1		1
土默特左旗	48	21	27	63	38	25	57	29	28
托克托县	28	13	15	43	22	21	35	20	15
和林格尔县	46	27	19	39	15	24	46	20	26
清水河县	11	3	8	17	12	5	13	10	3
武川县	30	13	17	20	14	6	27	10	17
呼和浩特经济技术开发区	133	75	58	155	78	77	135	75	60
包头市	**250**	**132**	**118**	**241**	**123**	**118**	**273**	**131**	**142**
东河区	16	10	6	13	6	7	9	2	7
昆都仑区									
青山区	2	1	1				2	2	
石拐区				1	1				
白云鄂博矿区									
九原区	7	4	3	6	2	4	6	1	5
土默特右旗	61	34	27	45	26	19	55	27	28
固阳县	22	12	10	25	14	11	32	14	18
达尔罕茂明安联合旗	15	7	8	15	7	8	21	6	15
包头稀土高新技术产业开发区	127	64	63	136	67	69	148	79	69
乌海市	**6**	**4**	**2**	**12**	**4**	**8**	**11**	**7**	**4**
海勃湾区				5		5	2	2	
海南区	3	1	2	4	2	2	7	3	4
乌达区	3	3		3	2	1	2	2	
赤峰市	**739**	**382**	**357**	**729**	**380**	**349**	**673**	**343**	**330**
红山区	20	11	9	14	4	10	11	4	7
元宝山区	10	5	5	20	9	11	15	11	4
松山区	12	6	6	10	4	6	5	2	3
阿鲁科尔沁旗	55	26	29	62	35	27	68	38	30
巴林左旗	68	32	36	76	42	34	65	32	33
巴林右旗	63	36	27	69	37	32	79	44	35
林西县	67	35	32	56	30	26	53	25	28
克什克腾旗	78	43	35	57	30	27	57	32	25
翁牛特旗	85	46	39	71	35	36	86	43	43
喀喇沁旗	75	36	39	95	48	47	65	41	24
宁城县	106	53	53	106	58	48	93	38	55
敖汉旗	100	53	47	93	48	45	76	33	43

1-10b 续表 10

单位：人

地区	2020年5月			2020年6月			2020年7月		
	小计	男	女	小计	男	女	小计	男	女
通辽市	**548**	**285**	**263**	**543**	**290**	**253**	**547**	**274**	**273**
科尔沁区	18	12	6	17	10	7	12	5	7
科尔沁左翼中旗	56	30	26	62	32	30	60	30	30
科尔沁左翼后旗	59	30	29	53	28	25	65	33	32
开鲁县	70	37	33	82	46	36	60	30	30
库伦旗	32	11	21	44	26	18	38	22	16
奈曼旗	84	42	42	80	39	41	82	40	42
扎鲁特旗	80	49	31	84	47	37	90	46	44
通辽经济技术开发区	148	73	75	121	62	59	140	68	72
霍林郭勒市	1	1							
鄂尔多斯市	**718**	**383**	**335**	**811**	**424**	**387**	**732**	**368**	**364**
东胜区	3	2	1	1	1				
康巴什区									
达拉特旗	119	65	54	129	68	61	147	81	66
准格尔旗	174	86	88	195	101	94	169	94	75
鄂托克前旗	46	26	20	54	26	28	41	14	27
鄂托克旗	89	47	42	106	49	57	104	42	62
杭锦旗	63	32	31	63	40	23	51	26	25
乌审旗	83	41	42	86	46	40	67	31	36
伊金霍洛旗	141	84	57	177	93	84	153	80	73
呼伦贝尔市	**364**	**195**	**169**	**271**	**132**	**139**	**325**	**174**	**151**
海拉尔区							1		1
扎赉诺尔区	1	1		1	1				
阿荣旗	90	47	43	65	26	39	85	43	42
莫力达瓦达斡尔族自治旗	54	30	24	28	15	13	45	32	13
鄂伦春自治旗	60	38	22	45	20	25	50	26	24
鄂温克族自治旗	63	36	27	58	31	27	49	22	27
陈巴尔虎旗	15	9	6	13	9	4	23	18	5
新巴尔虎左旗	14	5	9	7	3	4	13	4	9
新巴尔虎右旗	21	11	10	22	10	12	17	7	10
满洲里市	1		1						
牙克石市	21	8	13	16	10	6	15	5	10
扎兰屯市	18	7	11	13	6	7	20	14	6
额尔古纳市	4	3	1				3	1	2
根河市	2		2	3	1	2	4	2	2
巴彦淖尔市	**293**	**162**	**131**	**324**	**169**	**155**	**308**	**169**	**139**
临河区	3	2	1	4	2	2	5	4	1
五原县	62	40	22	79	37	42	69	36	33
磴口县	25	17	8	30	14	16	21	10	11
乌拉特前旗	58	33	25	78	45	33	74	45	29
乌拉特中旗	37	20	17	34	19	15	31	20	11
乌拉特后旗	35	16	19	22	11	11	28	16	12
杭锦后旗	73	34	39	77	41	36	80	38	42

1−10b　续表 11　　　　单位：人

地　区	2020年5月			2020年6月			2020年7月		
	小计	男	女	小计	男	女	小计	男	女
乌兰察布市	**297**	**156**	**141**	**263**	**127**	**136**	**284**	**156**	**128**
集宁区	7	6	1	4	3	1	10	6	4
卓资县	21	8	13	9	3	6	9	4	5
化德县	30	9	21	28	12	16	35	20	15
商都县	51	29	22	56	30	26	50	23	27
兴和县	53	31	22	51	24	27	47	24	23
凉城县	26	12	14	20	11	9	26	18	8
察哈尔右翼前旗	36	20	16	27	14	13	31	18	13
察哈尔右翼中旗	14	9	5	14	7	7	17	7	10
察哈尔右翼后旗	15	9	6	23	8	15	20	14	6
四子王旗	44	23	21	29	13	16	37	21	16
丰镇市				2	2		2	1	1
兴安盟	**269**	**145**	**124**	**244**	**146**	**98**	**261**	**148**	**113**
乌兰浩特市	13	4	9	12	7	5	13	4	9
阿尔山市				9	7	2	5	3	2
科尔沁右翼前旗	79	39	40	66	36	30	69	41	28
科尔沁右翼中旗	44	31	13	49	32	17	49	27	22
扎赉特旗	79	39	40	73	45	28	75	47	28
突泉县	54	32	22	35	19	16	50	26	24
锡林郭勒盟	**241**	**130**	**111**	**259**	**130**	**129**	**259**	**135**	**124**
二连浩特市	1		1						
锡林浩特市	1	1							
阿巴嘎旗	13	8	5	14	5	9	16	5	11
苏尼特左旗	7	4	3	9	7	2	10	5	5
苏尼特右旗	21	16	5	11	7	4	20	10	10
东乌珠穆沁旗	27	14	13	34	19	15	24	6	18
西乌珠穆沁旗	35	23	12	41	17	24	41	20	21
太仆寺旗	30	13	17	33	22	11	30	21	9
镶黄旗	13	8	5	12	5	7	8	5	3
正镶白旗	12	6	6	9	4	5	13	7	6
正蓝旗	20	11	9	25	12	13	30	17	13
多伦县	47	18	29	56	30	26	61	36	25
乌拉盖管委会	14	8	6	15	2	13	6	3	3
阿拉善盟	**160**	**75**	**85**	**171**	**89**	**82**	**169**	**81**	**88**
阿拉善左旗	98	43	55	111	62	49	101	51	50
阿拉善右旗	15	9	6	11	8	3	13	5	8
额济纳旗	27	15	12	28	12	16	29	13	16
内蒙古阿拉善经济开发区	20	8	12	21	7	14	26	12	14

1−10b 续表 12 单位：人

地区	2020年8月			2020年9月			2020年10月		
	小计	男	女	小计	男	女	小计	男	女
内蒙古	**4286**	**2219**	**2067**	**4127**	**2161**	**1966**	**4182**	**2159**	**2023**
呼和浩特市	**330**	**171**	**159**	**348**	**176**	**172**	**318**	**161**	**157**
新城区									
回民区									
玉泉区									
赛罕区							2	1	1
土默特左旗	69	33	36	77	36	41	49	21	28
托克托县	34	12	22	40	19	21	53	25	28
和林格尔县	43	23	20	57	32	25	37	24	13
清水河县	16	7	9	17	8	9	22	13	9
武川县	23	16	7	22	11	11	26	12	14
呼和浩特经济技术开发区	145	80	65	135	70	65	129	65	64
包头市	**275**	**136**	**139**	**275**	**146**	**129**	**249**	**125**	**124**
东河区	12	5	7	12	9	3	12	5	7
昆都仑区									
青山区	2		2	2	2		2	1	1
石拐区									
白云鄂博矿区									
九原区	7	4	3	7	4	3	7	2	5
土默特右旗	62	35	27	76	39	37	63	38	25
固阳县	24	10	14	20	10	10	18	8	10
达尔罕茂明安联合旗	16	9	7	13	10	3	18	9	9
包头稀土高新技术产业开发区	152	73	79	145	72	73	129	62	67
乌海市	**7**	**4**	**3**	**3**	**3**		**4**	**4**	
海勃湾区	2	1	1				1	1	
海南区	4	2	2	2	2		2	2	
乌达区	1	1		1	1		1	1	
赤峰市	**694**	**361**	**333**	**679**	**354**	**325**	**707**	**359**	**348**
红山区	10	4	6	17	7	10	16	11	5
元宝山区	21	11	10	10	8	2	11	7	4
松山区	5	3	2	13	7	6	18	12	6
阿鲁科尔沁旗	74	36	38	79	44	35	71	34	37
巴林左旗	64	28	36	55	31	24	54	31	23
巴林右旗	73	40	33	78	34	44	78	34	44
林西县	53	22	31	52	26	26	54	24	30
克什克腾旗	55	29	26	66	37	29	57	32	25
翁牛特旗	80	38	42	73	31	42	86	38	48
喀喇沁旗	63	33	30	65	35	30	89	47	42
宁城县	104	67	37	89	51	38	80	40	40
敖汉旗	92	50	42	82	43	39	93	49	44

1－10b　续表 13　　　　单位：人

地　区	2020年8月			2020年9月			2020年10月		
	小计	男	女	小计	男	女	小计	男	女
通辽市	**549**	**283**	**266**	**501**	**271**	**230**	**492**	**261**	**231**
科尔沁区	21	12	9	16	8	8	10	3	7
科尔沁左翼中旗	53	26	27	57	27	30	54	27	27
科尔沁左翼后旗	68	33	35	63	33	30	46	26	20
开鲁县	72	37	35	58	30	28	66	35	31
库伦旗	45	25	20	46	28	18	32	18	14
奈曼旗	95	53	42	70	35	35	94	50	44
扎鲁特旗	77	41	36	70	46	24	73	41	32
通辽经济技术开发区	118	56	62	121	64	57	117	61	56
霍林郭勒市									
鄂尔多斯市	**790**	**412**	**378**	**792**	**425**	**367**	**774**	**413**	**361**
东胜区	2	1	1				2	1	1
康巴什区									
达拉特旗	143	83	60	170	89	81	157	79	78
准格尔旗	189	98	91	185	101	84	218	117	101
鄂托克前旗	53	30	23	48	27	21	38	22	16
鄂托克旗	82	36	46	80	49	31	114	62	52
杭锦旗	50	27	23	45	25	20	50	27	23
乌审旗	80	42	38	69	42	27	86	49	37
伊金霍洛旗	191	95	96	195	92	103	109	56	53
呼伦贝尔市	**339**	**182**	**157**	**326**	**164**	**162**	**280**	**137**	**143**
海拉尔区									
扎赉诺尔区				1		1			
阿荣旗	78	40	38	94	53	41	67	30	37
莫力达瓦达斡尔族自治旗	56	37	19	46	23	23	44	21	23
鄂伦春自治旗	52	25	27	43	20	23	49	30	19
鄂温克族自治旗	64	34	30	51	20	31	43	21	22
陈巴尔虎旗	13	9	4	15	8	7	17	5	12
新巴尔虎左旗	12	6	6	11	6	5	7	4	3
新巴尔虎右旗	15	7	8	21	11	10	13	7	6
满洲里市				1		1			
牙克石市	27	13	14	23	11	12	13	5	8
扎兰屯市	14	8	6	14	8	6	24	13	11
额尔古纳市	1		1	2	1	1	1	1	
根河市	7	3	4	4	3	1	2		2
巴彦淖尔市	**366**	**189**	**177**	**348**	**186**	**162**	**388**	**199**	**189**
临河区	3	1	2	3	2	1	4	3	1
五原县	88	42	46	93	52	41	96	50	46
磴口县	23	11	12	33	14	19	32	15	17
乌拉特前旗	97	54	43	81	45	36	105	60	45
乌拉特中旗	40	20	20	31	17	14	46	21	25
乌拉特后旗	24	16	8	24	10	14	25	11	14
杭锦后旗	91	45	46	83	46	37	80	39	41

1-10b 续表 14

单位：人

地区	2020年8月			2020年9月			2020年10月		
	小计	男	女	小计	男	女	小计	男	女
乌兰察布市	**266**	**138**	**128**	**241**	**125**	**116**	**232**	**123**	**109**
集宁区	5	2	3	8	3	5	7	4	3
卓资县	24	13	11	15	10	5	12	7	5
化德县	41	23	18	35	17	18	32	16	16
商都县	35	17	18	37	23	14	38	23	15
兴和县	44	24	20	44	22	22	42	28	14
凉城县	27	10	17	14	6	8	15	7	8
察哈尔右翼前旗	25	17	8	37	18	19	31	10	21
察哈尔右翼中旗	13	7	6	14	5	9	8	3	5
察哈尔右翼后旗	19	7	12	16	10	6	22	10	12
四子王旗	31	17	14	21	11	10	24	15	9
丰镇市	2	1	1				1		1
兴安盟	**263**	**142**	**121**	**209**	**101**	**108**	**263**	**132**	**131**
乌兰浩特市	15	11	4	11	3	8	8	5	3
阿尔山市	8	2	6	4	1	3	2	2	
科尔沁右翼前旗	69	35	34	62	28	34	83	36	47
科尔沁右翼中旗	62	31	31	44	16	28	56	29	27
扎赉特旗	71	39	32	51	29	22	70	34	36
突泉县	38	24	14	37	24	13	44	26	18
锡林郭勒盟	**253**	**123**	**130**	**250**	**134**	**116**	**318**	**172**	**146**
二连浩特市									
锡林浩特市									
阿巴嘎旗	10	5	5	14	9	5	16	10	6
苏尼特左旗	12	8	4	15	7	8	11	6	5
苏尼特右旗	14	9	5	23	12	11	23	14	9
东乌珠穆沁旗	27	10	17	26	15	11	23	9	14
西乌珠穆沁旗	39	27	12	37	22	15	60	36	24
太仆寺旗	35	10	25	25	15	10	35	20	15
镶黄旗	14	9	5	12	4	8	12	7	5
正镶白旗	9	7	2	14	8	6	14	4	10
正蓝旗	24	9	15	17	7	10	28	18	10
多伦县	56	24	32	58	31	27	78	39	39
乌拉盖管委会	13	5	8	9	4	5	18	9	9
阿拉善盟	**154**	**78**	**76**	**155**	**76**	**79**	**157**	**73**	**84**
阿拉善左旗	89	46	43	90	45	45	103	45	58
阿拉善右旗	8	4	4	15	6	9	11	5	6
额济纳旗	35	20	15	28	12	16	24	12	12
内蒙古阿拉善经济开发区	22	8	14	22	13	9	19	11	8

1-10c　各地区分性别、月份的出生人口
(2019.11.1-2020.10.31)(乡村)

单位：人

地　区	出生人口			2019年11月		
	合计	男	女	小计	男	女
内蒙古	**42779**	**22215**	**20564**	**3869**	**2011**	**1858**
呼和浩特市	**3891**	**2019**	**1872**	**345**	**190**	**155**
新城区	501	271	230	53	32	21
回民区	178	94	84	11	3	8
玉泉区	380	205	175	40	26	14
赛罕区	829	425	404	78	44	34
土默特左旗	756	405	351	71	36	35
托克托县	446	202	244	36	20	16
和林格尔县	534	282	252	33	17	16
清水河县	132	61	71	8	4	4
武川县	135	74	61	15	8	7
呼和浩特经济技术开发区						
包头市	**1753**	**921**	**832**	**150**	**89**	**61**
东河区	220	115	105	16	10	6
昆都仑区	143	76	67	13	8	5
青山区	111	63	48	15	6	9
石拐区	18	12	6	3	2	1
白云鄂博矿区						
九原区	268	135	133	21	10	11
土默特右旗	589	315	274	52	32	20
固阳县	263	145	118	17	15	2
达尔罕茂明安联合旗	107	43	64	10	3	7
包头稀土高新技术产业开发区	34	17	17	3	3	
乌海市	**73**	**32**	**41**	**3**	**2**	**1**
海勃湾区	46	19	27	1	1	
海南区	27	13	14	2	1	1
乌达区						
赤峰市	**11301**	**5928**	**5373**	**1074**	**543**	**531**
红山区	70	38	32	6	3	3
元宝山区	288	160	128	26	10	16
松山区	2209	1160	1049	233	123	110
阿鲁科尔沁旗	611	314	297	52	25	27
巴林左旗	850	441	409	76	40	36
巴林右旗	346	190	156	31	13	18
林西县	352	187	165	30	15	15
克什克腾旗	446	235	211	44	21	23
翁牛特旗	1226	658	568	125	69	56
喀喇沁旗	793	440	353	71	40	31
宁城县	2266	1183	1083	219	101	118
敖汉旗	1844	922	922	161	83	78

1－10c 续表 1

单位：人

地区	出生人口			2019年11月		
	合计	男	女	小计	男	女
通辽市	**8204**	**4214**	**3990**	**735**	**383**	**352**
科尔沁区	1176	606	570	110	54	56
科尔沁左翼中旗	1565	779	786	160	79	81
科尔沁左翼后旗	1210	639	571	96	58	38
开鲁县	1074	565	509	82	45	37
库伦旗	532	272	260	36	19	17
奈曼旗	1703	881	822	179	90	89
扎鲁特旗	729	369	360	50	28	22
通辽经济技术开发区	166	78	88	18	8	10
霍林郭勒市	49	25	24	4	2	2
鄂尔多斯市	**2396**	**1265**	**1131**	**209**	**112**	**97**
东胜区	67	29	38	7	3	4
康巴什区						
达拉特旗	579	288	291	47	22	25
准格尔旗	595	320	275	48	26	22
鄂托克前旗	214	113	101	18	8	10
鄂托克旗	149	78	71	13	5	8
杭锦旗	186	103	83	21	14	7
乌审旗	348	203	145	36	26	10
伊金霍洛旗	258	131	127	19	8	11
呼伦贝尔市	**3574**	**1854**	**1720**	**336**	**180**	**156**
海拉尔区	29	15	14	6	3	3
扎赉诺尔区						
阿荣旗	936	504	432	84	45	39
莫力达瓦达斡尔族自治旗	958	506	452	88	52	36
鄂伦春自治旗	301	145	156	38	23	15
鄂温克族自治旗	145	74	71	20	10	10
陈巴尔虎旗	70	43	27	9	8	1
新巴尔虎左旗	93	51	42	6	3	3
新巴尔虎右旗	75	33	42	5	4	1
满洲里市						
牙克石市	40	18	22	5	1	4
扎兰屯市	861	431	430	66	28	38
额尔古纳市	60	30	30	8	3	5
根河市	6	4	2	1		1
巴彦淖尔市	**2644**	**1340**	**1304**	**251**	**124**	**127**
临河区	838	421	417	89	50	39
五原县	462	240	222	43	21	22
磴口县	118	56	62	11	4	7
乌拉特前旗	489	249	240	31	12	19
乌拉特中旗	236	117	119	27	11	16
乌拉特后旗	86	48	38	9	5	4
杭锦后旗	415	209	206	41	21	20

1-10c　续表 2

单位：人

地　区	出生人口			2019年11月		
	合计	男	女	小计	男	女
乌兰察布市	**2557**	**1376**	**1181**	**199**	**99**	**100**
集宁区	148	84	64	11	5	6
卓资县	156	92	64	19	6	13
化德县	138	73	65	10	4	6
商都县	305	152	153	31	18	13
兴和县	357	185	172	25	11	14
凉城县	271	143	128	24	13	11
察哈尔右翼前旗	254	139	115	13	3	10
察哈尔右翼中旗	167	95	72	11	7	4
察哈尔右翼后旗	180	99	81	5	4	1
四子王旗	288	160	128	20	12	8
丰镇市	293	154	139	30	16	14
兴安盟	**3956**	**1995**	**1961**	**346**	**167**	**179**
乌兰浩特市	221	103	118	22	12	10
阿尔山市	16	10	6			
科尔沁右翼前旗	1115	549	566	91	48	43
科尔沁右翼中旗	693	347	346	61	31	30
扎赉特旗	1132	578	554	106	48	58
突泉县	779	408	371	66	28	38
锡林郭勒盟	**2188**	**1148**	**1040**	**206**	**116**	**90**
二连浩特市	20	11	9	2	1	1
锡林浩特市	147	71	76	18	7	11
阿巴嘎旗	138	65	73	14	9	5
苏尼特左旗	151	82	69	19	11	8
苏尼特右旗	144	75	69	16	10	6
东乌珠穆沁旗	246	135	111	24	13	11
西乌珠穆沁旗	320	168	152	24	13	11
太仆寺旗	343	183	160	23	15	8
镶黄旗	73	42	31	2		2
正镶白旗	114	59	55	12	6	6
正蓝旗	256	136	120	35	24	11
多伦县	221	111	110	17	7	10
乌拉盖管委会	15	10	5			
阿拉善盟	**242**	**123**	**119**	**15**	**6**	**9**
阿拉善左旗	181	95	86	9	4	5
阿拉善右旗	39	16	23	3	2	1
额济纳旗	20	11	9	2		2
内蒙古阿拉善经济开发区	2	1	1	1		1

1-10c 续表 3

单位：人

地区	2019年12月			2020年1月		
	小计	男	女	小计	男	女
内蒙古	**3722**	**1878**	**1844**	**3823**	**1968**	**1855**
呼和浩特市	**357**	**171**	**186**	**383**	**182**	**201**
新城区	49	18	31	50	26	24
回民区	18	6	12	14	8	6
玉泉区	34	11	23	36	18	18
赛罕区	86	48	38	76	33	43
土默特左旗	71	35	36	77	34	43
托克托县	42	19	23	42	19	23
和林格尔县	36	22	14	64	30	34
清水河县	9	7	2	13	6	7
武川县	12	5	7	11	8	3
呼和浩特经济技术开发区						
包头市	**164**	**84**	**80**	**146**	**78**	**68**
东河区	19	9	10	17	8	9
昆都仑区	16	10	6	7	5	2
青山区	9	6	3	7	5	2
石拐区	3	1	2			
白云鄂博矿区						
九原区	28	18	10	27	17	10
土默特右旗	49	19	30	57	27	30
固阳县	26	16	10	22	13	9
达尔罕茂明安联合旗	13	5	8	8	3	5
包头稀土高新技术产业开发区	1		1	1		1
乌海市	**8**	**3**	**5**	**7**	**3**	**4**
海勃湾区	3		3	6	3	3
海南区	5	3	2	1		1
乌达区						
赤峰市	**971**	**497**	**474**	**950**	**514**	**436**
红山区	9	4	5	7	4	3
元宝山区	25	15	10	28	17	11
松山区	194	97	97	197	107	90
阿鲁科尔沁旗	54	26	28	44	24	20
巴林左旗	79	34	45	82	49	33
巴林右旗	33	15	18	33	19	14
林西县	18	9	9	35	18	17
克什克腾旗	34	21	13	36	21	15
翁牛特旗	109	63	46	92	48	44
喀喇沁旗	79	42	37	59	35	24
宁城县	197	105	92	184	99	85
敖汉旗	140	66	74	153	73	80

1-10c　续表 4　　　　单位：人

地　区	2019年12月			2020年1月		
	小计	男	女	小计	男	女
通辽市	**711**	**354**	**357**	**748**	**396**	**352**
科尔沁区	106	56	50	98	55	43
科尔沁左翼中旗	149	72	77	135	69	66
科尔沁左翼后旗	103	47	56	104	43	61
开鲁县	95	48	47	92	56	36
库伦旗	40	19	21	51	21	30
奈曼旗	137	74	63	167	96	71
扎鲁特旗	59	30	29	77	46	31
通辽经济技术开发区	15	4	11	20	8	12
霍林郭勒市	7	4	3	4	2	2
鄂尔多斯市	**231**	**114**	**117**	**219**	**111**	**108**
东胜区	5	2	3	5	3	2
康巴什区						
达拉特旗	49	26	23	49	15	34
准格尔旗	51	26	25	62	41	21
鄂托克前旗	20	8	12	15	8	7
鄂托克旗	19	9	10	14	8	6
杭锦旗	15	3	12	20	9	11
乌审旗	33	20	13	32	16	16
伊金霍洛旗	39	20	19	22	11	11
呼伦贝尔市	**308**	**159**	**149**	**321**	**171**	**150**
海拉尔区				2	1	1
扎赉诺尔区						
阿荣旗	84	42	42	81	45	36
莫力达瓦达斡尔族自治旗	90	46	44	84	41	43
鄂伦春自治旗	23	12	11	23	13	10
鄂温克族自治旗	14	10	4	11	7	4
陈巴尔虎旗	4	1	3	6	3	3
新巴尔虎左旗	8	4	4	9	6	3
新巴尔虎右旗	4	1	3	8	4	4
满洲里市						
牙克石市	3	2	1			
扎兰屯市	72	39	33	90	46	44
额尔古纳市	5	1	4	5	3	2
根河市	1	1		2	2	
巴彦淖尔市	**243**	**122**	**121**	**239**	**108**	**131**
临河区	78	35	43	72	31	41
五原县	53	24	29	37	19	18
磴口县	16	11	5	12	9	3
乌拉特前旗	42	22	20	39	16	23
乌拉特中旗	20	11	9	30	15	15
乌拉特后旗	7	4	3	7	3	4
杭锦后旗	27	15	12	42	15	27

1－10c 续表 5

单位：人

地区	2019年12月			2020年1月		
	小计	男	女	小计	男	女
乌兰察布市	**214**	**121**	**93**	**208**	**116**	**92**
集宁区	11	8	3	16	6	10
卓资县	18	11	7	18	10	8
化德县	14	9	5	9	5	4
商都县	21	12	9	30	15	15
兴和县	29	17	12	26	14	12
凉城县	26	12	14	20	10	10
察哈尔右翼前旗	26	15	11	23	12	11
察哈尔右翼中旗	14	9	5	14	9	5
察哈尔右翼后旗	15	6	9	14	11	3
四子王旗	19	12	7	25	17	8
丰镇市	21	10	11	13	7	6
兴安盟	**315**	**157**	**158**	**388**	**179**	**209**
乌兰浩特市	18	9	9	29	12	17
阿尔山市				2	1	1
科尔沁右翼前旗	100	52	48	90	42	48
科尔沁右翼中旗	53	29	24	71	24	47
扎赉特旗	71	37	34	105	48	57
突泉县	73	30	43	91	52	39
锡林郭勒盟	**171**	**81**	**90**	**192**	**101**	**91**
二连浩特市	1		1			
锡林浩特市	9	4	5	8	3	5
阿巴嘎旗	13	7	6	13	9	4
苏尼特左旗	9	5	4	11	2	9
苏尼特右旗	13	4	9	9	3	6
东乌珠穆沁旗	15	6	9	27	18	9
西乌珠穆沁旗	26	14	12	28	12	16
太仆寺旗	33	17	16	25	14	11
镶黄旗	4	3	1	9	8	1
正镶白旗	11	5	6	11	7	4
正蓝旗	20	7	13	27	14	13
多伦县	16	9	7	23	10	13
乌拉盖管委会	1		1	1	1	
阿拉善盟	**29**	**15**	**14**	**22**	**9**	**13**
阿拉善左旗	23	11	12	14	6	8
阿拉善右旗	3	2	1	5	2	3
额济纳旗	3	2	1	3	1	2
内蒙古阿拉善经济开发区						

1-10c　续表 6

单位：人

地　区	2020年2月			2020年3月			2020年4月		
	小计	男	女	小计	男	女	小计	男	女
内蒙古	**3645**	**1913**	**1732**	**3811**	**1965**	**1846**	**3736**	**1970**	**1766**
呼和浩特市	**309**	**177**	**132**	**337**	**167**	**170**	**351**	**177**	**174**
新城区	33	19	14	33	19	14	38	17	21
回民区	10	5	5	20	9	11	13	11	2
玉泉区	32	23	9	38	24	14	30	15	15
赛罕区	80	44	36	71	36	35	68	35	33
土默特左旗	55	35	20	65	30	35	62	30	32
托克托县	36	16	20	29	8	21	46	23	23
和林格尔县	43	23	20	54	30	24	59	33	26
清水河县	12	7	5	15	5	10	17	2	15
武川县	8	5	3	12	6	6	18	11	7
呼和浩特经济技术开发区									
包头市	**134**	**72**	**62**	**172**	**89**	**83**	**154**	**79**	**75**
东河区	20	10	10	18	8	10	19	9	10
昆都仑区	7	6	1	20	10	10	12	5	7
青山区	8	4	4	9	6	3	8	3	5
石拐区	1	1		1	1		2	2	
白云鄂博矿区									
九原区	19	8	11	27	14	13	26	15	11
土默特右旗	53	32	21	51	26	25	45	25	20
固阳县	18	7	11	26	13	13	33	17	16
达尔罕茂明安联合旗	5	2	3	15	7	8	6	3	3
包头稀土高新技术产业开发区	3	2	1	5	4	1	3		3
乌海市	**3**		**3**	**3**	**2**	**1**	**8**	**3**	**5**
海勃湾区	3		3	2	2		5	2	3
海南区				1		1	3	1	2
乌达区									
赤峰市	**994**	**513**	**481**	**1022**	**532**	**490**	**966**	**518**	**448**
红山区	9	8	1	5	3	2	4	1	3
元宝山区	19	12	7	20	10	10	30	16	14
松山区	203	113	90	176	86	90	190	91	99
阿鲁科尔沁旗	50	20	30	61	34	27	54	24	30
巴林左旗	66	35	31	85	42	43	67	37	30
巴林右旗	24	13	11	33	13	20	21	15	6
林西县	35	21	14	33	16	17	33	17	16
克什克腾旗	36	22	14	46	25	21	53	24	29
翁牛特旗	119	60	59	108	61	47	88	49	39
喀喇沁旗	66	34	32	69	35	34	73	44	29
宁城县	198	92	106	201	105	96	197	112	85
敖汉旗	169	83	86	185	102	83	156	88	68

1-10c 续表 7

单位：人

地区	2020年2月			2020年3月			2020年4月		
	小计	男	女	小计	男	女	小计	男	女
通辽市	**722**	**364**	**358**	**739**	**375**	**364**	**690**	**358**	**332**
科尔沁区	107	54	53	109	58	51	86	47	39
科尔沁左翼中旗	136	66	70	132	60	72	133	58	75
科尔沁左翼后旗	103	57	46	105	50	55	90	52	38
开鲁县	93	56	37	92	47	45	103	49	54
库伦旗	38	21	17	49	30	19	54	31	23
奈曼旗	150	66	84	166	84	82	139	75	64
扎鲁特旗	72	34	38	64	36	28	70	38	32
通辽经济技术开发区	18	8	10	20	10	10	11	6	5
霍林郭勒市	5	2	3	2		2	4	2	2
鄂尔多斯市	**216**	**127**	**89**	**198**	**100**	**98**	**230**	**120**	**110**
东胜区	3		3	5	2	3	6	3	3
康巴什区									
达拉特旗	48	27	21	45	28	17	55	36	19
准格尔旗	65	38	27	49	28	21	68	33	35
鄂托克前旗	23	13	10	25	15	10	12	7	5
鄂托克旗	9	6	3	13	7	6	14	6	8
杭锦旗	11	8	3	18	9	9	19	12	7
乌审旗	32	19	13	23	6	17	32	13	19
伊金霍洛旗	25	16	9	20	5	15	24	10	14
呼伦贝尔市	**312**	**169**	**143**	**325**	**164**	**161**	**306**	**162**	**144**
海拉尔区	5	4	1				8	3	5
扎赉诺尔区									
阿荣旗	74	42	32	93	48	45	73	41	32
莫力达瓦达斡尔族自治旗	80	47	33	79	31	48	85	43	42
鄂伦春自治旗	33	16	17	31	17	14	30	12	18
鄂温克族自治旗	8	6	2	10	7	3	12	4	8
陈巴尔虎旗	3	2	1	6	4	2	3	3	
新巴尔虎左旗	15	6	9	6	4	2	9	5	4
新巴尔虎右旗	5	3	2	8	1	7	4	1	3
满洲里市									
牙克石市	5	2	3	1		1	4	3	1
扎兰屯市	78	38	40	86	48	38	71	43	28
额尔古纳市	5	2	3	5	4	1	7	4	3
根河市	1	1							
巴彦淖尔市	**223**	**107**	**116**	**257**	**136**	**121**	**226**	**116**	**110**
临河区	71	33	38	88	39	49	62	31	31
五原县	43	26	17	41	21	20	41	26	15
磴口县	16	4	12	10	4	6	7	3	4
乌拉特前旗	42	19	23	49	32	17	48	21	27
乌拉特中旗	17	8	9	14	7	7	30	17	13
乌拉特后旗	7	4	3	8	5	3	9	6	3
杭锦后旗	27	13	14	47	28	19	29	12	17

1-10c　续表 8

单位：人

地　区	2020年2月			2020年3月			2020年4月		
	小计	男	女	小计	男	女	小计	男	女
乌兰察布市	**225**	**125**	**100**	**244**	**143**	**101**	**234**	**117**	**117**
集宁区	11	7	4	6	4	2	21	11	10
卓资县	9	8	1	15	10	5	11	5	6
化德县	16	8	8	19	8	11	14	6	8
商都县	23	9	14	26	18	8	23	13	10
兴和县	33	17	16	40	24	16	33	16	17
凉城县	25	12	13	23	15	8	21	8	13
察哈尔右翼前旗	20	14	6	28	18	10	23	12	11
察哈尔右翼中旗	19	9	10	19	12	7	13	6	7
察哈尔右翼后旗	15	8	7	22	10	12	18	12	6
四子王旗	27	17	10	26	17	9	29	14	15
丰镇市	27	16	11	20	7	13	28	14	14
兴安盟	**325**	**171**	**154**	**340**	**179**	**161**	**323**	**174**	**149**
乌兰浩特市	26	7	19	12	5	7	19	8	11
阿尔山市									
科尔沁右翼前旗	83	39	44	106	56	50	85	44	41
科尔沁右翼中旗	51	25	26	62	32	30	53	29	24
扎赉特旗	97	60	37	94	51	43	90	57	33
突泉县	68	40	28	66	35	31	76	36	40
锡林郭勒盟	**165**	**78**	**87**	**155**	**68**	**87**	**213**	**128**	**85**
二连浩特市	7	5	2	1		1	2	2	
锡林浩特市	8	5	3	11	2	9	14	11	3
阿巴嘎旗	12	3	9	8	2	6	13	9	4
苏尼特左旗	8	4	4	8	6	2	17	10	7
苏尼特右旗	12	7	5	10	5	5	15	12	3
东乌珠穆沁旗	16	10	6	21	8	13	19	11	8
西乌珠穆沁旗	24	12	12	23	10	13	33	20	13
太仆寺旗	27	11	16	25	14	11	35	20	15
镶黄旗	5	1	4	5	1	4	4	2	2
正镶白旗	3	2	1	9	4	5	7	4	3
正蓝旗	22	8	14	15	8	7	26	16	10
多伦县	20	9	11	18	7	11	26	10	16
乌拉盖管委会	1	1		1	1		2	1	1
阿拉善盟	**17**	**10**	**7**	**19**	**10**	**9**	**35**	**18**	**17**
阿拉善左旗	11	6	5	14	6	8	27	16	11
阿拉善右旗	4	2	2				7	1	6
额济纳旗	2	2		4	3	1	1	1	
内蒙古阿拉善经济开发区				1	1				

1-10c 续表 9

单位：人

地　区	2020年5月			2020年6月			2020年7月		
	小计	男	女	小计	男	女	小计	男	女
内蒙古	**3333**	**1711**	**1622**	**3318**	**1712**	**1606**	**3430**	**1742**	**1688**
呼和浩特市	**287**	**166**	**121**	**295**	**156**	**139**	**315**	**147**	**168**
新城区	39	21	18	37	25	12	40	18	22
回民区	13	12	1	13	8	5	14	5	9
玉泉区	31	16	15	21	11	10	29	13	16
赛罕区	52	26	26	61	27	34	71	39	32
土默特左旗	67	44	23	48	30	18	55	30	25
托克托县	32	16	16	43	20	23	42	13	29
和林格尔县	34	18	16	51	26	25	41	19	22
清水河县	12	8	4	11	5	6	9	4	5
武川县	7	5	2	10	4	6	14	6	8
呼和浩特经济技术开发区									
包头市	**145**	**67**	**78**	**145**	**82**	**63**	**127**	**56**	**71**
东河区	22	12	10	14	8	6	14	6	8
昆都仑区	11	6	5	12	8	4	12	7	5
青山区	6	1	5	16	11	5	12	8	4
石拐区	2		2	1	1				
白云鄂博矿区									
九原区	21	8	13	18	9	9	19	6	13
土默特右旗	42	22	20	50	28	22	42	21	21
固阳县	22	10	12	24	12	12	19	8	11
达尔罕茂明安联合旗	15	6	9	9	5	4	4		4
包头稀土高新技术产业开发区	4	2	2	1		1	5		5
乌海市	**8**	**2**	**6**	**3**	**2**	**1**	**8**	**2**	**6**
海勃湾区	3		3	3	2	1	4	1	3
海南区	5	2	3				4	1	3
乌达区									
赤峰市	**892**	**461**	**431**	**890**	**450**	**440**	**899**	**495**	**404**
红山区	2		2	7	5	2	3	2	1
元宝山区	25	15	10	20	8	12	26	20	6
松山区	172	87	85	155	80	75	189	110	79
阿鲁科尔沁旗	50	33	17	47	28	19	51	28	23
巴林左旗	64	33	31	62	23	39	72	36	36
巴林右旗	20	13	7	39	22	17	27	17	10
林西县	24	13	11	33	18	15	29	19	10
克什克腾旗	31	13	18	36	20	16	38	19	19
翁牛特旗	109	58	51	110	56	54	93	50	43
喀喇沁旗	62	32	30	70	39	31	63	34	29
宁城县	170	85	85	172	80	92	158	86	72
敖汉旗	163	79	84	139	71	68	150	74	76

1-10c　续表 10　　　　　　　　　　　　　　　　　　　　　　单位：人

地　　区	2020年5月			2020年6月			2020年7月		
	小计	男	女	小计	男	女	小计	男	女
通辽市	**643**	**303**	**340**	**616**	**326**	**290**	**677**	**328**	**349**
科尔沁区	97	44	53	93	48	45	77	31	46
科尔沁左翼中旗	122	52	70	125	63	62	131	72	59
科尔沁左翼后旗	105	52	53	94	55	39	111	55	56
开鲁县	81	44	37	77	43	34	102	46	56
库伦旗	45	23	22	33	18	15	57	24	33
奈曼旗	131	61	70	127	67	60	132	69	63
扎鲁特旗	50	22	28	48	20	28	59	26	33
通辽经济技术开发区	9	4	5	10	5	5	4	2	2
霍林郭勒市	3	1	2	9	7	2	4	3	1
鄂尔多斯市	**182**	**90**	**92**	**170**	**96**	**74**	**181**	**95**	**86**
东胜区	3		3	7	2	5	5	3	2
康巴什区									
达拉特旗	46	22	24	35	17	18	36	13	23
准格尔旗	56	25	31	40	22	18	40	18	22
鄂托克前旗	13	6	7	18	10	8	23	16	7
鄂托克旗	12	5	7	11	6	5	11	7	4
杭锦旗	11	6	5	15	10	5	15	8	7
乌审旗	23	13	10	29	21	8	35	21	14
伊金霍洛旗	18	13	5	15	8	7	16	9	7
呼伦贝尔市	**282**	**138**	**144**	**294**	**150**	**144**	**290**	**156**	**134**
海拉尔区				1	1		1		1
扎赉诺尔区									
阿荣旗	86	44	42	83	43	40	80	41	39
莫力达瓦达斡尔族自治旗	79	39	40	67	39	28	86	51	35
鄂伦春自治旗	21	10	11	29	12	17	19	7	12
鄂温克族自治旗	7	3	4	16	7	9	10	5	5
陈巴尔虎旗	6	3	3	9	6	3	4	2	2
新巴尔虎左旗	4	3	1	8	6	2	9	6	3
新巴尔虎右旗	4	1	3	8	4	4	6	4	2
满洲里市									
牙克石市	4	3	1	4	1	3	3		3
扎兰屯市	66	28	38	67	30	37	67	38	29
额尔古纳市	5	4	1	2	1	1	4	2	2
根河市							1		1
巴彦淖尔市	**208**	**109**	**99**	**185**	**95**	**90**	**187**	**97**	**90**
临河区	70	38	32	59	29	30	54	29	25
五原县	26	9	17	31	19	12	35	18	17
磴口县	9	5	4	8	4	4	11	4	7
乌拉特前旗	37	18	19	32	21	11	30	18	12
乌拉特中旗	14	6	8	16	7	9	18	9	9
乌拉特后旗	5	4	1	10	3	7	4	1	3
杭锦后旗	47	29	18	29	12	17	35	18	17

1-10c 续表 11

单位：人

地区	2020年5月			2020年6月			2020年7月		
	小计	男	女	小计	男	女	小计	男	女
乌兰察布市	**224**	**126**	**98**	**227**	**114**	**113**	**208**	**110**	**98**
集宁区	11	7	4	11	7	4	12	6	6
卓资县	8	2	6	11	7	4	10	7	3
化德县	6	5	1	11	5	6	7	4	3
商都县	26	10	16	28	12	16	30	12	18
兴和县	30	18	12	31	19	12	29	13	16
凉城县	21	12	9	33	14	19	22	14	8
察哈尔右翼前旗	26	13	13	18	9	9	19	11	8
察哈尔右翼中旗	16	10	6	11	4	7	17	11	6
察哈尔右翼后旗	16	10	6	19	10	9	16	9	7
四子王旗	31	18	13	17	9	8	19	6	13
丰镇市	33	21	12	37	18	19	27	17	10
兴安盟	**273**	**151**	**122**	**311**	**155**	**156**	**348**	**161**	**187**
乌兰浩特市	4	1	3	16	11	5	16	7	9
阿尔山市	1	1		3		3	3	3	
科尔沁右翼前旗	85	40	45	89	45	44	110	53	57
科尔沁右翼中旗	54	36	18	66	27	39	54	27	27
扎赉特旗	74	42	32	79	39	40	112	46	66
突泉县	55	31	24	58	33	25	53	25	28
锡林郭勒盟	**172**	**90**	**82**	**162**	**76**	**86**	**172**	**85**	**87**
二连浩特市				1		1	1		1
锡林浩特市	8	4	4	8	5	3	18	8	10
阿巴嘎旗	14	5	9	11	3	8	8	3	5
苏尼特左旗	14	7	7	13	7	6	8	4	4
苏尼特右旗	12	6	6	8	5	3	14	7	7
东乌珠穆沁旗	24	12	12	28	17	11	19	11	8
西乌珠穆沁旗	22	14	8	17	7	10	24	7	17
太仆寺旗	29	12	17	29	14	15	29	15	14
镶黄旗	6	6		5	1	4	10	7	3
正镶白旗	3	1	2	9	4	5	6	3	3
正蓝旗	21	13	8	16	6	10	17	9	8
多伦县	17	9	8	16	6	10	18	11	7
乌拉盖管委会	2	1	1	1	1				
阿拉善盟	**17**	**8**	**9**	**20**	**10**	**10**	**18**	**10**	**8**
阿拉善左旗	14	8	6	16	8	8	16	9	7
阿拉善右旗	3		3	4	2	2			
额济纳旗							2	1	1
内蒙古阿拉善经济开发区									

1-10c　续表 12　　　　单位：人

地　　区	2020年8月			2020年9月			2020年10月		
	小计	男	女	小计	男	女	小计	男	女
内蒙古	**3372**	**1730**	**1642**	**3338**	**1779**	**1559**	**3382**	**1836**	**1546**
呼和浩特市	**309**	**166**	**143**	**294**	**155**	**139**	**309**	**165**	**144**
新城区	38	25	13	45	28	17	46	23	23
回民区	25	12	13	12	6	6	15	9	6
玉泉区	27	13	14	28	17	11	34	18	16
赛罕区	64	32	32	60	28	32	62	33	29
土默特左旗	80	43	37	54	27	27	51	31	20
托克托县	35	19	16	30	13	17	33	16	17
和林格尔县	29	17	12	40	22	18	50	25	25
清水河县	5	3	2	14	8	6	7	2	5
武川县	6	2	4	11	6	5	11	8	3
呼和浩特经济技术开发区									
包头市	**141**	**80**	**61**	**135**	**77**	**58**	**140**	**68**	**72**
东河区	23	17	6	16	9	7	22	9	13
昆都仑区	14	5	9	7	4	3	12	2	10
青山区	7	5	2	7	5	2	7	3	4
石拐区	1	1		1	1		3	2	1
白云鄂博矿区									
九原区	17	9	8	22	10	12	23	11	12
土默特右旗	49	26	23	55	33	22	44	24	20
固阳县	20	13	7	21	13	8	15	8	7
达尔罕茂明安联合旗	6	1	5	6	2	4	10	6	4
包头稀土高新技术产业开发区	4	3	1				4	3	1
乌海市	**5**	**3**	**2**	**7**	**4**	**3**	**10**	**6**	**4**
海勃湾区	3	1	2	7	4	3	6	3	3
海南区	2	2					4	3	1
乌达区									
赤峰市	**843**	**438**	**405**	**860**	**451**	**409**	**940**	**516**	**424**
红山区	2	1	1	9	5	4	7	2	5
元宝山区	20	9	11	25	14	11	24	14	10
松山区	162	89	73	155	82	73	183	95	88
阿鲁科尔沁旗	54	23	31	47	23	24	47	26	21
巴林左旗	62	31	31	71	43	28	64	38	26
巴林右旗	27	17	10	25	13	12	33	20	13
林西县	23	12	11	32	13	19	27	16	11
克什克腾旗	35	17	18	29	16	13	28	16	12
翁牛特旗	90	47	43	96	49	47	87	48	39
喀喇沁旗	50	32	18	63	35	28	68	38	30
宁城县	176	93	83	165	96	69	229	129	100
敖汉旗	142	67	75	143	62	81	143	74	69

1－10c 续表 13

单位：人

地 区	2020年8月			2020年9月			2020年10月		
	小计	男	女	小计	男	女	小计	男	女
通辽市	**664**	**348**	**316**	**618**	**335**	**283**	**641**	**344**	**297**
科尔沁区	95	50	45	90	54	36	108	55	53
科尔沁左翼中旗	114	62	52	109	55	54	119	71	48
科尔沁左翼后旗	103	56	47	101	61	40	95	53	42
开鲁县	87	43	44	92	47	45	78	41	37
库伦旗	35	21	14	50	23	27	44	22	22
奈曼旗	150	76	74	100	56	44	125	67	58
扎鲁特旗	62	31	31	60	28	32	58	30	28
通辽经济技术开发区	16	9	7	12	10	2	13	4	9
霍林郭勒市	2		2	4	1	3	1	1	
鄂尔多斯市	**188**	**99**	**89**	**199**	**108**	**91**	**173**	**93**	**80**
东胜区	3	3		9	4	5	9	4	5
康巴什区									
达拉特旗	56	26	30	62	32	30	51	24	27
准格尔旗	46	21	25	34	18	16	36	24	12
鄂托克前旗	17	10	7	16	6	10	14	6	8
鄂托克旗	16	9	7	11	7	4	6	3	3
杭锦旗	11	8	3	13	4	9	17	12	5
乌审旗	22	14	8	33	24	9	18	10	8
伊金霍洛旗	17	8	9	21	13	8	22	10	12
呼伦贝尔市	**274**	**138**	**136**	**276**	**135**	**141**	**250**	**132**	**118**
海拉尔区	3		3	3	3				
扎赉诺尔区									
阿荣旗	69	38	31	60	37	23	69	38	31
莫力达瓦达斡尔族自治旗	78	44	34	76	36	40	66	37	29
鄂伦春自治旗	18	9	9	18	8	10	18	6	12
鄂温克族自治旗	13	5	8	13	4	9	11	6	5
陈巴尔虎旗	7	2	5	9	6	3	4	3	1
新巴尔虎左旗	5	2	3	9	4	5	5	2	3
新巴尔虎右旗	8	2	6	8	4	4	7	4	3
满洲里市									
牙克石市	6	3	3	3	2	1	2	1	1
扎兰屯市	61	31	30	73	30	43	64	32	32
额尔古纳市	6	2	4	4	1	3	4	3	1
根河市									
巴彦淖尔市	**215**	**113**	**102**	**186**	**93**	**93**	**224**	**120**	**104**
临河区	62	31	31	56	31	25	77	44	33
五原县	37	20	17	33	16	17	42	21	21
磴口县	4	3	1	10	4	6	4	1	3
乌拉特前旗	52	26	26	37	17	20	50	27	23
乌拉特中旗	13	7	6	21	10	11	16	9	7
乌拉特后旗	8	6	2	6	4	2	6	3	3
杭锦后旗	39	20	19	23	11	12	29	15	14

1-10c　续表 14　　　　单位：人

地　　区	2020年8月			2020年9月			2020年10月		
	小计	男	女	小计	男	女	小计	男	女
乌兰察布市	**216**	**111**	**105**	**191**	**106**	**85**	**167**	**88**	**79**
集宁区	8	4	4	13	9	4	17	10	7
卓资县	13	9	4	10	7	3	14	10	4
化德县	12	7	5	10	5	5	10	7	3
商都县	21	11	10	26	16	10	20	6	14
兴和县	31	15	16	24	8	16	26	13	13
凉城县	20	11	9	25	14	11	11	8	3
察哈尔右翼前旗	24	13	11	17	8	9	17	11	6
察哈尔右翼中旗	16	9	7	11	6	5	6	3	3
察哈尔右翼后旗	17	9	8	11	6	5	12	4	8
四子王旗	24	8	16	28	19	9	23	11	12
丰镇市	30	15	15	16	8	8	11	5	6
兴安盟	**317**	**137**	**180**	**353**	**188**	**165**	**317**	**176**	**141**
乌兰浩特市	9	2	7	22	12	10	28	17	11
阿尔山市	2	1	1	2	1	1	3	3	
科尔沁右翼前旗	94	34	60	106	57	49	76	39	37
科尔沁右翼中旗	59	27	32	57	30	27	52	30	22
扎赉特旗	90	45	45	109	51	58	105	54	51
突泉县	63	28	35	57	37	20	53	33	20
锡林郭勒盟	**187**	**91**	**96**	**208**	**122**	**86**	**185**	**112**	**73**
二连浩特市				3	1	2	2	2	
锡林浩特市	9	5	4	22	11	11	14	6	8
阿巴嘎旗	11	3	8	10	7	3	11	5	6
苏尼特左旗	10	6	4	16	8	8	18	12	6
苏尼特右旗	15	5	10	9	4	5	11	7	4
东乌珠穆沁旗	15	7	8	18	12	6	20	10	10
西乌珠穆沁旗	30	17	13	37	19	18	32	23	9
太仆寺旗	26	15	11	38	20	18	24	16	8
镶黄旗	10	6	4	5	3	2	8	4	4
正镶白旗	18	7	11	13	10	3	12	6	6
正蓝旗	25	10	15	19	13	6	13	8	5
多伦县	16	8	8	16	13	3	18	12	6
乌拉盖管委会	2	2		2	1	1	2	1	1
阿拉善盟	**13**	**6**	**7**	**11**	**5**	**6**	**26**	**16**	**10**
阿拉善左旗	9	5	4	8	4	4	20	12	8
阿拉善右旗	1		1	3	1	2	6	4	2
额济纳旗	3	1	2						
内蒙古阿拉善经济开发区									

1-11 各地区分性别、月份的死亡人口
(2019.11.1-2020.10.31)

单位：人

地区	死亡人口			2019年11月		
	合计	男	女	小计	男	女
内蒙古	**143757**	**87376**	**56381**	**9700**	**5903**	**3797**
呼和浩特市	**12931**	**7913**	**5018**	**748**	**477**	**271**
新城区	1560	977	583	109	63	46
回民区	1878	1121	757	86	49	37
玉泉区	1061	636	425	53	42	11
赛罕区	2309	1423	886	157	103	54
土默特左旗	2006	1192	814	122	72	50
托克托县	1168	710	458	70	42	28
和林格尔县	1139	721	418	67	49	18
清水河县	666	432	234	26	19	7
武川县	983	595	388	54	35	19
呼和浩特经济技术开发区	161	106	55	4	3	1
包头市	**13861**	**8379**	**5482**	**972**	**606**	**366**
东河区	3098	1843	1255	228	143	85
昆都仑区	2811	1699	1112	230	140	90
青山区	2878	1758	1120	204	131	73
石拐区	240	140	100	13	9	4
白云鄂博矿区	111	74	37	5	2	3
九原区	853	510	343	68	42	26
土默特右旗	1764	1069	695	93	57	36
固阳县	890	554	336	57	39	18
达尔罕茂明安联合旗	554	337	217	38	21	17
包头稀土高新技术产业开发区	662	395	267	36	22	14
乌海市	**2851**	**1787**	**1064**	**220**	**153**	**67**
海勃湾区	1512	937	575	110	75	35
海南区	524	342	182	48	31	17
乌达区	815	508	307	62	47	15
赤峰市	**24762**	**14769**	**9993**	**1620**	**952**	**668**
红山区	1722	980	742	129	63	66
元宝山区	1937	1134	803	127	65	62
松山区	3138	1850	1288	209	123	86
阿鲁科尔沁旗	1718	1020	698	131	72	59
巴林左旗	2310	1422	888	170	100	70
巴林右旗	938	538	400	69	41	28
林西县	1083	673	410	58	41	17
克什克腾旗	1281	797	484	76	46	30
翁牛特旗	2103	1256	847	119	74	45
喀喇沁旗	1876	1132	744	123	82	41
宁城县	3527	2094	1433	220	129	91
敖汉旗	3129	1873	1256	189	116	73

1-11 续表 1

单位：人

地区	死亡人口			2019年11月		
	合计	男	女	小计	男	女
通辽市	**19072**	**11291**	**7781**	**1339**	**780**	**559**
科尔沁区	5246	3114	2132	374	203	171
科尔沁左翼中旗	2935	1765	1170	209	127	82
科尔沁左翼后旗	2357	1385	972	170	99	71
开鲁县	2456	1394	1062	178	104	74
库伦旗	857	501	356	50	30	20
奈曼旗	2566	1527	1039	192	102	90
扎鲁特旗	1553	962	591	98	69	29
通辽经济技术开发区	596	346	250	35	23	12
霍林郭勒市	506	297	209	33	23	10
鄂尔多斯市	**8195**	**5080**	**3115**	**461**	**293**	**168**
东胜区	1539	959	580	90	56	34
康巴什区	144	94	50	11	8	3
达拉特旗	1801	1131	670	113	76	37
准格尔旗	1558	980	578	83	62	21
鄂托克前旗	346	213	133	17	6	11
鄂托克旗	577	344	233	37	21	16
杭锦旗	776	474	302	41	24	17
乌审旗	555	330	225	28	18	10
伊金霍洛旗	899	555	344	41	22	19
呼伦贝尔市	**20659**	**12471**	**8188**	**1599**	**946**	**653**
海拉尔区	2412	1440	972	173	100	73
扎赉诺尔区	860	511	349	83	48	35
阿荣旗	2149	1354	795	168	116	52
莫力达瓦达斡尔族自治旗	2090	1328	762	161	109	52
鄂伦春自治旗	2103	1241	862	169	89	80
鄂温克族自治旗	1174	685	489	95	47	48
陈巴尔虎旗	488	287	201	37	18	19
新巴尔虎左旗	348	211	137	28	16	12
新巴尔虎右旗	251	154	97	16	11	5
满洲里市	867	501	366	87	47	40
牙克石市	2821	1691	1130	181	104	77
扎兰屯市	3462	2111	1351	281	181	100
额尔古纳市	519	315	204	48	31	17
根河市	1115	642	473	72	29	43
巴彦淖尔市	**9535**	**5915**	**3620**	**631**	**403**	**228**
临河区	2866	1815	1051	185	125	60
五原县	1534	952	582	113	74	39
磴口县	681	421	260	39	19	20
乌拉特前旗	1658	982	676	115	71	44
乌拉特中旗	748	481	267	46	26	20
乌拉特后旗	284	186	98	12	8	4
杭锦后旗	1764	1078	686	121	80	41

1-11　续表 2　　　　单位：人

地　区	死亡人口			2019年11月		
	合计	男	女	小计	男	女
乌兰察布市	**14656**	**9233**	**5423**	**957**	**605**	**352**
集宁区	2033	1244	789	124	75	49
卓资县	1329	851	478	111	76	35
化德县	788	493	295	56	36	20
商都县	1706	1063	643	132	77	55
兴和县	1580	1019	561	122	79	43
凉城县	1240	805	435	81	57	24
察哈尔右翼前旗	1331	836	495	89	54	35
察哈尔右翼中旗	964	629	335	51	34	17
察哈尔右翼后旗	1026	617	409	68	37	31
四子王旗	1091	698	393	47	31	16
丰镇市	1568	978	590	76	49	27
兴安盟	**10155**	**6110**	**4045**	**680**	**397**	**283**
乌兰浩特市	1933	1180	753	124	71	53
阿尔山市	292	176	116	16	11	5
科尔沁右翼前旗	2433	1513	920	144	97	47
科尔沁右翼中旗	1432	838	594	109	59	50
扎赉特旗	2226	1307	919	147	80	67
突泉县	1839	1096	743	140	79	61
锡林郭勒盟	**5744**	**3631**	**2113**	**372**	**228**	**144**
二连浩特市	213	134	79	11	8	3
锡林浩特市	990	621	369	67	35	32
阿巴嘎旗	273	153	120	18	10	8
苏尼特左旗	260	151	109	20	7	13
苏尼特右旗	408	252	156	27	16	11
东乌珠穆沁旗	301	196	105	31	16	15
西乌珠穆沁旗	629	414	215	50	38	12
太仆寺旗	1029	666	363	61	39	22
镶黄旗	167	111	56	13	9	4
正镶白旗	381	243	138	15	12	3
正蓝旗	399	256	143	22	19	3
多伦县	587	361	226	25	10	15
乌拉盖管委会	107	73	34	12	9	3
阿拉善盟	**1336**	**797**	**539**	**101**	**63**	**38**
阿拉善左旗	951	566	385	70	44	26
阿拉善右旗	216	120	96	17	10	7
额济纳旗	143	95	48	11	6	5
内蒙古阿拉善经济开发区	26	16	10	3	3	

1-11　续表 3　　　　单位：人

地　　区	2019年12月			2020年1月		
	小计	男	女	小计	男	女
内蒙古	**9913**	**6058**	**3855**	**10619**	**6400**	**4219**
呼和浩特市	**884**	**546**	**338**	**953**	**554**	**399**
新城区	123	85	38	111	70	41
回民区	124	81	43	178	105	73
玉泉区	68	40	28	63	38	25
赛罕区	167	98	69	184	96	88
土默特左旗	148	82	66	157	86	71
托克托县	73	48	25	85	51	34
和林格尔县	81	52	29	68	39	29
清水河县	42	28	14	47	30	17
武川县	46	27	19	51	32	19
呼和浩特经济技术开发区	12	5	7	9	7	2
包头市	**1011**	**634**	**377**	**1057**	**667**	**390**
东河区	197	130	67	274	174	100
昆都仑区	250	165	85	234	149	85
青山区	232	137	95	247	150	97
石拐区	7	5	2	20	13	7
白云鄂博矿区	7	6	1	8	6	2
九原区	56	35	21	60	40	20
土默特右旗	111	66	45	99	60	39
固阳县	69	42	27	47	30	17
达尔罕茂明安联合旗	31	17	14	29	19	10
包头稀土高新技术产业开发区	51	31	20	39	26	13
乌海市	**226**	**130**	**96**	**199**	**123**	**76**
海勃湾区	124	64	60	103	61	42
海南区	47	30	17	37	24	13
乌达区	55	36	19	59	38	21
赤峰市	**1632**	**986**	**646**	**1839**	**1083**	**756**
红山区	132	83	49	132	87	45
元宝山区	115	74	41	143	74	69
松山区	217	130	87	253	146	107
阿鲁科尔沁旗	130	74	56	155	87	68
巴林左旗	164	92	72	174	99	75
巴林右旗	64	38	26	69	40	29
林西县	48	32	16	73	49	24
克什克腾旗	64	42	22	81	50	31
翁牛特旗	102	59	43	94	53	41
喀喇沁旗	121	70	51	150	90	60
宁城县	271	157	114	282	174	108
敖汉旗	204	135	69	233	134	99

1-11 续表 4 单位：人

地 区	2019年12月			2020年1月		
	小计	男	女	小计	男	女
通辽市	**1497**	**857**	**640**	**1512**	**889**	**623**
科尔沁区	428	247	181	461	263	198
科尔沁左翼中旗	252	152	100	202	125	77
科尔沁左翼后旗	185	119	66	174	96	78
开鲁县	196	109	87	186	106	80
库伦旗	57	25	32	65	38	27
奈曼旗	212	108	104	227	135	92
扎鲁特旗	90	52	38	107	72	35
通辽经济技术开发区	37	22	15	45	31	14
霍林郭勒市	40	23	17	45	23	22
鄂尔多斯市	**463**	**297**	**166**	**536**	**324**	**212**
东胜区	96	63	33	124	72	52
康巴什区	8	5	3	8	4	4
达拉特旗	97	67	30	117	74	43
准格尔旗	89	52	37	92	59	33
鄂托克前旗	22	15	7	19	16	3
鄂托克旗	30	12	18	39	24	15
杭锦旗	36	27	9	44	27	17
乌审旗	33	18	15	34	11	23
伊金霍洛旗	52	38	14	59	37	22
呼伦贝尔市	**1643**	**1011**	**632**	**1640**	**987**	**653**
海拉尔区	197	110	87	213	135	78
扎赉诺尔区	77	46	31	62	32	30
阿荣旗	158	103	55	164	93	71
莫力达瓦达斡尔族自治旗	136	86	50	140	89	51
鄂伦春自治旗	136	82	54	176	90	86
鄂温克族自治旗	114	69	45	108	66	42
陈巴尔虎旗	55	31	24	39	23	16
新巴尔虎左旗	26	14	12	22	12	10
新巴尔虎右旗	16	13	3	11	8	3
满洲里市	73	34	39	84	50	34
牙克石市	213	132	81	237	147	90
扎兰屯市	315	212	103	269	177	92
额尔古纳市	34	23	11	33	17	16
根河市	93	56	37	82	48	34
巴彦淖尔市	**596**	**379**	**217**	**701**	**439**	**262**
临河区	188	119	69	217	147	70
五原县	106	70	36	110	68	42
磴口县	54	35	19	60	38	22
乌拉特前旗	98	63	35	114	62	52
乌拉特中旗	45	30	15	49	29	20
乌拉特后旗	18	11	7	17	13	4
杭锦后旗	87	51	36	134	82	52

1-11　续表 5

单位：人

地　区	2019年12月			2020年1月		
	小计	男	女	小计	男	女
乌兰察布市	**825**	**526**	**299**	**970**	**640**	**330**
集宁区	138	81	57	152	102	50
卓资县	87	58	29	103	66	37
化德县	34	25	9	40	26	14
商都县	78	47	31	95	67	28
兴和县	96	65	31	86	57	29
凉城县	71	45	26	80	57	23
察哈尔右翼前旗	72	50	22	130	87	43
察哈尔右翼中旗	45	33	12	53	43	10
察哈尔右翼后旗	67	38	29	65	35	30
四子王旗	53	32	21	75	50	25
丰镇市	84	52	32	91	50	41
兴安盟	**681**	**423**	**258**	**723**	**390**	**333**
乌兰浩特市	125	71	54	135	70	65
阿尔山市	19	9	10	20	11	9
科尔沁右翼前旗	172	112	60	173	93	80
科尔沁右翼中旗	102	67	35	108	57	51
扎赉特旗	131	81	50	139	76	63
突泉县	132	83	49	148	83	65
锡林郭勒盟	**354**	**214**	**140**	**358**	**225**	**133**
二连浩特市	16	14	2	12	6	6
锡林浩特市	83	51	32	68	42	26
阿巴嘎旗	15	11	4	13	5	8
苏尼特左旗	19	11	8	14	7	7
苏尼特右旗	18	11	7	25	12	13
东乌珠穆沁旗	26	14	12	18	12	6
西乌珠穆沁旗	34	17	17	43	31	12
太仆寺旗	48	29	19	59	39	20
镶黄旗	9	6	3	6	4	2
正镶白旗	15	8	7	23	13	10
正蓝旗	29	15	14	23	15	8
多伦县	35	23	12	47	34	13
乌拉盖管委会	7	4	3	7	5	2
阿拉善盟	**101**	**55**	**46**	**131**	**79**	**52**
阿拉善左旗	71	39	32	88	53	35
阿拉善右旗	12	5	7	23	14	9
额济纳旗	17	11	6	17	10	7
内蒙古阿拉善经济开发区	1		1	3	2	1

1-11 续表 6 单位：人

地区	2020年2月			2020年3月			2020年4月		
	小计	男	女	小计	男	女	小计	男	女
内蒙古	**11558**	**6935**	**4623**	**12601**	**7589**	**5012**	**11940**	**7327**	**4613**
呼和浩特市	**1126**	**697**	**429**	**1106**	**668**	**438**	**1064**	**657**	**407**
新城区	121	76	45	131	67	64	120	78	42
回民区	165	97	68	153	90	63	166	102	64
玉泉区	92	52	40	93	64	29	78	41	37
赛罕区	174	120	54	162	99	63	178	108	70
土默特左旗	213	135	78	193	108	85	159	100	59
托克托县	110	68	42	106	64	42	107	62	45
和林格尔县	106	60	46	111	78	33	96	70	26
清水河县	56	34	22	67	40	27	61	38	23
武川县	73	45	28	82	53	29	86	48	38
呼和浩特经济技术开发区	16	10	6	8	5	3	13	10	3
包头市	**1146**	**672**	**474**	**1241**	**751**	**490**	**1110**	**671**	**439**
东河区	256	140	116	271	162	109	236	130	106
昆都仑区	221	139	82	229	139	90	257	152	105
青山区	243	145	98	253	155	98	236	156	80
石拐区	20	13	7	24	14	10	31	17	14
白云鄂博矿区	9	5	4	7	6	1	11	9	2
九原区	73	41	32	64	41	23	58	27	31
土默特右旗	165	103	62	176	95	81	130	81	49
固阳县	59	34	25	83	58	25	68	46	22
达尔罕茂明安联合旗	35	18	17	65	40	25	35	22	13
包头稀土高新技术产业开发区	65	34	31	69	41	28	48	31	17
乌海市	**190**	**118**	**72**	**243**	**148**	**95**	**215**	**133**	**82**
海勃湾区	114	74	40	126	83	43	108	72	36
海南区	24	15	9	42	23	19	32	22	10
乌达区	52	29	23	75	42	33	75	39	36
赤峰市	**2064**	**1165**	**899**	**2203**	**1295**	**908**	**2163**	**1318**	**845**
红山区	152	79	73	152	92	60	152	89	63
元宝山区	163	81	82	147	86	61	186	116	70
松山区	264	154	110	286	157	129	288	179	109
阿鲁科尔沁旗	143	84	59	147	87	60	149	96	53
巴林左旗	190	109	81	201	136	65	212	145	67
巴林右旗	78	43	35	90	55	35	67	32	35
林西县	91	51	40	91	54	37	82	54	28
克什克腾旗	92	55	37	97	57	40	117	76	41
翁牛特旗	163	93	70	188	107	81	171	107	64
喀喇沁旗	159	93	66	155	86	69	164	96	68
宁城县	288	169	119	321	179	142	318	167	151
敖汉旗	281	154	127	328	199	129	257	161	96

1-11　续表 7　　单位：人

地　区	2020年2月			2020年3月			2020年4月		
	小计	男	女	小计	男	女	小计	男	女
通辽市	**1547**	**888**	**659**	**1733**	**1042**	**691**	**1607**	**955**	**652**
科尔沁区	377	222	155	518	315	203	421	257	164
科尔沁左翼中旗	262	152	110	252	144	108	244	146	98
科尔沁左翼后旗	179	94	85	213	135	78	191	103	88
开鲁县	192	94	98	186	113	73	229	137	92
库伦旗	77	44	33	74	40	34	81	49	32
奈曼旗	241	157	84	244	149	95	210	128	82
扎鲁特旗	131	74	57	155	92	63	141	83	58
通辽经济技术开发区	49	30	19	48	31	17	48	27	21
霍林郭勒市	39	21	18	43	23	20	42	25	17
鄂尔多斯市	**689**	**428**	**261**	**709**	**419**	**290**	**738**	**471**	**267**
东胜区	142	94	48	146	92	54	128	83	45
康巴什区	13	9	4	13	9	4	10	7	3
达拉特旗	165	101	64	147	93	54	169	104	65
准格尔旗	129	76	53	118	72	46	138	86	52
鄂托克前旗	20	14	6	28	12	16	42	28	14
鄂托克旗	39	24	15	47	21	26	57	40	17
杭锦旗	53	29	24	71	38	33	72	47	25
乌审旗	50	33	17	54	33	21	51	27	24
伊金霍洛旗	78	48	30	85	49	36	71	49	22
呼伦贝尔市	**1590**	**995**	**595**	**1717**	**1021**	**696**	**1643**	**997**	**646**
海拉尔区	214	131	83	168	106	62	196	124	72
扎赉诺尔区	65	44	21	63	40	23	57	37	20
阿荣旗	191	128	63	199	122	77	173	114	59
莫力达瓦达斡尔族自治旗	136	92	44	184	112	72	193	130	63
鄂伦春自治旗	165	99	66	163	90	73	166	97	69
鄂温克族自治旗	83	51	32	96	48	48	84	47	37
陈巴尔虎旗	40	26	14	42	31	11	30	18	12
新巴尔虎左旗	18	9	9	31	22	9	25	16	9
新巴尔虎右旗	16	8	8	13	8	5	11	7	4
满洲里市	70	42	28	65	36	29	75	45	30
牙克石市	202	128	74	241	141	100	248	147	101
扎兰屯市	275	164	111	304	180	124	249	143	106
额尔古纳市	44	28	16	52	31	21	36	22	14
根河市	71	45	26	96	54	42	100	50	50
巴彦淖尔市	**798**	**480**	**318**	**840**	**528**	**312**	**793**	**495**	**298**
临河区	257	157	100	249	171	78	251	157	94
五原县	125	75	50	143	95	48	121	80	41
磴口县	43	26	17	49	31	18	58	36	22
乌拉特前旗	145	87	58	148	82	66	117	72	45
乌拉特中旗	59	36	23	61	35	26	62	38	24
乌拉特后旗	24	16	8	30	18	12	23	13	10
杭锦后旗	145	83	62	160	96	64	161	99	62

1-11 续表 8 单位：人

地　区	2020年2月			2020年3月			2020年4月		
	小计	男	女	小计	男	女	小计	男	女
乌兰察布市	**1118**	**725**	**393**	**1269**	**784**	**485**	**1252**	**796**	**456**
集宁区	169	111	58	189	113	76	178	107	71
卓资县	117	80	37	106	59	47	112	69	43
化德县	49	29	20	61	39	22	70	51	19
商都县	124	88	36	145	95	50	121	71	50
兴和县	103	69	34	134	78	56	136	95	41
凉城县	101	68	33	105	72	33	107	69	38
察哈尔右翼前旗	99	65	34	93	57	36	112	64	48
察哈尔右翼中旗	63	35	28	83	53	30	90	56	34
察哈尔右翼后旗	96	52	44	95	62	33	83	56	27
四子王旗	64	34	30	101	64	37	112	76	36
丰镇市	133	94	39	157	92	65	131	82	49
兴安盟	**788**	**456**	**332**	**922**	**544**	**378**	**811**	**503**	**308**
乌兰浩特市	137	91	46	170	99	71	167	105	62
阿尔山市	23	13	10	23	14	9	29	16	13
科尔沁右翼前旗	188	105	83	218	133	85	172	102	70
科尔沁右翼中旗	124	67	57	141	79	62	100	58	42
扎赉特旗	157	85	72	201	121	80	203	138	65
突泉县	159	95	64	169	98	71	140	84	56
锡林郭勒盟	**404**	**254**	**150**	**490**	**313**	**177**	**449**	**275**	**174**
二连浩特市	22	14	8	22	15	7	14	8	6
锡林浩特市	83	55	28	80	52	28	81	52	29
阿巴嘎旗	19	12	7	24	16	8	19	9	10
苏尼特左旗	18	12	6	28	18	10	18	7	11
苏尼特右旗	20	12	8	51	30	21	31	22	9
东乌珠穆沁旗	19	14	5	17	12	5	19	10	9
西乌珠穆沁旗	44	27	17	51	32	19	60	36	24
太仆寺旗	62	41	21	81	54	27	71	49	22
镶黄旗	18	11	7	8	5	3	9	7	2
正镶白旗	33	18	15	34	24	10	29	21	8
正蓝旗	22	12	10	32	21	11	33	20	13
多伦县	42	24	18	58	33	25	57	29	28
乌拉盖管委会	2	2		4	1	3	8	5	3
阿拉善盟	**98**	**57**	**41**	**128**	**76**	**52**	**95**	**56**	**39**
阿拉善左旗	71	43	28	96	54	42	63	35	28
阿拉善右旗	18	9	9	19	12	7	16	8	8
额济纳旗	8	5	3	13	10	3	12	11	1
内蒙古阿拉善经济开发区	1		1				4	2	2

1-11　续表 9　　　　单位：人

地　区	2020年5月			2020年6月			2020年7月		
	小计	男	女	小计	男	女	小计	男	女
内蒙古	**12882**	**7809**	**5073**	**11801**	**7230**	**4571**	**12156**	**7445**	**4711**
呼和浩特市	**1214**	**731**	**483**	**1055**	**639**	**416**	**1054**	**659**	**395**
新城区	142	87	55	109	68	41	132	97	35
回民区	182	103	79	156	93	63	156	90	66
玉泉区	103	62	41	84	40	44	75	45	30
赛罕区	195	120	75	188	126	62	203	130	73
土默特左旗	181	105	76	167	93	74	152	95	57
托克托县	134	77	57	110	66	44	79	49	30
和林格尔县	103	68	35	87	52	35	89	59	30
清水河县	56	37	19	56	35	21	50	32	18
武川县	99	63	36	84	56	28	104	53	51
呼和浩特经济技术开发区	19	9	10	14	10	4	14	9	5
包头市	**1304**	**763**	**541**	**1125**	**707**	**418**	**1088**	**628**	**460**
东河区	314	192	122	242	148	94	235	131	104
昆都仑区	242	142	100	208	126	82	217	117	100
青山区	278	163	115	232	152	80	208	125	83
石拐区	21	10	11	24	15	9	26	16	10
白云鄂博矿区	8	3	5	9	3	6	6	5	1
九原区	81	44	37	72	51	21	71	44	27
土默特右旗	157	89	68	176	114	62	148	86	62
固阳县	84	53	31	75	50	25	95	55	40
达尔罕茂明安联合旗	59	36	23	34	19	15	30	19	11
包头稀土高新技术产业开发区	60	31	29	53	29	24	52	30	22
乌海市	**246**	**152**	**94**	**233**	**161**	**72**	**303**	**186**	**117**
海勃湾区	135	83	52	133	89	44	145	84	61
海南区	44	27	17	33	25	8	56	40	16
乌达区	67	42	25	67	47	20	102	62	40
赤峰市	**2291**	**1365**	**926**	**2039**	**1226**	**813**	**2137**	**1322**	**815**
红山区	148	86	62	120	63	57	168	88	80
元宝山区	163	95	68	159	105	54	159	96	63
松山区	286	171	115	288	163	125	244	141	103
阿鲁科尔沁旗	141	72	69	130	83	47	147	94	53
巴林左旗	220	130	90	179	111	68	183	125	58
巴林右旗	89	49	40	77	48	29	84	48	36
林西县	116	72	44	91	59	32	115	78	37
克什克腾旗	127	90	37	123	73	50	106	62	44
翁牛特旗	214	125	89	192	112	80	220	135	85
喀喇沁旗	157	95	62	147	98	49	169	108	61
宁城县	331	201	130	279	160	119	275	179	96
敖汉旗	299	179	120	254	151	103	267	168	99

1-11 续表 10 单位：人

地区	2020年5月			2020年6月			2020年7月		
	小计	男	女	小计	男	女	小计	男	女
通辽市	**1605**	**935**	**670**	**1467**	**876**	**591**	**1536**	**916**	**620**
科尔沁区	447	247	200	388	248	140	405	247	158
科尔沁左翼中旗	246	161	85	236	154	82	247	149	98
科尔沁左翼后旗	165	100	65	214	117	97	200	116	84
开鲁县	211	121	90	190	99	91	187	111	76
库伦旗	74	42	32	40	23	17	64	40	24
奈曼旗	253	145	108	192	115	77	204	114	90
扎鲁特旗	127	71	56	123	75	48	140	88	52
通辽经济技术开发区	47	29	18	48	25	23	49	26	23
霍林郭勒市	35	19	16	36	20	16	40	25	15
鄂尔多斯市	**769**	**485**	**284**	**710**	**447**	**263**	**694**	**429**	**265**
东胜区	132	85	47	125	85	40	138	77	61
康巴什区	18	11	7	14	9	5	13	9	4
达拉特旗	169	104	65	147	89	58	149	90	59
准格尔旗	147	94	53	136	81	55	131	89	42
鄂托克前旗	37	23	14	35	23	12	28	16	12
鄂托克旗	51	29	22	40	25	15	50	37	13
杭锦旗	79	51	28	63	46	17	65	36	29
乌审旗	52	34	18	49	35	14	45	34	11
伊金霍洛旗	84	54	30	101	54	47	75	41	34
呼伦贝尔市	**1709**	**1056**	**653**	**1676**	**955**	**721**	**1759**	**1091**	**668**
海拉尔区	208	127	81	223	120	103	217	133	84
扎赉诺尔区	83	46	37	67	34	33	83	46	37
阿荣旗	180	120	60	164	95	69	167	113	54
莫力达瓦达斡尔族自治旗	162	113	49	184	112	72	185	115	70
鄂伦春自治旗	182	110	72	186	111	75	180	110	70
鄂温克族自治旗	108	69	39	83	43	40	110	71	39
陈巴尔虎旗	35	22	13	41	25	16	43	20	23
新巴尔虎左旗	33	20	13	19	11	8	32	23	9
新巴尔虎右旗	21	14	7	23	12	11	26	13	13
满洲里市	70	45	25	53	30	23	63	46	17
牙克石市	237	140	97	236	128	108	228	132	96
扎兰屯市	273	169	104	271	161	110	277	175	102
额尔古纳市	47	22	25	42	23	19	37	29	8
根河市	70	39	31	84	50	34	111	65	46
巴彦淖尔市	**837**	**517**	**320**	**778**	**496**	**282**	**791**	**484**	**307**
临河区	237	148	89	231	141	90	234	133	101
五原县	147	86	61	131	77	54	144	95	49
磴口县	53	30	23	58	44	14	45	27	18
乌拉特前旗	151	96	55	131	91	40	137	85	52
乌拉特中旗	55	36	19	73	43	30	53	35	18
乌拉特后旗	33	23	10	9	3	6	21	16	5
杭锦后旗	161	98	63	145	97	48	157	93	64

1—11　续表 11　　　　单位：人

地　区	2020年5月			2020年6月			2020年7月		
	小计	男	女	小计	男	女	小计	男	女
乌兰察布市	**1353**	**860**	**493**	**1309**	**831**	**478**	**1289**	**791**	**498**
集宁区	177	110	67	173	103	70	162	95	67
卓资县	111	69	42	127	89	38	112	66	46
化德县	71	49	22	57	32	25	63	37	26
商都县	164	104	60	154	99	55	168	103	65
兴和县	160	99	61	137	92	45	125	79	46
凉城县	102	70	32	121	67	54	121	79	42
察哈尔右翼前旗	123	80	43	123	73	50	128	78	50
察哈尔右翼中旗	83	50	33	85	55	30	104	58	46
察哈尔右翼后旗	101	63	38	94	57	37	83	46	37
四子王旗	115	80	35	97	62	35	94	56	38
丰镇市	146	86	60	141	102	39	129	94	35
兴安盟	**877**	**513**	**364**	**890**	**546**	**344**	**910**	**563**	**347**
乌兰浩特市	166	106	60	165	92	73	169	109	60
阿尔山市	28	17	11	25	14	11	25	13	12
科尔沁右翼前旗	177	108	69	230	158	72	215	136	79
科尔沁右翼中旗	138	67	71	144	92	52	124	82	42
扎赉特旗	201	115	86	191	109	82	205	127	78
突泉县	167	100	67	135	81	54	172	96	76
锡林郭勒盟	**572**	**371**	**201**	**432**	**292**	**140**	**489**	**308**	**181**
二连浩特市	19	14	5	21	12	9	12	8	4
锡林浩特市	102	65	37	68	43	25	81	47	34
阿巴嘎旗	22	14	8	20	13	7	28	16	12
苏尼特左旗	29	16	13	14	10	4	30	18	12
苏尼特右旗	43	25	18	33	22	11	34	23	11
东乌珠穆沁旗	27	18	9	39	29	10	33	25	8
西乌珠穆沁旗	58	37	21	52	38	14	57	33	24
太仆寺旗	109	72	37	70	50	20	83	54	29
镶黄旗	14	10	4	12	9	3	14	9	5
正镶白旗	42	27	15	31	17	14	34	24	10
正蓝旗	44	32	12	24	17	7	30	16	14
多伦县	59	39	20	40	27	13	41	28	13
乌拉盖管委会	4	2	2	8	5	3	12	7	5
阿拉善盟	**105**	**61**	**44**	**87**	**54**	**33**	**106**	**68**	**38**
阿拉善左旗	81	48	33	70	46	24	72	44	28
阿拉善右旗	11	5	6	13	7	6	16	10	6
额济纳旗	9	7	2	4	1	3	15	12	3
内蒙古阿拉善经济开发区	4	1	3				3	2	1

1−11　续表 12　　　　单位：人

地　　区	2020年8月			2020年9月			2020年10月		
	小计	男	女	小计	男	女	小计	男	女
内蒙古	**12443**	**7676**	**4767**	**12419**	**7553**	**4866**	**15725**	**9451**	**6274**
呼和浩特市	**1130**	**680**	**450**	**1112**	**700**	**412**	**1485**	**905**	**580**
新城区	133	78	55	144	83	61	185	125	60
回民区	160	104	56	172	103	69	180	104	76
玉泉区	103	57	46	104	60	44	145	95	50
赛罕区	214	132	82	193	122	71	294	169	125
土默特左旗	152	89	63	146	97	49	216	130	86
托克托县	69	43	26	88	62	26	137	78	59
和林格尔县	101	61	40	99	60	39	131	73	58
清水河县	85	54	31	47	35	12	73	50	23
武川县	97	54	43	98	61	37	109	68	41
呼和浩特经济技术开发区	16	8	8	21	17	4	15	13	2
包头市	**1271**	**751**	**520**	**1129**	**677**	**452**	**1407**	**852**	**555**
东河区	275	157	118	268	162	106	302	174	128
昆都仑区	262	155	107	199	116	83	262	159	103
青山区	268	161	107	204	125	79	273	158	115
石拐区	21	9	12	13	8	5	20	11	9
白云鄂博矿区	9	5	4	11	8	3	21	16	5
九原区	71	42	29	87	44	43	92	59	33
土默特右旗	161	102	59	152	96	56	196	120	76
固阳县	101	58	43	72	40	32	80	49	31
达尔罕茂明安联合旗	40	26	14	72	45	27	86	55	31
包头稀土高新技术产业开发区	63	36	27	51	33	18	75	51	24
乌海市	**246**	**150**	**96**	**232**	**149**	**83**	**298**	**184**	**114**
海勃湾区	130	74	56	144	94	50	140	84	56
海南区	54	34	20	40	25	15	67	46	21
乌达区	62	42	20	48	30	18	91	54	37
赤峰市	**2025**	**1212**	**813**	**2031**	**1187**	**844**	**2718**	**1658**	**1060**
红山区	141	83	58	135	66	69	161	101	60
元宝山区	176	100	76	161	98	63	238	144	94
松山区	243	152	91	236	143	93	324	191	133
阿鲁科尔沁旗	141	87	54	129	80	49	175	104	71
巴林左旗	211	129	82	177	104	73	229	142	87
巴林右旗	59	29	30	81	49	32	111	66	45
林西县	93	64	29	78	44	34	147	75	72
克什克腾旗	128	75	53	118	71	47	152	100	52
翁牛特旗	194	122	72	207	123	84	239	146	93
喀喇沁旗	162	90	72	162	90	72	207	134	73
宁城县	243	154	89	290	162	128	409	263	146
敖汉旗	234	127	107	257	157	100	326	192	134

1-11 续表 13

单位：人

地区	2020年8月			2020年9月			2020年10月		
	小计	男	女	小计	男	女	小计	男	女
通辽市	**1614**	**1007**	**607**	**1676**	**1031**	**645**	**1939**	**1115**	**824**
科尔沁区	433	272	161	491	292	199	503	301	202
科尔沁左翼中旗	240	149	91	251	161	90	294	145	149
科尔沁左翼后旗	206	117	89	190	122	68	270	167	103
开鲁县	220	134	86	228	131	97	253	135	118
库伦旗	96	63	33	78	49	29	101	58	43
奈曼旗	179	121	58	179	111	68	233	142	91
扎鲁特旗	127	87	40	157	104	53	157	95	62
通辽经济技术开发区	62	37	25	52	28	24	76	37	39
霍林郭勒市	51	27	24	50	33	17	52	35	17
鄂尔多斯市	**746**	**488**	**258**	**669**	**390**	**279**	**1011**	**609**	**402**
东胜区	137	92	45	121	73	48	160	87	73
康巴什区	13	9	4	7	4	3	16	10	6
达拉特旗	148	95	53	145	85	60	235	153	82
准格尔旗	155	110	45	141	76	65	199	123	76
鄂托克前旗	25	14	11	33	20	13	40	26	14
鄂托克旗	49	27	22	58	37	21	80	47	33
杭锦旗	83	48	35	65	40	25	104	61	43
乌审旗	49	31	18	38	20	18	72	36	36
伊金霍洛旗	87	62	25	61	35	26	105	66	39
呼伦贝尔市	**1794**	**1105**	**689**	**1790**	**1078**	**712**	**2099**	**1229**	**870**
海拉尔区	206	122	84	192	118	74	205	114	91
扎赉诺尔区	75	46	29	75	42	33	70	50	20
阿荣旗	162	91	71	173	107	66	250	152	98
莫力达瓦达斡尔族自治旗	192	111	81	195	119	76	222	140	82
鄂伦春自治旗	198	138	60	164	101	63	218	124	94
鄂温克族自治旗	101	70	31	116	64	52	76	40	36
陈巴尔虎旗	28	15	13	43	25	18	55	33	22
新巴尔虎左旗	40	27	13	27	18	9	47	23	24
新巴尔虎右旗	42	30	12	25	19	6	31	11	20
满洲里市	66	38	28	71	37	34	90	51	39
牙克石市	239	155	84	273	162	111	286	175	111
扎兰屯市	292	167	125	276	164	112	380	218	162
额尔古纳市	48	28	20	46	25	21	52	36	16
根河市	105	67	38	114	77	37	117	62	55
巴彦淖尔市	**832**	**510**	**322**	**827**	**507**	**320**	**1111**	**677**	**434**
临河区	254	163	91	250	168	82	313	186	127
五原县	125	71	54	113	72	41	156	89	67
磴口县	70	39	31	50	32	18	102	64	38
乌拉特前旗	138	78	60	169	86	83	195	109	86
乌拉特中旗	64	47	17	81	51	30	100	75	25
乌拉特后旗	27	21	6	24	15	9	46	29	17
杭锦后旗	154	91	63	140	83	57	199	125	74

1-11 续表 14

单位：人

地区	2020年8月			2020年9月			2020年10月		
	小计	男	女	小计	男	女	小计	男	女
乌兰察布市	**1248**	**776**	**472**	**1393**	**883**	**510**	**1673**	**1016**	**657**
集宁区	186	105	81	180	113	67	205	129	76
卓资县	102	73	29	103	61	42	138	85	53
化德县	80	54	26	89	50	39	118	65	53
商都县	148	94	54	161	93	68	216	125	91
兴和县	124	84	40	175	113	62	182	109	73
凉城县	93	61	32	118	78	40	140	82	58
察哈尔右翼前旗	121	79	42	99	66	33	142	83	59
察哈尔右翼中旗	80	51	29	95	67	28	132	94	38
察哈尔右翼后旗	76	39	37	99	63	36	99	69	30
四子王旗	106	64	42	110	79	31	117	70	47
丰镇市	132	72	60	164	100	64	184	105	79
兴安盟	**861**	**557**	**304**	**877**	**533**	**344**	**1135**	**685**	**450**
乌兰浩特市	158	103	55	178	119	59	239	144	95
阿尔山市	21	16	5	36	26	10	27	16	11
科尔沁右翼前旗	243	163	80	236	138	98	265	168	97
科尔沁右翼中旗	102	68	34	93	59	34	147	83	64
扎赉特旗	195	112	83	204	114	90	252	149	103
突泉县	142	95	47	130	77	53	205	125	80
锡林郭勒盟	**560**	**372**	**188**	**573**	**354**	**219**	**691**	**425**	**266**
二连浩特市	29	14	15	14	8	6	21	13	8
锡林浩特市	90	61	29	100	68	32	87	50	37
阿巴嘎旗	23	9	14	23	10	13	49	28	21
苏尼特左旗	17	10	7	30	20	10	23	15	8
苏尼特右旗	38	26	12	42	26	16	46	27	19
东乌珠穆沁旗	23	18	5	23	14	9	26	14	12
西乌珠穆沁旗	68	47	21	53	42	11	59	36	23
太仆寺旗	117	84	33	121	62	59	147	93	54
镶黄旗	26	17	9	17	11	6	21	13	8
正镶白旗	29	17	12	41	27	14	55	35	20
正蓝旗	40	29	11	37	22	15	63	38	25
多伦县	47	29	18	59	34	25	77	51	26
乌拉盖管委会	13	11	2	13	10	3	17	12	5
阿拉善盟	**116**	**68**	**48**	**110**	**64**	**46**	**158**	**96**	**62**
阿拉善左旗	82	50	32	82	45	37	105	65	40
阿拉善右旗	26	12	14	17	11	6	28	17	11
额济纳旗	7	5	2	8	5	3	22	12	10
内蒙古阿拉善经济开发区	1	1		3	3		3	2	1

1-11a　各地区分性别、月份的死亡人口
(2019.11.1-2020.10.31)(城市)

单位：人

地　区	死亡人口			2019年11月		
	合计	男	女	小计	男	女
内蒙古	**38410**	**23224**	**15186**	**2698**	**1627**	**1071**
呼和浩特市	**5960**	**3654**	**2306**	**349**	**222**	**127**
新城区	1470	920	550	102	58	44
回民区	1869	1115	754	85	48	37
玉泉区	922	560	362	47	38	9
赛罕区	1699	1059	640	115	78	37
包头市	**8904**	**5362**	**3542**	**686**	**429**	**257**
东河区	2639	1557	1082	201	125	76
昆都仑区	2746	1665	1081	226	138	88
青山区	2780	1699	1081	198	129	69
石拐区	102	60	42	7	6	1
白云鄂博矿区	111	74	37	5	2	3
九原区	526	307	219	49	29	20
乌海市	**2477**	**1544**	**933**	**186**	**128**	**58**
海勃湾区	1405	860	545	104	69	35
海南区	298	201	97	26	17	9
乌达区	774	483	291	56	42	14
赤峰市	**3083**	**1803**	**1280**	**221**	**118**	**103**
红山区	1476	834	642	112	55	57
元宝山区	899	529	370	63	38	25
松山区	708	440	268	46	25	21
通辽市	**3085**	**1836**	**1249**	**220**	**116**	**104**
科尔沁区	2627	1563	1064	187	93	94
霍林郭勒市	458	273	185	33	23	10
鄂尔多斯市	**1604**	**1005**	**599**	**100**	**64**	**36**
东胜区	1434	896	538	87	54	33
康巴什区	144	94	50	11	8	3
鄂托克旗	26	15	11	2	2	
呼伦贝尔市	**7237**	**4295**	**2942**	**559**	**319**	**240**
海拉尔区	2306	1380	926	162	95	67
扎赉诺尔区	755	440	315	76	44	32
满洲里市	801	458	343	75	39	36
牙克石市	1094	666	428	65	39	26
扎兰屯市	1461	871	590	128	80	48
额尔古纳市	255	154	101	20	12	8
根河市	565	326	239	33	10	23
巴彦淖尔市	**1325**	**832**	**493**	**85**	**59**	**26**
临河区	1325	832	493	85	59	26
乌兰察布市	**2071**	**1264**	**807**	**117**	**73**	**44**
集宁区	1642	994	648	101	62	39
兴和县	64	37	27	4	3	1
丰镇市	365	233	132	12	8	4
兴安盟	**1586**	**956**	**630**	**100**	**59**	**41**
乌兰浩特市	1438	869	569	94	55	39
阿尔山市	148	87	61	6	4	2
锡林郭勒盟	**1078**	**673**	**405**	**75**	**40**	**35**
二连浩特市	207	130	77	11	8	3
锡林浩特市	871	543	328	64	32	32

1-11a 续表 1

单位：人

地区	2019年12月			2020年1月		
	小计	男	女	小计	男	女
内蒙古	**2880**	**1758**	**1122**	**3159**	**1912**	**1247**
呼和浩特市	**425**	**270**	**155**	**473**	**274**	**199**
新城区	114	81	33	104	64	40
回民区	124	81	43	178	105	73
玉泉区	60	35	25	49	30	19
赛罕区	127	73	54	142	75	67
包头市	**697**	**444**	**253**	**770**	**481**	**289**
东河区	171	113	58	246	154	92
昆都仑区	243	161	82	231	147	84
青山区	228	135	93	235	143	92
石拐区	5	3	2	10	8	2
白云鄂博矿区	7	6	1	8	6	2
九原区	43	26	17	40	23	17
乌海市	**195**	**110**	**85**	**172**	**107**	**65**
海勃湾区	116	58	58	94	56	38
海南区	27	18	9	25	15	10
乌达区	52	34	18	53	36	17
赤峰市	**208**	**123**	**85**	**246**	**149**	**97**
红山区	117	72	45	115	76	39
元宝山区	46	25	21	72	38	34
松山区	45	26	19	59	35	24
通辽市	**236**	**138**	**98**	**314**	**189**	**125**
科尔沁区	199	115	84	274	168	106
霍林郭勒市	37	23	14	40	21	19
鄂尔多斯市	**102**	**67**	**35**	**127**	**72**	**55**
东胜区	93	62	31	118	67	51
康巴什区	8	5	3	8	4	4
鄂托克旗	1		1	1	1	
呼伦贝尔市	**598**	**354**	**244**	**616**	**376**	**240**
海拉尔区	186	102	84	203	127	76
扎赉诺尔区	66	40	26	57	30	27
满洲里市	67	31	36	80	47	33
牙克石市	78	47	31	92	60	32
扎兰屯市	126	84	42	127	80	47
额尔古纳市	23	16	7	16	7	9
根河市	52	34	18	41	25	16
巴彦淖尔市	**98**	**60**	**38**	**112**	**75**	**37**
临河区	98	60	38	112	75	37
乌兰察布市	**131**	**77**	**54**	**143**	**91**	**52**
集宁区	109	64	45	121	78	43
兴和县	5		5	2	2	
丰镇市	17	13	4	20	11	9
兴安盟	**101**	**54**	**47**	**111**	**52**	**59**
乌兰浩特市	93	51	42	99	47	52
阿尔山市	8	3	5	12	5	7
锡林郭勒盟	**89**	**61**	**28**	**75**	**46**	**29**
二连浩特市	16	14	2	11	5	6
锡林浩特市	73	47	26	64	41	23

1-11a　续表 2　　单位：人

地　区	2020年2月			2020年3月			2020年4月		
	小计	男	女	小计	男	女	小计	男	女
内蒙古	**3079**	**1852**	**1227**	**3161**	**1926**	**1235**	**3136**	**1922**	**1214**
呼和浩特市	**472**	**294**	**178**	**466**	**279**	**187**	**474**	**284**	**190**
新城区	107	67	40	122	64	58	114	74	40
回民区	163	95	68	151	88	63	166	102	64
玉泉区	81	49	32	74	50	24	67	33	34
赛罕区	121	83	38	119	77	42	127	75	52
包头市	**717**	**412**	**305**	**741**	**451**	**290**	**744**	**446**	**298**
东河区	211	112	99	217	128	89	201	113	88
昆都仑区	217	136	81	223	136	87	255	150	105
青山区	229	133	96	245	151	94	221	147	74
石拐区	9	6	3	12	6	6	14	9	5
白云鄂博矿区	9	5	4	7	6	1	11	9	2
九原区	42	20	22	37	24	13	42	18	24
乌海市	**173**	**106**	**67**	**206**	**127**	**79**	**188**	**114**	**74**
海勃湾区	106	69	37	117	75	42	99	65	34
海南区	17	9	8	17	11	6	17	12	5
乌达区	50	28	22	72	41	31	72	37	35
赤峰市	**258**	**134**	**124**	**227**	**141**	**86**	**266**	**162**	**104**
红山区	126	66	60	130	80	50	121	69	52
元宝山区	63	25	38	49	33	16	86	51	35
松山区	69	43	26	48	28	20	59	42	17
通辽市	**226**	**135**	**91**	**280**	**169**	**111**	**258**	**163**	**95**
科尔沁区	190	116	74	241	149	92	221	139	82
霍林郭勒市	36	19	17	39	20	19	37	24	13
鄂尔多斯市	**143**	**93**	**50**	**154**	**97**	**57**	**127**	**85**	**42**
东胜区	130	84	46	138	87	51	117	78	39
康巴什区	13	9	4	13	9	4	10	7	3
鄂托克旗				3	1	2			
呼伦贝尔市	**586**	**358**	**228**	**559**	**336**	**223**	**573**	**354**	**219**
海拉尔区	203	127	76	160	103	57	187	119	68
扎赉诺尔区	58	38	20	57	35	22	47	33	14
满洲里市	65	38	27	63	36	27	68	39	29
牙克石市	83	52	31	87	55	32	105	69	36
扎兰屯市	126	71	55	123	72	51	100	57	43
额尔古纳市	21	14	7	26	14	12	13	9	4
根河市	30	18	12	43	21	22	53	28	25
巴彦淖尔市	**128**	**78**	**50**	**114**	**77**	**37**	**111**	**68**	**43**
临河区	128	78	50	114	77	37	111	68	43
乌兰察布市	**169**	**105**	**64**	**194**	**121**	**73**	**179**	**112**	**67**
集宁区	138	86	52	154	95	59	145	88	57
兴和县	2	1	1	6	4	2	4	3	1
丰镇市	29	18	11	34	22	12	30	21	9
兴安盟	**119**	**81**	**38**	**135**	**76**	**59**	**129**	**80**	**49**
乌兰浩特市	109	73	36	124	69	55	114	73	41
阿尔山市	10	8	2	11	7	4	15	7	8
锡林郭勒盟	**88**	**56**	**32**	**85**	**52**	**33**	**87**	**54**	**33**
二连浩特市	21	14	7	22	15	7	14	8	6
锡林浩特市	67	42	25	63	37	26	73	46	27

1-11a 续表 3

单位：人

地　区	2020年5月			2020年6月			2020年7月		
	小计	男	女	小计	男	女	小计	男	女
内蒙古	**3383**	**2031**	**1352**	**3052**	**1855**	**1197**	**3245**	**1967**	**1278**
呼和浩特市	**559**	**337**	**222**	**462**	**280**	**182**	**500**	**321**	**179**
新城区	139	84	55	101	61	40	128	94	34
回民区	182	103	79	156	93	63	156	90	66
玉泉区	91	58	33	73	36	37	66	39	27
赛罕区	147	92	55	132	90	42	150	98	52
包头市	**833**	**494**	**339**	**687**	**431**	**256**	**672**	**386**	**286**
东河区	272	164	108	204	119	85	199	113	86
昆都仑区	234	137	97	204	123	81	209	113	96
青山区	267	159	108	220	146	74	207	124	83
石拐区	11	5	6	7	6	1	10	4	6
白云鄂博矿区	8	3	5	9	3	6	6	5	1
九原区	41	26	15	43	34	9	41	27	14
乌海市	**212**	**131**	**81**	**205**	**142**	**63**	**272**	**165**	**107**
海勃湾区	128	78	50	126	83	43	133	77	56
海南区	21	13	8	16	14	2	42	30	12
乌达区	63	40	23	63	45	18	97	58	39
赤峰市	**256**	**161**	**95**	**239**	**139**	**100**	**290**	**169**	**121**
红山区	127	70	57	103	58	45	142	70	72
元宝山区	73	49	24	69	40	29	85	59	26
松山区	56	42	14	67	41	26	63	40	23
通辽市	**244**	**130**	**114**	**247**	**150**	**97**	**230**	**141**	**89**
科尔沁区	216	115	101	214	133	81	195	119	76
霍林郭勒市	28	15	13	33	17	16	35	22	13
鄂尔多斯市	**144**	**91**	**53**	**128**	**86**	**42**	**149**	**86**	**63**
东胜区	122	78	44	111	76	35	130	72	58
康巴什区	18	11	7	14	9	5	13	9	4
鄂托克旗	4	2	2	3	1	2	6	5	1
呼伦贝尔市	**595**	**354**	**241**	**585**	**326**	**259**	**639**	**396**	**243**
海拉尔区	203	124	79	216	115	101	209	128	81
扎赉诺尔区	75	43	32	58	26	32	77	41	36
满洲里市	66	41	25	50	27	23	61	45	16
牙克石市	92	47	45	85	48	37	99	57	42
扎兰屯市	110	74	36	112	71	41	118	72	46
额尔古纳市	22	11	11	20	14	6	18	15	3
根河市	27	14	13	44	25	19	57	38	19
巴彦淖尔市	**115**	**75**	**40**	**111**	**67**	**44**	**104**	**62**	**42**
临河区	115	75	40	111	67	44	104	62	42
乌兰察布市	**179**	**98**	**81**	**172**	**108**	**64**	**174**	**110**	**64**
集宁区	137	77	60	141	84	57	141	85	56
兴和县	7	2	5	7	6	1	4		4
丰镇市	35	19	16	24	18	6	29	25	4
兴安盟	**135**	**87**	**48**	**135**	**76**	**59**	**134**	**81**	**53**
乌兰浩特市	124	81	43	121	68	53	122	77	45
阿尔山市	11	6	5	14	8	6	12	4	8
锡林郭勒盟	**111**	**73**	**38**	**81**	**50**	**31**	**81**	**50**	**31**
二连浩特市	19	14	5	20	11	9	12	8	4
锡林浩特市	92	59	33	61	39	22	69	42	27

1-11a　续表 4

单位：人

地　区	2020年8月			2020年9月			2020年10月		
	小计	男	女	小计	男	女	小计	男	女
内蒙古	**3416**	**2057**	**1359**	**3261**	**1957**	**1304**	**3940**	**2360**	**1580**
呼和浩特市	**544**	**336**	**208**	**546**	**323**	**223**	**690**	**434**	**256**
新城区	127	75	52	136	76	60	176	122	54
回民区	160	104	56	170	102	68	178	104	74
玉泉区	92	53	39	93	54	39	129	85	44
赛罕区	165	104	61	147	91	56	207	123	84
包头市	**819**	**478**	**341**	**686**	**407**	**279**	**852**	**503**	**349**
东河区	234	134	100	231	137	94	252	145	107
昆都仑区	257	153	104	191	115	76	256	156	100
青山区	266	159	107	197	119	78	267	154	113
石拐区	9	4	5	4	2	2	4	1	3
白云鄂博矿区	9	5	4	11	8	3	21	16	5
九原区	44	23	21	52	26	26	52	31	21
乌海市	**212**	**130**	**82**	**207**	**135**	**72**	**249**	**149**	**100**
海勃湾区	121	68	53	137	90	47	124	72	52
海南区	31	22	9	22	15	7	37	25	12
乌达区	60	40	20	48	30	18	88	52	36
赤峰市	**279**	**159**	**120**	**258**	**142**	**116**	**335**	**206**	**129**
红山区	128	75	53	115	57	58	140	86	54
元宝山区	91	48	43	88	55	33	114	68	46
松山区	60	36	24	55	30	25	81	52	29
通辽市	**253**	**158**	**95**	**289**	**177**	**112**	**288**	**170**	**118**
科尔沁区	207	133	74	242	145	97	241	138	103
霍林郭勒市	46	25	21	47	32	15	47	32	15
鄂尔多斯市	**142**	**97**	**45**	**126**	**76**	**50**	**162**	**91**	**71**
东胜区	126	86	40	117	71	46	145	81	64
康巴什区	13	9	4	7	4	3	16	10	6
鄂托克旗	3	2	1	2	1	1	1		1
呼伦贝尔市	**615**	**361**	**254**	**606**	**351**	**255**	**706**	**410**	**296**
海拉尔区	198	116	82	182	113	69	197	111	86
扎赉诺尔区	64	36	28	69	38	31	51	36	15
满洲里市	59	34	25	64	35	29	83	46	37
牙克石市	92	61	31	99	58	41	117	73	44
扎兰屯市	121	63	58	109	61	48	161	86	75
额尔古纳市	23	11	12	22	11	11	31	20	11
根河市	58	40	18	61	35	26	66	38	28
巴彦淖尔市	**121**	**75**	**46**	**96**	**62**	**34**	**130**	**74**	**56**
临河区	121	75	46	96	62	34	130	74	56
乌兰察布市	**190**	**107**	**83**	**199**	**118**	**81**	**224**	**144**	**80**
集宁区	156	87	69	141	84	57	158	104	54
兴和县	7	6	1	7	4	3	9	6	3
丰镇市	27	14	13	51	30	21	57	34	23
兴安盟	**131**	**88**	**43**	**148**	**99**	**49**	**208**	**123**	**85**
乌兰浩特市	119	78	41	129	85	44	190	112	78
阿尔山市	12	10	2	19	14	5	18	11	7
锡林郭勒盟	**110**	**68**	**42**	**100**	**67**	**33**	**96**	**56**	**40**
二连浩特市	29	14	15	14	8	6	18	11	7
锡林浩特市	81	54	27	86	59	27	78	45	33

1-11b 各地区分性别、月份的死亡人口 (2019.11.1-2020.10.31)(镇)

单位：人

地区	死亡人口			2019年11月		
	合计	男	女	小计	男	女
内蒙古	**31986**	**19551**	**12435**	**2192**	**1310**	**882**
呼和浩特市	**1864**	**1149**	**715**	**118**	**82**	**36**
新城区	3	3				
回民区						
玉泉区						
赛罕区	70	39	31	9	6	3
土默特左旗	435	263	172	34	22	12
托克托县	352	215	137	22	13	9
和林格尔县	326	201	125	16	13	3
清水河县	193	132	61	10	9	1
武川县	324	190	134	23	16	7
呼和浩特经济技术开发区	161	106	55	4	3	1
包头市	**1687**	**993**	**694**	**95**	**60**	**35**
东河区	103	65	38	6	3	3
昆都仑区						
青山区	3	2	1			
石拐区	14	11	3			
白云鄂博矿区						
九原区	71	40	31	2	2	
土默特右旗	520	305	215	35	23	12
固阳县	177	99	78	7	3	4
达尔罕茂明安联合旗	177	100	77	11	8	3
包头稀土高新技术产业开发区	622	371	251	34	21	13
乌海市	**147**	**93**	**54**	**16**	**13**	**3**
海勃湾区	22	17	5	2	2	
海南区	84	51	33	8	6	2
乌达区	41	25	16	6	5	1
赤峰市	**4202**	**2547**	**1655**	**292**	**184**	**108**
红山区	116	68	48	10	5	5
元宝山区	242	147	95	14	8	6
松山区	221	128	93	18	11	7
阿鲁科尔沁旗	418	237	181	21	13	8
巴林左旗	453	284	169	46	28	18
巴林右旗	278	165	113	22	16	6
林西县	310	201	109	19	15	4
克什克腾旗	373	236	137	26	15	11
翁牛特旗	405	239	166	31	20	11
喀喇沁旗	403	246	157	27	20	7
宁城县	540	326	214	35	17	18
敖汉旗	443	270	173	23	16	7

1-11b　续表 1　　单位：人

地　区	死亡人口			2019年11月		
	合计	男	女	小计	男	女
通辽市	**3830**	**2293**	**1537**	**259**	**156**	**103**
科尔沁区	365	224	141	28	13	15
科尔沁左翼中旗	596	364	232	45	33	12
科尔沁左翼后旗	605	344	261	46	23	23
开鲁县	657	405	252	47	32	15
库伦旗	221	131	90	11	7	4
奈曼旗	493	291	202	33	15	18
扎鲁特旗	518	313	205	27	18	9
通辽经济技术开发区	365	215	150	22	15	7
霍林郭勒市	10	6	4			
鄂尔多斯市	**2583**	**1656**	**927**	**151**	**93**	**58**
东胜区	105	63	42	3	2	1
康巴什区						
达拉特旗	577	376	201	38	26	12
准格尔旗	616	417	199	37	28	9
鄂托克前旗	120	82	38	7	3	4
鄂托克旗	379	223	156	28	15	13
杭锦旗	204	134	70	8	3	5
乌审旗	162	103	59	9	5	4
伊金霍洛旗	420	258	162	21	11	10
呼伦贝尔市	**7144**	**4234**	**2910**	**540**	**289**	**251**
海拉尔区	25	16	9	4	2	2
扎赉诺尔区	105	71	34	7	4	3
阿荣旗	699	432	267	47	29	18
莫力达瓦达斡尔族自治旗	526	317	209	35	17	18
鄂伦春自治旗	1760	1028	732	143	74	69
鄂温克族自治旗	813	470	343	67	32	35
陈巴尔虎旗	339	203	136	23	11	12
新巴尔虎左旗	143	87	56	12	7	5
新巴尔虎右旗	93	56	37	4	3	1
满洲里市	66	43	23	12	8	4
牙克石市	1468	858	610	98	51	47
扎兰屯市	412	252	160	37	24	13
额尔古纳市	149	86	63	12	8	4
根河市	546	315	231	39	19	20
巴彦淖尔市	**2727**	**1713**	**1014**	**196**	**118**	**78**
临河区	147	91	56	12	6	6
五原县	460	294	166	34	19	15
磴口县	394	260	134	31	17	14
乌拉特前旗	672	407	265	55	32	23
乌拉特中旗	317	205	112	19	10	9
乌拉特后旗	157	109	48	7	5	2
杭锦后旗	580	347	233	38	29	9

1－11b 续表 2

单位：人

地　　区	死亡人口			2019年11月		
	合计	男	女	小计	男	女
乌兰察布市	**2765**	**1777**	**988**	**192**	**120**	**72**
集宁区	42	29	13	5	3	2
卓资县	269	170	99	20	14	6
化德县	146	96	50	12	10	2
商都县	324	206	118	38	23	15
兴和县	484	310	174	44	30	14
凉城县	224	161	63	9	3	6
察哈尔右翼前旗	505	311	194	33	19	14
察哈尔右翼中旗	171	112	59	11	8	3
察哈尔右翼后旗	201	125	76	9	5	4
四子王旗	324	207	117	10	5	5
丰镇市	75	50	25	1		1
兴安盟	**2233**	**1358**	**875**	**142**	**83**	**59**
乌兰浩特市	96	51	45	5	3	2
阿尔山市	105	60	45	7	5	2
科尔沁右翼前旗	456	301	155	19	14	5
科尔沁右翼中旗	590	354	236	52	31	21
扎赉特旗	564	323	241	35	19	16
突泉县	422	269	153	24	11	13
锡林郭勒盟	**1918**	**1217**	**701**	**130**	**73**	**57**
二连浩特市	3	1	2			
锡林浩特市	12	8	4	1	1	
阿巴嘎旗	141	79	62	7	3	4
苏尼特左旗	125	77	48	16	5	11
苏尼特右旗	284	178	106	21	12	9
东乌珠穆沁旗	145	95	50	12	6	6
西乌珠穆沁旗	339	231	108	25	18	7
太仆寺旗	242	147	95	16	10	6
镶黄旗	88	59	29	7	5	2
正镶白旗	98	63	35	3	1	2
正蓝旗	106	69	37	3	3	
多伦县	249	152	97	10	2	8
乌拉盖管委会	86	58	28	9	7	2
阿拉善盟	**886**	**521**	**365**	**61**	**39**	**22**
阿拉善左旗	635	371	264	42	27	15
阿拉善右旗	132	72	60	11	6	5
额济纳旗	101	67	34	7	5	2
内蒙古阿拉善经济开发区	18	11	7	1	1	

1-11b 续表 3

单位：人

地 区	2019年12月			2020年1月		
	小计	男	女	小计	男	女
内蒙古	**2124**	**1318**	**806**	**2346**	**1438**	**908**
呼和浩特市	**104**	**58**	**46**	**134**	**86**	**48**
新城区						
回民区						
玉泉区						
赛罕区	5	2	3	5	3	2
土默特左旗	25	12	13	37	24	13
托克托县	19	15	4	36	23	13
和林格尔县	15	6	9	20	9	11
清水河县	13	7	6	11	8	3
武川县	15	11	4	16	12	4
呼和浩特经济技术开发区	12	5	7	9	7	2
包头市	**117**	**69**	**48**	**97**	**61**	**36**
东河区	8	6	2	8	5	3
昆都仑区						
青山区						
石拐区				1		1
白云鄂博矿区						
九原区	2		2	4	3	1
土默特右旗	34	20	14	23	13	10
固阳县	11	6	5	14	8	6
达尔罕茂明安联合旗	13	8	5	10	7	3
包头稀土高新技术产业开发区	49	29	20	37	25	12
乌海市	**15**	**9**	**6**	**14**	**8**	**6**
海勃湾区	2	1	1	1	1	
海南区	10	6	4	7	5	2
乌达区	3	2	1	6	2	4
赤峰市	**253**	**150**	**103**	**301**	**193**	**108**
红山区	7	4	3	5	3	2
元宝山区	17	14	3	14	8	6
松山区	18	13	5	20	14	6
阿鲁科尔沁旗	28	10	18	31	20	11
巴林左旗	27	15	12	34	20	14
巴林右旗	15	13	2	23	14	9
林西县	12	11	1	17	15	2
克什克腾旗	13	9	4	25	16	9
翁牛特旗	25	14	11	19	14	5
喀喇沁旗	31	14	17	40	27	13
宁城县	40	21	19	45	30	15
敖汉旗	20	12	8	28	12	16

1-11b 续表 4

单位：人

地区	2019年12月			2020年1月		
	小计	男	女	小计	男	女
通辽市	**291**	**173**	**118**	**279**	**171**	**108**
科尔沁区	29	20	9	28	13	15
科尔沁左翼中旗	54	33	21	41	25	16
科尔沁左翼后旗	51	36	15	44	28	16
开鲁县	57	29	28	45	30	15
库伦旗	11	5	6	17	8	9
奈曼旗	34	20	14	42	24	18
扎鲁特旗	33	18	15	32	25	7
通辽经济技术开发区	21	12	9	29	18	11
霍林郭勒市	1		1	1		1
鄂尔多斯市	**136**	**93**	**43**	**176**	**108**	**68**
东胜区	3	1	2	6	5	1
康巴什区						
达拉特旗	31	24	7	49	27	22
准格尔旗	40	27	13	43	28	15
鄂托克前旗	5	4	1	6	6	
鄂托克旗	17	5	12	25	14	11
杭锦旗	12	9	3	11	7	4
乌审旗	6	6		13	5	8
伊金霍洛旗	22	17	5	23	16	7
呼伦贝尔市	**549**	**341**	**208**	**603**	**347**	**256**
海拉尔区	1	1		3	1	2
扎赉诺尔区	11	6	5	5	2	3
阿荣旗	56	37	19	71	41	30
莫力达瓦达斡尔族自治旗	28	21	7	40	26	14
鄂伦春自治旗	110	64	46	157	77	80
鄂温克族自治旗	81	48	33	82	50	32
陈巴尔虎旗	43	25	18	29	17	12
新巴尔虎左旗	12	6	6	10	4	6
新巴尔虎右旗	9	9		4	3	1
满洲里市	6	3	3	4	3	1
牙克石市	108	69	39	118	76	42
扎兰屯市	36	24	12	29	18	11
额尔古纳市	8	6	2	11	6	5
根河市	40	22	18	40	23	17
巴彦淖尔市	**186**	**123**	**63**	**203**	**128**	**75**
临河区	11	6	5	12	11	1
五原县	39	28	11	30	20	10
磴口县	35	24	11	39	28	11
乌拉特前旗	39	25	14	54	31	23
乌拉特中旗	22	18	4	20	10	10
乌拉特后旗	9	5	4	9	7	2
杭锦后旗	31	17	14	39	21	18

1-11b 续表 5　　单位：人

地区	2019年12月			2020年1月		
	小计	男	女	小计	男	女
乌兰察布市	**124**	**91**	**33**	**180**	**125**	**55**
集宁区	1	1		2	2	
卓资县	17	12	5	24	17	7
化德县	6	5	1	7	5	2
商都县	13	10	3	14	12	2
兴和县	25	19	6	26	15	11
凉城县	11	7	4	13	11	2
察哈尔右翼前旗	19	14	5	49	33	16
察哈尔右翼中旗	9	6	3	8	8	
察哈尔右翼后旗	11	8	3	10	7	3
四子王旗	10	7	3	21	12	9
丰镇市	2	2		6	3	3
兴安盟	**162**	**103**	**59**	**156**	**86**	**70**
乌兰浩特市	6	3	3	6	5	1
阿尔山市	9	5	4	7	5	2
科尔沁右翼前旗	28	21	7	28	15	13
科尔沁右翼中旗	46	30	16	41	17	24
扎赉特旗	34	18	16	35	20	15
突泉县	39	26	13	39	24	15
锡林郭勒盟	**114**	**69**	**45**	**118**	**75**	**43**
二连浩特市						
锡林浩特市	2	1	1			
阿巴嘎旗	7	6	1	7	3	4
苏尼特左旗	11	7	4	4	3	1
苏尼特右旗	12	8	4	18	9	9
东乌珠穆沁旗	17	12	5	7	4	3
西乌珠穆沁旗	14	6	8	22	17	5
太仆寺旗	11	5	6	19	14	5
镶黄旗	6	3	3	2	1	1
正镶白旗	4	3	1	5	1	4
正蓝旗	7	4	3	5	2	3
多伦县	17	11	6	23	17	6
乌拉盖管委会	6	3	3	6	4	2
阿拉善盟	**73**	**39**	**34**	**85**	**50**	**35**
阿拉善左旗	52	28	24	57	35	22
阿拉善右旗	7	3	4	14	7	7
额济纳旗	13	8	5	11	6	5
内蒙古阿拉善经济开发区	1		1	3	2	1

1-11b 续表 6

单位：人

地 区	2020年2月			2020年3月			2020年4月		
	小计	男	女	小计	男	女	小计	男	女
内蒙古	**2534**	**1524**	**1010**	**2750**	**1666**	**1084**	**2602**	**1553**	**1049**
呼和浩特市	**167**	**103**	**64**	**160**	**90**	**70**	**150**	**92**	**58**
新城区									
回民区									
玉泉区									
赛罕区	3	2	1	4	1	3	5	2	3
土默特左旗	46	26	20	42	23	19	27	18	9
托克托县	34	22	12	30	13	17	31	19	12
和林格尔县	26	14	12	32	24	8	24	16	8
清水河县	17	14	3	20	13	7	21	13	8
武川县	25	15	10	24	11	13	29	14	15
呼和浩特经济技术开发区	16	10	6	8	5	3	13	10	3
包头市	**168**	**91**	**77**	**149**	**89**	**60**	**112**	**65**	**47**
东河区	8	5	3	8	5	3	7	4	3
昆都仑区									
青山区	2	1	1				1	1	
石拐区				1	1				
白云鄂博矿区									
九原区	6	1	5	6	4	2	5	4	1
土默特右旗	64	38	26	42	25	17	28	14	14
固阳县	14	7	7	19	11	8	11	6	5
达尔罕茂明安联合旗	13	5	8	8	4	4	15	8	7
包头稀土高新技术产业开发区	61	34	27	65	39	26	45	28	17
乌海市	**6**	**3**	**3**	**16**	**8**	**8**	**10**	**8**	**2**
海勃湾区	2		2	4	4		2	2	
海南区	2	2		9	3	6	5	4	1
乌达区	2	1	1	3	1	2	3	2	1
赤峰市	**343**	**196**	**147**	**348**	**192**	**156**	**350**	**210**	**140**
红山区	12	5	7	8	4	4	21	14	7
元宝山区	19	8	11	23	11	12	19	11	8
松山区	14	4	10	22	12	10	21	12	9
阿鲁科尔沁旗	38	21	17	38	18	20	39	23	16
巴林左旗	48	29	19	32	20	12	34	25	9
巴林右旗	23	11	12	19	12	7	18	9	9
林西县	22	14	8	18	12	6	20	13	7
克什克腾旗	24	16	8	25	15	10	34	22	12
翁牛特旗	34	18	16	34	19	15	30	21	9
喀喇沁旗	39	25	14	40	23	17	30	13	17
宁城县	40	27	13	45	23	22	45	22	23
敖汉旗	30	18	12	44	23	21	39	25	14

1-11b　续表 7　　单位：人

地　区	2020年2月			2020年3月			2020年4月		
	小计	男	女	小计	男	女	小计	男	女
通辽市	**313**	**174**	**139**	**334**	**218**	**116**	**321**	**189**	**132**
科尔沁区	32	22	10	41	29	12	27	16	11
科尔沁左翼中旗	50	32	18	42	27	15	42	27	15
科尔沁左翼后旗	38	16	22	51	32	19	50	24	26
开鲁县	42	24	18	48	34	14	66	40	26
库伦旗	15	5	10	22	11	11	22	14	8
奈曼旗	52	32	20	43	29	14	30	17	13
扎鲁特旗	56	29	27	52	33	19	47	31	16
通辽经济技术开发区	28	14	14	34	22	12	36	20	16
霍林郭勒市				1	1		1		1
鄂尔多斯市	**195**	**127**	**68**	**216**	**129**	**87**	**235**	**161**	**74**
东胜区	12	10	2	8	5	3	11	5	6
康巴什区									
达拉特旗	54	35	19	57	36	21	44	32	12
准格尔旗	45	30	15	42	29	13	56	40	16
鄂托克前旗	7	6	1	9	4	5	12	9	3
鄂托克旗	26	15	11	27	12	15	42	28	14
杭锦旗	15	8	7	23	13	10	19	13	6
乌审旗	9	7	2	15	9	6	16	11	5
伊金霍洛旗	27	16	11	35	21	14	35	23	12
呼伦贝尔市	**538**	**330**	**208**	**617**	**366**	**251**	**574**	**327**	**247**
海拉尔区	1		1	3	2	1	1	1	
扎赉诺尔区	7	6	1	6	5	1	10	4	6
阿荣旗	61	39	22	59	40	19	59	38	21
莫力达瓦达斡尔族自治旗	36	22	14	51	30	21	42	22	20
鄂伦春自治旗	136	82	54	140	78	62	143	83	60
鄂温克族自治旗	58	36	22	64	30	34	59	32	27
陈巴尔虎旗	32	19	13	34	26	8	20	11	9
新巴尔虎左旗	6	2	4	15	14	1	12	9	3
新巴尔虎右旗	3		3	4	1	3	4	2	2
满洲里市	5	4	1	2		2	7	6	1
牙克石市	103	63	40	131	70	61	123	68	55
扎兰屯市	35	23	12	35	22	13	33	19	14
额尔古纳市	15	8	7	20	15	5	14	10	4
根河市	40	26	14	53	33	20	47	22	25
巴彦淖尔市	**215**	**140**	**75**	**232**	**145**	**87**	**226**	**134**	**92**
临河区	16	10	6	14	8	6	10	7	3
五原县	39	27	12	38	29	9	36	24	12
磴口县	26	16	10	23	14	9	40	26	14
乌拉特前旗	50	37	13	59	36	23	50	28	22
乌拉特中旗	24	14	10	24	15	9	30	16	14
乌拉特后旗	16	13	3	18	11	7	12	5	7
杭锦后旗	44	23	21	56	32	24	48	28	20

1-11b 续表 8

单位：人

地 区	2020年2月			2020年3月			2020年4月		
	小计	男	女	小计	男	女	小计	男	女
乌兰察布市	**218**	**142**	**76**	**237**	**144**	**93**	**228**	**129**	**99**
集宁区	3	3		4	3	1	2		2
卓资县	14	10	4	16	9	7	29	17	12
化德县	4	2	2	11	7	4	8	6	2
商都县	33	25	8	34	19	15	20	11	9
兴和县	44	28	16	41	23	18	43	21	22
凉城县	14	11	3	22	16	6	12	7	5
察哈尔右翼前旗	45	31	14	36	21	15	42	20	22
察哈尔右翼中旗	13	7	6	13	10	3	22	13	9
察哈尔右翼后旗	23	15	8	24	12	12	12	10	2
四子王旗	19	7	12	28	19	9	35	22	13
丰镇市	6	3	3	8	5	3	3	2	1
兴安盟	**174**	**99**	**75**	**199**	**127**	**72**	**190**	**117**	**73**
乌兰浩特市	4	3	1	5	3	2	16	8	8
阿尔山市	13	5	8	8	4	4	9	5	4
科尔沁右翼前旗	38	21	17	49	33	16	33	20	13
科尔沁右翼中旗	41	21	20	55	31	24	41	24	17
扎赉特旗	45	23	22	44	29	15	57	40	17
突泉县	33	26	7	38	27	11	34	20	14
锡林郭勒盟	**131**	**80**	**51**	**160**	**109**	**51**	**138**	**83**	**55**
二连浩特市	1		1						
锡林浩特市	2	2					1	1	
阿巴嘎旗	8	4	4	11	9	2	9	4	5
苏尼特左旗	7	4	3	12	10	2	5	2	3
苏尼特右旗	15	9	6	35	20	15	23	17	6
东乌珠穆沁旗	7	5	2	9	6	3	9	6	3
西乌珠穆沁旗	24	16	8	27	19	8	27	16	11
太仆寺旗	18	11	7	15	13	2	16	10	6
镶黄旗	13	8	5	7	4	3	5	4	1
正镶白旗	9	5	4	10	8	2	7	5	2
正蓝旗	4	2	2	7	6	1	9	4	5
多伦县	21	12	9	25	13	12	21	11	10
乌拉盖管委会	2	2		2	1	1	6	3	3
阿拉善盟	**66**	**39**	**27**	**82**	**49**	**33**	**68**	**38**	**30**
阿拉善左旗	52	29	23	60	33	27	46	23	23
阿拉善右旗	8	5	3	13	9	4	10	5	5
额济纳旗	6	5	1	9	7	2	9	8	1
内蒙古阿拉善经济开发区							3	2	1

1-11b　续表 9

单位：人

地　区	2020年5月			2020年6月			2020年7月		
	小计	男	女	小计	男	女	小计	男	女
内蒙古	**2831**	**1703**	**1128**	**2642**	**1663**	**979**	**2694**	**1674**	**1020**
呼和浩特市	**182**	**112**	**70**	**159**	**104**	**55**	**160**	**101**	**59**
新城区				2	2				
回民区									
玉泉区									
赛罕区	5	3	2	6	6		3	3	
土默特左旗	35	22	13	36	23	13	38	25	13
托克托县	38	22	16	36	24	12	17	10	7
和林格尔县	31	21	10	32	22	10	29	18	11
清水河县	18	13	5	11	5	6	19	15	4
武川县	36	22	14	22	12	10	40	21	19
呼和浩特经济技术开发区	19	9	10	14	10	4	14	9	5
包头市	**168**	**89**	**79**	**143**	**88**	**55**	**126**	**71**	**55**
东河区	14	10	4	10	8	2	7	5	2
昆都仑区									
青山区									
石拐区	2	1	1	5	4	1	1	1	
白云鄂博矿区									
九原区	11	5	6	5	2	3	7	4	3
土默特右旗	46	22	24	52	31	21	41	23	18
固阳县	20	15	5	10	8	2	14	7	7
达尔罕茂明安联合旗	18	6	12	12	7	5	6	3	3
包头稀土高新技术产业开发区	57	30	27	49	28	21	50	28	22
乌海市	**12**	**6**	**6**	**10**	**7**	**3**	**8**	**5**	**3**
海勃湾区				1	1		1		1
海南区	8	4	4	5	4	1	2	1	1
乌达区	4	2	2	4	2	2	5	4	1
赤峰市	**413**	**235**	**178**	**336**	**220**	**116**	**341**	**215**	**126**
红山区	8	6	2	7	5	2	10	7	3
元宝山区	16	10	6	28	22	6	16	6	10
松山区	17	9	8	21	12	9	12	5	7
阿鲁科尔沁旗	35	14	21	27	18	9	37	26	11
巴林左旗	48	30	18	33	21	12	34	23	11
巴林右旗	28	12	16	28	18	10	24	13	11
林西县	43	22	21	24	18	6	33	21	12
克什克腾旗	42	27	15	39	24	15	32	23	9
翁牛特旗	43	22	21	29	18	11	37	22	15
喀喇沁旗	32	18	14	24	18	6	30	20	10
宁城县	49	27	22	40	23	17	37	27	10
敖汉旗	52	38	14	36	23	13	39	22	17

1-11b 续表 10

单位：人

地 区	2020年5月			2020年6月			2020年7月		
	小计	男	女	小计	男	女	小计	男	女
通辽市	**317**	**195**	**122**	**306**	**184**	**122**	**325**	**193**	**132**
科尔沁区	29	20	9	26	18	8	29	21	8
科尔沁左翼中旗	62	40	22	47	30	17	56	31	25
科尔沁左翼后旗	41	28	13	57	33	24	62	32	30
开鲁县	46	31	15	51	30	21	45	25	20
库伦旗	20	9	11	14	9	5	15	12	3
奈曼旗	57	35	22	39	23	16	41	22	19
扎鲁特旗	38	15	23	40	22	18	50	36	14
通辽经济技术开发区	24	17	7	30	17	13	25	12	13
霍林郭勒市				2	2		2	2	
鄂尔多斯市	**253**	**161**	**92**	**231**	**148**	**83**	**209**	**139**	**70**
东胜区	10	7	3	14	9	5	8	5	3
康巴什区									
达拉特旗	53	36	17	46	29	17	45	27	18
准格尔旗	62	39	23	50	33	17	53	39	14
鄂托克前旗	15	8	7	14	11	3	7	5	2
鄂托克旗	33	21	12	26	15	11	27	22	5
杭锦旗	20	16	4	17	13	4	19	12	7
乌审旗	14	7	7	16	14	2	18	13	5
伊金霍洛旗	46	27	19	48	24	24	32	16	16
呼伦贝尔市	**608**	**373**	**235**	**596**	**339**	**257**	**587**	**353**	**234**
海拉尔区	1	1		5	4	1	2	1	1
扎赉诺尔区	8	3	5	9	8	1	6	5	1
阿荣旗	57	35	22	57	36	21	54	31	23
莫力达瓦达斡尔族自治旗	46	31	15	49	28	21	40	26	14
鄂伦春自治旗	151	96	55	150	87	63	150	94	56
鄂温克族自治旗	71	42	29	59	30	29	77	53	24
陈巴尔虎旗	27	19	8	26	14	12	28	14	14
新巴尔虎左旗	13	7	6	7	6	1	11	7	4
新巴尔虎右旗	11	6	5	11	6	5	10	5	5
满洲里市	4	4		3	3		2	1	1
牙克石市	124	78	46	135	71	64	111	62	49
扎兰屯市	38	22	16	34	19	15	31	19	12
额尔古纳市	14	4	10	12	2	10	11	8	3
根河市	43	25	18	39	25	14	54	27	27
巴彦淖尔市	**212**	**135**	**77**	**211**	**136**	**75**	**240**	**147**	**93**
临河区	12	7	5	11	4	7	12	7	5
五原县	44	26	18	39	23	16	44	25	19
磴口县	26	14	12	35	28	7	26	18	8
乌拉特前旗	61	42	19	42	31	11	55	34	21
乌拉特中旗	17	13	4	28	14	14	26	16	10
乌拉特后旗	13	9	4	5	1	4	13	10	3
杭锦后旗	39	24	15	51	35	16	64	37	27

1-11b　续表 11　　　　单位：人

地　区	2020年5月			2020年6月			2020年7月		
	小计	男	女	小计	男	女	小计	男	女
乌兰察布市	**235**	**159**	**76**	**237**	**160**	**77**	**255**	**164**	**91**
集宁区	4	4		2	1	1	3	1	2
卓资县	25	14	11	23	16	7	25	9	16
化德县	14	12	2	16	10	6	8	5	3
商都县	28	16	12	27	19	8	38	26	12
兴和县	42	26	16	36	29	7	39	28	11
凉城县	18	14	4	21	18	3	26	21	5
察哈尔右翼前旗	43	31	12	49	26	23	50	29	21
察哈尔右翼中旗	8	6	2	17	10	7	15	7	8
察哈尔右翼后旗	13	7	6	16	10	6	15	10	5
四子王旗	33	22	11	22	13	9	30	23	7
丰镇市	7	7		8	8		6	5	1
兴安盟	**200**	**102**	**98**	**194**	**126**	**68**	**186**	**126**	**60**
乌兰浩特市	11	5	6	10	3	7	8	3	5
阿尔山市	13	8	5	8	4	4	7	5	2
科尔沁右翼前旗	26	15	11	47	37	10	40	28	12
科尔沁右翼中旗	61	27	34	57	39	18	48	37	11
扎赉特旗	49	23	26	43	24	19	51	35	16
突泉县	40	24	16	29	19	10	32	18	14
锡林郭勒盟	**160**	**97**	**63**	**159**	**113**	**46**	**182**	**117**	**65**
二连浩特市				1	1				
锡林浩特市				1		1	1		1
阿巴嘎旗	13	8	5	13	6	7	22	13	9
苏尼特左旗	17	10	7	7	5	2	14	10	4
苏尼特右旗	27	15	12	24	18	6	23	16	7
东乌珠穆沁旗	8	4	4	16	13	3	19	13	6
西乌珠穆沁旗	29	18	11	36	28	8	33	20	13
太仆寺旗	22	12	10	20	12	8	16	9	7
镶黄旗	7	4	3	3	3		8	6	2
正镶白旗	4	3	1	9	6	3	7	3	4
正蓝旗	11	7	4	8	6	2	10	7	3
多伦县	18	14	4	15	11	4	18	14	4
乌拉盖管委会	4	2	2	6	4	2	11	6	5
阿拉善盟	**71**	**39**	**32**	**60**	**38**	**22**	**75**	**43**	**32**
阿拉善左旗	52	30	22	47	32	15	50	28	22
阿拉善右旗	11	5	6	10	5	5	13	7	6
额济纳旗	5	3	2	3	1	2	11	8	3
内蒙古阿拉善经济开发区	3	1	2				1		1

1－11b 续表 12

单位：人

地区	2020年8月			2020年9月			2020年10月		
	小计	男	女	小计	男	女	小计	男	女
内蒙古	**2735**	**1701**	**1034**	**2839**	**1770**	**1069**	**3697**	**2231**	**1466**
呼和浩特市	**146**	**83**	**63**	**177**	**115**	**62**	**207**	**123**	**84**
新城区				1	1				
回民区									
玉泉区									
赛罕区	5	2	3	7	5	2	13	4	9
土默特左旗	31	19	12	42	24	18	42	25	17
托克托县	15	9	6	28	20	8	46	25	21
和林格尔县	37	20	17	23	15	8	41	23	18
清水河县	17	11	6	16	9	7	20	15	5
武川县	25	14	11	39	24	15	30	18	12
呼和浩特经济技术开发区	16	8	8	21	17	4	15	13	2
包头市	**163**	**95**	**68**	**153**	**96**	**57**	**196**	**119**	**77**
东河区	12	6	6	8	4	4	7	4	3
昆都仑区									
青山区									
石拐区	1	1		1	1		2	2	
白云鄂博矿区									
九原区	10	7	3	7	5	2	6	3	3
土默特右旗	50	29	21	44	28	16	61	39	22
固阳县	15	6	9	18	9	9	24	13	11
达尔罕茂明安联合旗	15	11	4	26	18	8	30	15	15
包头稀土高新技术产业开发区	60	35	25	49	31	18	66	43	23
乌海市	**13**	**8**	**5**	**8**	**3**	**5**	**19**	**15**	**4**
海勃湾区	2	2					5	4	1
海南区	9	4	5	8	3	5	11	9	2
乌达区	2	2					3	2	1
赤峰市	**346**	**201**	**145**	**358**	**210**	**148**	**521**	**341**	**180**
红山区	6	4	2	13	6	7	9	5	4
元宝山区	22	14	8	22	15	7	32	20	12
松山区	15	7	8	11	8	3	32	21	11
阿鲁科尔沁旗	42	25	17	33	18	15	49	31	18
巴林左旗	44	26	18	32	19	13	41	28	13
巴林右旗	16	7	9	29	19	10	33	21	12
林西县	26	20	6	25	13	12	51	27	24
克什克腾旗	39	19	20	33	20	13	41	30	11
翁牛特旗	31	17	14	42	24	18	50	30	20
喀喇沁旗	30	16	14	27	15	12	53	37	16
宁城县	35	21	14	54	34	20	75	54	21
敖汉旗	40	25	15	37	19	18	55	37	18

1-11b　续表 13　　单位：人

地　区	2020年8月			2020年9月			2020年10月		
	小计	男	女	小计	男	女	小计	男	女
通辽市	**331**	**205**	**126**	**349**	**213**	**136**	**405**	**222**	**183**
科尔沁区	23	14	9	31	14	17	42	24	18
科尔沁左翼中旗	52	32	20	52	30	22	53	24	29
科尔沁左翼后旗	50	24	26	48	30	18	67	38	29
开鲁县	73	48	25	67	44	23	70	38	32
库伦旗	24	19	5	23	16	7	27	16	11
奈曼旗	36	22	14	43	28	15	43	24	19
扎鲁特旗	36	21	15	53	34	19	54	31	23
通辽经济技术开发区	36	25	11	32	17	15	48	26	22
霍林郭勒市	1		1				1	1	
鄂尔多斯市	**244**	**169**	**75**	**209**	**124**	**85**	**328**	**204**	**124**
东胜区	11	6	5	4	2	2	15	6	9
康巴什区									
达拉特旗	42	28	14	44	27	17	74	49	25
准格尔旗	60	43	17	52	30	22	76	51	25
鄂托克前旗	11	8	3	10	6	4	17	12	5
鄂托克旗	32	18	14	39	23	16	57	35	22
杭锦旗	21	16	5	14	9	5	25	15	10
乌审旗	15	11	4	15	7	8	16	8	8
伊金霍洛旗	52	39	13	31	20	11	48	28	20
呼伦贝尔市	**609**	**379**	**230**	**617**	**383**	**234**	**706**	**407**	**299**
海拉尔区	1	1		1	1		2	1	1
扎赉诺尔区	11	10	1	6	4	2	19	14	5
阿荣旗	50	26	24	52	32	20	76	48	28
莫力达瓦达斡尔族自治旗	52	26	26	47	30	17	60	38	22
鄂伦春自治旗	163	110	53	135	81	54	182	102	80
鄂温克族自治旗	61	43	18	82	46	36	52	28	24
陈巴尔虎旗	21	10	11	23	17	6	33	20	13
新巴尔虎左旗	13	8	5	12	7	5	20	10	10
新巴尔虎右旗	14	11	3	9	7	2	10	3	7
满洲里市	7	4	3	7	2	5	7	5	2
牙克石市	122	75	47	149	86	63	146	89	57
扎兰屯市	36	22	14	28	20	8	40	20	20
额尔古纳市	11	6	5	13	8	5	8	5	3
根河市	47	27	20	53	42	11	51	24	27
巴彦淖尔市	**245**	**153**	**92**	**229**	**143**	**86**	**332**	**211**	**121**
临河区	9	6	3	12	9	3	16	10	6
五原县	35	21	14	34	22	12	48	30	18
磴口县	32	24	8	22	14	8	59	37	22
乌拉特前旗	63	31	32	68	39	29	76	41	35
乌拉特中旗	32	25	7	34	21	13	41	33	8
乌拉特后旗	19	17	2	13	11	2	23	15	8
杭锦后旗	55	29	26	46	27	19	69	45	24

1－11b 续表 14

单位：人

地　区	2020年8月			2020年9月			2020年10月		
	小计	男	女	小计	男	女	小计	男	女
乌兰察布市	**214**	**130**	**84**	**296**	**212**	**84**	**349**	**201**	**148**
集宁区	8	4	4	7	6	1	1	1	
卓资县	20	13	7	27	21	6	29	18	11
化德县	17	14	3	17	11	6	26	9	17
商都县	13	7	6	28	18	10	38	20	18
兴和县	29	20	9	62	44	18	53	27	26
凉城县	15	8	7	24	20	4	39	25	14
察哈尔右翼前旗	38	26	12	42	28	14	59	33	26
察哈尔右翼中旗	12	7	5	18	13	5	25	17	8
察哈尔右翼后旗	17	7	10	21	14	7	30	20	10
四子王旗	35	20	15	40	31	9	41	26	15
丰镇市	10	4	6	10	6	4	8	5	3
兴安盟	**179**	**111**	**68**	**177**	**107**	**70**	**274**	**171**	**103**
乌兰浩特市	7	5	2	9	6	3	9	4	5
阿尔山市	6	3	3	11	7	4	7	4	3
科尔沁右翼前旗	46	32	14	45	28	17	57	37	20
科尔沁右翼中旗	36	25	11	39	25	14	73	47	26
扎赉特旗	48	21	27	48	27	21	75	44	31
突泉县	36	25	11	25	14	11	53	35	18
锡林郭勒盟	**184**	**130**	**54**	**193**	**119**	**74**	**249**	**152**	**97**
二连浩特市							1		1
锡林浩特市				3	3		1		1
阿巴嘎旗	13	6	7	9	4	5	22	13	9
苏尼特左旗	9	6	3	13	9	4	10	6	4
苏尼特右旗	27	20	7	26	16	10	33	18	15
东乌珠穆沁旗	10	10		16	10	6	15	6	9
西乌珠穆沁旗	42	32	10	29	22	7	31	19	12
太仆寺旗	29	19	10	28	11	17	32	21	11
镶黄旗	13	8	5	4	4		13	9	4
正镶白旗	6	4	2	15	11	4	19	13	6
正蓝旗	9	7	2	12	8	4	21	13	8
多伦县	16	10	6	27	13	14	38	24	14
乌拉盖管委会	10	8	2	11	8	3	13	10	3
阿拉善盟	**61**	**37**	**24**	**73**	**45**	**28**	**111**	**65**	**46**
阿拉善左旗	44	27	17	56	31	25	77	48	29
阿拉善右旗	10	5	5	8	6	2	17	9	8
额济纳旗	6	4	2	6	5	1	15	7	8
内蒙古阿拉善经济开发区	1	1		3	3		2	1	1

1-11c　各地区分性别、月份的死亡人口(2019.11.1—2020.10.31)(乡村)

单位：人

地　区	死亡人口			2019年11月		
	合计	男	女	小计	男	女
内蒙古	**73361**	**44601**	**28760**	**4810**	**2966**	**1844**
呼和浩特市	**5107**	**3110**	**1997**	**281**	**173**	**108**
新城区	87	54	33	7	5	2
回民区	9	6	3	1	1	
玉泉区	139	76	63	6	4	2
赛罕区	540	325	215	33	19	14
土默特左旗	1571	929	642	88	50	38
托克托县	816	495	321	48	29	19
和林格尔县	813	520	293	51	36	15
清水河县	473	300	173	16	10	6
武川县	659	405	254	31	19	12
呼和浩特经济技术开发区						
包头市	**3270**	**2024**	**1246**	**191**	**117**	**74**
东河区	356	221	135	21	15	6
昆都仑区	65	34	31	4	2	2
青山区	95	57	38	6	2	4
石拐区	124	69	55	6	3	3
白云鄂博矿区						
九原区	256	163	93	17	11	6
土默特右旗	1244	764	480	58	34	24
固阳县	713	455	258	50	36	14
达尔罕茂明安联合旗	377	237	140	27	13	14
包头稀土高新技术产业开发区	40	24	16	2	1	1
乌海市	**227**	**150**	**77**	**18**	**12**	**6**
海勃湾区	85	60	25	4	4	
海南区	142	90	52	14	8	6
乌达区						
赤峰市	**17477**	**10419**	**7058**	**1107**	**650**	**457**
红山区	130	78	52	7	3	4
元宝山区	796	458	338	50	19	31
松山区	2209	1282	927	145	87	58
阿鲁科尔沁旗	1300	783	517	110	59	51
巴林左旗	1857	1138	719	124	72	52
巴林右旗	660	373	287	47	25	22
林西县	773	472	301	39	26	13
克什克腾旗	908	561	347	50	31	19
翁牛特旗	1698	1017	681	88	54	34
喀喇沁旗	1473	886	587	96	62	34
宁城县	2987	1768	1219	185	112	73
敖汉旗	2686	1603	1083	166	100	66

1-11c 续表 1

单位：人

地 区	死亡人口			2019年11月		
	合计	男	女	小计	男	女
通辽市	**12157**	**7162**	**4995**	**860**	**508**	**352**
科尔沁区	2254	1327	927	159	97	62
科尔沁左翼中旗	2339	1401	938	164	94	70
科尔沁左翼后旗	1752	1041	711	124	76	48
开鲁县	1799	989	810	131	72	59
库伦旗	636	370	266	39	23	16
奈曼旗	2073	1236	837	159	87	72
扎鲁特旗	1035	649	386	71	51	20
通辽经济技术开发区	231	131	100	13	8	5
霍林郭勒市	38	18	20			
鄂尔多斯市	**4008**	**2419**	**1589**	**210**	**136**	**74**
东胜区						
康巴什区						
达拉特旗	1224	755	469	75	50	25
准格尔旗	942	563	379	46	34	12
鄂托克前旗	226	131	95	10	3	7
鄂托克旗	172	106	66	7	4	3
杭锦旗	572	340	232	33	21	12
乌审旗	393	227	166	19	13	6
伊金霍洛旗	479	297	182	20	11	9
呼伦贝尔市	**6278**	**3942**	**2336**	**500**	**338**	**162**
海拉尔区	81	44	37	7	3	4
扎赉诺尔区						
阿荣旗	1450	922	528	121	87	34
莫力达瓦达斡尔族自治旗	1564	1011	553	126	92	34
鄂伦春自治旗	343	213	130	26	15	11
鄂温克族自治旗	361	215	146	28	15	13
陈巴尔虎旗	149	84	65	14	7	7
新巴尔虎左旗	205	124	81	16	9	7
新巴尔虎右旗	158	98	60	12	8	4
满洲里市						
牙克石市	259	167	92	18	14	4
扎兰屯市	1589	988	601	116	77	39
额尔古纳市	115	75	40	16	11	5
根河市	4	1	3			
巴彦淖尔市	**5483**	**3370**	**2113**	**350**	**226**	**124**
临河区	1394	892	502	88	60	28
五原县	1074	658	416	79	55	24
磴口县	287	161	126	8	2	6
乌拉特前旗	986	575	411	60	39	21
乌拉特中旗	431	276	155	27	16	11
乌拉特后旗	127	77	50	5	3	2
杭锦后旗	1184	731	453	83	51	32

1-11c　续表 2　　单位：人

地　区	死亡人口			2019年11月		
	合计	男	女	小计	男	女
乌兰察布市	**9820**	**6192**	**3628**	**648**	**412**	**236**
集宁区	349	221	128	18	10	8
卓资县	1060	681	379	91	62	29
化德县	642	397	245	44	26	18
商都县	1382	857	525	94	54	40
兴和县	1032	672	360	74	46	28
凉城县	1016	644	372	72	54	18
察哈尔右翼前旗	826	525	301	56	35	21
察哈尔右翼中旗	793	517	276	40	26	14
察哈尔右翼后旗	825	492	333	59	32	27
四子王旗	767	491	276	37	26	11
丰镇市	1128	695	433	63	41	22
兴安盟	**6336**	**3796**	**2540**	**438**	**255**	**183**
乌兰浩特市	399	260	139	25	13	12
阿尔山市	39	29	10	3	2	1
科尔沁右翼前旗	1977	1212	765	125	83	42
科尔沁右翼中旗	842	484	358	57	28	29
扎赉特旗	1662	984	678	112	61	51
突泉县	1417	827	590	116	68	48
锡林郭勒盟	**2748**	**1741**	**1007**	**167**	**115**	**52**
二连浩特市	3	3				
锡林浩特市	107	70	37	2	2	
阿巴嘎旗	132	74	58	11	7	4
苏尼特左旗	135	74	61	4	2	2
苏尼特右旗	124	74	50	6	4	2
东乌珠穆沁旗	156	101	55	19	10	9
西乌珠穆沁旗	290	183	107	25	20	5
太仆寺旗	787	519	268	45	29	16
镶黄旗	79	52	27	6	4	2
正镶白旗	283	180	103	12	11	1
正蓝旗	293	187	106	19	16	3
多伦县	338	209	129	15	8	7
乌拉盖管委会	21	15	6	3	2	1
阿拉善盟	**450**	**276**	**174**	**40**	**24**	**16**
阿拉善左旗	316	195	121	28	17	11
阿拉善右旗	84	48	36	6	4	2
额济纳旗	42	28	14	4	1	3
内蒙古阿拉善经济开发区	8	5	3	2	2	

1－11c 续表 3

单位：人

地　区	2019年12月			2020年1月		
	小计	男	女	小计	男	女
内蒙古	**4909**	**2982**	**1927**	**5114**	**3050**	**2064**
呼和浩特市	**355**	**218**	**137**	**346**	**194**	**152**
新城区	9	4	5	7	6	1
回民区						
玉泉区	8	5	3	14	8	6
赛罕区	35	23	12	37	18	19
土默特左旗	123	70	53	120	62	58
托克托县	54	33	21	49	28	21
和林格尔县	66	46	20	48	30	18
清水河县	29	21	8	36	22	14
武川县	31	16	15	35	20	15
呼和浩特经济技术开发区						
包头市	**197**	**121**	**76**	**190**	**125**	**65**
东河区	18	11	7	20	15	5
昆都仑区	7	4	3	3	2	1
青山区	4	2	2	12	7	5
石拐区	2	2		9	5	4
白云鄂博矿区						
九原区	11	9	2	16	14	2
土默特右旗	77	46	31	76	47	29
固阳县	58	36	22	33	22	11
达尔罕茂明安联合旗	18	9	9	19	12	7
包头稀土高新技术产业开发区	2	2		2	1	1
乌海市	**16**	**11**	**5**	**13**	**8**	**5**
海勃湾区	6	5	1	8	4	4
海南区	10	6	4	5	4	1
乌达区						
赤峰市	**1171**	**713**	**458**	**1292**	**741**	**551**
红山区	8	7	1	12	8	4
元宝山区	52	35	17	57	28	29
松山区	154	91	63	174	97	77
阿鲁科尔沁旗	102	64	38	124	67	57
巴林左旗	137	77	60	140	79	61
巴林右旗	49	25	24	46	26	20
林西县	36	21	15	56	34	22
克什克腾旗	51	33	18	56	34	22
翁牛特旗	77	45	32	75	39	36
喀喇沁旗	90	56	34	110	63	47
宁城县	231	136	95	237	144	93
敖汉旗	184	123	61	205	122	83

1-11c　续表 4

单位：人

地　　区	2019年12月			2020年1月		
	小计	男	女	小计	男	女
通辽市	**970**	**546**	**424**	**919**	**529**	**390**
科尔沁区	200	112	88	159	82	77
科尔沁左翼中旗	198	119	79	161	100	61
科尔沁左翼后旗	134	83	51	130	68	62
开鲁县	139	80	59	141	76	65
库伦旗	46	20	26	48	30	18
奈曼旗	178	88	90	185	111	74
扎鲁特旗	57	34	23	75	47	28
通辽经济技术开发区	16	10	6	16	13	3
霍林郭勒市	2		2	4	2	2
鄂尔多斯市	**225**	**137**	**88**	**233**	**144**	**89**
东胜区						
康巴什区						
达拉特旗	66	43	23	68	47	21
准格尔旗	49	25	24	49	31	18
鄂托克前旗	17	11	6	13	10	3
鄂托克旗	12	7	5	13	9	4
杭锦旗	24	18	6	33	20	13
乌审旗	27	12	15	21	6	15
伊金霍洛旗	30	21	9	36	21	15
呼伦贝尔市	**496**	**316**	**180**	**421**	**264**	**157**
海拉尔区	10	7	3	7	7	
扎赉诺尔区						
阿荣旗	102	66	36	93	52	41
莫力达瓦达斡尔族自治旗	108	65	43	100	63	37
鄂伦春自治旗	26	18	8	19	13	6
鄂温克族自治旗	33	21	12	26	16	10
陈巴尔虎旗	12	6	6	10	6	4
新巴尔虎左旗	14	8	6	12	8	4
新巴尔虎右旗	7	4	3	7	5	2
满洲里市						
牙克石市	27	16	11	27	11	16
扎兰屯市	153	104	49	113	79	34
额尔古纳市	3	1	2	6	4	2
根河市	1		1	1		1
巴彦淖尔市	**312**	**196**	**116**	**386**	**236**	**150**
临河区	79	53	26	93	61	32
五原县	67	42	25	80	48	32
磴口县	19	11	8	21	10	11
乌拉特前旗	59	38	21	60	31	29
乌拉特中旗	23	12	11	29	19	10
乌拉特后旗	9	6	3	8	6	2
杭锦后旗	56	34	22	95	61	34

1－11c 续表 5

单位：人

地区	2019年12月			2020年1月		
	小计	男	女	小计	男	女
乌兰察布市	**570**	**358**	**212**	**647**	**424**	**223**
集宁区	28	16	12	29	22	7
卓资县	70	46	24	79	49	30
化德县	28	20	8	33	21	12
商都县	65	37	28	81	55	26
兴和县	66	46	20	58	40	18
凉城县	60	38	22	67	46	21
察哈尔右翼前旗	53	36	17	81	54	27
察哈尔右翼中旗	36	27	9	45	35	10
察哈尔右翼后旗	56	30	26	55	28	27
四子王旗	43	25	18	54	38	16
丰镇市	65	37	28	65	36	29
兴安盟	**418**	**266**	**152**	**456**	**252**	**204**
乌兰浩特市	26	17	9	30	18	12
阿尔山市	2	1	1	1	1	
科尔沁右翼前旗	144	91	53	145	78	67
科尔沁右翼中旗	56	37	19	67	40	27
扎赉特旗	97	63	34	104	56	48
突泉县	93	57	36	109	59	50
锡林郭勒盟	**151**	**84**	**67**	**165**	**104**	**61**
二连浩特市				1	1	
锡林浩特市	8	3	5	4	1	3
阿巴嘎旗	8	5	3	6	2	4
苏尼特左旗	8	4	4	10	4	6
苏尼特右旗	6	3	3	7	3	4
东乌珠穆沁旗	9	2	7	11	8	3
西乌珠穆沁旗	20	11	9	21	14	7
太仆寺旗	37	24	13	40	25	15
镶黄旗	3	3		4	3	1
正镶白旗	11	5	6	18	12	6
正蓝旗	22	11	11	18	13	5
多伦县	18	12	6	24	17	7
乌拉盖管委会	1	1		1	1	
阿拉善盟	**28**	**16**	**12**	**46**	**29**	**17**
阿拉善左旗	19	11	8	31	18	13
阿拉善右旗	5	2	3	9	7	2
额济纳旗	4	3	1	6	4	2
内蒙古阿拉善经济开发区						

1-11c　续表 6　　单位：人

地　区	2020年2月			2020年3月			2020年4月		
	小计	男	女	小计	男	女	小计	男	女
内蒙古	**5945**	**3559**	**2386**	**6690**	**3997**	**2693**	**6202**	**3852**	**2350**
呼和浩特市	**487**	**300**	**187**	**480**	**299**	**181**	**440**	**281**	**159**
新城区	14	9	5	9	3	6	6	4	2
回民区	2	2		2	2				
玉泉区	11	3	8	19	14	5	11	8	3
赛罕区	50	35	15	39	21	18	46	31	15
土默特左旗	167	109	58	151	85	66	132	82	50
托克托县	76	46	30	76	51	25	76	43	33
和林格尔县	80	46	34	79	54	25	72	54	18
清水河县	39	20	19	47	27	20	40	25	15
武川县	48	30	18	58	42	16	57	34	23
呼和浩特经济技术开发区									
包头市	**261**	**169**	**92**	**351**	**211**	**140**	**254**	**160**	**94**
东河区	37	23	14	46	29	17	28	13	15
昆都仑区	4	3	1	6	3	3	2	2	
青山区	12	11	1	8	4	4	14	8	6
石拐区	11	7	4	11	7	4	17	8	9
白云鄂博矿区									
九原区	25	20	5	21	13	8	11	5	6
土默特右旗	101	65	36	134	70	64	102	67	35
固阳县	45	27	18	64	47	17	57	40	17
达尔罕茂明安联合旗	22	13	9	57	36	21	20	14	6
包头稀土高新技术产业开发区	4		4	4	2	2	3	3	
乌海市	**11**	**9**	**2**	**21**	**13**	**8**	**17**	**11**	**6**
海勃湾区	6	5	1	5	4	1	7	5	2
海南区	5	4	1	16	9	7	10	6	4
乌达区									
赤峰市	**1463**	**835**	**628**	**1628**	**962**	**666**	**1547**	**946**	**601**
红山区	14	8	6	14	8	6	10	6	4
元宝山区	81	48	33	75	42	33	81	54	27
松山区	181	107	74	216	117	99	208	125	83
阿鲁科尔沁旗	105	63	42	109	69	40	110	73	37
巴林左旗	142	80	62	169	116	53	178	120	58
巴林右旗	55	32	23	71	43	28	49	23	26
林西县	69	37	32	73	42	31	62	41	21
克什克腾旗	68	39	29	72	42	30	83	54	29
翁牛特旗	129	75	54	154	88	66	141	86	55
喀喇沁旗	120	68	52	115	63	52	134	83	51
宁城县	248	142	106	276	156	120	273	145	128
敖汉旗	251	136	115	284	176	108	218	136	82

1－11c 续表 7

单位：人

地 区	2020年2月			2020年3月			2020年4月		
	小计	男	女	小计	男	女	小计	男	女
通辽市	**1008**	**579**	**429**	**1119**	**655**	**464**	**1028**	**603**	**425**
科尔沁区	155	84	71	236	137	99	173	102	71
科尔沁左翼中旗	212	120	92	210	117	93	202	119	83
科尔沁左翼后旗	141	78	63	162	103	59	141	79	62
开鲁县	150	70	80	138	79	59	163	97	66
库伦旗	62	39	23	52	29	23	59	35	24
奈曼旗	189	125	64	201	120	81	180	111	69
扎鲁特旗	75	45	30	103	59	44	94	52	42
通辽经济技术开发区	21	16	5	14	9	5	12	7	5
霍林郭勒市	3	2	1	3	2	1	4	1	3
鄂尔多斯市	**351**	**208**	**143**	**339**	**193**	**146**	**376**	**225**	**151**
东胜区									
康巴什区									
达拉特旗	111	66	45	90	57	33	125	72	53
准格尔旗	84	46	38	76	43	33	82	46	36
鄂托克前旗	13	8	5	19	8	11	30	19	11
鄂托克旗	13	9	4	17	8	9	15	12	3
杭锦旗	38	21	17	48	25	23	53	34	19
乌审旗	41	26	15	39	24	15	35	16	19
伊金霍洛旗	51	32	19	50	28	22	36	26	10
呼伦贝尔市	**466**	**307**	**159**	**541**	**319**	**222**	**496**	**316**	**180**
海拉尔区	10	4	6	5	1	4	8	4	4
扎赉诺尔区									
阿荣旗	130	89	41	140	82	58	114	76	38
莫力达瓦达斡尔族自治旗	100	70	30	133	82	51	151	108	43
鄂伦春自治旗	29	17	12	23	12	11	23	14	9
鄂温克族自治旗	25	15	10	32	18	14	25	15	10
陈巴尔虎旗	8	7	1	8	5	3	10	7	3
新巴尔虎左旗	12	7	5	16	8	8	13	7	6
新巴尔虎右旗	13	8	5	9	7	2	7	5	2
满洲里市									
牙克石市	16	13	3	23	16	7	20	10	10
扎兰屯市	114	70	44	146	86	60	116	67	49
额尔古纳市	8	6	2	6	2	4	9	3	6
根河市	1	1							
巴彦淖尔市	**455**	**262**	**193**	**494**	**306**	**188**	**456**	**293**	**163**
临河区	113	69	44	121	86	35	130	82	48
五原县	86	48	38	105	66	39	85	56	29
磴口县	17	10	7	26	17	9	18	10	8
乌拉特前旗	95	50	45	89	46	43	67	44	23
乌拉特中旗	35	22	13	37	20	17	32	22	10
乌拉特后旗	8	3	5	12	7	5	11	8	3
杭锦后旗	101	60	41	104	64	40	113	71	42

1-11c　续表 8　　　　单位：人

地　区	2020年2月			2020年3月			2020年4月		
	小计	男	女	小计	男	女	小计	男	女
乌兰察布市	**731**	**478**	**253**	**838**	**519**	**319**	**845**	**555**	**290**
集宁区	28	22	6	31	15	16	31	19	12
卓资县	103	70	33	90	50	40	83	52	31
化德县	45	27	18	50	32	18	62	45	17
商都县	91	63	28	111	76	35	101	60	41
兴和县	57	40	17	87	51	36	89	71	18
凉城县	87	57	30	83	56	27	95	62	33
察哈尔右翼前旗	54	34	20	57	36	21	70	44	26
察哈尔右翼中旗	50	28	22	70	43	27	68	43	25
察哈尔右翼后旗	73	37	36	71	50	21	71	46	25
四子王旗	45	27	18	73	45	28	77	54	23
丰镇市	98	73	25	115	65	50	98	59	39
兴安盟	**495**	**276**	**219**	**588**	**341**	**247**	**492**	**306**	**186**
乌兰浩特市	24	15	9	41	27	14	37	24	13
阿尔山市				4	3	1	5	4	1
科尔沁右翼前旗	150	84	66	169	100	69	139	82	57
科尔沁右翼中旗	83	46	37	86	48	38	59	34	25
扎赉特旗	112	62	50	157	92	65	146	98	48
突泉县	126	69	57	131	71	60	106	64	42
锡林郭勒盟	**185**	**118**	**67**	**245**	**152**	**93**	**224**	**138**	**86**
二连浩特市									
锡林浩特市	14	11	3	17	15	2	7	5	2
阿巴嘎旗	11	8	3	13	7	6	10	5	5
苏尼特左旗	11	8	3	16	8	8	13	5	8
苏尼特右旗	5	3	2	16	10	6	8	5	3
东乌珠穆沁旗	12	9	3	8	6	2	10	4	6
西乌珠穆沁旗	20	11	9	24	13	11	33	20	13
太仆寺旗	44	30	14	66	41	25	55	39	16
镶黄旗	5	3	2	1	1		4	3	1
正镶白旗	24	13	11	24	16	8	22	16	6
正蓝旗	18	10	8	25	15	10	24	16	8
多伦县	21	12	9	33	20	13	36	18	18
乌拉盖管委会				2		2	2	2	
阿拉善盟	**32**	**18**	**14**	**46**	**27**	**19**	**27**	**18**	**9**
阿拉善左旗	19	14	5	36	21	15	17	12	5
阿拉善右旗	10	4	6	6	3	3	6	3	3
额济纳旗	2		2	4	3	1	3	3	
内蒙古阿拉善经济开发区	1		1				1		1

1－11c 续表 9

单位：人

地区	2020年5月			2020年6月			2020年7月		
	小计	男	女	小计	男	女	小计	男	女
内蒙古	**6668**	**4075**	**2593**	**6107**	**3712**	**2395**	**6217**	**3804**	**2413**
呼和浩特市	**473**	**282**	**191**	**434**	**255**	**179**	**394**	**237**	**157**
新城区	3	3		6	5	1	4	3	1
回民区									
玉泉区	12	4	8	11	4	7	9	6	3
赛罕区	43	25	18	50	30	20	50	29	21
土默特左旗	146	83	63	131	70	61	114	70	44
托克托县	96	55	41	74	42	32	62	39	23
和林格尔县	72	47	25	55	30	25	60	41	19
清水河县	38	24	14	45	30	15	31	17	14
武川县	63	41	22	62	44	18	64	32	32
呼和浩特经济技术开发区									
包头市	**303**	**180**	**123**	**295**	**188**	**107**	**290**	**171**	**119**
东河区	28	18	10	28	21	7	29	13	16
昆都仑区	8	5	3	4	3	1	8	4	4
青山区	11	4	7	12	6	6	1	1	
石拐区	8	4	4	12	5	7	15	11	4
白云鄂博矿区									
九原区	29	13	16	24	15	9	23	13	10
土默特右旗	111	67	44	124	83	41	107	63	44
固阳县	64	38	26	65	42	23	81	48	33
达尔罕茂明安联合旗	41	30	11	22	12	10	24	16	8
包头稀土高新技术产业开发区	3	1	2	4	1	3	2	2	
乌海市	**22**	**15**	**7**	**18**	**12**	**6**	**23**	**16**	**7**
海勃湾区	7	5	2	6	5	1	11	7	4
海南区	15	10	5	12	7	5	12	9	3
乌达区									
赤峰市	**1622**	**969**	**653**	**1464**	**867**	**597**	**1506**	**938**	**568**
红山区	13	10	3	10		10	16	11	5
元宝山区	74	36	38	62	43	19	58	31	27
松山区	213	120	93	200	110	90	169	96	73
阿鲁科尔沁旗	106	58	48	103	65	38	110	68	42
巴林左旗	172	100	72	146	90	56	149	102	47
巴林右旗	61	37	24	49	30	19	60	35	25
林西县	73	50	23	67	41	26	82	57	25
克什克腾旗	85	63	22	84	49	35	74	39	35
翁牛特旗	171	103	68	163	94	69	183	113	70
喀喇沁旗	125	77	48	123	80	43	139	88	51
宁城县	282	174	108	239	137	102	238	152	86
敖汉旗	247	141	106	218	128	90	228	146	82

1-11c　续表 10　　　　单位：人

地　区	2020年5月			2020年6月			2020年7月		
	小计	男	女	小计	男	女	小计	男	女
通辽市	**1044**	**610**	**434**	**914**	**542**	**372**	**981**	**582**	**399**
科尔沁区	202	112	90	148	97	51	181	107	74
科尔沁左翼中旗	184	121	63	189	124	65	191	118	73
科尔沁左翼后旗	124	72	52	157	84	73	138	84	54
开鲁县	165	90	75	139	69	70	142	86	56
库伦旗	54	33	21	26	14	12	49	28	21
奈曼旗	196	110	86	153	92	61	163	92	71
扎鲁特旗	89	56	33	83	53	30	90	52	38
通辽经济技术开发区	23	12	11	18	8	10	24	14	10
霍林郭勒市	7	4	3	1	1		3	1	2
鄂尔多斯市	**372**	**233**	**139**	**351**	**213**	**138**	**336**	**204**	**132**
东胜区									
康巴什区									
达拉特旗	116	68	48	101	60	41	104	63	41
准格尔旗	85	55	30	86	48	38	78	50	28
鄂托克前旗	22	15	7	21	12	9	21	11	10
鄂托克旗	14	6	8	11	9	2	17	10	7
杭锦旗	59	35	24	46	33	13	46	24	22
乌审旗	38	27	11	33	21	12	27	21	6
伊金霍洛旗	38	27	11	53	30	23	43	25	18
呼伦贝尔市	**506**	**329**	**177**	**495**	**290**	**205**	**533**	**342**	**191**
海拉尔区	4	2	2	2	1	1	6	4	2
扎赉诺尔区									
阿荣旗	123	85	38	107	59	48	113	82	31
莫力达瓦达斡尔族自治旗	116	82	34	135	84	51	145	89	56
鄂伦春自治旗	31	14	17	36	24	12	30	16	14
鄂温克族自治旗	37	27	10	24	13	11	33	18	15
陈巴尔虎旗	8	3	5	15	11	4	15	6	9
新巴尔虎左旗	20	13	7	12	5	7	21	16	5
新巴尔虎右旗	10	8	2	12	6	6	16	8	8
满洲里市									
牙克石市	21	15	6	16	9	7	18	13	5
扎兰屯市	125	73	52	125	71	54	128	84	44
额尔古纳市	11	7	4	10	7	3	8	6	2
根河市				1		1			
巴彦淖尔市	**510**	**307**	**203**	**456**	**293**	**163**	**447**	**275**	**172**
临河区	110	66	44	109	70	39	118	64	54
五原县	103	60	43	92	54	38	100	70	30
磴口县	27	16	11	23	16	7	19	9	10
乌拉特前旗	90	54	36	89	60	29	82	51	31
乌拉特中旗	38	23	15	45	29	16	27	19	8
乌拉特后旗	20	14	6	4	2	2	8	6	2
杭锦后旗	122	74	48	94	62	32	93	56	37

1－11c 续表 11

单位：人

地　区	2020年5月			2020年6月			2020年7月		
	小计	男	女	小计	男	女	小计	男	女
乌兰察布市	**939**	**603**	**336**	**900**	**563**	**337**	**860**	**517**	**343**
集宁区	36	29	7	30	18	12	18	9	9
卓资县	86	55	31	104	73	31	87	57	30
化德县	57	37	20	41	22	19	55	32	23
商都县	136	88	48	127	80	47	130	77	53
兴和县	111	71	40	94	57	37	82	51	31
凉城县	84	56	28	100	49	51	95	58	37
察哈尔右翼前旗	80	49	31	74	47	27	78	49	29
察哈尔右翼中旗	75	44	31	68	45	23	89	51	38
察哈尔右翼后旗	88	56	32	78	47	31	68	36	32
四子王旗	82	58	24	75	49	26	64	33	31
丰镇市	104	60	44	109	76	33	94	64	30
兴安盟	**542**	**324**	**218**	**561**	**344**	**217**	**590**	**356**	**234**
乌兰浩特市	31	20	11	34	21	13	39	29	10
阿尔山市	4	3	1	3	2	1	6	4	2
科尔沁右翼前旗	151	93	58	183	121	62	175	108	67
科尔沁右翼中旗	77	40	37	87	53	34	76	45	31
扎赉特旗	152	92	60	148	85	63	154	92	62
突泉县	127	76	51	106	62	44	140	78	62
锡林郭勒盟	**301**	**201**	**100**	**192**	**129**	**63**	**226**	**141**	**85**
二连浩特市									
锡林浩特市	10	6	4	6	4	2	11	5	6
阿巴嘎旗	9	6	3	7	7		6	3	3
苏尼特左旗	12	6	6	7	5	2	16	8	8
苏尼特右旗	16	10	6	9	4	5	11	7	4
东乌珠穆沁旗	19	14	5	23	16	7	14	12	2
西乌珠穆沁旗	29	19	10	16	10	6	24	13	11
太仆寺旗	87	60	27	50	38	12	67	45	22
镶黄旗	7	6	1	9	6	3	6	3	3
正镶白旗	38	24	14	22	11	11	27	21	6
正蓝旗	33	25	8	16	11	5	20	9	11
多伦县	41	25	16	25	16	9	23	14	9
乌拉盖管委会				2	1	1	1	1	
阿拉善盟	**34**	**22**	**12**	**27**	**16**	**11**	**31**	**25**	**6**
阿拉善左旗	29	18	11	23	14	9	22	16	6
阿拉善右旗				3	2	1	3	3	
额济纳旗	4	4		1		1	4	4	
内蒙古阿拉善经济开发区	1		1				2	2	

1-11c　续表 12　　　　单位：人

地　区	2020年8月			2020年9月			2020年10月		
	小计	男	女	小计	男	女	小计	男	女
内蒙古	**6292**	**3918**	**2374**	**6319**	**3826**	**2493**	**8088**	**4860**	**3228**
呼和浩特市	**440**	**261**	**179**	**389**	**262**	**127**	**588**	**348**	**240**
新城区	6	3	3	7	6	1	9	3	6
回民区				2	1	1	2		2
玉泉区	11	4	7	11	6	5	16	10	6
赛罕区	44	26	18	39	26	13	74	42	32
土默特左旗	121	70	51	104	73	31	174	105	69
托克托县	54	34	20	60	42	18	91	53	38
和林格尔县	64	41	23	76	45	31	90	50	40
清水河县	68	43	25	31	26	5	53	35	18
武川县	72	40	32	59	37	22	79	50	29
呼和浩特经济技术开发区									
包头市	**289**	**178**	**111**	**290**	**174**	**116**	**359**	**230**	**129**
东河区	29	17	12	29	21	8	43	25	18
昆都仑区	5	2	3	8	1	7	6	3	3
青山区	2	2		7	6	1	6	4	2
石拐区	11	4	7	8	5	3	14	8	6
白云鄂博矿区									
九原区	17	12	5	28	13	15	34	25	9
土默特右旗	111	73	38	108	68	40	135	81	54
固阳县	86	52	34	54	31	23	56	36	20
达尔罕茂明安联合旗	25	15	10	46	27	19	56	40	16
包头稀土高新技术产业开发区	3	1	2	2	2		9	8	1
乌海市	**21**	**12**	**9**	**17**	**11**	**6**	**30**	**20**	**10**
海勃湾区	7	4	3	7	4	3	11	8	3
海南区	14	8	6	10	7	3	19	12	7
乌达区									
赤峰市	**1400**	**852**	**548**	**1415**	**835**	**580**	**1862**	**1111**	**751**
红山区	7	4	3	7	3	4	12	10	2
元宝山区	63	38	25	51	28	23	92	56	36
松山区	168	109	59	170	105	65	211	118	93
阿鲁科尔沁旗	99	62	37	96	62	34	126	73	53
巴林左旗	167	103	64	145	85	60	188	114	74
巴林右旗	43	22	21	52	30	22	78	45	33
林西县	67	44	23	53	31	22	96	48	48
克什克腾旗	89	56	33	85	51	34	111	70	41
翁牛特旗	163	105	58	165	99	66	189	116	73
喀喇沁旗	132	74	58	135	75	60	154	97	57
宁城县	208	133	75	236	128	108	334	209	125
敖汉旗	194	102	92	220	138	82	271	155	116

1-11c 续表 13

单位：人

地区	2020年8月			2020年9月			2020年10月		
	小计	男	女	小计	男	女	小计	男	女
通辽市	**1030**	**644**	**386**	**1038**	**641**	**397**	**1246**	**723**	**523**
科尔沁区	203	125	78	218	133	85	220	139	81
科尔沁左翼中旗	188	117	71	199	131	68	241	121	120
科尔沁左翼后旗	156	93	63	142	92	50	203	129	74
开鲁县	147	86	61	161	87	74	183	97	86
库伦旗	72	44	28	55	33	22	74	42	32
奈曼旗	143	99	44	136	83	53	190	118	72
扎鲁特旗	91	66	25	104	70	34	103	64	39
通辽经济技术开发区	26	12	14	20	11	9	28	11	17
霍林郭勒市	4	2	2	3	1	2	4	2	2
鄂尔多斯市	**360**	**222**	**138**	**334**	**190**	**144**	**521**	**314**	**207**
东胜区									
康巴什区									
达拉特旗	106	67	39	101	58	43	161	104	57
准格尔旗	95	67	28	89	46	43	123	72	51
鄂托克前旗	14	6	8	23	14	9	23	14	9
鄂托克旗	14	7	7	17	13	4	22	12	10
杭锦旗	62	32	30	51	31	20	79	46	33
乌审旗	34	20	14	23	13	10	56	28	28
伊金霍洛旗	35	23	12	30	15	15	57	38	19
呼伦贝尔市	**570**	**365**	**205**	**567**	**344**	**223**	**687**	**412**	**275**
海拉尔区	7	5	2	9	4	5	6	2	4
扎赉诺尔区									
阿荣旗	112	65	47	121	75	46	174	104	70
莫力达瓦达斡尔族自治旗	140	85	55	148	89	59	162	102	60
鄂伦春自治旗	35	28	7	29	20	9	36	22	14
鄂温克族自治旗	40	27	13	34	18	16	24	12	12
陈巴尔虎旗	7	5	2	20	8	12	22	13	9
新巴尔虎左旗	27	19	8	15	11	4	27	13	14
新巴尔虎右旗	28	19	9	16	12	4	21	8	13
满洲里市									
牙克石市	25	19	6	25	18	7	23	13	10
扎兰屯市	135	82	53	139	83	56	179	112	67
额尔古纳市	14	11	3	11	6	5	13	11	2
根河市									
巴彦淖尔市	**466**	**282**	**184**	**502**	**302**	**200**	**649**	**392**	**257**
临河区	124	82	42	142	97	45	167	102	65
五原县	90	50	40	79	50	29	108	59	49
磴口县	38	15	23	28	18	10	43	27	16
乌拉特前旗	75	47	28	101	47	54	119	68	51
乌拉特中旗	32	22	10	47	30	17	59	42	17
乌拉特后旗	8	4	4	11	4	7	23	14	9
杭锦后旗	99	62	37	94	56	38	130	80	50

1-11c 续表 14

单位：人

地 区	2020年8月			2020年9月			2020年10月		
	小计	男	女	小计	男	女	小计	男	女
乌兰察布市	**844**	**539**	**305**	**898**	**553**	**345**	**1100**	**671**	**429**
集宁区	22	14	8	32	23	9	46	24	22
卓资县	82	60	22	76	40	36	109	67	42
化德县	63	40	23	72	39	33	92	56	36
商都县	135	87	48	133	75	58	178	105	73
兴和县	88	58	30	106	65	41	120	76	44
凉城县	78	53	25	94	58	36	101	57	44
察哈尔右翼前旗	83	53	30	57	38	19	83	50	33
察哈尔右翼中旗	68	44	24	77	54	23	107	77	30
察哈尔右翼后旗	59	32	27	78	49	29	69	49	20
四子王旗	71	44	27	70	48	22	76	44	32
丰镇市	95	54	41	103	64	39	119	66	53
兴安盟	**551**	**358**	**193**	**552**	**327**	**225**	**653**	**391**	**262**
乌兰浩特市	32	20	12	40	28	12	40	28	12
阿尔山市	3	3		6	5	1	2	1	1
科尔沁右翼前旗	197	131	66	191	110	81	208	131	77
科尔沁右翼中旗	66	43	23	54	34	20	74	36	38
扎赉特旗	147	91	56	156	87	69	177	105	72
突泉县	106	70	36	105	63	42	152	90	62
锡林郭勒盟	**266**	**174**	**92**	**280**	**168**	**112**	**346**	**217**	**129**
二连浩特市							2	2	
锡林浩特市	9	7	2	11	6	5	8	5	3
阿巴嘎旗	10	3	7	14	6	8	27	15	12
苏尼特左旗	8	4	4	17	11	6	13	9	4
苏尼特右旗	11	6	5	16	10	6	13	9	4
东乌珠穆沁旗	13	8	5	7	4	3	11	8	3
西乌珠穆沁旗	26	15	11	24	20	4	28	17	11
太仆寺旗	88	65	23	93	51	42	115	72	43
镶黄旗	13	9	4	13	7	6	8	4	4
正镶白旗	23	13	10	26	16	10	36	22	14
正蓝旗	31	22	9	25	14	11	42	25	17
多伦县	31	19	12	32	21	11	39	27	12
乌拉盖管委会	3	3		2	2		4	2	2
阿拉善盟	**55**	**31**	**24**	**37**	**19**	**18**	**47**	**31**	**16**
阿拉善左旗	38	23	15	26	14	12	28	17	11
阿拉善右旗	16	7	9	9	5	4	11	8	3
额济纳旗	1	1		2		2	7	5	2
内蒙古阿拉善经济开发区							1	1	

1-12 各地区家庭户的住房间数和面积

地区	家庭户户数(户)	家庭户人数(人)	平均每户住房建筑面积(平方米/户)	平均每户住房间数(间/户)	人均住房建筑面积(平方米/人)	人均住房间数(间/人)
内蒙古	**8817048**	**21081773**	**83.58**	**2.23**	**34.96**	**0.93**
呼和浩特市	**1253203**	**2900496**	**83.38**	**2.06**	**36.02**	**0.89**
新城区	237872	566821	90.28	2.17	37.89	0.91
回民区	155915	370882	79.16	1.95	33.28	0.82
玉泉区	194729	459036	79.81	1.96	33.86	0.83
赛罕区	310267	721901	99.25	2.32	42.66	1.00
土默特左旗	109042	231836	65.45	1.77	30.79	0.83
托克托县	66139	151318	65.41	1.70	28.59	0.74
和林格尔县	56716	128088	66.61	1.88	29.49	0.83
清水河县	33636	69309	65.24	2.23	31.66	1.08
武川县	42468	87122	59.03	1.57	28.78	0.76
呼和浩特经济技术开发区	46419	114183	94.62	2.18	38.47	0.89
包头市	**1052709**	**2408856**	**78.41**	**2.03**	**34.27**	**0.89**
东河区	189750	433487	78.38	2.06	34.31	0.90
昆都仑区	303773	713916	81.82	2.10	34.82	0.90
青山区	201775	466175	82.94	2.11	35.90	0.91
石拐区	8929	17966	71.63	2.02	35.60	1.00
白云鄂博矿区	8818	18921	69.80	2.01	32.53	0.94
九原区	87062	210741	84.51	2.07	34.91	0.86
土默特右旗	99389	213889	60.57	1.73	28.14	0.80
固阳县	51495	103869	57.12	1.70	28.32	0.84
达尔罕茂明安联合旗	30132	60191	68.03	1.82	34.05	0.91
包头稀土高新技术产业开发区	71586	169701	90.13	2.14	38.02	0.90
乌海市	**206072**	**480785**	**89.45**	**2.26**	**38.34**	**0.97**
海勃湾区	126228	299482	93.89	2.31	39.57	0.97
海南区	32503	74397	81.88	2.17	35.77	0.95
乌达区	47341	106906	82.83	2.20	36.68	0.98
赤峰市	**1454697**	**3701527**	**84.23**	**2.54**	**33.10**	**1.00**
红山区	159665	410674	86.20	2.44	33.51	0.95
元宝山区	108356	268306	84.94	2.34	34.30	0.94
松山区	240475	638180	91.00	2.50	34.29	0.94
阿鲁科尔沁旗	92411	219949	82.04	2.46	34.47	1.03
巴林左旗	110491	255170	76.56	2.33	33.15	1.01
巴林右旗	57696	142437	81.11	2.19	32.85	0.89
林西县	73651	169994	73.47	2.55	31.83	1.11
克什克腾旗	69855	166543	77.51	2.31	32.51	0.97
翁牛特旗	126467	308364	78.04	2.75	32.01	1.13
喀喇沁旗	94169	248480	84.33	2.34	31.96	0.89
宁城县	161524	452293	90.43	2.93	32.29	1.05
敖汉旗	159937	421137	85.79	2.77	32.58	1.05

注：本表数据为居住在普通住宅的家庭户。

1-12　续表 1

地　　区	家庭户户　数（户）	家庭户人　数（人）	平均每户住房建筑面积（平方米/户）	平均每户住房间数（间/户）	人均住房建筑面积（平方米/人）	人　　均住房间数（间/人）
通辽市	**969200**	**2585922**	**88.00**	**2.45**	**32.98**	**0.92**
科尔沁区	246699	632189	86.57	2.47	33.78	0.97
科尔沁左翼中旗	129452	365438	81.81	2.40	28.98	0.85
科尔沁左翼后旗	108792	294874	82.50	2.26	30.44	0.83
开鲁县	107720	287097	87.79	2.65	32.94	0.99
库伦旗	52098	138336	87.21	2.18	32.84	0.82
奈曼旗	122314	350032	97.89	2.79	34.21	0.98
扎鲁特旗	90369	228253	85.09	2.20	33.69	0.87
通辽经济技术开发区	65435	170050	106.17	2.55	40.85	0.98
霍林郭勒市	46321	119653	81.12	2.13	31.40	0.83
鄂尔多斯市	**706042**	**1742393**	**98.79**	**2.34**	**40.03**	**0.95**
东胜区	184289	481279	102.75	2.28	39.35	0.87
康巴什区	33027	89221	115.53	2.40	42.76	0.89
达拉特旗	120749	290592	91.01	2.22	37.82	0.92
准格尔旗	121502	289448	86.31	2.25	36.23	0.95
鄂托克前旗	29108	70848	112.74	2.57	46.32	1.05
鄂托克旗	52860	126860	101.59	2.41	42.33	1.00
杭锦旗	42279	94909	92.10	2.47	41.03	1.10
乌审旗	46443	114576	100.18	2.51	40.61	1.02
伊金霍洛旗	75785	184660	109.84	2.44	45.08	1.00
呼伦贝尔市	**854570**	**1974948**	**78.37**	**2.07**	**33.91**	**0.90**
海拉尔区	139924	318973	87.57	2.16	38.41	0.95
扎赉诺尔区	36823	78237	75.71	2.06	35.63	0.97
阿荣旗	91451	231722	81.88	2.15	32.31	0.85
莫力达瓦达斡尔族自治旗	81659	201167	77.36	2.08	31.40	0.84
鄂伦春自治旗	66976	150598	68.72	1.93	30.56	0.86
鄂温克族自治旗	54513	123039	89.45	2.28	39.63	1.01
陈巴尔虎旗	18403	41545	86.67	2.24	38.39	0.99
新巴尔虎左旗	12349	29018	80.23	2.23	34.14	0.95
新巴尔虎右旗	11671	26964	84.33	2.08	36.50	0.90
满洲里市	58001	136221	84.62	2.09	36.03	0.89
牙克石市	108474	228131	65.75	1.97	31.26	0.93
扎兰屯市	115071	284476	79.22	2.02	32.05	0.82
额尔古纳市	27321	60658	76.71	2.12	34.55	0.95
根河市	31934	64199	57.28	1.75	28.49	0.87
巴彦淖尔市	**611583**	**1390767**	**87.02**	**2.28**	**38.27**	**1.00**
临河区	224128	526901	91.97	2.37	39.12	1.01
五原县	92715	209767	81.98	2.20	36.23	0.97
磴口县	37588	81268	87.77	2.40	40.59	1.11
乌拉特前旗	106429	235049	79.70	2.12	36.09	0.96
乌拉特中旗	44854	93987	81.50	2.11	38.89	1.01
乌拉特后旗	19264	43449	86.78	2.24	38.48	0.99
杭锦后旗	86605	200346	91.20	2.42	39.42	1.05

1-12 续表 2

地　区	家庭户户　数（户）	家庭户人　数（人）	平均每户住房建筑面积（平方米/户）	平均每户住房间数（间/户）	人均住房建筑面积（平方米/人）	人　均住房间数（间/人）
乌兰察布市	**717071**	**1486268**	**67.46**	**1.92**	**32.55**	**0.93**
集宁区	155460	359560	87.26	2.08	37.73	0.90
卓资县	38788	73360	56.95	1.61	30.11	0.85
化德县	40961	81924	62.61	1.93	31.30	0.97
商都县	76332	154333	56.60	1.58	28.00	0.78
兴和县	73216	152054	65.29	2.10	31.44	1.01
凉城县	53475	105898	63.72	1.97	32.18	0.99
察哈尔右翼前旗	51183	103509	68.00	1.99	33.63	0.98
察哈尔右翼中旗	39988	77512	59.25	1.93	30.57	1.00
察哈尔右翼后旗	45122	90413	62.87	1.85	31.38	0.92
四子王旗	56757	112488	60.12	1.79	30.33	0.91
丰镇市	85789	175217	63.29	1.95	30.99	0.96
兴安盟	**499211**	**1261354**	**83.80**	**2.18**	**33.17**	**0.86**
乌兰浩特市	126287	305379	85.10	2.06	35.19	0.85
阿尔山市	12708	27991	69.53	1.86	31.57	0.84
科尔沁右翼前旗	98145	257860	89.55	2.26	34.09	0.86
科尔沁右翼中旗	70725	186518	83.32	2.25	31.59	0.85
扎赉特旗	111644	286314	80.10	2.15	31.23	0.84
突泉县	79702	197292	82.55	2.29	33.35	0.92
锡林郭勒盟	**402226**	**939810**	**84.71**	**2.29**	**36.25**	**0.98**
二连浩特市	27058	65510	89.27	2.10	36.87	0.87
锡林浩特市	121016	296884	93.33	2.26	38.04	0.92
阿巴嘎旗	13260	30162	82.81	2.32	36.40	1.02
苏尼特左旗	12009	28658	81.33	2.20	34.08	0.92
苏尼特右旗	24572	53371	75.10	2.00	34.58	0.92
东乌珠穆沁旗	24645	60037	87.50	2.28	35.92	0.94
西乌珠穆沁旗	30833	74016	87.46	2.26	36.43	0.94
太仆寺旗	46373	97356	69.59	2.66	33.15	1.27
镶黄旗	10218	22649	82.71	2.25	37.31	1.01
正镶白旗	17706	37189	69.97	2.29	33.31	1.09
正蓝旗	27554	60863	81.48	2.26	36.89	1.02
多伦县	38588	93507	83.85	2.31	34.60	0.95
乌拉盖管委会	8394	19608	94.84	2.20	40.60	0.94
阿拉善盟	**90464**	**208647**	**104.07**	**2.63**	**45.12**	**1.14**
阿拉善左旗	63776	147455	106.41	2.69	46.02	1.16
阿拉善右旗	8230	18133	111.28	2.84	50.51	1.29
额济纳旗	10907	24257	94.72	2.47	42.59	1.11
内蒙古阿拉善经济开发区	7551	18802	89.98	2.07	36.14	0.83

1-12a 各地区家庭户的住房间数和面积(城市)

地 区	家庭户户数(户)	家庭户人数(人)	平均每户住房建筑面积(平方米/户)	平均每户住房间数(间/户)	人均住房建筑面积(平方米/人)	人均住房间数(间/人)
内蒙古	**3422193**	**8214605**	**88.25**	**2.19**	**36.76**	**0.91**
呼和浩特市	**785061**	**1852047**	**91.17**	**2.16**	**38.65**	**0.92**
新城区	208432	496869	93.15	2.24	39.08	0.94
回民区	149952	356582	79.07	1.96	33.25	0.82
玉泉区	173455	407617	80.44	1.98	34.23	0.84
赛罕区	253222	590979	104.06	2.36	44.59	1.01
包头市	**725470**	**1695063**	**82.75**	**2.11**	**35.42**	**0.91**
东河区	164278	375960	79.77	2.08	34.86	0.91
昆都仑区	292427	689537	82.41	2.12	34.95	0.90
青山区	193758	447726	83.70	2.12	36.22	0.92
石拐区	6180	13076	73.61	2.02	34.79	0.96
白云鄂博矿区	8818	18921	69.80	2.01	32.53	0.94
九原区	60009	149843	92.33	2.20	36.98	0.88
乌海市	**193003**	**454214**	**90.27**	**2.26**	**38.36**	**0.96**
海勃湾区	119958	286016	94.58	2.31	39.67	0.97
海南区	26682	63112	83.61	2.18	35.35	0.92
乌达区	46363	105086	82.94	2.20	36.59	0.97
赤峰市	**351305**	**911448**	**87.92**	**2.38**	**33.89**	**0.92**
红山区	146578	376084	85.04	2.38	33.14	0.93
元宝山区	72171	177251	78.89	2.25	32.12	0.92
松山区	132556	358113	96.02	2.46	35.54	0.91
通辽市	**197086**	**485243**	**84.16**	**2.24**	**34.18**	**0.91**
科尔沁区	154050	372834	84.94	2.28	35.10	0.94
霍林郭勒市	43036	112409	81.36	2.10	31.15	0.80
鄂尔多斯市	**211821**	**560060**	**104.99**	**2.30**	**39.71**	**0.87**
东胜区	178503	470241	103.06	2.28	39.12	0.87
康巴什区	33027	89221	115.53	2.40	42.76	0.89
鄂托克旗	291	598	93.74	1.32	45.61	0.64
呼伦贝尔市	**369219**	**840367**	**81.88**	**2.06**	**35.97**	**0.91**
海拉尔区	135213	308606	87.77	2.16	38.46	0.95
扎赉诺尔区	34482	73853	76.66	2.05	35.79	0.96
满洲里市	56128	132516	85.35	2.09	36.15	0.89
牙克石市	56698	125779	74.82	1.99	33.73	0.90
扎兰屯市	51336	122185	80.80	1.93	33.95	0.81
额尔古纳市	16656	38638	83.79	2.15	36.12	0.93
根河市	18706	38790	61.15	1.76	29.49	0.85
巴彦淖尔市	**151202**	**370539**	**96.54**	**2.39**	**39.39**	**0.97**
临河区	151202	370539	96.54	2.39	39.39	0.97
乌兰察布市	**184965**	**429030**	**85.38**	**2.05**	**36.81**	**0.88**
集宁区	138736	324657	87.87	2.07	37.55	0.89
丰镇市	46229	104373	77.91	1.98	34.51	0.88
兴安盟	**113650**	**273919**	**84.03**	**2.05**	**34.87**	**0.85**
乌兰浩特市	106413	258048	85.05	2.06	35.07	0.85
阿尔山市	7237	15871	69.09	1.82	31.51	0.83
锡林郭勒盟	**139411**	**342675**	**93.90**	**2.23**	**38.20**	**0.91**
二连浩特市	26436	64154	89.83	2.10	37.02	0.86
锡林浩特市	112975	278521	94.85	2.26	38.47	0.91

注：本表数据为居住在普通住宅的家庭户。

1-12b 各地区家庭户的住房间数和面积(镇)

地　　区	家庭户户　数(户)	家庭户人　数(人)	平均每户住房建筑面积(平方米/户)	平均每户住房间数(间/户)	人均住房建筑面积(平方米/人)	人　　均住房间数(间/人)
内蒙古	**2434059**	**5907950**	**87.83**	**2.19**	**36.18**	**0.90**
呼和浩特市	**175134**	**419887**	**83.82**	**2.00**	**34.96**	**0.83**
新城区	939	1944	72.62	1.72	35.08	0.83
回民区						
玉泉区						
赛罕区	905	2031	96.85	2.46	43.16	1.10
土默特左旗	39240	89336	81.90	1.96	35.97	0.86
托克托县	27617	69798	79.55	1.90	31.47	0.75
和林格尔县	24404	59740	82.78	1.99	33.82	0.81
清水河县	14081	33931	78.36	2.04	32.52	0.85
武川县	21529	48924	74.20	1.78	32.65	0.78
呼和浩特经济技术开发区	46419	114183	94.62	2.18	38.47	0.89
包头市	**161577**	**378275**	**83.98**	**2.02**	**35.87**	**0.86**
东河区	8200	19412	79.38	2.00	33.53	0.84
昆都仑区						
青山区	668	1502	88.66	2.17	39.43	0.97
石拐区	182	291	53.26	2.16	33.31	1.35
白云鄂博矿区						
九原区	5416	12139	64.55	1.71	28.80	0.77
土默特右旗	42051	101443	81.32	1.99	33.71	0.82
固阳县	21406	47950	76.41	1.86	34.11	0.83
达尔罕茂明安联合旗	14949	32476	80.83	1.90	37.21	0.88
包头稀土高新技术产业开发区	68705	163062	90.77	2.15	38.24	0.91
乌海市	**5156**	**10814**	**69.38**	**2.11**	**33.08**	**1.01**
海勃湾区	1292	3109	80.77	2.41	33.56	1.00
海南区	2886	5885	61.52	1.91	30.17	0.94
乌达区	978	1820	77.51	2.29	41.65	1.23
赤峰市	**399608**	**1029364**	**87.90**	**2.42**	**34.12**	**0.94**
红山区	8024	21346	100.53	3.20	37.79	1.20
元宝山区	11278	27535	83.97	2.39	34.39	0.98
松山区	8441	22345	89.72	2.83	33.89	1.07
阿鲁科尔沁旗	38872	97557	89.84	2.43	35.80	0.97
巴林左旗	42696	98409	84.92	2.17	36.84	0.94
巴林右旗	33827	86082	88.61	2.27	34.82	0.89
林西县	40569	100647	82.14	2.33	33.11	0.94
克什克腾旗	34659	89312	89.26	2.21	34.64	0.86
翁牛特旗	45597	115334	88.28	2.31	34.90	0.92
喀喇沁旗	36707	99194	89.45	2.60	33.10	0.96
宁城县	50258	137156	86.95	2.63	31.86	0.96
敖汉旗	48680	134447	90.25	2.54	32.68	0.92

注：本表数据为居住在普通住宅的家庭户。

1-12b 续表 1

地 区	家庭户户数(户)	家庭户人数(人)	平均每户住房建筑面积(平方米/户)	平均每户住房间数(间/户)	人均住房建筑面积(平方米/人)	人均住房间数(间/人)
通辽市	**292773**	**749317**	**91.77**	**2.32**	**35.85**	**0.91**
科尔沁区	14772	38781	92.78	2.77	35.34	1.05
科尔沁左翼中旗	38976	101863	86.66	2.31	33.16	0.88
科尔沁左翼后旗	37171	91494	86.39	2.23	35.10	0.91
开鲁县	41367	105776	86.67	2.29	33.90	0.90
库伦旗	21460	53034	90.47	2.17	36.61	0.88
奈曼旗	42074	115506	95.72	2.50	34.87	0.91
扎鲁特旗	41647	103633	84.00	2.00	33.76	0.80
通辽经济技术开发区	55181	138940	105.96	2.44	42.08	0.97
霍林郭勒市	125	290	62.40	1.79	26.90	0.77
鄂尔多斯市	**329304**	**847158**	**98.21**	**2.28**	**38.18**	**0.89**
东胜区	854	1559	105.40	2.78	57.74	1.52
康巴什区						
达拉特旗	69723	184864	96.77	2.20	36.50	0.83
准格尔旗	85681	221174	89.57	2.21	34.70	0.85
鄂托克前旗	17876	45600	107.96	2.40	42.32	0.94
鄂托克旗	43157	106028	98.10	2.29	39.93	0.93
杭锦旗	24829	60032	99.33	2.39	41.08	0.99
乌审旗	29055	76661	97.53	2.27	36.97	0.86
伊金霍洛旗	58129	151240	109.52	2.39	42.09	0.92
呼伦贝尔市	**270448**	**618924**	**76.09**	**2.03**	**33.25**	**0.89**
海拉尔区	589	1290	79.10	2.26	36.11	1.03
扎赉诺尔区	2341	4384	61.81	2.11	33.00	1.13
阿荣旗	42582	109267	86.69	2.06	33.78	0.80
莫力达瓦达斡尔族自治旗	28067	72162	81.87	2.05	31.84	0.80
鄂伦春自治旗	50059	111897	68.33	1.91	30.57	0.86
鄂温克族自治旗	41666	95805	93.73	2.33	40.77	1.01
陈巴尔虎旗	13460	30972	88.46	2.16	38.45	0.94
新巴尔虎左旗	7172	17354	86.17	2.10	35.61	0.87
新巴尔虎右旗	8757	20713	91.10	2.10	38.52	0.89
满洲里市	1873	3705	62.82	1.95	31.76	0.99
牙克石市	44163	87563	55.79	1.88	28.14	0.95
扎兰屯市	11641	29061	79.55	1.97	31.87	0.79
额尔古纳市	4963	9576	56.82	1.86	29.45	0.97
根河市	13115	25175	51.61	1.72	26.89	0.90
巴彦淖尔市	**203859**	**478937**	**91.71**	**2.23**	**39.03**	**0.95**
临河区	5366	11667	83.35	2.25	38.34	1.03
五原县	42706	104921	90.70	2.21	36.92	0.90
磴口县	21062	47226	93.63	2.39	41.76	1.07
乌拉特前旗	53885	126682	89.58	2.18	38.10	0.93
乌拉特中旗	23996	52132	89.30	2.08	41.10	0.96
乌拉特后旗	13180	30478	89.06	2.20	38.51	0.95
杭锦后旗	43664	105831	97.53	2.34	40.24	0.97

1-12b 续表 2

地 区	家庭户 户 数 （户）	家庭户 人 数 （人）	平均每户住 房建筑面积 （平方米/户）	平均每户 住房间数 （间/户）	人均住房 建筑面积 （平方米/人）	人 均 住房间数 （间/人）
乌兰察布市	**206215**	**454768**	**78.79**	**1.89**	**35.73**	**0.86**
集宁区	4622	10543	91.30	2.00	40.02	0.88
卓资县	15466	32222	75.30	1.81	36.14	0.87
化德县	22828	49326	76.29	1.90	35.31	0.88
商都县	31401	71240	79.48	1.82	35.03	0.80
兴和县	29185	69417	82.79	1.87	34.81	0.79
凉城县	19833	43490	79.50	1.91	36.25	0.87
察哈尔右翼前旗	20409	45434	82.31	2.00	36.97	0.90
察哈尔右翼中旗	12521	26841	78.93	1.90	36.82	0.89
察哈尔右翼后旗	20858	45586	81.50	1.91	37.29	0.87
四子王旗	26081	55310	73.33	1.84	34.58	0.87
丰镇市	3011	5359	50.18	2.21	28.19	1.24
兴安盟	**155543**	**378231**	**86.69**	**2.11**	**35.65**	**0.87**
乌兰浩特市	6875	14744	67.14	1.60	31.31	0.75
阿尔山市	4335	9590	71.38	1.85	32.27	0.84
科尔沁右翼前旗	30166	75875	104.82	2.32	41.67	0.92
科尔沁右翼中旗	33678	83750	83.40	2.14	33.54	0.86
扎赉特旗	50097	123083	84.18	2.07	34.26	0.84
突泉县	30392	71189	83.11	2.08	35.48	0.89
锡林郭勒盟	**156658**	**359778**	**88.20**	**2.14**	**38.40**	**0.93**
二连浩特市	126	248	31.86	1.17	16.19	0.59
锡林浩特市	432	755	73.47	2.59	42.04	1.48
阿巴嘎旗	8360	18371	91.89	2.12	41.82	0.97
苏尼特左旗	7335	16195	86.22	2.02	39.05	0.91
苏尼特右旗	19134	40579	80.32	1.96	37.87	0.92
东乌珠穆沁旗	17893	41607	91.30	2.20	39.26	0.95
西乌珠穆沁旗	21928	51033	90.17	2.06	38.75	0.89
太仆寺旗	18462	43120	84.31	2.33	36.10	1.00
镶黄旗	6986	15619	92.03	2.15	41.16	0.96
正镶白旗	9136	20231	80.46	2.14	36.33	0.97
正蓝旗	15463	34110	88.85	2.12	40.28	0.96
多伦县	24005	60392	91.63	2.19	36.42	0.87
乌拉盖管委会	7398	17518	97.96	2.19	41.37	0.93
阿拉善盟	**77784**	**182497**	**103.01**	**2.52**	**43.91**	**1.07**
阿拉善左旗	53469	125977	105.72	2.58	44.87	1.10
阿拉善右旗	6738	15019	107.09	2.61	48.04	1.17
额济纳旗	10124	22863	95.25	2.45	42.18	1.08
内蒙古阿拉善经济开发区	7453	18638	90.43	2.08	36.16	0.83

1-12c 各地区家庭户的住房间数和面积(乡村)

地 区	家庭户户 数(户)	家庭户人 数(人)	平均每户住房建筑面积(平方米/户)	平均每户住房间数(间/户)	人均住房建筑面积(平方米/人)	人 均住房间数(间/人)
内蒙古	**2960796**	**6959218**	**74.69**	**2.32**	**31.78**	**0.99**
呼和浩特市	**293008**	**628562**	**62.22**	**1.80**	**29.01**	**0.84**
新城区	28501	68008	69.90	1.68	29.29	0.70
回民区	5963	14300	81.34	1.82	33.92	0.76
玉泉区	21274	51419	74.68	1.83	30.90	0.76
赛罕区	56140	128891	77.58	2.15	33.79	0.94
土默特左旗	69802	142500	56.21	1.66	27.53	0.81
托克托县	38522	81520	55.28	1.54	26.12	0.73
和林格尔县	32312	68348	54.39	1.79	25.71	0.85
清水河县	19555	35378	55.79	2.38	30.84	1.31
武川县	20939	38198	43.44	1.35	23.81	0.74
呼和浩特经济技术开发区						
包头市	**165662**	**335518**	**53.95**	**1.67**	**26.64**	**0.83**
东河区	17272	38115	64.74	1.85	29.34	0.84
昆都仑区	11346	24379	66.63	1.74	31.01	0.81
青山区	7349	16947	62.24	1.80	26.99	0.78
石拐区	2567	4599	68.16	1.99	38.04	1.11
白云鄂博矿区						
九原区	21637	48759	67.81	1.82	30.09	0.81
土默特右旗	57338	112446	45.35	1.54	23.12	0.79
固阳县	30089	55919	43.39	1.59	23.35	0.85
达尔罕茂明安联合旗	15183	27715	55.42	1.73	30.36	0.95
包头稀土高新技术产业开发区	2881	6639	75.04	1.93	32.56	0.84
乌海市	**7913**	**15757**	**82.61**	**2.34**	**41.48**	**1.17**
海勃湾区	4978	10357	80.51	2.32	38.70	1.11
海南区	2935	5400	86.17	2.38	46.83	1.29
乌达区						
赤峰市	**703784**	**1760715**	**80.32**	**2.68**	**32.10**	**1.07**
红山区	5063	13244	97.21	3.15	37.16	1.20
元宝山区	24907	63520	102.90	2.57	40.35	1.01
松山区	99478	257722	84.44	2.54	32.59	0.98
阿鲁科尔沁旗	53539	122392	76.38	2.48	33.41	1.08
巴林左旗	67795	156761	71.29	2.43	30.83	1.05
巴林右旗	23869	56355	70.47	2.09	29.85	0.88
林西县	33082	69347	62.83	2.83	29.97	1.35
克什克腾旗	35196	77231	65.94	2.40	30.05	1.10
翁牛特旗	80870	193030	72.27	2.99	30.28	1.25
喀喇沁旗	57462	149286	81.06	2.17	31.20	0.84
宁城县	111266	315137	92.00	3.07	32.48	1.08
敖汉旗	111257	286690	83.84	2.87	32.54	1.11

注：本表数据为居住在普通住宅的家庭户。

1-12c 续表 1

地　区	家庭户户　数(户)	家庭户人　数(人)	平均每户住房建筑面积(平方米/户)	平均每户住房间数(间/户)	人均住房建筑面积(平方米/人)	人　均住房间数(间/人)
通辽市	**479341**	**1351362**	**87.28**	**2.61**	**30.96**	**0.93**
科尔沁区	77877	220574	88.62	2.79	31.29	0.99
科尔沁左翼中旗	90476	263575	79.73	2.44	27.37	0.84
科尔沁左翼后旗	71621	203380	80.47	2.28	28.34	0.80
开鲁县	66353	181321	88.48	2.87	32.38	1.05
库伦旗	30638	85302	84.93	2.19	30.51	0.79
奈曼旗	80240	234526	99.04	2.95	33.88	1.01
扎鲁特旗	48722	124620	86.01	2.38	33.63	0.93
通辽经济技术开发区	10254	31110	107.29	3.17	35.36	1.05
霍林郭勒市	3160	6954	78.56	2.57	35.70	1.17
鄂尔多斯市	**164917**	**335175**	**91.99**	**2.50**	**45.26**	**1.23**
东胜区	4932	9479	91.12	2.28	47.41	1.19
康巴什区						
达拉特旗	51026	105728	83.14	2.24	40.12	1.08
准格尔旗	35821	68274	78.51	2.37	41.19	1.24
鄂托克前旗	11232	25248	120.36	2.83	53.54	1.26
鄂托克旗	9412	20234	117.85	3.00	54.82	1.39
杭锦旗	17450	34877	81.83	2.60	40.94	1.30
乌审旗	17388	37915	104.61	2.91	47.97	1.33
伊金霍洛旗	17656	33420	110.90	2.60	58.59	1.37
呼伦贝尔市	**214903**	**515657**	**75.22**	**2.15**	**31.35**	**0.90**
海拉尔区	4122	9077	82.19	2.16	37.33	0.98
扎赉诺尔区						
阿荣旗	48869	122455	77.69	2.23	31.00	0.89
莫力达瓦达斡尔族自治旗	53592	129005	74.99	2.09	31.15	0.87
鄂伦春自治旗	16917	38701	69.87	1.99	30.54	0.87
鄂温克族自治旗	12847	27234	75.56	2.12	35.65	1.00
陈巴尔虎旗	4943	10573	81.80	2.45	38.24	1.15
新巴尔虎左旗	5177	11664	71.99	2.40	31.95	1.06
新巴尔虎右旗	2914	6251	63.99	2.05	29.83	0.96
满洲里市						
牙克石市	7613	14789	56.00	2.29	28.83	1.18
扎兰屯市	52094	133230	77.60	2.11	30.34	0.83
额尔古纳市	5702	12444	73.32	2.24	33.60	1.02
根河市	113	234	75.86	2.26	36.63	1.09
巴彦淖尔市	**256522**	**541291**	**77.69**	**2.27**	**36.82**	**1.07**
临河区	67560	144695	82.42	2.33	38.48	1.09
五原县	50009	104846	74.53	2.18	35.55	1.04
磴口县	16526	34042	80.30	2.41	38.98	1.17
乌拉特前旗	52544	108367	69.57	2.06	33.73	1.00
乌拉特中旗	20858	41855	72.52	2.15	36.14	1.07
乌拉特后旗	6084	12971	81.85	2.35	38.39	1.10
杭锦后旗	42941	94515	84.76	2.51	38.51	1.14

1-12c　续表 2

地　区	家庭户户　数（户）	家庭户人　数（人）	平均每户住房建筑面积（平方米/户）	平均每户住房间数（间/户）	人均住房建筑面积（平方米/人）	人　均住房间数（间/人）
乌兰察布市	**325891**	**602470**	**50.13**	**1.86**	**27.11**	**1.01**
集宁区	12102	24360	78.72	2.16	39.11	1.07
卓资县	23322	41138	44.78	1.47	25.39	0.83
化德县	18133	32598	45.38	1.97	25.25	1.10
商都县	44931	83093	40.62	1.41	21.96	0.76
兴和县	44031	82637	53.70	2.25	28.61	1.20
凉城县	33642	62408	54.42	2.00	29.34	1.08
察哈尔右翼前旗	30774	58075	58.51	1.99	31.01	1.05
察哈尔右翼中旗	27467	50671	50.28	1.95	27.26	1.05
察哈尔右翼后旗	24264	44827	46.86	1.80	25.36	0.97
四子王旗	30676	57178	48.89	1.76	26.23	0.94
丰镇市	36549	65485	45.88	1.91	25.61	1.06
兴安盟	**230018**	**609204**	**81.74**	**2.29**	**30.86**	**0.86**
乌兰浩特市	12999	32587	95.02	2.31	37.90	0.92
阿尔山市	1136	2530	65.29	2.15	29.32	0.97
科尔沁右翼前旗	67979	181985	82.78	2.23	30.92	0.83
科尔沁右翼中旗	37047	102768	83.24	2.35	30.01	0.85
扎赉特旗	61547	163231	76.79	2.22	28.95	0.84
突泉县	49310	126103	82.21	2.42	32.15	0.95
锡林郭勒盟	**106157**	**237357**	**67.48**	**2.59**	**30.18**	**1.16**
二连浩特市	496	1108	73.73	2.59	33.01	1.16
锡林浩特市	7609	17608	71.94	2.38	31.09	1.03
阿巴嘎旗	4900	11791	67.31	2.64	27.97	1.10
苏尼特左旗	4674	12463	73.66	2.50	27.62	0.94
苏尼特右旗	5438	12792	56.74	2.17	24.12	0.92
东乌珠穆沁旗	6752	18430	77.41	2.51	28.36	0.92
西乌珠穆沁旗	8905	22983	80.77	2.75	31.30	1.06
太仆寺旗	27911	54236	59.85	2.88	30.80	1.48
镶黄旗	3232	7030	62.56	2.46	28.76	1.13
正镶白旗	8570	16958	58.79	2.45	29.71	1.24
正蓝旗	12091	26753	72.07	2.44	32.57	1.10
多伦县	14583	33115	71.03	2.52	31.28	1.11
乌拉盖管委会	996	2090	71.71	2.24	34.17	1.07
阿拉善盟	**12680**	**26150**	**110.59**	**3.30**	**53.62**	**1.60**
阿拉善左旗	10307	21478	109.99	3.27	52.78	1.57
阿拉善右旗	1492	3114	130.22	3.87	62.39	1.85
额济纳旗	783	1394	87.90	2.72	49.37	1.53
内蒙古阿拉善经济开发区	98	164	55.27	1.62	33.02	0.97

第一部分　全部数据资料

第二卷　民族

2-1　全区各民族人口及比重

单位：人、%

民　族	人口数	男	女	各民族人口占总人口的比重
总　计	**24049155**	**12275274**	**11773881**	**100.00**
汉　族	18935537	9727865	9207672	78.74
蒙古族	4247815	2110163	2137652	17.66
回　族	214918	108676	106242	0.89
藏　族	4541	2357	2184	0.02
维吾尔族	941	530	411	
苗　族	9406	4624	4782	0.04
彝　族	4618	2368	2250	0.02
壮　族	3124	1416	1708	0.01
布依族	4006	1916	2090	0.02
朝鲜族	18216	8875	9341	0.08
满　族	469734	240191	229543	1.95
侗　族	4351	2205	2146	0.02
瑶　族	608	281	327	
白　族	895	429	466	
土家族	6112	3168	2944	0.03
哈尼族	455	146	309	
哈萨克族	165	89	76	
傣　族	255	94	161	
黎　族	1384	618	766	0.01
傈僳族	691	203	488	
佤　族	590	183	407	
畲　族	365	234	131	
高山族	109	60	49	
拉祜族	529	121	408	
水　族	826	367	459	
东乡族	1026	565	461	
纳西族	76	34	42	
景颇族	52	14	38	
柯尔克孜族	159	86	73	
土　族	600	273	327	
达斡尔族	73523	35829	37694	0.31
仫佬族	103	52	51	
羌　族	197	107	90	
布朗族	19	7	12	
撒拉族	211	104	107	
毛南族	92	42	50	
仡佬族	526	324	202	
锡伯族	3387	1762	1625	0.01
阿昌族	11	8	3	
普米族	13	7	6	
塔吉克族	2	1	1	
怒　族	12	4	8	
乌孜别克族	7	4	3	
俄罗斯族	4633	2284	2349	0.02
鄂温克族	27958	13550	14408	0.12
德昂族	12	6	6	
保安族	38	19	19	
裕固族	64	32	32	
京　族	22	11	11	
塔塔尔族	10	5	5	
独龙族	3	2	1	
鄂伦春族	4219	1982	2237	0.02
赫哲族	39	18	21	
门巴族	2	1	1	
珞巴族	1	1		
基诺族	11	2	9	
未定族称人口	1840	913	927	0.01
入　籍	96	46	50	

2—1a 全区各民族人口及比重(城市)

单位：人、%

民族	人口数	男	女	各民族人口占总人口的比重
总计	**9446419**	**4714495**	**4731924**	**100.00**
汉族	7895842	3965843	3929999	83.59
蒙古族	1154679	553287	601392	12.22
回族	135907	67231	68676	1.44
藏族	1690	896	794	0.02
维吾尔族	612	325	287	0.01
苗族	3720	1875	1845	0.04
彝族	1855	1016	839	0.02
壮族	1735	794	941	0.02
布依族	1574	759	815	0.02
朝鲜族	8227	3873	4354	0.09
满族	200036	99271	100765	2.12
侗族	1712	832	880	0.02
瑶族	295	134	161	
白族	419	208	211	
土家族	2887	1517	1370	0.03
哈尼族	141	59	82	
哈萨克族	41	19	22	
傣族	117	54	63	
黎族	657	305	352	0.01
傈僳族	155	58	97	
佤族	155	57	98	
畲族	163	91	72	
高山族	52	29	23	
拉祜族	70	21	49	
水族	290	139	151	
东乡族	571	311	260	0.01
纳西族	38	18	20	
景颇族	18	5	13	
柯尔克孜族	87	38	49	
土族	199	87	112	
达斡尔族	20311	9552	10759	0.22
仫佬族	62	29	33	
羌族	99	55	44	
布朗族	7	5	2	
撒拉族	123	62	61	
毛南族	39	15	24	
仡佬族	235	155	80	
锡伯族	1600	824	776	0.02
阿昌族	8	8		
普米族	4	2	2	
塔吉克族				
怒族	5	2	3	
乌孜别克族	5	3	2	
俄罗斯族	3251	1547	1704	0.03
鄂温克族	5021	2286	2735	0.05
德昂族	7	4	3	
保安族	27	12	15	
裕固族	26	14	12	
京族	4	2	2	
塔塔尔族	5	3	2	
独龙族	1		1	
鄂伦春族	809	359	450	0.01
赫哲族	7	2	5	
门巴族	1	1		
珞巴族				
基诺族	4	1	3	
未定族称人口	776	382	394	0.01
入籍	38	18	20	

2-1b　全区各民族人口及比重(镇)

单位：人、%

民　族	人口数	男	女	各民族人口占总人口的比重
总　计	**6781056**	**3424007**	**3357049**	**100.00**
汉　族	5200595	2655896	2544699	76.69
蒙古族	1334425	645072	689353	19.68
回　族	48842	25194	23648	0.72
藏　族	1785	919	866	0.03
维吾尔族	207	119	88	
苗　族	2164	1027	1137	0.03
彝　族	1166	533	633	0.02
壮　族	770	325	445	0.01
布依族	859	409	450	0.01
朝鲜族	4571	2292	2279	0.07
满　族	132245	66728	65517	1.95
侗　族	912	462	450	0.01
瑶　族	179	91	88	
白　族	230	112	118	
土家族	1536	766	770	0.02
哈尼族	151	45	106	
哈萨克族	27	14	13	
傣　族	57	20	37	
黎　族	327	121	206	
傈僳族	173	53	120	
佤　族	153	36	117	
畲　族	77	38	39	
高山族	39	20	19	
拉祜族	247	56	191	
水　族	178	75	103	
东乡族	267	140	127	
纳西族	20	10	10	
景颇族	20	5	15	
柯尔克孜族	49	33	16	
土　族	250	104	146	
达斡尔族	31078	14975	16103	0.46
仫佬族	14	9	5	
羌　族	49	26	23	
布朗族	8	2	6	
撒拉族	59	28	31	
毛南族	22	8	14	
仡佬族	130	72	58	
锡伯族	943	505	438	0.01
阿昌族				
普米族	4	2	2	
塔吉克族				
怒　族	3	1	2	
乌孜别克族				
俄罗斯族	662	334	328	0.01
鄂温克族	12514	5873	6641	0.18
德昂族	5	2	3	
保安族	7	6	1	
裕固族	29	13	16	
京　族	8	2	6	
塔塔尔族	1		1	
独龙族	1	1		
鄂伦春族	2533	1209	1324	0.04
赫哲族	8	3	5	
门巴族	1		1	
珞巴族	1	1		
基诺族	6	1	5	
未定族称人口	430	210	220	0.01
入　籍	19	9	10	

2-1c 全区各民族人口及比重(乡村)

单位：人、%

民 族	人口数	男	女	各民族人口占总人口的比重
总 计	**7821680**	**4136772**	**3684908**	**100.00**
汉 族	5839100	3106126	2732974	74.65
蒙古族	1758711	911804	846907	22.49
回 族	30169	16251	13918	0.39
藏 族	1066	542	524	0.01
维吾尔族	122	86	36	
苗 族	3522	1722	1800	0.05
彝 族	1597	819	778	0.02
壮 族	619	297	322	0.01
布依族	1573	748	825	0.02
朝鲜族	5418	2710	2708	0.07
满 族	137453	74192	63261	1.76
侗 族	1727	911	816	0.02
瑶 族	134	56	78	
白 族	246	109	137	
土家族	1689	885	804	0.02
哈尼族	163	42	121	
哈萨克族	97	56	41	
傣 族	81	20	61	
黎 族	400	192	208	0.01
傈僳族	363	92	271	
佤 族	282	90	192	
畲 族	125	105	20	
高山族	18	11	7	
拉祜族	212	44	168	
水 族	358	153	205	
东乡族	188	114	74	
纳西族	18	6	12	
景颇族	14	4	10	
柯尔克孜族	23	15	8	
土 族	151	82	69	
达斡尔族	22134	11302	10832	0.28
仫佬族	27	14	13	
羌 族	49	26	23	
布朗族	4		4	
撒拉族	29	14	15	
毛南族	31	19	12	
仡佬族	161	97	64	
锡伯族	844	433	411	0.01
阿昌族	3		3	
普米族	5	3	2	
塔吉克族	2	1	1	
怒 族	4	1	3	
乌孜别克族	2	1	1	
俄罗斯族	720	403	317	0.01
鄂温克族	10423	5391	5032	0.13
德昂族				
保安族	4	1	3	
裕固族	9	5	4	
京 族	10	7	3	
塔塔尔族	4	2	2	
独龙族	1	1		
鄂伦春族	877	414	463	0.01
赫哲族	24	13	11	
门巴族				
珞巴族				
基诺族	1		1	
未定族称人口	634	321	313	0.01
入 籍	39	19	20	

2-2　全区各民族分年龄、性别的人口

单位：人

年龄组	合　计			汉　族		
	合计	男	女	小计	男	女
总　计	**24049155**	**12275274**	**11773881**	**18935537**	**9727865**	**9207672**
0-4岁	1055656	546013	509643	729467	377147	352320
5-9岁	1184065	616732	567333	819807	427340	392467
10-14岁	1137952	592970	544982	801145	417964	383181
15-19岁	1005267	523910	481357	730249	381681	348568
20-24岁	1063742	552501	511241	799425	418551	380874
25-29岁	1450355	757769	692586	1103661	580139	523522
30-34岁	2042455	1054898	987557	1557418	807590	749828
35-39岁	1923895	1003174	920721	1440143	757381	682762
40-44岁	1780481	924262	856219	1411258	739518	671740
45-49岁	2320088	1187721	1132367	1886777	975930	910847
50-54岁	2297399	1181252	1116147	1897090	988202	908888
55-59岁	2030567	1030880	999687	1681153	864857	816296
60-64岁	1618315	811291	807024	1352439	685396	667043
65-69岁	1324263	645995	678268	1130757	555926	574831
70-74岁	786180	376914	409266	681987	330072	351915
75-79岁	481258	220192	261066	424959	196166	228793
80-84岁	339491	154556	184935	301386	138729	162657
85-89岁	153019	68893	84126	137499	62504	74995
90-94岁	42650	19951	22699	38037	17872	20165
95-99岁	9916	4519	5397	8942	4094	4848
100岁及以上	2141	881	1260	1938	806	1132

2-2　续表 1

单位：人

年龄组	蒙古族			回　族			藏　族		
	小计	男	女	小计	男	女	小计	男	女
总　计	**4247815**	**2110163**	**2137652**	**214918**	**108676**	**106242**	**4541**	**2357**	**2184**
0-4岁	270847	140347	130500	10049	5212	4837	227	123	104
5-9岁	305327	158793	146534	11751	6087	5664	292	145	147
10-14岁	286010	148684	137326	10292	5327	4965	221	113	108
15-19岁	236147	121954	114193	8671	4532	4139	303	159	144
20-24岁	222985	112334	110651	10134	5317	4817	407	224	183
25-29岁	287757	146976	140781	13852	7274	6578	534	287	247
30-34岁	395925	201546	194379	19515	10068	9447	661	344	317
35-39岁	398822	202856	195966	19307	9946	9361	479	239	240
40-44岁	309367	154749	154618	14792	7518	7274	364	185	179
45-49岁	366030	178371	187659	18099	9185	8914	368	179	189
50-54岁	332456	159304	173152	18706	9507	9199	275	150	125
55-59岁	285665	135053	150612	17579	8780	8799	192	97	95
60-64岁	216900	101647	115253	13230	6564	6666	83	45	38
65-69岁	157761	72337	85424	11342	5543	5799	49	31	18
70-74岁	85431	37796	47635	7397	3335	4062	35	15	20
75-79岁	44894	18898	25996	4792	2062	2730	28	15	13
80-84岁	29903	12211	17692	3126	1371	1755	13	2	11
85-89岁	11555	4573	6982	1536	692	844	4	1	3
90-94岁	3290	1421	1869	551	276	275	5	2	3
95-99岁	624	266	358	151	67	84	1	1	
100岁及以上	119	47	72	46	13	33			

2-2 续表 2 单位：人

年龄组	维吾尔族			苗族			彝族		
	小计	男	女	小计	男	女	小计	男	女
总 计	**941**	**530**	**411**	**9406**	**4624**	**4782**	**4618**	**2368**	**2250**
0-4岁	48	24	24	499	268	231	223	123	100
5-9岁	74	28	46	563	260	303	257	141	116
10-14岁	56	31	25	491	245	246	249	135	114
15-19岁	81	55	26	517	289	228	301	190	111
20-24岁	130	82	48	979	519	460	620	411	209
25-29岁	93	50	43	838	432	406	522	304	218
30-34岁	111	55	56	914	443	471	557	287	270
35-39岁	88	51	37	812	378	434	605	228	377
40-44岁	80	48	32	810	351	459	443	176	267
45-49岁	51	33	18	917	383	534	359	142	217
50-54岁	49	27	22	634	304	330	235	105	130
55-59岁	35	21	14	418	194	224	114	65	49
60-64岁	20	9	11	235	124	111	53	26	27
65-69岁	13	7	6	179	85	94	25	9	16
70-74岁	4	3	1	190	117	73	24	10	14
75-79岁	2	2		141	83	58	11	7	4
80-84岁	5	3	2	119	65	54	8	3	5
85-89岁	1	1		76	43	33	5	1	4
90-94岁				47	21	26	7	5	2
95-99岁				16	12	4			
100岁及以上				11	8	3			

2-2 续表 3 单位：人

年龄组	壮族			布依族			朝鲜族		
	小计	男	女	小计	男	女	小计	男	女
总 计	**3124**	**1416**	**1708**	**4006**	**1916**	**2090**	**18216**	**8875**	**9341**
0-4岁	254	123	131	179	99	80	927	487	440
5-9岁	256	130	126	177	91	86	990	514	476
10-14岁	197	92	105	223	123	100	793	428	365
15-19岁	189	88	101	209	115	94	564	272	292
20-24岁	317	150	167	374	212	162	595	303	292
25-29岁	226	88	138	346	180	166	990	534	456
30-34岁	386	166	220	346	159	187	1598	803	795
35-39岁	349	148	201	326	143	183	1570	809	761
40-44岁	270	104	166	362	136	226	1211	631	580
45-49岁	178	82	96	409	160	249	1492	716	776
50-54岁	159	72	87	330	136	194	1639	793	846
55-59岁	132	59	73	236	102	134	1793	850	943
60-64岁	88	53	35	107	58	49	1409	656	753
65-69岁	46	20	26	96	47	49	1047	472	575
70-74岁	26	14	12	82	53	29	644	279	365
75-79岁	16	5	11	62	41	21	415	159	256
80-84岁	17	12	5	58	24	34	357	112	245
85-89岁	13	6	7	48	20	28	136	42	94
90-94岁	5	4	1	20	10	10	38	13	25
95-99岁				13	5	8	8	2	6
100岁及以上				3	2	1			

2-2　续表 4　　　　单位：人

年龄组	满族			侗族			瑶族		
	小计	男	女	小计	男	女	小计	男	女
总　计	**469734**	**240191**	**229543**	**4351**	**2205**	**2146**	**608**	**281**	**327**
0–4岁	33382	17234	16148	338	171	167	52	25	27
5–9岁	34500	17981	16519	273	144	129	56	27	29
10–14岁	29528	15315	14213	246	127	119	42	26	16
15–19岁	21236	11070	10166	178	102	76	37	22	15
20–24岁	20198	10443	9755	358	191	167	47	29	18
25–29岁	30859	16102	14757	333	170	163	56	24	32
30–34岁	51245	26682	24563	418	205	213	73	22	51
35–39岁	48705	24764	23941	397	182	215	68	25	43
40–44岁	31366	15860	15506	310	149	161	50	22	28
45–49岁	34112	17225	16887	401	188	213	40	22	18
50–54岁	35587	17837	17750	344	177	167	33	12	21
55–59岁	34431	16759	17672	227	118	109	15	9	6
60–64岁	27282	13873	13409	104	53	51	14	7	7
65–69岁	18565	9689	8876	95	52	43	12	4	8
70–74岁	8119	4293	3826	74	42	32	5	2	3
75–79岁	4735	2264	2471	89	53	36	3	2	1
80–84岁	3518	1649	1869	85	41	44	2	1	1
85–89岁	1703	825	878	51	25	26	3		3
90–94岁	524	265	259	22	12	10			
95–99岁	124	58	66	7	3	4			
100岁及以上	15	3	12	1		1			

2-2　续表 5　　　　单位：人

年龄组	白族			土家族			哈尼族		
	小计	男	女	小计	男	女	小计	男	女
总　计	**895**	**429**	**466**	**6112**	**3168**	**2944**	**455**	**146**	**309**
0–4岁	58	29	29	413	215	198	41	22	19
5–9岁	56	27	29	452	270	182	33	20	13
10–14岁	36	19	17	491	254	237	39	23	16
15–19岁	50	25	25	429	224	205	29	18	11
20–24岁	104	62	42	654	382	272	38	17	21
25–29岁	80	38	42	513	266	247	40	12	28
30–34岁	113	45	68	594	274	320	62	9	53
35–39岁	79	38	41	537	271	266	67	9	58
40–44岁	60	25	35	415	203	212	45	9	36
45–49岁	75	31	44	568	274	294	26	3	23
50–54岁	67	31	36	423	218	205	21	1	20
55–59岁	45	19	26	249	136	113	8		8
60–64岁	24	15	9	100	51	49	1	1	
65–69岁	14	7	7	84	35	49	2	2	
70–74岁	13	8	5	65	29	36	1		1
75–79岁	5	2	3	44	21	23	1		1
80–84岁	10	5	5	43	23	20	1		1
85–89岁	5	3	2	25	15	10			
90–94岁	1		1	10	5	5			
95–99岁				2	2				
100岁及以上				1		1			

2-2　续表 6　　单位：人

年龄组	哈萨克族			傣　族			黎　族		
	小计	男	女	小计	男	女	小计	男	女
总　计	**165**	**89**	**76**	**255**	**94**	**161**	**1384**	**618**	**766**
0-4岁	11	5	6	15	7	8	104	48	56
5-9岁	4	3	1	23	12	11	113	57	56
10-14岁	3	2	1	17	10	7	66	36	30
15-19岁	9	4	5	14	7	7	69	32	37
20-24岁	21	14	7	24	12	12	98	45	53
25-29岁	15	6	9	27	12	15	95	40	55
30-34岁	18	7	11	35	7	28	120	56	64
35-39岁	10	3	7	26	6	20	115	41	74
40-44岁	21	12	9	20	2	18	105	41	64
45-49岁	32	18	14	24	8	16	140	54	86
50-54岁	11	8	3	14	5	9	113	45	68
55-59岁	6	4	2	8	2	6	84	44	40
60-64岁				5	4	1	55	27	28
65-69岁				2		2	46	22	24
70-74岁	1	1		1		1	26	17	9
75-79岁	2	1	1				14	3	11
80-84岁							11	3	8
85-89岁	1	1					8	5	3
90-94岁							2	2	
95-99岁									
100岁及以上									

2-2　续表 7　　单位：人

年龄组	傈僳族			佤　族			畲　族		
	小计	男	女	小计	男	女	小计	男	女
总　计	**691**	**203**	**488**	**590**	**183**	**407**	**365**	**234**	**131**
0-4岁	59	28	31	39	17	22	24	10	14
5-9岁	86	41	45	55	27	28	20	10	10
10-14岁	64	28	36	59	26	33	10	7	3
15-19岁	79	43	36	35	16	19	11	7	4
20-24岁	47	20	27	31	14	17	17	11	6
25-29岁	51	11	40	45	14	31	37	19	18
30-34岁	95	9	86	107	15	92	41	20	21
35-39岁	73	5	68	94	19	75	39	24	15
40-44岁	56	5	51	45	8	37	35	27	8
45-49岁	34	5	29	34	9	25	49	39	10
50-54岁	23	4	19	20	6	14	38	31	7
55-59岁	8	1	7	10	5	5	21	14	7
60-64岁	6		6	2	1	1	18	14	4
65-69岁	5	2	3	5	2	3	1		1
70-74岁	3		3	5		5			
75-79岁	1		1	3	3		2	1	1
80-84岁	1	1					1		1
85-89岁							1		1
90-94岁				1	1				
95-99岁									
100岁及以上									

2-2　续表 8　　　　单位：人

年龄组	高山族			拉祜族			水族		
	小计	男	女	小计	男	女	小计	男	女
总　计	**109**	**60**	**49**	**529**	**121**	**408**	**826**	**367**	**459**
0–4岁	6	2	4	25	15	10	28	14	14
5–9岁	12	10	2	59	27	32	30	14	16
10–14岁	6	4	2	65	34	31	50	28	22
15–19岁	4	2	2	34	16	18	47	26	21
20–24岁	5	2	3	13	4	9	63	33	30
25–29岁	3	3		35	7	28	63	27	36
30–34岁	19	12	7	96	6	90	72	32	40
35–39岁	8	5	3	87	3	84	94	45	49
40–44岁	8	4	4	53	4	49	78	31	47
45–49岁	8	2	6	30	2	28	73	27	46
50–54岁	5	4	1	16	1	15	68	23	45
55–59岁	7	3	4	10		10	41	10	31
60–64岁	9	5	4	2	1	1	15	10	5
65–69岁	4	1	3	1		1	27	12	15
70–74岁	3	1	2	3	1	2	16	8	8
75–79岁	1		1				18	11	7
80–84岁	1		1				20	7	13
85–89岁							16	6	10
90–94岁							4	2	2
95–99岁							2		2
100岁及以上							1	1	

2-2　续表 9　　　　单位：人

年龄组	东乡族			纳西族			景颇族		
	小计	男	女	小计	男	女	小计	男	女
总　计	**1026**	**565**	**461**	**76**	**34**	**42**	**52**	**14**	**38**
0–4岁	96	44	52	7	4	3	2	1	1
5–9岁	105	58	47	4	4		3	2	1
10–14岁	71	38	33	4	1	3	6	2	4
15–19岁	64	36	28	2		2	3	1	2
20–24岁	113	70	43	12	5	7	2		2
25–29岁	140	82	58	9	6	3	1		1
30–34岁	121	60	61	8	3	5	9	3	6
35–39岁	113	56	57	5	2	3	10	1	9
40–44岁	61	36	25	7	1	6	3	1	2
45–49岁	55	30	25	8	1	7	4	1	3
50–54岁	37	19	18	2		2	3		3
55–59岁	28	21	7	1	1		1		1
60–64岁	9	6	3	2	1	1	1		1
65–69岁	7	5	2	3	3		2		2
70–74岁	3	2	1	1	1		1	1	
75–79岁	3	2	1				1	1	
80–84岁									
85–89岁									
90–94岁				1	1				
95–99岁									
100岁及以上									

2-2 续表 10

单位：人

年龄组	柯尔克孜族			土族			达斡尔族		
	小计	男	女	小计	男	女	小计	男	女
总　计	**159**	**86**	**73**	**600**	**273**	**327**	**73523**	**35829**	**37694**
0-4岁	9	7	2	53	21	32	4651	2360	2291
5-9岁	10	4	6	31	8	23	5225	2719	2506
10-14岁	11	3	8	38	16	22	4564	2355	2209
15-19岁	10	7	3	68	18	50	3370	1742	1628
20-24岁	5	3	2	59	32	27	3464	1764	1700
25-29岁	10	7	3	50	27	23	5324	2693	2631
30-34岁	17	8	9	77	44	33	7135	3603	3532
35-39岁	8	4	4	54	27	27	6900	3522	3378
40-44岁	16	12	4	43	20	23	5633	2858	2775
45-49岁	14	7	7	39	20	19	6167	2935	3232
50-54岁	12	5	7	34	15	19	5717	2698	3019
55-59岁	10	5	5	21	8	13	5314	2426	2888
60-64岁	11	7	4	10	4	6	4158	1785	2373
65-69岁	8	4	4	11	6	5	2963	1211	1752
70-74岁	3	1	2	9	4	5	1421	581	840
75-79岁	2		2	1	1		677	255	422
80-84岁	1	1		1	1		559	206	353
85-89岁	2	1	1				205	85	120
90-94岁				1	1		56	25	31
95-99岁							15	5	10
100岁及以上							5	1	4

2-2 续表 11

单位：人

年龄组	仫佬族			羌族			布朗族		
	小计	男	女	小计	男	女	小计	男	女
总　计	**103**	**52**	**51**	**197**	**107**	**90**	**19**	**7**	**12**
0-4岁	8	7	1	12	5	7	2		2
5-9岁	7	4	3	14	10	4	1	1	
10-14岁	8	2	6	8	4	4	2	1	1
15-19岁	4	3	1	8	6	2			
20-24岁	14	8	6	11	9	2	2	1	1
25-29岁	8	2	6	14	6	8	1		1
30-34岁	15	7	8	22	12	10	3	1	2
35-39岁	8	5	3	15	6	9	6	2	4
40-44岁	10	6	4	14	7	7	1		1
45-49岁	4		4	36	20	16	1	1	
50-54岁	6	2	4	19	13	6			
55-59岁	4	2	2	13	8	5			
60-64岁	2	2		7	1	6			
65-69岁	2	1	1	4		4			
70-74岁	2	1	1						
75-79岁									
80-84岁	1		1						
85-89岁									
90-94岁									
95-99岁									
100岁及以上									

2-2　续表 12　　　　单位：人

年龄组	撒拉族			毛南族			仡佬族		
	小计	男	女	小计	男	女	小计	男	女
总　计	**211**	**104**	**107**	**92**	**42**	**50**	**526**	**324**	**202**
0–4岁	15	7	8				35	22	13
5–9岁	20	12	8	1	1		21	9	12
10–14岁	24	13	11	3	3		19	12	7
15–19岁	32	15	17	10	5	5	28	18	10
20–24岁	15	8	7	8	4	4	86	55	31
25–29岁	28	11	17	4	2	2	50	27	23
30–34岁	16	7	9	11	4	7	49	30	19
35–39岁	17	12	5	9	3	6	46	31	15
40–44岁	18	8	10	17	8	9	43	29	14
45–49岁	10	5	5	8	2	6	51	27	24
50–54岁	9	2	7	4	2	2	41	27	14
55–59岁	4	3	1	6	4	2	22	13	9
60–64岁	1		1	5	2	3	11	8	3
65–69岁	2	1	1	1		1	4	2	2
70–74岁							6	4	2
75–79岁				1		1	9	6	3
80–84岁				3	2	1	1		1
85–89岁				1		1	2	2	
90–94岁							1	1	
95–99岁							1	1	
100岁及以上									

2-2　续表 13　　　　单位：人

年龄组	锡伯族			阿昌族			普米族		
	小计	男	女	小计	男	女	小计	男	女
总　计	**3387**	**1762**	**1625**	**11**	**8**	**3**	**13**	**7**	**6**
0–4岁	251	124	127	1	1		1		1
5–9岁	282	135	147						
10–14岁	219	110	109				1	1	
15–19岁	177	91	86	1	1		1	1	
20–24岁	164	92	72	3	2	1	1	1	
25–29岁	243	145	98	1	1				
30–34岁	338	189	149	1	1		1		1
35–39岁	327	165	162				2	1	1
40–44岁	268	136	132						
45–49岁	248	136	112	2	1	1	1	1	
50–54岁	259	123	136				1	1	
55–59岁	223	117	106	1	1		1		1
60–64岁	142	67	75						
65–69岁	114	59	55				2	1	1
70–74岁	48	26	22						
75–79岁	42	22	20						
80–84岁	27	19	8				1		1
85–89岁	12	4	8						
90–94岁	3	2	1	1		1			
95–99岁									
100岁及以上									

2－2　续表 14　　　　单位：人

年龄组	塔吉克族			怒　族			乌孜别克族		
	小计	男	女	小计	男	女	小计	男	女
总　计	**2**	**1**	**1**	**12**	**4**	**8**	**7**	**4**	**3**
0－4岁	1		1	1		1			
5－9岁				4	3	1			
10－14岁				1	1				
15－19岁							1	1	
20－24岁				1		1	1	1	
25－29岁				1		1	2	1	1
30－34岁									
35－39岁				1		1			
40－44岁				1		1	2	1	1
45－49岁									
50－54岁									
55－59岁	1	1		1		1	1		1
60－64岁									
65－69岁									
70－74岁									
75－79岁				1		1			
80－84岁									
85－89岁									
90－94岁									
95－99岁									
100岁及以上									

2－2　续表 15　　　　单位：人

年龄组	俄罗斯族			鄂温克族			德 昂 族		
	小计	男	女	小计	男	女	小计	男	女
总　计	**4633**	**2284**	**2349**	**27958**	**13550**	**14408**	**12**	**6**	**6**
0－4岁	324	165	159	2047	1035	1012			
5－9岁	282	130	152	2265	1170	1095	1	1	
10－14岁	234	126	108	1953	1009	944	1		1
15－19岁	178	89	89	1447	734	713			
20－24岁	211	123	88	1468	716	752			
25－29岁	345	169	176	2512	1298	1214	1		1
30－34岁	511	257	254	2932	1499	1433	4	3	1
35－39岁	304	155	149	2609	1315	1294	2	1	1
40－44岁	234	116	118	2002	980	1022	2		2
45－49岁	370	185	185	2293	1067	1226			
50－54岁	418	217	201	2121	977	1144	1	1	
55－59岁	439	202	237	1695	745	950			
60－64岁	359	173	186	1223	510	713			
65－69岁	171	75	96	690	279	411			
70－74岁	104	50	54	349	112	237			
75－79岁	60	23	37	161	49	112			
80－84岁	51	16	35	124	34	90			
85－89岁	29	11	18	61	19	42			
90－94岁	6	1	5	5	2	3			
95－99岁	3	1	2	1		1			
100岁及以上									

2-2 续表 16 单位：人

年龄组	保安族			裕固族			京族		
	小计	男	女	小计	男	女	小计	男	女
总　计	**38**	**19**	**19**	**64**	**32**	**32**	**22**	**11**	**11**
0–4岁	3	1	2	5	3	2	3	1	2
5–9岁	4	3	1	8	4	4	4	3	1
10–14岁	3	2	1	6	5	1			
15–19岁	1		1	4		4			
20–24岁	4	4		5	4	1			
25–29岁	3	2	1	9	3	6	2	1	1
30–34岁	7	2	5	5	2	3			
35–39岁	2	1	1	10	6	4			
40–44岁	5	2	3	5	2	3	1	1	
45–49岁	2	2		3	2	1	1	1	
50–54岁				2		2	6	1	5
55–59岁	2		2						
60–64岁							2	1	1
65–69岁	2		2						
70–74岁				2	1	1	1	1	
75–79岁							2	1	1
80–84岁									
85–89岁									
90–94岁									
95–99岁									
100岁及以上									

2-2 续表 17 单位：人

年龄组	塔塔尔族			独龙族			鄂伦春族		
	小计	男	女	小计	男	女	小计	男	女
总　计	**10**	**5**	**5**	**3**	**2**	**1**	**4219**	**1982**	**2237**
0–4岁							442	217	225
5–9岁	1	1					420	199	221
10–14岁							288	138	150
15–19岁	1		1				261	142	119
20–24岁							237	126	111
25–29岁	1	1					392	199	193
30–34岁							473	231	242
35–39岁	1	1		1		1	405	183	222
40–44岁							313	152	161
45–49岁	3	1	2	1	1		285	119	166
50–54岁							232	92	140
55–59岁	1	1					205	76	129
60–64岁							135	62	73
65–69岁	1		1	1	1		58	23	35
70–74岁	1		1				42	13	29
75–79岁							19	7	12
80–84岁							8	2	6
85–89岁							3		3
90–94岁							1	1	
95–99岁									
100岁及以上									

2-2　续表 18　　　　单位：人

年龄组	赫哲族			门巴族			珞巴族		
	小计	男	女	小计	男	女	小计	男	女
总　计	**39**	**18**	**21**	**2**	**1**	**1**	**1**	**1**	
0-4岁	5	2	3						
5-9岁	1	1							
10-14岁	2	1	1						
15-19岁									
20-24岁	1	1							
25-29岁	6	4	2						
30-34岁	4	1	3	1		1			
35-39岁	1		1						
40-44岁	1	1							
45-49岁	4	2	2						
50-54岁	5	1	4						
55-59岁	1		1	1	1				
60-64岁	1	1							
65-69岁	5	3	2				1	1	
70-74岁	1		1						
75-79岁									
80-84岁	1		1						
85-89岁									
90-94岁									
95-99岁									
100岁及以上									

2-2　续表 19　　　　单位：人

年龄组	基诺族			未定族称人口			入　籍		
	小计	男	女	小计	男	女	小计	男	女
总　计	**11**	**2**	**9**	**1840**	**913**	**927**	**96**	**46**	**50**
0-4岁				356	182	174	11	9	2
5-9岁	1		1	80	47	33	4	4	
10-14岁				81	45	36	6	1	5
15-19岁	2	1	1	97	48	49	5	2	3
20-24岁	1		1	167	87	80	3	3	
25-29岁	1	1		119	62	57	7	4	3
30-34岁	2		2	143	65	78	11	4	7
35-39岁	1		1	127	52	75	11	4	7
40-44岁	3		3	150	65	85	4	2	2
45-49岁				144	63	81	8	3	5
50-54岁				108	52	56	6	1	5
55-59岁				78	41	37	6	2	4
60-64岁				34	20	14	1	1	
65-69岁				31	14	17	2	1	1
70-74岁				30	19	11	1	1	
75-79岁				39	25	14	2	1	1
80-84岁				25	12	13	3	1	2
85-89岁				15	7	8	3	1	2
90-94岁				10	5	5	1	1	
95-99岁				5	2	3	1		1
100岁及以上				1		1			

2−2a　全区各民族分年龄、性别的人口(城市)

单位：人

年龄组	合计			汉族		
	合计	男	女	小计	男	女
总　计	**9446419**	**4714495**	**4731924**	**7895842**	**3965843**	**3929999**
0−4岁	455314	235540	219774	339054	175229	163825
5−9岁	479371	249178	230193	360789	187440	173349
10−14岁	423332	219232	204100	331986	171947	160039
15−19岁	482798	246792	236006	369095	189842	179253
20−24岁	563572	281242	282330	442851	222963	219888
25−29岁	665567	334529	331038	543938	275307	268631
30−34岁	919103	461096	458007	752573	380129	372444
35−39岁	816959	412357	404602	668802	341532	327270
40−44岁	707309	355701	351608	608840	309690	299150
45−49岁	863469	429140	434329	757029	380472	376557
50−54岁	810420	405766	404654	716440	362626	353814
55−59岁	706278	354527	351751	619875	314939	304936
60−64岁	525105	260714	264391	460005	230633	229372
65−69岁	398184	188884	209300	352896	168373	184523
70−74岁	246046	109630	136416	222353	99325	123028
75−79岁	174628	74816	99812	159053	68324	90729
80−84岁	130134	58383	71751	118300	53337	64963
85−89岁	57503	26325	31178	52631	24123	28508
90−94岁	16909	8521	8388	15299	7674	7625
95−99岁	3741	1842	1899	3412	1677	1735
100岁及以上	677	280	397	621	261	360

2−2a　续表 1

单位：人

年龄组	蒙古族			回族			藏族		
	小计	男	女	小计	男	女	小计	男	女
总　计	**1154679**	**553287**	**601392**	**135907**	**67231**	**68676**	**1690**	**896**	**794**
0−4岁	90236	46810	43426	6209	3247	2962	81	50	31
5−9岁	92149	48038	44111	7192	3675	3517	101	54	47
10−14岁	70846	36790	34056	6027	3091	2936	61	27	34
15−19岁	93915	46804	47111	5440	2809	2631	132	79	53
20−24岁	98869	47150	51719	6348	3212	3136	221	119	102
25−29岁	94159	45420	48739	8425	4246	4179	189	99	90
30−34岁	123403	59426	63977	12435	6262	6173	271	125	146
35−39岁	108332	51305	57027	12501	6302	6199	164	86	78
40−44岁	72687	33442	39245	8951	4429	4522	126	81	45
45−49岁	78309	35066	43243	10992	5448	5544	115	58	57
50−54岁	66112	29559	36553	11216	5586	5630	80	48	32
55−59岁	58585	26429	32156	11443	5571	5872	59	28	31
60−64岁	43057	19517	23540	9014	4406	4608	38	16	22
65−69岁	28663	12610	16053	7733	3680	4053	16	11	5
70−74岁	14635	6161	8474	5052	2231	2821	16	6	10
75−79岁	9604	3917	5687	3309	1412	1897	9	6	3
80−84岁	7269	3039	4230	2185	963	1222	5		5
85−89岁	2734	1220	1514	1013	448	565	2	1	1
90−94岁	915	482	433	329	175	154	4	2	2
95−99岁	177	93	84	73	31	42			
100岁及以上	23	9	14	20	7	13			

2-2a 续表 2 单位：人

年龄组	维吾尔族			苗族			彝族		
	小计	男	女	小计	男	女	小计	男	女
总 计	**612**	**325**	**287**	**3720**	**1875**	**1845**	**1855**	**1016**	**839**
0-4岁	32	14	18	178	95	83	95	59	36
5-9岁	53	21	32	239	115	124	82	41	41
10-14岁	38	21	17	180	92	88	62	37	25
15-19岁	60	39	21	239	132	107	121	74	47
20-24岁	89	54	35	494	272	222	325	213	112
25-29岁	63	30	33	371	196	175	246	133	113
30-34岁	69	31	38	396	189	207	230	126	104
35-39岁	62	35	27	327	160	167	210	97	113
40-44岁	51	27	24	335	157	178	160	80	80
45-49岁	24	16	8	301	123	178	129	60	69
50-54岁	30	16	14	201	96	105	90	41	49
55-59岁	14	5	9	139	66	73	48	29	19
60-64岁	11	5	6	87	46	41	26	11	15
65-69岁	8	5	3	57	28	29	12	4	8
70-74岁	2	2		59	39	20	7	4	3
75-79岁	1	1		40	26	14	3	2	1
80-84岁	4	2	2	34	18	16	3		3
85-89岁	1	1		23	13	10	2	1	1
90-94岁				11	6	5	4	4	
95-99岁				5	4	1			
100岁及以上				4	2	2			

2-2a 续表 3 单位：人

年龄组	壮族			布依族			朝鲜族		
	小计	男	女	小计	男	女	小计	男	女
总 计	**1735**	**794**	**941**	**1574**	**759**	**815**	**8227**	**3873**	**4354**
0-4岁	137	61	76	62	33	29	466	236	230
5-9岁	134	72	62	65	31	34	482	252	230
10-14岁	101	53	48	95	55	40	368	197	171
15-19岁	122	51	71	97	53	44	310	143	167
20-24岁	216	106	110	199	120	79	317	151	166
25-29岁	117	47	70	153	74	79	506	252	254
30-34岁	216	94	122	157	66	91	751	370	381
35-39岁	172	70	102	125	48	77	636	319	317
40-44岁	134	47	87	139	55	84	448	223	225
45-49岁	93	42	51	143	52	91	639	307	332
50-54岁	88	42	46	103	44	59	727	338	389
55-59岁	76	33	43	83	41	42	815	368	447
60-64岁	52	36	16	38	23	15	607	279	328
65-69岁	26	11	15	29	15	14	395	173	222
70-74岁	20	11	9	33	21	12	256	100	156
75-79岁	8	2	6	14	9	5	190	67	123
80-84岁	12	9	3	16	9	7	217	66	151
85-89岁	9	5	4	12	6	6	73	23	50
90-94岁	2	2		7	3	4	19	7	12
95-99岁				4	1	3	5	2	3
100岁及以上									

2–2a　续表 4

单位：人

年龄组	满族			侗族			瑶族		
	小计	男	女	小计	男	女	小计	男	女
总　计	**200036**	**99271**	**100765**	**1712**	**832**	**880**	**295**	**134**	**161**
0–4岁	15538	8064	7474	130	65	65	26	13	13
5–9岁	15115	7869	7246	97	57	40	28	11	17
10–14岁	11350	5797	5553	109	55	54	16	8	8
15–19岁	10548	5423	5125	83	45	38	17	9	8
20–24岁	10430	5245	5185	179	101	78	32	20	12
25–29岁	14189	7198	6991	147	68	79	32	14	18
30–34岁	24162	12193	11969	169	76	93	33	12	21
35–39岁	21854	10668	11186	177	76	101	29	8	21
40–44岁	12961	6326	6635	131	62	69	27	15	12
45–49岁	12917	6235	6682	138	54	84	19	10	9
50–54岁	12847	6225	6622	118	55	63	12	5	7
55–59岁	12686	5889	6797	82	41	41	6	2	4
60–64岁	10363	4959	5404	29	13	16	5	2	3
65–69岁	7161	3443	3718	29	16	13	5	2	3
70–74岁	3034	1470	1564	24	14	10	3	1	2
75–79岁	2032	908	1124	24	13	11	3	2	1
80–84岁	1702	788	914	22	10	12			
85–89岁	828	401	427	16	9	7	2		2
90–94岁	261	141	120	6	1	5			
95–99岁	55	29	26	1	1				
100岁及以上	3		3	1		1			

2 2a　续表 5

单位：人

年龄组	白族			土家族			哈尼族		
	小计	男	女	小计	男	女	小计	男	女
总　计	**419**	**208**	**211**	**2887**	**1517**	**1370**	**141**	**59**	**82**
0–4岁	29	16	13	202	114	88	10	7	3
5–9岁	30	15	15	219	131	88	8	5	3
10–14岁	16	10	6	214	105	109	7	4	3
15–19岁	27	15	12	206	110	96	10	7	3
20–24岁	60	34	26	385	226	159	26	13	13
25–29岁	34	15	19	269	131	138	16	8	8
30–34岁	53	19	34	294	144	150	19	4	15
35–39岁	36	19	17	259	136	123	15	3	12
40–44岁	24	9	15	203	106	97	12	3	9
45–49岁	32	13	19	226	107	119	6	1	5
50–54岁	24	16	8	159	77	82	5	1	4
55–59岁	19	6	13	100	53	47	2		2
60–64岁	11	8	3	50	21	29	1	1	
65–69岁	9	6	3	32	16	16	2	2	
70–74岁	6	4	2	29	14	15	1		1
75–79岁	1		1	15	7	8			
80–84岁	6	2	4	14	12	2	1		1
85–89岁	2	1	1	8	5	3			
90–94岁				1	1				
95–99岁				1	1				
100岁及以上				1		1			

2-2a 续表 6

单位：人

年龄组	哈萨克族			傣 族			黎 族		
	小计	男	女	小计	男	女	小计	男	女
总 计	**41**	**19**	**22**	**117**	**54**	**63**	**657**	**305**	**352**
0-4岁	3		3	7	5	2	58	27	31
5-9岁	2	2		10	7	3	54	30	24
10-14岁				4	2	2	30	17	13
15-19岁	2		2	9	4	5	39	16	23
20-24岁	9	5	4	15	6	9	58	30	28
25-29岁	5	3	2	13	7	6	48	24	24
30-34岁	7	1	6	16	5	11	71	37	34
35-39岁	2	1	1	8	2	6	53	20	33
40-44岁	2	1	1	8	1	7	51	24	27
45-49岁	5	4	1	12	7	5	59	18	41
50-54岁				8	5	3	41	17	24
55-59岁	2	1	1	2	1	1	38	22	16
60-64岁				3	2	1	17	7	10
65-69岁				1		1	18	7	11
70-74岁	1	1		1		1	6	4	2
75-79岁	1		1				7	1	6
80-84岁							6	2	4
85-89岁							2	1	1
90-94岁							1	1	
95-99岁									
100岁及以上									

2-2a 续表 7

单位：人

年龄组	傈僳族			佤 族			畲 族		
	小计	男	女	小计	男	女	小计	男	女
总 计	**155**	**58**	**97**	**155**	**57**	**98**	**163**	**91**	**72**
0-4岁	12	8	4	8	3	5	16	7	9
5-9岁	14	7	7	19	9	10	16	9	7
10-14岁	7	3	4	8	3	5	5	5	
15-19岁	23	12	11	9	2	7	7	5	2
20-24岁	22	12	10	17	9	8	9	5	4
25-29岁	14	2	12	14	6	8	19	10	9
30-34岁	22	4	18	24	5	19	25	11	14
35-39岁	18	2	16	20	5	15	17	8	9
40-44岁	5	1	4	11	3	8	7	4	3
45-49岁	7	3	4	9	3	6	12	7	5
50-54岁	9	3	6	6	3	3	12	11	1
55-59岁	2	1	1	3	2	1	8	3	5
60-64岁				2	1	1	9	6	3
65-69岁				2	1	1			
70-74岁				1		1			
75-79岁				1	1				
80-84岁							1		1
85-89岁									
90-94岁				1	1				
95-99岁									
100岁及以上									

2-2a 续表 8

单位：人

年龄组	高山族			拉祜族			水族		
	小计	男	女	小计	男	女	小计	男	女
总 计	**52**	**29**	**23**	**70**	**21**	**49**	**290**	**139**	**151**
0-4岁	2		2	4	2	2	7	4	3
5-9岁	6	5	1	3	3		10	3	7
10-14岁	3	3		7	5	2	16	10	6
15-19岁	2	2		3	2	1	20	11	9
20-24岁	3	1	2	6	3	3	34	17	17
25-29岁				6	2	4	23	10	13
30-34岁	8	4	4	12		12	28	11	17
35-39岁	6	4	2	16	1	15	36	15	21
40-44岁	2	1	1	6	2	4	31	16	15
45-49岁	2	1	1	3		3	26	11	15
50-54岁	1	1		4	1	3	13	7	6
55-59岁	4	2	2				21	7	14
60-64岁	7	4	3				3	3	
65-69岁	3		3				6	3	3
70-74岁	1	1					3	2	1
75-79岁	1		1				2	2	
80-84岁	1		1				7	5	2
85-89岁							3	2	1
90-94岁							1		1
95-99岁									
100岁及以上									

2-2a 续表 9

单位：人

年龄组	东乡族			纳西族			景颇族		
	小计	男	女	小计	男	女	小计	男	女
总 计	**571**	**311**	**260**	**38**	**18**	**20**	**18**	**5**	**13**
0-4岁	50	22	28	3		3			
5-9岁	56	29	27	3	3				
10-14岁	38	20	18	1		1	1		1
15-19岁	35	20	15	2		2	1	1	
20-24岁	66	45	21	8	4	4	2		2
25-29岁	73	39	34	2	2		1		1
30-34岁	72	35	37	4	1	3	2	1	1
35-39岁	74	37	37	2	1	1	5	1	4
40-44岁	35	22	13	6	1	5	1		1
45-49岁	23	13	10	1	1		1		1
50-54岁	21	12	9						
55-59岁	14	9	5						
60-64岁	5	3	2	2	1	1			
65-69岁	6	4	2	3	3		2		2
70-74岁	1		1	1	1		1	1	
75-79岁	2	1	1				1	1	
80-84岁									
85-89岁									
90-94岁									
95-99岁									
100岁及以上									

2-2a 续表 10

单位：人

年龄组	柯尔克孜族			土族			达斡尔族		
	小计	男	女	小计	男	女	小计	男	女
总　计	**87**	**38**	**49**	**199**	**87**	**112**	**20311**	**9552**	**10759**
0-4岁	6	5	1	20	8	12	1548	786	762
5-9岁	6	2	4	15	4	11	1520	816	704
10-14岁	6		6	12	5	7	1039	524	515
15-19岁	7	5	2	17	6	11	1238	605	633
20-24岁	4	2	2	25	11	14	1241	596	645
25-29岁	3	2	1	18	8	10	1494	713	781
30-34岁	10	3	7	28	17	11	2227	1070	1157
35-39岁	5	2	3	15	4	11	1924	898	1026
40-44岁	7	4	3	17	8	9	1204	551	653
45-49岁	10	5	5	8	6	2	1383	614	769
50-54岁	5	1	4	9	3	6	1262	558	704
55-59岁	3	1	2	7	3	4	1418	649	769
60-64岁	7	4	3	3		3	1125	473	652
65-69岁	4	1	3	1	1		780	340	440
70-74岁	1		1	3	2	1	349	146	203
75-79岁	1		1				199	69	130
80-84岁							222	82	140
85-89岁	2	1	1				98	44	54
90-94岁				1	1		33	15	18
95-99岁							4	2	2
100岁及以上							3	1	2

2-2a 续表 11

单位：人

年龄组	仫佬族			羌族			布朗族		
	小计	男	女	小计	男	女	小计	男	女
总　计	**62**	**29**	**33**	**99**	**55**	**44**	**7**	**5**	**2**
0-4岁	4	4		8	2	6			
5-9岁	6	4	2	7	6	1			
10-14岁	5	1	4	1	1		1	1	
15-19岁	2	1	1	3	2	1			
20-24岁	8	4	4	4	2	2	2	1	1
25-29岁	6	1	5	11	4	7			
30-34岁	10	4	6	12	7	5			
35-39岁	5	2	3	7	4	3	2	2	
40-44岁	5	4	1	8	4	4	1		1
45-49岁	3		3	20	13	7	1	1	
50-54岁	1		1	6	5	1			
55-59岁	2	1	1	6	4	2			
60-64岁	1	1		3	1	2			
65-69岁	1	1		3		3			
70-74岁	2	1	1						
75-79岁									
80-84岁	1		1						
85-89岁									
90-94岁									
95-99岁									
100岁及以上									

2-2a　续表 12

单位：人

年龄组	撒拉族			毛南族			仡佬族		
	小计	男	女	小计	男	女	小计	男	女
总　计	**123**	**62**	**61**	**39**	**15**	**24**	**235**	**155**	**80**
0–4岁	4	3	1				12	6	6
5–9岁	17	10	7	1	1		12	4	8
10–14岁	16	8	8	2	2		7	4	3
15–19岁	16	6	10	4	2	2	14	9	5
20–24岁	9	6	3	7	3	4	51	37	14
25–29岁	11	4	7	2	1	1	18	12	6
30–34岁	12	6	6	5	2	3	25	17	8
35–39岁	12	8	4	6	2	4	28	19	9
40–44岁	11	5	6	2		2	18	13	5
45–49岁	7	3	4	4		4	22	12	10
50–54岁	4	1	3	1		1	13	9	4
55–59岁	3	2	1	2	2		7	6	1
60–64岁	1		1	2		2	5	4	1
65–69岁				1		1			
70–74岁							1	1	
75–79岁							2	2	
80–84岁									
85–89岁									
90–94岁									
95–99岁									
100岁及以上									

2-2a　续表 13

单位：人

年龄组	锡伯族			阿昌族			普米族		
	小计	男	女	小计	男	女	小计	男	女
总　计	**1600**	**824**	**776**	**8**	**8**		**4**	**2**	**2**
0–4岁	135	70	65	1	1				
5–9岁	121	51	70						
10–14岁	102	49	53						
15–19岁	95	45	50	1	1		1	1	
20–24岁	82	40	42	2	2		1	1	
25–29岁	116	61	55	1	1				
30–34岁	155	92	63	1	1				
35–39岁	162	86	76						
40–44岁	125	64	61						
45–49岁	101	61	40	1	1				
50–54岁	117	61	56						
55–59岁	101	49	52	1	1		1		1
60–64岁	60	24	36						
65–69岁	53	30	23						
70–74岁	22	11	11						
75–79岁	29	15	14						
80–84岁	15	11	4				1		1
85–89岁	6	2	4						
90–94岁	3	2	1						
95–99岁									
100岁及以上									

2－2a 续表 14

单位：人

年龄组	塔吉克族			怒 族			乌孜别克族		
	小计	男	女	小计	男	女	小计	男	女
总 计				**5**	**2**	**3**	**5**	**3**	**2**
0－4岁				1		1			
5－9岁				1	1				
10－14岁				1	1				
15－19岁							1	1	
20－24岁				1		1			
25－29岁							2	1	1
30－34岁									
35－39岁				1		1			
40－44岁							1	1	
45－49岁									
50－54岁									
55－59岁							1		1
60－64岁									
65－69岁									
70－74岁									
75－79岁									
80－84岁									
85－89岁									
90－94岁									
95－99岁									
100岁及以上									

2－2a 续表 15

单位：人

年龄组	俄罗斯族			鄂温克族			德 昂 族		
	小计	男	女	小计	男	女	小计	男	女
总 计	**3251**	**1547**	**1704**	**5021**	**2286**	**2735**	**7**	**4**	**3**
0－4岁	246	121	125	416	208	208			
5－9岁	219	102	117	368	189	179			
10－14岁	179	94	85	274	137	137			
15－19岁	146	68	78	558	277	281			
20－24岁	154	89	65	512	224	288			
25－29岁	237	98	139	434	215	219	1		1
30－34岁	385	185	200	560	253	307	4	3	1
35－39岁	218	110	108	477	202	275	1		1
40－44岁	166	79	87	237	89	148			
45－49岁	238	112	126	289	134	155			
50－54岁	252	131	121	294	123	171	1	1	
55－59岁	271	119	152	251	103	148			
60－64岁	235	109	126	176	74	102			
65－69岁	120	51	69	77	33	44			
70－74岁	76	40	36	36	10	26			
75－79岁	45	18	27	22	5	17			
80－84岁	38	12	26	31	7	24			
85－89岁	21	8	13	5	3	2			
90－94岁	3		3	3		3			
95－99岁	2	1	1	1		1			
100岁及以上									

2-2a 续表 16 单位：人

年龄组	保安族			裕固族			京族		
	小计	男	女	小计	男	女	小计	男	女
总 计	**27**	**12**	**15**	**26**	**14**	**12**	**4**	**2**	**2**
0-4岁	2	1	1	1		1	1		1
5-9岁	4	3	1	1	1		1	1	
10-14岁	3	2	1	3	3				
15-19岁	1		1	3		3			
20-24岁	2	2		4	4				
25-29岁				3		3	1	1	
30-34岁	5	1	4	2		2			
35-39岁	2	1	1	6	4	2			
40-44岁	4	2	2	1	1				
45-49岁				2	1	1			
50-54岁									
55-59岁	2		2						
60-64岁							1		1
65-69岁	2		2						
70-74岁									
75-79岁									
80-84岁									
85-89岁									
90-94岁									
95-99岁									
100岁及以上									

2-2a 续表 17 单位：人

年龄组	塔塔尔族			独龙族			鄂伦春族		
	小计	男	女	小计	男	女	小计	男	女
总 计	**5**	**3**	**2**	**1**		**1**	**809**	**359**	**450**
0-4岁							65	37	28
5-9岁	1	1					65	31	34
10-14岁							52	24	28
15-19岁	1		1				71	31	40
20-24岁							84	38	46
25-29岁	1	1					74	30	44
30-34岁							80	29	51
35-39岁				1		1	70	28	42
40-44岁							49	25	24
45-49岁	2	1	1				47	20	27
50-54岁							47	19	28
55-59岁							44	22	22
60-64岁							29	12	17
65-69岁							16	7	9
70-74岁							5	2	3
75-79岁							3	1	2
80-84岁							6	2	4
85-89岁							1		1
90-94岁							1	1	
95-99岁									
100岁及以上									

2-2a　续表 18　　　　单位：人

年龄组	赫哲族			门巴族			珞巴族		
	小计	男	女	小计	男	女	小计	男	女
总　计	**7**	**2**	**5**	**1**	**1**				
0-4岁	2	1	1						
5-9岁									
10-14岁									
15-19岁									
20-24岁									
25-29岁	1		1						
30-34岁	2		2						
35-39岁									
40-44岁									
45-49岁	1		1						
50-54岁									
55-59岁				1	1				
60-64岁	1	1							
65-69岁									
70-74岁									
75-79岁									
80-84岁									
85-89岁									
90-94岁									
95-99岁									
100岁及以上									

2-2a　续表 19　　　　单位：人

年龄组	基诺族			未定族称人口			入　籍		
	小计	男	女	小计	男	女	小计	男	女
总　计	**4**	**1**	**3**	**776**	**382**	**394**	**38**	**18**	**20**
0-4岁				181	92	89	6	4	2
5-9岁	1		1	26	14	12	3	3	
10-14岁				33	19	14			
15-19岁				42	21	21	3	1	2
20-24岁	1		1	86	42	44	2	2	
25-29岁	1	1		57	29	28	3	3	
30-34岁	1		1	54	25	29	3		3
35-39岁				54	22	32	5	2	3
40-44岁				59	23	36			
45-49岁				56	24	32	2		2
50-54岁				39	19	20	2		2
55-59岁				29	16	13	2		2
60-64岁				13	7	6	1	1	
65-69岁				11	7	4	1		1
70-74岁				5	4	1			
75-79岁				5	4	1	1		1
80-84岁				12	6	6	3	1	2
85-89岁				8	6	2	1	1	
90-94岁				4	2	2			
95-99岁				1		1			
100岁及以上				1		1			

2-2b 全区各民族分年龄、性别的人口(镇)

单位：人

年龄组	合计			汉族		
	合计	男	女	小计	男	女
总 计	**6781056**	**3424007**	**3357049**	**5200595**	**2655896**	**2544699**
0-4岁	356514	184216	172298	242411	125189	117222
5-9岁	400789	207601	193188	274931	142661	132270
10-14岁	362082	187307	174775	256587	133048	123539
15-19岁	315341	162389	152952	218090	112913	105177
20-24岁	247888	128186	119702	183162	96488	86674
25-29岁	436077	221396	214681	323305	166411	156894
30-34岁	652705	327891	324814	489780	248182	241598
35-39岁	599896	306321	293575	447069	231729	215340
40-44岁	534842	274517	260325	422914	220458	202456
45-49岁	649830	331298	318532	524801	271577	253224
50-54岁	607988	312536	295452	494398	259008	235390
55-59岁	504409	255975	248434	405369	210014	195355
60-64岁	378628	186185	192443	302598	151380	151218
65-69岁	306931	144572	162359	251816	120162	131654
70-74岁	185850	85395	100455	155181	72219	82962
75-79岁	115431	51672	63759	98771	44680	54091
80-84岁	80068	35645	44423	69211	31185	38026
85-89岁	34367	15590	18777	30172	13875	16297
90-94岁	9069	4293	4776	7952	3799	4153
95-99岁	1945	858	1087	1721	772	949
100岁及以上	406	164	242	356	146	210

2-2b 续表 1

单位：人

年龄组	蒙古族			回族			藏族		
	小计	男	女	小计	男	女	小计	男	女
总 计	**1334425**	**645072**	**689353**	**48842**	**25194**	**23648**	**1785**	**919**	**866**
0-4岁	96884	50221	46663	2653	1372	1281	109	56	53
5-9岁	107393	55442	51951	3076	1627	1449	137	70	67
10-14岁	90028	46219	43809	2704	1424	1280	94	53	41
15-19岁	86201	43677	42524	2180	1160	1020	113	46	67
20-24岁	54503	26420	28083	2401	1298	1103	128	70	58
25-29岁	94656	45792	48864	3563	1907	1656	226	117	109
30-34岁	135942	66044	69898	4713	2434	2279	260	146	114
35-39岁	127633	62024	65609	4333	2257	2076	205	98	107
40-44岁	94305	45348	48957	3627	1840	1787	129	58	71
45-49岁	106252	50444	55808	4242	2218	2024	147	70	77
50-54岁	95188	44444	50744	4313	2228	2085	98	54	44
55-59岁	82168	37755	44413	3494	1817	1677	73	39	34
60-64岁	63405	28668	34737	2384	1200	1184	27	19	8
65-69岁	46181	20184	25997	1997	987	1010	14	8	6
70-74岁	26090	11040	15050	1348	610	738	9	6	3
75-79岁	14093	5861	8232	870	384	486	12	7	5
80-84岁	9102	3731	5371	554	240	314	3	1	2
85-89岁	3319	1295	2024	278	144	134			
90-94岁	888	388	500	80	36	44			
95-99岁	164	64	100	22	8	14	1	1	
100岁及以上	30	11	19	10	3	7			

2－2b　续表 2　　单位：人

年龄组	维吾尔族			苗　族			彝　族		
	小计	男	女	小计	男	女	小计	男	女
总　计	**207**	**119**	**88**	**2164**	**1027**	**1137**	**1166**	**533**	**633**
0－4岁	12	9	3	161	86	75	59	30	29
5－9岁	17	6	11	134	58	76	93	52	41
10－14岁	14	8	6	131	58	73	92	46	46
15－19岁	11	8	3	117	63	54	100	58	42
20－24岁	27	14	13	206	107	99	141	87	54
25－29岁	21	13	8	208	92	116	121	62	59
30－34岁	27	13	14	240	118	122	111	48	63
35－39岁	21	11	10	193	81	112	161	42	119
40－44岁	17	12	5	174	74	100	120	38	82
45－49岁	12	6	6	222	86	136	73	26	47
50－54岁	7	5	2	134	66	68	47	23	24
55－59岁	12	8	4	93	50	43	23	11	12
60－64岁	4	2	2	42	25	17	12	6	6
65－69岁	2	2		25	15	10	3	1	2
70－74岁	2	1	1	36	21	15	5	1	4
75－79岁	1	1		17	7	10	2	1	1
80－84岁				14	9	5	1	1	
85－89岁				11	6	5	2		2
90－94岁				4	3	1			
95－99岁				2	2				
100岁及以上									

2－2b　续表 3　　单位：人

年龄组	壮　族			布依族			朝鲜族		
	小计	男	女	小计	男	女	小计	男	女
总　计	**770**	**325**	**445**	**859**	**409**	**450**	**4571**	**2292**	**2279**
0－4岁	71	35	36	58	33	25	258	145	113
5－9岁	71	34	37	40	20	20	291	144	147
10－14岁	55	21	34	59	32	27	229	123	106
15－19岁	44	24	20	35	22	13	157	83	74
20－24岁	69	25	44	74	37	37	144	72	72
25－29岁	62	18	44	100	53	47	257	156	101
30－34岁	84	34	50	74	33	41	378	188	190
35－39岁	108	47	61	69	34	35	397	205	192
40－44岁	64	22	42	82	27	55	344	181	163
45－49岁	32	14	18	83	35	48	367	179	188
50－54岁	33	14	19	67	27	40	362	179	183
55－59岁	35	17	18	49	22	27	409	208	201
60－64岁	19	9	10	9	2	7	345	163	182
65－69岁	14	6	8	17	9	8	269	129	140
70－74岁	3	2	1	6	4	2	167	73	94
75－79岁	1		1	10	7	3	85	31	54
80－84岁	2	1	1	8	3	5	70	18	52
85－89岁	2	1	1	10	4	6	34	12	22
90－94岁	1	1		4	3	1	6	3	3
95－99岁				2		2	2		2
100岁及以上				3	2	1			

2-2b　续表 4　　　　单位：人

年龄组	满族			侗族			瑶族		
	小计	男	女	小计	男	女	小计	男	女
总　计	**132245**	**66728**	**65517**	**912**	**462**	**450**	**179**	**91**	**88**
0–4岁	10070	5142	4928	83	44	39	17	7	10
5–9岁	10447	5381	5066	71	35	36	18	13	5
10–14岁	8612	4492	4120	57	27	30	9	8	1
15–19岁	6212	3239	2973	34	24	10	14	9	5
20–24岁	4661	2329	2332	87	39	48	10	6	4
25–29岁	9258	4651	4607	88	49	39	19	9	10
30–34岁	15612	8024	7588	96	43	53	25	5	20
35–39岁	14755	7419	7336	83	37	46	23	10	13
40–44岁	9036	4469	4567	63	27	36	13	4	9
45–49岁	9204	4639	4565	90	46	44	9	8	1
50–54岁	9266	4596	4670	56	30	26	8	4	4
55–59岁	9023	4397	4626	40	18	22	5	4	1
60–64岁	6986	3486	3500	14	9	5	3	2	1
65–69岁	4666	2307	2359	13	10	3	3		3
70–74岁	2020	1046	974	10	6	4	1	1	
75–79岁	1092	512	580	10	9	1			
80–84岁	773	342	431	6	2	4	1	1	
85–89岁	413	200	213	4	2	2	1		1
90–94岁	110	46	64	5	4	1			
95–99岁	23	9	14	2	1	1			
100岁及以上	6	2	4						

2 2b　续表 5　　　　单位：人

年龄组	白族			土家族			哈尼族		
	小计	男	女	小计	男	女	小计	男	女
总　计	**230**	**112**	**118**	**1536**	**766**	**770**	**151**	**45**	**106**
0–4岁	12	6	6	125	58	67	19	9	10
5–9岁	17	7	10	131	81	50	13	6	7
10–14岁	6	4	2	115	61	54	15	10	5
15–19岁	12	6	6	135	61	74	9	4	5
20–24岁	23	12	11	143	87	56	9	2	7
25–29岁	30	17	13	122	61	61	14	4	10
30–34岁	31	14	17	168	60	108	23	4	19
35–39岁	25	11	14	145	62	83	26	2	24
40–44岁	17	9	8	91	43	48	13	4	9
45–49岁	11	5	6	131	57	74	5		5
50–54岁	20	6	14	111	70	41	4		4
55–59岁	10	6	4	58	33	25	1		1
60–64岁	6	4	2	18	12	6			
65–69岁	1		1	15	4	11			
70–74岁	3	2	1	10	4	6			
75–79岁	2		2	10	7	3			
80–84岁	3	3		4	1	3			
85–89岁				4	4				
90–94岁	1		1						
95–99岁									
100岁及以上									

2-2b 续表 6 单位：人

年龄组	哈萨克族			傣 族			黎 族		
	小计	男	女	小计	男	女	小计	男	女
总 计	**27**	**14**	**13**	**57**	**20**	**37**	**327**	**121**	**206**
0-4岁	2	2		3	1	2	25	12	13
5-9岁	1		1	6	2	4	33	16	17
10-14岁	2	1	1	6	4	2	15	9	6
15-19岁	1		1	3	1	2	16	7	9
20-24岁	4	3	1	2	2		16	7	9
25-29岁	2	1	1	7	2	5	24	5	19
30-34岁	4	1	3	9	2	7	27	10	17
35-39岁	1		1	9	3	6	29	8	21
40-44岁	2	1	1	6		6	28	4	24
45-49岁	5	2	3	2	1	1	34	11	23
50-54岁	1	1		2		2	28	9	19
55-59岁	1	1					18	9	9
60-64岁				2	2		15	7	8
65-69岁							12	6	6
70-74岁							3	1	2
75-79岁							3		3
80-84岁							1		1
85-89岁	1	1							
90-94岁									
95-99岁									
100岁及以上									

2-2b 续表 7 单位：人

年龄组	傈僳族			佤 族			畲 族		
	小计	男	女	小计	男	女	小计	男	女
总 计	**173**	**53**	**120**	**153**	**36**	**117**	**77**	**38**	**39**
0-4岁	16	10	6	7	3	4	5	2	3
5-9岁	22	7	15	9	3	6	3	1	2
10-14岁	25	10	15	27	11	16	4	2	2
15-19岁	29	14	15	15	9	6	4	2	2
20-24岁	6	2	4	8	3	5	3	1	2
25-29岁	12	3	9	11	2	9	9	3	6
30-34岁	25	4	21	29	1	28	8	2	6
35-39岁	18		18	23		23	10	4	6
40-44岁	9	3	6	9		9	13	9	4
45-49岁	5		5	4		4	9	6	3
50-54岁	2		2	6	1	5	3	3	
55-59岁	2		2	3	2	1			
60-64岁	1		1				3	2	1
65-69岁				1	1		1		1
70-74岁	1		1	1		1			
75-79岁							1	1	
80-84岁									
85-89岁							1		1
90-94岁									
95-99岁									
100岁及以上									

2-2b　续表 8　　　　单位：人

年龄组	高山族			拉祜族			水　族		
	小计	男	女	小计	男	女	小计	男	女
总　计	**39**	**20**	**19**	**247**	**56**	**191**	**178**	**75**	**103**
0-4岁	3	1	2	11	6	5	8	4	4
5-9岁	3	2	1	36	17	19	4	2	2
10-14岁	3	1	2	34	17	17	11	4	7
15-19岁	2		2	17	6	11	12	6	6
20-24岁	2	1	1	2	1	1	14	8	6
25-29岁	1	1		13	1	12	19	8	11
30-34岁	6	6		45	3	42	24	10	14
35-39岁	2	1	1	40	1	39	18	10	8
40-44岁	4	3	1	25	2	23	11	3	8
45-49岁	6	1	5	12	1	11	19	8	11
50-54岁	3	2	1	6		6	18	7	11
55-59岁				2		2	4	1	3
60-64岁	1		1	2	1	1	2		2
65-69岁	1	1		1		1	6	2	4
70-74岁	2		2	1		1	4	2	2
75-79岁							1		1
80-84岁							2		2
85-89岁							1		1
90-94岁									
95-99岁									
100岁及以上									

2-2b　续表 9　　　　单位：人

年龄组	东乡族			纳西族			景颇族		
	小计	男	女	小计	男	女	小计	男	女
总　计	**267**	**140**	**127**	**20**	**10**	**10**	**20**	**5**	**15**
0-4岁	35	14	21	3	3		2	1	1
5-9岁	30	17	13	1	1		2	2	
10-14岁	19	12	7	2	1	1	2	1	1
15-19岁	20	13	7				2		2
20-24岁	23	12	11	1		1			
25-29岁	40	22	18	4	3	1			
30-34岁	34	18	16	3	1	2	2		2
35-39岁	18	5	13	3	1	2	5		5
40-44岁	15	5	10				1		1
45-49岁	12	8	4	3		3	2	1	1
50-54岁	6	2	4				1		1
55-59岁	9	7	2				1		1
60-64岁	3	2	1						
65-69岁	1	1							
70-74岁	1	1							
75-79岁	1	1							
80-84岁									
85-89岁									
90-94岁									
95-99岁									
100岁及以上									

2-2b 续表 10

单位：人

年龄组	柯尔克孜族			土族			达斡尔族		
	小计	男	女	小计	男	女	小计	男	女
总计	**49**	**33**	**16**	**250**	**104**	**146**	**31078**	**14975**	**16103**
0-4岁	1	1		23	7	16	1861	947	914
5-9岁	3	2	1	12	2	10	2180	1103	1077
10-14岁	4	3	1	18	7	11	1889	978	911
15-19岁	2	1	1	47	11	36	983	528	455
20-24岁	1	1		28	16	12	1242	638	604
25-29岁	5	3	2	17	8	9	2292	1151	1141
30-34岁	2	1	1	33	18	15	2937	1451	1486
35-39岁	3	2	1	25	14	11	2867	1451	1416
40-44岁	8	7	1	14	7	7	2433	1247	1186
45-49岁	3	1	2	12	5	7	2664	1238	1426
50-54岁	4	2	2	8	2	6	2600	1235	1365
55-59岁	5	3	2	4	1	3	2450	1111	1339
60-64岁	3	2	1	2	1	1	1917	830	1087
65-69岁	3	2	1	3	3		1411	553	858
70-74岁	1	1		4	2	2	698	277	421
75-79岁							320	117	203
80-84岁	1	1					242	83	159
85-89岁							71	29	42
90-94岁							15	8	7
95-99岁							5		5
100岁及以上							1		1

2-2b 续表 11

单位：人

年龄组	仫佬族			羌族			布朗族		
	小计	男	女	小计	男	女	小计	男	女
总计	**14**	**9**	**5**	**49**	**26**	**23**	**8**	**2**	**6**
0-4岁	1	1		4	3	1	2		2
5-9岁	1		1	4	2	2	1	1	
10-14岁	1		1	4	1	3			
15-19岁	1	1		3	3				
20-24岁	3	2	1	4	4				
25-29岁				2	1	1	1		1
30-34岁	2	2		7	3	4	2	1	1
35-39岁	1	1		3		3	2		2
40-44岁	2		2	3	2	1			
45-49岁				6	3	3			
50-54岁				4	3	1			
55-59岁	1	1		3	1	2			
60-64岁	1	1		1		1			
65-69岁				1		1			
70-74岁									
75-79岁									
80-84岁									
85-89岁									
90-94岁									
95-99岁									
100岁及以上									

2–2b　续表 12　　单位：人

年龄组	撒拉族			毛南族			仡佬族		
	小计	男	女	小计	男	女	小计	男	女
总　计	**59**	**28**	**31**	**22**	**8**	**14**	**130**	**72**	**58**
0–4岁	7	3	4				12	8	4
5–9岁	3	2	1				4	1	3
10–14岁	4	2	2	1	1		9	6	3
15–19岁	12	6	6	4	2	2	7	6	1
20–24岁	5	2	3				17	9	8
25–29岁	10	3	7	2	1	1	20	9	11
30–34岁	1	1		3	1	2	13	4	9
35–39岁	3	3		2		2	5	3	2
40–44岁	6	2	4	6	1	5	8	4	4
45–49岁	3	2	1	3	2	1	12	7	5
50–54岁	2		2				11	9	2
55–59岁	1	1		1		1	2		2
60–64岁							2	1	1
65–69岁	2	1	1						
70–74岁							2	1	1
75–79岁							4	2	2
80–84岁									
85–89岁							1	1	
90–94岁									
95–99岁							1	1	
100岁及以上									

2–2b　续表 13　　单位：人

年龄组	锡伯族			阿昌族			普米族		
	小计	男	女	小计	男	女	小计	男	女
总　计	**943**	**505**	**438**				**4**	**2**	**2**
0–4岁	66	27	39				1		1
5–9岁	89	48	41						
10–14岁	54	27	27				1	1	
15–19岁	48	27	21						
20–24岁	42	27	15						
25–29岁	79	54	25						
30–34岁	107	57	50						
35–39岁	85	43	42				1	1	
40–44岁	71	39	32						
45–49岁	70	38	32						
50–54岁	72	31	41						
55–59岁	62	38	24						
60–64岁	36	19	17						
65–69岁	35	17	18				1		1
70–74岁	11	5	6						
75–79岁	9	4	5						
80–84岁	5	3	2						
85–89岁	2	1	1						
90–94岁									
95–99岁									
100岁及以上									

2–2b 续表 14 单位：人

年龄组	塔吉克族			怒族			乌孜别克族		
	小计	男	女	小计	男	女	小计	男	女
总 计				**3**	**1**	**2**			
0–4岁									
5–9岁				1	1				
10–14岁									
15–19岁									
20–24岁									
25–29岁				1		1			
30–34岁									
35–39岁									
40–44岁									
45–49岁									
50–54岁									
55–59岁				1		1			
60–64岁									
65–69岁									
70–74岁									
75–79岁									
80–84岁									
85–89岁									
90–94岁									
95–99岁									
100岁及以上									

2–2b 续表 15 单位：人

年龄组	俄罗斯族			鄂温克族			德昂族		
	小计	男	女	小计	男	女	小计	男	女
总 计	**662**	**334**	**328**	**12514**	**5873**	**6641**	**5**	**2**	**3**
0–4岁	44	26	18	960	486	474			
5–9岁	39	17	22	1116	568	548	1	1	
10–14岁	27	16	11	919	461	458	1		1
15–19岁	12	10	2	462	240	222			
20–24岁	19	10	9	501	250	251			
25–29岁	44	26	18	1136	535	601			
30–34岁	74	40	34	1381	688	693			
35–39岁	57	30	27	1124	537	587	1	1	
40–44岁	28	12	16	897	441	456	2		2
45–49岁	50	31	19	1032	445	587			
50–54岁	67	28	39	871	388	483			
55–59岁	87	34	53	761	319	442			
60–64岁	65	35	30	622	259	363			
65–69岁	19	11	8	363	136	227			
70–74岁	11	4	7	188	55	133			
75–79岁	6	1	5	97	32	65			
80–84岁	6	1	5	52	19	33			
85–89岁	5	1	4	31	13	18			
90–94岁	2	1	1	1	1				
95–99岁									
100岁及以上									

2-2b　续表 16　　单位：人

年龄组	保安族			裕固族			京　族		
	小计	男	女	小计	男	女	小计	男	女
总　计	**7**	**6**	**1**	**29**	**13**	**16**	**8**	**2**	**6**
0–4岁				3	2	1			
5–9岁				7	3	4	1		1
10–14岁				3	2	1			
15–19岁				1		1			
20–24岁	2	2		1		1			
25–29岁	2	2		2		2			
30–34岁	1	1		3	2	1			
35–39岁				3	2	1			
40–44岁	1		1	3	1	2	1	1	
45–49岁	1	1							
50–54岁				2		2	4		4
55–59岁									
60–64岁									
65–69岁									
70–74岁				1	1				
75–79岁							2	1	1
80–84岁									
85–89岁									
90–94岁									
95–99岁									
100岁及以上									

2-2b　续表 17　　单位：人

年龄组	塔塔尔族			独龙族			鄂伦春族		
	小计	男	女	小计	男	女	小计	男	女
总　计	**1**		**1**	**1**	**1**		**2533**	**1209**	**1324**
0–4岁							303	150	153
5–9岁							274	129	145
10–14岁							172	88	84
15–19岁							149	87	62
20–24岁							112	64	48
25–29岁							239	123	116
30–34岁							318	156	162
35–39岁							257	118	139
40–44岁							186	93	93
45–49岁				1	1		147	62	85
50–54岁							128	46	82
55–59岁							116	40	76
60–64岁							71	32	39
65–69岁	1		1				27	10	17
70–74岁							24	7	17
75–79岁							8	4	4
80–84岁							2		2
85–89岁									
90–94岁									
95–99岁									
100岁及以上									

2-2b 续表 18 单位：人

年龄组	赫哲族			门巴族			珞巴族		
	小计	男	女	小计	男	女	小计	男	女
总　计	**8**	**3**	**5**	**1**		**1**	**1**	**1**	
0-4岁									
5-9岁									
10-14岁									
15-19岁									
20-24岁	1	1							
25-29岁	1	1							
30-34岁	1		1	1		1			
35-39岁	1		1						
40-44岁									
45-49岁									
50-54岁	3	1	2						
55-59岁									
60-64岁									
65-69岁							1	1	
70-74岁	1		1						
75-79岁									
80-84岁									
85-89岁									
90-94岁									
95-99岁									
100岁及以上									

2-2b 续表 19 单位：人

年龄组	基诺族			未定族称人口			入　籍		
	小计	男	女	小计	男	女	小计	男	女
总　计	**6**	**1**	**5**	**430**	**210**	**220**	**19**	**9**	**10**
0-4岁				101	51	50	3	3	
5-9岁				22	13	9	1	1	
10-14岁				16	7	9	2		2
15-19岁	2	1	1	23	11	12			
20-24岁				40	26	14	1	1	
25-29岁				31	16	15	1		1
30-34岁	1		1	35	15	20	3	2	1
35-39岁	1		1	31	13	18	2		2
40-44岁	2		2	39	16	23			
45-49岁				31	13	18	1		1
50-54岁				24	12	12			
55-59岁				11	6	5	2	1	1
60-64岁				7	4	3			
65-69岁				4	2	2	1	1	
70-74岁				5	2	3			
75-79岁				3	2	1			
80-84岁				5		5			
85-89岁				2	1	1	2		2
90-94岁									
95-99岁									
100岁及以上									

2-2c　全区各民族分年龄、性别的人口(乡村)

单位：人

年龄组	合计			汉族		
	合计	男	女	小计	男	女
总　计	**7821680**	**4136772**	**3684908**	**5839100**	**3106126**	**2732974**
0-4岁	243828	126257	117571	148002	76729	71273
5-9岁	303905	159953	143952	184087	97239	86848
10-14岁	352538	186431	166107	212572	112969	99603
15-19岁	207128	114729	92399	143064	78926	64138
20-24岁	252282	143073	109209	173412	99100	74312
25-29岁	348711	201844	146867	236418	138421	97997
30-34岁	470647	265911	204736	315065	179279	135786
35-39岁	507040	284496	222544	324272	184120	140152
40-44岁	538330	294044	244286	379504	209370	170134
45-49岁	806789	427283	379506	604947	323881	281066
50-54岁	878991	462950	416041	686252	366568	319684
55-59岁	819880	420378	399502	655909	339904	316005
60-64岁	714582	364392	350190	589836	303383	286453
65-69岁	619148	312539	306609	526045	267391	258654
70-74岁	354284	181889	172395	304453	158528	145925
75-79岁	191199	93704	97495	167135	83162	83973
80-84岁	129289	60528	68761	113875	54207	59668
85-89岁	61149	26978	34171	54696	24506	30190
90-94岁	16672	7137	9535	14786	6399	8387
95-99岁	4230	1819	2411	3809	1645	2164
100岁及以上	1058	437	621	961	399	562

2-2c　续表 1

单位：人

年龄组	蒙古族			回族			藏族		
	小计	男	女	小计	男	女	小计	男	女
总　计	**1758711**	**911804**	**846907**	**30169**	**16251**	**13918**	**1066**	**542**	**524**
0-4岁	83727	43316	40411	1187	593	594	37	17	20
5-9岁	105785	55313	50472	1483	785	698	54	21	33
10-14岁	125136	65675	59461	1561	812	749	66	33	33
15-19岁	56031	31473	24558	1051	563	488	58	34	24
20-24岁	69613	38764	30849	1385	807	578	58	35	23
25-29岁	98942	55764	43178	1864	1121	743	119	71	48
30-34岁	136580	76076	60504	2367	1372	995	130	73	57
35-39岁	162857	89527	73330	2473	1387	1086	110	55	55
40-44岁	142375	75959	66416	2214	1249	965	109	46	63
45-49岁	181469	92861	88608	2865	1519	1346	106	51	55
50-54岁	171156	85301	85855	3177	1693	1484	97	48	49
55-59岁	144912	70869	74043	2642	1392	1250	60	30	30
60-64岁	110438	53462	56976	1832	958	874	18	10	8
65-69岁	82917	39543	43374	1612	876	736	19	12	7
70-74岁	44706	20595	24111	997	494	503	10	3	7
75-79岁	21197	9120	12077	613	266	347	7	2	5
80-84岁	13532	5441	8091	387	168	219	5	1	4
85-89岁	5502	2058	3444	245	100	145	2		2
90-94岁	1487	551	936	142	65	77	1		1
95-99岁	283	109	174	56	28	28			
100岁及以上	66	27	39	16	3	13			

2-2c 续表 2

单位：人

年龄组	维吾尔族			苗族			彝族		
	小计	男	女	小计	男	女	小计	男	女
总　计	**122**	**86**	**36**	**3522**	**1722**	**1800**	**1597**	**819**	**778**
0-4岁	4	1	3	160	87	73	69	34	35
5-9岁	4	1	3	190	87	103	82	48	34
10-14岁	4	2	2	180	95	85	95	52	43
15-19岁	10	8	2	161	94	67	80	58	22
20-24岁	14	14		279	140	139	154	111	43
25-29岁	9	7	2	259	144	115	155	109	46
30-34岁	15	11	4	278	136	142	216	113	103
35-39岁	5	5		292	137	155	234	89	145
40-44岁	12	9	3	301	120	181	163	58	105
45-49岁	15	11	4	394	174	220	157	56	101
50-54岁	12	6	6	299	142	157	98	41	57
55-59岁	9	8	1	186	78	108	43	25	18
60-64岁	5	2	3	106	53	53	15	9	6
65-69岁	3		3	97	42	55	10	4	6
70-74岁				95	57	38	12	5	7
75-79岁				84	50	34	6	4	2
80-84岁	1	1		71	38	33	4	2	2
85-89岁				42	24	18	1		1
90-94岁				32	12	20	3	1	2
95-99岁				9	6	3			
100岁及以上				7	6	1			

2-2c 续表 3

单位：人

年龄组	壮族			布依族			朝鲜族		
	小计	男	女	小计	男	女	小计	男	女
总　计	**619**	**297**	**322**	**1573**	**748**	**825**	**5418**	**2710**	**2708**
0-4岁	46	27	19	59	33	26	203	106	97
5-9岁	51	24	27	72	40	32	217	118	99
10-14岁	41	18	23	69	36	33	196	108	88
15-19岁	23	13	10	77	40	37	97	46	51
20-24岁	32	19	13	101	55	46	134	80	54
25-29岁	47	23	24	93	53	40	227	126	101
30-34岁	86	38	48	115	60	55	469	245	224
35-39岁	69	31	38	132	61	71	537	285	252
40-44岁	72	35	37	141	54	87	419	227	192
45-49岁	53	26	27	183	73	110	486	230	256
50-54岁	38	16	22	160	65	95	550	276	274
55-59岁	21	9	12	104	39	65	569	274	295
60-64岁	17	8	9	60	33	27	457	214	243
65-69岁	6	3	3	50	23	27	383	170	213
70-74岁	3	1	2	43	28	15	221	106	115
75-79岁	7	3	4	38	25	13	140	61	79
80-84岁	3	2	1	34	12	22	70	28	42
85-89岁	2		2	26	10	16	29	7	22
90-94岁	2	1	1	9	4	5	13	3	10
95-99岁				7	4	3	1		1
100岁及以上									

2-2c　续表 4

单位：人

年龄组	满族			侗族			瑶族		
	小计	男	女	小计	男	女	小计	男	女
总　计	**137453**	**74192**	**63261**	**1727**	**911**	**816**	**134**	**56**	**78**
0–4岁	7774	4028	3746	125	62	63	9	5	4
5–9岁	8938	4731	4207	105	52	53	10	3	7
10–14岁	9566	5026	4540	80	45	35	17	10	7
15–19岁	4476	2408	2068	61	33	28	6	4	2
20–24岁	5107	2869	2238	92	51	41	5	3	2
25–29岁	7412	4253	3159	98	53	45	5	1	4
30–34岁	11471	6465	5006	153	86	67	15	5	10
35–39岁	12096	6677	5419	137	69	68	16	7	9
40–44岁	9369	5065	4304	116	60	56	10	3	7
45–49岁	11991	6351	5640	173	88	85	12	4	8
50–54岁	13474	7016	6458	170	92	78	13	3	10
55–59岁	12722	6473	6249	105	59	46	4	3	1
60–64岁	9933	5428	4505	61	31	30	6	3	3
65–69岁	6738	3939	2799	53	26	27	4	2	2
70–74岁	3065	1777	1288	40	22	18	1		1
75–79岁	1611	844	767	55	31	24			
80–84岁	1043	519	524	57	29	28	1		1
85–89岁	462	224	238	31	14	17			
90–94岁	153	78	75	11	7	4			
95–99岁	46	20	26	4	1	3			
100岁及以上	6	1	5						

2-2c　续表 5

单位：人

年龄组	白族			土家族			哈尼族		
	小计	男	女	小计	男	女	小计	男	女
总　计	**246**	**109**	**137**	**1689**	**885**	**804**	**163**	**42**	**121**
0–4岁	17	7	10	86	43	43	12	6	6
5–9岁	9	5	4	102	58	44	12	9	3
10–14岁	14	5	9	162	88	74	17	9	8
15–19岁	11	4	7	88	53	35	10	7	3
20–24岁	21	16	5	126	69	57	3	2	1
25–29岁	16	6	10	122	74	48	10		10
30–34岁	29	12	17	132	70	62	20	1	19
35–39岁	18	8	10	133	73	60	26	4	22
40–44岁	19	7	12	121	54	67	20	2	18
45–49岁	32	13	19	211	110	101	15	2	13
50–54岁	23	9	14	153	71	82	12		12
55–59岁	16	7	9	91	50	41	5		5
60–64岁	7	3	4	32	18	14			
65–69岁	4	1	3	37	15	22			
70–74岁	4	2	2	26	11	15			
75–79岁	2	2		19	7	12	1		1
80–84岁	1		1	25	10	15			
85–89岁	3	2	1	13	6	7			
90–94岁				9	4	5			
95–99岁				1	1				
100岁及以上									

2-2c 续表 6

单位：人

年龄组	哈萨克族			傣族			黎族		
	小计	男	女	小计	男	女	小计	男	女
总 计	**97**	**56**	**41**	**81**	**20**	**61**	**400**	**192**	**208**
0-4岁	6	3	3	5	1	4	21	9	12
5-9岁	1	1		7	3	4	26	11	15
10-14岁	1	1		7	4	3	21	10	11
15-19岁	6	4	2	2	2		14	9	5
20-24岁	8	6	2	7	4	3	24	8	16
25-29岁	8	2	6	7	3	4	23	11	12
30-34岁	7	5	2	10		10	22	9	13
35-39岁	7	2	5	9	1	8	33	13	20
40-44岁	17	10	7	6	1	5	26	13	13
45-49岁	22	12	10	10		10	47	25	22
50-54岁	10	7	3	4		4	44	19	25
55-59岁	3	2	1	6	1	5	28	13	15
60-64岁							23	13	10
65-69岁				1		1	16	9	7
70-74岁							17	12	5
75-79岁	1	1					4	2	2
80-84岁							4	1	3
85-89岁							6	4	2
90-94岁							1	1	
95-99岁									
100岁及以上									

2-2c 续表 7

单位：人

年龄组	傈僳族			佤族			畲族		
	小计	男	女	小计	男	女	小计	男	女
总 计	**363**	**92**	**271**	**282**	**90**	**192**	**125**	**105**	**20**
0-4岁	31	10	21	24	11	13	3	1	2
5-9岁	50	27	23	27	15	12	1		1
10-14岁	32	15	17	24	12	12	1		1
15-19岁	27	17	10	11	5	6			
20-24岁	19	6	13	6	2	4	5	5	
25-29岁	25	6	19	20	6	14	9	6	3
30-34岁	48	1	47	54	9	45	8	7	1
35-39岁	37	3	34	51	14	37	12	12	
40-44岁	42	1	41	25	5	20	15	14	1
45-49岁	22	2	20	21	6	15	28	26	2
50-54岁	12	1	11	8	2	6	23	17	6
55-59岁	4		4	4	1	3	13	11	2
60-64岁	5		5				6	6	
65-69岁	5	2	3	2		2			
70-74岁	2		2	3		3			
75-79岁	1		1	2	2		1		1
80-84岁	1	1							
85-89岁									
90-94岁									
95-99岁									
100岁及以上									

2–2c 续表 8 单位：人

年龄组	高山族			拉祜族			水族		
	小计	男	女	小计	男	女	小计	男	女
总 计	**18**	**11**	**7**	**212**	**44**	**168**	**358**	**153**	**205**
0–4岁	1	1		10	7	3	13	6	7
5–9岁	3	3		20	7	13	16	9	7
10–14岁				24	12	12	23	14	9
15–19岁				14	8	6	15	9	6
20–24岁				5		5	15	8	7
25–29岁	2	2		16	4	12	21	9	12
30–34岁	5	2	3	39	3	36	20	11	9
35–39岁				31	1	30	40	20	20
40–44岁	2		2	22		22	36	12	24
45–49岁				15	1	14	28	8	20
50–54岁	1	1		6		6	37	9	28
55–59岁	3	1	2	8		8	16	2	14
60–64岁	1	1					10	7	3
65–69岁							15	7	8
70–74岁				2	1	1	9	4	5
75–79岁							15	9	6
80–84岁							11	2	9
85–89岁							12	4	8
90–94岁							3	2	1
95–99岁							2		2
100岁及以上							1	1	

2–2c 续表 9 单位：人

年龄组	东乡族			纳西族			景颇族		
	小计	男	女	小计	男	女	小计	男	女
总 计	**188**	**114**	**74**	**18**	**6**	**12**	**14**	**4**	**10**
0–4岁	11	8	3	1	1				
5–9岁	19	12	7				1		1
10–14岁	14	6	8	1		1	3	1	2
15–19岁	9	3	6						
20–24岁	24	13	11	3	1	2			
25–29岁	27	21	6	3	1	2			
30–34岁	15	7	8	1	1		5	2	3
35–39岁	21	14	7						
40–44岁	11	9	2	1		1	1	1	
45–49岁	20	9	11	4		4	1		1
50–54岁	10	5	5	2		2	2		2
55–59岁	5	5		1	1				
60–64岁	1	1					1		1
65–69岁									
70–74岁	1	1							
75–79岁									
80–84岁									
85–89岁									
90–94岁				1	1				
95–99岁									
100岁及以上									

2-2c 续表 10　　单位：人

年龄组	柯尔克孜族			土　族			达斡尔族		
	小计	男	女	小计	男	女	小计	男	女
总　计	**23**	**15**	**8**	**151**	**82**	**69**	**22134**	**11302**	**10832**
0-4岁	2	1	1	10	6	4	1242	627	615
5-9岁	1		1	4	2	2	1525	800	725
10-14岁	1		1	8	4	4	1636	853	783
15-19岁	1	1		4	1	3	1149	609	540
20-24岁				6	5	1	981	530	451
25-29岁	2	2		15	11	4	1538	829	709
30-34岁	5	4	1	16	9	7	1971	1082	889
35-39岁				14	9	5	2109	1173	936
40-44岁	1	1		12	5	7	1996	1060	936
45-49岁	1	1		19	9	10	2120	1083	1037
50-54岁	3	2	1	17	10	7	1855	905	950
55-59岁	2	1	1	10	4	6	1446	666	780
60-64岁	1	1		5	3	2	1116	482	634
65-69岁	1	1		7	2	5	772	318	454
70-74岁	1		1	2		2	374	158	216
75-79岁	1		1	1	1		158	69	89
80-84岁				1	1		95	41	54
85-89岁							36	12	24
90-94岁							8	2	6
95-99岁							6	3	3
100岁及以上							1		1

2-2c 续表 11　　单位：人

年龄组	仫佬族			羌　族			布朗族		
	小计	男	女	小计	男	女	小计	男	女
总　计	**27**	**14**	**13**	**49**	**26**	**23**	**4**		**4**
0-4岁	3	2	1						
5-9岁				3	2	1			
10-14岁	2	1	1	3	2	1	1		1
15-19岁	1	1		2	1	1			
20-24岁	3	2	1	3	3				
25-29岁	2	1	1	1	1				
30-34岁	3	1	2	3	2	1	1		1
35-39岁	2	2		5	2	3	2		2
40-44岁	3	2	1	3	1	2			
45-49岁	1		1	10	4	6			
50-54岁	5	2	3	9	5	4			
55-59岁	1		1	4	3	1			
60-64岁				3		3			
65-69岁	1		1						
70-74岁									
75-79岁									
80-84岁									
85-89岁									
90-94岁									
95-99岁									
100岁及以上									

2-2c 续表 12

单位：人

年龄组	撒拉族			毛南族			仡佬族		
	小计	男	女	小计	男	女	小计	男	女
总　计	**29**	**14**	**15**	**31**	**19**	**12**	**161**	**97**	**64**
0-4岁	4	1	3				11	8	3
5-9岁							5	4	1
10-14岁	4	3	1				3	2	1
15-19岁	4	3	1	2	1	1	7	3	4
20-24岁	1		1	1	1		18	9	9
25-29岁	7	4	3				12	6	6
30-34岁	3		3	3	1	2	11	9	2
35-39岁	2	1	1	1	1		13	9	4
40-44岁	1	1		9	7	2	17	12	5
45-49岁				1		1	17	8	9
50-54岁	3	1	2	3	2	1	17	9	8
55-59岁				3	2	1	13	7	6
60-64岁				3	2	1	4	3	1
65-69岁							4	2	2
70-74岁							3	2	1
75-79岁				1		1	3	2	1
80-84岁				3	2	1	1		1
85-89岁				1		1	1	1	
90-94岁							1	1	
95-99岁									
100岁及以上									

2-2c 续表 13

单位：人

年龄组	锡伯族			阿昌族			普米族		
	小计	男	女	小计	男	女	小计	男	女
总　计	**844**	**433**	**411**	**3**		**3**	**5**	**3**	**2**
0-4岁	50	27	23						
5-9岁	72	36	36						
10-14岁	63	34	29						
15-19岁	34	19	15						
20-24岁	40	25	15	1		1			
25-29岁	48	30	18						
30-34岁	76	40	36				1		1
35-39岁	80	36	44				1		1
40-44岁	72	33	39						
45-49岁	77	37	40	1		1	1	1	
50-54岁	70	31	39				1	1	
55-59岁	60	30	30						
60-64岁	46	24	22						
65-69岁	26	12	14				1	1	
70-74岁	15	10	5						
75-79岁	4	3	1						
80-84岁	7	5	2						
85-89岁	4	1	3						
90-94岁				1		1			
95-99岁									
100岁及以上									

2−2c 续表 14

单位：人

年龄组	塔吉克族			怒族			乌孜别克族		
	小计	男	女	小计	男	女	小计	男	女
总　计	**2**	**1**	**1**	**4**	**1**	**3**	**2**	**1**	**1**
0−4岁	1		1						
5−9岁				2	1	1			
10−14岁									
15−19岁									
20−24岁							1	1	
25−29岁									
30−34岁									
35−39岁									
40−44岁				1		1	1		1
45−49岁									
50−54岁									
55−59岁	1	1							
60−64岁									
65−69岁									
70−74岁									
75−79岁				1		1			
80−84岁									
85−89岁									
90−94岁									
95−99岁									
100岁及以上									

2−2c 续表 15

单位：人

年龄组	俄罗斯族			鄂温克族			德昂族		
	小计	男	女	小计	男	女	小计	男	女
总　计	**720**	**403**	**317**	**10423**	**5391**	**5032**			
0−4岁	34	18	16	671	341	330			
5−9岁	24	11	13	781	413	368			
10−14岁	28	16	12	760	411	349			
15−19岁	20	11	9	427	217	210			
20−24岁	38	24	14	455	242	213			
25−29岁	64	45	19	942	548	394			
30−34岁	52	32	20	991	558	433			
35−39岁	29	15	14	1008	576	432			
40−44岁	40	25	15	868	450	418			
45−49岁	82	42	40	972	488	484			
50−54岁	99	58	41	956	466	490			
55−59岁	81	49	32	683	323	360			
60−64岁	59	29	30	425	177	248			
65−69岁	32	13	19	250	110	140			
70−74岁	17	6	11	125	47	78			
75−79岁	9	4	5	42	12	30			
80−84岁	7	3	4	41	8	33			
85−89岁	3	2	1	25	3	22			
90−94岁	1		1	1	1				
95−99岁	1		1						
100岁及以上									

2–2c　续表 16　　　　单位：人

年龄组	保安族			裕固族			京族		
	小计	男	女	小计	男	女	小计	男	女
总　计	**4**	**1**	**3**	**9**	**5**	**4**	**10**	**7**	**3**
0–4岁	1		1	1	1		2	1	1
5–9岁							2	2	
10–14岁									
15–19岁									
20–24岁									
25–29岁	1		1	4	3	1	1		1
30–34岁	1		1						
35–39岁				1		1			
40–44岁				1		1			
45–49岁	1	1		1	1		1	1	
50–54岁							2	1	1
55–59岁									
60–64岁							1	1	
65–69岁									
70–74岁				1		1	1	1	
75–79岁									
80–84岁									
85–89岁									
90–94岁									
95–99岁									
100岁及以上									

2–2c　续表 17　　　　单位：人

年龄组	塔塔尔族			独龙族			鄂伦春族		
	小计	男	女	小计	男	女	小计	男	女
总　计	**4**	**2**	**2**	**1**	**1**		**877**	**414**	**463**
0–4岁							74	30	44
5–9岁							81	39	42
10–14岁							64	26	38
15–19岁							41	24	17
20–24岁							41	24	17
25–29岁							79	46	33
30–34岁							75	46	29
35–39岁	1	1					78	37	41
40–44岁							78	34	44
45–49岁	1		1				91	37	54
50–54岁							57	27	30
55–59岁	1	1					45	14	31
60–64岁							35	18	17
65–69岁				1	1		15	6	9
70–74岁	1		1				13	4	9
75–79岁							8	2	6
80–84岁									
85–89岁							2		2
90–94岁									
95–99岁									
100岁及以上									

2—2c　续表 18　　单位：人

年龄组	赫哲族			门巴族			珞巴族		
	小计	男	女	小计	男	女	小计	男	女
总　计	**24**	**13**	**11**						
0—4岁	3	1	2						
5—9岁	1	1							
10—14岁	2	1	1						
15—19岁									
20—24岁									
25—29岁	4	3	1						
30—34岁	1	1							
35—39岁									
40—44岁	1	1							
45—49岁	3	2	1						
50—54岁	2		2						
55—59岁	1		1						
60—64岁									
65—69岁	5	3	2						
70—74岁									
75—79岁									
80—84岁	1		1						
85—89岁									
90—94岁									
95—99岁									
100岁及以上									

2—2c　续表 19　　单位：人

年龄组	基诺族			未定族称人口			入籍		
	小计	男	女	小计	男	女	小计	男	女
总　计	**1**		**1**	**634**	**321**	**313**	**39**	**19**	**20**
0—4岁				74	39	35	2	2	
5—9岁				32	20	12			
10—14岁				32	19	13	4	1	3
15—19岁				32	16	16	2	1	1
20—24岁				41	19	22			
25—29岁				31	17	14	3	1	2
30—34岁				54	25	29	5	2	3
35—39岁				42	17	25	4	2	2
40—44岁	1		1	52	26	26	4	2	2
45—49岁				57	26	31	5	3	2
50—54岁				45	21	24	4	1	3
55—59岁				38	19	19	2	1	1
60—64岁				14	9	5			
65—69岁				16	5	11			
70—74岁				20	13	7	1	1	
75—79岁				31	19	12	1	1	
80—84岁				8	6	2			
85—89岁				5		5			
90—94岁				6	3	3	1	1	
95—99岁				4	2	2	1		1
100岁及以上									

2−3 全区各民族分性别、受教育程度的3岁及以上人口

单位：人

民族	3岁及以上人口			未上过学		
	合计	男	女	小计	男	女
总计	**23464323**	**11972857**	**11491466**	**901203**	**269547**	**631656**
汉族	18531751	9519124	9012627	762331	217565	544766
蒙古族	4097586	2032306	2065280	119090	44551	74539
回族	209357	105799	103558	6706	2266	4440
藏族	4407	2289	2118	213	64	149
维吾尔族	923	521	402	19	12	7
苗族	9103	4462	4641	558	191	367
彝族	4487	2287	2200	363	114	249
壮族	2992	1354	1638	47	21	26
布依族	3901	1855	2046	249	94	155
朝鲜族	17713	8621	9092	299	117	182
满族	451227	230692	220535	8490	3377	5113
侗族	4160	2114	2046	180	78	102
瑶族	579	265	314	23	5	18
白族	863	413	450	35	11	24
土家族	5890	3050	2840	157	60	97
哈尼族	433	138	295	28	4	24
哈萨克族	159	85	74	6	3	3
傣族	248	91	157	9	1	8
黎族	1326	590	736	44	11	33
傈僳族	664	190	474	67	2	65
佤族	568	172	396	55	7	48
畲族	352	228	124	6	2	4
高山族	103	58	45	1	1	
拉祜族	516	115	401	62	6	56
水族	809	359	450	50	15	35
东乡族	972	538	434	94	33	61
纳西族	71	31	40	2		2
景颇族	51	13	38	2	1	1
柯尔克孜族	155	83	72	3	1	2
土族	575	262	313	28	8	20
达斡尔族	70964	34526	36438	1074	516	558
仫佬族	99	49	50	1	1	
羌族	190	103	87	4		4
布朗族	18	7	11	2	1	1
撒拉族	202	100	102	15	4	11
毛南族	92	42	50			
仡佬族	505	312	193	16	7	9
锡伯族	3243	1684	1559	44	16	28
阿昌族	11	8	3	1		1
普米族	13	7	6			
塔吉克族	1	1				
怒族	11	4	7	1		1
乌孜别克族	7	4	3			
俄罗斯族	4445	2188	2257	75	26	49
鄂温克族	26820	12974	13846	468	233	235
德昂族	12	6	6			
保安族	37	18	19	3	1	2
裕固族	61	31	30	4	2	2
京族	21	10	11	3		3
塔塔尔族	10	5	5	2		2
独龙族	3	2	1			
鄂伦春族	3952	1858	2094	69	38	31
赫哲族	34	16	18	1	1	
门巴族	2	1	1			
珞巴族	1	1				
基诺族	11	2	9			
未定族称人口	1531	755	776	196	77	119
入籍	86	38	48	7	3	4

2-3 续表 1

单位：人

民族	学前教育			小学		
	小计	男	女	小计	男	女
总计	**680780**	**353091**	**327689**	**5682035**	**2660207**	**3021828**
汉族	471500	244377	227123	4457562	2076841	2380721
蒙古族	174814	90693	84121	1055742	501840	553902
回族	6518	3411	3107	40042	19626	20416
藏族	148	81	67	1290	658	632
维吾尔族	52	19	33	209	120	89
苗族	285	148	137	2478	1143	1335
彝族	136	73	63	1542	767	775
壮族	179	96	83	515	216	299
布依族	109	59	50	1234	534	700
朝鲜族	588	320	268	2953	1316	1637
满族	20684	10833	9851	92206	44710	47496
侗族	207	112	95	1084	488	596
瑶族	34	15	19	127	62	65
白族	23	14	9	218	89	129
土家族	266	143	123	1398	698	700
哈尼族	23	18	5	148	35	113
哈萨克族	4	1	3	51	30	21
傣族	11	6	5	90	28	62
黎族	62	28	34	288	135	153
傈僳族	44	23	21	270	68	202
佤族	23	11	12	240	54	186
畲族	17	7	10	63	37	26
高山族	5	4	1	18	11	7
拉祜族	32	17	15	262	54	208
水族	18	11	7	336	132	204
东乡族	54	30	24	453	249	204
纳西族	3	3		11	3	8
景颇族	1		1	16	5	11
柯尔克孜族	5	4	1	32	16	16
土族	33	12	21	127	48	79
达斡尔族	2933	1488	1445	12833	6258	6575
仫佬族	7	7		24	7	17
羌族	5	2	3	46	26	20
布朗族	1		1	2		2
撒拉族	8	5	3	101	52	49
毛南族				41	15	26
仡佬族	13	8	5	110	59	51
锡伯族	164	79	85	564	268	296
阿昌族	1	1				
普米族	1		1	5	2	3
塔吉克族						
怒族	1	1		5	2	3
乌孜别克族						
俄罗斯族	191	99	92	618	294	324
鄂温克族	1257	667	590	5544	2683	2861
德昂族	1	1		1		1
保安族				20	11	9
裕固族	3	2	1	14	7	7
京族	3	1	2	6	2	4
塔塔尔族				4	3	1
独龙族						
鄂伦春族	259	134	125	656	307	349
赫哲族				6	3	3
门巴族						
珞巴族				1	1	
基诺族				3		3
未定族称人口	52	25	27	398	185	213
入籍	2	2		28	9	19

2-3 续表 2　　单位：人

民 族	初 中			高 中			大学专科		
	小计	男	女	小计	男	女	小计	男	女
总 计	**8143252**	**4453870**	**3689382**	**3562745**	**1932094**	**1630651**	**2399015**	**1288416**	**1110599**
汉 族	6585882	3643355	2942527	2835920	1555059	1280861	1892799	1025179	867620
蒙古族	1275787	662046	613741	584951	304062	280889	408049	212468	195581
回 族	72375	38720	33655	40205	20502	19703	23529	12024	11505
藏 族	1369	784	585	640	316	324	402	213	189
维吾尔族	301	184	117	122	69	53	124	70	54
苗 族	2905	1477	1428	1227	642	585	758	399	359
彝 族	1390	773	617	440	243	197	269	145	124
壮 族	812	367	445	446	195	251	404	188	216
布依族	1256	602	654	546	294	252	222	117	105
朝鲜族	6085	3039	3046	3620	1769	1851	2071	1072	999
满 族	152648	81292	71356	73280	38441	34839	53831	28209	25622
侗 族	1348	720	628	674	339	335	336	190	146
瑶 族	150	68	82	94	42	52	62	33	29
白 族	247	122	125	117	65	52	84	48	36
土家族	1798	937	861	905	488	417	543	278	265
哈尼族	144	39	105	39	20	19	29	12	17
哈萨克族	49	25	24	24	14	10	12	6	6
傣 族	74	28	46	26	11	15	19	9	10
黎 族	425	193	232	189	90	99	167	69	98
傈僳族	181	49	132	61	29	32	21	9	12
佤 族	170	54	116	48	29	19	15	8	7
畲 族	158	116	42	51	33	18	28	16	12
高山族	27	11	16	18	11	7	17	10	7
拉祜族	134	32	102	16	3	13	4		4
水 族	238	112	126	98	56	42	28	11	17
东乡族	248	157	91	78	47	31	24	14	10
纳西族	23	8	15	10	5	5	11	8	3
景颇族	18	4	14	7	2	5	2		2
柯尔克孜族	52	30	22	30	19	11	18	8	10
土 族	152	84	68	90	32	58	69	41	28
达斡尔族	24067	11964	12103	11931	5753	6178	9444	4736	4708
仫佬族	22	13	9	13	7	6	17	7	10
羌 族	74	42	32	30	17	13	23	11	12
布朗族	7	3	4	2		2	2	2	
撒拉族	56	32	24	13	3	10	2	1	1
毛南族	25	14	11	7	5	2	10	5	5
仡佬族	180	113	67	70	41	29	35	25	10
锡伯族	1050	572	478	555	315	240	417	221	196
阿昌族	4	3	1	3	3		1	1	
普米族	4	3	1	1		1			
塔吉克族	1	1							
怒 族	4	1	3						
乌孜别克族	3	2	1	1	1				
俄罗斯族	1521	778	743	851	439	412	630	304	326
鄂温克族	8312	4196	4116	4434	2145	2289	3612	1809	1803
德昂族	7	3	4	1	1				
保安族	8	4	4	2		2	2		2
裕固族	8	4	4	11	4	7	10	6	4
京 族	7	6	1				1	1	
塔塔尔族	2	1	1	1		1	1	1	
独龙族	1	1		1	1				
鄂伦春族	927	427	500	587	289	298	773	382	391
赫哲族	11	4	7	4	3	1	6	3	3
门巴族	1	1							
珞巴族									
基诺族	7	1	6				1	1	
未定族称人口	475	243	232	243	135	108	74	43	31
入 籍	22	10	12	12	5	7	7	3	4

2-3 续表 3 单位：人

民 族	大学本科			硕士研究生			博士研究生		
	小计	男	女	小计	男	女	小计	男	女
总 计	**1943502**	**950199**	**993303**	**140526**	**59877**	**80649**	**11265**	**5556**	**5709**
汉 族	1420435	708488	711947	97937	44370	53567	7385	3890	3495
蒙古族	439401	202253	237148	36400	12956	23444	3352	1437	1915
回 族	18616	8686	9930	1247	510	737	119	54	65
藏 族	323	165	158	20	8	12	2		2
维吾尔族	92	46	46	3		3	1	1	
苗 族	850	441	409	39	19	20	3	2	1
彝 族	333	164	169	14	8	6			
壮 族	557	253	304	29	16	13	3	2	1
布依族	276	151	125	8	4	4	1		1
朝鲜族	1938	919	1019	138	61	77	21	8	13
满 族	46171	22152	24019	3633	1548	2085	284	130	154
侗 族	322	183	139	9	4	5			
瑶 族	83	39	44	5	1	4	1		1
白 族	128	60	68	11	4	7			
土家族	763	415	348	58	29	29	2	2	
哈尼族	19	9	10	3	1	2			
哈萨克族	13	6	7						
傣 族	17	8	9	2		2			
黎 族	145	61	84	6	3	3			
傈僳族	19	9	10	1	1				
佤 族	16	9	7	1		1			
畲 族	25	15	10	4	2	2			
高山族	17	10	7						
拉祜族	6	3	3						
水 族	41	22	19						
东乡族	19	8	11	2		2			
纳西族	10	4	6	1		1			
景颇族	4	1	3	1		1			
柯尔克孜族	14	4	10	1	1				
土 族	72	35	37	4	2	2			
达斡尔族	7980	3558	4422	637	229	408	65	24	41
仫佬族	14	7	7	1		1			
羌 族	8	5	3						
布朗族	2	1	1						
撒拉族	7	3	4						
毛南族	8	3	5	1		1			
仡佬族	80	59	21	1		1			
锡伯族	416	198	218	31	14	17	2	1	1
阿昌族	1		1						
普米族	2	2							
塔吉克族									
怒 族									
乌孜别克族	3	1	2						
俄罗斯族	526	236	290	32	12	20	1		1
鄂温克族	2985	1185	1800	190	51	139	18	5	13
德昂族	2	1	1						
保安族	2	2							
裕固族	11	6	5						
京 族	1		1						
塔塔尔族									
独龙族							1		1
鄂伦春族	630	262	368	47	19	28	4		4
赫哲族	3	2	1	3		3			
门巴族	1		1						
珞巴族									
基诺族									
未定族称人口	89	44	45	4	3	1			
入 籍	6	5	1	2	1	1			

2–3a　全区各民族分性别、受教育程度的3岁及以上人口(城市)

单位：人

民　族	3岁及以上人口			未上过学		
	合计	男	女	小计	男	女
总　计	**9191347**	**4582539**	**4608808**	**173408**	**55364**	**118044**
汉　族	7706170	3867938	3838232	152163	46576	105587
蒙古族	1103801	526763	577038	14768	6221	8547
回　族	132468	65439	67029	2823	1008	1815
藏　族	1644	870	774	53	16	37
维吾尔族	600	320	280	12	7	5
苗　族	3607	1817	1790	172	60	112
彝　族	1794	973	821	131	40	91
壮　族	1664	762	902	21	10	11
布依族	1534	735	799	81	31	50
朝鲜族	7985	3749	4236	92	42	50
满　族	191401	94800	96601	2374	1033	1341
侗　族	1640	793	847	61	29	32
瑶　族	280	124	156	10	1	9
白　族	404	201	203	18	9	9
土家族	2777	1451	1326	49	24	25
哈尼族	137	56	81	3	2	1
哈萨克族	39	19	20	1		1
傣　族	115	53	62	2	1	1
黎　族	625	290	335	11	3	8
傈僳族	148	53	95	8	1	7
佤　族	149	55	94	10	3	7
畲　族	154	87	67	4	1	3
高山族	50	29	21			
拉祜族	68	20	48	4	1	3
水　族	286	138	148	16	7	9
东乡族	541	298	243	58	21	37
纳西族	36	18	18	1		1
景颇族	18	5	13	1	1	
柯尔克孜族	84	36	48	1		1
土　族	190	84	106	3		3
达斡尔族	19470	9128	10342	232	120	112
仫佬族	61	28	33			
羌　族	94	53	41	2		2
布朗族	7	5	2			
撒拉族	122	61	61	8	2	6
毛南族	39	15	24			
仡佬族	229	152	77	2	1	1
锡伯族	1519	778	741	15	5	10
阿昌族	8	8				
普米族	4	2	2			
塔吉克族						
怒　族	4	2	2	1		1
乌孜别克族	5	3	2			
俄罗斯族	3113	1482	1631	49	18	31
鄂温克族	4777	2165	2612	62	32	30
德昂族	7	4	3			
保安族	26	11	15	1		1
裕固族	25	14	11			
京　族	4	2	2	1		1
塔塔尔族	5	3	2			
独龙族	1		1			
鄂伦春族	765	333	432	9	5	4
赫哲族	5	1	4			
门巴族	1	1				
珞巴族						
基诺族	4	1	3			
未定族称人口	611	297	314	74	33	41
入　籍	32	14	18	1		1

2-3a 续表 1

单位：人

民族	学前教育			小学		
	小计	男	女	小计	男	女
总计	**284087**	**147925**	**136162**	**1417561**	**648566**	**768995**
汉族	211385	110065	101320	1203051	545606	657445
蒙古族	56688	29493	27195	158088	75822	82266
回族	4028	2097	1931	20703	9933	10770
藏族	54	36	18	405	211	194
维吾尔族	35	13	22	128	69	59
苗族	109	61	48	829	406	423
彝族	43	22	21	518	310	208
壮族	98	50	48	234	111	123
布依族	36	18	18	419	182	237
朝鲜族	290	148	142	944	426	518
满族	9447	4953	4494	26681	12838	13843
侗族	74	33	41	383	159	224
瑶族	15	5	10	59	30	29
白族	14	6	8	75	35	40
土家族	135	72	63	552	278	274
哈尼族	7	4	3	28	8	20
哈萨克族	1		1	8	6	2
傣族	7	5	2	29	16	13
黎族	36	19	17	93	49	44
傈僳族	6	4	2	40	13	27
佤族	7	3	4	45	13	32
畲族	12	6	6	29	17	12
高山族	2	2		8	5	3
拉祜族	2	1	1	35	12	23
水族	4	3	1	105	45	60
东乡族	26	17	9	248	133	115
纳西族	2	2		3	1	2
景颇族				3	1	2
柯尔克孜族	3	3		14	6	8
土族	14	7	7	46	21	25
达斡尔族	970	497	473	2223	1085	1138
仫佬族	6	6		12	3	9
羌族	3	1	2	18	14	4
布朗族						
撒拉族	5	3	2	64	35	29
毛南族				17	4	13
仡佬族	8	3	5	41	24	17
锡伯族	77	38	39	208	91	117
阿昌族	1	1				
普米族				2		2
塔吉克族						
怒族				1	1	
乌孜别克族						
俄罗斯族	145	76	69	399	186	213
鄂温克族	235	123	112	524	247	277
德昂族						
保安族				14	7	7
裕固族				4	3	1
京族	1		1	1	1	
塔塔尔族				2	2	
独龙族						
鄂伦春族	34	17	17	87	37	50
赫哲族						
门巴族						
珞巴族						
基诺族				1		1
未定族称人口	20	10	10	131	61	70
入籍	2	2		9	3	6

2-3a　续表 2

单位：人

民　族	初　中			高　中			大学专科		
	小计	男	女	小计	男	女	小计	男	女
总　计	**2787736**	**1442957**	**1344779**	**1813584**	**927557**	**886027**	**1376713**	**716513**	**660200**
汉　族	2451111	1280306	1170805	1525381	787851	737530	1136481	595278	541203
蒙古族	229875	108847	121028	210794	101277	109517	182152	91817	90335
回　族	43266	22296	20970	28704	14238	14466	17362	8739	8623
藏　族	449	261	188	244	121	123	206	106	100
维吾尔族	187	114	73	87	45	42	81	43	38
苗　族	1095	542	553	498	260	238	365	187	178
彝　族	484	278	206	208	106	102	158	85	73
壮　族	371	164	207	264	115	149	253	121	132
布依族	483	235	248	232	120	112	103	54	49
朝鲜族	2017	924	1093	1848	879	969	1325	659	666
满　族	49096	24544	24552	38314	19163	19151	32050	16407	15643
侗　族	518	270	248	271	126	145	144	76	68
瑶　族	59	24	35	37	16	21	39	21	18
白　族	86	45	41	60	30	30	61	35	26
土家族	728	357	371	421	239	182	296	160	136
哈尼族	40	13	27	18	10	8	23	10	13
哈萨克族	4	3	1	7	3	4	8	3	5
傣　族	37	15	22	15	7	8	10	4	6
黎　族	168	71	97	101	47	54	107	49	58
傈僳族	46	12	34	20	12	8	15	5	10
佤　族	44	18	26	21	10	11	9	2	7
畲　族	39	23	16	27	16	11	21	11	10
高山族	11	5	6	9	6	3	6	3	3
拉祜族	19	3	16	3	1	2	1		1
水　族	83	38	45	39	24	15	10	6	4
东乡族	133	84	49	38	25	13	21	12	9
纳西族	8	3	5	6	4	2	7	4	3
景颇族	7	1	6	2	1	1	2		2
柯尔克孜族	26	12	14	17	10	7	11	2	9
土　族	37	16	21	15	3	12	29	15	14
达斡尔族	4425	2061	2364	3670	1706	1964	3480	1688	1792
仫佬族	9	4	5	8	3	5	13	6	7
羌　族	36	22	14	17	9	8	12	4	8
布朗族	3	3		1		1	2	2	
撒拉族	32	17	15	7	2	5			
毛南族	8	4	4	3	3		3	1	2
仡佬族	71	50	21	34	20	14	16	12	4
锡伯族	353	200	153	297	166	131	254	130	124
阿昌族	3	3		3	3		1	1	
普米族	1	1							
塔吉克族									
怒　族	2	1	1						
乌孜别克族	1	1		1	1				
俄罗斯族	939	451	488	642	323	319	489	224	265
鄂温克族	957	450	507	958	435	523	899	443	456
德昂族	5	3	2	1	1				
保安族	6	3	3	2		2	2		2
裕固族	3	1	2	6	4	2	6	3	3
京　族							1	1	
塔塔尔族	1		1	1		1	1	1	
独龙族									
鄂伦春族	145	58	87	125	62	63	138	63	75
赫哲族							2		2
门巴族	1	1							
珞巴族									
基诺族	3	1	2						
未定族称人口	198	97	101	102	51	51	34	19	15
入　籍	7	1	6	5	3	2	4	1	3

2-3a 续表 3

单位：人

民 族	大学本科			硕士研究生			博士研究生		
	小计	男	女	小计	男	女	小计	男	女
总 计	**1222927**	**593310**	**629617**	**106703**	**46030**	**60673**	**8628**	**4317**	**4311**
汉 族	943935	464323	479612	76825	34876	41949	5838	3057	2781
蒙古族	223916	103031	120885	25141	9183	15958	2379	1072	1307
回 族	14407	6645	7762	1066	432	634	109	51	58
藏 族	218	113	105	14	6	8	1		1
维吾尔族	66	28	38	3		3	1	1	
苗 族	508	288	220	29	11	18	2	2	
彝 族	239	124	115	13	8	5			
壮 族	396	178	218	24	11	13	3	2	1
布依族	173	92	81	7	3	4			
朝鲜族	1342	615	727	109	49	60	18	7	11
满 族	30431	14560	15871	2795	1201	1594	213	101	112
侗 族	181	97	84	8	3	5			
瑶 族	57	26	31	3	1	2	1		1
白 族	81	38	43	9	3	6			
土家族	551	299	252	43	20	23	2	2	
哈尼族	15	8	7	3	1	2			
哈萨克族	10	4	6						
傣 族	13	5	8	2		2			
黎 族	103	49	54	6	3	3			
傈僳族	13	6	7						
佤 族	12	6	6	1		1			
畲 族	19	12	7	3	1	2			
高山族	14	8	6						
拉祜族	4	2	2						
水 族	29	15	14						
东乡族	15	6	9	2		2			
纳西族	8	4	4	1		1			
景颇族	2	1	1	1		1			
柯尔克孜族	12	3	9						
土 族	43	21	22	3	1	2			
达斡尔族	3996	1790	2206	426	163	263	48	18	30
仫佬族	12	6	6	1		1			
羌 族	6	3	3						
布朗族	1		1						
撒拉族	6	2	4						
毛南族	7	3	4	1		1			
仡佬族	56	42	14	1		1			
锡伯族	289	136	153	24	11	13	2	1	1
阿昌族									
普米族	1	1							
塔吉克族									
怒 族									
乌孜别克族	3	1	2						
俄罗斯族	422	195	227	27	9	18	1		1
鄂温克族	1045	408	637	89	24	65	8	3	5
德昂族	1		1						
保安族	1	1							
裕固族	6	3	3						
京 族									
塔塔尔族									
独龙族							1		1
鄂伦春族	208	84	124	18	7	11	1		1
赫哲族	1	1		2		2			
门巴族									
珞巴族									
基诺族									
未定族称人口	50	24	26	2	2				
入 籍	3	3		1	1				

2-3b　全区各民族分性别、受教育程度的3岁及以上人口(镇)

单位：人

民　族	3岁及以上人口			未上过学		
	合计	男	女	小计	男	女
总　计	**6586259**	**3323596**	**3262663**	**200368**	**59670**	**140698**
汉　族	5068802	2587938	2480864	167573	47475	120098
蒙古族	1281039	617469	663570	27763	10256	17507
回　族	47376	24433	22943	1753	583	1170
藏　族	1718	886	832	77	26	51
维吾尔族	204	116	88	3	3	
苗　族	2066	974	1092	98	37	61
彝　族	1137	516	621	61	18	43
壮　族	734	311	423	8	2	6
布依族	828	388	440	50	19	31
朝鲜族	4421	2211	2210	73	31	42
满　族	126637	63930	62707	2020	834	1186
侗　族	861	439	422	25	11	14
瑶　族	171	89	82	4	2	2
白　族	222	107	115	4		4
土家族	1474	738	736	43	18	25
哈尼族	140	41	99	8		8
哈萨克族	25	12	13			
傣　族	55	19	36	2		2
黎　族	316	116	200	11	3	8
傈僳族	166	49	117	8		8
佤　族	148	34	114	13	1	12
畲　族	74	36	38			
高山族	36	19	17	1	1	
拉祜族	239	52	187	26	1	25
水　族	172	72	100	7	3	4
东乡族	247	129	118	24	6	18
纳西族	18	8	10			
景颇族	19	4	15	1		1
柯尔克孜族	49	33	16			
土　族	241	101	140	10	2	8
达斡尔族	30044	14449	15595	395	193	202
仫佬族	14	9	5	1	1	
羌　族	47	24	23			
布朗族	7	2	5	1	1	
撒拉族	55	26	29	5	1	4
毛南族	22	8	14			
仡佬族	121	66	55	7	3	4
锡伯族	905	488	417	11	6	5
阿昌族						
普米族	4	2	2			
塔吉克族						
怒　族	3	1	2			
乌孜别克族						
俄罗斯族	633	316	317	10	3	7
鄂温克族	12002	5614	6388	185	89	96
德昂族	5	2	3			
保安族	7	6	1	1	1	
裕固族	27	12	15	3	2	1
京　族	8	2	6	1		1
塔塔尔族	1		1	1		1
独龙族	1	1				
鄂伦春族	2344	1123	1221	45	26	19
赫哲族	8	3	5			
门巴族	1		1			
珞巴族	1	1				
基诺族	6	1	5			
未定族称人口	342	164	178	35	12	23
入　籍	16	6	10	1		1

2-3b 续表 1

单位：人

民 族	学前教育			小 学		
	小计	男	女	小计	男	女
总 计	**240172**	**124816**	**115356**	**1430099**	**649297**	**780802**
汉 族	164116	85140	78976	1121597	508545	613052
蒙古族	65213	34009	31204	263630	119345	144285
回 族	1704	893	811	10327	5135	5192
藏 族	70	33	37	525	284	241
维吾尔族	13	5	8	47	25	22
苗 族	88	40	48	565	257	308
彝 族	42	24	18	406	171	235
壮 族	52	32	20	127	48	79
布依族	33	14	19	253	108	145
朝鲜族	168	96	72	733	321	412
满 族	6349	3345	3004	23187	11059	12128
侗 族	46	28	18	207	99	108
瑶 族	13	8	5	34	22	12
白 族	4	4		66	27	39
土家族	77	39	38	346	182	164
哈尼族	9	7	2	50	11	39
哈萨克族				6	5	1
傣 族	2		2	19	6	13
黎 族	18	8	10	62	23	39
傈僳族	12	6	6	65	15	50
佤 族	1	1		68	10	58
畲 族	3		3	14	4	10
高山族	1		1	5	3	2
拉祜族	18	8	10	119	24	95
水 族	4	2	2	67	20	47
东乡族	18	6	12	99	51	48
纳西族	1	1		3	1	2
景颇族				8	3	5
柯尔克孜族	1	1		15	9	6
土 族	15	3	12	45	14	31
达斡尔族	1182	595	587	4609	2170	2439
仫佬族	1	1		4	2	2
羌 族	2	1	1	10	3	7
布朗族	1		1	1		1
撒拉族	3	2	1	22	10	12
毛南族				7	2	5
仡佬族	1	1		24	11	13
锡伯族	46	21	25	133	65	68
阿昌族						
普米族	1		1	2	1	1
塔吉克族						
怒 族	1	1				
乌孜别克族						
俄罗斯族	26	13	13	88	42	46
鄂温克族	632	333	299	2024	943	1081
德昂族	1	1		1		1
保安族				4	3	1
裕固族	2	1	1	9	3	6
京 族	1		1	4		4
塔塔尔族						
独龙族						
鄂伦春族	167	89	78	368	176	192
赫哲族				1		1
门巴族						
珞巴族				1	1	
基诺族				2		2
未定族称人口	14	4	10	86	36	50
入 籍				4	2	2

2-3b　续表 2

单位：人

民　族	初　中			高　中			大学专科		
	小计	男	女	小计	男	女	小计	男	女
总　计	**2316454**	**1224202**	**1092252**	**1108940**	**598064**	**510876**	**721574**	**393308**	**328266**
汉　族	1871992	1005346	866646	833043	457677	375366	533701	295563	238138
蒙古族	364677	177815	186862	233097	118448	114649	158407	82348	76059
回　族	16736	9146	7590	8442	4474	3968	4785	2495	2290
藏　族	543	299	244	292	136	156	132	72	60
维吾尔族	71	41	30	24	13	11	31	19	12
苗　族	635	320	315	316	152	164	166	79	87
彝　族	392	179	213	113	66	47	56	30	26
壮　族	216	94	122	112	42	70	90	38	52
布依族	259	121	138	123	67	56	59	29	30
朝鲜族	1465	737	728	955	485	470	555	311	244
满　族	43563	22435	21128	23049	12008	11041	15632	8272	7360
侗　族	281	144	137	146	71	75	85	47	38
瑶　族	45	24	21	37	15	22	15	8	7
白　族	71	33	38	34	22	12	13	8	5
土家族	464	236	228	257	121	136	133	60	73
哈尼族	53	15	38	13	7	6	3		3
哈萨克族	13	5	8	4	2	2	1		1
傣　族	14	4	10	7	3	4	7	3	4
黎　族	103	42	61	42	16	26	44	14	30
傈僳族	50	14	36	23	9	14	2	1	1
佤　族	52	13	39	9	5	4	1	1	
畲　族	35	21	14	13	7	6	4	2	2
高山族	10	3	7	6	4	2	11	7	4
拉祜族	64	18	46	9	1	8	3		3
水　族	52	26	26	26	13	13	9	3	6
东乡族	78	50	28	25	14	11			
纳西族	9	4	5	2	1	1	1	1	
景颇族	4		4	4	1	3			
柯尔克孜族	18	12	6	7	4	3	6	6	
土　族	56	32	24	58	18	40	31	18	13
达斡尔族	9906	4796	5110	5698	2727	2971	4777	2443	2334
仫佬族	4	2	2	1	1		2	1	1
羌　族	16	7	9	9	6	3	9	6	3
布朗族	3		3						
撒拉族	18	11	7	4		4	2	1	1
毛南族	9	5	4	2		2	3	1	2
仡佬族	51	28	23	18	8	10	5	5	
锡伯族	303	172	131	182	106	76	129	71	58
阿昌族									
普米族									
塔吉克族									
怒　族	2		2						
乌孜别克族									
俄罗斯族	253	130	123	105	57	48	73	41	32
鄂温克族	3291	1548	1743	2202	1045	1157	2028	1007	1021
德昂族	2		2						
保安族	1	1							
裕固族	4	3	1	3		3	2	1	1
京　族	2	2							
塔塔尔族									
独龙族	1	1							
鄂伦春族	453	214	239	359	169	190	539	283	256
赫哲族	4	1	3	1	1				
门巴族									
珞巴族									
基诺族	3		3				1	1	
未定族称人口	102	51	51	67	42	25	20	11	9
入　籍	5	1	4	1		1	1	1	

2-3b 续表 3

单位：人

民 族	大学本科			硕士研究生			博士研究生		
	小计	男	女	小计	男	女	小计	男	女
总 计	**541573**	**263033**	**278540**	**25408**	**10396**	**15012**	**1671**	**810**	**861**
汉 族	360181	180648	179533	15619	7009	8610	980	535	445
蒙古族	158987	72052	86935	8661	2951	5710	604	245	359
回 族	3471	1648	1823	150	57	93	8	2	6
藏 族	78	36	42	1		1			
维吾尔族	15	10	5						
苗 族	190	84	106	7	5	2	1		1
彝 族	66	28	38	1		1			
壮 族	126	52	74	3	3				
布依族	49	29	20	1	1		1		1
朝鲜族	446	221	225	24	9	15	2		2
满 族	12157	5696	6461	631	260	371	49	21	28
侗 族	70	38	32	1	1				
瑶 族	21	10	11	2		2			
白 族	30	13	17						
土家族	143	77	66	11	5	6			
哈尼族	4	1	3						
哈萨克族	1		1						
傣 族	4	3	1						
黎 族	36	10	26						
傈僳族	5	3	2	1	1				
佤 族	4	3	1						
畲 族	4	1	3	1	1				
高山族	2	1	1						
拉祜族									
水 族	7	5	2						
东乡族	3	2	1						
纳西族	2		2						
景颇族	2		2						
柯尔克孜族	2	1	1						
土 族	25	13	12	1	1				
达斡尔族	3286	1467	1819	175	52	123	16	6	10
仫佬族	1	1							
羌 族	1	1							
布朗族	1	1							
撒拉族	1	1							
毛南族	1		1						
仡佬族	15	10	5						
锡伯族	96	46	50	5	1	4			
阿昌族									
普米族	1	1							
塔吉克族									
怒 族									
乌孜别克族									
俄罗斯族	74	28	46	4	2	2			
鄂温克族	1553	623	930	80	25	55	7	1	6
德昂族	1	1							
保安族	1	1							
裕固族	4	2	2						
京 族									
塔塔尔族									
独龙族									
鄂伦春族	382	154	228	28	12	16	3		3
赫哲族	2	1	1						
门巴族	1		1						
珞巴族									
基诺族									
未定族称人口	18	8	10						
入 籍	3	2	1	1		1			

2-3c　全区各民族分性别、受教育程度的3岁及以上人口(乡村)

单位：人

民　族	3岁及以上人口			未上过学		
	合计	男	女	小计	男	女
总　计	**7686717**	**4066722**	**3619995**	**527427**	**154513**	**372914**
汉　族	5756779	3063248	2693531	442595	123514	319081
蒙古族	1712746	888074	824672	76559	28074	48485
回　族	29513	15927	13586	2130	675	1455
藏　族	1045	533	512	83	22	61
维吾尔族	119	85	34	4	2	2
苗　族	3430	1671	1759	288	94	194
彝　族	1556	798	758	171	56	115
壮　族	594	281	313	18	9	9
布依族	1539	732	807	118	44	74
朝鲜族	5307	2661	2646	134	44	90
满　族	133189	71962	61227	4096	1510	2586
侗　族	1659	882	777	94	38	56
瑶　族	128	52	76	9	2	7
白　族	237	105	132	13	2	11
土家族	1639	861	778	65	18	47
哈尼族	156	41	115	17	2	15
哈萨克族	95	54	41	5	3	2
傣　族	78	19	59	5		5
黎　族	385	184	201	22	5	17
傈僳族	350	88	262	51	1	50
佤　族	271	83	188	32	3	29
畲　族	124	105	19	2	1	1
高山族	17	10	7			
拉祜族	209	43	166	32	4	28
水　族	351	149	202	27	5	22
东乡族	184	111	73	12	6	6
纳西族	17	5	12	1		1
景颇族	14	4	10			
柯尔克孜族	22	14	8	2	1	1
土　族	144	77	67	15	6	9
达斡尔族	21450	10949	10501	447	203	244
仫佬族	24	12	12			
羌　族	49	26	23	2		2
布朗族	4		4	1		1
撒拉族	25	13	12	2	1	1
毛南族	31	19	12			
仡佬族	155	94	61	7	3	4
锡伯族	819	418	401	18	5	13
阿昌族	3		3	1		1
普米族	5	3	2			
塔吉克族	1	1				
怒　族	4	1	3			
乌孜别克族	2	1	1			
俄罗斯族	699	390	309	16	5	11
鄂温克族	10041	5195	4846	221	112	109
德昂族						
保安族	4	1	3	1		1
裕固族	9	5	4	1		1
京　族	9	6	3	1		1
塔塔尔族	4	2	2	1		1
独龙族	1	1				
鄂伦春族	843	402	441	15	7	8
赫哲族	21	12	9	1	1	
门巴族						
珞巴族						
基诺族	1		1			
未定族称人口	578	294	284	87	32	55
入　籍	38	18	20	5	3	2

2-3c 续表 1

单位：人

民族	学前教育			小学		
	小计	男	女	小计	男	女
总计	**156521**	**80350**	**76171**	**2834375**	**1362344**	**1472031**
汉族	95999	49172	46827	2132914	1022690	1110224
蒙古族	52913	27191	25722	634024	306673	327351
回族	786	421	365	9012	4558	4454
藏族	24	12	12	360	163	197
维吾尔族	4	1	3	34	26	8
苗族	88	47	41	1084	480	604
彝族	51	27	24	618	286	332
壮族	29	14	15	154	57	97
布依族	40	27	13	562	244	318
朝鲜族	130	76	54	1276	569	707
满族	4888	2535	2353	42338	20813	21525
侗族	87	51	36	494	230	264
瑶族	6	2	4	34	10	24
白族	5	4	1	77	27	50
土家族	54	32	22	500	238	262
哈尼族	7	7		70	16	54
哈萨克族	3	1	2	37	19	18
傣族	2	1	1	42	6	36
黎族	8	1	7	133	63	70
傈僳族	26	13	13	165	40	125
佤族	15	7	8	127	31	96
畲族	2	1	1	20	16	4
高山族	2	2		5	3	2
拉祜族	12	8	4	108	18	90
水族	10	6	4	164	67	97
东乡族	10	7	3	106	65	41
纳西族				5	1	4
景颇族	1		1	5	1	4
柯尔克孜族	1		1	3	1	2
土族	4	2	2	36	13	23
达斡尔族	781	396	385	6001	3003	2998
仫佬族				8	2	6
羌族				18	9	9
布朗族				1		1
撒拉族				15	7	8
毛南族				17	9	8
仡佬族	4	4		45	24	21
锡伯族	41	20	21	223	112	111
阿昌族						
普米族				1	1	
塔吉克族						
怒族				4	1	3
乌孜别克族						
俄罗斯族	20	10	10	131	66	65
鄂温克族	390	211	179	2996	1493	1503
德昂族						
保安族				2	1	1
裕固族	1	1		1	1	
京族	1	1		1	1	
塔塔尔族				2	1	1
独龙族						
鄂伦春族	58	28	30	201	94	107
赫哲族				5	3	2
门巴族						
珞巴族						
基诺族						
未定族称人口	18	11	7	181	88	93
入籍				15	4	11

2-3c　续表 2

单位：人

民　族	初　中			高　中			大学专科		
	小计	男	女	小计	男	女	小计	男	女
总　计	**3039062**	**1786711**	**1252351**	**640221**	**406473**	**233748**	**300728**	**178595**	**122133**
汉　族	2262779	1357703	905076	477496	309531	167965	222617	134338	88279
蒙古族	681235	375384	305851	141060	84337	56723	67490	38303	29187
回　族	12373	7278	5095	3059	1790	1269	1382	790	592
藏　族	377	224	153	104	59	45	64	35	29
维吾尔族	43	29	14	11	11		12	8	4
苗　族	1175	615	560	413	230	183	227	133	94
彝　族	514	316	198	119	71	48	55	30	25
壮　族	225	109	116	70	38	32	61	29	32
布依族	514	246	268	191	107	84	60	34	26
朝鲜族	2603	1378	1225	817	405	412	191	102	89
满　族	59989	34313	25676	11917	7270	4647	6149	3530	2619
侗　族	549	306	243	257	142	115	107	67	40
瑶　族	46	20	26	20	11	9	8	4	4
白　族	90	44	46	23	13	10	10	5	5
土家族	606	344	262	227	128	99	114	58	56
哈尼族	51	11	40	8	3	5	3	2	1
哈萨克族	32	17	15	13	9	4	3	3	
傣　族	23	9	14	4	1	3	2	2	
黎　族	154	80	74	46	27	19	16	6	10
傈僳族	85	23	62	18	8	10	4	3	1
佤　族	74	23	51	18	14	4	5	5	
畲　族	84	72	12	11	10	1	3	3	
高山族	6	3	3	3	1	2			
拉祜族	51	11	40	4	1	3			
水　族	103	48	55	33	19	14	9	2	7
东乡族	37	23	14	15	8	7	3	2	1
纳西族	6	1	5	2		2	3	3	
景颇族	7	3	4	1		1			
柯尔克孜族	8	6	2	6	5	1	1		1
土　族	59	36	23	17	11	6	9	8	1
达斡尔族	9736	5107	4629	2563	1320	1243	1187	605	582
仫佬族	9	7	2	4	3	1	2		2
羌　族	22	13	9	4	2	2	2	1	1
布朗族	1		1	1		1			
撒拉族	6	4	2	2	1	1			
毛南族	8	5	3	2	2		4	3	1
仡佬族	58	35	23	18	13	5	14	8	6
锡伯族	394	200	194	76	43	33	34	20	14
阿昌族	1		1						
普米族	3	2	1	1		1			
塔吉克族	1	1							
怒　族									
乌孜别克族	2	1	1						
俄罗斯族	329	197	132	104	59	45	68	39	29
鄂温克族	4064	2198	1866	1274	665	609	685	359	326
德昂族									
保安族	1		1						
裕固族	1		1	2		2	2	2	
京　族	5	4	1						
塔塔尔族	1	1							
独龙族				1	1				
鄂伦春族	329	155	174	103	58	45	96	36	60
赫哲族	7	3	4	3	2	1	4	3	1
门巴族									
珞巴族									
基诺族	1		1						
未定族称人口	175	95	80	74	42	32	20	13	7
入　籍	10	8	2	6	2	4	2	1	1

2-3c 续表 3

单位：人

民族	大学本科			硕士研究生			博士研究生		
	小计	男	女	小计	男	女	小计	男	女
总　计	**179002**	**93856**	**85146**	**8415**	**3451**	**4964**	**966**	**429**	**537**
汉　族	116319	63517	52802	5493	2485	3008	567	298	269
蒙古族	56498	27170	29328	2598	822	1776	369	120	249
回　族	738	393	345	31	21	10	2	1	1
藏　族	27	16	11	5	2	3	1		1
维吾尔族	11	8	3						
苗　族	152	69	83	3	3				
彝　族	28	12	16						
壮　族	35	23	12	2	2				
布依族	54	30	24						
朝鲜族	150	83	67	5	3	2	1	1	
满　族	3583	1896	1687	207	87	120	22	8	14
侗　族	71	48	23						
瑶　族	5	3	2						
白　族	17	9	8	2	1	1			
土家族	69	39	30	4	4				
哈尼族									
哈萨克族	2	2							
傣　族									
黎　族	6	2	4						
傈僳族	1		1						
佤　族									
畲　族	2	2							
高山族	1	1							
拉祜族	2	1	1						
水　族	5	2	3						
东乡族	1		1						
纳西族									
景颇族									
柯尔克孜族				1	1				
土　族	4	1	3						
达斡尔族	698	301	397	36	14	22	1		1
仫佬族	1		1						
羌　族	1	1							
布朗族									
撒拉族									
毛南族									
仡佬族	9	7	2						
锡伯族	31	16	15	2	2				
阿昌族	1		1						
普米族									
塔吉克族									
怒　族									
乌孜别克族									
俄罗斯族	30	13	17	1	1				
鄂温克族	387	154	233	21	2	19	3	1	2
德昂族									
保安族									
裕固族	1	1							
京　族	1		1						
塔塔尔族									
独龙族									
鄂伦春族	40	24	16	1		1			
赫哲族				1		1			
门巴族									
珞巴族									
基诺族									
未定族称人口	21	12	9	2	1	1			
入　籍									

2-4　全区各民族按户口登记地、性别分的户口登记地在外乡镇街道的人口

单位：人

民　族	户口登记地					
	合　　计			自治区内		
	合计	男	女	小计	男	女
总　计	**11462961**	**5858767**	**5604194**	**9776541**	**4855871**	**4920670**
汉　族	9434394	4879771	4554623	7868421	3941611	3926810
蒙古族	1623193	775948	847245	1595561	762554	833007
回　族	107290	54605	52685	78247	37984	40263
藏　族	3609	1948	1661	980	421	559
维吾尔族	722	422	300	142	66	76
苗　族	8348	4180	4168	949	397	552
彝　族	3606	1977	1629	774	279	495
壮　族	2081	934	1147	815	331	484
布依族	3750	1815	1935	221	95	126
朝鲜族	7016	3415	3601	6024	2906	3118
满　族	209382	105302	104080	180968	89046	91922
侗　族	4138	2129	2009	310	134	176
瑶　族	435	200	235	137	60	77
白　族	665	322	343	174	65	109
土家族	5004	2665	2339	897	430	467
哈尼族	328	101	227	160	52	108
哈萨克族	142	75	67	10	5	5
傣　族	172	72	100	73	28	45
黎　族	789	345	444	479	208	271
傈僳族	380	121	259	196	72	124
佤　族	381	124	257	185	58	127
畲　族	313	215	98	37	17	20
高山族	50	28	22	37	19	18
拉祜族	375	83	292	208	58	150
水　族	804	357	447	24	9	15
东乡族	961	535	426	84	34	50
纳西族	52	25	27	23	14	9
景颇族	34	7	27	10	1	9
柯尔克孜族	75	43	32	59	34	25
土　族	424	194	230	119	48	71
达斡尔族	26151	12310	13841	25218	11872	13346
仫佬族	74	33	41	26	10	16
羌　族	142	78	64	45	19	26
布朗族	13	5	8	4		4
撒拉族	203	101	102	7	4	3
毛南族	87	38	49	8	1	7
仡佬族	495	312	183	23	12	11
锡伯族	1493	774	719	1114	555	559
阿昌族	6	6		3	3	
普米族	8	4	4			
塔吉克族						
怒　族	6	2	4	2	2	
乌孜别克族	4	2	2	1		1
俄罗斯族	1821	878	943	1777	855	922
鄂温克族	10406	4746	5660	10289	4696	5593
德昂族	10	5	5	3	1	2
保安族	34	16	18	5	1	4
裕固族	38	20	18	11	6	5
京　族	6	3	3	3	2	1
塔塔尔族	6	4	2	5	3	2
独龙族	1	1		1	1	
鄂伦春族	1528	716	812	1483	697	786
赫哲族	14	8	6	11	8	3
门巴族	2	1	1	2	1	1
珞巴族	1	1		1	1	
基诺族	10	2	8	4	1	3
未定族称人口	1433	718	715	149	75	74
入　籍	56	25	31	22	9	13

2-4 续表

单位：人

民族	户口登记地					
	自治区内 其中市辖区内人户分离			自治区外		
	小计	男	女	小计	男	女
总　计	**2394517**	**1170223**	**1224294**	**1686420**	**1002896**	**683524**
汉　族	1975815	969117	1006698	1565973	938160	627813
蒙古族	305669	145948	159721	27632	13394	14238
回　族	42422	20592	21830	29043	16621	12422
藏　族	212	89	123	2629	1527	1102
维吾尔族	58	23	35	580	356	224
苗　族	276	128	148	7399	3783	3616
彝　族	106	49	57	2832	1698	1134
壮　族	295	121	174	1266	603	663
布依族	76	30	46	3529	1720	1809
朝鲜族	1429	693	736	992	509	483
满　族	62437	30758	31679	28414	16256	12158
侗　族	108	49	59	3828	1995	1833
瑶　族	34	16	18	298	140	158
白　族	56	17	39	491	257	234
土家族	280	155	125	4107	2235	1872
哈尼族	13	6	7	168	49	119
哈萨克族	4	1	3	132	70	62
傣　族	11	4	7	99	44	55
黎　族	158	70	88	310	137	173
傈僳族	9	4	5	184	49	135
佤　族	17	6	11	196	66	130
畲　族	19	12	7	276	198	78
高山族	9	7	2	13	9	4
拉祜族	3	2	1	167	25	142
水　族	16	8	8	780	348	432
东乡族	12	7	5	877	501	376
纳西族	7	6	1	29	11	18
景颇族	1		1	24	6	18
柯尔克孜族	6	3	3	16	9	7
土　族	16	7	9	305	146	159
达斡尔族	3261	1526	1735	933	438	495
仫佬族	11	6	5	48	23	25
羌　族	7	4	3	97	59	38
布朗族				9	5	4
撒拉族	2	1	1	196	97	99
毛南族	3	1	2	79	37	42
仡佬族	2		2	472	300	172
锡伯族	402	203	199	379	219	160
阿昌族	2	2		3	3	
普米族				8	4	4
塔吉克族						
怒　族	1	1		4		4
乌孜别克族	1		1	3	2	1
俄罗斯族	310	149	161	44	23	21
鄂温克族	795	337	458	117	50	67
德昂族	1		1	7	4	3
保安族	5	1	4	29	15	14
裕固族				27	14	13
京　族	1	1		3	1	2
塔塔尔族				1	1	
独龙族						
鄂伦春族	104	43	61	45	19	26
赫哲族				3		3
门巴族						
珞巴族						
基诺族				6	1	5
未定族称人口	32	18	14	1284	643	641
入　籍	3	2	1	34	16	18

2–4a　全区各民族按户口登记地、性别分的户口登记地在外乡镇街道的人口(城市)

单位：人

民　族	户口登记地					
	合　计			自治区内		
	合计	男	女	小计	男	女
总　计	**6154293**	**3090865**	**3063428**	**5309869**	**2612910**	**2696959**
汉　族	5170303	2616908	2553395	4382656	2168995	2213661
蒙古族	754169	360095	394074	740294	353359	386935
回　族	71589	35568	36021	57802	27973	29829
藏　族	1424	770	654	484	226	258
维吾尔族	472	264	208	103	44	59
苗　族	3302	1675	1627	493	220	273
彝　族	1536	879	657	317	130	187
壮　族	1190	513	677	496	196	300
布依族	1445	700	745	117	51	66
朝鲜族	4213	2016	2197	3580	1697	1883
满　族	120247	59813	60434	105869	51798	54071
侗　族	1605	788	817	172	67	105
瑶　族	213	93	120	71	29	42
白　族	321	154	167	107	40	67
土家族	2331	1234	1097	535	267	268
哈尼族	117	48	69	49	21	28
哈萨克族	31	15	16	8	3	5
傣　族	101	48	53	42	18	24
黎　族	439	196	243	275	124	151
傈僳族	139	50	89	70	27	43
佤　族	127	49	78	72	23	49
畲　族	136	80	56	29	14	15
高山族	24	14	10	17	9	8
拉祜族	68	20	48	30	12	18
水　族	281	134	147	18	9	9
东乡族	534	292	242	33	15	18
纳西族	30	15	15	8	6	2
景颇族	13	3	10	4		4
柯尔克孜族	46	23	23	37	18	19
土　族	158	71	87	61	26	35
达斡尔族	10449	4888	5561	10063	4723	5340
仫佬族	43	16	27	21	9	12
羌　族	83	42	41	28	11	17
布朗族	5	4	1			
撒拉族	120	61	59	2	1	1
毛南族	34	11	23	4	1	3
仡佬族	219	148	71	9	4	5
锡伯族	885	456	429	685	346	339
阿昌族	6	6		3	3	
普米族	4	2	2			
塔吉克族						
怒　族	5	2	3	2	2	
乌孜别克族	3	2	1	1		1
俄罗斯族	1430	684	746	1396	666	730
鄂温克族	3271	1495	1776	3232	1479	1753
德昂族	7	4	3	1		1
保安族	23	9	14	5	1	4
裕固族	15	8	7	4	1	3
京　族	1	1		1	1	
塔塔尔族	5	3	2	4	2	2
独龙族						
鄂伦春族	498	213	285	478	203	275
赫哲族	2		2			
门巴族	1	1		1	1	
珞巴族						
基诺族	4	1	3	1		1
未定族称人口	551	269	282	65	32	33
入　籍	25	11	14	14	7	7

2−4a 续表 单位：人

民族	户口登记地					
	自治区内			自治区外		
	其中市辖区内人户分离					
	小计	男	女	小计	男	女
总　计	**2221119**	**1081811**	**1139308**	**844424**	**477955**	**366469**
汉　族	1835211	896860	938351	787647	447913	339734
蒙古族	280934	133897	147037	13875	6736	7139
回　族	40876	19820	21056	13787	7595	6192
藏　族	189	83	106	940	544	396
维吾尔族	51	19	32	369	220	149
苗　族	252	122	130	2809	1455	1354
彝　族	94	48	46	1219	749	470
壮　族	285	115	170	694	317	377
布依族	69	28	41	1328	649	679
朝鲜族	1380	670	710	633	319	314
满　族	56192	27535	28657	14378	8015	6363
侗　族	99	46	53	1433	721	712
瑶　族	32	15	17	142	64	78
白　族	52	16	36	214	114	100
土家族	254	143	111	1796	967	829
哈尼族	11	5	6	68	27	41
哈萨克族	3		3	23	12	11
傣　族	11	4	7	59	30	29
黎　族	143	65	78	164	72	92
傈僳族	9	4	5	69	23	46
佤　族	16	6	10	55	26	29
畲　族	19	12	7	107	66	41
高山族	9	7	2	7	5	2
拉祜族	3	2	1	38	8	30
水　族	14	8	6	263	125	138
东乡族	11	6	5	501	277	224
纳西族	7	6	1	22	9	13
景颇族	1		1	9	3	6
柯尔克孜族	6	3	3	9	5	4
土　族	16	7	9	97	45	52
达斡尔族	3224	1509	1715	386	165	221
仫佬族	11	6	5	22	7	15
羌　族	7	4	3	55	31	24
布朗族				5	4	1
撒拉族	2	1	1	118	60	58
毛南族	3	1	2	30	10	20
仡佬族	2		2	210	144	66
锡伯族	383	191	192	200	110	90
阿昌族	2	2		3	3	
普米族				4	2	2
塔吉克族						
怒　族	1	1		3		3
乌孜别克族	1		1	2	2	
俄罗斯族	310	149	161	34	18	16
鄂温克族	785	335	450	39	16	23
德昂族	1		1	6	4	2
保安族	5	1	4	18	8	10
裕固族				11	7	4
京　族						
塔塔尔族				1	1	
独龙族						
鄂伦春族	102	42	60	20	10	10
赫哲族				2		2
门巴族						
珞巴族						
基诺族				3	1	2
未定族称人口	28	15	13	486	237	249
入　籍	3	2	1	11	4	7

2-4b　全区各民族按户口登记地、性别分的户口登记地在外乡镇街道的人口(镇)

单位：人

民　族	户口登记地					
	合　　计			自治区内		
	合计	男	女	小计	男	女
总　计	**3750215**	**1901020**	**1849195**	**3270137**	**1619332**	**1650805**
汉　族	2939963	1513596	1426367	2496141	1251028	1245113
蒙古族	689433	327330	362103	680665	323236	357429
回　族	25084	13045	12039	14845	7201	7644
藏　族	1547	817	730	378	148	230
维吾尔族	160	91	69	28	16	12
苗　族	1941	928	1013	296	117	179
彝　族	999	458	541	328	114	214
壮　族	518	215	303	241	92	149
布依族	805	386	419	64	28	36
朝鲜族	1934	973	961	1685	840	845
满　族	64678	32362	32316	56385	27679	28706
侗　族	856	441	415	68	35	33
瑶　族	138	71	67	47	21	26
白　族	166	78	88	47	21	26
土家族	1298	667	631	257	109	148
哈尼族	135	36	99	87	25	62
哈萨克族	23	11	12			
傣　族	48	17	31	30	9	21
黎　族	211	77	134	154	60	94
傈僳族	141	45	96	95	36	59
佤　族	126	29	97	74	21	53
畲　族	62	35	27	8	3	5
高山族	20	9	11	17	7	10
拉祜族	207	44	163	143	37	106
水　族	177	75	102	1		1
东乡族	254	134	120	37	14	23
纳西族	17	9	8	12	7	5
景颇族	14	2	12	5	1	4
柯尔克孜族	22	15	7	15	11	4
土　族	196	76	120	47	15	32
达斡尔族	11050	5218	5832	10664	5037	5627
仫佬族	11	6	5	1		1
羌　族	33	17	16	15	7	8
布朗族	6	1	5	4		4
撒拉族	56	27	29	5	3	2
毛南族	22	8	14	4		4
仡佬族	123	69	54	11	7	4
锡伯族	441	224	217	336	161	175
阿昌族						
普米族						
塔吉克族						
怒　族	1		1			
乌孜别克族						
俄罗斯族	266	126	140	258	122	136
鄂温克族	5781	2644	3137	5720	2618	3102
德昂族	3	1	2	2	1	1
保安族	7	6	1			
裕固族	17	8	9	7	5	2
京　族	3		3	1		1
塔塔尔族						
独龙族	1	1		1	1	
鄂伦春族	868	421	447	854	415	439
赫哲族	2	1	1	1	1	
门巴族	1		1	1		1
珞巴族	1	1		1	1	
基诺族	6	1	5	3	1	2
未定族称人口	334	164	170	45	21	24
入　籍	9	4	5	3		3

2−4b 续表 单位：人

民 族	户口登记地					
	自治区内			自治区外		
	其中市辖区内人户分离					
	小计	男	女	小计	男	女
总 计	**32764**	**17364**	**15400**	**480078**	**281688**	**198390**
汉 族	27780	14826	12954	443822	262568	181254
蒙古族	3737	1882	1855	8768	4094	4674
回 族	376	197	179	10239	5844	4395
藏 族	3		3	1169	669	500
维吾尔族				132	75	57
苗 族	4	1	3	1645	811	834
彝 族				671	344	327
壮 族	1	1		277	123	154
布依族				741	358	383
朝鲜族	4	2	2	249	133	116
满 族	833	441	392	8293	4683	3610
侗 族	2	1	1	788	406	382
瑶 族	1	1		91	50	41
白 族	3	1	2	119	57	62
土家族	8	4	4	1041	558	483
哈尼族				48	11	37
哈萨克族				23	11	12
傣 族				18	8	10
黎 族	3	1	2	57	17	40
傈僳族				46	9	37
佤 族				52	8	44
畲 族				54	32	22
高山族				3	2	1
拉祜族				64	7	57
水 族				176	75	101
东乡族				217	120	97
纳西族				5	2	3
景颇族				9	1	8
柯尔克孜族				7	4	3
土 族				149	61	88
达斡尔族	5	2	3	386	181	205
仫佬族				10	6	4
羌 族				18	10	8
布朗族				2	1	1
撒拉族				51	24	27
毛南族				18	8	10
仡佬族				112	62	50
锡伯族	3	3		105	63	42
阿昌族						
普米族						
塔吉克族						
怒 族				1		1
乌孜别克族						
俄罗斯族				8	4	4
鄂温克族				61	26	35
德昂族				1		1
保安族				7	6	1
裕固族				10	3	7
京 族				2		2
塔塔尔族						
独龙族						
鄂伦春族	1	1		14	6	8
赫哲族				1		1
门巴族						
珞巴族						
基诺族				3		3
未定族称人口				289	143	146
入 籍				6	4	2

2-4c　全区各民族按户口登记地、性别分的户口登记地在外乡镇街道的人口(乡村)

单位：人

民　族	户口登记地					
	合　计			自治区内		
	合计	男	女	小计	男	女
总　计	**1558453**	**866882**	**691571**	**1196535**	**623629**	**572906**
汉　族	1324128	749267	574861	989624	521588	468036
蒙古族	179591	88523	91068	174602	85959	88643
回　族	10617	5992	4625	5600	2810	2790
藏　族	638	361	277	118	47	71
维吾尔族	90	67	23	11	6	5
苗　族	3105	1577	1528	160	60	100
彝　族	1071	640	431	129	35	94
壮　族	373	206	167	78	43	35
布依族	1500	729	771	40	16	24
朝鲜族	869	426	443	759	369	390
满　族	24457	13127	11330	18714	9569	9145
侗　族	1677	900	777	70	32	38
瑶　族	84	36	48	19	10	9
白　族	178	90	88	20	4	16
土家族	1375	764	611	105	54	51
哈尼族	76	17	59	24	6	18
哈萨克族	88	49	39	2	2	
傣　族	23	7	16	1	1	
黎　族	139	72	67	50	24	26
傈僳族	100	26	74	31	9	22
佤　族	128	46	82	39	14	25
畲　族	115	100	15			
高山族	6	5	1	3	3	
拉祜族	100	19	81	35	9	26
水　族	346	148	198	5		5
东乡族	173	109	64	14	5	9
纳西族	5	1	4	3	1	2
景颇族	7	2	5	1		1
柯尔克孜族	7	5	2	7	5	2
土　族	70	47	23	11	7	4
达斡尔族	4652	2204	2448	4491	2112	2379
仫佬族	20	11	9	4	1	3
羌　族	26	19	7	2	1	1
布朗族	2		2			
撒拉族	27	13	14			
毛南族	31	19	12			
仡佬族	153	95	58	3	1	2
锡伯族	167	94	73	93	48	45
阿昌族						
普米族	4	2	2			
塔吉克族						
怒　族						
乌孜别克族	1		1			
俄罗斯族	125	68	57	123	67	56
鄂温克族	1354	607	747	1337	599	738
德昂族						
保安族	4	1	3			
裕固族	6	4	2			
京　族	2	2		1	1	
塔塔尔族	1	1		1	1	
独龙族						
鄂伦春族	162	82	80	151	79	72
赫哲族	10	7	3	10	7	3
门巴族						
珞巴族						
基诺族						
未定族称人口	548	285	263	39	22	17
入　籍	22	10	12	5	2	3

2-4c 续表　　　　　　　　　　　　　　　　　　　　　　　　　　　单位：人

民　族	户口登记地					
	自治区内			自治区外		
	其中市辖区内人户分离					
	小计	男	女	小计	男	女
总　计	**140634**	**71048**	**69586**	**361918**	**243253**	**118665**
汉　族	112824	57431	55393	334504	227679	106825
蒙古族	20998	10169	10829	4989	2564	2425
回　族	1170	575	595	5017	3182	1835
藏　族	20	6	14	520	314	206
维吾尔族	7	4	3	79	61	18
苗　族	20	5	15	2945	1517	1428
彝　族	12	1	11	942	605	337
壮　族	9	5	4	295	163	132
布依族	7	2	5	1460	713	747
朝鲜族	45	21	24	110	57	53
满　族	5412	2782	2630	5743	3558	2185
侗　族	7	2	5	1607	868	739
瑶　族	1		1	65	26	39
白　族	1		1	158	86	72
土家族	18	8	10	1270	710	560
哈尼族	2	1	1	52	11	41
哈萨克族	1	1		86	47	39
傣　族				22	6	16
黎　族	12	4	8	89	48	41
傈僳族				69	17	52
佤　族	1		1	89	32	57
畲　族				115	100	15
高山族				3	2	1
拉祜族				65	10	55
水　族	2		2	341	148	193
东乡族	1	1		159	104	55
纳西族				2		2
景颇族				6	2	4
柯尔克孜族						
土　族				59	40	19
达斡尔族	32	15	17	161	92	69
仫佬族				16	10	6
羌　族				24	18	6
布朗族				2		2
撒拉族				27	13	14
毛南族				31	19	12
仡佬族				150	94	56
锡伯族	16	9	7	74	46	28
阿昌族						
普米族				4	2	2
塔吉克族						
怒　族						
乌孜别克族				1		1
俄罗斯族				2	1	1
鄂温克族	10	2	8	17	8	9
德昂族						
保安族				4	1	3
裕固族				6	4	2
京　族	1	1		1	1	
塔塔尔族						
独龙族						
鄂伦春族	1		1	11	3	8
赫哲族						
门巴族						
珞巴族						
基诺族						
未定族称人口	4	3	1	509	263	246
入　籍				17	8	9

第一部分　全部数据资料

第三卷　年龄

3-1　全区分年龄、性别的人口

单位：人、%

年　龄	人　口　数			占总人口比重			性别比
	合计	男	女	合计	男	女	(女=100)
总　计	**24049155**	**12275274**	**11773881**	**100.00**	**51.04**	**48.96**	**104.26**
0—4岁	**1055656**	**546013**	**509643**	**4.39**	**2.27**	**2.12**	**107.14**
0	172951	89403	83548	0.72	0.37	0.35	107.01
1	213378	109989	103389	0.89	0.46	0.43	106.38
2	198503	103025	95478	0.83	0.43	0.40	107.90
3	231415	119519	111896	0.96	0.50	0.47	106.81
4	239409	124077	115332	1.00	0.52	0.48	107.58
5—9岁	**1184065**	**616732**	**567333**	**4.92**	**2.56**	**2.36**	**108.71**
5	198860	102955	95905	0.83	0.43	0.40	107.35
6	268087	140101	127986	1.11	0.58	0.53	109.47
7	234942	121893	113049	0.98	0.51	0.47	107.82
8	258988	135397	123591	1.08	0.56	0.51	109.55
9	223188	116386	106802	0.93	0.48	0.44	108.97
10—14岁	**1137952**	**592970**	**544982**	**4.73**	**2.47**	**2.27**	**108.81**
10	224095	117494	106601	0.93	0.49	0.44	110.22
11	229620	119873	109747	0.95	0.50	0.46	109.23
12	228271	118787	109484	0.95	0.49	0.46	108.50
13	231644	120454	111190	0.96	0.50	0.46	108.33
14	224322	116362	107960	0.93	0.48	0.45	107.78
15—19岁	**1005267**	**523910**	**481357**	**4.18**	**2.18**	**2.00**	**108.84**
15	217530	112992	104538	0.90	0.47	0.43	108.09
16	218137	113633	104504	0.91	0.47	0.43	108.74
17	180869	94246	86623	0.75	0.39	0.36	108.80
18	198234	103558	94676	0.82	0.43	0.39	109.38
19	190497	99481	91016	0.79	0.41	0.38	109.30
20—24岁	**1063742**	**552501**	**511241**	**4.42**	**2.30**	**2.13**	**108.07**
20	192747	100802	91945	0.80	0.42	0.38	109.63
21	187454	97431	90023	0.78	0.41	0.37	108.23
22	215492	111403	104089	0.90	0.46	0.43	107.03
23	225930	117319	108611	0.94	0.49	0.45	108.02
24	242119	125546	116573	1.01	0.52	0.48	107.70
25—29岁	**1450355**	**757769**	**692586**	**6.03**	**3.15**	**2.88**	**109.41**
25	271876	141543	130333	1.13	0.59	0.54	108.60
26	266711	139195	127516	1.11	0.58	0.53	109.16
27	286676	149682	136994	1.19	0.62	0.57	109.26
28	306307	160528	145779	1.27	0.67	0.61	110.12
29	318785	166821	151964	1.33	0.69	0.63	109.78

3-1 续表 1

单位：人、%

年 龄	人口数			占总人口比重			性别比
	合计	男	女	合计	男	女	(女=100)
30-34岁	**2042455**	**1054898**	**987557**	**8.49**	**4.39**	**4.11**	**106.82**
30	428215	221624	206591	1.78	0.92	0.86	107.28
31	418750	215722	203028	1.74	0.90	0.84	106.25
32	393683	202544	191139	1.64	0.84	0.79	105.97
33	420727	217606	203121	1.75	0.90	0.84	107.13
34	381080	197402	183678	1.58	0.82	0.76	107.47
35-39岁	**1923895**	**1003174**	**920721**	**8.00**	**4.17**	**3.83**	**108.96**
35	361144	187814	173330	1.50	0.78	0.72	108.36
36	394147	205142	189005	1.64	0.85	0.79	108.54
37	370801	194324	176477	1.54	0.81	0.73	110.11
38	428198	223714	204484	1.78	0.93	0.85	109.40
39	369605	192180	177425	1.54	0.80	0.74	108.32
40-44岁	**1780481**	**924262**	**856219**	**7.40**	**3.84**	**3.56**	**107.95**
40	355737	184668	171069	1.48	0.77	0.71	107.95
41	361204	188750	172454	1.50	0.78	0.72	109.45
42	346745	180554	166191	1.44	0.75	0.69	108.64
43	329673	170400	159273	1.37	0.71	0.66	106.99
44	387122	199890	187232	1.61	0.83	0.78	106.76
45-49岁	**2320088**	**1187721**	**1132367**	**9.65**	**4.94**	**4.71**	**104.89**
45	411658	210468	201190	1.71	0.88	0.84	104.61
46	459864	235608	224256	1.91	0.98	0.93	105.06
47	465817	238585	227232	1.94	0.99	0.94	105.00
48	482245	247379	234866	2.01	1.03	0.98	105.33
49	500504	255681	244823	2.08	1.06	1.02	104.44
50-54岁	**2297399**	**1181252**	**1116147**	**9.55**	**4.91**	**4.64**	**105.83**
50	521452	266391	255061	2.17	1.11	1.06	104.44
51	459703	235799	223904	1.91	0.98	0.93	105.31
52	492781	253481	239300	2.05	1.05	1.00	105.93
53	393335	202987	190348	1.64	0.84	0.79	106.64
54	430128	222594	207534	1.79	0.93	0.86	107.26
55-59岁	**2030567**	**1030880**	**999687**	**8.44**	**4.29**	**4.16**	**103.12**
55	436853	225180	211673	1.82	0.94	0.88	106.38
56	443146	226933	216213	1.84	0.94	0.90	104.96
57	492525	250732	241793	2.05	1.04	1.01	103.70
58	389675	194769	194906	1.62	0.81	0.81	99.93
59	268368	133266	135102	1.12	0.55	0.56	98.64
60-64岁	**1618315**	**811291**	**807024**	**6.73**	**3.37**	**3.36**	**100.53**
60	355475	180315	175160	1.48	0.75	0.73	102.94
61	302731	153003	149728	1.26	0.64	0.62	102.19
62	317191	160055	157136	1.32	0.67	0.65	101.86
63	338212	168345	169867	1.41	0.70	0.71	99.10
64	304706	149573	155133	1.27	0.62	0.65	96.42

3-1　续表 2　　单位：人、%

年　龄	人　口　数			占总人口比重			性别比
	合计	男	女	合计	男	女	(女=100)
65—69岁	**1324263**	**645995**	**678268**	**5.51**	**2.69**	**2.82**	**95.24**
65	312428	154180	158248	1.30	0.64	0.66	97.43
66	295482	143842	151640	1.23	0.60	0.63	94.86
67	259566	126182	133384	1.08	0.52	0.55	94.60
68	244521	118902	125619	1.02	0.49	0.52	94.65
69	212266	102889	109377	0.88	0.43	0.45	94.07
70—74岁	**786180**	**376914**	**409266**	**3.27**	**1.57**	**1.70**	**92.10**
70	197384	96242	101142	0.82	0.40	0.42	95.16
71	181455	88414	93041	0.75	0.37	0.39	95.03
72	143613	68567	75046	0.60	0.29	0.31	91.37
73	146692	69903	76789	0.61	0.29	0.32	91.03
74	117036	53788	63248	0.49	0.22	0.26	85.04
75—79岁	**481258**	**220192**	**261066**	**2.00**	**0.92**	**1.09**	**84.34**
75	104811	48443	56368	0.44	0.20	0.23	85.94
76	107750	49361	58389	0.45	0.21	0.24	84.54
77	90441	41292	49149	0.38	0.17	0.20	84.01
78	88197	40035	48162	0.37	0.17	0.20	83.13
79	90059	41061	48998	0.37	0.17	0.20	83.80
80—84岁	**339491**	**154556**	**184935**	**1.41**	**0.64**	**0.77**	**83.57**
80	83251	37907	45344	0.35	0.16	0.19	83.60
81	73188	33190	39998	0.30	0.14	0.17	82.98
82	70245	31896	38349	0.29	0.13	0.16	83.17
83	60042	27505	32537	0.25	0.11	0.14	84.53
84	52765	24058	28707	0.22	0.10	0.12	83.81
85—89岁	**153019**	**68893**	**84126**	**0.64**	**0.29**	**0.35**	**81.89**
85	43852	19506	24346	0.18	0.08	0.10	80.12
86	36990	16439	20551	0.15	0.07	0.09	79.99
87	30875	13858	17017	0.13	0.06	0.07	81.44
88	23147	10460	12687	0.10	0.04	0.05	82.45
89	18155	8630	9525	0.08	0.04	0.04	90.60
90—94岁	**42650**	**19951**	**22699**	**0.18**	**0.08**	**0.09**	**87.89**
90	15169	7275	7894	0.06	0.03	0.03	92.16
91	9476	4412	5064	0.04	0.02	0.02	87.12
92	8023	3629	4394	0.03	0.02	0.02	82.59
93	5755	2620	3135	0.02	0.01	0.01	83.57
94	4227	2015	2212	0.02	0.01	0.01	91.09
95—99岁	**9916**	**4519**	**5397**	**0.04**	**0.02**	**0.02**	**83.73**
95	3346	1588	1758	0.01	0.01	0.01	90.33
96	2435	1099	1336	0.01		0.01	82.26
97	1781	797	984	0.01			81.00
98	1345	593	752	0.01			78.86
99	1009	442	567				77.95
100岁及以上	**2141**	**881**	**1260**	**0.01**		**0.01**	**69.92**

3-1a 全区分年龄、性别的人口(城市)

单位：人、%

年龄	人口数			占总人口比重			性别比
	合计	男	女	合计	男	女	(女=100)
总计	**9446419**	**4714495**	**4731924**	**100.00**	**49.91**	**50.09**	**99.63**
0-4岁	**455314**	**235540**	**219774**	**4.82**	**2.49**	**2.33**	**107.17**
0	74564	38532	36032	0.79	0.41	0.38	106.94
1	96078	49504	46574	1.02	0.52	0.49	106.29
2	84430	43920	40510	0.89	0.46	0.43	108.42
3	97470	50330	47140	1.03	0.53	0.50	106.77
4	102772	53254	49518	1.09	0.56	0.52	107.54
5-9岁	**479371**	**249178**	**230193**	**5.07**	**2.64**	**2.44**	**108.25**
5	77519	40264	37255	0.82	0.43	0.39	108.08
6	113147	59151	53996	1.20	0.63	0.57	109.55
7	96913	50283	46630	1.03	0.53	0.49	107.83
8	105373	54847	50526	1.12	0.58	0.53	108.55
9	86419	44633	41786	0.91	0.47	0.44	106.81
10-14岁	**423332**	**219232**	**204100**	**4.48**	**2.32**	**2.16**	**107.41**
10	83970	43699	40271	0.89	0.46	0.43	108.51
11	84620	43979	40641	0.90	0.47	0.43	108.21
12	84838	43765	41073	0.90	0.46	0.43	106.55
13	88724	45732	42992	0.94	0.48	0.46	106.37
14	81180	42057	39123	0.86	0.45	0.41	107.50
15-19岁	**482798**	**246792**	**236006**	**5.11**	**2.61**	**2.50**	**104.57**
15	85901	44292	41609	0.91	0.47	0.44	106.45
16	97364	50122	47242	1.03	0.53	0.50	106.10
17	80457	41213	39244	0.85	0.44	0.42	105.02
18	103784	52946	50838	1.10	0.56	0.54	104.15
19	115292	58219	57073	1.22	0.62	0.60	102.01
20-24岁	**563572**	**281242**	**282330**	**5.97**	**2.98**	**2.99**	**99.61**
20	122675	61798	60877	1.30	0.65	0.64	101.51
21	109502	54496	55006	1.16	0.58	0.58	99.07
22	110534	54956	55578	1.17	0.58	0.59	98.88
23	107644	53830	53814	1.14	0.57	0.57	100.03
24	113217	56162	57055	1.20	0.59	0.60	98.43
25-29岁	**665567**	**334529**	**331038**	**7.05**	**3.54**	**3.50**	**101.05**
25	125418	62481	62937	1.33	0.66	0.67	99.28
26	124126	61928	62198	1.31	0.66	0.66	99.57
27	131608	66130	65478	1.39	0.70	0.69	101.00
28	141701	71682	70019	1.50	0.76	0.74	102.38
29	142714	72308	70406	1.51	0.77	0.75	102.70

3–1a　续表 1

单位：人、%

年　龄	人口数			占总人口比重			性别比
	合计	男	女	合计	男	女	(女=100)
30–34岁	**919103**	**461096**	**458007**	**9.73**	**4.88**	**4.85**	**100.67**
30	194761	97721	97040	2.06	1.03	1.03	100.70
31	190616	95484	95132	2.02	1.01	1.01	100.37
32	178383	89047	89336	1.89	0.94	0.95	99.68
33	187365	94333	93032	1.98	1.00	0.98	101.40
34	167978	84511	83467	1.78	0.89	0.88	101.25
35–39岁	**816959**	**412357**	**404602**	**8.65**	**4.37**	**4.28**	**101.92**
35	156890	79360	77530	1.66	0.84	0.82	102.36
36	169317	85270	84047	1.79	0.90	0.89	101.46
37	158212	80147	78065	1.67	0.85	0.83	102.67
38	180941	91466	89475	1.92	0.97	0.95	102.23
39	151599	76114	75485	1.60	0.81	0.80	100.83
40–44岁	**707309**	**355701**	**351608**	**7.49**	**3.77**	**3.72**	**101.16**
40	142124	71488	70636	1.50	0.76	0.75	101.21
41	141422	71771	69651	1.50	0.76	0.74	103.04
42	139405	70182	69223	1.48	0.74	0.73	101.39
43	131638	65899	65739	1.39	0.70	0.70	100.24
44	152720	76361	76359	1.62	0.81	0.81	100.00
45–49岁	**863469**	**429140**	**434329**	**9.14**	**4.54**	**4.60**	**98.81**
45	156843	77682	79161	1.66	0.82	0.84	98.13
46	171285	85073	86212	1.81	0.90	0.91	98.68
47	175840	87501	88339	1.86	0.93	0.94	99.05
48	178541	88999	89542	1.89	0.94	0.95	99.39
49	180960	89885	91075	1.92	0.95	0.96	98.69
50–54岁	**810420**	**405766**	**404654**	**8.58**	**4.30**	**4.28**	**100.27**
50	189664	94393	95271	2.01	1.00	1.01	99.08
51	166392	83072	83320	1.76	0.88	0.88	99.70
52	174229	87068	87161	1.84	0.92	0.92	99.89
53	132693	66889	65804	1.40	0.71	0.70	101.65
54	147442	74344	73098	1.56	0.79	0.77	101.70
55–59岁	**706278**	**354527**	**351751**	**7.48**	**3.75**	**3.72**	**100.79**
55	152627	77280	75347	1.62	0.82	0.80	102.57
56	157957	80128	77829	1.67	0.85	0.82	102.95
57	174532	87745	86787	1.85	0.93	0.92	101.10
58	130946	65142	65804	1.39	0.69	0.70	98.99
59	90216	44232	45984	0.96	0.47	0.49	96.19
60–64岁	**525105**	**260714**	**264391**	**5.56**	**2.76**	**2.80**	**98.61**
60	117133	58389	58744	1.24	0.62	0.62	99.40
61	99108	49456	49652	1.05	0.52	0.53	99.61
62	105200	53014	52186	1.11	0.56	0.55	101.59
63	107642	52933	54709	1.14	0.56	0.58	96.75
64	96022	46922	49100	1.02	0.50	0.52	95.56

3—1a 续表 2

单位：人、%

年 龄	人口数			占总人口比重			性别比
	合计	男	女	合计	男	女	(女=100)
65—69岁	**398184**	**188884**	**209300**	**4.22**	**2.00**	**2.22**	**90.25**
65	94654	46495	48159	1.00	0.49	0.51	96.54
66	90669	43282	47387	0.96	0.46	0.50	91.34
67	77157	36168	40989	0.82	0.38	0.43	88.24
68	72296	33871	38425	0.77	0.36	0.41	88.15
69	63408	29068	34340	0.67	0.31	0.36	84.65
70—74岁	**246046**	**109630**	**136416**	**2.60**	**1.16**	**1.44**	**80.36**
70	60140	27607	32533	0.64	0.29	0.34	84.86
71	55337	24792	30545	0.59	0.26	0.32	81.17
72	45393	19887	25506	0.48	0.21	0.27	77.97
73	45589	20194	25395	0.48	0.21	0.27	79.52
74	39587	17150	22437	0.42	0.18	0.24	76.44
75—79岁	**174628**	**74816**	**99812**	**1.85**	**0.79**	**1.06**	**74.96**
75	36163	15593	20570	0.38	0.17	0.22	75.80
76	36348	15277	21071	0.38	0.16	0.22	72.50
77	33281	14215	19066	0.35	0.15	0.20	74.56
78	34720	14917	19803	0.37	0.16	0.21	75.33
79	34116	14814	19302	0.36	0.16	0.20	76.75
80—84岁	**130134**	**58383**	**71751**	**1.38**	**0.62**	**0.76**	**81.37**
80	32271	14293	17978	0.34	0.15	0.19	79.50
81	28020	12436	15584	0.30	0.13	0.16	79.80
82	26860	12071	14789	0.28	0.13	0.16	81.62
83	22847	10386	12461	0.24	0.11	0.13	83.35
84	20136	9197	10939	0.21	0.10	0.12	84.08
85—89岁	**57503**	**26325**	**31178**	**0.61**	**0.28**	**0.33**	**84.43**
85	16853	7556	9297	0.18	0.08	0.10	81.27
86	13824	6148	7676	0.15	0.07	0.08	80.09
87	11332	5181	6151	0.12	0.05	0.07	84.23
88	8627	3983	4644	0.09	0.04	0.05	85.77
89	6867	3457	3410	0.07	0.04	0.04	101.38
90—94岁	**16909**	**8521**	**8388**	**0.18**	**0.09**	**0.09**	**101.59**
90	6003	3141	2862	0.06	0.03	0.03	109.75
91	3856	1911	1945	0.04	0.02	0.02	98.25
92	3140	1518	1622	0.03	0.02	0.02	93.59
93	2248	1083	1165	0.02	0.01	0.01	92.96
94	1662	868	794	0.02	0.01	0.01	109.32
95—99岁	**3741**	**1842**	**1899**	**0.04**	**0.02**	**0.02**	**97.00**
95	1282	675	607	0.01	0.01	0.01	111.20
96	951	475	476	0.01	0.01	0.01	99.79
97	671	321	350	0.01			91.71
98	473	219	254	0.01			86.22
99	364	152	212				71.70
100岁及以上	**677**	**280**	**397**	**0.01**			**70.53**

3-1b　全区分年龄、性别的人口(镇)

单位：人、%

年　龄	人　口　数			占总人口比重			性别比
	合计	男	女	合计	男	女	(女=100)
总　计	**6781056**	**3424007**	**3357049**	**100.00**	**50.49**	**49.51**	**101.99**
0-4岁	**356514**	**184216**	**172298**	**5.26**	**2.72**	**2.54**	**106.92**
0	55714	28720	26994	0.82	0.42	0.40	106.39
1	71434	36717	34717	1.05	0.54	0.51	105.76
2	67649	34974	32675	1.00	0.52	0.48	107.04
3	79415	41124	38291	1.17	0.61	0.56	107.40
4	82302	42681	39621	1.21	0.63	0.58	107.72
5-9岁	**400789**	**207601**	**193188**	**5.91**	**3.06**	**2.85**	**107.46**
5	68218	35213	33005	1.01	0.52	0.49	106.69
6	91048	47200	43848	1.34	0.70	0.65	107.64
7	79559	41017	38542	1.17	0.60	0.57	106.42
8	87275	45408	41867	1.29	0.67	0.62	108.46
9	74689	38763	35926	1.10	0.57	0.53	107.90
10-14岁	**362082**	**187307**	**174775**	**5.34**	**2.76**	**2.58**	**107.17**
10	73059	38187	34872	1.08	0.56	0.51	109.51
11	74048	38399	35649	1.09	0.57	0.53	107.71
12	72155	37355	34800	1.06	0.55	0.51	107.34
13	71838	37025	34813	1.06	0.55	0.51	106.35
14	70982	36341	34641	1.05	0.54	0.51	104.91
15-19岁	**315341**	**162389**	**152952**	**4.65**	**2.39**	**2.26**	**106.17**
15	76134	38801	37333	1.12	0.57	0.55	103.93
16	81008	41324	39684	1.19	0.61	0.59	104.13
17	67129	34302	32827	0.99	0.51	0.48	104.49
18	53072	27827	25245	0.78	0.41	0.37	110.23
19	37998	20135	17863	0.56	0.30	0.26	112.72
20-24岁	**247888**	**128186**	**119702**	**3.66**	**1.89**	**1.77**	**107.09**
20	35223	18800	16423	0.52	0.28	0.24	114.47
21	38078	20080	17998	0.56	0.30	0.27	111.57
22	51125	26356	24769	0.75	0.39	0.37	106.41
23	57937	29662	28275	0.85	0.44	0.42	104.91
24	65525	33288	32237	0.97	0.49	0.48	103.26
25-29岁	**436077**	**221396**	**214681**	**6.43**	**3.26**	**3.17**	**103.13**
25	76546	38758	37788	1.13	0.57	0.56	102.57
26	77581	39573	38008	1.14	0.58	0.56	104.12
27	86301	43718	42583	1.27	0.64	0.63	102.67
28	94038	47860	46178	1.39	0.71	0.68	103.64
29	101611	51487	50124	1.50	0.76	0.74	102.72

3-1b 续表 1 单位：人、%

年龄	人口数			占总人口比重			性别比
	合计	男	女	合计	男	女	(女=100)
30-34岁	**652705**	**327891**	**324814**	**9.63**	**4.84**	**4.79**	**100.95**
30	136249	68350	67899	2.01	1.01	1.00	100.66
31	134424	67209	67215	1.98	0.99	0.99	99.99
32	126649	63562	63087	1.87	0.94	0.93	100.75
33	134152	67398	66754	1.98	0.99	0.98	100.96
34	121231	61372	59859	1.79	0.91	0.88	102.53
35-39岁	**599896**	**306321**	**293575**	**8.85**	**4.52**	**4.33**	**104.34**
35	114339	57829	56510	1.69	0.85	0.83	102.33
36	124729	63766	60963	1.84	0.94	0.90	104.60
37	114424	58954	55470	1.69	0.87	0.82	106.28
38	131942	67459	64483	1.95	0.99	0.95	104.62
39	114462	58313	56149	1.69	0.86	0.83	103.85
40-44岁	**534842**	**274517**	**260325**	**7.89**	**4.05**	**3.84**	**105.45**
40	109771	56179	53592	1.62	0.83	0.79	104.83
41	110812	57097	53715	1.63	0.84	0.79	106.30
42	103788	53403	50385	1.53	0.79	0.74	105.99
43	97185	49724	47461	1.43	0.73	0.70	104.77
44	113286	58114	55172	1.67	0.86	0.81	105.33
45-49岁	**649830**	**331298**	**318532**	**9.58**	**4.89**	**4.70**	**104.01**
45	120149	61034	59115	1.77	0.90	0.87	103.25
46	131747	67091	64656	1.94	0.99	0.95	103.77
47	129160	65900	63260	1.90	0.97	0.93	104.17
48	132670	67720	64950	1.96	1.00	0.96	104.26
49	136104	69553	66551	2.01	1.03	0.98	104.51
50-54岁	**607988**	**312536**	**295452**	**8.97**	**4.61**	**4.36**	**105.78**
50	141575	72215	69360	2.09	1.06	1.02	104.12
51	122042	62806	59236	1.80	0.93	0.87	106.03
52	129743	66762	62981	1.91	0.98	0.93	106.00
53	103375	53184	50191	1.52	0.78	0.74	105.96
54	111253	57569	53684	1.64	0.85	0.79	107.24
55-59岁	**504409**	**255975**	**248434**	**7.44**	**3.77**	**3.66**	**103.04**
55	111108	56976	54132	1.64	0.84	0.80	105.25
56	111898	57305	54593	1.65	0.85	0.81	104.97
57	121021	61640	59381	1.78	0.91	0.88	103.80
58	95270	47688	47582	1.40	0.70	0.70	100.22
59	65112	32366	32746	0.96	0.48	0.48	98.84
60-64岁	**378628**	**186185**	**192443**	**5.58**	**2.75**	**2.84**	**96.75**
60	84507	42699	41808	1.25	0.63	0.62	102.13
61	71525	35681	35844	1.05	0.53	0.53	99.55
62	74002	36385	37617	1.09	0.54	0.55	96.72
63	77889	37603	40286	1.15	0.55	0.59	93.34
64	70705	33817	36888	1.04	0.50	0.54	91.67

3-1b 续表 2

单位：人、%

年 龄	人 口 数			占总人口比重			性别比
	合计	男	女	合计	男	女	(女=100)
65—69岁	**306931**	**144572**	**162359**	**4.53**	**2.13**	**2.39**	**89.04**
65	72874	34883	37991	1.07	0.51	0.56	91.82
66	69023	32524	36499	1.02	0.48	0.54	89.11
67	60332	28321	32011	0.89	0.42	0.47	88.47
68	55737	26037	29700	0.82	0.38	0.44	87.67
69	48965	22807	26158	0.72	0.34	0.39	87.19
70—74岁	**185850**	**85395**	**100455**	**2.74**	**1.26**	**1.48**	**85.01**
70	46199	21686	24513	0.68	0.32	0.36	88.47
71	43180	20133	23047	0.64	0.30	0.34	87.36
72	34057	15623	18434	0.50	0.23	0.27	84.75
73	34501	15629	18872	0.51	0.23	0.28	82.82
74	27913	12324	15589	0.41	0.18	0.23	79.06
75—79岁	**115431**	**51672**	**63759**	**1.70**	**0.76**	**0.94**	**81.04**
75	25098	11268	13830	0.37	0.17	0.20	81.48
76	26226	11792	14434	0.39	0.17	0.21	81.70
77	21852	9758	12094	0.32	0.14	0.18	80.68
78	20787	9290	11497	0.31	0.14	0.17	80.80
79	21468	9564	11904	0.32	0.14	0.18	80.34
80—84岁	**80068**	**35645**	**44423**	**1.18**	**0.53**	**0.66**	**80.24**
80	19836	8770	11066	0.29	0.13	0.16	79.25
81	17283	7648	9635	0.25	0.11	0.14	79.38
82	16529	7301	9228	0.24	0.11	0.14	79.12
83	14084	6366	7718	0.21	0.09	0.11	82.48
84	12336	5560	6776	0.18	0.08	0.10	82.05
85—89岁	**34367**	**15590**	**18777**	**0.51**	**0.23**	**0.28**	**83.03**
85	9905	4371	5534	0.15	0.06	0.08	78.98
86	8378	3794	4584	0.12	0.06	0.07	82.77
87	6893	3128	3765	0.10	0.05	0.06	83.08
88	5131	2347	2784	0.08	0.03	0.04	84.30
89	4060	1950	2110	0.06	0.03	0.03	92.42
90—94岁	**9069**	**4293**	**4776**	**0.13**	**0.06**	**0.07**	**89.89**
90	3251	1598	1653	0.05	0.02	0.02	96.67
91	2024	961	1063	0.03	0.01	0.02	90.40
92	1693	769	924	0.02	0.01	0.01	83.23
93	1226	561	665	0.02	0.01	0.01	84.36
94	875	404	471	0.01	0.01	0.01	85.77
95—99岁	**1945**	**858**	**1087**	**0.03**	**0.01**	**0.02**	**78.93**
95	675	309	366	0.01		0.01	84.43
96	494	218	276	0.01			78.99
97	356	145	211	0.01			68.72
98	225	96	129				74.42
99	195	90	105				85.71
100岁及以上	**406**	**164**	**242**	**0.01**			**67.77**

3－1c　全区分年龄、性别的人口(乡村)

单位：人、%

年　龄	人口数			占总人口比重			性别比
	合计	男	女	合计	男	女	(女=100)
总　计	**7821680**	**4136772**	**3684908**	**100.00**	**52.89**	**47.11**	**112.26**
0－4岁	**243828**	**126257**	**117571**	**3.12**	**1.61**	**1.50**	**107.39**
0	42673	22151	20522	0.55	0.28	0.26	107.94
1	45866	23768	22098	0.59	0.30	0.28	107.56
2	46424	24131	22293	0.59	0.31	0.29	108.24
3	54530	28065	26465	0.70	0.36	0.34	106.05
4	54335	28142	26193	0.69	0.36	0.33	107.44
5－9岁	**303905**	**159953**	**143952**	**3.89**	**2.04**	**1.84**	**111.12**
5	53123	27478	25645	0.68	0.35	0.33	107.15
6	63892	33750	30142	0.82	0.43	0.39	111.97
7	58470	30593	27877	0.75	0.39	0.36	109.74
8	66340	35142	31198	0.85	0.45	0.40	112.64
9	62080	32990	29090	0.79	0.42	0.37	113.41
10－14岁	**352538**	**186431**	**166107**	**4.51**	**2.38**	**2.12**	**112.24**
10	67066	35608	31458	0.86	0.46	0.40	113.19
11	70952	37495	33457	0.91	0.48	0.43	112.07
12	71278	37667	33611	0.91	0.48	0.43	112.07
13	71082	37697	33385	0.91	0.48	0.43	112.92
14	72160	37964	34196	0.92	0.49	0.44	111.02
15－19岁	**207128**	**114729**	**92399**	**2.65**	**1.47**	**1.18**	**124.17**
15	55495	29899	25596	0.71	0.38	0.33	116.81
16	39765	22187	17578	0.51	0.28	0.22	126.22
17	33283	18731	14552	0.43	0.24	0.19	128.72
18	41378	22785	18593	0.53	0.29	0.24	122.55
19	37207	21127	16080	0.48	0.27	0.21	131.39
20－24岁	**252282**	**143073**	**109209**	**3.23**	**1.83**	**1.40**	**131.01**
20	34849	20204	14645	0.45	0.26	0.19	137.96
21	39874	22855	17019	0.51	0.29	0.22	134.29
22	53833	30091	23742	0.69	0.38	0.30	126.74
23	60349	33827	26522	0.77	0.43	0.34	127.54
24	63377	36096	27281	0.81	0.46	0.35	132.31
25－29岁	**348711**	**201844**	**146867**	**4.46**	**2.58**	**1.88**	**137.43**
25	69912	40304	29608	0.89	0.52	0.38	136.13
26	65004	37694	27310	0.83	0.48	0.35	138.02
27	68767	39834	28933	0.88	0.51	0.37	137.68
28	70568	40986	29582	0.90	0.52	0.38	138.55
29	74460	43026	31434	0.95	0.55	0.40	136.88

3-1c　续表 1　　　单位：人、%

年　龄	人口数			占总人口比重			性别比
	合计	男	女	合计	男	女	(女=100)
30-34岁	**470647**	**265911**	**204736**	**6.02**	**3.40**	**2.62**	**129.88**
30	97205	55553	41652	1.24	0.71	0.53	133.37
31	93710	53029	40681	1.20	0.68	0.52	130.35
32	88651	49935	38716	1.13	0.64	0.49	128.98
33	99210	55875	43335	1.27	0.71	0.55	128.94
34	91871	51519	40352	1.17	0.66	0.52	127.67
35-39岁	**507040**	**284496**	**222544**	**6.48**	**3.64**	**2.85**	**127.84**
35	89915	50625	39290	1.15	0.65	0.50	128.85
36	100101	56106	43995	1.28	0.72	0.56	127.53
37	98165	55223	42942	1.26	0.71	0.55	128.60
38	115315	64789	50526	1.47	0.83	0.65	128.23
39	103544	57753	45791	1.32	0.74	0.59	126.12
40-44岁	**538330**	**294044**	**244286**	**6.88**	**3.76**	**3.12**	**120.37**
40	103842	57001	46841	1.33	0.73	0.60	121.69
41	108970	59882	49088	1.39	0.77	0.63	121.99
42	103552	56969	46583	1.32	0.73	0.60	122.30
43	100850	54777	46073	1.29	0.70	0.59	118.89
44	121116	65415	55701	1.55	0.84	0.71	117.44
45-49岁	**806789**	**427283**	**379506**	**10.31**	**5.46**	**4.85**	**112.59**
45	134666	71752	62914	1.72	0.92	0.80	114.05
46	156832	83444	73388	2.01	1.07	0.94	113.70
47	160817	85184	75633	2.06	1.09	0.97	112.63
48	171034	90660	80374	2.19	1.16	1.03	112.80
49	183440	96243	87197	2.35	1.23	1.11	110.37
50-54岁	**878991**	**462950**	**416041**	**11.24**	**5.92**	**5.32**	**111.28**
50	190213	99783	90430	2.43	1.28	1.16	110.34
51	171269	89921	81348	2.19	1.15	1.04	110.54
52	188809	99651	89158	2.41	1.27	1.14	111.77
53	157267	82914	74353	2.01	1.06	0.95	111.51
54	171433	90681	80752	2.19	1.16	1.03	112.30
55-59岁	**819880**	**420378**	**399502**	**10.48**	**5.37**	**5.11**	**105.23**
55	173118	90924	82194	2.21	1.16	1.05	110.62
56	173291	89500	83791	2.22	1.14	1.07	106.81
57	196972	101347	95625	2.52	1.30	1.22	105.98
58	163459	81939	81520	2.09	1.05	1.04	100.51
59	113040	56668	56372	1.45	0.72	0.72	100.53
60-64岁	**714582**	**364392**	**350190**	**9.14**	**4.66**	**4.48**	**104.06**
60	153835	79227	74608	1.97	1.01	0.95	106.19
61	132098	67866	64232	1.69	0.87	0.82	105.66
62	137989	70656	67333	1.76	0.90	0.86	104.94
63	152681	77809	74872	1.95	0.99	0.96	103.92
64	137979	68834	69145	1.76	0.88	0.88	99.55

3-1c 续表 2

单位：人、%

年龄	人口数			占总人口比重			性别比
	合计	男	女	合计	男	女	(女=100)
65—69岁	**619148**	**312539**	**306609**	**7.92**	**4.00**	**3.92**	**101.93**
65	144900	72802	72098	1.85	0.93	0.92	100.98
66	135790	68036	67754	1.74	0.87	0.87	100.42
67	122077	61693	60384	1.56	0.79	0.77	102.17
68	116488	58994	57494	1.49	0.75	0.74	102.61
69	99893	51014	48879	1.28	0.65	0.62	104.37
70—74岁	**354284**	**181889**	**172395**	**4.53**	**2.33**	**2.20**	**105.51**
70	91045	46949	44096	1.16	0.60	0.56	106.47
71	82938	43489	39449	1.06	0.56	0.50	110.24
72	64163	33057	31106	0.82	0.42	0.40	106.27
73	66602	34080	32522	0.85	0.44	0.42	104.79
74	49536	24314	25222	0.63	0.31	0.32	96.40
75—79岁	**191199**	**93704**	**97495**	**2.44**	**1.20**	**1.25**	**96.11**
75	43550	21582	21968	0.56	0.28	0.28	98.24
76	45176	22292	22884	0.58	0.29	0.29	97.41
77	35308	17319	17989	0.45	0.22	0.23	96.28
78	32690	15828	16862	0.42	0.20	0.22	93.87
79	34475	16683	17792	0.44	0.21	0.23	93.77
80—84岁	**129289**	**60528**	**68761**	**1.65**	**0.77**	**0.88**	**88.03**
80	31144	14844	16300	0.40	0.19	0.21	91.07
81	27885	13106	14779	0.36	0.17	0.19	88.68
82	26856	12524	14332	0.34	0.16	0.18	87.38
83	23111	10753	12358	0.30	0.14	0.16	87.01
84	20293	9301	10992	0.26	0.12	0.14	84.62
85—89岁	**61149**	**26978**	**34171**	**0.78**	**0.34**	**0.44**	**78.95**
85	17094	7579	9515	0.22	0.10	0.12	79.65
86	14788	6497	8291	0.19	0.08	0.11	78.36
87	12650	5549	7101	0.16	0.07	0.09	78.14
88	9389	4130	5259	0.12	0.05	0.07	78.53
89	7228	3223	4005	0.09	0.04	0.05	80.47
90—94岁	**16672**	**7137**	**9535**	**0.21**	**0.09**	**0.12**	**74.85**
90	5915	2536	3379	0.08	0.03	0.04	75.05
91	3596	1540	2056	0.05	0.02	0.03	74.90
92	3190	1342	1848	0.04	0.02	0.02	72.62
93	2281	976	1305	0.03	0.01	0.02	74.79
94	1690	743	947	0.02	0.01	0.01	78.46
95—99岁	**4230**	**1819**	**2411**	**0.05**	**0.02**	**0.03**	**75.45**
95	1389	604	785	0.02	0.01	0.01	76.94
96	990	406	584	0.01	0.01	0.01	69.52
97	754	331	423	0.01		0.01	78.25
98	647	278	369	0.01			75.34
99	450	200	250	0.01			80.00
100岁及以上	**1058**	**437**	**621**	**0.01**	**0.01**	**0.01**	**70.37**

3-2　各地区人口年龄构成(一)

单位：人、%

地　区	人口数				比重			
	合计	0-14岁	15-64岁	65岁及以上	合计	0-14岁	15-64岁	65岁及以上
内蒙古	**24049155**	**3377673**	**17532564**	**3138918**	**100.00**	**14.04**	**72.90**	**13.05**
呼和浩特市	**3446100**	**479255**	**2554746**	**412099**	**100.00**	**13.91**	**74.13**	**11.96**
新城区	699672	102483	525429	71760	100.00	14.65	75.10	10.26
回民区	436042	57403	331276	47363	100.00	13.16	75.97	10.86
玉泉区	524573	76931	400377	47265	100.00	14.67	76.32	9.01
赛罕区	885321	121711	669149	94461	100.00	13.75	75.58	10.67
土默特左旗	263131	30749	182524	49858	100.00	11.69	69.37	18.95
托克托县	166192	24100	113486	28606	100.00	14.50	68.29	17.21
和林格尔县	162476	20939	114557	26980	100.00	12.89	70.51	16.61
清水河县	76674	9660	51160	15854	100.00	12.60	66.72	20.68
武川县	95869	9843	64738	21288	100.00	10.27	67.53	22.21
呼和浩特经济技术开发区	136150	25436	102050	8664	100.00	18.68	74.95	6.36
包头市	**2709378**	**355298**	**1982788**	**371292**	**100.00**	**13.11**	**73.18**	**13.70**
东河区	484218	57623	355702	70893	100.00	11.90	73.46	14.64
昆都仑区	787681	110338	581050	96293	100.00	14.01	73.77	12.22
青山区	535128	67541	394620	72967	100.00	12.62	73.74	13.64
石拐区	24745	1892	18323	4530	100.00	7.65	74.05	18.31
白云鄂博矿区	22681	2212	17918	2551	100.00	9.75	79.00	11.25
九原区	245190	36836	183319	25035	100.00	15.02	74.77	10.21
土默特右旗	237421	29433	164424	43564	100.00	12.40	69.25	18.35
固阳县	118624	12779	81986	23859	100.00	10.77	69.11	20.11
达尔罕茂明安联合旗	69563	6756	49353	13454	100.00	9.71	70.95	19.34
包头稀土高新技术产业开发区	184127	29888	136093	18146	100.00	16.23	73.91	9.86
乌海市	**556621**	**74750**	**417996**	**63875**	**100.00**	**13.43**	**75.10**	**11.48**
海勃湾区	339155	47323	255130	36702	100.00	13.95	75.23	10.82
海南区	94770	13197	71531	10042	100.00	13.93	75.48	10.60
乌达区	122696	14230	91335	17131	100.00	11.60	74.44	13.96
赤峰市	**4035967**	**619079**	**2882664**	**534224**	**100.00**	**15.34**	**71.42**	**13.24**
红山区	469079	73763	342799	52517	100.00	15.73	73.08	11.20
元宝山区	284990	37486	206627	40877	100.00	13.15	72.50	14.34
松山区	706312	117242	511123	77947	100.00	16.60	72.37	11.04
阿鲁科尔沁旗	240360	32427	177046	30887	100.00	13.49	73.66	12.85
巴林左旗	277522	40043	201010	36469	100.00	14.43	72.43	13.14
巴林右旗	155027	23054	113741	18232	100.00	14.87	73.37	11.76
林西县	186663	24650	133680	28333	100.00	13.21	71.62	15.18
克什克腾旗	186143	24434	133831	27878	100.00	13.13	71.90	14.98
翁牛特旗	333970	47907	234497	51566	100.00	14.34	70.21	15.44
喀喇沁旗	262792	40279	184503	38010	100.00	15.33	70.21	14.46
宁城县	484397	82486	337029	64882	100.00	17.03	69.58	13.39
敖汉旗	448712	75308	306778	66626	100.00	16.78	68.37	14.85

3-2 续表 1

单位：人、%

地区	人口数				比重			
	合计	0-14岁	15-64岁	65岁及以上	合计	0-14岁	15-64岁	65岁及以上
通辽市	**2873168**	**417081**	**2110730**	**345357**	**100.00**	**14.52**	**73.46**	**12.02**
科尔沁区	718665	88963	536508	93194	100.00	12.38	74.65	12.97
科尔沁左翼中旗	399631	57791	295403	46437	100.00	14.46	73.92	11.62
科尔沁左翼后旗	321438	48867	231402	41169	100.00	15.20	71.99	12.81
开鲁县	313364	44691	227627	41046	100.00	14.26	72.64	13.10
库伦旗	151133	22543	108845	19745	100.00	14.92	72.02	13.06
奈曼旗	375312	62718	266126	46468	100.00	16.71	70.91	12.38
扎鲁特旗	251806	37718	185964	28124	100.00	14.98	73.85	11.17
通辽经济技术开发区	203143	30805	153429	18909	100.00	15.16	75.53	9.31
霍林郭勒市	138676	22985	105426	10265	100.00	16.57	76.02	7.40
鄂尔多斯市	**2153638**	**389275**	**1553304**	**211059**	**100.00**	**18.08**	**72.12**	**9.80**
东胜区	574242	113362	418968	41912	100.00	19.74	72.96	7.30
康巴什区	118796	24637	88376	5783	100.00	20.74	74.39	4.87
达拉特旗	328593	57358	224956	46279	100.00	17.46	68.46	14.08
准格尔旗	359184	61936	256652	40596	100.00	17.24	71.45	11.30
鄂托克前旗	92724	14455	69010	9259	100.00	15.59	74.43	9.99
鄂托克旗	162726	27840	121609	13277	100.00	17.11	74.73	8.16
杭锦旗	110824	16914	77373	16537	100.00	15.26	69.82	14.92
乌审旗	158566	28683	116580	13303	100.00	18.09	73.52	8.39
伊金霍洛旗	247983	44090	179780	24113	100.00	17.78	72.50	9.72
呼伦贝尔市	**2242875**	**261899**	**1673333**	**307643**	**100.00**	**11.68**	**74.61**	**13.72**
海拉尔区	365012	38284	278939	47789	100.00	10.49	76.42	13.09
扎赉诺尔区	84424	7005	63347	14072	100.00	8.30	75.03	16.67
阿荣旗	257815	40308	185732	31775	100.00	15.63	72.04	12.32
莫力达瓦达斡尔族自治旗	228822	35306	166655	26861	100.00	15.43	72.83	11.74
鄂伦春自治旗	174023	20238	127221	26564	100.00	11.63	73.11	15.26
鄂温克族自治旗	141102	16326	106634	18142	100.00	11.57	75.57	12.86
陈巴尔虎旗	50556	4908	39346	6302	100.00	9.71	77.83	12.47
新巴尔虎左旗	37007	4818	28517	3672	100.00	13.02	77.06	9.92
新巴尔虎右旗	38358	4601	30516	3241	100.00	11.99	79.56	8.45
满洲里市	150508	19031	115673	15804	100.00	12.64	76.86	10.50
牙克石市	256396	18661	192364	45371	100.00	7.28	75.03	17.70
扎兰屯市	318933	41727	231320	45886	100.00	13.08	72.53	14.39
额尔古纳市	68482	6565	51870	10047	100.00	9.59	75.74	14.67
根河市	71437	4121	55199	12117	100.00	5.77	77.27	16.96
巴彦淖尔市	**1538715**	**194698**	**1122647**	**221370**	**100.00**	**12.65**	**72.96**	**14.39**
临河区	582206	79502	432156	70548	100.00	13.66	74.23	12.12
五原县	224809	28855	160430	35524	100.00	12.84	71.36	15.80
磴口县	90196	8927	66231	15038	100.00	9.90	73.43	16.67
乌拉特前旗	257826	32606	182635	42585	100.00	12.65	70.84	16.52
乌拉特中旗	112159	12015	83515	16629	100.00	10.71	74.46	14.83
乌拉特后旗	53946	6570	41162	6214	100.00	12.18	76.30	11.52
杭锦后旗	217573	26223	156518	34832	100.00	12.05	71.94	16.01

3-2 续表 2

单位：人、%

地 区	人口数				比重			
	合计	0-14岁	15-64岁	65岁及以上	合计	0-14岁	15-64岁	65岁及以上
乌兰察布市	**1706328**	**188519**	**1162643**	**355166**	**100.00**	**11.05**	**68.14**	**20.81**
集宁区	425059	53808	318792	52459	100.00	12.66	75.00	12.34
卓资县	85648	6788	54442	24418	100.00	7.93	63.56	28.51
化德县	95273	9658	64860	20755	100.00	10.14	68.08	21.78
商都县	173926	17868	113262	42796	100.00	10.27	65.12	24.61
兴和县	167881	21788	107004	39089	100.00	12.98	63.74	23.28
凉城县	119061	12820	75163	31078	100.00	10.77	63.13	26.10
察哈尔右翼前旗	125172	11681	82765	30726	100.00	9.33	66.12	24.55
察哈尔右翼中旗	86108	6812	56257	23039	100.00	7.91	65.33	26.76
察哈尔右翼后旗	103599	9892	68881	24826	100.00	9.55	66.49	23.96
四子王旗	129372	13702	90816	24854	100.00	10.59	70.20	19.21
丰镇市	195229	23702	130401	41126	100.00	12.14	66.79	21.07
兴安盟	**1416929**	**205356**	**1048225**	**163348**	**100.00**	**14.49**	**73.98**	**11.53**
乌兰浩特市	356035	47873	267488	40674	100.00	13.45	75.13	11.42
阿尔山市	32301	2762	25782	3757	100.00	8.55	79.82	11.63
科尔沁右翼前旗	285392	42933	209507	32952	100.00	15.04	73.41	11.55
科尔沁右翼中旗	207380	31601	154299	21480	100.00	15.24	74.40	10.36
扎赉特旗	315153	49167	232785	33201	100.00	15.60	73.86	10.53
突泉县	220668	31020	158364	31284	100.00	14.06	71.77	14.18
锡林郭勒盟	**1107075**	**155628**	**823751**	**127696**	**100.00**	**14.06**	**74.41**	**11.53**
二连浩特市	75794	11982	57667	6145	100.00	15.81	76.08	8.11
锡林浩特市	349953	51144	263923	34886	100.00	14.61	75.42	9.97
阿巴嘎旗	38589	4587	29997	4005	100.00	11.89	77.73	10.38
苏尼特左旗	33643	4531	26070	3042	100.00	13.47	77.49	9.04
苏尼特右旗	62402	7300	46742	8360	100.00	11.70	74.90	13.40
东乌珠穆沁旗	70610	10750	54385	5475	100.00	15.22	77.02	7.75
西乌珠穆沁旗	99255	13783	77775	7697	100.00	13.89	78.36	7.75
太仆寺旗	109370	12148	73304	23918	100.00	11.11	67.02	21.87
镶黄旗	27399	3461	20562	3376	100.00	12.63	75.05	12.32
正镶白旗	42950	4276	31844	6830	100.00	9.96	74.14	15.90
正蓝旗	69908	9485	51941	8482	100.00	13.57	74.30	12.13
多伦县	103736	18479	72138	13119	100.00	17.81	69.54	12.65
乌拉盖管委会	23466	3702	17403	2361	100.00	15.78	74.16	10.06
阿拉善盟	**262361**	**36835**	**199737**	**25789**	**100.00**	**14.04**	**76.13**	**9.83**
阿拉善左旗	176744	23636	133801	19307	100.00	13.37	75.70	10.92
阿拉善右旗	22647	2570	17313	2764	100.00	11.35	76.45	12.20
额济纳旗	35756	6199	26684	2873	100.00	17.34	74.63	8.04
内蒙古阿拉善经济开发区	27214	4430	21939	845	100.00	16.28	80.62	3.11

3-2a 各地区人口年龄构成(一)(城市)

单位：人、%

地 区	人口数				比重			
	合计	0-14岁	15-64岁	65岁及以上	合计	0-14岁	15-64岁	65岁及以上
内蒙古	**9446419**	**1358017**	**7060580**	**1027822**	**100.00**	**14.38**	**74.74**	**10.88**
呼和浩特市	**2232683**	**318351**	**1695755**	**218577**	**100.00**	**14.26**	**75.95**	**9.79**
新城区	618831	91208	464587	63036	100.00	14.74	75.07	10.19
回民区	417448	54972	317051	45425	100.00	13.17	75.95	10.88
玉泉区	463142	68319	354347	40476	100.00	14.75	76.51	8.74
赛罕区	733262	103852	559770	69640	100.00	14.16	76.34	9.50
包头市	**1897779**	**252297**	**1400554**	**244928**	**100.00**	**13.29**	**73.80**	**12.91**
东河区	421812	49519	310969	61324	100.00	11.74	73.72	14.54
昆都仑区	759714	106618	560119	92977	100.00	14.03	73.73	12.24
青山区	513596	64570	378528	70498	100.00	12.57	73.70	13.73
石拐区	15424	1497	11137	2790	100.00	9.71	72.21	18.09
白云鄂博矿区	22681	2212	17918	2551	100.00	9.75	79.00	11.25
九原区	164552	27881	121883	14788	100.00	16.94	74.07	8.99
乌海市	**513469**	**71192**	**383626**	**58651**	**100.00**	**13.86**	**74.71**	**11.42**
海勃湾区	318969	45343	239153	34473	100.00	14.22	74.98	10.81
海南区	74354	11787	55071	7496	100.00	15.85	74.07	10.08
乌达区	120146	14062	89402	16682	100.00	11.70	74.41	13.88
赤峰市	**1013670**	**168470**	**744390**	**100810**	**100.00**	**16.62**	**73.44**	**9.95**
红山区	429895	68323	314954	46618	100.00	15.89	73.26	10.84
元宝山区	187249	27004	136983	23262	100.00	14.42	73.16	12.42
松山区	396526	73143	292453	30930	100.00	18.45	73.75	7.80
通辽市	**563959**	**75300**	**429069**	**59590**	**100.00**	**13.35**	**76.08**	**10.57**
科尔沁区	434037	53227	330382	50428	100.00	12.26	76.12	11.62
霍林郭勒市	129922	22073	98687	9162	100.00	16.99	75.96	7.05
鄂尔多斯市	**668906**	**137025**	**487276**	**44605**	**100.00**	**20.48**	**72.85**	**6.67**
东胜区	549285	112274	398321	38690	100.00	20.44	72.52	7.04
康巴什区	118796	24637	88376	5783	100.00	20.74	74.39	4.87
鄂托克旗	825	114	579	132	100.00	13.82	70.18	16.00
呼伦贝尔市	**944115**	**99568**	**714058**	**130489**	**100.00**	**10.55**	**75.63**	**13.82**
海拉尔区	352991	37368	269963	45660	100.00	10.59	76.48	12.94
扎赉诺尔区	79325	6779	59601	12945	100.00	8.55	75.14	16.32
满洲里市	146348	18787	112585	14976	100.00	12.84	76.93	10.23
牙克石市	140369	12758	104149	23462	100.00	9.09	74.20	16.71
扎兰屯市	139934	16148	104144	19642	100.00	11.54	74.42	14.04
额尔古纳市	43261	5055	31867	6339	100.00	11.68	73.66	14.65
根河市	41887	2673	31749	7465	100.00	6.38	75.80	17.82
巴彦淖尔市	**399699**	**64048**	**299653**	**35998**	**100.00**	**16.02**	**74.97**	**9.01**
临河区	399699	64048	299653	35998	100.00	16.02	74.97	9.01
乌兰察布市	**493988**	**68314**	**365747**	**59927**	**100.00**	**13.83**	**74.04**	**12.13**
集宁区	380206	49823	285867	44516	100.00	13.10	75.19	11.71
丰镇市	113782	18491	79880	15411	100.00	16.25	70.20	13.54
兴安盟	**319866**	**42849**	**241319**	**35698**	**100.00**	**13.40**	**75.44**	**11.16**
乌兰浩特市	301730	41248	226855	33627	100.00	13.67	75.18	11.14
阿尔山市	18136	1601	14464	2071	100.00	8.83	79.75	11.42
锡林郭勒盟	**398285**	**60603**	**299133**	**38549**	**100.00**	**15.22**	**75.11**	**9.68**
二连浩特市	73207	11766	55514	5927	100.00	16.07	75.83	8.10
锡林浩特市	325078	48837	243619	32622	100.00	15.02	74.94	10.04

3-2b　各地区人口年龄构成(一)(镇)

单位：人、%

地　区	人口数				比重			
	合计	0-14岁	15-64岁	65岁及以上	合计	0-14岁	15-64岁	65岁及以上
内蒙古	**6781056**	**1119385**	**4927604**	**734067**	**100.00**	**16.51**	**72.67**	**10.83**
呼和浩特市	**494834**	**84714**	**364026**	**46094**	**100.00**	**17.12**	**73.57**	**9.32**
新城区	2241	187	1450	604	100.00	8.34	64.70	26.95
回民区								
玉泉区								
赛罕区	2325	188	1578	559	100.00	8.09	67.87	24.04
土默特左旗	105947	16334	79953	9660	100.00	15.42	75.47	9.12
托克托县	76352	15034	53922	7396	100.00	19.69	70.62	9.69
和林格尔县	82219	12754	62348	7117	100.00	15.51	75.83	8.66
清水河县	36566	7011	25219	4336	100.00	19.17	68.97	11.86
武川县	53034	7770	37506	7758	100.00	14.65	70.72	14.63
呼和浩特经济技术开发区	136150	25436	102050	8664	100.00	18.68	74.95	6.36
包头市	**436614**	**67308**	**323344**	**45962**	**100.00**	**15.42**	**74.06**	**10.53**
东河区	20572	3253	15057	2262	100.00	15.81	73.19	11.00
昆都仑区	748	17	715	16	100.00	2.27	95.59	2.14
青山区	2418	221	2017	180	100.00	9.14	83.42	7.44
石拐区	2993	43	2794	156	100.00	1.44	93.35	5.21
白云鄂博矿区								
九原区	25366	1941	21549	1876	100.00	7.65	84.95	7.40
土默特右旗	116238	19728	84352	12158	100.00	16.97	72.57	10.46
固阳县	54002	8063	39050	6889	100.00	14.93	72.31	12.76
达尔罕茂明安联合旗	37358	5084	27010	5264	100.00	13.61	72.30	14.09
包头稀土高新技术产业开发区	176919	28958	130800	17161	100.00	16.37	73.93	9.70
乌海市	**17408**	**1821**	**13900**	**1687**	**100.00**	**10.46**	**79.85**	**9.69**
海勃湾区	3699	651	2700	348	100.00	17.60	72.99	9.41
海南区	11159	1002	9267	890	100.00	8.98	83.05	7.98
乌达区	2550	168	1933	449	100.00	6.59	75.80	17.61
赤峰市	**1129816**	**205082**	**806002**	**118732**	**100.00**	**18.15**	**71.34**	**10.51**
红山区	24406	3805	17515	3086	100.00	15.59	71.77	12.64
元宝山区	30211	3731	21601	4879	100.00	12.35	71.50	16.15
松山区	24781	3957	16985	3839	100.00	15.97	68.54	15.49
阿鲁科尔沁旗	107140	18303	78393	10444	100.00	17.08	73.17	9.75
巴林左旗	109060	18280	80886	9894	100.00	16.76	74.17	9.07
巴林右旗	94024	16449	68005	9570	100.00	17.49	72.33	10.18
林西县	109890	17222	79796	12872	100.00	15.67	72.61	11.71
克什克腾旗	97052	16141	69389	11522	100.00	16.63	71.50	11.87
翁牛特旗	127237	22945	89337	14955	100.00	18.03	70.21	11.75
喀喇沁旗	107771	20688	76455	10628	100.00	19.20	70.94	9.86
宁城县	153827	30849	109434	13544	100.00	20.05	71.14	8.80
敖汉旗	144417	32712	98206	13499	100.00	22.65	68.00	9.35

3-2b 续表 1

单位：人、%

地区	人口数				比重			
	合计	0-14岁	15-64岁	65岁及以上	合计	0-14岁	15-64岁	65岁及以上
通辽市	**873530**	**135362**	**645229**	**92939**	**100.00**	**15.50**	**73.86**	**10.64**
科尔沁区	46022	5459	33728	6835	100.00	11.86	73.29	14.85
科尔沁左翼中旗	119166	17651	88154	13361	100.00	14.81	73.98	11.21
科尔沁左翼后旗	106278	16238	77107	12933	100.00	15.28	72.55	12.17
开鲁县	123077	18539	91076	13462	100.00	15.06	74.00	10.94
库伦旗	60938	9026	44526	7386	100.00	14.81	73.07	12.12
奈曼旗	131429	23088	95242	13099	100.00	17.57	72.47	9.97
扎鲁特旗	118424	19440	87528	11456	100.00	16.42	73.91	9.67
通辽经济技术开发区	167879	25900	127607	14372	100.00	15.43	76.01	8.56
霍林郭勒市	317	21	261	35	100.00	6.62	82.33	11.04
鄂尔多斯市	**999056**	**210054**	**709761**	**79241**	**100.00**	**21.03**	**71.04**	**7.93**
东胜区	2967	124	2349	494	100.00	4.18	79.17	16.65
康巴什区								
达拉特旗	207102	44692	144440	17970	100.00	21.58	69.74	8.68
准格尔旗	250568	53485	176966	20117	100.00	21.35	70.63	8.03
鄂托克前旗	54710	10753	39206	4751	100.00	19.65	71.66	8.68
鄂托克旗	128004	25110	93754	9140	100.00	19.62	73.24	7.14
杭锦旗	69101	13679	47909	7513	100.00	19.80	69.33	10.87
乌审旗	98830	22500	71028	5302	100.00	22.77	71.87	5.36
伊金霍洛旗	187774	39711	134109	13954	100.00	21.15	71.42	7.43
呼伦贝尔市	**712799**	**88004**	**528784**	**96011**	**100.00**	**12.35**	**74.18**	**13.47**
海拉尔区	1451	124	1039	288	100.00	8.55	71.61	19.85
扎赉诺尔区	5099	226	3746	1127	100.00	4.43	73.47	22.10
阿荣旗	124589	20952	90793	12844	100.00	16.82	72.87	10.31
莫力达瓦达斡尔族自治旗	82870	14872	59618	8380	100.00	17.95	71.94	10.11
鄂伦春自治旗	128919	15009	94002	19908	100.00	11.64	72.92	15.44
鄂温克族自治旗	108893	13517	81728	13648	100.00	12.41	75.05	12.53
陈巴尔虎旗	37231	4034	28367	4830	100.00	10.84	76.19	12.97
新巴尔虎左旗	20713	3257	15356	2100	100.00	15.72	74.14	10.14
新巴尔虎右旗	25206	3559	19197	2450	100.00	14.12	76.16	9.72
满洲里市	4160	244	3088	828	100.00	5.87	74.23	19.90
牙克石市	99373	5126	75320	18927	100.00	5.16	75.80	19.05
扎兰屯市	34115	5112	24751	4252	100.00	14.98	72.55	12.46
额尔古纳市	10903	541	8556	1806	100.00	4.96	78.47	16.56
根河市	29277	1431	23223	4623	100.00	4.89	79.32	15.79
巴彦淖尔市	**523253**	**83223**	**378930**	**61100**	**100.00**	**15.90**	**72.42**	**11.68**
临河区	13418	1213	9681	2524	100.00	9.04	72.15	18.81
五原县	112379	19923	82147	10309	100.00	17.73	73.10	9.17
磴口县	50639	6657	37012	6970	100.00	13.15	73.09	13.76
乌拉特前旗	136352	22918	96374	17060	100.00	16.81	70.68	12.51
乌拉特中旗	61286	8779	44893	7614	100.00	14.32	73.25	12.42
乌拉特后旗	35121	5355	25999	3767	100.00	15.25	74.03	10.73
杭锦后旗	114058	18378	82824	12856	100.00	16.11	72.62	11.27

3-2b　续表 2　　　　单位：人、%

地　区	人口数				比重			
	合计	0-14岁	15-64岁	65岁及以上	合计	0-14岁	15-64岁	65岁及以上
乌兰察布市	**524629**	**76876**	**372348**	**75405**	**100.00**	**14.65**	**70.97**	**14.37**
集宁区	14063	1669	10943	1451	100.00	11.87	77.81	10.32
卓资县	38058	4456	26715	6887	100.00	11.71	70.20	18.10
化德县	56643	7792	40635	8216	100.00	13.76	71.74	14.50
商都县	81789	12736	58488	10565	100.00	15.57	71.51	12.92
兴和县	75800	15082	52465	8253	100.00	19.90	69.22	10.89
凉城县	48884	7641	33004	8239	100.00	15.63	67.51	16.85
察哈尔右翼前旗	54179	7266	39527	7386	100.00	13.41	72.96	13.63
察哈尔右翼中旗	29775	3704	20759	5312	100.00	12.44	69.72	17.84
察哈尔右翼后旗	52048	6949	37696	7403	100.00	13.35	72.43	14.22
四子王旗	64979	9327	46346	9306	100.00	14.35	71.32	14.32
丰镇市	8411	254	5770	2387	100.00	3.02	68.60	28.38
兴安盟	**434317**	**66903**	**321456**	**45958**	**100.00**	**15.40**	**74.01**	**10.58**
乌兰浩特市	16279	1742	12476	2061	100.00	10.70	76.64	12.66
阿尔山市	10909	917	8721	1271	100.00	8.41	79.94	11.65
科尔沁右翼前旗	85917	13482	63904	8531	100.00	15.69	74.38	9.93
科尔沁右翼中旗	97559	14896	72154	10509	100.00	15.27	73.96	10.77
扎赉特旗	141147	23280	104377	13490	100.00	16.49	73.95	9.56
突泉县	82506	12586	59824	10096	100.00	15.25	72.51	12.24
锡林郭勒盟	**419612**	**66193**	**303536**	**49883**	**100.00**	**15.77**	**72.34**	**11.89**
二连浩特市	1045	49	892	104	100.00	4.69	85.36	9.95
锡林浩特市	2034	48	1818	168	100.00	2.36	89.38	8.26
阿巴嘎旗	22778	3113	16573	3092	100.00	13.67	72.76	13.57
苏尼特左旗	18205	2857	13069	2279	100.00	15.69	71.79	12.52
苏尼特右旗	47424	5552	34657	7215	100.00	11.71	73.08	15.21
东乌珠穆沁旗	47742	7501	35672	4569	100.00	15.71	74.72	9.57
西乌珠穆沁旗	61756	10118	45421	6217	100.00	16.38	73.55	10.07
太仆寺旗	49564	7751	34791	7022	100.00	15.64	70.19	14.17
镶黄旗	18860	2591	13580	2689	100.00	13.74	72.00	14.26
正镶白旗	23427	3012	17025	3390	100.00	12.86	72.67	14.47
正蓝旗	38590	6182	27660	4748	100.00	16.02	71.68	12.30
多伦县	67316	13905	47175	6236	100.00	20.66	70.08	9.26
乌拉盖管委会	20871	3514	15203	2154	100.00	16.84	72.84	10.32
阿拉善盟	**215188**	**33845**	**160288**	**21055**	**100.00**	**15.73**	**74.49**	**9.78**
阿拉善左旗	142493	21201	105880	15412	100.00	14.88	74.31	10.82
阿拉善右旗	17629	2287	13051	2291	100.00	12.97	74.03	13.00
额济纳旗	30456	5956	21949	2551	100.00	19.56	72.07	8.38
内蒙古阿拉善经济开发区	24610	4401	19408	801	100.00	17.88	78.86	3.25

3-2c 各地区人口年龄构成(一)(乡村)

单位：人、%

地 区	人口数				比重			
	合计	0-14岁	15-64岁	65岁及以上	合计	0-14岁	15-64岁	65岁及以上
内蒙古	**7821680**	**900271**	**5544380**	**1377029**	**100.00**	**11.51**	**70.88**	**17.61**
呼和浩特市	**718583**	**76190**	**494965**	**147428**	**100.00**	**10.60**	**68.88**	**20.52**
新城区	78600	11088	59392	8120	100.00	14.11	75.56	10.33
回民区	18594	2431	14225	1938	100.00	13.07	76.50	10.42
玉泉区	61431	8612	46030	6789	100.00	14.02	74.93	11.05
赛罕区	149734	17671	107801	24262	100.00	11.80	72.00	16.20
土默特左旗	157184	14415	102571	40198	100.00	9.17	65.26	25.57
托克托县	89840	9066	59564	21210	100.00	10.09	66.30	23.61
和林格尔县	80257	8185	52209	19863	100.00	10.20	65.05	24.75
清水河县	40108	2649	25941	11518	100.00	6.60	64.68	28.72
武川县	42835	2073	27232	13530	100.00	4.84	63.57	31.59
呼和浩特经济技术开发区								
包头市	**374985**	**35693**	**258890**	**80402**	**100.00**	**9.52**	**69.04**	**21.44**
东河区	41834	4851	29676	7307	100.00	11.60	70.94	17.47
昆都仑区	27219	3703	20216	3300	100.00	13.60	74.27	12.12
青山区	19114	2750	14075	2289	100.00	14.39	73.64	11.98
石拐区	6328	352	4392	1584	100.00	5.56	69.41	25.03
白云鄂博矿区								
九原区	55272	7014	39887	8371	100.00	12.69	72.16	15.15
土默特右旗	121183	9705	80072	31406	100.00	8.01	66.08	25.92
固阳县	64622	4716	42936	16970	100.00	7.30	66.44	26.26
达尔罕茂明安联合旗	32205	1672	22343	8190	100.00	5.19	69.38	25.43
包头稀土高新技术产业开发区	7208	930	5293	985	100.00	12.90	73.43	13.67
乌海市	**25744**	**1737**	**20470**	**3537**	**100.00**	**6.75**	**79.51**	**13.74**
海勃湾区	16487	1329	13277	1881	100.00	8.06	80.53	11.41
海南区	9257	408	7193	1656	100.00	4.41	77.70	17.89
乌达区								
赤峰市	**1892481**	**245527**	**1332272**	**314682**	**100.00**	**12.97**	**70.40**	**16.63**
红山区	14778	1635	10330	2813	100.00	11.06	69.90	19.04
元宝山区	67530	6751	48043	12736	100.00	10.00	71.14	18.86
松山区	285005	40142	201685	43178	100.00	14.08	70.77	15.15
阿鲁科尔沁旗	133220	14124	98653	20443	100.00	10.60	74.05	15.35
巴林左旗	168462	21763	120124	26575	100.00	12.92	71.31	15.78
巴林右旗	61003	6605	45736	8662	100.00	10.83	74.97	14.20
林西县	76773	7428	53884	15461	100.00	9.68	70.19	20.14
克什克腾旗	89091	8293	64442	16356	100.00	9.31	72.33	18.36
翁牛特旗	206733	24962	145160	36611	100.00	12.07	70.22	17.71
喀喇沁旗	155021	19591	108048	27382	100.00	12.64	69.70	17.66
宁城县	330570	51637	227595	51338	100.00	15.62	68.85	15.53
敖汉旗	304295	42596	208572	53127	100.00	14.00	68.54	17.46

3-2c　续表 1　　单位：人、%

地　区	人口数				比重			
	合计	0-14岁	15-64岁	65岁及以上	合计	0-14岁	15-64岁	65岁及以上
通辽市	**1435679**	**206419**	**1036432**	**192828**	**100.00**	**14.38**	**72.19**	**13.43**
科尔沁区	238606	30277	172398	35931	100.00	12.69	72.25	15.06
科尔沁左翼中旗	280465	40140	207249	33076	100.00	14.31	73.89	11.79
科尔沁左翼后旗	215160	32629	154295	28236	100.00	15.16	71.71	13.12
开鲁县	190287	26152	136551	27584	100.00	13.74	71.76	14.50
库伦旗	90195	13517	64319	12359	100.00	14.99	71.31	13.70
奈曼旗	243883	39630	170884	33369	100.00	16.25	70.07	13.68
扎鲁特旗	133382	18278	98436	16668	100.00	13.70	73.80	12.50
通辽经济技术开发区	35264	4905	25822	4537	100.00	13.91	73.22	12.87
霍林郭勒市	8437	891	6478	1068	100.00	10.56	76.78	12.66
鄂尔多斯市	**485676**	**42196**	**356267**	**87213**	**100.00**	**8.69**	**73.35**	**17.96**
东胜区	21990	964	18298	2728	100.00	4.38	83.21	12.41
康巴什区								
达拉特旗	121491	12666	80516	28309	100.00	10.43	66.27	23.30
准格尔旗	108616	8451	79686	20479	100.00	7.78	73.36	18.85
鄂托克前旗	38014	3702	29804	4508	100.00	9.74	78.40	11.86
鄂托克旗	33897	2616	27276	4005	100.00	7.72	80.47	11.82
杭锦旗	41723	3235	29464	9024	100.00	7.75	70.62	21.63
乌审旗	59736	6183	45552	8001	100.00	10.35	76.26	13.39
伊金霍洛旗	60209	4379	45671	10159	100.00	7.27	75.85	16.87
呼伦贝尔市	**585961**	**74327**	**430491**	**81143**	**100.00**	**12.68**	**73.47**	**13.85**
海拉尔区	10570	792	7937	1841	100.00	7.49	75.09	17.42
扎赉诺尔区								
阿荣旗	133226	19356	94939	18931	100.00	14.53	71.26	14.21
莫力达瓦达斡尔族自治旗	145952	20434	107037	18481	100.00	14.00	73.34	12.66
鄂伦春自治旗	45104	5229	33219	6656	100.00	11.59	73.65	14.76
鄂温克族自治旗	32209	2809	24906	4494	100.00	8.72	77.33	13.95
陈巴尔虎旗	13325	874	10979	1472	100.00	6.56	82.39	11.05
新巴尔虎左旗	16294	1561	13161	1572	100.00	9.58	80.77	9.65
新巴尔虎右旗	13152	1042	11319	791	100.00	7.92	86.06	6.01
满洲里市								
牙克石市	16654	777	12895	2982	100.00	4.67	77.43	17.91
扎兰屯市	144884	20467	102425	21992	100.00	14.13	70.69	15.18
额尔古纳市	14318	969	11447	1902	100.00	6.77	79.95	13.28
根河市	273	17	227	29	100.00	6.23	83.15	10.62
巴彦淖尔市	**615763**	**47427**	**444064**	**124272**	**100.00**	**7.70**	**72.12**	**20.18**
临河区	169089	14241	122822	32026	100.00	8.42	72.64	18.94
五原县	112430	8932	78283	25215	100.00	7.94	69.63	22.43
磴口县	39557	2270	29219	8068	100.00	5.74	73.87	20.40
乌拉特前旗	121474	9688	86261	25525	100.00	7.98	71.01	21.01
乌拉特中旗	50873	3236	38622	9015	100.00	6.36	75.92	17.72
乌拉特后旗	18825	1215	15163	2447	100.00	6.45	80.55	13.00
杭锦后旗	103515	7845	73694	21976	100.00	7.58	71.19	21.23

3－2c 续表 2

单位：人、%

地 区	人口数				比重			
	合计	0－14岁	15－64岁	65岁及以上	合计	0－14岁	15－64岁	65岁及以上
乌兰察布市	**687711**	**43329**	**424548**	**219834**	**100.00**	**6.30**	**61.73**	**31.97**
集宁区	30790	2316	21982	6492	100.00	7.52	71.39	21.08
卓资县	47590	2332	27727	17531	100.00	4.90	58.26	36.84
化德县	38630	1866	24225	12539	100.00	4.83	62.71	32.46
商都县	92137	5132	54774	32231	100.00	5.57	59.45	34.98
兴和县	92081	6706	54539	30836	100.00	7.28	59.23	33.49
凉城县	70177	5179	42159	22839	100.00	7.38	60.08	32.54
察哈尔右翼前旗	70993	4415	43238	23340	100.00	6.22	60.90	32.88
察哈尔右翼中旗	56333	3108	35498	17727	100.00	5.52	63.01	31.47
察哈尔右翼后旗	51551	2943	31185	17423	100.00	5.71	60.49	33.80
四子王旗	64393	4375	44470	15548	100.00	6.79	69.06	24.15
丰镇市	73036	4957	44751	23328	100.00	6.79	61.27	31.94
兴安盟	**662746**	**95604**	**485450**	**81692**	**100.00**	**14.43**	**73.25**	**12.33**
乌兰浩特市	38026	4883	28157	4986	100.00	12.84	74.05	13.11
阿尔山市	3256	244	2597	415	100.00	7.49	79.76	12.75
科尔沁右翼前旗	199475	29451	145603	24421	100.00	14.76	72.99	12.24
科尔沁右翼中旗	109821	16705	82145	10971	100.00	15.21	74.80	9.99
扎赉特旗	174006	25887	128408	19711	100.00	14.88	73.80	11.33
突泉县	138162	18434	98540	21188	100.00	13.34	71.32	15.34
锡林郭勒盟	**289178**	**28832**	**221082**	**39264**	**100.00**	**9.97**	**76.45**	**13.58**
二连浩特市	1542	167	1261	114	100.00	10.83	81.78	7.39
锡林浩特市	22841	2259	18486	2096	100.00	9.89	80.93	9.18
阿巴嘎旗	15811	1474	13424	913	100.00	9.32	84.90	5.77
苏尼特左旗	15438	1674	13001	763	100.00	10.84	84.21	4.94
苏尼特右旗	14978	1748	12085	1145	100.00	11.67	80.69	7.64
东乌珠穆沁旗	22868	3249	18713	906	100.00	14.21	81.83	3.96
西乌珠穆沁旗	37499	3665	32354	1480	100.00	9.77	86.28	3.95
太仆寺旗	59806	4397	38513	16896	100.00	7.35	64.40	28.25
镶黄旗	8539	870	6982	687	100.00	10.19	81.77	8.05
正镶白旗	19523	1264	14819	3440	100.00	6.47	75.91	17.62
正蓝旗	31318	3303	24281	3734	100.00	10.55	77.53	11.92
多伦县	36420	4574	24963	6883	100.00	12.56	68.54	18.90
乌拉盖管委会	2595	188	2200	207	100.00	7.24	84.78	7.98
阿拉善盟	**47173**	**2990**	**39449**	**4734**	**100.00**	**6.34**	**83.63**	**10.04**
阿拉善左旗	34251	2435	27921	3895	100.00	7.11	81.52	11.37
阿拉善右旗	5018	283	4262	473	100.00	5.64	84.93	9.43
额济纳旗	5300	243	4735	322	100.00	4.58	89.34	6.08
内蒙古阿拉善经济开发区	2604	29	2531	44	100.00	1.11	97.20	1.69

3-3　各地区人口年龄构成(二)

单位：人、%

地　区	人口数				比重			
	合计	0-15岁	16-59岁	60岁及以上	合计	0-15岁	16-59岁	60岁及以上
内蒙古	**24049155**	**3595203**	**15696719**	**4757233**	**100.00**	**14.95**	**65.27**	**19.78**
呼和浩特市	**3446100**	**507647**	**2317158**	**621295**	**100.00**	**14.73**	**67.24**	**18.03**
新城区	699672	108708	480372	110592	100.00	15.54	68.66	15.81
回民区	436042	61113	303101	71828	100.00	14.02	69.51	16.47
玉泉区	524573	81371	368531	74671	100.00	15.51	70.25	14.23
赛罕区	885321	127918	612344	145059	100.00	14.45	69.17	16.38
土默特左旗	263131	32786	158894	71451	100.00	12.46	60.39	27.15
托克托县	166192	25870	99720	40602	100.00	15.57	60.00	24.43
和林格尔县	162476	22598	100568	39310	100.00	13.91	61.90	24.19
清水河县	76674	10470	43172	23032	100.00	13.66	56.31	30.04
武川县	95869	10696	54753	30420	100.00	11.16	57.11	31.73
呼和浩特经济技术开发区	136150	26117	95703	14330	100.00	19.18	70.29	10.53
包头市	**2709378**	**376326**	**1786033**	**547019**	**100.00**	**13.89**	**65.92**	**20.19**
东河区	484218	61034	314907	108277	100.00	12.60	65.03	22.36
昆都仑区	787681	116449	532723	138509	100.00	14.78	67.63	17.58
青山区	535128	71832	360472	102824	100.00	13.42	67.36	19.21
石拐区	24745	2147	16036	6562	100.00	8.68	64.81	26.52
白云鄂博矿区	22681	2358	16778	3545	100.00	10.40	73.97	15.63
九原区	245190	39304	166446	39440	100.00	16.03	67.88	16.09
土默特右旗	237421	31114	142003	64304	100.00	13.10	59.81	27.08
固阳县	118624	13735	70043	34846	100.00	11.58	59.05	29.38
达尔罕茂明安联合旗	69563	7111	42352	20100	100.00	10.22	60.88	28.89
包头稀土高新技术产业开发区	184127	31242	124273	28612	100.00	16.97	67.49	15.54
乌海市	**556621**	**79043**	**386083**	**91495**	**100.00**	**14.20**	**69.36**	**16.44**
海勃湾区	339155	50186	235069	53900	100.00	14.80	69.31	15.89
海南区	94770	13768	66414	14588	100.00	14.53	70.08	15.39
乌达区	122696	15089	84600	23007	100.00	12.30	68.95	18.75
赤峰市	**4035967**	**663521**	**2522866**	**849580**	**100.00**	**16.44**	**62.51**	**21.05**
红山区	469079	77740	310343	80996	100.00	16.57	66.16	17.27
元宝山区	284990	40610	183144	61236	100.00	14.25	64.26	21.49
松山区	706312	125304	456193	124815	100.00	17.74	64.59	17.67
阿鲁科尔沁旗	240360	34970	155209	50181	100.00	14.55	64.57	20.88
巴林左旗	277522	43699	174197	59626	100.00	15.75	62.77	21.49
巴林右旗	155027	24383	100932	29712	100.00	15.73	65.11	19.17
林西县	186663	26611	114193	45859	100.00	14.26	61.18	24.57
克什克腾旗	186143	25993	115051	45099	100.00	13.96	61.81	24.23
翁牛特旗	333970	51457	200802	81711	100.00	15.41	60.13	24.47
喀喇沁旗	262792	43642	158020	61130	100.00	16.61	60.13	23.26
宁城县	484397	88172	291552	104673	100.00	18.20	60.19	21.61
敖汉旗	448712	80940	263230	104542	100.00	18.04	58.66	23.30

3－3 续表 1

单位：人、%

地 区	人口数				比重			
	合计	0－15岁	16－59岁	60岁及以上	合计	0－15岁	16－59岁	60岁及以上
通辽市	**2873168**	**447560**	**1888447**	**537161**	**100.00**	**15.58**	**65.73**	**18.70**
科尔沁区	718665	96196	477742	144727	100.00	13.39	66.48	20.14
科尔沁左翼中旗	399631	61731	265198	72702	100.00	15.45	66.36	18.19
科尔沁左翼后旗	321438	52151	207137	62150	100.00	16.22	64.44	19.33
开鲁县	313364	48129	200792	64443	100.00	15.36	64.08	20.56
库伦旗	151133	23897	96969	30267	100.00	15.81	64.16	20.03
奈曼旗	375312	67015	236276	72021	100.00	17.86	62.95	19.19
扎鲁特旗	251806	40479	167559	43768	100.00	16.08	66.54	17.38
通辽经济技术开发区	203143	33724	139250	30169	100.00	16.60	68.55	14.85
霍林郭勒市	138676	24238	97524	16914	100.00	17.48	70.33	12.20
鄂尔多斯市	**2153638**	**407369**	**1422328**	**323941**	**100.00**	**18.92**	**66.04**	**15.04**
东胜区	574242	118507	389261	66474	100.00	20.64	67.79	11.58
康巴什区	118796	26095	82275	10426	100.00	21.97	69.26	8.78
达拉特旗	328593	60426	198978	69189	100.00	18.39	60.55	21.06
准格尔旗	359184	65325	233141	60718	100.00	18.19	64.91	16.90
鄂托克前旗	92724	15215	63289	14220	100.00	16.41	68.26	15.34
鄂托克旗	162726	28881	113416	20429	100.00	17.75	69.70	12.55
杭锦旗	110824	17688	68730	24406	100.00	15.96	62.02	22.02
乌审旗	158566	29741	108215	20610	100.00	18.76	68.25	13.00
伊金霍洛旗	247983	45491	165023	37469	100.00	18.34	66.55	15.11
呼伦贝尔市	**2242875**	**280679**	**1502188**	**460008**	**100.00**	**12.51**	**66.98**	**20.51**
海拉尔区	365012	41234	250865	72913	100.00	11.30	68.73	19.98
扎赉诺尔区	84424	7494	56135	20795	100.00	8.88	66.49	24.63
阿荣旗	257815	43216	166478	48121	100.00	16.76	64.57	18.66
莫力达瓦达斡尔族自治旗	228822	37791	149213	41818	100.00	16.52	65.21	18.28
鄂伦春自治旗	174023	21606	114353	38064	100.00	12.42	65.71	21.87
鄂温克族自治旗	141102	17347	95184	28571	100.00	12.29	67.46	20.25
陈巴尔虎旗	50556	5126	35796	9634	100.00	10.14	70.80	19.06
新巴尔虎左旗	37007	4938	26180	5889	100.00	13.34	70.74	15.91
新巴尔虎右旗	38358	4779	28180	5399	100.00	12.46	73.47	14.08
满洲里市	150508	20108	105339	25061	100.00	13.36	69.99	16.65
牙克石市	256396	20762	170789	64845	100.00	8.10	66.61	25.29
扎兰屯市	318933	44789	205954	68190	100.00	14.04	64.58	21.38
额尔古纳市	68482	7018	46964	14500	100.00	10.25	68.58	21.17
根河市	71437	4471	50758	16208	100.00	6.26	71.05	22.69
巴彦淖尔市	**1538715**	**206683**	**1006952**	**325080**	**100.00**	**13.43**	**65.44**	**21.13**
临河区	582206	84665	392956	104585	100.00	14.54	67.49	17.96
五原县	224809	30574	142654	51581	100.00	13.60	63.46	22.94
磴口县	90196	9462	58831	21903	100.00	10.49	65.23	24.28
乌拉特前旗	257826	34428	161980	61418	100.00	13.35	62.83	23.82
乌拉特中旗	112159	12625	74524	25010	100.00	11.26	66.44	22.30
乌拉特后旗	53946	6835	37630	9481	100.00	12.67	69.75	17.57
杭锦后旗	217573	28094	138377	51102	100.00	12.91	63.60	23.49

3-3　续表 2　　　　单位：人、%

地　　区	人　口　数				比　　重			
	合计	0–15岁	16–59岁	60岁及以上	合计	0–15岁	16–59岁	60岁及以上
乌兰察布市	**1706328**	**202546**	**992801**	**510981**	**100.00**	**11.87**	**58.18**	**29.95**
集宁区	425059	57799	286639	80621	100.00	13.60	67.44	18.97
卓资县	85648	7322	44178	34148	100.00	8.55	51.58	39.87
化德县	95273	10423	54415	30435	100.00	10.94	57.11	31.95
商都县	173926	19460	94926	59540	100.00	11.19	54.58	34.23
兴和县	167881	23147	89438	55296	100.00	13.79	53.27	32.94
凉城县	119061	13726	61697	43638	100.00	11.53	51.82	36.65
察哈尔右翼前旗	125172	12726	69217	43229	100.00	10.17	55.30	34.54
察哈尔右翼中旗	86108	7332	45450	33326	100.00	8.51	52.78	38.70
察哈尔右翼后旗	103599	10613	57580	35406	100.00	10.24	55.58	34.18
四子王旗	129372	14676	77858	36838	100.00	11.34	60.18	28.47
丰镇市	195229	25322	111403	58504	100.00	12.97	57.06	29.97
兴安盟	**1416929**	**220307**	**941430**	**255192**	**100.00**	**15.55**	**66.44**	**18.01**
乌兰浩特市	356035	52663	240948	62424	100.00	14.79	67.68	17.53
阿尔山市	32301	2892	23855	5554	100.00	8.95	73.85	17.19
科尔沁右翼前旗	285392	45571	187335	52486	100.00	15.97	65.64	18.39
科尔沁右翼中旗	207380	33619	139285	34476	100.00	16.21	67.16	16.62
扎赉特旗	315153	52440	210612	52101	100.00	16.64	66.83	16.53
突泉县	220668	33122	139395	48151	100.00	15.01	63.17	21.82
锡林郭勒盟	**1107075**	**164934**	**744362**	**197779**	**100.00**	**14.90**	**67.24**	**17.87**
二连浩特市	75794	12643	53106	10045	100.00	16.68	70.07	13.25
锡林浩特市	349953	54956	240959	54038	100.00	15.70	68.85	15.44
阿巴嘎旗	38589	4746	27551	6292	100.00	12.30	71.40	16.31
苏尼特左旗	33643	4713	24104	4826	100.00	14.01	71.65	14.34
苏尼特右旗	62402	7789	41859	12754	100.00	12.48	67.08	20.44
东乌珠穆沁旗	70610	11279	50238	9093	100.00	15.97	71.15	12.88
西乌珠穆沁旗	99255	14421	72330	12504	100.00	14.53	72.87	12.60
太仆寺旗	109370	12965	61016	35389	100.00	11.85	55.79	32.36
镶黄旗	27399	3629	18493	5277	100.00	13.25	67.50	19.26
正镶白旗	42950	4517	28087	10346	100.00	10.52	65.39	24.09
正蓝旗	69908	9921	46761	13226	100.00	14.19	66.89	18.92
多伦县	103736	19496	64011	20229	100.00	18.79	61.71	19.50
乌拉盖管委会	23466	3859	15847	3760	100.00	16.45	67.53	16.02
阿拉善盟	**262361**	**38588**	**186071**	**37702**	**100.00**	**14.71**	**70.92**	**14.37**
阿拉善左旗	176744	24960	123852	27932	100.00	14.12	70.07	15.80
阿拉善右旗	22647	2683	16184	3780	100.00	11.85	71.46	16.69
额济纳旗	35756	6411	24921	4424	100.00	17.93	69.70	12.37
内蒙古阿拉善经济开发区	27214	4534	21114	1566	100.00	16.66	77.59	5.75

3-3a 各地区人口年龄构成(二)(城市)

单位：人、%

地　区	人口数				比重			
	合计	0-15岁	16-59岁	60岁及以上	合计	0-15岁	16-59岁	60岁及以上
内蒙古	**9446419**	**1443918**	**6449574**	**1552927**	**100.00**	**15.29**	**68.28**	**16.44**
呼和浩特市	**2232683**	**335946**	**1558617**	**338120**	**100.00**	**15.05**	**69.81**	**15.14**
新城区	618831	96609	425366	96856	100.00	15.61	68.74	15.65
回民区	417448	58516	290244	68688	100.00	14.02	69.53	16.45
玉泉区	463142	72160	326745	64237	100.00	15.58	70.55	13.87
赛罕区	733262	108661	516262	108339	100.00	14.82	70.41	14.77
包头市	**1897779**	**266999**	**1274621**	**356159**	**100.00**	**14.07**	**67.16**	**18.77**
东河区	421812	52381	276148	93283	100.00	12.42	65.47	22.11
昆都仑区	759714	112570	513966	133178	100.00	14.82	67.65	17.53
青山区	513596	68704	346058	98834	100.00	13.38	67.38	19.24
石拐区	15424	1597	9846	3981	100.00	10.35	63.84	25.81
白云鄂博矿区	22681	2358	16778	3545	100.00	10.40	73.97	15.63
九原区	164552	29389	111825	23338	100.00	17.86	67.96	14.18
乌海市	**513469**	**75309**	**354686**	**83474**	**100.00**	**14.67**	**69.08**	**16.26**
海勃湾区	318969	48129	220434	50406	100.00	15.09	69.11	15.80
海南区	74354	12267	51367	10720	100.00	16.50	69.08	14.42
乌达区	120146	14913	82885	22348	100.00	12.41	68.99	18.60
赤峰市	**1013670**	**179294**	**679040**	**155336**	**100.00**	**17.69**	**66.99**	**15.32**
红山区	429895	72024	286134	71737	100.00	16.75	66.56	16.69
元宝山区	187249	29418	124365	33466	100.00	15.71	66.42	17.87
松山区	396526	77852	268541	50133	100.00	19.63	67.72	12.64
通辽市	**563959**	**81476**	**389790**	**92693**	**100.00**	**14.45**	**69.12**	**16.44**
科尔沁区	434037	58218	298094	77725	100.00	13.41	68.68	17.91
霍林郭勒市	129922	23258	91696	14968	100.00	17.90	70.58	11.52
鄂尔多斯市	**668906**	**143579**	**453360**	**71967**	**100.00**	**21.46**	**67.78**	**10.76**
东胜区	549285	117363	370596	61326	100.00	21.37	67.47	11.16
康巴什区	118796	26095	82275	10426	100.00	21.97	69.26	8.78
鄂托克旗	825	121	489	215	100.00	14.67	59.27	26.06
呼伦贝尔市	**944115**	**107721**	**641492**	**194902**	**100.00**	**11.41**	**67.95**	**20.64**
海拉尔区	352991	40256	242895	69840	100.00	11.40	68.81	19.79
扎赉诺尔区	79325	7244	52912	19169	100.00	9.13	66.70	24.17
满洲里市	146348	19842	102709	23797	100.00	13.56	70.18	16.26
牙克石市	140369	14442	92258	33669	100.00	10.29	65.73	23.99
扎兰屯市	139934	17571	93332	29031	100.00	12.56	66.70	20.75
额尔古纳市	43261	5408	28675	9178	100.00	12.50	66.28	21.22
根河市	41887	2958	28711	10218	100.00	7.06	68.54	24.39
巴彦淖尔市	**399699**	**68279**	**277021**	**54399**	**100.00**	**17.08**	**69.31**	**13.61**
临河区	399699	68279	277021	54399	100.00	17.08	69.31	13.61
乌兰察布市	**493988**	**72918**	**329252**	**91818**	**100.00**	**14.76**	**66.65**	**18.59**
集宁区	380206	53318	257940	68948	100.00	14.02	67.84	18.13
丰镇市	113782	19600	71312	22870	100.00	17.23	62.67	20.10
兴安盟	**319866**	**47462**	**218092**	**54312**	**100.00**	**14.84**	**68.18**	**16.98**
乌兰浩特市	301730	45764	204647	51319	100.00	15.17	67.82	17.01
阿尔山市	18136	1698	13445	2993	100.00	9.36	74.13	16.50
锡林郭勒盟	**398285**	**64935**	**273603**	**59747**	**100.00**	**16.30**	**68.70**	**15.00**
二连浩特市	73207	12417	51210	9580	100.00	16.96	69.95	13.09
锡林浩特市	325078	52518	222393	50167	100.00	16.16	68.41	15.43

3-3b 各地区人口年龄构成(二)(镇)

单位：人、%

地区	人口数				比重			
	合计	0-15岁	16-59岁	60岁及以上	合计	0-15岁	16-59岁	60岁及以上
内蒙古	**6781056**	**1195519**	**4472842**	**1112695**	**100.00**	**17.63**	**65.96**	**16.41**
呼和浩特市	**494834**	**89718**	**336135**	**68981**	**100.00**	**18.13**	**67.93**	**13.94**
新城区	2241	193	1234	814	100.00	8.61	55.06	36.32
回民区								
玉泉区								
赛罕区	2325	208	1273	844	100.00	8.95	54.75	36.30
土默特左旗	105947	17515	73760	14672	100.00	16.53	69.62	13.85
托克托县	76352	16077	49584	10691	100.00	21.06	64.94	14.00
和林格尔县	82219	13645	58162	10412	100.00	16.60	70.74	12.66
清水河县	36566	7576	22689	6301	100.00	20.72	62.05	17.23
武川县	53034	8387	33730	10917	100.00	15.81	63.60	20.58
呼和浩特经济技术开发区	136150	26117	95703	14330	100.00	19.18	70.29	10.53
包头市	**436614**	**71442**	**294949**	**70223**	**100.00**	**16.36**	**67.55**	**16.08**
东河区	20572	3418	13535	3619	100.00	16.61	65.79	17.59
昆都仑区	748	17	700	31	100.00	2.27	93.58	4.14
青山区	2418	229	1919	270	100.00	9.47	79.36	11.17
石拐区	2993	46	2672	275	100.00	1.54	89.27	9.19
白云鄂博矿区								
九原区	25366	2574	19799	2993	100.00	10.15	78.05	11.80
土默特右旗	116238	20905	76909	18424	100.00	17.98	66.17	15.85
固阳县	54002	8665	35306	10031	100.00	16.05	65.38	18.58
达尔罕茂明安联合旗	37358	5326	24430	7602	100.00	14.26	65.39	20.35
包头稀土高新技术产业开发区	176919	30262	119679	26978	100.00	17.11	67.65	15.25
乌海市	**17408**	**1899**	**12869**	**2640**	**100.00**	**10.91**	**73.93**	**15.17**
海勃湾区	3699	668	2470	561	100.00	18.06	66.77	15.17
海南区	11159	1055	8684	1420	100.00	9.45	77.82	12.73
乌达区	2550	176	1715	659	100.00	6.90	67.25	25.84
赤峰市	**1129816**	**223079**	**717903**	**188834**	**100.00**	**19.74**	**63.54**	**16.71**
红山区	24406	3982	15508	4916	100.00	16.32	63.54	20.14
元宝山区	30211	4018	18634	7559	100.00	13.30	61.68	25.02
松山区	24781	4109	14547	6125	100.00	16.58	58.70	24.72
阿鲁科尔沁旗	107140	19865	70588	16687	100.00	18.54	65.88	15.57
巴林左旗	109060	20908	72213	15939	100.00	19.17	66.21	14.61
巴林右旗	94024	17529	61648	14847	100.00	18.64	65.57	15.79
林西县	109890	18762	70458	20670	100.00	17.07	64.12	18.81
克什克腾旗	97052	17360	61139	18553	100.00	17.89	63.00	19.12
翁牛特旗	127237	24972	79000	23265	100.00	19.63	62.09	18.28
喀喇沁旗	107771	22597	67930	17244	100.00	20.97	63.03	16.00
宁城县	153827	33901	98118	21808	100.00	22.04	63.78	14.18
敖汉旗	144417	35076	88120	21221	100.00	24.29	61.02	14.69

3-3b 续表 1

单位：人、%

地　　区	人　口　数				比　　重			
	合计	0-15岁	16-59岁	60岁及以上	合计	0-15岁	16-59岁	60岁及以上
通辽市	**873530**	**148560**	**580258**	**144712**	**100.00**	**17.01**	**66.43**	**16.57**
科尔沁区	46022	5959	29591	10472	100.00	12.95	64.30	22.75
科尔沁左翼中旗	119166	19749	78474	20943	100.00	16.57	65.85	17.57
科尔沁左翼后旗	106278	17662	69058	19558	100.00	16.62	64.98	18.40
开鲁县	123077	20464	81479	21134	100.00	16.63	66.20	17.17
库伦旗	60938	9711	39833	11394	100.00	15.94	65.37	18.70
奈曼旗	131429	25559	85598	20272	100.00	19.45	65.13	15.42
扎鲁特旗	118424	21028	79440	17956	100.00	17.76	67.08	15.16
通辽经济技术开发区	167879	28407	116543	22929	100.00	16.92	69.42	13.66
霍林郭勒市	317	21	242	54	100.00	6.62	76.34	17.03
鄂尔多斯市	**999056**	**219202**	**659770**	**120084**	**100.00**	**21.94**	**66.04**	**12.02**
东胜区	2967	128	2055	784	100.00	4.31	69.26	26.42
康巴什区								
达拉特旗	207102	47198	133155	26749	100.00	22.79	64.29	12.92
准格尔旗	250568	56165	163428	30975	100.00	22.42	65.22	12.36
鄂托克前旗	54710	11295	36433	6982	100.00	20.65	66.59	12.76
鄂托克旗	128004	25996	88059	13949	100.00	20.31	68.79	10.90
杭锦旗	69101	14234	44375	10492	100.00	20.60	64.22	15.18
乌审旗	98830	23270	67231	8329	100.00	23.55	68.03	8.43
伊金霍洛旗	187774	40916	125034	21824	100.00	21.79	66.59	11.62
呼伦贝尔市	**712799**	**93202**	**478152**	**141445**	**100.00**	**13.08**	**67.08**	**19.84**
海拉尔区	1451	134	895	422	100.00	9.24	61.68	29.08
扎赉诺尔区	5099	250	3223	1626	100.00	4.90	63.21	31.89
阿荣旗	124589	22544	82719	19326	100.00	18.09	66.39	15.51
莫力达瓦达斡尔族自治旗	82870	15413	54326	13131	100.00	18.60	65.56	15.85
鄂伦春自治旗	128919	16095	85036	27788	100.00	12.48	65.96	21.55
鄂温克族自治旗	108893	14367	73064	21462	100.00	13.19	67.10	19.71
陈巴尔虎旗	37231	4203	25647	7381	100.00	11.29	68.89	19.82
新巴尔虎左旗	20713	3313	14111	3289	100.00	15.99	68.13	15.88
新巴尔虎右旗	25206	3687	17541	3978	100.00	14.63	69.59	15.78
满洲里市	4160	266	2630	1264	100.00	6.39	63.22	30.38
牙克石市	99373	5448	67001	26924	100.00	5.48	67.42	27.09
扎兰屯市	34115	5412	22264	6439	100.00	15.86	65.26	18.87
额尔古纳市	10903	574	7860	2469	100.00	5.26	72.09	22.65
根河市	29277	1496	21835	5946	100.00	5.11	74.58	20.31
巴彦淖尔市	**523253**	**88125**	**347066**	**88062**	**100.00**	**16.84**	**66.33**	**16.83**
临河区	13418	1339	8389	3690	100.00	9.98	62.52	27.50
五原县	112379	21114	76135	15130	100.00	18.79	67.75	13.46
磴口县	50639	7035	33469	10135	100.00	13.89	66.09	20.01
乌拉特前旗	136352	24122	88217	24013	100.00	17.69	64.70	17.61
乌拉特中旗	61286	9224	41007	11055	100.00	15.05	66.91	18.04
乌拉特后旗	35121	5572	24028	5521	100.00	15.87	68.41	15.72
杭锦后旗	114058	19719	75821	18518	100.00	17.29	66.48	16.24

3-3b　续表 2

单位：人、%

地　区	人口数				比重			
	合计	0-15岁	16-59岁	60岁及以上	合计	0-15岁	16-59岁	60岁及以上
乌兰察布市	**524629**	**82407**	**331825**	**110397**	**100.00**	**15.71**	**63.25**	**21.04**
集宁区	14063	1753	9982	2328	100.00	12.47	70.98	16.55
卓资县	38058	4852	23158	10048	100.00	12.75	60.85	26.40
化德县	56643	8401	35824	12418	100.00	14.83	63.25	21.92
商都县	81789	13822	52560	15407	100.00	16.90	64.26	18.84
兴和县	75800	15957	47710	12133	100.00	21.05	62.94	16.01
凉城县	48884	8096	29129	11659	100.00	16.56	59.59	23.85
察哈尔右翼前旗	54179	7947	35326	10906	100.00	14.67	65.20	20.13
察哈尔右翼中旗	29775	3937	18156	7682	100.00	13.22	60.98	25.80
察哈尔右翼后旗	52048	7413	33750	10885	100.00	14.24	64.84	20.91
四子王旗	64979	9957	41351	13671	100.00	15.32	63.64	21.04
丰镇市	8411	272	4879	3260	100.00	3.23	58.01	38.76
兴安盟	**434317**	**72695**	**290510**	**71112**	**100.00**	**16.74**	**66.89**	**16.37**
乌兰浩特市	16279	1812	11243	3224	100.00	11.13	69.06	19.80
阿尔山市	10909	935	8047	1927	100.00	8.57	73.76	17.66
科尔沁右翼前旗	85917	14736	57625	13556	100.00	17.15	67.07	15.78
科尔沁右翼中旗	97559	16174	64962	16423	100.00	16.58	66.59	16.83
扎赉特旗	141147	25178	95204	20765	100.00	17.84	67.45	14.71
突泉县	82506	13860	53429	15217	100.00	16.80	64.76	18.44
锡林郭勒盟	**419612**	**69746**	**273805**	**76061**	**100.00**	**16.62**	**65.25**	**18.13**
二连浩特市	1045	51	764	230	100.00	4.88	73.11	22.01
锡林浩特市	2034	51	1732	251	100.00	2.51	85.15	12.34
阿巴嘎旗	22778	3241	14890	4647	100.00	14.23	65.37	20.40
苏尼特左旗	18205	2964	11870	3371	100.00	16.28	65.20	18.52
苏尼特右旗	47424	5932	30834	10658	100.00	12.51	65.02	22.47
东乌珠穆沁旗	47742	7861	32507	7374	100.00	16.47	68.09	15.45
西乌珠穆沁旗	61756	10544	41379	9833	100.00	17.07	67.00	15.92
太仆寺旗	49564	8341	30836	10387	100.00	16.83	62.21	20.96
镶黄旗	18860	2716	12053	4091	100.00	14.40	63.91	21.69
正镶白旗	23427	3181	15232	5014	100.00	13.58	65.02	21.40
正蓝旗	38590	6460	25017	7113	100.00	16.74	64.83	18.43
多伦县	67316	14748	42843	9725	100.00	21.91	63.64	14.45
乌拉盖管委会	20871	3656	13848	3367	100.00	17.52	66.35	16.13
阿拉善盟	**215188**	**35444**	**149600**	**30144**	**100.00**	**16.47**	**69.52**	**14.01**
阿拉善左旗	142493	22397	98326	21770	100.00	15.72	69.00	15.28
阿拉善右旗	17629	2385	12194	3050	100.00	13.53	69.17	17.30
额济纳旗	30456	6157	20432	3867	100.00	20.22	67.09	12.70
内蒙古阿拉善经济开发区	24610	4505	18648	1457	100.00	18.31	75.77	5.92

3-3c 各地区人口年龄构成(二)(乡村)

单位：人、%

地　　区	人口数				比重			
	合计	0-15岁	16-59岁	60岁及以上	合计	0-15岁	16-59岁	60岁及以上
内蒙古	**7821680**	**955766**	**4774303**	**2091611**	**100.00**	**12.22**	**61.04**	**26.74**
呼和浩特市	**718583**	**81983**	**422406**	**214194**	**100.00**	**11.41**	**58.78**	**29.81**
新城区	78600	11906	53772	12922	100.00	15.15	68.41	16.44
回民区	18594	2597	12857	3140	100.00	13.97	69.15	16.89
玉泉区	61431	9211	41786	10434	100.00	14.99	68.02	16.98
赛罕区	149734	19049	94809	35876	100.00	12.72	63.32	23.96
土默特左旗	157184	15271	85134	56779	100.00	9.72	54.16	36.12
托克托县	89840	9793	50136	29911	100.00	10.90	55.81	33.29
和林格尔县	80257	8953	42406	28898	100.00	11.16	52.84	36.01
清水河县	40108	2894	20483	16731	100.00	7.22	51.07	41.71
武川县	42835	2309	21023	19503	100.00	5.39	49.08	45.53
呼和浩特经济技术开发区								
包头市	**374985**	**37885**	**216463**	**120637**	**100.00**	**10.10**	**57.73**	**32.17**
东河区	41834	5235	25224	11375	100.00	12.51	60.30	27.19
昆都仑区	27219	3862	18057	5300	100.00	14.19	66.34	19.47
青山区	19114	2899	12495	3720	100.00	15.17	65.37	19.46
石拐区	6328	504	3518	2306	100.00	7.96	55.59	36.44
白云鄂博矿区								
九原区	55272	7341	34822	13109	100.00	13.28	63.00	23.72
土默特右旗	121183	10209	65094	45880	100.00	8.42	53.72	37.86
固阳县	64622	5070	34737	24815	100.00	7.85	53.75	38.40
达尔罕茂明安联合旗	32205	1785	17922	12498	100.00	5.54	55.65	38.81
包头稀土高新技术产业开发区	7208	980	4594	1634	100.00	13.60	63.73	22.67
乌海市	**25744**	**1835**	**18528**	**5381**	**100.00**	**7.13**	**71.97**	**20.90**
海勃湾区	16487	1389	12165	2933	100.00	8.42	73.79	17.79
海南区	9257	446	6363	2448	100.00	4.82	68.74	26.44
乌达区								
赤峰市	**1892481**	**261148**	**1125923**	**505410**	**100.00**	**13.80**	**59.49**	**26.71**
红山区	14778	1734	8701	4343	100.00	11.73	58.88	29.39
元宝山区	67530	7174	40145	20211	100.00	10.62	59.45	29.93
松山区	285005	43343	173105	68557	100.00	15.21	60.74	24.05
阿鲁科尔沁旗	133220	15105	84621	33494	100.00	11.34	63.52	25.14
巴林左旗	168462	22791	101984	43687	100.00	13.53	60.54	25.93
巴林右旗	61003	6854	39284	14865	100.00	11.24	64.40	24.37
林西县	76773	7849	43735	25189	100.00	10.22	56.97	32.81
克什克腾旗	89091	8633	53912	26546	100.00	9.69	60.51	29.80
翁牛特旗	206733	26485	121802	58446	100.00	12.81	58.92	28.27
喀喇沁旗	155021	21045	90090	43886	100.00	13.58	58.11	28.31
宁城县	330570	54271	193434	82865	100.00	16.42	58.52	25.07
敖汉旗	304295	45864	175110	83321	100.00	15.07	57.55	27.38

3-3c　续表 1　　　　单位：人、%

地　区	人口数				比重			
	合计	0-15岁	16-59岁	60岁及以上	合计	0-15岁	16-59岁	60岁及以上
通辽市	**1435679**	**217524**	**918399**	**299756**	**100.00**	**15.15**	**63.97**	**20.88**
科尔沁区	238606	32019	150057	56530	100.00	13.42	62.89	23.69
科尔沁左翼中旗	280465	41982	186724	51759	100.00	14.97	66.58	18.45
科尔沁左翼后旗	215160	34489	138079	42592	100.00	16.03	64.18	19.80
开鲁县	190287	27665	119313	43309	100.00	14.54	62.70	22.76
库伦旗	90195	14186	57136	18873	100.00	15.73	63.35	20.92
奈曼旗	243883	41456	150678	51749	100.00	17.00	61.78	21.22
扎鲁特旗	133382	19451	88119	25812	100.00	14.58	66.07	19.35
通辽经济技术开发区	35264	5317	22707	7240	100.00	15.08	64.39	20.53
霍林郭勒市	8437	959	5586	1892	100.00	11.37	66.21	22.43
鄂尔多斯市	**485676**	**44588**	**309198**	**131890**	**100.00**	**9.18**	**63.66**	**27.16**
东胜区	21990	1016	16610	4364	100.00	4.62	75.53	19.85
康巴什区								
达拉特旗	121491	13228	65823	42440	100.00	10.89	54.18	34.93
准格尔旗	108616	9160	69713	29743	100.00	8.43	64.18	27.38
鄂托克前旗	38014	3920	26856	7238	100.00	10.31	70.65	19.04
鄂托克旗	33897	2764	24868	6265	100.00	8.15	73.36	18.48
杭锦旗	41723	3454	24355	13914	100.00	8.28	58.37	33.35
乌审旗	59736	6471	40984	12281	100.00	10.83	68.61	20.56
伊金霍洛旗	60209	4575	39989	15645	100.00	7.60	66.42	25.98
呼伦贝尔市	**585961**	**79756**	**382544**	**123661**	**100.00**	**13.61**	**65.28**	**21.10**
海拉尔区	10570	844	7075	2651	100.00	7.98	66.93	25.08
扎赉诺尔区								
阿荣旗	133226	20672	83759	28795	100.00	15.52	62.87	21.61
莫力达瓦达斡尔族自治旗	145952	22378	94887	28687	100.00	15.33	65.01	19.66
鄂伦春自治旗	45104	5511	29317	10276	100.00	12.22	65.00	22.78
鄂温克族自治旗	32209	2980	22120	7109	100.00	9.25	68.68	22.07
陈巴尔虎旗	13325	923	10149	2253	100.00	6.93	76.17	16.91
新巴尔虎左旗	16294	1625	12069	2600	100.00	9.97	74.07	15.96
新巴尔虎右旗	13152	1092	10639	1421	100.00	8.30	80.89	10.80
满洲里市								
牙克石市	16654	872	11530	4252	100.00	5.24	69.23	25.53
扎兰屯市	144884	21806	90358	32720	100.00	15.05	62.37	22.58
额尔古纳市	14318	1036	10429	2853	100.00	7.24	72.84	19.93
根河市	273	17	212	44	100.00	6.23	77.66	16.12
巴彦淖尔市	**615763**	**50279**	**382865**	**182619**	**100.00**	**8.17**	**62.18**	**29.66**
临河区	169089	15047	107546	46496	100.00	8.90	63.60	27.50
五原县	112430	9460	66519	36451	100.00	8.41	59.16	32.42
磴口县	39557	2427	25362	11768	100.00	6.14	64.12	29.75
乌拉特前旗	121474	10306	73763	37405	100.00	8.48	60.72	30.79
乌拉特中旗	50873	3401	33517	13955	100.00	6.69	65.88	27.43
乌拉特后旗	18825	1263	13602	3960	100.00	6.71	72.25	21.04
杭锦后旗	103515	8375	62556	32584	100.00	8.09	60.43	31.48

3-3c 续表 2

单位：人、%

地 区	人口数				比重			
	合计	0-15岁	16-59岁	60岁及以上	合计	0-15岁	16-59岁	60岁及以上
乌兰察布市	**687711**	**47221**	**331724**	**308766**	**100.00**	**6.87**	**48.24**	**44.90**
集宁区	30790	2728	18717	9345	100.00	8.86	60.79	30.35
卓资县	47590	2470	21020	24100	100.00	5.19	44.17	50.64
化德县	38630	2022	18591	18017	100.00	5.23	48.13	46.64
商都县	92137	5638	42366	44133	100.00	6.12	45.98	47.90
兴和县	92081	7190	41728	43163	100.00	7.81	45.32	46.88
凉城县	70177	5630	32568	31979	100.00	8.02	46.41	45.57
察哈尔右翼前旗	70993	4779	33891	32323	100.00	6.73	47.74	45.53
察哈尔右翼中旗	56333	3395	27294	25644	100.00	6.03	48.45	45.52
察哈尔右翼后旗	51551	3200	23830	24521	100.00	6.21	46.23	47.57
四子王旗	64393	4719	36507	23167	100.00	7.33	56.69	35.98
丰镇市	73036	5450	35212	32374	100.00	7.46	48.21	44.33
兴安盟	**662746**	**100150**	**432828**	**129768**	**100.00**	**15.11**	**65.31**	**19.58**
乌兰浩特市	38026	5087	25058	7881	100.00	13.38	65.90	20.73
阿尔山市	3256	259	2363	634	100.00	7.95	72.57	19.47
科尔沁右翼前旗	199475	30835	129710	38930	100.00	15.46	65.03	19.52
科尔沁右翼中旗	109821	17445	74323	18053	100.00	15.88	67.68	16.44
扎赉特旗	174006	27262	115408	31336	100.00	15.67	66.32	18.01
突泉县	138162	19262	85966	32934	100.00	13.94	62.22	23.84
锡林郭勒盟	**289178**	**30253**	**196954**	**61971**	**100.00**	**10.46**	**68.11**	**21.43**
二连浩特市	1542	175	1132	235	100.00	11.35	73.41	15.24
锡林浩特市	22841	2387	16834	3620	100.00	10.45	73.70	15.85
阿巴嘎旗	15811	1505	12661	1645	100.00	9.52	80.08	10.40
苏尼特左旗	15438	1749	12234	1455	100.00	11.33	79.25	9.42
苏尼特右旗	14978	1857	11025	2096	100.00	12.40	73.61	13.99
东乌珠穆沁旗	22868	3418	17731	1719	100.00	14.95	77.54	7.52
西乌珠穆沁旗	37499	3877	30951	2671	100.00	10.34	82.54	7.12
太仆寺旗	59806	4624	30180	25002	100.00	7.73	50.46	41.81
镶黄旗	8539	913	6440	1186	100.00	10.69	75.42	13.89
正镶白旗	19523	1336	12855	5332	100.00	6.84	65.85	27.31
正蓝旗	31318	3461	21744	6113	100.00	11.05	69.43	19.52
多伦县	36420	4748	21168	10504	100.00	13.04	58.12	28.84
乌拉盖管委会	2595	203	1999	393	100.00	7.82	77.03	15.14
阿拉善盟	**47173**	**3144**	**36471**	**7558**	**100.00**	**6.66**	**77.31**	**16.02**
阿拉善左旗	34251	2563	25526	6162	100.00	7.48	74.53	17.99
阿拉善右旗	5018	298	3990	730	100.00	5.94	79.51	14.55
额济纳旗	5300	254	4489	557	100.00	4.79	84.70	10.51
内蒙古阿拉善经济开发区	2604	29	2466	109	100.00	1.11	94.70	4.19

第一部分　全部数据资料

第四卷　教育

4-1 全区分年龄、性别、受教育程度的3岁及以上人口

单位：人

年 龄	3岁及以上人口			未上过学		
	合计	男	女	小计	男	女
总 计	**23464323**	**11972857**	**11491466**	**901203**	**269547**	**631656**
3	231415	119519	111896	76336	39909	36427
4	239409	124077	115332	27966	14541	13425
5-9岁	**1184065**	**616732**	**567333**	**18089**	**9644**	**8445**
5	198860	102955	95905	10090	5327	4763
6	268087	140101	127986	5284	2832	2452
7	234942	121893	113049	1173	626	547
8	258988	135397	123591	849	479	370
9	223188	116386	106802	693	380	313
10-14岁	**1137952**	**592970**	**544982**	**3675**	**2039**	**1636**
10	224095	117494	106601	750	432	318
11	229620	119873	109747	780	437	343
12	228271	118787	109484	760	401	359
13	231644	120454	111190	719	407	312
14	224322	116362	107960	666	362	304
15-19岁	**1005267**	**523910**	**481357**	**2591**	**1526**	**1065**
15	217530	112992	104538	535	309	226
16	218137	113633	104504	541	332	209
17	180869	94246	86623	490	285	205
18	198234	103558	94676	525	304	221
19	190497	99481	91016	500	296	204
20-24岁	**1063742**	**552501**	**511241**	**3209**	**1865**	**1344**
20	192747	100802	91945	570	336	234
21	187454	97431	90023	604	356	248
22	215492	111403	104089	676	394	282
23	225930	117319	108611	663	374	289
24	242119	125546	116573	696	405	291
25-29岁	**1450355**	**757769**	**692586**	**4384**	**2414**	**1970**
25	271876	141543	130333	790	447	343
26	266711	139195	127516	784	444	340
27	286676	149682	136994	882	504	378
28	306307	160528	145779	916	493	423
29	318785	166821	151964	1012	526	486
30-34岁	**2042455**	**1054898**	**987557**	**7768**	**4084**	**3684**
30	428215	221624	206591	1421	770	651
31	418750	215722	203028	1506	777	729
32	393683	202544	191139	1483	759	724
33	420727	217606	203121	1704	928	776
34	381080	197402	183678	1654	850	804
35-39岁	**1923895**	**1003174**	**920721**	**10556**	**5147**	**5409**
35	361144	187814	173330	1782	905	877
36	394147	205142	189005	1977	943	1034
37	370801	194324	176477	1974	979	995
38	428198	223714	204484	2424	1183	1241
39	369605	192180	177425	2399	1137	1262
40-44岁	**1780481**	**924262**	**856219**	**15237**	**6631**	**8606**
40	355737	184668	171069	2489	1171	1318
41	361204	188750	172454	2788	1287	1501
42	346745	180554	166191	2890	1284	1606
43	329673	170400	159273	3126	1314	1812
44	387122	199890	187232	3944	1575	2369

4-1 续表 1 单位：人

年 龄	3岁及以上人口			未上过学		
	合计	男	女	小计	男	女
45—49岁	**2320088**	**1187721**	**1132367**	**32655**	**11870**	**20785**
45	411658	210468	201190	4622	1773	2849
46	459864	235608	224256	5657	2116	3541
47	465817	238585	227232	6599	2348	4251
48	482245	247379	234866	7551	2689	4862
49	500504	255681	244823	8226	2944	5282
50—54岁	**2297399**	**1181252**	**1116147**	**42703**	**14124**	**28579**
50	521452	266391	255061	8741	3064	5677
51	459703	235799	223904	8110	2756	5354
52	492781	253481	239300	8968	2987	5981
53	393335	202987	190348	7888	2527	5361
54	430128	222594	207534	8996	2790	6206
55—59岁	**2030567**	**1030880**	**999687**	**58654**	**13527**	**45127**
55	436853	225180	211673	9613	2758	6855
56	443146	226933	216213	10482	2736	7746
57	492525	250732	241793	13603	3186	10417
58	389675	194769	194906	13471	2662	10809
59	268368	133266	135102	11485	2185	9300
60—64岁	**1618315**	**811291**	**807024**	**115403**	**23849**	**91554**
60	355475	180315	175160	18471	3647	14824
61	302731	153003	149728	19513	3983	15530
62	317191	160055	157136	22600	4787	17813
63	338212	168345	169867	27628	5889	21739
64	304706	149573	155133	27191	5543	21648
65—69岁	**1324263**	**645995**	**678268**	**144658**	**30856**	**113802**
65	312428	154180	158248	30215	6175	24040
66	295482	143842	151640	30373	6242	24131
67	259566	126182	133384	29664	6343	23321
68	244521	118902	125619	29176	6266	22910
69	212266	102889	109377	25230	5830	19400
70—74岁	**786180**	**376914**	**409266**	**99997**	**24035**	**75962**
70	197384	96242	101142	23688	5700	17988
71	181455	88414	93041	22034	5544	16490
72	143613	68567	75046	17554	4326	13228
73	146692	69903	76789	20130	4812	15318
74	117036	53788	63248	16591	3653	12938
75—79岁	**481258**	**220192**	**261066**	**81709**	**19679**	**62030**
75	104811	48443	56368	15959	3682	12277
76	107750	49361	58389	17854	4049	13805
77	90441	41292	49149	14952	3565	11387
78	88197	40035	48162	15408	3839	11569
79	90059	41061	48998	17536	4544	12992
80—84岁	**339491**	**154556**	**184935**	**84745**	**23267**	**61478**
80	83251	37907	45344	17594	4605	12989
81	73188	33190	39998	17430	4674	12756
82	70245	31896	38349	18032	5030	13002
83	60042	27505	32537	16355	4617	11738
84	52765	24058	28707	15334	4341	10993
85岁及以上	**207726**	**94244**	**113482**	**70868**	**20540**	**50328**

4-1　续表 2

单位：人

年　龄	学前教育			小　学		
	小计	男	女	小计	男	女
总　计	**680780**	**353091**	**327689**	**5682035**	**2660207**	**3021828**
3	155079	79610	75469			
4	211443	109536	101907			
5–9岁	**297533**	**156649**	**140884**	**855365**	**443399**	**411966**
5	168053	86823	81230	20717	10805	9912
6	112026	60701	51325	148301	75236	73065
7	11598	6113	5485	219481	113728	105753
8	3851	2019	1832	250523	130868	119655
9	2005	993	1012	216343	112762	103581
10–14岁	**5993**	**3062**	**2931**	**577930**	**304540**	**273390**
10	1567	819	748	215078	112751	102327
11	1267	635	632	209644	109799	99845
12	938	489	449	108515	58141	50374
13	1011	507	504	32389	17300	15089
14	1210	612	598	12304	6549	5755
15–19岁	**1903**	**976**	**927**	**20688**	**11331**	**9357**
15	849	420	429	5520	2882	2638
16	565	287	278	3924	2124	1800
17	189	106	83	3560	1931	1629
18	163	83	80	4040	2232	1808
19	137	80	57	3644	2162	1482
20–24岁	**455**	**232**	**223**	**21905**	**12798**	**9107**
20	118	65	53	3569	2115	1454
21	73	46	27	3537	2135	1402
22	78	32	46	4288	2528	1760
23	91	41	50	4888	2817	2071
24	95	48	47	5623	3203	2420
25–29岁	**365**	**160**	**205**	**49310**	**27671**	**21639**
25	101	47	54	6566	3797	2769
26	79	29	50	7443	4226	3217
27	60	22	38	9374	5342	4032
28	58	29	29	11652	6452	5200
29	67	33	34	14275	7854	6421
30–34岁	**358**	**148**	**210**	**134277**	**69538**	**64739**
30	67	27	40	21468	11557	9911
31	71	22	49	24996	13096	11900
32	76	38	38	26123	13477	12646
33	66	30	36	31228	15901	15327
34	78	31	47	30462	15507	14955
35–39岁	**247**	**128**	**119**	**184588**	**92750**	**91838**
35	46	23	23	30788	15727	15061
36	57	37	20	34858	17594	17264
37	34	18	16	34786	17524	17262
38	61	31	30	43342	21630	21712
39	49	19	30	40814	20275	20539
40–44岁	**215**	**98**	**117**	**251923**	**120811**	**131112**
40	40	19	21	43118	20812	22306
41	37	16	21	49019	23845	25174
42	43	19	24	48559	23418	25141
43	42	20	22	49484	23653	25831
44	53	24	29	61743	29083	32660

4-1 续表 3

单位：人

年 龄	学前教育			小 学		
	小计	男	女	小计	男	女
45—49岁	**423**	**175**	**248**	**447428**	**204449**	**242979**
45	52	27	25	70960	33105	37855
46	70	39	31	84705	39368	45337
47	100	35	65	87841	40211	47630
48	90	33	57	96156	43853	52303
49	111	41	70	107766	47912	59854
50—54岁	**565**	**223**	**342**	**582766**	**263604**	**319162**
50	102	42	60	118705	53238	65467
51	104	40	64	114615	52137	62478
52	121	50	71	128005	58139	69866
53	110	43	67	106833	48200	58633
54	128	48	80	114608	51890	62718
55—59岁	**718**	**261**	**457**	**529325**	**220350**	**308975**
55	132	52	80	112812	49721	63091
56	151	53	98	111189	47400	63789
57	157	53	104	124465	52028	72437
58	173	66	107	104707	41500	63207
59	105	37	68	76152	29701	46451
60—64岁	**1038**	**324**	**714**	**566409**	**236187**	**330222**
60	182	50	132	107059	43650	63409
61	173	54	119	99683	41320	58363
62	194	52	142	111283	46968	64315
63	248	88	160	127150	53318	73832
64	241	80	161	121234	50931	70303
65—69岁	**1262**	**375**	**887**	**597995**	**264179**	**333816**
65	255	82	173	133185	57286	75899
66	257	77	180	129851	56744	73107
67	244	58	186	119398	53579	65819
68	268	77	191	114947	51752	63195
69	238	81	157	100614	44818	55796
70—74岁	**1040**	**326**	**714**	**388078**	**173749**	**214329**
70	219	61	158	95024	42668	52356
71	255	81	174	89966	40776	49190
72	206	68	138	72204	32248	39956
73	211	65	146	73976	33463	40513
74	149	51	98	56908	24594	32314
75—79岁	**773**	**273**	**500**	**222955**	**98045**	**124910**
75	172	65	107	49487	21784	27703
76	159	53	106	50420	22199	28221
77	137	45	92	41487	18141	23346
78	138	47	91	39954	17474	22480
79	167	63	104	41607	18447	23160
80—84岁	**751**	**292**	**459**	**158295**	**72241**	**86054**
80	157	56	101	38753	17429	21324
81	163	70	93	34355	15462	18893
82	172	59	113	32876	14952	17924
83	119	48	71	28047	12990	15057
84	140	59	81	24264	11408	12856
85岁及以上	**619**	**243**	**376**	**92798**	**44565**	**48233**

4-1 续表 4

单位：人

年 龄	初中			高中			大学专科		
	小计	男	女	小计	男	女	小计	男	女
总 计	**8143252**	**4453870**	**3689382**	**3562745**	**1932094**	**1630651**	**2399015**	**1288416**	**1110599**
3									
4									
5—9岁	**13046**	**7019**	**6027**	**32**	**21**	**11**			
5									
6	2476	1332	1144						
7	2690	1426	1264						
8	3747	2019	1728	18	12	6			
9	4133	2242	1891	14	9	5			
10—14岁	**531804**	**274276**	**257528**	**18422**	**8984**	**9438**	**86**	**48**	**38**
10	6671	3480	3191	17	7	10	3	2	1
11	17875	8971	8904	41	25	16	9	4	5
12	117983	59720	58263	57	25	32	9	8	1
13	193582	100191	93391	3916	2029	1887	17	11	6
14	195693	101914	93779	14391	6898	7493	48	23	25
15—19岁	**184219**	**103787**	**80432**	**555744**	**289183**	**266561**	**120271**	**64207**	**56064**
15	98322	53167	45155	109987	54912	55075	1925	1096	829
16	34911	19481	15430	174067	88970	85097	3528	2126	1402
17	17865	10542	7323	144219	74241	69978	8573	4713	3860
18	16708	10213	6495	92455	50291	42164	40432	21267	19165
19	16413	10384	6029	35016	20769	14247	65813	35005	30808
20—24岁	**153546**	**92559**	**60987**	**152948**	**92260**	**60688**	**347950**	**184209**	**163741**
20	19228	12218	7010	25461	15857	9604	69321	37287	32034
21	23056	14202	8854	25376	15456	9920	62121	33518	28603
22	30157	18288	11869	30520	18437	12083	68967	36405	32562
23	36098	21575	14523	33739	20272	13467	71717	37466	34251
24	45007	26276	18731	37852	22238	15614	75824	39533	36291
25—29岁	**356714**	**201950**	**154764**	**253836**	**144114**	**109722**	**402063**	**209492**	**192571**
25	56233	32761	23472	44586	25930	18656	82559	43000	39559
26	60642	34776	25866	45312	26121	19191	76914	39920	36994
27	69528	39352	30176	50297	28487	21810	79680	41633	38047
28	78968	44403	34565	54896	31026	23870	81847	42781	39066
29	91343	50658	40685	58745	32550	26195	81063	42158	38905
30—34岁	**695659**	**370951**	**324708**	**351032**	**188380**	**162652**	**448079**	**230222**	**217857**
30	129569	70370	59199	77410	41963	35447	105063	53669	51394
31	133792	72075	61717	74437	39874	34563	97853	49779	48074
32	131947	69820	62127	67902	36335	31567	87665	45018	42647
33	152435	80564	71871	70622	37638	32984	85967	44650	41317
34	147916	78122	69794	60661	32570	28091	71531	37106	34425
35—39岁	**879723**	**466935**	**412788**	**298603**	**158758**	**139845**	**267955**	**140401**	**127554**
35	151056	79700	71356	55433	29907	25526	60048	31458	28590
36	175958	93029	82929	59242	31557	27685	59226	31098	28128
37	171599	91663	79936	56370	30138	26232	50923	26719	24204
38	203120	108236	94884	67465	35739	31726	54101	28354	25747
39	177990	94307	83683	60093	31417	28676	43657	22772	20885
40—44岁	**879894**	**466500**	**413394**	**301547**	**157631**	**143916**	**178099**	**94421**	**83678**
40	174114	91831	82283	59430	31102	28328	38845	20483	18362
41	179361	95382	83979	60309	31729	28580	36693	19651	17042
42	170389	90534	79855	59594	31429	28165	35090	18488	16602
43	163779	86795	76984	56310	29197	27113	31703	16719	14984
44	192251	101958	90293	65904	34174	31730	35768	19080	16688

4-1 续表 5

单位：人

年 龄	初中			高中			大学专科		
	小计	男	女	小计	男	女	小计	男	女
45—49岁	**1132587**	**599833**	**532754**	**387573**	**201900**	**185673**	**186186**	**99585**	**86601**
45	203745	107479	96266	69760	35664	34096	35726	18657	17069
46	226742	119719	107023	77180	39884	37296	37917	20083	17834
47	227548	120403	107145	78918	41093	37825	37841	20346	17495
48	233948	124051	109897	79997	42148	37849	37883	20578	17305
49	240604	128181	112423	81718	43111	38607	36819	19921	16898
50—54岁	**1066854**	**577798**	**489056**	**350415**	**185004**	**165411**	**153869**	**84690**	**69179**
50	243827	130167	113660	85515	45095	40420	38582	20948	17634
51	210643	113530	97113	72549	38048	34501	32296	17496	14800
52	226497	122604	103893	75182	39779	35403	32713	18070	14643
53	184158	100659	83499	55522	29516	26006	23786	13359	10427
54	201729	110838	90891	61647	32566	29081	26492	14817	11675
55—59岁	**889242**	**490464**	**398778**	**354767**	**188195**	**166572**	**129073**	**74603**	**54470**
55	204297	112026	92271	65828	34850	30978	27684	15775	11909
56	201400	110719	90681	73488	38646	34842	29476	16815	12661
57	215732	118986	96746	88647	46694	41953	32815	18828	13987
58	162987	89912	73075	73208	39129	34079	23745	14055	9690
59	104826	58821	46005	53596	28876	24720	15353	9130	6223
60—64岁	**538505**	**316608**	**221897**	**295622**	**169899**	**125723**	**73343**	**45619**	**27724**
60	131055	75658	55397	73664	41479	32185	17713	10894	6819
61	103160	60519	42641	60946	34934	26012	13881	8584	5297
62	104724	61831	42893	59055	34091	24964	14154	8845	5309
63	106602	63507	43095	56806	32929	23877	14556	9080	5476
64	92964	55093	37871	45151	26466	18685	13039	8216	4823
65—69岁	**400747**	**238985**	**161762**	**120398**	**73245**	**47153**	**43651**	**28042**	**15609**
65	92243	55337	36906	39586	24241	15345	12323	7943	4380
66	88866	52299	36567	31187	18923	12264	11074	7012	4062
67	78695	46789	31906	20733	12512	8221	8052	5116	2936
68	75240	45271	29969	15895	9669	6226	6659	4311	2348
69	65703	39289	26414	12997	7900	5097	5543	3660	1883
70—74岁	**212846**	**125312**	**87534**	**54177**	**32919**	**21258**	**22828**	**15458**	**7370**
70	59321	35586	23735	12043	7382	4661	5371	3632	1739
71	50270	29921	20349	12058	7362	4696	5272	3577	1695
72	37147	21618	15529	10662	6345	4317	4538	3023	1515
73	35977	21053	14924	10862	6672	4190	4336	2976	1360
74	30131	17134	12997	8552	5158	3394	3311	2250	1061
75—79岁	**119569**	**67582**	**51987**	**36709**	**21545**	**15164**	**12924**	**8450**	**4474**
75	27470	15710	11760	7511	4361	3150	2763	1835	928
76	27607	15792	11815	7693	4591	3102	2644	1726	918
77	22985	12869	10116	7132	4163	2969	2528	1644	884
78	21522	11899	9623	7410	4300	3110	2515	1613	902
79	19985	11312	8673	6963	4130	2833	2474	1632	842
80—84岁	**60067**	**35225**	**24842**	**21453**	**13561**	**7892**	**9034**	**6275**	**2759**
80	17075	9743	7332	6127	3683	2444	2292	1535	757
81	13246	7765	5481	4706	2927	1779	2091	1443	648
82	12019	7046	4973	4235	2743	1492	1836	1270	566
83	9590	5804	3786	3522	2302	1220	1502	1075	427
84	8137	4867	3270	2863	1906	957	1313	952	361
85岁及以上	**28230**	**18086**	**10144**	**9467**	**6495**	**2972**	**3604**	**2694**	**910**

4-1　续表 6　　　　单位：人

年　龄	大学本科			硕士研究生			博士研究生		
	小计	男	女	小计	男	女	小计	男	女
总　计	**1943502**	**950199**	**993303**	**140526**	**59877**	**80649**	**11265**	**5556**	**5709**
3									
4									
5—9岁									
5									
6									
7									
8									
9									
10—14岁	**40**	**20**	**20**	**2**	**1**	**1**			
10	9	3	6						
11	4	2	2						
12	8	3	5	1		1			
13	10	9	1						
14	9	3	6	1	1				
15—19岁	**119772**	**52868**	**66904**	**70**	**28**	**42**	**9**	**4**	**5**
15	392	206	186						
16	601	313	288						
17	5968	2426	3542	4	2	2	1		1
18	43892	19161	24731	19	7	12			
19	68919	30762	38157	47	19	28	8	4	4
20—24岁	**362608**	**161106**	**201502**	**20556**	**7245**	**13311**	**565**	**227**	**338**
20	74393	32871	41522	77	45	32	10	8	2
21	71997	31500	40497	673	213	460	17	5	12
22	76839	33907	42932	3875	1372	2503	92	40	52
23	71155	32101	39054	7409	2610	4799	170	63	107
24	68224	30727	37497	8522	3005	5517	276	111	165
25—29岁	**349267**	**160124**	**189143**	**31865**	**10815**	**21050**	**2551**	**1029**	**1522**
25	72062	32456	39606	8501	2926	5575	478	179	299
26	68151	31084	37067	6839	2376	4463	547	219	328
27	70395	32127	38268	5911	1992	3919	549	223	326
28	71781	33228	38553	5656	1887	3769	533	229	304
29	66878	31229	35649	4958	1634	3324	444	179	265
30—34岁	**371157**	**178599**	**192558**	**31837**	**11919**	**19918**	**2288**	**1057**	**1231**
30	85739	40631	45108	6910	2400	4510	568	237	331
31	78895	37428	41467	6738	2443	4295	462	228	234
32	71687	34523	37164	6361	2367	3994	439	207	232
33	72157	35287	36870	6152	2425	3727	396	183	213
34	62679	30730	31949	5676	2284	3392	423	202	221
35—39岁	**253981**	**126234**	**127747**	**26064**	**11748**	**14316**	**2178**	**1073**	**1105**
35	56114	27589	28525	5471	2297	3174	406	208	198
36	56635	28184	28451	5741	2496	3245	453	204	249
37	49546	24726	24820	5145	2340	2805	424	217	207
38	51796	25807	25989	5405	2494	2911	484	240	244
39	39890	19928	19962	4302	2121	2181	411	204	207
40—44岁	**140176**	**71114**	**69062**	**11963**	**6302**	**5661**	**1427**	**754**	**673**
40	33972	17354	16618	3366	1700	1666	363	196	167
41	29960	15246	14714	2708	1421	1287	329	173	156
42	27594	14000	13594	2286	1223	1063	300	159	141
43	23233	11687	11546	1769	906	863	227	109	118
44	25417	12827	12590	1834	1052	782	208	117	91

4-1 续表 7

单位：人

年 龄	大学本科			硕士研究生			博士研究生		
	小计	男	女	小计	男	女	小计	男	女
45—49岁	**123987**	**64490**	**59497**	**8281**	**4904**	**3377**	**968**	**515**	**453**
45	24863	12678	12185	1722	986	736	208	99	109
46	25787	13359	12428	1603	937	666	203	103	100
47	24948	12969	11979	1802	1044	758	220	136	84
48	24799	12949	11850	1630	973	657	191	105	86
49	23590	12535	11055	1524	964	560	146	72	74
50—54岁	**94536**	**52116**	**42420**	**5139**	**3346**	**1793**	**552**	**347**	**205**
50	24352	12832	11520	1488	927	561	140	78	62
51	20167	11063	9104	1098	657	441	121	72	49
52	20095	11050	9045	1085	731	354	115	71	44
53	14242	8128	6114	715	497	218	81	58	23
54	15680	9043	6637	753	534	219	95	68	27
55—59岁	**65094**	**40732**	**24362**	**3198**	**2382**	**816**	**496**	**366**	**130**
55	15595	9358	6237	791	569	222	101	71	30
56	15983	9851	6132	852	635	217	125	78	47
57	16175	10263	5912	799	592	207	132	102	30
58	10805	6992	3813	497	386	111	82	67	15
59	6536	4268	2268	259	200	59	56	48	8
60—64岁	**26914**	**17962**	**8952**	**934**	**728**	**206**	**147**	**115**	**32**
60	7037	4711	2326	254	196	58	40	30	10
61	5166	3455	1711	176	128	48	33	26	7
62	4977	3323	1654	174	136	38	30	22	8
63	5024	3372	1652	177	146	31	21	16	5
64	4710	3101	1609	153	122	31	23	21	2
65—69岁	**15141**	**10008**	**5133**	**373**	**274**	**99**	**38**	**31**	**7**
65	4462	2999	1463	140	100	40	19	17	2
66	3779	2472	1307	85	66	19	10	7	3
67	2707	1735	972	70	47	23	3	3	
68	2287	1518	769	47	36	11	2	2	
69	1906	1284	622	31	25	6	4	2	2
70—74岁	**7102**	**5035**	**2067**	**97**	**69**	**28**	**15**	**11**	**4**
70	1692	1192	500	23	18	5	3	3	
71	1574	1134	440	24	17	7	2	2	
72	1280	920	360	17	15	2	5	4	1
73	1177	848	329	22	14	8	1		1
74	1379	941	438	11	5	6	4	2	2
75—79岁	**6547**	**4555**	**1992**	**66**	**57**	**9**	**6**	**6**	
75	1434	992	442	13	12	1	2	2	
76	1357	936	421	15	14	1	1	1	
77	1207	853	354	12	11	1	1	1	
78	1237	855	382	12	7	5	1	1	
79	1312	919	393	14	13	1	1	1	
80—84岁	**5094**	**3657**	**1437**	**40**	**27**	**13**	**12**	**11**	**1**
80	1239	846	393	13	9	4	1	1	
81	1190	842	348	5	5		2	2	
82	1068	791	277	5	3	2	2	2	
83	894	660	234	10	7	3	3	2	1
84	703	518	185	7	3	4	4	4	
85岁及以上	**2086**	**1579**	**507**	**41**	**32**	**9**	**13**	**10**	**3**

4-1a 全区分年龄、性别、受教育程度的3岁及以上人口(城市)

单位：人

年 龄	3岁及以上人口			未上过学		
	合计	男	女	小计	男	女
总 计	**9191347**	**4582539**	**4608808**	**173408**	**55364**	**118044**
3	97470	50330	47140	28677	14990	13687
4	102772	53254	49518	11477	5954	5523
5–9岁	**479371**	**249178**	**230193**	**7668**	**4141**	**3527**
5	77519	40264	37255	4182	2240	1942
6	113147	59151	53996	2484	1363	1121
7	96913	50283	46630	445	223	222
8	105373	54847	50526	321	185	136
9	86419	44633	41786	236	130	106
10–14岁	**423332**	**219232**	**204100**	**1167**	**628**	**539**
10	83970	43699	40271	244	129	115
11	84620	43979	40641	268	146	122
12	84838	43765	41073	255	138	117
13	88724	45732	42992	214	117	97
14	81180	42057	39123	186	98	88
15–19岁	**482798**	**246792**	**236006**	**635**	**371**	**264**
15	85901	44292	41609	149	82	67
16	97364	50122	47242	120	68	52
17	80457	41213	39244	115	67	48
18	103784	52946	50838	142	80	62
19	115292	58219	57073	109	74	35
20–24岁	**563572**	**281242**	**282330**	**836**	**488**	**348**
20	122675	61798	60877	174	110	64
21	109502	54496	55006	157	82	75
22	110534	54956	55578	171	98	73
23	107644	53830	53814	170	92	78
24	113217	56162	57055	164	106	58
25–29岁	**665567**	**334529**	**331038**	**905**	**502**	**403**
25	125418	62481	62937	160	90	70
26	124126	61928	62198	174	99	75
27	131608	66130	65478	202	111	91
28	141701	71682	70019	188	114	74
29	142714	72308	70406	181	88	93
30–34岁	**919103**	**461096**	**458007**	**1393**	**746**	**647**
30	194761	97721	97040	272	147	125
31	190616	95484	95132	283	134	149
32	178383	89047	89336	246	135	111
33	187365	94333	93032	284	166	118
34	167978	84511	83467	308	164	144
35–39岁	**816959**	**412357**	**404602**	**1726**	**794**	**932**
35	156890	79360	77530	297	147	150
36	169317	85270	84047	361	160	201
37	158212	80147	78065	317	148	169
38	180941	91466	89475	391	188	203
39	151599	76114	75485	360	151	209
40–44岁	**707309**	**355701**	**351608**	**2566**	**997**	**1569**
40	142124	71488	70636	398	161	237
41	141422	71771	69651	448	182	266
42	139405	70182	69223	512	214	298
43	131638	65899	65739	523	190	333
44	152720	76361	76359	685	250	435

4-1a 续表 1

单位：人

年 龄	3岁及以上人口			未上过学		
	合计	男	女	小计	男	女
45-49岁	**863469**	**429140**	**434329**	**5636**	**1884**	**3752**
45	156843	77682	79161	789	271	518
46	171285	85073	86212	983	336	647
47	175840	87501	88339	1132	371	761
48	178541	88999	89542	1311	429	882
49	180960	89885	91075	1421	477	944
50-54岁	**810420**	**405766**	**404654**	**7043**	**2277**	**4766**
50	189664	94393	95271	1500	497	1003
51	166392	83072	83320	1336	428	908
52	174229	87068	87161	1473	469	1004
53	132693	66889	65804	1304	421	883
54	147442	74344	73098	1430	462	968
55-59岁	**706278**	**354527**	**351751**	**8892**	**1993**	**6899**
55	152627	77280	75347	1482	434	1048
56	157957	80128	77829	1580	416	1164
57	174532	87745	86787	2002	457	1545
58	130946	65142	65804	2057	375	1682
59	90216	44232	45984	1771	311	1460
60-64岁	**525105**	**260714**	**264391**	**16254**	**3036**	**13218**
60	117133	58389	58744	2643	479	2164
61	99108	49456	49652	2888	555	2333
62	105200	53014	52186	3267	640	2627
63	107642	52933	54709	3863	698	3165
64	96022	46922	49100	3593	664	2929
65-69岁	**398184**	**188884**	**209300**	**19479**	**3567**	**15912**
65	94654	46495	48159	4139	786	3353
66	90669	43282	47387	4149	741	3408
67	77157	36168	40989	4007	705	3302
68	72296	33871	38425	3836	690	3146
69	63408	29068	34340	3348	645	2703
70-74岁	**246046**	**109630**	**136416**	**13264**	**2707**	**10557**
70	60140	27607	32533	3011	622	2389
71	55337	24792	30545	2977	685	2292
72	45393	19887	25506	2308	476	1832
73	45589	20194	25395	2567	490	2077
74	39587	17150	22437	2401	434	1967
75-79岁	**174628**	**74816**	**99812**	**13184**	**2516**	**10668**
75	36163	15593	20570	2313	433	1880
76	36348	15277	21071	2685	456	2229
77	33281	14215	19066	2372	475	1897
78	34720	14917	19803	2765	527	2238
79	34116	14814	19302	3049	625	2424
80-84岁	**130134**	**58383**	**71751**	**16423**	**3741**	**12682**
80	32271	14293	17978	3196	700	2496
81	28020	12436	15584	3232	670	2562
82	26860	12071	14789	3562	841	2721
83	22847	10386	12461	3233	740	2493
84	20136	9197	10939	3200	790	2410
85岁及以上	**78830**	**36968**	**41862**	**16183**	**4032**	**12151**

4-1a　续表 2　　　　单位：人

年　龄	学前教育			小　学		
	小计	男	女	小计	男	女
总　计	**284087**	**147925**	**136162**	**1417561**	**648566**	**768995**
3	68793	35340	33453			
4	91295	47300	43995			
5-9岁	**118671**	**62855**	**55816**	**347354**	**179195**	**168159**
5	65886	34078	31808	7451	3946	3505
6	46689	25575	21114	62867	31644	31223
7	3957	2096	1861	91346	47353	43993
8	1422	741	681	101975	53045	48930
9	717	365	352	83715	43207	40508
10-14岁	**2316**	**1166**	**1150**	**212398**	**111065**	**101333**
10	573	297	276	80501	41877	38624
11	420	200	220	77028	40128	36900
12	358	175	183	39918	21301	18617
13	449	238	211	11114	5725	5389
14	516	256	260	3837	2034	1803
15-19岁	**863**	**452**	**411**	**7926**	**4309**	**3617**
15	384	200	184	1901	967	934
16	250	122	128	1549	827	722
17	70	36	34	1455	787	668
18	73	40	33	1642	896	746
19	86	54	32	1379	832	547
20-24岁	**239**	**118**	**121**	**5976**	**3550**	**2426**
20	70	41	29	1190	685	505
21	44	23	21	982	595	387
22	41	13	28	1173	676	497
23	46	18	28	1254	774	480
24	38	23	15	1377	820	557
25-29岁	**138**	**68**	**70**	**11256**	**6521**	**4735**
25	44	19	25	1596	963	633
26	37	15	22	1770	1034	736
27	17	9	8	2161	1293	868
28	16	11	5	2594	1480	1114
29	24	14	10	3135	1751	1384
30-34岁	**139**	**56**	**83**	**28876**	**15080**	**13796**
30	29	9	20	4667	2605	2062
31	27	8	19	5594	2940	2654
32	36	18	18	5653	2895	2758
33	24	11	13	6626	3381	3245
34	23	10	13	6336	3259	3077
35-39岁	**65**	**32**	**33**	**36798**	**17953**	**18845**
35	13	5	8	6259	3142	3117
36	20	12	8	7158	3525	3633
37	8	5	3	6966	3434	3532
38	17	8	9	8531	4127	4404
39	7	2	5	7884	3725	4159
40-44岁	**64**	**24**	**40**	**50726**	**23174**	**27552**
40	12	4	8	8354	3815	4539
41	12	4	8	9587	4456	5131
42	9	3	6	9804	4504	5300
43	17	7	10	10209	4645	5564
44	14	6	8	12772	5754	7018

4-1a 续表 3

单位：人

年 龄	学前教育			小 学		
	小计	男	女	小计	男	女
45-49岁	**91**	**37**	**54**	**86989**	**38733**	**48256**
45	10	4	6	14405	6413	7992
46	15	7	8	16702	7481	9221
47	25	9	16	16969	7651	9318
48	18	5	13	18571	8352	10219
49	23	12	11	20342	8836	11506
50-54岁	**131**	**63**	**68**	**106687**	**48005**	**58682**
50	28	14	14	22450	9903	12547
51	19	9	10	21706	9851	11855
52	32	17	15	23679	10654	13025
53	25	12	13	19027	8524	10503
54	27	11	16	19825	9073	10752
55-59岁	**138**	**56**	**82**	**84776**	**35720**	**49056**
55	36	16	20	18948	8509	10439
56	27	9	18	18238	7906	10332
57	26	7	19	20064	8474	11590
58	34	18	16	15873	6341	9532
59	15	6	9	11653	4490	7163
60-64岁	**197**	**63**	**134**	**90820**	**35859**	**54961**
60	30	5	25	16546	6649	9897
61	28	9	19	16032	6448	9584
62	46	19	27	18194	7367	10827
63	46	17	29	20270	7859	12411
64	47	13	34	19778	7536	12242
65-69岁	**180**	**42**	**138**	**103975**	**39038**	**64937**
65	41	9	32	21817	8319	13498
66	30	7	23	22064	8391	13673
67	34	6	28	20773	7894	12879
68	41	11	30	20509	7647	12862
69	34	9	25	18812	6787	12025
70-74岁	**179**	**50**	**129**	**85824**	**30007**	**55817**
70	32	6	26	18952	6714	12238
71	44	10	34	18926	6631	12295
72	35	12	23	16305	5677	10628
73	37	10	27	17048	5981	11067
74	31	12	19	14593	5004	9589
75-79岁	**189**	**50**	**139**	**65505**	**23090**	**42415**
75	39	14	25	13358	4686	8672
76	40	15	25	13487	4643	8844
77	34	5	29	12432	4335	8097
78	40	8	32	12929	4624	8305
79	36	8	28	13299	4802	8497
80-84岁	**200**	**79**	**121**	**55798**	**21505**	**34293**
80	37	13	24	13340	5051	8289
81	52	27	25	11928	4472	7456
82	47	13	34	11634	4459	7175
83	22	11	11	10074	3930	6144
84	42	15	27	8822	3593	5229
85岁及以上	**199**	**74**	**125**	**35877**	**15762**	**20115**

4-1a 续表 4

单位：人

年 龄	初中			高中			大学专科		
	小计	男	女	小计	男	女	小计	男	女
总 计	**2787736**	**1442957**	**1344779**	**1813584**	**927557**	**886027**	**1376713**	**716513**	**660200**
3									
4									
5–9岁	**5658**	**2973**	**2685**	**20**	**14**	**6**			
5									
6	1107	569	538						
7	1165	611	554						
8	1646	869	777	9	7	2			
9	1740	924	816	11	7	4			
10–14岁	**199584**	**102477**	**97107**	**7793**	**3861**	**3932**	**43**	**22**	**21**
10	2633	1390	1243	7	1	6	3	2	1
11	6872	3487	3385	22	14	8	7	3	4
12	44276	22139	22137	25	10	15	2	2	
13	75001	38621	36380	1932	1020	912	7	5	2
14	70802	36840	33962	5807	2816	2991	24	10	14
15–19岁	**65505**	**36646**	**28859**	**251377**	**129507**	**121870**	**78143**	**41540**	**36603**
15	35391	19125	16266	46708	23199	23509	1140	607	533
16	12766	6959	5807	80055	40684	39371	2253	1285	968
17	6005	3527	2478	64372	32705	31667	5079	2762	2317
18	5773	3484	2289	44228	23753	20475	24956	13179	11777
19	5570	3551	2019	16014	9166	6848	44715	23707	21008
20–24岁	**48856**	**29462**	**19394**	**69146**	**40046**	**29100**	**192825**	**100419**	**92406**
20	6451	4133	2318	11821	7058	4763	48303	25809	22494
21	7475	4604	2871	11512	6664	4848	37453	19969	17484
22	9740	5914	3826	13621	7873	5748	34672	17973	16699
23	11286	6745	4541	15190	8830	6360	34867	17683	17184
24	13904	8066	5838	17002	9621	7381	37530	18985	18545
25–29岁	**104628**	**59187**	**45441**	**114982**	**63344**	**51638**	**207899**	**105211**	**102688**
25	16827	9797	7030	19959	11229	8730	41024	20692	20332
26	18028	10227	7801	20840	11597	9243	39326	19697	19629
27	20255	11472	8783	22629	12471	10158	41367	21009	20358
28	22936	13019	9917	25082	13691	11391	43404	22132	21272
29	26582	14672	11910	26472	14356	12116	42778	21681	21097
30–34岁	**210895**	**111038**	**99857**	**168752**	**87619**	**81133**	**253327**	**126739**	**126588**
30	38582	20773	17809	35826	18835	16991	57598	28807	28791
31	40367	21701	18666	35462	18496	16966	54671	27207	27464
32	39979	20805	19174	32721	16974	15747	49963	24815	25148
33	46457	24167	22290	34708	17831	16877	49339	24992	24347
34	45510	23592	21918	30035	15483	14552	41756	20918	20838
35–39岁	**274566**	**141478**	**133088**	**155355**	**78969**	**76386**	**161985**	**82201**	**79784**
35	46934	24392	22542	27892	14405	13487	35559	18036	17523
36	54942	28224	26718	30314	15540	14774	35297	17862	17435
37	53470	27596	25874	29673	15149	14524	31077	15806	15271
38	63912	33010	30902	35934	18206	17728	33404	16989	16415
39	55308	28256	27052	31542	15669	15873	26648	13508	13140
40–44岁	**283614**	**144781**	**138833**	**164343**	**81635**	**82708**	**106605**	**54487**	**52118**
40	54096	27334	26762	31393	15677	15716	23255	11901	11354
41	56356	28906	27450	32212	16142	16070	21650	11223	10427
42	55297	28336	26961	32665	16301	16364	21317	10767	10550
43	53985	27662	26323	31453	15508	15945	19223	9745	9478
44	63880	32543	31337	36620	18007	18613	21160	10851	10309

4-1a 续表 5 单位：人

年龄	初中			高中			大学专科		
	小计	男	女	小计	男	女	小计	男	女
45-49岁	**366204**	**184889**	**181315**	**210302**	**103797**	**106505**	**109183**	**55684**	**53499**
45	65846	33456	32390	37813	18367	19446	21052	10504	10548
46	72737	36875	35862	41481	20349	21132	22110	11158	10952
47	74286	37338	36948	43345	21445	21900	22491	11553	10938
48	75863	38191	37672	43457	21628	21829	22246	11507	10739
49	77472	39029	38443	44206	22008	22198	21284	10962	10322
50-54岁	**353398**	**179849**	**173549**	**193326**	**95932**	**97394**	**86097**	**45116**	**40981**
50	80052	40460	39592	46929	23438	23491	22139	11474	10665
51	70723	35939	34784	40495	19992	20503	18509	9576	8933
52	75739	38401	37338	41555	20616	20939	18182	9562	8620
53	59867	30692	29175	30219	15063	15156	12857	6877	5980
54	67017	34357	32660	34128	16823	17305	14410	7627	6783
55-59岁	**299992**	**154746**	**145246**	**190404**	**92064**	**98340**	**74433**	**40578**	**33855**
55	68827	35309	33518	36882	18162	18720	15488	8350	7138
56	68241	35372	32869	41116	20027	21089	17022	9207	7815
57	72958	37767	35191	48141	23079	25062	19254	10471	8783
58	54195	27930	26265	37121	17790	19331	13686	7607	6079
59	35771	18368	17403	27144	13006	14138	8983	4943	4040
60-64岁	**202895**	**106334**	**96561**	**149312**	**75677**	**73635**	**44807**	**26199**	**18608**
60	46242	23988	22254	35970	17881	18089	10469	6006	4463
61	38269	20115	18154	29652	14906	14746	8257	4823	3434
62	40984	21753	19231	30091	15508	14583	8713	5177	3536
63	40783	21461	19322	29634	15002	14632	9091	5310	3781
64	36617	19017	17600	23965	12380	11585	8277	4883	3394
65-69岁	**169125**	**86714**	**82411**	**64773**	**34477**	**30296**	**28485**	**17224**	**11261**
65	36349	19092	17257	21095	11332	9763	7711	4663	3048
66	37417	19036	18381	16783	8910	7873	7202	4270	2932
67	33814	17190	16624	10951	5776	5175	5384	3240	2144
68	32774	16876	15898	8776	4692	4084	4471	2733	1738
69	28771	14520	14251	7168	3767	3401	3717	2318	1399
70-74岁	**94475**	**46608**	**47867**	**31495**	**16774**	**14721**	**15129**	**9598**	**5531**
70	26625	13567	13058	6627	3520	3107	3525	2241	1284
71	21902	10869	11033	6866	3615	3251	3377	2121	1256
72	16290	7809	8481	6387	3315	3072	3059	1897	1162
73	15567	7594	7973	6536	3585	2951	2914	1896	1018
74	14091	6769	7322	5079	2739	2340	2254	1443	811
75-79岁	**59578**	**28676**	**30902**	**22106**	**11524**	**10582**	**8665**	**5305**	**3360**
75	12985	6238	6747	4453	2275	2178	1836	1149	687
76	12855	6092	6763	4450	2299	2151	1743	1043	700
77	11447	5450	5997	4268	2203	2065	1731	1058	673
78	11581	5568	6013	4668	2474	2194	1712	1036	676
79	10710	5328	5382	4267	2273	1994	1643	1019	624
80-84岁	**32883**	**17413**	**15470**	**13991**	**8282**	**5709**	**6373**	**4204**	**2169**
80	9230	4730	4500	3828	2111	1717	1572	976	596
81	7254	3798	3456	3083	1795	1288	1433	940	493
82	6551	3474	3077	2816	1731	1085	1315	870	445
83	5268	2936	2332	2346	1442	904	1103	748	355
84	4580	2475	2105	1918	1203	715	950	670	280
85岁及以上	**15880**	**9686**	**6194**	**6107**	**4035**	**2072**	**2714**	**1986**	**728**

4-1a　续表 6

单位：人

年　龄	大学本科			硕士研究生			博士研究生		
	小计	男	女	小计	男	女	小计	男	女
总　计	**1222927**	**593310**	**629617**	**106703**	**46030**	**60673**	**8628**	**4317**	**4311**
3									
4									
5–9岁									
5									
6									
7									
8									
9									
10–14岁	**31**	**13**	**18**						
10	9	3	6						
11	3	1	2						
12	4		4						
13	7	6	1						
14	8	3	5						
15–19岁	**78299**	**33947**	**44352**	**44**	**17**	**27**	**6**	**3**	**3**
15	228	112	116						
16	371	177	194						
17	3357	1328	2029	3	1	2	1		1
18	26958	11512	15446	12	2	10			
19	47385	20818	26567	29	14	15	5	3	2
20–24岁	**231026**	**101891**	**129135**	**14405**	**5168**	**9237**	**263**	**100**	**163**
20	54611	23928	30683	50	30	20	5	4	1
21	51440	22426	29014	434	133	301	5		5
22	48542	21496	27046	2538	895	1643	36	18	18
23	39566	17775	21791	5185	1887	3298	80	26	54
24	36867	16266	20601	6198	2223	3975	137	52	85
25–29岁	**201250**	**91145**	**110105**	**22818**	**7871**	**14947**	**1691**	**680**	**1011**
25	39460	17455	22005	6052	2128	3924	296	108	188
26	38731	17408	21323	4862	1714	3148	358	137	221
27	40519	18223	22296	4094	1398	2696	364	144	220
28	42964	19671	23293	4150	1402	2748	367	162	205
29	39576	18388	21188	3660	1229	2431	306	129	177
30–34岁	**230126**	**109938**	**120188**	**23907**	**9095**	**14812**	**1688**	**785**	**903**
30	52259	24572	27687	5120	1812	3308	408	161	247
31	48751	22933	25818	5132	1898	3234	329	167	162
32	44719	21425	23294	4730	1811	2919	336	169	167
33	45000	21806	23194	4637	1849	2788	290	130	160
34	39397	19202	20195	4288	1725	2563	325	158	167
35–39岁	**164033**	**80804**	**83229**	**20642**	**9250**	**11392**	**1789**	**876**	**913**
35	35419	17304	18115	4212	1777	2435	305	152	153
36	36382	17835	18547	4471	1941	2530	372	171	201
37	32265	16004	16261	4091	1832	2259	345	173	172
38	34006	16744	17262	4340	1993	2347	406	201	205
39	25961	12917	13044	3528	1707	1821	361	179	182
40–44岁	**88175**	**44812**	**43363**	**9953**	**5120**	**4833**	**1263**	**671**	**592**
40	21532	11048	10484	2759	1373	1386	325	175	150
41	18601	9535	9066	2269	1171	1098	287	152	135
42	17626	8932	8694	1907	981	926	268	144	124
43	14551	7315	7236	1483	736	747	194	91	103
44	15865	7982	7883	1535	859	676	189	109	80

4-1a 续表 7　　　　单位：人

年 龄	大学本科			硕士研究生			博士研究生		
	小计	男	女	小计	男	女	小计	男	女
45-49岁	**77368**	**39703**	**37665**	**6852**	**3968**	**2884**	**844**	**445**	**399**
45	15342	7792	7550	1408	791	617	178	84	94
46	15739	8017	7722	1337	760	577	181	90	91
47	15871	8146	7725	1523	868	655	198	120	78
48	15562	8004	7558	1350	796	554	163	87	76
49	14854	7744	7110	1234	753	481	124	64	60
50-54岁	**59198**	**31657**	**27541**	**4085**	**2578**	**1507**	**455**	**289**	**166**
50	15237	7810	7427	1209	729	480	120	68	52
51	12646	6721	5925	861	498	363	97	58	39
52	12619	6736	5883	857	554	303	93	59	34
53	8759	4863	3896	566	386	180	69	51	18
54	9937	5527	4410	592	411	181	76	53	23
55-59岁	**44546**	**27107**	**17439**	**2663**	**1948**	**715**	**434**	**315**	**119**
55	10224	5981	4243	656	461	195	84	58	26
56	10936	6618	4318	688	508	180	109	65	44
57	11292	6910	4382	677	489	188	118	91	27
58	7487	4700	2787	423	325	98	70	56	14
59	4607	2898	1709	219	165	54	53	45	8
60-64岁	**19897**	**12831**	**7066**	**795**	**616**	**179**	**128**	**99**	**29**
60	4979	3188	1791	216	165	51	38	28	10
61	3797	2465	1332	154	111	43	31	24	7
62	3734	2417	1317	146	115	31	25	18	7
63	3796	2457	1339	144	117	27	15	12	3
64	3591	2304	1287	135	108	27	19	17	2
65-69岁	**11814**	**7563**	**4251**	**320**	**233**	**87**	**33**	**26**	**7**
65	3371	2200	1171	115	80	35	16	14	2
66	2939	1862	1077	77	60	17	8	5	3
67	2135	1317	818	56	37	19	3	3	
68	1844	1187	657	43	33	10	2	2	
69	1525	997	528	29	23	6	4	2	2
70-74岁	**5585**	**3819**	**1766**	**85**	**60**	**25**	**10**	**7**	**3**
70	1346	920	426	20	15	5	2	2	
71	1222	845	377	21	14	7	2	2	
72	991	684	307	16	15	1	2	2	
73	901	627	274	18	11	7	1		1
74	1125	743	382	10	5	5	3	1	2
75-79岁	**5336**	**3599**	**1737**	**61**	**52**	**9**	**4**	**4**	
75	1165	785	380	13	12	1	1	1	
76	1074	716	358	13	12	1	1	1	
77	985	678	307	11	10	1	1	1	
78	1013	673	340	11	6	5	1	1	
79	1099	747	352	13	12	1			
80-84岁	**4422**	**3127**	**1295**	**34**	**23**	**11**	**10**	**9**	**1**
80	1057	704	353	10	7	3	1	1	
81	1031	727	304	5	5		2	2	
82	929	679	250	5	3	2	1	1	
83	790	572	218	8	5	3	3	2	1
84	615	445	170	6	3	3	3	3	
85岁及以上	**1821**	**1354**	**467**	**39**	**31**	**8**	**10**	**8**	**2**

4-1b　全区分年龄、性别、受教育程度的3岁及以上人口(镇)

单位：人

年　龄	3岁及以上人口			未上过学		
	合计	男	女	小计	男	女
总　计	**6586259**	**3323596**	**3262663**	**200368**	**59670**	**140698**
3	79415	41124	38291	24368	12708	11660
4	82302	42681	39621	8169	4222	3947
5-9岁	**400789**	**207601**	**193188**	**5593**	**2939**	**2654**
5	68218	35213	33005	3218	1674	1544
6	91048	47200	43848	1579	830	749
7	79559	41017	38542	360	211	149
8	87275	45408	41867	238	125	113
9	74689	38763	35926	198	99	99
10-14岁	**362082**	**187307**	**174775**	**1044**	**548**	**496**
10	73059	38187	34872	220	137	83
11	74048	38399	35649	222	108	114
12	72155	37355	34800	226	106	120
13	71838	37025	34813	207	108	99
14	70982	36341	34641	169	89	80
15-19岁	**315341**	**162389**	**152952**	**630**	**359**	**271**
15	76134	38801	37333	124	70	54
16	81008	41324	39684	125	78	47
17	67129	34302	32827	113	65	48
18	53072	27827	25245	130	76	54
19	37998	20135	17863	138	70	68
20-24岁	**247888**	**128186**	**119702**	**726**	**399**	**327**
20	35223	18800	16423	136	77	59
21	38078	20080	17998	130	79	51
22	51125	26356	24769	154	85	69
23	57937	29662	28275	152	83	69
24	65525	33288	32237	154	75	79
25-29岁	**436077**	**221396**	**214681**	**964**	**493**	**471**
25	76546	38758	37788	170	86	84
26	77581	39573	38008	166	82	84
27	86301	43718	42583	209	120	89
28	94038	47860	46178	176	87	89
29	101611	51487	50124	243	118	125
30-34岁	**652705**	**327891**	**324814**	**1704**	**843**	**861**
30	136249	68350	67899	310	166	144
31	134424	67209	67215	310	155	155
32	126649	63562	63087	350	164	186
33	134152	67398	66754	377	192	185
34	121231	61372	59859	357	166	191
35-39岁	**599896**	**306321**	**293575**	**2316**	**1021**	**1295**
35	114339	57829	56510	377	184	193
36	124729	63766	60963	401	176	225
37	114424	58954	55470	438	204	234
38	131942	67459	64483	549	215	334
39	114462	58313	56149	551	242	309
40-44岁	**534842**	**274517**	**260325**	**3463**	**1318**	**2145**
40	109771	56179	53592	559	233	326
41	110812	57097	53715	615	244	371
42	103788	53403	50385	654	255	399
43	97185	49724	47461	721	272	449
44	113286	58114	55172	914	314	600

4–1b 续表 1

单位：人

年龄	3岁及以上人口			未上过学		
	合计	男	女	小计	男	女
45–49岁	**649830**	**331298**	**318532**	**7387**	**2425**	**4962**
45	120149	61034	59115	1059	362	697
46	131747	67091	64656	1379	479	900
47	129160	65900	63260	1505	466	1039
48	132670	67720	64950	1679	549	1130
49	136104	69553	66551	1765	569	1196
50–54岁	**607988**	**312536**	**295452**	**8828**	**2846**	**5982**
50	141575	72215	69360	1909	625	1284
51	122042	62806	59236	1686	558	1128
52	129743	66762	62981	1801	609	1192
53	103375	53184	50191	1651	528	1123
54	111253	57569	53684	1781	526	1255
55–59岁	**504409**	**255975**	**248434**	**11114**	**2454**	**8660**
55	111108	56976	54132	1807	493	1314
56	111898	57305	54593	2024	525	1499
57	121021	61640	59381	2585	554	2031
58	95270	47688	47582	2546	478	2068
59	65112	32366	32746	2152	404	1748
60–64岁	**378628**	**186185**	**192443**	**22417**	**4223**	**18194**
60	84507	42699	41808	3515	639	2876
61	71525	35681	35844	3768	716	3052
62	74002	36385	37617	4387	848	3539
63	77889	37603	40286	5435	1059	4376
64	70705	33817	36888	5312	961	4351
65–69岁	**306931**	**144572**	**162359**	**28784**	**5376**	**23408**
65	72874	34883	37991	6059	1056	5003
66	69023	32524	36499	6058	1083	4975
67	60332	28321	32011	5976	1184	4792
68	55737	26037	29700	5753	1040	4713
69	48965	22807	26158	4938	1013	3925
70–74岁	**185850**	**85395**	**100455**	**20235**	**4405**	**15830**
70	46199	21686	24513	4731	1011	3720
71	43180	20133	23047	4557	1053	3504
72	34057	15623	18434	3523	787	2736
73	34501	15629	18872	3995	878	3117
74	27913	12324	15589	3429	676	2753
75–79岁	**115431**	**51672**	**63759**	**17617**	**3864**	**13753**
75	25098	11268	13830	3372	684	2688
76	26226	11792	14434	3892	785	3107
77	21852	9758	12094	3278	733	2545
78	20787	9290	11497	3295	764	2531
79	21468	9564	11904	3780	898	2882
80–84岁	**80068**	**35645**	**44423**	**19153**	**4816**	**14337**
80	19836	8770	11066	3951	960	2991
81	17283	7648	9635	4018	975	3043
82	16529	7301	9228	4070	1067	3003
83	14084	6366	7718	3729	968	2761
84	12336	5560	6776	3385	846	2539
85岁及以上	**45787**	**20905**	**24882**	**15856**	**4411**	**11445**

4-1b 续表 2

单位：人

年 龄	学前教育			小 学		
	小计	男	女	小计	男	女
总 计	**240172**	**124816**	**115356**	**1430099**	**649297**	**780802**
3	55047	28416	26631			
4	74133	38459	35674			
5-9岁	**106232**	**55824**	**50408**	**284734**	**146544**	**138190**
5	59315	30601	28714	5685	2938	2747
6	40747	21975	18772	47923	23950	23973
7	4159	2190	1969	74138	38135	36003
8	1339	735	604	84488	43902	40586
9	672	323	349	72500	37619	34881
10-14岁	**2077**	**1065**	**1012**	**187379**	**98026**	**89353**
10	523	273	250	70390	36802	33588
11	467	231	236	68373	35516	32857
12	335	182	153	35152	18615	16537
13	344	165	179	9682	5123	4559
14	408	214	194	3782	1970	1812
15-19岁	**648**	**336**	**312**	**5716**	**3059**	**2657**
15	279	138	141	1632	843	789
16	213	110	103	1151	615	536
17	77	45	32	974	507	467
18	54	28	26	1064	568	496
19	25	15	10	895	526	369
20-24岁	**122**	**61**	**61**	**5586**	**3167**	**2419**
20	29	13	16	868	527	341
21	16	13	3	907	544	363
22	17	6	11	1132	658	474
23	27	14	13	1216	649	567
24	33	15	18	1463	789	674
25-29岁	**127**	**49**	**78**	**13867**	**7354**	**6513**
25	30	13	17	1706	930	776
26	26	8	18	1955	1063	892
27	22	7	15	2585	1380	1205
28	22	7	15	3350	1754	1596
29	27	14	13	4271	2227	2044
30-34岁	**128**	**43**	**85**	**42487**	**20679**	**21808**
30	15	5	10	6706	3409	3297
31	26	5	21	7895	3904	3991
32	25	11	14	8473	4142	4331
33	29	11	18	10007	4765	5242
34	33	11	22	9406	4459	4947
35-39岁	**71**	**36**	**35**	**53373**	**24888**	**28485**
35	17	13	4	9194	4393	4801
36	14	9	5	10071	4713	5358
37	9	3	6	9957	4617	5340
38	17	6	11	12579	5845	6734
39	14	5	9	11572	5320	6252
40-44岁	**55**	**28**	**27**	**67799**	**30829**	**36970**
40	14	7	7	12030	5502	6528
41	7	3	4	13696	6315	7381
42	9	3	6	13268	6035	7233
43	6	4	2	12975	5821	7154
44	19	11	8	15830	7156	8674

4-1b 续表 3 单位：人

年 龄	学前教育			小 学		
	小计	男	女	小计	男	女
45-49岁	**93**	**32**	**61**	**105229**	**46596**	**58633**
45	15	7	8	17855	8040	9815
46	11	7	4	20559	9237	11322
47	24	6	18	20744	9143	11601
48	19	4	15	21985	9721	12264
49	24	8	16	24086	10455	13631
50-54岁	**112**	**40**	**72**	**122923**	**54566**	**68357**
50	21	5	16	26037	11474	14563
51	15	2	13	24731	11064	13667
52	24	7	17	27052	11961	15091
53	19	11	8	22041	9749	12292
54	33	15	18	23062	10318	12744
55-59岁	**117**	**41**	**76**	**101930**	**41047**	**60883**
55	19	8	11	22102	9350	12752
56	28	10	18	21798	9147	12651
57	25	9	16	23646	9648	13998
58	30	9	21	19755	7511	12244
59	15	5	10	14629	5391	9238
60-64岁	**210**	**62**	**148**	**112995**	**42624**	**70371**
60	37	7	30	20563	7813	12750
61	39	13	26	19630	7499	12131
62	34	6	28	22246	8449	13797
63	55	20	35	25599	9487	16112
64	45	16	29	24957	9376	15581
65-69岁	**262**	**72**	**190**	**128085**	**49907**	**78178**
65	54	18	36	28041	10789	17252
66	46	13	33	27720	10651	17069
67	47	10	37	25774	10205	15569
68	58	13	45	24493	9695	14798
69	57	18	39	22057	8567	13490
70-74岁	**241**	**66**	**175**	**87889**	**34085**	**53804**
70	52	13	39	21136	8354	12782
71	57	17	40	20405	8002	12403
72	52	14	38	16487	6347	10140
73	36	10	26	16688	6422	10266
74	44	12	32	13173	4960	8213
75-79岁	**196**	**74**	**122**	**52285**	**20475**	**31810**
75	46	17	29	11436	4439	6997
76	38	10	28	11862	4645	7217
77	39	15	24	9765	3813	5952
78	26	12	14	9350	3673	5677
79	47	20	27	9872	3905	5967
80-84岁	**190**	**69**	**121**	**37420**	**15833**	**21587**
80	38	11	27	9164	3749	5415
81	37	20	17	8061	3367	4694
82	39	10	29	7799	3250	4549
83	38	12	26	6628	2903	3725
84	38	16	22	5768	2564	3204
85岁及以上	**111**	**43**	**68**	**20402**	**9618**	**10784**

4-1b 续表 4

单位：人

年龄	初中			高中			大学专科		
	小计	男	女	小计	男	女	小计	男	女
总计	**2316454**	**1224202**	**1092252**	**1108940**	**598064**	**510876**	**721574**	**393308**	**328266**
3									
4									
5-9岁	**4223**	**2291**	**1932**	**7**	**3**	**4**			
5									
6	799	445	354						
7	902	481	421						
8	1205	644	561	5	2	3			
9	1317	721	596	2	1	1			
10-14岁	**165433**	**84747**	**80686**	**6118**	**2902**	**3216**	**25**	**15**	**10**
10	1919	971	948	7	4	3			
11	4972	2535	2437	12	8	4	1		1
12	36419	18442	17977	18	7	11	3	3	
13	60479	31063	29416	1118	560	558	6	4	2
14	61644	31736	29908	4963	2323	2640	15	8	7
15-19岁	**57346**	**31267**	**26079**	**209018**	**106967**	**102051**	**20628**	**11124**	**9504**
15	32317	17175	15142	41348	20312	21036	352	216	136
16	11244	6006	5238	67588	34052	33536	575	401	174
17	5462	3006	2456	57756	29342	28414	1509	855	654
18	4426	2652	1774	32164	17207	14957	7104	3730	3374
19	3897	2428	1469	10162	6054	4108	11088	5922	5166
20-24岁	**38867**	**22332**	**16535**	**41039**	**24487**	**16552**	**80987**	**43094**	**37893**
20	4412	2710	1702	6382	4019	2363	11160	6159	5001
21	5516	3260	2256	6558	4013	2545	12300	6840	5460
22	7599	4372	3227	8161	4909	3252	17219	9153	8066
23	9275	5270	4005	9091	5357	3734	19069	9966	9103
24	12065	6720	5345	10847	6189	4658	21239	10976	10263
25-29岁	**107448**	**57291**	**50157**	**81595**	**45225**	**36370**	**124057**	**63781**	**60276**
25	15760	8659	7101	13332	7561	5771	23910	12217	11693
26	17859	9717	8142	13946	7929	6017	22962	11775	11187
27	20836	11033	9803	16159	8921	7238	24589	12691	11898
28	24220	12840	11380	18080	10016	8064	26040	13443	12597
29	28773	15042	13731	20078	10798	9280	26556	13655	12901
30-34岁	**224387**	**113882**	**110505**	**117530**	**61749**	**55781**	**145118**	**74535**	**70583**
30	41449	21319	20130	26310	13848	12462	34006	17148	16858
31	43249	22057	21192	25228	13198	12030	32038	16194	15844
32	42959	21574	21385	22858	11999	10859	28415	14815	13600
33	49014	24707	24307	23203	12140	11063	27722	14308	13414
34	47716	24225	23491	19931	10564	9367	22937	12070	10867
35-39岁	**284350**	**145897**	**138453**	**94673**	**50451**	**44222**	**82321**	**43677**	**38644**
35	48961	24594	24367	18015	9658	8357	18919	10019	8900
36	57884	29644	28240	19238	10176	9062	18566	9939	8627
37	55040	28649	26391	17593	9487	8106	15362	8157	7205
38	65420	33691	31729	20852	11074	9778	16122	8550	7572
39	57045	29319	27726	18975	10056	8919	13352	7012	6340
40-44岁	**268213**	**139721**	**128492**	**90992**	**48393**	**42599**	**56269**	**30350**	**25919**
40	54851	28412	26439	18657	9844	8813	12136	6447	5689
41	55549	29032	26517	18615	9942	8673	11824	6393	5431
42	52004	27049	24955	17906	9653	8253	10728	5799	4929
43	49138	25571	23567	16431	8736	7695	9902	5347	4555
44	56671	29657	27014	19383	10218	9165	11679	6364	5315

4-1b 续表 5

单位：人

年龄	初中			高中			大学专科		
	小计	男	女	小计	男	女	小计	男	女
45-49岁	**317078**	**165194**	**151884**	**115684**	**60734**	**54950**	**61790**	**34001**	**27789**
45	59552	30982	28570	21161	10920	10241	11759	6279	5480
46	64761	33679	31082	23366	12097	11269	12552	6816	5736
47	63190	33022	30168	23154	12138	11016	12242	6783	5459
48	64111	33254	30857	23836	12686	11150	12618	7062	5556
49	65464	34257	31207	24167	12893	11274	12619	7061	5558
50-54岁	**283653**	**149905**	**133748**	**103327**	**54659**	**48668**	**56385**	**31745**	**24640**
50	66121	34565	31556	25517	13480	12037	13528	7484	6044
51	55919	29653	26266	21255	11231	10024	11437	6316	5121
52	59788	31685	28103	22082	11723	10359	12082	6795	5287
53	49021	25945	23076	16489	8751	7738	9104	5234	3870
54	52804	28057	24747	17984	9474	8510	10234	5916	4318
55-59岁	**225603**	**118842**	**106761**	**101117**	**53510**	**47607**	**45618**	**27612**	**18006**
55	53154	27996	25158	18830	9984	8846	10196	6019	4177
56	52189	27455	24734	20778	10988	9790	10392	6183	4209
57	54041	28471	25570	24913	13121	11792	11360	6792	4568
58	40374	21214	19160	21207	11207	10000	8356	5216	3140
59	25845	13706	12139	15389	8210	7179	5314	3402	1912
60-64岁	**130167**	**71929**	**58238**	**83171**	**47357**	**35814**	**23383**	**15419**	**7964**
60	31577	17286	14291	21028	11712	9316	5942	3885	2057
61	24836	13747	11089	17358	9792	7566	4650	3022	1628
62	25159	13963	11196	16603	9412	7191	4464	2909	1555
63	25668	14236	11432	15597	9030	6567	4437	2947	1490
64	22927	12697	10230	12585	7411	5174	3890	2656	1234
65-69岁	**100913**	**57564**	**43349**	**33643**	**21023**	**12620**	**12366**	**8534**	**3832**
65	23089	12921	10168	10938	6841	4097	3740	2569	1171
66	22482	12630	9852	8803	5435	3368	3200	2195	1005
67	19821	11366	8455	6019	3704	2315	2189	1487	702
68	18943	11011	7932	4354	2769	1585	1749	1221	528
69	16578	9636	6942	3529	2274	1255	1488	1062	426
70-74岁	**55700**	**31837**	**23863**	**14277**	**9350**	**4927**	**6228**	**4632**	**1596**
70	15284	8884	6400	3256	2128	1128	1453	1069	384
71	13156	7583	5573	3191	2101	1090	1511	1127	384
72	9763	5557	4206	2755	1799	956	1233	922	311
73	9596	5438	4158	2795	1835	960	1158	864	294
74	7901	4375	3526	2280	1487	793	873	650	223
75-79岁	**31138**	**17723**	**13415**	**9605**	**6140**	**3465**	**3508**	**2536**	**972**
75	7267	4156	3111	1996	1252	744	746	537	209
76	7382	4259	3123	2039	1336	703	753	554	199
77	6057	3362	2695	1870	1208	662	646	470	176
78	5375	3042	2333	1869	1155	714	671	478	193
79	5057	2904	2153	1831	1189	642	692	497	195
80-84岁	**15409**	**9265**	**6144**	**5136**	**3526**	**1610**	**2198**	**1689**	**509**
80	4402	2491	1911	1560	1010	550	574	434	140
81	3391	2040	1351	1111	745	366	530	405	125
82	3084	1861	1223	985	686	299	436	332	104
83	2442	1536	906	816	592	224	340	275	65
84	2090	1337	753	664	493	171	318	243	75
85岁及以上	**6526**	**4515**	**2011**	**2008**	**1588**	**420**	**693**	**564**	**129**

4-1b　续表 6　　单位：人

年　龄	大学本科			硕士研究生			博士研究生		
	小计	男	女	小计	男	女	小计	男	女
总　计	**541573**	**263033**	**278540**	**25408**	**10396**	**15012**	**1671**	**810**	**861**
3									
4									
5—9岁									
5									
6									
7									
8									
9									
10—14岁	**4**	**3**	**1**	**2**	**1**	**1**			
10									
11	1	1							
12	1		1	1		1			
13	2	2							
14				1	1				
15—19岁	**21336**	**9268**	**12068**	**17**	**8**	**9**	**2**	**1**	**1**
15	82	47	35						
16	112	62	50						
17	1238	482	756						
18	8127	3563	4564	3	3				
19	11777	5114	6663	14	5	9	2	1	1
20—24岁	**77197**	**33577**	**43620**	**3224**	**1001**	**2223**	**140**	**68**	**72**
20	12215	5285	6930	19	9	10	2	1	1
21	12541	5299	7242	103	27	76	7	5	2
22	16178	6940	9238	643	221	422	22	12	10
23	17922	7961	9961	1142	341	801	43	21	22
24	18341	8092	10249	1317	403	914	66	29	37
25—29岁	**101612**	**45202**	**56410**	**5978**	**1838**	**4140**	**429**	**163**	**266**
25	20097	8807	11290	1447	448	999	94	37	57
26	19324	8552	10772	1256	410	846	87	37	50
27	20592	9165	11427	1219	365	854	90	36	54
28	21020	9366	11654	1057	321	736	73	26	47
29	20579	9312	11267	999	294	705	85	27	58
30—34岁	**114330**	**53727**	**60603**	**6643**	**2260**	**4383**	**378**	**173**	**205**
30	25961	11992	13969	1405	419	986	87	44	43
31	24235	11207	13028	1352	449	903	91	40	51
32	22136	10384	11752	1374	451	923	59	22	37
33	22423	10762	11661	1303	474	829	74	39	35
34	19575	9382	10193	1209	467	742	67	28	39
35—39岁	**77646**	**38013**	**39633**	**4845**	**2181**	**2664**	**301**	**157**	**144**
35	17658	8470	9188	1117	450	667	81	48	33
36	17365	8597	8768	1136	489	647	54	23	31
37	15016	7357	7659	948	446	502	61	34	27
38	15396	7617	7779	941	426	515	66	35	31
39	12211	5972	6239	703	370	333	39	17	22
40—44岁	**46111**	**22768**	**23343**	**1799**	**1042**	**757**	**141**	**68**	**73**
40	10942	5429	5513	547	287	260	35	18	17
41	10085	4935	5150	389	219	170	32	14	18
42	8845	4377	4468	347	219	128	27	13	14
43	7729	3809	3920	253	148	105	30	16	14
44	8510	4218	4292	263	169	94	17	7	10

4-1b 续表 7 单位：人

年 龄	大学本科			硕士研究生			博士研究生		
	小计	男	女	小计	男	女	小计	男	女
45-49岁	**41182**	**21424**	**19758**	**1278**	**831**	**447**	**109**	**61**	**48**
45	8447	4261	4186	272	168	104	29	15	14
46	8858	4606	4252	243	160	83	18	10	8
47	8033	4177	3856	251	153	98	17	12	5
48	8147	4267	3880	250	160	90	25	17	8
49	7697	4113	3584	262	190	72	20	7	13
50-54岁	**31719**	**18029**	**13690**	**954**	**697**	**257**	**87**	**49**	**38**
50	8171	4397	3774	253	177	76	18	8	10
51	6760	3823	2937	218	147	71	21	12	9
52	6683	3805	2878	210	166	44	21	11	10
53	4907	2863	2044	132	97	35	11	6	5
54	5198	3141	2057	141	110	31	16	12	4
55-59岁	**18373**	**12035**	**6338**	**481**	**388**	**93**	**56**	**46**	**10**
55	4863	3014	1849	123	101	22	14	11	3
56	4529	2875	1654	145	110	35	15	12	3
57	4327	2943	1384	111	92	19	13	10	3
58	2923	1987	936	68	56	12	11	10	1
59	1731	1216	515	34	29	5	3	3	
60-64岁	**6145**	**4457**	**1688**	**124**	**101**	**23**	**16**	**13**	**3**
60	1810	1327	483	33	28	5	2	2	
61	1222	875	347	20	15	5	2	2	
62	1082	779	303	24	17	7	3	2	1
63	1062	793	269	30	27	3	6	4	2
64	969	683	286	17	14	3	3	3	
65-69岁	**2830**	**2059**	**771**	**45**	**34**	**11**	**3**	**3**	
65	929	670	259	22	17	5	2	2	
66	707	512	195	6	4	2	1	1	
67	493	356	137	13	9	4			
68	385	286	99	2	2				
69	316	235	81	2	2				
70-74岁	**1267**	**1011**	**256**	**9**	**6**	**3**	**4**	**3**	**1**
70	284	224	60	3	3				
71	301	248	53	2	2				
72	240	195	45	1		1	3	2	1
73	231	181	50	2	1	1			
74	211	163	48	1		1	1	1	
75-79岁	**1076**	**854**	**222**	**4**	**4**		**2**	**2**	
75	234	182	52				1	1	
76	259	202	57	1	1				
77	196	156	40	1	1				
78	200	165	35	1	1				
79	187	149	38	1	1		1	1	
80-84岁	**556**	**441**	**115**	**4**	**4**		**2**	**2**	
80	145	113	32	2	2				
81	135	96	39						
82	115	94	21				1	1	
83	89	78	11	2	2				
84	72	60	12				1	1	
85岁及以上	**189**	**165**	**24**	**1**		**1**	**1**	**1**	

4-1c　全区分年龄、性别、受教育程度的3岁及以上人口(乡村)

单位：人

年　龄	3岁及以上人口			未上过学		
	合计	男	女	小计	男	女
总　计	**7686717**	**4066722**	**3619995**	**527427**	**154513**	**372914**
3	54530	28065	26465	23291	12211	11080
4	54335	28142	26193	8320	4365	3955
5-9岁	**303905**	**159953**	**143952**	**4828**	**2564**	**2264**
5	53123	27478	25645	2690	1413	1277
6	63892	33750	30142	1221	639	582
7	58470	30593	27877	368	192	176
8	66340	35142	31198	290	169	121
9	62080	32990	29090	259	151	108
10-14岁	**352538**	**186431**	**166107**	**1464**	**863**	**601**
10	67066	35608	31458	286	166	120
11	70952	37495	33457	290	183	107
12	71278	37667	33611	279	157	122
13	71082	37697	33385	298	182	116
14	72160	37964	34196	311	175	136
15-19岁	**207128**	**114729**	**92399**	**1326**	**796**	**530**
15	55495	29899	25596	262	157	105
16	39765	22187	17578	296	186	110
17	33283	18731	14552	262	153	109
18	41378	22785	18593	253	148	105
19	37207	21127	16080	253	152	101
20-24岁	**252282**	**143073**	**109209**	**1647**	**978**	**669**
20	34849	20204	14645	260	149	111
21	39874	22855	17019	317	195	122
22	53833	30091	23742	351	211	140
23	60349	33827	26522	341	199	142
24	63377	36096	27281	378	224	154
25-29岁	**348711**	**201844**	**146867**	**2515**	**1419**	**1096**
25	69912	40304	29608	460	271	189
26	65004	37694	27310	444	263	181
27	68767	39834	28933	471	273	198
28	70568	40986	29582	552	292	260
29	74460	43026	31434	588	320	268
30-34岁	**470647**	**265911**	**204736**	**4671**	**2495**	**2176**
30	97205	55553	41652	839	457	382
31	93710	53029	40681	913	488	425
32	88651	49935	38716	887	460	427
33	99210	55875	43335	1043	570	473
34	91871	51519	40352	989	520	469
35-39岁	**507040**	**284496**	**222544**	**6514**	**3332**	**3182**
35	89915	50625	39290	1108	574	534
36	100101	56106	43995	1215	607	608
37	98165	55223	42942	1219	627	592
38	115315	64789	50526	1484	780	704
39	103544	57753	45791	1488	744	744
40-44岁	**538330**	**294044**	**244286**	**9208**	**4316**	**4892**
40	103842	57001	46841	1532	777	755
41	108970	59882	49088	1725	861	864
42	103552	56969	46583	1724	815	909
43	100850	54777	46073	1882	852	1030
44	121116	65415	55701	2345	1011	1334

4－1c 续表 1　　单位：人

年龄	3岁及以上人口			未上过学		
	合计	男	女	小计	男	女
45—49岁	**806789**	**427283**	**379506**	**19632**	**7561**	**12071**
45	134666	71752	62914	2774	1140	1634
46	156832	83444	73388	3295	1301	1994
47	160817	85184	75633	3962	1511	2451
48	171034	90660	80374	4561	1711	2850
49	183440	96243	87197	5040	1898	3142
50—54岁	**878991**	**462950**	**416041**	**26832**	**9001**	**17831**
50	190213	99783	90430	5332	1942	3390
51	171269	89921	81348	5088	1770	3318
52	188809	99651	89158	5694	1909	3785
53	157267	82914	74353	4933	1578	3355
54	171433	90681	80752	5785	1802	3983
55—59岁	**819880**	**420378**	**399502**	**38648**	**9080**	**29568**
55	173118	90924	82194	6324	1831	4493
56	173291	89500	83791	6878	1795	5083
57	196972	101347	95625	9016	2175	6841
58	163459	81939	81520	8868	1809	7059
59	113040	56668	56372	7562	1470	6092
60—64岁	**714582**	**364392**	**350190**	**76732**	**16590**	**60142**
60	153835	79227	74608	12313	2529	9784
61	132098	67866	64232	12857	2712	10145
62	137989	70656	67333	14946	3299	11647
63	152681	77809	74872	18330	4132	14198
64	137979	68834	69145	18286	3918	14368
65—69岁	**619148**	**312539**	**306609**	**96395**	**21913**	**74482**
65	144900	72802	72098	20017	4333	15684
66	135790	68036	67754	20166	4418	15748
67	122077	61693	60384	19681	4454	15227
68	116488	58994	57494	19587	4536	15051
69	99893	51014	48879	16944	4172	12772
70—74岁	**354284**	**181889**	**172395**	**66498**	**16923**	**49575**
70	91045	46949	44096	15946	4067	11879
71	82938	43489	39449	14500	3806	10694
72	64163	33057	31106	11723	3063	8660
73	66602	34080	32522	13568	3444	10124
74	49536	24314	25222	10761	2543	8218
75—79岁	**191199**	**93704**	**97495**	**50908**	**13299**	**37609**
75	43550	21582	21968	10274	2565	7709
76	45176	22292	22884	11277	2808	8469
77	35308	17319	17989	9302	2357	6945
78	32690	15828	16862	9348	2548	6800
79	34475	16683	17792	10707	3021	7686
80—84岁	**129289**	**60528**	**68761**	**49169**	**14710**	**34459**
80	31144	14844	16300	10447	2945	7502
81	27885	13106	14779	10180	3029	7151
82	26856	12524	14332	10400	3122	7278
83	23111	10753	12358	9393	2909	6484
84	20293	9301	10992	8749	2705	6044
85岁及以上	**83109**	**36371**	**46738**	**38829**	**12097**	**26732**

4-1c　续表 2

单位：人

年　龄	学前教育			小　学		
	小计	男	女	小计	男	女
总　计	**156521**	**80350**	**76171**	**2834375**	**1362344**	**1472031**
3	31239	15854	15385			
4	46015	23777	22238			
5—9岁	**72630**	**37970**	**34660**	**223277**	**117660**	**105617**
5	42852	22144	20708	7581	3921	3660
6	24590	13151	11439	37511	19642	17869
7	3482	1827	1655	53997	28240	25757
8	1090	543	547	64060	33921	30139
9	616	305	311	60128	31936	28192
10—14岁	**1600**	**831**	**769**	**178153**	**95449**	**82704**
10	471	249	222	64187	34072	30115
11	380	204	176	64243	34155	30088
12	245	132	113	33445	18225	15220
13	218	104	114	11593	6452	5141
14	286	142	144	4685	2545	2140
15—19岁	**392**	**188**	**204**	**7046**	**3963**	**3083**
15	186	82	104	1987	1072	915
16	102	55	47	1224	682	542
17	42	25	17	1131	637	494
18	36	15	21	1334	768	566
19	26	11	15	1370	804	566
20—24岁	**94**	**53**	**41**	**10343**	**6081**	**4262**
20	19	11	8	1511	903	608
21	13	10	3	1648	996	652
22	20	13	7	1983	1194	789
23	18	9	9	2418	1394	1024
24	24	10	14	2783	1594	1189
25—29岁	**100**	**43**	**57**	**24187**	**13796**	**10391**
25	27	15	12	3264	1904	1360
26	16	6	10	3718	2129	1589
27	21	6	15	4628	2669	1959
28	20	11	9	5708	3218	2490
29	16	5	11	6869	3876	2993
30—34岁	**91**	**49**	**42**	**62914**	**33779**	**29135**
30	23	13	10	10095	5543	4552
31	18	9	9	11507	6252	5255
32	15	9	6	11997	6440	5557
33	13	8	5	14595	7755	6840
34	22	10	12	14720	7789	6931
35—39岁	**111**	**60**	**51**	**94417**	**49909**	**44508**
35	16	5	11	15335	8192	7143
36	23	16	7	17629	9356	8273
37	17	10	7	17863	9473	8390
38	27	17	10	22232	11658	10574
39	28	12	16	21358	11230	10128
40—44岁	**96**	**46**	**50**	**133398**	**66808**	**66590**
40	14	8	6	22734	11495	11239
41	18	9	9	25736	13074	12662
42	25	13	12	25487	12879	12608
43	19	9	10	26300	13187	13113
44	20	7	13	33141	16173	16968

4-1c 续表 3

单位：人

年 龄	学前教育			小 学		
	小计	男	女	小计	男	女
45-49岁	**239**	**106**	**133**	**255210**	**119120**	**136090**
45	27	16	11	38700	18652	20048
46	44	25	19	47444	22650	24794
47	51	20	31	50128	23417	26711
48	53	24	29	55600	25780	29820
49	64	21	43	63338	28621	34717
50-54岁	**322**	**120**	**202**	**353156**	**161033**	**192123**
50	53	23	30	70218	31861	38357
51	70	29	41	68178	31222	36956
52	65	26	39	77274	35524	41750
53	66	20	46	65765	29927	35838
54	68	22	46	71721	32499	39222
55-59岁	**463**	**164**	**299**	**342619**	**143583**	**199036**
55	77	28	49	71762	31862	39900
56	96	34	62	71153	30347	40806
57	106	37	69	80755	33906	46849
58	109	39	70	69079	27648	41431
59	75	26	49	49870	19820	30050
60-64岁	**631**	**199**	**432**	**362594**	**157704**	**204890**
60	115	38	77	69950	29188	40762
61	106	32	74	64021	27373	36648
62	114	27	87	70843	31152	39691
63	147	51	96	81281	35972	45309
64	149	51	98	76499	34019	42480
65-69岁	**820**	**261**	**559**	**365935**	**175234**	**190701**
65	160	55	105	83327	38178	45149
66	181	57	124	80067	37702	42365
67	163	42	121	72851	35480	37371
68	169	53	116	69945	34410	35535
69	147	54	93	59745	29464	30281
70-74岁	**620**	**210**	**410**	**214365**	**109657**	**104708**
70	135	42	93	54936	27600	27336
71	154	54	100	50635	26143	24492
72	119	42	77	39412	20224	19188
73	138	45	93	40240	21060	19180
74	74	27	47	29142	14630	14512
75-79岁	**388**	**149**	**239**	**105165**	**54480**	**50685**
75	87	34	53	24693	12659	12034
76	81	28	53	25071	12911	12160
77	64	25	39	19290	9993	9297
78	72	27	45	17675	9177	8498
79	84	35	49	18436	9740	8696
80-84岁	**361**	**144**	**217**	**65077**	**34903**	**30174**
80	82	32	50	16249	8629	7620
81	74	23	51	14366	7623	6743
82	86	36	50	13443	7243	6200
83	59	25	34	11345	6157	5188
84	60	28	32	9674	5251	4423
85岁及以上	**309**	**126**	**183**	**36519**	**19185**	**17334**

4-1c　续表 4

单位：人

年　龄	初　中			高　中			大学专科		
	小计	男	女	小计	男	女	小计	男	女
总　计	**3039062**	**1786711**	**1252351**	**640221**	**406473**	**233748**	**300728**	**178595**	**122133**
3									
4									
5–9岁	**3165**	**1755**	**1410**	**5**	**4**	**1**			
5									
6	570	318	252						
7	623	334	289						
8	896	506	390	4	3	1			
9	1076	597	479	1	1				
10–14岁	**166787**	**87052**	**79735**	**4511**	**2221**	**2290**	**18**	**11**	**7**
10	2119	1119	1000	3	2	1			
11	6031	2949	3082	7	3	4	1	1	
12	37288	19139	18149	14	8	6	4	3	1
13	58102	30507	27595	866	449	417	4	2	2
14	63247	33338	29909	3621	1759	1862	9	5	4
15–19岁	**61368**	**35874**	**25494**	**95349**	**52709**	**42640**	**21500**	**11543**	**9957**
15	30614	16867	13747	21931	11401	10530	433	273	160
16	10901	6516	4385	26424	14234	12190	700	440	260
17	6398	4009	2389	22091	12194	9897	1985	1096	889
18	6509	4077	2432	16063	9331	6732	8372	4358	4014
19	6946	4405	2541	8840	5549	3291	10010	5376	4634
20–24岁	**65823**	**40765**	**25058**	**42763**	**27727**	**15036**	**74138**	**40696**	**33442**
20	8365	5375	2990	7258	4780	2478	9858	5319	4539
21	10065	6338	3727	7306	4779	2527	12368	6709	5659
22	12818	8002	4816	8738	5655	3083	17076	9279	7797
23	15537	9560	5977	9458	6085	3373	17781	9817	7964
24	19038	11490	7548	10003	6428	3575	17055	9572	7483
25–29岁	**144638**	**85472**	**59166**	**57259**	**35545**	**21714**	**70107**	**40500**	**29607**
25	23646	14305	9341	11295	7140	4155	17625	10091	7534
26	24755	14832	9923	10526	6595	3931	14626	8448	6178
27	28437	16847	11590	11509	7095	4414	13724	7933	5791
28	31812	18544	13268	11734	7319	4415	12403	7206	5197
29	35988	20944	15044	12195	7396	4799	11729	6822	4907
30–34岁	**260377**	**146031**	**114346**	**64750**	**39012**	**25738**	**49634**	**28948**	**20686**
30	49538	28278	21260	15274	9280	5994	13459	7714	5745
31	50176	28317	21859	13747	8180	5567	11144	6378	4766
32	49009	27441	21568	12323	7362	4961	9287	5388	3899
33	56964	31690	25274	12711	7667	5044	8906	5350	3556
34	54690	30305	24385	10695	6523	4172	6838	4118	2720
35–39岁	**320807**	**179560**	**141247**	**48575**	**29338**	**19237**	**23649**	**14523**	**9126**
35	55161	30714	24447	9526	5844	3682	5570	3403	2167
36	63132	35161	27971	9690	5841	3849	5363	3297	2066
37	63089	35418	27671	9104	5502	3602	4484	2756	1728
38	73788	41535	32253	10679	6459	4220	4575	2815	1760
39	65637	36732	28905	9576	5692	3884	3657	2252	1405
40–44岁	**328067**	**181998**	**146069**	**46212**	**27603**	**18609**	**15225**	**9584**	**5641**
40	65167	36085	29082	9380	5581	3799	3454	2135	1319
41	67456	37444	30012	9482	5645	3837	3219	2035	1184
42	63088	35149	27939	9023	5475	3548	3045	1922	1123
43	60656	33562	27094	8426	4953	3473	2578	1627	951
44	71700	39758	31942	9901	5949	3952	2929	1865	1064

4-1c 续表 5

单位：人

年龄	初中			高中			大学专科		
	小计	男	女	小计	男	女	小计	男	女
45-49岁	**449305**	**249750**	**199555**	**61587**	**37369**	**24218**	**15213**	**9900**	**5313**
45	78347	43041	35306	10786	6377	4409	2915	1874	1041
46	89244	49165	40079	12333	7438	4895	3255	2109	1146
47	90072	50043	40029	12419	7510	4909	3108	2010	1098
48	93974	52606	41368	12704	7834	4870	3019	2009	1010
49	97668	54895	42773	13345	8210	5135	2916	1898	1018
50-54岁	**429803**	**248044**	**181759**	**53762**	**34413**	**19349**	**11387**	**7829**	**3558**
50	97654	55142	42512	13069	8177	4892	2915	1990	925
51	84001	47938	36063	10799	6825	3974	2350	1604	746
52	90970	52518	38452	11545	7440	4105	2449	1713	736
53	75270	44022	31248	8814	5702	3112	1825	1248	577
54	81908	48424	33484	9535	6269	3266	1848	1274	574
55-59岁	**363647**	**216876**	**146771**	**63246**	**42621**	**20625**	**9022**	**6413**	**2609**
55	82316	48721	33595	10116	6704	3412	2000	1406	594
56	80970	47892	33078	11594	7631	3963	2062	1425	637
57	88733	52748	35985	15593	10494	5099	2201	1565	636
58	68418	40768	27650	14880	10132	4748	1703	1232	471
59	43210	26747	16463	11063	7660	3403	1056	785	271
60-64岁	**205443**	**138345**	**67098**	**63139**	**46865**	**16274**	**5153**	**4001**	**1152**
60	53236	34384	18852	16666	11886	4780	1302	1003	299
61	40055	26657	13398	13936	10236	3700	974	739	235
62	38581	26115	12466	12361	9171	3190	977	759	218
63	40151	27810	12341	11575	8897	2678	1028	823	205
64	33420	23379	10041	8601	6675	1926	872	677	195
65-69岁	**130709**	**94707**	**36002**	**21982**	**17745**	**4237**	**2800**	**2284**	**516**
65	32805	23324	9481	7553	6068	1485	872	711	161
66	28967	20633	8334	5601	4578	1023	672	547	125
67	25060	18233	6827	3763	3032	731	479	389	90
68	23523	17384	6139	2765	2208	557	439	357	82
69	20354	15133	5221	2300	1859	441	338	280	58
70-74岁	**62671**	**46867**	**15804**	**8405**	**6795**	**1610**	**1471**	**1228**	**243**
70	17412	13135	4277	2160	1734	426	393	322	71
71	15212	11469	3743	2001	1646	355	384	329	55
72	11094	8252	2842	1520	1231	289	246	204	42
73	10814	8021	2793	1531	1252	279	264	216	48
74	8139	5990	2149	1193	932	261	184	157	27
75-79岁	**28853**	**21183**	**7670**	**4998**	**3881**	**1117**	**751**	**609**	**142**
75	7218	5316	1902	1062	834	228	181	149	32
76	7370	5441	1929	1204	956	248	148	129	19
77	5481	4057	1424	994	752	242	151	116	35
78	4566	3289	1277	873	671	202	132	99	33
79	4218	3080	1138	865	668	197	139	116	23
80-84岁	**11775**	**8547**	**3228**	**2326**	**1753**	**573**	**463**	**382**	**81**
80	3443	2522	921	739	562	177	146	125	21
81	2601	1927	674	512	387	125	128	98	30
82	2384	1711	673	434	326	108	85	68	17
83	1880	1332	548	360	268	92	59	52	7
84	1467	1055	412	281	210	71	45	39	6
85岁及以上	**5824**	**3885**	**1939**	**1352**	**872**	**480**	**197**	**144**	**53**

4-1c　续表 6

单位：人

年　龄	大学本科			硕士研究生			博士研究生		
	小计	男	女	小计	男	女	小计	男	女
总　计	**179002**	**93856**	**85146**	**8415**	**3451**	**4964**	**966**	**429**	**537**
3									
4									
5-9岁									
5									
6									
7									
8									
9									
10-14岁	**5**	**4**	**1**						
10									
11									
12	3	3							
13	1	1							
14	1		1						
15-19岁	**20137**	**9653**	**10484**	**9**	**3**	**6**	**1**		**1**
15	82	47	35						
16	118	74	44						
17	1373	616	757	1	1				
18	8807	4086	4721	4	2	2			
19	9757	4830	4927	4		4	1		1
20-24岁	**54385**	**25638**	**28747**	**2927**	**1076**	**1851**	**162**	**59**	**103**
20	7567	3658	3909	8	6	2	3	3	
21	8016	3775	4241	136	53	83	5		5
22	12119	5471	6648	694	256	438	34	10	24
23	13667	6365	7302	1082	382	700	47	16	31
24	13016	6369	6647	1007	379	628	73	30	43
25-29岁	**46405**	**23777**	**22628**	**3069**	**1106**	**1963**	**431**	**186**	**245**
25	12505	6194	6311	1002	350	652	88	34	54
26	10096	5124	4972	721	252	469	102	45	57
27	9284	4739	4545	598	229	369	95	43	52
28	7797	4191	3606	449	164	285	93	41	52
29	6723	3529	3194	299	111	188	53	23	30
30-34岁	**26701**	**14934**	**11767**	**1287**	**564**	**723**	**222**	**99**	**123**
30	7519	4067	3452	385	169	216	73	32	41
31	5909	3288	2621	254	96	158	42	21	21
32	4832	2714	2118	257	105	152	44	16	28
33	4734	2719	2015	212	102	110	32	14	18
34	3707	2146	1561	179	92	87	31	16	15
35-39岁	**12302**	**7417**	**4885**	**577**	**317**	**260**	**88**	**40**	**48**
35	3037	1815	1222	142	70	72	20	8	12
36	2888	1752	1136	134	66	68	27	10	17
37	2265	1365	900	106	62	44	18	10	8
38	2394	1446	948	124	75	49	12	4	8
39	1718	1039	679	71	44	27	11	8	3
40-44岁	**5890**	**3534**	**2356**	**211**	**140**	**71**	**23**	**15**	**8**
40	1498	877	621	60	40	20	3	3	
41	1274	776	498	50	31	19	10	7	3
42	1123	691	432	32	23	9	5	2	3
43	953	563	390	33	22	11	3	2	1
44	1042	627	415	36	24	12	2	1	1

4-1c 续表 7 单位：人

年 龄	大学本科			硕士研究生			博士研究生		
	小计	男	女	小计	男	女	小计	男	女
45—49岁	**5437**	**3363**	**2074**	**151**	**105**	**46**	**15**	**9**	**6**
45	1074	625	449	42	27	15	1		1
46	1190	736	454	23	17	6	4	3	1
47	1044	646	398	28	23	5	5	4	1
48	1090	678	412	30	17	13	3	1	2
49	1039	678	361	28	21	7	2	1	1
50—54岁	**3619**	**2430**	**1189**	**100**	**71**	**29**	**10**	**9**	**1**
50	944	625	319	26	21	5	2	2	
51	761	519	242	19	12	7	3	2	1
52	793	509	284	18	11	7	1	1	
53	576	402	174	17	14	3	1	1	
54	545	375	170	20	13	7	3	3	
55—59岁	**2175**	**1590**	**585**	**54**	**46**	**8**	**6**	**5**	**1**
55	508	363	145	12	7	5	3	2	1
56	518	358	160	19	17	2	1	1	
57	556	410	146	11	11		1	1	
58	395	305	90	6	5	1	1	1	
59	198	154	44	6	6				
60—64岁	**872**	**674**	**198**	**15**	**11**	**4**	**3**	**3**	
60	248	196	52	5	3	2			
61	147	115	32	2	2				
62	161	127	34	4	4		2	2	
63	166	122	44	3	2	1			
64	150	114	36	1		1	1	1	
65—69岁	**497**	**386**	**111**	**8**	**7**	**1**	**2**	**2**	
65	162	129	33	3	3		1	1	
66	133	98	35	2	2		1	1	
67	79	62	17	1	1				
68	58	45	13	2	1	1			
69	65	52	13						
70—74岁	**250**	**205**	**45**	**3**	**3**		**1**	**1**	
70	62	48	14				1	1	
71	51	41	10	1	1				
72	49	41	8						
73	45	40	5	2	2				
74	43	35	8						
75—79岁	**135**	**102**	**33**	**1**	**1**				
75	35	25	10						
76	24	18	6	1	1				
77	26	19	7						
78	24	17	7						
79	26	23	3						
80—84岁	**116**	**89**	**27**	**2**		**2**			
80	37	29	8	1		1			
81	24	19	5						
82	24	18	6						
83	15	10	5						
84	16	13	3	1		1			
85岁及以上	**76**	**60**	**16**	**1**	**1**		**2**	**1**	**1**

4−2　各地区分性别、受教育程度的15岁及以上人口

单位：人

地　区	15岁及以上人口			未上过学		
	合计	男	女	小计	男	女
内蒙古	**20671482**	**10519559**	**10151923**	**775137**	**203414**	**571723**
呼和浩特市	**2966845**	**1492717**	**1474128**	**98121**	**24492**	**73629**
新城区	597189	297784	299405	9444	2297	7147
回民区	378639	186407	192232	6796	1524	5272
玉泉区	447642	225576	222066	8475	2073	6402
赛罕区	763610	380985	382625	14484	3803	10681
土默特左旗	232382	119656	112726	16573	4468	12105
托克托县	142092	73649	68443	12655	3145	9510
和林格尔县	141537	70932	70605	13165	3449	9716
清水河县	67014	35017	31997	7788	1504	6284
武川县	86026	44760	41266	6064	1605	4459
呼和浩特经济技术开发区	110714	57951	52763	2677	624	2053
包头市	**2354080**	**1191576**	**1162504**	**66764**	**17100**	**49664**
东河区	426595	213094	213501	8813	2278	6535
昆都仑区	677343	339854	337489	8565	2346	6219
青山区	467587	230895	236692	5935	1322	4613
石拐区	22853	12675	10178	1720	550	1170
白云鄂博矿区	20469	11222	9247	606	122	484
九原区	208354	110309	98045	7646	1817	5829
土默特右旗	207988	107206	100782	17431	4229	13202
固阳县	105845	55883	49962	6467	1887	4580
达尔罕茂明安联合旗	62807	32741	30066	4068	1210	2858
包头稀土高新技术产业开发区	154239	77697	76542	5513	1339	4174
乌海市	**481871**	**252720**	**229151**	**14815**	**3706**	**11109**
海勃湾区	291832	149647	142185	7322	1813	5509
海南区	81573	45541	36032	4058	1053	3005
乌达区	108466	57532	50934	3435	840	2595
赤峰市	**3416888**	**1714766**	**1702122**	**117080**	**27372**	**89708**
红山区	395316	194874	200442	6150	1463	4687
元宝山区	247504	122776	124728	5088	1201	3887
松山区	589070	296786	292284	16427	3505	12922
阿鲁科尔沁旗	207933	104409	103524	5406	1365	4041
巴林左旗	237479	119005	118474	7208	1703	5505
巴林右旗	131973	66019	65954	3598	909	2689
林西县	162013	81127	80886	5685	1619	4066
克什克腾旗	161709	82430	79279	10971	2599	8372
翁牛特旗	286063	143965	142098	15762	3757	12005
喀喇沁旗	222513	112796	109717	13021	3011	10010
宁城县	401911	203650	198261	15028	3388	11640
敖汉旗	373404	186929	186475	12736	2852	9884

4−2 续表 1

单位：人

地 区	15岁及以上人口			未上过学		
	合计	男	女	小计	男	女
通辽市	**2456087**	**1232903**	**1223184**	**61659**	**18221**	**43438**
科尔沁区	629702	310874	318828	8868	2737	6131
科尔沁左翼中旗	341840	175383	166457	14359	4647	9712
科尔沁左翼后旗	272571	138042	134529	7629	2408	5221
开鲁县	268673	133333	135340	4943	1387	3556
库伦旗	128590	65206	63384	3272	911	2361
奈曼旗	312594	157031	155563	9362	2540	6822
扎鲁特旗	214088	108056	106032	9834	2743	7091
通辽经济技术开发区	172338	84733	87605	1928	528	1400
霍林郭勒市	115691	60245	55446	1464	320	1144
鄂尔多斯市	**1764363**	**952198**	**812165**	**98455**	**24347**	**74108**
东胜区	460880	237478	223402	13840	3179	10661
康巴什区	94159	47863	46296	2328	457	1871
达拉特旗	271235	140733	130502	18771	4345	14426
准格尔旗	297248	166080	131168	17436	4386	13050
鄂托克前旗	78269	43926	34343	5589	1603	3986
鄂托克旗	134886	75095	59791	8153	2125	6028
杭锦旗	93910	49198	44712	9373	2247	7126
乌审旗	129883	75636	54247	7314	2011	5303
伊金霍洛旗	203893	116189	87704	15651	3994	11657
呼伦贝尔市	**1980976**	**997153**	**983823**	**36203**	**11267**	**24936**
海拉尔区	326728	159338	167390	3577	991	2586
扎赉诺尔区	77419	38466	38953	744	217	527
阿荣旗	217507	110255	107252	4268	1328	2940
莫力达瓦达斡尔族自治旗	193516	98629	94887	5314	1904	3410
鄂伦春自治旗	153785	77732	76053	4561	1357	3204
鄂温克族自治旗	124776	62685	62091	1826	584	1242
陈巴尔虎旗	45648	24129	21519	631	224	407
新巴尔虎左旗	32189	16489	15700	690	290	400
新巴尔虎右旗	33757	18337	15420	618	245	373
满洲里市	131477	66329	65148	623	193	430
牙克石市	237735	118435	119300	3302	911	2391
扎兰屯市	277206	140621	136585	6343	2114	4229
额尔古纳市	61917	31481	30436	1672	458	1214
根河市	67316	34227	33089	2034	451	1583
巴彦淖尔市	**1344017**	**686021**	**657996**	**84877**	**21602**	**63275**
临河区	502704	252614	250090	25285	6354	18931
五原县	195954	99644	96310	14008	3707	10301
磴口县	81269	41748	39521	6867	1739	5128
乌拉特前旗	225220	115836	109384	17590	4252	13338
乌拉特中旗	100144	53474	46670	6271	1791	4480
乌拉特后旗	47376	26070	21306	2663	703	1960
杭锦后旗	191350	96635	94715	12193	3056	9137

4–2　续表 2

单位：人

地　区	15岁及以上人口			未上过学		
	合计	男	女	小计	男	女
乌兰察布市	**1517809**	**775382**	**742427**	**115878**	**29659**	**86219**
集宁区	371251	182746	188505	8472	1808	6664
卓资县	78860	42202	36658	7240	2075	5165
化德县	85615	43884	41731	6353	1648	4705
商都县	156058	78818	77240	14654	3678	10976
兴和县	146093	74530	71563	19157	4550	14607
凉城县	106241	55366	50875	13769	3819	9950
察哈尔右翼前旗	113491	59747	53744	10429	2585	7844
察哈尔右翼中旗	79296	41595	37701	7281	1921	5360
察哈尔右翼后旗	93707	48096	45611	8350	1962	6388
四子王旗	115670	59604	56066	6266	1755	4511
丰镇市	171527	88794	82733	13907	3858	10049
兴安盟	**1211573**	**611908**	**599665**	**37100**	**12499**	**24601**
乌兰浩特市	308162	150750	157412	5256	1619	3637
阿尔山市	29539	15255	14284	560	138	422
科尔沁右翼前旗	242459	123934	118525	8855	2844	6011
科尔沁右翼中旗	175779	89319	86460	7685	2497	5188
扎赉特旗	265986	136640	129346	11754	4454	7300
突泉县	189648	96010	93638	2990	947	2043
锡林郭勒盟	**951447**	**491757**	**459690**	**36398**	**11017**	**25381**
二连浩特市	63812	32816	30996	1394	369	1025
锡林浩特市	298809	150043	148766	5172	1470	3702
阿巴嘎旗	34002	18270	15732	1441	488	953
苏尼特左旗	29112	15772	13340	984	338	646
苏尼特右旗	55102	28195	26907	2099	570	1529
东乌珠穆沁旗	59860	31168	28692	1940	601	1339
西乌珠穆沁旗	85472	47944	37528	2425	794	1631
太仆寺旗	97222	49844	47378	10600	3301	7299
镶黄旗	23938	12582	11356	678	182	496
正镶白旗	38674	20281	18393	2567	830	1737
正蓝旗	60423	30973	29450	2664	776	1888
多伦县	85257	43551	41706	3636	1047	2589
乌拉盖管委会	19764	10318	9446	798	251	547
阿拉善盟	**225526**	**120458**	**105068**	**7787**	**2132**	**5655**
阿拉善左旗	153108	80028	73080	5420	1481	3939
阿拉善右旗	20077	10792	9285	1021	273	748
额济纳旗	29557	15666	13891	676	202	474
内蒙古阿拉善经济开发区	22784	13972	8812	670	176	494

4-2 续表 3

单位：人

地 区	学前教育			小 学		
	小计	男	女	小计	男	女
内蒙古	**10732**	**4234**	**6498**	**4248740**	**1912268**	**2336472**
呼和浩特市	**1343**	**557**	**786**	**414326**	**185934**	**228392**
新城区	211	98	113	59012	25956	33056
回民区	158	69	89	39925	17037	22888
玉泉区	144	55	89	58402	25946	32456
赛罕区	356	157	199	72482	31345	41137
土默特左旗	172	62	110	62242	29244	32998
托克托县	84	40	44	30831	14137	16694
和林格尔县	67	23	44	32501	15382	17119
清水河县	28	9	19	19948	9089	10859
武川县	74	27	47	26114	12024	14090
呼和浩特经济技术开发区	49	17	32	12869	5774	7095
包头市	**1112**	**470**	**642**	**353695**	**157230**	**196465**
东河区	246	88	158	55863	24548	31315
昆都仑区	330	145	185	80889	34575	46314
青山区	132	70	62	46306	18816	27490
石拐区	9	3	6	5050	2560	2490
白云鄂博矿区	3	3		2821	1228	1593
九原区	155	78	77	34945	15976	18969
土默特右旗	100	27	73	52975	24597	28378
固阳县	87	41	46	33471	15827	17644
达尔罕茂明安联合旗	15	7	8	19069	8991	10078
包头稀土高新技术产业开发区	35	8	27	22306	10112	12194
乌海市	**202**	**70**	**132**	**67308**	**30568**	**36740**
海勃湾区	89	30	59	34300	15276	19024
海南区	21	10	11	15694	7534	8160
乌达区	92	30	62	17314	7758	9556
赤峰市	**1846**	**658**	**1188**	**912634**	**393644**	**518990**
红山区	196	78	118	55000	23099	31901
元宝山区	87	32	55	46334	18543	27791
松山区	207	87	120	118614	49232	69382
阿鲁科尔沁旗	97	35	62	63898	28421	35477
巴林左旗	188	73	115	67941	29386	38555
巴林右旗	37	15	22	38215	17089	21126
林西县	122	43	79	54078	24016	30062
克什克腾旗	87	36	51	51009	23076	27933
翁牛特旗	171	59	112	102521	45223	57298
喀喇沁旗	191	58	133	64003	28597	35406
宁城县	195	64	131	108001	45845	62156
敖汉旗	268	78	190	143020	61117	81903

4-2　续表 4

单位：人

地　　区	学前教育			小　　学		
	小计	男	女	小计	男	女
通辽市	**1013**	**388**	**625**	**545805**	**240141**	**305664**
科尔沁区	260	101	159	92487	40437	52050
科尔沁左翼中旗	166	58	108	88963	41413	47550
科尔沁左翼后旗	98	39	59	76125	34143	41982
开鲁县	114	43	71	69261	29282	39979
库伦旗	53	20	33	34587	14822	19765
奈曼旗	164	59	105	91620	39780	51840
扎鲁特旗	66	31	35	57205	25354	31851
通辽经济技术开发区	54	23	31	19557	8398	11159
霍林郭勒市	38	14	24	16000	6512	9488
鄂尔多斯市	**865**	**303**	**562**	**354383**	**167005**	**187378**
东胜区	165	68	97	64737	28872	35865
康巴什区	40	16	24	8641	3779	4862
达拉特旗	141	43	98	62834	29162	33672
准格尔旗	131	37	94	74540	35777	38763
鄂托克前旗	52	14	38	19545	9187	10358
鄂托克旗	57	24	33	26664	12701	13963
杭锦旗	63	20	43	26526	12851	13675
乌审旗	67	28	39	30566	14461	16105
伊金霍洛旗	149	53	96	40330	20215	20115
呼伦贝尔市	**859**	**351**	**508**	**345799**	**154321**	**191478**
海拉尔区	118	57	61	29689	12468	17221
扎赉诺尔区	39	18	21	10874	4537	6337
阿荣旗	78	34	44	55043	24219	30824
莫力达瓦达斡尔族自治旗	111	56	55	54222	25759	28463
鄂伦春自治旗	82	32	50	30836	13928	16908
鄂温克族自治旗	46	15	31	16799	7279	9520
陈巴尔虎旗	24	7	17	9424	4202	5222
新巴尔虎左旗	24	12	12	8076	3753	4323
新巴尔虎右旗	7	1	6	8404	4287	4117
满洲里市	41	15	26	7398	3236	4162
牙克石市	150	57	93	29412	12231	17181
扎兰屯市	88	28	60	69768	31681	38087
额尔古纳市	20	8	12	9503	4233	5270
根河市	31	11	20	6351	2508	3843
巴彦淖尔市	**826**	**324**	**502**	**252430**	**120460**	**131970**
临河区	266	93	173	71513	33493	38020
五原县	119	52	67	47921	23189	24732
磴口县	109	46	63	14925	7229	7696
乌拉特前旗	139	55	84	50277	24307	25970
乌拉特中旗	41	16	25	22639	11029	11610
乌拉特后旗	15	7	8	8043	4191	3852
杭锦后旗	137	55	82	37112	17022	20090

4−2　续表 5　　　　单位：人

地　　区	学前教育			小　　学		
	小计	男	女	小计	男	女
乌兰察布市	**1523**	**618**	**905**	**417649**	**192518**	**225131**
集宁区	130	53	77	48031	19700	28331
卓资县	45	18	27	24028	11661	12367
化德县	27	14	13	28950	13204	15746
商都县	403	154	249	55062	24721	30341
兴和县	136	47	89	48980	23912	25068
凉城县	100	38	62	34125	16296	17829
察哈尔右翼前旗	174	55	119	35607	16910	18697
察哈尔右翼中旗	63	25	38	27586	13001	14585
察哈尔右翼后旗	75	35	40	30737	14125	16612
四子王旗	77	27	50	33934	15161	18773
丰镇市	293	152	141	50609	23827	26782
兴安盟	**653**	**273**	**380**	**337908**	**156750**	**181158**
乌兰浩特市	123	43	80	47740	21508	26232
阿尔山市	10	6	4	3701	1537	2164
科尔沁右翼前旗	173	90	83	81561	38825	42736
科尔沁右翼中旗	110	38	72	53062	24353	28709
扎赉特旗	110	38	72	93731	44923	48808
突泉县	127	58	69	58113	25604	32509
锡林郭勒盟	**380**	**162**	**218**	**212268**	**98037**	**114231**
二连浩特市	19	8	11	12383	5340	7043
锡林浩特市	83	38	45	43988	18932	25056
阿巴嘎旗	10	3	7	9919	4947	4972
苏尼特左旗	3		3	8108	3970	4138
苏尼特右旗	31	12	19	12909	5742	7167
东乌珠穆沁旗	35	12	23	16645	8051	8594
西乌珠穆沁旗	30	14	16	21574	10225	11349
太仆寺旗	66	27	39	29599	14356	15243
镶黄旗	34	14	20	5462	2338	3124
正镶白旗	13	4	9	10942	5240	5702
正蓝旗	16	4	12	14410	6626	7784
多伦县	34	24	10	21828	10253	11575
乌拉盖管委会	6	2	4	4501	2017	2484
阿拉善盟	**110**	**60**	**50**	**34535**	**15660**	**18875**
阿拉善左旗	42	24	18	23552	10450	13102
阿拉善右旗	13	2	11	4081	1962	2119
额济纳旗	32	23	9	4344	1960	2384
内蒙古阿拉善经济开发区	23	11	12	2558	1288	1270

4-2　续表 6　　　　　　　　　　　　　　　　　　　　单位：人

地　区	初　中			高　中			大学专科		
	小计	男	女	小计	男	女	小计	男	女
内蒙古	**7598402**	**4172575**	**3425827**	**3544291**	**1923089**	**1621202**	**2398929**	**1288368**	**1110561**
呼和浩特市	**866914**	**477101**	**389813**	**538054**	**283633**	**254421**	**491448**	**256279**	**235169**
新城区	150301	79665	70636	119099	60631	58468	111899	57299	54600
回民区	114266	61208	53058	85474	44009	41465	68460	35813	32647
玉泉区	156133	85378	70755	90460	47291	43169	68191	34456	33735
赛罕区	162389	85788	76601	129826	65320	64506	168761	88105	80656
土默特左旗	93330	53673	39657	30893	17897	12996	16022	8734	7288
托克托县	58550	33261	25289	21343	12654	8689	11840	6710	5130
和林格尔县	44575	26508	18067	19123	11469	7654	11706	6600	5106
清水河县	21004	13478	7526	9380	5890	3490	5245	3096	2149
武川县	31407	18314	13093	12040	7188	4852	6917	3879	3038
呼和浩特经济技术开发区	34959	19828	15131	20416	11284	9132	22407	11587	10820
包头市	**826786**	**447691**	**379095**	**473973**	**245263**	**228710**	**326059**	**173905**	**152154**
东河区	177979	94860	83119	96021	48472	47549	46697	24287	22410
昆都仑区	216750	112271	104479	152981	77346	75635	105944	55155	50789
青山区	135964	70954	65010	102809	51145	51664	92349	49161	43188
石拐区	9614	5885	3729	3765	2238	1527	1648	946	702
白云鄂博矿区	5507	3120	2387	6298	3747	2551	2828	1687	1141
九原区	83136	46733	36403	37097	20816	16281	26910	15971	10939
土默特右旗	85610	49715	35895	23841	13636	10205	14650	8089	6561
固阳县	40108	23733	16375	14546	8447	6099	6437	3654	2783
达尔罕茂明安联合旗	22736	13153	9583	7641	4406	3235	5046	2890	2156
包头稀土高新技术产业开发区	49382	27267	22115	28974	15010	13964	23550	12065	11485
乌海市	**178013**	**101482**	**76531**	**99849**	**54307**	**45542**	**75434**	**40000**	**35434**
海勃湾区	95691	52806	42885	64078	33889	30189	53924	28073	25851
海南区	37227	22824	14403	13826	8285	5541	7424	4164	3260
乌达区	45095	25852	19243	21945	12133	9812	14086	7763	6323
赤峰市	**1272925**	**691055**	**581870**	**554357**	**308802**	**245555**	**310089**	**170970**	**139119**
红山区	123966	63280	60686	103427	53812	49615	56719	29902	26817
元宝山区	106359	54004	52355	48589	26761	21828	23002	13075	9927
松山区	196008	106119	89889	108845	59581	49264	83310	45461	37849
阿鲁科尔沁旗	85092	45785	39307	26731	15055	11676	13175	7303	5872
巴林左旗	92125	50042	42083	37474	20761	16713	18073	9858	8215
巴林右旗	50527	26672	23855	18894	10343	8551	11446	6467	4979
林西县	55239	29886	25353	26095	14629	11466	12754	7008	5746
克什克腾旗	48659	27466	21193	25927	15423	10504	14867	8599	6268
翁牛特旗	104130	58630	45500	33186	19419	13767	16769	9881	6888
喀喇沁旗	87799	48777	39022	32146	18904	13242	14215	7871	6344
宁城县	182272	100521	81751	50664	29306	21358	24971	14102	10869
敖汉旗	140749	79873	60876	42379	24808	17571	20788	11443	9345

4-2 续表 7 单位：人

地区	初中			高中			大学专科		
	小计	男	女	小计	男	女	小计	男	女
通辽市	**1080420**	**574220**	**506200**	**394175**	**212585**	**181590**	**195703**	**103963**	**91740**
科尔沁区	264813	136017	128796	137952	70268	67684	61747	32175	29572
科尔沁左翼中旗	169916	92370	77546	36741	20972	15769	17521	9506	8015
科尔沁左翼后旗	125201	67568	57633	37178	20384	16794	14050	7708	6342
开鲁县	135493	71063	64430	31763	17605	14158	14939	8141	6798
库伦旗	55188	30145	25043	19136	10885	8251	8154	4579	3575
奈曼旗	140012	76307	63705	37752	21140	16612	19638	10731	8907
扎鲁特旗	86814	47759	39055	30709	17372	13337	15948	8549	7399
通辽经济技术开发区	58837	30208	28629	37259	19118	18141	27788	13476	14312
霍林郭勒市	44146	22783	21363	25685	14841	10844	15918	9098	6820
鄂尔多斯市	**554027**	**334062**	**219965**	**298627**	**176541**	**122086**	**245799**	**139487**	**106312**
东胜区	150304	84696	65608	88008	48542	39466	76559	39027	37532
康巴什区	16625	9048	7577	18144	9495	8649	19426	10150	9276
达拉特旗	99627	58434	41193	44123	24788	19335	26572	14869	11703
准格尔旗	93596	58999	34597	44836	27579	17257	36504	22172	14332
鄂托克前旗	24148	15519	8629	12507	8153	4354	9456	5662	3794
鄂托克旗	45748	28261	17487	24512	14968	9544	19164	11508	7656
杭锦旗	27150	16530	10620	12113	7203	4910	10354	6221	4133
乌审旗	37044	23704	13340	21981	14500	7481	19531	12881	6650
伊金霍洛旗	59785	38871	20914	32403	21313	11090	28233	16997	11236
呼伦贝尔市	**894571**	**469317**	**425254**	**331141**	**173052**	**158089**	**214565**	**114044**	**100521**
海拉尔区	118374	59568	58806	72711	36233	36478	51158	26241	24917
扎赉诺尔区	39138	19879	19259	12438	6425	6013	9290	5048	4242
阿荣旗	110371	58997	51374	25073	13887	11186	14149	7643	6506
莫力达瓦达斡尔族自治旗	90156	48295	41861	23102	12254	10848	12398	6546	5852
鄂伦春自治旗	74037	39235	34802	22603	11968	10635	13941	7565	6376
鄂温克族自治旗	44676	23003	21673	25467	13468	11999	20472	10827	9645
陈巴尔虎旗	20579	11618	8961	7271	3966	3305	4682	2681	2001
新巴尔虎左旗	12181	6494	5687	5144	2783	2361	3663	2008	1655
新巴尔虎右旗	12096	7084	5012	5571	3119	2452	3689	2053	1636
满洲里市	68841	35354	33487	25561	13243	12318	15910	8197	7713
牙克石市	119507	61136	58371	43150	22274	20876	25783	13923	11860
扎兰屯市	122875	65942	56933	41664	22224	19440	23107	12241	10866
额尔古纳市	27238	14412	12826	10463	5512	4951	8169	4499	3670
根河市	34502	18300	16202	10923	5696	5227	8154	4572	3582
巴彦淖尔市	**527490**	**295076**	**232414**	**241871**	**131705**	**110166**	**141573**	**73251**	**68322**
临河区	181997	99537	82460	104028	55073	48955	68520	34847	33673
五原县	80072	44786	35286	29192	16106	13086	15398	7785	7613
磴口县	33288	18478	14810	13657	7771	5886	7895	4334	3561
乌拉特前旗	91408	52287	39121	35529	19806	15723	19609	10165	9444
乌拉特中旗	38777	22510	16267	16601	9713	6888	9071	5074	3997
乌拉特后旗	18309	10829	7480	8932	5253	3679	5320	3037	2283
杭锦后旗	83639	46649	36990	33932	17983	15949	15760	8009	7751

4-2　续表 8　　单位：人

地　区	初　中			高　中			大学专科		
	小计	男	女	小计	男	女	小计	男	女
乌兰察布市	**520266**	**301434**	**218832**	**219393**	**123167**	**96226**	**147663**	**81067**	**66596**
集宁区	125104	65760	59344	78745	40945	37800	60492	31274	29218
卓资县	27443	16680	10763	10849	6416	4433	6143	3656	2487
化德县	29278	17112	12166	10330	5985	4345	7177	4125	3052
商都县	51048	30677	20371	18920	10856	8064	10835	6159	4676
兴和县	49315	29681	19634	15733	9250	6483	8870	5077	3793
凉城县	32972	20305	12667	12627	7714	4913	7693	4529	3164
察哈尔右翼前旗	39680	24421	15259	14207	8404	5803	8747	4876	3871
察哈尔右翼中旗	25714	15746	9968	9292	5682	3610	5787	3391	2396
察哈尔右翼后旗	31726	18896	12830	11697	6805	4892	7549	4360	3189
四子王旗	45486	26055	19431	14912	8554	6358	9963	5481	4482
丰镇市	62500	36101	26399	22081	12556	9525	14407	8139	6268
兴安盟	**475842**	**256683**	**219159**	**180299**	**96377**	**83922**	**99434**	**51821**	**47613**
乌兰浩特市	110122	56175	53947	70720	35789	34931	40166	19746	20420
阿尔山市	13124	7006	6118	5077	2732	2345	4036	2321	1715
科尔沁右翼前旗	92441	51080	41361	27633	15264	12369	16271	8641	7630
科尔沁右翼中旗	69043	37981	31062	24160	13541	10619	12202	6612	5590
扎赉特旗	105042	57620	47422	28586	15841	12745	15712	8507	7205
突泉县	86070	46821	39249	24123	13210	10913	11047	5994	5053
锡林郭勒盟	**331626**	**184036**	**147590**	**166912**	**91223**	**75689**	**114522**	**63115**	**51407**
二连浩特市	23606	12912	10694	12365	6929	5436	7051	3803	3248
锡林浩特市	102113	53733	48380	61108	31428	29680	48239	25528	22711
阿巴嘎旗	10836	6393	4443	5478	3131	2347	3417	1927	1490
苏尼特左旗	9090	5302	3788	4676	2835	1841	3524	2022	1502
苏尼特右旗	20082	11189	8893	10003	5434	4569	6001	3351	2650
东乌珠穆沁旗	21172	11734	9438	9320	5234	4086	5698	3189	2509
西乌珠穆沁旗	30155	17991	12164	14753	9301	5452	9273	5765	3508
太仆寺旗	33034	19275	13759	12511	6845	5666	6775	3823	2952
镶黄旗	7706	4470	3236	4290	2380	1910	3105	1838	1267
正镶白旗	13001	7500	5501	5652	3140	2512	3775	2230	1545
正蓝旗	20655	11367	9288	10817	5939	4878	6578	3597	2981
多伦县	32805	18045	14760	12941	6904	6037	8664	4679	3985
乌拉盖管委会	7371	4125	3246	2998	1723	1275	2422	1363	1059
阿拉善盟	**69522**	**40418**	**29104**	**45640**	**26434**	**19206**	**36640**	**20466**	**16174**
阿拉善左旗	48236	27711	20525	30373	16911	13462	23323	12636	10687
阿拉善右旗	5602	3206	2396	3497	2133	1364	3053	1811	1242
额济纳旗	8974	5155	3819	6627	3939	2688	5107	2747	2360
内蒙古阿拉善经济开发区	6710	4346	2364	5143	3451	1692	5157	3272	1885

4-2 续表 9 单位：人

地区	大学本科			硕士研究生			博士研究生		
	小计	男	女	小计	男	女	小计	男	女
内蒙古	**1943462**	**950179**	**993283**	**140524**	**59876**	**80648**	**11265**	**5556**	**5709**
呼和浩特市	**490808**	**236549**	**254259**	**59775**	**25132**	**34643**	**6056**	**3040**	**3016**
新城区	131591	64656	66935	14345	6518	7827	1287	664	623
回民区	58193	24786	33407	4987	1781	3206	380	180	200
玉泉区	59383	28020	31363	5872	2092	3780	582	265	317
赛罕区	180732	91221	89511	31013	13435	17578	3567	1811	1756
土默特左旗	12706	5408	7298	415	159	256	29	11	18
托克托县	6553	3601	2952	220	93	127	16	8	8
和林格尔县	19263	7181	12082	1078	287	791	59	33	26
清水河县	3450	1875	1575	152	67	85	19	9	10
武川县	3231	1652	1579	161	62	99	18	9	9
呼和浩特经济技术开发区	15706	8149	7557	1532	638	894	99	50	49
包头市	**284526**	**139955**	**144571**	**19904**	**9256**	**10648**	**1261**	**706**	**555**
东河区	38854	17732	21122	1985	762	1223	137	67	70
昆都仑区	103182	53569	49613	8155	4128	4027	547	319	228
青山区	78017	36675	41342	5759	2593	3166	316	159	157
石拐区	1002	477	525	39	13	26	6	3	3
白云鄂博矿区	2307	1249	1058	94	63	31	5	3	2
九原区	17277	8422	8855	1123	459	664	65	37	28
土默特右旗	12941	6707	6234	398	176	222	42	30	12
固阳县	4558	2214	2344	161	74	87	10	6	4
达尔罕茂明安联合旗	4091	2023	2068	133	59	74	8	2	6
包头稀土高新技术产业开发区	22297	10887	11410	2057	929	1128	125	80	45
乌海市	**43549**	**21391**	**22158**	**2576**	**1139**	**1437**	**125**	**57**	**68**
海勃湾区	34151	16728	17423	2182	982	1200	95	50	45
海南区	3203	1621	1582	114	47	67	6	3	3
乌达区	6195	3042	3153	280	110	170	24	4	20
赤峰市	**235467**	**117275**	**118192**	**11602**	**4587**	**7015**	**888**	**403**	**485**
红山区	47402	22278	25124	2308	901	1407	148	61	87
元宝山区	17173	8803	8370	790	314	476	82	43	39
松山区	61044	30852	30192	4338	1822	2516	277	127	150
阿鲁科尔沁旗	13055	6294	6761	438	135	303	41	16	25
巴林左旗	13987	6989	6998	432	165	267	51	28	23
巴林右旗	8863	4406	4457	366	105	261	27	13	14
林西县	7700	3809	3891	318	107	211	22	10	12
克什克腾旗	9784	5069	4715	374	148	226	31	14	17
翁牛特旗	13014	6808	6206	456	167	289	54	21	33
喀喇沁旗	10602	5370	5232	502	192	310	34	16	18
宁城县	19948	10076	9872	769	316	453	63	32	31
敖汉旗	12895	6521	6374	511	215	296	58	22	36

4-2 续表 10

单位：人

地区	大学本科			硕士研究生			博士研究生		
	小计	男	女	小计	男	女	小计	男	女
通辽市	**166881**	**79393**	**87488**	**9564**	**3603**	**5961**	**867**	**389**	**478**
科尔沁区	59747	27631	32116	3545	1359	2186	283	149	134
科尔沁左翼中旗	13587	6240	7347	516	156	360	71	21	50
科尔沁左翼后旗	11800	5613	6187	436	163	273	54	16	38
开鲁县	11593	5614	5979	533	179	354	34	19	15
库伦旗	7864	3720	4144	314	112	202	22	12	10
奈曼旗	13377	6261	7116	613	191	422	56	22	34
扎鲁特旗	12893	6027	6866	562	193	369	57	28	29
通辽经济技术开发区	24107	11832	12275	2536	1036	1500	272	114	158
霍林郭勒市	11913	6455	5458	509	214	295	18	8	10
鄂尔多斯市	**199169**	**104114**	**95055**	**12521**	**6064**	**6457**	**517**	**275**	**242**
东胜区	63107	31143	31964	3999	1874	2125	161	77	84
康巴什区	25581	13295	12286	3286	1583	1703	88	40	48
达拉特旗	18471	8790	9681	662	288	374	34	14	20
准格尔旗	28744	16355	12389	1403	741	662	58	34	24
鄂托克前旗	6729	3675	3054	225	100	125	18	13	5
鄂托克旗	10222	5325	4897	341	168	173	25	15	10
杭锦旗	8013	3977	4036	306	141	165	12	8	4
乌审旗	12917	7780	5137	441	259	182	22	12	10
伊金霍洛旗	25385	13774	11611	1858	910	948	99	62	37
呼伦贝尔市	**150747**	**71928**	**78819**	**6649**	**2691**	**3958**	**442**	**182**	**260**
海拉尔区	48570	22724	25846	2374	998	1376	157	58	99
扎赉诺尔区	4712	2269	2443	174	67	107	10	6	4
阿荣旗	8227	4027	4200	274	107	167	24	13	11
莫力达瓦达斡尔族自治旗	7944	3714	4230	253	94	159	16	7	9
鄂伦春自治旗	7495	3567	3928	212	75	137	18	5	13
鄂温克族自治旗	14314	7038	7276	1112	446	666	64	25	39
陈巴尔虎旗	2932	1387	1545	95	39	56	10	5	5
新巴尔虎左旗	2331	1120	1211	77	28	49	3	1	2
新巴尔虎右旗	3259	1507	1752	106	40	66	7	1	6
满洲里市	12669	5915	6754	407	158	249	27	18	9
牙克石市	15734	7627	8107	645	254	391	52	22	30
扎兰屯市	12737	6129	6608	591	249	342	33	13	20
额尔古纳市	4703	2296	2407	144	60	84	5	3	2
根河市	5120	2608	2512	185	76	109	16	5	11
巴彦淖尔市	**90102**	**41453**	**48649**	**4558**	**2005**	**2553**	**290**	**145**	**145**
临河区	48039	21858	26181	2903	1280	1623	153	79	74
五原县	8899	3871	5028	314	129	185	31	19	12
磴口县	4323	2050	2273	187	92	95	18	9	9
乌拉特前旗	10262	4790	5472	370	156	214	36	18	18
乌拉特中旗	6487	3226	3261	236	107	129	21	8	13
乌拉特后旗	3914	1974	1940	177	76	101	3		3
杭锦后旗	8178	3684	4494	371	165	206	28	12	16

4-2 续表 11 单位：人

地 区	大学本科			硕士研究生			博士研究生		
	小计	男	女	小计	男	女	小计	男	女
乌兰察布市	**90640**	**45004**	**45636**	**4497**	**1782**	**2715**	**300**	**133**	**167**
集宁区	47333	22062	25271	2835	1096	1739	109	48	61
卓资县	3007	1647	1360	95	46	49	10	3	7
化德县	3356	1744	1612	134	46	88	10	6	4
商都县	4926	2491	2435	184	76	108	26	6	20
兴和县	3736	1945	1791	146	59	87	20	9	11
凉城县	4754	2576	2178	178	76	102	23	13	10
察哈尔右翼前旗	4428	2398	2030	191	81	110	28	17	11
察哈尔右翼中旗	3421	1771	1650	136	52	84	16	6	10
察哈尔右翼后旗	3452	1875	1577	111	36	75	10	2	8
四子王旗	4784	2464	2320	225	95	130	23	12	11
丰镇市	7443	4031	3412	262	119	143	25	11	14
兴安盟	**76680**	**36020**	**40660**	**3474**	**1418**	**2056**	**183**	**67**	**116**
乌兰浩特市	32325	15132	17193	1661	719	942	49	19	30
阿尔山市	2899	1448	1451	128	63	65	4	4	
科尔沁右翼前旗	14667	6846	7821	806	320	486	52	24	28
科尔沁右翼中旗	9120	4181	4939	364	110	254	33	6	27
扎赉特旗	10732	5140	5592	285	107	178	34	10	24
突泉县	6937	3273	3664	230	99	131	11	4	7
锡林郭勒盟	**85217**	**42467**	**42750**	**3852**	**1573**	**2279**	**272**	**127**	**145**
二连浩特市	6747	3351	3396	237	99	138	10	5	5
锡林浩特市	35845	17963	17882	2113	875	1238	148	76	72
阿巴嘎旗	2818	1343	1475	77	35	42	6	3	3
苏尼特左旗	2616	1261	1355	100	39	61	11	5	6
苏尼特右旗	3847	1845	2002	127	50	77	3	2	1
东乌珠穆沁旗	4820	2266	2554	210	77	133	20	4	16
西乌珠穆沁旗	7044	3766	3278	209	84	125	9	4	5
太仆寺旗	4451	2146	2305	171	62	109	15	9	6
镶黄旗	2553	1318	1235	98	38	60	12	4	8
正镶白旗	2608	1296	1312	110	38	72	6	3	3
正蓝旗	5120	2592	2528	149	68	81	14	4	10
多伦县	5136	2509	2627	199	84	115	14	6	8
乌拉盖管委会	1612	811	801	52	24	28	4	2	2
阿拉善盟	**29676**	**14630**	**15046**	**1552**	**626**	**926**	**64**	**32**	**32**
阿拉善左旗	20909	10294	10615	1201	497	704	52	24	28
阿拉善右旗	2699	1361	1338	105	41	64	6	3	3
额济纳旗	3632	1596	2036	160	40	120	5	4	1
内蒙古阿拉善经济开发区	2436	1379	1057	86	48	38	1	1	

4-2a　各地区分性别、受教育程度的15岁及以上人口(城市)

单位：人

地　区	15岁及以上人口			未上过学		
	合计	男	女	小计	男	女
内蒙古	**8088402**	**4010545**	**4077857**	**124419**	**29651**	**94768**
呼和浩特市	**1914332**	**945047**	**969285**	**26400**	**6098**	**20302**
新城区	527623	260848	266775	6993	1578	5415
回民区	362476	177131	185345	6126	1280	4846
玉泉区	394823	197631	197192	5985	1432	4553
赛罕区	629410	309437	319973	7296	1808	5488
包头市	**1645482**	**820574**	**824908**	**22758**	**5673**	**17085**
东河区	372293	185007	187286	5590	1410	4180
昆都仑区	653096	326919	326177	7166	1960	5206
青山区	449026	220795	228231	5085	1081	4004
石拐区	13927	7271	6656	998	328	670
白云鄂博矿区	20469	11222	9247	606	122	484
九原区	136671	69360	67311	3313	772	2541
乌海市	**442277**	**227697**	**214580**	**11465**	**2833**	**8632**
海勃湾区	273626	138264	135362	6026	1456	4570
海南区	62567	33318	29249	2110	556	1554
乌达区	106084	56115	49969	3329	821	2508
赤峰市	**845200**	**416936**	**428264**	**10289**	**2252**	**8037**
红山区	361572	177455	184117	4223	1036	3187
元宝山区	160245	78298	81947	2411	540	1871
松山区	323383	161183	162200	3655	676	2979
通辽市	**488659**	**239528**	**249131**	**3549**	**969**	**2580**
科尔沁区	380810	183445	197365	2281	701	1580
霍林郭勒市	107849	56083	51766	1268	268	1000
鄂尔多斯市	**531881**	**268689**	**263192**	**14580**	**3152**	**11428**
东胜区	437011	220447	216564	12203	2677	9526
康巴什区	94159	47863	46296	2328	457	1871
鄂托克旗	711	379	332	49	18	31
呼伦贝尔市	**844547**	**414081**	**430466**	**8677**	**2366**	**6311**
海拉尔区	315623	153566	162057	3193	884	2309
扎赉诺尔区	72546	35898	36648	619	174	445
满洲里市	127561	64283	63278	561	170	391
牙克石市	127611	61539	66072	1279	342	937
扎兰屯市	123786	60468	63318	1083	300	783
额尔古纳市	38206	18880	19326	751	212	539
根河市	39214	19447	19767	1191	284	907
巴彦淖尔市	**335651**	**165894**	**169757**	**8051**	**1806**	**6245**
临河区	335651	165894	169757	8051	1806	6245
乌兰察布市	**425674**	**209781**	**215893**	**9329**	**1949**	**7380**
集宁区	330383	162299	168084	6154	1272	4882
丰镇市	95291	47482	47809	3175	677	2498
兴安盟	**277017**	**134191**	**142826**	**3675**	**1052**	**2623**
乌兰浩特市	260482	125760	134722	3338	971	2367
阿尔山市	16535	8431	8104	337	81	256
锡林郭勒盟	**337682**	**168127**	**169555**	**5646**	**1501**	**4145**
二连浩特市	61441	31362	30079	1169	274	895
锡林浩特市	276241	136765	139476	4477	1227	3250

4-2a 续表 1

单位：人

地 区	学前教育			小 学		
	小计	男	女	小计	男	女
内蒙古	**3012**	**1264**	**1748**	**857809**	**358306**	**499503**
呼和浩特市	**699**	**306**	**393**	**161156**	**66893**	**94263**
新城区	195	92	103	42399	17908	24491
回民区	153	64	89	36590	15260	21330
玉泉区	124	48	76	45429	19731	25698
赛罕区	227	102	125	36738	13994	22744
包头市	**683**	**305**	**378**	**181999**	**76576**	**105423**
东河区	150	59	91	42103	17999	24104
昆都仑区	309	135	174	74754	31555	43199
青山区	123	66	57	41377	16507	24870
石拐区	6	3	3	2626	1220	1406
白云鄂博矿区	3	3		2821	1228	1593
九原区	92	39	53	18318	8067	10251
乌海市	**187**	**63**	**124**	**58261**	**25668**	**32593**
海勃湾区	80	27	53	30203	13165	17038
海南区	18	9	9	11385	5058	6327
乌达区	89	27	62	16673	7445	9228
赤峰市	**292**	**116**	**176**	**98589**	**38954**	**59635**
红山区	174	68	106	43772	17883	25889
元宝山区	53	20	33	18919	7003	11916
松山区	65	28	37	35898	14068	21830
通辽市	**167**	**69**	**98**	**41308**	**16757**	**24551**
科尔沁区	130	55	75	27382	11135	16247
霍林郭勒市	37	14	23	13926	5622	8304
鄂尔多斯市	**193**	**81**	**112**	**67459**	**29252**	**38207**
东胜区	153	65	88	58674	25418	33256
康巴什区	40	16	24	8641	3779	4862
鄂托克旗				144	55	89
呼伦贝尔市	**304**	**130**	**174**	**80368**	**33473**	**46895**
海拉尔区	113	55	58	27296	11389	15907
扎赉诺尔区	30	15	15	9755	4044	5711
满洲里市	41	15	26	6480	2841	3639
牙克石市	57	24	33	11616	4564	7052
扎兰屯市	37	11	26	15738	6639	9099
额尔古纳市	15	5	10	5818	2497	3321
根河市	11	5	6	3665	1499	2166
巴彦淖尔市	**116**	**46**	**70**	**27650**	**12193**	**15457**
临河区	116	46	70	27650	12193	15457
乌兰察布市	**174**	**70**	**104**	**57067**	**22992**	**34075**
集宁区	119	46	73	37841	15066	22775
丰镇市	55	24	31	19226	7926	11300
兴安盟	**102**	**36**	**66**	**34160**	**14695**	**19465**
乌兰浩特市	94	32	62	32429	14018	18411
阿尔山市	8	4	4	1731	677	1054
锡林郭勒盟	**95**	**42**	**53**	**49792**	**20853**	**28939**
二连浩特市	18	8	10	11588	4900	6688
锡林浩特市	77	34	43	38204	15953	22251

4-2a　续表 2　　　　单位：人

地　区	初　中			高　中			大学专科		
	小计	男	女	小计	男	女	小计	男	女
内蒙古	**2582494**	**1337507**	**1244987**	**1805771**	**923682**	**882089**	**1376670**	**716491**	**660179**
呼和浩特市	**459917**	**240628**	**219289**	**386688**	**194885**	**191803**	**398316**	**206159**	**192157**
新城区	116239	60348	55891	109507	55182	54325	107122	54866	52256
回民区	107705	57166	50539	82294	42058	40236	66807	34937	31870
玉泉区	133221	71893	61328	83459	43144	40315	64639	32935	31704
赛罕区	102752	51221	51531	111428	54501	56927	159748	83421	76327
包头市	**549091**	**287317**	**261774**	**374452**	**188883**	**185569**	**262239**	**137511**	**124728**
东河区	152494	80329	72165	88777	44607	44170	43911	22860	21051
昆都仑区	205188	105678	99510	149750	75480	74270	104695	54422	50273
青山区	127166	65912	61254	100704	49815	50889	91071	48320	42751
石拐区	5695	3297	2398	2582	1398	1184	1199	657	542
白云鄂博矿区	5507	3120	2387	6298	3747	2551	2828	1687	1141
九原区	53041	28981	24060	26341	13836	12505	18535	9565	8970
乌海市	**159458**	**88406**	**71052**	**94692**	**50508**	**44184**	**72981**	**38300**	**34681**
海勃湾区	87368	47078	40290	61487	31988	29499	52564	27125	25439
海南区	28095	16201	11894	11616	6627	4989	6445	3484	2961
乌达区	43995	25127	18868	21589	11893	9696	13972	7691	6281
赤峰市	**265043**	**132319**	**132724**	**214067**	**111777**	**102290**	**138344**	**74104**	**64240**
红山区	110520	55687	54833	99061	51155	47906	54892	28868	26024
元宝山区	65943	31935	34008	38609	20544	18065	18827	10478	8349
松山区	88580	44697	43883	76397	40078	36319	64625	34758	29867
通辽市	**162296**	**79721**	**82575**	**141258**	**72020**	**69238**	**69153**	**36651**	**32502**
科尔沁区	121326	58682	62644	117168	58234	58934	53726	27813	25913
霍林郭勒市	40970	21039	19931	24090	13786	10304	15427	8838	6589
鄂尔多斯市	**157267**	**85908**	**71359**	**102752**	**55146**	**47606**	**94327**	**47851**	**46476**
东胜区	140223	76611	63612	84566	45624	38942	74868	37684	37184
康巴什区	16625	9048	7577	18144	9495	8649	19426	10150	9276
鄂托克旗	419	249	170	42	27	15	33	17	16
呼伦贝尔市	**358395**	**179873**	**178522**	**179358**	**90287**	**89071**	**119456**	**61920**	**57536**
海拉尔区	112249	56201	56048	71629	35623	36006	50395	25805	24590
扎赉诺尔区	36587	18471	18116	11812	6065	5747	8989	4851	4138
满洲里市	66518	34061	32457	25250	13059	12191	15693	8090	7603
牙克石市	58365	28460	29905	27866	13919	13947	16466	8509	7957
扎兰屯市	50508	25211	25297	28743	14471	14272	17289	8922	8367
额尔古纳市	15251	7843	7408	7151	3640	3511	5637	2967	2670
根河市	18917	9626	9291	6907	3510	3397	4987	2776	2211
巴彦淖尔市	**111362**	**58034**	**53328**	**85924**	**43856**	**42068**	**59601**	**30105**	**29496**
临河区	111362	58034	53328	85924	43856	42068	59601	30105	29496
乌兰察布市	**148955**	**77178**	**71777**	**88526**	**46140**	**42386**	**68792**	**36140**	**32652**
集宁区	110675	57152	53523	72363	37364	34999	56969	29593	27376
丰镇市	38280	20026	18254	16163	8776	7387	11823	6547	5276
兴安盟	**96180**	**48421**	**47759**	**68040**	**34110**	**33930**	**39986**	**19578**	**20408**
乌兰浩特市	89380	44790	44590	65069	32561	32508	37514	18205	19309
阿尔山市	6800	3631	3169	2971	1549	1422	2472	1373	1099
锡林郭勒盟	**114530**	**59702**	**54828**	**70014**	**36070**	**33944**	**53475**	**28172**	**25303**
二连浩特市	22753	12326	10427	12059	6717	5342	6961	3741	3220
锡林浩特市	91777	47376	44401	57955	29353	28602	46514	24431	22083

4−2a 续表 3

单位：人

地　区	大学本科			硕士研究生			博士研究生		
	小计	男	女	小计	男	女	小计	男	女
内蒙古	**1222896**	**593297**	**629599**	**106703**	**46030**	**60673**	**8628**	**4317**	**4311**
呼和浩特市	**419662**	**203582**	**216080**	**55727**	**23606**	**32121**	**5767**	**2890**	**2877**
新城区	129648	63741	65907	14247	6479	7768	1273	654	619
回民区	57472	24421	33051	4950	1765	3185	379	180	199
玉泉区	55599	26126	29473	5796	2060	3736	571	262	309
赛罕区	176943	89294	87649	30734	13302	17432	3544	1794	1750
包头市	**236239**	**115790**	**120449**	**16962**	**7938**	**9024**	**1059**	**581**	**478**
东河区	37233	16947	20286	1905	731	1174	130	65	65
昆都仑区	102552	53249	49303	8138	4122	4016	544	318	226
青山区	77449	36355	41094	5737	2581	3156	314	158	156
石拐区	791	359	432	25	6	19	5	3	2
白云鄂博矿区	2307	1249	1058	94	63	31	5	3	2
九原区	15907	7631	8276	1063	435	628	61	34	27
乌海市	**42581**	**20738**	**21843**	**2534**	**1125**	**1409**	**118**	**56**	**62**
海勃湾区	33645	16401	17244	2162	974	1188	91	50	41
海南区	2800	1340	1460	95	41	54	3	2	1
乌达区	6136	2997	3139	277	110	167	24	4	20
赤峰市	**111519**	**54530**	**56989**	**6632**	**2693**	**3939**	**425**	**191**	**234**
红山区	46524	21819	24705	2264	882	1382	142	57	85
元宝山区	14795	7504	7291	634	245	389	54	29	25
松山区	50200	25207	24993	3734	1566	2168	229	105	124
通辽市	**66844**	**31721**	**35123**	**3807**	**1474**	**2333**	**277**	**146**	**131**
科尔沁区	55232	25423	29809	3305	1263	2042	260	139	121
霍林郭勒市	11612	6298	5314	502	211	291	17	7	10
鄂尔多斯市	**87796**	**43745**	**44051**	**7261**	**3439**	**3822**	**246**	**115**	**131**
东胜区	62191	30437	31754	3975	1856	2119	158	75	83
康巴什区	25581	13295	12286	3286	1583	1703	88	40	48
鄂托克旗	24	13	11						
呼伦贝尔市	**93623**	**44231**	**49392**	**4101**	**1689**	**2412**	**265**	**112**	**153**
海拉尔区	48239	22559	25680	2356	993	1363	153	57	96
扎赉诺尔区	4578	2207	2371	166	65	101	10	6	4
满洲里市	12588	5872	6716	404	158	246	26	17	9
牙克石市	11448	5517	5931	476	188	288	38	16	22
扎兰屯市	9902	4708	5194	465	197	268	21	9	12
额尔古纳市	3468	1669	1799	111	44	67	4	3	1
根河市	3400	1699	1701	123	44	79	13	4	9
巴彦淖尔市	**40043**	**18564**	**21479**	**2758**	**1218**	**1540**	**146**	**72**	**74**
临河区	40043	18564	21479	2758	1218	1540	146	72	74
乌兰察布市	**49833**	**24133**	**25700**	**2877**	**1126**	**1751**	**121**	**53**	**68**
集宁区	43466	20722	22744	2693	1038	1655	103	46	57
丰镇市	6367	3411	2956	184	88	96	18	7	11
兴安盟	**33114**	**15525**	**17589**	**1710**	**753**	**957**	**50**	**21**	**29**
乌兰浩特市	31003	14463	16540	1608	702	906	47	18	29
阿尔山市	2111	1062	1049	102	51	51	3	3	
锡林郭勒盟	**41642**	**20738**	**20904**	**2334**	**969**	**1365**	**154**	**80**	**74**
二连浩特市	6650	3292	3358	234	99	135	9	5	4
锡林浩特市	34992	17446	17546	2100	870	1230	145	75	70

4–2b　各地区分性别、受教育程度的15岁及以上人口(镇)

单位：人

地　　区	15岁及以上人口			未上过学		
	合计	男	女	小计	男	女
内蒙古	**5661671**	**2844883**	**2816788**	**161194**	**39253**	**121941**
呼和浩特市	**410120**	**206100**	**204020**	**12947**	**2915**	**10032**
新城区	2054	1081	973	152	61	91
回民区						
玉泉区						
赛罕区	2137	1120	1017	129	30	99
土默特左旗	89613	44833	44780	2089	555	1534
托克托县	61318	31068	30250	2094	412	1682
和林格尔县	69465	32615	36850	2233	582	1651
清水河县	29555	14806	14749	1652	256	1396
武川县	45264	22626	22638	1921	395	1526
呼和浩特经济技术开发区	110714	57951	52763	2677	624	2053
包头市	**369306**	**190762**	**178544**	**11633**	**2782**	**8851**
东河区	17319	8860	8459	634	168	466
昆都仑区	731	622	109	7	5	2
青山区	2197	1497	700	47	11	36
石拐区	2950	2120	830	69	30	39
白云鄂博矿区						
九原区	23425	15220	8205	660	156	504
土默特右旗	96510	48211	48299	3133	709	2424
固阳县	45939	23386	22553	1050	244	806
达尔罕茂明安联合旗	32274	16389	15885	1015	234	781
包头稀土高新技术产业开发区	147961	74457	73504	5018	1225	3793
乌海市	**15587**	**9906**	**5681**	**785**	**209**	**576**
海勃湾区	3048	1636	1412	120	42	78
海南区	10157	6853	3304	559	148	411
乌达区	2382	1417	965	106	19	87
赤峰市	**924734**	**452644**	**472090**	**17406**	**3793**	**13613**
红山区	20601	10747	9854	890	198	692
元宝山区	26480	13410	13070	871	186	685
松山区	20824	10561	10263	967	225	742
阿鲁科尔沁旗	88837	43019	45818	854	194	660
巴林左旗	90780	44026	46754	839	192	647
巴林右旗	77575	37983	39592	995	195	800
林西县	92668	45630	47038	1779	529	1250
克什克腾旗	80911	39515	41396	2826	543	2283
翁牛特旗	104292	51321	52971	2773	620	2153
喀喇沁旗	87083	42740	44343	1789	366	1423
宁城县	122978	59886	63092	1499	254	1245
敖汉旗	111705	53806	57899	1324	291	1033

4-2b 续表 1

单位：人

地　区	15岁及以上人口			未上过学		
	合计	男	女	小计	男	女
通辽市	**738168**	**361319**	**376849**	**11943**	**3287**	**8656**
科尔沁区	40563	20748	19815	863	287	576
科尔沁左翼中旗	101515	50036	51479	1999	574	1425
科尔沁左翼后旗	90040	43805	46235	1376	391	985
开鲁县	104538	50749	53789	1354	437	917
库伦旗	51912	25629	26283	1038	259	779
奈曼旗	108341	52835	55506	1408	387	1021
扎鲁特旗	98984	48279	50705	2601	615	1986
通辽经济技术开发区	141979	69065	72914	1289	330	959
霍林郭勒市	296	173	123	15	7	8
鄂尔多斯市	**789002**	**416634**	**372368**	**34328**	**7840**	**26488**
东胜区	2843	1862	981	104	25	79
康巴什区						
达拉特旗	162410	82120	80290	5644	1120	4524
准格尔旗	197083	103567	93516	7916	1717	6199
鄂托克前旗	43957	22635	21322	2131	553	1578
鄂托克旗	102894	55214	47680	5508	1375	4133
杭锦旗	55422	28546	26876	3870	909	2961
乌审旗	76330	42427	33903	1642	407	1235
伊金霍洛旗	148063	80263	67800	7513	1734	5779
呼伦贝尔市	**624795**	**313760**	**311035**	**10581**	**2993**	**7588**
海拉尔区	1327	684	643	69	19	50
扎赉诺尔区	4873	2568	2305	125	43	82
阿荣旗	103637	50910	52727	1048	274	774
莫力达瓦达斡尔族自治旗	67998	33351	34647	897	314	583
鄂伦春自治旗	113910	56630	57280	2549	686	1863
鄂温克族自治旗	95376	47218	48158	1155	327	828
陈巴尔虎旗	33197	17177	16020	314	103	211
新巴尔虎左旗	17456	8552	8904	219	75	144
新巴尔虎右旗	21647	10658	10989	296	90	206
满洲里市	3916	2046	1870	62	23	39
牙克石市	94247	48588	45659	1774	507	1267
扎兰屯市	29003	15374	13629	903	292	611
额尔古纳市	10362	5365	4997	334	75	259
根河市	27846	14639	13207	836	165	671
巴彦淖尔市	**440030**	**220149**	**219881**	**17998**	**4334**	**13664**
临河区	12205	6435	5770	1172	295	877
五原县	92456	46093	46363	2676	675	2001
磴口县	43982	21881	22101	2066	448	1618
乌拉特前旗	113434	56088	57346	5017	1161	3856
乌拉特中旗	52507	26787	25720	2257	643	1614
乌拉特后旗	29766	15402	14364	1339	339	1000
杭锦后旗	95680	47463	48217	3471	773	2698

4–2b　续表 2　　　　单位：人

地　区	15岁及以上人口			未上过学		
	合计	男	女	小计	男	女
乌兰察布市	**447753**	**223625**	**224128**	**18504**	**4227**	**14277**
集宁区	12394	5402	6992	326	75	251
卓资县	33602	16939	16663	1454	464	990
化德县	48851	24302	24549	1547	356	1191
商都县	69053	33871	35182	2384	511	1873
兴和县	60718	30127	30591	2597	488	2109
凉城县	41243	20392	20851	2923	685	2238
察哈尔右翼前旗	46913	23859	23054	1656	344	1312
察哈尔右翼中旗	26071	12982	13089	1029	194	835
察哈尔右翼后旗	45099	22776	22323	1792	367	1425
四子王旗	55652	27857	27795	1751	407	1344
丰镇市	8157	5118	3039	1045	336	709
兴安盟	**367414**	**181199**	**186215**	**6644**	**2105**	**4539**
乌兰浩特市	14537	7280	7257	410	136	274
阿尔山市	9992	5188	4804	154	43	111
科尔沁右翼前旗	72435	35298	37137	1033	331	702
科尔沁右翼中旗	82663	40831	41832	1751	476	1275
扎赉特旗	117867	58865	59002	2785	977	1808
突泉县	69920	33737	36183	511	142	369
锡林郭勒盟	**353419**	**176531**	**176888**	**12829**	**3350**	**9479**
二连浩特市	996	672	324	90	30	60
锡林浩特市	1986	1445	541	41	10	31
阿巴嘎旗	19665	9826	9839	945	267	678
苏尼特左旗	15348	7540	7808	554	150	404
苏尼特右旗	41872	20944	20928	1580	378	1202
东乌珠穆沁旗	40241	20081	20160	1172	327	845
西乌珠穆沁旗	51638	25812	25826	1338	354	984
太仆寺旗	41813	20471	21342	2097	561	1536
镶黄旗	16269	8142	8127	556	138	418
正镶白旗	20415	10176	10239	1267	356	911
正蓝旗	32408	16003	16405	1095	251	844
多伦县	53411	26469	26942	1418	330	1088
乌拉盖管委会	17357	8950	8407	676	198	478
阿拉善盟	**181343**	**92254**	**89089**	**5596**	**1418**	**4178**
阿拉善左旗	121292	60432	60860	3615	916	2699
阿拉善右旗	15342	7845	7497	785	188	597
额济纳旗	24500	12140	12360	566	155	411
内蒙古阿拉善经济开发区	20209	11837	8372	630	159	471

4-2b 续表 3

单位：人

地　区	学前教育			小　学		
	小计	男	女	小计	男	女
内蒙古	**2683**	**1052**	**1631**	**957986**	**404727**	**553259**
呼和浩特市	**175**	**72**	**103**	**59095**	**25133**	**33962**
新城区	2	1	1	659	312	347
回民区						
玉泉区						
赛罕区	1		1	476	213	263
土默特左旗	29	14	15	14251	6420	7831
托克托县	27	14	13	7257	2896	4361
和林格尔县	30	15	15	9070	3898	5172
清水河县	9	2	7	5903	2149	3754
武川县	28	9	19	8610	3471	5139
呼和浩特经济技术开发区	49	17	32	12869	5774	7095
包头市	**147**	**56**	**91**	**58165**	**25678**	**32487**
东河区	16	7	9	3497	1674	1823
昆都仑区				29	19	10
青山区				228	116	112
石拐区				463	320	143
白云鄂博矿区						
九原区	19	15	4	3424	1576	1848
土默特右旗	45	11	34	14457	6243	8214
固阳县	25	11	14	9344	3938	5406
达尔罕茂明安联合旗	7	4	3	6230	2536	3694
包头稀土高新技术产业开发区	35	8	27	20493	9256	11237
乌海市	**5**	**4**	**1**	**3714**	**1959**	**1755**
海勃湾区	1		1	992	451	541
海南区	1	1		2081	1195	886
乌达区	3	3		641	313	328
赤峰市	**421**	**178**	**243**	**183532**	**74489**	**109043**
红山区	20	9	11	5895	2662	3233
元宝山区	16	4	12	6721	2794	3927
松山区	11	8	3	6679	2839	3840
阿鲁科尔沁旗	32	15	17	15455	6080	9375
巴林左旗	42	22	20	14284	5609	8675
巴林右旗	19	9	10	14385	5724	8661
林西县	40	15	25	21601	8990	12611
克什克腾旗	30	13	17	16778	6753	10025
翁牛特旗	72	30	42	25681	10963	14718
喀喇沁旗	50	14	36	13859	5468	8391
宁城县	33	18	15	16194	6225	9969
敖汉旗	56	21	35	26000	10382	15618

4-2b　续表 4　　　　单位：人

地　　区	学前教育			小　　学		
	小计	男	女	小计	男	女
通辽市	**227**	**93**	**134**	**105241**	**42606**	**62635**
科尔沁区	9	5	4	8450	3780	4670
科尔沁左翼中旗	71	24	47	15510	6517	8993
科尔沁左翼后旗	25	11	14	13394	5424	7970
开鲁县	26	13	13	15356	5814	9542
库伦旗	15	6	9	8102	3262	4840
奈曼旗	29	11	18	17147	6907	10240
扎鲁特旗	7	4	3	15468	6012	9456
通辽经济技术开发区	45	19	26	11673	4814	6859
霍林郭勒市				141	76	65
鄂尔多斯市	**356**	**130**	**226**	**140927**	**62917**	**78010**
东胜区	1		1	1043	500	543
康巴什区						
达拉特旗	67	25	42	23707	10221	13486
准格尔旗	80	21	59	40899	18102	22797
鄂托克前旗	12	2	10	8356	3573	4783
鄂托克旗	44	20	24	17971	8330	9641
杭锦旗	28	12	16	10463	4677	5786
乌审旗	41	16	25	13453	5880	7573
伊金霍洛旗	83	34	49	25035	11634	13401
呼伦贝尔市	**308**	**114**	**194**	**96995**	**40832**	**56163**
海拉尔区				335	143	192
扎赉诺尔区	9	3	6	1119	493	626
阿荣旗	48	21	27	16418	6545	9873
莫力达瓦达斡尔族自治旗	25	11	14	11630	5079	6551
鄂伦春自治旗	51	21	30	17142	7219	9923
鄂温克族自治旗	32	13	19	10569	4306	6263
陈巴尔虎旗	17	2	15	6083	2534	3549
新巴尔虎左旗	7	3	4	3045	1252	1793
新巴尔虎右旗	4	1	3	4216	1829	2387
满洲里市				918	395	523
牙克石市	85	30	55	15264	6608	8656
扎兰屯市	8	1	7	6314	2891	3423
额尔古纳市	2	2		1305	554	751
根河市	20	6	14	2637	984	1653
巴彦淖尔市	**234**	**86**	**148**	**60168**	**27052**	**33116**
临河区	22	6	16	3117	1501	1616
五原县	34	12	22	12219	5675	6544
磴口县	48	27	21	5319	2393	2926
乌拉特前旗	59	18	41	16156	6974	9182
乌拉特中旗	21	7	14	8355	3720	4635
乌拉特后旗	7	2	5	3787	1784	2003
杭锦后旗	43	14	29	11215	5005	6210

4−2b 续表 5

单位：人

地　区	学前教育			小　学		
	小计	男	女	小计	男	女
乌兰察布市	**451**	**180**	**271**	**93519**	**37659**	**55860**
集宁区	7	3	4	1841	755	1086
卓资县	12	4	8	5682	2256	3426
化德县	21	14	7	11952	4723	7229
商都县	234	89	145	15473	6077	9396
兴和县	27	9	18	12880	5276	7604
凉城县	38	16	22	9007	3547	5460
察哈尔右翼前旗	43	14	29	8612	3540	5072
察哈尔右翼中旗	10	5	5	5222	1998	3224
察哈尔右翼后旗	36	16	20	9502	3877	5625
四子王旗	22	9	13	10880	4335	6545
丰镇市	1	1		2468	1275	1193
兴安盟	**125**	**54**	**71**	**62237**	**26420**	**35817**
乌兰浩特市	9	3	6	3236	1543	1693
阿尔山市	2	2		1241	492	749
科尔沁右翼前旗	12	5	7	9534	3797	5737
科尔沁右翼中旗	33	12	21	13304	5424	7880
扎赉特旗	36	16	20	24248	10944	13304
突泉县	33	16	17	10674	4220	6454
锡林郭勒盟	**158**	**52**	**106**	**70727**	**30008**	**40719**
二连浩特市				306	178	128
锡林浩特市				299	143	156
阿巴嘎旗	7	3	4	4457	1884	2573
苏尼特左旗	2		2	3225	1323	1902
苏尼特右旗	16	5	11	8483	3489	4994
东乌珠穆沁旗	17	5	12	9582	4300	5282
西乌珠穆沁旗	18	7	11	11302	4755	6547
太仆寺旗	50	16	34	7409	3109	4300
镶黄旗	10	4	6	3319	1292	2027
正镶白旗	10	3	7	4137	1767	2370
正蓝旗	13	2	11	5722	2367	3355
多伦县	9	5	4	8744	3777	4967
乌拉盖管委会	6	2	4	3742	1624	2118
阿拉善盟	**76**	**33**	**43**	**23666**	**9974**	**13692**
阿拉善左旗	31	15	16	15539	6423	9116
阿拉善右旗	12	2	10	2449	1040	1409
额济纳旗	10	5	5	3533	1546	1987
内蒙古阿拉善经济开发区	23	11	12	2145	965	1180

4-2b　续表 6　　　　单位：人

地　区	初　中			高　中			大学专科		
	小计	男	女	小计	男	女	小计	男	女
内蒙古	**2146798**	**1137164**	**1009634**	**1102815**	**595159**	**507656**	**721549**	**393293**	**328256**
呼和浩特市	**149293**	**81013**	**68280**	**75450**	**41860**	**33590**	**56348**	**30114**	**26234**
新城区	859	506	353	234	134	100	115	52	63
回民区									
玉泉区									
赛罕区	1078	605	473	298	183	115	116	70	46
土默特左旗	35493	18952	16541	16998	9292	7706	9946	5243	4703
托克托县	27277	14085	13192	12326	6917	5409	7585	4200	3385
和林格尔县	21235	11476	9759	10797	5968	4829	7647	4201	3446
清水河县	9990	5652	4338	5854	3310	2544	3375	1969	1406
武川县	18402	9909	8493	8527	4772	3755	5157	2792	2365
呼和浩特经济技术开发区	34959	19828	15131	20416	11284	9132	22407	11587	10820
包头市	**135670**	**73773**	**61897**	**68802**	**37552**	**31250**	**51404**	**29381**	**22023**
东河区	7881	4340	3541	3015	1552	1463	1484	756	728
昆都仑区	214	173	41	197	175	22	189	173	16
青山区	615	358	257	550	408	142	557	470	87
石拐区	1492	1066	426	669	516	153	202	150	52
白云鄂博矿区									
九原区	6449	3765	2684	5918	4063	1855	6467	5310	1157
土默特右旗	40853	21310	19543	15858	8313	7545	11155	6038	5117
固阳县	18978	10262	8716	9061	5004	4057	4231	2367	1864
达尔罕茂明安联合旗	12653	6888	5765	5246	2907	2339	3834	2183	1651
包头稀土高新技术产业开发区	46535	25611	20924	28288	14614	13674	23285	11934	11351
乌海市	**8068**	**5627**	**2441**	**1846**	**1327**	**519**	**800**	**528**	**272**
海勃湾区	1401	813	588	332	216	116	151	90	61
海南区	5567	4089	1478	1158	871	287	535	366	169
乌达区	1100	725	375	356	240	116	114	72	42
赤峰市	**348383**	**175308**	**173075**	**194283**	**104825**	**89458**	**100329**	**54700**	**45629**
红山区	8739	4895	3844	3124	1902	1222	1262	711	551
元宝山区	11846	6301	5545	4254	2535	1719	1720	1015	705
松山区	9532	5305	4227	1999	1237	762	987	592	395
阿鲁科尔沁旗	36103	17855	18248	17771	9468	8303	9148	4924	4224
巴林左旗	34026	16778	17248	23036	11955	11081	10237	5419	4818
巴林右旗	30425	15245	15180	14681	7835	6846	9824	5472	4352
林西县	32530	16558	15972	19893	10763	9130	10268	5605	4663
克什克腾旗	24528	12468	12060	18257	10016	8241	10929	6002	4927
翁牛特旗	36429	18681	17748	20145	10751	9394	10196	5754	4442
喀喇沁旗	33651	16781	16870	20690	11348	9342	9401	5033	4368
宁城县	47730	23230	24500	29594	15801	13793	14413	7820	6593
敖汉旗	42844	21211	21633	20839	11214	9625	11944	6353	5591

4−2b 续表 7 单位：人

地区	初中			高中			大学专科		
	小计	男	女	小计	男	女	小计	男	女
通辽市	**293759**	**148957**	**144802**	**162327**	**84693**	**77634**	**87669**	**45593**	**42076**
科尔沁区	23224	12249	10975	5171	2906	2265	1820	994	826
科尔沁左翼中旗	48883	24905	23978	18732	9911	8821	9237	4909	4328
科尔沁左翼后旗	34621	17372	17249	23295	11796	11499	9257	5020	4237
开鲁县	46379	23070	23309	22237	11707	10530	10330	5549	4781
库伦旗	18097	9281	8816	12696	6774	5922	5869	3247	2622
奈曼旗	43677	22009	21668	24094	12532	11562	12484	6696	5788
扎鲁特旗	37117	19095	18022	21755	11647	10108	11895	6246	5649
通辽经济技术开发区	41648	20903	20745	34327	17407	16920	26771	12928	13843
霍林郭勒市	113	73	40	20	13	7	6	4	2
鄂尔多斯市	**252807**	**145232**	**107575**	**141159**	**80450**	**60709**	**121256**	**69354**	**51902**
东胜区	888	678	210	394	320	74	247	204	43
康巴什区									
达拉特旗	60952	33425	27527	33312	17602	15710	22323	12188	10135
准格尔旗	63508	36476	27032	32089	18101	13988	28097	15961	12136
鄂托克前旗	12580	7006	5574	7867	4486	3381	7332	4097	3235
鄂托克旗	34319	20011	14308	19730	11558	8172	16275	9412	6863
杭锦旗	16155	9238	6917	8960	5067	3893	8800	5193	3607
乌审旗	21883	12634	9249	14778	8924	5854	14145	8575	5570
伊金霍洛旗	42522	25764	16758	24029	14392	9637	24037	13724	10313
呼伦贝尔市	**294397**	**153324**	**141073**	**103274**	**54851**	**48423**	**72350**	**39206**	**33144**
海拉尔区	781	444	337	68	42	26	46	25	21
扎赉诺尔区	2551	1408	1143	626	360	266	301	197	104
阿荣旗	52766	26652	26114	16543	8754	7789	10291	5536	4755
莫力达瓦达斡尔族自治旗	32130	15999	16131	10904	5702	5202	7495	3954	3541
鄂伦春自治旗	56703	29333	27370	18808	9764	9044	11962	6458	5504
鄂温克族自治旗	31797	16031	15766	20188	10574	9614	17708	9205	8503
陈巴尔虎旗	14845	8277	6568	5681	3044	2637	3765	2082	1683
新巴尔虎左旗	6169	3094	3075	3407	1781	1626	2853	1526	1327
新巴尔虎右旗	7333	3873	3460	4040	2090	1950	2995	1584	1411
满洲里市	2323	1293	1030	311	184	127	217	107	110
牙克石市	51619	27497	24122	13341	7239	6102	8155	4748	3407
扎兰屯市	14735	8051	6684	3815	2290	1525	2086	1229	857
额尔古纳市	5201	2782	2419	1554	857	697	1323	764	559
根河市	15444	8590	6854	3988	2170	1818	3153	1791	1362
巴彦淖尔市	**173050**	**92982**	**80068**	**96177**	**50405**	**45772**	**56468**	**28834**	**27634**
临河区	5395	3078	2317	1659	1138	521	531	282	249
五原县	38240	20269	17971	20009	10371	9638	11793	5863	5930
磴口县	16726	8740	7986	9538	4973	4565	6333	3413	2920
乌拉特前旗	45660	24371	21289	23512	12340	11172	14764	7400	7364
乌拉特中旗	18326	10189	8137	11209	6052	5157	6819	3571	3248
乌拉特后旗	10390	5720	4670	6387	3500	2887	4275	2337	1938
杭锦后旗	38313	20615	17698	23863	12031	11832	11953	5968	5985

4-2b 续表 8

单位：人

地 区	初 中			高 中			大学专科		
	小计	男	女	小计	男	女	小计	男	女
乌兰察布市	**172700**	**93244**	**79456**	**79118**	**43300**	**35818**	**53461**	**30024**	**23437**
集宁区	4716	2560	2156	1394	785	609	1449	523	926
卓资县	12723	6786	5937	7156	3745	3411	4203	2402	1801
化德县	18924	10153	8771	7942	4375	3567	5713	3257	2456
商都县	25926	13657	12269	12989	6933	6056	8132	4625	3507
兴和县	25720	13688	12032	10364	5613	4751	6437	3643	2794
凉城县	13519	7302	6217	7328	4111	3217	4909	2841	2068
察哈尔右翼前旗	18433	10189	8244	8709	4701	4008	6028	3254	2774
察哈尔右翼中旗	9508	5047	4461	4668	2640	2028	3391	1959	1432
察哈尔右翼后旗	16874	9116	7758	8112	4463	3649	6012	3467	2545
四子王旗	23318	12507	10811	9520	5183	4337	6688	3655	3033
丰镇市	3039	2239	800	936	751	185	499	398	101
兴安盟	**146092**	**74594**	**71498**	**75298**	**39408**	**35890**	**42456**	**22568**	**19888**
乌兰浩特市	6429	3318	3111	2603	1378	1225	1216	620	596
阿尔山市	4712	2486	2226	1795	993	802	1361	818	543
科尔沁右翼前旗	23639	11997	11642	15501	7942	7559	10769	5660	5109
科尔沁右翼中旗	32772	16919	15853	18035	9645	8390	9530	5085	4445
扎赉特旗	49318	25422	23896	20992	11072	9920	12059	6427	5632
突泉县	29222	14452	14770	16372	8378	7994	7521	3958	3563
锡林郭勒盟	**120469**	**64528**	**55941**	**66892**	**35588**	**31304**	**46378**	**25488**	**20890**
二连浩特市	427	328	99	125	101	24	23	15	8
锡林浩特市	596	427	169	467	408	59	331	255	76
阿巴嘎旗	5955	3406	2549	3561	1897	1664	2495	1338	1157
苏尼特左旗	4450	2376	2074	2615	1408	1207	2458	1327	1131
苏尼特右旗	15018	8225	6793	8224	4363	3861	5193	2874	2319
东乌珠穆沁旗	13914	7409	6505	6940	3725	3215	4505	2433	2072
西乌珠穆沁旗	17754	9379	8375	9329	5046	4283	6493	3596	2897
太仆寺旗	15056	7832	7224	8623	4501	4122	4911	2713	2198
镶黄旗	4421	2456	1965	3171	1670	1501	2541	1461	1080
正镶白旗	6114	3314	2800	3800	2002	1798	2904	1663	1241
正蓝旗	9996	5259	4737	6738	3495	3243	4773	2538	2235
多伦县	20480	10643	9837	10567	5416	5151	7441	3981	3460
乌拉盖管委会	6288	3474	2814	2732	1556	1176	2310	1294	1016
阿拉善盟	**52110**	**28582**	**23528**	**38189**	**20900**	**17289**	**32630**	**17503**	**15127**
阿拉善左旗	34951	18806	16145	25488	13420	12068	20924	10927	9997
阿拉善右旗	4051	2198	1853	2913	1703	1210	2637	1498	1139
额济纳旗	7299	4018	3281	5306	2891	2415	4365	2159	2206
内蒙古阿拉善经济开发区	5809	3560	2249	4482	2886	1596	4704	2919	1785

4-2b 续表 9

单位：人

地区	大学本科			硕士研究生			博士研究生		
	小计	男	女	小计	男	女	小计	男	女
内蒙古	**541569**	**263030**	**278539**	**25406**	**10395**	**15011**	**1671**	**810**	**861**
呼和浩特市	**53476**	**23790**	**29686**	**3143**	**1104**	**2039**	**193**	**99**	**94**
新城区	31	15	16	2		2			
回民区									
玉泉区									
赛罕区	36	18	18	3	1	2			
土默特左旗	10495	4251	6244	295	100	195	17	6	11
托克托县	4609	2489	2120	134	51	83	9	4	5
和林格尔县	17418	6205	11213	986	241	745	49	29	20
清水河县	2681	1431	1250	83	32	51	8	5	3
武川县	2500	1232	1268	108	41	67	11	5	6
呼和浩特经济技术开发区	15706	8149	7557	1532	638	894	99	50	49
包头市	**40733**	**20274**	**20459**	**2586**	**1161**	**1425**	**166**	**105**	**61**
东河区	751	347	404	37	15	22	4	1	3
昆都仑区	94	76	18	1	1				
青山区	192	126	66	8	8				
石拐区	55	38	17						
白云鄂博矿区									
九原区	475	328	147	12	7	5	1		1
土默特右旗	10685	5447	5238	298	122	176	26	18	8
固阳县	3152	1514	1638	91	42	49	7	4	3
达尔罕茂明安联合旗	3194	1596	1598	90	39	51	5	2	3
包头稀土高新技术产业开发区	22135	10802	11333	2049	927	1122	123	80	43
乌海市	**350**	**249**	**101**	**16**	**2**	**14**	**3**	**1**	**2**
海勃湾区	50	24	26	1		1			
海南区	241	180	61	12	2	10	3	1	2
乌达区	59	45	14	3		3			
赤峰市	**77615**	**38342**	**39273**	**2555**	**915**	**1640**	**210**	**94**	**116**
红山区	637	355	282	30	12	18	4	3	1
元宝山区	977	537	440	64	31	33	11	7	4
松山区	600	329	271	43	22	21	6	4	2
阿鲁科尔沁旗	9188	4388	4800	269	86	183	17	9	8
巴林左旗	8100	3972	4128	203	75	128	13	4	9
巴林右旗	6950	3423	3527	279	70	209	17	10	7
林西县	6294	3081	3213	244	80	164	19	9	10
克什克腾旗	7296	3619	3677	251	93	158	16	8	8
翁牛特旗	8694	4410	4284	270	100	170	32	12	20
喀喇沁旗	7316	3610	3706	306	111	195	21	9	12
宁城县	13120	6383	6737	374	147	227	21	8	13
敖汉旗	8443	4235	4208	222	88	134	33	11	22

4-2b 续表 10

单位：人

地　区	大学本科			硕士研究生			博士研究生		
	小计	男	女	小计	男	女	小计	男	女
通辽市	**72169**	**34235**	**37934**	**4443**	**1687**	**2756**	**390**	**168**	**222**
科尔沁区	974	506	468	51	21	30	1		1
科尔沁左翼中旗	6865	3120	3745	197	65	132	21	11	10
科尔沁左翼后旗	7783	3682	4101	269	103	166	20	6	14
开鲁县	8468	4025	4443	370	123	247	18	11	7
库伦旗	5863	2717	3146	219	77	142	13	6	7
奈曼旗	9038	4158	4880	439	129	310	25	6	19
扎鲁特旗	9716	4503	5213	398	141	257	27	16	11
通辽经济技术开发区	23461	11524	11937	2500	1028	1472	265	112	153
霍林郭勒市	1		1						
鄂尔多斯市	**93417**	**48370**	**45047**	**4536**	**2220**	**2316**	**216**	**121**	**95**
东胜区	161	130	31	5	5				
康巴什区									
达拉特旗	15834	7292	8542	543	235	308	28	12	16
准格尔旗	23271	12552	10719	1177	610	567	46	27	19
鄂托克前旗	5488	2835	2653	177	74	103	14	9	5
鄂托克旗	8731	4348	4383	296	148	148	20	12	8
杭锦旗	6881	3329	3552	255	114	141	10	7	3
乌审旗	10039	5788	4251	334	195	139	15	8	7
伊金霍洛旗	23012	12096	10916	1749	839	910	83	46	37
呼伦贝尔市	**44754**	**21572**	**23182**	**2004**	**817**	**1187**	**132**	**51**	**81**
海拉尔区	26	10	16	1		1	1	1	
扎赉诺尔区	134	62	72	8	2	6			
阿荣旗	6320	3048	3272	189	74	115	14	6	8
莫力达瓦达斡尔族自治旗	4771	2236	2535	134	51	83	12	5	7
鄂伦春自治旗	6503	3088	3415	176	58	118	16	3	13
鄂温克族自治旗	12845	6318	6527	1025	421	604	57	23	34
陈巴尔虎旗	2404	1096	1308	79	34	45	9	5	4
新巴尔虎左旗	1705	799	906	50	21	29	1	1	
新巴尔虎右旗	2681	1159	1522	80	32	48	2		2
满洲里市	81	43	38	3		3	1	1	
牙克石市	3843	1891	1952	154	64	90	12	4	8
扎兰屯市	1104	597	507	35	22	13	3	1	2
额尔古纳市	633	324	309	9	7	2	1		1
根河市	1704	901	803	61	31	30	3	1	2
巴彦淖尔市	**34544**	**15845**	**18699**	**1303**	**562**	**741**	**88**	**49**	**39**
临河区	284	124	160	24	10	14	1	1	
五原县	7249	3130	4119	219	85	134	17	13	4
磴口县	3770	1793	1977	168	85	83	14	9	5
乌拉特前旗	7979	3699	4280	263	112	151	24	13	11
乌拉特中旗	5321	2521	2800	184	78	106	15	6	9
乌拉特后旗	3427	1659	1768	152	61	91	2		2
杭锦后旗	6514	2919	3595	293	131	162	15	7	8

4-2b 续表 11

单位：人

地　　区	大学本科			硕士研究生			博士研究生		
	小计	男	女	小计	男	女	小计	男	女
乌兰察布市	**29045**	**14601**	**14444**	**878**	**356**	**522**	**77**	**34**	**43**
集宁区	2619	683	1936	40	18	22	2		2
卓资县	2304	1253	1051	62	27	35	6	2	4
化德县	2666	1390	1276	83	32	51	3	2	1
商都县	3802	1935	1867	99	42	57	14	2	12
兴和县	2625	1382	1243	64	25	39	4	3	1
凉城县	3407	1844	1563	105	43	62	7	3	4
察哈尔右翼前旗	3296	1755	1541	119	49	70	17	13	4
察哈尔右翼中旗	2165	1111	1054	72	26	46	6	2	4
察哈尔右翼后旗	2704	1450	1254	63	20	43	4		4
四子王旗	3294	1685	1609	165	69	96	14	7	7
丰镇市	163	113	50	6	5	1			
兴安盟	**33131**	**15480**	**17651**	**1355**	**539**	**816**	**76**	**31**	**45**
乌兰浩特市	611	276	335	22	5	17	1	1	
阿尔山市	703	342	361	23	11	12	1	1	
科尔沁右翼前旗	11231	5265	5966	677	284	393	39	17	22
科尔沁右翼中旗	6959	3179	3780	267	88	179	12	3	9
扎赉特旗	8209	3920	4289	202	79	123	18	8	10
突泉县	5418	2498	2920	164	72	92	5	1	4
锡林郭勒盟	**34784**	**17048**	**17736**	**1115**	**438**	**677**	**67**	**31**	**36**
二连浩特市	24	20	4	1		1			
锡林浩特市	251	202	49				1		1
阿巴嘎旗	2179	999	1180	63	29	34	3	3	
苏尼特左旗	1964	926	1038	75	28	47	5	2	3
苏尼特右旗	3251	1566	1685	106	43	63	1	1	
东乌珠穆沁旗	3932	1819	2113	165	59	106	14	4	10
西乌珠穆沁旗	5264	2623	2641	137	49	88	3	3	
太仆寺旗	3553	1690	1863	108	45	63	6	4	2
镶黄旗	2164	1091	1073	79	27	52	8	3	5
正镶白旗	2104	1044	1060	74	24	50	5	3	2
正蓝旗	3965	2040	1925	99	48	51	7	3	4
多伦县	4581	2248	2333	160	65	95	11	4	7
乌拉盖管委会	1552	780	772	48	21	27	3	1	2
阿拉善盟	**27551**	**13224**	**14327**	**1472**	**594**	**878**	**53**	**26**	**27**
阿拉善左旗	19553	9431	10122	1147	475	672	44	19	25
阿拉善右旗	2406	1179	1227	86	35	51	3	2	1
额济纳旗	3260	1324	1936	156	38	118	5	4	1
内蒙古阿拉善经济开发区	2332	1290	1042	83	46	37	1	1	

4−2c　各地区分性别、受教育程度的15岁及以上人口(乡村)

单位：人

地　　区	15岁及以上人口			未上过学		
	合计	男	女	小计	男	女
内蒙古	**6921409**	**3664131**	**3257278**	**489524**	**134510**	**355014**
呼和浩特市	**642393**	**341570**	**300823**	**58774**	**15479**	**43295**
新城区	67512	35855	31657	2299	658	1641
回民区	16163	9276	6887	670	244	426
玉泉区	52819	27945	24874	2490	641	1849
赛罕区	132063	70428	61635	7059	1965	5094
土默特左旗	142769	74823	67946	14484	3913	10571
托克托县	80774	42581	38193	10561	2733	7828
和林格尔县	72072	38317	33755	10932	2867	8065
清水河县	37459	20211	17248	6136	1248	4888
武川县	40762	22134	18628	4143	1210	2933
呼和浩特经济技术开发区						
包头市	**339292**	**180240**	**159052**	**32373**	**8645**	**23728**
东河区	36983	19227	17756	2589	700	1889
昆都仑区	23516	12313	11203	1392	381	1011
青山区	16364	8603	7761	803	230	573
石拐区	5976	3284	2692	653	192	461
白云鄂博矿区						
九原区	48258	25729	22529	3673	889	2784
土默特右旗	111478	58995	52483	14298	3520	10778
固阳县	59906	32497	27409	5417	1643	3774
达尔罕茂明安联合旗	30533	16352	14181	3053	976	2077
包头稀土高新技术产业开发区	6278	3240	3038	495	114	381
乌海市	**24007**	**15117**	**8890**	**2565**	**664**	**1901**
海勃湾区	15158	9747	5411	1176	315	861
海南区	8849	5370	3479	1389	349	1040
乌达区						
赤峰市	**1646954**	**845186**	**801768**	**89385**	**21327**	**68058**
红山区	13143	6672	6471	1037	229	808
元宝山区	60779	31068	29711	1806	475	1331
松山区	244863	125042	119821	11805	2604	9201
阿鲁科尔沁旗	119096	61390	57706	4552	1171	3381
巴林左旗	146699	74979	71720	6369	1511	4858
巴林右旗	54398	28036	26362	2603	714	1889
林西县	69345	35497	33848	3906	1090	2816
克什克腾旗	80798	42915	37883	8145	2056	6089
翁牛特旗	181771	92644	89127	12989	3137	9852
喀喇沁旗	135430	70056	65374	11232	2645	8587
宁城县	278933	143764	135169	13529	3134	10395
敖汉旗	261699	133123	128576	11412	2561	8851

4-2c 续表 1

单位：人

地 区	15岁及以上人口			未上过学		
	合计	男	女	小计	男	女
通辽市	**1229260**	**632056**	**597204**	**46167**	**13965**	**32202**
科尔沁区	208329	106681	101648	5724	1749	3975
科尔沁左翼中旗	240325	125347	114978	12360	4073	8287
科尔沁左翼后旗	182531	94237	88294	6253	2017	4236
开鲁县	164135	82584	81551	3589	950	2639
库伦旗	76678	39577	37101	2234	652	1582
奈曼旗	204253	104196	100057	7954	2153	5801
扎鲁特旗	115104	59777	55327	7233	2128	5105
通辽经济技术开发区	30359	15668	14691	639	198	441
霍林郭勒市	7546	3989	3557	181	45	136
鄂尔多斯市	**443480**	**266875**	**176605**	**49547**	**13355**	**36192**
东胜区	21026	15169	5857	1533	477	1056
康巴什区						
达拉特旗	108825	58613	50212	13127	3225	9902
准格尔旗	100165	62513	37652	9520	2669	6851
鄂托克前旗	34312	21291	13021	3458	1050	2408
鄂托克旗	31281	19502	11779	2596	732	1864
杭锦旗	38488	20652	17836	5503	1338	4165
乌审旗	53553	33209	20344	5672	1604	4068
伊金霍洛旗	55830	35926	19904	8138	2260	5878
呼伦贝尔市	**511634**	**269312**	**242322**	**16945**	**5908**	**11037**
海拉尔区	9778	5088	4690	315	88	227
扎赉诺尔区						
阿荣旗	113870	59345	54525	3220	1054	2166
莫力达瓦达斡尔族自治旗	125518	65278	60240	4417	1590	2827
鄂伦春自治旗	39875	21102	18773	2012	671	1341
鄂温克族自治旗	29400	15467	13933	671	257	414
陈巴尔虎旗	12451	6952	5499	317	121	196
新巴尔虎左旗	14733	7937	6796	471	215	256
新巴尔虎右旗	12110	7679	4431	322	155	167
满洲里市						
牙克石市	15877	8308	7569	249	62	187
扎兰屯市	124417	64779	59638	4357	1522	2835
额尔古纳市	13349	7236	6113	587	171	416
根河市	256	141	115	7	2	5
巴彦淖尔市	**568336**	**299978**	**268358**	**58828**	**15462**	**43366**
临河区	154848	80285	74563	16062	4253	11809
五原县	103498	53551	49947	11332	3032	8300
磴口县	37287	19867	17420	4801	1291	3510
乌拉特前旗	111786	59748	52038	12573	3091	9482
乌拉特中旗	47637	26687	20950	4014	1148	2866
乌拉特后旗	17610	10668	6942	1324	364	960
杭锦后旗	95670	49172	46498	8722	2283	6439

4-2c　续表 2

单位：人

地　　区	15岁及以上人口			未上过学		
	合计	男	女	小计	男	女
乌兰察布市	**644382**	**341976**	**302406**	**88045**	**23483**	**64562**
集宁区	28474	15045	13429	1992	461	1531
卓资县	45258	25263	19995	5786	1611	4175
化德县	36764	19582	17182	4806	1292	3514
商都县	87005	44947	42058	12270	3167	9103
兴和县	85375	44403	40972	16560	4062	12498
凉城县	64998	34974	30024	10846	3134	7712
察哈尔右翼前旗	66578	35888	30690	8773	2241	6532
察哈尔右翼中旗	53225	28613	24612	6252	1727	4525
察哈尔右翼后旗	48608	25320	23288	6558	1595	4963
四子王旗	60018	31747	28271	4515	1348	3167
丰镇市	68079	36194	31885	9687	2845	6842
兴安盟	**567142**	**296518**	**270624**	**26781**	**9342**	**17439**
乌兰浩特市	33143	17710	15433	1508	512	996
阿尔山市	3012	1636	1376	69	14	55
科尔沁右翼前旗	170024	88636	81388	7822	2513	5309
科尔沁右翼中旗	93116	48488	44628	5934	2021	3913
扎赉特旗	148119	77775	70344	8969	3477	5492
突泉县	119728	62273	57455	2479	805	1674
锡林郭勒盟	**260346**	**147099**	**113247**	**17923**	**6166**	**11757**
二连浩特市	1375	782	593	135	65	70
锡林浩特市	20582	11833	8749	654	233	421
阿巴嘎旗	14337	8444	5893	496	221	275
苏尼特左旗	13764	8232	5532	430	188	242
苏尼特右旗	13230	7251	5979	519	192	327
东乌珠穆沁旗	19619	11087	8532	768	274	494
西乌珠穆沁旗	33834	22132	11702	1087	440	647
太仆寺旗	55409	29373	26036	8503	2740	5763
镶黄旗	7669	4440	3229	122	44	78
正镶白旗	18259	10105	8154	1300	474	826
正蓝旗	28015	14970	13045	1569	525	1044
多伦县	31846	17082	14764	2218	717	1501
乌拉盖管委会	2407	1368	1039	122	53	69
阿拉善盟	**44183**	**28204**	**15979**	**2191**	**714**	**1477**
阿拉善左旗	31816	19596	12220	1805	565	1240
阿拉善右旗	4735	2947	1788	236	85	151
额济纳旗	5057	3526	1531	110	47	63
内蒙古阿拉善经济开发区	2575	2135	440	40	17	23

4−2c 续表 3

单位：人

地　　区	学前教育			小　　学		
	小计	男	女	小计	男	女
内蒙古	**5037**	**1918**	**3119**	**2432945**	**1149235**	**1283710**
呼和浩特市	**469**	**179**	**290**	**194075**	**93908**	**100167**
新城区	14	5	9	15954	7736	8218
回民区	5	5		3335	1777	1558
玉泉区	20	7	13	12973	6215	6758
赛罕区	128	55	73	35268	17138	18130
土默特左旗	143	48	95	47991	22824	25167
托克托县	57	26	31	23574	11241	12333
和林格尔县	37	8	29	23431	11484	11947
清水河县	19	7	12	14045	6940	7105
武川县	46	18	28	17504	8553	8951
呼和浩特经济技术开发区						
包头市	**282**	**109**	**173**	**113531**	**54976**	**58555**
东河区	80	22	58	10263	4875	5388
昆都仑区	21	10	11	6106	3001	3105
青山区	9	4	5	4701	2193	2508
石拐区	3		3	1961	1020	941
白云鄂博矿区						
九原区	44	24	20	13203	6333	6870
土默特右旗	55	16	39	38518	18354	20164
固阳县	62	30	32	24127	11889	12238
达尔罕茂明安联合旗	8	3	5	12839	6455	6384
包头稀土高新技术产业开发区				1813	856	957
乌海市	**10**	**3**	**7**	**5333**	**2941**	**2392**
海勃湾区	8	3	5	3105	1660	1445
海南区	2		2	2228	1281	947
乌达区						
赤峰市	**1133**	**364**	**769**	**630513**	**280201**	**350312**
红山区	2	1	1	5333	2554	2779
元宝山区	18	8	10	20694	8746	11948
松山区	131	51	80	76037	32325	43712
阿鲁科尔沁旗	65	20	45	48443	22341	26102
巴林左旗	146	51	95	53657	23777	29880
巴林右旗	18	6	12	23830	11365	12465
林西县	82	28	54	32477	15026	17451
克什克腾旗	57	23	34	34231	16323	17908
翁牛特旗	99	29	70	76840	34260	42580
喀喇沁旗	141	44	97	50144	23129	27015
宁城县	162	46	116	91807	39620	52187
敖汉旗	212	57	155	117020	50735	66285

4-2c　续表 4

单位：人

地　　区	学前教育			小　　学		
	小计	男	女	小计	男	女
通辽市	**619**	**226**	**393**	**399256**	**180778**	**218478**
科尔沁区	121	41	80	56655	25522	31133
科尔沁左翼中旗	95	34	61	73453	34896	38557
科尔沁左翼后旗	73	28	45	62731	28719	34012
开鲁县	88	30	58	53905	23468	30437
库伦旗	38	14	24	26485	11560	14925
奈曼旗	135	48	87	74473	32873	41600
扎鲁特旗	59	27	32	41737	19342	22395
通辽经济技术开发区	9	4	5	7884	3584	4300
霍林郭勒市	1		1	1933	814	1119
鄂尔多斯市	**316**	**92**	**224**	**145997**	**74836**	**71161**
东胜区	11	3	8	5020	2954	2066
康巴什区						
达拉特旗	74	18	56	39127	18941	20186
准格尔旗	51	16	35	33641	17675	15966
鄂托克前旗	40	12	28	11189	5614	5575
鄂托克旗	13	4	9	8549	4316	4233
杭锦旗	35	8	27	16063	8174	7889
乌审旗	26	12	14	17113	8581	8532
伊金霍洛旗	66	19	47	15295	8581	6714
呼伦贝尔市	**247**	**107**	**140**	**168436**	**80016**	**88420**
海拉尔区	5	2	3	2058	936	1122
扎赉诺尔区						
阿荣旗	30	13	17	38625	17674	20951
莫力达瓦达斡尔族自治旗	86	45	41	42592	20680	21912
鄂伦春自治旗	31	11	20	13694	6709	6985
鄂温克族自治旗	14	2	12	6230	2973	3257
陈巴尔虎旗	7	5	2	3341	1668	1673
新巴尔虎左旗	17	9	8	5031	2501	2530
新巴尔虎右旗	3		3	4188	2458	1730
满洲里市						
牙克石市	8	3	5	2532	1059	1473
扎兰屯市	43	16	27	47716	22151	25565
额尔古纳市	3	1	2	2380	1182	1198
根河市				49	25	24
巴彦淖尔市	**476**	**192**	**284**	**164612**	**81215**	**83397**
临河区	128	41	87	40746	19799	20947
五原县	85	40	45	35702	17514	18188
磴口县	61	19	42	9606	4836	4770
乌拉特前旗	80	37	43	34121	17333	16788
乌拉特中旗	20	9	11	14284	7309	6975
乌拉特后旗	8	5	3	4256	2407	1849
杭锦后旗	94	41	53	25897	12017	13880

4-2c 续表 5

单位：人

地区	学前教育			小学		
	小计	男	女	小计	男	女
乌兰察布市	**898**	**368**	**530**	**267063**	**131867**	**135196**
集宁区	4	4		8349	3879	4470
卓资县	33	14	19	18346	9405	8941
化德县	6		6	16998	8481	8517
商都县	169	65	104	39589	18644	20945
兴和县	109	38	71	36100	18636	17464
凉城县	62	22	40	25118	12749	12369
察哈尔右翼前旗	131	41	90	26995	13370	13625
察哈尔右翼中旗	53	20	33	22364	11003	11361
察哈尔右翼后旗	39	19	20	21235	10248	10987
四子王旗	55	18	37	23054	10826	12228
丰镇市	237	127	110	28915	14626	14289
兴安盟	**426**	**183**	**243**	**241511**	**115635**	**125876**
乌兰浩特市	20	8	12	12075	5947	6128
阿尔山市				729	368	361
科尔沁右翼前旗	161	85	76	72027	35028	36999
科尔沁右翼中旗	77	26	51	39758	18929	20829
扎赉特旗	74	22	52	69483	33979	35504
突泉县	94	42	52	47439	21384	26055
锡林郭勒盟	**127**	**68**	**59**	**91749**	**47176**	**44573**
二连浩特市	1		1	489	262	227
锡林浩特市	6	4	2	5485	2836	2649
阿巴嘎旗	3		3	5462	3063	2399
苏尼特左旗	1		1	4883	2647	2236
苏尼特右旗	15	7	8	4426	2253	2173
东乌珠穆沁旗	18	7	11	7063	3751	3312
西乌珠穆沁旗	12	7	5	10272	5470	4802
太仆寺旗	16	11	5	22190	11247	10943
镶黄旗	24	10	14	2143	1046	1097
正镶白旗	3	1	2	6805	3473	3332
正蓝旗	3	2	1	8688	4259	4429
多伦县	25	19	6	13084	6476	6608
乌拉盖管委会				759	393	366
阿拉善盟	**34**	**27**	**7**	**10869**	**5686**	**5183**
阿拉善左旗	11	9	2	8013	4027	3986
阿拉善右旗	1		1	1632	922	710
额济纳旗	22	18	4	811	414	397
内蒙古阿拉善经济开发区				413	323	90

4-2c 续表 6

单位：人

地区	初中			高中			大学专科		
	小计	男	女	小计	男	女	小计	男	女
内蒙古	**2869110**	**1697904**	**1171206**	**635705**	**404248**	**231457**	**300710**	**178584**	**122126**
呼和浩特市	**257704**	**155460**	**102244**	**75916**	**46888**	**29028**	**36784**	**20006**	**16778**
新城区	33203	18811	14392	9358	5315	4043	4662	2381	2281
回民区	6561	4042	2519	3180	1951	1229	1653	876	777
玉泉区	22912	13485	9427	7001	4147	2854	3552	1521	2031
赛罕区	58559	33962	24597	18100	10636	7464	8897	4614	4283
土默特左旗	57837	34721	23116	13895	8605	5290	6076	3491	2585
托克托县	31273	19176	12097	9017	5737	3280	4255	2510	1745
和林格尔县	23340	15032	8308	8326	5501	2825	4059	2399	1660
清水河县	11014	7826	3188	3526	2580	946	1870	1127	743
武川县	13005	8405	4600	3513	2416	1097	1760	1087	673
呼和浩特经济技术开发区									
包头市	**142025**	**86601**	**55424**	**30719**	**18828**	**11891**	**12416**	**7013**	**5403**
东河区	17604	10191	7413	4229	2313	1916	1302	671	631
昆都仑区	11348	6420	4928	3034	1691	1343	1060	560	500
青山区	8183	4684	3499	1555	922	633	721	371	350
石拐区	2427	1522	905	514	324	190	247	139	108
白云鄂博矿区									
九原区	23646	13987	9659	4838	2917	1921	1908	1096	812
土默特右旗	44757	28405	16352	7983	5323	2660	3495	2051	1444
固阳县	21130	13471	7659	5485	3443	2042	2206	1287	919
达尔罕茂明安联合旗	10083	6265	3818	2395	1499	896	1212	707	505
包头稀土高新技术产业开发区	2847	1656	1191	686	396	290	265	131	134
乌海市	**10487**	**7449**	**3038**	**3311**	**2472**	**839**	**1653**	**1172**	**481**
海勃湾区	6922	4915	2007	2259	1685	574	1209	858	351
海南区	3565	2534	1031	1052	787	265	444	314	130
乌达区									
赤峰市	**659499**	**383428**	**276071**	**146007**	**92200**	**53807**	**71416**	**42166**	**29250**
红山区	4707	2698	2009	1242	755	487	565	323	242
元宝山区	28570	15768	12802	5726	3682	2044	2455	1582	873
松山区	97896	56117	41779	30449	18266	12183	17698	10111	7587
阿鲁科尔沁旗	48989	27930	21059	8960	5587	3373	4027	2379	1648
巴林左旗	58099	33264	24835	14438	8806	5632	7836	4439	3397
巴林右旗	20102	11427	8675	4213	2508	1705	1622	995	627
林西县	22709	13328	9381	6202	3866	2336	2486	1403	1083
克什克腾旗	24131	14998	9133	7670	5407	2263	3938	2597	1341
翁牛特旗	67701	39949	27752	13041	8668	4373	6573	4127	2446
喀喇沁旗	54148	31996	22152	11456	7556	3900	4814	2838	1976
宁城县	134542	77291	57251	21070	13505	7565	10558	6282	4276
敖汉旗	97905	58662	39243	21540	13594	7946	8844	5090	3754

4－2c 续表 7

单位：人

地区	初中			高中			大学专科		
	小计	男	女	小计	男	女	小计	男	女
通辽市	**624365**	**345542**	**278823**	**90590**	**55872**	**34718**	**38881**	**21719**	**17162**
科尔沁区	120263	65086	55177	15613	9128	6485	6201	3368	2833
科尔沁左翼中旗	121033	67465	53568	18009	11061	6948	8284	4597	3687
科尔沁左翼后旗	90580	50196	40384	13883	8588	5295	4793	2688	2105
开鲁县	89114	47993	41121	9526	5898	3628	4609	2592	2017
库伦旗	37091	20864	16227	6440	4111	2329	2285	1332	953
奈曼旗	96335	54298	42037	13658	8608	5050	7154	4035	3119
扎鲁特旗	49697	28664	21033	8954	5725	3229	4053	2303	1750
通辽经济技术开发区	17189	9305	7884	2932	1711	1221	1017	548	469
霍林郭勒市	3063	1671	1392	1575	1042	533	485	256	229
鄂尔多斯市	**143953**	**102922**	**41031**	**54716**	**40945**	**13771**	**30216**	**22282**	**7934**
东胜区	9193	7407	1786	3048	2598	450	1444	1139	305
康巴什区									
达拉特旗	38675	25009	13666	10811	7186	3625	4249	2681	1568
准格尔旗	30088	22523	7565	12747	9478	3269	8407	6211	2196
鄂托克前旗	11568	8513	3055	4640	3667	973	2124	1565	559
鄂托克旗	11010	8001	3009	4740	3383	1357	2856	2079	777
杭锦旗	10995	7292	3703	3153	2136	1017	1554	1028	526
乌审旗	15161	11070	4091	7203	5576	1627	5386	4306	1080
伊金霍洛旗	17263	13107	4156	8374	6921	1453	4196	3273	923
呼伦贝尔市	**241779**	**136120**	**105659**	**48509**	**27914**	**20595**	**22759**	**12918**	**9841**
海拉尔区	5344	2923	2421	1014	568	446	717	411	306
扎赉诺尔区									
阿荣旗	57605	32345	25260	8530	5133	3397	3858	2107	1751
莫力达瓦达斡尔族自治旗	58026	32296	25730	12198	6552	5646	4903	2592	2311
鄂伦春自治旗	17334	9902	7432	3795	2204	1591	1979	1107	872
鄂温克族自治旗	12879	6972	5907	5279	2894	2385	2764	1622	1142
陈巴尔虎旗	5734	3341	2393	1590	922	668	917	599	318
新巴尔虎左旗	6012	3400	2612	1737	1002	735	810	482	328
新巴尔虎右旗	4763	3211	1552	1531	1029	502	694	469	225
满洲里市									
牙克石市	9523	5179	4344	1943	1116	827	1162	666	496
扎兰屯市	57632	32680	24952	9106	5463	3643	3732	2090	1642
额尔古纳市	6786	3787	2999	1758	1015	743	1209	768	441
根河市	141	84	57	28	16	12	14	5	9
巴彦淖尔市	**243078**	**144060**	**99018**	**59770**	**37444**	**22326**	**25504**	**14312**	**11192**
临河区	65240	38425	26815	16445	10079	6366	8388	4460	3928
五原县	41832	24517	17315	9183	5735	3448	3605	1922	1683
磴口县	16562	9738	6824	4119	2798	1321	1562	921	641
乌拉特前旗	45748	27916	17832	12017	7466	4551	4845	2765	2080
乌拉特中旗	20451	12321	8130	5392	3661	1731	2252	1503	749
乌拉特后旗	7919	5109	2810	2545	1753	792	1045	700	345
杭锦后旗	45326	26034	19292	10069	5952	4117	3807	2041	1766

4-2c　续表 8

单位：人

地　　区	初　　中			高　　中			大学专科		
	小计	男	女	小计	男	女	小计	男	女
乌兰察布市	**198611**	**131012**	**67599**	**51749**	**33727**	**18022**	**25410**	**14903**	**10507**
集宁区	9713	6048	3665	4988	2796	2192	2074	1158	916
卓资县	14720	9894	4826	3693	2671	1022	1940	1254	686
化德县	10354	6959	3395	2388	1610	778	1464	868	596
商都县	25122	17020	8102	5931	3923	2008	2703	1534	1169
兴和县	23595	15993	7602	5369	3637	1732	2433	1434	999
凉城县	19453	13003	6450	5299	3603	1696	2784	1688	1096
察哈尔右翼前旗	21247	14232	7015	5498	3703	1795	2719	1622	1097
察哈尔右翼中旗	16206	10699	5507	4624	3042	1582	2396	1432	964
察哈尔右翼后旗	14852	9780	5072	3585	2342	1243	1537	893	644
四子王旗	22168	13548	8620	5392	3371	2021	3275	1826	1449
丰镇市	21181	13836	7345	4982	3029	1953	2085	1194	891
兴安盟	**233570**	**133668**	**99902**	**36961**	**22859**	**14102**	**16992**	**9675**	**7317**
乌兰浩特市	14313	8067	6246	3048	1850	1198	1436	921	515
阿尔山市	1612	889	723	311	190	121	203	130	73
科尔沁右翼前旗	68802	39083	29719	12132	7322	4810	5502	2981	2521
科尔沁右翼中旗	36271	21062	15209	6125	3896	2229	2672	1527	1145
扎赉特旗	55724	32198	23526	7594	4769	2825	3653	2080	1573
突泉县	56848	32369	24479	7751	4832	2919	3526	2036	1490
锡林郭勒盟	**96627**	**59806**	**36821**	**30006**	**19565**	**10441**	**14669**	**9455**	**5214**
二连浩特市	426	258	168	181	111	70	67	47	20
锡林浩特市	9740	5930	3810	2686	1667	1019	1394	842	552
阿巴嘎旗	4881	2987	1894	1917	1234	683	922	589	333
苏尼特左旗	4640	2926	1714	2061	1427	634	1066	695	371
苏尼特右旗	5064	2964	2100	1779	1071	708	808	477	331
东乌珠穆沁旗	7258	4325	2933	2380	1509	871	1193	756	437
西乌珠穆沁旗	12401	8612	3789	5424	4255	1169	2780	2169	611
太仆寺旗	17978	11443	6535	3888	2344	1544	1864	1110	754
镶黄旗	3285	2014	1271	1119	710	409	564	377	187
正镶白旗	6887	4186	2701	1852	1138	714	871	567	304
正蓝旗	10659	6108	4551	4079	2444	1635	1805	1059	746
多伦县	12325	7402	4923	2374	1488	886	1223	698	525
乌拉盖管委会	1083	651	432	266	167	99	112	69	43
阿拉善盟	**17412**	**11836**	**5576**	**7451**	**5534**	**1917**	**4010**	**2963**	**1047**
阿拉善左旗	13285	8905	4380	4885	3491	1394	2399	1709	690
阿拉善右旗	1551	1008	543	584	430	154	416	313	103
额济纳旗	1675	1137	538	1321	1048	273	742	588	154
内蒙古阿拉善经济开发区	901	786	115	661	565	96	453	353	100

4−2c 续表 9

单位：人

地区	大学本科			硕士研究生			博士研究生		
	小计	男	女	小计	男	女	小计	男	女
内蒙古	**178997**	**93852**	**85145**	**8415**	**3451**	**4964**	**966**	**429**	**537**
呼和浩特市	**17670**	**9177**	**8493**	**905**	**422**	**483**	**96**	**51**	**45**
新城区	1912	900	1012	96	39	57	14	10	4
回民区	721	365	356	37	16	21	1		1
玉泉区	3784	1894	1890	76	32	44	11	3	8
赛罕区	3753	1909	1844	276	132	144	23	17	6
土默特左旗	2211	1157	1054	120	59	61	12	5	7
托克托县	1944	1112	832	86	42	44	7	4	3
和林格尔县	1845	976	869	92	46	46	10	4	6
清水河县	769	444	325	69	35	34	11	4	7
武川县	731	420	311	53	21	32	7	4	3
呼和浩特经济技术开发区									
包头市	**7554**	**3891**	**3663**	**356**	**157**	**199**	**36**	**20**	**16**
东河区	870	438	432	43	16	27	3	1	2
昆都仑区	536	244	292	16	5	11	3	1	2
青山区	376	194	182	14	4	10	2	1	1
石拐区	156	80	76	14	7	7	1		1
白云鄂博矿区									
九原区	895	463	432	48	17	31	3	3	
土默特右旗	2256	1260	996	100	54	46	16	12	4
固阳县	1406	700	706	70	32	38	3	2	1
达尔罕茂明安联合旗	897	427	470	43	20	23	3		3
包头稀土高新技术产业开发区	162	85	77	8	2	6	2		2
乌海市	**618**	**404**	**214**	**26**	**12**	**14**	**4**		**4**
海勃湾区	456	303	153	19	8	11	4		4
海南区	162	101	61	7	4	3			
乌达区									
赤峰市	**46333**	**24403**	**21930**	**2415**	**979**	**1436**	**253**	**118**	**135**
红山区	241	104	137	14	7	7	2	1	1
元宝山区	1401	762	639	92	38	54	17	7	10
松山区	10244	5316	4928	561	234	327	42	18	24
阿鲁科尔沁旗	3867	1906	1961	169	49	120	24	7	17
巴林左旗	5887	3017	2870	229	90	139	38	24	14
巴林右旗	1913	983	930	87	35	52	10	3	7
林西县	1406	728	678	74	27	47	3	1	2
克什克腾旗	2488	1450	1038	123	55	68	15	6	9
翁牛特旗	4320	2398	1922	186	67	119	22	9	13
喀喇沁旗	3286	1760	1526	196	81	115	13	7	6
宁城县	6828	3693	3135	395	169	226	42	24	18
敖汉旗	4452	2286	2166	289	127	162	25	11	14

4-2c　续表 10　　　　单位：人

地　区	大学本科			硕士研究生			博士研究生		
	小计	男	女	小计	男	女	小计	男	女
通辽市	**27868**	**13437**	**14431**	**1314**	**442**	**872**	**200**	**75**	**125**
科尔沁区	3541	1702	1839	189	75	114	22	10	12
科尔沁左翼中旗	6722	3120	3602	319	91	228	50	10	40
科尔沁左翼后旗	4017	1931	2086	167	60	107	34	10	24
开鲁县	3125	1589	1536	163	56	107	16	8	8
库伦旗	2001	1003	998	95	35	60	9	6	3
奈曼旗	4339	2103	2236	174	62	112	31	16	15
扎鲁特旗	3177	1524	1653	164	52	112	30	12	18
通辽经济技术开发区	646	308	338	36	8	28	7	2	5
霍林郭勒市	300	157	143	7	3	4	1	1	
鄂尔多斯市	**17956**	**11999**	**5957**	**724**	**405**	**319**	**55**	**39**	**16**
东胜区	755	576	179	19	13	6	3	2	1
康巴什区									
达拉特旗	2637	1498	1139	119	53	66	6	2	4
准格尔旗	5473	3803	1670	226	131	95	12	7	5
鄂托克前旗	1241	840	401	48	26	22	4	4	
鄂托克旗	1467	964	503	45	20	25	5	3	2
杭锦旗	1132	648	484	51	27	24	2	1	1
乌审旗	2878	1992	886	107	64	43	7	4	3
伊金霍洛旗	2373	1678	695	109	71	38	16	16	
呼伦贝尔市	**12370**	**6125**	**6245**	**544**	**185**	**359**	**45**	**19**	**26**
海拉尔区	305	155	150	17	5	12	3		3
扎赉诺尔区									
阿荣旗	1907	979	928	85	33	52	10	7	3
莫力达瓦达斡尔族自治旗	3173	1478	1695	119	43	76	4	2	2
鄂伦春自治旗	992	479	513	36	17	19	2	2	
鄂温克族自治旗	1469	720	749	87	25	62	7	2	5
陈巴尔虎旗	528	291	237	16	5	11	1		1
新巴尔虎左旗	626	321	305	27	7	20	2		2
新巴尔虎右旗	578	348	230	26	8	18	5	1	4
满洲里市									
牙克石市	443	219	224	15	2	13	2	2	
扎兰屯市	1731	824	907	91	30	61	9	3	6
额尔古纳市	602	303	299	24	9	15			
根河市	16	8	8	1	1				
巴彦淖尔市	**15515**	**7044**	**8471**	**497**	**225**	**272**	**56**	**24**	**32**
临河区	7712	3170	4542	121	52	69	6	6	
五原县	1650	741	909	95	44	51	14	6	8
磴口县	553	257	296	19	7	12	4		4
乌拉特前旗	2283	1091	1192	107	44	63	12	5	7
乌拉特中旗	1166	705	461	52	29	23	6	2	4
乌拉特后旗	487	315	172	25	15	10	1		1
杭锦后旗	1664	765	899	78	34	44	13	5	8

4-2c 续表 11

单位：人

地区	大学本科			硕士研究生			博士研究生		
	小计	男	女	小计	男	女	小计	男	女
乌兰察布市	**11762**	**6270**	**5492**	**742**	**300**	**442**	**102**	**46**	**56**
集宁区	1248	657	591	102	40	62	4	2	2
卓资县	703	394	309	33	19	14	4	1	3
化德县	690	354	336	51	14	37	7	4	3
商都县	1124	556	568	85	34	51	12	4	8
兴和县	1111	563	548	82	34	48	16	6	10
凉城县	1347	732	615	73	33	40	16	10	6
察哈尔右翼前旗	1132	643	489	72	32	40	11	4	7
察哈尔右翼中旗	1256	660	596	64	26	38	10	4	6
察哈尔右翼后旗	748	425	323	48	16	32	6	2	4
四子王旗	1490	779	711	60	26	34	9	5	4
丰镇市	913	507	406	72	26	46	7	4	3
兴安盟	**10435**	**5015**	**5420**	**409**	**126**	**283**	**57**	**15**	**42**
乌兰浩特市	711	393	318	31	12	19	1		1
阿尔山市	85	44	41	3	1	2			
科尔沁右翼前旗	3436	1581	1855	129	36	93	13	7	6
科尔沁右翼中旗	2161	1002	1159	97	22	75	21	3	18
扎赉特旗	2523	1220	1303	83	28	55	16	2	14
突泉县	1519	775	744	66	27	39	6	3	3
锡林郭勒盟	**8791**	**4681**	**4110**	**403**	**166**	**237**	**51**	**16**	**35**
二连浩特市	73	39	34	2		2	1		1
锡林浩特市	602	315	287	13	5	8	2	1	1
阿巴嘎旗	639	344	295	14	6	8	3		3
苏尼特左旗	652	335	317	25	11	14	6	3	3
苏尼特右旗	596	279	317	21	7	14	2	1	1
东乌珠穆沁旗	888	447	441	45	18	27	6		6
西乌珠穆沁旗	1780	1143	637	72	35	37	6	1	5
太仆寺旗	898	456	442	63	17	46	9	5	4
镶黄旗	389	227	162	19	11	8	4	1	3
正镶白旗	504	252	252	36	14	22	1		1
正蓝旗	1155	552	603	50	20	30	7	1	6
多伦县	555	261	294	39	19	20	3	2	1
乌拉盖管委会	60	31	29	4	3	1	1	1	
阿拉善盟	**2125**	**1406**	**719**	**80**	**32**	**48**	**11**	**6**	**5**
阿拉善左旗	1356	863	493	54	22	32	8	5	3
阿拉善右旗	293	182	111	19	6	13	3	1	2
额济纳旗	372	272	100	4	2	2			
内蒙古阿拉善经济开发区	104	89	15	3	2	1			

4-3 各地区分性别、受教育程度的16-59岁人口

单位：人

地区	16-59岁人口			未上过学		
	合计	男	女	小计	男	女
内蒙古	**15696719**	**8103375**	**7593344**	**177222**	**60879**	**116343**
呼和浩特市	**2317158**	**1170172**	**1146986**	**20994**	**6296**	**14698**
新城区	480372	241371	239001	2168	711	1457
回民区	303101	150059	153042	1786	530	1256
玉泉区	368531	186328	182203	2337	780	1557
赛罕区	612344	307760	304584	3445	1202	2243
土默特左旗	158894	81933	76961	2774	862	1912
托克托县	99720	52129	47591	2279	595	1684
和林格尔县	100568	49440	51128	2750	773	1977
清水河县	43172	22382	20790	1719	332	1387
武川县	54753	28439	26314	1047	332	715
呼和浩特经济技术开发区	95703	50331	45372	689	179	510
包头市	**1786033**	**916326**	**869707**	**14094**	**4535**	**9559**
东河区	314907	160101	154806	1802	726	1076
昆都仑区	532723	271198	261525	2036	670	1366
青山区	360472	180653	179819	1328	405	923
石拐区	16036	9180	6856	351	143	208
白云鄂博矿区	16778	9505	7273	137	39	98
九原区	166446	89200	77246	1681	459	1222
土默特右旗	142003	73512	68491	3369	989	2380
固阳县	70043	37512	32531	1101	379	722
达尔罕茂明安联合旗	42352	22364	19988	775	253	522
包头稀土高新技术产业开发区	124273	63101	61172	1514	472	1042
乌海市	**386083**	**206667**	**179416**	**3678**	**1183**	**2495**
海勃湾区	235069	122159	112910	1874	613	1261
海南区	66414	38053	28361	1141	320	821
乌达区	84600	46455	38145	663	250	413
赤峰市	**2522866**	**1287659**	**1235207**	**20042**	**7064**	**12978**
红山区	310343	155241	155102	1012	414	598
元宝山区	183144	93411	89733	701	398	303
松山区	456193	232886	223307	2727	944	1783
阿鲁科尔沁旗	155209	79400	75809	1163	501	662
巴林左旗	174197	88988	85209	1264	481	783
巴林右旗	100932	51644	49288	707	264	443
林西县	114193	58076	56117	977	396	581
克什克腾旗	115051	59968	55083	1677	504	1173
翁牛特旗	200802	103401	97401	2838	839	1999
喀喇沁旗	158020	81201	76819	2076	670	1406
宁城县	291552	149723	141829	2481	836	1645
敖汉旗	263230	133720	129510	2419	817	1602

4-3 续表 1　　单位：人

地　区	16-59岁人口			未上过学		
	合计	男	女	小计	男	女
通辽市	**1888447**	**967461**	**920986**	**16881**	**7346**	**9535**
科尔沁区	477742	239760	237982	2273	1107	1166
科尔沁左翼中旗	265198	139228	125970	4451	1939	2512
科尔沁左翼后旗	207137	107282	99855	2150	947	1203
开鲁县	200792	101901	98891	1200	570	630
库伦旗	96969	50201	46768	798	370	428
奈曼旗	236276	121651	114625	2206	947	1259
扎鲁特旗	167559	86532	81027	2913	1133	1780
通辽经济技术开发区	139250	69110	70140	477	218	259
霍林郭勒市	97524	51796	45728	413	115	298
鄂尔多斯市	**1422328**	**777132**	**645196**	**27247**	**6855**	**20392**
东胜区	389261	201451	187810	4308	1084	3224
康巴什区	82275	41842	40433	668	115	553
达拉特旗	198978	103630	95348	3957	988	2969
准格尔旗	233141	131852	101289	4786	1120	3666
鄂托克前旗	63289	36613	26676	1634	475	1159
鄂托克旗	113416	64530	48886	2619	751	1868
杭锦旗	68730	36404	32326	2240	547	1693
乌审旗	108215	64951	43264	2534	711	1823
伊金霍洛旗	165023	95859	69164	4501	1064	3437
呼伦贝尔市	**1502188**	**770184**	**732004**	**9845**	**4482**	**5363**
海拉尔区	250865	124078	126787	749	348	401
扎赉诺尔区	56135	28584	27551	134	68	66
阿荣旗	166478	84774	81704	1303	554	749
莫力达瓦达斡尔族自治旗	149213	76657	72556	1849	825	1024
鄂伦春自治旗	114353	59166	55187	1216	506	710
鄂温克族自治旗	95184	48834	46350	554	252	302
陈巴尔虎旗	35796	19570	16226	209	111	98
新巴尔虎左旗	26180	13911	12269	344	183	161
新巴尔虎右旗	28180	15828	12352	303	147	156
满洲里市	105339	53816	51523	156	61	95
牙克石市	170789	87381	83408	448	232	216
扎兰屯市	205954	106204	99750	2018	936	1082
额尔古纳市	46964	24431	22533	343	147	196
根河市	50758	26950	23808	219	112	107
巴彦淖尔市	**1006952**	**518219**	**488733**	**16958**	**5285**	**11673**
临河区	392956	198672	194284	5369	1677	3692
五原县	142654	72662	69992	2894	979	1915
磴口县	58831	30427	28404	1416	368	1048
乌拉特前旗	161980	84290	77690	3263	971	2292
乌拉特中旗	74524	40678	33846	1367	492	875
乌拉特后旗	37630	21311	16319	556	217	339
杭锦后旗	138377	70179	68198	2093	581	1512

4-3　续表 2　　　　单位：人

地　区	16-59岁人口			未上过学		
	合计	男	女	小计	男	女
乌兰察布市	**992801**	**508715**	**484086**	**22233**	**6855**	**15378**
集宁区	286639	141902	144737	1907	628	1279
卓资县	44178	23787	20391	1178	453	725
化德县	54415	28471	25944	1221	427	794
商都县	94926	47819	47107	2608	788	1820
兴和县	89438	45847	43591	3932	1028	2904
凉城县	61697	31642	30055	2801	785	2016
察哈尔右翼前旗	69217	37357	31860	1800	550	1250
察哈尔右翼中旗	45450	23664	21786	1368	440	928
察哈尔右翼后旗	57580	29971	27609	1437	445	992
四子王旗	77858	40229	37629	1139	401	738
丰镇市	111403	58026	53377	2842	910	1932
兴安盟	**941430**	**486035**	**455395**	**14483**	**6611**	**7872**
乌兰浩特市	240948	120308	120640	1577	751	826
阿尔山市	23855	12785	11070	105	48	57
科尔沁右翼前旗	187335	97884	89451	3097	1395	1702
科尔沁右翼中旗	139285	72694	66591	3217	1312	1905
扎赉特旗	210612	110422	100190	5582	2699	2883
突泉县	139395	71942	67453	905	406	499
锡林郭勒盟	**744362**	**393460**	**350902**	**8843**	**3693**	**5150**
二连浩特市	53106	27502	25604	500	178	322
锡林浩特市	240959	122690	118269	1247	487	760
阿巴嘎旗	27551	15318	12233	441	205	236
苏尼特左旗	24104	13483	10621	328	172	156
苏尼特右旗	41859	22028	19831	461	185	276
东乌珠穆沁旗	50238	26764	23474	742	308	434
西乌珠穆沁旗	72330	41995	30335	973	435	538
太仆寺旗	61016	31909	29107	2032	838	1194
镶黄旗	18493	10180	8313	126	61	65
正镶白旗	28087	15261	12826	533	225	308
正蓝旗	46761	24657	22104	609	241	368
多伦县	64011	33240	30771	633	268	365
乌拉盖管委会	15847	8433	7414	218	90	128
阿拉善盟	**186071**	**101345**	**84726**	**1924**	**674**	**1250**
阿拉善左旗	123852	65932	57920	1211	424	787
阿拉善右旗	16184	8961	7223	186	86	100
额济纳旗	24921	13388	11533	203	77	126
内蒙古阿拉善经济开发区	21114	13064	8050	324	87	237

4-3 续表 3

单位：人

地区	学前教育			小学		
	小计	男	女	小计	男	女
内蒙古	**4400**	**1981**	**2419**	**2216690**	**1020420**	**1196270**
呼和浩特市	**640**	**321**	**319**	**203279**	**90334**	**112945**
新城区	123	66	57	30198	14105	16093
回民区	74	40	34	20484	9402	11082
玉泉区	74	32	42	34884	16202	18682
赛罕区	182	92	90	33431	15196	18235
土默特左旗	58	27	31	26459	11482	14977
托克托县	33	21	12	13823	5587	8236
和林格尔县	28	11	17	15920	6775	9145
清水河县	12	6	6	9790	3563	6227
武川县	24	12	12	10481	4516	5965
呼和浩特经济技术开发区	32	14	18	7809	3506	4303
包头市	**496**	**237**	**259**	**159567**	**73221**	**86346**
东河区	94	37	57	23806	11722	12084
昆都仑区	167	80	87	34841	15896	18945
青山区	58	39	19	18755	8491	10264
石拐区	5	3	2	2346	1238	1108
白云鄂博矿区	2	2		1264	598	666
九原区	77	42	35	19599	8884	10715
土默特右旗	36	13	23	23240	9808	13432
固阳县	30	14	16	14304	6588	7716
达尔罕茂明安联合旗	8	4	4	8248	3836	4412
包头稀土高新技术产业开发区	19	3	16	13164	6160	7004
乌海市	**81**	**33**	**48**	**33643**	**16532**	**17111**
海勃湾区	47	18	29	17138	8285	8853
海南区	12	7	5	9276	4587	4689
乌达区	22	8	14	7229	3660	3569
赤峰市	**690**	**288**	**402**	**483730**	**212182**	**271548**
红山区	93	43	50	28440	13018	15422
元宝山区	36	20	16	19063	8785	10278
松山区	93	39	54	62803	26524	36279
阿鲁科尔沁旗	36	16	20	36435	17075	19360
巴林左旗	63	28	35	34936	15450	19486
巴林右旗	16	5	11	22158	10410	11748
林西县	43	16	27	27477	12248	15229
克什克腾旗	32	15	17	29055	12760	16295
翁牛特旗	77	27	50	54721	23407	31314
喀喇沁旗	65	15	50	34305	14994	19311
宁城县	49	27	22	56237	24082	32155
敖汉旗	87	37	50	78100	33429	44671

4-3 续表 4

单位：人

地区	学前教育			小学		
	小计	男	女	小计	男	女
通辽市	**469**	**209**	**260**	**297303**	**140908**	**156395**
科尔沁区	139	61	78	42892	21159	21733
科尔沁左翼中旗	58	22	36	51518	25511	26007
科尔沁左翼后旗	53	27	26	43592	21066	22526
开鲁县	51	23	28	33500	15260	18240
库伦旗	22	9	13	19308	8866	10442
奈曼旗	62	26	36	52716	24238	28478
扎鲁特旗	37	18	19	34600	15910	18690
通辽经济技术开发区	32	17	15	9765	4784	4981
霍林郭勒市	15	6	9	9412	4114	5298
鄂尔多斯市	**367**	**138**	**229**	**213155**	**96192**	**116963**
东胜区	77	34	43	40750	18248	22502
康巴什区	21	9	12	5506	2342	3164
达拉特旗	47	16	31	31272	13630	17642
准格尔旗	64	18	46	45250	20263	24987
鄂托克前旗	24	5	19	12297	5591	6706
鄂托克旗	28	12	16	17451	8002	9449
杭锦旗	19	8	11	15112	6704	8408
乌审旗	33	17	16	19879	9358	10521
伊金霍洛旗	54	19	35	25638	12054	13584
呼伦贝尔市	**329**	**145**	**184**	**168474**	**81038**	**87436**
海拉尔区	52	26	26	11622	5641	5981
扎赉诺尔区	10	6	4	3115	1498	1617
阿荣旗	34	17	17	29113	12882	16231
莫力达瓦达斡尔族自治旗	47	23	24	31374	15251	16123
鄂伦春自治旗	29	16	13	14757	7153	7604
鄂温克族自治旗	20	8	12	7717	3811	3906
陈巴尔虎旗	8	2	6	5041	2490	2551
新巴尔虎左旗	18	11	7	5053	2633	2420
新巴尔虎右旗	1		1	5772	3292	2480
满洲里市	34	10	24	3157	1546	1611
牙克石市	27	11	16	8798	4260	4538
扎兰屯市	35	11	24	37494	17886	19608
额尔古纳市	10	3	7	4134	2010	2124
根河市	4	1	3	1327	685	642
巴彦淖尔市	**311**	**130**	**181**	**121710**	**57309**	**64401**
临河区	103	37	66	34656	16281	18375
五原县	41	19	22	24639	11588	13051
磴口县	45	21	24	7216	3290	3926
乌拉特前旗	45	20	25	23849	11234	12615
乌拉特中旗	20	9	11	11781	5905	5876
乌拉特后旗	5	3	2	4446	2464	1982
杭锦后旗	52	21	31	15123	6547	8576

4-3 续表 5 单位：人

地　　区	学前教育			小　　学		
	小计	男	女	小计	男	女
乌兰察布市	**417**	**175**	**242**	**180958**	**78205**	**102753**
集宁区	63	31	32	23701	10333	13368
卓资县	13	8	5	7702	3469	4233
化德县	14	6	8	13134	5915	7219
商都县	72	23	49	24363	9859	14504
兴和县	46	22	24	22874	9992	12882
凉城县	26	7	19	14500	5911	8589
察哈尔右翼前旗	39	12	27	14135	6489	7646
察哈尔右翼中旗	19	6	13	10928	4684	6244
察哈尔右翼后旗	25	13	12	12840	5515	7325
四子王旗	26	8	18	14368	6086	8282
丰镇市	74	39	35	22413	9952	12461
兴安盟	**351**	**173**	**178**	**215112**	**106627**	**108485**
乌兰浩特市	58	29	29	27048	13797	13251
阿尔山市	6	4	2	1610	819	791
科尔沁右翼前旗	113	59	54	53416	26882	26534
科尔沁右翼中旗	50	18	32	36631	17884	18747
扎赉特旗	53	22	31	64735	32457	32278
突泉县	71	41	30	31672	14788	16884
锡林郭勒盟	**184**	**92**	**92**	**120721**	**58713**	**62008**
二连浩特市	8	5	3	7743	3418	4325
锡林浩特市	41	22	19	23388	10842	12546
阿巴嘎旗	4	1	3	6549	3489	3060
苏尼特左旗	3		3	5506	2910	2596
苏尼特右旗	12	4	8	7072	3352	3720
东乌珠穆沁旗	23	10	13	11798	5970	5828
西乌珠穆沁旗	19	10	9	15135	7645	7490
太仆寺旗	24	14	10	13189	6300	6889
镶黄旗	18	8	10	2558	1241	1317
正镶白旗	8	3	5	5608	2866	2742
正蓝旗	6	3	3	7979	3933	4046
多伦县	15	11	4	11460	5485	5975
乌拉盖管委会	3	1	2	2736	1262	1474
阿拉善盟	**65**	**40**	**25**	**19038**	**9159**	**9879**
阿拉善左旗	26	15	11	12177	5773	6404
阿拉善右旗	2	1	1	2377	1197	1180
额济纳旗	17	13	4	2465	1173	1292
内蒙古阿拉善经济开发区	20	11	9	2019	1016	1003

4-3　续表 6　　　　单位：人

地　区	初中			高中			大学专科		
	小计	男	女	小计	男	女	小计	男	女
内蒙古	**6140116**	**3317610**	**2822506**	**2896478**	**1550513**	**1345965**	**2231620**	**1180734**	**1050886**
呼和浩特市	**674931**	**365497**	**309434**	**434122**	**226490**	**207632**	**451215**	**232282**	**218933**
新城区	113567	60580	52987	93922	47873	46049	100084	50589	49495
回民区	85657	45926	39731	69260	35500	33760	64273	33232	31041
玉泉区	127111	68978	58133	75520	38991	36529	64439	32092	32347
赛罕区	119612	63162	56450	100652	50756	49896	152597	78952	73645
土默特左旗	75779	41725	34054	25776	14341	11435	15082	8052	7030
托克托县	47719	25853	21866	18225	10446	7779	11036	6080	4956
和林格尔县	35003	19550	15453	15599	8874	6725	11030	6074	4956
清水河县	15810	9423	6387	7503	4455	3048	4809	2733	2076
武川县	24123	13208	10915	9450	5294	4156	6320	3431	2889
呼和浩特经济技术开发区	30550	17092	13458	18215	9960	8255	21545	11047	10498
包头市	**617596**	**332565**	**285031**	**394851**	**202600**	**192251**	**302832**	**159499**	**143333**
东河区	126132	67618	58514	80059	40128	39931	43066	22012	21054
昆都仑区	159763	83002	76761	128865	64978	63887	98557	50824	47733
青山区	92085	48947	43138	82692	41121	41571	84736	44478	40258
石拐区	7448	4495	2953	3279	1926	1353	1577	895	682
白云鄂博矿区	4424	2488	1936	5791	3428	2363	2762	1640	1122
九原区	69615	38447	31168	31682	17549	14133	25720	15174	10546
土默特右旗	68707	37846	30861	19644	10646	8998	13804	7444	6360
固阳县	31640	18045	13595	12278	6909	5369	6034	3338	2696
达尔罕茂明安联合旗	18214	10134	8080	6290	3499	2791	4666	2612	2054
包头稀土高新技术产业开发区	39568	21543	18025	24271	12416	11855	21910	11082	10828
乌海市	**143937**	**82057**	**61880**	**87870**	**47504**	**40366**	**71681**	**37526**	**34155**
海勃湾区	74196	40972	33224	55426	29061	26365	50875	26094	24781
海南区	32635	19843	12792	12765	7591	5174	7286	4055	3231
乌达区	37106	21242	15864	19679	10852	8827	13520	7377	6143
赤峰市	**1051961**	**556339**	**495622**	**439915**	**240242**	**199673**	**286222**	**154782**	**131440**
红山区	97862	49857	48005	83024	43043	39981	52035	26965	25070
元宝山区	86824	43045	43779	37753	20505	17248	21307	11940	9367
松山区	162117	85365	76752	88115	47452	40663	77325	41625	35700
阿鲁科尔沁旗	70781	37172	33609	21429	11848	9581	12129	6546	5583
巴林左旗	77142	40986	36156	29714	16080	13634	16872	8991	7881
巴林右旗	43065	22429	20636	15307	8234	7073	10569	5885	4684
林西县	44998	23765	21233	21165	11621	9544	11635	6217	5418
克什克腾旗	40034	21915	18119	20328	11804	8524	13920	7887	6033
翁牛特旗	87338	47900	39438	27059	15535	11524	15547	8937	6610
喀喇沁旗	73298	39228	34070	24504	13968	10536	12960	6995	5965
宁城县	150631	80265	70366	38938	21787	17151	22903	12656	10247
敖汉旗	117871	64412	53459	32579	18365	14214	19020	10138	8882

4-3 续表 7 单位：人

地　区	初　中			高　中			大学专科		
	小计	男	女	小计	男	女	小计	男	女
通辽市	**912249**	**480594**	**431655**	**309524**	**164983**	**144541**	**180273**	**93896**	**86377**
科尔沁区	210346	108216	102130	105777	53541	52236	55555	28393	27162
科尔沁左翼中旗	149241	80368	68873	29470	16374	13096	16484	8751	7733
科尔沁左翼后旗	106861	56905	49956	29457	15768	13689	13033	6995	6038
开鲁县	116141	59999	56142	24236	13142	11094	13802	7319	6483
库伦旗	46705	25071	21634	14815	8168	6647	7292	3995	3297
奈曼旗	119948	64254	55694	29575	16318	13257	18035	9626	8409
扎鲁特旗	76447	41454	34993	25345	14094	11251	14967	7868	7099
通辽经济技术开发区	48978	25085	23893	28483	14609	13874	25654	12167	13487
霍林郭勒市	37582	19242	18340	22366	12969	9397	15451	8782	6669
鄂尔多斯市	**473455**	**279896**	**193559**	**263705**	**153741**	**109964**	**235389**	**132219**	**103170**
东胜区	128493	71556	56937	77026	41888	35138	72654	36485	36169
康巴什区	13748	7331	6417	15466	7964	7502	18437	9529	8908
达拉特旗	81644	45735	35909	37699	20363	17336	25410	13984	11426
准格尔旗	78810	48744	30066	39242	23710	15532	35123	21135	13988
鄂托克前旗	21834	13944	7890	11539	7506	4033	9073	5374	3699
鄂托克旗	41216	25261	15955	22928	13917	9011	18719	11180	7539
杭锦旗	22509	13047	9462	10613	6090	4523	9970	5929	4041
乌审旗	33238	21079	12159	20297	13358	6939	18972	12469	6503
伊金霍洛旗	51963	33199	18764	28895	18945	9950	27031	16134	10897
呼伦贝尔市	**703535**	**368498**	**335037**	**267620**	**139534**	**128086**	**198746**	**104509**	**94237**
海拉尔区	85142	43074	42068	57581	28842	28739	46169	23383	22786
扎赉诺尔区	28872	14623	14249	10355	5324	5031	8865	4803	4062
阿荣旗	94186	49352	44834	20262	10957	9305	13202	6976	6226
莫力达瓦达斡尔族自治旗	77893	41117	36776	18440	9690	8750	11537	6025	5512
鄂伦春自治旗	58858	31020	27838	18652	9816	8836	13243	7107	6136
鄂温克族自治旗	32583	16832	15751	20554	10909	9645	18824	9877	8947
陈巴尔虎旗	17020	9679	7341	6140	3383	2757	4397	2511	1886
新巴尔虎左旗	10343	5588	4755	4534	2449	2085	3500	1912	1588
新巴尔虎右旗	10561	6259	4302	4754	2694	2060	3479	1934	1545
满洲里市	52906	27563	25343	21385	11097	10288	14848	7601	7247
牙克石市	87056	44583	42473	34589	17904	16685	23997	12861	11136
扎兰屯市	99286	52904	46382	33010	17407	15603	21219	11007	10212
额尔古纳市	21460	11295	10165	8543	4464	4079	7683	4193	3490
根河市	27369	14609	12760	8821	4598	4223	7783	4319	3464
巴彦淖尔市	**436790**	**237692**	**199098**	**203902**	**107543**	**96359**	**134242**	**68091**	**66151**
临河区	150063	80471	69592	88341	45694	42647	64538	32164	32374
五原县	66963	36073	30890	24285	12818	11467	14712	7271	7441
磴口县	27205	14603	12602	11016	6024	4992	7486	4033	3453
乌拉特前旗	76173	41984	34189	29472	15781	13691	18716	9506	9210
乌拉特中旗	31903	18211	13692	14172	8026	6146	8640	4772	3868
乌拉特后旗	15585	9193	6392	7856	4534	3322	5137	2892	2245
杭锦后旗	68898	37157	31741	28760	14666	14094	15013	7453	7560

4-3　续表 8　　　　单位：人

地　　区	初　　中			高　　中			大学专科		
	小计	男	女	小计	男	女	小计	男	女
乌兰察布市	**385850**	**211312**	**174538**	**174433**	**94412**	**80021**	**136313**	**73006**	**63307**
集宁区	93893	48440	45453	62780	32251	30529	55775	28270	27505
卓资县	18328	10294	8034	8331	4694	3637	5590	3242	2348
化德县	21838	12168	9670	8148	4538	3610	6630	3679	2951
商都县	37837	21066	16771	15105	8161	6944	9940	5462	4478
兴和县	37721	21164	16557	12713	7048	5665	8326	4638	3688
凉城县	23118	13019	10099	9443	5404	4039	7005	3982	3023
察哈尔右翼前旗	29116	16925	12191	11463	6542	4921	8148	4448	3700
察哈尔右翼中旗	17754	10013	7741	6690	3836	2854	5206	2926	2280
察哈尔右翼后旗	23355	12954	10401	9467	5276	4191	6959	3921	3038
四子王旗	35545	19283	16262	12500	6921	5579	9347	5047	4300
丰镇市	47345	25986	21359	17793	9741	8052	13387	7391	5996
兴安盟	**403243**	**216697**	**186546**	**137285**	**72457**	**64828**	**92752**	**47452**	**45300**
乌兰浩特市	88911	45782	43129	53300	26985	26315	37188	17887	19301
阿尔山市	10934	5860	5074	4220	2273	1947	3961	2273	1688
科尔沁右翼前旗	79750	43586	36164	20618	11108	9510	15223	7956	7267
科尔沁右翼中旗	59573	32709	26864	18928	10425	8503	11490	6134	5356
扎赉特旗	91957	49939	42018	22640	12302	10338	14825	7906	6919
突泉县	72118	38821	33297	17579	9364	8215	10065	5296	4769
锡林郭勒盟	**276224**	**151548**	**124676**	**143628**	**78173**	**65455**	**107478**	**58527**	**48951**
二连浩特市	20413	10950	9463	10832	5976	4856	6734	3604	3130
锡林浩特市	82958	43436	39522	51494	26356	25138	44989	23506	21483
阿巴嘎旗	9534	5644	3890	4880	2789	2091	3260	1821	1439
苏尼特左旗	8044	4675	3369	4218	2560	1658	3323	1895	1428
苏尼特右旗	16170	8892	7278	8701	4703	3998	5559	3068	2491
东乌珠穆沁旗	18814	10408	8406	8430	4753	3677	5449	3018	2431
西乌珠穆沁旗	26567	16001	10566	13551	8600	4951	8898	5511	3387
太仆寺旗	25288	14022	11266	9777	5224	4553	6152	3358	2794
镶黄旗	6491	3755	2736	3800	2107	1693	2888	1681	1207
正镶白旗	10793	6103	4690	4953	2707	2246	3511	2052	1459
正蓝旗	17195	9305	7890	9573	5217	4356	6221	3364	2857
多伦县	27690	14896	12794	10813	5703	5110	8137	4338	3799
乌拉盖管委会	6267	3461	2806	2606	1478	1128	2357	1311	1046
阿拉善盟	**60345**	**34915**	**25430**	**39623**	**22834**	**16789**	**34477**	**18945**	**15532**
阿拉善左旗	41356	23605	17751	25947	14321	11626	21568	11417	10151
阿拉善右旗	4983	2808	2175	2963	1787	1176	2896	1701	1195
额济纳旗	7723	4449	3274	5872	3483	2389	4897	2592	2305
内蒙古阿拉善经济开发区	6283	4053	2230	4841	3243	1598	5116	3235	1881

4－3 续表 9 单位：人

地　　区	大学本科			硕士研究生			博士研究生		
	小计	男	女	小计	男	女	小计	男	女
内蒙古	**1880186**	**907177**	**973009**	**138973**	**58689**	**80284**	**11034**	**5372**	**5662**
呼和浩特市	**467250**	**221620**	**245630**	**58826**	**24416**	**34410**	**5901**	**2916**	**2985**
新城区	124934	60471	64463	14124	6342	7782	1252	634	618
回民区	56250	23504	32746	4944	1749	3195	373	176	197
玉泉区	57745	26922	30823	5842	2069	3773	579	262	317
赛罕区	168563	83690	84873	30401	12983	17418	3461	1727	1734
土默特左旗	12526	5278	7248	412	156	256	28	10	18
托克托县	6370	3446	2924	219	93	126	16	8	8
和林格尔县	19102	7064	12038	1077	286	791	59	33	26
清水河县	3358	1794	1564	152	67	85	19	9	10
武川县	3130	1575	1555	160	62	98	18	9	9
呼和浩特经济技术开发区	15272	7876	7396	1495	609	886	96	48	48
包头市	**275633**	**133858**	**141775**	**19733**	**9129**	**10604**	**1231**	**682**	**549**
东河区	37842	17038	20804	1971	754	1217	135	66	69
昆都仑区	99882	51368	48514	8076	4069	4007	536	311	225
青山区	74813	34476	40337	5698	2544	3154	307	152	155
石拐区	985	464	521	39	13	26	6	3	3
白云鄂博矿区	2299	1244	1055	94	63	31	5	3	2
九原区	16895	8158	8737	1115	453	662	62	34	28
土默特右旗	12766	6562	6204	396	175	221	41	29	12
固阳县	4486	2160	2326	161	74	87	9	5	4
达尔罕茂明安联合旗	4011	1965	2046	132	59	73	8	2	6
包头稀土高新技术产业开发区	21654	10423	11231	2051	925	1126	122	77	45
乌海市	**42509**	**20649**	**21860**	**2559**	**1126**	**1433**	**125**	**57**	**68**
海勃湾区	33247	16093	17154	2171	973	1198	95	50	45
海南区	3181	1601	1580	112	46	66	6	3	3
乌达区	6081	2955	3126	276	107	169	24	4	20
赤峰市	**227903**	**111844**	**116059**	**11521**	**4520**	**7001**	**882**	**398**	**484**
红山区	45438	20953	24485	2293	888	1405	146	60	86
元宝山区	16588	8361	8227	790	314	476	82	43	39
松山区	58441	29026	29415	4297	1786	2511	275	125	150
阿鲁科尔沁旗	12759	6093	6666	436	133	303	41	16	25
巴林左旗	13725	6781	6944	431	164	267	50	27	23
巴林右旗	8718	4300	4418	366	105	261	26	12	14
林西县	7558	3696	3862	318	107	211	22	10	12
克什克腾旗	9603	4923	4680	371	146	225	31	14	17
翁牛特旗	12714	6570	6144	454	165	289	54	21	33
喀喇沁旗	10279	5124	5155	499	191	308	34	16	18
宁城县	19490	9730	9760	760	308	452	63	32	31
敖汉旗	12590	6287	6303	506	213	293	58	22	36

4-3　续表 10　　　　单位：人

地　区	大学本科			硕士研究生			博士研究生		
	小计	男	女	小计	男	女	小计	男	女
通辽市	**161409**	**75606**	**85803**	**9482**	**3539**	**5943**	**857**	**380**	**477**
科尔沁区	56975	25805	31170	3505	1332	2173	280	146	134
科尔沁左翼中旗	13390	6086	7304	515	156	359	71	21	50
科尔沁左翼后旗	11503	5396	6107	434	162	272	54	16	38
开鲁县	11296	5391	5905	532	178	354	34	19	15
库伦旗	7695	3600	4095	313	111	202	21	11	10
奈曼旗	13067	6031	7036	611	189	422	56	22	34
扎鲁特旗	12631	5834	6797	562	193	369	57	28	29
通辽经济技术开发区	23092	11116	11976	2503	1005	1498	266	109	157
霍林郭勒市	11760	6347	5413	507	213	294	18	8	10
鄂尔多斯市	**196069**	**101832**	**94237**	**12433**	**5991**	**6442**	**508**	**268**	**240**
东胜区	61830	30232	31598	3964	1848	2116	159	76	83
康巴什区	25086	12956	12130	3258	1558	1700	85	38	47
达拉特旗	18257	8615	9642	659	286	373	33	13	20
准格尔旗	28415	16097	12318	1394	732	662	57	33	24
鄂托克前旗	6645	3605	3040	225	100	125	18	13	5
鄂托克旗	10090	5225	4865	341	168	173	24	14	10
杭锦旗	7949	3930	4019	306	141	165	12	8	4
乌审旗	12799	7688	5111	441	259	182	22	12	10
伊金霍洛旗	24998	13484	11514	1845	899	946	98	61	37
呼伦贝尔市	**146604**	**69146**	**77458**	**6602**	**2656**	**3946**	**433**	**176**	**257**
海拉尔区	47041	21723	25318	2356	985	1371	153	56	97
扎赉诺尔区	4600	2189	2411	174	67	107	10	6	4
阿荣旗	8083	3917	4166	272	106	166	23	13	10
莫力达瓦达斡尔族自治旗	7805	3626	4179	253	94	159	15	6	9
鄂伦春自治旗	7368	3468	3900	212	75	137	18	5	13
鄂温克族自治旗	13773	6688	7085	1096	433	663	63	24	39
陈巴尔虎旗	2876	1350	1526	95	39	56	10	5	5
新巴尔虎左旗	2308	1106	1202	77	28	49	3	1	2
新巴尔虎右旗	3197	1461	1736	106	40	66	7	1	6
满洲里市	12422	5765	6657	404	155	249	27	18	9
牙克石市	15185	7259	7926	639	251	388	50	20	30
扎兰屯市	12270	5793	6477	589	247	342	33	13	20
额尔古纳市	4642	2256	2386	144	60	84	5	3	2
根河市	5034	2545	2489	185	76	109	16	5	11
巴彦淖尔市	**88231**	**40052**	**48179**	**4520**	**1973**	**2547**	**288**	**144**	**144**
临河区	46860	21013	25847	2874	1256	1618	152	79	73
五原县	8779	3769	5010	310	126	184	31	19	12
磴口县	4243	1988	2255	186	91	95	18	9	9
乌拉特前旗	10057	4621	5436	369	155	214	36	18	18
乌拉特中旗	6386	3150	3236	235	106	129	20	7	13
乌拉特后旗	3865	1932	1933	177	76	101	3		3
杭锦后旗	8041	3579	4462	369	163	206	28	12	16

4-3 续表 11

单位：人

地区	大学本科			硕士研究生			博士研究生		
	小计	男	女	小计	男	女	小计	男	女
乌兰察布市	**87824**	**42852**	**44972**	**4474**	**1765**	**2709**	**299**	**133**	**166**
集宁区	45593	20818	24775	2819	1083	1736	108	48	60
卓资县	2931	1578	1353	95	46	49	10	3	7
化德县	3287	1687	1600	133	45	88	10	6	4
商都县	4791	2378	2413	184	76	108	26	6	20
兴和县	3661	1887	1774	145	59	86	20	9	11
凉城县	4604	2445	2159	177	76	101	23	13	10
察哈尔右翼前旗	4299	2294	2005	189	80	109	28	17	11
察哈尔右翼中旗	3333	1701	1632	136	52	84	16	6	10
察哈尔右翼后旗	3376	1809	1567	111	36	75	10	2	8
四子王旗	4686	2377	2309	224	94	130	23	12	11
丰镇市	7263	3878	3385	261	118	143	25	11	14
兴安盟	**74578**	**34556**	**40022**	**3445**	**1396**	**2049**	**181**	**66**	**115**
乌兰浩特市	31174	14354	16820	1645	705	940	47	18	29
阿尔山市	2887	1441	1446	128	63	65	4	4	
科尔沁右翼前旗	14268	6559	7709	798	315	483	52	24	28
科尔沁右翼中旗	9001	4098	4903	362	108	254	33	6	27
扎赉特旗	10503	4981	5522	283	106	177	34	10	24
突泉县	6745	3123	3622	229	99	130	11	4	7
锡林郭勒盟	**83183**	**41032**	**42151**	**3833**	**1559**	**2274**	**268**	**123**	**145**
二连浩特市	6630	3268	3362	236	98	138	10	5	5
锡林浩特市	34598	17104	17494	2099	864	1235	145	73	72
阿巴嘎旗	2800	1331	1469	77	35	42	6	3	3
苏尼特左旗	2571	1227	1344	100	39	61	11	5	6
苏尼特右旗	3755	1773	1982	127	50	77	2	1	1
东乌珠穆沁旗	4752	2216	2536	210	77	133	20	4	16
西乌珠穆沁旗	6969	3705	3264	209	84	125	9	4	5
太仆寺旗	4368	2082	2286	171	62	109	15	9	6
镶黄旗	2504	1285	1219	96	38	58	12	4	8
正镶白旗	2566	1265	1301	109	37	72	6	3	3
正蓝旗	5016	2523	2493	148	67	81	14	4	10
多伦县	5050	2449	2601	199	84	115	14	6	8
乌拉盖管委会	1604	804	800	52	24	28	4	2	2
阿拉善盟	**28993**	**14130**	**14863**	**1545**	**619**	**926**	**61**	**29**	**32**
阿拉善左旗	20323	9865	10458	1194	490	704	50	22	28
阿拉善右旗	2666	1337	1329	105	41	64	6	3	3
额济纳旗	3580	1558	2022	160	40	120	4	3	1
内蒙古阿拉善经济开发区	2424	1370	1054	86	48	38	1	1	

4-3a　各地区分性别、受教育程度的16-59岁人口(城市)

单位：人

地　区	16-59岁人口			未上过学		
	合计	男	女	小计	男	女
内蒙古	**6449574**	**3236858**	**3212716**	**29483**	**9970**	**19513**
呼和浩特市	**1558617**	**774619**	**783998**	**6808**	**2212**	**4596**
新城区	425366	212094	213272	1588	523	1065
回民区	290244	142537	147707	1550	399	1151
玉泉区	326745	164135	162610	1711	597	1114
赛罕区	516262	255853	260409	1959	693	1266
包头市	**1274621**	**645491**	**629130**	**5092**	**1750**	**3342**
东河区	276148	139828	136320	1190	516	674
昆都仑区	513966	261124	252842	1724	573	1151
青山区	346058	172720	173338	1105	321	784
石拐区	9846	5240	4606	196	83	113
白云鄂博矿区	16778	9505	7273	137	39	98
九原区	111825	57074	54751	740	218	522
乌海市	**354686**	**185987**	**168699**	**2647**	**901**	**1746**
海勃湾区	220434	112690	107744	1423	469	954
海南区	51367	27914	23453	591	188	403
乌达区	82885	45383	37502	633	244	389
赤峰市	**679040**	**339959**	**339081**	**1586**	**684**	**902**
红山区	286134	142436	143698	719	320	399
元宝山区	124365	62190	62175	269	142	127
松山区	268541	135333	133208	598	222	376
通辽市	**389790**	**194284**	**195506**	**960**	**431**	**529**
科尔沁区	298094	145662	152432	596	335	261
霍林郭勒市	91696	48622	43074	364	96	268
鄂尔多斯市	**453360**	**229435**	**223925**	**4550**	**1054**	**3496**
东胜区	370596	187338	183258	3861	929	2932
康巴什区	82275	41842	40433	668	115	553
鄂托克旗	489	255	234	21	10	11
呼伦贝尔市	**641492**	**319798**	**321694**	**1720**	**777**	**943**
海拉尔区	242895	119816	123079	672	305	367
扎赉诺尔区	52912	26814	26098	113	55	58
满洲里市	102709	52393	50316	151	58	93
牙克石市	92258	45247	47011	201	97	104
扎兰屯市	93332	46457	46875	286	134	152
额尔古纳市	28675	14388	14287	153	55	98
根河市	28711	14683	14028	144	73	71
巴彦淖尔市	**277021**	**138059**	**138962**	**1691**	**554**	**1137**
临河区	277021	138059	138962	1691	554	1137
乌兰察布市	**329252**	**163573**	**165679**	**2074**	**643**	**1431**
集宁区	257940	127530	130410	1414	463	951
丰镇市	71312	36043	35269	660	180	480
兴安盟	**218092**	**107817**	**110275**	**971**	**466**	**505**
乌兰浩特市	204647	100710	103937	918	441	477
阿尔山市	13445	7107	6338	53	25	28
锡林郭勒盟	**273603**	**137836**	**135767**	**1384**	**498**	**886**
二连浩特市	51210	26302	24908	376	114	262
锡林浩特市	222393	111534	110859	1008	384	624

4-3a 续表 1

单位：人

地区	学前教育			小学		
	小计	男	女	小计	男	女
内蒙古	**1484**	**706**	**778**	**418109**	**192078**	**226031**
呼和浩特市	**386**	**196**	**190**	**82670**	**37224**	**45446**
新城区	117	63	54	20805	9625	11180
回民区	73	39	34	18578	8299	10279
玉泉区	67	30	37	27048	12521	14527
赛罕区	129	64	65	16239	6779	9460
包头市	**332**	**165**	**167**	**77138**	**35901**	**41237**
东河区	68	28	40	17143	8563	8580
昆都仑区	156	74	82	31248	14194	17054
青山区	57	39	18	15820	7194	8626
石拐区	4	3	1	1181	574	607
白云鄂博矿区	2	2		1264	598	666
九原区	45	19	26	10482	4778	5704
乌海市	**75**	**30**	**45**	**27909**	**13521**	**14388**
海勃湾区	44	16	28	14444	6925	7519
海南区	10	7	3	6503	3069	3434
乌达区	21	7	14	6962	3527	3435
赤峰市	**143**	**67**	**76**	**50622**	**22661**	**27961**
红山区	90	41	49	22255	10149	12106
元宝山区	19	12	7	7455	3383	4072
松山区	34	14	20	20912	9129	11783
通辽市	**86**	**34**	**52**	**19880**	**9550**	**10330**
科尔沁区	71	28	43	11563	5924	5639
霍林郭勒市	15	6	9	8317	3626	4691
鄂尔多斯市	**96**	**42**	**54**	**42986**	**18696**	**24290**
东胜区	75	33	42	37419	16333	21086
康巴什区	21	9	12	5506	2342	3164
鄂托克旗				61	21	40
呼伦贝尔市	**133**	**55**	**78**	**29471**	**14298**	**15173**
海拉尔区	52	26	26	10669	5206	5463
扎赉诺尔区	10	6	4	2804	1348	1456
满洲里市	34	10	24	2849	1404	1445
牙克石市	16	6	10	3291	1540	1751
扎兰屯市	12	4	8	6635	3256	3379
额尔古纳市	8	2	6	2440	1140	1300
根河市	1	1		783	404	379
巴彦淖尔市	**62**	**26**	**36**	**13263**	**6612**	**6651**
临河区	62	26	36	13263	6612	6651
乌兰察布市	**78**	**41**	**37**	**29069**	**12440**	**16629**
集宁区	58	29	29	19110	8232	10878
丰镇市	20	12	8	9959	4208	5751
兴安盟	**49**	**26**	**23**	**18263**	**9213**	**9050**
乌兰浩特市	44	23	21	17577	8878	8699
阿尔山市	5	3	2	686	335	351
锡林郭勒盟	**44**	**24**	**20**	**26838**	**11962**	**14876**
二连浩特市	7	5	2	7172	3090	4082
锡林浩特市	37	19	18	19666	8872	10794

4-3a　续表 2

单位：人

地　区	初　中			高　中			大学专科		
	小计	男	女	小计	男	女	小计	男	女
内蒙古	**1972267**	**1022951**	**949316**	**1471279**	**749714**	**721565**	**1269357**	**651368**	**617989**
呼和浩特市	**341308**	**179472**	**161836**	**306577**	**154441**	**152136**	**362980**	**185756**	**177224**
新城区	83725	44001	39724	85452	43163	42289	95404	48222	47182
回民区	80051	42510	37541	66489	33828	32661	62673	32396	30277
玉泉区	107120	57482	49638	69535	35556	33979	60943	30610	30333
赛罕区	70412	35479	34933	85101	41894	43207	143960	74528	69432
包头市	**392329**	**207008**	**185321**	**311016**	**156345**	**154671**	**242514**	**125496**	**117018**
东河区	105346	56179	49167	73789	36858	36931	40356	20634	19722
昆都仑区	149711	77411	72300	125952	63341	62611	97328	50108	47220
青山区	84543	44731	39812	80804	39929	40875	83496	43663	39833
石拐区	4302	2432	1870	2215	1173	1042	1135	612	523
白云鄂博矿区	4424	2488	1936	5791	3428	2363	2762	1640	1122
九原区	44003	23767	20236	22465	11616	10849	17437	8839	8598
乌海市	**127428**	**70461**	**56967**	**83162**	**44033**	**39129**	**69278**	**35867**	**33411**
海勃湾区	66902	35977	30925	53082	27341	25741	49550	25176	24374
海南区	24343	13842	10501	10722	6057	4665	6319	3384	2935
乌达区	36183	20642	15541	19358	10635	8723	13409	7307	6102
赤峰市	**214663**	**106658**	**108005**	**171560**	**89075**	**82485**	**126911**	**66893**	**60018**
红山区	86517	43666	42851	79307	40846	38461	50276	25977	24299
元宝山区	54167	25850	28317	30192	15949	14243	17335	9493	7842
松山区	73979	37142	36837	62061	32280	29781	59300	31423	27877
通辽市	**126690**	**63076**	**63614**	**111294**	**56934**	**54360**	**62839**	**32817**	**30022**
科尔沁区	91610	45156	46454	90322	44898	45424	47872	24289	23583
霍林郭勒市	35080	17920	17160	20972	12036	8936	14967	8528	6439
鄂尔多斯市	**133489**	**71790**	**61699**	**89309**	**47141**	**42168**	**89461**	**44712**	**44749**
东胜区	119423	64283	55140	73811	39159	34652	70991	35166	35825
康巴什区	13748	7331	6417	15466	7964	7502	18437	9529	8908
鄂托克旗	318	176	142	32	18	14	33	17	16
呼伦贝尔市	**262205**	**132255**	**129950**	**143495**	**72284**	**71211**	**109385**	**56028**	**53357**
海拉尔区	80154	40363	39791	56698	28345	28353	45447	22974	22473
扎赉诺尔区	26941	13573	13368	9822	5018	4804	8578	4616	3962
满洲里市	51152	26593	24559	21117	10936	10181	14638	7498	7140
牙克石市	40290	19571	20719	21975	10971	11004	15004	7661	7343
扎兰屯市	37800	18999	18801	22845	11467	11378	15770	7970	7800
额尔古纳市	11583	5926	5657	5733	2869	2864	5232	2717	2515
根河市	14285	7230	7055	5305	2678	2627	4716	2592	2124
巴彦淖尔市	**90711**	**47152**	**43559**	**73729**	**37148**	**36581**	**55791**	**27554**	**28237**
临河区	90711	47152	43559	73729	37148	36581	55791	27554	28237
乌兰察布市	**113266**	**57710**	**55556**	**70609**	**36283**	**34326**	**63225**	**32524**	**30701**
集宁区	82995	42243	40752	57512	29359	28153	52327	26641	25686
丰镇市	30271	15467	14804	13097	6924	6173	10898	5883	5015
兴安盟	**76705**	**39069**	**37636**	**51361**	**25788**	**25573**	**37029**	**17743**	**19286**
乌兰浩特市	71062	36045	35017	48927	24520	24407	34610	16401	18209
阿尔山市	5643	3024	2619	2434	1268	1166	2419	1342	1077
锡林郭勒盟	**93473**	**48300**	**45173**	**59167**	**30242**	**28925**	**49944**	**25978**	**23966**
二连浩特市	19675	10450	9225	10559	5789	4770	6646	3542	3104
锡林浩特市	73798	37850	35948	48608	24453	24155	43298	22436	20862

4－3a　续表 3

单位：人

地　区	大学本科			硕士研究生			博士研究生		
	小计	男	女	小计	男	女	小计	男	女
内蒙古	**1173793**	**560892**	**612901**	**105369**	**45015**	**60354**	**8433**	**4164**	**4269**
呼和浩特市	**397438**	**189615**	**207823**	**54831**	**22932**	**31899**	**5619**	**2771**	**2848**
新城区	123009	59569	63440	14026	6303	7723	1240	625	615
回民区	55549	23155	32394	4909	1735	3174	372	176	196
玉泉区	53984	25040	28944	5769	2040	3729	568	259	309
赛罕区	164896	81851	83045	30127	12854	17273	3439	1711	1728
包头市	**228365**	**110448**	**117917**	**16800**	**7816**	**8984**	**1035**	**562**	**473**
东河区	36236	16263	19973	1891	723	1168	129	64	65
昆都仑区	99255	51050	48205	8059	4063	3996	533	310	223
青山区	74252	34160	40092	5676	2532	3144	305	151	154
石拐区	783	354	429	25	6	19	5	3	2
白云鄂博矿区	2299	1244	1055	94	63	31	5	3	2
九原区	15540	7377	8163	1055	429	626	58	31	27
乌海市	**41552**	**20006**	**21546**	**2517**	**1112**	**1405**	**118**	**56**	**62**
海勃湾区	32747	15771	16976	2151	965	1186	91	50	41
海南区	2783	1325	1458	93	40	53	3	2	1
乌达区	6022	2910	3112	273	107	166	24	4	20
赤峰市	**106552**	**51084**	**55468**	**6581**	**2648**	**3933**	**422**	**189**	**233**
红山区	44579	20510	24069	2251	871	1380	140	56	84
元宝山区	14240	7087	7153	634	245	389	54	29	25
松山区	47733	23487	24246	3696	1532	2164	228	104	124
通辽市	**64001**	**29852**	**34149**	**3765**	**1446**	**2319**	**275**	**144**	**131**
科尔沁区	52537	23659	28878	3265	1236	2029	258	137	121
霍林郭勒市	11464	6193	5271	500	210	290	17	7	10
鄂尔多斯市	**86028**	**42498**	**43530**	**7200**	**3390**	**3810**	**241**	**112**	**129**
东胜区	60918	29529	31389	3942	1832	2110	156	74	82
康巴什区	25086	12956	12130	3258	1558	1700	85	38	47
鄂托克旗	24	13	11						
呼伦贝尔市	**90752**	**42325**	**48427**	**4072**	**1668**	**2404**	**259**	**108**	**151**
海拉尔区	46716	21562	25154	2338	980	1358	149	55	94
扎赉诺尔区	4468	2127	2341	166	65	101	10	6	4
满洲里市	12341	5722	6619	401	155	246	26	17	9
牙克石市	10975	5202	5773	470	185	285	36	14	22
扎兰屯市	9500	4423	5077	463	195	268	21	9	12
额尔古纳市	3411	1632	1779	111	44	67	4	3	1
根河市	3341	1657	1684	123	44	79	13	4	9
巴彦淖尔市	**38900**	**17747**	**21153**	**2729**	**1194**	**1535**	**145**	**72**	**73**
临河区	38900	17747	21153	2729	1194	1535	145	72	73
乌兰察布市	**47951**	**22767**	**25184**	**2860**	**1112**	**1748**	**120**	**53**	**67**
集宁区	41745	19492	22253	2677	1025	1652	102	46	56
丰镇市	6206	3275	2931	183	87	96	18	7	11
兴安盟	**31971**	**14752**	**17219**	**1695**	**740**	**955**	**48**	**20**	**28**
乌兰浩特市	29871	13696	16175	1593	689	904	45	17	28
阿尔山市	2100	1056	1044	102	51	51	3	3	
锡林郭勒盟	**40283**	**19798**	**20485**	**2319**	**957**	**1362**	**151**	**77**	**74**
二连浩特市	6533	3209	3324	233	98	135	9	5	4
锡林浩特市	33750	16589	17161	2086	859	1227	142	72	70

4-3b　各地区分性别、受教育程度的16-59岁人口(镇)

单位：人

地　　区	16-59岁人口			未上过学		
	合计	男	女	小计	男	女
内蒙古	**4472842**	**2281708**	**2191134**	**37008**	**12088**	**24920**
呼和浩特市	**336135**	**169035**	**167100**	**2792**	**716**	**2076**
新城区	1234	635	599	27	13	14
回民区						
玉泉区						
赛罕区	1273	689	584	18	3	15
土默特左旗	73760	36821	36939	402	118	284
托克托县	49584	25343	24241	376	87	289
和林格尔县	58162	26917	31245	520	168	352
清水河县	22689	11320	11369	399	51	348
武川县	33730	16979	16751	361	97	264
呼和浩特经济技术开发区	95703	50331	45372	689	179	510
包头市	**294949**	**154416**	**140533**	**2741**	**848**	**1893**
东河区	13535	6963	6572	153	51	102
昆都仑区	700	602	98	4	4	
青山区	1919	1355	564	6	2	4
石拐区	2672	1953	719	34	17	17
白云鄂博矿区						
九原区	19799	13322	6477	158	46	112
土默特右旗	76909	38680	38229	617	174	443
固阳县	35306	18185	17121	184	56	128
达尔罕茂明安联合旗	24430	12623	11807	183	50	133
包头稀土高新技术产业开发区	119679	60733	58946	1402	448	954
乌海市	**12869**	**8456**	**4413**	**286**	**89**	**197**
海勃湾区	2470	1329	1141	45	18	27
海南区	8684	6055	2629	211	65	146
乌达区	1715	1072	643	30	6	24
赤峰市	**717903**	**356250**	**361653**	**2601**	**962**	**1639**
红山区	15508	8249	7259	142	48	94
元宝山区	18634	9716	8918	114	53	61
松山区	14547	7522	7025	146	62	84
阿鲁科尔沁旗	70588	34656	35932	170	78	92
巴林左旗	72213	35453	36760	126	50	76
巴林右旗	61648	30832	30816	167	60	107
林西县	70458	35283	35175	300	138	162
克什克腾旗	61139	30351	30788	342	104	238
翁牛特旗	79000	39540	39460	428	125	303
喀喇沁旗	67930	33623	34307	227	86	141
宁城县	98118	48243	49875	196	70	126
敖汉旗	88120	42782	45338	243	88	155

4-3b 续表 1

单位：人

地　　区	16-59岁人口			未上过学		
	合计	男	女	小计	男	女
通辽市	**580258**	**289102**	**291156**	**2796**	**1271**	**1525**
科尔沁区	29591	15495	14096	190	102	88
科尔沁左翼中旗	78474	39519	38955	525	233	292
科尔沁左翼后旗	69058	34310	34748	351	151	200
开鲁县	81479	40252	41227	303	164	139
库伦旗	39833	20042	19791	195	94	101
奈曼旗	85598	42590	43008	336	157	179
扎鲁特旗	79440	39517	39923	594	230	364
通辽经济技术开发区	116543	57232	59311	300	139	161
霍林郭勒市	242	145	97	2	1	1
鄂尔多斯市	**659770**	**351998**	**307772**	**10088**	**2383**	**7705**
东胜区	2055	1438	617	26	6	20
康巴什区						
达拉特旗	133155	67660	65495	1205	290	915
准格尔旗	163428	86130	77298	2513	509	2004
鄂托克前旗	36433	19063	17370	527	144	383
鄂托克旗	88059	48004	40055	1932	529	1403
杭锦旗	44375	23173	21202	862	202	660
乌审旗	67231	38049	29182	648	179	469
伊金霍洛旗	125034	68481	56553	2375	524	1851
呼伦贝尔市	**478152**	**246024**	**232128**	**2309**	**1092**	**1217**
海拉尔区	895	468	427	14	6	8
扎赉诺尔区	3223	1770	1453	21	13	8
阿荣旗	82719	40967	41752	219	84	135
莫力达瓦达斡尔族自治旗	54326	26932	27394	288	148	140
鄂伦春自治旗	85036	43451	41585	539	240	299
鄂温克族自治旗	73064	36862	36202	307	121	186
陈巴尔虎旗	25647	13728	11919	84	46	38
新巴尔虎左旗	14111	7182	6929	89	43	46
新巴尔虎右旗	17541	8868	8673	113	45	68
满洲里市	2630	1423	1207	5	3	2
牙克石市	67001	35879	31122	215	118	97
扎兰屯市	22264	12131	10133	292	161	131
额尔古纳市	7860	4215	3645	50	26	24
根河市	21835	12148	9687	73	38	35
巴彦淖尔市	**347066**	**175506**	**171560**	**3244**	**1119**	**2125**
临河区	8389	4463	3926	266	86	180
五原县	76135	38195	37940	654	282	372
磴口县	33469	16824	16645	318	92	226
乌拉特前旗	88217	44038	44179	796	250	546
乌拉特中旗	41007	21251	19756	449	159	290
乌拉特后旗	24028	12705	11323	261	98	163
杭锦后旗	75821	38030	37791	500	152	348

4-3b　续表 2

单位：人

地　区	16-59岁人口			未上过学		
	合计	男	女	小计	男	女
乌兰察布市	**331825**	**167423**	**164402**	**3761**	**1051**	**2710**
集宁区	9982	4233	5749	75	25	50
卓资县	23158	11727	11431	205	82	123
化德县	35824	18175	17649	315	90	225
商都县	52560	25856	26704	481	124	357
兴和县	47710	23928	23782	653	140	513
凉城县	29129	14422	14707	653	158	495
察哈尔右翼前旗	35326	18326	17000	334	102	232
察哈尔右翼中旗	18156	9138	9018	190	63	127
察哈尔右翼后旗	33750	17327	16423	367	102	265
四子王旗	41351	20920	20431	298	90	208
丰镇市	4879	3371	1508	190	75	115
兴安盟	**290510**	**146143**	**144367**	**2292**	**1102**	**1190**
乌兰浩特市	11243	5767	5476	150	74	76
阿尔山市	8047	4340	3707	40	17	23
科尔沁右翼前旗	57625	28413	29212	244	114	130
科尔沁右翼中旗	64962	32888	32074	590	246	344
扎赉特旗	95204	48519	46685	1134	589	545
突泉县	53429	26216	27213	134	62	72
锡林郭勒盟	**273805**	**140166**	**133639**	**2765**	**1024**	**1741**
二连浩特市	764	534	230	30	11	19
锡林浩特市	1732	1321	411	9	3	6
阿巴嘎旗	14890	7693	7197	214	76	138
苏尼特左旗	11870	5984	5886	117	50	67
苏尼特右旗	30834	15791	15043	297	102	195
东乌珠穆沁旗	32507	16535	15972	347	122	225
西乌珠穆沁旗	41379	21259	20120	378	145	233
太仆寺旗	30836	15358	15478	447	181	266
镶黄旗	12053	6317	5736	84	36	48
正镶白旗	15232	7834	7398	249	84	165
正蓝旗	25017	12679	12338	179	54	125
多伦县	42843	21567	21276	239	89	150
乌拉盖管委会	13848	7294	6554	175	71	104
阿拉善盟	**149600**	**77189**	**72411**	**1333**	**431**	**902**
阿拉善左旗	98326	49605	48721	769	260	509
阿拉善右旗	12194	6385	5809	107	43	64
额济纳旗	20432	10198	10234	158	53	105
内蒙古阿拉善经济开发区	18648	11001	7647	299	75	224

4-3b 续表 3

单位：人

地 区	学前教育			小 学		
	小计	男	女	小计	男	女
内蒙古	**1194**	**528**	**666**	**517278**	**231342**	**285936**
呼和浩特市	**109**	**51**	**58**	**33269**	**14150**	**19119**
新城区				271	114	157
回民区						
玉泉区						
赛罕区	1		1	143	74	69
土默特左旗	26	13	13	8019	3624	4395
托克托县	15	9	6	3761	1483	2278
和林格尔县	15	7	8	5375	2394	2981
清水河县	6	1	5	3698	1209	2489
武川县	14	7	7	4193	1746	2447
呼和浩特经济技术开发区	32	14	18	7809	3506	4303
包头市	**84**	**40**	**44**	**31054**	**14177**	**16877**
东河区	9	4	5	1914	946	968
昆都仑区				23	14	9
青山区				129	65	64
石拐区				360	264	96
白云鄂博矿区						
九原区	15	14	1	1959	867	1092
土默特右旗	20	8	12	7170	3141	4029
固阳县	17	8	9	4595	1979	2616
达尔罕茂明安联合旗	4	3	1	2849	1238	1611
包头稀土高新技术产业开发区	19	3	16	12055	5663	6392
乌海市	**1**	**1**		**2471**	**1315**	**1156**
海勃湾区				708	323	385
海南区				1496	859	637
乌达区	1	1		267	133	134
赤峰市	**203**	**93**	**110**	**101886**	**44637**	**57249**
红山区	2	1	1	3347	1526	1821
元宝山区	7	3	4	3020	1350	1670
松山区	4	4		3534	1506	2028
阿鲁科尔沁旗	17	10	7	8855	3957	4898
巴林左旗	21	12	9	7658	3383	4275
巴林右旗	9	3	6	7831	3462	4369
林西县	17	6	11	11784	5259	6525
克什克腾旗	17	7	10	9400	3951	5449
翁牛特旗	42	18	24	14157	6381	7776
喀喇沁旗	16	4	12	7480	3174	4306
宁城县	15	7	8	8468	3628	4840
敖汉旗	36	18	18	16352	7060	9292

4-3b 续表 4

单位：人

地 区	学前教育			小 学		
	小计	男	女	小计	男	女
通辽市	**110**	**53**	**57**	**51928**	**24135**	**27793**
科尔沁区	6	4	2	3559	1777	1782
科尔沁左翼中旗	23	6	17	7545	3683	3862
科尔沁左翼后旗	12	8	4	6499	3063	3436
开鲁县	19	10	9	6992	3028	3964
库伦旗	8	2	6	4191	1909	2282
奈曼旗	13	7	6	9244	4335	4909
扎鲁特旗	4	2	2	8133	3500	4633
通辽经济技术开发区	25	14	11	5655	2779	2876
霍林郭勒市				110	61	49
鄂尔多斯市	**165**	**64**	**101**	**91522**	**40057**	**51465**
东胜区				500	226	274
康巴什区						
达拉特旗	29	14	15	13400	5831	7569
准格尔旗	44	13	31	27920	11817	16103
鄂托克前旗	6		6	4978	2083	2895
鄂托克旗	22	9	13	12085	5439	6646
杭锦旗	13	6	7	6322	2702	3620
乌审旗	19	9	10	9226	4193	5033
伊金霍洛旗	32	13	19	17091	7766	9325
呼伦贝尔市	**103**	**44**	**59**	**42624**	**20003**	**22621**
海拉尔区				132	52	80
扎赉诺尔区				311	150	161
阿荣旗	24	11	13	8199	3480	4719
莫力达瓦达斡尔族自治旗	16	6	10	6402	3006	3396
鄂伦春自治旗	20	11	9	6899	3296	3603
鄂温克族自治旗	19	8	11	4328	2003	2325
陈巴尔虎旗	5		5	2933	1348	1585
新巴尔虎左旗	4	2	2	1596	776	820
新巴尔虎右旗				2431	1218	1213
满洲里市				308	142	166
牙克石市	9	4	5	4653	2311	2342
扎兰屯市	2	1	1	3445	1731	1714
额尔古纳市	1	1		469	223	246
根河市	3		3	518	267	251
巴彦淖尔市	**99**	**44**	**55**	**28350**	**13513**	**14837**
临河区	4	1	3	1496	671	825
五原县	21	10	11	6881	3458	3423
磴口县	26	16	10	2297	1085	1212
乌拉特前旗	14	5	9	7093	3206	3887
乌拉特中旗	11	3	8	4194	2035	2159
乌拉特后旗	1	1		1831	934	897
杭锦后旗	22	8	14	4558	2124	2434

4-3b 续表 5 单位：人

地　区	学前教育			小　学		
	小计	男	女	小计	男	女
乌兰察布市	**132**	**49**	**83**	**48766**	**19845**	**28921**
集宁区	4	1	3	995	432	563
卓资县	4	1	3	2132	861	1271
化德县	12	6	6	6457	2715	3742
商都县	40	13	27	9149	3581	5568
兴和县	14	7	7	7972	3246	4726
凉城县	12	4	8	4765	1755	3010
察哈尔右翼前旗	12	3	9	4320	1861	2459
察哈尔右翼中旗	6	5	1	2354	950	1404
察哈尔右翼后旗	15	5	10	4958	2038	2920
四子王旗	13	4	9	4694	1904	2790
丰镇市				970	502	468
兴安盟	**71**	**32**	**39**	**35939**	**17180**	**18759**
乌兰浩特市	5	2	3	1863	980	883
阿尔山市	1	1		504	247	257
科尔沁右翼前旗	9	2	7	5069	2301	2768
科尔沁右翼中旗	18	6	12	7597	3498	4099
扎赉特旗	15	9	6	15611	7732	7879
突泉县	23	12	11	5295	2422	2873
锡林郭勒盟	**71**	**31**	**40**	**37363**	**16907**	**20456**
二连浩特市				215	122	93
锡林浩特市				156	80	76
阿巴嘎旗	3	1	2	2170	967	1203
苏尼特左旗	2		2	1584	691	893
苏尼特右旗	6	2	4	3980	1683	2297
东乌珠穆沁旗	9	4	5	5809	2743	3066
西乌珠穆沁旗	10	4	6	6408	2900	3508
太仆寺旗	18	9	9	3861	1731	2130
镶黄旗	4	2	2	1296	572	724
正镶白旗	6	3	3	2103	962	1141
正蓝旗	4	2	2	2696	1233	1463
多伦县	6	3	3	4921	2259	2662
乌拉盖管委会	3	1	2	2164	964	1200
阿拉善盟	**46**	**26**	**20**	**12106**	**5423**	**6683**
阿拉善左旗	21	11	10	7367	3332	4035
阿拉善右旗	2	1	1	1179	490	689
额济纳旗	3	3		1919	890	1029
内蒙古阿拉善经济开发区	20	11	9	1641	711	930

4-3b　续表 6

单位：人

地　　区	初　　中			高　　中			大学专科		
	小计	男	女	小计	男	女	小计	男	女
内蒙古	**1774628**	**927156**	**847472**	**913627**	**485863**	**427764**	**672821**	**359703**	**313118**
呼和浩特市	**125903**	**66704**	**59199**	**65252**	**35419**	**29833**	**53036**	**27752**	**25284**
新城区	611	348	263	181	97	84	113	50	63
回民区									
玉泉区									
赛罕区	749	402	347	218	130	88	106	62	44
土默特左旗	30396	15950	14446	14809	7973	6836	9417	4871	4546
托克托县	22988	11592	11396	10831	5977	4854	7012	3776	3236
和林格尔县	17564	9209	8355	9224	4942	4282	7136	3817	3319
清水河县	7993	4318	3675	4857	2644	2213	3043	1700	1343
武川县	15052	7793	7259	6917	3696	3221	4664	2429	2235
呼和浩特经济技术开发区	30550	17092	13458	18215	9960	8255	21545	11047	10498
包头市	**111615**	**59672**	**51943**	**58533**	**31469**	**27064**	**48374**	**27362**	**21012**
东河区	6519	3513	3006	2707	1357	1350	1447	732	715
昆都仑区	200	164	36	191	172	19	187	171	16
青山区	516	300	216	525	395	130	545	460	85
石拐区	1374	988	386	648	497	151	201	149	52
白云鄂博矿区									
九原区	5569	3178	2391	5170	3599	1571	6441	5284	1157
土默特右旗	34240	17481	16759	13512	6856	6656	10489	5551	4938
固阳县	15699	8367	7332	7729	4158	3571	3890	2103	1787
达尔罕茂明安联合旗	10307	5464	4843	4346	2326	2020	3522	1957	1565
包头稀土高新技术产业开发区	37191	20217	16974	23705	12109	11596	21652	10955	10697
乌海市	**7262**	**5068**	**2194**	**1695**	**1216**	**479**	**786**	**516**	**270**
海勃湾区	1225	692	533	295	187	108	146	85	61
海南区	5114	3776	1338	1079	812	267	529	361	168
乌达区	923	600	323	321	217	104	111	70	41
赤峰市	**289554**	**142954**	**146600**	**154512**	**81728**	**72784**	**90872**	**48119**	**42753**
红山区	7478	4061	3417	2676	1583	1093	1211	676	535
元宝山区	9547	4906	4641	3282	1892	1390	1627	951	676
松山区	7669	4080	3589	1617	972	645	935	547	388
阿鲁科尔沁旗	29783	14550	15233	14310	7477	6833	8243	4281	3962
巴林左旗	28581	13948	14633	18285	9315	8970	9393	4827	4566
巴林右旗	25590	12658	12932	11909	6289	5620	9027	4955	4072
林西县	26635	13365	13270	16056	8562	7494	9237	4884	4353
克什克腾旗	19740	9755	9985	14142	7559	6583	10106	5395	4711
翁牛特旗	30376	15281	15095	16030	8399	7631	9240	5028	4212
喀喇沁旗	28065	13669	14396	16397	8821	7576	8387	4349	4038
宁城县	39863	19114	20749	23600	12377	11223	12859	6804	6055
敖汉旗	36227	17567	18660	16208	8482	7726	10607	5422	5185

4-3b 续表 7

单位：人

地区	初中			高中			大学专科		
	小计	男	女	小计	男	女	小计	男	女
通辽市	**242831**	**122645**	**120186**	**127752**	**65964**	**61788**	**80187**	**40653**	**39534**
科尔沁区	19110	9970	9140	3974	2191	1783	1748	941	807
科尔沁左翼中旗	40037	20367	19670	14930	7773	7157	8489	4385	4104
科尔沁左翼后旗	27552	13834	13718	18353	9167	9186	8463	4470	3993
开鲁县	39034	19269	19765	17141	8918	8223	9396	4900	4496
库伦旗	14440	7391	7049	9897	5170	4727	5150	2779	2371
奈曼旗	36431	18264	18167	19124	9864	9260	11205	5858	5347
扎鲁特旗	31815	16175	15640	17916	9439	8477	11057	5673	5384
通辽经济技术开发区	34306	17307	16999	26400	13431	12969	24673	11643	13030
霍林郭勒市	106	68	38	17	11	6	6	4	2
鄂尔多斯市	**218707**	**123277**	**95430**	**126060**	**70736**	**55324**	**116330**	**65760**	**50570**
东胜区	753	575	178	369	298	71	243	200	43
康巴什区									
达拉特旗	51836	27723	24113	29188	15010	14178	21294	11418	9876
准格尔旗	53706	30235	23471	28171	15538	12633	26895	15078	11817
鄂托克前旗	11149	6099	5050	7173	4035	3138	7000	3850	3150
鄂托克旗	30838	17803	13035	18379	10682	7697	15877	9126	6751
杭锦旗	13677	7554	6123	7970	4380	3590	8447	4926	3521
乌审旗	19756	11300	8456	13629	8223	5406	13668	8234	5434
伊金霍洛旗	36992	21988	15004	21181	12570	8611	22906	12928	9978
呼伦贝尔市	**235081**	**122067**	**113014**	**84645**	**44866**	**39779**	**67610**	**36271**	**31339**
海拉尔区	625	345	280	52	30	22	44	24	20
扎赉诺尔区	1931	1050	881	533	306	227	287	187	100
阿荣旗	44756	22298	22458	13530	7013	6517	9580	5037	4543
莫力达瓦达斡尔族自治旗	27219	13446	13773	8786	4562	4224	6810	3543	3267
鄂伦春自治旗	44231	22819	21412	15445	7984	7461	11323	6043	5280
鄂温克族自治旗	22735	11490	11245	16072	8469	7603	16195	8347	7848
陈巴尔虎旗	11949	6737	5212	4724	2560	2164	3509	1935	1574
新巴尔虎左旗	5016	2559	2457	2967	1553	1414	2705	1441	1264
新巴尔虎右旗	6144	3250	2894	3345	1730	1615	2802	1476	1326
满洲里市	1754	970	784	268	161	107	210	103	107
牙克石市	39299	20952	18347	11022	6025	4997	7861	4555	3306
扎兰屯市	12389	6701	5688	3067	1814	1253	1952	1123	829
额尔古纳市	4078	2148	1930	1342	752	590	1279	735	544
根河市	12955	7302	5653	3492	1907	1585	3053	1722	1331
巴彦淖尔市	**143976**	**75939**	**68037**	**82426**	**42126**	**40300**	**53668**	**26816**	**26852**
临河区	4472	2429	2043	1340	880	460	509	266	243
五原县	32617	17034	15583	17339	8810	8529	11246	5466	5780
磴口县	13178	6714	6464	7804	3941	3863	5973	3151	2822
乌拉特前旗	38149	19765	18384	20020	10239	9781	14053	6890	7163
乌拉特中旗	14870	8190	6680	9623	5024	4599	6438	3310	3128
乌拉特后旗	8659	4744	3915	5617	3026	2591	4119	2217	1902
杭锦后旗	32031	17063	14968	20683	10206	10477	11330	5516	5814

4-3b 续表 8

单位：人

地区	初中			高中			大学专科		
	小计	男	女	小计	男	女	小计	男	女
乌兰察布市	**136090**	**71058**	**65032**	**64916**	**34481**	**30435**	**48912**	**26578**	**22334**
集宁区	3697	1955	1742	1140	621	519	1415	501	914
卓资县	9089	4644	4445	5685	2862	2823	3736	2054	1682
化德县	14728	7714	7014	6377	3404	2973	5241	2871	2370
商都县	20930	10646	10284	10790	5568	5222	7375	4045	3330
兴和县	21506	11139	10367	8903	4709	4194	6031	3325	2706
凉城县	10251	5238	5013	5670	3058	2612	4387	2428	1959
察哈尔右翼前旗	14516	7843	6673	7278	3867	3411	5545	2920	2625
察哈尔右翼中旗	6937	3481	3456	3495	1905	1590	2995	1647	1348
察哈尔右翼后旗	13403	7024	6379	6801	3658	3143	5503	3090	2413
四子王旗	18722	9687	9035	8018	4220	3798	6202	3315	2887
丰镇市	2311	1687	624	759	609	150	482	382	100
兴安盟	**121223**	**61944**	**59279**	**57980**	**29977**	**28003**	**39310**	**20476**	**18834**
乌兰浩特市	5357	2758	2599	2065	1086	979	1178	590	588
阿尔山市	3910	2074	1836	1525	845	680	1341	803	538
科尔沁右翼前旗	19206	9697	9509	11632	5893	5739	9887	5100	4787
科尔沁右翼中旗	26732	13880	12852	14009	7401	6608	8887	4665	4222
扎赉特旗	42271	21754	20517	16670	8668	8002	11280	5903	5377
突泉县	23747	11781	11966	12079	6084	5995	6737	3415	3322
锡林郭勒盟	**97989**	**51668**	**46321**	**57093**	**30138**	**26955**	**43188**	**23345**	**19843**
二连浩特市	370	281	89	103	85	18	21	15	6
锡林浩特市	535	385	150	451	398	53	329	253	76
阿巴嘎旗	4882	2787	2095	3047	1604	1443	2345	1237	1108
苏尼特左旗	3639	1909	1730	2253	1197	1056	2270	1210	1060
苏尼特右旗	11497	6173	5324	7028	3695	3333	4759	2598	2161
东乌珠穆沁旗	11899	6268	5631	6133	3294	2839	4265	2270	1995
西乌珠穆沁旗	14804	7773	7031	8310	4464	3846	6134	3355	2779
太仆寺旗	11762	5949	5813	6765	3477	3288	4389	2329	2060
镶黄旗	3407	1873	1534	2729	1434	1295	2332	1311	1021
正镶白旗	4803	2549	2254	3266	1690	1576	2662	1505	1157
正蓝旗	7855	4027	3828	5840	2994	2846	4468	2343	2125
多伦县	17251	8812	8439	8789	4469	4320	6967	3675	3292
乌拉盖管委会	5285	2882	2403	2379	1337	1042	2247	1244	1003
阿拉善盟	**44397**	**24160**	**20237**	**32763**	**17743**	**15020**	**30548**	**16055**	**14493**
阿拉善左旗	29265	15579	13686	21508	11164	10344	19225	9757	9468
阿拉善右旗	3521	1867	1654	2435	1396	1039	2486	1394	1092
额济纳旗	6188	3413	2775	4626	2494	2132	4170	2018	2152
内蒙古阿拉善经济开发区	5423	3301	2122	4194	2689	1505	4667	2886	1781

4−3b 续表 9

单位：人

地　区	大学本科			硕士研究生			博士研究生		
	小计	男	女	小计	男	女	小计	男	女
内蒙古	**529424**	**253996**	**275428**	**25219**	**10246**	**14973**	**1643**	**786**	**857**
呼和浩特市	**52483**	**23074**	**29409**	**3101**	**1072**	**2029**	**190**	**97**	**93**
新城区	29	13	16	2		2			
回民区									
玉泉区									
赛罕区	35	17	18	3	1	2			
土默特左旗	10381	4168	6213	293	98	195	17	6	11
托克托县	4459	2364	2095	133	51	82	9	4	5
和林格尔县	17294	6111	11183	985	240	745	49	29	20
清水河县	2602	1360	1242	83	32	51	8	5	3
武川县	2411	1165	1246	107	41	66	11	5	6
呼和浩特经济技术开发区	15272	7876	7396	1495	609	886	96	48	48
包头市	**39811**	**19592**	**20219**	**2577**	**1156**	**1421**	**160**	**100**	**60**
东河区	746	344	402	37	15	22	3	1	2
昆都仑区	94	76	18	1	1				
青山区	190	125	65	8	8				
石拐区	55	38	17						
白云鄂博矿区									
九原区	474	327	147	12	7	5	1		1
土默特右旗	10540	5331	5209	296	121	175	25	17	8
固阳县	3095	1469	1626	91	42	49	6	3	3
达尔罕茂明安联合旗	3125	1544	1581	89	39	50	5	2	3
包头稀土高新技术产业开发区	21492	10338	11154	2043	923	1120	120	77	43
乌海市	**349**	**248**	**101**	**16**	**2**	**14**	**3**	**1**	**2**
海勃湾区	50	24	26	1		1			
海南区	240	179	61	12	2	10	3	1	2
乌达区	59	45	14	3		3			
赤峰市	**75535**	**36767**	**38768**	**2531**	**897**	**1634**	**209**	**93**	**116**
红山区	620	341	279	28	10	18	4	3	1
元宝山区	962	523	439	64	31	33	11	7	4
松山区	593	325	268	43	22	21	6	4	2
阿鲁科尔沁旗	8926	4210	4716	267	84	183	17	9	8
巴林左旗	7934	3840	4094	202	74	128	13	4	9
巴林右旗	6820	3326	3494	279	70	209	16	9	7
林西县	6166	2980	3186	244	80	164	19	9	10
克什克腾旗	7128	3481	3647	248	91	157	16	8	8
翁牛特旗	8427	4198	4229	268	98	170	32	12	20
喀喇沁旗	7033	3401	3632	304	110	194	21	9	12
宁城县	12729	6094	6635	367	141	226	21	8	13
敖汉旗	8197	4048	4149	217	86	131	33	11	22

4-3b　续表 10　　　　单位：人

地　区	大学本科			硕士研究生			博士研究生		
	小计	男	女	小计	男	女	小计	男	女
通辽市	**69865**	**32565**	**37300**	**4406**	**1654**	**2752**	**383**	**162**	**221**
科尔沁区	952	489	463	51	21	30	1		1
科尔沁左翼中旗	6708	2996	3712	196	65	131	21	11	10
科尔沁左翼后旗	7541	3509	4032	267	102	165	20	6	14
开鲁县	8206	3829	4377	370	123	247	18	11	7
库伦旗	5722	2616	3106	218	76	142	12	5	7
奈曼旗	8783	3972	4811	437	127	310	25	6	19
扎鲁特旗	9496	4341	5155	398	141	257	27	16	11
通辽经济技术开发区	22456	10813	11643	2469	999	1470	259	107	152
霍林郭勒市	1		1						
鄂尔多斯市	**92174**	**47405**	**44769**	**4512**	**2199**	**2313**	**212**	**117**	**95**
东胜区	159	128	31	5	5				
康巴什区									
达拉特旗	15636	7130	8506	540	233	307	27	11	16
准格尔旗	22965	12312	10653	1169	602	567	45	26	19
鄂托克前旗	5409	2769	2640	177	74	103	14	9	5
鄂托克旗	8611	4257	4354	296	148	148	19	11	8
杭锦旗	6819	3282	3537	255	114	141	10	7	3
乌审旗	9936	5708	4228	334	195	139	15	8	7
伊金霍洛旗	22639	11819	10820	1736	828	908	82	45	37
呼伦贝尔市	**43663**	**20827**	**22836**	**1987**	**804**	**1183**	**130**	**50**	**80**
海拉尔区	26	10	16	1		1	1	1	
扎赉诺尔区	132	62	70	8	2	6			
阿荣旗	6210	2964	3246	188	74	114	13	6	7
莫力达瓦达斡尔族自治旗	4659	2165	2494	134	51	83	12	5	7
鄂伦春自治旗	6387	2997	3390	176	58	118	16	3	13
鄂温克族自治旗	12343	5994	6349	1009	408	601	56	22	34
陈巴尔虎旗	2355	1063	1292	79	34	45	9	5	4
新巴尔虎左旗	1683	786	897	50	21	29	1	1	
新巴尔虎右旗	2624	1117	1507	80	32	48	2		2
满洲里市	81	43	38	3		3	1	1	
牙克石市	3776	1846	1930	154	64	90	12	4	8
扎兰屯市	1079	577	502	35	22	13	3	1	2
额尔古纳市	631	323	308	9	7	2	1		1
根河市	1677	880	797	61	31	30	3	1	2
巴彦淖尔市	**33919**	**15345**	**18574**	**1297**	**556**	**741**	**87**	**48**	**39**
临河区	277	119	158	24	10	14	1	1	
五原县	7143	3039	4104	217	83	134	17	13	4
磴口县	3692	1732	1960	167	84	83	14	9	5
乌拉特前旗	7806	3559	4247	262	111	151	24	13	11
乌拉特中旗	5225	2448	2777	183	77	106	14	5	9
乌拉特后旗	3386	1624	1762	152	61	91	2		2
杭锦后旗	6390	2824	3566	292	130	162	15	7	8

4−3b 续表 11 单位：人

地　区	大学本科			硕士研究生			博士研究生		
	小计	男	女	小计	男	女	小计	男	女
乌兰察布市	**28298**	**13974**	**14324**	**873**	**353**	**520**	**77**	**34**	**43**
集宁区	2614	680	1934	40	18	22	2		2
卓资县	2239	1194	1045	62	27	35	6	2	4
化德县	2609	1342	1267	82	31	51	3	2	1
商都县	3682	1835	1847	99	42	57	14	2	12
兴和县	2564	1334	1230	63	25	38	4	3	1
凉城县	3279	1735	1544	105	43	62	7	3	4
察哈尔右翼前旗	3187	1669	1518	117	48	69	17	13	4
察哈尔右翼中旗	2101	1059	1042	72	26	46	6	2	4
察哈尔右翼后旗	2636	1390	1246	63	20	43	4		4
四子王旗	3226	1625	1601	164	68	96	14	7	7
丰镇市	161	111	50	6	5	1			
兴安盟	**32276**	**14871**	**17405**	**1343**	**530**	**813**	**76**	**31**	**45**
乌兰浩特市	603	272	331	21	4	17	1	1	
阿尔山市	702	341	361	23	11	12	1	1	
科尔沁右翼前旗	10869	5010	5859	670	279	391	39	17	22
科尔沁右翼中旗	6852	3103	3749	265	86	179	12	3	9
扎赉特旗	8004	3778	4226	201	78	123	18	8	10
突泉县	5246	2367	2879	163	72	91	5	1	4
锡林郭勒盟	**34159**	**16587**	**17572**	**1111**	**436**	**675**	**66**	**30**	**36**
二连浩特市	24	20	4	1		1			
锡林浩特市	251	202	49				1		1
阿巴嘎旗	2163	989	1174	63	29	34	3	3	
苏尼特左旗	1925	897	1028	75	28	47	5	2	3
苏尼特右旗	3161	1495	1666	106	43	63			
东乌珠穆沁旗	3866	1771	2095	165	59	106	14	4	10
西乌珠穆沁旗	5195	2566	2629	137	49	88	3	3	
太仆寺旗	3480	1633	1847	108	45	63	6	4	2
镶黄旗	2116	1059	1057	77	27	50	8	3	5
正镶白旗	2065	1015	1050	73	23	50	5	3	2
正蓝旗	3870	1976	1894	98	47	51	7	3	4
多伦县	4499	2191	2308	160	65	95	11	4	7
乌拉盖管委会	1544	773	771	48	21	27	3	1	2
阿拉善盟	**26892**	**12741**	**14151**	**1465**	**587**	**878**	**50**	**23**	**27**
阿拉善左旗	18989	9017	9972	1140	468	672	42	17	25
阿拉善右旗	2375	1157	1218	86	35	51	3	2	1
额济纳旗	3208	1286	1922	156	38	118	4	3	1
内蒙古阿拉善经济开发区	2320	1281	1039	83	46	37	1	1	

4-3c　各地区分性别、受教育程度的16-59岁人口(乡村)

单位：人

地　区	16-59岁人口			未上过学		
	合计	男	女	小计	男	女
内蒙古	**4774303**	**2584809**	**2189494**	**110731**	**38821**	**71910**
呼和浩特市	**422406**	**226518**	**195888**	**11394**	**3368**	**8026**
新城区	53772	28642	25130	553	175	378
回民区	12857	7522	5335	236	131	105
玉泉区	41786	22193	19593	626	183	443
赛罕区	94809	51218	43591	1468	506	962
土默特左旗	85134	45112	40022	2372	744	1628
托克托县	50136	26786	23350	1903	508	1395
和林格尔县	42406	22523	19883	2230	605	1625
清水河县	20483	11062	9421	1320	281	1039
武川县	21023	11460	9563	686	235	451
呼和浩特经济技术开发区						
包头市	**216463**	**116419**	**100044**	**6261**	**1937**	**4324**
东河区	25224	13310	11914	459	159	300
昆都仑区	18057	9472	8585	308	93	215
青山区	12495	6578	5917	217	82	135
石拐区	3518	1987	1531	121	43	78
白云鄂博矿区						
九原区	34822	18804	16018	783	195	588
土默特右旗	65094	34832	30262	2752	815	1937
固阳县	34737	19327	15410	917	323	594
达尔罕茂明安联合旗	17922	9741	8181	592	203	389
包头稀土高新技术产业开发区	4594	2368	2226	112	24	88
乌海市	**18528**	**12224**	**6304**	**745**	**193**	**552**
海勃湾区	12165	8140	4025	406	126	280
海南区	6363	4084	2279	339	67	272
乌达区						
赤峰市	**1125923**	**591450**	**534473**	**15855**	**5418**	**10437**
红山区	8701	4556	4145	151	46	105
元宝山区	40145	21505	18640	318	203	115
松山区	173105	90031	83074	1983	660	1323
阿鲁科尔沁旗	84621	44744	39877	993	423	570
巴林左旗	101984	53535	48449	1138	431	707
巴林右旗	39284	20812	18472	540	204	336
林西县	43735	22793	20942	677	258	419
克什克腾旗	53912	29617	24295	1335	400	935
翁牛特旗	121802	63861	57941	2410	714	1696
喀喇沁旗	90090	47578	42512	1849	584	1265
宁城县	193434	101480	91954	2285	766	1519
敖汉旗	175110	90938	84172	2176	729	1447

4−3c 续表 1

单位：人

地区	16−59岁人口			未上过学		
	合计	男	女	小计	男	女
通辽市	**918399**	**484075**	**434324**	**13125**	**5644**	**7481**
科尔沁区	150057	78603	71454	1487	670	817
科尔沁左翼中旗	186724	99709	87015	3926	1706	2220
科尔沁左翼后旗	138079	72972	65107	1799	796	1003
开鲁县	119313	61649	57664	897	406	491
库伦旗	57136	30159	26977	603	276	327
奈曼旗	150678	79061	71617	1870	790	1080
扎鲁特旗	88119	47015	41104	2319	903	1416
通辽经济技术开发区	22707	11878	10829	177	79	98
霍林郭勒市	5586	3029	2557	47	18	29
鄂尔多斯市	**309198**	**195699**	**113499**	**12609**	**3418**	**9191**
东胜区	16610	12675	3935	421	149	272
康巴什区						
达拉特旗	65823	35970	29853	2752	698	2054
准格尔旗	69713	45722	23991	2273	611	1662
鄂托克前旗	26856	17550	9306	1107	331	776
鄂托克旗	24868	16271	8597	666	212	454
杭锦旗	24355	13231	11124	1378	345	1033
乌审旗	40984	26902	14082	1886	532	1354
伊金霍洛旗	39989	27378	12611	2126	540	1586
呼伦贝尔市	**382544**	**204362**	**178182**	**5816**	**2613**	**3203**
海拉尔区	7075	3794	3281	63	37	26
扎赉诺尔区						
阿荣旗	83759	43807	39952	1084	470	614
莫力达瓦达斡尔族自治旗	94887	49725	45162	1561	677	884
鄂伦春自治旗	29317	15715	13602	677	266	411
鄂温克族自治旗	22120	11972	10148	247	131	116
陈巴尔虎旗	10149	5842	4307	125	65	60
新巴尔虎左旗	12069	6729	5340	255	140	115
新巴尔虎右旗	10639	6960	3679	190	102	88
满洲里市						
牙克石市	11530	6255	5275	32	17	15
扎兰屯市	90358	47616	42742	1440	641	799
额尔古纳市	10429	5828	4601	140	66	74
根河市	212	119	93	2	1	1
巴彦淖尔市	**382865**	**204654**	**178211**	**12023**	**3612**	**8411**
临河区	107546	56150	51396	3412	1037	2375
五原县	66519	34467	32052	2240	697	1543
磴口县	25362	13603	11759	1098	276	822
乌拉特前旗	73763	40252	33511	2467	721	1746
乌拉特中旗	33517	19427	14090	918	333	585
乌拉特后旗	13602	8606	4996	295	119	176
杭锦后旗	62556	32149	30407	1593	429	1164

4-3c 续表 2

单位：人

地 区	16-59岁人口			未上过学		
	合计	男	女	小计	男	女
乌兰察布市	**331724**	**177719**	**154005**	**16398**	**5161**	**11237**
集宁区	18717	10139	8578	418	140	278
卓资县	21020	12060	8960	973	371	602
化德县	18591	10296	8295	906	337	569
商都县	42366	21963	20403	2127	664	1463
兴和县	41728	21919	19809	3279	888	2391
凉城县	32568	17220	15348	2148	627	1521
察哈尔右翼前旗	33891	19031	14860	1466	448	1018
察哈尔右翼中旗	27294	14526	12768	1178	377	801
察哈尔右翼后旗	23830	12644	11186	1070	343	727
四子王旗	36507	19309	17198	841	311	530
丰镇市	35212	18612	16600	1992	655	1337
兴安盟	**432828**	**232075**	**200753**	**11220**	**5043**	**6177**
乌兰浩特市	25058	13831	11227	509	236	273
阿尔山市	2363	1338	1025	12	6	6
科尔沁右翼前旗	129710	69471	60239	2853	1281	1572
科尔沁右翼中旗	74323	39806	34517	2627	1066	1561
扎赉特旗	115408	61903	53505	4448	2110	2338
突泉县	85966	45726	40240	771	344	427
锡林郭勒盟	**196954**	**115458**	**81496**	**4694**	**2171**	**2523**
二连浩特市	1132	666	466	94	53	41
锡林浩特市	16834	9835	6999	230	100	130
阿巴嘎旗	12661	7625	5036	227	129	98
苏尼特左旗	12234	7499	4735	211	122	89
苏尼特右旗	11025	6237	4788	164	83	81
东乌珠穆沁旗	17731	10229	7502	395	186	209
西乌珠穆沁旗	30951	20736	10215	595	290	305
太仆寺旗	30180	16551	13629	1585	657	928
镶黄旗	6440	3863	2577	42	25	17
正镶白旗	12855	7427	5428	284	141	143
正蓝旗	21744	11978	9766	430	187	243
多伦县	21168	11673	9495	394	179	215
乌拉盖管委会	1999	1139	860	43	19	24
阿拉善盟	**36471**	**24156**	**12315**	**591**	**243**	**348**
阿拉善左旗	25526	16327	9199	442	164	278
阿拉善右旗	3990	2576	1414	79	43	36
额济纳旗	4489	3190	1299	45	24	21
内蒙古阿拉善经济开发区	2466	2063	403	25	12	13

4-3c 续表 3 单位：人

地　区	学前教育			小　学		
	小计	男	女	小计	男	女
内蒙古	**1722**	**747**	**975**	**1281303**	**597000**	**684303**
呼和浩特市	**145**	**74**	**71**	**87340**	**38960**	**48380**
新城区	6	3	3	9122	4366	4756
回民区	1	1		1906	1103	803
玉泉区	7	2	5	7836	3681	4155
赛罕区	52	28	24	17049	8343	8706
土默特左旗	32	14	18	18440	7858	10582
托克托县	18	12	6	10062	4104	5958
和林格尔县	13	4	9	10545	4381	6164
清水河县	6	5	1	6092	2354	3738
武川县	10	5	5	6288	2770	3518
呼和浩特经济技术开发区						
包头市	**80**	**32**	**48**	**51375**	**23143**	**28232**
东河区	17	5	12	4749	2213	2536
昆都仑区	11	6	5	3570	1688	1882
青山区	1		1	2806	1232	1574
石拐区	1		1	805	400	405
白云鄂博矿区						
九原区	17	9	8	7158	3239	3919
土默特右旗	16	5	11	16070	6667	9403
固阳县	13	6	7	9709	4609	5100
达尔罕茂明安联合旗	4	1	3	5399	2598	2801
包头稀土高新技术产业开发区				1109	497	612
乌海市	**5**	**2**	**3**	**3263**	**1696**	**1567**
海勃湾区	3	2	1	1986	1037	949
海南区	2		2	1277	659	618
乌达区						
赤峰市	**344**	**128**	**216**	**331222**	**144884**	**186338**
红山区	1	1		2838	1343	1495
元宝山区	10	5	5	8588	4052	4536
松山区	55	21	34	38357	15889	22468
阿鲁科尔沁旗	19	6	13	27580	13118	14462
巴林左旗	42	16	26	27278	12067	15211
巴林右旗	7	2	5	14327	6948	7379
林西县	26	10	16	15693	6989	8704
克什克腾旗	15	8	7	19655	8809	10846
翁牛特旗	35	9	26	40564	17026	23538
喀喇沁旗	49	11	38	26825	11820	15005
宁城县	34	20	14	47769	20454	27315
敖汉旗	51	19	32	61748	26369	35379

4–3c 续表 4

单位：人

地 区	学前教育			小 学		
	小计	男	女	小计	男	女
通辽市	**273**	**122**	**151**	**225495**	**107223**	**118272**
科尔沁区	62	29	33	27770	13458	14312
科尔沁左翼中旗	35	16	19	43973	21828	22145
科尔沁左翼后旗	41	19	22	37093	18003	19090
开鲁县	32	13	19	26508	12232	14276
库伦旗	14	7	7	15117	6957	8160
奈曼旗	49	19	30	43472	19903	23569
扎鲁特旗	33	16	17	26467	12410	14057
通辽经济技术开发区	7	3	4	4110	2005	2105
霍林郭勒市				985	427	558
鄂尔多斯市	**106**	**32**	**74**	**78647**	**37439**	**41208**
东胜区	2	1	1	2831	1689	1142
康巴什区						
达拉特旗	18	2	16	17872	7799	10073
准格尔旗	20	5	15	17330	8446	8884
鄂托克前旗	18	5	13	7319	3508	3811
鄂托克旗	6	3	3	5305	2542	2763
杭锦旗	6	2	4	8790	4002	4788
乌审旗	14	8	6	10653	5165	5488
伊金霍洛旗	22	6	16	8547	4288	4259
呼伦贝尔市	**93**	**46**	**47**	**96379**	**46737**	**49642**
海拉尔区				821	383	438
扎赉诺尔区						
阿荣旗	10	6	4	20914	9402	11512
莫力达瓦达斡尔族自治旗	31	17	14	24972	12245	12727
鄂伦春自治旗	9	5	4	7858	3857	4001
鄂温克族自治旗	1		1	3389	1808	1581
陈巴尔虎旗	3	2	1	2108	1142	966
新巴尔虎左旗	14	9	5	3457	1857	1600
新巴尔虎右旗	1		1	3341	2074	1267
满洲里市						
牙克石市	2	1	1	854	409	445
扎兰屯市	21	6	15	27414	12899	14515
额尔古纳市	1		1	1225	647	578
根河市				26	14	12
巴彦淖尔市	**150**	**60**	**90**	**80097**	**37184**	**42913**
临河区	37	10	27	19897	8998	10899
五原县	20	9	11	17758	8130	9628
磴口县	19	5	14	4919	2205	2714
乌拉特前旗	31	15	16	16756	8028	8728
乌拉特中旗	9	6	3	7587	3870	3717
乌拉特后旗	4	2	2	2615	1530	1085
杭锦后旗	30	13	17	10565	4423	6142

4-3c 续表 5

单位：人

地　　区	学前教育			小　　学		
	小计	男	女	小计	男	女
乌兰察布市	**207**	**85**	**122**	**103123**	**45920**	**57203**
集宁区	1	1		3596	1669	1927
卓资县	9	7	2	5570	2608	2962
化德县	2		2	6677	3200	3477
商都县	32	10	22	15214	6278	8936
兴和县	32	15	17	14902	6746	8156
凉城县	14	3	11	9735	4156	5579
察哈尔右翼前旗	27	9	18	9815	4628	5187
察哈尔右翼中旗	13	1	12	8574	3734	4840
察哈尔右翼后旗	10	8	2	7882	3477	4405
四子王旗	13	4	9	9674	4182	5492
丰镇市	54	27	27	11484	5242	6242
兴安盟	**231**	**115**	**116**	**160910**	**80234**	**80676**
乌兰浩特市	9	4	5	7608	3939	3669
阿尔山市				420	237	183
科尔沁右翼前旗	104	57	47	48347	24581	23766
科尔沁右翼中旗	32	12	20	29034	14386	14648
扎赉特旗	38	13	25	49124	24725	24399
突泉县	48	29	19	26377	12366	14011
锡林郭勒盟	**69**	**37**	**32**	**56520**	**29844**	**26676**
二连浩特市	1		1	356	206	150
锡林浩特市	4	3	1	3566	1890	1676
阿巴嘎旗	1		1	4379	2522	1857
苏尼特左旗	1		1	3922	2219	1703
苏尼特右旗	6	2	4	3092	1669	1423
东乌珠穆沁旗	14	6	8	5989	3227	2762
西乌珠穆沁旗	9	6	3	8727	4745	3982
太仆寺旗	6	5	1	9328	4569	4759
镶黄旗	14	6	8	1262	669	593
正镶白旗	2		2	3505	1904	1601
正蓝旗	2	1	1	5283	2700	2583
多伦县	9	8	1	6539	3226	3313
乌拉盖管委会				572	298	274
阿拉善盟	**19**	**14**	**5**	**6932**	**3736**	**3196**
阿拉善左旗	5	4	1	4810	2441	2369
阿拉善右旗				1198	707	491
额济纳旗	14	10	4	546	283	263
内蒙古阿拉善经济开发区				378	305	73

4-3c 续表 6

单位：人

地区	初中			高中			大学专科		
	小计	男	女	小计	男	女	小计	男	女
内蒙古	**2393221**	**1367503**	**1025718**	**511572**	**314936**	**196636**	**289442**	**169663**	**119779**
呼和浩特市	**207720**	**119321**	**88399**	**62293**	**36630**	**25663**	**35199**	**18774**	**16425**
新城区	29231	16231	13000	8289	4613	3676	4567	2317	2250
回民区	5606	3416	2190	2771	1672	1099	1600	836	764
玉泉区	19991	11496	8495	5985	3435	2550	3496	1482	2014
赛罕区	48451	27281	21170	15333	8732	6601	8531	4362	4169
土默特左旗	45383	25775	19608	10967	6368	4599	5665	3181	2484
托克托县	24731	14261	10470	7394	4469	2925	4024	2304	1720
和林格尔县	17439	10341	7098	6375	3932	2443	3894	2257	1637
清水河县	7817	5105	2712	2646	1811	835	1766	1033	733
武川县	9071	5415	3656	2533	1598	935	1656	1002	654
呼和浩特经济技术开发区									
包头市	**113652**	**65885**	**47767**	**25302**	**14786**	**10516**	**11944**	**6641**	**5303**
东河区	14267	7926	6341	3563	1913	1650	1263	646	617
昆都仑区	9852	5427	4425	2722	1465	1257	1042	545	497
青山区	7026	3916	3110	1363	797	566	695	355	340
石拐区	1772	1075	697	416	256	160	241	134	107
白云鄂博矿区									
九原区	20043	11502	8541	4047	2334	1713	1842	1051	791
土默特右旗	34467	20365	14102	6132	3790	2342	3315	1893	1422
固阳县	15941	9678	6263	4549	2751	1798	2144	1235	909
达尔罕茂明安联合旗	7907	4670	3237	1944	1173	771	1144	655	489
包头稀土高新技术产业开发区	2377	1326	1051	566	307	259	258	127	131
乌海市	**9247**	**6528**	**2719**	**3013**	**2255**	**758**	**1617**	**1143**	**474**
海勃湾区	6069	4303	1766	2049	1533	516	1179	833	346
海南区	3178	2225	953	964	722	242	438	310	128
乌达区									
赤峰市	**547744**	**306727**	**241017**	**113843**	**69439**	**44404**	**68439**	**39770**	**28669**
红山区	3867	2130	1737	1041	614	427	548	312	236
元宝山区	23110	12289	10821	4279	2664	1615	2345	1496	849
松山区	80469	44143	36326	24437	14200	10237	17090	9655	7435
阿鲁科尔沁旗	40998	22622	18376	7119	4371	2748	3886	2265	1621
巴林左旗	48561	27038	21523	11429	6765	4664	7479	4164	3315
巴林右旗	17475	9771	7704	3398	1945	1453	1542	930	612
林西县	18363	10400	7963	5109	3059	2050	2398	1333	1065
克什克腾旗	20294	12160	8134	6186	4245	1941	3814	2492	1322
翁牛特旗	56962	32619	24343	11029	7136	3893	6307	3909	2398
喀喇沁旗	45233	25559	19674	8107	5147	2960	4573	2646	1927
宁城县	110768	61151	49617	15338	9410	5928	10044	5852	4192
敖汉旗	81644	46845	34799	16371	9883	6488	8413	4716	3697

4-3c 续表 7 单位：人

地区	初中			高中			大学专科		
	小计	男	女	小计	男	女	小计	男	女
通辽市	**542728**	**294873**	**247855**	**70478**	**42085**	**28393**	**37247**	**20426**	**16821**
科尔沁区	99626	53090	46536	11481	6452	5029	5935	3163	2772
科尔沁左翼中旗	109204	60001	49203	14540	8601	5939	7995	4366	3629
科尔沁左翼后旗	79309	43071	36238	11104	6601	4503	4570	2525	2045
开鲁县	77107	40730	36377	7095	4224	2871	4406	2419	1987
库伦旗	32265	17680	14585	4918	2998	1920	2142	1216	926
奈曼旗	83517	45990	37527	10451	6454	3997	6830	3768	3062
扎鲁特旗	44632	25279	19353	7429	4655	2774	3910	2195	1715
通辽经济技术开发区	14672	7778	6894	2083	1178	905	981	524	457
霍林郭勒市	2396	1254	1142	1377	922	455	478	250	228
鄂尔多斯市	**121259**	**84829**	**36430**	**48336**	**35864**	**12472**	**29598**	**21747**	**7851**
东胜区	8317	6698	1619	2846	2431	415	1420	1119	301
康巴什区									
达拉特旗	29808	18012	11796	8511	5353	3158	4116	2566	1550
准格尔旗	25104	18509	6595	11071	8172	2899	8228	6057	2171
鄂托克前旗	10685	7845	2840	4366	3471	895	2073	1524	549
鄂托克旗	10060	7282	2778	4517	3217	1300	2809	2037	772
杭锦旗	8832	5493	3339	2643	1710	933	1523	1003	520
乌审旗	13482	9779	3703	6668	5135	1533	5304	4235	1069
伊金霍洛旗	14971	11211	3760	7714	6375	1339	4125	3206	919
呼伦贝尔市	**206249**	**114176**	**92073**	**39480**	**22384**	**17096**	**21751**	**12210**	**9541**
海拉尔区	4363	2366	1997	831	467	364	678	385	293
扎赉诺尔区									
阿荣旗	49430	27054	22376	6732	3944	2788	3622	1939	1683
莫力达瓦达斡尔族自治旗	50674	27671	23003	9654	5128	4526	4727	2482	2245
鄂伦春自治旗	14627	8201	6426	3207	1832	1375	1920	1064	856
鄂温克族自治旗	9848	5342	4506	4482	2440	2042	2629	1530	1099
陈巴尔虎旗	5071	2942	2129	1416	823	593	888	576	312
新巴尔虎左旗	5327	3029	2298	1567	896	671	795	471	324
新巴尔虎右旗	4417	3009	1408	1409	964	445	677	458	219
满洲里市									
牙克石市	7467	4060	3407	1592	908	684	1132	645	487
扎兰屯市	49097	27204	21893	7098	4126	2972	3497	1914	1583
额尔古纳市	5799	3221	2578	1468	843	625	1172	741	431
根河市	129	77	52	24	13	11	14	5	9
巴彦淖尔市	**202103**	**114601**	**87502**	**47747**	**28269**	**19478**	**24783**	**13721**	**11062**
临河区	54880	30890	23990	13272	7666	5606	8238	4344	3894
五原县	34346	19039	15307	6946	4008	2938	3466	1805	1661
磴口县	14027	7889	6138	3212	2083	1129	1513	882	631
乌拉特前旗	38024	22219	15805	9452	5542	3910	4663	2616	2047
乌拉特中旗	17033	10021	7012	4549	3002	1547	2202	1462	740
乌拉特后旗	6926	4449	2477	2239	1508	731	1018	675	343
杭锦后旗	36867	20094	16773	8077	4460	3617	3683	1937	1746

4-3c 续表 8

单位：人

地区	初中			高中			大学专科		
	小计	男	女	小计	男	女	小计	男	女
乌兰察布市	**136494**	**82544**	**53950**	**38908**	**23648**	**15260**	**24176**	**13904**	**10272**
集宁区	7201	4242	2959	4128	2271	1857	2033	1128	905
卓资县	9239	5650	3589	2646	1832	814	1854	1188	666
化德县	7110	4454	2656	1771	1134	637	1389	808	581
商都县	16907	10420	6487	4315	2593	1722	2565	1417	1148
兴和县	16215	10025	6190	3810	2339	1471	2295	1313	982
凉城县	12867	7781	5086	3773	2346	1427	2618	1554	1064
察哈尔右翼前旗	14600	9082	5518	4185	2675	1510	2603	1528	1075
察哈尔右翼中旗	10817	6532	4285	3195	1931	1264	2211	1279	932
察哈尔右翼后旗	9952	5930	4022	2666	1618	1048	1456	831	625
四子王旗	16823	9596	7227	4482	2701	1781	3145	1732	1413
丰镇市	14763	8832	5931	3937	2208	1729	2007	1126	881
兴安盟	**205315**	**115684**	**89631**	**27944**	**16692**	**11252**	**16413**	**9233**	**7180**
乌兰浩特市	12492	6979	5513	2308	1379	929	1400	896	504
阿尔山市	1381	762	619	261	160	101	201	128	73
科尔沁右翼前旗	60544	33889	26655	8986	5215	3771	5336	2856	2480
科尔沁右翼中旗	32841	18829	14012	4919	3024	1895	2603	1469	1134
扎赉特旗	49686	28185	21501	5970	3634	2336	3545	2003	1542
突泉县	48371	27040	21331	5500	3280	2220	3328	1881	1447
锡林郭勒盟	**84762**	**51580**	**33182**	**27368**	**17793**	**9575**	**14346**	**9204**	**5142**
二连浩特市	368	219	149	170	102	68	67	47	20
锡林浩特市	8625	5201	3424	2435	1505	930	1362	817	545
阿巴嘎旗	4652	2857	1795	1833	1185	648	915	584	331
苏尼特左旗	4405	2766	1639	1965	1363	602	1053	685	368
苏尼特右旗	4673	2719	1954	1673	1008	665	800	470	330
东乌珠穆沁旗	6915	4140	2775	2297	1459	838	1184	748	436
西乌珠穆沁旗	11763	8228	3535	5241	4136	1105	2764	2156	608
太仆寺旗	13526	8073	5453	3012	1747	1265	1763	1029	734
镶黄旗	3084	1882	1202	1071	673	398	556	370	186
正镶白旗	5990	3554	2436	1687	1017	670	849	547	302
正蓝旗	9340	5278	4062	3733	2223	1510	1753	1021	732
多伦县	10439	6084	4355	2024	1234	790	1170	663	507
乌拉盖管委会	982	579	403	227	141	86	110	67	43
阿拉善盟	**15948**	**10755**	**5193**	**6860**	**5091**	**1769**	**3929**	**2890**	**1039**
阿拉善左旗	12091	8026	4065	4439	3157	1282	2343	1660	683
阿拉善右旗	1462	941	521	528	391	137	410	307	103
额济纳旗	1535	1036	499	1246	989	257	727	574	153
内蒙古阿拉善经济开发区	860	752	108	647	554	93	449	349	100

4-3c 续表 9 单位：人

地区	大学本科			硕士研究生			博士研究生		
	小计	男	女	小计	男	女	小计	男	女
内蒙古	**176969**	**92289**	**84680**	**8385**	**3428**	**4957**	**958**	**422**	**536**
呼和浩特市	**17329**	**8931**	**8398**	**894**	**412**	**482**	**92**	**48**	**44**
新城区	1896	889	1007	96	39	57	12	9	3
回民区	701	349	352	35	14	21	1		1
玉泉区	3761	1882	1879	73	29	44	11	3	8
赛罕区	3632	1822	1810	271	128	143	22	16	6
土默特左旗	2145	1110	1035	119	58	61	11	4	7
托克托县	1911	1082	829	86	42	44	7	4	3
和林格尔县	1808	953	855	92	46	46	10	4	6
清水河县	756	434	322	69	35	34	11	4	7
武川县	719	410	309	53	21	32	7	4	3
呼和浩特经济技术开发区									
包头市	**7457**	**3818**	**3639**	**356**	**157**	**199**	**36**	**20**	**16**
东河区	860	431	429	43	16	27	3	1	2
昆都仑区	533	242	291	16	5	11	3	1	2
青山区	371	191	180	14	4	10	2	1	1
石拐区	147	72	75	14	7	7	1		1
白云鄂博矿区									
九原区	881	454	427	48	17	31	3	3	
土默特右旗	2226	1231	995	100	54	46	16	12	4
固阳县	1391	691	700	70	32	38	3	2	1
达尔罕茂明安联合旗	886	421	465	43	20	23	3		3
包头稀土高新技术产业开发区	162	85	77	8	2	6	2		2
乌海市	**608**	**395**	**213**	**26**	**12**	**14**	**4**		**4**
海勃湾区	450	298	152	19	8	11	4		4
海南区	158	97	61	7	4	3			
乌达区									
赤峰市	**45816**	**23993**	**21823**	**2409**	**975**	**1434**	**251**	**116**	**135**
红山区	239	102	137	14	7	7	2	1	1
元宝山区	1386	751	635	92	38	54	17	7	10
松山区	10115	5214	4901	558	232	326	41	17	24
阿鲁科尔沁旗	3833	1883	1950	169	49	120	24	7	17
巴林左旗	5791	2941	2850	229	90	139	37	23	14
巴林右旗	1898	974	924	87	35	52	10	3	7
林西县	1392	716	676	74	27	47	3	1	2
克什克腾旗	2475	1442	1033	123	55	68	15	6	9
翁牛特旗	4287	2372	1915	186	67	119	22	9	13
喀喇沁旗	3246	1723	1523	195	81	114	13	7	6
宁城县	6761	3636	3125	393	167	226	42	24	18
敖汉旗	4393	2239	2154	289	127	162	25	11	14

4-3c 续表 10

单位：人

地 区	大学本科			硕士研究生			博士研究生		
	小计	男	女	小计	男	女	小计	男	女
通辽市	**27543**	**13189**	**14354**	**1311**	**439**	**872**	**199**	**74**	**125**
科尔沁区	3486	1657	1829	189	75	114	21	9	12
科尔沁左翼中旗	6682	3090	3592	319	91	228	50	10	40
科尔沁左翼后旗	3962	1887	2075	167	60	107	34	10	24
开鲁县	3090	1562	1528	162	55	107	16	8	8
库伦旗	1973	984	989	95	35	60	9	6	3
奈曼旗	4284	2059	2225	174	62	112	31	16	15
扎鲁特旗	3135	1493	1642	164	52	112	30	12	18
通辽经济技术开发区	636	303	333	34	6	28	7	2	5
霍林郭勒市	295	154	141	7	3	4	1	1	
鄂尔多斯市	**17867**	**11929**	**5938**	**721**	**402**	**319**	**55**	**39**	**16**
东胜区	753	575	178	17	11	6	3	2	1
康巴什区									
达拉特旗	2621	1485	1136	119	53	66	6	2	4
准格尔旗	5450	3785	1665	225	130	95	12	7	5
鄂托克前旗	1236	836	400	48	26	22	4	4	
鄂托克旗	1455	955	500	45	20	25	5	3	2
杭锦旗	1130	648	482	51	27	24	2	1	1
乌审旗	2863	1980	883	107	64	43	7	4	3
伊金霍洛旗	2359	1665	694	109	71	38	16	16	
呼伦贝尔市	**12189**	**5994**	**6195**	**543**	**184**	**359**	**44**	**18**	**26**
海拉尔区	299	151	148	17	5	12	3		3
扎赉诺尔区									
阿荣旗	1873	953	920	84	32	52	10	7	3
莫力达瓦达斡尔族自治旗	3146	1461	1685	119	43	76	3	1	2
鄂伦春自治旗	981	471	510	36	17	19	2	2	
鄂温克族自治旗	1430	694	736	87	25	62	7	2	5
陈巴尔虎旗	521	287	234	16	5	11	1		1
新巴尔虎左旗	625	320	305	27	7	20	2		2
新巴尔虎右旗	573	344	229	26	8	18	5	1	4
满洲里市									
牙克石市	434	211	223	15	2	13	2	2	
扎兰屯市	1691	793	898	91	30	61	9	3	6
额尔古纳市	600	301	299	24	9	15			
根河市	16	8	8	1	1				
巴彦淖尔市	**15412**	**6960**	**8452**	**494**	**223**	**271**	**56**	**24**	**32**
临河区	7683	3147	4536	121	52	69	6	6	
五原县	1636	730	906	93	43	50	14	6	8
磴口县	551	256	295	19	7	12	4		4
乌拉特前旗	2251	1062	1189	107	44	63	12	5	7
乌拉特中旗	1161	702	459	52	29	23	6	2	4
乌拉特后旗	479	308	171	25	15	10	1		1
杭锦后旗	1651	755	896	77	33	44	13	5	8

4-3c 续表 11

单位：人

地 区	大学本科			硕士研究生			博士研究生		
	小计	男	女	小计	男	女	小计	男	女
乌兰察布市	**11575**	**6111**	**5464**	**741**	**300**	**441**	**102**	**46**	**56**
集宁区	1234	646	588	102	40	62	4	2	2
卓资县	692	384	308	33	19	14	4	1	3
化德县	678	345	333	51	14	37	7	4	3
商都县	1109	543	566	85	34	51	12	4	8
兴和县	1097	553	544	82	34	48	16	6	10
凉城县	1325	710	615	72	33	39	16	10	6
察哈尔右翼前旗	1112	625	487	72	32	40	11	4	7
察哈尔右翼中旗	1232	642	590	64	26	38	10	4	6
察哈尔右翼后旗	740	419	321	48	16	32	6	2	4
四子王旗	1460	752	708	60	26	34	9	5	4
丰镇市	896	492	404	72	26	46	7	4	3
兴安盟	**10331**	**4933**	**5398**	**407**	**126**	**281**	**57**	**15**	**42**
乌兰浩特市	700	386	314	31	12	19	1		1
阿尔山市	85	44	41	3	1	2			
科尔沁右翼前旗	3399	1549	1850	128	36	92	13	7	6
科尔沁右翼中旗	2149	995	1154	97	22	75	21	3	18
扎赉特旗	2499	1203	1296	82	28	54	16	2	14
突泉县	1499	756	743	66	27	39	6	3	3
锡林郭勒盟	**8741**	**4647**	**4094**	**403**	**166**	**237**	**51**	**16**	**35**
二连浩特市	73	39	34	2		2	1		1
锡林浩特市	597	313	284	13	5	8	2	1	1
阿巴嘎旗	637	342	295	14	6	8	3		3
苏尼特左旗	646	330	316	25	11	14	6	3	3
苏尼特右旗	594	278	316	21	7	14	2	1	1
东乌珠穆沁旗	886	445	441	45	18	27	6		6
西乌珠穆沁旗	1774	1139	635	72	35	37	6	1	5
太仆寺旗	888	449	439	63	17	46	9	5	4
镶黄旗	388	226	162	19	11	8	4	1	3
正镶白旗	501	250	251	36	14	22	1		1
正蓝旗	1146	547	599	50	20	30	7	1	6
多伦县	551	258	293	39	19	20	3	2	1
乌拉盖管委会	60	31	29	4	3	1	1	1	
阿拉善盟	**2101**	**1389**	**712**	**80**	**32**	**48**	**11**	**6**	**5**
阿拉善左旗	1334	848	486	54	22	32	8	5	3
阿拉善右旗	291	180	111	19	6	13	3	1	2
额济纳旗	372	272	100	4	2	2			
内蒙古阿拉善经济开发区	104	89	15	3	2	1			

4-4　各地区分性别、受教育程度的25岁及以上人口

单位：人

地　区	25岁及以上人口			未上过学		
	合计	男	女	小计	男	女
内蒙古	**18602473**	**9443148**	**9159325**	**769337**	**200023**	**569314**
呼和浩特市	**2516869**	**1266841**	**1250028**	**97394**	**24072**	**73322**
新城区	502942	249552	253390	9322	2222	7100
回民区	313803	156417	157386	6729	1491	5238
玉泉区	385716	196208	189508	8389	2026	6363
赛罕区	621214	305863	315351	14303	3698	10605
土默特左旗	208467	107699	100768	16488	4422	12066
托克托县	129490	66760	62730	12604	3111	9493
和林格尔县	115808	60103	55705	13112	3422	9690
清水河县	61825	32173	29652	7753	1479	6274
武川县	80188	41661	38527	6035	1586	4449
呼和浩特经济技术开发区	97416	50405	47011	2659	615	2044
包头市	**2091287**	**1051180**	**1040107**	**66351**	**16858**	**49493**
东河区	387538	194037	193501	8753	2246	6507
昆都仑区	596091	294816	301275	8483	2300	6183
青山区	399044	196995	202049	5873	1281	4592
石拐区	20913	11610	9303	1707	539	1168
白云鄂博矿区	19014	10411	8603	601	117	484
九原区	181545	93047	88498	7605	1792	5813
土默特右旗	187281	96098	91183	17360	4190	13170
固阳县	97691	51565	46126	6432	1874	4558
达尔罕茂明安联合旗	59588	31001	28587	4048	1197	2851
包头稀土高新技术产业开发区	142582	71600	70982	5489	1322	4167
乌海市	**437549**	**229100**	**208449**	**14726**	**3656**	**11070**
海勃湾区	261741	133941	127800	7271	1782	5489
海南区	75897	42259	33638	4039	1042	2997
乌达区	99911	52900	47011	3416	832	2584
赤峰市	**3103509**	**1544839**	**1558670**	**116147**	**26808**	**89339**
红山区	349627	171877	177750	6070	1414	4656
元宝山区	226897	111217	115680	5031	1166	3865
松山区	525654	260343	265311	16299	3429	12870
阿鲁科尔沁旗	190677	95364	95313	5326	1313	4013
巴林左旗	214396	107086	107310	7132	1657	5475
巴林右旗	122404	60990	61414	3565	888	2677
林西县	147833	73701	74132	5635	1590	4045
克什克腾旗	150233	76251	73982	10922	2567	8355
翁牛特旗	263135	131192	131943	15684	3710	11974
喀喇沁旗	202015	101446	100569	12961	2978	9983
宁城县	369511	185833	183678	14915	3325	11590
敖汉旗	341127	169539	171588	12607	2771	9836

4-4 续表 1 单位：人

地　区	25岁及以上人口			未上过学		
	合计	男	女	小计	男	女
通辽市	**2210022**	**1106547**	**1103475**	**60678**	**17627**	**43051**
科尔沁区	552522	273006	279516	8641	2598	6043
科尔沁左翼中旗	311364	158951	152413	14207	4561	9646
科尔沁左翼后旗	250385	126376	124009	7493	2322	5171
开鲁县	243911	120397	123514	4858	1333	3525
库伦旗	118441	59738	58703	3208	871	2337
奈曼旗	284223	142034	142189	9223	2454	6769
扎鲁特旗	195487	98278	97209	9730	2683	7047
通辽经济技术开发区	148097	73107	74990	1873	498	1375
霍林郭勒市	105592	54660	50932	1445	307	1138
鄂尔多斯市	**1604324**	**864129**	**740195**	**98046**	**24116**	**73930**
东胜区	411250	212500	198750	13758	3133	10625
康巴什区	73932	36750	37182	2320	451	1869
达拉特旗	250619	129693	120926	18693	4298	14395
准格尔旗	272390	151718	120672	17345	4341	13004
鄂托克前旗	72318	40605	31713	5571	1596	3975
鄂托克旗	123842	68383	55459	8118	2103	6015
杭锦旗	88244	45987	42257	9342	2233	7109
乌审旗	120894	70147	50747	7289	1997	5292
伊金霍洛旗	190835	108346	82489	15610	3964	11646
呼伦贝尔市	**1817440**	**913578**	**903862**	**35652**	**10934**	**24718**
海拉尔区	288946	141211	147735	3496	941	2555
扎赉诺尔区	72743	36050	36693	731	208	523
阿荣旗	200148	101418	98730	4216	1300	2916
莫力达瓦达斡尔族自治旗	176809	90018	86791	5233	1856	3377
鄂伦春自治旗	143606	72280	71326	4499	1319	3180
鄂温克族自治旗	114824	57332	57492	1788	560	1228
陈巴尔虎旗	43194	22751	20443	623	219	404
新巴尔虎左旗	30358	15480	14878	677	283	394
新巴尔虎右旗	31770	17172	14598	608	240	368
满洲里市	118874	60029	58845	609	185	424
牙克石市	219963	108896	111067	3265	889	2376
扎兰屯市	254830	129430	125400	6244	2050	4194
额尔古纳市	57569	29163	28406	1647	444	1203
根河市	63806	32348	31458	2016	440	1576
巴彦淖尔市	**1241333**	**633458**	**607875**	**84520**	**21401**	**63119**
临河区	453503	228177	225326	25150	6277	18873
五原县	183347	93144	90203	13964	3682	10282
磴口县	76380	39113	37267	6835	1726	5109
乌拉特前旗	211604	108757	102847	17535	4219	13316
乌拉特中旗	93915	49929	43986	6242	1772	4470
乌拉特后旗	44490	24441	20049	2656	699	1957
杭锦后旗	178094	89897	88197	12138	3026	9112

4-4　续表 2

单位：人

地　区	25岁及以上人口			未上过学		
	合计	男	女	小计	男	女
乌兰察布市	**1393254**	**715121**	**678133**	**115324**	**29361**	**85963**
集宁区	322046	160927	161119	8365	1747	6618
卓资县	73726	39592	34134	7209	2057	5152
化德县	80143	41162	38981	6317	1627	4690
商都县	145069	73510	71559	14600	3648	10952
兴和县	136399	69668	66731	19093	4526	14567
凉城县	99791	51911	47880	13718	3790	9928
察哈尔右翼前旗	105243	55437	49806	10388	2562	7826
察哈尔右翼中旗	75266	39435	35831	7241	1903	5338
察哈尔右翼后旗	88232	45242	42990	8315	1944	6371
四子王旗	108331	55837	52494	6236	1736	4500
丰镇市	159008	82400	76608	13842	3821	10021
兴安盟	**1108483**	**559467**	**549016**	**36655**	**12244**	**24411**
乌兰浩特市	272211	133434	138777	5151	1561	3590
阿尔山市	27788	14229	13559	551	135	416
科尔沁右翼前旗	225062	114865	110197	8763	2794	5969
科尔沁右翼中旗	161930	82023	79907	7617	2457	5160
扎赉特旗	245658	126080	119578	11638	4381	7257
突泉县	175834	88836	86998	2935	916	2019
锡林郭勒盟	**872073**	**449095**	**422978**	**36101**	**10840**	**25261**
二连浩特市	58574	30084	28490	1378	362	1016
锡林浩特市	265268	132578	132690	5112	1426	3686
阿巴嘎旗	31848	17049	14799	1431	484	947
苏尼特左旗	27045	14564	12481	976	334	642
苏尼特右旗	51351	26187	25164	2087	560	1527
东乌珠穆沁旗	54933	28424	26509	1916	585	1331
西乌珠穆沁旗	79171	44218	34953	2392	772	1620
太仆寺旗	91258	46655	44603	10540	3270	7270
镶黄旗	22503	11760	10743	671	177	494
正镶白旗	36393	18977	17416	2551	824	1727
正蓝旗	56688	28960	27728	2645	767	1878
多伦县	78508	40023	38485	3612	1033	2579
乌拉盖管委会	18533	9616	8917	790	246	544
阿拉善盟	**206330**	**109793**	**96537**	**7743**	**2106**	**5637**
阿拉善左旗	139727	72858	66869	5391	1461	3930
阿拉善右旗	18738	10047	8691	1017	269	748
额济纳旗	27359	14393	12966	670	201	469
内蒙古阿拉善经济开发区	20506	12495	8011	665	175	490

4-4 续表 3

单位：人

地区	学前教育			小学		
	小计	男	女	小计	男	女
内蒙古	**8374**	**3026**	**5348**	**4206147**	**1888139**	**2318008**
呼和浩特市	**916**	**324**	**592**	**409245**	**182984**	**226261**
新城区	118	48	70	57991	25385	32606
回民区	108	39	69	39413	16725	22688
玉泉区	90	27	63	57432	25351	32081
赛罕区	232	86	146	71479	30779	40700
土默特左旗	140	48	92	61779	28983	32796
托克托县	63	28	35	30523	13968	16555
和林格尔县	51	15	36	32159	15168	16991
清水河县	17	4	13	19803	9013	10790
武川县	61	18	43	25958	11940	14018
呼和浩特经济技术开发区	36	11	25	12708	5672	7036
包头市	**794**	**302**	**492**	**349199**	**154704**	**194495**
东河区	196	67	129	54939	24033	30906
昆都仑区	236	89	147	79613	33882	45731
青山区	83	38	45	45690	18461	27229
石拐区	7	1	6	5006	2535	2471
白云鄂博矿区	2	2		2796	1212	1584
九原区	94	44	50	34502	15725	18777
土默特右旗	73	18	55	52529	24329	28200
固阳县	63	31	32	33120	15636	17484
达尔罕茂明安联合旗	11	5	6	18949	8918	10031
包头稀土高新技术产业开发区	29	7	22	22055	9973	12082
乌海市	**149**	**51**	**98**	**66267**	**29991**	**36276**
海勃湾区	52	15	37	33699	14948	18751
海南区	14	7	7	15475	7408	8067
乌达区	83	29	54	17093	7635	9458
赤峰市	**1413**	**431**	**982**	**905534**	**389769**	**515765**
红山区	124	40	84	54144	22607	31537
元宝山区	50	11	39	46059	18392	27667
松山区	153	56	97	117526	48599	68927
阿鲁科尔沁旗	80	24	56	63356	28123	35233
巴林左旗	149	54	95	67429	29134	38295
巴林右旗	19	6	13	38024	16978	21046
林西县	103	35	68	53591	23756	29835
克什克腾旗	67	26	41	50719	22923	27796
翁牛特旗	116	30	86	101763	44800	56963
喀喇沁旗	179	53	126	63632	28394	35238
宁城县	159	40	119	107269	45449	61820
敖汉旗	214	56	158	142022	60614	81408

4-4　续表 4

单位：人

地　　区	学前教育			小　　学		
	小计	男	女	小计	男	女
通辽市	**805**	**286**	**519**	**539604**	**236631**	**302973**
科尔沁区	167	57	110	90745	39423	51322
科尔沁左翼中旗	149	53	96	87875	40794	47081
科尔沁左翼后旗	80	31	49	75347	33707	41640
开鲁县	103	37	66	68661	28964	39697
库伦旗	46	16	30	34268	14637	19631
奈曼旗	144	47	97	90895	39402	51493
扎鲁特旗	55	24	31	56785	25110	31675
通辽经济技术开发区	34	12	22	19225	8187	11038
霍林郭勒市	27	9	18	15803	6407	9396
鄂尔多斯市	**688**	**214**	**474**	**351273**	**165092**	**186181**
东胜区	115	41	74	63962	28396	35566
康巴什区	24	11	13	8536	3711	4825
达拉特旗	113	29	84	62482	28947	33535
准格尔旗	108	28	80	73860	35344	38516
鄂托克前旗	43	11	32	19401	9101	10300
鄂托克旗	40	13	27	26335	12518	13817
杭锦旗	54	15	39	26382	12763	13619
乌审旗	52	18	34	30310	14314	15996
伊金霍洛旗	139	48	91	40005	19998	20007
呼伦贝尔市	**650**	**248**	**402**	**340650**	**151470**	**189180**
海拉尔区	67	28	39	29075	12123	16952
扎赉诺尔区	35	15	20	10734	4462	6272
阿荣旗	49	17	32	54229	23806	30423
莫力达瓦达斡尔族自治旗	88	40	48	53352	25280	28072
鄂伦春自治旗	68	26	42	30346	13640	16706
鄂温克族自治旗	34	9	25	16618	7167	9451
陈巴尔虎旗	23	7	16	9307	4136	5171
新巴尔虎左旗	20	12	8	7995	3699	4296
新巴尔虎右旗	6		6	8316	4231	4085
满洲里市	13	8	5	7189	3126	4063
牙克石市	131	48	83	28951	11990	16961
扎兰屯市	75	23	52	68879	31187	37692
额尔古纳市	15	6	9	9365	4153	5212
根河市	26	9	17	6294	2470	3824
巴彦淖尔市	**691**	**262**	**429**	**250720**	**119468**	**131252**
临河区	205	65	140	70881	33144	37737
五原县	98	40	58	47671	23038	24633
磴口县	107	46	61	14817	7167	7650
乌拉特前旗	130	52	78	50027	24154	25873
乌拉特中旗	30	9	21	22477	10934	11543
乌拉特后旗	14	7	7	8000	4161	3839
杭锦后旗	107	43	64	36847	16870	19977

4-4 续表 5 单位：人

地 区	学前教育			小 学		
	小计	男	女	小计	男	女
乌兰察布市	**1337**	**523**	**814**	**414959**	**191066**	**223893**
集宁区	99	38	61	47576	19446	28130
卓资县	40	14	26	23913	11592	12321
化德县	8	1	7	28807	13131	15676
商都县	376	139	237	54724	24558	30166
兴和县	118	38	80	48627	23729	24898
凉城县	89	32	57	33924	16193	17731
察哈尔右翼前旗	164	52	112	35427	16790	18637
察哈尔右翼中旗	56	22	34	27486	12938	14548
察哈尔右翼后旗	54	25	29	30599	14049	16550
四子王旗	59	22	37	33763	15067	18696
丰镇市	274	140	134	50113	23573	26540
兴安盟	**542**	**216**	**326**	**333927**	**154504**	**179423**
乌兰浩特市	96	30	66	47058	21101	25957
阿尔山市	9	5	4	3656	1504	2152
科尔沁右翼前旗	146	75	71	80756	38367	42389
科尔沁右翼中旗	103	35	68	52485	24008	28477
扎赉特旗	89	25	64	92622	44361	48261
突泉县	99	46	53	57350	25163	32187
锡林郭勒盟	**294**	**118**	**176**	**210645**	**97043**	**113602**
二连浩特市	15	5	10	12293	5288	7005
锡林浩特市	50	21	29	43509	18649	24860
阿巴嘎旗	9	2	7	9874	4920	4954
苏尼特左旗	3		3	8061	3935	4126
苏尼特右旗	26	10	16	12809	5680	7129
东乌珠穆沁旗	23	10	13	16492	7952	8540
西乌珠穆沁旗	26	12	14	21389	10097	11292
太仆寺旗	55	22	33	29435	14264	15171
镶黄旗	32	12	20	5435	2322	3113
正镶白旗	13	4	9	10909	5223	5686
正蓝旗	13	2	11	14329	6571	7758
多伦县	26	17	9	21649	10148	11501
乌拉盖管委会	3	1	2	4461	1994	2467
阿拉善盟	**95**	**51**	**44**	**34124**	**15417**	**18707**
阿拉善左旗	30	17	13	23258	10278	12980
阿拉善右旗	13	2	11	4054	1944	2110
额济纳旗	31	22	9	4300	1937	2363
内蒙古阿拉善经济开发区	21	10	11	2512	1258	1254

4-4 续表 6

单位：人

地区	初中			高中			大学专科		
	小计	男	女	小计	男	女	小计	男	女
内蒙古	**7260637**	**3976229**	**3284408**	**2835599**	**1541646**	**1293953**	**1930708**	**1039952**	**890756**
呼和浩特市	**822120**	**450437**	**371683**	**431390**	**226079**	**205311**	**370055**	**190543**	**179512**
新城区	141830	74530	67300	97541	48811	48730	91126	46020	45106
回民区	108715	57967	50748	70360	35865	34495	50772	26237	24535
玉泉区	148177	80713	67464	73327	38592	34735	55433	28458	26975
赛罕区	153826	80554	73272	104275	51448	52827	110759	55765	54994
土默特左旗	88870	50989	37881	22914	13448	9466	12828	7075	5753
托克托县	55312	31468	23844	15581	9579	6002	9857	5619	4238
和林格尔县	42126	25033	17093	13328	8235	5093	9409	5370	4039
清水河县	19976	12871	7105	6996	4616	2380	4275	2555	1720
武川县	30094	17565	12529	9776	5977	3799	5608	3189	2419
呼和浩特经济技术开发区	33194	18747	14447	17292	9508	7784	19988	10255	9733
包头市	**789840**	**426250**	**363590**	**398228**	**204905**	**193323**	**261207**	**136610**	**124597**
东河区	171360	91047	80313	83516	42056	41460	40731	21182	19549
昆都仑区	206544	106545	99999	132239	66500	65739	90262	46382	43880
青山区	129428	67111	62317	86077	42636	43441	67793	35529	32264
石拐区	8992	5515	3477	3095	1870	1225	1324	772	552
白云鄂博矿区	5340	3025	2315	5839	3514	2325	2440	1427	1013
九原区	79357	44439	34918	26061	13940	12121	18055	9432	8623
土默特右旗	81508	47276	34232	18721	11006	7715	9819	5562	4257
固阳县	38229	22706	15523	11497	6799	4698	5067	2881	2186
达尔罕茂明安联合旗	21991	12699	9292	6739	3919	2820	4440	2564	1876
包头稀土高新技术产业开发区	47091	25887	21204	24444	12665	11779	21276	10879	10397
乌海市	**170105**	**96644**	**73461**	**84497**	**45923**	**38574**	**62846**	**33534**	**29312**
海勃湾区	91152	50095	41057	53468	28162	25306	44750	23506	21244
海南区	35483	21704	13779	12392	7409	4983	6030	3396	2634
乌达区	43470	24845	18625	18637	10352	8285	12066	6632	5434
赤峰市	**1222983**	**662290**	**560693**	**418182**	**232555**	**185627**	**248840**	**137003**	**111837**
红山区	118648	60251	58397	88643	45369	43274	47548	25109	22439
元宝山区	103419	52297	51122	39325	21324	18001	19051	10803	8248
松山区	188702	101614	87088	80590	43032	37558	65713	35133	30580
阿鲁科尔沁旗	81338	43680	37658	19407	11134	8273	10670	6003	4667
巴林左旗	88497	48059	40438	26824	15240	11584	13879	7611	6268
巴林右旗	48917	25763	23154	14833	8204	6629	9959	5648	4311
林西县	52185	28231	23954	19874	11311	8563	10361	5752	4609
克什克腾旗	46920	26490	20430	21146	12820	8326	12380	7215	5165
翁牛特旗	99836	56154	43682	22777	13643	9134	12915	7636	5279
喀喇沁旗	84164	46647	37517	22166	13236	8930	10890	6047	4843
宁城县	176771	97413	79358	35251	20613	14638	19728	11234	8494
敖汉旗	133586	75691	57895	27346	16629	10717	15746	8812	6934

4－4 续表 7 单位：人

地 区	初中			高中			大学专科		
	小计	男	女	小计	男	女	小计	男	女
通辽市	**1018272**	**538952**	**479320**	**305800**	**165949**	**139851**	**153625**	**83099**	**70526**
科尔沁区	250611	127963	122648	111916	56938	54978	50022	26215	23807
科尔沁左翼中旗	155340	84154	71186	31052	17652	13400	12821	7092	5729
科尔沁左翼后旗	117777	63248	54529	29001	16266	12735	11298	6296	5002
开鲁县	128475	67193	61282	21645	12305	9340	11291	6295	4996
库伦旗	52526	28666	23860	15231	8686	6545	6646	3765	2881
奈曼旗	133074	72365	60709	25404	14523	10881	14900	8296	6604
扎鲁特旗	82348	45206	37142	23100	13320	9780	12927	6970	5957
通辽经济技术开发区	55849	28435	27414	27045	13760	13285	19947	10363	9584
霍林郭勒市	42272	21722	20550	21406	12499	8907	13773	7807	5966
鄂尔多斯市	**527161**	**317467**	**209694**	**239386**	**143474**	**95912**	**207458**	**119169**	**88289**
东胜区	142315	79715	62600	69980	38507	31473	63814	33905	29909
康巴什区	15623	8452	7171	10838	5583	5255	13093	6783	6310
达拉特旗	95928	56285	39643	34732	19855	14877	22824	12726	10098
准格尔旗	88603	55959	32644	34895	22046	12849	31799	19193	12606
鄂托克前旗	22954	14812	8142	10071	6746	3325	8408	5100	3308
鄂托克旗	42982	26490	16492	21011	12781	8230	16352	9768	6584
杭锦旗	26051	15869	10182	10370	6212	4158	8955	5368	3587
乌审旗	35196	22545	12651	18942	12694	6248	17417	11509	5908
伊金霍洛旗	57509	37340	20169	28547	19050	9497	24796	14817	9979
呼伦贝尔市	**861487**	**451053**	**410434**	**274131**	**142644**	**131487**	**182901**	**97771**	**85130**
海拉尔区	113757	56995	56762	61490	30340	31150	45683	23573	22110
扎赉诺尔区	38215	19359	18856	11005	5663	5342	8087	4413	3674
阿荣旗	105325	56326	48999	17962	10200	7762	11603	6410	5193
莫力达瓦达斡尔族自治旗	85088	45487	39601	16395	8849	7546	10144	5427	4717
鄂伦春自治旗	71458	37820	33638	18961	9965	8996	11965	6494	5471
鄂温克族自治旗	43473	22322	21151	22497	11650	10847	16559	8838	7721
陈巴尔虎旗	20026	11272	8754	6670	3627	3043	4080	2320	1760
新巴尔虎左旗	11802	6272	5530	4620	2462	2158	3236	1784	1452
新巴尔虎右旗	11676	6817	4859	5066	2796	2270	3219	1762	1457
满洲里市	65876	33724	32152	22015	11351	10664	13881	7076	6805
牙克石市	116666	59533	57133	35350	17965	17385	22315	11963	10352
扎兰屯市	117670	63123	54547	33483	18114	15369	17509	9589	7920
额尔古纳市	26472	13991	12481	8880	4633	4247	7235	3971	3264
根河市	33983	18012	15971	9737	5029	4708	7385	4151	3234
巴彦淖尔市	**510932**	**284884**	**226048**	**199041**	**108996**	**90045**	**119856**	**62793**	**57063**
临河区	175309	95394	79915	84302	44524	39778	57935	30054	27881
五原县	77826	43399	34427	23249	13018	10231	13038	6645	6393
磴口县	32289	17859	14430	11939	6791	5148	6608	3663	2945
乌拉特前旗	88990	50823	38167	29486	16729	12757	16878	8752	8126
乌拉特中旗	37614	21761	15853	14380	8421	5959	7554	4211	3343
乌拉特后旗	17778	10484	7294	7871	4641	3230	4590	2645	1945
杭锦后旗	81126	45164	35962	27814	14872	12942	13253	6823	6430

4-4 续表 8

单位：人

地区	初中			高中			大学专科		
	小计	男	女	小计	男	女	小计	男	女
乌兰察布市	**498336**	**289332**	**209004**	**173330**	**100182**	**73148**	**117655**	**66876**	**50779**
集宁区	120070	62886	57184	62896	33221	29675	46026	24969	21057
卓资县	26686	16263	10423	8024	5050	2974	5271	3182	2089
化德县	28116	16492	11624	8193	4922	3271	5968	3519	2449
商都县	48781	29489	19292	14351	8640	5711	8492	5050	3442
兴和县	46568	28211	18357	12060	7453	4607	7047	4170	2877
凉城县	31381	19399	11982	10211	6442	3769	6406	3836	2570
察哈尔右翼前旗	38045	23459	14586	10524	6548	3976	7075	4017	3058
察哈尔右翼中旗	25041	15360	9681	7701	4797	2904	4844	2891	1953
察哈尔右翼后旗	30450	18197	12253	9798	5824	3974	6262	3700	2562
四子王旗	44040	25295	18745	12124	7092	5032	8212	4572	3640
丰镇市	59158	34281	24877	17448	10193	7255	12052	6970	5082
兴安盟	**454258**	**244220**	**210038**	**136592**	**73470**	**63122**	**80034**	**42971**	**37063**
乌兰浩特市	105572	53532	52040	54071	27072	26999	31495	16265	15230
阿尔山市	12890	6847	6043	4606	2430	2176	3424	1952	1472
科尔沁右翼前旗	88145	48602	39543	20623	11547	9076	13416	7253	6163
科尔沁右翼中旗	66140	36219	29921	17989	10345	7644	10090	5504	4586
扎赉特旗	99525	54513	45012	20376	11521	8855	12813	7111	5702
突泉县	81986	44507	37479	18927	10555	8372	8796	4886	3910
锡林郭勒盟	**318519**	**176164**	**142355**	**136106**	**74789**	**61317**	**94914**	**52113**	**42801**
二连浩特市	22787	12414	10373	10325	5826	4499	6186	3342	2844
锡林浩特市	97693	51141	46552	47184	24395	22789	38205	20027	18178
阿巴嘎旗	10524	6186	4338	4737	2687	2050	2906	1610	1296
苏尼特左旗	8804	5119	3685	3991	2395	1596	3002	1687	1315
苏尼特右旗	19324	10754	8570	8643	4676	3967	5270	2942	2328
东乌珠穆沁旗	20145	11103	9042	7538	4186	3352	4735	2647	2088
西乌珠穆沁旗	28453	16985	11468	12987	8195	4792	7814	4842	2972
太仆寺旗	31928	18587	13341	10052	5542	4510	5543	3178	2365
镶黄旗	7516	4352	3164	3818	2119	1699	2822	1652	1170
正镶白旗	12593	7234	5359	4901	2698	2203	3264	1934	1330
正蓝旗	20053	11025	9028	9559	5239	4320	5781	3167	2614
多伦县	31592	17295	14297	9740	5328	4412	7322	3932	3390
乌拉盖管委会	7107	3969	3138	2631	1503	1128	2064	1153	911
阿拉善盟	**66624**	**38536**	**28088**	**38916**	**22680**	**16236**	**31317**	**17470**	**13847**
阿拉善左旗	46199	26375	19824	25443	14267	11176	19986	10891	9095
阿拉善右旗	5458	3111	2347	3035	1873	1162	2701	1605	1096
额济纳旗	8576	4917	3659	5826	3445	2381	4545	2419	2126
内蒙古阿拉善经济开发区	6391	4133	2258	4612	3095	1517	4085	2555	1530

4－4 续表 9 单位：人

地区	大学本科			硕士研究生			博士研究生		
	小计	男	女	小计	男	女	小计	男	女
内蒙古	**1461082**	**736205**	**724877**	**119898**	**52603**	**67295**	**10691**	**5325**	**5366**
呼和浩特市	**329966**	**167533**	**162433**	**49878**	**21893**	**27985**	**5905**	**2976**	**2929**
新城区	90902	46061	44841	12847	5820	7027	1265	655	610
回民区	33412	16415	16997	3925	1502	2423	369	176	193
玉泉区	38158	19149	19009	4155	1637	2518	555	255	300
赛罕区	136418	69850	66568	26425	11901	14524	3497	1782	1715
土默特左旗	5164	2616	2548	263	110	153	21	8	13
托克托县	5345	2899	2446	191	82	109	14	6	8
和林格尔县	5029	2637	2392	536	190	346	58	33	25
清水河县	2867	1574	1293	124	55	69	14	6	8
武川县	2514	1326	1188	125	52	73	17	8	9
呼和浩特经济技术开发区	10157	5006	5151	1287	544	743	95	47	48
包头市	**207336**	**102920**	**104416**	**17126**	**7946**	**9180**	**1206**	**685**	**521**
东河区	26281	12699	13582	1632	643	989	130	64	66
昆都仑区	71664	35592	36072	6523	3215	3308	527	311	216
青山区	58456	29335	29121	5343	2449	2894	301	155	146
石拐区	746	365	381	30	10	20	6	3	3
白云鄂博矿区	1909	1055	854	82	56	26	5	3	2
九原区	14774	7212	7562	1035	427	608	62	36	26
土默特右旗	6906	3541	3365	327	148	179	38	28	10
固阳县	3156	1573	1583	118	60	58	9	5	4
达尔罕茂明安联合旗	3306	1656	1650	98	42	56	6	1	5
包头稀土高新技术产业开发区	20138	9892	10246	1938	896	1042	122	79	43
乌海市	**36547**	**18209**	**18338**	**2300**	**1041**	**1259**	**112**	**51**	**61**
海勃湾区	29266	14468	14798	1998	920	1078	85	45	40
海南区	2382	1258	1124	77	32	45	5	3	2
乌达区	4899	2483	2416	225	89	136	22	3	19
赤峰市	**180287**	**91905**	**88382**	**9338**	**3716**	**5622**	**785**	**362**	**423**
红山区	32307	16240	16067	2005	789	1216	138	58	80
元宝山区	13352	6967	6385	541	218	323	69	39	30
松山区	52526	26709	25817	3878	1648	2230	267	123	144
阿鲁科尔沁旗	10157	4983	5174	311	92	219	32	12	20
巴林左旗	10136	5183	4953	305	124	181	45	24	21
巴林右旗	6769	3410	3359	296	82	214	22	11	11
林西县	5823	2932	2891	243	86	157	18	8	10
克什克腾旗	7778	4089	3689	277	111	166	24	10	14
翁牛特旗	9690	5101	4589	312	102	210	42	16	26
喀喇沁旗	7633	3939	3694	361	137	224	29	15	14
宁城县	14847	7524	7323	518	207	311	53	28	25
敖汉旗	9269	4828	4441	291	120	171	46	18	28

4-4　续表 10　　　　单位：人

地　区	大学本科			硕士研究生			博士研究生		
	小计	男	女	小计	男	女	小计	男	女
通辽市	**122433**	**60508**	**61925**	**8008**	**3129**	**4879**	**797**	**366**	**431**
科尔沁区	37250	18495	18755	2899	1171	1728	271	146	125
科尔沁左翼中旗	9485	4511	4974	377	114	263	58	20	38
科尔沁左翼后旗	9014	4369	4645	331	124	207	44	13	31
开鲁县	8451	4120	4331	399	136	263	28	14	14
库伦旗	6236	2988	3248	261	97	164	19	12	7
奈曼旗	10076	4783	5293	460	146	314	47	18	29
扎鲁特旗	10058	4787	5271	438	154	284	46	24	22
通辽经济技术开发区	21445	10741	10704	2411	1000	1411	268	111	157
霍林郭勒市	10418	5714	4704	432	187	245	16	8	8
鄂尔多斯市	**168059**	**88547**	**79512**	**11765**	**5794**	**5971**	**488**	**256**	**232**
东胜区	53378	26943	26435	3772	1786	1986	156	74	82
康巴什区	20214	10164	10050	3200	1556	1644	84	39	45
达拉特旗	15233	7278	7955	581	262	319	33	13	20
准格尔旗	24452	14080	10372	1275	695	580	53	32	21
鄂托克前旗	5664	3142	2522	190	86	104	16	11	5
鄂托克旗	8678	4541	4137	305	158	147	21	11	10
杭锦旗	6820	3395	3425	259	124	135	11	8	3
乌审旗	11263	6816	4447	404	243	161	21	11	10
伊金霍洛旗	22357	12188	10169	1779	884	895	93	57	36
呼伦贝尔市	**115847**	**56916**	**58931**	**5719**	**2374**	**3345**	**403**	**168**	**235**
海拉尔区	33042	16221	16821	2189	934	1255	147	56	91
扎赉诺尔区	3813	1875	1938	115	50	65	8	5	3
阿荣旗	6523	3258	3265	221	90	131	20	11	9
莫力达瓦达斡尔族自治旗	6297	3002	3295	197	70	127	15	7	8
鄂伦春自治旗	6152	2965	3187	140	47	93	17	4	13
鄂温克族自治旗	12758	6336	6422	1038	428	610	59	22	37
陈巴尔虎旗	2380	1135	1245	76	30	46	9	5	4
新巴尔虎左旗	1937	941	996	68	26	42	3	1	2
新巴尔虎右旗	2775	1289	1486	97	36	61	7	1	6
满洲里市	8904	4396	4508	363	147	216	24	16	8
牙克石市	12729	6275	6454	509	211	298	47	22	25
扎兰屯市	10474	5126	5348	468	207	261	28	11	17
额尔古纳市	3843	1917	1926	107	45	62	5	3	2
根河市	4220	2180	2040	131	53	78	14	4	10
巴彦淖尔市	**71284**	**33706**	**37578**	**4025**	**1813**	**2212**	**264**	**135**	**129**
临河区	36901	17452	19449	2677	1191	1486	143	76	67
五原县	7219	3197	4022	254	106	148	28	19	9
磴口县	3606	1765	1841	163	87	76	16	9	7
乌拉特前旗	8246	3886	4360	280	127	153	32	15	17
乌拉特中旗	5402	2720	2682	199	95	104	17	6	11
乌拉特后旗	3428	1737	1691	150	67	83	3		3
杭锦后旗	6482	2949	3533	302	140	162	25	10	15

4-4 续表 11

单位：人

地区	大学本科			硕士研究生			博士研究生		
	小计	男	女	小计	男	女	小计	男	女
乌兰察布市	**68155**	**36087**	**32068**	**3891**	**1577**	**2314**	**267**	**117**	**150**
集宁区	34263	17526	16737	2647	1048	1599	104	46	58
卓资县	2496	1395	1101	79	36	43	8	3	5
化德县	2629	1431	1198	95	33	62	10	6	4
商都县	3618	1933	1685	108	49	59	19	4	15
兴和县	2776	1494	1282	92	39	53	18	8	10
凉城县	3895	2143	1752	148	66	82	19	10	9
察哈尔右翼前旗	3445	1932	1513	153	65	88	22	12	10
察哈尔右翼中旗	2774	1476	1298	107	42	65	16	6	10
察哈尔右翼后旗	2657	1472	1185	87	29	58	10	2	8
四子王旗	3702	1971	1731	176	72	104	19	10	9
丰镇市	5900	3314	2586	199	98	101	22	10	12
兴安盟	**63307**	**30497**	**32810**	**3018**	**1288**	**1730**	**150**	**57**	**93**
乌兰浩特市	27248	13193	14055	1478	665	813	42	15	27
阿尔山市	2539	1294	1245	109	58	51	4	4	
科尔沁右翼前旗	12434	5904	6530	731	300	431	48	23	25
科尔沁右翼中旗	7180	3350	3830	303	99	204	23	6	17
扎赉特旗	8348	4071	4277	221	89	132	26	8	18
突泉县	5558	2685	2873	176	77	99	7	1	6
锡林郭勒盟	**71834**	**36458**	**35376**	**3407**	**1449**	**1958**	**253**	**121**	**132**
二连浩特市	5365	2747	2618	215	95	120	10	5	5
锡林浩特市	31411	16013	15398	1964	831	1133	140	75	65
阿巴嘎旗	2303	1127	1176	58	30	28	6	3	3
苏尼特左旗	2117	1057	1060	81	33	48	10	4	6
苏尼特右旗	3085	1520	1565	105	44	61	2	1	1
东乌珠穆沁旗	3907	1875	2032	159	62	97	18	4	14
西乌珠穆沁旗	5921	3234	2687	181	77	104	8	4	4
太仆寺旗	3564	1733	1831	129	51	78	12	8	4
镶黄旗	2112	1087	1025	85	35	50	12	4	8
正镶白旗	2066	1026	1040	90	31	59	6	3	3
正蓝旗	4171	2124	2047	125	62	63	12	3	9
多伦县	4382	2189	2193	172	76	96	13	5	8
乌拉盖管委会	1430	726	704	43	22	21	4	2	2
阿拉善盟	**26027**	**12919**	**13108**	**1423**	**583**	**840**	**61**	**31**	**30**
阿拉善左旗	18267	9085	9182	1103	461	642	50	23	27
阿拉善右旗	2367	1202	1165	88	38	50	5	3	2
额济纳旗	3256	1412	1844	150	36	114	5	4	1
内蒙古阿拉善经济开发区	2137	1220	917	82	48	34	1	1	

4-4a　各地区分性别、受教育程度的25岁及以上人口(城市)

单位：人

地　区	25岁及以上人口			未上过学		
	合计	男	女	小计	男	女
内蒙古	**7042032**	**3482511**	**3559521**	**122948**	**28792**	**94156**
呼和浩特市	**1579985**	**778051**	**801934**	**26024**	**5882**	**20142**
新城区	440744	216701	224043	6888	1513	5375
回民区	299249	148062	151187	6065	1252	4813
玉泉区	340551	172130	168421	5916	1396	4520
赛罕区	499441	241158	258283	7155	1721	5434
包头市	**1449605**	**718869**	**730736**	**22548**	**5548**	**17000**
东河区	337662	168257	169405	5540	1385	4155
昆都仑区	573652	282896	290756	7094	1920	5174
青山区	382007	187838	194169	5032	1048	3984
石拐区	12715	6641	6074	986	318	668
白云鄂博矿区	19014	10411	8603	601	117	484
九原区	124555	62826	61729	3295	760	2535
乌海市	**400595**	**205869**	**194726**	**11392**	**2793**	**8599**
海勃湾区	244939	123559	121380	5984	1433	4551
海南区	58019	30765	27254	2098	547	1551
乌达区	97637	51545	46092	3310	813	2497
赤峰市	**745613**	**363715**	**381898**	**10139**	**2159**	**7980**
红山区	318421	155957	162464	4153	992	3161
元宝山区	145416	70276	75140	2373	516	1857
松山区	281776	137482	144294	3613	651	2962
通辽市	**421465**	**207108**	**214357**	**3445**	**908**	**2537**
科尔沁区	323098	156251	166847	2193	651	1542
霍林郭勒市	98367	50857	47510	1252	257	995
鄂尔多斯市	**463028**	**233327**	**229701**	**14493**	**3101**	**11392**
东胜区	388438	196231	192207	12125	2633	9492
康巴什区	73932	36750	37182	2320	451	1869
鄂托克旗	658	346	312	48	17	31
呼伦贝尔市	**760944**	**372936**	**388008**	**8513**	**2268**	**6245**
海拉尔区	278441	135772	142669	3120	839	2281
扎赉诺尔区	68148	33641	34507	607	166	441
满洲里市	115202	58109	57093	548	163	385
牙克石市	116013	55479	60534	1261	332	929
扎兰屯市	111145	54400	56745	1055	283	772
额尔古纳市	35197	17364	17833	740	206	534
根河市	36798	18171	18627	1182	279	903
巴彦淖尔市	**301354**	**148791**	**152563**	**8005**	**1785**	**6220**
临河区	301354	148791	152563	8005	1785	6220
乌兰察布市	**375868**	**186937**	**188931**	**9213**	**1884**	**7329**
集宁区	288300	143249	145051	6063	1223	4840
丰镇市	87568	43688	43880	3150	661	2489
兴安盟	**243018**	**117965**	**125053**	**3599**	**1009**	**2590**
乌兰浩特市	227603	110158	117445	3269	931	2338
阿尔山市	15415	7807	7608	330	78	252
锡林郭勒盟	**300557**	**148943**	**151614**	**5577**	**1455**	**4122**
二连浩特市	56347	28721	27626	1154	267	887
锡林浩特市	244210	120222	123988	4423	1188	3235

4-4a 续表 1

单位：人

地区	学前教育			小学		
	小计	男	女	小计	男	女
内蒙古	**1910**	**694**	**1216**	**843907**	**350447**	**493460**
呼和浩特市	**407**	**144**	**263**	**158420**	**65330**	**93090**
新城区	107	45	62	41616	17484	24132
回民区	106	37	69	36111	14976	21135
玉泉区	76	23	53	44601	19223	25378
赛罕区	118	39	79	36092	13647	22445
包头市	**463**	**182**	**281**	**179070**	**74951**	**104119**
东河区	108	41	67	41327	17568	23759
昆都仑区	217	80	137	73522	30888	42634
青山区	74	34	40	40789	16172	24617
石拐区	4	1	3	2598	1203	1395
白云鄂博矿区	2	2		2796	1212	1584
九原区	58	24	34	18038	7908	10130
乌海市	**136**	**44**	**92**	**57315**	**25150**	**32165**
海勃湾区	44	12	32	29647	12862	16785
海南区	12	6	6	11213	4963	6250
乌达区	80	26	54	16455	7325	9130
赤峰市	**162**	**48**	**114**	**97075**	**38070**	**59005**
红山区	104	32	72	42994	17436	25558
元宝山区	25	4	21	18748	6912	11836
松山区	33	12	21	35333	13722	21611
通辽市	**80**	**27**	**53**	**40210**	**16132**	**24078**
科尔沁区	54	18	36	26458	10598	15860
霍林郭勒市	26	9	17	13752	5534	8218
鄂尔多斯市	**127**	**49**	**78**	**66626**	**28738**	**37888**
东胜区	103	38	65	57947	24973	32974
康巴什区	24	11	13	8536	3711	4825
鄂托克旗				143	54	89
呼伦贝尔市	**194**	**80**	**114**	**78709**	**32565**	**46144**
海拉尔区	62	26	36	26700	11054	15646
扎赉诺尔区	26	12	14	9623	3973	5650
满洲里市	13	8	5	6273	2731	3542
牙克石市	44	19	25	11304	4398	6906
扎兰屯市	29	7	22	15466	6499	8967
额尔古纳市	11	4	7	5725	2443	3282
根河市	9	4	5	3618	1467	2151
巴彦淖尔市	**71**	**25**	**46**	**27217**	**11964**	**15253**
临河区	71	25	46	27217	11964	15253
乌兰察布市	**132**	**47**	**85**	**56386**	**22636**	**33750**
集宁区	88	31	57	37427	14835	22592
丰镇市	44	16	28	18959	7801	11158
兴安盟	**79**	**25**	**54**	**33601**	**14351**	**19250**
乌兰浩特市	71	21	50	31888	13687	18201
阿尔山市	8	4	4	1713	664	1049
锡林郭勒盟	**59**	**23**	**36**	**49278**	**20560**	**28718**
二连浩特市	14	5	9	11507	4855	6652
锡林浩特市	45	18	27	37771	15705	22066

4-4a 续表 2

单位：人

地 区	初 中			高 中			大学专科		
	小计	男	女	小计	男	女	小计	男	女
内蒙古	**2468133**	**1271399**	**1196734**	**1485248**	**754129**	**731119**	**1105702**	**574532**	**531170**
呼和浩特市	**436015**	**226484**	**209531**	**317543**	**158137**	**159406**	**295580**	**149862**	**145718**
新城区	109824	56434	53390	90953	45079	45874	87878	44336	43542
回民区	102447	54129	48318	67936	34349	33587	49462	25532	23930
玉泉区	126492	68007	58485	68147	35467	32680	53311	27405	25906
赛罕区	97252	47914	49338	90507	43242	47265	104929	52589	52340
包头市	**525044**	**273507**	**251537**	**321246**	**161294**	**159952**	**214707**	**111323**	**103384**
东河区	146952	77156	69796	78266	39194	39072	38582	20072	18510
昆都仑区	195556	100279	95277	129591	64979	64612	89392	45863	43529
青山区	121097	62340	58757	84456	41608	42848	66877	34931	31946
石拐区	5475	3176	2299	2055	1118	937	975	543	432
白云鄂博矿区	5340	3025	2315	5839	3514	2325	2440	1427	1013
九原区	50624	27531	23093	21039	10881	10158	16441	8487	7954
乌海市	**152404**	**84176**	**68228**	**80011**	**42603**	**37408**	**61086**	**32300**	**28786**
海勃湾区	83215	44657	38558	51253	26544	24709	43814	22858	20956
海南区	26793	15379	11414	10438	5927	4511	5296	2869	2427
乌达区	42396	24140	18256	18320	10132	8188	11976	6573	5403
赤峰市	**254729**	**126355**	**128374**	**174409**	**88962**	**85447**	**114399**	**60700**	**53699**
红山区	105784	53015	52769	85194	43309	41885	46355	24416	21939
元宝山区	64024	30857	33167	31483	16485	14998	16254	9081	7173
松山区	84921	42483	42438	57732	29168	28564	51790	27203	24587
通辽市	**153821**	**75066**	**78755**	**116310**	**59368**	**56942**	**58990**	**31326**	**27664**
科尔沁区	114633	55027	59606	96154	47714	48440	45614	23731	21883
霍林郭勒市	39188	20039	19149	20156	11654	8502	13376	7595	5781
鄂尔多斯市	**148581**	**80572**	**68009**	**77682**	**41397**	**36285**	**75450**	**39512**	**35938**
东胜区	132566	71889	60677	66813	35794	31019	62331	32715	29616
康巴什区	15623	8452	7171	10838	5583	5255	13093	6783	6310
鄂托克旗	392	231	161	31	20	11	26	14	12
呼伦贝尔市	**346079**	**173134**	**172945**	**150002**	**75002**	**75000**	**104272**	**54327**	**49945**
海拉尔区	107791	53725	54066	60546	29812	30734	45065	23222	21843
扎赉诺尔区	35712	17982	17730	10459	5349	5110	7864	4268	3596
满洲里市	63612	32465	31147	21778	11210	10568	13735	7002	6733
牙克石市	56772	27575	29197	21936	10751	11185	14731	7583	7148
扎兰屯市	48889	24375	24514	23395	11862	11533	13303	7073	6230
额尔古纳市	14702	7557	7145	5942	3025	2917	5065	2662	2403
根河市	18601	9455	9146	5946	2993	2953	4509	2517	1992
巴彦淖尔市	**106830**	**55330**	**51500**	**69267**	**35214**	**34053**	**52249**	**26778**	**25471**
临河区	106830	55330	51500	69267	35214	34053	52249	26778	25471
乌兰察布市	**142515**	**73632**	**68883**	**72306**	**38217**	**34089**	**54297**	**29650**	**24647**
集宁区	106141	54561	51580	59057	30919	28138	43993	23840	20153
丰镇市	36374	19071	17303	13249	7298	5951	10304	5810	4494
兴安盟	**92427**	**46259**	**46168**	**51944**	**25695**	**26249**	**31655**	**16274**	**15381**
乌兰浩特市	85756	42715	43041	49292	24335	24957	29568	15128	14440
阿尔山市	6671	3544	3127	2652	1360	1292	2087	1146	941
锡林郭勒盟	**109688**	**56884**	**52804**	**54528**	**28240**	**26288**	**43017**	**22480**	**20537**
二连浩特市	21969	11853	10116	10058	5643	4415	6117	3293	2824
锡林浩特市	87719	45031	42688	44470	22597	21873	36900	19187	17713

4－4a 续表 3 单位：人

地 区	大学本科			硕士研究生			博士研究生		
	小计	男	女	小计	男	女	小计	男	女
内蒙古	**913571**	**457459**	**456112**	**92254**	**40845**	**51409**	**8359**	**4214**	**4145**
呼和浩特市	**293439**	**148709**	**144730**	**46917**	**20664**	**26253**	**5640**	**2839**	**2801**
新城区	89468	45380	44088	12758	5785	6973	1252	645	607
回民区	32860	16122	16738	3894	1489	2405	368	176	192
玉泉区	37372	18747	18625	4091	1610	2481	545	252	293
赛罕区	133739	68460	65279	26174	11780	14394	3475	1766	1709
包头市	**170996**	**84755**	**86241**	**14513**	**6743**	**7770**	**1018**	**566**	**452**
东河区	25189	12157	13032	1573	622	951	125	62	63
昆都仑区	71243	35367	35876	6512	3210	3302	525	310	215
青山区	58056	29112	28944	5327	2439	2888	299	154	145
石拐区	597	274	323	20	5	15	5	3	2
白云鄂博矿区	1909	1055	854	82	56	26	5	3	2
九原区	14002	6790	7212	999	411	588	59	34	25
乌海市	**35875**	**17723**	**18152**	**2269**	**1030**	**1239**	**107**	**50**	**57**
海勃湾区	28919	14236	14683	1980	912	1068	83	45	38
海南区	2101	1043	1058	66	29	37	2	2	
乌达区	4855	2444	2411	223	89	134	22	3	19
赤峰市	**88449**	**44823**	**43626**	**5849**	**2416**	**3433**	**402**	**182**	**220**
红山区	31729	15926	15803	1976	777	1199	132	54	78
元宝山区	12014	6215	5799	450	181	269	45	25	20
松山区	44706	22682	22024	3423	1458	1965	225	103	122
通辽市	**45141**	**22837**	**22304**	**3200**	**1299**	**1901**	**268**	**145**	**123**
科尔沁区	34967	17260	17707	2772	1114	1658	253	138	115
霍林郭勒市	10174	5577	4597	428	185	243	15	7	8
鄂尔多斯市	**72879**	**36521**	**36358**	**6953**	**3326**	**3627**	**237**	**111**	**126**
东胜区	52647	26347	26300	3753	1770	1983	153	72	81
康巴什区	20214	10164	10050	3200	1556	1644	84	39	45
鄂托克旗	18	10	8						
呼伦贝尔市	**69316**	**33930**	**35386**	**3613**	**1525**	**2088**	**246**	**105**	**141**
海拉尔区	32834	16109	16725	2180	930	1250	143	55	88
扎赉诺尔区	3737	1837	1900	112	49	63	8	5	3
满洲里市	8858	4368	4490	362	147	215	23	15	8
牙克石市	9544	4646	4898	385	159	226	36	16	20
扎兰屯市	8589	4118	4471	399	175	224	20	8	12
额尔古纳市	2923	1431	1492	85	33	52	4	3	1
根河市	2831	1421	1410	90	32	58	12	3	9
巴彦淖尔市	**35005**	**16476**	**18529**	**2573**	**1149**	**1424**	**137**	**70**	**67**
临河区	35005	16476	18529	2573	1149	1424	137	70	67
乌兰察布市	**38233**	**19748**	**18485**	**2671**	**1073**	**1598**	**115**	**50**	**65**
集宁区	32916	16803	16113	2517	993	1524	98	44	54
丰镇市	5317	2945	2372	154	80	74	17	6	11
兴安盟	**28141**	**13637**	**14504**	**1529**	**698**	**831**	**43**	**17**	**26**
乌兰浩特市	26280	12676	13604	1439	651	788	40	14	26
阿尔山市	1861	961	900	90	47	43	3	3	
锡林郭勒盟	**36097**	**18300**	**17797**	**2167**	**922**	**1245**	**146**	**79**	**67**
二连浩特市	5306	2705	2601	213	95	118	9	5	4
锡林浩特市	30791	15595	15196	1954	827	1127	137	74	63

4-4b　各地区分性别、受教育程度的25岁及以上人口(镇)

单位：人

地　　区	25岁及以上人口			未上过学		
	合计	男	女	小计	男	女
内蒙古	**5098442**	**2554308**	**2544134**	**159838**	**38495**	**121343**
呼和浩特市	**347870**	**176928**	**170942**	**12857**	**2869**	**9988**
新城区	1932	1013	919	152	61	91
回民区						
玉泉区						
赛罕区	2004	1045	959	129	30	99
土默特左旗	74032	37726	36306	2072	545	1527
托克托县	54925	27640	27285	2079	405	1674
和林格尔县	49686	25236	24450	2216	575	1641
清水河县	26488	13211	13277	1642	252	1390
武川县	41387	20652	20735	1908	386	1522
呼和浩特经济技术开发区	97416	50405	47011	2659	615	2044
包头市	**323571**	**163941**	**159630**	**11579**	**2751**	**8828**
东河区	15820	8106	7714	632	166	466
昆都仑区	633	543	90	7	5	2
青山区	1845	1198	647	47	11	36
石拐区	2785	2006	779	69	30	39
白云鄂博矿区						
九原区	11698	6226	5472	657	153	504
土默特右旗	82144	40752	41392	3120	704	2416
固阳县	41475	21102	20373	1043	241	802
达尔罕茂明安联合旗	30442	15415	15027	1008	231	777
包头稀土高新技术产业开发区	136729	68593	68136	4996	1210	3786
乌海市	**14702**	**9350**	**5352**	**779**	**206**	**573**
海勃湾区	2882	1538	1344	118	40	78
海南区	9546	6457	3089	555	147	408
乌达区	2274	1355	919	106	19	87
赤峰市	**823600**	**400120**	**423480**	**17202**	**3675**	**13527**
红山区	18999	9803	9196	885	197	688
元宝山区	24339	12123	12216	861	181	680
松山区	19630	9820	9810	959	219	740
阿鲁科尔沁旗	79398	38252	41146	833	179	654
巴林左旗	77891	37559	40332	816	177	639
巴林右旗	70697	34498	36199	982	186	796
林西县	83111	40736	42375	1753	515	1238
克什克腾旗	73633	35802	37831	2811	536	2275
翁牛特旗	93144	45556	47588	2753	607	2146
喀喇沁旗	75883	36747	39136	1770	358	1412
宁城县	106956	51414	55542	1481	246	1235
敖汉旗	99919	47810	52109	1298	274	1024

4－4b 续表 1

单位：人

地区	25岁及以上人口			未上过学		
	合计	男	女	小计	男	女
通辽市	**648984**	**317207**	**331777**	**11723**	**3157**	**8566**
科尔沁区	36821	18610	18211	847	276	571
科尔沁左翼中旗	90522	44625	45897	1962	555	1407
科尔沁左翼后旗	80240	39098	41142	1346	374	972
开鲁县	91308	44106	47202	1338	426	912
库伦旗	46893	23037	23856	1021	250	771
奈曼旗	94052	45634	48418	1369	363	1006
扎鲁特旗	88119	42768	45351	2569	594	1975
通辽经济技术开发区	120743	59163	61580	1256	312	944
霍林郭勒市	286	166	120	15	7	8
鄂尔多斯市	**722196**	**379496**	**342700**	**34173**	**7755**	**26418**
东胜区	2717	1775	942	104	25	79
康巴什区						
达拉特旗	146372	73717	72655	5611	1103	4508
准格尔旗	180033	94245	85788	7868	1689	6179
鄂托克前旗	39756	20370	19386	2124	550	1574
鄂托克旗	93828	49829	43999	5483	1359	4124
杭锦旗	51604	26426	25178	3858	903	2955
乌审旗	70281	38916	31365	1632	404	1228
伊金霍洛旗	137605	74218	63387	7493	1722	5771
呼伦贝尔市	**581597**	**290963**	**290634**	**10418**	**2896**	**7522**
海拉尔区	1273	655	618	68	18	50
扎赉诺尔区	4595	2409	2186	124	42	82
阿荣旗	93659	45933	47726	1032	265	767
莫力达瓦达斡尔族自治旗	63115	30859	32256	870	303	567
鄂伦春自治旗	106347	52652	53695	2513	664	1849
鄂温克族自治旗	87246	42939	44307	1128	310	818
陈巴尔虎旗	31459	16211	15248	312	102	210
新巴尔虎左旗	16608	8106	8502	214	72	142
新巴尔虎右旗	20455	9993	10462	292	88	204
满洲里市	3672	1920	1752	61	22	39
牙克石市	89210	45738	43472	1757	496	1261
扎兰屯市	27247	14402	12845	888	281	607
额尔古纳市	9935	5099	4836	332	74	258
根河市	26776	14047	12729	827	159	668
巴彦淖尔市	**404892**	**202280**	**202612**	**17909**	**4289**	**13620**
临河区	11284	5791	5493	1169	293	876
五原县	84178	41964	42214	2660	669	1991
磴口县	40971	20338	20633	2053	442	1611
乌拉特前旗	105274	52012	53262	4996	1148	3848
乌拉特中旗	48588	24708	23880	2243	636	1607
乌拉特后旗	27721	14324	13397	1336	336	1000
杭锦后旗	86876	43143	43733	3452	765	2687

4-4b　续表 2

单位：人

地　区	25岁及以上人口			未上过学		
	合计	男	女	小计	男	女
乌兰察布市	**407346**	**204599**	**202747**	**18389**	**4165**	**14224**
集宁区	9009	4542	4467	323	73	250
卓资县	30151	15296	14855	1449	462	987
化德县	44936	22403	22533	1531	348	1183
商都县	62238	30697	31541	2369	503	1866
兴和县	55143	27449	27694	2578	479	2099
凉城县	38196	18830	19366	2911	677	2234
察哈尔右翼前旗	42003	21401	20602	1647	339	1308
察哈尔右翼中旗	24472	12145	12327	1017	189	828
察哈尔右翼后旗	41757	21076	20681	1780	359	1421
四子王旗	51624	25851	25773	1739	400	1339
丰镇市	7817	4909	2908	1045	336	709
兴安盟	**331267**	**163073**	**168194**	**6545**	**2048**	**4497**
乌兰浩特市	13467	6739	6728	395	127	268
阿尔山市	9499	4875	4624	153	43	110
科尔沁右翼前旗	64705	31418	33287	1023	327	696
科尔沁右翼中旗	74352	36623	37729	1728	463	1265
扎赉特旗	106581	53259	53322	2750	956	1794
突泉县	62663	30159	32504	496	132	364
锡林郭勒盟	**327290**	**162772**	**164518**	**12701**	**3286**	**9415**
二连浩特市	955	644	311	90	30	60
锡林浩特市	1929	1404	525	41	10	31
阿巴嘎旗	18455	9196	9259	937	264	673
苏尼特左旗	14363	7022	7341	550	149	401
苏尼特右旗	39146	19503	19643	1572	372	1200
东乌珠穆沁旗	37101	18424	18677	1159	320	839
西乌珠穆沁旗	47854	23777	24077	1322	345	977
太仆寺旗	38218	18624	19594	2063	543	1520
镶黄旗	15275	7598	7677	553	136	417
正镶白旗	19103	9443	9660	1256	352	904
正蓝旗	30348	14918	15430	1083	247	836
多伦县	48279	23889	24390	1406	324	1082
乌拉盖管委会	16264	8330	7934	669	194	475
阿拉善盟	**165127**	**83579**	**81548**	**5563**	**1398**	**4165**
阿拉善左旗	109937	54569	55368	3595	901	2694
阿拉善右旗	14271	7269	7002	782	185	597
额济纳旗	22724	11172	11552	561	154	407
内蒙古阿拉善经济开发区	18195	10569	7626	625	158	467

4-4b 续表 3

单位：人

地区	学前教育			小学		
	小计	男	女	小计	男	女
内蒙古	**1913**	**655**	**1258**	**946684**	**398501**	**548183**
呼和浩特市	**104**	**36**	**68**	**58326**	**24705**	**33621**
新城区	2	1	1	653	308	345
回民区						
玉泉区						
赛罕区				473	212	261
土默特左旗	12	6	6	14078	6327	7751
托克托县	14	6	8	7134	2835	4299
和林格尔县	19	9	10	8911	3796	5115
清水河县	3		3	5843	2125	3718
武川县	18	3	15	8526	3430	5096
呼和浩特经济技术开发区	36	11	25	12708	5672	7036
包头市	**91**	**28**	**63**	**57451**	**25286**	**32165**
东河区	12	6	6	3446	1645	1801
昆都仑区				28	18	10
青山区				226	114	112
石拐区				457	317	140
白云鄂博矿区						
九原区	6	2	4	3394	1562	1832
土默特右旗	32	6	26	14262	6129	8133
固阳县	9	5	4	9208	3869	5339
达尔罕茂明安联合旗	3	2	1	6175	2507	3668
包头稀土高新技术产业开发区	29	7	22	20255	9125	11130
乌海市	**5**	**4**	**1**	**3664**	**1927**	**1737**
海勃湾区	1		1	973	441	532
海南区	1	1		2053	1176	877
乌达区	3	3		638	310	328
赤峰市	**233**	**80**	**153**	**181562**	**73485**	**108077**
红山区	19	8	11	5853	2640	3213
元宝山区	14	3	11	6696	2783	3913
松山区	5	3	2	6650	2829	3821
阿鲁科尔沁旗	19	6	13	15250	5983	9267
巴林左旗	15	9	6	14072	5512	8560
巴林右旗	3	1	2	14261	5656	8605
林西县	27	9	18	21335	8854	12481
克什克腾旗	14	6	8	16635	6675	9960
翁牛特旗	38	11	27	25425	10832	14593
喀喇沁旗	43	12	31	13733	5400	8333
宁城县	12	3	9	15981	6104	9877
敖汉旗	24	9	15	25671	10217	15454

4-4b 续表 4

单位：人

地区	学前教育			小学		
	小计	男	女	小计	男	女
通辽市	**164**	**59**	**105**	**103940**	**41879**	**62061**
科尔沁区	6	3	3	8366	3728	4638
科尔沁左翼中旗	60	20	40	15279	6403	8876
科尔沁左翼后旗	15	6	9	13227	5332	7895
开鲁县	18	8	10	15199	5728	9471
库伦旗	13	5	8	7996	3200	4796
奈曼旗	21	5	16	16952	6805	10147
扎鲁特旗	5	3	2	15327	5932	9395
通辽经济技术开发区	26	9	17	11454	4676	6778
霍林郭勒市				140	75	65
鄂尔多斯市	**272**	**84**	**188**	**139389**	**61977**	**77412**
东胜区	1		1	1032	495	537
康巴什区						
达拉特旗	44	12	32	23499	10097	13402
准格尔旗	64	16	48	40406	17795	22611
鄂托克前旗	7		7	8274	3523	4751
鄂托克旗	29	10	19	17694	8178	9516
杭锦旗	23	7	16	10393	4631	5762
乌审旗	29	9	20	13295	5789	7506
伊金霍洛旗	75	30	45	24796	11469	13327
呼伦贝尔市	**237**	**77**	**160**	**95448**	**39992**	**55456**
海拉尔区				334	142	192
扎赉诺尔区	9	3	6	1111	489	622
阿荣旗	24	8	16	15981	6326	9655
莫力达瓦达斡尔族自治旗	13	5	8	11342	4924	6418
鄂伦春自治旗	39	15	24	16863	7060	9803
鄂温克族自治旗	20	7	13	10439	4228	6211
陈巴尔虎旗	16	2	14	5991	2485	3506
新巴尔虎左旗	6	3	3	3009	1230	1779
新巴尔虎右旗	3		3	4165	1797	2368
满洲里市				916	395	521
牙克石市	81	27	54	15142	6547	8595
扎兰屯市	8	1	7	6240	2844	3396
额尔古纳市	1	1		1288	547	741
根河市	17	5	12	2627	978	1649
巴彦淖尔市	**181**	**62**	**119**	**59654**	**26762**	**32892**
临河区	21	5	16	3102	1493	1609
五原县	18	4	14	12111	5612	6499
磴口县	48	27	21	5261	2356	2905
乌拉特前旗	51	16	35	16046	6915	9131
乌拉特中旗	12	2	10	8270	3670	4600
乌拉特后旗	6	2	4	3758	1765	1993
杭锦后旗	25	6	19	11106	4951	6155

4−4b 续表 5

单位：人

地区	学前教育			小学		
	小计	男	女	小计	男	女
乌兰察布市	**353**	**130**	**223**	**92724**	**37265**	**55459**
集宁区	7	3	4	1832	751	1081
卓资县	11	3	8	5626	2226	3400
化德县	2	1	1	11869	4685	7184
商都县	213	77	136	15309	6002	9307
兴和县	14		14	12728	5205	7523
凉城县	32	14	18	8945	3514	5431
察哈尔右翼前旗	37	13	24	8540	3498	5042
察哈尔右翼中旗	7	2	5	5194	1981	3213
察哈尔右翼后旗	21	10	11	9439	3850	5589
四子王旗	8	6	2	10788	4284	6504
丰镇市	1	1		2454	1269	1185
兴安盟	**91**	**33**	**58**	**61136**	**25833**	**35303**
乌兰浩特市	6	2	4	3176	1512	1664
阿尔山市	1	1		1221	478	743
科尔沁右翼前旗	7	1	6	9405	3724	5681
科尔沁右翼中旗	31	11	20	13116	5308	7808
扎赉特旗	26	9	17	23819	10741	13078
突泉县	20	9	11	10399	4070	6329
锡林郭勒盟	**121**	**38**	**83**	**70055**	**29608**	**40447**
二连浩特市				299	173	126
锡林浩特市				294	140	154
阿巴嘎旗	6	2	4	4424	1867	2557
苏尼特左旗	2		2	3207	1311	1896
苏尼特右旗	11	3	8	8397	3437	4960
东乌珠穆沁旗	5	3	2	9485	4238	5247
西乌珠穆沁旗	16	6	10	11191	4688	6503
太仆寺旗	42	13	29	7323	3059	4264
镶黄旗	9	3	6	3296	1278	2018
正镶白旗	10	3	7	4117	1756	2361
正蓝旗	11	1	10	5673	2332	3341
多伦县	6	3	3	8640	3723	4917
乌拉盖管委会	3	1	2	3709	1606	2103
阿拉善盟	**61**	**24**	**37**	**23335**	**9782**	**13553**
阿拉善左旗	19	8	11	15306	6289	9017
阿拉善右旗	12	2	10	2432	1030	1402
额济纳旗	9	4	5	3492	1524	1968
内蒙古阿拉善经济开发区	21	10	11	2105	939	1166

4-4b 续表 6

单位：人

地区	初中			高中			大学专科		
	小计	男	女	小计	男	女	小计	男	女
内蒙古	**2050585**	**1083565**	**967020**	**852758**	**463705**	**389053**	**619934**	**339075**	**280859**
呼和浩特市	**141428**	**76514**	**64914**	**57235**	**32096**	**25139**	**49489**	**26520**	**22969**
新城区	825	486	339	195	112	83	82	37	45
回民区									
玉泉区									
赛罕区	1038	584	454	260	159	101	82	50	32
土默特左旗	33749	17979	15770	11697	6412	5285	8507	4547	3960
托克托县	25713	13239	12474	9096	5226	3870	6770	3764	3006
和林格尔县	19899	10683	9216	7777	4379	3398	6674	3706	2968
清水河县	9441	5356	4085	4095	2410	1685	3002	1752	1250
武川县	17569	9440	8129	6823	3890	2933	4384	2409	1975
呼和浩特经济技术开发区	33194	18747	14447	17292	9508	7784	19988	10255	9733
包头市	**129430**	**70198**	**59232**	**52459**	**28292**	**24167**	**38025**	**20355**	**17670**
东河区	7538	4139	3399	2298	1213	1085	1258	639	619
昆都仑区	202	167	35	174	155	19	141	131	10
青山区	580	331	249	433	308	125	405	334	71
石拐区	1443	1026	417	605	480	125	167	120	47
白云鄂博矿区									
九原区	6117	3559	2558	1023	644	379	292	176	116
土默特右旗	38861	20242	18619	12274	6569	5705	7591	4152	3439
固阳县	18076	9795	8281	7118	3990	3128	3553	1998	1555
达尔罕茂明安联合旗	12241	6631	5610	4654	2605	2049	3531	2015	1516
包头稀土高新技术产业开发区	44372	24308	20064	23880	12328	11552	21087	10790	10297
乌海市	**7696**	**5382**	**2314**	**1676**	**1220**	**456**	**620**	**415**	**205**
海勃湾区	1327	767	560	308	200	108	119	70	49
海南区	5295	3910	1385	1051	800	251	411	286	125
乌达区	1074	705	369	317	220	97	90	59	31
赤峰市	**333637**	**167338**	**166299**	**135467**	**73884**	**61583**	**87946**	**48317**	**39629**
红山区	8377	4669	3708	2510	1503	1007	877	514	363
元宝山区	11546	6122	5424	3229	1877	1352	1318	782	536
松山区	9235	5109	4126	1680	1035	645	694	407	287
阿鲁科尔沁旗	34420	16973	17447	12450	6720	5730	8184	4480	3704
巴林左旗	32312	15900	16412	14995	7912	7083	8806	4671	4135
巴林右旗	29424	14716	14708	11190	6059	5131	8807	4936	3871
林西县	30739	15617	15122	15134	8288	6846	8868	4874	3994
克什克腾旗	23587	11956	11631	14470	8036	6434	9680	5380	4300
翁牛特旗	35080	17941	17139	13232	7227	6005	8898	5059	3839
喀喇沁旗	32231	15996	16235	13381	7340	6041	8246	4428	3818
宁城县	46077	22320	23757	18671	9940	8731	13007	7108	5899
敖汉旗	40609	20019	20590	14525	7947	6578	10561	5678	4883

4-4b 续表 7

单位：人

地　　区	初　　中			高　　中			大学专科		
	小计	男	女	小计	男	女	小计	男	女
通辽市	**275536**	**139274**	**136262**	**118695**	**62388**	**56307**	**71900**	**38555**	**33345**
科尔沁区	22187	11606	10581	3705	2039	1666	1116	621	495
科尔沁左翼中旗	42439	21739	20700	16857	8882	7975	7988	4302	3686
科尔沁左翼后旗	33001	16472	16529	17624	9200	8424	8108	4450	3658
开鲁县	43976	21772	22204	14347	7720	6627	8931	4898	4033
库伦旗	17188	8841	8347	10123	5364	4759	5210	2899	2311
奈曼旗	41767	20975	20792	14988	7881	7107	10795	5862	4933
扎鲁特旗	35237	18076	17161	15917	8645	7272	10307	5426	4881
通辽经济技术开发区	39631	19722	19909	25117	12646	12471	19442	10095	9347
霍林郭勒市	110	71	39	17	11	6	3	2	1
鄂尔多斯市	**239805**	**137467**	**102338**	**114417**	**65853**	**48564**	**107722**	**61414**	**46308**
东胜区	860	657	203	356	293	63	223	184	39
康巴什区									
达拉特旗	58346	31941	26405	25095	13380	11715	19653	10666	8987
准格尔旗	59754	34321	25433	25459	14520	10939	25146	14277	10869
鄂托克前旗	11843	6583	5260	5907	3388	2519	6664	3752	2912
鄂托克旗	32000	18573	13427	16719	9713	7006	14046	8068	5978
杭锦旗	15486	8840	6646	7631	4350	3281	7845	4621	3224
乌审旗	20717	11923	8794	12457	7622	4835	12823	7777	5046
伊金霍洛旗	40799	24629	16170	20793	12587	8206	21322	12069	9253
呼伦贝尔市	**284768**	**148098**	**136670**	**88938**	**46854**	**42084**	**61566**	**33536**	**28030**
海拉尔区	762	431	331	59	39	20	37	18	19
扎赉诺尔区	2503	1377	1126	546	314	232	223	145	78
阿荣旗	50166	25300	24866	12137	6532	5605	8768	4793	3975
莫力达瓦达斡尔族自治旗	30522	15160	15362	9537	4965	4572	6558	3481	3077
鄂伦春自治旗	55025	28451	26574	15894	8172	7722	10447	5643	4804
鄂温克族自治旗	30904	15539	15365	17853	9152	8701	14216	7493	6723
陈巴尔虎旗	14432	8027	6405	5259	2810	2449	3354	1831	1523
新巴尔虎左旗	5994	2993	3001	3168	1643	1525	2646	1427	1219
新巴尔虎右旗	7099	3732	3367	3759	1912	1847	2688	1405	1283
满洲里市	2264	1259	1005	237	141	96	146	74	72
牙克石市	50562	26887	23675	11981	6400	5581	6671	3852	2819
扎兰屯市	14157	7728	6429	3316	1993	1323	1738	1048	690
额尔古纳市	5132	2740	2392	1424	758	666	1207	695	512
根河市	15246	8474	6772	3768	2023	1745	2867	1631	1236
巴彦淖尔市	**167325**	**89667**	**77658**	**78890**	**41522**	**37368**	**50080**	**25692**	**24388**
临河区	5142	2912	2230	1239	775	464	395	215	180
五原县	37005	19561	17444	15444	8079	7365	10534	5250	5284
磴口县	16221	8434	7787	8354	4355	3999	5571	3028	2543
乌拉特前旗	44276	23588	20688	19635	10431	9204	13275	6665	6610
乌拉特中旗	17658	9792	7866	9547	5140	4407	5999	3149	2850
乌拉特后旗	10047	5517	4530	5576	3057	2519	3795	2096	1699
杭锦后旗	36976	19863	17113	19095	9685	9410	10511	5289	5222

4-4b　续表 8　　　　　　单位：人

地　区	初　中			高　中			大学专科		
	小计	男	女	小计	男	女	小计	男	女
乌兰察布市	**165142**	**89293**	**75849**	**61096**	**34551**	**26545**	**45972**	**26520**	**19452**
集宁区	4554	2476	2078	1247	699	548	619	333	286
卓资县	12351	6595	5756	4779	2650	2129	3815	2204	1611
化德县	18093	9726	8367	6170	3513	2657	4952	2883	2069
商都县	24649	13023	11626	9631	5372	4259	6890	4039	2851
兴和县	24258	12948	11310	7770	4405	3365	5509	3179	2330
凉城县	12892	6962	5930	5867	3371	2496	4444	2605	1839
察哈尔右翼前旗	17575	9689	7886	6161	3467	2694	5171	2833	2338
察哈尔右翼中旗	9224	4900	4324	4003	2255	1748	3060	1796	1264
察哈尔右翼后旗	16137	8727	7410	6806	3802	3004	5247	3067	2180
四子王旗	22477	12082	10395	7807	4318	3489	5854	3236	2618
丰镇市	2932	2165	767	855	699	156	411	345	66
兴安盟	**140326**	**71409**	**68917**	**55403**	**29351**	**26052**	**37341**	**20066**	**17275**
乌兰浩特市	6168	3162	3006	2243	1198	1045	966	503	463
阿尔山市	4641	2437	2204	1681	905	776	1176	706	470
科尔沁右翼前旗	22843	11561	11282	10756	5485	5271	9669	5122	4547
科尔沁右翼中旗	31742	16299	15443	13190	7239	5951	8371	4486	3885
扎赉特旗	47134	24252	22882	14976	8033	6943	10617	5760	4857
突泉县	27798	13698	14100	12557	6491	6066	6542	3489	3053
锡林郭勒盟	**115690**	**61793**	**53897**	**56208**	**29984**	**26224**	**41125**	**22584**	**18541**
二连浩特市	409	314	95	116	95	21	21	14	7
锡林浩特市	583	417	166	455	397	58	314	243	71
阿巴嘎旗	5793	3308	2485	3104	1647	1457	2226	1183	1043
苏尼特左旗	4320	2307	2013	2272	1201	1071	2226	1194	1032
苏尼特右旗	14477	7930	6547	7204	3806	3398	4647	2570	2077
东乌珠穆沁旗	13350	7087	6263	5719	3059	2660	3885	2088	1797
西乌珠穆沁旗	16608	8753	7855	8257	4447	3810	5667	3132	2535
太仆寺旗	14542	7530	7012	6766	3547	3219	4325	2430	1895
镶黄旗	4291	2385	1906	2803	1480	1323	2356	1341	1015
正镶白旗	5898	3173	2725	3271	1716	1555	2654	1517	1137
正蓝旗	9622	5054	4568	6054	3131	2923	4348	2326	2022
多伦县	19735	10194	9541	7797	4107	3690	6466	3439	3027
乌拉盖管委会	6062	3341	2721	2390	1351	1039	1990	1107	883
阿拉善盟	**49802**	**27132**	**22670**	**32274**	**17710**	**14564**	**28148**	**15101**	**13047**
阿拉善左旗	33382	17811	15571	21080	11124	9956	18107	9525	8582
阿拉善右旗	3937	2123	1814	2512	1482	1030	2349	1344	1005
额济纳旗	6973	3832	3141	4639	2501	2138	3933	1930	2003
内蒙古阿拉善经济开发区	5510	3366	2144	4043	2603	1440	3759	2302	1457

4-4b 续表 9

单位：人

地 区	大学本科			硕士研究生			博士研究生		
	小计	男	女	小计	男	女	小计	男	女
内蒙古	**443036**	**220185**	**222851**	**22165**	**9386**	**12779**	**1529**	**741**	**788**
呼和浩特市	**26015**	**13216**	**12799**	**2237**	**882**	**1355**	**179**	**90**	**89**
新城区	21	8	13	2		2			
回民区									
玉泉区									
赛罕区	20	9	11	2	1	1			
土默特左旗	3719	1836	1883	185	70	115	13	4	9
托克托县	3986	2115	1871	125	47	78	8	3	5
和林格尔县	3676	1905	1771	466	154	312	48	29	19
清水河县	2381	1284	1097	76	29	47	5	3	2
武川县	2055	1053	1002	94	37	57	10	4	6
呼和浩特经济技术开发区	10157	5006	5151	1287	544	743	95	47	48
包头市	**31987**	**15834**	**16153**	**2391**	**1095**	**1296**	**158**	**102**	**56**
东河区	602	285	317	32	12	20	2	1	1
昆都仑区	80	66	14	1	1				
青山区	147	93	54	7	7				
石拐区	44	33	11						
白云鄂博矿区									
九原区	197	123	74	11	7	4	1		1
土默特右旗	5713	2821	2892	267	112	155	24	17	7
固阳县	2394	1167	1227	67	33	34	7	4	3
达尔罕茂明安联合旗	2756	1395	1361	71	28	43	3	1	2
包头稀土高新技术产业开发区	20054	9851	10203	1935	895	1040	121	79	42
乌海市	**248**	**194**	**54**	**11**	**1**	**10**	**3**	**1**	**2**
海勃湾区	35	20	15	1		1			
海南区	169	135	34	8	1	7	3	1	2
乌达区	44	39	5	2		2			
赤峰市	**65321**	**32540**	**32781**	**2063**	**725**	**1338**	**169**	**76**	**93**
红山区	452	260	192	22	9	13	4	3	1
元宝山区	631	355	276	35	13	22	9	7	2
松山区	376	199	177	27	17	10	4	2	2
阿鲁科尔沁旗	8021	3843	4178	210	63	147	11	5	6
巴林左旗	6700	3311	3389	163	63	100	12	4	8
巴林右旗	5776	2875	2901	241	61	180	13	8	5
林西县	5042	2505	2537	198	67	131	15	7	8
克什克腾旗	6213	3125	3088	211	83	128	12	5	7
翁牛特旗	7467	3796	3671	225	74	151	26	9	17
喀喇沁旗	6191	3106	3085	269	98	171	19	9	10
宁城县	11395	5564	5831	315	122	193	17	7	10
敖汉旗	7057	3601	3456	147	55	92	27	10	17

4-4b 续表 10

单位：人

地 区	大学本科			硕士研究生			博士研究生		
	小计	男	女	小计	男	女	小计	男	女
通辽市	**62636**	**30186**	**32450**	**4020**	**1551**	**2469**	**370**	**158**	**212**
科尔沁区	564	320	244	30	17	13			
科尔沁左翼中旗	5757	2661	3096	160	53	107	20	10	10
科尔沁左翼后旗	6681	3173	3508	222	86	136	16	5	11
开鲁县	7172	3440	3732	311	105	206	16	9	7
库伦旗	5132	2403	2729	198	69	129	12	6	6
奈曼旗	7772	3630	4142	366	108	258	22	5	17
扎鲁特旗	8393	3959	4434	341	119	222	23	14	9
通辽经济技术开发区	21164	10600	10564	2392	994	1398	261	109	152
霍林郭勒市	1		1						
鄂尔多斯市	**81968**	**42712**	**39256**	**4247**	**2123**	**2124**	**203**	**111**	**92**
东胜区	136	116	20	5	5				
康巴什区									
达拉特旗	13603	6291	7312	493	215	278	28	12	16
准格尔旗	20210	11021	9189	1084	581	503	42	25	17
鄂托克前旗	4765	2499	2266	158	66	92	14	9	5
鄂托克旗	7572	3779	3793	269	141	128	16	8	8
杭锦旗	6124	2960	3164	234	107	127	10	7	3
乌审旗	8996	5197	3799	318	188	130	14	7	7
伊金霍洛旗	20562	10849	9713	1686	820	866	79	43	36
呼伦贝尔市	**38360**	**18739**	**19621**	**1743**	**724**	**1019**	**119**	**47**	**72**
海拉尔区	12	6	6				1	1	
扎赉诺尔区	76	38	38	3	1	2			
阿荣旗	5366	2636	2730	172	67	105	13	6	7
莫力达瓦达斡尔族自治旗	4150	1975	2175	112	41	71	11	5	6
鄂伦春自治旗	5437	2611	2826	114	34	80	15	2	13
鄂温克族自治旗	11668	5784	5884	965	406	559	53	20	33
陈巴尔虎旗	2021	921	1100	66	28	38	8	5	3
新巴尔虎左旗	1524	717	807	46	20	26	1	1	
新巴尔虎右旗	2371	1029	1342	76	30	46	2		2
满洲里市	46	28	18	1		1	1	1	
牙克石市	2891	1475	1416	116	50	66	9	4	5
扎兰屯市	875	487	388	23	19	4	2	1	1
额尔古纳市	542	277	265	8	7	1	1		1
根河市	1381	755	626	41	21	20	2	1	1
巴彦淖尔市	**29650**	**13729**	**15921**	**1124**	**512**	**612**	**79**	**45**	**34**
临河区	197	89	108	18	8	10	1	1	
五原县	6200	2699	3501	190	77	113	16	13	3
磴口县	3298	1604	1694	153	83	70	12	9	3
乌拉特前旗	6760	3140	3620	212	97	115	23	12	11
乌拉特中旗	4684	2243	2441	163	71	92	12	5	7
乌拉特后旗	3067	1495	1572	134	56	78	2		2
杭锦后旗	5444	2459	2985	254	120	134	13	5	8

4-4b 续表 11

单位：人

地区	大学本科			硕士研究生			博士研究生		
	小计	男	女	小计	男	女	小计	男	女
乌兰察布市	**22836**	**12335**	**10501**	**768**	**313**	**455**	**66**	**27**	**39**
集宁区	386	190	196	39	17	22	2		2
卓资县	2055	1128	927	59	26	33	6	2	4
化德县	2250	1219	1031	66	26	40	3	2	1
商都县	3099	1650	1449	68	30	38	10	1	9
兴和县	2223	1208	1015	60	23	37	3	2	1
凉城县	3002	1644	1358	97	41	56	6	2	4
察哈尔右翼前旗	2750	1509	1241	110	44	66	12	9	3
察哈尔右翼中旗	1897	997	900	64	23	41	6	2	4
察哈尔右翼后旗	2267	1243	1024	56	18	38	4		4
四子王旗	2793	1457	1336	144	61	83	14	7	7
丰镇市	114	90	24	5	4	1			
兴安盟	**29129**	**13804**	**15325**	**1229**	**501**	**728**	**67**	**28**	**39**
乌兰浩特市	490	229	261	22	5	17	1	1	
阿尔山市	607	294	313	18	10	8	1	1	
科尔沁右翼前旗	10323	4907	5416	642	275	367	37	16	21
科尔沁右翼中旗	5938	2735	3203	229	79	150	7	3	4
扎赉特旗	7071	3431	3640	171	70	101	17	7	10
突泉县	4700	2208	2492	147	62	85	4		4
锡林郭勒盟	**30358**	**15045**	**15313**	**967**	**403**	**564**	**65**	**31**	**34**
二连浩特市	20	18	2						
锡林浩特市	241	197	44				1		1
阿巴嘎旗	1908	894	1014	54	28	26	3	3	
苏尼特左旗	1714	832	882	67	26	41	5	2	3
苏尼特右旗	2749	1347	1402	88	37	51	1	1	
东乌珠穆沁旗	3357	1577	1780	128	48	80	13	4	9
西乌珠穆沁旗	4665	2358	2307	125	45	80	3	3	
太仆寺旗	3061	1457	1604	91	41	50	5	4	1
镶黄旗	1887	945	942	72	27	45	8	3	5
正镶白旗	1825	900	925	67	23	44	5	3	2
正蓝旗	3460	1778	1682	90	46	44	7	3	4
多伦县	4074	2033	2041	144	62	82	11	4	7
乌拉盖管委会	1397	709	688	41	20	21	3	1	2
阿拉善盟	**24528**	**11851**	**12677**	**1365**	**556**	**809**	**51**	**25**	**26**
阿拉善左旗	17341	8450	8891	1065	443	622	42	18	24
阿拉善右旗	2170	1068	1102	74	33	41	3	2	1
额济纳旗	2965	1189	1776	147	34	113	5	4	1
内蒙古阿拉善经济开发区	2052	1144	908	79	46	33	1	1	

4-4c　各地区分性别、受教育程度的25岁及以上人口(乡村)

单位：人

地　　区	25岁及以上人口			未上过学		
	合计	男	女	小计	男	女
内蒙古	**6461999**	**3406329**	**3055670**	**486551**	**132736**	**353815**
呼和浩特市	**589014**	**311862**	**277152**	**58513**	**15321**	**43192**
新城区	60266	31838	28428	2282	648	1634
回民区	14554	8355	6199	664	239	425
玉泉区	45165	24078	21087	2473	630	1843
赛罕区	119769	63660	56109	7019	1947	5072
土默特左旗	134435	69973	64462	14416	3877	10539
托克托县	74565	39120	35445	10525	2706	7819
和林格尔县	66122	34867	31255	10896	2847	8049
清水河县	35337	18962	16375	6111	1227	4884
武川县	38801	21009	17792	4127	1200	2927
呼和浩特经济技术开发区						
包头市	**318111**	**168370**	**149741**	**32224**	**8559**	**23665**
东河区	34056	17674	16382	2581	695	1886
昆都仑区	21806	11377	10429	1382	375	1007
青山区	15192	7959	7233	794	222	572
石拐区	5413	2963	2450	652	191	461
白云鄂博矿区						
九原区	45292	23995	21297	3653	879	2774
土默特右旗	105137	55346	49791	14240	3486	10754
固阳县	56216	30463	25753	5389	1633	3756
达尔罕茂明安联合旗	29146	15586	13560	3040	966	2074
包头稀土高新技术产业开发区	5853	3007	2846	493	112	381
乌海市	**22252**	**13881**	**8371**	**2555**	**657**	**1898**
海勃湾区	13920	8844	5076	1169	309	860
海南区	8332	5037	3295	1386	348	1038
乌达区						
赤峰市	**1534296**	**781004**	**753292**	**88806**	**20974**	**67832**
红山区	12207	6117	6090	1032	225	807
元宝山区	57142	28818	28324	1797	469	1328
松山区	224248	113041	111207	11727	2559	9168
阿鲁科尔沁旗	111279	57112	54167	4493	1134	3359
巴林左旗	136505	69527	66978	6316	1480	4836
巴林右旗	51707	26492	25215	2583	702	1881
林西县	64722	32965	31757	3882	1075	2807
克什克腾旗	76600	40449	36151	8111	2031	6080
翁牛特旗	169991	85636	84355	12931	3103	9828
喀喇沁旗	126132	64699	61433	11191	2620	8571
宁城县	262555	134419	128136	13434	3079	10355
敖汉旗	241208	121729	119479	11309	2497	8812

4-4c 续表 1

单位：人

地区	25岁及以上人口			未上过学		
	合计	男	女	小计	男	女
通辽市	**1139573**	**582232**	**557341**	**45510**	**13562**	**31948**
科尔沁区	192603	98145	94458	5601	1671	3930
科尔沁左翼中旗	220842	114326	106516	12245	4006	8239
科尔沁左翼后旗	170145	87278	82867	6147	1948	4199
开鲁县	152603	76291	76312	3520	907	2613
库伦旗	71548	36701	34847	2187	621	1566
奈曼旗	190171	96400	93771	7854	2091	5763
扎鲁特旗	107368	55510	51858	7161	2089	5072
通辽经济技术开发区	27354	13944	13410	617	186	431
霍林郭勒市	6939	3637	3302	178	43	135
鄂尔多斯市	**419100**	**251306**	**167794**	**49380**	**13260**	**36120**
东胜区	20095	14494	5601	1529	475	1054
康巴什区						
达拉特旗	104247	55976	48271	13082	3195	9887
准格尔旗	92357	57473	34884	9477	2652	6825
鄂托克前旗	32562	20235	12327	3447	1046	2401
鄂托克旗	29356	18208	11148	2587	727	1860
杭锦旗	36640	19561	17079	5484	1330	4154
乌审旗	50613	31231	19382	5657	1593	4064
伊金霍洛旗	53230	34128	19102	8117	2242	5875
呼伦贝尔市	**474899**	**249679**	**225220**	**16721**	**5770**	**10951**
海拉尔区	9232	4784	4448	308	84	224
扎赉诺尔区						
阿荣旗	106489	55485	51004	3184	1035	2149
莫力达瓦达斡尔族自治旗	113694	59159	54535	4363	1553	2810
鄂伦春自治旗	37259	19628	17631	1986	655	1331
鄂温克族自治旗	27578	14393	13185	660	250	410
陈巴尔虎旗	11735	6540	5195	311	117	194
新巴尔虎左旗	13750	7374	6376	463	211	252
新巴尔虎右旗	11315	7179	4136	316	152	164
满洲里市						
牙克石市	14740	7679	7061	247	61	186
扎兰屯市	116438	60628	55810	4301	1486	2815
额尔古纳市	12437	6700	5737	575	164	411
根河市	232	130	102	7	2	5
巴彦淖尔市	**535087**	**282387**	**252700**	**58606**	**15327**	**43279**
临河区	140865	73595	67270	15976	4199	11777
五原县	99169	51180	47989	11304	3013	8291
磴口县	35409	18775	16634	4782	1284	3498
乌拉特前旗	106330	56745	49585	12539	3071	9468
乌拉特中旗	45327	25221	20106	3999	1136	2863
乌拉特后旗	16769	10117	6652	1320	363	957
杭锦后旗	91218	46754	44464	8686	2261	6425

4-4c 续表 2 单位：人

地区	25岁及以上人口			未上过学		
	合计	男	女	小计	男	女
乌兰察布市	**610040**	**323585**	**286455**	**87722**	**23312**	**64410**
集宁区	24737	13136	11601	1979	451	1528
卓资县	43575	24296	19279	5760	1595	4165
化德县	35207	18759	16448	4786	1279	3507
商都县	82831	42813	40018	12231	3145	9086
兴和县	81256	42219	39037	16515	4047	12468
凉城县	61595	33081	28514	10807	3113	7694
察哈尔右翼前旗	63240	34036	29204	8741	2223	6518
察哈尔右翼中旗	50794	27290	23504	6224	1714	4510
察哈尔右翼后旗	46475	24166	22309	6535	1585	4950
四子王旗	56707	29986	26721	4497	1336	3161
丰镇市	63623	33803	29820	9647	2824	6823
兴安盟	**534198**	**278429**	**255769**	**26511**	**9187**	**17324**
乌兰浩特市	31141	16537	14604	1487	503	984
阿尔山市	2874	1547	1327	68	14	54
科尔沁右翼前旗	160357	83447	76910	7740	2467	5273
科尔沁右翼中旗	87578	45400	42178	5889	1994	3895
扎赉特旗	139077	72821	66256	8888	3425	5463
突泉县	113171	58677	54494	2439	784	1655
锡林郭勒盟	**244226**	**137380**	**106846**	**17823**	**6099**	**11724**
二连浩特市	1272	719	553	134	65	69
锡林浩特市	19129	10952	8177	648	228	420
阿巴嘎旗	13393	7853	5540	494	220	274
苏尼特左旗	12682	7542	5140	426	185	241
苏尼特右旗	12205	6684	5521	515	188	327
东乌珠穆沁旗	17832	10000	7832	757	265	492
西乌珠穆沁旗	31317	20441	10876	1070	427	643
太仆寺旗	53040	28031	25009	8477	2727	5750
镶黄旗	7228	4162	3066	118	41	77
正镶白旗	17290	9534	7756	1295	472	823
正蓝旗	26340	14042	12298	1562	520	1042
多伦县	30229	16134	14095	2206	709	1497
乌拉盖管委会	2269	1286	983	121	52	69
阿拉善盟	**41203**	**26214**	**14989**	**2180**	**708**	**1472**
阿拉善左旗	29790	18289	11501	1796	560	1236
阿拉善右旗	4467	2778	1689	235	84	151
额济纳旗	4635	3221	1414	109	47	62
内蒙古阿拉善经济开发区	2311	1926	385	40	17	23

4-4c 续表 3

单位：人

地　区	学前教育			小　学		
	小计	男	女	小计	男	女
内蒙古	**4551**	**1677**	**2874**	**2415556**	**1139191**	**1276365**
呼和浩特市	**405**	**144**	**261**	**192499**	**92949**	**99550**
新城区	9	2	7	15722	7593	8129
回民区	2	2		3302	1749	1553
玉泉区	14	4	10	12831	6128	6703
赛罕区	114	47	67	34914	16920	17994
土默特左旗	128	42	86	47701	22656	25045
托克托县	49	22	27	23389	11133	12256
和林格尔县	32	6	26	23248	11372	11876
清水河县	14	4	10	13960	6888	7072
武川县	43	15	28	17432	8510	8922
呼和浩特经济技术开发区						
包头市	**240**	**92**	**148**	**112678**	**54467**	**58211**
东河区	76	20	56	10166	4820	5346
昆都仑区	19	9	10	6063	2976	3087
青山区	9	4	5	4675	2175	2500
石拐区	3		3	1951	1015	936
白云鄂博矿区						
九原区	30	18	12	13070	6255	6815
土默特右旗	41	12	29	38267	18200	20067
固阳县	54	26	28	23912	11767	12145
达尔罕茂明安联合旗	8	3	5	12774	6411	6363
包头稀土高新技术产业开发区				1800	848	952
乌海市	**8**	**3**	**5**	**5288**	**2914**	**2374**
海勃湾区	7	3	4	3079	1645	1434
海南区	1		1	2209	1269	940
乌达区						
赤峰市	**1018**	**303**	**715**	**626897**	**278214**	**348683**
红山区	1		1	5297	2531	2766
元宝山区	11	4	7	20615	8697	11918
松山区	115	41	74	75543	32048	43495
阿鲁科尔沁旗	61	18	43	48106	22140	25966
巴林左旗	134	45	89	53357	23622	29735
巴林右旗	16	5	11	23763	11322	12441
林西县	76	26	50	32256	14902	17354
克什克腾旗	53	20	33	34084	16248	17836
翁牛特旗	78	19	59	76338	33968	42370
喀喇沁旗	136	41	95	49899	22994	26905
宁城县	147	37	110	91288	39345	51943
敖汉旗	190	47	143	116351	50397	65954

4-4c 续表 4 单位：人

地 区	学前教育			小 学		
	小计	男	女	小计	男	女
通辽市	**561**	**200**	**361**	**395454**	**178620**	**216834**
科尔沁区	107	36	71	55921	25097	30824
科尔沁左翼中旗	89	33	56	72596	34391	38205
科尔沁左翼后旗	65	25	40	62120	28375	33745
开鲁县	85	29	56	53462	23236	30226
库伦旗	33	11	22	26272	11437	14835
奈曼旗	123	42	81	73943	32597	41346
扎鲁特旗	50	21	29	41458	19178	22280
通辽经济技术开发区	8	3	5	7771	3511	4260
霍林郭勒市	1		1	1911	798	1113
鄂尔多斯市	**289**	**81**	**208**	**145258**	**74377**	**70881**
东胜区	11	3	8	4983	2928	2055
康巴什区						
达拉特旗	69	17	52	38983	18850	20133
准格尔旗	44	12	32	33454	17549	15905
鄂托克前旗	36	11	25	11127	5578	5549
鄂托克旗	11	3	8	8498	4286	4212
杭锦旗	31	8	23	15989	8132	7857
乌审旗	23	9	14	17015	8525	8490
伊金霍洛旗	64	18	46	15209	8529	6680
呼伦贝尔市	**219**	**91**	**128**	**166493**	**78913**	**87580**
海拉尔区	5	2	3	2041	927	1114
扎赉诺尔区						
阿荣旗	25	9	16	38248	17480	20768
莫力达瓦达斡尔族自治旗	75	35	40	42010	20356	21654
鄂伦春自治旗	29	11	18	13483	6580	6903
鄂温克族自治旗	14	2	12	6179	2939	3240
陈巴尔虎旗	7	5	2	3316	1651	1665
新巴尔虎左旗	14	9	5	4986	2469	2517
新巴尔虎右旗	3		3	4151	2434	1717
满洲里市						
牙克石市	6	2	4	2505	1045	1460
扎兰屯市	38	15	23	47173	21844	25329
额尔古纳市	3	1	2	2352	1163	1189
根河市				49	25	24
巴彦淖尔市	**439**	**175**	**264**	**163849**	**80742**	**83107**
临河区	113	35	78	40562	19687	20875
五原县	80	36	44	35560	17426	18134
磴口县	59	19	40	9556	4811	4745
乌拉特前旗	79	36	43	33981	17239	16742
乌拉特中旗	18	7	11	14207	7264	6943
乌拉特后旗	8	5	3	4242	2396	1846
杭锦后旗	82	37	45	25741	11919	13822

4-4c 续表 5

单位：人

地 区	学前教育			小 学		
	小计	男	女	小计	男	女
乌兰察布市	**852**	**346**	**506**	**265849**	**131165**	**134684**
集宁区	4	4		8317	3860	4457
卓资县	29	11	18	18287	9366	8921
化德县	6		6	16938	8446	8492
商都县	163	62	101	39415	18556	20859
兴和县	104	38	66	35899	18524	17375
凉城县	57	18	39	24979	12679	12300
察哈尔右翼前旗	127	39	88	26887	13292	13595
察哈尔右翼中旗	49	20	29	22292	10957	11335
察哈尔右翼后旗	33	15	18	21160	10199	10961
四子王旗	51	16	35	22975	10783	12192
丰镇市	229	123	106	28700	14503	14197
兴安盟	**372**	**158**	**214**	**239190**	**114320**	**124870**
乌兰浩特市	19	7	12	11994	5902	6092
阿尔山市				722	362	360
科尔沁右翼前旗	139	74	65	71351	34643	36708
科尔沁右翼中旗	72	24	48	39369	18700	20669
扎赉特旗	63	16	47	68803	33620	35183
突泉县	79	37	42	46951	21093	25858
锡林郭勒盟	**114**	**57**	**57**	**91312**	**46875**	**44437**
二连浩特市	1		1	487	260	227
锡林浩特市	5	3	2	5444	2804	2640
阿巴嘎旗	3		3	5450	3053	2397
苏尼特左旗	1		1	4854	2624	2230
苏尼特右旗	15	7	8	4412	2243	2169
东乌珠穆沁旗	18	7	11	7007	3714	3293
西乌珠穆沁旗	10	6	4	10198	5409	4789
太仆寺旗	13	9	4	22112	11205	10907
镶黄旗	23	9	14	2139	1044	1095
正镶白旗	3	1	2	6792	3467	3325
正蓝旗	2	1	1	8656	4239	4417
多伦县	20	14	6	13009	6425	6584
乌拉盖管委会				752	388	364
阿拉善盟	**34**	**27**	**7**	**10789**	**5635**	**5154**
阿拉善左旗	11	9	2	7952	3989	3963
阿拉善右旗	1		1	1622	914	708
额济纳旗	22	18	4	808	413	395
内蒙古阿拉善经济开发区				407	319	88

4-4c 续表 6

单位：人

地区	初中			高中			大学专科		
	小计	男	女	小计	男	女	小计	男	女
内蒙古	**2741919**	**1621265**	**1120654**	**497593**	**323812**	**173781**	**205072**	**126345**	**78727**
呼和浩特市	**244677**	**147439**	**97238**	**56612**	**35846**	**20766**	**24986**	**14161**	**10825**
新城区	31181	17610	13571	6393	3620	2773	3166	1647	1519
回民区	6268	3838	2430	2424	1516	908	1310	705	605
玉泉区	21685	12706	8979	5180	3125	2055	2122	1053	1069
赛罕区	55536	32056	23480	13508	8047	5461	5748	3126	2622
土默特左旗	55121	33010	22111	11217	7036	4181	4321	2528	1793
托克托县	29599	18229	11370	6485	4353	2132	3087	1855	1232
和林格尔县	22227	14350	7877	5551	3856	1695	2735	1664	1071
清水河县	10535	7515	3020	2901	2206	695	1273	803	470
武川县	12525	8125	4400	2953	2087	866	1224	780	444
呼和浩特经济技术开发区									
包头市	**135366**	**82545**	**52821**	**24523**	**15319**	**9204**	**8475**	**4932**	**3543**
东河区	16870	9752	7118	2952	1649	1303	891	471	420
昆都仑区	10786	6099	4687	2474	1366	1108	729	388	341
青山区	7751	4440	3311	1188	720	468	511	264	247
石拐区	2074	1313	761	435	272	163	182	109	73
白云鄂博矿区									
九原区	22616	13349	9267	3999	2415	1584	1322	769	553
土默特右旗	42647	27034	15613	6447	4437	2010	2228	1410	818
固阳县	20153	12911	7242	4379	2809	1570	1514	883	631
达尔罕茂明安联合旗	9750	6068	3682	2085	1314	771	909	549	360
包头稀土高新技术产业开发区	2719	1579	1140	564	337	227	189	89	100
乌海市	**10005**	**7086**	**2919**	**2810**	**2100**	**710**	**1140**	**819**	**321**
海勃湾区	6610	4671	1939	1907	1418	489	817	578	239
海南区	3395	2415	980	903	682	221	323	241	82
乌达区									
赤峰市	**634617**	**368597**	**266020**	**108306**	**69709**	**38597**	**46495**	**27986**	**18509**
红山区	4487	2567	1920	939	557	382	316	179	137
元宝山区	27849	15318	12531	4613	2962	1651	1479	940	539
松山区	94546	54022	40524	21178	12829	8349	13229	7523	5706
阿鲁科尔沁旗	46918	26707	20211	6957	4414	2543	2486	1523	963
巴林左旗	56185	32159	24026	11829	7328	4501	5073	2940	2133
巴林右旗	19493	11047	8446	3643	2145	1498	1152	712	440
林西县	21446	12614	8832	4740	3023	1717	1493	878	615
克什克腾旗	23333	14534	8799	6676	4784	1892	2700	1835	865
翁牛特旗	64756	38213	26543	9545	6416	3129	4017	2577	1440
喀喇沁旗	51933	30651	21282	8785	5896	2889	2644	1619	1025
宁城县	130694	75093	55601	16580	10673	5907	6721	4126	2595
敖汉旗	92977	55672	37305	12821	8682	4139	5185	3134	2051

4-4c 续表 7

单位：人

地区	初中			高中			大学专科		
	小计	男	女	小计	男	女	小计	男	女
通辽市	**588915**	**324612**	**264303**	**70795**	**44193**	**26602**	**22735**	**13218**	**9517**
科尔沁区	113791	61330	52461	12057	7185	4872	3292	1863	1429
科尔沁左翼中旗	112901	62415	50486	14195	8770	5425	4833	2790	2043
科尔沁左翼后旗	84776	46776	38000	11377	7066	4311	3190	1846	1344
开鲁县	84499	45421	39078	7298	4585	2713	2360	1397	963
库伦旗	35338	19825	15513	5108	3322	1786	1436	866	570
奈曼旗	91307	51390	39917	10416	6642	3774	4105	2434	1671
扎鲁特旗	47111	27130	19981	7183	4675	2508	2620	1544	1076
通辽经济技术开发区	16218	8713	7505	1928	1114	814	505	268	237
霍林郭勒市	2974	1612	1362	1233	834	399	394	210	184
鄂尔多斯市	**138775**	**99428**	**39347**	**47287**	**36224**	**11063**	**24286**	**18243**	**6043**
东胜区	8889	7169	1720	2811	2420	391	1260	1006	254
康巴什区									
达拉特旗	37582	24344	13238	9637	6475	3162	3171	2060	1111
准格尔旗	28849	21638	7211	9436	7526	1910	6653	4916	1737
鄂托克前旗	11111	8229	2882	4164	3358	806	1744	1348	396
鄂托克旗	10590	7686	2904	4261	3048	1213	2280	1686	594
杭锦旗	10565	7029	3536	2739	1862	877	1110	747	363
乌审旗	14479	10622	3857	6485	5072	1413	4594	3732	862
伊金霍洛旗	16710	12711	3999	7754	6463	1291	3474	2748	726
呼伦贝尔市	**230640**	**129821**	**100819**	**35191**	**20788**	**14403**	**17063**	**9908**	**7155**
海拉尔区	5204	2839	2365	885	489	396	581	333	248
扎赉诺尔区									
阿荣旗	55159	31026	24133	5825	3668	2157	2835	1617	1218
莫力达瓦达斡尔族自治旗	54566	30327	24239	6858	3884	2974	3586	1946	1640
鄂伦春自治旗	16433	9369	7064	3067	1793	1274	1518	851	667
鄂温克族自治旗	12569	6783	5786	4644	2498	2146	2343	1345	998
陈巴尔虎旗	5594	3245	2349	1411	817	594	726	489	237
新巴尔虎左旗	5808	3279	2529	1452	819	633	590	357	233
新巴尔虎右旗	4577	3085	1492	1307	884	423	531	357	174
满洲里市									
牙克石市	9332	5071	4261	1433	814	619	913	528	385
扎兰屯市	54624	31020	23604	6772	4259	2513	2468	1468	1000
额尔古纳市	6638	3694	2944	1514	850	664	963	614	349
根河市	136	83	53	23	13	10	9	3	6
巴彦淖尔市	**236777**	**139887**	**96890**	**50884**	**32260**	**18624**	**17527**	**10323**	**7204**
临河区	63337	37152	26185	13796	8535	5261	5291	3061	2230
五原县	40821	23838	16983	7805	4939	2866	2504	1395	1109
磴口县	16068	9425	6643	3585	2436	1149	1037	635	402
乌拉特前旗	44714	27235	17479	9851	6298	3553	3603	2087	1516
乌拉特中旗	19956	11969	7987	4833	3281	1552	1555	1062	493
乌拉特后旗	7731	4967	2764	2295	1584	711	795	549	246
杭锦后旗	44150	25301	18849	8719	5187	3532	2742	1534	1208

4−4c　续表 8　　　　单位：人

地　区	初　中			高　中			大学专科		
	小计	男	女	小计	男	女	小计	男	女
乌兰察布市	**190679**	**126407**	**64272**	**39928**	**27414**	**12514**	**17386**	**10706**	**6680**
集宁区	9375	5849	3526	2592	1603	989	1414	796	618
卓资县	14335	9668	4667	3245	2400	845	1456	978	478
化德县	10023	6766	3257	2023	1409	614	1016	636	380
商都县	24132	16466	7666	4720	3268	1452	1602	1011	591
兴和县	22310	15263	7047	4290	3048	1242	1538	991	547
凉城县	18489	12437	6052	4344	3071	1273	1962	1231	731
察哈尔右翼前旗	20470	13770	6700	4363	3081	1282	1904	1184	720
察哈尔右翼中旗	15817	10460	5357	3698	2542	1156	1784	1095	689
察哈尔右翼后旗	14313	9470	4843	2992	2022	970	1015	633	382
四子王旗	21563	13213	8350	4317	2774	1543	2358	1336	1022
丰镇市	19852	13045	6807	3344	2196	1148	1337	815	522
兴安盟	**221505**	**126552**	**94953**	**29245**	**18424**	**10821**	**11038**	**6631**	**4407**
乌兰浩特市	13648	7655	5993	2536	1539	997	961	634	327
阿尔山市	1578	866	712	273	165	108	161	100	61
科尔沁右翼前旗	65302	37041	28261	9867	6062	3805	3747	2131	1616
科尔沁右翼中旗	34398	19920	14478	4799	3106	1693	1719	1018	701
扎赉特旗	52391	30261	22130	5400	3488	1912	2196	1351	845
突泉县	54188	30809	23379	6370	4064	2306	2254	1397	857
锡林郭勒盟	**93141**	**57487**	**35654**	**25370**	**16565**	**8805**	**10772**	**7049**	**3723**
二连浩特市	409	247	162	151	88	63	48	35	13
锡林浩特市	9391	5693	3698	2259	1401	858	991	597	394
阿巴嘎旗	4731	2878	1853	1633	1040	593	680	427	253
苏尼特左旗	4484	2812	1672	1719	1194	525	776	493	283
苏尼特右旗	4847	2824	2023	1439	870	569	623	372	251
东乌珠穆沁旗	6795	4016	2779	1819	1127	692	850	559	291
西乌珠穆沁旗	11845	8232	3613	4730	3748	982	2147	1710	437
太仆寺旗	17386	11057	6329	3286	1995	1291	1218	748	470
镶黄旗	3225	1967	1258	1015	639	376	466	311	155
正镶白旗	6695	4061	2634	1630	982	648	610	417	193
正蓝旗	10431	5971	4460	3505	2108	1397	1433	841	592
多伦县	11857	7101	4756	1943	1221	722	856	493	363
乌拉盖管委会	1045	628	417	241	152	89	74	46	28
阿拉善盟	**16822**	**11404**	**5418**	**6642**	**4970**	**1672**	**3169**	**2369**	**800**
阿拉善左旗	12817	8564	4253	4363	3143	1220	1879	1366	513
阿拉善右旗	1521	988	533	523	391	132	352	261	91
额济纳旗	1603	1085	518	1187	944	243	612	489	123
内蒙古阿拉善经济开发区	881	767	114	569	492	77	326	253	73

4-4c 续表 9 单位：人

地区	大学本科			硕士研究生			博士研究生		
	小计	男	女	小计	男	女	小计	男	女
内蒙古	**104475**	**58561**	**45914**	**5479**	**2372**	**3107**	**803**	**370**	**433**
呼和浩特市	**10512**	**5608**	**4904**	**724**	**347**	**377**	**86**	**47**	**39**
新城区	1413	673	740	87	35	52	13	10	3
回民区	552	293	259	31	13	18	1		1
玉泉区	786	402	384	64	27	37	10	3	7
赛罕区	2659	1381	1278	249	120	129	22	16	6
土默特左旗	1445	780	665	78	40	38	8	4	4
托克托县	1359	784	575	66	35	31	6	3	3
和林格尔县	1353	732	621	70	36	34	10	4	6
清水河县	486	290	196	48	26	22	9	3	6
武川县	459	273	186	31	15	16	7	4	3
呼和浩特经济技术开发区									
包头市	**4353**	**2331**	**2022**	**222**	**108**	**114**	**30**	**17**	**13**
东河区	490	257	233	27	9	18	3	1	2
昆都仑区	341	159	182	10	4	6	2	1	1
青山区	253	130	123	9	3	6	2	1	1
石拐区	105	58	47	10	5	5	1		1
白云鄂博矿区									
九原区	575	299	276	25	9	16	2	2	
土默特右旗	1193	720	473	60	36	24	14	11	3
固阳县	762	406	356	51	27	24	2	1	1
达尔罕茂明安联合旗	550	261	289	27	14	13	3		3
包头稀土高新技术产业开发区	84	41	43	3	1	2	1		1
乌海市	**424**	**292**	**132**	**20**	**10**	**10**	**2**		**2**
海勃湾区	312	212	100	17	8	9	2		2
海南区	112	80	32	3	2	1			
乌达区									
赤峰市	**26517**	**14542**	**11975**	**1426**	**575**	**851**	**214**	**104**	**110**
红山区	126	54	72	7	3	4	2	1	1
元宝山区	707	397	310	56	24	32	15	7	8
松山区	7444	3828	3616	428	173	255	38	18	20
阿鲁科尔沁旗	2136	1140	996	101	29	72	21	7	14
巴林左旗	3436	1872	1564	142	61	81	33	20	13
巴林右旗	993	535	458	55	21	34	9	3	6
林西县	781	427	354	45	19	26	3	1	2
克什克腾旗	1565	964	601	66	28	38	12	5	7
翁牛特旗	2223	1305	918	87	28	59	16	7	9
喀喇沁旗	1442	833	609	92	39	53	10	6	4
宁城县	3452	1960	1492	203	85	118	36	21	15
敖汉旗	2212	1227	985	144	65	79	19	8	11

4-4c 续表 10

单位：人

地区	大学本科			硕士研究生			博士研究生		
	小计	男	女	小计	男	女	小计	男	女
通辽市	**14656**	**7485**	**7171**	**788**	**279**	**509**	**159**	**63**	**96**
科尔沁区	1719	915	804	97	40	57	18	8	10
科尔沁左翼中旗	3728	1850	1878	217	61	156	38	10	28
科尔沁左翼后旗	2333	1196	1137	109	38	71	28	8	20
开鲁县	1279	680	599	88	31	57	12	5	7
库伦旗	1104	585	519	63	28	35	7	6	1
奈曼旗	2304	1153	1151	94	38	56	25	13	12
扎鲁特旗	1665	828	837	97	35	62	23	10	13
通辽经济技术开发区	281	141	140	19	6	13	7	2	5
霍林郭勒市	243	137	106	4	2	2	1	1	
鄂尔多斯市	**13212**	**9314**	**3898**	**565**	**345**	**220**	**48**	**34**	**14**
东胜区	595	480	115	14	11	3	3	2	1
康巴什区									
达拉特旗	1630	987	643	88	47	41	5	1	4
准格尔旗	4242	3059	1183	191	114	77	11	7	4
鄂托克前旗	899	643	256	32	20	12	2	2	
鄂托克旗	1088	752	336	36	17	19	5	3	2
杭锦旗	696	435	261	25	17	8	1	1	
乌审旗	2267	1619	648	86	55	31	7	4	3
伊金霍洛旗	1795	1339	456	93	64	29	14	14	
呼伦贝尔市	**8171**	**4247**	**3924**	**363**	**125**	**238**	**38**	**16**	**22**
海拉尔区	196	106	90	9	4	5	3		3
扎赉诺尔区									
阿荣旗	1157	622	535	49	23	26	7	5	2
莫力达瓦达斡尔族自治旗	2147	1027	1120	85	29	56	4	2	2
鄂伦春自治旗	715	354	361	26	13	13	2	2	
鄂温克族自治旗	1090	552	538	73	22	51	6	2	4
陈巴尔虎旗	359	214	145	10	2	8	1		1
新巴尔虎左旗	413	224	189	22	6	16	2		2
新巴尔虎右旗	404	260	144	21	6	15	5	1	4
满洲里市									
牙克石市	294	154	140	8	2	6	2	2	
扎兰屯市	1010	521	489	46	13	33	6	2	4
额尔古纳市	378	209	169	14	5	9			
根河市	8	4	4						
巴彦淖尔市	**6629**	**3501**	**3128**	**328**	**152**	**176**	**48**	**20**	**28**
临河区	1699	887	812	86	34	52	5	5	
五原县	1019	498	521	64	29	35	12	6	6
磴口县	308	161	147	10	4	6	4		4
乌拉特前旗	1486	746	740	68	30	38	9	3	6
乌拉特中旗	718	477	241	36	24	12	5	1	4
乌拉特后旗	361	242	119	16	11	5	1		1
杭锦后旗	1038	490	548	48	20	28	12	5	7

4-4c 续表 11

单位：人

地区	大学本科			硕士研究生			博士研究生		
	小计	男	女	小计	男	女	小计	男	女
乌兰察布市	**7086**	**4004**	**3082**	**452**	**191**	**261**	**86**	**40**	**46**
集宁区	961	533	428	91	38	53	4	2	2
卓资县	441	267	174	20	10	10	2	1	1
化德县	379	212	167	29	7	22	7	4	3
商都县	519	283	236	40	19	21	9	3	6
兴和县	553	286	267	32	16	16	15	6	9
凉城县	893	499	394	51	25	26	13	8	5
察哈尔右翼前旗	695	423	272	43	21	22	10	3	7
察哈尔右翼中旗	877	479	398	43	19	24	10	4	6
察哈尔右翼后旗	390	229	161	31	11	20	6	2	4
四子王旗	909	514	395	32	11	21	5	3	2
丰镇市	469	279	190	40	14	26	5	4	1
兴安盟	**6037**	**3056**	**2981**	**260**	**89**	**171**	**40**	**12**	**28**
乌兰浩特市	478	288	190	17	9	8	1		1
阿尔山市	71	39	32	1	1				
科尔沁右翼前旗	2111	997	1114	89	25	64	11	7	4
科尔沁右翼中旗	1242	615	627	74	20	54	16	3	13
扎赉特旗	1277	640	637	50	19	31	9	1	8
突泉县	858	477	381	29	15	14	3	1	2
锡林郭勒盟	**5379**	**3113**	**2266**	**273**	**124**	**149**	**42**	**11**	**31**
二连浩特市	39	24	15	2		2	1		1
锡林浩特市	379	221	158	10	4	6	2	1	1
阿巴嘎旗	395	233	162	4	2	2	3		3
苏尼特左旗	403	225	178	14	7	7	5	2	3
苏尼特右旗	336	173	163	17	7	10	1		1
东乌珠穆沁旗	550	298	252	31	14	17	5		5
西乌珠穆沁旗	1256	876	380	56	32	24	5	1	4
太仆寺旗	503	276	227	38	10	28	7	4	3
镶黄旗	225	142	83	13	8	5	4	1	3
正镶白旗	241	126	115	23	8	15	1		1
正蓝旗	711	346	365	35	16	19	5		5
多伦县	308	156	152	28	14	14	2	1	1
乌拉盖管委会	33	17	16	2	2		1	1	
阿拉善盟	**1499**	**1068**	**431**	**58**	**27**	**31**	**10**	**6**	**4**
阿拉善左旗	926	635	291	38	18	20	8	5	3
阿拉善右旗	197	134	63	14	5	9	2	1	1
额济纳旗	291	223	68	3	2	1			
内蒙古阿拉善经济开发区	85	76	9	3	2	1			

4-5　全区分年龄、性别的15岁及以上文盲人口

单位：人、%

年　龄	15岁及以上人口			文盲人口			文盲人口占15岁及以上人口比重		
	合计	男	女	合计	男	女	合计	男	女
总　计	**20671482**	**10519559**	**10151923**	**792204**	**216205**	**575999**	**3.83**	**2.06**	**5.67**
15-19岁	**1005267**	**523910**	**481357**	**2622**	**1541**	**1081**	**0.26**	**0.29**	**0.22**
15	217530	112992	104538	593	324	269	0.27	0.29	0.26
16	218137	113633	104504	545	330	215	0.25	0.29	0.21
17	180869	94246	86623	468	278	190	0.26	0.29	0.22
18	198234	103558	94676	506	293	213	0.26	0.28	0.22
19	190497	99481	91016	510	316	194	0.27	0.32	0.21
20-24岁	**1063742**	**552501**	**511241**	**3026**	**1752**	**1274**	**0.28**	**0.32**	**0.25**
20	192747	100802	91945	534	309	225	0.28	0.31	0.24
21	187454	97431	90023	565	333	232	0.30	0.34	0.26
22	215492	111403	104089	625	366	259	0.29	0.33	0.25
23	225930	117319	108611	645	365	280	0.29	0.31	0.26
24	242119	125546	116573	657	379	278	0.27	0.30	0.24
25-29岁	**1450355**	**757769**	**692586**	**4201**	**2355**	**1846**	**0.29**	**0.31**	**0.27**
25	271876	141543	130333	737	422	315	0.27	0.30	0.24
26	266711	139195	127516	731	417	314	0.27	0.30	0.25
27	286676	149682	136994	843	490	353	0.29	0.33	0.26
28	306307	160528	145779	878	481	397	0.29	0.30	0.27
29	318785	166821	151964	1012	545	467	0.32	0.33	0.31
30-34岁	**2042455**	**1054898**	**987557**	**8316**	**4435**	**3881**	**0.41**	**0.42**	**0.39**
30	428215	221624	206591	1435	804	631	0.34	0.36	0.31
31	418750	215722	203028	1561	816	745	0.37	0.38	0.37
32	393683	202544	191139	1563	810	753	0.40	0.40	0.39
33	420727	217606	203121	1916	1053	863	0.46	0.48	0.42
34	381080	197402	183678	1841	952	889	0.48	0.48	0.48
35-39岁	**1923895**	**1003174**	**920721**	**12508**	**6331**	**6177**	**0.65**	**0.63**	**0.67**
35	361144	187814	173330	2067	1079	988	0.57	0.57	0.57
36	394147	205142	189005	2307	1141	1166	0.59	0.56	0.62
37	370801	194324	176477	2376	1235	1141	0.64	0.64	0.65
38	428198	223714	204484	2917	1466	1451	0.68	0.66	0.71
39	369605	192180	177425	2841	1410	1431	0.77	0.73	0.81
40-44岁	**1780481**	**924262**	**856219**	**18320**	**8289**	**10031**	**1.03**	**0.90**	**1.17**
40	355737	184668	171069	3016	1475	1541	0.85	0.80	0.90
41	361204	188750	172454	3385	1620	1765	0.94	0.86	1.02
42	346745	180554	166191	3499	1618	1881	1.01	0.90	1.13
43	329673	170400	159273	3712	1633	2079	1.13	0.96	1.31
44	387122	199890	187232	4708	1943	2765	1.22	0.97	1.48

4-5 续表 单位：人、%

年龄	15岁及以上人口			文盲人口			文盲人口占15岁及以上人口比重		
	合计	男	女	合计	男	女	合计	男	女
45-49岁	**2320088**	**1187721**	**1132367**	**38458**	**14754**	**23704**	**1.66**	**1.24**	**2.09**
45	411658	210468	201190	5560	2228	3332	1.35	1.06	1.66
46	459864	235608	224256	6736	2676	4060	1.46	1.14	1.81
47	465817	238585	227232	7668	2887	4781	1.65	1.21	2.10
48	482245	247379	234866	8816	3296	5520	1.83	1.33	2.35
49	500504	255681	244823	9678	3667	6011	1.93	1.43	2.46
50-54岁	**2297399**	**1181252**	**1116147**	**49931**	**17226**	**32705**	**2.17**	**1.46**	**2.93**
50	521452	266391	255061	10261	3755	6506	1.97	1.41	2.55
51	459703	235799	223904	9478	3343	6135	2.06	1.42	2.74
52	492781	253481	239300	10509	3652	6857	2.13	1.44	2.87
53	393335	202987	190348	9283	3116	6167	2.36	1.54	3.24
54	430128	222594	207534	10400	3360	7040	2.42	1.51	3.39
55-59岁	**2030567**	**1030880**	**999687**	**64358**	**15927**	**48431**	**3.17**	**1.54**	**4.84**
55	436853	225180	211673	11025	3309	7716	2.52	1.47	3.65
56	443146	226933	216213	11688	3253	8435	2.64	1.43	3.90
57	492525	250732	241793	14982	3723	11259	3.04	1.48	4.66
58	389675	194769	194906	14608	3158	11450	3.75	1.62	5.87
59	268368	133266	135102	12055	2484	9571	4.49	1.86	7.08
60-64岁	**1618315**	**811291**	**807024**	**118957**	**26058**	**92899**	**7.35**	**3.21**	**11.51**
60	355475	180315	175160	19279	4057	15222	5.42	2.25	8.69
61	302731	153003	149728	20330	4419	15911	6.72	2.89	10.63
62	317191	160055	157136	23368	5244	18124	7.37	3.28	11.53
63	338212	168345	169867	28275	6375	21900	8.36	3.79	12.89
64	304706	149573	155133	27705	5963	21742	9.09	3.99	14.02
65-69岁	**1324263**	**645995**	**678268**	**145782**	**32535**	**113247**	**11.01**	**5.04**	**16.70**
65	312428	154180	158248	30592	6590	24002	9.79	4.27	15.17
66	295482	143842	151640	30711	6588	24123	10.39	4.58	15.91
67	259566	126182	133384	29803	6646	23157	11.48	5.27	17.36
68	244521	118902	125619	29325	6613	22712	11.99	5.56	18.08
69	212266	102889	109377	25351	6098	19253	11.94	5.93	17.60
70-74岁	**786180**	**376914**	**409266**	**100617**	**24841**	**75776**	**12.80**	**6.59**	**18.52**
70	197384	96242	101142	23938	5962	17976	12.13	6.19	17.77
71	181455	88414	93041	22301	5733	16568	12.29	6.48	17.81
72	143613	68567	75046	17778	4488	13290	12.38	6.55	17.71
73	146692	69903	76789	20125	4941	15184	13.72	7.07	19.77
74	117036	53788	63248	16475	3717	12758	14.08	6.91	20.17
75-79岁	**481258**	**220192**	**261066**	**79072**	**19333**	**59739**	**16.43**	**8.78**	**22.88**
75	104811	48443	56368	15585	3661	11924	14.87	7.56	21.15
76	107750	49361	58389	17355	4020	13335	16.11	8.14	22.84
77	90441	41292	49149	14498	3519	10979	16.03	8.52	22.34
78	88197	40035	48162	14847	3748	11099	16.83	9.36	23.05
79	90059	41061	48998	16787	4385	12402	18.64	10.68	25.31
80-84岁	**339491**	**154556**	**184935**	**80071**	**21927**	**58144**	**23.59**	**14.19**	**31.44**
80	83251	37907	45344	16786	4386	12400	20.16	11.57	27.35
81	73188	33190	39998	16484	4412	12072	22.52	13.29	30.18
82	70245	31896	38349	17042	4738	12304	24.26	14.85	32.08
83	60042	27505	32537	15395	4324	11071	25.64	15.72	34.03
84	52765	24058	28707	14364	4067	10297	27.22	16.90	35.87
85岁及以上	**207726**	**94244**	**113482**	**65965**	**18901**	**47064**	**31.76**	**20.06**	**41.47**

4-5a　全区分年龄、性别的15岁及以上文盲人口(城市)

单位：人、%

年　龄	15岁及以上人口			文盲人口			文盲人口占15岁及以上人口比重		
	合计	男	女	合计	男	女	合计	男	女
总　计	**8088402**	**4010545**	**4077857**	**119921**	**28825**	**91096**	**1.48**	**0.72**	**2.23**
15-19岁	**482798**	**246792**	**236006**	**656**	**382**	**274**	**0.14**	**0.15**	**0.12**
15	85901	44292	41609	160	84	76	0.19	0.19	0.18
16	97364	50122	47242	131	71	60	0.13	0.14	0.13
17	80457	41213	39244	111	67	44	0.14	0.16	0.11
18	103784	52946	50838	128	72	56	0.12	0.14	0.11
19	115292	58219	57073	126	88	38	0.11	0.15	0.07
20-24岁	**563572**	**281242**	**282330**	**733**	**430**	**303**	**0.13**	**0.15**	**0.11**
20	122675	61798	60877	158	103	55	0.13	0.17	0.09
21	109502	54496	55006	143	74	69	0.13	0.14	0.13
22	110534	54956	55578	155	91	64	0.14	0.17	0.12
23	107644	53830	53814	149	79	70	0.14	0.15	0.13
24	113217	56162	57055	128	83	45	0.11	0.15	0.08
25-29岁	**665567**	**334529**	**331038**	**735**	**416**	**319**	**0.11**	**0.12**	**0.10**
25	125418	62481	62937	134	74	60	0.11	0.12	0.10
26	124126	61928	62198	137	77	60	0.11	0.12	0.10
27	131608	66130	65478	153	89	64	0.12	0.13	0.10
28	141701	71682	70019	159	101	58	0.11	0.14	0.08
29	142714	72308	70406	152	75	77	0.11	0.10	0.11
30-34岁	**919103**	**461096**	**458007**	**1196**	**644**	**552**	**0.13**	**0.14**	**0.12**
30	194761	97721	97040	227	129	98	0.12	0.13	0.10
31	190616	95484	95132	241	113	128	0.13	0.12	0.13
32	178383	89047	89336	220	122	98	0.12	0.14	0.11
33	187365	94333	93032	250	147	103	0.13	0.16	0.11
34	167978	84511	83467	258	133	125	0.15	0.16	0.15
35-39岁	**816959**	**412357**	**404602**	**1613**	**729**	**884**	**0.20**	**0.18**	**0.22**
35	156890	79360	77530	273	133	140	0.17	0.17	0.18
36	169317	85270	84047	321	132	189	0.19	0.15	0.22
37	158212	80147	78065	311	147	164	0.20	0.18	0.21
38	180941	91466	89475	366	173	193	0.20	0.19	0.22
39	151599	76114	75485	342	144	198	0.23	0.19	0.26
40-44岁	**707309**	**355701**	**351608**	**2545**	**961**	**1584**	**0.36**	**0.27**	**0.45**
40	142124	71488	70636	390	156	234	0.27	0.22	0.33
41	141422	71771	69651	432	163	269	0.31	0.23	0.39
42	139405	70182	69223	507	206	301	0.36	0.29	0.43
43	131638	65899	65739	526	193	333	0.40	0.29	0.51
44	152720	76361	76359	690	243	447	0.45	0.32	0.59

4-5a 续表 单位：人、%

年龄	15岁及以上人口			文盲人口			文盲人口占15岁及以上人口比重		
	合计	男	女	合计	男	女	合计	男	女
45-49岁	**863469**	**429140**	**434329**	**5680**	**1914**	**3766**	**0.66**	**0.45**	**0.87**
45	156843	77682	79161	773	262	511	0.49	0.34	0.65
46	171285	85073	86212	977	341	636	0.57	0.40	0.74
47	175840	87501	88339	1131	378	753	0.64	0.43	0.85
48	178541	88999	89542	1332	443	889	0.75	0.50	0.99
49	180960	89885	91075	1467	490	977	0.81	0.55	1.07
50-54岁	**810420**	**405766**	**404654**	**7179**	**2317**	**4862**	**0.89**	**0.57**	**1.20**
50	189664	94393	95271	1497	492	1005	0.79	0.52	1.05
51	166392	83072	83320	1378	441	937	0.83	0.53	1.12
52	174229	87068	87161	1523	497	1026	0.87	0.57	1.18
53	132693	66889	65804	1313	409	904	0.99	0.61	1.37
54	147442	74344	73098	1468	478	990	1.00	0.64	1.35
55-59岁	**706278**	**354527**	**351751**	**8914**	**2061**	**6853**	**1.26**	**0.58**	**1.95**
55	152627	77280	75347	1520	449	1071	1.00	0.58	1.42
56	157957	80128	77829	1587	434	1153	1.00	0.54	1.48
57	174532	87745	86787	2034	475	1559	1.17	0.54	1.80
58	130946	65142	65804	2030	380	1650	1.55	0.58	2.51
59	90216	44232	45984	1743	323	1420	1.93	0.73	3.09
60-64岁	**525105**	**260714**	**264391**	**15850**	**3064**	**12786**	**3.02**	**1.18**	**4.84**
60	117133	58389	58744	2584	484	2100	2.21	0.83	3.57
61	99108	49456	49652	2828	563	2265	2.85	1.14	4.56
62	105200	53014	52186	3219	652	2567	3.06	1.23	4.92
63	107642	52933	54709	3721	700	3021	3.46	1.32	5.52
64	96022	46922	49100	3498	665	2833	3.64	1.42	5.77
65-69岁	**398184**	**188884**	**209300**	**18894**	**3594**	**15300**	**4.75**	**1.90**	**7.31**
65	94654	46495	48159	4046	810	3236	4.27	1.74	6.72
66	90669	43282	47387	3993	728	3265	4.40	1.68	6.89
67	77157	36168	40989	3869	710	3159	5.01	1.96	7.71
68	72296	33871	38425	3729	702	3027	5.16	2.07	7.88
69	63408	29068	34340	3257	644	2613	5.14	2.22	7.61
70-74岁	**246046**	**109630**	**136416**	**13081**	**2709**	**10372**	**5.32**	**2.47**	**7.60**
70	60140	27607	32533	2944	614	2330	4.90	2.22	7.16
71	55337	24792	30545	2947	678	2269	5.33	2.73	7.43
72	45393	19887	25506	2291	482	1809	5.05	2.42	7.09
73	45589	20194	25395	2574	498	2076	5.65	2.47	8.17
74	39587	17150	22437	2325	437	1888	5.87	2.55	8.41
75-79岁	**174628**	**74816**	**99812**	**12581**	**2393**	**10188**	**7.20**	**3.20**	**10.21**
75	36163	15593	20570	2215	404	1811	6.13	2.59	8.80
76	36348	15277	21071	2524	444	2080	6.94	2.91	9.87
77	33281	14215	19066	2331	461	1870	7.00	3.24	9.81
78	34720	14917	19803	2631	505	2126	7.58	3.39	10.74
79	34116	14814	19302	2880	579	2301	8.44	3.91	11.92
80-84岁	**130134**	**58383**	**71751**	**15328**	**3480**	**11848**	**11.78**	**5.96**	**16.51**
80	32271	14293	17978	3055	676	2379	9.47	4.73	13.23
81	28020	12436	15584	3027	625	2402	10.80	5.03	15.41
82	26860	12071	14789	3307	784	2523	12.31	6.49	17.06
83	22847	10386	12461	3012	677	2335	13.18	6.52	18.74
84	20136	9197	10939	2927	718	2209	14.54	7.81	20.19
85岁及以上	**78830**	**36968**	**41862**	**14936**	**3731**	**11205**	**18.95**	**10.09**	**26.77**

4–5b 全区分年龄、性别的15岁及以上文盲人口(镇)

单位：人、%

年龄	15岁及以上人口			文盲人口			文盲人口占15岁及以上人口比重		
	合计	男	女	合计	男	女	合计	男	女
总 计	**5661671**	**2844883**	**2816788**	**162158**	**40611**	**121547**	**2.86**	**1.43**	**4.32**
15–19岁	**315341**	**162389**	**152952**	**613**	**346**	**267**	**0.19**	**0.21**	**0.17**
15	76134	38801	37333	146	75	71	0.19	0.19	0.19
16	81008	41324	39684	119	72	47	0.15	0.17	0.12
17	67129	34302	32827	98	56	42	0.15	0.16	0.13
18	53072	27827	25245	125	79	46	0.24	0.28	0.18
19	37998	20135	17863	125	64	61	0.33	0.32	0.34
20–24岁	**247888**	**128186**	**119702**	**636**	**337**	**299**	**0.26**	**0.26**	**0.25**
20	35223	18800	16423	116	60	56	0.33	0.32	0.34
21	38078	20080	17998	110	67	43	0.29	0.33	0.24
22	51125	26356	24769	136	70	66	0.27	0.27	0.27
23	57937	29662	28275	135	72	63	0.23	0.24	0.22
24	65525	33288	32237	139	68	71	0.21	0.20	0.22
25–29岁	**436077**	**221396**	**214681**	**861**	**433**	**428**	**0.20**	**0.20**	**0.20**
25	76546	38758	37788	155	79	76	0.20	0.20	0.20
26	77581	39573	38008	143	76	67	0.18	0.19	0.18
27	86301	43718	42583	182	96	86	0.21	0.22	0.20
28	94038	47860	46178	155	71	84	0.16	0.15	0.18
29	101611	51487	50124	226	111	115	0.22	0.22	0.23
30–34岁	**652705**	**327891**	**324814**	**1657**	**807**	**850**	**0.25**	**0.25**	**0.26**
30	136249	68350	67899	284	154	130	0.21	0.23	0.19
31	134424	67209	67215	307	148	159	0.23	0.22	0.24
32	126649	63562	63087	341	158	183	0.27	0.25	0.29
33	134152	67398	66754	374	187	187	0.28	0.28	0.28
34	121231	61372	59859	351	160	191	0.29	0.26	0.32
35–39岁	**599896**	**306321**	**293575**	**2436**	**1106**	**1330**	**0.41**	**0.36**	**0.45**
35	114339	57829	56510	384	200	184	0.34	0.35	0.33
36	124729	63766	60963	410	192	218	0.33	0.30	0.36
37	114424	58954	55470	466	220	246	0.41	0.37	0.44
38	131942	67459	64483	590	242	348	0.45	0.36	0.54
39	114462	58313	56149	586	252	334	0.51	0.43	0.59
40–44岁	**534842**	**274517**	**260325**	**3735**	**1475**	**2260**	**0.70**	**0.54**	**0.87**
40	109771	56179	53592	606	262	344	0.55	0.47	0.64
41	110812	57097	53715	676	290	386	0.61	0.51	0.72
42	103788	53403	50385	717	285	432	0.69	0.53	0.86
43	97185	49724	47461	770	288	482	0.79	0.58	1.02
44	113286	58114	55172	966	350	616	0.85	0.60	1.12

4—5b 续表

单位：人、%

年 龄	15岁及以上人口			文盲人口			文盲人口占15岁及以上人口比重		
	合计	男	女	合计	男	女	合计	男	女
45—49岁	**649830**	**331298**	**318532**	**8011**	**2730**	**5281**	**1.23**	**0.82**	**1.66**
45	120149	61034	59115	1167	413	754	0.97	0.68	1.28
46	131747	67091	64656	1458	526	932	1.11	0.78	1.44
47	129160	65900	63260	1634	518	1116	1.27	0.79	1.76
48	132670	67720	64950	1824	604	1220	1.37	0.89	1.88
49	136104	69553	66551	1928	669	1259	1.42	0.96	1.89
50—54岁	**607988**	**312536**	**295452**	**9718**	**3234**	**6484**	**1.60**	**1.03**	**2.19**
50	141575	72215	69360	2074	706	1368	1.46	0.98	1.97
51	122042	62806	59236	1891	643	1248	1.55	1.02	2.11
52	129743	66762	62981	1984	677	1307	1.53	1.01	2.08
53	103375	53184	50191	1802	590	1212	1.74	1.11	2.41
54	111253	57569	53684	1967	618	1349	1.77	1.07	2.51
55—59岁	**504409**	**255975**	**248434**	**11796**	**2838**	**8958**	**2.34**	**1.11**	**3.61**
55	111108	56976	54132	2026	596	1430	1.82	1.05	2.64
56	111898	57305	54593	2140	597	1543	1.91	1.04	2.83
57	121021	61640	59381	2757	641	2116	2.28	1.04	3.56
58	95270	47688	47582	2672	546	2126	2.80	1.14	4.47
59	65112	32366	32746	2201	458	1743	3.38	1.42	5.32
60—64岁	**378628**	**186185**	**192443**	**22911**	**4577**	**18334**	**6.05**	**2.46**	**9.53**
60	84507	42699	41808	3558	688	2870	4.21	1.61	6.86
61	71525	35681	35844	3893	788	3105	5.44	2.21	8.66
62	74002	36385	37617	4519	940	3579	6.11	2.58	9.51
63	77889	37603	40286	5522	1130	4392	7.09	3.01	10.90
64	70705	33817	36888	5419	1031	4388	7.66	3.05	11.90
65—69岁	**306931**	**144572**	**162359**	**28857**	**5620**	**23237**	**9.40**	**3.89**	**14.31**
65	72874	34883	37991	6022	1099	4923	8.26	3.15	12.96
66	69023	32524	36499	6092	1140	4952	8.83	3.51	13.57
67	60332	28321	32011	5993	1241	4752	9.93	4.38	14.84
68	55737	26037	29700	5782	1076	4706	10.37	4.13	15.85
69	48965	22807	26158	4968	1064	3904	10.15	4.67	14.92
70—74岁	**185850**	**85395**	**100455**	**20636**	**4575**	**16061**	**11.10**	**5.36**	**15.99**
70	46199	21686	24513	4897	1076	3821	10.60	4.96	15.59
71	43180	20133	23047	4586	1058	3528	10.62	5.26	15.31
72	34057	15623	18434	3625	823	2802	10.64	5.27	15.20
73	34501	15629	18872	4084	930	3154	11.84	5.95	16.71
74	27913	12324	15589	3444	688	2756	12.34	5.58	17.68
75—79岁	**115431**	**51672**	**63759**	**17210**	**3861**	**13349**	**14.91**	**7.47**	**20.94**
75	25098	11268	13830	3330	694	2636	13.27	6.16	19.06
76	26226	11792	14434	3819	778	3041	14.56	6.60	21.07
77	21852	9758	12094	3143	727	2416	14.38	7.45	19.98
78	20787	9290	11497	3200	766	2434	15.39	8.25	21.17
79	21468	9564	11904	3718	896	2822	17.32	9.37	23.71
80—84岁	**80068**	**35645**	**44423**	**18245**	**4589**	**13656**	**22.79**	**12.87**	**30.74**
80	19836	8770	11066	3792	918	2874	19.12	10.47	25.97
81	17283	7648	9635	3811	925	2886	22.05	12.09	29.95
82	16529	7301	9228	3889	1006	2883	23.53	13.78	31.24
83	14084	6366	7718	3560	934	2626	25.28	14.67	34.02
84	12336	5560	6776	3193	806	2387	25.88	14.50	35.23
85岁及以上	**45787**	**20905**	**24882**	**14836**	**4083**	**10753**	**32.40**	**19.53**	**43.22**

4-5c 全区分年龄、性别的15岁及以上文盲人口(乡村)

单位：人、%

年 龄	15岁及以上人口			文盲人口			文盲人口占15岁及以上人口比重		
	合计	男	女	合计	男	女	合计	男	女
总 计	**6921409**	**3664131**	**3257278**	**510125**	**146769**	**363356**	**7.37**	**4.01**	**11.16**
15—19岁	**207128**	**114729**	**92399**	**1353**	**813**	**540**	**0.65**	**0.71**	**0.58**
15	55495	29899	25596	287	165	122	0.52	0.55	0.48
16	39765	22187	17578	295	187	108	0.74	0.84	0.61
17	33283	18731	14552	259	155	104	0.78	0.83	0.71
18	41378	22785	18593	253	142	111	0.61	0.62	0.60
19	37207	21127	16080	259	164	95	0.70	0.78	0.59
20—24岁	**252282**	**143073**	**109209**	**1657**	**985**	**672**	**0.66**	**0.69**	**0.62**
20	34849	20204	14645	260	146	114	0.75	0.72	0.78
21	39874	22855	17019	312	192	120	0.78	0.84	0.71
22	53833	30091	23742	334	205	129	0.62	0.68	0.54
23	60349	33827	26522	361	214	147	0.60	0.63	0.55
24	63377	36096	27281	390	228	162	0.62	0.63	0.59
25—29岁	**348711**	**201844**	**146867**	**2605**	**1506**	**1099**	**0.75**	**0.75**	**0.75**
25	69912	40304	29608	448	269	179	0.64	0.67	0.60
26	65004	37694	27310	451	264	187	0.69	0.70	0.68
27	68767	39834	28933	508	305	203	0.74	0.77	0.70
28	70568	40986	29582	564	309	255	0.80	0.75	0.86
29	74460	43026	31434	634	359	275	0.85	0.83	0.87
30—34岁	**470647**	**265911**	**204736**	**5463**	**2984**	**2479**	**1.16**	**1.12**	**1.21**
30	97205	55553	41652	924	521	403	0.95	0.94	0.97
31	93710	53029	40681	1013	555	458	1.08	1.05	1.13
32	88651	49935	38716	1002	530	472	1.13	1.06	1.22
33	99210	55875	43335	1292	719	573	1.30	1.29	1.32
34	91871	51519	40352	1232	659	573	1.34	1.28	1.42
35—39岁	**507040**	**284496**	**222544**	**8459**	**4496**	**3963**	**1.67**	**1.58**	**1.78**
35	89915	50625	39290	1410	746	664	1.57	1.47	1.69
36	100101	56106	43995	1576	817	759	1.57	1.46	1.73
37	98165	55223	42942	1599	868	731	1.63	1.57	1.70
38	115315	64789	50526	1961	1051	910	1.70	1.62	1.80
39	103544	57753	45791	1913	1014	899	1.85	1.76	1.96
40—44岁	**538330**	**294044**	**244286**	**12040**	**5853**	**6187**	**2.24**	**1.99**	**2.53**
40	103842	57001	46841	2020	1057	963	1.95	1.85	2.06
41	108970	59882	49088	2277	1167	1110	2.09	1.95	2.26
42	103552	56969	46583	2275	1127	1148	2.20	1.98	2.46
43	100850	54777	46073	2416	1152	1264	2.40	2.10	2.74
44	121116	65415	55701	3052	1350	1702	2.52	2.06	3.06

4-5c 续表 单位：人、%

年 龄	15岁及以上人口			文盲人口			文盲人口占15岁及以上人口比重		
	合计	男	女	合计	男	女	合计	男	女
45-49岁	**806789**	**427283**	**379506**	**24767**	**10110**	**14657**	**3.07**	**2.37**	**3.86**
45	134666	71752	62914	3620	1553	2067	2.69	2.16	3.29
46	156832	83444	73388	4301	1809	2492	2.74	2.17	3.40
47	160817	85184	75633	4903	1991	2912	3.05	2.34	3.85
48	171034	90660	80374	5660	2249	3411	3.31	2.48	4.24
49	183440	96243	87197	6283	2508	3775	3.43	2.61	4.33
50-54岁	**878991**	**462950**	**416041**	**33034**	**11675**	**21359**	**3.76**	**2.52**	**5.13**
50	190213	99783	90430	6690	2557	4133	3.52	2.56	4.57
51	171269	89921	81348	6209	2259	3950	3.63	2.51	4.86
52	188809	99651	89158	7002	2478	4524	3.71	2.49	5.07
53	157267	82914	74353	6168	2117	4051	3.92	2.55	5.45
54	171433	90681	80752	6965	2264	4701	4.06	2.50	5.82
55-59岁	**819880**	**420378**	**399502**	**43648**	**11028**	**32620**	**5.32**	**2.62**	**8.17**
55	173118	90924	82194	7479	2264	5215	4.32	2.49	6.34
56	173291	89500	83791	7961	2222	5739	4.59	2.48	6.85
57	196972	101347	95625	10191	2607	7584	5.17	2.57	7.93
58	163459	81939	81520	9906	2232	7674	6.06	2.72	9.41
59	113040	56668	56372	8111	1703	6408	7.18	3.01	11.37
60-64岁	**714582**	**364392**	**350190**	**80196**	**18417**	**61779**	**11.22**	**5.05**	**17.64**
60	153835	79227	74608	13137	2885	10252	8.54	3.64	13.74
61	132098	67866	64232	13609	3068	10541	10.30	4.52	16.41
62	137989	70656	67333	15630	3652	11978	11.33	5.17	17.79
63	152681	77809	74872	19032	4545	14487	12.47	5.84	19.35
64	137979	68834	69145	18788	4267	14521	13.62	6.20	21.00
65-69岁	**619148**	**312539**	**306609**	**98031**	**23321**	**74710**	**15.83**	**7.46**	**24.37**
65	144900	72802	72098	20524	4681	15843	14.16	6.43	21.97
66	135790	68036	67754	20626	4720	15906	15.19	6.94	23.48
67	122077	61693	60384	19941	4695	15246	16.33	7.61	25.25
68	116488	58994	57494	19814	4835	14979	17.01	8.20	26.05
69	99893	51014	48879	17126	4390	12736	17.14	8.61	26.06
70-74岁	**354284**	**181889**	**172395**	**66900**	**17557**	**49343**	**18.88**	**9.65**	**28.62**
70	91045	46949	44096	16097	4272	11825	17.68	9.10	26.82
71	82938	43489	39449	14768	3997	10771	17.81	9.19	27.30
72	64163	33057	31106	11862	3183	8679	18.49	9.63	27.90
73	66602	34080	32522	13467	3513	9954	20.22	10.31	30.61
74	49536	24314	25222	10706	2592	8114	21.61	10.66	32.17
75-79岁	**191199**	**93704**	**97495**	**49281**	**13079**	**36202**	**25.77**	**13.96**	**37.13**
75	43550	21582	21968	10040	2563	7477	23.05	11.88	34.04
76	45176	22292	22884	11012	2798	8214	24.38	12.55	35.89
77	35308	17319	17989	9024	2331	6693	25.56	13.46	37.21
78	32690	15828	16862	9016	2477	6539	27.58	15.65	38.78
79	34475	16683	17792	10189	2910	7279	29.55	17.44	40.91
80-84岁	**129289**	**60528**	**68761**	**46498**	**13858**	**32640**	**35.96**	**22.90**	**47.47**
80	31144	14844	16300	9939	2792	7147	31.91	18.81	43.85
81	27885	13106	14779	9646	2862	6784	34.59	21.84	45.90
82	26856	12524	14332	9846	2948	6898	36.66	23.54	48.13
83	23111	10753	12358	8823	2713	6110	38.18	25.23	49.44
84	20293	9301	10992	8244	2543	5701	40.62	27.34	51.86
85岁及以上	**83109**	**36371**	**46738**	**36193**	**11087**	**25106**	**43.55**	**30.48**	**53.72**

中国人口普查
CHINA POPULATION CENSUS

2020

内蒙古自治区人口普查年鉴（第2册）

INNER MONGOLIA POPULATION CENSUS YEARBOOK 2020

(BOOK 2)

内蒙古自治区第七次全国人口普查领导小组办公室
内　蒙　古　自　治　区　统　计　局　编

Compiled by
Office of the Leading Group of Inner Mongolia Autonomous Region for the Seventh National Population Census
Inner Mongolia Autonomous Region Bureau of Statistics

中国统计出版社
China Statistics Press

© 中国统计出版社有限公司 2022
版权所有。未经许可，本书的任何部分不得以任何方式在世界任何地区以任何文字翻印、拷贝、仿制或转载。

© 2022 China Statistics Press Co., Ltd.
All rights reserved. No part of the publication may be reproduced or transmitted in any form or by any means, electronic or mechanical, including photocopying, recording, or any information storage and retrieval system, without written permission from the publisher.

图书在版编目（CIP）数据

内蒙古自治区人口普查年鉴. 2020. 第 2 册 / 内蒙古自治区第七次全国人口普查领导小组办公室, 内蒙古自治区统计局编. -- 北京 : 中国统计出版社, 2022.8
ISBN 978-7-5037-9860-3

Ⅰ. ①内… Ⅱ. ①内… ②内… Ⅲ. ①人口普查－统计资料－内蒙古－2020－年鉴 Ⅳ. ①C924.252.6-54

中国版本图书馆 CIP 数据核字(2022)第 127945 号

内蒙古自治区人口普查年鉴-2020（第 2 册）
Inner Mongolia Population Census Yearbook 2020 (Book 2)

作　　者/内蒙古自治区第七次全国人口普查领导小组办公室　内蒙古自治区统计局
责任编辑/张　洁
封面设计/李雪燕
出版发行/中国统计出版社有限公司
通信地址/北京市丰台区西三环南路甲 6 号　邮政编码/100073
发行电话/邮购（010）63376909　书店（010）68783171
网　　址/http://www.zgtjcbs.com/
印　　刷/内蒙古宏业包装印务有限公司
经　　销/新华书店
开　　本/880mm×1230mm　1/16
字　　数/1470 千字
印　　张/46
版　　别/2022 年 8 月第 1 版
版　　次/2022 年 8 月第 1 次印刷
定　　价/1080.00 元（全五册附光盘）

版权所有，侵权必究。
如有印装差错，请与发行部联系退换。本书附 CD-ROM 一张，如有差异，以图书内容为准。

目　　录

第 2 册

第一部分　全部数据资料(续)

第五卷　家庭

第六卷　死亡

第一部分　全部数据资料

第五卷　家庭

5-1　全区不同规模的家庭户类别

单位：户

家庭户规模	家庭户户　数	一代户	二代户	三代户	四代户	五代及以上户
总　计	**9483957**	**5342168**	**3551257**	**577594**	**12931**	**7**
一人户	2209731	2209731				
二人户	3565544	2995647	569897			
三人户	2389562	90705	2247277	51580		
四人户	950775	34207	684754	230985	829	
五人户	257424	8012	43410	202286	3716	
六人户	91271	1836	4646	79993	4794	2
七人户	14473	645	875	10098	2852	3
八人户	3070	399	237	1838	595	1
九人户	955	227	83	549	95	1
十人及以上户	1152	759	78	265	50	

5-1a　全区不同规模的家庭户类别(城市)

单位：户

家庭户规模	家庭户户　数	一代户	二代户	三代户	四代户	五代及以上户
总　计	**3586072**	**1865320**	**1518548**	**199607**	**2597**	
一人户	810368	810368				
二人户	1259670	1021468	238202			
三人户	1044616	23090	999863	21663		
四人户	356556	6112	263091	87018	335	
五人户	86115	2288	15242	67641	944	
六人户	24487	1151	1707	20763	866	
七人户	3002	311	311	2005	375	
八人户	676	177	82	359	58	
九人户	221	83	23	101	14	
十人及以上户	361	272	27	57	5	

5-1b　全区不同规模的家庭户类别(镇)

单位：户

家庭户规模	家庭户户数	一代户	二代户	三代户	四代户	五代及以上户
总　计	**2643180**	**1408996**	**1091261**	**140224**	**2698**	**1**
一人户	606031	606031				
二人户	957134	787997	169137			
三人户	694976	10761	670379	13836		
四人户	296707	2528	236468	57521	190	
五人户	64022	903	13798	48454	867	
六人户	20156	304	1214	17684	953	1
七人户	3020	134	172	2153	561	
八人户	637	86	48	405	98	
九人户	212	63	22	111	16	
十人及以上户	285	189	23	60	13	

5-1c　全区不同规模的家庭户类别(乡村)

单位：户

家庭户规模	家庭户户数	一代户	二代户	三代户	四代户	五代及以上户
总　计	**3254705**	**2067852**	**941448**	**237763**	**7636**	**6**
一人户	793332	793332				
二人户	1348740	1186182	162558			
三人户	649970	56854	577035	16081		
四人户	297512	25567	185195	86446	304	
五人户	107287	4821	14370	86191	1905	
六人户	46628	381	1725	41546	2975	1
七人户	8451	200	392	5940	1916	3
八人户	1757	136	107	1074	439	1
九人户	522	81	38	337	65	1
十人及以上户	506	298	28	148	32	

5-2　各地区分年龄、性别的一人户

单位：户

地　区	合　计			14岁及以下		
	合计	男	女	小计	男	女
内蒙古	**2209731**	**1182025**	**1027706**	**68698**	**36500**	**32198**
呼和浩特市	**333608**	**177215**	**156393**	**11417**	**5985**	**5432**
新城区	59529	30036	29493	2282	1188	1094
回民区	36736	19456	17280	612	308	304
玉泉区	48582	26537	22045	1041	522	519
赛罕区	87037	44639	42398	3335	1776	1559
土默特左旗	32442	17588	14854	1437	771	666
托克托县	16683	8636	8047	590	300	290
和林格尔县	16535	9121	7414	824	457	367
清水河县	11872	6761	5111	446	225	221
武川县	13616	7889	5727	453	237	216
呼和浩特经济技术开发区	10576	6552	4024	397	201	196
包头市	**264799**	**136499**	**128300**	**6969**	**3662**	**3307**
东河区	45617	21772	23845	822	435	387
昆都仑区	72051	36231	35820	2112	1117	995
青山区	47632	23754	23878	772	423	349
石拐区	4097	2556	1541	81	43	38
白云鄂博矿区	2849	1705	1144	11	5	6
九原区	18038	9965	8073	393	195	198
土默特右旗	28002	14612	13390	1305	677	628
固阳县	19804	11079	8725	831	446	385
达尔罕茂明安联合旗	10186	5789	4397	252	116	136
包头稀土高新技术产业开发区	16523	9036	7487	390	205	185
乌海市	**57487**	**33203**	**24284**	**1035**	**557**	**478**
海勃湾区	31378	17572	13806	612	324	288
海南区	13246	8495	4751	262	145	117
乌达区	12863	7136	5727	161	88	73
赤峰市	**307420**	**156376**	**151044**	**10574**	**5847**	**4727**
红山区	35395	18013	17382	858	476	382
元宝山区	21596	9947	11649	362	207	155
松山区	42372	21662	20710	1303	728	575
阿鲁科尔沁旗	22065	11440	10625	882	490	392
巴林左旗	34650	16819	17831	1241	677	564
巴林右旗	11378	5827	5551	299	161	138
林西县	20165	9902	10263	1050	540	510
克什克腾旗	16675	9078	7597	499	287	212
翁牛特旗	29180	14447	14733	1492	810	682
喀喇沁旗	17327	9142	8185	492	275	217
宁城县	27967	15297	12670	923	530	393
敖汉旗	28650	14802	13848	1173	666	507

5-2 续表 1

单位：户

地区	合计			14岁及以下		
	合计	男	女	小计	男	女
通辽市	**183908**	**97454**	**86454**	**6615**	**3618**	**2997**
科尔沁区	50766	25282	25484	1595	844	751
科尔沁左翼中旗	25735	14310	11425	1159	617	542
科尔沁左翼后旗	19020	10629	8391	810	441	369
开鲁县	17360	8715	8645	681	378	303
库伦旗	9308	5008	4300	322	194	128
奈曼旗	19319	10259	9060	732	422	310
扎鲁特旗	18629	9731	8898	759	413	346
通辽经济技术开发区	13125	6925	6200	426	232	194
霍林郭勒市	10646	6595	4051	131	77	54
鄂尔多斯市	**197421**	**114213**	**83208**	**5788**	**2996**	**2792**
东胜区	43399	23790	19609	845	447	398
康巴什区	7588	3871	3717	253	134	119
达拉特旗	29989	16861	13128	1069	559	510
准格尔旗	37461	22783	14678	1246	629	617
鄂托克前旗	7863	4318	3545	269	126	143
鄂托克旗	15713	9279	6434	396	207	189
杭锦旗	12378	6737	5641	396	202	194
乌审旗	17587	10996	6591	537	298	239
伊金霍洛旗	25443	15578	9865	777	394	383
呼伦贝尔市	**224201**	**118266**	**105935**	**5678**	**3027**	**2651**
海拉尔区	36597	18236	18361	763	397	366
扎赉诺尔区	9583	4507	5076	120	64	56
阿荣旗	20086	11195	8891	787	427	360
莫力达瓦达斡尔族自治旗	21763	12215	9548	1184	656	528
鄂伦春自治旗	18584	9981	8603	379	190	189
鄂温克族自治旗	14270	7559	6711	261	140	121
陈巴尔虎旗	4848	2737	2111	115	61	54
新巴尔虎左旗	3625	2022	1603	130	77	53
新巴尔虎右旗	4419	2491	1928	140	75	65
满洲里市	14108	7770	6338	282	166	116
牙克石市	33382	16475	16907	490	243	247
扎兰屯市	24896	13394	11502	799	414	385
额尔古纳市	7150	3854	3296	111	56	55
根河市	10890	5830	5060	117	61	56
巴彦淖尔市	**147446**	**81208**	**66238**	**4017**	**2121**	**1896**
临河区	50746	27335	23411	1233	636	597
五原县	20221	11218	9003	559	295	264
磴口县	10358	5832	4526	213	115	98
乌拉特前旗	26484	14361	12123	782	413	369
乌拉特中旗	15348	9114	6234	570	323	247
乌拉特后旗	6473	4032	2441	109	54	55
杭锦后旗	17816	9316	8500	551	285	266

5-2　续表 2　　　　单位：户

地　区	合　计			14岁及以下		
	合计	男	女	小计	男	女
乌兰察布市	**248656**	**133041**	**115615**	**8782**	**4497**	**4285**
集宁区	36475	17473	19002	644	342	302
卓资县	16910	10004	6906	418	227	191
化德县	15183	7902	7281	493	266	227
商都县	26834	13902	12932	1205	590	615
兴和县	25930	13855	12075	1104	573	531
凉城县	20383	11385	8998	750	375	375
察哈尔右翼前旗	19035	10174	8861	579	296	283
察哈尔右翼中旗	15160	8927	6233	343	185	158
察哈尔右翼后旗	17354	9243	8111	779	397	382
四子王旗	21407	12047	9360	846	414	432
丰镇市	33985	18129	15856	1621	832	789
兴安盟	**102143**	**54047**	**48096**	**3811**	**2057**	**1754**
乌兰浩特市	29357	14437	14920	580	317	263
阿尔山市	3213	1681	1532	26	16	10
科尔沁右翼前旗	17205	9618	7587	703	369	334
科尔沁右翼中旗	13133	7135	5998	663	369	294
扎赉特旗	21559	11993	9566	1005	551	454
突泉县	17676	9183	8493	834	435	399
锡林郭勒盟	**112403**	**63053**	**49350**	**3309**	**1768**	**1541**
二连浩特市	5964	3552	2412	95	40	55
锡林浩特市	27208	14670	12538	400	205	195
阿巴嘎旗	4189	2442	1747	119	65	54
苏尼特左旗	4718	3040	1678	207	123	84
苏尼特右旗	7806	4041	3765	174	94	80
东乌珠穆沁旗	6990	3978	3012	284	142	142
西乌珠穆沁旗	9291	5390	3901	362	206	156
太仆寺旗	15254	8388	6866	637	326	311
镶黄旗	3214	1678	1536	80	43	37
正镶白旗	6304	3704	2600	159	84	75
正蓝旗	8915	5083	3832	318	173	145
多伦县	10067	5610	4457	414	229	185
乌拉盖管委会	2483	1477	1006	60	38	22
阿拉善盟	**30239**	**17450**	**12789**	**703**	**365**	**338**
阿拉善左旗	19842	11070	8772	356	187	169
阿拉善右旗	3011	1715	1296	65	34	31
额济纳旗	5004	2821	2183	276	143	133
内蒙古阿拉善经济开发区	2382	1844	538	6	1	5

5-2 续表 3

单位：户

地 区	15-19岁			20-24岁		
	小计	男	女	小计	男	女
内蒙古	**49605**	**27607**	**21998**	**123867**	**71219**	**52648**
呼和浩特市	**7607**	**4269**	**3338**	**26172**	**14363**	**11809**
新城区	1284	702	582	4719	2513	2206
回民区	693	385	308	3239	1803	1436
玉泉区	892	486	406	4608	2493	2115
赛罕区	2522	1427	1095	8358	4380	3978
土默特左旗	523	310	213	1261	749	512
托克托县	418	238	180	836	487	349
和林格尔县	421	230	191	1040	616	424
清水河县	291	163	128	622	390	232
武川县	330	186	144	599	362	237
呼和浩特经济技术开发区	233	142	91	890	570	320
包头市	**5811**	**3053**	**2758**	**13562**	**7918**	**5644**
东河区	686	358	328	1735	977	758
昆都仑区	1180	619	561	4001	2212	1789
青山区	924	515	409	3463	2095	1368
石拐区	61	33	28	172	99	73
白云鄂博矿区	11	5	6	83	58	25
九原区	188	124	64	761	495	266
土默特右旗	1242	634	608	1284	741	543
固阳县	510	277	233	857	488	369
达尔罕茂明安联合旗	168	87	81	354	228	126
包头稀土高新技术产业开发区	841	401	440	852	525	327
乌海市	**926**	**549**	**377**	**2796**	**1776**	**1020**
海勃湾区	497	302	195	1724	1079	645
海南区	201	125	76	574	388	186
乌达区	228	122	106	498	309	189
赤峰市	**8024**	**4675**	**3349**	**17100**	**9982**	**7118**
红山区	953	557	396	3064	1722	1342
元宝山区	476	292	184	973	607	366
松山区	1140	690	450	3363	1929	1434
阿鲁科尔沁旗	649	349	300	1171	679	492
巴林左旗	988	543	445	2046	1113	933
巴林右旗	309	173	136	667	413	254
林西县	534	299	235	897	543	354
克什克腾旗	301	182	119	779	499	280
翁牛特旗	802	472	330	1303	798	505
喀喇沁旗	472	281	191	747	454	293
宁城县	644	385	259	958	550	408
敖汉旗	756	452	304	1132	675	457

5-2 续表 4

单位：户

地　区	15-19岁			20-24岁		
	小计	男	女	小计	男	女
通辽市	**5056**	**2906**	**2150**	**11628**	**6819**	**4809**
科尔沁区	1386	795	591	4099	2276	1823
科尔沁左翼中旗	745	423	322	1262	800	462
科尔沁左翼后旗	466	280	186	821	483	338
开鲁县	544	313	231	1072	640	432
库伦旗	201	115	86	467	280	187
奈曼旗	445	265	180	1048	623	425
扎鲁特旗	633	376	257	1130	621	509
通辽经济技术开发区	364	208	156	917	550	367
霍林郭勒市	272	131	141	812	546	266
鄂尔多斯市	**3790**	**2176**	**1614**	**11544**	**6712**	**4832**
东胜区	900	510	390	3574	1933	1641
康巴什区	120	59	61	681	318	363
达拉特旗	695	405	290	1402	825	577
准格尔旗	790	465	325	1905	1157	748
鄂托克前旗	142	82	60	351	197	154
鄂托克旗	244	137	107	986	612	374
杭锦旗	233	134	99	530	312	218
乌审旗	236	129	107	894	573	321
伊金霍洛旗	430	255	175	1221	785	436
呼伦贝尔市	**4494**	**2427**	**2067**	**9627**	**5422**	**4205**
海拉尔区	819	416	403	2399	1303	1096
扎赉诺尔区	82	48	34	300	167	133
阿荣旗	595	335	260	1015	592	423
莫力达瓦达斡尔族自治旗	619	357	262	1045	591	454
鄂伦春自治旗	387	203	184	611	330	281
鄂温克族自治旗	140	78	62	471	268	203
陈巴尔虎旗	57	31	26	142	83	59
新巴尔虎左旗	56	27	29	128	76	52
新巴尔虎右旗	70	37	33	181	109	72
满洲里市	181	104	77	610	350	260
牙克石市	507	263	244	952	535	417
扎兰屯市	595	332	263	1013	565	448
额尔古纳市	147	74	73	365	226	139
根河市	239	122	117	395	227	168
巴彦淖尔市	**2872**	**1607**	**1265**	**7945**	**4670**	**3275**
临河区	1160	677	483	3661	2133	1528
五原县	378	200	178	974	593	381
磴口县	158	88	70	432	261	171
乌拉特前旗	513	271	242	1151	630	521
乌拉特中旗	238	144	94	667	399	268
乌拉特后旗	82	44	38	263	162	101
杭锦后旗	343	183	160	797	492	305

5−2 续表 5

单位：户

地区	15−19岁			20−24岁		
	小计	男	女	小计	男	女
乌兰察布市	**6175**	**3228**	**2947**	**10719**	**6153**	**4566**
集宁区	1039	502	537	1944	1066	878
卓资县	263	139	124	507	318	189
化德县	410	200	210	686	392	294
商都县	758	380	378	1242	675	567
兴和县	719	410	309	1229	736	493
凉城县	430	238	192	713	408	305
察哈尔右翼前旗	408	202	206	752	438	314
察哈尔右翼中旗	263	156	107	512	318	194
察哈尔右翼后旗	432	236	196	766	443	323
四子王旗	678	343	335	1091	611	480
丰镇市	775	422	353	1277	748	529
兴安盟	**2317**	**1299**	**1018**	**5527**	**3071**	**2456**
乌兰浩特市	712	395	317	2025	1046	979
阿尔山市	32	16	16	105	56	49
科尔沁右翼前旗	347	182	165	764	456	308
科尔沁右翼中旗	330	188	142	685	396	289
扎赉特旗	472	274	198	1080	633	447
突泉县	424	244	180	868	484	384
锡林郭勒盟	**2071**	**1167**	**904**	**5611**	**3282**	**2329**
二连浩特市	68	44	24	287	172	115
锡林浩特市	519	293	226	1652	943	709
阿巴嘎旗	57	33	24	153	77	76
苏尼特左旗	71	39	32	249	170	79
苏尼特右旗	118	63	55	264	146	118
东乌珠穆沁旗	146	88	58	335	191	144
西乌珠穆沁旗	139	80	59	456	280	176
太仆寺旗	364	192	172	616	353	263
镶黄旗	51	25	26	146	90	56
正镶白旗	112	58	54	224	126	98
正蓝旗	135	82	53	453	281	172
多伦县	236	136	100	621	360	261
乌拉盖管委会	55	34	21	155	93	62
阿拉善盟	**462**	**251**	**211**	**1636**	**1051**	**585**
阿拉善左旗	323	185	138	1111	682	429
阿拉善右旗	53	23	30	113	72	41
额济纳旗	69	29	40	242	158	84
内蒙古阿拉善经济开发区	17	14	3	170	139	31

5-2　续表 6　　　　单位：户

地　区	25—29岁			30—34岁			35—39岁		
	小计	男	女	小计	男	女	小计	男	女
内蒙古	**190753**	**119223**	**71530**	**175694**	**115894**	**59800**	**137630**	**90645**	**46985**
呼和浩特市	**40791**	**24379**	**16412**	**32071**	**20146**	**11925**	**22376**	**14318**	**8058**
新城区	7599	4310	3289	6114	3675	2439	4353	2584	1769
回民区	4952	3092	1860	3591	2374	1217	2399	1647	752
玉泉区	7276	4448	2828	5330	3481	1849	3742	2463	1279
赛罕区	12804	7354	5450	9801	5788	4013	6613	3969	2644
土默特左旗	2273	1331	942	2320	1437	883	1761	1149	612
托克托县	1118	686	432	839	573	266	742	534	208
和林格尔县	1335	853	482	1005	646	359	793	525	268
清水河县	843	525	318	646	450	196	516	391	125
武川县	637	412	225	507	346	161	419	309	110
呼和浩特经济技术开发区	1954	1368	586	1918	1376	542	1038	747	291
包头市	**21204**	**13509**	**7695**	**20390**	**13650**	**6740**	**15243**	**10192**	**5051**
东河区	2990	1945	1045	2969	2025	944	2270	1514	756
昆都仑区	6378	3907	2471	6377	4111	2266	4614	2911	1703
青山区	4986	3155	1831	4037	2697	1340	2717	1818	899
石拐区	278	194	84	281	223	58	250	198	52
白云鄂博矿区	165	124	41	229	187	42	146	113	33
九原区	1604	1109	495	1524	1121	403	1094	772	322
土默特右旗	1482	954	528	1540	1048	492	1476	1050	426
固阳县	1152	682	470	1288	750	538	1051	669	382
达尔罕茂明安联合旗	523	307	216	488	314	174	486	342	144
包头稀土高新技术产业开发区	1646	1132	514	1657	1174	483	1139	805	334
乌海市	**4978**	**3431**	**1547**	**5485**	**4043**	**1442**	**4063**	**2981**	**1082**
海勃湾区	3039	1998	1041	3256	2276	980	2246	1568	678
海南区	1137	859	278	1327	1070	257	1099	836	263
乌达区	802	574	228	902	697	205	718	577	141
赤峰市	**22968**	**14434**	**8534**	**23564**	**15079**	**8485**	**17236**	**10330**	**6906**
红山区	4215	2598	1617	3998	2547	1451	2382	1352	1030
元宝山区	1282	868	414	1189	790	399	890	547	343
松山区	5065	3249	1816	4416	2771	1645	2433	1346	1087
阿鲁科尔沁旗	1592	992	600	1889	1257	632	1493	950	543
巴林左旗	2447	1450	997	2513	1417	1096	2924	1511	1413
巴林右旗	836	545	291	871	603	268	658	454	204
林西县	1234	735	499	1197	729	468	959	580	379
克什克腾旗	1055	717	338	1365	979	386	818	588	230
翁牛特旗	1648	1070	578	1949	1260	689	1421	895	526
喀喇沁旗	755	488	267	1019	673	346	758	462	296
宁城县	1417	830	587	1807	1142	665	1290	820	470
敖汉旗	1422	892	530	1351	911	440	1210	825	385

5-2 续表 7

单位：户

地区	25-29岁			30-34岁			35-39岁		
	小计	男	女	小计	男	女	小计	男	女
通辽市	**17432**	**10810**	**6622**	**15402**	**9763**	**5639**	**12858**	**7990**	**4868**
科尔沁区	5395	3139	2256	4539	2674	1865	3521	1984	1537
科尔沁左翼中旗	1993	1279	714	2053	1355	698	2076	1375	701
科尔沁左翼后旗	1239	802	437	1313	889	424	1398	928	470
开鲁县	1308	803	505	987	600	387	851	511	340
库伦旗	706	439	267	677	408	269	618	381	237
奈曼旗	1520	916	604	1240	768	472	1096	699	397
扎鲁特旗	1744	1054	690	1422	939	483	1210	783	427
通辽经济技术开发区	2070	1302	768	1759	1055	704	1106	604	502
霍林郭勒市	1457	1076	381	1412	1075	337	982	725	257
鄂尔多斯市	**19365**	**12505**	**6860**	**18699**	**12856**	**5843**	**14763**	**10393**	**4370**
东胜区	5615	3401	2214	4997	3148	1849	3684	2354	1330
康巴什区	1511	842	669	1093	643	450	655	395	260
达拉特旗	2000	1317	683	1967	1377	590	1752	1302	450
准格尔旗	2929	1978	951	3026	2234	792	2485	1859	626
鄂托克前旗	684	431	253	602	381	221	499	343	156
鄂托克旗	1570	1103	467	1610	1137	473	1245	872	373
杭锦旗	745	490	255	834	578	256	751	502	249
乌审旗	1992	1401	591	1917	1431	486	1551	1145	406
伊金霍洛旗	2319	1542	777	2653	1927	726	2141	1621	520
呼伦贝尔市	**16537**	**9985**	**6552**	**16785**	**10895**	**5890**	**13805**	**8910**	**4895**
海拉尔区	4407	2578	1829	3729	2338	1391	2481	1473	1008
扎赉诺尔区	459	278	181	538	378	160	371	242	129
阿荣旗	1674	1023	651	1621	1038	583	1445	908	537
莫力达瓦达斡尔族自治旗	1626	1009	617	1687	1077	610	1755	1105	650
鄂伦春自治旗	981	587	394	1046	686	360	930	641	289
鄂温克族自治旗	1162	743	419	1259	868	391	1041	700	341
陈巴尔虎旗	296	203	93	386	274	112	388	268	120
新巴尔虎左旗	266	171	95	300	198	102	375	268	107
新巴尔虎右旗	326	186	140	450	322	128	449	306	143
满洲里市	1178	696	482	1384	860	524	980	621	359
牙克石市	1668	1014	654	1741	1087	654	1398	893	505
扎兰屯市	1468	880	588	1712	1117	595	1435	961	474
额尔古纳市	498	302	196	479	345	134	405	281	124
根河市	528	315	213	453	307	146	352	243	109
巴彦淖尔市	**11629**	**8003**	**3626**	**11077**	**8176**	**2901**	**9200**	**6731**	**2469**
临河区	5496	3739	1757	4403	3096	1307	3155	2139	1016
五原县	1243	891	352	1339	1035	304	1255	960	295
磴口县	660	467	193	678	526	152	602	455	147
乌拉特前旗	1512	1007	505	1651	1257	394	1526	1190	336
乌拉特中旗	1012	689	323	1180	902	278	1126	871	255
乌拉特后旗	510	371	139	610	491	119	568	436	132
杭锦后旗	1196	839	357	1216	869	347	968	680	288

5-2 续表 8

单位：户

地区	25-29岁			30-34岁			35-39岁		
	小计	男	女	小计	男	女	小计	男	女
乌兰察布市	**14186**	**8775**	**5411**	**11762**	**7627**	**4135**	**10186**	**6765**	**3421**
集宁区	3416	2028	1388	2710	1762	948	1871	1177	694
卓资县	803	530	273	656	457	199	568	421	147
化德县	846	486	360	702	473	229	578	387	191
商都县	1307	801	506	999	586	413	1083	689	394
兴和县	1404	886	518	1016	630	386	914	618	296
凉城县	800	499	301	679	438	241	578	405	173
察哈尔右翼前旗	1028	702	326	844	585	259	717	521	196
察哈尔右翼中旗	673	422	251	583	396	187	540	388	152
察哈尔右翼后旗	843	528	315	748	494	254	784	524	260
四子王旗	1292	797	495	1035	685	350	1050	700	350
丰镇市	1774	1096	678	1790	1121	669	1503	935	568
兴安盟	**8871**	**5304**	**3567**	**7813**	**4955**	**2858**	**7462**	**4776**	**2686**
乌兰浩特市	3194	1841	1353	2638	1622	1016	2124	1288	836
阿尔山市	205	115	90	222	139	83	218	136	82
科尔沁右翼前旗	1431	917	514	1257	869	388	1174	813	361
科尔沁右翼中旗	1173	730	443	977	648	329	1145	766	379
扎赉特旗	1577	967	610	1682	1077	605	1615	1051	564
突泉县	1291	734	557	1037	600	437	1186	722	464
锡林郭勒盟	**9829**	**6186**	**3643**	**9612**	**6568**	**3044**	**8267**	**5736**	**2531**
二连浩特市	619	419	200	525	382	143	467	332	135
锡林浩特市	3387	2119	1268	2861	1983	878	1811	1212	599
阿巴嘎旗	261	157	104	295	199	96	359	278	81
苏尼特左旗	454	306	148	467	356	111	470	339	131
苏尼特右旗	459	277	182	512	342	170	467	299	168
东乌珠穆沁旗	565	308	257	671	432	239	681	469	212
西乌珠穆沁旗	902	586	316	1076	742	334	913	639	274
太仆寺旗	693	412	281	699	477	222	611	419	192
镶黄旗	241	146	95	278	181	97	258	175	83
正镶白旗	379	236	143	407	296	111	464	365	99
正蓝旗	845	568	277	812	547	265	740	516	224
多伦县	773	501	272	764	473	291	811	550	261
乌拉盖管委会	251	151	100	245	158	87	215	143	72
阿拉善盟	**2963**	**1902**	**1061**	**3034**	**2136**	**898**	**2171**	**1523**	**648**
阿拉善左旗	1860	1188	672	1794	1284	510	1305	903	402
阿拉善右旗	218	141	77	257	179	78	217	148	69
额济纳旗	535	313	222	555	315	240	390	261	129
内蒙古阿拉善经济开发区	350	260	90	428	358	70	259	211	48

5-2 续表 9

单位：户

地区	40-44岁			45-49岁			50-54岁		
	小计	男	女	小计	男	女	小计	男	女
内蒙古	**140810**	**88014**	**52796**	**198022**	**117607**	**80415**	**209831**	**123741**	**86090**
呼和浩特市	**19368**	**11868**	**7500**	**25067**	**14314**	**10753**	**24877**	**14285**	**10592**
新城区	3570	2113	1457	4702	2539	2163	4606	2389	2217
回民区	2153	1322	831	2796	1624	1172	2774	1595	1179
玉泉区	3228	1979	1249	3868	2228	1640	3688	2146	1542
赛罕区	5059	2871	2188	6427	3383	3044	6092	3198	2894
土默特左旗	1706	1145	561	2319	1465	854	2461	1564	897
托克托县	855	564	291	1152	659	493	1251	732	519
和林格尔县	872	561	311	1078	670	408	1091	714	377
清水河县	585	419	166	908	610	298	1021	643	378
武川县	652	461	191	1123	755	368	1219	884	335
呼和浩特经济技术开发区	688	433	255	694	381	313	674	420	254
包头市	**14851**	**9462**	**5389**	**21890**	**12798**	**9092**	**24521**	**14083**	**10438**
东河区	2285	1435	850	3317	1937	1380	4071	2246	1825
昆都仑区	4167	2472	1695	6316	3444	2872	7069	3863	3206
青山区	2437	1496	941	3875	2110	1765	4325	2260	2065
石拐区	245	178	67	400	270	130	478	342	136
白云鄂博矿区	193	135	58	420	265	155	447	309	138
九原区	1141	734	407	1636	1003	633	1738	1081	657
土默特右旗	1401	974	427	1799	1135	664	1977	1233	744
固阳县	1108	747	361	1593	1044	549	1689	1145	544
达尔罕茂明安联合旗	814	592	222	1020	713	307	1043	694	349
包头稀土高新技术产业开发区	1060	699	361	1514	877	637	1684	910	774
乌海市	**4244**	**2918**	**1326**	**6574**	**4203**	**2371**	**6910**	**4349**	**2561**
海勃湾区	2170	1404	766	3441	2080	1361	3551	2156	1395
海南区	1194	876	318	1690	1165	525	1708	1150	558
乌达区	880	638	242	1443	958	485	1651	1043	608
赤峰市	**16377**	**9105**	**7272**	**25711**	**13721**	**11990**	**28626**	**15657**	**12969**
红山区	2030	1082	948	2808	1382	1426	2879	1430	1449
元宝山区	1102	558	544	2218	992	1226	2623	1216	1407
松山区	2232	1086	1146	3354	1594	1760	3487	1801	1686
阿鲁科尔沁旗	1222	758	464	1703	961	742	1936	1072	864
巴林左旗	2520	1228	1292	3541	1754	1787	3224	1712	1512
巴林右旗	635	384	251	1037	655	382	1081	632	449
林西县	939	531	408	1624	936	688	1666	955	711
克什克腾旗	929	625	304	1342	885	457	1603	1021	582
翁牛特旗	1410	845	565	2065	1164	901	2436	1349	1087
喀喇沁旗	757	467	290	1369	761	608	1767	1018	749
宁城县	1349	784	565	2619	1488	1131	3181	1879	1302
敖汉旗	1252	757	495	2031	1149	882	2743	1572	1171

5-2 续表 10

单位：户

地 区	40-44岁			45-49岁			50-54岁		
	小计	男	女	小计	男	女	小计	男	女
通辽市	**13248**	**7620**	**5628**	**16462**	**9197**	**7265**	**17017**	**9650**	**7367**
科尔沁区	3224	1710	1514	4140	2098	2042	4309	2254	2055
科尔沁左翼中旗	2175	1302	873	2460	1443	1017	2398	1454	944
科尔沁左翼后旗	1507	947	560	1941	1176	765	2040	1246	794
开鲁县	1177	634	543	1518	797	721	1694	948	746
库伦旗	657	393	264	829	494	335	919	544	375
奈曼旗	1344	761	583	1903	1102	801	1768	1065	703
扎鲁特旗	1474	880	594	1631	962	669	1732	945	787
通辽经济技术开发区	878	430	448	1043	535	508	1126	537	589
霍林郭勒市	812	563	249	997	590	407	1031	657	374
鄂尔多斯市	**14624**	**9730**	**4894**	**19396**	**12343**	**7053**	**19680**	**12504**	**7176**
东胜区	3343	1986	1357	4209	2396	1813	4025	2321	1704
康巴什区	547	262	285	723	336	387	585	295	290
达拉特旗	2001	1376	625	2560	1640	920	2690	1678	1012
准格尔旗	2450	1773	677	3448	2292	1156	3688	2455	1233
鄂托克前旗	657	426	231	896	591	305	938	575	363
鄂托克旗	1374	956	418	1802	1158	644	1688	1045	643
杭锦旗	971	630	341	1203	752	451	1251	775	476
乌审旗	1404	998	406	1952	1391	561	2001	1427	574
伊金霍洛旗	1877	1323	554	2603	1787	816	2814	1933	881
呼伦贝尔市	**16294**	**10117**	**6177**	**24082**	**14049**	**10033**	**26564**	**15202**	**11362**
海拉尔区	2279	1302	977	3366	1764	1602	3512	1844	1668
扎赉诺尔区	521	326	195	964	564	400	1137	614	523
阿荣旗	1579	941	638	1928	1155	773	2027	1189	838
莫力达瓦达斡尔族自治旗	2072	1263	809	2317	1367	950	2179	1231	948
鄂伦春自治旗	1400	888	512	2166	1271	895	2527	1497	1030
鄂温克族自治旗	1088	702	386	1610	881	729	1755	969	786
陈巴尔虎旗	423	301	122	619	370	249	558	337	221
新巴尔虎左旗	369	250	119	419	276	143	412	215	197
新巴尔虎右旗	487	320	167	580	356	224	486	282	204
满洲里市	1105	710	395	1612	987	625	1738	1102	636
牙克石市	2011	1204	807	3603	2063	1540	4705	2600	2105
扎兰屯市	1673	1074	599	2535	1532	1003	2793	1653	1140
额尔古纳市	533	337	196	849	518	331	833	496	337
根河市	754	499	255	1514	945	569	1902	1173	729
巴彦淖尔市	**10037**	**6623**	**3414**	**13976**	**8496**	**5480**	**14363**	**8374**	**5989**
临河区	3256	1960	1296	4706	2722	1984	4782	2608	2174
五原县	1284	876	408	1790	1104	686	1890	1169	721
磴口县	704	487	217	1073	685	388	1140	664	476
乌拉特前旗	1860	1276	584	2482	1524	958	2590	1545	1045
乌拉特中旗	1366	990	376	1704	1088	616	1588	995	593
乌拉特后旗	615	442	173	786	541	245	736	495	241
杭锦后旗	952	592	360	1435	832	603	1637	898	739

5-2 续表 11

单位：户

地区	40-44岁			45-49岁			50-54岁		
	小计	男	女	小计	男	女	小计	男	女
乌兰察布市	**12674**	**8192**	**4482**	**19098**	**12465**	**6633**	**21161**	**13796**	**7365**
集宁区	2164	1226	938	3017	1663	1354	3218	1771	1447
卓资县	591	425	166	1110	767	343	1347	948	399
化德县	879	542	337	1293	815	478	1446	976	470
商都县	1375	886	489	2231	1475	756	2242	1502	740
兴和县	1244	858	386	1781	1216	565	2130	1474	656
凉城县	775	510	265	1390	927	463	1705	1084	621
察哈尔右翼前旗	828	575	253	1277	924	353	1565	1094	471
察哈尔右翼中旗	786	558	228	1105	851	254	1279	925	354
察哈尔右翼后旗	942	657	285	1428	973	455	1434	953	481
四子王旗	1455	978	477	1935	1278	657	1823	1218	605
丰镇市	1635	977	658	2531	1576	955	2972	1851	1121
兴安盟	**7474**	**4516**	**2958**	**9947**	**5854**	**4093**	**10415**	**5992**	**4423**
乌兰浩特市	2045	1100	945	2708	1427	1281	2955	1521	1434
阿尔山市	242	157	85	407	261	146	449	292	157
科尔沁右翼前旗	1196	789	407	1727	1115	612	1763	1098	665
科尔沁右翼中旗	1128	697	431	1410	802	608	1279	718	561
扎赉特旗	1725	1105	620	2160	1370	790	2185	1326	859
突泉县	1138	668	470	1535	879	656	1784	1037	747
锡林郭勒盟	**9119**	**6202**	**2917**	**11903**	**7805**	**4098**	**11847**	**7499**	**4348**
二连浩特市	509	346	163	754	481	273	680	448	232
锡林浩特市	1947	1249	698	2764	1665	1099	2750	1622	1128
阿巴嘎旗	439	310	129	516	376	140	486	309	177
苏尼特左旗	485	360	125	635	470	165	555	370	185
苏尼特右旗	669	443	226	858	554	304	904	585	319
东乌珠穆沁旗	713	479	234	817	522	295	798	479	319
西乌珠穆沁旗	898	589	309	1041	673	368	975	575	400
太仆寺旗	901	641	260	1353	945	408	1527	1060	467
镶黄旗	313	223	90	354	237	117	316	186	130
正镶白旗	584	454	130	711	504	207	667	464	203
正蓝旗	800	549	251	976	631	345	928	574	354
多伦县	643	398	245	851	549	302	998	656	342
乌拉盖管委会	218	161	57	273	198	75	263	171	92
阿拉善盟	**2500**	**1661**	**839**	**3916**	**2362**	**1554**	**3850**	**2350**	**1500**
阿拉善左旗	1621	1046	575	2542	1496	1046	2542	1467	1075
阿拉善右旗	265	185	80	420	259	161	392	251	141
额济纳旗	402	263	139	646	371	275	614	391	223
内蒙古阿拉善经济开发区	212	167	45	308	236	72	302	241	61

5-2　续表 12　　单位：户

地　区	55-59岁			60-64岁			65岁及以上		
	小计	男	女	小计	男	女	小计	男	女
内蒙古	**195362**	**110435**	**84927**	**165424**	**85143**	**80281**	**554035**	**195997**	**358038**
呼和浩特市	**25662**	**14131**	**11531**	**22510**	**11936**	**10574**	**75690**	**27221**	**48469**
新城区	4701	2372	2329	3911	1869	2042	11688	3782	7906
回民区	2839	1561	1278	2401	1241	1160	8287	2504	5783
玉泉区	3651	2036	1615	2947	1491	1456	8311	2764	5547
赛罕区	6180	3090	3090	4997	2481	2516	14849	4922	9927
土默特左旗	2712	1662	1050	2607	1565	1042	11062	4440	6622
托克托县	1380	796	584	1490	794	696	6012	2273	3739
和林格尔县	1225	748	477	1416	829	587	5435	2272	3163
清水河县	1031	640	391	997	586	411	3966	1719	2247
武川县	1301	905	396	1289	853	436	5087	2179	2908
呼和浩特经济技术开发区	642	321	321	455	227	228	993	366	627
包头市	**24484**	**13317**	**11167**	**19506**	**9608**	**9898**	**76368**	**25247**	**51121**
东河区	4810	2427	2383	4129	1892	2237	15533	4581	10952
昆都仑区	6492	3305	3187	4854	2211	2643	18491	6059	12432
青山区	3991	2004	1987	2891	1265	1626	13214	3916	9298
石拐区	491	350	141	312	189	123	1048	437	611
白云鄂博矿区	358	245	113	127	77	50	659	182	477
九原区	1619	887	732	1378	737	641	4962	1707	3255
土默特右旗	2348	1384	964	2212	1192	1020	9936	3590	6346
固阳县	1847	1225	622	1672	1021	651	6206	2585	3621
达尔罕茂明安联合旗	1012	668	344	887	500	387	3139	1228	1911
包头稀土高新技术产业开发区	1516	822	694	1044	524	520	3180	962	2218
乌海市	**5449**	**3229**	**2220**	**3052**	**1563**	**1489**	**11975**	**3604**	**8371**
海勃湾区	2921	1672	1249	1662	804	858	6259	1909	4350
海南区	1194	771	423	698	404	294	2162	706	1456
乌达区	1334	786	548	692	355	337	3554	989	2565
赤峰市	**28110**	**15212**	**12898**	**27263**	**13571**	**13692**	**81867**	**28763**	**53104**
红山区	2754	1455	1299	2330	1055	1275	7124	2357	4767
元宝山区	2271	1130	1141	1799	829	970	6411	1911	4500
松山区	3368	1795	1573	3106	1502	1604	9105	3171	5934
阿鲁科尔沁旗	1925	1016	909	1933	950	983	5670	1966	3704
巴林左旗	3098	1627	1471	2699	1253	1446	7409	2534	4875
巴林右旗	978	498	480	1021	425	596	2986	884	2102
林西县	1856	991	865	2077	1006	1071	6132	2057	4075
克什克腾旗	1482	858	624	1554	806	748	4948	1631	3317
翁牛特旗	2715	1419	1296	2785	1250	1535	9154	3115	6039
喀喇沁旗	1882	1081	801	1989	1152	837	5320	2030	3290
宁城县	3029	1795	1234	2983	1716	1267	7767	3378	4389
敖汉旗	2752	1547	1205	2987	1627	1360	9841	3729	6112

5-2 续表 13

单位：户

地区	55-59岁			60-64岁			65岁及以上		
	小计	男	女	小计	男	女	小计	男	女
通辽市	**15931**	**8625**	**7306**	**13854**	**6525**	**7329**	**38405**	**13931**	**24474**
科尔沁区	4407	2239	2168	3864	1741	2123	10287	3528	6759
科尔沁左翼中旗	2139	1190	949	1894	901	993	5381	2171	3210
科尔沁左翼后旗	1822	1046	776	1529	750	779	4134	1641	2493
开鲁县	1655	891	764	1498	701	797	4375	1499	2876
库伦旗	851	502	349	786	383	403	2275	875	1400
奈曼旗	1638	934	704	1631	835	796	4954	1869	3085
扎鲁特旗	1489	812	677	1357	616	741	4048	1330	2718
通辽经济技术开发区	1043	515	528	745	358	387	1648	599	1049
霍林郭勒市	887	496	391	550	240	310	1303	419	884
鄂尔多斯市	**15927**	**9649**	**6278**	**12515**	**6862**	**5653**	**41330**	**15487**	**25843**
东胜区	3262	1902	1360	2299	1210	1089	6646	2182	4464
康巴什区	503	222	281	325	159	166	592	206	386
达拉特旗	2572	1615	957	2431	1321	1110	8850	3446	5404
准格尔旗	3107	2037	1070	2725	1685	1040	9662	4219	5443
鄂托克前旗	679	379	300	519	271	248	1627	516	1111
鄂托克旗	1297	742	555	877	450	427	2624	860	1764
杭锦旗	1056	604	452	957	520	437	3451	1238	2213
乌审旗	1346	837	509	908	428	480	2849	938	1911
伊金霍洛旗	2105	1311	794	1474	818	656	5029	1882	3147
呼伦贝尔市	**23955**	**13035**	**10920**	**16732**	**8207**	**8525**	**49648**	**16990**	**32658**
海拉尔区	3274	1563	1711	2462	1093	1369	7106	2165	4941
扎赉诺尔区	1147	551	596	811	368	443	3133	907	2226
阿荣旗	1862	1047	815	1545	804	741	4008	1736	2272
莫力达瓦达斡尔族自治旗	1869	1080	789	1636	834	802	3774	1645	2129
鄂伦春自治旗	2170	1293	877	1341	707	634	4646	1688	2958
鄂温克族自治旗	1540	794	746	1112	504	608	2831	912	1919
陈巴尔虎旗	546	319	227	321	156	165	997	334	663
新巴尔虎左旗	360	194	166	269	131	138	541	139	402
新巴尔虎右旗	451	241	210	288	123	165	511	134	377
满洲里市	1489	831	658	1022	505	517	2527	838	1689
牙克石市	4378	2313	2065	2686	1320	1366	9243	2940	6303
扎兰屯市	2695	1503	1192	2167	1089	1078	6011	2274	3737
额尔古纳市	794	453	341	484	254	230	1652	512	1140
根河市	1380	853	527	588	319	269	2668	766	1902
巴彦淖尔市	**12498**	**7245**	**5253**	**9863**	**5007**	**4856**	**39969**	**14155**	**25814**
临河区	3992	2196	1796	3154	1457	1697	11748	3972	7776
五原县	1766	1069	697	1317	714	603	6426	2312	4114
磴口县	966	566	400	769	466	303	2963	1052	1911
乌拉特前旗	2191	1308	883	1837	976	861	8389	2964	5425
乌拉特中旗	1369	825	544	1003	548	455	3525	1340	2185
乌拉特后旗	600	393	207	428	205	223	1166	398	768
杭锦后旗	1614	888	726	1355	641	714	5752	2117	3635

5-2 续表 14

单位：户

地 区	55-59岁			60-64岁			65岁及以上		
	小计	男	女	小计	男	女	小计	男	女
乌兰察布市	**21226**	**13339**	**7887**	**22879**	**13648**	**9231**	**89808**	**34556**	**55252**
集宁区	3170	1736	1434	2812	1357	1455	10470	2843	7627
卓资县	1555	1074	481	1943	1344	599	7149	3354	3795
化德县	1283	764	519	1521	773	748	5046	1828	3218
商都县	2157	1337	820	2130	1259	871	10105	3722	6383
兴和县	2012	1294	718	2283	1333	950	10094	3827	6267
凉城县	1816	1162	654	2272	1467	805	8475	3872	4603
察哈尔右翼前旗	1560	1030	530	1749	1060	689	7728	2747	4981
察哈尔右翼中旗	1425	997	428	1692	1154	538	5959	2577	3382
察哈尔右翼后旗	1403	908	495	1514	904	610	6281	2226	4055
四子王旗	1879	1226	653	1792	1099	693	6531	2698	3833
丰镇市	2966	1811	1155	3171	1898	1273	11970	4862	7108
兴安盟	**9749**	**5182**	**4567**	**8303**	**3832**	**4471**	**20454**	**7209**	**13245**
乌兰浩特市	2845	1360	1485	2080	872	1208	5451	1648	3803
阿尔山市	380	221	159	204	100	104	723	172	551
科尔沁右翼前旗	1694	933	761	1515	717	798	3634	1360	2274
科尔沁右翼中旗	1108	581	527	1086	472	614	2149	768	1381
扎赉特旗	2002	1154	848	1777	851	926	4279	1634	2645
突泉县	1720	933	787	1641	820	821	4218	1627	2591
锡林郭勒盟	**9707**	**5882**	**3825**	**7469**	**3652**	**3817**	**23659**	**7306**	**16353**
二连浩特市	551	379	172	334	177	157	1075	332	743
锡林浩特市	2286	1270	1016	1572	721	851	5259	1388	3871
阿巴嘎旗	439	280	159	276	141	135	789	217	572
苏尼特左旗	358	247	111	207	106	101	560	154	406
苏尼特右旗	783	457	326	579	257	322	2019	524	1495
东乌珠穆沁旗	625	354	271	452	220	232	903	294	609
西乌珠穆沁旗	689	406	283	525	246	279	1315	368	947
太仆寺旗	1423	937	486	1338	729	609	5092	1897	3195
镶黄旗	239	131	108	238	82	156	700	159	541
正镶白旗	559	344	215	460	238	222	1578	535	1043
正蓝旗	687	400	287	549	260	289	1672	502	1170
多伦县	862	546	316	784	400	384	2310	812	1498
乌拉盖管委会	206	131	75	155	75	80	387	124	263
阿拉善盟	**2664**	**1589**	**1075**	**1478**	**732**	**746**	**4862**	**1528**	**3334**
阿拉善左旗	1789	1013	776	1027	488	539	3572	1131	2441
阿拉善右旗	261	165	96	159	84	75	591	174	417
额济纳旗	429	268	161	234	120	114	612	189	423
内蒙古阿拉善经济开发区	185	143	42	58	40	18	87	34	53

5-2a 各地区分年龄、性别的一人户(城市)

单位：户

地区	合计			14岁及以下		
	合计	男	女	小计	男	女
内蒙古	**810368**	**409210**	**401158**	**18693**	**9880**	**8813**
呼和浩特市	**201301**	**102531**	**98770**	**6089**	**3165**	**2924**
新城区	52117	25588	26529	1978	1028	950
回民区	35369	18550	16819	585	293	292
玉泉区	43529	23428	20101	849	425	424
赛罕区	70286	34965	35321	2677	1419	1258
包头市	**169477**	**83811**	**85666**	**3477**	**1860**	**1617**
东河区	39262	18280	20982	560	300	260
昆都仑区	68314	33996	34318	1994	1066	928
青山区	45682	22574	23108	725	400	325
石拐区	2145	1231	914	37	14	23
白云鄂博矿区	2849	1705	1144	11	5	6
九原区	11225	6025	5200	150	75	75
乌海市	**49421**	**27400**	**22021**	**920**	**494**	**426**
海勃湾区	28781	15736	13045	560	293	267
海南区	8279	4864	3415	207	117	90
乌达区	12361	6800	5561	153	84	69
赤峰市	**68897**	**33583**	**35314**	**1455**	**814**	**641**
红山区	32776	16571	16205	768	430	338
元宝山区	14451	6398	8053	233	132	101
松山区	21670	10614	11056	454	252	202
通辽市	**45080**	**22737**	**22343**	**1021**	**537**	**484**
科尔沁区	35360	16607	18753	902	464	438
霍林郭勒市	9720	6130	3590	119	73	46
鄂尔多斯市	**47697**	**25323**	**22374**	**1023**	**546**	**477**
东胜区	39985	21374	18611	764	409	355
康巴什区	7588	3871	3717	253	134	119
鄂托克旗	124	78	46	6	3	3
呼伦贝尔市	**93933**	**46564**	**47369**	**1707**	**894**	**813**
海拉尔区	35260	17513	17747	729	377	352
扎赉诺尔区	8679	4019	4660	109	60	49
满洲里市	13503	7451	6052	267	157	110
牙克石市	14761	6709	8052	253	129	124
扎兰屯市	12068	5988	6080	217	102	115
额尔古纳市	4091	2035	2056	71	36	35
根河市	5571	2849	2722	61	33	28
巴彦淖尔市	**32632**	**17127**	**15505**	**707**	**365**	**342**
临河区	32632	17127	15505	707	365	342
乌兰察布市	**45985**	**21983**	**24002**	**1415**	**746**	**669**
集宁区	31193	14725	16468	495	268	227
丰镇市	14792	7258	7534	920	478	442
兴安盟	**26292**	**12613**	**13679**	**456**	**251**	**205**
乌兰浩特市	24349	11606	12743	442	243	199
阿尔山市	1943	1007	936	14	8	6
锡林郭勒盟	**29653**	**15538**	**14115**	**423**	**208**	**215**
二连浩特市	5548	3258	2290	81	32	49
锡林浩特市	24105	12280	11825	342	176	166

5-2a　续表 1　　　　单位：户

地　区	15-19岁			20-24岁		
	小计	男	女	小计	男	女
内蒙古	**16988**	**9378**	**7610**	**58926**	**32437**	**26489**
呼和浩特市	**4675**	**2575**	**2100**	**19243**	**10166**	**9077**
新城区	1119	608	511	4267	2249	2018
回民区	676	375	301	3166	1750	1416
玉泉区	770	411	359	4368	2338	2030
赛罕区	2110	1181	929	7442	3829	3613
包头市	**2653**	**1424**	**1229**	**9472**	**5469**	**4003**
东河区	496	259	237	1539	868	671
昆都仑区	1102	569	533	3818	2100	1718
青山区	893	490	403	3397	2051	1346
石拐区	38	24	14	93	51	42
白云鄂博矿区	11	5	6	83	58	25
九原区	113	77	36	542	341	201
乌海市	**801**	**477**	**324**	**2423**	**1481**	**942**
海勃湾区	463	279	184	1583	965	618
海南区	122	79	43	355	216	139
乌达区	216	119	97	485	300	185
赤峰市	**1755**	**1044**	**711**	**5795**	**3245**	**2550**
红山区	883	518	365	2920	1631	1289
元宝山区	315	194	121	681	421	260
松山区	557	332	225	2194	1193	1001
通辽市	**1226**	**664**	**562**	**3982**	**2244**	**1738**
科尔沁区	966	538	428	3198	1714	1484
霍林郭勒市	260	126	134	784	530	254
鄂尔多斯市	**962**	**541**	**421**	**4144**	**2180**	**1964**
东胜区	839	479	360	3451	1853	1598
康巴什区	120	59	61	681	318	363
鄂托克旗	3	3		12	9	3
呼伦贝尔市	**1835**	**972**	**863**	**4790**	**2623**	**2167**
海拉尔区	788	407	381	2342	1270	1072
扎赉诺尔区	60	34	26	259	144	115
满洲里市	169	98	71	592	341	251
牙克石市	315	161	154	506	269	237
扎兰屯市	293	160	133	637	332	305
额尔古纳市	69	38	31	237	144	93
根河市	141	74	67	217	123	94
巴彦淖尔市	**810**	**477**	**333**	**2946**	**1696**	**1250**
临河区	810	477	333	2946	1696	1250
乌兰察布市	**1080**	**542**	**538**	**2323**	**1296**	**1027**
集宁区	773	386	387	1758	948	810
丰镇市	307	156	151	565	348	217
兴安盟	**643**	**351**	**292**	**1962**	**982**	**980**
乌兰浩特市	628	347	281	1885	945	940
阿尔山市	15	4	11	77	37	40
锡林郭勒盟	**548**	**311**	**237**	**1846**	**1055**	**791**
二连浩特市	61	41	20	272	161	111
锡林浩特市	487	270	217	1574	894	680

5-2a 续表 2 单位：户

地区	25-29岁			30-34岁			35-39岁		
	小计	男	女	小计	男	女	小计	男	女
内蒙古	**95504**	**58031**	**37473**	**80753**	**51581**	**29172**	**54655**	**33999**	**20656**
呼和浩特市	**30218**	**17621**	**12597**	**22697**	**13840**	**8857**	**15161**	**9294**	**5867**
新城区	7000	3930	3070	5553	3309	2244	3823	2218	1605
回民区	4783	2965	1818	3437	2245	1192	2318	1580	738
玉泉区	6862	4157	2705	4949	3188	1761	3338	2156	1182
赛罕区	11573	6569	5004	8758	5098	3660	5682	3340	2342
包头市	**15277**	**9644**	**5633**	**14071**	**9365**	**4706**	**9855**	**6394**	**3461**
东河区	2651	1697	954	2550	1708	842	1922	1263	659
昆都仑区	6160	3768	2392	6100	3924	2176	4362	2730	1632
青山区	4892	3086	1806	3919	2608	1311	2598	1723	875
石拐区	136	93	43	132	107	25	104	77	27
白云鄂博矿区	165	124	41	229	187	42	146	113	33
九原区	1273	876	397	1141	831	310	723	488	235
乌海市	**4352**	**2933**	**1419**	**4674**	**3369**	**1305**	**3369**	**2397**	**972**
海勃湾区	2869	1863	1006	3037	2103	934	2067	1424	643
海南区	706	512	194	761	592	169	615	426	189
乌达区	777	558	219	876	674	202	687	547	140
赤峰市	**8618**	**5400**	**3218**	**7855**	**4911**	**2944**	**4476**	**2480**	**1996**
红山区	4036	2473	1563	3829	2429	1400	2255	1273	982
元宝山区	976	662	314	943	621	322	638	387	251
松山区	3606	2265	1341	3083	1861	1222	1583	820	763
通辽市	**5861**	**3548**	**2313**	**4966**	**3114**	**1852**	**3583**	**2137**	**1446**
科尔沁区	4452	2507	1945	3606	2074	1532	2661	1455	1206
霍林郭勒市	1409	1041	368	1360	1040	320	922	682	240
鄂尔多斯市	**6937**	**4102**	**2835**	**5809**	**3559**	**2250**	**4085**	**2533**	**1552**
东胜区	5414	3252	2162	4705	2908	1797	3427	2138	1289
康巴什区	1511	842	669	1093	643	450	655	395	260
鄂托克旗	12	8	4	11	8	3	3		3
呼伦贝尔市	**8569**	**5037**	**3532**	**8119**	**5158**	**2961**	**5504**	**3375**	**2129**
海拉尔区	4334	2532	1802	3659	2297	1362	2415	1433	982
扎赉诺尔区	418	252	166	516	365	151	342	219	123
满洲里市	1160	687	473	1358	840	518	952	607	345
牙克石市	946	579	367	961	604	357	646	385	261
扎兰屯市	1021	591	430	1035	647	388	723	443	280
额尔古纳市	359	207	152	318	221	97	234	155	79
根河市	331	189	142	272	184	88	192	133	59
巴彦淖尔市	**4613**	**3102**	**1511**	**3513**	**2422**	**1091**	**2248**	**1416**	**832**
临河区	4613	3102	1511	3513	2422	1091	2248	1416	832
乌兰察布市	**4111**	**2468**	**1643**	**3484**	**2238**	**1246**	**2491**	**1539**	**952**
集宁区	3135	1850	1285	2505	1626	879	1693	1069	624
丰镇市	976	618	358	979	612	367	798	470	328
兴安盟	**3103**	**1751**	**1352**	**2484**	**1496**	**988**	**1889**	**1120**	**769**
乌兰浩特市	2939	1664	1275	2327	1392	935	1769	1051	718
阿尔山市	164	87	77	157	104	53	120	69	51
锡林郭勒盟	**3845**	**2425**	**1420**	**3081**	**2109**	**972**	**1994**	**1314**	**680**
二连浩特市	604	408	196	490	360	130	430	303	127
锡林浩特市	3241	2017	1224	2591	1749	842	1564	1011	553

5-2a 续表 3

单位：户

地区	40-44岁			45-49岁			50-54岁		
	小计	男	女	小计	男	女	小计	男	女
内蒙古	**50172**	**28799**	**21373**	**70174**	**37457**	**32717**	**72571**	**38276**	**34295**
呼和浩特市	**12053**	**6917**	**5136**	**14952**	**7858**	**7094**	**14273**	**7303**	**6970**
新城区	3073	1750	1323	3960	2034	1926	3908	1902	2006
回民区	2057	1247	810	2666	1528	1138	2647	1497	1150
玉泉区	2863	1715	1148	3402	1900	1502	3198	1798	1400
赛罕区	4060	2205	1855	4924	2396	2528	4520	2106	2414
包头市	**9160**	**5531**	**3629**	**13981**	**7676**	**6305**	**15982**	**8626**	**7356**
东河区	1963	1211	752	2846	1641	1205	3536	1897	1639
昆都仑区	3885	2280	1605	5909	3164	2745	6622	3568	3054
青山区	2314	1409	905	3684	1974	1710	4092	2103	1989
石拐区	103	73	30	183	116	67	253	165	88
白云鄂博矿区	193	135	58	420	265	155	447	309	138
九原区	702	423	279	939	516	423	1032	584	448
乌海市	**3501**	**2317**	**1184**	**5484**	**3386**	**2098**	**5742**	**3462**	**2280**
海勃湾区	1937	1219	718	3098	1822	1276	3160	1856	1304
海南区	727	497	230	1023	667	356	1004	617	387
乌达区	837	601	236	1363	897	466	1578	989	589
赤峰市	**4052**	**1940**	**2112**	**5928**	**2627**	**3301**	**5940**	**2722**	**3218**
红山区	1891	984	907	2575	1245	1330	2640	1274	1366
元宝山区	794	369	425	1532	634	898	1729	770	959
松山区	1367	587	780	1821	748	1073	1571	678	893
通辽市	**2989**	**1642**	**1347**	**3695**	**1793**	**1902**	**3661**	**1877**	**1784**
科尔沁区	2228	1109	1119	2794	1249	1545	2749	1279	1470
霍林郭勒市	761	533	228	901	544	357	912	598	314
鄂尔多斯市	**3593**	**2018**	**1575**	**4474**	**2389**	**2085**	**4166**	**2275**	**1891**
东胜区	3042	1753	1289	3742	2046	1696	3567	1971	1596
康巴什区	547	262	285	723	336	387	585	295	290
鄂托克旗	4	3	1	9	7	2	14	9	5
呼伦贝尔市	**6008**	**3486**	**2522**	**9505**	**5142**	**4363**	**10456**	**5551**	**4905**
海拉尔区	2189	1245	944	3221	1665	1556	3336	1728	1608
扎赉诺尔区	467	286	181	896	513	383	1000	528	472
满洲里市	1073	686	387	1562	951	611	1661	1053	608
牙克石市	866	446	420	1516	739	777	1817	825	992
扎兰屯市	777	457	320	1189	642	547	1332	704	628
额尔古纳市	285	155	130	414	227	187	434	213	221
根河市	351	211	140	707	405	302	876	500	376
巴彦淖尔市	**2157**	**1157**	**1000**	**3002**	**1542**	**1460**	**2875**	**1363**	**1512**
临河区	2157	1157	1000	3002	1542	1460	2875	1363	1512
乌兰察布市	**2761**	**1565**	**1196**	**3852**	**2132**	**1720**	**4060**	**2218**	**1842**
集宁区	1913	1081	832	2587	1401	1186	2656	1422	1234
丰镇市	848	484	364	1265	731	534	1404	796	608
兴安盟	**1843**	**979**	**864**	**2386**	**1245**	**1141**	**2550**	**1280**	**1270**
乌兰浩特市	1704	891	813	2151	1088	1063	2296	1119	1177
阿尔山市	139	88	51	235	157	78	254	161	93
锡林郭勒盟	**2055**	**1247**	**808**	**2915**	**1667**	**1248**	**2866**	**1599**	**1267**
二连浩特市	467	315	152	696	433	263	627	409	218
锡林浩特市	1588	932	656	2219	1234	985	2239	1190	1049

5-2a 续表 4

单位：户

地　区	55-59岁			60-64岁			65岁及以上		
	小计	男	女	小计	男	女	小计	男	女
内蒙古	**67991**	**34285**	**33706**	**51131**	**23252**	**27879**	**172810**	**51835**	**120975**
呼和浩特市	**14503**	**7169**	**7334**	**11805**	**5529**	**6276**	**35632**	**11094**	**24538**
新城区	4024	1936	2088	3334	1490	1844	10078	3134	6944
回民区	2711	1474	1237	2319	1191	1128	8004	2405	5599
玉泉区	3197	1742	1455	2563	1259	1304	7170	2339	4831
赛罕区	4571	2017	2554	3589	1589	2000	10380	3216	7164
包头市	**15594**	**7817**	**7777**	**11889**	**5318**	**6571**	**48066**	**14687**	**33379**
东河区	4180	2044	2136	3528	1537	1991	13491	3855	9636
昆都仑区	6070	3034	3036	4552	2038	2514	17740	5755	11985
青山区	3789	1862	1927	2724	1169	1555	12655	3699	8956
石拐区	265	174	91	186	104	82	615	233	382
白云鄂博矿区	358	245	113	127	77	50	659	182	477
九原区	932	458	474	772	393	379	2906	963	1943
乌海市	**4629**	**2604**	**2025**	**2631**	**1299**	**1332**	**10895**	**3181**	**7714**
海勃湾区	2617	1452	1165	1511	710	801	5879	1750	4129
海南区	739	409	330	457	252	205	1563	480	1083
乌达区	1273	743	530	663	337	326	3453	951	2502
赤峰市	**5245**	**2566**	**2679**	**4053**	**1755**	**2298**	**13725**	**4079**	**9646**
红山区	2503	1293	1210	2058	926	1132	6418	2095	4323
元宝山区	1405	675	730	965	413	552	4240	1120	3120
松山区	1337	598	739	1030	416	614	3067	864	2203
通辽市	**3597**	**1726**	**1871**	**2807**	**1173**	**1634**	**7692**	**2282**	**5410**
科尔沁区	2840	1297	1543	2358	975	1383	6606	1946	4660
霍林郭勒市	757	429	328	449	198	251	1086	336	750
鄂尔多斯市	**3399**	**1846**	**1553**	**2413**	**1214**	**1199**	**6692**	**2120**	**4572**
东胜区	2883	1615	1268	2075	1047	1028	6076	1903	4173
康巴什区	503	222	281	325	159	166	592	206	386
鄂托克旗	13	9	4	13	8	5	24	11	13
呼伦贝尔市	**9872**	**4890**	**4982**	**6869**	**3112**	**3757**	**20699**	**6324**	**14375**
海拉尔区	3114	1467	1647	2365	1039	1326	6768	2053	4715
扎赉诺尔区	1023	479	544	740	321	419	2849	818	2031
满洲里市	1424	797	627	968	477	491	2317	757	1560
牙克石市	1888	882	1006	1223	545	678	3824	1145	2679
扎兰屯市	1315	665	650	940	410	530	2589	835	1754
额尔古纳市	427	213	214	274	129	145	969	297	672
根河市	681	387	294	359	191	168	1383	419	964
巴彦淖尔市	**2370**	**1149**	**1221**	**1728**	**744**	**984**	**5663**	**1694**	**3969**
临河区	2370	1149	1221	1728	744	984	5663	1694	3969
乌兰察布市	**3924**	**2086**	**1838**	**3512**	**1655**	**1857**	**12972**	**3498**	**9474**
集宁区	2627	1387	1240	2304	1068	1236	8747	2219	6528
丰镇市	1297	699	598	1208	587	621	4225	1279	2946
兴安盟	**2440**	**1134**	**1306**	**1721**	**691**	**1030**	**4815**	**1333**	**3482**
乌兰浩特市	2217	1000	1217	1606	631	975	4385	1235	3150
阿尔山市	223	134	89	115	60	55	430	98	332
锡林郭勒盟	**2418**	**1298**	**1120**	**1703**	**762**	**941**	**5959**	**1543**	**4416**
二连浩特市	487	328	159	301	157	144	1032	311	721
锡林浩特市	1931	970	961	1402	605	797	4927	1232	3695

5-2b　各地区分年龄、性别的一人户(镇)

单位：户

地　区	合　计			14岁及以下		
	合计	男	女	小计	男	女
内蒙古	**606031**	**314683**	**291348**	**17056**	**8930**	**8126**
呼和浩特市	**42187**	**23059**	**19128**	**1482**	**783**	**699**
新城区	345	192	153	14	6	8
回民区						
玉泉区						
赛罕区	320	164	156	15	7	8
土默特左旗	10814	5769	5045	295	163	132
托克托县	5455	2615	2840	169	83	86
和林格尔县	6125	3289	2836	279	159	120
清水河县	3309	1748	1561	132	70	62
武川县	5243	2730	2513	181	94	87
呼和浩特经济技术开发区	10576	6552	4024	397	201	196
包头市	**39721**	**21059**	**18662**	**964**	**506**	**458**
东河区	1820	1076	744	47	27	20
昆都仑区	24	20	4	1	1	
青山区	219	143	76	2	1	1
石拐区	770	613	157	3		3
白云鄂博矿区						
九原区	1445	901	544	43	26	17
土默特右旗	9514	4504	5010	240	128	112
固阳县	6016	3038	2978	169	87	82
达尔罕茂明安联合旗	4098	2155	1943	85	38	47
包头稀土高新技术产业开发区	15815	8609	7206	374	198	176
乌海市	**3433**	**2598**	**835**	**33**	**17**	**16**
海勃湾区	286	197	89	4	2	2
海南区	2645	2065	580	21	11	10
乌达区	502	336	166	8	4	4
赤峰市	**81650**	**38418**	**43232**	**2472**	**1321**	**1151**
红山区	1614	930	684	52	24	28
元宝山区	2417	1206	1211	42	27	15
松山区	1699	870	829	53	29	24
阿鲁科尔沁旗	7436	3418	4018	240	135	105
巴林左旗	15107	6793	8314	364	203	161
巴林右旗	6402	3068	3334	135	77	58
林西县	9158	4280	4878	413	208	205
克什克腾旗	5887	2752	3135	114	61	53
翁牛特旗	9297	4405	4892	332	181	151
喀喇沁旗	6215	3017	3198	152	82	70
宁城县	8871	4175	4696	325	168	157
敖汉旗	7547	3504	4043	250	126	124

5-2b 续表 1

单位：户

地区	合计			14岁及以下		
	合计	男	女	小计	男	女
通辽市	**63909**	**31924**	**31985**	**1776**	**951**	**825**
科尔沁区	3858	2121	1737	121	63	58
科尔沁左翼中旗	9385	4681	4704	276	141	135
科尔沁左翼后旗	8076	4045	4031	202	105	97
开鲁县	7781	3676	4105	166	86	80
库伦旗	5127	2586	2541	155	91	64
奈曼旗	8390	4135	4255	276	149	127
扎鲁特旗	9688	4650	5038	223	116	107
通辽经济技术开发区	11584	6015	5569	357	200	157
霍林郭勒市	20	15	5			
鄂尔多斯市	**81910**	**46652**	**35258**	**2060**	**1047**	**1013**
东胜区	459	295	164	10	5	5
康巴什区						
达拉特旗	13956	7422	6534	467	239	228
准格尔旗	19181	10954	8227	482	245	237
鄂托克前旗	4248	2180	2068	77	32	45
鄂托克旗	11676	6846	4830	280	154	126
杭锦旗	6097	3044	3053	116	60	56
乌审旗	10643	6747	3896	224	116	108
伊金霍洛旗	15650	9164	6486	404	196	208
呼伦贝尔市	**75188**	**38891**	**36297**	**1462**	**752**	**710**
海拉尔区	167	91	76	4	3	1
扎赉诺尔区	904	488	416	11	4	7
阿荣旗	9926	5062	4864	283	144	139
莫力达瓦达斡尔族自治旗	7400	3674	3726	323	157	166
鄂伦春自治旗	13841	7028	6813	220	117	103
鄂温克族自治旗	10020	5162	4858	160	86	74
陈巴尔虎旗	3284	1745	1539	65	38	27
新巴尔虎左旗	1676	827	849	22	8	14
新巴尔虎右旗	2579	1289	1290	48	23	25
满洲里市	605	319	286	15	9	6
牙克石市	15823	8230	7593	182	93	89
扎兰屯市	2100	1123	977	58	37	21
额尔古纳市	1597	907	690	19	8	11
根河市	5266	2946	2320	52	25	27
巴彦淖尔市	**47307**	**25028**	**22279**	**1126**	**601**	**525**
临河区	1225	678	547	40	21	19
五原县	8153	4421	3732	146	77	69
磴口县	5353	2832	2521	72	33	39
乌拉特前旗	11991	6027	5964	228	121	107
乌拉特中旗	8310	4612	3698	335	190	145
乌拉特后旗	3576	2017	1559	49	21	28
杭锦后旗	8699	4441	4258	256	138	118

5-2b 续表 2

单位：户

地 区	合 计			14岁及以下		
	合计	男	女	小计	男	女
乌兰察布市	**64213**	**32201**	**32012**	**2777**	**1396**	**1381**
集宁区	1140	581	559	28	14	14
卓资县	5574	2951	2623	169	89	80
化德县	7196	3464	3732	210	114	96
商都县	9505	4559	4946	601	289	312
兴和县	7453	3727	3726	393	196	197
凉城县	6056	2913	3143	301	156	145
察哈尔右翼前旗	5966	2993	2973	223	122	101
察哈尔右翼中旗	3785	1874	1911	103	55	48
察哈尔右翼后旗	6748	3424	3324	312	145	167
四子王旗	9269	4826	4443	391	191	200
丰镇市	1521	889	632	46	25	21
兴安盟	**36102**	**17739**	**18363**	**1115**	**601**	**514**
乌兰浩特市	2086	1061	1025	16	7	9
阿尔山市	987	509	478	5	3	2
科尔沁右翼前旗	5542	2763	2779	105	62	43
科尔沁右翼中旗	7827	3970	3857	281	152	129
扎赉特旗	11359	5617	5742	361	206	155
突泉县	8301	3819	4482	347	171	176
锡林郭勒盟	**47533**	**24731**	**22802**	**1302**	**710**	**592**
二连浩特市	212	180	32	1		1
锡林浩特市	1088	950	138	2	1	1
阿巴嘎旗	2623	1326	1297	47	30	17
苏尼特左旗	2484	1290	1194	146	88	58
苏尼特右旗	6237	3058	3179	88	50	38
东乌珠穆沁旗	5217	2748	2469	183	88	95
西乌珠穆沁旗	6267	3123	3144	217	122	95
太仆寺旗	5364	2591	2773	145	65	80
镶黄旗	2248	1072	1176	34	19	15
正镶白旗	2915	1541	1374	58	37	21
正蓝旗	4866	2552	2314	135	75	60
多伦县	5832	3061	2771	203	111	92
乌拉盖管委会	2180	1239	941	43	24	19
阿拉善盟	**22878**	**12383**	**10495**	**487**	**245**	**242**
阿拉善左旗	14558	7487	7071	205	101	104
阿拉善右旗	2257	1214	1043	33	17	16
额济纳旗	3812	1942	1870	244	126	118
内蒙古阿拉善经济开发区	2251	1740	511	5	1	4

5-2b 续表 3

单位：户

地　区	15-19岁			20-24岁		
	小计	男	女	小计	男	女
内蒙古	**12975**	**7214**	**5761**	**33158**	**19415**	**13743**
呼和浩特市	**879**	**517**	**362**	**2646**	**1615**	**1031**
新城区	7	2	5	9	6	3
回民区						
玉泉区						
赛罕区	3	1	2	12	10	2
土默特左旗	133	85	48	506	288	218
托克托县	127	74	53	319	187	132
和林格尔县	166	92	74	548	327	221
清水河县	68	38	30	126	82	44
武川县	142	83	59	236	145	91
呼和浩特经济技术开发区	233	142	91	890	570	320
包头市	**1566**	**750**	**816**	**1742**	**1040**	**702**
东河区	70	37	33	44	22	22
昆都仑区				1	1	
青山区	2	2		13	9	4
石拐区	3	2	1	22	16	6
白云鄂博矿区						
九原区	14	11	3	46	38	8
土默特右旗	543	248	295	438	230	208
固阳县	80	42	38	208	117	91
达尔罕茂明安联合旗	39	25	14	161	102	59
包头稀土高新技术产业开发区	815	383	432	809	505	304
乌海市	**48**	**22**	**26**	**140**	**108**	**32**
海勃湾区				12	9	3
海南区	36	19	17	115	90	25
乌达区	12	3	9	13	9	4
赤峰市	**2272**	**1289**	**983**	**4885**	**2830**	**2055**
红山区	48	26	22	89	59	30
元宝山区	53	30	23	106	67	39
松山区	34	21	13	84	57	27
阿鲁科尔沁旗	219	118	101	562	313	249
巴林左旗	468	266	202	1069	569	500
巴林右旗	203	111	92	473	298	175
林西县	230	124	106	469	286	183
克什克腾旗	126	74	52	330	187	143
翁牛特旗	204	124	80	439	273	166
喀喇沁旗	196	111	85	364	221	143
宁城县	266	155	111	424	240	184
敖汉旗	225	129	96	476	260	216

5-2b　续表 4　　　　单位：户

地　　区	15-19岁			20-24岁		
	小计	男	女	小计	男	女
通辽市	**1712**	**1010**	**702**	**4681**	**2670**	**2011**
科尔沁区	88	51	37	394	245	149
科尔沁左翼中旗	210	129	81	482	265	217
科尔沁左翼后旗	183	118	65	483	272	211
开鲁县	220	125	95	664	368	296
库伦旗	111	68	43	306	173	133
奈曼旗	249	145	104	682	392	290
扎鲁特旗	323	187	136	815	447	368
通辽经济技术开发区	327	187	140	855	508	347
霍林郭勒市	1		1			
鄂尔多斯市	**1310**	**769**	**541**	**4797**	**2934**	**1863**
东胜区	4	1	3	14	8	6
康巴什区						
达拉特旗	359	203	156	834	493	341
准格尔旗	358	210	148	1079	636	443
鄂托克前旗	42	27	15	240	136	104
鄂托克旗	183	105	78	793	488	305
杭锦旗	65	41	24	296	178	118
乌审旗	105	56	49	656	429	227
伊金霍洛旗	194	126	68	885	566	319
呼伦贝尔市	**1226**	**675**	**551**	**2870**	**1640**	**1230**
海拉尔区	6	1	5	2	1	1
扎赉诺尔区	22	14	8	41	23	18
阿荣旗	307	181	126	647	371	276
莫力达瓦达斡尔族自治旗	189	105	84	451	256	195
鄂伦春自治旗	237	124	113	443	228	215
鄂温克族自治旗	84	43	41	350	208	142
陈巴尔虎旗	28	12	16	100	59	41
新巴尔虎左旗	13	7	6	58	34	24
新巴尔虎右旗	29	17	12	99	54	45
满洲里市	12	6	6	18	9	9
牙克石市	148	83	65	365	214	151
扎兰屯市	42	29	13	69	47	22
额尔古纳市	17	8	9	55	35	20
根河市	92	45	47	172	101	71
巴彦淖尔市	**774**	**430**	**344**	**2667**	**1554**	**1113**
临河区	26	12	14	54	31	23
五原县	153	84	69	611	385	226
磴口县	51	27	24	252	149	103
乌拉特前旗	234	127	107	679	368	311
乌拉特中旗	115	74	41	423	239	184
乌拉特后旗	43	24	19	169	91	78
杭锦后旗	152	82	70	479	291	188

5－2b　续表 5　　单位：户

地　区	15－19岁			20－24岁		
	小计	男	女	小计	男	女
乌兰察布市	**1410**	**738**	**672**	**2773**	**1579**	**1194**
集宁区	15	9	6	34	24	10
卓资县	82	47	35	172	103	69
化德县	149	77	72	322	187	135
商都县	267	132	135	444	225	219
兴和县	189	106	83	367	216	151
凉城县	126	74	52	180	100	80
察哈尔右翼前旗	121	67	54	302	180	122
察哈尔右翼中旗	51	33	18	127	68	59
察哈尔右翼后旗	149	78	71	309	183	126
四子王旗	228	102	126	480	273	207
丰镇市	33	13	20	36	20	16
兴安盟	**708**	**409**	**299**	**2338**	**1316**	**1022**
乌兰浩特市	25	10	15	65	47	18
阿尔山市	9	7	2	20	14	6
科尔沁右翼前旗	78	45	33	410	252	158
科尔沁右翼中旗	190	109	81	476	273	203
扎赉特旗	218	130	88	786	433	353
突泉县	188	108	80	581	297	284
锡林郭勒盟	**756**	**434**	**322**	**2337**	**1314**	**1023**
二连浩特市	2	2		4	3	1
锡林浩特市	2	2		13	10	3
阿巴嘎旗	29	17	12	102	48	54
苏尼特左旗	41	23	18	114	61	53
苏尼特右旗	79	43	36	209	110	99
东乌珠穆沁旗	100	59	41	252	142	110
西乌珠穆沁旗	80	46	34	306	172	134
太仆寺旗	116	61	55	246	127	119
镶黄旗	25	14	11	114	69	45
正镶白旗	42	26	16	112	61	51
正蓝旗	58	35	23	292	174	118
多伦县	136	76	60	430	251	179
乌拉盖管委会	46	30	16	143	86	57
阿拉善盟	**314**	**171**	**143**	**1282**	**815**	**467**
阿拉善左旗	217	123	94	878	534	344
阿拉善右旗	28	12	16	79	51	28
额济纳旗	52	22	30	158	94	64
内蒙古阿拉善经济开发区	17	14	3	167	136	31

5-2b　续表 6　　　　单位：户

地　　区	25-29岁			30-34岁			35-39岁		
	小计	男	女	小计	男	女	小计	男	女
内蒙古	**57569**	**35893**	**21676**	**53832**	**34589**	**19243**	**41827**	**25940**	**15887**
呼和浩特市	**5186**	**3234**	**1952**	**4841**	**3177**	**1664**	**3067**	**2050**	**1017**
新城区	5	4	1	14	8	6	14	7	7
回民区									
玉泉区									
赛罕区	11	7	4	8	4	4	11	8	3
土默特左旗	1368	735	633	1498	859	639	974	587	387
托克托县	522	288	234	367	251	116	312	218	94
和林格尔县	756	483	273	582	366	216	374	241	133
清水河县	246	148	98	191	128	63	152	107	45
武川县	324	201	123	263	185	78	192	135	57
呼和浩特经济技术开发区	1954	1368	586	1918	1376	542	1038	747	291
包头市	**3466**	**2256**	**1210**	**3605**	**2398**	**1207**	**2720**	**1835**	**885**
东河区	167	130	37	182	140	42	123	90	33
昆都仑区	4	2	2	4	3	1	4	4	
青山区	15	13	2	27	21	6	19	17	2
石拐区	73	52	21	101	83	18	106	92	14
白云鄂博矿区									
九原区	83	62	21	94	77	17	85	66	19
土默特右旗	759	468	291	744	457	287	613	369	244
固阳县	483	269	214	575	295	280	423	257	166
达尔罕茂明安联合旗	262	148	114	258	171	87	236	151	85
包头稀土高新技术产业开发区	1620	1112	508	1620	1151	469	1111	789	322
乌海市	**312**	**255**	**57**	**378**	**326**	**52**	**332**	**283**	**49**
海勃湾区	22	19	3	18	15	3	18	11	7
海南区	265	220	45	334	288	46	283	242	41
乌达区	25	16	9	26	23	3	31	30	1
赤峰市	**7325**	**4453**	**2872**	**7294**	**4364**	**2930**	**5652**	**2864**	**2788**
红山区	134	97	37	127	91	36	86	55	31
元宝山区	126	86	40	101	74	27	90	56	34
松山区	73	46	27	104	70	34	76	45	31
阿鲁科尔沁旗	831	502	329	758	461	297	560	266	294
巴林左旗	1398	785	613	1421	729	692	1649	709	940
巴林右旗	669	433	236	575	380	195	350	193	157
林西县	775	454	321	704	422	282	507	265	242
克什克腾旗	492	319	173	597	378	219	309	194	115
翁牛特旗	822	540	282	856	533	323	574	314	260
喀喇沁旗	496	315	181	533	332	201	408	218	190
宁城县	792	446	346	931	531	400	601	310	291
敖汉旗	717	430	287	587	363	224	442	239	203

5－2b 续表 7 单位：户

地区	25－29岁			30－34岁			35－39岁		
	小计	男	女	小计	男	女	小计	男	女
通辽市	**7631**	**4521**	**3110**	**6333**	**3643**	**2690**	**4798**	**2638**	**2160**
科尔沁区	337	229	108	328	187	141	312	172	140
科尔沁左翼中旗	816	442	374	867	482	385	755	430	325
科尔沁左翼后旗	743	458	285	733	451	282	647	376	271
开鲁县	869	489	380	619	323	296	481	253	228
库伦旗	577	352	225	459	256	203	356	189	167
奈曼旗	1044	589	455	761	414	347	596	322	274
扎鲁特旗	1249	716	533	888	520	368	637	354	283
通辽经济技术开发区	1996	1246	750	1677	1009	668	1014	542	472
霍林郭勒市				1	1				
鄂尔多斯市	**9184**	**6098**	**3086**	**8750**	**6039**	**2711**	**6463**	**4429**	**2034**
东胜区	30	19	11	39	33	6	33	25	8
康巴什区									
达拉特旗	1409	904	505	1258	831	427	957	667	290
准格尔旗	1854	1218	636	1880	1337	543	1347	924	423
鄂托克前旗	529	327	202	436	262	174	251	144	107
鄂托克旗	1299	910	389	1303	898	405	986	666	320
杭锦旗	554	368	186	538	343	195	414	240	174
乌审旗	1672	1165	507	1379	1013	366	1068	753	315
伊金霍洛旗	1837	1187	650	1917	1322	595	1407	1010	397
呼伦贝尔市	**5065**	**3030**	**2035**	**5040**	**3162**	**1878**	**4390**	**2676**	**1714**
海拉尔区	3	2	1	4	2	2	11	9	2
扎赉诺尔区	41	26	15	22	13	9	29	23	6
阿荣旗	1111	660	451	968	572	396	769	409	360
莫力达瓦达斡尔族自治旗	745	431	314	665	378	287	635	332	303
鄂伦春自治旗	710	414	296	712	442	270	596	381	215
鄂温克族自治旗	961	600	361	951	642	309	695	443	252
陈巴尔虎旗	197	128	69	257	170	87	247	164	83
新巴尔虎左旗	147	87	60	158	95	63	160	102	58
新巴尔虎右旗	209	105	104	245	170	75	241	151	90
满洲里市	18	9	9	26	20	6	28	14	14
牙克石市	587	358	229	649	395	254	631	418	213
扎兰屯市	75	45	30	134	89	45	119	73	46
额尔古纳市	65	40	25	69	52	17	71	48	23
根河市	196	125	71	180	122	58	158	109	49
巴彦淖尔市	**4252**	**2947**	**1305**	**4143**	**3045**	**1098**	**3130**	**2207**	**923**
临河区	56	42	14	61	40	21	69	52	17
五原县	856	606	250	805	606	199	586	415	171
磴口县	435	318	117	417	323	94	348	252	96
乌拉特前旗	999	666	333	894	642	252	650	458	192
乌拉特中旗	696	458	238	721	507	214	579	409	170
乌拉特后旗	344	230	114	379	299	80	312	227	85
杭锦后旗	866	627	239	866	628	238	586	394	192

5-2b　续表 8　　　　单位：户

地　　区	25-29岁			30-34岁			35-39岁		
	小计	男	女	小计	男	女	小计	男	女
乌兰察布市	**4576**	**2833**	**1743**	**3838**	**2444**	**1394**	**3428**	**2146**	**1282**
集宁区	54	38	16	55	40	15	51	27	24
卓资县	303	192	111	270	181	89	246	160	86
化德县	482	275	207	454	296	158	380	236	144
商都县	701	421	280	580	321	259	594	339	255
兴和县	634	410	224	491	308	183	400	251	149
凉城县	303	182	121	277	164	113	257	162	95
察哈尔右翼前旗	566	391	175	445	303	142	329	221	108
察哈尔右翼中旗	266	150	116	216	133	83	178	117	61
察哈尔右翼后旗	461	285	176	419	283	136	404	258	146
四子王旗	772	470	302	580	382	198	543	340	203
丰镇市	34	19	15	51	33	18	46	35	11
兴安盟	**3892**	**2213**	**1679**	**3138**	**1791**	**1347**	**2811**	**1561**	**1250**
乌兰浩特市	119	76	43	132	94	38	135	75	60
阿尔山市	32	21	11	51	27	24	84	59	25
科尔沁右翼前旗	880	541	339	628	389	239	403	218	185
科尔沁右翼中旗	834	483	351	650	398	252	659	388	271
扎赉特旗	1133	630	503	1001	538	463	831	446	385
突泉县	894	462	432	676	345	331	699	375	324
锡林郭勒盟	**4177**	**2495**	**1682**	**4026**	**2529**	**1497**	**3428**	**2162**	**1266**
二连浩特市	9	8	1	22	15	7	14	14	
锡林浩特市	44	38	6	125	116	9	77	59	18
阿巴嘎旗	201	112	89	172	104	68	139	93	46
苏尼特左旗	238	139	99	218	138	80	196	113	83
苏尼特右旗	397	235	162	390	248	142	325	190	135
东乌珠穆沁旗	468	249	219	470	284	186	431	279	152
西乌珠穆沁旗	621	357	264	661	399	262	532	316	216
太仆寺旗	354	203	151	329	223	106	277	174	103
镶黄旗	192	114	78	197	116	81	155	98	57
正镶白旗	244	144	100	203	128	75	188	131	57
正蓝旗	589	376	213	460	287	173	406	255	151
多伦县	586	383	203	544	322	222	507	321	186
乌拉盖管委会	234	137	97	235	149	86	181	119	62
阿拉善盟	**2503**	**1558**	**945**	**2446**	**1671**	**775**	**1608**	**1089**	**519**
阿拉善左旗	1574	974	600	1387	966	421	904	591	313
阿拉善右旗	193	124	69	221	153	68	154	108	46
额济纳旗	401	212	189	428	210	218	299	185	114
内蒙古阿拉善经济开发区	335	248	87	410	342	68	251	205	46

5—2b 续表 9 单位：户

地 区	40—44岁			45—49岁			50—54岁		
	小计	男	女	小计	男	女	小计	男	女
内蒙古	**44304**	**25772**	**18532**	**59927**	**33027**	**26900**	**60800**	**33938**	**26862**
呼和浩特市	**2713**	**1654**	**1059**	**3419**	**1890**	**1529**	**3216**	**1883**	**1333**
新城区	12	10	2	23	13	10	32	18	14
回民区									
玉泉区									
赛罕区	18	10	8	30	16	14	29	16	13
土默特左旗	795	476	319	964	557	407	852	488	364
托克托县	319	183	136	434	204	230	437	235	202
和林格尔县	371	221	150	440	244	196	408	238	170
清水河县	205	133	72	307	174	133	297	165	132
武川县	305	188	117	527	301	226	487	303	184
呼和浩特经济技术开发区	688	433	255	694	381	313	674	420	254
包头市	**2669**	**1714**	**955**	**3604**	**2101**	**1503**	**3760**	**2114**	**1646**
东河区	107	71	36	155	89	66	177	112	65
昆都仑区	2	2		1	1		4	3	1
青山区	18	16	2	13	5	8	19	10	9
石拐区	90	72	18	131	103	28	95	81	14
白云鄂博矿区									
九原区	95	66	29	178	135	43	168	120	48
土默特右旗	576	346	230	709	362	347	759	372	387
固阳县	387	235	152	540	290	250	504	305	199
达尔罕茂明安联合旗	381	245	136	428	282	146	454	272	182
包头稀土高新技术产业开发区	1013	661	352	1449	834	615	1580	839	741
乌海市	**365**	**300**	**65**	**476**	**369**	**107**	**518**	**400**	**118**
海勃湾区	37	26	11	41	33	8	42	32	10
海南区	285	237	48	355	275	80	403	314	89
乌达区	43	37	6	80	61	19	73	54	19
赤峰市	**5380**	**2486**	**2894**	**7593**	**3391**	**4202**	**7439**	**3578**	**3861**
红山区	91	63	28	146	81	65	159	103	56
元宝山区	117	70	47	247	122	125	307	159	148
松山区	84	38	46	157	80	77	203	104	99
阿鲁科尔沁旗	497	230	267	621	268	353	599	262	337
巴林左旗	1413	546	867	1809	724	1085	1450	661	789
巴林右旗	374	184	190	603	340	263	581	294	287
林西县	512	256	256	793	405	388	750	392	358
克什克腾旗	345	181	164	432	219	213	492	250	242
翁牛特旗	555	277	278	724	301	423	797	380	417
喀喇沁旗	367	191	176	519	206	313	543	257	286
宁城县	591	250	341	912	379	533	877	403	474
敖汉旗	434	200	234	630	266	364	681	313	368

5-2b　续表 10　　单位：户

地　区	40-44岁			45-49岁			50-54岁		
	小计	男	女	小计	男	女	小计	男	女
通辽市	**5093**	**2589**	**2504**	**5925**	**2962**	**2963**	**5659**	**2868**	**2791**
科尔沁区	321	180	141	330	190	140	357	217	140
科尔沁左翼中旗	857	463	394	1006	503	503	873	473	400
科尔沁左翼后旗	674	358	316	774	371	403	809	419	390
开鲁县	598	297	301	735	360	375	657	328	329
库伦旗	390	197	193	469	237	232	491	253	238
奈曼旗	687	318	369	845	430	415	707	357	350
扎鲁特旗	790	410	380	871	440	431	806	389	417
通辽经济技术开发区	774	364	410	891	427	464	956	429	527
霍林郭勒市	2	2		4	4		3	3	
鄂尔多斯市	**6204**	**3928**	**2276**	**8238**	**5031**	**3207**	**8290**	**5037**	**3253**
东胜区	35	27	8	46	36	10	68	51	17
康巴什区									
达拉特旗	1027	609	418	1316	708	608	1291	702	589
准格尔旗	1275	857	418	1783	1090	693	1894	1140	754
鄂托克前旗	353	198	155	427	239	188	455	253	202
鄂托克旗	994	676	318	1311	831	480	1218	732	486
杭锦旗	500	265	235	589	309	280	580	322	258
乌审旗	878	570	308	1207	818	389	1128	784	344
伊金霍洛旗	1142	726	416	1559	1000	559	1656	1053	603
呼伦贝尔市	**5665**	**3445**	**2220**	**8717**	**5014**	**3703**	**9902**	**5695**	**4207**
海拉尔区	6	5	1	19	14	5	31	19	12
扎赉诺尔区	54	40	14	68	51	17	137	86	51
阿荣旗	830	439	391	995	523	472	979	512	467
莫力达瓦达斡尔族自治旗	716	353	363	836	425	411	703	337	366
鄂伦春自治旗	1027	617	410	1702	954	748	2017	1151	866
鄂温克族自治旗	706	440	266	1095	557	538	1166	628	538
陈巴尔虎旗	260	178	82	378	220	158	359	199	160
新巴尔虎左旗	158	97	61	199	118	81	190	86	104
新巴尔虎右旗	243	149	94	312	165	147	271	135	136
满洲里市	32	24	8	50	36	14	77	49	28
牙克石市	951	629	322	1764	1102	662	2461	1509	952
扎兰屯市	170	107	63	242	154	88	248	150	98
额尔古纳市	118	85	33	257	160	97	245	168	77
根河市	394	282	112	800	535	265	1018	666	352
巴彦淖尔市	**3429**	**2048**	**1381**	**4717**	**2483**	**2234**	**4653**	**2449**	**2204**
临河区	90	67	23	107	74	33	105	66	39
五原县	589	333	256	776	398	378	768	405	363
磴口县	366	232	134	550	296	254	607	324	283
乌拉特前旗	794	449	345	1191	602	589	1187	607	580
乌拉特中旗	727	456	271	952	527	425	846	470	376
乌拉特后旗	307	196	111	396	230	166	357	218	139
杭锦后旗	556	315	241	745	356	389	783	359	424

5-2b 续表 11

单位：户

地区	40-44岁			45-49岁			50-54岁		
	小计	男	女	小计	男	女	小计	男	女
乌兰察布市	**4305**	**2614**	**1691**	**5846**	**3420**	**2426**	**5769**	**3372**	**2397**
集宁区	61	31	30	101	55	46	174	112	62
卓资县	278	183	95	421	252	169	492	307	185
化德县	550	320	230	743	409	334	723	435	288
商都县	703	403	300	969	534	435	826	461	365
兴和县	512	313	199	609	371	238	700	394	306
凉城县	333	193	140	550	309	241	579	300	279
察哈尔右翼前旗	359	219	140	481	295	186	501	282	219
察哈尔右翼中旗	252	154	98	309	207	102	309	190	119
察哈尔右翼后旗	504	331	173	679	402	277	600	357	243
四子王旗	711	436	275	887	516	371	756	449	307
丰镇市	42	31	11	97	70	27	109	85	24
兴安盟	**2881**	**1518**	**1363**	**3605**	**1814**	**1791**	**3651**	**1953**	**1698**
乌兰浩特市	154	73	81	270	125	145	328	178	150
阿尔山市	80	55	25	130	72	58	155	105	50
科尔沁右翼前旗	357	176	181	481	235	246	495	251	244
科尔沁右翼中旗	687	386	301	841	432	409	757	399	358
扎赉特旗	987	527	460	1136	599	537	1117	610	507
突泉县	616	301	315	747	351	396	799	410	389
锡林郭勒盟	**3875**	**2430**	**1445**	**5021**	**3019**	**2002**	**5163**	**3044**	**2119**
二连浩特市	18	15	3	35	34	1	37	29	8
锡林浩特市	146	134	12	264	219	45	242	227	15
阿巴嘎旗	201	128	73	273	182	91	305	179	126
苏尼特左旗	189	122	67	249	151	98	284	160	124
苏尼特右旗	480	294	186	654	389	265	737	465	272
东乌珠穆沁旗	475	294	181	579	339	240	595	328	267
西乌珠穆沁旗	513	298	215	636	350	286	633	326	307
太仆寺旗	414	253	161	543	303	240	538	288	250
镶黄旗	178	116	62	209	124	85	224	124	100
正镶白旗	273	183	90	352	219	133	314	179	135
正蓝旗	391	239	152	495	273	222	479	276	203
多伦县	413	222	191	508	279	229	550	324	226
乌拉盖管委会	184	132	52	224	157	67	225	139	86
阿拉善盟	**1725**	**1046**	**679**	**2766**	**1533**	**1233**	**2780**	**1545**	**1235**
阿拉善左旗	1062	598	464	1721	900	821	1791	908	883
阿拉善右旗	169	109	60	278	157	121	283	171	112
额济纳旗	291	176	115	482	259	223	431	248	183
内蒙古阿拉善经济开发区	203	163	40	285	217	68	275	218	57

5-2b　续表 12　　　　单位：户

地　　区	55-59岁			60-64岁			65岁及以上		
	小计	男	女	小计	男	女	小计	男	女
内蒙古	**52578**	**28701**	**23877**	**40317**	**19242**	**21075**	**131688**	**42022**	**89666**
呼和浩特市	**3093**	**1728**	**1365**	**2535**	**1324**	**1211**	**9110**	**3204**	**5906**
新城区	23	17	6	33	20	13	159	81	78
回民区									
玉泉区									
赛罕区	27	17	10	41	25	16	115	43	72
土默特左旗	804	461	343	591	333	258	2034	737	1297
托克托县	412	212	200	377	163	214	1660	517	1143
和林格尔县	414	220	194	381	198	183	1406	500	906
清水河县	290	170	120	270	140	130	1025	393	632
武川县	481	310	171	387	218	169	1718	567	1151
呼和浩特经济技术开发区	642	321	321	455	227	228	993	366	627
包头市	**3601**	**2020**	**1581**	**2673**	**1376**	**1297**	**9351**	**2949**	**6402**
东河区	188	114	74	154	89	65	406	155	251
昆都仑区	2	2					1	1	
青山区	17	10	7	16	7	9	58	32	26
石拐区	70	61	9	35	29	6	41	22	19
白云鄂博矿区									
九原区	156	107	49	123	71	52	360	122	238
土默特右旗	784	393	391	680	339	341	2669	792	1877
固阳县	551	328	223	423	233	190	1673	580	1093
达尔罕茂明安联合旗	394	236	158	277	137	140	1123	348	775
包头稀土高新技术产业开发区	1439	769	670	965	471	494	3020	897	2123
乌海市	**349**	**278**	**71**	**161**	**110**	**51**	**321**	**130**	**191**
海勃湾区	37	26	11	18	11	7	37	13	24
海南区	251	209	42	114	81	33	183	79	104
乌达区	61	43	18	29	18	11	101	38	63
赤峰市	**6923**	**3371**	**3552**	**6227**	**2838**	**3389**	**18188**	**5633**	**12555**
红山区	154	103	51	143	78	65	385	150	235
元宝山区	282	151	131	234	120	114	712	244	468
松山区	181	103	78	177	88	89	473	189	284
阿鲁科尔沁旗	521	222	299	499	209	290	1529	432	1097
巴林左旗	1234	581	653	800	363	437	2032	657	1375
巴林右旗	495	238	257	475	168	307	1469	352	1117
林西县	837	396	441	829	360	469	2339	712	1627
克什克腾旗	491	227	264	526	241	285	1633	421	1212
翁牛特旗	804	418	386	777	332	445	2413	732	1681
喀喇沁旗	569	277	292	536	293	243	1532	514	1018
宁城县	767	378	389	649	301	348	1736	614	1122
敖汉旗	588	277	311	582	285	297	1935	616	1319

5-2b 续表 13

单位：户

地区	55-59岁			60-64岁			65岁及以上		
	小计	男	女	小计	男	女	小计	男	女
通辽市	**5182**	**2677**	**2505**	**3980**	**1771**	**2209**	**11139**	**3624**	**7515**
科尔沁区	301	177	124	269	125	144	700	285	415
科尔沁左翼中旗	815	419	396	629	277	352	1799	657	1142
科尔沁左翼后旗	744	384	360	558	242	316	1526	491	1035
开鲁县	640	344	296	529	236	293	1603	467	1136
库伦旗	444	250	194	350	162	188	1019	358	661
奈曼旗	616	321	295	494	233	261	1433	465	968
扎鲁特旗	728	357	371	558	232	326	1800	482	1318
通辽经济技术开发区	891	422	469	592	263	329	1254	418	836
霍林郭勒市	3	3		1	1		5	1	4
鄂尔多斯市	**6284**	**3672**	**2612**	**4582**	**2316**	**2266**	**15748**	**5352**	**10396**
东胜区	50	30	20	32	21	11	98	39	59
康巴什区									
达拉特旗	1056	612	444	861	410	451	3121	1044	2077
准格尔旗	1537	914	623	1316	714	602	4376	1669	2707
鄂托克前旗	331	177	154	236	125	111	871	260	611
鄂托克旗	917	511	406	584	287	297	1808	588	1220
杭锦旗	448	232	216	375	188	187	1622	498	1124
乌审旗	754	490	264	400	190	210	1172	363	809
伊金霍洛旗	1191	706	485	778	381	397	2680	891	1789
呼伦贝尔市	**8528**	**4759**	**3769**	**5309**	**2549**	**2760**	**17014**	**5494**	**11520**
海拉尔区	27	14	13	17	9	8	37	12	25
扎赉诺尔区	124	72	52	71	47	24	284	89	195
阿荣旗	833	427	406	663	288	375	1541	536	1005
莫力达瓦达斡尔族自治旗	625	330	295	463	195	268	1049	375	674
鄂伦春自治旗	1660	957	703	950	474	476	3567	1169	2398
鄂温克族自治旗	1054	533	521	771	336	435	2027	646	1381
陈巴尔虎旗	378	208	170	243	110	133	772	259	513
新巴尔虎左旗	176	83	93	116	47	69	279	63	216
新巴尔虎右旗	298	144	154	208	85	123	376	91	285
满洲里市	65	34	31	54	28	26	210	81	129
牙克石市	2143	1231	912	1232	651	581	4710	1547	3163
扎兰屯市	240	136	104	185	89	96	518	167	351
额尔古纳市	209	127	82	108	63	45	364	113	251
根河市	696	463	233	228	127	101	1280	346	934
巴彦淖尔市	**3949**	**2108**	**1841**	**2925**	**1421**	**1504**	**11542**	**3735**	**7807**
临河区	93	59	34	110	52	58	414	162	252
五原县	649	340	309	421	215	206	1793	557	1236
磴口县	489	244	245	354	176	178	1412	458	954
乌拉特前旗	1007	542	465	780	386	394	3348	1059	2289
乌拉特中旗	736	402	334	504	268	236	1676	612	1064
乌拉特后旗	301	183	118	227	92	135	692	206	486
杭锦后旗	674	338	336	529	232	297	2207	681	1526

5-2b　续表 14　　　　　　　　　　　　　　　　　　　　单位：户

地　　区	55-59岁			60-64岁			65岁及以上		
	小计	男	女	小计	男	女	小计	男	女
乌兰察布市	**5374**	**3032**	**2342**	**5046**	**2548**	**2498**	**19071**	**6079**	**12992**
集宁区	154	90	64	124	59	65	289	82	207
卓资县	565	345	220	547	336	211	2029	756	1273
化德县	626	306	320	663	263	400	1894	546	1348
商都县	711	387	324	569	279	290	2540	768	1772
兴和县	553	285	268	516	222	294	2089	655	1434
凉城县	490	259	231	501	266	235	2159	748	1411
察哈尔右翼前旗	439	252	187	452	215	237	1748	446	1302
察哈尔右翼中旗	342	209	133	339	197	142	1293	361	932
察哈尔右翼后旗	551	320	231	468	241	227	1892	541	1351
四子王旗	795	472	323	698	355	343	2428	840	1588
丰镇市	148	107	41	169	115	54	710	336	374
兴安盟	**3256**	**1600**	**1656**	**2593**	**1084**	**1509**	**6114**	**1879**	**4235**
乌兰浩特市	295	162	133	204	95	109	343	119	224
阿尔山市	124	63	61	68	27	41	229	56	173
科尔沁右翼前旗	482	194	288	344	132	212	879	268	611
科尔沁右翼中旗	632	300	332	592	238	354	1228	412	816
扎赉特旗	1003	542	461	795	350	445	1991	606	1385
突泉县	720	339	381	590	242	348	1444	418	1026
锡林郭勒盟	**4132**	**2402**	**1730**	**3186**	**1411**	**1775**	**10130**	**2781**	**7349**
二连浩特市	40	36	4	17	15	2	13	9	4
锡林浩特市	127	124	3	12	7	5	34	13	21
阿巴嘎旗	284	172	112	204	93	111	666	168	498
苏尼特左旗	199	116	83	143	66	77	467	113	354
苏尼特右旗	634	365	269	473	213	260	1771	456	1315
东乌珠穆沁旗	479	257	222	365	169	196	820	260	560
西乌珠穆沁旗	472	249	223	420	175	245	1176	313	863
太仆寺旗	480	269	211	394	178	216	1528	447	1081
镶黄旗	172	95	77	182	67	115	566	116	450
正镶白旗	271	153	118	169	83	86	689	197	492
正蓝旗	369	213	156	281	118	163	911	231	680
多伦县	445	260	185	394	170	224	1116	342	774
乌拉盖管委会	160	93	67	132	57	75	373	116	257
阿拉善盟	**1907**	**1054**	**853**	**1100**	**494**	**606**	**3960**	**1162**	**2798**
阿拉善左旗	1251	644	607	746	314	432	2822	834	1988
阿拉善右旗	191	115	76	118	58	60	510	139	371
额济纳旗	299	168	131	183	85	98	544	157	387
内蒙古阿拉善经济开发区	166	127	39	53	37	16	84	32	52

5－2c 各地区分年龄、性别的一人户(乡村)

单位：户

地区	合计			14岁及以下		
	合计	男	女	小计	男	女
内蒙古	**793332**	**458132**	**335200**	**32949**	**17690**	**15259**
呼和浩特市	**90120**	**51625**	**38495**	**3846**	**2037**	**1809**
新城区	7067	4256	2811	290	154	136
回民区	1367	906	461	27	15	12
玉泉区	5053	3109	1944	192	97	95
赛罕区	16431	9510	6921	643	350	293
土默特左旗	21628	11819	9809	1142	608	534
托克托县	11228	6021	5207	421	217	204
和林格尔县	10410	5832	4578	545	298	247
清水河县	8563	5013	3550	314	155	159
武川县	8373	5159	3214	272	143	129
呼和浩特经济技术开发区						
包头市	**55601**	**31629**	**23972**	**2528**	**1296**	**1232**
东河区	4535	2416	2119	215	108	107
昆都仑区	3713	2215	1498	117	50	67
青山区	1731	1037	694	45	22	23
石拐区	1182	712	470	41	29	12
白云鄂博矿区						
九原区	5368	3039	2329	200	94	106
土默特右旗	18488	10108	8380	1065	549	516
固阳县	13788	8041	5747	662	359	303
达尔罕茂明安联合旗	6088	3634	2454	167	78	89
包头稀土高新技术产业开发区	708	427	281	16	7	9
乌海市	**4633**	**3205**	**1428**	**82**	**46**	**36**
海勃湾区	2311	1639	672	48	29	19
海南区	2322	1566	756	34	17	17
乌达区						
赤峰市	**156873**	**84375**	**72498**	**6647**	**3712**	**2935**
红山区	1005	512	493	38	22	16
元宝山区	4728	2343	2385	87	48	39
松山区	19003	10178	8825	796	447	349
阿鲁科尔沁旗	14629	8022	6607	642	355	287
巴林左旗	19543	10026	9517	877	474	403
巴林右旗	4976	2759	2217	164	84	80
林西县	11007	5622	5385	637	332	305
克什克腾旗	10788	6326	4462	385	226	159
翁牛特旗	19883	10042	9841	1160	629	531
喀喇沁旗	11112	6125	4987	340	193	147
宁城县	19096	11122	7974	598	362	236
敖汉旗	21103	11298	9805	923	540	383

5-2c　续表 1　　　　单位：户

地　区	合　计			14岁及以下		
	合计	男	女	小计	男	女
通辽市	**74919**	**42793**	**32126**	**3818**	**2130**	**1688**
科尔沁区	11548	6554	4994	572	317	255
科尔沁左翼中旗	16350	9629	6721	883	476	407
科尔沁左翼后旗	10944	6584	4360	608	336	272
开鲁县	9579	5039	4540	515	292	223
库伦旗	4181	2422	1759	167	103	64
奈曼旗	10929	6124	4805	456	273	183
扎鲁特旗	8941	5081	3860	536	297	239
通辽经济技术开发区	1541	910	631	69	32	37
霍林郭勒市	906	450	456	12	4	8
鄂尔多斯市	**67814**	**42238**	**25576**	**2705**	**1403**	**1302**
东胜区	2955	2121	834	71	33	38
康巴什区						
达拉特旗	16033	9439	6594	602	320	282
准格尔旗	18280	11829	6451	764	384	380
鄂托克前旗	3615	2138	1477	192	94	98
鄂托克旗	3913	2355	1558	110	50	60
杭锦旗	6281	3693	2588	280	142	138
乌审旗	6944	4249	2695	313	182	131
伊金霍洛旗	9793	6414	3379	373	198	175
呼伦贝尔市	**55080**	**32811**	**22269**	**2509**	**1381**	**1128**
海拉尔区	1170	632	538	30	17	13
扎赉诺尔区						
阿荣旗	10160	6133	4027	504	283	221
莫力达瓦达斡尔族自治旗	14363	8541	5822	861	499	362
鄂伦春自治旗	4743	2953	1790	159	73	86
鄂温克族自治旗	4250	2397	1853	101	54	47
陈巴尔虎旗	1564	992	572	50	23	27
新巴尔虎左旗	1949	1195	754	108	69	39
新巴尔虎右旗	1840	1202	638	92	52	40
满洲里市						
牙克石市	2798	1536	1262	55	21	34
扎兰屯市	10728	6283	4445	524	275	249
额尔古纳市	1462	912	550	21	12	9
根河市	53	35	18	4	3	1
巴彦淖尔市	**67507**	**39053**	**28454**	**2184**	**1155**	**1029**
临河区	16889	9530	7359	486	250	236
五原县	12068	6797	5271	413	218	195
磴口县	5005	3000	2005	141	82	59
乌拉特前旗	14493	8334	6159	554	292	262
乌拉特中旗	7038	4502	2536	235	133	102
乌拉特后旗	2897	2015	882	60	33	27
杭锦后旗	9117	4875	4242	295	147	148

5–2c 续表 2

单位：户

地　　区	合　　计			14岁及以下		
	合计	男	女	小计	男	女
乌兰察布市	**138458**	**78857**	**59601**	**4590**	**2355**	**2235**
集宁区	4142	2167	1975	121	60	61
卓资县	11336	7053	4283	249	138	111
化德县	7987	4438	3549	283	152	131
商都县	17329	9343	7986	604	301	303
兴和县	18477	10128	8349	711	377	334
凉城县	14327	8472	5855	449	219	230
察哈尔右翼前旗	13069	7181	5888	356	174	182
察哈尔右翼中旗	11375	7053	4322	240	130	110
察哈尔右翼后旗	10606	5819	4787	467	252	215
四子王旗	12138	7221	4917	455	223	232
丰镇市	17672	9982	7690	655	329	326
兴安盟	**39749**	**23695**	**16054**	**2240**	**1205**	**1035**
乌兰浩特市	2922	1770	1152	122	67	55
阿尔山市	283	165	118	7	5	2
科尔沁右翼前旗	11663	6855	4808	598	307	291
科尔沁右翼中旗	5306	3165	2141	382	217	165
扎赉特旗	10200	6376	3824	644	345	299
突泉县	9375	5364	4011	487	264	223
锡林郭勒盟	**35217**	**22784**	**12433**	**1584**	**850**	**734**
二连浩特市	204	114	90	13	8	5
锡林浩特市	2015	1440	575	56	28	28
阿巴嘎旗	1566	1116	450	72	35	37
苏尼特左旗	2234	1750	484	61	35	26
苏尼特右旗	1569	983	586	86	44	42
东乌珠穆沁旗	1773	1230	543	101	54	47
西乌珠穆沁旗	3024	2267	757	145	84	61
太仆寺旗	9890	5797	4093	492	261	231
镶黄旗	966	606	360	46	24	22
正镶白旗	3389	2163	1226	101	47	54
正蓝旗	4049	2531	1518	183	98	85
多伦县	4235	2549	1686	211	118	93
乌拉盖管委会	303	238	65	17	14	3
阿拉善盟	**7361**	**5067**	**2294**	**216**	**120**	**96**
阿拉善左旗	5284	3583	1701	151	86	65
阿拉善右旗	754	501	253	32	17	15
额济纳旗	1192	879	313	32	17	15
内蒙古阿拉善经济开发区	131	104	27	1		1

5-2c　续表 3　　　　单位：户

地　区	15-19岁			20-24岁		
	小计	男	女	小计	男	女
内蒙古	**19642**	**11015**	**8627**	**31783**	**19367**	**12416**
呼和浩特市	**2053**	**1177**	**876**	**4283**	**2582**	**1701**
新城区	158	92	66	443	258	185
回民区	17	10	7	73	53	20
玉泉区	122	75	47	240	155	85
赛罕区	409	245	164	904	541	363
土默特左旗	390	225	165	755	461	294
托克托县	291	164	127	517	300	217
和林格尔县	255	138	117	492	289	203
清水河县	223	125	98	496	308	188
武川县	188	103	85	363	217	146
呼和浩特经济技术开发区						
包头市	**1592**	**879**	**713**	**2348**	**1409**	**939**
东河区	120	62	58	152	87	65
昆都仑区	78	50	28	182	111	71
青山区	29	23	6	53	35	18
石拐区	20	7	13	57	32	25
白云鄂博矿区						
九原区	61	36	25	173	116	57
土默特右旗	699	386	313	846	511	335
固阳县	430	235	195	649	371	278
达尔罕茂明安联合旗	129	62	67	193	126	67
包头稀土高新技术产业开发区	26	18	8	43	20	23
乌海市	**77**	**50**	**27**	**233**	**187**	**46**
海勃湾区	34	23	11	129	105	24
海南区	43	27	16	104	82	22
乌达区						
赤峰市	**3997**	**2342**	**1655**	**6420**	**3907**	**2513**
红山区	22	13	9	55	32	23
元宝山区	108	68	40	186	119	67
松山区	549	337	212	1085	679	406
阿鲁科尔沁旗	430	231	199	609	366	243
巴林左旗	520	277	243	977	544	433
巴林右旗	106	62	44	194	115	79
林西县	304	175	129	428	257	171
克什克腾旗	175	108	67	449	312	137
翁牛特旗	598	348	250	864	525	339
喀喇沁旗	276	170	106	383	233	150
宁城县	378	230	148	534	310	224
敖汉旗	531	323	208	656	415	241

5-2c 续表 4 单位：户

地 区	15-19岁			20-24岁		
	小计	男	女	小计	男	女
通辽市	**2118**	**1232**	**886**	**2965**	**1905**	**1060**
科尔沁区	332	206	126	507	317	190
科尔沁左翼中旗	535	294	241	780	535	245
科尔沁左翼后旗	283	162	121	338	211	127
开鲁县	324	188	136	408	272	136
库伦旗	90	47	43	161	107	54
奈曼旗	196	120	76	366	231	135
扎鲁特旗	310	189	121	315	174	141
通辽经济技术开发区	37	21	16	62	42	20
霍林郭勒市	11	5	6	28	16	12
鄂尔多斯市	**1518**	**866**	**652**	**2603**	**1598**	**1005**
东胜区	57	30	27	109	72	37
康巴什区						
达拉特旗	336	202	134	568	332	236
准格尔旗	432	255	177	826	521	305
鄂托克前旗	100	55	45	111	61	50
鄂托克旗	58	29	29	181	115	66
杭锦旗	168	93	75	234	134	100
乌审旗	131	73	58	238	144	94
伊金霍洛旗	236	129	107	336	219	117
呼伦贝尔市	**1433**	**780**	**653**	**1967**	**1159**	**808**
海拉尔区	25	8	17	55	32	23
扎赉诺尔区						
阿荣旗	288	154	134	368	221	147
莫力达瓦达斡尔族自治旗	430	252	178	594	335	259
鄂伦春自治旗	150	79	71	168	102	66
鄂温克族自治旗	56	35	21	121	60	61
陈巴尔虎旗	29	19	10	42	24	18
新巴尔虎左旗	43	20	23	70	42	28
新巴尔虎右旗	41	20	21	82	55	27
满洲里市						
牙克石市	44	19	25	81	52	29
扎兰屯市	260	143	117	307	186	121
额尔古纳市	61	28	33	73	47	26
根河市	6	3	3	6	3	3
巴彦淖尔市	**1288**	**700**	**588**	**2332**	**1420**	**912**
临河区	324	188	136	661	406	255
五原县	225	116	109	363	208	155
磴口县	107	61	46	180	112	68
乌拉特前旗	279	144	135	472	262	210
乌拉特中旗	123	70	53	244	160	84
乌拉特后旗	39	20	19	94	71	23
杭锦后旗	191	101	90	318	201	117

5-2c 续表 5

单位：户

地　区	15-19岁			20-24岁		
	小计	男	女	小计	男	女
乌兰察布市	**3685**	**1948**	**1737**	**5623**	**3278**	**2345**
集宁区	251	107	144	152	94	58
卓资县	181	92	89	335	215	120
化德县	261	123	138	364	205	159
商都县	491	248	243	798	450	348
兴和县	530	304	226	862	520	342
凉城县	304	164	140	533	308	225
察哈尔右翼前旗	287	135	152	450	258	192
察哈尔右翼中旗	212	123	89	385	250	135
察哈尔右翼后旗	283	158	125	457	260	197
四子王旗	450	241	209	611	338	273
丰镇市	435	253	182	676	380	296
兴安盟	**966**	**539**	**427**	**1227**	**773**	**454**
乌兰浩特市	59	38	21	75	54	21
阿尔山市	8	5	3	8	5	3
科尔沁右翼前旗	269	137	132	354	204	150
科尔沁右翼中旗	140	79	61	209	123	86
扎赉特旗	254	144	110	294	200	94
突泉县	236	136	100	287	187	100
锡林郭勒盟	**767**	**422**	**345**	**1428**	**913**	**515**
二连浩特市	5	1	4	11	8	3
锡林浩特市	30	21	9	65	39	26
阿巴嘎旗	28	16	12	51	29	22
苏尼特左旗	30	16	14	135	109	26
苏尼特右旗	39	20	19	55	36	19
东乌珠穆沁旗	46	29	17	83	49	34
西乌珠穆沁旗	59	34	25	150	108	42
太仆寺旗	248	131	117	370	226	144
镶黄旗	26	11	15	32	21	11
正镶白旗	70	32	38	112	65	47
正蓝旗	77	47	30	161	107	54
多伦县	100	60	40	191	109	82
乌拉盖管委会	9	4	5	12	7	5
阿拉善盟	**148**	**80**	**68**	**354**	**236**	**118**
阿拉善左旗	106	62	44	233	148	85
阿拉善右旗	25	11	14	34	21	13
额济纳旗	17	7	10	84	64	20
内蒙古阿拉善经济开发区				3	3	

5-2c 续表 6

单位：户

地区	25-29岁			30-34岁			35-39岁		
	小计	男	女	小计	男	女	小计	男	女
内蒙古	**37680**	**25299**	**12381**	**41109**	**29724**	**11385**	**41148**	**30706**	**10442**
呼和浩特市	**5387**	**3524**	**1863**	**4533**	**3129**	**1404**	**4148**	**2974**	**1174**
新城区	594	376	218	547	358	189	516	359	157
回民区	169	127	42	154	129	25	81	67	14
玉泉区	414	291	123	381	293	88	404	307	97
赛罕区	1220	778	442	1035	686	349	920	621	299
土默特左旗	905	596	309	822	578	244	787	562	225
托克托县	596	398	198	472	322	150	430	316	114
和林格尔县	579	370	209	423	280	143	419	284	135
清水河县	597	377	220	455	322	133	364	284	80
武川县	313	211	102	244	161	83	227	174	53
呼和浩特经济技术开发区									
包头市	**2461**	**1609**	**852**	**2714**	**1887**	**827**	**2668**	**1963**	**705**
东河区	172	118	54	237	177	60	225	161	64
昆都仑区	214	137	77	273	184	89	248	177	71
青山区	79	56	23	91	68	23	100	78	22
石拐区	69	49	20	48	33	15	40	29	11
白云鄂博矿区									
九原区	248	171	77	289	213	76	286	218	68
土默特右旗	723	486	237	796	591	205	863	681	182
固阳县	669	413	256	713	455	258	628	412	216
达尔罕茂明安联合旗	261	159	102	230	143	87	250	191	59
包头稀土高新技术产业开发区	26	20	6	37	23	14	28	16	12
乌海市	**314**	**243**	**71**	**433**	**348**	**85**	**362**	**301**	**61**
海勃湾区	148	116	32	201	158	43	161	133	28
海南区	166	127	39	232	190	42	201	168	33
乌达区									
赤峰市	**7025**	**4581**	**2444**	**8415**	**5804**	**2611**	**7108**	**4986**	**2122**
红山区	45	28	17	42	27	15	41	24	17
元宝山区	180	120	60	145	95	50	162	104	58
松山区	1386	938	448	1229	840	389	774	481	293
阿鲁科尔沁旗	761	490	271	1131	796	335	933	684	249
巴林左旗	1049	665	384	1092	688	404	1275	802	473
巴林右旗	167	112	55	296	223	73	308	261	47
林西县	459	281	178	493	307	186	452	315	137
克什克腾旗	563	398	165	768	601	167	509	394	115
翁牛特旗	826	530	296	1093	727	366	847	581	266
喀喇沁旗	259	173	86	486	341	145	350	244	106
宁城县	625	384	241	876	611	265	689	510	179
敖汉旗	705	462	243	764	548	216	768	586	182

5-2c　续表 7　　　　单位：户

地　区	25-29岁			30-34岁			35-39岁		
	小计	男	女	小计	男	女	小计	男	女
通辽市	**3940**	**2741**	**1199**	**4103**	**3006**	**1097**	**4477**	**3215**	**1262**
科尔沁区	606	403	203	605	413	192	548	357	191
科尔沁左翼中旗	1177	837	340	1186	873	313	1321	945	376
科尔沁左翼后旗	496	344	152	580	438	142	751	552	199
开鲁县	439	314	125	368	277	91	370	258	112
库伦旗	129	87	42	218	152	66	262	192	70
奈曼旗	476	327	149	479	354	125	500	377	123
扎鲁特旗	495	338	157	534	419	115	573	429	144
通辽经济技术开发区	74	56	18	82	46	36	92	62	30
霍林郭勒市	48	35	13	51	34	17	60	43	17
鄂尔多斯市	**3244**	**2305**	**939**	**4140**	**3258**	**882**	**4215**	**3431**	**784**
东胜区	171	130	41	253	207	46	224	191	33
康巴什区									
达拉特旗	591	413	178	709	546	163	795	635	160
准格尔旗	1075	760	315	1146	897	249	1138	935	203
鄂托克前旗	155	104	51	166	119	47	248	199	49
鄂托克旗	259	185	74	296	231	65	256	206	50
杭锦旗	191	122	69	296	235	61	337	262	75
乌审旗	320	236	84	538	418	120	483	392	91
伊金霍洛旗	482	355	127	736	605	131	734	611	123
呼伦贝尔市	**2903**	**1918**	**985**	**3626**	**2575**	**1051**	**3911**	**2859**	**1052**
海拉尔区	70	44	26	66	39	27	55	31	24
扎赉诺尔区									
阿荣旗	563	363	200	653	466	187	676	499	177
莫力达瓦达斡尔族自治旗	881	578	303	1022	699	323	1120	773	347
鄂伦春自治旗	271	173	98	334	244	90	334	260	74
鄂温克族自治旗	201	143	58	308	226	82	346	257	89
陈巴尔虎旗	99	75	24	129	104	25	141	104	37
新巴尔虎左旗	119	84	35	142	103	39	215	166	49
新巴尔虎右旗	117	81	36	205	152	53	208	155	53
满洲里市									
牙克石市	135	77	58	131	88	43	121	90	31
扎兰屯市	372	244	128	543	381	162	593	445	148
额尔古纳市	74	55	19	92	72	20	100	78	22
根河市	1	1		1	1		2	1	1
巴彦淖尔市	**2764**	**1954**	**810**	**3421**	**2709**	**712**	**3822**	**3108**	**714**
临河区	827	595	232	829	634	195	838	671	167
五原县	387	285	102	534	429	105	669	545	124
磴口县	225	149	76	261	203	58	254	203	51
乌拉特前旗	513	341	172	757	615	142	876	732	144
乌拉特中旗	316	231	85	459	395	64	547	462	85
乌拉特后旗	166	141	25	231	192	39	256	209	47
杭锦后旗	330	212	118	350	241	109	382	286	96

5-2c 续表 8

单位：户

地区	25-29岁			30-34岁			35-39岁		
	小计	男	女	小计	男	女	小计	男	女
乌兰察布市	**5499**	**3474**	**2025**	**4440**	**2945**	**1495**	**4267**	**3080**	**1187**
集宁区	227	140	87	150	96	54	127	81	46
卓资县	500	338	162	386	276	110	322	261	61
化德县	364	211	153	248	177	71	198	151	47
商都县	606	380	226	419	265	154	489	350	139
兴和县	770	476	294	525	322	203	514	367	147
凉城县	497	317	180	402	274	128	321	243	78
察哈尔右翼前旗	462	311	151	399	282	117	388	300	88
察哈尔右翼中旗	407	272	135	367	263	104	362	271	91
察哈尔右翼后旗	382	243	139	329	211	118	380	266	114
四子王旗	520	327	193	455	303	152	507	360	147
丰镇市	764	459	305	760	476	284	659	430	229
兴安盟	**1876**	**1340**	**536**	**2191**	**1668**	**523**	**2762**	**2095**	**667**
乌兰浩特市	136	101	35	179	136	43	220	162	58
阿尔山市	9	7	2	14	8	6	14	8	6
科尔沁右翼前旗	551	376	175	629	480	149	771	595	176
科尔沁右翼中旗	339	247	92	327	250	77	486	378	108
扎赉特旗	444	337	107	681	539	142	784	605	179
突泉县	397	272	125	361	255	106	487	347	140
锡林郭勒盟	**1807**	**1266**	**541**	**2505**	**1930**	**575**	**2845**	**2260**	**585**
二连浩特市	6	3	3	13	7	6	23	15	8
锡林浩特市	102	64	38	145	118	27	170	142	28
阿巴嘎旗	60	45	15	123	95	28	220	185	35
苏尼特左旗	216	167	49	249	218	31	274	226	48
苏尼特右旗	62	42	20	122	94	28	142	109	33
东乌珠穆沁旗	97	59	38	201	148	53	250	190	60
西乌珠穆沁旗	281	229	52	415	343	72	381	323	58
太仆寺旗	339	209	130	370	254	116	334	245	89
镶黄旗	49	32	17	81	65	16	103	77	26
正镶白旗	135	92	43	204	168	36	276	234	42
正蓝旗	256	192	64	352	260	92	334	261	73
多伦县	187	118	69	220	151	69	304	229	75
乌拉盖管委会	17	14	3	10	9	1	34	24	10
阿拉善盟	**460**	**344**	**116**	**588**	**465**	**123**	**563**	**434**	**129**
阿拉善左旗	286	214	72	407	318	89	401	312	89
阿拉善右旗	25	17	8	36	26	10	63	40	23
额济纳旗	134	101	33	127	105	22	91	76	15
内蒙古阿拉善经济开发区	15	12	3	18	16	2	8	6	2

5-2c 续表 9

单位：户

地 区	40-44岁			45-49岁			50-54岁		
	小计	男	女	小计	男	女	小计	男	女
内蒙古	**46334**	**33443**	**12891**	**67921**	**47123**	**20798**	**76460**	**51527**	**24933**
呼和浩特市	**4602**	**3297**	**1305**	**6696**	**4566**	**2130**	**7388**	**5099**	**2289**
新城区	485	353	132	719	492	227	666	469	197
回民区	96	75	21	130	96	34	127	98	29
玉泉区	365	264	101	466	328	138	490	348	142
赛罕区	981	656	325	1473	971	502	1543	1076	467
土默特左旗	911	669	242	1355	908	447	1609	1076	533
托克托县	536	381	155	718	455	263	814	497	317
和林格尔县	501	340	161	638	426	212	683	476	207
清水河县	380	286	94	601	436	165	724	478	246
武川县	347	273	74	596	454	142	732	581	151
呼和浩特经济技术开发区									
包头市	**3022**	**2217**	**805**	**4305**	**3021**	**1284**	**4779**	**3343**	**1436**
东河区	215	153	62	316	207	109	358	237	121
昆都仑区	280	190	90	406	279	127	443	292	151
青山区	105	71	34	178	131	47	214	147	67
石拐区	52	33	19	86	51	35	130	96	34
白云鄂博矿区									
九原区	344	245	99	519	352	167	538	377	161
土默特右旗	825	628	197	1090	773	317	1218	861	357
固阳县	721	512	209	1053	754	299	1185	840	345
达尔罕茂明安联合旗	433	347	86	592	431	161	589	422	167
包头稀土高新技术产业开发区	47	38	9	65	43	22	104	71	33
乌海市	**378**	**301**	**77**	**614**	**448**	**166**	**650**	**487**	**163**
海勃湾区	196	159	37	302	225	77	349	268	81
海南区	182	142	40	312	223	89	301	219	82
乌达区									
赤峰市	**6945**	**4679**	**2266**	**12190**	**7703**	**4487**	**15247**	**9357**	**5890**
红山区	48	35	13	87	56	31	80	53	27
元宝山区	191	119	72	439	236	203	587	287	300
松山区	781	461	320	1376	766	610	1713	1019	694
阿鲁科尔沁旗	725	528	197	1082	693	389	1337	810	527
巴林左旗	1107	682	425	1732	1030	702	1774	1051	723
巴林右旗	261	200	61	434	315	119	500	338	162
林西县	427	275	152	831	531	300	916	563	353
克什克腾旗	584	444	140	910	666	244	1111	771	340
翁牛特旗	855	568	287	1341	863	478	1639	969	670
喀喇沁旗	390	276	114	850	555	295	1224	761	463
宁城县	758	534	224	1707	1109	598	2304	1476	828
敖汉旗	818	557	261	1401	883	518	2062	1259	803

5-2c 续表 10

单位：户

地区	40-44岁			45-49岁			50-54岁		
	小计	男	女	小计	男	女	小计	男	女
通辽市	**5166**	**3389**	**1777**	**6842**	**4442**	**2400**	**7697**	**4905**	**2792**
科尔沁区	675	421	254	1016	659	357	1203	758	445
科尔沁左翼中旗	1318	839	479	1454	940	514	1525	981	544
科尔沁左翼后旗	833	589	244	1167	805	362	1231	827	404
开鲁县	579	337	242	783	437	346	1037	620	417
库伦旗	267	196	71	360	257	103	428	291	137
奈曼旗	657	443	214	1058	672	386	1061	708	353
扎鲁特旗	684	470	214	760	522	238	926	556	370
通辽经济技术开发区	104	66	38	152	108	44	170	108	62
霍林郭勒市	49	28	21	92	42	50	116	56	60
鄂尔多斯市	**4827**	**3784**	**1043**	**6684**	**4923**	**1761**	**7224**	**5192**	**2032**
东胜区	266	206	60	421	314	107	390	299	91
康巴什区									
达拉特旗	974	767	207	1244	932	312	1399	976	423
准格尔旗	1175	916	259	1665	1202	463	1794	1315	479
鄂托克前旗	304	228	76	469	352	117	483	322	161
鄂托克旗	376	277	99	482	320	162	456	304	152
杭锦旗	471	365	106	614	443	171	671	453	218
乌审旗	526	428	98	745	573	172	873	643	230
伊金霍洛旗	735	597	138	1044	787	257	1158	880	278
呼伦贝尔市	**4621**	**3186**	**1435**	**5860**	**3893**	**1967**	**6206**	**3956**	**2250**
海拉尔区	84	52	32	126	85	41	145	97	48
扎赉诺尔区									
阿荣旗	749	502	247	933	632	301	1048	677	371
莫力达瓦达斡尔族自治旗	1356	910	446	1481	942	539	1476	894	582
鄂伦春自治旗	373	271	102	464	317	147	510	346	164
鄂温克族自治旗	382	262	120	515	324	191	589	341	248
陈巴尔虎旗	163	123	40	241	150	91	199	138	61
新巴尔虎左旗	211	153	58	220	158	62	222	129	93
新巴尔虎右旗	244	171	73	268	191	77	215	147	68
满洲里市									
牙克石市	194	129	65	323	222	101	427	266	161
扎兰屯市	726	510	216	1104	736	368	1213	799	414
额尔古纳市	130	97	33	178	131	47	154	115	39
根河市	9	6	3	7	5	2	8	7	1
巴彦淖尔市	**4451**	**3418**	**1033**	**6257**	**4471**	**1786**	**6835**	**4562**	**2273**
临河区	1009	736	273	1597	1106	491	1802	1179	623
五原县	695	543	152	1014	706	308	1122	764	358
磴口县	338	255	83	523	389	134	533	340	193
乌拉特前旗	1066	827	239	1291	922	369	1403	938	465
乌拉特中旗	639	534	105	752	561	191	742	525	217
乌拉特后旗	308	246	62	390	311	79	379	277	102
杭锦后旗	396	277	119	690	476	214	854	539	315

5-2c　续表 11　　　　单位：户

地　区	40-44岁			45-49岁			50-54岁		
	小计	男	女	小计	男	女	小计	男	女
乌兰察布市	**5608**	**4013**	**1595**	**9400**	**6913**	**2487**	**11332**	**8206**	**3126**
集宁区	190	114	76	329	207	122	388	237	151
卓资县	313	242	71	689	515	174	855	641	214
化德县	329	222	107	550	406	144	723	541	182
商都县	672	483	189	1262	941	321	1416	1041	375
兴和县	732	545	187	1172	845	327	1430	1080	350
凉城县	442	317	125	840	618	222	1126	784	342
察哈尔右翼前旗	469	356	113	796	629	167	1064	812	252
察哈尔右翼中旗	534	404	130	796	644	152	970	735	235
察哈尔右翼后旗	438	326	112	749	571	178	834	596	238
四子王旗	744	542	202	1048	762	286	1067	769	298
丰镇市	745	462	283	1169	775	394	1459	970	489
兴安盟	**2750**	**2019**	**731**	**3956**	**2795**	**1161**	**4214**	**2759**	**1455**
乌兰浩特市	187	136	51	287	214	73	331	224	107
阿尔山市	23	14	9	42	32	10	40	26	14
科尔沁右翼前旗	839	613	226	1246	880	366	1268	847	421
科尔沁右翼中旗	441	311	130	569	370	199	522	319	203
扎赉特旗	738	578	160	1024	771	253	1068	716	352
突泉县	522	367	155	788	528	260	985	627	358
锡林郭勒盟	**3189**	**2525**	**664**	**3967**	**3119**	**848**	**3818**	**2856**	**962**
二连浩特市	24	16	8	23	14	9	16	10	6
锡林浩特市	213	183	30	281	212	69	269	205	64
阿巴嘎旗	238	182	56	243	194	49	181	130	51
苏尼特左旗	296	238	58	386	319	67	271	210	61
苏尼特右旗	189	149	40	204	165	39	167	120	47
东乌珠穆沁旗	238	185	53	238	183	55	203	151	52
西乌珠穆沁旗	385	291	94	405	323	82	342	249	93
太仆寺旗	487	388	99	810	642	168	989	772	217
镶黄旗	135	107	28	145	113	32	92	62	30
正镶白旗	311	271	40	359	285	74	353	285	68
正蓝旗	409	310	99	481	358	123	449	298	151
多伦县	230	176	54	343	270	73	448	332	116
乌拉盖管委会	34	29	5	49	41	8	38	32	6
阿拉善盟	**775**	**615**	**160**	**1150**	**829**	**321**	**1070**	**805**	**265**
阿拉善左旗	559	448	111	821	596	225	751	559	192
阿拉善右旗	96	76	20	142	102	40	109	80	29
额济纳旗	111	87	24	164	112	52	183	143	40
内蒙古阿拉善经济开发区	9	4	5	23	19	4	27	23	4

5-2c 续表 12 单位：户

地 区	55-59岁			60-64岁			65岁及以上		
	小计	男	女	小计	男	女	小计	男	女
内蒙古	**74793**	**47449**	**27344**	**73976**	**42649**	**31327**	**249537**	**102140**	**147397**
呼和浩特市	**8066**	**5234**	**2832**	**8170**	**5083**	**3087**	**30948**	**12923**	**18025**
新城区	654	419	235	544	359	185	1451	567	884
回民区	128	87	41	82	50	32	283	99	184
玉泉区	454	294	160	384	232	152	1141	425	716
赛罕区	1582	1056	526	1367	867	500	4354	1663	2691
土默特左旗	1908	1201	707	2016	1232	784	9028	3703	5325
托克托县	968	584	384	1113	631	482	4352	1756	2596
和林格尔县	811	528	283	1035	631	404	4029	1772	2257
清水河县	741	470	271	727	446	281	2941	1326	1615
武川县	820	595	225	902	635	267	3369	1612	1757
呼和浩特经济技术开发区									
包头市	**5289**	**3480**	**1809**	**4944**	**2914**	**2030**	**18951**	**7611**	**11340**
东河区	442	269	173	447	266	181	1636	571	1065
昆都仑区	420	269	151	302	173	129	750	303	447
青山区	185	132	53	151	89	62	501	185	316
石拐区	156	115	41	91	56	35	392	182	210
白云鄂博矿区									
九原区	531	322	209	483	273	210	1696	622	1074
土默特右旗	1564	991	573	1532	853	679	7267	2798	4469
固阳县	1296	897	399	1249	788	461	4533	2005	2528
达尔罕茂明安联合旗	618	432	186	610	363	247	2016	880	1136
包头稀土高新技术产业开发区	77	53	24	79	53	26	160	65	95
乌海市	**471**	**347**	**124**	**260**	**154**	**106**	**759**	**293**	**466**
海勃湾区	267	194	73	133	83	50	343	146	197
海南区	204	153	51	127	71	56	416	147	269
乌达区									
赤峰市	**15942**	**9275**	**6667**	**16983**	**8978**	**8005**	**49954**	**19051**	**30903**
红山区	97	59	38	129	51	78	321	112	209
元宝山区	584	304	280	600	296	304	1459	547	912
松山区	1850	1094	756	1899	998	901	5565	2118	3447
阿鲁科尔沁旗	1404	794	610	1434	741	693	4141	1534	2607
巴林左旗	1864	1046	818	1899	890	1009	5377	1877	3500
巴林右旗	483	260	223	546	257	289	1517	532	985
林西县	1019	595	424	1248	646	602	3793	1345	2448
克什克腾旗	991	631	360	1028	565	463	3315	1210	2105
翁牛特旗	1911	1001	910	2008	918	1090	6741	2383	4358
喀喇沁旗	1313	804	509	1453	859	594	3788	1516	2272
宁城县	2262	1417	845	2334	1415	919	6031	2764	3267
敖汉旗	2164	1270	894	2405	1342	1063	7906	3113	4793

5-2c 续表 13

单位：户

地 区	55-59岁			60-64岁			65岁及以上		
	小计	男	女	小计	男	女	小计	男	女
通辽市	**7152**	**4222**	**2930**	**7067**	**3581**	**3486**	**19574**	**8025**	**11549**
科尔沁区	1266	765	501	1237	641	596	2981	1297	1684
科尔沁左翼中旗	1324	771	553	1265	624	641	3582	1514	2068
科尔沁左翼后旗	1078	662	416	971	508	463	2608	1150	1458
开鲁县	1015	547	468	969	465	504	2772	1032	1740
库伦旗	407	252	155	436	221	215	1256	517	739
奈曼旗	1022	613	409	1137	602	535	3521	1404	2117
扎鲁特旗	761	455	306	799	384	415	2248	848	1400
通辽经济技术开发区	152	93	59	153	95	58	394	181	213
霍林郭勒市	127	64	63	100	41	59	212	82	130
鄂尔多斯市	**6244**	**4131**	**2113**	**5520**	**3332**	**2188**	**18890**	**8015**	**10875**
东胜区	329	257	72	192	142	50	472	240	232
康巴什区									
达拉特旗	1516	1003	513	1570	911	659	5729	2402	3327
准格尔旗	1570	1123	447	1409	971	438	5286	2550	2736
鄂托克前旗	348	202	146	283	146	137	756	256	500
鄂托克旗	367	222	145	280	155	125	792	261	531
杭锦旗	608	372	236	582	332	250	1829	740	1089
乌审旗	592	347	245	508	238	270	1677	575	1102
伊金霍洛旗	914	605	309	696	437	259	2349	991	1358
呼伦贝尔市	**5555**	**3386**	**2169**	**4554**	**2546**	**2008**	**11935**	**5172**	**6763**
海拉尔区	133	82	51	80	45	35	301	100	201
扎赉诺尔区									
阿荣旗	1029	620	409	882	516	366	2467	1200	1267
莫力达瓦达斡尔族自治旗	1244	750	494	1173	639	534	2725	1270	1455
鄂伦春自治旗	510	336	174	391	233	158	1079	519	560
鄂温克族自治旗	486	261	225	341	168	173	804	266	538
陈巴尔虎旗	168	111	57	78	46	32	225	75	150
新巴尔虎左旗	184	111	73	153	84	69	262	76	186
新巴尔虎右旗	153	97	56	80	38	42	135	43	92
满洲里市									
牙克石市	347	200	147	231	124	107	709	248	461
扎兰屯市	1140	702	438	1042	590	452	2904	1272	1632
额尔古纳市	158	113	45	102	62	40	319	102	217
根河市	3	3		1	1		5	1	4
巴彦淖尔市	**6179**	**3988**	**2191**	**5210**	**2842**	**2368**	**22764**	**8726**	**14038**
临河区	1529	988	541	1316	661	655	5671	2116	3555
五原县	1117	729	388	896	499	397	4633	1755	2878
磴口县	477	322	155	415	290	125	1551	594	957
乌拉特前旗	1184	766	418	1057	590	467	5041	1905	3136
乌拉特中旗	633	423	210	499	280	219	1849	728	1121
乌拉特后旗	299	210	89	201	113	88	474	192	282
杭锦后旗	940	550	390	826	409	417	3545	1436	2109

5-2c 续表 14

单位：户

地区	55-59岁			60-64岁			65岁及以上		
	小计	男	女	小计	男	女	小计	男	女
乌兰察布市	**11928**	**8221**	**3707**	**14321**	**9445**	**4876**	**57765**	**24979**	**32786**
集宁区	389	259	130	384	230	154	1434	542	892
卓资县	990	729	261	1396	1008	388	5120	2598	2522
化德县	657	458	199	858	510	348	3152	1282	1870
商都县	1446	950	496	1561	980	581	7565	2954	4611
兴和县	1459	1009	450	1767	1111	656	8005	3172	4833
凉城县	1326	903	423	1771	1201	570	6316	3124	3192
察哈尔右翼前旗	1121	778	343	1297	845	452	5980	2301	3679
察哈尔右翼中旗	1083	788	295	1353	957	396	4666	2216	2450
察哈尔右翼后旗	852	588	264	1046	663	383	4389	1685	2704
四子王旗	1084	754	330	1094	744	350	4103	1858	2245
丰镇市	1521	1005	516	1794	1196	598	7035	3247	3788
兴安盟	**4053**	**2448**	**1605**	**3989**	**2057**	**1932**	**9525**	**3997**	**5528**
乌兰浩特市	333	198	135	270	146	124	723	294	429
阿尔山市	33	24	9	21	13	8	64	18	46
科尔沁右翼前旗	1212	739	473	1171	585	586	2755	1092	1663
科尔沁右翼中旗	476	281	195	494	234	260	921	356	565
扎赉特旗	999	612	387	982	501	481	2288	1028	1260
突泉县	1000	594	406	1051	578	473	2774	1209	1565
锡林郭勒盟	**3157**	**2182**	**975**	**2580**	**1479**	**1101**	**7570**	**2982**	**4588**
二连浩特市	24	15	9	16	5	11	30	12	18
锡林浩特市	228	176	52	158	109	49	298	143	155
阿巴嘎旗	155	108	47	72	48	24	123	49	74
苏尼特左旗	159	131	28	64	40	24	93	41	52
苏尼特右旗	149	92	57	106	44	62	248	68	180
东乌珠穆沁旗	146	97	49	87	51	36	83	34	49
西乌珠穆沁旗	217	157	60	105	71	34	139	55	84
太仆寺旗	943	668	275	944	551	393	3564	1450	2114
镶黄旗	67	36	31	56	15	41	134	43	91
正镶白旗	288	191	97	291	155	136	889	338	551
正蓝旗	318	187	131	268	142	126	761	271	490
多伦县	417	286	131	390	230	160	1194	470	724
乌拉盖管委会	46	38	8	23	18	5	14	8	6
阿拉善盟	**757**	**535**	**222**	**378**	**238**	**140**	**902**	**366**	**536**
阿拉善左旗	538	369	169	281	174	107	750	297	453
阿拉善右旗	70	50	20	41	26	15	81	35	46
额济纳旗	130	100	30	51	35	16	68	32	36
内蒙古阿拉善经济开发区	19	16	3	5	3	2	3	2	1

5–3　各地区家庭户中民族混合户户数

单位：户、%

地　区	家庭户户　数	单一民族户		二个民族户		三个民族户		四个及以上民族户	
		户数	占家庭户比重	户数	占家庭户比重	户数	占家庭户比重	户数	占家庭户比重
内蒙古	**9483957**	**8373697**	**88.29**	**1093463**	**11.53**	**16591**	**0.17**	**206**	
呼和浩特市	**1314910**	**1184739**	**90.10**	**129024**	**9.81**	**1130**	**0.09**	**17**	
新城区	248937	219523	88.18	29167	11.72	247	0.10		
回民区	161946	146262	90.32	15574	9.62	107	0.07	3	
玉泉区	200817	181317	90.29	19380	9.65	120	0.06		
赛罕区	324884	283777	87.35	40717	12.53	383	0.12	7	
土默特左旗	115723	105827	91.45	9760	8.43	133	0.11	3	
托克托县	70071	66644	95.11	3390	4.84	36	0.05	1	
和林格尔县	61912	57967	93.63	3903	6.30	40	0.06	2	
清水河县	36612	36150	98.74	453	1.24	9	0.02		
武川县	45743	44152	96.52	1555	3.40	35	0.08	1	
呼和浩特经济技术开发区	48265	43120	89.34	5125	10.62	20	0.04		
包头市	**1099919**	**1046468**	**95.14**	**53009**	**4.82**	**431**	**0.04**	**11**	
东河区	199814	192032	96.11	7739	3.87	43	0.02		
昆都仑区	311599	293923	94.33	17563	5.64	109	0.03	4	
青山区	207270	194730	93.95	12449	6.01	90	0.04	1	
石拐区	11061	10707	96.80	341	3.08	13	0.12		
白云鄂博矿区	9616	8961	93.19	655	6.81				
九原区	91782	88358	96.27	3387	3.69	36	0.04	1	
土默特右旗	105155	101420	96.45	3691	3.51	43	0.04	1	
固阳县	55954	54885	98.09	1023	1.83	44	0.08	2	
达尔罕茂明安联合旗	33158	30962	93.38	2161	6.52	33	0.10	2	0.01
包头稀土高新技术产业开发区	74510	70490	94.60	4000	5.37	20	0.03		
乌海市	**223131**	**212355**	**95.17**	**10703**	**4.80**	**71**	**0.03**	**2**	
海勃湾区	132847	125397	94.39	7406	5.57	42	0.03	2	
海南区	39898	38534	96.58	1342	3.36	22	0.06		
乌达区	50386	48424	96.11	1955	3.88	7	0.01		
赤峰市	**1543099**	**1272099**	**82.44**	**266977**	**17.30**	**4008**	**0.26**	**15**	
红山区	168803	134456	79.65	33948	20.11	399	0.24		
元宝山区	112695	92735	82.29	19759	17.53	199	0.18	2	
松山区	252084	182155	72.26	68647	27.23	1277	0.51	5	
阿鲁科尔沁旗	99901	85303	85.39	14493	14.51	104	0.10	1	
巴林左旗	120322	90584	75.28	29482	24.50	255	0.21	1	
巴林右旗	61402	50339	81.98	10963	17.85	99	0.16	1	
林西县	79357	73799	93.00	5474	6.90	84	0.11		
克什克腾旗	76870	69803	90.81	6967	9.06	97	0.13	3	
翁牛特旗	135465	124549	91.94	10808	7.98	108	0.08		
喀喇沁旗	97897	59185	60.46	37607	38.41	1103	1.13	2	
宁城县	169870	151721	89.32	17962	10.57	187	0.11		
敖汉旗	168433	157470	93.49	10867	6.45	96	0.06		

5-3 续表 1

单位：户、%

地　　区	家庭户户　数	单一民族户		二个民族户		三个民族户		四个及以上民族户	
		户数	占家庭户比重	户数	占家庭户比重	户数	占家庭户比重	户数	占家庭户比重
通辽市	**1045667**	**782370**	**74.82**	**258302**	**24.70**	**4962**	**0.47**	**33**	
科尔沁区	262594	172309	65.62	88022	33.52	2247	0.86	16	0.01
科尔沁左翼中旗	143947	114671	79.66	28832	20.03	440	0.31	4	
科尔沁左翼后旗	116531	95621	82.06	20539	17.63	364	0.31	7	0.01
开鲁县	115487	92808	80.36	22377	19.38	302	0.26		
库伦旗	56325	47464	84.27	8682	15.41	178	0.32	1	
奈曼旗	130472	100294	76.87	29815	22.85	362	0.28	1	
扎鲁特旗	98756	77678	78.66	20836	21.10	240	0.24	2	
通辽经济技术开发区	69227	44326	64.03	24276	35.07	625	0.90		
霍林郭勒市	52328	37199	71.09	14923	28.52	204	0.39	2	
鄂尔多斯市	**797496**	**757304**	**94.96**	**39811**	**4.99**	**375**	**0.05**	**6**	
东胜区	203073	191409	94.26	11613	5.72	51	0.03		
康巴什区	35226	32320	91.75	2885	8.19	21	0.06		
达拉特旗	131433	125930	95.81	5432	4.13	71	0.05		
准格尔旗	138438	129721	93.70	8653	6.25	64	0.05		
鄂托克前旗	33190	31402	94.61	1739	5.24	47	0.14	2	0.01
鄂托克旗	59696	57495	96.31	2173	3.64	28	0.05		
杭锦旗	46505	44572	95.84	1906	4.10	26	0.06	1	
乌审旗	58520	56743	96.96	1758	3.00	17	0.03	2	
伊金霍洛旗	91415	87712	95.95	3652	3.99	50	0.05	1	
呼伦贝尔市	**918965**	**797653**	**86.80**	**118953**	**12.94**	**2290**	**0.25**	**69**	**0.01**
海拉尔区	147231	124308	84.43	22551	15.32	364	0.25	8	0.01
扎赉诺尔区	37656	35582	94.49	2055	5.46	19	0.05		
阿荣旗	100655	88257	87.68	12183	12.10	214	0.21	1	
莫力达瓦达斡尔族自治旗	91756	77083	84.01	14226	15.50	427	0.47	20	0.02
鄂伦春自治旗	73099	64910	88.80	7980	10.92	198	0.27	11	0.02
鄂温克族自治旗	57549	45650	79.32	11634	20.22	257	0.45	8	0.01
陈巴尔虎旗	20002	16573	82.86	3357	16.78	67	0.33	5	0.02
新巴尔虎左旗	14631	12861	87.90	1712	11.70	56	0.38	2	0.01
新巴尔虎右旗	14904	13456	90.28	1402	9.41	42	0.28	4	0.03
满洲里市	59243	53365	90.08	5812	9.81	65	0.11	1	
牙克石市	114103	104728	91.78	9266	8.12	106	0.09	3	
扎兰屯市	123626	105104	85.02	18126	14.66	390	0.32	6	
额尔古纳市	29548	24188	81.86	5289	17.90	71	0.24		
根河市	34962	31588	90.35	3360	9.61	14	0.04		
巴彦淖尔市	**654451**	**628592**	**96.05**	**25480**	**3.89**	**369**	**0.06**	**10**	
临河区	236835	227158	95.91	9565	4.04	110	0.05	2	
五原县	97988	95103	97.06	2847	2.91	36	0.04	2	
磴口县	40977	39160	95.57	1793	4.38	24	0.06		
乌拉特前旗	113773	110040	96.72	3693	3.25	39	0.03	1	
乌拉特中旗	51044	47574	93.20	3422	6.70	46	0.09	2	
乌拉特后旗	22249	20387	91.63	1851	8.32	11	0.05		
杭锦后旗	91585	89170	97.36	2309	2.52	103	0.11	3	

5-3　续表 2　　　　单位：户、%

地　区	家庭户户数	单一民族户		二个民族户		三个民族户		四个及以上民族户	
		户数	占家庭户比重	户数	占家庭户比重	户数	占家庭户比重	户数	占家庭户比重
乌兰察布市	**795202**	**768026**	**96.58**	**26806**	**3.37**	**361**	**0.05**	**9**	
集宁区	165926	156774	94.48	9106	5.49	45	0.03	1	
卓资县	43839	42894	97.84	922	2.10	23	0.05		
化德县	46535	45388	97.54	1131	2.43	16	0.03		
商都县	85501	84059	98.31	1417	1.66	25	0.03		
兴和县	80649	77752	96.41	2879	3.57	18	0.02		
凉城县	58493	56358	96.35	2044	3.49	84	0.14	7	0.01
察哈尔右翼前旗	58397	56542	96.82	1815	3.11	39	0.07	1	
察哈尔右翼中旗	44671	43599	97.60	1060	2.37	12	0.03		
察哈尔右翼后旗	52424	50203	95.76	2208	4.21	13	0.02		
四子王旗	64490	61535	95.42	2912	4.52	43	0.07		
丰镇市	94277	92922	98.56	1312	1.39	43	0.05		
兴安盟	**535843**	**430048**	**80.26**	**103808**	**19.37**	**1963**	**0.37**	**24**	
乌兰浩特市	133638	100244	75.01	32878	24.60	512	0.38	4	
阿尔山市	13433	10761	80.11	2634	19.61	37	0.28	1	0.01
科尔沁右翼前旗	105633	84318	79.82	20895	19.78	416	0.39	4	
科尔沁右翼中旗	76347	67604	88.55	8551	11.20	192	0.25		
扎赉特旗	120023	105755	88.11	14048	11.70	214	0.18	6	
突泉县	86769	61366	70.72	24802	28.58	592	0.68	9	0.01
锡林郭勒盟	**450592**	**399394**	**88.64**	**50646**	**11.24**	**544**	**0.12**	**8**	
二连浩特市	30172	27724	91.89	2442	8.09	6	0.02		
锡林浩特市	132075	112838	85.43	19073	14.44	162	0.12	2	
阿巴嘎旗	15481	13995	90.40	1454	9.39	31	0.20	1	0.01
苏尼特左旗	14433	13365	92.60	1053	7.30	14	0.10	1	0.01
苏尼特右旗	27888	26206	93.97	1667	5.98	15	0.05		
东乌珠穆沁旗	27675	25005	90.35	2637	9.53	33	0.12		
西乌珠穆沁旗	36321	31307	86.20	4938	13.60	73	0.20	3	0.01
太仆寺旗	51733	49013	94.74	2699	5.22	20	0.04	1	
镶黄旗	11668	10983	94.13	677	5.80	8	0.07		
正镶白旗	20263	19025	93.89	1221	6.03	17	0.08		
正蓝旗	30958	27534	88.94	3378	10.91	46	0.15		
多伦县	42287	34342	81.21	7849	18.56	96	0.23		
乌拉盖管委会	9638	8057	83.60	1558	16.17	23	0.24		
阿拉善盟	**104682**	**94649**	**90.42**	**9944**	**9.50**	**87**	**0.08**	**2**	
阿拉善左旗	72162	63976	88.66	8129	11.26	56	0.08	1	
阿拉善右旗	9705	9174	94.53	524	5.40	7	0.07		
额济纳旗	14163	13379	94.46	768	5.42	15	0.11	1	0.01
内蒙古阿拉善经济开发区	8652	8120	93.85	523	6.04	9	0.10		

5-3a 各地区家庭户中民族混合户户数(城市)

单位：户、%

地区	家庭户户数	单一民族户		二个民族户		三个民族户		四个及以上民族户	
		户数	占家庭户比重	户数	占家庭户比重	户数	占家庭户比重	户数	占家庭户比重
内蒙古	**3586072**	**3152612**	**87.91**	**428886**	**11.96**	**4543**	**0.13**	**31**	
呼和浩特市	**814754**	**717226**	**88.03**	**96785**	**11.88**	**734**	**0.09**	**9**	
新城区	217919	190195	87.28	27494	12.62	230	0.11		
回民区	155400	140145	90.18	15152	9.75	100	0.06	3	
玉泉区	178084	160762	90.27	17238	9.68	84	0.05		
赛罕区	263351	226124	85.86	36901	14.01	320	0.12	6	
包头市	**749311**	**709175**	**94.64**	**39926**	**5.33**	**209**	**0.03**	**1**	
东河区	172997	166004	95.96	6970	4.03	23	0.01		
昆都仑区	298947	281656	94.22	17194	5.75	96	0.03	1	
青山区	198640	186360	93.82	12201	6.14	79	0.04		
石拐区	6684	6503	97.29	180	2.69	1	0.01		
白云鄂博矿区	9616	8961	93.19	655	6.81				
九原区	62427	59691	95.62	2726	4.37	10	0.02		
乌海市	**204670**	**194375**	**94.97**	**10252**	**5.01**	**42**	**0.02**	**1**	
海勃湾区	125087	117912	94.26	7145	5.71	29	0.02	1	
海南区	30378	29197	96.11	1175	3.87	6	0.02		
乌达区	49205	47266	96.06	1932	3.93	7	0.01		
赤峰市	**365123**	**276743**	**75.79**	**87272**	**23.90**	**1108**	**0.30**		
红山区	154681	122544	79.22	31783	20.55	354	0.23		
元宝山区	74486	59732	80.19	14641	19.66	113	0.15		
松山区	135956	94467	69.48	40848	30.05	641	0.47		
通辽市	**209396**	**145549**	**69.51**	**62780**	**29.98**	**1059**	**0.51**	**8**	
科尔沁区	160674	111043	69.11	48752	30.34	873	0.54	6	
霍林郭勒市	48722	34506	70.82	14028	28.79	186	0.38	2	
鄂尔多斯市	**230624**	**216161**	**93.73**	**14391**	**6.24**	**72**	**0.03**		
东胜区	195012	183456	94.07	11505	5.90	51	0.03		
康巴什区	35226	32320	91.75	2885	8.19	21	0.06		
鄂托克旗	386	385	99.74	1	0.26				
呼伦贝尔市	**385928**	**335169**	**86.85**	**50063**	**12.97**	**685**	**0.18**	**11**	
海拉尔区	141877	119549	84.26	21970	15.49	350	0.25	8	0.01
扎赉诺尔区	35216	33235	94.37	1964	5.58	17	0.05		
满洲里市	57312	51567	89.98	5679	9.91	65	0.11	1	
牙克石市	59071	52827	89.43	6179	10.46	64	0.11	1	
扎兰屯市	54531	45690	83.79	8703	15.96	137	0.25	1	
额尔古纳市	17888	14330	80.11	3516	19.66	42	0.23		
根河市	20033	17971	89.71	2052	10.24	10	0.05		
巴彦淖尔市	**157453**	**149712**	**95.08**	**7716**	**4.90**	**25**	**0.02**		
临河区	157453	149712	95.08	7716	4.90	25	0.02		
乌兰察布市	**198443**	**189008**	**95.25**	**9407**	**4.74**	**28**	**0.01**		
集宁区	147907	139295	94.18	8585	5.80	27	0.02		
丰镇市	50536	49713	98.37	822	1.63	1			
兴安盟	**119519**	**89371**	**74.78**	**29707**	**24.86**	**440**	**0.37**	**1**	
乌兰浩特市	111928	83228	74.36	28277	25.26	422	0.38	1	
阿尔山市	7591	6143	80.92	1430	18.84	18	0.24		
锡林郭勒盟	**150851**	**130123**	**86.26**	**20587**	**13.65**	**141**	**0.09**		
二连浩特市	29071	26654	91.69	2411	8.29	6	0.02		
锡林浩特市	121780	103469	84.96	18176	14.93	135	0.11		

5-3b　各地区家庭户中民族混合户户数(镇)

单位：户、%

地　　区	家庭户户　数	单一民族户		二个民族户		三个民族户		四个及以上民族户	
		户数	占家庭户比重	户数	占家庭户比重	户数	占家庭户比重	户数	占家庭户比重
内蒙古	**2643180**	**2312370**	**87.48**	**327388**	**12.39**	**3403**	**0.13**	**19**	
呼和浩特市	**184441**	**170014**	**92.18**	**14387**	**7.80**	**40**	**0.02**		
新城区	1020	966	94.71	53	5.20	1	0.10		
回民区									
玉泉区									
赛罕区	968	945	97.62	23	2.38				
土默特左旗	41067	37399	91.07	3662	8.92	6	0.01		
托克托县	29350	27325	93.10	2021	6.89	4	0.01		
和林格尔县	26218	23863	91.02	2348	8.96	7	0.03		
清水河县	14838	14592	98.34	246	1.66				
武川县	22715	21804	95.99	909	4.00	2	0.01		
呼和浩特经济技术开发区	48265	43120	89.34	5125	10.62	20	0.04		
包头市	**171068**	**162739**	**95.13**	**8305**	**4.85**	**24**	**0.01**		
东河区	8392	8114	96.69	278	3.31				
昆都仑区	36	34	94.44	2	5.56				
青山区	734	706	96.19	28	3.81				
石拐区	1193	1184	99.25	9	0.75				
白云鄂博矿区									
九原区	5963	5864	98.34	99	1.66				
土默特右旗	44796	42624	95.15	2169	4.84	3	0.01		
固阳县	22375	21897	97.86	478	2.14				
达尔罕茂明安联合旗	16138	14830	91.89	1306	8.09	2	0.01		
包头稀土高新技术产业开发区	71441	67486	94.46	3936	5.51	19	0.03		
乌海市	**7471**	**7350**	**98.38**	**120**	**1.61**	**1**	**0.01**		
海勃湾区	1433	1404	97.98	29	2.02				
海南区	4857	4788	98.58	68	1.40	1	0.02		
乌达区	1181	1158	98.05	23	1.95				
赤峰市	**422959**	**347575**	**82.18**	**74611**	**17.64**	**771**	**0.18**	**2**	
红山区	8463	7031	83.08	1410	16.66	22	0.26		
元宝山区	11884	10313	86.78	1554	13.08	17	0.14		
松山区	9110	7117	78.12	1946	21.36	47	0.52		
阿鲁科尔沁旗	41358	32955	79.68	8337	20.16	66	0.16		
巴林左旗	45960	33144	72.11	12695	27.62	121	0.26		
巴林右旗	35677	27561	77.25	8060	22.59	56	0.16		
林西县	43005	39513	91.88	3477	8.09	15	0.03		
克什克腾旗	36320	31927	87.90	4366	12.02	25	0.07	2	0.01
翁牛特旗	48546	43904	90.44	4625	9.53	17	0.04		
喀喇沁旗	38285	23055	60.22	14907	38.94	323	0.84		
宁城县	52875	45168	85.42	7672	14.51	35	0.07		
敖汉旗	51476	45887	89.14	5562	10.81	27	0.05		

5-3b 续表 1

单位：户、%

地　区	家庭户户　数	单一民族户		二个民族户		三个民族户		四个及以上民族户	
		户数	占家庭户比重	户数	占家庭户比重	户数	占家庭户比重	户数	占家庭户比重
通辽市	**321831**	**233599**	**72.58**	**87027**	**27.04**	**1204**	**0.37**	**1**	
科尔沁区	17298	11032	63.78	6109	35.32	156	0.90	1	0.01
科尔沁左翼中旗	44790	33534	74.87	11143	24.88	113	0.25		
科尔沁左翼后旗	40189	30650	76.26	9436	23.48	103	0.26		
开鲁县	45453	34898	76.78	10465	23.02	90	0.20		
库伦旗	23760	19068	80.25	4632	19.49	60	0.25		
奈曼旗	46254	32238	69.70	13823	29.88	193	0.42		
扎鲁特旗	46247	33965	73.44	12155	26.28	127	0.27		
通辽经济技术开发区	57712	38123	66.06	19227	33.32	362	0.63		
霍林郭勒市	128	91	71.09	37	28.91				
鄂尔多斯市	**365306**	**346257**	**94.79**	**19003**	**5.20**	**45**	**0.01**	**1**	
东胜区	1105	1096	99.19	9	0.81				
康巴什区									
达拉特旗	75145	71166	94.70	3967	5.28	12	0.02		
准格尔旗	92658	85943	92.75	6701	7.23	14	0.02		
鄂托克前旗	19603	18576	94.76	1026	5.23	1	0.01		
鄂托克旗	47655	45833	96.18	1819	3.82	3	0.01		
杭锦旗	26236	24954	95.11	1280	4.88	2	0.01		
乌审旗	36052	34938	96.91	1110	3.08	3	0.01	1	
伊金霍洛旗	66852	63751	95.36	3091	4.62	10	0.01		
呼伦贝尔市	**293110**	**252822**	**86.25**	**39660**	**13.53**	**615**	**0.21**	**13**	
海拉尔区	635	598	94.17	36	5.67	1	0.16		
扎赉诺尔区	2440	2347	96.19	91	3.73	2	0.08		
阿荣旗	47909	41235	86.07	6597	13.77	76	0.16	1	
莫力达瓦达斡尔族自治旗	32203	25898	80.42	6153	19.11	150	0.47	2	0.01
鄂伦春自治旗	53965	47795	88.57	6060	11.23	109	0.20	1	
鄂温克族自治旗	42872	33166	77.36	9523	22.21	179	0.42	4	0.01
陈巴尔虎旗	14236	11627	81.67	2565	18.02	41	0.29	3	0.02
新巴尔虎左旗	7674	6756	88.04	907	11.82	11	0.14		
新巴尔虎右旗	10023	8971	89.50	1047	10.45	4	0.04	1	0.01
满洲里市	1931	1798	93.11	133	6.89				
牙克石市	46843	44323	94.62	2507	5.35	13	0.03		
扎兰屯市	12315	10284	83.51	2008	16.31	22	0.18	1	0.01
额尔古纳市	5275	4523	85.74	749	14.20	3	0.06		
根河市	14789	13501	91.29	1284	8.68	4	0.03		
巴彦淖尔市	**216756**	**206553**	**95.29**	**10178**	**4.70**	**25**	**0.01**		
临河区	5719	5599	97.90	120	2.10				
五原县	44823	43088	96.13	1733	3.87	2			
磴口县	22144	20981	94.75	1158	5.23	5	0.02		
乌拉特前旗	57165	54863	95.97	2297	4.02	5	0.01		
乌拉特中旗	27134	24855	91.60	2272	8.37	7	0.03		
乌拉特后旗	14276	12847	89.99	1428	10.00	1	0.01		
杭锦后旗	45495	44320	97.42	1170	2.57	5	0.01		

5-3b　续表 2　　　　单位：户、%

地　区	家庭户户数	单一民族户		二个民族户		三个民族户		四个及以上民族户	
		户数	占家庭户比重	户数	占家庭户比重	户数	占家庭户比重	户数	占家庭户比重
乌兰察布市	**230343**	**221230**	**96.04**	**9093**	**3.95**	**20**	**0.01**		
集宁区	4717	4563	96.74	153	3.24	1	0.02		
卓资县	17398	16865	96.94	531	3.05	2	0.01		
化德县	25615	24868	97.08	746	2.91	1			
商都县	35827	35158	98.13	667	1.86	2	0.01		
兴和县	31110	29478	94.75	1630	5.24	2	0.01		
凉城县	21510	20505	95.33	1005	4.67				
察哈尔右翼前旗	22669	21751	95.95	914	4.03	4	0.02		
察哈尔右翼中旗	13928	13434	96.45	493	3.54	1	0.01		
察哈尔右翼后旗	23906	22553	94.34	1352	5.66	1			
四子王旗	30270	28676	94.73	1588	5.25	6	0.02		
丰镇市	3393	3379	99.59	14	0.41				
兴安盟	**167494**	**131953**	**78.78**	**35070**	**20.94**	**469**	**0.28**	**2**	
乌兰浩特市	7050	5563	78.91	1476	20.94	11	0.16		
阿尔山市	4495	3603	80.16	880	19.58	11	0.24	1	0.02
科尔沁右翼前旗	31439	23232	73.90	8086	25.72	121	0.38		
科尔沁右翼中旗	36897	30804	83.49	6007	16.28	86	0.23		
扎赉特旗	54145	46048	85.05	8031	14.83	65	0.12	1	
突泉县	33468	22703	67.83	10590	31.64	175	0.52		
锡林郭勒盟	**176241**	**154787**	**87.83**	**21306**	**12.09**	**148**	**0.08**		
二连浩特市	474	461	97.26	13	2.74				
锡林浩特市	1405	1378	98.08	27	1.92				
阿巴嘎旗	9443	8484	89.84	950	10.06	9	0.10		
苏尼特左旗	8159	7394	90.62	761	9.33	4	0.05		
苏尼特右旗	21670	20258	93.48	1409	6.50	3	0.01		
东乌珠穆沁旗	19486	17315	88.86	2159	11.08	12	0.06		
西乌珠穆沁旗	24373	20492	84.08	3861	15.84	20	0.08		
太仆寺旗	21083	19476	92.38	1604	7.61	3	0.01		
镶黄旗	8159	7623	93.43	535	6.56	1	0.01		
正镶白旗	10511	9757	92.83	752	7.15	2	0.02		
正蓝旗	16888	14660	86.81	2207	13.07	21	0.12		
多伦县	26122	20395	78.08	5666	21.69	61	0.23		
乌拉盖管委会	8468	7094	83.77	1362	16.08	12	0.14		
阿拉善盟	**86160**	**77491**	**89.94**	**8628**	**10.01**	**41**	**0.05**		
阿拉善左旗	57900	50857	87.84	7013	12.11	30	0.05		
阿拉善右旗	7705	7268	94.33	436	5.66	1	0.01		
额济纳旗	12178	11509	94.51	665	5.46	4	0.03		
内蒙古阿拉善经济开发区	8377	7857	93.79	514	6.14	6	0.07		

5－3c　各地区家庭户中民族混合户户数(乡村)

单位：户、%

地　　区	家庭户户　数	单一民族户		二个民族户		三个民族户		四个及以上民族户	
		户数	占家庭户比重	户数	占家庭户比重	户数	占家庭户比重	户数	占家庭户比重
内蒙古	**3254705**	**2908715**	**89.37**	**337189**	**10.36**	**8645**	**0.27**	**156**	
呼和浩特市	**315715**	**297499**	**94.23**	**17852**	**5.65**	**356**	**0.11**	**8**	
新城区	29998	28362	94.55	1620	5.40	16	0.05		
回民区	6546	6117	93.45	422	6.45	7	0.11		
玉泉区	22733	20555	90.42	2142	9.42	36	0.16		
赛罕区	60565	56708	93.63	3793	6.26	63	0.10	1	
土默特左旗	74656	68428	91.66	6098	8.17	127	0.17	3	
托克托县	40721	39319	96.56	1369	3.36	32	0.08	1	
和林格尔县	35694	34104	95.55	1555	4.36	33	0.09	2	0.01
清水河县	21774	21558	99.01	207	0.95	9	0.04		
武川县	23028	22348	97.05	646	2.81	33	0.14	1	
呼和浩特经济技术开发区									
包头市	**179540**	**174554**	**97.22**	**4778**	**2.66**	**198**	**0.11**	**10**	**0.01**
东河区	18425	17914	97.23	491	2.66	20	0.11		
昆都仑区	12616	12233	96.96	367	2.91	13	0.10	3	0.02
青山区	7896	7664	97.06	220	2.79	11	0.14	1	0.01
石拐区	3184	3020	94.85	152	4.77	12	0.38		
白云鄂博矿区									
九原区	23392	22803	97.48	562	2.40	26	0.11	1	
土默特右旗	60359	58796	97.41	1522	2.52	40	0.07	1	
固阳县	33579	32988	98.24	545	1.62	44	0.13	2	0.01
达尔罕茂明安联合旗	17020	16132	94.78	855	5.02	31	0.18	2	0.01
包头稀土高新技术产业开发区	3069	3004	97.88	64	2.09	1	0.03		
乌海市	**10990**	**10630**	**96.72**	**331**	**3.01**	**28**	**0.25**	**1**	**0.01**
海勃湾区	6327	6081	96.11	232	3.67	13	0.21	1	0.02
海南区	4663	4549	97.56	99	2.12	15	0.32		
乌达区									
赤峰市	**755017**	**647781**	**85.80**	**105094**	**13.92**	**2129**	**0.28**	**13**	
红山区	5659	4881	86.25	755	13.34	23	0.41		
元宝山区	26325	22690	86.19	3564	13.54	69	0.26	2	0.01
松山区	107018	80571	75.29	25853	24.16	589	0.55	5	
阿鲁科尔沁旗	58543	52348	89.42	6156	10.52	38	0.06	1	
巴林左旗	74362	57440	77.24	16787	22.57	134	0.18	1	
巴林右旗	25725	22778	88.54	2903	11.28	43	0.17	1	
林西县	36352	34286	94.32	1997	5.49	69	0.19		
克什克腾旗	40550	37876	93.41	2601	6.41	72	0.18	1	
翁牛特旗	86919	80645	92.78	6183	7.11	91	0.10		
喀喇沁旗	59612	36130	60.61	22700	38.08	780	1.31	2	
宁城县	116995	106553	91.07	10290	8.80	152	0.13		
敖汉旗	116957	111583	95.41	5305	4.54	69	0.06		

5-3c 续表 1

单位：户、%

地区	家庭户户数	单一民族户		二个民族户		三个民族户		四个及以上民族户	
		户数	占家庭户比重	户数	占家庭户比重	户数	占家庭户比重	户数	占家庭户比重
通辽市	**514440**	**403222**	**78.38**	**108495**	**21.09**	**2699**	**0.52**	**24**	
科尔沁区	84622	50234	59.36	33161	39.19	1218	1.44	9	0.01
科尔沁左翼中旗	99157	81137	81.83	17689	17.84	327	0.33	4	
科尔沁左翼后旗	76342	64971	85.11	11103	14.54	261	0.34	7	0.01
开鲁县	70034	57910	82.69	11912	17.01	212	0.30		
库伦旗	32565	28396	87.20	4050	12.44	118	0.36	1	
奈曼旗	84218	68056	80.81	15992	18.99	169	0.20	1	
扎鲁特旗	52509	43713	83.25	8681	16.53	113	0.22	2	
通辽经济技术开发区	11515	6203	53.87	5049	43.85	263	2.28		
霍林郭勒市	3478	2602	74.81	858	24.67	18	0.52		
鄂尔多斯市	**201566**	**194886**	**96.69**	**6417**	**3.18**	**258**	**0.13**	**5**	
东胜区	6956	6857	98.58	99	1.42				
康巴什区									
达拉特旗	56288	54764	97.29	1465	2.60	59	0.10		
准格尔旗	45780	43778	95.63	1952	4.26	50	0.11		
鄂托克前旗	13587	12826	94.40	713	5.25	46	0.34	2	0.01
鄂托克旗	11655	11277	96.76	353	3.03	25	0.21		
杭锦旗	20269	19618	96.79	626	3.09	24	0.12	1	
乌审旗	22468	21805	97.05	648	2.88	14	0.06	1	
伊金霍洛旗	24563	23961	97.55	561	2.28	40	0.16	1	
呼伦贝尔市	**239927**	**209662**	**87.39**	**29230**	**12.18**	**990**	**0.41**	**45**	**0.02**
海拉尔区	4719	4161	88.18	545	11.55	13	0.28		
扎赉诺尔区									
阿荣旗	52746	47022	89.15	5586	10.59	138	0.26		
莫力达瓦达斡尔族自治旗	59553	51185	85.95	8073	13.56	277	0.47	18	0.03
鄂伦春自治旗	19134	17115	89.45	1920	10.03	89	0.47	10	0.05
鄂温克族自治旗	14677	12484	85.06	2111	14.38	78	0.53	4	0.03
陈巴尔虎旗	5766	4946	85.78	792	13.74	26	0.45	2	0.03
新巴尔虎左旗	6957	6105	87.75	805	11.57	45	0.65	2	0.03
新巴尔虎右旗	4881	4485	91.89	355	7.27	38	0.78	3	0.06
满洲里市									
牙克石市	8189	7578	92.54	580	7.08	29	0.35	2	0.02
扎兰屯市	56780	49130	86.53	7415	13.06	231	0.41	4	0.01
额尔古纳市	6385	5335	83.56	1024	16.04	26	0.41		
根河市	140	116	82.86	24	17.14				
巴彦淖尔市	**280242**	**272327**	**97.18**	**7586**	**2.71**	**319**	**0.11**	**10**	
临河区	73663	71847	97.53	1729	2.35	85	0.12	2	
五原县	53165	52015	97.84	1114	2.10	34	0.06	2	
磴口县	18833	18179	96.53	635	3.37	19	0.10		
乌拉特前旗	56608	55177	97.47	1396	2.47	34	0.06	1	
乌拉特中旗	23910	22719	95.02	1150	4.81	39	0.16	2	0.01
乌拉特后旗	7973	7540	94.57	423	5.31	10	0.13		
杭锦后旗	46090	44850	97.31	1139	2.47	98	0.21	3	0.01

5-3c 续表 2

单位：户、%

地　　区	家庭户户　数	单一民族户		二个民族户		三个民族户		四个及以上民族户	
		户数	占家庭户比重	户数	占家庭户比重	户数	占家庭户比重	户数	占家庭户比重
乌兰察布市	**366416**	**357788**	**97.65**	**8306**	**2.27**	**313**	**0.09**	**9**	
集宁区	13302	12916	97.10	368	2.77	17	0.13	1	0.01
卓资县	26441	26029	98.44	391	1.48	21	0.08		
化德县	20920	20520	98.09	385	1.84	15	0.07		
商都县	49674	48901	98.44	750	1.51	23	0.05		
兴和县	49539	48274	97.45	1249	2.52	16	0.03		
凉城县	36983	35853	96.94	1039	2.81	84	0.23	7	0.02
察哈尔右翼前旗	35728	34791	97.38	901	2.52	35	0.10	1	
察哈尔右翼中旗	30743	30165	98.12	567	1.84	11	0.04		
察哈尔右翼后旗	28518	27650	96.96	856	3.00	12	0.04		
四子王旗	34220	32859	96.02	1324	3.87	37	0.11		
丰镇市	40348	39830	98.72	476	1.18	42	0.10		
兴安盟	**248830**	**208724**	**83.88**	**39031**	**15.69**	**1054**	**0.42**	**21**	**0.01**
乌兰浩特市	14660	11453	78.12	3125	21.32	79	0.54	3	0.02
阿尔山市	1347	1015	75.35	324	24.05	8	0.59		
科尔沁右翼前旗	74194	61086	82.33	12809	17.26	295	0.40	4	0.01
科尔沁右翼中旗	39450	36800	93.28	2544	6.45	106	0.27		
扎赉特旗	65878	59707	90.63	6017	9.13	149	0.23	5	0.01
突泉县	53301	38663	72.54	14212	26.66	417	0.78	9	0.02
锡林郭勒盟	**123500**	**114484**	**92.70**	**8753**	**7.09**	**255**	**0.21**	**8**	**0.01**
二连浩特市	627	609	97.13	18	2.87				
锡林浩特市	8890	7991	89.89	870	9.79	27	0.30	2	0.02
阿巴嘎旗	6038	5511	91.27	504	8.35	22	0.36	1	0.02
苏尼特左旗	6274	5971	95.17	292	4.65	10	0.16	1	0.02
苏尼特右旗	6218	5948	95.66	258	4.15	12	0.19		
东乌珠穆沁旗	8189	7690	93.91	478	5.84	21	0.26		
西乌珠穆沁旗	11948	10815	90.52	1077	9.01	53	0.44	3	0.03
太仆寺旗	30650	29537	96.37	1095	3.57	17	0.06	1	
镶黄旗	3509	3360	95.75	142	4.05	7	0.20		
正镶白旗	9752	9268	95.04	469	4.81	15	0.15		
正蓝旗	14070	12874	91.50	1171	8.32	25	0.18		
多伦县	16165	13947	86.28	2183	13.50	35	0.22		
乌拉盖管委会	1170	963	82.31	196	16.75	11	0.94		
阿拉善盟	**18522**	**17158**	**92.64**	**1316**	**7.11**	**46**	**0.25**	**2**	**0.01**
阿拉善左旗	14262	13119	91.99	1116	7.82	26	0.18	1	0.01
阿拉善右旗	2000	1906	95.30	88	4.40	6	0.30		
额济纳旗	1985	1870	94.21	103	5.19	11	0.55	1	0.05
内蒙古阿拉善经济开发区	275	263	95.64	9	3.27	3	1.09		

5-4　各地区有60岁及以上人口的家庭户户数

单位：户

地　区	合　计	有一个60岁及以上人口的户				有二个60岁及以上人口的户				有三个60岁及以上人口的户
		小计	独自居住	只与未成年人口共同居住	其他	小计	只有一对60岁及以上夫妇居住	只有一对60岁及以上夫妇与未成年人口共同居住	其他	
内蒙古	**3087872**	**1601638**	**719459**	**15013**	**867166**	**1463300**	**1074057**	**27508**	**361735**	**22934**
呼和浩特市	**392908**	**199017**	**98200**	**1572**	**99245**	**191282**	**143999**	**2975**	**44308**	**2609**
新城区	67611	34522	15599	408	18515	32601	22228	698	9675	488
回民区	45629	23024	10688	166	12170	22316	16104	401	5811	289
玉泉区	47150	24644	11258	135	13251	22253	16670	304	5279	253
赛罕区	90081	44554	19846	400	24308	44841	31014	799	13028	686
土默特左旗	46903	24192	13669	91	10432	22443	18677	215	3551	268
托克托县	26382	12965	7502	111	5352	13223	11284	153	1786	194
和林格尔县	25574	12837	6851	103	5883	12529	10097	177	2255	208
清水河县	15237	7732	4963	33	2736	7431	6781	58	592	74
武川县	20066	10286	6376	79	3831	9686	8402	96	1188	94
呼和浩特经济技术开发区	8275	4261	1448	46	2767	3959	2742	74	1143	55
包头市	**352673**	**180743**	**95874**	**1140**	**83729**	**169558**	**134003**	**2206**	**33349**	**2372**
东河区	70052	35842	19662	161	16019	33750	26674	404	6672	460
昆都仑区	89251	47352	23345	385	23622	41156	29846	676	10634	743
青山区	65198	31905	16105	236	15564	32858	24986	536	7336	435
石拐区	4290	2311	1360	9	942	1949	1646	17	286	30
白云鄂博矿区	2363	1422	786	2	634	929	730	7	192	12
九原区	25251	12789	6340	68	6381	12307	10020	155	2132	155
土默特右旗	42111	21021	12148	101	8772	20892	18573	126	2193	198
固阳县	22950	12167	7878	59	4230	10598	9027	81	1490	185
达尔罕茂明安联合旗	13089	6736	4026	68	2642	6295	5553	71	671	58
包头稀土高新技术产业开发区	18118	9198	4224	51	4923	8824	6948	133	1743	96
乌海市	**58786**	**30902**	**15027**	**209**	**15666**	**27585**	**21158**	**425**	**6002**	**299**
海勃湾区	34091	17295	7921	114	9260	16593	12478	237	3878	203
海南区	9543	5275	2860	39	2376	4226	3427	81	718	42
乌达区	15152	8332	4246	56	4030	6766	5253	107	1406	54
赤峰市	**551025**	**276373**	**109130**	**2998**	**164245**	**269082**	**183082**	**6561**	**79439**	**5570**
红山区	49561	24388	9454	206	14728	24681	16048	584	8049	492
元宝山区	39861	19840	8210	204	11426	19689	13509	477	5703	332
松山区	79077	37541	12211	347	24983	40634	26112	1060	13462	902
阿鲁科尔沁旗	33190	17337	7603	194	9540	15616	11985	303	3328	237
巴林左旗	39758	20756	10108	392	10256	18649	14215	504	3930	353
巴林右旗	19721	10593	4007	147	6439	8990	6658	213	2119	138
林西县	30034	15569	8209	146	7214	14205	11154	272	2779	260
克什克腾旗	29146	14448	6502	198	7748	14426	11273	395	2758	272
翁牛特旗	53467	26685	11939	272	14474	26174	19413	561	6200	608
喀喇沁旗	40293	20523	7309	173	13041	19329	12211	437	6681	441
宁城县	68681	35251	10750	323	24178	32644	17377	819	14448	786
敖汉旗	68236	33442	12828	396	20218	34045	23127	936	9982	749

5-4 续表 1

单位：户

地区	合计	有一个60岁及以上人口的户				有二个60岁及以上人口的户				有三个60岁及以上人口的户
		小计	独自居住	只与未成年人口共同居住	其他	小计	只有一对60岁及以上夫妇居住	只有一对60岁及以上夫妇与未成年人口共同居住	其他	
通辽市	**351967**	**183417**	**52259**	**2134**	**129024**	**165265**	**95146**	**4307**	**65812**	**3285**
科尔沁区	91934	45718	14151	441	31126	45260	27080	1090	17090	956
科尔沁左翼中旗	49719	27709	7275	259	20175	21630	10569	524	10537	380
科尔沁左翼后旗	41926	23023	5663	341	17019	18506	9529	624	8353	397
开鲁县	41749	20450	5873	341	14236	20859	12624	677	7558	440
库伦旗	20174	10789	3061	135	7593	9218	5522	218	3478	167
奈曼旗	47865	24677	6585	284	17808	22718	12242	523	9953	470
扎鲁特旗	29556	16230	5405	200	10625	13121	9137	323	3661	205
通辽经济技术开发区	18205	8955	2393	79	6483	9048	5118	213	3717	202
霍林郭勒市	10839	5866	1853	54	3959	4905	3325	115	1465	68
鄂尔多斯市	**207644**	**106948**	**53845**	**877**	**52226**	**99398**	**82574**	**1309**	**15515**	**1298**
东胜区	41632	21251	8945	179	12127	20099	15232	314	4553	282
康巴什区	6189	3121	917	48	2156	3023	1905	120	998	45
达拉特旗	43732	20531	11281	100	9150	22898	20094	149	2655	303
准格尔旗	40112	21453	12387	117	8949	18479	16488	164	1827	180
鄂托克前旗	9353	4988	2146	87	2755	4315	3258	106	951	50
鄂托克旗	13149	7457	3501	83	3873	5598	4400	103	1095	94
杭锦旗	15914	8241	4408	72	3761	7565	6483	103	979	108
乌审旗	13833	7771	3757	126	3888	5983	4866	146	971	79
伊金霍洛旗	23730	12135	6503	65	5567	11438	9848	104	1486	157
呼伦贝尔市	**298538**	**162280**	**66380**	**1666**	**94234**	**133668**	**92399**	**2958**	**38311**	**2590**
海拉尔区	45784	23138	9568	180	13390	22131	15538	411	6182	515
扎赉诺尔区	13182	6744	3944	33	2767	6372	5281	72	1019	66
阿荣旗	31845	17153	5553	246	11354	14436	9491	409	4536	256
莫力达瓦达斡尔族自治旗	28209	15909	5410	248	10251	12054	7655	383	4016	246
鄂伦春自治旗	24736	13893	5987	133	7773	10652	7661	258	2733	191
鄂温克族自治旗	18401	10151	3943	118	6090	8114	5520	176	2418	136
陈巴尔虎旗	6277	3685	1318	40	2327	2536	1684	48	804	56
新巴尔虎左旗	4000	2557	810	74	1673	1426	816	44	566	17
新巴尔虎右旗	3650	2385	799	44	1542	1242	783	26	433	23
满洲里市	15414	7987	3549	37	4401	7271	5253	101	1917	156
牙克石市	42207	23602	11929	160	11513	18206	12899	325	4982	399
扎兰屯市	44156	23345	8178	258	14909	20427	13303	490	6634	384
额尔古纳市	9409	4960	2136	53	2771	4381	3190	143	1048	68
根河市	11268	6771	3256	42	3473	4420	3325	72	1023	77
巴彦淖尔市	**210065**	**103858**	**49832**	**698**	**53328**	**104891**	**86247**	**1283**	**17361**	**1316**
临河区	67352	33523	14902	261	18360	33394	26362	469	6563	435
五原县	33247	15792	7743	100	7949	17276	14831	168	2277	179
磴口县	14485	7622	3732	48	3842	6743	5528	105	1110	120
乌拉特前旗	39388	18553	10226	86	8241	20618	17929	200	2489	217
乌拉特中旗	16407	8526	4528	69	3929	7794	6578	86	1130	87
乌拉特后旗	6109	3289	1594	29	1666	2786	2146	39	601	34
杭锦后旗	33077	16553	7107	105	9341	16280	12873	216	3191	244

5-4　续表 2　　单位：户

地　区	合　计	有一个60岁及以上人口的户				有二个60岁及以上人口的户				有三个60岁及以上人口的户
		小计	独自居住	只与未成年人口共同居住	其他	小计	只有一对60岁及以上夫妇居住	只有一对60岁及以上夫妇与未成年人口共同居住	其他	
乌兰察布市	**339645**	**178798**	**112687**	**1076**	**65035**	**159421**	**137690**	**1610**	**20121**	**1426**
集宁区	51248	25372	13282	159	11931	25569	20399	350	4820	307
卓资县	23501	13348	9092	52	4204	10054	8589	77	1388	99
化德县	20025	10228	6567	66	3595	9736	8715	88	933	61
商都县	38891	19129	12235	113	6781	19638	17649	148	1841	124
兴和县	36600	18675	12377	106	6192	17798	15799	161	1838	127
凉城县	29872	16997	10747	129	6121	12736	10682	164	1890	139
察哈尔右翼前旗	28348	14647	9477	60	5110	13551	11694	151	1706	150
察哈尔右翼中旗	22467	11920	7651	69	4200	10458	9326	75	1057	89
察哈尔右翼后旗	23585	11997	7795	55	4147	11516	10249	92	1175	72
四子王旗	24678	13057	8323	117	4617	11529	10429	106	994	92
丰镇市	40430	23428	15141	150	8137	16836	14159	198	2479	166
兴安盟	**169767**	**94294**	**28757**	**1162**	**64375**	**74168**	**46051**	**2024**	**26093**	**1305**
乌兰浩特市	39539	21011	7531	219	13261	18182	11947	445	5790	346
阿尔山市	3801	2350	927	17	1406	1428	978	21	429	23
科尔沁右翼前旗	35638	20045	5149	228	14668	15337	9051	423	5863	256
科尔沁右翼中旗	23547	13733	3235	195	10303	9666	5270	267	4129	148
扎赉特旗	35688	20751	6056	303	14392	14722	8956	394	5372	215
突泉县	31554	16404	5859	200	10345	14833	9849	474	4510	317
锡林郭勒盟	**129917**	**70809**	**31128**	**1332**	**38349**	**58367**	**43835**	**1601**	**12931**	**741**
二连浩特市	6601	3531	1409	30	2092	3044	2413	48	583	26
锡林浩特市	33709	17502	6831	283	10388	16015	11406	441	4168	192
阿巴嘎旗	4349	2778	1065	108	1605	1538	1024	71	443	33
苏尼特左旗	3488	2302	767	98	1437	1174	705	61	408	12
苏尼特右旗	8608	4898	2598	56	2244	3668	2953	46	669	42
东乌珠穆沁旗	6294	4049	1355	86	2608	2211	1348	76	787	34
西乌珠穆沁旗	8456	5317	1840	174	3303	3093	1963	159	971	46
太仆寺旗	22965	11124	6430	115	4579	11681	9951	199	1531	160
镶黄旗	3616	2103	938	72	1093	1499	1121	60	318	14
正镶白旗	7143	4091	2038	79	1974	3022	2400	60	562	30
正蓝旗	8944	5015	2221	101	2693	3883	2862	131	890	46
多伦县	13268	6734	3094	110	3530	6448	4879	206	1363	86
乌拉盖管委会	2476	1365	542	20	803	1091	810	43	238	20
阿拉善盟	**24937**	**14199**	**6340**	**149**	**7710**	**10615**	**7873**	**249**	**2493**	**123**
阿拉善左旗	18517	10258	4599	90	5569	8156	6088	173	1895	103
阿拉善右旗	2543	1464	750	12	702	1067	834	24	209	12
额济纳旗	2903	1828	846	41	941	1068	742	47	279	7
内蒙古阿拉善经济开发区	974	649	145	6	498	324	209	5	110	1

5-4a 各地区有60岁及以上人口的家庭户户数(城市)

单位：户

地 区	合 计	有一个60岁及以上人口的户				有二个60岁及以上人口的户				有三个60岁及以上人口的户
		小计	独自居住	只与未成年人口共同居住	其他	小计	只有一对60岁及以上夫妇居住	只有一对60岁及以上夫妇与未成年人口共同居住	其他	
内蒙古	**977747**	**496315**	**223941**	**4360**	**268014**	**474151**	**341817**	**8951**	**123383**	**7281**
呼和浩特市	**209262**	**105183**	**47437**	**999**	**56747**	**102725**	**71718**	**1925**	**29082**	**1354**
新城区	58882	29819	13412	385	16022	28644	19212	642	8790	419
回民区	43789	22135	10323	159	11653	21385	15365	390	5630	269
玉泉区	40343	21070	9733	127	11210	19080	14315	270	4495	193
赛罕区	66248	32159	13969	328	17862	33616	22826	623	10167	473
包头市	**228165**	**116917**	**59955**	**794**	**56168**	**109568**	**82767**	**1660**	**25141**	**1680**
东河区	60301	30887	17019	139	13729	29012	22859	355	5798	402
昆都仑区	85605	45307	22292	374	22641	39574	28490	662	10422	724
青山区	62516	30387	15379	233	14775	31708	24020	521	7167	421
石拐区	2560	1375	801	7	567	1161	954	15	192	24
白云鄂博矿区	2363	1422	786	2	634	929	730	7	192	12
九原区	14820	7539	3678	39	3822	7184	5714	100	1370	97
乌海市	**53611**	**28070**	**13526**	**196**	**14348**	**25272**	**19209**	**393**	**5670**	**269**
海勃湾区	31846	16085	7390	108	8587	15572	11661	221	3690	189
海南区	7022	3887	2020	32	1835	3103	2437	66	600	32
乌达区	14743	8098	4116	56	3926	6597	5111	106	1380	48
赤峰市	**96563**	**46939**	**17778**	**458**	**28703**	**48705**	**32464**	**1207**	**15034**	**919**
红山区	43792	21590	8476	189	12925	21785	14204	528	7053	417
元宝山区	21883	11219	5205	112	5902	10505	7728	250	2527	159
松山区	30888	14130	4097	157	9876	16415	10532	429	5454	343
通辽市	**57491**	**28525**	**10499**	**288**	**17738**	**28418**	**18945**	**601**	**8872**	**548**
科尔沁区	47981	23408	8964	238	14206	24080	16060	490	7530	493
霍林郭勒市	9510	5117	1535	50	3532	4338	2885	111	1342	55
鄂尔多斯市	**44904**	**22962**	**9105**	**218**	**13639**	**21639**	**15811**	**429**	**5399**	**303**
东胜区	38581	19778	8151	170	11457	18545	13839	308	4398	258
康巴什区	6189	3121	917	48	2156	3023	1905	120	998	45
鄂托克旗	134	63	37		26	71	67	1	3	
呼伦贝尔市	**122695**	**62960**	**27568**	**500**	**34892**	**58574**	**41688**	**1146**	**15740**	**1161**
海拉尔区	43796	22121	9133	171	12817	21186	14811	397	5978	489
扎赉诺尔区	12159	6187	3589	30	2568	5910	4888	69	953	62
满洲里市	14615	7549	3285	36	4228	6913	4952	97	1864	153
牙克石市	21358	11267	5047	99	6121	9890	6808	225	2857	201
扎兰屯市	18087	9190	3529	95	5566	8741	5839	187	2715	156
额尔古纳市	5792	2857	1243	39	1575	2894	2106	116	672	41
根河市	6888	3789	1742	30	2017	3040	2284	55	701	59
巴彦淖尔市	**34652**	**17514**	**7391**	**203**	**9920**	**16904**	**12553**	**331**	**4020**	**234**
临河区	34652	17514	7391	203	9920	16904	12553	331	4020	234
乌兰察布市	**58903**	**29939**	**16484**	**221**	**13234**	**28619**	**23164**	**390**	**5065**	**345**
集宁区	43526	21350	11051	142	10157	21914	17489	298	4127	262
丰镇市	15377	8589	5433	79	3077	6705	5675	92	938	83
兴安盟	**34021**	**17884**	**6536**	**180**	**11168**	**15864**	**10546**	**395**	**4923**	**273**
乌兰浩特市	31954	16580	5991	173	10416	15113	10024	386	4703	261
阿尔山市	2067	1304	545	7	752	751	522	9	220	12
锡林郭勒盟	**37480**	**19422**	**7662**	**303**	**11457**	**17863**	**12952**	**474**	**4437**	**195**
二连浩特市	6296	3352	1333	28	1991	2920	2309	46	565	24
锡林浩特市	31184	16070	6329	275	9466	14943	10643	428	3872	171

5-4b　各地区有60岁及以上人口的家庭户户数(镇)

单位：户

地　　区	合　计	有一个60岁及以上人口的户				有二个60岁及以上人口的户				有三个60岁及以上人口的户
		小计	独自居住	只与未成年人口共同居住	其他	小计	只有一对60岁及以上夫妇居住	只有一对60岁及以上夫妇与未成年人口共同居住	其他	
内蒙古	**714163**	**371702**	**172005**	**5800**	**193897**	**337421**	**253418**	**8540**	**75463**	**5040**
呼和浩特市	**43367**	**22108**	**11645**	**233**	**10230**	**21030**	**17018**	**369**	**3643**	**229**
新城区	541	302	192	1	109	238	183	2	53	1
回民区										
玉泉区										
赛罕区	530	281	156	1	124	238	170	4	64	11
土默特左旗	9368	4977	2625	28	2324	4342	3552	58	732	49
托克托县	6793	3263	2037	43	1183	3505	3086	67	352	25
和林格尔县	6630	3364	1787	32	1545	3218	2577	57	584	48
清水河县	4126	2018	1295	18	705	2098	1852	31	215	10
武川县	7104	3642	2105	64	1473	3432	2856	76	500	30
呼和浩特经济技术开发区	8275	4261	1448	46	2767	3959	2742	74	1143	55
包头市	**44531**	**22526**	**12024**	**196**	**10306**	**21773**	**17964**	**292**	**3517**	**232**
东河区	2294	1136	560	8	568	1140	857	16	267	18
昆都仑区	1	1	1							
青山区	177	103	74		29	74	64		10	
石拐区	165	101	76		25	64	60		4	
白云鄂博矿区										
九原区	1890	960	483	5	472	922	802	9	111	8
土默特右旗	11803	5855	3349	66	2440	5885	5077	52	756	63
固阳县	6354	3291	2096	19	1176	3023	2580	31	412	40
达尔罕茂明安联合旗	4814	2452	1400	51	1001	2344	1983	57	304	18
包头稀土高新技术产业开发区	17033	8627	3985	47	4595	8321	6541	127	1653	85
乌海市	**1623**	**904**	**482**	**4**	**418**	**711**	**604**	**14**	**93**	**8**
海勃湾区	343	174	55		119	169	148	3	18	
海南区	871	496	297	4	195	373	314	10	49	2
乌达区	409	234	130		104	169	142	1	26	6
赤峰市	**120179**	**58679**	**24415**	**1101**	**33163**	**60321**	**43205**	**1861**	**15255**	**1179**
红山区	2937	1419	528	12	879	1485	978	25	482	33
元宝山区	4836	2308	946	29	1333	2485	1646	65	774	43
松山区	3792	1758	650	19	1089	1997	1213	71	713	37
阿鲁科尔沁旗	10545	5054	2028	132	2894	5400	4008	160	1232	91
巴林左旗	10689	5679	2832	128	2719	4938	3547	195	1196	72
巴林右旗	9548	4910	1944	120	2846	4566	3437	155	974	72
林西县	13078	6542	3168	100	3274	6402	4889	157	1356	134
克什克腾旗	11603	5515	2159	120	3236	5964	4293	236	1435	124
翁牛特旗	14618	6743	3190	110	3443	7714	6116	214	1384	161
喀喇沁旗	11053	5328	2068	68	3192	5602	3813	157	1632	123
宁城县	13833	6922	2385	105	4432	6754	4364	164	2226	157
敖汉旗	13647	6501	2517	158	3826	7014	4901	262	1851	132

5-4b 续表 1 单位：户

地区	合计	有一个60岁及以上人口的户				有二个60岁及以上人口的户				有三个60岁及以上人口的户
		小计	独自居住	只与未成年人口共同居住	其他	小计	只有一对60岁及以上夫妇居住	只有一对60岁及以上夫妇与未成年人口共同居住	其他	
通辽市	**91437**	**45672**	**15119**	**940**	**29613**	**44963**	**28610**	**1531**	**14822**	**802**
科尔沁区	6450	3125	969	35	2121	3259	1952	85	1222	66
科尔沁左翼中旗	13854	7321	2428	100	4793	6438	3829	182	2427	95
科尔沁左翼后旗	12432	6269	2084	203	3982	6049	3947	310	1792	114
开鲁县	13180	6218	2132	162	3924	6845	4543	276	2026	117
库伦旗	7278	3706	1369	95	2242	3513	2417	123	973	59
奈曼旗	13162	6545	1927	155	4463	6494	3779	213	2502	123
扎鲁特旗	11688	6118	2358	126	3634	5482	3942	175	1365	88
通辽经济技术开发区	13359	6347	1846	64	4437	6872	4193	167	2512	140
霍林郭勒市	34	23	6		17	11	8		3	
鄂尔多斯市	**76474**	**39969**	**20330**	**468**	**19171**	**35961**	**29361**	**638**	**5962**	**544**
东胜区	490	240	130	3	107	248	233		15	2
康巴什区										
达拉特旗	16473	7761	3982	63	3716	8578	7091	97	1390	134
准格尔旗	20217	10678	5692	94	4892	9416	7986	131	1299	123
鄂托克前旗	4531	2449	1107	64	1278	2060	1474	82	504	22
鄂托克旗	8878	5012	2392	59	2561	3799	2966	87	746	67
杭锦旗	6648	3502	1997	57	1448	3093	2618	69	406	53
乌审旗	5603	3307	1572	82	1653	2253	1669	88	496	43
伊金霍洛旗	13634	7020	3458	46	3516	6514	5324	84	1106	100
呼伦贝尔市	**91344**	**51800**	**22323**	**676**	**28801**	**38850**	**27089**	**1024**	**10737**	**694**
海拉尔区	260	127	54	1	72	131	97	4	30	2
扎赉诺尔区	1023	557	355	3	199	462	393	3	66	4
阿荣旗	12331	6512	2204	118	4190	5730	3827	213	1690	89
莫力达瓦达斡尔族自治旗	8410	4672	1512	105	3055	3659	2298	135	1226	79
鄂伦春自治旗	17854	10068	4517	96	5455	7655	5585	213	1857	131
鄂温克族自治旗	13503	7300	2798	91	4411	6104	4133	155	1816	99
陈巴尔虎旗	4693	2706	1015	32	1659	1948	1293	44	611	39
新巴尔虎左旗	2089	1290	395	63	832	792	489	37	266	7
新巴尔虎右旗	2605	1660	584	37	1039	930	611	24	295	15
满洲里市	799	438	264	1	173	358	301	4	53	3
牙克石市	17839	10523	5942	53	4528	7151	5238	91	1822	165
扎兰屯市	3942	1996	703	60	1233	1910	1278	78	554	36
额尔古纳市	1650	993	472	4	517	650	512	6	132	7
根河市	4346	2958	1508	12	1438	1370	1034	17	319	18
巴彦淖尔市	**56487**	**28124**	**14467**	**309**	**13348**	**28008**	**22788**	**503**	**4717**	**355**
临河区	2314	1085	524	10	551	1212	1015	13	184	17
五原县	9764	4663	2214	65	2384	5035	4088	84	863	66
磴口县	6648	3474	1766	29	1679	3120	2506	71	543	54
乌拉特前旗	15339	7393	4128	66	3199	7847	6580	131	1136	99
乌拉特中旗	7237	3929	2180	59	1690	3269	2646	63	560	39
乌拉特后旗	3494	1856	919	20	917	1625	1269	29	327	13
杭锦后旗	11691	5724	2736	60	2928	5900	4684	112	1104	67

5-4b 续表 2 单位：户

地 区	合 计	有一个60岁及以上人口的户				有二个60岁及以上人口的户				有三个60岁及以上人口的户
		小计	独自居住	只与未成年人口共同居住	其他	小计	只有一对60岁及以上夫妇居住	只有一对60岁及以上夫妇与未成年人口共同居住	其他	
乌兰察布市	**72676**	**38195**	**24117**	**417**	**13661**	**34199**	**29714**	**509**	**3976**	**282**
集宁区	1547	861	413	10	438	677	504	17	156	9
卓资县	6843	3908	2576	24	1308	2913	2506	28	379	22
化德县	8080	4171	2557	47	1567	3885	3397	56	432	24
商都县	9965	4981	3109	65	1807	4948	4413	76	459	36
兴和县	8000	4139	2605	53	1481	3825	3287	59	479	36
凉城县	7703	4253	2660	55	1538	3418	2911	65	442	32
察哈尔右翼前旗	7030	3585	2200	29	1356	3413	2893	63	457	32
察哈尔右翼中旗	5039	2519	1632	24	863	2507	2242	27	238	13
察哈尔右翼后旗	7197	3649	2360	26	1263	3517	3115	36	366	31
四子王旗	9104	4883	3126	79	1678	4186	3690	72	424	35
丰镇市	2168	1246	879	5	362	910	756	10	144	12
兴安盟	**45808**	**24438**	**8707**	**467**	**15264**	**21039**	**14170**	**720**	**6149**	**331**
乌兰浩特市	2129	1280	547	9	724	830	605	10	215	19
阿尔山市	1295	792	297	6	489	494	345	9	140	9
科尔沁右翼前旗	8527	4188	1223	63	2902	4276	2774	131	1371	63
科尔沁右翼中旗	10720	5842	1820	126	3896	4809	3045	194	1570	69
扎赉特旗	13529	7580	2786	177	4617	5863	3943	213	1707	86
突泉县	9608	4756	2034	86	2636	4767	3458	163	1146	85
锡林郭勒盟	**50448**	**28222**	**13316**	**865**	**14041**	**21928**	**16436**	**873**	**4619**	**298**
二连浩特市	136	64	30		34	71	63	1	7	1
锡林浩特市	158	101	46	3	52	57	42		15	
阿巴嘎旗	3117	1904	870	102	932	1195	867	67	261	18
苏尼特左旗	2356	1446	610	91	745	901	621	56	224	9
苏尼特右旗	7067	3886	2244	50	1592	3143	2613	43	487	38
东乌珠穆沁旗	4943	3025	1185	76	1764	1893	1263	71	559	25
西乌珠穆沁旗	6442	3844	1596	167	2081	2567	1756	151	660	31
太仆寺旗	6815	3485	1922	60	1503	3271	2616	94	561	59
镶黄旗	2752	1533	748	59	726	1207	920	52	235	12
正镶白旗	3391	1885	858	75	952	1487	1095	49	343	19
正蓝旗	4679	2513	1192	83	1238	2141	1614	116	411	25
多伦县	6386	3330	1510	81	1739	3013	2236	130	647	43
乌拉盖管委会	2206	1206	505	18	683	982	730	43	209	18
阿拉善盟	**19789**	**11065**	**5060**	**124**	**5881**	**8638**	**6459**	**206**	**1973**	**86**
阿拉善左旗	14336	7801	3568	70	4163	6463	4838	137	1488	72
阿拉善右旗	2013	1093	628	9	456	912	741	19	152	8
额济纳旗	2514	1547	727	39	781	962	684	45	233	5
内蒙古阿拉善经济开发区	926	624	137	6	481	301	196	5	100	1

5-4c 各地区有60岁及以上人口的家庭户户数(乡村)

单位：户

地区	合计	有一个60岁及以上人口的户				有二个60岁及以上人口的户				有三个60岁及以上人口的户
		小计	独自居住	只与未成年人口共同居住	其他	小计	只有一对60岁及以上夫妇居住	只有一对60岁及以上夫妇与未成年人口共同居住	其他	
内蒙古	**1395962**	**733621**	**323513**	**4853**	**405255**	**651728**	**478822**	**10017**	**162889**	**10613**
呼和浩特市	**140279**	**71726**	**39118**	**340**	**32268**	**67527**	**55263**	**681**	**11583**	**1026**
新城区	8188	4401	1995	22	2384	3719	2833	54	832	68
回民区	1840	889	365	7	517	931	739	11	181	20
玉泉区	6807	3574	1525	8	2041	3173	2355	34	784	60
赛罕区	23303	12114	5721	71	6322	10987	8018	172	2797	202
土默特左旗	37535	19215	11044	63	8108	18101	15125	157	2819	219
托克托县	19589	9702	5465	68	4169	9718	8198	86	1434	169
和林格尔县	18944	9473	5064	71	4338	9311	7520	120	1671	160
清水河县	11111	5714	3668	15	2031	5333	4929	27	377	64
武川县	12962	6644	4271	15	2358	6254	5546	20	688	64
呼和浩特经济技术开发区										
包头市	**79977**	**41300**	**23895**	**150**	**17255**	**38217**	**33272**	**254**	**4691**	**460**
东河区	7457	3819	2083	14	1722	3598	2958	33	607	40
昆都仑区	3645	2044	1052	11	981	1582	1356	14	212	19
青山区	2505	1415	652	3	760	1076	902	15	159	14
石拐区	1565	835	483	2	350	724	632	2	90	6
白云鄂博矿区										
九原区	8541	4290	2179	24	2087	4201	3504	46	651	50
土默特右旗	30308	15166	8799	35	6332	15007	13496	74	1437	135
固阳县	16596	8876	5782	40	3054	7575	6447	50	1078	145
达尔罕茂明安联合旗	8275	4284	2626	17	1641	3951	3570	14	367	40
包头稀土高新技术产业开发区	1085	571	239	4	328	503	407	6	90	11
乌海市	**3552**	**1928**	**1019**	**9**	**900**	**1602**	**1345**	**18**	**239**	**22**
海勃湾区	1902	1036	476	6	554	852	669	13	170	14
海南区	1650	892	543	3	346	750	676	5	69	8
乌达区										
赤峰市	**334283**	**170755**	**66937**	**1439**	**102379**	**160056**	**107413**	**3493**	**49150**	**3472**
红山区	2832	1379	450	5	924	1411	866	31	514	42
元宝山区	13142	6313	2059	63	4191	6699	4135	162	2402	130
松山区	44397	21653	7464	171	14018	22222	14367	560	7295	522
阿鲁科尔沁旗	22645	12283	5575	62	6646	10216	7977	143	2096	146
巴林左旗	29069	15077	7276	264	7537	13711	10668	309	2734	281
巴林右旗	10173	5683	2063	27	3593	4424	3221	58	1145	66
林西县	16956	9027	5041	46	3940	7803	6265	115	1423	126
克什克腾旗	17543	8933	4343	78	4512	8462	6980	159	1323	148
翁牛特旗	38849	19942	8749	162	11031	18460	13297	347	4816	447
喀喇沁旗	29240	15195	5241	105	9849	13727	8398	280	5049	318
宁城县	54848	28329	8365	218	19746	25890	13013	655	12222	629
敖汉旗	54589	26941	10311	238	16392	27031	18226	674	8131	617

5-4c　续表 1　　　　单位：户

地　区	合　计	有一个60岁及以上人口的户				有二个60岁及以上人口的户				有三个60岁及以上人口的户
		小计	独自居住	只与未成年人口共同居住	其他	小计	只有一对60岁及以上夫妇居住	只有一对60岁及以上夫妇与未成年人口共同居住	其他	
通辽市	**203039**	**109220**	**26641**	**906**	**81673**	**91884**	**47591**	**2175**	**42118**	**1935**
科尔沁区	37503	19185	4218	168	14799	17921	9068	515	8338	397
科尔沁左翼中旗	35865	20388	4847	159	15382	15192	6740	342	8110	285
科尔沁左翼后旗	29494	16754	3579	138	13037	12457	5582	314	6561	283
开鲁县	28569	14232	3741	179	10312	14014	8081	401	5532	323
库伦旗	12896	7083	1692	40	5351	5705	3105	95	2505	108
奈曼旗	34703	18132	4658	129	13345	16224	8463	310	7451	347
扎鲁特旗	17868	10112	3047	74	6991	7639	5195	148	2296	117
通辽经济技术开发区	4846	2608	547	15	2046	2176	925	46	1205	62
霍林郭勒市	1295	726	312	4	410	556	432	4	120	13
鄂尔多斯市	**86266**	**44017**	**24410**	**191**	**19416**	**41798**	**37402**	**242**	**4154**	**451**
东胜区	2561	1233	664	6	563	1306	1160	6	140	22
康巴什区										
达拉特旗	27259	12770	7299	37	5434	14320	13003	52	1265	169
准格尔旗	19895	10775	6695	23	4057	9063	8502	33	528	57
鄂托克前旗	4822	2539	1039	23	1477	2255	1784	24	447	28
鄂托克旗	4137	2382	1072	24	1286	1728	1367	15	346	27
杭锦旗	9266	4739	2411	15	2313	4472	3865	34	573	55
乌审旗	8230	4464	2185	44	2235	3730	3197	58	475	36
伊金霍洛旗	10096	5115	3045	19	2051	4924	4524	20	380	57
呼伦贝尔市	**84499**	**47520**	**16489**	**490**	**30541**	**36244**	**23622**	**788**	**11834**	**735**
海拉尔区	1728	890	381	8	501	814	630	10	174	24
扎赉诺尔区										
阿荣旗	19514	10641	3349	128	7164	8706	5664	196	2846	167
莫力达瓦达斡尔族自治旗	19799	11237	3898	143	7196	8395	5357	248	2790	167
鄂伦春自治旗	6882	3825	1470	37	2318	2997	2076	45	876	60
鄂温克族自治旗	4898	2851	1145	27	1679	2010	1387	21	602	37
陈巴尔虎旗	1584	979	303	8	668	588	391	4	193	17
新巴尔虎左旗	1911	1267	415	11	841	634	327	7	300	10
新巴尔虎右旗	1045	725	215	7	503	312	172	2	138	8
满洲里市										
牙克石市	3010	1812	940	8	864	1165	853	9	303	33
扎兰屯市	22127	12159	3946	103	8110	9776	6186	225	3365	192
额尔古纳市	1967	1110	421	10	679	837	572	21	244	20
根河市	34	24	6		18	10	7		3	
巴彦淖尔市	**118926**	**58220**	**27974**	**186**	**30060**	**59979**	**50906**	**449**	**8624**	**727**
临河区	30386	14924	6987	48	7889	15278	12794	125	2359	184
五原县	23483	11129	5529	35	5565	12241	10743	84	1414	113
磴口县	7837	4148	1966	19	2163	3623	3022	34	567	66
乌拉特前旗	24049	11160	6098	20	5042	12771	11349	69	1353	118
乌拉特中旗	9170	4597	2348	10	2239	4525	3932	23	570	48
乌拉特后旗	2615	1433	675	9	749	1161	877	10	274	21
杭锦后旗	21386	10829	4371	45	6413	10380	8189	104	2087	177

5-4c 续表 2 单位：户

地 区	合 计	有一个60岁及以上人口的户				有二个60岁及以上人口的户				有三个60岁及以上人口的户
		小计	独自居住	只与未成年人口共同居住	其他	小计	只有一对60岁及以上夫妇居住	只有一对60岁及以上夫妇与未成年人口共同居住	其他	
乌兰察布市	**208066**	**110664**	**72086**	**438**	**38140**	**96603**	**84812**	**711**	**11080**	**799**
集宁区	6175	3161	1818	7	1336	2978	2406	35	537	36
卓资县	16658	9440	6516	28	2896	7141	6083	49	1009	77
化德县	11945	6057	4010	19	2028	5851	5318	32	501	37
商都县	28926	14148	9126	48	4974	14690	13236	72	1382	88
兴和县	28600	14536	9772	53	4711	13973	12512	102	1359	91
凉城县	22169	12744	8087	74	4583	9318	7771	99	1448	107
察哈尔右翼前旗	21318	11062	7277	31	3754	10138	8801	88	1249	118
察哈尔右翼中旗	17428	9401	6019	45	3337	7951	7084	48	819	76
察哈尔右翼后旗	16388	8348	5435	29	2884	7999	7134	56	809	41
四子王旗	15574	8174	5197	38	2939	7343	6739	34	570	57
丰镇市	22885	13593	8829	66	4698	9221	7728	96	1397	71
兴安盟	**89938**	**51972**	**13514**	**515**	**37943**	**37265**	**21335**	**909**	**15021**	**701**
乌兰浩特市	5456	3151	993	37	2121	2239	1318	49	872	66
阿尔山市	439	254	85	4	165	183	111	3	69	2
科尔沁右翼前旗	27111	15857	3926	165	11766	11061	6277	292	4492	193
科尔沁右翼中旗	12827	7891	1415	69	6407	4857	2225	73	2559	79
扎赉特旗	22159	13171	3270	126	9775	8859	5013	181	3665	129
突泉县	21946	11648	3825	114	7709	10066	6391	311	3364	232
锡林郭勒盟	**41989**	**23165**	**10150**	**164**	**12851**	**18576**	**14447**	**254**	**3875**	**248**
二连浩特市	169	115	46	2	67	53	41	1	11	1
锡林浩特市	2367	1331	456	5	870	1015	721	13	281	21
阿巴嘎旗	1232	874	195	6	673	343	157	4	182	15
苏尼特左旗	1132	856	157	7	692	273	84	5	184	3
苏尼特右旗	1541	1012	354	6	652	525	340	3	182	4
东乌珠穆沁旗	1351	1024	170	10	844	318	85	5	228	9
西乌珠穆沁旗	2014	1473	244	7	1222	526	207	8	311	15
太仆寺旗	16150	7639	4508	55	3076	8410	7335	105	970	101
镶黄旗	864	570	190	13	367	292	201	8	83	2
正镶白旗	3752	2206	1180	4	1022	1535	1305	11	219	11
正蓝旗	4265	2502	1029	18	1455	1742	1248	15	479	21
多伦县	6882	3404	1584	29	1791	3435	2643	76	716	43
乌拉盖管委会	270	159	37	2	120	109	80		29	2
阿拉善盟	**5148**	**3134**	**1280**	**25**	**1829**	**1977**	**1414**	**43**	**520**	**37**
阿拉善左旗	4181	2457	1031	20	1406	1693	1250	36	407	31
阿拉善右旗	530	371	122	3	246	155	93	5	57	4
额济纳旗	389	281	119	2	160	106	58	2	46	2
内蒙古阿拉善经济开发区	48	25	8		17	23	13		10	

5-5　各地区有65岁及以上人口的家庭户户数

单位：户

地　区	合　计	有一个65岁及以上人口的户				有二个65岁及以上人口的户				有三个65岁及以上人口的户
		小计	独自居住	只与未成年人口共同居住	其他	小计	只有一对65岁及以上夫妇居住	只有一对65岁及以上夫妇与未成年人口共同居住	其他	
内蒙古	**2171406**	**1320330**	**554035**	**8195**	**758100**	**844349**	**636338**	**10299**	**197712**	**6727**
呼和浩特市	**275040**	**160588**	**75690**	**921**	**83977**	**113596**	**88606**	**1310**	**23680**	**856**
新城区	46120	26868	11688	238	14942	19087	13645	307	5135	165
回民区	31649	18336	8287	95	9954	13238	9985	174	3079	75
玉泉区	31434	18899	8311	78	10510	12471	9720	126	2625	64
赛罕区	61665	34977	14849	213	19915	26456	19121	364	6971	232
土默特左旗	34505	20543	11062	60	9421	13869	11856	96	1917	93
托克托县	19750	11347	6012	78	5257	8330	7199	67	1064	73
和林格尔县	18788	11210	5435	63	5712	7513	6105	86	1322	65
清水河县	11110	6530	3966	20	2544	4542	4195	19	328	38
武川县	14869	8839	5087	56	3696	5996	5255	46	695	34
呼和浩特经济技术开发区	5150	3039	993	20	2026	2094	1525	25	544	17
包头市	**252572**	**148858**	**76368**	**656**	**71834**	**103017**	**82877**	**951**	**19189**	**697**
东河区	48739	29351	15533	77	13741	19264	15491	165	3608	124
昆都仑区	64827	38394	18491	236	19667	26209	19422	304	6483	224
青山区	48374	26649	13214	135	13300	21597	16854	247	4496	128
石拐区	3152	1961	1048	6	907	1181	1007	9	165	10
白云鄂博矿区	1767	1136	659	1	476	627	492	6	129	4
九原区	17088	10266	4962	42	5262	6779	5650	53	1076	43
土默特右旗	30476	18004	9936	53	8015	12410	11201	51	1158	62
固阳县	16783	10376	6206	38	4132	6340	5421	37	882	67
达尔罕茂明安联合旗	9344	5720	3139	37	2544	3612	3256	33	323	12
包头稀土高新技术产业开发区	12022	7001	3180	31	3790	4998	4083	46	869	23
乌海市	**43067**	**25439**	**11975**	**134**	**13330**	**17514**	**13864**	**176**	**3474**	**114**
海勃湾区	24344	14007	6259	72	7676	10259	7981	88	2190	78
海南区	6909	4264	2162	23	2079	2632	2186	37	409	13
乌达区	11814	7168	3554	39	3575	4623	3697	51	875	23
赤峰市	**375175**	**230092**	**81867**	**1457**	**146768**	**143689**	**99918**	**2035**	**41736**	**1394**
红山区	33957	19735	7124	108	12503	14081	9645	202	4234	141
元宝山区	28513	16866	6411	88	10367	11573	8074	147	3352	74
松山区	53472	31457	9105	172	22180	21795	14546	343	6906	220
阿鲁科尔沁旗	22111	13896	5670	88	8138	8152	6352	81	1719	63
巴林左旗	26404	16783	7409	150	9224	9533	7514	166	1853	88
巴林右旗	12967	8310	2986	73	5251	4625	3539	65	1021	32
林西县	20039	12688	6132	68	6488	7289	5894	75	1320	62
克什克腾旗	19640	12034	4948	110	6976	7532	6055	124	1353	74
翁牛特旗	36890	22783	9154	153	13476	13942	10470	175	3297	165
喀喇沁旗	27439	17398	5320	88	11990	9930	6162	123	3645	111
宁城县	46443	29486	7767	139	21580	16771	9037	223	7511	186
敖汉旗	47300	28656	9841	220	18595	18466	12630	311	5525	178

5-5 续表 1

单位：户

地区	合计	有一个65岁及以上人口的户				有二个65岁及以上人口的户				有三个65岁及以上人口的户
		小计	独自居住	只与未成年人口共同居住	其他	小计	只有一对65岁及以上夫妇居住	只有一对65岁及以上夫妇与未成年人口共同居住	其他	
通辽市	**244293**	**152721**	**38405**	**1109**	**113207**	**90617**	**52751**	**1468**	**36398**	**955**
科尔沁区	63577	37833	10287	241	27305	25447	15512	375	9560	297
科尔沁左翼中旗	34329	22643	5381	143	17119	11579	5727	163	5689	107
科尔沁左翼后旗	29907	19480	4134	186	15160	10300	5290	236	4774	127
开鲁县	28947	17421	4375	149	12897	11404	6943	198	4263	122
库伦旗	14217	9080	2275	66	6739	5091	3054	99	1938	46
奈曼旗	33583	21177	4954	155	16068	12278	6632	170	5476	128
扎鲁特旗	20704	13593	4048	99	9446	7065	4928	121	2016	46
通辽经济技术开发区	12045	7062	1648	39	5375	4919	2889	65	1965	64
霍林郭勒市	6984	4432	1303	31	3098	2534	1776	41	717	18
鄂尔多斯市	**143256**	**84584**	**41330**	**490**	**42764**	**58241**	**49671**	**531**	**8039**	**431**
东胜区	27373	15721	6646	84	8991	11569	9145	120	2304	83
康巴什区	3617	2074	592	26	1456	1537	1046	50	441	6
达拉特旗	31269	17649	8850	59	8740	13507	11952	55	1500	113
准格尔旗	28445	17186	9662	62	7462	11202	10195	66	941	57
鄂托克前旗	6469	3946	1627	47	2272	2510	1971	41	498	13
鄂托克旗	9041	5777	2624	48	3105	3233	2609	40	584	31
杭锦旗	11343	6709	3451	47	3211	4587	4001	60	526	47
乌审旗	9512	6017	2849	76	3092	3468	2881	65	522	27
伊金霍洛旗	16187	9505	5029	41	4435	6628	5871	34	723	54
呼伦贝尔市	**211331**	**132386**	**49648**	**899**	**81839**	**78096**	**55209**	**1162**	**21725**	**849**
海拉尔区	31678	18546	7106	93	11347	12973	9363	171	3439	159
扎赉诺尔区	9370	5514	3133	19	2362	3831	3234	31	566	25
阿荣旗	22607	14504	4008	125	10371	8036	5372	152	2512	67
莫力达瓦达斡尔族自治旗	19415	12828	3774	127	8927	6507	4189	136	2182	80
鄂伦春自治旗	18224	11722	4646	66	7010	6435	4689	105	1641	67
鄂温克族自治旗	12361	7914	2831	61	5022	4403	3072	74	1257	44
陈巴尔虎旗	4314	2841	997	21	1823	1454	1013	15	426	19
新巴尔虎左旗	2638	1911	541	41	1329	723	428	14	281	4
新巴尔虎右旗	2310	1672	511	24	1137	633	398	6	229	5
满洲里市	10196	6108	2527	22	3559	4033	3024	44	965	55
牙克石市	31002	19512	9243	94	10175	11348	8182	130	3036	142
扎兰屯市	31610	19507	6011	145	13351	11971	7881	191	3899	132
额尔古纳市	6813	4060	1652	36	2372	2729	2076	66	587	24
根河市	8793	5747	2668	25	3054	3020	2288	27	705	26
巴彦淖尔市	**152181**	**88576**	**39969**	**388**	**48219**	**63203**	**52517**	**484**	**10202**	**402**
临河区	48263	28182	11748	152	16282	19964	16018	167	3779	117
五原县	24331	13698	6426	53	7219	10572	9130	64	1378	61
磴口县	10544	6340	2963	21	3356	4152	3408	40	704	52
乌拉特前旗	28974	15984	8389	49	7546	12920	11297	92	1531	70
乌拉特中旗	11626	7100	3525	36	3539	4502	3882	34	586	24
乌拉特后旗	4268	2667	1166	20	1481	1592	1229	14	349	9
杭锦后旗	24175	14605	5752	57	8796	9501	7553	73	1875	69

5-5 续表 2

单位：户

地 区	合 计	有一个65岁及以上人口的户				有二个65岁及以上人口的户				有三个65岁及以上人口的户
		小计	独自居住	只与未成年人口共同居住	其他	小计	只有一对65岁及以上夫妇居住	只有一对65岁及以上夫妇与未成年人口共同居住	其他	
乌兰察布市	**251096**	**153517**	**89808**	**688**	**63021**	**97109**	**85022**	**735**	**11352**	**470**
集宁区	35356	20528	10470	91	9967	14751	12096	140	2515	77
卓资县	17758	11378	7149	34	4195	6343	5496	36	811	37
化德县	14438	8536	5046	43	3447	5884	5306	40	538	18
商都县	29697	17137	10105	78	6954	12519	11307	76	1136	41
兴和县	27558	16462	10094	68	6300	11051	9933	74	1044	45
凉城县	22543	14582	8475	81	6026	7911	6731	82	1098	50
察哈尔右翼前旗	21510	13052	7728	33	5291	8400	7362	63	975	58
察哈尔右翼中旗	16554	10183	5959	42	4182	6337	5667	35	635	34
察哈尔右翼后旗	17580	10449	6281	35	4133	7104	6361	43	700	27
四子王旗	17798	11140	6531	80	4529	6633	6083	46	504	25
丰镇市	30304	20070	11970	103	7997	10176	8680	100	1396	58
兴安盟	**116209**	**75845**	**20454**	**585**	**54806**	**40052**	**25471**	**693**	**13888**	**312**
乌兰浩特市	27146	16606	5451	112	11043	10460	7036	172	3252	80
阿尔山市	2732	1903	723	8	1172	826	579	11	236	3
科尔沁右翼前旗	24166	16168	3634	132	12402	7943	4823	137	2983	55
科尔沁右翼中旗	15727	10770	2149	88	8533	4912	2721	96	2095	45
扎赉特旗	24348	16529	4279	142	12108	7768	4821	128	2819	51
突泉县	22090	13869	4218	103	9548	8143	5491	149	2503	78
锡林郭勒盟	**89216**	**56317**	**23659**	**770**	**31888**	**32695**	**25377**	**657**	**6661**	**204**
二连浩特市	4298	2683	1075	17	1591	1605	1305	18	282	10
锡林浩特市	22897	13703	5259	172	8272	9140	6777	185	2178	54
阿巴嘎旗	2947	2096	789	60	1247	849	607	25	217	2
苏尼特左旗	2290	1638	560	57	1021	650	443	28	179	2
苏尼特右旗	5966	3836	2019	34	1783	2119	1757	21	341	11
东乌珠穆沁旗	4020	2958	903	48	2007	1057	687	32	338	5
西乌珠穆沁旗	5495	3920	1315	79	2526	1569	1079	52	438	6
太仆寺旗	16671	9732	5092	64	4576	6883	5882	76	925	56
镶黄旗	2501	1680	700	50	930	818	624	23	171	3
正镶白旗	5073	3382	1578	56	1748	1684	1351	36	297	7
正蓝旗	6110	3987	1672	60	2255	2111	1618	64	429	12
多伦县	9285	5646	2310	68	3268	3607	2790	82	735	32
乌拉盖管委会	1663	1056	387	5	664	603	457	15	131	4
阿拉善盟	**17970**	**11407**	**4862**	**98**	**6447**	**6520**	**5055**	**97**	**1368**	**43**
阿拉善左旗	13452	8363	3572	62	4729	5050	3919	67	1064	39
阿拉善右旗	1980	1275	591	8	676	703	564	7	132	2
额济纳旗	1989	1366	612	24	730	621	466	23	132	2
内蒙古阿拉善经济开发区	549	403	87	4	312	146	106		40	

5-5a 各地区有65岁及以上人口的家庭户户数(城市)

单位：户

地 区	合 计	有一个65岁及以上人口的户				有二个65岁及以上人口的户				有三个65岁及以上人口的户
		小计	独自居住	只与未成年人口共同居住	其他	小计	只有一对65岁及以上夫妇居住	只有一对65岁及以上夫妇与未成年人口共同居住	其他	
内蒙古	**681183**	**396568**	**172810**	**2427**	**221331**	**282493**	**211368**	**3719**	**67406**	**2122**
呼和浩特市	**142187**	**81852**	**35632**	**552**	**45668**	**59937**	**43945**	**869**	**15123**	**398**
新城区	40281	23260	10078	224	12958	16885	11926	291	4668	136
回民区	30427	17614	8004	88	9522	12746	9584	171	2991	67
玉泉区	26735	16044	7170	73	8801	10644	8345	115	2184	47
赛罕区	44744	24934	10380	167	14387	19662	14090	292	5280	148
包头市	**164756**	**95923**	**48066**	**462**	**47395**	**68345**	**52781**	**741**	**14823**	**488**
东河区	42073	25269	13491	67	11711	16693	13423	151	3119	111
昆都仑区	62437	36877	17740	232	18905	25346	18681	297	6368	214
青山区	46591	25472	12655	133	12684	20995	16347	242	4406	124
石拐区	1896	1157	615	5	537	730	605	8	117	9
白云鄂博矿区	1767	1136	659	1	476	627	492	6	129	4
九原区	9992	6012	2906	24	3082	3954	3233	37	684	26
乌海市	**39500**	**23235**	**10895**	**124**	**12216**	**16168**	**12731**	**162**	**3275**	**97**
海勃湾区	22828	13087	5879	68	7140	9671	7510	81	2080	70
海南区	5144	3158	1563	17	1578	1978	1611	31	336	8
乌达区	11528	6990	3453	39	3498	4519	3610	50	859	19
赤峰市	**66339**	**37898**	**13725**	**230**	**23943**	**28210**	**20040**	**421**	**7749**	**231**
红山区	29953	17284	6418	97	10769	12545	8686	186	3673	124
元宝山区	16136	9512	4240	52	5220	6598	5068	85	1445	26
松山区	20250	11102	3067	81	7954	9067	6286	150	2631	81
通辽市	**39274**	**22678**	**7692**	**156**	**14830**	**16434**	**11382**	**237**	**4815**	**162**
科尔沁区	33115	18805	6606	127	12072	14164	9812	196	4156	146
霍林郭勒市	6159	3873	1086	29	2758	2270	1570	41	659	16
鄂尔多斯市	**29001**	**16671**	**6692**	**104**	**9875**	**12245**	**9430**	**170**	**2645**	**85**
东胜区	25306	14563	6076	78	8409	10664	8342	120	2202	79
康巴什区	3617	2074	592	26	1456	1537	1046	50	441	6
鄂托克旗	78	34	24		10	44	42		2	
呼伦贝尔市	**86361**	**50885**	**20699**	**281**	**29905**	**35092**	**25605**	**466**	**9021**	**384**
海拉尔区	30227	17688	6768	89	10831	12390	8900	164	3326	149
扎赉诺尔区	8627	5041	2849	17	2175	3563	3003	29	531	23
满洲里市	9630	5732	2317	21	3394	3843	2863	42	938	55
牙克石市	15562	9276	3824	57	5395	6217	4359	94	1764	69
扎兰屯市	12880	7582	2589	54	4939	5247	3578	65	1604	51
额尔古纳市	4178	2369	969	27	1373	1796	1351	54	391	13
根河市	5257	3197	1383	16	1798	2036	1551	18	467	24
巴彦淖尔市	**24153**	**14031**	**5663**	**115**	**8253**	**10066**	**7715**	**128**	**2223**	**56**
临河区	24153	14031	5663	115	8253	10066	7715	128	2223	56
乌兰察布市	**40698**	**24000**	**12972**	**135**	**10893**	**16603**	**13778**	**170**	**2655**	**95**
集宁区	29719	17083	8747	79	8257	12568	10309	127	2132	68
丰镇市	10979	6917	4225	56	2636	4035	3469	43	523	27
兴安盟	**23490**	**14205**	**4815**	**85**	**9305**	**9218**	**6292**	**158**	**2768**	**67**
乌兰浩特市	21979	13141	4385	82	8674	8773	5977	154	2642	65
阿尔山市	1511	1064	430	3	631	445	315	4	126	2
锡林郭勒盟	**25424**	**15190**	**5959**	**183**	**9048**	**10175**	**7669**	**197**	**2309**	**59**
二连浩特市	4133	2561	1032	16	1513	1563	1270	16	277	9
锡林浩特市	21291	12629	4927	167	7535	8612	6399	181	2032	50

5-5b 各地区有65岁及以上人口的家庭户户数(镇)

单位：户

地区	合计	有一个65岁及以上人口的户				有二个65岁及以上人口的户				有三个65岁及以上人口的户
		小计	独自居住	只与未成年人口共同居住	其他	小计	只有一对65岁及以上夫妇居住	只有一对65岁及以上夫妇与未成年人口共同居住	其他	
内蒙古	**498931**	**300932**	**131688**	**3059**	**166185**	**196470**	**152606**	**3235**	**40629**	**1529**
呼和浩特市	**30277**	**17597**	**9110**	**145**	**8342**	**12596**	**10550**	**162**	**1884**	**84**
新城区	417	260	159	1	100	156	130		26	1
回民区										
玉泉区										
赛罕区	361	213	115	1	97	142	108	1	33	6
土默特左旗	6399	3922	2034	16	1872	2459	2085	26	348	18
托克托县	4965	2747	1660	32	1055	2207	1987	32	188	11
和林格尔县	4739	2723	1406	18	1299	2003	1648	28	327	13
清水河县	2987	1674	1025	10	639	1310	1179	11	120	3
武川县	5259	3019	1718	47	1254	2225	1888	39	298	15
呼和浩特经济技术开发区	5150	3039	993	20	2026	2094	1525	25	544	17
包头市	**30734**	**18009**	**9351**	**109**	**8549**	**12661**	**10715**	**121**	**1825**	**64**
东河区	1525	901	406	2	493	621	461	5	155	3
昆都仑区	1	1	1							
青山区	125	86	58		28	39	33		6	
石拐区	101	74	41		33	27	26		1	
白云鄂博矿区										
九原区	1251	749	360	5	384	501	445	3	53	1
土默特右旗	8317	4841	2669	29	2143	3455	3046	26	383	21
固阳县	4609	2752	1673	14	1065	1843	1594	14	235	14
达尔罕茂明安联合旗	3479	2033	1123	30	880	1441	1250	27	164	5
包头稀土高新技术产业开发区	11326	6572	3020	29	3523	4734	3860	46	828	20
乌海市	**1080**	**668**	**321**	**3**	**344**	**408**	**347**	**5**	**56**	**4**
海勃湾区	220	123	37		86	97	83	1	13	
海南区	574	367	183	3	181	207	177	3	27	
乌达区	286	178	101		77	104	87	1	16	4
赤峰市	**81141**	**47871**	**18188**	**524**	**29159**	**32966**	**24665**	**616**	**7685**	**304**
红山区	1998	1235	385	9	841	756	509	6	241	7
元宝山区	3353	1951	712	9	1230	1387	931	17	439	15
松山区	2563	1494	473	5	1016	1062	676	29	357	7
阿鲁科尔沁旗	7118	4087	1529	59	2499	2999	2291	43	665	32
巴林左旗	7091	4424	2032	70	2322	2646	2029	71	546	21
巴林右旗	6500	3940	1469	62	2409	2544	1990	48	506	16
林西县	8687	5299	2339	48	2912	3357	2663	41	653	31
克什克腾旗	7771	4484	1633	62	2789	3248	2465	81	702	39
翁牛特旗	10145	5622	2413	63	3146	4473	3691	76	706	50
喀喇沁旗	7425	4482	1532	31	2919	2914	2040	54	820	29
宁城县	9184	5522	1736	34	3752	3632	2480	51	1101	30
敖汉旗	9306	5331	1935	72	3324	3948	2900	99	949	27

5-5b　续表 1　　　　　　　　　　　　　　　　　　　　　　　　　　　　　单位：户

地　　区	合　计	有一个65岁及以上人口的户				有二个65岁及以上人口的户				有三个65岁及以上人口的户
		小计	独自居住	只与未成年人口共同居住	其他	小计	只有一对65岁及以上夫妇居住	只有一对65岁及以上夫妇与未成年人口共同居住	其他	
通辽市	**63013**	**37739**	**11139**	**441**	**26159**	**25043**	**16416**	**560**	**8067**	**231**
科尔沁区	4488	2667	700	19	1948	1800	1102	26	672	21
科尔沁左翼中旗	9547	6002	1799	49	4154	3518	2148	64	1306	27
科尔沁左翼后旗	8767	5308	1526	106	3676	3425	2296	126	1003	34
开鲁县	9083	5153	1603	64	3486	3893	2669	91	1133	37
库伦旗	5054	3047	1019	42	1986	1986	1389	62	535	21
奈曼旗	9172	5564	1433	79	4052	3574	2163	75	1336	34
扎鲁特旗	8130	5049	1800	53	3196	3064	2229	66	769	17
通辽经济技术开发区	8750	4934	1254	29	3651	3776	2416	50	1310	40
霍林郭勒市	22	15	5		10	7	4		3	
鄂尔多斯市	**53108**	**31310**	**15748**	**274**	**15288**	**21590**	**18221**	**267**	**3102**	**208**
东胜区	330	190	98	2	90	139	130		9	1
康巴什区										
达拉特旗	11712	6442	3121	37	3284	5211	4433	37	741	59
准格尔旗	13825	8160	4376	47	3737	5626	4930	53	643	39
鄂托克前旗	3224	1939	871	35	1033	1276	965	33	278	9
鄂托克旗	6129	3891	1808	33	2050	2213	1796	35	382	25
杭锦旗	4928	2866	1622	39	1205	2034	1757	45	232	28
乌审旗	3800	2470	1172	54	1244	1315	1019	37	259	15
伊金霍洛旗	9160	5352	2680	27	2645	3776	3191	27	558	32
呼伦贝尔市	**65289**	**42038**	**17014**	**358**	**24666**	**23033**	**16486**	**382**	**6165**	**218**
海拉尔区	184	104	37		67	79	62	1	16	1
扎赉诺尔区	743	473	284	2	187	268	231	2	35	2
阿荣旗	8627	5258	1541	56	3661	3345	2277	73	995	24
莫力达瓦达斡尔族自治旗	5651	3615	1049	53	2513	2012	1296	47	669	24
鄂伦春自治旗	13407	8500	3567	47	4886	4868	3611	87	1170	39
鄂温克族自治旗	9078	5730	2027	49	3654	3320	2330	66	924	28
陈巴尔虎旗	3211	2082	772	17	1293	1114	772	15	327	15
新巴尔虎左旗	1398	982	279	36	667	415	275	12	128	1
新巴尔虎右旗	1671	1172	376	22	774	496	336	6	154	3
满洲里市	566	376	210	1	165	190	161	2	27	
牙克石市	13203	8731	4710	31	3990	4407	3284	32	1091	65
扎兰屯市	2803	1699	518	32	1149	1094	759	28	307	10
额尔古纳市	1234	783	364	3	416	447	358	2	87	4
根河市	3513	2533	1280	9	1244	978	734	9	235	2
巴彦淖尔市	**41316**	**23677**	**11542**	**161**	**11974**	**17515**	**14498**	**208**	**2809**	**124**
临河区	1669	928	414	5	509	735	614	3	118	6
五原县	7045	3912	1793	36	2083	3111	2563	38	510	22
磴口县	4856	2876	1412	9	1455	1961	1590	27	344	19
乌拉特前旗	11448	6266	3348	37	2881	5148	4381	62	705	34
乌拉特中旗	5218	3220	1676	28	1516	1983	1644	29	310	15
乌拉特后旗	2499	1520	692	15	813	974	784	10	180	5
杭锦后旗	8581	4955	2207	31	2717	3603	2922	39	642	23

5-5b 续表 2

单位：户

地区	合计	有一个65岁及以上人口的户				有二个65岁及以上人口的户				有三个65岁及以上人口的户
		小计	独自居住	只与未成年人口共同居住	其他	小计	只有一对65岁及以上夫妇居住	只有一对65岁及以上夫妇与未成年人口共同居住	其他	
乌兰察布市	**52395**	**31453**	**19071**	**262**	**12120**	**20844**	**18444**	**238**	**2162**	**98**
集宁区	1021	638	289	7	342	382	298	7	77	1
卓资县	4927	3132	2029	16	1087	1789	1575	12	202	6
化德县	5581	3255	1894	27	1334	2320	2050	25	245	6
商都县	7248	4178	2540	43	1595	3056	2766	41	249	14
兴和县	5779	3443	2089	31	1323	2324	2049	29	246	12
凉城县	5695	3508	2159	30	1319	2174	1885	30	259	13
察哈尔右翼前旗	5066	3055	1748	17	1290	2000	1740	26	234	11
察哈尔右翼中旗	3707	2131	1293	17	821	1571	1425	15	131	5
察哈尔右翼后旗	5157	2979	1892	18	1069	2166	1952	16	198	12
四子王旗	6513	4012	2428	53	1531	2490	2219	32	239	11
丰镇市	1701	1122	710	3	409	572	485	5	82	7
兴安盟	**31121**	**19282**	**6114**	**210**	**12958**	**11754**	**8205**	**231**	**3318**	**85**
乌兰浩特市	1430	937	343	6	588	491	364	5	122	2
阿尔山市	907	621	229	3	389	286	200	7	79	
科尔沁右翼前旗	5685	3384	879	31	2474	2286	1551	45	690	15
科尔沁右翼中旗	7208	4554	1228	50	3276	2629	1702	73	854	25
扎赉特旗	9208	5906	1991	79	3836	3278	2297	61	920	24
突泉县	6683	3880	1444	41	2395	2784	2091	40	653	19
锡林郭勒盟	**35011**	**22335**	**10130**	**493**	**11712**	**12597**	**9780**	**363**	**2454**	**79**
二连浩特市	69	42	13		29	26	22	1	3	1
锡林浩特市	109	76	34	3	39	33	25		8	
阿巴嘎旗	2202	1511	666	59	786	689	534	22	133	2
苏尼特左旗	1646	1096	467	51	578	548	410	25	113	2
苏尼特右旗	5023	3088	1771	32	1285	1926	1623	21	282	9
东乌珠穆沁旗	3227	2263	820	41	1402	959	659	31	269	5
西乌珠穆沁旗	4251	2879	1176	75	1628	1368	994	52	322	4
太仆寺旗	4904	2913	1528	35	1350	1968	1602	35	331	23
镶黄旗	1945	1249	566	40	643	694	536	21	137	2
正镶白旗	2461	1585	689	53	843	872	653	29	190	4
正蓝旗	3286	2035	911	51	1073	1245	969	56	220	6
多伦县	4382	2651	1116	48	1487	1714	1328	55	331	17
乌拉盖管委会	1506	947	373	5	569	555	425	15	115	4
阿拉善盟	**14446**	**8953**	**3960**	**79**	**4914**	**5463**	**4279**	**82**	**1102**	**30**
阿拉善左旗	10585	6413	2822	47	3544	4145	3227	53	865	27
阿拉善右旗	1604	986	510	6	470	617	517	7	93	1
额济纳旗	1735	1168	544	22	602	565	434	22	109	2
内蒙古阿拉善经济开发区	522	386	84	4	298	136	101		35	

5-5c 各地区有65岁及以上人口的家庭户户数(乡村)

单位：户

地区	合计	有一个65岁及以上人口的户				有二个65岁及以上人口的户				有三个65岁及以上人口的户
		小计	独自居住	只与未成年人口共同居住	其他	小计	只有一对65岁及以上夫妇居住	只有一对65岁及以上夫妇与未成年人口共同居住	其他	
内蒙古	**991292**	**622830**	**249537**	**2709**	**370584**	**365386**	**272364**	**3345**	**89677**	**3076**
呼和浩特市	**102576**	**61139**	**30948**	**224**	**29967**	**41063**	**34111**	**279**	**6673**	**374**
新城区	5422	3348	1451	13	1884	2046	1589	16	441	28
回民区	1222	722	283	7	432	492	401	3	88	8
玉泉区	4699	2855	1141	5	1709	1827	1375	11	441	17
赛罕区	16560	9830	4354	45	5431	6652	4923	71	1658	78
土默特左旗	28106	16621	9028	44	7549	11410	9771	70	1569	75
托克托县	14785	8600	4352	46	4202	6123	5212	35	876	62
和林格尔县	14049	8487	4029	45	4413	5510	4457	58	995	52
清水河县	8123	4856	2941	10	1905	3232	3016	8	208	35
武川县	9610	5820	3369	9	2442	3771	3367	7	397	19
呼和浩特经济技术开发区										
包头市	**57082**	**34926**	**18951**	**85**	**15890**	**22011**	**19381**	**89**	**2541**	**145**
东河区	5141	3181	1636	8	1537	1950	1607	9	334	10
昆都仑区	2389	1516	750	4	762	863	741	7	115	10
青山区	1658	1091	501	2	588	563	474	5	84	4
石拐区	1155	730	392	1	337	424	376	1	47	1
白云鄂博矿区										
九原区	5845	3505	1696	13	1796	2324	1972	13	339	16
土默特右旗	22159	13163	7267	24	5872	8955	8155	25	775	41
固阳县	12174	7624	4533	24	3067	4497	3827	23	647	53
达尔罕茂明安联合旗	5865	3687	2016	7	1664	2171	2006	6	159	7
包头稀土高新技术产业开发区	696	429	160	2	267	264	223		41	3
乌海市	**2487**	**1536**	**759**	**7**	**770**	**938**	**786**	**9**	**143**	**13**
海勃湾区	1296	797	343	4	450	491	388	6	97	8
海南区	1191	739	416	3	320	447	398	3	46	5
乌达区										
赤峰市	**227695**	**144323**	**49954**	**703**	**93666**	**82513**	**55213**	**998**	**26302**	**859**
红山区	2006	1216	321	2	893	780	450	10	320	10
元宝山区	9024	5403	1459	27	3917	3588	2075	45	1468	33
松山区	30659	18861	5565	86	13210	11666	7584	164	3918	132
阿鲁科尔沁旗	14993	9809	4141	29	5639	5153	4061	38	1054	31
巴林左旗	19313	12359	5377	80	6902	6887	5485	95	1307	67
巴林右旗	6467	4370	1517	11	2842	2081	1549	17	515	16
林西县	11352	7389	3793	20	3576	3932	3231	34	667	31
克什克腾旗	11869	7550	3315	48	4187	4284	3590	43	651	35
翁牛特旗	26745	17161	6741	90	10330	9469	6779	99	2591	115
喀喇沁旗	20014	12916	3788	57	9071	7016	4122	69	2825	82
宁城县	37259	23964	6031	105	17828	13139	6557	172	6410	156
敖汉旗	37994	23325	7906	148	15271	14518	9730	212	4576	151

5-5c　续表 1　　　　单位：户

地　　区	合　计	有一个65岁及以上人口的户				有二个65岁及以上人口的户				有三个65岁及以上人口的户
		小计	独自居住	只与未成年人口共同居住	其他	小计	只有一对65岁及以上夫妇居住	只有一对65岁及以上夫妇与未成年人口共同居住	其他	
通辽市	**142006**	**92304**	**19574**	**512**	**72218**	**49140**	**24953**	**671**	**23516**	**562**
科尔沁区	25974	16361	2981	95	13285	9483	4598	153	4732	130
科尔沁左翼中旗	24782	16641	3582	94	12965	8061	3579	99	4383	80
科尔沁左翼后旗	21140	14172	2608	80	11484	6875	2994	110	3771	93
开鲁县	19864	12268	2772	85	9411	7511	4274	107	3130	85
库伦旗	9163	6033	1256	24	4753	3105	1665	37	1403	25
奈曼旗	24411	15613	3521	76	12016	8704	4469	95	4140	94
扎鲁特旗	12574	8544	2248	46	6250	4001	2699	55	1247	29
通辽经济技术开发区	3295	2128	394	10	1724	1143	473	15	655	24
霍林郭勒市	803	544	212	2	330	257	202		55	2
鄂尔多斯市	**61147**	**36603**	**18890**	**112**	**17601**	**24406**	**22020**	**94**	**2292**	**138**
东胜区	1737	968	472	4	492	766	673		93	3
康巴什区										
达拉特旗	19557	11207	5729	22	5456	8296	7519	18	759	54
准格尔旗	14620	9026	5286	15	3725	5576	5265	13	298	18
鄂托克前旗	3245	2007	756	12	1239	1234	1006	8	220	4
鄂托克旗	2834	1852	792	15	1045	976	771	5	200	6
杭锦旗	6415	3843	1829	8	2006	2553	2244	15	294	19
乌审旗	5712	3547	1677	22	1848	2153	1862	28	263	12
伊金霍洛旗	7027	4153	2349	14	1790	2852	2680	7	165	22
呼伦贝尔市	**59681**	**39463**	**11935**	**260**	**27268**	**19971**	**13118**	**314**	**6539**	**247**
海拉尔区	1267	754	301	4	449	504	401	6	97	9
扎赉诺尔区										
阿荣旗	13980	9246	2467	69	6710	4691	3095	79	1517	43
莫力达瓦达斡尔族自治旗	13764	9213	2725	74	6414	4495	2893	89	1513	56
鄂伦春自治旗	4817	3222	1079	19	2124	1567	1078	18	471	28
鄂温克族自治旗	3283	2184	804	12	1368	1083	742	8	333	16
陈巴尔虎旗	1103	759	225	4	530	340	241		99	4
新巴尔虎左旗	1240	929	262	5	662	308	153	2	153	3
新巴尔虎右旗	639	500	135	2	363	137	62		75	2
满洲里市										
牙克石市	2237	1505	709	6	790	724	539	4	181	8
扎兰屯市	15927	10226	2904	59	7263	5630	3544	98	1988	71
额尔古纳市	1401	908	319	6	583	486	367	10	109	7
根河市	23	17	5		12	6	3		3	
巴彦淖尔市	**86712**	**50868**	**22764**	**112**	**27992**	**35622**	**30304**	**148**	**5170**	**222**
临河区	22441	13223	5671	32	7520	9163	7689	36	1438	55
五原县	17286	9786	4633	17	5136	7461	6567	26	868	39
磴口县	5688	3464	1551	12	1901	2191	1818	13	360	33
乌拉特前旗	17526	9718	5041	12	4665	7772	6916	30	826	36
乌拉特中旗	6408	3880	1849	8	2023	2519	2238	5	276	9
乌拉特后旗	1769	1147	474	5	668	618	445	4	169	4
杭锦后旗	15594	9650	3545	26	6079	5898	4631	34	1233	46

5-5c 续表 2

单位：户

地区	合计	有一个65岁及以上人口的户				有二个65岁及以上人口的户				有三个65岁及以上人口的户
		小计	独自居住	只与未成年人口共同居住	其他	小计	只有一对65岁及以上夫妇居住	只有一对65岁及以上夫妇与未成年人口共同居住	其他	
乌兰察布市	**158003**	**98064**	**57765**	**291**	**40008**	**59662**	**52800**	**327**	**6535**	**277**
集宁区	4616	2807	1434	5	1368	1801	1489	6	306	8
卓资县	12831	8246	5120	18	3108	4554	3921	24	609	31
化德县	8857	5281	3152	16	2113	3564	3256	15	293	12
商都县	22449	12959	7565	35	5359	9463	8541	35	887	27
兴和县	21779	13019	8005	37	4977	8727	7884	45	798	33
凉城县	16848	11074	6316	51	4707	5737	4846	52	839	37
察哈尔右翼前旗	16444	9997	5980	16	4001	6400	5622	37	741	47
察哈尔右翼中旗	12847	8052	4666	25	3361	4766	4242	20	504	29
察哈尔右翼后旗	12423	7470	4389	17	3064	4938	4409	27	502	15
四子王旗	11285	7128	4103	27	2998	4143	3864	14	265	14
丰镇市	17624	12031	7035	44	4952	5569	4726	52	791	24
兴安盟	**61598**	**42358**	**9525**	**290**	**32543**	**19080**	**10974**	**304**	**7802**	**160**
乌兰浩特市	3737	2528	723	24	1781	1196	695	13	488	13
阿尔山市	314	218	64	2	152	95	64		31	1
科尔沁右翼前旗	18481	12784	2755	101	9928	5657	3272	92	2293	40
科尔沁右翼中旗	8519	6216	921	38	5257	2283	1019	23	1241	20
扎赉特旗	15140	10623	2288	63	8272	4490	2524	67	1899	27
突泉县	15407	9989	2774	62	7153	5359	3400	109	1850	59
锡林郭勒盟	**28781**	**18792**	**7570**	**94**	**11128**	**9923**	**7928**	**97**	**1898**	**66**
二连浩特市	96	80	30	1	49	16	13	1	2	
锡林浩特市	1497	998	298	2	698	495	353	4	138	4
阿巴嘎旗	745	585	123	1	461	160	73	3	84	
苏尼特左旗	644	542	93	6	443	102	33	3	66	
苏尼特右旗	943	748	248	2	498	193	134		59	2
东乌珠穆沁旗	793	695	83	7	605	98	28	1	69	
西乌珠穆沁旗	1244	1041	139	4	898	201	85		116	2
太仆寺旗	11767	6819	3564	29	3226	4915	4280	41	594	33
镶黄旗	556	431	134	10	287	124	88	2	34	1
正镶白旗	2612	1797	889	3	905	812	698	7	107	3
正蓝旗	2824	1952	761	9	1182	866	649	8	209	6
多伦县	4903	2995	1194	20	1781	1893	1462	27	404	15
乌拉盖管委会	157	109	14		95	48	32		16	
阿拉善盟	**3524**	**2454**	**902**	**19**	**1533**	**1057**	**776**	**15**	**266**	**13**
阿拉善左旗	2867	1950	750	15	1185	905	692	14	199	12
阿拉善右旗	376	289	81	2	206	86	47		39	1
额济纳旗	254	198	68	2	128	56	32	1	23	
内蒙古阿拉善经济开发区	27	17	3		14	10	5		5	

5-6　各地区有80岁及以上人口的家庭户户数

单位：户

地　区	合　计	有一个80岁及以上人口的户				有二个80岁及以上人口的户				有三个80岁及以上人口的户
		小计	独自居住	只与未成年人口共同居住	其他	小计	只有一对80岁及以上夫妇居住	只有一对80岁及以上夫妇与未成年人口共同居住	其他	
内蒙古	**459081**	**406461**	**157420**	**625**	**248416**	**52435**	**38844**	**105**	**13486**	**185**
呼和浩特市	**62102**	**53757**	**23831**	**105**	**29821**	**8320**	**6388**	**21**	**1911**	**25**
新城区	11159	9414	3837	30	5547	1739	1234	7	498	6
回民区	7626	6521	2741	10	3770	1104	849	2	253	1
玉泉区	6540	5772	2413	6	3353	768	617	2	149	
赛罕区	14299	12077	4674	33	7370	2217	1594	6	617	5
土默特左旗	7615	6810	3448	6	3356	798	686		112	7
托克托县	4298	3795	1976	3	1816	502	430		72	1
和林格尔县	3890	3470	1631	7	1832	420	336	1	83	
清水河县	2452	2127	1317	4	806	320	281		39	5
武川县	3411	3043	1578	4	1461	368	307	2	59	
呼和浩特经济技术开发区	812	728	216	2	510	84	54	1	29	
包头市	**64059**	**55661**	**25578**	**81**	**30002**	**8353**	**6525**	**13**	**1815**	**45**
东河区	12763	11148	5653	11	5484	1602	1279		323	13
昆都仑区	18590	15862	6391	34	9437	2711	1966	7	738	17
青山区	13278	11218	4654	19	6545	2055	1601	5	449	5
石拐区	627	580	272		308	47	35		12	
白云鄂博矿区	495	441	201		240	51	42		9	3
九原区	3543	3197	1547	2	1648	344	283		61	2
土默特右旗	6277	5645	3036	3	2606	632	566		66	
固阳县	3754	3374	1931	5	1438	375	322		53	5
达尔罕茂明安联合旗	2087	1877	981	3	893	210	180	1	29	
包头稀土高新技术产业开发区	2645	2319	912	4	1403	326	251		75	
乌海市	**9373**	**8251**	**3327**	**8**	**4916**	**1120**	**913**	**2**	**205**	**2**
海勃湾区	5383	4678	1815	6	2857	703	559	2	142	2
海南区	1473	1324	582		742	149	128		21	
乌达区	2517	2249	930	2	1317	268	226		42	
赤峰市	**73861**	**66037**	**19837**	**106**	**46094**	**7804**	**5124**	**19**	**2661**	**20**
红山区	7942	6851	2265	8	4578	1088	781	2	305	3
元宝山区	6558	5713	1796	7	3910	845	575		270	
松山区	10799	9536	2190	12	7334	1262	823	2	437	1
阿鲁科尔沁旗	3628	3328	1119	1	2208	299	206	1	92	1
巴林左旗	4152	3781	1457	16	2308	370	267	2	101	1
巴林右旗	2122	1951	563	3	1385	171	111	1	59	
林西县	3801	3457	1574	7	1876	338	270	1	67	6
克什克腾旗	3832	3473	1197	5	2271	359	267		92	
翁牛特旗	7243	6558	2329	15	4214	680	476	4	200	5
喀喇沁旗	5220	4746	1170	5	3571	474	260		214	
宁城县	9114	8199	1785	13	6401	915	452	2	461	
敖汉旗	9450	8444	2392	14	6038	1003	636	4	363	3

5-6 续表 1

单位：户

地　区	合　计	有一个80岁及以上人口的户				有二个80岁及以上人口的户				有三个80岁及以上人口的户
		小计	独自居住	只与未成年人口共同居住	其他	小计	只有一对80岁及以上夫妇居住	只有一对80岁及以上夫妇与未成年人口共同居住	其他	
通辽市	**41863**	**38128**	**7175**	**73**	**30880**	**3727**	**1883**	**9**	**1835**	**8**
科尔沁区	12172	10785	2289	22	8474	1384	802	7	575	3
科尔沁左翼中旗	5072	4748	932	6	3810	323	141		182	1
科尔沁左翼后旗	4968	4621	682	7	3932	344	126		218	3
开鲁县	4338	4018	673	9	3336	319	137	1	181	1
库伦旗	2834	2586	454	6	2126	248	119		129	
奈曼旗	5799	5305	917	8	4380	494	207		287	
扎鲁特旗	3564	3288	742	9	2537	276	169	1	106	
通辽经济技术开发区	2043	1818	271	5	1542	225	111		114	
霍林郭勒市	1073	959	215	1	743	114	71		43	
鄂尔多斯市	**32329**	**28054**	**13085**	**42**	**14927**	**4242**	**3520**	**5**	**717**	**33**
东胜区	6126	5184	2051	5	3128	937	742	1	194	5
康巴什区	542	455	134		321	87	62		25	
达拉特旗	7250	6287	3042	7	3238	959	814	1	144	4
准格尔旗	6823	6015	3286	6	2723	806	724	1	81	2
鄂托克前旗	1291	1156	380	2	774	135	102	1	32	
鄂托克旗	1861	1668	717	5	946	191	153		38	2
杭锦旗	2444	2143	1014	4	1125	284	241		43	17
乌审旗	1986	1763	735	4	1024	223	183		40	
伊金霍洛旗	4006	3383	1726	9	1648	620	499	1	120	3
呼伦贝尔市	**47134**	**41658**	**13451**	**56**	**28151**	**5451**	**3754**	**12**	**1685**	**25**
海拉尔区	7547	6421	2175	6	4240	1118	778	4	336	8
扎赉诺尔区	2371	2039	1089		950	332	273	1	58	
阿荣旗	3719	3431	678	5	2748	287	148	1	138	1
莫力达瓦达斡尔族自治旗	3101	2869	598	6	2265	230	124		106	2
鄂伦春自治旗	4414	3922	1232	3	2687	491	353		138	1
鄂温克族自治旗	2534	2232	687	3	1542	302	221		81	
陈巴尔虎旗	887	811	223	1	587	76	41		35	
新巴尔虎左旗	535	493	94		399	42	21		21	
新巴尔虎右旗	361	341	78	2	261	20	13		7	
满洲里市	2158	1874	806	2	1066	284	208	1	75	
牙克石市	9152	7942	3256	12	4674	1202	864	4	334	8
扎兰屯市	5944	5370	1191	6	4173	569	350	1	218	5
额尔古纳市	1555	1377	451	5	921	178	124		54	
根河市	2856	2536	893	5	1638	320	236		84	
巴彦淖尔市	**30792**	**27534**	**11154**	**29**	**16351**	**3248**	**2553**	**1**	**694**	**10**
临河区	9745	8636	3117	14	5505	1107	842		265	2
五原县	4734	4232	1883	5	2344	502	424	1	77	
磴口县	2289	2054	828	1	1225	231	160		71	4
乌拉特前旗	6020	5334	2570	3	2761	685	584		101	1
乌拉特中旗	2304	2105	979	2	1124	198	166		32	1
乌拉特后旗	814	742	277		465	72	51		21	
杭锦后旗	4886	4431	1500	4	2927	453	326		127	2

5-6　续表 2　　　　单位：户

地　区	合　计	有一个80岁及以上人口的户				有二个80岁及以上人口的户				有三个80岁及以上人口的户
		小计	独自居住	只与未成年人口共同居住	其他	小计	只有一对80岁及以上夫妇居住	只有一对80岁及以上夫妇与未成年人口共同居住	其他	
乌兰察布市	**56018**	**49635**	**28668**	**74**	**20893**	**6375**	**5582**	**12**	**781**	**8**
集宁区	9065	7812	3885	9	3918	1251	1016		235	2
卓资县	3573	3239	1902	3	1334	333	291		42	1
化德县	3198	2820	1680	2	1138	378	353		25	
商都县	6328	5613	3321	14	2278	715	659		56	
兴和县	6228	5407	3435	9	1963	820	739	1	80	1
凉城县	4800	4328	2368	7	1953	472	409	3	60	
察哈尔右翼前旗	4972	4430	2602	2	1826	542	473	4	65	
察哈尔右翼中旗	3205	2887	1682	3	1202	316	279		37	2
察哈尔右翼后旗	4017	3545	2186	1	1358	472	425	1	46	
四子王旗	3868	3459	2024	4	1431	409	363		46	
丰镇市	6764	6095	3583	20	2492	667	575	3	89	2
兴安盟	**19239**	**17649**	**3512**	**21**	**14116**	**1586**	**879**	**6**	**701**	**4**
乌兰浩特市	4891	4342	1157	6	3179	547	357	2	188	2
阿尔山市	862	786	234		552	76	52		24	
科尔沁右翼前旗	3792	3538	512	3	3023	254	129	1	124	
科尔沁右翼中旗	2289	2143	315	4	1824	146	60		86	
扎赉特旗	3847	3558	647	5	2906	288	153	3	132	1
突泉县	3558	3282	647	3	2632	275	128		147	1
锡林郭勒盟	**18297**	**16490**	**6497**	**27**	**9966**	**1804**	**1405**	**5**	**394**	**3**
二连浩特市	811	723	317	1	405	88	67	1	20	
锡林浩特市	4805	4202	1454	4	2744	603	469	1	133	
阿巴嘎旗	611	572	185	1	386	39	29		10	
苏尼特左旗	458	433	131	4	298	25	16		9	
苏尼特右旗	1453	1308	645		663	145	125	2	18	
东乌珠穆沁旗	752	704	136	2	566	48	27		21	
西乌珠穆沁旗	1003	934	216	3	715	69	49		20	
太仆寺旗	3406	3095	1630	4	1461	309	262		47	2
镶黄旗	481	445	168	3	274	36	27		9	
正镶白旗	1058	963	451	2	510	95	78		17	
正蓝旗	1329	1202	462	2	738	127	97		30	
多伦县	1829	1634	627	1	1006	194	138	1	55	1
乌拉盖管委会	301	275	75		200	26	21		5	
阿拉善盟	**4014**	**3607**	**1305**	**3**	**2299**	**405**	**318**		**87**	**2**
阿拉善左旗	3061	2736	984		1752	323	255		68	2
阿拉善右旗	463	414	161	2	251	49	37		12	
额济纳旗	413	387	152	1	234	26	21		5	
内蒙古阿拉善经济开发区	77	70	8		62	7	5		2	

5-6a 各地区有80岁及以上人口的家庭户户数(城市)

单位：户

地区	合计	有一个80岁及以上人口的户				有二个80岁及以上人口的户				有三个80岁及以上人口的户
		小计	独自居住	只与未成年人口共同居住	其他	小计	只有一对80岁及以上夫妇居住	只有一对80岁及以上夫妇与未成年人口共同居住	其他	
内蒙古	**164372**	**140684**	**55919**	**229**	**84536**	**23613**	**17708**	**50**	**5855**	**75**
呼和浩特市	**33927**	**28626**	**11698**	**69**	**16859**	**5292**	**3927**	**16**	**1349**	**9**
新城区	10123	8482	3462	26	4994	1636	1163	7	466	5
回民区	7393	6310	2669	10	3631	1082	832	2	248	1
玉泉区	5580	4880	2109	6	2765	700	569	2	129	
赛罕区	10831	8954	3458	27	5469	1874	1363	5	506	3
包头市	**45603**	**39063**	**17156**	**62**	**21845**	**6504**	**4958**	**12**	**1534**	**36**
东河区	11592	10083	5145	10	4928	1498	1200		298	11
昆都仑区	18079	15400	6203	33	9164	2664	1929	7	728	15
青山区	12879	10844	4473	19	6352	2030	1580	5	445	5
石拐区	378	343	159		184	35	27		8	
白云鄂博矿区	495	441	201		240	51	42		9	3
九原区	2180	1952	975		977	226	180		46	2
乌海市	**8685**	**7627**	**3044**	**8**	**4575**	**1056**	**864**	**2**	**190**	**2**
海勃湾区	5120	4433	1733	6	2694	685	548	2	135	2
海南区	1105	991	414		577	114	97		17	
乌达区	2460	2203	897	2	1304	257	219		38	
赤峰市	**15649**	**13310**	**4336**	**14**	**8960**	**2335**	**1697**	**3**	**635**	**4**
红山区	7143	6115	2103	6	4006	1025	741	2	282	3
元宝山区	4325	3699	1377	4	2318	626	472		154	
松山区	4181	3496	856	4	2636	684	484	1	199	1
通辽市	**7874**	**6741**	**1972**	**17**	**4752**	**1130**	**756**	**4**	**370**	**3**
科尔沁区	6929	5903	1790	16	4097	1023	691	4	328	3
霍林郭勒市	945	838	182	1	655	107	65		42	
鄂尔多斯市	**6248**	**5292**	**2018**	**5**	**3269**	**951**	**745**	**1**	**205**	**5**
东胜区	5699	4830	1879	5	2946	864	683	1	180	5
康巴什区	542	455	134		321	87	62		25	
鄂托克旗	7	7	5		2					
呼伦贝尔市	**20816**	**17849**	**6401**	**19**	**11429**	**2957**	**2118**	**8**	**831**	**10**
海拉尔区	7197	6114	2091	4	4019	1075	749	4	322	8
扎赉诺尔区	2187	1877	997		880	310	254	1	55	
满洲里市	2030	1755	732	2	1021	275	200	1	74	
牙克石市	4339	3693	1271	7	2415	646	456	2	188	
扎兰屯市	2642	2299	616	1	1682	341	228		113	2
额尔古纳市	804	703	250	1	452	101	77		24	
根河市	1617	1408	444	4	960	209	154		55	
巴彦淖尔市	**5131**	**4413**	**1630**	**7**	**2776**	**717**	**540**		**177**	**1**
临河区	5131	4413	1630	7	2776	717	540		177	1
乌兰察布市	**10599**	**9148**	**4824**	**21**	**4303**	**1448**	**1201**		**247**	**3**
集宁区	7878	6755	3404	8	3343	1121	908		213	2
丰镇市	2721	2393	1420	13	960	327	293		34	1
兴安盟	**4563**	**4006**	**1142**	**3**	**2861**	**555**	**380**	**2**	**173**	**2**
乌兰浩特市	4041	3532	998	3	2531	507	346	2	159	2
阿尔山市	522	474	144		330	48	34		14	
锡林郭勒盟	**5277**	**4609**	**1698**	**4**	**2907**	**668**	**522**	**2**	**144**	
二连浩特市	785	698	313		385	87	66	1	20	
锡林浩特市	4492	3911	1385	4	2522	581	456	1	124	

5-6b 各地区有80岁及以上人口的家庭户户数(镇)

单位：户

地 区	合 计	有一个80岁及以上人口的户				有二个80岁及以上人口的户				有三个80岁及以上人口的户
		小计	独自居住	只与未成年人口共同居住	其他	小计	只有一对80岁及以上夫妇居住	只有一对80岁及以上夫妇与未成年人口共同居住	其他	
内蒙古	**103491**	**91375**	**36753**	**135**	**54487**	**12055**	**9292**	**25**	**2738**	**61**
呼和浩特市	**6377**	**5542**	**2766**	**7**	**2769**	**831**	**703**	**3**	**125**	**4**
新城区	64	60	35		25	4	4			
回民区										
玉泉区										
赛罕区	70	63	27		36	7	6		1	
土默特左旗	1255	1095	559		536	157	134		23	3
托克托县	1116	963	584	2	377	152	142		10	1
和林格尔县	1055	905	449		456	150	124		26	
清水河县	672	570	332	1	237	102	92		10	
武川县	1333	1158	564	2	592	175	147	2	26	
呼和浩特经济技术开发区	812	728	216	2	510	84	54	1	29	
包头市	**6755**	**5959**	**2789**	**6**	**3164**	**795**	**669**	**1**	**125**	**1**
东河区	238	216	92		124	22	15		7	
昆都仑区										
青山区	33	33	24		9					
石拐区	19	18	16		2	1	1			
白云鄂博矿区										
九原区	196	175	81		94	21	21			
土默特右旗	1765	1559	793		766	206	186		20	
固阳县	1126	989	542		447	136	123		13	1
达尔罕茂明安联合旗	859	761	371	2	388	98	85	1	12	
包头稀土高新技术产业开发区	2519	2208	870	4	1334	311	238		73	
乌海市	**198**	**172**	**86**		**86**	**26**	**20**		**6**	
海勃湾区	27	26	7		19	1	1			
海南区	114	100	46		54	14	12		2	
乌达区	57	46	33		13	11	7		4	
赤峰市	**15617**	**13741**	**4556**	**27**	**9158**	**1868**	**1330**	**6**	**532**	**8**
红山区	380	349	92	2	255	31	21		10	
元宝山区	614	544	147	1	396	70	43		27	
松山区	479	436	122	1	313	43	25		18	
阿鲁科尔沁旗	1219	1075	338	1	736	143	95		48	1
巴林左旗	1194	1065	461	9	595	129	92	1	36	
巴林右旗	1054	942	270	2	670	112	78	1	33	
林西县	1650	1458	640	5	813	188	151	1	36	4
克什克腾旗	1578	1374	430	2	942	204	149		55	
翁牛特旗	1980	1719	653	2	1064	258	188	2	68	3
喀喇沁旗	1535	1354	407		947	181	118		63	
宁城县	1971	1726	471		1255	245	177		68	
敖汉旗	1963	1699	525	2	1172	264	193	1	70	

5-6b 续表 1

单位：户

地区	合计	有一个80岁及以上人口的户				有二个80岁及以上人口的户				有三个80岁及以上人口的户
		小计	独自居住	只与未成年人口共同居住	其他	小计	只有一对80岁及以上夫妇居住	只有一对80岁及以上夫妇与未成年人口共同居住	其他	
通辽市	**10736**	**9632**	**2303**	**18**	**7311**	**1101**	**624**		**477**	**3**
科尔沁区	656	590	104	1	485	66	24		42	
科尔沁左翼中旗	1578	1442	411	3	1028	135	75		60	1
科尔沁左翼后旗	1434	1289	293	1	995	143	80		63	2
开鲁县	1427	1289	325	2	962	138	78		60	
库伦旗	996	885	246	2	637	111	73		38	
奈曼旗	1732	1550	320	4	1226	182	94		88	
扎鲁特旗	1440	1301	382	1	918	139	99		40	
通辽经济技术开发区	1470	1283	221	4	1058	187	101		86	
霍林郭勒市	3	3	1		2					
鄂尔多斯市	**12200**	**10489**	**4723**	**20**	**5746**	**1685**	**1386**	**3**	**296**	**26**
东胜区	70	55	30		25	15	14		1	
康巴什区										
达拉特旗	2792	2379	992	4	1383	410	338	1	71	3
准格尔旗	3320	2890	1430	3	1457	429	380	1	48	1
鄂托克前旗	599	522	188	2	332	77	60		17	
鄂托克旗	1251	1126	486	2	638	123	101		22	2
杭锦旗	1104	936	460	2	474	151	130		21	17
乌审旗	798	698	260	2	436	100	80		20	
伊金霍洛旗	2266	1883	877	5	1001	380	283	1	96	3
呼伦贝尔市	**15102**	**13420**	**4857**	**13**	**8550**	**1670**	**1201**	**3**	**466**	**12**
海拉尔区	32	24	4		20	8	6		2	
扎赉诺尔区	184	162	92		70	22	19		3	
阿荣旗	1320	1191	272	2	917	129	72	1	56	
莫力达瓦达斡尔族自治旗	830	754	159		595	76	47		29	
鄂伦春自治旗	3532	3109	1058	1	2050	422	317		105	1
鄂温克族自治旗	1804	1572	513	2	1057	232	175		57	
陈巴尔虎旗	604	556	167	1	388	48	24		24	
新巴尔虎左旗	221	202	42		160	19	10		9	
新巴尔虎右旗	230	217	58	2	157	13	12		1	
满洲里市	128	119	74		45	9	8		1	
牙克石市	4122	3623	1756	4	1863	491	363	2	126	8
扎兰屯市	478	431	93		338	44	33		11	3
额尔古纳市	386	340	123		217	46	33		13	
根河市	1231	1120	446	1	673	111	82		29	
巴彦淖尔市	**8683**	**7674**	**3227**	**8**	**4439**	**1006**	**797**	**1**	**208**	**3**
临河区	264	236	89		147	28	24		4	
五原县	1459	1286	527	3	756	173	145	1	27	
磴口县	1143	1013	402		611	129	94		35	1
乌拉特前旗	2645	2295	1038	3	1254	350	286		64	
乌拉特中旗	1082	980	446	1	533	101	82		19	1
乌拉特后旗	450	405	155		250	45	36		9	
杭锦后旗	1640	1459	570	1	888	180	130		50	1

5-6b 续表 2

单位：户

地 区	合 计	有一个80岁及以上人口的户				有二个80岁及以上人口的户				有三个80岁及以上人口的户
		小计	独自居住	只与未成年人口共同居住	其他	小计	只有一对80岁及以上夫妇居住	只有一对80岁及以上夫妇与未成年人口共同居住	其他	
乌兰察布市	**12402**	**10922**	**6448**	**16**	**4458**	**1480**	**1356**	**2**	**122**	
集宁区	189	171	64	1	106	18	15		3	
卓资县	1191	1051	652	1	398	140	129		11	
化德县	1233	1082	652	1	429	151	143		8	
商都县	1731	1533	899	7	627	198	181		17	
兴和县	1382	1193	728	4	461	189	180		9	
凉城县	1366	1201	732	1	468	165	158		7	
察哈尔右翼前旗	1269	1132	629		503	137	118	1	18	
察哈尔右翼中旗	859	754	423	1	330	105	96		9	
察哈尔右翼后旗	1307	1167	711		456	140	130	1	9	
四子王旗	1526	1324	762		562	202	180		22	
丰镇市	349	314	196		118	35	26		9	
兴安盟	**5020**	**4545**	**1142**	**3**	**3400**	**474**	**295**	**3**	**176**	**1**
乌兰浩特市	208	200	55	1	144	8	3		5	
阿尔山市	263	240	79		161	23	16		7	
科尔沁右翼前旗	927	827	151	1	675	100	59	1	40	
科尔沁右翼中旗	979	898	217		681	81	44		37	
扎赉特旗	1552	1406	385	1	1020	146	101	2	43	
突泉县	1091	974	255		719	116	72		44	1
锡林郭勒盟	**7281**	**6507**	**2755**	**15**	**3737**	**772**	**622**	**3**	**147**	**2**
二连浩特市	7	6	2		4	1	1			
锡林浩特市	19	17	6		11	2	1		1	
阿巴嘎旗	424	391	165	1	225	33	27		6	
苏尼特左旗	326	303	114	3	186	23	15		8	
苏尼特右旗	1217	1081	583		498	136	119	2	15	
东乌珠穆沁旗	533	491	122	2	367	42	26		16	
西乌珠穆沁旗	661	601	189	2	410	60	46		14	
太仆寺旗	1260	1112	570	3	539	147	124		23	1
镶黄旗	372	338	144	2	192	34	27		7	
正镶白旗	540	483	210	2	271	57	47		10	
正蓝旗	704	624	251		373	80	69		11	
多伦县	947	813	325		488	133	100	1	32	1
乌拉盖管委会	271	247	74		173	24	20		4	
阿拉善盟	**3120**	**2772**	**1101**	**2**	**1669**	**347**	**289**		**58**	**1**
阿拉善左旗	2347	2069	802		1267	277	231		46	1
阿拉善右旗	356	314	149	1	164	42	34		8	
额济纳旗	354	331	142	1	188	23	20		3	
内蒙古阿拉善经济开发区	63	58	8		50	5	4		1	

5−6c　各地区有80岁及以上人口的家庭户户数(乡村)

单位：户

地　　区	合　计	有一个80岁及以上人口的户				有二个80岁及以上人口的户				有三个80岁及以上人口的户
		小计	独自居住	只与未成年人口共同居住	其他	小计	只有一对80岁及以上夫妇居住	只有一对80岁及以上夫妇与未成年人口共同居住	其他	
内蒙古	**191218**	**174402**	**64748**	**261**	**109393**	**16767**	**11844**	**30**	**4893**	**49**
呼和浩特市	**21798**	**19589**	**9367**	**29**	**10193**	**2197**	**1758**	**2**	**437**	**12**
新城区	972	872	340	4	528	99	67		32	1
回民区	233	211	72		139	22	17		5	
玉泉区	960	892	304		588	68	48		20	
赛罕区	3398	3060	1189	6	1865	336	225	1	110	2
土默特左旗	6360	5715	2889	6	2820	641	552		89	4
托克托县	3182	2832	1392	1	1439	350	288		62	
和林格尔县	2835	2565	1182	7	1376	270	212	1	57	
清水河县	1780	1557	985	3	569	218	189		29	5
武川县	2078	1885	1014	2	869	193	160		33	
呼和浩特经济技术开发区										
包头市	**11701**	**10639**	**5633**	**13**	**4993**	**1054**	**898**		**156**	**8**
东河区	933	849	416	1	432	82	64		18	2
昆都仑区	511	462	188	1	273	47	37		10	2
青山区	366	341	157		184	25	21		4	
石拐区	230	219	97		122	11	7		4	
白云鄂博矿区										
九原区	1167	1070	491	2	577	97	82		15	
土默特右旗	4512	4086	2243	3	1840	426	380		46	
固阳县	2628	2385	1389	5	991	239	199		40	4
达尔罕茂明安联合旗	1228	1116	610	1	505	112	95		17	
包头稀土高新技术产业开发区	126	111	42		69	15	13		2	
乌海市	**490**	**452**	**197**		**255**	**38**	**29**		**9**	
海勃湾区	236	219	75		144	17	10		7	
海南区	254	233	122		111	21	19		2	
乌达区										
赤峰市	**42595**	**38986**	**10945**	**65**	**27976**	**3601**	**2097**	**10**	**1494**	**8**
红山区	419	387	70		317	32	19		13	
元宝山区	1619	1470	272	2	1196	149	60		89	
松山区	6139	5604	1212	7	4385	535	314	1	220	
阿鲁科尔沁旗	2409	2253	781		1472	156	111	1	44	
巴林左旗	2958	2716	996	7	1713	241	175	1	65	1
巴林右旗	1068	1009	293	1	715	59	33		26	
林西县	2151	1999	934	2	1063	150	119		31	2
克什克腾旗	2254	2099	767	3	1329	155	118		37	
翁牛特旗	5263	4839	1676	13	3150	422	288	2	132	2
喀喇沁旗	3685	3392	763	5	2624	293	142		151	
宁城县	7143	6473	1314	13	5146	670	275	2	393	
敖汉旗	7487	6745	1867	12	4866	739	443	3	293	3

5-6c 续表 1 单位：户

地　　区	合　计	有一个80岁及以上人口的户				有二个80岁及以上人口的户				有三个80岁及以上人口的户
		小计	独自居住	只与未成年人口共同居住	其他	小计	只有一对80岁及以上夫妇居住	只有一对80岁及以上夫妇与未成年人口共同居住	其他	
通辽市	**23253**	**21755**	**2900**	**38**	**18817**	**1496**	**503**	**5**	**988**	**2**
科尔沁区	4587	4292	395	5	3892	295	87	3	205	
科尔沁左翼中旗	3494	3306	521	3	2782	188	66		122	
科尔沁左翼后旗	3534	3332	389	6	2937	201	46		155	1
开鲁县	2911	2729	348	7	2374	181	59	1	121	1
库伦旗	1838	1701	208	4	1489	137	46		91	
奈曼旗	4067	3755	597	4	3154	312	113		199	
扎鲁特旗	2124	1987	360	8	1619	137	70	1	66	
通辽经济技术开发区	573	535	50	1	484	38	10		28	
霍林郭勒市	125	118	32		86	7	6		1	
鄂尔多斯市	**13881**	**12273**	**6344**	**17**	**5912**	**1606**	**1389**	**1**	**216**	**2**
东胜区	357	299	142		157	58	45		13	
康巴什区										
达拉特旗	4458	3908	2050	3	1855	549	476		73	1
准格尔旗	3503	3125	1856	3	1266	377	344		33	1
鄂托克前旗	692	634	192		442	58	42	1	15	
鄂托克旗	603	535	226	3	306	68	52		16	
杭锦旗	1340	1207	554	2	651	133	111		22	
乌审旗	1188	1065	475	2	588	123	103		20	
伊金霍洛旗	1740	1500	849	4	647	240	216		24	
呼伦贝尔市	**11216**	**10389**	**2193**	**24**	**8172**	**824**	**435**	**1**	**388**	**3**
海拉尔区	318	283	80	2	201	35	23		12	
扎赉诺尔区										
阿荣旗	2399	2240	406	3	1831	158	76		82	1
莫力达瓦达斡尔族自治旗	2271	2115	439	6	1670	154	77		77	2
鄂伦春自治旗	882	813	174	2	637	69	36		33	
鄂温克族自治旗	730	660	174	1	485	70	46		24	
陈巴尔虎旗	283	255	56		199	28	17		11	
新巴尔虎左旗	314	291	52		239	23	11		12	
新巴尔虎右旗	131	124	20		104	7	1		6	
满洲里市										
牙克石市	691	626	229	1	396	65	45		20	
扎兰屯市	2824	2640	482	5	2153	184	89	1	94	
额尔古纳市	365	334	78	4	252	31	14		17	
根河市	8	8	3		5					
巴彦淖尔市	**16978**	**15447**	**6297**	**14**	**9136**	**1525**	**1216**		**309**	**6**
临河区	4350	3987	1398	7	2582	362	278		84	1
五原县	3275	2946	1356	2	1588	329	279		50	
磴口县	1146	1041	426	1	614	102	66		36	3
乌拉特前旗	3375	3039	1532		1507	335	298		37	1
乌拉特中旗	1222	1125	533	1	591	97	84		13	
乌拉特后旗	364	337	122		215	27	15		12	
杭锦后旗	3246	2972	930	3	2039	273	196		77	1

5-6c 续表 2

单位：户

地区	合计	有一个80岁及以上人口的户				有二个80岁及以上人口的户				有三个80岁及以上人口的户
		小计	独自居住	只与未成年人口共同居住	其他	小计	只有一对80岁及以上夫妇居住	只有一对80岁及以上夫妇与未成年人口共同居住	其他	
乌兰察布市	**33017**	**29565**	**17396**	**37**	**12132**	**3447**	**3025**	**10**	**412**	**5**
集宁区	998	886	417		469	112	93		19	
卓资县	2382	2188	1250	2	936	193	162		31	1
化德县	1965	1738	1028	1	709	227	210		17	
商都县	4597	4080	2422	7	1651	517	478		39	
兴和县	4846	4214	2707	5	1502	631	559	1	71	1
凉城县	3434	3127	1636	6	1485	307	251	3	53	
察哈尔右翼前旗	3703	3298	1973	2	1323	405	355	3	47	
察哈尔右翼中旗	2346	2133	1259	2	872	211	183		28	2
察哈尔右翼后旗	2710	2378	1475	1	902	332	295		37	
四子王旗	2342	2135	1262	4	869	207	183		24	
丰镇市	3694	3388	1967	7	1414	305	256	3	46	1
兴安盟	**9656**	**9098**	**1228**	**15**	**7855**	**557**	**204**	**1**	**352**	**1**
乌兰浩特市	642	610	104	2	504	32	8		24	
阿尔山市	77	72	11		61	5	2		3	
科尔沁右翼前旗	2865	2711	361	2	2348	154	70		84	
科尔沁右翼中旗	1310	1245	98	4	1143	65	16		49	
扎赉特旗	2295	2152	262	4	1886	142	52	1	89	1
突泉县	2467	2308	392	3	1913	159	56		103	
锡林郭勒盟	**5739**	**5374**	**2044**	**8**	**3322**	**364**	**261**		**103**	**1**
二连浩特市	19	19	2	1	16					
锡林浩特市	294	274	63		211	20	12		8	
阿巴嘎旗	187	181	20		161	6	2		4	
苏尼特左旗	132	130	17	1	112	2	1		1	
苏尼特右旗	236	227	62		165	9	6		3	
东乌珠穆沁旗	219	213	14		199	6	1		5	
西乌珠穆沁旗	342	333	27	1	305	9	3		6	
太仆寺旗	2146	1983	1060	1	922	162	138		24	1
镶黄旗	109	107	24	1	82	2			2	
正镶白旗	518	480	241		239	38	31		7	
正蓝旗	625	578	211	2	365	47	28		19	
多伦县	882	821	302	1	518	61	38		23	
乌拉盖管委会	30	28	1		27	2	1		1	
阿拉善盟	**894**	**835**	**204**	**1**	**630**	**58**	**29**		**29**	**1**
阿拉善左旗	714	667	182		485	46	24		22	1
阿拉善右旗	107	100	12	1	87	7	3		4	
额济纳旗	59	56	10		46	3	1		2	
内蒙古阿拉善经济开发区	14	12			12	2	1		1	

第一部分　全部数据资料

第六卷　死亡

6-1　各地区分年龄、性别的死亡人口

(2019.11.1—2020.10.31)

单位：人

地　　区	死亡人口			0岁		
	合计	男	女	小计	男	女
内蒙古	**143757**	**87376**	**56381**	**358**	**186**	**172**
呼和浩特市	**12931**	**7913**	**5018**	**27**	**13**	**14**
新城区	1560	977	583	5	2	3
回民区	1878	1121	757	4	3	1
玉泉区	1061	636	425	5	2	3
赛罕区	2309	1423	886	5	2	3
土默特左旗	2006	1192	814	1		1
托克托县	1168	710	458	3	2	1
和林格尔县	1139	721	418	3	1	2
清水河县	666	432	234			
武川县	983	595	388	1	1	
呼和浩特经济技术开发区	161	106	55			
包头市	**13861**	**8379**	**5482**	**36**	**25**	**11**
东河区	3098	1843	1255	9	6	3
昆都仑区	2811	1699	1112	4	1	3
青山区	2878	1758	1120	10	8	2
石拐区	240	140	100	2	2	
白云鄂博矿区	111	74	37			
九原区	853	510	343	5	3	2
土默特右旗	1764	1069	695	2	2	
固阳县	890	554	336	2	1	1
达尔罕茂明安联合旗	554	337	217	1	1	
包头稀土高新技术产业开发区	662	395	267	1	1	
乌海市	**2851**	**1787**	**1064**	**4**	**2**	**2**
海勃湾区	1512	937	575	1		1
海南区	524	342	182			
乌达区	815	508	307	3	2	1
赤峰市	**24762**	**14769**	**9993**	**62**	**35**	**27**
红山区	1722	980	742	7	4	3
元宝山区	1937	1134	803	1	1	
松山区	3138	1850	1288	16	9	7
阿鲁科尔沁旗	1718	1020	698	2	1	1
巴林左旗	2310	1422	888	2		2
巴林右旗	938	538	400	2	2	
林西县	1083	673	410	1	1	
克什克腾旗	1281	797	484	6	6	
翁牛特旗	2103	1256	847	3	1	2
喀喇沁旗	1876	1132	744	7	1	6
宁城县	3527	2094	1433	11	6	5
敖汉旗	3129	1873	1256	4	3	1

6-1 续表 1

单位：人

地区	死亡人口			0岁		
	合计	男	女	小计	男	女
通辽市	**19072**	**11291**	**7781**	**45**	**19**	**26**
科尔沁区	5246	3114	2132	10	4	6
科尔沁左翼中旗	2935	1765	1170	4	1	3
科尔沁左翼后旗	2357	1385	972	4	2	2
开鲁县	2456	1394	1062	9	2	7
库伦旗	857	501	356	1		1
奈曼旗	2566	1527	1039	9	5	4
扎鲁特旗	1553	962	591	4	2	2
通辽经济技术开发区	596	346	250	3	3	
霍林郭勒市	506	297	209	1		1
鄂尔多斯市	**8195**	**5080**	**3115**	**34**	**16**	**18**
东胜区	1539	959	580	16	6	10
康巴什区	144	94	50	3	1	2
达拉特旗	1801	1131	670	7	5	2
准格尔旗	1558	980	578	4	2	2
鄂托克前旗	346	213	133			
鄂托克旗	577	344	233			
杭锦旗	776	474	302			
乌审旗	555	330	225	4	2	2
伊金霍洛旗	899	555	344			
呼伦贝尔市	**20659**	**12471**	**8188**	**53**	**23**	**30**
海拉尔区	2412	1440	972	4		4
扎赉诺尔区	860	511	349	4	3	1
阿荣旗	2149	1354	795	8	4	4
莫力达瓦达斡尔族自治旗	2090	1328	762	2	1	1
鄂伦春自治旗	2103	1241	862	3	2	1
鄂温克族自治旗	1174	685	489	6	1	5
陈巴尔虎旗	488	287	201			
新巴尔虎左旗	348	211	137			
新巴尔虎右旗	251	154	97	2	1	1
满洲里市	867	501	366	4	3	1
牙克石市	2821	1691	1130	10	4	6
扎兰屯市	3462	2111	1351	10	4	6
额尔古纳市	519	315	204			
根河市	1115	642	473			
巴彦淖尔市	**9535**	**5915**	**3620**	**38**	**21**	**17**
临河区	2866	1815	1051	10	7	3
五原县	1534	952	582	12	6	6
磴口县	681	421	260	2		2
乌拉特前旗	1658	982	676	6	3	3
乌拉特中旗	748	481	267			
乌拉特后旗	284	186	98			
杭锦后旗	1764	1078	686	8	5	3

6-1 续表 2 单位：人

地 区	死亡人口			0岁		
	合计	男	女	小计	男	女
乌兰察布市	**14656**	**9233**	**5423**	**12**	**7**	**5**
集宁区	2033	1244	789	4	2	2
卓资县	1329	851	478	1		1
化德县	788	493	295			
商都县	1706	1063	643	1		1
兴和县	1580	1019	561			
凉城县	1240	805	435	2	1	1
察哈尔右翼前旗	1331	836	495	1	1	
察哈尔右翼中旗	964	629	335	1	1	
察哈尔右翼后旗	1026	617	409			
四子王旗	1091	698	393	2	2	
丰镇市	1568	978	590			
兴安盟	**10155**	**6110**	**4045**	**21**	**14**	**7**
乌兰浩特市	1933	1180	753	2		2
阿尔山市	292	176	116			
科尔沁右翼前旗	2433	1513	920	9	9	
科尔沁右翼中旗	1432	838	594	2	1	1
扎赉特旗	2226	1307	919	3	1	2
突泉县	1839	1096	743	5	3	2
锡林郭勒盟	**5744**	**3631**	**2113**	**20**	**8**	**12**
二连浩特市	213	134	79	2		2
锡林浩特市	990	621	369	3	1	2
阿巴嘎旗	273	153	120			
苏尼特左旗	260	151	109	2		2
苏尼特右旗	408	252	156			
东乌珠穆沁旗	301	196	105	2		2
西乌珠穆沁旗	629	414	215	3	3	
太仆寺旗	1029	666	363			
镶黄旗	167	111	56	1	1	
正镶白旗	381	243	138	1		1
正蓝旗	399	256	143	1	1	
多伦县	587	361	226	4	1	3
乌拉盖管委会	107	73	34	1	1	
阿拉善盟	**1336**	**797**	**539**	**6**	**3**	**3**
阿拉善左旗	951	566	385	4	2	2
阿拉善右旗	216	120	96	1		1
额济纳旗	143	95	48			
内蒙古阿拉善经济开发区	26	16	10	1	1	

6－1 续表 3 单位：人

地 区	1－4岁			5－9岁			10－14岁		
	小计	男	女	小计	男	女	小计	男	女
内蒙古	**161**	**97**	**64**	**122**	**62**	**60**	**187**	**112**	**75**
呼和浩特市	**10**	**8**	**2**	**9**	**2**	**7**	**15**	**6**	**9**
新城区	3	3					1		1
回民区				1		1	1	1	
玉泉区				1	1		1	1	
赛罕区	1	1		3	1	2	4	2	2
土默特左旗	1	1		1		1			
托克托县	1	1					2	1	1
和林格尔县	2	1	1	1		1	1	1	
清水河县				2		2	1		1
武川县	1	1					4		4
呼和浩特经济技术开发区	1		1						
包头市	**7**	**4**	**3**	**11**	**7**	**4**	**13**	**7**	**6**
东河区	4	2	2	1	1		3	1	2
昆都仑区	1	1					1		1
青山区	1		1	4	3	1	2	1	1
石拐区									
白云鄂博矿区									
九原区				3	3		2		2
土默特右旗	1	1					1	1	
固阳县				1		1			
达尔罕茂明安联合旗				1		1	2	2	
包头稀土高新技术产业开发区				1		1	2	2	
乌海市	**3**	**2**	**1**	**6**	**4**	**2**	**4**	**2**	**2**
海勃湾区	3	2	1	3	1	2			
海南区							2	2	
乌达区				3	3		2		2
赤峰市	**30**	**19**	**11**	**19**	**9**	**10**	**32**	**22**	**10**
红山区	2	1	1	2	2		2	1	1
元宝山区	1	1					1		1
松山区	4	2	2				1	1	
阿鲁科尔沁旗	4	3	1	3	2	1	3	2	1
巴林左旗	3	1	2	2	1	1	2	1	1
巴林右旗	1	1					1	1	
林西县	2		2						
克什克腾旗	2	1	1	1		1			
翁牛特旗	3	2	1				6	6	
喀喇沁旗	5	5					2	2	
宁城县	1	1		9	4	5	2		2
敖汉旗	2	1	1	2		2	12	8	4

6-1　续表 4　　　　单位：人

地　　区	1-4岁			5-9岁			10-14岁		
	小计	男	女	小计	男	女	小计	男	女
通辽市	**20**	**12**	**8**	**16**	**4**	**12**	**30**	**18**	**12**
科尔沁区	4	2	2	1		1	7	3	4
科尔沁左翼中旗	3	2	1	2		2	6	6	
科尔沁左翼后旗	6	4	2	3	1	2	4	1	3
开鲁县	2	2		1		1	2	1	1
库伦旗	1	1		1		1	1	1	
奈曼旗	1	1		5	2	3	2	2	
扎鲁特旗	2		2	1		1	5	3	2
通辽经济技术开发区							2		2
霍林郭勒市	1		1	2	1	1	1	1	
鄂尔多斯市	**19**	**9**	**10**	**18**	**8**	**10**	**22**	**15**	**7**
东胜区	4	2	2	3	2	1	3	3	
康巴什区							1	1	
达拉特旗	3		3	4	1	3	4	3	1
准格尔旗	7	3	4	2		2	10	7	3
鄂托克前旗	1	1							
鄂托克旗	1	1		4	3	1	2		2
杭锦旗				2		2	1	1	
乌审旗				2	1	1			
伊金霍洛旗	3	2	1	1	1		1		1
呼伦贝尔市	**18**	**11**	**7**	**8**	**5**	**3**	**17**	**8**	**9**
海拉尔区	2	2					2	1	1
扎赉诺尔区									
阿荣旗	4	2	2	1	1		1	1	
莫力达瓦达斡尔族自治旗	5	3	2	3	3		2	1	1
鄂伦春自治旗	2	2		2		2	3	1	2
鄂温克族自治旗	2		2						
陈巴尔虎旗							2	1	1
新巴尔虎左旗				1	1				
新巴尔虎右旗							1		1
满洲里市							2		2
牙克石市	1	1					1	1	
扎兰屯市	1		1	1		1	3	2	1
额尔古纳市									
根河市	1	1							
巴彦淖尔市	**19**	**10**	**9**	**11**	**6**	**5**	**14**	**10**	**4**
临河区	5	1	4	2	1	1	3	2	1
五原县	2	1	1	1	1		2	1	1
磴口县				2	1	1	2	1	1
乌拉特前旗	2	2		3	1	2			
乌拉特中旗	3	2	1	1	1		2	2	
乌拉特后旗	2	1	1	1	1		1	1	
杭锦后旗	5	3	2	1		1	4	3	1

6-1 续表 5 单位：人

地区	1-4岁			5-9岁			10-14岁		
	小计	男	女	小计	男	女	小计	男	女
乌兰察布市	**11**	**6**	**5**	**8**	**5**	**3**	**14**	**7**	**7**
集宁区	2	1	1	1	1		2	1	1
卓资县	1	1					1		1
化德县							1		1
商都县	3	1	2	1	1		1	1	
兴和县				1		1	4	3	1
凉城县	1		1	1		1	1	1	
察哈尔右翼前旗	2	1	1						
察哈尔右翼中旗	1	1							
察哈尔右翼后旗				1	1		2	1	1
四子王旗				1	1		1		1
丰镇市	1	1		2	1	1	1		1
兴安盟	**10**	**7**	**3**	**9**	**8**	**1**	**13**	**8**	**5**
乌兰浩特市	1		1	1	1		2	2	
阿尔山市									
科尔沁右翼前旗	2	2		1	1		5	3	2
科尔沁右翼中旗	3	3		3	3				
扎赉特旗	3	1	2	2	1	1	3	1	2
突泉县	1	1		2	2		3	2	1
锡林郭勒盟	**10**	**7**	**3**	**3**	**3**		**10**	**8**	**2**
二连浩特市	1	1							
锡林浩特市							2	1	1
阿巴嘎旗									
苏尼特左旗									
苏尼特右旗							3	3	
东乌珠穆沁旗	2	1	1	1	1				
西乌珠穆沁旗	2		2				4	3	1
太仆寺旗	2	2		1	1		1	1	
镶黄旗									
正镶白旗									
正蓝旗	1	1							
多伦县	1	1		1	1				
乌拉盖管委会	1	1							
阿拉善盟	**4**	**2**	**2**	**4**	**1**	**3**	**3**	**1**	**2**
阿拉善左旗				4	1	3	1	1	
阿拉善右旗							2		2
额济纳旗	3	2	1						
内蒙古阿拉善经济开发区	1		1						

6-1　续表 6　　　　单位：人

地　区	15-19岁			20-24岁			25-29岁		
	小计	男	女	小计	男	女	小计	男	女
内蒙古	**234**	**147**	**87**	**355**	**236**	**119**	**613**	**428**	**185**
呼和浩特市	**25**	**18**	**7**	**30**	**19**	**11**	**47**	**32**	**15**
新城区	4	3	1	6	3	3	4	3	1
回民区	2	2		5	3	2	3	3	
玉泉区	4	3	1	1		1	7	5	2
赛罕区	6	2	4	4	1	3	8	4	4
土默特左旗	4	3	1	3	2	1	6	3	3
托克托县	3	3		4	4		4	4	
和林格尔县	1	1		3	3		7	4	3
清水河县	1	1		1	1		3	2	1
武川县				3	2	1	4	3	1
呼和浩特经济技术开发区							1	1	
包头市	**18**	**10**	**8**	**21**	**17**	**4**	**40**	**27**	**13**
东河区	1	1					13	10	3
昆都仑区	2	2		5	4	1	4	1	3
青山区	4	2	2	6	4	2	7	5	2
石拐区	2		2	1	1				
白云鄂博矿区									
九原区	2	1	1	2	2		2		2
土默特右旗	4	2	2	3	3		2	2	
固阳县	1	1		2	2		3	2	1
达尔罕茂明安联合旗				2	1	1	6	5	1
包头稀土高新技术产业开发区	2	1	1				3	2	1
乌海市	**1**		**1**	**8**	**7**	**1**	**12**	**8**	**4**
海勃湾区	1		1	6	5	1	9	7	2
海南区				2	2		1		1
乌达区							2	1	1
赤峰市	**36**	**22**	**14**	**58**	**44**	**14**	**97**	**73**	**24**
红山区				5	3	2	6	4	2
元宝山区	2	1	1	11	7	4	6	4	2
松山区	6	3	3	6	6		13	7	6
阿鲁科尔沁旗	4	2	2	7	5	2	2	1	1
巴林左旗	7	6	1	8	6	2	12	11	1
巴林右旗	2	1	1				3	3	
林西县				2	2		2	2	
克什克腾旗	1	1		1		1	5	4	1
翁牛特旗	3	2	1	2	1	1	9	7	2
喀喇沁旗	2		2	4	4		10	6	4
宁城县	5	5		4	3	1	13	12	1
敖汉旗	4	1	3	8	7	1	16	12	4

6—1 续表 7

单位：人

地区	15—19岁			20—24岁			25—29岁		
	小计	男	女	小计	男	女	小计	男	女
通辽市	**37**	**24**	**13**	**62**	**33**	**29**	**96**	**71**	**25**
科尔沁区	5	1	4	15	9	6	22	17	5
科尔沁左翼中旗	5	2	3	12	5	7	14	12	2
科尔沁左翼后旗	5	4	1	8	4	4	13	11	2
开鲁县	5	5		6	3	3	12	9	3
库伦旗	4	3	1	1	1		5	3	2
奈曼旗	8	4	4	10	7	3	16	9	7
扎鲁特旗	5	5		6	3	3	4	3	1
通辽经济技术开发区				2		2	7	4	3
霍林郭勒市				2	1	1	3	3	
鄂尔多斯市	**19**	**11**	**8**	**24**	**17**	**7**	**31**	**24**	**7**
东胜区	4	3	1	2	1	1	6	4	2
康巴什区									
达拉特旗	8	3	5	5	4	1	6	6	
准格尔旗	4	4		9	6	3	6	5	1
鄂托克前旗				2	2		1	1	
鄂托克旗				3	3		6	4	2
杭锦旗	1		1	1	1		4	4	
乌审旗	1		1	1		1	1		1
伊金霍洛旗	1	1		1		1	1		1
呼伦贝尔市	**41**	**25**	**16**	**46**	**30**	**16**	**92**	**51**	**41**
海拉尔区	5	3	2	7	4	3	11	7	4
扎赉诺尔区							5	4	1
阿荣旗	7	6	1	7	4	3	5	1	4
莫力达瓦达斡尔族自治旗	8	4	4	7	5	2	12	7	5
鄂伦春自治旗	4	2	2	4	3	1	8	6	2
鄂温克族自治旗	7	3	4	3	2	1	2	1	1
陈巴尔虎旗	1	1		2	1	1	5	2	3
新巴尔虎左旗	1	1		1	1		4	4	
新巴尔虎右旗				1	1		4	4	
满洲里市							4		4
牙克石市	3	1	2	4		4	9	6	3
扎兰屯市	4	3	1	8	7	1	17	9	8
额尔古纳市				1	1		5		5
根河市	1	1		1	1		1		1
巴彦淖尔市	**13**	**11**	**2**	**18**	**13**	**5**	**39**	**28**	**11**
临河区	3	2	1	4	2	2	13	9	4
五原县	1		1	3	2	1	5	4	1
磴口县	1	1					4	1	3
乌拉特前旗	4	4		3	2	1	4	3	1
乌拉特中旗	1	1		3	3		2	1	1
乌拉特后旗							1	1	
杭锦后旗	3	3		5	4	1	10	9	1

6-1 续表 8

单位：人

地区	15-19岁			20-24岁			25-29岁		
	小计	男	女	小计	男	女	小计	男	女
乌兰察布市	**14**	**8**	**6**	**31**	**16**	**15**	**46**	**30**	**16**
集宁区	1	1		4	3	1	9	6	3
卓资县				1		1	5	3	2
化德县				1		1	1	1	
商都县	2	2		2	2		4	1	3
兴和县	2	1	1	8	5	3	5	3	2
凉城县	1		1				5	1	4
察哈尔右翼前旗	1	1		1	1		5	5	
察哈尔右翼中旗				2		2	1	1	
察哈尔右翼后旗	1		1	1		1			
四子王旗	4	1	3	7	5	2	2	2	
丰镇市	2	2		4		4	9	7	2
兴安盟	**15**	**9**	**6**	**31**	**22**	**9**	**63**	**50**	**13**
乌兰浩特市	1		1	10	9	1	7	6	1
阿尔山市	1	1		4	4				
科尔沁右翼前旗	2	1	1	7	2	5	14	12	2
科尔沁右翼中旗	3	2	1	3	2	1	13	10	3
扎赉特旗	4	2	2	5	3	2	18	12	6
突泉县	4	3	1	2	2		11	10	1
锡林郭勒盟	**14**	**8**	**6**	**18**	**13**	**5**	**41**	**31**	**10**
二连浩特市				1	1		2	2	
锡林浩特市	2	1	1	4	4		4	3	1
阿巴嘎旗				2	1	1	3	2	1
苏尼特左旗	1	1		1	1		1	1	
苏尼特右旗	1	1					3	2	1
东乌珠穆沁旗				1		1	1	1	
西乌珠穆沁旗	6	3	3	1		1	11	11	
太仆寺旗	2	2		2	1	1	2	1	1
镶黄旗	1		1	1	1		1		1
正镶白旗				1	1		1	1	
正蓝旗	1		1	1	1		2	2	
多伦县				3	2	1	6	3	3
乌拉盖管委会							4	2	2
阿拉善盟	**1**	**1**		**8**	**5**	**3**	**9**	**3**	**6**
阿拉善左旗	1	1		6	3	3	6	1	5
阿拉善右旗							1		1
额济纳旗				2	2		1	1	
内蒙古阿拉善经济开发区							1	1	

6-1 续表 9

单位：人

地区	30－34岁			35－39岁			40－44岁		
	小计	男	女	小计	男	女	小计	男	女
内蒙古	**1076**	**757**	**319**	**1631**	**1234**	**397**	**2585**	**1933**	**652**
呼和浩特市	**55**	**42**	**13**	**109**	**80**	**29**	**197**	**140**	**57**
新城区	8	4	4	6	2	4	27	20	7
回民区	7	6	1	16	13	3	20	16	4
玉泉区	7	6	1	14	7	7	12	10	2
赛罕区	8	4	4	20	15	5	32	22	10
土默特左旗	10	9	1	22	16	6	34	21	13
托克托县	3	2	1	3	3		19	15	4
和林格尔县	6	6		10	8	2	22	15	7
清水河县	3	3		10	8	2	18	13	5
武川县	2	1	1	4	4		13	8	5
呼和浩特经济技术开发区	1	1		4	4				
包头市	**70**	**47**	**23**	**101**	**74**	**27**	**166**	**117**	**49**
东河区	8	8		19	14	5	27	24	3
昆都仑区	22	11	11	18	12	6	31	22	9
青山区	9	7	2	20	15	5	32	27	5
石拐区	3	1	2	2	1	1	6	2	4
白云鄂博矿区	1	1					2	1	1
九原区	4	3	1	7	5	2	14	9	5
土默特右旗	10	6	4	14	12	2	23	15	8
固阳县	5	4	1	10	8	2	16	10	6
达尔罕茂明安联合旗	3	3		4	4		8	4	4
包头稀土高新技术产业开发区	5	3	2	7	3	4	7	3	4
乌海市	**21**	**16**	**5**	**30**	**22**	**8**	**54**	**44**	**10**
海勃湾区	7	5	2	16	12	4	34	28	6
海南区	6	3	3	6	5	1	10	9	1
乌达区	8	8		8	5	3	10	7	3
赤峰市	**206**	**158**	**48**	**287**	**209**	**78**	**384**	**286**	**98**
红山区	17	15	2	17	12	5	23	13	10
元宝山区	15	10	5	17	16	1	20	16	4
松山区	25	16	9	40	31	9	52	41	11
阿鲁科尔沁旗	22	18	4	17	10	7	27	21	6
巴林左旗	11	7	4	23	17	6	37	28	9
巴林右旗	8	4	4	15	9	6	17	13	4
林西县	6	6		11	5	6	23	19	4
克什克腾旗	11	7	4	10	9	1	19	15	4
翁牛特旗	21	17	4	25	20	5	34	22	12
喀喇沁旗	14	12	2	24	18	6	27	19	8
宁城县	30	24	6	50	35	15	55	41	14
敖汉旗	26	22	4	38	27	11	50	38	12

6-1　续表 10　　　　单位：人

地　区	30-34岁			35-39岁			40-44岁		
	小计	男	女	小计	男	女	小计	男	女
通辽市	**149**	**93**	**56**	**227**	**187**	**40**	**395**	**304**	**91**
科尔沁区	34	16	18	56	45	11	82	56	26
科尔沁左翼中旗	23	18	5	34	31	3	69	56	13
科尔沁左翼后旗	15	6	9	34	28	6	57	48	9
开鲁县	21	14	7	27	23	4	42	29	13
库伦旗	13	10	3	14	12	2	21	18	3
奈曼旗	16	9	7	30	22	8	52	40	12
扎鲁特旗	16	10	6	22	18	4	46	35	11
通辽经济技术开发区	6	5	1	2	1	1	12	11	1
霍林郭勒市	5	5		8	7	1	14	11	3
鄂尔多斯市	**67**	**40**	**27**	**119**	**96**	**23**	**180**	**132**	**48**
东胜区	12	7	5	26	24	2	39	27	12
康巴什区	2	1	1	5	5		2	1	1
达拉特旗	11	8	3	24	19	5	38	31	7
准格尔旗	18	8	10	24	20	4	33	24	9
鄂托克前旗				3	3		8	5	3
鄂托克旗	8	4	4	9	3	6	15	10	5
杭锦旗	1		1	10	8	2	11	10	1
乌审旗	5	3	2	7	6	1	20	14	6
伊金霍洛旗	10	9	1	11	8	3	14	10	4
呼伦贝尔市	**171**	**116**	**55**	**248**	**190**	**58**	**426**	**305**	**121**
海拉尔区	19	15	4	15	11	4	33	23	10
扎赉诺尔区	3	3		6	5	1	21	11	10
阿荣旗	20	14	6	28	22	6	37	20	17
莫力达瓦达斡尔族自治旗	32	26	6	44	32	12	68	53	15
鄂伦春自治旗	17	10	7	23	17	6	42	30	12
鄂温克族自治旗	13	7	6	20	17	3	35	23	12
陈巴尔虎旗	6	6		5	2	3	8	7	1
新巴尔虎左旗	8	4	4	13	10	3	26	19	7
新巴尔虎右旗	8	7	1	7	4	3	18	14	4
满洲里市	9	7	2	14	11	3	17	11	6
牙克石市	13	6	7	19	15	4	36	29	7
扎兰屯市	20	9	11	41	33	8	60	45	15
额尔古纳市				5	4	1	9	7	2
根河市	3	2	1	8	7	1	16	13	3
巴彦淖尔市	**87**	**63**	**24**	**111**	**84**	**27**	**154**	**115**	**39**
临河区	31	24	7	42	32	10	41	31	10
五原县	13	10	3	14	9	5	33	27	6
磴口县	4	3	1	9	7	2	16	12	4
乌拉特前旗	8	5	3	9	7	2	17	11	6
乌拉特中旗	6	3	3	11	11		11	9	2
乌拉特后旗	2	1	1	8	4	4	10	7	3
杭锦后旗	23	17	6	18	14	4	26	18	8

6－1　续表 11

单位：人

地　区	30－34岁			35－39岁			40－44岁		
	小计	男	女	小计	男	女	小计	男	女
乌兰察布市	**68**	**47**	**21**	**121**	**86**	**35**	**178**	**131**	**47**
集宁区	14	7	7	17	13	4	29	18	11
卓资县	7	6	1	12	7	5	15	11	4
化德县	3	2	1	11	9	2	11	9	2
商都县	4	4		12	10	2	18	15	3
兴和县	5	5		9	5	4	29	21	8
凉城县	3	3		16	10	6	11	10	1
察哈尔右翼前旗	7	3	4	11	7	4	13	10	3
察哈尔右翼中旗	7	5	2	9	7	2	9	5	4
察哈尔右翼后旗	9	8	1	9	3	6	6	5	1
四子王旗	5	2	3	8	8		21	15	6
丰镇市	4	2	2	7	7		16	12	4
兴安盟	**95**	**73**	**22**	**162**	**126**	**36**	**278**	**226**	**52**
乌兰浩特市	13	11	2	21	16	5	43	35	8
阿尔山市	1		1	1	1		4	2	2
科尔沁右翼前旗	16	15	1	50	40	10	68	51	17
科尔沁右翼中旗	13	10	3	30	26	4	52	44	8
扎赉特旗	36	26	10	39	28	11	78	67	11
突泉县	16	11	5	21	15	6	33	27	6
锡林郭勒盟	**77**	**57**	**20**	**92**	**66**	**26**	**145**	**113**	**32**
二连浩特市	3	3		2	1	1	11	8	3
锡林浩特市	14	9	5	17	13	4	19	15	4
阿巴嘎旗	4	1	3	4	2	2	6	3	3
苏尼特左旗	10	8	2	8	7	1	7	4	3
苏尼特右旗	5	5		4	1	3	9	8	1
东乌珠穆沁旗	8	4	4	3	1	2	10	5	5
西乌珠穆沁旗	12	10	2	21	16	5	26	21	5
太仆寺旗	8	7	1	14	12	2	22	18	4
镶黄旗							1	1	
正镶白旗	1	1		3	2	1	12	10	2
正蓝旗	9	7	2	4	3	1	11	10	1
多伦县	3	2	1	10	6	4	7	6	1
乌拉盖管委会				2	2		4	4	
阿拉善盟	**10**	**5**	**5**	**24**	**14**	**10**	**28**	**20**	**8**
阿拉善左旗	7	3	4	16	10	6	21	14	7
阿拉善右旗	2	1	1	3	1	2	3	3	
额济纳旗				3	3		3	2	1
内蒙古阿拉善经济开发区	1	1		2		2	1	1	

6-1　续表 12　　　　单位：人

地　区	45-49岁			50-54岁			55-59岁		
	小计	男	女	小计	男	女	小计	男	女
内蒙古	**5304**	**3943**	**1361**	**7845**	**5785**	**2060**	**10225**	**7446**	**2779**
呼和浩特市	**328**	**225**	**103**	**461**	**337**	**124**	**727**	**545**	**182**
新城区	44	32	12	59	48	11	94	67	27
回民区	44	30	14	64	49	15	111	92	19
玉泉区	24	17	7	42	26	16	71	50	21
赛罕区	54	44	10	85	64	21	129	102	27
土默特左旗	47	28	19	72	49	23	100	71	29
托克托县	23	15	8	39	29	10	54	39	15
和林格尔县	37	29	8	29	21	8	66	48	18
清水河县	22	15	7	17	11	6	40	33	7
武川县	27	13	14	48	37	11	49	35	14
呼和浩特经济技术开发区	6	2	4	6	3	3	13	8	5
包头市	**365**	**252**	**113**	**560**	**399**	**161**	**871**	**671**	**200**
东河区	63	48	15	120	95	25	215	164	51
昆都仑区	76	51	25	129	85	44	142	110	32
青山区	55	41	14	99	71	28	170	134	36
石拐区	2	1	1	10	6	4	15	11	4
白云鄂博矿区	5	4	1	5	2	3	7	6	1
九原区	29	19	10	34	27	7	62	49	13
土默特右旗	49	36	13	66	46	20	121	95	26
固阳县	35	18	17	34	24	10	60	46	14
达尔罕茂明安联合旗	27	22	5	21	16	5	32	25	7
包头稀土高新技术产业开发区	24	12	12	42	27	15	47	31	16
乌海市	**119**	**96**	**23**	**158**	**123**	**35**	**188**	**147**	**41**
海勃湾区	71	61	10	76	55	21	100	75	25
海南区	14	10	4	27	23	4	39	30	9
乌达区	34	25	9	55	45	10	49	42	7
赤峰市	**934**	**726**	**208**	**1350**	**999**	**351**	**1877**	**1330**	**547**
红山区	45	31	14	63	43	20	94	70	24
元宝山区	81	60	21	117	76	41	140	108	32
松山区	126	98	28	148	112	36	228	164	64
阿鲁科尔沁旗	70	57	13	108	81	27	136	93	43
巴林左旗	90	76	14	148	114	34	212	144	68
巴林右旗	39	30	9	71	58	13	76	47	29
林西县	46	39	7	56	40	16	86	57	29
克什克腾旗	58	43	15	88	65	23	101	74	27
翁牛特旗	66	44	22	105	88	17	176	130	46
喀喇沁旗	65	56	9	93	64	29	148	101	47
宁城县	141	103	38	181	131	50	260	190	70
敖汉旗	107	89	18	172	127	45	220	152	68

6-1 续表 13

单位：人

地区	45-49岁			50-54岁			55-59岁		
	小计	男	女	小计	男	女	小计	男	女
通辽市	**815**	**609**	**206**	**1152**	**861**	**291**	**1542**	**1105**	**437**
科尔沁区	185	141	44	305	232	73	415	301	114
科尔沁左翼中旗	166	124	42	188	151	37	237	167	70
科尔沁左翼后旗	121	91	30	148	112	36	200	146	54
开鲁县	93	70	23	123	87	36	203	142	61
库伦旗	33	24	9	56	37	19	76	51	25
奈曼旗	103	78	25	146	107	39	194	148	46
扎鲁特旗	77	56	21	106	78	28	123	84	39
通辽经济技术开发区	21	15	6	44	33	11	52	36	16
霍林郭勒市	16	10	6	36	24	12	42	30	12
鄂尔多斯市	**294**	**214**	**80**	**387**	**261**	**126**	**468**	**325**	**143**
东胜区	45	31	14	65	45	20	95	69	26
康巴什区	10	7	3	6	2	4	15	13	2
达拉特旗	58	43	15	81	62	19	85	63	22
准格尔旗	44	32	12	68	38	30	81	55	26
鄂托克前旗	17	11	6	21	16	5	20	12	8
鄂托克旗	29	18	11	34	23	11	35	24	11
杭锦旗	38	30	8	51	39	12	40	27	13
乌审旗	29	20	9	31	20	11	45	30	15
伊金霍洛旗	24	22	2	30	16	14	52	32	20
呼伦贝尔市	**890**	**641**	**249**	**1467**	**1090**	**377**	**1702**	**1234**	**468**
海拉尔区	87	69	18	150	109	41	168	119	49
扎赉诺尔区	30	20	10	50	38	12	78	61	17
阿荣旗	76	59	17	156	118	38	205	143	62
莫力达瓦达斡尔族自治旗	124	97	27	158	124	34	170	124	46
鄂伦春自治旗	93	56	37	155	106	49	155	110	45
鄂温克族自治旗	48	34	14	81	56	25	102	67	35
陈巴尔虎旗	22	17	5	32	23	9	49	34	15
新巴尔虎左旗	24	21	3	27	21	6	29	18	11
新巴尔虎右旗	23	14	9	17	11	6	29	22	7
满洲里市	45	26	19	42	32	10	91	64	27
牙克石市	119	81	38	194	151	43	200	152	48
扎兰屯市	152	110	42	274	197	77	277	208	69
额尔古纳市	10	8	2	44	33	11	38	27	11
根河市	37	29	8	87	71	16	111	85	26
巴彦淖尔市	**339**	**273**	**66**	**476**	**341**	**135**	**576**	**418**	**158**
临河区	119	96	23	147	106	41	179	131	48
五原县	41	37	4	69	52	17	82	61	21
磴口县	33	25	8	36	23	13	49	37	12
乌拉特前旗	55	37	18	79	55	24	89	63	26
乌拉特中旗	29	25	4	38	30	8	43	34	9
乌拉特后旗	12	11	1	14	8	6	24	16	8
杭锦后旗	50	42	8	93	67	26	110	76	34

6-1　续表 14　　单位：人

地　区	45-49岁			50-54岁			55-59岁		
	小计	男	女	小计	男	女	小计	男	女
乌兰察布市	**366**	**263**	**103**	**594**	**455**	**139**	**781**	**590**	**191**
集宁区	50	36	14	89	62	27	124	98	26
卓资县	30	21	9	38	29	9	64	51	13
化德县	20	15	5	47	32	15	43	33	10
商都县	39	24	15	76	61	15	100	72	28
兴和县	37	31	6	76	61	15	71	58	13
凉城县	28	20	8	39	26	13	69	52	17
察哈尔右翼前旗	34	24	10	56	45	11	71	51	20
察哈尔右翼中旗	25	17	8	38	32	6	50	36	14
察哈尔右翼后旗	24	17	7	44	32	12	49	31	18
四子王旗	37	25	12	39	33	6	62	45	17
丰镇市	42	33	9	52	42	10	78	63	15
兴安盟	**508**	**386**	**122**	**779**	**563**	**216**	**949**	**656**	**293**
乌兰浩特市	75	54	21	139	107	32	187	142	45
阿尔山市	17	14	3	19	13	6	31	23	8
科尔沁右翼前旗	140	115	25	193	154	39	219	151	68
科尔沁右翼中旗	76	56	20	110	74	36	147	98	49
扎赉特旗	121	90	31	185	117	68	210	138	72
突泉县	79	57	22	133	98	35	155	104	51
锡林郭勒盟	**281**	**214**	**67**	**389**	**302**	**87**	**456**	**360**	**96**
二连浩特市	10	6	4	12	10	2	23	18	5
锡林浩特市	44	35	9	63	50	13	71	56	15
阿巴嘎旗	16	9	7	15	9	6	19	13	6
苏尼特左旗	10	7	3	14	11	3	20	17	3
苏尼特右旗	14	10	4	15	10	5	33	25	8
东乌珠穆沁旗	25	21	4	20	16	4	38	31	7
西乌珠穆沁旗	50	40	10	69	55	14	64	50	14
太仆寺旗	31	21	10	55	49	6	72	55	17
镶黄旗	8	8		14	9	5	15	14	1
正镶白旗	20	17	3	37	30	7	24	20	4
正蓝旗	18	16	2	26	19	7	30	24	6
多伦县	34	23	11	43	29	14	42	32	10
乌拉盖管委会	1	1		6	5	1	5	5	
阿拉善盟	**65**	**44**	**21**	**72**	**54**	**18**	**88**	**65**	**23**
阿拉善左旗	44	28	16	52	41	11	58	43	15
阿拉善右旗	11	8	3	10	7	3	16	10	6
额济纳旗	8	7	1	7	3	4	13	11	2
内蒙古阿拉善经济开发区	2	1	1	3	3		1	1	

6-1 续表 15 单位：人

地 区	60-64岁			65-69岁			70-74岁		
	小计	男	女	小计	男	女	小计	男	女
内蒙古	**13357**	**9144**	**4213**	**16917**	**10884**	**6033**	**17625**	**10586**	**7039**
呼和浩特市	**946**	**661**	**285**	**1393**	**909**	**484**	**1426**	**925**	**501**
新城区	104	67	37	155	108	47	140	99	41
回民区	137	100	37	172	107	65	203	113	90
玉泉区	98	67	31	115	81	34	121	76	45
赛罕区	181	127	54	231	159	72	257	155	102
土默特左旗	131	93	38	232	140	92	228	149	79
托克托县	74	49	25	150	92	58	143	102	41
和林格尔县	85	55	30	138	97	41	127	100	27
清水河县	48	33	15	67	42	25	75	48	27
武川县	74	58	16	118	72	46	110	65	45
呼和浩特经济技术开发区	14	12	2	15	11	4	22	18	4
包头市	**958**	**661**	**297**	**1225**	**785**	**440**	**1542**	**922**	**620**
东河区	234	170	64	286	182	104	287	182	105
昆都仑区	157	119	38	188	124	64	298	164	134
青山区	146	97	49	230	150	80	321	193	128
石拐区	25	16	9	23	18	5	33	22	11
白云鄂博矿区	5	4	1	2	1	1	15	10	5
九原区	64	45	19	93	54	39	106	62	44
土默特右旗	169	110	59	180	108	72	221	128	93
固阳县	75	49	26	92	57	35	114	75	39
达尔罕茂明安联合旗	42	28	14	65	44	21	83	51	32
包头稀土高新技术产业开发区	41	23	18	66	47	19	64	35	29
乌海市	**193**	**141**	**52**	**286**	**184**	**102**	**331**	**199**	**132**
海勃湾区	110	78	32	143	93	50	174	103	71
海南区	38	28	10	65	44	21	61	37	24
乌达区	45	35	10	78	47	31	96	59	37
赤峰市	**2723**	**1817**	**906**	**3187**	**1963**	**1224**	**3142**	**1823**	**1319**
红山区	149	100	49	166	103	63	207	127	80
元宝山区	187	114	73	245	155	90	231	125	106
松山区	319	213	106	391	241	150	365	206	159
阿鲁科尔沁旗	202	148	54	234	128	106	258	137	121
巴林左旗	305	200	105	316	202	114	295	172	123
巴林右旗	131	81	50	126	72	54	122	60	62
林西县	126	81	45	169	104	65	140	87	53
克什克腾旗	153	107	46	182	122	60	155	85	70
翁牛特旗	241	161	80	284	166	118	274	167	107
喀喇沁旗	192	128	64	248	162	86	214	124	90
宁城县	391	260	131	433	269	164	456	281	175
敖汉旗	327	224	103	393	239	154	425	252	173

6-1　续表 16　　单位：人

地　区	60-64岁			65-69岁			70-74岁		
	小计	男	女	小计	男	女	小计	男	女
通辽市	**2120**	**1375**	**745**	**2672**	**1724**	**948**	**2539**	**1429**	**1110**
科尔沁区	549	373	176	656	446	210	678	381	297
科尔沁左翼中旗	379	246	133	455	288	167	409	224	185
科尔沁左翼后旗	262	164	98	350	221	129	306	162	144
开鲁县	282	179	103	394	224	170	349	193	156
库伦旗	90	55	35	107	72	35	119	68	51
奈曼旗	290	179	111	353	242	111	334	208	126
扎鲁特旗	158	106	52	195	126	69	207	121	86
通辽经济技术开发区	65	46	19	93	65	28	69	32	37
霍林郭勒市	45	27	18	69	40	29	68	40	28
鄂尔多斯市	**577**	**415**	**162**	**829**	**563**	**266**	**880**	**540**	**340**
东胜区	102	63	39	128	87	41	148	85	63
康巴什区	16	9	7	13	11	2	15	8	7
达拉特旗	114	84	30	175	118	57	208	134	74
准格尔旗	106	79	27	153	93	60	133	88	45
鄂托克前旗	27	20	7	43	33	10	53	32	21
鄂托克旗	57	40	17	57	41	16	64	36	28
杭锦旗	50	42	8	100	67	33	92	61	31
乌审旗	42	28	14	61	42	19	64	35	29
伊金霍洛旗	63	50	13	99	71	28	103	61	42
呼伦贝尔市	**1983**	**1399**	**584**	**2403**	**1524**	**879**	**2374**	**1368**	**1006**
海拉尔区	196	153	43	242	158	84	235	139	96
扎赉诺尔区	85	62	23	68	48	20	79	47	32
阿荣旗	268	185	83	344	207	137	301	178	123
莫力达瓦达斡尔族自治旗	253	175	78	283	177	106	306	177	129
鄂伦春自治旗	176	119	57	227	155	72	229	126	103
鄂温克族自治旗	131	86	45	147	89	58	125	73	52
陈巴尔虎旗	50	29	21	53	32	21	60	35	25
新巴尔虎左旗	27	18	9	40	21	19	37	22	15
新巴尔虎右旗	34	27	7	24	16	8	19	8	11
满洲里市	79	60	19	108	62	46	90	54	36
牙克石市	223	162	61	253	176	77	245	135	110
扎兰屯市	352	239	113	463	292	171	491	303	188
额尔古纳市	38	24	14	59	39	20	60	38	22
根河市	71	60	11	92	52	40	97	33	64
巴彦淖尔市	**804**	**573**	**231**	**1049**	**683**	**366**	**1221**	**731**	**490**
临河区	255	185	70	325	225	100	373	232	141
五原县	129	95	34	166	114	52	197	113	84
磴口县	48	37	11	69	43	26	68	37	31
乌拉特前旗	141	96	45	167	96	71	224	134	90
乌拉特中旗	78	55	23	95	55	40	92	58	34
乌拉特后旗	23	16	7	39	28	11	46	29	17
杭锦后旗	130	89	41	188	122	66	221	128	93

6-1 续表 17

单位：人

地 区	60-64岁			65-69岁			70-74岁		
	小计	男	女	小计	男	女	小计	男	女
乌兰察布市	**1200**	**894**	**306**	**1662**	**1203**	**459**	**1960**	**1368**	**592**
集宁区	169	129	40	172	124	48	229	151	78
卓资县	114	86	28	189	132	57	197	138	59
化德县	73	53	20	88	66	22	106	78	28
商都县	134	103	31	213	148	65	268	183	85
兴和县	128	92	36	172	134	38	207	141	66
凉城县	94	74	20	143	109	34	160	114	46
察哈尔右翼前旗	116	90	26	160	115	45	166	121	45
察哈尔右翼中旗	80	59	21	128	88	40	143	108	35
察哈尔右翼后旗	87	64	23	107	79	28	113	72	41
四子王旗	63	43	20	114	71	43	158	102	56
丰镇市	142	101	41	176	137	39	213	160	53
兴安盟	**1175**	**748**	**427**	**1443**	**849**	**594**	**1393**	**785**	**608**
乌兰浩特市	205	134	71	276	168	108	241	151	90
阿尔山市	19	15	4	28	17	11	26	16	10
科尔沁右翼前旗	293	183	110	334	205	129	362	198	164
科尔沁右翼中旗	168	95	73	217	118	99	206	114	92
扎赉特旗	275	176	99	333	183	150	274	150	124
突泉县	215	145	70	255	158	97	284	156	128
锡林郭勒盟	**578**	**389**	**189**	**651**	**422**	**229**	**677**	**414**	**263**
二连浩特市	19	12	7	29	18	11	24	15	9
锡林浩特市	97	69	28	103	68	35	123	73	50
阿巴嘎旗	24	15	9	34	18	16	36	21	15
苏尼特左旗	33	16	17	28	14	14	35	18	17
苏尼特右旗	50	38	12	33	24	9	45	27	18
东乌珠穆沁旗	33	27	6	38	25	13	38	22	16
西乌珠穆沁旗	64	36	28	63	41	22	60	30	30
太仆寺旗	106	74	32	123	82	41	124	85	39
镶黄旗	28	16	12	12	7	5	21	15	6
正镶白旗	24	14	10	50	39	11	38	27	11
正蓝旗	35	27	8	54	35	19	43	25	18
多伦县	58	38	20	66	39	27	73	45	28
乌拉盖管委会	7	7		18	12	6	17	11	6
阿拉善盟	**100**	**71**	**29**	**117**	**75**	**42**	**140**	**82**	**58**
阿拉善左旗	71	51	20	82	53	29	102	56	46
阿拉善右旗	14	12	2	18	10	8	26	16	10
额济纳旗	14	8	6	15	11	4	11	9	2
内蒙古阿拉善经济开发区	1		1	2	1	1	1	1	

6-1　续表 18　　　　　　　　　　　　　　　　　　　　　　　　　　单位：人

地　　区	75-79岁			80-84岁			85-89岁		
	小计	男	女	小计	男	女	小计	男	女
内蒙古	**18812**	**10598**	**8214**	**23190**	**12233**	**10957**	**15980**	**8128**	**7852**
呼和浩特市	**1721**	**1052**	**669**	**2366**	**1276**	**1090**	**2123**	**1145**	**978**
新城区	188	112	76	292	155	137	241	150	91
回民区	256	151	105	344	168	176	326	174	152
玉泉区	149	95	54	164	78	86	143	67	76
赛罕区	323	195	128	407	230	177	374	207	167
土默特左旗	264	145	119	414	237	177	337	172	165
托克托县	145	93	52	229	123	106	201	100	101
和林格尔县	154	98	56	201	105	96	202	104	98
清水河县	90	68	22	112	65	47	106	62	44
武川县	124	77	47	185	102	83	172	99	73
呼和浩特经济技术开发区	28	18	10	18	13	5	21	10	11
包头市	**2037**	**1133**	**904**	**2934**	**1672**	**1262**	**1998**	**1090**	**908**
东河区	450	225	225	615	313	302	498	271	227
昆都仑区	425	245	180	664	390	274	430	245	185
青山区	494	284	210	711	415	296	374	201	173
石拐区	24	12	12	39	25	14	40	17	23
白云鄂博矿区	23	13	10	30	20	10	14	10	4
九原区	126	66	60	149	90	59	107	50	57
土默特右旗	239	131	108	323	180	143	255	150	105
固阳县	118	77	41	161	95	66	118	63	55
达尔罕茂明安联合旗	56	33	23	102	52	50	75	38	37
包头稀土高新技术产业开发区	82	47	35	140	92	48	87	45	42
乌海市	**477**	**271**	**206**	**499**	**279**	**220**	**316**	**157**	**159**
海勃湾区	239	130	109	273	148	125	169	86	83
海南区	81	49	32	81	50	31	55	25	30
乌达区	157	92	65	145	81	64	92	46	46
赤峰市	**3212**	**1749**	**1463**	**3922**	**2004**	**1918**	**2245**	**1064**	**1181**
红山区	242	118	124	332	155	177	209	108	101
元宝山区	303	160	143	335	165	170	158	85	73
松山区	374	207	167	536	277	259	343	153	190
阿鲁科尔沁旗	215	112	103	239	131	108	120	51	69
巴林左旗	288	163	125	301	161	140	176	80	96
巴林右旗	119	64	55	109	51	58	64	29	35
林西县	106	73	33	171	101	70	104	42	62
克什克腾旗	156	84	72	198	109	89	89	41	48
翁牛特旗	264	136	128	331	169	162	185	87	98
喀喇沁旗	252	141	111	327	181	146	172	81	91
宁城县	488	271	217	533	250	283	342	160	182
敖汉旗	405	220	185	510	254	256	283	147	136

6-1 续表 19　　　　单位：人

地　区	75-79岁			80-84岁			85-89岁		
	小计	男	女	小计	男	女	小计	男	女
通辽市	**2286**	**1214**	**1072**	**2461**	**1180**	**1281**	**1602**	**692**	**910**
科尔沁区	633	330	303	731	370	361	553	248	305
科尔沁左翼中旗	346	177	169	324	149	175	171	67	104
科尔沁左翼后旗	272	142	130	289	125	164	170	79	91
开鲁县	322	163	159	295	140	155	186	71	115
库伦旗	86	48	38	118	56	62	70	31	39
奈曼旗	295	168	127	336	153	183	246	96	150
扎鲁特旗	201	124	77	211	109	102	112	61	51
通辽经济技术开发区	81	36	45	81	40	41	37	11	26
霍林郭勒市	50	26	24	76	38	38	57	28	29
鄂尔多斯市	**1005**	**612**	**393**	**1623**	**935**	**688**	**1101**	**600**	**501**
东胜区	199	123	76	351	220	131	191	101	90
康巴什区	12	6	6	30	22	8	12	5	7
达拉特旗	215	125	90	353	209	144	275	153	122
准格尔旗	198	136	62	298	162	136	246	162	84
鄂托克前旗	48	31	17	46	23	23	31	11	20
鄂托克旗	60	40	20	102	56	46	71	27	44
杭锦旗	96	48	48	137	73	64	95	47	48
乌审旗	73	47	26	99	54	45	51	21	30
伊金霍洛旗	104	56	48	207	116	91	129	73	56
呼伦贝尔市	**2681**	**1374**	**1307**	**2961**	**1519**	**1442**	**2021**	**1047**	**974**
海拉尔区	294	166	128	384	180	204	367	189	178
扎赉诺尔区	114	63	51	158	71	87	106	49	57
阿荣旗	258	153	105	203	118	85	136	81	55
莫力达瓦达斡尔族自治旗	210	124	86	201	100	101	127	57	70
鄂伦春自治旗	351	178	173	323	174	149	200	102	98
鄂温克族自治旗	145	70	75	154	87	67	100	44	56
陈巴尔虎旗	60	36	24	75	37	38	42	20	22
新巴尔虎左旗	33	14	19	53	23	30	17	10	7
新巴尔虎右旗	24	6	18	26	15	11	10	2	8
满洲里市	98	41	57	113	52	61	98	55	43
牙克石市	407	182	225	557	282	275	356	208	148
扎兰屯市	432	230	202	399	218	181	283	130	153
额尔古纳市	86	49	37	91	45	46	46	22	24
根河市	169	62	107	224	117	107	133	78	55
巴彦淖尔市	**1362**	**816**	**546**	**1663**	**896**	**767**	**1129**	**596**	**533**
临河区	423	258	165	471	246	225	318	163	155
五原县	226	124	102	287	160	127	176	94	82
磴口县	100	57	43	129	75	54	86	49	37
乌拉特前旗	228	138	90	291	144	147	222	125	97
乌拉特中旗	87	52	35	122	67	55	96	51	45
乌拉特后旗	35	25	10	37	20	17	23	15	8
杭锦后旗	263	162	101	326	184	142	208	99	109

6-1　续表 20　　　　单位：人

地　区	75-79岁			80-84岁			85-89岁		
	小计	男	女	小计	男	女	小计	男	女
乌兰察布市	**1979**	**1220**	**759**	**2610**	**1390**	**1220**	**2151**	**1114**	**1037**
集宁区	274	172	102	383	189	194	332	157	175
卓资县	195	112	83	212	125	87	184	96	88
化德县	102	57	45	131	64	67	106	51	55
商都县	226	140	86	321	154	167	189	106	83
兴和县	211	129	82	294	163	131	227	129	98
凉城县	188	116	72	249	144	105	172	97	75
察哈尔右翼前旗	163	101	62	225	118	107	212	100	112
察哈尔右翼中旗	142	94	48	150	86	64	134	69	65
察哈尔右翼后旗	137	78	59	204	110	94	165	85	80
四子王旗	142	100	42	192	113	79	172	102	70
丰镇市	199	121	78	249	124	125	258	122	136
兴安盟	**1145**	**600**	**545**	**1109**	**563**	**546**	**624**	**279**	**345**
乌兰浩特市	235	131	104	243	115	128	153	63	90
阿尔山市	57	25	32	40	19	21	31	19	12
科尔沁右翼前旗	265	142	123	241	132	109	141	69	72
科尔沁右翼中旗	146	75	71	132	68	64	66	26	40
扎赉特旗	224	112	112	233	121	112	115	49	66
突泉县	218	115	103	220	108	112	118	53	65
锡林郭勒盟	**708**	**427**	**281**	**796**	**408**	**388**	**512**	**259**	**253**
二连浩特市	26	9	17	28	20	8	14	6	8
锡林浩特市	105	61	44	156	78	78	96	51	45
阿巴嘎旗	33	25	8	42	18	24	28	13	15
苏尼特左旗	34	21	13	27	14	13	21	10	11
苏尼特右旗	53	28	25	61	34	27	56	25	31
东乌珠穆沁旗	30	14	16	29	17	12	17	8	9
西乌珠穆沁旗	61	40	21	69	38	31	20	8	12
太仆寺旗	130	87	43	179	88	91	105	61	44
镶黄旗	24	17	7	21	10	11	14	9	5
正镶白旗	55	29	26	54	23	31	40	17	23
正蓝旗	54	32	22	59	26	33	30	17	13
多伦县	84	56	28	59	34	25	65	29	36
乌拉盖管委会	19	8	11	12	8	4	6	5	1
阿拉善盟	**199**	**130**	**69**	**246**	**111**	**135**	**158**	**85**	**73**
阿拉善左旗	149	97	52	167	78	89	120	65	55
阿拉善右旗	32	21	11	39	15	24	29	13	16
额济纳旗	17	11	6	36	17	19	6	5	1
内蒙古阿拉善经济开发区	1	1		4	1	3	3	2	1

6-1 续表 21

单位：人

地区	90-94岁			95-99岁			100岁及以上		
	小计	男	女	小计	男	女	小计	男	女
内蒙古	**5780**	**2819**	**2961**	**1205**	**543**	**662**	**195**	**75**	**120**
呼和浩特市	**750**	**404**	**346**	**142**	**67**	**75**	**24**	**7**	**17**
新城区	149	86	63	25	11	14	5	2	3
回民区	124	71	53	33	18	15	5	1	4
玉泉区	68	37	31	13	6	7	1	1	
赛罕区	143	73	70	31	13	18	3		3
土默特左旗	77	40	37	18	11	7	4	2	2
托克托县	55	30	25	9	3	6	4		4
和林格尔县	42	23	19	1		1	1	1	
清水河县	43	24	19	7	3	4			
武川县	40	16	24	3	1	2	1		1
呼和浩特经济技术开发区	9	4	5	2	1	1			
包头市	**683**	**358**	**325**	**173**	**87**	**86**	**32**	**14**	**18**
东河区	186	94	92	48	28	20	11	4	7
昆都仑区	179	96	83	30	14	16	5	2	3
青山区	137	73	64	37	21	16	9	6	3
石拐区	8	3	5	5	2	3			
白云鄂博矿区	2	2							
九原区	32	18	14	10	4	6			
土默特右旗	60	33	27	18	7	11	3	1	2
固阳县	35	18	17	6	3	3	2	1	1
达尔罕茂明安联合旗	18	7	11	5	1	4	1		1
包头稀土高新技术产业开发区	26	14	12	14	7	7	1		1
乌海市	**117**	**72**	**45**	**19**	**11**	**8**	**5**		**5**
海勃湾区	62	39	23	12	9	3	3		3
海南区	32	24	8	4	1	3			
乌达区	23	9	14	3	1	2	2		2
赤峰市	**789**	**341**	**448**	**140**	**63**	**77**	**30**	**13**	**17**
红山区	112	59	53	20	10	10	2	1	1
元宝山区	55	25	30	9	4	5	2	1	1
松山区	110	46	64	27	14	13	8	3	5
阿鲁科尔沁旗	34	12	22	10	4	6	1	1	
巴林左旗	62	31	31	10	1	9			
巴林右旗	26	8	18	4	3	1	2	1	1
林西县	27	11	16	3	1	2	2	2	
克什克腾旗	37	18	19	8	6	2			
翁牛特旗	59	25	34	10	4	6	2	1	1
喀喇沁旗	57	20	37	9	6	3	4	1	3
宁城县	106	43	63	15	4	11	1	1	
敖汉旗	104	43	61	15	6	9	6	1	5

6-1 续表 22

单位：人

地 区	90-94岁			95-99岁			100岁及以上		
	小计	男	女	小计	男	女	小计	男	女
通辽市	**664**	**282**	**382**	**125**	**47**	**78**	**17**	**8**	**9**
科尔沁区	249	116	133	45	18	27	11	5	6
科尔沁左翼中旗	70	31	39	14	6	8	4	2	2
科尔沁左翼后旗	77	31	46	13	3	10			
开鲁县	69	33	36	13	4	9			
库伦旗	33	8	25	7	2	5			
奈曼旗	104	41	63	16	6	10			
扎鲁特旗	42	13	29	9	5	4	1		1
通辽经济技术开发区	12	4	8	6	3	3	1	1	
霍林郭勒市	8	5	3	2		2			
鄂尔多斯市	**396**	**208**	**188**	**91**	**35**	**56**	**11**	**4**	**7**
东胜区	77	44	33	20	10	10	3	2	1
康巴什区	2	2							
达拉特旗	105	52	53	21	8	13	1		1
准格尔旗	88	45	43	24	11	13	2		2
鄂托克前旗	19	11	8	5		5	1	1	
鄂托克旗	16	8	8	3	2	1	1	1	
杭锦旗	37	15	22	8	1	7	1		1
乌审旗	13	6	7	4	1	3	2		2
伊金霍洛旗	39	25	14	6	2	4			
呼伦贝尔市	**840**	**413**	**427**	**196**	**93**	**103**	**21**	**5**	**16**
海拉尔区	152	78	74	35	13	22	4	1	3
扎赉诺尔区	43	20	23	9	6	3	1		1
阿荣旗	59	28	31	24	9	15	1		1
莫力达瓦达斡尔族自治旗	53	28	25	18	9	9	4	1	3
鄂伦春自治旗	71	37	34	13	5	8	2		2
鄂温克族自治旗	37	17	20	15	8	7	1		1
陈巴尔虎旗	13	4	9	3		3			
新巴尔虎左旗	7	3	4						
新巴尔虎右旗	4	2	2						
满洲里市	43	20	23	9	3	6	1		1
牙克石市	143	81	62	24	17	7	4	1	3
扎兰屯市	141	58	83	33	14	19			
额尔古纳市	22	14	8	4	3	1	1	1	
根河市	52	23	29	9	6	3	2	1	1
巴彦淖尔市	**321**	**175**	**146**	**78**	**43**	**35**	**13**	**9**	**4**
临河区	78	43	35	18	14	4	6	5	1
五原县	59	33	26	16	8	8			
磴口县	19	11	8	4	1	3			
乌拉特前旗	81	44	37	21	9	12	4	3	1
乌拉特中旗	23	17	6	4	3	1	1	1	
乌拉特后旗	2		2	4	2	2			
杭锦后旗	59	27	32	11	6	5	2		2

6-1 续表 23

单位：人

地区	90-94岁			95-99岁			100岁及以上		
	小计	男	女	小计	男	女	小计	男	女
乌兰察布市	**680**	**326**	**354**	**152**	**61**	**91**	**18**	**6**	**12**
集宁区	95	55	40	32	17	15	1	1	
卓资县	56	31	25	7	2	5			
化德县	34	18	16	8	3	5	2	2	
商都县	69	24	45	15	9	6	8	2	6
兴和县	70	31	39	23	7	16	1		1
凉城县	47	22	25	10	5	5			
察哈尔右翼前旗	72	38	34	12	4	8	3		3
察哈尔右翼中旗	39	19	20	5	1	4			
察哈尔右翼后旗	55	27	28	12	4	8			
四子王旗	49	26	23	11	2	9	1		1
丰镇市	94	35	59	17	7	10	2	1	1
兴安盟	**274**	**113**	**161**	**47**	**21**	**26**	**12**	**4**	**8**
乌兰浩特市	63	28	35	11	6	5	4	1	3
阿尔山市	12	7	5				1		1
科尔沁右翼前旗	58	23	35	12	5	7	1		1
科尔沁右翼中旗	35	8	27	5	3	2	2	2	
扎赉特旗	50	23	27	12	5	7	3	1	2
突泉县	56	24	32	7	2	5	1		1
锡林郭勒盟	**218**	**105**	**113**	**36**	**12**	**24**	**12**	**5**	**7**
二连浩特市	5	3	2				1	1	
锡林浩特市	52	29	23	11	2	9	4	2	2
阿巴嘎旗	7	3	4						
苏尼特左旗	7		7	1	1				
苏尼特右旗	17	9	8	3	1	2	3	1	2
东乌珠穆沁旗	5	2	3						
西乌珠穆沁旗	18	8	10	5	1	4			
太仆寺旗	43	18	25	5	1	4	2		2
镶黄旗	5	3	2						
正镶白旗	16	9	7	3	2	1	1	1	
正蓝旗	14	8	6	5	2	3	1		1
多伦县	25	12	13	3	2	1			
乌拉盖管委会	4	1	3						
阿拉善盟	**48**	**22**	**26**	**6**	**3**	**3**			
阿拉善左旗	36	16	20	4	2	2			
阿拉善右旗	8	2	6	1	1				
额济纳旗	3	3		1		1			
内蒙古阿拉善经济开发区	1	1							

6-1a　各地区分年龄、性别的死亡人口
(2019.11.1-2020.10.31)(城市)

单位：人

地　区	死亡人口			0岁		
	合计	男	女	小计	男	女
内蒙古	**38410**	**23224**	**15186**	**129**	**62**	**67**
呼和浩特市	**5960**	**3654**	**2306**	**18**	**8**	**10**
新城区	1470	920	550	5	2	3
回民区	1869	1115	754	4	3	1
玉泉区	922	560	362	5	2	3
赛罕区	1699	1059	640	4	1	3
包头市	**8904**	**5362**	**3542**	**27**	**18**	**9**
东河区	2639	1557	1082	8	5	3
昆都仑区	2746	1665	1081	4	1	3
青山区	2780	1699	1081	9	8	1
石拐区	102	60	42	1	1	
白云鄂博矿区	111	74	37			
九原区	526	307	219	5	3	2
乌海市	**2477**	**1544**	**933**	**2**		**2**
海勃湾区	1405	860	545	1		1
海南区	298	201	97			
乌达区	774	483	291	1		1
赤峰市	**3083**	**1803**	**1280**	**20**	**11**	**9**
红山区	1476	834	642	6	4	2
元宝山区	899	529	370	1	1	
松山区	708	440	268	13	6	7
通辽市	**3085**	**1836**	**1249**	**3**	**1**	**2**
科尔沁区	2627	1563	1064	2	1	1
霍林郭勒市	458	273	185	1		1
鄂尔多斯市	**1604**	**1005**	**599**	**19**	**7**	**12**
东胜区	1434	896	538	16	6	10
康巴什区	144	94	50	3	1	2
鄂托克旗	26	15	11			
呼伦贝尔市	**7237**	**4295**	**2942**	**22**	**10**	**12**
海拉尔区	2306	1380	926	4		4
扎赉诺尔区	755	440	315	4	3	1
满洲里市	801	458	343	4	3	1
牙克石市	1094	666	428	6	2	4
扎兰屯市	1461	871	590	4	2	2
额尔古纳市	255	154	101			
根河市	565	326	239			
巴彦淖尔市	**1325**	**832**	**493**	**7**	**4**	**3**
临河区	1325	832	493	7	4	3
乌兰察布市	**2071**	**1264**	**807**	**4**	**2**	**2**
集宁区	1642	994	648	4	2	2
兴和县	64	37	27			
丰镇市	365	233	132			
兴安盟	**1586**	**956**	**630**	**2**		**2**
乌兰浩特市	1438	869	569	2		2
阿尔山市	148	87	61			
锡林郭勒盟	**1078**	**673**	**405**	**5**	**1**	**4**
二连浩特市	207	130	77	2		2
锡林浩特市	871	543	328	3	1	2

6－1a 续表 1

单位：人

地区	1－4岁			5－9岁			10－14岁		
	小计	男	女	小计	男	女	小计	男	女
内蒙古	**32**	**19**	**13**	**26**	**18**	**8**	**31**	**17**	**14**
呼和浩特市	**4**	**4**		**3**	**1**	**2**	**6**	**4**	**2**
新城区	3	3					1		1
回民区				1		1	1	1	
玉泉区							1	1	
赛罕区	1	1		2	1	1	3	2	1
包头市	**6**	**3**	**3**	**6**	**6**		**3**	**1**	**2**
东河区	4	2	2				1	1	
昆都仑区	1	1					1		1
青山区	1		1	3	3		1		1
石拐区									
白云鄂博矿区									
九原区				3	3				
乌海市	**3**	**2**	**1**	**6**	**4**	**2**	**3**	**1**	**2**
海勃湾区	3	2	1	3	1	2			
海南区							1	1	
乌达区				3	3		2		2
赤峰市	**3**	**1**	**2**	**2**	**2**		**3**	**1**	**2**
红山区	1		1	2	2		2	1	1
元宝山区							1		1
松山区	2	1	1						
通辽市	**3**	**1**	**2**	**3**	**1**	**2**	**2**	**1**	**1**
科尔沁区	2	1	1	1		1	1		1
霍林郭勒市	1		1	2	1	1	1	1	
鄂尔多斯市	**4**	**2**	**2**	**3**	**2**	**1**	**4**	**4**	
东胜区	4	2	2	3	2	1	3	3	
康巴什区							1	1	
鄂托克旗									
呼伦贝尔市	**3**	**3**		**1**		**1**	**4**	**1**	**3**
海拉尔区	2	2					2	1	1
扎赉诺尔区									
满洲里市							2		2
牙克石市									
扎兰屯市				1		1			
额尔古纳市									
根河市	1	1							
巴彦淖尔市	**2**	**1**	**1**				**2**	**1**	**1**
临河区	2	1	1				2	1	1
乌兰察布市	**2**	**1**	**1**	**1**	**1**		**1**	**1**	
集宁区	2	1	1	1	1		1	1	
兴和县									
丰镇市									
兴安盟	**1**		**1**	**1**	**1**		**1**	**1**	
乌兰浩特市	1		1	1	1		1	1	
阿尔山市									
锡林郭勒盟	**1**	**1**					**2**	**1**	**1**
二连浩特市	1	1							
锡林浩特市							2	1	1

6-1a　续表 2

单位：人

地　区	15-19岁			20-24岁			25-29岁		
	小计	男	女	小计	男	女	小计	男	女
内蒙古	**50**	**29**	**21**	**84**	**57**	**27**	**127**	**80**	**47**
呼和浩特市	**14**	**9**	**5**	**16**	**7**	**9**	**18**	**13**	**5**
新城区	3	2	1	6	3	3	4	3	1
回民区	2	2		5	3	2	3	3	
玉泉区	4	3	1	1		1	5	4	1
赛罕区	5	2	3	4	1	3	6	3	3
包头市	**9**	**6**	**3**	**10**	**7**	**3**	**22**	**13**	**9**
东河区	1	1					11	8	3
昆都仑区	2	2		5	4	1	4	1	3
青山区	4	2	2	4	2	2	6	4	2
石拐区	1		1	1	1				
白云鄂博矿区									
九原区	1	1					1		1
乌海市	**1**		**1**	**8**	**7**	**1**	**12**	**8**	**4**
海勃湾区	1		1	6	5	1	9	7	2
海南区				2	2		1		1
乌达区							2	1	1
赤峰市	**3**	**2**	**1**	**9**	**7**	**2**	**11**	**8**	**3**
红山区				5	3	2	5	4	1
元宝山区				3	3		5	4	1
松山区	3	2	1	1	1		1		1
通辽市	**4**		**4**	**7**	**3**	**4**	**8**	**7**	**1**
科尔沁区	4		4	7	3	4	5	4	1
霍林郭勒市							3	3	
鄂尔多斯市	**4**	**3**	**1**	**2**	**1**	**1**	**5**	**3**	**2**
东胜区	4	3	1	2	1	1	5	3	2
康巴什区									
鄂托克旗									
呼伦贝尔市	**8**	**4**	**4**	**12**	**7**	**5**	**29**	**12**	**17**
海拉尔区	5	3	2	6	4	2	10	6	4
扎赉诺尔区							4	4	
满洲里市							4		4
牙克石市	2		2	2		2	2	1	1
扎兰屯市				2	1	1	6	1	5
额尔古纳市				1	1		2		2
根河市	1	1		1	1		1		1
巴彦淖尔市	**3**	**2**	**1**	**3**	**2**	**1**	**6**	**5**	**1**
临河区	3	2	1	3	2	1	6	5	1
乌兰察布市	**2**	**2**		**3**	**3**		**8**	**5**	**3**
集宁区	1	1		3	3		6	4	2
兴和县							1		1
丰镇市	1	1					1	1	
兴安盟				**9**	**8**	**1**	**2**	**1**	**1**
乌兰浩特市				7	6	1	2	1	1
阿尔山市				2	2				
锡林郭勒盟	**2**	**1**	**1**	**5**	**5**		**6**	**5**	**1**
二连浩特市				1	1		2	2	
锡林浩特市	2	1	1	4	4		4	3	1

6-1a 续表 3

单位：人

地　区	30-34岁			35-39岁			40-44岁		
	小计	男	女	小计	男	女	小计	男	女
内蒙古	**239**	**163**	**76**	**350**	**265**	**85**	**573**	**425**	**148**
呼和浩特市	**26**	**18**	**8**	**45**	**28**	**17**	**82**	**61**	**21**
新城区	7	3	4	6	2	4	25	18	7
回民区	7	6	1	16	13	3	19	15	4
玉泉区	6	5	1	10	3	7	12	10	2
赛罕区	6	4	2	13	10	3	26	18	8
包头市	**45**	**29**	**16**	**59**	**41**	**18**	**96**	**75**	**21**
东河区	8	8		15	11	4	22	20	2
昆都仑区	22	11	11	18	12	6	31	22	9
青山区	9	7	2	19	14	5	30	26	4
石拐区	2		2	2	1	1	3	1	2
白云鄂博矿区	1	1					2	1	1
九原区	3	2	1	5	3	2	8	5	3
乌海市	**20**	**15**	**5**	**24**	**17**	**7**	**45**	**36**	**9**
海勃湾区	7	5	2	13	9	4	29	24	5
海南区	5	2	3	3	3		6	5	1
乌达区	8	8		8	5	3	10	7	3
赤峰市	**22**	**17**	**5**	**24**	**20**	**4**	**34**	**23**	**11**
红山区	12	11	1	11	8	3	18	12	6
元宝山区	5	3	2	6	6		6	4	2
松山区	5	3	2	7	6	1	10	7	3
通辽市	**18**	**9**	**9**	**33**	**27**	**6**	**48**	**37**	**11**
科尔沁区	13	4	9	26	21	5	35	27	8
霍林郭勒市	5	5		7	6	1	13	10	3
鄂尔多斯市	**12**	**7**	**5**	**28**	**26**	**2**	**40**	**26**	**14**
东胜区	10	6	4	23	21	2	37	25	12
康巴什区	2	1	1	5	5		2	1	1
鄂托克旗							1		1
呼伦贝尔市	**42**	**33**	**9**	**67**	**50**	**17**	**123**	**88**	**35**
海拉尔区	19	15	4	13	10	3	33	23	10
扎赉诺尔区	2	2		6	5	1	17	9	8
满洲里市	8	6	2	14	11	3	17	11	6
牙克石市	2	2		10	7	3	16	13	3
扎兰屯市	9	6	3	17	12	5	23	18	5
额尔古纳市				3	2	1	8	6	2
根河市	2	2		4	3	1	9	8	1
巴彦淖尔市	**14**	**10**	**4**	**21**	**16**	**5**	**23**	**15**	**8**
临河区	14	10	4	21	16	5	23	15	8
乌兰察布市	**15**	**7**	**8**	**18**	**15**	**3**	**22**	**15**	**7**
集宁区	13	6	7	13	10	3	17	12	5
兴和县									
丰镇市	2	1	1	5	5		5	3	2
兴安盟	**9**	**7**	**2**	**17**	**14**	**3**	**35**	**29**	**6**
乌兰浩特市	9	7	2	17	14	3	33	27	6
阿尔山市							2	2	
锡林郭勒盟	**16**	**11**	**5**	**14**	**11**	**3**	**25**	**20**	**5**
二连浩特市	3	3		2	1	1	11	8	3
锡林浩特市	13	8	5	12	10	2	14	12	2

6−1a 续表 4

单位：人

地 区	45−49岁			50−54岁			55−59岁		
	小计	男	女	小计	男	女	小计	男	女
内蒙古	**1200**	**876**	**324**	**1906**	**1386**	**520**	**2638**	**2015**	**623**
呼和浩特市	**146**	**107**	**39**	**224**	**166**	**58**	**367**	**281**	**86**
新城区	42	31	11	57	46	11	89	64	25
回民区	44	30	14	64	49	15	110	92	18
玉泉区	22	15	7	38	23	15	65	47	18
赛罕区	38	31	7	65	48	17	103	78	25
包头市	**198**	**143**	**55**	**356**	**253**	**103**	**532**	**414**	**118**
东河区	52	40	12	106	83	23	177	137	40
昆都仑区	70	49	21	127	84	43	136	105	31
青山区	54	40	14	97	69	28	167	132	35
石拐区				5	4	1	8	7	1
白云鄂博矿区	5	4	1	5	2	3	7	6	1
九原区	17	10	7	16	11	5	37	27	10
乌海市	**104**	**83**	**21**	**136**	**106**	**30**	**168**	**131**	**37**
海勃湾区	63	53	10	68	49	19	95	71	24
海南区	7	5	2	17	15	2	27	21	6
乌达区	34	25	9	51	42	9	46	39	7
赤峰市	**106**	**73**	**33**	**140**	**96**	**44**	**198**	**149**	**49**
红山区	38	25	13	50	34	16	80	59	21
元宝山区	36	25	11	52	34	18	62	47	15
松山区	32	23	9	38	28	10	56	43	13
通辽市	**105**	**75**	**30**	**176**	**126**	**50**	**229**	**179**	**50**
科尔沁区	92	67	25	145	104	41	189	150	39
霍林郭勒市	13	8	5	31	22	9	40	29	11
鄂尔多斯市	**51**	**36**	**15**	**70**	**47**	**23**	**108**	**81**	**27**
东胜区	41	29	12	62	44	18	91	66	25
康巴什区	10	7	3	6	2	4	15	13	2
鄂托克旗				2	1	1	2	2	
呼伦贝尔市	**278**	**199**	**79**	**483**	**356**	**127**	**602**	**450**	**152**
海拉尔区	84	67	17	142	103	39	159	112	47
扎赉诺尔区	25	15	10	44	33	11	69	54	15
满洲里市	43	25	18	40	30	10	79	53	26
牙克石市	48	34	14	66	51	15	81	65	16
扎兰屯市	53	39	14	131	95	36	128	103	25
额尔古纳市	7	5	2	23	15	8	22	16	6
根河市	18	14	4	37	29	8	64	47	17
巴彦淖尔市	**62**	**51**	**11**	**67**	**48**	**19**	**94**	**68**	**26**
临河区	62	51	11	67	48	19	94	68	26
乌兰察布市	**51**	**38**	**13**	**83**	**55**	**28**	**114**	**87**	**27**
集宁区	39	27	12	64	41	23	96	74	22
兴和县				4	4		4	3	1
丰镇市	12	11	1	15	10	5	14	10	4
兴安盟	**55**	**39**	**16**	**106**	**81**	**25**	**142**	**109**	**33**
乌兰浩特市	47	33	14	97	74	23	129	101	28
阿尔山市	8	6	2	9	7	2	13	8	5
锡林郭勒盟	**44**	**32**	**12**	**65**	**52**	**13**	**84**	**66**	**18**
二连浩特市	10	6	4	11	9	2	21	16	5
锡林浩特市	34	26	8	54	43	11	63	50	13

6–1a 续表 5

单位：人

地区	60–64岁			65–69岁			70–74岁		
	小计	男	女	小计	男	女	小计	男	女
内蒙古	**3022**	**2147**	**875**	**3649**	**2410**	**1239**	**4056**	**2415**	**1641**
呼和浩特市	**449**	**315**	**134**	**579**	**395**	**184**	**611**	**374**	**237**
新城区	100	63	37	147	104	43	128	87	41
回民区	136	99	37	171	106	65	201	111	90
玉泉区	84	57	27	98	68	30	111	71	40
赛罕区	129	96	33	163	117	46	171	105	66
包头市	**546**	**387**	**159**	**671**	**434**	**237**	**922**	**544**	**378**
东河区	193	136	57	218	137	81	237	149	88
昆都仑区	153	116	37	179	122	57	291	159	132
青山区	138	91	47	208	135	73	311	185	126
石拐区	11	7	4	10	8	2	15	8	7
白云鄂博矿区	5	4	1	2	1	1	15	10	5
九原区	46	33	13	54	31	23	53	33	20
乌海市	**168**	**122**	**46**	**236**	**144**	**92**	**275**	**166**	**109**
海勃湾区	106	74	32	128	81	47	153	92	61
海南区	22	16	6	37	21	16	30	18	12
乌达区	40	32	8	71	42	29	92	56	36
赤峰市	**262**	**182**	**80**	**313**	**194**	**119**	**318**	**184**	**134**
红山区	123	82	41	141	89	52	168	101	67
元宝山区	71	49	22	94	58	36	81	45	36
松山区	68	51	17	78	47	31	69	38	31
通辽市	**305**	**209**	**96**	**328**	**231**	**97**	**357**	**211**	**146**
科尔沁区	263	182	81	268	195	73	302	177	125
霍林郭勒市	42	27	15	60	36	24	55	34	21
鄂尔多斯市	**114**	**70**	**44**	**139**	**98**	**41**	**158**	**88**	**70**
东胜区	93	59	34	121	85	36	140	78	62
康巴什区	16	9	7	13	11	2	15	8	7
鄂托克旗	5	2	3	5	2	3	3	2	1
呼伦贝尔市	**632**	**476**	**156**	**734**	**479**	**255**	**704**	**414**	**290**
海拉尔区	187	147	40	228	150	78	223	134	89
扎赉诺尔区	75	56	19	59	42	17	65	39	26
满洲里市	75	58	17	99	57	42	84	52	32
牙克石市	87	62	25	104	73	31	92	54	38
扎兰屯市	151	108	43	166	107	59	172	97	75
额尔古纳市	17	10	7	25	18	7	33	23	10
根河市	40	35	5	53	32	21	35	15	20
巴彦淖尔市	**111**	**80**	**31**	**133**	**93**	**40**	**166**	**99**	**67**
临河区	111	80	31	133	93	40	166	99	67
乌兰察布市	**167**	**122**	**45**	**189**	**136**	**53**	**222**	**140**	**82**
集宁区	128	95	33	145	104	41	173	107	66
兴和县	5	3	2	6	4	2	5	3	2
丰镇市	34	24	10	38	28	10	44	30	14
兴安盟	**164**	**111**	**53**	**208**	**130**	**78**	**188**	**113**	**75**
乌兰浩特市	154	103	51	200	125	75	175	104	71
阿尔山市	10	8	2	8	5	3	13	9	4
锡林郭勒盟	**104**	**73**	**31**	**119**	**76**	**43**	**135**	**82**	**53**
二连浩特市	17	11	6	29	18	11	24	15	9
锡林浩特市	87	62	25	90	58	32	111	67	44

6-1a　续表 6　　　　单位：人

地　区	75-79岁			80-84岁			85-89岁		
	小计	男	女	小计	男	女	小计	男	女
内蒙古	**5361**	**2957**	**2404**	**7146**	**3775**	**3371**	**5150**	**2718**	**2432**
呼和浩特市	**793**	**485**	**308**	**1064**	**543**	**521**	**950**	**538**	**412**
新城区	179	108	71	274	143	131	224	141	83
回民区	255	150	105	343	168	175	326	174	152
玉泉区	129	88	41	134	65	69	124	57	67
赛罕区	230	139	91	313	167	146	276	166	110
包头市	**1387**	**758**	**629**	**2038**	**1156**	**882**	**1329**	**734**	**595**
东河区	376	184	192	540	272	268	445	246	199
昆都仑区	413	237	176	655	387	268	426	243	183
青山区	482	278	204	700	410	290	361	197	164
石拐区	10	4	6	16	10	6	15	6	9
白云鄂博矿区	23	13	10	30	20	10	14	10	4
九原区	83	42	41	97	57	40	68	32	36
乌海市	**427**	**240**	**187**	**447**	**252**	**195**	**276**	**139**	**137**
海勃湾区	227	121	106	262	142	120	160	79	81
海南区	49	31	18	45	30	15	28	15	13
乌达区	151	88	63	140	80	60	88	45	43
赤峰市	**466**	**237**	**229**	**593**	**292**	**301**	**362**	**201**	**161**
红山区	209	97	112	299	139	160	181	96	85
元宝山区	176	90	86	176	87	89	90	56	34
松山区	81	50	31	118	66	52	91	49	42
通辽市	**377**	**193**	**184**	**481**	**247**	**234**	**387**	**177**	**210**
科尔沁区	327	167	160	410	212	198	333	152	181
霍林郭勒市	50	26	24	71	35	36	54	25	29
鄂尔多斯市	**199**	**121**	**78**	**353**	**227**	**126**	**198**	**103**	**95**
东胜区	184	113	71	319	202	117	185	97	88
康巴什区	12	6	6	30	22	8	12	5	7
鄂托克旗	3	2	1	4	3	1	1	1	
呼伦贝尔市	**910**	**465**	**445**	**1167**	**551**	**616**	**917**	**462**	**455**
海拉尔区	281	160	121	365	171	194	359	184	175
扎赉诺尔区	101	53	48	142	61	81	97	44	53
满洲里市	90	38	52	104	45	59	86	47	39
牙克石市	153	77	76	208	102	106	139	78	61
扎兰屯市	167	87	80	195	94	101	145	65	80
额尔古纳市	39	20	19	37	21	16	28	11	17
根河市	79	30	49	116	57	59	63	33	30
巴彦淖尔市	**179**	**110**	**69**	**225**	**114**	**111**	**148**	**76**	**72**
临河区	179	110	69	225	114	111	148	76	72
乌兰察布市	**292**	**176**	**116**	**403**	**205**	**198**	**332**	**172**	**160**
集宁区	231	143	88	326	164	162	268	131	137
兴和县	9	4	5	14	8	6	9	7	2
丰镇市	52	29	23	63	33	30	55	34	21
兴安盟	**218**	**112**	**106**	**207**	**96**	**111**	**151**	**67**	**84**
乌兰浩特市	184	99	85	185	85	100	132	56	76
阿尔山市	34	13	21	22	11	11	19	11	8
锡林郭勒盟	**113**	**60**	**53**	**168**	**92**	**76**	**100**	**49**	**51**
二连浩特市	26	9	17	28	20	8	13	6	7
锡林浩特市	87	51	36	140	72	68	87	43	44

6－1a　续表 7　　　　单位：人

地　　区	90－94岁			95－99岁			100岁及以上		
	小计	男	女	小计	男	女	小计	男	女
内蒙古	**2109**	**1128**	**981**	**451**	**229**	**222**	**81**	**33**	**48**
呼和浩特市	**437**	**248**	**189**	**94**	**45**	**49**	**14**	**4**	**10**
新城区	141	84	57	24	11	13	5	2	3
回民区	123	71	52	33	18	15	5	1	4
玉泉区	59	34	25	13	6	7	1	1	
赛罕区	114	59	55	24	10	14	3		3
包头市	**498**	**264**	**234**	**119**	**64**	**55**	**25**	**12**	**13**
东河区	168	86	82	46	27	19	11	4	7
昆都仑区	174	94	80	29	13	16	5	2	3
青山区	131	69	62	36	21	15	9	6	3
石拐区	1	1		1	1				
白云鄂博矿区	2	2							
九原区	22	12	10	7	2	5			
乌海市	**95**	**61**	**34**	**16**	**10**	**6**	**5**		**5**
海勃湾区	56	36	20	12	9	3	3		3
海南区	17	16	1	1		1			
乌达区	22	9	13	3	1	2	2		2
赤峰市	**158**	**85**	**73**	**32**	**16**	**16**	**4**	**2**	**2**
红山区	104	57	47	19	9	10	2	1	1
元宝山区	28	14	14	6	3	3			
松山区	26	14	12	7	4	3	2	1	1
通辽市	**174**	**87**	**87**	**28**	**10**	**18**	**9**	**4**	**5**
科尔沁区	167	82	85	26	10	16	9	4	5
霍林郭勒市	7	5	2	2		2			
鄂尔多斯市	**73**	**42**	**31**	**18**	**10**	**8**	**2**	**1**	**1**
东胜区	71	40	31	18	10	8	2	1	1
康巴什区	2	2							
鄂托克旗									
呼伦贝尔市	**409**	**193**	**216**	**80**	**39**	**41**	**10**	**3**	**7**
海拉尔区	146	74	72	34	13	21	4	1	3
扎赉诺尔区	38	17	21	6	3	3	1		1
满洲里市	42	19	23	9	3	6	1		1
牙克石市	66	38	28	8	6	2	2	1	1
扎兰屯市	75	28	47	16	8	8			
额尔古纳市	8	4	4	2	2				
根河市	34	13	21	5	4	1	2	1	1
巴彦淖尔市	**46**	**26**	**20**	**11**	**9**	**2**	**2**	**2**	
临河区	46	26	20	11	9	2	2	2	
乌兰察布市	**107**	**62**	**45**	**34**	**18**	**16**	**1**	**1**	
集宁区	82	50	32	28	16	12	1	1	
兴和县	4	1	3	3		3			
丰镇市	21	11	10	3	2	1			
兴安盟	**57**	**30**	**27**	**9**	**6**	**3**	**4**	**1**	**3**
乌兰浩特市	49	25	24	9	6	3	4	1	3
阿尔山市	8	5	3						
锡林郭勒盟	**55**	**30**	**25**	**10**	**2**	**8**	**5**	**3**	**2**
二连浩特市	5	3	2				1	1	
锡林浩特市	50	27	23	10	2	8	4	2	2

6-1b　各地区分年龄、性别的死亡人口
(2019.11.1-2020.10.31)(镇)

单位：人

地　区	死亡人口			0岁		
	合计	男	女	小计	男	女
内蒙古	**31986**	**19551**	**12435**	**103**	**53**	**50**
呼和浩特市	**1864**	**1149**	**715**	**7**	**4**	**3**
新城区	3	3				
回民区						
玉泉区						
赛罕区	70	39	31			
土默特左旗	435	263	172			
托克托县	352	215	137	3	2	1
和林格尔县	326	201	125	3	1	2
清水河县	193	132	61			
武川县	324	190	134	1	1	
呼和浩特经济技术开发区	161	106	55			
包头市	**1687**	**993**	**694**	**5**	**5**	
东河区	103	65	38	1	1	
昆都仑区						
青山区	3	2	1			
石拐区	14	11	3	1	1	
白云鄂博矿区						
九原区	71	40	31			
土默特右旗	520	305	215	2	2	
固阳县	177	99	78			
达尔罕茂明安联合旗	177	100	77			
包头稀土高新技术产业开发区	622	371	251	1	1	
乌海市	**147**	**93**	**54**	**2**	**2**	
海勃湾区	22	17	5			
海南区	84	51	33			
乌达区	41	25	16	2	2	
赤峰市	**4202**	**2547**	**1655**	**17**	**10**	**7**
红山区	116	68	48	1		1
元宝山区	242	147	95			
松山区	221	128	93			
阿鲁科尔沁旗	418	237	181	1		1
巴林左旗	453	284	169			
巴林右旗	278	165	113	1	1	
林西县	310	201	109			
克什克腾旗	373	236	137	4	4	
翁牛特旗	405	239	166	2	1	1
喀喇沁旗	403	246	157	5	1	4
宁城县	540	326	214	3	3	
敖汉旗	443	270	173			

6-1b 续表 1

单位：人

地　　区	死亡人口			0岁		
	合计	男	女	小计	男	女
通辽市	**3830**	**2293**	**1537**	**19**	**9**	**10**
科尔沁区	365	224	141	1	1	
科尔沁左翼中旗	596	364	232	3	1	2
科尔沁左翼后旗	605	344	261	1	1	
开鲁县	657	405	252	6	1	5
库伦旗	221	131	90			
奈曼旗	493	291	202	5	3	2
扎鲁特旗	518	313	205	1		1
通辽经济技术开发区	365	215	150	2	2	
霍林郭勒市	10	6	4			
鄂尔多斯市	**2583**	**1656**	**927**	**5**	**2**	**3**
东胜区	105	63	42			
康巴什区						
达拉特旗	577	376	201	1		1
准格尔旗	616	417	199	2	1	1
鄂托克前旗	120	82	38			
鄂托克旗	379	223	156			
杭锦旗	204	134	70			
乌审旗	162	103	59	2	1	1
伊金霍洛旗	420	258	162			
呼伦贝尔市	**7144**	**4234**	**2910**	**19**	**9**	**10**
海拉尔区	25	16	9			
扎赉诺尔区	105	71	34			
阿荣旗	699	432	267	3	2	1
莫力达瓦达斡尔族自治旗	526	317	209	1		1
鄂伦春自治旗	1760	1028	732	3	2	1
鄂温克族自治旗	813	470	343	4	1	3
陈巴尔虎旗	339	203	136			
新巴尔虎左旗	143	87	56			
新巴尔虎右旗	93	56	37	2	1	1
满洲里市	66	43	23			
牙克石市	1468	858	610	4	2	2
扎兰屯市	412	252	160	2	1	1
额尔古纳市	149	86	63			
根河市	546	315	231			
巴彦淖尔市	**2727**	**1713**	**1014**	**15**	**4**	**11**
临河区	147	91	56			
五原县	460	294	166	5	1	4
磴口县	394	260	134	2		2
乌拉特前旗	672	407	265	4	1	3
乌拉特中旗	317	205	112			
乌拉特后旗	157	109	48			
杭锦后旗	580	347	233	4	2	2

6-1b　续表 2　　单位：人

地　区	死亡人口			0岁		
	合计	男	女	小计	男	女
乌兰察布市	**2765**	**1777**	**988**	**2**	**1**	**1**
集宁区	42	29	13			
卓资县	269	170	99	1		1
化德县	146	96	50			
商都县	324	206	118			
兴和县	484	310	174			
凉城县	224	161	63			
察哈尔右翼前旗	505	311	194			
察哈尔右翼中旗	171	112	59			
察哈尔右翼后旗	201	125	76			
四子王旗	324	207	117	1	1	
丰镇市	75	50	25			
兴安盟	**2233**	**1358**	**875**	**5**	**4**	**1**
乌兰浩特市	96	51	45			
阿尔山市	105	60	45			
科尔沁右翼前旗	456	301	155	1	1	
科尔沁右翼中旗	590	354	236	1	1	
扎赉特旗	564	323	241	1		1
突泉县	422	269	153	2	2	
锡林郭勒盟	**1918**	**1217**	**701**	**4**	**1**	**3**
二连浩特市	3	1	2			
锡林浩特市	12	8	4			
阿巴嘎旗	141	79	62			
苏尼特左旗	125	77	48			
苏尼特右旗	284	178	106			
东乌珠穆沁旗	145	95	50			
西乌珠穆沁旗	339	231	108			
太仆寺旗	242	147	95			
镶黄旗	88	59	29			
正镶白旗	98	63	35	1		1
正蓝旗	106	69	37			
多伦县	249	152	97	2		2
乌拉盖管委会	86	58	28	1	1	
阿拉善盟	**886**	**521**	**365**	**3**	**2**	**1**
阿拉善左旗	635	371	264	2	1	1
阿拉善右旗	132	72	60			
额济纳旗	101	67	34			
内蒙古阿拉善经济开发区	18	11	7	1	1	

6-1b 续表 3

单位：人

地　区	1-4岁			5-9岁			10-14岁		
	小计	男	女	小计	男	女	小计	男	女
内蒙古	**44**	**21**	**23**	**23**	**8**	**15**	**58**	**35**	**23**
呼和浩特市	**2**	**1**	**1**	**1**		**1**	**3**	**1**	**2**
新城区									
回民区									
玉泉区									
赛罕区									
土默特左旗									
托克托县							1		1
和林格尔县				1		1	1	1	
清水河县									
武川县	1	1					1		1
呼和浩特经济技术开发区	1		1						
包头市				**2**		**2**	**7**	**5**	**2**
东河区							1		1
昆都仑区									
青山区									
石拐区									
白云鄂博矿区									
九原区							1		1
土默特右旗							1	1	
固阳县									
达尔罕茂明安联合旗				1		1	2	2	
包头稀土高新技术产业开发区				1		1	2	2	
乌海市							**1**	**1**	
海勃湾区									
海南区							1	1	
乌达区									
赤峰市	**9**	**4**	**5**	**2**	**2**		**7**	**6**	**1**
红山区	1	1							
元宝山区									
松山区									
阿鲁科尔沁旗	2	1	1	1	1				
巴林左旗	1		1						
巴林右旗	1	1					1	1	
林西县	2		2						
克什克腾旗	2	1	1						
翁牛特旗							2	2	
喀喇沁旗									
宁城县				1	1				
敖汉旗							4	3	1

6-1b 续表 4

单位：人

地区	1-4岁			5-9岁			10-14岁		
	小计	男	女	小计	男	女	小计	男	女
通辽市	**3**	**1**	**2**	**1**		**1**	**10**	**4**	**6**
科尔沁区									
科尔沁左翼中旗	1		1	1		1	3	3	
科尔沁左翼后旗	1		1				2		2
开鲁县	1	1					2	1	1
库伦旗									
奈曼旗									
扎鲁特旗							1		1
通辽经济技术开发区							2		2
霍林郭勒市									
鄂尔多斯市	**5**	**1**	**4**	**9**	**3**	**6**	**9**	**6**	**3**
东胜区									
康巴什区									
达拉特旗	1		1	3	1	2			
准格尔旗	2		2	2		2	6	5	1
鄂托克前旗									
鄂托克旗	1	1		2	1	1	1		1
杭锦旗				1		1	1	1	
乌审旗									
伊金霍洛旗	1		1	1	1		1		1
呼伦贝尔市	**6**	**3**	**3**	**1**		**1**	**6**	**2**	**4**
海拉尔区									
扎赉诺尔区									
阿荣旗									
莫力达瓦达斡尔族自治旗	2	1	1						
鄂伦春自治旗	2	2		1		1	2		2
鄂温克族自治旗	2		2						
陈巴尔虎旗							2	1	1
新巴尔虎左旗									
新巴尔虎右旗							1		1
满洲里市									
牙克石市							1	1	
扎兰屯市									
额尔古纳市									
根河市									
巴彦淖尔市	**8**	**4**	**4**	**5**	**2**	**3**	**5**	**4**	**1**
临河区	1		1	1	1				
五原县	2	1	1				1	1	
磴口县				1		1			
乌拉特前旗				1		1			
乌拉特中旗	1	1							
乌拉特后旗	2	1	1	1	1		1	1	
杭锦后旗	2	1	1	1		1	3	2	1

6-1b 续表 5

单位：人

地区	1-4岁			5-9岁			10-14岁		
	小计	男	女	小计	男	女	小计	男	女
乌兰察布市	**2**	**1**	**1**				**2**	**1**	**1**
集宁区									
卓资县									
化德县									
商都县									
兴和县							1	1	
凉城县	1		1						
察哈尔右翼前旗									
察哈尔右翼中旗	1	1							
察哈尔右翼后旗									
四子王旗							1		1
丰镇市									
兴安盟	**2**	**2**					**2**	**2**	
乌兰浩特市									
阿尔山市									
科尔沁右翼前旗							1	1	
科尔沁右翼中旗	1	1							
扎赉特旗	1	1					1	1	
突泉县									
锡林郭勒盟	**4**	**3**	**1**	**1**	**1**		**4**	**3**	**1**
二连浩特市									
锡林浩特市									
阿巴嘎旗									
苏尼特左旗									
苏尼特右旗							1	1	
东乌珠穆沁旗									
西乌珠穆沁旗	1		1				3	2	1
太仆寺旗									
镶黄旗									
正镶白旗									
正蓝旗	1	1							
多伦县	1	1		1	1				
乌拉盖管委会	1	1							
阿拉善盟	**3**	**1**	**2**	**1**		**1**	**2**		**2**
阿拉善左旗				1		1			
阿拉善右旗							2		2
额济纳旗	2	1	1						
内蒙古阿拉善经济开发区	1		1						

6-1b　续表 6　　　　单位：人

地　区	15-19岁			20-24岁			25-29岁		
	小计	男	女	小计	男	女	小计	男	女
内蒙古	**53**	**30**	**23**	**80**	**52**	**28**	**141**	**103**	**38**
呼和浩特市	**3**	**2**	**1**	**6**	**5**	**1**	**9**	**7**	**2**
新城区									
回民区									
玉泉区									
赛罕区									
土默特左旗	2	1	1	2	1	1	2	1	1
托克托县	1	1		2	2		1	1	
和林格尔县							3	2	1
清水河县									
武川县				2	2		2	2	
呼和浩特经济技术开发区							1	1	
包头市	**5**	**2**	**3**	**2**	**1**	**1**	**9**	**9**	
东河区							1	1	
昆都仑区									
青山区									
石拐区									
白云鄂博矿区									
九原区									
土默特右旗	3	1	2	1	1		2	2	
固阳县							1	1	
达尔罕茂明安联合旗				1		1	3	3	
包头稀土高新技术产业开发区	2	1	1				2	2	
乌海市									
海勃湾区									
海南区									
乌达区									
赤峰市	**4**	**1**	**3**	**12**	**10**	**2**	**19**	**16**	**3**
红山区							1		1
元宝山区	1	1							
松山区	1		1						
阿鲁科尔沁旗				4	2	2			
巴林左旗				3	3		4	4	
巴林右旗	1		1						
林西县				1	1		1	1	
克什克腾旗							4	4	
翁牛特旗							1	1	
喀喇沁旗				2	2		2	1	1
宁城县							3	3	
敖汉旗	1		1	2	2		3	2	1

6-1b 续表 7　　　　单位：人

地　区	15-19岁			20-24岁			25-29岁		
	小计	男	女	小计	男	女	小计	男	女
通辽市	**7**	**3**	**4**	**12**	**3**	**9**	**20**	**13**	**7**
科尔沁区							3	2	1
科尔沁左翼中旗	3		3	3		3	2	2	
科尔沁左翼后旗				1		1	4	3	1
开鲁县	3	3		3	1	2	1	1	
库伦旗				1	1				
奈曼旗	1		1				2		2
扎鲁特旗				2	1	1	2	2	
通辽经济技术开发区				2		2	6	3	3
霍林郭勒市									
鄂尔多斯市	**4**	**2**	**2**	**5**	**5**		**9**	**8**	**1**
东胜区							1	1	
康巴什区									
达拉特旗	3	1	2	1	1		1	1	
准格尔旗	1	1		2	2		1	1	
鄂托克前旗							1	1	
鄂托克旗				2	2		4	3	1
杭锦旗							1	1	
乌审旗									
伊金霍洛旗									
呼伦贝尔市	**13**	**10**	**3**	**14**	**9**	**5**	**25**	**13**	**12**
海拉尔区									
扎赉诺尔区							1		1
阿荣旗	3	3		2	1	1	3		3
莫力达瓦达斡尔族自治旗	1	1		1	1				
鄂伦春自治旗	3	2	1	3	2	1	7	5	2
鄂温克族自治旗	4	2	2	1	1		1	1	
陈巴尔虎旗				2	1	1	4	1	3
新巴尔虎左旗				1	1		1	1	
新巴尔虎右旗							1	1	
满洲里市									
牙克石市	1	1		2		2	5	3	2
扎兰屯市	1	1		2	2		1	1	
额尔古纳市							1		1
根河市									
巴彦淖尔市	**7**	**6**	**1**	**4**	**2**	**2**	**7**	**6**	**1**
临河区				1		1			
五原县	1		1	1	1				
磴口县									
乌拉特前旗	3	3		1		1	3	2	1
乌拉特中旗	1	1					1	1	
乌拉特后旗									
杭锦后旗	2	2		1	1		3	3	

6-1b　续表 8　　　　单位：人

地区	15-19岁			20-24岁			25-29岁		
	小计	男	女	小计	男	女	小计	男	女
乌兰察布市	**1**		**1**	**10**	**7**	**3**	**6**	**5**	**1**
集宁区									
卓资县									
化德县									
商都县							1		1
兴和县				5	4	1	1	1	
凉城县									
察哈尔右翼前旗				1	1		3	3	
察哈尔右翼中旗				1		1			
察哈尔右翼后旗				1		1			
四子王旗	1		1	2	2				
丰镇市							1	1	
兴安盟	**3**	**1**	**2**	**6**	**5**	**1**	**15**	**11**	**4**
乌兰浩特市	1		1	1	1		1	1	
阿尔山市				2	2				
科尔沁右翼前旗							2	2	
科尔沁右翼中旗	1	1		2	1	1	6	4	2
扎赉特旗	1		1	1	1		4	3	1
突泉县							2	1	1
锡林郭勒盟	**5**	**2**	**3**	**3**	**2**	**1**	**17**	**13**	**4**
二连浩特市									
锡林浩特市									
阿巴嘎旗				1	1		1	1	
苏尼特左旗							1	1	
苏尼特右旗									
东乌珠穆沁旗									
西乌珠穆沁旗	4	2	2	1		1	7	7	
太仆寺旗							1	1	
镶黄旗	1		1						
正镶白旗									
正蓝旗									
多伦县				1	1		3	1	2
乌拉盖管委会							4	2	2
阿拉善盟	**1**	**1**		**6**	**3**	**3**	**5**	**2**	**3**
阿拉善左旗	1	1		5	2	3	4	1	3
阿拉善右旗									
额济纳旗				1	1				
内蒙古阿拉善经济开发区							1	1	

6-1b 续表 9

单位：人

地　区	30-34岁			35-39岁			40-44岁		
	小计	男	女	小计	男	女	小计	男	女
内蒙古	**255**	**171**	**84**	**388**	**288**	**100**	**640**	**475**	**165**
呼和浩特市	**10**	**8**	**2**	**22**	**19**	**3**	**39**	**26**	**13**
新城区							1	1	
回民区									
玉泉区									
赛罕区				2	1	1			
土默特左旗	4	3	1	8	7	1	8	4	4
托克托县	2	1	1	1	1		8	6	2
和林格尔县	1	1		3	2	1	10	7	3
清水河县	2	2		2	2		9	6	3
武川县				2	2		3	2	1
呼和浩特经济技术开发区	1	1		4	4				
包头市	**11**	**5**	**6**	**16**	**10**	**6**	**24**	**14**	**10**
东河区				1	1		3	3	
昆都仑区									
青山区							1		1
石拐区									
白云鄂博矿区									
九原区							1		1
土默特右旗	3		3	7	5	2	7	5	2
固阳县	2	1	1	1	1		5	3	2
达尔罕茂明安联合旗	1	1					3	1	2
包头稀土高新技术产业开发区	5	3	2	7	3	4	4	2	2
乌海市				**4**	**3**	**1**	**4**	**3**	**1**
海勃湾区				2	2		1		1
海南区				2	1	1	3	3	
乌达区									
赤峰市	**38**	**28**	**10**	**63**	**42**	**21**	**80**	**65**	**15**
红山区	1	1		3	1	2	2	1	1
元宝山区	1	1		4	4		2	2	
松山区	2	2		3		3	9	8	1
阿鲁科尔沁旗	4	3	1	6	4	2	7	6	1
巴林左旗	2	1	1	3	3		7	7	
巴林右旗	2		2	5	3	2	6	3	3
林西县	2	2		6	2	4	12	10	2
克什克腾旗	4	3	1	2	1	1	6	5	1
翁牛特旗	5	2	3	2	2		7	5	2
喀喇沁旗	6	5	1	7	5	2	5	4	1
宁城县	5	4	1	11	9	2	13	11	2
敖汉旗	4	4		11	8	3	4	3	1

6-1b　续表 10　　　　单位：人

地　区	30-34岁			35-39岁			40-44岁		
	小计	男	女	小计	男	女	小计	男	女
通辽市	**40**	**25**	**15**	**50**	**44**	**6**	**82**	**63**	**19**
科尔沁区	3	1	2	3	1	2	6	3	3
科尔沁左翼中旗	3	2	1	10	10		20	17	3
科尔沁左翼后旗	3	2	1	6	4	2	15	13	2
开鲁县	7	5	2	8	8		13	8	5
库伦旗	6	3	3	2	2		7	5	2
奈曼旗	4	2	2	7	6	1	3	2	1
扎鲁特旗	9	6	3	11	11		13	10	3
通辽经济技术开发区	5	4	1	2	1	1	5	5	
霍林郭勒市				1	1				
鄂尔多斯市	**22**	**12**	**10**	**49**	**33**	**16**	**71**	**54**	**17**
东胜区	2	1	1	3	3		2	2	
康巴什区									
达拉特旗	3	1	2	13	9	4	21	16	5
准格尔旗	9	5	4	13	10	3	20	16	4
鄂托克前旗				1	1		3	2	1
鄂托克旗	2		2	8	2	6	10	8	2
杭锦旗	1		1	3	2	1	4	3	1
乌审旗				1	1		3	2	1
伊金霍洛旗	5	5		7	5	2	8	5	3
呼伦贝尔市	**52**	**34**	**18**	**62**	**46**	**16**	**139**	**96**	**43**
海拉尔区				1		1			
扎赉诺尔区	1	1					4	2	2
阿荣旗	5	4	1	5	4	1	19	10	9
莫力达瓦达斡尔族自治旗	7	6	1	9	6	3	15	12	3
鄂伦春自治旗	11	7	4	15	12	3	34	24	10
鄂温克族自治旗	6	3	3	10	9	1	23	15	8
陈巴尔虎旗	4	4		3		3	5	5	
新巴尔虎左旗	3	2	1	4	3	1	8	6	2
新巴尔虎右旗	3	2	1	2	1	1	3	2	1
满洲里市	1	1							
牙克石市	9	3	6	5	5		16	12	4
扎兰屯市	1	1		3	1	2	4	2	2
额尔古纳市				1	1		1	1	
根河市	1		1	4	4		7	5	2
巴彦淖尔市	**23**	**15**	**8**	**30**	**26**	**4**	**58**	**44**	**14**
临河区	3	2	1	1	1		5	5	
五原县	4	4		5	4	1	17	14	3
磴口县	1	1		5	5		7	5	2
乌拉特前旗	4	2	2	3	3		8	3	5
乌拉特中旗	3	2	1	5	5		5	4	1
乌拉特后旗				3	2	1	4	3	1
杭锦后旗	8	4	4	8	6	2	12	10	2

6-1b 续表 11　　　　单位：人

地　区	30-34岁			35-39岁			40-44岁		
	小计	男	女	小计	男	女	小计	男	女
乌兰察布市	**13**	**10**	**3**	**19**	**12**	**7**	**37**	**28**	**9**
集宁区									
卓资县	1	1		1		1	4	3	1
化德县				1	1		1	1	
商都县	2	2		3	2	1	3	3	
兴和县	1	1		2		2	11	9	2
凉城县	1	1		3	2	1	3	3	
察哈尔右翼前旗	3	2	1	4	3	1	4	2	2
察哈尔右翼中旗	1		1	3	2	1	2	2	
察哈尔右翼后旗	3	3					1		1
四子王旗	1		1	2	2		8	5	3
丰镇市									
兴安盟	**20**	**16**	**4**	**36**	**29**	**7**	**53**	**41**	**12**
乌兰浩特市	1	1					1	1	
阿尔山市				1	1		2		2
科尔沁右翼前旗	3	3		10	9	1	9	7	2
科尔沁右翼中旗	2	2		11	10	1	18	15	3
扎赉特旗	8	6	2	6	3	3	15	12	3
突泉县	6	4	2	8	6	2	8	6	2
锡林郭勒盟	**20**	**15**	**5**	**23**	**17**	**6**	**34**	**27**	**7**
二连浩特市									
锡林浩特市				1	1				
阿巴嘎旗	2		2	2	2				
苏尼特左旗	3	3		1	1		3	1	2
苏尼特右旗	2	2		1		1	5	5	
东乌珠穆沁旗	4	2	2	2		2	2	1	1
西乌珠穆沁旗	5	5		9	7	2	11	10	1
太仆寺旗	2	1	1	3	3		5	4	1
镶黄旗							1	1	
正镶白旗	1	1					2	2	
正蓝旗				1	1		2	1	1
多伦县	1	1		2	1	1	2	1	1
乌拉盖管委会				1	1		1	1	
阿拉善盟	**6**	**3**	**3**	**14**	**7**	**7**	**19**	**14**	**5**
阿拉善左旗	5	2	3	9	5	4	14	10	4
阿拉善右旗				2		2	3	3	
额济纳旗				2	2		2	1	1
内蒙古阿拉善经济开发区	1	1		1		1			

6-1b　续表 12　　　　单位：人

地　区	45-49岁			50-54岁			55-59岁		
	小计	男	女	小计	男	女	小计	男	女
内蒙古	**1295**	**969**	**326**	**1900**	**1392**	**508**	**2320**	**1691**	**629**
呼和浩特市	**72**	**46**	**26**	**61**	**40**	**21**	**117**	**88**	**29**
新城区									
回民区									
玉泉区									
赛罕区	3	3		3	1	2	1	1	
土默特左旗	18	11	7	18	12	6	27	20	7
托克托县	10	6	4	11	7	4	19	15	4
和林格尔县	13	11	2	6	3	3	29	24	5
清水河县	9	6	3	3	3		14	12	2
武川县	13	7	6	14	11	3	14	8	6
呼和浩特经济技术开发区	6	2	4	6	3	3	13	8	5
包头市	**59**	**35**	**24**	**75**	**49**	**26**	**118**	**86**	**32**
东河区	3	2	1	2	1	1	8	5	3
昆都仑区									
青山区									
石拐区				2	1	1	2	2	
白云鄂博矿区									
九原区	3	3		4	3	1	6	6	
土默特右旗	11	7	4	14	11	3	37	28	9
固阳县	8	2	6	9	6	3	9	6	3
达尔罕茂明安联合旗	12	10	2	7	4	3	10	8	2
包头稀土高新技术产业开发区	22	11	11	37	23	14	46	31	15
乌海市	**3**	**2**	**1**	**9**	**8**	**1**	**9**	**7**	**2**
海勃湾区				2	2		1	1	
海南区	3	2	1	3	3		5	3	2
乌达区				4	3	1	3	3	
赤峰市	**183**	**154**	**29**	**241**	**172**	**69**	**313**	**215**	**98**
红山区	4	4		9	6	3	9	7	2
元宝山区	13	11	2	22	11	11	18	14	4
松山区	12	9	3	6	5	1	14	12	2
阿鲁科尔沁旗	17	14	3	16	12	4	28	17	11
巴林左旗	22	19	3	36	28	8	42	28	14
巴林右旗	10	9	1	15	14	1	28	20	8
林西县	15	13	2	17	13	4	28	19	9
克什克腾旗	17	13	4	28	21	7	21	13	8
翁牛特旗	14	14		21	15	6	25	17	8
喀喇沁旗	10	9	1	19	14	5	26	15	11
宁城县	26	22	4	32	19	13	43	31	12
敖汉旗	23	17	6	20	14	6	31	22	9

6-1b 续表 13

单位：人

地 区	45-49岁			50-54岁			55-59岁		
	小计	男	女	小计	男	女	小计	男	女
通辽市	**151**	**125**	**26**	**209**	**162**	**47**	**311**	**223**	**88**
科尔沁区	15	11	4	22	19	3	31	19	12
科尔沁左翼中旗	31	28	3	33	29	4	48	34	14
科尔沁左翼后旗	21	19	2	34	27	7	51	39	12
开鲁县	22	19	3	26	20	6	56	37	19
库伦旗	10	10		15	8	7	15	9	6
奈曼旗	17	13	4	26	17	9	44	36	8
扎鲁特旗	22	17	5	23	21	2	31	23	8
通辽经济技术开发区	11	7	4	29	21	8	35	26	9
霍林郭勒市	2	1	1	1		1			
鄂尔多斯市	**125**	**92**	**33**	**142**	**98**	**44**	**148**	**103**	**45**
东胜区	4	2	2	3	1	2	4	3	1
康巴什区									
达拉特旗	27	18	9	34	24	10	28	24	4
准格尔旗	25	20	5	33	20	13	37	23	14
鄂托克前旗	7	6	1	7	7		4	4	
鄂托克旗	23	14	9	22	18	4	26	17	9
杭锦旗	11	9	2	17	13	4	7	5	2
乌审旗	12	8	4	12	9	3	11	9	2
伊金霍洛旗	16	15	1	14	6	8	31	18	13
呼伦贝尔市	**289**	**207**	**82**	**521**	**391**	**130**	**564**	**416**	**148**
海拉尔区	2	1	1	1	1		3	3	
扎赉诺尔区	5	5		6	5	1	9	7	2
阿荣旗	23	19	4	59	45	14	61	44	17
莫力达瓦达斡尔族自治旗	26	23	3	39	35	4	37	30	7
鄂伦春自治旗	72	45	27	132	89	43	125	91	34
鄂温克族自治旗	31	23	8	49	36	13	72	48	24
陈巴尔虎旗	16	13	3	26	19	7	33	25	8
新巴尔虎左旗	6	5	1	9	5	4	14	10	4
新巴尔虎右旗	6	4	2	3	2	1	8	7	1
满洲里市	2	1	1	2	2		12	11	1
牙克石市	59	37	22	105	81	24	101	71	30
扎兰屯市	19	13	6	28	18	10	30	23	7
额尔古纳市	3	3		12	11	1	13	8	5
根河市	19	15	4	50	42	8	46	38	8
巴彦淖尔市	**88**	**73**	**15**	**153**	**111**	**42**	**165**	**119**	**46**
临河区	7	7		10	9	1	8	5	3
五原县	14	13	1	22	17	5	27	18	9
磴口县	13	8	5	22	15	7	31	26	5
乌拉特前旗	20	14	6	35	28	7	38	23	15
乌拉特中旗	10	9	1	23	16	7	11	8	3
乌拉特后旗	7	6	1	11	7	4	7	6	1
杭锦后旗	17	16	1	30	19	11	43	33	10

6-1b 续表 14

单位：人

地 区	45-49岁			50-54岁			55-59岁		
	小计	男	女	小计	男	女	小计	男	女
乌兰察布市	**86**	**61**	**25**	**157**	**118**	**39**	**164**	**124**	**40**
集宁区	2	1	1	3	2	1	4	4	
卓资县	10	8	2	6	4	2	20	16	4
化德县	2	2		14	9	5	9	8	1
商都县	8	4	4	17	12	5	23	15	8
兴和县	17	13	4	34	28	6	24	20	4
凉城县	11	9	2	8	6	2	17	11	6
察哈尔右翼前旗	12	8	4	29	22	7	29	21	8
察哈尔右翼中旗	4	3	1	12	10	2	9	7	2
察哈尔右翼后旗	5	3	2	13	8	5	8	6	2
四子王旗	12	7	5	19	15	4	17	13	4
丰镇市	3	3		2	2		4	3	1
兴安盟	**106**	**80**	**26**	**156**	**110**	**46**	**203**	**151**	**52**
乌兰浩特市	5	2	3	9	6	3	13	9	4
阿尔山市	4	3	1	9	5	4	13	12	1
科尔沁右翼前旗	21	17	4	24	19	5	40	33	7
科尔沁右翼中旗	27	21	6	41	29	12	57	39	18
扎赉特旗	27	20	7	43	27	16	50	34	16
突泉县	22	17	5	30	24	6	30	24	6
锡林郭勒盟	**91**	**71**	**20**	**130**	**99**	**31**	**150**	**117**	**33**
二连浩特市							1	1	
锡林浩特市				1		1			
阿巴嘎旗	6	2	4	4	2	2	9	4	5
苏尼特左旗	3	2	1	9	7	2	11	10	1
苏尼特右旗	11	8	3	10	6	4	22	17	5
东乌珠穆沁旗	9	8	1	4	4		16	12	4
西乌珠穆沁旗	26	25	1	39	30	9	31	26	5
太仆寺旗	10	6	4	17	17		17	12	5
镶黄旗	2	2		6	4	2	8	8	
正镶白旗	6	5	1	13	10	3	7	5	2
正蓝旗	6	4	2	8	7	1	9	7	2
多伦县	11	8	3	15	9	6	15	11	4
乌拉盖管委会	1	1		4	3	1	4	4	
阿拉善盟	**42**	**23**	**19**	**46**	**34**	**12**	**58**	**42**	**16**
阿拉善左旗	31	17	14	32	24	8	38	27	11
阿拉善右旗	6	3	3	6	5	1	10	7	3
额济纳旗	4	3	1	5	2	3	9	7	2
内蒙古阿拉善经济开发区	1		1	3	3		1	1	

6-1b 续表 15　　单位：人

地　区	60-64岁			65-69岁			70-74岁		
	小计	男	女	小计	男	女	小计	男	女
内蒙古	**2924**	**1999**	**925**	**3673**	**2358**	**1315**	**3904**	**2273**	**1631**
呼和浩特市	**139**	**101**	**38**	**205**	**129**	**76**	**209**	**149**	**60**
新城区				1	1				
回民区									
玉泉区									
赛罕区	4	1	3	7	4	3	5	3	2
土默特左旗	31	21	10	40	25	15	42	30	12
托克托县	29	20	9	44	26	18	46	36	10
和林格尔县	32	23	9	40	26	14	31	23	8
清水河县	12	9	3	21	16	5	27	18	9
武川县	17	15	2	37	20	17	36	21	15
呼和浩特经济技术开发区	14	12	2	15	11	4	22	18	4
包头市	**128**	**79**	**49**	**185**	**119**	**66**	**186**	**99**	**87**
东河区	12	10	2	13	10	3	11	6	5
昆都仑区									
青山区				1	1				
石拐区	1	1					3	3	
白云鄂博矿区									
九原区	4	1	3	11	5	6	10	5	5
土默特右旗	59	38	21	60	37	23	59	30	29
固阳县	11	8	3	17	10	7	22	12	10
达尔罕茂明安联合旗	6	4	2	23	13	10	21	9	12
包头稀土高新技术产业开发区	35	17	18	60	43	17	60	34	26
乌海市	**8**	**5**	**3**	**20**	**15**	**5**	**22**	**12**	**10**
海勃湾区	1	1		5	4	1	3	2	1
海南区	2	1	1	8	6	2	15	7	8
乌达区	5	3	2	7	5	2	4	3	1
赤峰市	**442**	**293**	**149**	**551**	**325**	**226**	**557**	**323**	**234**
红山区	16	10	6	7	2	5	19	13	6
元宝山区	24	16	8	35	20	15	35	18	17
松山区	21	14	7	26	17	9	29	14	15
阿鲁科尔沁旗	45	26	19	66	38	28	64	32	32
巴林左旗	43	34	9	61	40	21	63	39	24
巴林右旗	34	21	13	35	23	12	32	15	17
林西县	27	16	11	47	29	18	49	35	14
克什克腾旗	43	27	16	47	33	14	39	17	22
翁牛特旗	50	32	18	57	26	31	65	47	18
喀喇沁旗	39	25	14	44	26	18	39	21	18
宁城县	55	36	19	64	37	27	67	37	30
敖汉旗	45	36	9	62	34	28	56	35	21

6-1b　续表 16　　　　单位：人

地　区	60-64岁			65-69岁			70-74岁		
	小计	男	女	小计	男	女	小计	男	女
通辽市	**419**	**264**	**155**	**506**	**330**	**176**	**511**	**295**	**216**
科尔沁区	38	23	15	49	29	20	60	38	22
科尔沁左翼中旗	71	42	29	80	52	28	95	54	41
科尔沁左翼后旗	69	42	27	76	48	28	70	36	34
开鲁县	73	46	27	87	56	31	85	55	30
库伦旗	22	13	9	26	18	8	32	18	14
奈曼旗	56	35	21	74	55	19	55	35	20
扎鲁特旗	55	36	19	61	36	25	66	37	29
通辽经济技术开发区	35	27	8	52	36	16	45	20	25
霍林郭勒市				1		1	3	2	1
鄂尔多斯市	**200**	**153**	**47**	**255**	**175**	**80**	**279**	**166**	**113**
东胜区	9	4	5	7	2	5	8	7	1
康巴什区									
达拉特旗	30	26	4	53	36	17	74	44	30
准格尔旗	47	39	8	68	44	24	52	34	18
鄂托克前旗	9	7	2	17	14	3	15	11	4
鄂托克旗	38	28	10	34	25	9	42	19	23
杭锦旗	17	14	3	23	15	8	25	18	7
乌审旗	16	9	7	14	10	4	18	9	9
伊金霍洛旗	34	26	8	39	29	10	45	24	21
呼伦贝尔市	**672**	**459**	**213**	**756**	**467**	**289**	**806**	**435**	**371**
海拉尔区	2	2		3	2	1	2	2	
扎赉诺尔区	10	6	4	9	6	3	14	8	6
阿荣旗	92	60	32	113	62	51	85	51	34
莫力达瓦达斡尔族自治旗	64	41	23	65	33	32	88	51	37
鄂伦春自治旗	144	97	47	172	119	53	178	91	87
鄂温克族自治旗	88	58	30	93	55	38	91	53	38
陈巴尔虎旗	40	25	15	35	20	15	49	28	21
新巴尔虎左旗	10	8	2	16	10	6	18	11	7
新巴尔虎右旗	20	15	5	7	4	3	6	3	3
满洲里市	4	2	2	9	5	4	6	2	4
牙克石市	116	89	27	124	81	43	128	70	58
扎兰屯市	41	25	16	63	43	20	62	39	23
额尔古纳市	11	7	4	9	7	2	17	8	9
根河市	30	24	6	38	20	18	62	18	44
巴彦淖尔市	**215**	**151**	**64**	**303**	**191**	**112**	**360**	**220**	**140**
临河区	5	5		18	13	5	23	14	9
五原县	36	27	9	55	40	15	51	36	15
磴口县	21	17	4	39	24	15	41	25	16
乌拉特前旗	58	39	19	67	42	25	85	54	31
乌拉特中旗	34	23	11	42	23	19	45	28	17
乌拉特后旗	16	11	5	24	17	7	30	18	12
杭锦后旗	45	29	16	58	32	26	85	45	40

6−1b 续表 17

单位：人

地区	60−64岁			65−69岁			70−74岁		
	小计	男	女	小计	男	女	小计	男	女
乌兰察布市	**202**	**161**	**41**	**310**	**226**	**84**	**334**	**220**	**114**
集宁区	7	7		1	1		10	6	4
卓资县	23	21	2	34	24	10	25	16	9
化德县	14	12	2	20	15	5	19	13	6
商都县	19	15	4	42	30	12	40	27	13
兴和县	37	28	9	51	39	12	55	34	21
凉城县	12	8	4	19	16	3	29	21	8
察哈尔右翼前旗	50	38	12	68	47	21	53	38	15
察哈尔右翼中旗	6	4	2	19	12	7	27	21	6
察哈尔右翼后旗	16	14	2	18	15	3	20	11	9
四子王旗	11	8	3	32	21	11	48	27	21
丰镇市	7	6	1	6	6		8	6	2
兴安盟	**252**	**160**	**92**	**297**	**189**	**108**	**318**	**174**	**144**
乌兰浩特市	6	2	4	11	5	6	14	5	9
阿尔山市	5	3	2	13	7	6	9	4	5
科尔沁右翼前旗	52	33	19	58	40	18	68	42	26
科尔沁右翼中旗	72	40	32	81	51	30	94	53	41
扎赉特旗	69	49	20	78	46	32	66	31	35
突泉县	48	33	15	56	40	16	67	39	28
锡林郭勒盟	**180**	**127**	**53**	**206**	**143**	**63**	**225**	**126**	**99**
二连浩特市	1		1						
锡林浩特市	1	1		1		1			
阿巴嘎旗	9	6	3	17	10	7	19	11	8
苏尼特左旗	13	6	7	12	8	4	19	8	11
苏尼特右旗	32	25	7	22	17	5	32	19	13
东乌珠穆沁旗	17	14	3	22	14	8	27	15	12
西乌珠穆沁旗	36	19	17	34	26	8	26	12	14
太仆寺旗	21	15	6	24	15	9	24	11	13
镶黄旗	10	8	2	5	4	1	12	7	5
正镶白旗	1	1		13	12	1	13	8	5
正蓝旗	7	7		14	10	4	10	6	4
多伦县	25	18	7	27	17	10	31	20	11
乌拉盖管委会	7	7		15	10	5	12	9	3
阿拉善盟	**67**	**46**	**21**	**79**	**49**	**30**	**97**	**54**	**43**
阿拉善左旗	48	33	15	53	34	19	70	35	35
阿拉善右旗	9	7	2	14	6	8	19	12	7
额济纳旗	9	6	3	11	8	3	7	6	1
内蒙古阿拉善经济开发区	1		1	1	1		1	1	

6-1b 续表 18

单位：人

地 区	75-79岁			80-84岁			85-89岁		
	小计	男	女	小计	男	女	小计	男	女
内蒙古	**4207**	**2362**	**1845**	**5119**	**2760**	**2359**	**3374**	**1789**	**1585**
呼和浩特市	**242**	**147**	**95**	**311**	**175**	**136**	**296**	**147**	**149**
新城区				1	1				
回民区									
玉泉区									
赛罕区	14	10	4	13	9	4	13	3	10
土默特左旗	59	30	29	80	51	29	69	33	36
托克托县	42	27	15	59	32	27	49	20	29
和林格尔县	28	15	13	49	22	27	61	31	30
清水河县	22	20	2	29	15	14	29	16	13
武川县	49	27	22	62	32	30	54	34	20
呼和浩特经济技术开发区	28	18	10	18	13	5	21	10	11
包头市	**226**	**128**	**98**	**331**	**198**	**133**	**216**	**107**	**109**
东河区	15	9	6	12	8	4	18	8	10
昆都仑区									
青山区							1	1	
石拐区				1	1		3	1	2
白云鄂博矿区									
九原区	11	5	6	10	6	4	9	5	4
土默特右旗	72	40	32	96	53	43	64	32	32
固阳县	25	17	8	37	19	18	21	7	14
达尔罕茂明安联合旗	22	11	11	38	22	16	19	10	9
包头稀土高新技术产业开发区	81	46	35	137	89	48	81	43	38
乌海市	**25**	**13**	**12**	**20**	**11**	**9**	**17**	**9**	**8**
海勃湾区	3	2	1	2	1	1	2	2	
海南区	16	7	9	13	9	4	11	6	5
乌达区	6	4	2	5	1	4	4	1	3
赤峰市	**515**	**295**	**220**	**643**	**347**	**296**	**344**	**169**	**175**
红山区	11	7	4	14	6	8	14	7	7
元宝山区	29	18	11	29	15	14	19	11	8
松山区	22	10	12	45	26	19	24	9	15
阿鲁科尔沁旗	50	23	27	70	39	31	23	13	10
巴林左旗	53	28	25	73	39	34	19	5	14
巴林右旗	39	23	16	38	20	18	19	7	12
林西县	33	26	7	39	19	20	23	9	14
克什克腾旗	46	30	16	59	38	21	32	17	15
翁牛特旗	49	28	21	51	25	26	39	16	23
喀喇沁旗	61	35	26	78	46	32	46	29	17
宁城县	61	34	27	85	44	41	51	26	25
敖汉旗	61	33	28	62	30	32	35	20	15

6-1b 续表 19

单位：人

地 区	75-79岁			80-84岁			85-89岁		
	小计	男	女	小计	男	女	小计	男	女
通辽市	**480**	**274**	**206**	**511**	**237**	**274**	**317**	**148**	**169**
科尔沁区	43	28	15	45	29	16	37	17	20
科尔沁左翼中旗	66	37	29	65	24	41	33	17	16
科尔沁左翼后旗	76	38	38	84	32	52	55	25	30
开鲁县	93	50	43	84	49	35	57	26	31
库伦旗	21	11	10	31	19	12	25	11	14
奈曼旗	56	31	25	64	24	40	48	22	26
扎鲁特旗	76	54	22	86	32	54	39	23	16
通辽经济技术开发区	49	25	24	50	26	24	23	7	16
霍林郭勒市				2	2				
鄂尔多斯市	**327**	**207**	**120**	**478**	**284**	**194**	**310**	**181**	**129**
东胜区	15	10	5	32	18	14	6	4	2
康巴什区									
达拉特旗	67	36	31	107	72	35	78	50	28
准格尔旗	77	57	20	100	60	40	81	61	20
鄂托克前旗	15	10	5	19	11	8	14	3	11
鄂托克旗	46	30	16	57	30	27	48	17	31
杭锦旗	31	16	15	34	23	11	18	9	9
乌审旗	19	14	5	33	21	12	16	8	8
伊金霍洛旗	57	34	23	96	49	47	49	29	20
呼伦贝尔市	**1003**	**469**	**534**	**1163**	**614**	**549**	**707**	**384**	**323**
海拉尔区	4	2	2	5	2	3	1	1	
扎赉诺尔区	13	10	3	16	10	6	9	5	4
阿荣旗	83	47	36	70	36	34	49	31	18
莫力达瓦达斡尔族自治旗	49	27	22	59	28	31	38	13	25
鄂伦春自治旗	308	150	158	296	158	138	181	95	86
鄂温克族自治旗	105	47	58	114	67	47	73	29	44
陈巴尔虎旗	35	21	14	51	26	25	25	13	12
新巴尔虎左旗	8	4	4	33	12	21	7	6	1
新巴尔虎右旗	10	4	6	15	9	6	5		5
满洲里市	8	3	5	9	7	2	12	8	4
牙克石市	215	88	127	298	149	149	194	116	78
扎兰屯市	53	24	29	52	34	18	31	14	17
额尔古纳市	22	10	12	37	16	21	12	8	4
根河市	90	32	58	108	60	48	70	45	25
巴彦淖尔市	**374**	**215**	**159**	**461**	**257**	**204**	**322**	**193**	**129**
临河区	26	8	18	18	9	9	19	12	7
五原县	64	31	33	86	47	39	49	30	19
磴口县	60	38	22	77	54	23	56	32	24
乌拉特前旗	92	56	36	118	57	61	91	57	34
乌拉特中旗	31	20	11	56	31	25	38	24	14
乌拉特后旗	16	12	4	19	12	7	12	10	2
杭锦后旗	85	50	35	87	47	40	57	28	29

6-1b　续表 20　　单位：人

地　区	75-79岁			80-84岁			85-89岁		
	小计	男	女	小计	男	女	小计	男	女
乌兰察布市	**366**	**227**	**139**	**497**	**277**	**220**	**395**	**216**	**179**
集宁区	2	2		5	4	1	6	1	5
卓资县	45	28	17	39	16	23	43	24	19
化德县	13	7	6	24	15	9	20	9	11
商都县	48	34	14	61	30	31	31	19	12
兴和县	71	44	27	84	43	41	60	32	28
凉城县	39	28	11	43	29	14	34	24	10
察哈尔右翼前旗	56	26	30	81	45	36	80	39	41
察哈尔右翼中旗	23	14	9	32	21	11	26	12	14
察哈尔右翼后旗	21	9	12	51	30	21	29	17	12
四子王旗	40	30	10	62	34	28	52	32	20
丰镇市	8	5	3	15	10	5	14	7	7
兴安盟	**254**	**138**	**116**	**261**	**134**	**127**	**149**	**70**	**79**
乌兰浩特市	10	7	3	15	10	5	4	1	3
阿尔山市	19	9	10	15	6	9	8	6	2
科尔沁右翼前旗	61	37	24	57	30	27	35	21	14
科尔沁右翼中旗	65	34	31	57	31	26	34	15	19
扎赉特旗	47	20	27	71	34	37	42	17	25
突泉县	52	31	21	46	23	23	26	10	16
锡林郭勒盟	**259**	**161**	**98**	**274**	**146**	**128**	**196**	**106**	**90**
二连浩特市							1		1
锡林浩特市	4	2	2				3	3	
阿巴嘎旗	22	17	5	28	12	16	16	8	8
苏尼特左旗	21	15	6	16	9	7	11	5	6
苏尼特右旗	34	17	17	48	28	20	46	23	23
东乌珠穆沁旗	13	8	5	15	10	5	12	6	6
西乌珠穆沁旗	34	23	11	44	27	17	10	5	5
太仆寺旗	26	16	10	50	23	27	30	21	9
镶黄旗	17	10	7	16	8	8	8	6	2
正镶白旗	16	10	6	11	3	8	11	5	6
正蓝旗	16	9	7	10	4	6	13	7	6
多伦县	41	28	13	26	16	10	29	12	17
乌拉盖管委会	15	6	9	10	6	4	6	5	1
阿拉善盟	**136**	**88**	**48**	**169**	**80**	**89**	**105**	**59**	**46**
阿拉善左旗	105	66	39	115	57	58	80	45	35
阿拉善右旗	19	13	6	23	9	14	16	7	9
额济纳旗	12	9	3	29	14	15	6	5	1
内蒙古阿拉善经济开发区				2		2	3	2	1

6-1b 续表 21

单位：人

地 区	90-94岁			95-99岁			100岁及以上		
	小计	男	女	小计	男	女	小计	男	女
内蒙古	**1175**	**589**	**586**	**262**	**114**	**148**	**48**	**19**	**29**
呼和浩特市	**93**	**48**	**45**	**12**	**5**	**7**	**5**	**1**	**4**
新城区									
回民区									
玉泉区									
赛罕区	4	2	2	1	1				
土默特左旗	20	11	9	4	2	2	1		1
托克托县	21	11	10	1	1		2		2
和林格尔县	13	8	5	1		1	1	1	
清水河县	12	7	5	2		2			
武川县	14	5	9	1		1	1		1
呼和浩特经济技术开发区	9	4	5	2	1	1			
包头市	**57**	**32**	**25**	**24**	**10**	**14**	**1**		**1**
东河区	2		2						
昆都仑区									
青山区									
石拐区	1	1							
白云鄂博矿区									
九原区	1	1							
土默特右旗	16	11	5	6	1	5			
固阳县	6	3	3	3	3				
达尔罕茂明安联合旗	5	2	3	3		3			
包头稀土高新技术产业开发区	26	14	12	12	6	6	1		1
乌海市	**3**	**2**	**1**						
海勃湾区									
海南区	2	2							
乌达区	1		1						
赤峰市	**124**	**53**	**71**	**28**	**12**	**16**	**10**	**5**	**5**
红山区	4	2	2						
元宝山区	9	4	5				1	1	
松山区	5	2	3	1		1	1		1
阿鲁科尔沁旗	11	4	7	2	1	1	1	1	
巴林左旗	15	6	9	6		6			
巴林右旗	10	4	6	1		1			
林西县	6	4	2				2	2	
克什克腾旗	14	6	8	5	3	2			
翁牛特旗	9	3	6	4	2	2	2	1	1
喀喇沁旗	9	4	5	4	4		1		1
宁城县	19	9	10	1		1			
敖汉旗	13	5	8	4	2	2	2		2

6-1b　续表 22　　　　　　　　　　　　　　　　　　　　　　单位：人

地　区	90-94岁			95-99岁			100岁及以上		
	小计	男	女	小计	男	女	小计	男	女
通辽市	**140**	**56**	**84**	**30**	**13**	**17**	**1**	**1**	
科尔沁区	6	1	5	3	2	1			
科尔沁左翼中旗	20	9	11	5	3	2			
科尔沁左翼后旗	30	14	16	6	1	5			
开鲁县	28	18	10	2		2			
库伦旗	6	2	4	2	1	1			
奈曼旗	27	8	19	4	2	2			
扎鲁特旗	15	2	13	5	2	3			
通辽经济技术开发区	8	2	6	3	2	1	1	1	
霍林郭勒市									
鄂尔多斯市	**104**	**61**	**43**	**24**	**9**	**15**	**3**	**1**	**2**
东胜区	6	4	2	2		2	1	1	
康巴什区									
达拉特旗	26	13	13	6	3	3			
准格尔旗	26	13	13	11	5	6	1		1
鄂托克前旗	6	5	1	2		2			
鄂托克旗	12	7	5	1	1				
杭锦旗	9	5	4	1		1			
乌审旗	4	2	2				1		1
伊金霍洛旗	15	12	3	1		1			
呼伦贝尔市	**250**	**134**	**116**	**70**	**35**	**35**	**6**	**1**	**5**
海拉尔区				1		1			
扎赉诺尔区	5	3	2	3	3				
阿荣旗	16	9	7	8	4	4			
莫力达瓦达斡尔族自治旗	16	8	8	7	1	6	2		2
鄂伦春自治旗	59	33	26	12	4	8			
鄂温克族自治旗	33	15	18	12	7	5	1		1
陈巴尔虎旗	6	1	5	3		3			
新巴尔虎左旗	5	3	2						
新巴尔虎右旗	1	1							
满洲里市	1	1							
牙克石市	68	39	29	15	10	5	2		2
扎兰屯市	14	6	8	5	4	1			
额尔古纳市	9	5	4				1	1	
根河市	17	10	7	4	2	2			
巴彦淖尔市	**98**	**57**	**41**	**20**	**9**	**11**	**6**	**4**	**2**
临河区	1		1						
五原县	17	7	10	3	2	1			
磴口县	15	9	6	3	1	2			
乌拉特前旗	30	18	12	7	2	5	4	3	1
乌拉特中旗	9	7	2	1	1		1	1	
乌拉特后旗				4	2	2			
杭锦后旗	26	16	10	2	1	1	1		1

6-1b 续表 23

单位：人

地区	90-94岁			95-99岁			100岁及以上		
	小计	男	女	小计	男	女	小计	男	女
乌兰察布市	**124**	**68**	**56**	**31**	**12**	**19**	**7**	**2**	**5**
集宁区	2	1	1						
卓资县	16	8	8	1	1				
化德县	7	3	4	1		1	1	1	
商都县	16	9	7	5	3	2	5	1	4
兴和县	17	10	7	13	3	10			
凉城县	3	2	1	1	1				
察哈尔右翼前旗	27	14	13	4	2	2	1		1
察哈尔右翼中旗	4	3	1	1		1			
察哈尔右翼后旗	13	8	5	2	1	1			
四子王旗	13	9	4	2	1	1			
丰镇市	6	1	5	1		1			
兴安盟	**76**	**32**	**44**	**14**	**6**	**8**	**5**	**3**	**2**
乌兰浩特市	4		4						
阿尔山市	4	2	2				1		1
科尔沁右翼前旗	10	4	6	4	2	2			
科尔沁右翼中旗	16	3	13	2	1	1	2	2	
扎赉特旗	24	14	10	7	3	4	2	1	1
突泉县	18	9	9	1		1			
锡林郭勒盟	**79**	**33**	**46**	**9**	**3**	**6**	**4**	**1**	**3**
二连浩特市									
锡林浩特市	1	1							
阿巴嘎旗	5	3	2						
苏尼特左旗	1		1	1	1				
苏尼特右旗	13	8	5	2	1	1	3	1	2
东乌珠穆沁旗	2	1	1						
西乌珠穆沁旗	15	5	10	3		3			
太仆寺旗	11	2	9	1		1			
镶黄旗	2	1	1						
正镶白旗	3	1	2						
正蓝旗	8	5	3				1		1
多伦县	14	5	9	2	1	1			
乌拉盖管委会	4	1	3						
阿拉善盟	**27**	**13**	**14**						
阿拉善左旗	22	11	11						
阿拉善右旗	3		3						
额济纳旗	2	2							
内蒙古阿拉善经济开发区									

6-1c　各地区分年龄、性别的死亡人口
(2019.11.1-2020.10.31)(乡村)

单位：人

地　区	死亡人口			0岁		
	合计	男	女	小计	男	女
内蒙古	**73361**	**44601**	**28760**	**126**	**71**	**55**
呼和浩特市	**5107**	**3110**	**1997**	**2**	**1**	**1**
新城区	87	54	33			
回民区	9	6	3			
玉泉区	139	76	63			
赛罕区	540	325	215	1	1	
土默特左旗	1571	929	642	1		1
托克托县	816	495	321			
和林格尔县	813	520	293			
清水河县	473	300	173			
武川县	659	405	254			
呼和浩特经济技术开发区						
包头市	**3270**	**2024**	**1246**	**4**	**2**	**2**
东河区	356	221	135			
昆都仑区	65	34	31			
青山区	95	57	38	1		1
石拐区	124	69	55			
白云鄂博矿区						
九原区	256	163	93			
土默特右旗	1244	764	480			
固阳县	713	455	258	2	1	1
达尔罕茂明安联合旗	377	237	140	1	1	
包头稀土高新技术产业开发区	40	24	16			
乌海市	**227**	**150**	**77**			
海勃湾区	85	60	25			
海南区	142	90	52			
乌达区						
赤峰市	**17477**	**10419**	**7058**	**25**	**14**	**11**
红山区	130	78	52			
元宝山区	796	458	338			
松山区	2209	1282	927	3	3	
阿鲁科尔沁旗	1300	783	517	1	1	
巴林左旗	1857	1138	719	2		2
巴林右旗	660	373	287	1	1	
林西县	773	472	301	1	1	
克什克腾旗	908	561	347	2	2	
翁牛特旗	1698	1017	681	1		1
喀喇沁旗	1473	886	587	2		2
宁城县	2987	1768	1219	8	3	5
敖汉旗	2686	1603	1083	4	3	1

6-1c 续表 1

单位：人

地区	死亡人口			0岁		
	合计	男	女	小计	男	女
通辽市	**12157**	**7162**	**4995**	**23**	**9**	**14**
科尔沁区	2254	1327	927	7	2	5
科尔沁左翼中旗	2339	1401	938	1		1
科尔沁左翼后旗	1752	1041	711	3	1	2
开鲁县	1799	989	810	3	1	2
库伦旗	636	370	266	1		1
奈曼旗	2073	1236	837	4	2	2
扎鲁特旗	1035	649	386	3	2	1
通辽经济技术开发区	231	131	100	1	1	
霍林郭勒市	38	18	20			
鄂尔多斯市	**4008**	**2419**	**1589**	**10**	**7**	**3**
东胜区						
康巴什区						
达拉特旗	1224	755	469	6	5	1
准格尔旗	942	563	379	2	1	1
鄂托克前旗	226	131	95			
鄂托克旗	172	106	66			
杭锦旗	572	340	232			
乌审旗	393	227	166	2	1	1
伊金霍洛旗	479	297	182			
呼伦贝尔市	**6278**	**3942**	**2336**	**12**	**4**	**8**
海拉尔区	81	44	37			
扎赉诺尔区						
阿荣旗	1450	922	528	5	2	3
莫力达瓦达斡尔族自治旗	1564	1011	553	1	1	
鄂伦春自治旗	343	213	130			
鄂温克族自治旗	361	215	146	2		2
陈巴尔虎旗	149	84	65			
新巴尔虎左旗	205	124	81			
新巴尔虎右旗	158	98	60			
满洲里市						
牙克石市	259	167	92			
扎兰屯市	1589	988	601	4	1	3
额尔古纳市	115	75	40			
根河市	4	1	3			
巴彦淖尔市	**5483**	**3370**	**2113**	**16**	**13**	**3**
临河区	1394	892	502	3	3	
五原县	1074	658	416	7	5	2
磴口县	287	161	126			
乌拉特前旗	986	575	411	2	2	
乌拉特中旗	431	276	155			
乌拉特后旗	127	77	50			
杭锦后旗	1184	731	453	4	3	1

6-1c　续表 2

单位：人

地　区	死亡人口			0岁		
	合计	男	女	小计	男	女
乌兰察布市	**9820**	**6192**	**3628**	**6**	**4**	**2**
集宁区	349	221	128			
卓资县	1060	681	379			
化德县	642	397	245			
商都县	1382	857	525	1		1
兴和县	1032	672	360			
凉城县	1016	644	372	2	1	1
察哈尔右翼前旗	826	525	301	1	1	
察哈尔右翼中旗	793	517	276	1	1	
察哈尔右翼后旗	825	492	333			
四子王旗	767	491	276	1	1	
丰镇市	1128	695	433			
兴安盟	**6336**	**3796**	**2540**	**14**	**10**	**4**
乌兰浩特市	399	260	139			
阿尔山市	39	29	10			
科尔沁右翼前旗	1977	1212	765	8	8	
科尔沁右翼中旗	842	484	358	1		1
扎赉特旗	1662	984	678	2	1	1
突泉县	1417	827	590	3	1	2
锡林郭勒盟	**2748**	**1741**	**1007**	**11**	**6**	**5**
二连浩特市	3	3				
锡林浩特市	107	70	37			
阿巴嘎旗	132	74	58			
苏尼特左旗	135	74	61	2		2
苏尼特右旗	124	74	50			
东乌珠穆沁旗	156	101	55	2		2
西乌珠穆沁旗	290	183	107	3	3	
太仆寺旗	787	519	268			
镶黄旗	79	52	27	1	1	
正镶白旗	283	180	103			
正蓝旗	293	187	106	1	1	
多伦县	338	209	129	2	1	1
乌拉盖管委会	21	15	6			
阿拉善盟	**450**	**276**	**174**	**3**	**1**	**2**
阿拉善左旗	316	195	121	2	1	1
阿拉善右旗	84	48	36	1		1
额济纳旗	42	28	14			
内蒙古阿拉善经济开发区	8	5	3			

6－1c 续表 3

单位：人

地 区	1－4岁			5－9岁			10－14岁		
	小计	男	女	小计	男	女	小计	男	女
内蒙古	**85**	**57**	**28**	**73**	**36**	**37**	**98**	**60**	**38**
呼和浩特市	**4**	**3**	**1**	**5**	**1**	**4**	**6**	**1**	**5**
新城区									
回民区									
玉泉区				1	1				
赛罕区				1		1	1		1
土默特左旗	1	1		1		1			
托克托县	1	1					1	1	
和林格尔县	2	1	1						
清水河县				2		2	1		1
武川县							3		3
呼和浩特经济技术开发区									
包头市	**1**	**1**		**3**	**1**	**2**	**3**	**1**	**2**
东河区				1	1		1		1
昆都仑区									
青山区				1		1	1	1	
石拐区									
白云鄂博矿区									
九原区							1		1
土默特右旗	1	1							
固阳县				1		1			
达尔罕茂明安联合旗									
包头稀土高新技术产业开发区									
乌海市									
海勃湾区									
海南区									
乌达区									
赤峰市	**18**	**14**	**4**	**15**	**5**	**10**	**22**	**15**	**7**
红山区									
元宝山区	1	1							
松山区	2	1	1				1	1	
阿鲁科尔沁旗	2	2		2	1	1	3	2	1
巴林左旗	2	1	1	2	1	1	2	1	1
巴林右旗									
林西县									
克什克腾旗				1		1			
翁牛特旗	3	2	1				4	4	
喀喇沁旗	5	5					2	2	
宁城县	1	1		8	3	5	2		2
敖汉旗	2	1	1	2		2	8	5	3

6−1c　续表 4　　　　单位：人

地　区	1−4岁			5−9岁			10−14岁		
	小计	男	女	小计	男	女	小计	男	女
通辽市	**14**	**10**	**4**	**12**	**3**	**9**	**18**	**13**	**5**
科尔沁区	2	1	1				6	3	3
科尔沁左翼中旗	2	2		1		1	3	3	
科尔沁左翼后旗	5	4	1	3	1	2	2	1	1
开鲁县	1	1		1		1			
库伦旗	1	1		1		1	1	1	
奈曼旗	1	1		5	2	3	2	2	
扎鲁特旗	2		2	1		1	4	3	1
通辽经济技术开发区									
霍林郭勒市									
鄂尔多斯市	**10**	**6**	**4**	**6**	**3**	**3**	**9**	**5**	**4**
东胜区									
康巴什区									
达拉特旗	2		2	1		1	4	3	1
准格尔旗	5	3	2				4	2	2
鄂托克前旗	1	1							
鄂托克旗				2	2		1		1
杭锦旗				1		1			
乌审旗				2	1	1			
伊金霍洛旗	2	2							
呼伦贝尔市	**9**	**5**	**4**	**6**	**5**	**1**	**7**	**5**	**2**
海拉尔区									
扎赉诺尔区									
阿荣旗	4	2	2	1	1		1	1	
莫力达瓦达斡尔族自治旗	3	2	1	3	3		2	1	1
鄂伦春自治旗				1		1	1	1	
鄂温克族自治旗									
陈巴尔虎旗									
新巴尔虎左旗				1	1				
新巴尔虎右旗									
满洲里市									
牙克石市	1	1							
扎兰屯市	1		1				3	2	1
额尔古纳市									
根河市									
巴彦淖尔市	**9**	**5**	**4**	**6**	**4**	**2**	**7**	**5**	**2**
临河区	2		2	1		1	1	1	
五原县				1	1		1		1
磴口县				1	1		2	1	1
乌拉特前旗	2	2		2	1	1			
乌拉特中旗	2	1	1	1	1		2	2	
乌拉特后旗									
杭锦后旗	3	2	1				1	1	

6-1c 续表 5

单位：人

地 区	1-4岁			5-9岁			10-14岁		
	小计	男	女	小计	男	女	小计	男	女
乌兰察布市	**7**	**4**	**3**	**7**	**4**	**3**	**11**	**5**	**6**
集宁区							1		1
卓资县	1	1					1		1
化德县							1		1
商都县	3	1	2	1	1		1	1	
兴和县				1		1	3	2	1
凉城县				1		1	1	1	
察哈尔右翼前旗	2	1	1						
察哈尔右翼中旗									
察哈尔右翼后旗				1	1		2	1	1
四子王旗				1	1				
丰镇市	1	1		2	1	1	1		1
兴安盟	**7**	**5**	**2**	**8**	**7**	**1**	**10**	**5**	**5**
乌兰浩特市							1	1	
阿尔山市									
科尔沁右翼前旗	2	2		1	1		4	2	2
科尔沁右翼中旗	2	2		3	3				
扎赉特旗	2		2	2	1	1	2		2
突泉县	1	1		2	2		3	2	1
锡林郭勒盟	**5**	**3**	**2**	**2**	**2**		**4**	**4**	
二连浩特市									
锡林浩特市									
阿巴嘎旗									
苏尼特左旗									
苏尼特右旗							2	2	
东乌珠穆沁旗	2	1	1	1	1				
西乌珠穆沁旗	1		1				1	1	
太仆寺旗	2	2		1	1		1	1	
镶黄旗									
正镶白旗									
正蓝旗									
多伦县									
乌拉盖管委会									
阿拉善盟	**1**	**1**		**3**	**1**	**2**	**1**	**1**	
阿拉善左旗				3	1	2	1	1	
阿拉善右旗									
额济纳旗	1	1							
内蒙古阿拉善经济开发区									

6-1c　续表 6　　　　单位：人

地　　区	15-19岁			20-24岁			25-29岁		
	小计	男	女	小计	男	女	小计	男	女
内蒙古	**131**	**88**	**43**	**191**	**127**	**64**	**345**	**245**	**100**
呼和浩特市	**8**	**7**	**1**	**8**	**7**	**1**	**20**	**12**	**8**
新城区	1	1							
回民区									
玉泉区							2	1	1
赛罕区	1		1				2	1	1
土默特左旗	2	2		1	1		4	2	2
托克托县	2	2		2	2		3	3	
和林格尔县	1	1		3	3		4	2	2
清水河县	1	1		1	1		3	2	1
武川县				1		1	2	1	1
呼和浩特经济技术开发区									
包头市	**4**	**2**	**2**	**9**	**9**		**9**	**5**	**4**
东河区							1	1	
昆都仑区									
青山区				2	2		1	1	
石拐区	1		1						
白云鄂博矿区									
九原区	1		1	2	2		1		1
土默特右旗	1	1		2	2				
固阳县	1	1		2	2		2	1	1
达尔罕茂明安联合旗				1	1		3	2	1
包头稀土高新技术产业开发区							1		1
乌海市									
海勃湾区									
海南区									
乌达区									
赤峰市	**29**	**19**	**10**	**37**	**27**	**10**	**67**	**49**	**18**
红山区									
元宝山区	1		1	8	4	4	1		1
松山区	2	1	1	5	5		12	7	5
阿鲁科尔沁旗	4	2	2	3	3		2	1	1
巴林左旗	7	6	1	5	3	2	8	7	1
巴林右旗	1	1					3	3	
林西县				1	1		1	1	
克什克腾旗	1	1		1		1	1		1
翁牛特旗	3	2	1	2	1	1	8	6	2
喀喇沁旗	2		2	2	2		8	5	3
宁城县	5	5		4	3	1	10	9	1
敖汉旗	3	1	2	6	5	1	13	10	3

6－1c 续表 7

单位：人

地区	15－19岁			20－24岁			25－29岁		
	小计	男	女	小计	男	女	小计	男	女
通辽市	**26**	**21**	**5**	**43**	**27**	**16**	**68**	**51**	**17**
科尔沁区	1	1		8	6	2	14	11	3
科尔沁左翼中旗	2	2		9	5	4	12	10	2
科尔沁左翼后旗	5	4	1	7	4	3	9	8	1
开鲁县	2	2		3	2	1	11	8	3
库伦旗	4	3	1				5	3	2
奈曼旗	7	4	3	10	7	3	14	9	5
扎鲁特旗	5	5		4	2	2	2	1	1
通辽经济技术开发区							1	1	
霍林郭勒市				2	1	1			
鄂尔多斯市	**11**	**6**	**5**	**17**	**11**	**6**	**17**	**13**	**4**
东胜区									
康巴什区									
达拉特旗	5	2	3	4	3	1	5	5	
准格尔旗	3	3		7	4	3	5	4	1
鄂托克前旗				2	2				
鄂托克旗				1	1		2	1	1
杭锦旗	1		1	1	1		3	3	
乌审旗	1		1	1		1	1		1
伊金霍洛旗	1	1		1		1	1		1
呼伦贝尔市	**20**	**11**	**9**	**20**	**14**	**6**	**38**	**26**	**12**
海拉尔区				1		1	1	1	
扎赉诺尔区									
阿荣旗	4	3	1	5	3	2	2	1	1
莫力达瓦达斡尔族自治旗	7	3	4	6	4	2	12	7	5
鄂伦春自治旗	1		1	1	1		1	1	
鄂温克族自治旗	3	1	2	2	1	1	1		1
陈巴尔虎旗	1	1					1	1	
新巴尔虎左旗	1	1					3	3	
新巴尔虎右旗				1	1		3	3	
满洲里市									
牙克石市							2	2	
扎兰屯市	3	2	1	4	4		10	7	3
额尔古纳市							2		2
根河市									
巴彦淖尔市	**3**	**3**		**11**	**9**	**2**	**26**	**17**	**9**
临河区							7	4	3
五原县				2	1	1	5	4	1
磴口县	1	1					4	1	3
乌拉特前旗	1	1		2	2		1	1	
乌拉特中旗				3	3		1		1
乌拉特后旗							1	1	
杭锦后旗	1	1		4	3	1	7	6	1

6-1c　续表 8　　　　单位：人

地　区	15-19岁			20-24岁			25-29岁		
	小计	男	女	小计	男	女	小计	男	女
乌兰察布市	**11**	**6**	**5**	**18**	**6**	**12**	**32**	**20**	**12**
集宁区				1		1	3	2	1
卓资县				1		1	5	3	2
化德县				1		1	1	1	
商都县	2	2		2	2		3	1	2
兴和县	2	1	1	3	1	2	3	2	1
凉城县	1		1				5	1	4
察哈尔右翼前旗	1	1					2	2	
察哈尔右翼中旗				1		1	1	1	
察哈尔右翼后旗	1		1						
四子王旗	3	1	2	5	3	2	2	2	
丰镇市	1	1		4		4	7	5	2
兴安盟	**12**	**8**	**4**	**16**	**9**	**7**	**46**	**38**	**8**
乌兰浩特市				2	2		4	4	
阿尔山市	1	1							
科尔沁右翼前旗	2	1	1	7	2	5	12	10	2
科尔沁右翼中旗	2	1	1	1	1		7	6	1
扎赉特旗	3	2	1	4	2	2	14	9	5
突泉县	4	3	1	2	2		9	9	
锡林郭勒盟	**7**	**5**	**2**	**10**	**6**	**4**	**18**	**13**	**5**
二连浩特市									
锡林浩特市									
阿巴嘎旗				1		1	2	1	1
苏尼特左旗	1	1		1	1				
苏尼特右旗	1	1					3	2	1
东乌珠穆沁旗				1		1	1	1	
西乌珠穆沁旗	2	1	1				4	4	
太仆寺旗	2	2		2	1	1	1		1
镶黄旗				1	1		1		1
正镶白旗				1	1		1	1	
正蓝旗	1		1	1	1		2	2	
多伦县				2	1	1	3	2	1
乌拉盖管委会									
阿拉善盟				**2**	**2**		**4**	**1**	**3**
阿拉善左旗				1	1		2		2
阿拉善右旗							1		1
额济纳旗				1	1		1	1	
内蒙古阿拉善经济开发区									

6-1c 续表 9

单位：人

地区	30-34岁			35-39岁			40-44岁		
	小计	男	女	小计	男	女	小计	男	女
内蒙古	**582**	**423**	**159**	**893**	**681**	**212**	**1372**	**1033**	**339**
呼和浩特市	**19**	**16**	**3**	**42**	**33**	**9**	**76**	**53**	**23**
新城区	1	1					1	1	
回民区							1	1	
玉泉区	1	1		4	4				
赛罕区	2		2	5	4	1	6	4	2
土默特左旗	6	6		14	9	5	26	17	9
托克托县	1	1		2	2		11	9	2
和林格尔县	5	5		7	6	1	12	8	4
清水河县	1	1		8	6	2	9	7	2
武川县	2	1	1	2	2		10	6	4
呼和浩特经济技术开发区									
包头市	**14**	**13**	**1**	**26**	**23**	**3**	**46**	**28**	**18**
东河区				3	2	1	2	1	1
昆都仑区									
青山区				1	1		1	1	
石拐区	1	1					3	1	2
白云鄂博矿区									
九原区	1	1		2	2		5	4	1
土默特右旗	7	6	1	7	7		16	10	6
固阳县	3	3		9	7	2	11	7	4
达尔罕茂明安联合旗	2	2		4	4		5	3	2
包头稀土高新技术产业开发区							3	1	2
乌海市	**1**	**1**		**2**	**2**		**5**	**5**	
海勃湾区				1	1		4	4	
海南区	1	1		1	1		1	1	
乌达区									
赤峰市	**146**	**113**	**33**	**200**	**147**	**53**	**270**	**198**	**72**
红山区	4	3	1	3	3		3		3
元宝山区	9	6	3	7	6	1	12	10	2
松山区	18	11	7	30	25	5	33	26	7
阿鲁科尔沁旗	18	15	3	11	6	5	20	15	5
巴林左旗	9	6	3	20	14	6	30	21	9
巴林右旗	6	4	2	10	6	4	11	10	1
林西县	4	4		5	3	2	11	9	2
克什克腾旗	7	4	3	8	8		13	10	3
翁牛特旗	16	15	1	23	18	5	27	17	10
喀喇沁旗	8	7	1	17	13	4	22	15	7
宁城县	25	20	5	39	26	13	42	30	12
敖汉旗	22	18	4	27	19	8	46	35	11

6-1c　续表 10　　　　　　　　　　　　　　　　　　　　　　　　单位：人

地　区	30-34岁			35-39岁			40-44岁		
	小计	男	女	小计	男	女	小计	男	女
通辽市	**91**	**59**	**32**	**144**	**116**	**28**	**265**	**204**	**61**
科尔沁区	18	11	7	27	23	4	41	26	15
科尔沁左翼中旗	20	16	4	24	21	3	49	39	10
科尔沁左翼后旗	12	4	8	28	24	4	42	35	7
开鲁县	14	9	5	19	15	4	29	21	8
库伦旗	7	7		12	10	2	14	13	1
奈曼旗	12	7	5	23	16	7	49	38	11
扎鲁特旗	7	4	3	11	7	4	33	25	8
通辽经济技术开发区	1	1					7	6	1
霍林郭勒市							1	1	
鄂尔多斯市	**33**	**21**	**12**	**42**	**37**	**5**	**69**	**52**	**17**
东胜区									
康巴什区									
达拉特旗	8	7	1	11	10	1	17	15	2
准格尔旗	9	3	6	11	10	1	13	8	5
鄂托克前旗				2	2		5	3	2
鄂托克旗	6	4	2	1	1		4	2	2
杭锦旗				7	6	1	7	7	
乌审旗	5	3	2	6	5	1	17	12	5
伊金霍洛旗	5	4	1	4	3	1	6	5	1
呼伦贝尔市	**77**	**49**	**28**	**119**	**94**	**25**	**164**	**121**	**43**
海拉尔区				1	1				
扎赉诺尔区									
阿荣旗	15	10	5	23	18	5	18	10	8
莫力达瓦达斡尔族自治旗	25	20	5	35	26	9	53	41	12
鄂伦春自治旗	6	3	3	8	5	3	8	6	2
鄂温克族自治旗	7	4	3	10	8	2	12	8	4
陈巴尔虎旗	2	2		2	2		3	2	1
新巴尔虎左旗	5	2	3	9	7	2	18	13	5
新巴尔虎右旗	5	5		5	3	2	15	12	3
满洲里市									
牙克石市	2	1	1	4	3	1	4	4	
扎兰屯市	10	2	8	21	20	1	33	25	8
额尔古纳市				1	1				
根河市									
巴彦淖尔市	**50**	**38**	**12**	**60**	**42**	**18**	**73**	**56**	**17**
临河区	14	12	2	20	15	5	13	11	2
五原县	9	6	3	9	5	4	16	13	3
磴口县	3	2	1	4	2	2	9	7	2
乌拉特前旗	4	3	1	6	4	2	9	8	1
乌拉特中旗	3	1	2	6	6		6	5	1
乌拉特后旗	2	1	1	5	2	3	6	4	2
杭锦后旗	15	13	2	10	8	2	14	8	6

6－1c　续表 11　　　　单位：人

地　区	30－34岁			35－39岁			40－44岁		
	小计	男	女	小计	男	女	小计	男	女
乌兰察布市	**40**	**30**	**10**	**84**	**59**	**25**	**119**	**88**	**31**
集宁区	1	1		4	3	1	12	6	6
卓资县	6	5	1	11	7	4	11	8	3
化德县	3	2	1	10	8	2	10	8	2
商都县	2	2		9	8	1	15	12	3
兴和县	4	4		7	5	2	18	12	6
凉城县	2	2		13	8	5	8	7	1
察哈尔右翼前旗	4	1	3	7	4	3	9	8	1
察哈尔右翼中旗	6	5	1	6	5	1	7	3	4
察哈尔右翼后旗	6	5	1	9	3	6	5	5	
四子王旗	4	2	2	6	6		13	10	3
丰镇市	2	1	1	2	2		11	9	2
兴安盟	**66**	**50**	**16**	**109**	**83**	**26**	**190**	**156**	**34**
乌兰浩特市	3	3		4	2	2	9	7	2
阿尔山市	1		1						
科尔沁右翼前旗	13	12	1	40	31	9	59	44	15
科尔沁右翼中旗	11	8	3	19	16	3	34	29	5
扎赉特旗	28	20	8	33	25	8	63	55	8
突泉县	10	7	3	13	9	4	25	21	4
锡林郭勒盟	**41**	**31**	**10**	**55**	**38**	**17**	**86**	**66**	**20**
二连浩特市									
锡林浩特市	1	1		4	2	2	5	3	2
阿巴嘎旗	2	1	1	2		2	6	3	3
苏尼特左旗	7	5	2	7	6	1	4	3	1
苏尼特右旗	3	3		3	1	2	4	3	1
东乌珠穆沁旗	4	2	2	1	1		8	4	4
西乌珠穆沁旗	7	5	2	12	9	3	15	11	4
太仆寺旗	6	6		11	9	2	17	14	3
镶黄旗									
正镶白旗				3	2	1	10	8	2
正蓝旗	9	7	2	3	2	1	9	9	
多伦县	2	1	1	8	5	3	5	5	
乌拉盖管委会				1	1		3	3	
阿拉善盟	**4**	**2**	**2**	**10**	**7**	**3**	**9**	**6**	**3**
阿拉善左旗	2	1	1	7	5	2	7	4	3
阿拉善右旗	2	1	1	1	1				
额济纳旗				1	1		1	1	
内蒙古阿拉善经济开发区				1		1	1	1	

6−1c 续表 12

单位：人

地 区	45−49岁			50−54岁			55−59岁		
	小计	男	女	小计	男	女	小计	男	女
内蒙古	**2809**	**2098**	**711**	**4039**	**3007**	**1032**	**5267**	**3740**	**1527**
呼和浩特市	**110**	**72**	**38**	**176**	**131**	**45**	**243**	**176**	**67**
新城区	2	1	1	2	2		5	3	2
回民区							1		1
玉泉区	2	2		4	3	1	6	3	3
赛罕区	13	10	3	17	15	2	25	23	2
土默特左旗	29	17	12	54	37	17	73	51	22
托克托县	13	9	4	28	22	6	35	24	11
和林格尔县	24	18	6	23	18	5	37	24	13
清水河县	13	9	4	14	8	6	26	21	5
武川县	14	6	8	34	26	8	35	27	8
呼和浩特经济技术开发区									
包头市	**108**	**74**	**34**	**129**	**97**	**32**	**221**	**171**	**50**
东河区	8	6	2	12	11	1	30	22	8
昆都仑区	6	2	4	2	1	1	6	5	1
青山区	1	1		2	2		3	2	1
石拐区	2	1	1	3	1	2	5	2	3
白云鄂博矿区									
九原区	9	6	3	14	13	1	19	16	3
土默特右旗	38	29	9	52	35	17	84	67	17
固阳县	27	16	11	25	18	7	51	40	11
达尔罕茂明安联合旗	15	12	3	14	12	2	22	17	5
包头稀土高新技术产业开发区	2	1	1	5	4	1	1		1
乌海市	**12**	**11**	**1**	**13**	**9**	**4**	**11**	**9**	**2**
海勃湾区	8	8		6	4	2	4	3	1
海南区	4	3	1	7	5	2	7	6	1
乌达区									
赤峰市	**645**	**499**	**146**	**969**	**731**	**238**	**1366**	**966**	**400**
红山区	3	2	1	4	3	1	5	4	1
元宝山区	32	24	8	43	31	12	60	47	13
松山区	82	66	16	104	79	25	158	109	49
阿鲁科尔沁旗	53	43	10	92	69	23	108	76	32
巴林左旗	68	57	11	112	86	26	170	116	54
巴林右旗	29	21	8	56	44	12	48	27	21
林西县	31	26	5	39	27	12	58	38	20
克什克腾旗	41	30	11	60	44	16	80	61	19
翁牛特旗	52	30	22	84	73	11	151	113	38
喀喇沁旗	55	47	8	74	50	24	122	86	36
宁城县	115	81	34	149	112	37	217	159	58
敖汉旗	84	72	12	152	113	39	189	130	59

6-1c 续表 13 单位：人

地 区	45-49岁			50-54岁			55-59岁		
	小计	男	女	小计	男	女	小计	男	女
通辽市	**559**	**409**	**150**	**767**	**573**	**194**	**1002**	**703**	**299**
科尔沁区	78	63	15	138	109	29	195	132	63
科尔沁左翼中旗	135	96	39	155	122	33	189	133	56
科尔沁左翼后旗	100	72	28	114	85	29	149	107	42
开鲁县	71	51	20	97	67	30	147	105	42
库伦旗	23	14	9	41	29	12	61	42	19
奈曼旗	86	65	21	120	90	30	150	112	38
扎鲁特旗	55	39	16	83	57	26	92	61	31
通辽经济技术开发区	10	8	2	15	12	3	17	10	7
霍林郭勒市	1	1		4	2	2	2	1	1
鄂尔多斯市	**118**	**86**	**32**	**175**	**116**	**59**	**212**	**141**	**71**
东胜区									
康巴什区									
达拉特旗	31	25	6	47	38	9	57	39	18
准格尔旗	19	12	7	35	18	17	44	32	12
鄂托克前旗	10	5	5	14	9	5	16	8	8
鄂托克旗	6	4	2	10	4	6	7	5	2
杭锦旗	27	21	6	34	26	8	33	22	11
乌审旗	17	12	5	19	11	8	34	21	13
伊金霍洛旗	8	7	1	16	10	6	21	14	7
呼伦贝尔市	**323**	**235**	**88**	**463**	**343**	**120**	**536**	**368**	**168**
海拉尔区	1	1		7	5	2	6	4	2
扎赉诺尔区									
阿荣旗	53	40	13	97	73	24	144	99	45
莫力达瓦达斡尔族自治旗	98	74	24	119	89	30	133	94	39
鄂伦春自治旗	21	11	10	23	17	6	30	19	11
鄂温克族自治旗	17	11	6	32	20	12	30	19	11
陈巴尔虎旗	6	4	2	6	4	2	16	9	7
新巴尔虎左旗	18	16	2	18	16	2	15	8	7
新巴尔虎右旗	17	10	7	14	9	5	21	15	6
满洲里市									
牙克石市	12	10	2	23	19	4	18	16	2
扎兰屯市	80	58	22	115	84	31	119	82	37
额尔古纳市				9	7	2	3	3	
根河市							1		1
巴彦淖尔市	**189**	**149**	**40**	**256**	**182**	**74**	**317**	**231**	**86**
临河区	50	38	12	70	49	21	77	58	19
五原县	27	24	3	47	35	12	55	43	12
磴口县	20	17	3	14	8	6	18	11	7
乌拉特前旗	35	23	12	44	27	17	51	40	11
乌拉特中旗	19	16	3	15	14	1	32	26	6
乌拉特后旗	5	5		3	1	2	17	10	7
杭锦后旗	33	26	7	63	48	15	67	43	24

6-1c　续表 14　　　　单位：人

地　区	45–49岁			50–54岁			55–59岁		
	小计	男	女	小计	男	女	小计	男	女
乌兰察布市	**229**	**164**	**65**	**354**	**282**	**72**	**503**	**379**	**124**
集宁区	9	8	1	22	19	3	24	20	4
卓资县	20	13	7	32	25	7	44	35	9
化德县	18	13	5	33	23	10	34	25	9
商都县	31	20	11	59	49	10	77	57	20
兴和县	20	18	2	38	29	9	43	35	8
凉城县	17	11	6	31	20	11	52	41	11
察哈尔右翼前旗	22	16	6	27	23	4	42	30	12
察哈尔右翼中旗	21	14	7	26	22	4	41	29	12
察哈尔右翼后旗	19	14	5	31	24	7	41	25	16
四子王旗	25	18	7	20	18	2	45	32	13
丰镇市	27	19	8	35	30	5	60	50	10
兴安盟	**347**	**267**	**80**	**517**	**372**	**145**	**604**	**396**	**208**
乌兰浩特市	23	19	4	33	27	6	45	32	13
阿尔山市	5	5		1	1		5	3	2
科尔沁右翼前旗	119	98	21	169	135	34	179	118	61
科尔沁右翼中旗	49	35	14	69	45	24	90	59	31
扎赉特旗	94	70	24	142	90	52	160	104	56
突泉县	57	40	17	103	74	29	125	80	45
锡林郭勒盟	**146**	**111**	**35**	**194**	**151**	**43**	**222**	**177**	**45**
二连浩特市				1	1		1	1	
锡林浩特市	10	9	1	8	7	1	8	6	2
阿巴嘎旗	10	7	3	11	7	4	10	9	1
苏尼特左旗	7	5	2	5	4	1	9	7	2
苏尼特右旗	3	2	1	5	4	1	11	8	3
东乌珠穆沁旗	16	13	3	16	12	4	22	19	3
西乌珠穆沁旗	24	15	9	30	25	5	33	24	9
太仆寺旗	21	15	6	38	32	6	55	43	12
镶黄旗	6	6		8	5	3	7	6	1
正镶白旗	14	12	2	24	20	4	17	15	2
正蓝旗	12	12		18	12	6	21	17	4
多伦县	23	15	8	28	20	8	27	21	6
乌拉盖管委会				2	2		1	1	
阿拉善盟	**23**	**21**	**2**	**26**	**20**	**6**	**30**	**23**	**7**
阿拉善左旗	13	11	2	20	17	3	20	16	4
阿拉善右旗	5	5		4	2	2	6	3	3
额济纳旗	4	4		2	1	1	4	4	
内蒙古阿拉善经济开发区	1	1							

6-1c 续表 15

单位：人

地区	60-64岁			65-69岁			70-74岁		
	小计	男	女	小计	男	女	小计	男	女
内蒙古	**7411**	**4998**	**2413**	**9595**	**6116**	**3479**	**9665**	**5898**	**3767**
呼和浩特市	**358**	**245**	**113**	**609**	**385**	**224**	**606**	**402**	**204**
新城区	4	4		7	3	4	12	12	
回民区	1	1		1	1		2	2	
玉泉区	14	10	4	17	13	4	10	5	5
赛罕区	48	30	18	61	38	23	81	47	34
土默特左旗	100	72	28	192	115	77	186	119	67
托克托县	45	29	16	106	66	40	97	66	31
和林格尔县	53	32	21	98	71	27	96	77	19
清水河县	36	24	12	46	26	20	48	30	18
武川县	57	43	14	81	52	29	74	44	30
呼和浩特经济技术开发区									
包头市	**284**	**195**	**89**	**369**	**232**	**137**	**434**	**279**	**155**
东河区	29	24	5	55	35	20	39	27	12
昆都仑区	4	3	1	9	2	7	7	5	2
青山区	8	6	2	21	14	7	10	8	2
石拐区	13	8	5	13	10	3	15	11	4
白云鄂博矿区									
九原区	14	11	3	28	18	10	43	24	19
土默特右旗	110	72	38	120	71	49	162	98	64
固阳县	64	41	23	75	47	28	92	63	29
达尔罕茂明安联合旗	36	24	12	42	31	11	62	42	20
包头稀土高新技术产业开发区	6	6		6	4	2	4	1	3
乌海市	**17**	**14**	**3**	**30**	**25**	**5**	**34**	**21**	**13**
海勃湾区	3	3		10	8	2	18	9	9
海南区	14	11	3	20	17	3	16	12	4
乌达区									
赤峰市	**2019**	**1342**	**677**	**2323**	**1444**	**879**	**2267**	**1316**	**951**
红山区	10	8	2	18	12	6	20	13	7
元宝山区	92	49	43	116	77	39	115	62	53
松山区	230	148	82	287	177	110	267	154	113
阿鲁科尔沁旗	157	122	35	168	90	78	194	105	89
巴林左旗	262	166	96	255	162	93	232	133	99
巴林右旗	97	60	37	91	49	42	90	45	45
林西县	99	65	34	122	75	47	91	52	39
克什克腾旗	110	80	30	135	89	46	116	68	48
翁牛特旗	191	129	62	227	140	87	209	120	89
喀喇沁旗	153	103	50	204	136	68	175	103	72
宁城县	336	224	112	369	232	137	389	244	145
敖汉旗	282	188	94	331	205	126	369	217	152

6-1c　续表 16

单位：人

地　　区	60-64岁			65-69岁			70-74岁		
	小计	男	女	小计	男	女	小计	男	女
通辽市	**1396**	**902**	**494**	**1838**	**1163**	**675**	**1671**	**923**	**748**
科尔沁区	248	168	80	339	222	117	316	166	150
科尔沁左翼中旗	308	204	104	375	236	139	314	170	144
科尔沁左翼后旗	193	122	71	274	173	101	236	126	110
开鲁县	209	133	76	307	168	139	264	138	126
库伦旗	68	42	26	81	54	27	87	50	37
奈曼旗	234	144	90	279	187	92	279	173	106
扎鲁特旗	103	70	33	134	90	44	141	84	57
通辽经济技术开发区	30	19	11	41	29	12	24	12	12
霍林郭勒市	3		3	8	4	4	10	4	6
鄂尔多斯市	**263**	**192**	**71**	**435**	**290**	**145**	**443**	**286**	**157**
东胜区									
康巴什区									
达拉特旗	84	58	26	122	82	40	134	90	44
准格尔旗	59	40	19	85	49	36	81	54	27
鄂托克前旗	18	13	5	26	19	7	38	21	17
鄂托克旗	14	10	4	18	14	4	19	15	4
杭锦旗	33	28	5	77	52	25	67	43	24
乌审旗	26	19	7	47	32	15	46	26	20
伊金霍洛旗	29	24	5	60	42	18	58	37	21
呼伦贝尔市	**679**	**464**	**215**	**913**	**578**	**335**	**864**	**519**	**345**
海拉尔区	7	4	3	11	6	5	10	3	7
扎赉诺尔区									
阿荣旗	176	125	51	231	145	86	216	127	89
莫力达瓦达斡尔族自治旗	189	134	55	218	144	74	218	126	92
鄂伦春自治旗	32	22	10	55	36	19	51	35	16
鄂温克族自治旗	43	28	15	54	34	20	34	20	14
陈巴尔虎旗	10	4	6	18	12	6	11	7	4
新巴尔虎左旗	17	10	7	24	11	13	19	11	8
新巴尔虎右旗	14	12	2	17	12	5	13	5	8
满洲里市									
牙克石市	20	11	9	25	22	3	25	11	14
扎兰屯市	160	106	54	234	142	92	257	167	90
额尔古纳市	10	7	3	25	14	11	10	7	3
根河市	1	1		1		1			
巴彦淖尔市	**478**	**342**	**136**	**613**	**399**	**214**	**695**	**412**	**283**
临河区	139	100	39	174	119	55	184	119	65
五原县	93	68	25	111	74	37	146	77	69
磴口县	27	20	7	30	19	11	27	12	15
乌拉特前旗	83	57	26	100	54	46	139	80	59
乌拉特中旗	44	32	12	53	32	21	47	30	17
乌拉特后旗	7	5	2	15	11	4	16	11	5
杭锦后旗	85	60	25	130	90	40	136	83	53

6-1c 续表 17

单位：人

地　区	60-64岁			65-69岁			70-74岁		
	小计	男	女	小计	男	女	小计	男	女
乌兰察布市	**831**	**611**	**220**	**1163**	**841**	**322**	**1404**	**1008**	**396**
集宁区	34	27	7	26	19	7	46	38	8
卓资县	91	65	26	155	108	47	172	122	50
化德县	59	41	18	68	51	17	87	65	22
商都县	115	88	27	171	118	53	228	156	72
兴和县	86	61	25	115	91	24	147	104	43
凉城县	82	66	16	124	93	31	131	93	38
察哈尔右翼前旗	66	52	14	92	68	24	113	83	30
察哈尔右翼中旗	74	55	19	109	76	33	116	87	29
察哈尔右翼后旗	71	50	21	89	64	25	93	61	32
四子王旗	52	35	17	82	50	32	110	75	35
丰镇市	101	71	30	132	103	29	161	124	37
兴安盟	**759**	**477**	**282**	**938**	**530**	**408**	**887**	**498**	**389**
乌兰浩特市	45	29	16	65	38	27	52	42	10
阿尔山市	4	4		7	5	2	4	3	1
科尔沁右翼前旗	241	150	91	276	165	111	294	156	138
科尔沁右翼中旗	96	55	41	136	67	69	112	61	51
扎赉特旗	206	127	79	255	137	118	208	119	89
突泉县	167	112	55	199	118	81	217	117	100
锡林郭勒盟	**294**	**189**	**105**	**326**	**203**	**123**	**317**	**206**	**111**
二连浩特市	1	1							
锡林浩特市	9	6	3	12	10	2	12	6	6
阿巴嘎旗	15	9	6	17	8	9	17	10	7
苏尼特左旗	20	10	10	16	6	10	16	10	6
苏尼特右旗	18	13	5	11	7	4	13	8	5
东乌珠穆沁旗	16	13	3	16	11	5	11	7	4
西乌珠穆沁旗	28	17	11	29	15	14	34	18	16
太仆寺旗	85	59	26	99	67	32	100	74	26
镶黄旗	18	8	10	7	3	4	9	8	1
正镶白旗	23	13	10	37	27	10	25	19	6
正蓝旗	28	20	8	40	25	15	33	19	14
多伦县	33	20	13	39	22	17	42	25	17
乌拉盖管委会				3	2	1	5	2	3
阿拉善盟	**33**	**25**	**8**	**38**	**26**	**12**	**43**	**28**	**15**
阿拉善左旗	23	18	5	29	19	10	32	21	11
阿拉善右旗	5	5		4	4		7	4	3
额济纳旗	5	2	3	4	3	1	4	3	1
内蒙古阿拉善经济开发区				1		1			

6-1c 续表 18

单位：人

地区	75-79岁			80-84岁			85-89岁		
	小计	男	女	小计	男	女	小计	男	女
内蒙古	**9244**	**5279**	**3965**	**10925**	**5698**	**5227**	**7456**	**3621**	**3835**
呼和浩特市	**686**	**420**	**266**	**991**	**558**	**433**	**877**	**460**	**417**
新城区	9	4	5	17	11	6	17	9	8
回民区	1	1		1		1			
玉泉区	20	7	13	30	13	17	19	10	9
赛罕区	79	46	33	81	54	27	85	38	47
土默特左旗	205	115	90	334	186	148	268	139	129
托克托县	103	66	37	170	91	79	152	80	72
和林格尔县	126	83	43	152	83	69	141	73	68
清水河县	68	48	20	83	50	33	77	46	31
武川县	75	50	25	123	70	53	118	65	53
呼和浩特经济技术开发区									
包头市	**424**	**247**	**177**	**565**	**318**	**247**	**453**	**249**	**204**
东河区	59	32	27	63	33	30	35	17	18
昆都仑区	12	8	4	9	3	6	4	2	2
青山区	12	6	6	11	5	6	12	3	9
石拐区	14	8	6	22	14	8	22	10	12
白云鄂博矿区									
九原区	32	19	13	42	27	15	30	13	17
土默特右旗	167	91	76	227	127	100	191	118	73
固阳县	93	60	33	124	76	48	97	56	41
达尔罕茂明安联合旗	34	22	12	64	30	34	56	28	28
包头稀土高新技术产业开发区	1	1		3	3		6	2	4
乌海市	**25**	**18**	**7**	**32**	**16**	**16**	**23**	**9**	**14**
海勃湾区	9	7	2	9	5	4	7	5	2
海南区	16	11	5	23	11	12	16	4	12
乌达区									
赤峰市	**2231**	**1217**	**1014**	**2686**	**1365**	**1321**	**1539**	**694**	**845**
红山区	22	14	8	19	10	9	14	5	9
元宝山区	98	52	46	130	63	67	49	18	31
松山区	271	147	124	373	185	188	228	95	133
阿鲁科尔沁旗	165	89	76	169	92	77	97	38	59
巴林左旗	235	135	100	228	122	106	157	75	82
巴林右旗	80	41	39	71	31	40	45	22	23
林西县	73	47	26	132	82	50	81	33	48
克什克腾旗	110	54	56	139	71	68	57	24	33
翁牛特旗	215	108	107	280	144	136	146	71	75
喀喇沁旗	191	106	85	249	135	114	126	52	74
宁城县	427	237	190	448	206	242	291	134	157
敖汉旗	344	187	157	448	224	224	248	127	121

6-1c 续表 19

单位：人

地区	75-79岁			80-84岁			85-89岁		
	小计	男	女	小计	男	女	小计	男	女
通辽市	**1429**	**747**	**682**	**1469**	**696**	**773**	**898**	**367**	**531**
科尔沁区	263	135	128	276	129	147	183	79	104
科尔沁左翼中旗	280	140	140	259	125	134	138	50	88
科尔沁左翼后旗	196	104	92	205	93	112	115	54	61
开鲁县	229	113	116	211	91	120	129	45	84
库伦旗	65	37	28	87	37	50	45	20	25
奈曼旗	239	137	102	272	129	143	198	74	124
扎鲁特旗	125	70	55	125	77	48	73	38	35
通辽经济技术开发区	32	11	21	31	14	17	14	4	10
霍林郭勒市				3	1	2	3	3	
鄂尔多斯市	**479**	**284**	**195**	**792**	**424**	**368**	**593**	**316**	**277**
东胜区									
康巴什区									
达拉特旗	148	89	59	246	137	109	197	103	94
准格尔旗	121	79	42	198	102	96	165	101	64
鄂托克前旗	33	21	12	27	12	15	17	8	9
鄂托克旗	11	8	3	41	23	18	22	9	13
杭锦旗	65	32	33	103	50	53	77	38	39
乌审旗	54	33	21	66	33	33	35	13	22
伊金霍洛旗	47	22	25	111	67	44	80	44	36
呼伦贝尔市	**768**	**440**	**328**	**631**	**354**	**277**	**397**	**201**	**196**
海拉尔区	9	4	5	14	7	7	7	4	3
扎赉诺尔区									
阿荣旗	175	106	69	133	82	51	87	50	37
莫力达瓦达斡尔族自治旗	161	97	64	142	72	70	89	44	45
鄂伦春自治旗	43	28	15	27	16	11	19	7	12
鄂温克族自治旗	40	23	17	40	20	20	27	15	12
陈巴尔虎旗	25	15	10	24	11	13	17	7	10
新巴尔虎左旗	25	10	15	20	11	9	10	4	6
新巴尔虎右旗	14	2	12	11	6	5	5	2	3
满洲里市									
牙克石市	39	17	22	51	31	20	23	14	9
扎兰屯市	212	119	93	152	90	62	107	51	56
额尔古纳市	25	19	6	17	8	9	6	3	3
根河市									
巴彦淖尔市	**809**	**491**	**318**	**977**	**525**	**452**	**659**	**327**	**332**
临河区	218	140	78	228	123	105	151	75	76
五原县	162	93	69	201	113	88	127	64	63
磴口县	40	19	21	52	21	31	30	17	13
乌拉特前旗	136	82	54	173	87	86	131	68	63
乌拉特中旗	56	32	24	66	36	30	58	27	31
乌拉特后旗	19	13	6	18	8	10	11	5	6
杭锦后旗	178	112	66	239	137	102	151	71	80

6-1c 续表 20

单位：人

地 区	75-79岁			80-84岁			85-89岁		
	小计	男	女	小计	男	女	小计	男	女
乌兰察布市	**1321**	**817**	**504**	**1710**	**908**	**802**	**1424**	**726**	**698**
集宁区	41	27	14	52	21	31	58	25	33
卓资县	150	84	66	173	109	64	141	72	69
化德县	89	50	39	107	49	58	86	42	44
商都县	178	106	72	260	124	136	158	87	71
兴和县	131	81	50	196	112	84	158	90	68
凉城县	149	88	61	206	115	91	138	73	65
察哈尔右翼前旗	107	75	32	144	73	71	132	61	71
察哈尔右翼中旗	119	80	39	118	65	53	108	57	51
察哈尔右翼后旗	116	69	47	153	80	73	136	68	68
四子王旗	102	70	32	130	79	51	120	70	50
丰镇市	139	87	52	171	81	90	189	81	108
兴安盟	**673**	**350**	**323**	**641**	**333**	**308**	**324**	**142**	**182**
乌兰浩特市	41	25	16	43	20	23	17	6	11
阿尔山市	4	3	1	3	2	1	4	2	2
科尔沁右翼前旗	204	105	99	184	102	82	106	48	58
科尔沁右翼中旗	81	41	40	75	37	38	32	11	21
扎赉特旗	177	92	85	162	87	75	73	32	41
突泉县	166	84	82	174	85	89	92	43	49
锡林郭勒盟	**336**	**206**	**130**	**354**	**170**	**184**	**216**	**104**	**112**
二连浩特市									
锡林浩特市	14	8	6	16	6	10	6	5	1
阿巴嘎旗	11	8	3	14	6	8	12	5	7
苏尼特左旗	13	6	7	11	5	6	10	5	5
苏尼特右旗	19	11	8	13	6	7	10	2	8
东乌珠穆沁旗	17	6	11	14	7	7	5	2	3
西乌珠穆沁旗	27	17	10	25	11	14	10	3	7
太仆寺旗	104	71	33	129	65	64	75	40	35
镶黄旗	7	7		5	2	3	6	3	3
正镶白旗	39	19	20	43	20	23	29	12	17
正蓝旗	38	23	15	49	22	27	17	10	7
多伦县	43	28	15	33	18	15	36	17	19
乌拉盖管委会	4	2	2	2	2				
阿拉善盟	**63**	**42**	**21**	**77**	**31**	**46**	**53**	**26**	**27**
阿拉善左旗	44	31	13	52	21	31	40	20	20
阿拉善右旗	13	8	5	16	6	10	13	6	7
额济纳旗	5	2	3	7	3	4			
内蒙古阿拉善经济开发区	1	1		2	1	1			

6-1c 续表 21 单位：人

地区	90-94岁			95-99岁			100岁及以上		
	小计	男	女	小计	男	女	小计	男	女
内蒙古	**2496**	**1102**	**1394**	**492**	**200**	**292**	**66**	**23**	**43**
呼和浩特市	**220**	**108**	**112**	**36**	**17**	**19**	**5**	**2**	**3**
新城区	8	2	6	1		1			
回民区	1		1						
玉泉区	9	3	6						
赛罕区	25	12	13	6	2	4			
土默特左旗	57	29	28	14	9	5	3	2	1
托克托县	34	19	15	8	2	6	2		2
和林格尔县	29	15	14						
清水河县	31	17	14	5	3	2			
武川县	26	11	15	2	1	1			
呼和浩特经济技术开发区									
包头市	**128**	**62**	**66**	**30**	**13**	**17**	**6**	**2**	**4**
东河区	16	8	8	2	1	1			
昆都仑区	5	2	3	1	1				
青山区	6	4	2	1		1			
石拐区	6	1	5	4	1	3			
白云鄂博矿区									
九原区	9	5	4	3	2	1			
土默特右旗	44	22	22	12	6	6	3	1	2
固阳县	29	15	14	3		3	2	1	1
达尔罕茂明安联合旗	13	5	8	2	1	1	1		1
包头稀土高新技术产业开发区				2	1	1			
乌海市	**19**	**9**	**10**	**3**	**1**	**2**			
海勃湾区	6	3	3						
海南区	13	6	7	3	1	2			
乌达区									
赤峰市	**507**	**203**	**304**	**80**	**35**	**45**	**16**	**6**	**10**
红山区	4		4	1	1				
元宝山区	18	7	11	3	1	2	1		1
松山区	79	30	49	19	10	9	5	2	3
阿鲁科尔沁旗	23	8	15	8	3	5			
巴林左旗	47	25	22	4	1	3			
巴林右旗	16	4	12	3	3		2	1	1
林西县	21	7	14	3	1	2			
克什克腾旗	23	12	11	3	3				
翁牛特旗	50	22	28	6	2	4			
喀喇沁旗	48	16	32	5	2	3	3	1	2
宁城县	87	34	53	14	4	10	1	1	
敖汉旗	91	38	53	11	4	7	4	1	3

6-1c　续表 22　　　　单位：人

地　区	90-94岁			95-99岁			100岁及以上		
	小计	男	女	小计	男	女	小计	男	女
通辽市	**350**	**139**	**211**	**67**	**24**	**43**	**7**	**3**	**4**
科尔沁区	76	33	43	16	6	10	2	1	1
科尔沁左翼中旗	50	22	28	9	3	6	4	2	2
科尔沁左翼后旗	47	17	30	7	2	5			
开鲁县	41	15	26	11	4	7			
库伦旗	27	6	21	5	1	4			
奈曼旗	77	33	44	12	4	8			
扎鲁特旗	27	11	16	4	3	1	1		1
通辽经济技术开发区	4	2	2	3	1	2			
霍林郭勒市	1		1						
鄂尔多斯市	**219**	**105**	**114**	**49**	**16**	**33**	**6**	**2**	**4**
东胜区									
康巴什区									
达拉特旗	79	39	40	15	5	10	1		1
准格尔旗	62	32	30	13	6	7	1		1
鄂托克前旗	13	6	7	3		3	1	1	
鄂托克旗	4	1	3	2	1	1	1	1	
杭锦旗	28	10	18	7	1	6	1		1
乌审旗	9	4	5	4	1	3	1		1
伊金霍洛旗	24	13	11	5	2	3			
呼伦贝尔市	**181**	**86**	**95**	**46**	**19**	**27**	**5**	**1**	**4**
海拉尔区	6	4	2						
扎赉诺尔区									
阿荣旗	43	19	24	16	5	11	1		1
莫力达瓦达斡尔族自治旗	37	20	17	11	8	3	2	1	1
鄂伦春自治旗	12	4	8	1	1		2		2
鄂温克族自治旗	4	2	2	3	1	2			
陈巴尔虎旗	7	3	4						
新巴尔虎左旗	2		2						
新巴尔虎右旗	3	1	2						
满洲里市									
牙克石市	9	4	5	1	1				
扎兰屯市	52	24	28	12	2	10			
额尔古纳市	5	5		2	1	1			
根河市	1		1						
巴彦淖尔市	**177**	**92**	**85**	**47**	**25**	**22**	**5**	**3**	**2**
临河区	31	17	14	7	5	2	4	3	1
五原县	42	26	16	13	6	7			
磴口县	4	2	2	1		1			
乌拉特前旗	51	26	25	14	7	7			
乌拉特中旗	14	10	4	3	2	1			
乌拉特后旗	2		2						
杭锦后旗	33	11	22	9	5	4	1		1

6-1c 续表 23

单位：人

地区	90-94岁			95-99岁			100岁及以上		
	小计	男	女	小计	男	女	小计	男	女
乌兰察布市	**449**	**196**	**253**	**87**	**31**	**56**	**10**	**3**	**7**
集宁区	11	4	7	4	1	3			
卓资县	40	23	17	6	1	5			
化德县	27	15	12	7	3	4	1	1	
商都县	53	15	38	10	6	4	3	1	2
兴和县	49	20	29	7	4	3	1		1
凉城县	44	20	24	9	4	5			
察哈尔右翼前旗	45	24	21	8	2	6	2		2
察哈尔右翼中旗	35	16	19	4	1	3			
察哈尔右翼后旗	42	19	23	10	3	7			
四子王旗	36	17	19	9	1	8	1		1
丰镇市	67	23	44	13	5	8	2	1	1
兴安盟	**141**	**51**	**90**	**24**	**9**	**15**	**3**		**3**
乌兰浩特市	10	3	7	2		2			
阿尔山市									
科尔沁右翼前旗	48	19	29	8	3	5	1		1
科尔沁右翼中旗	19	5	14	3	2	1			
扎赉特旗	26	9	17	5	2	3	1		1
突泉县	38	15	23	6	2	4	1		1
锡林郭勒盟	**84**	**42**	**42**	**17**	**7**	**10**	**3**	**1**	**2**
二连浩特市									
锡林浩特市	1	1		1		1			
阿巴嘎旗	2		2						
苏尼特左旗	6		6						
苏尼特右旗	4	1	3	1		1			
东乌珠穆沁旗	3	1	2						
西乌珠穆沁旗	3	3		2	1	1			
太仆寺旗	32	16	16	4	1	3	2		2
镶黄旗	3	2	1						
正镶白旗	13	8	5	3	2	1	1	1	
正蓝旗	6	3	3	5	2	3			
多伦县	11	7	4	1	1				
乌拉盖管委会									
阿拉善盟	**21**	**9**	**12**	**6**	**3**	**3**			
阿拉善左旗	14	5	9	4	2	2			
阿拉善右旗	5	2	3	1	1				
额济纳旗	1	1		1		1			
内蒙古阿拉善经济开发区	1	1							

6-2　各地区分性别、受教育程度的3岁及以上死亡人口
(2019.11.1-2020.10.31)

单位：人

地　　区	3岁及以上死亡人口			未上过学		
	合计	男	女	小计	男	女
内蒙古	**143294**	**87126**	**56168**	**28840**	**11279**	**17561**
呼和浩特市	**12896**	**7893**	**5003**	**3186**	**1302**	**1884**
新城区	1552	972	580	154	70	84
回民区	1874	1118	756	185	55	130
玉泉区	1056	634	422	137	45	92
赛罕区	2303	1420	883	340	132	208
土默特左旗	2005	1192	813	746	310	436
托克托县	1164	707	457	524	214	310
和林格尔县	1135	719	416	465	205	260
清水河县	666	432	234	260	109	151
武川县	981	593	388	315	135	180
呼和浩特经济技术开发区	160	106	54	60	27	33
包头市	**13821**	**8352**	**5469**	**2285**	**891**	**1394**
东河区	3086	1836	1250	422	147	275
昆都仑区	2807	1698	1109	162	53	109
青山区	2868	1750	1118	197	63	134
石拐区	238	138	100	95	36	59
白云鄂博矿区	111	74	37	9	4	5
九原区	848	507	341	207	78	129
土默特右旗	1761	1066	695	663	262	401
固阳县	888	553	335	263	131	132
达尔罕茂明安联合旗	553	336	217	151	63	88
包头稀土高新技术产业开发区	661	394	267	116	54	62
乌海市	**2844**	**1783**	**1061**	**453**	**191**	**262**
海勃湾区	1508	935	573	204	85	119
海南区	524	342	182	133	62	71
乌达区	812	506	306	116	44	72
赤峰市	**24676**	**14718**	**9958**	**5093**	**1763**	**3330**
红山区	1715	976	739	188	61	127
元宝山区	1935	1132	803	241	65	176
松山区	3119	1839	1280	645	190	455
阿鲁科尔沁旗	1713	1017	696	305	111	194
巴林左旗	2305	1421	884	463	171	292
巴林右旗	935	535	400	185	64	121
林西县	1080	672	408	253	99	154
克什克腾旗	1273	790	483	378	144	234
翁牛特旗	2098	1253	845	591	220	371
喀喇沁旗	1865	1127	738	538	196	342
宁城县	3515	2087	1428	745	259	486
敖汉旗	3123	1869	1254	561	183	378

6–2 续表 1

单位：人

地区	3岁及以上死亡人口			未上过学		
	合计	男	女	小计	男	女
通辽市	**19019**	**11266**	**7753**	**2868**	**1015**	**1853**
科尔沁区	5234	3109	2125	496	164	332
科尔沁左翼中旗	2929	1763	1166	579	235	344
科尔沁左翼后旗	2352	1382	970	369	127	242
开鲁县	2446	1391	1055	316	102	214
库伦旗	855	500	355	164	56	108
奈曼旗	2556	1521	1035	508	175	333
扎鲁特旗	1549	960	589	349	131	218
通辽经济技术开发区	593	343	250	54	13	41
霍林郭勒市	505	297	208	33	12	21
鄂尔多斯市	**8148**	**5057**	**3091**	**2762**	**1158**	**1604**
东胜区	1520	951	569	317	122	195
康巴什区	141	93	48	42	23	19
达拉特旗	1792	1126	666	642	253	389
准格尔旗	1550	976	574	548	233	315
鄂托克前旗	345	212	133	125	48	77
鄂托克旗	576	343	233	197	89	108
杭锦旗	776	474	302	338	144	194
乌审旗	551	328	223	162	68	94
伊金霍洛旗	897	554	343	391	178	213
呼伦贝尔市	**20594**	**12441**	**8153**	**1751**	**653**	**1098**
海拉尔区	2406	1438	968	159	52	107
扎赉诺尔区	856	508	348	44	20	24
阿荣旗	2139	1350	789	210	85	125
莫力达瓦达斡尔族自治旗	2084	1325	759	272	127	145
鄂伦春自治旗	2098	1237	861	225	88	137
鄂温克族自治旗	1168	684	484	58	21	37
陈巴尔虎旗	488	287	201	35	13	22
新巴尔虎左旗	348	211	137	17	5	12
新巴尔虎右旗	249	153	96	21	6	15
满洲里市	863	498	365	25	13	12
牙克石市	2810	1686	1124	167	66	101
扎兰屯市	3451	2107	1344	289	100	189
额尔古纳市	519	315	204	67	17	50
根河市	1115	642	473	162	40	122
巴彦淖尔市	**9484**	**5888**	**3596**	**2943**	**1180**	**1763**
临河区	2853	1807	1046	766	307	459
五原县	1520	945	575	540	223	317
磴口县	679	421	258	226	82	144
乌拉特前旗	1651	978	673	568	218	350
乌拉特中旗	745	479	266	204	93	111
乌拉特后旗	282	185	97	70	31	39
杭锦后旗	1754	1073	681	569	226	343

6-2　续表 2

单位：人

地　区	3岁及以上死亡人口			未上过学		
	合计	男	女	小计	男	女
乌兰察布市	**14636**	**9221**	**5415**	**4645**	**1945**	**2700**
集宁区	2027	1241	786	268	77	191
卓资县	1327	850	477	410	179	231
化德县	788	493	295	263	122	141
商都县	1704	1062	642	539	202	337
兴和县	1580	1019	561	666	288	378
凉城县	1237	804	433	520	246	274
察哈尔右翼前旗	1328	834	494	438	182	256
察哈尔右翼中旗	963	628	335	283	131	152
察哈尔右翼后旗	1026	617	409	393	159	234
四子王旗	1089	696	393	302	128	174
丰镇市	1567	977	590	563	231	332
兴安盟	**10127**	**6091**	**4036**	**1423**	**581**	**842**
乌兰浩特市	1930	1180	750	193	68	125
阿尔山市	292	176	116	30	9	21
科尔沁右翼前旗	2423	1503	920	390	170	220
科尔沁右翼中旗	1427	834	593	275	112	163
扎赉特旗	2221	1305	916	374	162	212
突泉县	1834	1093	741	161	60	101
锡林郭勒盟	**5720**	**3622**	**2098**	**1135**	**484**	**651**
二连浩特市	210	133	77	14	3	11
锡林浩特市	987	620	367	69	24	45
阿巴嘎旗	273	153	120	52	22	30
苏尼特左旗	258	151	107	35	13	22
苏尼特右旗	408	252	156	70	26	44
东乌珠穆沁旗	298	196	102	46	18	28
西乌珠穆沁旗	624	411	213	88	42	46
太仆寺旗	1029	666	363	388	176	212
镶黄旗	166	110	56	18	6	12
正镶白旗	380	243	137	114	51	63
正蓝旗	398	255	143	88	41	47
多伦县	583	360	223	141	56	85
乌拉盖管委会	106	72	34	12	6	6
阿拉善盟	**1329**	**794**	**535**	**296**	**116**	**180**
阿拉善左旗	947	564	383	214	89	125
阿拉善右旗	215	120	95	58	17	41
额济纳旗	143	95	48	22	10	12
内蒙古阿拉善经济开发区	24	15	9	2		2

6-2 续表 3 单位：人

地 区	学前教育			小 学		
	小计	男	女	小计	男	女
内蒙古	**206**	**99**	**107**	**65713**	**39093**	**26620**
呼和浩特市	**12**	**6**	**6**	**4685**	**2847**	**1838**
新城区				533	265	268
回民区	2		2	706	370	336
玉泉区				369	191	178
赛罕区	3	2	1	750	422	328
土默特左旗	4	3	1	854	562	292
托克托县	1	1		341	245	96
和林格尔县	2		2	385	270	115
清水河县				237	180	57
武川县				462	304	158
呼和浩特经济技术开发区				48	38	10
包头市	**36**	**21**	**15**	**5960**	**3394**	**2566**
东河区	9	3	6	1288	679	609
昆都仑区	11	8	3	1302	696	606
青山区	2	1	1	1138	592	546
石拐区	1	1		92	64	28
白云鄂博矿区				61	39	22
九原区	9	6	3	341	208	133
土默特右旗				695	473	222
固阳县	4	2	2	456	291	165
达尔罕茂明安联合旗				274	164	110
包头稀土高新技术产业开发区				313	188	125
乌海市	**6**	**4**	**2**	**1194**	**685**	**509**
海勃湾区	1		1	562	299	263
海南区	1	1		229	152	77
乌达区	4	3	1	403	234	169
赤峰市	**41**	**16**	**25**	**12787**	**7660**	**5127**
红山区	5	3	2	711	366	345
元宝山区	2	1	1	937	504	433
松山区	3		3	1532	903	629
阿鲁科尔沁旗	3	2	1	955	547	408
巴林左旗	4	2	2	1281	799	482
巴林右旗				514	287	227
林西县	1	1		613	400	213
克什克腾旗	4	1	3	581	399	182
翁牛特旗	5	1	4	1092	701	391
喀喇沁旗	3	1	2	906	604	302
宁城县	7	4	3	1762	1002	760
敖汉旗	4		4	1903	1148	755

6-2　续表 4

单位：人

地　区	学前教育			小　学		
	小计	男	女	小计	男	女
通辽市	**14**	**9**	**5**	**9274**	**5122**	**4152**
科尔沁区	5	3	2	2209	1182	1027
科尔沁左翼中旗	1	1		1499	861	638
科尔沁左翼后旗	1	1		1220	671	549
开鲁县	4	2	2	1361	706	655
库伦旗				412	231	181
奈曼旗	1	1		1356	792	564
扎鲁特旗	2	1	1	751	462	289
通辽经济技术开发区				257	124	133
霍林郭勒市				209	93	116
鄂尔多斯市	**12**	**6**	**6**	**3275**	**2178**	**1097**
东胜区	1		1	562	330	232
康巴什区				34	25	9
达拉特旗	3	2	1	725	512	213
准格尔旗	1		1	670	469	201
鄂托克前旗	1	1		143	93	50
鄂托克旗	1	1		246	152	94
杭锦旗	1	1		283	192	91
乌审旗	1		1	263	160	103
伊金霍洛旗	3	1	2	349	245	104
呼伦贝尔市	**21**	**9**	**12**	**9775**	**5379**	**4396**
海拉尔区	2	1	1	851	427	424
扎赉诺尔区	2		2	449	221	228
阿荣旗	1		1	1260	755	505
莫力达瓦达斡尔族自治旗	3	1	2	1183	732	451
鄂伦春自治旗	4	4		937	490	447
鄂温克族自治旗	3		3	504	257	247
陈巴尔虎旗				261	142	119
新巴尔虎左旗				181	107	74
新巴尔虎右旗				146	88	58
满洲里市				216	100	116
牙克石市	1	1		1230	626	604
扎兰屯市	2		2	1841	1043	798
额尔古纳市				260	153	107
根河市	3	2	1	456	238	218
巴彦淖尔市	**17**	**4**	**13**	**3560**	**2326**	**1234**
临河区	7	3	4	1008	663	345
五原县				604	399	205
磴口县	2		2	222	148	74
乌拉特前旗	5		5	613	391	222
乌拉特中旗	1		1	325	210	115
乌拉特后旗				118	85	33
杭锦后旗	2	1	1	670	430	240

6-2 续表 5

单位：人

地　区	学前教育			小　学		
	小计	男	女	小计	男	女
乌兰察布市	**30**	**16**	**14**	**6573**	**4458**	**2115**
集宁区	1		1	813	462	351
卓资县	1		1	639	442	197
化德县				377	244	133
商都县	6	4	2	804	543	261
兴和县	1		1	676	520	156
凉城县	5	1	4	480	357	123
察哈尔右翼前旗	1		1	627	431	196
察哈尔右翼中旗				463	320	143
察哈尔右翼后旗	3	2	1	432	279	153
四子王旗	1		1	550	368	182
丰镇市	11	9	2	712	492	220
兴安盟	**11**	**3**	**8**	**5452**	**3083**	**2369**
乌兰浩特市	1		1	740	397	343
阿尔山市				126	66	60
科尔沁右翼前旗	2	1	1	1414	872	542
科尔沁右翼中旗	1		1	702	375	327
扎赉特旗	4	1	3	1304	736	568
突泉县	3	1	2	1166	637	529
锡林郭勒盟	**5**	**5**		**2638**	**1651**	**987**
二连浩特市	1	1		95	56	39
锡林浩特市				400	223	177
阿巴嘎旗				154	93	61
苏尼特左旗				144	76	68
苏尼特右旗				185	112	73
东乌珠穆沁旗				160	105	55
西乌珠穆沁旗				296	189	107
太仆寺旗	1	1		401	282	119
镶黄旗	1	1		98	62	36
正镶白旗				174	114	60
正蓝旗				191	115	76
多伦县	1	1		283	187	96
乌拉盖管委会	1	1		57	37	20
阿拉善盟	**1**		**1**	**540**	**310**	**230**
阿拉善左旗	1		1	371	214	157
阿拉善右旗				94	55	39
额济纳旗				65	36	29
内蒙古阿拉善经济开发区				10	5	5

6-2　续表 6　　　　　　　　　　　　　　　　　　　　单位：人

地　　区	初　　中			高　　中			大学专科		
	小计	男	女	小计	男	女	小计	男	女
内蒙古	**35193**	**26346**	**8847**	**9196**	**7075**	**2121**	**2881**	**2244**	**637**
呼和浩特市	**2939**	**2165**	**774**	**1259**	**938**	**321**	**468**	**355**	**113**
新城区	378	274	104	286	203	83	126	100	26
回民区	609	411	198	264	193	71	63	50	13
玉泉区	333	230	103	153	120	33	39	26	13
赛罕区	548	380	168	311	222	89	166	120	46
土默特左旗	320	255	65	61	48	13	16	10	6
托克托县	219	185	34	57	43	14	18	15	3
和林格尔县	224	188	36	48	45	3	7	7	
清水河县	124	104	20	30	25	5	15	14	1
武川县	153	113	40	35	28	7	15	12	3
呼和浩特经济技术开发区	31	25	6	14	11	3	3	1	2
包头市	**3888**	**2806**	**1082**	**1137**	**852**	**285**	**354**	**268**	**86**
东河区	1019	738	281	258	196	62	69	55	14
昆都仑区	899	629	270	289	200	89	100	80	20
青山区	955	652	303	384	300	84	120	87	33
石拐区	41	31	10	6	3	3	3	3	
白云鄂博矿区	24	18	6	16	12	4	1	1	
九原区	222	166	56	46	33	13	14	11	3
土默特右旗	347	289	58	42	33	9	12	8	4
固阳县	137	105	32	21	17	4	3	3	
达尔罕茂明安联合旗	90	77	13	27	23	4	9	7	2
包头稀土高新技术产业开发区	154	101	53	48	35	13	23	13	10
乌海市	**834**	**626**	**208**	**236**	**183**	**53**	**94**	**73**	**21**
海勃湾区	488	360	128	160	121	39	70	52	18
海南区	128	100	28	29	23	6	3	3	
乌达区	218	166	52	47	39	8	21	18	3
赤峰市	**5113**	**3973**	**1140**	**1182**	**940**	**242**	**320**	**256**	**64**
红山区	490	324	166	214	150	64	71	47	24
元宝山区	537	399	138	164	122	42	32	23	9
松山区	703	556	147	166	131	35	48	40	8
阿鲁科尔沁旗	373	291	82	54	46	8	17	14	3
巴林左旗	432	336	96	92	85	7	27	23	4
巴林右旗	171	129	42	43	36	7	16	15	1
林西县	159	128	31	43	35	8	9	8	1
克什克腾旗	215	174	41	72	52	20	18	17	1
翁牛特旗	359	288	71	35	32	3	9	7	2
喀喇沁旗	307	237	70	86	69	17	20	16	4
宁城县	841	683	158	114	98	16	31	27	4
敖汉旗	526	428	98	99	84	15	22	19	3

6-2 续表 7

单位：人

地 区	初 中			高 中			大学专科		
	小计	男	女	小计	男	女	小计	男	女
通辽市	**5113**	**3777**	**1336**	**1337**	**1016**	**321**	**308**	**245**	**63**
科尔沁区	1852	1263	589	519	380	139	116	86	30
科尔沁左翼中旗	658	523	135	147	106	41	36	31	5
科尔沁左翼后旗	577	433	144	154	125	29	22	18	4
开鲁县	611	457	154	120	94	26	25	21	4
库伦旗	212	166	46	58	40	18	5	4	1
奈曼旗	545	436	109	108	85	23	31	26	5
扎鲁特旗	299	246	53	102	83	19	33	27	6
通辽经济技术开发区	186	133	53	63	51	12	22	15	7
霍林郭勒市	173	120	53	66	52	14	18	17	1
鄂尔多斯市	**1331**	**1089**	**242**	**454**	**368**	**86**	**212**	**178**	**34**
东胜区	355	271	84	160	119	41	84	73	11
康巴什区	23	15	8	21	15	6	10	7	3
达拉特旗	312	267	45	83	73	10	19	15	4
准格尔旗	225	185	40	65	53	12	24	22	2
鄂托克前旗	41	37	4	17	15	2	16	16	
鄂托克旗	79	66	13	30	23	7	15	9	6
杭锦旗	116	103	13	23	20	3	13	12	1
乌审旗	79	62	17	24	22	2	17	12	5
伊金霍洛旗	101	83	18	31	28	3	14	12	2
呼伦贝尔市	**7305**	**5125**	**2180**	**1248**	**923**	**325**	**381**	**264**	**117**
海拉尔区	962	635	327	313	233	80	85	61	24
扎赉诺尔区	300	220	80	39	29	10	21	17	4
阿荣旗	568	425	143	72	63	9	24	19	5
莫力达瓦达斡尔族自治旗	528	391	137	75	56	19	22	17	5
鄂伦春自治旗	793	559	234	105	76	29	27	14	13
鄂温克族自治旗	470	313	157	86	60	26	38	26	12
陈巴尔虎旗	149	104	45	33	21	12	5	4	1
新巴尔虎左旗	109	68	41	27	19	8	9	7	2
新巴尔虎右旗	47	33	14	25	19	6	8	5	3
满洲里市	512	316	196	70	48	22	30	16	14
牙克石市	1226	856	370	127	95	32	46	33	13
扎兰屯市	1059	776	283	202	148	54	40	26	14
额尔古纳市	149	113	36	28	21	7	13	10	3
根河市	433	316	117	46	35	11	13	9	4
巴彦淖尔市	**2168**	**1730**	**438**	**567**	**461**	**106**	**172**	**140**	**32**
临河区	714	556	158	240	182	58	84	67	17
五原县	293	249	44	58	52	6	23	20	3
磴口县	175	148	27	40	31	9	11	10	1
乌拉特前旗	356	276	80	85	72	13	17	15	2
乌拉特中旗	160	131	29	36	31	5	15	12	3
乌拉特后旗	73	52	21	15	13	2	6	4	2
杭锦后旗	397	318	79	93	80	13	16	12	4

6-2 续表 8

单位：人

地区	初中			高中			大学专科		
	小计	男	女	小计	男	女	小计	男	女
乌兰察布市	**2607**	**2170**	**437**	**581**	**466**	**115**	**158**	**132**	**26**
集宁区	652	483	169	208	154	54	61	48	13
卓资县	230	188	42	40	35	5	7	6	1
化德县	117	100	17	26	22	4	4	4	
商都县	284	253	31	47	38	9	21	19	2
兴和县	194	174	20	33	30	3	8	6	2
凉城县	182	156	26	41	36	5	6	5	1
察哈尔右翼前旗	212	179	33	36	28	8	13	13	
察哈尔右翼中旗	174	142	32	31	26	5	11	8	3
察哈尔右翼后旗	164	146	18	32	29	3	1	1	
四子王旗	178	155	23	39	29	10	14	11	3
丰镇市	220	194	26	48	39	9	12	11	1
兴安盟	**2325**	**1701**	**624**	**674**	**519**	**155**	**170**	**145**	**25**
乌兰浩特市	615	431	184	269	193	76	72	57	15
阿尔山市	110	78	32	23	20	3	2	2	
科尔沁右翼前旗	465	343	122	114	87	27	23	19	4
科尔沁右翼中旗	334	242	92	91	81	10	19	19	
扎赉特旗	403	299	104	98	75	23	31	28	3
突泉县	398	308	90	79	63	16	23	20	3
锡林郭勒盟	**1321**	**999**	**322**	**386**	**305**	**81**	**165**	**129**	**36**
二连浩特市	64	45	19	27	21	6	6	4	2
锡林浩特市	322	229	93	124	93	31	43	32	11
阿巴嘎旗	33	17	16	22	13	9	8	7	1
苏尼特左旗	47	38	9	23	16	7	8	7	1
苏尼特右旗	104	71	33	34	30	4	9	9	
东乌珠穆沁旗	57	47	10	12	11	1	15	12	3
西乌珠穆沁旗	178	129	49	38	28	10	18	17	1
太仆寺旗	187	162	25	37	34	3	13	9	4
镶黄旗	24	20	4	12	11	1	12	9	3
正镶白旗	73	64	9	13	11	2	3		3
正蓝旗	82	68	14	21	17	4	11	9	2
多伦县	123	88	35	19	16	3	14	11	3
乌拉盖管委会	27	21	6	4	4		5	3	2
阿拉善盟	**249**	**185**	**64**	**135**	**104**	**31**	**79**	**59**	**20**
阿拉善左旗	186	131	55	103	77	26	51	39	12
阿拉善右旗	24	18	6	14	12	2	18	13	5
额济纳旗	32	30	2	16	13	3	7	5	2
内蒙古阿拉善经济开发区	7	6	1	2	2		3	2	1

6-2 续表 9

单位：人

地　区	大学本科			硕士研究生			博士研究生		
	小计	男	女	小计	男	女	小计	男	女
内蒙古	**1229**	**966**	**263**	**32**	**22**	**10**	**4**	**2**	**2**
呼和浩特市	**334**	**273**	**61**	**11**	**6**	**5**	**2**	**1**	**1**
新城区	73	59	14	2	1	1			
回民区	44	38	6	1	1				
玉泉区	22	20	2	2	1	1	1	1	
赛罕区	178	139	39	6	3	3	1		1
土默特左旗	4	4							
托克托县	4	4							
和林格尔县	4	4							
清水河县									
武川县	1	1							
呼和浩特经济技术开发区	4	4							
包头市	**155**	**116**	**39**	**6**	**4**	**2**			
东河区	21	18	3						
昆都仑区	42	30	12	2	2				
青山区	69	54	15	3	1	2			
石拐区									
白云鄂博矿区									
九原区	9	5	4						
土默特右旗	2	1	1						
固阳县	3	3		1	1				
达尔罕茂明安联合旗	2	2							
包头稀土高新技术产业开发区	7	3	4						
乌海市	**26**	**21**	**5**	**1**		**1**			
海勃湾区	22	18	4	1		1			
海南区	1	1							
乌达区	3	2	1						
赤峰市	**138**	**109**	**29**	**2**	**1**	**1**			
红山区	35	25	10	1		1			
元宝山区	22	18	4						
松山区	22	19	3						
阿鲁科尔沁旗	6	6							
巴林左旗	5	4	1	1	1				
巴林右旗	6	4	2						
林西县	2	1	1						
克什克腾旗	5	3	2						
翁牛特旗	7	4	3						
喀喇沁旗	5	4	1						
宁城县	15	14	1						
敖汉旗	8	7	1						

6-2　续表 10　　　　单位：人

地　区	大学本科			硕士研究生			博士研究生		
	小计	男	女	小计	男	女	小计	男	女
通辽市	**104**	**81**	**23**	**1**	**1**				
科尔沁区	37	31	6						
科尔沁左翼中旗	9	6	3						
科尔沁左翼后旗	8	6	2	1	1				
开鲁县	9	9							
库伦旗	4	3	1						
奈曼旗	7	6	1						
扎鲁特旗	13	10	3						
通辽经济技术开发区	11	7	4						
霍林郭勒市	6	3	3						
鄂尔多斯市	**96**	**74**	**22**	**6**	**6**				
东胜区	38	33	5	3	3				
康巴什区	10	7	3	1	1				
达拉特旗	8	4	4						
准格尔旗	15	12	3	2	2				
鄂托克前旗	2	2							
鄂托克旗	8	3	5						
杭锦旗	2	2							
乌审旗	5	4	1						
伊金霍洛旗	8	7	1						
呼伦贝尔市	**113**	**88**	**25**						
海拉尔区	34	29	5						
扎赉诺尔区	1	1							
阿荣旗	4	3	1						
莫力达瓦达斡尔族自治旗	1	1							
鄂伦春自治旗	7	6	1						
鄂温克族自治旗	9	7	2						
陈巴尔虎旗	5	3	2						
新巴尔虎左旗	5	5							
新巴尔虎右旗	2	2							
满洲里市	10	5	5						
牙克石市	13	9	4						
扎兰屯市	18	14	4						
额尔古纳市	2	1	1						
根河市	2	2							
巴彦淖尔市	**54**	**46**	**8**	**2**	**1**	**1**	**1**		**1**
临河区	32	28	4	2	1	1			
五原县	2	2							
磴口县	3	2	1						
乌拉特前旗	7	6	1						
乌拉特中旗	3	2	1				1		1
乌拉特后旗									
杭锦后旗	7	6	1						

6-2 续表 11

单位：人

地区	大学本科			硕士研究生			博士研究生		
	小计	男	女	小计	男	女	小计	男	女
乌兰察布市	**39**	**31**	**8**	**2**	**2**		**1**	**1**	
集宁区	22	15	7	1	1		1	1	
卓资县									
化德县	1	1							
商都县	3	3							
兴和县	2	1	1						
凉城县	3	3							
察哈尔右翼前旗	1	1							
察哈尔右翼中旗	1	1							
察哈尔右翼后旗	1	1							
四子王旗	4	4		1	1				
丰镇市	1	1							
兴安盟	**71**	**58**	**13**	**1**	**1**				
乌兰浩特市	39	33	6	1	1				
阿尔山市	1	1							
科尔沁右翼前旗	15	11	4						
科尔沁右翼中旗	5	5							
扎赉特旗	7	4	3						
突泉县	4	4							
锡林郭勒盟	**70**	**49**	**21**						
二连浩特市	3	3							
锡林浩特市	29	19	10						
阿巴嘎旗	4	1	3						
苏尼特左旗	1	1							
苏尼特右旗	6	4	2						
东乌珠穆沁旗	8	3	5						
西乌珠穆沁旗	6	6							
太仆寺旗	2	2							
镶黄旗	1	1							
正镶白旗	3	3							
正蓝旗	5	5							
多伦县	2	1	1						
乌拉盖管委会									
阿拉善盟	**29**	**20**	**9**						
阿拉善左旗	21	14	7						
阿拉善右旗	7	5	2						
额济纳旗	1	1							
内蒙古阿拉善经济开发区									

6−2a　各地区分性别、受教育程度的3岁及以上死亡人口
(2019.11.1−2020.10.31)(城市)

单位：人

地　区	3岁及以上死亡人口			未上过学		
	合计	男	女	小计	男	女
内蒙古	**38256**	**23146**	**15110**	**3354**	**1144**	**2210**
呼和浩特市	**5938**	**3642**	**2296**	**534**	**187**	**347**
新城区	1462	915	547	118	53	65
回民区	1865	1112	753	184	55	129
玉泉区	917	558	359	76	24	52
赛罕区	1694	1057	637	156	55	101
包头市	**8874**	**5343**	**3531**	**712**	**230**	**482**
东河区	2628	1551	1077	274	82	192
昆都仑区	2742	1664	1078	137	45	92
青山区	2771	1691	1080	170	53	117
石拐区	101	59	42	28	9	19
白云鄂博矿区	111	74	37	9	4	5
九原区	521	304	217	94	37	57
乌海市	**2472**	**1542**	**930**	**317**	**137**	**180**
海勃湾区	1401	858	543	173	70	103
海南区	298	201	97	38	24	14
乌达区	773	483	290	106	43	63
赤峰市	**3061**	**1791**	**1270**	**262**	**78**	**184**
红山区	1470	830	640	118	38	80
元宝山区	898	528	370	77	18	59
松山区	693	433	260	67	22	45
通辽市	**3080**	**1834**	**1246**	**147**	**43**	**104**
科尔沁区	2623	1561	1062	122	38	84
霍林郭勒市	457	273	184	25	5	20
鄂尔多斯市	**1582**	**996**	**586**	**326**	**128**	**198**
东胜区	1415	888	527	273	101	172
康巴什区	141	93	48	42	23	19
鄂托克旗	26	15	11	11	4	7
呼伦贝尔市	**7213**	**4283**	**2930**	**418**	**130**	**288**
海拉尔区	2300	1378	922	139	46	93
扎赉诺尔区	751	437	314	33	14	19
满洲里市	797	455	342	23	12	11
牙克石市	1088	664	424	41	16	25
扎兰屯市	1457	869	588	68	19	49
额尔古纳市	255	154	101	29	5	24
根河市	565	326	239	85	18	67
巴彦淖尔市	**1316**	**827**	**489**	**187**	**75**	**112**
临河区	1316	827	489	187	75	112
乌兰察布市	**2065**	**1261**	**804**	**266**	**83**	**183**
集宁区	1636	991	645	171	48	123
兴和县	64	37	27	40	17	23
丰镇市	365	233	132	55	18	37
兴安盟	**1583**	**956**	**627**	**128**	**37**	**91**
乌兰浩特市	1435	869	566	111	33	78
阿尔山市	148	87	61	17	4	13
锡林郭勒盟	**1072**	**671**	**401**	**57**	**16**	**41**
二连浩特市	204	129	75	11	2	9
锡林浩特市	868	542	326	46	14	32

6-2a 续表 1

单位：人

地　区	学前教育			小　学		
	小计	男	女	小计	男	女
内蒙古	**52**	**28**	**24**	**14546**	**7519**	**7027**
呼和浩特市	**3**	**1**	**2**	**1999**	**1026**	**973**
新城区				498	241	257
回民区	2		2	702	367	335
玉泉区				322	159	163
赛罕区	1	1		477	259	218
包头市	**25**	**16**	**9**	**3764**	**1963**	**1801**
东河区	4	1	3	1092	552	540
昆都仑区	11	8	3	1274	676	598
青山区				1093	564	529
石拐区	1	1		40	26	14
白云鄂博矿区				61	39	22
九原区	9	6	3	204	106	98
乌海市	**6**	**4**	**2**	**1044**	**575**	**469**
海勃湾区	1		1	525	273	252
海南区	1	1		136	81	55
乌达区	4	3	1	383	221	162
赤峰市	**4**	**2**	**2**	**1177**	**581**	**596**
红山区	2	1	1	590	283	307
元宝山区	1	1		345	166	179
松山区	1		1	242	132	110
通辽市	**2**	**1**	**1**	**1043**	**497**	**546**
科尔沁区	2	1	1	854	410	444
霍林郭勒市				189	87	102
鄂尔多斯市	**1**		**1**	**563**	**335**	**228**
东胜区	1		1	519	303	216
康巴什区				34	25	9
鄂托克旗				10	7	3
呼伦贝尔市	**8**	**3**	**5**	**2740**	**1372**	**1368**
海拉尔区	2	1	1	805	400	405
扎赉诺尔区	1		1	394	187	207
满洲里市				170	72	98
牙克石市	1	1		376	185	191
扎兰屯市	2		2	664	342	322
额尔古纳市				127	72	55
根河市	2	1	1	204	114	90
巴彦淖尔市	**1**		**1**	**418**	**224**	**194**
临河区	1		1	418	224	194
乌兰察布市	**1**		**1**	**826**	**453**	**373**
集宁区	1		1	622	325	297
兴和县				19	17	2
丰镇市				185	111	74
兴安盟				**540**	**263**	**277**
乌兰浩特市				475	230	245
阿尔山市				65	33	32
锡林郭勒盟	**1**	**1**		**432**	**230**	**202**
二连浩特市	1	1		93	54	39
锡林浩特市				339	176	163

6–2a　续表 2

单位：人

地　区	初　中			高　中			大学专科		
	小计	男	女	小计	男	女	小计	男	女
内蒙古	**13019**	**9011**	**4008**	**4809**	**3534**	**1275**	**1611**	**1228**	**383**
呼和浩特市	**1708**	**1168**	**540**	**979**	**708**	**271**	**387**	**290**	**97**
新城区	362	260	102	283	201	82	126	100	26
回民区	606	409	197	263	192	71	63	50	13
玉泉区	313	215	98	143	113	30	38	25	13
赛罕区	427	284	143	290	202	88	160	115	45
包头市	**2949**	**2067**	**882**	**977**	**724**	**253**	**304**	**235**	**69**
东河区	923	659	264	245	184	61	69	55	14
昆都仑区	887	623	264	289	200	89	100	80	20
青山区	934	634	300	383	299	84	119	86	33
石拐区	25	19	6	4	1	3	3	3	
白云鄂博矿区	24	18	6	16	12	4	1	1	
九原区	156	114	42	40	28	12	12	10	2
乌海市	**757**	**555**	**202**	**227**	**177**	**50**	**94**	**73**	**21**
海勃湾区	455	328	127	154	117	37	70	52	18
海南区	93	70	23	26	21	5	3	3	
乌达区	209	157	52	47	39	8	21	18	3
赤峰市	**963**	**655**	**308**	**444**	**317**	**127**	**136**	**99**	**37**
红山区	452	296	156	203	140	63	70	47	23
元宝山区	303	215	88	128	95	33	25	17	8
松山区	208	144	64	113	82	31	41	35	6
通辽市	**1216**	**788**	**428**	**504**	**373**	**131**	**127**	**100**	**27**
科尔沁区	1056	674	382	444	326	118	110	83	27
霍林郭勒市	160	114	46	60	47	13	17	17	
鄂尔多斯市	**369**	**278**	**91**	**179**	**132**	**47**	**93**	**80**	**13**
东胜区	341	259	82	158	117	41	83	73	10
康巴什区	23	15	8	21	15	6	10	7	3
鄂托克旗	5	4	1						
呼伦贝尔市	**3094**	**2083**	**1011**	**672**	**493**	**179**	**207**	**144**	**63**
海拉尔区	927	613	314	309	229	80	84	60	24
扎赉诺尔区	267	192	75	35	26	9	20	17	3
满洲里市	495	302	193	69	48	21	30	16	14
牙克石市	550	368	182	77	62	15	33	24	9
扎兰屯市	554	393	161	127	85	42	25	16	9
额尔古纳市	70	53	17	18	15	3	9	8	1
根河市	231	162	69	37	28	9	6	3	3
巴彦淖尔市	**415**	**305**	**110**	**187**	**136**	**51**	**77**	**61**	**16**
临河区	415	305	110	187	136	51	77	61	16
乌兰察布市	**646**	**477**	**169**	**231**	**175**	**56**	**71**	**56**	**15**
集宁区	561	407	154	200	150	50	58	45	13
兴和县	4	3	1				1		1
丰镇市	81	67	14	31	25	6	12	11	1
兴安盟	**546**	**380**	**166**	**261**	**187**	**74**	**68**	**55**	**13**
乌兰浩特市	495	342	153	246	175	71	68	55	13
阿尔山市	51	38	13	15	12	3			
锡林郭勒盟	**356**	**255**	**101**	**148**	**112**	**36**	**47**	**35**	**12**
二连浩特市	63	44	19	27	21	6	6	4	2
锡林浩特市	293	211	82	121	91	30	41	31	10

6-2a 续表 3

单位：人

地区	大学本科			硕士研究生			博士研究生		
	小计	男	女	小计	男	女	小计	男	女
内蒙古	**837**	**665**	**172**	**26**	**16**	**10**	**2**	**1**	**1**
呼和浩特市	**315**	**255**	**60**	**11**	**6**	**5**	**2**	**1**	**1**
新城区	73	59	14	2	1	1			
回民区	44	38	6	1	1				
玉泉区	22	20	2	2	1	1	1	1	
赛罕区	176	138	38	6	3	3	1		1
包头市	**138**	**105**	**33**	**5**	**3**	**2**			
东河区	21	18	3						
昆都仑区	42	30	12	2	2				
青山区	69	54	15	3	1	2			
石拐区									
白云鄂博矿区									
九原区	6	3	3						
乌海市	**26**	**21**	**5**	**1**		**1**			
海勃湾区	22	18	4	1		1			
海南区	1	1							
乌达区	3	2	1						
赤峰市	**74**	**59**	**15**	**1**		**1**			
红山区	34	25	9	1		1			
元宝山区	19	16	3						
松山区	21	18	3						
通辽市	**41**	**32**	**9**						
科尔沁区	35	29	6						
霍林郭勒市	6	3	3						
鄂尔多斯市	**47**	**39**	**8**	**4**	**4**				
东胜区	37	32	5	3	3				
康巴什区	10	7	3	1	1				
鄂托克旗									
呼伦贝尔市	**74**	**58**	**16**						
海拉尔区	34	29	5						
扎赉诺尔区	1	1							
满洲里市	10	5	5						
牙克石市	10	8	2						
扎兰屯市	17	14	3						
额尔古纳市	2	1	1						
根河市									
巴彦淖尔市	**29**	**25**	**4**	**2**	**1**	**1**			
临河区	29	25	4	2	1	1			
乌兰察布市	**23**	**16**	**7**	**1**	**1**				
集宁区	22	15	7	1	1				
兴和县									
丰镇市	1	1							
兴安盟	**39**	**33**	**6**	**1**	**1**				
乌兰浩特市	39	33	6	1	1				
阿尔山市									
锡林郭勒盟	**31**	**22**	**9**						
二连浩特市	3	3							
锡林浩特市	28	19	9						

6-2b　各地区分性别、受教育程度的3岁及以上死亡人口 (2019.11.1—2020.10.31)(镇)

单位：人

地　区	3岁及以上死亡人口			未上过学		
	合计	男	女	小计	男	女
内蒙古	**31853**	**19485**	**12368**	**5305**	**2056**	**3249**
呼和浩特市	**1855**	**1144**	**711**	**463**	**177**	**286**
新城区	3	3		2	2	
回民区						
玉泉区						
赛罕区	70	39	31	14	3	11
土默特左旗	435	263	172	94	37	57
托克托县	349	213	136	88	34	54
和林格尔县	323	200	123	73	24	49
清水河县	193	132	61	43	16	27
武川县	322	188	134	89	34	55
呼和浩特经济技术开发区	160	106	54	60	27	33
包头市	**1682**	**988**	**694**	**328**	**127**	**201**
东河区	102	64	38	23	7	16
昆都仑区						
青山区	3	2	1			
石拐区	13	10	3	3	1	2
白云鄂博矿区						
九原区	71	40	31	20	3	17
土默特右旗	518	303	215	125	51	74
固阳县	177	99	78	22	7	15
达尔罕茂明安联合旗	177	100	77	27	8	19
包头稀土高新技术产业开发区	621	370	251	108	50	58
乌海市	**145**	**91**	**54**	**35**	**8**	**27**
海勃湾区	22	17	5	1		1
海南区	84	51	33	24	7	17
乌达区	39	23	16	10	1	9
赤峰市	**4177**	**2534**	**1643**	**627**	**224**	**403**
红山区	115	68	47	26	10	16
元宝山区	242	147	95	40	16	24
松山区	221	128	93	52	14	38
阿鲁科尔沁旗	415	236	179	46	17	29
巴林左旗	452	284	168	41	12	29
巴林右旗	276	163	113	32	9	23
林西县	308	201	107	42	17	25
克什克腾旗	367	231	136	62	26	36
翁牛特旗	403	238	165	80	26	54
喀喇沁旗	398	245	153	76	33	43
宁城县	537	323	214	80	26	54
敖汉旗	443	270	173	50	18	32

6-2b 续表 1

单位：人

地 区	3岁及以上死亡人口			未上过学		
	合计	男	女	小计	男	女
通辽市	**3810**	**2284**	**1526**	**461**	**164**	**297**
科尔沁区	364	223	141	38	17	21
科尔沁左翼中旗	592	363	229	55	17	38
科尔沁左翼后旗	604	343	261	68	19	49
开鲁县	651	404	247	74	32	42
库伦旗	221	131	90	44	22	22
奈曼旗	488	288	200	78	30	48
扎鲁特旗	517	313	204	74	15	59
通辽经济技术开发区	363	213	150	26	8	18
霍林郭勒市	10	6	4	4	4	
鄂尔多斯市	**2574**	**1653**	**921**	**733**	**317**	**416**
东胜区	105	63	42	44	21	23
康巴什区						
达拉特旗	575	376	199	148	60	88
准格尔旗	613	416	197	140	62	78
鄂托克前旗	120	82	38	37	11	26
鄂托克旗	378	222	156	120	53	67
杭锦旗	204	134	70	81	40	41
乌审旗	160	102	58	28	14	14
伊金霍洛旗	419	258	161	135	56	79
呼伦贝尔市	**7121**	**4222**	**2899**	**586**	**215**	**371**
海拉尔区	25	16	9	4		4
扎赉诺尔区	105	71	34	11	6	5
阿荣旗	696	430	266	38	15	23
莫力达瓦达斡尔族自治旗	523	316	207	40	16	24
鄂伦春自治旗	1755	1024	731	169	63	106
鄂温克族自治旗	809	469	340	36	11	25
陈巴尔虎旗	339	203	136	15	6	9
新巴尔虎左旗	143	87	56	2	1	1
新巴尔虎右旗	91	55	36	4	2	2
满洲里市	66	43	23	2	1	1
牙克石市	1464	856	608	115	46	69
扎兰屯市	410	251	159	50	20	30
额尔古纳市	149	86	63	23	6	17
根河市	546	315	231	77	22	55
巴彦淖尔市	**2706**	**1706**	**1000**	**653**	**253**	**400**
临河区	147	91	56	56	19	37
五原县	453	292	161	95	37	58
磴口县	392	260	132	102	40	62
乌拉特前旗	668	406	262	122	42	80
乌拉特中旗	316	204	112	75	32	43
乌拉特后旗	155	108	47	40	22	18
杭锦后旗	575	345	230	163	61	102

6−2b　续表 2　　单位：人

地　区	3岁及以上死亡人口			未上过学		
	合计	男	女	小计	男	女
乌兰察布市	**2762**	**1776**	**986**	**720**	**299**	**421**
集宁区	42	29	13	3	1	2
卓资县	268	170	98	55	25	30
化德县	146	96	50	32	14	18
商都县	324	206	118	57	14	43
兴和县	484	310	174	215	97	118
凉城县	223	161	62	50	26	24
察哈尔右翼前旗	505	311	194	140	59	81
察哈尔右翼中旗	171	112	59	28	14	14
察哈尔右翼后旗	201	125	76	58	18	40
四子王旗	323	206	117	52	17	35
丰镇市	75	50	25	30	14	16
兴安盟	**2226**	**1352**	**874**	**261**	**110**	**151**
乌兰浩特市	96	51	45	9	2	7
阿尔山市	105	60	45	10	4	6
科尔沁右翼前旗	455	300	155	68	45	23
科尔沁右翼中旗	588	352	236	82	28	54
扎赉特旗	562	322	240	69	23	46
突泉县	420	267	153	23	8	15
锡林郭勒盟	**1913**	**1216**	**697**	**285**	**108**	**177**
二连浩特市	3	1	2	3	1	2
锡林浩特市	12	8	4	4	2	2
阿巴嘎旗	141	79	62	21	10	11
苏尼特左旗	125	77	48	8	2	6
苏尼特右旗	284	178	106	38	13	25
东乌珠穆沁旗	145	95	50	14	5	9
西乌珠穆沁旗	338	231	107	23	12	11
太仆寺旗	242	147	95	65	22	43
镶黄旗	88	59	29	15	5	10
正镶白旗	97	63	34	25	9	16
正蓝旗	106	69	37	16	7	9
多伦县	247	152	95	45	16	29
乌拉盖管委会	85	57	28	8	4	4
阿拉善盟	**882**	**519**	**363**	**153**	**54**	**99**
阿拉善左旗	633	370	263	111	42	69
阿拉善右旗	132	72	60	31	7	24
额济纳旗	101	67	34	10	5	5
内蒙古阿拉善经济开发区	16	10	6	1		1

6-2b 续表 3

单位：人

地 区	学前教育			小 学		
	小计	男	女	小计	男	女
内蒙古	**38**	**17**	**21**	**13625**	**7688**	**5937**
呼和浩特市	**3**	**1**	**2**	**675**	**417**	**258**
新城区						
回民区						
玉泉区						
赛罕区	1	1		24	12	12
土默特左旗				191	119	72
托克托县				110	66	44
和林格尔县	2		2	101	54	47
清水河县				60	41	19
武川县				141	87	54
呼和浩特经济技术开发区				48	38	10
包头市				**783**	**455**	**328**
东河区				50	36	14
昆都仑区						
青山区				1	1	
石拐区				8	8	
白云鄂博矿区						
九原区				32	23	9
土默特右旗				220	125	95
固阳县				104	57	47
达尔罕茂明安联合旗				76	31	45
包头稀土高新技术产业开发区				292	174	118
乌海市				**71**	**50**	**21**
海勃湾区				11	8	3
海南区				40	29	11
乌达区				20	13	7
赤峰市	**10**	**4**	**6**	**1978**	**1103**	**875**
红山区	3	2	1	54	31	23
元宝山区				126	71	55
松山区				104	62	42
阿鲁科尔沁旗	2	1	1	219	109	110
巴林左旗	1		1	240	134	106
巴林右旗				124	63	61
林西县				157	99	58
克什克腾旗				144	81	63
翁牛特旗	2		2	220	136	84
喀喇沁旗	2	1	1	153	96	57
宁城县				206	94	112
敖汉旗				231	127	104

6-2b 续表 4

单位：人

地 区	学前教育			小 学		
	小计	男	女	小计	男	女
通辽市	**3**	**3**		**1545**	**782**	**763**
科尔沁区				188	106	82
科尔沁左翼中旗	1	1		232	120	112
科尔沁左翼后旗				238	112	126
开鲁县	2	2		270	140	130
库伦旗				78	41	37
奈曼旗				190	90	100
扎鲁特旗				223	121	102
通辽经济技术开发区				123	52	71
霍林郭勒市				3		3
鄂尔多斯市	**4**	**1**	**3**	**1013**	**654**	**359**
东胜区				43	27	16
康巴什区						
达拉特旗	2	1	1	211	142	69
准格尔旗	1		1	250	166	84
鄂托克前旗				38	28	10
鄂托克旗				153	88	65
杭锦旗				61	42	19
乌审旗	1		1	79	46	33
伊金霍洛旗				178	115	63
呼伦贝尔市	**6**	**3**	**3**	**3341**	**1744**	**1597**
海拉尔区				8	7	1
扎赉诺尔区	1		1	55	34	21
阿荣旗				359	195	164
莫力达瓦达斡尔族自治旗				266	148	118
鄂伦春自治旗	2	2		749	378	371
鄂温克族自治旗	2		2	341	166	175
陈巴尔虎旗				173	92	81
新巴尔虎左旗				54	29	25
新巴尔虎右旗				42	20	22
满洲里市				46	28	18
牙克石市				728	376	352
扎兰屯市				199	108	91
额尔古纳市				73	40	33
根河市	1	1		248	123	125
巴彦淖尔市	**5**	**1**	**4**	**1009**	**613**	**396**
临河区	1	1		48	35	13
五原县				175	105	70
磴口县	1		1	133	88	45
乌拉特前旗	2		2	262	145	117
乌拉特中旗				115	70	45
乌拉特后旗				54	40	14
杭锦后旗	1		1	222	130	92

6-2b 续表 5　　单位：人

地　区	学前教育			小　学		
	小计	男	女	小计	男	女
乌兰察布市	**4**	**2**	**2**	**1152**	**733**	**419**
集宁区				22	14	8
卓资县				110	61	49
化德县				65	40	25
商都县	1	1		139	86	53
兴和县				181	136	45
凉城县	2	1	1	94	66	28
察哈尔右翼前旗				230	143	87
察哈尔右翼中旗				69	42	27
察哈尔右翼后旗	1		1	75	47	28
四子王旗				143	81	62
丰镇市				24	17	7
兴安盟	**1**		**1**	**964**	**514**	**450**
乌兰浩特市				45	23	22
阿尔山市				41	17	24
科尔沁右翼前旗				197	118	79
科尔沁右翼中旗				242	125	117
扎赉特旗				251	130	121
突泉县	1		1	188	101	87
锡林郭勒盟	**2**	**2**		**773**	**461**	**312**
二连浩特市						
锡林浩特市				5	5	
阿巴嘎旗				70	41	29
苏尼特左旗				56	28	28
苏尼特右旗				116	71	45
东乌珠穆沁旗				65	35	30
西乌珠穆沁旗				129	80	49
太仆寺旗				83	47	36
镶黄旗				38	23	15
正镶白旗				33	24	9
正蓝旗				36	19	17
多伦县	1	1		95	57	38
乌拉盖管委会	1	1		47	31	16
阿拉善盟				**321**	**162**	**159**
阿拉善左旗				221	113	108
阿拉善右旗				50	26	24
额济纳旗				44	21	23
内蒙古阿拉善经济开发区				6	2	4

6-2b 续表 6

单位：人

地区	初中			高中			大学专科		
	小计	男	女	小计	男	女	小计	男	女
内蒙古	**9105**	**6742**	**2363**	**2574**	**2009**	**565**	**908**	**739**	**169**
呼和浩特市	**486**	**366**	**120**	**148**	**115**	**33**	**63**	**51**	**12**
新城区	1	1							
回民区									
玉泉区									
赛罕区	23	15	8	4	4		3	3	
土默特左旗	105	73	32	30	22	8	11	8	3
托克托县	98	76	22	36	23	13	14	11	3
和林格尔县	108	84	24	28	27	1	7	7	
清水河县	59	49	10	19	15	4	12	11	1
武川县	61	43	18	17	13	4	13	10	3
呼和浩特经济技术开发区	31	25	6	14	11	3	3	1	2
包头市	**413**	**292**	**121**	**103**	**77**	**26**	**40**	**27**	**13**
东河区	27	19	8	2	2				
昆都仑区									
青山区	2	1	1						
石拐区	2	1	1						
白云鄂博矿区									
九原区	16	12	4	3	2	1			
土默特右旗	140	105	35	24	16	8	7	5	2
固阳县	37	23	14	8	6	2	2	2	
达尔罕茂明安联合旗	44	35	9	20	17	3	8	7	1
包头稀土高新技术产业开发区	145	96	49	46	34	12	23	13	10
乌海市	**34**	**30**	**4**	**5**	**3**	**2**			
海勃湾区	7	7		3	2	1			
海南区	18	14	4	2	1	1			
乌达区	9	9							
赤峰市	**1048**	**787**	**261**	**366**	**289**	**77**	**109**	**95**	**14**
红山区	24	19	5	7	6	1			
元宝山区	62	49	13	11	8	3	2	2	
松山区	57	45	12	6	5	1	2	2	
阿鲁科尔沁旗	106	75	31	27	21	6	11	9	2
巴林左旗	112	85	27	42	38	4	12	11	1
巴林右旗	68	47	21	34	28	6	14	13	1
林西县	66	51	15	33	26	7	8	7	1
克什克腾旗	89	69	20	54	38	16	14	14	
翁牛特旗	84	62	22	14	12	2	3	2	1
喀喇沁旗	96	61	35	53	41	12	13	9	4
宁城县	173	139	34	50	39	11	17	15	2
敖汉旗	111	85	26	35	27	8	13	11	2

6-2b 续表 7

单位：人

地区	初中			高中			大学专科		
	小计	男	女	小计	男	女	小计	男	女
通辽市	**1180**	**858**	**322**	**454**	**340**	**114**	**128**	**104**	**24**
科尔沁区	119	85	34	17	13	4	1	1	
科尔沁左翼中旗	207	152	55	70	49	21	23	20	3
科尔沁左翼后旗	191	127	64	87	68	19	15	12	3
开鲁县	204	150	54	77	58	19	18	16	2
库伦旗	61	44	17	31	18	13	5	4	1
奈曼旗	151	116	35	46	32	14	21	18	3
扎鲁特旗	125	102	23	63	50	13	24	19	5
通辽经济技术开发区	120	81	39	62	51	11	21	14	7
霍林郭勒市	2	1	1	1	1				
鄂尔多斯市	**510**	**418**	**92**	**181**	**156**	**25**	**91**	**76**	**15**
东胜区	14	12	2	2	2		1		1
康巴什区									
达拉特旗	142	115	27	50	42	8	16	13	3
准格尔旗	142	119	23	48	40	8	18	17	1
鄂托克前旗	20	19	1	10	9	1	13	13	
鄂托克旗	62	52	10	23	19	4	12	7	5
杭锦旗	42	34	8	10	9	1	9	8	1
乌审旗	26	19	7	12	12		11	8	3
伊金霍洛旗	62	48	14	26	23	3	11	10	1
呼伦贝尔市	**2645**	**1873**	**772**	**389**	**277**	**112**	**122**	**86**	**36**
海拉尔区	12	8	4	1	1				
扎赉诺尔区	33	28	5	4	3	1	1		1
阿荣旗	237	168	69	44	38	6	17	14	3
莫力达瓦达斡尔族自治旗	165	115	50	36	25	11	16	12	4
鄂伦春自治旗	708	494	214	97	68	29	23	13	10
鄂温克族自治旗	334	222	112	62	46	16	26	18	8
陈巴尔虎旗	111	79	32	30	19	11	5	4	1
新巴尔虎左旗	59	37	22	19	12	7	4	3	1
新巴尔虎右旗	22	16	6	16	12	4	5	3	2
满洲里市	17	14	3	1		1			
牙克石市	568	402	166	40	25	15	11	7	4
扎兰屯市	131	99	32	24	19	5	6	5	1
额尔古纳市	46	37	9	6	2	4	1	1	
根河市	202	154	48	9	7	2	7	6	1
巴彦淖尔市	**747**	**594**	**153**	**205**	**174**	**31**	**64**	**53**	**11**
临河区	35	32	3	5	3	2	1		1
五原县	130	103	27	35	31	4	17	15	2
磴口县	118	99	19	26	22	4	9	9	
乌拉特前旗	206	155	51	55	46	9	14	12	2
乌拉特中旗	85	69	16	27	23	4	10	8	2
乌拉特后旗	43	32	11	13	11	2	5	3	2
杭锦后旗	130	104	26	44	38	6	8	6	2

6-2b　续表 8

单位：人

地　　区	初　中			高　中			大学专科		
	小计	男	女	小计	男	女	小计	男	女
乌兰察布市	**611**	**508**	**103**	**195**	**161**	**34**	**65**	**59**	**6**
集宁区	13	10	3	2	2		1	1	
卓资县	75	61	14	22	18	4	6	5	1
化德县	31	27	4	14	11	3	3	3	
商都县	76	64	12	31	23	8	18	16	2
兴和县	66	58	8	16	15	1	4	3	1
凉城县	48	43	5	22	18	4	5	5	
察哈尔右翼前旗	102	80	22	21	17	4	11	11	
察哈尔右翼中旗	53	40	13	13	10	3	7	5	2
察哈尔右翼后旗	47	41	6	18	17	1	1	1	
四子王旗	84	70	14	31	25	6	9	9	
丰镇市	16	14	2	5	5				
兴安盟	**686**	**476**	**210**	**228**	**176**	**52**	**64**	**59**	**5**
乌兰浩特市	34	20	14	7	5	2	1	1	
阿尔山市	45	30	15	7	7		1	1	
科尔沁右翼前旗	121	84	37	47	35	12	12	11	1
科尔沁右翼中旗	193	136	57	52	44	8	16	16	
扎赉特旗	157	103	54	63	47	16	18	17	1
突泉县	136	103	33	52	38	14	16	13	3
锡林郭勒盟	**554**	**403**	**151**	**175**	**143**	**32**	**95**	**78**	**17**
二连浩特市									
锡林浩特市	1	1					1		1
阿巴嘎旗	24	11	13	17	10	7	7	7	
苏尼特左旗	37	29	8	17	12	5	6	5	1
苏尼特右旗	91	60	31	27	23	4	8	8	
东乌珠穆沁旗	39	34	5	11	10	1	11	9	2
西乌珠穆沁旗	136	96	40	31	25	6	14	13	1
太仆寺旗	59	47	12	24	23	1	9	6	3
镶黄旗	13	12	1	11	10	1	10	8	2
正镶白旗	24	19	5	9	8	1	3		3
正蓝旗	33	26	7	9	6	3	9	8	1
多伦县	76	53	23	16	13	3	12	11	1
乌拉盖管委会	21	15	6	3	3		5	3	2
阿拉善盟	**191**	**137**	**54**	**125**	**98**	**27**	**67**	**51**	**16**
阿拉善左旗	141	95	46	95	72	23	46	35	11
阿拉善右旗	19	13	6	14	12	2	13	11	2
额济纳旗	27	25	2	14	12	2	5	3	2
内蒙古阿拉善经济开发区	4	4		2	2		3	2	1

6-2b 续表 9

单位：人

地 区	大学本科			硕士研究生			博士研究生		
	小计	男	女	小计	男	女	小计	男	女
内蒙古	**291**	**228**	**63**	**5**	**5**		**2**	**1**	**1**
呼和浩特市	**17**	**17**							
新城区									
回民区									
玉泉区									
赛罕区	1	1							
土默特左旗	4	4							
托克托县	3	3							
和林格尔县	4	4							
清水河县									
武川县	1	1							
呼和浩特经济技术开发区	4	4							
包头市	**14**	**9**	**5**	**1**	**1**				
东河区									
昆都仑区									
青山区									
石拐区									
白云鄂博矿区									
九原区									
土默特右旗	2	1	1						
固阳县	3	3		1	1				
达尔罕茂明安联合旗	2	2							
包头稀土高新技术产业开发区	7	3	4						
乌海市									
海勃湾区									
海南区									
乌达区									
赤峰市	**38**	**31**	**7**	**1**	**1**				
红山区	1		1						
元宝山区	1	1							
松山区									
阿鲁科尔沁旗	4	4							
巴林左旗	3	3		1	1				
巴林右旗	4	3	1						
林西县	2	1	1						
克什克腾旗	4	3	1						
翁牛特旗									
喀喇沁旗	5	4	1						
宁城县	11	10	1						
敖汉旗	3	2	1						

6-2b　续表 10　　　　单位：人

地　区	大学本科			硕士研究生			博士研究生		
	小计	男	女	小计	男	女	小计	男	女
通辽市	**38**	**32**	**6**	**1**	**1**				
科尔沁区	1	1							
科尔沁左翼中旗	4	4							
科尔沁左翼后旗	4	4		1	1				
开鲁县	6	6							
库伦旗	2	2							
奈曼旗	2	2							
扎鲁特旗	8	6	2						
通辽经济技术开发区	11	7	4						
霍林郭勒市									
鄂尔多斯市	**41**	**30**	**11**	**1**	**1**				
东胜区	1	1							
康巴什区									
达拉特旗	6	3	3						
准格尔旗	13	11	2	1	1				
鄂托克前旗	2	2							
鄂托克旗	8	3	5						
杭锦旗	1	1							
乌审旗	3	3							
伊金霍洛旗	7	6	1						
呼伦贝尔市	**32**	**24**	**8**						
海拉尔区									
扎赉诺尔区									
阿荣旗	1		1						
莫力达瓦达斡尔族自治旗									
鄂伦春自治旗	7	6	1						
鄂温克族自治旗	8	6	2						
陈巴尔虎旗	5	3	2						
新巴尔虎左旗	5	5							
新巴尔虎右旗	2	2							
满洲里市									
牙克石市	2		2						
扎兰屯市									
额尔古纳市									
根河市	2	2							
巴彦淖尔市	**22**	**18**	**4**				**1**		**1**
临河区	1	1							
五原县	1	1							
磴口县	3	2	1						
乌拉特前旗	7	6	1						
乌拉特中旗	3	2	1				1		1
乌拉特后旗									
杭锦后旗	7	6	1						

6-2b 续表 11

单位：人

地区	大学本科			硕士研究生			博士研究生		
	小计	男	女	小计	男	女	小计	男	女
乌兰察布市	**13**	**12**	**1**	**1**	**1**		**1**	**1**	
集宁区							1	1	
卓资县									
化德县	1	1							
商都县	2	2							
兴和县	2	1	1						
凉城县	2	2							
察哈尔右翼前旗	1	1							
察哈尔右翼中旗	1	1							
察哈尔右翼后旗	1	1							
四子王旗	3	3		1	1				
丰镇市									
兴安盟	**22**	**17**	**5**						
乌兰浩特市									
阿尔山市	1	1							
科尔沁右翼前旗	10	7	3						
科尔沁右翼中旗	3	3							
扎赉特旗	4	2	2						
突泉县	4	4							
锡林郭勒盟	**29**	**21**	**8**						
二连浩特市									
锡林浩特市	1		1						
阿巴嘎旗	2		2						
苏尼特左旗	1	1							
苏尼特右旗	4	3	1						
东乌珠穆沁旗	5	2	3						
西乌珠穆沁旗	5	5							
太仆寺旗	2	2							
镶黄旗	1	1							
正镶白旗	3	3							
正蓝旗	3	3							
多伦县	2	1	1						
乌拉盖管委会									
阿拉善盟	**25**	**17**	**8**						
阿拉善左旗	19	13	6						
阿拉善右旗	5	3	2						
额济纳旗	1	1							
内蒙古阿拉善经济开发区									

6-2c　各地区分性别、受教育程度的3岁及以上死亡人口(2019.11.1—2020.10.31)(乡村)

单位：人

地　　区	3岁及以上死亡人口			未上过学		
	合计	男	女	小计	男	女
内蒙古	**73185**	**44495**	**28690**	**20181**	**8079**	**12102**
呼和浩特市	**5103**	**3107**	**1996**	**2189**	**938**	**1251**
新城区	87	54	33	34	15	19
回民区	9	6	3	1		1
玉泉区	139	76	63	61	21	40
赛罕区	539	324	215	170	74	96
土默特左旗	1570	929	641	652	273	379
托克托县	815	494	321	436	180	256
和林格尔县	812	519	293	392	181	211
清水河县	473	300	173	217	93	124
武川县	659	405	254	226	101	125
呼和浩特经济技术开发区						
包头市	**3265**	**2021**	**1244**	**1245**	**534**	**711**
东河区	356	221	135	125	58	67
昆都仑区	65	34	31	25	8	17
青山区	94	57	37	27	10	17
石拐区	124	69	55	64	26	38
白云鄂博矿区						
九原区	256	163	93	93	38	55
土默特右旗	1243	763	480	538	211	327
固阳县	711	454	257	241	124	117
达尔罕茂明安联合旗	376	236	140	124	55	69
包头稀土高新技术产业开发区	40	24	16	8	4	4
乌海市	**227**	**150**	**77**	**101**	**46**	**55**
海勃湾区	85	60	25	30	15	15
海南区	142	90	52	71	31	40
乌达区						
赤峰市	**17438**	**10393**	**7045**	**4204**	**1461**	**2743**
红山区	130	78	52	44	13	31
元宝山区	795	457	338	124	31	93
松山区	2205	1278	927	526	154	372
阿鲁科尔沁旗	1298	781	517	259	94	165
巴林左旗	1853	1137	716	422	159	263
巴林右旗	659	372	287	153	55	98
林西县	772	471	301	211	82	129
克什克腾旗	906	559	347	316	118	198
翁牛特旗	1695	1015	680	511	194	317
喀喇沁旗	1467	882	585	462	163	299
宁城县	2978	1764	1214	665	233	432
敖汉旗	2680	1599	1081	511	165	346

6-2c 续表 1

单位：人

地 区	3岁及以上死亡人口			未上过学		
	合计	男	女	小计	男	女
通辽市	**12129**	**7148**	**4981**	**2260**	**808**	**1452**
科尔沁区	2247	1325	922	336	109	227
科尔沁左翼中旗	2337	1400	937	524	218	306
科尔沁左翼后旗	1748	1039	709	301	108	193
开鲁县	1795	987	808	242	70	172
库伦旗	634	369	265	120	34	86
奈曼旗	2068	1233	835	430	145	285
扎鲁特旗	1032	647	385	275	116	159
通辽经济技术开发区	230	130	100	28	5	23
霍林郭勒市	38	18	20	4	3	1
鄂尔多斯市	**3992**	**2408**	**1584**	**1703**	**713**	**990**
东胜区						
康巴什区						
达拉特旗	1217	750	467	494	193	301
准格尔旗	937	560	377	408	171	237
鄂托克前旗	225	130	95	88	37	51
鄂托克旗	172	106	66	66	32	34
杭锦旗	572	340	232	257	104	153
乌审旗	391	226	165	134	54	80
伊金霍洛旗	478	296	182	256	122	134
呼伦贝尔市	**6260**	**3936**	**2324**	**747**	**308**	**439**
海拉尔区	81	44	37	16	6	10
扎赉诺尔区						
阿荣旗	1443	920	523	172	70	102
莫力达瓦达斡尔族自治旗	1561	1009	552	232	111	121
鄂伦春自治旗	343	213	130	56	25	31
鄂温克族自治旗	359	215	144	22	10	12
陈巴尔虎旗	149	84	65	20	7	13
新巴尔虎左旗	205	124	81	15	4	11
新巴尔虎右旗	158	98	60	17	4	13
满洲里市						
牙克石市	258	166	92	11	4	7
扎兰屯市	1584	987	597	171	61	110
额尔古纳市	115	75	40	15	6	9
根河市	4	1	3			
巴彦淖尔市	**5462**	**3355**	**2107**	**2103**	**852**	**1251**
临河区	1390	889	501	523	213	310
五原县	1067	653	414	445	186	259
磴口县	287	161	126	124	42	82
乌拉特前旗	983	572	411	446	176	270
乌拉特中旗	429	275	154	129	61	68
乌拉特后旗	127	77	50	30	9	21
杭锦后旗	1179	728	451	406	165	241

6-2c 续表 2

单位：人

地 区	3岁及以上死亡人口			未上过学		
	合计	男	女	小计	男	女
乌兰察布市	**9809**	**6184**	**3625**	**3659**	**1563**	**2096**
集宁区	349	221	128	94	28	66
卓资县	1059	680	379	355	154	201
化德县	642	397	245	231	108	123
商都县	1380	856	524	482	188	294
兴和县	1032	672	360	411	174	237
凉城县	1014	643	371	470	220	250
察哈尔右翼前旗	823	523	300	298	123	175
察哈尔右翼中旗	792	516	276	255	117	138
察哈尔右翼后旗	825	492	333	335	141	194
四子王旗	766	490	276	250	111	139
丰镇市	1127	694	433	478	199	279
兴安盟	**6318**	**3783**	**2535**	**1034**	**434**	**600**
乌兰浩特市	399	260	139	73	33	40
阿尔山市	39	29	10	3	1	2
科尔沁右翼前旗	1968	1203	765	322	125	197
科尔沁右翼中旗	839	482	357	193	84	109
扎赉特旗	1659	983	676	305	139	166
突泉县	1414	826	588	138	52	86
锡林郭勒盟	**2735**	**1735**	**1000**	**793**	**360**	**433**
二连浩特市	3	3				
锡林浩特市	107	70	37	19	8	11
阿巴嘎旗	132	74	58	31	12	19
苏尼特左旗	133	74	59	27	11	16
苏尼特右旗	124	74	50	32	13	19
东乌珠穆沁旗	153	101	52	32	13	19
西乌珠穆沁旗	286	180	106	65	30	35
太仆寺旗	787	519	268	323	154	169
镶黄旗	78	51	27	3	1	2
正镶白旗	283	180	103	89	42	47
正蓝旗	292	186	106	72	34	38
多伦县	336	208	128	96	40	56
乌拉盖管委会	21	15	6	4	2	2
阿拉善盟	**447**	**275**	**172**	**143**	**62**	**81**
阿拉善左旗	314	194	120	103	47	56
阿拉善右旗	83	48	35	27	10	17
额济纳旗	42	28	14	12	5	7
内蒙古阿拉善经济开发区	8	5	3	1		1

6−2c 续表 3

单位：人

地区	学前教育			小学		
	小计	男	女	小计	男	女
内蒙古	**116**	**54**	**62**	**37542**	**23886**	**13656**
呼和浩特市	**6**	**4**	**2**	**2011**	**1404**	**607**
新城区				35	24	11
回民区				4	3	1
玉泉区				47	32	15
赛罕区	1		1	249	151	98
土默特左旗	4	3	1	663	443	220
托克托县	1	1		231	179	52
和林格尔县				284	216	68
清水河县				177	139	38
武川县				321	217	104
呼和浩特经济技术开发区						
包头市	**11**	**5**	**6**	**1413**	**976**	**437**
东河区	5	2	3	146	91	55
昆都仑区				28	20	8
青山区	2	1	1	44	27	17
石拐区				44	30	14
白云鄂博矿区						
九原区				105	79	26
土默特右旗				475	348	127
固阳县	4	2	2	352	234	118
达尔罕茂明安联合旗				198	133	65
包头稀土高新技术产业开发区				21	14	7
乌海市				**79**	**60**	**19**
海勃湾区				26	18	8
海南区				53	42	11
乌达区						
赤峰市	**27**	**10**	**17**	**9632**	**5976**	**3656**
红山区				67	52	15
元宝山区	1		1	466	267	199
松山区	2		2	1186	709	477
阿鲁科尔沁旗	1	1		736	438	298
巴林左旗	3	2	1	1041	665	376
巴林右旗				390	224	166
林西县	1	1		456	301	155
克什克腾旗	4	1	3	437	318	119
翁牛特旗	3	1	2	872	565	307
喀喇沁旗	1		1	753	508	245
宁城县	7	4	3	1556	908	648
敖汉旗	4		4	1672	1021	651

6-2c　续表 4

单位：人

地　区	学前教育			小　学		
	小计	男	女	小计	男	女
通辽市	**9**	**5**	**4**	**6686**	**3843**	**2843**
科尔沁区	3	2	1	1167	666	501
科尔沁左翼中旗				1267	741	526
科尔沁左翼后旗	1	1		982	559	423
开鲁县	2		2	1091	566	525
库伦旗				334	190	144
奈曼旗	1	1		1166	702	464
扎鲁特旗	2	1	1	528	341	187
通辽经济技术开发区				134	72	62
霍林郭勒市				17	6	11
鄂尔多斯市	**7**	**5**	**2**	**1699**	**1189**	**510**
东胜区						
康巴什区						
达拉特旗	1	1		514	370	144
准格尔旗				420	303	117
鄂托克前旗	1	1		105	65	40
鄂托克旗	1	1		83	57	26
杭锦旗	1	1		222	150	72
乌审旗				184	114	70
伊金霍洛旗	3	1	2	171	130	41
呼伦贝尔市	**7**	**3**	**4**	**3694**	**2263**	**1431**
海拉尔区				38	20	18
扎赉诺尔区						
阿荣旗	1		1	901	560	341
莫力达瓦达斡尔族自治旗	3	1	2	917	584	333
鄂伦春自治旗	2	2		188	112	76
鄂温克族自治旗	1		1	163	91	72
陈巴尔虎旗				88	50	38
新巴尔虎左旗				127	78	49
新巴尔虎右旗				104	68	36
满洲里市						
牙克石市				126	65	61
扎兰屯市				978	593	385
额尔古纳市				60	41	19
根河市				4	1	3
巴彦淖尔市	**11**	**3**	**8**	**2133**	**1489**	**644**
临河区	5	2	3	542	404	138
五原县				429	294	135
磴口县	1		1	89	60	29
乌拉特前旗	3		3	351	246	105
乌拉特中旗	1		1	210	140	70
乌拉特后旗				64	45	19
杭锦后旗	1	1		448	300	148

6-2c 续表 5

单位：人

地 区	学前教育			小 学		
	小计	男	女	小计	男	女
乌兰察布市	**25**	**14**	**11**	**4595**	**3272**	**1323**
集宁区				169	123	46
卓资县	1		1	529	381	148
化德县				312	204	108
商都县	5	3	2	665	457	208
兴和县	1		1	476	367	109
凉城县	3		3	386	291	95
察哈尔右翼前旗	1		1	397	288	109
察哈尔右翼中旗				394	278	116
察哈尔右翼后旗	2	2		357	232	125
四子王旗	1		1	407	287	120
丰镇市	11	9	2	503	364	139
兴安盟	**10**	**3**	**7**	**3948**	**2306**	**1642**
乌兰浩特市	1		1	220	144	76
阿尔山市				20	16	4
科尔沁右翼前旗	2	1	1	1217	754	463
科尔沁右翼中旗	1		1	460	250	210
扎赉特旗	4	1	3	1053	606	447
突泉县	2	1	1	978	536	442
锡林郭勒盟	**2**	**2**		**1433**	**960**	**473**
二连浩特市				2	2	
锡林浩特市				56	42	14
阿巴嘎旗				84	52	32
苏尼特左旗				88	48	40
苏尼特右旗				69	41	28
东乌珠穆沁旗				95	70	25
西乌珠穆沁旗				167	109	58
太仆寺旗	1	1		318	235	83
镶黄旗	1	1		60	39	21
正镶白旗				141	90	51
正蓝旗				155	96	59
多伦县				188	130	58
乌拉盖管委会				10	6	4
阿拉善盟	**1**		**1**	**219**	**148**	**71**
阿拉善左旗	1		1	150	101	49
阿拉善右旗				44	29	15
额济纳旗				21	15	6
内蒙古阿拉善经济开发区				4	3	1

6-2c　续表 6　　　　单位：人

地　　区	初　　中			高　　中			大学专科		
	小计	男	女	小计	男	女	小计	男	女
内蒙古	**13069**	**10593**	**2476**	**1813**	**1532**	**281**	**362**	**277**	**85**
呼和浩特市	**745**	**631**	**114**	**132**	**115**	**17**	**18**	**14**	**4**
新城区	15	13	2	3	2	1			
回民区	3	2	1	1	1				
玉泉区	20	15	5	10	7	3	1	1	
赛罕区	98	81	17	17	16	1	3	2	1
土默特左旗	215	182	33	31	26	5	5	2	3
托克托县	121	109	12	21	20	1	4	4	
和林格尔县	116	104	12	20	18	2			
清水河县	65	55	10	11	10	1	3	3	
武川县	92	70	22	18	15	3	2	2	
呼和浩特经济技术开发区									
包头市	**526**	**447**	**79**	**57**	**51**	**6**	**10**	**6**	**4**
东河区	69	60	9	11	10	1			
昆都仑区	12	6	6						
青山区	19	17	2	1	1		1	1	
石拐区	14	11	3	2	2				
白云鄂博矿区									
九原区	50	40	10	3	3		2	1	1
土默特右旗	207	184	23	18	17	1	5	3	2
固阳县	100	82	18	13	11	2	1	1	
达尔罕茂明安联合旗	46	42	4	7	6	1	1		1
包头稀土高新技术产业开发区	9	5	4	2	1	1			
乌海市	**43**	**41**	**2**	**4**	**3**	**1**			
海勃湾区	26	25	1	3	2	1			
海南区	17	16	1	1	1				
乌达区									
赤峰市	**3102**	**2531**	**571**	**372**	**334**	**38**	**75**	**62**	**13**
红山区	14	9	5	4	4		1		1
元宝山区	172	135	37	25	19	6	5	4	1
松山区	438	367	71	47	44	3	5	3	2
阿鲁科尔沁旗	267	216	51	27	25	2	6	5	1
巴林左旗	320	251	69	50	47	3	15	12	3
巴林右旗	103	82	21	9	8	1	2	2	
林西县	93	77	16	10	9	1	1	1	
克什克腾旗	126	105	21	18	14	4	4	3	1
翁牛特旗	275	226	49	21	20	1	6	5	1
喀喇沁旗	211	176	35	33	28	5	7	7	
宁城县	668	544	124	64	59	5	14	12	2
敖汉旗	415	343	72	64	57	7	9	8	1

6-2c 续表 7 单位：人

地 区	初 中			高 中			大学专科		
	小计	男	女	小计	男	女	小计	男	女
通辽市	**2717**	**2131**	**586**	**379**	**303**	**76**	**53**	**41**	**12**
科尔沁区	677	504	173	58	41	17	5	2	3
科尔沁左翼中旗	451	371	80	77	57	20	13	11	2
科尔沁左翼后旗	386	306	80	67	57	10	7	6	1
开鲁县	407	307	100	43	36	7	7	5	2
库伦旗	151	122	29	27	22	5			
奈曼旗	394	320	74	62	53	9	10	8	2
扎鲁特旗	174	144	30	39	33	6	9	8	1
通辽经济技术开发区	66	52	14	1		1	1	1	
霍林郭勒市	11	5	6	5	4	1	1		1
鄂尔多斯市	**452**	**393**	**59**	**94**	**80**	**14**	**28**	**22**	**6**
东胜区									
康巴什区									
达拉特旗	170	152	18	33	31	2	3	2	1
准格尔旗	83	66	17	17	13	4	6	5	1
鄂托克前旗	21	18	3	7	6	1	3	3	
鄂托克旗	12	10	2	7	4	3	3	2	1
杭锦旗	74	69	5	13	11	2	4	4	
乌审旗	53	43	10	12	10	2	6	4	2
伊金霍洛旗	39	35	4	5	5		3	2	1
呼伦贝尔市	**1566**	**1169**	**397**	**187**	**153**	**34**	**52**	**34**	**18**
海拉尔区	23	14	9	3	3		1	1	
扎赉诺尔区									
阿荣旗	331	257	74	28	25	3	7	5	2
莫力达瓦达斡尔族自治旗	363	276	87	39	31	8	6	5	1
鄂伦春自治旗	85	65	20	8	8		4	1	3
鄂温克族自治旗	136	91	45	24	14	10	12	8	4
陈巴尔虎旗	38	25	13	3	2	1			
新巴尔虎左旗	50	31	19	8	7	1	5	4	1
新巴尔虎右旗	25	17	8	9	7	2	3	2	1
满洲里市									
牙克石市	108	86	22	10	8	2	2	2	
扎兰屯市	374	284	90	51	44	7	9	5	4
额尔古纳市	33	23	10	4	4		3	1	2
根河市									
巴彦淖尔市	**1006**	**831**	**175**	**175**	**151**	**24**	**31**	**26**	**5**
临河区	264	219	45	48	43	5	6	6	
五原县	163	146	17	23	21	2	6	5	1
磴口县	57	49	8	14	9	5	2	1	1
乌拉特前旗	150	121	29	30	26	4	3	3	
乌拉特中旗	75	62	13	9	8	1	5	4	1
乌拉特后旗	30	20	10	2	2		1	1	
杭锦后旗	267	214	53	49	42	7	8	6	2

6-2c　续表 8　　　　单位：人

地　区	初　中			高　中			大学专科		
	小计	男	女	小计	男	女	小计	男	女
乌兰察布市	**1350**	**1185**	**165**	**155**	**130**	**25**	**22**	**17**	**5**
集宁区	78	66	12	6	2	4	2	2	
卓资县	155	127	28	18	17	1	1	1	
化德县	86	73	13	12	11	1	1	1	
商都县	208	189	19	16	15	1	3	3	
兴和县	124	113	11	17	15	2	3	3	
凉城县	134	113	21	19	18	1	1		1
察哈尔右翼前旗	110	99	11	15	11	4	2	2	
察哈尔右翼中旗	121	102	19	18	16	2	4	3	1
察哈尔右翼后旗	117	105	12	14	12	2			
四子王旗	94	85	9	8	4	4	5	2	3
丰镇市	123	113	10	12	9	3			
兴安盟	**1093**	**845**	**248**	**185**	**156**	**29**	**38**	**31**	**7**
乌兰浩特市	86	69	17	16	13	3	3	1	2
阿尔山市	14	10	4	1	1		1	1	
科尔沁右翼前旗	344	259	85	67	52	15	11	8	3
科尔沁右翼中旗	141	106	35	39	37	2	3	3	
扎赉特旗	246	196	50	35	28	7	13	11	2
突泉县	262	205	57	27	25	2	7	7	
锡林郭勒盟	**411**	**341**	**70**	**63**	**50**	**13**	**23**	**16**	**7**
二连浩特市	1	1							
锡林浩特市	28	17	11	3	2	1	1	1	
阿巴嘎旗	9	6	3	5	3	2	1		1
苏尼特左旗	10	9	1	6	4	2	2	2	
苏尼特右旗	13	11	2	7	7		1	1	
东乌珠穆沁旗	18	13	5	1	1		4	3	1
西乌珠穆沁旗	42	33	9	7	3	4	4	4	
太仆寺旗	128	115	13	13	11	2	4	3	1
镶黄旗	11	8	3	1	1		2	1	1
正镶白旗	49	45	4	4	3	1			
正蓝旗	49	42	7	12	11	1	2	1	1
多伦县	47	35	12	3	3		2		2
乌拉盖管委会	6	6		1	1				
阿拉善盟	**58**	**48**	**10**	**10**	**6**	**4**	**12**	**8**	**4**
阿拉善左旗	45	36	9	8	5	3	5	4	1
阿拉善右旗	5	5					5	2	3
额济纳旗	5	5		2	1	1	2	2	
内蒙古阿拉善经济开发区	3	2	1						

6-2c　续表 9

单位：人

地　　区	大学本科			硕士研究生			博士研究生		
	小计	男	女	小计	男	女	小计	男	女
内蒙古	**101**	**73**	**28**	**1**	**1**				
呼和浩特市	**2**	**1**	**1**						
新城区									
回民区									
玉泉区									
赛罕区	1		1						
土默特左旗									
托克托县	1	1							
和林格尔县									
清水河县									
武川县									
呼和浩特经济技术开发区									
包头市	**3**	**2**	**1**						
东河区									
昆都仑区									
青山区									
石拐区									
白云鄂博矿区									
九原区	3	2	1						
土默特右旗									
固阳县									
达尔罕茂明安联合旗									
包头稀土高新技术产业开发区									
乌海市									
海勃湾区									
海南区									
乌达区									
赤峰市	**26**	**19**	**7**						
红山区									
元宝山区	2	1	1						
松山区	1	1							
阿鲁科尔沁旗	2	2							
巴林左旗	2	1	1						
巴林右旗	2	1	1						
林西县									
克什克腾旗	1		1						
翁牛特旗	7	4	3						
喀喇沁旗									
宁城县	4	4							
敖汉旗	5	5							

6-2c　续表 10

单位：人

地　　区	大学本科			硕士研究生			博士研究生		
	小计	男	女	小计	男	女	小计	男	女
通辽市	**25**	**17**	**8**						
科尔沁区	1	1							
科尔沁左翼中旗	5	2	3						
科尔沁左翼后旗	4	2	2						
开鲁县	3	3							
库伦旗	2	1	1						
奈曼旗	5	4	1						
扎鲁特旗	5	4	1						
通辽经济技术开发区									
霍林郭勒市									
鄂尔多斯市	**8**	**5**	**3**	**1**	**1**				
东胜区									
康巴什区									
达拉特旗	2	1	1						
准格尔旗	2	1	1	1	1				
鄂托克前旗									
鄂托克旗									
杭锦旗	1	1							
乌审旗	2	1	1						
伊金霍洛旗	1	1							
呼伦贝尔市	**7**	**6**	**1**						
海拉尔区									
扎赉诺尔区									
阿荣旗	3	3							
莫力达瓦达斡尔族自治旗	1	1							
鄂伦春自治旗									
鄂温克族自治旗	1	1							
陈巴尔虎旗									
新巴尔虎左旗									
新巴尔虎右旗									
满洲里市									
牙克石市	1	1							
扎兰屯市	1		1						
额尔古纳市									
根河市									
巴彦淖尔市	**3**	**3**							
临河区	2	2							
五原县	1	1							
磴口县									
乌拉特前旗									
乌拉特中旗									
乌拉特后旗									
杭锦后旗									

6-2c 续表 11

单位：人

地　区	大学本科			硕士研究生			博士研究生		
	小计	男	女	小计	男	女	小计	男	女
乌兰察布市	**3**	**3**							
集宁区									
卓资县									
化德县									
商都县	1	1							
兴和县									
凉城县	1	1							
察哈尔右翼前旗									
察哈尔右翼中旗									
察哈尔右翼后旗									
四子王旗	1	1							
丰镇市									
兴安盟	**10**	**8**	**2**						
乌兰浩特市									
阿尔山市									
科尔沁右翼前旗	5	4	1						
科尔沁右翼中旗	2	2							
扎赉特旗	3	2	1						
突泉县									
锡林郭勒盟	**10**	**6**	**4**						
二连浩特市									
锡林浩特市									
阿巴嘎旗	2	1	1						
苏尼特左旗									
苏尼特右旗	2	1	1						
东乌珠穆沁旗	3	1	2						
西乌珠穆沁旗	1	1							
太仆寺旗									
镶黄旗									
正镶白旗									
正蓝旗	2	2							
多伦县									
乌拉盖管委会									
阿拉善盟	**4**	**3**	**1**						
阿拉善左旗	2	1	1						
阿拉善右旗	2	2							
额济纳旗									
内蒙古阿拉善经济开发区									

6−3　各地区分性别、婚姻状况的15岁及以上死亡人口
(2019.11.1−2020.10.31)

单位：人

地　区	15岁及以上死亡人口			未　婚		
	合计	男	女	小计	男	女
内蒙古	**142929**	**86919**	**56010**	**6516**	**5996**	**520**
呼和浩特市	**12870**	**7884**	**4986**	**548**	**502**	**46**
新城区	1551	972	579	36	30	6
回民区	1872	1117	755	36	30	6
玉泉区	1054	632	422	32	26	6
赛罕区	2296	1417	879	81	65	16
土默特左旗	2003	1191	812	112	106	6
托克托县	1162	706	456	43	41	2
和林格尔县	1132	718	414	83	82	1
清水河县	663	432	231	41	41	
武川县	977	593	384	75	72	3
呼和浩特经济技术开发区	160	106	54	9	9	
包头市	**13794**	**8336**	**5458**	**378**	**336**	**42**
东河区	3081	1833	1248	72	68	4
昆都仑区	2805	1697	1108	47	34	13
青山区	2861	1746	1115	36	29	7
石拐区	238	138	100	13	10	3
白云鄂博矿区	111	74	37	4	3	1
九原区	843	504	339	22	19	3
土默特右旗	1760	1065	695	76	71	5
固阳县	887	553	334	64	60	4
达尔罕茂明安联合旗	550	334	216	31	30	1
包头稀土高新技术产业开发区	658	392	266	13	12	1
乌海市	**2834**	**1777**	**1057**	**68**	**59**	**9**
海勃湾区	1505	934	571	36	30	6
海南区	522	340	182	12	11	1
乌达区	807	503	304	20	18	2
赤峰市	**24619**	**14684**	**9935**	**1037**	**988**	**49**
红山区	1709	972	737	27	20	7
元宝山区	1934	1132	802	43	39	4
松山区	3117	1838	1279	89	83	6
阿鲁科尔沁旗	1706	1012	694	87	83	4
巴林左旗	2301	1419	882	123	120	3
巴林右旗	934	534	400	38	34	4
林西县	1080	672	408	45	45	
克什克腾旗	1272	790	482	58	55	3
翁牛特旗	2091	1247	844	70	67	3
喀喇沁旗	1862	1124	738	110	106	4
宁城县	3504	2083	1421	184	181	3
敖汉旗	3109	1861	1248	163	155	8

6-3 续表 1

单位：人

地区	15岁及以上死亡人口			未婚		
	合计	男	女	小计	男	女
通辽市	**18961**	**11238**	**7723**	**891**	**821**	**70**
科尔沁区	5224	3105	2119	156	138	18
科尔沁左翼中旗	2920	1756	1164	162	148	14
科尔沁左翼后旗	2340	1377	963	131	123	8
开鲁县	2442	1389	1053	127	122	5
库伦旗	853	499	354	62	56	6
奈曼旗	2549	1517	1032	150	140	10
扎鲁特旗	1541	957	584	75	69	6
通辽经济技术开发区	591	343	248	21	19	2
霍林郭勒市	501	295	206	7	6	1
鄂尔多斯市	**8102**	**5032**	**3070**	**348**	**317**	**31**
东胜区	1513	946	567	42	36	6
康巴什区	140	92	48	3	3	
达拉特旗	1783	1122	661	84	75	9
准格尔旗	1535	968	567	113	106	7
鄂托克前旗	345	212	133	12	12	
鄂托克旗	570	340	230	15	15	
杭锦旗	773	473	300	30	28	2
乌审旗	549	327	222	12	8	4
伊金霍洛旗	894	552	342	37	34	3
呼伦贝尔市	**20563**	**12424**	**8139**	**846**	**732**	**114**
海拉尔区	2404	1437	967	61	53	8
扎赉诺尔区	856	508	348	16	15	1
阿荣旗	2135	1346	789	108	97	11
莫力达瓦达斡尔族自治旗	2078	1320	758	139	127	12
鄂伦春自治旗	2093	1236	857	89	74	15
鄂温克族自治旗	1166	684	482	46	30	16
陈巴尔虎旗	486	286	200	25	22	3
新巴尔虎左旗	347	210	137	27	27	
新巴尔虎右旗	248	153	95	23	20	3
满洲里市	861	498	363	22	14	8
牙克石市	2809	1685	1124	79	63	16
扎兰屯市	3447	2105	1342	168	157	11
额尔古纳市	519	315	204	12	9	3
根河市	1114	641	473	31	24	7
巴彦淖尔市	**9453**	**5868**	**3585**	**301**	**280**	**21**
临河区	2846	1804	1042	86	77	9
五原县	1517	943	574	50	46	4
磴口县	675	419	256	15	14	1
乌拉特前旗	1647	976	671	44	42	2
乌拉特中旗	742	476	266	28	26	2
乌拉特后旗	280	183	97	12	11	1
杭锦后旗	1746	1067	679	66	64	2

6-3　续表 2　　单位：人

地　区	15岁及以上死亡人口			未　婚		
	合计	男	女	小计	男	女
乌兰察布市	**14611**	**9208**	**5403**	**1155**	**1088**	**67**
集宁区	2024	1239	785	66	58	8
卓资县	1326	850	476	131	130	1
化德县	787	493	294	46	45	1
商都县	1700	1060	640	123	121	2
兴和县	1575	1016	559	130	124	6
凉城县	1235	803	432	144	138	6
察哈尔右翼前旗	1328	834	494	114	110	4
察哈尔右翼中旗	962	627	335	85	79	6
察哈尔右翼后旗	1023	615	408	65	53	12
四子王旗	1087	695	392	94	86	8
丰镇市	1564	976	588	157	144	13
兴安盟	**10102**	**6073**	**4029**	**577**	**546**	**31**
乌兰浩特市	1927	1177	750	75	67	8
阿尔山市	292	176	116	13	13	
科尔沁右翼前旗	2416	1498	918	179	172	7
科尔沁右翼中旗	1424	831	593	68	62	6
扎赉特旗	2215	1303	912	126	119	7
突泉县	1828	1088	740	116	113	3
锡林郭勒盟	**5701**	**3605**	**2096**	**330**	**301**	**29**
二连浩特市	210	133	77	7	6	1
锡林浩特市	985	619	366	29	26	3
阿巴嘎旗	273	153	120	14	11	3
苏尼特左旗	258	151	107	16	14	2
苏尼特右旗	405	249	156	11	11	
东乌珠穆沁旗	296	194	102	19	17	2
西乌珠穆沁旗	620	408	212	43	38	5
太仆寺旗	1025	662	363	80	77	3
镶黄旗	166	110	56	6	5	1
正镶白旗	380	243	137	33	31	2
正蓝旗	397	254	143	26	24	2
多伦县	581	358	223	40	37	3
乌拉盖管委会	105	71	34	6	4	2
阿拉善盟	**1319**	**790**	**529**	**37**	**26**	**11**
阿拉善左旗	942	562	380	22	14	8
阿拉善右旗	213	120	93	6	4	2
额济纳旗	140	93	47	8	7	1
内蒙古阿拉善经济开发区	24	15	9	1	1	

6-3 续表 3

单位：人

地　区	有配偶			离　婚			丧　偶		
	小计	男	女	小计	男	女	小计	男	女
内蒙古	**82058**	**57693**	**24365**	**3841**	**3213**	**628**	**50514**	**20017**	**30497**
呼和浩特市	**7596**	**5380**	**2216**	**239**	**192**	**47**	**4487**	**1810**	**2677**
新城区	1016	731	285	38	25	13	461	186	275
回民区	1137	799	338	29	20	9	670	268	402
玉泉区	679	479	200	23	18	5	320	109	211
赛罕区	1412	1012	400	38	33	5	765	307	458
土默特左旗	1064	726	338	32	28	4	795	331	464
托克托县	648	471	177	19	18	1	452	176	276
和林格尔县	639	445	194	19	16	3	391	175	216
清水河县	389	281	108	17	13	4	216	97	119
武川县	510	360	150	22	19	3	370	142	228
呼和浩特经济技术开发区	102	76	26	2	2		47	19	28
包头市	**8242**	**5868**	**2374**	**281**	**240**	**41**	**4893**	**1892**	**3001**
东河区	1740	1274	466	72	67	5	1197	424	773
昆都仑区	1732	1233	499	55	42	13	971	388	583
青山区	1759	1271	488	55	45	10	1011	401	610
石拐区	136	99	37	6	4	2	83	25	58
白云鄂博矿区	70	54	16	2	1	1	35	16	19
九原区	595	406	189	13	9	4	213	70	143
土默特右旗	1023	716	307	40	38	2	621	240	381
固阳县	469	320	149	17	16	1	337	157	180
达尔罕茂明安联合旗	306	220	86	11	11		202	73	129
包头稀土高新技术产业开发区	412	275	137	10	7	3	223	98	125
乌海市	**1717**	**1283**	**434**	**84**	**68**	**16**	**965**	**367**	**598**
海勃湾区	925	690	235	42	33	9	502	181	321
海南区	297	226	71	18	14	4	195	89	106
乌达区	495	367	128	24	21	3	268	97	171
赤峰市	**14450**	**9913**	**4537**	**512**	**440**	**72**	**8620**	**3343**	**5277**
红山区	1010	704	306	35	22	13	637	226	411
元宝山区	1224	816	408	62	46	16	605	231	374
松山区	1866	1284	582	45	38	7	1117	433	684
阿鲁科尔沁旗	980	663	317	40	30	10	599	236	363
巴林左旗	1344	932	412	46	42	4	788	325	463
巴林右旗	553	378	175	19	16	3	324	106	218
林西县	666	467	199	27	26	1	342	134	208
克什克腾旗	773	550	223	31	30	1	410	155	255
翁牛特旗	1239	849	390	43	38	5	739	293	446
喀喇沁旗	1045	720	325	47	45	2	660	253	407
宁城县	1993	1344	649	71	64	7	1256	494	762
敖汉旗	1757	1206	551	46	43	3	1143	457	686

6-3　续表 4　　　　单位：人

地　区	有配偶			离　婚			丧　偶		
	小计	男	女	小计	男	女	小计	男	女
通辽市	**10691**	**7371**	**3320**	**447**	**370**	**77**	**6932**	**2676**	**4256**
科尔沁区	2915	2018	897	138	106	32	2015	843	1172
科尔沁左翼中旗	1642	1146	496	74	66	8	1042	396	646
科尔沁左翼后旗	1270	874	396	51	46	5	888	334	554
开鲁县	1391	916	475	49	37	12	875	314	561
库伦旗	470	318	152	16	12	4	305	113	192
奈曼旗	1403	976	427	41	39	2	955	362	593
扎鲁特旗	890	635	255	49	44	5	527	209	318
通辽经济技术开发区	379	256	123	14	10	4	177	58	119
霍林郭勒市	331	232	99	15	10	5	148	47	101
鄂尔多斯市	**4958**	**3486**	**1472**	**152**	**129**	**23**	**2644**	**1100**	**1544**
东胜区	954	691	263	37	26	11	480	193	287
康巴什区	102	72	30	2	1	1	33	16	17
达拉特旗	1042	736	306	26	25	1	631	286	345
准格尔旗	929	636	293	21	19	2	472	207	265
鄂托克前旗	211	149	62	9	8	1	113	43	70
鄂托克旗	341	238	103	19	17	2	195	70	125
杭锦旗	445	324	121	16	15	1	282	106	176
乌审旗	369	249	120	6	6		162	64	98
伊金霍洛旗	565	391	174	16	12	4	276	115	161
呼伦贝尔市	**10884**	**7540**	**3344**	**988**	**794**	**194**	**7845**	**3358**	**4487**
海拉尔区	1378	949	429	95	79	16	870	356	514
扎赉诺尔区	462	338	124	38	30	8	340	125	215
阿荣旗	1194	819	375	67	49	18	766	381	385
莫力达瓦达斡尔族自治旗	1143	795	348	97	88	9	699	310	389
鄂伦春自治旗	1101	759	342	96	70	26	807	333	474
鄂温克族自治旗	610	420	190	74	59	15	436	175	261
陈巴尔虎旗	273	187	86	19	17	2	169	60	109
新巴尔虎左旗	170	119	51	26	22	4	124	42	82
新巴尔虎右旗	122	93	29	22	16	6	81	24	57
满洲里市	460	318	142	40	28	12	339	138	201
牙克石市	1378	973	405	131	104	27	1221	545	676
扎兰屯市	1758	1193	565	209	170	39	1312	585	727
额尔古纳市	292	202	90	16	16		199	88	111
根河市	543	375	168	58	46	12	482	196	286
巴彦淖尔市	**5734**	**4080**	**1654**	**230**	**191**	**39**	**3188**	**1317**	**1871**
临河区	1834	1320	514	60	49	11	866	358	508
五原县	904	643	261	42	34	8	521	220	301
磴口县	421	307	114	20	15	5	219	83	136
乌拉特前旗	969	659	310	40	35	5	594	240	354
乌拉特中旗	444	323	121	23	20	3	247	107	140
乌拉特后旗	181	133	48	10	8	2	77	31	46
杭锦后旗	981	695	286	35	30	5	664	278	386

6−3 续表 5　　　　单位：人

地　区	有配偶			离婚			丧偶		
	小计	男	女	小计	男	女	小计	男	女
乌兰察布市	**7889**	**5781**	**2108**	**282**	**256**	**26**	**5285**	**2083**	**3202**
集宁区	1209	887	322	44	39	5	705	255	450
卓资县	694	510	184	30	27	3	471	183	288
化德县	421	306	115	32	31	1	288	111	177
商都县	952	692	260	21	18	3	604	229	375
兴和县	862	631	231	18	16	2	565	245	320
凉城县	630	464	166	24	23	1	437	178	259
察哈尔右翼前旗	689	506	183	25	20	5	500	198	302
察哈尔右翼中旗	503	385	118	20	18	2	354	145	209
察哈尔右翼后旗	543	384	159	16	14	2	399	164	235
四子王旗	594	428	166	25	24	1	374	157	217
丰镇市	792	588	204	27	26	1	588	218	370
兴安盟	**5697**	**3896**	**1801**	**367**	**308**	**59**	**3461**	**1323**	**2138**
乌兰浩特市	1161	838	323	84	65	19	607	207	400
阿尔山市	157	111	46	17	14	3	105	38	67
科尔沁右翼前旗	1333	926	407	73	65	8	831	335	496
科尔沁右翼中旗	806	558	248	47	40	7	503	171	332
扎赉特旗	1233	807	426	80	66	14	776	311	465
突泉县	1007	656	351	66	58	8	639	261	378
锡林郭勒盟	**3390**	**2519**	**871**	**210**	**184**	**26**	**1771**	**601**	**1170**
二连浩特市	139	104	35	6	6		58	17	41
锡林浩特市	642	482	160	35	29	6	279	82	197
阿巴嘎旗	163	104	59	10	9	1	86	29	57
苏尼特左旗	140	104	36	13	12	1	89	21	68
苏尼特右旗	244	190	54	17	11	6	133	37	96
东乌珠穆沁旗	184	144	40	4	3	1	89	30	59
西乌珠穆沁旗	356	263	93	31	29	2	190	78	112
太仆寺旗	563	417	146	43	40	3	339	128	211
镶黄旗	109	87	22	4	3	1	47	15	32
正镶白旗	220	167	53	14	13	1	113	32	81
正蓝旗	231	174	57	12	12		128	44	84
多伦县	317	223	94	19	15	4	205	83	122
乌拉盖管委会	82	60	22	2	2		15	5	10
阿拉善盟	**810**	**576**	**234**	**49**	**41**	**8**	**423**	**147**	**276**
阿拉善左旗	575	402	173	34	27	7	311	119	192
阿拉善右旗	129	91	38	8	7	1	70	18	52
额济纳旗	90	72	18	6	6		36	8	28
内蒙古阿拉善经济开发区	16	11	5	1	1		6	2	4

6-3a　各地区分性别、婚姻状况的15岁及以上死亡人口（2019.11.1-2020.10.31）(城市)

单位：人

地　区	15岁及以上死亡人口			未　婚		
	合计	男	女	小计	男	女
内蒙古	**38192**	**23108**	**15084**	**805**	**663**	**142**
呼和浩特市	**5929**	**3637**	**2292**	**124**	**94**	**30**
新城区	1461	915	546	29	23	6
回民区	1863	1111	752	36	30	6
玉泉区	916	557	359	24	18	6
赛罕区	1689	1054	635	35	23	12
包头市	**8862**	**5334**	**3528**	**153**	**127**	**26**
东河区	2626	1549	1077	56	53	3
昆都仑区	2740	1663	1077	45	32	13
青山区	2766	1688	1078	32	25	7
石拐区	101	59	42	6	5	1
白云鄂博矿区	111	74	37	4	3	1
九原区	518	301	217	10	9	1
乌海市	**2463**	**1537**	**926**	**58**	**49**	**9**
海勃湾区	1398	857	541	31	25	6
海南区	297	200	97	7	6	1
乌达区	768	480	288	20	18	2
赤峰市	**3055**	**1788**	**1267**	**45**	**37**	**8**
红山区	1465	827	638	19	12	7
元宝山区	897	528	369	17	17	
松山区	693	433	260	9	8	1
通辽市	**3074**	**1832**	**1242**	**38**	**27**	**11**
科尔沁区	2621	1561	1060	32	21	11
霍林郭勒市	453	271	182	6	6	
鄂尔多斯市	**1574**	**990**	**584**	**40**	**35**	**5**
东胜区	1408	883	525	37	32	5
康巴什区	140	92	48	3	3	
鄂托克旗	26	15	11			
呼伦贝尔市	**7207**	**4281**	**2926**	**192**	**162**	**30**
海拉尔区	2298	1377	921	61	53	8
扎赉诺尔区	751	437	314	13	13	
满洲里市	795	455	340	18	11	7
牙克石市	1088	664	424	26	21	5
扎兰屯市	1456	869	587	50	45	5
额尔古纳市	255	154	101	7	5	2
根河市	564	325	239	17	14	3
巴彦淖尔市	**1314**	**826**	**488**	**28**	**22**	**6**
临河区	1314	826	488	28	22	6
乌兰察布市	**2063**	**1259**	**804**	**55**	**48**	**7**
集宁区	1634	989	645	29	22	7
兴和县	64	37	27	9	9	
丰镇市	365	233	132	17	17	
兴安盟	**1581**	**954**	**627**	**42**	**36**	**6**
乌兰浩特市	1433	867	566	40	34	6
阿尔山市	148	87	61	2	2	
锡林郭勒盟	**1070**	**670**	**400**	**30**	**26**	**4**
二连浩特市	204	129	75	7	6	1
锡林浩特市	866	541	325	23	20	3

6−3a 续表 单位：人

地区	有配偶			离婚			丧偶		
	小计	男	女	小计	男	女	小计	男	女
内蒙古	**23178**	**16570**	**6608**	**1115**	**858**	**257**	**13094**	**5017**	**8077**
呼和浩特市	**3809**	**2732**	**1077**	**119**	**89**	**30**	**1877**	**722**	**1155**
新城区	972	700	272	38	25	13	422	167	255
回民区	1130	794	336	29	20	9	668	267	401
玉泉区	613	435	178	20	16	4	259	88	171
赛罕区	1094	803	291	32	28	4	528	200	328
包头市	**5404**	**3880**	**1524**	**181**	**146**	**35**	**3124**	**1181**	**1943**
东河区	1483	1081	402	58	53	5	1029	362	667
昆都仑区	1696	1211	485	54	41	13	945	379	566
青山区	1708	1234	474	55	45	10	971	384	587
石拐区	65	45	20	5	3	2	25	6	19
白云鄂博矿区	70	54	16	2	1	1	35	16	19
九原区	382	255	127	7	3	4	119	34	85
乌海市	**1525**	**1135**	**390**	**66**	**52**	**14**	**814**	**301**	**513**
海勃湾区	870	647	223	36	27	9	461	158	303
海南区	184	138	46	8	6	2	98	50	48
乌达区	471	350	121	22	19	3	255	93	162
赤峰市	**1942**	**1343**	**599**	**76**	**50**	**26**	**992**	**358**	**634**
红山区	861	599	262	33	21	12	552	195	357
元宝山区	577	387	190	35	23	12	268	101	167
松山区	504	357	147	8	6	2	172	62	110
通辽市	**1771**	**1249**	**522**	**87**	**61**	**26**	**1178**	**495**	**683**
科尔沁区	1472	1035	437	75	53	22	1042	452	590
霍林郭勒市	299	214	85	12	8	4	136	43	93
鄂尔多斯市	**1018**	**735**	**283**	**38**	**26**	**12**	**478**	**194**	**284**
东胜区	893	650	243	36	25	11	442	176	266
康巴什区	102	72	30	2	1	1	33	16	17
鄂托克旗	23	13	10				3	2	1
呼伦贝尔市	**3881**	**2714**	**1167**	**382**	**300**	**82**	**2752**	**1105**	**1647**
海拉尔区	1316	904	412	91	77	14	830	343	487
扎赉诺尔区	396	288	108	35	28	7	307	108	199
满洲里市	425	296	129	38	26	12	314	122	192
牙克石市	570	414	156	48	37	11	444	192	252
扎兰屯市	747	516	231	125	98	27	534	210	324
额尔古纳市	164	110	54	8	8		76	31	45
根河市	263	186	77	37	26	11	247	99	148
巴彦淖尔市	**898**	**644**	**254**	**23**	**18**	**5**	**365**	**142**	**223**
临河区	898	644	254	23	18	5	365	142	223
乌兰察布市	**1261**	**914**	**347**	**41**	**35**	**6**	**706**	**262**	**444**
集宁区	1007	732	275	31	26	5	567	209	358
兴和县	32	19	13				23	9	14
丰镇市	222	163	59	10	9	1	116	44	72
兴安盟	**963**	**693**	**270**	**69**	**52**	**17**	**507**	**173**	**334**
乌兰浩特市	881	633	248	63	47	16	449	153	296
阿尔山市	82	60	22	6	5	1	58	20	38
锡林郭勒盟	**706**	**531**	**175**	**33**	**29**	**4**	**301**	**84**	**217**
二连浩特市	134	101	33	6	6		57	16	41
锡林浩特市	572	430	142	27	23	4	244	68	176

6-3b　各地区分性别、婚姻状况的15岁及以上死亡人口 (2019.11.1–2020.10.31)(镇)

单位：人

地　区	15岁及以上死亡人口			未　婚		
	合计	男	女	小计	男	女
内蒙古	**31758**	**19434**	**12324**	**1217**	**1098**	**119**
呼和浩特市	**1851**	**1143**	**708**	**85**	**81**	**4**
新城区	3	3		1	1	
回民区						
玉泉区						
赛罕区	70	39	31	4	3	1
土默特左旗	435	263	172	24	22	2
托克托县	348	213	135	10	9	1
和林格尔县	321	199	122	14	14	
清水河县	193	132	61	9	9	
武川县	321	188	133	14	14	
呼和浩特经济技术开发区	160	106	54	9	9	
包头市	**1673**	**983**	**690**	**41**	**37**	**4**
东河区	101	64	37	2	2	
昆都仑区						
青山区	3	2	1			
石拐区	13	10	3			
白云鄂博矿区						
九原区	70	40	30			
土默特右旗	517	302	215	18	16	2
固阳县	177	99	78	6	5	1
达尔罕茂明安联合旗	174	98	76	4	4	
包头稀土高新技术产业开发区	618	368	250	11	10	1
乌海市	**144**	**90**	**54**			
海勃湾区	22	17	5			
海南区	83	50	33			
乌达区	39	23	16			
赤峰市	**4167**	**2525**	**1642**	**122**	**117**	**5**
红山区	114	67	47	2	2	
元宝山区	242	147	95	5	5	
松山区	221	128	93	10	9	1
阿鲁科尔沁旗	414	235	179	16	15	1
巴林左旗	452	284	168	17	17	
巴林右旗	275	162	113	4	2	2
林西县	308	201	107	5	5	
克什克腾旗	367	231	136	15	15	
翁牛特旗	401	236	165	3	3	
喀喇沁旗	398	245	153	9	9	
宁城县	536	322	214	13	13	
敖汉旗	439	267	172	23	22	1

6-3b 续表 1

单位：人

地区	15岁及以上死亡人口			未婚		
	合计	男	女	小计	男	女
通辽市	**3797**	**2279**	**1518**	**191**	**170**	**21**
科尔沁区	364	223	141	17	16	1
科尔沁左翼中旗	588	360	228	27	20	7
科尔沁左翼后旗	601	343	258	26	21	5
开鲁县	648	402	246	39	38	1
库伦旗	221	131	90	19	17	2
奈曼旗	488	288	200	26	25	1
扎鲁特旗	516	313	203	24	22	2
通辽经济技术开发区	361	213	148	13	11	2
霍林郭勒市	10	6	4			
鄂尔多斯市	**2555**	**1644**	**911**	**85**	**80**	**5**
东胜区	105	63	42	5	4	1
康巴什区						
达拉特旗	572	375	197	18	15	3
准格尔旗	604	411	193	28	28	
鄂托克前旗	120	82	38	4	4	
鄂托克旗	375	221	154	10	10	
杭锦旗	202	133	69	5	5	
乌审旗	160	102	58	1	1	
伊金霍洛旗	417	257	160	14	13	1
呼伦贝尔市	**7112**	**4220**	**2892**	**271**	**225**	**46**
海拉尔区	25	16	9			
扎赉诺尔区	105	71	34	3	2	1
阿荣旗	696	430	266	30	25	5
莫力达瓦达斡尔族自治旗	523	316	207	30	27	3
鄂伦春自治旗	1752	1024	728	66	55	11
鄂温克族自治旗	807	469	338	25	19	6
陈巴尔虎旗	337	202	135	20	17	3
新巴尔虎左旗	143	87	56	9	9	
新巴尔虎右旗	90	55	35	8	6	2
满洲里市	66	43	23	4	3	1
牙克石市	1463	855	608	43	33	10
扎兰屯市	410	251	159	18	17	1
额尔古纳市	149	86	63	2	2	
根河市	546	315	231	13	10	3
巴彦淖尔市	**2694**	**1699**	**995**	**69**	**64**	**5**
临河区	145	90	55	6	5	1
五原县	452	291	161	8	7	1
磴口县	391	260	131	6	6	
乌拉特前旗	667	406	261	16	14	2
乌拉特中旗	316	204	112	7	6	1
乌拉特后旗	153	106	47	5	5	
杭锦后旗	570	342	228	21	21	

6-3b　续表 2　　　　单位：人

地　区	15岁及以上死亡人口			未　婚		
	合计	男	女	小计	男	女
乌兰察布市	**2759**	**1774**	**985**	**155**	**148**	**7**
集宁区	42	29	13	2	2	
卓资县	268	170	98	9	9	
化德县	146	96	50	6	6	
商都县	324	206	118	6	5	1
兴和县	483	309	174	42	41	1
凉城县	223	161	62	10	10	
察哈尔右翼前旗	505	311	194	45	44	1
察哈尔右翼中旗	170	111	59	8	6	2
察哈尔右翼后旗	201	125	76	6	5	1
四子王旗	322	206	116	13	12	1
丰镇市	75	50	25	8	8	
兴安盟	**2224**	**1350**	**874**	**104**	**99**	**5**
乌兰浩特市	96	51	45	4	3	1
阿尔山市	105	60	45	4	4	
科尔沁右翼前旗	454	299	155	33	33	
科尔沁右翼中旗	588	352	236	19	16	3
扎赉特旗	561	321	240	22	21	1
突泉县	420	267	153	22	22	
锡林郭勒盟	**1905**	**1209**	**696**	**72**	**62**	**10**
二连浩特市	3	1	2			
锡林浩特市	12	8	4	1	1	
阿巴嘎旗	141	79	62	7	7	
苏尼特左旗	125	77	48	3	3	
苏尼特右旗	283	177	106	3	3	
东乌珠穆沁旗	145	95	50	4	4	
西乌珠穆沁旗	335	229	106	18	15	3
太仆寺旗	242	147	95	11	9	2
镶黄旗	88	59	29	3	2	1
正镶白旗	97	63	34	7	6	1
正蓝旗	105	68	37			
多伦县	245	150	95	9	8	1
乌拉盖管委会	84	56	28	6	4	2
阿拉善盟	**877**	**518**	**359**	**22**	**15**	**7**
阿拉善左旗	632	370	262	16	10	6
阿拉善右旗	130	72	58			
额济纳旗	99	66	33	5	4	1
内蒙古阿拉善经济开发区	16	10	6	1	1	

6-3b 续表 3　　　　单位：人

地　区	有配偶			离　婚			丧　偶		
	小计	男	女	小计	男	女	小计	男	女
内蒙古	**18952**	**13427**	**5525**	**901**	**727**	**174**	**10688**	**4182**	**6506**
呼和浩特市	**1106**	**808**	**298**	**32**	**24**	**8**	**628**	**230**	**398**
新城区	1	1					1	1	
回民区									
玉泉区									
赛罕区	33	21	12	1	1		32	14	18
土默特左旗	244	178	66	7	5	2	160	58	102
托克托县	215	159	56	6	6		117	39	78
和林格尔县	193	138	55	5	5		109	42	67
清水河县	133	103	30	6	3	3	45	17	28
武川县	185	132	53	5	2	3	117	40	77
呼和浩特经济技术开发区	102	76	26	2	2		47	19	28
包头市	**1037**	**712**	**325**	**27**	**22**	**5**	**568**	**212**	**356**
东河区	61	49	12	3	3		35	10	25
昆都仑区									
青山区	2	1	1				1	1	
石拐区	8	7	1				5	3	2
白云鄂博矿区									
九原区	50	32	18	1	1		19	7	12
土默特右旗	322	229	93	9	7	2	168	50	118
固阳县	98	63	35	2	2		71	29	42
达尔罕茂明安联合旗	109	73	36	3	3		58	18	40
包头稀土高新技术产业开发区	387	258	129	9	6	3	211	94	117
乌海市	**74**	**53**	**21**	**5**	**5**		**65**	**32**	**33**
海勃湾区	9	7	2	1	1		12	9	3
海南区	41	29	12	2	2		40	19	21
乌达区	24	17	7	2	2		13	4	9
赤峰市	**2685**	**1846**	**839**	**77**	**67**	**10**	**1283**	**495**	**788**
红山区	75	51	24	1	1		36	13	23
元宝山区	168	112	56	6	4	2	63	26	37
松山区	116	80	36	2	2		93	37	56
阿鲁科尔沁旗	268	169	99	8	5	3	122	46	76
巴林左旗	282	199	83	8	8		145	60	85
巴林右旗	188	133	55	3	3		80	24	56
林西县	217	162	55	8	8		78	26	52
克什克腾旗	245	173	72	5	5		102	38	64
翁牛特旗	278	183	95	7	5	2	113	45	68
喀喇沁旗	228	157	71	12	11	1	149	68	81
宁城县	340	235	105	11	10	1	172	64	108
敖汉旗	280	192	88	6	5	1	130	48	82

6-3b　续表 4　　　　单位：人

地　区	有配偶			离　婚			丧　偶		
	小计	男	女	小计	男	女	小计	男	女
通辽市	**2206**	**1554**	**652**	**107**	**89**	**18**	**1293**	**466**	**827**
科尔沁区	204	136	68	9	8	1	134	63	71
科尔沁左翼中旗	349	248	101	26	23	3	186	69	117
科尔沁左翼后旗	309	220	89	15	13	2	251	89	162
开鲁县	382	268	114	15	9	6	212	87	125
库伦旗	123	83	40	4	3	1	75	28	47
奈曼旗	294	208	86	11	11		157	44	113
扎鲁特旗	296	221	75	16	16		180	54	126
通辽经济技术开发区	242	166	76	9	5	4	97	31	66
霍林郭勒市	7	4	3	2	1	1	1	1	
鄂尔多斯市	**1711**	**1218**	**493**	**45**	**39**	**6**	**714**	**307**	**407**
东胜区	61	41	20	1	1		38	17	21
康巴什区									
达拉特旗	389	276	113	9	8	1	156	76	80
准格尔旗	422	304	118	7	7		147	72	75
鄂托克前旗	80	64	16	2	2		34	12	22
鄂托克旗	226	158	68	11	9	2	128	44	84
杭锦旗	131	99	32	7	7		59	22	37
乌审旗	114	81	33	1	1		44	19	25
伊金霍洛旗	288	195	93	7	4	3	108	45	63
呼伦贝尔市	**3613**	**2490**	**1123**	**318**	**246**	**72**	**2910**	**1259**	**1651**
海拉尔区	16	13	3				9	3	6
扎赉诺尔区	66	50	16	3	2	1	33	17	16
阿荣旗	401	276	125	22	11	11	243	118	125
莫力达瓦达斡尔族自治旗	269	191	78	19	16	3	205	82	123
鄂伦春自治旗	895	621	274	80	54	26	711	294	417
鄂温克族自治旗	420	286	134	51	41	10	311	123	188
陈巴尔虎旗	197	135	62	12	11	1	108	39	69
新巴尔虎左旗	71	49	22	11	9	2	52	20	32
新巴尔虎右旗	48	38	10	3	3		31	8	23
满洲里市	35	22	13	2	2		25	16	9
牙克石市	669	460	209	71	56	15	680	306	374
扎兰屯市	194	122	72	18	16	2	180	96	84
额尔古纳市	54	39	15	5	5		88	40	48
根河市	278	188	90	21	20	1	234	97	137
巴彦淖尔市	**1709**	**1240**	**469**	**61**	**46**	**15**	**855**	**349**	**506**
临河区	93	69	24	1		1	45	16	29
五原县	294	222	72	13	8	5	137	54	83
磴口县	249	196	53	9	8	1	127	50	77
乌拉特前旗	406	284	122	19	16	3	226	92	134
乌拉特中旗	209	152	57	4	3	1	96	43	53
乌拉特后旗	104	79	25	4	4		40	18	22
杭锦后旗	354	238	116	11	7	4	184	76	108

6-3b 续表 5

单位：人

地 区	有配偶			离婚			丧偶		
	小计	男	女	小计	男	女	小计	男	女
乌兰察布市	**1719**	**1290**	**429**	**50**	**44**	**6**	**835**	**292**	**543**
集宁区	29	23	6	1	1		10	3	7
卓资县	162	128	34	3	2	1	94	31	63
化德县	98	75	23	4	4		38	11	27
商都县	230	166	64	5	5		83	30	53
兴和县	281	201	80	5	5		155	62	93
凉城县	158	125	33	5	4	1	50	22	28
察哈尔右翼前旗	274	200	74	15	11	4	171	56	115
察哈尔右翼中旗	104	87	17	5	5		53	13	40
察哈尔右翼后旗	129	93	36	3	3		63	24	39
四子王旗	215	159	56	2	2		92	33	59
丰镇市	39	33	6	2	2		26	7	19
兴安盟	**1319**	**910**	**409**	**102**	**83**	**19**	**699**	**258**	**441**
乌兰浩特市	51	32	19	10	9	1	31	7	24
阿尔山市	56	38	18	8	6	2	37	12	25
科尔沁右翼前旗	272	187	85	14	10	4	135	69	66
科尔沁右翼中旗	361	257	104	24	21	3	184	58	126
扎赉特旗	319	217	102	25	17	8	195	66	129
突泉县	260	179	81	21	20	1	117	46	71
锡林郭勒盟	**1203**	**909**	**294**	**54**	**44**	**10**	**576**	**194**	**382**
二连浩特市	3	1	2						
锡林浩特市	4	2	2	1		1	6	5	1
阿巴嘎旗	85	52	33	2	2		47	18	29
苏尼特左旗	75	59	16	5	4	1	42	11	31
苏尼特右旗	180	142	38	11	6	5	89	26	63
东乌珠穆沁旗	99	77	22	1	1		41	13	28
西乌珠穆沁旗	198	154	44	15	14	1	104	46	58
太仆寺旗	148	111	37	9	8	1	74	19	55
镶黄旗	58	49	9				27	8	19
正镶白旗	68	50	18	2	2		20	5	15
正蓝旗	74	56	18	1	1		30	11	19
多伦县	144	107	37	7	6	1	85	29	56
乌拉盖管委会	67	49	18				11	3	8
阿拉善盟	**570**	**397**	**173**	**23**	**18**	**5**	**262**	**88**	**174**
阿拉善左旗	402	274	128	17	13	4	197	73	124
阿拉善右旗	89	61	28	5	4	1	36	7	29
额济纳旗	67	54	13	1	1		26	7	19
内蒙古阿拉善经济开发区	12	8	4				3	1	2

6-3c　各地区分性别、婚姻状况的15岁及以上死亡人口(2019.11.1-2020.10.31)(乡村)

单位：人

地　区	15岁及以上死亡人口			未　婚		
	合计	男	女	小计	男	女
内蒙古	**72979**	**44377**	**28602**	**4494**	**4235**	**259**
呼和浩特市	**5090**	**3104**	**1986**	**339**	**327**	**12**
新城区	87	54	33	6	6	
回民区	9	6	3			
玉泉区	138	75	63	8	8	
赛罕区	537	324	213	42	39	3
土默特左旗	1568	928	640	88	84	4
托克托县	814	493	321	33	32	1
和林格尔县	811	519	292	69	68	1
清水河县	470	300	170	32	32	
武川县	656	405	251	61	58	3
呼和浩特经济技术开发区						
包头市	**3259**	**2019**	**1240**	**184**	**172**	**12**
东河区	354	220	134	14	13	1
昆都仑区	65	34	31	2	2	
青山区	92	56	36	4	4	
石拐区	124	69	55	7	5	2
白云鄂博矿区						
九原区	255	163	92	12	10	2
土默特右旗	1243	763	480	58	55	3
固阳县	710	454	256	58	55	3
达尔罕茂明安联合旗	376	236	140	27	26	1
包头稀土高新技术产业开发区	40	24	16	2	2	
乌海市	**227**	**150**	**77**	**10**	**10**	
海勃湾区	85	60	25	5	5	
海南区	142	90	52	5	5	
乌达区						
赤峰市	**17397**	**10371**	**7026**	**870**	**834**	**36**
红山区	130	78	52	6	6	
元宝山区	795	457	338	21	17	4
松山区	2203	1277	926	70	66	4
阿鲁科尔沁旗	1292	777	515	71	68	3
巴林左旗	1849	1135	714	106	103	3
巴林右旗	659	372	287	34	32	2
林西县	772	471	301	40	40	
克什克腾旗	905	559	346	43	40	3
翁牛特旗	1690	1011	679	67	64	3
喀喇沁旗	1464	879	585	101	97	4
宁城县	2968	1761	1207	171	168	3
敖汉旗	2670	1594	1076	140	133	7

6-3c 续表 1

单位：人

地区	15岁及以上死亡人口			未婚		
	合计	男	女	小计	男	女
通辽市	**12090**	**7127**	**4963**	**662**	**624**	**38**
科尔沁区	2239	1321	918	107	101	6
科尔沁左翼中旗	2332	1396	936	135	128	7
科尔沁左翼后旗	1739	1034	705	105	102	3
开鲁县	1794	987	807	88	84	4
库伦旗	632	368	264	43	39	4
奈曼旗	2061	1229	832	124	115	9
扎鲁特旗	1025	644	381	51	47	4
通辽经济技术开发区	230	130	100	8	8	
霍林郭勒市	38	18	20	1		1
鄂尔多斯市	**3973**	**2398**	**1575**	**223**	**202**	**21**
东胜区						
康巴什区						
达拉特旗	1211	747	464	66	60	6
准格尔旗	931	557	374	85	78	7
鄂托克前旗	225	130	95	8	8	
鄂托克旗	169	104	65	5	5	
杭锦旗	571	340	231	25	23	2
乌审旗	389	225	164	11	7	4
伊金霍洛旗	477	295	182	23	21	2
呼伦贝尔市	**6244**	**3923**	**2321**	**383**	**345**	**38**
海拉尔区	81	44	37			
扎赉诺尔区						
阿荣旗	1439	916	523	78	72	6
莫力达瓦达斡尔族自治旗	1555	1004	551	109	100	9
鄂伦春自治旗	341	212	129	23	19	4
鄂温克族自治旗	359	215	144	21	11	10
陈巴尔虎旗	149	84	65	5	5	
新巴尔虎左旗	204	123	81	18	18	
新巴尔虎右旗	158	98	60	15	14	1
满洲里市						
牙克石市	258	166	92	10	9	1
扎兰屯市	1581	985	596	100	95	5
额尔古纳市	115	75	40	3	2	1
根河市	4	1	3	1		1
巴彦淖尔市	**5445**	**3343**	**2102**	**204**	**194**	**10**
临河区	1387	888	499	52	50	2
五原县	1065	652	413	42	39	3
磴口县	284	159	125	9	8	1
乌拉特前旗	980	570	410	28	28	
乌拉特中旗	426	272	154	21	20	1
乌拉特后旗	127	77	50	7	6	1
杭锦后旗	1176	725	451	45	43	2

6-3c　续表 2

单位：人

地　区	15岁及以上死亡人口			未　婚		
	合计	男	女	小计	男	女
乌兰察布市	**9789**	**6175**	**3614**	**945**	**892**	**53**
集宁区	348	221	127	35	34	1
卓资县	1058	680	378	122	121	1
化德县	641	397	244	40	39	1
商都县	1376	854	522	117	116	1
兴和县	1028	670	358	79	74	5
凉城县	1012	642	370	134	128	6
察哈尔右翼前旗	823	523	300	69	66	3
察哈尔右翼中旗	792	516	276	77	73	4
察哈尔右翼后旗	822	490	332	59	48	11
四子王旗	765	489	276	81	74	7
丰镇市	1124	693	431	132	119	13
兴安盟	**6297**	**3769**	**2528**	**431**	**411**	**20**
乌兰浩特市	398	259	139	31	30	1
阿尔山市	39	29	10	7	7	
科尔沁右翼前旗	1962	1199	763	146	139	7
科尔沁右翼中旗	836	479	357	49	46	3
扎赉特旗	1654	982	672	104	98	6
突泉县	1408	821	587	94	91	3
锡林郭勒盟	**2726**	**1726**	**1000**	**228**	**213**	**15**
二连浩特市	3	3				
锡林浩特市	107	70	37	5	5	
阿巴嘎旗	132	74	58	7	4	3
苏尼特左旗	133	74	59	13	11	2
苏尼特右旗	122	72	50	8	8	
东乌珠穆沁旗	151	99	52	15	13	2
西乌珠穆沁旗	285	179	106	25	23	2
太仆寺旗	783	515	268	69	68	1
镶黄旗	78	51	27	3	3	
正镶白旗	283	180	103	26	25	1
正蓝旗	292	186	106	26	24	2
多伦县	336	208	128	31	29	2
乌拉盖管委会	21	15	6			
阿拉善盟	**442**	**272**	**170**	**15**	**11**	**4**
阿拉善左旗	310	192	118	6	4	2
阿拉善右旗	83	48	35	6	4	2
额济纳旗	41	27	14	3	3	
内蒙古阿拉善经济开发区	8	5	3			

6-3c 续表 3

单位：人

地　区	有配偶			离婚			丧偶		
	小计	男	女	小计	男	女	小计	男	女
内蒙古	**39928**	**27696**	**12232**	**1825**	**1628**	**197**	**26732**	**10818**	**15914**
呼和浩特市	**2681**	**1840**	**841**	**88**	**79**	**9**	**1982**	**858**	**1124**
新城区	43	30	13				38	18	20
回民区	7	5	2				2	1	1
玉泉区	66	44	22	3	2	1	61	21	40
赛罕区	285	188	97	5	4	1	205	93	112
土默特左旗	820	548	272	25	23	2	635	273	362
托克托县	433	312	121	13	12	1	335	137	198
和林格尔县	446	307	139	14	11	3	282	133	149
清水河县	256	178	78	11	10	1	171	80	91
武川县	325	228	97	17	17		253	102	151
呼和浩特经济技术开发区									
包头市	**1801**	**1276**	**525**	**73**	**72**	**1**	**1201**	**499**	**702**
东河区	196	144	52	11	11		133	52	81
昆都仑区	36	22	14	1	1		26	9	17
青山区	49	36	13				39	16	23
石拐区	63	47	16	1	1		53	16	37
白云鄂博矿区									
九原区	163	119	44	5	5		75	29	46
土默特右旗	701	487	214	31	31		453	190	263
固阳县	371	257	114	15	14	1	266	128	138
达尔罕茂明安联合旗	197	147	50	8	8		144	55	89
包头稀土高新技术产业开发区	25	17	8	1	1		12	4	8
乌海市	**118**	**95**	**23**	**13**	**11**	**2**	**86**	**34**	**52**
海勃湾区	46	36	10	5	5		29	14	15
海南区	72	59	13	8	6	2	57	20	37
乌达区									
赤峰市	**9823**	**6724**	**3099**	**359**	**323**	**36**	**6345**	**2490**	**3855**
红山区	74	54	20	1		1	49	18	31
元宝山区	479	317	162	21	19	2	274	104	170
松山区	1246	847	399	35	30	5	852	334	518
阿鲁科尔沁旗	712	494	218	32	25	7	477	190	287
巴林左旗	1062	733	329	38	34	4	643	265	378
巴林右旗	365	245	120	16	13	3	244	82	162
林西县	449	305	144	19	18	1	264	108	156
克什克腾旗	528	377	151	26	25	1	308	117	191
翁牛特旗	961	666	295	36	33	3	626	248	378
喀喇沁旗	817	563	254	35	34	1	511	185	326
宁城县	1653	1109	544	60	54	6	1084	430	654
敖汉旗	1477	1014	463	40	38	2	1013	409	604

6-3c 续表 4

单位：人

地 区	有配偶			离婚			丧偶		
	小计	男	女	小计	男	女	小计	男	女
通辽市	**6714**	**4568**	**2146**	**253**	**220**	**33**	**4461**	**1715**	**2746**
科尔沁区	1239	847	392	54	45	9	839	328	511
科尔沁左翼中旗	1293	898	395	48	43	5	856	327	529
科尔沁左翼后旗	961	654	307	36	33	3	637	245	392
开鲁县	1009	648	361	34	28	6	663	227	436
库伦旗	347	235	112	12	9	3	230	85	145
奈曼旗	1109	768	341	30	28	2	798	318	480
扎鲁特旗	594	414	180	33	28	5	347	155	192
通辽经济技术开发区	137	90	47	5	5		80	27	53
霍林郭勒市	25	14	11	1	1		11	3	8
鄂尔多斯市	**2229**	**1533**	**696**	**69**	**64**	**5**	**1452**	**599**	**853**
东胜区									
康巴什区									
达拉特旗	653	460	193	17	17		475	210	265
准格尔旗	507	332	175	14	12	2	325	135	190
鄂托克前旗	131	85	46	7	6	1	79	31	48
鄂托克旗	92	67	25	8	8		64	24	40
杭锦旗	314	225	89	9	8	1	223	84	139
乌审旗	255	168	87	5	5		118	45	73
伊金霍洛旗	277	196	81	9	8	1	168	70	98
呼伦贝尔市	**3390**	**2336**	**1054**	**288**	**248**	**40**	**2183**	**994**	**1189**
海拉尔区	46	32	14	4	2	2	31	10	21
扎赉诺尔区									
阿荣旗	793	543	250	45	38	7	523	263	260
莫力达瓦达斡尔族自治旗	874	604	270	78	72	6	494	228	266
鄂伦春自治旗	206	138	68	16	16		96	39	57
鄂温克族自治旗	190	134	56	23	18	5	125	52	73
陈巴尔虎旗	76	52	24	7	6	1	61	21	40
新巴尔虎左旗	99	70	29	15	13	2	72	22	50
新巴尔虎右旗	74	55	19	19	13	6	50	16	34
满洲里市									
牙克石市	139	99	40	12	11	1	97	47	50
扎兰屯市	817	555	262	66	56	10	598	279	319
额尔古纳市	74	53	21	3	3		35	17	18
根河市	2	1	1				1		1
巴彦淖尔市	**3127**	**2196**	**931**	**146**	**127**	**19**	**1968**	**826**	**1142**
临河区	843	607	236	36	31	5	456	200	256
五原县	610	421	189	29	26	3	384	166	218
磴口县	172	111	61	11	7	4	92	33	59
乌拉特前旗	563	375	188	21	19	2	368	148	220
乌拉特中旗	235	171	64	19	17	2	151	64	87
乌拉特后旗	77	54	23	6	4	2	37	13	24
杭锦后旗	627	457	170	24	23	1	480	202	278

6-3c 续表 5

单位：人

地 区	有配偶			离 婚			丧 偶		
	小计	男	女	小计	男	女	小计	男	女
乌兰察布市	**4909**	**3577**	**1332**	**191**	**177**	**14**	**3744**	**1529**	**2215**
集宁区	173	132	41	12	12		128	43	85
卓资县	532	382	150	27	25	2	377	152	225
化德县	323	231	92	28	27	1	250	100	150
商都县	722	526	196	16	13	3	521	199	322
兴和县	549	411	138	13	11	2	387	174	213
凉城县	472	339	133	19	19		387	156	231
察哈尔右翼前旗	415	306	109	10	9	1	329	142	187
察哈尔右翼中旗	399	298	101	15	13	2	301	132	169
察哈尔右翼后旗	414	291	123	13	11	2	336	140	196
四子王旗	379	269	110	23	22	1	282	124	158
丰镇市	531	392	139	15	15		446	167	279
兴安盟	**3415**	**2293**	**1122**	**196**	**173**	**23**	**2255**	**892**	**1363**
乌兰浩特市	229	173	56	11	9	2	127	47	80
阿尔山市	19	13	6	3	3		10	6	4
科尔沁右翼前旗	1061	739	322	59	55	4	696	266	430
科尔沁右翼中旗	445	301	144	23	19	4	319	113	206
扎赉特旗	914	590	324	55	49	6	581	245	336
突泉县	747	477	270	45	38	7	522	215	307
锡林郭勒盟	**1481**	**1079**	**402**	**123**	**111**	**12**	**894**	**323**	**571**
二连浩特市	2	2					1	1	
锡林浩特市	66	50	16	7	6	1	29	9	20
阿巴嘎旗	78	52	26	8	7	1	39	11	28
苏尼特左旗	65	45	20	8	8		47	10	37
苏尼特右旗	64	48	16	6	5	1	44	11	33
东乌珠穆沁旗	85	67	18	3	2	1	48	17	31
西乌珠穆沁旗	158	109	49	16	15	1	86	32	54
太仆寺旗	415	306	109	34	32	2	265	109	156
镶黄旗	51	38	13	4	3	1	20	7	13
正镶白旗	152	117	35	12	11	1	93	27	66
正蓝旗	157	118	39	11	11		98	33	65
多伦县	173	116	57	12	9	3	120	54	66
乌拉盖管委会	15	11	4	2	2		4	2	2
阿拉善盟	**240**	**179**	**61**	**26**	**23**	**3**	**161**	**59**	**102**
阿拉善左旗	173	128	45	17	14	3	114	46	68
阿拉善右旗	40	30	10	3	3		34	11	23
额济纳旗	23	18	5	5	5		10	1	9
内蒙古阿拉善经济开发区	4	3	1	1	1		3	1	2

6-4　全区分年龄、性别的死亡人口状况
(2019.11.1—2020.10.31)

单位：人、‰

年　龄	平均人口			死亡人口			死亡率		
	合计	男	女	合计	男	女	合计	男	女
总　计	**24047326**	**12281279**	**11766047**	**143757**	**87376**	**56381**	**5.98**	**7.11**	**4.79**
0—4岁	**1053818**	**544960**	**508858**	**519**	**283**	**236**	**0.49**	**0.52**	**0.46**
0	197615	101633	95982	358	186	172	1.81	1.83	1.79
1	206608	107085	99523	61	39	22	0.30	0.36	0.22
2	207656	107474	100182	44	25	19	0.21	0.23	0.19
3	262258	135653	126605	39	22	17	0.15	0.16	0.13
4	179681	93115	86566	17	11	6	0.09	0.12	0.07
5—9岁	**1212095**	**631582**	**580513**	**122**	**62**	**60**	**0.10**	**0.10**	**0.10**
5	266533	138905	127628	31	14	17	0.12	0.10	0.13
6	238866	124449	114417	29	11	18	0.12	0.09	0.16
7	254410	132277	122133	19	14	5	0.07	0.11	0.04
8	236487	123430	113057	19	10	9	0.08	0.08	0.08
9	215799	112521	103278	24	13	11	0.11	0.12	0.11
10—14岁	**1136817**	**592307**	**544510**	**187**	**112**	**75**	**0.16**	**0.19**	**0.14**
10	234859	123377	111482	26	17	9	0.11	0.14	0.08
11	221924	115730	106194	33	17	16	0.15	0.15	0.15
12	231825	120341	111484	29	16	13	0.13	0.13	0.12
13	230994	120108	110886	53	33	20	0.23	0.27	0.18
14	217215	112751	104464	46	29	17	0.21	0.26	0.16
15—19岁	**992246**	**517535**	**474711**	**234**	**147**	**87**	**0.24**	**0.28**	**0.18**
15	232305	120976	111329	48	29	19	0.21	0.24	0.17
16	174895	90815	84080	44	26	18	0.25	0.29	0.21
17	207514	108282	99232	45	28	17	0.22	0.26	0.17
18	189135	98852	90283	59	38	21	0.31	0.38	0.23
19	188397	98610	89787	38	26	12	0.20	0.26	0.13
20—24岁	**1107374**	**574997**	**532377**	**355**	**236**	**119**	**0.32**	**0.41**	**0.22**
20	189641	99079	90562	62	40	22	0.33	0.40	0.24
21	205855	106732	99123	60	38	22	0.29	0.36	0.22
22	214640	110851	103789	59	47	12	0.27	0.42	0.12
23	235262	122340	112922	81	50	31	0.34	0.41	0.27
24	261976	135995	125981	93	61	32	0.35	0.45	0.25
25—29岁	**1524119**	**796235**	**727884**	**613**	**428**	**185**	**0.40**	**0.54**	**0.25**
25	271055	141185	129870	97	72	25	0.36	0.51	0.19
26	269734	140784	128950	79	63	16	0.29	0.45	0.12
27	298300	156076	142224	113	69	44	0.38	0.44	0.31
28	309813	163115	146698	136	97	39	0.44	0.59	0.27
29	375217	195075	180142	188	127	61	0.50	0.65	0.34

6-4 续表 1

单位：人、‰

年 龄	平均人口			死亡人口			死亡率		
	合计	男	女	合计	男	女	合计	男	女
30-34岁	**2010596**	**1038259**	**972337**	**1076**	**757**	**319**	**0.54**	**0.73**	**0.33**
30	430128	221805	208323	223	164	59	0.52	0.74	0.28
31	407798	209801	197997	200	133	67	0.49	0.63	0.34
32	412263	212600	199663	182	124	58	0.44	0.58	0.29
33	393749	203863	189886	233	164	69	0.59	0.80	0.36
34	366658	190190	176468	238	172	66	0.65	0.90	0.37
35-39岁	**1923626**	**1002843**	**920783**	**1631**	**1234**	**397**	**0.85**	**1.23**	**0.43**
35	389113	202401	186712	265	187	78	0.68	0.92	0.42
36	374460	195616	178844	291	205	86	0.78	1.05	0.48
37	393952	206956	186996	311	242	69	0.79	1.17	0.37
38	413740	215372	198368	411	329	82	0.99	1.53	0.41
39	352361	182498	169863	353	271	82	1.00	1.48	0.48
40-44岁	**1809508**	**938244**	**871264**	**2585**	**1933**	**652**	**1.43**	**2.06**	**0.75**
40	366215	191497	174718	422	314	108	1.15	1.64	0.62
41	352705	183510	169195	450	341	109	1.28	1.86	0.64
42	333592	173035	160557	500	357	143	1.50	2.06	0.89
43	358239	185371	172868	529	411	118	1.48	2.22	0.68
44	398757	204831	193926	684	510	174	1.72	2.49	0.90
45-49岁	**2386480**	**1222243**	**1164237**	**5304**	**3943**	**1361**	**2.22**	**3.23**	**1.17**
45	433116	221357	211759	808	590	218	1.87	2.67	1.03
46	464153	237970	226183	982	736	246	2.12	3.09	1.09
47	483411	247973	235438	1091	820	271	2.26	3.31	1.15
48	488100	250488	237612	1140	841	299	2.34	3.36	1.26
49	517700	264455	253245	1283	956	327	2.48	3.61	1.29
50-54岁	**2250725**	**1159304**	**1091421**	**7845**	**5785**	**2060**	**3.49**	**4.99**	**1.89**
50	483019	247670	235349	1439	1058	381	2.98	4.27	1.62
51	497969	255641	242328	1548	1173	375	3.11	4.59	1.55
52	429820	221398	208422	1571	1144	427	3.66	5.17	2.05
53	401546	207693	193853	1557	1150	407	3.88	5.54	2.10
54	438371	226902	211469	1730	1260	470	3.95	5.55	2.22
55-59岁	**1995520**	**1012350**	**983170**	**10225**	**7446**	**2779**	**5.12**	**7.36**	**2.83**
55	441073	227244	213829	1837	1364	473	4.16	6.00	2.21
56	463764	236885	226879	2285	1654	631	4.93	6.98	2.78
57	474753	240927	233826	2455	1811	644	5.17	7.52	2.75
58	301937	149022	152915	1732	1267	465	5.74	8.50	3.04
59	313993	158272	155721	1916	1350	566	6.10	8.53	3.63
60-64岁	**1603196**	**803101**	**800095**	**13357**	**9144**	**4213**	**8.33**	**11.39**	**5.27**
60	337416	171414	166002	2281	1628	653	6.76	9.50	3.93
61	305137	154575	150562	2295	1598	697	7.52	10.34	4.63
62	339381	170853	168528	2817	1909	908	8.30	11.17	5.39
63	319628	157712	161916	2906	1962	944	9.09	12.44	5.83
64	301634	148547	153087	3058	2047	1011	10.14	13.78	6.60

6-4　续表 2

单位：人、‰

年　龄	平均人口			死亡人口			死亡率		
	合计	男	女	合计	男	女	合计	男	女
65–69岁	**1281602**	**625677**	**655925**	**16917**	**10884**	**6033**	**13.20**	**17.40**	**9.20**
65	308735	151934	156801	3306	2191	1115	10.71	14.42	7.11
66	286394	139624	146770	3443	2261	1182	12.02	16.19	8.05
67	252716	123184	129532	3312	2134	1178	13.11	17.32	9.09
68	230752	112165	118587	3451	2210	1241	14.96	19.70	10.46
69	203005	98770	104235	3405	2088	1317	16.77	21.14	12.63
70–74岁	**749748**	**359221**	**390527**	**17625**	**10586**	**7039**	**23.51**	**29.47**	**18.02**
70	205590	101271	104319	3827	2291	1536	18.61	22.62	14.72
71	149611	71600	78011	3348	2085	1263	22.38	29.12	16.19
72	144810	69959	74851	3525	2175	1350	24.34	31.09	18.04
73	138655	65195	73460	3624	2093	1531	26.14	32.10	20.84
74	111082	51196	59886	3301	1942	1359	29.72	37.93	22.69
75–79岁	**480423**	**220731**	**259692**	**18812**	**10598**	**8214**	**39.16**	**48.01**	**31.63**
75	109773	50828	58945	3490	1992	1498	31.79	39.19	25.41
76	100613	46201	54412	3581	2096	1485	35.59	45.37	27.29
77	89845	41171	48674	3535	1988	1547	39.35	48.29	31.78
78	93098	42525	50573	3941	2162	1779	42.33	50.84	35.18
79	87094	40006	47088	4265	2360	1905	48.97	58.99	40.46
80–84岁	**332340**	**151720**	**180620**	**23190**	**12233**	**10957**	**69.78**	**80.63**	**60.66**
80	81499	37097	44402	4508	2418	2090	55.31	65.18	47.07
81	75101	34260	40841	4825	2520	2305	64.25	73.56	56.44
82	66628	30527	36101	4810	2573	2237	72.19	84.29	61.97
83	58193	26781	31412	4630	2414	2216	79.56	90.14	70.55
84	50919	23055	27864	4417	2308	2109	86.75	100.11	75.69
85–89岁	**147185**	**66945**	**80240**	**15980**	**8128**	**7852**	**108.57**	**121.41**	**97.86**
85	42535	18789	23746	3997	2046	1951	93.97	108.89	82.16
86	36695	16560	20135	3727	1896	1831	101.57	114.49	90.94
87	27611	12463	15148	3212	1586	1626	116.33	127.26	107.34
88	22203	10321	11882	2698	1394	1304	121.52	135.06	109.75
89	18141	8812	9329	2346	1206	1140	129.32	136.86	122.20
90–94岁	**38857**	**18130**	**20727**	**5780**	**2819**	**2961**	**148.75**	**155.49**	**142.86**
90	12788	5972	6816	1849	908	941	144.59	152.04	138.06
91	9175	4283	4892	1338	664	674	145.83	155.03	137.78
92	7482	3434	4048	1106	547	559	147.82	159.29	138.09
93	5382	2534	2848	804	376	428	149.39	148.38	150.28
94	4030	1907	2123	683	324	359	169.48	169.90	169.10
95–99岁	**9116**	**4110**	**5006**	**1205**	**543**	**662**	**132.19**	**132.12**	**132.24**
95	3134	1438	1696	442	199	243	141.03	138.39	143.28
96	2291	1052	1239	304	145	159	132.69	137.83	128.33
97	1622	714	908	213	100	113	131.32	140.06	124.45
98	1206	530	676	146	64	82	121.06	120.75	121.30
99	863	376	487	100	35	65	115.87	93.09	133.47
100岁及以上	**1935**	**785**	**1150**	**195**	**75**	**120**	**100.78**	**95.54**	**104.35**

6-4a 全区分年龄、性别的死亡人口状况
(2019.11.1-2020.10.31)(城市)

单位：人、‰

年 龄	平均人口			死亡人口			死亡率		
	合计	男	女	合计	男	女	合计	男	女
总 计	**9432772**	**4709156**	**4723616**	**38410**	**23224**	**15186**	**4.07**	**4.93**	**3.21**
0-4岁	**451390**	**233528**	**217862**	**161**	**81**	**80**	**0.36**	**0.35**	**0.37**
0	87516	45047	42469	129	62	67	1.47	1.38	1.58
1	91015	47247	43768	18	12	6	0.20	0.25	0.14
2	87133	45200	41933	7	4	3	0.08	0.09	0.07
3	113825	58704	55121	4	2	2	0.04	0.03	0.04
4	71901	37330	34571	3	1	2	0.04	0.03	0.06
5-9岁	**489942**	**254642**	**235300**	**26**	**18**	**8**	**0.05**	**0.07**	**0.03**
5	109004	56918	52086	6	6		0.06	0.11	
6	100692	52479	48213	4	1	3	0.04	0.02	0.06
7	104095	54049	50046	5	5		0.05	0.09	
8	93277	48312	44965	3	1	2	0.03	0.02	0.04
9	82874	42884	39990	8	5	3	0.10	0.12	0.08
10-14岁	**422442**	**218778**	**203664**	**31**	**17**	**14**	**0.07**	**0.08**	**0.07**
10	86162	44957	41205	4	2	2	0.05	0.04	0.05
11	82595	42769	39826	5	2	3	0.06	0.05	0.08
12	87485	44960	42525	5	3	2	0.06	0.07	0.05
13	86141	44697	41444	10	7	3	0.12	0.16	0.07
14	80059	41395	38664	7	3	4	0.09	0.07	0.10
15-19岁	**501721**	**255943**	**245778**	**50**	**29**	**21**	**0.10**	**0.11**	**0.09**
15	99543	51325	48218	6	2	4	0.06	0.04	0.08
16	77015	39391	37624	12	7	5	0.16	0.18	0.13
17	99460	51037	48423	9	5	4	0.09	0.10	0.08
18	106575	53962	52613	18	11	7	0.17	0.20	0.13
19	119128	60228	58900	5	4	1	0.04	0.07	0.02
20-24岁	**566931**	**282550**	**284381**	**84**	**57**	**27**	**0.15**	**0.20**	**0.09**
20	117484	58903	58581	18	14	4	0.15	0.24	0.07
21	112623	56006	56617	5	3	2	0.04	0.05	0.04
22	105437	52454	52983	16	11	5	0.15	0.21	0.09
23	110495	54960	55535	17	9	8	0.15	0.16	0.14
24	120892	60227	60665	28	20	8	0.23	0.33	0.13
25-29岁	**699216**	**351773**	**347443**	**127**	**80**	**47**	**0.18**	**0.23**	**0.14**
25	126397	62846	63551	30	20	10	0.24	0.32	0.16
26	125124	62688	62436	12	9	3	0.10	0.14	0.05
27	137929	69607	68322	22	12	10	0.16	0.17	0.15
28	139051	70691	68360	31	19	12	0.22	0.27	0.18
29	170715	85941	84774	32	20	12	0.19	0.23	0.14

6-4a　续表 1

单位：人、‰

年　龄	平均人口			死亡人口			死亡率		
	合计	男	女	合计	男	女	合计	男	女
30–34岁	**900651**	**451943**	**448708**	**239**	**163**	**76**	**0.27**	**0.36**	**0.17**
30	195095	97683	97412	42	27	15	0.22	0.28	0.15
31	185666	92795	92871	47	28	19	0.25	0.30	0.20
32	184751	92489	92262	39	30	9	0.21	0.32	0.10
33	174330	87988	86342	52	34	18	0.30	0.39	0.21
34	160809	80988	79821	59	44	15	0.37	0.54	0.19
35–39岁	**810616**	**408878**	**401738**	**350**	**265**	**85**	**0.43**	**0.65**	**0.21**
35	167738	84558	83180	53	38	15	0.32	0.45	0.18
36	160041	81030	79011	58	44	14	0.36	0.54	0.18
37	168520	85547	82973	68	53	15	0.40	0.62	0.18
38	171790	86496	85294	86	71	15	0.50	0.82	0.18
39	142527	71247	71280	85	59	26	0.60	0.83	0.36
40–44岁	**716006**	**359626**	**356380**	**573**	**425**	**148**	**0.80**	**1.18**	**0.42**
40	143678	72909	70769	95	74	21	0.66	1.01	0.30
41	140948	71129	69819	118	90	28	0.84	1.27	0.40
42	133667	67094	66573	107	68	39	0.80	1.01	0.59
43	142402	71294	71108	102	77	25	0.72	1.08	0.35
44	155311	77200	78111	151	116	35	0.97	1.50	0.45
45–49岁	**882336**	**438850**	**443486**	**1200**	**876**	**324**	**1.36**	**2.00**	**0.73**
45	162528	80522	82006	181	123	58	1.11	1.53	0.71
46	173808	86446	87362	220	164	56	1.27	1.90	0.64
47	180672	90101	90571	225	168	57	1.25	1.86	0.63
48	177799	88685	89114	262	200	62	1.47	2.26	0.70
49	187529	93096	94433	312	221	91	1.66	2.37	0.96
50–54岁	**789671**	**396368**	**393303**	**1906**	**1386**	**520**	**2.41**	**3.50**	**1.32**
50	175241	87625	87616	373	265	108	2.13	3.02	1.23
51	178964	89028	89936	375	278	97	2.10	3.12	1.08
52	147916	74459	73457	376	264	112	2.54	3.55	1.52
53	136590	68792	67798	353	267	86	2.58	3.88	1.27
54	150960	76464	74496	429	312	117	2.84	4.08	1.57
55–59岁	**689604**	**346012**	**343592**	**2638**	**2015**	**623**	**3.83**	**5.82**	**1.81**
55	154815	78700	76115	496	390	106	3.20	4.96	1.39
56	166678	84215	82463	620	462	158	3.72	5.49	1.92
57	162257	81542	80715	676	524	152	4.17	6.43	1.88
58	100151	49056	51095	406	309	97	4.05	6.30	1.90
59	105703	52499	53204	440	330	110	4.16	6.29	2.07
60–64岁	**515934**	**256221**	**259713**	**3022**	**2147**	**875**	**5.86**	**8.38**	**3.37**
60	110742	55296	55446	536	392	144	4.84	7.09	2.60
61	100975	50789	50186	567	403	164	5.62	7.93	3.27
62	109397	54671	54726	672	477	195	6.14	8.72	3.56
63	101312	49524	51788	600	434	166	5.92	8.76	3.21
64	93508	45941	47567	647	441	206	6.92	9.60	4.33

6-4a 续表 2

单位：人、‰

年龄	平均人口			死亡人口			死亡率		
	合计	男	女	合计	男	女	合计	男	女
65-69岁	**383837**	**181025**	**202812**	**3649**	**2410**	**1239**	**9.51**	**13.31**	**6.11**
65	93760	45479	48281	696	477	219	7.42	10.49	4.54
66	85895	40732	45163	760	518	242	8.85	12.72	5.36
67	74795	35042	39753	696	464	232	9.31	13.24	5.84
68	68003	31573	36430	712	462	250	10.47	14.63	6.86
69	61384	28199	33185	785	489	296	12.79	17.34	8.92
70-74岁	**236712**	**105228**	**131484**	**4056**	**2415**	**1641**	**17.13**	**22.95**	**12.48**
70	61907	28253	33654	804	475	329	12.99	16.81	9.78
71	47314	20824	26490	795	466	329	16.80	22.38	12.42
72	45223	20120	25103	770	467	303	17.03	23.21	12.07
73	43980	19511	24469	849	490	359	19.30	25.11	14.67
74	38288	16520	21768	838	517	321	21.89	31.30	14.75
75-79岁	**175604**	**75873**	**99731**	**5361**	**2957**	**2404**	**30.53**	**38.97**	**24.10**
75	37120	15843	21277	894	503	391	24.08	31.75	18.38
76	34680	14813	19867	977	565	412	28.17	38.14	20.74
77	34895	15043	19852	1032	575	457	29.57	38.22	23.02
78	35476	15263	20213	1182	620	562	33.32	40.62	27.80
79	33433	14911	18522	1276	694	582	38.17	46.54	31.42
80-84岁	**126053**	**56804**	**69249**	**7146**	**3775**	**3371**	**56.69**	**66.46**	**48.68**
80	31175	13734	17441	1371	727	644	43.98	52.93	36.92
81	28279	12752	15527	1463	753	710	51.73	59.05	45.73
82	25308	11448	13860	1475	816	659	58.28	71.28	47.55
83	22060	10187	11873	1413	754	659	64.05	74.02	55.50
84	19231	8683	10548	1424	725	699	74.05	83.50	66.27
85-89岁	**54660**	**25465**	**29195**	**5150**	**2718**	**2432**	**94.22**	**106.73**	**83.30**
85	16010	7159	8851	1296	672	624	80.95	93.87	70.50
86	13408	6058	7350	1185	624	561	88.38	103.00	76.33
87	10173	4685	5488	1000	480	520	98.30	102.45	94.75
88	8059	3896	4163	858	479	379	106.46	122.95	91.04
89	7010	3667	3343	811	463	348	115.69	126.26	104.10
90-94岁	**15455**	**7764**	**7691**	**2109**	**1128**	**981**	**136.46**	**145.29**	**127.55**
90	5199	2642	2557	661	354	307	127.14	133.99	120.06
91	3670	1798	1872	503	293	210	137.06	162.96	112.18
92	2830	1403	1427	374	198	176	132.16	141.13	123.34
93	2150	1093	1057	299	151	148	139.07	138.15	140.02
94	1606	828	778	272	132	140	169.36	159.42	179.95
95-99岁	**3369**	**1634**	**1735**	**451**	**229**	**222**	**133.87**	**140.15**	**127.95**
95	1190	615	575	174	95	79	146.22	154.47	137.39
96	859	415	444	116	61	55	135.04	146.99	123.87
97	592	289	303	80	40	40	135.14	138.41	132.01
98	418	181	237	43	19	24	102.87	104.97	101.27
99	310	134	176	38	14	24	122.58	104.48	136.36
100岁及以上	**622**	**251**	**371**	**81**	**33**	**48**	**130.23**	**131.47**	**129.38**

6-4b 全区分年龄、性别的死亡人口状况(2019.11.1-2020.10.31)(镇)

单位：人、‰

年龄	平均人口			死亡人口			死亡率		
	合计	男	女	合计	男	女	合计	男	女
总计	**6773356**	**3421666**	**3351690**	**31986**	**19551**	**12435**	**4.72**	**5.71**	**3.71**
0-4岁	**357801**	**184840**	**172961**	**147**	**74**	**73**	**0.41**	**0.40**	**0.42**
0	65381	33506	31875	103	53	50	1.58	1.58	1.57
1	69635	35932	33703	16	8	8	0.23	0.22	0.24
2	71192	36836	34356	14	5	9	0.20	0.14	0.26
3	89983	46692	43291	10	5	5	0.11	0.11	0.12
4	61610	31874	29736	4	3	1	0.06	0.09	0.03
5-9岁	**408849**	**211780**	**197069**	**23**	**8**	**15**	**0.06**	**0.04**	**0.08**
5	91206	47210	43996	8	3	5	0.09	0.06	0.11
6	80848	41790	39058	6	2	4	0.07	0.05	0.10
7	86167	44508	41659	2	1	1	0.02	0.02	0.02
8	79343	41331	38012	4	2	2	0.05	0.05	0.05
9	71285	36941	34344	3		3	0.04		0.09
10-14岁	**363476**	**187809**	**175667**	**58**	**35**	**23**	**0.16**	**0.19**	**0.13**
10	76485	39994	36491	9	6	3	0.12	0.15	0.08
11	70639	36614	34025	8	4	4	0.11	0.11	0.12
12	72611	37583	35028	9	5	4	0.12	0.13	0.11
13	71719	36788	34931	19	10	9	0.26	0.27	0.26
14	72022	36830	35192	13	10	3	0.18	0.27	0.09
15-19岁	**296037**	**152854**	**143183**	**53**	**30**	**23**	**0.18**	**0.20**	**0.16**
15	83549	42505	41044	12	7	5	0.14	0.16	0.12
16	66654	33959	32695	8	5	3	0.12	0.15	0.09
17	68381	35196	33185	11	7	4	0.16	0.20	0.12
18	42333	22533	19800	14	7	7	0.33	0.31	0.35
19	35120	18661	16459	8	4	4	0.23	0.21	0.24
20-24岁	**269150**	**138436**	**130714**	**80**	**52**	**28**	**0.30**	**0.38**	**0.21**
20	35826	19094	16732	10	6	4	0.28	0.31	0.24
21	45423	23685	21738	21	14	7	0.46	0.59	0.32
22	53458	27304	26154	10	7	3	0.19	0.26	0.11
23	61922	31792	30130	20	14	6	0.32	0.44	0.20
24	72521	36561	35960	19	11	8	0.26	0.30	0.22
25-29岁	**464388**	**235845**	**228543**	**141**	**103**	**38**	**0.30**	**0.44**	**0.17**
25	77568	39450	38118	18	16	2	0.23	0.41	0.05
26	79425	40442	38983	29	24	5	0.37	0.59	0.13
27	90527	45942	44585	20	10	10	0.22	0.22	0.22
28	97794	49899	47895	29	24	5	0.30	0.48	0.10
29	119074	60112	58962	45	29	16	0.38	0.48	0.27

6-4b 续表 1 单位：人、‰

年 龄	平均人口			死亡人口			死亡率		
	合计	男	女	合计	男	女	合计	男	女
30-34岁	**642327**	**322592**	**319735**	**255**	**171**	**84**	**0.40**	**0.53**	**0.26**
30	137506	68736	68770	48	33	15	0.35	0.48	0.22
31	131183	65707	65476	48	26	22	0.37	0.40	0.34
32	132115	66222	65893	42	27	15	0.32	0.41	0.23
33	125414	63197	62217	58	43	15	0.46	0.68	0.24
34	116109	58730	57379	59	42	17	0.51	0.72	0.30
35-39岁	**598639**	**305972**	**292667**	**388**	**288**	**100**	**0.65**	**0.94**	**0.34**
35	123363	62606	60757	54	37	17	0.44	0.59	0.28
36	117023	60092	56931	75	50	25	0.64	0.83	0.44
37	121149	62489	58660	71	54	17	0.59	0.86	0.29
38	127980	65196	62784	104	82	22	0.81	1.26	0.35
39	109124	55589	53535	84	65	19	0.77	1.17	0.35
40-44岁	**540193**	**277139**	**263054**	**640**	**475**	**165**	**1.18**	**1.71**	**0.63**
40	113194	58416	54778	84	54	30	0.74	0.92	0.55
41	106494	54626	51868	122	94	28	1.15	1.72	0.54
42	99031	50769	48262	129	94	35	1.30	1.85	0.73
43	105399	54132	51267	151	123	28	1.43	2.27	0.55
44	116075	59196	56879	154	110	44	1.33	1.86	0.77
45-49岁	**664034**	**338886**	**325148**	**1295**	**969**	**326**	**1.95**	**2.86**	**1.00**
45	125488	63914	61574	194	140	54	1.55	2.19	0.88
46	130911	66736	64175	244	185	59	1.86	2.77	0.92
47	133192	68005	65187	289	215	74	2.17	3.16	1.14
48	133409	68269	65140	276	204	72	2.07	2.99	1.11
49	141034	71962	69072	292	225	67	2.07	3.13	0.97
50-54岁	**591265**	**304389**	**286876**	**1900**	**1392**	**508**	**3.21**	**4.57**	**1.77**
50	130091	66719	63372	350	252	98	2.69	3.78	1.55
51	131335	67587	63748	356	277	79	2.71	4.10	1.24
52	112785	58110	54675	389	276	113	3.45	4.75	2.07
53	105070	54226	50844	404	302	102	3.85	5.57	2.01
54	111984	57747	54237	401	285	116	3.58	4.94	2.14
55-59岁	**492500**	**249733**	**242767**	**2320**	**1691**	**629**	**4.71**	**6.77**	**2.59**
55	111859	57399	54460	410	299	111	3.67	5.21	2.04
56	115532	59052	56480	518	382	136	4.48	6.47	2.41
57	115982	58896	57086	557	407	150	4.80	6.91	2.63
58	73764	36564	37200	401	298	103	5.44	8.15	2.77
59	75363	37822	37541	434	305	129	5.76	8.06	3.44
60-64岁	**374030**	**183274**	**190756**	**2924**	**1999**	**925**	**7.82**	**10.91**	**4.85**
60	79738	40266	39472	500	363	137	6.27	9.02	3.47
61	71675	35694	35981	497	346	151	6.93	9.69	4.20
62	78402	38282	40120	635	430	205	8.10	11.23	5.11
63	73850	35274	38576	618	403	215	8.37	11.42	5.57
64	70365	33758	36607	674	457	217	9.58	13.54	5.93

6-4b 续表 2

单位：人、‰

年 龄	平均人口			死亡人口			死亡率		
	合计	男	女	合计	男	女	合计	男	女
65—69岁	**296626**	**139763**	**156863**	**3673**	**2358**	**1315**	**12.38**	**16.87**	**8.38**
65	72023	34368	37655	724	508	216	10.05	14.78	5.74
66	66759	31533	35226	770	495	275	11.53	15.70	7.81
67	58110	27285	30825	679	430	249	11.68	15.76	8.08
68	52612	24567	28045	738	466	272	14.03	18.97	9.70
69	47122	22010	25112	762	459	303	16.17	20.85	12.07
70—74岁	**177807**	**81688**	**96119**	**3904**	**2273**	**1631**	**21.96**	**27.83**	**16.97**
70	48667	23091	25576	845	496	349	17.36	21.48	13.65
71	35684	16414	19270	749	453	296	20.99	27.60	15.36
72	34008	15611	18397	792	487	305	23.29	31.20	16.58
73	33006	14831	18175	746	410	336	22.60	27.64	18.49
74	26442	11741	14701	772	427	345	29.20	36.37	23.47
75—79岁	**115045**	**51773**	**63272**	**4207**	**2362**	**1845**	**36.57**	**45.62**	**29.16**
75	26417	12013	14404	732	438	294	27.71	36.46	20.41
76	24559	10979	13580	777	453	324	31.64	41.26	23.86
77	21352	9689	11663	839	459	380	39.29	47.37	32.58
78	21952	9852	12100	917	494	423	41.77	50.14	34.96
79	20765	9240	11525	942	518	424	45.36	56.06	36.79
80—84岁	**78055**	**35063**	**42992**	**5119**	**2760**	**2359**	**65.58**	**78.72**	**54.87**
80	19175	8573	10602	996	548	448	51.94	63.92	42.26
81	17845	7954	9891	1078	578	500	60.41	72.67	50.55
82	15627	6995	8632	1079	563	516	69.05	80.49	59.78
83	13598	6191	7407	990	545	445	72.80	88.03	60.08
84	11810	5350	6460	976	526	450	82.64	98.32	69.66
85—89岁	**32793**	**15065**	**17728**	**3374**	**1789**	**1585**	**102.89**	**118.75**	**89.41**
85	9397	4105	5292	871	477	394	92.69	116.20	74.45
86	8320	3824	4496	763	401	362	91.71	104.86	80.52
87	6096	2810	3286	662	336	326	108.60	119.57	99.21
88	4993	2366	2627	575	308	267	115.16	130.18	101.64
89	3987	1960	2027	503	267	236	126.16	136.22	116.43
90—94岁	**8155**	**3826**	**4329**	**1175**	**589**	**586**	**144.08**	**153.95**	**135.37**
90	2677	1281	1396	381	200	181	142.32	156.13	129.66
91	1950	916	1034	276	129	147	141.54	140.83	142.17
92	1573	711	862	218	112	106	138.59	157.52	122.97
93	1124	541	583	156	73	83	138.79	134.94	142.37
94	831	377	454	144	75	69	173.29	198.94	151.98
95—99岁	**1814**	**789**	**1025**	**262**	**114**	**148**	**144.43**	**144.49**	**144.39**
95	652	286	366	96	42	54	147.24	146.85	147.54
96	470	203	267	66	31	35	140.43	152.71	131.09
97	293	130	163	42	18	24	143.34	138.46	147.24
98	241	99	142	34	16	18	141.08	161.62	126.76
99	158	71	87	24	7	17	151.90	98.59	195.40
100岁及以上	**372**	**150**	**222**	**48**	**19**	**29**	**129.03**	**126.67**	**130.63**

6-4c 全区分年龄、性别的死亡人口状况
(2019.11.1-2020.10.31)(乡村)

单位：人、‰

年龄	平均人口			死亡人口			死亡率		
	合计	男	女	合计	男	女	合计	男	女
总计	**7841198**	**4150457**	**3690741**	**73361**	**44601**	**28760**	**9.36**	**10.75**	**7.79**
0-4岁	**244627**	**126592**	**118035**	**211**	**128**	**83**	**0.86**	**1.01**	**0.70**
0	44718	23080	21638	126	71	55	2.82	3.08	2.54
1	45958	23906	22052	27	19	8	0.59	0.79	0.36
2	49331	25438	23893	23	16	7	0.47	0.63	0.29
3	58450	30257	28193	25	15	10	0.43	0.50	0.35
4	46170	23911	22259	10	7	3	0.22	0.29	0.13
5-9岁	**313304**	**165160**	**148144**	**73**	**36**	**37**	**0.23**	**0.22**	**0.25**
5	66323	34777	31546	17	5	12	0.26	0.14	0.38
6	57326	30180	27146	19	8	11	0.33	0.27	0.41
7	64148	33720	30428	12	8	4	0.19	0.24	0.13
8	63867	33787	30080	12	7	5	0.19	0.21	0.17
9	61640	32696	28944	13	8	5	0.21	0.24	0.17
10-14岁	**350899**	**185720**	**165179**	**98**	**60**	**38**	**0.28**	**0.32**	**0.23**
10	72212	38426	33786	13	9	4	0.18	0.23	0.12
11	68690	36347	32343	20	11	9	0.29	0.30	0.28
12	71729	37798	33931	15	8	7	0.21	0.21	0.21
13	73134	38623	34511	24	16	8	0.33	0.41	0.23
14	65134	34526	30608	26	16	10	0.40	0.46	0.33
15-19岁	**194488**	**108738**	**85750**	**131**	**88**	**43**	**0.67**	**0.81**	**0.50**
15	49213	27146	22067	30	20	10	0.61	0.74	0.45
16	31226	17465	13761	24	14	10	0.77	0.80	0.73
17	39673	22049	17624	25	16	9	0.63	0.73	0.51
18	40227	22357	17870	27	20	7	0.67	0.89	0.39
19	34149	19721	14428	25	18	7	0.73	0.91	0.49
20-24岁	**271293**	**154011**	**117282**	**191**	**127**	**64**	**0.70**	**0.82**	**0.55**
20	36331	21082	15249	34	20	14	0.94	0.95	0.92
21	47809	27041	20768	34	21	13	0.71	0.78	0.63
22	55745	31093	24652	33	29	4	0.59	0.93	0.16
23	62845	35588	27257	44	27	17	0.70	0.76	0.62
24	68563	39207	29356	46	30	16	0.67	0.77	0.55
25-29岁	**360515**	**208617**	**151898**	**345**	**245**	**100**	**0.96**	**1.17**	**0.66**
25	67090	38889	28201	49	36	13	0.73	0.93	0.46
26	65185	37654	27531	38	30	8	0.58	0.80	0.29
27	69844	40527	29317	71	47	24	1.02	1.16	0.82
28	72968	42525	30443	76	54	22	1.04	1.27	0.72
29	85428	49022	36406	111	78	33	1.30	1.59	0.91

6-4c　续表 1　　　　单位：人、‰

年　龄	平均人口			死亡人口			死亡率		
	合计	男	女	合计	男	女	合计	男	女
30–34岁	**467618**	**263724**	**203894**	**582**	**423**	**159**	**1.24**	**1.60**	**0.78**
30	97527	55386	42141	133	104	29	1.36	1.88	0.69
31	90949	51299	39650	105	79	26	1.15	1.54	0.66
32	95397	53889	41508	101	67	34	1.06	1.24	0.82
33	94005	52678	41327	123	87	36	1.31	1.65	0.87
34	89740	50472	39268	120	86	34	1.34	1.70	0.87
35–39岁	**514371**	**287993**	**226378**	**893**	**681**	**212**	**1.74**	**2.36**	**0.94**
35	98012	55237	42775	158	112	46	1.61	2.03	1.08
36	97396	54494	42902	158	111	47	1.62	2.04	1.10
37	104283	58920	45363	172	135	37	1.65	2.29	0.82
38	113970	63680	50290	221	176	45	1.94	2.76	0.89
39	100710	55662	45048	184	147	37	1.83	2.64	0.82
40–44岁	**553309**	**301479**	**251830**	**1372**	**1033**	**339**	**2.48**	**3.43**	**1.35**
40	109343	60172	49171	243	186	57	2.22	3.09	1.16
41	105263	57755	47508	210	157	53	2.00	2.72	1.12
42	100894	55172	45722	264	195	69	2.62	3.53	1.51
43	110438	59945	50493	276	211	65	2.50	3.52	1.29
44	127371	68435	58936	379	284	95	2.98	4.15	1.61
45–49岁	**840110**	**444507**	**395603**	**2809**	**2098**	**711**	**3.34**	**4.72**	**1.80**
45	145100	76921	68179	433	327	106	2.98	4.25	1.55
46	159434	84788	74646	518	387	131	3.25	4.56	1.75
47	169547	89867	79680	577	437	140	3.40	4.86	1.76
48	176892	93534	83358	602	437	165	3.40	4.67	1.98
49	189137	99397	89740	679	510	169	3.59	5.13	1.88
50–54岁	**869789**	**458547**	**411242**	**4039**	**3007**	**1032**	**4.64**	**6.56**	**2.51**
50	177687	93326	84361	716	541	175	4.03	5.80	2.07
51	187670	99026	88644	817	618	199	4.35	6.24	2.24
52	169119	88829	80290	806	604	202	4.77	6.80	2.52
53	159886	84675	75211	800	581	219	5.00	6.86	2.91
54	175427	92691	82736	900	663	237	5.13	7.15	2.86
55–59岁	**813416**	**416605**	**396811**	**5267**	**3740**	**1527**	**6.48**	**8.98**	**3.85**
55	174399	91145	83254	931	675	256	5.34	7.41	3.07
56	181554	93618	87936	1147	810	337	6.32	8.65	3.83
57	196514	100489	96025	1222	880	342	6.22	8.76	3.56
58	128022	63402	64620	925	660	265	7.23	10.41	4.10
59	132927	67951	64976	1042	715	327	7.84	10.52	5.03
60–64岁	**713232**	**363606**	**349626**	**7411**	**4998**	**2413**	**10.39**	**13.75**	**6.90**
60	146936	75852	71084	1245	873	372	8.47	11.51	5.23
61	132487	68092	64395	1231	849	382	9.29	12.47	5.93
62	151582	77900	73682	1510	1002	508	9.96	12.86	6.89
63	144466	72914	71552	1688	1125	563	11.68	15.43	7.87
64	137761	68848	68913	1737	1149	588	12.61	16.69	8.53

6-4c 续表 2

单位：人、‰

年 龄	平均人口			死亡人口			死亡率		
	合计	男	女	合计	男	女	合计	男	女
65—69岁	**601139**	**304889**	**296250**	**9595**	**6116**	**3479**	**15.96**	**20.06**	**11.74**
65	142952	72087	70865	1886	1206	680	13.19	16.73	9.60
66	133740	67359	66381	1913	1248	665	14.30	18.53	10.02
67	119811	60857	58954	1937	1240	697	16.17	20.38	11.82
68	110137	56025	54112	2001	1282	719	18.17	22.88	13.29
69	94499	48561	45938	1858	1140	718	19.66	23.48	15.63
70—74岁	**335229**	**172305**	**162924**	**9665**	**5898**	**3767**	**28.83**	**34.23**	**23.12**
70	95016	49927	45089	2178	1320	858	22.92	26.44	19.03
71	66613	34362	32251	1804	1166	638	27.08	33.93	19.78
72	65579	34228	31351	1963	1221	742	29.93	35.67	23.67
73	61669	30853	30816	2029	1193	836	32.90	38.67	27.13
74	46352	22935	23417	1691	998	693	36.48	43.51	29.59
75—79岁	**189774**	**93085**	**96689**	**9244**	**5279**	**3965**	**48.71**	**56.71**	**41.01**
75	46236	22972	23264	1864	1051	813	40.31	45.75	34.95
76	41374	20409	20965	1827	1078	749	44.16	52.82	35.73
77	33598	16439	17159	1664	954	710	49.53	58.03	41.38
78	35670	17410	18260	1842	1048	794	51.64	60.20	43.48
79	32896	15855	17041	2047	1148	899	62.23	72.41	52.76
80—84岁	**128232**	**59853**	**68379**	**10925**	**5698**	**5227**	**85.20**	**95.20**	**76.44**
80	31149	14790	16359	2141	1143	998	68.73	77.28	61.01
81	28977	13554	15423	2284	1189	1095	78.82	87.72	71.00
82	25693	12084	13609	2256	1194	1062	87.81	98.81	78.04
83	22535	10403	12132	2227	1115	1112	98.82	107.18	91.66
84	19878	9022	10856	2017	1057	960	101.47	117.16	88.43
85—89岁	**59732**	**26415**	**33317**	**7456**	**3621**	**3835**	**124.82**	**137.08**	**115.11**
85	17128	7525	9603	1830	897	933	106.84	119.20	97.16
86	14967	6678	8289	1779	871	908	118.86	130.43	109.54
87	11342	4968	6374	1550	770	780	136.66	154.99	122.37
88	9151	4059	5092	1265	607	658	138.24	149.54	129.22
89	7144	3185	3959	1032	476	556	144.46	149.45	140.44
90—94岁	**15247**	**6540**	**8707**	**2496**	**1102**	**1394**	**163.70**	**168.50**	**160.10**
90	4912	2049	2863	807	354	453	164.29	172.77	158.23
91	3555	1569	1986	559	242	317	157.24	154.24	159.62
92	3079	1320	1759	514	237	277	166.94	179.55	157.48
93	2108	900	1208	349	152	197	165.56	168.89	163.08
94	1593	702	891	267	117	150	167.61	166.67	168.35
95—99岁	**3933**	**1687**	**2246**	**492**	**200**	**292**	**125.10**	**118.55**	**130.01**
95	1292	537	755	172	62	110	133.13	115.46	145.70
96	962	434	528	122	53	69	126.82	122.12	130.68
97	737	295	442	91	42	49	123.47	142.37	110.86
98	547	250	297	69	29	40	126.14	116.00	134.68
99	395	171	224	38	14	24	96.20	81.87	107.14
100岁及以上	**941**	**384**	**557**	**66**	**23**	**43**	**70.14**	**59.90**	**77.20**

第一部分　全部数据资料

第七卷　户口登记状况

7-1 全区按现住地、户口登记地、

现住地	户口					
	合计			自治区内		
	合计	男	女	小计	男	女
内蒙古	**11462961**	**5858767**	**5604194**	**9776541**	**4855871**	**4920670**
呼和浩特市	**2159244**	**1090635**	**1068609**	**1900202**	**941395**	**958807**
新城区	452897	230282	222615	383797	188951	194846
回民区	306172	151435	154737	266224	129137	137087
玉泉区	415704	208729	206975	368591	182929	185662
赛罕区	552255	278892	273363	494211	245529	248682
土默特左旗	97157	49061	48096	87058	43478	43580
托克托县	70996	37479	33517	64280	32832	31448
和林格尔县	78237	38189	40048	69725	33673	36052
清水河县	28663	15015	13648	26433	13546	12887
武川县	45825	23124	22701	43528	21873	21655
呼和浩特经济技术开发区	111338	58429	52909	96355	49447	46908
包头市	**1558644**	**797706**	**760938**	**1320189**	**659895**	**660294**
东河区	280020	140850	139170	232568	113397	119171
昆都仑区	485539	247928	237611	414332	207949	206383
青山区	313959	157996	155963	264827	130291	134536
石拐区	17189	9710	7479	13054	6833	6221
白云鄂博矿区	13773	7698	6075	11714	6373	5341
九原区	178587	95569	83018	149640	78375	71265
土默特右旗	75109	37683	37426	69741	34487	35254
固阳县	38822	20453	18369	34677	17728	16949
达尔罕茂明安联合旗	28626	14668	13958	26351	13211	13140
包头稀土高新技术产业开发区	127020	65151	61869	103285	51251	52034
乌海市	**322639**	**174705**	**147934**	**224700**	**114251**	**110449**
海勃湾区	196842	103791	93051	146995	73788	73207
海南区	59785	34483	25302	32733	17407	15326
乌达区	66012	36431	29581	44972	23056	21916
赤峰市	**1590833**	**798624**	**792209**	**1487587**	**741373**	**746214**
红山区	312270	156665	155605	286110	141674	144436
元宝山区	117027	59213	57814	104935	52587	52348
松山区	404158	205391	198767	381322	192721	188601
阿鲁科尔沁旗	82984	41058	41926	80041	39422	40619
巴林左旗	99339	48615	50724	95077	46126	48951
巴林右旗	67409	33442	33967	64930	32023	32907
林西县	74419	36989	37430	70345	34714	35631
克什克腾旗	74327	38464	35863	69191	34960	34231
翁牛特旗	84596	42700	41896	81593	41165	40428
喀喇沁旗	69798	34608	35190	65355	32391	32964
宁城县	102770	51377	51393	92724	46194	46530
敖汉旗	101736	50102	51634	95964	47396	48568

性别分的户口登记地在外乡镇街道的人口

单位：人

登记地	市辖区内人户分离			自治区内流动人口			自治区外		
	小计	男	女	小计	男	女	小计	男	女
	2394517	**1170223**	**1224294**	**7382024**	**3685648**	**3696376**	**1686420**	**1002896**	**683524**
	507410	**245206**	**262204**	**1392792**	**696189**	**696603**	**259042**	**149240**	**109802**
	134899	65300	69599	248898	123651	125247	69100	41331	27769
	82185	39279	42906	184039	89858	94181	39948	22298	17650
	107518	51970	55548	261073	130959	130114	47113	25800	21313
	182808	88657	94151	311403	156872	154531	58044	33363	24681
				87058	43478	43580	10099	5583	4516
				64280	32832	31448	6716	4647	2069
				69725	33673	36052	8512	4516	3996
				26433	13546	12887	2230	1469	761
				43528	21873	21655	2297	1251	1046
				96355	49447	46908	14983	8982	6001
	532256	**259638**	**272618**	**787933**	**400257**	**387676**	**238455**	**137811**	**100644**
	142918	69339	73579	89650	44058	45592	47452	27453	19999
	193862	94302	99560	220470	113647	106823	71207	39979	31228
	123193	59449	63744	141634	70842	70792	49132	27705	21427
	9258	4798	4460	3796	2035	1761	4135	2877	1258
	4225	2322	1903	7489	4051	3438	2059	1325	734
	58800	29428	29372	90840	48947	41893	28947	17194	11753
				69741	34487	35254	5368	3196	2172
				34677	17728	16949	4145	2725	1420
				26351	13211	13140	2275	1457	818
				103285	51251	52034	23735	13900	9835
	123488	**61064**	**62424**	**101212**	**53187**	**48025**	**97939**	**60454**	**37485**
	81932	40019	41913	65063	33769	31294	49847	30003	19844
	13197	6869	6328	19536	10538	8998	27052	17076	9976
	28359	14176	14183	16613	8880	7733	21040	13375	7665
	489449	**244262**	**245187**	**998138**	**497111**	**501027**	**103246**	**57251**	**45995**
	163127	80357	82770	122983	61317	61666	26160	14991	11169
	79059	39133	39926	25876	13454	12422	12092	6626	5466
	247263	124772	122491	134059	67949	66110	22836	12670	10166
				80041	39422	40619	2943	1636	1307
				95077	46126	48951	4262	2489	1773
				64930	32023	32907	2479	1419	1060
				70345	34714	35631	4074	2275	1799
				69191	34960	34231	5136	3504	1632
				81593	41165	40428	3003	1535	1468
				65355	32391	32964	4443	2217	2226
				92724	46194	46530	10046	5183	4863
				95964	47396	48568	5772	2706	3066

7-1 续表 1

现住地	户口					
	合计			自治区内		
	合计	男	女	小计	男	女
通辽市	**870289**	**423759**	**446530**	**780455**	**374815**	**405640**
科尔沁区	319108	154070	165038	290675	138406	152269
科尔沁左翼中旗	54604	25505	29099	46947	21821	25126
科尔沁左翼后旗	58013	27766	30247	48969	23419	25550
开鲁县	58877	27844	31033	52938	24517	28421
库伦旗	27572	13604	13968	22965	11154	11811
奈曼旗	58633	28112	30521	53538	25456	28082
扎鲁特旗	67304	33179	34125	63019	30600	32419
通辽经济技术开发区	132021	64435	67586	122024	58646	63378
霍林郭勒市	94157	49244	44913	79380	40796	38584
鄂尔多斯市	**1445835**	**794295**	**651540**	**1058432**	**540815**	**517617**
东胜区	457886	239030	218856	344097	171571	172526
康巴什区	91787	47640	44147	74812	37614	37198
达拉特旗	194645	100853	93792	172917	86712	86205
准格尔旗	224519	128360	96159	170442	89621	80821
鄂托克前旗	46477	28158	18319	22884	11525	11359
鄂托克旗	111093	63379	47714	67763	36244	31519
杭锦旗	47375	25178	22197	40508	20497	20011
乌审旗	97401	60003	37398	43485	22727	20758
伊金霍洛旗	174652	101694	72958	121524	64304	57220
呼伦贝尔市	**868452**	**432943**	**435509**	**709870**	**348022**	**361848**
海拉尔区	197727	97286	100441	164866	79460	85406
扎赉诺尔区	37863	18862	19001	32268	16019	16249
阿荣旗	85052	41850	43202	75598	36978	38620
莫力达瓦达斡尔族自治旗	60858	29567	31291	50157	24308	25849
鄂伦春自治旗	52466	26115	26351	37729	18731	18998
鄂温克族自治旗	56883	28229	28654	47838	23400	24438
陈巴尔虎旗	18947	10225	8722	14905	7774	7131
新巴尔虎左旗	15686	7844	7842	13856	6712	7144
新巴尔虎右旗	17854	10145	7709	14230	7449	6781
满洲里市	90960	46818	44142	53588	26735	26853
牙克石市	84629	42082	42547	73609	36344	37265
扎兰屯市	104991	51306	53685	92999	45089	47910
额尔古纳市	21171	10696	10475	17200	8526	8674
根河市	23365	11918	11447	21027	10497	10530
巴彦淖尔市	**706437**	**361095**	**345342**	**629439**	**314172**	**315267**
临河区	341528	172386	169142	307197	152453	154744
五原县	81365	40884	40481	73762	36622	37140
磴口县	32160	16610	15550	27669	14104	13565
乌拉特前旗	101793	52025	49768	89876	44147	45729
乌拉特中旗	48863	26516	22347	41130	21287	19843
乌拉特后旗	27747	15892	11855	21852	11452	10400
杭锦后旗	72981	36782	36199	67953	34107	33846

单位：人

登记地								
市辖区内人户分离			自治区内流动人口			自治区外		
小计	男	女	小计	男	女	小计	男	女
204190	**96701**	**107489**	**576265**	**278114**	**298151**	**89834**	**48944**	**40890**
204190	96701	107489	86485	41705	44780	28433	15664	12769
			46947	21821	25126	7657	3684	3973
			48969	23419	25550	9044	4347	4697
			52938	24517	28421	5939	3327	2612
			22965	11154	11811	4607	2450	2157
			53538	25456	28082	5095	2656	2439
			63019	30600	32419	4285	2579	1706
			122024	58646	63378	9997	5789	4208
			79380	40796	38584	14777	8448	6329
137676	**67665**	**70011**	**920756**	**473150**	**447606**	**387403**	**253480**	**133923**
121925	59847	62078	222172	111724	110448	113789	67459	46330
15751	7818	7933	59061	29796	29265	16975	10026	6949
			172917	86712	86205	21728	14141	7587
			170442	89621	80821	54077	38739	15338
			22884	11525	11359	23593	16633	6960
			67763	36244	31519	43330	27135	16195
			40508	20497	20011	6867	4681	2186
			43485	22727	20758	53916	37276	16640
			121524	64304	57220	53128	37390	15738
102629	**49903**	**52726**	**607241**	**298119**	**309122**	**158582**	**84921**	**73661**
79813	38644	41169	85053	40816	44237	32861	17826	15035
22816	11259	11557	9452	4760	4692	5595	2843	2752
			75598	36978	38620	9454	4872	4582
			50157	24308	25849	10701	5259	5442
			37729	18731	18998	14737	7384	7353
			47838	23400	24438	9045	4829	4216
			14905	7774	7131	4042	2451	1591
			13856	6712	7144	1830	1132	698
			14230	7449	6781	3624	2696	928
			53588	26735	26853	37372	20083	17289
			73609	36344	37265	11020	5738	5282
			92999	45089	47910	11992	6217	5775
			17200	8526	8674	3971	2170	1801
			21027	10497	10530	2338	1421	917
191386	**94125**	**97261**	**438053**	**220047**	**218006**	**76998**	**46923**	**30075**
191386	94125	97261	115811	58328	57483	34331	19933	14398
			73762	36622	37140	7603	4262	3341
			27669	14104	13565	4491	2506	1985
			89876	44147	45729	11917	7878	4039
			41130	21287	19843	7733	5229	2504
			21852	11452	10400	5895	4440	1455
			67953	34107	33846	5028	2675	2353

7-1 续表 2

现住地	户口					
	合计			自治区内		
	合计	男	女	小计	男	女
乌兰察布市	**762753**	**381613**	**381140**	**693388**	**341104**	**352284**
集宁区	280340	137595	142745	252767	121404	131363
卓资县	27221	14298	12923	24485	12723	11762
化德县	40923	20745	20178	35564	17604	17960
商都县	60178	29422	30756	56135	27269	28866
兴和县	55828	27932	27896	51411	25660	25751
凉城县	39413	19838	19575	36651	18370	18281
察哈尔右翼前旗	47051	25272	21779	39186	20001	19185
察哈尔右翼中旗	25024	12678	12346	23341	11649	11692
察哈尔右翼后旗	39514	19711	19803	37367	18518	18849
四子王旗	63000	31623	31377	60423	30203	30220
丰镇市	84261	42499	41762	76058	37703	38355
兴安盟	**443911**	**218272**	**225639**	**389296**	**188455**	**200841**
乌兰浩特市	180991	88661	92330	158384	76166	82218
阿尔山市	9406	4977	4429	7888	4073	3815
科尔沁右翼前旗	83117	41069	42048	74923	36416	38507
科尔沁右翼中旗	47183	23607	23576	42708	20947	21761
扎赉特旗	71107	34164	36943	60036	28831	31205
突泉县	52107	25794	26313	45357	22022	23335
锡林郭勒盟	**573332**	**296283**	**277049**	**492311**	**245486**	**246825**
二连浩特市	48834	25347	23487	41003	20829	20174
锡林浩特市	236437	119321	117116	203349	100048	103301
阿巴嘎旗	17304	9228	8076	14910	7467	7443
苏尼特左旗	12827	7120	5707	10705	5441	5264
苏尼特右旗	26887	13638	13249	24300	11914	12386
东乌珠穆沁旗	31419	16510	14909	28381	14582	13799
西乌珠穆沁旗	56203	32395	23808	46009	24289	21720
太仆寺旗	28645	14248	14397	25096	12290	12806
镶黄旗	11602	6187	5415	9545	4545	5000
正镶白旗	15431	7858	7573	13789	6745	7044
正蓝旗	30012	15116	14896	27070	13392	13678
多伦县	45012	22687	22325	36663	18068	18595
乌拉盖管委会	12719	6628	6091	11491	5876	5615
阿拉善盟	**160592**	**88837**	**71755**	**90672**	**46088**	**44584**
阿拉善左旗	103874	55711	48163	66381	32883	33498
阿拉善右旗	10547	5929	4618	6046	3011	3035
额济纳旗	21072	12034	9038	9156	5078	4078
内蒙古阿拉善经济开发区	25099	15163	9936	9089	5116	3973

单位：人

登记地

市辖区内人户分离			自治区内流动人口			自治区外		
小计	男	女	小计	男	女	小计	男	女
106033	**51659**	**54374**	**587355**	**289445**	**297910**	**69365**	**40509**	**28856**
106033	51659	54374	146734	69745	76989	27573	16191	11382
			24485	12723	11762	2736	1575	1161
			35564	17604	17960	5359	3141	2218
			56135	27269	28866	4043	2153	1890
			51411	25660	25751	4417	2272	2145
			36651	18370	18281	2762	1468	1294
			39186	20001	19185	7865	5271	2594
			23341	11649	11692	1683	1029	654
			37367	18518	18849	2147	1193	954
			60423	30203	30220	2577	1420	1157
			76058	37703	38355	8203	4796	3407
			389296	**188455**	**200841**	**54615**	**29817**	**24798**
			158384	76166	82218	22607	12495	10112
			7888	4073	3815	1518	904	614
			74923	36416	38507	8194	4653	3541
			42708	20947	21761	4475	2660	1815
			60036	28831	31205	11071	5333	5738
			45357	22022	23335	6750	3772	2978
			492311	**245486**	**246825**	**81021**	**50797**	**30224**
			41003	20829	20174	7831	4518	3313
			203349	100048	103301	33088	19273	13815
			14910	7467	7443	2394	1761	633
			10705	5441	5264	2122	1679	443
			24300	11914	12386	2587	1724	863
			28381	14582	13799	3038	1928	1110
			46009	24289	21720	10194	8106	2088
			25096	12290	12806	3549	1958	1591
			9545	4545	5000	2057	1642	415
			13789	6745	7044	1642	1113	529
			27070	13392	13678	2942	1724	1218
			36663	18068	18595	8349	4619	3730
			11491	5876	5615	1228	752	476
			90672	**46088**	**44584**	**69920**	**42749**	**27171**
			66381	32883	33498	37493	22828	14665
			6046	3011	3035	4501	2918	1583
			9156	5078	4078	11916	6956	4960
			9089	5116	3973	16010	10047	5963

7-1a 全区按现住地、户口登记地、

现住地	合计			户口 自治区内		
	合计	男	女	小计	男	女
内蒙古	**6154293**	**3090865**	**3063428**	**5309869**	**2612910**	**2696959**
呼和浩特市	**1540842**	**769690**	**771152**	**1357423**	**665606**	**691817**
新城区	395224	199370	195854	335772	163900	171872
回民区	294830	145343	149487	257509	124589	132920
玉泉区	372809	185828	186981	332571	164229	168342
赛罕区	477979	239149	238830	431571	212888	218683
包头市	**1172950**	**593649**	**579301**	**997047**	**493677**	**503370**
东河区	252469	126527	125942	210924	102418	108506
昆都仑区	467886	238236	229650	401261	200968	200293
青山区	296949	148622	148327	251181	122948	128233
石拐区	12266	6418	5848	10741	5452	5289
白云鄂博矿区	13773	7698	6075	11714	6373	5341
九原区	129607	66148	63459	111226	55518	55708
乌海市	**293596**	**155263**	**138333**	**212494**	**107036**	**105458**
海勃湾区	182099	94330	87769	139531	69518	70013
海南区	46666	25281	21385	28601	14827	13774
乌达区	64831	35652	29179	44362	22691	21671
赤峰市	**708797**	**355579**	**353218**	**660997**	**329221**	**331776**
红山区	299149	149629	149520	274810	135755	139055
元宝山区	101409	50550	50859	92533	45840	46693
松山区	308239	155400	152839	293654	147626	146028
通辽市	**372103**	**183315**	**188788**	**335227**	**162741**	**172486**
科尔沁区	283453	137064	146389	260602	124455	136147
霍林郭勒市	88650	46251	42399	74625	38286	36339
鄂尔多斯市	**533252**	**273967**	**259285**	**412031**	**204261**	**207770**
东胜区	441144	226155	214989	336968	166513	170455
康巴什区	91787	47640	44147	74812	37614	37198
鄂托克旗	321	172	149	251	134	117
呼伦贝尔市	**494960**	**244873**	**250087**	**404636**	**196478**	**208158**
海拉尔区	194460	95568	98892	162633	78308	84325
扎赉诺尔区	36295	18019	18276	31087	15394	15693
满洲里市	89337	45948	43389	52687	26265	26422
牙克石市	59182	28675	30507	53200	25634	27566
扎兰屯市	81181	39687	41494	74407	35927	38480
额尔古纳市	15428	7597	7831	12621	6113	6508
根河市	19077	9379	9698	18001	8837	9164
巴彦淖尔市	**281130**	**140839**	**140291**	**259764**	**128415**	**131349**
临河区	281130	140839	140291	259764	128415	131349
乌兰察布市	**319715**	**157040**	**162675**	**290164**	**140474**	**149690**
集宁区	252773	124140	128633	227835	109804	118031
丰镇市	66942	32900	34042	62329	30670	31659
兴安盟	**168380**	**82101**	**86279**	**148010**	**70978**	**77032**
乌兰浩特市	162873	79223	83650	143373	68606	74767
阿尔山市	5507	2878	2629	4637	2372	2265
锡林郭勒盟	**268568**	**134549**	**134019**	**232076**	**114023**	**118053**
二连浩特市	47323	24348	22975	39984	20220	19764
锡林浩特市	221245	110201	111044	192092	93803	98289

性别分的户口登记地在外乡镇街道的人口(城市)

单位：人

登记地	市辖区内人户分离			自治区内流动人口			自治区外		
	小计	男	女	小计	男	女	小计	男	女
	2221119	**1081811**	**1139308**	**3088750**	**1531099**	**1557651**	**844424**	**477955**	**366469**
	479482	**231304**	**248178**	**877941**	**434302**	**443639**	**183419**	**104084**	**79335**
	127470	61627	65843	208302	102273	106029	59452	35470	23982
	80440	38423	42017	177069	86166	90903	37321	20754	16567
	102541	49435	53106	230030	114794	115236	40238	21599	18639
	169031	81819	87212	262540	131069	131471	46408	26261	20147
	510698	**248065**	**262633**	**486349**	**245612**	**240737**	**175903**	**99972**	**75931**
	134828	65338	69490	76096	37080	39016	41545	24109	17436
	191453	93044	98409	209808	107924	101884	66625	37268	29357
	120381	58005	62376	130800	64943	65857	45768	25674	20094
	8291	4219	4072	2450	1233	1217	1525	966	559
	4225	2322	1903	7489	4051	3438	2059	1325	734
	51520	25137	26383	59706	30381	29325	18381	10630	7751
	120013	**58978**	**61035**	**92481**	**48058**	**44423**	**81102**	**48227**	**32875**
	80074	38987	41087	59457	30531	28926	42568	24812	17756
	11911	6022	5889	16690	8805	7885	18065	10454	7611
	28028	13969	14059	16334	8722	7612	20469	12961	7508
	422719	**209652**	**213067**	**238278**	**119569**	**118709**	**47800**	**26358**	**21442**
	157506	77421	80085	117304	58334	58970	24339	13874	10465
	72593	35742	36851	19940	10098	9842	8876	4710	4166
	192620	96489	96131	101034	51137	49897	14585	7774	6811
	188303	**89869**	**98434**	**146924**	**72872**	**74052**	**36876**	**20574**	**16302**
	188303	89869	98434	72299	34586	37713	22851	12609	10242
				74625	38286	36339	14025	7965	6060
	136710	**67045**	**69665**	**275321**	**137216**	**138105**	**121221**	**69706**	**51515**
	120959	59227	61732	216009	107286	108723	104176	59642	44534
	15751	7818	7933	59061	29796	29265	16975	10026	6949
				251	134	117	70	38	32
	101684	**49415**	**52269**	**302952**	**147063**	**155889**	**90324**	**48395**	**41929**
	79226	38344	40882	83407	39964	43443	31827	17260	14567
	22458	11071	11387	8629	4323	4306	5208	2625	2583
				52687	26265	26422	36650	19683	16967
				53200	25634	27566	5982	3041	2941
				74407	35927	38480	6774	3760	3014
				12621	6113	6508	2807	1484	1323
				18001	8837	9164	1076	542	534
	167578	**81924**	**85654**	**92186**	**46491**	**45695**	**21366**	**12424**	**8942**
	167578	81924	85654	92186	46491	45695	21366	12424	8942
	93932	**45559**	**48373**	**196232**	**94915**	**101317**	**29551**	**16566**	**12985**
	93932	45559	48373	133903	64245	69658	24938	14336	10602
				62329	30670	31659	4613	2230	2383
				148010	**70978**	**77032**	**20370**	**11123**	**9247**
				143373	68606	74767	19500	10617	8883
				4637	2372	2265	870	506	364
				232076	**114023**	**118053**	**36492**	**20526**	**15966**
				39984	20220	19764	7339	4128	3211
				192092	93803	98289	29153	16398	12755

7-1b 全区按现住地、户口登记地、

现住地	合计			户口 自治区内		
	合计	男	女	小计	男	女
内蒙古	**3750215**	**1901020**	**1849195**	**3270137**	**1619332**	**1650805**
呼和浩特市	**341883**	**172428**	**169455**	**309697**	**154187**	**155510**
新城区	468	237	231	353	171	182
回民区						
玉泉区						
赛罕区	567	299	268	461	239	222
土默特左旗	70797	35397	35400	64558	31992	32566
托克托县	46242	23916	22326	43582	22133	21449
和林格尔县	55365	25741	29624	49332	22835	26497
清水河县	20684	10372	10312	19887	9955	9932
武川县	36422	18037	18385	35169	17415	17754
呼和浩特经济技术开发区	111338	58429	52909	96355	49447	46908
包头市	**271812**	**142552**	**129260**	**234562**	**120094**	**114468**
东河区	13343	6874	6469	10857	5483	5374
昆都仑区	745	629	116	317	243	74
青山区	2321	1571	750	1760	1132	628
石拐区	2698	1982	716	759	519	240
白云鄂博矿区						
九原区	19916	13477	6439	16472	11273	5199
土默特右旗	63475	31438	32037	60322	29708	30614
固阳县	26342	13441	12901	24799	12581	12218
达尔罕茂明安联合旗	19953	10086	9867	18607	9248	9359
包头稀土高新技术产业开发区	123019	63054	59965	100669	49907	50762
乌海市	**13121**	**8575**	**4546**	**5224**	**3020**	**2204**
海勃湾区	3310	1774	1536	1962	1008	954
海南区	8630	6022	2608	2652	1647	1005
乌达区	1181	779	402	610	365	245
赤峰市	**631847**	**312202**	**319645**	**607485**	**299127**	**308358**
红山区	11013	5955	5058	9560	5055	4505
元宝山区	7434	3901	3533	6269	3277	2992
松山区	3558	1854	1704	2996	1513	1483
阿鲁科尔沁旗	68824	33510	35314	67337	32733	34604
巴林左旗	69782	33830	35952	68007	32812	35195
巴林右旗	60141	29719	30422	58211	28632	29579
林西县	63598	31454	32144	60930	29952	30978
克什克腾旗	60531	29888	30643	58672	28821	29851
翁牛特旗	71199	35613	35586	69541	34795	34746
喀喇沁旗	59347	29293	30054	57112	28210	28902
宁城县	82159	40812	41347	77447	38337	39110
敖汉旗	74261	36373	37888	71403	34990	36413

性别分的户口登记地在外乡镇街道的人口(镇)

单位：人

登记地	市辖区内人户分离			自治区内流动人口			自治区外		
	小计	男	女	小计	男	女	小计	男	女
	32764	**17364**	**15400**	**3237373**	**1601968**	**1635405**	**480078**	**281688**	**198390**
	207	**100**	**107**	**309490**	**154087**	**155403**	**32186**	**18241**	**13945**
	113	54	59	240	117	123	115	66	49
	94	46	48	367	193	174	106	60	46
				64558	31992	32566	6239	3405	2834
				43582	22133	21449	2660	1783	877
				49332	22835	26497	6033	2906	3127
				19887	9955	9932	797	417	380
				35169	17415	17754	1253	622	631
				96355	49447	46908	14983	8982	6001
	8778	**4990**	**3788**	**225784**	**115104**	**110680**	**37250**	**22458**	**14792**
	4508	2242	2266	6349	3241	3108	2486	1391	1095
	14	11	3	303	232	71	428	386	42
	787	444	343	973	688	285	561	439	122
	312	223	89	447	296	151	1939	1463	476
	3157	2070	1087	13315	9203	4112	3444	2204	1240
				60322	29708	30614	3153	1730	1423
				24799	12581	12218	1543	860	683
				18607	9248	9359	1346	838	508
				100669	49907	50762	22350	13147	9203
	1721	**1028**	**693**	**3503**	**1992**	**1511**	**7897**	**5555**	**2342**
	588	297	291	1374	711	663	1348	766	582
	802	524	278	1850	1123	727	5978	4375	1603
	331	207	124	279	158	121	571	414	157
	10584	**5491**	**5093**	**596901**	**293636**	**303265**	**24362**	**13075**	**11287**
	4900	2576	2324	4660	2479	2181	1453	900	553
	3641	1868	1773	2628	1409	1219	1165	624	541
	2043	1047	996	953	466	487	562	341	221
				67337	32733	34604	1487	777	710
				68007	32812	35195	1775	1018	757
				58211	28632	29579	1930	1087	843
				60930	29952	30978	2668	1502	1166
				58672	28821	29851	1859	1067	792
				69541	34795	34746	1658	818	840
				57112	28210	28902	2235	1083	1152
				77447	38337	39110	4712	2475	2237
				71403	34990	36413	2858	1383	1475

7-1b 续表 1

现住地	户口					
	合计			自治区内		
	合计	男	女	小计	男	女
通辽市	**380916**	**184742**	**196174**	**350112**	**167678**	**182434**
科尔沁区	8977	4646	4331	7567	3822	3745
科尔沁左翼中旗	39901	18952	20949	35471	16678	18793
科尔沁左翼后旗	40840	19642	21198	36267	17281	18986
开鲁县	44409	21322	23087	41046	19381	21665
库伦旗	21541	10639	10902	19142	9290	9852
奈曼旗	45632	21973	23659	42756	20446	22310
扎鲁特旗	54149	26380	27769	51493	24853	26640
通辽经济技术开发区	125203	61027	64176	116146	55790	60356
霍林郭勒市	264	161	103	224	137	87
鄂尔多斯市	**720630**	**384934**	**335696**	**553660**	**280285**	**273375**
东胜区	1638	1240	398	495	292	203
康巴什区						
达拉特旗	159385	80587	78798	145468	71897	73571
准格尔旗	174991	92617	82374	145769	73905	71864
鄂托克前旗	32152	17228	14924	19563	9712	9851
鄂托克旗	94234	51281	42953	58913	30710	28203
杭锦旗	40789	21300	19489	35511	17721	17790
乌审旗	73730	42087	31643	38425	19654	18771
伊金霍洛旗	143711	78594	65117	109516	56394	53122
呼伦贝尔市	**260330**	**130077**	**130253**	**219505**	**108448**	**111057**
海拉尔区	415	214	201	265	141	124
扎赉诺尔区	1568	843	725	1181	625	556
阿荣旗	61221	30207	31014	55777	27411	28366
莫力达瓦达斡尔族自治旗	33249	16455	16794	28918	14295	14623
鄂伦春自治旗	38947	19132	19815	29605	14543	15062
鄂温克族自治旗	49910	24486	25424	42526	20585	21941
陈巴尔虎旗	14445	7602	6843	11152	5661	5491
新巴尔虎左旗	11765	5715	6050	10597	4981	5616
新巴尔虎右旗	11982	5910	6072	10807	5262	5545
满洲里市	1623	870	753	901	470	431
牙克石市	22513	11838	10675	18172	9507	8665
扎兰屯市	6401	3264	3137	4975	2519	2456
额尔古纳市	2063	1038	1025	1642	811	831
根河市	4228	2503	1725	2987	1637	1350
巴彦淖尔市	**275590**	**138608**	**136982**	**253227**	**125836**	**127391**
临河区	3814	2099	1715	3209	1742	1467
五原县	61799	30895	30904	57609	28618	28991
磴口县	22620	11337	11283	20528	10233	10295
乌拉特前旗	73550	36146	37404	67900	32930	34970
乌拉特中旗	37549	19374	18175	32903	16526	16377
乌拉特后旗	20685	10847	9838	18110	9245	8865
杭锦后旗	55573	27910	27663	52968	26542	26426

单位：人

登记地								
						自治区外		
市辖区内人户分离			自治区内流动人口					
小计	男	女	小计	男	女	小计	男	女
4481	**2220**	**2261**	**345631**	**165458**	**180173**	**30804**	**17064**	**13740**
4481	2220	2261	3086	1602	1484	1410	824	586
			35471	16678	18793	4430	2274	2156
			36267	17281	18986	4573	2361	2212
			41046	19381	21665	3363	1941	1422
			19142	9290	9852	2399	1349	1050
			42756	20446	22310	2876	1527	1349
			51493	24853	26640	2656	1527	1129
			116146	55790	60356	9057	5237	3820
			224	137	87	40	24	16
71	**44**	**27**	**553589**	**280241**	**273348**	**166970**	**104649**	**62321**
71	44	27	424	248	176	1143	948	195
			145468	71897	73571	13917	8690	5227
			145769	73905	71864	29222	18712	10510
			19563	9712	9851	12589	7516	5073
			58913	30710	28203	35321	20571	14750
			35511	17721	17790	5278	3579	1699
			38425	19654	18771	35305	22433	12872
			109516	56394	53122	34195	22200	11995
403	**212**	**191**	**219102**	**108236**	**110866**	**40825**	**21629**	**19196**
45	24	21	220	117	103	150	73	77
358	188	170	823	437	386	387	218	169
			55777	27411	28366	5444	2796	2648
			28918	14295	14623	4331	2160	2171
			29605	14543	15062	9342	4589	4753
			42526	20585	21941	7384	3901	3483
			11152	5661	5491	3293	1941	1352
			10597	4981	5616	1168	734	434
			10807	5262	5545	1175	648	527
			901	470	431	722	400	322
			18172	9507	8665	4341	2331	2010
			4975	2519	2456	1426	745	681
			1642	811	831	421	227	194
			2987	1637	1350	1241	866	375
1738	**881**	**857**	**251489**	**124955**	**126534**	**22363**	**12772**	**9591**
1738	881	857	1471	861	610	605	357	248
			57609	28618	28991	4190	2277	1913
			20528	10233	10295	2092	1104	988
			67900	32930	34970	5650	3216	2434
			32903	16526	16377	4646	2848	1798
			18110	9245	8865	2575	1602	973
			52968	26542	26426	2605	1368	1237

7-1b 续表 2

现住地	户口					
	合计			自治区内		
	合计	男	女	小计	男	女
乌兰察布市	**281949**	**139443**	**142506**	**261649**	**128179**	**133470**
集宁区	10763	4518	6245	10259	4297	5962
卓资县	15180	7451	7729	13690	6807	6883
化德县	32190	15863	16327	29315	14458	14857
商都县	41603	20036	21567	39389	18936	20453
兴和县	41483	20705	20778	38741	19302	19439
凉城县	22994	11275	11719	21776	10665	11111
察哈尔右翼前旗	30275	15531	14744	26681	13338	13343
察哈尔右翼中旗	12859	6246	6613	12222	5940	6282
察哈尔右翼后旗	27988	13859	14129	26604	13095	13509
四子王旗	43495	21556	21939	42074	20813	21261
丰镇市	3119	2403	716	898	528	370
兴安盟	**203612**	**99425**	**104187**	**185562**	**89883**	**95679**
乌兰浩特市	11174	5603	5571	10128	5011	5117
阿尔山市	2982	1565	1417	2567	1332	1235
科尔沁右翼前旗	59471	28957	30514	55668	26866	28802
科尔沁右翼中旗	38494	19040	19454	35568	17274	18294
扎赉特旗	56737	27507	29230	49476	23950	25526
突泉县	34754	16753	18001	32155	15450	16705
锡林郭勒盟	**231796**	**116404**	**115392**	**207656**	**102137**	**105519**
二连浩特市	1031	691	340	604	355	249
锡林浩特市	1851	1373	478	835	541	294
阿巴嘎旗	12557	6273	6284	11256	5412	5844
苏尼特左旗	8757	4356	4401	8064	3942	4122
苏尼特右旗	23981	12059	11922	22082	10868	11214
东乌珠穆沁旗	25714	12917	12797	23704	11784	11920
西乌珠穆沁旗	40226	20251	19975	36995	18401	18594
太仆寺旗	20890	10112	10778	19008	9136	9872
镶黄旗	9910	4971	4939	8795	4165	4630
正镶白旗	12860	6287	6573	11987	5787	6200
正蓝旗	23443	11639	11804	21496	10571	10925
多伦县	39242	19579	19663	32582	15936	16646
乌拉盖管委会	11334	5896	5438	10248	5239	5009
阿拉善盟	**136729**	**71630**	**65099**	**81798**	**40458**	**41340**
阿拉善左旗	88516	44932	43584	60304	29158	31146
阿拉善右旗	8438	4416	4022	5355	2598	2757
额济纳旗	17212	9230	7982	7617	4018	3599
内蒙古阿拉善经济开发区	22563	13052	9511	8522	4684	3838

单位：人

登记地	市辖区内人户分离			自治区内流动人口			自治区外		
	小计	男	女	小计	男	女	小计	男	女
	4781	**2398**	**2383**	**256868**	**125781**	**131087**	**20300**	**11264**	**9036**
	4781	2398	2383	5478	1899	3579	504	221	283
				13690	6807	6883	1490	644	846
				29315	14458	14857	2875	1405	1470
				39389	18936	20453	2214	1100	1114
				38741	19302	19439	2742	1403	1339
				21776	10665	11111	1218	610	608
				26681	13338	13343	3594	2193	1401
				12222	5940	6282	637	306	331
				26604	13095	13509	1384	764	620
				42074	20813	21261	1421	743	678
				898	528	370	2221	1875	346
				185562	**89883**	**95679**	**18050**	**9542**	**8508**
				10128	5011	5117	1046	592	454
				2567	1332	1235	415	233	182
				55668	26866	28802	3803	2091	1712
				35568	17274	18294	2926	1766	1160
				49476	23950	25526	7261	3557	3704
				32155	15450	16705	2599	1303	1296
				207656	**102137**	**105519**	**24140**	**14267**	**9873**
				604	355	249	427	336	91
				835	541	294	1016	832	184
				11256	5412	5844	1301	861	440
				8064	3942	4122	693	414	279
				22082	10868	11214	1899	1191	708
				23704	11784	11920	2010	1133	877
				36995	18401	18594	3231	1850	1381
				19008	9136	9872	1882	976	906
				8795	4165	4630	1115	806	309
				11987	5787	6200	873	500	373
				21496	10571	10925	1947	1068	879
				32582	15936	16646	6660	3643	3017
				10248	5239	5009	1086	657	429
				81798	**40458**	**41340**	**54931**	**31172**	**23759**
				60304	29158	31146	28212	15774	12438
				5355	2598	2757	3083	1818	1265
				7617	4018	3599	9595	5212	4383
				8522	4684	3838	14041	8368	5673

7-1c 全区按现住地、户口登记地、

现住地	合计			户口 自治区内		
	合计	男	女	小计	男	女
内蒙古	**1558453**	**866882**	**691571**	**1196535**	**623629**	**572906**
呼和浩特市	**276519**	**148517**	**128002**	**233082**	**121602**	**111480**
新城区	57205	30675	26530	47672	24880	22792
回民区	11342	6092	5250	8715	4548	4167
玉泉区	42895	22901	19994	36020	18700	17320
赛罕区	73709	39444	34265	62179	32402	29777
土默特左旗	26360	13664	12696	22500	11486	11014
托克托县	24754	13563	11191	20698	10699	9999
和林格尔县	22872	12448	10424	20393	10838	9555
清水河县	7979	4643	3336	6546	3591	2955
武川县	9403	5087	4316	8359	4458	3901
呼和浩特经济技术开发区						
包头市	**113882**	**61505**	**52377**	**88580**	**46124**	**42456**
东河区	14208	7449	6759	10787	5496	5291
昆都仑区	16908	9063	7845	12754	6738	6016
青山区	14689	7803	6886	11886	6211	5675
石拐区	2225	1310	915	1554	862	692
白云鄂博矿区						
九原区	29064	15944	13120	21942	11584	10358
土默特右旗	11634	6245	5389	9419	4779	4640
固阳县	12480	7012	5468	9878	5147	4731
达尔罕茂明安联合旗	8673	4582	4091	7744	3963	3781
包头稀土高新技术产业开发区	4001	2097	1904	2616	1344	1272
乌海市	**15922**	**10867**	**5055**	**6982**	**4195**	**2787**
海勃湾区	11433	7687	3746	5502	3262	2240
海南区	4489	3180	1309	1480	933	547
乌达区						
赤峰市	**250189**	**130843**	**119346**	**219105**	**113025**	**106080**
红山区	2108	1081	1027	1740	864	876
元宝山区	8184	4762	3422	6133	3470	2663
松山区	92361	48137	44224	84672	43582	41090
阿鲁科尔沁旗	14160	7548	6612	12704	6689	6015
巴林左旗	29557	14785	14772	27070	13314	13756
巴林右旗	7268	3723	3545	6719	3391	3328
林西县	10821	5535	5286	9415	4762	4653
克什克腾旗	13796	8576	5220	10519	6139	4380
翁牛特旗	13397	7087	6310	12052	6370	5682
喀喇沁旗	10451	5315	5136	8243	4181	4062
宁城县	20611	10565	10046	15277	7857	7420
敖汉旗	27475	13729	13746	24561	12406	12155

性别分的户口登记地在外乡镇街道的人口(乡村)

单位：人

登记地								
市辖区内人户分离			自治区内流动人口			自治区外		
小计	男	女	小计	男	女	小计	男	女
140634	**71048**	**69586**	**1055901**	**552581**	**503320**	**361918**	**243253**	**118665**
27721	**13802**	**13919**	**205361**	**107800**	**97561**	**43437**	**26915**	**16522**
7316	3619	3697	40356	21261	19095	9533	5795	3738
1745	856	889	6970	3692	3278	2627	1544	1083
4977	2535	2442	31043	16165	14878	6875	4201	2674
13683	6792	6891	48496	25610	22886	11530	7042	4488
			22500	11486	11014	3860	2178	1682
			20698	10699	9999	4056	2864	1192
			20393	10838	9555	2479	1610	869
			6546	3591	2955	1433	1052	381
			8359	4458	3901	1044	629	415
12780	**6583**	**6197**	**75800**	**39541**	**36259**	**25302**	**15381**	**9921**
3582	1759	1823	7205	3737	3468	3421	1953	1468
2395	1247	1148	10359	5491	4868	4154	2325	1829
2025	1000	1025	9861	5211	4650	2803	1592	1211
655	356	299	899	506	393	671	448	223
4123	2221	1902	17819	9363	8456	7122	4360	2762
			9419	4779	4640	2215	1466	749
			9878	5147	4731	2602	1865	737
			7744	3963	3781	929	619	310
			2616	1344	1272	1385	753	632
1754	**1058**	**696**	**5228**	**3137**	**2091**	**8940**	**6672**	**2268**
1270	735	535	4232	2527	1705	5931	4425	1506
484	323	161	996	610	386	3009	2247	762
56146	**29119**	**27027**	**162959**	**83906**	**79053**	**31084**	**17818**	**13266**
721	360	361	1019	504	515	368	217	151
2825	1523	1302	3308	1947	1361	2051	1292	759
52600	27236	25364	32072	16346	15726	7689	4555	3134
			12704	6689	6015	1456	859	597
			27070	13314	13756	2487	1471	1016
			6719	3391	3328	549	332	217
			9415	4762	4653	1406	773	633
			10519	6139	4380	3277	2437	840
			12052	6370	5682	1345	717	628
			8243	4181	4062	2208	1134	1074
			15277	7857	7420	5334	2708	2626
			24561	12406	12155	2914	1323	1591

7-1c 续表 1

现住地	户口					
	合计			自治区内		
	合计	男	女	小计	男	女
通辽市	**117270**	**55702**	**61568**	**95116**	**44396**	**50720**
科尔沁区	26678	12360	14318	22506	10129	12377
科尔沁左翼中旗	14703	6553	8150	11476	5143	6333
科尔沁左翼后旗	17173	8124	9049	12702	6138	6564
开鲁县	14468	6522	7946	11892	5136	6756
库伦旗	6031	2965	3066	3823	1864	1959
奈曼旗	13001	6139	6862	10782	5010	5772
扎鲁特旗	13155	6799	6356	11526	5747	5779
通辽经济技术开发区	6818	3408	3410	5878	2856	3022
霍林郭勒市	5243	2832	2411	4531	2373	2158
鄂尔多斯市	**191953**	**135394**	**56559**	**92741**	**56269**	**36472**
东胜区	15104	11635	3469	6634	4766	1868
康巴什区						
达拉特旗	35260	20266	14994	27449	14815	12634
准格尔旗	49528	35743	13785	24673	15716	8957
鄂托克前旗	14325	10930	3395	3321	1813	1508
鄂托克旗	16538	11926	4612	8599	5400	3199
杭锦旗	6586	3878	2708	4997	2776	2221
乌审旗	23671	17916	5755	5060	3073	1987
伊金霍洛旗	30941	23100	7841	12008	7910	4098
呼伦贝尔市	**113162**	**57993**	**55169**	**85729**	**43096**	**42633**
海拉尔区	2852	1504	1348	1968	1011	957
扎赉诺尔区						
阿荣旗	23831	11643	12188	19821	9567	10254
莫力达瓦达斡尔族自治旗	27609	13112	14497	21239	10013	11226
鄂伦春自治旗	13519	6983	6536	8124	4188	3936
鄂温克族自治旗	6973	3743	3230	5312	2815	2497
陈巴尔虎旗	4502	2623	1879	3753	2113	1640
新巴尔虎左旗	3921	2129	1792	3259	1731	1528
新巴尔虎右旗	5872	4235	1637	3423	2187	1236
满洲里市						
牙克石市	2934	1569	1365	2237	1203	1034
扎兰屯市	17409	8355	9054	13617	6643	6974
额尔古纳市	3680	2061	1619	2937	1602	1335
根河市	60	36	24	39	23	16
巴彦淖尔市	**149717**	**81648**	**68069**	**116448**	**59921**	**56527**
临河区	56584	29448	27136	44224	22296	21928
五原县	19566	9989	9577	16153	8004	8149
磴口县	9540	5273	4267	7141	3871	3270
乌拉特前旗	28243	15879	12364	21976	11217	10759
乌拉特中旗	11314	7142	4172	8227	4761	3466
乌拉特后旗	7062	5045	2017	3742	2207	1535
杭锦后旗	17408	8872	8536	14985	7565	7420

单位：人

登记地								
市辖区内人户分离			自治区内流动人口			自治区外		
小计	男	女	小计	男	女	小计	男	女
11406	**4612**	**6794**	**83710**	**39784**	**43926**	**22154**	**11306**	**10848**
11406	4612	6794	11100	5517	5583	4172	2231	1941
			11476	5143	6333	3227	1410	1817
			12702	6138	6564	4471	1986	2485
			11892	5136	6756	2576	1386	1190
			3823	1864	1959	2208	1101	1107
			10782	5010	5772	2219	1129	1090
			11526	5747	5779	1629	1052	577
			5878	2856	3022	940	552	388
			4531	2373	2158	712	459	253
895	**576**	**319**	**91846**	**55693**	**36153**	**99212**	**79125**	**20087**
895	576	319	5739	4190	1549	8470	6869	1601
			27449	14815	12634	7811	5451	2360
			24673	15716	8957	24855	20027	4828
			3321	1813	1508	11004	9117	1887
			8599	5400	3199	7939	6526	1413
			4997	2776	2221	1589	1102	487
			5060	3073	1987	18611	14843	3768
			12008	7910	4098	18933	15190	3743
542	**276**	**266**	**85187**	**42820**	**42367**	**27433**	**14897**	**12536**
542	276	266	1426	735	691	884	493	391
			19821	9567	10254	4010	2076	1934
			21239	10013	11226	6370	3099	3271
			8124	4188	3936	5395	2795	2600
			5312	2815	2497	1661	928	733
			3753	2113	1640	749	510	239
			3259	1731	1528	662	398	264
			3423	2187	1236	2449	2048	401
			2237	1203	1034	697	366	331
			13617	6643	6974	3792	1712	2080
			2937	1602	1335	743	459	284
			39	23	16	21	13	8
22070	**11320**	**10750**	**94378**	**48601**	**45777**	**33269**	**21727**	**11542**
22070	11320	10750	22154	10976	11178	12360	7152	5208
			16153	8004	8149	3413	1985	1428
			7141	3871	3270	2399	1402	997
			21976	11217	10759	6267	4662	1605
			8227	4761	3466	3087	2381	706
			3742	2207	1535	3320	2838	482
			14985	7565	7420	2423	1307	1116

7-1c 续表 2

现住地	户口					
	合计			自治区内		
	合计	男	女	小计	男	女
乌兰察布市	**161089**	**85130**	**75959**	**141575**	**72451**	**69124**
集宁区	16804	8937	7867	14673	7303	7370
卓资县	12041	6847	5194	10795	5916	4879
化德县	8733	4882	3851	6249	3146	3103
商都县	18575	9386	9189	16746	8333	8413
兴和县	14345	7227	7118	12670	6358	6312
凉城县	16419	8563	7856	14875	7705	7170
察哈尔右翼前旗	16776	9741	7035	12505	6663	5842
察哈尔右翼中旗	12165	6432	5733	11119	5709	5410
察哈尔右翼后旗	11526	5852	5674	10763	5423	5340
四子王旗	19505	10067	9438	18349	9390	8959
丰镇市	14200	7196	7004	12831	6505	6326
兴安盟	**71919**	**36746**	**35173**	**55724**	**27594**	**28130**
乌兰浩特市	6944	3835	3109	4883	2549	2334
阿尔山市	917	534	383	684	369	315
科尔沁右翼前旗	23646	12112	11534	19255	9550	9705
科尔沁右翼中旗	8689	4567	4122	7140	3673	3467
扎赉特旗	14370	6657	7713	10560	4881	5679
突泉县	17353	9041	8312	13202	6572	6630
锡林郭勒盟	**72968**	**45330**	**27638**	**52579**	**29326**	**23253**
二连浩特市	480	308	172	415	254	161
锡林浩特市	13341	7747	5594	10422	5704	4718
阿巴嘎旗	4747	2955	1792	3654	2055	1599
苏尼特左旗	4070	2764	1306	2641	1499	1142
苏尼特右旗	2906	1579	1327	2218	1046	1172
东乌珠穆沁旗	5705	3593	2112	4677	2798	1879
西乌珠穆沁旗	15977	12144	3833	9014	5888	3126
太仆寺旗	7755	4136	3619	6088	3154	2934
镶黄旗	1692	1216	476	750	380	370
正镶白旗	2571	1571	1000	1802	958	844
正蓝旗	6569	3477	3092	5574	2821	2753
多伦县	5770	3108	2662	4081	2132	1949
乌拉盖管委会	1385	732	653	1243	637	606
阿拉善盟	**23863**	**17207**	**6656**	**8874**	**5630**	**3244**
阿拉善左旗	15358	10779	4579	6077	3725	2352
阿拉善右旗	2109	1513	596	691	413	278
额济纳旗	3860	2804	1056	1539	1060	479
内蒙古阿拉善经济开发区	2536	2111	425	567	432	135

单位：人

登记地								
市辖区内人户分离			自治区内流动人口			自治区外		
小计	男	女	小计	男	女	小计	男	女
7320	**3702**	**3618**	**134255**	**68749**	**65506**	**19514**	**12679**	**6835**
7320	3702	3618	7353	3601	3752	2131	1634	497
			10795	5916	4879	1246	931	315
			6249	3146	3103	2484	1736	748
			16746	8333	8413	1829	1053	776
			12670	6358	6312	1675	869	806
			14875	7705	7170	1544	858	686
			12505	6663	5842	4271	3078	1193
			11119	5709	5410	1046	723	323
			10763	5423	5340	763	429	334
			18349	9390	8959	1156	677	479
			12831	6505	6326	1369	691	678
			55724	**27594**	**28130**	**16195**	**9152**	**7043**
			4883	2549	2334	2061	1286	775
			684	369	315	233	165	68
			19255	9550	9705	4391	2562	1829
			7140	3673	3467	1549	894	655
			10560	4881	5679	3810	1776	2034
			13202	6572	6630	4151	2469	1682
			52579	**29326**	**23253**	**20389**	**16004**	**4385**
			415	254	161	65	54	11
			10422	5704	4718	2919	2043	876
			3654	2055	1599	1093	900	193
			2641	1499	1142	1429	1265	164
			2218	1046	1172	688	533	155
			4677	2798	1879	1028	795	233
			9014	5888	3126	6963	6256	707
			6088	3154	2934	1667	982	685
			750	380	370	942	836	106
			1802	958	844	769	613	156
			5574	2821	2753	995	656	339
			4081	2132	1949	1689	976	713
			1243	637	606	142	95	47
			8874	**5630**	**3244**	**14989**	**11577**	**3412**
			6077	3725	2352	9281	7054	2227
			691	413	278	1418	1100	318
			1539	1060	479	2321	1744	577
			567	432	135	1969	1679	290

7-2 全区按户口登记地、年龄、性别分的

年 龄	合 计			户口 自治区内		
	合计	男	女	小计	男	女
总 计	**11462961**	**5858767**	**5604194**	**9776541**	**4855871**	**4920670**
0-4岁	**522947**	**271386**	**251561**	**464410**	**240642**	**223768**
0	66240	34460	31780	60559	31524	29035
1	109930	56739	53191	98519	50812	47707
2	102615	53415	49200	90303	46910	43393
3	118639	61526	57113	104235	53879	50356
4	125523	65246	60277	110794	57517	53277
5-9岁	**600801**	**313441**	**287360**	**526980**	**274098**	**252882**
5	100613	52374	48239	87857	45645	42212
6	135554	71076	64478	120027	62699	57328
7	119323	62214	57109	104699	54373	50326
8	131983	68874	63109	115750	60227	55523
9	113328	58903	54425	98647	51154	47493
10-14岁	**554309**	**287692**	**266617**	**489074**	**252714**	**236360**
10	111810	58485	53325	97605	50885	46720
11	112433	58556	53877	98114	50916	47198
12	109550	56747	52803	96503	49729	46774
13	111319	57571	53748	99197	51054	48143
14	109197	56333	52864	97655	50130	47525
15-19岁	**669622**	**342483**	**327139**	**613262**	**310170**	**303092**
15	127993	65439	62554	118482	60147	58335
16	151365	77676	73689	141782	72240	69542
17	128028	65877	62151	118800	60545	58255
18	128165	65936	62229	116547	59159	57388
19	134071	67555	66516	117651	58079	59572
20-24岁	**680843**	**344118**	**336725**	**572956**	**278689**	**294267**
20	142154	71708	70446	122400	60084	62316
21	128572	64659	63913	108391	52536	55855
22	132446	66910	65536	110886	53677	57209
23	132770	67497	65273	110930	53899	57031
24	144901	73344	71557	120349	58493	61856
25-29岁	**901951**	**455606**	**446345**	**744600**	**362427**	**382173**
25	165664	83486	82178	137887	66732	71155
26	163995	82517	81478	136020	65912	70108
27	178854	90061	88793	147245	71495	75750
28	191985	97603	94382	158655	77873	80782
29	201453	101939	99514	164793	80415	84378

户口登记地在外乡镇街道的人口

单位：人

登记地					
其中市辖区内人户分离			自治区外		
小计	男	女	小计	男	女
2394517	**1170223**	**1224294**	**1686420**	**1002896**	**683524**
115461	**60077**	**55384**	**58537**	**30744**	**27793**
15045	7875	7170	5681	2936	2745
24785	12837	11948	11411	5927	5484
22210	11550	10660	12312	6505	5807
25778	13407	12371	14404	7647	6757
27643	14408	13235	14729	7729	7000
123321	**64967**	**58354**	**73821**	**39343**	**34478**
20369	10673	9696	12756	6729	6027
29385	15688	13697	15527	8377	7150
24219	12683	11536	14624	7841	6783
27025	14240	12785	16233	8647	7586
22323	11683	10640	14681	7749	6932
111798	**58587**	**53211**	**65235**	**34978**	**30257**
21783	11521	10262	14205	7600	6605
22235	11797	10438	14319	7640	6679
22184	11543	10641	13047	7018	6029
23741	12385	11356	12122	6517	5605
21855	11341	10514	11542	6203	5339
122609	**64154**	**58455**	**56360**	**32313**	**24047**
27272	14096	13176	9511	5292	4219
33403	17263	16140	9583	5436	4147
25603	13379	12224	9228	5332	3896
21724	11592	10132	11618	6777	4841
14607	7824	6783	16420	9476	6944
100153	**49421**	**50732**	**107887**	**65429**	**42458**
15453	8014	7439	19754	11624	8130
15653	7868	7785	20181	12123	8058
20132	9822	10310	21560	13233	8327
23208	11290	11918	21840	13598	8242
25707	12427	13280	24552	14851	9701
162606	**78364**	**84242**	**157351**	**93179**	**64172**
29284	14066	15218	27777	16754	11023
30238	14587	15651	27975	16605	11370
32348	15480	16868	31609	18566	13043
35551	17175	18376	33330	19730	13600
35185	17056	18129	36660	21524	15136

7-2 续表 1

年 龄	合 计			户口 自治区内		
	合计	男	女	小计	男	女
30-34岁	**1249821**	**630934**	**618887**	**1020503**	**494905**	**525598**
30	269328	135570	133758	221703	107357	114346
31	260844	130947	129897	213592	102955	110637
32	240930	120970	119960	196148	94584	101564
33	253987	128890	125097	205893	100337	105556
34	224732	114557	110175	183167	89672	93495
35-39岁	**1070817**	**552044**	**518773**	**900179**	**447691**	**452488**
35	209382	107325	102057	173649	85841	87808
36	226108	116366	109742	191196	95175	96021
37	205066	106291	98775	172686	86323	86363
38	232886	120274	112612	196669	97978	98691
39	197375	101788	95587	165979	82374	83605
40-44岁	**904653**	**469436**	**435217**	**758621**	**378310**	**380311**
40	186678	96188	90490	157483	78017	79466
41	185574	96918	88656	155059	77712	77347
42	176661	91795	84866	147665	73706	73959
43	165162	85534	79628	138443	68911	69532
44	190578	99001	91577	159971	79964	80007
45-49岁	**1058910**	**552941**	**505969**	**873910**	**437308**	**436602**
45	197408	102265	95143	165328	82366	82962
46	214720	111851	102869	178709	89487	89222
47	212812	111062	101750	175031	87489	87542
48	215656	112908	102748	176240	88214	88026
49	218314	114855	103459	178602	89752	88850
50-54岁	**940610**	**499898**	**440712**	**762936**	**387453**	**375483**
50	222775	117466	105309	181848	91626	90222
51	191807	101563	90244	155712	78570	77142
52	201588	107251	94337	163171	82877	80294
53	156961	83882	73079	126451	64660	61791
54	167479	89736	77743	135754	69720	66034
55-59岁	**755726**	**392351**	**363375**	**640784**	**322326**	**318458**
55	167017	88311	78706	138184	70514	67670
56	168250	88322	79928	141964	72058	69906
57	183570	95739	87831	155354	78325	77029
58	141325	72012	69313	121211	60030	61181
59	95564	47967	47597	84071	41399	42672
60-64岁	**549637**	**277166**	**272471**	**488964**	**242342**	**246622**
60	123806	63433	60373	109872	55321	54551
61	104199	53138	51061	93033	46730	46303
62	108224	54894	53330	95899	47767	48132
63	112648	55980	56668	100059	48774	51285
64	100760	49721	51039	90101	43750	46351

单位：人

登记地					
其中市辖区内人户分离			自治区外		
小计	男	女	小计	男	女
232807	**110727**	**122080**	**229318**	**136029**	**93289**
49177	23414	25763	47625	28213	19412
47874	22728	25146	47252	27992	19260
45559	21634	23925	44782	26386	18396
48172	22983	25189	48094	28553	19541
42025	19968	22057	41565	24885	16680
209232	**99892**	**109340**	**170638**	**104353**	**66285**
39241	18825	20416	35733	21484	14249
42468	20183	22285	34912	21191	13721
41174	19730	21444	32380	19968	12412
46823	22283	24540	36217	22296	13921
39526	18871	20655	31396	19414	11982
185847	**88784**	**97063**	**146032**	**91126**	**54906**
36851	17512	19339	29195	18171	11024
37069	18008	19061	30515	19206	11309
36992	17612	19380	28996	18089	10907
34524	16425	18099	26719	16623	10096
40411	19227	21184	30607	19037	11570
234793	**112127**	**122666**	**185000**	**115633**	**69367**
42196	19846	22350	32080	19899	12181
45932	21864	24068	36011	22364	13647
48454	23112	25342	37781	23573	14208
48762	23512	25250	39416	24694	14722
49449	23793	25656	39712	25103	14609
216665	**106054**	**110611**	**177674**	**112445**	**65229**
52022	25187	26835	40927	25840	15087
45097	21729	23368	36095	22993	13102
46947	23055	23892	38417	24374	14043
34429	17118	17311	30510	19222	11288
38170	18965	19205	31725	20016	11709
186904	**93542**	**93362**	**114942**	**70025**	**44917**
39851	19871	19980	28833	17797	11036
42064	21199	20865	26286	16264	10022
46538	23379	23159	28216	17414	10802
34670	17329	17341	20114	11982	8132
23781	11764	12017	11493	6568	4925
134084	**66418**	**67666**	**60673**	**34824**	**25849**
30445	15283	15162	13934	8112	5822
25546	12728	12818	11166	6408	4758
27116	13469	13647	12325	7127	5198
26935	13114	13821	12589	7206	5383
24042	11824	12218	10659	5971	4688

7－2 续表 2

年龄	户口					
	合计			自治区内		
	合计	男	女	小计	男	女
65－69岁	**417417**	**201090**	**216327**	**377342**	**179509**	**197833**
65	100901	49680	51221	90573	43910	46663
66	94072	45328	48744	84871	40287	44584
67	81556	38999	42557	73711	34827	38884
68	75392	35984	39408	68397	32256	36141
69	65496	31099	34397	59790	28229	31561
70－74岁	**244128**	**114717**	**129411**	**224391**	**104647**	**119744**
70	61545	29562	31983	56274	26806	29468
71	56002	26617	29385	51349	24260	27089
72	44548	20793	23755	40990	18957	22033
73	45397	21121	24276	42021	19399	22622
74	36636	16624	20012	33757	15225	18532
75－79岁	**152598**	**69207**	**83391**	**141829**	**63928**	**77901**
75	33079	15131	17948	30591	13900	16691
76	33703	15329	18374	31366	14184	17182
77	28747	13140	15607	26589	12041	14548
78	28571	12791	15780	26592	11850	14742
79	28498	12816	15682	26691	11953	14738
80－84岁	**109595**	**48878**	**60717**	**102578**	**45698**	**56880**
80	26554	11913	14641	24828	11091	13737
81	23183	10288	12895	21747	9647	12100
82	22581	10122	12459	21142	9452	11690
83	19670	8721	10949	18386	8155	10231
84	17607	7834	9773	16475	7353	9122
85－89岁	**53646**	**23901**	**29745**	**50222**	**22380**	**27842**
85	14989	6589	8400	14068	6162	7906
86	12659	5532	7127	11893	5210	6683
87	10865	4871	5994	10163	4542	5621
88	8337	3715	4622	7768	3479	4289
89	6796	3194	3602	6330	2987	3343
90－94岁	**17903**	**8307**	**9596**	**16596**	**7733**	**8863**
90	5885	2791	3094	5488	2606	2882
91	3890	1789	2101	3605	1661	1944
92	3456	1543	1913	3205	1441	1764
93	2663	1217	1446	2446	1132	1314
94	2009	967	1042	1852	893	959
95－99岁	**5426**	**2487**	**2939**	**4997**	**2292**	**2705**
95	1680	810	870	1553	753	800
96	1300	562	738	1194	519	675
97	1007	449	558	922	413	509
98	820	385	435	759	351	408
99	619	281	338	569	256	313
100岁及以上	**1601**	**684**	**917**	**1407**	**609**	**798**

单位：人

登记地					
其中市辖区内人户分离			自治区外		
小计	男	女	小计	男	女
101300	**47676**	**53624**	**40075**	**21581**	**18494**
23928	11714	12214	10328	5770	4558
22984	10887	12097	9201	5041	4160
19391	8983	10408	7845	4172	3673
18753	8736	10017	6995	3728	3267
16244	7356	8888	5706	2870	2836
63060	**27800**	**35260**	**19737**	**10070**	**9667**
15433	7003	8430	5271	2756	2515
13972	6208	7764	4653	2357	2296
11670	4993	6677	3558	1836	1722
11824	5211	6613	3376	1722	1654
10161	4385	5776	2879	1399	1480
44267	**19278**	**24989**	**10769**	**5279**	**5490**
9328	4083	5245	2488	1231	1257
9296	4033	5263	2337	1145	1192
8487	3717	4770	2158	1099	1059
8895	3814	5081	1979	941	1038
8261	3631	4630	1807	863	944
31389	**13964**	**17425**	**7017**	**3180**	**3837**
7817	3436	4381	1726	822	904
6752	2995	3757	1436	641	795
6452	2974	3478	1439	670	769
5535	2407	3128	1284	566	718
4833	2152	2681	1132	481	651
13624	**6115**	**7509**	**3424**	**1521**	**1903**
4075	1815	2260	921	427	494
3316	1436	1880	766	322	444
2688	1224	1464	702	329	373
1989	900	1089	569	236	333
1556	740	816	466	207	259
3804	**1896**	**1908**	**1307**	**574**	**733**
1339	678	661	397	185	212
904	443	461	285	128	157
714	344	370	251	102	149
497	244	253	217	85	132
350	187	163	157	74	83
691	**342**	**349**	**429**	**195**	**234**
253	129	124	127	57	70
181	97	84	106	43	63
118	59	59	85	36	49
84	35	49	61	34	27
55	22	33	50	25	25
102	**38**	**64**	**194**	**75**	**119**

7-2a 全区按户口登记地、年龄、性别分的

年龄	户口					
	合计			自治区内		
	合计	男	女	小计	男	女
总计	**6154293**	**3090865**	**3063428**	**5309869**	**2612910**	**2696959**
0-4岁	**266285**	**138411**	**127874**	**236643**	**122782**	**113861**
0	33520	17449	16071	30704	15994	14710
1	57366	29644	27722	51739	26712	25027
2	52172	27192	24980	46007	23961	22046
3	59758	31046	28712	52437	27098	25339
4	63469	33080	30389	55756	29017	26739
5-9岁	**296860**	**155545**	**141315**	**256973**	**134023**	**122950**
5	48652	25546	23106	42008	21958	20050
6	67900	35790	32110	59497	31242	28255
7	59062	30980	28082	51074	26656	24418
8	65690	34319	31371	56828	29535	27293
9	55556	28910	26646	47566	24632	22934
10-14岁	**273366**	**142393**	**130973**	**237421**	**123029**	**114392**
10	54507	28513	25994	46767	24411	22356
11	54786	28652	26134	47034	24459	22575
12	53939	27942	25997	46751	24070	22681
13	56266	29277	26989	49500	25625	23875
14	53868	28009	25859	47369	24464	22905
15-19岁	**380660**	**193692**	**186968**	**344924**	**173458**	**171466**
15	62146	32087	30059	56620	29040	27580
16	75198	38741	36457	69540	35593	33947
17	64386	33112	31274	58853	29956	28897
18	80743	40957	39786	73189	36618	36571
19	98187	48795	49392	86722	42251	44471
20-24岁	**451164**	**222960**	**228204**	**385962**	**184472**	**201490**
20	106978	53135	53843	93390	45220	48170
21	92090	45217	46873	78826	37419	41407
22	86501	42661	43840	73581	34902	38679
23	80531	40022	40509	68330	32695	35635
24	85064	41925	43139	71835	34236	37599
25-29岁	**504802**	**250678**	**254124**	**424594**	**205514**	**219080**
25	95199	46853	48346	80694	38525	42169
26	93315	45912	47403	78861	37757	41104
27	99690	49333	50357	83693	40452	43241
28	107218	53690	53528	90348	44178	46170
29	109380	54890	54490	90998	44602	46396

户口登记地在外乡镇街道的人口(城市)

单位：人

登记地					
其中市辖区内人户分离			自治区外		
小计	男	女	小计	男	女
2221119	**1081811**	**1139308**	**844424**	**477955**	**366469**
107331	**55808**	**51523**	**29642**	**15629**	**14013**
13895	7267	6628	2816	1455	1361
23023	11924	11099	5627	2932	2695
20577	10696	9881	6165	3231	2934
23979	12461	11518	7321	3948	3373
25857	13460	12397	7713	4063	3650
115608	**60852**	**54756**	**39887**	**21522**	**18365**
18994	9957	9037	6644	3588	3056
27552	14694	12858	8403	4548	3855
22742	11900	10842	7988	4324	3664
25424	13380	12044	8862	4784	4078
20896	10921	9975	7990	4278	3712
104443	**54601**	**49842**	**35945**	**19364**	**16581**
20426	10784	9642	7740	4102	3638
20785	11002	9783	7752	4193	3559
20731	10760	9971	7188	3872	3316
22247	11571	10676	6766	3652	3114
20254	10484	9770	6499	3545	2954
109337	**56718**	**52619**	**35736**	**20234**	**15502**
24077	12395	11682	5526	3047	2479
29500	15110	14390	5658	3148	2510
22634	11682	10952	5533	3156	2377
19690	10377	9313	7554	4339	3215
13436	7154	6282	11465	6544	4921
92575	**45490**	**47085**	**65202**	**38488**	**26714**
14348	7379	6969	13588	7915	5673
14443	7182	7261	13264	7798	5466
18683	9085	9598	12920	7759	5161
21402	10394	11008	12201	7327	4874
23699	11450	12249	13229	7689	5540
150534	**72388**	**78146**	**80208**	**45164**	**35044**
26991	12913	14078	14505	8328	6177
28018	13493	14525	14454	8155	6299
29969	14340	15629	15997	8881	7116
33026	15905	17121	16870	9512	7358
32530	15737	16793	18382	10288	8094

7-2a 续表 1

年龄	户口					
	合计			自治区内		
	合计	男	女	小计	男	女
30-34岁	**671304**	**334773**	**336531**	**555702**	**269939**	**285763**
30	146616	72997	73619	122535	59482	63053
31	141141	70203	70938	117198	56717	60481
32	128977	63717	65260	106529	51217	55312
33	135333	67820	67513	111212	54381	56831
34	119237	60036	59201	98228	48142	50086
35-39岁	**565204**	**286989**	**278215**	**478520**	**236908**	**241612**
35	110991	56237	54754	92811	45897	46914
36	119760	60724	59036	101984	50597	51387
37	109064	55642	53422	92457	45961	46496
38	122805	62419	60386	104426	51635	52791
39	102584	51967	50617	86842	42818	44024
40-44岁	**470453**	**238838**	**231615**	**400771**	**197923**	**202848**
40	96093	48568	47525	81761	40158	41603
41	94998	48716	46282	80470	40126	40344
42	92513	46967	45546	78684	38789	39895
43	86710	43929	42781	74083	36559	37524
44	100139	50658	49481	85773	42291	43482
45-49岁	**545462**	**275819**	**269643**	**463839**	**228305**	**235534**
45	101831	51417	50414	87172	42898	44274
46	109838	55565	54273	93676	46172	47504
47	109894	55510	54384	93346	45918	47428
48	111307	56294	55013	94168	46351	47817
49	112592	57033	55559	95477	46966	48511
50-54岁	**489445**	**249482**	**239963**	**411846**	**204199**	**207647**
50	115630	58639	56991	97833	48301	49532
51	100089	50644	49445	84589	41570	43019
52	104930	53511	51419	88179	43695	44484
53	80977	41547	39430	67614	33807	33807
54	87819	45141	42678	73631	36826	36805
55-59岁	**408223**	**205904**	**202319**	**354174**	**175056**	**179118**
55	89117	45579	43538	75966	37992	37974
56	90967	46490	44477	78842	39417	39425
57	99941	50522	49419	86553	42831	43722
58	76325	37907	38418	66597	32444	34153
59	51873	25406	26467	46216	22372	23844
60-64岁	**300460**	**149957**	**150503**	**269124**	**132695**	**136429**
60	67357	33886	33471	60403	30064	30339
61	57022	28618	28404	51239	25482	25757
62	60029	30269	29760	53625	26631	26994
63	61411	30320	31091	54832	26681	28151
64	54641	26864	27777	49025	23837	25188

单位：人

登记地					
其中市辖区内人户分离			自治区外		
小计	男	女	小计	男	女
217072	**103307**	**113765**	**115602**	**64834**	**50768**
45682	21725	23957	24081	13515	10566
44646	21226	23420	23943	13486	10457
42427	20127	22300	22448	12500	9948
44927	21480	23447	24121	13439	10682
39390	18749	20641	21009	11894	9115
196160	**93630**	**102530**	**86684**	**50081**	**36603**
36819	17664	19155	18180	10340	7840
39906	19002	20904	17776	10127	7649
38627	18500	20127	16607	9681	6926
43786	20791	22995	18379	10784	7595
37022	17673	19349	15742	9149	6593
173430	**82890**	**90540**	**69682**	**40915**	**28767**
34461	16383	18078	14332	8410	5922
34482	16783	17699	14528	8590	5938
34574	16450	18124	13829	8178	5651
32208	15359	16849	12627	7370	5257
37705	17915	19790	14366	8367	5999
217366	**103519**	**113847**	**81623**	**47514**	**34109**
39154	18324	20830	14659	8519	6140
42463	20152	22311	16162	9393	6769
44830	21393	23437	16548	9592	6956
45168	21685	23483	17139	9943	7196
45751	21965	23786	17115	10067	7048
200202	**97511**	**102691**	**77599**	**45283**	**32316**
48202	23228	24974	17797	10338	7459
41775	20054	21721	15500	9074	6426
43405	21238	22167	16751	9816	6935
31708	15694	16014	13363	7740	5623
35112	17297	17815	14188	8315	5873
173310	**86213**	**87097**	**54049**	**30848**	**23201**
36873	18290	18583	13151	7587	5564
39030	19561	19469	12125	7073	5052
43227	21572	21655	13388	7691	5697
32105	15943	16162	9728	5463	4265
22075	10847	11228	5657	3034	2623
124001	**61007**	**62994**	**31336**	**17262**	**14074**
28102	14012	14090	6954	3822	3132
23649	11710	11939	5783	3136	2647
25078	12365	12713	6404	3638	2766
24981	12076	12905	6579	3639	2940
22191	10844	11347	5616	3027	2589

7-2a　续表 2

年　龄	户口					
	合　　计			自治区内		
	合计	男	女	小计	男	女
65-69岁	**221994**	**106471**	**115523**	**201016**	**95295**	**105721**
65	54039	26671	27368	48571	23706	24865
66	50526	24243	26283	45762	21645	24117
67	42907	20316	22591	38814	18171	20643
68	39939	19045	20894	36266	17062	19204
69	34583	16196	18387	31603	14711	16892
70-74岁	**128323**	**59209**	**69114**	**118409**	**54234**	**64175**
70	32436	15392	17044	29716	14005	15711
71	29320	13683	15637	26923	12508	14415
72	23425	10734	12691	21645	9825	11820
73	23573	10772	12801	21917	9930	11987
74	19569	8628	10941	18208	7966	10242
75-79岁	**83137**	**36603**	**46534**	**78135**	**34255**	**43880**
75	17714	7924	9790	16585	7362	9223
76	17839	7808	10031	16759	7301	9458
77	15727	6976	8751	14725	6476	8249
78	16115	6961	9154	15186	6558	8628
79	15742	6934	8808	14880	6558	8322
80-84岁	**59112**	**26007**	**33105**	**55967**	**24600**	**31367**
80	14601	6416	8185	13805	6039	7766
81	12500	5480	7020	11851	5194	6657
82	12218	5446	6772	11583	5157	6426
83	10453	4540	5913	9884	4295	5589
84	9340	4125	5215	8844	3915	4929
85-89岁	**27235**	**12094**	**15141**	**25753**	**11478**	**14275**
85	7932	3515	4417	7514	3324	4190
86	6424	2769	3655	6089	2634	3455
87	5434	2395	3039	5111	2251	2860
88	4129	1835	2294	3905	1760	2145
89	3316	1580	1736	3134	1509	1625
90-94岁	**8303**	**3908**	**4395**	**7803**	**3699**	**4104**
90	2826	1375	1451	2670	1303	1367
91	1875	878	997	1760	828	932
92	1570	703	867	1464	669	795
93	1176	527	649	1112	503	609
94	856	425	431	797	396	401
95-99岁	**2030**	**935**	**1095**	**1877**	**873**	**1004**
95	658	330	328	602	308	294
96	502	232	270	470	222	248
97	386	168	218	347	152	195
98	270	125	145	258	117	141
99	214	80	134	200	74	126
100岁及以上	**471**	**197**	**274**	**416**	**173**	**243**

单位：人

登记地					
其中市辖区内人户分离			自治区外		
小计	男	女	小计	男	女
93430	**43605**	**49825**	**20978**	**11176**	**9802**
22037	10719	11318	5468	2965	2503
21254	9979	11275	4764	2598	2166
17860	8191	9669	4093	2145	1948
17281	7994	9287	3673	1983	1690
14998	6722	8276	2980	1485	1495
58362	**25509**	**32853**	**9914**	**4975**	**4939**
14292	6450	7842	2720	1387	1333
12929	5674	7255	2397	1175	1222
10772	4579	6193	1780	909	871
10945	4789	6156	1656	842	814
9424	4017	5407	1361	662	699
41468	**17876**	**23592**	**5002**	**2348**	**2654**
8706	3766	4940	1129	562	567
8684	3710	4974	1080	507	573
7939	3446	4493	1002	500	502
8393	3576	4817	929	403	526
7746	3378	4368	862	376	486
29533	**13079**	**16454**	**3145**	**1407**	**1738**
7333	3199	4134	796	377	419
6351	2802	3549	649	286	363
6077	2792	3285	635	289	346
5211	2260	2951	569	245	324
4561	2026	2535	496	210	286
12771	**5729**	**7042**	**1482**	**616**	**866**
3841	1709	2132	418	191	227
3095	1332	1763	335	135	200
2528	1161	1367	323	144	179
1858	833	1025	224	75	149
1449	694	755	182	71	111
3507	**1746**	**1761**	**500**	**209**	**291**
1238	629	609	156	72	84
828	404	424	115	50	65
665	319	346	106	34	72
459	225	234	64	24	40
317	169	148	59	29	30
601	**302**	**299**	**153**	**62**	**91**
220	116	104	56	22	34
155	83	72	32	10	22
106	53	53	39	16	23
71	30	41	12	8	4
49	20	29	14	6	8
78	**31**	**47**	**55**	**24**	**31**

7-2b 全区按户口登记地、年龄、性别分的

年 龄	户口					
	合 计			自治区内		
	合计	男	女	小计	男	女
总 计	**3750215**	**1901020**	**1849195**	**3270137**	**1619332**	**1650805**
0-4岁	**209879**	**108803**	**101076**	**189093**	**97889**	**91204**
0	27216	14131	13085	25107	13027	12080
1	42768	22064	20704	38684	19917	18767
2	40758	21121	19637	36407	18815	17592
3	48219	25006	23213	43047	22314	20733
4	50918	26481	24437	45848	23816	22032
5-9岁	**246921**	**128289**	**118632**	**222261**	**115316**	**106945**
5	42232	21832	20400	37791	19539	18252
6	55433	28916	26517	50231	26117	24114
7	49059	25344	23715	44232	22793	21439
8	53811	28049	25762	48466	25233	23233
9	46386	24148	22238	41541	21634	19907
10-14岁	**219204**	**113439**	**105765**	**199089**	**102698**	**96391**
10	45334	23731	21603	40790	21284	19506
11	44982	23391	21591	40511	21018	19493
12	43387	22470	20917	39335	20296	19039
13	42614	21920	20694	39006	20008	18998
14	42887	21927	20960	39447	20092	19355
15-19岁	**225253**	**114708**	**110545**	**211326**	**106774**	**104552**
15	51409	25828	25581	48708	24313	24395
16	60146	30449	29697	57444	28911	28533
17	50468	25597	24871	47912	24137	23775
18	36410	18975	17435	33709	17400	16309
19	26820	13859	12961	23553	12013	11540
20-24岁	**157425**	**80523**	**76902**	**131812**	**65053**	**66759**
20	25321	13189	12132	21337	10913	10424
21	25324	13162	12162	21050	10626	10424
22	31058	15940	15118	25948	12836	13112
23	35172	17840	17332	29566	14324	15242
24	40550	20392	20158	33911	16354	17557
25-29岁	**284080**	**141223**	**142857**	**237684**	**114236**	**123448**
25	48554	24188	24366	40787	19527	21260
26	49411	24587	24824	41344	19870	21474
27	56376	27972	28404	47018	22506	24512
28	61932	30962	30970	51916	25164	26752
29	67807	33514	34293	56619	27169	29450

户口登记地在外乡镇街道的人口(镇)

单位：人

登记地					
其中市辖区内人户分离			自治区外		
小计	男	女	小计	男	女
32764	**17364**	**15400**	**480078**	**281688**	**198390**
1235	**659**	**576**	**20786**	**10914**	**9872**
148	83	65	2109	1104	1005
265	143	122	4084	2147	1937
229	116	113	4351	2306	2045
319	174	145	5172	2692	2480
274	143	131	5070	2665	2405
1252	**638**	**614**	**24660**	**12973**	**11687**
214	101	113	4441	2293	2148
288	149	139	5202	2799	2403
233	118	115	4827	2551	2276
278	132	146	5345	2816	2529
239	138	101	4845	2514	2331
1234	**645**	**589**	**20115**	**10741**	**9374**
238	111	127	4544	2447	2097
268	131	137	4471	2373	2098
261	144	117	4052	2174	1878
228	129	99	3608	1912	1696
239	130	109	3440	1835	1605
3238	**2068**	**1170**	**13927**	**7934**	**5993**
506	303	203	2701	1515	1186
926	581	345	2702	1538	1164
718	460	258	2556	1460	1096
624	406	218	2701	1575	1126
464	318	146	3267	1846	1421
1489	**912**	**577**	**25613**	**15470**	**10143**
386	275	111	3984	2276	1708
259	194	65	4274	2536	1738
211	114	97	5110	3104	2006
318	168	150	5606	3516	2090
315	161	154	6639	4038	2601
1943	**990**	**953**	**46396**	**26987**	**19409**
356	200	156	7767	4661	3106
358	172	186	8067	4717	3350
397	190	207	9358	5466	3892
415	222	193	10016	5798	4218
417	206	211	11188	6345	4843

7－2b 续表 1

年 龄	户口					
	合 计			自治区内		
	合计	男	女	小计	男	女
30－34岁	**430927**	**212934**	**217993**	**361695**	**172978**	**188717**
30	91196	44843	46353	76806	36607	40199
31	89534	43906	45628	75301	35746	39555
32	83384	41096	42288	69816	33315	36501
33	88082	43703	44379	73567	35265	38302
34	78731	39386	39345	66205	32045	34160
35－39岁	**375366**	**191090**	**184276**	**325960**	**161316**	**164644**
35	73702	36942	36760	63179	30783	32396
36	80063	40761	39302	69722	34489	35233
37	71235	36653	34582	61980	30990	30990
38	81102	41361	39741	70723	35139	35584
39	69264	35373	33891	60356	29915	30441
40－44岁	**302532**	**156222**	**146310**	**261715**	**130998**	**130717**
40	64898	33182	31716	56689	28155	28534
41	63958	33083	30875	55313	27697	27616
42	58475	30184	28291	50479	25288	25191
43	53588	27699	25889	46182	23122	23060
44	61613	32074	29539	53052	26736	26316
45－49岁	**333146**	**173548**	**159598**	**281336**	**141417**	**139919**
45	64208	33145	31063	55192	27555	27637
46	69349	35923	33426	59267	29701	29566
47	66522	34640	31882	55867	28059	27808
48	66363	34635	31728	55331	27767	27564
49	66704	35205	31499	55679	28335	27344
50－54岁	**280330**	**148735**	**131595**	**231345**	**117835**	**113510**
50	67443	35540	31903	56077	28400	27677
51	57013	30273	26740	46874	23838	23036
52	59395	31504	27891	48977	24951	24026
53	47051	25076	21975	38530	19685	18845
54	49428	26342	23086	40887	20961	19926
55－59岁	**219668**	**112430**	**107238**	**188292**	**93404**	**94888**
55	49013	25529	23484	41141	20703	20438
56	48978	25360	23618	41712	20855	20857
57	52534	27049	25485	44899	22340	22559
58	41172	20613	20559	35681	17390	18291
59	27971	13879	14092	24859	12116	12743
60－64岁	**161971**	**79132**	**82839**	**146230**	**70168**	**76062**
60	36024	18107	17917	32408	15974	16434
61	30650	15274	15376	27713	13600	14113
62	31089	15162	15927	27970	13434	14536
63	33690	16066	17624	30391	14196	16195
64	30518	14523	15995	27748	12964	14784

单位：人

登记地					
其中市辖区内人户分离			自治区外		
小计	男	女	小计	男	女
2688	**1364**	**1324**	**69232**	**39956**	**29276**
582	296	286	14390	8236	6154
559	272	287	14233	8160	6073
521	263	258	13568	7781	5787
537	276	261	14515	8438	6077
489	257	232	12526	7341	5185
2151	**1041**	**1110**	**49406**	**29774**	**19632**
419	206	213	10523	6159	4364
410	185	225	10341	6272	4069
405	202	203	9255	5663	3592
508	259	249	10379	6222	4157
409	189	220	8908	5458	3450
2255	**1136**	**1119**	**40817**	**25224**	**15593**
392	197	195	8209	5027	3182
448	208	240	8645	5386	3259
460	226	234	7996	4896	3100
424	206	218	7406	4577	2829
531	299	232	8561	5338	3223
3265	**1670**	**1595**	**51810**	**32131**	**19679**
571	293	278	9016	5590	3426
667	348	319	10082	6222	3860
688	333	355	10655	6581	4074
652	337	315	11032	6868	4164
687	359	328	11025	6870	4155
3342	**1781**	**1561**	**48985**	**30900**	**18085**
721	388	333	11366	7140	4226
680	357	323	10139	6435	3704
739	372	367	10418	6553	3865
553	305	248	8521	5391	3130
649	359	290	8541	5381	3160
2825	**1547**	**1278**	**31376**	**19026**	**12350**
645	350	295	7872	4826	3046
650	349	301	7266	4505	2761
702	393	309	7635	4709	2926
496	281	215	5491	3223	2268
332	174	158	3112	1763	1349
2072	**1105**	**967**	**15741**	**8964**	**6777**
477	255	222	3616	2133	1483
407	207	200	2937	1674	1263
399	219	180	3119	1728	1391
410	210	200	3299	1870	1429
379	214	165	2770	1559	1211

7-2b 续表 2

年 龄	户口					
	合 计			自治区内		
	合计	男	女	小计	男	女
65-69岁	**130719**	**60809**	**69910**	**120334**	**55353**	**64981**
65	31227	14631	16596	28566	13153	15413
66	29224	13596	15628	26801	12342	14459
67	25836	12112	13724	23771	11003	12768
68	23656	10843	12813	21838	9919	11919
69	20776	9627	11149	19358	8936	10422
70-74岁	**77751**	**35982**	**41769**	**72493**	**33358**	**39135**
70	19590	9186	10404	18168	8450	9718
71	18155	8456	9699	16911	7821	9090
72	14112	6545	7567	13216	6090	7126
73	14568	6670	7898	13648	6214	7434
74	11326	5125	6201	10550	4783	5767
75-79岁	**45479**	**20772**	**24707**	**42662**	**19409**	**23253**
75	10129	4567	5562	9436	4257	5179
76	10609	4920	5689	9961	4600	5361
77	8609	3923	4686	8037	3641	4396
78	7948	3655	4293	7477	3421	4056
79	8184	3707	4477	7751	3490	4261
80-84岁	**30990**	**14011**	**16979**	**29315**	**13262**	**16053**
80	7562	3438	4124	7124	3227	3897
81	6637	2949	3688	6297	2804	3493
82	6447	2935	3512	6093	2763	3330
83	5502	2519	2983	5212	2389	2823
84	4842	2170	2672	4589	2079	2510
85-89岁	**13805**	**6231**	**7574**	**13047**	**5877**	**7170**
85	4067	1782	2285	3838	1669	2169
86	3316	1492	1824	3138	1410	1728
87	2752	1285	1467	2612	1223	1389
88	2034	918	1116	1920	865	1055
89	1636	754	882	1539	710	829
90-94岁	**3664**	**1649**	**2015**	**3437**	**1541**	**1896**
90	1259	585	674	1192	552	640
91	820	368	452	765	339	426
92	695	296	399	664	278	386
93	514	228	286	469	211	258
94	376	172	204	347	161	186
95-99岁	**866**	**390**	**476**	**804**	**361**	**443**
95	288	129	159	270	119	151
96	218	92	126	200	86	114
97	153	64	89	140	61	79
98	113	51	62	109	48	61
99	94	54	40	85	47	38
100岁及以上	**239**	**100**	**139**	**207**	**89**	**118**

单位：人

登记地					
其中市辖区内人户分离			自治区外		
小计	男	女	小计	男	女
1581	**806**	**775**	**10385**	**5456**	**4929**
377	192	185	2661	1478	1183
342	184	158	2423	1254	1169
303	158	145	2065	1109	956
302	147	155	1818	924	894
257	125	132	1418	691	727
1008	**444**	**564**	**5258**	**2624**	**2634**
232	92	140	1422	736	686
231	118	113	1244	635	609
189	78	111	896	455	441
200	86	114	920	456	464
156	70	86	776	342	434
582	**275**	**307**	**2817**	**1363**	**1454**
125	63	62	693	310	383
123	62	61	648	320	328
109	44	65	572	282	290
120	52	68	471	234	237
105	54	51	433	217	216
381	**176**	**205**	**1675**	**749**	**926**
104	48	56	438	211	227
87	41	46	340	145	195
74	36	38	354	172	182
61	29	32	290	130	160
55	22	33	253	91	162
162	**79**	**83**	**758**	**354**	**404**
58	24	34	229	113	116
43	21	22	178	82	96
24	11	13	140	62	78
22	14	8	114	53	61
15	9	6	97	44	53
42	**21**	**21**	**227**	**108**	**119**
11	7	4	67	33	34
18	9	9	55	29	26
3	1	2	31	18	13
7	3	4	45	17	28
3	1	2	29	11	18
17	**7**	**10**	**62**	**29**	**33**
6	1	5	18	10	8
7	4	3	18	6	12
2	1	1	13	3	10
1	1		4	3	1
1		1	9	7	2
2		**2**	**32**	**11**	**21**

7-2c 全区按户口登记地、年龄、性别分的

年龄	合计			户口 自治区内		
	合计	男	女	小计	男	女
总计	**1558453**	**866882**	**691571**	**1196535**	**623629**	**572906**
0-4岁	**46783**	**24172**	**22611**	**38674**	**19971**	**18703**
0	5504	2880	2624	4748	2503	2245
1	9796	5031	4765	8096	4183	3913
2	9685	5102	4583	7889	4134	3755
3	10662	5474	5188	8751	4467	4284
4	11136	5685	5451	9190	4684	4506
5-9岁	**57020**	**29607**	**27413**	**47746**	**24759**	**22987**
5	9729	4996	4733	8058	4148	3910
6	12221	6370	5851	10299	5340	4959
7	11202	5890	5312	9393	4924	4469
8	12482	6506	5976	10456	5459	4997
9	11386	5845	5541	9540	4888	4652
10-14岁	**61739**	**31860**	**29879**	**52564**	**26987**	**25577**
10	11969	6241	5728	10048	5190	4858
11	12665	6513	6152	10569	5439	5130
12	12224	6335	5889	10417	5363	5054
13	12439	6374	6065	10691	5421	5270
14	12442	6397	6045	10839	5574	5265
15-19岁	**63709**	**34083**	**29626**	**57012**	**29938**	**27074**
15	14438	7524	6914	13154	6794	6360
16	16021	8486	7535	14798	7736	7062
17	13174	7168	6006	12035	6452	5583
18	11012	6004	5008	9649	5141	4508
19	9064	4901	4163	7376	3815	3561
20-24岁	**72254**	**40635**	**31619**	**55182**	**29164**	**26018**
20	9855	5384	4471	7673	3951	3722
21	11158	6280	4878	8515	4491	4024
22	14887	8309	6578	11357	5939	5418
23	17067	9635	7432	13034	6880	6154
24	19287	11027	8260	14603	7903	6700
25-29岁	**113069**	**63705**	**49364**	**82322**	**42677**	**39645**
25	21911	12445	9466	16406	8680	7726
26	21269	12018	9251	15815	8285	7530
27	22788	12756	10032	16534	8537	7997
28	22835	12951	9884	16391	8531	7860
29	24266	13535	10731	17176	8644	8532

户口登记地在外乡镇街道的人口(乡村)

单位：人

登记地					
其中市辖区内人户分离			自治区外		
小计	男	女	小计	男	女
140634	**71048**	**69586**	**361918**	**243253**	**118665**
6895	**3610**	**3285**	**8109**	**4201**	**3908**
1002	525	477	756	377	379
1497	770	727	1700	848	852
1404	738	666	1796	968	828
1480	772	708	1911	1007	904
1512	805	707	1946	1001	945
6461	**3477**	**2984**	**9274**	**4848**	**4426**
1161	615	546	1671	848	823
1545	845	700	1922	1030	892
1244	665	579	1809	966	843
1323	728	595	2026	1047	979
1188	624	564	1846	957	889
6121	**3341**	**2780**	**9175**	**4873**	**4302**
1119	626	493	1921	1051	870
1182	664	518	2096	1074	1022
1192	639	553	1807	972	835
1266	685	581	1748	953	795
1362	727	635	1603	823	780
10034	**5368**	**4666**	**6697**	**4145**	**2552**
2689	1398	1291	1284	730	554
2977	1572	1405	1223	750	473
2251	1237	1014	1139	716	423
1410	809	601	1363	863	500
707	352	355	1688	1086	602
6089	**3019**	**3070**	**17072**	**11471**	**5601**
719	360	359	2182	1433	749
951	492	459	2643	1789	854
1238	623	615	3530	2370	1160
1488	728	760	4033	2755	1278
1693	816	877	4684	3124	1560
10129	**4986**	**5143**	**30747**	**21028**	**9719**
1937	953	984	5505	3765	1740
1862	922	940	5454	3733	1721
1982	950	1032	6254	4219	2035
2110	1048	1062	6444	4420	2024
2238	1113	1125	7090	4891	2199

7-2c 续表 1

年龄	户口					
	合计			自治区内		
	合计	男	女	小计	男	女
30-34岁	**147590**	**83227**	**64363**	**103106**	**51988**	**51118**
30	31516	17730	13786	22362	11268	11094
31	30169	16838	13331	21093	10492	10601
32	28569	16157	12412	19803	10052	9751
33	30572	17367	13205	21114	10691	10423
34	26764	15135	11629	18734	9485	9249
35-39岁	**130247**	**73965**	**56282**	**95699**	**49467**	**46232**
35	24689	14146	10543	17659	9161	8498
36	26285	14881	11404	19490	10089	9401
37	24767	13996	10771	18249	9372	8877
38	28979	16494	12485	21520	11204	10316
39	25527	14448	11079	18781	9641	9140
40-44岁	**131668**	**74376**	**57292**	**96135**	**49389**	**46746**
40	25687	14438	11249	19033	9704	9329
41	26618	15119	11499	19276	9889	9387
42	25673	14644	11029	18502	9629	8873
43	24864	13906	10958	18178	9230	8948
44	28826	16269	12557	21146	10937	10209
45-49岁	**180302**	**103574**	**76728**	**128735**	**67586**	**61149**
45	31369	17703	13666	22964	11913	11051
46	35533	20363	15170	25766	13614	12152
47	36396	20912	15484	25818	13512	12306
48	37986	21979	16007	26741	14096	12645
49	39018	22617	16401	27446	14451	12995
50-54岁	**170835**	**101681**	**69154**	**119745**	**65419**	**54326**
50	39702	23287	16415	27938	14925	13013
51	34705	20646	14059	24249	13162	11087
52	37263	22236	15027	26015	14231	11784
53	28933	17259	11674	20307	11168	9139
54	30232	18253	11979	21236	11933	9303
55-59岁	**127835**	**74017**	**53818**	**98318**	**53866**	**44452**
55	28887	17203	11684	21077	11819	9258
56	28305	16472	11833	21410	11786	9624
57	31095	18168	12927	23902	13154	10748
58	23828	13492	10336	18933	10196	8737
59	15720	8682	7038	12996	6911	6085
60-64岁	**87206**	**48077**	**39129**	**73610**	**39479**	**34131**
60	20425	11440	8985	17061	9283	7778
61	16527	9246	7281	14081	7648	6433
62	17106	9463	7643	14304	7702	6602
63	17547	9594	7953	14836	7897	6939
64	15601	8334	7267	13328	6949	6379

单位：人

登记地					
其中市辖区内人户分离			自治区外		
小计	男	女	小计	男	女
13047	**6056**	**6991**	**44484**	**31239**	**13245**
2913	1393	1520	9154	6462	2692
2669	1230	1439	9076	6346	2730
2611	1244	1367	8766	6105	2661
2708	1227	1481	9458	6676	2782
2146	962	1184	8030	5650	2380
10921	**5221**	**5700**	**34548**	**24498**	**10050**
2003	955	1048	7030	4985	2045
2152	996	1156	6795	4792	2003
2142	1028	1114	6518	4624	1894
2529	1233	1296	7459	5290	2169
2095	1009	1086	6746	4807	1939
10162	**4758**	**5404**	**35533**	**24987**	**10546**
1998	932	1066	6654	4734	1920
2139	1017	1122	7342	5230	2112
1958	936	1022	7171	5015	2156
1892	860	1032	6686	4676	2010
2175	1013	1162	7680	5332	2348
14162	**6938**	**7224**	**51567**	**35988**	**15579**
2471	1229	1242	8405	5790	2615
2802	1364	1438	9767	6749	3018
2936	1386	1550	10578	7400	3178
2942	1490	1452	11245	7883	3362
3011	1469	1542	11572	8166	3406
13121	**6762**	**6359**	**51090**	**36262**	**14828**
3099	1571	1528	11764	8362	3402
2642	1318	1324	10456	7484	2972
2803	1445	1358	11248	8005	3243
2168	1119	1049	8626	6091	2535
2409	1309	1100	8996	6320	2676
10769	**5782**	**4987**	**29517**	**20151**	**9366**
2333	1231	1102	7810	5384	2426
2384	1289	1095	6895	4686	2209
2609	1414	1195	7193	5014	2179
2069	1105	964	4895	3296	1599
1374	743	631	2724	1771	953
8011	**4306**	**3705**	**13596**	**8598**	**4998**
1866	1016	850	3364	2157	1207
1490	811	679	2446	1598	848
1639	885	754	2802	1761	1041
1544	828	716	2711	1697	1014
1472	766	706	2273	1385	888

7-2c 续表 2

年 龄	户口					
	合 计			自治区内		
	合计	男	女	小计	男	女
65-69岁	**64704**	**33810**	**30894**	**55992**	**28861**	**27131**
65	15635	8378	7257	13436	7051	6385
66	14322	7489	6833	12308	6300	6008
67	12813	6571	6242	11126	5653	5473
68	11797	6096	5701	10293	5275	5018
69	10137	5276	4861	8829	4582	4247
70-74岁	**38054**	**19526**	**18528**	**33489**	**17055**	**16434**
70	9519	4984	4535	8390	4351	4039
71	8527	4478	4049	7515	3931	3584
72	7011	3514	3497	6129	3042	3087
73	7256	3679	3577	6456	3255	3201
74	5741	2871	2870	4999	2476	2523
75-79岁	**23982**	**11832**	**12150**	**21032**	**10264**	**10768**
75	5236	2640	2596	4570	2281	2289
76	5255	2601	2654	4646	2283	2363
77	4411	2241	2170	3827	1924	1903
78	4508	2175	2333	3929	1871	2058
79	4572	2175	2397	4060	1905	2155
80-84岁	**19493**	**8860**	**10633**	**17296**	**7836**	**9460**
80	4391	2059	2332	3899	1825	2074
81	4046	1859	2187	3599	1649	1950
82	3916	1741	2175	3466	1532	1934
83	3715	1662	2053	3290	1471	1819
84	3425	1539	1886	3042	1359	1683
85-89岁	**12606**	**5576**	**7030**	**11422**	**5025**	**6397**
85	2990	1292	1698	2716	1169	1547
86	2919	1271	1648	2666	1166	1500
87	2679	1191	1488	2440	1068	1372
88	2174	962	1212	1943	854	1089
89	1844	860	984	1657	768	889
90-94岁	**5936**	**2750**	**3186**	**5356**	**2493**	**2863**
90	1800	831	969	1626	751	875
91	1195	543	652	1080	494	586
92	1191	544	647	1077	494	583
93	973	462	511	865	418	447
94	777	370	407	708	336	372
95-99岁	**2530**	**1162**	**1368**	**2316**	**1058**	**1258**
95	734	351	383	681	326	355
96	580	238	342	524	211	313
97	468	217	251	435	200	235
98	437	209	228	392	186	206
99	311	147	164	284	135	149
100岁及以上	**891**	**387**	**504**	**784**	**347**	**437**

单位：人

登记地					
其中市辖区内人户分离			自治区外		
小计	男	女	小计	男	女
6289	**3265**	**3024**	**8712**	**4949**	**3763**
1514	803	711	2199	1327	872
1388	724	664	2014	1189	825
1228	634	594	1687	918	769
1170	595	575	1504	821	683
989	509	480	1308	694	614
3690	**1847**	**1843**	**4565**	**2471**	**2094**
909	461	448	1129	633	496
812	416	396	1012	547	465
709	336	373	882	472	410
679	336	343	800	424	376
581	298	283	742	395	347
2217	**1127**	**1090**	**2950**	**1568**	**1382**
497	254	243	666	359	307
489	261	228	609	318	291
439	227	212	584	317	267
382	186	196	579	304	275
410	199	211	512	270	242
1475	**709**	**766**	**2197**	**1024**	**1173**
380	189	191	492	234	258
314	152	162	447	210	237
301	146	155	450	209	241
263	118	145	425	191	234
217	104	113	383	180	203
691	**307**	**384**	**1184**	**551**	**633**
176	82	94	274	123	151
178	83	95	253	105	148
136	52	84	239	123	116
109	53	56	231	108	123
92	37	55	187	92	95
255	**129**	**126**	**580**	**257**	**323**
90	42	48	174	80	94
58	30	28	115	49	66
46	24	22	114	50	64
31	16	15	108	44	64
30	17	13	69	34	35
73	**33**	**40**	**214**	**104**	**110**
27	12	15	53	25	28
19	10	9	56	27	29
10	5	5	33	17	16
12	4	8	45	23	22
5	2	3	27	12	15
22	**7**	**15**	**107**	**40**	**67**

7-3 全区按现住地、性别分的户口登记地在外省的人口

单位：人

现住地	户口登记地 合计 合计	合计 男	合计 女	北京 小计	北京 男	北京 女
内蒙古	**1686420**	**1002896**	**683524**	**10788**	**6065**	**4723**
呼和浩特市	**259042**	**149240**	**109802**	**3416**	**1927**	**1489**
新城区	69100	41331	27769	1032	584	448
回民区	39948	22298	17650	370	208	162
玉泉区	47113	25800	21313	324	178	146
赛罕区	58044	33363	24681	1400	799	601
土默特左旗	10099	5583	4516	53	36	17
托克托县	6716	4647	2069	26	15	11
和林格尔县	8512	4516	3996	21	11	10
清水河县	2230	1469	761	13	6	7
武川县	2297	1251	1046	18	8	10
呼和浩特经济技术开发区	14983	8982	6001	159	82	77
包头市	**238455**	**137811**	**100644**	**1628**	**887**	**741**
东河区	47452	27453	19999	193	97	96
昆都仑区	71207	39979	31228	549	305	244
青山区	49132	27705	21427	539	294	245
石拐区	4135	2877	1258	4	1	3
白云鄂博矿区	2059	1325	734	13	6	7
九原区	28947	17194	11753	143	81	62
土默特右旗	5368	3196	2172	34	21	13
固阳县	4145	2725	1420	11	5	6
达尔罕茂明安联合旗	2275	1457	818	18	8	10
包头稀土高新技术产业开发区	23735	13900	9835	124	69	55
乌海市	**97939**	**60454**	**37485**	**190**	**110**	**80**
海勃湾区	49847	30003	19844	132	76	56
海南区	27052	17076	9976	15	11	4
乌达区	21040	13375	7665	43	23	20
赤峰市	**103246**	**57251**	**45995**	**1303**	**718**	**585**
红山区	26160	14991	11169	272	150	122
元宝山区	12092	6626	5466	78	41	37
松山区	22836	12670	10166	385	215	170
阿鲁科尔沁旗	2943	1636	1307	41	26	15
巴林左旗	4262	2489	1773	68	42	26
巴林右旗	2479	1419	1060	36	15	21
林西县	4074	2275	1799	48	26	22
克什克腾旗	5136	3504	1632	66	44	22
翁牛特旗	3003	1535	1468	60	32	28
喀喇沁旗	4443	2217	2226	52	22	30
宁城县	10046	5183	4863	119	64	55
敖汉旗	5772	2706	3066	78	41	37

7－3　续表 1

单位：人

现住地	户口登记地					
	合计			北京		
	合计	男	女	小计	男	女
通辽市	**89834**	**48944**	**40890**	**664**	**363**	**301**
科尔沁区	28433	15664	12769	227	125	102
科尔沁左翼中旗	7657	3684	3973	60	33	27
科尔沁左翼后旗	9044	4347	4697	21	11	10
开鲁县	5939	3327	2612	58	36	22
库伦旗	4607	2450	2157	46	25	21
奈曼旗	5095	2656	2439	99	49	50
扎鲁特旗	4285	2579	1706	30	16	14
通辽经济技术开发区	9997	5789	4208	98	54	44
霍林郭勒市	14777	8448	6329	25	14	11
鄂尔多斯市	**387403**	**253480**	**133923**	**982**	**689**	**293**
东胜区	113789	67459	46330	298	179	119
康巴什区	16975	10026	6949	183	101	82
达拉特旗	21728	14141	7587	68	53	15
准格尔旗	54077	38739	15338	37	27	10
鄂托克前旗	23593	16633	6960	25	21	4
鄂托克旗	43330	27135	16195	17	14	3
杭锦旗	6867	4681	2186	16	14	2
乌审旗	53916	37276	16640	261	229	32
伊金霍洛旗	53128	37390	15738	77	51	26
呼伦贝尔市	**158582**	**84921**	**73661**	**584**	**301**	**283**
海拉尔区	32861	17826	15035	180	93	87
扎赉诺尔区	5595	2843	2752	16	6	10
阿荣旗	9454	4872	4582	26	11	15
莫力达瓦达斡尔族自治旗	10701	5259	5442	44	26	18
鄂伦春自治旗	14737	7384	7353	27	13	14
鄂温克族自治旗	9045	4829	4216	62	31	31
陈巴尔虎旗	4042	2451	1591	16	12	4
新巴尔虎左旗	1830	1132	698	2	2	
新巴尔虎右旗	3624	2696	928	3	2	1
满洲里市	37372	20083	17289	48	28	20
牙克石市	11020	5738	5282	74	37	37
扎兰屯市	11992	6217	5775	62	28	34
额尔古纳市	3971	2170	1801	7	3	4
根河市	2338	1421	917	17	9	8
巴彦淖尔市	**76998**	**46923**	**30075**	**357**	**190**	**167**
临河区	34331	19933	14398	212	119	93
五原县	7603	4262	3341	22	5	17
磴口县	4491	2506	1985	15	9	6
乌拉特前旗	11917	7878	4039	57	29	28
乌拉特中旗	7733	5229	2504	10	5	5
乌拉特后旗	5895	4440	1455	11	8	3
杭锦后旗	5028	2675	2353	30	15	15

7-3 续表 2

单位：人

现住地	户口登记地					
	合计			北京		
	合计	男	女	小计	男	女
乌兰察布市	**69365**	**40509**	**28856**	**696**	**361**	**335**
集宁区	27573	16191	11382	341	183	158
卓资县	2736	1575	1161	18	11	7
化德县	5359	3141	2218	37	18	19
商都县	4043	2153	1890	60	28	32
兴和县	4417	2272	2145	39	21	18
凉城县	2762	1468	1294	15	7	8
察哈尔右翼前旗	7865	5271	2594	57	28	29
察哈尔右翼中旗	1683	1029	654	27	15	12
察哈尔右翼后旗	2147	1193	954	37	18	19
四子王旗	2577	1420	1157	18	9	9
丰镇市	8203	4796	3407	47	23	24
兴安盟	**54615**	**29817**	**24798**	**322**	**186**	**136**
乌兰浩特市	22607	12495	10112	91	53	38
阿尔山市	1518	904	614	18	11	7
科尔沁右翼前旗	8194	4653	3541	78	44	34
科尔沁右翼中旗	4475	2660	1815	42	24	18
扎赉特旗	11071	5333	5738	44	19	25
突泉县	6750	3772	2978	49	35	14
锡林郭勒盟	**81021**	**50797**	**30224**	**574**	**290**	**284**
二连浩特市	7831	4518	3313	26	16	10
锡林浩特市	33088	19273	13815	235	109	126
阿巴嘎旗	2394	1761	633	9	4	5
苏尼特左旗	2122	1679	443	4	2	2
苏尼特右旗	2587	1724	863	24	12	12
东乌珠穆沁旗	3038	1928	1110	8	5	3
西乌珠穆沁旗	10194	8106	2088	16	8	8
太仆寺旗	3549	1958	1591	70	42	28
镶黄旗	2057	1642	415	18	14	4
正镶白旗	1642	1113	529	11	4	7
正蓝旗	2942	1724	1218	39	23	16
多伦县	8349	4619	3730	97	41	56
乌拉盖管委会	1228	752	476	17	10	7
阿拉善盟	**69920**	**42749**	**27171**	**72**	**43**	**29**
阿拉善左旗	37493	22828	14665	47	27	20
阿拉善右旗	4501	2918	1583	1	1	
额济纳旗	11916	6956	4960	15	10	5
内蒙古阿拉善经济开发区	16010	10047	5963	9	5	4

7-3　续表 3

单位：人

现住地	户口登记地								
	天津			河北			山西		
	小计	男	女	小计	男	女	小计	男	女
内蒙古	**11731**	**6551**	**5180**	**221545**	**129964**	**91581**	**203126**	**116768**	**86358**
呼和浩特市	**3556**	**1894**	**1662**	**42935**	**24323**	**18612**	**47216**	**25411**	**21805**
新城区	940	518	422	10952	6225	4727	10049	5549	4500
回民区	314	167	147	8156	4522	3634	7084	3719	3365
玉泉区	292	158	134	8361	4563	3798	11296	5950	5346
赛罕区	1558	850	708	8133	4498	3635	9275	5064	4211
土默特左旗	67	31	36	1727	976	751	2543	1364	1179
托克托县	20	14	6	1553	1107	446	1074	655	419
和林格尔县	206	76	130	852	463	389	1544	751	793
清水河县	5	1	4	430	355	75	709	397	312
武川县	19	8	11	282	165	117	387	218	169
呼和浩特经济技术开发区	135	71	64	2489	1449	1040	3255	1744	1511
包头市	**1779**	**969**	**810**	**47718**	**26777**	**20941**	**50206**	**27308**	**22898**
东河区	248	123	125	9801	5505	4296	10583	5755	4828
昆都仑区	696	382	314	14942	8190	6752	15451	8236	7215
青山区	485	270	215	8321	4599	3722	9780	5166	4614
石拐区	14	8	6	392	284	108	1191	784	407
白云鄂博矿区	9	8	1	547	359	188	379	248	131
九原区	148	79	69	6473	3656	2817	6846	3757	3089
土默特右旗	24	14	10	1118	679	439	838	446	392
固阳县	12	6	6	942	613	329	646	446	200
达尔罕茂明安联合旗	9	7	2	308	211	97	506	338	168
包头稀土高新技术产业开发区	134	72	62	4874	2681	2193	3986	2132	1854
乌海市	**302**	**172**	**130**	**8133**	**5014**	**3119**	**6806**	**4126**	**2680**
海勃湾区	206	104	102	4743	2929	1814	3530	2087	1443
海南区	57	46	11	1624	1032	592	2149	1313	836
乌达区	39	22	17	1766	1053	713	1127	726	401
赤峰市	**1438**	**748**	**690**	**19171**	**10462**	**8709**	**1862**	**1102**	**760**
红山区	331	190	141	4986	2785	2201	460	274	186
元宝山区	98	55	43	1341	788	553	114	64	50
松山区	420	203	217	5181	2783	2398	465	252	213
阿鲁科尔沁旗	40	24	16	512	277	235	51	30	21
巴林左旗	76	38	38	681	401	280	53	24	29
巴林右旗	44	23	21	362	183	179	58	36	22
林西县	71	39	32	834	446	388	81	48	33
克什克腾旗	86	50	36	1113	706	407	309	247	62
翁牛特旗	47	20	27	542	260	282	52	21	31
喀喇沁旗	71	30	41	1273	565	708	55	32	23
宁城县	116	56	60	1845	1029	816	90	42	48
敖汉旗	38	20	18	501	239	262	74	32	42

7-3 续表 4

单位：人

现住地	户口登记地								
	天津			河北			山西		
	小计	男	女	小计	男	女	小计	男	女
通辽市	**674**	**389**	**285**	**5661**	**3221**	**2440**	**1078**	**624**	**454**
科尔沁区	294	157	137	1644	914	730	403	204	199
科尔沁左翼中旗	57	34	23	245	124	121	41	16	25
科尔沁左翼后旗	27	17	10	267	142	125	47	29	18
开鲁县	39	27	12	615	354	261	77	43	34
库伦旗	15	10	5	352	213	139	30	19	11
奈曼旗	62	40	22	554	298	256	99	63	36
扎鲁特旗	33	19	14	427	256	171	93	61	32
通辽经济技术开发区	92	51	41	831	506	325	76	34	42
霍林郭勒市	55	34	21	726	414	312	212	155	57
鄂尔多斯市	**1031**	**721**	**310**	**25680**	**17960**	**7720**	**64472**	**39665**	**24807**
东胜区	272	146	126	8046	5000	3046	34201	19146	15055
康巴什区	92	41	51	1147	698	449	2537	1337	1200
达拉特旗	40	29	11	2451	1709	742	3385	2041	1344
准格尔旗	140	97	43	5720	4250	1470	12360	8509	3851
鄂托克前旗	18	16	2	449	331	118	468	372	96
鄂托克旗	66	50	16	1722	1173	549	1894	1307	587
杭锦旗	24	19	5	391	277	114	627	452	175
乌审旗	277	252	25	2246	1896	350	2354	1862	492
伊金霍洛旗	102	71	31	3508	2626	882	6646	4639	2007
呼伦贝尔市	**734**	**392**	**342**	**6479**	**3562**	**2917**	**1153**	**674**	**479**
海拉尔区	185	96	89	2065	1181	884	383	236	147
扎赉诺尔区	22	10	12	272	134	138	14	6	8
阿荣旗	46	24	22	370	214	156	43	27	16
莫力达瓦达斡尔族自治旗	34	18	16	248	135	113	34	14	20
鄂伦春自治旗	34	21	13	310	135	175	31	21	10
鄂温克族自治旗	45	23	22	348	189	159	72	46	26
陈巴尔虎旗	18	8	10	183	120	63	21	20	1
新巴尔虎左旗	8	4	4	87	54	33	16	11	5
新巴尔虎右旗	9	7	2	155	111	44	50	36	14
满洲里市	82	39	43	1105	617	488	349	183	166
牙克石市	76	40	36	503	259	244	42	25	17
扎兰屯市	136	87	49	476	219	257	59	23	36
额尔古纳市	19	10	9	151	89	62	14	9	5
根河市	20	5	15	206	105	101	25	17	8
巴彦淖尔市	**399**	**223**	**176**	**10012**	**6213**	**3799**	**6725**	**4352**	**2373**
临河区	205	109	96	4365	2614	1751	2059	1157	902
五原县	56	34	22	1529	873	656	734	433	301
磴口县	32	24	8	365	237	128	277	166	111
乌拉特前旗	65	33	32	1912	1242	670	2391	1738	653
乌拉特中旗	21	12	9	1140	769	371	699	496	203
乌拉特后旗	4	2	2	330	261	69	239	188	51
杭锦后旗	16	9	7	371	217	154	326	174	152

7-3　续表 5

单位：人

现 住 地	户口登记地								
	天　津			河　北			山　西		
	小计	男	女	小计	男	女	小计	男	女
乌兰察布市	**582**	**324**	**258**	**16165**	**9201**	**6964**	**17246**	**9399**	**7847**
集宁区	273	148	125	5752	3360	2392	6117	3139	2978
卓资县	19	7	12	340	235	105	359	198	161
化德县	56	41	15	3125	1665	1460	561	365	196
商都县	52	28	24	1566	802	764	761	350	411
兴和县	34	19	15	1891	943	948	1104	557	547
凉城县	17	12	5	279	160	119	723	419	304
察哈尔右翼前旗	49	25	24	1637	1138	499	1702	1054	648
察哈尔右翼中旗	6	4	2	318	198	120	447	284	163
察哈尔右翼后旗	15	7	8	351	180	171	662	349	313
四子王旗	16	8	8	378	223	155	574	321	253
丰镇市	45	25	20	528	297	231	4236	2363	1873
兴安盟	**382**	**196**	**186**	**2529**	**1488**	**1041**	**611**	**429**	**182**
乌兰浩特市	184	98	86	1180	741	439	207	126	81
阿尔山市	18	10	8	118	83	35	22	15	7
科尔沁右翼前旗	72	31	41	418	252	166	65	40	25
科尔沁右翼中旗	23	15	8	187	109	78	81	64	17
扎赉特旗	44	21	23	338	150	188	55	31	24
突泉县	41	21	20	288	153	135	181	153	28
锡林郭勒盟	**733**	**440**	**293**	**34466**	**19814**	**14652**	**4418**	**2700**	**1718**
二连浩特市	73	49	24	3034	1773	1261	813	475	338
锡林浩特市	351	205	146	16885	9625	7260	1764	987	777
阿巴嘎旗	13	11	2	871	576	295	92	65	27
苏尼特左旗	14	14		640	453	187	233	193	40
苏尼特右旗	19	12	7	761	491	270	435	262	173
东乌珠穆沁旗	20	13	7	1225	774	451	65	37	28
西乌珠穆沁旗	31	21	10	755	487	268	206	152	54
太仆寺旗	46	20	26	2168	1149	1019	138	77	61
镶黄旗	12	8	4	464	274	190	78	63	15
正镶白旗	7	4	3	740	446	294	136	112	24
正蓝旗	23	13	10	1469	832	637	148	104	44
多伦县	120	68	52	5083	2736	2347	279	161	118
乌拉盖管委会	4	2	2	371	198	173	31	12	19
阿拉善盟	**121**	**83**	**38**	**2596**	**1929**	**667**	**1333**	**978**	**355**
阿拉善左旗	87	61	26	1135	800	335	619	428	191
阿拉善右旗	2	2		73	60	13	87	78	9
额济纳旗	23	12	11	373	246	127	270	198	72
内蒙古阿拉善经济开发区	9	8	1	1015	823	192	357	274	83

7-3 续表 6

单位：人

现住地	户口登记地								
	内蒙古			辽宁			吉林		
	小计	男	女	小计	男	女	小计	男	女
内蒙古				**112243**	**64518**	**47725**	**90739**	**49571**	**41168**
呼和浩特市				**8905**	**4865**	**4040**	**8890**	**4810**	**4080**
新城区				2498	1418	1080	2416	1364	1052
回民区				1164	606	558	1138	614	524
玉泉区				1518	785	733	1327	645	682
赛罕区				2281	1259	1022	2169	1151	1018
土默特左旗				269	142	127	369	220	149
托克托县				181	121	60	298	194	104
和林格尔县				285	122	163	337	152	185
清水河县				45	22	23	47	26	21
武川县				85	38	47	73	41	32
呼和浩特经济技术开发区				579	352	227	716	403	313
包头市				**8305**	**4590**	**3715**	**5524**	**3042**	**2482**
东河区				1140	621	519	827	453	374
昆都仑区				3262	1746	1516	1902	1055	847
青山区				2015	1071	944	1258	624	634
石拐区				75	54	21	74	39	35
白云鄂博矿区				64	43	21	55	32	23
九原区				755	493	262	730	448	282
土默特右旗				227	133	94	111	67	44
固阳县				102	63	39	57	34	23
达尔罕茂明安联合旗				48	25	23	45	24	21
包头稀土高新技术产业开发区				617	341	276	465	266	199
乌海市				**1628**	**1005**	**623**	**1585**	**893**	**692**
海勃湾区				852	505	347	700	392	308
海南区				373	236	137	437	263	174
乌达区				403	264	139	448	238	210
赤峰市				**30801**	**16196**	**14605**	**5896**	**3177**	**2719**
红山区				7230	3963	3267	1456	807	649
元宝山区				6624	3358	3266	460	255	205
松山区				5807	3171	2636	1341	727	614
阿鲁科尔沁旗				460	248	212	268	139	129
巴林左旗				623	371	252	411	217	194
巴林右旗				513	313	200	238	137	101
林西县				672	372	300	298	159	139
克什克腾旗				732	506	226	324	219	105
翁牛特旗				686	351	335	257	131	126
喀喇沁旗				795	389	406	171	87	84
宁城县				3631	1787	1844	356	169	187
敖汉旗				3028	1367	1661	316	130	186

7—3　续表 7　　　　单位：人

现住地	户口登记地								
	内蒙古			辽宁			吉林		
	小计	男	女	小计	男	女	小计	男	女
通辽市				**23614**	**12410**	**11204**	**20810**	**11028**	**9782**
科尔沁区				6841	3737	3104	5346	2919	2427
科尔沁左翼中旗				1112	539	573	4056	1919	2137
科尔沁左翼后旗				4546	2040	2506	1760	893	867
开鲁县				1074	568	506	751	417	334
库伦旗				1807	852	955	217	127	90
奈曼旗				1568	793	775	438	219	219
扎鲁特旗				1139	701	438	762	468	294
通辽经济技术开发区				2516	1420	1096	1896	1048	848
霍林郭勒市				3011	1760	1251	5584	3018	2566
鄂尔多斯市				**9706**	**6580**	**3126**	**6838**	**4188**	**2650**
东胜区				2098	1219	879	2014	1172	842
康巴什区				513	272	241	422	232	190
达拉特旗				503	327	176	446	259	187
准格尔旗				2741	1929	812	1941	1182	759
鄂托克前旗				135	105	30	244	169	75
鄂托克旗				573	411	162	402	266	136
杭锦旗				120	86	34	97	59	38
乌审旗				1179	974	205	416	295	121
伊金霍洛旗				1844	1257	587	856	554	302
呼伦贝尔市				**10526**	**5848**	**4678**	**14099**	**7565**	**6534**
海拉尔区				2279	1259	1020	3739	2018	1721
扎赉诺尔区				289	169	120	528	275	253
阿荣旗				1028	495	533	807	413	394
莫力达瓦达斡尔族自治旗				506	239	267	531	268	263
鄂伦春自治旗				602	316	286	881	447	434
鄂温克族自治旗				580	321	259	964	492	472
陈巴尔虎旗				320	229	91	515	308	207
新巴尔虎左旗				96	56	40	172	102	70
新巴尔虎右旗				643	505	138	351	271	80
满洲里市				1982	1091	891	2941	1551	1390
牙克石市				696	381	315	1165	633	532
扎兰屯市				969	469	500	944	477	467
额尔古纳市				265	154	111	364	198	166
根河市				271	164	107	197	112	85
巴彦淖尔市				**1575**	**951**	**624**	**1699**	**945**	**754**
临河区				498	275	223	435	220	215
五原县				78	48	30	97	56	41
磴口县				55	38	17	59	29	30
乌拉特前旗				305	201	104	194	109	85
乌拉特中旗				388	235	153	735	438	297
乌拉特后旗				174	110	64	112	65	47
杭锦后旗				77	44	33	67	28	39

7-3 续表 8

单位：人

现住地	户口登记地								
	内蒙古			辽宁			吉林		
	小计	男	女	小计	男	女	小计	男	女
乌兰察布市				**1856**	**1149**	**707**	**1995**	**1238**	**757**
集宁区				883	514	369	711	393	318
卓资县				125	85	40	60	45	15
化德县				87	57	30	110	68	42
商都县				140	101	39	60	28	32
兴和县				86	43	43	81	46	35
凉城县				25	15	10	22	10	12
察哈尔右翼前旗				184	131	53	198	130	68
察哈尔右翼中旗				36	23	13	34	19	15
察哈尔右翼后旗				53	33	20	51	26	25
四子王旗				79	42	37	86	41	45
丰镇市				158	105	53	582	432	150
兴安盟				**5498**	**3129**	**2369**	**18970**	**9937**	**9033**
乌兰浩特市				2123	1214	909	10328	5475	4853
阿尔山市				141	78	63	535	309	226
科尔沁右翼前旗				1144	703	441	3104	1640	1464
科尔沁右翼中旗				542	335	207	1563	856	707
扎赉特旗				730	377	353	1449	727	722
突泉县				818	422	396	1991	930	1061
锡林郭勒盟				**9221**	**7371**	**1850**	**3947**	**2452**	**1495**
二连浩特市				299	171	128	234	127	107
锡林浩特市				2108	1326	782	1463	826	637
阿巴嘎旗				209	169	40	145	127	18
苏尼特左旗				101	85	16	85	73	12
苏尼特右旗				102	74	28	83	50	33
东乌珠穆沁旗				257	168	89	165	100	65
西乌珠穆沁旗				4850	4440	410	943	649	294
太仆寺旗				99	53	46	65	34	31
镶黄旗				499	461	38	49	37	12
正镶白旗				45	34	11	61	39	22
正蓝旗				112	67	45	118	77	41
多伦县				436	262	174	307	168	139
乌拉盖管委会				104	61	43	229	145	84
阿拉善盟				**608**	**424**	**184**	**486**	**296**	**190**
阿拉善左旗				293	202	91	246	138	108
阿拉善右旗				72	61	11	29	20	9
额济纳旗				126	88	38	122	81	41
内蒙古阿拉善经济开发区				117	73	44	89	57	32

7-3 续表 9

单位：人

现住地	户口登记地								
	黑龙江			上海			江苏		
	小计	男	女	小计	男	女	小计	男	女
内蒙古	**150577**	**79152**	**71425**	**1227**	**741**	**486**	**33233**	**23333**	**9900**
呼和浩特市	**10093**	**5186**	**4907**	**399**	**214**	**185**	**7822**	**5396**	**2426**
新城区	2526	1350	1176	127	63	64	3496	2349	1147
回民区	1489	778	711	42	25	17	912	610	302
玉泉区	1698	805	893	48	29	19	856	593	263
赛罕区	2932	1486	1446	143	73	70	1628	1118	510
土默特左旗	270	149	121	3	2	1	169	118	51
托克托县	215	126	89	5	4	1	138	118	20
和林格尔县	284	135	149	7	4	3	160	125	35
清水河县	58	33	25	1	1		39	35	4
武川县	43	18	25	1		1	67	49	18
呼和浩特经济技术开发区	578	306	272	22	13	9	357	281	76
包头市	**7322**	**3826**	**3496**	**263**	**150**	**113**	**5796**	**3852**	**1944**
东河区	1054	559	495	47	25	22	1427	894	533
昆都仑区	2884	1487	1397	99	53	46	1364	912	452
青山区	1637	850	787	77	47	30	1496	983	513
石拐区	73	44	29	1	1		130	91	39
白云鄂博矿区	64	33	31				50	30	20
九原区	714	391	323	7	4	3	458	303	155
土默特右旗	136	73	63	3	2	1	94	78	16
固阳县	65	38	27	1	1		102	86	16
达尔罕茂明安联合旗	39	16	23				32	22	10
包头稀土高新技术产业开发区	656	335	321	28	17	11	643	453	190
乌海市	**2456**	**1346**	**1110**	**38**	**31**	**7**	**1725**	**1204**	**521**
海勃湾区	1104	591	513	30	23	7	702	505	197
海南区	846	491	355	1	1		429	314	115
乌达区	506	264	242	7	7		594	385	209
赤峰市	**7864**	**4042**	**3822**	**125**	**83**	**42**	**2417**	**1591**	**826**
红山区	1984	1061	923	47	33	14	756	533	223
元宝山区	793	425	368	3	2	1	220	137	83
松山区	1762	900	862	47	30	17	542	359	183
阿鲁科尔沁旗	215	113	102	1	1		188	97	91
巴林左旗	425	238	187	6	4	2	214	126	88
巴林右旗	313	163	150	3	2	1	51	30	21
林西县	218	115	103	1	1		84	56	28
克什克腾旗	348	209	139	2		2	102	90	12
翁牛特旗	244	116	128	8	6	2	52	35	17
喀喇沁旗	319	149	170	2	2		75	44	31
宁城县	735	336	399	1		1	74	47	27
敖汉旗	508	217	291	4	2	2	59	37	22

7-3 续表 10

单位：人

现住地	户口登记地								
	黑龙江			上海			江苏		
	小计	男	女	小计	男	女	小计	男	女
通辽市	**7724**	**3997**	**3727**	**59**	**44**	**15**	**1954**	**1220**	**734**
科尔沁区	2235	1179	1056	21	19	2	524	359	165
科尔沁左翼中旗	428	202	226	6	3	3	48	24	24
科尔沁左翼后旗	353	161	192	3		3	85	53	32
开鲁县	424	202	222	3	2	1	211	112	99
库伦旗	110	50	60	1	1		384	199	185
奈曼旗	360	164	196	2	2		187	97	90
扎鲁特旗	483	297	186	1	1		95	62	33
通辽经济技术开发区	861	471	390	14	12	2	268	203	65
霍林郭勒市	2470	1271	1199	8	4	4	152	111	41
鄂尔多斯市	**10612**	**6259**	**4353**	**94**	**67**	**27**	**6127**	**4899**	**1228**
东胜区	2831	1541	1290	41	26	15	1646	1169	477
康巴什区	698	379	319	5	2	3	329	234	95
达拉特旗	532	297	235	9	7	2	374	296	78
准格尔旗	2401	1438	963	12	11	1	1035	916	119
鄂托克前旗	96	60	36	2	2		461	401	60
鄂托克旗	721	432	289	6	5	1	431	320	111
杭锦旗	164	103	61	3	3		114	85	29
乌审旗	1222	825	397	2	2		852	747	105
伊金霍洛旗	1947	1184	763	14	9	5	885	731	154
呼伦贝尔市	**84384**	**43688**	**40696**	**93**	**47**	**46**	**2024**	**1374**	**650**
海拉尔区	15370	8032	7338	31	14	17	756	545	211
扎赉诺尔区	3450	1721	1729	2	1	1	31	20	11
阿荣旗	4412	2150	2262	2		2	141	97	44
莫力达瓦达斡尔族自治旗	6754	3212	3542	3	2	1	46	25	21
鄂伦春自治旗	9345	4611	4734	4	1	3	82	52	30
鄂温克族自治旗	4594	2433	2161	9	3	6	136	89	47
陈巴尔虎旗	2082	1242	840	1	1		45	34	11
新巴尔虎左旗	747	518	229				8	5	3
新巴尔虎右旗	1103	741	362				32	21	11
满洲里市	24032	12697	11335	10	6	4	513	342	171
牙克石市	4734	2433	2301	12	7	5	66	42	24
扎兰屯市	5155	2533	2622	16	11	5	92	60	32
额尔古纳市	1968	1020	948	2	1	1	48	30	18
根河市	638	345	293	1		1	28	12	16
巴彦淖尔市	**1905**	**1092**	**813**	**33**	**22**	**11**	**948**	**638**	**310**
临河区	423	208	215	21	15	6	477	316	161
五原县	176	95	81	7	4	3	89	56	33
磴口县	88	52	36	1		1	60	34	26
乌拉特前旗	184	112	72	2	2		142	97	45
乌拉特中旗	835	501	334				86	64	22
乌拉特后旗	97	72	25				61	52	9
杭锦后旗	102	52	50	2	1	1	33	19	14

7-3　续表 11

单位：人

现住地	户口登记地								
	黑龙江			上海			江苏		
	小计	男	女	小计	男	女	小计	男	女
乌兰察布市	**1607**	**849**	**758**	**58**	**45**	**13**	**1383**	**987**	**396**
集宁区	840	419	421	28	19	9	644	437	207
卓资县	83	57	26				66	50	16
化德县	63	38	25	1	1		59	43	16
商都县	115	55	60	1	1		58	38	20
兴和县	60	29	31				43	29	14
凉城县	22	11	11				36	19	17
察哈尔右翼前旗	116	69	47	3	2	1	221	179	42
察哈尔右翼中旗	40	20	20	1		1	32	28	4
察哈尔右翼后旗	44	27	17				61	45	16
四子王旗	99	50	49	1	1		41	21	20
丰镇市	125	74	51	23	21	2	122	98	24
兴安盟	**11589**	**5693**	**5896**	**36**	**18**	**18**	**605**	**426**	**179**
乌兰浩特市	2989	1594	1395	14	7	7	280	205	75
阿尔山市	188	98	90	2		2	28	19	9
科尔沁右翼前旗	1049	562	487	8	4	4	115	82	33
科尔沁右翼中旗	381	227	154	3	2	1	68	52	16
扎赉特旗	6307	2847	3460	6	4	2	55	32	23
突泉县	675	365	310	3	1	2	59	36	23
锡林郭勒盟	**3962**	**2409**	**1553**	**20**	**16**	**4**	**1127**	**788**	**339**
二连浩特市	416	220	196	1	1		144	98	46
锡林浩特市	1449	825	624	8	7	1	463	303	160
阿巴嘎旗	123	103	20				34	29	5
苏尼特左旗	138	108	30				26	18	8
苏尼特右旗	99	60	39	3	2	1	39	30	9
东乌珠穆沁旗	151	83	68	1	1		44	29	15
西乌珠穆沁旗	710	493	217	4	3	1	126	105	21
太仆寺旗	101	62	39	1		1	84	72	12
镶黄旗	35	26	9				31	20	11
正镶白旗	57	42	15				18	11	7
正蓝旗	110	61	49	1	1		39	24	15
多伦县	434	231	203	1	1		68	42	26
乌拉盖管委会	139	95	44				11	7	4
阿拉善盟	**1059**	**765**	**294**	**9**	**4**	**5**	**1305**	**958**	**347**
阿拉善左旗	234	148	86	8	4	4	409	286	123
阿拉善右旗	23	15	8				143	121	22
额济纳旗	632	503	129	1		1	156	93	63
内蒙古阿拉善经济开发区	170	99	71				597	458	139

7-3 续表 12

单位：人

现住地	户口登记地								
	浙江			安徽			福建		
	小计	男	女	小计	男	女	小计	男	女
内蒙古	**18841**	**11600**	**7241**	**37658**	**23745**	**13913**	**19195**	**12820**	**6375**
呼和浩特市	**4167**	**2482**	**1685**	**8247**	**4944**	**3303**	**4402**	**2773**	**1629**
新城区	1285	760	525	2116	1303	813	1292	822	470
回民区	988	591	397	1206	681	525	601	372	229
玉泉区	644	371	273	1766	1011	755	1148	685	463
赛罕区	753	452	301	2326	1446	880	908	556	352
土默特左旗	128	76	52	176	98	78	54	43	11
托克托县	50	28	22	132	106	26	67	55	12
和林格尔县	53	33	20	196	111	85	157	124	33
清水河县	55	39	16	27	19	8	9	9	
武川县	37	23	14	42	26	16	19	13	6
呼和浩特经济技术开发区	174	109	65	260	143	117	147	94	53
包头市	**3311**	**1981**	**1330**	**6214**	**3681**	**2533**	**3975**	**2591**	**1384**
东河区	1033	601	432	925	506	419	980	598	382
昆都仑区	859	514	345	2045	1252	793	1072	703	369
青山区	756	444	312	1594	942	652	781	479	302
石拐区	16	10	6	21	15	6	267	211	56
白云鄂博矿区	13	8	5	6	3	3	16	13	3
九原区	272	175	97	670	393	277	320	206	114
土默特右旗	92	56	36	77	49	28	141	115	26
固阳县	75	57	18	68	52	16	49	41	8
达尔罕茂明安联合旗	19	9	10	20	15	5	61	52	9
包头稀土高新技术产业开发区	176	107	69	788	454	334	288	173	115
乌海市	**883**	**586**	**297**	**1996**	**1155**	**841**	**757**	**576**	**181**
海勃湾区	501	321	180	971	556	415	456	348	108
海南区	154	109	45	290	180	110	199	159	40
乌达区	228	156	72	735	419	316	102	69	33
赤峰市	**1665**	**1068**	**597**	**1991**	**1229**	**762**	**1289**	**870**	**419**
红山区	532	350	182	734	455	279	538	339	199
元宝山区	86	53	33	108	77	31	42	30	12
松山区	376	236	140	578	355	223	245	162	83
阿鲁科尔沁旗	55	31	24	30	18	12	26	17	9
巴林左旗	105	69	36	73	51	22	35	26	9
巴林右旗	45	27	18	51	36	15	37	20	17
林西县	84	52	32	57	37	20	76	61	15
克什克腾旗	95	68	27	34	26	8	17	12	5
翁牛特旗	36	22	14	33	17	16	46	34	12
喀喇沁旗	72	45	27	123	68	55	34	21	13
宁城县	94	61	33	114	63	51	62	40	22
敖汉旗	85	54	31	56	26	30	131	108	23

7-3 续表 13

单位：人

现住地	户口登记地								
	浙江			安徽			福建		
	小计	男	女	小计	男	女	小计	男	女
通辽市	**1321**	**813**	**508**	**1406**	**829**	**577**	**651**	**439**	**212**
科尔沁区	477	290	187	602	343	259	346	223	123
科尔沁左翼中旗	78	41	37	80	43	37	36	22	14
科尔沁左翼后旗	70	43	27	48	27	21	18	14	4
开鲁县	149	88	61	76	41	35	14	10	4
库伦旗	120	89	31	35	22	13	15	12	3
奈曼旗	93	53	40	122	65	57	39	29	10
扎鲁特旗	109	61	48	51	28	23	21	19	2
通辽经济技术开发区	122	82	40	184	127	57	125	87	38
霍林郭勒市	103	66	37	208	133	75	37	23	14
鄂尔多斯市	**2086**	**1321**	**765**	**9211**	**6741**	**2470**	**2558**	**1968**	**590**
东胜区	943	569	374	2965	2152	813	1121	782	339
康巴什区	72	49	23	304	180	124	44	31	13
达拉特旗	165	113	52	362	262	100	162	121	41
准格尔旗	336	226	110	1876	1611	265	717	610	107
鄂托克前旗	57	38	19	406	280	126	37	30	7
鄂托克旗	134	89	45	580	364	216	188	170	18
杭锦旗	53	36	17	238	146	92	31	18	13
乌审旗	111	77	34	1099	732	367	112	93	19
伊金霍洛旗	215	124	91	1381	1014	367	146	113	33
呼伦贝尔市	**1113**	**646**	**467**	**1353**	**821**	**532**	**2614**	**1508**	**1106**
海拉尔区	264	158	106	373	213	160	250	153	97
扎赉诺尔区	29	14	15	66	38	28	26	18	8
阿荣旗	37	19	18	61	36	25	40	25	15
莫力达瓦达斡尔族自治旗	26	15	11	68	38	30	24	15	9
鄂伦春自治旗	37	22	15	83	43	40	10	7	3
鄂温克族自治旗	42	21	21	84	54	30	5	4	1
陈巴尔虎旗	8	5	3	15	10	5	16	13	3
新巴尔虎左旗	8	5	3	4	2	2	4	3	1
新巴尔虎右旗	22	19	3	23	12	11	12	10	2
满洲里市	361	193	168	302	189	113	2105	1186	919
牙克石市	100	52	48	97	63	34	39	20	19
扎兰屯市	50	30	20	113	75	38	49	30	19
额尔古纳市	39	25	14	41	30	11	16	11	5
根河市	90	68	22	23	18	5	18	13	5
巴彦淖尔市	**1116**	**729**	**387**	**3029**	**1771**	**1258**	**657**	**514**	**143**
临河区	502	299	203	1266	734	532	226	143	83
五原县	87	46	41	569	319	250	11	11	
磴口县	47	29	18	181	101	80	9	6	3
乌拉特前旗	111	74	37	460	272	188	161	144	17
乌拉特中旗	107	85	22	161	105	56	132	111	21
乌拉特后旗	218	171	47	140	98	42	95	83	12
杭锦后旗	44	25	19	252	142	110	23	16	7

7-3 续表 14 单位：人

现住地	户口登记地								
	浙江			安徽			福建		
	小计	男	女	小计	男	女	小计	男	女
乌兰察布市	**1122**	**683**	**439**	**1245**	**783**	**462**	**623**	**429**	**194**
集宁区	516	288	228	626	406	220	275	171	104
卓资县	66	47	19	76	37	39	24	17	7
化德县	40	24	16	35	19	16	18	13	5
商都县	70	43	27	50	24	26	36	28	8
兴和县	58	35	23	67	37	30	38	32	6
凉城县	44	25	19	16	5	11	32	26	6
察哈尔右翼前旗	68	53	15	100	63	37	54	43	11
察哈尔右翼中旗	39	25	14	24	16	8	12	10	2
察哈尔右翼后旗	47	29	18	124	96	28	14	9	5
四子王旗	71	47	24	47	26	21	45	32	13
丰镇市	103	67	36	80	54	26	75	48	27
兴安盟	**454**	**276**	**178**	**582**	**375**	**207**	**338**	**205**	**133**
乌兰浩特市	224	131	93	279	177	102	223	133	90
阿尔山市	8	2	6	8	7	1	10	7	3
科尔沁右翼前旗	68	48	20	73	50	23	31	22	9
科尔沁右翼中旗	66	38	28	38	27	11	25	12	13
扎赉特旗	59	38	21	95	51	44	24	16	8
突泉县	29	19	10	89	63	26	25	15	10
锡林郭勒盟	**1183**	**711**	**472**	**889**	**584**	**305**	**774**	**524**	**250**
二连浩特市	475	267	208	124	71	53	253	151	102
锡林浩特市	337	213	124	391	256	135	215	120	95
阿巴嘎旗	24	15	9	17	12	5	4	3	1
苏尼特左旗	14	8	6	64	57	7	43	39	4
苏尼特右旗	36	21	15	25	15	10	7	7	
东乌珠穆沁旗	57	41	16	30	19	11	10	9	1
西乌珠穆沁旗	67	43	24	42	29	13	33	23	10
太仆寺旗	37	17	20	55	34	21	3	1	2
镶黄旗	21	15	6	15	13	2	154	138	16
正镶白旗	16	8	8	20	16	4	4	4	
正蓝旗	23	17	6	19	13	6	21	12	9
多伦县	70	43	27	85	48	37	21	13	8
乌拉盖管委会	6	3	3	2	1	1	6	4	2
阿拉善盟	**420**	**304**	**116**	**1495**	**832**	**663**	**557**	**423**	**134**
阿拉善左旗	273	196	77	1067	588	479	477	359	118
阿拉善右旗	28	18	10	22	16	6	23	17	6
额济纳旗	72	54	18	306	160	146	20	13	7
内蒙古阿拉善经济开发区	47	36	11	100	68	32	37	34	3

7-3 续表 15 单位：人

现住地	户口登记地								
	江西			山东			河南		
	小计	男	女	小计	男	女	小计	男	女
内蒙古	**11576**	**6791**	**4785**	**78751**	**55091**	**23660**	**116981**	**77745**	**39236**
呼和浩特市	**3574**	**2057**	**1517**	**13490**	**8310**	**5180**	**23801**	**15019**	**8782**
新城区	989	587	402	3606	2244	1362	7456	4809	2647
回民区	802	442	360	1886	1089	797	4137	2473	1664
玉泉区	760	418	342	2162	1212	950	4050	2397	1653
赛罕区	525	315	210	3119	1893	1226	4747	2941	1806
土默特左旗	115	72	43	488	316	172	682	419	263
托克托县	25	18	7	347	283	64	823	699	124
和林格尔县	249	144	105	278	170	108	568	344	224
清水河县	14	7	7	99	77	22	165	120	45
武川县	25	12	13	61	43	18	153	113	40
呼和浩特经济技术开发区	70	42	28	1444	983	461	1020	704	316
包头市	**1865**	**1135**	**730**	**9156**	**5601**	**3555**	**24520**	**15178**	**9342**
东河区	287	156	131	1462	885	577	5546	3486	2060
昆都仑区	699	463	236	3231	1977	1254	6946	4102	2844
青山区	431	243	188	1933	1116	817	4994	3049	1945
石拐区	15	9	6	146	109	37	474	376	98
白云鄂博矿区	12	7	5	75	59	16	188	125	63
九原区	198	131	67	1024	647	377	2798	1735	1063
土默特右旗	42	24	18	244	166	78	416	298	118
固阳县	21	11	10	93	64	29	420	309	111
达尔罕茂明安联合旗	7	3	4	41	28	13	138	113	25
包头稀土高新技术产业开发区	153	88	65	907	550	357	2600	1585	1015
乌海市	**283**	**174**	**109**	**3251**	**2355**	**896**	**9014**	**5748**	**3266**
海勃湾区	158	99	59	1361	908	453	4242	2580	1662
海南区	73	39	34	1301	1028	273	2375	1539	836
乌达区	52	36	16	589	419	170	2397	1629	768
赤峰市	**799**	**452**	**347**	**4158**	**2497**	**1661**	**5652**	**3661**	**1991**
红山区	345	197	148	1154	711	443	1769	1135	634
元宝山区	45	27	18	292	200	92	625	437	188
松山区	143	79	64	982	587	395	1181	733	448
阿鲁科尔沁旗	28	14	14	139	75	64	246	145	101
巴林左旗	27	18	9	251	150	101	342	206	136
巴林右旗	16	10	6	111	64	47	96	58	38
林西县	32	15	17	197	112	85	201	140	61
克什克腾旗	23	17	6	269	202	67	427	359	68
翁牛特旗	16	7	9	165	80	85	164	100	64
喀喇沁旗	22	12	10	142	78	64	212	132	80
宁城县	86	47	39	290	154	136	228	134	94
敖汉旗	16	9	7	166	84	82	161	82	79

7-3 续表 16 单位：人

现住地	户口登记地								
	江西			山东			河南		
	小计	男	女	小计	男	女	小计	男	女
通辽市	**506**	**286**	**220**	**3844**	**2338**	**1506**	**3468**	**2279**	**1189**
科尔沁区	299	169	130	1801	1066	735	1086	668	418
科尔沁左翼中旗	24	15	9	139	69	70	149	83	66
科尔沁左翼后旗	15	7	8	120	76	44	121	73	48
开鲁县	35	20	15	398	244	154	445	304	141
库伦旗	23	13	10	63	36	27	367	233	134
奈曼旗	30	11	19	226	145	81	235	138	97
扎鲁特旗	11	5	6	155	97	58	129	96	33
通辽经济技术开发区	32	22	10	466	286	180	373	252	121
霍林郭勒市	37	24	13	476	319	157	563	432	131
鄂尔多斯市	**1195**	**750**	**445**	**28497**	**23331**	**5166**	**27023**	**20226**	**6797**
东胜区	482	284	198	3729	2709	1020	7787	5232	2555
康巴什区	98	62	36	787	501	286	1241	839	402
达拉特旗	83	54	29	1564	1133	431	2384	1794	590
准格尔旗	143	93	50	3766	3200	566	4587	3713	874
鄂托克前旗	19	10	9	8574	7092	1482	837	638	199
鄂托克旗	49	32	17	1042	856	186	1812	1245	567
杭锦旗	41	27	14	209	175	34	917	737	180
乌审旗	121	93	28	3068	2705	363	2630	2211	419
伊金霍洛旗	159	95	64	5758	4960	798	4828	3817	1011
呼伦贝尔市	**753**	**419**	**334**	**6136**	**3666**	**2470**	**3214**	**1992**	**1222**
海拉尔区	260	148	112	1704	978	726	1052	652	400
扎赉诺尔区	12	7	5	175	84	91	76	49	27
阿荣旗	5	3	2	506	322	184	260	189	71
莫力达瓦达斡尔族自治旗	11	6	5	319	177	142	125	71	54
鄂伦春自治旗	47	22	25	372	196	176	100	54	46
鄂温克族自治旗	28	13	15	278	160	118	158	93	65
陈巴尔虎旗	22	13	9	97	60	37	56	47	9
新巴尔虎左旗	16	11	5	44	31	13	29	22	7
新巴尔虎右旗	19	12	7	164	142	22	64	56	8
满洲里市	227	128	99	799	463	336	780	446	334
牙克石市	39	21	18	418	234	184	168	104	64
扎兰屯市	29	15	14	953	646	307	150	76	74
额尔古纳市	17	8	9	161	97	64	110	64	46
根河市	21	12	9	146	76	70	86	69	17
巴彦淖尔市	**380**	**221**	**159**	**2670**	**1787**	**883**	**6438**	**4142**	**2296**
临河区	220	122	98	1322	833	489	3141	1884	1257
五原县	22	14	8	270	163	107	602	357	245
磴口县	19	11	8	91	59	32	311	184	127
乌拉特前旗	36	20	16	296	211	85	900	612	288
乌拉特中旗	26	14	12	410	330	80	669	534	135
乌拉特后旗	39	31	8	150	115	35	461	355	106
杭锦后旗	18	9	9	131	76	55	354	216	138

7－3　续表 17

单位：人

现住地	户口登记地								
	江西			山东			河南		
	小计	男	女	小计	男	女	小计	男	女
乌兰察布市	**526**	**301**	**225**	**2187**	**1464**	**723**	**4287**	**3009**	**1278**
集宁区	228	124	104	1023	638	385	2266	1579	687
卓资县	29	15	14	217	193	24	106	83	23
化德县	30	18	12	58	37	21	148	106	42
商都县	42	27	15	124	87	37	161	112	49
兴和县	25	15	10	115	77	38	148	92	56
凉城县	13	6	7	41	23	18	87	69	18
察哈尔右翼前旗	37	24	13	251	180	71	639	477	162
察哈尔右翼中旗	32	19	13	64	42	22	104	66	38
察哈尔右翼后旗	27	15	12	76	49	27	154	101	53
四子王旗	34	23	11	86	53	33	136	88	48
丰镇市	29	15	14	132	85	47	338	236	102
兴安盟	**282**	**156**	**126**	**1348**	**916**	**432**	**1459**	**966**	**493**
乌兰浩特市	119	71	48	490	318	172	634	411	223
阿尔山市	4	2	2	82	58	24	71	59	12
科尔沁右翼前旗	17	7	10	202	136	66	283	185	98
科尔沁右翼中旗	60	31	29	220	178	42	152	114	38
扎赉特旗	53	29	24	175	103	72	143	78	65
突泉县	29	16	13	179	123	56	176	119	57
锡林郭勒盟	**1090**	**616**	**474**	**2568**	**1833**	**735**	**4325**	**3019**	**1306**
二连浩特市	579	302	277	221	139	82	283	180	103
锡林浩特市	183	110	73	906	559	347	1936	1213	723
阿巴嘎旗	19	12	7	59	52	7	203	177	26
苏尼特左旗	20	10	10	32	30	2	242	221	21
苏尼特右旗	18	9	9	103	89	14	142	107	35
东乌珠穆沁旗	33	21	12	158	117	41	205	159	46
西乌珠穆沁旗	48	33	15	417	376	41	491	400	91
太仆寺旗	26	16	10	97	60	37	156	102	54
镶黄旗	63	50	13	80	73	7	90	77	13
正镶白旗	27	15	12	51	40	11	95	81	14
正蓝旗	21	13	8	84	55	29	117	82	35
多伦县	41	20	21	225	127	98	325	196	129
乌拉盖管委会	12	5	7	135	116	19	40	24	16
阿拉善盟	**323**	**224**	**99**	**1446**	**993**	**453**	**3780**	**2506**	**1274**
阿拉善左旗	270	196	74	726	525	201	2126	1374	752
阿拉善右旗	7	5	2	83	75	8	224	153	71
额济纳旗	37	18	19	476	264	212	614	363	251
内蒙古阿拉善经济开发区	9	5	4	161	129	32	816	616	200

7-3 续表 18

单位：人

现住地	户口登记地								
	湖北			湖南			广东		
	小计	男	女	小计	男	女	小计	男	女
内蒙古	**21522**	**13624**	**7898**	**11026**	**6902**	**4124**	**7211**	**3928**	**3283**
呼和浩特市	**4824**	**2949**	**1875**	**2632**	**1532**	**1100**	**2226**	**1294**	**932**
新城区	1092	669	423	678	401	277	693	405	288
回民区	803	478	325	516	284	232	254	144	110
玉泉区	930	540	390	286	167	119	317	172	145
赛罕区	1371	870	501	814	487	327	708	433	275
土默特左旗	127	63	64	71	43	28	43	23	20
托克托县	168	129	39	28	18	10	25	18	7
和林格尔县	125	77	48	106	48	58	83	36	47
清水河县	22	16	6	8	8		2	2	
武川县	41	24	17	12	9	3	15	10	5
呼和浩特经济技术开发区	145	83	62	113	67	46	86	51	35
包头市	**3596**	**2154**	**1442**	**2000**	**1243**	**757**	**1245**	**686**	**559**
东河区	650	377	273	359	215	144	207	111	96
昆都仑区	1151	671	480	679	412	267	492	302	190
青山区	758	425	333	408	243	165	310	158	152
石拐区	30	20	10	22	16	6	22	9	13
白云鄂博矿区	65	51	14	11	5	6	13	8	5
九原区	396	255	141	234	174	60	69	37	32
土默特右旗	45	26	19	38	24	14	20	8	12
固阳县	77	54	23	65	54	11	4	1	3
达尔罕茂明安联合旗	36	29	7	11	6	5	6	3	3
包头稀土高新技术产业开发区	388	246	142	173	94	79	102	49	53
乌海市	**1128**	**745**	**383**	**320**	**187**	**133**	**335**	**158**	**177**
海勃湾区	587	357	230	142	83	59	132	67	65
海南区	244	187	57	70	41	29	83	36	47
乌达区	297	201	96	108	63	45	120	55	65
赤峰市	**1413**	**889**	**524**	**722**	**430**	**292**	**749**	**373**	**376**
红山区	419	265	154	176	101	75	142	83	59
元宝山区	90	68	22	69	39	30	80	43	37
松山区	371	226	145	164	91	73	190	95	95
阿鲁科尔沁旗	38	15	23	22	12	10	88	47	41
巴林左旗	58	41	17	58	45	13	87	39	48
巴林右旗	45	28	17	12	5	7	22	12	10
林西县	24	15	9	34	23	11	16	8	8
克什克腾旗	117	81	36	75	53	22	20	7	13
翁牛特旗	68	46	22	8	3	5	13	5	8
喀喇沁旗	67	40	27	31	18	13	28	11	17
宁城县	76	43	33	45	25	20	44	18	26
敖汉旗	40	21	19	28	15	13	19	5	14

7-3 续表 19

单位：人

现住地	户口登记地								
	湖北			湖南			广东		
	小计	男	女	小计	男	女	小计	男	女
通辽市	**724**	**435**	**289**	**529**	**289**	**240**	**667**	**334**	**333**
科尔沁区	321	194	127	194	91	103	158	84	74
科尔沁左翼中旗	30	15	15	45	21	24	25	10	15
科尔沁左翼后旗	25	15	10	17	11	6	34	15	19
开鲁县	33	18	15	39	21	18	60	32	28
库伦旗	33	24	9	14	7	7	176	92	84
奈曼旗	26	12	14	70	46	24	120	56	64
扎鲁特旗	41	20	21	17	10	7	25	8	17
通辽经济技术开发区	120	80	40	49	28	21	51	30	21
霍林郭勒市	95	57	38	84	54	30	18	7	11
鄂尔多斯市	**4043**	**2745**	**1298**	**1941**	**1366**	**575**	**662**	**417**	**245**
东胜区	1281	782	499	614	408	206	227	142	85
康巴什区	241	150	91	146	103	43	67	41	26
达拉特旗	285	195	90	124	83	41	45	30	15
准格尔旗	586	419	167	208	170	38	122	86	36
鄂托克前旗	65	42	23	52	40	12	45	28	17
鄂托克旗	271	201	70	69	48	21	67	37	30
杭锦旗	103	61	42	47	39	8	21	12	9
乌审旗	429	336	93	320	222	98	30	17	13
伊金霍洛旗	782	559	223	361	253	108	38	24	14
呼伦贝尔市	**909**	**556**	**353**	**470**	**258**	**212**	**413**	**190**	**223**
海拉尔区	397	231	166	229	123	106	158	77	81
扎赉诺尔区	9	3	6	7	3	4	10	5	5
阿荣旗	47	28	19	9	3	6	20	7	13
莫力达瓦达斡尔族自治旗	14	6	8	6	3	3	19	11	8
鄂伦春自治旗	21	8	13	14	7	7	26	10	16
鄂温克族自治旗	30	19	11	35	15	20	25	14	11
陈巴尔虎旗	14	11	3	3	2	1	13	6	7
新巴尔虎左旗	14	11	3	7	5	2	4	1	3
新巴尔虎右旗	44	37	7	22	15	7	1		1
满洲里市	131	72	59	62	37	25	44	21	23
牙克石市	44	23	21	28	11	17	36	12	24
扎兰屯市	69	41	28	24	14	10	37	19	18
额尔古纳市	13	10	3	6	4	2	9	4	5
根河市	62	56	6	18	16	2	11	3	8
巴彦淖尔市	**1353**	**915**	**438**	**492**	**324**	**168**	**240**	**128**	**112**
临河区	672	421	251	166	93	73	133	70	63
五原县	129	82	47	31	13	18	31	16	15
磴口县	41	27	14	10	6	4	6	5	1
乌拉特前旗	207	162	45	83	61	22	28	18	10
乌拉特中旗	61	39	22	40	28	12	18	11	7
乌拉特后旗	176	143	33	115	97	18	9	2	7
杭锦后旗	67	41	26	47	26	21	15	6	9

7－3 续表 20 单位：人

现住地	户口登记地								
	湖北			湖南			广东		
	小计	男	女	小计	男	女	小计	男	女
乌兰察布市	**1622**	**1014**	**608**	**627**	**449**	**178**	**245**	**129**	**116**
集宁区	762	487	275	200	126	74	147	73	74
卓资县	53	31	22	1		1	9	7	2
化德县	74	48	26	260	228	32	4	1	3
商都县	54	25	29	19	9	10	7	3	4
兴和县	48	30	18	6	4	2	5		5
凉城县	80	57	23	8		8	6	3	3
察哈尔右翼前旗	186	121	65	55	31	24	27	19	8
察哈尔右翼中旗	63	35	28	8	6	2	10	6	4
察哈尔右翼后旗	45	23	22	9	5	4	13	8	5
四子王旗	80	46	34	17	11	6	7	4	3
丰镇市	177	111	66	44	29	15	10	5	5
兴安盟	**368**	**237**	**131**	**215**	**130**	**85**	**218**	**103**	**115**
乌兰浩特市	175	111	64	79	39	40	119	57	62
阿尔山市	18	10	8	6	5	1	4	3	1
科尔沁右翼前旗	33	16	17	21	12	9	36	12	24
科尔沁右翼中旗	31	21	10	52	36	16	11	9	2
扎赉特旗	37	17	20	14	5	9	27	12	15
突泉县	74	62	12	43	33	10	21	10	11
锡林郭勒盟	**803**	**496**	**307**	**639**	**406**	**233**	**142**	**77**	**65**
二连浩特市	74	37	37	170	93	77	22	11	11
锡林浩特市	357	219	138	229	145	84	66	34	32
阿巴嘎旗	51	44	7	14	8	6	3	3	
苏尼特左旗	12	7	5	8	4	4	5	5	
苏尼特右旗	86	57	29	13	7	6	6	4	2
东乌珠穆沁旗	20	13	7	17	12	5	2	1	1
西乌珠穆沁旗	43	26	17	44	28	16	7	3	4
太仆寺旗	39	25	14	15	13	2	3	2	1
镶黄旗	11	8	3	47	40	7	2	1	1
正镶白旗	10	6	4	12	9	3	3	2	1
正蓝旗	16	8	8	10	5	5	3	3	
多伦县	75	41	34	57	40	17	18	7	11
乌拉盖管委会	9	5	4	3	2	1	2	1	1
阿拉善盟	**739**	**489**	**250**	**439**	**288**	**151**	**69**	**39**	**30**
阿拉善左旗	402	254	148	233	157	76	38	25	13
阿拉善右旗	17	13	4	27	17	10	5	3	2
额济纳旗	172	91	81	101	52	49	20	7	13
内蒙古阿拉善经济开发区	148	131	17	78	62	16	6	4	2

7-3　续表 21

单位：人

现住地	户口登记地								
	广　西			海　南			重　庆		
	小计	男	女	小计	男	女	小计	男	女
内蒙古	**3592**	**1838**	**1754**	**2101**	**1023**	**1078**	**12054**	**7538**	**4516**
呼和浩特市	**1067**	**546**	**521**	**682**	**337**	**345**	**2909**	**1793**	**1116**
新城区	271	138	133	185	102	83	876	584	292
回民区	140	76	64	50	20	30	402	236	166
玉泉区	171	87	84	61	25	36	498	266	232
赛罕区	222	127	95	268	131	137	567	361	206
土默特左旗	75	42	33	21	15	6	105	52	53
托克托县	29	16	13	3	2	1	55	33	22
和林格尔县	119	39	80	51	19	32	191	113	78
清水河县	4	2	2	1		1	25	18	7
武川县	7	4	3	1		1	21	11	10
呼和浩特经济技术开发区	29	15	14	41	23	18	169	119	50
包头市	**716**	**382**	**334**	**387**	**229**	**158**	**2058**	**1280**	**778**
东河区	150	69	81	36	12	24	440	290	150
昆都仑区	259	164	95	233	162	71	654	391	263
青山区	185	85	100	58	26	32	427	237	190
石拐区	6	5	1				44	31	13
白云鄂博矿区	9	6	3	3	1	2	19	8	11
九原区	60	29	31	21	11	10	230	159	71
土默特右旗	13	6	7	5	3	2	32	19	13
固阳县	5	1	4	1	1		32	19	13
达尔罕茂明安联合旗	2	2		2		2	18	15	3
包头稀土高新技术产业开发区	27	15	12	28	13	15	162	111	51
乌海市	**86**	**34**	**52**	**60**	**22**	**38**	**974**	**550**	**424**
海勃湾区	34	13	21	46	16	30	329	189	140
海南区	24	12	12	5	1	4	375	204	171
乌达区	28	9	19	9	5	4	270	157	113
赤峰市	**306**	**133**	**173**	**200**	**95**	**105**	**565**	**336**	**229**
红山区	75	37	38	46	24	22	155	88	67
元宝山区	29	10	19	15	7	8	39	20	19
松山区	76	33	43	89	41	48	141	88	53
阿鲁科尔沁旗	6	4	2	2	2		22	12	10
巴林左旗	15	7	8	10	4	6	30	16	14
巴林右旗	2		2	3	1	2	10	7	3
林西县	16	9	7	2		2	18	13	5
克什克腾旗	20	14	6	4	2	2	28	23	5
翁牛特旗	8	2	6	5	2	3	18	13	5
喀喇沁旗	12	3	9	6	4	2	31	16	15
宁城县	29	6	23	9	5	4	45	26	19
敖汉旗	18	8	10	9	3	6	28	14	14

7-3 续表 22

单位：人

现住地	户口登记地								
	广西			海南			重庆		
	小计	男	女	小计	男	女	小计	男	女
通辽市	**215**	**106**	**109**	**120**	**61**	**59**	**415**	**240**	**175**
科尔沁区	84	34	50	62	33	29	188	115	73
科尔沁左翼中旗	5		5	5	1	4	10	4	6
科尔沁左翼后旗	8	5	3				16	10	6
开鲁县	12	6	6	3	2	1	46	24	22
库伦旗	6	3	3	6	3	3	29	18	11
奈曼旗	6	1	5	8	4	4	26	7	19
扎鲁特旗	9	4	5	3	2	1	19	12	7
通辽经济技术开发区	21	6	15	22	9	13	50	33	17
霍林郭勒市	64	47	17	11	7	4	31	17	14
鄂尔多斯市	**358**	**233**	**125**	**165**	**78**	**87**	**2065**	**1410**	**655**
东胜区	79	39	40	72	32	40	546	333	213
康巴什区	68	48	20	34	18	16	157	112	45
达拉特旗	35	20	15	8	4	4	238	163	75
准格尔旗	31	26	5	21	10	11	295	200	95
鄂托克前旗	8	8		3	1	2	57	36	21
鄂托克旗	32	17	15	9	5	4	101	66	35
杭锦旗	8	6	2				55	43	12
乌审旗	15	9	6	5	3	2	277	220	57
伊金霍洛旗	82	60	22	13	5	8	339	237	102
呼伦贝尔市	**205**	**92**	**113**	**227**	**88**	**139**	**461**	**271**	**190**
海拉尔区	90	39	51	72	20	52	147	84	63
扎赉诺尔区	2	1	1	5	4	1	20	7	13
阿荣旗	11	2	9	3		3	19	12	7
莫力达瓦达斡尔族自治旗	12	5	7	3	2	1	21	12	9
鄂伦春自治旗	13	5	8	9	3	6	40	18	22
鄂温克族自治旗	10	5	5	28	18	10	15	10	5
陈巴尔虎旗	9	4	5	1		1	2	2	
新巴尔虎左旗	1	1		1		1	3	1	2
新巴尔虎右旗	6	6		1	1		4	3	1
满洲里市	12	7	5	13	6	7	73	43	30
牙克石市	15	7	8	54	17	37	36	20	16
扎兰屯市	15	4	11	25	12	13	14	6	8
额尔古纳市	6	4	2	6	3	3	10	5	5
根河市	3	2	1	6	2	4	57	48	9
巴彦淖尔市	**161**	**78**	**83**	**90**	**38**	**52**	**802**	**475**	**327**
临河区	94	42	52	62	29	33	275	178	97
五原县	7	3	4	6	2	4	57	28	29
磴口县	5	1	4	4	1	3	69	35	34
乌拉特前旗	20	8	12	7	2	5	243	131	112
乌拉特中旗	6	4	2	2	2		80	51	29
乌拉特后旗	26	19	7				43	32	11
杭锦后旗	3	1	2	9	2	7	35	20	15

7-3　续表 23　　　　单位：人

现住地	户口登记地								
	广西			海南			重庆		
	小计	男	女	小计	男	女	小计	男	女
乌兰察布市	**230**	**111**	**119**	**55**	**24**	**31**	**639**	**404**	**235**
集宁区	120	40	80	33	12	21	335	221	114
卓资县	11	6	5	3		3	27	18	9
化德县	9	4	5	1	1		24	12	12
商都县	22	16	6	3	3		21	11	10
兴和县	8	4	4				15	7	8
凉城县	6	1	5				25	12	13
察哈尔右翼前旗	12	7	5	3	1	2	76	51	25
察哈尔右翼中旗	2	1	1	2	1	1	11	6	5
察哈尔右翼后旗	3	2	1	2	1	1	19	10	9
四子王旗	30	25	5				36	20	16
丰镇市	7	5	2	8	5	3	50	36	14
兴安盟	**56**	**13**	**43**	**65**	**30**	**35**	**196**	**125**	**71**
乌兰浩特市	30	7	23	31	15	16	66	36	30
阿尔山市	5	2	3	2	1	1	9	5	4
科尔沁右翼前旗	3	1	2	19	7	12	61	45	16
科尔沁右翼中旗	4	1	3	1	1		19	14	5
扎赉特旗	8	1	7	6	4	2	18	7	11
突泉县	6	1	5	6	2	4	23	18	5
锡林郭勒盟	**141**	**82**	**59**	**26**	**10**	**16**	**424**	**294**	**130**
二连浩特市	9	5	4	3	1	2	26	15	11
锡林浩特市	47	13	34	13	7	6	166	105	61
阿巴嘎旗	2	1	1	1		1	3	3	
苏尼特左旗	1	1					8	6	2
苏尼特右旗	19	15	4				20	15	5
东乌珠穆沁旗	11	8	3	1		1	19	16	3
西乌珠穆沁旗	27	25	2	1		1	14	12	2
太仆寺旗	6	4	2	2	1	1	14	9	5
镶黄旗	2	1	1				56	48	8
正镶白旗	2	2		1		1	15	12	3
正蓝旗	1	1					10	4	6
多伦县	13	6	7	2		2	68	48	20
乌拉盖管委会	1		1	2	1	1	5	1	4
阿拉善盟	**51**	**28**	**23**	**24**	**11**	**13**	**546**	**360**	**186**
阿拉善左旗	43	22	21	20	8	12	295	201	94
阿拉善右旗	2	2		1	1		56	42	14
额济纳旗	3	2	1	1		1	59	31	28
内蒙古阿拉善经济开发区	3	2	1	2	2		136	86	50

7-3 续表 24

单位：人

现住地	户口登记地								
	四川			贵州			云南		
	小计	男	女	小计	男	女	小计	男	女
内蒙古	**50071**	**32171**	**17900**	**78846**	**41324**	**37522**	**7328**	**3979**	**3349**
呼和浩特市	**14650**	**9081**	**5569**	**10749**	**5717**	**5032**	**1923**	**916**	**1007**
新城区	4565	3000	1565	2223	1217	1006	395	248	147
回民区	1993	1193	800	1184	621	563	262	114	148
玉泉区	2477	1476	1001	1618	796	822	350	173	177
赛罕区	3117	1968	1149	3169	1712	1457	382	200	182
土默特左旗	436	217	219	809	410	399	99	39	60
托克托县	443	262	181	178	92	86	82	31	51
和林格尔县	698	401	297	533	283	250	155	60	95
清水河县	175	87	88	48	25	23	9	3	6
武川县	158	81	77	280	138	142	114	12	102
呼和浩特经济技术开发区	588	396	192	707	423	284	75	36	39
包头市	**8986**	**5659**	**3327**	**7878**	**4249**	**3629**	**1349**	**775**	**574**
东河区	1917	1281	636	898	523	375	159	84	75
昆都仑区	1956	1091	865	1925	1042	883	444	275	169
青山区	1972	1226	746	2187	1123	1064	256	133	123
石拐区	193	133	60	193	110	83	41	30	11
白云鄂博矿区	74	37	37	96	56	40	4		4
九原区	1199	837	362	645	351	294	217	145	72
土默特右旗	300	187	113	380	206	174	41	17	24
固阳县	101	59	42	516	255	261	13	5	8
达尔罕茂明安联合旗	61	23	38	453	248	205	33	1	32
包头稀土高新技术产业开发区	1213	785	428	585	335	250	141	85	56
乌海市	**2507**	**1523**	**984**	**1835**	**978**	**857**	**311**	**174**	**137**
海勃湾区	1146	698	448	1254	672	582	160	97	63
海南区	583	371	212	354	197	157	76	44	32
乌达区	778	454	324	227	109	118	75	33	42
赤峰市	**2055**	**1231**	**824**	**6376**	**3259**	**3117**	**359**	**152**	**207**
红山区	407	241	166	1027	540	487	79	31	48
元宝山区	164	98	66	342	169	173	59	37	22
松山区	431	267	164	1003	509	494	59	21	38
阿鲁科尔沁旗	122	74	48	152	90	62	11	5	6
巴林左旗	151	88	63	162	76	86	17	11	6
巴林右旗	64	40	24	152	86	66	2	2	
林西县	73	41	32	789	398	391	6	2	4
克什克腾旗	104	75	29	474	238	236	10	7	3
翁牛特旗	30	14	16	300	144	156	20	8	12
喀喇沁旗	97	60	37	537	278	259	19	3	16
宁城县	365	219	146	1243	637	606	63	23	40
敖汉旗	47	14	33	195	94	101	14	2	12

7-3　续表 25　　　　单位：人

现住地	户口登记地								
	四川			贵州			云南		
	小计	男	女	小计	男	女	小计	男	女
通辽市	**1309**	**761**	**548**	**10164**	**5161**	**5003**	**250**	**97**	**153**
科尔沁区	376	239	137	4009	2027	1982	154	63	91
科尔沁左翼中旗	45	18	27	781	361	420	8	2	6
科尔沁左翼后旗	60	32	28	1294	628	666	10	3	7
开鲁县	191	103	88	938	478	460	18	4	14
库伦旗	190	97	93	475	253	222	8	4	4
奈曼旗	113	58	55	460	236	224	16	3	13
扎鲁特旗	74	39	35	429	227	202	7	2	5
通辽经济技术开发区	187	123	64	1305	688	617	14	7	7
霍林郭勒市	73	52	21	473	263	210	15	9	6
鄂尔多斯市	**8473**	**6027**	**2446**	**5327**	**3073**	**2254**	**1068**	**755**	**313**
东胜区	2492	1631	861	1119	641	478	266	156	110
康巴什区	767	576	191	395	262	133	42	29	13
达拉特旗	785	552	233	630	357	273	75	42	33
准格尔旗	1002	716	286	853	521	332	204	154	50
鄂托克前旗	383	279	104	445	241	204	46	31	15
鄂托克旗	408	267	141	566	309	257	86	53	33
杭锦旗	182	131	51	231	119	112	23	15	8
乌审旗	1245	961	284	401	222	179	78	64	14
伊金霍洛旗	1209	914	295	687	401	286	248	211	37
呼伦贝尔市	**1017**	**594**	**423**	**17075**	**8652**	**8423**	**383**	**225**	**158**
海拉尔区	302	158	144	1958	978	980	164	88	76
扎赉诺尔区	31	17	14	455	231	224	5		5
阿荣旗	122	88	34	1342	656	686	19	5	14
莫力达瓦达斡尔族自治旗	37	15	22	1742	892	850	4	2	2
鄂伦春自治旗	68	39	29	2499	1288	1211	18	8	10
鄂温克族自治旗	39	15	24	1343	689	654	5	2	3
陈巴尔虎旗	32	25	7	487	226	261	19	17	2
新巴尔虎左旗	10	7	3	512	256	256	2	1	1
新巴尔虎右旗	48	40	8	286	136	150	40	37	3
满洲里市	116	59	57	1046	533	513	26	14	12
牙克石市	58	36	22	2388	1188	1200	18	11	7
扎兰屯市	73	41	32	2299	1202	1097	26	9	17
额尔古纳市	46	36	10	544	276	268	3	2	1
根河市	35	18	17	174	101	73	34	29	5
巴彦淖尔市	**3444**	**2251**	**1193**	**3653**	**1964**	**1689**	**360**	**197**	**163**
临河区	1831	1218	613	1219	636	583	102	49	53
五原县	353	195	158	255	140	115	25	3	22
磴口县	97	41	56	166	93	73	10	5	5
乌拉特前旗	482	309	173	365	213	152	81	50	31
乌拉特中旗	254	192	62	511	275	236	41	21	20
乌拉特后旗	291	232	59	274	160	114	89	65	24
杭锦后旗	136	64	72	863	447	416	12	4	8

7-3 续表 26

单位：人

现住地	户口登记地								
	四川			贵州			云南		
	小计	男	女	小计	男	女	小计	男	女
乌兰察布市	**3942**	**2541**	**1401**	**4303**	**2259**	**2044**	**757**	**353**	**404**
集宁区	1894	1360	534	1304	707	597	212	116	96
卓资县	104	60	44	112	64	48	15	1	14
化德县	118	65	53	132	77	55	68	37	31
商都县	77	36	41	96	44	52	126	74	52
兴和县	124	55	69	122	59	63	104	46	58
凉城县	112	34	78	956	479	477	18	2	16
察哈尔右翼前旗	797	602	195	658	346	312	62	29	33
察哈尔右翼中旗	66	28	38	98	47	51	17	4	13
察哈尔右翼后旗	96	38	58	84	43	41	15	1	14
四子王旗	82	25	57	246	130	116	39	5	34
丰镇市	472	238	234	495	263	232	81	38	43
兴安盟	**797**	**565**	**232**	**6325**	**3257**	**3068**	**136**	**65**	**71**
乌兰浩特市	254	166	88	2071	1050	1021	39	18	21
阿尔山市	17	11	6	169	83	86	4	3	1
科尔沁右翼前旗	167	118	49	816	414	402	37	16	21
科尔沁右翼中旗	54	36	18	743	390	353	16	9	7
扎赉特旗	67	36	31	1088	559	529	14	4	10
突泉县	238	198	40	1438	761	677	26	15	11
锡林郭勒盟	**1441**	**1012**	**429**	**4326**	**2251**	**2075**	**293**	**192**	**101**
二连浩特市	138	76	62	64	34	30	8	3	5
锡林浩特市	585	388	197	1607	842	765	114	67	47
阿巴嘎旗	63	54	9	234	124	110	16	13	3
苏尼特左旗	111	95	16	74	35	39	15	14	1
苏尼特右旗	58	40	18	134	79	55	5	2	3
东乌珠穆沁旗	41	27	14	357	189	168	14	8	6
西乌珠穆沁旗	55	39	16	967	483	484	12	9	3
太仆寺旗	67	39	28	124	57	67	18	8	10
镶黄旗	63	56	7	108	85	23	18	15	3
正镶白旗	59	53	6	120	62	58	22	18	4
正蓝旗	38	32	6	341	154	187	14	11	3
多伦县	152	105	47	131	70	61	37	24	13
乌拉盖管委会	11	8	3	65	37	28			
阿拉善盟	**1450**	**926**	**524**	**835**	**504**	**331**	**139**	**78**	**61**
阿拉善左旗	884	574	310	455	281	174	94	53	41
阿拉善右旗	87	68	19	66	42	24	6	3	3
额济纳旗	357	204	153	215	123	92	23	12	11
内蒙古阿拉善经济开发区	122	80	42	99	58	41	16	10	6

7-3　续表 27

单位：人

现住地	户口登记地								
	西藏			陕西			甘肃		
	小计	男	女	小计	男	女	小计	男	女
内蒙古	**288**	**161**	**127**	**166992**	**99215**	**67777**	**154466**	**95269**	**59197**
呼和浩特市	**97**	**61**	**36**	**9110**	**5443**	**3667**	**12606**	**7615**	**4991**
新城区	38	22	16	2644	1709	935	3601	2335	1266
回民区	9	6	3	1311	738	573	1916	1073	843
玉泉区	8	5	3	1411	755	656	2054	1180	874
赛罕区	38	26	12	2107	1238	869	2375	1409	966
土默特左旗	2		2	298	162	136	635	356	279
托克托县				302	217	85	306	212	94
和林格尔县	1	1		340	181	159	646	389	257
清水河县				82	60	22	95	69	26
武川县				109	69	40	154	75	79
呼和浩特经济技术开发区	1	1		506	314	192	824	517	307
包头市	**48**	**25**	**23**	**10977**	**6332**	**4645**	**17660**	**11038**	**6622**
东河区	3	1	2	2277	1279	998	4051	2565	1486
昆都仑区	29	17	12	2873	1609	1264	3444	1915	1529
青山区	6	2	4	2106	1161	945	3465	2186	1279
石拐区				117	78	39	473	335	138
白云鄂博矿区				81	58	23	144	95	49
九原区	4	3	1	1752	1041	711	2119	1367	752
土默特右旗	2	1	1	365	192	173	328	202	126
固阳县	2	1	1	361	267	94	205	130	75
达尔罕茂明安联合旗				168	132	36	159	106	53
包头稀土高新技术产业开发区	2		2	877	515	362	3272	2137	1135
乌海市	**5**	**2**	**3**	**13840**	**7923**	**5917**	**27291**	**17365**	**9926**
海勃湾区	5	2	3	7684	4283	3401	15176	9483	5693
海南区				4635	2682	1953	6741	4341	2400
乌达区				1521	958	563	5374	3541	1833
赤峰市	**22**	**15**	**7**	**1355**	**865**	**490**	**1291**	**815**	**476**
红山区	2	1	1	345	219	126	276	169	107
元宝山区	1	1		89	63	26	72	52	20
松山区	5	2	3	319	191	128	242	144	98
阿鲁科尔沁旗	3	3		39	23	16	92	67	25
巴林左旗				102	68	34	103	68	35
巴林右旗	2	1	1	63	43	20	84	52	32
林西县				34	21	13	64	47	17
克什克腾旗	3	1	2	102	78	24	149	120	29
翁牛特旗	4	4		32	20	12	41	21	20
喀喇沁旗				77	52	25	48	20	28
宁城县				107	58	49	76	34	42
敖汉旗	2	2		46	29	17	44	21	23

7-3 续表 28

单位：人

现住地	户口登记地								
	西藏			陕西			甘肃		
	小计	男	女	小计	男	女	小计	男	女
通辽市	**8**	**4**	**4**	**713**	**412**	**301**	**694**	**438**	**256**
科尔沁区	8	4	4	300	165	135	219	143	76
科尔沁左翼中旗				47	25	22	50	30	20
科尔沁左翼后旗				32	20	12	25	12	13
开鲁县				56	39	17	75	46	29
库伦旗				29	13	16	38	27	11
奈曼旗				38	15	23	52	31	21
扎鲁特旗				35	18	17	56	36	20
通辽经济技术开发区				113	73	40	50	32	18
霍林郭勒市				63	44	19	129	81	48
鄂尔多斯市	**27**	**12**	**15**	**117468**	**69215**	**48253**	**36695**	**24236**	**12459**
东胜区	8	3	5	31339	17321	14018	5483	3526	1957
康巴什区				4990	2721	2269	1349	871	478
达拉特旗	3	2	1	4501	2555	1946	2136	1417	719
准格尔旗	1	1		9848	6401	3447	2431	1783	648
鄂托克前旗	1	1		6715	3826	2889	1672	1185	487
鄂托克旗	6	1	5	12163	6868	5295	14891	9154	5737
杭锦旗	2	1	1	1531	995	536	1321	843	478
乌审旗	3	1	2	29732	18090	11642	3979	3029	950
伊金霍洛旗	3	2	1	16649	10438	6211	3433	2428	1005
呼伦贝尔市	**21**	**15**	**6**	**784**	**536**	**248**	**1044**	**771**	**273**
海拉尔区	3	2	1	164	92	72	188	114	74
扎赉诺尔区				21	11	10	13	7	6
阿荣旗	1	1		29	16	13	31	18	13
莫力达瓦达斡尔族自治旗				34	25	9	15	11	4
鄂伦春自治旗	1	1		23	14	9	21	11	10
鄂温克族自治旗	4	3	1	46	30	16	32	19	13
陈巴尔虎旗				26	24	2	14	9	5
新巴尔虎左旗				13	9	4	16	12	4
新巴尔虎右旗				64	60	4	452	411	41
满洲里市	5	3	2	72	41	31	93	60	33
牙克石市	2	1	1	53	29	24	40	23	17
扎兰屯市	5	4	1	88	55	33	42	21	21
额尔古纳市				41	40	1	52	29	23
根河市				110	90	20	35	26	9
巴彦淖尔市	**22**	**7**	**15**	**5764**	**3767**	**1997**	**18365**	**10596**	**7769**
临河区	15	6	9	1918	1096	822	10338	5876	4462
五原县	1		1	394	204	190	1529	825	704
磴口县				413	234	179	1505	805	700
乌拉特前旗				1148	796	352	1606	969	637
乌拉特中旗	1		1	368	281	87	753	511	242
乌拉特后旗				1118	962	156	1384	950	434
杭锦后旗	5	1	4	405	194	211	1250	660	590

7-3　续表 29　　　　单位：人

现住地	户口登记地								
	西藏			陕西			甘肃		
	小计	男	女	小计	男	女	小计	男	女
乌兰察布市	**16**	**6**	**10**	**1666**	**1056**	**610**	**2116**	**1286**	**830**
集宁区	4	2	2	703	454	249	920	595	325
卓资县	5	1	4	44	26	18	138	88	50
化德县	1		1	76	47	29	69	46	23
商都县	1		1	157	94	63	92	48	44
兴和县				66	30	36	76	36	40
凉城县	1	1		69	36	33	78	30	48
察哈尔右翼前旗	1	1		244	174	70	332	234	98
察哈尔右翼中旗				92	71	21	75	44	31
察哈尔右翼后旗	1		1	57	32	25	55	31	24
四子王旗	2	1	1	74	46	28	165	75	90
丰镇市				84	46	38	116	59	57
兴安盟	**7**	**4**	**3**	**592**	**470**	**122**	**351**	**250**	**101**
乌兰浩特市	1		1	168	110	58	107	76	31
阿尔山市				15	11	4	14	10	4
科尔沁右翼前旗	1		1	125	103	22	81	57	24
科尔沁右翼中旗	3	2	1	36	25	11	29	19	10
扎赉特旗				132	120	12	47	29	18
突泉县	2	2		116	101	15	73	59	14
锡林郭勒盟	**5**	**4**	**1**	**1462**	**1060**	**402**	**1150**	**780**	**370**
二连浩特市				97	59	38	173	104	69
锡林浩特市	2	2		519	322	197	394	246	148
阿巴嘎旗				47	38	9	101	88	13
苏尼特左旗	1	1		99	97	2	80	62	18
苏尼特右旗				195	163	32	104	74	30
东乌珠穆沁旗				64	46	18	26	11	15
西乌珠穆沁旗				111	87	24	89	69	20
太仆寺旗	1	1		40	22	18	24	11	13
镶黄旗				89	76	13	28	25	3
正镶白旗				48	42	6	21	20	1
正蓝旗				62	51	11	49	34	15
多伦县				84	52	32	59	34	25
乌拉盖管委会	1		1	7	5	2	2	2	
阿拉善盟	**10**	**6**	**4**	**3261**	**2136**	**1125**	**35203**	**20079**	**15124**
阿拉善左旗	7	4	3	2044	1332	712	16325	9380	6945
阿拉善右旗				116	100	16	3052	1832	1220
额济纳旗	1	1		596	361	235	6611	3647	2964
内蒙古阿拉善经济开发区	2	1	1	505	343	162	9215	5220	3995

7-3 续表 30 单位：人

现住地	户口登记地								
	青海			宁夏			新疆		
	小计	男	女	小计	男	女	小计	男	女
内蒙古	**7937**	**4046**	**3891**	**40721**	**25223**	**15498**	**4054**	**2200**	**1854**
呼和浩特市	**1260**	**560**	**700**	**2253**	**1224**	**1029**	**1141**	**561**	**580**
新城区	238	122	116	491	259	232	330	175	155
回民区	162	75	87	466	262	204	191	81	110
玉泉区	173	89	84	343	194	149	166	75	91
赛罕区	319	142	177	393	212	181	297	146	151
土默特左旗	99	26	73	130	59	71	36	14	22
托克托县	32	13	19	102	56	46	9	5	4
和林格尔县	109	37	72	108	42	66	50	25	25
清水河县	17	10	7	23	20	3	3	2	1
武川县	38	17	21	31	23	8	4	3	1
呼和浩特经济技术开发区	73	29	44	166	97	69	55	35	20
包头市	**952**	**518**	**434**	**2426**	**1352**	**1074**	**595**	**321**	**274**
东河区	211	105	106	437	217	220	104	60	44
昆都仑区	267	140	127	577	294	283	223	117	106
青山区	145	73	72	595	364	231	157	86	71
石拐区	29	19	10	69	53	16	3	2	1
白云鄂博矿区	13	8	5	31	15	16	5	3	2
九原区	108	73	35	288	187	101	49	26	23
土默特右旗	39	20	19	151	58	93	12	6	6
固阳县	37	20	17	57	31	26	5	1	4
达尔罕茂明安联合旗	10	6	4	20	12	8	5	3	2
包头稀土高新技术产业开发区	93	54	39	201	121	80	32	17	15
乌海市	**521**	**274**	**247**	**9436**	**5890**	**3546**	**243**	**134**	**109**
海勃湾区	220	108	112	3097	1835	1262	147	76	71
海南区	125	78	47	3370	2093	1277	44	28	16
乌达区	176	88	88	2969	1962	1007	52	30	22
赤峰市	**975**	**519**	**456**	**229**	**138**	**91**	**198**	**105**	**93**
红山区	280	137	143	66	33	33	71	39	32
元宝山区	66	33	33	43	35	8	5	2	3
松山区	206	118	88	40	25	15	45	27	18
阿鲁科尔沁旗	34	22	12	5	3	2	7	2	5
巴林左旗	44	20	24	18	16	2	17	9	8
巴林右旗	23	14	9	10	5	5	11	6	5
林西县	35	17	18	3	1	2	6	1	5
克什克腾旗	62	40	22	15	8	7	6	2	4
翁牛特旗	38	18	20	3	1	2	7	2	5
喀喇沁旗	62	32	30	7	3	4	3	1	2
宁城县	78	44	34	12	6	6	13	10	3
敖汉旗	47	24	23	7	2	5	7	4	3

7-3　续表 31　　　　单位：人

现住地	户口登记地								
	青海			宁夏			新疆		
	小计	男	女	小计	男	女	小计	男	女
通辽市	**255**	**122**	**133**	**190**	**133**	**57**	**147**	**71**	**76**
科尔沁区	119	53	66	44	23	21	51	24	27
科尔沁左翼中旗	13	7	6	15	10	5	19	13	6
科尔沁左翼后旗	11	7	4	4	1	3	7	2	5
开鲁县	10	6	4	77	72	5	12	8	4
库伦旗	7	3	4	3	1	2	8	4	4
奈曼旗	29	14	15	5	2	3	12	5	7
扎鲁特旗	20	9	11	5	3	2	6	2	4
通辽经济技术开发区	27	9	18	16	8	8	18	8	10
霍林郭勒市	19	14	5	21	13	8	14	5	9
鄂尔多斯市	**1541**	**907**	**634**	**10776**	**7195**	**3581**	**682**	**446**	**236**
东胜区	369	218	151	1220	787	433	200	114	86
康巴什区	62	32	30	159	94	65	26	11	15
达拉特旗	104	66	38	201	140	61	30	20	10
准格尔旗	220	126	94	384	280	104	59	34	25
鄂托克前旗	55	34	21	2171	1290	881	47	26	21
鄂托克旗	228	134	94	4733	3206	1527	63	35	28
杭锦旗	18	12	6	246	147	99	34	20	14
乌审旗	174	107	67	1103	849	254	175	153	22
伊金霍洛旗	311	178	133	559	402	157	48	33	15
呼伦贝尔市	**95**	**55**	**40**	**105**	**49**	**56**	**114**	**66**	**48**
海拉尔区	44	20	24	32	12	20	22	12	10
扎赉诺尔区	3		3	4	2	2	2		2
阿荣旗	7	3	4	3	3		7	5	2
莫力达瓦达斡尔族自治旗	5	3	2	6	3	3	10	8	2
鄂伦春自治旗	1	1		7	5	2	11	5	6
鄂温克族自治旗	10	9	1	11	6	5	7	3	4
陈巴尔虎旗				2	1	1	5	2	3
新巴尔虎左旗	1	1		3		3	2	1	1
新巴尔虎右旗	2	2		1	1		3	2	1
满洲里市	12	10	2	13	9	4	18	9	9
牙克石市	2		2	6		6	11	9	2
扎兰屯市	1		1	12	4	8	9	6	3
额尔古纳市	3	2	1	5	3	2	5	3	2
根河市	4	4					2	1	1
巴彦淖尔市	**522**	**283**	**239**	**3588**	**2006**	**1582**	**199**	**104**	**95**
临河区	227	107	120	1812	1015	797	95	49	46
五原县	57	28	29	361	204	157	18	5	13
磴口县	19	12	7	522	254	268	14	8	6
乌拉特前旗	54	32	22	353	216	137	24	15	9
乌拉特中旗	40	22	18	120	81	39	19	12	7
乌拉特后旗	94	68	26	133	94	39	12	5	7
杭锦后旗	31	14	17	287	142	145	17	10	7

7-3 续表 32

单位：人

现住地	户口登记地								
	青海			宁夏			新疆		
	小计	男	女	小计	男	女	小计	男	女
乌兰察布市	**924**	**323**	**601**	**503**	**280**	**223**	**142**	**52**	**90**
集宁区	133	62	71	196	88	108	87	30	57
卓资县	529	135	394	86	52	34	11	6	5
化德县	38	24	14	50	34	16	7	4	3
商都县	46	25	21	17	12	5	9	1	8
兴和县	33	16	17	16	8	8	5	2	3
凉城县	18	3	15	9	2	7	4	1	3
察哈尔右翼前旗	23	12	11	63	43	20	10	4	6
察哈尔右翼中旗	7	2	5	14	8	6	2	1	1
察哈尔右翼后旗	21	11	10	8	3	5	3	1	2
四子王旗	53	24	29	33	22	11	2	1	1
丰镇市	23	9	14	11	8	3	2	1	1
兴安盟	**131**	**69**	**62**	**102**	**76**	**26**	**51**	**27**	**24**
乌兰浩特市	53	26	27	31	19	12	18	11	7
阿尔山市				2	2				
科尔沁右翼前旗	34	18	16	26	24	2	7	4	3
科尔沁右翼中旗	15	10	5	4	3	1	6		6
扎赉特旗	16	8	8	9	4	5	11	4	7
突泉县	13	7	6	30	24	6	9	8	1
锡林郭勒盟	**353**	**203**	**150**	**340**	**254**	**86**	**179**	**109**	**70**
二连浩特市	20	8	12	23	14	9	29	18	11
锡林浩特市	111	68	43	106	80	26	78	51	27
阿巴嘎旗	4	3	1	24	21	3	9	6	3
苏尼特左旗	12	6	6	33	29	4	7	6	1
苏尼特右旗	29	15	14	20	12	8	2		2
东乌珠穆沁旗	17	11	6	11	6	5	9	4	5
西乌珠穆沁旗	20	10	10	57	48	9	8	5	3
太仆寺旗	18	9	9	18	15	3	14	3	11
镶黄旗	12	8	4	9	7	2	3	3	
正镶白旗	33	23	10	2	2		6	6	
正蓝旗	31	14	17	19	11	8	4	2	2
多伦县	37	23	14	15	7	8	9	5	4
乌拉盖管委会	9	5	4	3	2	1	1		1
阿拉善盟	**408**	**213**	**195**	**10773**	**6626**	**4147**	**363**	**204**	**159**
阿拉善左旗	134	59	75	8356	5056	3300	146	90	56
阿拉善右旗	27	15	12	111	76	35	111	62	49
额济纳旗	118	70	48	316	214	102	80	38	42
内蒙古阿拉善经济开发区	129	69	60	1990	1280	710	26	14	12

7-3a　全区按现住地、性别分的户口登记地在外省的人口(城市)

单位：人

现住地	户口登记地					
	合计			北京		
	合计	男	女	小计	男	女
内蒙古	**844424**	**477955**	**366469**	**7270**	**4020**	**3250**
呼和浩特市	**183419**	**104084**	**79335**	**3037**	**1715**	**1322**
新城区	59452	35470	23982	997	565	432
回民区	37321	20754	16567	367	206	161
玉泉区	40238	21599	18639	313	171	142
赛罕区	46408	26261	20147	1360	773	587
包头市	**175903**	**99972**	**75931**	**1414**	**772**	**642**
东河区	41545	24109	17436	182	93	89
昆都仑区	66625	37268	29357	548	304	244
青山区	45768	25674	20094	536	293	243
石拐区	1525	966	559	2		2
白云鄂博矿区	2059	1325	734	13	6	7
九原区	18381	10630	7751	133	76	57
乌海市	**81102**	**48227**	**32875**	**188**	**108**	**80**
海勃湾区	42568	24812	17756	131	75	56
海南区	18065	10454	7611	14	10	4
乌达区	20469	12961	7508	43	23	20
赤峰市	**47800**	**26358**	**21442**	**657**	**364**	**293**
红山区	24339	13874	10465	256	141	115
元宝山区	8876	4710	4166	68	37	31
松山区	14585	7774	6811	333	186	147
通辽市	**36876**	**20574**	**16302**	**231**	**124**	**107**
科尔沁区	22851	12609	10242	206	110	96
霍林郭勒市	14025	7965	6060	25	14	11
鄂尔多斯市	**121221**	**69706**	**51515**	**478**	**278**	**200**
东胜区	104176	59642	44534	295	177	118
康巴什区	16975	10026	6949	183	101	82
鄂托克旗	70	38	32			
呼伦贝尔市	**90324**	**48395**	**41929**	**356**	**181**	**175**
海拉尔区	31827	17260	14567	180	93	87
扎赉诺尔区	5208	2625	2583	16	6	10
满洲里市	36650	19683	16967	48	28	20
牙克石市	5982	3041	2941	48	24	24
扎兰屯市	6774	3760	3014	51	22	29
额尔古纳市	2807	1484	1323	2	1	1
根河市	1076	542	534	11	7	4
巴彦淖尔市	**21366**	**12424**	**8942**	**193**	**109**	**84**
临河区	21366	12424	8942	193	109	84
乌兰察布市	**29551**	**16566**	**12985**	**363**	**190**	**173**
集宁区	24938	14336	10602	325	172	153
丰镇市	4613	2230	2383	38	18	20
兴安盟	**20370**	**11123**	**9247**	**103**	**59**	**44**
乌兰浩特市	19500	10617	8883	88	50	38
阿尔山市	870	506	364	15	9	6
锡林郭勒盟	**36492**	**20526**	**15966**	**250**	**120**	**130**
二连浩特市	7339	4128	3211	26	16	10
锡林浩特市	29153	16398	12755	224	104	120

7-3a 续表 1

单位：人

现住地	户口登记地								
	天津			河北			山西		
	小计	男	女	小计	男	女	小计	男	女
内蒙古	**7724**	**4164**	**3560**	**121082**	**67577**	**53505**	**123993**	**66809**	**57184**
呼和浩特市	**3022**	**1644**	**1378**	**29531**	**16229**	**13302**	**31529**	**16858**	**14671**
新城区	909	499	410	8999	5104	3895	8132	4487	3645
回民区	305	163	142	7189	3952	3237	6667	3498	3169
玉泉区	284	152	132	7013	3765	3248	9840	5155	4685
赛罕区	1524	830	694	6330	3408	2922	6890	3718	3172
包头市	**1562**	**843**	**719**	**34835**	**19294**	**15541**	**37106**	**19870**	**17236**
东河区	242	120	122	8433	4755	3678	8855	4811	4044
昆都仑区	690	377	313	13904	7587	6317	14275	7577	6698
青山区	480	267	213	7592	4165	3427	8929	4694	4235
石拐区	9	4	5	142	86	56	428	253	175
白云鄂博矿区	9	8	1	547	359	188	379	248	131
九原区	132	67	65	4217	2342	1875	4240	2287	1953
乌海市	**265**	**137**	**128**	**6668**	**3856**	**2812**	**5654**	**3272**	**2382**
海勃湾区	192	92	100	3675	2081	1594	2834	1584	1250
海南区	34	23	11	1262	743	519	1726	988	738
乌达区	39	22	17	1731	1032	699	1094	700	394
赤峰市	**704**	**373**	**331**	**8551**	**4695**	**3856**	**838**	**467**	**371**
红山区	315	182	133	4590	2547	2043	427	250	177
元宝山区	72	43	29	826	477	349	82	43	39
松山区	317	148	169	3135	1671	1464	329	174	155
通辽市	**314**	**170**	**144**	**2020**	**1119**	**901**	**561**	**331**	**230**
科尔沁区	264	139	125	1334	731	603	353	179	174
霍林郭勒市	50	31	19	686	388	298	208	152	56
鄂尔多斯市	**350**	**177**	**173**	**8177**	**4861**	**3316**	**35052**	**19139**	**15913**
东胜区	258	136	122	7025	4159	2866	32511	17800	14711
康巴什区	92	41	51	1147	698	449	2537	1337	1200
鄂托克旗				5	4	1	4	2	2
呼伦贝尔市	**488**	**267**	**221**	**4142**	**2249**	**1893**	**823**	**467**	**356**
海拉尔区	181	94	87	1986	1132	854	372	229	143
扎赉诺尔区	22	10	12	259	126	133	13	6	7
满洲里市	80	38	42	1082	603	479	348	182	166
牙克石市	57	33	24	313	150	163	26	15	11
扎兰屯市	122	81	41	291	138	153	38	17	21
额尔古纳市	13	9	4	97	51	46	10	7	3
根河市	13	2	11	114	49	65	16	11	5
巴彦淖尔市	**188**	**102**	**86**	**2755**	**1574**	**1181**	**1404**	**768**	**636**
临河区	188	102	86	2755	1574	1181	1404	768	636
乌兰察布市	**281**	**145**	**136**	**5617**	**3170**	**2447**	**8452**	**4204**	**4248**
集宁区	243	125	118	5261	2990	2271	5596	2849	2747
丰镇市	38	20	18	356	180	176	2856	1355	1501
兴安盟	**185**	**98**	**87**	**1055**	**639**	**416**	**157**	**86**	**71**
乌兰浩特市	171	90	81	1010	611	399	144	78	66
阿尔山市	14	8	6	45	28	17	13	8	5
锡林郭勒盟	**365**	**208**	**157**	**17731**	**9891**	**7840**	**2417**	**1347**	**1070**
二连浩特市	71	48	23	2883	1657	1226	753	424	329
锡林浩特市	294	160	134	14848	8234	6614	1664	923	741

7-3a　续表 2

单位：人

现住地	户口登记地								
	内蒙古			辽宁			吉林		
	小计	男	女	小计	男	女	小计	男	女
内蒙古				**52227**	**28313**	**23914**	**46983**	**25162**	**21821**
呼和浩特市				**6862**	**3698**	**3164**	**6461**	**3432**	**3029**
新城区				2331	1322	1009	2219	1250	969
回民区				1120	579	541	1074	579	495
玉泉区				1388	702	686	1260	612	648
赛罕区				2023	1095	928	1908	991	917
包头市				**6710**	**3625**	**3085**	**4220**	**2252**	**1968**
东河区				1035	564	471	752	413	339
昆都仑区				3143	1672	1471	1780	979	801
青山区				1945	1027	918	1202	591	611
石拐区				28	15	13	34	16	18
白云鄂博矿区				64	43	21	55	32	23
九原区				495	304	191	397	221	176
乌海市				**1320**	**767**	**553**	**1372**	**746**	**626**
海勃湾区				722	411	311	592	318	274
海南区				245	135	110	345	198	147
乌达区				353	221	132	435	230	205
赤峰市				**15912**	**8300**	**7612**	**2637**	**1420**	**1217**
红山区				6829	3722	3107	1368	759	609
元宝山区				5277	2646	2631	355	195	160
松山区				3806	1932	1874	914	466	448
通辽市				**8326**	**4637**	**3689**	**9709**	**5272**	**4437**
科尔沁区				5464	2984	2480	4453	2458	1995
霍林郭勒市				2862	1653	1209	5256	2814	2442
鄂尔多斯市				**2309**	**1258**	**1051**	**2207**	**1223**	**984**
东胜区				1794	985	809	1785	991	794
康巴什区				513	272	241	422	232	190
鄂托克旗				2	1	1			
呼伦贝尔市				**5542**	**3056**	**2486**	**8461**	**4496**	**3965**
海拉尔区				2201	1212	989	3592	1937	1655
扎赉诺尔区				275	159	116	484	248	236
满洲里市				1915	1049	866	2867	1513	1354
牙克石市				388	218	170	622	323	299
扎兰屯市				472	255	217	528	282	246
额尔古纳市				157	88	69	268	148	120
根河市				134	75	59	100	45	55
巴彦淖尔市				**404**	**214**	**190**	**356**	**180**	**176**
临河区				404	214	190	356	180	176
乌兰察布市				**871**	**489**	**382**	**830**	**455**	**375**
集宁区				795	451	344	647	348	299
丰镇市				76	38	38	183	107	76
兴安盟				**1984**	**1128**	**856**	**9214**	**4867**	**4347**
乌兰浩特市				1907	1086	821	8897	4688	4209
阿尔山市				77	42	35	317	179	138
锡林郭勒盟				**1987**	**1141**	**846**	**1516**	**819**	**697**
二连浩特市				267	143	124	218	113	105
锡林浩特市				1720	998	722	1298	706	592

7-3a 续表 3

单位：人

现住地	户口登记地								
	黑龙江			上海			江苏		
	小计	男	女	小计	男	女	小计	男	女
内蒙古	**81511**	**42393**	**39118**	**926**	**541**	**385**	**19022**	**12758**	**6264**
呼和浩特市	**7939**	**4004**	**3935**	**356**	**187**	**169**	**6197**	**4167**	**2030**
新城区	2380	1272	1108	127	63	64	3149	2104	1045
回民区	1427	737	690	42	25	17	852	575	277
玉泉区	1580	733	847	48	29	19	786	538	248
赛罕区	2552	1262	1290	139	70	69	1410	950	460
包头市	**5653**	**2900**	**2753**	**223**	**123**	**100**	**4463**	**2906**	**1557**
东河区	915	479	436	45	24	21	1301	816	485
昆都仑区	2617	1332	1285	98	52	46	1320	876	444
青山区	1567	809	758	75	45	30	1430	944	486
石拐区	30	17	13				67	49	18
白云鄂博矿区	64	33	31				50	30	20
九原区	460	230	230	5	2	3	295	191	104
乌海市	**2027**	**1047**	**980**	**36**	**29**	**7**	**1436**	**966**	**470**
海勃湾区	943	488	455	28	21	7	617	431	186
海南区	603	315	288	1	1		236	157	79
乌达区	481	244	237	7	7		583	378	205
赤峰市	**3661**	**1909**	**1752**	**88**	**58**	**30**	**1208**	**815**	**393**
红山区	1864	994	870	46	32	14	693	493	200
元宝山区	570	294	276	3	2	1	163	99	64
松山区	1227	621	606	39	24	15	352	223	129
通辽市	**4218**	**2203**	**2015**	**27**	**21**	**6**	**596**	**415**	**181**
科尔沁区	1855	996	859	19	17	2	452	309	143
霍林郭勒市	2363	1207	1156	8	4	4	144	106	38
鄂尔多斯市	**3309**	**1771**	**1538**	**46**	**28**	**18**	**1836**	**1276**	**560**
东胜区	2611	1392	1219	41	26	15	1506	1042	464
康巴什区	698	379	319	5	2	3	329	234	95
鄂托克旗							1		1
呼伦贝尔市	**49108**	**25652**	**23456**	**66**	**36**	**30**	**1460**	**1008**	**452**
海拉尔区	14839	7758	7081	31	14	17	743	539	204
扎赉诺尔区	3229	1604	1625	2	1	1	30	19	11
满洲里市	23561	12439	11122	10	6	4	512	341	171
牙克石市	2460	1244	1216	11	7	4	52	33	19
扎兰屯市	3043	1595	1448	12	8	4	68	45	23
额尔古纳市	1574	803	771				43	28	15
根河市	402	209	193				12	3	9
巴彦淖尔市	**353**	**175**	**178**	**19**	**14**	**5**	**379**	**247**	**132**
临河区	353	175	178	19	14	5	379	247	132
乌兰察布市	**878**	**436**	**442**	**43**	**33**	**10**	**615**	**402**	**213**
集宁区	794	388	406	26	17	9	546	352	194
丰镇市	84	48	36	17	16	1	69	50	19
兴安盟	**2751**	**1448**	**1303**	**15**	**6**	**9**	**278**	**199**	**79**
乌兰浩特市	2649	1395	1254	13	6	7	257	186	71
阿尔山市	102	53	49	2		2	21	13	8
锡林郭勒盟	**1614**	**848**	**766**	**7**	**6**	**1**	**554**	**357**	**197**
二连浩特市	359	181	178	1	1		129	84	45
锡林浩特市	1255	667	588	6	5	1	425	273	152

7-3a　续表 4　　　　单位：人

现住地	户口登记地								
	浙江			安徽			福建		
	小计	男	女	小计	男	女	小计	男	女
内蒙古	**12052**	**7144**	**4908**	**19927**	**11980**	**7947**	**12947**	**7972**	**4975**
呼和浩特市	**3327**	**1959**	**1368**	**6080**	**3644**	**2436**	**3676**	**2264**	**1412**
新城区	1226	726	500	1868	1142	726	1209	773	436
回民区	815	476	339	1159	659	500	533	327	206
玉泉区	593	338	255	1408	804	604	1085	642	443
赛罕区	693	419	274	1645	1039	606	849	522	327
包头市	**2768**	**1626**	**1142**	**4762**	**2813**	**1949**	**2987**	**1859**	**1128**
东河区	988	571	417	875	478	397	911	550	361
昆都仑区	826	494	332	1929	1182	747	962	602	360
青山区	732	425	307	1518	898	620	765	465	300
石拐区	12	7	5	15	11	4	95	78	17
白云鄂博矿区	13	8	5	6	3	3	16	13	3
九原区	197	121	76	419	241	178	238	151	87
乌海市	**796**	**517**	**279**	**1845**	**1055**	**790**	**521**	**360**	**161**
海勃湾区	469	296	173	904	514	390	296	204	92
海南区	103	68	35	211	126	85	123	87	36
乌达区	224	153	71	730	415	315	102	69	33
赤峰市	**846**	**528**	**318**	**1081**	**661**	**420**	**729**	**463**	**266**
红山区	517	340	177	632	385	247	496	312	184
元宝山区	71	41	30	64	41	23	33	23	10
松山区	258	147	111	385	235	150	200	128	72
通辽市	**520**	**318**	**202**	**770**	**448**	**322**	**350**	**223**	**127**
科尔沁区	420	254	166	566	317	249	313	200	113
霍林郭勒市	100	64	36	204	131	73	37	23	14
鄂尔多斯市	**981**	**591**	**390**	**2290**	**1481**	**809**	**1046**	**708**	**338**
东胜区	909	542	367	1980	1298	682	1001	676	325
康巴什区	72	49	23	304	180	124	44	31	13
鄂托克旗				6	3	3	1	1	
呼伦贝尔市	**799**	**442**	**357**	**905**	**545**	**360**	**2452**	**1394**	**1058**
海拉尔区	260	154	106	370	211	159	249	152	97
扎赉诺尔区	29	14	15	61	34	27	23	16	7
满洲里市	361	193	168	299	187	112	2100	1184	916
牙克石市	84	44	40	56	32	24	35	18	17
扎兰屯市	36	23	13	82	54	28	35	19	16
额尔古纳市	18	9	9	29	21	8	4	2	2
根河市	11	5	6	8	6	2	6	3	3
巴彦淖尔市	**441**	**253**	**188**	**870**	**504**	**366**	**202**	**125**	**77**
临河区	441	253	188	870	504	366	202	125	77
乌兰察布市	**554**	**312**	**242**	**578**	**359**	**219**	**308**	**185**	**123**
集宁区	499	280	219	546	346	200	263	161	102
丰镇市	55	32	23	32	13	19	45	24	21
兴安盟	**218**	**124**	**94**	**260**	**168**	**92**	**217**	**127**	**90**
乌兰浩特市	213	123	90	254	162	92	215	126	89
阿尔山市	5	1	4	6	6		2	1	1
锡林郭勒盟	**802**	**474**	**328**	**486**	**302**	**184**	**459**	**264**	**195**
二连浩特市	466	261	205	120	69	51	245	145	100
锡林浩特市	336	213	123	366	233	133	214	119	95

7-3a 续表 5

单位：人

现住地	户口登记地								
	江西			山东			河南		
	小计	男	女	小计	男	女	小计	男	女
内蒙古	**7726**	**4418**	**3308**	**33328**	**20302**	**13026**	**62531**	**38703**	**23828**
呼和浩特市	**2813**	**1594**	**1219**	**9544**	**5663**	**3881**	**16382**	**9994**	**6388**
新城区	903	530	373	3197	1991	1206	5922	3730	2192
回民区	751	412	339	1810	1041	769	3930	2341	1589
玉泉区	697	376	321	1922	1061	861	3211	1883	1328
赛罕区	462	276	186	2615	1570	1045	3319	2040	1279
包头市	**1474**	**883**	**591**	**7024**	**4245**	**2779**	**18022**	**10974**	**7048**
东河区	254	135	119	1284	786	498	4854	3053	1801
昆都仑区	691	456	235	3130	1913	1217	6519	3832	2687
青山区	389	211	178	1862	1075	787	4574	2788	1786
石拐区	7	2	5	27	15	12	152	120	32
白云鄂博矿区	12	7	5	75	59	16	188	125	63
九原区	121	72	49	646	397	249	1735	1056	679
乌海市	**267**	**162**	**105**	**2433**	**1635**	**798**	**7494**	**4648**	**2846**
海勃湾区	146	90	56	1206	788	418	3641	2139	1502
海南区	70	37	33	707	492	215	1520	925	595
乌达区	51	35	16	520	355	165	2333	1584	749
赤峰市	**472**	**270**	**202**	**1872**	**1115**	**757**	**2703**	**1702**	**1001**
红山区	335	193	142	1072	656	416	1640	1050	590
元宝山区	37	21	16	164	94	70	320	209	111
松山区	100	56	44	636	365	271	743	443	300
通辽市	**307**	**175**	**132**	**2057**	**1231**	**826**	**1449**	**960**	**489**
科尔沁区	270	151	119	1603	927	676	895	537	358
霍林郭勒市	37	24	13	454	304	150	554	423	131
鄂尔多斯市	**555**	**329**	**226**	**3461**	**2252**	**1209**	**7956**	**5190**	**2766**
东胜区	457	267	190	2674	1751	923	6710	4348	2362
康巴什区	98	62	36	787	501	286	1241	839	402
鄂托克旗							5	3	2
呼伦贝尔市	**576**	**324**	**252**	**3688**	**2195**	**1493**	**2157**	**1280**	**877**
海拉尔区	260	148	112	1663	953	710	1028	630	398
扎赉诺尔区	12	7	5	149	69	80	75	48	27
满洲里市	226	128	98	792	459	333	770	440	330
牙克石市	28	13	15	228	116	112	105	62	43
扎兰屯市	18	10	8	707	523	184	78	42	36
额尔古纳市	15	8	7	93	55	38	74	39	35
根河市	17	10	7	56	20	36	27	19	8
巴彦淖尔市	**148**	**78**	**70**	**797**	**485**	**312**	**1747**	**1026**	**721**
临河区	148	78	70	797	485	312	1747	1026	721
乌兰察布市	**242**	**128**	**114**	**972**	**582**	**390**	**2126**	**1421**	**705**
集宁区	222	118	104	907	546	361	1974	1335	639
丰镇市	20	10	10	65	36	29	152	86	66
兴安盟	**121**	**72**	**49**	**468**	**295**	**173**	**577**	**366**	**211**
乌兰浩特市	117	70	47	419	261	158	536	333	203
阿尔山市	4	2	2	49	34	15	41	33	8
锡林郭勒盟	**751**	**403**	**348**	**1012**	**604**	**408**	**1918**	**1142**	**776**
二连浩特市	578	301	277	193	113	80	250	154	96
锡林浩特市	173	102	71	819	491	328	1668	988	680

7–3a　续表 6　　　　单位：人

现住地	户口登记地								
	湖北			湖南			广东		
	小计	男	女	小计	男	女	小计	男	女
内蒙古	**12312**	**7373**	**4939**	**6340**	**3715**	**2625**	**4771**	**2628**	**2143**
呼和浩特市	**3522**	**2116**	**1406**	**2131**	**1235**	**896**	**1859**	**1084**	**775**
新城区	857	525	332	636	371	265	647	381	266
回民区	770	462	308	445	242	203	247	138	109
玉泉区	791	443	348	268	153	115	299	165	134
赛罕区	1104	686	418	782	469	313	666	400	266
包头市	**2809**	**1644**	**1165**	**1503**	**897**	**606**	**1071**	**606**	**465**
东河区	610	351	259	343	204	139	195	106	89
昆都仑区	1118	651	467	666	404	262	488	301	187
青山区	715	394	321	394	233	161	308	156	152
石拐区	16	9	7	9	4	5	9	4	5
白云鄂博矿区	65	51	14	11	5	6	13	8	5
九原区	285	188	97	80	47	33	58	31	27
乌海市	**937**	**592**	**345**	**260**	**145**	**115**	**309**	**141**	**168**
海勃湾区	558	340	218	121	66	55	128	66	62
海南区	88	55	33	35	18	17	62	20	42
乌达区	291	197	94	104	61	43	119	55	64
赤峰市	**716**	**446**	**270**	**334**	**178**	**156**	**345**	**179**	**166**
红山区	408	256	152	172	98	74	129	73	56
元宝山区	67	54	13	61	35	26	61	28	33
松山区	241	136	105	101	45	56	155	78	77
通辽市	**401**	**243**	**158**	**268**	**140**	**128**	**163**	**85**	**78**
科尔沁区	306	186	120	185	86	99	146	78	68
霍林郭勒市	95	57	38	83	54	29	17	7	10
鄂尔多斯市	**1433**	**854**	**579**	**719**	**480**	**239**	**293**	**183**	**110**
东胜区	1192	704	488	573	377	196	226	142	84
康巴什区	241	150	91	146	103	43	67	41	26
鄂托克旗									
呼伦贝尔市	**636**	**364**	**272**	**337**	**185**	**152**	**280**	**129**	**151**
海拉尔区	397	231	166	229	123	106	157	77	80
扎赉诺尔区	9	3	6	7	3	4	10	5	5
满洲里市	131	72	59	61	36	25	42	19	23
牙克石市	31	14	17	15	6	9	28	10	18
扎兰屯市	56	36	20	11	5	6	29	14	15
额尔古纳市	8	5	3	2	2		5	2	3
根河市	4	3	1	12	10	2	9	2	7
巴彦淖尔市	**513**	**314**	**199**	**132**	**74**	**58**	**117**	**60**	**57**
临河区	513	314	199	132	74	58	117	60	57
乌兰察布市	**750**	**447**	**303**	**182**	**104**	**78**	**134**	**61**	**73**
集宁区	679	417	262	160	93	67	124	56	68
丰镇市	71	30	41	22	11	11	10	5	5
兴安盟	**176**	**107**	**69**	**80**	**43**	**37**	**116**	**57**	**59**
乌兰浩特市	159	97	62	75	38	37	114	56	58
阿尔山市	17	10	7	5	5		2	1	1
锡林郭勒盟	**419**	**246**	**173**	**394**	**234**	**160**	**84**	**43**	**41**
二连浩特市	71	35	36	168	91	77	22	11	11
锡林浩特市	348	211	137	226	143	83	62	32	30

7–3a 续表 7

单位：人

现住地	户口登记地								
	广西			海南			重庆		
	小计	男	女	小计	男	女	小计	男	女
内蒙古	**2152**	**1069**	**1083**	**1591**	**790**	**801**	**6723**	**4030**	**2693**
呼和浩特市	**691**	**362**	**329**	**559**	**276**	**283**	**2004**	**1206**	**798**
新城区	254	127	127	185	102	83	771	515	256
回民区	130	69	61	49	20	29	389	231	158
玉泉区	135	69	66	60	24	36	393	188	205
赛罕区	172	97	75	265	130	135	451	272	179
包头市	**612**	**329**	**283**	**349**	**211**	**138**	**1680**	**1035**	**645**
东河区	143	65	78	35	12	23	399	266	133
昆都仑区	255	163	92	233	162	71	636	381	255
青山区	179	84	95	58	26	32	403	224	179
石拐区	4	4					25	17	8
白云鄂博矿区	9	6	3	3	1	2	19	8	11
九原区	22	7	15	20	10	10	198	139	59
乌海市	**77**	**31**	**46**	**59**	**22**	**37**	**853**	**468**	**385**
海勃湾区	31	11	20	45	16	29	298	168	130
海南区	18	11	7	5	1	4	292	147	145
乌达区	28	9	19	9	5	4	263	153	110
赤峰市	**142**	**63**	**79**	**141**	**67**	**74**	**267**	**151**	**116**
红山区	73	35	38	44	23	21	148	84	64
元宝山区	22	7	15	14	6	8	30	17	13
松山区	47	21	26	83	38	45	89	50	39
通辽市	**130**	**72**	**58**	**73**	**40**	**33**	**203**	**124**	**79**
科尔沁区	68	26	42	62	33	29	173	108	65
霍林郭勒市	62	46	16	11	7	4	30	16	14
鄂尔多斯市	**144**	**85**	**59**	**106**	**50**	**56**	**678**	**427**	**251**
东胜区	76	37	39	72	32	40	521	315	206
康巴什区	68	48	20	34	18	16	157	112	45
鄂托克旗									
呼伦贝尔市	**125**	**55**	**70**	**164**	**58**	**106**	**289**	**156**	**133**
海拉尔区	89	38	51	72	20	52	146	83	63
扎赉诺尔区	2	1	1	5	4	1	20	7	13
满洲里市	12	7	5	13	6	7	73	43	30
牙克石市	8	4	4	46	14	32	23	11	12
扎兰屯市	10	2	8	23	11	12	13	5	8
额尔古纳市	1	1		2	1	1	10	5	5
根河市	3	2	1	3	2	1	4	2	2
巴彦淖尔市	**37**	**14**	**23**	**56**	**28**	**28**	**203**	**131**	**72**
临河区	37	14	23	56	28	28	203	131	72
乌兰察布市	**116**	**38**	**78**	**36**	**15**	**21**	**329**	**211**	**118**
集宁区	112	35	77	32	12	20	316	205	111
丰镇市	4	3	1	4	3	1	13	6	7
兴安盟	**26**	**5**	**21**	**32**	**15**	**17**	**57**	**27**	**30**
乌兰浩特市	23	4	19	30	14	16	52	24	28
阿尔山市	3	1	2	2	1	1	5	3	2
锡林郭勒盟	**52**	**15**	**37**	**16**	**8**	**8**	**160**	**94**	**66**
二连浩特市	6	3	3	3	1	2	23	13	10
锡林浩特市	46	12	34	13	7	6	137	81	56

7-3a　续表 8　　　　单位：人

现住地	户口登记地								
	四川			贵州			云南		
	小计	男	女	小计	男	女	小计	男	女
内蒙古	**26665**	**16783**	**9882**	**29502**	**15518**	**13984**	**3640**	**1973**	**1667**
呼和浩特市	**9475**	**5858**	**3617**	**6717**	**3546**	**3171**	**1197**	**642**	**555**
新城区	3607	2382	1225	1918	1064	854	350	232	118
回民区	1954	1173	781	1126	586	540	260	114	146
玉泉区	1959	1112	847	1273	612	661	289	137	152
赛罕区	1955	1191	764	2400	1284	1116	298	159	139
包头市	**6320**	**3963**	**2357**	**5119**	**2758**	**2361**	**987**	**585**	**402**
东河区	1752	1184	568	746	435	311	136	72	64
昆都仑区	1773	985	788	1772	966	806	431	270	161
青山区	1877	1167	710	2080	1069	1011	230	116	114
石拐区	72	50	22	84	48	36	31	23	8
白云鄂博矿区	74	37	37	96	56	40	4		4
九原区	772	540	232	341	184	157	155	104	51
乌海市	**2185**	**1301**	**884**	**1527**	**813**	**714**	**248**	**138**	**110**
海勃湾区	1052	636	416	1105	592	513	139	82	57
海南区	377	221	156	209	119	90	37	23	14
乌达区	756	444	312	213	102	111	72	33	39
赤峰市	**741**	**429**	**312**	**1289**	**654**	**635**	**158**	**71**	**87**
红山区	369	219	150	876	450	426	72	26	46
元宝山区	114	66	48	165	79	86	47	30	17
松山区	258	144	114	248	125	123	39	15	24
通辽市	**368**	**239**	**129**	**2822**	**1440**	**1382**	**146**	**64**	**82**
科尔沁区	297	188	109	2406	1211	1195	132	56	76
霍林郭勒市	71	51	20	416	229	187	14	8	6
鄂尔多斯市	**3066**	**2078**	**988**	**1365**	**819**	**546**	**289**	**173**	**116**
东胜区	2293	1498	795	964	553	411	247	144	103
康巴什区	767	576	191	395	262	133	42	29	13
鄂托克旗	6	4	2	6	4	2			
呼伦贝尔市	**539**	**282**	**257**	**5757**	**2915**	**2842**	**215**	**110**	**105**
海拉尔区	294	153	141	1873	940	933	163	87	76
扎赉诺尔区	30	17	13	402	200	202	4		4
满洲里市	116	59	57	995	507	488	26	14	12
牙克石市	31	17	14	1211	590	621	7	5	2
扎兰屯市	39	23	16	895	484	411	10	2	8
额尔古纳市	15	10	5	310	154	156	2	1	1
根河市	14	3	11	71	40	31	3	1	2
巴彦淖尔市	**1355**	**932**	**423**	**444**	**253**	**191**	**80**	**41**	**39**
临河区	1355	932	423	444	253	191	80	41	39
乌兰察布市	**1885**	**1281**	**604**	**1269**	**694**	**575**	**181**	**80**	**101**
集宁区	1730	1246	484	1172	646	526	159	77	82
丰镇市	155	35	120	97	48	49	22	3	19
兴安盟	**200**	**121**	**79**	**1715**	**850**	**865**	**34**	**15**	**19**
乌兰浩特市	188	113	75	1628	808	820	30	12	18
阿尔山市	12	8	4	87	42	45	4	3	1
锡林郭勒盟	**531**	**299**	**232**	**1478**	**776**	**702**	**105**	**54**	**51**
二连浩特市	102	48	54	55	28	27	8	3	5
锡林浩特市	429	251	178	1423	748	675	97	51	46

7-3a 续表 9

单位：人

现住地	户口登记地								
	西藏			陕西			甘肃		
	小计	男	女	小计	男	女	小计	男	女
内蒙古	**183**	**110**	**73**	**65204**	**36025**	**29179**	**57644**	**35408**	**22236**
呼和浩特市	**89**	**57**	**32**	**6760**	**3957**	**2803**	**8469**	**5075**	**3394**
新城区	37	21	16	2408	1551	857	3253	2131	1122
回民区	6	5	1	1267	712	555	1839	1023	816
玉泉区	8	5	3	1228	623	605	1554	840	714
赛罕区	38	26	12	1857	1071	786	1823	1081	742
包头市	**41**	**23**	**18**	**7856**	**4365**	**3491**	**11652**	**7186**	**4466**
东河区	3	1	2	1997	1135	862	3564	2279	1285
昆都仑区	28	17	11	2653	1471	1182	3175	1766	1409
青山区	6	2	4	1954	1070	884	3260	2060	1200
石拐区				48	27	21	155	98	57
白云鄂博矿区				81	58	23	144	95	49
九原区	4	3	1	1123	604	519	1354	888	466
乌海市	**4**	**2**	**2**	**11926**	**6632**	**5294**	**22788**	**14158**	**8630**
海勃湾区	4	2	2	6676	3629	3047	13311	8191	5120
海南区				3765	2068	1697	4192	2494	1698
乌达区				1485	935	550	5285	3473	1812
赤峰市	**8**	**4**	**4**	**565**	**337**	**228**	**466**	**276**	**190**
红山区	2	1	1	319	203	116	256	155	101
元宝山区	1	1		52	34	18	47	31	16
松山区	5	2	3	194	100	94	163	90	73
通辽市	**6**	**4**	**2**	**319**	**180**	**139**	**293**	**183**	**110**
科尔沁区	6	4	2	259	138	121	167	103	64
霍林郭勒市				60	42	18	126	80	46
鄂尔多斯市	**8**	**3**	**5**	**34784**	**18805**	**15979**	**6392**	**4042**	**2350**
东胜区	8	3	5	29775	16077	13698	5034	3166	1868
康巴什区				4990	2721	2269	1349	871	478
鄂托克旗				19	7	12	9	5	4
呼伦贝尔市	**13**	**9**	**4**	**370**	**213**	**157**	**397**	**238**	**159**
海拉尔区	3	2	1	164	92	72	188	114	74
扎赉诺尔区				20	10	10	12	7	5
满洲里市	5	3	2	70	40	30	92	59	33
牙克石市	1	1		33	18	15	26	15	11
扎兰屯市	4	3	1	63	40	23	27	14	13
额尔古纳市				6	6		41	23	18
根河市				14	7	7	11	6	5
巴彦淖尔市	**7**	**4**	**3**	**1261**	**709**	**552**	**5717**	**3341**	**2376**
临河区	7	4	3	1261	709	552	5717	3341	2376
乌兰察布市	**4**	**2**	**2**	**663**	**406**	**257**	**877**	**556**	**321**
集宁区	4	2	2	623	391	232	809	526	283
丰镇市				40	15	25	68	30	38
兴安盟	**1**		**1**	**140**	**87**	**53**	**94**	**62**	**32**
乌兰浩特市	1		1	131	80	51	85	56	29
阿尔山市				9	7	2	9	6	3
锡林郭勒盟	**2**	**2**		**560**	**334**	**226**	**499**	**291**	**208**
二连浩特市				89	52	37	162	94	68
锡林浩特市	2	2		471	282	189	337	197	140

7－3a　续表 10　　　　单位：人

现住地	户口登记地								
	青海			宁夏			新疆		
	小计	男	女	小计	男	女	小计	男	女
内蒙古	**3367**	**1713**	**1654**	**12761**	**7374**	**5387**	**2320**	**1190**	**1130**
呼和浩特市	**772**	**377**	**395**	**1504**	**798**	**706**	**914**	**443**	**471**
新城区	209	111	98	440	233	207	312	166	146
回民区	152	72	80	456	256	200	190	81	109
玉泉区	137	69	68	265	130	135	151	68	83
赛罕区	274	125	149	343	179	164	261	128	133
包头市	**653**	**332**	**321**	**1520**	**781**	**739**	**508**	**272**	**236**
东河区	200	97	103	399	198	201	97	56	41
昆都仑区	250	130	120	495	251	244	220	115	105
青山区	135	69	66	426	228	198	147	79	68
石拐区	2		2	20	8	12	2	1	1
白云鄂博矿区	13	8	5	31	15	16	5	3	2
九原区	53	28	25	149	81	68	37	18	19
乌海市	**456**	**230**	**226**	**6949**	**4139**	**2810**	**202**	**110**	**92**
海勃湾区	207	101	106	2370	1314	1056	127	66	61
海南区	77	43	34	1679	910	769	29	19	10
乌达区	172	86	86	2900	1915	985	46	25	21
赤峰市	**443**	**226**	**217**	**127**	**80**	**47**	**99**	**57**	**42**
红山区	263	128	135	64	31	33	64	36	28
元宝山区	51	25	26	35	30	5	4	2	2
松山区	129	73	56	28	19	9	31	19	12
通辽市	**114**	**57**	**57**	**56**	**30**	**26**	**59**	**26**	**33**
科尔沁区	96	44	52	36	18	18	45	21	24
霍林郭勒市	18	13	5	20	12	8	14	5	9
鄂尔多斯市	**393**	**225**	**168**	**1284**	**803**	**481**	**214**	**117**	**97**
东胜区	331	193	138	1119	705	414	188	106	82
康巴什区	62	32	30	159	94	65	26	11	15
鄂托克旗				6	4	2			
呼伦贝尔市	**61**	**32**	**29**	**59**	**25**	**34**	**59**	**32**	**27**
海拉尔区	43	20	23	32	12	20	22	12	10
扎赉诺尔区	3		3	3	1	2	2		2
满洲里市	12	10	2	13	9	4	18	9	9
牙克石市				3		3	6	4	2
扎兰屯市				7	2	5	6	5	1
额尔古纳市	3	2	1	1	1		4	2	2
根河市							1		1
巴彦淖尔市	**165**	**78**	**87**	**962**	**563**	**399**	**61**	**28**	**33**
临河区	165	78	87	962	563	399	61	28	33
乌兰察布市	**138**	**61**	**77**	**173**	**71**	**102**	**84**	**28**	**56**
集宁区	123	56	67	168	68	100	83	28	55
丰镇市	15	5	10	5	3	2	1		1
兴安盟	**52**	**25**	**27**	**28**	**17**	**11**	**16**	**10**	**6**
乌兰浩特市	52	25	27	26	15	11	16	10	6
阿尔山市				2	2				
锡林郭勒盟	**120**	**70**	**50**	**99**	**67**	**32**	**104**	**67**	**37**
二连浩特市	20	8	12	22	13	9	29	18	11
锡林浩特市	100	62	38	77	54	23	75	49	26

7－3b 全区按现住地、性别分的户口登记地在外省的人口(镇)

单位：人

现住地	户口登记地					
	合计			北京		
	合计	男	女	小计	男	女
内蒙古	**480078**	**281688**	**198390**	**2401**	**1384**	**1017**
呼和浩特市	**32186**	**18241**	**13945**	**238**	**126**	**112**
新城区	115	66	49	3	1	2
回民区						
玉泉区						
赛罕区	106	60	46	2	1	1
土默特左旗	6239	3405	2834	25	19	6
托克托县	2660	1783	877	14	7	7
和林格尔县	6033	2906	3127	13	6	7
清水河县	797	417	380	6	3	3
武川县	1253	622	631	16	7	9
呼和浩特经济技术开发区	14983	8982	6001	159	82	77
包头市	**37250**	**22458**	**14792**	**180**	**98**	**82**
东河区	2486	1391	1095	7	3	4
昆都仑区	428	386	42			
青山区	561	439	122			
石拐区	1939	1463	476	2	1	1
白云鄂博矿区						
九原区	3444	2204	1240	5	2	3
土默特右旗	3153	1730	1423	25	15	10
固阳县	1543	860	683	5	2	3
达尔罕茂明安联合旗	1346	838	508	13	7	6
包头稀土高新技术产业开发区	22350	13147	9203	123	68	55
乌海市	**7897**	**5555**	**2342**	**1**	**1**	
海勃湾区	1348	766	582			
海南区	5978	4375	1603	1	1	
乌达区	571	414	157			
赤峰市	**24362**	**13075**	**11287**	**342**	**184**	**158**
红山区	1453	900	553	13	8	5
元宝山区	1165	624	541	1	1	
松山区	562	341	221	2	1	1
阿鲁科尔沁旗	1487	777	710	24	14	10
巴林左旗	1775	1018	757	32	22	10
巴林右旗	1930	1087	843	26	12	14
林西县	2668	1502	1166	39	18	21
克什克腾旗	1859	1067	792	31	16	15
翁牛特旗	1658	818	840	38	18	20
喀喇沁旗	2235	1083	1152	33	15	18
宁城县	4712	2475	2237	60	36	24
敖汉旗	2858	1383	1475	43	23	20

7-3b　续表 1　　　　单位：人

现 住 地	户口登记地					
	合　计			北　京		
	合计	男	女	小计	男	女
通辽市	**30804**	**17064**	**13740**	**278**	**153**	**125**
科尔沁区	1410	824	586	7	5	2
科尔沁左翼中旗	4430	2274	2156	36	20	16
科尔沁左翼后旗	4573	2361	2212	10	4	6
开鲁县	3363	1941	1422	33	19	14
库伦旗	2399	1349	1050	29	17	12
奈曼旗	2876	1527	1349	48	24	24
扎鲁特旗	2656	1527	1129	22	13	9
通辽经济技术开发区	9057	5237	3820	93	51	42
霍林郭勒市	40	24	16			
鄂尔多斯市	**166970**	**104649**	**62321**	**412**	**333**	**79**
东胜区	1143	948	195	1	1	
康巴什区						
达拉特旗	13917	8690	5227	29	18	11
准格尔旗	29222	18712	10510	19	13	6
鄂托克前旗	12589	7516	5073	19	15	4
鄂托克旗	35321	20571	14750	8	7	1
杭锦旗	5278	3579	1699	14	12	2
乌审旗	35305	22433	12872	251	221	30
伊金霍洛旗	34195	22200	11995	71	46	25
呼伦贝尔市	**40825**	**21629**	**19196**	**166**	**84**	**82**
海拉尔区	150	73	77			
扎赉诺尔区	387	218	169			
阿荣旗	5444	2796	2648	18	6	12
莫力达瓦达斡尔族自治旗	4331	2160	2171	22	13	9
鄂伦春自治旗	9342	4589	4753	20	9	11
鄂温克族自治旗	7384	3901	3483	57	28	29
陈巴尔虎旗	3293	1941	1352	14	11	3
新巴尔虎左旗	1168	734	434	2	2	
新巴尔虎右旗	1175	648	527	1		1
满洲里市	722	400	322			
牙克石市	4341	2331	2010	21	11	10
扎兰屯市	1426	745	681	4	2	2
额尔古纳市	421	227	194	1		1
根河市	1241	866	375	6	2	4
巴彦淖尔市	**22363**	**12772**	**9591**	**107**	**52**	**55**
临河区	605	357	248	3	2	1
五原县	4190	2277	1913	13	2	11
磴口县	2092	1104	988	11	6	5
乌拉特前旗	5650	3216	2434	41	19	22
乌拉特中旗	4646	2848	1798	6	3	3
乌拉特后旗	2575	1602	973	7	5	2
杭锦后旗	2605	1368	1237	26	15	11

7－3b 续表 2

单位：人

现住地	户口登记地					
	合计			北京		
	合计	男	女	小计	男	女
乌兰察布市	**20300**	**11264**	**9036**	**218**	**105**	**113**
集宁区	504	221	283	2	2	
卓资县	1490	644	846	11	6	5
化德县	2875	1405	1470	24	10	14
商都县	2214	1100	1114	46	21	25
兴和县	2742	1403	1339	34	19	15
凉城县	1218	610	608	6	3	3
察哈尔右翼前旗	3594	2193	1401	39	16	23
察哈尔右翼中旗	637	306	331	21	12	9
察哈尔右翼后旗	1384	764	620	21	8	13
四子王旗	1421	743	678	12	7	5
丰镇市	2221	1875	346	2	1	1
兴安盟	**18050**	**9542**	**8508**	**150**	**83**	**67**
乌兰浩特市	1046	592	454	2	2	
阿尔山市	415	233	182	2	1	1
科尔沁右翼前旗	3803	2091	1712	69	41	28
科尔沁右翼中旗	2926	1766	1160	26	13	13
扎赉特旗	7261	3557	3704	32	16	16
突泉县	2599	1303	1296	19	10	9
锡林郭勒盟	**24140**	**14267**	**9873**	**248**	**131**	**117**
二连浩特市	427	336	91			
锡林浩特市	1016	832	184	4	1	3
阿巴嘎旗	1301	861	440	5	2	3
苏尼特左旗	693	414	279	2	1	1
苏尼特右旗	1899	1191	708	17	9	8
东乌珠穆沁旗	2010	1133	877	7	4	3
西乌珠穆沁旗	3231	1850	1381	14	7	7
太仆寺旗	1882	976	906	46	29	17
镶黄旗	1115	806	309	17	13	4
正镶白旗	873	500	373	8	3	5
正蓝旗	1947	1068	879	33	18	15
多伦县	6660	3643	3017	78	34	44
乌拉盖管委会	1086	657	429	17	10	7
阿拉善盟	**54931**	**31172**	**23759**	**61**	**34**	**27**
阿拉善左旗	28212	15774	12438	40	22	18
阿拉善右旗	3083	1818	1265			
额济纳旗	9595	5212	4383	12	7	5
内蒙古阿拉善经济开发区	14041	8368	5673	9	5	4

7-3b　续表 3

单位：人

现住地	户口登记地 天津 小计	男	女	河北 小计	男	女	山西 小计	男	女
内蒙古	**2506**	**1410**	**1096**	**54281**	**31713**	**22568**	**42755**	**25091**	**17664**
呼和浩特市	**389**	**164**	**225**	**5054**	**2911**	**2143**	**7217**	**3757**	**3460**
新城区	1	1		19	9	10	12	6	6
回民区									
玉泉区									
赛罕区	1	1		20	12	8	6	2	4
土默特左旗	41	17	24	1176	655	521	1790	950	840
托克托县	10	7	3	546	388	158	509	305	204
和林格尔县	189	62	127	567	266	301	1037	451	586
清水河县				85	51	34	386	187	199
武川县	12	5	7	152	81	71	222	112	110
呼和浩特经济技术开发区	135	71	64	2489	1449	1040	3255	1744	1511
包头市	**173**	**97**	**76**	**7378**	**4276**	**3102**	**7344**	**4179**	**3165**
东河区	2	1	1	618	333	285	753	422	331
昆都仑区	1	1		99	86	13	47	41	6
青山区	1	1		144	110	34	103	69	34
石拐区	2	2		180	154	26	613	434	179
白云鄂博矿区									
九原区	6	4	2	791	470	321	808	493	315
土默特右旗	16	9	7	653	388	265	604	288	316
固阳县	4	2	2	453	263	190	252	141	111
达尔罕茂明安联合旗	8	6	2	213	131	82	397	271	126
包头稀土高新技术产业开发区	133	71	62	4227	2341	1886	3767	2020	1747
乌海市				**359**	**261**	**98**	**428**	**301**	**127**
海勃湾区				61	38	23	130	73	57
海南区				263	202	61	265	202	63
乌达区				35	21	14	33	26	7
赤峰市	**341**	**175**	**166**	**4616**	**2450**	**2166**	**420**	**237**	**183**
红山区	11	6	5	351	209	142	28	20	8
元宝山区	11	4	7	194	120	74	7	2	5
松山区	6	3	3	185	95	90	20	18	2
阿鲁科尔沁旗	22	12	10	237	124	113	25	11	14
巴林左旗	32	19	13	254	139	115	24	12	12
巴林右旗	43	22	21	282	143	139	48	28	20
林西县	54	32	22	566	301	265	63	37	26
克什克腾旗	38	20	18	489	272	217	71	41	30
翁牛特旗	29	15	14	356	175	181	34	15	19
喀喇沁旗	41	16	25	688	302	386	35	22	13
宁城县	39	20	19	756	443	313	35	18	17
敖汉旗	15	6	9	258	127	131	30	13	17

7−3b 续表 4

单位：人

现住地	户口登记地								
	天津			河北			山西		
	小计	男	女	小计	男	女	小计	男	女
通辽市	**246**	**149**	**97**	**2326**	**1338**	**988**	**327**	**177**	**150**
科尔沁区	10	4	6	87	57	30	6	3	3
科尔沁左翼中旗	29	17	12	156	77	79	21	10	11
科尔沁左翼后旗	24	15	9	154	80	74	33	20	13
开鲁县	30	21	9	395	235	160	50	26	24
库伦旗	10	7	3	137	80	57	20	9	11
奈曼旗	33	23	10	340	182	158	51	28	23
扎鲁特旗	22	13	9	340	200	140	75	51	24
通辽经济技术开发区	88	49	39	713	424	289	71	30	41
霍林郭勒市				4	3	1			
鄂尔多斯市	**432**	**321**	**111**	**9756**	**6427**	**3329**	**17641**	**10972**	**6669**
东胜区	1	1		68	62	6	138	112	26
康巴什区									
达拉特旗	35	25	10	1705	1130	575	2146	1206	940
准格尔旗	82	46	36	3131	1975	1156	7642	4650	2992
鄂托克前旗	4	4		234	156	78	192	130	62
鄂托克旗	27	14	13	1284	780	504	1418	888	530
杭锦旗	23	18	5	295	201	94	548	391	157
乌审旗	175	153	22	1097	834	263	1160	787	373
伊金霍洛旗	85	60	25	1942	1289	653	4397	2808	1589
呼伦贝尔市	**175**	**84**	**91**	**1531**	**835**	**696**	**219**	**142**	**77**
海拉尔区				13	8	5	1	1	
扎赉诺尔区				13	8	5	1		1
阿荣旗	29	14	15	194	105	89	31	21	10
莫力达瓦达斡尔族自治旗	17	9	8	114	55	59	20	9	11
鄂伦春自治旗	26	15	11	258	110	148	23	16	7
鄂温克族自治旗	41	21	20	293	155	138	55	33	22
陈巴尔虎旗	17	7	10	144	95	49	15	15	
新巴尔虎左旗	6	2	4	62	38	24	12	9	3
新巴尔虎右旗	5	3	2	107	67	40	28	18	10
满洲里市	2	1	1	23	14	9	1	1	
牙克石市	15	6	9	166	94	72	16	10	6
扎兰屯市	5	2	3	36	19	17	6	2	4
额尔古纳市	5	1	4	17	12	5	1	1	
根河市	7	3	4	91	55	36	9	6	3
巴彦淖尔市	**134**	**75**	**59**	**3233**	**1892**	**1341**	**2107**	**1178**	**929**
临河区				79	52	27	55	40	15
五原县	39	24	15	811	453	358	368	191	177
磴口县	22	16	6	173	104	69	163	88	75
乌拉特前旗	43	20	23	1010	589	421	791	438	353
乌拉特中旗	13	7	6	808	488	320	385	238	147
乌拉特后旗	3	1	2	130	81	49	115	71	44
杭锦后旗	14	7	7	222	125	97	230	112	118

7-3b　续表 5　　　　单位：人

现住地	户口登记地								
	天津			河北			山西		
	小计	男	女	小计	男	女	小计	男	女
乌兰察布市	**175**	**99**	**76**	**5905**	**3047**	**2858**	**4709**	**2661**	**2048**
集宁区	3	3		89	46	43	157	61	96
卓资县	9	3	6	146	79	67	192	91	101
化德县	27	18	9	1961	947	1014	240	102	138
商都县	36	19	17	851	405	446	459	207	252
兴和县	25	16	9	1252	616	636	685	335	350
凉城县	13	10	3	167	90	77	319	160	159
察哈尔右翼前旗	29	12	17	800	507	293	780	402	378
察哈尔右翼中旗	3	2	1	119	60	59	164	69	95
察哈尔右翼后旗	13	6	7	236	113	123	469	258	211
四子王旗	13	6	7	211	122	89	336	183	153
丰镇市	4	4		73	62	11	908	793	115
兴安盟	**119**	**54**	**65**	**770**	**422**	**348**	**165**	**104**	**61**
乌兰浩特市	3	1	2	70	47	23	11	5	6
阿尔山市	3	1	2	38	27	11	6	4	2
科尔沁右翼前旗	46	18	28	182	105	77	41	24	17
科尔沁右翼中旗	16	11	5	140	83	57	30	23	7
扎赉特旗	32	14	18	220	104	116	41	25	16
突泉县	19	9	10	120	56	64	36	23	13
锡林郭勒盟	**240**	**144**	**96**	**11535**	**6613**	**4922**	**1201**	**707**	**494**
二连浩特市	2	1	1	135	105	30	54	45	9
锡林浩特市	36	28	8	801	663	138	6	4	2
阿巴嘎旗	10	10		589	350	239	61	37	24
苏尼特左旗	7	7		343	200	143	50	30	20
苏尼特右旗	17	11	6	664	425	239	348	193	155
东乌珠穆沁旗	4	2	2	937	540	397	53	28	25
西乌珠穆沁旗	15	10	5	509	297	212	79	41	38
太仆寺旗	30	13	17	1179	603	576	93	51	42
镶黄旗	10	6	4	411	236	175	41	29	12
正镶白旗	2	1	1	504	277	227	45	28	17
正蓝旗	19	12	7	1037	555	482	106	73	33
多伦县	84	41	43	4109	2202	1907	238	138	100
乌拉盖管委会	4	2	2	317	160	157	27	10	17
阿拉善盟	**82**	**48**	**34**	**1818**	**1241**	**577**	**977**	**676**	**301**
阿拉善左旗	51	29	22	787	505	282	486	316	170
阿拉善右旗	2	2		31	19	12	21	18	3
额济纳旗	22	11	11	299	186	113	162	115	47
内蒙古阿拉善经济开发区	7	6	1	701	531	170	308	227	81

7−3b 续表 6

单位：人

现住地	户口登记地								
	内蒙古			辽宁			吉林		
	小计	男	女	小计	男	女	小计	男	女
内蒙古				**30888**	**17317**	**13571**	**25492**	**13936**	**11556**
呼和浩特市				**1089**	**593**	**496**	**1403**	**759**	**644**
新城区				3	1	2	3	1	2
回民区									
玉泉区									
赛罕区				3	2	1			
土默特左旗				153	77	76	241	136	105
托克托县				83	59	24	109	69	40
和林格尔县				213	78	135	270	117	153
清水河县				14	7	7	7	3	4
武川县				41	17	24	57	30	27
呼和浩特经济技术开发区				579	352	227	716	403	313
包头市				**1022**	**588**	**434**	**756**	**439**	**317**
东河区				56	30	26	33	16	17
昆都仑区				9	9		11	10	1
青山区				9	7	2	10	9	1
石拐区				37	30	7	26	14	12
白云鄂博矿区									
九原区				83	59	24	91	60	31
土默特右旗				158	91	67	68	39	29
固阳县				32	15	17	34	19	15
达尔罕茂明安联合旗				25	9	16	31	14	17
包头稀土高新技术产业开发区				613	338	275	452	258	194
乌海市				**137**	**109**	**28**	**77**	**52**	**25**
海勃湾区				5	2	3	10	5	5
海南区				82	64	18	54	39	15
乌达区				50	43	7	13	8	5
赤峰市				**7567**	**3961**	**3606**	**1553**	**808**	**745**
红山区				304	190	114	71	40	31
元宝山区				596	295	301	34	17	17
松山区				104	64	40	23	14	9
阿鲁科尔沁旗				293	154	139	145	73	72
巴林左旗				334	202	132	215	114	101
巴林右旗				448	272	176	196	109	87
林西县				497	269	228	227	126	101
克什克腾旗				280	170	110	120	73	47
翁牛特旗				376	188	188	144	69	75
喀喇沁旗				415	206	209	107	50	57
宁城县				2338	1196	1142	135	62	73
敖汉旗				1582	755	827	136	61	75

7-3b 续表 7

单位：人

现住地	户口登记地 内蒙古 小计	男	女	辽宁 小计	男	女	吉林 小计	男	女
通辽市				**9283**	**4943**	**4340**	**6712**	**3582**	**3130**
科尔沁区				387	220	167	273	154	119
科尔沁左翼中旗				638	326	312	2583	1308	1275
科尔沁左翼后旗				2538	1264	1274	736	367	369
开鲁县				680	373	307	447	245	202
库伦旗				1079	563	516	138	85	53
奈曼旗				935	501	434	262	137	125
扎鲁特旗				699	378	321	491	304	187
通辽经济技术开发区				2321	1316	1005	1762	972	790
霍林郭勒市				6	2	4	20	10	10
鄂尔多斯市				**4130**	**2741**	**1389**	**2636**	**1572**	**1064**
东胜区				17	12	5	23	20	3
康巴什区									
达拉特旗				383	242	141	312	179	133
准格尔旗				1227	778	449	1044	587	457
鄂托克前旗				69	51	18	108	69	39
鄂托克旗				364	219	145	297	180	117
杭锦旗				88	63	25	80	48	32
乌审旗				606	466	140	199	125	74
伊金霍洛旗				1376	910	466	573	364	209
呼伦贝尔市				**2659**	**1418**	**1241**	**3602**	**1946**	**1656**
海拉尔区				10	4	6	26	12	14
扎赉诺尔区				14	10	4	44	27	17
阿荣旗				583	276	307	456	240	216
莫力达瓦达斡尔族自治旗				192	93	99	258	127	131
鄂伦春自治旗				403	197	206	583	292	291
鄂温克族自治旗				490	269	221	788	404	384
陈巴尔虎旗				194	127	67	442	262	180
新巴尔虎左旗				76	44	32	120	72	48
新巴尔虎右旗				70	37	33	117	69	48
满洲里市				67	42	25	74	38	36
牙克石市				259	136	123	457	262	195
扎兰屯市				129	74	55	115	64	51
额尔古纳市				36	20	16	28	11	17
根河市				136	89	47	94	66	28
巴彦淖尔市				**735**	**435**	**300**	**915**	**495**	**420**
临河区				2	2		9	3	6
五原县				40	21	19	51	26	25
磴口县				33	22	11	29	13	16
乌拉特前旗				163	96	67	106	54	52
乌拉特中旗				292	170	122	589	338	251
乌拉特后旗				146	88	58	81	40	41
杭锦后旗				59	36	23	50	21	29

7-3b 续表 8

单位：人

现住地	户口登记地								
	内蒙古			辽宁			吉林		
	小计	男	女	小计	男	女	小计	男	女
乌兰察布市				**405**	**233**	**172**	**712**	**477**	**235**
集宁区				11	7	4	12	9	3
卓资县				34	13	21	34	26	8
化德县				40	18	22	47	24	23
商都县				48	26	22	41	17	24
兴和县				55	26	29	46	27	19
凉城县				10	6	4	16	5	11
察哈尔右翼前旗				55	38	17	71	39	32
察哈尔右翼中旗				12	5	7	15	7	8
察哈尔右翼后旗				23	12	11	41	20	21
四子王旗				58	31	27	63	31	32
丰镇市				59	51	8	326	272	54
兴安盟				**1757**	**986**	**771**	**5382**	**2806**	**2576**
乌兰浩特市				88	56	32	532	293	239
阿尔山市				46	23	23	145	83	62
科尔沁右翼前旗				465	276	189	1737	921	816
科尔沁右翼中旗				388	229	159	1052	580	472
扎赉特旗				421	215	206	981	498	483
突泉县				349	187	162	935	431	504
锡林郭勒盟				**1694**	**1059**	**635**	**1395**	**805**	**590**
二连浩特市				24	22	2	7	6	1
锡林浩特市				12	10	2	7	3	4
阿巴嘎旗				94	72	22	75	66	9
苏尼特左旗				29	18	11	26	17	9
苏尼特右旗				54	33	21	58	34	24
东乌珠穆沁旗				174	106	68	103	48	55
西乌珠穆沁旗				641	405	236	476	269	207
太仆寺旗				53	25	28	40	19	21
镶黄旗				24	17	7	15	11	4
正镶白旗				25	16	9	32	15	17
正蓝旗				84	45	39	73	36	37
多伦县				382	233	149	268	146	122
乌拉盖管委会				98	57	41	215	135	80
阿拉善盟				**410**	**251**	**159**	**349**	**195**	**154**
阿拉善左旗				212	133	79	185	95	90
阿拉善右旗				20	12	8	12	9	3
额济纳旗				74	44	30	69	40	29
内蒙古阿拉善经济开发区				104	62	42	83	51	32

7-3b 续表 9

单位：人

现住地	户口登记地								
	黑龙江			上海			江苏		
	小计	男	女	小计	男	女	小计	男	女
内蒙古	**41983**	**21981**	**20002**	**220**	**140**	**80**	**7512**	**5337**	**2175**
呼和浩特市	**1139**	**593**	**546**	**37**	**22**	**15**	**633**	**492**	**141**
新城区							3	1	2
回民区									
玉泉区									
赛罕区	8	5	3				2	2	
土默特左旗	215	117	98	3	2	1	95	67	28
托克托县	81	49	32	4	3	1	50	46	4
和林格尔县	211	95	116	6	3	3	79	61	18
清水河县	12	8	4	1	1		6	4	2
武川县	34	13	21	1		1	41	30	11
呼和浩特经济技术开发区	578	306	272	22	13	9	357	281	76
包头市	**1033**	**545**	**488**	**34**	**22**	**12**	**874**	**624**	**250**
东河区	79	41	38				48	30	18
昆都仑区	23	19	4				12	12	
青山区	9	7	2	1	1		6	6	
石拐区	30	17	13				19	16	3
白云鄂博矿区									
九原区	75	46	29	1	1		62	45	17
土默特右旗	102	54	48	3	2	1	51	40	11
固阳县	44	24	20	1	1		16	11	5
达尔罕茂明安联合旗	24	8	16				22	15	7
包头稀土高新技术产业开发区	647	329	318	28	17	11	638	449	189
乌海市	**242**	**172**	**70**				**127**	**104**	**23**
海勃湾区	25	12	13				2	1	1
海南区	192	140	52				114	96	18
乌达区	25	20	5				11	7	4
赤峰市	**2075**	**1071**	**1004**	**19**	**12**	**7**	**487**	**291**	**196**
红山区	94	56	38				44	27	17
元宝山区	86	52	34				17	11	6
松山区	27	10	17				6	4	2
阿鲁科尔沁旗	127	61	66	1	1		84	47	37
巴林左旗	219	120	99	1		1	88	55	33
巴林右旗	275	145	130	3	2	1	29	17	12
林西县	184	99	85	1	1		50	31	19
克什克腾旗	116	59	57	1		1	23	14	9
翁牛特旗	159	77	82	7	5	2	35	24	11
喀喇沁旗	190	96	94	1	1		44	22	22
宁城县	354	181	173				40	22	18
敖汉旗	244	115	129	4	2	2	27	17	10

7-3b 续表 10

单位：人

现住地	户口登记地								
	黑龙江			上海			江苏		
	小计	男	女	小计	男	女	小计	男	女
通辽市	**2343**	**1226**	**1117**	**26**	**19**	**7**	**783**	**500**	**283**
科尔沁区	113	54	59	2	2		26	19	7
科尔沁左翼中旗	273	140	133	3	2	1	32	17	15
科尔沁左翼后旗	227	115	112	3		3	47	30	17
开鲁县	309	162	147	2	1	1	99	56	43
库伦旗	85	41	44	1	1		161	85	76
奈曼旗	245	118	127	1	1		92	48	44
扎鲁特旗	305	165	140	1	1		70	47	23
通辽经济技术开发区	785	430	355	13	11	2	255	197	58
霍林郭勒市	1	1					1	1	
鄂尔多斯市	**4088**	**2382**	**1706**	**32**	**25**	**7**	**2082**	**1627**	**455**
东胜区	11	7	4				16	14	2
康巴什区									
达拉特旗	367	201	166	8	6	2	240	184	56
准格尔旗	906	521	385	5	4	1	395	323	72
鄂托克前旗	56	28	28	1	1		128	96	32
鄂托克旗	494	257	237	3	3		217	134	83
杭锦旗	144	90	54	2	2		88	70	18
乌审旗	668	423	245	1	1		332	269	63
伊金霍洛旗	1442	855	587	12	8	4	666	537	129
呼伦贝尔市	**21784**	**11211**	**10573**	**20**	**8**	**12**	**373**	**237**	**136**
海拉尔区	85	37	48						
扎赉诺尔区	221	117	104				1	1	
阿荣旗	2760	1370	1390	2		2	66	37	29
莫力达瓦达斡尔族自治旗	2914	1443	1471	2	2		19	11	8
鄂伦春自治旗	5574	2679	2895	1		1	64	44	20
鄂温克族自治旗	3825	1999	1826	9	3	6	124	80	44
陈巴尔虎旗	1837	1078	759	1	1		38	28	10
新巴尔虎左旗	525	358	167				3	3	
新巴尔虎右旗	546	284	262				17	9	8
满洲里市	471	258	213				1	1	
牙克石市	1970	1032	938	1		1	13	8	5
扎兰屯市	695	358	337	3	2	1	9	5	4
额尔古纳市	138	70	68				2	1	1
根河市	223	128	95	1		1	16	9	7
巴彦淖尔市	**1116**	**627**	**489**	**8**	**4**	**4**	**292**	**186**	**106**
临河区	19	8	11	1		1	3	3	
五原县	100	46	54	2	1	1	58	34	24
磴口县	43	21	22	1		1	40	20	20
乌拉特前旗	118	67	51	2	2		76	49	27
乌拉特中旗	721	424	297				62	43	19
乌拉特后旗	48	30	18				33	26	7
杭锦后旗	67	31	36	2	1	1	20	11	9

7-3b　续表 11　　　　单位：人

现住地	黑龙江 小计	黑龙江 男	黑龙江 女	上海 小计	上海 男	上海 女	江苏 小计	江苏 男	江苏 女
乌兰察布市	**406**	**211**	**195**	**10**	**8**	**2**	**348**	**230**	**118**
集宁区	9	2	7				9	6	3
卓资县	30	16	14				20	14	6
化德县	40	23	17				37	23	14
商都县	77	37	40	1	1		36	22	14
兴和县	42	22	20				25	14	11
凉城县	10	3	7				25	12	13
察哈尔右翼前旗	48	25	23	3	2	1	75	48	27
察哈尔右翼中旗	16	7	9				10	9	1
察哈尔右翼后旗	26	15	11				34	25	9
四子王旗	80	42	38	1	1		32	15	17
丰镇市	28	19	9	5	4	1	45	42	3
兴安盟	**5936**	**2893**	**3043**	**15**	**9**	**6**	**224**	**151**	**73**
乌兰浩特市	127	64	63	1	1		15	11	4
阿尔山市	63	28	35				3	2	1
科尔沁右翼前旗	544	274	270	3	1	2	65	40	25
科尔沁右翼中旗	281	159	122	3	2	1	65	51	14
扎赉特旗	4624	2213	2411	5	4	1	44	27	17
突泉县	297	155	142	3	1	2	32	20	12
锡林郭勒盟	**1343**	**770**	**573**	**10**	**7**	**3**	**344**	**230**	**114**
二连浩特市	48	31	17				14	13	1
锡林浩特市	27	20	7				4	4	
阿巴嘎旗	76	67	9				11	7	4
苏尼特左旗	22	11	11				19	12	7
苏尼特右旗	83	50	33	3	2	1	35	26	9
东乌珠穆沁旗	104	55	49	1	1		37	22	15
西乌珠穆沁旗	316	160	156	4	3	1	55	38	17
太仆寺旗	51	28	23	1		1	37	31	6
镶黄旗	25	16	9				21	11	10
正镶白旗	40	26	14				14	8	6
正蓝旗	86	46	40	1	1		35	21	14
多伦县	345	176	169				53	31	22
乌拉盖管委会	120	84	36				9	6	3
阿拉善盟	**478**	**280**	**198**	**9**	**4**	**5**	**945**	**665**	**280**
阿拉善左旗	154	86	68	8	4	4	269	171	98
阿拉善右旗	15	8	7				127	107	20
额济纳旗	159	106	53	1		1	143	82	61
内蒙古阿拉善经济开发区	150	80	70				406	305	101

7-3b 续表 12　　单位：人

现住地	户口登记地								
	浙江			安徽			福建		
	小计	男	女	小计	男	女	小计	男	女
内蒙古	**4296**	**2649**	**1647**	**9610**	**6070**	**3540**	**2986**	**2110**	**876**
呼和浩特市	**388**	**229**	**159**	**628**	**368**	**260**	**288**	**193**	**95**
新城区									
回民区									
玉泉区									
赛罕区	4	2	2	13	7	6	1	1	
土默特左旗	76	41	35	96	55	41	49	38	11
托克托县	39	22	17	79	67	12	34	29	5
和林格尔县	41	25	16	164	88	76	48	26	22
清水河县	30	18	12	3	1	2			
武川县	24	12	12	13	7	6	9	5	4
呼和浩特经济技术开发区	174	109	65	260	143	117	147	94	53
包头市	**333**	**203**	**130**	**949**	**554**	**395**	**694**	**512**	**182**
东河区	22	15	7	19	13	6	39	24	15
昆都仑区	1	1					83	82	1
青山区	5	4	1	4	4		10	10	
石拐区				3	2	1	153	121	32
白云鄂博矿区									
九原区	21	14	7	72	44	28	20	16	4
土默特右旗	73	41	32	55	30	25	66	47	19
固阳县	25	17	8	25	16	9	17	13	4
达尔罕茂明安联合旗	13	5	8	13	9	4	50	42	8
包头稀土高新技术产业开发区	173	106	67	758	436	322	256	157	99
乌海市	**50**	**39**	**11**	**75**	**44**	**31**	**12**	**12**	
海勃湾区	2	1	1	12	5	7			
海南区	44	35	9	58	35	23	12	12	
乌达区	4	3	1	5	4	1			
赤峰市	**444**	**261**	**183**	**440**	**268**	**172**	**272**	**168**	**104**
红山区	10	8	2	100	68	32	36	23	13
元宝山区	4	3	1	1		1	5	5	
松山区	6	4	2	10	6	4	2	1	1
阿鲁科尔沁旗	40	21	19	18	9	9	14	7	7
巴林左旗	50	30	20	27	20	7	15	11	4
巴林右旗	41	24	17	38	26	12	33	16	17
林西县	73	48	25	42	25	17	23	14	9
克什克腾旗	33	15	18	17	10	7	13	9	4
翁牛特旗	23	14	9	20	12	8	34	22	12
喀喇沁旗	46	24	22	85	48	37	26	15	11
宁城县	50	29	21	59	32	27	38	24	14
敖汉旗	68	41	27	23	12	11	33	21	12

7-3b　续表 13　　　　单位：人

现住地	户口登记地								
	浙江			安徽			福建		
	小计	男	女	小计	男	女	小计	男	女
通辽市	**640**	**400**	**240**	**512**	**311**	**201**	**217**	**148**	**69**
科尔沁区	20	14	6	11	7	4	3	1	2
科尔沁左翼中旗	60	32	28	67	40	27	25	13	12
科尔沁左翼后旗	55	32	23	35	20	15	10	7	3
开鲁县	128	78	50	67	35	32	8	6	2
库伦旗	99	77	22	30	20	10	5	4	1
奈曼旗	81	46	35	93	50	43	27	18	9
扎鲁特旗	94	55	39	43	26	17	14	12	2
通辽经济技术开发区	103	66	37	166	113	53	125	87	38
霍林郭勒市									
鄂尔多斯市	**812**	**510**	**302**	**3694**	**2613**	**1081**	**590**	**429**	**161**
东胜区				449	384	65	4	4	
康巴什区									
达拉特旗	128	87	41	153	101	52	97	65	32
准格尔旗	223	138	85	883	723	160	218	159	59
鄂托克前旗	37	24	13	317	201	116	13	11	2
鄂托克旗	98	61	37	470	268	202	72	57	15
杭锦旗	51	35	16	136	86	50	24	13	11
乌审旗	89	57	32	762	471	291	57	42	15
伊金霍洛旗	186	108	78	524	379	145	105	78	27
呼伦贝尔市	**248**	**157**	**91**	**310**	**189**	**121**	**97**	**63**	**34**
海拉尔区	1	1		1	1				
扎赉诺尔区				5	4	1	3	2	1
阿荣旗	27	14	13	45	26	19	25	14	11
莫力达瓦达斡尔族自治旗	16	8	8	36	21	15	16	9	7
鄂伦春自治旗	37	22	15	60	33	27	7	5	2
鄂温克族自治旗	38	19	19	57	34	23	4	3	1
陈巴尔虎旗	8	5	3	11	7	4	12	9	3
新巴尔虎左旗	8	5	3	4	2	2	2	2	
新巴尔虎右旗	6	5	1	17	8	9	6	4	2
满洲里市				3	2	1	5	2	3
牙克石市	16	8	8	37	28	9	4	2	2
扎兰屯市	9	6	3	15	8	7	1	1	
额尔古纳市	3	1	2	4	3	1			
根河市	79	63	16	15	12	3	12	10	2
巴彦淖尔市	**312**	**190**	**122**	**898**	**514**	**384**	**150**	**109**	**41**
临河区				37	22	15			
五原县	66	35	31	279	152	127	4	4	
磴口县	39	22	17	61	34	27	8	5	3
乌拉特前旗	71	41	30	263	153	110	33	24	9
乌拉特中旗	49	35	14	97	55	42	68	50	18
乌拉特后旗	49	35	14	84	50	34	27	20	7
杭锦后旗	38	22	16	77	48	29	10	6	4

7-3b 续表 14 单位：人

现住地	户口登记地								
	浙江			安徽			福建		
	小计	男	女	小计	男	女	小计	男	女
乌兰察布市	**348**	**215**	**133**	**403**	**255**	**148**	**139**	**104**	**35**
集宁区	4	2	2	4		4	1	1	
卓资县	38	24	14	64	28	36	11	7	4
化德县	22	14	8	17	8	9	12	8	4
商都县	44	25	19	37	20	17	7	4	3
兴和县	42	27	15	27	18	9	25	23	2
凉城县	38	23	15	13	3	10	22	19	3
察哈尔右翼前旗	32	20	12	78	49	29	17	11	6
察哈尔右翼中旗	23	12	11	16	12	4	7	6	1
察哈尔右翼后旗	38	23	15	99	80	19	11	7	4
四子王旗	37	21	16	15	6	9	22	14	8
丰镇市	30	24	6	33	31	2	4	4	
兴安盟	**158**	**96**	**62**	**195**	**116**	**79**	**61**	**30**	**31**
乌兰浩特市	9	7	2	12	6	6			
阿尔山市	3	1	2	2	1	1	5	3	2
科尔沁右翼前旗	21	11	10	46	33	13	18	10	8
科尔沁右翼中旗	59	32	27	26	17	9	14	7	7
扎赉特旗	44	30	14	83	45	38	12	7	5
突泉县	22	15	7	26	14	12	12	3	9
锡林郭勒盟	**287**	**164**	**123**	**247**	**152**	**95**	**193**	**153**	**40**
二连浩特市	9	6	3	4	2	2	8	6	2
锡林浩特市									
阿巴嘎旗	15	8	7	12	7	5			
苏尼特左旗	13	7	6	7	5	2	3	1	2
苏尼特右旗	31	17	14	23	14	9	6	6	
东乌珠穆沁旗	24	14	10	25	15	10	6	5	1
西乌珠穆沁旗	52	30	22	33	20	13	5	3	2
太仆寺旗	28	12	16	30	18	12	3	1	2
镶黄旗	19	14	5	14	12	2	118	106	12
正镶白旗	12	5	7	11	9	2	1	1	
正蓝旗	14	9	5	12	8	4	18	9	9
多伦县	64	39	25	74	41	33	19	11	8
乌拉盖管委会	6	3	3	2	1	1	6	4	2
阿拉善盟	**276**	**185**	**91**	**1259**	**686**	**573**	**273**	**189**	**84**
阿拉善左旗	147	92	55	852	460	392	231	155	76
阿拉善右旗	23	14	9	22	16	6	7	6	1
额济纳旗	61	45	16	292	148	144	13	9	4
内蒙古阿拉善经济开发区	45	34	11	93	62	31	22	19	3

7-3b　续表 15　　　　单位：人

现住地	户口登记地								
	江西			山东			河南		
	小计	男	女	小计	男	女	小计	男	女
内蒙古	**2629**	**1528**	**1101**	**20634**	**13923**	**6711**	**27590**	**18701**	**8889**
呼和浩特市	**370**	**199**	**171**	**2159**	**1442**	**717**	**2315**	**1528**	**787**
新城区				5	5		12	8	4
回民区									
玉泉区									
赛罕区				1	1		11	10	1
土默特左旗	55	30	25	369	236	133	409	232	177
托克托县	21	15	6	133	103	30	328	270	58
和林格尔县	191	99	92	148	73	75	414	219	195
清水河县	12	5	7	21	15	6	44	32	12
武川县	21	8	13	38	26	12	77	53	24
呼和浩特经济技术开发区	70	42	28	1444	983	461	1020	704	316
包头市	**264**	**159**	**105**	**1406**	**883**	**523**	**3906**	**2474**	**1432**
东河区	21	15	6	52	32	20	257	162	95
昆都仑区	2	2		19	15	4	40	37	3
青山区	9	7	2	18	10	8	17	14	3
石拐区	8	7	1	103	80	23	237	192	45
白云鄂博矿区									
九原区	26	22	4	121	79	42	408	254	154
土默特右旗	32	16	16	163	100	63	208	124	84
固阳县	18	8	10	43	24	19	143	90	53
达尔罕茂明安联合旗	6	2	4	28	18	10	92	74	18
包头稀土高新技术产业开发区	142	80	62	859	525	334	2504	1527	977
乌海市	**4**	**3**	**1**	**451**	**403**	**48**	**653**	**462**	**191**
海勃湾区				17	10	7	80	50	30
海南区	3	2	1	365	329	36	509	367	142
乌达区	1	1		69	64	5	64	45	19
赤峰市	**194**	**97**	**97**	**1065**	**562**	**503**	**1164**	**703**	**461**
红山区	10	4	6	71	46	25	112	73	39
元宝山区	2	2		24	15	9	71	38	33
松山区				15	9	6	24	19	5
阿鲁科尔沁旗	18	6	12	85	42	43	109	67	42
巴林左旗	12	6	6	107	61	46	134	73	61
巴林右旗	15	9	6	80	45	35	78	44	34
林西县	30	13	17	174	99	75	152	111	41
克什克腾旗	13	7	6	98	52	46	139	97	42
翁牛特旗	13	6	7	99	41	58	89	50	39
喀喇沁旗	13	7	6	89	42	47	78	41	37
宁城县	58	31	27	137	70	67	82	45	37
敖汉旗	10	6	4	86	40	46	96	45	51

7–3b 续表 16

单位：人

现住地	户口登记地								
	江西			山东			河南		
	小计	男	女	小计	男	女	小计	男	女
通辽市	**156**	**89**	**67**	**1220**	**740**	**480**	**1265**	**845**	**420**
科尔沁区	3	3		53	43	10	97	68	29
科尔沁左翼中旗	21	14	7	93	50	43	94	56	38
科尔沁左翼后旗	11	5	6	67	45	22	74	48	26
开鲁县	28	16	12	297	179	118	244	174	70
库伦旗	23	13	10	36	21	15	185	119	66
奈曼旗	28	11	17	131	80	51	145	89	56
扎鲁特旗	10	5	5	109	64	45	86	59	27
通辽经济技术开发区	32	22	10	434	258	176	338	230	108
霍林郭勒市							2	2	
鄂尔多斯市	**516**	**331**	**185**	**9170**	**6588**	**2582**	**10502**	**7781**	**2721**
东胜区	3	3		38	35	3	102	91	11
康巴什区									
达拉特旗	71	45	26	1268	872	396	1284	954	330
准格尔旗	96	55	41	1405	1175	230	2134	1562	572
鄂托克前旗	18	9	9	3538	2306	1232	434	309	125
鄂托克旗	24	13	11	565	415	150	1394	871	523
杭锦旗	40	26	14	186	155	31	713	560	153
乌审旗	120	92	28	611	455	156	1543	1212	331
伊金霍洛旗	144	88	56	1559	1175	384	2898	2222	676
呼伦贝尔市	**165**	**89**	**76**	**1418**	**816**	**602**	**660**	**431**	**229**
海拉尔区							3	3	
扎赉诺尔区				26	15	11	1	1	
阿荣旗	4	2	2	278	165	113	133	93	40
莫力达瓦达斡尔族自治旗	10	5	5	115	64	51	55	29	26
鄂伦春自治旗	47	22	25	252	127	125	86	48	38
鄂温克族自治旗	28	13	15	225	126	99	131	72	59
陈巴尔虎旗	22	13	9	81	48	33	43	38	5
新巴尔虎左旗	15	10	5	36	24	12	22	18	4
新巴尔虎右旗	17	11	6	41	29	12	24	16	8
满洲里市	1		1	7	4	3	10	6	4
牙克石市	11	8	3	164	101	63	56	37	19
扎兰屯市	4	3	1	73	41	32	27	12	15
额尔古纳市	2		2	30	16	14	10	8	2
根河市	4	2	2	90	56	34	59	50	9
巴彦淖尔市	**101**	**53**	**48**	**821**	**540**	**281**	**1686**	**1036**	**650**
临河区				16	10	6	42	25	17
五原县	17	10	7	125	68	57	286	159	127
磴口县	15	8	7	64	37	27	161	87	74
乌拉特前旗	17	7	10	153	101	52	492	303	189
乌拉特中旗	21	11	10	297	225	72	304	215	89
乌拉特后旗	14	8	6	88	56	32	222	140	82
杭锦后旗	17	9	8	78	43	35	179	107	72

7-3b 续表 17

单位：人

现住地	户口登记地								
	江西			山东			河南		
	小计	男	女	小计	男	女	小计	男	女
乌兰察布市	**218**	**125**	**93**	**498**	**319**	**179**	**925**	**614**	**311**
集宁区	3	3		20	10	10	37	18	19
卓资县	25	12	13	35	27	8	42	28	14
化德县	19	10	9	34	20	14	62	34	28
商都县	33	20	13	46	32	14	88	62	26
兴和县	20	12	8	73	50	23	104	65	39
凉城县	12	5	7	21	10	11	44	32	12
察哈尔右翼前旗	18	12	6	118	70	48	235	163	72
察哈尔右翼中旗	31	18	13	21	12	9	35	17	18
察哈尔右翼后旗	25	13	12	45	27	18	89	53	36
四子王旗	25	16	9	52	31	21	82	46	36
丰镇市	7	4	3	33	30	3	107	96	11
兴安盟	**143**	**77**	**66**	**484**	**330**	**154**	**447**	**270**	**177**
乌兰浩特市	1		1	14	9	5	23	15	8
阿尔山市				16	9	7	11	8	3
科尔沁右翼前旗	12	5	7	100	61	39	115	66	49
科尔沁右翼中旗	57	31	26	182	147	35	128	99	29
扎赉特旗	51	28	23	116	68	48	110	55	55
突泉县	22	13	9	56	36	20	60	27	33
锡林郭勒盟	**258**	**148**	**110**	**750**	**531**	**219**	**1076**	**715**	**361**
二连浩特市	1	1		26	24	2	31	24	7
锡林浩特市				5	4	1	11	9	2
阿巴嘎旗	14	7	7	29	26	3	83	70	13
苏尼特左旗	19	9	10	14	12	2	39	24	15
苏尼特右旗	17	8	9	73	59	14	94	69	25
东乌珠穆沁旗	18	8	10	51	34	17	128	86	42
西乌珠穆沁旗	23	13	10	93	67	26	159	103	56
太仆寺旗	20	12	8	45	23	22	67	36	31
镶黄旗	61	48	13	34	28	6	72	61	11
正镶白旗	24	12	12	20	14	6	38	24	14
正蓝旗	20	12	8	61	39	22	66	39	27
多伦县	30	13	17	173	91	82	251	148	103
乌拉盖管委会	11	5	6	126	110	16	37	22	15
阿拉善盟	**240**	**158**	**82**	**1192**	**769**	**423**	**2991**	**1842**	**1149**
阿拉善左旗	187	130	57	565	382	183	1678	1011	667
阿拉善右旗	7	5	2	64	57	7	162	98	64
额济纳旗	37	18	19	427	225	202	492	266	226
内蒙古阿拉善经济开发区	9	5	4	136	105	31	659	467	192

7-3b 续表 18 单位：人

现住地	户口登记地								
	湖北			湖南			广东		
	小计	男	女	小计	男	女	小计	男	女
内蒙古	**5253**	**3326**	**1927**	**2730**	**1668**	**1062**	**1447**	**749**	**698**
呼和浩特市	**413**	**235**	**178**	**282**	**153**	**129**	**233**	**120**	**113**
新城区							5		5
回民区									
玉泉区									
赛罕区									
土默特左旗	86	42	44	51	32	19	38	20	18
托克托县	55	35	20	19	13	6	14	9	5
和林格尔县	96	59	37	98	41	57	78	33	45
清水河县	6	3	3				2	2	
武川县	25	13	12	1		1	10	5	5
呼和浩特经济技术开发区	145	83	62	113	67	46	86	51	35
包头市	**531**	**336**	**195**	**272**	**169**	**103**	**146**	**67**	**79**
东河区	31	18	13	7	4	3	8	3	5
昆都仑区	1	1		3	2	1			
青山区	9	9							
石拐区	11	9	2	13	12	1	6	1	5
白云鄂博矿区									
九原区	32	22	10	40	33	7	5	4	1
土默特右旗	38	20	18	26	17	9	16	6	10
固阳县	21	11	10	5	3	2	4	1	3
达尔罕茂明安联合旗	12	8	4	9	5	4	5	3	2
包头稀土高新技术产业开发区	376	238	138	169	93	76	102	49	53
乌海市	**84**	**71**	**13**	**27**	**15**	**12**	**13**	**10**	**3**
海勃湾区	7	3	4				1		1
海南区	71	64	7	23	13	10	11	10	1
乌达区	6	4	2	4	2	2	1		1
赤峰市	**284**	**146**	**138**	**164**	**98**	**66**	**168**	**76**	**92**
红山区	10	9	1	4	3	1	11	8	3
元宝山区	5	1	4	3	2	1	6	5	1
松山区	8	5	3	2	2		2	2	
阿鲁科尔沁旗	21	9	12	13	7	6	38	20	18
巴林左旗	34	26	8	11	8	3	18	9	9
巴林右旗	16	6	10	11	5	6	14	6	8
林西县	20	12	8	33	23	10	12	5	7
克什克腾旗	63	32	31	22	11	11	19	7	12
翁牛特旗	23	7	16	7	3	4	5	2	3
喀喇沁旗	38	21	17	14	7	7	14	3	11
宁城县	24	8	16	27	15	12	20	7	13
敖汉旗	22	10	12	17	12	5	9	2	7

7-3b 续表 19 单位：人

现住地	户口登记地								
	湖北			湖南			广东		
	小计	男	女	小计	男	女	小计	男	女
通辽市	**256**	**162**	**94**	**192**	**105**	**87**	**270**	**138**	**132**
科尔沁区				3	1	2	3	2	1
科尔沁左翼中旗	21	12	9	40	21	19	15	7	8
科尔沁左翼后旗	21	15	6	16	10	6	14	7	7
开鲁县	27	16	11	32	19	13	25	12	13
库伦旗	29	21	8	7	4	3	76	39	37
奈曼旗	15	8	7	33	15	18	73	40	33
扎鲁特旗	29	13	16	14	8	6	16	3	13
通辽经济技术开发区	114	77	37	47	27	20	48	28	20
霍林郭勒市									
鄂尔多斯市	**1845**	**1250**	**595**	**892**	**602**	**290**	**219**	**137**	**82**
东胜区	29	28	1	1	1				
康巴什区									
达拉特旗	198	124	74	80	49	31	25	16	9
准格尔旗	317	198	119	99	69	30	59	42	17
鄂托克前旗	53	32	21	21	9	12	22	14	8
鄂托克旗	155	93	62	49	30	19	44	24	20
杭锦旗	92	53	39	43	35	8	11	6	5
乌审旗	342	260	82	277	185	92	24	14	10
伊金霍洛旗	659	462	197	322	224	98	34	21	13
呼伦贝尔市	**169**	**121**	**48**	**102**	**55**	**47**	**97**	**47**	**50**
海拉尔区									
扎赉诺尔区									
阿荣旗	19	9	10	8	3	5	15	6	9
莫力达瓦达斡尔族自治旗	3	2	1	3	3		11	9	2
鄂伦春自治旗	18	8	10	6	3	3	21	7	14
鄂温克族自治旗	23	14	9	34	15	19	20	11	9
陈巴尔虎旗	12	9	3	1	1		8	4	4
新巴尔虎左旗	13	11	2	7	5	2	3	1	2
新巴尔虎右旗	6	4	2	9	4	5	1		1
满洲里市				1	1		2	2	
牙克石市	12	8	4	13	5	8	7	2	5
扎兰屯市	3	1	2	11	8	3	4	3	1
额尔古纳市	2	2		3	1	2	3	1	2
根河市	58	53	5	6	6		2	1	1
巴彦淖尔市	**294**	**180**	**114**	**139**	**76**	**63**	**78**	**40**	**38**
临河区	6	4	2				2	1	1
五原县	80	44	36	20	7	13	15	8	7
磴口县	26	18	8	8	5	3	4	3	1
乌拉特前旗	67	43	24	23	11	12	24	14	10
乌拉特中旗	41	25	16	28	17	11	14	8	6
乌拉特后旗	28	18	10	22	14	8	7	1	6
杭锦后旗	46	28	18	38	22	16	12	5	7

7－3b 续表 20 单位：人

现住地	户口登记地								
	湖北			湖南			广东		
	小计	男	女	小计	男	女	小计	男	女
乌兰察布市	**482**	**289**	**193**	**106**	**62**	**44**	**59**	**32**	**27**
集宁区	4	1	3				3	2	1
卓资县	40	21	19	1		1	9	7	2
化德县	27	16	11	17	10	7	4	1	3
商都县	32	16	16	17	9	8	5	3	2
兴和县	36	23	13	5	3	2	2		2
凉城县	39	22	17	6		6	5	3	2
察哈尔右翼前旗	106	60	46	21	10	11	12	8	4
察哈尔右翼中旗	33	15	18	2	2		5	2	3
察哈尔右翼后旗	32	19	13	6	4	2	9	4	5
四子王旗	40	18	22	11	6	5	5	2	3
丰镇市	93	78	15	20	18	2			
兴安盟	**93**	**51**	**42**	**85**	**50**	**35**	**66**	**31**	**35**
乌兰浩特市				3		3	3	1	2
阿尔山市	1		1	1		1	1	1	
科尔沁右翼前旗	15	9	6	11	6	5	23	7	16
科尔沁右翼中旗	29	19	10	50	35	15	10	8	2
扎赉特旗	28	11	17	6	1	5	17	9	8
突泉县	20	12	8	14	8	6	12	5	7
锡林郭勒盟	**216**	**116**	**100**	**124**	**79**	**45**	**33**	**16**	**17**
二连浩特市	2	1	1	2	2				
锡林浩特市	2	2		1	1				
阿巴嘎旗	12	9	3	9	6	3	1	1	
苏尼特左旗	7	2	5	4	1	3			
苏尼特右旗	36	17	19	12	6	6	5	3	2
东乌珠穆沁旗	12	5	7	11	6	5	1		1
西乌珠穆沁旗	24	13	11	21	9	12	6	2	4
太仆寺旗	20	11	9	14	12	2	1		1
镶黄旗	9	6	3	4	3	1	2	1	1
正镶白旗	9	5	4	1	1		2	1	1
正蓝旗	8	3	5	1		1	3	3	
多伦县	66	37	29	41	30	11	10	4	6
乌拉盖管委会	9	5	4	3	2	1	2	1	1
阿拉善盟	**586**	**369**	**217**	**345**	**204**	**141**	**65**	**35**	**30**
阿拉善左旗	261	146	115	151	83	68	35	22	13
阿拉善右旗	11	7	4	20	11	9	5	3	2
额济纳旗	170	89	81	98	50	48	20	7	13
内蒙古阿拉善经济开发区	144	127	17	76	60	16	5	3	2

7–3b　续表 21

单位：人

现住地	户口登记地								
	广西			海南			重庆		
	小计	男	女	小计	男	女	小计	男	女
内蒙古	**791**	**368**	**423**	**408**	**187**	**221**	**2982**	**1876**	**1106**
呼和浩特市	**227**	**93**	**134**	**116**	**58**	**58**	**412**	**249**	**163**
新城区							6	3	3
回民区									
玉泉区									
赛罕区									
土默特左旗	68	37	31	20	15	5	48	24	24
托克托县	11	4	7	2	1	1	32	19	13
和林格尔县	115	36	79	51	19	32	133	71	62
清水河县	1		1	1		1	9	6	3
武川县	3	1	2	1		1	15	7	8
呼和浩特经济技术开发区	29	15	14	41	23	18	169	119	50
包头市	**57**	**27**	**30**	**34**	**16**	**18**	**214**	**145**	**69**
东河区	3	2	1				19	11	8
昆都仑区							3	2	1
青山区	1		1				4	2	2
石拐区	1		1				11	7	4
白云鄂博矿区									
九原区	12	6	6				2	2	
土默特右旗	8	2	6	5	3	2	17	11	6
固阳县	4	1	3				8	4	4
达尔罕茂明安联合旗	1	1		1		1	2	1	1
包头稀土高新技术产业开发区	27	15	12	28	13	15	148	105	43
乌海市	**5**	**1**	**4**				**72**	**49**	**23**
海勃湾区									
海南区	5	1	4				65	45	20
乌达区							7	4	3
赤峰市	**72**	**24**	**48**	**31**	**16**	**15**	**118**	**67**	**51**
红山区	2	2		2	1	1	7	4	3
元宝山区	4	1	3	1	1		4	1	3
松山区	4	1	3				3		3
阿鲁科尔沁旗	4	2	2	2	2		15	8	7
巴林左旗	6	2	4	1	1		9	4	5
巴林右旗	2		2	2	1	1	8	5	3
林西县	10	6	4	1		1	13	8	5
克什克腾旗	5	1	4	4	2	2	8	6	2
翁牛特旗	8	2	6	5	2	3	7	5	2
喀喇沁旗	8	3	5	5	3	2	18	9	9
宁城县	14	1	13	4	1	3	16	12	4
敖汉旗	5	3	2	4	2	2	10	5	5

7－3b　续表 22　　　　单位：人

现住地	户口登记地								
	广西			海南			重庆		
	小计	男	女	小计	男	女	小计	男	女
通辽市	**43**	**14**	**29**	**40**	**17**	**23**	**136**	**81**	**55**
科尔沁区	3	1	2				1	1	
科尔沁左翼中旗	2		2	3	1	2	6	3	3
科尔沁左翼后旗	3	2	1				12	7	5
开鲁县	2		2	3	2	1	28	15	13
库伦旗	3	1	2	5	2	3	18	13	5
奈曼旗	1	1		5	2	3	13	3	10
扎鲁特旗	8	3	5	2	1	1	18	11	7
通辽经济技术开发区	21	6	15	22	9	13	40	28	12
霍林郭勒市									
鄂尔多斯市	**161**	**107**	**54**	**49**	**22**	**27**	**895**	**619**	**276**
东胜区							5	3	2
康巴什区									
达拉特旗	30	18	12	8	4	4	156	96	60
准格尔旗	19	14	5	14	6	8	147	87	60
鄂托克前旗	7	7		2	1	1	29	17	12
鄂托克旗	28	14	14	7	3	4	74	47	27
杭锦旗	6	4	2				41	36	5
乌审旗	10	5	5	5	3	2	214	174	40
伊金霍洛旗	61	45	16	13	5	8	229	159	70
呼伦贝尔市	**44**	**17**	**27**	**55**	**25**	**30**	**134**	**93**	**41**
海拉尔区									
扎赉诺尔区									
阿荣旗	6	2	4	2		2	15	9	6
莫力达瓦达斡尔族自治旗	3	1	2	3	2	1	13	7	6
鄂伦春自治旗	10	3	7	7	2	5	25	12	13
鄂温克族自治旗	7	2	5	27	17	10	13	9	4
陈巴尔虎旗	9	4	5	1		1	1	1	
新巴尔虎左旗									
新巴尔虎右旗							1		1
满洲里市									
牙克石市	6	3	3	7	2	5	13	9	4
扎兰屯市				1		1			
额尔古纳市	3	2	1	4	2	2			
根河市				3		3	53	46	7
巴彦淖尔市	**40**	**19**	**21**	**19**	**7**	**12**	**289**	**147**	**142**
临河区							2	2	
五原县	6	3	3	6	2	4	38	19	19
磴口县	4	1	3	3	1	2	34	16	18
乌拉特前旗	12	6	6	5	2	3	157	77	80
乌拉特中旗	5	3	2	1	1		23	13	10
乌拉特后旗	10	5	5				7	5	2
杭锦后旗	3	1	2	4	1	3	28	15	13

7-3b 续表 23

单位：人

现住地	户口登记地								
	广西			海南			重庆		
	小计	男	女	小计	男	女	小计	男	女
乌兰察布市	**43**	**18**	**25**	**11**	**6**	**5**	**153**	**86**	**67**
集宁区	2	1	1						
卓资县	7	2	5	1		1	11	6	5
化德县	6	1	5	1	1		15	6	9
商都县	5	2	3	1	1		13	7	6
兴和县	4	3	1				8	3	5
凉城县	5	1	4				18	8	10
察哈尔右翼前旗	3	2	1	1		1	31	19	12
察哈尔右翼中旗	2	1	1	1	1		4		4
察哈尔右翼后旗	3	2	1	2	1	1	12	8	4
四子王旗	3	1	2				11	4	7
丰镇市	3	2	1	4	2	2	30	25	5
兴安盟	**15**	**2**	**13**	**22**	**9**	**13**	**55**	**32**	**23**
乌兰浩特市	1		1	1	1		2	2	
阿尔山市	1		1				4	2	2
科尔沁右翼前旗	1		1	12	3	9	15	10	5
科尔沁右翼中旗	2		2	1	1		18	13	5
扎赉特旗	5	1	4	6	4	2	12	2	10
突泉县	5	1	4	2		2	4	3	1
锡林郭勒盟	**45**	**27**	**18**	**9**	**2**	**7**	**166**	**114**	**52**
二连浩特市	3	2	1				1		1
锡林浩特市							15	12	3
阿巴嘎旗	1		1	1		1			
苏尼特左旗							5	3	2
苏尼特右旗	18	15	3				14	9	5
东乌珠穆沁旗	6	3	3	1		1	8	6	2
西乌珠穆沁旗	1		1	1		1	7	5	2
太仆寺旗	3	1	2	2	1	1	9	5	4
镶黄旗	1	1					37	30	7
正镶白旗				1		1	4	3	1
正蓝旗							8	4	4
多伦县	11	5	6	1		1	53	36	17
乌拉盖管委会	1		1	2	1	1	5	1	4
阿拉善盟	**39**	**19**	**20**	**22**	**9**	**13**	**338**	**194**	**144**
阿拉善左旗	33	15	18	19	7	12	149	84	65
阿拉善右旗	1	1					12	8	4
额济纳旗	3	2	1	1		1	54	26	28
内蒙古阿拉善经济开发区	2	1	1	2	2		123	76	47

7-3b 续表 24

单位：人

现住地	户口登记地								
	四川			贵州			云南		
	小计	男	女	小计	男	女	小计	男	女
内蒙古	**11546**	**7382**	**4164**	**16983**	**8958**	**8025**	**1609**	**780**	**829**
呼和浩特市	**1648**	**979**	**669**	**1268**	**694**	**574**	**372**	**133**	**239**
新城区	15	12	3	15	7	8			
回民区									
玉泉区									
赛罕区	7	3	4	18	8	10	5	1	4
土默特左旗	230	123	107	152	78	74	64	34	30
托克托县	119	56	63	39	16	23	26	7	19
和林格尔县	537	323	214	258	125	133	132	49	83
清水河县	63	22	41	10	5	5	5	2	3
武川县	89	44	45	69	32	37	65	4	61
呼和浩特经济技术开发区	588	396	192	707	423	284	75	36	39
包头市	**1681**	**1074**	**607**	**1062**	**604**	**458**	**187**	**97**	**90**
东河区	62	34	28	34	14	20	15	9	6
昆都仑区	26	24	2	4	3	1			
青山区	7	4	3	9	5	4	2	2	
石拐区	68	48	20	39	25	14	9	7	2
白云鄂博矿区									
九原区	83	52	31	49	28	21	24	16	8
土默特右旗	168	104	64	68	37	31	27	12	15
固阳县	49	26	23	129	68	61	7	1	6
达尔罕茂明安联合旗	39	16	23	177	101	76	17	1	16
包头稀土高新技术产业开发区	1179	766	413	553	323	230	86	49	37
乌海市	**125**	**88**	**37**	**108**	**62**	**46**	**26**	**11**	**15**
海勃湾区	13	9	4	18	11	7			
海南区	90	69	21	76	44	32	23	11	12
乌达区	22	10	12	14	7	7	3		3
赤峰市	**508**	**300**	**208**	**839**	**448**	**391**	**55**	**22**	**33**
红山区	27	16	11	73	44	29	5	4	1
元宝山区	16	10	6	41	19	22	2		2
松山区	35	32	3	37	21	16			
阿鲁科尔沁旗	55	29	26	19	14	5	5	2	3
巴林左旗	40	21	19	30	17	13	4	1	3
巴林右旗	42	26	16	26	13	13	2	2	
林西县	59	35	24	225	121	104	6	2	4
克什克腾旗	29	17	12	89	48	41	5	3	2
翁牛特旗	16	7	9	41	16	25	11	7	4
喀喇沁旗	45	27	18	93	52	41	3		3
宁城县	124	71	53	144	74	70	9		9
敖汉旗	20	9	11	21	9	12	3	1	2

7–3b 续表 25

单位：人

现住地	户口登记地								
	四川			贵州			云南		
	小计	男	女	小计	男	女	小计	男	女
通辽市	**510**	**293**	**217**	**2222**	**1159**	**1063**	**49**	**18**	**31**
科尔沁区	18	12	6	266	138	128	1		1
科尔沁左翼中旗	20	7	13	101	44	57	4	2	2
科尔沁左翼后旗	32	18	14	388	213	175	6	2	4
开鲁县	80	40	40	175	85	90	9	3	6
库伦旗	78	45	33	93	54	39	4	2	2
奈曼旗	59	31	28	72	34	38	9	1	8
扎鲁特旗	46	24	22	56	28	28	6	2	4
通辽经济技术开发区	177	116	61	1068	561	507	10	6	4
霍林郭勒市				3	2	1			
鄂尔多斯市	**3260**	**2309**	**951**	**1390**	**829**	**561**	**276**	**180**	**96**
东胜区	20	15	5	16	7	9	5	3	2
康巴什区									
达拉特旗	564	397	167	203	128	75	31	16	15
准格尔旗	509	330	179	325	217	108	84	53	31
鄂托克前旗	110	68	42	75	46	29	18	13	5
鄂托克旗	269	159	110	370	193	177	25	10	15
杭锦旗	96	67	29	51	25	26	10	6	4
乌审旗	877	668	209	112	64	48	21	17	4
伊金霍洛旗	815	605	210	238	149	89	82	62	20
呼伦贝尔市	**299**	**189**	**110**	**5915**	**2970**	**2945**	**82**	**54**	**28**
海拉尔区	1		1	9	6	3			
扎赉诺尔区	1		1	53	31	22	1		1
阿荣旗	95	72	23	570	278	292	13	4	9
莫力达瓦达斡尔族自治旗	20	10	10	438	204	234	1	1	
鄂伦春自治旗	52	30	22	1698	870	828	13	7	6
鄂温克族自治旗	30	10	20	966	501	465	2	1	1
陈巴尔虎旗	18	14	4	329	141	188	4	3	1
新巴尔虎左旗	5	3	2	220	108	112	2	1	1
新巴尔虎右旗	5	2	3	131	63	68	2	1	1
满洲里市				51	26	25			
牙克石市	26	18	8	1003	514	489	9	6	3
扎兰屯市	15	8	7	240	111	129	4	2	2
额尔古纳市	10	7	3	107	59	48			
根河市	21	15	6	100	58	42	31	28	3
巴彦淖尔市	**707**	**409**	**298**	**651**	**341**	**310**	**88**	**39**	**49**
临河区	15	7	8	39	19	20	1		1
五原县	217	132	85	54	30	24	11	2	9
磴口县	37	16	21	29	15	14	5	2	3
乌拉特前旗	204	111	93	98	57	41	33	17	16
乌拉特中旗	100	65	35	133	63	70	12	2	10
乌拉特后旗	54	35	19	128	69	59	21	15	6
杭锦后旗	80	43	37	170	88	82	5	1	4

7-3b 续表 26

单位：人

现住地	户口登记地								
	四川			贵州			云南		
	小计	男	女	小计	男	女	小计	男	女
乌兰察布市	**1159**	**740**	**419**	**686**	**361**	**325**	**266**	**115**	**151**
集宁区	42	17	25	31	7	24	3	1	2
卓资县	55	32	23	19	11	8	8		8
化德县	55	21	34	25	20	5	17	2	15
商都县	30	10	20	16	6	10	98	61	37
兴和县	62	28	34	7	3	4	28	8	20
凉城县	43	15	28	284	146	138	13	1	12
察哈尔右翼前旗	508	388	120	188	100	88	17	3	14
察哈尔右翼中旗	23	5	18	7	2	5	7	2	5
察哈尔右翼后旗	47	13	34	9	5	4	8		8
四子王旗	52	20	32	38	22	16	22	3	19
丰镇市	242	191	51	62	39	23	45	34	11
兴安盟	**156**	**90**	**66**	**1193**	**622**	**571**	**41**	**22**	**19**
乌兰浩特市	8	4	4	106	58	48	2	2	
阿尔山市	4	3	1	54	32	22			
科尔沁右翼前旗	49	31	18	66	34	32	16	8	8
科尔沁右翼中旗	43	28	15	225	126	99	11	8	3
扎赉特旗	30	14	16	279	136	143	9	4	5
突泉县	22	10	12	463	236	227	3		3
锡林郭勒盟	**384**	**253**	**131**	**1234**	**634**	**600**	**80**	**49**	**31**
二连浩特市	34	27	7	3	1	2			
锡林浩特市	15	12	3	14	6	8			
阿巴嘎旗	11	7	4	119	61	58	3	2	1
苏尼特左旗	28	18	10	12	7	5			
苏尼特右旗	41	25	16	52	34	18	5	2	3
东乌珠穆沁旗	22	10	12	200	100	100	5		5
西乌珠穆沁旗	32	17	15	539	259	280	3	1	2
太仆寺旗	31	12	19	15	6	9	5	2	3
镶黄旗	44	42	2	61	54	7	16	13	3
正镶白旗	16	12	4	15	6	9	3	1	2
正蓝旗	17	12	5	138	60	78	12	9	3
多伦县	85	54	31	24	17	7	28	19	9
乌拉盖管委会	8	5	3	42	23	19			
阿拉善盟	**1109**	**658**	**451**	**415**	**234**	**181**	**87**	**40**	**47**
阿拉善左旗	621	367	254	166	93	73	51	23	28
阿拉善右旗	54	39	15	19	13	6	4	2	2
额济纳旗	327	183	144	142	77	65	19	8	11
内蒙古阿拉善经济开发区	107	69	38	88	51	37	13	7	6

7-3b　续表 27

单位：人

现住地	户口登记地								
	西藏			陕西			甘肃		
	小计	男	女	小计	男	女	小计	男	女
内蒙古	**60**	**31**	**29**	**70752**	**40677**	**30075**	**66783**	**39160**	**27623**
呼和浩特市	**3**	**2**	**1**	**1189**	**684**	**505**	**1910**	**1122**	**788**
新城区				2	2		10	8	2
回民区									
玉泉区									
赛罕区							3	1	2
土默特左旗	1		1	194	97	97	343	173	170
托克托县				128	80	48	114	79	35
和林格尔县	1	1		258	129	129	484	286	198
清水河县				30	17	13	26	14	12
武川县				71	45	26	106	44	62
呼和浩特经济技术开发区	1	1		506	314	192	824	517	307
包头市	**4**	**1**	**3**	**1581**	**926**	**655**	**4301**	**2783**	**1518**
东河区				98	49	49	183	102	81
昆都仑区				20	19	1	16	13	3
青山区				28	20	8	28	22	6
石拐区				46	32	14	254	193	61
白云鄂博矿区									
九原区				216	145	71	278	182	96
土默特右旗	2	1	1	206	96	110	185	94	91
固阳县	1		1	93	47	46	60	31	29
达尔罕茂明安联合旗				40	28	12	85	50	35
包头稀土高新技术产业开发区	1		1	834	490	344	3212	2096	1116
乌海市				**858**	**566**	**292**	**2318**	**1627**	**691**
海勃湾区				290	160	130	423	235	188
海南区				532	383	149	1806	1324	482
乌达区				36	23	13	89	68	21
赤峰市	**5**	**4**	**1**	**312**	**186**	**126**	**346**	**204**	**142**
红山区				21	12	9	11	6	5
元宝山区				7	5	2	3	3	
松山区				4	3	1	20	18	2
阿鲁科尔沁旗	1	1		19	10	9	22	9	13
巴林左旗				25	16	9	22	12	10
巴林右旗	2	1	1	58	39	19	78	49	29
林西县				26	13	13	48	36	12
克什克腾旗	1	1		38	26	12	33	25	8
翁牛特旗				21	11	10	18	7	11
喀喇沁旗				25	12	13	21	7	14
宁城县				45	25	20	45	21	24
敖汉旗	1	1		23	14	9	25	11	14

7－3b 续表 28

单位：人

现住地	户口登记地								
	西藏			陕西			甘肃		
	小计	男	女	小计	男	女	小计	男	女
通辽市				**270**	**155**	**115**	**218**	**139**	**79**
科尔沁区				5	5		9	8	1
科尔沁左翼中旗				33	19	14	30	20	10
科尔沁左翼后旗				24	16	8	16	10	6
开鲁县				35	20	15	43	25	18
库伦旗				16	6	10	16	13	3
奈曼旗				25	9	16	22	11	11
扎鲁特旗				25	11	14	35	21	14
通辽经济技术开发区				106	68	38	47	31	16
霍林郭勒市				1	1				
鄂尔多斯市	**18**	**9**	**9**	**61359**	**35055**	**26304**	**22080**	**13821**	**8259**
东胜区				160	119	41	21	17	4
康巴什区									
达拉特旗	2	2		2839	1502	1337	1320	866	454
准格尔旗	1	1		6535	3819	2716	1363	967	396
鄂托克前旗	1	1		4887	2650	2237	785	520	265
鄂托克旗	6	1	5	10846	5925	4921	12502	7226	5276
杭锦旗	2	1	1	1254	791	463	1009	649	360
乌审旗	3	1	2	22131	12748	9383	2675	1960	715
伊金霍洛旗	3	2	1	12707	7501	5206	2405	1616	789
呼伦贝尔市	**6**	**4**	**2**	**259**	**197**	**62**	**156**	**99**	**57**
海拉尔区									
扎赉诺尔区				1	1		1		1
阿荣旗	1	1		19	12	7	21	12	9
莫力达瓦达斡尔族自治旗				14	11	3	8	5	3
鄂伦春自治旗				19	12	7	16	7	9
鄂温克族自治旗	4	3	1	44	30	14	30	18	12
陈巴尔虎旗				12	10	2	13	8	5
新巴尔虎左旗				12	9	3	10	6	4
新巴尔虎右旗				5	4	1	9	7	2
满洲里市				2	1	1	1	1	
牙克石市	1		1	18	10	8	11	7	4
扎兰屯市				11	8	3	6	5	1
额尔古纳市				6	6		6	3	3
根河市				96	83	13	24	20	4
巴彦淖尔市	**5**	**2**	**3**	**1598**	**932**	**666**	**4598**	**2538**	**2060**
临河区	1	1		35	18	17	215	126	89
五原县				223	111	112	1005	555	450
磴口县				187	106	81	598	300	298
乌拉特前旗				442	241	201	984	551	433
乌拉特中旗				142	92	50	317	189	128
乌拉特后旗				369	274	95	778	456	322
杭锦后旗	4	1	3	200	90	110	701	361	340

7-3b　续表 29　　　　　　　　　　　　　　　　　　　　　　　　单位：人

现住地	户口登记地								
	西藏			陕西			甘肃		
	小计	男	女	小计	男	女	小计	男	女
乌兰察布市	**7**	**2**	**5**	**438**	**225**	**213**	**597**	**298**	**299**
集宁区				13	4	9	33	10	23
卓资县	2		2	20	9	11	42	12	30
化德县	1		1	53	26	27	21	8	13
商都县				66	31	35	41	16	25
兴和县				50	22	28	49	23	26
凉城县	1	1		32	14	18	44	16	28
察哈尔右翼前旗				92	46	46	181	123	58
察哈尔右翼中旗				20	10	10	30	14	16
察哈尔右翼后旗	1		1	23	14	9	38	21	17
四子王旗	2	1	1	45	26	19	93	36	57
丰镇市				24	23	1	25	19	6
兴安盟	**2**	**1**	**1**	**130**	**93**	**37**	**81**	**52**	**29**
乌兰浩特市				11	7	4			
阿尔山市				3	2	1	3	2	1
科尔沁右翼前旗	1		1	54	45	9	38	28	10
科尔沁右翼中旗	1	1		28	19	9	22	14	8
扎赉特旗				16	8	8	10	5	5
突泉县				18	12	6	8	3	5
锡林郭勒盟	**3**	**2**	**1**	**359**	**239**	**120**	**352**	**243**	**109**
二连浩特市				8	7	1	11	10	1
锡林浩特市				25	25		25	25	
阿巴嘎旗				14	7	7	39	29	10
苏尼特左旗	1	1		7	7		23	15	8
苏尼特右旗				64	45	19	83	54	29
东乌珠穆沁旗				24	12	12	18	8	10
西乌珠穆沁旗				46	31	15	49	34	15
太仆寺旗	1	1		25	10	15	13	7	6
镶黄旗				35	29	6	10	9	1
正镶白旗				14	9	5	7	6	1
正蓝旗				22	15	7	25	17	8
多伦县				71	40	31	47	27	20
乌拉盖管委会	1		1	4	2	2	2	2	
阿拉善盟	**7**	**4**	**3**	**2399**	**1419**	**980**	**29826**	**16234**	**13592**
阿拉善左旗	4	2	2	1479	870	609	13341	7281	6060
阿拉善右旗				48	36	12	2315	1284	1031
额济纳旗	1	1		441	239	202	5631	2973	2658
内蒙古阿拉善经济开发区	2	1	1	431	274	157	8539	4696	3843

7-3b 续表 30

单位：人

现住地	户口登记地								
	青海			宁夏			新疆		
	小计	男	女	小计	男	女	小计	男	女
内蒙古	**3298**	**1601**	**1697**	**18552**	**11009**	**7543**	**1101**	**626**	**475**
呼和浩特市	**249**	**96**	**153**	**376**	**177**	**199**	**141**	**70**	**71**
新城区				1	1				
回民区									
玉泉区									
赛罕区	1	1							
土默特左旗	42	17	25	74	28	46	35	13	22
托克托县	18	7	11	41	18	23	2		2
和林格尔县	82	27	55	75	19	56	44	19	25
清水河县	13	8	5	3	3		1		1
武川县	20	7	13	16	11	5	4	3	1
呼和浩特经济技术开发区	73	29	44	166	97	69	55	35	20
包头市	**214**	**137**	**77**	**564**	**393**	**171**	**56**	**30**	**26**
东河区	2	1	1	16	7	9	2		2
昆都仑区	5	4	1	3	3				
青山区	1	1		122	111	11	4	4	
石拐区	25	18	7	42	40	2	1	1	
白云鄂博矿区									
九原区	35	34	1	72	66	6	6	5	1
土默特右旗	19	8	11	83	32	51	8	3	5
固阳县	25	12	13	22	9	13	3		3
达尔罕茂明安联合旗	9	5	4	13	8	5	1		1
包头稀土高新技术产业开发区	93	54	39	191	117	74	31	17	14
乌海市	**35**	**23**	**12**	**1584**	**1053**	**531**	**26**	**16**	**10**
海勃湾区				242	145	97	10	6	4
海南区	31	21	10	1273	861	412	10	5	5
乌达区	4	2	2	69	47	22	6	5	1
赤峰市	**352**	**187**	**165**	**55**	**28**	**27**	**54**	**21**	**33**
红山区	16	8	8	2	2		7	3	4
元宝山区	13	6	7	6	5	1	1		1
松山区	15	8	7	1		1	1	1	
阿鲁科尔沁旗	21	12	9	5	3	2	5		5
巴林左旗	17	8	9	5	4	1	9	5	4
巴林右旗	16	10	6	10	5	5	8	5	3
林西县	31	15	16	3	1	2	6	1	5
克什克腾旗	52	32	20	6	1	5	3		3
翁牛特旗	33	16	17	3	1	2	4	1	3
喀喇沁旗	56	30	26	2	1	1	2	1	1
宁城县	46	25	21	8	3	5	5	3	2
敖汉旗	36	17	19	4	2	2	3	1	2

7-3b 续表 31

单位：人

现住地	户口登记地								
	青海			宁夏			新疆		
	小计	男	女	小计	男	女	小计	男	女
通辽市	**108**	**52**	**56**	**101**	**82**	**19**	**55**	**29**	**26**
科尔沁区	2	1	1	1	1				
科尔沁左翼中旗	12	7	5	4	3	1	8	6	2
科尔沁左翼后旗	11	7	4	1		1	5	2	3
开鲁县	6	4	2	72	68	4	9	6	3
库伦旗	7	3	4	3	1	2	6	3	3
奈曼旗	28	13	15	1		1	8	3	5
扎鲁特旗	14	7	7	3	1	2	3	1	2
通辽经济技术开发区	27	9	18	15	7	8	16	8	8
霍林郭勒市	1	1		1	1				
鄂尔多斯市	**841**	**474**	**367**	**6850**	**4341**	**2509**	**342**	**242**	**100**
东胜区	8	4	4	6	4	2	1	1	
康巴什区									
达拉特旗	84	51	33	139	98	41	12	8	4
准格尔旗	129	68	61	175	112	63	36	20	16
鄂托克前旗	38	20	18	1340	692	648	33	16	17
鄂托克旗	197	105	92	3964	2548	1416	50	26	24
杭锦旗	15	10	5	184	106	78	32	20	12
乌审旗	130	81	49	670	519	151	143	126	17
伊金霍洛旗	240	135	105	372	262	110	35	25	10
呼伦贝尔市	**16**	**11**	**5**	**29**	**17**	**12**	**35**	**20**	**15**
海拉尔区									
扎赉诺尔区				1	1				
阿荣旗	4	2	2	3	3		2		2
莫力达瓦达斡尔族自治旗				2	2		6	5	1
鄂伦春自治旗	1	1		7	5	2	8	3	5
鄂温克族自治旗	5	4	1	8	4	4	6	3	3
陈巴尔虎旗				2	1	1	4	1	3
新巴尔虎左旗				2		2	1	1	
新巴尔虎右旗				1	1		3	2	1
满洲里市									
牙克石市	2		2	3		3	4	4	
扎兰屯市									
额尔古纳市									
根河市	4	4					1	1	
巴彦淖尔市	**174**	**91**	**83**	**1006**	**535**	**471**	**62**	**30**	**32**
临河区	4	2	2	18	9	9	1	1	
五原县	37	19	18	205	114	91	14	5	9
磴口县	12	7	5	273	127	146	9	4	5
乌拉特前旗	30	15	15	182	103	79	10	5	5
乌拉特中旗	34	18	16	74	44	30	10	6	4
乌拉特后旗	30	17	13	68	41	27	6	1	5
杭锦后旗	27	13	14	186	97	89	12	8	4

7—3b 续表 32

单位：人

现住地	户口登记地								
	青海			宁夏			新疆		
	小计	男	女	小计	男	女	小计	男	女
乌兰察布市	**702**	**222**	**480**	**139**	**91**	**48**	**33**	**14**	**19**
集宁区	6	4	2	5	3	2	1	1	
卓资县	526	134	392	50	32	18	8	4	4
化德县	22	13	9	24	19	5	5	2	3
商都县	31	18	13	3	1	2	6	1	5
兴和县	27	14	13	6	3	3	3		3
凉城县	11	2	9				1		1
察哈尔右翼前旗	13	6	7	18	11	7	5	3	2
察哈尔右翼中旗	5	2	3	5	2	3			
察哈尔右翼后旗	20	11	9	3	1	2	1	1	
四子王旗	37	16	21	21	15	6	2	1	1
丰镇市	4	2	2	4	4		1	1	
兴安盟	**67**	**38**	**29**	**12**	**9**	**3**	**26**	**13**	**13**
乌兰浩特市							1		1
阿尔山市									
科尔沁右翼前旗	32	18	14	4	4		2	2	
科尔沁右翼中旗	14	9	5	1	1		4		4
扎赉特旗	11	6	5	5	3	2	11	4	7
突泉县	10	5	5	2	1	1	8	7	1
锡林郭勒盟	**187**	**99**	**88**	**80**	**42**	**38**	**47**	**23**	**24**
二连浩特市									
锡林浩特市	3	1	2	2	1	1	1	1	
阿巴嘎旗	4	3	1	9	6	3	4	1	3
苏尼特左旗	7	2	5	4	3	1	2	1	1
苏尼特右旗	25	13	12	20	12	8	1		1
东乌珠穆沁旗	16	10	6	6	2	4	8	3	5
西乌珠穆沁旗	19	9	10	5	2	3	4	2	2
太仆寺旗	12	6	6	2		2	6	1	5
镶黄旗	11	7	4	1	1		2	2	
正镶白旗	17	9	8	2	2		6	6	
正蓝旗	28	12	16	16	8	8	4	2	2
多伦县	36	22	14	11	4	7	8	4	4
乌拉盖管委会	9	5	4	2	1	1	1		1
阿拉善盟	**353**	**171**	**182**	**7756**	**4241**	**3515**	**224**	**118**	**106**
阿拉善左旗	107	39	68	5828	3084	2744	115	67	48
阿拉善右旗	16	7	9	50	29	21	15	7	8
额济纳旗	105	59	46	248	164	84	72	32	40
内蒙古阿拉善经济开发区	125	66	59	1630	964	666	22	12	10

7-3c 全区按现住地、性别分的户口登记地在外省的人口(乡村)

单位：人

现住地	户口登记地					
	合计			北京		
	合计	男	女	小计	男	女
内蒙古	**361918**	**243253**	**118665**	**1117**	**661**	**456**
呼和浩特市	**43437**	**26915**	**16522**	**141**	**86**	**55**
新城区	9533	5795	3738	32	18	14
回民区	2627	1544	1083	3	2	1
玉泉区	6875	4201	2674	11	7	4
赛罕区	11530	7042	4488	38	25	13
土默特左旗	3860	2178	1682	28	17	11
托克托县	4056	2864	1192	12	8	4
和林格尔县	2479	1610	869	8	5	3
清水河县	1433	1052	381	7	3	4
武川县	1044	629	415	2	1	1
呼和浩特经济技术开发区						
包头市	**25302**	**15381**	**9921**	**34**	**17**	**17**
东河区	3421	1953	1468	4	1	3
昆都仑区	4154	2325	1829	1	1	
青山区	2803	1592	1211	3	1	2
石拐区	671	448	223			
白云鄂博矿区						
九原区	7122	4360	2762	5	3	2
土默特右旗	2215	1466	749	9	6	3
固阳县	2602	1865	737	6	3	3
达尔罕茂明安联合旗	929	619	310	5	1	4
包头稀土高新技术产业开发区	1385	753	632	1	1	
乌海市	**8940**	**6672**	**2268**	**1**	**1**	
海勃湾区	5931	4425	1506	1	1	
海南区	3009	2247	762			
乌达区						
赤峰市	**31084**	**17818**	**13266**	**304**	**170**	**134**
红山区	368	217	151	3	1	2
元宝山区	2051	1292	759	9	3	6
松山区	7689	4555	3134	50	28	22
阿鲁科尔沁旗	1456	859	597	17	12	5
巴林左旗	2487	1471	1016	36	20	16
巴林右旗	549	332	217	10	3	7
林西县	1406	773	633	9	8	1
克什克腾旗	3277	2437	840	35	28	7
翁牛特旗	1345	717	628	22	14	8
喀喇沁旗	2208	1134	1074	19	7	12
宁城县	5334	2708	2626	59	28	31
敖汉旗	2914	1323	1591	35	18	17

7－3c 续表 1

单位：人

现住地	户口登记地					
	合计			北京		
	合计	男	女	小计	男	女
通辽市	**22154**	**11306**	**10848**	**155**	**86**	**69**
科尔沁区	4172	2231	1941	14	10	4
科尔沁左翼中旗	3227	1410	1817	24	13	11
科尔沁左翼后旗	4471	1986	2485	11	7	4
开鲁县	2576	1386	1190	25	17	8
库伦旗	2208	1101	1107	17	8	9
奈曼旗	2219	1129	1090	51	25	26
扎鲁特旗	1629	1052	577	8	3	5
通辽经济技术开发区	940	552	388	5	3	2
霍林郭勒市	712	459	253			
鄂尔多斯市	**99212**	**79125**	**20087**	**92**	**78**	**14**
东胜区	8470	6869	1601	2	1	1
康巴什区						
达拉特旗	7811	5451	2360	39	35	4
准格尔旗	24855	20027	4828	18	14	4
鄂托克前旗	11004	9117	1887	6	6	
鄂托克旗	7939	6526	1413	9	7	2
杭锦旗	1589	1102	487	2	2	
乌审旗	18611	14843	3768	10	8	2
伊金霍洛旗	18933	15190	3743	6	5	1
呼伦贝尔市	**27433**	**14897**	**12536**	**62**	**36**	**26**
海拉尔区	884	493	391			
扎赉诺尔区						
阿荣旗	4010	2076	1934	8	5	3
莫力达瓦达斡尔族自治旗	6370	3099	3271	22	13	9
鄂伦春自治旗	5395	2795	2600	7	4	3
鄂温克族自治旗	1661	928	733	5	3	2
陈巴尔虎旗	749	510	239	2	1	1
新巴尔虎左旗	662	398	264			
新巴尔虎右旗	2449	2048	401	2	2	
满洲里市						
牙克石市	697	366	331	5	2	3
扎兰屯市	3792	1712	2080	7	4	3
额尔古纳市	743	459	284	4	2	2
根河市	21	13	8			
巴彦淖尔市	**33269**	**21727**	**11542**	**57**	**29**	**28**
临河区	12360	7152	5208	16	8	8
五原县	3413	1985	1428	9	3	6
磴口县	2399	1402	997	4	3	1
乌拉特前旗	6267	4662	1605	16	10	6
乌拉特中旗	3087	2381	706	4	2	2
乌拉特后旗	3320	2838	482	4	3	1
杭锦后旗	2423	1307	1116	4		4

7-3c　续表 2

单位：人

现住地	户口登记地					
	合计			北京		
	合计	男	女	小计	男	女
乌兰察布市	**19514**	**12679**	**6835**	**115**	**66**	**49**
集宁区	2131	1634	497	14	9	5
卓资县	1246	931	315	7	5	2
化德县	2484	1736	748	13	8	5
商都县	1829	1053	776	14	7	7
兴和县	1675	869	806	5	2	3
凉城县	1544	858	686	9	4	5
察哈尔右翼前旗	4271	3078	1193	18	12	6
察哈尔右翼中旗	1046	723	323	6	3	3
察哈尔右翼后旗	763	429	334	16	10	6
四子王旗	1156	677	479	6	2	4
丰镇市	1369	691	678	7	4	3
兴安盟	**16195**	**9152**	**7043**	**69**	**44**	**25**
乌兰浩特市	2061	1286	775	1	1	
阿尔山市	233	165	68	1	1	
科尔沁右翼前旗	4391	2562	1829	9	3	6
科尔沁右翼中旗	1549	894	655	16	11	5
扎赉特旗	3810	1776	2034	12	3	9
突泉县	4151	2469	1682	30	25	5
锡林郭勒盟	**20389**	**16004**	**4385**	**76**	**39**	**37**
二连浩特市	65	54	11			
锡林浩特市	2919	2043	876	7	4	3
阿巴嘎旗	1093	900	193	4	2	2
苏尼特左旗	1429	1265	164	2	1	1
苏尼特右旗	688	533	155	7	3	4
东乌珠穆沁旗	1028	795	233	1	1	
西乌珠穆沁旗	6963	6256	707	2	1	1
太仆寺旗	1667	982	685	24	13	11
镶黄旗	942	836	106	1	1	
正镶白旗	769	613	156	3	1	2
正蓝旗	995	656	339	6	5	1
多伦县	1689	976	713	19	7	12
乌拉盖管委会	142	95	47			
阿拉善盟	**14989**	**11577**	**3412**	**11**	**9**	**2**
阿拉善左旗	9281	7054	2227	7	5	2
阿拉善右旗	1418	1100	318	1	1	
额济纳旗	2321	1744	577	3	3	
内蒙古阿拉善经济开发区	1969	1679	290			

7-3c 续表 3

单位：人

现住地	户口登记地								
	天津			河北			山西		
	小计	男	女	小计	男	女	小计	男	女
内蒙古	**1501**	**977**	**524**	**46182**	**30674**	**15508**	**36378**	**24868**	**11510**
呼和浩特市	**145**	**86**	**59**	**8350**	**5183**	**3167**	**8470**	**4796**	**3674**
新城区	30	18	12	1934	1112	822	1905	1056	849
回民区	9	4	5	967	570	397	417	221	196
玉泉区	8	6	2	1348	798	550	1456	795	661
赛罕区	33	19	14	1783	1078	705	2379	1344	1035
土默特左旗	26	14	12	551	321	230	753	414	339
托克托县	10	7	3	1007	719	288	565	350	215
和林格尔县	17	14	3	285	197	88	507	300	207
清水河县	5	1	4	345	304	41	323	210	113
武川县	7	3	4	130	84	46	165	106	59
呼和浩特经济技术开发区									
包头市	**44**	**29**	**15**	**5505**	**3207**	**2298**	**5756**	**3259**	**2497**
东河区	4	2	2	750	417	333	975	522	453
昆都仑区	5	4	1	939	517	422	1129	618	511
青山区	4	2	2	585	324	261	748	403	345
石拐区	3	2	1	70	44	26	150	97	53
白云鄂博矿区									
九原区	10	8	2	1465	844	621	1798	977	821
土默特右旗	8	5	3	465	291	174	234	158	76
固阳县	8	4	4	489	350	139	394	305	89
达尔罕茂明安联合旗	1	1		95	80	15	109	67	42
包头稀土高新技术产业开发区	1	1		647	340	307	219	112	107
乌海市	**37**	**35**	**2**	**1106**	**897**	**209**	**724**	**553**	**171**
海勃湾区	14	12	2	1007	810	197	566	430	136
海南区	23	23		99	87	12	158	123	35
乌达区									
赤峰市	**393**	**200**	**193**	**6004**	**3317**	**2687**	**604**	**398**	**206**
红山区	5	2	3	45	29	16	5	4	1
元宝山区	15	8	7	321	191	130	25	19	6
松山区	97	52	45	1861	1017	844	116	60	56
阿鲁科尔沁旗	18	12	6	275	153	122	26	19	7
巴林左旗	44	19	25	427	262	165	29	12	17
巴林右旗	1	1		80	40	40	10	8	2
林西县	17	7	10	268	145	123	18	11	7
克什克腾旗	48	30	18	624	434	190	238	206	32
翁牛特旗	18	5	13	186	85	101	18	6	12
喀喇沁旗	30	14	16	585	263	322	20	10	10
宁城县	77	36	41	1089	586	503	55	24	31
敖汉旗	23	14	9	243	112	131	44	19	25

7-3c　续表 4

单位：人

现 住 地	户口登记地								
	天　津			河　北			山　西		
	小计	男	女	小计	男	女	小计	男	女
通辽市	**114**	**70**	**44**	**1315**	**764**	**551**	**190**	**116**	**74**
科尔沁区	20	14	6	223	126	97	44	22	22
科尔沁左翼中旗	28	17	11	89	47	42	20	6	14
科尔沁左翼后旗	3	2	1	113	62	51	14	9	5
开鲁县	9	6	3	220	119	101	27	17	10
库伦旗	5	3	2	215	133	82	10	10	
奈曼旗	29	17	12	214	116	98	48	35	13
扎鲁特旗	11	6	5	87	56	31	18	10	8
通辽经济技术开发区	4	2	2	118	82	36	5	4	1
霍林郭勒市	5	3	2	36	23	13	4	3	1
鄂尔多斯市	**249**	**223**	**26**	**7747**	**6672**	**1075**	**11779**	**9554**	**2225**
东胜区	13	9	4	953	779	174	1552	1234	318
康巴什区									
达拉特旗	5	4	1	746	579	167	1239	835	404
准格尔旗	58	51	7	2589	2275	314	4718	3859	859
鄂托克前旗	14	12	2	215	175	40	276	242	34
鄂托克旗	39	36	3	433	389	44	472	417	55
杭锦旗	1	1		96	76	20	79	61	18
乌审旗	102	99	3	1149	1062	87	1194	1075	119
伊金霍洛旗	17	11	6	1566	1337	229	2249	1831	418
呼伦贝尔市	**71**	**41**	**30**	**806**	**478**	**328**	**111**	**65**	**46**
海拉尔区	4	2	2	66	41	25	10	6	4
扎赉诺尔区									
阿荣旗	17	10	7	176	109	67	12	6	6
莫力达瓦达斡尔族自治旗	17	9	8	134	80	54	14	5	9
鄂伦春自治旗	8	6	2	52	25	27	8	5	3
鄂温克族自治旗	4	2	2	55	34	21	17	13	4
陈巴尔虎旗	1	1		39	25	14	6	5	1
新巴尔虎左旗	2	2		25	16	9	4	2	2
新巴尔虎右旗	4	4		48	44	4	22	18	4
满洲里市									
牙克石市	4	1	3	24	15	9			
扎兰屯市	9	4	5	149	62	87	15	4	11
额尔古纳市	1		1	37	26	11	3	1	2
根河市				1	1				
巴彦淖尔市	**77**	**46**	**31**	**4024**	**2747**	**1277**	**3214**	**2406**	**808**
临河区	17	7	10	1531	988	543	600	349	251
五原县	17	10	7	718	420	298	366	242	124
磴口县	10	8	2	192	133	59	114	78	36
乌拉特前旗	22	13	9	902	653	249	1600	1300	300
乌拉特中旗	8	5	3	332	281	51	314	258	56
乌拉特后旗	1	1		200	180	20	124	117	7
杭锦后旗	2	2		149	92	57	96	62	34

7-3c 续表 5

单位：人

现住地	户口登记地								
	天津			河北			山西		
	小计	男	女	小计	男	女	小计	男	女
乌兰察布市	**126**	**80**	**46**	**4643**	**2984**	**1659**	**4085**	**2534**	**1551**
集宁区	27	20	7	402	324	78	364	229	135
卓资县	10	4	6	194	156	38	167	107	60
化德县	29	23	6	1164	718	446	321	263	58
商都县	16	9	7	715	397	318	302	143	159
兴和县	9	3	6	639	327	312	419	222	197
凉城县	4	2	2	112	70	42	404	259	145
察哈尔右翼前旗	20	13	7	837	631	206	922	652	270
察哈尔右翼中旗	3	2	1	199	138	61	283	215	68
察哈尔右翼后旗	2	1	1	115	67	48	193	91	102
四子王旗	3	2	1	167	101	66	238	138	100
丰镇市	3	1	2	99	55	44	472	215	257
兴安盟	**78**	**44**	**34**	**704**	**427**	**277**	**289**	**239**	**50**
乌兰浩特市	10	7	3	100	83	17	52	43	9
阿尔山市	1	1		35	28	7	3	3	
科尔沁右翼前旗	26	13	13	236	147	89	24	16	8
科尔沁右翼中旗	7	4	3	47	26	21	51	41	10
扎赉特旗	12	7	5	118	46	72	14	6	8
突泉县	22	12	10	168	97	71	145	130	15
锡林郭勒盟	**128**	**88**	**40**	**5200**	**3310**	**1890**	**800**	**646**	**154**
二连浩特市				16	11	5	6	6	
锡林浩特市	21	17	4	1236	728	508	94	60	34
阿巴嘎旗	3	1	2	282	226	56	31	28	3
苏尼特左旗	7	7		297	253	44	183	163	20
苏尼特右旗	2	1	1	97	66	31	87	69	18
东乌珠穆沁旗	16	11	5	288	234	54	12	9	3
西乌珠穆沁旗	16	11	5	246	190	56	127	111	16
太仆寺旗	16	7	9	989	546	443	45	26	19
镶黄旗	2	2		53	38	15	37	34	3
正镶白旗	5	3	2	236	169	67	91	84	7
正蓝旗	4	1	3	432	277	155	42	31	11
多伦县	36	27	9	974	534	440	41	23	18
乌拉盖管委会				54	38	16	4	2	2
阿拉善盟	**39**	**35**	**4**	**778**	**688**	**90**	**356**	**302**	**54**
阿拉善左旗	36	32	4	348	295	53	133	112	21
阿拉善右旗				42	41	1	66	60	6
额济纳旗	1	1		74	60	14	108	83	25
内蒙古阿拉善经济开发区	2	2		314	292	22	49	47	2

7-3c 续表 6

单位：人

现住地	户口登记地								
	内蒙古			辽宁			吉林		
	小计	男	女	小计	男	女	小计	男	女
内蒙古				**29128**	**18888**	**10240**	**18264**	**10473**	**7791**
呼和浩特市				**954**	**574**	**380**	**1026**	**619**	**407**
新城区				164	95	69	194	113	81
回民区				44	27	17	64	35	29
玉泉区				130	83	47	67	33	34
赛罕区				255	162	93	261	160	101
土默特左旗				116	65	51	128	84	44
托克托县				98	62	36	189	125	64
和林格尔县				72	44	28	67	35	32
清水河县				31	15	16	40	23	17
武川县				44	21	23	16	11	5
呼和浩特经济技术开发区									
包头市				**573**	**377**	**196**	**548**	**351**	**197**
东河区				49	27	22	42	24	18
昆都仑区				110	65	45	111	66	45
青山区				61	37	24	46	24	22
石拐区				10	9	1	14	9	5
白云鄂博矿区									
九原区				177	130	47	242	167	75
土默特右旗				69	42	27	43	28	15
固阳县				70	48	22	23	15	8
达尔罕茂明安联合旗				23	16	7	14	10	4
包头稀土高新技术产业开发区				4	3	1	13	8	5
乌海市				**171**	**129**	**42**	**136**	**95**	**41**
海勃湾区				125	92	33	98	69	29
海南区				46	37	9	38	26	12
乌达区									
赤峰市				**7322**	**3935**	**3387**	**1706**	**949**	**757**
红山区				97	51	46	17	8	9
元宝山区				751	417	334	71	43	28
松山区				1897	1175	722	404	247	157
阿鲁科尔沁旗				167	94	73	123	66	57
巴林左旗				289	169	120	196	103	93
巴林右旗				65	41	24	42	28	14
林西县				175	103	72	71	33	38
克什克腾旗				452	336	116	204	146	58
翁牛特旗				310	163	147	113	62	51
喀喇沁旗				380	183	197	64	37	27
宁城县				1293	591	702	221	107	114
敖汉旗				1446	612	834	180	69	111

7–3c　续表 7　　　　单位：人

现住地	户口登记地								
	内蒙古			辽宁			吉林		
	小计	男	女	小计	男	女	小计	男	女
通辽市				**6005**	**2830**	**3175**	**4389**	**2174**	**2215**
科尔沁区				990	533	457	620	307	313
科尔沁左翼中旗				474	213	261	1473	611	862
科尔沁左翼后旗				2008	776	1232	1024	526	498
开鲁县				394	195	199	304	172	132
库伦旗				728	289	439	79	42	37
奈曼旗				633	292	341	176	82	94
扎鲁特旗				440	323	117	271	164	107
通辽经济技术开发区				195	104	91	134	76	58
霍林郭勒市				143	105	38	308	194	114
鄂尔多斯市				**3267**	**2581**	**686**	**1995**	**1393**	**602**
东胜区				287	222	65	206	161	45
康巴什区									
达拉特旗				120	85	35	134	80	54
准格尔旗				1514	1151	363	897	595	302
鄂托克前旗				66	54	12	136	100	36
鄂托克旗				207	191	16	105	86	19
杭锦旗				32	23	9	17	11	6
乌审旗				573	508	65	217	170	47
伊金霍洛旗				468	347	121	283	190	93
呼伦贝尔市				**2325**	**1374**	**951**	**2036**	**1123**	**913**
海拉尔区				68	43	25	121	69	52
扎赉诺尔区									
阿荣旗				445	219	226	351	173	178
莫力达瓦达斡尔族自治旗				314	146	168	273	141	132
鄂伦春自治旗				199	119	80	298	155	143
鄂温克族自治旗				90	52	38	176	88	88
陈巴尔虎旗				126	102	24	73	46	27
新巴尔虎左旗				20	12	8	52	30	22
新巴尔虎右旗				573	468	105	234	202	32
满洲里市									
牙克石市				49	27	22	86	48	38
扎兰屯市				368	140	228	301	131	170
额尔古纳市				72	46	26	68	39	29
根河市				1		1	3	1	2
巴彦淖尔市				**436**	**302**	**134**	**428**	**270**	**158**
临河区				92	59	33	70	37	33
五原县				38	27	11	46	30	16
磴口县				22	16	6	30	16	14
乌拉特前旗				142	105	37	88	55	33
乌拉特中旗				96	65	31	146	100	46
乌拉特后旗				28	22	6	31	25	6
杭锦后旗				18	8	10	17	7	10

7-3c　续表 8

单位：人

现住地	户口登记地								
	内蒙古			辽宁			吉林		
	小计	男	女	小计	男	女	小计	男	女
乌兰察布市				**580**	**427**	**153**	**453**	**306**	**147**
集宁区				77	56	21	52	36	16
卓资县				91	72	19	26	19	7
化德县				47	39	8	63	44	19
商都县				92	75	17	19	11	8
兴和县				31	17	14	35	19	16
凉城县				15	9	6	6	5	1
察哈尔右翼前旗				129	93	36	127	91	36
察哈尔右翼中旗				24	18	6	19	12	7
察哈尔右翼后旗				30	21	9	10	6	4
四子王旗				21	11	10	23	10	13
丰镇市				23	16	7	73	53	20
兴安盟				**1757**	**1015**	**742**	**4374**	**2264**	**2110**
乌兰浩特市				128	72	56	899	494	405
阿尔山市				18	13	5	73	47	26
科尔沁右翼前旗				679	427	252	1367	719	648
科尔沁右翼中旗				154	106	48	511	276	235
扎赉特旗				309	162	147	468	229	239
突泉县				469	235	234	1056	499	557
锡林郭勒盟				**5540**	**5171**	**369**	**1036**	**828**	**208**
二连浩特市				8	6	2	9	8	1
锡林浩特市				376	318	58	158	117	41
阿巴嘎旗				115	97	18	70	61	9
苏尼特左旗				72	67	5	59	56	3
苏尼特右旗				48	41	7	25	16	9
东乌珠穆沁旗				83	62	21	62	52	10
西乌珠穆沁旗				4209	4035	174	467	380	87
太仆寺旗				46	28	18	25	15	10
镶黄旗				475	444	31	34	26	8
正镶白旗				20	18	2	29	24	5
正蓝旗				28	22	6	45	41	4
多伦县				54	29	25	39	22	17
乌拉盖管委会				6	4	2	14	10	4
阿拉善盟				**198**	**173**	**25**	**137**	**101**	**36**
阿拉善左旗				81	69	12	61	43	18
阿拉善右旗				52	49	3	17	11	6
额济纳旗				52	44	8	53	41	12
内蒙古阿拉善经济开发区				13	11	2	6	6	

7-3c 续表 9

单位：人

现住地	户口登记地 黑龙江 小计	黑龙江 男	黑龙江 女	上海 小计	上海 男	上海 女	江苏 小计	江苏 男	江苏 女
内蒙古	**27083**	**14778**	**12305**	**81**	**60**	**21**	**6699**	**5238**	**1461**
呼和浩特市	**1015**	**589**	**426**	**6**	**5**	**1**	**992**	**737**	**255**
新城区	146	78	68				344	244	100
回民区	62	41	21				60	35	25
玉泉区	118	72	46				70	55	15
赛罕区	372	219	153	4	3	1	216	166	50
土默特左旗	55	32	23				74	51	23
托克托县	134	77	57	1	1		88	72	16
和林格尔县	73	40	33	1	1		81	64	17
清水河县	46	25	21				33	31	2
武川县	9	5	4				26	19	7
呼和浩特经济技术开发区									
包头市	**636**	**381**	**255**	**6**	**5**	**1**	**459**	**322**	**137**
东河区	60	39	21	2	1	1	78	48	30
昆都仑区	244	136	108	1	1		32	24	8
青山区	61	34	27	1	1		60	33	27
石拐区	13	10	3	1	1		44	26	18
白云鄂博矿区									
九原区	179	115	64	1	1		101	67	34
土默特右旗	34	19	15				43	38	5
固阳县	21	14	7				86	75	11
达尔罕茂明安联合旗	15	8	7				10	7	3
包头稀土高新技术产业开发区	9	6	3				5	4	1
乌海市	**187**	**127**	**60**	**2**	**2**		**162**	**134**	**28**
海勃湾区	136	91	45	2	2		83	73	10
海南区	51	36	15				79	61	18
乌达区									
赤峰市	**2128**	**1062**	**1066**	**18**	**13**	**5**	**722**	**485**	**237**
红山区	26	11	15	1	1		19	13	6
元宝山区	137	79	58				40	27	13
松山区	508	269	239	8	6	2	184	132	52
阿鲁科尔沁旗	88	52	36				104	50	54
巴林左旗	206	118	88	5	4	1	126	71	55
巴林右旗	38	18	20				22	13	9
林西县	34	16	18				34	25	9
克什克腾旗	232	150	82	1		1	79	76	3
翁牛特旗	85	39	46	1	1		17	11	6
喀喇沁旗	129	53	76	1	1		31	22	9
宁城县	381	155	226	1		1	34	25	9
敖汉旗	264	102	162				32	20	12

7-3c　续表 10　　　　　单位：人

现住地	户口登记地								
	黑龙江			上海			江苏		
	小计	男	女	小计	男	女	小计	男	女
通辽市	**1163**	**568**	**595**	**6**	**4**	**2**	**575**	**305**	**270**
科尔沁区	267	129	138				46	31	15
科尔沁左翼中旗	155	62	93	3	1	2	16	7	9
科尔沁左翼后旗	126	46	80				38	23	15
开鲁县	115	40	75	1	1		112	56	56
库伦旗	25	9	16				223	114	109
奈曼旗	115	46	69	1	1		95	49	46
扎鲁特旗	178	132	46				25	15	10
通辽经济技术开发区	76	41	35	1	1		13	6	7
霍林郭勒市	106	63	43				7	4	3
鄂尔多斯市	**3215**	**2106**	**1109**	**16**	**14**	**2**	**2209**	**1996**	**213**
东胜区	209	142	67				124	113	11
康巴什区									
达拉特旗	165	96	69	1	1		134	112	22
准格尔旗	1495	917	578	7	7		640	593	47
鄂托克前旗	40	32	8	1	1		333	305	28
鄂托克旗	227	175	52	3	2	1	213	186	27
杭锦旗	20	13	7	1	1		26	15	11
乌审旗	554	402	152	1	1		520	478	42
伊金霍洛旗	505	329	176	2	1	1	219	194	25
呼伦贝尔市	**13492**	**6825**	**6667**	**7**	**3**	**4**	**191**	**129**	**62**
海拉尔区	446	237	209				13	6	7
扎赉诺尔区									
阿荣旗	1652	780	872				75	60	15
莫力达瓦达斡尔族自治旗	3840	1769	2071	1		1	27	14	13
鄂伦春自治旗	3771	1932	1839	3	1	2	18	8	10
鄂温克族自治旗	769	434	335				12	9	3
陈巴尔虎旗	245	164	81				7	6	1
新巴尔虎左旗	222	160	62				5	2	3
新巴尔虎右旗	557	457	100				15	12	3
满洲里市									
牙克石市	304	157	147				1	1	
扎兰屯市	1417	580	837	1	1		15	10	5
额尔古纳市	256	147	109	2	1	1	3	1	2
根河市	13	8	5						
巴彦淖尔市	**436**	**290**	**146**	**6**	**4**	**2**	**277**	**205**	**72**
临河区	51	25	26	1	1		95	66	29
五原县	76	49	27	5	3	2	31	22	9
磴口县	45	31	14				20	14	6
乌拉特前旗	66	45	21				66	48	18
乌拉特中旗	114	77	37				24	21	3
乌拉特后旗	49	42	7				28	26	2
杭锦后旗	35	21	14				13	8	5

7-3c 续表 11

单位：人

现住地	户口登记地								
	黑龙江			上海			江苏		
	小计	男	女	小计	男	女	小计	男	女
乌兰察布市	**323**	**202**	**121**	**5**	**4**	**1**	**420**	**355**	**65**
集宁区	37	29	8	2	2		89	79	10
卓资县	53	41	12				46	36	10
化德县	23	15	8	1	1		22	20	2
商都县	38	18	20				22	16	6
兴和县	18	7	11				18	15	3
凉城县	12	8	4				11	7	4
察哈尔右翼前旗	68	44	24				146	131	15
察哈尔右翼中旗	24	13	11	1		1	22	19	3
察哈尔右翼后旗	18	12	6				27	20	7
四子王旗	19	8	11				9	6	3
丰镇市	13	7	6	1	1		8	6	2
兴安盟	**2902**	**1352**	**1550**	**6**	**3**	**3**	**103**	**76**	**27**
乌兰浩特市	213	135	78				8	8	
阿尔山市	23	17	6				4	4	
科尔沁右翼前旗	505	288	217	5	3	2	50	42	8
科尔沁右翼中旗	100	68	32				3	1	2
扎赉特旗	1683	634	1049	1		1	11	5	6
突泉县	378	210	168				27	16	11
锡林郭勒盟	**1005**	**791**	**214**	**3**	**3**		**229**	**201**	**28**
二连浩特市	9	8	1				1	1	
锡林浩特市	167	138	29	2	2		34	26	8
阿巴嘎旗	47	36	11				23	22	1
苏尼特左旗	116	97	19				7	6	1
苏尼特右旗	16	10	6				4	4	
东乌珠穆沁旗	47	28	19				7	7	
西乌珠穆沁旗	394	333	61				71	67	4
太仆寺旗	50	34	16				47	41	6
镶黄旗	10	10					10	9	1
正镶白旗	17	16	1				4	3	1
正蓝旗	24	15	9				4	3	1
多伦县	89	55	34	1	1		15	11	4
乌拉盖管委会	19	11	8				2	1	1
阿拉善盟	**581**	**485**	**96**				**360**	**293**	**67**
阿拉善左旗	80	62	18				140	115	25
阿拉善右旗	8	7	1				16	14	2
额济纳旗	473	397	76				13	11	2
内蒙古阿拉善经济开发区	20	19	1				191	153	38

7−3c　续表 12　　　　单位：人

现住地	户口登记地								
	浙江			安徽			福建		
	小计	男	女	小计	男	女	小计	男	女
内蒙古	**2493**	**1807**	**686**	**8121**	**5695**	**2426**	**3262**	**2738**	**524**
呼和浩特市	**452**	**294**	**158**	**1539**	**932**	**607**	**438**	**316**	**122**
新城区	59	34	25	248	161	87	83	49	34
回民区	173	115	58	47	22	25	68	45	23
玉泉区	51	33	18	358	207	151	63	43	20
赛罕区	56	31	25	668	400	268	58	33	25
土默特左旗	52	35	17	80	43	37	5	5	
托克托县	11	6	5	53	39	14	33	26	7
和林格尔县	12	8	4	32	23	9	109	98	11
清水河县	25	21	4	24	18	6	9	9	
武川县	13	11	2	29	19	10	10	8	2
呼和浩特经济技术开发区									
包头市	**210**	**152**	**58**	**503**	**314**	**189**	**294**	**220**	**74**
东河区	23	15	8	31	15	16	30	24	6
昆都仑区	32	19	13	116	70	46	27	19	8
青山区	19	15	4	72	40	32	6	4	2
石拐区	4	3	1	3	2	1	19	12	7
白云鄂博矿区									
九原区	54	40	14	179	108	71	62	39	23
土默特右旗	19	15	4	22	19	3	75	68	7
固阳县	50	40	10	43	36	7	32	28	4
达尔罕茂明安联合旗	6	4	2	7	6	1	11	10	1
包头稀土高新技术产业开发区	3	1	2	30	18	12	32	16	16
乌海市	**37**	**30**	**7**	**76**	**56**	**20**	**224**	**204**	**20**
海勃湾区	30	24	6	55	37	18	160	144	16
海南区	7	6	1	21	19	2	64	60	4
乌达区									
赤峰市	**375**	**279**	**96**	**470**	**300**	**170**	**288**	**239**	**49**
红山区	5	2	3	2	2		6	4	2
元宝山区	11	9	2	43	36	7	4	2	2
松山区	112	85	27	183	114	69	43	33	10
阿鲁科尔沁旗	15	10	5	12	9	3	12	10	2
巴林左旗	55	39	16	46	31	15	20	15	5
巴林右旗	4	3	1	13	10	3	4	4	
林西县	11	4	7	15	12	3	53	47	6
克什克腾旗	62	53	9	17	16	1	4	3	1
翁牛特旗	13	8	5	13	5	8	12	12	
喀喇沁旗	26	21	5	38	20	18	8	6	2
宁城县	44	32	12	55	31	24	24	16	8
敖汉旗	17	13	4	33	14	19	98	87	11

7-3c 续表 13

单位：人

现住地	户口登记地								
	浙江			安徽			福建		
	小计	男	女	小计	男	女	小计	男	女
通辽市	**161**	**95**	**66**	**124**	**70**	**54**	**84**	**68**	**16**
科尔沁区	37	22	15	25	19	6	30	22	8
科尔沁左翼中旗	18	9	9	13	3	10	11	9	2
科尔沁左翼后旗	15	11	4	13	7	6	8	7	1
开鲁县	21	10	11	9	6	3	6	4	2
库伦旗	21	12	9	5	2	3	10	8	2
奈曼旗	12	7	5	29	15	14	12	11	1
扎鲁特旗	15	6	9	8	2	6	7	7	
通辽经济技术开发区	19	16	3	18	14	4			
霍林郭勒市	3	2	1	4	2	2			
鄂尔多斯市	**293**	**220**	**73**	**3227**	**2647**	**580**	**922**	**831**	**91**
东胜区	34	27	7	536	470	66	116	102	14
康巴什区									
达拉特旗	37	26	11	209	161	48	65	56	9
准格尔旗	113	88	25	993	888	105	499	451	48
鄂托克前旗	20	14	6	89	79	10	24	19	5
鄂托克旗	36	28	8	104	93	11	115	112	3
杭锦旗	2	1	1	102	60	42	7	5	2
乌审旗	22	20	2	337	261	76	55	51	4
伊金霍洛旗	29	16	13	857	635	222	41	35	6
呼伦贝尔市	**66**	**47**	**19**	**138**	**87**	**51**	**65**	**51**	**14**
海拉尔区	3	3		2	1	1	1	1	
扎赉诺尔区									
阿荣旗	10	5	5	16	10	6	15	11	4
莫力达瓦达斡尔族自治旗	10	7	3	32	17	15	8	6	2
鄂伦春自治旗				23	10	13	3	2	1
鄂温克族自治旗	4	2	2	27	20	7	1	1	
陈巴尔虎旗				4	3	1	4	4	
新巴尔虎左旗							2	1	1
新巴尔虎右旗	16	14	2	6	4	2	6	6	
满洲里市									
牙克石市				4	3	1			
扎兰屯市	5	1	4	16	13	3	13	10	3
额尔古纳市	18	15	3	8	6	2	12	9	3
根河市									
巴彦淖尔市	**363**	**286**	**77**	**1261**	**753**	**508**	**305**	**280**	**25**
临河区	61	46	15	359	208	151	24	18	6
五原县	21	11	10	290	167	123	7	7	
磴口县	8	7	1	120	67	53	1	1	
乌拉特前旗	40	33	7	197	119	78	128	120	8
乌拉特中旗	58	50	8	64	50	14	64	61	3
乌拉特后旗	169	136	33	56	48	8	68	63	5
杭锦后旗	6	3	3	175	94	81	13	10	3

7-3c　续表 14　　　　单位：人

现住地	户口登记地								
	浙江			安徽			福建		
	小计	男	女	小计	男	女	小计	男	女
乌兰察布市	**220**	**156**	**64**	**264**	**169**	**95**	**176**	**140**	**36**
集宁区	13	6	7	76	60	16	11	9	2
卓资县	28	23	5	12	9	3	13	10	3
化德县	18	10	8	18	11	7	6	5	1
商都县	26	18	8	13	4	9	29	24	5
兴和县	16	8	8	40	19	21	13	9	4
凉城县	6	2	4	3	2	1	10	7	3
察哈尔右翼前旗	36	33	3	22	14	8	37	32	5
察哈尔右翼中旗	16	13	3	8	4	4	5	4	1
察哈尔右翼后旗	9	6	3	25	16	9	3	2	1
四子王旗	34	26	8	32	20	12	23	18	5
丰镇市	18	11	7	15	10	5	26	20	6
兴安盟	**78**	**56**	**22**	**127**	**91**	**36**	**60**	**48**	**12**
乌兰浩特市	2	1	1	13	9	4	8	7	1
阿尔山市							3	3	
科尔沁右翼前旗	47	37	10	27	17	10	13	12	1
科尔沁右翼中旗	7	6	1	12	10	2	11	5	6
扎赉特旗	15	8	7	12	6	6	12	9	3
突泉县	7	4	3	63	49	14	13	12	1
锡林郭勒盟	**94**	**73**	**21**	**156**	**130**	**26**	**122**	**107**	**15**
二连浩特市									
锡林浩特市	1		1	25	23	2	1	1	
阿巴嘎旗	9	7	2	5	5		4	3	1
苏尼特左旗	1	1		57	52	5	40	38	2
苏尼特右旗	5	4	1	2	1	1	1	1	
东乌珠穆沁旗	33	27	6	5	4	1	4	4	
西乌珠穆沁旗	15	13	2	9	9		28	20	8
太仆寺旗	9	5	4	25	16	9			
镶黄旗	2	1	1	1	1		36	32	4
正镶白旗	4	3	1	9	7	2	3	3	
正蓝旗	9	8	1	7	5	2	3	3	
多伦县	6	4	2	11	7	4	2	2	
乌拉盖管委会									
阿拉善盟	**144**	**119**	**25**	**236**	**146**	**90**	**284**	**234**	**50**
阿拉善左旗	126	104	22	215	128	87	246	204	42
阿拉善右旗	5	4	1				16	11	5
额济纳旗	11	9	2	14	12	2	7	4	3
内蒙古阿拉善经济开发区	2	2		7	6	1	15	15	

7－3c 续表 15

单位：人

现住地	户口登记地 江西 小计	男	女	山东 小计	男	女	河南 小计	男	女
内蒙古	**1221**	**845**	**376**	**24789**	**20866**	**3923**	**26860**	**20341**	**6519**
呼和浩特市	**391**	**264**	**127**	**1787**	**1205**	**582**	**5104**	**3497**	**1607**
新城区	86	57	29	404	248	156	1522	1071	451
回民区	51	30	21	76	48	28	207	132	75
玉泉区	63	42	21	240	151	89	839	514	325
赛罕区	63	39	24	503	322	181	1417	891	526
土默特左旗	60	42	18	119	80	39	273	187	86
托克托县	4	3	1	214	180	34	495	429	66
和林格尔县	58	45	13	130	97	33	154	125	29
清水河县	2	2		78	62	16	121	88	33
武川县	4	4		23	17	6	76	60	16
呼和浩特经济技术开发区									
包头市	**127**	**93**	**34**	**726**	**473**	**253**	**2592**	**1730**	**862**
东河区	12	6	6	126	67	59	435	271	164
昆都仑区	6	5	1	82	49	33	387	233	154
青山区	33	25	8	53	31	22	403	247	156
石拐区				16	14	2	85	64	21
白云鄂博矿区									
九原区	51	37	14	257	171	86	655	425	230
土默特右旗	10	8	2	81	66	15	208	174	34
固阳县	3	3		50	40	10	277	219	58
达尔罕茂明安联合旗	1	1		13	10	3	46	39	7
包头稀土高新技术产业开发区	11	8	3	48	25	23	96	58	38
乌海市	**12**	**9**	**3**	**367**	**317**	**50**	**867**	**638**	**229**
海勃湾区	12	9	3	138	110	28	521	391	130
海南区				229	207	22	346	247	99
乌达区									
赤峰市	**133**	**85**	**48**	**1221**	**820**	**401**	**1785**	**1256**	**529**
红山区				11	9	2	17	12	5
元宝山区	6	4	2	104	91	13	234	190	44
松山区	43	23	20	331	213	118	414	271	143
阿鲁科尔沁旗	10	8	2	54	33	21	137	78	59
巴林左旗	15	12	3	144	89	55	208	133	75
巴林右旗	1	1		31	19	12	18	14	4
林西县	2	2		23	13	10	49	29	20
克什克腾旗	10	10		171	150	21	288	262	26
翁牛特旗	3	1	2	66	39	27	75	50	25
喀喇沁旗	9	5	4	53	36	17	134	91	43
宁城县	28	16	12	153	84	69	146	89	57
敖汉旗	6	3	3	80	44	36	65	37	28

7-3c　续表 16　　　　单位：人

现 住 地	户口登记地								
	江　西			山　东			河　南		
	小计	男	女	小计	男	女	小计	男	女
通辽市	**43**	**22**	**21**	**567**	**367**	**200**	**754**	**474**	**280**
科尔沁区	26	15	11	145	96	49	94	63	31
科尔沁左翼中旗	3	1	2	46	19	27	55	27	28
科尔沁左翼后旗	4	2	2	53	31	22	47	25	22
开鲁县	7	4	3	101	65	36	201	130	71
库伦旗				27	15	12	182	114	68
奈曼旗	2		2	95	65	30	90	49	41
扎鲁特旗	1		1	46	33	13	43	37	6
通辽经济技术开发区				32	28	4	35	22	13
霍林郭勒市				22	15	7	7	7	
鄂尔多斯市	**124**	**90**	**34**	**15866**	**14491**	**1375**	**8565**	**7255**	**1310**
东胜区	22	14	8	1017	923	94	975	793	182
康巴什区									
达拉特旗	12	9	3	296	261	35	1100	840	260
准格尔旗	47	38	9	2361	2025	336	2453	2151	302
鄂托克前旗	1	1		5036	4786	250	403	329	74
鄂托克旗	25	19	6	477	441	36	413	371	42
杭锦旗	1	1		23	20	3	204	177	27
乌审旗	1	1		2457	2250	207	1087	999	88
伊金霍洛旗	15	7	8	4199	3785	414	1930	1595	335
呼伦贝尔市	**12**	**6**	**6**	**1030**	**655**	**375**	**397**	**281**	**116**
海拉尔区				41	25	16	21	19	2
扎赉诺尔区									
阿荣旗	1	1		228	157	71	127	96	31
莫力达瓦达斡尔族自治旗	1	1		204	113	91	70	42	28
鄂伦春自治旗				120	69	51	14	6	8
鄂温克族自治旗				53	34	19	27	21	6
陈巴尔虎旗				16	12	4	13	9	4
新巴尔虎左旗	1	1		8	7	1	7	4	3
新巴尔虎右旗	2	1	1	123	113	10	40	40	
满洲里市									
牙克石市				26	17	9	7	5	2
扎兰屯市	7	2	5	173	82	91	45	22	23
额尔古纳市				38	26	12	26	17	9
根河市									
巴彦淖尔市	**131**	**90**	**41**	**1052**	**762**	**290**	**3005**	**2080**	**925**
临河区	72	44	28	509	338	171	1352	833	519
五原县	5	4	1	145	95	50	316	198	118
磴口县	4	3	1	27	22	5	150	97	53
乌拉特前旗	19	13	6	143	110	33	408	309	99
乌拉特中旗	5	3	2	113	105	8	365	319	46
乌拉特后旗	25	23	2	62	59	3	239	215	24
杭锦后旗	1		1	53	33	20	175	109	66

7-3c 续表 17

单位：人

现住地	户口登记地								
	江西			山东			河南		
	小计	男	女	小计	男	女	小计	男	女
乌兰察布市	**66**	**48**	**18**	**717**	**563**	**154**	**1236**	**974**	**262**
集宁区	3	3		96	82	14	255	226	29
卓资县	4	3	1	182	166	16	64	55	9
化德县	11	8	3	24	17	7	86	72	14
商都县	9	7	2	78	55	23	73	50	23
兴和县	5	3	2	42	27	15	44	27	17
凉城县	1	1		20	13	7	43	37	6
察哈尔右翼前旗	19	12	7	133	110	23	404	314	90
察哈尔右翼中旗	1	1		43	30	13	69	49	20
察哈尔右翼后旗	2	2		31	22	9	65	48	17
四子王旗	9	7	2	34	22	12	54	42	12
丰镇市	2	1	1	34	19	15	79	54	25
兴安盟	**18**	**7**	**11**	**396**	**291**	**105**	**435**	**330**	**105**
乌兰浩特市	1	1		57	48	9	75	63	12
阿尔山市				17	15	2	19	18	1
科尔沁右翼前旗	5	2	3	102	75	27	168	119	49
科尔沁右翼中旗	3		3	38	31	7	24	15	9
扎赉特旗	2	1	1	59	35	24	33	23	10
突泉县	7	3	4	123	87	36	116	92	24
锡林郭勒盟	**81**	**65**	**16**	**806**	**698**	**108**	**1331**	**1162**	**169**
二连浩特市				2	2		2	2	
锡林浩特市	10	8	2	82	64	18	257	216	41
阿巴嘎旗	5	5		30	26	4	120	107	13
苏尼特左旗	1	1		18	18		203	197	6
苏尼特右旗	1	1		30	30		48	38	10
东乌珠穆沁旗	15	13	2	107	83	24	77	73	4
西乌珠穆沁旗	25	20	5	324	309	15	332	297	35
太仆寺旗	6	4	2	52	37	15	89	66	23
镶黄旗	2	2		46	45	1	18	16	2
正镶白旗	3	3		31	26	5	57	57	
正蓝旗	1	1		23	16	7	51	43	8
多伦县	11	7	4	52	36	16	74	48	26
乌拉盖管委会	1		1	9	6	3	3	2	1
阿拉善盟	**83**	**66**	**17**	**254**	**224**	**30**	**789**	**664**	**125**
阿拉善左旗	83	66	17	161	143	18	448	363	85
阿拉善右旗				19	18	1	62	55	7
额济纳旗				49	39	10	122	97	25
内蒙古阿拉善经济开发区				25	24	1	157	149	8

7-3c　续表 18　　　　单位：人

现住地	户口登记地								
	湖北			湖南			广东		
	小计	男	女	小计	男	女	小计	男	女
内蒙古	**3957**	**2925**	**1032**	**1956**	**1519**	**437**	**993**	**551**	**442**
呼和浩特市	**889**	**598**	**291**	**219**	**144**	**75**	**134**	**90**	**44**
新城区	235	144	91	42	30	12	41	24	17
回民区	33	16	17	71	42	29	7	6	1
玉泉区	139	97	42	18	14	4	18	7	11
赛罕区	267	184	83	32	18	14	42	33	9
土默特左旗	41	21	20	20	11	9	5	3	2
托克托县	113	94	19	9	5	4	11	9	2
和林格尔县	29	18	11	8	7	1	5	3	2
清水河县	16	13	3	8	8				
武川县	16	11	5	11	9	2	5	5	
呼和浩特经济技术开发区									
包头市	**256**	**174**	**82**	**225**	**177**	**48**	**28**	**13**	**15**
东河区	9	8	1	9	7	2	4	2	2
昆都仑区	32	19	13	10	6	4	4	1	3
青山区	34	22	12	14	10	4	2	2	
石拐区	3	2	1				7	4	3
白云鄂博矿区									
九原区	79	45	34	114	94	20	6	2	4
土默特右旗	7	6	1	12	7	5	4	2	2
固阳县	56	43	13	60	51	9			
达尔罕茂明安联合旗	24	21	3	2	1	1	1		1
包头稀土高新技术产业开发区	12	8	4	4	1	3			
乌海市	**107**	**82**	**25**	**33**	**27**	**6**	**13**	**7**	**6**
海勃湾区	22	14	8	21	17	4	3	1	2
海南区	85	68	17	12	10	2	10	6	4
乌达区									
赤峰市	**413**	**297**	**116**	**224**	**154**	**70**	**236**	**118**	**118**
红山区	1		1				2	2	
元宝山区	18	13	5	5	2	3	13	10	3
松山区	122	85	37	61	44	17	33	15	18
阿鲁科尔沁旗	17	6	11	9	5	4	50	27	23
巴林左旗	24	15	9	47	37	10	69	30	39
巴林右旗	29	22	7	1		1	8	6	2
林西县	4	3	1	1		1	4	3	1
克什克腾旗	54	49	5	53	42	11	1		1
翁牛特旗	45	39	6	1		1	8	3	5
喀喇沁旗	29	19	10	17	11	6	14	8	6
宁城县	52	35	17	18	10	8	24	11	13
敖汉旗	18	11	7	11	3	8	10	3	7

7-3c 续表 19

单位：人

现住地	户口登记地								
	湖北			湖南			广东		
	小计	男	女	小计	男	女	小计	男	女
通辽市	**67**	**30**	**37**	**69**	**44**	**25**	**234**	**111**	**123**
科尔沁区	15	8	7	6	4	2	9	4	5
科尔沁左翼中旗	9	3	6	5		5	10	3	7
科尔沁左翼后旗	4		4	1	1		20	8	12
开鲁县	6	2	4	7	2	5	35	20	15
库伦旗	4	3	1	7	3	4	100	53	47
奈曼旗	11	4	7	37	31	6	47	16	31
扎鲁特旗	12	7	5	3	2	1	9	5	4
通辽经济技术开发区	6	3	3	2	1	1	3	2	1
霍林郭勒市				1		1	1		1
鄂尔多斯市	**765**	**641**	**124**	**330**	**284**	**46**	**150**	**97**	**53**
东胜区	60	50	10	40	30	10	1		1
康巴什区									
达拉特旗	87	71	16	44	34	10	20	14	6
准格尔旗	269	221	48	109	101	8	63	44	19
鄂托克前旗	12	10	2	31	31		23	14	9
鄂托克旗	116	108	8	20	18	2	23	13	10
杭锦旗	11	8	3	4	4		10	6	4
乌审旗	87	76	11	43	37	6	6	3	3
伊金霍洛旗	123	97	26	39	29	10	4	3	1
呼伦贝尔市	**104**	**71**	**33**	**31**	**18**	**13**	**36**	**14**	**22**
海拉尔区							1		1
扎赉诺尔区									
阿荣旗	28	19	9	1		1	5	1	4
莫力达瓦达斡尔族自治旗	11	4	7	3		3	8	2	6
鄂伦春自治旗	3		3	8	4	4	5	3	2
鄂温克族自治旗	7	5	2	1		1	5	3	2
陈巴尔虎旗	2	2		2	1	1	5	2	3
新巴尔虎左旗	1		1				1		1
新巴尔虎右旗	38	33	5	13	11	2			
满洲里市									
牙克石市	1	1					1		1
扎兰屯市	10	4	6	2	1	1	4	2	2
额尔古纳市	3	3		1	1		1	1	
根河市									
巴彦淖尔市	**546**	**421**	**125**	**221**	**174**	**47**	**45**	**28**	**17**
临河区	153	103	50	34	19	15	14	9	5
五原县	49	38	11	11	6	5	16	8	8
磴口县	15	9	6	2	1	1	2	2	
乌拉特前旗	140	119	21	60	50	10	4	4	
乌拉特中旗	20	14	6	12	11	1	4	3	1
乌拉特后旗	148	125	23	93	83	10	2	1	1
杭锦后旗	21	13	8	9	4	5	3	1	2

7-3c　续表 20　　　　　　　　　　　　　　　　　　　　单位：人

现住地	户口登记地								
	湖北			湖南			广东		
	小计	男	女	小计	男	女	小计	男	女
乌兰察布市	**390**	**278**	**112**	**339**	**283**	**56**	**52**	**36**	**16**
集宁区	79	69	10	40	33	7	20	15	5
卓资县	13	10	3						
化德县	47	32	15	243	218	25			
商都县	22	9	13	2		2	2		2
兴和县	12	7	5	1	1		3		3
凉城县	41	35	6	2		2	1		1
察哈尔右翼前旗	80	61	19	34	21	13	15	11	4
察哈尔右翼中旗	30	20	10	6	4	2	5	4	1
察哈尔右翼后旗	13	4	9	3	1	2	4	4	
四子王旗	40	28	12	6	5	1	2	2	
丰镇市	13	3	10	2		2			
兴安盟	**99**	**79**	**20**	**50**	**37**	**13**	**36**	**15**	**21**
乌兰浩特市	16	14	2	1	1		2		2
阿尔山市							1	1	
科尔沁右翼前旗	18	7	11	10	6	4	13	5	8
科尔沁右翼中旗	2	2		2	1	1	1	1	
扎赉特旗	9	6	3	8	4	4	10	3	7
突泉县	54	50	4	29	25	4	9	5	4
锡林郭勒盟	**168**	**134**	**34**	**121**	**93**	**28**	**25**	**18**	**7**
二连浩特市	1	1							
锡林浩特市	7	6	1	2	1	1	4	2	2
阿巴嘎旗	39	35	4	5	2	3	2	2	
苏尼特左旗	5	5		4	3	1	5	5	
苏尼特右旗	50	40	10	1	1		1	1	
东乌珠穆沁旗	8	8		6	6		1	1	
西乌珠穆沁旗	19	13	6	23	19	4	1	1	
太仆寺旗	19	14	5	1	1		2	2	
镶黄旗	2	2		43	37	6			
正镶白旗	1	1		11	8	3	1	1	
正蓝旗	8	5	3	9	5	4			
多伦县	9	4	5	16	10	6	8	3	5
乌拉盖管委会									
阿拉善盟	**153**	**120**	**33**	**94**	**84**	**10**	**4**	**4**	
阿拉善左旗	141	108	33	82	74	8	3	3	
阿拉善右旗	6	6		7	6	1			
额济纳旗	2	2		3	2	1			
内蒙古阿拉善经济开发区	4	4		2	2		1	1	

7-3c 续表 21

单位：人

现住地	户口登记地								
	广西			海南			重庆		
	小计	男	女	小计	男	女	小计	男	女
内蒙古	**649**	**401**	**248**	**102**	**46**	**56**	**2349**	**1632**	**717**
呼和浩特市	**149**	**91**	**58**	**7**	**3**	**4**	**493**	**338**	**155**
新城区	17	11	6				99	66	33
回民区	10	7	3	1		1	13	5	8
玉泉区	36	18	18	1	1		105	78	27
赛罕区	50	30	20	3	1	2	116	89	27
土默特左旗	7	5	2	1		1	57	28	29
托克托县	18	12	6	1	1		23	14	9
和林格尔县	4	3	1				58	42	16
清水河县	3	2	1				16	12	4
武川县	4	3	1				6	4	2
呼和浩特经济技术开发区									
包头市	**47**	**26**	**21**	**4**	**2**	**2**	**164**	**100**	**64**
东河区	4	2	2	1		1	22	13	9
昆都仑区	4	1	3				15	8	7
青山区	5	1	4				20	11	9
石拐区	1	1					8	7	1
白云鄂博矿区									
九原区	26	16	10	1	1		30	18	12
土默特右旗	5	4	1				15	8	7
固阳县	1		1	1	1		24	15	9
达尔罕茂明安联合旗	1	1		1		1	16	14	2
包头稀土高新技术产业开发区							14	6	8
乌海市	**4**	**2**	**2**	**1**		**1**	**49**	**33**	**16**
海勃湾区	3	2	1	1		1	31	21	10
海南区	1		1				18	12	6
乌达区									
赤峰市	**92**	**46**	**46**	**28**	**12**	**16**	**180**	**118**	**62**
红山区									
元宝山区	3	2	1				5	2	3
松山区	25	11	14	6	3	3	49	38	11
阿鲁科尔沁旗	2	2					7	4	3
巴林左旗	9	5	4	9	3	6	21	12	9
巴林右旗				1		1	2	2	
林西县	6	3	3	1		1	5	5	
克什克腾旗	15	13	2				20	17	3
翁牛特旗							11	8	3
喀喇沁旗	4		4	1	1		13	7	6
宁城县	15	5	10	5	4	1	29	14	15
敖汉旗	13	5	8	5	1	4	18	9	9

7-3c　续表 22　　　　　　　　　　　　　　单位：人

现住地	户口登记地								
	广西			海南			重庆		
	小计	男	女	小计	男	女	小计	男	女
通辽市	**42**	**20**	**22**	**7**	**4**	**3**	**76**	**35**	**41**
科尔沁区	13	7	6				14	6	8
科尔沁左翼中旗	3		3	2		2	4	1	3
科尔沁左翼后旗	5	3	2				4	3	1
开鲁县	10	6	4				18	9	9
库伦旗	3	2	1	1	1		11	5	6
奈曼旗	5		5	3	2	1	13	4	9
扎鲁特旗	1	1		1	1		1	1	
通辽经济技术开发区							10	5	5
霍林郭勒市	2	1	1				1	1	
鄂尔多斯市	**53**	**41**	**12**	**10**	**6**	**4**	**492**	**364**	**128**
东胜区	3	2	1				20	15	5
康巴什区									
达拉特旗	5	2	3				82	67	15
准格尔旗	12	12		7	4	3	148	113	35
鄂托克前旗	1	1		1		1	28	19	9
鄂托克旗	4	3	1	2	2		27	19	8
杭锦旗	2	2					14	7	7
乌审旗	5	4	1				63	46	17
伊金霍洛旗	21	15	6				110	78	32
呼伦贝尔市	**36**	**20**	**16**	**8**	**5**	**3**	**38**	**22**	**16**
海拉尔区	1	1					1	1	
扎赉诺尔区									
阿荣旗	5		5	1		1	4	3	1
莫力达瓦达斡尔族自治旗	9	4	5				8	5	3
鄂伦春自治旗	3	2	1	2	1	1	15	6	9
鄂温克族自治旗	3	3		1	1		2	1	1
陈巴尔虎旗							1	1	
新巴尔虎左旗	1	1		1		1	3	1	2
新巴尔虎右旗	6	6		1	1		3	3	
满洲里市									
牙克石市	1		1	1	1				
扎兰屯市	5	2	3	1	1		1	1	
额尔古纳市	2	1	1						
根河市									
巴彦淖尔市	**84**	**45**	**39**	**15**	**3**	**12**	**310**	**197**	**113**
临河区	57	28	29	6	1	5	70	45	25
五原县	1		1				19	9	10
磴口县	1		1	1		1	35	19	16
乌拉特前旗	8	2	6	2		2	86	54	32
乌拉特中旗	1	1		1	1		57	38	19
乌拉特后旗	16	14	2				36	27	9
杭锦后旗				5	1	4	7	5	2

7-3c 续表 23

单位：人

现住地	户口登记地								
	广西			海南			重庆		
	小计	男	女	小计	男	女	小计	男	女
乌兰察布市	**71**	**55**	**16**	**8**	**3**	**5**	**157**	**107**	**50**
集宁区	6	4	2	1		1	19	16	3
卓资县	4	4		2		2	16	12	4
化德县	3	3					9	6	3
商都县	17	14	3	2	2		8	4	4
兴和县	4	1	3				7	4	3
凉城县	1		1				7	4	3
察哈尔右翼前旗	9	5	4	2	1	1	45	32	13
察哈尔右翼中旗				1		1	7	6	1
察哈尔右翼后旗							7	2	5
四子王旗	27	24	3				25	16	9
丰镇市							7	5	2
兴安盟	**15**	**6**	**9**	**11**	**6**	**5**	**84**	**66**	**18**
乌兰浩特市	6	3	3				12	10	2
阿尔山市	1	1							
科尔沁右翼前旗	2	1	1	7	4	3	46	35	11
科尔沁右翼中旗	2	1	1				1	1	
扎赉特旗	3		3				6	5	1
突泉县	1		1	4	2	2	19	15	4
锡林郭勒盟	**44**	**40**	**4**	**1**		**1**	**98**	**86**	**12**
二连浩特市							2	2	
锡林浩特市	1	1					14	12	2
阿巴嘎旗	1	1					3	3	
苏尼特左旗	1	1					3	3	
苏尼特右旗	1		1				6	6	
东乌珠穆沁旗	5	5					11	10	1
西乌珠穆沁旗	26	25	1				7	7	
太仆寺旗	3	3					5	4	1
镶黄旗	1		1				19	18	1
正镶白旗	2	2					11	9	2
正蓝旗	1	1					2		2
多伦县	2	1	1	1		1	15	12	3
乌拉盖管委会									
阿拉善盟	**12**	**9**	**3**	**2**	**2**		**208**	**166**	**42**
阿拉善左旗	10	7	3	1	1		146	117	29
阿拉善右旗	1	1		1	1		44	34	10
额济纳旗							5	5	
内蒙古阿拉善经济开发区	1	1					13	10	3

7-3c　续表 24

单位：人

现住地	户口登记地								
	四川			贵州			云南		
	小计	男	女	小计	男	女	小计	男	女
内蒙古	**11860**	**8006**	**3854**	**32361**	**16848**	**15513**	**2079**	**1226**	**853**
呼和浩特市	**3527**	**2244**	**1283**	**2764**	**1477**	**1287**	**354**	**141**	**213**
新城区	943	606	337	290	146	144	45	16	29
回民区	39	20	19	58	35	23	2		2
玉泉区	518	364	154	345	184	161	61	36	25
赛罕区	1155	774	381	751	420	331	79	40	39
土默特左旗	206	94	112	657	332	325	35	5	30
托克托县	324	206	118	139	76	63	56	24	32
和林格尔县	161	78	83	275	158	117	23	11	12
清水河县	112	65	47	38	20	18	4	1	3
武川县	69	37	32	211	106	105	49	8	41
呼和浩特经济技术开发区									
包头市	**985**	**622**	**363**	**1697**	**887**	**810**	**175**	**93**	**82**
东河区	103	63	40	118	74	44	8	3	5
昆都仑区	157	82	75	149	73	76	13	5	8
青山区	88	55	33	98	49	49	24	15	9
石拐区	53	35	18	70	37	33	1		1
白云鄂博矿区									
九原区	344	245	99	255	139	116	38	25	13
土默特右旗	132	83	49	312	169	143	14	5	9
固阳县	52	33	19	387	187	200	6	4	2
达尔罕茂明安联合旗	22	7	15	276	147	129	16		16
包头稀土高新技术产业开发区	34	19	15	32	12	20	55	36	19
乌海市	**197**	**134**	**63**	**200**	**103**	**97**	**37**	**25**	**12**
海勃湾区	81	53	28	131	69	62	21	15	6
海南区	116	81	35	69	34	35	16	10	6
乌达区									
赤峰市	**806**	**502**	**304**	**4248**	**2157**	**2091**	**146**	**59**	**87**
红山区	11	6	5	78	46	32	2	1	1
元宝山区	34	22	12	136	71	65	10	7	3
松山区	138	91	47	718	363	355	20	6	14
阿鲁科尔沁旗	67	45	22	133	76	57	6	3	3
巴林左旗	111	67	44	132	59	73	13	10	3
巴林右旗	22	14	8	126	73	53			
林西县	14	6	8	564	277	287			
克什克腾旗	75	58	17	385	190	195	5	4	1
翁牛特旗	14	7	7	259	128	131	9	1	8
喀喇沁旗	52	33	19	444	226	218	16	3	13
宁城县	241	148	93	1099	563	536	54	23	31
敖汉旗	27	5	22	174	85	89	11	1	10

7-3c 续表 25

单位：人

现住地	户口登记地								
	四川			贵州			云南		
	小计	男	女	小计	男	女	小计	男	女
通辽市	**431**	**229**	**202**	**5120**	**2562**	**2558**	**55**	**15**	**40**
科尔沁区	61	39	22	1337	678	659	21	7	14
科尔沁左翼中旗	25	11	14	680	317	363	4		4
科尔沁左翼后旗	28	14	14	906	415	491	4	1	3
开鲁县	111	63	48	763	393	370	9	1	8
库伦旗	112	52	60	382	199	183	4	2	2
奈曼旗	54	27	27	388	202	186	7	2	5
扎鲁特旗	28	15	13	373	199	174	1		1
通辽经济技术开发区	10	7	3	237	127	110	4	1	3
霍林郭勒市	2	1	1	54	32	22	1	1	
鄂尔多斯市	**2147**	**1640**	**507**	**2572**	**1425**	**1147**	**503**	**402**	**101**
东胜区	179	118	61	139	81	58	14	9	5
康巴什区									
达拉特旗	221	155	66	427	229	198	44	26	18
准格尔旗	493	386	107	528	304	224	120	101	19
鄂托克前旗	273	211	62	370	195	175	28	18	10
鄂托克旗	133	104	29	190	112	78	61	43	18
杭锦旗	86	64	22	180	94	86	13	9	4
乌审旗	368	293	75	289	158	131	57	47	10
伊金霍洛旗	394	309	85	449	252	197	166	149	17
呼伦贝尔市	**179**	**123**	**56**	**5403**	**2767**	**2636**	**86**	**61**	**25**
海拉尔区	7	5	2	76	32	44	1	1	
扎赉诺尔区									
阿荣旗	27	16	11	772	378	394	6	1	5
莫力达瓦达斡尔族自治旗	17	5	12	1304	688	616	3	1	2
鄂伦春自治旗	16	9	7	801	418	383	5	1	4
鄂温克族自治旗	9	5	4	377	188	189	3	1	2
陈巴尔虎旗	14	11	3	158	85	73	15	14	1
新巴尔虎左旗	5	4	1	292	148	144			
新巴尔虎右旗	43	38	5	155	73	82	38	36	2
满洲里市									
牙克石市	1	1		174	84	90	2		2
扎兰屯市	19	10	9	1164	607	557	12	5	7
额尔古纳市	21	19	2	127	63	64	1	1	
根河市				3	3				
巴彦淖尔市	**1382**	**910**	**472**	**2558**	**1370**	**1188**	**192**	**117**	**75**
临河区	461	279	182	736	364	372	21	8	13
五原县	136	63	73	201	110	91	14	1	13
磴口县	60	25	35	137	78	59	5	3	2
乌拉特前旗	278	198	80	267	156	111	48	33	15
乌拉特中旗	154	127	27	378	212	166	29	19	10
乌拉特后旗	237	197	40	146	91	55	68	50	18
杭锦后旗	56	21	35	693	359	334	7	3	4

7-3c 续表 26

单位：人

现 住 地	户口登记地								
	四 川			贵 州			云 南		
	小计	男	女	小计	男	女	小计	男	女
乌兰察布市	**898**	**520**	**378**	**2348**	**1204**	**1144**	**310**	**158**	**152**
集宁区	122	97	25	101	54	47	50	38	12
卓资县	49	28	21	93	53	40	7	1	6
化德县	63	44	19	107	57	50	51	35	16
商都县	47	26	21	80	38	42	28	13	15
兴和县	62	27	35	115	56	59	76	38	38
凉城县	69	19	50	672	333	339	5	1	4
察哈尔右翼前旗	289	214	75	470	246	224	45	26	19
察哈尔右翼中旗	43	23	20	91	45	46	10	2	8
察哈尔右翼后旗	49	25	24	75	38	37	7	1	6
四子王旗	30	5	25	208	108	100	17	2	15
丰镇市	75	12	63	336	176	160	14	1	13
兴安盟	**441**	**354**	**87**	**3417**	**1785**	**1632**	**61**	**28**	**33**
乌兰浩特市	58	49	9	337	184	153	7	4	3
阿尔山市	1		1	28	9	19			
科尔沁右翼前旗	118	87	31	750	380	370	21	8	13
科尔沁右翼中旗	11	8	3	518	264	254	5	1	4
扎赉特旗	37	22	15	809	423	386	5		5
突泉县	216	188	28	975	525	450	23	15	8
锡林郭勒盟	**526**	**460**	**66**	**1614**	**841**	**773**	**108**	**89**	**19**
二连浩特市	2	1	1	6	5	1			
锡林浩特市	141	125	16	170	88	82	17	16	1
阿巴嘎旗	52	47	5	115	63	52	13	11	2
苏尼特左旗	83	77	6	62	28	34	15	14	1
苏尼特右旗	17	15	2	82	45	37			
东乌珠穆沁旗	19	17	2	157	89	68	9	8	1
西乌珠穆沁旗	23	22	1	428	224	204	9	8	1
太仆寺旗	36	27	9	109	51	58	13	6	7
镶黄旗	19	14	5	47	31	16	2	2	
正镶白旗	43	41	2	105	56	49	19	17	2
正蓝旗	21	20	1	203	94	109	2	2	
多伦县	67	51	16	107	53	54	9	5	4
乌拉盖管委会	3	3		23	14	9			
阿拉善盟	**341**	**268**	**73**	**420**	**270**	**150**	**52**	**38**	**14**
阿拉善左旗	263	207	56	289	188	101	43	30	13
阿拉善右旗	33	29	4	47	29	18	2	1	1
额济纳旗	30	21	9	73	46	27	4	4	
内蒙古阿拉善经济开发区	15	11	4	11	7	4	3	3	

7－3c 续表 27

单位：人

现住地	户口登记地								
	西藏			陕西			甘肃		
	小计	男	女	小计	男	女	小计	男	女
内蒙古	**45**	**20**	**25**	**31036**	**22513**	**8523**	**30039**	**20701**	**9338**
呼和浩特市	**5**	**2**	**3**	**1161**	**802**	**359**	**2227**	**1418**	**809**
新城区	1	1		234	156	78	338	196	142
回民区	3	1	2	44	26	18	77	50	27
玉泉区				183	132	51	500	340	160
赛罕区				250	167	83	549	327	222
土默特左旗	1		1	104	65	39	292	183	109
托克托县				174	137	37	192	133	59
和林格尔县				82	52	30	162	103	59
清水河县				52	43	9	69	55	14
武川县				38	24	14	48	31	17
呼和浩特经济技术开发区									
包头市	**3**	**1**	**2**	**1540**	**1041**	**499**	**1707**	**1069**	**638**
东河区				182	95	87	304	184	120
昆都仑区	1		1	200	119	81	253	136	117
青山区				124	71	53	177	104	73
石拐区				23	19	4	64	44	20
白云鄂博矿区									
九原区				413	292	121	487	297	190
土默特右旗				159	96	63	143	108	35
固阳县	1	1		268	220	48	145	99	46
达尔罕茂明安联合旗				128	104	24	74	56	18
包头稀土高新技术产业开发区	1		1	43	25	18	60	41	19
乌海市	**1**		**1**	**1056**	**725**	**331**	**2185**	**1580**	**605**
海勃湾区	1		1	718	494	224	1442	1057	385
海南区				338	231	107	743	523	220
乌达区									
赤峰市	**9**	**7**	**2**	**478**	**342**	**136**	**479**	**335**	**144**
红山区				5	4	1	9	8	1
元宝山区				30	24	6	22	18	4
松山区				121	88	33	59	36	23
阿鲁科尔沁旗	2	2		20	13	7	70	58	12
巴林左旗				77	52	25	81	56	25
巴林右旗				5	4	1	6	3	3
林西县				8	8		16	11	5
克什克腾旗	2		2	64	52	12	116	95	21
翁牛特旗	4	4		11	9	2	23	14	9
喀喇沁旗				52	40	12	27	13	14
宁城县				62	33	29	31	13	18
敖汉旗	1	1		23	15	8	19	10	9

7-3c　续表 28

单位：人

现住地	户口登记地								
	西藏			陕西			甘肃		
	小计	男	女	小计	男	女	小计	男	女
通辽市	**2**		**2**	**124**	**77**	**47**	**183**	**116**	**67**
科尔沁区	2		2	36	22	14	43	32	11
科尔沁左翼中旗				14	6	8	20	10	10
科尔沁左翼后旗				8	4	4	9	2	7
开鲁县				21	19	2	32	21	11
库伦旗				13	7	6	22	14	8
奈曼旗				13	6	7	30	20	10
扎鲁特旗				10	7	3	21	15	6
通辽经济技术开发区				7	5	2	3	1	2
霍林郭勒市				2	1	1	3	1	2
鄂尔多斯市	**1**		**1**	**21325**	**15355**	**5970**	**8223**	**6373**	**1850**
东胜区				1404	1125	279	428	343	85
康巴什区									
达拉特旗	1		1	1662	1053	609	816	551	265
准格尔旗				3313	2582	731	1068	816	252
鄂托克前旗				1828	1176	652	887	665	222
鄂托克旗				1298	936	362	2380	1923	457
杭锦旗				277	204	73	312	194	118
乌审旗				7601	5342	2259	1304	1069	235
伊金霍洛旗				3942	2937	1005	1028	812	216
呼伦贝尔市	**2**	**2**		**155**	**126**	**29**	**491**	**434**	**57**
海拉尔区									
扎赉诺尔区									
阿荣旗				10	4	6	10	6	4
莫力达瓦达斡尔族自治旗				20	14	6	7	6	1
鄂伦春自治旗	1	1		4	2	2	5	4	1
鄂温克族自治旗				2		2	2	1	1
陈巴尔虎旗				14	14		1	1	
新巴尔虎左旗				1		1	6	6	
新巴尔虎右旗				59	56	3	443	404	39
满洲里市									
牙克石市				2	1	1	3	1	2
扎兰屯市	1	1		14	7	7	9	2	7
额尔古纳市				29	28	1	5	3	2
根河市									
巴彦淖尔市	**10**	**1**	**9**	**2905**	**2126**	**779**	**8050**	**4717**	**3333**
临河区	7	1	6	622	369	253	4406	2409	1997
五原县	1		1	171	93	78	524	270	254
磴口县				226	128	98	907	505	402
乌拉特前旗				706	555	151	622	418	204
乌拉特中旗	1		1	226	189	37	436	322	114
乌拉特后旗				749	688	61	606	494	112
杭锦后旗	1		1	205	104	101	549	299	250

7-3c 续表 29

单位：人

现住地	户口登记地								
	西藏			陕西			甘肃		
	小计	男	女	小计	男	女	小计	男	女
乌兰察布市	**5**	**2**	**3**	**565**	**425**	**140**	**642**	**432**	**210**
集宁区				67	59	8	78	59	19
卓资县	3	1	2	24	17	7	96	76	20
化德县				23	21	2	48	38	10
商都县	1		1	91	63	28	51	32	19
兴和县				16	8	8	27	13	14
凉城县				37	22	15	34	14	20
察哈尔右翼前旗	1	1		152	128	24	151	111	40
察哈尔右翼中旗				72	61	11	45	30	15
察哈尔右翼后旗				34	18	16	17	10	7
四子王旗				29	20	9	72	39	33
丰镇市				20	8	12	23	10	13
兴安盟	**4**	**3**	**1**	**322**	**290**	**32**	**176**	**136**	**40**
乌兰浩特市				26	23	3	22	20	2
阿尔山市				3	2	1	2	2	
科尔沁右翼前旗				71	58	13	43	29	14
科尔沁右翼中旗	2	1	1	8	6	2	7	5	2
扎赉特旗				116	112	4	37	24	13
突泉县	2	2		98	89	9	65	56	9
锡林郭勒盟				**543**	**487**	**56**	**299**	**246**	**53**
二连浩特市									
锡林浩特市				23	15	8	32	24	8
阿巴嘎旗				33	31	2	62	59	3
苏尼特左旗				92	90	2	57	47	10
苏尼特右旗				131	118	13	21	20	1
东乌珠穆沁旗				40	34	6	8	3	5
西乌珠穆沁旗				65	56	9	40	35	5
太仆寺旗				15	12	3	11	4	7
镶黄旗				54	47	7	18	16	2
正镶白旗				34	33	1	14	14	
正蓝旗				40	36	4	24	17	7
多伦县				13	12	1	12	7	5
乌拉盖管委会				3	3				
阿拉善盟	**3**	**2**	**1**	**862**	**717**	**145**	**5377**	**3845**	**1532**
阿拉善左旗	3	2	1	565	462	103	2984	2099	885
阿拉善右旗				68	64	4	737	548	189
额济纳旗				155	122	33	980	674	306
内蒙古阿拉善经济开发区				74	69	5	676	524	152

7-3c　续表 30

单位：人

现住地	户口登记地								
	青海			宁夏			新疆		
	小计	男	女	小计	男	女	小计	男	女
内蒙古	**1272**	**732**	**540**	**9408**	**6840**	**2568**	**633**	**384**	**249**
呼和浩特市	**239**	**87**	**152**	**373**	**249**	**124**	**86**	**48**	**38**
新城区	29	11	18	50	25	25	18	9	9
回民区	10	3	7	10	6	4	1		1
玉泉区	36	20	16	78	64	14	15	7	8
赛罕区	44	16	28	50	33	17	36	18	18
土默特左旗	57	9	48	56	31	25	1	1	
托克托县	14	6	8	61	38	23	7	5	2
和林格尔县	27	10	17	33	23	10	6	6	
清水河县	4	2	2	20	17	3	2	2	
武川县	18	10	8	15	12	3			
呼和浩特经济技术开发区									
包头市	**85**	**49**	**36**	**342**	**178**	**164**	**31**	**19**	**12**
东河区	9	7	2	22	12	10	5	4	1
昆都仑区	12	6	6	79	40	39	3	2	1
青山区	9	3	6	47	25	22	6	3	3
石拐区	2	1	1	7	5	2			
白云鄂博矿区									
九原区	20	11	9	67	40	27	6	3	3
土默特右旗	20	12	8	68	26	42	4	3	1
固阳县	12	8	4	35	22	13	2	1	1
达尔罕茂明安联合旗	1	1		7	4	3	4	3	1
包头稀土高新技术产业开发区				10	4	6	1		1
乌海市	**30**	**21**	**9**	**903**	**698**	**205**	**15**	**8**	**7**
海勃湾区	13	7	6	485	376	109	10	4	6
海南区	17	14	3	418	322	96	5	4	1
乌达区									
赤峰市	**180**	**106**	**74**	**47**	**30**	**17**	**45**	**27**	**18**
红山区	1	1							
元宝山区	2	2		2		2			
松山区	62	37	25	11	6	5	13	7	6
阿鲁科尔沁旗	13	10	3				2	2	
巴林左旗	27	12	15	13	12	1	8	4	4
巴林右旗	7	4	3				3	1	2
林西县	4	2	2						
克什克腾旗	10	8	2	9	7	2	3	2	1
翁牛特旗	5	2	3				3	1	2
喀喇沁旗	6	2	4	5	2	3	1		1
宁城县	32	19	13	4	3	1	8	7	1
敖汉旗	11	7	4	3		3	4	3	1

7—3c 续表 31

单位：人

现住地	户口登记地								
	青海			宁夏			新疆		
	小计	男	女	小计	男	女	小计	男	女
通辽市	**33**	**13**	**20**	**33**	**21**	**12**	**33**	**16**	**17**
科尔沁区	21	8	13	7	4	3	6	3	3
科尔沁左翼中旗	1		1	11	7	4	11	7	4
科尔沁左翼后旗				3	1	2	2		2
开鲁县	4	2	2	5	4	1	3	2	1
库伦旗							2	1	1
奈曼旗	1	1		4	2	2	4	2	2
扎鲁特旗	6	2	4	2	2		3	1	2
通辽经济技术开发区				1	1		2		2
霍林郭勒市									
鄂尔多斯市	**307**	**208**	**99**	**2642**	**2051**	**591**	**126**	**87**	**39**
东胜区	30	21	9	95	78	17	11	7	4
康巴什区									
达拉特旗	20	15	5	62	42	20	18	12	6
准格尔旗	91	58	33	209	168	41	23	14	9
鄂托克前旗	17	14	3	831	598	233	14	10	4
鄂托克旗	31	29	2	763	654	109	13	9	4
杭锦旗	3	2	1	62	41	21	2		2
乌审旗	44	26	18	433	330	103	32	27	5
伊金霍洛旗	71	43	28	187	140	47	13	8	5
呼伦贝尔市	**18**	**12**	**6**	**17**	**7**	**10**	**20**	**14**	**6**
海拉尔区	1		1						
扎赉诺尔区									
阿荣旗	3	1	2				5	5	
莫力达瓦达斡尔族自治旗	5	3	2	4	1	3	4	3	1
鄂伦春自治旗							3	2	1
鄂温克族自治旗	5	5		3	2	1	1		1
陈巴尔虎旗							1	1	
新巴尔虎左旗	1	1		1		1	1		1
新巴尔虎右旗	2	2							
满洲里市									
牙克石市							1	1	
扎兰屯市	1		1	5	2	3	3	1	2
额尔古纳市				4	2	2	1	1	
根河市									
巴彦淖尔市	**183**	**114**	**69**	**1620**	**908**	**712**	**76**	**46**	**30**
临河区	58	27	31	832	443	389	33	20	13
五原县	20	9	11	156	90	66	4		4
磴口县	7	5	2	249	127	122	5	4	1
乌拉特前旗	24	17	7	171	113	58	14	10	4
乌拉特中旗	6	4	2	46	37	9	9	6	3
乌拉特后旗	64	51	13	65	53	12	6	4	2
杭锦后旗	4	1	3	101	45	56	5	2	3

7-3c　续表 32　　　　单位：人

现住地	户口登记地								
	青海			宁夏			新疆		
	小计	男	女	小计	男	女	小计	男	女
乌兰察布市	**84**	**40**	**44**	**191**	**118**	**73**	**25**	**10**	**15**
集宁区	4	2	2	23	17	6	3	1	2
卓资县	3	1	2	36	20	16	3	2	1
化德县	16	11	5	26	15	11	2	2	
商都县	15	7	8	14	11	3	3		3
兴和县	6	2	4	10	5	5	2	2	
凉城县	7	1	6	9	2	7	3	1	2
察哈尔右翼前旗	10	6	4	45	32	13	5	1	4
察哈尔右翼中旗	2		2	9	6	3	2	1	1
察哈尔右翼后旗	1		1	5	2	3	2		2
四子王旗	16	8	8	12	7	5			
丰镇市	4	2	2	2	1	1			
兴安盟	**12**	**6**	**6**	**62**	**50**	**12**	**9**	**4**	**5**
乌兰浩特市	1	1		5	4	1	1	1	
阿尔山市									
科尔沁右翼前旗	2		2	22	20	2	5	2	3
科尔沁右翼中旗	1	1		3	2	1	2		2
扎赉特旗	5	2	3	4	1	3			
突泉县	3	2	1	28	23	5	1	1	
锡林郭勒盟	**46**	**34**	**12**	**161**	**145**	**16**	**28**	**19**	**9**
二连浩特市				1	1				
锡林浩特市	8	5	3	27	25	2	2	1	1
阿巴嘎旗				15	15		5	5	
苏尼特左旗	5	4	1	29	26	3	5	5	
苏尼特右旗	4	2	2				1		1
东乌珠穆沁旗	1	1		5	4	1	1	1	
西乌珠穆沁旗	1	1		52	46	6	4	3	1
太仆寺旗	6	3	3	16	15	1	8	2	6
镶黄旗	1	1		8	6	2	1	1	
正镶白旗	16	14	2						
正蓝旗	3	2	1	3	3				
多伦县	1	1		4	3	1	1	1	
乌拉盖管委会				1	1				
阿拉善盟	**55**	**42**	**13**	**3017**	**2385**	**632**	**139**	**86**	**53**
阿拉善左旗	27	20	7	2528	1972	556	31	23	8
阿拉善右旗	11	8	3	61	47	14	96	55	41
额济纳旗	13	11	2	68	50	18	8	6	2
内蒙古阿拉善经济开发区	4	3	1	360	316	44	4	2	2

7-4 全区按现住地、离开户口登记地时间分的户口登记地在外乡镇街道的人口

单位：人

现住地	离开户口登记地时间							
	合计							
	合计	半年以上，不满一年	一年以上，不满二年	二年以上，不满三年	三年以上，不满四年	四年以上，不满五年	五年以上，不满十年	十年以上
内蒙古	**11462961**	**1432200**	**1183430**	**1240751**	**1137134**	**897090**	**2495029**	**3077327**
呼和浩特市	**2159244**	**257983**	**210797**	**221480**	**211088**	**159561**	**432438**	**665897**
新城区	452897	58956	51458	50332	46238	32085	82994	130834
回民区	306172	28063	25916	26942	26780	19107	58695	120669
玉泉区	415704	36301	33171	36908	39898	33273	89434	146719
赛罕区	552255	87660	61653	63802	55471	39109	100670	143890
土默特左旗	97157	10946	10089	12434	9715	7924	18885	27164
托克托县	70996	7232	6358	7532	7268	6187	17339	19080
和林格尔县	78237	10946	10079	9344	9203	5836	15570	17259
清水河县	28663	2494	2018	2990	2985	2817	6676	8683
武川县	45825	2490	2657	3178	4227	4518	14784	13971
呼和浩特经济技术开发区	111338	12895	7398	8018	9303	8705	27391	37628
包头市	**1558644**	**170234**	**147769**	**168213**	**164024**	**128995**	**344508**	**434901**
东河区	280020	27756	25113	31172	34260	28137	65795	67787
昆都仑区	485539	57973	48479	52602	52038	41473	105896	127078
青山区	313959	34727	34503	38357	34747	22699	62770	86156
石拐区	17189	2403	2018	2681	1984	1857	4180	2066
白云鄂博矿区	13773	1211	1159	801	825	1103	2896	5778
九原区	178587	16027	14397	17113	15789	13292	39682	62287
土默特右旗	75109	10123	7869	8700	7689	5753	18259	16716
固阳县	38822	5631	3147	4362	3205	2613	8907	10957
达尔罕茂明安联合旗	28626	2220	1613	1767	2045	2278	6392	12311
包头稀土高新技术产业开发区	127020	12163	9471	10658	11442	9790	29731	43765
乌海市	**322639**	**39351**	**34649**	**33559**	**29107**	**24303**	**80220**	**81450**
海勃湾区	196842	22381	20400	20133	17809	15098	52096	48925
海南区	59785	9033	6399	6169	4853	3703	12977	16651
乌达区	66012	7937	7850	7257	6445	5502	15147	15874
赤峰市	**1590833**	**214758**	**186115**	**193983**	**185364**	**144078**	**363258**	**303277**
红山区	312270	38828	38653	43876	42016	26909	67569	54419
元宝山区	117027	12076	11253	12677	13330	11347	30003	26341
松山区	404158	54553	43594	48290	44935	34173	98289	80324
阿鲁科尔沁旗	82984	14068	10414	9871	8588	6917	18608	14518
巴林左旗	99339	28951	11870	10454	10328	7487	15767	14482
巴林右旗	67409	6467	6651	6296	6156	5746	16766	19327
林西县	74419	7449	5842	8240	9944	9496	17451	15997
克什克腾旗	74327	9251	7073	7957	8034	7762	17060	17190
翁牛特旗	84596	7571	12351	10122	11116	9550	20484	13402
喀喇沁旗	69798	6132	7937	7525	7243	7099	17799	16063
宁城县	102770	14570	13554	14406	11194	8205	23381	17460
敖汉旗	101736	14842	16923	14269	12480	9387	20081	13754

7-4　续表 1　　　　单位：人

现住地	离开户口登记地时间							
	合计							
	合计	半年以上，不满一年	一年以上，不满二年	二年以上，不满三年	三年以上，不满四年	四年以上，不满五年	五年以上，不满十年	十年以上
通辽市	**870289**	**133478**	**103459**	**107694**	**87494**	**69679**	**185928**	**182557**
科尔沁区	319108	46264	39133	45271	34084	26803	65836	61717
科尔沁左翼中旗	54604	11697	5065	4677	4262	3686	11881	13336
科尔沁左翼后旗	58013	6185	6541	7256	5428	4451	12249	15903
开鲁县	58877	8992	8491	7445	5668	4856	11009	12416
库伦旗	27572	5251	3020	3068	2448	1914	6101	5770
奈曼旗	58633	12631	7457	6409	5090	4286	10785	11975
扎鲁特旗	67304	11864	7857	7565	6782	5097	14163	13976
通辽经济技术开发区	132021	20070	18065	17824	15098	11243	30245	19476
霍林郭勒市	94157	10524	7830	8179	8634	7343	23659	27988
鄂尔多斯市	**1445835**	**161140**	**127805**	**122823**	**109323**	**92493**	**327059**	**505192**
东胜区	457886	43579	38034	34339	30053	26664	103338	181879
康巴什区	91787	17141	13940	13686	8477	5590	20214	12739
达拉特旗	194645	15236	10495	10756	10828	9331	41098	96901
准格尔旗	224519	24122	19150	17001	16699	13727	50729	83091
鄂托克前旗	46477	6924	5300	5268	4050	3515	10513	10907
鄂托克旗	111093	11980	10804	11997	9362	8564	25016	33370
杭锦旗	47375	5669	3777	3321	3540	3104	11022	16942
乌审旗	97401	12740	9899	10386	10355	7851	22347	23823
伊金霍洛旗	174652	23749	16406	16069	15959	14147	42782	45540
呼伦贝尔市	**868452**	**114117**	**107527**	**119582**	**98611**	**71951**	**175630**	**181034**
海拉尔区	197727	28702	31789	37494	24601	15620	32486	27035
扎赉诺尔区	37863	3811	3209	4151	4800	4035	9582	8275
阿荣旗	85052	12349	10660	11730	10498	7532	18141	14142
莫力达瓦达斡尔族自治旗	60858	8203	8537	8884	6724	5308	11006	12196
鄂伦春自治旗	52466	5165	4386	5265	4793	4262	11583	17012
鄂温克族自治旗	56883	7953	5086	6686	6205	4309	12321	14323
陈巴尔虎旗	18947	2983	1718	1530	1345	1165	3639	6567
新巴尔虎左旗	15686	1472	1300	1697	1679	1434	3494	4610
新巴尔虎右旗	17854	4296	1424	1478	1555	1272	3571	4258
满洲里市	90960	7800	8926	9850	10790	7480	21590	24524
牙克石市	84629	11623	13527	12553	9530	7209	14766	15421
扎兰屯市	104991	14462	12942	14138	10902	7882	22239	22426
额尔古纳市	21171	2793	1884	1883	2219	1879	4642	5871
根河市	23365	2505	2139	2243	2970	2564	6570	4374
巴彦淖尔市	**706437**	**85293**	**59265**	**64081**	**60873**	**50841**	**160179**	**225905**
临河区	341528	43887	30303	32257	29103	24098	73178	108702
五原县	81365	9332	6763	7026	7435	6050	18271	26488
磴口县	32160	3449	2363	2611	2545	2116	7285	11791
乌拉特前旗	101793	10889	7702	8690	7927	7333	25486	33766
乌拉特中旗	48863	6445	4195	4374	4217	3169	9952	16511
乌拉特后旗	27747	4421	2338	2223	2163	1808	5966	8828
杭锦后旗	72981	6870	5601	6900	7483	6267	20041	19819

7-4 续表 2

单位：人

现住地	离开户口登记地时间							
	合计							
	合计	半年以上，不满一年	一年以上，不满二年	二年以上，不满三年	三年以上，不满四年	四年以上，不满五年	五年以上，不满十年	十年以上
乌兰察布市	**762753**	**84609**	**80477**	**87742**	**80292**	**65659**	**171853**	**192121**
集宁区	280340	36746	35716	36255	28965	18734	57037	66887
卓资县	27221	2656	5196	4291	2684	2604	4903	4887
化德县	40923	2902	3059	4244	4314	3998	10462	11944
商都县	60178	5354	4464	6816	5209	4696	13850	19789
兴和县	55828	3396	5049	7168	8134	7167	16222	8692
凉城县	39413	3128	3046	3910	3828	3689	8790	13022
察哈尔右翼前旗	47051	7756	6912	6319	5696	3750	7865	8753
察哈尔右翼中旗	25024	2883	3624	2629	2636	2235	5781	5236
察哈尔右翼后旗	39514	2429	2313	3180	3857	4357	10420	12958
四子王旗	63000	4759	3701	5027	5961	6390	17651	19511
丰镇市	84261	12600	7397	7903	9008	8039	18872	20442
兴安盟	**443911**	**77926**	**60341**	**56357**	**46757**	**33881**	**85587**	**83062**
乌兰浩特市	180991	32581	26069	22728	18128	13631	34501	33353
阿尔山市	9406	1317	1112	991	889	698	1672	2727
科尔沁右翼前旗	83117	13347	9968	10377	9609	7204	17798	14814
科尔沁右翼中旗	47183	8723	6695	6173	4106	3336	8497	9653
扎赉特旗	71107	11724	9677	10685	7954	5671	13484	11912
突泉县	52107	10234	6820	5403	6071	3341	9635	10603
锡林郭勒盟	**573332**	**69983**	**49497**	**50538**	**50422**	**44227**	**131345**	**177320**
二连浩特市	48834	2429	2133	2426	3464	3542	11269	23571
锡林浩特市	236437	27367	22468	22581	21445	18344	54054	70178
阿巴嘎旗	17304	2865	1406	1477	1488	1246	3498	5324
苏尼特左旗	12827	2363	935	911	847	795	2442	4534
苏尼特右旗	26887	3066	1820	2229	2279	1902	5787	9804
东乌珠穆沁旗	31419	4472	2317	2268	2171	2031	6761	11399
西乌珠穆沁旗	56203	8887	4431	4347	4206	4613	13374	16345
太仆寺旗	28645	4684	3373	3166	2992	2247	6454	5729
镶黄旗	11602	1909	986	1214	1159	825	2630	2879
正镶白旗	15431	1908	1144	1430	1385	1038	2705	5821
正蓝旗	30012	3257	2454	2995	2985	2775	7212	8334
多伦县	45012	5580	4782	4658	5076	4084	11942	8890
乌拉盖管委会	12719	1196	1248	836	925	785	3217	4512
阿拉善盟	**160592**	**23328**	**15729**	**14699**	**13779**	**11422**	**37024**	**44611**
阿拉善左旗	103874	13237	9711	9219	8800	7748	24924	30235
阿拉善右旗	10547	1866	964	868	876	725	2238	3010
额济纳旗	21072	5011	2210	2079	1949	1483	4079	4261
内蒙古阿拉善经济开发区	25099	3214	2844	2533	2154	1466	5783	7105

7-4 续表 3

单位：人

现住地	离开户口登记地时间							
	自治区内							
	小计	半年以上，不满一年	一年以上，不满二年	二年以上，不满三年	三年以上，不满四年	四年以上，不满五年	五年以上，不满十年	十年以上
内蒙古	**9776541**	**1153119**	**992761**	**1069796**	**984872**	**781508**	**2163278**	**2631207**
呼和浩特市	**1900202**	**215790**	**179915**	**194647**	**186980**	**142460**	**384765**	**595645**
新城区	383797	46681	41586	42685	39916	27580	71383	113966
回民区	266224	23783	22648	23801	23493	16610	50191	105698
玉泉区	368591	30081	28560	32395	35474	29661	79710	132710
赛罕区	494211	77395	53868	57092	49707	35274	90649	130226
土默特左旗	87058	9489	8723	11150	8692	7202	17185	24617
托克托县	64280	5117	5591	6938	6784	5786	16284	17780
和林格尔县	69725	8959	8638	8000	7997	5507	14540	16084
清水河县	26433	1876	1832	2814	2824	2656	6288	8143
武川县	43528	2110	2390	2988	4013	4374	14302	13351
呼和浩特经济技术开发区	96355	10299	6079	6784	8080	7810	24233	33070
包头市	**1320189**	**132046**	**122946**	**144842**	**141230**	**111608**	**298322**	**369195**
东河区	232568	18207	20206	26891	29931	24488	56514	56331
昆都仑区	414332	49896	40708	44635	43793	35729	91768	107803
青山区	264827	26733	29234	33168	30112	19507	53530	72543
石拐区	13054	1539	1417	2145	1521	1491	3410	1531
白云鄂博矿区	11714	868	878	682	690	981	2580	5035
九原区	149640	11753	11970	14783	13443	11136	33412	53143
土默特右旗	69741	8600	7174	8175	7256	5482	17451	15603
固阳县	34677	4494	2414	3856	2904	2353	8351	10305
达尔罕茂明安联合旗	26351	1753	1393	1552	1851	2111	6023	11668
包头稀土高新技术产业开发区	103285	8203	7552	8955	9729	8330	25283	35233
乌海市	**224700**	**21199**	**21313**	**23230**	**21188**	**18289**	**60444**	**59037**
海勃湾区	146995	14191	14333	15395	13869	11970	40730	36507
海南区	32733	3060	2789	3117	2574	2188	8193	10812
乌达区	44972	3948	4191	4718	4745	4131	11521	11718
赤峰市	**1487587**	**196122**	**172951**	**182519**	**174923**	**136363**	**343407**	**281302**
红山区	286110	34734	35227	40696	39032	24962	62478	48981
元宝山区	104935	10438	10008	11457	12189	10371	27418	23054
松山区	381322	50615	40822	45709	42566	32370	93576	75664
阿鲁科尔沁旗	80041	13254	9984	9563	8298	6746	18142	14054
巴林左旗	95077	27213	11299	10083	10019	7249	15240	13974
巴林右旗	64930	6042	6329	6047	5925	5577	16268	18742
林西县	70345	6546	5397	7849	9542	9128	16723	15160
克什克腾旗	69191	8402	6566	7522	7619	7469	16209	15404
翁牛特旗	81593	7110	11874	9795	10768	9266	19882	12898
喀喇沁旗	65355	5528	7231	7025	6813	6758	16883	15117
宁城县	92724	12472	12092	13168	10250	7504	21605	15633
敖汉旗	95964	13768	16122	13605	11902	8963	18983	12621

7-4 续表 4

单位：人

现住地	离开户口登记地时间 自治区内 小计	半年以上，不满一年	一年以上，不满二年	二年以上，不满三年	三年以上，不满四年	四年以上，不满五年	五年以上，不满十年	十年以上
通辽市	**780455**	**118568**	**92632**	**97757**	**79171**	**63259**	**168564**	**160504**
科尔沁区	290675	41969	35192	41265	30934	24632	60659	56024
科尔沁左翼中旗	46947	10471	4199	3911	3674	3152	10237	11303
科尔沁左翼后旗	48969	5180	5672	6449	4683	3817	10521	12647
开鲁县	52938	7691	7669	6779	5136	4428	10091	11144
库伦旗	22965	4273	2383	2619	2032	1621	5286	4751
奈曼旗	53538	11286	6813	5977	4689	3954	9937	10882
扎鲁特旗	63019	11014	7356	7117	6388	4785	13330	13029
通辽经济技术开发区	122024	18196	16815	16739	14168	10488	28245	17373
霍林郭勒市	79380	8488	6533	6901	7467	6382	20258	23351
鄂尔多斯市	**1058432**	**96594**	**84788**	**83650**	**74982**	**66522**	**248345**	**403551**
东胜区	344097	28150	27731	25201	21411	19395	79137	143072
康巴什区	74812	12962	11455	11799	6936	4521	16833	10306
达拉特旗	172917	11557	8626	8912	9097	8268	36918	89539
准格尔旗	170442	14866	12810	12160	12412	10823	40262	67109
鄂托克前旗	22884	2758	2149	2464	1918	1778	5195	6622
鄂托克旗	67763	5347	5080	5876	5072	5216	16881	24291
杭锦旗	40508	3867	2825	2762	3033	2723	9696	15602
乌审旗	43485	4612	3844	4088	4405	3600	10649	12287
伊金霍洛旗	121524	12475	10268	10388	10698	10198	32774	34723
呼伦贝尔市	**709870**	**96049**	**91652**	**103369**	**83596**	**60487**	**143610**	**131107**
海拉尔区	164866	24763	27111	32597	20922	13138	26372	19963
扎赉诺尔区	32268	3346	2827	3713	4298	3588	8358	6138
阿荣旗	75598	10778	9625	10797	9605	6895	16326	11572
莫力达瓦达斡尔族自治旗	50157	7180	7530	7728	5754	4541	9197	8227
鄂伦春自治旗	37729	4157	3318	4113	3821	3415	9073	9832
鄂温克族自治旗	47838	6976	4286	5956	5462	3789	10568	10801
陈巴尔虎旗	14905	2150	1424	1262	1110	965	2940	5054
新巴尔虎左旗	13856	1241	1112	1495	1534	1322	3176	3976
新巴尔虎右旗	14230	2600	1201	1317	1317	1090	3080	3625
满洲里市	53588	5106	5846	6494	6710	4328	11944	13160
牙克石市	73609	10455	12235	11308	8545	6404	12923	11739
扎兰屯市	92999	13095	11643	12949	9913	6996	19623	18780
额尔古纳市	17200	2338	1529	1585	1911	1601	3838	4398
根河市	21027	1864	1965	2055	2694	2415	6192	3842
巴彦淖尔市	**629439**	**71218**	**52011**	**57855**	**55238**	**46375**	**145862**	**200880**
临河区	307197	38440	27472	29678	26580	21944	66284	96799
五原县	73762	8023	6244	6557	6972	5659	16911	23396
磴口县	27669	2814	1968	2301	2273	1884	6515	9914
乌拉特前旗	89876	8473	6263	7647	7112	6659	23455	30267
乌拉特中旗	41130	4731	3314	3634	3430	2738	8674	14609
乌拉特后旗	21852	2562	1603	1597	1780	1540	5016	7754
杭锦后旗	67953	6175	5147	6441	7091	5951	19007	18141

7-4 续表 5

单位：人

现住地	离开户口登记地时间							
	自治区内							
	小计	半年以上，不满一年	一年以上，不满二年	二年以上，不满三年	三年以上，不满四年	四年以上，不满五年	五年以上，不满十年	十年以上
乌兰察布市	**693388**	**71263**	**71200**	**79549**	**73494**	**60604**	**158847**	**178431**
集宁区	252767	30085	31988	33563	26661	17045	51996	61429
卓资县	24485	2296	4514	3716	2441	2418	4486	4614
化德县	35564	2239	2469	3593	3546	3587	9446	10684
商都县	56135	4634	3941	6368	4852	4396	13119	18825
兴和县	51411	3089	4632	6320	7510	6703	15225	7932
凉城县	36651	2724	2726	3649	3600	3469	8189	12294
察哈尔右翼前旗	39186	5394	5675	5359	4953	3337	6626	7842
察哈尔右翼中旗	23341	2544	3312	2446	2508	2131	5473	4927
察哈尔右翼后旗	37367	2144	2122	2916	3620	4112	9910	12543
四子王旗	60423	4460	3423	4777	5717	6170	17055	18821
丰镇市	76058	11654	6398	6842	8086	7236	17322	18520
兴安盟	**389296**	**68057**	**53728**	**50400**	**41928**	**30264**	**75308**	**69611**
乌兰浩特市	158384	29102	23373	20274	16106	12127	30043	27359
阿尔山市	7888	1023	932	827	772	606	1449	2279
科尔沁右翼前旗	74923	11487	9021	9512	8874	6724	16275	13030
科尔沁右翼中旗	42708	7623	6203	5811	3788	3067	7733	8483
扎赉特旗	60036	10388	8397	9196	6804	4761	11202	9288
突泉县	45357	8434	5802	4780	5584	2979	8606	9172
锡林郭勒盟	**492311**	**55631**	**42013**	**44152**	**44299**	**38427**	**113626**	**154163**
二连浩特市	41003	1733	1681	1929	2868	2976	9447	20369
锡林浩特市	203349	22678	19613	19999	18805	16202	46493	59559
阿巴嘎旗	14910	2024	1131	1276	1372	1145	3202	4760
苏尼特左旗	10705	1556	730	766	751	743	2187	3972
苏尼特右旗	24300	2304	1576	1984	2061	1773	5400	9202
东乌珠穆沁旗	28381	3886	2096	2028	1972	1839	6169	10391
西乌珠穆沁旗	46009	6800	3618	3676	3650	3420	10627	14218
太仆寺旗	25096	3966	2879	2751	2705	1981	5861	4953
镶黄旗	9545	1094	745	1066	1056	754	2211	2619
正镶白旗	13789	1384	989	1301	1260	954	2534	5367
正蓝旗	27070	2842	2182	2748	2712	2496	6589	7501
多伦县	36663	4287	3760	3864	4245	3427	9964	7116
乌拉盖管委会	11491	1077	1013	764	842	717	2942	4136
阿拉善盟	**90672**	**10582**	**7612**	**7826**	**7843**	**6850**	**22178**	**27781**
阿拉善左旗	66381	6937	5642	5801	5756	5132	16920	20193
阿拉善右旗	6046	668	388	475	603	518	1460	1934
额济纳旗	9156	1971	856	839	800	681	1917	2092
内蒙古阿拉善经济开发区	9089	1006	726	711	684	519	1881	3562

7−4 续表 6

单位：人

现住地	离开户口登记地时间							
	自治区外							
	小计	半年以上，不满一年	一年以上，不满二年	二年以上，不满三年	三年以上，不满四年	四年以上，不满五年	五年以上，不满十年	十年以上
内蒙古	**1686420**	**279081**	**190669**	**170955**	**152262**	**115582**	**331751**	**446120**
呼和浩特市	**259042**	**42193**	**30882**	**26833**	**24108**	**17101**	**47673**	**70252**
新城区	69100	12275	9872	7647	6322	4505	11611	16868
回民区	39948	4280	3268	3141	3287	2497	8504	14971
玉泉区	47113	6220	4611	4513	4424	3612	9724	14009
赛罕区	58044	10265	7785	6710	5764	3835	10021	13664
土默特左旗	10099	1457	1366	1284	1023	722	1700	2547
托克托县	6716	2115	767	594	484	401	1055	1300
和林格尔县	8512	1987	1441	1344	1206	329	1030	1175
清水河县	2230	618	186	176	161	161	388	540
武川县	2297	380	267	190	214	144	482	620
呼和浩特经济技术开发区	14983	2596	1319	1234	1223	895	3158	4558
包头市	**238455**	**38188**	**24823**	**23371**	**22794**	**17387**	**46186**	**65706**
东河区	47452	9549	4907	4281	4329	3649	9281	11456
昆都仑区	71207	8077	7771	7967	8245	5744	14128	19275
青山区	49132	7994	5269	5189	4635	3192	9240	13613
石拐区	4135	864	601	536	463	366	770	535
白云鄂博矿区	2059	343	281	119	135	122	316	743
九原区	28947	4274	2427	2330	2346	2156	6270	9144
土默特右旗	5368	1523	695	525	433	271	808	1113
固阳县	4145	1137	733	506	301	260	556	652
达尔罕茂明安联合旗	2275	467	220	215	194	167	369	643
包头稀土高新技术产业开发区	23735	3960	1919	1703	1713	1460	4448	8532
乌海市	**97939**	**18152**	**13336**	**10329**	**7919**	**6014**	**19776**	**22413**
海勃湾区	49847	8190	6067	4738	3940	3128	11366	12418
海南区	27052	5973	3610	3052	2279	1515	4784	5839
乌达区	21040	3989	3659	2539	1700	1371	3626	4156
赤峰市	**103246**	**18636**	**13164**	**11464**	**10441**	**7715**	**19851**	**21975**
红山区	26160	4094	3426	3180	2984	1947	5091	5438
元宝山区	12092	1638	1245	1220	1141	976	2585	3287
松山区	22836	3938	2772	2581	2369	1803	4713	4660
阿鲁科尔沁旗	2943	814	430	308	290	171	466	464
巴林左旗	4262	1738	571	371	309	238	527	508
巴林右旗	2479	425	322	249	231	169	498	585
林西县	4074	903	445	391	402	368	728	837
克什克腾旗	5136	849	507	435	415	293	851	1786
翁牛特旗	3003	461	477	327	348	284	602	504
喀喇沁旗	4443	604	706	500	430	341	916	946
宁城县	10046	2098	1462	1238	944	701	1776	1827
敖汉旗	5772	1074	801	664	578	424	1098	1133

7-4　续表 7

单位：人

现住地	离开户口登记地时间							
	自治区外							
	小计	半年以上，不满一年	一年以上，不满二年	二年以上，不满三年	三年以上，不满四年	四年以上，不满五年	五年以上，不满十年	十年以上
通辽市	**89834**	**14910**	**10827**	**9937**	**8323**	**6420**	**17364**	**22053**
科尔沁区	28433	4295	3941	4006	3150	2171	5177	5693
科尔沁左翼中旗	7657	1226	866	766	588	534	1644	2033
科尔沁左翼后旗	9044	1005	869	807	745	634	1728	3256
开鲁县	5939	1301	822	666	532	428	918	1272
库伦旗	4607	978	637	449	416	293	815	1019
奈曼旗	5095	1345	644	432	401	332	848	1093
扎鲁特旗	4285	850	501	448	394	312	833	947
通辽经济技术开发区	9997	1874	1250	1085	930	755	2000	2103
霍林郭勒市	14777	2036	1297	1278	1167	961	3401	4637
鄂尔多斯市	**387403**	**64546**	**43017**	**39173**	**34341**	**25971**	**78714**	**101641**
东胜区	113789	15429	10303	9138	8642	7269	24201	38807
康巴什区	16975	4179	2485	1887	1541	1069	3381	2433
达拉特旗	21728	3679	1869	1844	1731	1063	4180	7362
准格尔旗	54077	9256	6340	4841	4287	2904	10467	15982
鄂托克前旗	23593	4166	3151	2804	2132	1737	5318	4285
鄂托克旗	43330	6633	5724	6121	4290	3348	8135	9079
杭锦旗	6867	1802	952	559	507	381	1326	1340
乌审旗	53916	8128	6055	6298	5950	4251	11698	11536
伊金霍洛旗	53128	11274	6138	5681	5261	3949	10008	10817
呼伦贝尔市	**158582**	**18068**	**15875**	**16213**	**15015**	**11464**	**32020**	**49927**
海拉尔区	32861	3939	4678	4897	3679	2482	6114	7072
扎赉诺尔区	5595	465	382	438	502	447	1224	2137
阿荣旗	9454	1571	1035	933	893	637	1815	2570
莫力达瓦达斡尔族自治旗	10701	1023	1007	1156	970	767	1809	3969
鄂伦春自治旗	14737	1008	1068	1152	972	847	2510	7180
鄂温克族自治旗	9045	977	800	730	743	520	1753	3522
陈巴尔虎旗	4042	833	294	268	235	200	699	1513
新巴尔虎左旗	1830	231	188	202	145	112	318	634
新巴尔虎右旗	3624	1696	223	161	238	182	491	633
满洲里市	37372	2694	3080	3356	4080	3152	9646	11364
牙克石市	11020	1168	1292	1245	985	805	1843	3682
扎兰屯市	11992	1367	1299	1189	989	886	2616	3646
额尔古纳市	3971	455	355	298	308	278	804	1473
根河市	2338	641	174	188	276	149	378	532
巴彦淖尔市	**76998**	**14075**	**7254**	**6226**	**5635**	**4466**	**14317**	**25025**
临河区	34331	5447	2831	2579	2523	2154	6894	11903
五原县	7603	1309	519	469	463	391	1360	3092
磴口县	4491	635	395	310	272	232	770	1877
乌拉特前旗	11917	2416	1439	1043	815	674	2031	3499
乌拉特中旗	7733	1714	881	740	787	431	1278	1902
乌拉特后旗	5895	1859	735	626	383	268	950	1074
杭锦后旗	5028	695	454	459	392	316	1034	1678

7-4 续表 8

单位：人

现住地	离开户口登记地时间							
	自治区外							
	小计	半年以上，不满一年	一年以上，不满二年	二年以上，不满三年	三年以上，不满四年	四年以上，不满五年	五年以上，不满十年	十年以上
乌兰察布市	**69365**	**13346**	**9277**	**8193**	**6798**	**5055**	**13006**	**13690**
集宁区	27573	6661	3728	2692	2304	1689	5041	5458
卓资县	2736	360	682	575	243	186	417	273
化德县	5359	663	590	651	768	411	1016	1260
商都县	4043	720	523	448	357	300	731	964
兴和县	4417	307	417	848	624	464	997	760
凉城县	2762	404	320	261	228	220	601	728
察哈尔右翼前旗	7865	2362	1237	960	743	413	1239	911
察哈尔右翼中旗	1683	339	312	183	128	104	308	309
察哈尔右翼后旗	2147	285	191	264	237	245	510	415
四子王旗	2577	299	278	250	244	220	596	690
丰镇市	8203	946	999	1061	922	803	1550	1922
兴安盟	**54615**	**9869**	**6613**	**5957**	**4829**	**3617**	**10279**	**13451**
乌兰浩特市	22607	3479	2696	2454	2022	1504	4458	5994
阿尔山市	1518	294	180	164	117	92	223	448
科尔沁右翼前旗	8194	1860	947	865	735	480	1523	1784
科尔沁右翼中旗	4475	1100	492	362	318	269	764	1170
扎赉特旗	11071	1336	1280	1489	1150	910	2282	2624
突泉县	6750	1800	1018	623	487	362	1029	1431
锡林郭勒盟	**81021**	**14352**	**7484**	**6386**	**6123**	**5800**	**17719**	**23157**
二连浩特市	7831	696	452	497	596	566	1822	3202
锡林浩特市	33088	4689	2855	2582	2640	2142	7561	10619
阿巴嘎旗	2394	841	275	201	116	101	296	564
苏尼特左旗	2122	807	205	145	96	52	255	562
苏尼特右旗	2587	762	244	245	218	129	387	602
东乌珠穆沁旗	3038	586	221	240	199	192	592	1008
西乌珠穆沁旗	10194	2087	813	671	556	1193	2747	2127
太仆寺旗	3549	718	494	415	287	266	593	776
镶黄旗	2057	815	241	148	103	71	419	260
正镶白旗	1642	524	155	129	125	84	171	454
正蓝旗	2942	415	272	247	273	279	623	833
多伦县	8349	1293	1022	794	831	657	1978	1774
乌拉盖管委会	1228	119	235	72	83	68	275	376
阿拉善盟	**69920**	**12746**	**8117**	**6873**	**5936**	**4572**	**14846**	**16830**
阿拉善左旗	37493	6300	4069	3418	3044	2616	8004	10042
阿拉善右旗	4501	1198	576	393	273	207	778	1076
额济纳旗	11916	3040	1354	1240	1149	802	2162	2169
内蒙古阿拉善经济开发区	16010	2208	2118	1822	1470	947	3902	3543

7-4a　全区按现住地、离开户口登记地时间分的户口登记地在外乡镇街道的人口(城市)

单位：人

现住地	离开户口登记地时间							
	合计							
	合计	半年以上，不满一年	一年以上，不满二年	二年以上，不满三年	三年以上，不满四年	四年以上，不满五年	五年以上，不满十年	十年以上
内蒙古	**6154293**	**741249**	**651600**	**695780**	**629872**	**477308**	**1329849**	**1628635**
呼和浩特市	**1540842**	**192477**	**155096**	**162972**	**153108**	**111138**	**294369**	**471682**
新城区	395224	53916	45489	45268	41647	28448	70102	110354
回民区	294830	26934	24634	25884	25978	18507	56719	116174
玉泉区	372809	31879	29558	33280	36209	30709	81214	129960
赛罕区	477979	79748	55415	58540	49274	33474	86334	115194
包头市	**1172950**	**128639**	**115939**	**131435**	**129583**	**99234**	**258640**	**309480**
东河区	252469	24835	23085	29035	32135	26000	59923	57456
昆都仑区	467886	56107	47304	51079	49621	40099	103058	120618
青山区	296949	33562	33366	36626	33507	21619	60019	78250
石拐区	12266	1259	1298	2037	1495	1429	3416	1332
白云鄂博矿区	13773	1211	1159	801	825	1103	2896	5778
九原区	129607	11665	9727	11857	12000	8984	29328	46046
乌海市	**293596**	**32618**	**30284**	**30662**	**27167**	**22627**	**75898**	**74340**
海勃湾区	182099	20011	18314	18931	16938	14107	49771	44027
海南区	46666	5097	4306	4622	3842	3089	11121	14589
乌达区	64831	7510	7664	7109	6387	5431	15006	15724
赤峰市	**708797**	**85963**	**79427**	**88649**	**87703**	**63194**	**170246**	**133615**
红山区	299149	36661	37409	42302	40454	25910	64809	51604
元宝山区	101409	9967	9676	11030	12194	10488	27007	21047
松山区	308239	39335	32342	35317	35055	26796	78430	60964
通辽市	**372103**	**50043**	**43773**	**50272**	**39513**	**31302**	**81534**	**75666**
科尔沁区	283453	40606	36311	42511	31343	24358	59147	49177
霍林郭勒市	88650	9437	7462	7761	8170	6944	22387	26489
鄂尔多斯市	**533252**	**57102**	**49322**	**46021**	**36696**	**31031**	**121151**	**191929**
东胜区	441144	39948	35370	32323	28195	25414	100849	179045
康巴什区	91787	17141	13940	13686	8477	5590	20214	12739
鄂托克旗	321	13	12	12	24	27	88	145
呼伦贝尔市	**494960**	**63748**	**68331**	**75523**	**59496**	**41648**	**100987**	**85227**
海拉尔区	194460	28357	31520	37198	24359	15419	31941	25666
扎赉诺尔区	36295	3660	3118	4063	4687	3962	9215	7590
满洲里市	89337	7713	8881	9789	10707	7423	21353	23471
牙克石市	59182	8882	10490	8916	6537	4846	11224	8287
扎兰屯市	81181	12010	11027	12183	9040	6253	17820	12848
额尔古纳市	15428	1707	1433	1423	1652	1532	3750	3931
根河市	19077	1419	1862	1951	2514	2213	5684	3434
巴彦淖尔市	**281130**	**34313**	**24472**	**26669**	**23952**	**20052**	**62462**	**89210**
临河区	281130	34313	24472	26669	23952	20052	62462	89210
乌兰察布市	**319715**	**39699**	**36958**	**37975**	**31727**	**24112**	**70699**	**78545**
集宁区	252773	30606	30915	31559	24248	17372	54799	63274
丰镇市	66942	9093	6043	6416	7479	6740	15900	15271
兴安盟	**168380**	**30331**	**24368**	**21473**	**16904**	**11879**	**32002**	**31423**
乌兰浩特市	162873	29531	23689	20783	16327	11413	31039	30091
阿尔山市	5507	800	679	690	577	466	963	1332
锡林郭勒盟	**268568**	**26316**	**23630**	**24129**	**24023**	**21091**	**61861**	**87518**
二连浩特市	47323	2079	1992	2323	3368	3416	11057	23088
锡林浩特市	221245	24237	21638	21806	20655	17675	50804	64430

7-4a 续表 1

单位：人

现住地	离开户口登记地时间							
	自治区内							
	小计	半年以上，不满一年	一年以上，不满二年	二年以上，不满三年	三年以上，不满四年	四年以上，不满五年	五年以上，不满十年	十年以上
内蒙古	**5309869**	**620292**	**558713**	**610179**	**551456**	**417711**	**1156058**	**1395460**
呼和浩特市	**1357423**	**165586**	**133414**	**143640**	**135993**	**98867**	**260048**	**419875**
新城区	335772	43285	37167	38542	36223	24683	60173	95699
回民区	257509	22963	21583	22947	22897	16194	48877	102048
玉泉区	332571	27473	25613	29444	32336	27501	72606	117598
赛罕区	431571	71865	49051	52707	44537	30489	78392	104530
包头市	**997047**	**101435**	**97269**	**113531**	**111966**	**86097**	**223920**	**262829**
东河区	210924	16221	18659	25115	28249	22729	51754	48197
昆都仑区	401261	48750	39940	43558	41977	34731	89655	102650
青山区	251181	25980	28398	31878	29162	18603	51305	65855
石拐区	10741	900	1101	1855	1349	1303	3172	1061
白云鄂博矿区	11714	868	878	682	690	981	2580	5035
九原区	111226	8716	8293	10443	10539	7750	25454	40031
乌海市	**212494**	**19403**	**20002**	**22221**	**20365**	**17459**	**58237**	**54807**
海勃湾区	139531	13441	13655	14876	13407	11407	39324	33421
海南区	28601	2219	2234	2705	2243	1964	7466	9770
乌达区	44362	3743	4113	4640	4715	4088	11447	11616
赤峰市	**660997**	**79377**	**73554**	**83087**	**82420**	**59273**	**160151**	**123135**
红山区	274810	33002	34216	39330	37648	24099	60009	46506
元宝山区	92533	8967	8724	10120	11313	9663	24978	18768
松山区	293654	37408	30614	33637	33459	25511	75164	57861
通辽市	**335227**	**45116**	**39302**	**45593**	**35655**	**28553**	**73956**	**67052**
科尔沁区	260602	37452	33080	39053	28615	22535	54890	44977
霍林郭勒市	74625	7664	6222	6540	7040	6018	19066	22075
鄂尔多斯市	**412031**	**39988**	**38130**	**36281**	**27627**	**23324**	**94797**	**151884**
东胜区	336968	27017	26666	24473	20672	18778	77904	141458
康巴什区	74812	12962	11455	11799	6936	4521	16833	10306
鄂托克旗	251	9	9	9	19	25	60	120
呼伦贝尔市	**404636**	**54968**	**58413**	**65123**	**49816**	**34362**	**80663**	**61291**
海拉尔区	162633	24536	26927	32373	20747	12991	26000	19059
扎赉诺尔区	31087	3233	2755	3639	4209	3527	8055	5669
满洲里市	52687	5058	5818	6461	6652	4278	11786	12634
牙克石市	53200	8164	9687	8143	5919	4402	10124	6761
扎兰屯市	74407	11198	10284	11445	8429	5733	16145	11173
额尔古纳市	12621	1509	1188	1212	1445	1315	3073	2879
根河市	18001	1270	1754	1850	2415	2116	5480	3116
巴彦淖尔市	**259764**	**30690**	**22809**	**25171**	**22503**	**18761**	**58314**	**81516**
临河区	259764	30690	22809	25171	22503	18761	58314	81516
乌兰察布市	**290164**	**33543**	**33194**	**35031**	**29103**	**22014**	**64843**	**72436**
集宁区	227835	25016	27613	29107	22138	15762	50016	58183
丰镇市	62329	8527	5581	5924	6965	6252	14827	14253
兴安盟	**148010**	**27379**	**22012**	**19267**	**15060**	**10479**	**27912**	**25901**
乌兰浩特市	143373	26728	21426	18691	14564	10075	27073	24816
阿尔山市	4637	651	586	576	496	404	839	1085
锡林郭勒盟	**232076**	**22807**	**20614**	**21234**	**20948**	**18522**	**53217**	**74734**
二连浩特市	39984	1513	1634	1877	2798	2879	9283	20000
锡林浩特市	192092	21294	18980	19357	18150	15643	43934	54734

7-4a　续表 2

单位：人

现住地	离开户口登记地时间							
	自治区外							
	小计	半年以上，不满一年	一年以上，不满二年	二年以上，不满三年	三年以上，不满四年	四年以上，不满五年	五年以上，不满十年	十年以上
内蒙古	**844424**	**120957**	**92887**	**85601**	**78416**	**59597**	**173791**	**233175**
呼和浩特市	**183419**	**26891**	**21682**	**19332**	**17115**	**12271**	**34321**	**51807**
新城区	59452	10631	8322	6726	5424	3765	9929	14655
回民区	37321	3971	3051	2937	3081	2313	7842	14126
玉泉区	40238	4406	3945	3836	3873	3208	8608	12362
赛罕区	46408	7883	6364	5833	4737	2985	7942	10664
包头市	**175903**	**27204**	**18670**	**17904**	**17617**	**13137**	**34720**	**46651**
东河区	41545	8614	4426	3920	3886	3271	8169	9259
昆都仑区	66625	7357	7364	7521	7644	5368	13403	17968
青山区	45768	7582	4968	4748	4345	3016	8714	12395
石拐区	1525	359	197	182	146	126	244	271
白云鄂博矿区	2059	343	281	119	135	122	316	743
九原区	18381	2949	1434	1414	1461	1234	3874	6015
乌海市	**81102**	**13215**	**10282**	**8441**	**6802**	**5168**	**17661**	**19533**
海勃湾区	42568	6570	4659	4055	3531	2700	10447	10606
海南区	18065	2878	2072	1917	1599	1125	3655	4819
乌达区	20469	3767	3551	2469	1672	1343	3559	4108
赤峰市	**47800**	**6586**	**5873**	**5562**	**5283**	**3921**	**10095**	**10480**
红山区	24339	3659	3193	2972	2806	1811	4800	5098
元宝山区	8876	1000	952	910	881	825	2029	2279
松山区	14585	1927	1728	1680	1596	1285	3266	3103
通辽市	**36876**	**4927**	**4471**	**4679**	**3858**	**2749**	**7578**	**8614**
科尔沁区	22851	3154	3231	3458	2728	1823	4257	4200
霍林郭勒市	14025	1773	1240	1221	1130	926	3321	4414
鄂尔多斯市	**121221**	**17114**	**11192**	**9740**	**9069**	**7707**	**26354**	**40045**
东胜区	104176	12931	8704	7850	7523	6636	22945	37587
康巴什区	16975	4179	2485	1887	1541	1069	3381	2433
鄂托克旗	70	4	3	3	5	2	28	25
呼伦贝尔市	**90324**	**8780**	**9918**	**10400**	**9680**	**7286**	**20324**	**23936**
海拉尔区	31827	3821	4593	4825	3612	2428	5941	6607
扎赉诺尔区	5208	427	363	424	478	435	1160	1921
满洲里市	36650	2655	3063	3328	4055	3145	9567	10837
牙克石市	5982	718	803	773	618	444	1100	1526
扎兰屯市	6774	812	743	738	611	520	1675	1675
额尔古纳市	2807	198	245	211	207	217	677	1052
根河市	1076	149	108	101	99	97	204	318
巴彦淖尔市	**21366**	**3623**	**1663**	**1498**	**1449**	**1291**	**4148**	**7694**
临河区	21366	3623	1663	1498	1449	1291	4148	7694
乌兰察布市	**29551**	**6156**	**3764**	**2944**	**2624**	**2098**	**5856**	**6109**
集宁区	24938	5590	3302	2452	2110	1610	4783	5091
丰镇市	4613	566	462	492	514	488	1073	1018
兴安盟	**20370**	**2952**	**2356**	**2206**	**1844**	**1400**	**4090**	**5522**
乌兰浩特市	19500	2803	2263	2092	1763	1338	3966	5275
阿尔山市	870	149	93	114	81	62	124	247
锡林郭勒盟	**36492**	**3509**	**3016**	**2895**	**3075**	**2569**	**8644**	**12784**
二连浩特市	7339	566	358	446	570	537	1774	3088
锡林浩特市	29153	2943	2658	2449	2505	2032	6870	9696

7-4b 全区按现住地、离开户口登记地时间分的户口登记地在外乡镇街道的人口(镇)

单位：人

现住地	离开户口登记地时间							
	合计							
	合计	半年以上，不满一年	一年以上，不满二年	二年以上，不满三年	三年以上，不满四年	四年以上，不满五年	五年以上，不满十年	十年以上
内蒙古	**3750215**	**448181**	**371372**	**393560**	**374530**	**314436**	**878017**	**970119**
呼和浩特市	**341883**	**35910**	**29340**	**33796**	**35091**	**29307**	**83419**	**95020**
新城区	468	75	50	41	52	46	88	116
回民区								
玉泉区								
赛罕区	567	58	23	28	54	30	104	270
土默特左旗	70797	8230	7577	9241	7247	5982	13960	18560
托克托县	46242	3498	3779	4760	5115	4164	12872	12054
和林格尔县	55365	7987	7124	7095	7526	4210	11332	10091
清水河县	20684	1418	1404	2098	2337	2280	5189	5958
武川县	36422	1749	1985	2515	3457	3890	12483	10343
呼和浩特经济技术开发区	111338	12895	7398	8018	9303	8705	27391	37628
包头市	**271812**	**29300**	**23891**	**26766**	**24884**	**21687**	**62596**	**82688**
东河区	13343	1376	1103	1182	1214	1201	2885	4382
昆都仑区	745	549	33	19	15	45	31	53
青山区	2321	241	453	905	318	94	103	207
石拐区	2698	557	440	413	323	239	513	213
白云鄂博矿区								
九原区	19916	2557	2998	3233	1433	1810	2197	5688
土默特右旗	63475	7999	6781	6993	6739	4993	16278	13692
固阳县	26342	2839	1692	2366	2084	1921	7013	8427
达尔罕茂明安联合旗	19953	1254	1033	1155	1482	1736	4479	8814
包头稀土高新技术产业开发区	123019	11928	9358	10500	11276	9648	29097	41212
乌海市	**13121**	**3219**	**1706**	**1406**	**997**	**993**	**2037**	**2763**
海勃湾区	3310	125	241	232	249	493	682	1288
海南区	8630	2667	1279	1026	690	429	1214	1325
乌达区	1181	427	186	148	58	71	141	150
赤峰市	**631847**	**81822**	**76532**	**77124**	**74831**	**63649**	**148929**	**108960**
红山区	11013	1818	1052	1406	1397	873	2371	2096
元宝山区	7434	729	917	987	516	434	1698	2153
松山区	3558	701	288	234	344	264	730	997
阿鲁科尔沁旗	68824	9442	8716	8600	7672	6192	16821	11381
巴林左旗	69782	21756	8731	7624	7468	5528	11050	7625
巴林右旗	60141	5575	6030	5750	5548	5273	15351	16614
林西县	63598	6108	4733	7159	8992	8808	15540	12258
克什克腾旗	60531	6516	5822	6822	6985	6980	14793	12613
翁牛特旗	71199	5336	10729	8837	9925	8560	18109	9703
喀喇沁旗	59347	4750	6636	6614	6444	6407	16059	12437
宁城县	82159	10128	11017	12374	9581	6811	20040	12208
敖汉旗	74261	8963	11861	10717	9959	7519	16367	8875

7-4b　续表 1

单位：人

现住地	离开户口登记地时间							
	合计							
	合计	半年以上，不满一年	一年以上，不满二年	二年以上，不满三年	三年以上，不满四年	四年以上，不满五年	五年以上，不满十年	十年以上
通辽市	**380916**	**64993**	**49208**	**47965**	**38922**	**30466**	**82481**	**66881**
科尔沁区	8977	1681	693	729	765	662	1562	2885
科尔沁左翼中旗	39901	9152	3768	3415	3112	2665	9236	8553
科尔沁左翼后旗	40840	4364	5218	5860	4027	3219	9050	9102
开鲁县	44409	6706	6951	6289	4544	3941	8431	7547
库伦旗	21541	4253	2374	2540	1959	1528	5071	3816
奈曼旗	45632	10145	6096	5435	4126	3428	8563	7839
扎鲁特旗	54149	9598	6738	6451	5771	4205	11551	9835
通辽经济技术开发区	125203	19070	17357	17219	14601	10814	28990	17152
霍林郭勒市	264	24	13	27	17	4	27	152
鄂尔多斯市	**720630**	**68062**	**55660**	**56163**	**55340**	**49441**	**171764**	**264200**
东胜区	1638	238	221	175	205	90	344	365
康巴什区								
达拉特旗	159385	11207	8337	8369	8572	7506	34901	80493
准格尔旗	174991	14368	12961	11947	12662	10978	41519	70556
鄂托克前旗	32152	4067	3283	3552	2820	2669	7675	8086
鄂托克旗	94234	8102	8512	9766	7705	7334	21864	30951
杭锦旗	40789	4434	3007	2802	3019	2732	9954	14841
乌审旗	73730	7732	6759	7430	7794	6254	18423	19338
伊金霍洛旗	143711	17914	12580	12122	12563	11878	37084	39570
呼伦贝尔市	**260330**	**33589**	**27781**	**32700**	**29137**	**22454**	**55844**	**58825**
海拉尔区	415	34	38	35	29	15	52	212
扎赉诺尔区	1568	151	91	88	113	73	367	685
阿荣旗	61221	8648	8032	8798	7724	5565	14094	8360
莫力达瓦达斡尔族自治旗	33249	4208	4621	5486	4128	3173	6429	5204
鄂伦春自治旗	38947	4041	3440	4050	3800	3347	9362	10907
鄂温克族自治旗	49910	7130	4486	6126	5734	3934	11215	11285
陈巴尔虎旗	14445	2228	1338	1200	1063	900	2869	4847
新巴尔虎左旗	11765	1062	997	1390	1373	1190	2851	2902
新巴尔虎右旗	11982	1612	1048	1147	1141	991	2914	3129
满洲里市	1623	87	45	61	83	57	237	1053
牙克石市	22513	2434	2685	3306	2776	2208	3045	6059
扎兰屯市	6401	628	514	535	512	481	1198	2533
额尔古纳市	2063	252	174	195	209	174	335	724
根河市	4228	1074	272	283	452	346	876	925
巴彦淖尔市	**275590**	**27833**	**21418**	**24160**	**24700**	**21232**	**71265**	**84982**
临河区	3814	677	398	282	297	247	520	1393
五原县	61799	7235	5251	5113	5347	4460	14776	19617
磴口县	22620	1983	1498	1921	1946	1639	5830	7803
乌拉特前旗	73550	6576	5186	6589	6100	5783	20196	23120
乌拉特中旗	37549	3933	3221	3436	3393	2586	8431	12549
乌拉特后旗	20685	2296	1591	1512	1661	1466	5014	7145
杭锦后旗	55573	5133	4273	5307	5956	5051	16498	13355

7-4b 续表 2

单位：人

现住地	离开户口登记地时间							
	合计							
	合计	半年以上，不满一年	一年以上，不满二年	二年以上，不满三年	三年以上，不满四年	四年以上，不满五年	五年以上，不满十年	十年以上
乌兰察布市	**281949**	**24602**	**25127**	**32365**	**33590**	**29714**	**69293**	**67258**
集宁区	10763	1820	1667	1813	2899	819	823	922
卓资县	15180	1560	1550	2125	1751	1845	3282	3067
化德县	32190	2024	2339	3348	3424	3128	8821	9106
商都县	41603	3854	2847	5283	3439	3219	9965	12996
兴和县	41483	2429	4098	5449	6921	6041	12489	4056
凉城县	22994	1616	1531	2043	2124	2269	5648	7763
察哈尔右翼前旗	30275	5160	5132	4747	4092	2550	4514	4080
察哈尔右翼中旗	12859	1224	1496	1447	1625	1479	3205	2383
察哈尔右翼后旗	27988	1699	1678	2310	3002	3615	7761	7923
四子王旗	43495	2900	2313	3314	3975	4456	12380	14157
丰镇市	3119	316	476	486	338	293	405	805
兴安盟	**203612**	**34805**	**28723**	**28296**	**24020**	**17300**	**40803**	**29665**
乌兰浩特市	11174	1875	1615	1080	1228	1784	2329	1263
阿尔山市	2982	320	347	242	247	189	579	1058
科尔沁右翼前旗	59471	9206	7722	8521	7679	5670	13472	7201
科尔沁右翼中旗	38494	7043	5832	5278	3368	2768	7053	7152
扎赉特旗	56737	9761	8319	9327	6798	4697	10724	7111
突泉县	34754	6600	4888	3848	4700	2192	6646	5880
锡林郭勒盟	**231796**	**27855**	**19507**	**20651**	**21180**	**18048**	**55643**	**68912**
二连浩特市	1031	170	121	83	77	45	149	386
锡林浩特市	1851	1173	39	23	34	31	106	445
阿巴嘎旗	12557	1787	966	1095	1132	920	2774	3883
苏尼特左旗	8757	1281	558	627	620	629	1851	3191
苏尼特右旗	23981	2467	1632	2002	2053	1721	5249	8857
东乌珠穆沁旗	25714	2960	1740	1794	1777	1681	5868	9894
西乌珠穆沁旗	40226	4078	3195	3333	3276	3131	10259	12954
太仆寺旗	20890	3210	2187	2279	2337	1731	5189	3957
镶黄旗	9910	1470	768	1070	1056	755	2205	2586
正镶白旗	12860	1305	940	1190	1062	921	2402	5040
正蓝旗	23443	2387	1906	2305	2397	2265	6045	6138
多伦县	39242	4658	4324	4124	4528	3501	10516	7591
乌拉盖管委会	11334	909	1131	726	831	717	3030	3990
阿拉善盟	**136729**	**16191**	**12479**	**12168**	**11838**	**10145**	**33943**	**39965**
阿拉善左旗	88516	9633	7707	7604	7450	6855	22631	26636
阿拉善右旗	8438	962	647	684	774	661	2058	2652
额济纳旗	17212	3042	1827	1779	1666	1284	3739	3875
内蒙古阿拉善经济开发区	22563	2554	2298	2101	1948	1345	5515	6802

7-4b 续表 3

单位：人

现住地	离开户口登记地时间							
	自治区内							
	小计	半年以上，不满一年	一年以上，不满二年	二年以上，不满三年	三年以上，不满四年	四年以上，不满五年	五年以上，不满十年	十年以上
内蒙古	**3270137**	**373890**	**319851**	**345234**	**331330**	**280205**	**778083**	**841544**
呼和浩特市	**309697**	**29963**	**25559**	**30283**	**31773**	**27449**	**77534**	**87136**
新城区	353	34	37	31	38	42	70	101
回民区								
玉泉区								
赛罕区	461	42	13	19	35	30	89	233
土默特左旗	64558	7401	6709	8419	6562	5522	12911	17034
托克托县	43582	2814	3441	4504	4935	4007	12357	11524
和林格尔县	49332	6508	6068	6075	6503	4019	10663	9496
清水河县	19887	1295	1340	2036	2275	2220	5024	5697
武川县	35169	1570	1872	2415	3345	3799	12187	9981
呼和浩特经济技术开发区	96355	10299	6079	6784	8080	7810	24233	33070
包头市	**234562**	**22999**	**20303**	**23422**	**21971**	**19249**	**55647**	**70971**
东河区	10857	1037	906	1033	1044	1071	2405	3361
昆都仑区	317	218	3	6	10	31	22	27
青山区	1760	174	348	652	262	84	86	154
石拐区	759	235	141	129	64	51	72	67
白云鄂博矿区								
九原区	16472	2204	2578	2870	1226	1579	1587	4428
土默特右旗	60322	7337	6424	6657	6440	4812	15676	12976
固阳县	24799	2610	1514	2184	1965	1788	6688	8050
达尔罕茂明安联合旗	18607	1080	904	1030	1339	1604	4241	8409
包头稀土高新技术产业开发区	100669	8104	7485	8861	9621	8229	24870	33499
乌海市	**5224**	**798**	**560**	**467**	**362**	**431**	**972**	**1634**
海勃湾区	1962	63	111	121	127	233	410	897
海南区	2652	530	371	268	205	155	488	635
乌达区	610	205	78	78	30	43	74	102
赤峰市	**607485**	**77567**	**73473**	**74405**	**72210**	**61544**	**143916**	**104370**
红山区	9560	1466	875	1243	1244	758	2134	1840
元宝山区	6269	578	795	856	441	366	1435	1798
松山区	2996	515	215	195	290	233	652	896
阿鲁科尔沁旗	67337	9177	8541	8464	7505	6069	16497	11084
巴林左旗	68007	21118	8488	7457	7316	5398	10799	7431
巴林右旗	58211	5295	5795	5565	5363	5136	14924	16133
林西县	60930	5507	4516	6911	8701	8522	15022	11751
克什克腾旗	58672	6164	5582	6642	6818	6835	14406	12225
翁牛特旗	69541	5194	10507	8652	9693	8358	17694	9443
喀喇沁旗	57112	4530	6330	6341	6186	6203	15537	11985
宁城县	77447	9467	10411	11715	8996	6417	19031	11410
敖汉旗	71403	8556	11418	10364	9657	7249	15785	8374

7−4b 续表 4

单位：人

现住地	离开户口登记地时间							
	自治区内							
	小计	半年以上，不满一年	一年以上，不满二年	二年以上，不满三年	三年以上，不满四年	四年以上，不满五年	五年以上，不满十年	十年以上
通辽市	**350112**	**59726**	**45638**	**44827**	**36181**	**28163**	**76100**	**59477**
科尔沁区	7567	1418	557	602	665	570	1313	2442
科尔沁左翼中旗	35471	8563	3288	2952	2767	2347	8111	7443
科尔沁左翼后旗	36267	3888	4735	5431	3632	2879	8083	7619
开鲁县	41046	6105	6513	5869	4215	3666	7848	6830
库伦旗	19142	3797	2085	2319	1724	1360	4583	3274
奈曼旗	42756	9412	5779	5206	3904	3220	8018	7217
扎鲁特旗	51493	9133	6451	6189	5512	4000	10988	9220
通辽经济技术开发区	116146	17391	16219	16237	13748	10119	27133	15299
霍林郭勒市	224	19	11	22	14	2	23	133
鄂尔多斯市	**553660**	**43855**	**37761**	**39027**	**40333**	**37333**	**135410**	**219941**
东胜区	495	83	39	40	52	21	82	178
康巴什区								
达拉特旗	145468	9311	7236	7384	7646	6841	31780	75270
准格尔旗	145769	11032	9914	9329	10427	9240	35374	60453
鄂托克前旗	19563	2281	1847	2166	1620	1507	4617	5525
鄂托克旗	58913	3926	4039	4996	4362	4558	14561	22471
杭锦旗	35511	3146	2298	2381	2651	2425	8842	13768
乌审旗	38425	3599	3292	3603	3946	3283	9682	11020
伊金霍洛旗	109516	10477	9096	9128	9629	9458	30472	31256
呼伦贝尔市	**219505**	**28905**	**24235**	**29064**	**25555**	**19663**	**48162**	**43921**
海拉尔区	265	27	30	25	22	11	29	121
扎赉诺尔区	1181	113	72	74	89	61	303	469
阿荣旗	55777	7819	7379	8207	7148	5154	12912	7158
莫力达瓦达斡尔族自治旗	28918	3804	4223	4992	3613	2766	5617	3903
鄂伦春自治旗	29605	3354	2681	3262	3067	2727	7564	6950
鄂温克族自治旗	42526	6395	3853	5508	5090	3469	9718	8493
陈巴尔虎旗	11152	1596	1122	995	867	740	2271	3561
新巴尔虎左旗	10597	902	885	1252	1272	1117	2637	2532
新巴尔虎右旗	10807	1488	958	1073	1049	899	2619	2721
满洲里市	901	48	28	33	58	50	158	526
牙克石市	18172	2049	2251	2889	2447	1884	2415	4237
扎兰屯市	4975	511	401	408	397	340	934	1984
额尔古纳市	1642	210	143	149	157	151	281	551
根河市	2987	589	209	197	279	294	704	715
巴彦淖尔市	**253227**	**24428**	**19511**	**22454**	**23052**	**19822**	**66522**	**77438**
临河区	3209	594	361	251	254	192	417	1140
五原县	57609	6484	4975	4880	5124	4224	13919	18003
磴口县	20528	1750	1351	1769	1787	1506	5396	6969
乌拉特前旗	67900	5715	4764	6151	5777	5430	19042	21021
乌拉特中旗	32903	3218	2707	3014	2858	2284	7502	11320
乌拉特后旗	18110	1818	1278	1309	1506	1331	4399	6469
杭锦后旗	52968	4849	4075	5080	5746	4855	15847	12516

7-4b　续表 5　　　　　　　　　　　　　　　　单位：人

现 住 地	离开户口登记地时间							
	自治区内							
	小计	半年以上，不满一年	一年以上，不满二年	二年以上，不满三年	三年以上，不满四年	四年以上，不满五年	五年以上，不满十年	十年以上
乌兰察布市	**261649**	**21613**	**22399**	**29534**	**31311**	**27920**	**65309**	**63563**
集宁区	10259	1700	1552	1767	2834	788	772	846
卓资县	13690	1435	1155	1717	1611	1755	3086	2931
化德县	29315	1747	2085	3136	3121	2904	8083	8239
商都县	39389	3510	2616	5066	3251	3018	9507	12421
兴和县	38741	2281	3815	4848	6452	5711	11816	3818
凉城县	21776	1491	1380	1946	2011	2158	5382	7408
察哈尔右翼前旗	26681	3834	4545	4329	3765	2375	4123	3710
察哈尔右翼中旗	12222	1140	1440	1369	1547	1428	3033	2265
察哈尔右翼后旗	26604	1607	1561	2117	2806	3405	7372	7736
四子王旗	42074	2755	2185	3182	3835	4308	12002	13807
丰镇市	898	113	65	57	78	70	133	382
兴安盟	**185562**	**32184**	**26652**	**26159**	**22142**	**15824**	**37078**	**25523**
乌兰浩特市	10128	1704	1461	991	1117	1698	2117	1040
阿尔山市	2567	270	283	206	222	165	496	925
科尔沁右翼前旗	55668	8575	7312	8032	7232	5379	12682	6456
科尔沁右翼中旗	35568	6398	5537	5070	3161	2577	6485	6340
扎赉特旗	49476	9004	7508	8290	5952	4009	9175	5538
突泉县	32155	6233	4551	3570	4458	1996	6123	5224
锡林郭勒盟	**207656**	**23231**	**17004**	**18567**	**19308**	**16469**	**50633**	**62444**
二连浩特市	604	63	34	34	53	29	110	281
锡林浩特市	835	360	27	19	25	25	73	306
阿巴嘎旗	11256	1404	860	999	1080	866	2562	3485
苏尼特左旗	8064	1137	520	587	574	605	1713	2928
苏尼特右旗	22082	2036	1442	1811	1897	1615	4933	8348
东乌珠穆沁旗	23704	2709	1623	1649	1657	1548	5459	9059
西乌珠穆沁旗	36995	3728	2874	3027	3036	2938	9392	12000
太仆寺旗	19008	2907	1979	2053	2159	1571	4836	3503
镶黄旗	8795	970	688	1001	996	713	2062	2365
正镶白旗	11987	1122	863	1132	1013	855	2268	4734
正蓝旗	21496	2204	1723	2127	2219	2067	5542	5614
多伦县	32582	3772	3460	3468	3840	2981	8901	6160
乌拉盖管委会	10248	819	911	660	759	656	2782	3661
阿拉善盟	**81798**	**8621**	**6756**	**7025**	**7132**	**6338**	**20800**	**25126**
阿拉善左旗	60304	5819	5074	5269	5294	4780	15914	18154
阿拉善右旗	5355	485	343	414	551	484	1358	1720
额济纳旗	7617	1432	684	696	660	581	1724	1840
内蒙古阿拉善经济开发区	8522	885	655	646	627	493	1804	3412

7-4b 续表 6

单位：人

现住地	离开户口登记地时间							
	自治区外							
	小计	半年以上，不满一年	一年以上，不满二年	二年以上，不满三年	三年以上，不满四年	四年以上，不满五年	五年以上，不满十年	十年以上
内蒙古	**480078**	**74291**	**51521**	**48326**	**43200**	**34231**	**99934**	**128575**
呼和浩特市	**32186**	**5947**	**3781**	**3513**	**3318**	**1858**	**5885**	**7884**
新城区	115	41	13	10	14	4	18	15
回民区								
玉泉区								
赛罕区	106	16	10	9	19		15	37
土默特左旗	6239	829	868	822	685	460	1049	1526
托克托县	2660	684	338	256	180	157	515	530
和林格尔县	6033	1479	1056	1020	1023	191	669	595
清水河县	797	123	64	62	62	60	165	261
武川县	1253	179	113	100	112	91	296	362
呼和浩特经济技术开发区	14983	2596	1319	1234	1223	895	3158	4558
包头市	**37250**	**6301**	**3588**	**3344**	**2913**	**2438**	**6949**	**11717**
东河区	2486	339	197	149	170	130	480	1021
昆都仑区	428	331	30	13	5	14	9	26
青山区	561	67	105	253	56	10	17	53
石拐区	1939	322	299	284	259	188	441	146
白云鄂博矿区								
九原区	3444	353	420	363	207	231	610	1260
土默特右旗	3153	662	357	336	299	181	602	716
固阳县	1543	229	178	182	119	133	325	377
达尔罕茂明安联合旗	1346	174	129	125	143	132	238	405
包头稀土高新技术产业开发区	22350	3824	1873	1639	1655	1419	4227	7713
乌海市	**7897**	**2421**	**1146**	**939**	**635**	**562**	**1065**	**1129**
海勃湾区	1348	62	130	111	122	260	272	391
海南区	5978	2137	908	758	485	274	726	690
乌达区	571	222	108	70	28	28	67	48
赤峰市	**24362**	**4255**	**3059**	**2719**	**2621**	**2105**	**5013**	**4590**
红山区	1453	352	177	163	153	115	237	256
元宝山区	1165	151	122	131	75	68	263	355
松山区	562	186	73	39	54	31	78	101
阿鲁科尔沁旗	1487	265	175	136	167	123	324	297
巴林左旗	1775	638	243	167	152	130	251	194
巴林右旗	1930	280	235	185	185	137	427	481
林西县	2668	601	217	248	291	286	518	507
克什克腾旗	1859	352	240	180	167	145	387	388
翁牛特旗	1658	142	222	185	232	202	415	260
喀喇沁旗	2235	220	306	273	258	204	522	452
宁城县	4712	661	606	659	585	394	1009	798
敖汉旗	2858	407	443	353	302	270	582	501

7-4b　续表 7　　　　单位：人

现住地	离开户口登记地时间							
	自治区外							
	小计	半年以上，不满一年	一年以上，不满二年	二年以上，不满三年	三年以上，不满四年	四年以上，不满五年	五年以上，不满十年	十年以上
通辽市	**30804**	**5267**	**3570**	**3138**	**2741**	**2303**	**6381**	**7404**
科尔沁区	1410	263	136	127	100	92	249	443
科尔沁左翼中旗	4430	589	480	463	345	318	1125	1110
科尔沁左翼后旗	4573	476	483	429	395	340	967	1483
开鲁县	3363	601	438	420	329	275	583	717
库伦旗	2399	456	289	221	235	168	488	542
奈曼旗	2876	733	317	229	222	208	545	622
扎鲁特旗	2656	465	287	262	259	205	563	615
通辽经济技术开发区	9057	1679	1138	982	853	695	1857	1853
霍林郭勒市	40	5	2	5	3	2	4	19
鄂尔多斯市	**166970**	**24207**	**17899**	**17136**	**15007**	**12108**	**36354**	**44259**
东胜区	1143	155	182	135	153	69	262	187
康巴什区								
达拉特旗	13917	1896	1101	985	926	665	3121	5223
准格尔旗	29222	3336	3047	2618	2235	1738	6145	10103
鄂托克前旗	12589	1786	1436	1386	1200	1162	3058	2561
鄂托克旗	35321	4176	4473	4770	3343	2776	7303	8480
杭锦旗	5278	1288	709	421	368	307	1112	1073
乌审旗	35305	4133	3467	3827	3848	2971	8741	8318
伊金霍洛旗	34195	7437	3484	2994	2934	2420	6612	8314
呼伦贝尔市	**40825**	**4684**	**3546**	**3636**	**3582**	**2791**	**7682**	**14904**
海拉尔区	150	7	8	10	7	4	23	91
扎赉诺尔区	387	38	19	14	24	12	64	216
阿荣旗	5444	829	653	591	576	411	1182	1202
莫力达瓦达斡尔族自治旗	4331	404	398	494	515	407	812	1301
鄂伦春自治旗	9342	687	759	788	733	620	1798	3957
鄂温克族自治旗	7384	735	633	618	644	465	1497	2792
陈巴尔虎旗	3293	632	216	205	196	160	598	1286
新巴尔虎左旗	1168	160	112	138	101	73	214	370
新巴尔虎右旗	1175	124	90	74	92	92	295	408
满洲里市	722	39	17	28	25	7	79	527
牙克石市	4341	385	434	417	329	324	630	1822
扎兰屯市	1426	117	113	127	115	141	264	549
额尔古纳市	421	42	31	46	52	23	54	173
根河市	1241	485	63	86	173	52	172	210
巴彦淖尔市	**22363**	**3405**	**1907**	**1706**	**1648**	**1410**	**4743**	**7544**
临河区	605	83	37	31	43	55	103	253
五原县	4190	751	276	233	223	236	857	1614
磴口县	2092	233	147	152	159	133	434	834
乌拉特前旗	5650	861	422	438	323	353	1154	2099
乌拉特中旗	4646	715	514	422	535	302	929	1229
乌拉特后旗	2575	478	313	203	155	135	615	676
杭锦后旗	2605	284	198	227	210	196	651	839

7-4b 续表 8 单位：人

现住地	离开户口登记地时间							
	自治区外							
	小计	半年以上，不满一年	一年以上，不满二年	二年以上，不满三年	三年以上，不满四年	四年以上，不满五年	五年以上，不满十年	十年以上
乌兰察布市	**20300**	**2989**	**2728**	**2831**	**2279**	**1794**	**3984**	**3695**
集宁区	504	120	115	46	65	31	51	76
卓资县	1490	125	395	408	140	90	196	136
化德县	2875	277	254	212	303	224	738	867
商都县	2214	344	231	217	188	201	458	575
兴和县	2742	148	283	601	469	330	673	238
凉城县	1218	125	151	97	113	111	266	355
察哈尔右翼前旗	3594	1326	587	418	327	175	391	370
察哈尔右翼中旗	637	84	56	78	78	51	172	118
察哈尔右翼后旗	1384	92	117	193	196	210	389	187
四子王旗	1421	145	128	132	140	148	378	350
丰镇市	2221	203	411	429	260	223	272	423
兴安盟	**18050**	**2621**	**2071**	**2137**	**1878**	**1476**	**3725**	**4142**
乌兰浩特市	1046	171	154	89	111	86	212	223
阿尔山市	415	50	64	36	25	24	83	133
科尔沁右翼前旗	3803	631	410	489	447	291	790	745
科尔沁右翼中旗	2926	645	295	208	207	191	568	812
扎赉特旗	7261	757	811	1037	846	688	1549	1573
突泉县	2599	367	337	278	242	196	523	656
锡林郭勒盟	**24140**	**4624**	**2503**	**2084**	**1872**	**1579**	**5010**	**6468**
二连浩特市	427	107	87	49	24	16	39	105
锡林浩特市	1016	813	12	4	9	6	33	139
阿巴嘎旗	1301	383	106	96	52	54	212	398
苏尼特左旗	693	144	38	40	46	24	138	263
苏尼特右旗	1899	431	190	191	156	106	316	509
东乌珠穆沁旗	2010	251	117	145	120	133	409	835
西乌珠穆沁旗	3231	350	321	306	240	193	867	954
太仆寺旗	1882	303	208	226	178	160	353	454
镶黄旗	1115	500	80	69	60	42	143	221
正镶白旗	873	183	77	58	49	66	134	306
正蓝旗	1947	183	183	178	178	198	503	524
多伦县	6660	886	864	656	688	520	1615	1431
乌拉盖管委会	1086	90	220	66	72	61	248	329
阿拉善盟	**54931**	**7570**	**5723**	**5143**	**4706**	**3807**	**13143**	**14839**
阿拉善左旗	28212	3814	2633	2335	2156	2075	6717	8482
阿拉善右旗	3083	477	304	270	223	177	700	932
额济纳旗	9595	1610	1143	1083	1006	703	2015	2035
内蒙古阿拉善经济开发区	14041	1669	1643	1455	1321	852	3711	3390

7-4c 全区按现住地、离开户口登记地时间分的户口登记地在外乡镇街道的人口(乡村)

单位：人

现住地	离开户口登记地时间							
	合计							
	合计	半年以上，不满一年	一年以上，不满二年	二年以上，不满三年	三年以上，不满四年	四年以上，不满五年	五年以上，不满十年	十年以上
内蒙古	**1558453**	**242770**	**160458**	**151411**	**132732**	**105346**	**287163**	**478573**
呼和浩特市	**276519**	**29596**	**26361**	**24712**	**22889**	**19116**	**54650**	**99195**
新城区	57205	4965	5919	5023	4539	3591	12804	20364
回民区	11342	1129	1282	1058	802	600	1976	4495
玉泉区	42895	4422	3613	3628	3689	2564	8220	16759
赛罕区	73709	7854	6215	5234	6143	5605	14232	28426
土默特左旗	26360	2716	2512	3193	2468	1942	4925	8604
托克托县	24754	3734	2579	2772	2153	2023	4467	7026
和林格尔县	22872	2959	2955	2249	1677	1626	4238	7168
清水河县	7979	1076	614	892	648	537	1487	2725
武川县	9403	741	672	663	770	628	2301	3628
呼和浩特经济技术开发区								
包头市	**113882**	**12295**	**7939**	**10012**	**9557**	**8074**	**23272**	**42733**
东河区	14208	1545	925	955	911	936	2987	5949
昆都仑区	16908	1317	1142	1504	2402	1329	2807	6407
青山区	14689	924	684	826	922	986	2648	7699
石拐区	2225	587	280	231	166	189	251	521
白云鄂博矿区								
九原区	29064	1805	1672	2023	2356	2498	8157	10553
土默特右旗	11634	2124	1088	1707	950	760	1981	3024
固阳县	12480	2792	1455	1996	1121	692	1894	2530
达尔罕茂明安联合旗	8673	966	580	612	563	542	1913	3497
包头稀土高新技术产业开发区	4001	235	113	158	166	142	634	2553
乌海市	**15922**	**3514**	**2659**	**1491**	**943**	**683**	**2285**	**4347**
海勃湾区	11433	2245	1845	970	622	498	1643	3610
海南区	4489	1269	814	521	321	185	642	737
乌达区								
赤峰市	**250189**	**46973**	**30156**	**28210**	**22830**	**17235**	**44083**	**60702**
红山区	2108	349	192	168	165	126	389	719
元宝山区	8184	1380	660	660	620	425	1298	3141
松山区	92361	14517	10964	12739	9536	7113	19129	18363
阿鲁科尔沁旗	14160	4626	1698	1271	916	725	1787	3137
巴林左旗	29557	7195	3139	2830	2860	1959	4717	6857
巴林右旗	7268	892	621	546	608	473	1415	2713
林西县	10821	1341	1109	1081	952	688	1911	3739
克什克腾旗	13796	2735	1251	1135	1049	782	2267	4577
翁牛特旗	13397	2235	1622	1285	1191	990	2375	3699
喀喇沁旗	10451	1382	1301	911	799	692	1740	3626
宁城县	20611	4442	2537	2032	1613	1394	3341	5252
敖汉旗	27475	5879	5062	3552	2521	1868	3714	4879

7-4c 续表 1

单位：人

现住地	离开户口登记地时间							
	合计							
	合计	半年以上，不满一年	一年以上，不满二年	二年以上，不满三年	三年以上，不满四年	四年以上，不满五年	五年以上，不满十年	十年以上
通辽市	**117270**	**18442**	**10478**	**9457**	**9059**	**7911**	**21913**	**40010**
科尔沁区	26678	3977	2129	2031	1976	1783	5127	9655
科尔沁左翼中旗	14703	2545	1297	1262	1150	1021	2645	4783
科尔沁左翼后旗	17173	1821	1323	1396	1401	1232	3199	6801
开鲁县	14468	2286	1540	1156	1124	915	2578	4869
库伦旗	6031	998	646	528	489	386	1030	1954
奈曼旗	13001	2486	1361	974	964	858	2222	4136
扎鲁特旗	13155	2266	1119	1114	1011	892	2612	4141
通辽经济技术开发区	6818	1000	708	605	497	429	1255	2324
霍林郭勒市	5243	1063	355	391	447	395	1245	1347
鄂尔多斯市	**191953**	**35976**	**22823**	**20639**	**17287**	**12021**	**34144**	**49063**
东胜区	15104	3393	2443	1841	1653	1160	2145	2469
康巴什区								
达拉特旗	35260	4029	2158	2387	2256	1825	6197	16408
准格尔旗	49528	9754	6189	5054	4037	2749	9210	12535
鄂托克前旗	14325	2857	2017	1716	1230	846	2838	2821
鄂托克旗	16538	3865	2280	2219	1633	1203	3064	2274
杭锦旗	6586	1235	770	519	521	372	1068	2101
乌审旗	23671	5008	3140	2956	2561	1597	3924	4485
伊金霍洛旗	30941	5835	3826	3947	3396	2269	5698	5970
呼伦贝尔市	**113162**	**16780**	**11415**	**11359**	**9978**	**7849**	**18799**	**36982**
海拉尔区	2852	311	231	261	213	186	493	1157
扎赉诺尔区								
阿荣旗	23831	3701	2628	2932	2774	1967	4047	5782
莫力达瓦达斡尔族自治旗	27609	3995	3916	3398	2596	2135	4577	6992
鄂伦春自治旗	13519	1124	946	1215	993	915	2221	6105
鄂温克族自治旗	6973	823	600	560	471	375	1106	3038
陈巴尔虎旗	4502	755	380	330	282	265	770	1720
新巴尔虎左旗	3921	410	303	307	306	244	643	1708
新巴尔虎右旗	5872	2684	376	331	414	281	657	1129
满洲里市								
牙克石市	2934	307	352	331	217	155	497	1075
扎兰屯市	17409	1824	1401	1420	1350	1148	3221	7045
额尔古纳市	3680	834	277	265	358	173	557	1216
根河市	60	12	5	9	4	5	10	15
巴彦淖尔市	**149717**	**23147**	**13375**	**13252**	**12221**	**9557**	**26452**	**51713**
临河区	56584	8897	5433	5306	4854	3799	10196	18099
五原县	19566	2097	1512	1913	2088	1590	3495	6871
磴口县	9540	1466	865	690	599	477	1455	3988
乌拉特前旗	28243	4313	2516	2101	1827	1550	5290	10646
乌拉特中旗	11314	2512	974	938	824	583	1521	3962
乌拉特后旗	7062	2125	747	711	502	342	952	1683
杭锦后旗	17408	1737	1328	1593	1527	1216	3543	6464

7-4c　续表 2

单位：人

现住地	离开户口登记地时间							
	合计							
	合计	半年以上，不满一年	一年以上，不满二年	二年以上，不满三年	三年以上，不满四年	四年以上，不满五年	五年以上，不满十年	十年以上
乌兰察布市	**161089**	**20308**	**18392**	**17402**	**14975**	**11833**	**31861**	**46318**
集宁区	16804	4320	3134	2883	1818	543	1415	2691
卓资县	12041	1096	3646	2166	933	759	1621	1820
化德县	8733	878	720	896	890	870	1641	2838
商都县	18575	1500	1617	1533	1770	1477	3885	6793
兴和县	14345	967	951	1719	1213	1126	3733	4636
凉城县	16419	1512	1515	1867	1704	1420	3142	5259
察哈尔右翼前旗	16776	2596	1780	1572	1604	1200	3351	4673
察哈尔右翼中旗	12165	1659	2128	1182	1011	756	2576	2853
察哈尔右翼后旗	11526	730	635	870	855	742	2659	5035
四子王旗	19505	1859	1388	1713	1986	1934	5271	5354
丰镇市	14200	3191	878	1001	1191	1006	2567	4366
兴安盟	**71919**	**12790**	**7250**	**6588**	**5833**	**4702**	**12782**	**21974**
乌兰浩特市	6944	1175	765	865	573	434	1133	1999
阿尔山市	917	197	86	59	65	43	130	337
科尔沁右翼前旗	23646	4141	2246	1856	1930	1534	4326	7613
科尔沁右翼中旗	8689	1680	863	895	738	568	1444	2501
扎赉特旗	14370	1963	1358	1358	1156	974	2760	4801
突泉县	17353	3634	1932	1555	1371	1149	2989	4723
锡林郭勒盟	**72968**	**15812**	**6360**	**5758**	**5219**	**5088**	**13841**	**20890**
二连浩特市	480	180	20	20	19	81	63	97
锡林浩特市	13341	1957	791	752	756	638	3144	5303
阿巴嘎旗	4747	1078	440	382	356	326	724	1441
苏尼特左旗	4070	1082	377	284	227	166	591	1343
苏尼特右旗	2906	599	188	227	226	181	538	947
东乌珠穆沁旗	5705	1512	577	474	394	350	893	1505
西乌珠穆沁旗	15977	4809	1236	1014	930	1482	3115	3391
太仆寺旗	7755	1474	1186	887	655	516	1265	1772
镶黄旗	1692	439	218	144	103	70	425	293
正镶白旗	2571	603	204	240	323	117	303	781
正蓝旗	6569	870	548	690	588	510	1167	2196
多伦县	5770	922	458	534	548	583	1426	1299
乌拉盖管委会	1385	287	117	110	94	68	187	522
阿拉善盟	**23863**	**7137**	**3250**	**2531**	**1941**	**1277**	**3081**	**4646**
阿拉善左旗	15358	3604	2004	1615	1350	893	2293	3599
阿拉善右旗	2109	904	317	184	102	64	180	358
额济纳旗	3860	1969	383	300	283	199	340	386
内蒙古阿拉善经济开发区	2536	660	546	432	206	121	268	303

7-4c 续表 3

单位：人

现住地	离开户口登记地时间							
	自治区内							
	小计	半年以上，不满一年	一年以上，不满二年	二年以上，不满三年	三年以上，不满四年	四年以上，不满五年	五年以上，不满十年	十年以上
内蒙古	**1196535**	**158937**	**114197**	**114383**	**102086**	**83592**	**229137**	**394203**
呼和浩特市	**233082**	**20241**	**20942**	**20724**	**19214**	**16144**	**47183**	**88634**
新城区	47672	3362	4382	4112	3655	2855	11140	18166
回民区	8715	820	1065	854	596	416	1314	3650
玉泉区	36020	2608	2947	2951	3138	2160	7104	15112
赛罕区	62179	5488	4804	4366	5135	4755	12168	25463
土默特左旗	22500	2088	2014	2731	2130	1680	4274	7583
托克托县	20698	2303	2150	2434	1849	1779	3927	6256
和林格尔县	20393	2451	2570	1925	1494	1488	3877	6588
清水河县	6546	581	492	778	549	436	1264	2446
武川县	8359	540	518	573	668	575	2115	3370
呼和浩特经济技术开发区								
包头市	**88580**	**7612**	**5374**	**7889**	**7293**	**6262**	**18755**	**35395**
东河区	10787	949	641	743	638	688	2355	4773
昆都仑区	12754	928	765	1071	1806	967	2091	5126
青山区	11886	579	488	638	688	820	2139	6534
石拐区	1554	404	175	161	108	137	166	403
白云鄂博矿区								
九原区	21942	833	1099	1470	1678	1807	6371	8684
土默特右旗	9419	1263	750	1518	816	670	1775	2627
固阳县	9878	1884	900	1672	939	565	1663	2255
达尔罕茂明安联合旗	7744	673	489	522	512	507	1782	3259
包头稀土高新技术产业开发区	2616	99	67	94	108	101	413	1734
乌海市	**6982**	**998**	**751**	**542**	**461**	**399**	**1235**	**2596**
海勃湾区	5502	687	567	398	335	330	996	2189
海南区	1480	311	184	144	126	69	239	407
乌达区								
赤峰市	**219105**	**39178**	**25924**	**25027**	**20293**	**15546**	**39340**	**53797**
红山区	1740	266	136	123	140	105	335	635
元宝山区	6133	893	489	481	435	342	1005	2488
松山区	84672	12692	9993	11877	8817	6626	17760	16907
阿鲁科尔沁旗	12704	4077	1443	1099	793	677	1645	2970
巴林左旗	27070	6095	2811	2626	2703	1851	4441	6543
巴林右旗	6719	747	534	482	562	441	1344	2609
林西县	9415	1039	881	938	841	606	1701	3409
克什克腾旗	10519	2238	984	880	801	634	1803	3179
翁牛特旗	12052	1916	1367	1143	1075	908	2188	3455
喀喇沁旗	8243	998	901	684	627	555	1346	3132
宁城县	15277	3005	1681	1453	1254	1087	2574	4223
敖汉旗	24561	5212	4704	3241	2245	1714	3198	4247

7-4c　续表 4

单位：人

现住地	离开户口登记地时间							
	自治区内							
	小计	半年以上，不满一年	一年以上，不满二年	二年以上，不满三年	三年以上，不满四年	四年以上，不满五年	五年以上，不满十年	十年以上
通辽市	**95116**	**13726**	**7692**	**7337**	**7335**	**6543**	**18508**	**33975**
科尔沁区	22506	3099	1555	1610	1654	1527	4456	8605
科尔沁左翼中旗	11476	1908	911	959	907	805	2126	3860
科尔沁左翼后旗	12702	1292	937	1018	1051	938	2438	5028
开鲁县	11892	1586	1156	910	921	762	2243	4314
库伦旗	3823	476	298	300	308	261	703	1477
奈曼旗	10782	1874	1034	771	785	734	1919	3665
扎鲁特旗	11526	1881	905	928	876	785	2342	3809
通辽经济技术开发区	5878	805	596	502	420	369	1112	2074
霍林郭勒市	4531	805	300	339	413	362	1169	1143
鄂尔多斯市	**92741**	**12751**	**8897**	**8342**	**7022**	**5865**	**18138**	**31726**
东胜区	6634	1050	1026	688	687	596	1151	1436
康巴什区								
达拉特旗	27449	2246	1390	1528	1451	1427	5138	14269
准格尔旗	24673	3834	2896	2831	1985	1583	4888	6656
鄂托克前旗	3321	477	302	298	298	271	578	1097
鄂托克旗	8599	1412	1032	871	691	633	2260	1700
杭锦旗	4997	721	527	381	382	298	854	1834
乌审旗	5060	1013	552	485	459	317	967	1267
伊金霍洛旗	12008	1998	1172	1260	1069	740	2302	3467
呼伦贝尔市	**85729**	**12176**	**9004**	**9182**	**8225**	**6462**	**14785**	**25895**
海拉尔区	1968	200	154	199	153	136	343	783
扎赉诺尔区								
阿荣旗	19821	2959	2246	2590	2457	1741	3414	4414
莫力达瓦达斡尔族自治旗	21239	3376	3307	2736	2141	1775	3580	4324
鄂伦春自治旗	8124	803	637	851	754	688	1509	2882
鄂温克族自治旗	5312	581	433	448	372	320	850	2308
陈巴尔虎旗	3753	554	302	267	243	225	669	1493
新巴尔虎左旗	3259	339	227	243	262	205	539	1444
新巴尔虎右旗	3423	1112	243	244	268	191	461	904
满洲里市								
牙克石市	2237	242	297	276	179	118	384	741
扎兰屯市	13617	1386	958	1096	1087	923	2544	5623
额尔古纳市	2937	619	198	224	309	135	484	968
根河市	39	5	2	8		5	8	11
巴彦淖尔市	**116448**	**16100**	**9691**	**10230**	**9683**	**7792**	**21026**	**41926**
临河区	44224	7156	4302	4256	3823	2991	7553	14143
五原县	16153	1539	1269	1677	1848	1435	2992	5393
磴口县	7141	1064	617	532	486	378	1119	2945
乌拉特前旗	21976	2758	1499	1496	1335	1229	4413	9246
乌拉特中旗	8227	1513	607	620	572	454	1172	3289
乌拉特后旗	3742	744	325	288	274	209	617	1285
杭锦后旗	14985	1326	1072	1361	1345	1096	3160	5625

7-4c 续表 5

单位：人

现 住 地	离开户口登记地时间							
	自治区内							
	小计	半年以上，不满一年	一年以上，不满二年	二年以上，不满三年	三年以上，不满四年	四年以上，不满五年	五年以上，不满十年	十年以上
乌兰察布市	**141575**	**16107**	**15607**	**14984**	**13080**	**10670**	**28695**	**42432**
集宁区	14673	3369	2823	2689	1689	495	1208	2400
卓资县	10795	861	3359	1999	830	663	1400	1683
化德县	6249	492	384	457	425	683	1363	2445
商都县	16746	1124	1325	1302	1601	1378	3612	6404
兴和县	12670	808	817	1472	1058	992	3409	4114
凉城县	14875	1233	1346	1703	1589	1311	2807	4886
察哈尔右翼前旗	12505	1560	1130	1030	1188	962	2503	4132
察哈尔右翼中旗	11119	1404	1872	1077	961	703	2440	2662
察哈尔右翼后旗	10763	537	561	799	814	707	2538	4807
四子王旗	18349	1705	1238	1595	1882	1862	5053	5014
丰镇市	12831	3014	752	861	1043	914	2362	3885
兴安盟	**55724**	**8494**	**5064**	**4974**	**4726**	**3961**	**10318**	**18187**
乌兰浩特市	4883	670	486	592	425	354	853	1503
阿尔山市	684	102	63	45	54	37	114	269
科尔沁右翼前旗	19255	2912	1709	1480	1642	1345	3593	6574
科尔沁右翼中旗	7140	1225	666	741	627	490	1248	2143
扎赉特旗	10560	1384	889	906	852	752	2027	3750
突泉县	13202	2201	1251	1210	1126	983	2483	3948
锡林郭勒盟	**52579**	**9593**	**4395**	**4351**	**4043**	**3436**	**9776**	**16985**
二连浩特市	415	157	13	18	17	68	54	88
锡林浩特市	10422	1024	606	623	630	534	2486	4519
阿巴嘎旗	3654	620	271	277	292	279	640	1275
苏尼特左旗	2641	419	210	179	177	138	474	1044
苏尼特右旗	2218	268	134	173	164	158	467	854
东乌珠穆沁旗	4677	1177	473	379	315	291	710	1332
西乌珠穆沁旗	9014	3072	744	649	614	482	1235	2218
太仆寺旗	6088	1059	900	698	546	410	1025	1450
镶黄旗	750	124	57	65	60	41	149	254
正镶白旗	1802	262	126	169	247	99	266	633
正蓝旗	5574	638	459	621	493	429	1047	1887
多伦县	4081	515	300	396	405	446	1063	956
乌拉盖管委会	1243	258	102	104	83	61	160	475
阿拉善盟	**8874**	**1961**	**856**	**801**	**711**	**512**	**1378**	**2655**
阿拉善左旗	6077	1118	568	532	462	352	1006	2039
阿拉善右旗	691	183	45	61	52	34	102	214
额济纳旗	1539	539	172	143	140	100	193	252
内蒙古阿拉善经济开发区	567	121	71	65	57	26	77	150

7-4c　续表 6

单位：人

现住地	离开户口登记地时间							
	自治区外							
	小计	半年以上，不满一年	一年以上，不满二年	二年以上，不满三年	三年以上，不满四年	四年以上，不满五年	五年以上，不满十年	十年以上
内蒙古	**361918**	**83833**	**46261**	**37028**	**30646**	**21754**	**58026**	**84370**
呼和浩特市	**43437**	**9355**	**5419**	**3988**	**3675**	**2972**	**7467**	**10561**
新城区	9533	1603	1537	911	884	736	1664	2198
回民区	2627	309	217	204	206	184	662	845
玉泉区	6875	1814	666	677	551	404	1116	1647
赛罕区	11530	2366	1411	868	1008	850	2064	2963
土默特左旗	3860	628	498	462	338	262	651	1021
托克托县	4056	1431	429	338	304	244	540	770
和林格尔县	2479	508	385	324	183	138	361	580
清水河县	1433	495	122	114	99	101	223	279
武川县	1044	201	154	90	102	53	186	258
呼和浩特经济技术开发区								
包头市	**25302**	**4683**	**2565**	**2123**	**2264**	**1812**	**4517**	**7338**
东河区	3421	596	284	212	273	248	632	1176
昆都仑区	4154	389	377	433	596	362	716	1281
青山区	2803	345	196	188	234	166	509	1165
石拐区	671	183	105	70	58	52	85	118
白云鄂博矿区								
九原区	7122	972	573	553	678	691	1786	1869
土默特右旗	2215	861	338	189	134	90	206	397
固阳县	2602	908	555	324	182	127	231	275
达尔罕茂明安联合旗	929	293	91	90	51	35	131	238
包头稀土高新技术产业开发区	1385	136	46	64	58	41	221	819
乌海市	**8940**	**2516**	**1908**	**949**	**482**	**284**	**1050**	**1751**
海勃湾区	5931	1558	1278	572	287	168	647	1421
海南区	3009	958	630	377	195	116	403	330
乌达区								
赤峰市	**31084**	**7795**	**4232**	**3183**	**2537**	**1689**	**4743**	**6905**
红山区	368	83	56	45	25	21	54	84
元宝山区	2051	487	171	179	185	83	293	653
松山区	7689	1825	971	862	719	487	1369	1456
阿鲁科尔沁旗	1456	549	255	172	123	48	142	167
巴林左旗	2487	1100	328	204	157	108	276	314
巴林右旗	549	145	87	64	46	32	71	104
林西县	1406	302	228	143	111	82	210	330
克什克腾旗	3277	497	267	255	248	148	464	1398
翁牛特旗	1345	319	255	142	116	82	187	244
喀喇沁旗	2208	384	400	227	172	137	394	494
宁城县	5334	1437	856	579	359	307	767	1029
敖汉旗	2914	667	358	311	276	154	516	632

7-4c 续表 7

单位：人

现住地	离开户口登记地时间							
	自治区外							
	小计	半年以上，不满一年	一年以上，不满二年	二年以上，不满三年	三年以上，不满四年	四年以上，不满五年	五年以上，不满十年	十年以上
通辽市	**22154**	**4716**	**2786**	**2120**	**1724**	**1368**	**3405**	**6035**
科尔沁区	4172	878	574	421	322	256	671	1050
科尔沁左翼中旗	3227	637	386	303	243	216	519	923
科尔沁左翼后旗	4471	529	386	378	350	294	761	1773
开鲁县	2576	700	384	246	203	153	335	555
库伦旗	2208	522	348	228	181	125	327	477
奈曼旗	2219	612	327	203	179	124	303	471
扎鲁特旗	1629	385	214	186	135	107	270	332
通辽经济技术开发区	940	195	112	103	77	60	143	250
霍林郭勒市	712	258	55	52	34	33	76	204
鄂尔多斯市	**99212**	**23225**	**13926**	**12297**	**10265**	**6156**	**16006**	**17337**
东胜区	8470	2343	1417	1153	966	564	994	1033
康巴什区								
达拉特旗	7811	1783	768	859	805	398	1059	2139
准格尔旗	24855	5920	3293	2223	2052	1166	4322	5879
鄂托克前旗	11004	2380	1715	1418	932	575	2260	1724
鄂托克旗	7939	2453	1248	1348	942	570	804	574
杭锦旗	1589	514	243	138	139	74	214	267
乌审旗	18611	3995	2588	2471	2102	1280	2957	3218
伊金霍洛旗	18933	3837	2654	2687	2327	1529	3396	2503
呼伦贝尔市	**27433**	**4604**	**2411**	**2177**	**1753**	**1387**	**4014**	**11087**
海拉尔区	884	111	77	62	60	50	150	374
扎赉诺尔区								
阿荣旗	4010	742	382	342	317	226	633	1368
莫力达瓦达斡尔族自治旗	6370	619	609	662	455	360	997	2668
鄂伦春自治旗	5395	321	309	364	239	227	712	3223
鄂温克族自治旗	1661	242	167	112	99	55	256	730
陈巴尔虎旗	749	201	78	63	39	40	101	227
新巴尔虎左旗	662	71	76	64	44	39	104	264
新巴尔虎右旗	2449	1572	133	87	146	90	196	225
满洲里市								
牙克石市	697	65	55	55	38	37	113	334
扎兰屯市	3792	438	443	324	263	225	677	1422
额尔古纳市	743	215	79	41	49	38	73	248
根河市	21	7	3	1	4		2	4
巴彦淖尔市	**33269**	**7047**	**3684**	**3022**	**2538**	**1765**	**5426**	**9787**
临河区	12360	1741	1131	1050	1031	808	2643	3956
五原县	3413	558	243	236	240	155	503	1478
磴口县	2399	402	248	158	113	99	336	1043
乌拉特前旗	6267	1555	1017	605	492	321	877	1400
乌拉特中旗	3087	999	367	318	252	129	349	673
乌拉特后旗	3320	1381	422	423	228	133	335	398
杭锦后旗	2423	411	256	232	182	120	383	839

7-4c　续表 8

单位：人

现住地	离开户口登记地时间							
	自治区外							
	小计	半年以上，不满一年	一年以上，不满二年	二年以上，不满三年	三年以上，不满四年	四年以上，不满五年	五年以上，不满十年	十年以上
乌兰察布市	**19514**	**4201**	**2785**	**2418**	**1895**	**1163**	**3166**	**3886**
集宁区	2131	951	311	194	129	48	207	291
卓资县	1246	235	287	167	103	96	221	137
化德县	2484	386	336	439	465	187	278	393
商都县	1829	376	292	231	169	99	273	389
兴和县	1675	159	134	247	155	134	324	522
凉城县	1544	279	169	164	115	109	335	373
察哈尔右翼前旗	4271	1036	650	542	416	238	848	541
察哈尔右翼中旗	1046	255	256	105	50	53	136	191
察哈尔右翼后旗	763	193	74	71	41	35	121	228
四子王旗	1156	154	150	118	104	72	218	340
丰镇市	1369	177	126	140	148	92	205	481
兴安盟	**16195**	**4296**	**2186**	**1614**	**1107**	**741**	**2464**	**3787**
乌兰浩特市	2061	505	279	273	148	80	280	496
阿尔山市	233	95	23	14	11	6	16	68
科尔沁右翼前旗	4391	1229	537	376	288	189	733	1039
科尔沁右翼中旗	1549	455	197	154	111	78	196	358
扎赉特旗	3810	579	469	452	304	222	733	1051
突泉县	4151	1433	681	345	245	166	506	775
锡林郭勒盟	**20389**	**6219**	**1965**	**1407**	**1176**	**1652**	**4065**	**3905**
二连浩特市	65	23	7	2	2	13	9	9
锡林浩特市	2919	933	185	129	126	104	658	784
阿巴嘎旗	1093	458	169	105	64	47	84	166
苏尼特左旗	1429	663	167	105	50	28	117	299
苏尼特右旗	688	331	54	54	62	23	71	93
东乌珠穆沁旗	1028	335	104	95	79	59	183	173
西乌珠穆沁旗	6963	1737	492	365	316	1000	1880	1173
太仆寺旗	1667	415	286	189	109	106	240	322
镶黄旗	942	315	161	79	43	29	276	39
正镶白旗	769	341	78	71	76	18	37	148
正蓝旗	995	232	89	69	95	81	120	309
多伦县	1689	407	158	138	143	137	363	343
乌拉盖管委会	142	29	15	6	11	7	27	47
阿拉善盟	**14989**	**5176**	**2394**	**1730**	**1230**	**765**	**1703**	**1991**
阿拉善左旗	9281	2486	1436	1083	888	541	1287	1560
阿拉善右旗	1418	721	272	123	50	30	78	144
额济纳旗	2321	1430	211	157	143	99	147	134
内蒙古阿拉善经济开发区	1969	539	475	367	149	95	191	153

7-5 全区按户口登记地、性别、受教育程度分的户口登记地在外乡镇街道的人口

单位：人

受教育程度	合计			自治区内		
	合计	男	女	小计	男	女
总　计	**11184176**	**5714153**	**5470023**	**9527160**	**4726625**	**4800535**
未上过学	290548	91663	198885	247326	76279	171047
学前教育	356339	186079	170260	314228	163686	150542
小　学	2177121	1020141	1156980	1825751	834765	990986
初　中	3779669	2037824	1741845	3091047	1605536	1485511
高　中	1982745	1066455	916290	1727272	902259	825013
大学专科	1389928	735770	654158	1242106	644564	597542
大学本科	1122651	539959	582692	1006924	470301	536623
硕士研究生	79740	33540	46200	67955	27057	40898
博士研究生	5435	2722	2713	4551	2178	2373

7-5 续表

单位：人

受教育程度	自治区内 其中市辖区内人户分离			自治区外		
	小计	男	女	小计	男	女
总　计	**2332477**	**1137961**	**1194516**	**1657016**	**987528**	**669488**
未上过学	42810	14089	28721	43222	15384	27838
学前教育	75278	39570	35708	42111	22393	19718
小　学	318383	144104	174279	351370	185376	165994
初　中	668020	331749	336271	688622	432288	256334
高　中	523724	261601	262123	255473	164196	91277
大学专科	358392	182687	175705	147822	91206	56616
大学本科	315101	150492	164609	115727	69658	46069
硕士研究生	28343	12426	15917	11785	6483	5302
博士研究生	2426	1243	1183	884	544	340

7–5a 全区按户口登记地、性别、受教育程度分的户口登记地在外乡镇街道的人口(城市)

单位：人

受教育程度	合计			自治区内		
	合计	男	女	小计	男	女
总 计	**6011235**	**3016580**	**2994655**	**5181419**	**2546243**	**2635176**
未上过学	120700	37416	83284	102753	31074	71679
学前教育	175917	92325	83592	154208	80645	73563
小 学	967094	448423	518671	803110	363709	439401
初 中	1875348	991191	884157	1538521	790602	747919
高 中	1134759	588797	545962	1006173	513279	492894
大学专科	894257	460931	433326	818410	418177	400233
大学本科	774794	368316	406478	700039	325142	374897
硕士研究生	63841	26934	36907	54378	21785	32593
博士研究生	4525	2247	2278	3827	1830	1997

7–5a 续表

单位：人

受教育程度	自治区内			自治区外		
	其中市辖区内人户分离					
	小计	男	女	小计	男	女
总 计	**2163624**	**1051924**	**1111700**	**829816**	**470337**	**359479**
未上过学	37138	12027	25111	17947	6342	11605
学前教育	70303	36955	33348	21709	11680	10029
小 学	284482	128143	156339	163984	84714	79270
初 中	601339	297541	303798	336827	200589	136238
高 中	490363	243199	247164	128586	75518	53068
大学专科	342600	174076	168524	75847	42754	33093
大学本科	306990	146463	160527	74755	43174	31581
硕士研究生	27996	12280	15716	9463	5149	4314
博士研究生	2413	1240	1173	698	417	281

7-5b 全区按户口登记地、性别、受教育程度分的户口登记地在外乡镇街道的人口(镇)

单位：人

受教育程度	合计			自治区内		
	合计	男	女	小计	男	女
总　计	**3639473**	**1843704**	**1795769**	**3169939**	**1567573**	**1602366**
未上过学	105136	32224	72912	91634	27503	64131
学前教育	148222	77282	70940	133312	69438	63874
小　学	814484	376238	438246	708864	321494	387370
初　中	1274172	678084	596088	1086457	561745	524712
高　中	619430	335143	284287	547223	289017	258206
大学专科	380733	204200	176533	335089	175707	159382
大学本科	282530	134532	147998	254560	117746	136814
硕士研究生	13978	5599	8379	12148	4607	7541
博士研究生	788	402	386	652	316	336

7-5b 续表

单位：人

受教育程度	自治区内			自治区外		
	其中市辖区内人户分离					
	小计	男	女	小计	男	女
总　计	**32122**	**17022**	**15100**	**469534**	**276131**	**193403**
未上过学	879	283	596	13502	4721	8781
学前教育	806	413	393	14910	7844	7066
小　学	6250	2932	3318	105620	54744	50876
初　中	12818	6753	6065	187715	116339	71376
高　中	7087	4142	2945	72207	46126	26081
大学专科	3028	1844	1184	45644	28493	17151
大学本科	1217	638	579	27970	16786	11184
硕士研究生	35	16	19	1830	992	838
博士研究生	2	1	1	136	86	50

7-5c　全区按户口登记地、性别、受教育程度分的户口登记地在外乡镇街道的人口(乡村)

单位：人

受教育程度	合计			自治区内		
	合计	男	女	小计	男	女
总　计	**1533468**	**853869**	**679599**	**1175802**	**612809**	**562993**
未上过学	64712	22023	42689	52939	17702	35237
学前教育	32200	16472	15728	26708	13603	13105
小　学	395543	195480	200063	313777	149562	164215
初　中	630149	368549	261600	466069	253189	212880
高　中	228556	142515	86041	173876	99963	73913
大学专科	114938	70639	44299	88607	50680	37927
大学本科	65327	37111	28216	52325	27413	24912
硕士研究生	1921	1007	914	1429	665	764
博士研究生	122	73	49	72	32	40

7-5c　续表

单位：人

受教育程度	自治区内			自治区外		
	其中市辖区内人户分离					
	小计	男	女	小计	男	女
总　计	**136731**	**69015**	**67716**	**357666**	**241060**	**116606**
未上过学	4793	1779	3014	11773	4321	7452
学前教育	4169	2202	1967	5492	2869	2623
小　学	27651	13029	14622	81766	45918	35848
初　中	53863	27455	26408	164080	115360	48720
高　中	26274	14260	12014	54680	42552	12128
大学专科	12764	6767	5997	26331	19959	6372
大学本科	6894	3391	3503	13002	9698	3304
硕士研究生	312	130	182	492	342	150
博士研究生	11	2	9	50	41	9

7-6 全区按现住地、受教育程度、性别分的户口登记地在本自治区其他乡镇街道的人口

单位：人

现住地	合计			未上过学		
	合计	男	女	小计	男	女
内蒙古	**9527160**	**4726625**	**4800535**	**247326**	**76279**	**171047**
呼和浩特市	**1857671**	**919414**	**938257**	**41929**	**12404**	**29525**
新城区	376847	185284	191563	7447	2226	5221
回民区	260443	126144	134299	5422	1474	3948
玉泉区	359085	178067	181018	7412	2160	5252
赛罕区	484720	240646	244074	9353	2915	6438
土默特左旗	84833	42334	42499	2098	725	1373
托克托县	62690	32012	30678	2160	668	1492
和林格尔县	68249	32882	35367	2402	735	1667
清水河县	25889	13277	12612	1726	407	1319
武川县	42751	21454	21297	2046	523	1523
呼和浩特经济技术开发区	92164	47314	44850	1863	571	1292
包头市	**1289340**	**643992**	**645348**	**29933**	**9524**	**20409**
东河区	227451	110732	116719	5067	1697	3370
昆都仑区	404471	202914	201557	7606	2758	4848
青山区	259565	127565	132000	4684	1443	3241
石拐区	12817	6694	6123	824	283	541
白云鄂博矿区	11446	6235	5211	352	88	264
九原区	145708	76341	69367	4336	1257	3079
土默特右旗	67919	33580	34339	1725	498	1227
固阳县	33966	17355	16611	736	228	508
达尔罕茂明安联合旗	25826	12915	12911	1255	402	853
包头稀土高新技术产业开发区	100171	49661	50510	3348	870	2478
乌海市	**219773**	**111653**	**108120**	**7028**	**2119**	**4909**
海勃湾区	143794	72090	71704	4562	1383	3179
海南区	31967	17011	14956	1250	409	841
乌达区	44012	22552	21460	1216	327	889
赤峰市	**1440737**	**716844**	**723893**	**29717**	**10094**	**19623**
红山区	277323	137088	140235	4651	1561	3090
元宝山区	102236	51183	51053	2059	734	1325
松山区	367025	185081	181944	7425	2449	4976
阿鲁科尔沁旗	77808	38286	39522	1462	560	902
巴林左旗	92499	44770	47729	1558	586	972
巴林右旗	62906	30986	31920	1366	494	872
林西县	68332	33669	34663	1530	535	995
克什克腾旗	67093	33829	33264	2454	672	1782
翁牛特旗	79286	39972	39314	2372	732	1640
喀喇沁旗	63317	31318	31999	1378	479	899
宁城县	89942	44777	45165	1506	549	957
敖汉旗	92970	45885	47085	1956	743	1213

7-6　续表 1

单位：人

现住地	合计			未上过学		
	合计	男	女	小计	男	女
通辽市	**762495**	**365552**	**396943**	**12576**	**4590**	**7986**
科尔沁区	285615	135754	149861	3052	1178	1874
科尔沁左翼中旗	45934	21297	24637	1211	470	741
科尔沁左翼后旗	47925	22900	25025	1106	400	706
开鲁县	51652	23838	27814	880	385	495
库伦旗	22320	10810	11510	522	177	345
奈曼旗	52062	24698	27364	1025	434	591
扎鲁特旗	61269	29694	31575	2000	681	1319
通辽经济技术开发区	118668	56937	61731	1471	489	982
霍林郭勒市	77050	39624	37426	1309	376	933
鄂尔多斯市	**1021948**	**521737**	**500211**	**37828**	**10245**	**27583**
东胜区	332554	165554	167000	10179	2713	7466
康巴什区	72789	36557	36232	1828	425	1403
达拉特旗	167172	83764	83408	5996	1547	4449
准格尔旗	164566	86543	78023	6078	1650	4428
鄂托克前旗	22056	11062	10994	1186	345	841
鄂托克旗	65478	35079	30399	3161	962	2199
杭锦旗	39128	19718	19410	2554	691	1863
乌审旗	41631	21721	19910	1011	334	677
伊金霍洛旗	116574	61739	54835	5835	1578	4257
呼伦贝尔市	**696594**	**341189**	**355405**	**13156**	**4921**	**8235**
海拉尔区	162224	78113	84111	2574	893	1681
扎赉诺尔区	31952	15858	16094	408	144	264
阿荣旗	73320	35785	37535	1446	569	877
莫力达瓦达斡尔族自治旗	48970	23703	25267	1093	431	662
鄂伦春自治旗	36912	18335	18577	979	359	620
鄂温克族自治旗	46809	22861	23948	909	352	557
陈巴尔虎旗	14652	7643	7009	296	127	169
新巴尔虎左旗	13544	6552	6992	352	129	223
新巴尔虎右旗	13896	7271	6625	371	159	212
满洲里市	52803	26336	26467	497	196	301
牙克石市	72729	35879	36850	1244	421	823
扎兰屯市	91067	44091	46976	1713	751	962
额尔古纳市	16898	8379	8519	528	191	337
根河市	20818	10383	10435	746	199	547
巴彦淖尔市	**610063**	**304085**	**305978**	**22775**	**6704**	**16071**
临河区	297923	147614	150309	9237	2613	6624
五原县	71226	35272	35954	2648	866	1782
磴口县	26925	13736	13189	1555	456	1099
乌拉特前旗	87061	42660	44401	3819	1121	2698
乌拉特中旗	40078	20741	19337	1946	581	1365
乌拉特后旗	21237	11135	10102	1027	319	708
杭锦后旗	65613	32927	32686	2543	748	1795

7–6 续表 2

单位：人

现住地	合计			未上过学		
	合计	男	女	小计	男	女
乌兰察布市	**679695**	**334112**	**345583**	**26040**	**7012**	**19028**
集宁区	248164	119028	129136	5502	1297	4205
卓资县	24058	12509	11549	1563	429	1134
化德县	34739	17198	17541	1481	369	1112
商都县	55020	26694	28326	2549	719	1830
兴和县	50030	24979	25051	2556	712	1844
凉城县	36006	18026	17980	2669	822	1847
察哈尔右翼前旗	38280	19550	18730	1561	439	1122
察哈尔右翼中旗	22942	11454	11488	1325	404	921
察哈尔右翼后旗	36723	18182	18541	1598	395	1203
四子王旗	59201	29574	29627	2215	665	1550
丰镇市	74532	36918	37614	3021	761	2260
兴安盟	**380280**	**183796**	**196484**	**7855**	**2881**	**4974**
乌兰浩特市	154972	74371	80601	2677	947	1730
阿尔山市	7680	3955	3725	164	57	107
科尔沁右翼前旗	72728	35291	37437	1481	519	962
科尔沁右翼中旗	41797	20503	21294	1196	411	785
扎赉特旗	58744	28161	30583	1615	652	963
突泉县	44359	21515	22844	722	295	427
锡林郭勒盟	**480523**	**239521**	**241002**	**15362**	**4869**	**10493**
二连浩特市	40243	20453	19790	1152	314	838
锡林浩特市	198782	97784	100998	4569	1433	3136
阿巴嘎旗	14568	7315	7253	710	239	471
苏尼特左旗	10466	5310	5156	377	121	256
苏尼特右旗	23872	11675	12197	1064	304	760
东乌珠穆沁旗	27802	14272	13530	1027	356	671
西乌珠穆沁旗	44745	23614	21131	1366	452	914
太仆寺旗	24432	11945	12487	1178	430	748
镶黄旗	9312	4438	4874	380	112	268
正镶白旗	13526	6600	6926	820	238	582
正蓝旗	26273	12985	13288	997	295	702
多伦县	35297	17386	17911	1187	401	786
乌拉盖管委会	11205	5744	5461	535	174	361
阿拉善盟	**88041**	**44730**	**43311**	**3127**	**916**	**2211**
阿拉善左旗	64483	31901	32582	2248	660	1588
阿拉善右旗	5839	2904	2935	412	115	297
额济纳旗	8880	4930	3950	235	81	154
内蒙古阿拉善经济开发区	8839	4995	3844	232	60	172

7-6　续表 3　　单位：人

现住地	学前教育			小学		
	小计	男	女	小计	男	女
内蒙古	**314228**	**163686**	**150542**	**1825751**	**834765**	**990986**
呼和浩特市	**56055**	**28974**	**27081**	**288142**	**132228**	**155914**
新城区	8924	4533	4391	53498	24646	28852
回民区	7140	3753	3387	37116	16954	20162
玉泉区	12325	6354	5971	62097	28332	33765
赛罕区	11468	5976	5492	56320	25435	30885
土默特左旗	2902	1469	1433	19652	9349	10303
托克托县	2547	1297	1250	13632	6422	7210
和林格尔县	2393	1229	1164	13276	6319	6957
清水河县	908	477	431	7716	3455	4261
武川县	1406	744	662	11125	4981	6144
呼和浩特经济技术开发区	6042	3142	2900	13710	6335	7375
包头市	**38560**	**20083**	**18477**	**226506**	**104450**	**122056**
东河区	6212	3229	2983	37501	17043	20458
昆都仑区	11807	6112	5695	69325	32167	37158
青山区	6180	3272	2908	36930	16887	20043
石拐区	288	161	127	2608	1221	1387
白云鄂博矿区	319	177	142	1999	943	1056
九原区	4968	2624	2344	29324	13697	15627
土默特右旗	2835	1439	1396	14097	6562	7535
固阳县	1207	636	571	9246	4153	5093
达尔罕茂明安联合旗	873	449	424	7326	3359	3967
包头稀土高新技术产业开发区	3871	1984	1887	18150	8418	9732
乌海市	**5550**	**2865**	**2685**	**36921**	**16942**	**19979**
海勃湾区	3381	1767	1614	21981	9948	12033
海南区	931	497	434	7209	3464	3745
乌达区	1238	601	637	7731	3530	4201
赤峰市	**52312**	**27795**	**24517**	**308965**	**140970**	**167995**
红山区	9899	5410	4489	50369	23520	26849
元宝山区	3408	1816	1592	19633	9138	10495
松山区	13641	7302	6339	66835	30567	36268
阿鲁科尔沁旗	2427	1243	1184	18817	8433	10384
巴林左旗	2846	1497	1349	19919	8613	11306
巴林右旗	2111	1081	1030	16699	7438	9261
林西县	2415	1233	1182	18610	8298	10312
克什克腾旗	2293	1185	1108	17978	8005	9973
翁牛特旗	2820	1515	1305	22761	10616	12145
喀喇沁旗	2405	1293	1112	12782	5729	7053
宁城县	3695	1969	1726	17329	7995	9334
敖汉旗	4352	2251	2101	27233	12618	14615

7－6　续表 4

单位：人

现 住 地	学前教育			小　学		
	小计	男	女	小计	男	女
通辽市	**22803**	**11954**	**10849**	**125109**	**55561**	**69548**
科尔沁区	6669	3490	3179	36463	16516	19947
科尔沁左翼中旗	1455	775	680	9264	4122	5142
科尔沁左翼后旗	1388	744	644	10265	4578	5687
开鲁县	1667	841	826	9960	4020	5940
库伦旗	877	473	404	4597	2046	2551
奈曼旗	1763	911	852	10404	4589	5815
扎鲁特旗	2277	1162	1115	14252	6318	7934
通辽经济技术开发区	3695	1973	1722	14558	6461	8097
霍林郭勒市	3012	1585	1427	15346	6911	8435
鄂尔多斯市	**48531**	**25497**	**23034**	**231280**	**107726**	**123554**
东胜区	14719	7727	6992	66906	30854	36052
康巴什区	2927	1530	1397	11040	5049	5991
达拉特旗	7699	3978	3721	40710	19094	21616
准格尔旗	8017	4187	3830	43925	20497	23428
鄂托克前旗	1222	641	581	5825	2657	3168
鄂托克旗	3098	1646	1452	14145	6704	7441
杭锦旗	1798	978	820	10064	4647	5417
乌审旗	2859	1543	1316	10414	4773	5641
伊金霍洛旗	6192	3267	2925	28251	13451	14800
呼伦贝尔市	**16433**	**8508**	**7925**	**119058**	**54304**	**64754**
海拉尔区	2983	1600	1383	18989	8484	10505
扎赉诺尔区	429	216	213	5227	2249	2978
阿荣旗	2777	1452	1325	16791	7437	9354
莫力达瓦达斡尔族自治旗	1628	821	807	12082	5730	6352
鄂伦春自治旗	1183	604	579	9032	4206	4826
鄂温克族自治旗	1297	663	634	7370	3440	3930
陈巴尔虎旗	353	197	156	3598	1692	1906
新巴尔虎左旗	495	247	248	3731	1761	1970
新巴尔虎右旗	436	230	206	4006	1996	2010
满洲里市	1124	579	545	5733	2812	2921
牙克石市	1046	523	523	9797	4292	5505
扎兰屯市	2050	1035	1015	16663	7442	9221
额尔古纳市	422	232	190	3607	1708	1899
根河市	210	109	101	2432	1055	1377
巴彦淖尔市	**24143**	**12458**	**11685**	**105312**	**50525**	**54787**
临河区	11114	5809	5305	42720	20197	22523
五原县	3048	1564	1484	14736	7255	7481
磴口县	956	525	431	5066	2483	2583
乌拉特前旗	4050	2029	2021	18032	8487	9545
乌拉特中旗	1430	745	685	9119	4426	4693
乌拉特后旗	795	415	380	3955	1945	2010
杭锦后旗	2750	1371	1379	11684	5732	5952

7-6　续表 5　　单位：人

现住地	学前教育			小　学		
	小计	男	女	小计	男	女
乌兰察布市	**19342**	**9816**	**9526**	**169097**	**74217**	**94880**
集宁区	5698	2885	2813	42690	18441	24249
卓资县	608	314	294	6439	2946	3493
化德县	1045	539	506	11139	4776	6363
商都县	1794	857	937	18608	7929	10679
兴和县	2173	1122	1051	15286	6930	8356
凉城县	1072	546	526	11512	5275	6237
察哈尔右翼前旗	1029	523	506	9253	4186	5067
察哈尔右翼中旗	702	363	339	6802	2931	3871
察哈尔右翼后旗	1022	523	499	10982	4747	6235
四子王旗	1962	987	975	15766	6911	8855
丰镇市	2237	1157	1080	20620	9145	11475
兴安盟	**11257**	**5767**	**5490**	**77716**	**35137**	**42579**
乌兰浩特市	4101	2067	2034	25397	11563	13834
阿尔山市	217	117	100	1276	593	683
科尔沁右翼前旗	2555	1285	1270	13770	6199	7571
科尔沁右翼中旗	1417	737	680	10120	4613	5507
扎赉特旗	1791	953	838	15779	7108	8671
突泉县	1176	608	568	11374	5061	6313
锡林郭勒盟	**15959**	**8263**	**7696**	**121808**	**55615**	**66193**
二连浩特市	1055	555	500	11642	5232	6410
锡林浩特市	5683	2933	2750	41394	18549	22845
阿巴嘎旗	460	242	218	4531	2147	2384
苏尼特左旗	394	201	193	3176	1534	1642
苏尼特右旗	649	315	334	6834	3058	3776
东乌珠穆沁旗	895	468	427	9151	4463	4688
西乌珠穆沁旗	1776	908	868	12510	5685	6825
太仆寺旗	989	522	467	6793	3080	3713
镶黄旗	348	190	158	2757	1146	1611
正镶白旗	443	243	200	3924	1778	2146
正蓝旗	1057	542	515	6563	3040	3523
多伦县	1752	912	840	9082	4253	4829
乌拉盖管委会	458	232	226	3451	1650	1801
阿拉善盟	**3283**	**1706**	**1577**	**15837**	**7090**	**8747**
阿拉善左旗	2308	1192	1116	11394	5002	6392
阿拉善右旗	224	115	109	1407	638	769
额济纳旗	276	145	131	1801	856	945
内蒙古阿拉善经济开发区	475	254	221	1235	594	641

7-6 续表 6 单位：人

现住地	初中			高中			大学专科		
	小计	男	女	小计	男	女	小计	男	女
内蒙古	**3091047**	**1605536**	**1485511**	**1727272**	**902259**	**825013**	**1242106**	**644564**	**597542**
呼和浩特市	**507625**	**269429**	**238196**	**309983**	**161158**	**148825**	**315757**	**162647**	**153110**
新城区	94245	49209	45036	64929	33347	31582	64608	32732	31876
回民区	71913	37963	33950	49299	25336	23963	45719	23567	22152
玉泉区	116279	62466	53813	62429	32354	30075	50724	25142	25582
赛罕区	94953	49446	45507	74928	37835	37093	114616	60257	54359
土默特左旗	31553	16928	14625	13229	7222	6007	7057	3582	3475
托克托县	27232	14356	12876	9796	5393	4403	4661	2484	2177
和林格尔县	19962	10832	9130	10083	5665	4418	5858	3250	2608
清水河县	8609	4997	3612	3750	2206	1544	1776	1003	773
武川县	17888	9621	8267	5934	3398	2536	2943	1534	1409
呼和浩特经济技术开发区	24991	13611	11380	15606	8402	7204	17795	9096	8699
包头市	**412400**	**216984**	**195416**	**232586**	**118775**	**113811**	**182920**	**96203**	**86717**
东河区	85286	44112	41174	45730	22631	23099	24395	12231	12164
昆都仑区	122957	64302	58655	76082	38363	37719	58283	29853	28430
青山区	66509	34702	31807	46988	23422	23566	52916	27884	25032
石拐区	5057	2873	2184	2182	1210	972	1119	620	499
白云鄂博矿区	3143	1821	1322	2544	1446	1098	1591	920	671
九原区	50572	27345	23227	24881	13979	10902	19378	11718	7660
土默特右旗	26976	13777	13199	8742	4390	4352	6559	3397	3162
固阳县	13596	7430	6166	5232	2894	2338	2228	1196	1032
达尔罕茂明安联合旗	9895	5338	4557	3103	1706	1397	1872	988	884
包头稀土高新技术产业开发区	28409	15284	13125	17102	8734	8368	14579	7396	7183
乌海市	**72505**	**39529**	**32976**	**42083**	**22347**	**19736**	**34861**	**17947**	**16914**
海勃湾区	42863	22989	19874	28438	14923	13515	25855	13116	12739
海南区	13280	7589	5691	4872	2746	2126	2970	1600	1370
乌达区	16362	8951	7411	8773	4678	4095	6036	3231	2805
赤峰市	**475854**	**239993**	**235861**	**291374**	**155132**	**136242**	**161822**	**86029**	**75793**
红山区	83270	42332	40938	62079	32057	30022	35807	18470	17337
元宝山区	40835	20248	20587	20442	11125	9317	9234	4959	4275
松山区	103831	52892	50939	76202	40585	35617	58808	31679	27129
阿鲁科尔沁旗	31311	15638	15673	12990	7059	5931	5672	3015	2657
巴林左旗	35484	17566	17918	18571	9432	9139	8159	4235	3924
巴林右旗	23820	12061	11759	9710	5209	4501	5330	2902	2428
林西县	24087	12184	11903	12704	6821	5883	5651	3011	2640
克什克腾旗	20474	10782	9692	12598	7211	5387	7042	3872	3170
翁牛特旗	26399	13791	12608	14100	7547	6553	6038	3367	2671
喀喇沁旗	22330	10976	11354	14018	7632	6386	5828	3020	2808
宁城县	32273	15783	16490	20625	11173	9452	7907	4191	3716
敖汉旗	31740	15740	16000	17335	9281	8054	6346	3308	3038

7-6 续表 7

单位：人

现住地	初中			高中			大学专科		
	小计	男	女	小计	男	女	小计	男	女
通辽市	**272479**	**130926**	**141553**	**170736**	**86754**	**83982**	**83285**	**41726**	**41559**
科尔沁区	97497	46038	51459	73712	36458	37254	32929	16487	16442
科尔沁左翼中旗	22489	10249	12240	5756	2989	2767	3126	1581	1545
科尔沁左翼后旗	17087	8355	8732	10999	5326	5673	3850	2041	1809
开鲁县	21931	10017	11914	10138	5124	5014	3916	2017	1899
库伦旗	7280	3582	3698	4888	2637	2251	1931	969	962
奈曼旗	19483	9228	10255	12287	6181	6106	4148	2125	2023
扎鲁特旗	23226	11640	11586	10670	5787	4883	4971	2492	2479
通辽经济技术开发区	34363	16822	17541	27756	13925	13831	20188	9425	10763
霍林郭勒市	29123	14995	14128	14530	8327	6203	8226	4589	3637
鄂尔多斯市	**286200**	**155516**	**130684**	**161276**	**88849**	**72427**	**139379**	**75022**	**64357**
东胜区	93447	49707	43740	55534	30086	25448	49900	24473	25427
康巴什区	11939	6083	5856	13281	6890	6391	14239	7477	6762
达拉特旗	58843	31431	27412	27373	14332	13041	16209	8722	7487
准格尔旗	46654	26143	20511	23112	13145	9967	19999	11701	8298
鄂托克前旗	5613	3013	2600	3503	1995	1508	2596	1386	1210
鄂托克旗	18849	10706	8143	11250	6571	4679	10001	5929	4072
杭锦旗	10916	5970	4946	5331	2934	2397	4822	2769	2053
乌审旗	10378	5535	4843	6552	3729	2823	6016	3505	2511
伊金霍洛旗	29561	16928	12633	15340	9167	6173	15597	9060	6537
呼伦贝尔市	**279631**	**140323**	**139308**	**123060**	**62537**	**60523**	**78610**	**40230**	**38380**
海拉尔区	54000	26933	27067	33352	16555	16797	22952	11482	11470
扎赉诺尔区	16019	8110	7909	4864	2567	2297	3269	1756	1513
阿荣旗	35029	17311	17718	10079	5307	4772	4636	2483	2153
莫力达瓦达斡尔族自治旗	21367	10377	10990	7766	3827	3939	3196	1638	1558
鄂伦春自治旗	15861	8022	7839	5472	2854	2618	2651	1446	1205
鄂温克族自治旗	12468	6165	6303	7954	4105	3849	9116	4519	4597
陈巴尔虎旗	6229	3468	2761	1999	1077	922	1296	702	594
新巴尔虎左旗	4718	2377	2341	1945	988	957	1333	637	696
新巴尔虎右旗	4873	2796	2077	1900	1051	849	1185	592	593
满洲里市	24409	12478	11931	8843	4546	4297	5843	2973	2870
牙克石市	32250	16099	16151	15319	7893	7426	7702	4105	3597
扎兰屯市	35829	17691	18138	17661	8738	8923	11166	5625	5541
额尔古纳市	6731	3436	3295	2556	1308	1248	1833	937	896
根河市	9848	5060	4788	3350	1721	1629	2432	1335	1097
巴彦淖尔市	**220233**	**117565**	**102668**	**120675**	**62196**	**58479**	**71014**	**34744**	**36270**
临河区	98389	52219	46170	63760	32819	30941	42037	20658	21379
五原县	28782	15107	13675	12506	6359	6147	6193	2817	3376
磴口县	10554	5721	4833	4461	2446	2015	2745	1427	1318
乌拉特前旗	34655	18178	16477	15279	7742	7537	7803	3673	4130
乌拉特中旗	14371	7998	6373	6863	3716	3147	3781	2047	1734
乌拉特后旗	7149	3996	3153	4058	2257	1801	2456	1332	1124
杭锦后旗	26333	14346	11987	13748	6857	6891	5999	2790	3209

7-6 续表 8

单位：人

现住地	初中			高中			大学专科		
	小计	男	女	小计	男	女	小计	男	女
乌兰察布市	**245208**	**130587**	**114621**	**105729**	**56317**	**49412**	**68740**	**35525**	**33215**
集宁区	80410	41256	39154	47276	24231	23045	36851	18149	18702
卓资县	8376	4728	3648	3900	2263	1637	2110	1252	858
化德县	13357	7328	6029	4174	2311	1863	2392	1313	1079
商都县	20726	11309	9417	7182	3800	3382	2962	1547	1415
兴和县	20044	10794	9250	5891	3223	2668	2972	1649	1323
凉城县	12040	6564	5476	4721	2692	2029	2413	1323	1090
察哈尔右翼前旗	13830	7679	6151	6552	3524	3028	3954	2118	1836
察哈尔右翼中旗	8325	4560	3765	3003	1748	1255	1677	933	744
察哈尔右翼后旗	14360	7764	6596	4950	2704	2246	2609	1452	1157
四子王旗	24699	13274	11425	7807	4282	3525	4648	2434	2214
丰镇市	29041	15331	13710	10273	5539	4734	6152	3355	2797
兴安盟	**131249**	**65291**	**65958**	**76388**	**38879**	**37509**	**41507**	**20358**	**21149**
乌兰浩特市	49832	24960	24872	36259	18135	18124	20826	9605	11221
阿尔山市	2543	1365	1178	1125	604	521	1121	620	501
科尔沁右翼前旗	21925	10855	11070	13779	7024	6755	9178	4791	4387
科尔沁右翼中旗	15121	7662	7459	8296	4347	3949	3171	1679	1492
扎赉特旗	22888	11016	11872	9478	4936	4542	4374	2212	2162
突泉县	18940	9433	9507	7451	3833	3618	2837	1451	1386
锡林郭勒盟	**163238**	**86409**	**76829**	**77017**	**40257**	**36760**	**50812**	**26725**	**24087**
二连浩特市	15024	8356	6668	5803	3236	2567	2787	1449	1338
锡林浩特市	66027	34068	31959	35489	17915	17574	27311	14092	13219
阿巴嘎旗	4440	2423	2017	2090	1107	983	1237	646	591
苏尼特左旗	3260	1783	1477	1405	768	637	991	515	476
苏尼特右旗	8684	4614	4070	3477	1800	1677	1891	1015	876
东乌珠穆沁旗	9641	5284	4357	3709	2036	1673	1851	984	867
西乌珠穆沁旗	14715	8200	6515	6821	4044	2777	4308	2614	1694
太仆寺旗	9238	4778	4460	3489	1789	1700	1656	865	791
镶黄旗	2483	1278	1205	1485	739	746	955	541	414
正镶白旗	4299	2265	2034	1887	981	906	1228	671	557
正蓝旗	8344	4368	3976	4591	2368	2223	2573	1282	1291
多伦县	13121	6829	6292	5457	2723	2734	3139	1574	1565
乌拉盖管委会	3962	2163	1799	1314	751	563	885	477	408
阿拉善盟	**24425**	**12984**	**11441**	**16365**	**9058**	**7307**	**13399**	**7408**	**5991**
阿拉善左旗	18251	9554	8697	12239	6543	5696	9390	4922	4468
阿拉善右旗	1512	768	744	818	472	346	748	438	310
额济纳旗	2684	1536	1148	1758	1074	684	1290	791	499
内蒙古阿拉善经济开发区	1978	1126	852	1550	969	581	1971	1257	714

7-6　续表 9　　　　单位：人

现 住 地	大学本科			硕士研究生			博士研究生		
	小计	男	女	小计	男	女	小计	男	女
内蒙古	**1006924**	**470301**	**536623**	**67955**	**27057**	**40898**	**4551**	**2178**	**2373**
呼和浩特市	**302990**	**138777**	**164213**	**32385**	**12484**	**19901**	**2805**	**1313**	**1492**
新城区	75983	35460	40523	6672	2859	3813	541	272	269
回民区	40445	15973	24472	3187	1029	2158	202	95	107
玉泉区	43460	19810	23650	4004	1299	2705	355	150	205
赛罕区	104939	51367	53572	16538	6667	9871	1605	748	857
土默特左旗	8114	3000	5114	218	56	162	10	3	7
托克托县	2577	1364	1213	81	28	53	4		4
和林格尔县	13482	4658	8824	757	176	581	36	18	18
清水河县	1352	712	640	48	17	31	4	3	1
武川县	1346	633	713	63	20	43			
呼和浩特经济技术开发区	11292	5800	5492	817	333	484	48	24	24
包头市	**156699**	**73652**	**83047**	**9241**	**4032**	**5209**	**495**	**289**	**206**
东河区	22260	9430	12830	951	335	616	49	24	25
昆都仑区	54723	27599	27124	3456	1621	1835	232	139	93
青山区	42588	18747	23841	2668	1154	1514	102	54	48
石拐区	720	319	401	18	6	12	1	1	
白云鄂博矿区	1432	794	638	65	45	20	1	1	
九原区	11535	5433	6102	674	264	410	40	24	16
土默特右旗	6815	3449	3366	160	61	99	10	7	3
固阳县	1672	793	879	48	24	24	1	1	
达尔罕茂明安联合旗	1466	656	810	36	17	19			
包头稀土高新技术产业开发区	13488	6432	7056	1165	505	660	59	38	21
乌海市	**19709**	**9432**	**10277**	**1072**	**455**	**617**	**44**	**17**	**27**
海勃湾区	15736	7538	8198	943	409	534	35	17	18
海南区	1415	690	725	39	16	23	1		1
乌达区	2558	1204	1354	90	30	60	8		8
赤峰市	**115725**	**55022**	**60703**	**4699**	**1707**	**2992**	**269**	**102**	**167**
红山区	30038	13316	16722	1153	402	751	57	20	37
元宝山区	6403	3091	3312	211	65	146	11	7	4
松山区	37933	18670	19263	2223	891	1332	127	46	81
阿鲁科尔沁旗	5006	2301	2705	118	35	83	5	2	3
巴林左旗	5864	2810	3054	92	29	63	6	2	4
巴林右旗	3720	1767	1953	144	32	112	6	2	4
林西县	3214	1547	1667	116	37	79	5	3	2
克什克腾旗	4140	2060	2080	109	39	70	5	3	2
翁牛特旗	4637	2356	2281	142	40	102	17	8	9
喀喇沁旗	4376	2120	2256	187	64	123	13	5	8
宁城县	6449	3056	3393	151	59	92	7	2	5
敖汉旗	3945	1928	2017	53	14	39	10	2	8

7-6 续表 10

单位：人

现住地	大学本科			硕士研究生			博士研究生		
	小计	男	女	小计	男	女	小计	男	女
通辽市	**70919**	**32414**	**38505**	**4274**	**1483**	**2791**	**314**	**144**	**170**
科尔沁区	33319	14885	18434	1860	635	1225	114	67	47
科尔沁左翼中旗	2549	1085	1464	78	21	57	6	5	1
科尔沁左翼后旗	3134	1433	1701	93	23	70	3		3
开鲁县	3008	1391	1617	147	43	104	5		5
库伦旗	2125	893	1232	94	30	64	6	3	3
奈曼旗	2796	1196	1600	149	33	116	7	1	6
扎鲁特旗	3723	1569	2154	144	42	102	6	3	3
通辽经济技术开发区	14994	7207	7787	1482	572	910	161	63	98
霍林郭勒市	5271	2755	2516	227	84	143	6	2	4
鄂尔多斯市	**111031**	**55867**	**55164**	**6207**	**2900**	**3307**	**216**	**115**	**101**
东胜区	39665	18979	20686	2133	984	1149	71	31	40
康巴什区	15968	8364	7604	1519	712	807	48	27	21
达拉特旗	10042	4537	5505	295	122	173	5	1	4
准格尔旗	16064	8865	7199	697	344	353	20	11	9
鄂托克前旗	2048	1002	1046	59	20	39	4	3	1
鄂托克旗	4843	2493	2350	126	65	61	5	3	2
杭锦旗	3527	1676	1851	110	48	62	6	5	1
乌审旗	4280	2248	2032	117	52	65	4	2	2
伊金霍洛旗	14594	7703	6891	1151	553	598	53	32	21
呼伦贝尔市	**64001**	**29282**	**34719**	**2524**	**1029**	**1495**	**121**	**55**	**66**
海拉尔区	26373	11769	14604	955	384	571	46	13	33
扎赉诺尔区	1686	793	893	49	22	27	1	1	
阿荣旗	2495	1200	1295	64	24	40	3	2	1
莫力达瓦达斡尔族自治旗	1799	863	936	37	14	23	2	2	
鄂伦春自治旗	1690	827	863	43	16	27	1	1	
鄂温克族自治旗	7024	3345	3679	636	256	380	35	16	19
陈巴尔虎旗	859	369	490	21	10	11	1	1	
新巴尔虎左旗	937	403	534	33	10	23			
新巴尔虎右旗	1103	439	664	22	8	14			
满洲里市	6179	2685	3494	161	59	102	14	8	6
牙克石市	5174	2460	2714	189	81	108	8	5	3
扎兰屯市	5748	2698	3050	228	106	122	9	5	4
额尔古纳市	1181	548	633	40	19	21			
根河市	1753	883	870	46	20	26	1	1	
巴彦淖尔市	**43903**	**19044**	**24859**	**1937**	**812**	**1125**	**71**	**37**	**34**
临河区	29116	12630	16486	1497	640	857	53	29	24
五原县	3233	1271	1962	78	31	47	2	2	
磴口县	1526	651	875	59	25	34	3	2	1
乌拉特前旗	3345	1400	1945	73	28	45	5	2	3
乌拉特中旗	2491	1201	1290	74	27	47	3		3
乌拉特后旗	1720	843	877	77	28	49			
杭锦后旗	2472	1048	1424	79	33	46	5	2	3

7-6 续表 11

单位：人

现住地	大学本科			硕士研究生			博士研究生		
	小计	男	女	小计	男	女	小计	男	女
乌兰察布市	**43570**	**19901**	**23669**	**1896**	**702**	**1194**	**73**	**35**	**38**
集宁区	28278	12252	16026	1417	498	919	42	19	23
卓资县	1032	564	468	30	13	17			
化德县	1120	549	571	30	13	17	1		1
商都县	1173	521	652	23	10	13	3	2	1
兴和县	1089	541	548	17	6	11	2	2	
凉城县	1526	779	747	50	23	27	3	2	1
察哈尔右翼前旗	1998	1035	963	92	38	54	11	8	3
察哈尔右翼中旗	1064	502	562	42	13	29	2		2
察哈尔右翼后旗	1174	589	585	27	8	19	1		1
四子王旗	2023	991	1032	76	29	47	5	1	4
丰镇市	3093	1578	1515	92	51	41	3	1	2
兴安盟	**32703**	**14834**	**17869**	**1568**	**634**	**934**	**37**	**15**	**22**
乌兰浩特市	15142	6784	8358	730	307	423	8	3	5
阿尔山市	1173	571	602	60	27	33	1	1	
科尔沁右翼前旗	9482	4379	5103	545	233	312	13	6	7
科尔沁右翼中旗	2370	1027	1343	104	27	77	2		2
扎赉特旗	2736	1260	1476	73	21	52	10	3	7
突泉县	1800	813	987	56	19	37	3	2	1
锡林郭勒盟	**34623**	**16730**	**17893**	**1614**	**605**	**1009**	**90**	**48**	**42**
二连浩特市	2678	1275	1403	99	34	65	3	2	1
锡林浩特市	17177	8355	8822	1058	402	656	74	37	37
阿巴嘎旗	1073	498	575	26	12	14	1	1	
苏尼特左旗	834	377	457	27	10	17	2	1	1
苏尼特右旗	1233	552	681	39	16	23	1	1	
东乌珠穆沁旗	1458	654	804	68	25	43	2	2	
西乌珠穆沁旗	3168	1680	1488	81	31	50			
太仆寺旗	1057	472	585	31	8	23	1	1	
镶黄旗	875	421	454	29	11	18			
正镶白旗	889	415	474	35	9	26	1		1
正蓝旗	2089	1065	1024	57	24	33	2	1	1
多伦县	1513	682	831	44	11	33	2	1	1
乌拉盖管委会	579	284	295	20	12	8	1	1	
阿拉善盟	**11051**	**5346**	**5705**	**538**	**214**	**324**	**16**	**8**	**8**
阿拉善左旗	8197	3854	4343	441	167	274	15	7	8
阿拉善右旗	691	345	346	27	13	14			
额济纳旗	816	439	377	19	7	12	1	1	
内蒙古阿拉善经济开发区	1347	708	639	51	27	24			

7-6a 全区按现住地、受教育程度、性别分的户口登记地在本自治区其他乡镇街道的人口(城市)

单位：人

现住地	合计			未上过学		
	合计	男	女	小计	男	女
内蒙古	**5181419**	**2546243**	**2635176**	**102753**	**31074**	**71679**
呼和浩特市	**1328102**	**650435**	**677667**	**23897**	**7118**	**16779**
新城区	329551	160615	168936	6013	1792	4221
回民区	251917	121688	130229	5083	1385	3698
玉泉区	323746	159710	164036	6103	1799	4304
赛罕区	422888	208422	214466	6698	2142	4556
包头市	**973766**	**481663**	**492103**	**19056**	**6347**	**12709**
东河区	206346	100028	106318	4173	1415	2758
昆都仑区	391568	196021	195547	6859	2528	4331
青山区	246172	120352	125820	4109	1256	2853
石拐区	10518	5322	5196	716	248	468
白云鄂博矿区	11446	6235	5211	352	88	264
九原区	107716	53705	54011	2847	812	2035
乌海市	**207713**	**104519**	**103194**	**6346**	**1872**	**4474**
海勃湾区	136425	67869	68556	4101	1205	2896
海南区	27880	14460	13420	1052	346	706
乌达区	43408	22190	21218	1193	321	872
赤峰市	**639156**	**317672**	**321484**	**10999**	**3605**	**7394**
红山区	266301	131319	134982	4265	1454	2811
元宝山区	90079	44556	45523	1589	518	1071
松山区	282776	141797	140979	5145	1633	3512
通辽市	**328261**	**159148**	**169113**	**3419**	**1175**	**2244**
科尔沁区	255879	121985	133894	2252	847	1405
霍林郭勒市	72382	37163	35219	1167	328	839
鄂尔多斯市	**398499**	**197210**	**201289**	**11776**	**3067**	**8709**
东胜区	325466	160523	164943	9931	2634	7297
康巴什区	72789	36557	36232	1828	425	1403
鄂托克旗	244	130	114	17	8	9
呼伦贝尔市	**398325**	**193236**	**205089**	**5953**	**2036**	**3917**
海拉尔区	160014	76969	83045	2499	869	1630
扎赉诺尔区	30787	15243	15544	360	121	239
满洲里市	51910	25872	26038	476	186	290
牙克石市	52555	25299	27256	768	251	517
扎兰屯市	72827	35104	37723	893	337	556
额尔古纳市	12394	6002	6392	297	105	192
根河市	17838	8747	9091	660	167	493
巴彦淖尔市	**251456**	**124090**	**127366**	**6847**	**1849**	**4998**
临河区	251456	124090	127366	6847	1849	4998
乌兰察布市	**284391**	**137514**	**146877**	**6993**	**1653**	**5340**
集宁区	223489	107566	115923	4821	1115	3706
丰镇市	60902	29948	30954	2172	538	1634
兴安盟	**144863**	**69306**	**75557**	**2269**	**787**	**1482**
乌兰浩特市	140372	67022	73350	2175	756	1419
阿尔山市	4491	2284	2207	94	31	63
锡林郭勒盟	**226887**	**111450**	**115437**	**5198**	**1565**	**3633**
二连浩特市	39227	19846	19381	1023	264	759
锡林浩特市	187660	91604	96056	4175	1301	2874

7-6a 续表 1

单位：人

现住地	学前教育			小学		
	小计	男	女	小计	男	女
内蒙古	**154208**	**80645**	**73563**	**803110**	**363709**	**439401**
呼和浩特市	**36053**	**18697**	**17356**	**168856**	**75821**	**93035**
新城区	7817	3978	3839	40889	18481	22408
回民区	6916	3636	3280	35265	16083	19182
玉泉区	11221	5799	5422	52554	23696	28858
赛罕区	10099	5284	4815	40148	17561	22587
包头市	**27610**	**14419**	**13191**	**154922**	**70798**	**84124**
东河区	5486	2825	2661	32279	14511	17768
昆都仑区	11521	5966	5555	65320	30156	35164
青山区	5815	3067	2748	32834	14901	17933
石拐区	260	145	115	2159	972	1187
白云鄂博矿区	319	177	142	1999	943	1056
九原区	4209	2239	1970	20331	9315	11016
乌海市	**5352**	**2763**	**2589**	**33978**	**15495**	**18483**
海勃湾区	3224	1688	1536	20118	9065	11053
海南区	897	478	419	6339	3007	3332
乌达区	1231	597	634	7521	3423	4098
赤峰市	**23250**	**12555**	**10695**	**112347**	**51512**	**60835**
红山区	9568	5236	4332	47407	22037	25370
元宝山区	3131	1669	1462	16378	7476	8902
松山区	10551	5650	4901	48562	21999	26563
通辽市	**9094**	**4757**	**4337**	**44158**	**20007**	**24151**
科尔沁区	6192	3235	2957	30081	13672	16409
霍林郭勒市	2902	1522	1380	14077	6335	7742
鄂尔多斯市	**17578**	**9223**	**8355**	**76706**	**35218**	**41488**
东胜区	14644	7689	6955	65627	30153	35474
康巴什区	2927	1530	1397	11040	5049	5991
鄂托克旗	7	4	3	39	16	23
呼伦贝尔市	**7374**	**3816**	**3558**	**51543**	**23008**	**28535**
海拉尔区	2944	1576	1368	18442	8227	10215
扎赉诺尔区	407	204	203	4934	2120	2814
满洲里市	1114	573	541	5496	2706	2790
牙克石市	748	363	385	6299	2660	3639
扎兰屯市	1634	821	813	11709	5190	6519
额尔古纳市	352	187	165	2579	1205	1374
根河市	175	92	83	2084	900	1184
巴彦淖尔市	**10015**	**5252**	**4763**	**34210**	**16066**	**18144**
临河区	10015	5252	4763	34210	16066	18144
乌兰察布市	**7400**	**3767**	**3633**	**54465**	**23647**	**30818**
集宁区	5341	2711	2630	38050	16491	21559
丰镇市	2059	1056	1003	16415	7156	9259
兴安盟	**3920**	**2004**	**1916**	**22585**	**10200**	**12385**
乌兰浩特市	3783	1930	1853	21954	9908	12046
阿尔山市	137	74	63	631	292	339
锡林郭勒盟	**6562**	**3392**	**3170**	**49340**	**21937**	**27403**
二连浩特市	1049	551	498	11302	5052	6250
锡林浩特市	5513	2841	2672	38038	16885	21153

7-6a 续表 2

单位：人

现住地	初中			高中			大学专科		
	小计	男	女	小计	男	女	小计	男	女
内蒙古	**1538521**	**790602**	**747919**	**1006173**	**513279**	**492894**	**818410**	**418177**	**400233**
呼和浩特市	**313102**	**162879**	**150223**	**231060**	**117221**	**113839**	**264252**	**136372**	**127880**
新城区	72496	37224	35272	58843	29903	28940	61530	31200	30330
回民区	68716	36131	32585	47707	24432	23275	44781	23098	21683
玉泉区	102583	54549	48034	58354	29995	28359	48296	24196	24100
赛罕区	69307	34975	34332	66156	32891	33265	109645	57878	51767
包头市	**299348**	**155938**	**143410**	**185268**	**92989**	**92279**	**148109**	**76272**	**71837**
东河区	76524	39379	37145	42283	20844	21439	23012	11557	11455
昆都仑区	117219	61034	56185	74709	37561	37148	57757	29533	28224
青山区	60657	31415	29242	45660	22611	23049	52083	27336	24747
石拐区	3997	2220	1777	1822	964	858	931	501	430
白云鄂博矿区	3143	1821	1322	2544	1446	1098	1591	920	671
九原区	37808	20069	17739	18250	9563	8687	12735	6425	6310
乌海市	**67411**	**36384**	**31027**	**40398**	**21175**	**19223**	**33863**	**17241**	**16622**
海勃湾区	39894	21207	18687	27421	14227	13194	25212	12668	12544
海南区	11386	6375	5011	4294	2331	1963	2638	1359	1279
乌达区	16131	8802	7329	8683	4617	4066	6013	3214	2799
赤峰市	**191530**	**96114**	**95416**	**138139**	**72308**	**65831**	**91754**	**48500**	**43254**
红山区	78876	39980	38896	60247	30998	29249	35058	18060	16998
元宝山区	35899	17530	18369	18423	9914	8509	8452	4513	3939
松山区	76755	38604	38151	59469	31396	28073	48244	25927	22317
通辽市	**109790**	**53554**	**56236**	**83122**	**41921**	**41201**	**39041**	**19918**	**19123**
科尔沁区	82403	39492	42911	69540	34199	35341	31098	15474	15624
霍林郭勒市	27387	14062	13325	13582	7722	5860	7943	4444	3499
鄂尔多斯市	**102647**	**53721**	**48926**	**67510**	**35907**	**31603**	**63359**	**31350**	**32009**
东胜区	90587	47568	43019	54212	29007	25205	49093	23860	25233
康巴什区	11939	6083	5856	13281	6890	6391	14239	7477	6762
鄂托克旗	121	70	51	17	10	7	27	13	14
呼伦贝尔市	**156807**	**78217**	**78590**	**78698**	**39290**	**39408**	**50844**	**25736**	**25108**
海拉尔区	52961	26376	26585	33062	16382	16680	22811	11414	11397
扎赉诺尔区	15485	7816	7669	4698	2471	2227	3195	1710	1485
满洲里市	23917	12205	11712	8769	4507	4262	5810	2957	2853
牙克石市	22780	11124	11656	12009	6026	5983	5787	2944	2843
扎兰屯市	27998	13829	14169	15302	7466	7836	9963	4993	4970
额尔古纳市	5028	2518	2510	1929	943	986	1334	654	680
根河市	8638	4349	4289	2929	1495	1434	1944	1064	880
巴彦淖尔市	**81047**	**42652**	**38395**	**56917**	**28869**	**28048**	**37818**	**18499**	**19319**
临河区	81047	42652	38395	56917	28869	28048	37818	18499	19319
乌兰察布市	**95789**	**49152**	**46637**	**50620**	**26097**	**24523**	**39828**	**19999**	**19829**
集宁区	72150	36828	35322	42381	21646	20735	34370	17051	17319
丰镇市	23639	12324	11315	8239	4451	3788	5458	2948	2510
兴安盟	**45177**	**22662**	**22515**	**34606**	**17247**	**17359**	**20194**	**9208**	**10986**
乌兰浩特市	43870	21957	21913	33916	16890	17026	19474	8826	10648
阿尔山市	1307	705	602	690	357	333	720	382	338
锡林郭勒盟	**75873**	**39329**	**36544**	**39835**	**20255**	**19580**	**29348**	**15082**	**14266**
二连浩特市	14703	8129	6574	5664	3146	2518	2745	1420	1325
锡林浩特市	61170	31200	29970	34171	17109	17062	26603	13662	12941

7-6a 续表 3 单位：人

现住地	大学本科			硕士研究生			博士研究生		
	小计	男	女	小计	男	女	小计	男	女
内蒙古	**700039**	**325142**	**374897**	**54378**	**21785**	**32593**	**3827**	**1830**	**1997**
呼和浩特市	**258046**	**119333**	**138713**	**30153**	**11741**	**18412**	**2683**	**1253**	**1430**
新城区	74806	34932	39874	6623	2838	3785	534	267	267
回民区	40076	15805	24271	3171	1023	2148	202	95	107
玉泉区	40319	18248	22071	3965	1280	2685	351	148	203
赛罕区	102845	50348	52497	16394	6600	9794	1596	743	853
包头市	**131250**	**61256**	**69994**	**7781**	**3403**	**4378**	**422**	**241**	**181**
东河区	21617	9148	12469	925	326	599	47	23	24
昆都仑区	54499	27485	27014	3452	1619	1833	232	139	93
青山区	42251	18562	23689	2661	1150	1511	102	54	48
石拐区	616	266	350	16	5	11	1	1	
白云鄂博矿区	1432	794	638	65	45	20	1	1	
九原区	10835	5001	5834	662	258	404	39	23	16
乌海市	**19266**	**9123**	**10143**	**1056**	**449**	**607**	**43**	**17**	**26**
海勃湾区	15489	7387	8102	932	405	527	34	17	17
海南区	1239	550	689	34	14	20	1		1
乌达区	2538	1186	1352	90	30	60	8		8
赤峰市	**67648**	**31761**	**35887**	**3302**	**1246**	**2056**	**187**	**71**	**116**
红山区	29687	13138	16549	1136	396	740	57	20	37
元宝山区	5999	2871	3128	197	58	139	11	7	4
松山区	31962	15752	16210	1969	792	1177	119	44	75
通辽市	**37451**	**17037**	**20414**	**2068**	**712**	**1356**	**118**	**67**	**51**
科尔沁区	32355	14371	17984	1845	629	1216	113	66	47
霍林郭勒市	5096	2666	2430	223	83	140	5	1	4
鄂尔多斯市	**55157**	**26974**	**28183**	**3647**	**1692**	**1955**	**119**	**58**	**61**
东胜区	39173	18601	20572	2128	980	1148	71	31	40
康巴什区	15968	8364	7604	1519	712	807	48	27	21
鄂托克旗	16	9	7						
呼伦贝尔市	**45434**	**20450**	**24984**	**1595**	**650**	**945**	**77**	**33**	**44**
海拉尔区	26296	11729	14567	954	383	571	45	13	32
扎赉诺尔区	1658	778	880	49	22	27	1	1	
满洲里市	6153	2671	3482	161	59	102	14	8	6
牙克石市	4004	1864	2140	152	62	90	8	5	3
扎兰屯市	5108	2368	2740	212	95	117	8	5	3
额尔古纳市	846	377	469	29	13	16			
根河市	1369	663	706	38	16	22	1	1	
巴彦淖尔市	**23099**	**10253**	**12846**	**1450**	**621**	**829**	**53**	**29**	**24**
临河区	23099	10253	12846	1450	621	829	53	29	24
乌兰察布市	**27837**	**12665**	**15172**	**1418**	**515**	**903**	**41**	**19**	**22**
集宁区	25006	11239	13767	1332	467	865	38	18	20
丰镇市	2831	1426	1405	86	48	38	3	1	2
兴安盟	**15347**	**6873**	**8474**	**756**	**321**	**435**	**9**	**4**	**5**
乌兰浩特市	14483	6451	8032	709	301	408	8	3	5
阿尔山市	864	422	442	47	20	27	1	1	
锡林郭勒盟	**19504**	**9417**	**10087**	**1152**	**435**	**717**	**75**	**38**	**37**
二连浩特市	2640	1248	1392	98	34	64	3	2	1
锡林浩特市	16864	8169	8695	1054	401	653	72	36	36

7-6b 全区按现住地、受教育程度、性别分的户口登记地在本自治区其他乡镇街道的人口(镇)

单位：人

现住地	合计			未上过学		
	合计	男	女	小计	男	女
内蒙古	**3169939**	**1567573**	**1602366**	**91634**	**27503**	**64131**
呼和浩特市	**300208**	**149292**	**150916**	**8153**	**2347**	**5806**
新城区	350	168	182	22	9	13
回民区						
玉泉区						
赛罕区	458	238	220	23	3	20
土默特左旗	62732	31049	31683	1227	434	793
托克托县	42453	21547	20906	1228	386	842
和林格尔县	48157	22207	25950	1149	342	807
清水河县	19418	9730	9688	1105	235	870
武川县	34476	17039	17437	1536	367	1169
呼和浩特经济技术开发区	92164	47314	44850	1863	571	1292
包头市	**228310**	**116900**	**111410**	**6008**	**1666**	**4342**
东河区	10478	5296	5182	253	82	171
昆都仑区	316	243	73	6	4	2
青山区	1710	1108	602	47	12	35
石拐区	756	518	238	13	7	6
白云鄂博矿区						
九原区	16380	11230	5150	264	72	192
土默特右旗	58705	28901	29804	1204	341	863
固阳县	24215	12274	11941	430	130	300
达尔罕茂明安联合旗	18163	8997	9166	695	205	490
包头稀土高新技术产业开发区	97587	48333	49254	3096	813	2283
乌海市	**5144**	**2977**	**2167**	**214**	**71**	**143**
海勃湾区	1920	987	933	75	26	49
海南区	2620	1628	992	116	39	77
乌达区	604	362	242	23	6	17
赤峰市	**588130**	**289112**	**299018**	**11651**	**3950**	**7701**
红山区	9296	4912	4384	309	85	224
元宝山区	6110	3201	2909	177	47	130
松山区	2929	1479	1450	129	50	79
阿鲁科尔沁旗	65253	31674	33579	986	386	600
巴林左旗	66054	31778	34276	949	383	566
巴林右旗	56312	27662	28650	1071	390	681
林西县	59063	28985	30078	1097	378	719
克什克腾旗	56719	27771	28948	1926	506	1420
翁牛特旗	67405	33690	33715	1933	590	1343
喀喇沁旗	55200	27200	28000	1008	365	643
宁城县	74947	37049	37898	943	316	627
敖汉旗	68842	33711	35131	1123	454	669

7-6b　续表 1

单位：人

现住地	合　计			未上过学		
	合计	男	女	小计	男	女
通辽市	**340467**	**162698**	**177769**	**6016**	**2222**	**3794**
科尔沁区	7489	3781	3708	143	56	87
科尔沁左翼中旗	34645	16241	18404	729	277	452
科尔沁左翼后旗	35338	16821	18517	692	237	455
开鲁县	39981	18814	21167	599	299	300
库伦旗	18561	8983	9578	402	130	272
奈曼旗	41475	19789	21686	701	291	410
扎鲁特旗	49917	24024	25893	1408	494	914
通辽经济技术开发区	112840	54110	58730	1332	432	900
霍林郭勒市	221	135	86	10	6	4
鄂尔多斯市	**532300**	**269118**	**263182**	**21903**	**5807**	**16096**
东胜区	487	291	196	14	5	9
康巴什区						
达拉特旗	140310	69268	71042	4503	1139	3364
准格尔旗	140419	71090	69329	5289	1358	3931
鄂托克前旗	18770	9268	9502	1000	273	727
鄂托克旗	56750	29613	27137	2664	765	1899
杭锦旗	34205	16989	17216	2259	600	1659
乌审旗	36660	18697	17963	843	277	566
伊金霍洛旗	104699	53902	50797	5331	1390	3941
呼伦贝尔市	**214145**	**105681**	**108464**	**4353**	**1669**	**2684**
海拉尔区	262	140	122	16	4	12
扎赉诺尔区	1165	615	550	48	23	25
阿荣旗	54014	26497	27517	947	382	565
莫力达瓦达斡尔族自治旗	28160	13897	14263	533	215	318
鄂伦春自治旗	28990	14251	14739	685	243	442
鄂温克族自治旗	41550	20072	21478	705	277	428
陈巴尔虎旗	10922	5546	5376	184	73	111
新巴尔虎左旗	10313	4839	5474	243	93	150
新巴尔虎右旗	10487	5091	5396	252	100	152
满洲里市	893	464	429	21	10	11
牙克石市	17960	9390	8570	429	151	278
扎兰屯市	4873	2468	2405	147	44	103
额尔古纳市	1615	798	817	57	22	35
根河市	2941	1613	1328	86	32	54
巴彦淖尔市	**244307**	**121206**	**123101**	**9569**	**2785**	**6784**
临河区	3137	1697	1440	168	45	123
五原县	55438	27463	27975	1654	543	1111
磴口县	19828	9889	9939	926	237	689
乌拉特前旗	65474	31647	33827	2634	777	1857
乌拉特中旗	31950	16029	15921	1553	423	1130
乌拉特后旗	17534	8951	8583	801	239	562
杭锦后旗	50946	25530	25416	1833	521	1312

7-6b 续表 2

单位：人

现住地	合计			未上过学		
	合计	男	女	小计	男	女
乌兰察布市	**255466**	**125061**	**130405**	**9178**	**2347**	**6831**
集宁区	10151	4232	5919	257	65	192
卓资县	13377	6646	6731	504	163	341
化德县	28576	14097	14479	957	234	723
商都县	38491	18466	20025	1249	313	936
兴和县	37550	18718	18832	1377	350	1027
凉城县	21298	10409	10889	1223	315	908
察哈尔右翼前旗	25896	12943	12953	686	170	516
察哈尔右翼中旗	11965	5820	6145	488	90	398
察哈尔右翼后旗	26127	12856	13271	888	207	681
四子王旗	41137	20346	20791	1476	420	1056
丰镇市	898	528	370	73	20	53
兴安盟	**180457**	**87279**	**93178**	**3604**	**1340**	**2264**
乌兰浩特市	9799	4837	4962	348	136	212
阿尔山市	2511	1305	1206	50	17	33
科尔沁右翼前旗	53752	25885	27867	827	309	518
科尔沁右翼中旗	34755	16882	17873	863	275	588
扎赉特旗	48267	23315	24952	1128	448	680
突泉县	31373	15055	16318	388	155	233
锡林郭勒盟	**201742**	**99097**	**102645**	**8164**	**2495**	**5669**
二连浩特市	601	353	248	76	24	52
锡林浩特市	828	537	291	22	5	17
阿巴嘎旗	10946	5274	5672	613	202	411
苏尼特左旗	7859	3822	4037	311	89	222
苏尼特右旗	21678	10643	11035	1005	284	721
东乌珠穆沁旗	23180	11505	11675	904	317	587
西乌珠穆沁旗	35800	17764	18036	1167	363	804
太仆寺旗	18427	8841	9586	704	195	509
镶黄旗	8570	4061	4509	356	102	254
正镶白旗	11736	5648	6088	748	215	533
正蓝旗	20833	10231	10602	764	209	555
多伦县	31320	15310	16010	1032	347	685
乌拉盖管委会	9964	5108	4856	462	143	319
阿拉善盟	**79263**	**39152**	**40111**	**2821**	**804**	**2017**
阿拉善左旗	58471	28216	30255	1988	563	1425
阿拉善右旗	5159	2495	2664	388	109	279
额济纳旗	7359	3878	3481	220	74	146
内蒙古阿拉善经济开发区	8274	4563	3711	225	58	167

7-6b　续表 3

单位：人

现住地	学前教育			小学		
	小计	男	女	小计	男	女
内蒙古	**133312**	**69438**	**63874**	**708864**	**321494**	**387370**
呼和浩特市	**14318**	**7445**	**6873**	**58612**	**26991**	**31621**
新城区	4	3	1	122	60	62
回民区						
玉泉区						
赛罕区	6	2	4	100	58	42
土默特左旗	2402	1240	1162	13263	6293	6970
托克托县	1933	996	937	8933	4168	4765
和林格尔县	1871	974	897	8244	3894	4350
清水河县	802	413	389	5646	2462	3184
武川县	1258	675	583	8594	3721	4873
呼和浩特经济技术开发区	6042	3142	2900	13710	6335	7375
包头市	**8694**	**4513**	**4181**	**44385**	**20428**	**23957**
东河区	466	260	206	2177	1041	1136
昆都仑区				15	9	6
青山区	26	18	8	255	136	119
石拐区	2	1	1	86	61	25
白云鄂博矿区						
九原区	173	98	75	2125	1021	1104
土默特右旗	2511	1281	1230	11842	5497	6345
固阳县	994	525	469	5724	2516	3208
达尔罕茂明安联合旗	704	369	335	4889	2164	2725
包头稀土高新技术产业开发区	3818	1961	1857	17272	7983	9289
乌海市	**96**	**51**	**45**	**1421**	**674**	**747**
海勃湾区	59	30	29	626	268	358
海南区	30	17	13	585	299	286
乌达区	7	4	3	210	107	103
赤峰市	**23320**	**12249**	**11071**	**142221**	**63833**	**78388**
红山区	310	162	148	2403	1205	1198
元宝山区	172	85	87	1489	709	780
松山区	87	47	40	937	446	491
阿鲁科尔沁旗	2269	1178	1091	15109	6608	8501
巴林左旗	2107	1112	995	13075	5661	7414
巴林右旗	1965	1011	954	14576	6438	8138
林西县	2230	1151	1079	15563	6892	8671
克什克腾旗	2158	1109	1049	15101	6559	8542
翁牛特旗	2671	1440	1231	19553	9078	10475
喀喇沁旗	2237	1209	1028	10487	4639	5848
宁城县	3385	1806	1579	13448	6145	7303
敖汉旗	3729	1939	1790	20480	9453	11027

7-6b 续表 4

单位：人

现住地	学前教育			小学		
	小计	男	女	小计	男	女
通辽市	**12022**	**6328**	**5694**	**57337**	**25111**	**32226**
科尔沁区	138	77	61	1427	682	745
科尔沁左翼中旗	1224	660	564	6406	2811	3595
科尔沁左翼后旗	1223	661	562	6980	3110	3870
开鲁县	1402	711	691	6989	2835	4154
库伦旗	800	431	369	3658	1637	2021
奈曼旗	1546	794	752	7762	3390	4372
扎鲁特旗	2079	1067	1012	10803	4747	6056
通辽经济技术开发区	3606	1923	1683	13206	5838	7368
霍林郭勒市	4	4		106	61	45
鄂尔多斯市	**29043**	**15325**	**13718**	**132965**	**61637**	**71328**
东胜区	6	3	3	181	88	93
康巴什区						
达拉特旗	6956	3604	3352	32573	15089	17484
准格尔旗	7430	3894	3536	38895	17963	20932
鄂托克前旗	1167	614	553	4862	2196	2666
鄂托克旗	2971	1584	1387	12469	5860	6609
杭锦旗	1761	961	800	8707	3999	4708
乌审旗	2767	1495	1272	9422	4265	5157
伊金霍洛旗	5985	3170	2815	25856	12177	13679
呼伦贝尔市	**7154**	**3740**	**3414**	**45550**	**20895**	**24655**
海拉尔区	3	2	1	67	34	33
扎赉诺尔区	22	12	10	293	129	164
阿荣旗	2171	1156	1015	11943	5320	6623
莫力达瓦达斡尔族自治旗	1101	558	543	7113	3436	3677
鄂伦春自治旗	983	499	484	6844	3161	3683
鄂温克族自治旗	1231	633	598	5913	2687	3226
陈巴尔虎旗	325	181	144	2559	1158	1401
新巴尔虎左旗	438	223	215	2850	1316	1534
新巴尔虎右旗	414	223	191	2950	1350	1600
满洲里市	10	6	4	237	106	131
牙克石市	268	144	124	3100	1440	1660
扎兰屯市	125	68	57	1041	471	570
额尔古纳市	28	18	10	303	138	165
根河市	35	17	18	337	149	188
巴彦淖尔市	**11444**	**5863**	**5581**	**46474**	**22297**	**24177**
临河区	86	42	44	588	273	315
五原县	2630	1357	1273	10471	5156	5315
磴口县	900	498	402	3521	1691	1830
乌拉特前旗	3437	1705	1732	13127	6092	7035
乌拉特中旗	1342	704	638	7137	3366	3771
乌拉特后旗	752	397	355	3229	1562	1667
杭锦后旗	2297	1160	1137	8401	4157	4244

7-6b 续表 5

单位：人

现住地	学前教育			小学		
	小计	男	女	小计	男	女
乌兰察布市	**9076**	**4570**	**4506**	**68972**	**29613**	**39359**
集宁区	165	72	93	1679	704	975
卓资县	450	228	222	2842	1193	1649
化德县	928	483	445	8795	3715	5080
商都县	1411	678	733	12261	5175	7086
兴和县	1830	939	891	10684	4815	5869
凉城县	750	372	378	6422	2780	3642
察哈尔右翼前旗	854	435	419	5221	2313	2908
察哈尔右翼中旗	408	209	199	3246	1309	1937
察哈尔右翼后旗	801	412	389	7072	2964	4108
四子王旗	1474	739	735	10508	4523	5985
丰镇市	5	3	2	242	122	120
兴安盟	**6437**	**3310**	**3127**	**38583**	**17369**	**21214**
乌兰浩特市	274	117	157	2293	1141	1152
阿尔山市	72	38	34	455	208	247
科尔沁右翼前旗	2231	1119	1112	8071	3505	4566
科尔沁右翼中旗	1301	678	623	7976	3566	4410
扎赉特旗	1666	902	764	12319	5632	6687
突泉县	893	456	437	7469	3317	4152
锡林郭勒盟	**8540**	**4400**	**4140**	**58206**	**26420**	**31786**
二连浩特市	4	3	1	228	123	105
锡林浩特市	6	5	1	205	97	108
阿巴嘎旗	446	235	211	3519	1570	1949
苏尼特左旗	374	189	185	2538	1181	1357
苏尼特右旗	634	306	328	6342	2815	3527
东乌珠穆沁旗	856	447	409	7799	3692	4107
西乌珠穆沁旗	1683	854	829	10695	4741	5954
太仆寺旗	838	435	403	4840	2205	2635
镶黄旗	342	187	155	2552	1047	1505
正镶白旗	427	236	191	3484	1545	1939
正蓝旗	886	456	430	5223	2361	2862
多伦县	1594	820	774	7820	3643	4177
乌拉盖管委会	450	227	223	2961	1400	1561
阿拉善盟	**3168**	**1644**	**1524**	**14138**	**6226**	**7912**
阿拉善左旗	2215	1141	1074	10122	4363	5759
阿拉善右旗	216	112	104	1242	557	685
额济纳旗	266	139	127	1597	749	848
内蒙古阿拉善经济开发区	471	252	219	1177	557	620

7-6b 续表 6

单位：人

现住地	初中			高中			大学专科		
	小计	男	女	小计	男	女	小计	男	女
内蒙古	**1086457**	**561745**	**524712**	**547223**	**289017**	**258206**	**335089**	**175707**	**159382**
呼和浩特市	**100572**	**53989**	**46583**	**46537**	**25401**	**21136**	**34540**	**17753**	**16787**
新城区	133	74	59	38	11	27	26	10	16
回民区									
玉泉区									
赛罕区	222	113	109	67	42	25	35	17	18
土默特左旗	22472	12060	10412	10153	5508	4645	5537	2766	2771
托克托县	18650	9738	8912	6464	3542	2922	3356	1761	1595
和林格尔县	13378	7148	6230	6283	3414	2869	3882	2065	1817
清水河县	6276	3549	2727	2968	1695	1273	1414	778	636
武川县	14450	7696	6754	4958	2787	2171	2495	1260	1235
呼和浩特经济技术开发区	24991	13611	11380	15606	8402	7204	17795	9096	8699
包头市	**75343**	**39895**	**35448**	**38038**	**20506**	**17532**	**31017**	**17887**	**13130**
东河区	4189	2228	1961	1912	981	931	1001	495	506
昆都仑区	80	54	26	56	42	14	115	103	12
青山区	494	285	209	355	246	109	389	323	66
石拐区	331	219	112	202	149	53	90	62	28
白云鄂博矿区									
九原区	2997	1727	1270	4683	3280	1403	5795	4783	1012
土默特右旗	23034	11693	11341	7567	3730	3837	5961	3060	2901
固阳县	9768	5228	4540	4160	2264	1896	1767	964	803
达尔罕茂明安联合旗	7107	3796	3311	2224	1215	1009	1396	738	658
包头稀土高新技术产业开发区	27343	14665	12678	16879	8599	8280	14503	7359	7144
乌海市	**2350**	**1455**	**895**	**599**	**410**	**189**	**294**	**195**	**99**
海勃湾区	850	483	367	182	112	70	88	51	37
海南区	1269	823	446	327	237	90	183	127	56
乌达区	231	149	82	90	61	29	23	17	6
赤峰市	**207476**	**103090**	**104386**	**114625**	**61091**	**53534**	**50815**	**26898**	**23917**
红山区	3725	2010	1715	1596	931	665	641	358	283
元宝山区	2324	1250	1074	1271	754	517	425	228	197
松山区	1163	618	545	316	175	141	173	89	84
阿鲁科尔沁旗	26103	12840	13263	11235	5992	5243	4900	2573	2327
巴林左旗	24748	12079	12669	14494	7224	7270	6152	3167	2985
巴林右旗	21381	10763	10618	8894	4781	4113	4892	2649	2243
林西县	20626	10318	10308	11361	6081	5280	5089	2700	2389
克什克腾旗	17012	8670	8342	11020	6143	4877	5948	3111	2837
翁牛特旗	21729	11274	10455	12193	6396	5797	5114	2817	2297
喀喇沁旗	19038	9232	9806	12874	6985	5889	5286	2753	2533
宁城县	25690	12362	13328	18349	9780	8569	7009	3756	3253
敖汉旗	23937	11674	12263	11022	5849	5173	5186	2697	2489

7-6b　续表 7　　　　单位：人

现住地	初中			高中			大学专科		
	小计	男	女	小计	男	女	小计	男	女
通辽市	**117582**	**57131**	**60451**	**75425**	**38063**	**37362**	**39093**	**19089**	**20004**
科尔沁区	3447	1672	1775	1419	785	634	605	348	257
科尔沁左翼中旗	17126	8036	9090	4397	2274	2123	2482	1254	1228
科尔沁左翼后旗	11344	5586	5758	9306	4433	4873	3042	1600	1442
开鲁县	15718	7443	8275	8965	4477	4488	3407	1756	1651
库伦旗	5520	2712	2808	4420	2366	2054	1710	854	856
奈曼旗	14407	6989	7418	11023	5511	5512	3463	1757	1706
扎鲁特旗	18273	9067	9206	9285	4940	4345	4466	2228	2238
通辽经济技术开发区	31663	15574	16089	26597	13268	13329	19914	9289	10625
霍林郭勒市	84	52	32	13	9	4	4	3	1
鄂尔多斯市	**153534**	**82711**	**70823**	**78500**	**42681**	**35819**	**64995**	**35676**	**29319**
东胜区	109	68	41	72	44	28	53	41	12
康巴什区									
达拉特旗	48681	25567	23114	23886	12225	11661	14488	7645	6843
准格尔旗	40163	21750	18413	18512	10084	8428	16085	8746	7339
鄂托克前旗	4542	2402	2140	2973	1659	1314	2293	1203	1090
鄂托克旗	16090	8895	7195	9587	5452	4135	8598	4913	3685
杭锦旗	9253	5003	4250	4610	2494	2116	4348	2453	1895
乌审旗	9049	4734	4315	5718	3201	2517	5147	2865	2282
伊金霍洛旗	25647	14292	11355	13142	7522	5620	13983	7810	6173
呼伦贝尔市	**86924**	**43848**	**43076**	**30942**	**16139**	**14803**	**22584**	**11622**	**10962**
海拉尔区	138	81	57	24	17	7	13	2	11
扎赉诺尔区	534	294	240	166	96	70	74	46	28
阿荣旗	26039	12931	13108	7218	3768	3450	3648	1973	1675
莫力达瓦达斡尔族自治旗	12959	6381	6578	3308	1698	1610	2017	1053	964
鄂伦春自治旗	12419	6210	6209	4479	2308	2171	2119	1139	980
鄂温克族自治旗	10308	5003	5305	7184	3680	3504	8722	4281	4441
陈巴尔虎旗	4672	2578	2094	1473	769	704	1000	507	493
新巴尔虎左旗	3450	1675	1775	1455	714	741	1091	496	595
新巴尔虎右旗	3468	1845	1623	1444	750	694	981	460	521
满洲里市	492	273	219	74	39	35	33	16	17
牙克石市	8587	4506	4081	2723	1527	1196	1734	1048	686
扎兰屯市	2142	1105	1037	722	405	317	420	218	202
额尔古纳市	524	266	258	254	143	111	246	114	132
根河市	1192	700	492	418	225	193	486	269	217
巴彦淖尔市	**93586**	**49921**	**43665**	**46154**	**23626**	**22528**	**23867**	**11178**	**12689**
临河区	1229	653	576	696	501	195	215	112	103
五原县	22135	11654	10481	10348	5222	5126	5269	2396	2873
磴口县	7363	3951	3412	3446	1797	1649	2259	1119	1140
乌拉特前旗	25896	13399	12497	11439	5781	5658	6145	2751	3394
乌拉特中旗	11183	6150	5033	5563	2908	2655	3002	1510	1492
乌拉特后旗	5642	3074	2568	3388	1833	1555	2080	1084	996
杭锦后旗	20138	11040	9098	11274	5584	5690	4897	2206	2691

7-6b 续表 8

单位：人

现住地	初中			高中			大学专科		
	小计	男	女	小计	男	女	小计	男	女
乌兰察布市	**98075**	**52332**	**45743**	**37004**	**19871**	**17133**	**20705**	**10871**	**9834**
集宁区	3423	1822	1601	1030	572	458	1106	380	726
卓资县	4792	2529	2263	2726	1430	1296	1272	689	583
化德县	11154	6051	5103	3645	1986	1659	2089	1142	947
商都县	14668	7769	6899	5684	2953	2731	2285	1180	1105
兴和县	15222	8089	7133	4928	2652	2276	2567	1403	1164
凉城县	7059	3773	3286	3024	1676	1348	1640	893	747
察哈尔右翼前旗	9270	4966	4304	4905	2511	2394	3180	1652	1528
察哈尔右翼中旗	4546	2420	2126	1525	904	621	1047	570	477
察哈尔右翼后旗	10337	5487	4850	3893	2125	1768	2140	1181	959
四子王旗	17244	9208	8036	5548	2995	2553	3306	1718	1588
丰镇市	360	218	142	96	67	29	73	63	10
兴安盟	**62827**	**31024**	**31803**	**35285**	**18024**	**17261**	**17677**	**9015**	**8662**
乌兰浩特市	4019	2037	1982	1615	813	802	808	405	403
阿尔山市	956	511	445	358	201	157	353	204	149
科尔沁右翼前旗	14061	6863	7198	11495	5785	5710	7878	4069	3809
科尔沁右翼中旗	12175	6144	6031	7444	3845	3599	2773	1444	1329
扎赉特旗	18625	9066	9559	8343	4321	4022	3732	1865	1867
突泉县	12991	6403	6588	6030	3059	2971	2133	1028	1105
锡林郭勒盟	**66535**	**35094**	**31441**	**29459**	**15372**	**14087**	**17481**	**9144**	**8337**
二连浩特市	202	142	60	63	44	19	12	6	6
锡林浩特市	314	204	110	158	130	28	72	55	17
阿巴嘎旗	3094	1698	1396	1506	769	737	922	445	477
苏尼特左旗	2273	1220	1053	949	492	457	720	360	360
苏尼特右旗	7827	4230	3597	3053	1608	1445	1679	908	771
东乌珠穆沁旗	7645	4034	3611	3034	1614	1420	1581	812	769
西乌珠穆沁旗	11094	5828	5266	5145	2818	2327	3320	1841	1479
太仆寺旗	6909	3497	3412	2842	1428	1414	1338	678	660
镶黄旗	2202	1140	1062	1367	686	681	882	494	388
正镶白旗	3562	1866	1696	1600	828	772	1072	579	493
正蓝旗	6450	3374	3076	3536	1816	1720	2113	1055	1058
多伦县	11476	5936	5540	5011	2456	2555	2932	1462	1470
乌拉盖管委会	3487	1925	1562	1195	683	512	838	449	389
阿拉善盟	**21653**	**11255**	**10398**	**14655**	**7833**	**6822**	**12021**	**6379**	**5642**
阿拉善左旗	16267	8341	7926	11115	5759	5356	8610	4361	4249
阿拉善右旗	1325	669	656	722	404	318	637	353	284
额济纳旗	2228	1227	1001	1407	817	590	965	537	428
内蒙古阿拉善经济开发区	1833	1018	815	1411	853	558	1809	1128	681

7-6b 续表 9

单位：人

现住地	大学本科			硕士研究生			博士研究生		
	小计	男	女	小计	男	女	小计	男	女
内蒙古	**254560**	**117746**	**136814**	**12148**	**4607**	**7541**	**652**	**316**	**336**
呼和浩特市	**35486**	**14735**	**20751**	**1896**	**587**	**1309**	**94**	**44**	**50**
新城区	5	1	4						
回民区									
玉泉区									
赛罕区	4	3	1	1		1			
土默特左旗	7467	2694	4773	203	52	151	8	2	6
托克托县	1831	941	890	55	15	40	3		3
和林格尔县	12594	4193	8401	725	162	563	31	15	16
清水河县	1164	586	578	39	9	30	4	3	1
武川县	1129	517	612	56	16	40			
呼和浩特经济技术开发区	11292	5800	5492	817	333	484	48	24	24
包头市	**23343**	**11348**	**11995**	**1410**	**610**	**800**	**72**	**47**	**25**
东河区	457	200	257	21	8	13	2	1	1
昆都仑区	44	31	13						
青山区	141	85	56	3	3				
石拐区	32	19	13						
白云鄂博矿区									
九原区	337	245	92	6	4	2			
土默特右旗	6421	3234	3187	155	58	97	10	7	3
固阳县	1338	628	710	33	18	15	1	1	
达尔罕茂明安联合旗	1121	496	625	27	14	13			
包头稀土高新技术产业开发区	13452	6410	7042	1165	505	660	59	38	21
乌海市	**165**	**120**	**45**	**5**	**1**	**4**			
海勃湾区	39	17	22	1		1			
海南区	106	85	21	4	1	3			
乌达区	20	18	2						
赤峰市	**36903**	**17654**	**19249**	**1053**	**321**	**732**	**66**	**26**	**40**
红山区	298	156	142	14	5	9			
元宝山区	242	124	118	10	4	6			
松山区	123	53	70	1	1				
阿鲁科尔沁旗	4540	2066	2474	106	29	77	5	2	3
巴林左旗	4444	2127	2317	80	24	56	5	1	4
巴林右旗	3388	1597	1791	140	31	109	5	2	3
林西县	2982	1429	1553	110	33	77	5	3	2
克什克腾旗	3447	1637	1810	102	33	69	5	3	2
翁牛特旗	4071	2054	2017	127	34	93	14	7	7
喀喇沁旗	4084	1953	2131	174	59	115	12	5	7
宁城县	5969	2824	3145	147	58	89	7	2	5
敖汉旗	3315	1634	1681	42	10	32	8	1	7

7-6b 续表 10

单位：人

现住地	大学本科			硕士研究生			博士研究生		
	小计	男	女	小计	男	女	小计	男	女
通辽市	**30660**	**13933**	**16727**	**2139**	**746**	**1393**	**193**	**75**	**118**
科尔沁区	308	160	148	2	1	1			
科尔沁左翼中旗	2210	909	1301	65	15	50	6	5	1
科尔沁左翼后旗	2659	1172	1487	89	22	67	3		3
开鲁县	2756	1252	1504	141	41	100	4		4
库伦旗	1958	824	1134	87	26	61	6	3	3
奈曼旗	2427	1027	1400	139	29	110	7	1	6
扎鲁特旗	3461	1438	2023	136	40	96	6	3	3
通辽经济技术开发区	14881	7151	7730	1480	572	908	161	63	98
霍林郭勒市									
鄂尔多斯市	**48934**	**24159**	**24775**	**2331**	**1067**	**1264**	**95**	**55**	**40**
东胜区	52	42	10						
康巴什区									
达拉特旗	8963	3904	5059	255	94	161	5	1	4
准格尔旗	13416	6985	6431	610	300	310	19	10	9
鄂托克前旗	1875	901	974	54	17	37	4	3	1
鄂托克旗	4253	2083	2170	113	58	55	5	3	2
杭锦旗	3161	1432	1729	100	42	58	6	5	1
乌审旗	3617	1822	1795	93	36	57	4	2	2
伊金霍洛旗	13597	6990	6607	1106	520	586	52	31	21
呼伦贝尔市	**15742**	**7399**	**8343**	**854**	**347**	**507**	**42**	**22**	**20**
海拉尔区	1		1						
扎赉诺尔区	28	15	13						
阿荣旗	1996	948	1048	50	17	33	2	2	
莫力达瓦达斡尔族自治旗	1105	544	561	22	10	12	2	2	
鄂伦春自治旗	1424	678	746	36	12	24	1	1	
鄂温克族自治旗	6823	3243	3580	629	252	377	35	16	19
陈巴尔虎旗	690	271	419	18	8	10	1	1	
新巴尔虎左旗	759	314	445	27	8	19			
新巴尔虎右旗	961	356	605	17	7	10			
满洲里市	26	14	12						
牙克石市	1083	555	528	36	19	17			
扎兰屯市	269	151	118	6	6		1		1
额尔古纳市	198	93	105	5	4	1			
根河市	379	217	162	8	4	4			
巴彦淖尔市	**12795**	**5381**	**7414**	**402**	**147**	**255**	**16**	**8**	**8**
临河区	144	67	77	11	4	7			
五原县	2860	1107	1753	69	26	43	2	2	
磴口县	1353	571	782	57	23	34	3	2	1
乌拉特前旗	2732	1119	1613	59	21	38	5	2	3
乌拉特中旗	2099	943	1156	68	25	43	3		3
乌拉特后旗	1568	737	831	74	25	49			
杭锦后旗	2039	837	1202	64	23	41	3	2	1

7-6b　续表 11

单位：人

现住地	大学本科			硕士研究生			博士研究生		
	小计	男	女	小计	男	女	小计	男	女
乌兰察布市	**12074**	**5305**	**6769**	**358**	**138**	**220**	**24**	**14**	**10**
集宁区	2464	608	1856	25	9	16	2		2
卓资县	768	406	362	23	8	15			
化德县	981	474	507	27	12	15			
商都县	913	390	523	19	7	12	1	1	
兴和县	924	463	461	16	5	11	2	2	
凉城县	1135	578	557	42	20	22	3	2	1
察哈尔右翼前旗	1687	853	834	83	35	48	10	8	2
察哈尔右翼中旗	675	311	364	29	7	22	1		1
察哈尔右翼后旗	974	474	500	21	6	15	1		1
四子王旗	1506	715	791	71	27	44	4	1	3
丰镇市	47	33	14	2	2				
兴安盟	**15259**	**6898**	**8361**	**763**	**290**	**473**	**22**	**9**	**13**
乌兰浩特市	425	183	242	17	5	12			
阿尔山市	255	120	135	12	6	6			
科尔沁右翼前旗	8657	4007	4650	521	223	298	11	5	6
科尔沁右翼中旗	2122	907	1215	99	23	76	2		2
扎赉特旗	2383	1060	1323	64	18	46	7	3	4
突泉县	1417	621	796	50	15	35	2	1	1
锡林郭勒盟	**12929**	**6017**	**6912**	**416**	**147**	**269**	**12**	**8**	**4**
二连浩特市	15	11	4	1		1			
锡林浩特市	51	41	10						
阿巴嘎旗	820	343	477	25	11	14	1	1	
苏尼特左旗	667	282	385	26	9	17	1		1
苏尼特右旗	1100	476	624	37	15	22	1	1	
东乌珠穆沁旗	1297	564	733	62	23	39	2	2	
西乌珠穆沁旗	2629	1298	1331	67	21	46			
太仆寺旗	926	394	532	29	8	21	1	1	
镶黄旗	840	394	446	29	11	18			
正镶白旗	810	371	439	32	8	24	1		1
正蓝旗	1810	937	873	49	22	27	2	1	1
多伦县	1412	636	776	41	9	32	2	1	1
乌拉盖管委会	552	270	282	18	10	8	1	1	
阿拉善盟	**10270**	**4797**	**5473**	**521**	**206**	**315**	**16**	**8**	**8**
阿拉善左旗	7712	3520	4192	427	161	266	15	7	8
阿拉善右旗	602	278	324	27	13	14			
额济纳旗	656	327	329	19	7	12	1	1	
内蒙古阿拉善经济开发区	1300	672	628	48	25	23			

7-6c 全区按现住地、受教育程度、性别分的户口登记地在本自治区其他乡镇街道的人口(乡村)

单位：人

现住地	合计			未上过学		
	合计	男	女	小计	男	女
内蒙古	**1175802**	**612809**	**562993**	**52939**	**17702**	**35237**
呼和浩特市	**229361**	**119687**	**109674**	**9879**	**2939**	**6940**
新城区	46946	24501	22445	1412	425	987
回民区	8526	4456	4070	339	89	250
玉泉区	35339	18357	16982	1309	361	948
赛罕区	61374	31986	29388	2632	770	1862
土默特左旗	22101	11285	10816	871	291	580
托克托县	20237	10465	9772	932	282	650
和林格尔县	20092	10675	9417	1253	393	860
清水河县	6471	3547	2924	621	172	449
武川县	8275	4415	3860	510	156	354
呼和浩特经济技术开发区						
包头市	**87264**	**45429**	**41835**	**4869**	**1511**	**3358**
东河区	10627	5408	5219	641	200	441
昆都仑区	12587	6650	5937	741	226	515
青山区	11683	6105	5578	528	175	353
石拐区	1543	854	689	95	28	67
白云鄂博矿区						
九原区	21612	11406	10206	1225	373	852
土默特右旗	9214	4679	4535	521	157	364
固阳县	9751	5081	4670	306	98	208
达尔罕茂明安联合旗	7663	3918	3745	560	197	363
包头稀土高新技术产业开发区	2584	1328	1256	252	57	195
乌海市	**6916**	**4157**	**2759**	**468**	**176**	**292**
海勃湾区	5449	3234	2215	386	152	234
海南区	1467	923	544	82	24	58
乌达区						
赤峰市	**213451**	**110060**	**103391**	**7067**	**2539**	**4528**
红山区	1726	857	869	77	22	55
元宝山区	6047	3426	2621	293	169	124
松山区	81320	41805	39515	2151	766	1385
阿鲁科尔沁旗	12555	6612	5943	476	174	302
巴林左旗	26445	12992	13453	609	203	406
巴林右旗	6594	3324	3270	295	104	191
林西县	9269	4684	4585	433	157	276
克什克腾旗	10374	6058	4316	528	166	362
翁牛特旗	11881	6282	5599	439	142	297
喀喇沁旗	8117	4118	3999	370	114	256
宁城县	14995	7728	7267	563	233	330
敖汉旗	24128	12174	11954	833	289	544

7-6c　续表 1　　　　单位：人

现住地	合计			未上过学		
	合计	男	女	小计	男	女
通辽市	**93767**	**43706**	**50061**	**3141**	**1193**	**1948**
科尔沁区	22247	9988	12259	657	275	382
科尔沁左翼中旗	11289	5056	6233	482	193	289
科尔沁左翼后旗	12587	6079	6508	414	163	251
开鲁县	11671	5024	6647	281	86	195
库伦旗	3759	1827	1932	120	47	73
奈曼旗	10587	4909	5678	324	143	181
扎鲁特旗	11352	5670	5682	592	187	405
通辽经济技术开发区	5828	2827	3001	139	57	82
霍林郭勒市	4447	2326	2121	132	42	90
鄂尔多斯市	**91149**	**55409**	**35740**	**4149**	**1371**	**2778**
东胜区	6601	4740	1861	234	74	160
康巴什区						
达拉特旗	26862	14496	12366	1493	408	1085
准格尔旗	24147	15453	8694	789	292	497
鄂托克前旗	3286	1794	1492	186	72	114
鄂托克旗	8484	5336	3148	480	189	291
杭锦旗	4923	2729	2194	295	91	204
乌审旗	4971	3024	1947	168	57	111
伊金霍洛旗	11875	7837	4038	504	188	316
呼伦贝尔市	**84124**	**42272**	**41852**	**2850**	**1216**	**1634**
海拉尔区	1948	1004	944	59	20	39
扎赉诺尔区						
阿荣旗	19306	9288	10018	499	187	312
莫力达瓦达斡尔族自治旗	20810	9806	11004	560	216	344
鄂伦春自治旗	7922	4084	3838	294	116	178
鄂温克族自治旗	5259	2789	2470	204	75	129
陈巴尔虎旗	3730	2097	1633	112	54	58
新巴尔虎左旗	3231	1713	1518	109	36	73
新巴尔虎右旗	3409	2180	1229	119	59	60
满洲里市						
牙克石市	2214	1190	1024	47	19	28
扎兰屯市	13367	6519	6848	673	370	303
额尔古纳市	2889	1579	1310	174	64	110
根河市	39	23	16			
巴彦淖尔市	**114300**	**58789**	**55511**	**6359**	**2070**	**4289**
临河区	43330	21827	21503	2222	719	1503
五原县	15788	7809	7979	994	323	671
磴口县	7097	3847	3250	629	219	410
乌拉特前旗	21587	11013	10574	1185	344	841
乌拉特中旗	8128	4712	3416	393	158	235
乌拉特后旗	3703	2184	1519	226	80	146
杭锦后旗	14667	7397	7270	710	227	483

7-6c 续表 2

单位：人

现住地	合计			未上过学		
	合计	男	女	小计	男	女
乌兰察布市	**139838**	**71537**	**68301**	**9869**	**3012**	**6857**
集宁区	14524	7230	7294	424	117	307
卓资县	10681	5863	4818	1059	266	793
化德县	6163	3101	3062	524	135	389
商都县	16529	8228	8301	1300	406	894
兴和县	12480	6261	6219	1179	362	817
凉城县	14708	7617	7091	1446	507	939
察哈尔右翼前旗	12384	6607	5777	875	269	606
察哈尔右翼中旗	10977	5634	5343	837	314	523
察哈尔右翼后旗	10596	5326	5270	710	188	522
四子王旗	18064	9228	8836	739	245	494
丰镇市	12732	6442	6290	776	203	573
兴安盟	**54960**	**27211**	**27749**	**1982**	**754**	**1228**
乌兰浩特市	4801	2512	2289	154	55	99
阿尔山市	678	366	312	20	9	11
科尔沁右翼前旗	18976	9406	9570	654	210	444
科尔沁右翼中旗	7042	3621	3421	333	136	197
扎赉特旗	10477	4846	5631	487	204	283
突泉县	12986	6460	6526	334	140	194
锡林郭勒盟	**51894**	**28974**	**22920**	**2000**	**809**	**1191**
二连浩特市	415	254	161	53	26	27
锡林浩特市	10294	5643	4651	372	127	245
阿巴嘎旗	3622	2041	1581	97	37	60
苏尼特左旗	2607	1488	1119	66	32	34
苏尼特右旗	2194	1032	1162	59	20	39
东乌珠穆沁旗	4622	2767	1855	123	39	84
西乌珠穆沁旗	8945	5850	3095	199	89	110
太仆寺旗	6005	3104	2901	474	235	239
镶黄旗	742	377	365	24	10	14
正镶白旗	1790	952	838	72	23	49
正蓝旗	5440	2754	2686	233	86	147
多伦县	3977	2076	1901	155	54	101
乌拉盖管委会	1241	636	605	73	31	42
阿拉善盟	**8778**	**5578**	**3200**	**306**	**112**	**194**
阿拉善左旗	6012	3685	2327	260	97	163
阿拉善右旗	680	409	271	24	6	18
额济纳旗	1521	1052	469	15	7	8
内蒙古阿拉善经济开发区	565	432	133	7	2	5

7–6c　续表 3

单位：人

现住地	学前教育			小学		
	小计	男	女	小计	男	女
内蒙古	**26708**	**13603**	**13105**	**313777**	**149562**	**164215**
呼和浩特市	**5684**	**2832**	**2852**	**60674**	**29416**	**31258**
新城区	1103	552	551	12487	6105	6382
回民区	224	117	107	1851	871	980
玉泉区	1104	555	549	9543	4636	4907
赛罕区	1363	690	673	16072	7816	8256
土默特左旗	500	229	271	6389	3056	3333
托克托县	614	301	313	4699	2254	2445
和林格尔县	522	255	267	5032	2425	2607
清水河县	106	64	42	2070	993	1077
武川县	148	69	79	2531	1260	1271
呼和浩特经济技术开发区						
包头市	**2256**	**1151**	**1105**	**27199**	**13224**	**13975**
东河区	260	144	116	3045	1491	1554
昆都仑区	286	146	140	3990	2002	1988
青山区	339	187	152	3841	1850	1991
石拐区	26	15	11	363	188	175
白云鄂博矿区						
九原区	586	287	299	6868	3361	3507
土默特右旗	324	158	166	2255	1065	1190
固阳县	213	111	102	3522	1637	1885
达尔罕茂明安联合旗	169	80	89	2437	1195	1242
包头稀土高新技术产业开发区	53	23	30	878	435	443
乌海市	**102**	**51**	**51**	**1522**	**773**	**749**
海勃湾区	98	49	49	1237	615	622
海南区	4	2	2	285	158	127
乌达区						
赤峰市	**5742**	**2991**	**2751**	**54397**	**25625**	**28772**
红山区	21	12	9	559	278	281
元宝山区	105	62	43	1766	953	813
松山区	3003	1605	1398	17336	8122	9214
阿鲁科尔沁旗	158	65	93	3708	1825	1883
巴林左旗	739	385	354	6844	2952	3892
巴林右旗	146	70	76	2123	1000	1123
林西县	185	82	103	3047	1406	1641
克什克腾旗	135	76	59	2877	1446	1431
翁牛特旗	149	75	74	3208	1538	1670
喀喇沁旗	168	84	84	2295	1090	1205
宁城县	310	163	147	3881	1850	2031
敖汉旗	623	312	311	6753	3165	3588

7−6c 续表 4

单位：人

现住地	学前教育			小学		
	小计	男	女	小计	男	女
通辽市	**1687**	**869**	**818**	**23614**	**10443**	**13171**
科尔沁区	339	178	161	4955	2162	2793
科尔沁左翼中旗	231	115	116	2858	1311	1547
科尔沁左翼后旗	165	83	82	3285	1468	1817
开鲁县	265	130	135	2971	1185	1786
库伦旗	77	42	35	939	409	530
奈曼旗	217	117	100	2642	1199	1443
扎鲁特旗	198	95	103	3449	1571	1878
通辽经济技术开发区	89	50	39	1352	623	729
霍林郭勒市	106	59	47	1163	515	648
鄂尔多斯市	**1910**	**949**	**961**	**21609**	**10871**	**10738**
东胜区	69	35	34	1098	613	485
康巴什区						
达拉特旗	743	374	369	8137	4005	4132
准格尔旗	587	293	294	5030	2534	2496
鄂托克前旗	55	27	28	963	461	502
鄂托克旗	120	58	62	1637	828	809
杭锦旗	37	17	20	1357	648	709
乌审旗	92	48	44	992	508	484
伊金霍洛旗	207	97	110	2395	1274	1121
呼伦贝尔市	**1905**	**952**	**953**	**21965**	**10401**	**11564**
海拉尔区	36	22	14	480	223	257
扎赉诺尔区						
阿荣旗	606	296	310	4848	2117	2731
莫力达瓦达斡尔族自治旗	527	263	264	4969	2294	2675
鄂伦春自治旗	200	105	95	2188	1045	1143
鄂温克族自治旗	66	30	36	1457	753	704
陈巴尔虎旗	28	16	12	1039	534	505
新巴尔虎左旗	57	24	33	881	445	436
新巴尔虎右旗	22	7	15	1056	646	410
满洲里市						
牙克石市	30	16	14	398	192	206
扎兰屯市	291	146	145	3913	1781	2132
额尔古纳市	42	27	15	725	365	360
根河市				11	6	5
巴彦淖尔市	**2684**	**1343**	**1341**	**24628**	**12162**	**12466**
临河区	1013	515	498	7922	3858	4064
五原县	418	207	211	4265	2099	2166
磴口县	56	27	29	1545	792	753
乌拉特前旗	613	324	289	4905	2395	2510
乌拉特中旗	88	41	47	1982	1060	922
乌拉特后旗	43	18	25	726	383	343
杭锦后旗	453	211	242	3283	1575	1708

7-6c　续表 5

单位：人

现住地	学前教育			小　学		
	小计	男	女	小计	男	女
乌兰察布市	**2866**	**1479**	**1387**	**45660**	**20957**	**24703**
集宁区	192	102	90	2961	1246	1715
卓资县	158	86	72	3597	1753	1844
化德县	117	56	61	2344	1061	1283
商都县	383	179	204	6347	2754	3593
兴和县	343	183	160	4602	2115	2487
凉城县	322	174	148	5090	2495	2595
察哈尔右翼前旗	175	88	87	4032	1873	2159
察哈尔右翼中旗	294	154	140	3556	1622	1934
察哈尔右翼后旗	221	111	110	3910	1783	2127
四子王旗	488	248	240	5258	2388	2870
丰镇市	173	98	75	3963	1867	2096
兴安盟	**900**	**453**	**447**	**16548**	**7568**	**8980**
乌兰浩特市	44	20	24	1150	514	636
阿尔山市	8	5	3	190	93	97
科尔沁右翼前旗	324	166	158	5699	2694	3005
科尔沁右翼中旗	116	59	57	2144	1047	1097
扎赉特旗	125	51	74	3460	1476	1984
突泉县	283	152	131	3905	1744	2161
锡林郭勒盟	**857**	**471**	**386**	**14262**	**7258**	**7004**
二连浩特市	2	1	1	112	57	55
锡林浩特市	164	87	77	3151	1567	1584
阿巴嘎旗	14	7	7	1012	577	435
苏尼特左旗	20	12	8	638	353	285
苏尼特右旗	15	9	6	492	243	249
东乌珠穆沁旗	39	21	18	1352	771	581
西乌珠穆沁旗	93	54	39	1815	944	871
太仆寺旗	151	87	64	1953	875	1078
镶黄旗	6	3	3	205	99	106
正镶白旗	16	7	9	440	233	207
正蓝旗	171	86	85	1340	679	661
多伦县	158	92	66	1262	610	652
乌拉盖管委会	8	5	3	490	250	240
阿拉善盟	**115**	**62**	**53**	**1699**	**864**	**835**
阿拉善左旗	93	51	42	1272	639	633
阿拉善右旗	8	3	5	165	81	84
额济纳旗	10	6	4	204	107	97
内蒙古阿拉善经济开发区	4	2	2	58	37	21

7-6c 续表 6

单位：人

现住地	初中			高中			大学专科		
	小计	男	女	小计	男	女	小计	男	女
内蒙古	**466069**	**253189**	**212880**	**173876**	**99963**	**73913**	**88607**	**50680**	**37927**
呼和浩特市	**93951**	**52561**	**41390**	**32386**	**18536**	**13850**	**16965**	**8522**	**8443**
新城区	21616	11911	9705	6048	3433	2615	3052	1522	1530
回民区	3197	1832	1365	1592	904	688	938	469	469
玉泉区	13696	7917	5779	4075	2359	1716	2428	946	1482
赛罕区	25424	14358	11066	8705	4902	3803	4936	2362	2574
土默特左旗	9081	4868	4213	3076	1714	1362	1520	816	704
托克托县	8582	4618	3964	3332	1851	1481	1305	723	582
和林格尔县	6584	3684	2900	3800	2251	1549	1976	1185	791
清水河县	2333	1448	885	782	511	271	362	225	137
武川县	3438	1925	1513	976	611	365	448	274	174
呼和浩特经济技术开发区									
包头市	**37709**	**21151**	**16558**	**9280**	**5280**	**4000**	**3794**	**2044**	**1750**
东河区	4573	2505	2068	1535	806	729	382	179	203
昆都仑区	5658	3214	2444	1317	760	557	411	217	194
青山区	5358	3002	2356	973	565	408	444	225	219
石拐区	729	434	295	158	97	61	98	57	41
白云鄂博矿区									
九原区	9767	5549	4218	1948	1136	812	848	510	338
土默特右旗	3942	2084	1858	1175	660	515	598	337	261
固阳县	3828	2202	1626	1072	630	442	461	232	229
达尔罕茂明安联合旗	2788	1542	1246	879	491	388	476	250	226
包头稀土高新技术产业开发区	1066	619	447	223	135	88	76	37	39
乌海市	**2744**	**1690**	**1054**	**1086**	**762**	**324**	**704**	**511**	**193**
海勃湾区	2119	1299	820	835	584	251	555	397	158
海南区	625	391	234	251	178	73	149	114	35
乌达区									
赤峰市	**76848**	**40789**	**36059**	**38610**	**21733**	**16877**	**19253**	**10631**	**8622**
红山区	669	342	327	236	128	108	108	52	56
元宝山区	2612	1468	1144	748	457	291	357	218	139
松山区	25913	13670	12243	16417	9014	7403	10391	5663	4728
阿鲁科尔沁旗	5208	2798	2410	1755	1067	688	772	442	330
巴林左旗	10736	5487	5249	4077	2208	1869	2007	1068	939
巴林右旗	2439	1298	1141	816	428	388	438	253	185
林西县	3461	1866	1595	1343	740	603	562	311	251
克什克腾旗	3462	2112	1350	1578	1068	510	1094	761	333
翁牛特旗	4670	2517	2153	1907	1151	756	924	550	374
喀喇沁旗	3292	1744	1548	1144	647	497	542	267	275
宁城县	6583	3421	3162	2276	1393	883	898	435	463
敖汉旗	7803	4066	3737	6313	3432	2881	1160	611	549

7-6c　续表 7

单位：人

现 住 地	初　中			高　中			大学专科		
	小计	男	女	小计	男	女	小计	男	女
通辽市	**45107**	**20241**	**24866**	**12189**	**6770**	**5419**	**5151**	**2719**	**2432**
科尔沁区	11647	4874	6773	2753	1474	1279	1226	665	561
科尔沁左翼中旗	5363	2213	3150	1359	715	644	644	327	317
科尔沁左翼后旗	5743	2769	2974	1693	893	800	808	441	367
开鲁县	6213	2574	3639	1173	647	526	509	261	248
库伦旗	1760	870	890	468	271	197	221	115	106
奈曼旗	5076	2239	2837	1264	670	594	685	368	317
扎鲁特旗	4953	2573	2380	1385	847	538	505	264	241
通辽经济技术开发区	2700	1248	1452	1159	657	502	274	136	138
霍林郭勒市	1652	881	771	935	596	339	279	142	137
鄂尔多斯市	**30019**	**19084**	**10935**	**15266**	**10261**	**5005**	**11025**	**7996**	**3029**
东胜区	2751	2071	680	1250	1035	215	754	572	182
康巴什区									
达拉特旗	10162	5864	4298	3487	2107	1380	1721	1077	644
准格尔旗	6491	4393	2098	4600	3061	1539	3914	2955	959
鄂托克前旗	1071	611	460	530	336	194	303	183	120
鄂托克旗	2638	1741	897	1646	1109	537	1376	1003	373
杭锦旗	1663	967	696	721	440	281	474	316	158
乌审旗	1329	801	528	834	528	306	869	640	229
伊金霍洛旗	3914	2636	1278	2198	1645	553	1614	1250	364
呼伦贝尔市	**35900**	**18258**	**17642**	**13420**	**7108**	**6312**	**5182**	**2872**	**2310**
海拉尔区	901	476	425	266	156	110	128	66	62
扎赉诺尔区									
阿荣旗	8990	4380	4610	2861	1539	1322	988	510	478
莫力达瓦达斡尔族自治旗	8408	3996	4412	4458	2129	2329	1179	585	594
鄂伦春自治旗	3442	1812	1630	993	546	447	532	307	225
鄂温克族自治旗	2160	1162	998	770	425	345	394	238	156
陈巴尔虎旗	1557	890	667	526	308	218	296	195	101
新巴尔虎左旗	1268	702	566	490	274	216	242	141	101
新巴尔虎右旗	1405	951	454	456	301	155	204	132	72
满洲里市									
牙克石市	883	469	414	587	340	247	181	113	68
扎兰屯市	5689	2757	2932	1637	867	770	783	414	369
额尔古纳市	1179	652	527	373	222	151	253	169	84
根河市	18	11	7	3	1	2	2	2	
巴彦淖尔市	**45600**	**24992**	**20608**	**17604**	**9701**	**7903**	**9329**	**5067**	**4262**
临河区	16113	8914	7199	6147	3449	2698	4004	2047	1957
五原县	6647	3453	3194	2158	1137	1021	924	421	503
磴口县	3191	1770	1421	1015	649	366	486	308	178
乌拉特前旗	8759	4779	3980	3840	1961	1879	1658	922	736
乌拉特中旗	3188	1848	1340	1300	808	492	779	537	242
乌拉特后旗	1507	922	585	670	424	246	376	248	128
杭锦后旗	6195	3306	2889	2474	1273	1201	1102	584	518

7-6c 续表 8

单位：人

现住地	初中			高中			大学专科		
	小计	男	女	小计	男	女	小计	男	女
乌兰察布市	**51344**	**29103**	**22241**	**18105**	**10349**	**7756**	**8207**	**4655**	**3552**
集宁区	4837	2606	2231	3865	2013	1852	1375	718	657
卓资县	3584	2199	1385	1174	833	341	838	563	275
化德县	2203	1277	926	529	325	204	303	171	132
商都县	6058	3540	2518	1498	847	651	677	367	310
兴和县	4822	2705	2117	963	571	392	405	246	159
凉城县	4981	2791	2190	1697	1016	681	773	430	343
察哈尔右翼前旗	4560	2713	1847	1647	1013	634	774	466	308
察哈尔右翼中旗	3779	2140	1639	1478	844	634	630	363	267
察哈尔右翼后旗	4023	2277	1746	1057	579	478	469	271	198
四子王旗	7455	4066	3389	2259	1287	972	1342	716	626
丰镇市	5042	2789	2253	1938	1021	917	621	344	277
兴安盟	**23245**	**11605**	**11640**	**6497**	**3608**	**2889**	**3636**	**2135**	**1501**
乌兰浩特市	1943	966	977	728	432	296	544	374	170
阿尔山市	280	149	131	77	46	31	48	34	14
科尔沁右翼前旗	7864	3992	3872	2284	1239	1045	1300	722	578
科尔沁右翼中旗	2946	1518	1428	852	502	350	398	235	163
扎赉特旗	4263	1950	2313	1135	615	520	642	347	295
突泉县	5949	3030	2919	1421	774	647	704	423	281
锡林郭勒盟	**20830**	**11986**	**8844**	**7723**	**4630**	**3093**	**3983**	**2499**	**1484**
二连浩特市	119	85	34	76	46	30	30	23	7
锡林浩特市	4543	2664	1879	1160	676	484	636	375	261
阿巴嘎旗	1346	725	621	584	338	246	315	201	114
苏尼特左旗	987	563	424	456	276	180	271	155	116
苏尼特右旗	857	384	473	424	192	232	212	107	105
东乌珠穆沁旗	1996	1250	746	675	422	253	270	172	98
西乌珠穆沁旗	3621	2372	1249	1676	1226	450	988	773	215
太仆寺旗	2329	1281	1048	647	361	286	318	187	131
镶黄旗	281	138	143	118	53	65	73	47	26
正镶白旗	737	399	338	287	153	134	156	92	64
正蓝旗	1894	994	900	1055	552	503	460	227	233
多伦县	1645	893	752	446	267	179	207	112	95
乌拉盖管委会	475	238	237	119	68	51	47	28	19
阿拉善盟	**2772**	**1729**	**1043**	**1710**	**1225**	**485**	**1378**	**1029**	**349**
阿拉善左旗	1984	1213	771	1124	784	340	780	561	219
阿拉善右旗	187	99	88	96	68	28	111	85	26
额济纳旗	456	309	147	351	257	94	325	254	71
内蒙古阿拉善经济开发区	145	108	37	139	116	23	162	129	33

7-6c 续表 9 单位：人

现住地	大学本科			硕士研究生			博士研究生		
	小计	男	女	小计	男	女	小计	男	女
内蒙古	**52325**	**27413**	**24912**	**1429**	**665**	**764**	**72**	**32**	**40**
呼和浩特市	**9458**	**4709**	**4749**	**336**	**156**	**180**	**28**	**16**	**12**
新城区	1172	527	645	49	21	28	7	5	2
回民区	369	168	201	16	6	10			
玉泉区	3141	1562	1579	39	19	20	4	2	2
赛罕区	2090	1016	1074	143	67	76	9	5	4
土默特左旗	647	306	341	15	4	11	2	1	1
托克托县	746	423	323	26	13	13	1		1
和林格尔县	888	465	423	32	14	18	5	3	2
清水河县	188	126	62	9	8	1			
武川县	217	116	101	7	4	3			
呼和浩特经济技术开发区									
包头市	**2106**	**1048**	**1058**	**50**	**19**	**31**	**1**	**1**	
东河区	186	82	104	5	1	4			
昆都仑区	180	83	97	4	2	2			
青山区	196	100	96	4	1	3			
石拐区	72	34	38	2	1	1			
白云鄂博矿区									
九原区	363	187	176	6	2	4	1	1	
土默特右旗	394	215	179	5	3	2			
固阳县	334	165	169	15	6	9			
达尔罕茂明安联合旗	345	160	185	9	3	6			
包头稀土高新技术产业开发区	36	22	14						
乌海市	**278**	**189**	**89**	**11**	**5**	**6**	**1**		**1**
海勃湾区	208	134	74	10	4	6	1		1
海南区	70	55	15	1	1				
乌达区									
赤峰市	**11174**	**5607**	**5567**	**344**	**140**	**204**	**16**	**5**	**11**
红山区	53	22	31	3	1	2			
元宝山区	162	96	66	4	3	1			
松山区	5848	2865	2983	253	98	155	8	2	6
阿鲁科尔沁旗	466	235	231	12	6	6			
巴林左旗	1420	683	737	12	5	7	1	1	
巴林右旗	332	170	162	4	1	3	1		1
林西县	232	118	114	6	4	2			
克什克腾旗	693	423	270	7	6	1			
翁牛特旗	566	302	264	15	6	9	3	1	2
喀喇沁旗	292	167	125	13	5	8	1		1
宁城县	480	232	248	4	1	3			
敖汉旗	630	294	336	11	4	7	2	1	1

7-6c 续表 10 单位：人

现住地	大学本科			硕士研究生			博士研究生		
	小计	男	女	小计	男	女	小计	男	女
通辽市	**2808**	**1444**	**1364**	**67**	**25**	**42**	**3**	**2**	**1**
科尔沁区	656	354	302	13	5	8	1	1	
科尔沁左翼中旗	339	176	163	13	6	7			
科尔沁左翼后旗	475	261	214	4	1	3			
开鲁县	252	139	113	6	2	4	1		1
库伦旗	167	69	98	7	4	3			
奈曼旗	369	169	200	10	4	6			
扎鲁特旗	262	131	131	8	2	6			
通辽经济技术开发区	113	56	57	2		2			
霍林郭勒市	175	89	86	4	1	3	1	1	
鄂尔多斯市	**6940**	**4734**	**2206**	**229**	**141**	**88**	**2**	**2**	
东胜区	440	336	104	5	4	1			
康巴什区									
达拉特旗	1079	633	446	40	28	12			
准格尔旗	2648	1880	768	87	44	43	1	1	
鄂托克前旗	173	101	72	5	3	2			
鄂托克旗	574	401	173	13	7	6			
杭锦旗	366	244	122	10	6	4			
乌审旗	663	426	237	24	16	8			
伊金霍洛旗	997	713	284	45	33	12	1	1	
呼伦贝尔市	**2825**	**1433**	**1392**	**75**	**32**	**43**	**2**		**2**
海拉尔区	76	40	36	1	1		1		1
扎赉诺尔区									
阿荣旗	499	252	247	14	7	7	1		1
莫力达瓦达斡尔族自治旗	694	319	375	15	4	11			
鄂伦春自治旗	266	149	117	7	4	3			
鄂温克族自治旗	201	102	99	7	4	3			
陈巴尔虎旗	169	98	71	3	2	1			
新巴尔虎左旗	178	89	89	6	2	4			
新巴尔虎右旗	142	83	59	5	1	4			
满洲里市									
牙克石市	87	41	46	1		1			
扎兰屯市	371	179	192	10	5	5			
额尔古纳市	137	78	59	6	2	4			
根河市	5	3	2						
巴彦淖尔市	**8009**	**3410**	**4599**	**85**	**44**	**41**	**2**		**2**
临河区	5873	2310	3563	36	15	21			
五原县	373	164	209	9	5	4			
磴口县	173	80	93	2	2				
乌拉特前旗	613	281	332	14	7	7			
乌拉特中旗	392	258	134	6	2	4			
乌拉特后旗	152	106	46	3	3				
杭锦后旗	433	211	222	15	10	5	2		2

7-6c　续表 11　　　　单位：人

现 住 地	大学本科			硕士研究生			博士研究生		
	小计	男	女	小计	男	女	小计	男	女
乌兰察布市	**3659**	**1931**	**1728**	**120**	**49**	**71**	**8**	**2**	**6**
集宁区	808	405	403	60	22	38	2	1	1
卓资县	264	158	106	7	5	2			
化德县	139	75	64	3	1	2	1		1
商都县	260	131	129	4	3	1	2	1	1
兴和县	165	78	87	1	1				
凉城县	391	201	190	8	3	5			
察哈尔右翼前旗	311	182	129	9	3	6	1		1
察哈尔右翼中旗	389	191	198	13	6	7	1		1
察哈尔右翼后旗	200	115	85	6	2	4			
四子王旗	517	276	241	5	2	3	1		1
丰镇市	215	119	96	4	1	3			
兴安盟	**2097**	**1063**	**1034**	**49**	**23**	**26**	**6**	**2**	**4**
乌兰浩特市	234	150	84	4	1	3			
阿尔山市	54	29	25	1	1				
科尔沁右翼前旗	825	372	453	24	10	14	2	1	1
科尔沁右翼中旗	248	120	128	5	4	1			
扎赉特旗	353	200	153	9	3	6	3		3
突泉县	383	192	191	6	4	2	1	1	
锡林郭勒盟	**2190**	**1296**	**894**	**46**	**23**	**23**	**3**	**2**	**1**
二连浩特市	23	16	7						
锡林浩特市	262	145	117	4	1	3	2	1	1
阿巴嘎旗	253	155	98	1	1				
苏尼特左旗	167	95	72	1	1		1	1	
苏尼特右旗	133	76	57	2	1	1			
东乌珠穆沁旗	161	90	71	6	2	4			
西乌珠穆沁旗	539	382	157	14	10	4			
太仆寺旗	131	78	53	2		2			
镶黄旗	35	27	8						
正镶白旗	79	44	35	3	1	2			
正蓝旗	279	128	151	8	2	6			
多伦县	101	46	55	3	2	1			
乌拉盖管委会	27	14	13	2	2				
阿拉善盟	**781**	**549**	**232**	**17**	**8**	**9**			
阿拉善左旗	485	334	151	14	6	8			
阿拉善右旗	89	67	22						
额济纳旗	160	112	48						
内蒙古阿拉善经济开发区	47	36	11	3	2	1			

7-7 全区按现住地、受教育程度、性别分的户口登记地在外省的人口

单位：人

现住地	合计			未上过学		
	合计	男	女	小计	男	女
内蒙古	**1657016**	**987528**	**669488**	**43222**	**15384**	**27838**
呼和浩特市	**255027**	**147150**	**107877**	**5072**	**1724**	**3348**
新城区	68142	40857	27285	1183	430	753
回民区	39241	21921	17320	900	274	626
玉泉区	46312	25371	20941	921	311	610
赛罕区	57239	32944	24295	1130	390	740
土默特左旗	9899	5482	4417	206	60	146
托克托县	6627	4597	2030	143	45	98
和林格尔县	8433	4474	3959	161	70	91
清水河县	2208	1455	753	78	22	56
武川县	2270	1236	1034	104	29	75
呼和浩特经济技术开发区	14656	8813	5843	246	93	153
包头市	**234723**	**135854**	**98869**	**5749**	**2126**	**3623**
东河区	46660	27028	19632	1102	450	652
昆都仑区	70147	39431	30716	1237	442	795
青山区	48428	27340	21088	996	337	659
石拐区	4104	2856	1248	96	41	55
白云鄂博矿区	2037	1309	728	59	22	37
九原区	28433	16935	11498	851	279	572
土默特右旗	5290	3155	2135	155	58	97
固阳县	4092	2703	1389	68	24	44
达尔罕茂明安联合旗	2247	1442	805	60	23	37
包头稀土高新技术产业开发区	23285	13655	9630	1125	450	675
乌海市	**96178**	**59533**	**36645**	**3036**	**1120**	**1916**
海勃湾区	48994	29563	19431	1649	616	1033
海南区	26537	16794	9743	864	303	561
乌达区	20647	13176	7471	523	201	322
赤峰市	**101204**	**56184**	**45020**	**1833**	**639**	**1194**
红山区	25682	14742	10940	397	146	251
元宝山区	11852	6508	5344	246	81	165
松山区	22377	12430	9947	386	138	248
阿鲁科尔沁旗	2889	1611	1278	41	18	23
巴林左旗	4175	2442	1733	65	22	43
巴林右旗	2429	1388	1041	46	16	30
林西县	3993	2227	1766	86	26	60
克什克腾旗	5066	3471	1595	81	28	53
翁牛特旗	2953	1509	1444	54	26	28
喀喇沁旗	4330	2149	2181	108	35	73
宁城县	9823	5065	4758	215	70	145
敖汉旗	5635	2642	2993	108	33	75

7-7　续表 1

单位：人

现住地	合计			未上过学		
	合计	男	女	小计	男	女
通辽市	**88229**	**48137**	**40092**	**1534**	**575**	**959**
科尔沁区	27980	15442	12538	434	169	265
科尔沁左翼中旗	7527	3620	3907	172	65	107
科尔沁左翼后旗	8889	4276	4613	201	68	133
开鲁县	5802	3258	2544	111	53	58
库伦旗	4514	2400	2114	86	38	48
奈曼旗	4992	2605	2387	92	31	61
扎鲁特旗	4220	2541	1679	82	32	50
通辽经济技术开发区	9807	5689	4118	164	63	101
霍林郭勒市	14498	8306	6192	192	56	136
鄂尔多斯市	**379370**	**249272**	**130098**	**11451**	**4008**	**7443**
东胜区	111282	66150	45132	3397	1149	2248
康巴什区	16640	9858	6782	451	115	336
达拉特旗	21375	13951	7424	649	222	427
准格尔旗	53236	38322	14914	1076	355	721
鄂托克前旗	23204	16440	6764	824	301	523
鄂托克旗	42181	26497	15684	1948	693	1255
杭锦旗	6713	4607	2106	248	103	145
乌审旗	52679	36606	16073	1449	565	884
伊金霍洛旗	52060	36841	15219	1409	505	904
呼伦贝尔市	**156200**	**83627**	**72573**	**3571**	**1347**	**2224**
海拉尔区	32347	17535	14812	611	225	386
扎赉诺尔区	5526	2803	2723	115	46	69
阿荣旗	9290	4785	4505	250	100	150
莫力达瓦达斡尔族自治旗	10554	5181	5373	429	160	269
鄂伦春自治旗	14524	7263	7261	704	246	458
鄂温克族自治旗	8891	4749	4142	231	75	156
陈巴尔虎旗	3992	2417	1575	61	23	38
新巴尔虎左旗	1802	1118	684	37	17	20
新巴尔虎右旗	3599	2687	912	40	17	23
满洲里市	36871	19806	17065	345	153	192
牙克石市	10836	5642	5194	253	106	147
扎兰屯市	11753	6097	5656	307	108	199
额尔古纳市	3913	2139	1774	122	44	78
根河市	2302	1405	897	66	27	39
巴彦淖尔市	**75799**	**46309**	**29490**	**4187**	**1495**	**2692**
临河区	33696	19604	14092	1864	652	1212
五原县	7476	4201	3275	538	193	345
磴口县	4427	2471	1956	432	134	298
乌拉特前旗	11779	7808	3971	603	228	375
乌拉特中旗	7641	5185	2456	297	128	169
乌拉特后旗	5825	4404	1421	151	58	93
杭锦后旗	4955	2636	2319	302	102	200

7-7 续表 2

单位：人

现住地	合计			未上过学		
	合计	男	女	小计	男	女
乌兰察布市	**68364**	**40010**	**28354**	**1537**	**514**	**1023**
集宁区	27174	16007	11167	438	176	262
卓资县	2710	1564	1146	42	9	33
化德县	5303	3114	2189	149	47	102
商都县	3982	2121	1861	133	35	98
兴和县	4343	2232	2111	146	43	103
凉城县	2707	1439	1268	135	37	98
察哈尔右翼前旗	7764	5219	2545	145	47	98
察哈尔右翼中旗	1663	1021	642	60	24	36
察哈尔右翼后旗	2114	1170	944	59	13	46
四子王旗	2534	1399	1135	82	30	52
丰镇市	8070	4724	3346	148	53	95
兴安盟	**53840**	**29413**	**24427**	**1254**	**471**	**783**
乌兰浩特市	22297	12335	9962	479	172	307
阿尔山市	1506	897	609	35	9	26
科尔沁右翼前旗	8087	4600	3487	203	86	117
科尔沁右翼中旗	4409	2630	1779	111	46	65
扎赉特旗	10888	5232	5656	295	104	191
突泉县	6653	3719	2934	131	54	77
锡林郭勒盟	**79827**	**50168**	**29659**	**1841**	**662**	**1179**
二连浩特市	7693	4441	3252	181	67	114
锡林浩特市	32548	18992	13556	704	238	466
阿巴嘎旗	2368	1744	624	62	22	40
苏尼特左旗	2106	1671	435	33	13	20
苏尼特右旗	2563	1710	853	45	14	31
东乌珠穆沁旗	2999	1903	1096	72	26	46
西乌珠穆沁旗	10092	8062	2030	108	48	60
太仆寺旗	3490	1923	1567	178	59	119
镶黄旗	2044	1633	411	33	15	18
正镶白旗	1627	1105	522	86	37	49
正蓝旗	2903	1703	1200	127	53	74
多伦县	8181	4536	3645	163	52	111
乌拉盖管委会	1213	745	468	49	18	31
阿拉善盟	**68255**	**41871**	**26384**	**2157**	**703**	**1454**
阿拉善左旗	36735	22423	14312	1257	408	849
阿拉善右旗	4436	2886	1550	170	64	106
额济纳旗	11536	6754	4782	272	92	180
内蒙古阿拉善经济开发区	15548	9808	5740	458	139	319

7-7　续表 3　　　　单位：人

现住地	学前教育			小　学		
	小计	男	女	小计	男	女
内蒙古	**42111**	**22393**	**19718**	**351370**	**185376**	**165994**
呼和浩特市	**6044**	**3253**	**2791**	**46065**	**24663**	**21402**
新城区	1464	791	673	12248	6780	5468
回民区	1071	596	475	7356	3828	3528
玉泉区	1244	672	572	9014	4598	4416
赛罕区	1205	652	553	8736	4630	4106
土默特左旗	275	136	139	2324	1167	1157
托克托县	122	52	70	1322	807	515
和林格尔县	114	67	47	1482	937	545
清水河县	41	21	20	502	267	235
武川县	47	24	23	595	281	314
呼和浩特经济技术开发区	461	242	219	2486	1368	1118
包头市	**5879**	**3178**	**2701**	**51532**	**27125**	**24407**
东河区	1299	732	567	10819	5811	5008
昆都仑区	1681	878	803	13467	6760	6707
青山区	1162	626	536	9735	4992	4743
石拐区	42	25	17	806	514	292
白云鄂博矿区	32	16	16	418	227	191
九原区	803	436	367	7064	3735	3329
土默特右旗	114	66	48	1184	652	532
固阳县	93	48	45	981	579	402
达尔罕茂明安联合旗	36	21	15	535	293	242
包头稀土高新技术产业开发区	617	330	287	6523	3562	2961
乌海市	**2229**	**1178**	**1051**	**22196**	**12255**	**9941**
海勃湾区	964	505	459	11247	6149	5098
海南区	733	391	342	6341	3521	2820
乌达区	532	282	250	4608	2585	2023
赤峰市	**2815**	**1513**	**1302**	**21027**	**10415**	**10612**
红山区	720	394	326	4802	2464	2338
元宝山区	351	187	164	2857	1391	1466
松山区	654	345	309	4391	2256	2135
阿鲁科尔沁旗	78	42	36	612	301	311
巴林左旗	100	53	47	751	388	363
巴林右旗	70	42	28	439	225	214
林西县	103	57	46	880	426	454
克什克腾旗	89	55	34	818	463	355
翁牛特旗	88	49	39	643	312	331
喀喇沁旗	133	75	58	1087	483	604
宁城县	261	120	141	2058	1001	1057
敖汉旗	168	94	74	1689	705	984

7-7 续表 4

单位：人

现住地	学前教育			小学		
	小计	男	女	小计	男	女
通辽市	**2303**	**1188**	**1115**	**16577**	**7916**	**8661**
科尔沁区	659	342	317	4375	2168	2207
科尔沁左翼中旗	195	99	96	1796	799	997
科尔沁左翼后旗	222	133	89	1974	851	1123
开鲁县	182	93	89	1226	623	603
库伦旗	140	76	64	968	501	467
奈曼旗	126	67	59	1061	454	607
扎鲁特旗	104	44	60	900	464	436
通辽经济技术开发区	275	125	150	1605	821	784
霍林郭勒市	400	209	191	2672	1235	1437
鄂尔多斯市	**11294**	**6091**	**5203**	**82771**	**45645**	**37126**
东胜区	3613	1965	1648	27126	14158	12968
康巴什区	494	269	225	3316	1803	1513
达拉特旗	546	305	241	5079	2832	2247
准格尔旗	1108	589	519	10225	6022	4203
鄂托克前旗	605	310	295	4429	2482	1947
鄂托克旗	1424	765	659	9860	5288	4572
杭锦旗	176	97	79	1452	849	603
乌审旗	1923	1053	870	11154	6126	5028
伊金霍洛旗	1405	738	667	10130	6085	4045
呼伦贝尔市	**3317**	**1700**	**1617**	**34478**	**16777**	**17701**
海拉尔区	620	328	292	6473	3200	3273
扎赉诺尔区	110	50	60	1474	733	741
阿荣旗	236	123	113	2366	1129	1237
莫力达瓦达斡尔族自治旗	204	107	97	3378	1585	1793
鄂伦春自治旗	292	147	145	4917	2336	2581
鄂温克族自治旗	182	88	94	2171	1056	1115
陈巴尔虎旗	57	27	30	1083	527	556
新巴尔虎左旗	34	21	13	370	189	181
新巴尔虎右旗	30	15	15	737	488	249
满洲里市	947	485	462	4518	2217	2301
牙克石市	212	109	103	2611	1239	1372
扎兰屯市	269	137	132	2947	1363	1584
额尔古纳市	83	44	39	1108	551	557
根河市	41	19	22	325	164	161
巴彦淖尔市	**1733**	**906**	**827**	**19365**	**10977**	**8388**
临河区	939	496	443	8377	4637	3740
五原县	132	64	68	2413	1323	1090
磴口县	116	62	54	1254	674	580
乌拉特前旗	202	97	105	2885	1712	1173
乌拉特中旗	113	64	49	1716	1010	706
乌拉特后旗	84	46	38	1327	907	420
杭锦后旗	147	77	70	1393	714	679

7-7　续表 5　　单位：人

现住地	学前教育			小学		
	小计	男	女	小计	男	女
乌兰察布市	**1425**	**746**	**679**	**13965**	**7259**	**6706**
集宁区	603	328	275	4750	2648	2102
卓资县	45	23	22	322	161	161
化德县	78	32	46	1665	937	728
商都县	75	39	36	1002	438	564
兴和县	120	63	57	1142	492	650
凉城县	61	28	33	668	316	352
察哈尔右翼前旗	128	67	61	1563	945	618
察哈尔右翼中旗	31	19	12	342	165	177
察哈尔右翼后旗	49	26	23	400	173	227
四子王旗	67	37	30	611	276	335
丰镇市	168	84	84	1500	708	792
兴安盟	**1158**	**615**	**543**	**12547**	**6075**	**6472**
乌兰浩特市	474	259	215	4656	2325	2331
阿尔山市	38	21	17	300	156	144
科尔沁右翼前旗	173	90	83	1858	909	949
科尔沁右翼中旗	103	52	51	1019	513	506
扎赉特旗	241	120	121	3175	1433	1742
突泉县	129	73	56	1539	739	800
锡林郭勒盟	**1740**	**913**	**827**	**16605**	**8705**	**7900**
二连浩特市	215	113	102	1919	939	980
锡林浩特市	758	404	354	7066	3555	3511
阿巴嘎旗	25	8	17	480	301	179
苏尼特左旗	27	15	12	389	253	136
苏尼特右旗	38	18	20	425	221	204
东乌珠穆沁旗	68	36	32	670	345	325
西乌珠穆沁旗	144	84	60	1102	635	467
太仆寺旗	69	34	35	919	462	457
镶黄旗	14	4	10	341	234	107
正镶白旗	20	11	9	435	269	166
正蓝旗	68	33	35	656	358	298
多伦县	265	136	129	1930	983	947
乌拉盖管委会	29	17	12	273	150	123
阿拉善盟	**2174**	**1112**	**1062**	**14242**	**7564**	**6678**
阿拉善左旗	865	428	437	8078	4326	3752
阿拉善右旗	76	36	40	1082	625	457
额济纳旗	500	275	225	2396	1218	1178
内蒙古阿拉善经济开发区	733	373	360	2686	1395	1291

7-7 续表 6

单位：人

现住地	初中			高中			大学专科		
	小计	男	女	小计	男	女	小计	男	女
内蒙古	**688622**	**432288**	**256334**	**255473**	**164196**	**91277**	**147822**	**91206**	**56616**
呼和浩特市	**91044**	**55928**	**35116**	**38506**	**23205**	**15301**	**25968**	**14941**	**11027**
新城区	24976	15662	9314	10705	6584	4121	6898	4119	2779
回民区	15099	9144	5955	6619	3870	2749	3833	2151	1682
玉泉区	18516	10973	7543	6769	3803	2966	3811	2031	1780
赛罕区	16089	9791	6298	8088	4670	3418	7440	4179	3261
土默特左旗	4057	2325	1732	1293	804	489	657	391	266
托克托县	2817	1990	827	1140	899	241	578	413	165
和林格尔县	2242	1457	785	859	580	279	524	319	205
清水河县	869	593	276	412	328	84	221	163	58
武川县	969	542	427	293	184	109	181	125	56
呼和浩特经济技术开发区	5410	3451	1959	2328	1483	845	1825	1050	775
包头市	**98629**	**60107**	**38522**	**34516**	**20460**	**14056**	**17649**	**10201**	**7448**
东河区	21744	13327	8417	6719	3985	2734	2825	1586	1239
昆都仑区	26507	14970	11537	10301	5780	4521	5524	3008	2516
青山区	19687	11971	7716	7927	4566	3361	4725	2697	2028
石拐区	2082	1498	584	786	563	223	217	160	57
白云鄂博矿区	953	665	288	314	199	115	159	113	46
九原区	13050	8287	4763	3650	2270	1380	1947	1283	664
土默特右旗	2313	1417	896	705	460	245	387	241	146
固阳县	2052	1456	596	663	455	208	140	95	45
达尔罕茂明安联合旗	1038	690	348	347	250	97	141	104	37
包头稀土高新技术产业开发区	9203	5826	3377	3104	1932	1172	1584	914	670
乌海市	**44505**	**29661**	**14844**	**14300**	**9353**	**4947**	**6802**	**4068**	**2734**
海勃湾区	21750	14220	7530	7706	4766	2940	3701	2125	1576
海南区	13357	9053	4304	3428	2385	1043	1394	877	517
乌达区	9398	6388	3010	3166	2202	964	1707	1066	641
赤峰市	**40200**	**23028**	**17172**	**16878**	**10112**	**6766**	**10123**	**5712**	**4411**
红山区	9599	5752	3847	5032	3074	1958	2537	1488	1049
元宝山区	5029	2890	2139	1695	962	733	971	573	398
松山区	8171	4907	3264	3714	2128	1586	2792	1461	1331
阿鲁科尔沁旗	1183	678	505	450	265	185	291	160	131
巴林左旗	1697	1018	679	822	514	308	397	234	163
巴林右旗	998	558	440	335	198	137	327	211	116
林西县	1640	933	707	792	502	290	306	166	140
克什克腾旗	1630	1092	538	1067	839	228	741	520	221
翁牛特旗	1163	586	577	462	249	213	321	162	159
喀喇沁旗	1858	959	899	569	309	260	350	163	187
宁城县	4697	2434	2263	1330	746	584	746	406	340
敖汉旗	2535	1221	1314	610	326	284	344	168	176

7-7　续表 7　　　　单位：人

现住地	初中			高中			大学专科		
	小计	男	女	小计	男	女	小计	男	女
通辽市	**37813**	**20713**	**17100**	**14693**	**8795**	**5898**	**7665**	**4614**	**3051**
科尔沁区	10764	6000	4764	4986	2934	2052	2733	1718	1015
科尔沁左翼中旗	3809	1818	1991	940	498	442	385	209	176
科尔沁左翼后旗	4465	2114	2351	1223	652	571	522	310	212
开鲁县	2632	1479	1153	854	525	329	455	269	186
库伦旗	2049	1042	1007	672	388	284	350	207	143
奈曼旗	2149	1180	969	839	466	373	465	256	209
扎鲁特旗	2009	1254	755	703	487	216	232	144	88
通辽经济技术开发区	3763	2320	1443	1668	1001	667	1192	666	526
霍林郭勒市	6173	3506	2667	2808	1844	964	1331	835	496
鄂尔多斯市	**151994**	**106958**	**45036**	**61737**	**44856**	**16881**	**38568**	**26885**	**11683**
东胜区	46828	30244	16584	15830	10127	5703	9279	5443	3836
康巴什区	5304	3460	1844	2798	1698	1100	1943	1109	834
达拉特旗	8993	6310	2683	3384	2399	985	1880	1290	590
准格尔旗	24287	18496	5791	8712	6898	1814	5099	3862	1237
鄂托克前旗	9385	7206	2179	4166	3307	859	2435	1823	612
鄂托克旗	17243	11763	5480	6891	4730	2161	3727	2504	1223
杭锦旗	2432	1770	662	938	684	254	1014	775	239
乌审旗	16958	12235	4723	9070	7087	1983	7860	6217	1643
伊金霍洛旗	20564	15474	5090	9948	7926	2022	5331	3862	1469
呼伦贝尔市	**77987**	**42823**	**35164**	**19739**	**11320**	**8419**	**9685**	**5433**	**4252**
海拉尔区	14554	8167	6387	4617	2623	1994	2669	1495	1174
扎赉诺尔区	2913	1512	1401	534	282	252	274	130	144
阿荣旗	4511	2382	2129	1009	551	458	554	306	248
莫力达瓦达斡尔族自治旗	4657	2277	2380	1065	569	496	536	311	225
鄂伦春自治旗	6084	3171	2913	1410	786	624	718	376	342
鄂温克族自治旗	3909	2169	1740	1219	675	544	600	344	256
陈巴尔虎旗	2013	1289	724	427	291	136	198	143	55
新巴尔虎左旗	701	407	294	379	281	98	160	112	48
新巴尔虎右旗	1843	1416	427	559	446	113	211	163	48
满洲里市	23915	13042	10873	4572	2522	2050	1597	845	752
牙克石市	4916	2599	2317	1459	783	676	808	456	352
扎兰屯市	5048	2605	2443	1668	1020	648	923	514	409
额尔古纳市	1746	982	764	521	329	192	226	120	106
根河市	1177	805	372	300	162	138	211	118	93
巴彦淖尔市	**31938**	**21293**	**10645**	**10181**	**6610**	**3571**	**5500**	**3304**	**2196**
临河区	13210	8403	4807	4605	2848	1757	3058	1703	1355
五原县	3021	1861	1160	824	475	349	345	173	172
磴口县	1634	983	651	566	353	213	312	193	119
乌拉特前旗	5754	4172	1582	1472	1019	453	580	382	198
乌拉特中旗	3690	2644	1046	1057	751	306	508	380	128
乌拉特后旗	2580	2033	547	1005	816	189	429	341	88
杭锦后旗	2049	1197	852	652	348	304	268	132	136

7-7 续表 8

单位：人

现住地	初中			高中			大学专科		
	小计	男	女	小计	男	女	小计	男	女
乌兰察布市	**29537**	**18307**	**11230**	**11331**	**7074**	**4257**	**6572**	**3892**	**2680**
集宁区	11159	7019	4140	4505	2771	1734	3230	1798	1432
卓资县	944	612	332	1034	530	504	229	159	70
化德县	2280	1374	906	659	442	217	321	186	135
商都县	1730	984	746	639	389	250	296	177	119
兴和县	1935	1048	887	604	363	241	287	169	118
凉城县	989	525	464	436	262	174	273	181	92
察哈尔右翼前旗	3942	2810	1132	1172	819	353	546	357	189
察哈尔右翼中旗	803	542	261	208	128	80	157	100	57
察哈尔右翼后旗	855	475	380	386	255	131	289	176	113
四子王旗	1111	642	469	361	229	132	152	95	57
丰镇市	3789	2276	1513	1327	886	441	792	494	298
兴安盟	**24964**	**14080**	**10884**	**7483**	**4369**	**3114**	**3779**	**2202**	**1577**
乌兰浩特市	9909	5697	4212	3678	2133	1545	1812	996	816
阿尔山市	676	403	273	215	142	73	139	98	41
科尔沁右翼前旗	3700	2211	1489	991	577	414	654	409	245
科尔沁右翼中旗	2127	1351	776	614	394	220	269	169	100
扎赉特旗	5171	2478	2693	1189	653	536	509	273	236
突泉县	3381	1940	1441	796	470	326	396	257	139
锡林郭勒盟	**33445**	**21592**	**11853**	**13941**	**9766**	**4175**	**7615**	**5208**	**2407**
二连浩特市	3377	1995	1382	1250	835	415	464	304	160
锡林浩特市	13532	8142	5390	5151	3229	1922	3160	1947	1213
阿巴嘎旗	1009	760	249	514	411	103	178	154	24
苏尼特左旗	725	559	166	637	577	60	190	165	25
苏尼特右旗	1080	736	344	543	408	135	307	220	87
东乌珠穆沁旗	1312	874	438	424	294	130	281	195	86
西乌珠穆沁旗	4173	3409	764	2569	2230	339	1289	1081	208
太仆寺旗	1456	838	618	489	304	185	253	148	105
镶黄旗	1085	912	173	292	236	56	190	157	33
正镶白旗	646	455	191	215	156	59	153	121	32
正蓝旗	1084	638	446	532	327	205	275	178	97
多伦县	3469	1963	1506	1142	638	504	773	471	302
乌拉盖管委会	497	311	186	183	121	62	102	67	35
阿拉善盟	**26566**	**17798**	**8768**	**12168**	**8276**	**3892**	**7896**	**4746**	**3150**
阿拉善左旗	15701	10609	5092	5790	3804	1986	3531	2045	1486
阿拉善右旗	1843	1278	565	743	543	200	392	250	142
额济纳旗	4204	2635	1569	2344	1621	723	1144	633	511
内蒙古阿拉善经济开发区	4818	3276	1542	3291	2308	983	2829	1818	1011

7-7　续表 9

单位：人

现住地	大学本科			硕士研究生			博士研究生		
	小计	男	女	小计	男	女	小计	男	女
内蒙古	**115727**	**69658**	**46069**	**11785**	**6483**	**5302**	**884**	**544**	**340**
呼和浩特市	**36098**	**20218**	**15880**	**5722**	**2910**	**2812**	**508**	**308**	**200**
新城区	9106	5553	3553	1468	875	593	94	63	31
回民区	3836	1854	1982	511	196	315	16	8	8
玉泉区	5140	2606	2534	807	329	478	90	48	42
赛罕区	11896	7195	4701	2374	1267	1107	281	170	111
土默特左旗	1040	567	473	47	32	15			
托克托县	477	373	104	26	17	9	2	1	1
和林格尔县	2867	979	1888	173	55	118	11	10	1
清水河县	74	53	21	11	8	3			
武川县	75	48	27	6	3	3			
呼和浩特经济技术开发区	1587	990	597	299	128	171	14	8	6
包头市	**18262**	**11105**	**7157**	**2408**	**1486**	**922**	**99**	**66**	**33**
东河区	1952	1051	901	196	83	113	4	3	1
昆都仑区	9787	6499	3288	1587	1056	531	56	38	18
青山区	3820	1938	1882	362	204	158	14	9	5
石拐区	72	54	18	2	1	1	1		1
白云鄂博矿区	97	63	34	5	4	1			
九原区	946	581	365	110	58	52	12	6	6
土默特右旗	416	253	163	15	7	8	1	1	
固阳县	89	43	46	6	3	3			
达尔罕茂明安联合旗	85	57	28	5	4	1			
包头稀土高新技术产业开发区	998	566	432	120	66	54	11	9	2
乌海市	**2921**	**1798**	**1123**	**180**	**94**	**86**	**9**	**6**	**3**
海勃湾区	1828	1101	727	143	75	68	6	6	
海南区	408	258	150	11	6	5	1		1
乌达区	685	439	246	26	13	13	2		2
赤峰市	**7662**	**4433**	**3229**	**621**	**307**	**314**	**45**	**25**	**20**
红山区	2394	1323	1071	192	98	94	9	3	6
元宝山区	660	404	256	36	18	18	7	2	5
松山区	1990	1062	928	257	117	140	22	16	6
阿鲁科尔沁旗	219	138	81	15	9	6			
巴林左旗	325	200	125	17	12	5	1	1	
巴林右旗	204	134	70	9	3	6	1	1	
林西县	177	114	63	9	3	6			
克什克腾旗	614	456	158	25	17	8	1	1	
翁牛特旗	209	120	89	11	5	6	2		2
喀喇沁旗	207	115	92	17	9	8	1	1	
宁城县	494	278	216	21	10	11	1		1
敖汉旗	169	89	80	12	6	6			

7-7 续表 10

单位：人

现住地	大学本科			硕士研究生			博士研究生		
	小计	男	女	小计	男	女	小计	男	女
通辽市	**7171**	**4082**	**3089**	**424**	**225**	**199**	**49**	**29**	**20**
科尔沁区	3810	1992	1818	200	107	93	19	12	7
科尔沁左翼中旗	217	124	93	11	7	4	2	1	1
科尔沁左翼后旗	268	137	131	12	10	2	2	1	1
开鲁县	316	205	111	24	10	14	2	1	1
库伦旗	237	142	95	10	4	6	2	2	
奈曼旗	243	143	100	15	7	8	2	1	1
扎鲁特旗	180	106	74	10	10				
通辽经济技术开发区	1014	631	383	106	51	55	20	11	9
霍林郭勒市	886	602	284	36	19	17			
鄂尔多斯市	**20286**	**13985**	**6301**	**1199**	**796**	**403**	**70**	**48**	**22**
东胜区	4851	2856	1995	335	193	142	23	15	8
康巴什区	2079	1251	828	248	149	99	7	4	3
达拉特旗	797	561	236	39	28	11	8	4	4
准格尔旗	2601	1996	605	125	102	23	3	2	1
鄂托克前旗	1326	992	334	33	18	15	1	1	
鄂托克旗	1057	729	328	27	22	5	4	3	1
杭锦旗	434	313	121	19	16	3			
乌审旗	4078	3174	904	179	143	36	8	6	2
伊金霍洛旗	3063	2113	950	194	125	69	16	13	3
呼伦贝尔市	**7139**	**4081**	**3058**	**262**	**135**	**127**	**22**	**11**	**11**
海拉尔区	2688	1440	1248	109	52	57	6	5	1
扎赉诺尔区	100	47	53	6	3	3			
阿荣旗	355	190	165	8	4	4	1		1
莫力达瓦达斡尔族自治旗	279	169	110	5	2	3	1	1	
鄂伦春自治旗	385	197	188	11	4	7	3		3
鄂温克族自治旗	525	313	212	50	28	22	4	1	3
陈巴尔虎旗	149	114	35	4	3	1			
新巴尔虎左旗	117	89	28	4	2	2			
新巴尔虎右旗	176	140	36	3	2	1			
满洲里市	958	532	426	17	8	9	2	2	
牙克石市	556	338	218	19	11	8	2	1	1
扎兰屯市	569	339	230	20	11	9	2		2
额尔古纳市	106	68	38	1	1				
根河市	176	105	71	5	4	1	1	1	
巴彦淖尔市	**2677**	**1608**	**1069**	**199**	**104**	**95**	**19**	**12**	**7**
临河区	1502	801	701	129	58	71	12	6	6
五原县	191	106	85	11	5	6	1	1	
磴口县	108	67	41	2	2		3	3	
乌拉特前旗	270	190	80	13	8	5			
乌拉特中旗	239	191	48	19	15	4	2	2	
乌拉特后旗	233	190	43	15	13	2	1		1
杭锦后旗	134	63	71	10	3	7			

7-7　续表 11

单位：人

现 住 地	大学本科			硕士研究生			博士研究生		
	小计	男	女	小计	男	女	小计	男	女
乌兰察布市	**3635**	**2021**	**1614**	**339**	**180**	**159**	**23**	**17**	**6**
集宁区	2226	1127	1099	256	134	122	7	6	1
卓资县	89	67	22	4	3	1	1		1
化德县	139	91	48	10	3	7	2	2	
商都县	100	55	45	7	4	3			
兴和县	103	50	53	5	4	1	1		1
凉城县	142	89	53	2	1	1	1		1
察哈尔右翼前旗	250	163	87	16	9	7	2	2	
察哈尔右翼中旗	58	39	19	3	3		1	1	
察哈尔右翼后旗	69	48	21	6	3	3	1	1	
四子王旗	136	86	50	13	3	10	1	1	
丰镇市	323	206	117	17	13	4	6	4	2
兴安盟	**2521**	**1533**	**988**	**112**	**57**	**55**	**22**	**11**	**11**
乌兰浩特市	1224	722	502	59	29	30	6	2	4
阿尔山市	97	65	32	6	3	3			
科尔沁右翼前旗	464	295	169	30	15	15	14	8	6
科尔沁右翼中旗	159	101	58	6	4	2	1		1
扎赉特旗	301	168	133	6	2	4	1	1	
突泉县	276	182	94	5	4	1			
锡林郭勒盟	**4432**	**3181**	**1251**	**195**	**135**	**60**	**13**	**6**	**7**
二连浩特市	271	178	93	15	10	5	1		1
锡林浩特市	2084	1423	661	84	51	33	9	3	6
阿巴嘎旗	97	85	12	3	3				
苏尼特左旗	95	80	15	9	8	1	1	1	
苏尼特右旗	118	87	31	7	6	1			
东乌珠穆沁旗	165	127	38	7	6	1			
西乌珠穆沁旗	680	552	128	26	22	4	1	1	
太仆寺旗	116	69	47	10	9	1			
镶黄旗	85	73	12	4	2	2			
正镶白旗	65	52	13	7	4	3			
正蓝旗	157	113	44	4	3	1			
多伦县	420	282	138	18	10	8	1	1	
乌拉盖管委会	79	60	19	1	1				
阿拉善盟	**2923**	**1613**	**1310**	**124**	**54**	**70**	**5**	**5**	
阿拉善左旗	1451	771	680	58	28	30	4	4	
阿拉善右旗	126	87	39	4	3	1			
额济纳旗	633	272	361	43	8	35			
内蒙古阿拉善经济开发区	713	483	230	19	15	4	1	1	

7-7a 全区按现住地、受教育程度、性别分的户口登记地在外省的人口(城市)

单位：人

现 住 地	合 计			未上过学		
	合计	男	女	小计	男	女
内蒙古	**829816**	**470337**	**359479**	**17947**	**6342**	**11605**
呼和浩特市	**180597**	**102633**	**77964**	**3285**	**1098**	**2187**
新城区	58634	35078	23556	951	342	609
回民区	36696	20422	16274	845	253	592
玉泉区	39547	21230	18317	740	255	485
赛罕区	45720	25903	19817	749	248	501
包头市	**173133**	**98526**	**74607**	**3370**	**1232**	**2138**
东河区	40847	23740	17107	871	379	492
昆都仑区	65623	36748	28875	1019	359	660
青山区	45122	25342	19780	883	296	587
石拐区	1498	946	552	58	24	34
白云鄂博矿区	2037	1309	728	59	22	37
九原区	18006	10441	7565	480	152	328
乌海市	**79545**	**47405**	**32140**	**2406**	**906**	**1500**
海勃湾区	41810	24414	17396	1336	507	829
海南区	17654	10226	7428	556	201	355
乌达区	20081	12765	7316	514	198	316
赤峰市	**46849**	**25860**	**20989**	**735**	**254**	**481**
红山区	23886	13639	10247	356	125	231
元宝山区	8693	4613	4080	171	65	106
松山区	14270	7608	6662	208	64	144
通辽市	**36295**	**20283**	**16012**	**386**	**135**	**251**
科尔沁区	22536	12453	10083	208	82	126
霍林郭勒市	13759	7830	5929	178	53	125
鄂尔多斯市	**118452**	**68269**	**50183**	**3693**	**1200**	**2493**
东胜区	101742	58373	43369	3238	1084	2154
康巴什区	16640	9858	6782	451	115	336
鄂托克旗	70	38	32	4	1	3
呼伦贝尔市	**88965**	**47643**	**41322**	**1329**	**524**	**805**
海拉尔区	31318	16972	14346	568	213	355
扎赉诺尔区	5142	2586	2556	97	38	59
满洲里市	36152	19408	16744	334	148	186
牙克石市	5870	2984	2886	120	50	70
扎兰屯市	6653	3697	2956	101	33	68
额尔古纳市	2777	1467	1310	73	25	48
根河市	1053	529	524	36	17	19
巴彦淖尔市	**20998**	**12228**	**8770**	**1091**	**409**	**682**
临河区	20998	12228	8770	1091	409	682
乌兰察布市	**29054**	**16331**	**12723**	**476**	**186**	**290**
集宁区	24548	14155	10393	397	159	238
丰镇市	4506	2176	2330	79	27	52
兴安盟	**20094**	**10980**	**9114**	**410**	**144**	**266**
乌兰浩特市	19234	10481	8753	395	141	254
阿尔山市	860	499	361	15	3	12
锡林郭勒盟	**35834**	**20179**	**15655**	**766**	**254**	**512**
二连浩特市	7205	4054	3151	156	53	103
锡林浩特市	28629	16125	12504	610	201	409

7-7a　续表 1

单位：人

现住地	学前教育			小学		
	小计	男	女	小计	男	女
内蒙古	**21709**	**11680**	**10029**	**163984**	**84714**	**79270**
呼和浩特市	**4256**	**2335**	**1921**	**29241**	**15204**	**14037**
新城区	1248	678	570	9872	5399	4473
回民区	964	540	424	6830	3559	3271
玉泉区	1092	601	491	7216	3583	3633
赛罕区	952	516	436	5323	2663	2660
包头市	**4386**	**2394**	**1992**	**35298**	**18355**	**16943**
东河区	1126	645	481	9161	4952	4209
昆都仑区	1573	828	745	12195	6102	6093
青山区	1085	591	494	8861	4560	4301
石拐区	31	17	14	320	183	137
白云鄂博矿区	32	16	16	418	227	191
九原区	539	297	242	4343	2331	2012
乌海市	**2015**	**1068**	**947**	**18615**	**10110**	**8505**
海勃湾区	855	443	412	9605	5198	4407
海南区	638	347	291	4511	2389	2122
乌达区	522	278	244	4499	2523	1976
赤峰市	**1390**	**742**	**648**	**8747**	**4347**	**4400**
红山区	686	377	309	4371	2233	2138
元宝山区	280	150	130	2005	961	1044
松山区	424	215	209	2371	1153	1218
通辽市	**863**	**452**	**411**	**5462**	**2620**	**2842**
科尔沁区	477	250	227	2931	1449	1482
霍林郭勒市	386	202	184	2531	1171	1360
鄂尔多斯市	**4037**	**2200**	**1837**	**28919**	**14956**	**13963**
东胜区	3540	1930	1610	25588	13146	12442
康巴什区	494	269	225	3316	1803	1513
鄂托克旗	3	1	2	15	7	8
呼伦贝尔市	**2018**	**1030**	**988**	**15181**	**7454**	**7727**
海拉尔区	606	322	284	6117	3031	3086
扎赉诺尔区	109	49	60	1341	667	674
满洲里市	942	483	459	4289	2108	2181
牙克石市	144	70	74	1254	596	658
扎兰屯市	120	56	64	1179	565	614
额尔古纳市	74	40	34	803	392	411
根河市	23	10	13	198	95	103
巴彦淖尔市	**623**	**328**	**295**	**5230**	**2979**	**2251**
临河区	623	328	295	5230	2979	2251
乌兰察布市	**730**	**389**	**341**	**5194**	**2742**	**2452**
集宁区	589	318	271	4291	2356	1935
丰镇市	141	71	70	903	386	517
兴安盟	**449**	**240**	**209**	**4029**	**2006**	**2023**
乌兰浩特市	419	225	194	3875	1923	1952
阿尔山市	30	15	15	154	83	71
锡林郭勒盟	**942**	**502**	**440**	**8068**	**3941**	**4127**
二连浩特市	212	111	101	1799	855	944
锡林浩特市	730	391	339	6269	3086	3183

7-7a 续表 2

单位：人

现住地	初中			高中			大学专科		
	小计	男	女	小计	男	女	小计	男	女
内蒙古	**336827**	**200589**	**136238**	**128586**	**75518**	**53068**	**75847**	**42754**	**33093**
呼和浩特市	**59709**	**35965**	**23744**	**28659**	**16646**	**12013**	**20686**	**11732**	**8954**
新城区	20013	12532	7481	9626	5905	3721	6503	3888	2615
回民区	13940	8426	5514	6146	3551	2595	3668	2069	1599
玉泉区	15054	8674	6380	6115	3371	2744	3573	1911	1662
赛罕区	10702	6333	4369	6772	3819	2953	6942	3864	3078
包头市	**71388**	**42580**	**28808**	**26318**	**15025**	**11293**	**13842**	**7653**	**6189**
东河区	18972	11622	7350	6066	3602	2464	2607	1461	1146
昆都仑区	24441	13692	10749	9731	5384	4347	5337	2869	2468
青山区	18214	11070	7144	7510	4249	3261	4464	2493	1971
石拐区	723	506	217	249	144	105	78	48	30
白云鄂博矿区	953	665	288	314	199	115	159	113	46
九原区	8085	5025	3060	2448	1447	1001	1197	669	528
乌海市	**35599**	**22690**	**12909**	**12095**	**7533**	**4562**	**5989**	**3431**	**2558**
海勃湾区	18256	11503	6753	6688	3937	2751	3254	1776	1478
海南区	8233	5014	3219	2340	1478	862	1062	616	446
乌达区	9110	6173	2937	3067	2118	949	1673	1039	634
赤峰市	**17134**	**9914**	**7220**	**8626**	**5038**	**3588**	**5283**	**2915**	**2368**
红山区	8818	5255	3563	4739	2885	1854	2419	1412	1007
元宝山区	3554	1929	1625	1335	733	602	779	450	329
松山区	4762	2730	2032	2552	1420	1132	2085	1053	1032
通辽市	**14154**	**7918**	**6236**	**7004**	**4248**	**2756**	**3745**	**2352**	**1393**
科尔沁区	8239	4570	3669	4448	2616	1832	2447	1532	915
霍林郭勒市	5915	3348	2567	2556	1632	924	1298	820	478
鄂尔多斯市	**47008**	**29350**	**17658**	**16965**	**10341**	**6624**	**10553**	**5987**	**4566**
东胜区	41663	25865	15798	14162	8640	5522	8609	4877	3732
康巴什区	5304	3460	1844	2798	1698	1100	1943	1109	834
鄂托克旗	41	25	16	5	3	2	1	1	
呼伦贝尔市	**47447**	**25983**	**21464**	**12115**	**6767**	**5348**	**5969**	**3207**	**2762**
海拉尔区	14089	7896	6193	4534	2569	1965	2625	1464	1161
扎赉诺尔区	2734	1407	1327	500	259	241	258	117	141
满洲里市	23517	12810	10707	4532	2497	2035	1574	830	744
牙克石市	2566	1326	1240	898	446	452	496	257	239
扎兰屯市	2846	1613	1233	1175	747	428	742	405	337
额尔古纳市	1251	691	560	330	190	140	162	75	87
根河市	444	240	204	146	59	87	112	59	53
巴彦淖尔市	**8313**	**5235**	**3078**	**3059**	**1818**	**1241**	**1624**	**871**	**753**
临河区	8313	5235	3078	3059	1818	1241	1624	871	753
乌兰察布市	**12066**	**7139**	**4927**	**4779**	**2812**	**1967**	**3303**	**1796**	**1507**
集宁区	10059	6167	3892	4092	2455	1637	2857	1577	1280
丰镇市	2007	972	1035	687	357	330	446	219	227
兴安盟	**8944**	**5083**	**3861**	**3361**	**1907**	**1454**	**1643**	**875**	**768**
乌兰浩特市	8586	4881	3705	3225	1824	1401	1558	816	742
阿尔山市	358	202	156	136	83	53	85	59	26
锡林郭勒盟	**15065**	**8732**	**6333**	**5605**	**3383**	**2222**	**3210**	**1935**	**1275**
二连浩特市	3132	1796	1336	1181	771	410	450	292	158
锡林浩特市	11933	6936	4997	4424	2612	1812	2760	1643	1117

7-7a　续表 3

单位：人

现住地	大学本科			硕士研究生			博士研究生		
	小计	男	女	小计	男	女	小计	男	女
内蒙古	**74755**	**43174**	**31581**	**9463**	**5149**	**4314**	**698**	**417**	**281**
呼和浩特市	**29181**	**16731**	**12450**	**5108**	**2640**	**2468**	**472**	**282**	**190**
新城区	8875	5405	3470	1453	867	586	93	62	31
回民区	3778	1821	1957	509	195	314	16	8	8
玉泉区	4865	2460	2405	803	327	476	89	48	41
赛罕区	11663	7045	4618	2343	1251	1092	274	164	110
包头市	**16200**	**9838**	**6362**	**2244**	**1393**	**851**	**87**	**56**	**31**
东河区	1849	995	854	191	81	110	4	3	1
昆都仑区	9685	6421	3264	1586	1055	531	56	38	18
青山区	3736	1876	1860	355	198	157	14	9	5
石拐区	37	24	13	1		1	1		1
白云鄂博矿区	97	63	34	5	4	1			
九原区	796	459	337	106	55	51	12	6	6
乌海市	**2644**	**1570**	**1074**	**174**	**91**	**83**	**8**	**6**	**2**
海勃湾区	1671	972	699	139	72	67	6	6	
海南区	304	175	129	10	6	4			
乌达区	669	423	246	25	13	12	2		2
赤峰市	**4448**	**2417**	**2031**	**454**	**218**	**236**	**32**	**15**	**17**
红山区	2302	1255	1047	187	95	92	8	2	6
元宝山区	530	308	222	32	15	17	7	2	5
松山区	1616	854	762	235	108	127	17	11	6
通辽市	**4449**	**2436**	**2013**	**214**	**111**	**103**	**18**	**11**	**7**
科尔沁区	3590	1851	1739	178	92	86	18	11	7
霍林郭勒市	859	585	274	36	19	17			
鄂尔多斯市	**6675**	**3883**	**2792**	**573**	**334**	**239**	**29**	**18**	**11**
东胜区	4595	2632	1963	325	185	140	22	14	8
康巴什区	2079	1251	828	248	149	99	7	4	3
鄂托克旗	1		1						
呼伦贝尔市	**4725**	**2584**	**2141**	**168**	**85**	**83**	**13**	**9**	**4**
海拉尔区	2665	1420	1245	108	52	56	6	5	1
扎赉诺尔区	97	46	51	6	3	3			
满洲里市	945	522	423	17	8	9	2	2	
牙克石市	374	227	147	16	11	5	2	1	1
扎兰屯市	470	269	201	18	9	9	2		2
额尔古纳市	83	53	30	1	1				
根河市	91	47	44	2	1	1	1	1	
巴彦淖尔市	**928**	**530**	**398**	**118**	**52**	**66**	**12**	**6**	**6**
临河区	928	530	398	118	52	66	12	6	6
乌兰察布市	**2247**	**1125**	**1122**	**247**	**133**	**114**	**12**	**9**	**3**
集宁区	2021	995	1026	235	122	113	7	6	1
丰镇市	226	130	96	12	11	1	5	3	2
兴安盟	**1188**	**692**	**496**	**64**	**31**	**33**	**6**	**2**	**4**
乌兰浩特市	1112	641	471	58	28	30	6	2	4
阿尔山市	76	51	25	6	3	3			
锡林郭勒盟	**2070**	**1368**	**702**	**99**	**61**	**38**	**9**	**3**	**6**
二连浩特市	259	166	93	15	10	5	1		1
锡林浩特市	1811	1202	609	84	51	33	8	3	5

7—7b 全区按现住地、受教育程度、性别分的户口登记地在外省的人口(镇)

单位：人

现住地	合计			未上过学		
	合计	男	女	小计	男	女
内蒙古	**469534**	**276131**	**193403**	**13502**	**4721**	**8781**
呼和浩特市	**31603**	**17930**	**13673**	**563**	**195**	**368**
新城区	115	66	49	9	1	8
回民区						
玉泉区						
赛罕区	106	60	46	2	1	1
土默特左旗	6094	3327	2767	84	27	57
托克托县	2629	1765	864	54	18	36
和林格尔县	5984	2878	3106	73	33	40
清水河县	784	409	375	39	10	29
武川县	1235	612	623	56	12	44
呼和浩特经济技术开发区	14656	8813	5843	246	93	153
包头市	**36589**	**22102**	**14487**	**1325**	**537**	**788**
东河区	2430	1359	1071	64	18	46
昆都仑区	427	385	42	1	1	
青山区	552	435	117	4	1	3
石拐区	1936	1462	474	24	10	14
白云鄂博矿区						
九原区	3414	2187	1227	89	36	53
土默特右旗	3093	1699	1394	70	32	38
固阳县	1499	839	660	27	11	16
达尔罕茂明安联合旗	1322	826	496	26	9	17
包头稀土高新技术产业开发区	21916	12910	9006	1020	419	601
乌海市	**7765**	**5484**	**2281**	**271**	**99**	**172**
海勃湾区	1307	748	559	56	24	32
海南区	5892	4325	1567	206	72	134
乌达区	566	411	155	9	3	6
赤峰市	**23855**	**12813**	**11042**	**377**	**137**	**240**
红山区	1432	888	544	35	17	18
元宝山区	1138	615	523	34	7	27
松山区	557	339	218	17	4	13
阿鲁科尔沁旗	1449	759	690	18	9	9
巴林左旗	1745	1002	743	20	7	13
巴林右旗	1897	1068	829	28	6	22
林西县	2611	1468	1143	33	11	22
克什克腾旗	1823	1051	772	31	9	22
翁牛特旗	1632	804	828	23	9	14
喀喇沁旗	2178	1050	1128	35	18	17
宁城县	4614	2424	2190	63	22	41
敖汉旗	2779	1345	1434	40	18	22

7-7b　续表 1　　　　单位：人

现住地	合计			未上过学		
	合计	男	女	小计	男	女
通辽市	**30230**	**16770**	**13460**	**485**	**182**	**303**
科尔沁区	1387	814	573	41	12	29
科尔沁左翼中旗	4371	2243	2128	79	31	48
科尔沁左翼后旗	4465	2310	2155	70	24	46
开鲁县	3286	1903	1383	41	20	21
库伦旗	2356	1323	1033	40	20	20
奈曼旗	2819	1500	1319	38	14	24
扎鲁特旗	2616	1502	1114	47	17	30
通辽经济技术开发区	8892	5151	3741	126	43	83
霍林郭勒市	38	24	14	3	1	2
鄂尔多斯市	**162593**	**102334**	**60259**	**5303**	**1826**	**3477**
东胜区	1136	943	193	14	5	9
康巴什区						
达拉特旗	13663	8554	5109	353	109	244
准格尔旗	28632	18414	10218	753	240	513
鄂托克前旗	12242	7344	4898	497	164	333
鄂托克旗	34225	19963	14262	1795	626	1169
杭锦旗	5146	3516	1630	178	71	107
乌审旗	34250	21860	12390	764	292	472
伊金霍洛旗	33299	21740	11559	949	319	630
呼伦贝尔市	**40139**	**21263**	**18876**	**993**	**344**	**649**
海拉尔区	150	73	77	10	3	7
扎赉诺尔区	384	217	167	18	8	10
阿荣旗	5328	2734	2594	93	35	58
莫力达瓦达斡尔族自治旗	4264	2124	2140	81	22	59
鄂伦春自治旗	9181	4497	4684	349	123	226
鄂温克族自治旗	7237	3825	3412	169	49	120
陈巴尔虎旗	3248	1909	1339	37	13	24
新巴尔虎左旗	1151	726	425	13	7	6
新巴尔虎右旗	1152	639	513	19	6	13
满洲里市	719	398	321	11	5	6
牙克石市	4284	2302	1982	108	46	62
扎兰屯市	1401	736	665	40	13	27
额尔古纳市	412	220	192	18	5	13
根河市	1228	863	365	27	9	18
巴彦淖尔市	**21958**	**12565**	**9393**	**1136**	**425**	**711**
临河区	596	353	243	55	18	37
五原县	4109	2239	1870	293	124	169
磴口县	2050	1082	968	116	33	83
乌拉特前旗	5560	3169	2391	293	111	182
乌拉特中旗	4569	2809	1760	157	62	95
乌拉特后旗	2515	1569	946	96	33	63
杭锦后旗	2559	1344	1215	126	44	82

7-7b 续表 2

单位：人

现住地	合计			未上过学		
	合计	男	女	小计	男	女
乌兰察布市	**19996**	**11109**	**8887**	**362**	**106**	**256**
集宁区	503	221	282	6	2	4
卓资县	1475	636	839	28	7	21
化德县	2833	1385	1448	58	9	49
商都县	2170	1079	1091	51	19	32
兴和县	2687	1371	1316	58	19	39
凉城县	1195	598	597	40	8	32
察哈尔右翼前旗	3536	2166	1370	45	15	30
察哈尔右翼中旗	627	304	323	15	5	10
察哈尔右翼后旗	1360	747	613	20	5	15
四子王旗	1389	727	662	37	17	20
丰镇市	2221	1875	346	4		4
兴安盟	**17727**	**9376**	**8351**	**312**	**117**	**195**
乌兰浩特市	1028	581	447	18	8	10
阿尔山市	414	233	181	12	5	7
科尔沁右翼前旗	3747	2069	1678	59	18	41
科尔沁右翼中旗	2871	1738	1133	51	25	26
扎赉特旗	7106	3471	3635	142	52	90
突泉县	2561	1284	1277	30	9	21
锡林郭勒盟	**23722**	**14046**	**9676**	**602**	**201**	**401**
二连浩特市	424	334	90	13	5	8
锡林浩特市	1016	832	184	12	4	8
阿巴嘎旗	1285	850	435	46	15	31
苏尼特左旗	682	408	274	17	5	12
苏尼特右旗	1878	1178	700	41	12	29
东乌珠穆沁旗	1985	1117	868	56	19	37
西乌珠穆沁旗	3144	1810	1334	55	22	33
太仆寺旗	1850	957	893	64	22	42
镶黄旗	1103	798	305	25	11	14
正镶白旗	861	494	367	45	12	33
正蓝旗	1913	1050	863	61	22	39
多伦县	6510	3568	2942	128	40	88
乌拉盖管委会	1071	650	421	39	12	27
阿拉善盟	**53357**	**30339**	**23018**	**1773**	**552**	**1221**
阿拉善左旗	27528	15405	12123	990	312	678
阿拉善右旗	3024	1790	1234	109	32	77
额济纳旗	9225	5014	4211	240	80	160
内蒙古阿拉善经济开发区	13580	8130	5450	434	128	306

7-7b　续表 3

单位：人

现住地	学前教育			小学		
	小计	男	女	小计	男	女
内蒙古	**14910**	**7844**	**7066**	**105620**	**54744**	**50876**
呼和浩特市	**837**	**430**	**407**	**5575**	**2997**	**2578**
新城区	1	1		29	16	13
回民区						
玉泉区						
赛罕区	1		1	27	11	16
土默特左旗	181	93	88	1250	610	640
托克托县	56	24	32	371	191	180
和林格尔县	78	40	38	887	565	322
清水河县	23	10	13	209	96	113
武川县	36	20	16	316	140	176
呼和浩特经济技术开发区	461	242	219	2486	1368	1118
包头市	**952**	**512**	**440**	**9026**	**4907**	**4119**
东河区	101	53	48	586	309	277
昆都仑区	4	2	2	21	14	7
青山区	10	4	6	39	20	19
石拐区	2	1	1	315	227	88
白云鄂博矿区						
九原区	84	51	33	819	415	404
土默特右旗	67	38	29	664	352	312
固阳县	63	32	31	333	158	175
达尔罕茂明安联合旗	32	18	14	273	128	145
包头稀土高新技术产业开发区	589	313	276	5976	3284	2692
乌海市	**131**	**67**	**64**	**2029**	**1184**	**845**
海勃湾区	38	25	13	556	291	265
海南区	83	38	45	1364	831	533
乌达区	10	4	6	109	62	47
赤峰市	**781**	**422**	**359**	**5122**	**2526**	**2596**
红山区	30	13	17	340	185	155
元宝山区	33	12	21	353	170	183
松山区	18	5	13	154	83	71
阿鲁科尔沁旗	60	30	30	306	146	160
巴林左旗	41	26	15	272	143	129
巴林右旗	58	34	24	315	163	152
林西县	88	48	40	532	271	261
克什克腾旗	56	38	18	371	194	177
翁牛特旗	61	37	24	347	179	168
喀喇沁旗	86	45	41	467	194	273
宁城县	147	68	79	897	461	436
敖汉旗	103	66	37	768	337	431

7–7b 续表 4

单位：人

现住地	学前教育			小学		
	小计	男	女	小计	男	女
通辽市	**880**	**454**	**426**	**5701**	**2850**	**2851**
科尔沁区	29	15	14	309	170	139
科尔沁左翼中旗	135	74	61	941	460	481
科尔沁左翼后旗	144	88	56	930	444	486
开鲁县	109	62	47	611	303	308
库伦旗	69	39	30	422	227	195
奈曼旗	79	42	37	541	246	295
扎鲁特旗	77	30	47	573	291	282
通辽经济技术开发区	238	104	134	1361	703	658
霍林郭勒市				13	6	7
鄂尔多斯市	**6239**	**3359**	**2880**	**37747**	**20375**	**17372**
东胜区	6	1	5	133	81	52
康巴什区						
达拉特旗	395	221	174	3070	1671	1399
准格尔旗	867	467	400	6504	3456	3048
鄂托克前旗	538	284	254	2852	1475	1377
鄂托克旗	1378	741	637	8796	4587	4209
杭锦旗	156	83	73	1002	578	424
乌审旗	1695	931	764	8271	4356	3915
伊金霍洛旗	1204	631	573	7119	4171	2948
呼伦贝尔市	**883**	**449**	**434**	**10086**	**4758**	**5328**
海拉尔区				57	28	29
扎赉诺尔区	1	1		133	66	67
阿荣旗	180	92	88	1188	575	613
莫力达瓦达斡尔族自治旗	96	50	46	1092	506	586
鄂伦春自治旗	212	106	106	2573	1201	1372
鄂温克族自治旗	170	81	89	1644	770	874
陈巴尔虎旗	55	26	29	908	429	479
新巴尔虎左旗	23	14	9	218	109	109
新巴尔虎右旗	21	11	10	276	135	141
满洲里市	5	2	3	229	109	120
牙克石市	62	36	26	1158	546	612
扎兰屯市	36	20	16	388	171	217
额尔古纳市	4	1	3	103	48	55
根河市	18	9	9	119	65	54
巴彦淖尔市	**601**	**319**	**282**	**5793**	**3052**	**2741**
临河区	13	10	3	218	124	94
五原县	89	46	43	1249	672	577
磴口县	80	43	37	549	271	278
乌拉特前旗	155	78	77	1501	781	720
乌拉特中旗	100	58	42	1092	581	511
乌拉特后旗	74	41	33	580	314	266
杭锦后旗	90	43	47	604	309	295

7-7b 续表 5

单位：人

现住地	学前教育			小学		
	小计	男	女	小计	男	女
乌兰察布市	**449**	**226**	**223**	**3948**	**1851**	**2097**
集宁区	6	4	2	83	38	45
卓资县	31	14	17	186	84	102
化德县	59	22	37	794	344	450
商都县	53	29	24	503	218	285
兴和县	94	51	43	596	251	345
凉城县	31	13	18	281	137	144
察哈尔右翼前旗	81	39	42	602	324	278
察哈尔右翼中旗	23	14	9	127	54	73
察哈尔右翼后旗	36	19	17	228	99	129
四子王旗	34	21	13	336	140	196
丰镇市	1		1	212	162	50
兴安盟	**444**	**231**	**213**	**3992**	**1901**	**2091**
乌兰浩特市	21	12	9	249	132	117
阿尔山市	7	5	2	82	34	48
科尔沁右翼前旗	93	49	44	676	324	352
科尔沁右翼中旗	90	44	46	586	293	293
扎赉特旗	183	96	87	1885	873	1012
突泉县	50	25	25	514	245	269
锡林郭勒盟	**660**	**342**	**318**	**5047**	**2556**	**2491**
二连浩特市	3	2	1	99	66	33
锡林浩特市	3		3	53	29	24
阿巴嘎旗	19	7	12	292	167	125
苏尼特左旗	26	14	12	179	93	86
苏尼特右旗	34	15	19	361	182	179
东乌珠穆沁旗	55	29	26	509	245	264
西乌珠穆沁旗	130	75	55	656	325	331
太仆寺旗	53	26	27	391	184	207
镶黄旗	13	4	9	202	116	86
正镶白旗	18	10	8	237	111	126
正蓝旗	59	31	28	393	197	196
多伦县	219	112	107	1448	721	727
乌拉盖管委会	28	17	11	227	120	107
阿拉善盟	**2053**	**1033**	**1020**	**11554**	**5787**	**5767**
阿拉善左旗	788	379	409	6434	3298	3136
阿拉善右旗	70	34	36	642	307	335
额济纳旗	467	250	217	2131	1068	1063
内蒙古阿拉善经济开发区	728	370	358	2347	1114	1233

7-7b 续表 6

单位：人

现住地	初中			高中			大学专科		
	小计	男	女	小计	男	女	小计	男	女
内蒙古	**187715**	**116339**	**71376**	**72207**	**46126**	**26081**	**45644**	**28493**	**17151**
呼和浩特市	**10856**	**6668**	**4188**	**4485**	**2921**	**1564**	**3038**	**1779**	**1259**
新城区	52	32	20	9	6	3	8	6	2
回民区									
玉泉区									
赛罕区	57	36	21	12	7	5	4	4	
土默特左旗	2241	1254	987	900	554	346	455	260	195
托克托县	937	592	345	555	448	107	304	213	91
和林格尔县	1327	851	476	411	264	147	288	167	121
清水河县	292	175	117	116	68	48	69	32	37
武川县	540	277	263	154	91	63	85	47	38
呼和浩特经济技术开发区	5410	3451	1959	2328	1483	845	1825	1050	775
包头市	**14918**	**9430**	**5488**	**5591**	**3663**	**1928**	**2986**	**1988**	**998**
东河区	1164	691	473	315	182	133	144	81	63
昆都仑区	136	120	16	142	134	8	73	69	4
青山区	122	75	47	170	149	21	160	142	18
石拐区	1023	765	258	453	359	94	105	86	19
白云鄂博矿区									
九原区	1269	799	470	584	388	196	509	447	62
土默特右旗	1288	709	579	401	230	171	268	153	115
固阳县	651	384	267	288	173	115	82	53	29
达尔罕茂明安联合旗	623	402	221	234	175	59	80	55	25
包头稀土高新技术产业开发区	8642	5485	3157	3004	1873	1131	1565	902	663
乌海市	**4209**	**3225**	**984**	**761**	**623**	**138**	**267**	**207**	**60**
海勃湾区	494	296	198	113	80	33	44	29	15
海南区	3427	2714	713	549	459	90	189	151	38
乌达区	288	215	73	99	84	15	34	27	7
赤峰市	**9840**	**5354**	**4486**	**3830**	**2189**	**1641**	**2241**	**1203**	**1038**
红山区	609	394	215	251	163	88	81	52	29
元宝山区	509	306	203	124	70	54	55	32	23
松山区	265	176	89	56	39	17	31	23	8
阿鲁科尔沁旗	572	312	260	223	119	104	143	70	73
巴林左旗	721	426	295	372	219	153	171	97	74
巴林右旗	760	407	353	265	151	114	279	179	100
林西县	1003	546	457	579	375	204	232	127	105
克什克腾旗	650	362	288	284	166	118	232	138	94
翁牛特旗	579	283	296	284	141	143	185	78	107
喀喇沁旗	893	462	431	333	167	166	224	91	133
宁城县	2059	1085	974	725	403	322	418	226	192
敖汉旗	1220	595	625	334	176	158	190	90	100

7-7b　续表 7　　　　单位：人

现住地	初中			高中			大学专科		
	小计	男	女	小计	男	女	小计	男	女
通辽市	**13103**	**7440**	**5663**	**4995**	**2906**	**2089**	**2835**	**1615**	**1220**
科尔沁区	607	360	247	170	112	58	119	79	40
科尔沁左翼中旗	2194	1130	1064	634	343	291	245	125	120
科尔沁左翼后旗	2086	1080	1006	753	403	350	303	181	122
开鲁县	1414	819	595	529	342	187	338	201	137
库伦旗	1046	577	469	411	237	174	207	127	80
奈曼旗	1157	663	494	544	290	254	289	151	138
扎鲁特旗	1246	748	498	369	232	137	177	107	70
通辽经济技术开发区	3335	2049	1286	1582	944	638	1157	644	513
霍林郭勒市	18	14	4	3	3				
鄂尔多斯市	**60651**	**40622**	**20029**	**25215**	**17337**	**7878**	**17974**	**12262**	**5712**
东胜区	462	398	64	261	233	28	163	141	22
康巴什区									
达拉特旗	5577	3758	1819	2155	1390	765	1441	948	493
准格尔旗	12375	8562	3813	4059	2886	1173	2669	1826	843
鄂托克前旗	4345	2786	1559	1827	1171	656	1433	952	481
鄂托克旗	13082	8146	4936	5392	3483	1909	3062	1946	1116
杭锦旗	1818	1328	490	698	499	199	906	678	228
乌审旗	10569	6866	3703	5366	3806	1560	4665	3406	1259
伊金霍洛旗	12423	8778	3645	5457	3869	1588	3635	2365	1270
呼伦贝尔市	**18767**	**10264**	**8503**	**4941**	**2851**	**2090**	**2628**	**1511**	**1117**
海拉尔区	79	40	39	3	2	1	1		1
扎赉诺尔区	179	105	74	34	23	11	16	13	3
阿荣旗	2587	1360	1227	624	317	307	386	209	177
莫力达瓦达斡尔族自治旗	2035	1002	1033	533	300	233	277	155	122
鄂伦春自治旗	4098	2056	2042	1024	549	475	592	297	295
鄂温克族自治旗	3125	1739	1386	1050	561	489	539	309	230
陈巴尔虎旗	1704	1073	631	316	208	108	128	84	44
新巴尔虎左旗	453	267	186	259	196	63	106	73	33
新巴尔虎右旗	545	310	235	168	98	70	81	55	26
满洲里市	398	232	166	40	25	15	23	15	8
牙克石市	2049	1121	928	481	296	185	268	165	103
扎兰屯市	628	315	313	179	119	60	76	56	20
额尔古纳市	162	85	77	78	56	22	36	21	15
根河市	725	559	166	152	101	51	99	59	40
巴彦淖尔市	**9195**	**5666**	**3529**	**3004**	**1783**	**1221**	**1452**	**835**	**617**
临河区	229	151	78	61	41	20	16	7	9
五原县	1586	932	654	507	274	233	233	106	127
磴口县	713	400	313	313	173	140	188	106	82
乌拉特前旗	2445	1517	928	671	393	278	319	177	142
乌拉特中旗	2205	1430	775	605	387	218	270	188	82
乌拉特后旗	985	630	355	427	297	130	237	167	70
杭锦后旗	1032	606	426	420	218	202	189	84	105

7-7b 续表 8

单位：人

现住地	初中			高中			大学专科		
	小计	男	女	小计	男	女	小计	男	女
乌兰察布市	**8826**	**5253**	**3573**	**3699**	**2126**	**1573**	**1869**	**1057**	**812**
集宁区	157	99	58	53	30	23	138	31	107
卓资县	394	206	188	702	243	459	93	51	42
化德县	1262	642	620	345	195	150	204	102	102
商都县	946	481	465	363	198	165	176	94	82
兴和县	1198	636	562	431	250	181	220	121	99
凉城县	488	261	227	202	102	100	100	47	53
察哈尔右翼前旗	1877	1261	616	468	268	200	298	169	129
察哈尔右翼中旗	257	121	136	108	54	54	59	29	30
察哈尔右翼后旗	527	281	246	288	190	98	215	122	93
四子王旗	590	314	276	208	128	80	89	53	36
丰镇市	1130	951	179	531	468	63	277	238	39
兴安盟	**8183**	**4407**	**3776**	**2558**	**1441**	**1117**	**1343**	**766**	**577**
乌兰浩特市	463	273	190	171	95	76	74	39	35
阿尔山市	211	122	89	50	35	15	36	23	13
科尔沁右翼前旗	1486	831	655	597	336	261	459	277	182
科尔沁右翼中旗	1379	879	500	424	275	149	208	139	69
扎赉特旗	3471	1717	1754	851	456	395	369	176	193
突泉县	1173	585	588	465	244	221	197	112	85
锡林郭勒盟	**9543**	**5813**	**3730**	**3925**	**2489**	**1436**	**2485**	**1616**	**869**
二连浩特市	229	188	41	60	55	5	11	9	2
锡林浩特市	205	175	30	303	273	30	244	192	52
阿巴嘎旗	606	426	180	168	109	59	89	71	18
苏尼特左旗	279	169	110	105	73	32	46	32	14
苏尼特右旗	762	481	281	383	277	106	223	154	69
东乌珠穆沁旗	896	543	353	271	170	101	131	70	61
西乌珠穆沁旗	1134	654	480	524	311	213	384	245	139
太仆寺旗	763	398	365	338	200	138	162	85	77
镶黄旗	567	449	118	151	107	44	102	79	23
正镶白旗	333	207	126	116	70	46	72	53	19
正蓝旗	706	388	318	371	207	164	193	114	79
多伦县	2631	1468	1163	968	528	440	727	446	281
乌拉盖管委会	432	267	165	167	109	58	101	66	35
阿拉善盟	**19624**	**12197**	**7427**	**9203**	**5797**	**3406**	**6526**	**3654**	**2872**
阿拉善左旗	10908	6735	4173	4301	2578	1723	2829	1486	1343
阿拉善右旗	1264	810	454	547	378	169	294	166	128
额济纳旗	3381	2048	1333	1574	972	602	860	403	457
内蒙古阿拉善经济开发区	4071	2604	1467	2781	1869	912	2543	1599	944

7-7b　续表 9　　　　单位：人

现住地	大学本科			硕士研究生			博士研究生		
	小计	男	女	小计	男	女	小计	男	女
内蒙古	**27970**	**16786**	**11184**	**1830**	**992**	**838**	**136**	**86**	**50**
呼和浩特市	**5692**	**2701**	**2991**	**531**	**220**	**311**	**26**	**19**	**7**
新城区	7	4	3						
回民区									
玉泉区									
赛罕区	3	1	2						
土默特左旗	948	507	441	35	22	13			
托克托县	330	264	66	21	14	7	1	1	
和林格尔县	2742	897	1845	167	51	116	11	10	1
清水河县	32	16	16	4	2	2			
武川县	43	22	21	5	3	2			
呼和浩特经济技术开发区	1587	990	597	299	128	171	14	8	6
包头市	**1632**	**973**	**659**	**147**	**82**	**65**	**12**	**10**	**2**
东河区	54	24	30	2	1	1			
昆都仑区	49	44	5	1	1				
青山区	42	39	3	5	5				
石拐区	14	14							
白云鄂博矿区									
九原区	59	50	9	1	1				
土默特右旗	321	178	143	13	6	7	1	1	
固阳县	52	27	25	3	1	2			
达尔罕茂明安联合旗	52	38	14	2	1	1			
包头稀土高新技术产业开发区	989	559	430	120	66	54	11	9	2
乌海市	**94**	**79**	**15**	**2**		**2**	**1**		**1**
海勃湾区	6	3	3						
海南区	72	60	12	1		1	1		1
乌达区	16	16		1		1			
赤峰市	**1553**	**922**	**631**	**105**	**57**	**48**	**6**	**3**	**3**
红山区	81	61	20	5	3	2			
元宝山区	29	17	12	1	1				
松山区	16	9	7						
阿鲁科尔沁旗	119	68	51	8	5	3			
巴林左旗	141	80	61	6	3	3	1	1	
巴林右旗	182	124	58	9	3	6	1	1	
林西县	137	88	49	7	2	5			
克什克腾旗	182	132	50	17	12	5			
翁牛特旗	141	73	68	10	4	6	2		2
喀喇沁旗	125	63	62	14	9	5	1	1	
宁城县	286	149	137	18	10	8	1		1
敖汉旗	114	58	56	10	5	5			

7-7b 续表 10

单位：人

现住地	大学本科			硕士研究生			博士研究生		
	小计	男	女	小计	男	女	小计	男	女
通辽市	**2028**	**1216**	**812**	**177**	**93**	**84**	**26**	**14**	**12**
科尔沁区	101	59	42	11	7	4			
科尔沁左翼中旗	136	75	61	6	4	2	1	1	
科尔沁左翼后旗	169	82	87	9	8	1	1		1
开鲁县	222	147	75	21	9	12	1		1
库伦旗	152	92	60	7	2	5	2	2	
奈曼旗	159	89	70	11	5	6	1		1
扎鲁特旗	120	70	50	7	7				
通辽经济技术开发区	968	602	366	105	51	54	20	11	9
霍林郭勒市	1		1						
鄂尔多斯市	**8979**	**6208**	**2771**	**461**	**330**	**131**	**24**	**15**	**9**
东胜区	92	79	13	5	5				
康巴什区									
达拉特旗	633	430	203	31	23	8	8	4	4
准格尔旗	1330	918	412	75	59	16			
鄂托克前旗	728	502	226	21	9	12	1	1	
鄂托克旗	696	414	282	22	18	4	2	2	
杭锦旗	373	266	107	15	13	2			
乌审旗	2781	2092	689	132	106	26	7	5	2
伊金霍洛旗	2346	1507	839	160	97	63	6	3	3
呼伦贝尔市	**1756**	**1043**	**713**	**79**	**42**	**37**	**6**	**1**	**5**
海拉尔区									
扎赉诺尔区	3	1	2						
阿荣旗	266	143	123	4	3	1			
莫力达瓦达斡尔族自治旗	148	88	60	2	1	1			
鄂伦春自治旗	321	163	158	9	2	7	3		3
鄂温克族自治旗	488	288	200	49	27	22	3	1	2
陈巴尔虎旗	96	73	23	4	3	1			
新巴尔虎左旗	78	60	18	1		1			
新巴尔虎右旗	40	23	17	2	1	1			
满洲里市	13	10	3						
牙克石市	155	92	63	3		3			
扎兰屯市	52	40	12	2	2				
额尔古纳市	11	4	7						
根河市	85	58	27	3	3				
巴彦淖尔市	**723**	**452**	**271**	**48**	**28**	**20**	**6**	**5**	**1**
临河区	4	2	2						
五原县	144	82	62	7	2	5	1	1	
磴口县	87	52	35	1	1		3	3	
乌拉特前旗	165	106	59	11	6	5			
乌拉特中旗	127	93	34	12	9	3	1	1	
乌拉特后旗	107	80	27	8	7	1	1		1
杭锦后旗	89	37	52	9	3	6			

7-7b　续表 11　　　　单位：人

现 住 地	大学本科			硕士研究生			博士研究生		
	小计	男	女	小计	男	女	小计	男	女
乌兰察布市	**778**	**456**	**322**	**58**	**29**	**29**	**7**	**5**	**2**
集宁区	55	13	42	5	4	1			
卓资县	36	28	8	4	3	1	1		1
化德县	102	68	34	8	2	6	1	1	
商都县	71	36	35	7	4	3			
兴和县	85	40	45	4	3	1	1		1
凉城县	52	30	22	1		1			
察哈尔右翼前旗	153	83	70	10	5	5	2	2	
察哈尔右翼中旗	35	24	11	2	2		1	1	
察哈尔右翼后旗	42	29	13	4	2	2			
四子王旗	82	50	32	12	3	9	1	1	
丰镇市	65	55	10	1	1				
兴安盟	**833**	**480**	**353**	**46**	**24**	**22**	**16**	**9**	**7**
乌兰浩特市	32	22	10						
阿尔山市	16	9	7						
科尔沁右翼前旗	333	211	122	30	15	15	14	8	6
科尔沁右翼中旗	126	79	47	6	4	2	1		1
扎赉特旗	198	98	100	6	2	4	1	1	
突泉县	128	61	67	4	3	1			
锡林郭勒盟	**1397**	**986**	**411**	**59**	**40**	**19**	**4**	**3**	**1**
二连浩特市	9	9							
锡林浩特市	195	159	36				1		1
阿巴嘎旗	63	53	10	2	2				
苏尼特左旗	23	16	7	6	5	1	1	1	
苏尼特右旗	70	53	17	4	4				
东乌珠穆沁旗	65	40	25	2	1	1			
西乌珠穆沁旗	251	171	80	9	6	3	1	1	
太仆寺旗	74	37	37	5	5				
镶黄旗	40	31	9	3	1	2			
正镶白旗	34	28	6	6	3	3			
正蓝旗	126	88	38	4	3	1			
多伦县	371	243	128	17	9	8	1	1	
乌拉盖管委会	76	58	18	1	1				
阿拉善盟	**2505**	**1270**	**1235**	**117**	**47**	**70**	**2**	**2**	
阿拉善左旗	1223	592	631	54	24	30	1	1	
阿拉善右旗	95	61	34	3	2	1			
额济纳旗	531	187	344	41	6	35			
内蒙古阿拉善经济开发区	656	430	226	19	15	4	1	1	

7-7c 全区按现住地、受教育程度、性别分的户口登记地在外省的人口(乡村)

单位：人

现住地	合计			未上过学		
	合计	男	女	小计	男	女
内蒙古	**357666**	**241060**	**116606**	**11773**	**4321**	**7452**
呼和浩特市	**42827**	**26587**	**16240**	**1224**	**431**	**793**
新城区	9393	5713	3680	223	87	136
回民区	2545	1499	1046	55	21	34
玉泉区	6765	4141	2624	181	56	125
赛罕区	11413	6981	4432	379	141	238
土默特左旗	3805	2155	1650	122	33	89
托克托县	3998	2832	1166	89	27	62
和林格尔县	2449	1596	853	88	37	51
清水河县	1424	1046	378	39	12	27
武川县	1035	624	411	48	17	31
呼和浩特经济技术开发区						
包头市	**25001**	**15226**	**9775**	**1054**	**357**	**697**
东河区	3383	1929	1454	167	53	114
昆都仑区	4097	2298	1799	217	82	135
青山区	2754	1563	1191	109	40	69
石拐区	670	448	222	14	7	7
白云鄂博矿区						
九原区	7013	4307	2706	282	91	191
土默特右旗	2197	1456	741	85	26	59
固阳县	2593	1864	729	41	13	28
达尔罕茂明安联合旗	925	616	309	34	14	20
包头稀土高新技术产业开发区	1369	745	624	105	31	74
乌海市	**8868**	**6644**	**2224**	**359**	**115**	**244**
海勃湾区	5877	4401	1476	257	85	172
海南区	2991	2243	748	102	30	72
乌达区						
赤峰市	**30500**	**17511**	**12989**	**721**	**248**	**473**
红山区	364	215	149	6	4	2
元宝山区	2021	1280	741	41	9	32
松山区	7550	4483	3067	161	70	91
阿鲁科尔沁旗	1440	852	588	23	9	14
巴林左旗	2430	1440	990	45	15	30
巴林右旗	532	320	212	18	10	8
林西县	1382	759	623	53	15	38
克什克腾旗	3243	2420	823	50	19	31
翁牛特旗	1321	705	616	31	17	14
喀喇沁旗	2152	1099	1053	73	17	56
宁城县	5209	2641	2568	152	48	104
敖汉旗	2856	1297	1559	68	15	53

7-7c　续表 1　　　　　　　　　　　　　　　　　　　　　　　　　　　　　　单位：人

现住地	合计			未上过学		
	合计	男	女	小计	男	女
通辽市	**21704**	**11084**	**10620**	**663**	**258**	**405**
科尔沁区	4057	2175	1882	185	75	110
科尔沁左翼中旗	3156	1377	1779	93	34	59
科尔沁左翼后旗	4424	1966	2458	131	44	87
开鲁县	2516	1355	1161	70	33	37
库伦旗	2158	1077	1081	46	18	28
奈曼旗	2173	1105	1068	54	17	37
扎鲁特旗	1604	1039	565	35	15	20
通辽经济技术开发区	915	538	377	38	20	18
霍林郭勒市	701	452	249	11	2	9
鄂尔多斯市	**98325**	**78669**	**19656**	**2455**	**982**	**1473**
东胜区	8404	6834	1570	145	60	85
康巴什区						
达拉特旗	7712	5397	2315	296	113	183
准格尔旗	24604	19908	4696	323	115	208
鄂托克前旗	10962	9096	1866	327	137	190
鄂托克旗	7886	6496	1390	149	66	83
杭锦旗	1567	1091	476	70	32	38
乌审旗	18429	14746	3683	685	273	412
伊金霍洛旗	18761	15101	3660	460	186	274
呼伦贝尔市	**27096**	**14721**	**12375**	**1249**	**479**	**770**
海拉尔区	879	490	389	33	9	24
扎赉诺尔区						
阿荣旗	3962	2051	1911	157	65	92
莫力达瓦达斡尔族自治旗	6290	3057	3233	348	138	210
鄂伦春自治旗	5343	2766	2577	355	123	232
鄂温克族自治旗	1654	924	730	62	26	36
陈巴尔虎旗	744	508	236	24	10	14
新巴尔虎左旗	651	392	259	24	10	14
新巴尔虎右旗	2447	2048	399	21	11	10
满洲里市						
牙克石市	682	356	326	25	10	15
扎兰屯市	3699	1664	2035	166	62	104
额尔古纳市	724	452	272	31	14	17
根河市	21	13	8	3	1	2
巴彦淖尔市	**32843**	**21516**	**11327**	**1960**	**661**	**1299**
临河区	12102	7023	5079	718	225	493
五原县	3367	1962	1405	245	69	176
磴口县	2377	1389	988	316	101	215
乌拉特前旗	6219	4639	1580	310	117	193
乌拉特中旗	3072	2376	696	140	66	74
乌拉特后旗	3310	2835	475	55	25	30
杭锦后旗	2396	1292	1104	176	58	118

7-7c 续表 2

单位：人

现住地	合计			未上过学		
	合计	男	女	小计	男	女
乌兰察布市	**19314**	**12570**	**6744**	**699**	**222**	**477**
集宁区	2123	1631	492	35	15	20
卓资县	1235	928	307	14	2	12
化德县	2470	1729	741	91	38	53
商都县	1812	1042	770	82	16	66
兴和县	1656	861	795	88	24	64
凉城县	1512	841	671	95	29	66
察哈尔右翼前旗	4228	3053	1175	100	32	68
察哈尔右翼中旗	1036	717	319	45	19	26
察哈尔右翼后旗	754	423	331	39	8	31
四子王旗	1145	672	473	45	13	32
丰镇市	1343	673	670	65	26	39
兴安盟	**16019**	**9057**	**6962**	**532**	**210**	**322**
乌兰浩特市	2035	1273	762	66	23	43
阿尔山市	232	165	67	8	1	7
科尔沁右翼前旗	4340	2531	1809	144	68	76
科尔沁右翼中旗	1538	892	646	60	21	39
扎赉特旗	3782	1761	2021	153	52	101
突泉县	4092	2435	1657	101	45	56
锡林郭勒盟	**20271**	**15943**	**4328**	**473**	**207**	**266**
二连浩特市	64	53	11	12	9	3
锡林浩特市	2903	2035	868	82	33	49
阿巴嘎旗	1083	894	189	16	7	9
苏尼特左旗	1424	1263	161	16	8	8
苏尼特右旗	685	532	153	4	2	2
东乌珠穆沁旗	1014	786	228	16	7	9
西乌珠穆沁旗	6948	6252	696	53	26	27
太仆寺旗	1640	966	674	114	37	77
镶黄旗	941	835	106	8	4	4
正镶白旗	766	611	155	41	25	16
正蓝旗	990	653	337	66	31	35
多伦县	1671	968	703	35	12	23
乌拉盖管委会	142	95	47	10	6	4
阿拉善盟	**14898**	**11532**	**3366**	**384**	**151**	**233**
阿拉善左旗	9207	7018	2189	267	96	171
阿拉善右旗	1412	1096	316	61	32	29
额济纳旗	2311	1740	571	32	12	20
内蒙古阿拉善经济开发区	1968	1678	290	24	11	13

7-7c　续表 3

单位：人

现住地	学前教育			小学		
	小计	男	女	小计	男	女
内蒙古	**5492**	**2869**	**2623**	**81766**	**45918**	**35848**
呼和浩特市	**951**	**488**	**463**	**11249**	**6462**	**4787**
新城区	215	112	103	2347	1365	982
回民区	107	56	51	526	269	257
玉泉区	152	71	81	1798	1015	783
赛罕区	252	136	116	3386	1956	1430
土默特左旗	94	43	51	1074	557	517
托克托县	66	28	38	951	616	335
和林格尔县	36	27	9	595	372	223
清水河县	18	11	7	293	171	122
武川县	11	4	7	279	141	138
呼和浩特经济技术开发区						
包头市	**541**	**272**	**269**	**7208**	**3863**	**3345**
东河区	72	34	38	1072	550	522
昆都仑区	104	48	56	1251	644	607
青山区	67	31	36	835	412	423
石拐区	9	7	2	171	104	67
白云鄂博矿区						
九原区	180	88	92	1902	989	913
土默特右旗	47	28	19	520	300	220
固阳县	30	16	14	648	421	227
达尔罕茂明安联合旗	4	3	1	262	165	97
包头稀土高新技术产业开发区	28	17	11	547	278	269
乌海市	**83**	**43**	**40**	**1552**	**961**	**591**
海勃湾区	71	37	34	1086	660	426
海南区	12	6	6	466	301	165
乌达区						
赤峰市	**644**	**349**	**295**	**7158**	**3542**	**3616**
红山区	4	4		91	46	45
元宝山区	38	25	13	499	260	239
松山区	212	125	87	1866	1020	846
阿鲁科尔沁旗	18	12	6	306	155	151
巴林左旗	59	27	32	479	245	234
巴林右旗	12	8	4	124	62	62
林西县	15	9	6	348	155	193
克什克腾旗	33	17	16	447	269	178
翁牛特旗	27	12	15	296	133	163
喀喇沁旗	47	30	17	620	289	331
宁城县	114	52	62	1161	540	621
敖汉旗	65	28	37	921	368	553

7－7c 续表 4 单位：人

现住地	学前教育			小学		
	小计	男	女	小计	男	女
通辽市	**560**	**282**	**278**	**5414**	**2446**	**2968**
科尔沁区	153	77	76	1135	549	586
科尔沁左翼中旗	60	25	35	855	339	516
科尔沁左翼后旗	78	45	33	1044	407	637
开鲁县	73	31	42	615	320	295
库伦旗	71	37	34	546	274	272
奈曼旗	47	25	22	520	208	312
扎鲁特旗	27	14	13	327	173	154
通辽经济技术开发区	37	21	16	244	118	126
霍林郭勒市	14	7	7	128	58	70
鄂尔多斯市	**1018**	**532**	**486**	**16105**	**10314**	**5791**
东胜区	67	34	33	1405	931	474
康巴什区						
达拉特旗	151	84	67	2009	1161	848
准格尔旗	241	122	119	3721	2566	1155
鄂托克前旗	67	26	41	1577	1007	570
鄂托克旗	43	23	20	1049	694	355
杭锦旗	20	14	6	450	271	179
乌审旗	228	122	106	2883	1770	1113
伊金霍洛旗	201	107	94	3011	1914	1097
呼伦贝尔市	**416**	**221**	**195**	**9211**	**4565**	**4646**
海拉尔区	14	6	8	299	141	158
扎赉诺尔区						
阿荣旗	56	31	25	1178	554	624
莫力达瓦达斡尔族自治旗	108	57	51	2286	1079	1207
鄂伦春自治旗	80	41	39	2344	1135	1209
鄂温克族自治旗	12	7	5	527	286	241
陈巴尔虎旗	2	1	1	175	98	77
新巴尔虎左旗	11	7	4	152	80	72
新巴尔虎右旗	9	4	5	461	353	108
满洲里市						
牙克石市	6	3	3	199	97	102
扎兰屯市	113	61	52	1380	627	753
额尔古纳市	5	3	2	202	111	91
根河市				8	4	4
巴彦淖尔市	**509**	**259**	**250**	**8342**	**4946**	**3396**
临河区	303	158	145	2929	1534	1395
五原县	43	18	25	1164	651	513
磴口县	36	19	17	705	403	302
乌拉特前旗	47	19	28	1384	931	453
乌拉特中旗	13	6	7	624	429	195
乌拉特后旗	10	5	5	747	593	154
杭锦后旗	57	34	23	789	405	384

7-7c 续表 5

单位：人

现住地	学前教育			小学		
	小计	男	女	小计	男	女
乌兰察布市	**246**	**131**	**115**	**4823**	**2666**	**2157**
集宁区	8	6	2	376	254	122
卓资县	14	9	5	136	77	59
化德县	19	10	9	871	593	278
商都县	22	10	12	499	220	279
兴和县	26	12	14	546	241	305
凉城县	30	15	15	387	179	208
察哈尔右翼前旗	47	28	19	961	621	340
察哈尔右翼中旗	8	5	3	215	111	104
察哈尔右翼后旗	13	7	6	172	74	98
四子王旗	33	16	17	275	136	139
丰镇市	26	13	13	385	160	225
兴安盟	**265**	**144**	**121**	**4526**	**2168**	**2358**
乌兰浩特市	34	22	12	532	270	262
阿尔山市	1	1		64	39	25
科尔沁右翼前旗	80	41	39	1182	585	597
科尔沁右翼中旗	13	8	5	433	220	213
扎赉特旗	58	24	34	1290	560	730
突泉县	79	48	31	1025	494	531
锡林郭勒盟	**138**	**69**	**69**	**3490**	**2208**	**1282**
二连浩特市				21	18	3
锡林浩特市	25	13	12	744	440	304
阿巴嘎旗	6	1	5	188	134	54
苏尼特左旗	1	1		210	160	50
苏尼特右旗	4	3	1	64	39	25
东乌珠穆沁旗	13	7	6	161	100	61
西乌珠穆沁旗	14	9	5	446	310	136
太仆寺旗	16	8	8	528	278	250
镶黄旗	1		1	139	118	21
正镶白旗	2	1	1	198	158	40
正蓝旗	9	2	7	263	161	102
多伦县	46	24	22	482	262	220
乌拉盖管委会	1		1	46	30	16
阿拉善盟	**121**	**79**	**42**	**2688**	**1777**	**911**
阿拉善左旗	77	49	28	1644	1028	616
阿拉善右旗	6	2	4	440	318	122
额济纳旗	33	25	8	265	150	115
内蒙古阿拉善经济开发区	5	3	2	339	281	58

7-7c 续表 6

单位：人

现住地	初中			高中			大学专科		
	小计	男	女	小计	男	女	小计	男	女
内蒙古	**164080**	**115360**	**48720**	**54680**	**42552**	**12128**	**26331**	**19959**	**6372**
呼和浩特市	**20479**	**13295**	**7184**	**5362**	**3638**	**1724**	**2244**	**1430**	**814**
新城区	4911	3098	1813	1070	673	397	387	225	162
回民区	1159	718	441	473	319	154	165	82	83
玉泉区	3462	2299	1163	654	432	222	238	120	118
赛罕区	5330	3422	1908	1304	844	460	494	311	183
土默特左旗	1816	1071	745	393	250	143	202	131	71
托克托县	1880	1398	482	585	451	134	274	200	74
和林格尔县	915	606	309	448	316	132	236	152	84
清水河县	577	418	159	296	260	36	152	131	21
武川县	429	265	164	139	93	46	96	78	18
呼和浩特经济技术开发区									
包头市	**12323**	**8097**	**4226**	**2607**	**1772**	**835**	**821**	**560**	**261**
东河区	1608	1014	594	338	201	137	74	44	30
昆都仑区	1930	1158	772	428	262	166	114	70	44
青山区	1351	826	525	247	168	79	101	62	39
石拐区	336	227	109	84	60	24	34	26	8
白云鄂博矿区									
九原区	3696	2463	1233	618	435	183	241	167	74
土默特右旗	1025	708	317	304	230	74	119	88	31
固阳县	1401	1072	329	375	282	93	58	42	16
达尔罕茂明安联合旗	415	288	127	113	75	38	61	49	12
包头稀土高新技术产业开发区	561	341	220	100	59	41	19	12	7
乌海市	**4697**	**3746**	**951**	**1444**	**1197**	**247**	**546**	**430**	**116**
海勃湾区	3000	2421	579	905	749	156	403	320	83
海南区	1697	1325	372	539	448	91	143	110	33
乌达区									
赤峰市	**13226**	**7760**	**5466**	**4422**	**2885**	**1537**	**2599**	**1594**	**1005**
红山区	172	103	69	42	26	16	37	24	13
元宝山区	966	655	311	236	159	77	137	91	46
松山区	3144	2001	1143	1106	669	437	676	385	291
阿鲁科尔沁旗	611	366	245	227	146	81	148	90	58
巴林左旗	976	592	384	450	295	155	226	137	89
巴林右旗	238	151	87	70	47	23	48	32	16
林西县	637	387	250	213	127	86	74	39	35
克什克腾旗	980	730	250	783	673	110	509	382	127
翁牛特旗	584	303	281	178	108	70	136	84	52
喀喇沁旗	965	497	468	236	142	94	126	72	54
宁城县	2638	1349	1289	605	343	262	328	180	148
敖汉旗	1315	626	689	276	150	126	154	78	76

7–7c　续表 7　　　　　　　　　　　　　　　　　　　　　　　　　　单位：人

现住地	初中			高中			大学专科		
	小计	男	女	小计	男	女	小计	男	女
通辽市	**10556**	**5355**	**5201**	**2694**	**1641**	**1053**	**1085**	**647**	**438**
科尔沁区	1918	1070	848	368	206	162	167	107	60
科尔沁左翼中旗	1615	688	927	306	155	151	140	84	56
科尔沁左翼后旗	2379	1034	1345	470	249	221	219	129	90
开鲁县	1218	660	558	325	183	142	117	68	49
库伦旗	1003	465	538	261	151	110	143	80	63
奈曼旗	992	517	475	295	176	119	176	105	71
扎鲁特旗	763	506	257	334	255	79	55	37	18
通辽经济技术开发区	428	271	157	86	57	29	35	22	13
霍林郭勒市	240	144	96	249	209	40	33	15	18
鄂尔多斯市	**44335**	**36986**	**7349**	**19557**	**17178**	**2379**	**10041**	**8636**	**1405**
东胜区	4703	3981	722	1407	1254	153	507	425	82
康巴什区									
达拉特旗	3416	2552	864	1229	1009	220	439	342	97
准格尔旗	11912	9934	1978	4653	4012	641	2430	2036	394
鄂托克前旗	5040	4420	620	2339	2136	203	1002	871	131
鄂托克旗	4120	3592	528	1494	1244	250	664	557	107
杭锦旗	614	442	172	240	185	55	108	97	11
乌审旗	6389	5369	1020	3704	3281	423	3195	2811	384
伊金霍洛旗	8141	6696	1445	4491	4057	434	1696	1497	199
呼伦贝尔市	**11773**	**6576**	**5197**	**2683**	**1702**	**981**	**1088**	**715**	**373**
海拉尔区	386	231	155	80	52	28	43	31	12
扎赉诺尔区									
阿荣旗	1924	1022	902	385	234	151	168	97	71
莫力达瓦达斡尔族自治旗	2622	1275	1347	532	269	263	259	156	103
鄂伦春自治旗	1986	1115	871	386	237	149	126	79	47
鄂温克族自治旗	784	430	354	169	114	55	61	35	26
陈巴尔虎旗	309	216	93	111	83	28	70	59	11
新巴尔虎左旗	248	140	108	120	85	35	54	39	15
新巴尔虎右旗	1298	1106	192	391	348	43	130	108	22
满洲里市									
牙克石市	301	152	149	80	41	39	44	34	10
扎兰屯市	1574	677	897	314	154	160	105	53	52
额尔古纳市	333	206	127	113	83	30	28	24	4
根河市	8	6	2	2	2				
巴彦淖尔市	**14430**	**10392**	**4038**	**4118**	**3009**	**1109**	**2424**	**1598**	**826**
临河区	4668	3017	1651	1485	989	496	1418	825	593
五原县	1435	929	506	317	201	116	112	67	45
磴口县	921	583	338	253	180	73	124	87	37
乌拉特前旗	3309	2655	654	801	626	175	261	205	56
乌拉特中旗	1485	1214	271	452	364	88	238	192	46
乌拉特后旗	1595	1403	192	578	519	59	192	174	18
杭锦后旗	1017	591	426	232	130	102	79	48	31

7-7c 续表 8 单位：人

现住地	初中			高中			大学专科		
	小计	男	女	小计	男	女	小计	男	女
乌兰察布市	**8645**	**5915**	**2730**	**2853**	**2136**	**717**	**1400**	**1039**	**361**
集宁区	943	753	190	360	286	74	235	190	45
卓资县	550	406	144	332	287	45	136	108	28
化德县	1018	732	286	314	247	67	117	84	33
商都县	784	503	281	276	191	85	120	83	37
兴和县	737	412	325	173	113	60	67	48	19
凉城县	501	264	237	234	160	74	173	134	39
察哈尔右翼前旗	2065	1549	516	704	551	153	248	188	60
察哈尔右翼中旗	546	421	125	100	74	26	98	71	27
察哈尔右翼后旗	328	194	134	98	65	33	74	54	20
四子王旗	521	328	193	153	101	52	63	42	21
丰镇市	652	353	299	109	61	48	69	37	32
兴安盟	**7837**	**4590**	**3247**	**1564**	**1021**	**543**	**793**	**561**	**232**
乌兰浩特市	860	543	317	282	214	68	180	141	39
阿尔山市	107	79	28	29	24	5	18	16	2
科尔沁右翼前旗	2214	1380	834	394	241	153	195	132	63
科尔沁右翼中旗	748	472	276	190	119	71	61	30	31
扎赉特旗	1700	761	939	338	197	141	140	97	43
突泉县	2208	1355	853	331	226	105	199	145	54
锡林郭勒盟	**8837**	**7047**	**1790**	**4411**	**3894**	**517**	**1920**	**1657**	**263**
二连浩特市	16	11	5	9	9		3	3	
锡林浩特市	1394	1031	363	424	344	80	156	112	44
阿巴嘎旗	403	334	69	346	302	44	89	83	6
苏尼特左旗	446	390	56	532	504	28	144	133	11
苏尼特右旗	318	255	63	160	131	29	84	66	18
东乌珠穆沁旗	416	331	85	153	124	29	150	125	25
西乌珠穆沁旗	3039	2755	284	2045	1919	126	905	836	69
太仆寺旗	693	440	253	151	104	47	91	63	28
镶黄旗	518	463	55	141	129	12	88	78	10
正镶白旗	313	248	65	99	86	13	81	68	13
正蓝旗	378	250	128	161	120	41	82	64	18
多伦县	838	495	343	174	110	64	46	25	21
乌拉盖管委会	65	44	21	16	12	4	1	1	
阿拉善盟	**6942**	**5601**	**1341**	**2965**	**2479**	**486**	**1370**	**1092**	**278**
阿拉善左旗	4793	3874	919	1489	1226	263	702	559	143
阿拉善右旗	579	468	111	196	165	31	98	84	14
额济纳旗	823	587	236	770	649	121	284	230	54
内蒙古阿拉善经济开发区	747	672	75	510	439	71	286	219	67

7-7c　续表 9　　　　单位：人

现住地	大学本科			硕士研究生			博士研究生		
	小计	男	女	小计	男	女	小计	男	女
内蒙古	**13002**	**9698**	**3304**	**492**	**342**	**150**	**50**	**41**	**9**
呼和浩特市	**1225**	**786**	**439**	**83**	**50**	**33**	**10**	**7**	**3**
新城区	224	144	80	15	8	7	1	1	
回民区	58	33	25	2	1	1			
玉泉区	275	146	129	4	2	2	1		1
赛罕区	230	149	81	31	16	15	7	6	1
土默特左旗	92	60	32	12	10	2			
托克托县	147	109	38	5	3	2	1		1
和林格尔县	125	82	43	6	4	2			
清水河县	42	37	5	7	6	1			
武川县	32	26	6	1		1			
呼和浩特经济技术开发区									
包头市	**430**	**294**	**136**	**17**	**11**	**6**			
东河区	49	32	17	3	1	2			
昆都仑区	53	34	19						
青山区	42	23	19	2	1	1			
石拐区	21	16	5	1	1				
白云鄂博矿区									
九原区	91	72	19	3	2	1			
土默特右旗	95	75	20	2	1	1			
固阳县	37	16	21	3	2	1			
达尔罕茂明安联合旗	33	19	14	3	3				
包头稀土高新技术产业开发区	9	7	2						
乌海市	**183**	**149**	**34**	**4**	**3**	**1**			
海勃湾区	151	126	25	4	3	1			
海南区	32	23	9						
乌达区									
赤峰市	**1661**	**1094**	**567**	**62**	**32**	**30**	**7**	**7**	
红山区	11	7	4				1	1	
元宝山区	101	79	22	3	2	1			
松山区	358	199	159	22	9	13	5	5	
阿鲁科尔沁旗	100	70	30	7	4	3			
巴林左旗	184	120	64	11	9	2			
巴林右旗	22	10	12						
林西县	40	26	14	2	1	1			
克什克腾旗	432	324	108	8	5	3	1	1	
翁牛特旗	68	47	21	1	1				
喀喇沁旗	82	52	30	3		3			
宁城县	208	129	79	3		3			
敖汉旗	55	31	24	2	1	1			

7-7c 续表 10

单位：人

现住地	大学本科			硕士研究生			博士研究生		
	小计	男	女	小计	男	女	小计	男	女
通辽市	**694**	**430**	**264**	**33**	**21**	**12**	**5**	**4**	**1**
科尔沁区	119	82	37	11	8	3	1	1	
科尔沁左翼中旗	81	49	32	5	3	2	1		1
科尔沁左翼后旗	99	55	44	3	2	1	1	1	
开鲁县	94	58	36	3	1	2	1	1	
库伦旗	85	50	35	3	2	1			
奈曼旗	84	54	30	4	2	2	1	1	
扎鲁特旗	60	36	24	3	3				
通辽经济技术开发区	46	29	17	1		1			
霍林郭勒市	26	17	9						
鄂尔多斯市	**4632**	**3894**	**738**	**165**	**132**	**33**	**17**	**15**	**2**
东胜区	164	145	19	5	3	2	1	1	
康巴什区									
达拉特旗	164	131	33	8	5	3			
准格尔旗	1271	1078	193	50	43	7	3	2	1
鄂托克前旗	598	490	108	12	9	3			
鄂托克旗	360	315	45	5	4	1	2	1	1
杭锦旗	61	47	14	4	3	1			
乌审旗	1297	1082	215	47	37	10	1	1	
伊金霍洛旗	717	606	111	34	28	6	10	10	
呼伦贝尔市	**658**	**454**	**204**	**15**	**8**	**7**	**3**	**1**	**2**
海拉尔区	23	20	3	1		1			
扎赉诺尔区									
阿荣旗	89	47	42	4	1	3	1		1
莫力达瓦达斡尔族自治旗	131	81	50	3	1	2	1	1	
鄂伦春自治旗	64	34	30	2	2				
鄂温克族自治旗	37	25	12	1	1		1		1
陈巴尔虎旗	53	41	12						
新巴尔虎左旗	39	29	10	3	2	1			
新巴尔虎右旗	136	117	19	1	1				
满洲里市									
牙克石市	27	19	8						
扎兰屯市	47	30	17						
额尔古纳市	12	11	1						
根河市									
巴彦淖尔市	**1026**	**626**	**400**	**33**	**24**	**9**	**1**	**1**	
临河区	570	269	301	11	6	5			
五原县	47	24	23	4	3	1			
磴口县	21	15	6	1	1				
乌拉特前旗	105	84	21	2	2				
乌拉特中旗	112	98	14	7	6	1	1	1	
乌拉特后旗	126	110	16	7	6	1			
杭锦后旗	45	26	19	1		1			

7-7c　续表 11　　　　单位：人

现住地	大学本科			硕士研究生			博士研究生		
	小计	男	女	小计	男	女	小计	男	女
乌兰察布市	**610**	**440**	**170**	**34**	**18**	**16**	**4**	**3**	**1**
集宁区	150	119	31	16	8	8			
卓资县	53	39	14						
化德县	37	23	14	2	1	1	1	1	
商都县	29	19	10						
兴和县	18	10	8	1	1				
凉城县	90	59	31	1	1		1		1
察哈尔右翼前旗	97	80	17	6	4	2			
察哈尔右翼中旗	23	15	8	1	1				
察哈尔右翼后旗	27	19	8	2	1	1	1	1	
四子王旗	54	36	18	1		1			
丰镇市	32	21	11	4	1	3	1	1	
兴安盟	**500**	**361**	**139**	**2**	**2**				
乌兰浩特市	80	59	21	1	1				
阿尔山市	5	5							
科尔沁右翼前旗	131	84	47						
科尔沁右翼中旗	33	22	11						
扎赉特旗	103	70	33						
突泉县	148	121	27	1	1				
锡林郭勒盟	**965**	**827**	**138**	**37**	**34**	**3**			
二连浩特市	3	3							
锡林浩特市	78	62	16						
阿巴嘎旗	34	32	2	1	1				
苏尼特左旗	72	64	8	3	3				
苏尼特右旗	48	34	14	3	2	1			
东乌珠穆沁旗	100	87	13	5	5				
西乌珠穆沁旗	429	381	48	17	16	1			
太仆寺旗	42	32	10	5	4	1			
镶黄旗	45	42	3	1	1				
正镶白旗	31	24	7	1	1				
正蓝旗	31	25	6						
多伦县	49	39	10	1	1				
乌拉盖管委会	3	2	1						
阿拉善盟	**418**	**343**	**75**	**7**	**7**		**3**	**3**	
阿拉善左旗	228	179	49	4	4		3	3	
阿拉善右旗	31	26	5	1	1				
额济纳旗	102	85	17	2	2				
内蒙古阿拉善经济开发区	57	53	4						

7-8 全区分年龄、性别、迁移原因的户口登记地在外乡镇街道的人口

单位：人

年龄	合计			工作就业		
	合计	男	女	小计	男	女
总计	**11462961**	**5858767**	**5604194**	**3539712**	**2176286**	**1363426**
0-4岁	**522947**	**271386**	**251561**			
0	66240	34460	31780			
1	109930	56739	53191			
2	102615	53415	49200			
3	118639	61526	57113			
4	125523	65246	60277			
5-9岁	**600801**	**313441**	**287360**			
5	100613	52374	48239			
6	135554	71076	64478			
7	119323	62214	57109			
8	131983	68874	63109			
9	113328	58903	54425			
10-14岁	**554309**	**287692**	**266617**	**677**	**362**	**315**
10	111810	58485	53325	153	77	76
11	112433	58556	53877	120	65	55
12	109550	56747	52803	115	62	53
13	111319	57571	53748	136	70	66
14	109197	56333	52864	153	88	65
15-19岁	**669622**	**342483**	**327139**	**25866**	**16747**	**9119**
15	127993	65439	62554	1769	1075	694
16	151365	77676	73689	2602	1683	919
17	128028	65877	62151	4215	2800	1415
18	128165	65936	62229	6888	4473	2415
19	134071	67555	66516	10392	6716	3676
20-24岁	**680843**	**344118**	**336725**	**205415**	**117864**	**87551**
20	142154	71708	70446	16404	10016	6388
21	128572	64659	63913	25791	15296	10495
22	132446	66910	65536	41992	24053	17939
23	132770	67497	65273	54653	30935	23718
24	144901	73344	71557	66575	37564	29011
25-29岁	**901951**	**455606**	**446345**	**437939**	**256480**	**181459**
25	165664	83486	82178	79550	45265	34285
26	163995	82517	81478	78863	45264	33599
27	178854	90061	88793	87162	50873	36289
28	191985	97603	94382	93672	55834	37838
29	201453	101939	99514	98692	59244	39448

7-8　续表 1

单位：人

年　龄	合　计			工作就业		
	合计	男	女	小计	男	女
30—34岁	**1249821**	**630934**	**618887**	**602912**	**363555**	**239357**
30	269328	135570	133758	130423	78174	52249
31	260844	130947	129897	126346	75772	50574
32	240930	120970	119960	115760	69584	46176
33	253987	128890	125097	122728	74362	48366
34	224732	114557	110175	107655	65663	41992
35—39岁	**1070817**	**552044**	**518773**	**492259**	**302980**	**189279**
35	209382	107325	102057	99712	60978	38734
36	226108	116366	109742	106257	65102	41155
37	205066	106291	98775	93599	57966	35633
38	232886	120274	112612	104501	64530	39971
39	197375	101788	95587	88190	54404	33786
40—44岁	**904653**	**469436**	**435217**	**400322**	**246085**	**154237**
40	186678	96188	90490	82633	50725	31908
41	185574	96918	88656	81729	50834	30895
42	176661	91795	84866	77658	47794	29864
43	165162	85534	79628	73237	44817	28420
44	190578	99001	91577	85065	51915	33150
45—49岁	**1058910**	**552941**	**505969**	**471756**	**289076**	**182680**
45	197408	102265	95143	87892	53594	34298
46	214720	111851	102869	96336	58809	37527
47	212812	111062	101750	94872	57982	36890
48	215656	112908	102748	96072	58921	37151
49	218314	114855	103459	96584	59770	36814
50—54岁	**940610**	**499898**	**440712**	**393083**	**251397**	**141686**
50	222775	117466	105309	96790	60526	36264
51	191807	101563	90244	81279	51716	29563
52	201588	107251	94337	84397	54086	30311
53	156961	83882	73079	64637	41913	22724
54	167479	89736	77743	65980	43156	22824
55—59岁	**755726**	**392351**	**363375**	**255315**	**165774**	**89541**
55	167017	88311	78706	61901	40474	21427
56	168250	88322	79928	58830	38325	20505
57	183570	95739	87831	61461	40165	21296
58	141325	72012	69313	45206	29079	16127
59	95564	47967	47597	27917	17731	10186
60—64岁	**549637**	**277166**	**272471**	**133201**	**87287**	**45914**
60	123806	63433	60373	34034	22386	11648
61	104199	53138	51061	26463	17413	9050
62	108224	54894	53330	25695	16908	8787
63	112648	55980	56668	25651	16750	8901
64	100760	49721	51039	21358	13830	7528
65岁及以上	**1002314**	**469271**	**533043**	**120967**	**78679**	**42288**

7－8　续表 2　　　　单位：人

年　龄	学习培训			随同离开/投亲靠友			拆迁/搬家		
	小计	男	女	小计	男	女	小计	男	女
总　计	**1037696**	**513046**	**524650**	**1565163**	**678876**	**886287**	**2659538**	**1367784**	**1291754**
0－4岁	**6805**	**3574**	**3231**	**301729**	**156592**	**145137**	**67770**	**35244**	**32526**
0	202	108	94	37653	19538	18115	7820	4069	3751
1	423	215	208	63890	33033	30857	13384	7006	6378
2	648	331	317	59360	30988	28372	13256	6811	6445
3	2289	1198	1091	68287	35389	32898	15991	8298	7693
4	3243	1722	1521	72539	37644	34895	17319	9060	8259
5－9岁	**111912**	**58549**	**53363**	**300512**	**156592**	**143920**	**82684**	**43429**	**39255**
5	3132	1668	1464	57524	29895	27629	14541	7562	6979
6	23100	12068	11032	69462	36472	32990	18561	9842	8719
7	26786	13932	12854	57572	29849	27723	16133	8572	7561
8	31202	16412	14790	62755	32706	30049	18007	9376	8631
9	27692	14469	13223	53199	27670	25529	15442	8077	7365
10－14岁	**154501**	**79834**	**74667**	**240642**	**125215**	**115427**	**80485**	**41968**	**38517**
10	28072	14725	13347	51852	27147	24705	15363	8096	7267
11	28772	14938	13834	51142	26705	24437	16205	8451	7754
12	29568	15300	14268	48184	25030	23154	16194	8337	7857
13	32241	16696	15545	46597	24108	22489	16949	8820	8129
14	35848	18175	17673	42867	22225	20642	15774	8264	7510
15－19岁	**442050**	**218559**	**223491**	**103315**	**54439**	**48876**	**51502**	**27675**	**23827**
15	70041	34916	35125	31571	16489	15082	13088	6934	6154
16	100624	50620	50004	25460	13288	12172	11982	6366	5616
17	86751	43428	43323	18677	9791	8886	9633	5089	4544
18	87326	43102	44224	16272	8725	7547	9235	5052	4183
19	97308	46493	50815	11335	6146	5189	7564	4234	3330
20－24岁	**246441**	**115295**	**131146**	**73532**	**36904**	**36628**	**79401**	**41557**	**37844**
20	97240	46252	50988	10955	6039	4916	8888	4944	3944
21	69063	32197	36866	11837	6169	5668	11123	5915	5208
22	43288	19929	23359	15654	7683	7971	16466	8565	7901
23	22264	10171	12093	17426	8482	8944	19874	10293	9581
24	14586	6746	7840	17660	8531	9129	23050	11840	11210
25－29岁	**38127**	**18064**	**20063**	**71820**	**31439**	**40381**	**162665**	**85819**	**76846**
25	11754	5306	6448	17638	8331	9307	27462	14225	13237
26	8316	3892	4424	15156	7064	8092	29348	15325	14023
27	6886	3321	3565	14035	6275	7760	32285	17003	15282
28	5953	2947	3006	12912	5312	7600	35947	19208	16739
29	5218	2598	2620	12079	4457	7622	37623	20058	17565

7-8　续表 3

单位：人

年　龄	学习培训			随同离开/投亲靠友			拆迁/搬家		
	小计	男	女	小计	男	女	小计	男	女
30—34岁	**20778**	**10462**	**10316**	**63823**	**18379**	**45444**	**251335**	**133121**	**118214**
30	6007	3026	2981	15072	5122	9950	51869	27649	24220
31	4926	2454	2472	13657	4088	9569	51803	27390	24413
32	3900	1942	1958	12110	3330	8780	49123	25901	23222
33	3308	1739	1569	12180	3107	9073	52033	27589	24444
34	2637	1301	1336	10804	2732	8072	46507	24592	21915
35—39岁	**8637**	**4442**	**4195**	**48244**	**10389**	**37855**	**236689**	**124809**	**111880**
35	2206	1143	1063	9555	2254	7301	43790	23132	20658
36	2124	1106	1018	10164	2201	7963	48116	25651	22465
37	1581	800	781	9132	1941	7191	46053	24364	21689
38	1621	796	825	10577	2235	8342	53156	27847	25309
39	1105	597	508	8816	1758	7058	45574	23815	21759
40—44岁	**3617**	**1828**	**1789**	**41695**	**7580**	**34115**	**222027**	**115573**	**106454**
40	913	465	448	8439	1654	6785	43519	22792	20727
41	817	438	379	8476	1640	6836	44812	23579	21233
42	685	317	368	8072	1504	6568	43656	22712	20944
43	593	300	293	7652	1249	6403	41147	21375	19772
44	609	308	301	9056	1533	7523	48893	25115	23778
45—49岁	**2303**	**1141**	**1162**	**54125**	**9640**	**44485**	**297627**	**151459**	**146168**
45	564	266	298	9603	1631	7972	52380	26567	25813
46	495	242	253	10664	1855	8809	58039	29574	28465
47	489	258	231	10756	1952	8804	60339	30607	29732
48	394	199	195	11266	2042	9224	62156	31754	30402
49	361	176	185	11836	2160	9676	64713	32957	31756
50—54岁	**1107**	**579**	**528**	**55598**	**11237**	**44361**	**292129**	**149650**	**142479**
50	322	156	166	12176	2257	9919	67981	34551	33430
51	240	124	116	11000	2141	8859	59558	30272	29286
52	236	130	106	11939	2430	9509	62710	32187	30523
53	152	81	71	9815	1963	7852	48529	25116	23413
54	157	88	69	10668	2446	8222	53351	27524	25827
55—59岁	**585**	**305**	**280**	**52378**	**12326**	**40052**	**257425**	**133107**	**124318**
55	143	72	71	10885	2432	8453	55372	28700	26672
56	129	74	55	11183	2566	8617	57493	29998	27495
57	147	80	67	12590	3031	9559	63293	32811	30482
58	94	43	51	10376	2521	7855	48103	24685	23418
59	72	36	36	7344	1776	5568	33164	16913	16251
60—64岁	**341**	**168**	**173**	**46503**	**12967**	**33536**	**194174**	**99132**	**95042**
60	91	42	49	9973	2639	7334	43271	22424	20847
61	72	44	28	8570	2361	6209	36780	18947	17833
62	56	32	24	9079	2573	6506	38515	19707	18808
63	74	31	43	9797	2811	6986	39699	19986	19713
64	48	19	29	9084	2583	6501	35909	18068	17841
65岁及以上	**492**	**246**	**246**	**111247**	**35177**	**76070**	**383625**	**185241**	**198384**

7-8 续表 4

单位：人

年 龄	寄挂户口			婚姻嫁娶			照料孙子女		
	小计	男	女	小计	男	女	小计	男	女
总 计	**160599**	**83999**	**76600**	**586349**	**126283**	**460066**	**192005**	**69355**	**122650**
0-4岁	**9766**	**5097**	**4669**						
0	1301	690	611						
1	2231	1138	1093						
2	1951	1022	929						
3	2211	1159	1052						
4	2072	1088	984						
5-9岁	**8596**	**4423**	**4173**						
5	1644	850	794						
6	1963	1010	953						
7	1649	857	792						
8	1787	934	853						
9	1553	772	781						
10-14岁	**7676**	**3929**	**3747**	**19**	**11**	**8**			
10	1497	752	745	3	1	2			
11	1568	791	777	6	4	2			
12	1534	829	705	3	3				
13	1587	787	800	3	1	2			
14	1490	770	720	4	2	2			
15-19岁	**5354**	**2923**	**2431**	**1055**	**80**	**975**	**4**	**2**	**2**
15	1181	613	568	45	21	24	1		1
16	1081	594	487	54	14	40			
17	982	502	480	124	14	110			
18	1060	629	431	266	11	255			
19	1050	585	465	566	20	546	3	2	1
20-24岁	**9336**	**5264**	**4072**	**19307**	**1947**	**17360**	**13**	**4**	**9**
20	1179	681	498	1070	34	1036	2		2
21	1474	873	601	1687	98	1589			
22	1999	1127	872	3071	237	2834	1		1
23	2277	1251	1026	5107	530	4577	6	2	4
24	2407	1332	1075	8372	1048	7324	4	2	2
25-29岁	**11833**	**6509**	**5324**	**102717**	**18952**	**83765**	**30**	**9**	**21**
25	2602	1415	1187	12936	1887	11049	6	3	3
26	2302	1242	1060	16250	2656	13594	6	2	4
27	2384	1332	1052	21265	3899	17366	8	1	7
28	2295	1259	1036	24986	4971	20015	6	1	5
29	2250	1261	989	27280	5539	21741	4	2	2

7-8　续表 5　　单位：人

年　龄	寄挂户口			婚姻嫁娶			照料孙子女		
	小计	男	女	小计	男	女	小计	男	女
30–34岁	**13093**	**7154**	**5939**	**157241**	**32841**	**124400**	**480**	**138**	**342**
30	2819	1574	1245	36972	7752	29220	87	17	70
31	2720	1482	1238	33943	6937	27006	87	28	59
32	2552	1397	1155	30340	6345	23995	89	20	69
33	2628	1436	1192	30344	6385	23959	127	38	89
34	2374	1265	1109	25642	5422	20220	90	35	55
35–39岁	**11914**	**6432**	**5482**	**100772**	**21602**	**79170**	**591**	**197**	**394**
35	2292	1284	1008	21961	4578	17383	112	37	75
36	2314	1218	1096	22612	4791	17821	113	33	80
37	2242	1222	1020	19222	4232	14990	123	36	87
38	2753	1482	1271	20495	4484	16011	120	49	71
39	2313	1226	1087	16482	3517	12965	123	42	81
40–44岁	**11951**	**6299**	**5652**	**62092**	**13747**	**48345**	**829**	**278**	**551**
40	2359	1287	1072	14569	3224	11345	126	36	90
41	2359	1232	1127	13430	2903	10527	156	59	97
42	2369	1209	1160	11899	2671	9228	151	56	95
43	2260	1175	1085	10631	2303	8328	164	58	106
44	2604	1396	1208	11563	2646	8917	232	69	163
45–49岁	**15004**	**7601**	**7403**	**52739**	**12743**	**39996**	**4363**	**1006**	**3357**
45	2824	1424	1400	10955	2517	8438	326	87	239
46	3021	1540	1481	11292	2696	8596	515	124	391
47	2951	1488	1463	10584	2536	8048	720	165	555
48	3123	1595	1528	10194	2512	7682	1095	255	840
49	3085	1554	1531	9714	2482	7232	1707	375	1332
50–54岁	**13846**	**6985**	**6861**	**34805**	**9361**	**25444**	**21662**	**5325**	**16337**
50	3262	1649	1613	8936	2300	6636	2564	556	2008
51	2928	1464	1464	7396	2000	5396	3308	777	2531
52	2927	1478	1449	7411	1948	5463	4699	1115	3584
53	2207	1106	1101	5501	1493	4008	4763	1188	3575
54	2522	1288	1234	5561	1620	3941	6328	1689	4639
55–59岁	**11478**	**5967**	**5511**	**22553**	**6460**	**16093**	**47020**	**14207**	**32813**
55	2566	1324	1242	5337	1520	3817	7880	2150	5730
56	2540	1320	1220	5097	1476	3621	9343	2688	6655
57	2776	1470	1306	5344	1590	3754	11830	3649	8181
58	2149	1110	1039	4064	1112	2952	10145	3161	6984
59	1447	743	704	2711	762	1949	7822	2559	5263
60–64岁	**8211**	**4331**	**3880**	**14166**	**3911**	**10255**	**54206**	**20898**	**33308**
60	1882	994	888	3443	978	2465	10734	3862	6872
61	1477	777	700	2684	786	1898	9978	3715	6263
62	1668	904	764	2818	761	2057	10863	4325	6538
63	1688	876	812	2785	707	2078	11946	4700	7246
64	1496	780	716	2436	679	1757	10685	4296	6389
65岁及以上	**22541**	**11085**	**11456**	**18883**	**4628**	**14255**	**62807**	**27291**	**35516**

7-8 续表 6

单位：人

年 龄	为子女就学			养老/康养			其 他		
	小计	男	女	小计	男	女	小计	男	女
总 计	**405125**	**181256**	**223869**	**226542**	**99788**	**126754**	**1090232**	**562094**	**528138**
0—4岁							**136877**	**70879**	**65998**
0							19264	10055	9209
1							30002	15347	14655
2							27400	14263	13137
3							29861	15482	14379
4							30350	15732	14618
5—9岁							**97097**	**50448**	**46649**
5							23772	12399	11373
6							22468	11684	10784
7							17183	9004	8179
8							18232	9446	8786
9							15442	7915	7527
10—14岁				**6**	**2**	**4**	**70303**	**36371**	**33932**
10							14870	7687	7183
11				3	1	2	14617	7601	7016
12				1	1		13951	7185	6766
13							13806	7089	6717
14				2		2	13059	6809	6250
15—19岁	**418**	**215**	**203**	**6**	**2**	**4**	**40052**	**21841**	**18211**
15	114	62	52	2	2		10181	5327	4854
16	91	41	50				9471	5070	4401
17	75	42	33	2		2	7569	4211	3358
18	77	39	38				7041	3905	3136
19	61	31	30	2		2	5790	3328	2462
20—24岁	**1263**	**368**	**895**	**31**	**17**	**14**	**46104**	**24898**	**21206**
20	102	44	58				6314	3698	2616
21	122	34	88	8	3	5	7467	4074	3393
22	192	64	128	6	3	3	9777	5249	4528
23	296	79	217	5	4	1	10862	5750	5112
24	551	147	404	12	7	5	11684	6127	5557
25—29岁	**14223**	**4810**	**9413**	**38**	**26**	**12**	**62559**	**33498**	**29061**
25	977	262	715	9	6	3	12730	6786	5944
26	1535	460	1075	4	4		12215	6608	5607
27	2500	783	1717	9	7	2	12320	6567	5753
28	3755	1316	2439	8	4	4	12451	6751	5700
29	5456	1989	3467	8	5	3	12843	6786	6057

7-8　续表 7　　　　单位：人

年　龄	为子女就学			养老/康养			其　他		
	小计	男	女	小计	男	女	小计	男	女
30—34岁	**62958**	**24725**	**38233**	**65**	**40**	**25**	**77136**	**40519**	**36617**
30	9432	3524	5908	7	4	3	16640	8728	7912
31	11194	4286	6908	13	9	4	16155	8501	7654
32	12189	4717	7472	15	7	8	14852	7727	7125
33	15044	6007	9037	16	8	8	15579	8219	7360
34	15099	6191	8908	14	12	2	13910	7344	6566
35—39岁	**100839**	**43662**	**57177**	**93**	**60**	**33**	**70779**	**37471**	**33308**
35	16486	6946	9540	12	8	4	13256	6965	6291
36	20015	8623	11392	14	9	5	14379	7632	6747
37	19364	8398	10966	21	16	5	13729	7316	6413
38	23821	10402	13419	22	14	8	15820	8435	7385
39	21153	9293	11860	24	13	11	13595	7123	6472
40—44岁	**93817**	**42520**	**51297**	**151**	**98**	**53**	**68152**	**35428**	**32724**
40	20634	9039	11595	14	11	3	13472	6955	6517
41	20130	9089	11041	26	17	9	13639	7127	6512
42	18644	8434	10210	34	19	15	13493	7079	6414
43	16702	7690	9012	29	19	10	12747	6548	6199
44	17707	8268	9439	48	32	16	14801	7719	7082
45—49岁	**71030**	**34318**	**36712**	**493**	**314**	**179**	**89470**	**45643**	**43827**
45	16879	7958	8921	52	34	18	15933	8187	7746
46	16496	7841	8655	80	49	31	17782	9121	8661
47	14016	6818	7198	97	64	33	17988	9192	8796
48	12627	6188	6439	103	61	42	18626	9381	9245
49	11012	5513	5499	161	106	55	19141	9762	9379
50—54岁	**30860**	**15905**	**14955**	**10437**	**4569**	**5868**	**87083**	**44890**	**42193**
50	9550	4838	4712	1304	569	735	19890	10064	9826
51	6862	3390	3472	1811	752	1059	17425	8927	8498
52	6326	3299	3027	2356	1003	1353	18587	9575	9012
53	4258	2288	1970	2159	989	1170	14940	7745	7195
54	3864	2090	1774	2807	1256	1551	16241	8579	7662
55—59岁	**13565**	**6988**	**6577**	**21232**	**9205**	**12027**	**74175**	**38012**	**36163**
55	3482	1842	1640	3460	1525	1935	15991	8272	7719
56	3184	1681	1503	4077	1764	2313	16374	8430	7944
57	3099	1585	1514	5226	2233	2993	17804	9125	8679
58	2317	1159	1158	4627	1986	2641	14244	7156	7088
59	1483	721	762	3842	1697	2145	9762	5029	4733
60—64岁	**7899**	**3812**	**4087**	**34614**	**16023**	**18591**	**56322**	**28637**	**27685**
60	1902	967	935	5880	2702	3178	12596	6439	6157
61	1526	736	790	6019	2865	3154	10630	5494	5136
62	1550	748	802	6950	3262	3688	11030	5674	5356
63	1587	740	847	7938	3591	4347	11483	5788	5695
64	1334	621	713	7827	3603	4224	10583	5242	5341
65岁及以上	**8253**	**3933**	**4320**	**159376**	**69432**	**89944**	**114123**	**53559**	**60564**

7-8a 全区分年龄、性别、迁移原因的户口登记地在外乡镇街道的人口(城市)

单位：人

年龄	合计			工作就业		
	合计	男	女	小计	男	女
总计	**6154293**	**3090865**	**3063428**	**1865464**	**1092105**	**773359**
0-4岁	**266285**	**138411**	**127874**			
0	33520	17449	16071			
1	57366	29644	27722			
2	52172	27192	24980			
3	59758	31046	28712			
4	63469	33080	30389			
5-9岁	**296860**	**155545**	**141315**			
5	48652	25546	23106			
6	67900	35790	32110			
7	59062	30980	28082			
8	65690	34319	31371			
9	55556	28910	26646			
10-14岁	**273366**	**142393**	**130973**	**346**	**186**	**160**
10	54507	28513	25994	70	35	35
11	54786	28652	26134	59	31	28
12	53939	27942	25997	56	29	27
13	56266	29277	26989	77	43	34
14	53868	28009	25859	84	48	36
15-19岁	**380660**	**193692**	**186968**	**16136**	**10010**	**6126**
15	62146	32087	30059	1054	616	438
16	75198	38741	36457	1582	995	587
17	64386	33112	31274	2677	1726	951
18	80743	40957	39786	4310	2698	1612
19	98187	48795	49392	6513	3975	2538
20-24岁	**451164**	**222960**	**228204**	**121989**	**64959**	**57030**
20	106978	53135	53843	10314	5871	4443
21	92090	45217	46873	15851	8668	7183
22	86501	42661	43840	25132	13284	11848
23	80531	40022	40509	31981	16821	15160
24	85064	41925	43139	38711	20315	18396
25-29岁	**504802**	**250678**	**254124**	**247023**	**137249**	**109774**
25	95199	46853	48346	45958	24526	21432
26	93315	45912	47403	45215	24515	20700
27	99690	49333	50357	48885	27013	21872
28	107218	53690	53528	52616	29847	22769
29	109380	54890	54490	54349	31348	23001

7-8a　续表 1

单位：人

年　龄	合　计			工作就业		
	合计	男	女	小计	男	女
30-34岁	**671304**	**334773**	**336531**	**326006**	**188421**	**137585**
30	146616	72997	73619	71536	41193	30343
31	141141	70203	70938	68752	39601	29151
32	128977	63717	65260	62203	35680	26523
33	135333	67820	67513	65924	38207	27717
34	119237	60036	59201	57591	33740	23851
35-39岁	**565204**	**286989**	**278215**	**264208**	**156026**	**108182**
35	110991	56237	54754	53642	31430	22212
36	119760	60724	59036	57184	33595	23589
37	109064	55642	53422	50380	29921	20459
38	122805	62419	60386	56062	33267	22795
39	102584	51967	50617	46940	27813	19127
40-44岁	**470453**	**238838**	**231615**	**207247**	**121893**	**85354**
40	96093	48568	47525	43168	25476	17692
41	94998	48716	46282	42082	25099	16983
42	92513	46967	45546	40460	23860	16600
43	86710	43929	42781	37818	22040	15778
44	100139	50658	49481	43719	25418	18301
45-49岁	**545462**	**275819**	**269643**	**233725**	**135812**	**97913**
45	101831	51417	50414	44335	25798	18537
46	109838	55565	54273	48215	27976	20239
47	109894	55510	54384	46849	27139	19710
48	111307	56294	55013	47185	27375	19810
49	112592	57033	55559	47141	27524	19617
50-54岁	**489445**	**249482**	**239963**	**189482**	**114387**	**75095**
50	115630	58639	56991	47187	27813	19374
51	100089	50644	49445	39134	23432	15702
52	104930	53511	51419	40639	24542	16097
53	80977	41547	39430	30777	18880	11897
54	87819	45141	42678	31745	19720	12025
55-59岁	**408223**	**205904**	**202319**	**126358**	**78723**	**47635**
55	89117	45579	43538	30228	18985	11243
56	90967	46490	44477	28957	18113	10844
57	99941	50522	49419	30653	19117	11536
58	76325	37907	38418	22456	13865	8591
59	51873	25406	26467	14064	8643	5421
60-64岁	**300460**	**149957**	**150503**	**68191**	**43504**	**24687**
60	67357	33886	33471	17162	10905	6257
61	57022	28618	28404	13525	8672	4853
62	60029	30269	29760	13265	8599	4666
63	61411	30320	31091	13238	8396	4842
64	54641	26864	27777	11001	6932	4069
65岁及以上	**530605**	**245424**	**285181**	**64753**	**40935**	**23818**

7–8a 续表 2　　单位：人

年龄	学习培训			随同离开/投亲靠友			拆迁/搬家		
	小计	男	女	小计	男	女	小计	男	女
总 计	**621559**	**304731**	**316828**	**874877**	**382564**	**492313**	**1585747**	**809238**	**776509**
0–4岁	**2839**	**1529**	**1310**	**165214**	**85821**	**79393**	**36983**	**19205**	**17778**
0	88	49	39	20578	10673	9905	4070	2124	1946
1	187	103	84	35739	18465	17274	7378	3838	3540
2	295	149	146	32372	16884	15488	7210	3718	3492
3	940	530	410	37115	19260	17855	8752	4541	4211
4	1329	698	631	39410	20539	18871	9573	4984	4589
5–9岁	**45330**	**23739**	**21591**	**164550**	**86114**	**78436**	**44712**	**23621**	**21091**
5	1275	674	601	30000	15708	14292	7696	4045	3651
6	9373	4929	4444	38310	20158	18152	10201	5443	4758
7	10805	5620	5185	31818	16617	15201	8805	4734	4071
8	12834	6748	6086	34956	18264	16692	9729	5068	4661
9	11043	5768	5275	29466	15367	14099	8281	4331	3950
10–14岁	**66028**	**34387**	**31641**	**133291**	**69517**	**63774**	**42751**	**22240**	**20511**
10	11388	6042	5346	28581	14967	13614	8153	4261	3892
11	11542	6094	5448	28338	14812	13526	8499	4387	4112
12	12654	6542	6112	26471	13786	12685	8552	4360	4192
13	14625	7583	7042	26220	13658	12562	9107	4763	4344
14	15819	8126	7693	23681	12294	11387	8440	4469	3971
15–19岁	**253315**	**124648**	**128667**	**61298**	**32407**	**28891**	**29734**	**15934**	**13800**
15	31385	15794	15591	17727	9388	8339	7282	3856	3426
16	47388	23950	23438	14900	7815	7085	6844	3671	3173
17	41622	20789	20833	11061	5779	5282	5369	2853	2516
18	56982	27833	29149	10190	5444	4746	5493	2949	2544
19	75938	36282	39656	7420	3981	3439	4746	2605	2141
20–24岁	**198889**	**93725**	**105164**	**47651**	**23812**	**23839**	**48195**	**25007**	**23188**
20	79346	37876	41470	7464	4043	3421	5724	3136	2588
21	56675	26535	30140	7813	4008	3805	6785	3553	3232
22	34643	16237	18406	10025	4901	5124	9879	5080	4799
23	17152	7953	9199	11113	5444	5669	12006	6201	5805
24	11073	5124	5949	11236	5416	5820	13801	7037	6764
25–29岁	**28040**	**13113**	**14927**	**44671**	**19937**	**24734**	**96166**	**50458**	**45708**
25	8777	3905	4872	11181	5281	5900	16162	8371	7791
26	6158	2851	3307	9587	4482	5105	17470	9067	8403
27	5028	2386	2642	8865	4057	4808	18991	9949	9042
28	4343	2126	2217	7918	3387	4531	21547	11418	10129
29	3734	1845	1889	7120	2730	4390	21996	11653	10343

7–8a　续表 3　　　　单位：人

年　龄	学习培训			随同离开/投亲靠友			拆迁/搬家		
	小计	男	女	小计	男	女	小计	男	女
30–34岁	**14884**	**7384**	**7500**	**36535**	**11057**	**25478**	**148501**	**78453**	**70048**
30	4262	2124	2138	8868	3204	5664	30574	16194	14380
31	3537	1721	1816	7927	2473	5454	30868	16360	14508
32	2815	1385	1430	6945	2019	4926	29026	15246	13780
33	2377	1233	1144	6768	1783	4985	30827	16345	14482
34	1893	921	972	6027	1578	4449	27206	14308	12898
35–39岁	**6299**	**3220**	**3079**	**26119**	**5769**	**20350**	**138011**	**72238**	**65773**
35	1549	785	764	5209	1270	3939	25754	13571	12183
36	1576	803	773	5499	1216	4283	28138	14915	13223
37	1159	597	562	5039	1116	3923	27126	14235	12891
38	1188	591	597	5712	1214	4498	30957	16074	14883
39	827	444	383	4660	953	3707	26036	13443	12593
40–44岁	**2599**	**1312**	**1287**	**22227**	**4067**	**18160**	**130538**	**67163**	**63375**
40	640	321	319	4510	908	3602	24966	12870	12096
41	572	311	261	4494	862	3632	25746	13430	12316
42	492	229	263	4335	830	3505	25649	13188	12461
43	448	225	223	4067	671	3396	24647	12757	11890
44	447	226	221	4821	796	4025	29530	14918	14612
45–49岁	**1646**	**801**	**845**	**28437**	**5017**	**23420**	**180612**	**90482**	**90130**
45	409	192	217	5038	866	4172	31199	15589	15610
46	349	161	188	5549	932	4617	34543	17324	17219
47	352	186	166	5630	1016	4614	36908	18438	18470
48	276	143	133	5918	1056	4862	38068	19128	18940
49	260	119	141	6302	1147	5155	39894	20003	19891
50–54岁	**750**	**397**	**353**	**30175**	**6101**	**24074**	**181540**	**91674**	**89866**
50	227	111	116	6525	1196	5329	41998	21099	20899
51	170	87	83	5974	1123	4851	37285	18633	18652
52	161	92	69	6500	1355	5145	39154	19840	19314
53	94	49	45	5315	1086	4229	29864	15243	14621
54	98	58	40	5861	1341	4520	33239	16859	16380
55–59岁	**390**	**195**	**195**	**29081**	**6886**	**22195**	**162088**	**83478**	**78610**
55	104	47	57	6020	1339	4681	34831	18025	16806
56	90	51	39	6189	1424	4765	36543	18936	17607
57	96	53	43	7100	1707	5393	40045	20715	19330
58	54	24	30	5715	1419	4296	30032	15364	14668
59	46	20	26	4057	997	3060	20637	10438	10199
60–64岁	**212**	**113**	**99**	**25865**	**7403**	**18462**	**119160**	**60950**	**58210**
60	63	30	33	5572	1508	4064	26780	13866	12914
61	52	35	17	4799	1359	3440	22609	11634	10975
62	32	19	13	5170	1495	3675	23937	12305	11632
63	37	17	20	5382	1624	3758	24158	12174	11984
64	28	12	16	4942	1417	3525	21676	10971	10705
65岁及以上	**338**	**168**	**170**	**59763**	**18656**	**41107**	**226756**	**108335**	**118421**

7-8a 续表 4

单位：人

年 龄	寄挂户口			婚姻嫁娶			照料孙子女		
	小计	男	女	小计	男	女	小计	男	女
总 计	**70687**	**36873**	**33814**	**282641**	**66763**	**215878**	**120974**	**44467**	**76507**
0-4岁	**5246**	**2738**	**2508**						
0	730	381	349						
1	1236	636	600						
2	1026	538	488						
3	1168	603	565						
4	1086	580	506						
5-9岁	**4311**	**2208**	**2103**						
5	810	401	409						
6	1043	534	509						
7	829	440	389						
8	879	456	423						
9	750	377	373						
10-14岁	**3692**	**1877**	**1815**	**13**	**6**	**7**			
10	709	356	353	3	1	2			
11	780	404	376	4	2	2			
12	741	408	333	2	2				
13	767	354	413	2		2			
14	695	355	340	2	1	1			
15-19岁	**2511**	**1363**	**1148**	**216**	**45**	**171**	**4**	**2**	**2**
15	562	295	267	20	11	9	1		1
16	499	264	235	15	7	8			
17	465	247	218	31	7	24			
18	483	287	196	49	8	41			
19	502	270	232	101	12	89	3	2	1
20-24岁	**4316**	**2415**	**1901**	**7310**	**961**	**6349**	**5**	**2**	**3**
20	537	304	233	241	11	230			
21	682	412	270	519	46	473			
22	898	493	405	1092	120	972	1		1
23	1105	593	512	1952	265	1687	2	1	1
24	1094	613	481	3506	519	2987	2	1	1
25-29岁	**5257**	**2923**	**2334**	**51339**	**10613**	**40726**	**16**	**7**	**9**
25	1156	641	515	5885	977	4908	5	3	2
26	991	537	454	7992	1468	6524	2	1	1
27	1014	579	435	10684	2179	8505	4		4
28	1051	580	471	12951	2867	10084	3	1	2
29	1045	586	459	13827	3122	10705	2	2	

7-8a 续表 5

单位：人

年 龄	寄挂户口			婚姻嫁娶			照料孙子女		
	小计	男	女	小计	男	女	小计	男	女
30–34岁	**5804**	**3148**	**2656**	**83155**	**19646**	**63509**	**235**	**75**	**160**
30	1298	697	601	19599	4537	15062	45	11	34
31	1243	706	537	17992	4191	13801	45	17	28
32	1096	579	517	16168	3820	12348	42	11	31
33	1109	613	496	15902	3827	12075	62	18	44
34	1058	553	505	13494	3271	10223	41	18	23
35–39岁	**5325**	**2868**	**2457**	**51900**	**12669**	**39231**	**334**	**117**	**217**
35	1006	569	437	11372	2735	8637	62	20	42
36	1090	557	533	11763	2851	8912	54	20	34
37	1065	593	472	10021	2484	7537	71	21	50
38	1195	640	555	10506	2599	7907	77	31	46
39	969	509	460	8238	2000	6238	70	25	45
40–44岁	**5142**	**2693**	**2449**	**29915**	**7418**	**22497**	**502**	**176**	**326**
40	899	463	436	7142	1808	5334	77	24	53
41	950	496	454	6319	1527	4792	91	39	52
42	1066	553	513	5843	1445	4398	104	36	68
43	1007	510	497	5158	1240	3918	104	40	64
44	1220	671	549	5453	1398	4055	126	37	89
45–49岁	**6362**	**3190**	**3172**	**23438**	**5903**	**17535**	**2380**	**564**	**1816**
45	1237	620	617	5006	1229	3777	179	53	126
46	1273	648	625	5038	1225	3813	265	72	193
47	1218	610	608	4827	1220	3607	384	88	296
48	1353	674	679	4508	1146	3362	602	143	459
49	1281	638	643	4059	1083	2976	950	208	742
50–54岁	**5831**	**2910**	**2921**	**14373**	**3879**	**10494**	**12773**	**3105**	**9668**
50	1338	664	674	3831	1021	2810	1484	297	1187
51	1242	604	638	3103	820	2283	1944	439	1505
52	1178	608	570	3097	820	2277	2777	656	2121
53	934	452	482	2195	608	1587	2815	708	2107
54	1139	582	557	2147	610	1537	3753	1005	2748
55–59岁	**4724**	**2441**	**2283**	**8820**	**2536**	**6284**	**29535**	**8922**	**20613**
55	1063	541	522	2100	589	1511	4953	1323	3630
56	1035	540	495	2019	615	1404	5724	1668	4056
57	1103	591	512	2061	607	1454	7487	2325	5162
58	918	464	454	1602	433	1169	6415	1996	4419
59	605	305	300	1038	292	746	4956	1610	3346
60–64岁	**3491**	**1866**	**1625**	**5129**	**1425**	**3704**	**35323**	**13851**	**21472**
60	768	407	361	1277	359	918	6917	2499	4418
61	616	315	301	975	286	689	6476	2413	4063
62	745	425	320	1044	275	769	7149	2926	4223
63	743	411	332	1002	264	738	7800	3115	4685
64	619	308	311	831	241	590	6981	2898	4083
65岁及以上	**8675**	**4233**	**4442**	**7033**	**1662**	**5371**	**39867**	**17646**	**22221**

7-8a 续表 6

单位：人

年 龄	为子女就学			养老/康养			其 他		
	小计	男	女	小计	男	女	小计	男	女
总 计	**172304**	**76894**	**95410**	**105101**	**44676**	**60425**	**454939**	**232554**	**222385**
0-4岁							**56003**	**29118**	**26885**
0							8054	4222	3832
1							12826	6602	6224
2							11269	5903	5366
3							11783	6112	5671
4							12071	6279	5792
5-9岁							**37957**	**19863**	**18094**
5							8871	4718	4153
6							8973	4726	4247
7							6805	3569	3236
8							7292	3783	3509
9							6016	3067	2949
10-14岁				**3**	**2**	**1**	**27242**	**14178**	**13064**
10							5603	2851	2752
11				1	1		5563	2921	2642
12				1	1		5462	2814	2648
13							5468	2876	2592
14				1		1	5146	2716	2430
15-19岁	**316**	**152**	**164**	**3**		**3**	**17127**	**9131**	**7996**
15	80	39	41				4035	2088	1947
16	66	28	38				3904	2011	1893
17	55	30	25	1		1	3105	1681	1424
18	62	31	31				3174	1707	1467
19	53	24	29	2		2	2909	1644	1265
20-24岁	**449**	**154**	**295**	**12**	**6**	**6**	**22348**	**11919**	**10429**
20	66	26	40				3286	1868	1418
21	67	23	44	2	1	1	3696	1971	1725
22	77	31	46	2	1	1	4752	2514	2238
23	94	27	67	1	1		5125	2716	2409
24	145	47	98	7	3	4	5489	2850	2639
25-29岁	**4001**	**1359**	**2642**	**13**	**7**	**6**	**28276**	**15012**	**13264**
25	258	86	172	5	2	3	5812	3061	2751
26	413	117	296	1	1		5486	2873	2613
27	679	208	471	1	1		5539	2961	2578
28	1052	356	696	2	1	1	5735	3107	2628
29	1599	592	1007	4	2	2	5704	3010	2694

7-8a 续表 7

单位：人

年 龄	为子女就学			养老/康养			其 他		
	小计	男	女	小计	男	女	小计	男	女
30-34岁	**22883**	**9076**	**13807**	**32**	**18**	**14**	**33269**	**17495**	**15774**
30	3058	1140	1918	4	3	1	7372	3894	3478
31	3740	1456	2284	7	5	2	7030	3673	3357
32	4387	1705	2682	7	2	5	6288	3270	3018
33	5722	2284	3438	7	3	4	6635	3507	3128
34	5976	2491	3485	7	5	2	5944	3151	2793
35-39岁	**42620**	**18138**	**24482**	**42**	**23**	**19**	**30346**	**15921**	**14425**
35	6652	2811	3841	4	3	1	5741	3043	2698
36	8147	3454	4693	4	2	2	6305	3311	2994
37	8139	3464	4675	12	8	4	6052	3203	2849
38	10368	4430	5938	13	6	7	6727	3567	3160
39	9314	3979	5335	9	4	5	5521	2797	2724
40-44岁	**44107**	**19503**	**24604**	**58**	**37**	**21**	**28118**	**14576**	**13542**
40	9296	3933	5363	5	5		5390	2760	2630
41	9251	4025	5226	9	5	4	5484	2922	2562
42	8982	3957	5025	13	7	6	5569	2862	2707
43	8039	3680	4359	11	7	4	5411	2759	2652
44	8539	3908	4631	20	13	7	6264	3273	2991
45-49岁	**32195**	**15634**	**16561**	**200**	**111**	**89**	**36467**	**18305**	**18162**
45	7852	3733	4119	21	10	11	6555	3327	3228
46	7504	3592	3912	27	14	13	7075	3621	3454
47	6440	3136	3304	35	21	14	7251	3656	3595
48	5582	2773	2809	47	26	21	7768	3830	3938
49	4817	2400	2417	70	40	30	7818	3871	3947
50-54岁	**13150**	**6720**	**6430**	**4873**	**2022**	**2851**	**36498**	**18287**	**18211**
50	4140	2087	2053	583	229	354	8317	4122	4195
51	2992	1470	1522	843	330	513	7402	3706	3696
52	2690	1373	1317	1127	458	669	7607	3767	3840
53	1792	962	830	984	442	542	6207	3117	3090
54	1536	828	708	1336	563	773	6965	3575	3390
55-59岁	**5548**	**2805**	**2743**	**10375**	**4328**	**6047**	**31304**	**15590**	**15714**
55	1442	743	699	1658	698	960	6718	3289	3429
56	1293	663	630	2028	851	1177	7089	3629	3460
57	1294	642	652	2579	1069	1510	7523	3696	3827
58	951	480	471	2272	929	1343	5910	2933	2977
59	568	277	291	1838	781	1057	4064	2043	2021
60-64岁	**3294**	**1565**	**1729**	**15989**	**7324**	**8665**	**23806**	**11956**	**11850**
60	784	399	385	2779	1242	1537	5255	2671	2584
61	629	282	347	2849	1333	1516	4492	2289	2203
62	657	317	340	3284	1534	1750	4746	2374	2372
63	644	291	353	3546	1603	1943	4861	2425	2436
64	580	276	304	3531	1612	1919	4452	2197	2255
65岁及以上	**3741**	**1788**	**1953**	**73501**	**30798**	**42703**	**46178**	**21203**	**24975**

7-8b 全区分年龄、性别、迁移原因的户口登记地在外乡镇街道的人口(镇)

单位：人

年 龄	合 计			工作就业		
	合计	男	女	小计	男	女
总 计	**3750215**	**1901020**	**1849195**	**1106052**	**678430**	**427622**
0-4岁	**209879**	**108803**	**101076**			
0	27216	14131	13085			
1	42768	22064	20704			
2	40758	21121	19637			
3	48219	25006	23213			
4	50918	26481	24437			
5-9岁	**246921**	**128289**	**118632**			
5	42232	21832	20400			
6	55433	28916	26517			
7	49059	25344	23715			
8	53811	28049	25762			
9	46386	24148	22238			
10-14岁	**219204**	**113439**	**105765**	**264**	**140**	**124**
10	45334	23731	21603	70	37	33
11	44982	23391	21591	52	30	22
12	43387	22470	20917	44	24	20
13	42614	21920	20694	46	18	28
14	42887	21927	20960	52	31	21
15-19岁	**225253**	**114708**	**110545**	**6351**	**4209**	**2142**
15	51409	25828	25581	460	295	165
16	60146	30449	29697	692	450	242
17	50468	25597	24871	1072	703	369
18	36410	18975	17435	1647	1087	560
19	26820	13859	12961	2480	1674	806
20-24岁	**157425**	**80523**	**76902**	**54639**	**32424**	**22215**
20	25321	13189	12132	3829	2449	1380
21	25324	13162	12162	6295	3985	2310
22	31058	15940	15118	10873	6556	4317
23	35172	17840	17332	14847	8646	6201
24	40550	20392	20158	18795	10788	8007
25-29岁	**284080**	**141223**	**142857**	**136410**	**80164**	**56246**
25	48554	24188	24366	23051	13288	9763
26	49411	24587	24824	23646	13686	9960
27	56376	27972	28404	27428	16084	11344
28	61932	30962	30970	29915	17850	12065
29	67807	33514	34293	32370	19256	13114

7-8b　续表 1　　　　　　　　　　　　　　　　　　　　　　　　　　　　　　　　单位：人

年　龄	合　计			工作就业		
	合计	男	女	小计	男	女
30—34岁	**430927**	**212934**	**217993**	**203448**	**121638**	**81810**
30	91196	44843	46353	43051	25554	17497
31	89534	43906	45628	42447	25197	17250
32	83384	41096	42288	39454	23573	15881
33	88082	43703	44379	41661	25047	16614
34	78731	39386	39345	36835	22267	14568
35—39岁	**375366**	**191090**	**184276**	**165413**	**101340**	**64073**
35	73702	36942	36760	33921	20508	13413
36	80063	40761	39302	36236	22184	14052
37	71235	36653	34582	31345	19444	11901
38	81102	41361	39741	34711	21322	13389
39	69264	35373	33891	29200	17882	11318
40—44岁	**302532**	**156222**	**146310**	**129915**	**79527**	**50388**
40	64898	33182	31716	27496	16734	10762
41	63958	33083	30875	26976	16609	10367
42	58475	30184	28291	24968	15236	9732
43	53588	27699	25889	23377	14336	9041
44	61613	32074	29539	27098	16612	10486
45—49岁	**333146**	**173548**	**159598**	**146912**	**89772**	**57140**
45	64208	33145	31063	27989	17032	10957
46	69349	35923	33426	30296	18387	11909
47	66522	34640	31882	29577	17995	11582
48	66363	34635	31728	29539	18077	11462
49	66704	35205	31499	29511	18281	11230
50—54岁	**280330**	**148735**	**131595**	**117617**	**74977**	**42640**
50	67443	35540	31903	29416	18377	11039
51	57013	30273	26740	24385	15545	8840
52	59395	31504	27891	25079	15957	9122
53	47051	25076	21975	19424	12543	6881
54	49428	26342	23086	19313	12555	6758
55—59岁	**219668**	**112430**	**107238**	**74083**	**48019**	**26064**
55	49013	25529	23484	18102	11700	6402
56	48978	25360	23618	17234	11194	6040
57	52534	27049	25485	17667	11581	6086
58	41172	20613	20559	13131	8441	4690
59	27971	13879	14092	7949	5103	2846
60—64岁	**161971**	**79132**	**82839**	**37323**	**24281**	**13042**
60	36024	18107	17917	9709	6418	3291
61	30650	15274	15376	7473	4884	2589
62	31089	15162	15927	7011	4532	2479
63	33690	16066	17624	7133	4598	2535
64	30518	14523	15995	5997	3849	2148
65岁及以上	**303513**	**139944**	**163569**	**33677**	**21939**	**11738**

7-8b 续表 2

单位：人

年 龄	学习培训			随同离开/投亲靠友			拆迁/搬家		
	小计	男	女	小计	男	女	小计	男	女
总 计	**342770**	**171243**	**171527**	**512130**	**222035**	**290095**	**791106**	**407371**	**383735**
0-4岁	**3688**	**1895**	**1793**	**110083**	**57213**	**52870**	**24973**	**12962**	**12011**
0	108	56	52	13867	7222	6645	3093	1596	1497
1	220	105	115	22616	11741	10875	4811	2524	2287
2	332	170	162	21570	11247	10323	4833	2459	2374
3	1263	627	636	25207	13085	12122	5918	3061	2857
4	1765	937	828	26823	13918	12905	6318	3322	2996
5-9岁	**57484**	**30057**	**27427**	**108516**	**56273**	**52243**	**30403**	**15863**	**14540**
5	1700	905	795	22113	11425	10688	5589	2888	2701
6	11883	6190	5693	25076	13167	11909	6784	3542	3242
7	13868	7202	6666	20541	10516	10025	5832	3040	2792
8	15851	8318	7533	22081	11474	10607	6602	3456	3146
9	14182	7442	6740	18705	9691	9014	5596	2937	2659
10-14岁	**73877**	**38005**	**35872**	**82272**	**42685**	**39587**	**28655**	**14970**	**13685**
10	14146	7376	6770	18032	9410	8622	5559	2999	2560
11	14352	7376	6976	17521	9167	8354	5927	3117	2810
12	14148	7321	6827	16647	8607	8040	5774	2992	2782
13	14652	7608	7044	15499	7968	7531	5894	3036	2858
14	16579	8324	8255	14573	7533	7040	5501	2826	2675
15-19岁	**152606**	**75356**	**77250**	**32102**	**16694**	**15408**	**15760**	**8388**	**7372**
15	30941	15164	15777	10703	5466	5237	4352	2302	2050
16	42706	21215	21491	8311	4260	4051	3860	2001	1859
17	36736	18174	18562	5950	3096	2854	3091	1600	1491
18	24636	12352	12284	4489	2402	2087	2606	1433	1173
19	17587	8451	9136	2649	1470	1179	1851	1052	799
20-24岁	**38384**	**17624**	**20760**	**17873**	**8907**	**8966**	**21887**	**11364**	**10523**
20	14698	6978	7720	2268	1289	979	2037	1143	894
21	10098	4650	5448	2703	1423	1280	2950	1592	1358
22	6779	2955	3824	3948	1943	2005	4608	2375	2233
23	4008	1767	2241	4455	2125	2330	5620	2835	2785
24	2801	1274	1527	4499	2127	2372	6672	3419	3253
25-29岁	**8011**	**3854**	**4157**	**19392**	**7798**	**11594**	**50098**	**26267**	**23831**
25	2398	1106	1292	4545	2074	2471	8210	4178	4032
26	1707	797	910	3980	1774	2206	8663	4473	4190
27	1457	721	736	3624	1475	2149	10004	5226	4778
28	1271	646	625	3635	1286	2349	11014	5907	5107
29	1178	584	594	3608	1189	2419	12207	6483	5724

7-8b　续表 3　　　　单位：人

年　龄	学习培训			随同离开/投亲靠友			拆迁/搬家		
	小计	男	女	小计	男	女	小计	男	女
30—34岁	**4700**	**2400**	**2300**	**20061**	**4940**	**15121**	**81399**	**42664**	**38735**
30	1391	702	689	4500	1263	3237	16842	8933	7909
31	1096	573	523	4178	1095	3083	16695	8636	8059
32	871	441	430	3849	911	2938	15775	8258	7517
33	731	381	350	3990	891	3099	16740	8752	7988
34	611	303	308	3544	780	2764	15347	8085	7262
35—39岁	**1983**	**1020**	**963**	**15971**	**3068**	**12903**	**78425**	**41360**	**37065**
35	564	301	263	3183	674	2509	14410	7547	6863
36	469	254	215	3379	667	2712	16036	8514	7522
37	361	173	188	2921	542	2379	15094	8024	7070
38	350	166	184	3488	648	2840	17562	9220	8342
39	239	126	113	3000	537	2463	15323	8055	7268
40—44岁	**870**	**431**	**439**	**13175**	**2204**	**10971**	**69468**	**36445**	**33023**
40	235	119	116	2721	465	2256	14324	7557	6767
41	204	106	98	2775	508	2267	14722	7745	6977
42	163	74	89	2554	430	2124	13615	7127	6488
43	127	65	62	2365	375	1990	12277	6388	5889
44	141	67	74	2760	426	2334	14530	7628	6902
45—49岁	**533**	**278**	**255**	**16486**	**2772**	**13714**	**85709**	**44286**	**41423**
45	129	62	67	2991	451	2540	15846	8156	7690
46	122	71	51	3264	570	2694	17415	9007	8408
47	110	57	53	3327	580	2747	17085	8775	8310
48	96	46	50	3385	560	2825	17457	9019	8438
49	76	42	34	3519	611	2908	17906	9329	8577
50—54岁	**278**	**145**	**133**	**15900**	**3047**	**12853**	**79402**	**41220**	**38182**
50	71	32	39	3541	612	2929	18803	9676	9127
51	54	32	22	3169	591	2578	16090	8270	7820
52	60	33	27	3424	655	2769	16672	8663	8009
53	47	24	23	2809	538	2271	13349	7014	6335
54	46	24	22	2957	651	2306	14488	7597	6891
55—59岁	**142**	**81**	**61**	**14850**	**3365**	**11485**	**67808**	**34794**	**33014**
55	27	17	10	3082	659	2423	14840	7589	7251
56	30	17	13	3180	702	2478	15079	7878	7201
57	36	18	18	3505	825	2680	16321	8382	7939
58	27	15	12	2940	699	2241	12722	6441	6281
59	22	14	8	2143	480	1663	8846	4504	4342
60—64岁	**100**	**41**	**59**	**13169**	**3398**	**9771**	**52821**	**26322**	**26499**
60	23	8	15	2794	710	2084	11491	5863	5628
61	16	6	10	2445	601	1844	10006	5092	4914
62	14	8	6	2508	664	1844	10223	5039	5184
63	34	13	21	2826	717	2109	10961	5376	5585
64	13	6	7	2596	706	1890	10140	4952	5188
65岁及以上	**114**	**56**	**58**	**32280**	**9671**	**22609**	**104298**	**50466**	**53832**

7-8b 续表 4

单位：人

年 龄	寄挂户口			婚姻嫁娶			照料孙子女		
	小计	男	女	小计	男	女	小计	男	女
总 计	**41016**	**21345**	**19671**	**189142**	**37481**	**151661**	**61149**	**21450**	**39699**
0-4岁	**3142**	**1614**	**1528**						
0	443	227	216						
1	695	345	350						
2	624	326	298						
3	699	359	340						
4	681	357	324						
5-9岁	**2626**	**1360**	**1266**						
5	553	301	252						
6	589	299	290						
7	476	250	226						
8	558	294	264						
9	450	216	234						
10-14岁	**2072**	**1041**	**1031**	**5**	**4**	**1**			
10	429	207	222						
11	418	203	215	2	2				
12	411	217	194	1	1				
13	413	210	203	1	1				
14	401	204	197	1		1			
15-19岁	**1314**	**701**	**613**	**303**	**26**	**277**			
15	310	150	160	13	6	7			
16	265	139	126	15	6	9			
17	227	109	118	34	6	28			
18	272	163	109	61	2	59			
19	240	140	100	180	6	174			
20-24岁	**2449**	**1359**	**1090**	**6819**	**834**	**5985**	**6**	**2**	**4**
20	317	186	131	331	16	315	1		1
21	390	219	171	541	39	502			
22	543	296	247	1041	97	944			
23	600	337	263	1873	230	1643	3	1	2
24	599	321	278	3033	452	2581	2	1	1
25-29岁	**2968**	**1586**	**1382**	**36710**	**7232**	**29478**	**13**	**2**	**11**
25	698	368	330	4728	784	3944	1		1
26	557	300	257	5763	1023	4740	3	1	2
27	589	318	271	7538	1473	6065	4	1	3
28	561	302	259	8843	1853	6990	3		3
29	563	298	265	9838	2099	7739	2		2

7-8b　续表 5　　　　单位：人

年　龄	寄挂户口			婚姻嫁娶			照料孙子女		
	小计	男	女	小计	男	女	小计	男	女
30—34岁	**3373**	**1865**	**1508**	**53547**	**10905**	**42642**	**227**	**59**	**168**
30	686	405	281	12857	2757	10100	40	5	35
31	754	415	339	11576	2293	9283	39	10	29
32	710	399	311	10257	2080	8177	43	9	34
33	657	346	311	10277	2055	8222	60	19	41
34	566	300	266	8580	1720	6860	45	16	29
35—39岁	**3159**	**1696**	**1463**	**32649**	**6424**	**26225**	**226**	**70**	**156**
35	584	324	260	7345	1434	5911	44	16	28
36	600	316	284	7458	1457	6001	52	12	40
37	545	288	257	6043	1201	4842	47	13	34
38	768	408	360	6530	1310	5220	36	13	23
39	662	360	302	5273	1022	4251	47	16	31
40—44岁	**3040**	**1587**	**1453**	**18885**	**3688**	**15197**	**275**	**90**	**185**
40	688	389	299	4521	863	3658	41	10	31
41	635	323	312	4171	827	3344	56	18	38
42	550	289	261	3563	731	2832	41	18	23
43	551	278	273	3156	579	2577	48	16	32
44	616	308	308	3474	688	2786	89	28	61
45—49岁	**3741**	**1894**	**1847**	**15421**	**3239**	**12182**	**1677**	**383**	**1294**
45	714	360	354	3288	651	2637	125	30	95
46	791	399	392	3426	708	2718	218	46	172
47	713	364	349	3009	605	2404	284	64	220
48	762	389	373	2871	646	2225	419	101	318
49	761	382	379	2827	629	2198	631	142	489
50—54岁	**3458**	**1754**	**1704**	**9523**	**2151**	**7372**	**7557**	**1872**	**5685**
50	848	447	401	2421	496	1925	915	223	692
51	721	381	340	2022	467	1555	1140	277	863
52	689	351	338	2019	455	1564	1635	377	1258
53	528	249	279	1497	357	1140	1687	410	1277
54	672	326	346	1564	376	1188	2180	585	1595
55—59岁	**2999**	**1548**	**1451**	**6124**	**1320**	**4804**	**15171**	**4597**	**10574**
55	733	374	359	1479	335	1144	2508	711	1797
56	677	356	321	1361	286	1075	3137	869	2268
57	673	339	334	1488	343	1145	3788	1168	2620
58	548	289	259	1061	209	852	3233	1013	2220
59	368	190	178	735	147	588	2505	836	1669
60—64岁	**1951**	**1017**	**934**	**3837**	**788**	**3049**	**16591**	**6193**	**10398**
60	440	230	210	927	204	723	3370	1206	2164
61	338	192	146	683	144	539	3070	1132	1938
62	355	190	165	768	161	607	3252	1217	2035
63	387	173	214	761	133	628	3661	1410	2251
64	431	232	199	698	146	552	3238	1228	2010
65岁及以上	**4724**	**2323**	**2401**	**5319**	**870**	**4449**	**19406**	**8182**	**11224**

7-8b 续表 6

单位：人

年 龄	为子女就学			养老/康养			其 他		
	小计	男	女	小计	男	女	小计	男	女
总 计	**200764**	**89717**	**111047**	**94226**	**41456**	**52770**	**411860**	**210492**	**201368**
0-4岁							**67993**	**35119**	**32874**
0							9705	5030	4675
1							14426	7349	7077
2							13399	6919	6480
3							15132	7874	7258
4							15331	7947	7384
5-9岁							**47892**	**24736**	**23156**
5							12277	6313	5964
6							11101	5718	5383
7							8342	4336	4006
8							8719	4507	4212
9							7453	3862	3591
10-14岁							**32059**	**16594**	**15465**
10							7098	3702	3396
11							6710	3496	3214
12							6362	3308	3054
13							6109	3079	3030
14							5780	3009	2771
15-19岁	**84**	**54**	**30**	**2**	**1**	**1**	**16731**	**9279**	**7452**
15	29	21	8	1	1		4600	2423	2177
16	20	11	9				4277	2367	1910
17	16	10	6	1		1	3341	1899	1442
18	14	7	7				2685	1529	1156
19	5	5					1828	1061	767
20-24岁	**704**	**182**	**522**	**14**	**7**	**7**	**14650**	**7820**	**6830**
20	30	13	17				1810	1115	695
21	42	8	34	4	1	3	2301	1245	1056
22	102	29	73	4	2	2	3160	1687	1473
23	176	44	132	3	2	1	3587	1853	1734
24	354	88	266	3	2	1	3792	1920	1872
25-29岁	**9085**	**3103**	**5982**	**16**	**13**	**3**	**21377**	**11204**	**10173**
25	635	159	476	3	3		4285	2228	2057
26	1020	320	700	1	1		4071	2212	1859
27	1594	517	1077	5	5		4133	2152	1981
28	2411	868	1543	3	1	2	4276	2249	2027
29	3425	1239	2186	4	3	1	4612	2363	2249

7-8b 续表 7　　　　单位：人

年 龄	为子女就学			养老/康养			其 他		
	小计	男	女	小计	男	女	小计	男	女
30-34岁	**35619**	**13933**	**21686**	**24**	**17**	**7**	**28529**	**14513**	**14016**
30	5674	2121	3553	2	1	1	6153	3102	3051
31	6629	2524	4105	3	2	1	6117	3161	2956
32	6916	2670	4246	6	5	1	5503	2750	2753
33	8241	3288	4953	8	4	4	5717	2920	2797
34	8159	3330	4829	5	5		5039	2580	2459
35-39岁	**51472**	**22578**	**28894**	**39**	**28**	**11**	**26029**	**13506**	**12523**
35	8758	3664	5094	6	3	3	4887	2471	2416
36	10531	4588	5943	9	6	3	5293	2763	2530
37	9901	4362	5539	8	7	1	4970	2599	2371
38	11882	5271	6611	6	6		5769	2997	2772
39	10400	4693	5707	10	6	4	5110	2676	2434
40-44岁	**43003**	**20021**	**22982**	**57**	**37**	**20**	**23844**	**12192**	**11652**
40	9933	4522	5411	7	5	2	4932	2518	2414
41	9503	4439	5064	10	8	2	4906	2500	2406
42	8345	3847	4498	14	7	7	4662	2425	2237
43	7402	3467	3935	11	6	5	4274	2189	2085
44	7820	3746	4074	15	11	4	5070	2560	2510
45-49岁	**32550**	**15663**	**16887**	**205**	**132**	**73**	**29912**	**15129**	**14783**
45	7639	3568	4071	22	17	5	5465	2818	2647
46	7559	3569	3990	37	23	14	6221	3143	3078
47	6377	3109	3268	45	30	15	5995	3061	2934
48	5844	2835	3009	39	20	19	5951	2942	3009
49	5131	2582	2549	62	42	20	6280	3165	3115
50-54岁	**14391**	**7417**	**6974**	**4428**	**1908**	**2520**	**27776**	**14244**	**13532**
50	4447	2258	2189	565	241	324	6416	3178	3238
51	3160	1572	1588	787	334	453	5485	2804	2681
52	2979	1567	1412	936	380	556	5902	3066	2836
53	1971	1051	920	939	417	522	4800	2473	2327
54	1834	969	865	1201	536	665	5173	2723	2450
55-59岁	**6395**	**3251**	**3144**	**8829**	**3740**	**5089**	**23267**	**11715**	**11552**
55	1616	849	767	1465	631	834	5161	2664	2497
56	1520	813	707	1655	688	967	5105	2557	2548
57	1429	714	715	2149	896	1253	5478	2783	2695
58	1079	512	567	1938	819	1119	4493	2175	2318
59	751	363	388	1622	706	916	3030	1536	1494
60-64岁	**3799**	**1803**	**1996**	**14976**	**6758**	**8218**	**17404**	**8531**	**8873**
60	899	447	452	2463	1105	1358	3908	1916	1992
61	738	366	372	2578	1209	1369	3303	1648	1655
62	738	340	398	2960	1357	1603	3260	1654	1606
63	793	371	422	3559	1570	1989	3575	1705	1870
64	631	279	352	3416	1517	1899	3358	1608	1750
65岁及以上	**3662**	**1712**	**1950**	**65636**	**28815**	**36821**	**34397**	**15910**	**18487**

7－8c 全区分年龄、性别、迁移原因的户口登记地在外乡镇街道的人口(乡村)

单位：人

年 龄	合 计			工作就业		
	合计	男	女	小计	男	女
总 计	**1558453**	**866882**	**691571**	**568196**	**405751**	**162445**
0—4岁	**46783**	**24172**	**22611**			
0	5504	2880	2624			
1	9796	5031	4765			
2	9685	5102	4583			
3	10662	5474	5188			
4	11136	5685	5451			
5—9岁	**57020**	**29607**	**27413**			
5	9729	4996	4733			
6	12221	6370	5851			
7	11202	5890	5312			
8	12482	6506	5976			
9	11386	5845	5541			
10—14岁	**61739**	**31860**	**29879**	**67**	**36**	**31**
10	11969	6241	5728	13	5	8
11	12665	6513	6152	9	4	5
12	12224	6335	5889	15	9	6
13	12439	6374	6065	13	9	4
14	12442	6397	6045	17	9	8
15—19岁	**63709**	**34083**	**29626**	**3379**	**2528**	**851**
15	14438	7524	6914	255	164	91
16	16021	8486	7535	328	238	90
17	13174	7168	6006	466	371	95
18	11012	6004	5008	931	688	243
19	9064	4901	4163	1399	1067	332
20—24岁	**72254**	**40635**	**31619**	**28787**	**20481**	**8306**
20	9855	5384	4471	2261	1696	565
21	11158	6280	4878	3645	2643	1002
22	14887	8309	6578	5987	4213	1774
23	17067	9635	7432	7825	5468	2357
24	19287	11027	8260	9069	6461	2608
25—29岁	**113069**	**63705**	**49364**	**54506**	**39067**	**15439**
25	21911	12445	9466	10541	7451	3090
26	21269	12018	9251	10002	7063	2939
27	22788	12756	10032	10849	7776	3073
28	22835	12951	9884	11141	8137	3004
29	24266	13535	10731	11973	8640	3333

7–8c　续表 1

单位：人

年　龄	合　计			工作就业		
	合计	男	女	小计	男	女
30–34岁	**147590**	**83227**	**64363**	**73458**	**53496**	**19962**
30	31516	17730	13786	15836	11427	4409
31	30169	16838	13331	15147	10974	4173
32	28569	16157	12412	14103	10331	3772
33	30572	17367	13205	15143	11108	4035
34	26764	15135	11629	13229	9656	3573
35–39岁	**130247**	**73965**	**56282**	**62638**	**45614**	**17024**
35	24689	14146	10543	12149	9040	3109
36	26285	14881	11404	12837	9323	3514
37	24767	13996	10771	11874	8601	3273
38	28979	16494	12485	13728	9941	3787
39	25527	14448	11079	12050	8709	3341
40–44岁	**131668**	**74376**	**57292**	**63160**	**44665**	**18495**
40	25687	14438	11249	11969	8515	3454
41	26618	15119	11499	12671	9126	3545
42	25673	14644	11029	12230	8698	3532
43	24864	13906	10958	12042	8441	3601
44	28826	16269	12557	14248	9885	4363
45–49岁	**180302**	**103574**	**76728**	**91119**	**63492**	**27627**
45	31369	17703	13666	15568	10764	4804
46	35533	20363	15170	17825	12446	5379
47	36396	20912	15484	18446	12848	5598
48	37986	21979	16007	19348	13469	5879
49	39018	22617	16401	19932	13965	5967
50–54岁	**170835**	**101681**	**69154**	**85984**	**62033**	**23951**
50	39702	23287	16415	20187	14336	5851
51	34705	20646	14059	17760	12739	5021
52	37263	22236	15027	18679	13587	5092
53	28933	17259	11674	14436	10490	3946
54	30232	18253	11979	14922	10881	4041
55–59岁	**127835**	**74017**	**53818**	**54874**	**39032**	**15842**
55	28887	17203	11684	13571	9789	3782
56	28305	16472	11833	12639	9018	3621
57	31095	18168	12927	13141	9467	3674
58	23828	13492	10336	9619	6773	2846
59	15720	8682	7038	5904	3985	1919
60–64岁	**87206**	**48077**	**39129**	**27687**	**19502**	**8185**
60	20425	11440	8985	7163	5063	2100
61	16527	9246	7281	5465	3857	1608
62	17106	9463	7643	5419	3777	1642
63	17547	9594	7953	5280	3756	1524
64	15601	8334	7267	4360	3049	1311
65岁及以上	**168196**	**83903**	**84293**	**22537**	**15805**	**6732**

7-8c 续表 2

单位：人

年 龄	学习培训			随同离开/投亲靠友			拆迁/搬家		
	小计	男	女	小计	男	女	小计	男	女
总 计	**73367**	**37072**	**36295**	**178156**	**74277**	**103879**	**282685**	**151175**	**131510**
0-4岁	**278**	**150**	**128**	**26432**	**13558**	**12874**	**5814**	**3077**	**2737**
0	6	3	3	3208	1643	1565	657	349	308
1	16	7	9	5535	2827	2708	1195	644	551
2	21	12	9	5418	2857	2561	1213	634	579
3	86	41	45	5965	3044	2921	1321	696	625
4	149	87	62	6306	3187	3119	1428	754	674
5-9岁	**9098**	**4753**	**4345**	**27446**	**14205**	**13241**	**7569**	**3945**	**3624**
5	157	89	68	5411	2762	2649	1256	629	627
6	1844	949	895	6076	3147	2929	1576	857	719
7	2113	1110	1003	5213	2716	2497	1496	798	698
8	2517	1346	1171	5718	2968	2750	1676	852	824
9	2467	1259	1208	5028	2612	2416	1565	809	756
10-14岁	**14596**	**7442**	**7154**	**25079**	**13013**	**12066**	**9079**	**4758**	**4321**
10	2538	1307	1231	5239	2770	2469	1651	836	815
11	2878	1468	1410	5283	2726	2557	1779	947	832
12	2766	1437	1329	5066	2637	2429	1868	985	883
13	2964	1505	1459	4878	2482	2396	1948	1021	927
14	3450	1725	1725	4613	2398	2215	1833	969	864
15-19岁	**36129**	**18555**	**17574**	**9915**	**5338**	**4577**	**6008**	**3353**	**2655**
15	7715	3958	3757	3141	1635	1506	1454	776	678
16	10530	5455	5075	2249	1213	1036	1278	694	584
17	8393	4465	3928	1666	916	750	1173	636	537
18	5708	2917	2791	1593	879	714	1136	670	466
19	3783	1760	2023	1266	695	571	967	577	390
20-24岁	**9168**	**3946**	**5222**	**8008**	**4185**	**3823**	**9319**	**5186**	**4133**
20	3196	1398	1798	1223	707	516	1127	665	462
21	2290	1012	1278	1321	738	583	1388	770	618
22	1866	737	1129	1681	839	842	1979	1110	869
23	1104	451	653	1858	913	945	2248	1257	991
24	712	348	364	1925	988	937	2577	1384	1193
25-29岁	**2076**	**1097**	**979**	**7757**	**3704**	**4053**	**16401**	**9094**	**7307**
25	579	295	284	1912	976	936	3090	1676	1414
26	451	244	207	1589	808	781	3215	1785	1430
27	401	214	187	1546	743	803	3290	1828	1462
28	339	175	164	1359	639	720	3386	1883	1503
29	306	169	137	1351	538	813	3420	1922	1498

7-8c　续表 3

单位：人

年　龄	学习培训			随同离开/投亲靠友			拆迁/搬家		
	小计	男	女	小计	男	女	小计	男	女
30—34岁	**1194**	**678**	**516**	**7227**	**2382**	**4845**	**21435**	**12004**	**9431**
30	354	200	154	1704	655	1049	4453	2522	1931
31	293	160	133	1552	520	1032	4240	2394	1846
32	214	116	98	1316	400	916	4322	2397	1925
33	200	125	75	1422	433	989	4466	2492	1974
34	133	77	56	1233	374	859	3954	2199	1755
35—39岁	**355**	**202**	**153**	**6154**	**1552**	**4602**	**20253**	**11211**	**9042**
35	93	57	36	1163	310	853	3626	2014	1612
36	79	49	30	1286	318	968	3942	2222	1720
37	61	30	31	1172	283	889	3833	2105	1728
38	83	39	44	1377	373	1004	4637	2553	2084
39	39	27	12	1156	268	888	4215	2317	1898
40—44岁	**148**	**85**	**63**	**6293**	**1309**	**4984**	**22021**	**11965**	**10056**
40	38	25	13	1208	281	927	4229	2365	1864
41	41	21	20	1207	270	937	4344	2404	1940
42	30	14	16	1183	244	939	4392	2397	1995
43	18	10	8	1220	203	1017	4223	2230	1993
44	21	15	6	1475	311	1164	4833	2569	2264
45—49岁	**124**	**62**	**62**	**9202**	**1851**	**7351**	**31306**	**16691**	**14615**
45	26	12	14	1574	314	1260	5335	2822	2513
46	24	10	14	1851	353	1498	6081	3243	2838
47	27	15	12	1799	356	1443	6346	3394	2952
48	22	10	12	1963	426	1537	6631	3607	3024
49	25	15	10	2015	402	1613	6913	3625	3288
50—54岁	**79**	**37**	**42**	**9523**	**2089**	**7434**	**31187**	**16756**	**14431**
50	24	13	11	2110	449	1661	7180	3776	3404
51	16	5	11	1857	427	1430	6183	3369	2814
52	15	5	10	2015	420	1595	6884	3684	3200
53	11	8	3	1691	339	1352	5316	2859	2457
54	13	6	7	1850	454	1396	5624	3068	2556
55—59岁	**53**	**29**	**24**	**8447**	**2075**	**6372**	**27529**	**14835**	**12694**
55	12	8	4	1783	434	1349	5701	3086	2615
56	9	6	3	1814	440	1374	5871	3184	2687
57	15	9	6	1985	499	1486	6927	3714	3213
58	13	4	9	1721	403	1318	5349	2880	2469
59	4	2	2	1144	299	845	3681	1971	1710
60—64岁	**29**	**14**	**15**	**7469**	**2166**	**5303**	**22193**	**11860**	**10333**
60	5	4	1	1607	421	1186	5000	2695	2305
61	4	3	1	1326	401	925	4165	2221	1944
62	10	5	5	1401	414	987	4355	2363	1992
63	3	1	2	1589	470	1119	4580	2436	2144
64	7	1	6	1546	460	1086	4093	2145	1948
65岁及以上	**40**	**22**	**18**	**19204**	**6850**	**12354**	**52571**	**26440**	**26131**

7-8c 续表 4

单位：人

年　龄	寄挂户口			婚姻嫁娶			照料孙子女		
	小计	男	女	小计	男	女	小计	男	女
总　计	**48896**	**25781**	**23115**	**114566**	**22039**	**92527**	**9882**	**3438**	**6444**
0-4岁	**1378**	**745**	**633**						
0	128	82	46						
1	300	157	143						
2	301	158	143						
3	344	197	147						
4	305	151	154						
5-9岁	**1659**	**855**	**804**						
5	281	148	133						
6	331	177	154						
7	344	167	177						
8	350	184	166						
9	353	179	174						
10-14岁	**1912**	**1011**	**901**	**1**	**1**				
10	359	189	170						
11	370	184	186						
12	382	204	178						
13	407	223	184						
14	394	211	183	1	1				
15-19岁	**1529**	**859**	**670**	**536**	**9**	**527**			
15	309	168	141	12	4	8			
16	317	191	126	24	1	23			
17	290	146	144	59	1	58			
18	305	179	126	156	1	155			
19	308	175	133	285	2	283			
20-24岁	**2571**	**1490**	**1081**	**5178**	**152**	**5026**	**2**		**2**
20	325	191	134	498	7	491	1		1
21	402	242	160	627	13	614			
22	558	338	220	938	20	918			
23	572	321	251	1282	35	1247	1		1
24	714	398	316	1833	77	1756			
25-29岁	**3608**	**2000**	**1608**	**14668**	**1107**	**13561**	**1**		**1**
25	748	406	342	2323	126	2197			
26	754	405	349	2495	165	2330	1		1
27	781	435	346	3043	247	2796			
28	683	377	306	3192	251	2941			
29	642	377	265	3615	318	3297			

7-8c　续表 5　　　　单位：人

年　龄	寄挂户口			婚姻嫁娶			照料孙子女		
	小计	男	女	小计	男	女	小计	男	女
30-34岁	**3916**	**2141**	**1775**	**20539**	**2290**	**18249**	**18**	**4**	**14**
30	835	472	363	4516	458	4058	2	1	1
31	723	361	362	4375	453	3922	3	1	2
32	746	419	327	3915	445	3470	4		4
33	862	477	385	4165	503	3662	5	1	4
34	750	412	338	3568	431	3137	4	1	3
35-39岁	**3430**	**1868**	**1562**	**16223**	**2509**	**13714**	**31**	**10**	**21**
35	702	391	311	3244	409	2835	6	1	5
36	624	345	279	3391	483	2908	7	1	6
37	632	341	291	3158	547	2611	5	2	3
38	790	434	356	3459	575	2884	7	5	2
39	682	357	325	2971	495	2476	6	1	5
40-44岁	**3769**	**2019**	**1750**	**13292**	**2641**	**10651**	**52**	**12**	**40**
40	772	435	337	2906	553	2353	8	2	6
41	774	413	361	2940	549	2391	9	2	7
42	753	367	386	2493	495	1998	6	2	4
43	702	387	315	2317	484	1833	12	2	10
44	768	417	351	2636	560	2076	17	4	13
45-49岁	**4901**	**2517**	**2384**	**13880**	**3601**	**10279**	**306**	**59**	**247**
45	873	444	429	2661	637	2024	22	4	18
46	957	493	464	2828	763	2065	32	6	26
47	1020	514	506	2748	711	2037	52	13	39
48	1008	532	476	2815	720	2095	74	11	63
49	1043	534	509	2828	770	2058	126	25	101
50-54岁	**4557**	**2321**	**2236**	**10909**	**3331**	**7578**	**1332**	**348**	**984**
50	1076	538	538	2684	783	1901	165	36	129
51	965	479	486	2271	713	1558	224	61	163
52	1060	519	541	2295	673	1622	287	82	205
53	745	405	340	1809	528	1281	261	70	191
54	711	380	331	1850	634	1216	395	99	296
55-59岁	**3755**	**1978**	**1777**	**7609**	**2604**	**5005**	**2314**	**688**	**1626**
55	770	409	361	1758	596	1162	419	116	303
56	828	424	404	1717	575	1142	482	151	331
57	1000	540	460	1795	640	1155	555	156	399
58	683	357	326	1401	470	931	497	152	345
59	474	248	226	938	323	615	361	113	248
60-64岁	**2769**	**1448**	**1321**	**5200**	**1698**	**3502**	**2292**	**854**	**1438**
60	674	357	317	1239	415	824	447	157	290
61	523	270	253	1026	356	670	432	170	262
62	568	289	279	1006	325	681	462	182	280
63	558	292	266	1022	310	712	485	175	310
64	446	240	206	907	292	615	466	170	296
65岁及以上	**9142**	**4529**	**4613**	**6531**	**2096**	**4435**	**3534**	**1463**	**2071**

7-8c 续表 6　　　　　　　　　　　　　　　　　　　　　　　　　　　单位：人

年 龄	为子女就学			养老/康养			其 他		
	小计	男	女	小计	男	女	小计	男	女
总 计	**32057**	**14645**	**17412**	**27215**	**13656**	**13559**	**223433**	**119048**	**104385**
0-4岁							**12881**	**6642**	**6239**
0							1505	803	702
1							2750	1396	1354
2							2732	1441	1291
3							2946	1496	1450
4							2948	1506	1442
5-9岁							**11248**	**5849**	**5399**
5							2624	1368	1256
6							2394	1240	1154
7							2036	1099	937
8							2221	1156	1065
9							1973	986	987
10-14岁				**3**		**3**	**11002**	**5599**	**5403**
10							2169	1134	1035
11				2		2	2344	1184	1160
12							2127	1063	1064
13							2229	1134	1095
14				1		1	2133	1084	1049
15-19岁	**18**	**9**	**9**	**1**	**1**		**6194**	**3431**	**2763**
15	5	2	3	1	1		1546	816	730
16	5	2	3				1290	692	598
17	4	2	2				1123	631	492
18	1	1					1182	669	513
19	3	2	1				1053	623	430
20-24岁	**110**	**32**	**78**	**5**	**4**	**1**	**9106**	**5159**	**3947**
20	6	5	1				1218	715	503
21	13	3	10	2	1	1	1470	858	612
22	13	4	9				1865	1048	817
23	26	8	18	1	1		2150	1181	969
24	52	12	40	2	2		2403	1357	1046
25-29岁	**1137**	**348**	**789**	**9**	**6**	**3**	**12906**	**7282**	**5624**
25	84	17	67	1	1		2633	1497	1136
26	102	23	79	2	2		2658	1523	1135
27	227	58	169	3	1	2	2648	1454	1194
28	292	92	200	3	2	1	2440	1395	1045
29	432	158	274				2527	1413	1114

7-8c　续表 7　　　　单位：人

年　龄	为子女就学			养老/康养			其　他		
	小计	男	女	小计	男	女	小计	男	女
30—34岁	**4456**	**1716**	**2740**	**9**	**5**	**4**	**15338**	**8511**	**6827**
30	700	263	437	1		1	3115	1732	1383
31	825	306	519	3	2	1	3008	1667	1341
32	886	342	544	2		2	3061	1707	1354
33	1081	435	646	1	1		3227	1792	1435
34	964	370	594	2	2		2927	1613	1314
35—39岁	**6747**	**2946**	**3801**	**12**	**9**	**3**	**14404**	**8044**	**6360**
35	1076	471	605	2	2		2628	1451	1177
36	1337	581	756	1	1		2781	1558	1223
37	1324	572	752	1	1		2707	1514	1193
38	1571	701	870	3	2	1	3324	1871	1453
39	1439	621	818	5	3	2	2964	1650	1314
40—44岁	**6707**	**2996**	**3711**	**36**	**24**	**12**	**16190**	**8660**	**7530**
40	1405	584	821	2	1	1	3150	1677	1473
41	1376	625	751	7	4	3	3249	1705	1544
42	1317	630	687	7	5	2	3262	1792	1470
43	1261	543	718	7	6	1	3062	1600	1462
44	1348	614	734	13	8	5	3467	1886	1581
45—49岁	**6285**	**3021**	**3264**	**88**	**71**	**17**	**23091**	**12209**	**10882**
45	1388	657	731	9	7	2	3913	2042	1871
46	1433	680	753	16	12	4	4486	2357	2129
47	1199	573	626	17	13	4	4742	2475	2267
48	1201	580	621	17	15	2	4907	2609	2298
49	1064	531	533	29	24	5	5043	2726	2317
50—54岁	**3319**	**1768**	**1551**	**1136**	**639**	**497**	**22809**	**12359**	**10450**
50	963	493	470	156	99	57	5157	2764	2393
51	710	348	362	181	88	93	4538	2417	2121
52	657	359	298	293	165	128	5078	2742	2336
53	495	275	220	236	130	106	3933	2155	1778
54	494	293	201	270	157	113	4103	2281	1822
55—59岁	**1622**	**932**	**690**	**2028**	**1137**	**891**	**19604**	**10707**	**8897**
55	424	250	174	337	196	141	4112	2319	1793
56	371	205	166	394	225	169	4180	2244	1936
57	376	229	147	498	268	230	4803	2646	2157
58	287	167	120	417	238	179	3841	2048	1793
59	164	81	83	382	210	172	2668	1450	1218
60—64岁	**806**	**444**	**362**	**3649**	**1941**	**1708**	**15112**	**8150**	**6962**
60	219	121	98	638	355	283	3433	1852	1581
61	159	88	71	592	323	269	2835	1557	1278
62	155	91	64	706	371	335	3024	1646	1378
63	150	78	72	833	418	415	3047	1658	1389
64	123	66	57	880	474	406	2773	1437	1336
65岁及以上	**850**	**433**	**417**	**20239**	**9819**	**10420**	**33548**	**16446**	**17102**

7−9 全区按现住地、性别、迁移原因分的户口登记地在本自治区其他乡镇街道的人口

单位：人

现 住 地	合 计			工作就业		
	合计	男	女	小计	男	女
内蒙古	**9776541**	**4855871**	**4920670**	**2614515**	**1522051**	**1092464**
呼和浩特市	**1900202**	**941395**	**958807**	**602817**	**341435**	**261382**
新城区	383797	188951	194846	119350	66793	52557
回民区	266224	129137	137087	91365	51099	40266
玉泉区	368591	182929	185662	140695	80302	60393
赛罕区	494211	245529	248682	136316	74146	62170
土默特左旗	87058	43478	43580	27428	16179	11249
托克托县	64280	32832	31448	15977	10571	5406
和林格尔县	69725	33673	36052	17539	10697	6842
清水河县	26433	13546	12887	6340	3927	2413
武川县	43528	21873	21655	7307	4588	2719
呼和浩特经济技术开发区	96355	49447	46908	40500	23133	17367
包头市	**1320189**	**659895**	**660294**	**349507**	**204605**	**144902**
东河区	232568	113397	119171	41687	24168	17519
昆都仑区	414332	207949	206383	126909	73423	53486
青山区	264827	130291	134536	67532	38750	28782
石拐区	13054	6833	6221	2197	1390	807
白云鄂博矿区	11714	6373	5341	5580	3850	1730
九原区	149640	78375	71265	45021	27003	18018
土默特右旗	69741	34487	35254	13200	7804	5396
固阳县	34677	17728	16949	8904	5675	3229
达尔罕茂明安联合旗	26351	13211	13140	7900	4966	2934
包头稀土高新技术产业开发区	103285	51251	52034	30577	17576	13001
乌海市	**224700**	**114251**	**110449**	**58735**	**37142**	**21593**
海勃湾区	146995	73788	73207	35828	22189	13639
海南区	32733	17407	15326	13591	8893	4698
乌达区	44972	23056	21916	9316	6060	3256
赤峰市	**1487587**	**741373**	**746214**	**329371**	**187231**	**142140**
红山区	286110	141674	144436	69946	38555	31391
元宝山区	104935	52587	52348	12738	7855	4883
松山区	381322	192721	188601	105903	59357	46546
阿鲁科尔沁旗	80041	39422	40619	14647	8233	6414
巴林左旗	95077	46126	48951	28280	15528	12752
巴林右旗	64930	32023	32907	11050	6945	4105
林西县	70345	34714	35631	12711	7279	5432
克什克腾旗	69191	34960	34231	17970	11227	6743
翁牛特旗	81593	41165	40428	12654	7510	5144
喀喇沁旗	65355	32391	32964	11183	6794	4389
宁城县	92724	46194	46530	15793	8707	7086
敖汉旗	95964	47396	48568	16496	9241	7255

7-9　续表 1　　　　单位：人

现住地	合计			工作就业		
	合计	男	女	小计	男	女
通辽市	**780455**	**374815**	**405640**	**174686**	**96242**	**78444**
科尔沁区	290675	138406	152269	53474	28097	25377
科尔沁左翼中旗	46947	21821	25126	8124	4505	3619
科尔沁左翼后旗	48969	23419	25550	9311	5076	4235
开鲁县	52938	24517	28421	10751	5972	4779
库伦旗	22965	11154	11811	4196	2239	1957
奈曼旗	53538	25456	28082	12018	6657	5361
扎鲁特旗	63019	30600	32419	16769	9323	7446
通辽经济技术开发区	122024	58646	63378	27621	14811	12810
霍林郭勒市	79380	40796	38584	32422	19562	12860
鄂尔多斯市	**1058432**	**540815**	**517617**	**411182**	**245194**	**165988**
东胜区	344097	171571	172526	140205	78704	61501
康巴什区	74812	37614	37198	24410	13145	11265
达拉特旗	172917	86712	86205	58952	35169	23783
准格尔旗	170442	89621	80821	61822	41065	20757
鄂托克前旗	22884	11525	11359	6623	3867	2756
鄂托克旗	67763	36244	31519	34020	21180	12840
杭锦旗	40508	20497	20011	15098	9082	6016
乌审旗	43485	22727	20758	18838	11500	7338
伊金霍洛旗	121524	64304	57220	51214	31482	19732
呼伦贝尔市	**709870**	**348022**	**361848**	**112659**	**65174**	**47485**
海拉尔区	164866	79460	85406	31277	17141	14136
扎赉诺尔区	32268	16019	16249	1675	1029	646
阿荣旗	75598	36978	38620	9410	5456	3954
莫力达瓦达斡尔族自治旗	50157	24308	25849	5602	3027	2575
鄂伦春自治旗	37729	18731	18998	4135	2507	1628
鄂温克族自治旗	47838	23400	24438	8772	4992	3780
陈巴尔虎旗	14905	7774	7131	3284	2435	849
新巴尔虎左旗	13856	6712	7144	2542	1483	1059
新巴尔虎右旗	14230	7449	6781	3631	2333	1298
满洲里市	53588	26735	26853	17036	9806	7230
牙克石市	73609	36344	37265	7642	4544	3098
扎兰屯市	92999	45089	47910	12080	7050	5030
额尔古纳市	17200	8526	8674	3385	2017	1368
根河市	21027	10497	10530	2188	1354	834
巴彦淖尔市	**629439**	**314172**	**315267**	**162431**	**98401**	**64030**
临河区	307197	152453	154744	80370	47146	33224
五原县	73762	36622	37140	17932	10720	7212
磴口县	27669	14104	13565	8681	5330	3351
乌拉特前旗	89876	44147	45729	21819	13882	7937
乌拉特中旗	41130	21287	19843	13381	8564	4817
乌拉特后旗	21852	11452	10400	8496	5554	2942
杭锦后旗	67953	34107	33846	11752	7205	4547

7–9 续表 2

单位：人

现住地	合计			工作就业		
	合计	男	女	小计	男	女
乌兰察布市	**693388**	**341104**	**352284**	**137647**	**84552**	**53095**
集宁区	252767	121404	131363	49698	29697	20001
卓资县	24485	12723	11762	4360	2965	1395
化德县	35564	17604	17960	6888	4147	2741
商都县	56135	27269	28866	10866	6629	4237
兴和县	51411	25660	25751	9567	5840	3727
凉城县	36651	18370	18281	4990	3235	1755
察哈尔右翼前旗	39186	20001	19185	8472	5301	3171
察哈尔右翼中旗	23341	11649	11692	4743	2797	1946
察哈尔右翼后旗	37367	18518	18849	11014	7399	3615
四子王旗	60423	30203	30220	17342	10501	6841
丰镇市	76058	37703	38355	9707	6041	3666
兴安盟	**389296**	**188455**	**200841**	**81413**	**45199**	**36214**
乌兰浩特市	158384	76166	82218	33050	18015	15035
阿尔山市	7888	4073	3815	3304	1980	1324
科尔沁右翼前旗	74923	36416	38507	16760	9316	7444
科尔沁右翼中旗	42708	20947	21761	9456	5403	4053
扎赉特旗	60036	28831	31205	10071	5489	4582
突泉县	45357	22022	23335	8772	4996	3776
锡林郭勒盟	**492311**	**245486**	**246825**	**164444**	**98759**	**65685**
二连浩特市	41003	20829	20174	21054	12745	8309
锡林浩特市	203349	100048	103301	67654	39478	28176
阿巴嘎旗	14910	7467	7443	4102	2710	1392
苏尼特左旗	10705	5441	5264	3624	2344	1280
苏尼特右旗	24300	11914	12386	6655	4172	2483
东乌珠穆沁旗	28381	14582	13799	11111	6555	4556
西乌珠穆沁旗	46009	24289	21720	17453	11452	6001
太仆寺旗	25096	12290	12806	5327	3067	2260
镶黄旗	9545	4545	5000	2177	1279	898
正镶白旗	13789	6745	7044	4067	2436	1631
正蓝旗	27070	13392	13678	8729	4978	3751
多伦县	36663	18068	18595	8061	4755	3306
乌拉盖管委会	11491	5876	5615	4430	2788	1642
阿拉善盟	**90672**	**46088**	**44584**	**29623**	**18117**	**11506**
阿拉善左旗	66381	32883	33498	18915	11268	7647
阿拉善右旗	6046	3011	3035	1375	862	513
额济纳旗	9156	5078	4078	3713	2448	1265
内蒙古阿拉善经济开发区	9089	5116	3973	5620	3539	2081

7-9　续表 3

单位：人

现住地	学习培训			随同离开/投亲靠友			拆迁/搬家		
	小计	男	女	小计	男	女	小计	男	女
内蒙古	**948325**	**464452**	**483873**	**1337178**	**579199**	**757979**	**2520387**	**1293743**	**1226644**
呼和浩特市	**283611**	**135370**	**148241**	**238194**	**102568**	**135626**	**335205**	**172085**	**163120**
新城区	56110	27430	28680	46612	18732	27880	66875	33919	32956
回民区	45043	19717	25326	28447	12895	15552	39766	20306	19460
玉泉区	36028	15805	20223	63730	27082	36648	62655	32483	30172
赛罕区	98296	50515	47781	40958	18225	22733	110512	55887	54625
土默特左旗	12334	5384	6950	11042	4791	6251	15326	8286	7040
托克托县	5119	2635	2484	12695	5206	7489	11035	5991	5044
和林格尔县	15589	5737	9852	11458	5134	6324	6848	3683	3165
清水河县	2948	1549	1399	3381	1425	1956	4669	2501	2168
武川县	2872	1427	1445	5906	2504	3402	8006	4139	3867
呼和浩特经济技术开发区	9272	5171	4101	13965	6574	7391	9513	4890	4623
包头市	**126046**	**65476**	**60570**	**206129**	**86914**	**119215**	**383754**	**195479**	**188275**
东河区	14664	6285	8379	32982	14037	18945	103559	52454	51105
昆都仑区	30724	16652	14072	76042	31635	44407	113972	57944	56028
青山区	39606	18862	20744	36985	16019	20966	68363	34781	33582
石拐区	706	376	330	752	313	439	7211	3693	3518
白云鄂博矿区	479	242	237	1875	723	1152	1337	719	618
九原区	17788	11771	6017	25499	10460	15039	31206	16190	15016
土默特右旗	12333	6507	5826	9460	4184	5276	16291	8467	7824
固阳县	2742	1382	1360	3419	1311	2108	6769	3561	3208
达尔罕茂明安联合旗	1858	905	953	2658	1089	1569	4305	2199	2106
包头稀土高新技术产业开发区	5146	2494	2652	16457	7143	9314	30741	15471	15270
乌海市	**10158**	**4859**	**5299**	**38598**	**15916**	**22682**	**71061**	**37543**	**33518**
海勃湾区	8339	3968	4371	24226	9930	14296	46815	24628	22187
海南区	524	267	257	7529	3034	4495	6159	3369	2790
乌达区	1295	624	671	6843	2952	3891	18087	9546	8541
赤峰市	**119299**	**63567**	**55732**	**232396**	**104183**	**128213**	**454215**	**235517**	**218698**
红山区	18168	8382	9786	44699	20386	24313	105560	54322	51238
元宝山区	6286	3635	2651	15706	7145	8561	42738	22032	20706
松山区	33308	19482	13826	73810	34055	39755	103560	54267	49293
阿鲁科尔沁旗	7103	3617	3486	5883	2688	3195	21066	10646	10420
巴林左旗	7237	3524	3713	14451	5959	8492	23071	11941	11130
巴林右旗	2880	1478	1402	12626	4968	7658	21074	11298	9776
林西县	4092	2064	2028	7665	3376	4289	25404	13004	12400
克什克腾旗	4174	2162	2012	11525	4860	6665	17957	9375	8582
翁牛特旗	5553	2738	2815	9774	4194	5580	29716	15452	14264
喀喇沁旗	6365	3447	2918	14187	6406	7781	20282	10629	9653
宁城县	11182	6101	5081	11617	5239	6378	22729	11795	10934
敖汉旗	12951	6937	6014	10453	4907	5546	21058	10756	10302

7-9 续表 4

单位：人

现住地	学习培训			随同离开/投亲靠友			拆迁/搬家		
	小计	男	女	小计	男	女	小计	男	女
通辽市	**74827**	**34508**	**40319**	**81328**	**35470**	**45858**	**254859**	**128994**	**125865**
科尔沁区	23758	10540	13218	27644	11737	15907	121440	60892	60548
科尔沁左翼中旗	5913	2731	3182	5524	2405	3119	11342	5880	5462
科尔沁左翼后旗	4761	1936	2825	3980	1767	2213	13926	7151	6775
开鲁县	6236	2987	3249	6472	2768	3704	12514	6460	6054
库伦旗	2401	1208	1193	1799	853	946	7933	4002	3931
奈曼旗	8191	4062	4129	5356	2374	2982	10892	5725	5167
扎鲁特旗	5198	2601	2597	7775	3514	4261	16302	8341	7961
通辽经济技术开发区	15432	6851	8581	9109	4046	5063	43076	21673	21403
霍林郭勒市	2937	1592	1345	13669	6006	7663	17434	8870	8564
鄂尔多斯市	**94482**	**47406**	**47076**	**188087**	**84476**	**103611**	**151378**	**78150**	**73228**
东胜区	24411	10766	13645	77640	36366	41274	54810	28034	26776
康巴什区	19440	10535	8905	7146	3188	3958	7565	3825	3740
达拉特旗	20257	10339	9918	23473	10359	13114	27068	14097	12971
准格尔旗	10948	5713	5235	33784	13792	19992	23613	12410	11203
鄂托克前旗	1983	1072	911	3101	1466	1635	4009	2084	1925
鄂托克旗	3279	1661	1618	11166	4933	6233	6640	3426	3214
杭锦旗	2583	1291	1292	5707	2575	3132	5277	2698	2579
乌审旗	2731	1480	1251	9622	4512	5110	3729	1997	1732
伊金霍洛旗	8850	4549	4301	16448	7285	9163	18667	9579	9088
呼伦贝尔市	**51418**	**24126**	**27292**	**66957**	**28877**	**38080**	**285892**	**144609**	**141283**
海拉尔区	17507	7606	9901	12477	5417	7060	66768	33491	33277
扎赉诺尔区	148	74	74	2510	1094	1416	22518	11307	11211
阿荣旗	5511	2774	2737	9425	4139	5286	26108	13490	12618
莫力达瓦达斡尔族自治旗	5154	2464	2690	2562	1205	1357	15901	8119	7782
鄂伦春自治旗	2923	1493	1430	3870	1658	2212	11301	5895	5406
鄂温克族自治旗	4734	2471	2263	4971	2184	2787	16428	8183	8245
陈巴尔虎旗	389	209	180	1750	729	1021	3705	1924	1781
新巴尔虎左旗	802	404	398	1449	623	826	4242	2073	2169
新巴尔虎右旗	456	243	213	1062	493	569	3346	1722	1624
满洲里市	2451	876	1575	10739	4464	6275	14680	7597	7083
牙克石市	4351	2372	1979	4486	1858	2628	36091	18155	17936
扎兰屯市	5850	2594	3256	9419	4051	5368	43794	22169	21625
额尔古纳市	710	355	355	1443	643	800	6841	3426	3415
根河市	432	191	241	794	319	475	14169	7058	7111
巴彦淖尔市	**46908**	**22685**	**24223**	**78410**	**35328**	**43082**	**156744**	**82012**	**74732**
临河区	25837	12215	13622	40875	18452	22423	81913	42433	39480
五原县	5727	2854	2873	9590	4269	5321	16265	8778	7487
磴口县	1330	677	653	2784	1280	1504	6383	3371	3012
乌拉特前旗	6045	2940	3105	12367	5496	6871	19335	10237	9098
乌拉特中旗	2677	1408	1269	3443	1530	1913	9936	5016	4920
乌拉特后旗	861	445	416	2378	1004	1374	3943	2008	1935
杭锦后旗	4431	2146	2285	6973	3297	3676	18969	10169	8800

7-9 续表 5 单位：人

现住地	学习培训			随同离开/投亲靠友			拆迁/搬家		
	小计	男	女	小计	男	女	小计	男	女
乌兰察布市	**59996**	**26752**	**33244**	**89740**	**35593**	**54147**	**199052**	**103918**	**95134**
集宁区	30159	12295	17864	36700	14589	22111	84617	44017	40600
卓资县	1281	643	638	2376	945	1431	10802	5705	5097
化德县	1626	792	834	5988	2254	3734	10177	5368	4809
商都县	4595	2172	2423	5179	2069	3110	9242	4844	4398
兴和县	3971	1911	2060	6522	2835	3687	12688	6491	6197
凉城县	2628	1354	1274	4056	1698	2358	10712	5655	5057
察哈尔右翼前旗	3110	1524	1586	4399	1902	2497	11417	5981	5436
察哈尔右翼中旗	1969	958	1011	1736	757	979	6782	3513	3269
察哈尔右翼后旗	1689	804	885	6682	2091	4591	6034	3270	2764
四子王旗	4456	2140	2316	8551	3274	5277	7985	4179	3806
丰镇市	4512	2159	2353	7551	3179	4372	28596	14895	13701
兴安盟	**38541**	**18319**	**20222**	**34252**	**14906**	**19346**	**122952**	**62056**	**60896**
乌兰浩特市	18150	8147	10003	13349	5788	7561	56782	28318	28464
阿尔山市	296	151	145	794	376	418	1354	719	635
科尔沁右翼前旗	5541	2764	2777	8918	3791	5127	23088	11799	11289
科尔沁右翼中旗	4919	2415	2504	3572	1543	2029	12303	6182	6121
扎赉特旗	5785	2913	2872	4543	2006	2537	15250	7842	7408
突泉县	3850	1929	1921	3076	1402	1674	14175	7196	6979
锡林郭勒盟	**38966**	**19391**	**19575**	**69806**	**29045**	**40761**	**83962**	**42654**	**41308**
二连浩特市	1675	757	918	10996	4334	6662	2202	1127	1075
锡林浩特市	17888	8905	8983	34405	14015	20390	36364	18645	17719
阿巴嘎旗	1072	533	539	856	370	486	2109	1054	1055
苏尼特左旗	1119	597	522	847	407	440	1524	754	770
苏尼特右旗	1148	552	596	2419	872	1547	5557	2848	2709
东乌珠穆沁旗	2574	1343	1231	3229	1386	1843	3318	1723	1595
西乌珠穆沁旗	2925	1491	1434	4790	2177	2613	6985	3489	3496
太仆寺旗	2943	1420	1523	2155	961	1194	5557	2769	2788
镶黄旗	588	294	294	597	269	328	2804	1359	1445
正镶白旗	1094	516	578	1152	462	690	2666	1356	1310
正蓝旗	1796	956	840	2262	1020	1242	5727	2872	2855
多伦县	3733	1793	1940	4431	2038	2393	7527	3798	3729
乌拉盖管委会	411	234	177	1667	734	933	1622	860	762
阿拉善盟	**4073**	**1993**	**2080**	**13281**	**5923**	**7358**	**21313**	**10726**	**10587**
阿拉善左旗	3276	1575	1701	9991	4471	5520	17103	8599	8504
阿拉善右旗	306	147	159	542	228	314	1640	819	821
额济纳旗	159	83	76	1186	540	646	2077	1040	1037
内蒙古阿拉善经济开发区	332	188	144	1562	684	878	493	268	225

7—9 续表 6

单位：人

现住地	寄挂户口			婚姻嫁娶			照料孙子女		
	小计	男	女	小计	男	女	小计	男	女
内蒙古	**134997**	**70617**	**64380**	**501971**	**111237**	**390734**	**165446**	**60108**	**105338**
呼和浩特市	**21327**	**11218**	**10109**	**80461**	**18028**	**62433**	**41989**	**15729**	**26260**
新城区	4284	2258	2026	15056	4056	11000	10516	4059	6457
回民区	2458	1257	1201	14847	3343	11504	5182	1878	3304
玉泉区	3276	1747	1529	14256	2626	11630	5055	1798	3257
赛罕区	5846	3055	2791	18498	5010	13488	15204	5811	9393
土默特左旗	1890	973	917	4549	632	3917	822	299	523
托克托县	614	330	284	3420	464	2956	1005	355	650
和林格尔县	765	414	351	2500	492	2008	759	293	466
清水河县	306	173	133	955	145	810	238	79	159
武川县	514	292	222	1828	363	1465	614	239	375
呼和浩特经济技术开发区	1374	719	655	4552	897	3655	2594	918	1676
包头市	**15431**	**8030**	**7401**	**67849**	**18513**	**49336**	**17834**	**6743**	**11091**
东河区	1861	970	891	14335	4412	9923	1844	696	1148
昆都仑区	5089	2641	2448	17578	4862	12716	6197	2408	3789
青山区	3656	1921	1735	13805	4126	9679	5038	1910	3128
石拐区	250	130	120	324	90	234	67	26	41
白云鄂博矿区	126	65	61	711	65	646	168	62	106
九原区	1362	699	663	7381	1766	5615	1457	530	927
土默特右旗	786	414	372	4987	1029	3958	554	188	366
固阳县	633	327	306	1814	322	1492	216	72	144
达尔罕茂明安联合旗	686	340	346	1786	360	1426	432	160	272
包头稀土高新技术产业开发区	982	523	459	5128	1481	3647	1861	691	1170
乌海市	**3198**	**1689**	**1509**	**14897**	**3487**	**11410**	**3258**	**1206**	**2052**
海勃湾区	2285	1201	1084	10381	2665	7716	2518	942	1576
海南区	425	246	179	1723	201	1522	245	88	157
乌达区	488	242	246	2793	621	2172	495	176	319
赤峰市	**16248**	**8626**	**7622**	**69139**	**15282**	**53857**	**25716**	**9244**	**16472**
红山区	3167	1674	1493	11587	2563	9024	4817	1719	3098
元宝山区	790	423	367	6492	1792	4700	1175	422	753
松山区	3534	1885	1649	16472	3024	13448	8865	3188	5677
阿鲁科尔沁旗	841	447	394	3853	1065	2788	1534	557	977
巴林左旗	316	179	137	3438	538	2900	1275	443	832
巴林右旗	921	491	430	3846	818	3028	952	346	606
林西县	1252	604	648	3616	824	2792	1197	454	743
克什克腾旗	834	436	398	4239	1099	3140	1797	671	1126
翁牛特旗	1227	642	585	3258	851	2407	680	277	403
喀喇沁旗	928	533	395	5014	1105	3909	1008	330	678
宁城县	1312	724	588	4299	1048	3251	1043	347	696
敖汉旗	1126	588	538	3025	555	2470	1373	490	883

7-9 续表 7

单位：人

现住地	寄挂户口			婚姻嫁娶			照料孙子女		
	小计	男	女	小计	男	女	小计	男	女
通辽市	**15102**	**7867**	**7235**	**49789**	**10253**	**39536**	**10973**	**3775**	**7198**
科尔沁区	5187	2739	2448	14679	3241	11438	2601	898	1703
科尔沁左翼中旗	2292	1140	1152	4821	873	3948	659	236	423
科尔沁左翼后旗	1799	947	852	3334	714	2620	827	280	547
开鲁县	1040	555	485	5742	1028	4714	826	285	541
库伦旗	553	298	255	1636	393	1243	363	124	239
奈曼旗	745	376	369	5119	917	4202	719	225	494
扎鲁特旗	974	487	487	5110	1222	3888	864	302	562
通辽经济技术开发区	1699	893	806	5906	1436	4470	2480	864	1616
霍林郭勒市	813	432	381	3442	429	3013	1634	561	1073
鄂尔多斯市	**10350**	**5299**	**5051**	**41956**	**5644**	**36312**	**20040**	**7052**	**12988**
东胜区	3152	1583	1569	11789	1918	9871	7985	2785	5200
康巴什区	491	261	230	1299	220	1079	3086	1168	1918
达拉特旗	1434	751	683	10334	1319	9015	1970	680	1290
准格尔旗	1678	824	854	6975	697	6278	2372	819	1553
鄂托克前旗	451	241	210	924	112	812	404	131	273
鄂托克旗	841	410	431	2830	371	2459	723	224	499
杭锦旗	643	339	304	2326	348	1978	584	207	377
乌审旗	494	284	210	2011	183	1828	747	251	496
伊金霍洛旗	1166	606	560	3468	476	2992	2169	787	1382
呼伦贝尔市	**19773**	**10376**	**9397**	**32612**	**8134**	**24478**	**10943**	**3911**	**7032**
海拉尔区	3032	1545	1487	7049	2090	4959	3670	1327	2343
扎赉诺尔区	753	418	335	1431	476	955	168	75	93
阿荣旗	1420	738	682	4008	867	3141	1227	452	775
莫力达瓦达斡尔族自治旗	1637	862	775	2040	334	1706	572	198	374
鄂伦春自治旗	2031	1080	951	1757	380	1377	565	204	361
鄂温克族自治旗	1627	837	790	2410	664	1746	1055	353	702
陈巴尔虎旗	513	260	253	1432	346	1086	106	28	78
新巴尔虎左旗	657	339	318	755	203	552	204	56	148
新巴尔虎右旗	493	251	242	820	264	556	194	53	141
满洲里市	1627	900	727	1328	291	1037	633	237	396
牙克石市	2383	1235	1148	2453	686	1767	1022	365	657
扎兰屯市	2829	1513	1316	5631	1173	4458	984	355	629
额尔古纳市	522	273	249	953	207	746	404	153	251
根河市	249	125	124	545	153	392	139	55	84
巴彦淖尔市	**8654**	**4498**	**4156**	**53387**	**12296**	**41091**	**8029**	**2810**	**5219**
临河区	3556	1809	1747	21942	5262	16680	4353	1518	2835
五原县	817	433	384	7434	1778	5656	826	285	541
磴口县	472	262	210	2759	593	2166	433	161	272
乌拉特前旗	1299	680	619	9482	1691	7791	1041	361	680
乌拉特中旗	737	374	363	2917	597	2320	330	110	220
乌拉特后旗	361	197	164	1672	270	1402	307	102	205
杭锦后旗	1412	743	669	7181	2105	5076	739	273	466

7-9 续表 8

单位：人

现住地	寄挂户口			婚姻嫁娶			照料孙子女		
	小计	男	女	小计	男	女	小计	男	女
乌兰察布市	**8204**	**4332**	**3872**	**37600**	**7455**	**30145**	**7497**	**2846**	**4651**
集宁区	2027	1075	952	14143	2993	11150	3133	1191	1942
卓资县	292	142	150	1062	158	904	202	76	126
化德县	395	195	200	1250	220	1030	269	110	159
商都县	684	369	315	3421	526	2895	725	282	443
兴和县	397	209	188	2187	617	1570	483	177	306
凉城县	1056	562	494	2127	354	1773	400	148	252
察哈尔右翼前旗	900	482	418	1975	440	1535	260	96	164
察哈尔右翼中旗	334	165	169	1075	187	888	304	103	201
察哈尔右翼后旗	345	201	144	2450	187	2263	347	142	205
四子王旗	686	374	312	2792	584	2208	869	337	532
丰镇市	1088	558	530	5118	1189	3929	505	184	321
兴安盟	**8089**	**4207**	**3882**	**22659**	**5202**	**17457**	**6901**	**2477**	**4424**
乌兰浩特市	2881	1508	1373	7919	2213	5706	3457	1268	2189
阿尔山市	189	106	83	623	133	490	108	34	74
科尔沁右翼前旗	1340	713	627	4695	1120	3575	1374	484	890
科尔沁右翼中旗	990	506	484	2554	617	1937	532	188	344
扎赉特旗	1359	711	648	3703	654	3049	884	319	565
突泉县	1330	663	667	3165	465	2700	546	184	362
锡林郭勒盟	**7360**	**3813**	**3547**	**26476**	**5597**	**20879**	**10755**	**3790**	**6965**
二连浩特市	352	172	180	1258	127	1131	469	157	312
锡林浩特市	3032	1554	1478	8818	1806	7012	4514	1631	2883
阿巴嘎旗	350	178	172	1687	478	1209	389	118	271
苏尼特左旗	146	72	74	1371	393	978	369	123	246
苏尼特右旗	323	171	152	1982	387	1595	301	108	193
东乌珠穆沁旗	616	326	290	1233	333	900	636	214	422
西乌珠穆沁旗	1010	559	451	2956	588	2368	1117	376	741
太仆寺旗	306	148	158	996	225	771	518	187	331
镶黄旗	98	56	42	523	116	407	198	67	131
正镶白旗	183	108	75	903	141	762	317	105	212
正蓝旗	434	201	233	1390	263	1127	671	244	427
多伦县	387	207	180	2517	668	1849	983	352	631
乌拉盖管委会	123	61	62	842	72	770	273	108	165
阿拉善盟	**1261**	**662**	**599**	**5146**	**1346**	**3800**	**1511**	**525**	**986**
阿拉善左旗	828	416	412	4260	1126	3134	1096	381	715
阿拉善右旗	60	29	31	373	95	278	79	26	53
额济纳旗	249	149	100	379	110	269	73	25	48
内蒙古阿拉善经济开发区	124	68	56	134	15	119	263	93	170

7-9 续表 9

单位：人

现住地	为子女就学			养老/康养			其他		
	小计	男	女	小计	男	女	小计	男	女
内蒙古	**391106**	**175532**	**215574**	**213025**	**94011**	**119014**	**949591**	**484921**	**464670**
呼和浩特市	**70868**	**32088**	**38780**	**39953**	**17519**	**22434**	**185777**	**95355**	**90422**
新城区	12732	5555	7177	8078	3450	4628	44184	22699	21485
回民区	8627	3689	4938	5008	2119	2889	25481	12834	12647
玉泉区	7555	3417	4138	6212	2748	3464	29129	14921	14208
赛罕区	15404	6814	8590	10573	4547	6026	42604	21519	21085
土默特左旗	3174	1467	1707	1704	791	913	8789	4676	4113
托克托县	6807	3419	3388	1048	469	579	6560	3392	3168
和林格尔县	4842	2233	2609	1472	706	766	7953	4284	3669
清水河县	3109	1387	1722	1014	510	504	3473	1850	1623
武川县	6505	3253	3252	2679	1224	1455	7297	3844	3453
呼和浩特经济技术开发区	2113	854	1259	2165	955	1210	10307	5336	4971
包头市	**43855**	**19893**	**23962**	**22239**	**9810**	**12429**	**87545**	**44432**	**43113**
东河区	4941	2221	2720	4090	1794	2296	12605	6360	6245
昆都仑区	10495	4848	5647	6097	2687	3410	21229	10849	10380
青山区	9819	4357	5462	4735	2009	2726	15288	7556	7732
石拐区	182	85	97	200	108	92	1165	622	543
白云鄂博矿区	480	198	282	161	67	94	797	382	415
九原区	4016	1864	2152	2391	1064	1327	13519	7028	6491
土默特右旗	7287	3404	3883	736	349	387	4107	2141	1966
固阳县	2590	1249	1341	953	467	486	6637	3362	3275
达尔罕茂明安联合旗	1382	543	839	1236	539	697	4108	2110	1998
包头稀土高新技术产业开发区	2663	1124	1539	1640	726	914	8090	4022	4068
乌海市	**2971**	**1395**	**1576**	**3123**	**1322**	**1801**	**18701**	**9692**	**9009**
海勃湾区	2097	993	1104	1921	799	1122	12585	6473	6112
海南区	203	91	112	337	151	186	1997	1067	930
乌达区	671	311	360	865	372	493	4119	2152	1967
赤峰市	**72832**	**33725**	**39107**	**29970**	**13179**	**16791**	**138401**	**70819**	**67582**
红山区	7303	3470	3833	4866	2118	2748	15997	8485	7512
元宝山区	7428	3447	3981	1951	825	1126	9631	5011	4620
松山区	12558	5907	6651	6163	2696	3467	17149	8860	8289
阿鲁科尔沁旗	6772	3118	3654	1836	792	1044	16506	8259	8247
巴林左旗	3924	1829	2095	2739	1125	1614	10346	5060	5286
巴林右旗	2926	1435	1491	1333	534	799	7322	3710	3612
林西县	3420	1623	1797	1476	696	780	9512	4790	4722
克什克腾旗	3322	1511	1811	1985	894	1091	5388	2725	2663
翁牛特旗	3514	1788	1726	1503	649	854	13714	7064	6650
喀喇沁旗	3627	1731	1896	1147	550	597	1614	866	748
宁城县	7338	3209	4129	2171	1060	1111	15240	7964	7276
敖汉旗	10700	4657	6043	2800	1240	1560	15982	8025	7957

7-9 续表 10

单位：人

现住地	为子女就学			养老/康养			其他		
	小计	男	女	小计	男	女	小计	男	女
通辽市	**18256**	**7794**	**10462**	**13218**	**5892**	**7326**	**87417**	**44020**	**43397**
科尔沁区	4160	1825	2335	3340	1384	1956	34392	17053	17339
科尔沁左翼中旗	1668	712	956	948	443	505	5656	2896	2760
科尔沁左翼后旗	1666	667	999	1182	569	613	8183	4312	3871
开鲁县	2460	1022	1438	998	512	486	5899	2928	2971
库伦旗	628	247	381	599	292	307	2857	1498	1359
奈曼旗	2485	1055	1430	887	401	486	7126	3664	3462
扎鲁特旗	2220	946	1274	1277	571	706	6530	3293	3237
通辽经济技术开发区	2097	939	1158	3080	1363	1717	11524	5770	5754
霍林郭勒市	872	381	491	907	357	550	5250	2606	2644
鄂尔多斯市	**40589**	**17717**	**22872**	**22192**	**9872**	**12320**	**78176**	**40005**	**38171**
东胜区	7725	3369	4356	5758	2545	3213	10622	5501	5121
康巴什区	5741	2463	3278	1474	652	822	4160	2157	2003
达拉特旗	10297	4572	5725	3225	1402	1823	15907	8024	7883
准格尔旗	7624	3396	4228	2521	1199	1322	19105	9706	9399
鄂托克前旗	1025	390	635	992	400	592	3372	1762	1610
鄂托克旗	492	171	321	1648	719	929	6124	3149	2975
杭锦旗	1841	789	1052	2099	925	1174	4350	2243	2107
乌审旗	899	303	596	1023	442	581	3391	1775	1616
伊金霍洛旗	4945	2264	2681	3452	1588	1864	11145	5688	5457
呼伦贝尔市	**27019**	**11685**	**15334**	**17057**	**7593**	**9464**	**85540**	**43537**	**42003**
海拉尔区	3040	1203	1837	4442	1825	2617	15604	7815	7789
扎赉诺尔区	132	66	66	419	165	254	2514	1315	1199
阿荣旗	7050	3317	3733	2081	1024	1057	9358	4721	4637
莫力达瓦达斡尔族自治旗	3998	1795	2203	1109	560	549	11582	5744	5838
鄂伦春自治旗	3825	1795	2030	611	281	330	6711	3438	3273
鄂温克族自治旗	1547	624	923	1081	460	621	5213	2632	2581
陈巴尔虎旗	316	113	203	184	68	116	3226	1662	1564
新巴尔虎左旗	840	349	491	484	191	293	1881	991	890
新巴尔虎右旗	436	163	273	409	136	273	3383	1791	1592
满洲里市	249	126	123	820	348	472	4025	2090	1935
牙克石市	2459	843	1616	2196	998	1198	10526	5288	5238
扎兰屯市	2187	895	1292	2477	1219	1258	7748	4070	3678
额尔古纳市	494	205	289	360	158	202	2088	1089	999
根河市	446	191	255	384	160	224	1681	891	790
巴彦淖尔市	**36620**	**16839**	**19781**	**16874**	**7428**	**9446**	**61382**	**31875**	**29507**
临河区	15271	7126	8145	6379	2750	3629	26701	13742	12959
五原县	6535	3120	3415	1965	897	1068	6671	3488	3183
磴口县	875	396	479	1108	513	595	2844	1521	1323
乌拉特前旗	7252	3152	4100	2820	1301	1519	8416	4407	4009
乌拉特中旗	1408	546	862	1559	646	913	4742	2496	2246
乌拉特后旗	437	174	263	847	336	511	2550	1362	1188
杭锦后旗	4842	2325	2517	2196	985	1211	9458	4859	4599

7-9 续表 11

单位：人

现住地	为子女就学			养老/康养			其他		
	小计	男	女	小计	男	女	小计	男	女
乌兰察布市	**38691**	**17863**	**20828**	**19326**	**8897**	**10429**	**95635**	**48896**	**46739**
集宁区	8686	3876	4810	3871	1620	2251	19733	10051	9682
卓资县	630	295	335	385	204	181	3095	1590	1505
化德县	2272	1188	1084	954	433	521	5745	2897	2848
商都县	5347	2433	2914	1521	733	788	14555	7212	7343
兴和县	5580	2596	2984	1947	908	1039	8069	4076	3993
凉城县	3005	1352	1653	1215	645	570	6462	3367	3095
察哈尔右翼前旗	1531	661	870	1003	487	516	6119	3127	2992
察哈尔右翼中旗	2039	933	1106	1620	812	808	2739	1424	1315
察哈尔右翼后旗	1192	509	683	1823	835	988	5791	3080	2711
四子王旗	5014	2344	2670	3542	1632	1910	9186	4838	4348
丰镇市	3395	1676	1719	1445	588	857	14141	7234	6907
兴安盟	**15510**	**6892**	**8618**	**10430**	**4789**	**5641**	**48549**	**24408**	**24141**
乌兰浩特市	5125	2310	2815	3762	1622	2140	13909	6977	6932
阿尔山市	187	74	113	94	36	58	939	464	475
科尔沁右翼前旗	2434	1094	1340	2991	1413	1578	7782	3922	3860
科尔沁右翼中旗	1414	579	835	1243	605	638	5725	2909	2816
扎赉特旗	4302	1902	2400	1174	551	623	12965	6444	6521
突泉县	2048	933	1115	1166	562	604	7229	3692	3537
锡林郭勒盟	**21436**	**8709**	**12727**	**15247**	**6263**	**8984**	**53859**	**27465**	**26394**
二连浩特市	185	74	111	614	230	384	2198	1106	1092
锡林浩特市	7858	3201	4657	5379	2134	3245	17437	8679	8758
阿巴嘎旗	579	167	412	816	334	482	2950	1525	1425
苏尼特左旗	478	143	335	375	160	215	852	448	404
苏尼特右旗	759	294	465	823	342	481	4333	2168	2165
东乌珠穆沁旗	1282	498	784	824	337	487	3558	1867	1691
西乌珠穆沁旗	1558	584	974	1600	648	952	5615	2925	2690
太仆寺旗	3077	1342	1735	859	423	436	3358	1748	1610
镶黄旗	327	121	206	668	242	426	1565	742	823
正镶白旗	830	309	521	673	259	414	1904	1053	851
正蓝旗	1090	417	673	1337	574	763	3634	1867	1767
多伦县	3113	1422	1691	911	425	486	5000	2610	2390
乌拉盖管委会	300	137	163	368	155	213	1455	727	728
阿拉善盟	**2459**	**932**	**1527**	**3396**	**1447**	**1949**	**8609**	**4417**	**4192**
阿拉善左旗	2096	784	1312	2748	1180	1568	6068	3083	2985
阿拉善右旗	270	109	161	386	164	222	1015	532	483
额济纳旗	52	24	28	178	70	108	1090	589	501
内蒙古阿拉善经济开发区	41	15	26	84	33	51	436	213	223

7-9a 全区按现住地、性别、迁移原因分的户口登记地在本自治区其他乡镇街道的人口(城市)

单位：人

现住地	合计			工作就业		
	合计	男	女	小计	男	女
内蒙古	**5309869**	**2612910**	**2696959**	**1426607**	**803091**	**623516**
呼和浩特市	**1357423**	**665606**	**691817**	**421623**	**231468**	**190155**
新城区	335772	163900	171872	99040	53641	45399
回民区	257509	124589	132920	87856	48891	38965
玉泉区	332571	164229	168342	126306	71556	54750
赛罕区	431571	212888	218683	108421	57380	51041
包头市	**997047**	**493677**	**503370**	**253895**	**146739**	**107156**
东河区	210924	102418	108506	34567	19920	14647
昆都仑区	401261	200968	200293	120582	69431	51151
青山区	251181	122948	128233	60489	34243	26246
石拐区	10741	5452	5289	1255	746	509
白云鄂博矿区	11714	6373	5341	5580	3850	1730
九原区	111226	55518	55708	31422	18549	12873
乌海市	**212494**	**107036**	**105458**	**51930**	**32539**	**19391**
海勃湾区	139531	69518	70013	31715	19513	12202
海南区	28601	14827	13774	11029	7061	3968
乌达区	44362	22691	21671	9186	5965	3221
赤峰市	**660997**	**329221**	**331776**	**156740**	**86684**	**70056**
红山区	274810	135755	139055	67092	36773	30319
元宝山区	92533	45840	46693	9721	5686	4035
松山区	293654	147626	146028	79927	44225	35702
通辽市	**335227**	**162741**	**172486**	**79733**	**43876**	**35857**
科尔沁区	260602	124455	136147	48626	25167	23459
霍林郭勒市	74625	38286	36339	31107	18709	12398
鄂尔多斯市	**412031**	**204261**	**207770**	**159370**	**87663**	**71707**
东胜区	336968	166513	170455	134884	74473	60411
康巴什区	74812	37614	37198	24410	13145	11265
鄂托克旗	251	134	117	76	45	31
呼伦贝尔市	**404636**	**196478**	**208158**	**67044**	**37368**	**29676**
海拉尔区	162633	78308	84325	30751	16769	13982
扎赉诺尔区	31087	15394	15693	1560	952	608
满洲里市	52687	26265	26422	16870	9696	7174
牙克石市	53200	25634	27566	4772	2613	2159
扎兰屯市	74407	35927	38480	9514	5372	4142
额尔古纳市	12621	6113	6508	2227	1214	1013
根河市	18001	8837	9164	1350	752	598
巴彦淖尔市	**259764**	**128415**	**131349**	**66614**	**38566**	**28048**
临河区	259764	128415	131349	66614	38566	28048
乌兰察布市	**290164**	**140474**	**149690**	**54483**	**32569**	**21914**
集宁区	227835	109804	118031	46766	27874	18892
丰镇市	62329	30670	31659	7717	4695	3022
兴安盟	**148010**	**70978**	**77032**	**32832**	**17685**	**15147**
乌兰浩特市	143373	68606	74767	30877	16568	14309
阿尔山市	4637	2372	2265	1955	1117	838
锡林郭勒盟	**232076**	**114023**	**118053**	**82343**	**47934**	**34409**
二连浩特市	39984	20220	19764	20293	12242	8051
锡林浩特市	192092	93803	98289	62050	35692	26358

7–9a　续表 1

单位：人

现住地	学习培训			随同离开/投亲靠友			拆迁/搬家		
	小计	男	女	小计	男	女	小计	男	女
内蒙古	**559479**	**270222**	**289257**	**745304**	**325194**	**420110**	**1511210**	**769768**	**741442**
呼和浩特市	**223262**	**107538**	**115724**	**148610**	**65433**	**83177**	**264121**	**134003**	**130118**
新城区	53935	26264	27671	33705	14482	19223	64049	32339	31710
回民区	44495	19432	25063	26844	12267	14577	38314	19520	18794
玉泉区	31383	13680	17703	56773	24179	32594	58676	30345	28331
赛罕区	93449	48162	45287	31288	14505	16783	103082	51799	51283
包头市	**91553**	**45217**	**46336**	**156064**	**66227**	**89837**	**314757**	**159721**	**155036**
东河区	13291	5600	7691	27373	11717	15656	99700	50245	49455
昆都仑区	30637	16607	14030	72680	30434	42246	112541	57129	55412
青山区	39314	18701	20613	33847	14829	19018	66942	33964	32978
石拐区	418	204	214	667	276	391	6672	3407	3265
白云鄂博矿区	479	242	237	1875	723	1152	1337	719	618
九原区	7414	3863	3551	19622	8248	11374	27565	14257	13308
乌海市	**10012**	**4775**	**5237**	**36814**	**15222**	**21592**	**69522**	**36670**	**32852**
海勃湾区	8212	3892	4320	23002	9443	13559	45931	24137	21794
海南区	508	260	248	7021	2847	4174	5629	3062	2567
乌达区	1292	623	669	6791	2932	3859	17962	9471	8491
赤峰市	**49395**	**26856**	**22539**	**111607**	**51181**	**60426**	**226049**	**116682**	**109367**
红山区	17980	8265	9715	42742	19545	23197	101944	52385	49559
元宝山区	5632	3215	2417	13214	6119	7095	39945	20412	19533
松山区	25783	15376	10407	55651	25517	30134	84160	43885	40275
通辽市	**25810**	**11631**	**14179**	**38421**	**16368**	**22053**	**128808**	**64341**	**64467**
科尔沁区	23088	10168	12920	25334	10612	14722	113113	56360	56753
霍林郭勒市	2722	1463	1259	13087	5756	7331	15695	7981	7714
鄂尔多斯市	**43823**	**21289**	**22534**	**84336**	**39399**	**44937**	**61861**	**31591**	**30270**
东胜区	24383	10754	13629	77169	36198	40971	54258	27746	26512
康巴什区	19440	10535	8905	7146	3188	3958	7565	3825	3740
鄂托克旗				21	13	8	38	20	18
呼伦贝尔市	**30490**	**13550**	**16940**	**37617**	**15965**	**21652**	**185034**	**92727**	**92307**
海拉尔区	17475	7590	9885	12252	5325	6927	66210	33183	33027
扎赉诺尔区	144	72	72	2385	1039	1346	21954	11008	10946
满洲里市	2447	874	1573	10643	4415	6228	14347	7425	6922
牙克石市	3825	2074	1751	2980	1245	1735	26698	13238	13460
扎兰屯市	5540	2434	3106	7564	3174	4390	37693	18836	18857
额尔古纳市	660	328	332	1114	494	620	5251	2627	2624
根河市	399	178	221	679	273	406	12881	6410	6471
巴彦淖尔市	**18913**	**9317**	**9596**	**35632**	**16271**	**19361**	**72929**	**37601**	**35328**
临河区	18913	9317	9596	35632	16271	19361	72929	37601	35328
乌兰察布市	**28630**	**12300**	**16330**	**40118**	**15990**	**24128**	**100376**	**52138**	**48238**
集宁区	25104	10597	14507	34062	13439	20623	75882	39458	36424
丰镇市	3526	1703	1823	6056	2551	3505	24494	12680	11814
兴安盟	**18175**	**8168**	**10007**	**12748**	**5540**	**7208**	**50364**	**25138**	**25226**
乌兰浩特市	17962	8060	9902	12245	5305	6940	49498	24675	24823
阿尔山市	213	108	105	503	235	268	866	463	403
锡林郭勒盟	**19416**	**9581**	**9835**	**43337**	**17598**	**25739**	**37389**	**19156**	**18233**
二连浩特市	1675	757	918	10890	4292	6598	2185	1121	1064
锡林浩特市	17741	8824	8917	32447	13306	19141	35204	18035	17169

7-9a 续表 2

单位：人

现住地	寄挂户口			婚姻嫁娶			照料孙子女		
	小计	男	女	小计	男	女	小计	男	女
内蒙古	**60440**	**31529**	**28911**	**244815**	**59463**	**185352**	**103365**	**38177**	**65188**
呼和浩特市	**13960**	**7318**	**6642**	**57679**	**13960**	**43719**	**35055**	**13263**	**21792**
新城区	3823	2024	1799	13975	3762	10213	10227	3965	6262
回民区	2386	1226	1160	14281	3219	11062	5138	1865	3273
玉泉区	2831	1493	1338	13285	2484	10801	4908	1752	3156
赛罕区	4920	2575	2345	16138	4495	11643	14782	5681	9101
包头市	**11433**	**5952**	**5481**	**51513**	**14754**	**36759**	**14369**	**5485**	**8884**
东河区	1667	867	800	13241	4123	9118	1679	637	1042
昆都仑区	4938	2565	2373	17356	4790	12566	6158	2392	3766
青山区	3559	1873	1686	13351	4086	9265	4951	1883	3068
石拐区	146	70	76	279	75	204	58	22	36
白云鄂博矿区	126	65	61	711	65	646	168	62	106
九原区	997	512	485	6575	1615	4960	1355	489	866
乌海市	**2902**	**1517**	**1385**	**14557**	**3435**	**11122**	**3190**	**1183**	**2007**
海勃湾区	2119	1102	1017	10146	2634	7512	2456	919	1537
海南区	317	183	134	1646	182	1464	242	88	154
乌达区	466	232	234	2765	619	2146	492	176	316
赤峰市	**5476**	**2924**	**2552**	**28068**	**5746**	**22322**	**12882**	**4629**	**8253**
红山区	2854	1515	1339	10760	2353	8407	4758	1699	3059
元宝山区	520	274	246	4963	1261	3702	1070	383	687
松山区	2102	1135	967	12345	2132	10213	7054	2547	4507
通辽市	**4142**	**2169**	**1973**	**11681**	**2665**	**9016**	**4099**	**1403**	**2696**
科尔沁区	3410	1783	1627	8423	2269	6154	2511	858	1653
霍林郭勒市	732	386	346	3258	396	2862	1588	545	1043
鄂尔多斯市	**3535**	**1795**	**1740**	**12991**	**2106**	**10885**	**11048**	**3947**	**7101**
东胜区	3044	1534	1510	11676	1883	9793	7962	2779	5183
康巴什区	491	261	230	1299	220	1079	3086	1168	1918
鄂托克旗				16	3	13			
呼伦贝尔市	**8335**	**4375**	**3960**	**15196**	**4418**	**10778**	**6802**	**2494**	**4308**
海拉尔区	2907	1476	1431	6709	2026	4683	3666	1325	2341
扎赉诺尔区	657	358	299	1395	471	924	161	72	89
满洲里市	1575	869	706	1262	279	983	625	235	390
牙克石市	1259	643	616	1780	545	1235	936	330	606
扎兰屯市	1526	818	708	3006	833	2173	917	339	578
额尔古纳市	294	156	138	629	141	488	370	143	227
根河市	117	55	62	415	123	292	127	50	77
巴彦淖尔市	**2621**	**1307**	**1314**	**18935**	**4727**	**14208**	**4154**	**1457**	**2697**
临河区	2621	1307	1314	18935	4727	14208	4154	1457	2697
乌兰察布市	**2370**	**1237**	**1133**	**17738**	**3905**	**13833**	**3401**	**1289**	**2112**
集宁区	1844	976	868	13278	2832	10446	2984	1137	1847
丰镇市	526	261	265	4460	1073	3387	417	152	265
兴安盟	**2516**	**1326**	**1190**	**7197**	**2047**	**5150**	**3444**	**1261**	**2183**
乌兰浩特市	2423	1273	1150	6922	1992	4930	3367	1237	2130
阿尔山市	93	53	40	275	55	220	77	24	53
锡林郭勒盟	**3150**	**1609**	**1541**	**9260**	**1700**	**7560**	**4921**	**1766**	**3155**
二连浩特市	346	168	178	1191	103	1088	469	157	312
锡林浩特市	2804	1441	1363	8069	1597	6472	4452	1609	2843

7–9a　续表 3

单位：人

现住地	为子女就学			养老/康养			其　他		
	小计	男	女	小计	男	女	小计	男	女
内蒙古	**164513**	**73557**	**90956**	**98030**	**41669**	**56361**	**396106**	**200240**	**195866**
呼和浩特市	**42521**	**18701**	**23820**	**27781**	**11942**	**15839**	**122811**	**61980**	**60831**
新城区	12389	5415	6974	7572	3231	4341	37057	18777	18280
回民区	8569	3663	4906	4826	2043	2783	24800	12463	12337
玉泉区	7355	3321	4034	5830	2561	3269	25224	12858	12366
赛罕区	14208	6302	7906	9553	4107	5446	35730	17882	17848
包头市	**28937**	**13166**	**15771**	**16164**	**7021**	**9143**	**58362**	**29395**	**28967**
东河区	4205	1927	2278	3503	1508	1995	11698	5874	5824
昆都仑区	10408	4805	5603	5812	2561	3251	20149	10254	9895
青山区	9775	4343	5432	4394	1850	2544	14559	7176	7383
石拐区	171	81	90	185	104	81	890	467	423
白云鄂博矿区	480	198	282	161	67	94	797	382	415
九原区	3898	1812	2086	2109	931	1178	10269	5242	5027
乌海市	**2947**	**1386**	**1561**	**2819**	**1153**	**1666**	**17801**	**9156**	**8645**
海勃湾区	2078	985	1093	1776	720	1056	12096	6173	5923
海南区	198	90	108	300	136	164	1711	918	793
乌达区	671	311	360	743	297	446	3994	2065	1929
赤峰市	**24488**	**11485**	**13003**	**10918**	**4616**	**6302**	**35374**	**18418**	**16956**
红山区	7214	3425	3789	4687	2030	2657	14779	7765	7014
元宝山区	7279	3375	3904	1706	701	1005	8483	4414	4069
松山区	9995	4685	5310	4525	1885	2640	12112	6239	5873
通辽市	**4966**	**2174**	**2792**	**3840**	**1532**	**2308**	**33727**	**16582**	**17145**
科尔沁区	4116	1806	2310	2993	1200	1793	28988	14232	14756
霍林郭勒市	850	368	482	847	332	515	4739	2350	2389
鄂尔多斯市	**13460**	**5830**	**7630**	**7118**	**3136**	**3982**	**14489**	**7505**	**6984**
东胜区	7719	3367	4352	5644	2484	3160	10229	5295	4934
康巴什区	5741	2463	3278	1474	652	822	4160	2157	2003
鄂托克旗							100	53	47
呼伦贝尔市	**8434**	**3266**	**5168**	**9947**	**4304**	**5643**	**35737**	**18011**	**17726**
海拉尔区	3033	1199	1834	4414	1817	2597	15216	7598	7618
扎赉诺尔区	132	66	66	395	157	238	2304	1199	1105
满洲里市	247	125	122	813	344	469	3858	2003	1855
牙克石市	2238	737	1501	1546	703	843	7166	3506	3660
扎兰屯市	2065	846	1219	2119	1000	1119	4463	2275	2188
额尔古纳市	414	175	239	304	135	169	1358	700	658
根河市	305	118	187	356	148	208	1372	730	642
巴彦淖尔市	**14907**	**6949**	**7958**	**5349**	**2209**	**3140**	**19710**	**10011**	**9699**
临河区	14907	6949	7958	5349	2209	3140	19710	10011	9699
乌兰察布市	**10863**	**5091**	**5772**	**4674**	**1932**	**2742**	**27511**	**14023**	**13488**
集宁区	7873	3607	4266	3601	1496	2105	16441	8388	8053
丰镇市	2990	1484	1506	1073	436	637	11070	5635	5435
兴安盟	**5074**	**2291**	**2783**	**3563**	**1524**	**2039**	**12097**	**5998**	**6099**
乌兰浩特市	4959	2242	2717	3505	1502	2003	11615	5752	5863
阿尔山市	115	49	66	58	22	36	482	246	236
锡林郭勒盟	**7916**	**3218**	**4698**	**5857**	**2300**	**3557**	**18487**	**9161**	**9326**
二连浩特市	185	74	111	612	230	382	2138	1076	1062
锡林浩特市	7731	3144	4587	5245	2070	3175	16349	8085	8264

7–9b 全区按现住地、性别、迁移原因分的户口登记地在本自治区其他乡镇街道的人口(镇)

单位：人

现住地	合计			工作就业		
	合计	男	女	小计	男	女
内蒙古	**3270137**	**1619332**	**1650805**	**842912**	**493650**	**349262**
呼和浩特市	**309697**	**154187**	**155510**	**95687**	**56464**	**39223**
新城区	353	171	182	61	33	28
回民区						
玉泉区						
赛罕区	461	239	222	98	68	30
土默特左旗	64558	31992	32566	23214	13412	9802
托克托县	43582	22133	21449	10315	6846	3469
和林格尔县	49332	22835	26497	11248	6743	4505
清水河县	19887	9955	9932	4580	2734	1846
武川县	35169	17415	17754	5671	3495	2176
呼和浩特经济技术开发区	96355	49447	46908	40500	23133	17367
包头市	**234562**	**120094**	**114468**	**62746**	**37166**	**25580**
东河区	10857	5483	5374	3699	2166	1533
昆都仑区	317	243	74	272	217	55
青山区	1760	1132	628	842	664	178
石拐区	759	519	240	650	461	189
白云鄂博矿区						
九原区	16472	11273	5199	3829	2250	1579
土默特右旗	60322	29708	30614	10879	6316	4563
固阳县	24799	12581	12218	7347	4635	2712
达尔罕茂明安联合旗	18607	9248	9359	5796	3671	2125
包头稀土高新技术产业开发区	100669	49907	50762	29432	16786	12646
乌海市	**5224**	**3020**	**2204**	**3034**	**1997**	**1037**
海勃湾区	1962	1008	954	1191	674	517
海南区	2652	1647	1005	1713	1228	485
乌达区	610	365	245	130	95	35
赤峰市	**607485**	**299127**	**308358**	**116738**	**66349**	**50389**
红山区	9560	5055	4505	2429	1510	919
元宝山区	6269	3277	2992	1299	872	427
松山区	2996	1513	1483	915	537	378
阿鲁科尔沁旗	67337	32733	34604	12612	6929	5683
巴林左旗	68007	32812	35195	18907	10130	8777
巴林右旗	58211	28632	29579	9999	6277	3722
林西县	60930	29952	30978	11387	6473	4914
克什克腾旗	58672	28821	29851	13875	8190	5685
翁牛特旗	69541	34795	34746	10149	5861	4288
喀喇沁旗	57112	28210	28902	9607	5693	3914
宁城县	77447	38337	39110	12600	6802	5798
敖汉旗	71403	34990	36413	12959	7075	5884

7-9b　续表 1　　　　单位：人

现住地	合计			工作就业		
	合计	男	女	小计	男	女
通辽市	**350112**	**167678**	**182434**	**80180**	**42997**	**37183**
科尔沁区	7567	3822	3745	1827	1087	740
科尔沁左翼中旗	35471	16678	18793	7032	3864	3168
科尔沁左翼后旗	36267	17281	18986	7912	4214	3698
开鲁县	41046	19381	21665	8865	4788	4077
库伦旗	19142	9290	9852	3722	1951	1771
奈曼旗	42756	20446	22310	9799	5265	4534
扎鲁特旗	51493	24853	26640	14472	7674	6798
通辽经济技术开发区	116146	55790	60356	26482	14103	12379
霍林郭勒市	224	137	87	69	51	18
鄂尔多斯市	**553660**	**280285**	**273375**	**205567**	**123586**	**81981**
东胜区	495	292	203	294	210	84
康巴什区						
达拉特旗	145468	71897	73571	48595	28480	20115
准格尔旗	145769	73905	71864	48507	30816	17691
鄂托克前旗	19563	9712	9851	5857	3341	2516
鄂托克旗	58913	30710	28203	28681	17341	11340
杭锦旗	35511	17721	17790	13238	7807	5431
乌审旗	38425	19654	18771	16450	9760	6690
伊金霍洛旗	109516	56394	53122	43945	25831	18114
呼伦贝尔市	**219505**	**108448**	**111057**	**33938**	**20014**	**13924**
海拉尔区	265	141	124	52	34	18
扎赉诺尔区	1181	625	556	115	77	38
阿荣旗	55777	27411	28366	7369	4237	3132
莫力达瓦达斡尔族自治旗	28918	14295	14623	3606	1953	1653
鄂伦春自治旗	29605	14543	15062	3260	1872	1388
鄂温克族自治旗	42526	20585	21941	7869	4351	3518
陈巴尔虎旗	11152	5661	5491	2306	1712	594
新巴尔虎左旗	10597	4981	5616	1951	1080	871
新巴尔虎右旗	10807	5262	5545	2235	1227	1008
满洲里市	901	470	431	166	110	56
牙克石市	18172	9507	8665	2498	1664	834
扎兰屯市	4975	2519	2456	1321	879	442
额尔古纳市	1642	811	831	365	224	141
根河市	2987	1637	1350	825	594	231
巴彦淖尔市	**253227**	**125836**	**127391**	**62760**	**38170**	**24590**
临河区	3209	1742	1467	827	513	314
五原县	57609	28618	28991	13931	8317	5614
磴口县	20528	10233	10295	5676	3416	2260
乌拉特前旗	67900	32930	34970	15591	9567	6024
乌拉特中旗	32903	16526	16377	10452	6275	4177
乌拉特后旗	18110	9245	8865	6701	4232	2469
杭锦后旗	52968	26542	26426	9582	5850	3732

7-9b 续表 2

单位：人

现住地	合计			工作就业		
	合计	男	女	小计	男	女
乌兰察布市	**261649**	**128179**	**133470**	**57567**	**35403**	**22164**
集宁区	10259	4297	5962	765	455	310
卓资县	13690	6807	6883	2306	1444	862
化德县	29315	14458	14857	5569	3317	2252
商都县	39389	18936	20453	8505	5129	3376
兴和县	38741	19302	19439	7480	4572	2908
凉城县	21776	10665	11111	3269	2076	1193
察哈尔右翼前旗	26681	13338	13343	5533	3272	2261
察哈尔右翼中旗	12222	5940	6282	2758	1587	1171
察哈尔右翼后旗	26604	13095	13509	8231	5507	2724
四子王旗	42074	20813	21261	12870	7824	5046
丰镇市	898	528	370	281	220	61
兴安盟	**185562**	**89883**	**95679**	**38052**	**20534**	**17518**
乌兰浩特市	10128	5011	5117	823	471	352
阿尔山市	2567	1332	1235	1120	700	420
科尔沁右翼前旗	55668	26866	28802	12677	6764	5913
科尔沁右翼中旗	35568	17274	18294	8072	4452	3620
扎赉特旗	49476	23950	25526	9048	4821	4227
突泉县	32155	15450	16705	6312	3326	2986
锡林郭勒盟	**207656**	**102137**	**105519**	**61807**	**36462**	**25345**
二连浩特市	604	355	249	482	305	177
锡林浩特市	835	541	294	531	402	129
阿巴嘎旗	11256	5412	5844	2949	1816	1133
苏尼特左旗	8064	3942	4122	2632	1555	1077
苏尼特右旗	22082	10868	11214	6146	3828	2318
东乌珠穆沁旗	23704	11784	11920	8951	5042	3909
西乌珠穆沁旗	36995	18401	18594	12644	7539	5105
太仆寺旗	19008	9136	9872	3821	2132	1689
镶黄旗	8795	4165	4630	2013	1155	858
正镶白旗	11987	5787	6200	3826	2260	1566
正蓝旗	21496	10571	10925	6892	3874	3018
多伦县	32582	15936	16646	7167	4193	2974
乌拉盖管委会	10248	5239	5009	3753	2361	1392
阿拉善盟	**81798**	**40458**	**41340**	**24836**	**14508**	**10328**
阿拉善左旗	60304	29158	31146	16022	9120	6902
阿拉善右旗	5355	2598	2757	1068	623	445
额济纳旗	7617	4018	3599	2630	1629	1001
内蒙古阿拉善经济开发区	8522	4684	3838	5116	3136	1980

7-9b　续表 3

单位：人

现住地	学习培训			随同离开/投亲靠友			拆迁/搬家		
	小计	男	女	小计	男	女	小计	男	女
内蒙古	**321265**	**160296**	**160969**	**445120**	**192912**	**252208**	**753808**	**387519**	**366289**
呼和浩特市	**42211**	**18731**	**23480**	**47896**	**21193**	**26703**	**39173**	**20666**	**18507**
新城区	5	2	3	37	22	15	111	59	52
回民区									
玉泉区									
赛罕区	6	2	4	27	10	17	89	50	39
土默特左旗	11296	4833	6463	8531	3735	4796	8660	4623	4037
托克托县	3340	1752	1588	9282	3744	5538	7504	4034	3470
和林格尔县	13267	4409	8858	8304	3795	4509	3872	2075	1797
清水河县	2527	1318	1209	2805	1199	1606	3256	1738	1518
武川县	2498	1244	1254	4945	2114	2831	6168	3197	2971
呼和浩特经济技术开发区	9272	5171	4101	13965	6574	7391	9513	4890	4623
包头市	**31278**	**18606**	**12672**	**34239**	**14764**	**19475**	**53286**	**27339**	**25947**
东河区	478	236	242	3266	1379	1887	1874	1069	805
昆都仑区	7	7		7	4	3	16	10	6
青山区	7	3	4	115	60	55	498	263	235
石拐区	2	1	1	3	1	2	45	25	20
白云鄂博矿区									
九原区	9753	7587	2166	1442	604	838	507	287	220
土默特右旗	11973	6307	5666	8508	3774	4734	13965	7254	6711
固阳县	2509	1278	1231	2927	1102	1825	3064	1652	1412
达尔罕茂明安联合旗	1465	718	747	2300	944	1356	2816	1446	1370
包头稀土高新技术产业开发区	5084	2469	2615	15671	6896	8775	30501	15333	15168
乌海市	**71**	**36**	**35**	**883**	**328**	**555**	**484**	**270**	**214**
海勃湾区	55	28	27	430	167	263	88	49	39
海南区	13	7	6	401	141	260	271	146	125
乌达区	3	1	2	52	20	32	125	75	50
赤峰市	**54669**	**28379**	**26290**	**90668**	**39255**	**51413**	**175506**	**90851**	**84655**
红山区	161	104	57	1769	759	1010	3156	1698	1458
元宝山区	571	368	203	1481	574	907	1604	941	663
松山区	59	31	28	576	260	316	553	279	274
阿鲁科尔沁旗	6986	3547	3439	5292	2404	2888	17770	8873	8897
巴林左旗	5868	2816	3052	10496	4426	6070	17742	9139	8603
巴林右旗	2804	1437	1367	12113	4759	7354	18850	10104	8746
林西县	3993	2008	1985	6550	2885	3665	22429	11404	11025
克什克腾旗	4039	2094	1945	10930	4586	6344	15445	8072	7373
翁牛特旗	5415	2663	2752	9068	3897	5171	25940	13461	12479
喀喇沁旗	6236	3388	2848	13127	5923	7204	18258	9498	8760
宁城县	10291	5482	4809	10152	4508	5644	19561	10120	9441
敖汉旗	8246	4441	3805	9114	4274	4840	14198	7262	6936

7-9b 续表 4

单位：人

现住地	学习培训			随同离开/投亲靠友			拆迁/搬家		
	小计	男	女	小计	男	女	小计	男	女
通辽市	**47172**	**21875**	**25297**	**34404**	**15079**	**19325**	**101486**	**51483**	**50003**
科尔沁区	380	219	161	604	280	324	2249	1239	1010
科尔沁左翼中旗	5763	2660	3103	4419	1887	2532	8357	4291	4066
科尔沁左翼后旗	4610	1858	2752	2990	1314	1676	9879	4964	4915
开鲁县	6121	2932	3189	5354	2235	3119	9895	5063	4832
库伦旗	2362	1191	1171	1456	674	782	6872	3439	3433
奈曼旗	8002	3964	4038	4279	1852	2427	8670	4499	4171
扎鲁特旗	5043	2518	2525	6637	3009	3628	13703	6963	6740
通辽经济技术开发区	14888	6532	8356	8644	3813	4831	41746	20958	20788
霍林郭勒市	3	1	2	21	15	6	115	67	48
鄂尔多斯市	**46991**	**24124**	**22867**	**95152**	**41563**	**53589**	**75060**	**38854**	**36206**
东胜区	2	1	1	21	5	16	57	29	28
康巴什区									
达拉特旗	18947	9632	9315	19874	8829	11045	21717	11190	10527
准格尔旗	8940	4611	4329	31612	12962	18650	20742	10902	9840
鄂托克前旗	1918	1030	888	2971	1404	1567	3100	1612	1488
鄂托克旗	3227	1634	1593	10523	4609	5914	5227	2702	2525
杭锦旗	2556	1281	1275	5477	2478	2999	4153	2099	2054
乌审旗	2689	1453	1236	9283	4359	4924	2898	1549	1349
伊金霍洛旗	8712	4482	4230	15391	6917	8474	17166	8771	8395
呼伦贝尔市	**15229**	**7779**	**7450**	**22497**	**9695**	**12802**	**74211**	**37827**	**36384**
海拉尔区	3	3		32	17	15	78	46	32
扎赉诺尔区	4	2	2	125	55	70	564	299	265
阿荣旗	4107	2032	2075	7720	3365	4355	19027	9781	9246
莫力达瓦达斡尔族自治旗	1859	966	893	1290	596	694	9807	5003	4804
鄂伦春自治旗	2670	1341	1329	3014	1269	1745	8824	4595	4229
鄂温克族自治旗	4643	2427	2216	4354	1895	2459	14864	7341	7523
陈巴尔虎旗	342	184	158	1522	599	923	2807	1432	1375
新巴尔虎左旗	777	392	385	1280	538	742	3155	1506	1649
新巴尔虎右旗	449	237	212	959	441	518	2653	1346	1307
满洲里市	4	2	2	96	49	47	333	172	161
牙克石市	193	106	87	1350	544	806	8805	4595	4210
扎兰屯市	129	66	63	537	233	304	1451	803	648
额尔古纳市	17	8	9	103	48	55	558	262	296
根河市	32	13	19	115	46	69	1285	646	639
巴彦淖尔市	**19126**	**9720**	**9406**	**31568**	**14227**	**17341**	**58900**	**31033**	**27867**
临河区	404	331	73	352	141	211	854	456	398
五原县	5142	2571	2571	7856	3490	4366	12319	6701	5618
磴口县	1273	650	623	2376	1097	1279	5104	2708	2396
乌拉特前旗	4687	2336	2351	9885	4428	5457	15035	7895	7140
乌拉特中旗	2636	1394	1242	3030	1358	1672	8178	4071	4107
乌拉特后旗	847	442	405	2236	929	1307	3356	1698	1658
杭锦后旗	4137	1996	2141	5833	2784	3049	14054	7504	6550

7-9b　续表 5　　单位：人

现住地	学习培训			随同离开/投亲靠友			拆迁/搬家		
	小计	男	女	小计	男	女	小计	男	女
乌兰察布市	**22946**	**10357**	**12589**	**35553**	**14045**	**21508**	**59083**	**30748**	**28335**
集宁区	2772	584	2188	837	367	470	2895	1502	1393
卓资县	1162	571	591	1892	716	1176	5068	2679	2389
化德县	1577	764	813	5184	2011	3173	8612	4499	4113
商都县	3835	1788	2047	3393	1407	1986	6395	3331	3064
兴和县	3402	1660	1742	5298	2325	2973	9690	4954	4736
凉城县	1848	955	893	2669	1128	1541	5579	2909	2670
察哈尔右翼前旗	2693	1314	1379	3264	1459	1805	8223	4217	4006
察哈尔右翼中旗	916	460	456	1255	548	707	2916	1476	1440
察哈尔右翼后旗	1343	635	708	4997	1545	3452	4275	2366	1909
四子王旗	3393	1624	1769	6734	2525	4209	5247	2719	2528
丰镇市	5	2	3	30	14	16	183	96	87
兴安盟	**19521**	**9683**	**9838**	**16983**	**7313**	**9670**	**57638**	**28917**	**28721**
乌兰浩特市	154	66	88	751	326	425	6097	3049	3048
阿尔山市	69	38	31	219	102	117	372	191	181
科尔沁右翼前旗	5213	2589	2624	7030	2933	4097	18192	9155	9037
科尔沁右翼中旗	4817	2351	2466	2959	1264	1695	10452	5184	5268
扎赉特旗	5684	2860	2824	3836	1701	2135	12017	6094	5923
突泉县	3584	1779	1805	2188	987	1201	10508	5244	5264
锡林郭勒盟	**18019**	**9039**	**8980**	**22428**	**9737**	**12691**	**39037**	**19542**	**19495**
二连浩特市				101	40	61	7	2	5
锡林浩特市	5	1	4	44	20	24	85	44	41
阿巴嘎旗	1062	526	536	740	318	422	1641	825	816
苏尼特左旗	1087	574	513	721	344	377	1258	610	648
苏尼特右旗	1119	531	588	2342	829	1513	5245	2699	2546
东乌珠穆沁旗	2539	1325	1214	3040	1301	1739	2612	1359	1253
西乌珠穆沁旗	2890	1471	1419	4562	2065	2497	5772	2838	2934
太仆寺旗	2372	1154	1218	1707	754	953	4619	2276	2343
镶黄旗	585	292	293	565	254	311	2667	1288	1379
正镶白旗	1087	513	574	1087	431	656	2230	1118	1112
正蓝旗	1393	752	641	1997	894	1103	4623	2284	2339
多伦县	3475	1670	1805	3922	1786	2136	6805	3420	3385
乌拉盖管委会	405	230	175	1600	701	899	1473	779	694
阿拉善盟	**4032**	**1967**	**2065**	**12849**	**5713**	**7136**	**19944**	**9989**	**9955**
阿拉善左旗	3242	1554	1688	9651	4304	5347	16010	8007	8003
阿拉善右旗	303	144	159	508	207	301	1532	764	768
额济纳旗	156	81	75	1148	525	623	1926	960	966
内蒙古阿拉善经济开发区	331	188	143	1542	677	865	476	258	218

7-9b 续表 6 单位：人

现住地	寄挂户口			婚姻嫁娶			照料孙子女		
	小计	男	女	小计	男	女	小计	男	女
内蒙古	**35279**	**18379**	**16900**	**163384**	**32868**	**130516**	**53653**	**18984**	**34669**
呼和浩特市	**3109**	**1652**	**1457**	**13454**	**2356**	**11098**	**5187**	**1877**	**3310**
新城区	20	9	11	46	9	37	2		2
回民区									
玉泉区									
赛罕区	25	11	14	49	13	36			
土默特左旗	668	353	315	2661	367	2294	683	248	435
托克托县	288	161	127	2208	308	1900	701	250	451
和林格尔县	344	186	158	1693	372	1321	472	187	285
清水河县	124	66	58	720	92	628	179	55	124
武川县	266	147	119	1525	298	1227	556	219	337
呼和浩特经济技术开发区	1374	719	655	4552	897	3655	2594	918	1676
包头市	**2088**	**1101**	**987**	**12269**	**2905**	**9364**	**3012**	**1099**	**1913**
东河区	49	30	19	456	127	329	99	37	62
昆都仑区	7	2	5						
青山区	9	6	3	48	8	40	6	1	5
石拐区	19	12	7	1		1	1		1
白云鄂博矿区									
九原区	97	56	41	111	26	85	21	9	12
土默特右旗	338	166	172	3851	820	3031	515	178	337
固阳县	245	137	108	1517	255	1262	177	60	117
达尔罕茂明安联合旗	371	188	183	1284	209	1075	356	131	225
包头稀土高新技术产业开发区	953	504	449	5001	1460	3541	1837	683	1154
乌海市	**107**	**57**	**50**	**78**	**10**	**68**	**31**	**10**	**21**
海勃湾区	26	13	13	20	2	18	26	10	16
海南区	59	34	25	30	6	24	2		2
乌达区	22	10	12	28	2	26	3		3
赤峰市	**3712**	**1966**	**1746**	**24890**	**5455**	**19435**	**10276**	**3705**	**6571**
红山区	208	113	95	594	151	443	52	18	34
元宝山区	88	48	40	570	164	406	74	27	47
松山区	100	57	43	286	80	206	27	8	19
阿鲁科尔沁旗	286	147	139	2862	758	2104	1484	540	944
巴林左旗	107	58	49	1798	225	1573	1000	352	648
巴林右旗	503	268	235	2986	572	2414	924	334	590
林西县	578	269	309	2861	635	2226	1132	420	712
克什克腾旗	356	181	175	3430	868	2562	1741	649	1092
翁牛特旗	441	242	199	2297	574	1723	652	266	386
喀喇沁旗	290	168	122	3396	691	2705	963	318	645
宁城县	386	217	169	2213	500	1713	993	328	665
敖汉旗	369	198	171	1597	237	1360	1234	445	789

7–9b 续表 7　　　　单位：人

现住地	寄挂户口			婚姻嫁娶			照料孙子女		
	小计	男	女	小计	男	女	小计	男	女
通辽市	**5295**	**2701**	**2594**	**18408**	**4038**	**14370**	**6610**	**2282**	**4328**
科尔沁区	314	156	158	869	154	715	29	15	14
科尔沁左翼中旗	1573	753	820	2120	325	1795	627	223	404
科尔沁左翼后旗	671	359	312	1495	333	1162	806	276	530
开鲁县	406	220	186	2656	582	2074	806	280	526
库伦旗	214	109	105	972	246	726	359	122	237
奈曼旗	246	122	124	2569	489	2080	694	218	476
扎鲁特旗	427	225	202	2882	653	2229	825	288	537
通辽经济技术开发区	1442	757	685	4839	1256	3583	2464	860	1604
霍林郭勒市	2		2	6		6			
鄂尔多斯市	**4249**	**2191**	**2058**	**25418**	**2908**	**22510**	**8426**	**2910**	**5516**
东胜区	11	4	7	14	1	13	2		2
康巴什区									
达拉特旗	935	491	444	9011	1153	7858	1784	611	1173
准格尔旗	1077	522	555	6370	585	5785	2103	729	1374
鄂托克前旗	184	95	89	723	75	648	396	127	269
鄂托克旗	644	309	335	2401	264	2137	705	218	487
杭锦旗	392	211	181	1935	283	1652	580	207	373
乌审旗	274	160	114	1690	119	1571	734	246	488
伊金霍洛旗	732	399	333	3274	428	2846	2122	772	1350
呼伦贝尔市	**6450**	**3352**	**3098**	**9359**	**2281**	**7078**	**3620**	**1240**	**2380**
海拉尔区	13	7	6	39	9	30			
扎赉诺尔区	96	60	36	36	5	31	7	3	4
阿荣旗	635	330	305	2108	570	1538	1093	409	684
莫力达瓦达斡尔族自治旗	555	281	274	702	133	569	378	131	247
鄂伦春自治旗	1462	767	695	1185	271	914	490	175	315
鄂温克族自治旗	1231	637	594	1904	514	1390	1045	351	694
陈巴尔虎旗	347	182	165	1012	228	784	99	26	73
新巴尔虎左旗	343	182	161	469	129	340	192	50	142
新巴尔虎右旗	291	136	155	622	200	422	188	51	137
满洲里市	52	31	21	66	12	54	8	2	6
牙克石市	951	500	451	503	112	391	79	32	47
扎兰屯市	252	125	127	518	55	463	24	4	20
额尔古纳市	92	45	47	68	14	54	5	1	4
根河市	130	69	61	127	29	98	12	5	7
巴彦淖尔市	**2618**	**1379**	**1239**	**23727**	**5596**	**18131**	**3222**	**1131**	**2091**
临河区	56	27	29	206	25	181	11	6	5
五原县	452	237	215	5692	1428	4264	706	244	462
磴口县	240	130	110	2155	490	1665	407	151	256
乌拉特前旗	662	341	321	6823	1296	5527	844	291	553
乌拉特中旗	320	158	162	1875	369	1506	310	101	209
乌拉特后旗	242	141	101	1279	190	1089	299	99	200
杭锦后旗	646	345	301	5697	1798	3899	645	239	406

7-9b 续表 8

单位：人

现住地	寄挂户口			婚姻嫁娶			照料孙子女		
	小计	男	女	小计	男	女	小计	男	女
乌兰察布市	**2173**	**1121**	**1052**	**12980**	**2233**	**10747**	**3022**	**1154**	**1868**
集宁区	56	32	24	268	43	225	50	18	32
卓资县	124	60	64	615	81	534	146	57	89
化德县	219	100	119	1011	172	839	230	93	137
商都县	274	140	134	2559	386	2173	549	218	331
兴和县	147	80	67	1630	475	1155	410	150	260
凉城县	388	200	188	1442	220	1222	250	90	160
察哈尔右翼前旗	355	187	168	1131	274	857	221	83	138
察哈尔右翼中旗	122	55	67	558	78	480	185	67	118
察哈尔右翼后旗	133	84	49	1909	134	1775	277	111	166
四子王旗	326	168	158	1821	364	1457	702	267	435
丰镇市	29	15	14	36	6	30	2		2
兴安盟	**2107**	**1081**	**1026**	**7665**	**1848**	**5817**	**3252**	**1149**	**2103**
乌兰浩特市	171	91	80	285	92	193	80	28	52
阿尔山市	60	38	22	259	51	208	27	8	19
科尔沁右翼前旗	342	179	163	2239	677	1562	1281	454	827
科尔沁右翼中旗	478	247	231	1597	376	1221	516	183	333
扎赉特旗	550	287	263	1889	408	1481	860	311	549
突泉县	506	239	267	1396	244	1152	488	165	323
锡林郭勒盟	**2375**	**1256**	**1119**	**10526**	**2024**	**8502**	**5504**	**1908**	**3596**
二连浩特市	2	1	1						
锡林浩特市	16	6	10	19	2	17	3	1	2
阿巴嘎旗	212	107	105	703	116	587	387	118	269
苏尼特左旗	87	45	42	506	92	414	361	119	242
苏尼特右旗	213	117	96	1299	225	1074	298	108	190
东乌珠穆沁旗	403	208	195	821	159	662	627	210	417
西乌珠穆沁旗	605	342	263	1972	350	1622	1110	374	736
太仆寺旗	151	72	79	570	118	452	392	143	249
镶黄旗	58	31	27	368	84	284	198	67	131
正镶白旗	69	40	29	614	83	531	316	105	211
正蓝旗	199	97	102	810	143	667	623	229	394
多伦县	268	147	121	2161	583	1578	919	327	592
乌拉盖管委会	92	43	49	683	69	614	270	107	163
阿拉善盟	**996**	**522**	**474**	**4610**	**1214**	**3396**	**1491**	**519**	**972**
阿拉善左旗	633	315	318	3858	1027	2831	1080	377	703
阿拉善右旗	44	21	23	273	70	203	77	25	52
额济纳旗	199	120	79	349	103	246	72	24	48
内蒙古阿拉善经济开发区	120	66	54	130	14	116	262	93	169

7-9b　续表 9　　　　单位：人

现住地	为子女就学			养老/康养			其　他		
	小计	男	女	小计	男	女	小计	男	女
内蒙古	**195651**	**87774**	**107877**	**89515**	**39448**	**50067**	**369550**	**187502**	**182048**
呼和浩特市	**21729**	**10353**	**11376**	**7863**	**3525**	**4338**	**33388**	**17370**	**16018**
新城区	2		2	17	8	9	52	29	23
回民区									
玉泉区									
赛罕区	2	2		11	3	8	154	80	74
土默特左旗	2395	1139	1256	1264	568	696	5186	2714	2472
托克托县	4962	2491	2471	656	304	352	4326	2243	2083
和林格尔县	4035	1887	2148	906	416	490	5191	2765	2426
清水河县	2553	1163	1390	694	325	369	2449	1265	1184
武川县	5667	2817	2850	2150	946	1204	5723	2938	2785
呼和浩特经济技术开发区	2113	854	1259	2165	955	1210	10307	5336	4971
包头市	**13511**	**6121**	**7390**	**3973**	**1762**	**2211**	**18160**	**9231**	**8929**
东河区	388	149	239	200	100	100	348	190	158
昆都仑区							8	3	5
青山区				89	48	41	146	79	67
石拐区							38	19	19
白云鄂博矿区									
九原区	21	6	15	41	13	28	650	435	215
土默特右旗	7186	3358	3828	543	241	302	2564	1294	1270
固阳县	2281	1108	1173	774	358	416	3958	1996	1962
达尔罕茂明安联合旗	1019	401	618	713	287	426	2487	1253	1234
包头稀土高新技术产业开发区	2616	1099	1517	1613	715	898	7961	3962	3999
乌海市	**11**	**3**	**8**	**167**	**95**	**72**	**358**	**214**	**144**
海勃湾区	8	3	5	39	18	21	79	44	35
海南区	3		3	6	2	4	154	83	71
乌达区				122	75	47	125	87	38
赤峰市	**43058**	**19882**	**23176**	**14439**	**6216**	**8223**	**73529**	**37069**	**36460**
红山区	87	45	42	170	84	86	934	573	361
元宝山区	111	51	60	95	42	53	376	190	186
松山区	61	24	37	98	63	35	321	174	147
阿鲁科尔沁旗	6657	3063	3594	1631	672	959	11757	5800	5957
巴林左旗	3366	1587	1779	1863	753	1110	6860	3326	3534
巴林右旗	2880	1414	1466	1203	473	730	5949	2994	2955
林西县	3294	1551	1743	1276	569	707	7430	3738	3692
克什克腾旗	3235	1477	1758	1842	829	1013	3779	1875	1904
翁牛特旗	3454	1760	1694	1316	560	756	10809	5511	5298
喀喇沁旗	3611	1725	1886	1022	480	542	602	326	276
宁城县	6889	3062	3827	1706	762	944	12656	6556	6100
敖汉旗	9413	4123	5290	2217	929	1288	12056	6006	6050

7–9b 续表 10

单位：人

现住地	为子女就学			养老/康养			其他		
	小计	男	女	小计	男	女	小计	男	女
通辽市	**13144**	**5563**	**7581**	**8122**	**3759**	**4363**	**35291**	**17901**	**17390**
科尔沁区	20	9	11	83	50	33	1192	613	579
科尔沁左翼中旗	1657	707	950	776	365	411	3147	1603	1544
科尔沁左翼后旗	1646	662	984	1070	518	552	5188	2783	2405
开鲁县	2441	1016	1425	843	451	392	3659	1814	1845
库伦旗	626	246	380	548	262	286	2011	1050	961
奈曼旗	2467	1047	1420	723	311	412	5307	2679	2628
扎鲁特旗	2195	938	1257	1091	486	605	4218	2099	2119
通辽经济技术开发区	2092	938	1154	2985	1315	1670	10564	5258	5306
霍林郭勒市				3	1	2	5	2	3
鄂尔多斯市	**25819**	**11258**	**14561**	**13709**	**5958**	**7751**	**53269**	**26933**	**26336**
东胜区				17	7	10	77	35	42
康巴什区									
达拉特旗	9292	4079	5213	2742	1155	1587	12571	6277	6294
准格尔旗	7392	3293	4099	2252	1029	1223	16774	8456	8318
鄂托克前旗	1017	386	631	938	370	568	2459	1272	1187
鄂托克旗	482	165	317	1459	609	850	5564	2859	2705
杭锦旗	1838	788	1050	2046	909	1137	3296	1658	1638
乌审旗	895	301	594	924	379	545	2588	1328	1260
伊金霍洛旗	4903	2246	2657	3331	1500	1831	9940	5048	4892
呼伦贝尔市	**15629**	**7070**	**8559**	**5745**	**2607**	**3138**	**32827**	**16583**	**16244**
海拉尔区	3	1	2	6	2	4	39	22	17
扎赉诺尔区				24	8	16	210	116	94
阿荣旗	6111	2880	3231	1638	817	821	5969	2990	2979
莫力达瓦达斡尔族自治旗	2700	1234	1466	806	427	379	7215	3571	3644
鄂伦春自治旗	3273	1515	1758	536	241	295	4891	2497	2394
鄂温克族自治旗	1522	614	908	964	396	568	4130	2059	2071
陈巴尔虎旗	301	110	191	152	56	96	2264	1132	1132
新巴尔虎左旗	831	346	485	464	185	279	1135	573	562
新巴尔虎右旗	434	161	273	393	133	260	2583	1330	1253
满洲里市	2	1	1	7	4	3	167	87	80
牙克石市	164	79	85	631	287	344	2998	1588	1410
扎兰屯市	71	29	42	82	33	49	590	292	298
额尔古纳市	76	27	49	14	6	8	344	176	168
根河市	141	73	68	28	12	16	292	150	142
巴彦淖尔市	**18800**	**8537**	**10263**	**8447**	**3664**	**4783**	**24059**	**12379**	**11680**
临河区	27	13	14	23	8	15	449	222	227
五原县	5586	2658	2928	1143	476	667	4782	2496	2286
磴口县	860	389	471	848	371	477	1589	831	758
乌拉特前旗	6132	2669	3463	2351	1081	1270	5890	3026	2864
乌拉特中旗	1403	543	860	1519	632	887	3180	1625	1555
乌拉特后旗	436	173	263	766	308	458	1948	1033	915
杭锦后旗	4356	2092	2264	1797	788	1009	6221	3146	3075

7-9b 续表 11

单位：人

现住地	为子女就学			养老/康养			其他		
	小计	男	女	小计	男	女	小计	男	女
乌兰察布市	**19094**	**8639**	**10455**	**9066**	**4077**	**4989**	**40165**	**20402**	**19763**
集宁区	206	95	111	139	53	86	2271	1148	1123
卓资县	418	195	223	226	124	102	1733	880	853
化德县	2084	1091	993	741	344	397	4088	2067	2021
商都县	3343	1423	1920	973	407	566	9563	4707	4856
兴和县	4187	1918	2269	1379	605	774	5118	2563	2555
凉城县	2071	905	1166	659	330	329	3601	1852	1749
察哈尔右翼前旗	1363	580	783	568	253	315	3330	1699	1631
察哈尔右翼中旗	1273	592	681	1039	476	563	1200	601	599
察哈尔右翼后旗	682	252	430	1144	496	648	3613	1965	1648
四子王旗	3462	1586	1876	2195	987	1208	5324	2749	2575
丰镇市	5	2	3	3	2	1	324	171	153
兴安盟	**9986**	**4403**	**5583**	**5907**	**2749**	**3158**	**24451**	**12206**	**12245**
乌兰浩特市	151	61	90	174	78	96	1442	749	693
阿尔山市	58	21	37	26	10	16	357	173	184
科尔沁右翼前旗	2242	1012	1230	2716	1266	1450	3736	1837	1899
科尔沁右翼中旗	1406	576	830	1179	578	601	4092	2063	2029
扎赉特旗	4273	1891	2382	1080	506	574	10239	5071	5168
突泉县	1856	842	1014	732	311	421	4585	2313	2272
锡林郭勒盟	**12428**	**5018**	**7410**	**8798**	**3646**	**5152**	**26734**	**13505**	**13229**
二连浩特市				1		1	11	7	4
锡林浩特市				6	2	4	126	63	63
阿巴嘎旗	579	167	412	807	331	476	2176	1088	1088
苏尼特左旗	473	142	331	369	159	210	570	302	268
苏尼特右旗	757	294	463	813	341	472	3850	1896	1954
东乌珠穆沁旗	1280	497	783	817	333	484	2614	1350	1264
西乌珠穆沁旗	1553	582	971	1579	641	938	4308	2199	2109
太仆寺旗	2410	1060	1350	655	272	383	2311	1155	1156
镶黄旗	325	121	204	666	241	425	1350	632	718
正镶白旗	829	309	520	668	257	411	1261	671	590
正蓝旗	1034	395	639	1250	540	710	2675	1363	1312
多伦县	2888	1314	1574	808	378	430	4169	2118	2051
乌拉盖管委会	300	137	163	359	151	208	1313	661	652
阿拉善盟	**2442**	**927**	**1515**	**3279**	**1390**	**1889**	**7319**	**3709**	**3610**
阿拉善左旗	2080	780	1300	2640	1127	1513	5088	2547	2541
阿拉善右旗	270	109	161	379	161	218	901	474	427
额济纳旗	51	23	28	176	69	107	910	484	426
内蒙古阿拉善经济开发区	41	15	26	84	33	51	420	204	216

7-9c 全区按现住地、性别、迁移原因分的户口登记地在本自治区其他乡镇街道的人口(乡村)

单位：人

现住地	合计			工作就业		
	合计	男	女	小计	男	女
内蒙古	**1196535**	**623629**	**572906**	**344996**	**225310**	**119686**
呼和浩特市	**233082**	**121602**	**111480**	**85507**	**53503**	**32004**
新城区	47672	24880	22792	20249	13119	7130
回民区	8715	4548	4167	3509	2208	1301
玉泉区	36020	18700	17320	14389	8746	5643
赛罕区	62179	32402	29777	27797	16698	11099
土默特左旗	22500	11486	11014	4214	2767	1447
托克托县	20698	10699	9999	5662	3725	1937
和林格尔县	20393	10838	9555	6291	3954	2337
清水河县	6546	3591	2955	1760	1193	567
武川县	8359	4458	3901	1636	1093	543
呼和浩特经济技术开发区						
包头市	**88580**	**46124**	**42456**	**32866**	**20700**	**12166**
东河区	10787	5496	5291	3421	2082	1339
昆都仑区	12754	6738	6016	6055	3775	2280
青山区	11886	6211	5675	6201	3843	2358
石拐区	1554	862	692	292	183	109
白云鄂博矿区						
九原区	21942	11584	10358	9770	6204	3566
土默特右旗	9419	4779	4640	2321	1488	833
固阳县	9878	5147	4731	1557	1040	517
达尔罕茂明安联合旗	7744	3963	3781	2104	1295	809
包头稀土高新技术产业开发区	2616	1344	1272	1145	790	355
乌海市	**6982**	**4195**	**2787**	**3771**	**2606**	**1165**
海勃湾区	5502	3262	2240	2922	2002	920
海南区	1480	933	547	849	604	245
乌达区						
赤峰市	**219105**	**113025**	**106080**	**55893**	**34198**	**21695**
红山区	1740	864	876	425	272	153
元宝山区	6133	3470	2663	1718	1297	421
松山区	84672	43582	41090	25061	14595	10466
阿鲁科尔沁旗	12704	6689	6015	2035	1304	731
巴林左旗	27070	13314	13756	9373	5398	3975
巴林右旗	6719	3391	3328	1051	668	383
林西县	9415	4762	4653	1324	806	518
克什克腾旗	10519	6139	4380	4095	3037	1058
翁牛特旗	12052	6370	5682	2505	1649	856
喀喇沁旗	8243	4181	4062	1576	1101	475
宁城县	15277	7857	7420	3193	1905	1288
敖汉旗	24561	12406	12155	3537	2166	1371

7-9c　续表 1

单位：人

现住地	合计			工作就业		
	合计	男	女	小计	男	女
通辽市	**95116**	**44396**	**50720**	**14773**	**9369**	**5404**
科尔沁区	22506	10129	12377	3021	1843	1178
科尔沁左翼中旗	11476	5143	6333	1092	641	451
科尔沁左翼后旗	12702	6138	6564	1399	862	537
开鲁县	11892	5136	6756	1886	1184	702
库伦旗	3823	1864	1959	474	288	186
奈曼旗	10782	5010	5772	2219	1392	827
扎鲁特旗	11526	5747	5779	2297	1649	648
通辽经济技术开发区	5878	2856	3022	1139	708	431
霍林郭勒市	4531	2373	2158	1246	802	444
鄂尔多斯市	**92741**	**56269**	**36472**	**46245**	**33945**	**12300**
东胜区	6634	4766	1868	5027	4021	1006
康巴什区						
达拉特旗	27449	14815	12634	10357	6689	3668
准格尔旗	24673	15716	8957	13315	10249	3066
鄂托克前旗	3321	1813	1508	766	526	240
鄂托克旗	8599	5400	3199	5263	3794	1469
杭锦旗	4997	2776	2221	1860	1275	585
乌审旗	5060	3073	1987	2388	1740	648
伊金霍洛旗	12008	7910	4098	7269	5651	1618
呼伦贝尔市	**85729**	**43096**	**42633**	**11677**	**7792**	**3885**
海拉尔区	1968	1011	957	474	338	136
扎赉诺尔区						
阿荣旗	19821	9567	10254	2041	1219	822
莫力达瓦达斡尔族自治旗	21239	10013	11226	1996	1074	922
鄂伦春自治旗	8124	4188	3936	875	635	240
鄂温克族自治旗	5312	2815	2497	903	641	262
陈巴尔虎旗	3753	2113	1640	978	723	255
新巴尔虎左旗	3259	1731	1528	591	403	188
新巴尔虎右旗	3423	2187	1236	1396	1106	290
满洲里市						
牙克石市	2237	1203	1034	372	267	105
扎兰屯市	13617	6643	6974	1245	799	446
额尔古纳市	2937	1602	1335	793	579	214
根河市	39	23	16	13	8	5
巴彦淖尔市	**116448**	**59921**	**56527**	**33057**	**21665**	**11392**
临河区	44224	22296	21928	12929	8067	4862
五原县	16153	8004	8149	4001	2403	1598
磴口县	7141	3871	3270	3005	1914	1091
乌拉特前旗	21976	11217	10759	6228	4315	1913
乌拉特中旗	8227	4761	3466	2929	2289	640
乌拉特后旗	3742	2207	1535	1795	1322	473
杭锦后旗	14985	7565	7420	2170	1355	815

7-9c 续表 2

单位：人

现住地	合计			工作就业		
	合计	男	女	小计	男	女
乌兰察布市	**141575**	**72451**	**69124**	**25597**	**16580**	**9017**
集宁区	14673	7303	7370	2167	1368	799
卓资县	10795	5916	4879	2054	1521	533
化德县	6249	3146	3103	1319	830	489
商都县	16746	8333	8413	2361	1500	861
兴和县	12670	6358	6312	2087	1268	819
凉城县	14875	7705	7170	1721	1159	562
察哈尔右翼前旗	12505	6663	5842	2939	2029	910
察哈尔右翼中旗	11119	5709	5410	1985	1210	775
察哈尔右翼后旗	10763	5423	5340	2783	1892	891
四子王旗	18349	9390	8959	4472	2677	1795
丰镇市	12831	6505	6326	1709	1126	583
兴安盟	**55724**	**27594**	**28130**	**10529**	**6980**	**3549**
乌兰浩特市	4883	2549	2334	1350	976	374
阿尔山市	684	369	315	229	163	66
科尔沁右翼前旗	19255	9550	9705	4083	2552	1531
科尔沁右翼中旗	7140	3673	3467	1384	951	433
扎赉特旗	10560	4881	5679	1023	668	355
突泉县	13202	6572	6630	2460	1670	790
锡林郭勒盟	**52579**	**29326**	**23253**	**20294**	**14363**	**5931**
二连浩特市	415	254	161	279	198	81
锡林浩特市	10422	5704	4718	5073	3384	1689
阿巴嘎旗	3654	2055	1599	1153	894	259
苏尼特左旗	2641	1499	1142	992	789	203
苏尼特右旗	2218	1046	1172	509	344	165
东乌珠穆沁旗	4677	2798	1879	2160	1513	647
西乌珠穆沁旗	9014	5888	3126	4809	3913	896
太仆寺旗	6088	3154	2934	1506	935	571
镶黄旗	750	380	370	164	124	40
正镶白旗	1802	958	844	241	176	65
正蓝旗	5574	2821	2753	1837	1104	733
多伦县	4081	2132	1949	894	562	332
乌拉盖管委会	1243	637	606	677	427	250
阿拉善盟	**8874**	**5630**	**3244**	**4787**	**3609**	**1178**
阿拉善左旗	6077	3725	2352	2893	2148	745
阿拉善右旗	691	413	278	307	239	68
额济纳旗	1539	1060	479	1083	819	264
内蒙古阿拉善经济开发区	567	432	135	504	403	101

7-9c　续表 3　　单位：人

现住地	学习培训			随同离开/投亲靠友			拆迁/搬家		
	小计	男	女	小计	男	女	小计	男	女
内蒙古	**67581**	**33934**	**33647**	**146754**	**61093**	**85661**	**255369**	**136456**	**118913**
呼和浩特市	**18138**	**9101**	**9037**	**41688**	**15942**	**25746**	**31911**	**17416**	**14495**
新城区	2170	1164	1006	12870	4228	8642	2715	1521	1194
回民区	548	285	263	1603	628	975	1452	786	666
玉泉区	4645	2125	2520	6957	2903	4054	3979	2138	1841
赛罕区	4841	2351	2490	9643	3710	5933	7341	4038	3303
土默特左旗	1038	551	487	2511	1056	1455	6666	3663	3003
托克托县	1779	883	896	3413	1462	1951	3531	1957	1574
和林格尔县	2322	1328	994	3154	1339	1815	2976	1608	1368
清水河县	421	231	190	576	226	350	1413	763	650
武川县	374	183	191	961	390	571	1838	942	896
呼和浩特经济技术开发区									
包头市	**3215**	**1653**	**1562**	**15826**	**5923**	**9903**	**15711**	**8419**	**7292**
东河区	895	449	446	2343	941	1402	1985	1140	845
昆都仑区	80	38	42	3355	1197	2158	1415	805	610
青山区	285	158	127	3023	1130	1893	923	554	369
石拐区	286	171	115	82	36	46	494	261	233
白云鄂博矿区									
九原区	621	321	300	4435	1608	2827	3134	1646	1488
土默特右旗	360	200	160	952	410	542	2326	1213	1113
固阳县	233	104	129	492	209	283	3705	1909	1796
达尔罕茂明安联合旗	393	187	206	358	145	213	1489	753	736
包头稀土高新技术产业开发区	62	25	37	786	247	539	240	138	102
乌海市	**75**	**48**	**27**	**901**	**366**	**535**	**1055**	**603**	**452**
海勃湾区	72	48	24	794	320	474	796	442	354
海南区	3		3	107	46	61	259	161	98
乌达区									
赤峰市	**15235**	**8332**	**6903**	**30121**	**13747**	**16374**	**52660**	**27984**	**24676**
红山区	27	13	14	188	82	106	460	239	221
元宝山区	83	52	31	1011	452	559	1189	679	510
松山区	7466	4075	3391	17583	8278	9305	18847	10103	8744
阿鲁科尔沁旗	117	70	47	591	284	307	3296	1773	1523
巴林左旗	1369	708	661	3955	1533	2422	5329	2802	2527
巴林右旗	76	41	35	513	209	304	2224	1194	1030
林西县	99	56	43	1115	491	624	2975	1600	1375
克什克腾旗	135	68	67	595	274	321	2512	1303	1209
翁牛特旗	138	75	63	706	297	409	3776	1991	1785
喀喇沁旗	129	59	70	1060	483	577	2024	1131	893
宁城县	891	619	272	1465	731	734	3168	1675	1493
敖汉旗	4705	2496	2209	1339	633	706	6860	3494	3366

7-9c 续表 4

单位：人

现住地	学习培训			随同离开/投亲靠友			拆迁/搬家		
	小计	男	女	小计	男	女	小计	男	女
通辽市	**1845**	**1002**	**843**	**8503**	**4023**	**4480**	**24565**	**13170**	**11395**
科尔沁区	290	153	137	1706	845	861	6078	3293	2785
科尔沁左翼中旗	150	71	79	1105	518	587	2985	1589	1396
科尔沁左翼后旗	151	78	73	990	453	537	4047	2187	1860
开鲁县	115	55	60	1118	533	585	2619	1397	1222
库伦旗	39	17	22	343	179	164	1061	563	498
奈曼旗	189	98	91	1077	522	555	2222	1226	996
扎鲁特旗	155	83	72	1138	505	633	2599	1378	1221
通辽经济技术开发区	544	319	225	465	233	232	1330	715	615
霍林郭勒市	212	128	84	561	235	326	1624	822	802
鄂尔多斯市	**3668**	**1993**	**1675**	**8599**	**3514**	**5085**	**14457**	**7705**	**6752**
东胜区	26	11	15	450	163	287	495	259	236
康巴什区									
达拉特旗	1310	707	603	3599	1530	2069	5351	2907	2444
准格尔旗	2008	1102	906	2172	830	1342	2871	1508	1363
鄂托克前旗	65	42	23	130	62	68	909	472	437
鄂托克旗	52	27	25	622	311	311	1375	704	671
杭锦旗	27	10	17	230	97	133	1124	599	525
乌审旗	42	27	15	339	153	186	831	448	383
伊金霍洛旗	138	67	71	1057	368	689	1501	808	693
呼伦贝尔市	**5699**	**2797**	**2902**	**6843**	**3217**	**3626**	**26647**	**14055**	**12592**
海拉尔区	29	13	16	193	75	118	480	262	218
扎赉诺尔区									
阿荣旗	1404	742	662	1705	774	931	7081	3709	3372
莫力达瓦达斡尔族自治旗	3295	1498	1797	1272	609	663	6094	3116	2978
鄂伦春自治旗	253	152	101	856	389	467	2477	1300	1177
鄂温克族自治旗	91	44	47	617	289	328	1564	842	722
陈巴尔虎旗	47	25	22	228	130	98	898	492	406
新巴尔虎左旗	25	12	13	169	85	84	1087	567	520
新巴尔虎右旗	7	6	1	103	52	51	693	376	317
满洲里市									
牙克石市	333	192	141	156	69	87	588	322	266
扎兰屯市	181	94	87	1318	644	674	4650	2530	2120
额尔古纳市	33	19	14	226	101	125	1032	537	495
根河市	1		1				3	2	1
巴彦淖尔市	**8869**	**3648**	**5221**	**11210**	**4830**	**6380**	**24915**	**13378**	**11537**
临河区	6520	2567	3953	4891	2040	2851	8130	4376	3754
五原县	585	283	302	1734	779	955	3946	2077	1869
磴口县	57	27	30	408	183	225	1279	663	616
乌拉特前旗	1358	604	754	2482	1068	1414	4300	2342	1958
乌拉特中旗	41	14	27	413	172	241	1758	945	813
乌拉特后旗	14	3	11	142	75	67	587	310	277
杭锦后旗	294	150	144	1140	513	627	4915	2665	2250

7−9c　续表 5

单位：人

现住地	学习培训			随同离开/投亲靠友			拆迁/搬家		
	小计	男	女	小计	男	女	小计	男	女
乌兰察布市	**8420**	**4095**	**4325**	**14069**	**5558**	**8511**	**39593**	**21032**	**18561**
集宁区	2283	1114	1169	1801	783	1018	5840	3057	2783
卓资县	119	72	47	484	229	255	5734	3026	2708
化德县	49	28	21	804	243	561	1565	869	696
商都县	760	384	376	1786	662	1124	2847	1513	1334
兴和县	569	251	318	1224	510	714	2998	1537	1461
凉城县	780	399	381	1387	570	817	5133	2746	2387
察哈尔右翼前旗	417	210	207	1135	443	692	3194	1764	1430
察哈尔右翼中旗	1053	498	555	481	209	272	3866	2037	1829
察哈尔右翼后旗	346	169	177	1685	546	1139	1759	904	855
四子王旗	1063	516	547	1817	749	1068	2738	1460	1278
丰镇市	981	454	527	1465	614	851	3919	2119	1800
兴安盟	**845**	**468**	**377**	**4521**	**2053**	**2468**	**14950**	**8001**	**6949**
乌兰浩特市	34	21	13	353	157	196	1187	594	593
阿尔山市	14	5	9	72	39	33	116	65	51
科尔沁右翼前旗	328	175	153	1888	858	1030	4896	2644	2252
科尔沁右翼中旗	102	64	38	613	279	334	1851	998	853
扎赉特旗	101	53	48	707	305	402	3233	1748	1485
突泉县	266	150	116	888	415	473	3667	1952	1715
锡林郭勒盟	**1531**	**771**	**760**	**4041**	**1710**	**2331**	**7536**	**3956**	**3580**
二连浩特市				5	2	3	10	4	6
锡林浩特市	142	80	62	1914	689	1225	1075	566	509
阿巴嘎旗	10	7	3	116	52	64	468	229	239
苏尼特左旗	32	23	9	126	63	63	266	144	122
苏尼特右旗	29	21	8	77	43	34	312	149	163
东乌珠穆沁旗	35	18	17	189	85	104	706	364	342
西乌珠穆沁旗	35	20	15	228	112	116	1213	651	562
太仆寺旗	571	266	305	448	207	241	938	493	445
镶黄旗	3	2	1	32	15	17	137	71	66
正镶白旗	7	3	4	65	31	34	436	238	198
正蓝旗	403	204	199	265	126	139	1104	588	516
多伦县	258	123	135	509	252	257	722	378	344
乌拉盖管委会	6	4	2	67	33	34	149	81	68
阿拉善盟	**41**	**26**	**15**	**432**	**210**	**222**	**1369**	**737**	**632**
阿拉善左旗	34	21	13	340	167	173	1093	592	501
阿拉善右旗	3	3		34	21	13	108	55	53
额济纳旗	3	2	1	38	15	23	151	80	71
内蒙古阿拉善经济开发区	1		1	20	7	13	17	10	7

7-9c 续表 6

单位：人

现住地	寄挂户口			婚姻嫁娶			照料孙子女		
	小计	男	女	小计	男	女	小计	男	女
内蒙古	**39278**	**20709**	**18569**	**93772**	**18906**	**74866**	**8428**	**2947**	**5481**
呼和浩特市	**4258**	**2248**	**2010**	**9328**	**1712**	**7616**	**1747**	**589**	**1158**
新城区	441	225	216	1035	285	750	287	94	193
回民区	72	31	41	566	124	442	44	13	31
玉泉区	445	254	191	971	142	829	147	46	101
赛罕区	901	469	432	2311	502	1809	422	130	292
土默特左旗	1222	620	602	1888	265	1623	139	51	88
托克托县	326	169	157	1212	156	1056	304	105	199
和林格尔县	421	228	193	807	120	687	287	106	181
清水河县	182	107	75	235	53	182	59	24	35
武川县	248	145	103	303	65	238	58	20	38
呼和浩特经济技术开发区									
包头市	**1910**	**977**	**933**	**4067**	**854**	**3213**	**453**	**159**	**294**
东河区	145	73	72	638	162	476	66	22	44
昆都仑区	144	74	70	222	72	150	39	16	23
青山区	88	42	46	406	32	374	81	26	55
石拐区	85	48	37	44	15	29	8	4	4
白云鄂博矿区									
九原区	268	131	137	695	125	570	81	32	49
土默特右旗	448	248	200	1136	209	927	39	10	29
固阳县	388	190	198	297	67	230	39	12	27
达尔罕茂明安联合旗	315	152	163	502	151	351	76	29	47
包头稀土高新技术产业开发区	29	19	10	127	21	106	24	8	16
乌海市	**189**	**115**	**74**	**262**	**42**	**220**	**37**	**13**	**24**
海勃湾区	140	86	54	215	29	186	36	13	23
海南区	49	29	20	47	13	34	1		1
乌达区									
赤峰市	**7060**	**3736**	**3324**	**16181**	**4081**	**12100**	**2558**	**910**	**1648**
红山区	105	46	59	233	59	174	7	2	5
元宝山区	182	101	81	959	367	592	31	12	19
松山区	1332	693	639	3841	812	3029	1784	633	1151
阿鲁科尔沁旗	555	300	255	991	307	684	50	17	33
巴林左旗	209	121	88	1640	313	1327	275	91	184
巴林右旗	418	223	195	860	246	614	28	12	16
林西县	674	335	339	755	189	566	65	34	31
克什克腾旗	478	255	223	809	231	578	56	22	34
翁牛特旗	786	400	386	961	277	684	28	11	17
喀喇沁旗	638	365	273	1618	414	1204	45	12	33
宁城县	926	507	419	2086	548	1538	50	19	31
敖汉旗	757	390	367	1428	318	1110	139	45	94

7-9c　续表 7

单位：人

现住地	寄挂户口			婚姻嫁娶			照料孙子女		
	小计	男	女	小计	男	女	小计	男	女
通辽市	**5665**	**2997**	**2668**	**19700**	**3550**	**16150**	**264**	**90**	**174**
科尔沁区	1463	800	663	5387	818	4569	61	25	36
科尔沁左翼中旗	719	387	332	2701	548	2153	32	13	19
科尔沁左翼后旗	1128	588	540	1839	381	1458	21	4	17
开鲁县	634	335	299	3086	446	2640	20	5	15
库伦旗	339	189	150	664	147	517	4	2	2
奈曼旗	499	254	245	2550	428	2122	25	7	18
扎鲁特旗	547	262	285	2228	569	1659	39	14	25
通辽经济技术开发区	257	136	121	1067	180	887	16	4	12
霍林郭勒市	79	46	33	178	33	145	46	16	30
鄂尔多斯市	**2566**	**1313**	**1253**	**3547**	**630**	**2917**	**566**	**195**	**371**
东胜区	97	45	52	99	34	65	21	6	15
康巴什区									
达拉特旗	499	260	239	1323	166	1157	186	69	117
准格尔旗	601	302	299	605	112	493	269	90	179
鄂托克前旗	267	146	121	201	37	164	8	4	4
鄂托克旗	197	101	96	413	104	309	18	6	12
杭锦旗	251	128	123	391	65	326	4		4
乌审旗	220	124	96	321	64	257	13	5	8
伊金霍洛旗	434	207	227	194	48	146	47	15	32
呼伦贝尔市	**4988**	**2649**	**2339**	**8057**	**1435**	**6622**	**521**	**177**	**344**
海拉尔区	112	62	50	301	55	246	4	2	2
扎赉诺尔区									
阿荣旗	785	408	377	1900	297	1603	134	43	91
莫力达瓦达斡尔族自治旗	1082	581	501	1338	201	1137	194	67	127
鄂伦春自治旗	569	313	256	572	109	463	75	29	46
鄂温克族自治旗	396	200	196	506	150	356	10	2	8
陈巴尔虎旗	166	78	88	420	118	302	7	2	5
新巴尔虎左旗	314	157	157	286	74	212	12	6	6
新巴尔虎右旗	202	115	87	198	64	134	6	2	4
满洲里市									
牙克石市	173	92	81	170	29	141	7	3	4
扎兰屯市	1051	570	481	2107	285	1822	43	12	31
额尔古纳市	136	72	64	256	52	204	29	9	20
根河市	2	1	1	3	1	2			
巴彦淖尔市	**3415**	**1812**	**1603**	**10725**	**1973**	**8752**	**653**	**222**	**431**
临河区	879	475	404	2801	510	2291	188	55	133
五原县	365	196	169	1742	350	1392	120	41	79
磴口县	232	132	100	604	103	501	26	10	16
乌拉特前旗	637	339	298	2659	395	2264	197	70	127
乌拉特中旗	417	216	201	1042	228	814	20	9	11
乌拉特后旗	119	56	63	393	80	313	8	3	5
杭锦后旗	766	398	368	1484	307	1177	94	34	60

7-9c　续表 8

单位：人

现住地	寄挂户口			婚姻嫁娶			照料孙子女		
	小计	男	女	小计	男	女	小计	男	女
乌兰察布市	**3661**	**1974**	**1687**	**6882**	**1317**	**5565**	**1074**	**403**	**671**
集宁区	127	67	60	597	118	479	99	36	63
卓资县	168	82	86	447	77	370	56	19	37
化德县	176	95	81	239	48	191	39	17	22
商都县	410	229	181	862	140	722	176	64	112
兴和县	250	129	121	557	142	415	73	27	46
凉城县	668	362	306	685	134	551	150	58	92
察哈尔右翼前旗	545	295	250	844	166	678	39	13	26
察哈尔右翼中旗	212	110	102	517	109	408	119	36	83
察哈尔右翼后旗	212	117	95	541	53	488	70	31	39
四子王旗	360	206	154	971	220	751	167	70	97
丰镇市	533	282	251	622	110	512	86	32	54
兴安盟	**3466**	**1800**	**1666**	**7797**	**1307**	**6490**	**205**	**67**	**138**
乌兰浩特市	287	144	143	712	129	583	10	3	7
阿尔山市	36	15	21	89	27	62	4	2	2
科尔沁右翼前旗	998	534	464	2456	443	2013	93	30	63
科尔沁右翼中旗	512	259	253	957	241	716	16	5	11
扎赉特旗	809	424	385	1814	246	1568	24	8	16
突泉县	824	424	400	1769	221	1548	58	19	39
锡林郭勒盟	**1835**	**948**	**887**	**6690**	**1873**	**4817**	**330**	**116**	**214**
二连浩特市	4	3	1	67	24	43			
锡林浩特市	212	107	105	730	207	523	59	21	38
阿巴嘎旗	138	71	67	984	362	622	2		2
苏尼特左旗	59	27	32	865	301	564	8	4	4
苏尼特右旗	110	54	56	683	162	521	3		3
东乌珠穆沁旗	213	118	95	412	174	238	9	4	5
西乌珠穆沁旗	405	217	188	984	238	746	7	2	5
太仆寺旗	155	76	79	426	107	319	126	44	82
镶黄旗	40	25	15	155	32	123			
正镶白旗	114	68	46	289	58	231	1		1
正蓝旗	235	104	131	580	120	460	48	15	33
多伦县	119	60	59	356	85	271	64	25	39
乌拉盖管委会	31	18	13	159	3	156	3	1	2
阿拉善盟	**265**	**140**	**125**	**536**	**132**	**404**	**20**	**6**	**14**
阿拉善左旗	195	101	94	402	99	303	16	4	12
阿拉善右旗	16	8	8	100	25	75	2	1	1
额济纳旗	50	29	21	30	7	23	1	1	
内蒙古阿拉善经济开发区	4	2	2	4	1	3	1		1

7-9c 续表 9

单位：人

现住地	为子女就学			养老/康养			其他		
	小计	男	女	小计	男	女	小计	男	女
内蒙古	**30942**	**14201**	**16741**	**25480**	**12894**	**12586**	**183935**	**97179**	**86756**
呼和浩特市	**6618**	**3034**	**3584**	**4309**	**2052**	**2257**	**29578**	**16005**	**13573**
新城区	341	140	201	489	211	278	7075	3893	3182
回民区	58	26	32	182	76	106	681	371	310
玉泉区	200	96	104	382	187	195	3905	2063	1842
赛罕区	1194	510	684	1009	437	572	6720	3557	3163
土默特左旗	779	328	451	440	223	217	3603	1962	1641
托克托县	1845	928	917	392	165	227	2234	1149	1085
和林格尔县	807	346	461	566	290	276	2762	1519	1243
清水河县	556	224	332	320	185	135	1024	585	439
武川县	838	436	402	529	278	251	1574	906	668
呼和浩特经济技术开发区									
包头市	**1407**	**606**	**801**	**2102**	**1027**	**1075**	**11023**	**5806**	**5217**
东河区	348	145	203	387	186	201	559	296	263
昆都仑区	87	43	44	285	126	159	1072	592	480
青山区	44	14	30	252	111	141	583	301	282
石拐区	11	4	7	15	4	11	237	136	101
白云鄂博矿区									
九原区	97	46	51	241	120	121	2600	1351	1249
土默特右旗	101	46	55	193	108	85	1543	847	696
固阳县	309	141	168	179	109	70	2679	1366	1313
达尔罕茂明安联合旗	363	142	221	523	252	271	1621	857	764
包头稀土高新技术产业开发区	47	25	22	27	11	16	129	60	69
乌海市	**13**	**6**	**7**	**137**	**74**	**63**	**542**	**322**	**220**
海勃湾区	11	5	6	106	61	45	410	256	154
海南区	2	1	1	31	13	18	132	66	66
乌达区									
赤峰市	**5286**	**2358**	**2928**	**4613**	**2347**	**2266**	**29498**	**15332**	**14166**
红山区	2		2	9	4	5	284	147	137
元宝山区	38	21	17	150	82	68	772	407	365
松山区	2502	1198	1304	1540	748	792	4716	2447	2269
阿鲁科尔沁旗	115	55	60	205	120	85	4749	2459	2290
巴林左旗	558	242	316	876	372	504	3486	1734	1752
巴林右旗	46	21	25	130	61	69	1373	716	657
林西县	126	72	54	200	127	73	2082	1052	1030
克什克腾旗	87	34	53	143	65	78	1609	850	759
翁牛特旗	60	28	32	187	89	98	2905	1553	1352
喀喇沁旗	16	6	10	125	70	55	1012	540	472
宁城县	449	147	302	465	298	167	2584	1408	1176
敖汉旗	1287	534	753	583	311	272	3926	2019	1907

7-9c 续表 10

单位：人

现住地	为子女就学			养老/康养			其他		
	小计	男	女	小计	男	女	小计	男	女
通辽市	**146**	**57**	**89**	**1256**	**601**	**655**	**18399**	**9537**	**8862**
科尔沁区	24	10	14	264	134	130	4212	2208	2004
科尔沁左翼中旗	11	5	6	172	78	94	2509	1293	1216
科尔沁左翼后旗	20	5	15	112	51	61	2995	1529	1466
开鲁县	19	6	13	155	61	94	2240	1114	1126
库伦旗	2	1	1	51	30	21	846	448	398
奈曼旗	18	8	10	164	90	74	1819	985	834
扎鲁特旗	25	8	17	186	85	101	2312	1194	1118
通辽经济技术开发区	5	1	4	95	48	47	960	512	448
霍林郭勒市	22	13	9	57	24	33	506	254	252
鄂尔多斯市	**1310**	**629**	**681**	**1365**	**778**	**587**	**10418**	**5567**	**4851**
东胜区	6	2	4	97	54	43	316	171	145
康巴什区									
达拉特旗	1005	493	512	483	247	236	3336	1747	1589
准格尔旗	232	103	129	269	170	99	2331	1250	1081
鄂托克前旗	8	4	4	54	30	24	913	490	423
鄂托克旗	10	6	4	189	110	79	460	237	223
杭锦旗	3	1	2	53	16	37	1054	585	469
乌审旗	4	2	2	99	63	36	803	447	356
伊金霍洛旗	42	18	24	121	88	33	1205	640	565
呼伦贝尔市	**2956**	**1349**	**1607**	**1365**	**682**	**683**	**16976**	**8943**	**8033**
海拉尔区	4	3	1	22	6	16	349	195	154
扎赉诺尔区									
阿荣旗	939	437	502	443	207	236	3389	1731	1658
莫力达瓦达斡尔族自治旗	1298	561	737	303	133	170	4367	2173	2194
鄂伦春自治旗	552	280	272	75	40	35	1820	941	879
鄂温克族自治旗	25	10	15	117	64	53	1083	573	510
陈巴尔虎旗	15	3	12	32	12	20	962	530	432
新巴尔虎左旗	9	3	6	20	6	14	746	418	328
新巴尔虎右旗	2	2		16	3	13	800	461	339
满洲里市									
牙克石市	57	27	30	19	8	11	362	194	168
扎兰屯市	51	20	31	276	186	90	2695	1503	1192
额尔古纳市	4	3	1	42	17	25	386	213	173
根河市							17	11	6
巴彦淖尔市	**2913**	**1353**	**1560**	**3078**	**1555**	**1523**	**17613**	**9485**	**8128**
临河区	337	164	173	1007	533	474	6542	3509	3033
五原县	949	462	487	822	421	401	1889	992	897
磴口县	15	7	8	260	142	118	1255	690	565
乌拉特前旗	1120	483	637	469	220	249	2526	1381	1145
乌拉特中旗	5	3	2	40	14	26	1562	871	691
乌拉特后旗	1	1		81	28	53	602	329	273
杭锦后旗	486	233	253	399	197	202	3237	1713	1524

7−9c　续表 11

单位：人

现住地	为子女就学			养老/康养			其　他		
	小计	男	女	小计	男	女	小计	男	女
乌兰察布市	**8734**	**4133**	**4601**	**5586**	**2888**	**2698**	**27959**	**14471**	**13488**
集宁区	607	174	433	131	71	60	1021	515	506
卓资县	212	100	112	159	80	79	1362	710	652
化德县	188	97	91	213	89	124	1657	830	827
商都县	2004	1010	994	548	326	222	4992	2505	2487
兴和县	1393	678	715	568	303	265	2951	1513	1438
凉城县	934	447	487	556	315	241	2861	1515	1346
察哈尔右翼前旗	168	81	87	435	234	201	2789	1428	1361
察哈尔右翼中旗	766	341	425	581	336	245	1539	823	716
察哈尔右翼后旗	510	257	253	679	339	340	2178	1115	1063
四子王旗	1552	758	794	1347	645	702	3862	2089	1773
丰镇市	400	190	210	369	150	219	2747	1428	1319
兴安盟	**450**	**198**	**252**	**960**	**516**	**444**	**12001**	**6204**	**5797**
乌兰浩特市	15	7	8	83	42	41	852	476	376
阿尔山市	14	4	10	10	4	6	100	45	55
科尔沁右翼前旗	192	82	110	275	147	128	4046	2085	1961
科尔沁右翼中旗	8	3	5	64	27	37	1633	846	787
扎赉特旗	29	11	18	94	45	49	2726	1373	1353
突泉县	192	91	101	434	251	183	2644	1379	1265
锡林郭勒盟	**1092**	**473**	**619**	**592**	**317**	**275**	**8638**	**4799**	**3839**
二连浩特市				1		1	49	23	26
锡林浩特市	127	57	70	128	62	66	962	531	431
阿巴嘎旗				9	3	6	774	437	337
苏尼特左旗	5	1	4	6	1	5	282	146	136
苏尼特右旗	2		2	10	1	9	483	272	211
东乌珠穆沁旗	2	1	1	7	4	3	944	517	427
西乌珠穆沁旗	5	2	3	21	7	14	1307	726	581
太仆寺旗	667	282	385	204	151	53	1047	593	454
镶黄旗	2		2	2	1	1	215	110	105
正镶白旗	1		1	5	2	3	643	382	261
正蓝旗	56	22	34	87	34	53	959	504	455
多伦县	225	108	117	103	47	56	831	492	339
乌拉盖管委会				9	4	5	142	66	76
阿拉善盟	**17**	**5**	**12**	**117**	**57**	**60**	**1290**	**708**	**582**
阿拉善左旗	16	4	12	108	53	55	980	536	444
阿拉善右旗				7	3	4	114	58	56
额济纳旗	1	1		2	1	1	180	105	75
内蒙古阿拉善经济开发区							16	9	7

7-10 全区按现住地、性别、迁移原因分的户口登记地在外省的人口

单位：人

现住地	合计			工作就业		
	合计	男	女	小计	男	女
内蒙古	**1686420**	**1002896**	**683524**	**925197**	**654235**	**270962**
呼和浩特市	**259042**	**149240**	**109802**	**134945**	**90113**	**44832**
新城区	69100	41331	27769	35792	24389	11403
回民区	39948	22298	17650	21592	13738	7854
玉泉区	47113	25800	21313	25359	16196	9163
赛罕区	58044	33363	24681	28523	18723	9800
土默特左旗	10099	5583	4516	4947	3304	1643
托克托县	6716	4647	2069	4055	3249	806
和林格尔县	8512	4516	3996	3686	2684	1002
清水河县	2230	1469	761	1361	1081	280
武川县	2297	1251	1046	981	702	279
呼和浩特经济技术开发区	14983	8982	6001	8649	6047	2602
包头市	**238455**	**137811**	**100644**	**125279**	**84070**	**41209**
东河区	47452	27453	19999	24323	16577	7746
昆都仑区	71207	39979	31228	32494	20720	11774
青山区	49132	27705	21427	27189	17847	9342
石拐区	4135	2877	1258	2996	2252	744
白云鄂博矿区	2059	1325	734	1284	976	308
九原区	28947	17194	11753	15805	10863	4942
土默特右旗	5368	3196	2172	2866	2142	724
固阳县	4145	2725	1420	2299	1838	461
达尔罕茂明安联合旗	2275	1457	818	1151	920	231
包头稀土高新技术产业开发区	23735	13900	9835	14872	9935	4937
乌海市	**97939**	**60454**	**37485**	**61002**	**44474**	**16528**
海勃湾区	49847	30003	19844	30481	21495	8986
海南区	27052	17076	9976	17502	13094	4408
乌达区	21040	13375	7665	13019	9885	3134
赤峰市	**103246**	**57251**	**45995**	**43513**	**30458**	**13055**
红山区	26160	14991	11169	12055	8227	3828
元宝山区	12092	6626	5466	4110	2938	1172
松山区	22836	12670	10166	10775	7299	3476
阿鲁科尔沁旗	2943	1636	1307	920	633	287
巴林左旗	4262	2489	1773	1734	1263	471
巴林右旗	2479	1419	1060	995	739	256
林西县	4074	2275	1799	1524	1103	421
克什克腾旗	5136	3504	1632	3365	2733	632
翁牛特旗	3003	1535	1468	1023	706	317
喀喇沁旗	4443	2217	2226	1507	1063	444
宁城县	10046	5183	4863	3733	2554	1179
敖汉旗	5772	2706	3066	1772	1200	572

7-10　续表 1

单位：人

现住地	合计			工作就业		
	合计	男	女	小计	男	女
通辽市	**89834**	**48944**	**40890**	**34889**	**24213**	**10676**
科尔沁区	28433	15664	12769	9653	6617	3036
科尔沁左翼中旗	7657	3684	3973	1972	1313	659
科尔沁左翼后旗	9044	4347	4697	2519	1711	808
开鲁县	5939	3327	2612	2248	1638	610
库伦旗	4607	2450	2157	1474	981	493
奈曼旗	5095	2656	2439	1846	1289	557
扎鲁特旗	4285	2579	1706	1952	1472	480
通辽经济技术开发区	9997	5789	4208	4533	3246	1287
霍林郭勒市	14777	8448	6329	8692	5946	2746
鄂尔多斯市	**387403**	**253480**	**133923**	**272702**	**201301**	**71401**
东胜区	113789	67459	46330	77064	50729	26335
康巴什区	16975	10026	6949	10532	7022	3510
达拉特旗	21728	14141	7587	14660	10998	3662
准格尔旗	54077	38739	15338	40440	32978	7462
鄂托克前旗	23593	16633	6960	16119	13073	3046
鄂托克旗	43330	27135	16195	29805	20971	8834
杭锦旗	6867	4681	2186	4826	3729	1097
乌审旗	53916	37276	16640	37985	29633	8352
伊金霍洛旗	53128	37390	15738	41271	32168	9103
呼伦贝尔市	**158582**	**84921**	**73661**	**58859**	**38936**	**19923**
海拉尔区	32861	17826	15035	13802	8820	4982
扎赉诺尔区	5595	2843	2752	1618	1099	519
阿荣旗	9454	4872	4582	2310	1695	615
莫力达瓦达斡尔族自治旗	10701	5259	5442	1727	1092	635
鄂伦春自治旗	14737	7384	7353	2591	1698	893
鄂温克族自治旗	9045	4829	4216	3041	2084	957
陈巴尔虎旗	4042	2451	1591	1506	1283	223
新巴尔虎左旗	1830	1132	698	679	521	158
新巴尔虎右旗	3624	2696	928	2682	2213	469
满洲里市	37372	20083	17289	20413	12474	7939
牙克石市	11020	5738	5282	2562	1678	884
扎兰屯市	11992	6217	5775	3312	2353	959
额尔古纳市	3971	2170	1801	1491	1040	451
根河市	2338	1421	917	1125	886	239
巴彦淖尔市	**76998**	**46923**	**30075**	**44780**	**32269**	**12511**
临河区	34331	19933	14398	19119	12895	6224
五原县	7603	4262	3341	3981	2703	1278
磴口县	4491	2506	1985	2315	1525	790
乌拉特前旗	11917	7878	4039	7494	5906	1588
乌拉特中旗	7733	5229	2504	5485	4200	1285
乌拉特后旗	5895	4440	1455	4609	3880	729
杭锦后旗	5028	2675	2353	1777	1160	617

7−10　续表 2

单位：人

现 住 地	合　计			工作就业		
	合计	男	女	小计	男	女
乌兰察布市	**69365**	**40509**	**28856**	**35090**	**25924**	**9166**
集宁区	27573	16191	11382	15008	10869	4139
卓资县	2736	1575	1161	1306	1050	256
化德县	5359	3141	2218	2614	1938	676
商都县	4043	2153	1890	1582	1136	446
兴和县	4417	2272	2145	1736	1164	572
凉城县	2762	1468	1294	733	555	178
察哈尔右翼前旗	7865	5271	2594	4991	3887	1104
察哈尔右翼中旗	1683	1029	654	903	709	194
察哈尔右翼后旗	2147	1193	954	1050	766	284
四子王旗	2577	1420	1157	1245	843	402
丰镇市	8203	4796	3407	3922	3007	915
兴安盟	**54615**	**29817**	**24798**	**21238**	**14845**	**6393**
乌兰浩特市	22607	12495	10112	9863	6595	3268
阿尔山市	1518	904	614	748	545	203
科尔沁右翼前旗	8194	4653	3541	3448	2569	879
科尔沁右翼中旗	4475	2660	1815	1935	1451	484
扎赉特旗	11071	5333	5738	2794	1798	996
突泉县	6750	3772	2978	2450	1887	563
锡林郭勒盟	**81021**	**50797**	**30224**	**47889**	**35863**	**12026**
二连浩特市	7831	4518	3313	4848	3223	1625
锡林浩特市	33088	19273	13815	18154	12620	5534
阿巴嘎旗	2394	1761	633	1581	1360	221
苏尼特左旗	2122	1679	443	1706	1479	227
苏尼特右旗	2587	1724	863	1668	1297	371
东乌珠穆沁旗	3038	1928	1110	1864	1358	506
西乌珠穆沁旗	10194	8106	2088	8105	7137	968
太仆寺旗	3549	1958	1591	1356	971	385
镶黄旗	2057	1642	415	1661	1440	221
正镶白旗	1642	1113	529	979	790	189
正蓝旗	2942	1724	1218	1482	1049	433
多伦县	8349	4619	3730	3764	2601	1163
乌拉盖管委会	1228	752	476	721	538	183
阿拉善盟	**69920**	**42749**	**27171**	**45011**	**31769**	**13242**
阿拉善左旗	37493	22828	14665	23082	16376	6706
阿拉善右旗	4501	2918	1583	3035	2265	770
额济纳旗	11916	6956	4960	7526	5097	2429
内蒙古阿拉善经济开发区	16010	10047	5963	11368	8031	3337

7-10 续表 3

单位：人

现住地	学习培训			随同离开/投亲靠友			拆迁/搬家		
	小计	男	女	小计	男	女	小计	男	女
内蒙古	**89371**	**48594**	**40777**	**227985**	**99677**	**128308**	**139151**	**74041**	**65110**
呼和浩特市	**33164**	**17739**	**15425**	**29522**	**13188**	**16334**	**13828**	**7260**	**6568**
新城区	7601	4675	2926	7955	3515	4440	3907	2094	1813
回民区	4552	2202	2350	4749	2267	2482	1702	882	820
玉泉区	5225	2466	2759	7153	3050	4103	2664	1392	1272
赛罕区	10174	5925	4249	5039	2311	2728	3589	1827	1762
土默特左旗	1173	607	566	1202	510	692	603	317	286
托克托县	115	70	45	643	264	379	270	145	125
和林格尔县	2893	956	1937	606	274	332	204	121	83
清水河县	68	37	31	199	93	106	127	67	60
武川县	52	32	20	257	114	143	160	87	73
呼和浩特经济技术开发区	1311	769	542	1719	790	929	602	328	274
包头市	**19432**	**11683**	**7749**	**38951**	**16967**	**21984**	**21389**	**11366**	**10023**
东河区	2149	1076	1073	8270	3752	4518	6259	3371	2888
昆都仑区	10095	6760	3335	12891	5392	7499	7104	3708	3396
青山区	3655	1713	1942	7595	3396	4199	3314	1735	1579
石拐区	79	46	33	224	104	120	225	129	96
白云鄂博矿区	68	41	27	240	113	127	89	50	39
九原区	1997	1297	700	4762	2022	2740	2033	1097	936
土默特右旗	367	194	173	573	252	321	466	245	221
固阳县	120	72	48	333	153	180	402	236	166
达尔罕茂明安联合旗	51	30	21	168	74	94	200	114	86
包头稀土高新技术产业开发区	851	454	397	3895	1709	2186	1297	681	616
乌海市	**2262**	**1221**	**1041**	**16951**	**7012**	**9939**	**5006**	**2709**	**2297**
海勃湾区	1463	773	690	8414	3528	4886	2599	1394	1205
海南区	367	216	151	5376	2156	3220	1012	572	440
乌达区	432	232	200	3161	1328	1833	1395	743	652
赤峰市	**3697**	**1986**	**1711**	**13671**	**6209**	**7462**	**14732**	**7868**	**6864**
红山区	1443	729	714	3720	1710	2010	4084	2226	1858
元宝山区	370	209	161	1826	779	1047	2434	1308	1126
松山区	849	472	377	3326	1509	1817	2918	1538	1380
阿鲁科尔沁旗	69	43	26	183	92	91	562	294	268
巴林左旗	95	56	39	604	312	292	533	297	236
巴林右旗	46	25	21	346	144	202	355	203	152
林西县	77	44	33	357	161	196	652	335	317
克什克腾旗	58	22	36	372	166	206	353	184	169
翁牛特旗	78	36	42	315	125	190	451	208	243
喀喇沁旗	128	72	56	826	381	445	577	305	272
宁城县	266	166	100	1124	519	605	1108	610	498
敖汉旗	218	112	106	672	311	361	705	360	345

7-10 续表 4

单位：人

现住地	学习培训			随同离开/投亲靠友			拆迁/搬家		
	小计	男	女	小计	男	女	小计	男	女
通辽市	**3826**	**1784**	**2042**	**9858**	**4365**	**5493**	**14636**	**7848**	**6788**
科尔沁区	2307	1033	1274	2855	1281	1574	6185	3383	2802
科尔沁左翼中旗	205	102	103	1016	485	531	1324	704	620
科尔沁左翼后旗	159	80	79	960	382	578	1787	943	844
开鲁县	119	57	62	626	293	333	748	406	342
库伦旗	75	42	33	373	193	180	800	431	369
奈曼旗	171	84	87	482	220	262	570	290	280
扎鲁特旗	71	36	35	420	190	230	609	335	274
通辽经济技术开发区	405	189	216	769	340	429	1542	815	727
霍林郭勒市	314	161	153	2357	981	1376	1071	541	530
鄂尔多斯市	**11975**	**6672**	**5303**	**51036**	**22370**	**28666**	**11787**	**6364**	**5423**
东胜区	3324	1761	1563	20471	9473	10998	3458	1840	1618
康巴什区	1550	975	575	1444	631	813	474	239	235
达拉特旗	995	525	470	2146	975	1171	1030	564	466
准格尔旗	953	511	442	5701	2064	3637	1200	650	550
鄂托克前旗	780	439	341	1847	780	1067	1134	626	508
鄂托克旗	1572	902	670	6251	2702	3549	1278	673	605
杭锦旗	136	78	58	657	291	366	243	136	107
乌审旗	1186	683	503	7653	3490	4163	2028	1130	898
伊金霍洛旗	1479	798	681	4866	1964	2902	942	506	436
呼伦贝尔市	**3568**	**1836**	**1732**	**24751**	**10873**	**13878**	**28664**	**15161**	**13503**
海拉尔区	1548	744	804	3885	1785	2100	5882	3075	2807
扎赉诺尔区	21	13	8	969	376	593	1735	867	868
阿荣旗	166	83	83	1088	501	587	2383	1223	1160
莫力达瓦达斡尔族自治旗	201	111	90	744	365	379	2787	1478	1309
鄂伦春自治旗	231	122	109	1976	901	1075	4158	2252	1906
鄂温克族自治旗	183	96	87	1505	645	860	1604	846	758
陈巴尔虎旗	30	16	14	729	272	457	513	280	233
新巴尔虎左旗	18	7	11	170	71	99	281	158	123
新巴尔虎右旗	34	18	16	139	61	78	213	105	108
满洲里市	495	274	221	10099	4306	5793	2715	1478	1237
牙克石市	259	144	115	1392	654	738	2579	1362	1217
扎兰屯市	285	157	128	1367	622	745	2666	1434	1232
额尔古纳市	57	31	26	516	224	292	782	416	366
根河市	40	20	20	172	90	82	366	187	179
巴彦淖尔市	**2738**	**1416**	**1322**	**9330**	**4106**	**5224**	**6290**	**3438**	**2852**
临河区	1758	909	849	4940	2232	2708	2668	1478	1190
五原县	203	103	100	1088	481	607	724	407	317
磴口县	125	67	58	539	241	298	572	298	274
乌拉特前旗	228	122	106	1170	500	670	933	522	411
乌拉特中旗	181	102	79	666	248	418	448	246	202
乌拉特后旗	100	51	49	365	137	228	160	85	75
杭锦后旗	143	62	81	562	267	295	785	402	383

7-10　续表 5　　　　单位：人

现 住 地	学习培训			随同离开/投亲靠友			拆迁/搬家		
	小计	男	女	小计	男	女	小计	男	女
乌兰察布市	**3191**	**1352**	**1839**	**6907**	**2868**	**4039**	**6495**	**3311**	**3184**
集宁区	1745	723	1022	3341	1417	1924	2354	1218	1136
卓资县	588	172	416	152	53	99	182	80	102
化德县	88	48	40	598	224	374	592	307	285
商都县	139	60	79	330	136	194	224	101	123
兴和县	149	76	73	494	193	301	515	231	284
凉城县	61	33	28	166	76	90	459	231	228
察哈尔右翼前旗	70	32	38	525	247	278	608	317	291
察哈尔右翼中旗	47	30	17	120	55	65	117	56	61
察哈尔右翼后旗	28	19	9	250	83	167	168	87	81
四子王旗	95	52	43	344	142	202	170	92	78
丰镇市	181	107	74	587	242	345	1106	591	515
兴安盟	**1567**	**796**	**771**	**5019**	**2295**	**2724**	**8710**	**4650**	**4060**
乌兰浩特市	829	405	424	2159	1007	1152	3615	1900	1715
阿尔山市	20	11	9	174	90	84	131	65	66
科尔沁右翼前旗	159	84	75	871	390	481	1221	668	553
科尔沁右翼中旗	85	52	33	322	146	176	698	384	314
扎赉特旗	368	189	179	1064	468	596	2034	1105	929
突泉县	106	55	51	429	194	235	1011	528	483
锡林郭勒盟	**2174**	**1201**	**973**	**10582**	**4492**	**6090**	**4875**	**2603**	**2272**
二连浩特市	206	109	97	1980	854	1126	111	61	50
锡林浩特市	1074	617	457	5572	2291	3281	2118	1171	947
阿巴嘎旗	38	21	17	121	50	71	124	71	53
苏尼特左旗	36	27	9	96	44	52	74	40	34
苏尼特右旗	54	25	29	203	89	114	161	82	79
东乌珠穆沁旗	75	30	45	271	121	150	208	112	96
西乌珠穆沁旗	90	53	37	405	184	221	409	198	211
太仆寺旗	121	70	51	331	151	180	351	185	166
镶黄旗	20	9	11	75	31	44	111	64	47
正镶白旗	30	16	14	73	31	42	98	48	50
正蓝旗	57	33	24	273	140	133	328	163	165
多伦县	359	184	175	1041	449	592	709	369	340
乌拉盖管委会	14	7	7	141	57	84	73	39	34
阿拉善盟	**1777**	**908**	**869**	**11407**	**4932**	**6475**	**2739**	**1463**	**1276**
阿拉善左旗	1065	536	529	5778	2547	3231	2097	1125	972
阿拉善右旗	133	66	67	425	172	253	179	94	85
额济纳旗	275	135	140	2259	919	1340	275	137	138
内蒙古阿拉善经济开发区	304	171	133	2945	1294	1651	188	107	81

7-10 续表 6

单位：人

现住地	寄挂户口			婚姻嫁娶			照料孙子女		
	小计	男	女	小计	男	女	小计	男	女
内蒙古	**25602**	**13382**	**12220**	**84378**	**15046**	**69332**	**26559**	**9247**	**17312**
呼和浩特市	**3148**	**1636**	**1512**	**9944**	**1544**	**8400**	**5983**	**2140**	**3843**
新城区	1024	546	478	2216	408	1808	1650	606	1044
回民区	309	156	153	1552	245	1307	921	322	599
玉泉区	400	208	192	1559	202	1357	750	250	500
赛罕区	768	390	378	2135	435	1700	2077	773	1304
土默特左旗	236	127	109	654	56	598	85	30	55
托克托县	49	26	23	352	29	323	47	10	37
和林格尔县	76	45	31	285	29	256	74	27	47
清水河县	23	9	14	169	19	150	7	3	4
武川县	79	41	38	269	27	242	10	3	7
呼和浩特经济技术开发区	184	88	96	753	94	659	362	116	246
包头市	**2603**	**1353**	**1250**	**9270**	**1659**	**7611**	**3492**	**1255**	**2237**
东河区	444	245	199	2105	442	1663	460	165	295
昆都仑区	644	327	317	2618	506	2112	1172	439	733
青山区	638	339	299	1901	358	1543	1069	407	662
石拐区	76	38	38	80	13	67	18	2	16
白云鄂博矿区	54	26	28	109	4	105	31	10	21
九原区	197	106	91	967	149	818	326	106	220
土默特右旗	109	58	51	483	47	436	26	8	18
固阳县	152	66	86	212	31	181	7	3	4
达尔罕茂明安联合旗	141	76	65	163	14	149	9	4	5
包头稀土高新技术产业开发区	148	72	76	632	95	537	374	111	263
乌海市	**966**	**517**	**449**	**3888**	**517**	**3371**	**1089**	**364**	**725**
海勃湾区	482	268	214	2039	333	1706	666	234	432
海南区	216	107	109	970	73	897	163	45	118
乌达区	268	142	126	879	111	768	260	85	175
赤峰市	**2426**	**1257**	**1169**	**10323**	**2010**	**8313**	**1951**	**686**	**1265**
红山区	394	214	180	1602	415	1187	601	206	395
元宝山区	178	89	89	1245	332	913	184	63	121
松山区	372	186	186	1875	352	1523	717	255	462
阿鲁科尔沁旗	166	85	81	255	53	202	20	8	12
巴林左旗	189	101	88	411	67	344	60	30	30
巴林右旗	68	38	30	257	46	211	57	22	35
林西县	219	122	97	413	94	319	36	12	24
克什克腾旗	153	80	73	356	92	264	40	12	28
翁牛特旗	98	44	54	401	72	329	27	8	19
喀喇沁旗	160	90	70	815	108	707	48	15	33
宁城县	330	164	166	1619	253	1366	89	29	60
敖汉旗	99	44	55	1074	126	948	72	26	46

7-10　续表 7　　　　单位：人

现 住 地	寄挂户口			婚姻嫁娶			照料孙子女		
	小计	男	女	小计	男	女	小计	男	女
通辽市	**3602**	**1865**	**1737**	**8587**	**1799**	**6788**	**1421**	**479**	**942**
科尔沁区	1119	584	535	1818	539	1279	386	136	250
科尔沁左翼中旗	356	163	193	1405	259	1146	68	19	49
科尔沁左翼后旗	425	214	211	1592	252	1340	58	19	39
开鲁县	364	190	174	648	131	517	67	19	48
库伦旗	390	209	181	530	85	445	18	8	10
奈曼旗	256	127	129	767	124	643	57	18	39
扎鲁特旗	142	77	65	465	135	330	25	8	17
通辽经济技术开发区	375	200	175	653	181	472	324	114	210
霍林郭勒市	175	101	74	709	93	616	418	138	280
鄂尔多斯市	**1876**	**1006**	**870**	**7755**	**715**	**7040**	**5505**	**1837**	**3668**
东胜区	517	273	244	2340	238	2102	1845	618	1227
康巴什区	76	41	35	382	32	350	1014	376	638
达拉特旗	185	96	89	785	59	726	366	123	243
准格尔旗	237	124	113	995	89	906	581	195	386
鄂托克前旗	203	102	101	436	66	370	297	95	202
鄂托克旗	253	142	111	848	63	785	388	106	282
杭锦旗	86	53	33	219	17	202	67	19	48
乌审旗	157	87	70	965	83	882	368	112	256
伊金霍洛旗	162	88	74	785	68	717	579	193	386
呼伦贝尔市	**5193**	**2716**	**2477**	**12208**	**2785**	**9423**	**2123**	**772**	**1351**
海拉尔区	716	374	342	2080	622	1458	772	278	494
扎赉诺尔区	152	78	74	495	88	407	31	11	20
阿荣旗	377	191	186	1272	274	998	110	47	63
莫力达瓦达斡尔族自治旗	528	269	259	1279	243	1036	88	29	59
鄂伦春自治旗	779	428	351	1605	309	1296	119	43	76
鄂温克族自治旗	357	198	159	755	186	569	195	65	130
陈巴尔虎旗	111	49	62	386	116	270	15	6	9
新巴尔虎左旗	146	70	76	108	38	70	16	6	10
新巴尔虎右旗	79	42	37	82	30	52	14	5	9
满洲里市	393	196	197	785	167	618	468	177	291
牙克石市	702	350	352	1037	271	766	109	43	66
扎兰屯市	628	347	281	1768	341	1427	130	43	87
额尔古纳市	152	86	66	327	59	268	38	14	24
根河市	73	38	35	229	41	188	18	5	13
巴彦淖尔市	**1073**	**552**	**521**	**4313**	**729**	**3584**	**803**	**259**	**544**
临河区	368	179	189	1777	343	1434	484	158	326
五原县	93	43	50	640	96	544	61	12	49
磴口县	56	28	28	341	53	288	56	18	38
乌拉特前旗	121	69	52	780	101	679	77	28	49
乌拉特中旗	128	60	68	208	30	178	31	9	22
乌拉特后旗	80	43	37	122	15	107	46	15	31
杭锦后旗	227	130	97	445	91	354	48	19	29

7-10 续表 8

单位：人

现住地	寄挂户口			婚姻嫁娶			照料孙子女		
	小计	男	女	小计	男	女	小计	男	女
乌兰察布市	**1154**	**621**	**533**	**5644**	**801**	**4843**	**603**	**224**	**379**
集宁区	300	171	129	1926	314	1612	377	145	232
卓资县	38	24	14	143	11	132	8	2	6
化德县	36	19	17	382	53	329	18	5	13
商都县	48	25	23	461	73	388	34	11	23
兴和县	43	26	17	411	72	339	37	13	24
凉城县	256	138	118	280	35	245	13	5	8
察哈尔右翼前旗	163	80	83	337	41	296	41	14	27
察哈尔右翼中旗	42	17	25	177	10	167	10	2	8
察哈尔右翼后旗	28	16	12	247	23	224	20	9	11
四子王旗	74	45	29	235	22	213	12	4	8
丰镇市	126	60	66	1045	147	898	33	14	19
兴安盟	**1961**	**1047**	**914**	**6230**	**1328**	**4902**	**813**	**295**	**518**
乌兰浩特市	695	360	335	2041	564	1477	527	197	330
阿尔山市	49	26	23	163	46	117	12	3	9
科尔沁右翼前旗	246	127	119	975	189	786	117	39	78
科尔沁右翼中旗	230	127	103	435	123	312	26	10	16
扎赉特旗	325	190	135	1672	258	1414	99	34	65
突泉县	416	217	199	944	148	796	32	12	20
锡林郭勒盟	**1282**	**654**	**628**	**4155**	**836**	**3319**	**1139**	**378**	**761**
二连浩特市	32	17	15	197	18	179	77	21	56
锡林浩特市	511	269	242	1551	278	1273	606	198	408
阿巴嘎旗	68	35	33	125	30	95	6	3	3
苏尼特左旗	18	9	9	76	23	53	6	2	4
苏尼特右旗	33	16	17	135	16	119	20	10	10
东乌珠穆沁旗	110	63	47	119	39	80	25	10	15
西乌珠穆沁旗	260	122	138	201	42	159	63	19	44
太仆寺旗	36	19	17	449	103	346	36	13	23
镶黄旗	9	6	3	35	9	26	4	2	2
正镶白旗	43	17	26	107	20	87	9	2	7
正蓝旗	87	41	46	238	45	193	28	9	19
多伦县	60	31	29	831	200	631	236	80	156
乌拉盖管委会	15	9	6	91	13	78	23	9	14
阿拉善盟	**318**	**158**	**160**	**2061**	**323**	**1738**	**1637**	**558**	**1079**
阿拉善左旗	223	106	117	1458	239	1219	499	147	352
阿拉善右旗	17	8	9	164	30	134	59	19	40
额济纳旗	56	31	25	264	49	215	451	154	297
内蒙古阿拉善经济开发区	22	13	9	175	5	170	628	238	390

7-10　续表 9　　　　单位：人

现住地	为子女就学			养老/康养			其　他		
	小计	男	女	小计	男	女	小计	男	女
内蒙古	**14019**	**5724**	**8295**	**13517**	**5777**	**7740**	**140641**	**77173**	**63468**
呼和浩特市	**2350**	**912**	**1438**	**2203**	**937**	**1266**	**23955**	**13771**	**10184**
新城区	606	244	362	580	241	339	7769	4613	3156
回民区	437	181	256	301	118	183	3833	2187	1646
玉泉区	352	145	207	365	159	206	3286	1732	1554
赛罕区	554	215	339	623	279	344	4562	2485	2077
土默特左旗	78	29	49	76	26	50	1045	577	468
托克托县	58	19	39	30	13	17	1097	822	275
和林格尔县	82	30	52	36	20	16	570	330	240
清水河县	43	19	24	17	7	10	216	134	82
武川县	67	11	56	28	12	16	394	222	172
呼和浩特经济技术开发区	73	19	54	147	62	85	1183	669	514
包头市	**2208**	**958**	**1250**	**1534**	**685**	**849**	**14297**	**7815**	**6482**
东河区	333	152	181	249	108	141	2860	1565	1295
昆都仑区	695	322	373	502	210	292	2992	1595	1397
青山区	592	246	346	422	203	219	2757	1461	1296
石拐区	15	8	7	17	10	7	405	275	130
白云鄂博矿区	10	4	6	13	3	10	161	98	63
九原区	260	115	145	156	68	88	2444	1371	1073
土默特右旗	77	22	55	26	14	12	375	214	161
固阳县	37	11	26	15	8	7	568	307	261
达尔罕茂明安联合旗	17	7	10	11	5	6	364	213	151
包头稀土高新技术产业开发区	172	71	101	123	56	67	1371	716	655
乌海市	**291**	**115**	**176**	**337**	**130**	**207**	**6147**	**3395**	**2752**
海勃湾区	178	71	107	173	66	107	3352	1841	1511
海南区	33	16	17	78	36	42	1335	761	574
乌达区	80	28	52	86	28	58	1460	793	667
赤峰市	**1574**	**706**	**868**	**1005**	**442**	**563**	**10354**	**5629**	**4725**
红山区	235	106	129	234	107	127	1792	1051	741
元宝山区	353	165	188	170	75	95	1222	668	554
松山区	307	164	143	222	84	138	1475	811	664
阿鲁科尔沁旗	22	11	11	15	5	10	731	412	319
巴林左旗	25	15	10	33	19	14	578	329	249
巴林右旗	23	8	15	33	18	15	299	176	123
林西县	43	17	26	18	9	9	735	378	357
克什克腾旗	32	14	18	24	9	15	383	192	191
翁牛特旗	36	17	19	26	13	13	548	306	242
喀喇沁旗	47	21	26	35	14	21	300	148	152
宁城县	237	96	141	131	68	63	1409	724	685
敖汉旗	214	72	142	64	21	43	882	434	448

7-10 续表 10

单位：人

现住地	为子女就学			养老/康养			其他		
	小计	男	女	小计	男	女	小计	男	女
通辽市	**537**	**232**	**305**	**1021**	**434**	**587**	**11457**	**5925**	**5532**
科尔沁区	155	72	83	279	115	164	3676	1904	1772
科尔沁左翼中旗	97	44	53	109	46	63	1105	549	556
科尔沁左翼后旗	47	17	30	117	54	63	1380	675	705
开鲁县	21	8	13	30	16	14	1068	569	499
库伦旗	29	13	16	29	14	15	889	474	415
奈曼旗	54	21	33	66	30	36	826	453	373
扎鲁特旗	20	9	11	35	15	20	546	302	244
通辽经济技术开发区	59	30	29	176	73	103	1161	601	560
霍林郭勒市	55	18	37	180	71	109	806	398	408
鄂尔多斯市	**2538**	**991**	**1547**	**1947**	**799**	**1148**	**20282**	**11425**	**8857**
东胜区	754	310	444	524	210	314	3492	2007	1485
康巴什区	439	177	262	183	74	109	881	459	422
达拉特旗	139	54	85	101	42	59	1321	705	616
准格尔旗	381	149	232	215	100	115	3374	1879	1495
鄂托克前旗	174	67	107	227	92	135	2376	1293	1083
鄂托克旗	82	25	57	220	91	129	2633	1460	1173
杭锦旗	23	8	15	30	14	16	580	336	244
乌审旗	236	75	161	248	93	155	3090	1890	1200
伊金霍洛旗	310	126	184	199	83	116	2535	1396	1139
呼伦贝尔市	**1194**	**471**	**723**	**2169**	**951**	**1218**	**19853**	**10420**	**9433**
海拉尔区	200	83	117	484	209	275	3492	1836	1656
扎赉诺尔区	6	2	4	37	17	20	531	292	239
阿荣旗	176	63	113	156	70	86	1416	725	691
莫力达瓦达斡尔族自治旗	126	49	77	231	96	135	2990	1527	1463
鄂伦春自治旗	279	115	164	263	112	151	2736	1404	1332
鄂温克族自治旗	86	36	50	201	98	103	1118	575	543
陈巴尔虎旗	2	1	1	37	15	22	713	413	300
新巴尔虎左旗	3	1	2	18	10	8	391	250	141
新巴尔虎右旗				25	8	17	356	214	142
满洲里市	32	14	18	276	115	161	1696	882	814
牙克石市	112	38	74	189	89	100	2079	1109	970
扎兰屯市	130	53	77	165	77	88	1541	790	751
额尔古纳市	19	8	11	49	17	32	540	275	265
根河市	23	8	15	38	18	20	254	128	126
巴彦淖尔市	**547**	**218**	**329**	**540**	**215**	**325**	**6584**	**3721**	**2863**
临河区	250	107	143	233	93	140	2734	1539	1195
五原县	82	29	53	86	38	48	645	350	295
磴口县	14	6	8	44	15	29	429	255	174
乌拉特前旗	82	29	53	64	26	38	968	575	393
乌拉特中旗	37	12	25	36	13	23	513	309	204
乌拉特后旗	18	5	13	22	7	15	373	202	171
杭锦后旗	64	30	34	55	23	32	922	491	431

7-10　续表 11

单位：人

现住地	为子女就学			养老/康养			其　他		
	小计	男	女	小计	男	女	小计	男	女
乌兰察布市	**946**	**342**	**604**	**549**	**253**	**296**	**8786**	**4813**	**3973**
集宁区	276	108	168	179	85	94	2067	1141	926
卓资县	15	7	8	10	6	4	294	170	124
化德县	101	41	60	70	28	42	860	478	382
商都县	78	23	55	48	24	24	1099	564	535
兴和县	190	69	121	75	34	41	767	394	373
凉城县	41	16	25	15	7	8	738	372	366
察哈尔右翼前旗	47	13	34	38	16	22	1045	624	421
察哈尔右翼中旗	24	4	20	21	10	11	222	136	86
察哈尔右翼后旗	17	3	14	27	12	15	312	175	137
四子王旗	38	11	27	26	13	13	338	196	142
丰镇市	119	47	72	40	18	22	1044	563	481
兴安盟	**725**	**333**	**392**	**819**	**370**	**449**	**7533**	**3858**	**3675**
乌兰浩特市	266	140	126	376	164	212	2236	1163	1073
阿尔山市	7	4	3	9	4	5	205	110	95
科尔沁右翼前旗	69	35	34	170	80	90	918	472	446
科尔沁右翼中旗	23	5	18	38	15	23	683	347	336
扎赉特旗	317	134	183	173	85	88	2225	1072	1153
突泉县	43	15	28	53	22	31	1266	694	572
锡林郭勒盟	**790**	**332**	**458**	**818**	**328**	**490**	**7317**	**4110**	**3207**
二连浩特市	13	2	11	45	21	24	322	192	130
锡林浩特市	412	189	223	433	169	264	2657	1471	1186
阿巴嘎旗	8	4	4	26	12	14	297	175	122
苏尼特左旗	2		2	9	3	6	99	52	47
苏尼特右旗	8	4	4	10	3	7	295	182	113
东乌珠穆沁旗	9	4	5	20	8	12	337	183	154
西乌珠穆沁旗	8	3	5	24	7	17	629	341	288
太仆寺旗	104	35	69	65	24	41	700	387	313
镶黄旗	1	1		9	2	7	132	78	54
正镶白旗	19	7	12	26	9	17	258	173	85
正蓝旗	27	13	14	42	20	22	380	211	169
多伦县	172	66	106	89	42	47	1088	597	491
乌拉盖管委会	7	4	3	20	8	12	123	68	55
阿拉善盟	**319**	**114**	**205**	**575**	**233**	**342**	**4076**	**2291**	**1785**
阿拉善左旗	230	79	151	419	173	246	2642	1500	1142
阿拉善右旗	34	14	20	59	21	38	396	229	167
额济纳旗	20	10	10	60	25	35	730	399	331
内蒙古阿拉善经济开发区	35	11	24	37	14	23	308	163	145

7-10a 全区按现住地、性别、迁移原因分的户口登记地在外省的人口(城市)

单位：人

现住地	合计			工作就业		
	合计	男	女	小计	男	女
内蒙古	**844424**	**477955**	**366469**	**438857**	**289014**	**149843**
呼和浩特市	**183419**	**104084**	**79335**	**92361**	**59766**	**32595**
新城区	59452	35470	23982	30186	20372	9814
回民区	37321	20754	16567	19980	12658	7322
玉泉区	40238	21599	18639	21049	13140	7909
赛罕区	46408	26261	20147	21146	13596	7550
包头市	**175903**	**99972**	**75931**	**87747**	**57815**	**29932**
东河区	41545	24109	17436	21179	14498	6681
昆都仑区	66625	37268	29357	29810	18853	10957
青山区	45768	25674	20094	24923	16247	8676
石拐区	1525	966	559	737	535	202
白云鄂博矿区	2059	1325	734	1284	976	308
九原区	18381	10630	7751	9814	6706	3108
乌海市	**81102**	**48227**	**32875**	**47665**	**33797**	**13868**
海勃湾区	42568	24812	17756	24799	17033	7766
海南区	18065	10454	7611	10249	7213	3036
乌达区	20469	12961	7508	12617	9551	3066
赤峰市	**47800**	**26358**	**21442**	**20394**	**13630**	**6764**
红山区	24339	13874	10465	11211	7629	3582
元宝山区	8876	4710	4166	2617	1795	822
松山区	14585	7774	6811	6566	4206	2360
通辽市	**36876**	**20574**	**16302**	**16122**	**10889**	**5233**
科尔沁区	22851	12609	10242	7870	5292	2578
霍林郭勒市	14025	7965	6060	8252	5597	2655
鄂尔多斯市	**121221**	**69706**	**51515**	**79026**	**50409**	**28617**
东胜区	104176	59642	44534	68476	43375	25101
康巴什区	16975	10026	6949	10532	7022	3510
鄂托克旗	70	38	32	18	12	6
呼伦贝尔市	**90324**	**48395**	**41929**	**40359**	**25389**	**14970**
海拉尔区	31827	17260	14567	13479	8574	4905
扎赉诺尔区	5208	2625	2583	1486	1005	481
满洲里市	36650	19683	16967	20230	12352	7878
牙克石市	5982	3041	2941	1480	921	559
扎兰屯市	6774	3760	3014	2361	1665	696
额尔古纳市	2807	1484	1323	1011	674	337
根河市	1076	542	534	312	198	114
巴彦淖尔市	**21366**	**12424**	**8942**	**11972**	**8154**	**3818**
临河区	21366	12424	8942	11972	8154	3818
乌兰察布市	**29551**	**16566**	**12985**	**14661**	**10289**	**4372**
集宁区	24938	14336	10602	13184	9329	3855
丰镇市	4613	2230	2383	1477	960	517
兴安盟	**20370**	**11123**	**9247**	**9002**	**5874**	**3128**
乌兰浩特市	19500	10617	8883	8556	5564	2992
阿尔山市	870	506	364	446	310	136
锡林郭勒盟	**36492**	**20526**	**15966**	**19548**	**13002**	**6546**
二连浩特市	7339	4128	3211	4408	2861	1547
锡林浩特市	29153	16398	12755	15140	10141	4999

7-10a　续表 1　　　　单位：人

现住地	学习培训			随同离开/投亲靠友			拆迁/搬家		
	小计	男	女	小计	男	女	小计	男	女
内蒙古	**62080**	**34509**	**27571**	**129573**	**57370**	**72203**	**74537**	**39470**	**35067**
呼和浩特市	**26209**	**14567**	**11642**	**19839**	**9155**	**10684**	**10716**	**5587**	**5129**
新城区	7304	4502	2802	5990	2794	3196	3633	1942	1691
回民区	4413	2122	2291	4219	2036	2183	1623	836	787
玉泉区	4793	2254	2539	6152	2651	3501	2388	1255	1133
赛罕区	9699	5689	4010	3478	1674	1804	3072	1554	1518
包头市	**16753**	**10045**	**6708**	**29202**	**12784**	**16418**	**17457**	**9237**	**8220**
东河区	1981	991	990	6855	3130	3725	5757	3083	2674
昆都仑区	10064	6741	3323	11800	4954	6846	6801	3545	3256
青山区	3607	1690	1917	6957	3143	3814	3216	1687	1529
石拐区	63	36	27	159	73	86	169	94	75
白云鄂博矿区	68	41	27	240	113	127	89	50	39
九原区	970	546	424	3191	1371	1820	1425	778	647
乌海市	**2097**	**1128**	**969**	**15045**	**6258**	**8787**	**4616**	**2476**	**2140**
海勃湾区	1354	713	641	7507	3132	4375	2436	1291	1145
海南区	313	183	130	4420	1812	2608	817	458	359
乌达区	430	232	198	3118	1314	1804	1363	727	636
赤峰市	**2348**	**1235**	**1113**	**6998**	**3177**	**3821**	**8179**	**4376**	**3803**
红山区	1422	713	709	3463	1593	1870	3851	2091	1760
元宝山区	324	182	142	1276	552	724	2128	1127	1001
松山区	602	340	262	2259	1032	1227	2200	1158	1042
通辽市	**2557**	**1165**	**1392**	**4635**	**2003**	**2632**	**6248**	**3388**	**2860**
科尔沁区	2246	1006	1240	2363	1052	1311	5280	2901	2379
霍林郭勒市	311	159	152	2272	951	1321	968	487	481
鄂尔多斯市	**4829**	**2710**	**2119**	**21385**	**9896**	**11489**	**3798**	**2009**	**1789**
东胜区	3277	1735	1542	19939	9265	10674	3321	1768	1553
康巴什区	1550	975	575	1444	631	813	474	239	235
鄂托克旗	2		2	2		2	3	2	1
呼伦贝尔市	**2537**	**1291**	**1246**	**16427**	**7121**	**9306**	**13600**	**7096**	**6504**
海拉尔区	1533	736	797	3730	1724	2006	5653	2939	2714
扎赉诺尔区	20	12	8	884	338	546	1664	829	835
满洲里市	490	271	219	9994	4249	5745	2472	1342	1130
牙克石市	215	110	105	584	276	308	1378	710	668
扎兰屯市	197	117	80	703	306	397	1627	855	772
额尔古纳市	51	29	22	419	174	245	572	298	274
根河市	31	16	15	113	54	59	234	123	111
巴彦淖尔市	**976**	**511**	**465**	**3129**	**1445**	**1684**	**1621**	**891**	**730**
临河区	976	511	465	3129	1445	1684	1621	891	730
乌兰察布市	**1706**	**752**	**954**	**3691**	**1556**	**2135**	**3125**	**1637**	**1488**
集宁区	1552	660	892	3222	1364	1858	2207	1149	1058
丰镇市	154	92	62	469	192	277	918	488	430
兴安盟	**807**	**389**	**418**	**2060**	**966**	**1094**	**3086**	**1618**	**1468**
乌兰浩特市	796	382	414	1952	912	1040	3021	1587	1434
阿尔山市	11	7	4	108	54	54	65	31	34
锡林郭勒盟	**1261**	**716**	**545**	**7162**	**3009**	**4153**	**2091**	**1155**	**936**
二连浩特市	206	109	97	1944	838	1106	106	56	50
锡林浩特市	1055	607	448	5218	2171	3047	1985	1099	886

7-10a 续表 2

单位：人

现住地	寄挂户口			婚姻嫁娶			照料孙子女		
	小计	男	女	小计	男	女	小计	男	女
内蒙古	**10247**	**5344**	**4903**	**37826**	**7300**	**30526**	**17609**	**6290**	**11319**
呼和浩特市	**2137**	**1107**	**1030**	**6853**	**1198**	**5655**	**5252**	**1905**	**3347**
新城区	896	478	418	2050	385	1665	1602	588	1014
回民区	296	148	148	1495	238	1257	902	317	585
玉泉区	337	177	160	1441	193	1248	730	245	485
赛罕区	608	304	304	1867	382	1485	2018	755	1263
包头市	**1815**	**943**	**872**	**7227**	**1395**	**5832**	**2942**	**1090**	**1852**
东河区	389	211	178	1914	412	1502	416	153	263
昆都仑区	599	303	296	2570	497	2073	1156	433	723
青山区	616	326	290	1800	352	1448	1042	397	645
石拐区	41	19	22	58	9	49	14	2	12
白云鄂博矿区	54	26	28	109	4	105	31	10	21
九原区	116	58	58	776	121	655	283	95	188
乌海市	**863**	**457**	**406**	**3715**	**495**	**3220**	**1022**	**340**	**682**
海勃湾区	445	246	199	1935	325	1610	624	214	410
海南区	160	74	86	910	62	848	139	41	98
乌达区	258	137	121	870	108	762	259	85	174
赤峰市	**582**	**298**	**284**	**3482**	**781**	**2701**	**1335**	**468**	**867**
红山区	341	179	162	1461	373	1088	588	201	387
元宝山区	102	49	53	837	196	641	171	60	111
松山区	139	70	69	1184	212	972	576	207	369
通辽市	**831**	**441**	**390**	**1751**	**446**	**1305**	**763**	**261**	**502**
科尔沁区	673	350	323	1087	361	726	352	125	227
霍林郭勒市	158	91	67	664	85	579	411	136	275
鄂尔多斯市	**554**	**295**	**259**	**2688**	**268**	**2420**	**2842**	**987**	**1855**
东胜区	478	254	224	2304	236	2068	1828	611	1217
康巴什区	76	41	35	382	32	350	1014	376	638
鄂托克旗				2		2			
呼伦贝尔市	**1926**	**1000**	**926**	**4726**	**1245**	**3481**	**1506**	**554**	**952**
海拉尔区	692	360	332	1935	590	1345	770	277	493
扎赉诺尔区	129	65	64	471	82	389	30	11	19
满洲里市	380	189	191	732	155	577	466	177	289
牙克石市	338	167	171	569	159	410	79	33	46
扎兰屯市	272	155	117	642	188	454	116	40	76
额尔古纳市	82	45	37	234	45	189	31	11	20
根河市	33	19	14	143	26	117	14	5	9
巴彦淖尔市	**163**	**78**	**85**	**1341**	**267**	**1074**	**369**	**126**	**243**
临河区	163	78	85	1341	267	1074	369	126	243
乌兰察布市	**313**	**176**	**137**	**2607**	**421**	**2186**	**395**	**152**	**243**
集宁区	270	151	119	1786	296	1490	366	141	225
丰镇市	43	25	18	821	125	696	29	11	18
兴安盟	**577**	**294**	**283**	**1764**	**503**	**1261**	**516**	**193**	**323**
乌兰浩特市	559	285	274	1683	480	1203	506	191	315
阿尔山市	18	9	9	81	23	58	10	2	8
锡林郭勒盟	**486**	**255**	**231**	**1672**	**281**	**1391**	**667**	**214**	**453**
二连浩特市	29	14	15	196	17	179	77	21	56
锡林浩特市	457	241	216	1476	264	1212	590	193	397

7-10a　续表 3　　　　单位：人

现住地	为子女就学			养老/康养			其　他		
	小计	男	女	小计	男	女	小计	男	女
内蒙古	**7791**	**3337**	**4454**	**7071**	**3007**	**4064**	**58833**	**32314**	**26519**
呼和浩特市	**1802**	**735**	**1067**	**1755**	**749**	**1006**	**16495**	**9315**	**7180**
新城区	583	237	346	546	230	316	6662	3942	2720
回民区	437	181	256	297	117	180	3659	2101	1558
玉泉区	337	139	198	343	149	194	2668	1396	1272
赛罕区	445	178	267	569	253	316	3506	1876	1630
包头市	**1798**	**794**	**1004**	**1236**	**553**	**683**	**9726**	**5316**	**4410**
东河区	268	122	146	213	93	120	2573	1416	1157
昆都仑区	675	311	364	459	192	267	2691	1439	1252
青山区	590	246	344	416	202	214	2601	1384	1217
石拐区	14	7	7	13	8	5	257	183	74
白云鄂博矿区	10	4	6	13	3	10	161	98	63
九原区	241	104	137	122	55	67	1443	796	647
乌海市	**278**	**112**	**166**	**298**	**116**	**182**	**5503**	**3048**	**2455**
海勃湾区	170	70	100	150	57	93	3148	1731	1417
海南区	28	14	14	64	32	32	965	565	400
乌达区	80	28	52	84	27	57	1390	752	638
赤峰市	**803**	**384**	**419**	**475**	**206**	**269**	**3204**	**1803**	**1401**
红山区	232	105	127	209	95	114	1561	895	666
元宝山区	334	156	178	128	56	72	959	537	422
松山区	237	123	114	138	55	83	684	371	313
通辽市	**202**	**87**	**115**	**420**	**172**	**248**	**3347**	**1722**	**1625**
科尔沁区	151	71	80	242	101	141	2587	1350	1237
霍林郭勒市	51	16	35	178	71	107	760	372	388
鄂尔多斯市	**1190**	**484**	**706**	**687**	**276**	**411**	**4222**	**2372**	**1850**
东胜区	751	307	444	504	202	302	3298	1889	1409
康巴什区	439	177	262	183	74	109	881	459	422
鄂托克旗							43	24	19
呼伦贝尔市	**454**	**179**	**275**	**1048**	**448**	**600**	**7741**	**4072**	**3669**
海拉尔区	197	82	115	468	201	267	3370	1777	1593
扎赉诺尔区	6	2	4	35	15	20	483	266	217
满洲里市	32	14	18	267	111	156	1587	823	764
牙克石市	96	30	66	107	47	60	1136	588	548
扎兰屯市	96	40	56	106	48	58	654	346	308
额尔古纳市	15	7	8	42	15	27	350	186	164
根河市	12	4	8	23	11	12	161	86	75
巴彦淖尔市	**233**	**100**	**133**	**161**	**67**	**94**	**1401**	**785**	**616**
临河区	233	100	133	161	67	94	1401	785	616
乌兰察布市	**361**	**145**	**216**	**198**	**92**	**106**	**2494**	**1346**	**1148**
集宁区	261	104	157	164	77	87	1926	1065	861
丰镇市	100	41	59	34	15	19	568	281	287
兴安盟	**264**	**136**	**128**	**349**	**152**	**197**	**1945**	**998**	**947**
乌兰浩特市	259	134	125	345	150	195	1823	932	891
阿尔山市	5	2	3	4	2	2	122	66	56
锡林郭勒盟	**406**	**181**	**225**	**444**	**176**	**268**	**2755**	**1537**	**1218**
二连浩特市	13	2	11	45	21	24	315	189	126
锡林浩特市	393	179	214	399	155	244	2440	1348	1092

7－10b 全区按现住地、性别、迁移原因分的户口登记地在外省的人口(镇)

单位：人

现住地	合计			工作就业		
	合计	男	女	小计	男	女
内蒙古	**480078**	**281688**	**198390**	**263140**	**184780**	**78360**
呼和浩特市	**32186**	**18241**	**13945**	**16926**	**11791**	**5135**
新城区	115	66	49	54	42	12
回民区						
玉泉区						
赛罕区	106	60	46	45	32	13
土默特左旗	6239	3405	2834	3278	2082	1196
托克托县	2660	1783	877	1752	1411	341
和林格尔县	6033	2906	3127	2289	1603	686
清水河县	797	417	380	370	238	132
武川县	1253	622	631	489	336	153
呼和浩特经济技术开发区	14983	8982	6001	8649	6047	2602
包头市	**37250**	**22458**	**14792**	**22907**	**15713**	**7194**
东河区	2486	1391	1095	1354	882	472
昆都仑区	428	386	42	407	373	34
青山区	561	439	122	453	395	58
石拐区	1939	1463	476	1867	1427	440
白云鄂博矿区						
九原区	3444	2204	1240	1748	1133	615
土默特右旗	3153	1730	1423	1552	1052	500
固阳县	1543	860	683	689	486	203
达尔罕茂明安联合旗	1346	838	508	718	561	157
包头稀土高新技术产业开发区	22350	13147	9203	14119	9404	4715
乌海市	**7897**	**5555**	**2342**	**5986**	**4723**	**1263**
海勃湾区	1348	766	582	897	543	354
海南区	5978	4375	1603	4687	3846	841
乌达区	571	414	157	402	334	68
赤峰市	**24362**	**13075**	**11287**	**9261**	**6261**	**3000**
红山区	1453	900	553	693	490	203
元宝山区	1165	624	541	462	314	148
松山区	562	341	221	323	245	78
阿鲁科尔沁旗	1487	777	710	496	318	178
巴林左旗	1775	1018	757	607	412	195
巴林右旗	1930	1087	843	784	579	205
林西县	2668	1502	1166	1104	772	332
克什克腾旗	1859	1067	792	868	637	231
翁牛特旗	1658	818	840	513	331	182
喀喇沁旗	2235	1083	1152	728	465	263
宁城县	4712	2475	2237	1759	1121	638
敖汉旗	2858	1383	1475	924	577	347

7-10b 续表 1

单位：人

现住地	合计			工作就业		
	合计	男	女	小计	男	女
通辽市	**30804**	**17064**	**13740**	**12539**	**8616**	**3923**
科尔沁区	1410	824	586	568	418	150
科尔沁左翼中旗	4430	2274	2156	1454	942	512
科尔沁左翼后旗	4573	2361	2212	1477	953	524
开鲁县	3363	1941	1422	1549	1108	441
库伦旗	2399	1349	1050	929	612	317
奈曼旗	2876	1527	1349	1167	761	406
扎鲁特旗	2656	1527	1129	1216	839	377
通辽经济技术开发区	9057	5237	3820	4162	2969	1193
霍林郭勒市	40	24	16	17	14	3
鄂尔多斯市	**166970**	**104649**	**62321**	**110366**	**79454**	**30912**
东胜区	1143	948	195	1049	905	144
康巴什区						
达拉特旗	13917	8690	5227	9284	6707	2577
准格尔旗	29222	18712	10510	18918	14378	4540
鄂托克前旗	12589	7516	5073	7104	4940	2164
鄂托克旗	35321	20571	14750	22614	14822	7792
杭锦旗	5278	3579	1699	3803	2952	851
乌审旗	35305	22433	12872	23077	16807	6270
伊金霍洛旗	34195	22200	11995	24517	17943	6574
呼伦贝尔市	**40825**	**21629**	**19196**	**11637**	**8154**	**3483**
海拉尔区	150	73	77	22	14	8
扎赉诺尔区	387	218	169	132	94	38
阿荣旗	5444	2796	2648	1442	1006	436
莫力达瓦达斡尔族自治旗	4331	2160	2171	916	565	351
鄂伦春自治旗	9342	4589	4753	1810	1142	668
鄂温克族自治旗	7384	3901	3483	2636	1766	870
陈巴尔虎旗	3293	1941	1352	1146	978	168
新巴尔虎左旗	1168	734	434	455	345	110
新巴尔虎右旗	1175	648	527	553	345	208
满洲里市	722	400	322	183	122	61
牙克石市	4341	2331	2010	944	647	297
扎兰屯市	1426	745	681	473	358	115
额尔古纳市	421	227	194	127	93	34
根河市	1241	866	375	798	679	119
巴彦淖尔市	**22363**	**12772**	**9591**	**12076**	**8302**	**3774**
临河区	605	357	248	251	172	79
五原县	4190	2277	1913	2167	1448	719
磴口县	2092	1104	988	1005	637	368
乌拉特前旗	5650	3216	2434	2908	2034	874
乌拉特中旗	4646	2848	1798	3111	2156	955
乌拉特后旗	2575	1602	973	1600	1181	419
杭锦后旗	2605	1368	1237	1034	674	360

7-10b 续表 2

单位：人

现住地	合计			工作就业		
	合计	男	女	小计	男	女
乌兰察布市	**20300**	**11264**	**9036**	**9633**	**6866**	**2767**
集宁区	504	221	283	157	110	47
卓资县	1490	644	846	397	271	126
化德县	2875	1405	1470	1072	673	399
商都县	2214	1100	1114	850	563	287
兴和县	2742	1403	1339	1047	678	369
凉城县	1218	610	608	319	210	109
察哈尔右翼前旗	3594	2193	1401	1960	1393	567
察哈尔右翼中旗	637	306	331	281	177	104
察哈尔右翼后旗	1384	764	620	693	492	201
四子王旗	1421	743	678	708	452	256
丰镇市	2221	1875	346	2149	1847	302
兴安盟	**18050**	**9542**	**8508**	**6408**	**4210**	**2198**
乌兰浩特市	1046	592	454	313	218	95
阿尔山市	415	233	182	182	126	56
科尔沁右翼前旗	3803	2091	1712	1685	1147	538
科尔沁右翼中旗	2926	1766	1160	1404	1026	378
扎赉特旗	7261	3557	3704	2031	1212	819
突泉县	2599	1303	1296	793	481	312
锡林郭勒盟	**24140**	**14267**	**9873**	**13057**	**9352**	**3705**
二连浩特市	427	336	91	390	319	71
锡林浩特市	1016	832	184	935	791	144
阿巴嘎旗	1301	861	440	717	584	133
苏尼特左旗	693	414	279	416	289	127
苏尼特右旗	1899	1191	708	1120	841	279
东乌珠穆沁旗	2010	1133	877	1087	701	386
西乌珠穆沁旗	3231	1850	1381	1717	1163	554
太仆寺旗	1882	976	906	759	505	254
镶黄旗	1115	806	309	791	643	148
正镶白旗	873	500	373	499	349	150
正蓝旗	1947	1068	879	947	619	328
多伦县	6660	3643	3017	3054	2082	972
乌拉盖管委会	1086	657	429	625	466	159
阿拉善盟	**54931**	**31172**	**23759**	**32344**	**21338**	**11006**
阿拉善左旗	28212	15774	12438	15667	10215	5452
阿拉善右旗	3083	1818	1265	1821	1275	546
额济纳旗	9595	5212	4383	5424	3477	1947
内蒙古阿拉善经济开发区	14041	8368	5673	9432	6371	3061

7-10b　续表 3

单位：人

现住地	学习培训			随同离开/投亲靠友			拆迁/搬家		
	小计	男	女	小计	男	女	小计	男	女
内蒙古	**21505**	**10947**	**10558**	**67010**	**29123**	**37887**	**37298**	**19852**	**17446**
呼和浩特市	**5292**	**2284**	**3008**	**3401**	**1535**	**1866**	**1168**	**621**	**547**
新城区	5	3	2	12	1	11	10	7	3
回民区									
玉泉区									
赛罕区	1	1		8	3	5	8	4	4
土默特左旗	1086	563	523	712	314	398	188	91	97
托克托县	52	33	19	296	127	169	153	78	75
和林格尔县	2755	869	1886	392	182	210	77	47	30
清水河县	45	23	22	100	44	56	55	28	27
武川县	37	23	14	162	74	88	75	38	37
呼和浩特经济技术开发区	1311	769	542	1719	790	929	602	328	274
包头市	**2241**	**1403**	**838**	**5391**	**2447**	**2944**	**2038**	**1095**	**943**
东河区	53	23	30	698	323	375	130	72	58
昆都仑区	4	3	1	11	6	5	1	1	
青山区				29	12	17	37	19	18
石拐区	9	4	5	13	7	6	4	3	1
白云鄂博矿区									
九原区	870	671	199	513	233	280	66	41	25
土默特右旗	341	181	160	380	170	210	328	179	149
固阳县	95	56	39	205	91	114	100	56	44
达尔罕茂明安联合旗	43	26	17	136	58	78	113	67	46
包头稀土高新技术产业开发区	826	439	387	3406	1547	1859	1259	657	602
乌海市	**96**	**51**	**45**	**1166**	**463**	**703**	**156**	**91**	**65**
海勃湾区	53	26	27	290	148	142	14	10	4
海南区	41	25	16	833	301	532	110	65	45
乌达区	2		2	43	14	29	32	16	16
赤峰市	**815**	**466**	**349**	**3629**	**1653**	**1976**	**3478**	**1908**	**1570**
红山区	18	15	3	218	95	123	192	114	78
元宝山区	24	14	10	268	106	162	156	97	59
松山区	9	6	3	82	29	53	26	12	14
阿鲁科尔沁旗	53	33	20	117	57	60	233	127	106
巴林左旗	56	32	24	385	215	170	297	179	118
巴林右旗	33	19	14	316	127	189	282	160	122
林西县	66	40	26	240	111	129	442	228	214
克什克腾旗	47	20	27	272	123	149	184	101	83
翁牛特旗	64	29	35	221	91	130	273	126	147
喀喇沁旗	77	44	33	504	233	271	369	193	176
宁城县	203	127	76	632	287	345	676	388	288
敖汉旗	165	87	78	374	179	195	348	183	165

7-10b 续表 4

单位：人

现住地	学习培训			随同离开/投亲靠友			拆迁/搬家		
	小计	男	女	小计	男	女	小计	男	女
通辽市	**984**	**473**	**511**	**3237**	**1485**	**1752**	**5084**	**2760**	**2324**
科尔沁区	20	8	12	148	66	82	219	124	95
科尔沁左翼中旗	154	79	75	673	320	353	801	440	361
科尔沁左翼后旗	111	54	57	458	200	258	1078	580	498
开鲁县	75	36	39	428	196	232	371	204	167
库伦旗	44	23	21	215	109	106	464	262	202
奈曼旗	136	67	69	289	133	156	330	176	154
扎鲁特旗	56	28	28	337	154	183	410	231	179
通辽经济技术开发区	388	178	210	687	307	380	1393	733	660
霍林郭勒市				2		2	18	10	8
鄂尔多斯市	**6210**	**3431**	**2779**	**24369**	**10407**	**13962**	**5048**	**2747**	**2301**
东胜区	7	5	2	34	13	21	9	4	5
康巴什区									
达拉特旗	819	436	383	1409	655	754	534	290	244
准格尔旗	659	351	308	4310	1620	2690	904	488	416
鄂托克前旗	684	381	303	1495	654	841	658	374	284
鄂托克旗	1528	874	654	6034	2595	3439	1134	603	531
杭锦旗	122	68	54	575	246	329	152	85	67
乌审旗	1060	599	461	6672	3044	3628	905	506	399
伊金霍洛旗	1331	717	614	3840	1580	2260	752	397	355
呼伦贝尔市	**756**	**396**	**360**	**5506**	**2372**	**3134**	**8685**	**4548**	**4137**
海拉尔区	3	2	1	22	4	18	52	35	17
扎赉诺尔区	1	1		85	38	47	71	38	33
阿荣旗	122	55	67	645	290	355	1442	724	718
莫力达瓦达斡尔族自治旗	97	54	43	268	122	146	1166	594	572
鄂伦春自治旗	198	105	93	1309	564	745	2280	1194	1086
鄂温克族自治旗	174	92	82	1176	483	693	1276	673	603
陈巴尔虎旗	27	16	11	673	244	429	414	227	187
新巴尔虎左旗	17	6	11	137	57	80	155	81	74
新巴尔虎右旗	32	17	15	120	53	67	125	62	63
满洲里市	5	3	2	105	57	48	243	136	107
牙克石市	37	28	9	697	323	374	1025	555	470
扎兰屯市	34	13	21	182	85	97	219	122	97
额尔古纳市				30	17	13	87	44	43
根河市	9	4	5	57	35	22	130	63	67
巴彦淖尔市	**777**	**410**	**367**	**3062**	**1322**	**1740**	**1971**	**1069**	**902**
临河区	16	12	4	99	43	56	74	43	31
五原县	153	82	71	678	288	390	334	187	147
磴口县	88	45	43	297	138	159	278	137	141
乌拉特前旗	162	89	73	794	343	451	577	313	264
乌拉特中旗	166	93	73	552	217	335	288	163	125
乌拉特后旗	96	50	46	287	118	169	107	56	51
杭锦后旗	96	39	57	355	175	180	313	170	143

7-10b 续表 5 单位：人

现住地	学习培训			随同离开/投亲靠友			拆迁/搬家		
	小计	男	女	小计	男	女	小计	男	女
乌兰察布市	**1267**	**464**	**803**	**2007**	**819**	**1188**	**1893**	**918**	**975**
集宁区	141	25	116	32	19	13	45	20	25
卓资县	582	169	413	119	42	77	127	54	73
化德县	83	44	39	428	155	273	419	212	207
商都县	106	42	64	190	75	115	151	66	85
兴和县	124	62	62	348	144	204	341	150	191
凉城县	46	23	23	99	47	52	208	105	103
察哈尔右翼前旗	61	25	36	298	139	159	362	183	179
察哈尔右翼中旗	26	15	11	70	31	39	48	23	25
察哈尔右翼后旗	23	16	7	191	66	125	98	56	42
四子王旗	74	43	31	231	101	130	74	38	36
丰镇市	1		1	1		1	20	11	9
兴安盟	**588**	**296**	**292**	**1807**	**790**	**1017**	**3507**	**1864**	**1643**
乌兰浩特市	14	10	4	93	41	52	323	173	150
阿尔山市	8	3	5	45	23	22	40	20	20
科尔沁右翼前旗	88	37	51	487	215	272	691	365	326
科尔沁右翼中旗	66	39	27	247	117	130	472	265	207
扎赉特旗	333	167	166	734	311	423	1463	772	691
突泉县	79	40	39	201	83	118	518	269	249
锡林郭勒盟	**771**	**405**	**366**	**2543**	**1111**	**1432**	**1964**	**1008**	**956**
二连浩特市				34	16	18	1	1	
锡林浩特市				25	9	16	13	7	6
阿巴嘎旗	38	21	17	105	45	60	76	46	30
苏尼特左旗	24	15	9	80	36	44	49	27	22
苏尼特右旗	52	23	29	188	80	108	128	62	66
东乌珠穆沁旗	73	29	44	245	110	135	161	88	73
西乌珠穆沁旗	80	46	34	336	154	182	264	133	131
太仆寺旗	98	61	37	182	78	104	242	121	121
镶黄旗	18	7	11	71	31	40	91	53	38
正镶白旗	27	14	13	52	22	30	73	32	41
正蓝旗	47	27	20	235	116	119	207	102	105
多伦县	300	155	145	855	358	497	598	305	293
乌拉盖管委会	14	7	7	135	56	79	61	31	30
阿拉善盟	**1708**	**868**	**840**	**10892**	**4719**	**6173**	**2306**	**1223**	**1083**
阿拉善左旗	1011	503	508	5359	2380	2979	1755	936	819
阿拉善右旗	131	64	67	381	152	229	117	57	60
额济纳旗	262	130	132	2217	899	1318	249	126	123
内蒙古阿拉善经济开发区	304	171	133	2935	1288	1647	185	104	81

7-10b 续表 6

单位：人

现住地	寄挂户口			婚姻嫁娶			照料孙子女		
	小计	男	女	小计	男	女	小计	男	女
内蒙古	**5737**	**2966**	**2771**	**25758**	**4613**	**21145**	**7496**	**2466**	**5030**
呼和浩特市	**286**	**145**	**141**	**1670**	**193**	**1477**	**508**	**162**	**346**
新城区	4	2	2	9	1	8	1	1	
回民区									
玉泉区									
赛罕区	4	2	2	8	1	7	1		1
土默特左旗	47	26	21	304	33	271	56	19	37
托克托县	9	4	5	164	11	153	26	5	21
和林格尔县	14	10	4	150	20	130	47	15	32
清水河县	6	4	2	90	11	79	5	3	2
武川县	18	9	9	192	22	170	10	3	7
呼和浩特经济技术开发区	184	88	96	753	94	659	362	116	246
包头市	**309**	**158**	**151**	**1291**	**174**	**1117**	**452**	**134**	**318**
东河区	13	8	5	79	9	70	25	7	18
昆都仑区	1	1							
青山区	1	1		16	2	14	2	1	1
石拐区	9	7	2	6		6	4		4
白云鄂博矿区									
九原区	13	6	7	41	7	34	16	5	11
土默特右旗	15	8	7	305	35	270	24	7	17
固阳县	59	29	30	140	21	119	4	2	2
达尔罕茂明安联合旗	59	28	31	107	9	98	6	3	3
包头稀土高新技术产业开发区	139	70	69	597	91	506	371	109	262
乌海市	**39**	**24**	**15**	**54**	**6**	**48**	**34**	**9**	**25**
海勃湾区	4	3	1	11	1	10	13	6	7
海南区	25	16	9	34	2	32	20	3	17
乌达区	10	5	5	9	3	6	1		1
赤峰市	**398**	**202**	**196**	**2778**	**592**	**2186**	**371**	**129**	**242**
红山区	25	17	8	96	31	65	12	5	7
元宝山区	19	10	9	127	33	94	9	2	7
松山区	8	6	2	60	13	47	3		3
阿鲁科尔沁旗	67	33	34	187	46	141	16	5	11
巴林左旗	57	29	28	145	32	113	29	10	19
巴林右旗	21	9	12	204	39	165	51	20	31
林西县	60	31	29	304	78	226	28	10	18
克什克腾旗	30	16	14	246	65	181	37	12	25
翁牛特旗	16	6	10	224	44	180	21	8	13
喀喇沁旗	28	15	13	347	48	299	45	15	30
宁城县	50	23	27	485	106	379	67	23	44
敖汉旗	17	7	10	353	57	296	53	19	34

7-10b　续表 7　　　　单位：人

现 住 地	寄挂户口			婚姻嫁娶			照料孙子女		
	小计	男	女	小计	男	女	小计	男	女
通辽市	**942**	**481**	**461**	**3020**	**792**	**2228**	**585**	**194**	**391**
科尔沁区	75	38	37	134	47	87	6	1	5
科尔沁左翼中旗	126	59	67	589	148	441	58	17	41
科尔沁左翼后旗	136	69	67	550	119	431	46	14	32
开鲁县	88	41	47	358	107	251	61	18	43
库伦旗	121	62	59	211	49	162	13	5	8
奈曼旗	67	33	34	323	68	255	53	17	36
扎鲁特旗	19	10	9	289	99	190	24	8	16
通辽经济技术开发区	310	169	141	564	155	409	324	114	210
霍林郭勒市				2		2			
鄂尔多斯市	**592**	**305**	**287**	**4300**	**371**	**3929**	**2317**	**733**	**1584**
东胜区	7	3	4	6		6	4	2	2
康巴什区									
达拉特旗	66	31	35	609	46	563	336	111	225
准格尔旗	115	64	51	837	73	764	395	133	262
鄂托克前旗	73	34	39	325	51	274	285	90	195
鄂托克旗	175	93	82	792	55	737	376	104	272
杭锦旗	23	16	7	185	14	171	65	19	46
乌审旗	78	38	40	828	68	760	339	104	235
伊金霍洛旗	55	26	29	718	64	654	517	170	347
呼伦贝尔市	**1745**	**918**	**827**	**3863**	**902**	**2961**	**507**	**179**	**328**
海拉尔区	5	4	1	35	7	28			
扎赉诺尔区	23	13	10	24	6	18	1		1
阿荣旗	159	86	73	602	157	445	90	39	51
莫力达瓦达斡尔族自治旗	151	74	77	345	68	277	52	19	33
鄂伦春自治旗	513	281	232	1010	208	802	87	31	56
鄂温克族自治旗	266	150	116	593	143	450	191	64	127
陈巴尔虎旗	75	27	48	336	101	235	15	6	9
新巴尔虎左旗	62	32	30	67	25	42	13	5	8
新巴尔虎右旗	44	22	22	69	25	44	14	5	9
满洲里市	13	7	6	53	12	41	2		2
牙克石市	303	150	153	375	96	279	26	8	18
扎兰屯市	61	37	24	227	32	195	8		8
额尔古纳市	31	17	14	41	7	34	4	2	2
根河市	39	18	21	86	15	71	4		4
巴彦淖尔市	**235**	**125**	**110**	**1645**	**243**	**1402**	**287**	**89**	**198**
临河区	15	7	8	30	5	25	5	2	3
五原县	30	15	15	364	53	311	54	11	43
磴口县	18	9	9	204	36	168	52	17	35
乌拉特前旗	40	24	16	499	57	442	61	20	41
乌拉特中旗	44	20	24	142	18	124	28	8	20
乌拉特后旗	42	24	18	99	9	90	45	15	30
杭锦后旗	46	26	20	307	65	242	42	16	26

7-10b 续表 8

单位：人

现住地	寄挂户口			婚姻嫁娶			照料孙子女		
	小计	男	女	小计	男	女	小计	男	女
乌兰察布市	**188**	**94**	**94**	**1663**	**225**	**1438**	**158**	**54**	**104**
集宁区	9	4	5	45	7	38	7	3	4
卓资县	5	4	1	74	4	70	6	2	4
化德县	8	4	4	285	37	248	16	5	11
商都县	12	6	6	294	49	245	25	8	17
兴和县	6	4	2	216	45	171	30	10	20
凉城县	69	36	33	148	22	126	13	5	8
察哈尔右翼前旗	39	15	24	184	23	161	30	9	21
察哈尔右翼中旗	11	3	8	90	5	85	4		4
察哈尔右翼后旗	9	7	2	165	17	148	16	8	8
四子王旗	17	10	7	146	14	132	11	4	7
丰镇市	3	1	2	16	2	14			
兴安盟	**424**	**230**	**194**	**1843**	**459**	**1384**	**261**	**88**	**173**
乌兰浩特市	39	20	19	88	30	58	14	4	10
阿尔山市	19	12	7	64	18	46	2	1	1
科尔沁右翼前旗	28	16	12	307	71	236	110	35	75
科尔沁右翼中旗	75	44	31	288	96	192	22	9	13
扎赉特旗	108	60	48	778	161	617	89	31	58
突泉县	155	78	77	318	83	235	24	8	16
锡林郭勒盟	**339**	**174**	**165**	**1748**	**356**	**1392**	**408**	**144**	**264**
二连浩特市									
锡林浩特市	5	3	2	3	1	2			
阿巴嘎旗	38	22	16	91	16	75	5	2	3
苏尼特左旗	2	1	1	50	10	40	6	2	4
苏尼特右旗	8	5	3	128	15	113	18	10	8
东乌珠穆沁旗	62	34	28	105	31	74	22	9	13
西乌珠穆沁旗	151	70	81	173	30	143	53	16	37
太仆寺旗	3	2	1	231	44	187	26	10	16
镶黄旗	1		1	28	8	20	4	2	2
正镶白旗	5	2	3	73	12	61	8	2	6
正蓝旗	32	16	16	169	26	143	26	8	18
多伦县	21	13	8	608	151	457	217	74	143
乌拉盖管委会	11	6	5	89	12	77	23	9	14
阿拉善盟	**240**	**110**	**130**	**1883**	**300**	**1583**	**1608**	**551**	**1057**
阿拉善左旗	167	73	94	1299	219	1080	477	141	336
阿拉善右旗	9	3	6	151	28	123	55	18	37
额济纳旗	46	23	23	259	48	211	449	154	295
内蒙古阿拉善经济开发区	18	11	7	174	5	169	627	238	389

7-10b　续表 9

单位：人

现 住 地	为子女就学			养老/康养			其　他		
	小计	男	女	小计	男	女	小计	男	女
内蒙古	**5113**	**1943**	**3170**	**4711**	**2008**	**2703**	**42310**	**22990**	**19320**
呼和浩特市	**307**	**94**	**213**	**283**	**117**	**166**	**2345**	**1299**	**1046**
新城区				1		1	19	9	10
回民区									
玉泉区									
赛罕区							31	17	14
土默特左旗	50	19	31	64	20	44	454	238	216
托克托县	31	11	20	13	7	6	164	96	68
和林格尔县	68	24	44	24	13	11	217	123	94
清水河县	30	12	18	9	5	4	87	49	38
武川县	55	9	46	25	10	15	190	98	92
呼和浩特经济技术开发区	73	19	54	147	62	85	1183	669	514
包头市	**311**	**115**	**196**	**178**	**80**	**98**	**2132**	**1139**	**993**
东河区	18	6	12	15	7	8	101	54	47
昆都仑区	1		1				3	2	1
青山区				1	1		22	8	14
石拐区							27	15	12
白云鄂博矿区									
九原区	7	4	3	9	2	7	161	102	59
土默特右旗	74	21	53	15	7	8	119	70	49
固阳县	26	7	19	10	5	5	215	107	108
达尔罕茂明安联合旗	15	7	8	8	4	4	141	75	66
包头稀土高新技术产业开发区	170	70	100	120	54	66	1343	706	637
乌海市	**10**	**2**	**8**	**22**	**7**	**15**	**334**	**179**	**155**
海勃湾区	7	1	6	9	3	6	50	25	25
海南区	3	1	2	11	3	8	214	113	101
乌达区				2	1	1	70	41	29
赤峰市	**624**	**254**	**370**	**299**	**136**	**163**	**2709**	**1474**	**1235**
红山区	3	1	2	23	11	12	173	121	52
元宝山区	13	5	8	11	3	8	76	40	36
松山区	5	2	3				46	28	18
阿鲁科尔沁旗	21	11	10	14	5	9	283	142	141
巴林左旗	19	12	7	16	9	7	164	88	76
巴林右旗	23	8	15	29	16	13	187	110	77
林西县	41	16	25	15	8	7	368	208	160
克什克腾旗	28	13	15	19	7	12	128	73	55
翁牛特旗	33	15	18	17	8	9	276	160	116
喀喇沁旗	44	19	25	27	10	17	66	41	25
宁城县	215	91	124	84	41	43	541	268	273
敖汉旗	179	61	118	44	18	26	401	195	206

7—10b 续表 10

单位：人

现住地	为子女就学			养老/康养			其他		
	小计	男	女	小计	男	女	小计	男	女
通辽市	**315**	**139**	**176**	**459**	**198**	**261**	**3639**	**1926**	**1713**
科尔沁区	3	1	2	12	5	7	225	116	109
科尔沁左翼中旗	91	43	48	80	35	45	404	191	213
科尔沁左翼后旗	44	16	28	67	29	38	606	327	279
开鲁县	18	8	10	22	11	11	393	212	181
库伦旗	29	13	16	23	10	13	350	204	146
奈曼旗	53	20	33	56	26	30	402	226	176
扎鲁特旗	20	9	11	30	12	18	255	137	118
通辽经济技术开发区	57	29	28	168	70	98	1004	513	491
霍林郭勒市				1		1			
鄂尔多斯市	**1230**	**454**	**776**	**1102**	**453**	**649**	**11436**	**6294**	**5142**
东胜区				1		1	26	16	10
康巴什区									
达拉特旗	97	30	67	76	31	45	687	353	334
准格尔旗	368	146	222	187	87	100	2529	1372	1157
鄂托克前旗	161	62	99	213	86	127	1591	844	747
鄂托克旗	79	25	54	207	84	123	2382	1316	1066
杭锦旗	22	7	15	27	12	15	304	160	144
乌审旗	217	68	149	215	81	134	1914	1118	796
伊金霍洛旗	286	116	170	176	72	104	2003	1115	888
呼伦贝尔市	**579**	**230**	**349**	**755**	**341**	**414**	**6792**	**3589**	**3203**
海拉尔区				3	2	1	8	5	3
扎赉诺尔区				2	2		48	26	22
阿荣旗	144	53	91	102	43	59	696	343	353
莫力达瓦达斡尔族自治旗	69	26	43	99	43	56	1168	595	573
鄂伦春自治旗	231	98	133	179	78	101	1725	888	837
鄂温克族自治旗	81	33	48	175	85	90	816	412	404
陈巴尔虎旗	2	1	1	31	11	20	574	330	244
新巴尔虎左旗	3	1	2	16	9	7	243	173	70
新巴尔虎右旗				22	6	16	196	113	83
满洲里市				9	4	5	109	59	50
牙克石市	16	8	8	69	36	33	849	480	369
扎兰屯市	20	6	14	29	14	15	173	78	95
额尔古纳市	2		2	4	1	3	95	46	49
根河市	11	4	7	15	7	8	92	41	51
巴彦淖尔市	**255**	**96**	**159**	**212**	**80**	**132**	**1843**	**1036**	**807**
临河区	3	2	1	2	1	1	110	70	40
五原县	58	19	39	49	19	30	303	155	148
磴口县	14	6	8	24	9	15	112	70	42
乌拉特前旗	68	26	42	46	17	29	495	293	202
乌拉特中旗	37	12	25	32	12	20	246	149	97
乌拉特后旗	18	5	13	20	6	14	261	138	123
杭锦后旗	57	26	31	39	16	23	316	161	155

7-10b　续表 11

单位：人

现住地	为子女就学			养老/康养			其　　他		
	小计	男	女	小计	男	女	小计	男	女
乌兰察布市	**420**	**132**	**288**	**221**	**97**	**124**	**2850**	**1595**	**1255**
集宁区	6	1	5	2	2		60	30	30
卓资县	13	7	6	7	4	3	160	87	73
化德县	84	32	52	48	18	30	432	225	207
商都县	59	17	42	30	14	16	497	260	237
兴和县	127	39	88	56	25	31	447	246	201
凉城县	33	14	19	6	3	3	277	145	132
察哈尔右翼前旗	41	12	29	26	10	16	593	384	209
察哈尔右翼中旗	18	3	15	17	7	10	72	42	30
察哈尔右翼后旗	13	2	11	13	7	6	163	93	70
四子王旗	25	5	20	16	7	9	119	69	50
丰镇市	1		1				30	14	16
兴安盟	**438**	**194**	**244**	**360**	**167**	**193**	**2414**	**1244**	**1170**
乌兰浩特市	7	6	1	17	8	9	138	82	56
阿尔山市	2	2		4	1	3	49	27	22
科尔沁右翼前旗	58	33	25	132	62	70	217	110	107
科尔沁右翼中旗	15	4	11	34	12	22	303	154	149
扎赉特旗	317	134	183	138	67	71	1270	642	628
突泉县	39	15	24	35	17	18	437	229	208
锡林郭勒盟	**314**	**121**	**193**	**286**	**115**	**171**	**2710**	**1481**	**1229**
二连浩特市							2		2
锡林浩特市				3	1	2	32	20	12
阿巴嘎旗	8	4	4	26	12	14	197	109	88
苏尼特左旗	2		2	9	3	6	55	31	24
苏尼特右旗	8	4	4	9	2	7	240	149	91
东乌珠穆沁旗	9	4	5	20	8	12	226	119	107
西乌珠穆沁旗	8	3	5	22	7	15	427	228	199
太仆寺旗	78	27	51	34	11	23	229	117	112
镶黄旗	1	1		9	2	7	101	59	42
正镶白旗	19	7	12	21	8	13	96	52	44
正蓝旗	20	10	10	37	18	19	227	126	101
多伦县	154	57	97	76	35	41	777	413	364
乌拉盖管委会	7	4	3	20	8	12	101	58	43
阿拉善盟	**310**	**112**	**198**	**534**	**217**	**317**	**3106**	**1734**	**1372**
阿拉善左旗	222	77	145	391	162	229	1864	1068	796
阿拉善右旗	33	14	19	53	19	34	332	188	144
额济纳旗	20	10	10	53	22	31	616	323	293
内蒙古阿拉善经济开发区	35	11	24	37	14	23	294	155	139

7-10c 全区按现住地、性别、迁移原因分的户口登记地在外省的人口(乡村)

单位：人

现住地	合计			工作就业		
	合计	男	女	小计	男	女
内蒙古	**361918**	**243253**	**118665**	**223200**	**180441**	**42759**
呼和浩特市	**43437**	**26915**	**16522**	**25658**	**18556**	**7102**
新城区	9533	5795	3738	5552	3975	1577
回民区	2627	1544	1083	1612	1080	532
玉泉区	6875	4201	2674	4310	3056	1254
赛罕区	11530	7042	4488	7332	5095	2237
土默特左旗	3860	2178	1682	1669	1222	447
托克托县	4056	2864	1192	2303	1838	465
和林格尔县	2479	1610	869	1397	1081	316
清水河县	1433	1052	381	991	843	148
武川县	1044	629	415	492	366	126
呼和浩特经济技术开发区						
包头市	**25302**	**15381**	**9921**	**14625**	**10542**	**4083**
东河区	3421	1953	1468	1790	1197	593
昆都仑区	4154	2325	1829	2277	1494	783
青山区	2803	1592	1211	1813	1205	608
石拐区	671	448	223	392	290	102
白云鄂博矿区						
九原区	7122	4360	2762	4243	3024	1219
土默特右旗	2215	1466	749	1314	1090	224
固阳县	2602	1865	737	1610	1352	258
达尔罕茂明安联合旗	929	619	310	433	359	74
包头稀土高新技术产业开发区	1385	753	632	753	531	222
乌海市	**8940**	**6672**	**2268**	**7351**	**5954**	**1397**
海勃湾区	5931	4425	1506	4785	3919	866
海南区	3009	2247	762	2566	2035	531
乌达区						
赤峰市	**31084**	**17818**	**13266**	**13858**	**10567**	**3291**
红山区	368	217	151	151	108	43
元宝山区	2051	1292	759	1031	829	202
松山区	7689	4555	3134	3886	2848	1038
阿鲁科尔沁旗	1456	859	597	424	315	109
巴林左旗	2487	1471	1016	1127	851	276
巴林右旗	549	332	217	211	160	51
林西县	1406	773	633	420	331	89
克什克腾旗	3277	2437	840	2497	2096	401
翁牛特旗	1345	717	628	510	375	135
喀喇沁旗	2208	1134	1074	779	598	181
宁城县	5334	2708	2626	1974	1433	541
敖汉旗	2914	1323	1591	848	623	225

7-10c　续表 1

单位：人

现住地	合计			工作就业		
	合计	男	女	小计	男	女
通辽市	**22154**	**11306**	**10848**	**6228**	**4708**	**1520**
科尔沁区	4172	2231	1941	1215	907	308
科尔沁左翼中旗	3227	1410	1817	518	371	147
科尔沁左翼后旗	4471	1986	2485	1042	758	284
开鲁县	2576	1386	1190	699	530	169
库伦旗	2208	1101	1107	545	369	176
奈曼旗	2219	1129	1090	679	528	151
扎鲁特旗	1629	1052	577	736	633	103
通辽经济技术开发区	940	552	388	371	277	94
霍林郭勒市	712	459	253	423	335	88
鄂尔多斯市	**99212**	**79125**	**20087**	**83310**	**71438**	**11872**
东胜区	8470	6869	1601	7539	6449	1090
康巴什区						
达拉特旗	7811	5451	2360	5376	4291	1085
准格尔旗	24855	20027	4828	21522	18600	2922
鄂托克前旗	11004	9117	1887	9015	8133	882
鄂托克旗	7939	6526	1413	7173	6137	1036
杭锦旗	1589	1102	487	1023	777	246
乌审旗	18611	14843	3768	14908	12826	2082
伊金霍洛旗	18933	15190	3743	16754	14225	2529
呼伦贝尔市	**27433**	**14897**	**12536**	**6863**	**5393**	**1470**
海拉尔区	884	493	391	301	232	69
扎赉诺尔区						
阿荣旗	4010	2076	1934	868	689	179
莫力达瓦达斡尔族自治旗	6370	3099	3271	811	527	284
鄂伦春自治旗	5395	2795	2600	781	556	225
鄂温克族自治旗	1661	928	733	405	318	87
陈巴尔虎旗	749	510	239	360	305	55
新巴尔虎左旗	662	398	264	224	176	48
新巴尔虎右旗	2449	2048	401	2129	1868	261
满洲里市						
牙克石市	697	366	331	138	110	28
扎兰屯市	3792	1712	2080	478	330	148
额尔古纳市	743	459	284	353	273	80
根河市	21	13	8	15	9	6
巴彦淖尔市	**33269**	**21727**	**11542**	**20732**	**15813**	**4919**
临河区	12360	7152	5208	6896	4569	2327
五原县	3413	1985	1428	1814	1255	559
磴口县	2399	1402	997	1310	888	422
乌拉特前旗	6267	4662	1605	4586	3872	714
乌拉特中旗	3087	2381	706	2374	2044	330
乌拉特后旗	3320	2838	482	3009	2699	310
杭锦后旗	2423	1307	1116	743	486	257

7-10c 续表 2

单位：人

现住地	合计			工作就业		
	合计	男	女	小计	男	女
乌兰察布市	**19514**	**12679**	**6835**	**10796**	**8769**	**2027**
集宁区	2131	1634	497	1667	1430	237
卓资县	1246	931	315	909	779	130
化德县	2484	1736	748	1542	1265	277
商都县	1829	1053	776	732	573	159
兴和县	1675	869	806	689	486	203
凉城县	1544	858	686	414	345	69
察哈尔右翼前旗	4271	3078	1193	3031	2494	537
察哈尔右翼中旗	1046	723	323	622	532	90
察哈尔右翼后旗	763	429	334	357	274	83
四子王旗	1156	677	479	537	391	146
丰镇市	1369	691	678	296	200	96
兴安盟	**16195**	**9152**	**7043**	**5828**	**4761**	**1067**
乌兰浩特市	2061	1286	775	994	813	181
阿尔山市	233	165	68	120	109	11
科尔沁右翼前旗	4391	2562	1829	1763	1422	341
科尔沁右翼中旗	1549	894	655	531	425	106
扎赉特旗	3810	1776	2034	763	586	177
突泉县	4151	2469	1682	1657	1406	251
锡林郭勒盟	**20389**	**16004**	**4385**	**15284**	**13509**	**1775**
二连浩特市	65	54	11	50	43	7
锡林浩特市	2919	2043	876	2079	1688	391
阿巴嘎旗	1093	900	193	864	776	88
苏尼特左旗	1429	1265	164	1290	1190	100
苏尼特右旗	688	533	155	548	456	92
东乌珠穆沁旗	1028	795	233	777	657	120
西乌珠穆沁旗	6963	6256	707	6388	5974	414
太仆寺旗	1667	982	685	597	466	131
镶黄旗	942	836	106	870	797	73
正镶白旗	769	613	156	480	441	39
正蓝旗	995	656	339	535	430	105
多伦县	1689	976	713	710	519	191
乌拉盖管委会	142	95	47	96	72	24
阿拉善盟	**14989**	**11577**	**3412**	**12667**	**10431**	**2236**
阿拉善左旗	9281	7054	2227	7415	6161	1254
阿拉善右旗	1418	1100	318	1214	990	224
额济纳旗	2321	1744	577	2102	1620	482
内蒙古阿拉善经济开发区	1969	1679	290	1936	1660	276

7-10c　续表 3

单位：人

现住地	学习培训			随同离开/投亲靠友			拆迁/搬家		
	小计	男	女	小计	男	女	小计	男	女
内蒙古	**5786**	**3138**	**2648**	**31402**	**13184**	**18218**	**27316**	**14719**	**12597**
呼和浩特市	**1663**	**888**	**775**	**6282**	**2498**	**3784**	**1944**	**1052**	**892**
新城区	292	170	122	1953	720	1233	264	145	119
回民区	139	80	59	530	231	299	79	46	33
玉泉区	432	212	220	1001	399	602	276	137	139
赛罕区	474	235	239	1553	634	919	509	269	240
土默特左旗	87	44	43	490	196	294	415	226	189
托克托县	63	37	26	347	137	210	117	67	50
和林格尔县	138	87	51	214	92	122	127	74	53
清水河县	23	14	9	99	49	50	72	39	33
武川县	15	9	6	95	40	55	85	49	36
呼和浩特经济技术开发区									
包头市	**438**	**235**	**203**	**4358**	**1736**	**2622**	**1894**	**1034**	**860**
东河区	115	62	53	717	299	418	372	216	156
昆都仑区	27	16	11	1080	432	648	302	162	140
青山区	48	23	25	609	241	368	61	29	32
石拐区	7	6	1	52	24	28	52	32	20
白云鄂博矿区									
九原区	157	80	77	1058	418	640	542	278	264
土默特右旗	26	13	13	193	82	111	138	66	72
固阳县	25	16	9	128	62	66	302	180	122
达尔罕茂明安联合旗	8	4	4	32	16	16	87	47	40
包头稀土高新技术产业开发区	25	15	10	489	162	327	38	24	14
乌海市	**69**	**42**	**27**	**740**	**291**	**449**	**234**	**142**	**92**
海勃湾区	56	34	22	617	248	369	149	93	56
海南区	13	8	5	123	43	80	85	49	36
乌达区									
赤峰市	**534**	**285**	**249**	**3044**	**1379**	**1665**	**3075**	**1584**	**1491**
红山区	3	1	2	39	22	17	41	21	20
元宝山区	22	13	9	282	121	161	150	84	66
松山区	238	126	112	985	448	537	692	368	324
阿鲁科尔沁旗	16	10	6	66	35	31	329	167	162
巴林左旗	39	24	15	219	97	122	236	118	118
巴林右旗	13	6	7	30	17	13	73	43	30
林西县	11	4	7	117	50	67	210	107	103
克什克腾旗	11	2	9	100	43	57	169	83	86
翁牛特旗	14	7	7	94	34	60	178	82	96
喀喇沁旗	51	28	23	322	148	174	208	112	96
宁城县	63	39	24	492	232	260	432	222	210
敖汉旗	53	25	28	298	132	166	357	177	180

7-10c 续表 4 单位：人

现住地	学习培训			随同离开/投亲靠友			拆迁/搬家		
	小计	男	女	小计	男	女	小计	男	女
通辽市	**285**	**146**	**139**	**1986**	**877**	**1109**	**3304**	**1700**	**1604**
科尔沁区	41	19	22	344	163	181	686	358	328
科尔沁左翼中旗	51	23	28	343	165	178	523	264	259
科尔沁左翼后旗	48	26	22	502	182	320	709	363	346
开鲁县	44	21	23	198	97	101	377	202	175
库伦旗	31	19	12	158	84	74	336	169	167
奈曼旗	35	17	18	193	87	106	240	114	126
扎鲁特旗	15	8	7	83	36	47	199	104	95
通辽经济技术开发区	17	11	6	82	33	49	149	82	67
霍林郭勒市	3	2	1	83	30	53	85	44	41
鄂尔多斯市	**936**	**531**	**405**	**5282**	**2067**	**3215**	**2941**	**1608**	**1333**
东胜区	40	21	19	498	195	303	128	68	60
康巴什区									
达拉特旗	176	89	87	737	320	417	496	274	222
准格尔旗	294	160	134	1391	444	947	296	162	134
鄂托克前旗	96	58	38	352	126	226	476	252	224
鄂托克旗	42	28	14	215	107	108	141	68	73
杭锦旗	14	10	4	82	45	37	91	51	40
乌审旗	126	84	42	981	446	535	1123	624	499
伊金霍洛旗	148	81	67	1026	384	642	190	109	81
呼伦贝尔市	**275**	**149**	**126**	**2818**	**1380**	**1438**	**6379**	**3517**	**2862**
海拉尔区	12	6	6	133	57	76	177	101	76
扎赉诺尔区									
阿荣旗	44	28	16	443	211	232	941	499	442
莫力达瓦达斡尔族自治旗	104	57	47	476	243	233	1621	884	737
鄂伦春自治旗	33	17	16	667	337	330	1878	1058	820
鄂温克族自治旗	9	4	5	329	162	167	328	173	155
陈巴尔虎旗	3		3	56	28	28	99	53	46
新巴尔虎左旗	1	1		33	14	19	126	77	49
新巴尔虎右旗	2	1	1	19	8	11	88	43	45
满洲里市									
牙克石市	7	6	1	111	55	56	176	97	79
扎兰屯市	54	27	27	482	231	251	820	457	363
额尔古纳市	6	2	4	67	33	34	123	74	49
根河市				2	1	1	2	1	1
巴彦淖尔市	**985**	**495**	**490**	**3139**	**1339**	**1800**	**2698**	**1478**	**1220**
临河区	766	386	380	1712	744	968	973	544	429
五原县	50	21	29	410	193	217	390	220	170
磴口县	37	22	15	242	103	139	294	161	133
乌拉特前旗	66	33	33	376	157	219	356	209	147
乌拉特中旗	15	9	6	114	31	83	160	83	77
乌拉特后旗	4	1	3	78	19	59	53	29	24
杭锦后旗	47	23	24	207	92	115	472	232	240

7−10c　续表 5

单位：人

现 住 地	学习培训			随同离开/投亲靠友			拆迁/搬家		
	小计	男	女	小计	男	女	小计	男	女
乌兰察布市	**218**	**136**	**82**	**1209**	**493**	**716**	**1477**	**756**	**721**
集宁区	52	38	14	87	34	53	102	49	53
卓资县	6	3	3	33	11	22	55	26	29
化德县	5	4	1	170	69	101	173	95	78
商都县	33	18	15	140	61	79	73	35	38
兴和县	25	14	11	146	49	97	174	81	93
凉城县	15	10	5	67	29	38	251	126	125
察哈尔右翼前旗	9	7	2	227	108	119	246	134	112
察哈尔右翼中旗	21	15	6	50	24	26	69	33	36
察哈尔右翼后旗	5	3	2	59	17	42	70	31	39
四子王旗	21	9	12	113	41	72	96	54	42
丰镇市	26	15	11	117	50	67	168	92	76
兴安盟	**172**	**111**	**61**	**1152**	**539**	**613**	**2117**	**1168**	**949**
乌兰浩特市	19	13	6	114	54	60	271	140	131
阿尔山市	1	1		21	13	8	26	14	12
科尔沁右翼前旗	71	47	24	384	175	209	530	303	227
科尔沁右翼中旗	19	13	6	75	29	46	226	119	107
扎赉特旗	35	22	13	330	157	173	571	333	238
突泉县	27	15	12	228	111	117	493	259	234
锡林郭勒盟	**142**	**80**	**62**	**877**	**372**	**505**	**820**	**440**	**380**
二连浩特市				2		2	4	4	
锡林浩特市	19	10	9	329	111	218	120	65	55
阿巴嘎旗				16	5	11	48	25	23
苏尼特左旗	12	12		16	8	8	25	13	12
苏尼特右旗	2	2		15	9	6	33	20	13
东乌珠穆沁旗	2	1	1	26	11	15	47	24	23
西乌珠穆沁旗	10	7	3	69	30	39	145	65	80
太仆寺旗	23	9	14	149	73	76	109	64	45
镶黄旗	2	2		4		4	20	11	9
正镶白旗	3	2	1	21	9	12	25	16	9
正蓝旗	10	6	4	38	24	14	121	61	60
多伦县	59	29	30	186	91	95	111	64	47
乌拉盖管委会				6	1	5	12	8	4
阿拉善盟	**69**	**40**	**29**	**515**	**213**	**302**	**433**	**240**	**193**
阿拉善左旗	54	33	21	419	167	252	342	189	153
阿拉善右旗	2	2		44	20	24	62	37	25
额济纳旗	13	5	8	42	20	22	26	11	15
内蒙古阿拉善经济开发区				10	6	4	3	3	

7-10c 续表 6

单位：人

现住地	寄挂户口			婚姻嫁娶			照料孙子女		
	小计	男	女	小计	男	女	小计	男	女
内蒙古	**9618**	**5072**	**4546**	**20794**	**3133**	**17661**	**1454**	**491**	**963**
呼和浩特市	**725**	**384**	**341**	**1421**	**153**	**1268**	**223**	**73**	**150**
新城区	124	66	58	157	22	135	47	17	30
回民区	13	8	5	57	7	50	19	5	14
玉泉区	63	31	32	118	9	109	20	5	15
赛罕区	156	84	72	260	52	208	58	18	40
土默特左旗	189	101	88	350	23	327	29	11	18
托克托县	40	22	18	188	18	170	21	5	16
和林格尔县	62	35	27	135	9	126	27	12	15
清水河县	17	5	12	79	8	71	2		2
武川县	61	32	29	77	5	72			
呼和浩特经济技术开发区									
包头市	**479**	**252**	**227**	**752**	**90**	**662**	**98**	**31**	**67**
东河区	42	26	16	112	21	91	19	5	14
昆都仑区	44	23	21	48	9	39	16	6	10
青山区	21	12	9	85	4	81	25	9	16
石拐区	26	12	14	16	4	12			
白云鄂博矿区									
九原区	68	42	26	150	21	129	27	6	21
土默特右旗	94	50	44	178	12	166	2	1	1
固阳县	93	37	56	72	10	62	3	1	2
达尔罕茂明安联合旗	82	48	34	56	5	51	3	1	2
包头稀土高新技术产业开发区	9	2	7	35	4	31	3	2	1
乌海市	**64**	**36**	**28**	**119**	**16**	**103**	**33**	**15**	**18**
海勃湾区	33	19	14	93	7	86	29	14	15
海南区	31	17	14	26	9	17	4	1	3
乌达区									
赤峰市	**1446**	**757**	**689**	**4063**	**637**	**3426**	**245**	**89**	**156**
红山区	28	18	10	45	11	34	1		1
元宝山区	57	30	27	281	103	178	4	1	3
松山区	225	110	115	631	127	504	138	48	90
阿鲁科尔沁旗	99	52	47	68	7	61	4	3	1
巴林左旗	132	72	60	266	35	231	31	20	11
巴林右旗	47	29	18	53	7	46	6	2	4
林西县	159	91	68	109	16	93	8	2	6
克什克腾旗	123	64	59	110	27	83	3		3
翁牛特旗	82	38	44	177	28	149	6		6
喀喇沁旗	132	75	57	468	60	408	3		3
宁城县	280	141	139	1134	147	987	22	6	16
敖汉旗	82	37	45	721	69	652	19	7	12

7-10c　续表 7　　　　单位：人

现 住 地	寄挂户口			婚姻嫁娶			照料孙子女		
	小计	男	女	小计	男	女	小计	男	女
通辽市	**1829**	**943**	**886**	**3816**	**561**	**3255**	**73**	**24**	**49**
科尔沁区	371	196	175	597	131	466	28	10	18
科尔沁左翼中旗	230	104	126	816	111	705	10	2	8
科尔沁左翼后旗	289	145	144	1042	133	909	12	5	7
开鲁县	276	149	127	290	24	266	6	1	5
库伦旗	269	147	122	319	36	283	5	3	2
奈曼旗	189	94	95	444	56	388	4	1	3
扎鲁特旗	123	67	56	176	36	140	1		1
通辽经济技术开发区	65	31	34	89	26	63			
霍林郭勒市	17	10	7	43	8	35	7	2	5
鄂尔多斯市	**730**	**406**	**324**	**767**	**76**	**691**	**346**	**117**	**229**
东胜区	32	16	16	30	2	28	13	5	8
康巴什区									
达拉特旗	119	65	54	176	13	163	30	12	18
准格尔旗	122	60	62	158	16	142	186	62	124
鄂托克前旗	130	68	62	111	15	96	12	5	7
鄂托克旗	78	49	29	54	8	46	12	2	10
杭锦旗	63	37	26	34	3	31	2		2
乌审旗	79	49	30	137	15	122	29	8	21
伊金霍洛旗	107	62	45	67	4	63	62	23	39
呼伦贝尔市	**1522**	**798**	**724**	**3619**	**638**	**2981**	**110**	**39**	**71**
海拉尔区	19	10	9	110	25	85	2	1	1
扎赉诺尔区									
阿荣旗	218	105	113	670	117	553	20	8	12
莫力达瓦达斡尔族自治旗	377	195	182	934	175	759	36	10	26
鄂伦春自治旗	266	147	119	595	101	494	32	12	20
鄂温克族自治旗	91	48	43	162	43	119	4	1	3
陈巴尔虎旗	36	22	14	50	15	35			
新巴尔虎左旗	84	38	46	41	13	28	3	1	2
新巴尔虎右旗	35	20	15	13	5	8			
满洲里市									
牙克石市	61	33	28	93	16	77	4	2	2
扎兰屯市	295	155	140	899	121	778	6	3	3
额尔古纳市	39	24	15	52	7	45	3	1	2
根河市	1	1							
巴彦淖尔市	**675**	**349**	**326**	**1327**	**219**	**1108**	**147**	**44**	**103**
临河区	190	94	96	406	71	335	110	30	80
五原县	63	28	35	276	43	233	7	1	6
磴口县	38	19	19	137	17	120	4	1	3
乌拉特前旗	81	45	36	281	44	237	16	8	8
乌拉特中旗	84	40	44	66	12	54	3	1	2
乌拉特后旗	38	19	19	23	6	17	1		1
杭锦后旗	181	104	77	138	26	112	6	3	3

7-10c 续表 8

单位：人

现住地	寄挂户口			婚姻嫁娶			照料孙子女		
	小计	男	女	小计	男	女	小计	男	女
乌兰察布市	**653**	**351**	**302**	**1374**	**155**	**1219**	**50**	**18**	**32**
集宁区	21	16	5	95	11	84	4	1	3
卓资县	33	20	13	69	7	62	2		2
化德县	28	15	13	97	16	81	2		2
商都县	36	19	17	167	24	143	9	3	6
兴和县	37	22	15	195	27	168	7	3	4
凉城县	187	102	85	132	13	119			
察哈尔右翼前旗	124	65	59	153	18	135	11	5	6
察哈尔右翼中旗	31	14	17	87	5	82	6	2	4
察哈尔右翼后旗	19	9	10	82	6	76	4	1	3
四子王旗	57	35	22	89	8	81	1		1
丰镇市	80	34	46	208	20	188	4	3	1
兴安盟	**960**	**523**	**437**	**2623**	**366**	**2257**	**36**	**14**	**22**
乌兰浩特市	97	55	42	270	54	216	7	2	5
阿尔山市	12	5	7	18	5	13			
科尔沁右翼前旗	218	111	107	668	118	550	7	4	3
科尔沁右翼中旗	155	83	72	147	27	120	4	1	3
扎赉特旗	217	130	87	894	97	797	10	3	7
突泉县	261	139	122	626	65	561	8	4	4
锡林郭勒盟	**457**	**225**	**232**	**735**	**199**	**536**	**64**	**20**	**44**
二连浩特市	3	3		1	1				
锡林浩特市	49	25	24	72	13	59	16	5	11
阿巴嘎旗	30	13	17	34	14	20	1	1	
苏尼特左旗	16	8	8	26	13	13			
苏尼特右旗	25	11	14	7	1	6	2		2
东乌珠穆沁旗	48	29	19	14	8	6	3	1	2
西乌珠穆沁旗	109	52	57	28	12	16	10	3	7
太仆寺旗	33	17	16	218	59	159	10	3	7
镶黄旗	8	6	2	7	1	6			
正镶白旗	38	15	23	34	8	26	1		1
正蓝旗	55	25	30	69	19	50	2	1	1
多伦县	39	18	21	223	49	174	19	6	13
乌拉盖管委会	4	3	1	2	1	1			
阿拉善盟	**78**	**48**	**30**	**178**	**23**	**155**	**29**	**7**	**22**
阿拉善左旗	56	33	23	159	20	139	22	6	16
阿拉善右旗	8	5	3	13	2	11	4	1	3
额济纳旗	10	8	2	5	1	4	2		2
内蒙古阿拉善经济开发区	4	2	2	1		1	1		1

7-10c　续表 9

单位：人

现住地	为子女就学			养老/康养			其　他		
	小计	男	女	小计	男	女	小计	男	女
内蒙古	**1115**	**444**	**671**	**1735**	**762**	**973**	**39498**	**21869**	**17629**
呼和浩特市	**241**	**83**	**158**	**165**	**71**	**94**	**5115**	**3157**	**1958**
新城区	23	7	16	33	11	22	1088	662	426
回民区				4	1	3	174	86	88
玉泉区	15	6	9	22	10	12	618	336	282
赛罕区	109	37	72	54	26	28	1025	592	433
土默特左旗	28	10	18	12	6	6	591	339	252
托克托县	27	8	19	17	6	11	933	726	207
和林格尔县	14	6	8	12	7	5	353	207	146
清水河县	13	7	6	8	2	6	129	85	44
武川县	12	2	10	3	2	1	204	124	80
呼和浩特经济技术开发区									
包头市	**99**	**49**	**50**	**120**	**52**	**68**	**2439**	**1360**	**1079**
东河区	47	24	23	21	8	13	186	95	91
昆都仑区	19	11	8	43	18	25	298	154	144
青山区	2		2	5		5	134	69	65
石拐区	1	1		4	2	2	121	77	44
白云鄂博矿区									
九原区	12	7	5	25	11	14	840	473	367
土默特右旗	3	1	2	11	7	4	256	144	112
固阳县	11	4	7	5	3	2	353	200	153
达尔罕茂明安联合旗	2		2	3	1	2	223	138	85
包头稀土高新技术产业开发区	2	1	1	3	2	1	28	10	18
乌海市	**3**	**1**	**2**	**17**	**7**	**10**	**310**	**168**	**142**
海勃湾区	1		1	14	6	8	154	85	69
海南区	2	1	1	3	1	2	156	83	73
乌达区									
赤峰市	**147**	**68**	**79**	**231**	**100**	**131**	**4441**	**2352**	**2089**
红山区				2	1	1	58	35	23
元宝山区	6	4	2	31	16	15	187	91	96
松山区	65	39	26	84	29	55	745	412	333
阿鲁科尔沁旗	1		1	1		1	448	270	178
巴林左旗	6	3	3	17	10	7	414	241	173
巴林右旗				4	2	2	112	66	46
林西县	2	1	1	3	1	2	367	170	197
克什克腾旗	4	1	3	5	2	3	255	119	136
翁牛特旗	3	2	1	9	5	4	272	146	126
喀喇沁旗	3	2	1	8	4	4	234	107	127
宁城县	22	5	17	47	27	20	868	456	412
敖汉旗	35	11	24	20	3	17	481	239	242

7-10c 续表 10

单位：人

现住地	为子女就学			养老/康养			其他		
	小计	男	女	小计	男	女	小计	男	女
通辽市	**20**	**6**	**14**	**142**	**64**	**78**	**4471**	**2277**	**2194**
科尔沁区	1		1	25	9	16	864	438	426
科尔沁左翼中旗	6	1	5	29	11	18	701	358	343
科尔沁左翼后旗	3	1	2	50	25	25	774	348	426
开鲁县	3		3	8	5	3	675	357	318
库伦旗				6	4	2	539	270	269
奈曼旗	1	1		10	4	6	424	227	197
扎鲁特旗				5	3	2	291	165	126
通辽经济技术开发区	2	1	1	8	3	5	157	88	69
霍林郭勒市	4	2	2	1		1	46	26	20
鄂尔多斯市	**118**	**53**	**65**	**158**	**70**	**88**	**4624**	**2759**	**1865**
东胜区	3	3		19	8	11	168	102	66
康巴什区									
达拉特旗	42	24	18	25	11	14	634	352	282
准格尔旗	13	3	10	28	13	15	845	507	338
鄂托克前旗	13	5	8	14	6	8	785	449	336
鄂托克旗	3		3	13	7	6	208	120	88
杭锦旗	1	1		3	2	1	276	176	100
乌审旗	19	7	12	33	12	21	1176	772	404
伊金霍洛旗	24	10	14	23	11	12	532	281	251
呼伦贝尔市	**161**	**62**	**99**	**366**	**162**	**204**	**5320**	**2759**	**2561**
海拉尔区	3	1	2	13	6	7	114	54	60
扎赉诺尔区									
阿荣旗	32	10	22	54	27	27	720	382	338
莫力达瓦达斡尔族自治旗	57	23	34	132	53	79	1822	932	890
鄂伦春自治旗	48	17	31	84	34	50	1011	516	495
鄂温克族自治旗	5	3	2	26	13	13	302	163	139
陈巴尔虎旗				6	4	2	139	83	56
新巴尔虎左旗				2	1	1	148	77	71
新巴尔虎右旗				3	2	1	160	101	59
满洲里市									
牙克石市				13	6	7	94	41	53
扎兰屯市	14	7	7	30	15	15	714	366	348
额尔古纳市	2	1	1	3	1	2	95	43	52
根河市							1	1	
巴彦淖尔市	**59**	**22**	**37**	**167**	**68**	**99**	**3340**	**1900**	**1440**
临河区	14	5	9	70	25	45	1223	684	539
五原县	24	10	14	37	19	18	342	195	147
磴口县				20	6	14	317	185	132
乌拉特前旗	14	3	11	18	9	9	473	282	191
乌拉特中旗				4	1	3	267	160	107
乌拉特后旗				2	1	1	112	64	48
杭锦后旗	7	4	3	16	7	9	606	330	276

7-10c　续表 11　　　　单位：人

现住地	为子女就学			养老/康养			其　他		
	小计	男	女	小计	男	女	小计	男	女
乌兰察布市	**165**	**65**	**100**	**130**	**64**	**66**	**3442**	**1872**	**1570**
集宁区	9	3	6	13	6	7	81	46	35
卓资县	2		2	3	2	1	134	83	51
化德县	17	9	8	22	10	12	428	253	175
商都县	19	6	13	18	10	8	602	304	298
兴和县	63	30	33	19	9	10	320	148	172
凉城县	8	2	6	9	4	5	461	227	234
察哈尔右翼前旗	6	1	5	12	6	6	452	240	212
察哈尔右翼中旗	6	1	5	4	3	1	150	94	56
察哈尔右翼后旗	4	1	3	14	5	9	149	82	67
四子王旗	13	6	7	10	6	4	219	127	92
丰镇市	18	6	12	6	3	3	446	268	178
兴安盟	**23**	**3**	**20**	**110**	**51**	**59**	**3174**	**1616**	**1558**
乌兰浩特市				14	6	8	275	149	126
阿尔山市				1	1		34	17	17
科尔沁右翼前旗	11	2	9	38	18	20	701	362	339
科尔沁右翼中旗	8	1	7	4	3	1	380	193	187
扎赉特旗				35	18	17	955	430	525
突泉县	4		4	18	5	13	829	465	364
锡林郭勒盟	**70**	**30**	**40**	**88**	**37**	**51**	**1852**	**1092**	**760**
二连浩特市							5	3	2
锡林浩特市	19	10	9	31	13	18	185	103	82
阿巴嘎旗							100	66	34
苏尼特左旗							44	21	23
苏尼特右旗				1	1		55	33	22
东乌珠穆沁旗							111	64	47
西乌珠穆沁旗				2		2	202	113	89
太仆寺旗	26	8	18	31	13	18	471	270	201
镶黄旗							31	19	12
正镶白旗				5	1	4	162	121	41
正蓝旗	7	3	4	5	2	3	153	85	68
多伦县	18	9	9	13	7	6	311	184	127
乌拉盖管委会							22	10	12
阿拉善盟	**9**	**2**	**7**	**41**	**16**	**25**	**970**	**557**	**413**
阿拉善左旗	8	2	6	28	11	17	778	432	346
阿拉善右旗	1		1	6	2	4	64	41	23
额济纳旗				7	3	4	114	76	38
内蒙古阿拉善经济开发区							14	8	6

第一部分　全部数据资料

第八卷　住房

8-1　各地区按住房间数分的家庭户户数

单位：户

地　　区	家庭户户　数	住房间数				
		一间	二间	三间	四间	五间
内蒙古	**8817048**	**1395454**	**4739383**	**2190563**	**335116**	**110223**
呼和浩特市	**1253203**	**279460**	**693642**	**235453**	**31209**	**9117**
新城区	237872	33010	141374	55781	6344	963
回民区	155915	29514	106599	18370	1241	110
玉泉区	194729	44249	119180	28047	2503	500
赛罕区	310267	42091	155322	93712	14078	3140
土默特左旗	109042	45859	49417	9567	2165	1661
托克托县	66139	32100	25661	6424	1098	644
和林格尔县	56716	19264	28678	6698	1111	789
清水河县	33636	7162	16400	7761	1116	629
武川县	42468	21178	19015	2035	179	35
呼和浩特经济技术开发区	46419	5033	31996	7058	1374	646
包头市	**1052709**	**193289**	**668942**	**167435**	**16804**	**4002**
东河区	189750	19911	143981	22986	2078	560
昆都仑区	303773	41841	199612	55264	5205	1086
青山区	201775	28108	130188	38853	3259	990
石拐区	8929	1748	5734	1249	104	43
白云鄂博矿区	8818	417	7960	406	27	6
九原区	87062	17982	49965	16083	2222	474
土默特右旗	99389	40554	47630	9398	1302	376
固阳县	51495	20524	26995	3315	454	112
达尔罕茂明安联合旗	30132	8536	19019	2331	150	66
包头稀土高新技术产业开发区	71586	13668	37858	17550	2003	289
乌海市	**206072**	**20295**	**121223**	**58887**	**3340**	**1550**
海勃湾区	126228	13372	67233	41634	2401	1077
海南区	32503	3546	20688	7714	388	116
乌达区	47341	3377	33302	9539	551	357
赤峰市	**1454697**	**147664**	**611237**	**536085**	**109686**	**40944**
红山区	159665	13099	76733	60650	6961	1322
元宝山区	108356	7679	64833	29539	5013	955
松山区	240475	23133	98041	100325	15499	2497
阿鲁科尔沁旗	92411	11872	36114	36864	6321	809
巴林左旗	110491	18861	46837	36925	6562	961
巴林右旗	57696	8885	31249	16010	1162	263
林西县	73651	6690	29720	29887	5544	1356
克什克腾旗	69855	10223	33238	22688	2801	620
翁牛特旗	126467	8021	40100	60158	14069	3334
喀喇沁旗	94169	11429	45823	32232	3719	700
宁城县	161524	10782	55799	54751	21071	15969
敖汉旗	159937	16990	52750	56056	20964	12158

注：本表数据为居住在普通住宅的家庭户。

8-1 续表 1

单位：户

地 区	家庭户户数	住房间数				
		一间	二间	三间	四间	五间
通辽市	**969200**	**90508**	**476250**	**319773**	**58302**	**17632**
科尔沁区	246699	17486	120239	91565	12984	2830
科尔沁左翼中旗	129452	12853	62292	47183	5164	1405
科尔沁左翼后旗	108792	13778	60346	29822	3217	1190
开鲁县	107720	9003	43239	41394	7690	4915
库伦旗	52098	8029	31102	9622	2691	497
奈曼旗	122314	7045	44677	45892	18444	4947
扎鲁特旗	90369	13754	50384	22029	3290	566
通辽经济技术开发区	65435	4015	30299	25164	4231	1109
霍林郭勒市	46321	4545	33672	7102	591	173
鄂尔多斯市	**706042**	**129805**	**303396**	**218796**	**34094**	**11439**
东胜区	184289	30569	84203	60405	6781	1542
康巴什区	33027	6758	10040	13712	1881	427
达拉特旗	120749	26883	56070	28996	5650	1896
准格尔旗	121502	30634	49487	31915	4908	2141
鄂托克前旗	29108	2534	13008	10155	2410	543
鄂托克旗	52860	8554	22270	17509	2728	1069
杭锦旗	42279	5441	20307	11781	2498	1346
乌审旗	46443	7260	17042	16690	3628	1103
伊金霍洛旗	75785	11172	30969	27633	3610	1372
呼伦贝尔市	**854570**	**137615**	**557284**	**135208**	**16291**	**5242**
海拉尔区	139924	12465	99776	23382	2126	1580
扎赉诺尔区	36823	2320	31083	2847	376	121
阿荣旗	91451	14271	52325	22623	1729	343
莫力达瓦达斡尔族自治旗	81659	15376	48488	15177	2090	312
鄂伦春自治旗	66976	15552	43073	6678	1113	334
鄂温克族自治旗	54513	5002	32533	14546	1785	424
陈巴尔虎旗	18403	1595	12478	3340	616	230
新巴尔虎左旗	12349	1781	7546	2112	604	191
新巴尔虎右旗	11671	1902	7510	1855	298	61
满洲里市	58001	8016	39857	8602	1034	204
牙克石市	108474	21547	73313	11010	1813	538
扎兰屯市	115071	22656	71725	18408	1707	312
额尔古纳市	27321	4230	18398	3175	842	471
根河市	31934	10902	19179	1453	158	121
巴彦淖尔市	**611583**	**79036**	**327335**	**174647**	**20640**	**6298**
临河区	224128	23614	112145	77676	7063	2354
五原县	92715	12812	55140	20658	2930	808
磴口县	37588	2946	20269	12039	1611	426
乌拉特前旗	106429	20864	58880	22256	2982	869
乌拉特中旗	44854	8725	24948	9547	1146	304
乌拉特后旗	19264	2917	10008	5496	570	187
杭锦后旗	86605	7158	45945	26975	4338	1350

8-1　续表 2　　单位：户

地　区	家庭户户　数	住房间数				
		一间	二间	三间	四间	五间
乌兰察布市	**717071**	**188787**	**422660**	**89923**	**11045**	**3109**
集宁区	155460	20307	106943	25729	1719	471
卓资县	38788	19240	16293	2753	366	94
化德县	40961	8174	28212	3976	399	151
商都县	76332	37387	34292	4221	339	59
兴和县	73216	14748	41121	14572	1756	753
凉城县	53475	15042	28604	7450	1816	406
察哈尔右翼前旗	51183	13315	28214	7692	1327	351
察哈尔右翼中旗	39988	9157	25492	4669	465	117
察哈尔右翼后旗	45122	11828	29368	3224	561	104
四子王旗	56757	17765	33664	4805	439	56
丰镇市	85789	21824	50457	10832	1858	547
兴安盟	**499211**	**75993**	**286494**	**118547**	**13150**	**3221**
乌兰浩特市	126287	23250	77675	22015	2157	730
阿尔山市	12708	3430	8149	946	102	35
科尔沁右翼前旗	98145	12997	52794	28520	2771	708
科尔沁右翼中旗	70725	8996	39128	20033	1813	421
扎赉特旗	111644	14506	70792	23046	2453	605
突泉县	79702	12814	37956	23987	3854	722
锡林郭勒盟	**402226**	**46101**	**232776**	**99859**	**15485**	**5242**
二连浩特市	27058	5083	16076	4856	496	315
锡林浩特市	121016	8519	77539	31418	2629	556
阿巴嘎旗	13260	1923	6913	3464	569	236
苏尼特左旗	12009	1810	7277	2131	461	228
苏尼特右旗	24572	4460	16541	2920	494	116
东乌珠穆沁旗	24645	3365	13585	5999	1113	436
西乌珠穆沁旗	30833	4443	17399	7092	1154	384
太仆寺旗	46373	2417	20277	17517	4245	1417
镶黄旗	10218	1530	5549	2466	550	82
正镶白旗	17706	2597	9530	4374	691	316
正蓝旗	27554	3665	15773	6321	1262	388
多伦县	38588	5419	20832	9509	1669	724
乌拉盖管委会	8394	870	5485	1792	152	44
阿拉善盟	**90464**	**6901**	**38144**	**35950**	**5070**	**2427**
阿拉善左旗	63776	4263	25315	26504	4322	1810
阿拉善右旗	8230	567	3070	3407	470	384
额济纳旗	10907	895	5021	4474	218	226
内蒙古阿拉善经济开发区	7551	1176	4738	1565	60	7

8－1　续表 3　　单位：户

地　区	住房间数				
	六间	七间	八间	九间	十间及以上
内蒙古	**26141**	**7854**	**5559**	**1599**	**5156**
呼和浩特市	**2676**	**621**	**424**	**121**	**480**
新城区	230	92	25	7	46
回民区	45	12	5		19
玉泉区	116	67	22	5	40
赛罕区	1349	185	194	45	151
土默特左旗	260	43	39	2	29
托克托县	111	22	27	14	38
和林格尔县	129	17	9	4	17
清水河县	255	93	82	42	96
武川县	8	2	2		14
呼和浩特经济技术开发区	173	88	19	2	30
包头市	**1066**	**566**	**226**	**56**	**323**
东河区	129	22	37	7	39
昆都仑区	394	250	51	5	65
青山区	135	176	28	3	35
石拐区	23	10	4	4	10
白云鄂博矿区	1				1
九原区	148	43	48	13	84
土默特右旗	80	11	11	4	23
固阳县	56	17	10	1	11
达尔罕茂明安联合旗	16	6		2	6
包头稀土高新技术产业开发区	84	31	37	17	49
乌海市	**500**	**130**	**71**	**12**	**64**
海勃湾区	359	87	36	4	25
海南区	27	8	4	2	10
乌达区	114	35	31	6	29
赤峰市	**4964**	**1418**	**1255**	**373**	**1071**
红山区	324	199	207	49	121
元宝山区	190	44	45	13	45
松山区	552	109	153	39	127
阿鲁科尔沁旗	234	80	48	17	52
巴林左旗	209	52	32	9	43
巴林右旗	70	15	14	2	26
林西县	274	80	40	19	41
克什克腾旗	166	44	31	6	38
翁牛特旗	464	132	87	34	68
喀喇沁旗	183	30	25	9	19
宁城县	1720	416	467	153	396
敖汉旗	578	217	106	23	95

8-1　续表 4　　　　单位：户

地　区	住房间数				
	六间	七间	八间	九间	十间及以上
通辽市	**4052**	**1074**	**690**	**252**	**667**
科尔沁区	941	237	176	62	179
科尔沁左翼中旗	314	95	60	22	64
科尔沁左翼后旗	248	68	49	19	55
开鲁县	1023	202	125	41	88
库伦旗	79	23	23	7	25
奈曼旗	790	273	122	44	80
扎鲁特旗	204	58	28	9	47
通辽经济技术开发区	367	87	71	28	64
霍林郭勒市	86	31	36	20	65
鄂尔多斯市	**4339**	**1680**	**1213**	**328**	**952**
东胜区	434	161	94	27	73
康巴什区	84	71	43	5	6
达拉特旗	630	230	197	56	141
准格尔旗	1227	371	347	104	368
鄂托克前旗	279	68	59	18	34
鄂托克旗	350	149	110	29	92
杭锦旗	462	217	118	39	70
乌审旗	404	145	80	18	73
伊金霍洛旗	469	268	165	32	95
呼伦贝尔市	**1801**	**333**	**362**	**68**	**366**
海拉尔区	455	56	43	3	38
扎赉诺尔区	61	6	6		3
阿荣旗	66	38	25	6	25
莫力达瓦达斡尔族自治旗	119	30	29	3	35
鄂伦春自治旗	142	30	20	5	29
鄂温克族自治旗	161	33	22	2	5
陈巴尔虎旗	81	17	18	7	21
新巴尔虎左旗	70	15	12	4	14
新巴尔虎右旗	20	8	9	4	4
满洲里市	114	9	88	7	70
牙克石市	145	35	31	9	33
扎兰屯市	142	23	38	12	48
额尔古纳市	138	20	12	4	31
根河市	87	13	9	2	10
巴彦淖尔市	**2348**	**645**	**343**	**59**	**232**
临河区	790	267	93	25	101
五原县	237	66	28	8	28
磴口县	204	43	26	5	19
乌拉特前旗	400	83	45	13	37
乌拉特中旗	126	26	16		16
乌拉特后旗	62	12	4	1	7
杭锦后旗	529	148	131	7	24

8-1 续表 5

单位：户

地区	住房间数				
	六间	七间	八间	九间	十间及以上
乌兰察布市	**885**	**194**	**175**	**65**	**228**
集宁区	186	18	35	5	47
卓资县	22	5	3	2	10
化德县	28	9	3		9
商都县	12	4	4	1	13
兴和县	134	44	39	14	35
凉城县	91	27	17	4	18
察哈尔右翼前旗	183	27	28	29	17
察哈尔右翼中旗	69	4	5	2	8
察哈尔右翼后旗	22	1	5	1	8
四子王旗	9	2	4		13
丰镇市	129	53	32	7	50
兴安盟	**912**	**381**	**209**	**64**	**240**
乌兰浩特市	205	108	52	22	73
阿尔山市	13	10	5	2	16
科尔沁右翼前旗	204	49	51	9	42
科尔沁右翼中旗	133	112	36	14	39
扎赉特旗	154	24	27	5	32
突泉县	203	78	38	12	38
锡林郭勒盟	**1609**	**393**	**340**	**103**	**318**
二连浩特市	208	1	9	1	13
锡林浩特市	169	49	64	10	63
阿巴嘎旗	78	29	29	6	13
苏尼特左旗	57	13	19	6	7
苏尼特右旗	16	6	8	1	10
东乌珠穆沁旗	77	37	12	3	18
西乌珠穆沁旗	206	57	52	14	32
太仆寺旗	286	92	44	26	52
镶黄旗	27	3	5	1	5
正镶白旗	122	26	26	8	16
正蓝旗	92	17	11	5	20
多伦县	247	55	56	17	60
乌拉盖管委会	24	8	5	5	9
阿拉善盟	**989**	**419**	**251**	**98**	**215**
阿拉善左旗	827	345	189	64	137
阿拉善右旗	130	63	51	30	58
额济纳旗	29	11	11	4	18
内蒙古阿拉善经济开发区	3				2

8-1a 各地区按住房间数分的家庭户户数(城市)

单位：户

地区	家庭户户数	住房间数				
		一间	二间	三间	四间	五间
内蒙古	**3422193**	**410397**	**2105687**	**814795**	**66749**	**16231**
呼和浩特市	**785061**	**104363**	**476748**	**180731**	**19721**	**2538**
新城区	208432	19515	128103	53856	5934	719
回民区	149952	27604	103326	17641	1195	107
玉泉区	173455	35669	109677	25980	1729	257
赛罕区	253222	21575	135642	83254	10863	1455
包头市	**725470**	**83306**	**499671**	**126890**	**11394**	**2785**
东河区	164278	12073	130154	20080	1414	414
昆都仑区	292427	37179	194290	54041	5135	1047
青山区	193758	25470	125903	37915	3130	976
石拐区	6180	869	4415	853	23	8
白云鄂博矿区	8818	417	7960	406	27	6
九原区	60009	7298	36949	13595	1665	334
乌海市	**193003**	**17841**	**114882**	**55481**	**2796**	**1350**
海勃湾区	119958	12307	64336	39821	2122	939
海南区	26682	2272	17815	6328	191	66
乌达区	46363	3262	32731	9332	483	345
赤峰市	**351305**	**30815**	**170192**	**140704**	**7484**	**1262**
红山区	146578	12637	73512	55534	3728	670
元宝山区	72171	4845	45851	20497	817	91
松山区	132556	13333	50829	64673	2939	501
通辽市	**197086**	**15799**	**125197**	**51291**	**3259**	**1036**
科尔沁区	154050	11563	93505	44839	2842	920
霍林郭勒市	43036	4236	31692	6452	417	116
鄂尔多斯市	**211821**	**35901**	**92143**	**72952**	**8237**	**1803**
东胜区	178503	28942	82017	59236	6356	1376
康巴什区	33027	6758	10040	13712	1881	427
鄂托克旗	291	201	86	4		
呼伦贝尔市	**369219**	**50234**	**262505**	**47469**	**5186**	**2533**
海拉尔区	135213	11976	96443	22749	1961	1512
扎赉诺尔区	34482	2224	29103	2652	318	111
满洲里市	56128	7744	38414	8462	1017	204
牙克石市	56698	8625	42098	4891	752	241
扎兰屯市	51336	11388	33408	5839	525	85
额尔古纳市	16656	2265	11306	2128	556	292
根河市	18706	6012	11733	748	57	88
巴彦淖尔市	**151202**	**13606**	**74513**	**58306**	**2749**	**1259**
临河区	151202	13606	74513	58306	2749	1259
乌兰察布市	**184965**	**26429**	**127629**	**28230**	**1897**	**475**
集宁区	138736	17955	95801	23085	1335	364
丰镇市	46229	8474	31828	5145	562	111
兴安盟	**113650**	**19755**	**73250**	**18239**	**1435**	**580**
乌兰浩特市	106413	17538	68857	17710	1388	561
阿尔山市	7237	2217	4393	529	47	19
锡林郭勒盟	**139411**	**12348**	**88957**	**34502**	**2591**	**610**
二连浩特市	26436	4946	15796	4718	466	291
锡林浩特市	112975	7402	73161	29784	2125	319

注：本表数据为居住在普通住宅的家庭户。

8－1a 续表 单位：户

地　　区	住房间数				
	六间	七间	八间	九间	十间及以上
内蒙古	**4663**	**1640**	**825**	**206**	**1000**
呼和浩特市	**560**	**201**	**66**	**18**	**115**
新城区	161	86	21	6	31
回民区	43	12	5		19
玉泉区	50	54	5	3	31
赛罕区	306	49	35	9	34
包头市	**658**	**464**	**111**	**21**	**170**
东河区	72	18	17	4	32
昆都仑区	385	244	47	5	54
青山区	128	175	25	3	33
石拐区	5	2	1	1	3
白云鄂博矿区	1				1
九原区	67	25	21	8	47
乌海市	**420**	**106**	**59**	**11**	**57**
海勃湾区	309	70	28	4	22
海南区	2	1		1	6
乌达区	109	35	31	6	29
赤峰市	**399**	**197**	**93**	**53**	**106**
红山区	186	160	57	35	59
元宝山区	37	6	6	5	16
松山区	176	31	30	13	31
通辽市	**354**	**26**	**37**	**20**	**67**
科尔沁区	292	13	24	9	43
霍林郭勒市	62	13	13	11	24
鄂尔多斯市	**407**	**201**	**108**	**17**	**52**
东胜区	323	130	65	12	46
康巴什区	84	71	43	5	6
鄂托克旗					
呼伦贝尔市	**835**	**96**	**167**	**24**	**170**
海拉尔区	439	53	42	3	35
扎赉诺尔区	59	6	6		3
满洲里市	113	9	88	7	70
牙克石市	62	2	5	2	20
扎兰屯市	45	9	12	8	17
额尔古纳市	72	7	6	4	20
根河市	45	10	8		5
巴彦淖尔市	**426**	**203**	**57**	**10**	**73**
临河区	426	203	57	10	73
乌兰察布市	**178**	**31**	**29**	**6**	**61**
集宁区	130	9	18	2	37
丰镇市	48	22	11	4	24
兴安盟	**155**	**97**	**43**	**21**	**75**
乌兰浩特市	147	90	40	19	63
阿尔山市	8	7	3	2	12
锡林郭勒盟	**271**	**18**	**55**	**5**	**54**
二连浩特市	198		7	1	13
锡林浩特市	73	18	48	4	41

8-1b 各地区按住房间数分的家庭户户数(镇)

单位：户

地　　区	家庭户户　数	住房间数				
		一间	二间	三间	四间	五间
内蒙古	**2434059**	**384305**	**1356469**	**596144**	**65093**	**20457**
呼和浩特市	**175134**	**38739**	**108444**	**21813**	**3452**	**1937**
新城区	939	393	438	95	8	4
回民区						
玉泉区						
赛罕区	905	155	395	199	117	26
土默特左旗	39240	9935	23783	3904	552	917
托克托县	27617	8175	14905	3855	519	110
和林格尔县	24404	5287	15319	3138	440	132
清水河县	14081	3139	8298	2107	329	90
武川县	21529	6622	13310	1457	113	12
呼和浩特经济技术开发区	46419	5033	31996	7058	1374	646
包头市	**161577**	**33446**	**96186**	**28270**	**2898**	**521**
东河区	8200	1483	5483	1057	147	21
昆都仑区						
青山区	668		554	112	2	
石拐区	182	22	123	31	4	
白云鄂博矿区						
九原区	5416	2198	2768	344	90	11
土默特右旗	42051	9091	25688	6411	631	173
固阳县	21406	4771	15038	1508	61	15
达尔罕茂明安联合旗	14949	3346	9971	1528	50	38
包头稀土高新技术产业开发区	68705	12535	36561	17279	1913	263
乌海市	**5156**	**1134**	**2687**	**1054**	**222**	**46**
海勃湾区	1292	132	623	429	92	16
海南区	2886	887	1493	418	62	18
乌达区	978	115	571	207	68	12
赤峰市	**399608**	**42269**	**180002**	**155930**	**15091**	**4385**
红山区	8024	351	2030	2950	1984	398
元宝山区	11278	803	6569	2941	762	157
松山区	8441	560	2767	3371	1397	214
阿鲁科尔沁旗	38872	4042	15667	17891	1061	136
巴林左旗	42696	7547	21888	12393	610	178
巴林右旗	33827	3819	18033	11524	372	47
林西县	40569	3487	23464	11625	1415	402
克什克腾旗	34659	4459	19698	9662	615	139
翁牛特旗	45597	4458	24755	14849	1130	289
喀喇沁旗	36707	2666	11257	21449	1053	207
宁城县	50258	3944	18170	23940	2388	1252
敖汉旗	48680	6133	15704	23335	2304	966

注：本表数据为居住在普通住宅的家庭户。

8-1b 续表 1

单位：户

地 区	家庭户户数	住房间数				
		一间	二间	三间	四间	五间
通辽市	**292773**	**31251**	**163735**	**81085**	**11517**	**3442**
科尔沁区	14772	1108	4799	6403	1870	350
科尔沁左翼中旗	38976	3400	22863	11067	1100	357
科尔沁左翼后旗	37171	3924	22786	9260	812	235
开鲁县	41367	5614	23255	9464	1645	984
库伦旗	21460	2910	13266	4457	608	149
奈曼旗	42074	3261	20332	14703	2743	644
扎鲁特旗	41647	7599	27546	5834	523	84
通辽经济技术开发区	55181	3401	28805	19889	2216	639
霍林郭勒市	125	34	83	8		
鄂尔多斯市	**329304**	**59312**	**149832**	**102327**	**11300**	**3779**
东胜区	854	72	330	285	108	32
康巴什区						
达拉特旗	69723	13465	33792	19344	2211	648
准格尔旗	85681	20707	36799	23273	2608	1083
鄂托克前旗	17876	1726	9073	5757	1080	134
鄂托克旗	43157	7629	19027	14284	1563	414
杭锦旗	24829	2997	12966	6998	887	581
乌审旗	29055	5477	12334	9877	958	244
伊金霍洛旗	58129	7239	25511	22509	1885	643
呼伦贝尔市	**270448**	**51418**	**170649**	**41685**	**4624**	**1291**
海拉尔区	589	67	361	123	30	1
扎赉诺尔区	2341	96	1980	195	58	10
阿荣旗	42582	7145	26880	7849	516	120
莫力达瓦达斡尔族自治旗	28067	5659	16466	5298	481	91
鄂伦春自治旗	50059	11151	33794	4139	598	238
鄂温克族自治旗	41666	3251	24139	12262	1483	358
陈巴尔虎旗	13460	1191	9584	2319	221	79
新巴尔虎左旗	7172	926	5004	1073	82	55
新巴尔虎右旗	8757	1183	5877	1488	159	29
满洲里市	1873	272	1443	140	17	
牙克石市	44163	11858	26861	4566	607	202
扎兰屯市	11641	2551	7389	1386	229	40
额尔古纳市	4963	1204	3460	191	45	35
根河市	13115	4864	7411	656	98	33
巴彦淖尔市	**203859**	**25976**	**115580**	**55797**	**4080**	**1309**
临河区	5366	600	3191	1333	180	38
五原县	42706	5236	25401	10761	823	326
磴口县	21062	872	12152	7344	474	124
乌拉特前旗	53885	8117	30989	13066	1089	326
乌拉特中旗	23996	4864	13099	5568	324	60
乌拉特后旗	13180	2282	6548	3992	260	76
杭锦后旗	43664	4005	24200	13733	930	359

8-1b 续表 2

单位：户

地　区	家庭户户　数	住房间数 一间	二间	三间	四间	五间
乌兰察布市	**206215**	**47351**	**138621**	**17835**	**1736**	**391**
集宁区	4622	511	3659	408	27	14
卓资县	15466	4706	9139	1511	68	27
化德县	22828	4153	17087	1389	110	59
商都县	31401	7945	21391	1952	87	13
兴和县	29185	7512	18428	3006	166	23
凉城县	19833	4489	13233	1782	235	61
察哈尔右翼前旗	20409	3514	14302	2145	242	97
察哈尔右翼中旗	12521	2273	9317	871	47	7
察哈尔右翼后旗	20858	4170	14960	1314	364	44
四子王旗	26081	7598	15378	2883	194	18
丰镇市	3011	480	1727	574	196	28
兴安盟	**155543**	**24641**	**97805**	**28158**	**3350**	**1001**
乌兰浩特市	6875	3551	2655	564	90	10
阿尔山市	4335	1020	3124	148	20	12
科尔沁右翼前旗	30166	2395	18128	8090	1110	310
科尔沁右翼中旗	33678	5108	20500	7050	670	167
扎赉特旗	50097	6601	35571	6811	710	289
突泉县	30392	5966	17827	5495	750	213
锡林郭勒盟	**156658**	**22738**	**98235**	**30404**	**3766**	**991**
二连浩特市	126	107	18		1	
锡林浩特市	432	14	312	58	14	14
阿巴嘎旗	8360	1333	4928	1938	115	27
苏尼特左旗	7335	1058	5191	1025	50	5
苏尼特右旗	19134	3787	12918	2062	274	69
东乌珠穆沁旗	17893	2678	10320	3989	605	255
西乌珠穆沁旗	21928	3673	13777	4115	301	37
太仆寺旗	18462	1371	11073	5111	690	124
镶黄旗	6986	1306	3827	1430	376	34
正镶白旗	9136	1352	5869	1556	207	79
正蓝旗	15463	2310	9920	2570	465	167
多伦县	24005	3133	14998	5017	560	157
乌拉盖管委会	7398	616	5084	1533	108	23
阿拉善盟	**77784**	**6030**	**34693**	**31786**	**3057**	**1364**
阿拉善左旗	53469	3609	22580	22918	2651	1013
阿拉善右旗	6738	486	2779	2996	203	155
额济纳旗	10124	820	4613	4323	147	189
内蒙古阿拉善经济开发区	7453	1115	4721	1549	56	7

8-1b 续表 3　　单位：户

地　区	住房间数				
	六间	七间	八间	九间	十间及以上
内蒙古	**5980**	**2097**	**1585**	**475**	**1454**
呼和浩特市	**437**	**133**	**78**	**18**	**83**
新城区					1
回民区					
玉泉区					
赛罕区	9	1	2		1
土默特左旗	88	25	26	1	9
托克托县	28	4	10	6	5
和林格尔县	67	5	5	1	10
清水河县	66	10	15	8	19
武川县	6		1		8
呼和浩特经济技术开发区	173	88	19	2	30
包头市	**109**	**34**	**39**	**18**	**56**
东河区	8		1		
昆都仑区					
青山区					
石拐区	1				1
白云鄂博矿区					
九原区	1	1	1		2
土默特右旗	26	7	7	3	14
固阳县	3	4	3		3
达尔罕茂明安联合旗	5	4		2	5
包头稀土高新技术产业开发区	65	18	27	13	31
乌海市	**10**	**1**			**2**
海勃湾区					
海南区	5	1			2
乌达区	5				
赤峰市	**969**	**200**	**358**	**82**	**322**
红山区	96	21	132	11	51
元宝山区	27	5	5	1	8
松山区	64	11	25	7	25
阿鲁科尔沁旗	31	11	10	7	16
巴林左旗	55	4	1	2	18
巴林右旗	9	3	3		17
林西县	115	13	19	8	21
克什克腾旗	44	7	18	3	14
翁牛特旗	66	9	13	6	22
喀喇沁旗	54	9	2	4	6
宁城县	294	54	95	30	91
敖汉旗	114	53	35	3	33

8-1b　续表 4　　　　单位：户

地　　区	住房间数				
	六间	七间	八间	九间	十间及以上
通辽市	**959**	**307**	**210**	**75**	**192**
科尔沁区	126	42	35	15	24
科尔沁左翼中旗	97	31	29	8	24
科尔沁左翼后旗	77	30	14	8	25
开鲁县	273	51	42	10	29
库伦旗	30	9	15	6	10
奈曼旗	187	105	45	18	36
扎鲁特旗	34	7	5	2	13
通辽经济技术开发区	135	32	25	8	31
霍林郭勒市					
鄂尔多斯市	**1295**	**606**	**383**	**135**	**335**
东胜区	16	3	5		3
康巴什区					
达拉特旗	131	44	31	14	43
准格尔旗	592	192	170	67	190
鄂托克前旗	62	13	17	5	9
鄂托克旗	107	56	30	11	36
杭锦旗	150	138	63	29	20
乌审旗	106	28	13	2	16
伊金霍洛旗	131	132	54	7	18
呼伦贝尔市	**430**	**130**	**94**	**26**	**101**
海拉尔区	5		1		1
扎赉诺尔区	2				
阿荣旗	19	32	6	3	12
莫力达瓦达斡尔族自治旗	28	16	11	1	16
鄂伦春自治旗	75	21	13	5	25
鄂温克族自治旗	124	26	19	2	2
陈巴尔虎旗	29	7	12	5	13
新巴尔虎左旗	17	6	3	1	5
新巴尔虎右旗	8	3	4	4	2
满洲里市	1				
牙克石市	39	10	9	2	9
扎兰屯市	21	2	14	1	8
额尔古纳市	20	4	1		3
根河市	42	3	1	2	5
巴彦淖尔市	**687**	**214**	**147**	**15**	**54**
临河区	14	3	3	2	2
五原县	100	36	8	3	12
磴口县	56	19	10	2	9
乌拉特前旗	206	51	22	5	14
乌拉特中旗	69	3	5		4
乌拉特后旗	11	5	2		4
杭锦后旗	231	97	97	3	9

8-1b 续表 5

单位：户

地　区	住房间数				
	六间	七间	八间	九间	十间及以上
乌兰察布市	**152**	**28**	**41**	**6**	**54**
集宁区	3				
卓资县	5	2	1		7
化德县	16	5	3		6
商都县	3		2		8
兴和县	11	5	20	3	11
凉城县	15	7	5	1	5
察哈尔右翼前旗	89	9	6	1	4
察哈尔右翼中旗	3				3
察哈尔右翼后旗	4		1		1
四子王旗	1		1		8
丰镇市	2		2	1	1
兴安盟	**270**	**167**	**68**	**17**	**66**
乌兰浩特市	5				
阿尔山市	4	2	2		3
科尔沁右翼前旗	83	12	22	2	14
科尔沁右翼中旗	51	90	20	5	17
扎赉特旗	70	12	12	4	17
突泉县	57	51	12	6	15
锡林郭勒盟	**236**	**74**	**71**	**30**	**113**
二连浩特市					
锡林浩特市	7	1	4		8
阿巴嘎旗	10		3	3	3
苏尼特左旗	2	1			3
苏尼特右旗	10	3	5	1	5
东乌珠穆沁旗	12	20	4	1	9
西乌珠穆沁旗	8	5	4		8
太仆寺旗	52	11	8	7	15
镶黄旗	5	1	4	1	2
正镶白旗	41	12	3	5	12
正蓝旗	22	1	3	2	3
多伦县	53	15	30	6	36
乌拉盖管委会	14	4	3	4	9
阿拉善盟	**426**	**203**	**96**	**53**	**76**
阿拉善左旗	379	174	68	28	49
阿拉善右旗	30	25	21	23	20
额济纳旗	14	4	7	2	5
内蒙古阿拉善经济开发区	3				2

8-1c　各地区按住房间数分的家庭户户数(乡村)

单位：户

地　区	家庭户户　数	住房间数				
		一间	二间	三间	四间	五间
内蒙古	**2960796**	**600752**	**1277227**	**779624**	**203274**	**73535**
呼和浩特市	**293008**	**136358**	**108450**	**32909**	**8036**	**4642**
新城区	28501	13102	12833	1830	402	240
回民区	5963	1910	3273	729	46	3
玉泉区	21274	8580	9503	2067	774	243
赛罕区	56140	20361	19285	10259	3098	1659
土默特左旗	69802	35924	25634	5663	1613	744
托克托县	38522	23925	10756	2569	579	534
和林格尔县	32312	13977	13359	3560	671	657
清水河县	19555	4023	8102	5654	787	539
武川县	20939	14556	5705	578	66	23
呼和浩特经济技术开发区						
包头市	**165662**	**76537**	**73085**	**12275**	**2512**	**696**
东河区	17272	6355	8344	1849	517	125
昆都仑区	11346	4662	5322	1223	70	39
青山区	7349	2638	3731	826	127	14
石拐区	2567	857	1196	365	77	35
白云鄂博矿区						
九原区	21637	8486	10248	2144	467	129
土默特右旗	57338	31463	21942	2987	671	203
固阳县	30089	15753	11957	1807	393	97
达尔罕茂明安联合旗	15183	5190	9048	803	100	28
包头稀土高新技术产业开发区	2881	1133	1297	271	90	26
乌海市	**7913**	**1320**	**3654**	**2352**	**322**	**154**
海勃湾区	4978	933	2274	1384	187	122
海南区	2935	387	1380	968	135	32
乌达区						
赤峰市	**703784**	**74580**	**261043**	**239451**	**87111**	**35297**
红山区	5063	111	1191	2166	1249	254
元宝山区	24907	2031	12413	6101	3434	707
松山区	99478	9240	44445	32281	11163	1782
阿鲁科尔沁旗	53539	7830	20447	18973	5260	673
巴林左旗	67795	11314	24949	24532	5952	783
巴林右旗	23869	5066	13216	4486	790	216
林西县	33082	3203	6256	18262	4129	954
克什克腾旗	35196	5764	13540	13026	2186	481
翁牛特旗	80870	3563	15345	45309	12939	3045
喀喇沁旗	57462	8763	34566	10783	2666	493
宁城县	111266	6838	37629	30811	18683	14717
敖汉旗	111257	10857	37046	32721	18660	11192

注：本表数据为居住在普通住宅的家庭户。

8-1c 续表 1

单位：户

地　区	家庭户户数	住房间数				
		一间	二间	三间	四间	五间
通辽市	**479341**	**43458**	**187318**	**187397**	**43526**	**13154**
科尔沁区	77877	4815	21935	40323	8272	1560
科尔沁左翼中旗	90476	9453	39429	36116	4064	1048
科尔沁左翼后旗	71621	9854	37560	20562	2405	955
开鲁县	66353	3389	19984	31930	6045	3931
库伦旗	30638	5119	17836	5165	2083	348
奈曼旗	80240	3784	24345	31189	15701	4303
扎鲁特旗	48722	6155	22838	16195	2767	482
通辽经济技术开发区	10254	614	1494	5275	2015	470
霍林郭勒市	3160	275	1897	642	174	57
鄂尔多斯市	**164917**	**34592**	**61421**	**43517**	**14557**	**5857**
东胜区	4932	1555	1856	884	317	134
康巴什区						
达拉特旗	51026	13418	22278	9652	3439	1248
准格尔旗	35821	9927	12688	8642	2300	1058
鄂托克前旗	11232	808	3935	4398	1330	409
鄂托克旗	9412	724	3157	3221	1165	655
杭锦旗	17450	2444	7341	4783	1611	765
乌审旗	17388	1783	4708	6813	2670	859
伊金霍洛旗	17656	3933	5458	5124	1725	729
呼伦贝尔市	**214903**	**35963**	**124130**	**46054**	**6481**	**1418**
海拉尔区	4122	422	2972	510	135	67
扎赉诺尔区						
阿荣旗	48869	7126	25445	14774	1213	223
莫力达瓦达斡尔族自治旗	53592	9717	32022	9879	1609	221
鄂伦春自治旗	16917	4401	9279	2539	515	96
鄂温克族自治旗	12847	1751	8394	2284	302	66
陈巴尔虎旗	4943	404	2894	1021	395	151
新巴尔虎左旗	5177	855	2542	1039	522	136
新巴尔虎右旗	2914	719	1633	367	139	32
满洲里市						
牙克石市	7613	1064	4354	1553	454	95
扎兰屯市	52094	8717	30928	11183	953	187
额尔古纳市	5702	761	3632	856	241	144
根河市	113	26	35	49	3	
巴彦淖尔市	**256522**	**39454**	**137242**	**60544**	**13811**	**3730**
临河区	67560	9408	34441	18037	4134	1057
五原县	50009	7576	29739	9897	2107	482
磴口县	16526	2074	8117	4695	1137	302
乌拉特前旗	52544	12747	27891	9190	1893	543
乌拉特中旗	20858	3861	11849	3979	822	244
乌拉特后旗	6084	635	3460	1504	310	111
杭锦后旗	42941	3153	21745	13242	3408	991

8-1c　续表 2

单位：户

地　　区	家庭户户　数	住房间数				
		一间	二间	三间	四间	五间
乌兰察布市	**325891**	**115007**	**156410**	**43858**	**7412**	**2243**
集宁区	12102	1841	7483	2236	357	93
卓资县	23322	14534	7154	1242	298	67
化德县	18133	4021	11125	2587	289	92
商都县	44931	29442	12901	2269	252	46
兴和县	44031	7236	22693	11566	1590	730
凉城县	33642	10553	15371	5668	1581	345
察哈尔右翼前旗	30774	9801	13912	5547	1085	254
察哈尔右翼中旗	27467	6884	16175	3798	418	110
察哈尔右翼后旗	24264	7658	14408	1910	197	60
四子王旗	30676	10167	18286	1922	245	38
丰镇市	36549	12870	16902	5113	1100	408
兴安盟	**230018**	**31597**	**115439**	**72150**	**8365**	**1640**
乌兰浩特市	12999	2161	6163	3741	679	159
阿尔山市	1136	193	632	269	35	4
科尔沁右翼前旗	67979	10602	34666	20430	1661	398
科尔沁右翼中旗	37047	3888	18628	12983	1143	254
扎赉特旗	61547	7905	35221	16235	1743	316
突泉县	49310	6848	20129	18492	3104	509
锡林郭勒盟	**106157**	**11015**	**45584**	**34953**	**9128**	**3641**
二连浩特市	496	30	262	138	29	24
锡林浩特市	7609	1103	4066	1576	490	223
阿巴嘎旗	4900	590	1985	1526	454	209
苏尼特左旗	4674	752	2086	1106	411	223
苏尼特右旗	5438	673	3623	858	220	47
东乌珠穆沁旗	6752	687	3265	2010	508	181
西乌珠穆沁旗	8905	770	3622	2977	853	347
太仆寺旗	27911	1046	9204	12406	3555	1293
镶黄旗	3232	224	1722	1036	174	48
正镶白旗	8570	1245	3661	2818	484	237
正蓝旗	12091	1355	5853	3751	797	221
多伦县	14583	2286	5834	4492	1109	567
乌拉盖管委会	996	254	401	259	44	21
阿拉善盟	**12680**	**871**	**3451**	**4164**	**2013**	**1063**
阿拉善左旗	10307	654	2735	3586	1671	797
阿拉善右旗	1492	81	291	411	267	229
额济纳旗	783	75	408	151	71	37
内蒙古阿拉善经济开发区	98	61	17	16	4	

8−1c 续表 3

单位：户

地区	住房间数				
	六间	七间	八间	九间	十间及以上
内蒙古	**15498**	**4117**	**3149**	**918**	**2702**
呼和浩特市	**1679**	**287**	**280**	**85**	**282**
新城区	69	6	4	1	14
回民区	2				
玉泉区	66	13	17	2	9
赛罕区	1034	135	157	36	116
土默特左旗	172	18	13	1	20
托克托县	83	18	17	8	33
和林格尔县	62	12	4	3	7
清水河县	189	83	67	34	77
武川县	2	2	1		6
呼和浩特经济技术开发区					
包头市	**299**	**68**	**76**	**17**	**97**
东河区	49	4	19	3	7
昆都仑区	9	6	4		11
青山区	7	1	3		2
石拐区	17	8	3	3	6
白云鄂博矿区					
九原区	80	17	26	5	35
土默特右旗	54	4	4	1	9
固阳县	53	13	7	1	8
达尔罕茂明安联合旗	11	2			1
包头稀土高新技术产业开发区	19	13	10	4	18
乌海市	**70**	**23**	**12**	**1**	**5**
海勃湾区	50	17	8		3
海南区	20	6	4	1	2
乌达区					
赤峰市	**3596**	**1021**	**804**	**238**	**643**
红山区	42	18	18	3	11
元宝山区	126	33	34	7	21
松山区	312	67	98	19	71
阿鲁科尔沁旗	203	69	38	10	36
巴林左旗	154	48	31	7	25
巴林右旗	61	12	11	2	9
林西县	159	67	21	11	20
克什克腾旗	122	37	13	3	24
翁牛特旗	398	123	74	28	46
喀喇沁旗	129	21	23	5	13
宁城县	1426	362	372	123	305
敖汉旗	464	164	71	20	62

8-1c　续表 4

单位：户

地　　区	住房间数				
	六间	七间	八间	九间	十间及以上
通辽市	**2739**	**741**	**443**	**157**	**408**
科尔沁区	523	182	117	38	112
科尔沁左翼中旗	217	64	31	14	40
科尔沁左翼后旗	171	38	35	11	30
开鲁县	750	151	83	31	59
库伦旗	49	14	8	1	15
奈曼旗	603	168	77	26	44
扎鲁特旗	170	51	23	7	34
通辽经济技术开发区	232	55	46	20	33
霍林郭勒市	24	18	23	9	41
鄂尔多斯市	**2637**	**873**	**722**	**176**	**565**
东胜区	95	28	24	15	24
康巴什区					
达拉特旗	499	186	166	42	98
准格尔旗	635	179	177	37	178
鄂托克前旗	217	55	42	13	25
鄂托克旗	243	93	80	18	56
杭锦旗	312	79	55	10	50
乌审旗	298	117	67	16	57
伊金霍洛旗	338	136	111	25	77
呼伦贝尔市	**536**	**107**	**101**	**18**	**95**
海拉尔区	11	3			2
扎赉诺尔区					
阿荣旗	47	6	19	3	13
莫力达瓦达斡尔族自治旗	91	14	18	2	19
鄂伦春自治旗	67	9	7		4
鄂温克族自治旗	37	7	3		3
陈巴尔虎旗	52	10	6	2	8
新巴尔虎左旗	53	9	9	3	9
新巴尔虎右旗	12	5	5		2
满洲里市					
牙克石市	44	23	17	5	4
扎兰屯市	76	12	12	3	23
额尔古纳市	46	9	5		8
根河市					
巴彦淖尔市	**1235**	**228**	**139**	**34**	**105**
临河区	350	61	33	13	26
五原县	137	30	20	5	16
磴口县	148	24	16	3	10
乌拉特前旗	194	32	23	8	23
乌拉特中旗	57	23	11		12
乌拉特后旗	51	7	2	1	3
杭锦后旗	298	51	34	4	15

8-1c 续表 5

单位：户

地区	住房间数				
	六间	七间	八间	九间	十间及以上
乌兰察布市	**555**	**135**	**105**	**53**	**113**
集宁区	53	9	17	3	10
卓资县	17	3	2	2	3
化德县	12	4			3
商都县	9	4	2	1	5
兴和县	123	39	19	11	24
凉城县	76	20	12	3	13
察哈尔右翼前旗	94	18	22	28	13
察哈尔右翼中旗	66	4	5	2	5
察哈尔右翼后旗	18	1	4	1	7
四子王旗	8	2	3		5
丰镇市	79	31	19	2	25
兴安盟	**487**	**117**	**98**	**26**	**99**
乌兰浩特市	53	18	12	3	10
阿尔山市	1	1			1
科尔沁右翼前旗	121	37	29	7	28
科尔沁右翼中旗	82	22	16	9	22
扎赉特旗	84	12	15	1	15
突泉县	146	27	26	6	23
锡林郭勒盟	**1102**	**301**	**214**	**68**	**151**
二连浩特市	10	1	2		
锡林浩特市	89	30	12	6	14
阿巴嘎旗	68	29	26	3	10
苏尼特左旗	55	12	19	6	4
苏尼特右旗	6	3	3		5
东乌珠穆沁旗	65	17	8	2	9
西乌珠穆沁旗	198	52	48	14	24
太仆寺旗	234	81	36	19	37
镶黄旗	22	2	1		3
正镶白旗	81	14	23	3	4
正蓝旗	70	16	8	3	17
多伦县	194	40	26	11	24
乌拉盖管委会	10	4	2	1	
阿拉善盟	**563**	**216**	**155**	**45**	**139**
阿拉善左旗	448	171	121	36	88
阿拉善右旗	100	38	30	7	38
额济纳旗	15	7	4	2	13
内蒙古阿拉善经济开发区					

8-2　各地区按人均住房建筑面积分的家庭户户数

单位：户

地　　区	家庭户户　数	人均住房建筑面积(平方米)			
		8及以下	9-12	13-16	17-19
内蒙古	**8817048**	**84338**	**237769**	**466665**	**299553**
呼和浩特市	**1253203**	**19487**	**45723**	**73195**	**42528**
新城区	237872	1926	4808	10435	8730
回民区	155915	3403	5924	8292	6752
玉泉区	194729	2213	6029	10852	9277
赛罕区	310267	3710	6769	11111	7415
土默特左旗	109042	2228	7087	11181	3303
托克托县	66139	2490	5399	7709	2215
和林格尔县	56716	1793	3852	5844	1443
清水河县	33636	637	1964	1853	640
武川县	42468	881	3385	4613	1102
呼和浩特经济技术开发区	46419	206	506	1305	1651
包头市	**1052709**	**14187**	**38934**	**60690**	**39293**
东河区	189750	1235	3561	8266	7384
昆都仑区	303773	2529	7731	15060	13217
青山区	201775	2077	5249	10596	8753
石拐区	8929	60	302	518	211
白云鄂博矿区	8818	23	110	367	418
九原区	87062	1196	2961	5106	2503
土默特右旗	99389	3100	9820	10599	3083
固阳县	51495	1088	4789	5361	1389
达尔罕茂明安联合旗	30132	236	834	1263	478
包头稀土高新技术产业开发区	71586	2643	3577	3554	1857
乌海市	**206072**	**999**	**3562**	**6020**	**5258**
海勃湾区	126228	784	2572	3740	2932
海南区	32503	133	582	980	1255
乌达区	47341	82	408	1300	1071
赤峰市	**1454697**	**11534**	**33947**	**79598**	**58837**
红山区	159665	756	3473	8960	9774
元宝山区	108356	324	1600	4882	6594
松山区	240475	2525	5760	12351	10278
阿鲁科尔沁旗	92411	617	1764	4289	2656
巴林左旗	110491	885	2412	5470	3164
巴林右旗	57696	302	1027	2841	2343
林西县	73651	409	1885	4682	2215
克什克腾旗	69855	427	1380	3476	2354
翁牛特旗	126467	649	2719	6753	4348
喀喇沁旗	94169	429	2480	6096	3408
宁城县	161524	1532	5088	10841	6369
敖汉旗	159937	2679	4359	8957	5334

注：本表数据为居住在普通住宅的家庭户。

8-2 续表 1

单位：户

地　区	家庭户	人均住房建筑面积(平方米)			
	户　数	8及以下	9-12	13-16	17-19
通辽市	**969200**	**3797**	**16970**	**53920**	**37832**
科尔沁区	246699	617	3919	13447	10848
科尔沁左翼中旗	129452	637	3846	10536	5194
科尔沁左翼后旗	108792	349	2136	8269	4615
开鲁县	107720	250	1321	4964	4623
库伦旗	52098	294	848	2795	1210
奈曼旗	122314	651	1654	5419	3673
扎鲁特旗	90369	657	1741	4023	2578
通辽经济技术开发区	65435	84	490	1899	1925
霍林郭勒市	46321	258	1015	2568	3166
鄂尔多斯市	**706042**	**14832**	**25671**	**28320**	**15855**
东胜区	184289	5351	7472	6836	4983
康巴什区	33027	122	341	936	909
达拉特旗	120749	1651	4033	5620	2662
准格尔旗	121502	4123	6957	6844	3072
鄂托克前旗	29108	110	410	853	390
鄂托克旗	52860	1212	1798	1636	947
杭锦旗	42279	213	662	971	644
乌审旗	46443	853	1664	1770	902
伊金霍洛旗	75785	1197	2334	2854	1346
呼伦贝尔市	**854570**	**3477**	**16610**	**43355**	**35837**
海拉尔区	139924	116	1038	3224	4127
扎赉诺尔区	36823	31	278	1224	1016
阿荣旗	91451	517	1985	4660	4502
莫力达瓦达斡尔族自治旗	81659	459	2092	5427	4085
鄂伦春自治旗	66976	262	1749	5300	2771
鄂温克族自治旗	54513	45	439	1479	2081
陈巴尔虎旗	18403	38	188	479	489
新巴尔虎左旗	12349	262	280	663	376
新巴尔虎右旗	11671	210	363	521	311
满洲里市	58001	349	1404	2544	2062
牙克石市	108474	360	2499	7055	5870
扎兰屯市	115071	602	2859	7071	4560
额尔古纳市	27321	105	495	1362	843
根河市	31934	121	941	2346	2744
巴彦淖尔市	**611583**	**2738**	**8976**	**19755**	**12693**
临河区	224128	797	2523	6282	5722
五原县	92715	529	1649	3273	1636
磴口县	37588	41	293	903	614
乌拉特前旗	106429	900	2940	5215	2182
乌拉特中旗	44854	260	795	1860	687
乌拉特后旗	19264	36	174	611	392
杭锦后旗	86605	175	602	1611	1460

8-2　续表 2

单位：户

地　区	家庭户户　数	人均住房建筑面积(平方米)			
		8及以下	9-12	13-16	17-19
乌兰察布市	**717071**	**8281**	**29203**	**54055**	**21354**
集宁区	155460	1222	3315	5118	5051
卓资县	38788	596	2074	4980	978
化德县	40961	245	1526	3000	711
商都县	76332	1187	4584	12749	6733
兴和县	73216	884	2604	5020	1033
凉城县	53475	518	1899	3997	945
察哈尔右翼前旗	51183	304	1224	3361	887
察哈尔右翼中旗	39988	262	1706	2734	857
察哈尔右翼后旗	45122	498	2589	2837	881
四子王旗	56757	1128	3134	3756	1214
丰镇市	85789	1437	4548	6503	2064
兴安盟	**499211**	**2037**	**9009**	**28336**	**18323**
乌兰浩特市	126287	281	1805	5873	5538
阿尔山市	12708	26	259	920	510
科尔沁右翼前旗	98145	398	1553	5263	3533
科尔沁右翼中旗	70725	507	1487	4382	2563
扎赉特旗	111644	441	2464	7710	4242
突泉县	79702	384	1441	4188	1937
锡林郭勒盟	**402226**	**2578**	**8180**	**17636**	**10456**
二连浩特市	27058	505	1110	1248	595
锡林浩特市	121016	442	1416	2815	3469
阿巴嘎旗	13260	166	375	798	224
苏尼特左旗	12009	152	442	854	407
苏尼特右旗	24572	145	788	1888	538
东乌珠穆沁旗	24645	248	790	1531	636
西乌珠穆沁旗	30833	126	454	1348	865
太仆寺旗	46373	253	896	2462	879
镶黄旗	10218	22	138	530	273
正镶白旗	17706	183	424	1152	439
正蓝旗	27554	55	410	970	724
多伦县	38588	272	884	1868	1206
乌拉盖管委会	8394	9	53	172	201
阿拉善盟	**90464**	**391**	**984**	**1785**	**1287**
阿拉善左旗	63776	240	658	1109	833
阿拉善右旗	8230	18	57	98	59
额济纳旗	10907	54	113	305	156
内蒙古阿拉善经济开发区	7551	79	156	273	239

8-2 续表 3

单位：户

地　　区	人均住房建筑面积(平方米)					
	20-29	30-39	40-49	50-59	60-69	70及以上
内蒙古	**2138021**	**1854517**	**1449688**	**685693**	**531861**	**1068943**
呼和浩特市	**287904**	**246633**	**183660**	**95852**	**74418**	**183803**
新城区	51260	47079	36642	21284	16724	38984
回民区	39344	34298	20456	11156	8309	17981
玉泉区	49425	41079	27720	13312	10047	24775
赛罕区	52806	55457	48467	29014	25867	69651
土默特左旗	29126	19890	15531	6505	4277	9914
托克托县	16812	13503	7454	4343	2122	4092
和林格尔县	14411	11617	7947	3179	2160	4470
清水河县	9409	7123	4776	2255	2446	2533
武川县	12943	7155	6717	2106	876	2690
呼和浩特经济技术开发区	12368	9432	7950	2698	1590	8713
包头市	**261694**	**227946**	**147609**	**78001**	**69100**	**115255**
东河区	49079	44696	28016	16060	12403	19050
昆都仑区	74656	68347	39953	22879	22706	36695
青山区	46921	43597	27766	16916	15278	24622
石拐区	2059	1887	1737	662	507	986
白云鄂博矿区	2644	2102	1062	854	515	723
九原区	20995	19016	13927	6127	5365	9866
土默特右旗	27768	18352	12061	5233	3513	5860
固阳县	16331	8363	6203	3508	1378	3085
达尔罕茂明安联合旗	7301	7560	5902	1412	2379	2767
包头稀土高新技术产业开发区	13940	14026	10982	4350	5056	11601
乌海市	**42595**	**47848**	**36600**	**18992**	**12777**	**31421**
海勃湾区	23911	27887	23109	13019	8185	20089
海南区	7847	7435	5739	2293	1340	4899
乌达区	10837	12526	7752	3680	3252	6433
赤峰市	**376862**	**311146**	**230676**	**110517**	**90412**	**151168**
红山区	41684	32541	21671	13403	9284	18119
元宝山区	28828	21808	15494	10276	6999	11551
松山区	59096	49718	37258	18296	16261	28932
阿鲁科尔沁旗	22595	20974	17391	6665	5966	9494
巴林左旗	28390	25172	18023	6562	6919	13494
巴林右旗	15711	13849	9483	4156	2918	5066
林西县	20444	15601	12496	4814	4759	6346
克什克腾旗	19112	17049	11664	4437	4182	5774
翁牛特旗	34941	27993	21764	8046	7605	11649
喀喇沁旗	25823	19572	14579	6740	5993	9049
宁城县	42635	32432	23607	12517	10034	16469
敖汉旗	37603	34437	27246	14605	9492	15225

8-2　续表 4

单位：户

地　区	人均住房建筑面积(平方米)					
	20–29	30–39	40–49	50–59	60–69	70及以上
通辽市	**254230**	**204213**	**181714**	**63720**	**52240**	**100564**
科尔沁区	64124	47642	45683	18077	12815	29527
科尔沁左翼中旗	39425	26738	20725	5896	6465	9990
科尔沁左翼后旗	30561	24194	19891	4607	4600	9570
开鲁县	27718	24371	24377	5247	4743	10106
库伦旗	13465	11186	10451	3977	3048	4824
奈曼旗	29340	26787	23455	10418	9130	11787
扎鲁特旗	23014	20301	17473	6601	4999	8982
通辽经济技术开发区	12015	13369	12820	6147	4881	11805
霍林郭勒市	14568	9625	6839	2750	1559	3973
鄂尔多斯市	**130732**	**138041**	**112942**	**65262**	**56149**	**118238**
东胜区	34154	37884	28876	16105	12727	29901
康巴什区	5437	6609	5708	4405	2928	5632
达拉特旗	26164	25547	19265	11446	8767	15594
准格尔旗	24814	23867	17202	9805	8841	15977
鄂托克前旗	4259	4438	5310	2843	3324	7171
鄂托克旗	8789	9974	8643	5035	4278	10548
杭锦旗	7461	8638	8633	4250	3747	7060
乌审旗	8528	7696	8157	3664	4313	8896
伊金霍洛旗	11126	13388	11148	7709	7224	17459
呼伦贝尔市	**223494**	**183119**	**142056**	**62340**	**47061**	**97221**
海拉尔区	29677	33308	24549	10983	10255	22647
扎赉诺尔区	8770	9774	6598	3040	2627	3465
阿荣旗	24868	20364	17373	3946	3088	10148
莫力达瓦达斡尔族自治旗	22785	16636	12819	5439	4315	7602
鄂伦春自治旗	21099	12584	9802	5579	2914	4916
鄂温克族自治旗	12206	10969	8363	5994	3651	9286
陈巴尔虎旗	3706	3851	4373	1116	1014	3149
新巴尔虎左旗	2817	2550	1979	1131	689	1602
新巴尔虎右旗	2435	2224	2119	955	871	1662
满洲里市	14239	11605	11269	3108	2611	8810
牙克石市	32224	21596	13883	10178	6216	8593
扎兰屯市	30921	26129	19432	6210	6186	11101
额尔古纳市	7250	5558	5550	1801	1365	2992
根河市	10497	5971	3947	2860	1259	1248
巴彦淖尔市	**123176**	**143555**	**115854**	**62887**	**42521**	**79428**
临河区	43372	51423	41728	23187	17087	32007
五原县	20600	23866	17378	8466	5704	9614
磴口县	6597	8211	7244	5403	2887	5395
乌拉特前旗	24206	25361	18071	10131	6269	11154
乌拉特中旗	9168	9464	8411	4233	3429	6547
乌拉特后旗	3950	4208	4288	1594	1077	2934
杭锦后旗	15283	21022	18734	9873	6068	11777

8-2 续表 5

单位：户

地　　区	人均住房建筑面积(平方米)					
	20-29	30-39	40-49	50-59	60-69	70及以上
乌兰察布市	**195127**	**147741**	**117348**	**51268**	**29969**	**62725**
集宁区	32093	35622	27653	15055	9246	21085
卓资县	10060	8469	5050	2611	1532	2438
化德县	14462	6474	6901	3198	1416	3028
商都县	17070	14992	8942	3952	1769	4354
兴和县	22845	15822	11566	4971	2929	5542
凉城县	12777	14004	7585	3842	3570	4338
察哈尔右翼前旗	13104	12060	9752	3309	2531	4651
察哈尔右翼中旗	14533	6841	7222	2360	951	2522
察哈尔右翼后旗	14406	7766	7811	3481	1351	3502
四子王旗	19046	8753	10820	2988	1336	4582
丰镇市	24731	16938	14046	5501	3338	6683
兴安盟	**134033**	**103049**	**91359**	**31778**	**27027**	**54260**
乌兰浩特市	32535	25710	21249	9950	7154	16192
阿尔山市	3994	2434	1943	922	669	1031
科尔沁右翼前旗	25134	19598	20060	5445	4944	12217
科尔沁右翼中旗	20663	13633	12978	4598	3221	6693
扎赉特旗	32112	23454	19918	5973	5553	9777
突泉县	19595	18220	15211	4890	5486	8350
锡林郭勒盟	**95611**	**83608**	**73711**	**34255**	**21210**	**54981**
二连浩特市	5316	6484	4687	2559	1016	3538
锡林浩特市	28074	27241	22879	9652	6203	18825
阿巴嘎旗	2775	2218	2518	1694	581	1911
苏尼特左旗	2749	2026	1605	1385	822	1567
苏尼特右旗	5676	4714	3935	2845	1207	2836
东乌珠穆沁旗	5624	4315	3818	2188	1421	4074
西乌珠穆沁旗	7370	5873	5791	2536	1698	4772
太仆寺旗	13014	9700	9762	2840	2683	3884
镶黄旗	2427	1734	1934	1170	581	1409
正镶白旗	4620	3502	3605	1139	958	1684
正蓝旗	6524	5401	5375	2192	1601	4302
多伦县	9737	8653	6146	3358	1915	4549
乌拉盖管委会	1705	1747	1656	697	524	1630
阿拉善盟	**12563**	**17618**	**16159**	**10821**	**8977**	**19879**
阿拉善左旗	8421	12114	11583	7897	6707	14214
阿拉善右旗	849	1304	1573	1118	1124	2030
额济纳旗	1575	2305	2012	1117	879	2391
内蒙古阿拉善经济开发区	1718	1895	991	689	267	1244

8-2a　各地区按人均住房建筑面积分的家庭户户数(城市)

单位：户

地　区	家庭户户数	人均住房建筑面积(平方米)			
		8及以下	9-12	13-16	17-19
内蒙古	**3422193**	**26977**	**68733**	**137784**	**134087**
呼和浩特市	**785061**	**7294**	**15791**	**30398**	**29008**
新城区	208432	1208	2986	7695	7746
回民区	149952	3248	5528	7891	6560
玉泉区	173455	1900	5066	9096	8467
赛罕区	253222	938	2211	5716	6235
包头市	**725470**	**5726**	**15633**	**32630**	**30213**
东河区	164278	763	2216	5827	6721
昆都仑区	292427	2354	7206	14142	12958
青山区	193758	1794	4464	9660	8524
石拐区	6180	24	134	341	170
白云鄂博矿区	8818	23	110	367	418
九原区	60009	768	1503	2293	1422
乌海市	**193003**	**881**	**3183**	**5386**	**4971**
海勃湾区	119958	746	2400	3477	2825
海南区	26682	54	390	640	1086
乌达区	46363	81	393	1269	1060
赤峰市	**351305**	**2566**	**7351**	**17891**	**21323**
红山区	146578	687	3281	8397	9373
元宝山区	72171	151	979	3514	5465
松山区	132556	1728	3091	5980	6485
通辽市	**197086**	**677**	**3572**	**9982**	**10165**
科尔沁区	154050	428	2645	7703	7140
霍林郭勒市	43036	249	927	2279	3025
鄂尔多斯市	**211821**	**5388**	**7597**	**7515**	**5821**
东胜区	178503	5265	7256	6578	4910
康巴什区	33027	122	341	936	909
鄂托克旗	291	1		1	2
呼伦贝尔市	**369219**	**1049**	**5389**	**13742**	**13084**
海拉尔区	135213	106	949	3071	3982
扎赉诺尔区	34482	23	237	1138	907
满洲里市	56128	346	1381	2419	2006
牙克石市	56698	59	621	2404	2631
扎兰屯市	51336	402	1480	2770	1795
额尔古纳市	16656	53	270	678	433
根河市	18706	60	451	1262	1330
巴彦淖尔市	**151202**	**543**	**1855**	**4448**	**4400**
临河区	151202	543	1855	4448	4400
乌兰察布市	**184965**	**1774**	**4580**	**7037**	**5951**
集宁区	138736	1144	3059	4640	4699
丰镇市	46229	630	1521	2397	1252
兴安盟	**113650**	**221**	**1570**	**5307**	**5290**
乌兰浩特市	106413	206	1429	4749	5044
阿尔山市	7237	15	141	558	246
锡林郭勒盟	**139411**	**858**	**2212**	**3448**	**3861**
二连浩特市	26436	480	1074	1196	577
锡林浩特市	112975	378	1138	2252	3284

注：本表数据为居住在普通住宅的家庭户。

8-2a 续表 单位：户

地区	人均住房建筑面积(平方米)					
	20-29	30-39	40-49	50-59	60-69	70及以上
内蒙古	**786119**	**739134**	**535310**	**289813**	**222996**	**481240**
呼和浩特市	**164430**	**159236**	**118194**	**67484**	**55626**	**137600**
新城区	42824	42345	32463	19368	15777	36020
回民区	38166	33066	19575	10555	8096	17267
玉泉区	42874	37404	24679	12140	9276	22553
赛罕区	40566	46421	41477	25421	22477	61760
包头市	**175657**	**165196**	**102450**	**58768**	**53591**	**85606**
东河区	41684	39951	24591	14244	11450	16831
昆都仑区	71644	65794	38198	22302	22301	35528
青山区	44686	42297	26821	16475	14979	24058
石拐区	1324	1435	1369	409	342	632
白云鄂博矿区	2644	2102	1062	854	515	723
九原区	13675	13617	10409	4484	4004	7834
乌海市	**40193**	**45408**	**34086**	**17884**	**11784**	**29227**
海勃湾区	22646	26581	21955	12497	7783	19048
海南区	6886	6481	4556	1804	890	3895
乌达区	10661	12346	7575	3583	3111	6284
赤峰市	**93126**	**71216**	**49333**	**29286**	**19648**	**39565**
红山区	38853	29976	19654	12240	7990	16127
元宝山区	21763	15112	9337	6535	3600	5715
松山区	32510	26128	20342	10511	8058	17723
通辽市	**52644**	**39630**	**30962**	**15612**	**10281**	**23561**
科尔沁区	39054	30469	24787	13087	8838	19899
霍林郭勒市	13590	9161	6175	2525	1443	3662
鄂尔多斯市	**38880**	**43739**	**33741**	**19963**	**15047**	**34130**
东胜区	33421	37082	27924	15533	12114	28420
康巴什区	5437	6609	5708	4405	2928	5632
鄂托克旗	22	48	109	25	5	78
呼伦贝尔市	**90110**	**82897**	**64055**	**27223**	**22511**	**49159**
海拉尔区	28695	32297	23520	10597	9979	22017
扎赉诺尔区	8035	9390	6228	2793	2428	3303
满洲里市	13628	11303	10993	2862	2517	8673
牙克石市	16254	12104	7956	4928	3370	6371
扎兰屯市	13322	10719	8854	3628	2682	5684
额尔古纳市	4047	3384	3893	907	723	2268
根河市	6129	3700	2611	1508	812	843
巴彦淖尔市	**30146**	**34059**	**25902**	**15696**	**11454**	**22699**
临河区	30146	34059	25902	15696	11454	22699
乌兰察布市	**39836**	**42310**	**32381**	**17257**	**10056**	**23783**
集宁区	28942	31847	24466	13299	8193	18447
丰镇市	10894	10463	7915	3958	1863	5336
兴安盟	**30153**	**23532**	**18041**	**8858**	**6367**	**14311**
乌兰浩特市	27762	22254	16989	8309	5970	13701
阿尔山市	2391	1278	1052	549	397	610
锡林郭勒盟	**30944**	**31911**	**26165**	**11782**	**6631**	**21599**
二连浩特市	5157	6352	4618	2531	969	3482
锡林浩特市	25787	25559	21547	9251	5662	18117

8-2b　各地区按人均住房建筑面积分的家庭户户数(镇)

单位：户

地　区	家庭户户数	人均住房建筑面积(平方米)			
		8及以下	9-12	13-16	17-19
内蒙古	**2434059**	**26578**	**62850**	**109166**	**71686**
呼和浩特市	**175134**	**3579**	**6883**	**8742**	**4796**
新城区	939	3	25	54	12
回民区					
玉泉区					
赛罕区	905	9	21	31	10
土默特左旗	39240	482	1268	2154	932
托克托县	27617	1299	1897	1852	716
和林格尔县	24404	694	1020	1232	615
清水河县	14081	326	749	889	370
武川县	21529	560	1397	1225	490
呼和浩特经济技术开发区	46419	206	506	1305	1651
包头市	**161577**	**4005**	**7161**	**8383**	**4061**
东河区	8200	46	169	511	241
昆都仑区					
青山区	668			6	3
石拐区	182	1	4	7	1
白云鄂博矿区					
九原区	5416	86	304	579	158
土默特右旗	42051	975	2044	2502	1098
固阳县	21406	163	824	1192	493
达尔罕茂明安联合旗	14949	210	524	460	269
包头稀土高新技术产业开发区	68705	2524	3292	3126	1798
乌海市	**5156**	**80**	**219**	**411**	**204**
海勃湾区	1292	1	30	69	36
海南区	2886	78	174	311	157
乌达区	978	1	15	31	11
赤峰市	**399608**	**2814**	**7871**	**17464**	**14459**
红山区	8024	58	123	315	245
元宝山区	11278	40	207	543	618
松山区	8441	31	131	454	285
阿鲁科尔沁旗	38872	347	773	1441	1146
巴林左旗	42696	207	606	1379	1143
巴林右旗	33827	94	477	1283	1232
林西县	40569	155	763	2117	1519
克什克腾旗	34659	187	547	1366	1286
翁牛特旗	45597	158	483	1286	1156
喀喇沁旗	36707	135	693	1752	1562
宁城县	50258	600	1629	3133	2454
敖汉旗	48680	802	1439	2395	1813

注：本表数据为居住在普通住宅的家庭户。

8-2b 续表 1

单位：户

地　区	家庭户户数	人均住房建筑面积(平方米)			
		8及以下	9-12	13-16	17-19
通辽市	**292773**	**1575**	**4763**	**11986**	**9624**
科尔沁区	14772	30	187	634	431
科尔沁左翼中旗	38976	76	565	1784	1612
科尔沁左翼后旗	37171	128	539	1623	1199
开鲁县	41367	147	696	1794	1647
库伦旗	21460	130	278	800	443
奈曼旗	42074	520	992	1971	1338
扎鲁特旗	41647	475	1084	1917	1490
通辽经济技术开发区	55181	69	419	1451	1460
霍林郭勒市	125		3	12	4
鄂尔多斯市	**329304**	**8046**	**14049**	**15092**	**8078**
东胜区	854	2	1	9	2
康巴什区					
达拉特旗	69723	1291	2867	3417	1789
准格尔旗	85681	3576	5236	4977	2602
鄂托克前旗	17876	95	364	731	335
鄂托克旗	43157	1193	1745	1514	891
杭锦旗	24829	198	574	623	483
乌审旗	29055	770	1489	1450	760
伊金霍洛旗	58129	921	1773	2371	1216
呼伦贝尔市	**270448**	**1228**	**6290**	**16054**	**12377**
海拉尔区	589	1	17	30	23
扎赉诺尔区	2341	8	41	86	109
阿荣旗	42582	243	862	1841	1620
莫力达瓦达斡尔族自治旗	28067	278	888	1836	1188
鄂伦春自治旗	50059	213	1340	3914	2236
鄂温克族自治旗	41666	29	300	1004	1579
陈巴尔虎旗	13460	27	131	325	390
新巴尔虎左旗	7172	17	91	264	273
新巴尔虎右旗	8757	20	123	324	164
满洲里市	1873	3	23	125	56
牙克石市	44163	259	1565	4058	2621
扎兰屯市	11641	60	318	789	514
额尔古纳市	4963	9	102	376	201
根河市	13115	61	489	1082	1403
巴彦淖尔市	**203859**	**1061**	**3223**	**5874**	**3938**
临河区	5366	31	66	164	94
五原县	42706	338	889	1261	838
磴口县	21062	20	141	467	366
乌拉特前旗	53885	446	1359	1924	1144
乌拉特中旗	23996	145	429	1021	345
乌拉特后旗	13180	28	124	420	270
杭锦后旗	43664	53	215	617	881

8-2b　续表 2　　　　单位：户

地　　区	家庭户户　数	人均住房建筑面积(平方米)			
		8及以下	9-12	13-16	17-19
乌兰察布市	**206215**	**2386**	**6594**	**10093**	**4409**
集宁区	4622	4	33	101	114
卓资县	15466	289	603	965	346
化德县	22828	103	602	1197	418
商都县	31401	288	919	1721	1005
兴和县	29185	523	1180	1528	560
凉城县	19833	246	625	947	304
察哈尔右翼前旗	20409	151	479	675	421
察哈尔右翼中旗	12521	64	258	394	259
察哈尔右翼后旗	20858	142	476	945	273
四子王旗	26081	561	1312	1308	654
丰镇市	3011	15	107	312	55
兴安盟	**155543**	**619**	**2524**	**7960**	**4578**
乌兰浩特市	6875	19	193	650	144
阿尔山市	4335	9	72	276	167
科尔沁右翼前旗	30166	33	213	807	669
科尔沁右翼中旗	33678	355	835	2004	1278
扎赉特旗	50097	80	761	2634	1539
突泉县	30392	123	450	1589	781
锡林郭勒盟	**156658**	**824**	**2425**	**5535**	**3963**
二连浩特市	126	20	25	28	8
锡林浩特市	432	1	2	21	3
阿巴嘎旗	8360	9	80	191	126
苏尼特左旗	7335	44	161	322	205
苏尼特右旗	19134	109	387	906	313
东乌珠穆沁旗	17893	144	321	777	435
西乌珠穆沁旗	21928	72	219	611	641
太仆寺旗	18462	106	327	758	463
镶黄旗	6986	18	57	204	177
正镶白旗	9136	100	247	417	344
正蓝旗	15463	30	138	331	353
多伦县	24005	167	433	850	711
乌拉盖管委会	7398	4	28	119	184
阿拉善盟	**77784**	**361**	**848**	**1572**	**1199**
阿拉善左旗	53469	223	561	957	753
阿拉善右旗	6738	11	38	75	55
额济纳旗	10124	50	101	278	153
内蒙古阿拉善经济开发区	7453	77	148	262	238

8-2b 续表 3

单位：户

地　　区	人均住房建筑面积(平方米)					
	20-29	30-39	40-49	50-59	60-69	70及以上
内蒙古	**567306**	**503219**	**428358**	**211205**	**131017**	**322674**
呼和浩特市	**43553**	**36485**	**28163**	**13131**	**6536**	**23266**
新城区	236	158	163	63	131	94
回民区						
玉泉区						
赛罕区	145	115	177	78	116	203
土默特左旗	9371	7735	6812	3126	1371	5989
托克托县	6498	6323	3394	2404	1014	2220
和林格尔县	5901	5303	3989	1918	988	2744
清水河县	3482	3224	1705	1278	845	1213
武川县	5552	4195	3973	1566	481	2090
呼和浩特经济技术开发区	12368	9432	7950	2698	1590	8713
包头市	**35476**	**33092**	**27772**	**11706**	**8535**	**21386**
东河区	2476	1339	1587	639	247	945
昆都仑区						
青山区	208	45	155	127	24	100
石拐区	41	63	28	5	18	14
白云鄂博矿区						
九原区	1432	1200	748	298	251	360
土默特右旗	9744	9308	6970	3339	1800	4271
固阳县	5405	4466	3840	2087	654	2282
达尔罕茂明安联合旗	2920	3083	3694	1024	612	2153
包头稀土高新技术产业开发区	13250	13588	10750	4187	4929	11261
乌海市	**1092**	**971**	**908**	**297**	**410**	**564**
海勃湾区	277	320	301	43	97	118
海南区	639	471	430	157	172	297
乌达区	176	180	177	97	141	149
赤峰市	**105911**	**84436**	**71061**	**29063**	**20375**	**46154**
红山区	1816	1609	1197	700	704	1257
元宝山区	2827	2073	1844	1110	706	1310
松山区	1917	1750	1502	652	629	1090
阿鲁科尔沁旗	9250	8499	7908	2886	1980	4642
巴林左旗	10174	8974	7693	2725	2234	7561
巴林右旗	8818	7738	6209	2686	1723	3567
林西县	11181	8791	7186	2663	1951	4243
克什克腾旗	9119	7479	6796	2447	1695	3737
翁牛特旗	12697	9716	9139	3179	2454	5329
喀喇沁旗	11070	7065	6219	2519	1724	3968
宁城县	13927	10312	7582	3575	2202	4844
敖汉旗	13115	10430	7786	3921	2373	4606

8-2b　续表 4　　单位：户

地　　区	人均住房建筑面积(平方米)					
	20-29	30-39	40-49	50-59	60-69	70及以上
通辽市	**69955**	**60717**	**58588**	**22150**	**15299**	**38116**
科尔沁区	3376	2918	3410	1004	823	1959
科尔沁左翼中旗	10741	8008	7688	2452	1575	4475
科尔沁左翼后旗	9359	7647	7811	2090	1553	5222
开鲁县	10852	9032	8817	2608	1814	3960
库伦旗	4870	4113	4939	1867	1035	2985
奈曼旗	9852	8871	7558	3712	2510	4750
扎鲁特旗	11017	8815	7731	3051	1741	4326
通辽经济技术开发区	9853	11261	10630	5361	4242	10435
霍林郭勒市	35	52	4	5	6	4
鄂尔多斯市	**65668**	**66415**	**49666**	**29242**	**23328**	**49720**
东胜区	49	90	186	120	115	280
康巴什区						
达拉特旗	15746	15193	10491	6599	3979	8351
准格尔旗	18038	17512	11888	6216	5831	9805
鄂托克前旗	3208	3140	2919	1841	1603	3640
鄂托克旗	7823	8726	6538	4015	3191	7521
杭锦旗	4471	5144	4281	2729	1957	4369
乌审旗	6683	5223	4584	1807	1539	4750
伊金霍洛旗	9650	11387	8779	5915	5113	11004
呼伦贝尔市	**75563**	**52460**	**42440**	**23633**	**12727**	**27676**
海拉尔区	144	102	86	65	53	68
扎赉诺尔区	735	384	370	247	199	162
阿荣旗	11719	9191	8372	2397	1348	4989
莫力达瓦达斡尔族自治旗	7924	5493	4710	1741	1187	2822
鄂伦春自治旗	16174	8774	6888	5018	1991	3511
鄂温克族自治旗	8947	8211	6622	4555	2574	7845
陈巴尔虎旗	2738	2770	3381	759	593	2346
新巴尔虎左旗	1545	1675	1312	672	318	1005
新巴尔虎右旗	1803	1796	1775	794	591	1367
满洲里市	611	302	276	246	94	137
牙克石市	13883	8026	4889	4652	2435	1775
扎兰屯市	3170	2623	1899	598	566	1104
额尔古纳市	1842	850	542	538	332	171
根河市	4328	2263	1318	1351	446	374
巴彦淖尔市	**39741**	**48179**	**37675**	**23746**	**11846**	**28576**
临河区	946	1305	1148	505	412	695
五原县	9420	10830	7780	4337	2014	4999
磴口县	3472	4461	3729	3602	1510	3294
乌拉特前旗	10799	13012	9451	5981	2995	6774
乌拉特中旗	4442	4592	4444	2434	1769	4375
乌拉特后旗	2769	2795	3121	1119	578	1956
杭锦后旗	7893	11184	8002	5768	2568	6483

8-2b 续表 5

单位：户

地　　区	人均住房建筑面积(平方米)					
	20-29	30-39	40-49	50-59	60-69	70及以上
乌兰察布市	**46143**	**44649**	**37197**	**21639**	**7711**	**25394**
集宁区	887	1063	729	747	156	788
卓资县	3072	3107	3018	1439	824	1803
化德县	5969	4187	4208	2655	949	2540
商都县	7012	6925	5983	2803	1091	3654
兴和县	6500	6872	3914	3559	930	3619
凉城县	3873	4789	2903	2565	1067	2514
察哈尔右翼前旗	4405	4619	4503	1632	773	2751
察哈尔右翼中旗	2850	2619	2839	1403	317	1518
察哈尔右翼后旗	4279	4815	3917	2470	733	2808
四子王旗	6166	5138	4629	2256	800	3257
丰镇市	1130	515	554	110	71	142
兴安盟	**39511**	**29763**	**30033**	**11494**	**8696**	**20365**
乌兰浩特市	2164	823	1553	494	343	492
阿尔山市	1275	945	676	330	238	347
科尔沁右翼前旗	5621	5934	6471	2557	2171	5690
科尔沁右翼中旗	8924	6204	5991	2733	1707	3647
扎赉特旗	13517	10131	9678	3415	2378	5964
突泉县	8010	5726	5664	1965	1859	4225
锡林郭勒盟	**33429**	**30261**	**30727**	**15587**	**8244**	**25663**
二连浩特市	21	17	3		4	
锡林浩特市	62	107	44	15	154	23
阿巴嘎旗	1359	1476	2090	1107	375	1547
苏尼特左旗	1487	1259	1163	935	569	1190
苏尼特右旗	3867	4015	3595	2195	1065	2682
东乌珠穆沁旗	3666	3281	3132	1624	1112	3401
西乌珠穆沁旗	4782	4105	4453	2007	1120	3918
太仆寺旗	4294	3571	4187	1671	642	2443
镶黄旗	1382	1201	1327	960	446	1214
正镶白旗	2049	1671	1778	806	486	1238
正蓝旗	3161	2951	3161	1332	870	3136
多伦县	5841	5103	4309	2303	939	3349
乌拉盖管委会	1458	1504	1485	632	462	1522
阿拉善盟	**11264**	**15791**	**14128**	**9517**	**7310**	**15794**
阿拉善左旗	7363	10594	9842	6814	5382	10980
阿拉善右旗	738	1145	1373	967	891	1445
额济纳旗	1484	2169	1929	1051	773	2136
内蒙古阿拉善经济开发区	1679	1883	984	685	264	1233

8-2c 各地区按人均住房建筑面积分的家庭户户数(乡村)

单位：户

地　　区	家庭户户　数	人均住房建筑面积(平方米)			
		8及以下	9-12	13-16	17-19
内蒙古	**2960796**	**30783**	**106186**	**219715**	**93780**
呼和浩特市	**293008**	**8614**	**23049**	**34055**	**8724**
新城区	28501	715	1797	2686	972
回民区	5963	155	396	401	192
玉泉区	21274	313	963	1756	810
赛罕区	56140	2763	4537	5364	1170
土默特左旗	69802	1746	5819	9027	2371
托克托县	38522	1191	3502	5857	1499
和林格尔县	32312	1099	2832	4612	828
清水河县	19555	311	1215	964	270
武川县	20939	321	1988	3388	612
呼和浩特经济技术开发区					
包头市	**165662**	**4456**	**16140**	**19677**	**5019**
东河区	17272	426	1176	1928	422
昆都仑区	11346	175	525	918	259
青山区	7349	283	785	930	226
石拐区	2567	35	164	170	40
白云鄂博矿区					
九原区	21637	342	1154	2234	923
土默特右旗	57338	2125	7776	8097	1985
固阳县	30089	925	3965	4169	896
达尔罕茂明安联合旗	15183	26	310	803	209
包头稀土高新技术产业开发区	2881	119	285	428	59
乌海市	**7913**	**38**	**160**	**223**	**83**
海勃湾区	4978	37	142	194	71
海南区	2935	1	18	29	12
乌达区					
赤峰市	**703784**	**6154**	**18725**	**44243**	**23055**
红山区	5063	11	69	248	156
元宝山区	24907	133	414	825	511
松山区	99478	766	2538	5917	3508
阿鲁科尔沁旗	53539	270	991	2848	1510
巴林左旗	67795	678	1806	4091	2021
巴林右旗	23869	208	550	1558	1111
林西县	33082	254	1122	2565	696
克什克腾旗	35196	240	833	2110	1068
翁牛特旗	80870	491	2236	5467	3192
喀喇沁旗	57462	294	1787	4344	1846
宁城县	111266	932	3459	7708	3915
敖汉旗	111257	1877	2920	6562	3521

注：本表数据为居住在普通住宅的家庭户。

8－2c 续表 1

单位：户

地区	家庭户户数	人均住房建筑面积(平方米)			
		8及以下	9－12	13－16	17－19
通辽市	**479341**	**1545**	**8635**	**31952**	**18043**
科尔沁区	77877	159	1087	5110	3277
科尔沁左翼中旗	90476	561	3281	8752	3582
科尔沁左翼后旗	71621	221	1597	6646	3416
开鲁县	66353	103	625	3170	2976
库伦旗	30638	164	570	1995	767
奈曼旗	80240	131	662	3448	2335
扎鲁特旗	48722	182	657	2106	1088
通辽经济技术开发区	10254	15	71	448	465
霍林郭勒市	3160	9	85	277	137
鄂尔多斯市	**164917**	**1398**	**4025**	**5713**	**1956**
东胜区	4932	84	215	249	71
康巴什区					
达拉特旗	51026	360	1166	2203	873
准格尔旗	35821	547	1721	1867	470
鄂托克前旗	11232	15	46	122	55
鄂托克旗	9412	18	53	121	54
杭锦旗	17450	15	88	348	161
乌审旗	17388	83	175	320	142
伊金霍洛旗	17656	276	561	483	130
呼伦贝尔市	**214903**	**1200**	**4931**	**13559**	**10376**
海拉尔区	4122	9	72	123	122
扎赉诺尔区					
阿荣旗	48869	274	1123	2819	2882
莫力达瓦达斡尔族自治旗	53592	181	1204	3591	2897
鄂伦春自治旗	16917	49	409	1386	535
鄂温克族自治旗	12847	16	139	475	502
陈巴尔虎旗	4943	11	57	154	99
新巴尔虎左旗	5177	245	189	399	103
新巴尔虎右旗	2914	190	240	197	147
满洲里市					
牙克石市	7613	42	313	593	618
扎兰屯市	52094	140	1061	3512	2251
额尔古纳市	5702	43	123	308	209
根河市	113		1	2	11
巴彦淖尔市	**256522**	**1134**	**3898**	**9433**	**4355**
临河区	67560	223	602	1670	1228
五原县	50009	191	760	2012	798
磴口县	16526	21	152	436	248
乌拉特前旗	52544	454	1581	3291	1038
乌拉特中旗	20858	115	366	839	342
乌拉特后旗	6084	8	50	191	122
杭锦后旗	42941	122	387	994	579

8-2c　续表 2　　　　单位：户

地　区	家庭户户　数	人均住房建筑面积(平方米)			
		8及以下	9-12	13-16	17-19
乌兰察布市	**325891**	**4121**	**18029**	**36925**	**10994**
集宁区	12102	74	223	377	238
卓资县	23322	307	1471	4015	632
化德县	18133	142	924	1803	293
商都县	44931	899	3665	11028	5728
兴和县	44031	361	1424	3492	473
凉城县	33642	272	1274	3050	641
察哈尔右翼前旗	30774	153	745	2686	466
察哈尔右翼中旗	27467	198	1448	2340	598
察哈尔右翼后旗	24264	356	2113	1892	608
四子王旗	30676	567	1822	2448	560
丰镇市	36549	792	2920	3794	757
兴安盟	**230018**	**1197**	**4915**	**15069**	**8455**
乌兰浩特市	12999	56	183	474	350
阿尔山市	1136	2	46	86	97
科尔沁右翼前旗	67979	365	1340	4456	2864
科尔沁右翼中旗	37047	152	652	2378	1285
扎赉特旗	61547	361	1703	5076	2703
突泉县	49310	261	991	2599	1156
锡林郭勒盟	**106157**	**896**	**3543**	**8653**	**2632**
二连浩特市	496	5	11	24	10
锡林浩特市	7609	63	276	542	182
阿巴嘎旗	4900	157	295	607	98
苏尼特左旗	4674	108	281	532	202
苏尼特右旗	5438	36	401	982	225
东乌珠穆沁旗	6752	104	469	754	201
西乌珠穆沁旗	8905	54	235	737	224
太仆寺旗	27911	147	569	1704	416
镶黄旗	3232	4	81	326	96
正镶白旗	8570	83	177	735	95
正蓝旗	12091	25	272	639	371
多伦县	14583	105	451	1018	495
乌拉盖管委会	996	5	25	53	17
阿拉善盟	**12680**	**30**	**136**	**213**	**88**
阿拉善左旗	10307	17	97	152	80
阿拉善右旗	1492	7	19	23	4
额济纳旗	783	4	12	27	3
内蒙古阿拉善经济开发区	98	2	8	11	1

8-2c 续表 3 单位：户

地区	人均住房建筑面积(平方米)					
	20-29	30-39	40-49	50-59	60-69	70及以上
内蒙古	**784596**	**612164**	**486020**	**184675**	**177848**	**265029**
呼和浩特市	**79921**	**50912**	**37303**	**15237**	**12256**	**22937**
新城区	8200	4576	4016	1853	816	2870
回民区	1178	1232	881	601	213	714
玉泉区	6551	3675	3041	1172	771	2222
赛罕区	12095	8921	6813	3515	3274	7688
土默特左旗	19755	12155	8719	3379	2906	3925
托克托县	10314	7180	4060	1939	1108	1872
和林格尔县	8510	6314	3958	1261	1172	1726
清水河县	5927	3899	3071	977	1601	1320
武川县	7391	2960	2744	540	395	600
呼和浩特经济技术开发区						
包头市	**50561**	**29658**	**17387**	**7527**	**6974**	**8263**
东河区	4919	3406	1838	1177	706	1274
昆都仑区	3012	2553	1755	577	405	1167
青山区	2027	1255	790	314	275	464
石拐区	694	389	340	248	147	340
白云鄂博矿区						
九原区	5888	4199	2770	1345	1110	1672
土默特右旗	18024	9044	5091	1894	1713	1589
固阳县	10926	3897	2363	1421	724	803
达尔罕茂明安联合旗	4381	4477	2208	388	1767	614
包头稀土高新技术产业开发区	690	438	232	163	127	340
乌海市	**1310**	**1469**	**1606**	**811**	**583**	**1630**
海勃湾区	988	986	853	479	305	923
海南区	322	483	753	332	278	707
乌达区						
赤峰市	**177825**	**155494**	**110282**	**52168**	**50389**	**65449**
红山区	1015	956	820	463	590	735
元宝山区	4238	4623	4313	2631	2693	4526
松山区	24669	21840	15414	7133	7574	10119
阿鲁科尔沁旗	13345	12475	9483	3779	3986	4852
巴林左旗	18216	16198	10330	3837	4685	5933
巴林右旗	6893	6111	3274	1470	1195	1499
林西县	9263	6810	5310	2151	2808	2103
克什克腾旗	9993	9570	4868	1990	2487	2037
翁牛特旗	22244	18277	12625	4867	5151	6320
喀喇沁旗	14753	12507	8360	4221	4269	5081
宁城县	28708	22120	16025	8942	7832	11625
敖汉旗	24488	24007	19460	10684	7119	10619

8-2c 续表 4

单位：户

地 区	人均住房建筑面积(平方米)					
	20-29	30-39	40-49	50-59	60-69	70及以上
通辽市	**131631**	**103866**	**92164**	**25958**	**26660**	**38887**
科尔沁区	21694	14255	17486	3986	3154	7669
科尔沁左翼中旗	28684	18730	13037	3444	4890	5515
科尔沁左翼后旗	21202	16547	12080	2517	3047	4348
开鲁县	16866	15339	15560	2639	2929	6146
库伦旗	8595	7073	5512	2110	2013	1839
奈曼旗	19488	17916	15897	6706	6620	7037
扎鲁特旗	11997	11486	9742	3550	3258	4656
通辽经济技术开发区	2162	2108	2190	786	639	1370
霍林郭勒市	943	412	660	220	110	307
鄂尔多斯市	**26184**	**27887**	**29535**	**16057**	**17774**	**34388**
东胜区	684	712	766	452	498	1201
康巴什区						
达拉特旗	10418	10354	8774	4847	4788	7243
准格尔旗	6776	6355	5314	3589	3010	6172
鄂托克前旗	1051	1298	2391	1002	1721	3531
鄂托克旗	944	1200	1996	995	1082	2949
杭锦旗	2990	3494	4352	1521	1790	2691
乌审旗	1845	2473	3573	1857	2774	4146
伊金霍洛旗	1476	2001	2369	1794	2111	6455
呼伦贝尔市	**57821**	**47762**	**35561**	**11484**	**11823**	**20386**
海拉尔区	838	909	943	321	223	562
扎赉诺尔区						
阿荣旗	13149	11173	9001	1549	1740	5159
莫力达瓦达斡尔族自治旗	14861	11143	8109	3698	3128	4780
鄂伦春自治旗	4925	3810	2914	561	923	1405
鄂温克族自治旗	3259	2758	1741	1439	1077	1441
陈巴尔虎旗	968	1081	992	357	421	803
新巴尔虎左旗	1272	875	667	459	371	597
新巴尔虎右旗	632	428	344	161	280	295
满洲里市						
牙克石市	2087	1466	1038	598	411	447
扎兰屯市	14429	12787	8679	1984	2938	4313
额尔古纳市	1361	1324	1115	356	310	553
根河市	40	8	18	1	1	31
巴彦淖尔市	**53289**	**61317**	**52277**	**23445**	**19221**	**28153**
临河区	12280	16059	14678	6986	5221	8613
五原县	11180	13036	9598	4129	3690	4615
磴口县	3125	3750	3515	1801	1377	2101
乌拉特前旗	13407	12349	8620	4150	3274	4380
乌拉特中旗	4726	4872	3967	1799	1660	2172
乌拉特后旗	1181	1413	1167	475	499	978
杭锦后旗	7390	9838	10732	4105	3500	5294

8-2c 续表 5

单位：户

地 区	人均住房建筑面积(平方米)					
	20-29	30-39	40-49	50-59	60-69	70及以上
乌兰察布市	**109148**	**60782**	**47770**	**12372**	**12202**	**13548**
集宁区	2264	2712	2458	1009	897	1850
卓资县	6988	5362	2032	1172	708	635
化德县	8493	2287	2693	543	467	488
商都县	10058	8067	2959	1149	678	700
兴和县	16345	8950	7652	1412	1999	1923
凉城县	8904	9215	4682	1277	2503	1824
察哈尔右翼前旗	8699	7441	5249	1677	1758	1900
察哈尔右翼中旗	11683	4222	4383	957	634	1004
察哈尔右翼后旗	10127	2951	3894	1011	618	694
四子王旗	12880	3615	6191	732	536	1325
丰镇市	12707	5960	5577	1433	1404	1205
兴安盟	**64369**	**49754**	**43285**	**11426**	**11964**	**19584**
乌兰浩特市	2609	2633	2707	1147	841	1999
阿尔山市	328	211	215	43	34	74
科尔沁右翼前旗	19513	13664	13589	2888	2773	6527
科尔沁右翼中旗	11739	7429	6987	1865	1514	3046
扎赉特旗	18595	13323	10240	2558	3175	3813
突泉县	11585	12494	9547	2925	3627	4125
锡林郭勒盟	**31238**	**21436**	**16819**	**6886**	**6335**	**7719**
二连浩特市	138	115	66	28	43	56
锡林浩特市	2225	1575	1288	386	387	685
阿巴嘎旗	1416	742	428	587	206	364
苏尼特左旗	1262	767	442	450	253	377
苏尼特右旗	1809	699	340	650	142	154
东乌珠穆沁旗	1958	1034	686	564	309	673
西乌珠穆沁旗	2588	1768	1338	529	578	854
太仆寺旗	8720	6129	5575	1169	2041	1441
镶黄旗	1045	533	607	210	135	195
正镶白旗	2571	1831	1827	333	472	446
正蓝旗	3363	2450	2214	860	731	1166
多伦县	3896	3550	1837	1055	976	1200
乌拉盖管委会	247	243	171	65	62	108
阿拉善盟	**1299**	**1827**	**2031**	**1304**	**1667**	**4085**
阿拉善左旗	1058	1520	1741	1083	1325	3234
阿拉善右旗	111	159	200	151	233	585
额济纳旗	91	136	83	66	106	255
内蒙古阿拉善经济开发区	39	12	7	4	3	11

8-3　各地区按家庭户类别和住房间数分的家庭户户数

单位：户

地　区	家庭户户　数	一代户				
		一间	二间	三间	四间	五间及以上
内蒙古	**8817048**	**1042248**	**2508597**	**1012998**	**155693**	**71911**
呼和浩特市	**1253203**	**201351**	**350373**	**109620**	**14913**	**7089**
新城区	237872	22035	70028	24290	2812	648
回民区	155915	20316	50527	7900	496	89
玉泉区	194729	30189	56101	12040	1089	354
赛罕区	310267	30803	82036	44101	6575	2517
土默特左旗	109042	34518	28277	5068	1147	982
托克托县	66139	22440	12668	2887	624	557
和林格尔县	56716	14515	15525	3578	642	563
清水河县	33636	5535	10832	5644	801	928
武川县	42468	17425	11015	1122	113	44
呼和浩特经济技术开发区	46419	3575	13364	2990	614	407
包头市	**1052709**	**145950**	**353555**	**75561**	**7593**	**3036**
东河区	189750	14857	78801	10669	932	360
昆都仑区	303773	28562	99527	23527	2141	787
青山区	201775	21563	67152	17905	1525	674
石拐区	8929	1553	3873	720	76	68
白云鄂博矿区	8818	365	4936	234	14	3
九原区	87062	13221	24124	7138	1031	412
土默特右旗	99389	31801	26829	4583	691	321
固阳县	51495	17220	16227	1772	265	138
达尔罕茂明安联合旗	30132	7045	13153	1429	97	61
包头稀土高新技术产业开发区	71586	9763	18933	7584	821	212
乌海市	**206072**	**17009**	**65344**	**26275**	**1591**	**1237**
海勃湾区	126228	11343	34525	18126	1069	791
海南区	32503	2953	11657	3643	235	87
乌达区	47341	2713	19162	4506	287	359
赤峰市	**1454697**	**109394**	**315623**	**247845**	**50837**	**20002**
红山区	159665	9615	36742	24131	2859	946
元宝山区	108356	5601	35003	12686	2414	629
松山区	240475	16355	47606	40543	6990	1615
阿鲁科尔沁旗	92411	9019	20304	18679	3295	587
巴林左旗	110491	15107	26278	19453	2991	621
巴林右旗	57696	6763	16618	6758	489	159
林西县	73651	5166	15728	18259	2936	969
克什克腾旗	69855	7743	18251	12830	1407	471
翁牛特旗	126467	6326	21547	34032	7239	1987
喀喇沁旗	94169	8797	24205	11777	1352	308
宁城县	161524	7576	26355	22737	8526	6113
敖汉旗	159937	11326	26986	25960	10339	5597

注：本表数据为居住在普通住宅的家庭户。

8-3 续表 1

单位：户

地区	家庭户户数	一代户				
		一间	二间	三间	四间	五间及以上
通辽市	**969200**	**61703**	**221200**	**132245**	**20906**	**7938**
科尔沁区	246699	12402	60295	40653	5062	1672
科尔沁左翼中旗	129452	8297	25818	15963	1478	600
科尔沁左翼后旗	108792	9186	26055	11762	1081	519
开鲁县	107720	6261	20876	19364	3093	2003
库伦旗	52098	5437	14179	3838	984	234
奈曼旗	122314	4684	20536	17856	6178	1764
扎鲁特旗	90369	9442	24250	10186	1341	352
通辽经济技术开发区	65435	2785	14470	10055	1463	602
霍林郭勒市	46321	3209	14721	2568	226	192
鄂尔多斯市	**706042**	**94884**	**146747**	**93644**	**16851**	**11316**
东胜区	184289	22058	33408	22007	2695	1084
康巴什区	33027	4661	3730	3901	598	222
达拉特旗	120749	19861	29819	13187	2698	1797
准格尔旗	121502	21292	25139	14753	2804	2954
鄂托克前旗	29108	1953	7136	4839	1116	538
鄂托克旗	52860	6710	10821	8227	1388	1008
杭锦旗	42279	4496	12283	6389	1529	1274
乌审旗	46443	5326	8353	7630	1883	940
伊金霍洛旗	75785	8527	16058	12711	2140	1499
呼伦贝尔市	**854570**	**100395**	**305561**	**63266**	**7925**	**4239**
海拉尔区	139924	9580	55659	11204	1143	1261
扎赉诺尔区	36823	1811	19525	1552	225	127
阿荣旗	91451	9828	24245	10000	692	210
莫力达瓦达斡尔族自治旗	81659	10285	24097	6490	922	221
鄂伦春自治旗	66976	11623	24169	3079	509	265
鄂温克族自治旗	54513	3654	18940	7400	908	296
陈巴尔虎旗	18403	1223	7389	1679	335	212
新巴尔虎左旗	12349	1171	3955	1029	319	165
新巴尔虎右旗	11671	1240	3963	811	150	50
满洲里市	58001	6437	20118	3650	434	205
牙克石市	108474	16146	44496	6111	1079	455
扎兰屯市	115071	15327	35313	7813	656	232
额尔古纳市	27321	3258	11093	1569	443	368
根河市	31934	8812	12599	879	110	172
巴彦淖尔市	**611583**	**64036**	**196873**	**89776**	**11832**	**5369**
临河区	224128	18495	62720	37055	3836	1869
五原县	92715	10496	34083	11131	1659	583
磴口县	37588	2578	13638	7022	990	460
乌拉特前旗	106429	17201	36643	11854	1747	881
乌拉特中旗	44854	7259	16728	5507	697	288
乌拉特后旗	19264	2259	5942	2700	335	152
杭锦后旗	86605	5748	27119	14507	2568	1136

8-3　续表 2　　　　单位：户

地　　区	家庭户户　数	一代户				
		一间	二间	三间	四间	五间及以上
乌兰察布市	**717071**	**155398**	**269550**	**55959**	**7353**	**3001**
集宁区	155460	14886	57624	12699	928	432
卓资县	38788	16304	11112	1824	286	104
化德县	40961	6911	19848	2857	293	139
商都县	76332	31485	21043	2680	225	66
兴和县	73216	11466	27121	10225	1273	731
凉城县	53475	12559	18947	5134	1274	387
察哈尔右翼前旗	51183	11370	19158	5095	890	366
察哈尔右翼中旗	39988	7861	19032	3504	365	127
察哈尔右翼后旗	45122	9876	20491	2203	335	98
四子王旗	56757	14611	23353	3135	289	59
丰镇市	85789	18069	31821	6603	1195	492
兴安盟	**499211**	**51171**	**138713**	**51136**	**5365**	**2160**
乌兰浩特市	126287	15704	37344	9386	922	559
阿尔山市	12708	2479	4832	504	54	44
科尔沁右翼前旗	98145	8804	25018	11980	1132	445
科尔沁右翼中旗	70725	5758	18031	7807	656	252
扎赉特旗	111644	9584	33513	9659	869	388
突泉县	79702	8842	19975	11800	1732	472
锡林郭勒盟	**402226**	**35213**	**123906**	**50697**	**7865**	**4096**
二连浩特市	27058	3854	7749	2139	224	223
锡林浩特市	121016	6825	36551	13431	1068	453
阿巴嘎旗	13260	1389	4045	1717	258	191
苏尼特左旗	12009	1221	3945	918	157	119
苏尼特右旗	24572	3546	9836	1353	229	78
东乌珠穆沁旗	24645	2402	6975	2363	430	242
西乌珠穆沁旗	30833	3238	8862	3083	471	290
太仆寺旗	46373	1774	13648	12578	2837	1259
镶黄旗	10218	1105	3291	1275	285	64
正镶白旗	17706	2076	6246	2753	388	288
正蓝旗	27554	2950	9422	3367	627	270
多伦县	38588	4140	10280	4852	822	559
乌拉盖管委会	8394	693	3056	868	69	60
阿拉善盟	**90464**	**5744**	**21152**	**16974**	**2662**	**2428**
阿拉善左旗	63776	3531	14215	12758	2239	1834
阿拉善右旗	8230	479	2040	1717	268	415
额济纳旗	10907	725	2704	1895	128	173
内蒙古阿拉善经济开发区	7551	1009	2193	604	27	6

8-3 续表 3

单位：户

地 区	二代户				
	一间	二间	三间	四间	五间及以上
内蒙古	**333309**	**1959343**	**961608**	**131370**	**57551**
呼和浩特市	**74040**	**310098**	**108856**	**13450**	**4866**
新城区	10467	63671	27000	2921	538
回民区	8678	50247	8939	640	75
玉泉区	13411	57895	14043	1166	291
赛罕区	10578	64365	42465	6140	1841
土默特左旗	10816	19743	3992	848	902
托克托县	9140	12335	3351	433	268
和林格尔县	4416	12112	2680	344	291
清水河县	1608	5370	2030	293	248
武川县	3579	7571	833	54	15
呼和浩特经济技术开发区	1347	16789	3523	611	397
包头市	**45380**	**289316**	**81816**	**7890**	**2647**
东河区	4746	59907	11003	927	316
昆都仑区	12774	91408	28345	2703	918
青山区	6227	56808	18488	1494	592
石拐区	182	1693	457	25	23
白云鄂博矿区	48	2814	155	9	5
九原区	4572	23979	8001	1010	341
土默特右旗	8442	19841	4434	533	155
固阳县	3202	10167	1333	135	46
达尔罕茂明安联合旗	1428	5512	837	47	27
包头稀土高新技术产业开发区	3759	17187	8763	1007	224
乌海市	**3155**	**50696**	**28527**	**1456**	**941**
海勃湾区	1948	29582	20512	1115	692
海南区	572	8314	3681	130	71
乌达区	635	12800	4334	211	178
赤峰市	**35628**	**246168**	**226543**	**40753**	**17901**
红山区	3207	34246	28391	2836	793
元宝山区	1926	25423	13273	1634	396
松山区	6296	41284	45823	5609	1151
阿鲁科尔沁旗	2711	13803	15327	2392	475
巴林左旗	3446	17898	14404	2819	510
巴林右旗	2000	12698	7627	486	162
林西县	1426	12323	9817	1999	584
克什克腾旗	2281	12775	8164	1090	331
翁牛特旗	1590	16213	21132	5122	1419
喀喇沁旗	2438	16419	15571	1356	337
宁城县	3029	22263	22969	7977	6901
敖汉旗	5278	20823	24045	7433	4842

8-3　续表 4　　单位：户

地　区	二代户				
	一间	二间	三间	四间	五间及以上
通辽市	**26508**	**204770**	**134133**	**23405**	**9196**
科尔沁区	4559	49174	37033	4880	1591
科尔沁左翼中旗	4097	27786	21154	2207	788
科尔沁左翼后旗	4279	25830	12269	1252	603
开鲁县	2558	17908	15658	2910	2329
库伦旗	2416	13406	4088	1074	224
奈曼旗	2199	18807	19716	7603	2508
扎鲁特旗	4052	22375	9340	1432	381
通辽经济技术开发区	1112	13271	11262	1780	620
霍林郭勒市	1236	16213	3613	267	152
鄂尔多斯市	**33782**	**143842**	**110503**	**14665**	**7219**
东胜区	8207	45852	33177	3444	1035
康巴什区	1936	5349	8260	1082	340
达拉特旗	6830	24685	14168	2484	1044
准格尔旗	9158	22827	15854	1968	1447
鄂托克前旗	557	5335	4482	969	371
鄂托克旗	1760	10468	8247	1096	629
杭锦旗	905	7462	4859	837	858
乌审旗	1876	8021	8060	1458	703
伊金霍洛旗	2553	13843	13396	1327	792
呼伦贝尔市	**34282**	**215401**	**56402**	**6290**	**3103**
海拉尔区	2652	38131	9887	800	764
扎赉诺尔区	484	10680	1110	126	62
阿荣旗	4116	23115	9507	695	205
莫力达瓦达斡尔族自治旗	4695	20117	6389	793	216
鄂伦春自治旗	3658	16537	2812	429	221
鄂温克族自治旗	1206	11919	6029	705	278
陈巴尔虎旗	345	4493	1370	223	133
新巴尔虎左旗	567	3138	888	238	118
新巴尔虎右旗	601	3067	864	128	43
满洲里市	1493	17534	4226	513	255
牙克石市	4941	25125	3995	598	269
扎兰屯市	6705	29290	7549	670	220
额尔古纳市	883	6401	1316	333	259
根河市	1936	5854	460	39	60
巴彦淖尔市	**14408**	**121428**	**74777**	**6866**	**3622**
临河区	4914	45542	35397	2460	1392
五原县	2238	19867	8496	989	472
磴口县	353	6159	4448	515	216
乌拉特前旗	3546	21025	9500	1024	467
乌拉特中旗	1391	7679	3618	355	160
乌拉特后旗	625	3701	2421	179	97
杭锦后旗	1341	17455	10897	1344	818

8-3 续表 5

单位：户

地 区	二代户				
	一间	二间	三间	四间	五间及以上
乌兰察布市	**32115**	**144468**	**31172**	**3180**	**1385**
集宁区	5175	45499	11764	666	277
卓资县	2798	4867	858	70	25
化德县	1231	8030	1045	96	54
商都县	5724	12673	1448	101	20
兴和县	3186	13540	4139	436	258
凉城县	2379	9126	2090	472	137
察哈尔右翼前旗	1883	8539	2378	357	227
察哈尔右翼中旗	1240	6155	1094	90	74
察哈尔右翼后旗	1877	8536	942	203	39
四子王旗	3049	9814	1576	133	18
丰镇市	3573	17689	3838	556	256
兴安盟	**22739**	**119858**	**49942**	**5159**	**1923**
乌兰浩特市	6870	33665	9654	828	448
阿尔山市	859	2804	347	33	29
科尔沁右翼前旗	3821	21524	11900	1096	412
科尔沁右翼中旗	3017	16952	9016	759	312
扎赉特旗	4529	30471	9816	1026	306
突泉县	3643	14442	9209	1417	416
锡林郭勒盟	**10165**	**97969**	**42397**	**6306**	**3119**
二连浩特市	1156	7675	2384	230	305
锡林浩特市	1594	36852	15554	1310	372
阿巴嘎旗	489	2555	1494	237	157
苏尼特左旗	532	2900	982	210	133
苏尼特右旗	867	6211	1363	217	65
东乌珠穆沁旗	889	5781	2978	541	260
西乌珠穆沁旗	1112	7466	3392	544	364
太仆寺旗	610	6145	4512	1265	562
镶黄旗	391	2051	1041	231	45
正镶白旗	489	3016	1447	262	186
正蓝旗	674	5726	2504	525	206
多伦县	1198	9455	3946	667	435
乌拉盖管委会	164	2136	800	67	29
阿拉善盟	**1107**	**15329**	**16540**	**1950**	**1629**
阿拉善左旗	704	10100	12006	1690	1255
阿拉善右旗	85	941	1523	167	256
额济纳旗	162	2146	2254	69	114
内蒙古阿拉善经济开发区	156	2142	757	24	4

8-3　续表 6

单位：户

地　区	三代户				
	一间	二间	三间	四间	五间及以上
内蒙古	**19681**	**267548**	**210417**	**46330**	**25633**
呼和浩特市	**4024**	**32868**	**16735**	**2789**	**1411**
新城区	505	7620	4440	608	167
回民区	516	5771	1505	104	26
玉泉区	642	5135	1946	244	99
赛罕区	704	8828	7036	1330	673
土默特左旗	521	1385	500	163	143
托克托县	507	645	181	41	30
和林格尔县	328	1033	426	120	103
清水河县	19	198	86	22	21
武川县	173	428	80	12	1
呼和浩特经济技术开发区	109	1825	535	145	148
包头市	**1939**	**25830**	**9929**	**1297**	**540**
东河区	306	5219	1289	210	115
昆都仑区	500	8572	3337	359	142
青山区	316	6200	2439	237	99
石拐区	12	165	72	3	3
白云鄂博矿区	4	207	17	4	
九原区	187	1843	935	178	55
土默特右旗	309	954	378	76	29
固阳县	101	591	204	52	21
达尔罕茂明安联合旗	62	350	65	6	8
包头稀土高新技术产业开发区	142	1729	1193	172	68
乌海市	**131**	**5138**	**4035**	**288**	**147**
海勃湾区	81	3092	2960	212	104
海南区	21	713	387	23	9
乌达区	29	1333	688	53	34
赤峰市	**2601**	**48507**	**59930**	**17414**	**11494**
红山区	271	5662	7961	1218	460
元宝山区	151	4354	3486	932	257
松山区	476	8971	13574	2782	674
阿鲁科尔沁旗	141	1964	2788	617	172
巴林左旗	305	2620	2989	730	167
巴林右旗	122	1906	1590	185	66
林西县	96	1635	1768	587	249
克什克腾旗	194	2168	1658	290	97
翁牛特旗	105	2293	4867	1637	674
喀喇沁旗	191	5092	4698	958	302
宁城县	174	7038	8698	4409	5773
敖汉旗	375	4804	5853	3069	2603

8-3 续表 7

单位：户

地　　区	三代户				
	一间	二间	三间	四间	五间及以上
通辽市	**2272**	**49320**	**51557**	**13407**	**6742**
科尔沁区	521	10589	13425	2903	1074
科尔沁左翼中旗	456	8526	9735	1420	529
科尔沁左翼后旗	310	8289	5551	835	469
开鲁县	181	4339	6129	1615	1902
库伦旗	173	3448	1631	608	178
奈曼旗	160	5227	8023	4484	1872
扎鲁特旗	256	3711	2433	501	173
通辽经济技术开发区	116	2497	3737	948	482
霍林郭勒市	99	2694	893	93	63
鄂尔多斯市	**1126**	**12699**	**14434**	**2497**	**1368**
东胜区	302	4909	5168	631	208
康巴什区	161	953	1541	200	72
达拉特旗	185	1537	1599	444	290
准格尔旗	182	1515	1299	132	156
鄂托克前旗	24	536	820	319	90
鄂托克旗	83	973	1018	232	156
杭锦旗	40	559	524	128	116
乌审旗	58	661	986	271	175
伊金霍洛旗	91	1056	1479	140	105
呼伦贝尔市	**2907**	**35795**	**15114**	**2003**	**802**
海拉尔区	229	5923	2247	178	146
扎赉诺尔区	25	873	183	23	8
阿荣旗	325	4861	3013	331	83
莫力达瓦达斡尔族自治旗	392	4185	2200	358	86
鄂伦春自治旗	268	2337	767	164	72
鄂温克族自治旗	142	1662	1107	166	72
陈巴尔虎旗	27	589	287	58	29
新巴尔虎左旗	43	448	193	46	23
新巴尔虎右旗	60	473	179	20	13
满洲里市	86	2190	716	86	32
牙克石市	457	3651	887	132	66
扎兰屯市	615	6988	2937	368	115
额尔古纳市	88	896	287	64	47
根河市	150	719	111	9	10
巴彦淖尔市	**588**	**8947**	**9937**	**1882**	**893**
临河区	204	3846	5146	745	346
五原县	77	1177	1011	273	115
磴口县	15	466	558	104	47
乌拉特前旗	115	1200	884	208	95
乌拉特中旗	75	535	419	89	39
乌拉特后旗	33	362	371	55	24
杭锦后旗	69	1361	1548	408	227

8-3　续表 8

单位：户

地　区	三代户				
	一间	二间	三间	四间	五间及以上
乌兰察布市	**1264**	**8550**	**2748**	**500**	**264**
集宁区	243	3782	1250	123	51
卓资县	138	309	68	9	6
化德县	32	331	72	10	7
商都县	175	570	91	11	7
兴和县	95	453	208	46	29
凉城县	104	527	223	70	38
察哈尔右翼前旗	62	509	212	78	42
察哈尔右翼中旗	56	304	69	10	4
察哈尔右翼后旗	75	338	78	22	4
四子王旗	103	495	93	16	7
丰镇市	181	932	384	105	69
兴安盟	**2066**	**27450**	**16943**	**2528**	**886**
乌兰浩特市	667	6574	2891	393	176
阿尔山市	92	505	93	15	8
科尔沁右翼前旗	370	6140	4519	529	194
科尔沁右翼中旗	219	4085	3132	388	181
扎赉特旗	393	6695	3462	537	139
突泉县	325	3451	2846	666	188
锡林郭勒盟	**714**	**10791**	**6640**	**1276**	**757**
二连浩特市	72	646	333	41	19
锡林浩特市	100	4097	2404	248	84
阿巴嘎旗	44	309	249	72	39
苏尼特左旗	55	424	215	91	72
苏尼特右旗	47	491	203	48	14
东乌珠穆沁旗	71	815	642	135	77
西乌珠穆沁旗	93	1057	600	131	89
太仆寺旗	32	481	421	140	90
镶黄旗	34	207	148	34	14
正镶白旗	32	268	168	40	37
正蓝旗	41	621	442	107	57
多伦县	80	1084	696	174	160
乌拉盖管委会	13	291	119	15	5
阿拉善盟	**49**	**1653**	**2415**	**449**	**329**
阿拉善左旗	28	992	1727	384	271
阿拉善右旗	3	88	166	35	44
额济纳旗	7	170	321	21	12
内蒙古阿拉善经济开发区	11	403	201	9	2

8-3 续表 9

单位：户

地区	四代户				
	一间	二间	三间	四间	五间及以上
内蒙古	**216**	**3894**	**5537**	**1721**	**1436**
呼和浩特市	**45**	**303**	**242**	**57**	**73**
新城区	3	55	51	3	10
回民区	4	54	26	1	1
玉泉区	7	49	18	4	6
赛罕区	6	93	110	33	33
土默特左旗	4	12	7	7	7
托克托县	13	13	5		1
和林格尔县	5	8	14	5	8
清水河县			1		
武川县	1	1			1
呼和浩特经济技术开发区	2	18	10	4	6
包头市	**20**	**241**	**129**	**24**	**16**
东河区	2	54	25	9	3
昆都仑区	5	105	55	2	4
青山区	2	28	21	3	2
石拐区	1	3			
白云鄂博矿区		3			
九原区	2	19	9	3	2
土默特右旗	2	6	3	2	
固阳县	1	10	6	2	2
达尔罕茂明安联合旗	1	4			
包头稀土高新技术产业开发区	4	9	10	3	3
乌海市		**45**	**50**	**5**	**1**
海勃湾区		34	36	5	
海南区		4	3		
乌达区		7	11		1
赤峰市	**41**	**938**	**1766**	**681**	**628**
红山区	6	83	167	48	23
元宝山区	1	53	94	33	10
松山区	6	180	385	117	37
阿鲁科尔沁旗	1	43	70	17	6
巴林左旗	3	41	79	22	8
巴林右旗		27	35	2	3
林西县	2	34	43	22	8
克什克腾旗	5	44	36	14	6
翁牛特旗		47	127	71	39
喀喇沁旗	3	106	185	53	19
宁城县	3	143	347	159	334
敖汉旗	11	137	198	123	135

8-3 续表 10

单位：户

地 区	四代户				
	一间	二间	三间	四间	五间及以上
通辽市	**25**	**960**	**1837**	**583**	**491**
科尔沁区	4	181	454	139	88
科尔沁左翼中旗	3	162	331	58	43
科尔沁左翼后旗	3	172	239	49	38
开鲁县	3	116	243	72	160
库伦旗	3	69	65	25	18
奈曼旗	2	107	297	179	112
扎鲁特旗	4	48	70	16	6
通辽经济技术开发区	2	61	110	40	22
霍林郭勒市	1	44	28	5	4
鄂尔多斯市	**13**	**108**	**215**	**81**	**48**
东胜区	2	34	53	11	4
康巴什区		8	10	1	2
达拉特旗	7	29	42	24	19
准格尔旗	2	6	9	4	1
鄂托克前旗		1	14	6	2
鄂托克旗	1	8	17	12	6
杭锦旗		3	9	4	4
乌审旗		7	14	16	5
伊金霍洛旗	1	12	47	3	5
呼伦贝尔市	**31**	**527**	**425**	**73**	**28**
海拉尔区	4	63	44	5	4
扎赉诺尔区		5	2	2	
阿荣旗	2	104	103	11	5
莫力达瓦达斡尔族自治旗	4	89	98	17	5
鄂伦春自治旗	3	30	20	11	2
鄂温克族自治旗		12	10	6	1
陈巴尔虎旗		7	4		
新巴尔虎左旗		5	2	1	
新巴尔虎右旗	1	7	1		
满洲里市		15	10	1	
牙克石市	3	41	17	4	1
扎兰屯市	9	134	108	13	8
额尔古纳市	1	8	3	2	2
根河市	4	7	3		
巴彦淖尔市	**4**	**87**	**157**	**60**	**41**
临河区	1	37	78	22	23
五原县	1	13	20	9	5
磴口县		6	11	2	
乌拉特前旗	2	12	18	3	4
乌拉特中旗		6	3	5	1
乌拉特后旗		3	4	1	
杭锦后旗		10	23	18	8

8—3 续表 11

单位：户

地区	四代户				
	一间	二间	三间	四间	五间及以上
乌兰察布市	**10**	**92**	**44**	**12**	**6**
集宁区	3	38	16	2	2
卓资县		5	3	1	1
化德县		3	2		
商都县	3	6	2	2	
兴和县	1	7		1	1
凉城县		4	3		1
察哈尔右翼前旗		8	7	2	
察哈尔右翼中旗		1	2		
察哈尔右翼后旗		3	1	1	
四子王旗	2	2	1	1	
丰镇市	1	15	7	2	1
兴安盟	**17**	**473**	**526**	**98**	**58**
乌兰浩特市	9	92	84	14	7
阿尔山市		8	2		
科尔沁右翼前旗	2	112	121	14	12
科尔沁右翼中旗	2	60	78	10	10
扎赉特旗		113	109	21	14
突泉县	4	88	132	39	15
锡林郭勒盟	**9**	**110**	**125**	**38**	**33**
二连浩特市	1	6		1	
锡林浩特市		39	29	3	2
阿巴嘎旗	1	4	4	2	4
苏尼特左旗	2	8	16	3	6
苏尼特右旗		3	1		
东乌珠穆沁旗	3	14	16	7	4
西乌珠穆沁旗		14	17	8	2
太仆寺旗	1	3	6	3	6
镶黄旗			2		
正镶白旗			6	1	3
正蓝旗		4	8	3	
多伦县	1	13	15	6	5
乌拉盖管委会		2	5	1	1
阿拉善盟	**1**	**10**	**21**	**9**	**13**
阿拉善左旗		8	13	9	12
阿拉善右旗		1	1		1
额济纳旗	1	1	4		
内蒙古阿拉善经济开发区			3		

8-3　续表 12　　　　单位：户

地　区	五代及以上户				
	一间	二间	三间	四间	五间及以上
内蒙古		**1**	**3**	**2**	**1**
呼和浩特市					
新城区					
回民区					
玉泉区					
赛罕区					
土默特左旗					
托克托县					
和林格尔县					
清水河县					
武川县					
呼和浩特经济技术开发区					
包头市					
东河区					
昆都仑区					
青山区					
石拐区					
白云鄂博矿区					
九原区					
土默特右旗					
固阳县					
达尔罕茂明安联合旗					
包头稀土高新技术产业开发区					
乌海市					**1**
海勃湾区					1
海南区					
乌达区					
赤峰市		**1**	**1**	**1**	
红山区					
元宝山区					
松山区				1	
阿鲁科尔沁旗					
巴林左旗					
巴林右旗					
林西县					
克什克腾旗					
翁牛特旗					
喀喇沁旗		1	1		
宁城县					
敖汉旗					

8－3 续表 13

单位：户

地　　区	五代及以上户				
	一间	二间	三间	四间	五间及以上
通辽市			**1**	**1**	
科尔沁区					
科尔沁左翼中旗				1	
科尔沁左翼后旗			1		
开鲁县					
库伦旗					
奈曼旗					
扎鲁特旗					
通辽经济技术开发区					
霍林郭勒市					
鄂尔多斯市					
东胜区					
康巴什区					
达拉特旗					
准格尔旗					
鄂托克前旗					
鄂托克旗					
杭锦旗					
乌审旗					
伊金霍洛旗					
呼伦贝尔市			**1**		
海拉尔区					
扎赉诺尔区					
阿荣旗					
莫力达瓦达斡尔族自治旗					
鄂伦春自治旗					
鄂温克族自治旗					
陈巴尔虎旗					
新巴尔虎左旗					
新巴尔虎右旗					
满洲里市					
牙克石市					
扎兰屯市			1		
额尔古纳市					
根河市					
巴彦淖尔市					
临河区					
五原县					
磴口县					
乌拉特前旗					
乌拉特中旗					
乌拉特后旗					
杭锦后旗					

8-3　续表 14

单位：户

地　　区	五代及以上户				
	一间	二间	三间	四间	五间及以上
乌兰察布市					
集宁区					
卓资县					
化德县					
商都县					
兴和县					
凉城县					
察哈尔右翼前旗					
察哈尔右翼中旗					
察哈尔右翼后旗					
四子王旗					
丰镇市					
兴安盟					
乌兰浩特市					
阿尔山市					
科尔沁右翼前旗					
科尔沁右翼中旗					
扎赉特旗					
突泉县					
锡林郭勒盟					
二连浩特市					
锡林浩特市					
阿巴嘎旗					
苏尼特左旗					
苏尼特右旗					
东乌珠穆沁旗					
西乌珠穆沁旗					
太仆寺旗					
镶黄旗					
正镶白旗					
正蓝旗					
多伦县					
乌拉盖管委会					
阿拉善盟					
阿拉善左旗					
阿拉善右旗					
额济纳旗					
内蒙古阿拉善经济开发区					

8-3a 各地区按家庭户类别和住房间数分的家庭户户数(城市)

单位：户

地区	家庭户户数	一代户				
		一间	二间	三间	四间	五间及以上
内蒙古	**3422193**	**296320**	**1055290**	**344908**	**28766**	**11498**
呼和浩特市	**785061**	**74034**	**235262**	**81004**	**8769**	**1682**
新城区	208432	13535	63917	23455	2645	483
回民区	149952	18963	48994	7596	474	87
玉泉区	173455	24914	51676	11094	738	193
赛罕区	253222	16622	70675	38859	4912	919
包头市	**725470**	**59873**	**257755**	**56211**	**4980**	**1908**
东河区	164278	8885	71634	9320	622	241
昆都仑区	292427	25080	96476	22928	2114	754
青山区	193758	19544	64945	17499	1477	665
石拐区	6180	752	2779	434	14	12
白云鄂博矿区	8818	365	4936	234	14	3
九原区	60009	5247	16985	5796	739	233
乌海市	**193003**	**14785**	**60864**	**24094**	**1277**	**1034**
海勃湾区	119958	10387	32658	17036	927	661
海南区	26682	1795	9496	2709	104	23
乌达区	46363	2603	18710	4349	246	350
赤峰市	**351305**	**21701**	**80392**	**53908**	**2961**	**961**
红山区	146578	9273	34958	21387	1417	500
元宝山区	72171	3377	24176	8277	361	80
松山区	132556	9051	21258	24244	1183	381
通辽市	**197086**	**11223**	**61412**	**22545**	**1413**	**660**
科尔沁区	154050	8269	48041	20304	1275	578
霍林郭勒市	43036	2954	13371	2241	138	82
鄂尔多斯市	**211821**	**25439**	**35454**	**24999**	**2949**	**1002**
东胜区	178503	20627	31684	21097	2351	780
康巴什区	33027	4661	3730	3901	598	222
鄂托克旗	291	151	40	1		
呼伦贝尔市	**369219**	**36871**	**143382**	**21818**	**2639**	**2076**
海拉尔区	135213	9171	53473	10827	1049	1202
扎赉诺尔区	34482	1723	18029	1418	188	116
满洲里市	56128	6202	19121	3575	422	205
牙克石市	56698	5886	23048	2251	417	165
扎兰屯市	51336	7553	16269	2370	232	76
额尔古纳市	16656	1628	6175	954	298	207
根河市	18706	4708	7267	423	33	105
巴彦淖尔市	**151202**	**10026**	**36082**	**24576**	**1190**	**878**
临河区	151202	10026	36082	24576	1190	878
乌兰察布市	**184965**	**19306**	**67910**	**13614**	**982**	**400**
集宁区	138736	12909	50631	11069	671	294
丰镇市	46229	6397	17279	2545	311	106
兴安盟	**113650**	**13418**	**35173**	**7618**	**606**	**466**
乌兰浩特市	106413	11818	32662	7341	580	439
阿尔山市	7237	1600	2511	277	26	27
锡林郭勒盟	**139411**	**9644**	**41604**	**14521**	**1000**	**431**
二连浩特市	26436	3733	7586	2080	209	207
锡林浩特市	112975	5911	34018	12441	791	224

注：本表数据为居住在普通住宅的家庭户。

8-3a　续表 1

单位：户

地　　区	二代户				
	一间	二间	三间	四间	五间及以上
内蒙古	**107463**	**938254**	**398113**	**31190**	**10507**
呼和浩特市	**28792**	**216243**	**86022**	**9300**	**1442**
新城区	5696	57128	26127	2782	437
回民区	8154	48682	8558	620	73
玉泉区	10268	53259	13135	866	179
赛罕区	4674	57174	38202	5032	753
包头市	**22356**	**220626**	**62952**	**5575**	**1944**
东河区	2974	53712	9646	660	238
昆都仑区	11624	89252	27773	2668	886
青山区	5624	54838	18016	1439	582
石拐区	107	1478	356	7	7
白云鄂博矿区	48	2814	155	9	5
九原区	1979	18532	7006	792	226
乌海市	**2933**	**48981**	**27452**	**1273**	**837**
海勃湾区	1846	28643	19893	1006	620
海南区	457	7648	3270	77	47
乌达区	630	12690	4289	190	170
赤峰市	**8460**	**77571**	**68543**	**3318**	**775**
红山区	3092	33063	26626	1684	434
元宝山区	1369	19251	10157	308	53
松山区	3999	25257	31760	1326	288
通辽市	**4162**	**54847**	**23030**	**1342**	**614**
科尔沁区	2977	39164	19672	1142	504
霍林郭勒市	1185	15683	3358	200	110
鄂尔多斯市	**10003**	**50832**	**41208**	**4452**	**1308**
东胜区	8017	45437	32946	3370	968
康巴什区	1936	5349	8260	1082	340
鄂托克旗	50	46	2		
呼伦贝尔市	**12209**	**103484**	**20763**	**2058**	**1453**
海拉尔区	2576	37113	9693	743	737
扎赉诺尔区	476	10229	1059	105	61
满洲里市	1457	17120	4175	508	254
牙克石市	2462	16419	2102	276	133
扎兰屯市	3473	14201	2546	196	73
额尔古纳市	572	4431	942	211	153
根河市	1193	3971	246	19	42
巴彦淖尔市	**3441**	**35408**	**29473**	**1199**	**927**
临河区	3441	35408	29473	1199	927
乌兰察布市	**6802**	**55538**	**13236**	**774**	**317**
集宁区	4825	41675	10843	559	224
丰镇市	1977	13863	2393	215	93
兴安盟	**5761**	**31976**	**8134**	**560**	**373**
乌兰浩特市	5211	30409	7926	545	353
阿尔山市	550	1567	208	15	20
锡林郭勒盟	**2544**	**42748**	**17300**	**1339**	**517**
二连浩特市	1141	7570	2307	217	286
锡林浩特市	1403	35178	14993	1122	231

8-3a 续表 2

单位：户

地区	三代户				
	一间	二间	三间	四间	五间及以上
内蒙古	**6552**	**111014**	**70606**	**6652**	**2486**
呼和浩特市	**1525**	**25036**	**13548**	**1634**	**363**
新城区	282	7011	4233	505	103
回民区	483	5600	1463	100	25
玉泉区	482	4702	1739	125	28
赛罕区	278	7723	6113	904	207
包头市	**1066**	**21085**	**7628**	**827**	**349**
东河区	212	4758	1095	126	76
昆都仑区	470	8457	3286	351	138
青山区	300	6093	2379	213	91
石拐区	9	155	63	2	1
白云鄂博矿区	4	207	17	4	
九原区	71	1415	788	131	43
乌海市	**123**	**4995**	**3889**	**241**	**131**
海勃湾区	74	3003	2858	184	91
海南区	20	667	348	10	6
乌达区	29	1325	683	47	34
赤峰市	**645**	**12074**	**17862**	**1159**	**361**
红山区	266	5415	7373	604	225
元宝山区	98	2401	2022	144	26
松山区	281	4258	8467	411	110
通辽市	**414**	**8832**	**5576**	**491**	**255**
科尔沁区	317	6235	4746	416	210
霍林郭勒市	97	2597	830	75	45
鄂尔多斯市	**457**	**5815**	**6682**	**824**	**273**
东胜区	296	4862	5140	624	201
康巴什区	161	953	1541	200	72
鄂托克旗			1		
呼伦贝尔市	**1137**	**15472**	**4792**	**479**	**289**
海拉尔区	225	5795	2185	165	141
扎赉诺尔区	25	840	173	23	8
满洲里市	85	2158	702	86	32
牙克石市	274	2600	526	57	33
扎兰屯市	357	2894	900	97	26
额尔古纳市	64	693	230	46	40
根河市	107	492	76	5	9
巴彦淖尔市	**138**	**2994**	**4192**	**350**	**211**
临河区	138	2994	4192	350	211
乌兰察布市	**318**	**4133**	**1362**	**139**	**61**
集宁区	219	3460	1158	103	40
丰镇市	99	673	204	36	21
兴安盟	**570**	**6015**	**2422**	**260**	**129**
乌兰浩特市	503	5707	2380	254	125
阿尔山市	67	308	42	6	4
锡林郭勒盟	**159**	**4563**	**2653**	**248**	**64**
二连浩特市	71	636	331	39	17
锡林浩特市	88	3927	2322	209	47

8-3a　续表 3　　　　单位：户

地　区	四代户				
	一间	二间	三间	四间	五间及以上
内蒙古	**62**	**1129**	**1168**	**141**	**74**
呼和浩特市	**12**	**207**	**157**	**18**	**11**
新城区	2	47	41	2	1
回民区	4	50	24	1	1
玉泉区	5	40	12		
赛罕区	1	70	80	15	9
包头市	**11**	**205**	**99**	**12**	**8**
东河区	2	50	19	6	2
昆都仑区	5	105	54	2	4
青山区	2	27	21	1	2
石拐区	1	3			
白云鄂博矿区		3			
九原区	1	17	5	3	
乌海市		**42**	**46**	**5**	**1**
海勃湾区		32	34	5	
海南区		4	1		
乌达区		6	11		1
赤峰市	**9**	**155**	**391**	**46**	**13**
红山区	6	76	148	23	8
元宝山区	1	23	41	4	2
松山区	2	56	202	19	3
通辽市		**106**	**140**	**13**	**11**
科尔沁区		65	117	9	9
霍林郭勒市		41	23	4	2
鄂尔多斯市	**2**	**42**	**63**	**12**	**5**
东胜区	2	34	53	11	3
康巴什区		8	10	1	2
鄂托克旗					
呼伦贝尔市	**17**	**167**	**96**	**10**	**7**
海拉尔区	4	62	44	4	4
扎赉诺尔区		5	2	2	
满洲里市		15	10	1	
牙克石市	3	31	12	2	1
扎兰屯市	5	44	23		1
额尔古纳市	1	7	2	1	1
根河市	4	3	3		
巴彦淖尔市	**1**	**29**	**65**	**10**	**12**
临河区	1	29	65	10	12
乌兰察布市	**3**	**48**	**18**	**2**	**2**
集宁区	2	35	15	2	2
丰镇市	1	13	3		
兴安盟	**6**	**86**	**65**	**9**	**3**
乌兰浩特市	6	79	63	9	3
阿尔山市		7	2		
锡林郭勒盟	**1**	**42**	**28**	**4**	**1**
二连浩特市	1	4		1	
锡林浩特市		38	28	3	1

8－3a 续表 4

单位：户

地　　区	五代及以上户				
	一间	二间	三间	四间	五间及以上
内蒙古					
呼和浩特市					
新城区					
回民区					
玉泉区					
赛罕区					
包头市					
东河区					
昆都仑区					
青山区					
石拐区					
白云鄂博矿区					
九原区					
乌海市					
海勃湾区					
海南区					
乌达区					
赤峰市					
红山区					
元宝山区					
松山区					
通辽市					
科尔沁区					
霍林郭勒市					
鄂尔多斯市					
东胜区					
康巴什区					
鄂托克旗					
呼伦贝尔市					
海拉尔区					
扎赉诺尔区					
满洲里市					
牙克石市					
扎兰屯市					
额尔古纳市					
根河市					
巴彦淖尔市					
临河区					
乌兰察布市					
集宁区					
丰镇市					
兴安盟					
乌兰浩特市					
阿尔山市					
锡林郭勒盟					
二连浩特市					
锡林浩特市					

8-3b　各地区按家庭户类别和住房间数分的家庭户户数(镇)

单位：户

地　区	家庭户户　数	一代户				
		一间	二间	三间	四间	五间及以上
内蒙古	**2434059**	**271172**	**682057**	**251836**	**27887**	**14346**
呼和浩特市	**175134**	**26102**	**49339**	**9577**	**1656**	**1231**
新城区	939	315	267	46	3	4
回民区						
玉泉区						
赛罕区	905	127	289	102	64	23
土默特左旗	39240	6715	11500	1790	271	441
托克托县	27617	4805	6081	1537	252	93
和林格尔县	24404	3620	6929	1406	212	118
清水河县	14081	2138	4149	992	178	128
武川县	21529	4807	6760	714	62	17
呼和浩特经济技术开发区	46419	3575	13364	2990	614	407
包头市	**161577**	**23531**	**48248**	**12390**	**1205**	**385**
东河区	8200	1140	2524	432	64	12
昆都仑区						
青山区	668		337	43		
石拐区	182	21	108	25	3	1
白云鄂博矿区						
九原区	5416	1655	1549	178	40	10
土默特右旗	42051	5852	11747	2781	266	137
固阳县	21406	3454	7817	639	24	17
达尔罕茂明安联合旗	14949	2528	5925	819	28	35
包头稀土高新技术产业开发区	68705	8881	18241	7473	780	173
乌海市	**5156**	**1015**	**1841**	**601**	**101**	**26**
海勃湾区	1292	110	382	240	31	1
海南区	2886	795	1007	204	29	16
乌达区	978	110	452	157	41	9
赤峰市	**399608**	**29905**	**86393**	**61588**	**6172**	**2514**
红山区	8024	251	1087	1527	835	253
元宝山区	11278	609	3845	1408	376	102
松山区	8441	408	1582	1594	537	156
阿鲁科尔沁旗	38872	2602	7776	7608	445	111
巴林左旗	42696	6238	11401	5215	247	105
巴林右旗	33827	2800	8788	4446	134	33
林西县	40569	2562	11335	5356	617	265
克什克腾旗	34659	3120	9071	3962	238	112
翁牛特旗	45597	3530	11634	6445	594	197
喀喇沁旗	36707	1993	5496	7524	425	130
宁城县	50258	2425	7971	8432	828	580
敖汉旗	48680	3367	6407	8071	896	470

注：本表数据为居住在普通住宅的家庭户。

8-3b 续表 1

单位：户

地　　区	家庭户户　数	一代户				
		一间	二间	三间	四间	五间及以上
通辽市	**292773**	**20415**	**77161**	**33416**	**4325**	**1958**
科尔沁区	14772	783	2405	3121	791	260
科尔沁左翼中旗	38976	2101	10463	4443	393	221
科尔沁左翼后旗	37171	2536	11191	4216	337	182
开鲁县	41367	3750	10715	4094	646	480
库伦旗	21460	1861	6734	2018	260	93
奈曼旗	42074	1876	8908	5330	882	317
扎鲁特旗	41647	5074	12817	2220	180	64
通辽经济技术开发区	55181	2408	13865	7969	836	341
霍林郭勒市	125	26	63	5		
鄂尔多斯市	**329304**	**39425**	**64518**	**38691**	**4546**	**3078**
东胜区	854	66	289	248	87	46
康巴什区						
达拉特旗	69723	8276	13256	6718	717	351
准格尔旗	85681	12642	15031	8460	1096	1246
鄂托克前旗	17876	1274	4375	2261	362	93
鄂托克旗	43157	5939	8614	6177	690	323
杭锦旗	24829	2304	6506	2977	417	445
乌审旗	29055	3823	4868	3187	371	162
伊金霍洛旗	58129	5101	11579	8663	806	412
呼伦贝尔市	**270448**	**37368**	**93814**	**19319**	**2238**	**1035**
海拉尔区	589	51	237	87	16	7
扎赉诺尔区	2341	88	1496	134	37	11
阿荣旗	42582	4706	11039	3068	176	73
莫力达瓦达斡尔族自治旗	28067	3346	7054	1949	187	66
鄂伦春自治旗	50059	8234	18953	1779	285	182
鄂温克族自治旗	41666	2325	13556	6137	750	234
陈巴尔虎旗	13460	886	5415	1096	100	75
新巴尔虎左旗	7172	624	2452	462	48	49
新巴尔虎右旗	8757	795	2930	600	73	18
满洲里市	1873	235	997	75	12	
牙克石市	44163	9396	18180	2757	358	179
扎兰屯市	11641	1571	3626	621	95	36
额尔古纳市	4963	1028	2576	128	26	38
根河市	13115	4083	5303	426	75	67
巴彦淖尔市	**203859**	**19757**	**61160**	**25667**	**1984**	**1169**
临河区	5366	523	2287	812	95	38
五原县	42706	3845	12096	4633	342	190
磴口县	21062	714	7480	3793	245	136
乌拉特前旗	53885	6156	16310	5858	524	323
乌拉特中旗	23996	3779	7669	2766	161	65
乌拉特后旗	13180	1730	3502	1790	139	54
杭锦后旗	43664	3010	11816	6015	478	363

8-3b 续表 2

单位：户

地 区	家庭户户数	一代户 一间	二间	三间	四间	五间及以上
乌兰察布市	**206215**	**35684**	**78707**	**9888**	**1029**	**370**
集宁区	4622	393	1894	211	10	8
卓资县	15466	3740	5655	899	43	28
化德县	22828	3247	10426	761	71	49
商都县	31401	5965	11299	994	44	16
兴和县	29185	5041	8667	1509	97	36
凉城县	19833	3353	7473	989	153	65
察哈尔右翼前旗	20409	2670	8149	1141	131	91
察哈尔右翼中旗	12521	1735	5968	519	37	9
察哈尔右翼后旗	20858	3261	8758	751	195	27
四子王旗	26081	5833	8987	1678	107	21
丰镇市	3011	446	1431	436	141	20
兴安盟	**155543**	**16133**	**48724**	**12404**	**1491**	**729**
乌兰浩特市	6875	2334	1455	253	47	6
阿尔山市	4335	729	1909	83	10	12
科尔沁右翼前旗	30166	1644	8838	3835	548	203
科尔沁右翼中旗	33678	3279	10089	2934	278	130
扎赉特旗	50097	4121	17188	2868	276	207
突泉县	30392	4026	9245	2431	332	171
锡林郭勒盟	**156658**	**16844**	**53547**	**14087**	**1759**	**787**
二连浩特市	126	97	6			
锡林浩特市	432	13	280	41	7	20
阿巴嘎旗	8360	965	2864	971	47	23
苏尼特左旗	7335	742	2959	458	18	8
苏尼特右旗	19134	3018	7917	1073	162	57
东乌珠穆沁旗	17893	1904	5590	1640	266	136
西乌珠穆沁旗	21928	2685	7048	1785	126	28
太仆寺旗	18462	936	6236	2678	324	125
镶黄旗	6986	951	2162	700	199	28
正镶白旗	9136	958	3437	836	116	96
正蓝旗	15463	1801	5616	1258	205	101
多伦县	24005	2292	6672	1957	253	133
乌拉盖管委会	7398	482	2760	690	36	32
阿拉善盟	**77784**	**4993**	**18605**	**14208**	**1381**	**1064**
阿拉善左旗	53469	2969	12182	10386	1176	789
阿拉善右旗	6738	405	1835	1441	108	159
额济纳旗	10124	666	2406	1789	72	110
内蒙古阿拉善经济开发区	7453	953	2182	592	25	6

8-3b 续表 3

单位：户

地区	二代户				
	一间	二间	三间	四间	五间及以上
内蒙古	**107501**	**607118**	**291754**	**28083**	**12951**
呼和浩特市	**12107**	**55448**	**11076**	**1498**	**1187**
新城区	69	151	42	5	
回民区					
玉泉区					
赛罕区	27	95	66	33	7
土默特左旗	3107	11677	1928	242	559
托克托县	3287	8595	2246	257	69
和林格尔县	1560	7917	1521	168	72
清水河县	989	4009	1067	140	74
武川县	1721	6215	683	42	9
呼和浩特经济技术开发区	1347	16789	3523	611	397
包头市	**9582**	**44840**	**14271**	**1449**	**307**
东河区	321	2742	547	68	13
昆都仑区					
青山区		201	64	2	
石拐区	1	15	6	1	1
白云鄂博矿区					
九原区	531	1140	137	29	5
土默特右旗	3153	13404	3403	330	78
固阳县	1277	6902	799	26	9
达尔罕茂明安联合旗	781	3793	654	20	13
包头稀土高新技术产业开发区	3518	16643	8661	973	188
乌海市	**118**	**785**	**397**	**95**	**26**
海勃湾区	22	223	165	51	9
海南区	91	452	187	23	9
乌达区	5	110	45	21	8
赤峰市	**11699**	**82287**	**78513**	**6124**	**2352**
红山区	98	820	1137	745	267
元宝山区	181	2227	1118	221	69
松山区	135	931	1302	508	97
阿鲁科尔沁旗	1370	7195	8732	457	80
巴林左旗	1230	9359	5913	265	117
巴林右旗	978	8206	5974	173	30
林西县	862	10725	5125	583	227
克什克腾旗	1216	8973	4638	294	82
翁牛特旗	856	11859	7086	419	166
喀喇沁旗	639	4871	11686	401	95
宁城县	1472	8900	12709	1045	645
敖汉旗	2662	8221	13093	1013	477

8-3b　续表 4

单位：户

地　区	二代户				
	一间	二间	三间	四间	五间及以上
通辽市	**10161**	**73335**	**36045**	**4740**	**1943**
科尔沁区	287	1774	2341	696	212
科尔沁左翼中旗	1181	10124	4864	446	202
科尔沁左翼后旗	1303	9854	3884	317	125
开鲁县	1771	10761	3961	656	489
库伦旗	988	5578	1929	232	78
奈曼旗	1311	9652	6908	1156	436
扎鲁特旗	2411	12861	2830	231	58
通辽经济技术开发区	901	12714	9326	1006	343
霍林郭勒市	8	17	2		
鄂尔多斯市	**19352**	**79410**	**57365**	**5765**	**2909**
东胜区	6	39	32	19	13
康巴什区					
达拉特旗	5052	19292	11374	1272	436
准格尔旗	7909	20471	13688	1394	929
鄂托克前旗	439	4252	2982	514	103
鄂托克旗	1612	9541	7260	723	271
杭锦旗	667	6017	3649	409	482
乌审旗	1604	6879	6011	479	194
伊金霍洛旗	2063	12919	12369	955	481
呼伦贝尔市	**12945**	**66190**	**17952**	**1793**	**803**
海拉尔区	14	98	32	10	1
扎赉诺尔区	8	451	51	21	1
阿荣旗	2241	13296	3733	234	90
莫力达瓦达斡尔族自治旗	2098	7822	2552	202	76
鄂伦春自治旗	2711	13031	1870	226	140
鄂温克族自治旗	827	9168	5155	587	230
陈巴尔虎旗	283	3640	991	88	56
新巴尔虎左旗	281	2214	486	22	29
新巴尔虎右旗	347	2532	731	71	26
满洲里市	36	414	51	5	1
牙克石市	2286	7721	1495	197	77
扎兰屯市	912	3112	564	96	34
额尔古纳市	163	814	43	14	24
根河市	738	1877	198	20	18
巴彦淖尔市	**5981**	**51094**	**27179**	**1692**	**1046**
临河区	75	827	453	68	15
五原县	1346	12587	5561	378	257
磴口县	153	4345	3158	192	65
乌拉特前旗	1900	13866	6637	471	252
乌拉特中旗	1032	5051	2498	131	60
乌拉特后旗	524	2784	1923	102	37
杭锦后旗	951	11634	6949	350	360

8-3b 续表 5

单位：户

地 区	二代户				
	一间	二间	三间	四间	五间及以上
乌兰察布市	**11264**	**57299**	**7429**	**627**	**263**
集宁区	110	1602	170	14	4
卓资县	918	3285	576	22	9
化德县	881	6386	580	33	36
商都县	1921	9673	905	35	7
兴和县	2397	9483	1432	65	33
凉城县	1092	5489	708	68	20
察哈尔右翼前旗	823	5822	937	98	110
察哈尔右翼中旗	516	3206	333	9	4
察哈尔右翼后旗	871	5991	523	154	21
四子王旗	1702	6084	1136	77	6
丰镇市	33	278	129	52	13
兴安盟	**7818**	**41771**	**12200**	**1292**	**586**
乌兰浩特市	1083	1036	247	33	4
阿尔山市	266	1043	41	5	8
科尔沁右翼前旗	674	7653	3251	418	162
科尔沁右翼中旗	1713	8742	3117	246	134
扎赉特旗	2287	15770	3079	296	140
突泉县	1795	7527	2465	294	138
锡林郭勒盟	**5484**	**40166**	**14008**	**1663**	**587**
二连浩特市	10	11			
锡林浩特市	1	31	13	6	12
阿巴嘎旗	339	1860	838	44	19
苏尼特左旗	298	1989	479	21	1
苏尼特右旗	727	4661	890	96	34
东乌珠穆沁旗	715	4170	1963	284	128
西乌珠穆沁旗	903	5822	1960	139	25
太仆寺旗	409	4479	2178	325	72
镶黄旗	326	1500	621	154	15
正镶白旗	367	2209	621	73	46
正蓝旗	472	3873	1122	226	79
多伦县	793	7522	2600	236	132
乌拉盖管委会	124	2039	723	59	24
阿拉善盟	**990**	**14493**	**15319**	**1345**	**942**
阿拉善左旗	615	9454	10944	1187	740
阿拉善右旗	78	863	1405	79	99
额济纳旗	146	2040	2217	57	99
内蒙古阿拉善经济开发区	151	2136	753	22	4

8-3b　续表 6　　　　单位：户

地　区	三代户				
	一间	二间	三间	四间	五间及以上
内蒙古	**5586**	**66443**	**51384**	**8803**	**4507**
呼和浩特市	**527**	**3629**	**1142**	**290**	**255**
新城区	9	19	7		1
回民区					
玉泉区					
赛罕区	1	10	29	19	9
土默特左旗	113	603	185	37	65
托克托县	83	228	72	10	1
和林格尔县	106	470	206	59	25
清水河县	12	140	48	11	6
武川县	94	334	60	9	
呼和浩特经济技术开发区	109	1825	535	145	148
包头市	**328**	**3080**	**1594**	**239**	**83**
东河区	22	216	75	14	5
昆都仑区					
青山区		16	5		
石拐区					
白云鄂博矿区					
九原区	12	78	28	21	1
土默特右旗	86	536	226	34	15
固阳县	39	316	68	11	2
达尔罕茂明安联合旗	37	250	55	2	6
包头稀土高新技术产业开发区	132	1668	1137	157	54
乌海市	**1**	**60**	**56**	**26**	**6**
海勃湾区		18	24	10	5
海南区	1	34	27	10	1
乌达区		8	5	6	
赤峰市	**657**	**11147**	**15468**	**2689**	**1366**
红山区	2	119	282	389	180
元宝山区	13	488	403	161	32
松山区	16	252	458	338	87
阿鲁科尔沁旗	69	692	1514	151	19
巴林左旗	79	1112	1241	96	35
巴林右旗	41	1024	1082	64	14
林西县	61	1377	1118	207	82
克什克腾旗	121	1622	1045	80	29
翁牛特旗	72	1246	1295	112	39
喀喇沁旗	33	876	2190	216	54
宁城县	47	1282	2724	495	550
敖汉旗	103	1057	2116	380	245

8-3b 续表 7

单位：户

地　区	三代户				
	一间	二间	三间	四间	五间及以上
通辽市	**668**	**13016**	**11289**	**2367**	**1195**
科尔沁区	37	604	900	368	111
科尔沁左翼中旗	117	2250	1719	253	110
科尔沁左翼后旗	84	1708	1135	149	76
开鲁县	93	1748	1364	334	398
库伦旗	60	941	494	113	44
奈曼旗	73	1743	2379	679	254
扎鲁特旗	114	1846	767	110	22
通辽经济技术开发区	90	2173	2530	361	180
霍林郭勒市		3	1		
鄂尔多斯市	**530**	**5851**	**6146**	**946**	**526**
东胜区		2	5	2	
康巴什区					
达拉特旗	135	1223	1222	208	114
准格尔旗	154	1291	1117	114	118
鄂托克前旗	13	445	504	200	43
鄂托克旗	77	865	831	143	57
杭锦旗	26	440	364	59	54
乌审旗	50	583	671	97	51
伊金霍洛旗	75	1002	1432	123	89
呼伦贝尔市	**1100**	**10500**	**4314**	**566**	**232**
海拉尔区	2	26	4	3	
扎赉诺尔区		33	10		
阿荣旗	197	2505	1014	103	29
莫力达瓦达斡尔族自治旗	212	1553	768	86	21
鄂伦春自治旗	206	1790	477	82	54
鄂温克族自治旗	99	1406	962	140	66
陈巴尔虎旗	22	524	229	33	14
新巴尔虎左旗	21	334	123	12	9
新巴尔虎右旗	40	410	156	15	6
满洲里市	1	32	14		
牙克石市	176	952	309	51	15
扎兰屯市	68	638	196	34	16
额尔古纳市	13	70	20	4	1
根河市	43	227	32	3	1
巴彦淖尔市	**237**	**3294**	**2915**	**388**	**206**
临河区	2	75	68	16	6
五原县	44	709	558	98	37
磴口县	5	322	385	37	19
乌拉特前旗	61	805	564	92	49
乌拉特中旗	53	377	302	31	16
乌拉特后旗	28	259	277	19	7
杭锦后旗	44	747	761	95	72

8-3b　续表 8　　　　单位：户

地　区	三代户				
	一间	二间	三间	四间	五间及以上
乌兰察布市	**401**	**2595**	**505**	**77**	**39**
集宁区	8	161	26	3	5
卓资县	48	197	34	2	5
化德县	25	274	46	6	4
商都县	59	415	51	6	3
兴和县	73	274	65	4	4
凉城县	44	269	83	14	9
察哈尔右翼前旗	21	328	64	13	5
察哈尔右翼中旗	22	143	19	1	
察哈尔右翼后旗	38	210	40	15	2
四子王旗	62	306	68	10	1
丰镇市	1	18	9	3	1
兴安盟	**687**	**7209**	**3470**	**554**	**257**
乌兰浩特市	133	161	62	10	4
阿尔山市	25	171	24	5	3
科尔沁右翼前旗	76	1614	984	141	74
科尔沁右翼中旗	115	1647	978	142	82
扎赉特旗	193	2576	846	137	51
突泉县	145	1040	576	119	43
锡林郭勒盟	**404**	**4477**	**2245**	**336**	**134**
二连浩特市		1		1	
锡林浩特市		1	4	1	2
阿巴嘎旗	29	203	126	23	4
苏尼特左旗	16	239	76	11	2
苏尼特右旗	42	337	99	16	2
东乌珠穆沁旗	56	553	377	52	34
西乌珠穆沁旗	85	895	357	35	9
太仆寺旗	25	355	251	40	20
镶黄旗	29	165	108	23	4
正镶白旗	27	223	94	18	9
正蓝旗	37	427	186	34	18
多伦县	48	795	451	70	30
乌拉盖管委会	10	283	116	12	
阿拉善盟	**46**	**1585**	**2240**	**325**	**208**
阿拉善左旗	25	936	1577	282	178
阿拉善右旗	3	80	149	16	16
额济纳旗	7	166	313	18	12
内蒙古阿拉善经济开发区	11	403	201	9	2

8-3b 续表 9

单位：户

地区	四代户				
	一间	二间	三间	四间	五间及以上
内蒙古	**46**	**851**	**1170**	**320**	**243**
呼和浩特市	**3**	**28**	**18**	**8**	**13**
新城区		1			
回民区					
玉泉区					
赛罕区		1	2	1	
土默特左旗		3	1	2	1
托克托县		1			
和林格尔县	1	3	5	1	5
清水河县					
武川县		1			1
呼和浩特经济技术开发区	2	18	10	4	6
包头市	**5**	**18**	**15**	**5**	**2**
东河区		1	3	1	
昆都仑区					
青山区					
石拐区					
白云鄂博矿区					
九原区		1	1		
土默特右旗		1	1	1	
固阳县	1	3	2		
达尔罕茂明安联合旗		3			
包头稀土高新技术产业开发区	4	9	8	3	2
乌海市		**1**			
海勃湾区					
海南区					
乌达区		1			
赤峰市	**8**	**175**	**361**	**106**	**84**
红山区		4	4	15	9
元宝山区		9	12	4	
松山区	1	2	17	14	6
阿鲁科尔沁旗	1	4	37	8	1
巴林左旗		16	24	2	1
巴林右旗		15	22	1	2
林西县	2	27	26	8	4
克什克腾旗	2	32	17	3	2
翁牛特旗		16	23	5	3
喀喇沁旗	1	14	49	11	3
宁城县		17	75	20	41
敖汉旗	1	19	55	15	12

8-3b 续表 10

单位：户

地 区	四代户				
	一间	二间	三间	四间	五间及以上
通辽市	**7**	**223**	**335**	**85**	**89**
科尔沁区	1	16	41	15	9
科尔沁左翼中旗	1	26	41	8	13
科尔沁左翼后旗	1	33	25	9	6
开鲁县		31	45	9	22
库伦旗	1	13	16	3	4
奈曼旗	1	29	86	26	28
扎鲁特旗		22	17	2	1
通辽经济技术开发区	2	53	64	13	6
霍林郭勒市					
鄂尔多斯市	**5**	**53**	**125**	**43**	**20**
东胜区					
康巴什区					
达拉特旗	2	21	30	14	10
准格尔旗	2	6	8	4	1
鄂托克前旗		1	10	4	1
鄂托克旗	1	7	16	7	3
杭锦旗		3	8	2	
乌审旗		4	8	11	2
伊金霍洛旗		11	45	1	3
呼伦贝尔市	**5**	**145**	**100**	**27**	**2**
海拉尔区				1	
扎赉诺尔区					
阿荣旗	1	40	34	3	
莫力达瓦达斡尔族自治旗	3	37	29	6	
鄂伦春自治旗		20	13	5	1
鄂温克族自治旗		9	8	6	1
陈巴尔虎旗		5	3		
新巴尔虎左旗		4	2		
新巴尔虎右旗	1	5	1		
满洲里市					
牙克石市		8	5	1	
扎兰屯市		13	5	4	
额尔古纳市				1	
根河市		4			
巴彦淖尔市	**1**	**32**	**36**	**16**	**5**
临河区		2		1	3
五原县	1	9	9	5	1
磴口县		5	8		
乌拉特前旗		8	7	2	
乌拉特中旗		2	2	1	
乌拉特后旗		3	2		
杭锦后旗		3	8	7	1

8-3b 续表 11

单位：户

地　　区	四代户				
	一间	二间	三间	四间	五间及以上
乌兰察布市	**2**	**20**	**13**	**3**	
集宁区		2	1		
卓资县		2	2	1	
化德县		1	2		
商都县		4	2	2	
兴和县	1	4			
凉城县		2	2		
察哈尔右翼前旗		3	3		
察哈尔右翼中旗					
察哈尔右翼后旗		1			
四子王旗	1	1	1		
丰镇市					
兴安盟	**3**	**101**	**84**	**13**	**17**
乌兰浩特市	1	3	2		1
阿尔山市		1			
科尔沁右翼前旗	1	23	20	3	4
科尔沁右翼中旗	1	22	21	4	4
扎赉特旗		37	18	1	6
突泉县		15	23	5	2
锡林郭勒盟	**6**	**45**	**64**	**8**	**7**
二连浩特市					
锡林浩特市					
阿巴嘎旗		1	3	1	
苏尼特左旗	2	4	12		
苏尼特右旗		3			
东乌珠穆沁旗	3	7	9	3	3
西乌珠穆沁旗		12	13	1	
太仆寺旗	1	3	4	1	
镶黄旗			1		
正镶白旗			5		1
正蓝旗		4	4		
多伦县		9	9	1	2
乌拉盖管委会		2	4	1	1
阿拉善盟	**1**	**10**	**19**	**6**	**4**
阿拉善左旗		8	11	6	4
阿拉善右旗		1	1		
额济纳旗	1	1	4		
内蒙古阿拉善经济开发区			3		

8-3b　续表 12　　　　单位：户

地　区	五代及以上户				
	一间	二间	三间	四间	五间及以上
内蒙古					**1**
呼和浩特市					
新城区					
回民区					
玉泉区					
赛罕区					
土默特左旗					
托克托县					
和林格尔县					
清水河县					
武川县					
呼和浩特经济技术开发区					
包头市					
东河区					
昆都仑区					
青山区					
石拐区					
白云鄂博矿区					
九原区					
土默特右旗					
固阳县					
达尔罕茂明安联合旗					
包头稀土高新技术产业开发区					
乌海市					**1**
海勃湾区					1
海南区					
乌达区					
赤峰市					
红山区					
元宝山区					
松山区					
阿鲁科尔沁旗					
巴林左旗					
巴林右旗					
林西县					
克什克腾旗					
翁牛特旗					
喀喇沁旗					
宁城县					
敖汉旗					

8－3b　续表 13

单位：户

地　　区	五代及以上户				
	一间	二间	三间	四间	五间及以上
通辽市					
科尔沁区					
科尔沁左翼中旗					
科尔沁左翼后旗					
开鲁县					
库伦旗					
奈曼旗					
扎鲁特旗					
通辽经济技术开发区					
霍林郭勒市					
鄂尔多斯市					
东胜区					
康巴什区					
达拉特旗					
准格尔旗					
鄂托克前旗					
鄂托克旗					
杭锦旗					
乌审旗					
伊金霍洛旗					
呼伦贝尔市					
海拉尔区					
扎赉诺尔区					
阿荣旗					
莫力达瓦达斡尔族自治旗					
鄂伦春自治旗					
鄂温克族自治旗					
陈巴尔虎旗					
新巴尔虎左旗					
新巴尔虎右旗					
满洲里市					
牙克石市					
扎兰屯市					
额尔古纳市					
根河市					
巴彦淖尔市					
临河区					
五原县					
磴口县					
乌拉特前旗					
乌拉特中旗					
乌拉特后旗					
杭锦后旗					

8-3b　续表 14　　　　单位：户

地　　区	五代及以上户				
	一间	二间	三间	四间	五间及以上
乌兰察布市					
集宁区					
卓资县					
化德县					
商都县					
兴和县					
凉城县					
察哈尔右翼前旗					
察哈尔右翼中旗					
察哈尔右翼后旗					
四子王旗					
丰镇市					
兴安盟					
乌兰浩特市					
阿尔山市					
科尔沁右翼前旗					
科尔沁右翼中旗					
扎赉特旗					
突泉县					
锡林郭勒盟					
二连浩特市					
锡林浩特市					
阿巴嘎旗					
苏尼特左旗					
苏尼特右旗					
东乌珠穆沁旗					
西乌珠穆沁旗					
太仆寺旗					
镶黄旗					
正镶白旗					
正蓝旗					
多伦县					
乌拉盖管委会					
阿拉善盟					
阿拉善左旗					
阿拉善右旗					
额济纳旗					
内蒙古阿拉善经济开发区					

8−3c 各地区按家庭户类别和住房间数分的家庭户户数(乡村)

单位：户

地区	家庭户户数	一代户				
		一间	二间	三间	四间	五间及以上
内蒙古	**2960796**	**474756**	**771250**	**416254**	**99040**	**46067**
呼和浩特市	**293008**	**101215**	**65772**	**19039**	**4488**	**4176**
新城区	28501	8185	5844	789	164	161
回民区	5963	1353	1533	304	22	2
玉泉区	21274	5275	4425	946	351	161
赛罕区	56140	14054	11072	5140	1599	1575
土默特左旗	69802	27803	16777	3278	876	541
托克托县	38522	17635	6587	1350	372	464
和林格尔县	32312	10895	8596	2172	430	445
清水河县	19555	3397	6683	4652	623	800
武川县	20939	12618	4255	408	51	27
呼和浩特经济技术开发区						
包头市	**165662**	**62546**	**47552**	**6960**	**1408**	**743**
东河区	17272	4832	4643	917	246	107
昆都仑区	11346	3482	3051	599	27	33
青山区	7349	2019	1870	363	48	9
石拐区	2567	780	986	261	59	55
白云鄂博矿区						
九原区	21637	6319	5590	1164	252	169
土默特右旗	57338	25949	15082	1802	425	184
固阳县	30089	13766	8410	1133	241	121
达尔罕茂明安联合旗	15183	4517	7228	610	69	26
包头稀土高新技术产业开发区	2881	882	692	111	41	39
乌海市	**7913**	**1209**	**2639**	**1580**	**213**	**177**
海勃湾区	4978	846	1485	850	111	129
海南区	2935	363	1154	730	102	48
乌达区						
赤峰市	**703784**	**57788**	**148838**	**132349**	**41704**	**16527**
红山区	5063	91	697	1217	607	193
元宝山区	24907	1615	6982	3001	1677	447
松山区	99478	6896	24766	14705	5270	1078
阿鲁科尔沁旗	53539	6417	12528	11071	2850	476
巴林左旗	67795	8869	14877	14238	2744	516
巴林右旗	23869	3963	7830	2312	355	126
林西县	33082	2604	4393	12903	2319	704
克什克腾旗	35196	4623	9180	8868	1169	359
翁牛特旗	80870	2796	9913	27587	6645	1790
喀喇沁旗	57462	6804	18709	4253	927	178
宁城县	111266	5151	18384	14305	7698	5533
敖汉旗	111257	7959	20579	17889	9443	5127

注：本表数据为居住在普通住宅的家庭户。

8-3c　续表 1　　　　单位：户

地　区	家庭户户　数	一代户一间	二间	三间	四间	五间及以上
通辽市	**479341**	**30065**	**82627**	**76284**	**15168**	**5320**
科尔沁区	77877	3350	9849	17228	2996	834
科尔沁左翼中旗	90476	6196	15355	11520	1085	379
科尔沁左翼后旗	71621	6650	14864	7546	744	337
开鲁县	66353	2511	10161	15270	2447	1523
库伦旗	30638	3576	7445	1820	724	141
奈曼旗	80240	2808	11628	12526	5296	1447
扎鲁特旗	48722	4368	11433	7966	1161	288
通辽经济技术开发区	10254	377	605	2086	627	261
霍林郭勒市	3160	229	1287	322	88	110
鄂尔多斯市	**164917**	**30020**	**46775**	**29954**	**9356**	**7236**
东胜区	4932	1365	1435	662	257	258
康巴什区						
达拉特旗	51026	11585	16563	6469	1981	1446
准格尔旗	35821	8650	10108	6293	1708	1708
鄂托克前旗	11232	679	2761	2578	754	445
鄂托克旗	9412	620	2167	2049	698	685
杭锦旗	17450	2192	5777	3412	1112	829
乌审旗	17388	1503	3485	4443	1512	778
伊金霍洛旗	17656	3426	4479	4048	1334	1087
呼伦贝尔市	**214903**	**26156**	**68365**	**22129**	**3048**	**1128**
海拉尔区	4122	358	1949	290	78	52
扎赉诺尔区						
阿荣旗	48869	5122	13206	6932	516	137
莫力达瓦达斡尔族自治旗	53592	6939	17043	4541	735	155
鄂伦春自治旗	16917	3389	5216	1300	224	83
鄂温克族自治旗	12847	1329	5384	1263	158	62
陈巴尔虎旗	4943	337	1974	583	235	137
新巴尔虎左旗	5177	547	1503	567	271	116
新巴尔虎右旗	2914	445	1033	211	77	32
满洲里市						
牙克石市	7613	864	3268	1103	304	111
扎兰屯市	52094	6203	15418	4822	329	120
额尔古纳市	5702	602	2342	487	119	123
根河市	113	21	29	30	2	
巴彦淖尔市	**256522**	**34253**	**99631**	**39533**	**8658**	**3322**
临河区	67560	7946	24351	11667	2551	953
五原县	50009	6651	21987	6498	1317	393
磴口县	16526	1864	6158	3229	745	324
乌拉特前旗	52544	11045	20333	5996	1223	558
乌拉特中旗	20858	3480	9059	2741	536	223
乌拉特后旗	6084	529	2440	910	196	98
杭锦后旗	42941	2738	15303	8492	2090	773

8-3c 续表 2

单位：户

地　　区	家庭户	一代户				
	户　数	一间	二间	三间	四间	五间及以上
乌兰察布市	**325891**	**100408**	**122933**	**32457**	**5342**	**2231**
集宁区	12102	1584	5099	1419	247	130
卓资县	23322	12564	5457	925	243	76
化德县	18133	3664	9422	2096	222	90
商都县	44931	25520	9744	1686	181	50
兴和县	44031	6425	18454	8716	1176	695
凉城县	33642	9206	11474	4145	1121	322
察哈尔右翼前旗	30774	8700	11009	3954	759	275
察哈尔右翼中旗	27467	6126	13064	2985	328	118
察哈尔右翼后旗	24264	6615	11733	1452	140	71
四子王旗	30676	8778	14366	1457	182	38
丰镇市	36549	11226	13111	3622	743	366
兴安盟	**230018**	**21620**	**54816**	**31114**	**3268**	**965**
乌兰浩特市	12999	1552	3227	1792	295	114
阿尔山市	1136	150	412	144	18	5
科尔沁右翼前旗	67979	7160	16180	8145	584	242
科尔沁右翼中旗	37047	2479	7942	4873	378	122
扎赉特旗	61547	5463	16325	6791	593	181
突泉县	49310	4816	10730	9369	1400	301
锡林郭勒盟	**106157**	**8725**	**28755**	**22089**	**5106**	**2878**
二连浩特市	496	24	157	59	15	16
锡林浩特市	7609	901	2253	949	270	209
阿巴嘎旗	4900	424	1181	746	211	168
苏尼特左旗	4674	479	986	460	139	111
苏尼特右旗	5438	528	1919	280	67	21
东乌珠穆沁旗	6752	498	1385	723	164	106
西乌珠穆沁旗	8905	553	1814	1298	345	262
太仆寺旗	27911	838	7412	9900	2513	1134
镶黄旗	3232	154	1129	575	86	36
正镶白旗	8570	1118	2809	1917	272	192
正蓝旗	12091	1149	3806	2109	422	169
多伦县	14583	1848	3608	2895	569	426
乌拉盖管委会	996	211	296	178	33	28
阿拉善盟	**12680**	**751**	**2547**	**2766**	**1281**	**1364**
阿拉善左旗	10307	562	2033	2372	1063	1045
阿拉善右旗	1492	74	205	276	160	256
额济纳旗	783	59	298	106	56	63
内蒙古阿拉善经济开发区	98	56	11	12	2	

8-3c　续表 3

单位：户

地　　区	二代户				
	一间	二间	三间	四间	五间及以上
内蒙古	**118345**	**413971**	**271741**	**72097**	**34093**
呼和浩特市	**33141**	**38407**	**11758**	**2652**	**2237**
新城区	4702	6392	831	134	101
回民区	524	1565	381	20	2
玉泉区	3143	4636	908	300	112
赛罕区	5877	7096	4197	1075	1081
土默特左旗	7709	8066	2064	606	343
托克托县	5853	3740	1105	176	199
和林格尔县	2856	4195	1159	176	219
清水河县	619	1361	963	153	174
武川县	1858	1356	150	12	6
呼和浩特经济技术开发区					
包头市	**13442**	**23850**	**4593**	**866**	**396**
东河区	1451	3453	810	199	65
昆都仑区	1150	2156	572	35	32
青山区	603	1769	408	53	10
石拐区	74	200	95	17	15
白云鄂博矿区					
九原区	2062	4307	858	189	110
土默特右旗	5289	6437	1031	203	77
固阳县	1925	3265	534	109	37
达尔罕茂明安联合旗	647	1719	183	27	14
包头稀土高新技术产业开发区	241	544	102	34	36
乌海市	**104**	**930**	**678**	**88**	**78**
海勃湾区	80	716	454	58	63
海南区	24	214	224	30	15
乌达区					
赤峰市	**15469**	**86310**	**79487**	**31311**	**14774**
红山区	17	363	628	407	92
元宝山区	376	3945	1998	1105	274
松山区	2162	15096	12761	3775	766
阿鲁科尔沁旗	1341	6608	6595	1935	395
巴林左旗	2216	8539	8491	2554	393
巴林右旗	1022	4492	1653	313	132
林西县	564	1598	4692	1416	357
克什克腾旗	1065	3802	3526	796	249
翁牛特旗	734	4354	14046	4703	1253
喀喇沁旗	1799	11548	3885	955	242
宁城县	1557	13363	10260	6932	6256
敖汉旗	2616	12602	10952	6420	4365

8-3c 续表 4

单位：户

地 区	二代户				
	一间	二间	三间	四间	五间及以上
通辽市	**12185**	**76588**	**75058**	**17323**	**6639**
科尔沁区	1295	8236	15020	3042	875
科尔沁左翼中旗	2916	17662	16290	1761	586
科尔沁左翼后旗	2976	15976	8385	935	478
开鲁县	787	7147	11697	2254	1840
库伦旗	1428	7828	2159	842	146
奈曼旗	888	9155	12808	6447	2072
扎鲁特旗	1641	9514	6510	1201	323
通辽经济技术开发区	211	557	1936	774	277
霍林郭勒市	43	513	253	67	42
鄂尔多斯市	**4427**	**13600**	**11930**	**4448**	**3002**
东胜区	184	376	199	55	54
康巴什区					
达拉特旗	1778	5393	2794	1212	608
准格尔旗	1249	2356	2166	574	518
鄂托克前旗	118	1083	1500	455	268
鄂托克旗	98	881	985	373	358
杭锦旗	238	1445	1210	428	376
乌审旗	272	1142	2049	979	509
伊金霍洛旗	490	924	1027	372	311
呼伦贝尔市	**9128**	**45727**	**17687**	**2439**	**847**
海拉尔区	62	920	162	47	26
扎赉诺尔区					
阿荣旗	1875	9819	5774	461	115
莫力达瓦达斡尔族自治旗	2597	12295	3837	591	140
鄂伦春自治旗	947	3506	942	203	81
鄂温克族自治旗	379	2751	874	118	48
陈巴尔虎旗	62	853	379	135	77
新巴尔虎左旗	286	924	402	216	89
新巴尔虎右旗	254	535	133	57	17
满洲里市					
牙克石市	193	985	398	125	59
扎兰屯市	2320	11977	4439	378	113
额尔古纳市	148	1156	331	108	82
根河市	5	6	16		
巴彦淖尔市	**4986**	**34926**	**18125**	**3975**	**1649**
临河区	1398	9307	5471	1193	450
五原县	892	7280	2935	611	215
磴口县	200	1814	1290	323	151
乌拉特前旗	1646	7159	2863	553	215
乌拉特中旗	359	2628	1120	224	100
乌拉特后旗	101	917	498	77	60
杭锦后旗	390	5821	3948	994	458

8-3c　续表 5

单位：户

地　区	二代户				
	一间	二间	三间	四间	五间及以上
乌兰察布市	**14049**	**31631**	**10507**	**1779**	**805**
集宁区	240	2222	751	93	49
卓资县	1880	1582	282	48	16
化德县	350	1644	465	63	18
商都县	3803	3000	543	66	13
兴和县	789	4057	2707	371	225
凉城县	1287	3637	1382	404	117
察哈尔右翼前旗	1060	2717	1441	259	117
察哈尔右翼中旗	724	2949	761	81	70
察哈尔右翼后旗	1006	2545	419	49	18
四子王旗	1347	3730	440	56	12
丰镇市	1563	3548	1316	289	150
兴安盟	**9160**	**46111**	**29608**	**3307**	**964**
乌兰浩特市	576	2220	1481	250	91
阿尔山市	43	194	98	13	1
科尔沁右翼前旗	3147	13871	8649	678	250
科尔沁右翼中旗	1304	8210	5899	513	178
扎赉特旗	2242	14701	6737	730	166
突泉县	1848	6915	6744	1123	278
锡林郭勒盟	**2137**	**15055**	**11089**	**3304**	**2015**
二连浩特市	5	94	77	13	19
锡林浩特市	190	1643	548	182	129
阿巴嘎旗	150	695	656	193	138
苏尼特左旗	234	911	503	189	132
苏尼特右旗	140	1550	473	121	31
东乌珠穆沁旗	174	1611	1015	257	132
西乌珠穆沁旗	209	1644	1432	405	339
太仆寺旗	201	1666	2334	940	490
镶黄旗	65	551	420	77	30
正镶白旗	122	807	826	189	140
正蓝旗	202	1853	1382	299	127
多伦县	405	1933	1346	431	303
乌拉盖管委会	40	97	77	8	5
阿拉善盟	**117**	**836**	**1221**	**605**	**687**
阿拉善左旗	89	646	1062	503	515
阿拉善右旗	7	78	118	88	157
额济纳旗	16	106	37	12	15
内蒙古阿拉善经济开发区	5	6	4	2	

8－3c 续表 6

单位：户

地 区	三代户				
	一间	二间	三间	四间	五间及以上
内蒙古	**7543**	**90091**	**88427**	**30875**	**18640**
呼和浩特市	**1972**	**4203**	**2045**	**865**	**793**
新城区	214	590	200	103	63
回民区	33	171	42	4	1
玉泉区	160	433	207	119	71
赛罕区	425	1095	894	407	457
土默特左旗	408	782	315	126	78
托克托县	424	417	109	31	29
和林格尔县	222	563	220	61	78
清水河县	7	58	38	11	15
武川县	79	94	20	3	1
呼和浩特经济技术开发区					
包头市	**545**	**1665**	**707**	**231**	**108**
东河区	72	245	119	70	34
昆都仑区	30	115	51	8	4
青山区	16	91	55	24	8
石拐区	3	10	9	1	2
白云鄂博矿区					
九原区	104	350	119	26	11
土默特右旗	223	418	152	42	14
固阳县	62	275	136	41	19
达尔罕茂明安联合旗	25	100	10	4	2
包头稀土高新技术产业开发区	10	61	56	15	14
乌海市	**7**	**83**	**90**	**21**	**10**
海勃湾区	7	71	78	18	8
海南区		12	12	3	2
乌达区					
赤峰市	**1299**	**25286**	**26600**	**13566**	**9767**
红山区	3	128	306	225	55
元宝山区	40	1465	1061	627	199
松山区	179	4461	4649	2033	477
阿鲁科尔沁旗	72	1272	1274	466	153
巴林左旗	226	1508	1748	634	132
巴林右旗	81	882	508	121	52
林西县	35	258	650	380	167
克什克腾旗	73	546	613	210	68
翁牛特旗	33	1047	3572	1525	635
喀喇沁旗	158	4216	2508	742	248
宁城县	127	5756	5974	3914	5223
敖汉旗	272	3747	3737	2689	2358

8-3c　续表 7

单位：户

地　区	三代户				
	一间	二间	三间	四间	五间及以上
通辽市	**1190**	**27472**	**34692**	**10549**	**5292**
科尔沁区	167	3750	7779	2119	753
科尔沁左翼中旗	339	6276	8016	1167	419
科尔沁左翼后旗	226	6581	4416	686	393
开鲁县	88	2591	4765	1281	1504
库伦旗	113	2507	1137	495	134
奈曼旗	87	3484	5644	3805	1618
扎鲁特旗	142	1865	1666	391	151
通辽经济技术开发区	26	324	1207	587	302
霍林郭勒市	2	94	62	18	18
鄂尔多斯市	**139**	**1033**	**1606**	**727**	**569**
东胜区	6	45	23	5	7
康巴什区					
达拉特旗	50	314	377	236	176
准格尔旗	28	224	182	18	38
鄂托克前旗	11	91	316	119	47
鄂托克旗	6	108	186	89	99
杭锦旗	14	119	160	69	62
乌审旗	8	78	315	174	124
伊金霍洛旗	16	54	47	17	16
呼伦贝尔市	**670**	**9823**	**6008**	**958**	**281**
海拉尔区	2	102	58	10	5
扎赉诺尔区					
阿荣旗	128	2356	1999	228	54
莫力达瓦达斡尔族自治旗	180	2632	1432	272	65
鄂伦春自治旗	62	547	290	82	18
鄂温克族自治旗	43	256	145	26	6
陈巴尔虎旗	5	65	58	25	15
新巴尔虎左旗	22	114	70	34	14
新巴尔虎右旗	20	63	23	5	7
满洲里市					
牙克石市	7	99	52	24	18
扎兰屯市	190	3456	1841	237	73
额尔古纳市	11	133	37	14	6
根河市			3	1	
巴彦淖尔市	**213**	**2659**	**2830**	**1144**	**476**
临河区	64	777	886	379	129
五原县	33	468	453	175	78
磴口县	10	144	173	67	28
乌拉特前旗	54	395	320	116	46
乌拉特中旗	22	158	117	58	23
乌拉特后旗	5	103	94	36	17
杭锦后旗	25	614	787	313	155

8-3c 续表 8

单位：户

地　　区	三代户				
	一间	二间	三间	四间	五间及以上
乌兰察布市	**545**	**1822**	**881**	**284**	**164**
集宁区	16	161	66	17	6
卓资县	90	112	34	7	1
化德县	7	57	26	4	3
商都县	116	155	40	5	4
兴和县	22	179	143	42	25
凉城县	60	258	140	56	29
察哈尔右翼前旗	41	181	148	65	37
察哈尔右翼中旗	34	161	50	9	4
察哈尔右翼后旗	37	128	38	7	2
四子王旗	41	189	25	6	6
丰镇市	81	241	171	66	47
兴安盟	**809**	**14226**	**11051**	**1714**	**500**
乌兰浩特市	31	706	449	129	47
阿尔山市		26	27	4	1
科尔沁右翼前旗	294	4526	3535	388	120
科尔沁右翼中旗	104	2438	2154	246	99
扎赉特旗	200	4119	2616	400	88
突泉县	180	2411	2270	547	145
锡林郭勒盟	**151**	**1751**	**1742**	**692**	**559**
二连浩特市	1	9	2	1	2
锡林浩特市	12	169	78	38	35
阿巴嘎旗	15	106	123	49	35
苏尼特左旗	39	185	139	80	70
苏尼特右旗	5	154	104	32	12
东乌珠穆沁旗	15	262	265	83	43
西乌珠穆沁旗	8	162	243	96	80
太仆寺旗	7	126	170	100	70
镶黄旗	5	42	40	11	10
正镶白旗	5	45	74	22	28
正蓝旗	4	194	256	73	39
多伦县	32	289	245	104	130
乌拉盖管委会	3	8	3	3	5
阿拉善盟	**3**	**68**	**175**	**124**	**121**
阿拉善左旗	3	56	150	102	93
阿拉善右旗		8	17	19	28
额济纳旗		4	8	3	
内蒙古阿拉善经济开发区					

8-3c 续表 9

单位：户

地区	四代户				
	一间	二间	三间	四间	五间及以上
内蒙古	**108**	**1914**	**3199**	**1260**	**1119**
呼和浩特市	**30**	**68**	**67**	**31**	**49**
新城区	1	7	10	1	9
回民区		4	2		
玉泉区	2	9	6	4	6
赛罕区	5	22	28	17	24
土默特左旗	4	9	6	5	6
托克托县	13	12	5		1
和林格尔县	4	5	9	4	3
清水河县			1		
武川县	1				
呼和浩特经济技术开发区					
包头市	**4**	**18**	**15**	**7**	**6**
东河区		3	3	2	1
昆都仑区			1		
青山区		1		2	
石拐区					
白云鄂博矿区					
九原区	1	1	3		2
土默特右旗	2	5	2	1	
固阳县		7	4	2	2
达尔罕茂明安联合旗	1	1			
包头稀土高新技术产业开发区			2		1
乌海市		**2**	**4**		
海勃湾区		2	2		
海南区			2		
乌达区					
赤峰市	**24**	**608**	**1014**	**529**	**531**
红山区		3	15	10	6
元宝山区		21	41	25	8
松山区	3	122	166	84	28
阿鲁科尔沁旗		39	33	9	5
巴林左旗	3	25	55	20	7
巴林右旗		12	13	1	1
林西县		7	17	14	4
克什克腾旗	3	12	19	11	4
翁牛特旗		31	104	66	36
喀喇沁旗	2	92	136	42	16
宁城县	3	126	272	139	293
敖汉旗	10	118	143	108	123

8-3c 续表 10

单位：户

地　　区	四代户				
	一间	二间	三间	四间	五间及以上
通辽市	**18**	**631**	**1362**	**485**	**391**
科尔沁区	3	100	296	115	70
科尔沁左翼中旗	2	136	290	50	30
科尔沁左翼后旗	2	139	214	40	32
开鲁县	3	85	198	63	138
库伦旗	2	56	49	22	14
奈曼旗	1	78	211	153	84
扎鲁特旗	4	26	53	14	5
通辽经济技术开发区		8	46	27	16
霍林郭勒市	1	3	5	1	2
鄂尔多斯市	**6**	**13**	**27**	**26**	**23**
东胜区					1
康巴什区					
达拉特旗	5	8	12	10	9
准格尔旗			1		
鄂托克前旗			4	2	1
鄂托克旗		1	1	5	3
杭锦旗			1	2	4
乌审旗		3	6	5	3
伊金霍洛旗	1	1	2	2	2
呼伦贝尔市	**9**	**215**	**229**	**36**	**19**
海拉尔区		1			
扎赉诺尔区					
阿荣旗	1	64	69	8	5
莫力达瓦达斡尔族自治旗	1	52	69	11	5
鄂伦春自治旗	3	10	7	6	1
鄂温克族自治旗		3	2		
陈巴尔虎旗		2	1		
新巴尔虎左旗		1		1	
新巴尔虎右旗		2			
满洲里市					
牙克石市		2		1	
扎兰屯市	4	77	80	9	7
额尔古纳市		1	1		1
根河市					
巴彦淖尔市	**2**	**26**	**56**	**34**	**24**
临河区		6	13	11	8
五原县		4	11	4	4
磴口县		1	3	2	
乌拉特前旗	2	4	11	1	4
乌拉特中旗		4	1	4	1
乌拉特后旗			2	1	
杭锦后旗		7	15	11	7

8-3c　续表 11

单位：户

地　区	四代户				
	一间	二间	三间	四间	五间及以上
乌兰察布市	**5**	**24**	**13**	**7**	**4**
集宁区	1	1			
卓资县		3	1		1
化德县		2			
商都县	3	2			
兴和县		3		1	1
凉城县		2	1		1
察哈尔右翼前旗		5	4	2	
察哈尔右翼中旗		1	2		
察哈尔右翼后旗		2	1	1	
四子王旗	1	1		1	
丰镇市		2	4	2	1
兴安盟	**8**	**286**	**377**	**76**	**38**
乌兰浩特市	2	10	19	5	3
阿尔山市					
科尔沁右翼前旗	1	89	101	11	8
科尔沁右翼中旗	1	38	57	6	6
扎赉特旗		76	91	20	8
突泉县	4	73	109	34	13
锡林郭勒盟	**2**	**23**	**33**	**26**	**25**
二连浩特市		2			
锡林浩特市		1	1		1
阿巴嘎旗	1	3	1	1	4
苏尼特左旗		4	4	3	6
苏尼特右旗			1		
东乌珠穆沁旗		7	7	4	1
西乌珠穆沁旗		2	4	7	2
太仆寺旗			2	2	6
镶黄旗			1		
正镶白旗			1	1	2
正蓝旗			4	3	
多伦县	1	4	6	5	3
乌拉盖管委会			1		
阿拉善盟			**2**	**3**	**9**
阿拉善左旗			2	3	8
阿拉善右旗					1
额济纳旗					
内蒙古阿拉善经济开发区					

8-3c 续表 12

单位：户

地区	五代及以上户				
	一间	二间	三间	四间	五间及以上
内蒙古		**1**	**3**	**2**	
呼和浩特市					
新城区					
回民区					
玉泉区					
赛罕区					
土默特左旗					
托克托县					
和林格尔县					
清水河县					
武川县					
呼和浩特经济技术开发区					
包头市					
东河区					
昆都仑区					
青山区					
石拐区					
白云鄂博矿区					
九原区					
土默特右旗					
固阳县					
达尔罕茂明安联合旗					
包头稀土高新技术产业开发区					
乌海市					
海勃湾区					
海南区					
乌达区					
赤峰市		**1**	**1**	**1**	
红山区					
元宝山区					
松山区				1	
阿鲁科尔沁旗					
巴林左旗					
巴林右旗					
林西县					
克什克腾旗					
翁牛特旗					
喀喇沁旗		1	1		
宁城县					
敖汉旗					

8-3c　续表 13

单位：户

地　区	五代及以上户				
	一间	二间	三间	四间	五间及以上
通辽市			**1**	**1**	
科尔沁区					
科尔沁左翼中旗				1	
科尔沁左翼后旗			1		
开鲁县					
库伦旗					
奈曼旗					
扎鲁特旗					
通辽经济技术开发区					
霍林郭勒市					
鄂尔多斯市					
东胜区					
康巴什区					
达拉特旗					
准格尔旗					
鄂托克前旗					
鄂托克旗					
杭锦旗					
乌审旗					
伊金霍洛旗					
呼伦贝尔市			**1**		
海拉尔区					
扎赉诺尔区					
阿荣旗					
莫力达瓦达斡尔族自治旗					
鄂伦春自治旗					
鄂温克族自治旗					
陈巴尔虎旗					
新巴尔虎左旗					
新巴尔虎右旗					
满洲里市					
牙克石市					
扎兰屯市			1		
额尔古纳市					
根河市					
巴彦淖尔市					
临河区					
五原县					
磴口县					
乌拉特前旗					
乌拉特中旗					
乌拉特后旗					
杭锦后旗					

8-3c 续表 14

单位：户

地 区	五代及以上户				
	一间	二间	三间	四间	五间及以上
乌兰察布市					
集宁区					
卓资县					
化德县					
商都县					
兴和县					
凉城县					
察哈尔右翼前旗					
察哈尔右翼中旗					
察哈尔右翼后旗					
四子王旗					
丰镇市					
兴安盟					
乌兰浩特市					
阿尔山市					
科尔沁右翼前旗					
科尔沁右翼中旗					
扎赉特旗					
突泉县					
锡林郭勒盟					
二连浩特市					
锡林浩特市					
阿巴嘎旗					
苏尼特左旗					
苏尼特右旗					
东乌珠穆沁旗					
西乌珠穆沁旗					
太仆寺旗					
镶黄旗					
正镶白旗					
正蓝旗					
多伦县					
乌拉盖管委会					
阿拉善盟					
阿拉善左旗					
阿拉善右旗					
额济纳旗					
内蒙古阿拉善经济开发区					

8-4　全区按户主的受教育程度分的家庭户住房状况

受教育程度	户　数 (户)	人　数 (人)	平均每户 住房间数 (间/户)	人均住房 建筑面积 (平方米/人)	人均住房 间　数 (间/人)
总　计	**8370693**	**20368382**	**2.23**	**34.35**	**0.92**
未上过学	264383	443603	1.85	35.34	1.10
学前教育	4923	8260	1.99	41.29	1.18
小　学	1793207	4076985	2.15	31.48	0.95
初　中	3368054	8575065	2.21	31.52	0.87
高　中	1326327	3238895	2.24	36.02	0.92
大学专科	903698	2234884	2.33	40.09	0.94
大学本科	656897	1653214	2.48	43.70	0.98
硕士研究生	49260	127173	2.61	47.24	1.01
博士研究生	3944	10303	2.64	45.93	1.01

注：本表数据为居住在普通住宅的家庭户。

8-4a　全区按户主的受教育程度分的家庭户住房状况(城市)

受教育程度	户　数 (户)	人　数 (人)	平均每户 住房间数 (间/户)	人均住房 建筑面积 (平方米/人)	人均住房 间　数 (间/人)
总　计	**3257298**	**7939014**	**2.18**	**36.19**	**0.90**
未上过学	41800	73137	1.86	38.92	1.07
学前教育	1479	2283	2.00	50.18	1.30
小　学	337208	736646	1.95	32.94	0.89
初　中	1139251	2830640	2.06	31.92	0.83
高　中	707819	1727768	2.19	35.98	0.90
大学专科	549301	1359143	2.32	39.95	0.94
大学本科	437259	1097167	2.47	43.75	0.98
硕士研究生	39791	103261	2.60	46.63	1.00
博士研究生	3390	8969	2.63	44.90	0.99

注：本表数据为居住在普通住宅的家庭户。

8-4b 全区按户主的受教育程度分的家庭户住房状况(镇)

受教育程度	户数(户)	人数(人)	平均每户住房间数(间/户)	人均住房建筑面积(平方米/人)	人均住房间数(间/人)
总计	**2340618**	**5755487**	**2.19**	**35.68**	**0.89**
未上过学	56702	95484	1.81	38.50	1.07
学前教育	1452	2289	1.98	47.03	1.26
小学	400524	910122	2.03	32.97	0.89
初中	962319	2456831	2.14	32.48	0.84
高中	409502	1006496	2.23	37.24	0.91
大学专科	300251	747974	2.35	40.90	0.95
大学本科	200557	512554	2.51	43.90	0.98
硕士研究生	8808	22493	2.66	50.15	1.04
博士研究生	503	1244	2.73	53.46	1.10

注：本表数据为居住在普通住宅的家庭户。

8-4c 全区按户主的受教育程度分的家庭户住房状况(乡村)

受教育程度	户数(户)	人数(人)	平均每户住房间数(间/户)	人均住房建筑面积(平方米/人)	人均住房间数(间/人)
总计	**2772777**	**6673881**	**2.31**	**31.02**	**0.96**
未上过学	165881	274982	1.87	33.30	1.13
学前教育	1992	3688	1.98	32.24	1.07
小学	1055475	2430217	2.26	30.49	0.98
初中	1266484	3287594	2.40	30.45	0.93
高中	209006	504631	2.39	33.72	0.99
大学专科	54146	127767	2.34	36.94	0.99
大学本科	19081	43493	2.32	39.97	1.02
硕士研究生	661	1419	2.31	45.40	1.08
博士研究生	51	90	1.96	43.94	1.11

注：本表数据为居住在普通住宅的家庭户。

8-5　全区按户主受教育程度、人均住房建筑面积分的家庭户户数

单位：户

受教育程度	户　数	人均住房建筑面积(平方米)			
		8及以下	9-12	13-16	17-19
总　计	**8370693**	**83375**	**234349**	**459090**	**294615**
未上过学	264383	2962	10707	16635	6536
学前教育	4923	44	147	253	103
小　学	1793207	25376	75351	134388	62829
初　中	3368054	43853	114049	223922	142116
高　中	1326327	8176	23914	54055	46650
大学专科	903698	2225	7234	19857	22760
大学本科	656897	728	2769	9361	12643
硕士研究生	49260	10	158	578	886
博士研究生	3944	1	20	41	92

注：本表数据为居住在普通住宅的家庭户。

8-5　续表

单位：户

受教育程度	人均住房建筑面积(平方米)				
	20-29	30-39	40-49	50-59	60及以上
总　计	**2091149**	**1797353**	**1380633**	**640873**	**1389256**
未上过学	61099	48008	41572	20983	55881
学前教育	931	688	608	422	1727
小　学	471390	362897	279822	119713	261441
初　中	949284	727766	526419	222221	418424
高　中	317539	295628	230281	114446	235638
大学专科	179475	206913	165349	88747	211138
大学本科	104301	144902	126578	68548	187067
硕士研究生	6535	9767	9277	5430	16619
博士研究生	595	784	727	363	1321

8-5a　全区按户主受教育程度、人均住房建筑面积分的家庭户户数(城市)

单位：户

受教育程度	户　数	人均住房建筑面积(平方米)			
		8及以下	9-12	13-16	17-19
总　计	**3257298**	**26741**	**67934**	**135635**	**131677**
未上过学	41800	693	1827	2169	1288
学前教育	1479	10	38	58	27
小　学	337208	7080	15910	21962	15113
初　中	1139251	14468	34722	66344	59804
高　中	707819	3236	10006	26190	29429
大学专科	549301	893	3666	11914	15726
大学本科	437259	354	1636	6474	9431
硕士研究生	39791	7	114	487	777
博士研究生	3390		15	37	82

注：本表数据为居住在普通住宅的家庭户。

8-5a　续表

单位：户

受教育程度	人均住房建筑面积(平方米)				
	20-29	30-39	40-49	50-59	60及以上
总　计	**769148**	**717085**	**513404**	**271483**	**624191**
未上过学	7494	6437	5479	4152	12261
学前教育	201	147	141	119	738
小　学	78441	63990	45435	27450	61827
初　中	320783	254135	162080	77517	149398
高　中	174269	162139	114816	59676	128058
大学专科	112209	126581	95647	52093	130572
大学本科	69754	94979	81719	45764	127148
硕士研究生	5459	7987	7463	4397	13100
博士研究生	538	690	624	315	1089

8-5b　全区按户主受教育程度、人均住房建筑面积分的家庭户户数(镇)

单位：户

受教育程度	户　数	人均住房建筑面积(平方米)			
		8及以下	9-12	13-16	17-19
总　计	**2340618**	**26324**	**62113**	**107772**	**70770**
未上过学	56702	844	2385	3143	1385
学前教育	1452	12	21	47	25
小　学	400524	7291	17425	26161	13643
初　中	962319	14191	31835	56160	35929
高　中	409502	2818	7260	14391	11235
大学专科	300251	893	2355	5526	5610
大学本科	200557	274	791	2264	2840
硕士研究生	8808	1	38	78	93
博士研究生	503		3	2	10

注：本表数据为居住在普通住宅的家庭户。

8-5b　续表

单位：户

受教育程度	人均住房建筑面积(平方米)				
	20-29	30-39	40-49	50-59	60及以上
总　计	**558534**	**492592**	**413213**	**200979**	**408321**
未上过学	12065	8476	8259	5517	14628
学前教育	226	171	189	146	615
小　学	100819	73402	64071	31673	66039
初　中	267124	204708	157177	70623	124572
高　中	91042	89199	79485	39056	75016
大学专科	55351	68928	60573	31988	69027
大学本科	30889	45963	41631	20970	54935
硕士研究生	974	1659	1728	963	3274
博士研究生	44	86	100	43	215

8−5c 全区按户主受教育程度、人均住房建筑面积分的家庭户户数(乡村)

单位：户

受教育程度	户 数	人均住房建筑面积(平方米)			
		8及以下	9−12	13−16	17−19
总 计	**2772777**	**30310**	**104302**	**215683**	**92168**
未上过学	165881	1425	6495	11323	3863
学前教育	1992	22	88	148	51
小 学	1055475	11005	42016	86265	34073
初 中	1266484	15194	47492	101418	46383
高 中	209006	2122	6648	13474	5986
大学专科	54146	439	1213	2417	1424
大学本科	19081	100	342	623	372
硕士研究生	661	2	6	13	16
博士研究生	51	1	2	2	

注：本表数据为居住在普通住宅的家庭户。

8−5c 续表

单位：户

受教育程度	人均住房建筑面积(平方米)				
	20−29	30−39	40−49	50−59	60及以上
总 计	**763467**	**587676**	**454016**	**168411**	**356744**
未上过学	41540	33095	27834	11314	28992
学前教育	504	370	278	157	374
小 学	292130	225505	170316	60590	133575
初 中	361377	268923	207162	74081	144454
高 中	52228	44290	35980	15714	32564
大学专科	11915	11404	9129	4666	11539
大学本科	3658	3960	3228	1814	4984
硕士研究生	102	121	86	70	245
博士研究生	13	8	3	5	17

中国人口普查
CHINA POPULATION CENSUS

2020

内蒙古自治区人口普查年鉴（第3册）

INNER MONGOLIA POPULATION CENSUS YEARBOOK 2020

(BOOK 3)

内蒙古自治区第七次全国人口普查领导小组办公室
内蒙古自治区统计局 编

Compiled by
Office of the Leading Group of Inner Mongolia Autonomous Region for the Seventh National Population Census
Inner Mongolia Autonomous Region Bureau of Statistics

中国统计出版社
China Statistics Press

© 中国统计出版社有限公司 2022
版权所有。未经许可，本书的任何部分不得以任何方式在世界任何地区以任何文字翻印、拷贝、仿制或转载。

© 2022 China Statistics Press Co., Ltd.
All rights reserved. No part of the publication may be reproduced or transmitted in any form or by any means, electronic or mechanical, including photocopying, recording, or any information storage and retrieval system, without written permission from the publisher.

图书在版编目（CIP）数据

内蒙古自治区人口普查年鉴. 2020. 第 3 册 / 内蒙古自治区第七次全国人口普查领导小组办公室, 内蒙古自治区统计局编. -- 北京 : 中国统计出版社, 2022.8
ISBN 978-7-5037-9860-3

Ⅰ. ①内… Ⅱ. ①内… ②内… Ⅲ. ①人口普查－统计资料－内蒙古－2020－年鉴 Ⅳ. ①C924.252.6-54

中国版本图书馆 CIP 数据核字(2022)第 127944 号

内蒙古自治区人口普查年鉴-2020（第 3 册）
Inner Mongolia Population Census Yearbook 2020 (Book 3)

作　　者/内蒙古自治区第七次全国人口普查领导小组办公室　内蒙古自治区统计局
责任编辑/张　洁
封面设计/李雪燕
出版发行/中国统计出版社有限公司
通信地址/北京市丰台区西三环南路甲 6 号　邮政编码/100073
发行电话/邮购（010）63376909　书店（010）68783171
网　　址/http://www.zgtjcbs.com/
印　　刷/内蒙古宏业包装印务有限公司
经　　销/新华书店
开　　本/880mm×1230mm　1/16
字　　数/1450 千字
印　　张/45.25
版　　别/2022 年 8 月第 1 版
版　　次/2022 年 8 月第 1 次印刷
定　　价/1080.00 元（全五册附光盘）

版权所有，侵权必究。
如有印装差错，请与发行部联系退换。本书附 CD-ROM 一张，如有差异，以图书内容为准。

目　　录

第3册

第二部分　长表数据资料

第一卷　概要

第二卷　民族

第三卷　教育

第四卷　就业

第二部分 长表数据资料

第一卷 概要

1-1 各地区户数、

地区	户数			合计			
	合计	家庭户	集体户	合计	男	女	性别比(女=100)
内蒙古	**931238**	**907239**	**23999**	**2339123**	**1193107**	**1146016**	**104.11**
呼和浩特市	**128444**	**123472**	**4972**	**321280**	**161142**	**160138**	**100.63**
新城区	24646	23744	902	64145	31714	32431	97.79
回民区	16496	15762	734	42032	20623	21409	96.33
玉泉区	19726	19138	588	49436	24624	24812	99.24
赛罕区	31379	29609	1770	81543	40846	40697	100.37
土默特左旗	10922	10703	219	24201	12496	11705	106.76
托克托县	6945	6795	150	16316	8548	7768	110.04
和林格尔县	6006	5612	394	15095	7485	7610	98.36
清水河县	3236	3191	45	6917	3628	3289	110.31
武川县	4329	4305	24	9148	4713	4435	106.27
呼和浩特经济技术开发区	4759	4613	146	12447	6465	5982	108.07
包头市	**113836**	**111195**	**2641**	**279082**	**141184**	**137898**	**102.38**
东河区	19836	19560	276	48058	23840	24218	98.44
昆都仑区	31500	30934	566	80105	40101	40004	100.24
青山区	21345	20597	748	52991	26213	26778	97.89
石拐区	1058	992	66	2151	1161	990	117.27
白云鄂博矿区	1027	979	48	2232	1207	1025	117.76
九原区	9422	8967	455	23955	12690	11265	112.65
土默特右旗	11613	11393	220	27278	14089	13189	106.82
固阳县	7262	7165	97	17012	9005	8007	112.46
达尔罕茂明安联合旗	3113	3075	38	6468	3343	3125	106.98
包头稀土高新技术产业开发区	7660	7533	127	18832	9535	9297	102.56
乌海市	**22351**	**21462**	**889**	**53605**	**28066**	**25539**	**109.89**
海勃湾区	13208	12803	405	32674	16773	15901	105.48
海南区	4092	3803	289	9144	5120	4024	127.24
乌达区	5051	4856	195	11787	6173	5614	109.96
赤峰市	**150596**	**148683**	**1913**	**404382**	**205013**	**199369**	**102.83**
红山区	16365	16033	332	44277	22089	22188	99.55
元宝山区	11071	10938	133	28223	14201	14022	101.28
松山区	24425	23985	440	66900	33866	33034	102.52
阿鲁科尔沁旗	9540	9486	54	23691	11951	11740	101.80
巴林左旗	11975	11850	125	30547	15334	15213	100.80
巴林右旗	5912	5847	65	15041	7566	7475	101.22
林西县	7895	7840	55	19748	9924	9824	101.02
克什克腾旗	7439	7276	163	18034	9367	8667	108.08
翁牛特旗	13420	13301	119	36767	18857	17910	105.29
喀喇沁旗	9502	9412	90	26062	13320	12742	104.54
宁城县	16614	16421	193	48843	25139	23704	106.05
敖汉旗	16438	16294	144	46249	23399	22850	102.40

人口数和性别比

单位：户、人

人口数								平均家庭户规模（人/户）
家庭户				集体户				
小计	男	女	性别比（女=100）	小计	男	女	性别比（女=100）	
2234815	**1125685**	**1109130**	**101.49**	**104308**	**67422**	**36886**	**182.78**	**2.46**
298035	**149264**	**148771**	**100.33**	**23245**	**11878**	**11367**	**104.50**	**2.41**
59609	29282	30327	96.55	4536	2432	2104	115.59	2.51
38413	19086	19327	98.75	3619	1537	2082	73.82	2.44
47021	23545	23476	100.29	2415	1079	1336	80.76	2.46
73399	36349	37050	98.11	8144	4497	3647	123.31	2.48
23113	11940	11173	106.86	1088	556	532	104.51	2.16
15738	8110	7628	106.32	578	438	140	312.86	2.32
13050	6693	6357	105.29	2045	792	1253	63.21	2.33
6750	3499	3251	107.63	167	129	38	339.47	2.12
9076	4663	4413	105.67	72	50	22	227.27	2.11
11866	6097	5769	105.69	581	368	213	172.77	2.57
266476	**133273**	**133203**	**100.05**	**12606**	**7911**	**4695**	**168.50**	**2.40**
46650	23137	23513	98.40	1408	703	705	99.72	2.38
77373	38247	39126	97.75	2732	1854	878	211.16	2.50
48924	24085	24839	96.96	4067	2128	1939	109.75	2.38
1951	1017	934	108.89	200	144	56	257.14	1.97
2098	1097	1001	109.59	134	110	24	458.33	2.14
21927	11129	10798	103.07	2028	1561	467	334.26	2.45
26141	13375	12766	104.77	1137	714	423	168.79	2.29
16698	8738	7960	109.77	314	267	47	568.09	2.33
6302	3213	3089	104.01	166	130	36	361.11	2.05
18412	9235	9177	100.63	420	300	120	250.00	2.44
51034	**26061**	**24973**	**104.36**	**2571**	**2005**	**566**	**354.24**	**2.38**
31320	15816	15504	102.01	1354	957	397	241.06	2.45
8473	4533	3940	115.05	671	587	84	698.81	2.23
11241	5712	5529	103.31	546	461	85	542.35	2.31
394608	**199229**	**195379**	**101.97**	**9774**	**5784**	**3990**	**144.96**	**2.65**
42443	21190	21253	99.70	1834	899	935	96.15	2.65
27676	13776	13900	99.11	547	425	122	348.36	2.53
64725	32604	32121	101.50	2175	1262	913	138.23	2.70
23389	11752	11637	100.99	302	199	103	193.20	2.47
29910	14982	14928	100.36	637	352	285	123.51	2.52
14759	7398	7361	100.50	282	168	114	147.37	2.52
19454	9720	9734	99.86	294	204	90	226.67	2.48
17356	8816	8540	103.23	678	551	127	433.86	2.39
36096	18498	17598	105.11	671	359	312	115.06	2.71
25581	13029	12552	103.80	481	291	190	153.16	2.72
47817	24569	23248	105.68	1026	570	456	125.00	2.91
45402	22895	22507	101.72	847	504	343	146.94	2.79

1-1 续表 1

地 区	户 数						
				合 计			
	合计	家庭户	集体户	合计	男	女	性别比(女=100)
通辽市	**100985**	**99526**	**1459**	**279255**	**140406**	**138849**	**101.12**
科尔沁区	26056	25554	502	69895	34700	35195	98.59
科尔沁左翼中旗	14054	13950	104	42435	21773	20662	105.38
科尔沁左翼后旗	10916	10837	79	30058	15239	14819	102.83
开鲁县	11112	10972	140	30564	15204	15360	98.98
库伦旗	5253	5218	35	14321	7303	7018	104.06
奈曼旗	12249	12117	132	35796	17897	17899	99.99
扎鲁特旗	9366	9236	130	24103	12126	11977	101.24
通辽经济技术开发区	6895	6654	241	19093	9376	9717	96.49
霍林郭勒市	5084	4988	96	12990	6788	6202	109.45
鄂尔多斯市	**84311**	**77969**	**6342**	**214933**	**116975**	**97958**	**119.41**
东胜区	21146	19950	1196	56498	29169	27329	106.73
康巴什区	3918	3487	431	11290	5757	5533	104.05
达拉特旗	12639	12408	231	31842	16628	15214	109.29
准格尔旗	14901	13572	1329	36658	20934	15724	133.13
鄂托克前旗	3570	3219	351	9442	5325	4117	129.34
鄂托克旗	6366	5764	602	16006	8940	7066	126.52
杭锦旗	4454	4348	106	10773	5622	5151	109.14
乌审旗	6926	6013	913	16859	9909	6950	142.58
伊金霍洛旗	10391	9208	1183	25565	14691	10874	135.10
呼伦贝尔市	**88998**	**88038**	**960**	**215393**	**108492**	**106901**	**101.49**
海拉尔区	14041	13855	186	34179	16656	17523	95.05
扎赉诺尔区	3620	3615	5	7985	3938	4047	97.31
阿荣旗	9512	9433	79	24997	12665	12332	102.70
莫力达瓦达斡尔族自治旗	8579	8477	102	21969	11220	10749	104.38
鄂伦春自治旗	7019	6968	51	16337	8303	8034	103.35
鄂温克族自治旗	5702	5641	61	13294	6727	6567	102.44
陈巴尔虎旗	2093	2055	38	5104	2706	2398	112.84
新巴尔虎左旗	1465	1451	14	3766	1932	1834	105.34
新巴尔虎右旗	1496	1434	62	3766	2083	1683	123.77
满洲里市	5824	5756	68	14431	7279	7152	101.78
牙克石市	11628	11545	83	26347	13150	13197	99.64
扎兰屯市	11759	11621	138	29635	14940	14695	101.67
额尔古纳市	2898	2876	22	6678	3384	3294	102.73
根河市	3362	3311	51	6905	3509	3396	103.33
巴彦淖尔市	**63652**	**62491**	**1161**	**147958**	**75689**	**72269**	**104.73**
临河区	22967	22489	478	55546	28026	27520	101.84
五原县	9477	9412	65	21544	10963	10581	103.61
磴口县	4002	3949	53	8698	4421	4277	103.37
乌拉特前旗	11161	10989	172	25157	12994	12163	106.83
乌拉特中旗	4970	4778	192	10810	5799	5011	115.73
乌拉特后旗	2381	2212	169	5486	3055	2431	125.67
杭锦后旗	8694	8662	32	20717	10431	10286	101.41

单位：户、人

人口数								平均家庭户规模（人/户）
家庭户				集体户				
小计	男	女	性别比（女=100）	小计	男	女	性别比（女=100）	
272036	**136664**	**135372**	**100.95**	**7219**	**3742**	**3477**	**107.62**	**2.73**
67473	33560	33913	98.96	2422	1140	1282	88.92	2.64
41782	21452	20330	105.52	653	321	332	96.69	3.00
29600	15019	14581	103.00	458	220	238	92.44	2.73
29814	14771	15043	98.19	750	433	317	136.59	2.72
14132	7182	6950	103.34	189	121	68	177.94	2.71
35175	17588	17587	100.01	621	309	312	99.04	2.90
23623	11824	11799	100.21	480	302	178	169.66	2.56
17814	8776	9038	97.10	1279	600	679	88.37	2.68
12623	6492	6131	105.89	367	296	71	416.90	2.53
192081	**98475**	**93606**	**105.20**	**22852**	**18500**	**4352**	**425.09**	**2.46**
52256	26283	25973	101.19	4242	2886	1356	212.83	2.62
9647	4720	4927	95.80	1643	1037	606	171.12	2.77
30100	15282	14818	103.13	1742	1346	396	339.90	2.43
32024	16816	15208	110.57	4634	4118	516	798.06	2.36
8153	4162	3991	104.28	1289	1163	126	923.02	2.53
13849	7147	6702	106.64	2157	1793	364	492.58	2.40
10066	5073	4993	101.60	707	549	158	347.47	2.32
14250	7672	6578	116.63	2609	2237	372	601.34	2.37
21736	11320	10416	108.68	3829	3371	458	736.03	2.36
210169	**105151**	**105018**	**100.13**	**5224**	**3341**	**1883**	**177.43**	**2.39**
32568	15897	16671	95.36	1611	759	852	89.08	2.35
7965	3922	4043	97.01	20	16	4	400.00	2.20
24673	12432	12241	101.56	324	233	91	256.04	2.62
21479	10973	10506	104.45	490	247	243	101.65	2.53
16127	8141	7986	101.94	210	162	48	337.50	2.31
12999	6465	6534	98.94	295	262	33	793.94	2.30
4832	2478	2354	105.27	272	228	44	518.18	2.35
3647	1837	1810	101.49	119	95	24	395.83	2.51
3331	1690	1641	102.99	435	393	42	935.71	2.32
14140	7145	6995	102.14	291	134	157	85.35	2.46
25973	12899	13074	98.66	374	251	123	204.07	2.25
29135	14623	14512	100.76	500	317	183	173.22	2.51
6574	3307	3267	101.22	104	77	27	285.19	2.29
6726	3342	3384	98.76	179	167	12	1391.67	2.03
143563	**72646**	**70917**	**102.44**	**4395**	**3043**	**1352**	**225.07**	**2.30**
53771	27033	26738	101.10	1775	993	782	126.98	2.39
21298	10807	10491	103.01	246	156	90	173.33	2.26
8578	4351	4227	102.93	120	70	50	140.00	2.17
24318	12301	12017	102.36	839	693	146	474.66	2.21
10143	5256	4887	107.55	667	543	124	437.90	2.12
5032	2651	2381	111.34	454	404	50	808.00	2.27
20423	10247	10176	100.70	294	184	110	167.27	2.36

1-1 续表 2

地 区	户 数						
				合 计			
	合计	家庭户	集体户	合计	男	女	性别比(女=100)
乌兰察布市	**73498**	**72229**	**1269**	**160362**	**81797**	**78565**	**104.11**
集宁区	16689	16059	630	40633	20090	20543	97.79
卓资县	4016	3951	65	8007	4295	3712	115.71
化德县	4262	4176	86	9052	4659	4393	106.06
商都县	7966	7908	58	16838	8504	8334	102.04
兴和县	7046	7022	24	15368	7734	7634	101.31
凉城县	5199	5164	35	10659	5595	5064	110.49
察哈尔右翼前旗	5591	5444	147	11902	6242	5660	110.28
察哈尔右翼中旗	4148	4107	41	8260	4332	3928	110.29
察哈尔右翼后旗	4711	4677	34	9948	5068	4880	103.85
四子王旗	5868	5815	53	12173	6234	5939	104.97
丰镇市	8002	7906	96	17522	9044	8478	106.68
兴安盟	**50895**	**50175**	**720**	**132743**	**67001**	**65742**	**101.92**
乌兰浩特市	12883	12592	291	32718	16031	16687	96.07
阿尔山市	1357	1337	20	3140	1622	1518	106.85
科尔沁右翼前旗	10159	10012	147	27109	13887	13222	105.03
科尔沁右翼中旗	7101	7000	101	19373	9876	9497	103.99
扎赉特旗	11316	11230	86	29790	15164	14626	103.68
突泉县	8079	8004	75	20613	10421	10192	102.25
锡林郭勒盟	**43069**	**42009**	**1060**	**104915**	**53769**	**51146**	**105.13**
二连浩特市	2999	2925	74	7465	3833	3632	105.53
锡林浩特市	13256	13027	229	33000	16465	16535	99.58
阿巴嘎旗	1578	1518	60	3896	2162	1734	124.68
苏尼特左旗	1330	1315	15	3258	1775	1483	119.69
苏尼特右旗	2624	2591	33	6002	3020	2982	101.27
东乌珠穆沁旗	2402	2325	77	6553	3336	3217	103.70
西乌珠穆沁旗	3746	3370	376	9428	5291	4137	127.89
太仆寺旗	4568	4529	39	9986	5054	4932	102.47
镶黄旗	1073	1045	28	2602	1318	1284	102.65
正镶白旗	1839	1819	20	4046	2095	1951	107.38
正蓝旗	2781	2767	14	6555	3288	3267	100.64
多伦县	3940	3874	66	9903	4980	4923	101.16
乌拉盖管委会	933	904	29	2221	1152	1069	107.76
阿拉善盟	**10603**	**9990**	**613**	**25215**	**13573**	**11642**	**116.59**
阿拉善左旗	7387	7084	303	17468	9191	8277	111.04
阿拉善右旗	981	933	48	2217	1191	1026	116.08
额济纳旗	1194	1100	94	2827	1582	1245	127.07
内蒙古阿拉善经济开发区	1041	873	168	2703	1609	1094	147.07

单位：户、人

人口数								平均家庭户规模（人/户）
家庭户				集体户				
小计	男	女	性别比（女=100）	小计	男	女	性别比（女=100）	
154499	**78190**	**76309**	**102.46**	**5863**	**3607**	**2256**	**159.88**	**2.14**
37569	18502	19067	97.04	3064	1588	1476	107.59	2.34
7648	4034	3614	111.62	359	261	98	266.33	1.94
8758	4423	4335	102.03	294	236	58	406.90	2.10
16567	8345	8222	101.50	271	159	112	141.96	2.09
15140	7612	7528	101.12	228	122	106	115.09	2.16
10544	5517	5027	109.75	115	78	37	210.81	2.04
11203	5704	5499	103.73	699	538	161	334.16	2.06
8151	4251	3900	109.00	109	81	28	289.29	1.98
9826	4989	4837	103.14	122	79	43	183.72	2.10
12004	6104	5900	103.46	169	130	39	333.33	2.06
17089	8709	8380	103.93	433	335	98	341.84	2.16
128609	**64524**	**64085**	**100.69**	**4134**	**2477**	**1657**	**149.49**	**2.56**
31051	15143	15908	95.19	1667	888	779	113.99	2.47
2992	1499	1493	100.40	148	123	25	492.00	2.24
26295	13351	12944	103.14	814	536	278	192.81	2.63
18799	9532	9267	102.86	574	344	230	149.57	2.69
29383	14951	14432	103.60	407	213	194	109.79	2.62
20089	10048	10041	100.07	524	373	151	247.02	2.51
100675	**50371**	**50304**	**100.13**	**4240**	**3398**	**842**	**403.56**	**2.40**
7156	3616	3540	102.15	309	217	92	235.87	2.45
31999	15752	16247	96.95	1001	713	288	247.57	2.46
3593	1885	1708	110.36	303	277	26	1065.38	2.37
3156	1678	1478	113.53	102	97	5	1940.00	2.40
5912	2944	2968	99.19	90	76	14	542.86	2.28
6300	3141	3159	99.43	253	195	58	336.21	2.71
8209	4162	4047	102.84	1219	1129	90	1254.44	2.44
9742	4882	4860	100.45	244	172	72	238.89	2.15
2425	1179	1246	94.62	177	139	38	365.79	2.32
3939	2011	1928	104.30	107	84	23	365.22	2.17
6483	3251	3232	100.59	72	37	35	105.71	2.34
9637	4808	4829	99.57	266	172	94	182.98	2.49
2124	1062	1062	100.00	97	90	7	1285.71	2.35
23030	**11837**	**11193**	**105.75**	**2185**	**1736**	**449**	**386.64**	**2.31**
16405	8358	8047	103.86	1063	833	230	362.17	2.32
2052	1057	995	106.23	165	134	31	432.26	2.20
2428	1266	1162	108.95	399	316	83	380.72	2.21
2145	1156	989	116.89	558	453	105	431.43	2.46

1-1a 各地区户数、

地区	户数						
				合计			
	合计	家庭户	集体户	合计	男	女	性别比（女=100）
内蒙古	**355616**	**345562**	**10054**	**902670**	**448069**	**454601**	**98.56**
呼和浩特市	**80898**	**77187**	**3711**	**208189**	**102675**	**105514**	**97.31**
新城区	21718	20864	854	56529	27724	28805	96.25
回民区	15856	15135	721	40365	19736	20629	95.67
玉泉区	17499	17032	467	43565	21597	21968	98.31
赛罕区	25825	24156	1669	67730	33618	34112	98.55
包头市	**75575**	**73892**	**1683**	**188413**	**93717**	**94696**	**98.97**
东河区	16958	16712	246	40871	20107	20764	96.84
昆都仑区	30279	29732	547	77276	38624	38652	99.93
青山区	20447	19733	714	50809	25048	25761	97.23
石拐区	622	616	6	1335	669	666	100.45
白云鄂博矿区	1027	979	48	2232	1207	1025	117.76
九原区	6242	6120	122	15890	8062	7828	102.99
乌海市	**20145**	**19621**	**524**	**49287**	**25264**	**24023**	**105.17**
海勃湾区	12301	12025	276	30708	15524	15184	102.24
海南区	2911	2849	62	7023	3702	3321	111.47
乌达区	4933	4747	186	11556	6038	5518	109.42
赤峰市	**35722**	**35047**	**675**	**96417**	**47978**	**48439**	**99.05**
红山区	15016	14696	320	40470	20107	20363	98.74
元宝山区	7310	7233	77	18601	9249	9352	98.90
松山区	13396	13118	278	37346	18622	18724	99.46
通辽市	**21057**	**20548**	**509**	**53958**	**26643**	**27315**	**97.54**
科尔沁区	16328	15906	422	41857	20332	21525	94.46
霍林郭勒市	4729	4642	87	12101	6311	5790	109.00
鄂尔多斯市	**23952**	**22677**	**1275**	**65365**	**33161**	**32204**	**102.97**
东胜区	19987	19143	844	53975	27345	26630	102.68
康巴什区	3918	3487	431	11290	5757	5533	104.05
鄂托克旗	47	47		100	59	41	143.90
呼伦贝尔市	**37405**	**36972**	**433**	**89281**	**43793**	**45488**	**96.27**
海拉尔区	13555	13382	173	33043	16049	16994	94.44
扎赉诺尔区	3400	3397	3	7532	3701	3831	96.61
满洲里市	5641	5573	68	14030	7064	6966	101.41
牙克石市	5932	5866	66	13780	6693	7087	94.44
扎兰屯市	5234	5130	104	12801	6269	6532	95.97
额尔古纳市	1734	1723	11	4137	2052	2085	98.42
根河市	1909	1901	8	3958	1965	1993	98.60
巴彦淖尔市	**15113**	**14882**	**231**	**38111**	**18908**	**19203**	**98.46**
临河区	15113	14882	231	38111	18908	19203	98.46
乌兰察布市	**19125**	**18630**	**495**	**46581**	**22995**	**23586**	**97.49**
集宁区	14785	14304	481	36177	17851	18326	97.41
丰镇市	4340	4326	14	10404	5144	5260	97.79
兴安盟	**11628**	**11342**	**286**	**29481**	**14344**	**15137**	**94.76**
乌兰浩特市	10859	10584	275	27692	13434	14258	94.22
阿尔山市	769	758	11	1789	910	879	103.53
锡林郭勒盟	**14996**	**14764**	**232**	**37587**	**18591**	**18996**	**97.87**
二连浩特市	2878	2816	62	7196	3654	3542	103.16
锡林浩特市	12118	11948	170	30391	14937	15454	96.65

人口数和性别比(城市)

单位：户、人

人口数								平均家庭户规模（人/户）
家庭户				集体户				
小计	男	女	性别比（女=100）	小计	男	女	性别比（女=100）	
856265	**422980**	**433285**	**97.62**	**46405**	**25089**	**21316**	**117.70**	**2.48**
190959	**94050**	**96909**	**97.05**	**17230**	**8625**	**8605**	**100.23**	**2.47**
52294	25520	26774	95.32	4235	2204	2031	108.52	2.51
36879	18269	18610	98.17	3486	1467	2019	72.66	2.44
41711	20810	20901	99.56	1854	787	1067	73.76	2.45
60075	29451	30624	96.17	7655	4167	3488	119.47	2.49
179880	**88827**	**91053**	**97.56**	**8533**	**4890**	**3643**	**134.23**	**2.43**
39560	19466	20094	96.87	1311	641	670	95.67	2.37
74627	36836	37791	97.47	2649	1788	861	207.67	2.51
46886	23049	23837	96.69	3923	1999	1924	103.90	2.38
1312	658	654	100.61	23	11	12	91.67	2.13
2098	1097	1001	109.59	134	110	24	458.33	2.14
15397	7721	7676	100.59	493	341	152	224.34	2.52
47619	**24074**	**23545**	**102.25**	**1668**	**1190**	**478**	**248.95**	**2.43**
29730	14918	14812	100.72	978	606	372	162.90	2.47
6848	3555	3293	107.96	175	147	28	525.00	2.40
11041	5601	5440	102.96	515	437	78	560.26	2.33
93057	**46212**	**46845**	**98.65**	**3360**	**1766**	**1594**	**110.79**	**2.66**
38705	19266	19439	99.11	1765	841	924	91.02	2.63
18325	9044	9281	97.45	276	205	71	288.73	2.53
36027	17902	18125	98.77	1319	720	599	120.20	2.75
51517	**25434**	**26083**	**97.51**	**2441**	**1209**	**1232**	**98.13**	**2.51**
39696	19345	20351	95.06	2161	987	1174	84.07	2.50
11821	6089	5732	106.23	280	222	58	382.76	2.55
60534	**30217**	**30317**	**99.67**	**4831**	**2944**	**1887**	**156.01**	**2.67**
50787	25438	25349	100.35	3188	1907	1281	148.87	2.65
9647	4720	4927	95.80	1643	1037	606	171.12	2.77
100	59	41	143.90					2.13
86713	**42510**	**44203**	**96.17**	**2568**	**1283**	**1285**	**99.84**	**2.35**
31467	15321	16146	94.89	1576	728	848	85.85	2.35
7526	3697	3829	96.55	6	4	2	200.00	2.22
13739	6930	6809	101.78	291	134	157	85.35	2.47
13547	6546	7001	93.50	233	147	86	170.93	2.31
12417	6056	6361	95.21	384	213	171	124.56	2.42
4095	2026	2069	97.92	42	26	16	162.50	2.38
3922	1934	1988	97.28	36	31	5	620.00	2.06
37287	**18446**	**18841**	**97.90**	**824**	**462**	**362**	**127.62**	**2.51**
37287	18446	18841	97.90	824	462	362	127.62	2.51
44200	**21738**	**22462**	**96.78**	**2381**	**1257**	**1124**	**111.83**	**2.37**
33844	16622	17222	96.52	2333	1229	1104	111.32	2.37
10356	5116	5240	97.63	48	28	20	140.00	2.39
27944	**13565**	**14379**	**94.34**	**1537**	**779**	**758**	**102.77**	**2.46**
26231	12719	13512	94.13	1461	715	746	95.84	2.48
1713	846	867	97.58	76	64	12	533.33	2.26
36555	**17907**	**18648**	**96.03**	**1032**	**684**	**348**	**196.55**	**2.48**
6937	3484	3453	100.90	259	170	89	191.01	2.46
29618	14423	15195	94.92	773	514	259	198.46	2.48

1-1b 各地区户数、

地区	户数			合计			
	合计	家庭户	集体户	合计	男	女	性别比(女=100)
内蒙古	**259523**	**252612**	**6911**	**656446**	**331434**	**325012**	**101.98**
呼和浩特市	**18396**	**17646**	**750**	**46841**	**23566**	**23275**	**101.25**
新城区	106	106		234	122	112	108.93
回民区							
玉泉区							
赛罕区	90	90		224	111	113	98.23
土默特左旗	4132	3950	182	9945	5031	4914	102.38
托克托县	2970	2890	80	7563	3877	3686	105.18
和林格尔县	2738	2429	309	7804	3639	4165	87.37
清水河县	1418	1399	19	3486	1766	1720	102.67
武川县	2183	2169	14	5138	2555	2583	98.92
呼和浩特经济技术开发区	4759	4613	146	12447	6465	5982	108.07
包头市	**18303**	**17530**	**773**	**45393**	**23463**	**21930**	**106.99**
东河区	896	894	2	2301	1173	1128	103.99
昆都仑区	18	6	12	69	58	11	527.27
青山区	105	81	24	275	187	88	212.50
石拐区	168	112	56	280	209	71	294.37
白云鄂博矿区							
九原区	884	600	284	2605	1669	936	178.31
土默特右旗	4775	4592	183	12226	6123	6103	100.33
固阳县	2545	2476	69	6006	3099	2907	106.60
达尔罕茂明安联合旗	1548	1531	17	3493	1759	1734	101.44
包头稀土高新技术产业开发区	7364	7238	126	18138	9186	8952	102.61
乌海市	**887**	**743**	**144**	**1729**	**1118**	**611**	**182.98**
海勃湾区	141	140	1	345	188	157	119.75
海南区	628	494	134	1153	795	358	222.07
乌达区	118	109	9	231	135	96	140.63
赤峰市	**41382**	**40731**	**651**	**112094**	**55866**	**56228**	**99.36**
红山区	823	812	11	2335	1229	1106	111.12
元宝山区	1186	1170	16	2967	1511	1456	103.78
松山区	885	879	6	2468	1292	1176	109.86
阿鲁科尔沁旗	3911	3877	34	10208	5007	5201	96.27
巴林左旗	4463	4387	76	11254	5488	5766	95.18
巴林右旗	3486	3434	52	9102	4499	4603	97.74
林西县	4195	4148	47	11176	5538	5638	98.23
克什克腾旗	3553	3499	54	9411	4690	4721	99.34
翁牛特旗	4795	4718	77	12933	6564	6369	103.06
喀喇沁旗	3748	3672	76	10441	5256	5185	101.37
宁城县	5239	5095	144	15208	7571	7637	99.14
敖汉旗	5098	5040	58	14591	7221	7370	97.98

人口数和性别比(镇)

单位：户、人

人口数								平均家庭户规模（人/户）
家庭户				集体户				
小计	男	女	性别比（女=100）	小计	男	女	性别比（女=100）	
627563	**312868**	**314695**	**99.42**	**28883**	**18566**	**10317**	**179.96**	**2.48**
43506	**22083**	**21423**	**103.08**	**3335**	**1483**	**1852**	**80.08**	**2.47**
234	122	112	108.93					2.21
224	111	113	98.23					2.49
9073	4627	4446	104.07	872	404	468	86.32	2.30
7351	3719	3632	102.40	212	158	54	292.59	2.54
6233	3148	3085	102.04	1571	491	1080	45.46	2.57
3426	1733	1693	102.36	60	33	27	122.22	2.45
5099	2526	2573	98.17	39	29	10	290.00	2.35
11866	6097	5769	105.69	581	368	213	172.77	2.57
42246	**21208**	**21038**	**100.81**	**3147**	**2255**	**892**	**252.80**	**2.41**
2291	1166	1125	103.64	10	7	3	233.33	2.56
9	6	3	200.00	60	52	8	650.00	1.50
185	97	88	110.23	90	90			2.28
151	95	56	169.64	129	114	15	760.00	1.35
1324	692	632	109.49	1281	977	304	321.38	2.21
11333	5615	5718	98.20	893	508	385	131.95	2.47
5816	2944	2872	102.51	190	155	35	442.86	2.35
3417	1705	1712	99.59	76	54	22	245.45	2.23
17720	8888	8832	100.63	418	298	120	248.33	2.45
1418	**841**	**577**	**145.75**	**311**	**277**	**34**	**814.71**	**1.91**
343	186	157	118.47	2	2			2.45
875	544	331	164.35	278	251	27	929.63	1.77
200	111	89	124.72	31	24	7	342.86	1.83
108649	**53952**	**54697**	**98.64**	**3445**	**1914**	**1531**	**125.02**	**2.67**
2269	1174	1095	107.21	66	55	11	500.00	2.79
2874	1446	1428	101.26	93	65	28	232.14	2.46
2448	1277	1171	109.05	20	15	5	300.00	2.78
10008	4895	5113	95.74	200	112	88	127.27	2.58
10740	5231	5509	94.95	514	257	257	100.00	2.45
8887	4381	4506	97.23	215	118	97	121.65	2.59
10937	5380	5557	96.81	239	158	81	195.06	2.64
9141	4498	4643	96.88	270	192	78	246.15	2.61
12509	6360	6149	103.43	424	204	220	92.73	2.65
10061	5027	5034	99.86	380	229	151	151.66	2.74
14473	7214	7259	99.38	735	357	378	94.44	2.84
14302	7069	7233	97.73	289	152	137	110.95	2.84

1-1b 续表 1

地区	户数			合计			
	合计	家庭户	集体户	合计	男	女	性别比(女=100)
通辽市	**31120**	**30381**	**739**	**83496**	**40977**	**42519**	**96.37**
科尔沁区	1703	1672	31	4458	2272	2186	103.93
科尔沁左翼中旗	4293	4205	88	12163	6042	6121	98.71
科尔沁左翼后旗	3939	3871	68	10145	4979	5166	96.38
开鲁县	4486	4372	114	11898	5808	6090	95.37
库伦旗	2192	2161	31	5636	2820	2816	100.14
奈曼旗	4270	4164	106	12291	5952	6339	93.89
扎鲁特旗	4411	4336	75	11190	5485	5705	96.14
通辽经济技术开发区	5811	5585	226	15683	7601	8082	94.05
霍林郭勒市	15	15		32	18	14	128.57
鄂尔多斯市	**37729**	**35732**	**1997**	**98891**	**52525**	**46366**	**113.28**
东胜区	146	106	40	297	209	88	237.50
康巴什区							
达拉特旗	7241	7091	150	19905	10151	9754	104.07
准格尔旗	9651	9164	487	25373	13521	11852	114.08
鄂托克前旗	1982	1932	50	5329	2754	2575	106.95
鄂托克旗	4846	4569	277	12197	6511	5686	114.51
杭锦旗	2605	2523	82	6862	3520	3342	105.33
乌审旗	3972	3667	305	9938	5552	4386	126.58
伊金霍洛旗	7286	6680	606	18990	10307	8683	118.70
呼伦贝尔市	**28591**	**28307**	**284**	**68065**	**34230**	**33835**	**101.17**
海拉尔区	62	62		136	74	62	119.35
扎赉诺尔区	220	218	2	453	237	216	109.72
阿荣旗	4466	4411	55	11678	5750	5928	97.00
莫力达瓦达斡尔族自治旗	2934	2914	20	7612	3777	3835	98.49
鄂伦春自治旗	5176	5142	34	11952	5976	5976	100.00
鄂温克族自治旗	4291	4245	46	10114	5056	5058	99.96
陈巴尔虎旗	1474	1446	28	3680	1897	1783	106.39
新巴尔虎左旗	792	783	9	1983	990	993	99.70
新巴尔虎右旗	970	960	10	2330	1162	1168	99.49
满洲里市	183	183		401	215	186	115.59
牙克石市	4848	4834	14	10702	5500	5202	105.73
扎兰屯市	1228	1210	18	3088	1535	1553	98.84
额尔古纳市	507	502	5	1012	529	483	109.52
根河市	1440	1397	43	2924	1532	1392	110.06
巴彦淖尔市	**20998**	**20712**	**286**	**50247**	**25095**	**25152**	**99.77**
临河区	558	547	11	1274	654	620	105.48
五原县	4302	4252	50	10649	5283	5366	98.45
磴口县	2154	2135	19	4817	2370	2447	96.85
乌拉特前旗	5538	5474	64	13101	6481	6620	97.90
乌拉特中旗	2596	2530	66	5840	2989	2851	104.84
乌拉特后旗	1476	1422	54	3524	1825	1699	107.42
杭锦后旗	4374	4352	22	11042	5493	5549	98.99

单位：户、人

人口数								平均家庭户规模（人/户）
家庭户				集体户				
小计	男	女	性别比（女=100）	小计	男	女	性别比（女=100）	
79638	**39132**	**40506**	**96.61**	**3858**	**1845**	**2013**	**91.65**	**2.62**
4355	2221	2134	104.08	103	51	52	98.08	2.60
11574	5756	5818	98.93	589	286	303	94.39	2.75
9736	4799	4937	97.20	409	180	229	78.60	2.52
11305	5492	5813	94.48	593	316	277	114.08	2.59
5488	2737	2751	99.49	148	83	65	127.69	2.54
11746	5703	6043	94.37	545	249	296	84.12	2.82
10880	5330	5550	96.04	310	155	155	100.00	2.51
14522	7076	7446	95.03	1161	525	636	82.55	2.60
32	18	14	128.57					2.13
91867	**46869**	**44998**	**104.16**	**7024**	**5656**	**1368**	**413.45**	**2.57**
184	112	72	155.56	113	97	16	606.25	1.74
18943	9469	9474	99.95	962	682	280	243.57	2.67
23848	12216	11632	105.02	1525	1305	220	593.18	2.60
5075	2549	2526	100.91	254	205	49	418.37	2.63
11335	5800	5535	104.79	862	711	151	470.86	2.48
6300	3090	3210	96.26	562	430	132	325.76	2.50
9124	4919	4205	116.98	814	633	181	349.72	2.49
17058	8714	8344	104.43	1932	1593	339	469.91	2.55
66772	**33179**	**33593**	**98.77**	**1293**	**1051**	**242**	**434.30**	**2.36**
136	74	62	119.35					2.19
439	225	214	105.14	14	12	2	600.00	2.01
11462	5607	5855	95.76	216	143	73	195.89	2.60
7539	3722	3817	97.51	73	55	18	305.56	2.59
11797	5861	5936	98.74	155	115	40	287.50	2.29
9925	4884	5041	96.89	189	172	17	1011.76	2.34
3483	1739	1744	99.71	197	158	39	405.13	2.41
1926	937	989	94.74	57	53	4	1325.00	2.46
2276	1117	1159	96.38	54	45	9	500.00	2.37
401	215	186	115.59					2.19
10597	5420	5177	104.69	105	80	25	320.00	2.19
3033	1486	1547	96.06	55	49	6	816.67	2.51
977	496	481	103.12	35	33	2	1650.00	1.95
2781	1396	1385	100.79	143	136	7	1942.86	1.99
49214	**24372**	**24842**	**98.11**	**1033**	**723**	**310**	**233.23**	**2.38**
1213	608	605	100.50	61	46	15	306.67	2.22
10507	5197	5310	97.87	142	86	56	153.57	2.47
4770	2345	2425	96.70	47	25	22	113.64	2.23
12885	6318	6567	96.21	216	163	53	307.55	2.35
5598	2809	2789	100.72	242	180	62	290.32	2.21
3396	1715	1681	102.02	128	110	18	611.11	2.39
10845	5380	5465	98.44	197	113	84	134.52	2.49

1－1b 续表 2

地区	户数			合计			
	合计	家庭户	集体户	合计	男	女	性别比(女=100)
乌兰察布市	**21511**	**21133**	**378**	**50611**	**25204**	**25407**	**99.20**
集宁区	533	478	55	1417	603	814	74.08
卓资县	1613	1573	40	3664	1843	1821	101.21
化德县	2395	2360	35	5483	2754	2729	100.92
商都县	3433	3399	34	8198	4033	4165	96.83
兴和县	2780	2766	14	7104	3483	3621	96.19
凉城县	1981	1965	16	4591	2281	2310	98.74
察哈尔右翼前旗	2237	2169	68	5242	2663	2579	103.26
察哈尔右翼中旗	1320	1309	11	2963	1496	1467	101.98
察哈尔右翼后旗	2202	2176	26	5168	2575	2593	99.31
四子王旗	2649	2635	14	5936	2911	3025	96.23
丰镇市	368	303	65	845	562	283	198.59
兴安盟	**16035**	**15738**	**297**	**40430**	**19924**	**20506**	**97.16**
乌兰浩特市	682	682		1499	721	778	92.67
阿尔山市	458	452	6	1034	524	510	102.75
科尔沁右翼前旗	3155	3068	87	8175	4066	4109	98.95
科尔沁右翼中旗	3468	3378	90	8988	4484	4504	99.56
扎赉特旗	5169	5093	76	13078	6423	6655	96.51
突泉县	3103	3065	38	7656	3706	3950	93.82
锡林郭勒盟	**16195**	**15874**	**321**	**38497**	**19108**	**19389**	**98.55**
二连浩特市	46	38	8	78	62	16	387.50
锡林浩特市	207	202	5	269	199	70	284.29
阿巴嘎旗	948	904	44	2164	1141	1023	111.53
苏尼特左旗	711	709	2	1579	775	804	96.39
苏尼特右旗	2021	2000	21	4478	2201	2277	96.66
东乌珠穆沁旗	1603	1584	19	4057	1969	2088	94.30
西乌珠穆沁旗	2323	2244	79	5556	2766	2790	99.14
太仆寺旗	1853	1834	19	4488	2169	2319	93.53
镶黄旗	731	711	20	1734	854	880	97.05
正镶白旗	961	948	13	2211	1105	1106	99.91
正蓝旗	1493	1485	8	3444	1701	1743	97.59
多伦县	2478	2422	56	6467	3150	3317	94.97
乌拉盖管委会	820	793	27	1972	1016	956	106.28
阿拉善盟	**8376**	**8085**	**291**	**20152**	**10358**	**9794**	**105.76**
阿拉善左旗	5786	5666	120	13928	6978	6950	100.40
阿拉善右旗	740	722	18	1635	834	801	104.12
额济纳旗	902	857	45	2166	1147	1019	112.56
内蒙古阿拉善经济开发区	948	840	108	2423	1399	1024	136.62

单位：户、人

人口数								平均家庭户规模（人／户）
家庭户				集体户				
小计	男	女	性别比（女=100）	小计	男	女	性别比（女=100）	
48831	**24237**	**24594**	**98.55**	**1780**	**967**	**813**	**118.94**	**2.31**
1112	546	566	96.47	305	57	248	22.98	2.33
3470	1736	1734	100.12	194	107	87	122.99	2.21
5376	2688	2688	100.00	107	66	41	160.98	2.28
8027	3964	4063	97.56	171	69	102	67.65	2.36
6944	3422	3522	97.16	160	61	99	61.62	2.51
4533	2249	2284	98.47	58	32	26	123.08	2.31
4953	2471	2482	99.56	289	192	97	197.94	2.28
2935	1475	1460	101.03	28	21	7	300.00	2.24
5076	2522	2554	98.75	92	53	39	135.90	2.33
5877	2873	3004	95.64	59	38	21	180.95	2.23
528	291	237	122.78	317	271	46	589.13	1.74
38827	**19035**	**19792**	**96.18**	**1603**	**889**	**714**	**124.51**	**2.47**
1499	721	778	92.67					2.20
995	495	500	99.00	39	29	10	290.00	2.20
7671	3771	3900	96.69	504	295	209	141.15	2.50
8505	4205	4300	97.79	483	279	204	136.76	2.52
12731	6261	6470	96.77	347	162	185	87.57	2.50
7426	3582	3844	93.18	230	124	106	116.98	2.42
37348	**18284**	**19064**	**95.91**	**1149**	**824**	**325**	**253.54**	**2.35**
58	42	16	262.50	20	20			1.53
259	191	68	280.88	10	8	2	400.00	1.28
2026	1017	1009	100.79	138	124	14	885.71	2.24
1577	773	804	96.14	2	2			2.22
4424	2160	2264	95.41	54	41	13	315.38	2.21
3966	1911	2055	92.99	91	58	33	175.76	2.50
5332	2595	2737	94.81	224	171	53	322.64	2.38
4382	2111	2271	92.95	106	58	48	120.83	2.39
1627	774	853	90.74	107	80	27	296.30	2.29
2151	1064	1087	97.88	60	41	19	215.79	2.27
3416	1691	1725	98.03	28	10	18	55.56	2.30
6247	3021	3226	93.65	220	129	91	141.76	2.58
1883	934	949	98.42	89	82	7	1171.43	2.37
19247	**9676**	**9571**	**101.10**	**905**	**682**	**223**	**305.83**	**2.38**
13551	6731	6820	98.70	377	247	130	190.00	2.39
1592	802	790	101.52	43	32	11	290.91	2.20
2007	1018	989	102.93	159	129	30	430.00	2.34
2097	1125	972	115.74	326	274	52	526.92	2.50

1-1c 各地区户数、

地区	户数						
				合计			
	合计	家庭户	集体户	合计	男	女	性别比(女=100)
内蒙古	**316099**	**309065**	**7034**	**780007**	**413604**	**366403**	**112.88**
呼和浩特市	**29150**	**28639**	**511**	**66250**	**34901**	**31349**	**111.33**
新城区	2822	2774	48	7382	3868	3514	110.07
回民区	640	627	13	1667	887	780	113.72
玉泉区	2227	2106	121	5871	3027	2844	106.43
赛罕区	5464	5363	101	13589	7117	6472	109.97
土默特左旗	6790	6753	37	14256	7465	6791	109.92
托克托县	3975	3905	70	8753	4671	4082	114.43
和林格尔县	3268	3183	85	7291	3846	3445	111.64
清水河县	1818	1792	26	3431	1862	1569	118.67
武川县	2146	2136	10	4010	2158	1852	116.52
呼和浩特经济技术开发区							
包头市	**19958**	**19773**	**185**	**45276**	**24004**	**21272**	**112.84**
东河区	1982	1954	28	4886	2560	2326	110.06
昆都仑区	1203	1196	7	2760	1419	1341	105.82
青山区	793	783	10	1907	978	929	105.27
石拐区	268	264	4	536	283	253	111.86
白云鄂博矿区							
九原区	2296	2247	49	5460	2959	2501	118.31
土默特右旗	6838	6801	37	15052	7966	7086	112.42
固阳县	4717	4689	28	11006	5906	5100	115.80
达尔罕茂明安联合旗	1565	1544	21	2975	1584	1391	113.87
包头稀土高新技术产业开发区	296	295	1	694	349	345	101.16
乌海市	**1319**	**1098**	**221**	**2589**	**1684**	**905**	**186.08**
海勃湾区	766	638	128	1621	1061	560	189.46
海南区	553	460	93	968	623	345	180.58
乌达区							
赤峰市	**73492**	**72905**	**587**	**195871**	**101169**	**94702**	**106.83**
红山区	526	525	1	1472	753	719	104.73
元宝山区	2575	2535	40	6655	3441	3214	107.06
松山区	10144	9988	156	27086	13952	13134	106.23
阿鲁科尔沁旗	5629	5609	20	13483	6944	6539	106.19
巴林左旗	7512	7463	49	19293	9846	9447	104.22
巴林右旗	2426	2413	13	5939	3067	2872	106.79
林西县	3700	3692	8	8572	4386	4186	104.78
克什克腾旗	3886	3777	109	8623	4677	3946	118.53
翁牛特旗	8625	8583	42	23834	12293	11541	106.52
喀喇沁旗	5754	5740	14	15621	8064	7557	106.71
宁城县	11375	11326	49	33635	17568	16067	109.34
敖汉旗	11340	11254	86	31658	16178	15480	104.51

人口数和性别比(乡村)

单位：户、人

人口数								平均家庭户规模（人/户）
家庭户				集体户				
小计	男	女	性别比（女=100）	小计	男	女	性别比（女=100）	
750987	**389837**	**361150**	**107.94**	**29020**	**23767**	**5253**	**452.45**	**2.43**
63570	**33131**	**30439**	**108.84**	**2680**	**1770**	**910**	**194.51**	**2.22**
7081	3640	3441	105.78	301	228	73	312.33	2.55
1534	817	717	113.95	133	70	63	111.11	2.45
5310	2735	2575	106.21	561	292	269	108.55	2.52
13100	6787	6313	107.51	489	330	159	207.55	2.44
14040	7313	6727	108.71	216	152	64	237.50	2.08
8387	4391	3996	109.88	366	280	86	325.58	2.15
6817	3545	3272	108.34	474	301	173	173.99	2.14
3324	1766	1558	113.35	107	96	11	872.73	1.85
3977	2137	1840	116.14	33	21	12	175.00	1.86
44350	**23238**	**21112**	**110.07**	**926**	**766**	**160**	**478.75**	**2.24**
4799	2505	2294	109.20	87	55	32	171.88	2.46
2737	1405	1332	105.48	23	14	9	155.56	2.29
1853	939	914	102.74	54	39	15	260.00	2.37
488	264	224	117.86	48	19	29	65.52	1.85
5206	2716	2490	109.08	254	243	11	2209.09	2.32
14808	7760	7048	110.10	244	206	38	542.11	2.18
10882	5794	5088	113.88	124	112	12	933.33	2.32
2885	1508	1377	109.51	90	76	14	542.86	1.87
692	347	345	100.58	2	2			2.35
1997	**1146**	**851**	**134.67**	**592**	**538**	**54**	**996.30**	**1.82**
1247	712	535	133.08	374	349	25	1396.00	1.95
750	434	316	137.34	218	189	29	651.72	1.63
192902	**99065**	**93837**	**105.57**	**2969**	**2104**	**865**	**243.24**	**2.65**
1469	750	719	104.31	3	3			2.80
6477	3286	3191	102.98	178	155	23	673.91	2.56
26250	13425	12825	104.68	836	527	309	170.55	2.63
13381	6857	6524	105.10	102	87	15	580.00	2.39
19170	9751	9419	103.52	123	95	28	339.29	2.57
5872	3017	2855	105.67	67	50	17	294.12	2.43
8517	4340	4177	103.90	55	46	9	511.11	2.31
8215	4318	3897	110.80	408	359	49	732.65	2.18
23587	12138	11449	106.02	247	155	92	168.48	2.75
15520	8002	7518	106.44	101	62	39	158.97	2.70
33344	17355	15989	108.54	291	213	78	273.08	2.94
31100	15826	15274	103.61	558	352	206	170.87	2.76

1－1c 续表 1

地区	户数			合计			
	合计	家庭户	集体户	合计	男	女	性别比(女=100)
通辽市	**48808**	**48597**	**211**	**141801**	**72786**	**69015**	**105.46**
科尔沁区	8025	7976	49	23580	12096	11484	105.33
科尔沁左翼中旗	9761	9745	16	30272	15731	14541	108.18
科尔沁左翼后旗	6977	6966	11	19913	10260	9653	106.29
开鲁县	6626	6600	26	18666	9396	9270	101.36
库伦旗	3061	3057	4	8685	4483	4202	106.69
奈曼旗	7979	7953	26	23505	11945	11560	103.33
扎鲁特旗	4955	4900	55	12913	6641	6272	105.88
通辽经济技术开发区	1084	1069	15	3410	1775	1635	108.56
霍林郭勒市	340	331	9	857	459	398	115.33
鄂尔多斯市	**22630**	**19560**	**3070**	**50677**	**31289**	**19388**	**161.38**
东胜区	1013	701	312	2226	1615	611	264.32
康巴什区							
达拉特旗	5398	5317	81	11937	6477	5460	118.63
准格尔旗	5250	4408	842	11285	7413	3872	191.45
鄂托克前旗	1588	1287	301	4113	2571	1542	166.73
鄂托克旗	1473	1148	325	3709	2370	1339	177.00
杭锦旗	1849	1825	24	3911	2102	1809	116.20
乌审旗	2954	2346	608	6921	4357	2564	169.93
伊金霍洛旗	3105	2528	577	6575	4384	2191	200.09
呼伦贝尔市	**23002**	**22759**	**243**	**58047**	**30469**	**27578**	**110.48**
海拉尔区	424	411	13	1000	533	467	114.13
扎赉诺尔区							
阿荣旗	5046	5022	24	13319	6915	6404	107.98
莫力达瓦达斡尔族自治旗	5645	5563	82	14357	7443	6914	107.65
鄂伦春自治旗	1843	1826	17	4385	2327	2058	113.07
鄂温克族自治旗	1411	1396	15	3180	1671	1509	110.74
陈巴尔虎旗	619	609	10	1424	809	615	131.54
新巴尔虎左旗	673	668	5	1783	942	841	112.01
新巴尔虎右旗	526	474	52	1436	921	515	178.83
满洲里市							
牙克石市	848	845	3	1865	957	908	105.40
扎兰屯市	5297	5281	16	13746	7136	6610	107.96
额尔古纳市	657	651	6	1529	803	726	110.61
根河市	13	13		23	12	11	109.09
巴彦淖尔市	**27541**	**26897**	**644**	**59600**	**31686**	**27914**	**113.51**
临河区	7296	7060	236	16161	8464	7697	109.96
五原县	5175	5160	15	10895	5680	5215	108.92
磴口县	1848	1814	34	3881	2051	1830	112.08
乌拉特前旗	5623	5515	108	12056	6513	5543	117.50
乌拉特中旗	2374	2248	126	4970	2810	2160	130.09
乌拉特后旗	905	790	115	1962	1230	732	168.03
杭锦后旗	4320	4310	10	9675	4938	4737	104.24

单位：户、人

人口数								平均家庭户规模（人/户）
家庭户				集体户				
小计	男	女	性别比（女=100）	小计	男	女	性别比（女=100）	
140881	**72098**	**68783**	**104.82**	**920**	**688**	**232**	**296.55**	**2.90**
23422	11994	11428	104.95	158	102	56	182.14	2.94
30208	15696	14512	108.16	64	35	29	120.69	3.10
19864	10220	9644	105.97	49	40	9	444.44	2.85
18509	9279	9230	100.53	157	117	40	292.50	2.80
8644	4445	4199	105.86	41	38	3	1266.67	2.83
23429	11885	11544	102.95	76	60	16	375.00	2.95
12743	6494	6249	103.92	170	147	23	639.13	2.60
3292	1700	1592	106.78	118	75	43	174.42	3.08
770	385	385	100.00	87	74	13	569.23	2.33
39680	**21389**	**18291**	**116.94**	**10997**	**9900**	**1097**	**902.46**	**2.03**
1285	733	552	132.79	941	882	59	1494.92	1.83
11157	5813	5344	108.78	780	664	116	572.41	2.10
8176	4600	3576	128.64	3109	2813	296	950.34	1.85
3078	1613	1465	110.10	1035	958	77	1244.16	2.39
2414	1288	1126	114.39	1295	1082	213	507.98	2.10
3766	1983	1783	111.22	145	119	26	457.69	2.06
5126	2753	2373	116.01	1795	1604	191	839.79	2.18
4678	2606	2072	125.77	1897	1778	119	1494.12	1.85
56684	**29462**	**27222**	**108.23**	**1363**	**1007**	**356**	**282.87**	**2.49**
965	502	463	108.42	35	31	4	775.00	2.35
13211	6825	6386	106.87	108	90	18	500.00	2.63
13940	7251	6689	108.40	417	192	225	85.33	2.51
4330	2280	2050	111.22	55	47	8	587.50	2.37
3074	1581	1493	105.89	106	90	16	562.50	2.20
1349	739	610	121.15	75	70	5	1400.00	2.22
1721	900	821	109.62	62	42	20	210.00	2.58
1055	573	482	118.88	381	348	33	1054.55	2.23
1829	933	896	104.13	36	24	12	200.00	2.16
13685	7081	6604	107.22	61	55	6	916.67	2.59
1502	785	717	109.48	27	18	9	200.00	2.31
23	12	11	109.09					1.77
57062	**29828**	**27234**	**109.52**	**2538**	**1858**	**680**	**273.24**	**2.12**
15271	7979	7292	109.42	890	485	405	119.75	2.16
10791	5610	5181	108.28	104	70	34	205.88	2.09
3808	2006	1802	111.32	73	45	28	160.71	2.10
11433	5983	5450	109.78	623	530	93	569.89	2.07
4545	2447	2098	116.63	425	363	62	585.48	2.02
1636	936	700	133.71	326	294	32	918.75	2.07
9578	4867	4711	103.31	97	71	26	273.08	2.22

1-1c 续表 2

地区	户数			合计			
	合计	家庭户	集体户	合计	男	女	性别比(女=100)
乌兰察布市	**32862**	**32466**	**396**	**63170**	**33598**	**29572**	**113.61**
集宁区	1371	1277	94	3039	1636	1403	116.61
卓资县	2403	2378	25	4343	2452	1891	129.67
化德县	1867	1816	51	3569	1905	1664	114.48
商都县	4533	4509	24	8640	4471	4169	107.24
兴和县	4266	4256	10	8264	4251	4013	105.93
凉城县	3218	3199	19	6068	3314	2754	120.33
察哈尔右翼前旗	3354	3275	79	6660	3579	3081	116.16
察哈尔右翼中旗	2828	2798	30	5297	2836	2461	115.24
察哈尔右翼后旗	2509	2501	8	4780	2493	2287	109.01
四子王旗	3219	3180	39	6237	3323	2914	114.04
丰镇市	3294	3277	17	6273	3338	2935	113.73
兴安盟	**23232**	**23095**	**137**	**62832**	**32733**	**30099**	**108.75**
乌兰浩特市	1342	1326	16	3527	1876	1651	113.63
阿尔山市	130	127	3	317	188	129	145.74
科尔沁右翼前旗	7004	6944	60	18934	9821	9113	107.77
科尔沁右翼中旗	3633	3622	11	10385	5392	4993	107.99
扎赉特旗	6147	6137	10	16712	8741	7971	109.66
突泉县	4976	4939	37	12957	6715	6242	107.58
锡林郭勒盟	**11878**	**11371**	**507**	**28831**	**16070**	**12761**	**125.93**
二连浩特市	75	71	4	191	117	74	158.11
锡林浩特市	931	877	54	2340	1329	1011	131.45
阿巴嘎旗	630	614	16	1732	1021	711	143.60
苏尼特左旗	619	606	13	1679	1000	679	147.28
苏尼特右旗	603	591	12	1524	819	705	116.17
东乌珠穆沁旗	799	741	58	2496	1367	1129	121.08
西乌珠穆沁旗	1423	1126	297	3872	2525	1347	187.45
太仆寺旗	2715	2695	20	5498	2885	2613	110.41
镶黄旗	342	334	8	868	464	404	114.85
正镶白旗	878	871	7	1835	990	845	117.16
正蓝旗	1288	1282	6	3111	1587	1524	104.13
多伦县	1462	1452	10	3436	1830	1606	113.95
乌拉盖管委会	113	111	2	249	136	113	120.35
阿拉善盟	**2227**	**1905**	**322**	**5063**	**3215**	**1848**	**173.97**
阿拉善左旗	1601	1418	183	3540	2213	1327	166.77
阿拉善右旗	241	211	30	582	357	225	158.67
额济纳旗	292	243	49	661	435	226	192.48
内蒙古阿拉善经济开发区	93	33	60	280	210	70	300.00

单位：户、人

人口数								平均家庭户规模（人/户）
家庭户				集体户				
小计	男	女	性别比（女=100）	小计	男	女	性别比（女=100）	
61468	**32215**	**29253**	**110.13**	**1702**	**1383**	**319**	**433.54**	**1.89**
2613	1334	1279	104.30	426	302	124	243.55	2.05
4178	2298	1880	122.23	165	154	11	1400.00	1.76
3382	1735	1647	105.34	187	170	17	1000.00	1.86
8540	4381	4159	105.34	100	90	10	900.00	1.89
8196	4190	4006	104.59	68	61	7	871.43	1.93
6011	3268	2743	119.14	57	46	11	418.18	1.88
6250	3233	3017	107.16	410	346	64	540.63	1.91
5216	2776	2440	113.77	81	60	21	285.71	1.86
4750	2467	2283	108.06	30	26	4	650.00	1.90
6127	3231	2896	111.57	110	92	18	511.11	1.93
6205	3302	2903	113.74	68	36	32	112.50	1.89
61838	**31924**	**29914**	**106.72**	**994**	**809**	**185**	**437.30**	**2.68**
3321	1703	1618	105.25	206	173	33	524.24	2.50
284	158	126	125.40	33	30	3	1000.00	2.24
18624	9580	9044	105.93	310	241	69	349.28	2.68
10294	5327	4967	107.25	91	65	26	250.00	2.84
16652	8690	7962	109.14	60	51	9	566.67	2.71
12663	6466	6197	104.34	294	249	45	553.33	2.56
26772	**14180**	**12592**	**112.61**	**2059**	**1890**	**169**	**1118.34**	**2.35**
161	90	71	126.76	30	27	3	900.00	2.27
2122	1138	984	115.65	218	191	27	707.41	2.42
1567	868	699	124.18	165	153	12	1275.00	2.55
1579	905	674	134.27	100	95	5	1900.00	2.61
1488	784	704	111.36	36	35	1	3500.00	2.52
2334	1230	1104	111.41	162	137	25	548.00	3.15
2877	1567	1310	119.62	995	958	37	2589.19	2.56
5360	2771	2589	107.03	138	114	24	475.00	1.99
798	405	393	103.05	70	59	11	536.36	2.39
1788	947	841	112.60	47	43	4	1075.00	2.05
3067	1560	1507	103.52	44	27	17	158.82	2.39
3390	1787	1603	111.48	46	43	3	1433.33	2.33
241	128	113	113.27	8	8			2.17
3783	**2161**	**1622**	**133.23**	**1280**	**1054**	**226**	**466.37**	**1.99**
2854	1627	1227	132.60	686	586	100	586.00	2.01
460	255	205	124.39	122	102	20	510.00	2.18
421	248	173	143.35	240	187	53	352.83	1.73
48	31	17	182.35	232	179	53	337.74	1.45

1－2 各地区分性别、

地 区	人 口 数			居住本乡、镇、街道，户口在本乡、镇、街道		
	合计	男	女	小计	男	女
内蒙古	**2339123**	**1193107**	**1146016**	**1295412**	**658982**	**636430**
呼和浩特市	**321280**	**161142**	**160138**	**128765**	**64714**	**64051**
新城区	64145	31714	32431	25716	12488	13228
回民区	42032	20623	21409	13253	6531	6722
玉泉区	49436	24624	24812	10595	5243	5352
赛罕区	81543	40846	40697	34249	16944	17305
土默特左旗	24201	12496	11705	15772	8252	7520
托克托县	16316	8548	7768	9544	4935	4609
和林格尔县	15095	7485	7610	8141	4234	3907
清水河县	6917	3628	3289	4238	2238	2000
武川县	9148	4713	4435	4851	2590	2261
呼和浩特经济技术开发区	12447	6465	5982	2406	1259	1147
包头市	**279082**	**141184**	**137898**	**131345**	**65938**	**65407**
东河区	48058	23840	24218	22165	11041	11124
昆都仑区	80105	40101	40004	33884	16586	17298
青山区	52991	26213	26778	23285	11364	11921
石拐区	2151	1161	990	720	375	345
白云鄂博矿区	2232	1207	1025	1004	523	481
九原区	23955	12690	11265	6746	3451	3295
土默特右旗	27278	14089	13189	20013	10441	9572
固阳县	17012	9005	8007	13523	7138	6385
达尔罕茂明安联合旗	6468	3343	3125	4010	2080	1930
包头稀土高新技术产业开发区	18832	9535	9297	5995	2939	3056
乌海市	**53605**	**28066**	**25539**	**24454**	**12210**	**12244**
海勃湾区	32674	16773	15901	15097	7507	7590
海南区	9144	5120	4024	3674	1894	1780
乌达区	11787	6173	5614	5683	2809	2874
赤峰市	**404382**	**205013**	**199369**	**259066**	**132206**	**126860**
红山区	44277	22089	22188	16320	8163	8157
元宝山区	28223	14201	14022	16940	8442	8498
松山区	66900	33866	33034	30247	15364	14883
阿鲁科尔沁旗	23691	11951	11740	16563	8445	8118
巴林左旗	30547	15334	15213	20706	10583	10123
巴林右旗	15041	7566	7475	8913	4518	4395
林西县	19748	9924	9824	12937	6536	6401
克什克腾旗	18034	9367	8667	11026	5599	5427
翁牛特旗	36767	18857	17910	29000	14901	14099
喀喇沁旗	26062	13320	12742	19835	10226	9609
宁城县	48843	25139	23704	39890	20727	19163
敖汉旗	46249	23399	22850	36689	18702	17987

户口登记状况的人口

单位：人

居住本乡、镇、街道，户口在外乡、镇、街道，离开户口登记地半年以上			居住本乡、镇、街道，户口待定			原住本乡、镇、街道，现在港澳台或国外工作学习		
小计	男	女	小计	男	女	小计	男	女
1037156	**530550**	**506606**	**5090**	**2834**	**2256**	**1465**	**741**	**724**
190849	**95561**	**95288**	**1373**	**732**	**641**	**293**	**135**	**158**
38011	19008	19003	307	169	138	111	49	62
28612	14006	14606	133	68	65	34	18	16
38606	19265	19341	215	105	110	20	11	9
46761	23606	23155	434	251	183	99	45	54
8347	4212	4135	76	31	45	6	1	5
6707	3584	3123	55	23	32	10	6	4
6906	3222	3684	47	28	19	1	1	
2666	1382	1284	12	7	5	1	1	
4272	2114	2158	20	8	12	5	1	4
9961	5162	4799	74	42	32	6	2	4
147048	**74878**	**72170**	**518**	**286**	**232**	**171**	**82**	**89**
25797	12743	13054	76	44	32	20	12	8
46035	23415	22620	151	83	68	35	17	18
29519	14755	14764	107	61	46	80	33	47
1428	783	645	3	3				
1224	680	544	3	3		1	1	
17148	9208	7940	56	28	28	5	3	2
7219	3620	3599	43	25	18	3	3	
3476	1863	1613	12	3	9	1	1	
2443	1260	1183	14	2	12	1	1	
12759	6551	6208	53	34	19	25	11	14
28988	**15774**	**13214**	**146**	**73**	**73**	**17**	**9**	**8**
17458	9204	8254	110	59	51	9	3	6
5452	3216	2236	16	8	8	2	2	
6078	3354	2724	20	6	14	6	4	2
144697	**72488**	**72209**	**423**	**208**	**215**	**196**	**111**	**85**
27890	13891	13999	56	29	27	11	6	5
11217	5726	5491	21	11	10	45	22	23
36509	18438	18071	123	55	68	21	9	12
7096	3489	3607	13	5	8	19	12	7
9811	4733	5078	20	11	9	10	7	3
6100	3032	3068	12	5	7	16	11	5
6796	3377	3419	13	9	4	2	2	
6960	3737	3223	34	25	9	14	6	8
7735	3939	3796	23	13	10	9	4	5
6192	3076	3116	20	7	13	15	11	4
8887	4379	4508	47	21	26	19	12	7
9504	4671	4833	41	17	24	15	9	6

1－2 续表 1

地　区	人　口　数			居住本乡、镇、街道，户口在本乡、镇、街道		
	合计	男	女	小计	男	女
通辽市	**279255**	**140406**	**138849**	**203320**	**103698**	**99622**
科尔沁区	69895	34700	35195	41884	21201	20683
科尔沁左翼中旗	42435	21773	20662	37661	19578	18083
科尔沁左翼后旗	30058	15239	14819	25668	13186	12482
开鲁县	30564	15204	15360	25635	12909	12726
库伦旗	14321	7303	7018	12182	6257	5925
奈曼旗	35796	17897	17899	30615	15516	15099
扎鲁特旗	24103	12126	11977	18163	9176	8987
通辽经济技术开发区	19093	9376	9717	7183	3621	3562
霍林郭勒市	12990	6788	6202	4329	2254	2075
鄂尔多斯市	**214933**	**116975**	**97958**	**73772**	**37809**	**35963**
东胜区	56498	29169	27329	12496	6253	6243
康巴什区	11290	5757	5533	3072	1540	1532
达拉特旗	31842	16628	15214	13303	6961	6342
准格尔旗	36658	20934	15724	13809	7280	6529
鄂托克前旗	9442	5325	4117	5094	2574	2520
鄂托克旗	16006	8940	7066	5240	2648	2592
杭锦旗	10773	5622	5151	6288	3234	3054
乌审旗	16859	9909	6950	6968	3546	3422
伊金霍洛旗	25565	14691	10874	7502	3773	3729
呼伦贝尔市	**215393**	**108492**	**106901**	**140947**	**71415**	**69532**
海拉尔区	34179	16656	17523	16310	7942	8368
扎赉诺尔区	7985	3938	4047	4673	2308	2365
阿荣旗	24997	12665	12332	17661	9094	8567
莫力达瓦达斡尔族自治旗	21969	11220	10749	17014	8818	8196
鄂伦春自治旗	16337	8303	8034	12216	6230	5986
鄂温克族自治旗	13294	6727	6567	8562	4362	4200
陈巴尔虎旗	5104	2706	2398	3514	1842	1672
新巴尔虎左旗	3766	1932	1834	2577	1322	1255
新巴尔虎右旗	3766	2083	1683	2149	1090	1059
满洲里市	14431	7279	7152	6124	3027	3097
牙克石市	26347	13150	13197	19349	9692	9657
扎兰屯市	29635	14940	14695	21120	10828	10292
额尔古纳市	6678	3384	3294	4991	2515	2476
根河市	6905	3509	3396	4687	2345	2342
巴彦淖尔市	**147958**	**75689**	**72269**	**83348**	**42598**	**40750**
临河区	55546	28026	27520	24106	12180	11926
五原县	21544	10963	10581	14228	7267	6961
磴口县	8698	4421	4277	5833	2963	2870
乌拉特前旗	25157	12994	12163	15704	8149	7555
乌拉特中旗	10810	5799	5011	6409	3354	3055
乌拉特后旗	5486	3055	2431	2766	1461	1305
杭锦后旗	20717	10431	10286	14302	7224	7078

单位：人

居住本乡、镇、街道，户口在外乡、镇、街道，离开户口登记地半年以上			居住本乡、镇、街道，户口待定			原住本乡、镇、街道，现在港澳台或国外工作学习		
小计	男	女	小计	男	女	小计	男	女
75462	**36461**	**39001**	**222**	**118**	**104**	**251**	**129**	**122**
27893	13431	14462	63	38	25	55	30	25
4723	2170	2553	20	10	10	31	15	16
4313	2010	2303	22	12	10	55	31	24
4907	2283	2624	11	5	6	11	7	4
2101	1029	1072	11	6	5	27	11	16
5133	2354	2779	19	11	8	29	16	13
5891	2930	2961	23	8	15	26	12	14
11858	5726	6132	46	26	20	6	3	3
8643	4528	4115	7	2	5	11	4	7
140603	**78859**	**61744**	**518**	**284**	**234**	**40**	**23**	**17**
43803	22813	20990	188	94	94	11	9	2
8190	4202	3988	26	14	12	2	1	1
18499	9649	8850	38	18	20	2		2
22759	13612	9147	84	40	44	6	2	4
4298	2712	1586	45	36	9	5	3	2
10718	6269	4449	45	23	22	3		3
4462	2373	2089	18	12	6	5	3	2
9860	6344	3516	27	16	11	4	3	1
18014	10885	7129	47	31	16	2	2	
73787	**36632**	**37155**	**490**	**357**	**133**	**169**	**88**	**81**
17768	8658	9110	64	39	25	37	17	20
3298	1624	1674	8	3	5	6	3	3
7293	3549	3744	29	15	14	14	7	7
4901	2376	2525	37	20	17	17	6	11
4037	2004	2033	73	62	11	11	7	4
4643	2304	2339	64	50	14	25	11	14
1583	859	724	5	4	1	2	1	1
1177	599	578	10	9	1	2	2	
1592	972	620	23	20	3	2	1	1
8238	4202	4036	65	47	18	4	3	1
6967	3439	3528	11	7	4	20	12	8
8461	4081	4380	36	18	18	18	13	5
1644	831	813	38	36	2	5	2	3
2185	1134	1051	27	27		6	3	3
64253	**32910**	**31343**	**292**	**148**	**144**	**65**	**33**	**32**
31286	15767	15519	130	70	60	24	9	15
7254	3667	3587	48	22	26	14	7	7
2848	1448	1400	13	7	6	4	3	1
9403	4818	4585	41	19	22	9	8	1
4374	2430	1944	21	13	8	6	2	4
2710	1589	1121	10	5	5			
6378	3191	3187	29	12	17	8	4	4

1-2 续表 2

地 区	人口数			居住本乡、镇、街道，户口在本乡、镇、街道		
	合计	男	女	小计	男	女
乌兰察布市	**160362**	**81797**	**78565**	**91241**	**47226**	**44015**
集宁区	40633	20090	20543	14673	7372	7301
卓资县	8007	4295	3712	5458	2912	2546
化德县	9052	4659	4393	5216	2680	2536
商都县	16838	8504	8334	11350	5823	5527
兴和县	15368	7734	7634	10532	5325	5207
凉城县	10659	5595	5064	7410	3972	3438
察哈尔右翼前旗	11902	6242	5660	7692	3950	3742
察哈尔右翼中旗	8260	4332	3928	5934	3146	2788
察哈尔右翼后旗	9948	5068	4880	6107	3172	2935
四子王旗	12173	6234	5939	6698	3512	3186
丰镇市	17522	9044	8478	10171	5362	4809
兴安盟	**132743**	**67001**	**65742**	**95385**	**48766**	**46619**
乌兰浩特市	32718	16031	16687	17430	8606	8824
阿尔山市	3140	1622	1518	2360	1200	1160
科尔沁右翼前旗	27109	13887	13222	19774	10246	9528
科尔沁右翼中旗	19373	9876	9497	15616	8000	7616
扎赉特旗	29790	15164	14626	23766	12323	11443
突泉县	20613	10421	10192	16439	8391	8048
锡林郭勒盟	**104915**	**53769**	**51146**	**53319**	**27088**	**26231**
二连浩特市	7465	3833	3632	2678	1334	1344
锡林浩特市	33000	16465	16535	11550	5706	5844
阿巴嘎旗	3896	2162	1734	2382	1291	1091
苏尼特左旗	3258	1775	1483	2132	1117	1015
苏尼特右旗	6002	3020	2982	3591	1821	1770
东乌珠穆沁旗	6553	3336	3217	4011	2007	2004
西乌珠穆沁旗	9428	5291	4137	4423	2281	2142
太仆寺旗	9986	5054	4932	7448	3776	3672
镶黄旗	2602	1318	1284	1596	819	777
正镶白旗	4046	2095	1951	2578	1367	1211
正蓝旗	6555	3288	3267	4053	2047	2006
多伦县	9903	4980	4923	5806	2951	2855
乌拉盖管委会	2221	1152	1069	1071	571	500
阿拉善盟	**25215**	**13573**	**11642**	**10450**	**5314**	**5136**
阿拉善左旗	17468	9191	8277	7786	3974	3812
阿拉善右旗	2217	1191	1026	1196	609	587
额济纳旗	2827	1582	1245	1221	604	617
内蒙古阿拉善经济开发区	2703	1609	1094	247	127	120

单位：人

居住本乡、镇、街道，户口在外乡、镇、街道，离开户口登记地半年以上			居住本乡、镇、街道，户口待定			原住本乡、镇、街道，现在港澳台或国外工作学习		
小计	男	女	小计	男	女	小计	男	女
68724	**34384**	**34340**	**355**	**164**	**191**	**42**	**23**	**19**
25841	12653	13188	107	61	46	12	4	8
2526	1372	1154	18	8	10	5	3	2
3822	1975	1847	13	3	10	1	1	
5459	2672	2787	23	5	18	6	4	2
4793	2380	2413	42	28	14	1	1	
3214	1608	1606	34	14	20	1	1	
4179	2280	1899	28	9	19	3	3	
2316	1184	1132	9	2	7	1		1
3824	1892	1932	15	4	11	2		2
5442	2702	2740	25	16	9	8	4	4
7308	3666	3642	41	14	27	2	2	
37033	**18062**	**18971**	**200**	**114**	**86**	**125**	**59**	**66**
15206	7388	7818	49	25	24	33	12	21
739	385	354	38	35	3	3	2	1
7270	3615	3655	35	13	22	30	13	17
3722	1859	1863	20	11	9	15	6	9
5954	2801	3153	30	18	12	40	22	18
4142	2014	2128	28	12	16	4	4	
51067	**26366**	**24701**	**449**	**275**	**174**	**80**	**40**	**40**
4717	2445	2272	64	50	14	6	4	2
21234	10628	10606	192	118	74	24	13	11
1500	859	641	13	12	1	1		1
1099	639	460	23	17	6	4	2	2
2399	1194	1205	11	4	7	1	1	
2524	1319	1205	11	6	5	7	4	3
4972	2994	1978	29	15	14	4	1	3
2506	1267	1239	30	11	19	2		2
998	492	506	6	5	1	2	2	
1453	722	731	7	4	3	8	2	6
2468	1225	1243	13	5	8	21	11	10
4060	2009	2051	37	20	17			
1137	573	564	13	8	5			
14645	**8175**	**6470**	**104**	**75**	**29**	**16**	**9**	**7**
9602	5163	4439	66	47	19	14	7	7
1017	579	438	2	1	1	2	2	
1577	954	623	29	24	5			
2449	1479	970	7	3	4			

1－2a　各地区分性别、

地　　区	人　口　数			居住本乡、镇、街道，户口在本乡、镇、街道		
	合计	男	女	小计	男	女
内蒙古	**902670**	**448069**	**454601**	**341476**	**168022**	**173454**
呼和浩特市	**208189**	**102675**	**105514**	**71341**	**34861**	**36480**
新城区	56529	27724	28805	23338	11283	12055
回民区	40365	19736	20629	12709	6244	6465
玉泉区	43565	21597	21968	8724	4299	4425
赛罕区	67730	33618	34112	26570	13035	13535
包头市	**188413**	**93717**	**94696**	**78114**	**38352**	**39762**
东河区	40871	20107	20764	17650	8688	8962
昆都仑区	77276	38624	38652	32801	16066	16735
青山区	50809	25048	25761	22873	11166	11707
石拐区	1335	669	666	290	146	144
白云鄂博矿区	2232	1207	1025	1004	523	481
九原区	15890	8062	7828	3496	1763	1733
乌海市	**49287**	**25264**	**24023**	**23005**	**11428**	**11577**
海勃湾区	30708	15524	15184	14561	7213	7348
海南区	7023	3702	3321	2899	1479	1420
乌达区	11556	6038	5518	5545	2736	2809
赤峰市	**96417**	**47978**	**48439**	**31240**	**15528**	**15712**
红山区	40470	20107	20363	13640	6779	6861
元宝山区	18601	9249	9352	8732	4296	4436
松山区	37346	18622	18724	8868	4453	4415
通辽市	**53958**	**26643**	**27315**	**20209**	**9980**	**10229**
科尔沁区	41857	20332	21525	16213	7884	8329
霍林郭勒市	12101	6311	5790	3996	2096	1900
鄂尔多斯市	**65365**	**33161**	**32204**	**14856**	**7412**	**7444**
东胜区	53975	27345	26630	11700	5825	5875
康巴什区	11290	5757	5533	3072	1540	1532
鄂托克旗	100	59	41	84	47	37
呼伦贝尔市	**89281**	**43793**	**45488**	**45259**	**22136**	**23123**
海拉尔区	33043	16049	16994	15458	7492	7966
扎赉诺尔区	7532	3701	3831	4329	2133	2196
满洲里市	14030	7064	6966	5875	2896	2979
牙克石市	13780	6693	7087	8627	4196	4431
扎兰屯市	12801	6269	6532	5905	2916	2989
额尔古纳市	4137	2052	2085	2914	1441	1473
根河市	3958	1965	1993	2151	1062	1089
巴彦淖尔市	**38111**	**18908**	**19203**	**11846**	**5789**	**6057**
临河区	38111	18908	19203	11846	5789	6057
乌兰察布市	**46581**	**22995**	**23586**	**17315**	**8704**	**8611**
集宁区	36177	17851	18326	13018	6506	6512
丰镇市	10404	5144	5260	4297	2198	2099
兴安盟	**29481**	**14344**	**15137**	**15321**	**7475**	**7846**
乌兰浩特市	27692	13434	14258	13990	6806	7184
阿尔山市	1789	910	879	1331	669	662
锡林郭勒盟	**37587**	**18591**	**18996**	**12970**	**6357**	**6613**
二连浩特市	7196	3654	3542	2532	1251	1281
锡林浩特市	30391	14937	15454	10438	5106	5332

户口登记状况的人口(城市)

单位：人

居住本乡、镇、街道，户口在外乡、镇、街道，离开户口登记地半年以上			居住本乡、镇、街道，户口待定			原住本乡、镇、街道，现在港澳台或国外工作学习		
小计	男	女	小计	男	女	小计	男	女
557888	**278247**	**279641**	**2643**	**1483**	**1160**	**663**	**317**	**346**
135573	**67141**	**68432**	**1017**	**552**	**465**	**258**	**121**	**137**
32799	16239	16560	282	153	129	110	49	61
27496	13409	14087	128	67	61	32	16	16
34620	17187	17433	201	100	101	20	11	9
40658	20306	20352	406	232	174	96	45	51
109800	**55100**	**54700**	**361**	**201**	**160**	**138**	**64**	**74**
23137	11372	11765	65	36	29	19	11	8
44295	22462	21833	145	79	66	35	17	18
27755	13791	13964	101	58	43	80	33	47
1043	521	522	2	2				
1224	680	544	3	3		1	1	
12346	6274	6072	45	23	22	3	2	1
26132	**13760**	**12372**	**133**	**67**	**66**	**17**	**9**	**8**
16035	8252	7783	103	56	47	9	3	6
4112	2216	1896	10	5	5	2	2	
5985	3292	2693	20	6	14	6	4	2
64961	**32358**	**32603**	**163**	**69**	**94**	**53**	**23**	**30**
26767	13296	13471	54	28	26	9	4	5
9823	4932	4891	14	6	8	32	15	17
28371	14130	14241	95	35	60	12	4	8
33671	**16615**	**17056**	**51**	**33**	**18**	**27**	**15**	**12**
25583	12406	13177	45	31	14	16	11	5
8088	4209	3879	6	2	4	11	4	7
50285	**25633**	**24652**	**211**	**106**	**105**	**13**	**10**	**3**
42079	21419	20660	185	92	93	11	9	2
8190	4202	3988	26	14	12	2	1	1
16	12	4						
43771	**21491**	**22280**	**183**	**129**	**54**	**68**	**37**	**31**
17488	8502	8986	63	39	24	34	16	18
3190	1563	1627	7	2	5	6	3	3
8088	4119	3969	63	46	17	4	3	1
5133	2485	2648	4	2	2	16	10	6
6876	3340	3536	15	9	6	5	4	1
1200	588	612	23	23				
1796	894	902	8	8		3	1	2
26162	**13062**	**13100**	**84**	**50**	**34**	**19**	**7**	**12**
26162	13062	13100	84	50	34	19	7	12
29130	**14219**	**14911**	**124**	**68**	**56**	**12**	**4**	**8**
23050	11285	11765	97	56	41	12	4	8
6080	2934	3146	27	12	15			
14064	**6814**	**7250**	**65**	**43**	**22**	**31**	**12**	**19**
13632	6596	7036	40	21	19	30	11	19
432	218	214	25	22	3	1	1	
24339	**12054**	**12285**	**251**	**165**	**86**	**27**	**15**	**12**
4595	2350	2245	63	49	14	6	4	2
19744	9704	10040	188	116	72	21	11	10

1-2b 各地区分性别、

地区	人口数			居住本乡、镇、街道，户口在本乡、镇、街道		
	合计	男	女	小计	男	女
内蒙古	**656446**	**331434**	**325012**	**305880**	**153427**	**152453**
呼和浩特市	**46841**	**23566**	**23275**	**15126**	**7758**	**7368**
新城区	234	122	112	208	110	98
回民区						
玉泉区						
赛罕区	224	111	113	193	98	95
土默特左旗	9945	5031	4914	3332	1703	1629
托克托县	7563	3877	3686	3096	1553	1543
和林格尔县	7804	3639	4165	2787	1416	1371
清水河县	3486	1766	1720	1485	784	701
武川县	5138	2555	2583	1619	835	784
呼和浩特经济技术开发区	12447	6465	5982	2406	1259	1147
包头市	**45393**	**23463**	**21930**	**18159**	**9124**	**9035**
东河区	2301	1173	1128	873	435	438
昆都仑区	69	58	11			
青山区	275	187	88	7	4	3
石拐区	280	209	71	31	15	16
白云鄂博矿区						
九原区	2605	1669	936	581	299	282
土默特右旗	12226	6123	6103	5868	2979	2889
固阳县	6006	3099	2907	3402	1744	1658
达尔罕茂明安联合旗	3493	1759	1734	1693	855	838
包头稀土高新技术产业开发区	18138	9186	8952	5704	2793	2911
乌海市	**1729**	**1118**	**611**	**469**	**257**	**212**
海勃湾区	345	188	157	51	28	23
海南区	1153	795	358	280	156	124
乌达区	231	135	96	138	73	65
赤峰市	**112094**	**55866**	**56228**	**51645**	**25994**	**25651**
红山区	2335	1229	1106	1361	700	661
元宝山区	2967	1511	1456	2297	1172	1125
松山区	2468	1292	1176	2173	1134	1039
阿鲁科尔沁旗	10208	5007	5201	3764	1888	1876
巴林左旗	11254	5488	5766	4108	2062	2046
巴林右旗	9102	4499	4603	3500	1728	1772
林西县	11176	5538	5638	4954	2469	2485
克什克腾旗	9411	4690	4721	3661	1805	1856
翁牛特旗	12933	6564	6369	5963	3027	2936
喀喇沁旗	10441	5256	5185	4901	2494	2407
宁城县	15208	7571	7637	7731	3907	3824
敖汉旗	14591	7221	7370	7232	3608	3624

户口登记状况的人口(镇)

单位：人

居住本乡、镇、街道，户口在外乡、镇、街道，离开户口登记地半年以上			居住本乡、镇、街道，户口待定			原住本乡、镇、街道，现在港澳台或国外工作学习		
小计	男	女	小计	男	女	小计	男	女
348925	**177076**	**171849**	**1418**	**827**	**591**	**223**	**104**	**119**
31526	**15715**	**15811**	**173**	**87**	**86**	**16**	**6**	**10**
26	12	14						
31	13	18						
6582	3316	3266	29	12	17	2		2
4437	2310	2127	27	12	15	3	2	1
4993	2209	2784	23	13	10	1	1	
1993	977	1016	8	5	3			
3503	1716	1787	12	3	9	4	1	3
9961	5162	4799	74	42	32	6	2	4
27116	**14270**	**12846**	**93**	**58**	**35**	**25**	**11**	**14**
1423	733	690	5	5				
69	58	11						
267	183	84	1		1			
249	194	55						
2022	1369	653	2	1	1			
6335	3127	3208	23	17	6			
2601	1353	1248	2	1	1	1	1	
1791	904	887	9		9			
12359	6349	6010	51	34	17	24	10	14
1255	**859**	**396**	**5**	**2**	**3**			
292	159	133	2	1	1			
870	638	232	3	1	2			
93	62	31						
60315	**29793**	**30522**	**108**	**67**	**41**	**26**	**12**	**14**
972	527	445				2	2	
662	335	327	5	3	2	3	1	2
293	157	136				2	1	1
6434	3113	3321	4	3	1	6	3	3
7131	3417	3714	15	9	6			
5593	2766	2827	8	4	4	1	1	
6214	3065	3149	8	4	4			
5720	2863	2857	24	20	4	6	2	4
6956	3528	3428	13	9	4	1		1
5534	2759	2775	4	2	2	2	1	1
7465	3659	3806	10	5	5	2		2
7341	3604	3737	17	8	9	1	1	

1-2b 续表 1

地　　区	人 口 数			居住本乡、镇、街道，户口在本乡、镇、街道		
	合计	男	女	小计	男	女
通辽市	**83496**	**40977**	**42519**	**49219**	**24497**	**24722**
科尔沁区	4458	2272	2186	3797	1929	1868
科尔沁左翼中旗	12163	6042	6121	8312	4212	4100
科尔沁左翼后旗	10145	4979	5166	6648	3310	3338
开鲁县	11898	5808	6090	7965	3942	4023
库伦旗	5636	2820	2816	3831	1934	1897
奈曼旗	12291	5952	6339	8058	3978	4080
扎鲁特旗	11190	5485	5705	6256	3047	3209
通辽经济技术开发区	15683	7601	8082	4345	2141	2204
霍林郭勒市	32	18	14	7	4	3
鄂尔多斯市	**98891**	**52525**	**46366**	**28312**	**14310**	**14002**
东胜区	297	209	88	129	71	58
康巴什区						
达拉特旗	19905	10151	9754	4623	2408	2215
准格尔旗	25373	13521	11852	7927	4078	3849
鄂托克前旗	5329	2754	2575	2391	1172	1219
鄂托克旗	12197	6511	5686	3320	1657	1663
杭锦旗	6862	3520	3342	2846	1424	1422
乌审旗	9938	5552	4386	2663	1311	1352
伊金霍洛旗	18990	10307	8683	4413	2189	2224
呼伦贝尔市	**68065**	**34230**	**33835**	**46154**	**23236**	**22918**
海拉尔区	136	74	62	106	58	48
扎赉诺尔区	453	237	216	344	175	169
阿荣旗	11678	5750	5928	6173	3064	3109
莫力达瓦达斡尔族自治旗	7612	3777	3835	4712	2339	2373
鄂伦春自治旗	11952	5976	5976	8952	4478	4474
鄂温克族自治旗	10114	5056	5058	5907	2980	2927
陈巴尔虎旗	3680	1897	1783	2446	1253	1193
新巴尔虎左旗	1983	990	993	992	491	501
新巴尔虎右旗	2330	1162	1168	1276	634	642
满洲里市	401	215	186	249	131	118
牙克石市	10702	5500	5202	9031	4632	4399
扎兰屯市	3088	1535	1553	2595	1293	1302
额尔古纳市	1012	529	483	853	433	420
根河市	2924	1532	1392	2518	1275	1243
巴彦淖尔市	**50247**	**25095**	**25152**	**24684**	**12274**	**12410**
临河区	1274	654	620	996	504	492
五原县	10649	5283	5366	4932	2424	2508
磴口县	4817	2370	2447	2785	1368	1417
乌拉特前旗	13101	6481	6620	6188	3114	3074
乌拉特中旗	5840	2989	2851	2394	1195	1199
乌拉特后旗	3524	1825	1699	1526	777	749
杭锦后旗	11042	5493	5549	5863	2892	2971

单位：人

居住本乡、镇、街道，户口在外乡、镇、街道，离开户口登记地半年以上			居住本乡、镇、街道，户口待定			原住本乡、镇、街道，现在港澳台或国外工作学习		
小计	男	女	小计	男	女	小计	男	女
34145	**16411**	**17734**	**88**	**49**	**39**	**44**	**20**	**24**
658	342	316				3	1	2
3839	1823	2016	6	4	2	6	3	3
3481	1659	1822	8	5	3	8	5	3
3925	1862	2063	7	3	4	1	1	
1789	880	909	5	2	3	11	4	7
4219	1966	2253	7	5	2	7	3	4
4918	2431	2487	10	5	5	6	2	4
11291	5434	5857	45	25	20	2	1	1
25	14	11						
70324	**38072**	**32252**	**243**	**138**	**105**	**12**	**5**	**7**
167	137	30	1	1				
15254	7730	7524	27	13	14	1		1
17370	9407	7963	71	35	36	5	1	4
2910	1561	1349	26	20	6	2	1	1
8836	4834	4002	40	20	20	1		1
4000	2084	1916	15	11	4	1	1	
7252	4229	3023	23	12	11			
14535	8090	6445	40	26	14	2	2	
21688	**10819**	**10869**	**186**	**153**	**33**	**37**	**22**	**15**
30	16	14						
108	61	47	1	1				
5490	2677	2813	15	9	6			
2884	1426	1458	13	11	2	3	1	2
2932	1439	1493	62	54	8	6	5	1
4156	2044	2112	34	25	9	17	7	10
1229	640	589	4	3	1	1	1	
983	492	491	8	7	1			
1036	511	525	17	16	1	1	1	
150	83	67	2	1	1			
1663	863	800	5	3	2	3	2	1
489	240	249	2		2	2	2	
154	91	63	4	4		1	1	
384	236	148	19	19		3	2	1
25437	**12762**	**12675**	**111**	**49**	**62**	**15**	**10**	**5**
274	148	126	4	2	2			
5680	2842	2838	32	14	18	5	3	2
2022	996	1026	6	3	3	4	3	1
6880	3351	3529	29	12	17	4	4	
3434	1788	1646	12	6	6			
1992	1046	946	6	2	4			
5155	2591	2564	22	10	12	2		2

1-2b 续表 2

地区	人口数			居住本乡、镇、街道，户口在本乡、镇、街道		
	合计	男	女	小计	男	女
乌兰察布市	**50611**	**25204**	**25407**	**24400**	**12291**	**12109**
集宁区	1417	603	814	316	168	148
卓资县	3664	1843	1821	2293	1169	1124
化德县	5483	2754	2729	2425	1226	1199
商都县	8198	4033	4165	4259	2129	2130
兴和县	7104	3483	3621	3480	1691	1789
凉城县	4591	2281	2310	2518	1269	1249
察哈尔右翼前旗	5242	2663	2579	2464	1247	1217
察哈尔右翼中旗	2963	1496	1467	1676	874	802
察哈尔右翼后旗	5168	2575	2593	2325	1183	1142
四子王旗	5936	2911	3025	2152	1066	1086
丰镇市	845	562	283	492	269	223
兴安盟	**40430**	**19924**	**20506**	**22150**	**11047**	**11103**
乌兰浩特市	1499	721	778	459	238	221
阿尔山市	1034	524	510	803	405	398
科尔沁右翼前旗	8175	4066	4109	2552	1293	1259
科尔沁右翼中旗	8988	4484	4504	5656	2821	2835
扎赉特旗	13078	6423	6655	7993	3986	4007
突泉县	7656	3706	3950	4687	2304	2383
锡林郭勒盟	**38497**	**19108**	**19389**	**17785**	**8795**	**8990**
二连浩特市	78	62	16	2	1	1
锡林浩特市	269	199	70	22	10	12
阿巴嘎旗	2164	1141	1023	1027	530	497
苏尼特左旗	1579	775	804	848	421	427
苏尼特右旗	4478	2201	2277	2276	1117	1159
东乌珠穆沁旗	4057	1969	2088	1990	962	1028
西乌珠穆沁旗	5556	2766	2790	2073	1019	1054
太仆寺旗	4488	2169	2319	2648	1288	1360
镶黄旗	1734	854	880	837	433	404
正镶白旗	2211	1105	1106	919	472	447
正蓝旗	3444	1701	1743	1395	688	707
多伦县	6467	3150	3317	2813	1362	1451
乌拉盖管委会	1972	1016	956	935	492	443
阿拉善盟	**20152**	**10358**	**9794**	**7777**	**3844**	**3933**
阿拉善左旗	13928	6978	6950	5733	2842	2891
阿拉善右旗	1635	834	801	830	406	424
额济纳旗	2166	1147	1019	979	477	502
内蒙古阿拉善经济开发区	2423	1399	1024	235	119	116

单位：人

居住本乡、镇、街道，户口在外乡、镇、街道，离开户口登记地半年以上			居住本乡、镇、街道，户口待定			原住本乡、镇、街道，现在港澳台或国外工作学习		
小计	男	女	小计	男	女	小计	男	女
26071	**12851**	**13220**	**132**	**59**	**73**	**8**	**3**	**5**
1097	434	663	4	1	3			
1361	670	691	10	4	6			
3047	1526	1521	11	2	9			
3921	1900	2021	14	2	12	4	2	2
3594	1771	1823	30	21	9			
2059	1004	1055	14	8	6			
2765	1413	1352	13	3	10			
1282	622	660	5		5			
2832	1389	1443	10	3	7	1		1
3760	1829	1931	21	15	6	3	1	2
353	293	60						
18196	**8837**	**9359**	**69**	**35**	**34**	**15**	**5**	**10**
1035	482	553	5	1	4			
218	107	111	11	11		2	1	1
5602	2767	2835	18	6	12	3		3
3320	1658	1662	7	3	4	5	2	3
5068	2428	2640	12	7	5	5	2	3
2953	1395	1558	16	7	9			
20566	**10229**	**10337**	**134**	**80**	**54**	**12**	**4**	**8**
75	60	15	1	1				
247	189	58						
1131	606	525	5	5		1		1
712	341	371	18	13	5	1		1
2192	1081	1111	9	2	7	1	1	
2055	1000	1055	10	6	4	2	1	1
3459	1733	1726	23	14	9	1		1
1823	876	947	15	5	10	2		2
892	416	476	4	4		1	1	
1289	631	658	2	2		1		1
2042	1008	1034	5	4	1	2	1	1
3624	1772	1852	30	16	14			
1025	516	509	12	8	4			
12286	**6458**	**5828**	**76**	**50**	**26**	**13**	**6**	**7**
8131	4096	4035	52	35	17	12	5	7
802	426	376	2	1	1	1	1	
1172	659	513	15	11	4			
2181	1277	904	7	3	4			

1－2c　各地区分性别、

地　　区	人　口　数			居住本乡、镇、街道，户口在本乡、镇、街道		
	合计	男	女	小计	男	女
内蒙古	**780007**	**413604**	**366403**	**648056**	**337533**	**310523**
呼和浩特市	**66250**	**34901**	**31349**	**42298**	**22095**	**20203**
新城区	7382	3868	3514	2170	1095	1075
回民区	1667	887	780	544	287	257
玉泉区	5871	3027	2844	1871	944	927
赛罕区	13589	7117	6472	7486	3811	3675
土默特左旗	14256	7465	6791	12440	6549	5891
托克托县	8753	4671	4082	6448	3382	3066
和林格尔县	7291	3846	3445	5354	2818	2536
清水河县	3431	1862	1569	2753	1454	1299
武川县	4010	2158	1852	3232	1755	1477
呼和浩特经济技术开发区						
包头市	**45276**	**24004**	**21272**	**35072**	**18462**	**16610**
东河区	4886	2560	2326	3642	1918	1724
昆都仑区	2760	1419	1341	1083	520	563
青山区	1907	978	929	405	194	211
石拐区	536	283	253	399	214	185
白云鄂博矿区						
九原区	5460	2959	2501	2669	1389	1280
土默特右旗	15052	7966	7086	14145	7462	6683
固阳县	11006	5906	5100	10121	5394	4727
达尔罕茂明安联合旗	2975	1584	1391	2317	1225	1092
包头稀土高新技术产业开发区	694	349	345	291	146	145
乌海市	**2589**	**1684**	**905**	**980**	**525**	**455**
海勃湾区	1621	1061	560	485	266	219
海南区	968	623	345	495	259	236
乌达区						
赤峰市	**195871**	**101169**	**94702**	**176181**	**90684**	**85497**
红山区	1472	753	719	1319	684	635
元宝山区	6655	3441	3214	5911	2974	2937
松山区	27086	13952	13134	19206	9777	9429
阿鲁科尔沁旗	13483	6944	6539	12799	6557	6242
巴林左旗	19293	9846	9447	16598	8521	8077
巴林右旗	5939	3067	2872	5413	2790	2623
林西县	8572	4386	4186	7983	4067	3916
克什克腾旗	8623	4677	3946	7365	3794	3571
翁牛特旗	23834	12293	11541	23037	11874	11163
喀喇沁旗	15621	8064	7557	14934	7732	7202
宁城县	33635	17568	16067	32159	16820	15339
敖汉旗	31658	16178	15480	29457	15094	14363

户口登记状况的人口(乡村)

单位：人

居住本乡、镇、街道，户口在外乡、镇、街道，离开户口登记地半年以上			居住本乡、镇、街道，户口待定			原住本乡、镇、街道，现在港澳台或国外工作学习		
小计	男	女	小计	男	女	小计	男	女
130343	**75227**	**55116**	**1029**	**524**	**505**	**579**	**320**	**259**
23750	**12705**	**11045**	**183**	**93**	**90**	**19**	**8**	**11**
5186	2757	2429	25	16	9	1		1
1116	597	519	5	1	4	2	2	
3986	2078	1908	14	5	9			
6072	3287	2785	28	19	9	3		3
1765	896	869	47	19	28	4	1	3
2270	1274	996	28	11	17	7	4	3
1913	1013	900	24	15	9			
673	405	268	4	2	2	1	1	
769	398	371	8	5	3	1		1
10132	**5508**	**4624**	**64**	**27**	**37**	**8**	**7**	**1**
1237	638	599	6	3	3	1	1	
1671	895	776	6	4	2			
1497	781	716	5	3	2			
136	68	68	1	1				
2780	1565	1215	9	4	5	2	1	1
884	493	391	20	8	12	3	3	
875	510	365	10	2	8			
652	356	296	5	2	3	1	1	
400	202	198	2		2	1	1	
1601	**1155**	**446**	**8**	**4**	**4**			
1131	793	338	5	2	3			
470	362	108	3	2	1			
19421	**10337**	**9084**	**152**	**72**	**80**	**117**	**76**	**41**
151	68	83	2	1	1			
732	459	273	2	2		10	6	4
7845	4151	3694	28	20	8	7	4	3
662	376	286	9	2	7	13	9	4
2680	1316	1364	5	2	3	10	7	3
507	266	241	4	1	3	15	10	5
582	312	270	5	5		2	2	
1240	874	366	10	5	5	8	4	4
779	411	368	10	4	6	8	4	4
658	317	341	16	5	11	13	10	3
1422	720	702	37	16	21	17	12	5
2163	1067	1096	24	9	15	14	8	6

1-2c 续表 1

地 区	人口数			居住本乡、镇、街道，户口在本乡、镇、街道		
	合计	男	女	小计	男	女
通辽市	**141801**	**72786**	**69015**	**133892**	**69221**	**64671**
科尔沁区	23580	12096	11484	21874	11388	10486
科尔沁左翼中旗	30272	15731	14541	29349	15366	13983
科尔沁左翼后旗	19913	10260	9653	19020	9876	9144
开鲁县	18666	9396	9270	17670	8967	8703
库伦旗	8685	4483	4202	8351	4323	4028
奈曼旗	23505	11945	11560	22557	11538	11019
扎鲁特旗	12913	6641	6272	11907	6129	5778
通辽经济技术开发区	3410	1775	1635	2838	1480	1358
霍林郭勒市	857	459	398	326	154	172
鄂尔多斯市	**50677**	**31289**	**19388**	**30604**	**16087**	**14517**
东胜区	2226	1615	611	667	357	310
康巴什区						
达拉特旗	11937	6477	5460	8680	4553	4127
准格尔旗	11285	7413	3872	5882	3202	2680
鄂托克前旗	4113	2571	1542	2703	1402	1301
鄂托克旗	3709	2370	1339	1836	944	892
杭锦旗	3911	2102	1809	3442	1810	1632
乌审旗	6921	4357	2564	4305	2235	2070
伊金霍洛旗	6575	4384	2191	3089	1584	1505
呼伦贝尔市	**58047**	**30469**	**27578**	**49534**	**26043**	**23491**
海拉尔区	1000	533	467	746	392	354
扎赉诺尔区						
阿荣旗	13319	6915	6404	11488	6030	5458
莫力达瓦达斡尔族自治旗	14357	7443	6914	12302	6479	5823
鄂伦春自治旗	4385	2327	2058	3264	1752	1512
鄂温克族自治旗	3180	1671	1509	2655	1382	1273
陈巴尔虎旗	1424	809	615	1068	589	479
新巴尔虎左旗	1783	942	841	1585	831	754
新巴尔虎右旗	1436	921	515	873	456	417
满洲里市						
牙克石市	1865	957	908	1691	864	827
扎兰屯市	13746	7136	6610	12620	6619	6001
额尔古纳市	1529	803	726	1224	641	583
根河市	23	12	11	18	8	10
巴彦淖尔市	**59600**	**31686**	**27914**	**46818**	**24535**	**22283**
临河区	16161	8464	7697	11264	5887	5377
五原县	10895	5680	5215	9296	4843	4453
磴口县	3881	2051	1830	3048	1595	1453
乌拉特前旗	12056	6513	5543	9516	5035	4481
乌拉特中旗	4970	2810	2160	4015	2159	1856
乌拉特后旗	1962	1230	732	1240	684	556
杭锦后旗	9675	4938	4737	8439	4332	4107

单位：人

居住本乡、镇、街道，户口在外乡、镇、街道，离开户口登记地半年以上			居住本乡、镇、街道，户口待定			原住本乡、镇、街道，现在港澳台或国外工作学习		
小计	男	女	小计	男	女	小计	男	女
7646	**3435**	**4211**	**83**	**36**	**47**	**180**	**94**	**86**
1652	683	969	18	7	11	36	18	18
884	347	537	14	6	8	25	12	13
832	351	481	14	7	7	47	26	21
982	421	561	4	2	2	10	6	4
312	149	163	6	4	2	16	7	9
914	388	526	12	6	6	22	13	9
973	499	474	13	3	10	20	10	10
567	292	275	1	1		4	2	2
530	305	225	1		1			
19994	**15154**	**4840**	**64**	**40**	**24**	**15**	**8**	**7**
1557	1257	300	2	1	1			
3245	1919	1326	11	5	6	1		1
5389	4205	1184	13	5	8	1	1	
1388	1151	237	19	16	3	3	2	1
1866	1423	443	5	3	2	2		2
462	289	173	3	1	2	4	2	2
2608	2115	493	4	4		4	3	1
3479	2795	684	7	5	2			
8328	**4322**	**4006**	**121**	**75**	**46**	**64**	**29**	**35**
250	140	110	1		1	3	1	2
1803	872	931	14	6	8	14	7	7
2017	950	1067	24	9	15	14	5	9
1105	565	540	11	8	3	5	2	3
487	260	227	30	25	5	8	4	4
354	219	135	1	1		1		1
194	107	87	2	2		2	2	
556	461	95	6	4	2	1		1
171	91	80	2	2		1		1
1096	501	595	19	9	10	11	7	4
290	152	138	11	9	2	4	1	3
5	4	1						
12654	**7086**	**5568**	**97**	**49**	**48**	**31**	**16**	**15**
4850	2557	2293	42	18	24	5	2	3
1574	825	749	16	8	8	9	4	5
826	452	374	7	4	3			
2523	1467	1056	12	7	5	5	4	1
940	642	298	9	7	2	6	2	4
718	543	175	4	3	1			
1223	600	623	7	2	5	6	4	2

1-2c 续表 2

地 区	人口数			居住本乡、镇、街道，户口在本乡、镇、街道		
	合计	男	女	小计	男	女
乌兰察布市	**63170**	**33598**	**29572**	**49526**	**26231**	**23295**
集宁区	3039	1636	1403	1339	698	641
卓资县	4343	2452	1891	3165	1743	1422
化德县	3569	1905	1664	2791	1454	1337
商都县	8640	4471	4169	7091	3694	3397
兴和县	8264	4251	4013	7052	3634	3418
凉城县	6068	3314	2754	4892	2703	2189
察哈尔右翼前旗	6660	3579	3081	5228	2703	2525
察哈尔右翼中旗	5297	2836	2461	4258	2272	1986
察哈尔右翼后旗	4780	2493	2287	3782	1989	1793
四子王旗	6237	3323	2914	4546	2446	2100
丰镇市	6273	3338	2935	5382	2895	2487
兴安盟	**62832**	**32733**	**30099**	**57914**	**30244**	**27670**
乌兰浩特市	3527	1876	1651	2981	1562	1419
阿尔山市	317	188	129	226	126	100
科尔沁右翼前旗	18934	9821	9113	17222	8953	8269
科尔沁右翼中旗	10385	5392	4993	9960	5179	4781
扎赉特旗	16712	8741	7971	15773	8337	7436
突泉县	12957	6715	6242	11752	6087	5665
锡林郭勒盟	**28831**	**16070**	**12761**	**22564**	**11936**	**10628**
二连浩特市	191	117	74	144	82	62
锡林浩特市	2340	1329	1011	1090	590	500
阿巴嘎旗	1732	1021	711	1355	761	594
苏尼特左旗	1679	1000	679	1284	696	588
苏尼特右旗	1524	819	705	1315	704	611
东乌珠穆沁旗	2496	1367	1129	2021	1045	976
西乌珠穆沁旗	3872	2525	1347	2350	1262	1088
太仆寺旗	5498	2885	2613	4800	2488	2312
镶黄旗	868	464	404	759	386	373
正镶白旗	1835	990	845	1659	895	764
正蓝旗	3111	1587	1524	2658	1359	1299
多伦县	3436	1830	1606	2993	1589	1404
乌拉盖管委会	249	136	113	136	79	57
阿拉善盟	**5063**	**3215**	**1848**	**2673**	**1470**	**1203**
阿拉善左旗	3540	2213	1327	2053	1132	921
阿拉善右旗	582	357	225	366	203	163
额济纳旗	661	435	226	242	127	115
内蒙古阿拉善经济开发区	280	210	70	12	8	4

单位：人

居住本乡、镇、街道，户口在外乡、镇、街道，离开户口登记地半年以上			居住本乡、镇、街道，户口待定			原住本乡、镇、街道，现在港澳台或国外工作学习		
小计	男	女	小计	男	女	小计	男	女
13523	**7314**	**6209**	**99**	**37**	**62**	**22**	**16**	**6**
1694	934	760	6	4	2			
1165	702	463	8	4	4	5	3	2
775	449	326	2	1	1	1	1	
1538	772	766	9	3	6	2	2	
1199	609	590	12	7	5	1	1	
1155	604	551	20	6	14	1	1	
1414	867	547	15	6	9	3	3	
1034	562	472	4	2	2	1		1
992	503	489	5	1	4	1		1
1682	873	809	4	1	3	5	3	2
875	439	436	14	2	12	2	2	
4773	**2411**	**2362**	**66**	**36**	**30**	**79**	**42**	**37**
539	310	229	4	3	1	3	1	2
89	60	29	2	2				
1668	848	820	17	7	10	27	13	14
402	201	201	13	8	5	10	4	6
886	373	513	18	11	7	35	20	15
1189	619	570	12	5	7	4	4	
6162	**4083**	**2079**	**64**	**30**	**34**	**41**	**21**	**20**
47	35	12						
1243	735	508	4	2	2	3	2	1
369	253	116	8	7	1			
387	298	89	5	4	1	3	2	1
207	113	94	2	2				
469	319	150	1		1	5	3	2
1513	1261	252	6	1	5	3	1	2
683	391	292	15	6	9			
106	76	30	2	1	1	1	1	
164	91	73	5	2	3	7	2	5
426	217	209	8	1	7	19	10	9
436	237	199	7	4	3			
112	57	55	1		1			
2359	**1717**	**642**	**28**	**25**	**3**	**3**	**3**	
1471	1067	404	14	12	2	2	2	
215	153	62				1	1	
405	295	110	14	13	1			
268	202	66						

1-3 各地区分年龄、性别的人口

单位：人

地区	合计			0岁		
	合计	男	女	小计	男	女
内蒙古	**2339123**	**1193107**	**1146016**	**15765**	**8101**	**7664**
呼和浩特市	**321280**	**161142**	**160138**	**2312**	**1180**	**1132**
新城区	64145	31714	32431	465	231	234
回民区	42032	20623	21409	268	132	136
玉泉区	49436	24624	24812	350	172	178
赛罕区	81543	40846	40697	646	332	314
土默特左旗	24201	12496	11705	155	79	76
托克托县	16316	8548	7768	109	55	54
和林格尔县	15095	7485	7610	107	59	48
清水河县	6917	3628	3289	43	21	22
武川县	9148	4713	4435	48	25	23
呼和浩特经济技术开发区	12447	6465	5982	121	74	47
包头市	**279082**	**141184**	**137898**	**1571**	**832**	**739**
东河区	48058	23840	24218	227	125	102
昆都仑区	80105	40101	40004	400	215	185
青山区	52991	26213	26778	300	155	145
石拐区	2151	1161	990	21	9	12
白云鄂博矿区	2232	1207	1025	3	2	1
九原区	23955	12690	11265	176	84	92
土默特右旗	27278	14089	13189	181	103	78
固阳县	17012	9005	8007	81	43	38
达尔罕茂明安联合旗	6468	3343	3125	39	21	18
包头稀土高新技术产业开发区	18832	9535	9297	143	75	68
乌海市	**53605**	**28066**	**25539**	**331**	**168**	**163**
海勃湾区	32674	16773	15901	214	109	105
海南区	9144	5120	4024	43	22	21
乌达区	11787	6173	5614	74	37	37
赤峰市	**404382**	**205013**	**199369**	**2908**	**1499**	**1409**
红山区	44277	22089	22188	289	160	129
元宝山区	28223	14201	14022	182	84	98
松山区	66900	33866	33034	586	300	286
阿鲁科尔沁旗	23691	11951	11740	129	70	59
巴林左旗	30547	15334	15213	196	94	102
巴林右旗	15041	7566	7475	107	55	52
林西县	19748	9924	9824	132	76	56
克什克腾旗	18034	9367	8667	107	56	51
翁牛特旗	36767	18857	17910	290	144	146
喀喇沁旗	26062	13320	12742	180	93	87
宁城县	48843	25139	23704	379	203	176
敖汉旗	46249	23399	22850	331	164	167

1-3　续表 1　　　　单位：人

地　　区	合　　计			0岁		
	合计	男	女	小计	男	女
通辽市	**279255**	**140406**	**138849**	**1817**	**941**	**876**
科尔沁区	69895	34700	35195	383	195	188
科尔沁左翼中旗	42435	21773	20662	263	142	121
科尔沁左翼后旗	30058	15239	14819	176	91	85
开鲁县	30564	15204	15360	215	106	109
库伦旗	14321	7303	7018	100	45	55
奈曼旗	35796	17897	17899	263	141	122
扎鲁特旗	24103	12126	11977	173	95	78
通辽经济技术开发区	19093	9376	9717	131	64	67
霍林郭勒市	12990	6788	6202	113	62	51
鄂尔多斯市	**214933**	**116975**	**97958**	**1706**	**883**	**823**
东胜区	56498	29169	27329	461	239	222
康巴什区	11290	5757	5533	106	49	57
达拉特旗	31842	16628	15214	258	137	121
准格尔旗	36658	20934	15724	299	159	140
鄂托克前旗	9442	5325	4117	59	29	30
鄂托克旗	16006	8940	7066	111	51	60
杭锦旗	10773	5622	5151	90	47	43
乌审旗	16859	9909	6950	128	81	47
伊金霍洛旗	25565	14691	10874	194	91	103
呼伦贝尔市	**215393**	**108492**	**106901**	**1249**	**643**	**606**
海拉尔区	34179	16656	17523	193	102	91
扎赉诺尔区	7985	3938	4047	36	14	22
阿荣旗	24997	12665	12332	189	97	92
莫力达瓦达斡尔族自治旗	21969	11220	10749	147	86	61
鄂伦春自治旗	16337	8303	8034	101	49	52
鄂温克族自治旗	13294	6727	6567	90	38	52
陈巴尔虎旗	5104	2706	2398	22	15	7
新巴尔虎左旗	3766	1932	1834	23	10	13
新巴尔虎右旗	3766	2083	1683	32	14	18
满洲里市	14431	7279	7152	81	37	44
牙克石市	26347	13150	13197	76	33	43
扎兰屯市	29635	14940	14695	197	115	82
额尔古纳市	6678	3384	3294	46	25	21
根河市	6905	3509	3396	16	8	8
巴彦淖尔市	**147958**	**75689**	**72269**	**966**	**484**	**482**
临河区	55546	28026	27520	375	193	182
五原县	21544	10963	10581	133	68	65
磴口县	8698	4421	4277	56	29	27
乌拉特前旗	25157	12994	12163	142	74	68
乌拉特中旗	10810	5799	5011	76	36	40
乌拉特后旗	5486	3055	2431	41	17	24
杭锦后旗	20717	10431	10286	143	67	76

1-3 续表 2

单位：人

地 区	合 计			0岁		
	合计	男	女	小计	男	女
乌兰察布市	**160362**	**81797**	**78565**	**916**	**471**	**445**
集宁区	40633	20090	20543	245	129	116
卓资县	8007	4295	3712	34	13	21
化德县	9052	4659	4393	51	23	28
商都县	16838	8504	8334	86	36	50
兴和县	15368	7734	7634	100	52	48
凉城县	10659	5595	5064	67	35	32
察哈尔右翼前旗	11902	6242	5660	79	44	35
察哈尔右翼中旗	8260	4332	3928	38	19	19
察哈尔右翼后旗	9948	5068	4880	34	21	13
四子王旗	12173	6234	5939	73	42	31
丰镇市	17522	9044	8478	109	57	52
兴安盟	**132743**	**67001**	**65742**	**925**	**468**	**457**
乌兰浩特市	32718	16031	16687	244	113	131
阿尔山市	3140	1622	1518	19	9	10
科尔沁右翼前旗	27109	13887	13222	188	96	92
科尔沁右翼中旗	19373	9876	9497	114	55	59
扎赉特旗	29790	15164	14626	213	115	98
突泉县	20613	10421	10192	147	80	67
锡林郭勒盟	**104915**	**53769**	**51146**	**859**	**431**	**428**
二连浩特市	7465	3833	3632	65	33	32
锡林浩特市	33000	16465	16535	280	141	139
阿巴嘎旗	3896	2162	1734	23	15	8
苏尼特左旗	3258	1775	1483	36	17	19
苏尼特右旗	6002	3020	2982	39	25	14
东乌珠穆沁旗	6553	3336	3217	55	29	26
西乌珠穆沁旗	9428	5291	4137	90	43	47
太仆寺旗	9986	5054	4932	65	31	34
镶黄旗	2602	1318	1284	31	18	13
正镶白旗	4046	2095	1951	14	5	9
正蓝旗	6555	3288	3267	60	27	33
多伦县	9903	4980	4923	85	42	43
乌拉盖管委会	2221	1152	1069	16	5	11
阿拉善盟	**25215**	**13573**	**11642**	**205**	**101**	**104**
阿拉善左旗	17468	9191	8277	138	67	71
阿拉善右旗	2217	1191	1026	28	13	15
额济纳旗	2827	1582	1245	19	10	9
内蒙古阿拉善经济开发区	2703	1609	1094	20	11	9

1-3 续表 3

单位：人

地 区	1-4岁			5-9岁			10-14岁		
	小计	男	女	小计	男	女	小计	男	女
内蒙古	**87441**	**45153**	**42288**	**118258**	**61972**	**56286**	**112075**	**58358**	**53717**
呼和浩特市	**12797**	**6571**	**6226**	**16166**	**8418**	**7748**	**14289**	**7366**	**6923**
新城区	2689	1419	1270	3581	1865	1716	3132	1599	1533
回民区	1481	770	711	1884	966	918	1831	916	915
玉泉区	2102	1031	1071	2378	1230	1148	2364	1230	1134
赛罕区	3527	1805	1722	4318	2265	2053	3231	1698	1533
土默特左旗	711	377	334	943	493	450	977	516	461
托克托县	530	270	260	810	429	381	938	478	460
和林格尔县	442	224	218	745	384	361	695	367	328
清水河县	179	97	82	295	157	138	331	171	160
武川县	221	119	102	336	172	164	337	154	183
呼和浩特经济技术开发区	915	459	456	876	457	419	453	237	216
包头市	**9906**	**5030**	**4876**	**13445**	**6903**	**6542**	**12368**	**6378**	**5990**
东河区	1569	808	761	2024	1021	1003	1878	967	911
昆都仑区	2930	1479	1451	4143	2069	2074	3754	1961	1793
青山区	1783	905	878	2476	1312	1164	2170	1104	1066
石拐区	47	22	25	52	22	30	45	19	26
白云鄂博矿区	73	35	38	72	35	37	59	32	27
九原区	982	488	494	1256	654	602	1278	667	611
土默特右旗	935	469	466	1364	700	664	1342	709	633
固阳县	498	269	229	779	428	351	769	360	409
达尔罕茂明安联合旗	178	82	96	239	128	111	191	105	86
包头稀土高新技术产业开发区	911	473	438	1040	534	506	882	454	428
乌海市	**1942**	**1031**	**911**	**2490**	**1289**	**1201**	**2379**	**1220**	**1159**
海勃湾区	1312	695	617	1589	827	762	1421	729	692
海南区	292	164	128	433	227	206	443	219	224
乌达区	338	172	166	468	235	233	515	272	243
赤峰市	**16143**	**8548**	**7595**	**22124**	**12069**	**10055**	**21822**	**12034**	**9788**
红山区	2010	1072	938	2602	1419	1183	2089	1158	931
元宝山区	938	502	436	1262	708	554	1390	767	623
松山区	3352	1786	1566	3904	2194	1710	3395	1914	1481
阿鲁科尔沁旗	773	409	364	1131	588	543	1274	668	606
巴林左旗	973	540	433	1441	741	700	1805	952	853
巴林右旗	591	320	271	721	366	355	832	425	407
林西县	684	342	342	887	457	430	986	503	483
克什克腾旗	689	369	320	796	406	390	754	394	360
翁牛特旗	1393	768	625	1870	1057	813	1996	1153	843
喀喇沁旗	905	486	419	1445	807	638	1560	831	729
宁城县	1964	1012	952	2927	1588	1339	2945	1707	1238
敖汉旗	1871	942	929	3138	1738	1400	2796	1562	1234

1-3 续表 4

单位：人

地区	1-4岁			5-9岁			10-14岁		
	小计	男	女	小计	男	女	小计	男	女
通辽市	**9774**	**5009**	**4765**	**14614**	**7649**	**6965**	**15109**	**7896**	**7213**
科尔沁区	1988	1044	944	3160	1649	1511	3250	1647	1603
科尔沁左翼中旗	1369	685	684	2160	1121	1039	2457	1286	1171
科尔沁左翼后旗	920	467	453	1623	852	771	1947	1037	910
开鲁县	1008	503	505	1567	838	729	1773	943	830
库伦旗	537	297	240	747	391	356	817	457	360
奈曼旗	1465	742	723	2317	1209	1108	2026	1086	940
扎鲁特旗	933	490	443	1271	642	629	1342	671	671
通辽经济技术开发区	921	465	456	961	495	466	851	419	432
霍林郭勒市	633	316	317	808	452	356	646	350	296
鄂尔多斯市	**10329**	**5373**	**4956**	**14611**	**7644**	**6967**	**11835**	**6139**	**5696**
东胜区	3014	1568	1446	4292	2222	2070	3400	1748	1652
康巴什区	746	383	363	893	480	413	691	363	328
达拉特旗	1269	635	634	2151	1123	1028	1871	961	910
准格尔旗	1527	799	728	2297	1199	1098	2049	1055	994
鄂托克前旗	454	248	206	541	284	257	414	229	185
鄂托克旗	775	409	366	1025	533	492	756	391	365
杭锦旗	443	228	215	628	308	320	526	261	265
乌审旗	840	444	396	1147	649	498	848	469	379
伊金霍洛旗	1261	659	602	1637	846	791	1280	662	618
呼伦贝尔市	**6550**	**3376**	**3174**	**8773**	**4603**	**4170**	**9010**	**4615**	**4395**
海拉尔区	1119	567	552	1214	649	565	1057	538	519
扎赉诺尔区	172	83	89	210	101	109	216	117	99
阿荣旗	1002	538	464	1400	723	677	1458	756	702
莫力达瓦达斡尔族自治旗	785	389	396	1286	719	567	1400	722	678
鄂伦春自治旗	489	265	224	700	375	325	707	357	350
鄂温克族自治旗	440	230	210	560	287	273	491	245	246
陈巴尔虎旗	123	62	61	151	88	63	163	83	80
新巴尔虎左旗	154	77	77	192	104	88	178	81	97
新巴尔虎右旗	120	74	46	171	84	87	108	47	61
满洲里市	454	238	216	654	352	302	637	343	294
牙克石市	459	232	227	562	275	287	670	347	323
扎兰屯市	947	470	477	1366	682	684	1513	765	748
额尔古纳市	193	98	95	185	99	86	249	131	118
根河市	93	53	40	122	65	57	163	83	80
巴彦淖尔市	**5527**	**2795**	**2732**	**6493**	**3352**	**3141**	**5984**	**3002**	**2982**
临河区	2326	1143	1183	2606	1352	1254	2408	1237	1171
五原县	772	426	346	976	521	455	888	414	474
磴口县	277	137	140	280	137	143	268	138	130
乌拉特前旗	867	429	438	1183	580	603	1047	527	520
乌拉特中旗	330	153	177	400	206	194	358	184	174
乌拉特后旗	231	128	103	223	120	103	191	93	98
杭锦后旗	724	379	345	825	436	389	824	409	415

1-3　续表 5　　　　单位：人

地　区	1-4岁			5-9岁			10-14岁		
	小计	男	女	小计	男	女	小计	男	女
乌兰察布市	**4254**	**2189**	**2065**	**5966**	**3043**	**2923**	**6570**	**3198**	**3372**
集宁区	1403	730	673	1779	929	850	1759	890	869
卓资县	175	85	90	214	108	106	209	103	106
化德县	230	122	108	312	153	159	326	152	174
商都县	385	201	184	594	306	288	688	331	357
兴和县	406	202	204	669	335	334	807	369	438
凉城县	247	131	116	380	195	185	460	239	221
察哈尔右翼前旗	246	123	123	345	181	164	425	209	216
察哈尔右翼中旗	144	73	71	213	113	100	259	135	124
察哈尔右翼后旗	204	93	111	323	152	171	374	179	195
四子王旗	326	170	156	433	219	214	450	209	241
丰镇市	488	259	229	704	352	352	813	382	431
兴安盟	**4779**	**2424**	**2355**	**7144**	**3739**	**3405**	**7084**	**3689**	**3395**
乌兰浩特市	1285	650	635	1592	859	733	1512	798	714
阿尔山市	80	40	40	81	38	43	69	35	34
科尔沁右翼前旗	1000	484	516	1499	770	729	1412	750	662
科尔沁右翼中旗	725	379	346	1141	608	533	1124	613	511
扎赉特旗	1039	538	501	1813	939	874	1809	911	898
突泉县	650	333	317	1018	525	493	1158	582	576
锡林郭勒盟	**4310**	**2234**	**2076**	**5325**	**2684**	**2641**	**4713**	**2343**	**2370**
二连浩特市	274	145	129	429	214	215	418	218	200
锡林浩特市	1483	733	750	1684	842	842	1531	768	763
阿巴嘎旗	147	84	63	157	92	65	148	79	69
苏尼特左旗	127	65	62	185	97	88	125	63	62
苏尼特右旗	208	110	98	247	124	123	225	116	109
东乌珠穆沁旗	256	141	115	412	193	219	327	155	172
西乌珠穆沁旗	399	212	187	457	221	236	362	180	182
太仆寺旗	291	141	150	339	182	157	392	198	194
镶黄旗	105	52	53	138	76	62	100	50	50
正镶白旗	136	77	59	138	86	52	159	70	89
正蓝旗	287	161	126	338	156	182	273	128	145
多伦县	492	260	232	662	335	327	561	273	288
乌拉盖管委会	105	53	52	139	66	73	92	45	47
阿拉善盟	**1130**	**573**	**557**	**1107**	**579**	**528**	**912**	**478**	**434**
阿拉善左旗	750	388	362	758	391	367	668	350	318
阿拉善右旗	101	55	46	71	34	37	48	25	23
额济纳旗	121	59	62	125	72	53	94	46	48
内蒙古阿拉善经济开发区	158	71	87	153	82	71	102	57	45

1-3 续表 6

单位：人

地区	15-19岁			20-24岁			25-29岁		
	小计	男	女	小计	男	女	小计	男	女
内蒙古	**98564**	**50798**	**47766**	**97296**	**49440**	**47856**	**136463**	**70366**	**66097**
呼和浩特市	**17105**	**8705**	**8400**	**22168**	**10627**	**11541**	**21481**	**10663**	**10818**
新城区	3419	1852	1567	4463	2128	2335	4267	2043	2224
回民区	2559	1234	1325	3717	1622	2095	3234	1604	1630
玉泉区	2409	1127	1282	3348	1541	1807	4160	2056	2104
赛罕区	4805	2484	2321	7024	3702	3322	5601	2801	2800
土默特左旗	1123	592	531	916	441	475	1082	562	520
托克托县	746	386	360	413	235	178	737	405	332
和林格尔县	1063	452	611	1348	478	870	590	312	278
清水河县	278	155	123	124	67	57	257	138	119
武川县	267	152	115	205	97	108	285	140	145
呼和浩特经济技术开发区	436	271	165	610	316	294	1268	602	666
包头市	**13145**	**6872**	**6273**	**14889**	**7849**	**7040**	**16568**	**8367**	**8201**
东河区	1893	920	973	2191	1028	1163	2780	1386	1394
昆都仑区	3584	1942	1642	4851	2682	2169	5037	2485	2552
青山区	3164	1525	1639	3753	1871	1882	3128	1595	1533
石拐区	96	38	58	69	35	34	134	76	58
白云鄂博矿区	60	37	23	91	57	34	127	67	60
九原区	1594	1016	578	1192	751	441	1538	783	755
土默特右旗	1303	658	645	1264	656	608	1302	698	604
固阳县	682	341	341	705	373	332	993	538	455
达尔罕茂明安联合旗	115	67	48	131	63	68	255	117	138
包头稀土高新技术产业开发区	654	328	326	642	333	309	1274	622	652
乌海市	**2051**	**1081**	**970**	**2315**	**1231**	**1084**	**3456**	**1838**	**1618**
海勃湾区	1424	755	669	1510	785	725	2259	1155	1104
海南区	189	108	81	369	204	165	564	351	213
乌达区	438	218	220	436	242	194	633	332	301
赤峰市	**17954**	**9686**	**8268**	**13701**	**7038**	**6663**	**20467**	**10531**	**9936**
红山区	1713	911	802	2527	1167	1360	3062	1537	1525
元宝山区	1135	657	478	784	399	385	1249	678	571
松山区	3118	1775	1343	2360	1228	1132	4239	2124	2115
阿鲁科尔沁旗	903	449	454	780	414	366	1276	664	612
巴林左旗	1869	998	871	1195	586	609	1493	767	726
巴林右旗	508	267	241	418	227	191	759	382	377
林西县	942	489	453	738	371	367	1070	551	519
克什克腾旗	547	287	260	504	285	219	781	419	362
翁牛特旗	1540	797	743	1143	621	522	1728	923	805
喀喇沁旗	1346	779	567	725	387	338	872	450	422
宁城县	2198	1167	1031	1336	724	612	1928	1023	905
敖汉旗	2135	1110	1025	1191	629	562	2010	1013	997

1-3　续表 7　　单位：人

地　区	15—19岁			20—24岁			25—29岁		
	小计	男	女	小计	男	女	小计	男	女
通辽市	**12840**	**6494**	**6346**	**10940**	**5510**	**5430**	**17343**	**8901**	**8442**
科尔沁区	3347	1684	1663	3793	1912	1881	4680	2340	2340
科尔沁左翼中旗	2002	1019	983	1775	915	860	2892	1574	1318
科尔沁左翼后旗	1138	585	553	836	436	400	1404	721	683
开鲁县	1506	764	742	1029	518	511	1690	872	818
库伦旗	512	289	223	409	198	211	669	332	337
奈曼旗	1579	780	799	1045	522	523	1929	966	963
扎鲁特旗	954	495	459	731	360	371	1345	714	631
通辽经济技术开发区	1343	648	695	861	398	463	1673	812	861
霍林郭勒市	459	230	229	461	251	210	1061	570	491
鄂尔多斯市	**7389**	**3902**	**3487**	**7876**	**4478**	**3398**	**14391**	**8251**	**6140**
东胜区	2360	1159	1201	2527	1274	1253	4203	2264	1939
康巴什区	883	501	382	785	411	374	701	360	341
达拉特旗	1197	612	585	765	418	347	1471	784	687
准格尔旗	1179	679	500	1178	730	448	2280	1394	886
鄂托克前旗	298	172	126	310	163	147	595	337	258
鄂托克旗	311	173	138	715	465	250	1356	822	534
杭锦旗	275	141	134	251	135	116	558	300	258
乌审旗	389	192	197	547	363	184	1402	879	523
伊金霍洛旗	497	273	224	798	519	279	1825	1111	714
呼伦贝尔市	**7560**	**3842**	**3718**	**7595**	**3817**	**3778**	**12354**	**6302**	**6052**
海拉尔区	1608	764	844	1929	898	1031	2316	1122	1194
扎赉诺尔区	194	98	96	235	120	115	473	237	236
阿荣旗	960	490	470	667	336	331	1499	759	740
莫力达瓦达斡尔族自治旗	926	452	474	675	315	360	1239	650	589
鄂伦春自治旗	401	214	187	451	237	214	869	440	429
鄂温克族自治旗	400	274	126	365	222	143	775	409	366
陈巴尔虎旗	94	52	42	165	101	64	314	184	130
新巴尔虎左旗	72	36	36	133	81	52	252	141	111
新巴尔虎右旗	82	35	47	127	75	52	238	133	105
满洲里市	559	266	293	685	332	353	891	441	450
牙克石市	1032	550	482	935	473	462	1311	687	624
扎兰屯市	929	466	463	853	408	445	1576	772	804
额尔古纳市	184	83	101	224	133	91	350	189	161
根河市	119	62	57	151	86	65	251	138	113
巴彦淖尔市	**4761**	**2405**	**2356**	**4300**	**2138**	**2162**	**7635**	**3938**	**3697**
临河区	2094	1082	1012	2164	1018	1146	3545	1806	1739
五原县	635	309	326	496	240	256	878	448	430
磴口县	217	109	108	229	109	120	416	205	211
乌拉特前旗	705	348	357	486	257	229	960	490	470
乌拉特中旗	260	129	131	288	179	109	533	306	227
乌拉特后旗	117	61	56	161	88	73	316	189	127
杭锦后旗	733	367	366	476	247	229	987	494	493

1-3 续表 8

单位：人

地区	15-19岁			20-24岁			25-29岁		
	小计	男	女	小计	男	女	小计	男	女
乌兰察布市	**5940**	**2828**	**3112**	**4877**	**2280**	**2597**	**7075**	**3570**	**3505**
集宁区	2219	983	1236	2163	949	1214	2533	1261	1272
卓资县	271	116	155	156	82	74	283	167	116
化德县	257	139	118	199	108	91	377	175	202
商都县	606	275	331	404	173	231	571	267	304
兴和县	489	220	269	348	160	188	604	299	305
凉城县	320	179	141	189	96	93	274	152	122
察哈尔右翼前旗	380	190	190	298	158	140	529	286	243
察哈尔右翼中旗	198	116	82	153	79	74	231	114	117
察哈尔右翼后旗	304	154	150	243	123	120	369	187	182
四子王旗	343	175	168	225	115	110	496	245	251
丰镇市	553	281	272	499	237	262	808	417	391
兴安盟	**5119**	**2566**	**2553**	**4077**	**2034**	**2043**	**7724**	**3819**	**3905**
乌兰浩特市	1722	827	895	1328	615	713	2222	1096	1126
阿尔山市	53	28	25	104	62	42	202	109	93
科尔沁右翼前旗	892	442	450	762	398	364	1565	787	778
科尔沁右翼中旗	745	402	343	510	270	240	1072	528	544
扎赉特旗	1060	552	508	792	393	399	1632	802	830
突泉县	647	315	332	581	296	285	1031	497	534
锡林郭勒盟	**3937**	**2010**	**1927**	**3485**	**1865**	**1620**	**6054**	**3128**	**2926**
二连浩特市	308	170	138	279	144	135	440	228	212
锡林浩特市	1611	824	787	1264	681	583	2266	1128	1138
阿巴嘎旗	89	50	39	136	81	55	219	141	78
苏尼特左旗	99	51	48	130	73	57	215	127	88
苏尼特右旗	209	101	108	181	87	94	292	141	151
东乌珠穆沁旗	246	130	116	262	127	135	408	229	179
西乌珠穆沁旗	235	126	109	357	214	143	689	400	289
太仆寺旗	297	161	136	199	104	95	290	121	169
镶黄旗	102	49	53	64	38	26	109	62	47
正镶白旗	121	62	59	108	53	55	144	71	73
正蓝旗	184	81	103	192	99	93	376	196	180
多伦县	384	177	207	257	137	120	470	211	259
乌拉盖管委会	52	28	24	56	27	29	136	73	63
阿拉善盟	**763**	**407**	**356**	**1073**	**573**	**500**	**1915**	**1058**	**857**
阿拉善左旗	584	306	278	700	352	348	1226	669	557
阿拉善右旗	52	29	23	79	44	35	133	73	60
额济纳旗	64	36	28	113	63	50	258	138	120
内蒙古阿拉善经济开发区	63	36	27	181	114	67	298	178	120

1-3　续表 9　　单位：人

地　　区	30—34岁			35—39岁			40—44岁		
	小计	男	女	小计	男	女	小计	男	女
内蒙古	**202841**	**104957**	**97884**	**191689**	**100215**	**91474**	**175028**	**91016**	**84012**
呼和浩特市	**29210**	**14512**	**14698**	**27955**	**14271**	**13684**	**23939**	**12093**	**11846**
新城区	5972	2887	3085	6291	3078	3213	5086	2495	2591
回民区	3756	1869	1887	3549	1801	1748	3235	1566	1669
玉泉区	5097	2591	2506	4617	2368	2249	3908	1957	1951
赛罕区	7823	3771	4052	7321	3689	3632	5792	2931	2861
土默特左旗	1539	804	735	1524	841	683	1542	803	739
托克托县	1067	541	526	1391	752	639	1412	774	638
和林格尔县	936	478	458	1044	537	507	1053	566	487
清水河县	412	215	197	399	220	179	463	246	217
武川县	425	210	215	448	227	221	671	340	331
呼和浩特经济技术开发区	2183	1146	1037	1371	758	613	777	415	362
包头市	**24188**	**12385**	**11803**	**22704**	**11638**	**11066**	**20411**	**10309**	**10102**
东河区	3981	2015	1966	3716	1930	1786	3371	1677	1694
昆都仑区	7480	3743	3737	6960	3426	3534	6111	3051	3060
青山区	4323	2188	2135	4283	2129	2154	3857	1895	1962
石拐区	164	102	62	105	71	34	123	62	61
白云鄂博矿区	223	133	90	143	84	59	173	89	84
九原区	2274	1172	1102	2032	1069	963	1759	915	844
土默特右旗	1958	1043	915	2132	1178	954	1911	1046	865
固阳县	1285	710	575	1184	638	546	1208	625	583
达尔罕茂明安联合旗	368	197	171	364	197	167	500	256	244
包头稀土高新技术产业开发区	2132	1082	1050	1785	916	869	1398	693	705
乌海市	**5082**	**2758**	**2324**	**4287**	**2296**	**1991**	**4270**	**2320**	**1950**
海勃湾区	3216	1670	1546	2647	1364	1283	2530	1343	1187
海南区	875	519	356	775	438	337	816	473	343
乌达区	991	569	422	865	494	371	924	504	420
赤峰市	**34761**	**17839**	**16922**	**31805**	**16145**	**15660**	**26631**	**13368**	**13263**
红山区	5085	2530	2555	3827	1945	1882	2986	1466	1520
元宝山区	2074	1065	1009	2062	1018	1044	1989	981	1008
松山区	7005	3548	3457	5361	2657	2704	4469	2144	2325
阿鲁科尔沁旗	2036	1077	959	2015	1058	957	1400	752	648
巴林左旗	2230	1140	1090	2884	1462	1422	2082	1025	1057
巴林右旗	1243	649	594	1301	674	627	1053	528	525
林西县	1528	770	758	1428	724	704	1194	598	596
克什克腾旗	1575	850	725	1159	609	550	1159	637	522
翁牛特旗	2942	1547	1395	2791	1448	1343	2525	1313	1212
喀喇沁旗	1932	962	970	1996	1023	973	1642	832	810
宁城县	4014	2122	1892	3616	1866	1750	3186	1624	1562
敖汉旗	3097	1579	1518	3365	1661	1704	2946	1468	1478

1－3 续表 10

单位：人

地区	30－34岁			35－39岁			40－44岁		
	小计	男	女	小计	男	女	小计	男	女
通辽市	**23567**	**12272**	**11295**	**23792**	**12424**	**11368**	**21903**	**11441**	**10462**
科尔沁区	5979	3038	2941	5761	2963	2798	4939	2537	2402
科尔沁左翼中旗	3704	1997	1707	3775	2089	1686	3422	1828	1594
科尔沁左翼后旗	2086	1120	966	2666	1382	1284	2591	1375	1216
开鲁县	2237	1114	1123	2388	1217	1171	2396	1221	1175
库伦旗	1094	589	505	1245	669	576	1229	648	581
奈曼旗	2657	1351	1306	2779	1444	1335	2815	1453	1362
扎鲁特旗	1873	997	876	2144	1113	1031	2124	1132	992
通辽经济技术开发区	2260	1153	1107	1662	820	842	1296	642	654
霍林郭勒市	1677	913	764	1372	727	645	1091	605	486
鄂尔多斯市	**23534**	**13018**	**10516**	**20844**	**11667**	**9177**	**17584**	**9822**	**7762**
东胜区	6373	3255	3118	5782	3021	2761	4746	2455	2291
康巴什区	1325	621	704	1217	631	586	855	426	429
达拉特旗	2681	1383	1298	2742	1466	1276	2677	1437	1240
准格尔旗	4064	2376	1688	3476	2074	1402	2925	1733	1192
鄂托克前旗	964	586	378	802	479	323	901	516	385
鄂托克旗	1947	1109	838	1605	916	689	1304	759	545
杭锦旗	894	493	401	884	458	426	889	478	411
乌审旗	2223	1373	850	1733	1059	674	1235	774	461
伊金霍洛旗	3063	1822	1241	2603	1563	1040	2052	1244	808
呼伦贝尔市	**17547**	**8897**	**8650**	**16221**	**8420**	**7801**	**16807**	**8674**	**8133**
海拉尔区	3291	1629	1662	2572	1311	1261	2229	1114	1115
扎赉诺尔区	568	285	283	426	215	211	539	267	272
阿荣旗	2201	1059	1142	2355	1203	1152	2139	1101	1038
莫力达瓦达斡尔族自治旗	1667	863	804	1923	976	947	2104	1133	971
鄂伦春自治旗	1208	600	608	1078	568	510	1305	685	620
鄂温克族自治旗	1198	614	584	1066	563	503	1017	516	501
陈巴尔虎旗	398	222	176	404	239	165	431	229	202
新巴尔虎左旗	338	177	161	380	203	177	342	188	154
新巴尔虎右旗	432	255	177	397	235	162	355	215	140
满洲里市	1373	684	689	1268	651	617	1195	608	587
牙克石市	1693	917	776	1345	679	666	1791	893	898
扎兰屯市	2382	1180	1202	2272	1187	1085	2334	1207	1127
额尔古纳市	509	259	250	457	238	219	536	263	273
根河市	289	153	136	278	152	126	490	255	235
巴彦淖尔市	**11812**	**6184**	**5628**	**11348**	**6083**	**5265**	**11572**	**6142**	**5430**
临河区	5010	2573	2437	4662	2425	2237	4409	2334	2075
五原县	1511	778	733	1654	889	765	1612	822	790
磴口县	580	320	260	548	290	258	593	323	270
乌拉特前旗	1763	911	852	1708	947	761	2054	1083	971
乌拉特中旗	787	464	323	830	470	360	965	549	416
乌拉特后旗	584	327	257	473	288	185	506	289	217
杭锦后旗	1577	811	766	1473	774	699	1433	742	691

1-3　续表 11　　　　单位：人

地　　区	30-34岁			35-39岁			40-44岁		
	小计	男	女	小计	男	女	小计	男	女
乌兰察布市	**9822**	**4996**	**4826**	**9838**	**5099**	**4739**	**10277**	**5226**	**5051**
集宁区	3609	1786	1823	3159	1611	1548	2844	1376	1468
卓资县	421	257	164	426	244	182	379	213	166
化德县	489	256	233	462	249	213	623	320	303
商都县	661	322	339	938	453	485	1167	577	590
兴和县	854	419	435	878	433	445	929	487	442
凉城县	444	217	227	528	278	250	548	275	273
察哈尔右翼前旗	683	369	314	616	355	261	610	320	290
察哈尔右翼中旗	312	161	151	371	182	189	456	240	216
察哈尔右翼后旗	502	253	249	644	330	314	643	334	309
四子王旗	687	344	343	700	367	333	1013	520	493
丰镇市	1160	612	548	1116	597	519	1065	564	501
兴安盟	**11187**	**5704**	**5483**	**12159**	**6469**	**5690**	**10661**	**5727**	**4934**
乌兰浩特市	3000	1479	1521	3060	1555	1505	2453	1283	1170
阿尔山市	237	125	112	222	118	104	229	126	103
科尔沁右翼前旗	2239	1176	1063	2410	1324	1086	2015	1102	913
科尔沁右翼中旗	1519	791	728	1906	1029	877	1738	935	803
扎赉特旗	2751	1401	1350	2862	1514	1348	2634	1436	1198
突泉县	1441	732	709	1699	929	770	1592	845	747
锡林郭勒盟	**9479**	**4914**	**4565**	**8730**	**4574**	**4156**	**8789**	**4669**	**4120**
二连浩特市	666	335	331	691	343	348	729	359	370
锡林浩特市	3375	1691	1684	2690	1361	1329	2802	1385	1417
阿巴嘎旗	358	204	154	373	219	154	343	201	142
苏尼特左旗	286	164	122	312	188	124	275	158	117
苏尼特右旗	454	234	220	475	242	233	492	269	223
东乌珠穆沁旗	650	327	323	591	316	275	591	313	278
西乌珠穆沁旗	1102	668	434	915	531	384	887	561	326
太仆寺旗	471	228	243	492	243	249	624	336	288
镶黄旗	218	106	112	202	102	100	226	129	97
正镶白旗	284	140	144	288	151	137	376	206	170
正蓝旗	556	279	277	524	273	251	568	303	265
多伦县	828	410	418	967	495	472	684	341	343
乌拉盖管委会	231	128	103	210	110	100	192	108	84
阿拉善盟	**2652**	**1478**	**1174**	**2006**	**1129**	**877**	**2184**	**1225**	**959**
阿拉善左旗	1664	900	764	1356	744	612	1575	854	721
阿拉善右旗	183	99	84	163	92	71	199	119	80
额济纳旗	319	193	126	221	128	93	222	127	95
内蒙古阿拉善经济开发区	486	286	200	266	165	101	188	125	63

1-3 续表 12 单位：人

地区	45-49岁			50-54岁			55-59岁		
	小计	男	女	小计	男	女	小计	男	女
内蒙古	**225953**	**116216**	**109737**	**222310**	**114682**	**107628**	**196935**	**99571**	**97364**
呼和浩特市	**27355**	**13600**	**13755**	**24344**	**12238**	**12106**	**23495**	**11800**	**11695**
新城区	5507	2717	2790	4633	2321	2312	4462	2205	2257
回民区	3558	1787	1771	3208	1590	1618	2883	1471	1412
玉泉区	4408	2177	2231	3721	1881	1840	3300	1688	1612
赛罕区	6492	3181	3311	5782	2837	2945	5695	2799	2896
土默特左旗	2226	1117	1109	2320	1164	1156	2440	1243	1197
托克托县	1551	806	745	1326	691	635	1305	686	619
和林格尔县	1124	558	566	1095	571	524	1146	554	592
清水河县	686	348	338	633	318	315	659	326	333
武川县	988	483	505	970	529	441	943	502	441
呼和浩特经济技术开发区	815	426	389	656	336	320	662	326	336
包头市	**26331**	**13302**	**13029**	**25929**	**13245**	**12684**	**23240**	**11938**	**11302**
东河区	4398	2203	2195	4608	2326	2282	4722	2397	2325
昆都仑区	7707	3815	3892	7437	3762	3675	6009	3068	2941
青山区	4805	2399	2406	4916	2468	2448	4006	2033	1973
石拐区	204	116	88	256	138	118	252	152	100
白云鄂博矿区	325	162	163	290	171	119	244	134	110
九原区	2217	1148	1069	1977	1055	922	1844	954	890
土默特右旗	2482	1252	1230	2341	1166	1175	2350	1169	1181
固阳县	1622	881	741	1603	873	730	1521	830	691
达尔罕茂明安联合旗	776	398	378	736	390	346	742	393	349
包头稀土高新技术产业开发区	1795	928	867	1765	896	869	1550	808	742
乌海市	**6100**	**3232**	**2868**	**5872**	**3158**	**2714**	**4393**	**2314**	**2079**
海勃湾区	3529	1788	1741	3380	1779	1601	2643	1353	1290
海南区	1160	660	500	1090	637	453	732	419	313
乌达区	1411	784	627	1402	742	660	1018	542	476
赤峰市	**37526**	**19030**	**18496**	**39044**	**19843**	**19201**	**35909**	**17649**	**18260**
红山区	3632	1792	1840	3462	1705	1757	3273	1643	1630
元宝山区	3065	1523	1542	3331	1711	1620	2691	1348	1343
松山区	5964	2976	2988	5786	2962	2824	5411	2686	2725
阿鲁科尔沁旗	2331	1204	1127	2526	1208	1318	2265	1102	1163
巴林左旗	2901	1418	1483	2753	1414	1339	2768	1370	1398
巴林右旗	1731	913	818	1525	769	756	1353	657	696
林西县	1836	939	897	1877	989	888	1898	943	955
克什克腾旗	1753	936	817	2043	1057	986	1807	911	896
翁牛特旗	3270	1720	1550	3617	1817	1800	3355	1588	1767
喀喇沁旗	2309	1152	1157	2635	1357	1278	2551	1240	1311
宁城县	4546	2342	2204	4892	2496	2396	4487	2197	2290
敖汉旗	4188	2115	2073	4597	2358	2239	4050	1964	2086

1-3 续表 13

单位：人

地 区	45-49岁			50-54岁			55-59岁		
	小计	男	女	小计	男	女	小计	男	女
通辽市	**26475**	**13488**	**12987**	**25865**	**12941**	**12924**	**23097**	**11237**	**11860**
科尔沁区	6167	3077	3090	6395	3141	3254	6116	2978	3138
科尔沁左翼中旗	4047	2108	1939	3750	1871	1879	3395	1643	1752
科尔沁左翼后旗	3095	1555	1540	3006	1552	1454	2512	1208	1304
开鲁县	2994	1527	1467	2926	1490	1436	2615	1249	1366
库伦旗	1404	715	689	1428	712	716	1263	635	628
奈曼旗	3502	1805	1697	3385	1694	1691	2939	1427	1512
扎鲁特旗	2689	1383	1306	2417	1177	1240	1918	961	957
通辽经济技术开发区	1433	741	692	1447	713	734	1455	691	764
霍林郭勒市	1144	577	567	1111	591	520	884	445	439
鄂尔多斯市	**20825**	**11707**	**9118**	**18329**	**10384**	**7945**	**14316**	**7574**	**6742**
东胜区	5258	2746	2512	4228	2248	1980	3362	1713	1649
康巴什区	799	395	404	672	326	346	613	299	314
达拉特旗	3021	1560	1461	2656	1421	1235	2435	1241	1194
准格尔旗	3706	2174	1532	3300	1963	1337	2532	1414	1118
鄂托克前旗	1102	696	406	991	583	408	640	342	298
鄂托克旗	1725	986	739	1460	821	639	990	555	435
杭锦旗	1101	603	498	1083	565	518	889	466	423
乌审旗	1646	1027	619	1558	981	577	1068	576	492
伊金霍洛旗	2467	1520	947	2381	1476	905	1787	968	819
呼伦贝尔市	**22914**	**11695**	**11219**	**23841**	**12137**	**11704**	**21132**	**10711**	**10421**
海拉尔区	3323	1592	1731	3365	1642	1723	3188	1580	1608
扎赉诺尔区	823	428	395	1089	534	555	988	510	478
阿荣旗	2356	1244	1112	2206	1088	1118	2021	989	1032
莫力达瓦达斡尔族自治旗	2148	1088	1060	2009	1019	990	1799	928	871
鄂伦春自治旗	1776	925	851	1959	985	974	1703	891	812
鄂温克族自治旗	1312	657	655	1510	768	742	1336	655	681
陈巴尔虎旗	670	360	310	644	337	307	564	295	269
新巴尔虎左旗	459	245	214	383	196	187	318	166	152
新巴尔虎右旗	415	235	180	418	248	170	337	191	146
满洲里市	1529	784	745	1463	767	696	1257	630	627
牙克石市	3079	1533	1546	3575	1839	1736	3300	1664	1636
扎兰屯市	3084	1614	1470	3107	1600	1507	2736	1378	1358
额尔古纳市	856	453	403	809	413	396	672	339	333
根河市	1084	537	547	1304	701	603	913	495	418
巴彦淖尔市	**16148**	**8186**	**7962**	**16486**	**8331**	**8155**	**13836**	**7075**	**6761**
临河区	5749	2872	2877	5627	2745	2882	4625	2304	2321
五原县	2373	1177	1196	2440	1204	1236	2203	1132	1071
磴口县	1050	544	506	1137	546	591	926	468	458
乌拉特前旗	2925	1476	1449	2990	1622	1368	2422	1268	1154
乌拉特中旗	1236	662	574	1284	690	594	1051	575	476
乌拉特后旗	704	402	302	633	363	270	450	255	195
杭锦后旗	2111	1053	1058	2375	1161	1214	2159	1073	1086

1-3 续表 14

单位：人

地 区	45-49岁			50-54岁			55-59岁		
	小计	男	女	小计	男	女	小计	男	女
乌兰察布市	**15042**	**7740**	**7302**	**15751**	**8295**	**7456**	**15248**	**7908**	**7340**
集宁区	3843	1925	1918	3711	1895	1816	3446	1789	1657
卓资县	616	334	282	774	411	363	832	456	376
化德县	927	493	434	1032	570	462	900	471	429
商都县	1649	864	785	1618	862	756	1622	800	822
兴和县	1232	639	593	1340	709	631	1449	723	726
凉城县	979	502	477	1125	569	556	1052	545	507
察哈尔右翼前旗	1059	564	495	1160	639	521	1239	656	583
察哈尔右翼中旗	834	428	406	928	475	453	975	517	458
察哈尔右翼后旗	958	495	463	991	530	461	997	523	474
四子王旗	1395	693	702	1400	753	647	1214	630	584
丰镇市	1550	803	747	1672	882	790	1522	798	724
兴安盟	**13230**	**6793**	**6437**	**13146**	**6749**	**6397**	**11367**	**5604**	**5763**
乌兰浩特市	2891	1415	1476	2946	1444	1502	2660	1301	1359
阿尔山市	394	200	194	490	276	214	420	208	212
科尔沁右翼前旗	2840	1506	1334	2809	1455	1354	2526	1246	1280
科尔沁右翼中旗	2047	1045	1002	1842	956	886	1565	743	822
扎赉特旗	3069	1605	1464	2881	1490	1391	2342	1179	1163
突泉县	1989	1022	967	2178	1128	1050	1854	927	927
锡林郭勒盟	**11217**	**5907**	**5310**	**10734**	**5736**	**4998**	**8854**	**4634**	**4220**
二连浩特市	922	466	456	793	426	367	523	296	227
锡林浩特市	3531	1777	1754	3017	1545	1472	2529	1284	1245
阿巴嘎旗	481	272	209	468	265	203	341	187	154
苏尼特左旗	392	216	176	285	165	120	276	150	126
苏尼特右旗	659	320	339	743	386	357	560	308	252
东乌珠穆沁旗	715	370	345	709	374	335	531	276	255
西乌珠穆沁旗	1071	634	437	1048	634	414	757	414	343
太仆寺旗	960	474	486	1116	615	501	1116	580	536
镶黄旗	254	143	111	308	150	158	231	124	107
正镶白旗	461	269	192	459	237	222	404	204	200
正蓝旗	675	368	307	640	328	312	608	313	295
多伦县	861	469	392	931	492	439	781	403	378
乌拉盖管委会	235	129	106	217	119	98	197	95	102
阿拉善盟	**2790**	**1536**	**1254**	**2969**	**1625**	**1344**	**2048**	**1127**	**921**
阿拉善左旗	1919	1017	902	2030	1075	955	1438	789	649
阿拉善右旗	319	179	140	311	171	140	185	104	81
额济纳旗	310	181	129	365	207	158	255	146	109
内蒙古阿拉善经济开发区	242	159	83	263	172	91	170	88	82

1-3　续表 15　　　　单位：人

地　区	60-64岁			65-69岁			70-74岁		
	小计	男	女	小计	男	女	小计	男	女
内蒙古	**158381**	**79120**	**79261**	**129607**	**63251**	**66356**	**76221**	**36408**	**39813**
呼和浩特市	**20062**	**10114**	**9948**	**16818**	**8308**	**8510**	**9520**	**4781**	**4739**
新城区	3628	1779	1849	2787	1353	1434	1545	736	809
回民区	2409	1205	1204	1883	905	978	1090	509	581
玉泉区	2734	1385	1349	2017	1021	996	1166	558	608
赛罕区	4775	2367	2408	3730	1821	1909	2098	1012	1086
土默特左旗	2040	1119	921	2061	1011	1050	1170	613	557
托克托县	1157	563	594	1270	616	654	680	395	285
和林格尔县	1202	617	585	1153	598	555	640	348	292
清水河县	693	367	326	624	324	300	344	190	154
武川县	882	463	419	899	453	446	613	333	280
呼和浩特经济技术开发区	542	249	293	394	206	188	174	87	87
包头市	**17796**	**8939**	**8857**	**14124**	**6789**	**7335**	**8939**	**4118**	**4821**
东河区	3789	1882	1907	2674	1300	1374	1647	737	910
昆都仑区	4293	2124	2169	3266	1510	1756	2280	974	1306
青山区	2860	1405	1455	2393	1086	1307	1749	755	994
石拐区	178	90	88	183	96	87	101	58	43
白云鄂博矿区	108	62	46	73	33	40	67	30	37
九原区	1418	739	679	1080	539	541	622	298	324
土默特右旗	2064	1056	1008	2014	968	1046	1066	566	500
固阳县	1355	696	659	1155	597	558	699	372	327
达尔罕茂明安联合旗	618	306	312	560	301	259	310	149	161
包头稀土高新技术产业开发区	1113	579	534	726	359	367	398	179	219
乌海市	**2673**	**1388**	**1285**	**2250**	**1062**	**1188**	**1526**	**670**	**856**
海勃湾区	1631	847	784	1324	615	709	811	374	437
海南区	447	233	214	375	180	195	233	117	116
乌达区	595	308	287	551	267	284	482	179	303
赤峰市	**31164**	**15141**	**16023**	**23940**	**11628**	**12312**	**13020**	**6127**	**6893**
红山区	2757	1356	1401	2132	996	1136	1125	507	618
元宝山区	2087	1027	1060	1604	748	856	926	390	536
松山区	4523	2122	2401	3433	1641	1792	1752	812	940
阿鲁科尔沁旗	1844	902	942	1419	666	753	864	404	460
巴林左旗	2323	1114	1209	1798	836	962	941	450	491
巴林右旗	1115	531	584	886	413	473	487	219	268
林西县	1784	843	941	1333	654	679	713	350	363
克什克腾旗	1671	838	833	1300	644	656	717	345	372
翁牛特旗	3102	1511	1591	2379	1141	1238	1345	632	713
喀喇沁旗	2263	1129	1134	1726	857	869	846	431	415
宁城县	3912	1887	2025	2951	1540	1411	1501	747	754
敖汉旗	3783	1881	1902	2979	1492	1487	1803	840	963

1-3 续表 16

单位：人

地区	60-64岁			65-69岁			70-74岁		
	小计	男	女	小计	男	女	小计	男	女
通辽市	**19007**	**9272**	**9735**	**15866**	**7399**	**8467**	**8769**	**3971**	**4798**
科尔沁区	5071	2520	2551	4158	1956	2202	2243	993	1250
科尔沁左翼中旗	2815	1385	1430	2311	1084	1227	1232	574	658
科尔沁左翼后旗	2108	1068	1040	1930	892	1038	1023	459	564
开鲁县	2263	1079	1184	1918	882	1036	1157	521	636
库伦旗	994	490	504	832	369	463	488	245	243
奈曼旗	2550	1235	1315	2166	991	1175	1247	576	671
扎鲁特旗	1480	687	793	1240	579	661	749	333	416
通辽经济技术开发区	1126	534	592	859	427	432	385	163	222
霍林郭勒市	600	274	326	452	219	233	245	107	138
鄂尔多斯市	**11121**	**5925**	**5196**	**8668**	**4337**	**4331**	**4760**	**2425**	**2335**
东胜区	2418	1281	1137	1688	810	878	960	472	488
康巴什区	453	240	213	281	136	145	132	69	63
达拉特旗	2217	1123	1094	1893	986	907	1029	560	469
准格尔旗	1998	1151	847	1590	809	781	886	458	428
鄂托克前旗	502	256	246	364	165	199	241	124	117
鄂托克旗	688	362	326	554	273	281	294	139	155
杭锦旗	722	383	339	686	338	348	358	170	188
乌审旗	781	405	376	586	298	288	306	143	163
伊金霍洛旗	1342	724	618	1026	522	504	554	290	264
呼伦贝尔市	**14785**	**7377**	**7408**	**12245**	**5915**	**6330**	**7143**	**3231**	**3912**
海拉尔区	2323	1147	1176	1912	929	983	1031	440	591
扎赉诺尔区	653	320	333	544	258	286	319	141	178
阿荣旗	1604	787	817	1391	703	688	829	420	409
莫力达瓦达斡尔族自治旗	1449	714	735	1208	592	616	635	320	315
鄂伦春自治旗	1103	566	537	932	457	475	601	260	341
鄂温克族自治旗	1013	484	529	769	350	419	430	200	230
陈巴尔虎旗	320	160	160	291	127	164	168	74	94
新巴尔虎左旗	213	95	118	160	72	88	81	28	53
新巴尔虎右旗	236	113	123	155	72	83	79	27	52
满洲里市	867	443	424	684	338	346	344	156	188
牙克石市	2068	1067	1001	1563	735	828	1005	428	577
扎兰屯市	2077	1030	1047	1938	950	988	1110	535	575
额尔古纳市	442	222	220	387	191	196	249	108	141
根河市	417	229	188	311	141	170	262	94	168
巴彦淖尔市	**10047**	**5130**	**4917**	**8956**	**4508**	**4448**	**5522**	**2703**	**2819**
临河区	3289	1669	1620	2895	1466	1429	1657	793	864
五原县	1597	839	758	1437	732	705	915	472	443
磴口县	678	364	314	571	297	274	410	176	234
乌拉特前旗	1778	923	855	1732	848	884	1099	545	554
乌拉特中旗	791	379	412	720	373	347	408	193	215
乌拉特后旗	292	156	136	246	120	126	147	71	76
杭锦后旗	1622	800	822	1355	672	683	886	453	433

1-3　续表 17　　　　单位：人

地　区	60-64岁			65-69岁			70-74岁		
	小计	男	女	小计	男	女	小计	男	女
乌兰察布市	**15105**	**7712**	**7393**	**13508**	**7087**	**6421**	**9160**	**4857**	**4303**
集宁区	2884	1473	1411	1939	964	975	1195	570	625
卓资县	895	489	406	973	506	467	650	359	291
化德县	915	432	483	757	380	377	595	335	260
商都县	1718	862	856	1662	913	749	1228	617	611
兴和县	1485	753	732	1510	796	714	1023	539	484
凉城县	1128	603	525	1147	632	515	816	445	371
察哈尔右翼前旗	1297	647	650	1204	637	567	767	425	342
察哈尔右翼中旗	1033	557	476	932	497	435	584	320	264
察哈尔右翼后旗	990	496	494	927	488	439	626	331	295
四子王旗	1135	587	548	946	480	466	631	348	283
丰镇市	1625	813	812	1511	794	717	1045	568	477
兴安盟	**8826**	**4249**	**4577**	**7182**	**3364**	**3818**	**4206**	**1874**	**2332**
乌兰浩特市	2053	972	1081	1684	772	912	958	403	555
阿尔山市	160	90	70	103	48	55	78	27	51
科尔沁右翼前旗	1843	925	918	1477	688	789	885	404	481
科尔沁右翼中旗	1286	620	666	967	444	523	626	265	361
扎赉特旗	1825	838	987	1550	732	818	836	389	447
突泉县	1659	804	855	1401	680	721	823	386	437
锡林郭勒盟	**6651**	**3270**	**3381**	**5138**	**2418**	**2720**	**3049**	**1359**	**1690**
二连浩特市	365	181	184	270	138	132	150	76	74
锡林浩特市	1796	890	906	1321	612	709	807	341	466
阿巴嘎旗	198	101	97	159	65	94	111	36	75
苏尼特左旗	176	94	82	138	66	72	94	40	54
苏尼特右旗	406	201	205	308	143	165	215	81	134
东乌珠穆沁旗	324	158	166	219	100	119	105	38	67
西乌珠穆沁旗	423	198	225	289	118	171	192	68	124
太仆寺旗	1135	560	575	967	473	494	585	308	277
镶黄旗	193	84	109	142	69	73	84	36	48
正镶白旗	323	155	168	275	140	135	158	86	72
正蓝旗	449	212	237	380	180	200	198	78	120
多伦县	703	349	354	591	276	315	306	153	153
乌拉盖管委会	160	87	73	79	38	41	44	18	26
阿拉善盟	**1144**	**603**	**541**	**912**	**436**	**476**	**607**	**292**	**315**
阿拉善左旗	864	436	428	703	341	362	463	222	241
阿拉善右旗	106	61	45	87	33	54	63	27	36
额济纳旗	120	70	50	93	49	44	67	36	31
内蒙古阿拉善经济开发区	54	36	18	29	13	16	14	7	7

1-3 续表 18

单位：人

地 区	75-79岁			80-84岁			85-89岁		
	小计	男	女	小计	男	女	小计	男	女
内蒙古	**46100**	**21210**	**24890**	**31282**	**14400**	**16882**	**13187**	**6101**	**7086**
呼和浩特市	**5679**	**2727**	**2952**	**4116**	**1959**	**2157**	**1944**	**954**	**990**
新城区	1019	473	546	745	331	414	350	156	194
回民区	673	305	368	503	227	276	243	106	137
玉泉区	660	287	373	439	208	231	196	87	109
赛罕区	1329	619	710	1007	464	543	426	213	213
土默特左旗	676	323	353	472	250	222	218	116	102
托克托县	374	211	163	296	146	150	178	92	86
和林格尔县	338	193	145	230	123	107	117	57	60
清水河县	236	126	110	151	77	74	86	53	33
武川县	282	143	139	203	95	108	103	62	41
呼和浩特经济技术开发区	92	47	45	70	38	32	27	12	15
包头市	**6402**	**2827**	**3575**	**4646**	**2231**	**2415**	**1948**	**945**	**1003**
东河区	1175	498	677	893	393	500	398	171	227
昆都仑区	1815	761	1054	1360	677	683	539	275	264
青山区	1472	653	819	1080	517	563	376	165	211
石拐区	67	30	37	33	19	14	16	4	12
白云鄂博矿区	52	19	33	35	18	17	9	4	5
九原区	356	178	178	225	101	124	99	56	43
土默特右旗	596	305	291	413	209	204	205	103	102
固阳县	407	191	216	285	143	142	156	87	69
达尔罕茂明安联合旗	171	87	84	116	54	62	52	28	24
包头稀土高新技术产业开发区	291	105	186	206	100	106	98	52	46
乌海市	**1132**	**499**	**633**	**713**	**334**	**379**	**261**	**125**	**136**
海勃湾区	609	282	327	414	196	218	172	82	90
海南区	159	74	85	96	42	54	33	18	15
乌达区	364	143	221	203	96	107	56	25	31
赤峰市	**7632**	**3425**	**4207**	**5225**	**2302**	**2923**	**2042**	**865**	**1177**
红山区	819	344	475	571	240	331	242	107	135
元宝山区	740	293	447	505	216	289	170	74	96
松山区	1096	497	599	759	343	416	298	124	174
阿鲁科尔沁旗	398	185	213	231	94	137	79	28	51
巴林左旗	484	235	249	276	130	146	113	44	69
巴林右旗	223	91	132	118	48	70	57	24	33
林西县	295	140	155	292	126	166	109	48	61
克什克腾旗	309	151	158	240	109	131	104	52	52
翁牛特旗	754	360	394	497	224	273	188	76	112
喀喇沁旗	543	249	294	389	171	218	158	67	91
宁城县	1025	450	575	660	291	369	268	109	159
敖汉旗	946	430	516	687	310	377	256	112	144

1-3　续表 19

单位：人

地　区	75-79岁			80-84岁			85-89岁		
	小计	男	女	小计	男	女	小计	男	女
通辽市	**4366**	**1863**	**2503**	**2694**	**1090**	**1604**	**1082**	**465**	**617**
科尔沁区	1239	523	716	809	312	497	304	139	165
科尔沁左翼中旗	556	234	322	343	139	204	133	66	67
科尔沁左翼后旗	530	243	287	297	117	180	136	59	77
开鲁县	483	194	289	263	116	147	105	38	67
库伦旗	274	119	155	185	66	119	68	29	39
奈曼旗	564	243	321	368	157	211	153	62	91
扎鲁特旗	383	164	219	220	88	132	91	35	56
通辽经济技术开发区	218	93	125	128	58	70	63	29	34
霍林郭勒市	119	50	69	81	37	44	29	8	21
鄂尔多斯市	**3329**	**1723**	**1606**	**2302**	**1161**	**1141**	**968**	**466**	**502**
东胜区	671	330	341	509	249	260	206	95	111
康巴什区	74	35	39	46	28	18	12	2	10
达拉特旗	701	362	339	522	281	241	235	114	121
准格尔旗	691	376	315	428	243	185	213	126	87
鄂托克前旗	139	62	77	87	43	44	29	9	20
鄂托克旗	215	113	102	108	37	71	53	23	30
杭锦旗	267	148	119	148	67	81	64	26	38
乌审旗	207	99	108	148	67	81	56	25	31
伊金霍洛旗	364	198	166	306	146	160	100	46	54
呼伦贝尔市	**4596**	**1923**	**2673**	**3240**	**1433**	**1807**	**1337**	**629**	**708**
海拉尔区	650	260	390	532	223	309	222	107	115
扎赉诺尔区	217	78	139	179	81	98	73	32	41
阿荣旗	410	220	190	204	102	102	79	33	46
莫力达瓦达斡尔族自治旗	300	139	161	172	75	97	73	30	43
鄂伦春自治旗	505	211	294	292	128	164	110	65	45
鄂温克族自治旗	233	91	142	199	86	113	71	32	39
陈巴尔虎旗	94	37	57	56	24	32	24	12	12
新巴尔虎左旗	43	18	25	33	8	25	12	6	6
新巴尔虎右旗	39	19	20	18	9	9	5	2	3
满洲里市	213	90	123	165	68	97	86	37	49
牙克石市	830	314	516	666	296	370	293	136	157
扎兰屯市	600	286	314	389	186	203	159	77	82
额尔古纳市	156	63	93	117	51	66	45	19	26
根河市	306	97	209	218	96	122	85	41	44
巴彦淖尔市	**3417**	**1666**	**1751**	**2029**	**1010**	**1019**	**869**	**440**	**429**
临河区	1117	523	594	653	320	333	271	134	137
五原县	516	247	269	311	152	159	148	74	74
磴口县	229	121	108	146	66	80	63	31	32
乌拉特前旗	669	337	332	389	210	179	191	101	90
乌拉特中旗	237	117	120	168	87	81	62	33	29
乌拉特后旗	100	49	51	50	31	19	16	7	9
杭锦后旗	549	272	277	312	144	168	118	60	58

1-3 续表 20

单位：人

地区	75-79岁			80-84岁			85-89岁		
	小计	男	女	小计	男	女	小计	男	女
乌兰察布市	**5297**	**2651**	**2646**	**3636**	**1706**	**1930**	**1699**	**771**	**928**
集宁区	863	364	499	648	280	368	303	142	161
卓资县	346	178	168	220	115	105	115	49	66
化德县	284	141	143	207	90	117	86	42	44
商都县	641	353	288	409	204	205	162	73	89
兴和县	578	296	282	418	198	220	206	85	121
凉城县	449	253	196	327	164	163	158	78	80
察哈尔右翼前旗	464	239	225	310	131	179	151	55	96
察哈尔右翼中旗	291	148	143	204	103	101	91	52	39
察哈尔右翼后旗	400	199	201	279	124	155	113	49	64
四子王旗	352	165	187	220	106	114	113	57	56
丰镇市	629	315	314	394	191	203	201	89	112
兴安盟	**2043**	**905**	**1138**	**1234**	**537**	**697**	**470**	**205**	**265**
乌兰浩特市	553	221	332	366	143	223	134	62	72
阿尔山市	95	30	65	70	30	40	30	19	11
科尔沁右翼前旗	392	194	198	240	90	150	86	38	48
科尔沁右翼中旗	244	106	138	135	62	73	53	16	37
扎赉特旗	358	177	181	206	105	101	79	32	47
突泉县	401	177	224	217	107	110	88	38	50
锡林郭勒盟	**1810**	**818**	**992**	**1189**	**530**	**659**	**460**	**192**	**268**
二连浩特市	71	29	42	54	25	29	16	6	10
锡林浩特市	502	227	275	353	162	191	120	52	68
阿巴嘎旗	91	46	45	34	15	19	17	7	10
苏尼特左旗	69	29	40	29	8	21	7	3	4
苏尼特右旗	144	63	81	94	44	50	40	20	20
东乌珠穆沁旗	85	30	55	48	25	23	15	4	11
西乌珠穆沁旗	83	41	42	49	21	28	15	3	12
太仆寺旗	327	164	163	213	89	124	84	41	43
镶黄旗	41	12	29	31	10	21	19	7	12
正镶白旗	100	43	57	56	28	28	33	10	23
正蓝旗	122	53	69	89	36	53	31	15	16
多伦县	145	69	76	119	59	60	57	22	35
乌拉盖管委会	30	12	18	20	8	12	6	2	4
阿拉善盟	**397**	**183**	**214**	**258**	**107**	**151**	**107**	**44**	**63**
阿拉善左旗	320	151	169	201	89	112	83	34	49
阿拉善右旗	37	16	21	32	11	21	17	6	11
额济纳旗	28	11	17	22	4	18	6	3	3
内蒙古阿拉善经济开发区	12	5	7	3	3		1	1	

1-3　续表 21　　　　　　　　　　　　　　　　　　　　　　　　　单位：人

地　　区	90–94岁			95–99岁			100岁及以上		
	小计	男	女	小计	男	女	小计	男	女
内蒙古	**3171**	**1520**	**1651**	**504**	**233**	**271**	**52**	**19**	**33**
呼和浩特市	**436**	**217**	**219**	**84**	**36**	**48**	**5**	**2**	**3**
新城区	81	39	42	22	7	15	1		1
回民区	58	30	28	10	8	2			
玉泉区	53	25	28	9	4	5			
赛罕区	106	48	58	13	6	7	2	1	1
土默特左旗	52	29	23	13	2	11	1	1	
托克托县	21	14	7	5	3	2			
和林格尔县	22	8	14	4	1	3	1		1
清水河县	20	11	9	4	1	3			
武川县	19	11	8	3	3				
呼和浩特经济技术开发区	4	2	2	1	1				
包头市	**455**	**239**	**216**	**70**	**44**	**26**	**7**	**4**	**3**
东河区	109	48	61	13	8	5	2		2
昆都仑区	128	68	60	20	13	7	1	1	
青山区	82	46	36	15	7	8			
石拐区	4	1	3	1	1				
白云鄂博矿区	5	3	2						
九原区	30	19	11	5	4	1	1		1
土默特右旗	47	29	18	6	4	2	2	2	
固阳县	21	8	13	4	2	2			
达尔罕茂明安联合旗	5	3	2	2	1	1			
包头稀土高新技术产业开发区	24	14	10	4	4		1	1	
乌海市	**74**	**46**	**28**	**7**	**6**	**1**	**1**		**1**
海勃湾区	35	22	13	3	3		1		1
海南区	19	14	5	1	1				
乌达区	20	10	10	3	2	1			
赤峰市	**495**	**218**	**277**	**66**	**27**	**39**	**3**	**1**	**2**
红山区	64	31	33	10	3	7			
元宝山区	35	11	24	3	1	2	1		1
松山区	80	28	52	8	4	4	1	1	
阿鲁科尔沁旗	16	9	7	1		1			
巴林左旗	19	18	1	3		3			
巴林右旗	11	8	3	2		2			
林西县	18	10	8	4	1	3			
克什克腾旗	17	11	6	2	1	1			
翁牛特旗	35	14	21	7	3	4			
喀喇沁旗	36	16	20	2	1	1	1		1
宁城县	95	35	60	13	9	4			
敖汉旗	69	27	42	11	4	7			

1-3 续表 22　　　　单位：人

地　区	90-94岁			95-99岁			100岁及以上		
	小计	男	女	小计	男	女	小计	男	女
通辽市	**288**	**125**	**163**	**40**	**17**	**23**	**7**	**1**	**6**
科尔沁区	94	45	49	17	7	10	2		2
科尔沁左翼中旗	30	12	18	3	1	2	1		1
科尔沁左翼后旗	32	20	12	1		1	1		1
开鲁县	26	11	15	4	1	3	1		1
库伦旗	24	8	16	1		1	1		1
奈曼旗	43	11	32	4	2	2			
扎鲁特旗	21	8	13	5	2	3			
通辽经济技术开发区	16	8	8	3	2	1	1	1	
霍林郭勒市	2	2		2	2				
鄂尔多斯市	**178**	**83**	**95**	**34**	**11**	**23**	**4**	**2**	**2**
东胜区	29	15	14	9	4	5	2	1	1
康巴什区	5	1	4				1	1	
达拉特旗	45	22	23	5	2	3	1		1
准格尔旗	36	21	15	4	1	3			
鄂托克前旗	9	2	7						
鄂托克旗	10	2	8	4	1	3			
杭锦旗	14	7	7	3		3			
乌审旗	8	3	5	3	2	1			
伊金霍洛旗	22	10	12	6	1	5			
呼伦贝尔市	**415**	**215**	**200**	**69**	**32**	**37**	**10**	**5**	**5**
海拉尔区	89	36	53	14	5	9	2	1	1
扎赉诺尔区	27	17	10	4	2	2			
阿荣旗	25	16	9	2	1	1			
莫力达瓦达斡尔族自治旗	20	8	12	3	1	2	1	1	
鄂伦春自治旗	41	23	18	5	1	4	1	1	
鄂温克族自治旗	15	5	10	4	1	3			
陈巴尔虎旗	6	4	2	2	1	1			
新巴尔虎左旗									
新巴尔虎右旗	1		1	1		1			
满洲里市	23	12	11	2	2		1		1
牙克石市	75	41	34	18	11	7	1		1
扎兰屯市	53	26	27	10	5	5	3	1	2
额尔古纳市	9	5	4	2	1	1	1	1	
根河市	31	22	9	2	1	1			
巴彦淖尔市	**208**	**97**	**111**	**38**	**19**	**19**	**4**	**1**	**3**
临河区	53	29	24	11	8	3			
五原县	34	13	21	12	5	7	3	1	2
磴口县	22	9	13	2	2				
乌拉特前旗	44	16	28	3	2	1			
乌拉特中旗	23	13	10	3	1	2			
乌拉特后旗	5	1	4						
杭锦后旗	27	16	11	7	1	6	1		1

1-3　续表 23

单位：人

地　　区	90-94岁			95-99岁			100岁及以上		
	小计	男	女	小计	男	女	小计	男	女
乌兰察布市	**328**	**149**	**179**	**50**	**21**	**29**	**3**		**3**
集宁区	76	41	35	12	3	9			
卓资县	17	10	7	1		1			
化德县	19	7	12	3	1	2	1		1
商都县	26	15	11	3		3			
兴和县	36	16	20	7	4	3			
凉城县	17	7	10	3		3	1		1
察哈尔右翼前旗	39	14	25	1		1			
察哈尔右翼中旗	9	1	8	4	2	2			
察哈尔右翼后旗	21	5	16	6	2	4			
四子王旗	20	8	12	1	1				
丰镇市	48	25	23	9	8	1	1		1
兴安盟	**154**	**70**	**84**	**22**	**10**	**12**	**4**	**2**	**2**
乌兰浩特市	47	21	26	7	1	6	1	1	
阿尔山市	4	4							
科尔沁右翼前旗	28	12	16	1		1			
科尔沁右翼中旗	12	7	5	2	2				
扎赉特旗	30	12	18	6	3	3	3	1	2
突泉县	33	14	19	6	4	2			
锡林郭勒盟	**110**	**46**	**64**	**18**	**6**	**12**	**4**	**1**	**3**
二连浩特市	2	1	1						
锡林浩特市	35	19	16	3	2	1			
阿巴嘎旗	3	2	1						
苏尼特左旗	2	1	1						
苏尼特右旗	7	3	4	2	1	1	2	1	1
东乌珠穆沁旗	3	1	2	1		1			
西乌珠穆沁旗	5	3	2	3	1	2			
太仆寺旗	17	4	13	5	1	4	1		1
镶黄旗	3	1	2	1		1			
正镶白旗	9	2	7						
正蓝旗	4	2	2	1		1			
多伦县	16	6	10	2	1	1	1		1
乌拉盖管委会	4	1	3						
阿拉善盟	**30**	**15**	**15**	**6**	**4**	**2**			
阿拉善左旗	25	15	10	3	1	2			
阿拉善右旗	3		3						
额济纳旗	2		2	3	3				
内蒙古阿拉善经济开发区									

1－3a 各地区分年龄、性别的人口(城市)

单位：人

地 区	合 计			0岁		
	合计	男	女	小计	男	女
内蒙古	**902670**	**448069**	**454601**	**5951**	**3028**	**2923**
呼和浩特市	**208189**	**102675**	**105514**	**1545**	**772**	**773**
新城区	56529	27724	28805	425	211	214
回民区	40365	19736	20629	253	126	127
玉泉区	43565	21597	21968	312	155	157
赛罕区	67730	33618	34112	555	280	275
包头市	**188413**	**93717**	**94696**	**1007**	**531**	**476**
东河区	40871	20107	20764	187	104	83
昆都仑区	77276	38624	38652	391	211	180
青山区	50809	25048	25761	286	148	138
石拐区	1335	669	666	15	6	9
白云鄂博矿区	2232	1207	1025	3	2	1
九原区	15890	8062	7828	125	60	65
乌海市	**49287**	**25264**	**24023**	**314**	**157**	**157**
海勃湾区	30708	15524	15184	207	105	102
海南区	7023	3702	3321	34	16	18
乌达区	11556	6038	5518	73	36	37
赤峰市	**96417**	**47978**	**48439**	**661**	**328**	**333**
红山区	40470	20107	20363	261	142	119
元宝山区	18601	9249	9352	104	41	63
松山区	37346	18622	18724	296	145	151
通辽市	**53958**	**26643**	**27315**	**327**	**168**	**159**
科尔沁区	41857	20332	21525	218	107	111
霍林郭勒市	12101	6311	5790	109	61	48
鄂尔多斯市	**65365**	**33161**	**32204**	**553**	**282**	**271**
东胜区	53975	27345	26630	446	232	214
康巴什区	11290	5757	5533	106	49	57
鄂托克旗	100	59	41	1	1	
呼伦贝尔市	**89281**	**43793**	**45488**	**467**	**248**	**219**
海拉尔区	33043	16049	16994	189	100	89
扎赉诺尔区	7532	3701	3831	35	13	22
满洲里市	14030	7064	6966	80	36	44
牙克石市	13780	6693	7087	50	22	28
扎兰屯市	12801	6269	6532	78	56	22
额尔古纳市	4137	2052	2085	29	18	11
根河市	3958	1965	1993	6	3	3
巴彦淖尔市	**38111**	**18908**	**19203**	**257**	**137**	**120**
临河区	38111	18908	19203	257	137	120
乌兰察布市	**46581**	**22995**	**23586**	**279**	**146**	**133**
集宁区	36177	17851	18326	216	114	102
丰镇市	10404	5144	5260	63	32	31
兴安盟	**29481**	**14344**	**15137**	**219**	**99**	**120**
乌兰浩特市	27692	13434	14258	209	97	112
阿尔山市	1789	910	879	10	2	8
锡林郭勒盟	**37587**	**18591**	**18996**	**322**	**160**	**162**
二连浩特市	7196	3654	3542	64	32	32
锡林浩特市	30391	14937	15454	258	128	130

1−3a　续表 1　　　　单位：人

地　区	1−4岁			5−9岁			10−14岁		
	小计	男	女	小计	男	女	小计	男	女
内蒙古	**36873**	**18973**	**17900**	**46986**	**24587**	**22399**	**41391**	**21420**	**19971**
呼和浩特市	**8872**	**4551**	**4321**	**10839**	**5651**	**5188**	**9130**	**4709**	**4421**
新城区	2464	1296	1168	3196	1660	1536	2688	1377	1311
回民区	1402	731	671	1819	928	891	1775	883	892
玉泉区	1892	930	962	2116	1107	1009	2054	1070	984
赛罕区	3114	1594	1520	3708	1956	1752	2613	1379	1234
包头市	**6778**	**3449**	**3329**	**9035**	**4617**	**4418**	**8263**	**4265**	**3998**
东河区	1321	686	635	1648	828	820	1549	785	764
昆都仑区	2841	1434	1407	3986	1994	1992	3626	1897	1729
青山区	1725	873	852	2351	1244	1107	2069	1056	1013
石拐区	41	21	20	44	18	26	38	14	24
白云鄂博矿区	73	35	38	72	35	37	59	32	27
九原区	777	400	377	934	498	436	922	481	441
乌海市	**1867**	**991**	**876**	**2372**	**1226**	**1146**	**2265**	**1161**	**1104**
海勃湾区	1264	669	595	1526	793	733	1358	696	662
海南区	265	150	115	381	199	182	398	195	203
乌达区	338	172	166	465	234	231	509	270	239
赤峰市	**4630**	**2467**	**2163**	**5845**	**3254**	**2591**	**4886**	**2678**	**2208**
红山区	1844	978	866	2403	1319	1084	1908	1050	858
元宝山区	670	368	302	934	529	405	1018	549	469
松山区	2116	1121	995	2508	1406	1102	1960	1079	881
通辽市	**1867**	**977**	**890**	**2719**	**1446**	**1273**	**2413**	**1248**	**1165**
科尔沁区	1258	669	589	1947	1018	929	1793	913	880
霍林郭勒市	609	308	301	772	428	344	620	335	285
鄂尔多斯市	**3736**	**1940**	**1796**	**5157**	**2687**	**2470**	**4066**	**2099**	**1967**
东胜区	2985	1552	1433	4258	2204	2054	3366	1732	1634
康巴什区	746	383	363	893	480	413	691	363	328
鄂托克旗	5	5		6	3	3	9	4	5
呼伦贝尔市	**2657**	**1338**	**1319**	**3134**	**1638**	**1496**	**3070**	**1583**	**1487**
海拉尔区	1095	551	544	1189	634	555	1019	522	497
扎赉诺尔区	169	80	89	206	100	106	210	113	97
满洲里市	448	234	214	646	345	301	624	334	290
牙克石市	287	136	151	381	188	193	419	218	201
扎兰屯市	453	221	232	495	247	248	507	251	256
额尔古纳市	145	76	69	149	85	64	187	95	92
根河市	60	40	20	68	39	29	104	50	54
巴彦淖尔市	**1893**	**923**	**970**	**2176**	**1125**	**1051**	**1888**	**953**	**935**
临河区	1893	923	970	2176	1125	1051	1888	953	935
乌兰察布市	**1715**	**900**	**815**	**2228**	**1150**	**1078**	**2246**	**1096**	**1150**
集宁区	1312	683	629	1649	861	788	1627	817	810
丰镇市	403	217	186	579	289	290	619	279	340
兴安盟	**1168**	**589**	**579**	**1459**	**787**	**672**	**1310**	**695**	**615**
乌兰浩特市	1116	563	553	1405	759	646	1272	676	596
阿尔山市	52	26	26	54	28	26	38	19	19
锡林郭勒盟	**1690**	**848**	**842**	**2022**	**1006**	**1016**	**1854**	**933**	**921**
二连浩特市	268	143	125	423	211	212	407	207	200
锡林浩特市	1422	705	717	1599	795	804	1447	726	721

1-3a 续表 2 单位：人

地区	15-19岁			20-24岁			25-29岁		
	小计	男	女	小计	男	女	小计	男	女
内蒙古	**44150**	**22419**	**21731**	**51356**	**25264**	**26092**	**61995**	**30675**	**31320**
呼和浩特市	**11797**	**6019**	**5778**	**17136**	**8254**	**8882**	**15594**	**7598**	**7996**
新城区	3028	1647	1381	4109	1938	2171	3844	1830	2014
回民区	2461	1182	1279	3640	1582	2058	3065	1519	1546
玉泉区	2092	989	1103	2883	1314	1569	3818	1870	1948
赛罕区	4216	2201	2015	6504	3420	3084	4867	2379	2488
包头市	**8887**	**4512**	**4375**	**10969**	**5666**	**5303**	**11681**	**5782**	**5899**
东河区	1569	742	827	1931	905	1026	2393	1185	1208
昆都仑区	3494	1891	1603	4717	2611	2106	4892	2409	2483
青山区	3101	1491	1610	3644	1803	1841	2962	1485	1477
石拐区	40	15	25	46	22	24	85	43	42
白云鄂博矿区	60	37	23	91	57	34	127	67	60
九原区	623	336	287	540	268	272	1222	593	629
乌海市	**1980**	**1031**	**949**	**2143**	**1102**	**1041**	**3183**	**1629**	**1554**
海勃湾区	1393	731	662	1413	709	704	2117	1053	1064
海南区	155	84	71	300	155	145	441	250	191
乌达区	432	216	216	430	238	192	625	326	299
赤峰市	**4399**	**2400**	**1999**	**4548**	**2166**	**2382**	**6699**	**3317**	**3382**
红山区	1612	851	761	2380	1085	1295	2896	1449	1447
元宝山区	839	469	370	571	275	296	947	491	456
松山区	1948	1080	868	1597	806	791	2856	1377	1479
通辽市	**2753**	**1380**	**1373**	**3195**	**1583**	**1612**	**4130**	**2040**	**2090**
科尔沁区	2321	1162	1159	2752	1346	1406	3130	1504	1626
霍林郭勒市	432	218	214	443	237	206	1000	536	464
鄂尔多斯市	**3229**	**1651**	**1578**	**3238**	**1629**	**1609**	**4749**	**2490**	**2259**
东胜区	2345	1150	1195	2453	1218	1235	4042	2125	1917
康巴什区	883	501	382	785	411	374	701	360	341
鄂托克旗	1		1				6	5	1
呼伦贝尔市	**3758**	**1834**	**1924**	**3887**	**1871**	**2016**	**5564**	**2710**	**2854**
海拉尔区	1588	753	835	1897	881	1016	2270	1096	1174
扎赉诺尔区	188	93	95	219	113	106	452	225	227
满洲里市	553	264	289	672	324	348	882	436	446
牙克石市	715	378	337	468	230	238	679	332	347
扎兰屯市	481	231	250	413	200	213	860	410	450
额尔古纳市	130	62	68	129	74	55	246	121	125
根河市	103	53	50	89	49	40	175	90	85
巴彦淖尔市	**1624**	**815**	**809**	**1423**	**695**	**728**	**2833**	**1399**	**1434**
临河区	1624	815	809	1423	695	728	2833	1399	1434
乌兰察布市	**2240**	**1043**	**1197**	**2165**	**980**	**1185**	**2935**	**1437**	**1498**
集宁区	1863	854	1009	1812	825	987	2329	1145	1184
丰镇市	377	189	188	353	155	198	606	292	314
兴安盟	**1636**	**780**	**856**	**1199**	**547**	**652**	**2054**	**997**	**1057**
乌兰浩特市	1599	761	838	1144	516	628	1917	924	993
阿尔山市	37	19	18	55	31	24	137	73	64
锡林郭勒盟	**1847**	**954**	**893**	**1453**	**771**	**682**	**2573**	**1276**	**1297**
二连浩特市	296	162	134	266	135	131	430	220	210
锡林浩特市	1551	792	759	1187	636	551	2143	1056	1087

1−3a　续表 3　　单位：人

地　区	30−34岁			35−39岁			40−44岁		
	小计	男	女	小计	男	女	小计	男	女
内蒙古	**89348**	**44401**	**44947**	**79806**	**40063**	**39743**	**68452**	**34071**	**34381**
呼和浩特市	**20648**	**10060**	**10588**	**19651**	**9802**	**9849**	**15802**	**7775**	**8027**
新城区	5428	2621	2807	5648	2737	2911	4437	2159	2278
回民区	3600	1778	1822	3433	1738	1695	3128	1499	1629
玉泉区	4662	2363	2299	4123	2098	2025	3457	1715	1742
赛罕区	6958	3298	3660	6447	3229	3218	4780	2402	2378
包头市	**16900**	**8513**	**8387**	**15759**	**7882**	**7877**	**13927**	**6894**	**7033**
东河区	3400	1705	1695	3137	1615	1522	2830	1392	1438
昆都仑区	7246	3617	3629	6727	3300	3427	5913	2945	2968
青山区	4154	2100	2054	4134	2056	2078	3693	1803	1890
石拐区	99	55	44	58	35	23	75	35	40
白云鄂博矿区	223	133	90	143	84	59	173	89	84
九原区	1778	903	875	1560	792	768	1243	630	613
乌海市	**4658**	**2441**	**2217**	**3954**	**2050**	**1904**	**3882**	**2053**	**1829**
海勃湾区	3025	1535	1490	2490	1255	1235	2359	1224	1135
海南区	653	348	305	611	313	298	617	334	283
乌达区	980	558	422	853	482	371	906	495	411
赤峰市	**11211**	**5600**	**5611**	**8647**	**4275**	**4372**	**6851**	**3303**	**3548**
红山区	4805	2391	2414	3580	1818	1762	2745	1333	1412
元宝山区	1587	806	781	1564	757	807	1419	687	732
松山区	4819	2403	2416	3503	1700	1803	2687	1283	1404
通辽市	**5621**	**2816**	**2805**	**5116**	**2593**	**2523**	**4070**	**2083**	**1987**
科尔沁区	4024	1951	2073	3818	1905	1913	3030	1510	1520
霍林郭勒市	1597	865	732	1298	688	610	1040	573	467
鄂尔多斯市	**7448**	**3663**	**3785**	**6773**	**3461**	**3312**	**5418**	**2727**	**2691**
东胜区	6112	3036	3076	5548	2825	2723	4559	2299	2260
康巴什区	1325	621	704	1217	631	586	855	426	429
鄂托克旗	11	6	5	8	5	3	4	2	2
呼伦贝尔市	**7881**	**3930**	**3951**	**6442**	**3266**	**3176**	**6365**	**3149**	**3216**
海拉尔区	3227	1591	1636	2518	1281	1237	2149	1069	1080
扎赉诺尔区	557	279	278	414	209	205	511	252	259
满洲里市	1358	678	680	1254	643	611	1162	592	570
牙克石市	989	518	471	828	396	432	1008	479	529
扎兰屯市	1200	592	608	962	492	470	941	465	476
额尔古纳市	366	177	189	306	162	144	314	151	163
根河市	184	95	89	160	83	77	280	141	139
巴彦淖尔市	**4112**	**2052**	**2060**	**3760**	**1891**	**1869**	**3320**	**1713**	**1607**
临河区	4112	2052	2060	3760	1891	1869	3320	1713	1607
乌兰察布市	**4279**	**2097**	**2182**	**3800**	**1913**	**1887**	**3412**	**1679**	**1733**
集宁区	3344	1637	1707	2939	1484	1455	2617	1274	1343
丰镇市	935	460	475	861	429	432	795	405	390
兴安盟	**2775**	**1344**	**1431**	**2762**	**1380**	**1382**	**2163**	**1120**	**1043**
乌兰浩特市	2628	1263	1365	2643	1325	1318	2038	1054	984
阿尔山市	147	81	66	119	55	64	125	66	59
锡林郭勒盟	**3815**	**1885**	**1930**	**3142**	**1550**	**1592**	**3242**	**1575**	**1667**
二连浩特市	638	314	324	660	321	339	700	345	355
锡林浩特市	3177	1571	1606	2482	1229	1253	2542	1230	1312

1-3a 续表 4

单位：人

地区	45-49岁			50-54岁			55-59岁		
	小计	男	女	小计	男	女	小计	男	女
内蒙古	**82679**	**40971**	**41708**	**77258**	**38589**	**38669**	**67912**	**33915**	**33997**
呼和浩特市	**16853**	**8304**	**8549**	**14557**	**7122**	**7435**	**13882**	**6827**	**7055**
新城区	4617	2271	2346	3925	1931	1994	3818	1840	1978
回民区	3376	1704	1672	3054	1510	1544	2769	1406	1363
玉泉区	3826	1886	1940	3169	1585	1584	2868	1456	1412
赛罕区	5034	2443	2591	4409	2096	2313	4427	2125	2302
包头市	**17566**	**8727**	**8839**	**17462**	**8826**	**8636**	**15178**	**7735**	**7443**
东河区	3693	1832	1861	3994	2011	1983	4084	2069	2015
昆都仑区	7398	3650	3748	7110	3594	3516	5748	2932	2816
青山区	4558	2280	2278	4653	2327	2326	3817	1924	1893
石拐区	106	52	54	158	75	83	168	101	67
白云鄂博矿区	325	162	163	290	171	119	244	134	110
九原区	1486	751	735	1257	648	609	1117	575	542
乌海市	**5531**	**2857**	**2674**	**5277**	**2778**	**2499**	**3948**	**2040**	**1908**
海勃湾区	3283	1633	1650	3143	1626	1517	2449	1239	1210
海南区	874	464	410	771	429	342	504	273	231
乌达区	1374	760	614	1363	723	640	995	528	467
赤峰市	**8398**	**4087**	**4311**	**7918**	**3950**	**3968**	**6854**	**3383**	**3471**
红山区	3235	1583	1652	3066	1498	1568	2915	1459	1456
元宝山区	2069	1005	1064	2115	1080	1035	1515	752	763
松山区	3094	1499	1595	2737	1372	1365	2424	1172	1252
通辽市	**4514**	**2205**	**2309**	**4311**	**2096**	**2215**	**4119**	**1996**	**2123**
科尔沁区	3469	1680	1789	3304	1566	1738	3331	1601	1730
霍林郭勒市	1045	525	520	1007	530	477	788	395	393
鄂尔多斯市	**5720**	**2883**	**2837**	**4540**	**2300**	**2240**	**3732**	**1856**	**1876**
东胜区	4918	2486	2432	3859	1969	1890	3110	1553	1557
康巴什区	799	395	404	672	326	346	613	299	314
鄂托克旗	3	2	1	9	5	4	9	4	5
呼伦贝尔市	**9268**	**4568**	**4700**	**9531**	**4742**	**4789**	**8670**	**4299**	**4371**
海拉尔区	3180	1511	1669	3193	1555	1638	3023	1494	1529
扎赉诺尔区	773	397	376	1017	504	513	922	471	451
满洲里市	1490	765	725	1413	735	678	1190	595	595
牙克石市	1524	739	785	1529	758	771	1524	745	779
扎兰屯市	1274	653	621	1291	643	648	1151	564	587
额尔古纳市	461	227	234	434	218	216	358	169	189
根河市	566	276	290	654	329	325	502	261	241
巴彦淖尔市	**3816**	**1899**	**1917**	**3310**	**1578**	**1732**	**2563**	**1250**	**1313**
临河区	3816	1899	1917	3310	1578	1732	2563	1250	1313
乌兰察布市	**4389**	**2184**	**2205**	**4278**	**2160**	**2118**	**3821**	**1978**	**1843**
集宁区	3406	1695	1711	3306	1662	1644	3038	1569	1469
丰镇市	983	489	494	972	498	474	783	409	374
兴安盟	**2596**	**1279**	**1317**	**2658**	**1306**	**1352**	**2405**	**1167**	**1238**
乌兰浩特市	2372	1170	1202	2386	1154	1232	2164	1049	1115
阿尔山市	224	109	115	272	152	120	241	118	123
锡林郭勒盟	**4028**	**1978**	**2050**	**3416**	**1731**	**1685**	**2740**	**1384**	**1356**
二连浩特市	890	444	446	765	404	361	500	280	220
锡林浩特市	3138	1534	1604	2651	1327	1324	2240	1104	1136

1-3a　续表 5　　　　单位：人

地　区	60-64岁			65-69岁			70-74岁		
	小计	男	女	小计	男	女	小计	男	女
内蒙古	**50975**	**25164**	**25811**	**38771**	**18397**	**20374**	**23417**	**10420**	**12997**
呼和浩特市	**11481**	**5611**	**5870**	**8594**	**4176**	**4418**	**4884**	**2306**	**2578**
新城区	3156	1522	1634	2395	1152	1243	1331	625	706
回民区	2303	1149	1154	1785	853	932	1053	491	562
玉泉区	2367	1188	1179	1706	856	850	1004	472	532
赛罕区	3655	1752	1903	2708	1315	1393	1496	718	778
包头市	**11074**	**5452**	**5622**	**8404**	**3939**	**4465**	**5809**	**2504**	**3305**
东河区	3213	1576	1637	2190	1069	1121	1389	600	789
昆都仑区	4078	2004	2074	3122	1439	1683	2205	939	1266
青山区	2730	1335	1395	2282	1037	1245	1701	727	974
石拐区	101	48	53	115	59	56	69	37	32
白云鄂博矿区	108	62	46	73	33	40	67	30	37
九原区	844	427	417	622	302	320	378	171	207
乌海市	**2409**	**1244**	**1165**	**2021**	**939**	**1082**	**1424**	**616**	**808**
海勃湾区	1522	789	733	1218	556	662	769	356	413
海南区	317	161	156	269	125	144	180	85	95
乌达区	570	294	276	534	258	276	475	175	300
赤峰市	**5310**	**2557**	**2753**	**3976**	**1855**	**2121**	**2127**	**915**	**1212**
红山区	2427	1196	1231	1880	884	996	981	435	546
元宝山区	996	487	509	753	342	411	488	196	292
松山区	1887	874	1013	1343	629	714	658	284	374
通辽市	**3229**	**1564**	**1665**	**2450**	**1149**	**1301**	**1387**	**584**	**803**
科尔沁区	2708	1327	1381	2056	957	1099	1175	492	683
霍林郭勒市	521	237	284	394	192	202	212	92	120
鄂尔多斯市	**2687**	**1417**	**1270**	**1842**	**872**	**970**	**1026**	**507**	**519**
东胜区	2225	1170	1055	1548	731	817	889	434	455
康巴什区	453	240	213	281	136	145	132	69	63
鄂托克旗	9	7	2	13	5	8	5	4	1
呼伦贝尔市	**6187**	**3037**	**3150**	**4998**	**2389**	**2609**	**2918**	**1280**	**1638**
海拉尔区	2256	1107	1149	1828	884	944	980	422	558
扎赉诺尔区	609	300	309	503	237	266	292	128	164
满洲里市	826	426	400	638	311	327	330	149	181
牙克石市	1066	517	549	833	398	435	524	233	291
扎兰屯市	873	409	464	725	337	388	468	213	255
额尔古纳市	287	134	153	263	133	130	152	67	85
根河市	270	144	126	208	89	119	172	68	104
巴彦淖尔市	**1774**	**902**	**872**	**1415**	**688**	**727**	**764**	**347**	**417**
临河区	1774	902	872	1415	688	727	764	347	417
乌兰察布市	**3116**	**1592**	**1524**	**2147**	**1040**	**1107**	**1366**	**638**	**728**
集宁区	2451	1252	1199	1623	792	831	1009	465	544
丰镇市	665	340	325	524	248	276	357	173	184
兴安盟	**1751**	**820**	**931**	**1440**	**654**	**786**	**821**	**343**	**478**
乌兰浩特市	1672	773	899	1394	632	762	791	335	456
阿尔山市	79	47	32	46	22	24	30	8	22
锡林郭勒盟	**1957**	**968**	**989**	**1484**	**696**	**788**	**891**	**380**	**511**
二连浩特市	343	170	173	260	132	128	146	75	71
锡林浩特市	1614	798	816	1224	564	660	745	305	440

1-3a 续表 6

单位：人

地区	75-79岁			80-84岁			85-89岁		
	小计	男	女	小计	男	女	小计	男	女
内蒙古	**16676**	**7124**	**9552**	**12198**	**5504**	**6694**	**4922**	**2275**	**2647**
呼和浩特市	**3172**	**1420**	**1752**	**2381**	**1084**	**1297**	**1053**	**482**	**571**
新城区	914	413	501	690	310	380	316	140	176
回民区	654	293	361	492	222	270	236	104	132
玉泉区	584	252	332	400	185	215	175	80	95
赛罕区	1020	462	558	799	367	432	326	158	168
包头市	**4590**	**1967**	**2623**	**3398**	**1628**	**1770**	**1329**	**620**	**709**
东河区	1054	444	610	817	357	460	355	149	206
昆都仑区	1775	737	1038	1334	669	665	526	269	257
青山区	1439	642	797	1046	502	544	368	163	205
石拐区	45	21	24	20	11	9	9	1	8
白云鄂博矿区	52	19	33	35	18	17	9	4	5
九原区	225	104	121	146	71	75	62	34	28
乌海市	**1064**	**462**	**602**	**672**	**316**	**356**	**244**	**120**	**124**
海勃湾区	572	260	312	399	189	210	163	81	82
海南区	134	60	74	74	32	42	27	15	12
乌达区	358	142	216	199	95	104	54	24	30
赤峰市	**1671**	**672**	**999**	**1215**	**524**	**691**	**438**	**188**	**250**
红山区	724	296	428	526	216	310	214	93	121
元宝山区	512	188	324	367	168	199	109	50	59
松山区	435	188	247	322	140	182	115	45	70
通辽市	**838**	**343**	**495**	**591**	**223**	**368**	**226**	**104**	**122**
科尔沁区	730	299	431	515	187	328	199	96	103
霍林郭勒市	108	44	64	76	36	40	27	8	19
鄂尔多斯市	**689**	**332**	**357**	**515**	**254**	**261**	**204**	**90**	**114**
东胜区	614	296	318	469	226	243	192	88	104
康巴什区	74	35	39	46	28	18	12	2	10
鄂托克旗	1	1							
呼伦贝尔市	**1984**	**788**	**1196**	**1572**	**661**	**911**	**660**	**318**	**342**
海拉尔区	616	244	372	511	210	301	214	104	110
扎赉诺尔区	198	69	129	166	73	93	63	27	36
满洲里市	204	88	116	152	61	91	83	34	49
牙克石市	432	164	268	333	144	189	141	67	74
扎兰屯市	283	127	156	227	94	133	87	45	42
额尔古纳市	90	38	52	66	30	36	19	11	8
根河市	161	58	103	117	49	68	53	30	23
巴彦淖尔市	**613**	**271**	**342**	**374**	**172**	**202**	**155**	**72**	**83**
临河区	613	271	342	374	172	202	155	72	83
乌兰察布市	**984**	**416**	**568**	**739**	**331**	**408**	**338**	**157**	**181**
集宁区	730	304	426	564	248	316	264	128	136
丰镇市	254	112	142	175	83	92	74	29	45
兴安盟	**524**	**212**	**312**	**349**	**134**	**215**	**143**	**68**	**75**
乌兰浩特市	469	195	274	307	116	191	120	52	68
阿尔山市	55	17	38	42	18	24	23	16	7
锡林郭勒盟	**547**	**241**	**306**	**392**	**177**	**215**	**132**	**56**	**76**
二连浩特市	68	27	41	54	25	29	16	6	10
锡林浩特市	479	214	265	338	152	186	116	50	66

1-3a　续表 7　　　　单位：人

地　　区	90-94岁			95-99岁			100岁及以上		
	小计	男	女	小计	男	女	小计	男	女
内蒙古	**1331**	**691**	**640**	**205**	**110**	**95**	**18**	**8**	**10**
呼和浩特市	**265**	**129**	**136**	**51**	**23**	**28**	**2**		**2**
新城区	78	37	41	21	7	14	1		1
回民区	57	30	27	10	8	2			
玉泉区	49	23	26	8	3	5			
赛罕区	81	39	42	12	5	7	1		1
包头市	**343**	**176**	**167**	**51**	**31**	**20**	**3**	**1**	**2**
东河区	103	45	58	13	8	5	1		1
昆都仑区	126	68	58	20	13	7	1	1	
青山区	81	45	36	15	7	8			
石拐区	3		3						
白云鄂博矿区	5	3	2						
九原区	25	15	10	3	3		1		1
乌海市	**72**	**45**	**27**	**7**	**6**	**1**			
海勃湾区	35	22	13	3	3				
海南区	17	13	4	1	1				
乌达区	20	10	10	3	2	1			
赤峰市	**117**	**53**	**64**	**14**	**5**	**9**	**2**	**1**	**1**
红山区	59	29	30	9	2	7			
元宝山区	21	8	13	2	1	1	1		1
松山区	37	16	21	3	2	1	1	1	
通辽市	**71**	**38**	**33**	**10**	**7**	**3**	**1**		**1**
科尔沁区	69	36	33	9	6	3	1		1
霍林郭勒市	2	2		1	1				
鄂尔多斯市	**33**	**16**	**17**	**7**	**3**	**4**	**3**	**2**	**1**
东胜区	28	15	13	7	3	4	2	1	1
康巴什区	5	1	4				1	1	
鄂托克旗									
呼伦贝尔市	**227**	**122**	**105**	**35**	**19**	**16**	**6**	**3**	**3**
海拉尔区	86	34	52	13	5	8	2	1	1
扎赉诺尔区	24	16	8	4	2	2			
满洲里市	22	12	10	2	2		1		1
牙克石市	41	25	16	8	6	2	1		1
扎兰屯市	25	15	10	6	3	3	1	1	
额尔古纳市	4	2	2	1	1		1	1	
根河市	25	18	7	1		1			
巴彦淖尔市	**35**	**22**	**13**	**6**	**4**	**2**			
临河区	35	22	13	6	4	2			
乌兰察布市	**89**	**49**	**40**	**15**	**9**	**6**			
集宁区	69	39	30	9	3	6			
丰镇市	20	10	10	6	6				
兴安盟	**42**	**21**	**21**	**6**	**1**	**5**	**1**	**1**	
乌兰浩特市	39	18	21	6	1	5	1	1	
阿尔山市	3	3							
锡林郭勒盟	**37**	**20**	**17**	**3**	**2**	**1**			
二连浩特市	2	1	1						
锡林浩特市	35	19	16	3	2	1			

1-3b 各地区分年龄、性别的人口(镇)

单位：人

地　　区	合　　计			0岁		
	合计	男	女	小计	男	女
内蒙古	**656446**	**331434**	**325012**	**4358**	**2245**	**2113**
呼和浩特市	**46841**	**23566**	**23275**	**313**	**179**	**134**
新城区	234	122	112	1	1	
回民区						
玉泉区						
赛罕区	224	111	113	1		1
土默特左旗	9945	5031	4914	52	27	25
托克托县	7563	3877	3686	50	28	22
和林格尔县	7804	3639	4165	43	26	17
清水河县	3486	1766	1720	23	14	9
武川县	5138	2555	2583	22	9	13
呼和浩特经济技术开发区	12447	6465	5982	121	74	47
包头市	**45393**	**23463**	**21930**	**286**	**154**	**132**
东河区	2301	1173	1128	18	11	7
昆都仑区	69	58	11			
青山区	275	187	88	4	2	2
石拐区	280	209	71			
白云鄂博矿区						
九原区	2605	1669	936	10	5	5
土默特右旗	12226	6123	6103	69	36	33
固阳县	6006	3099	2907	30	17	13
达尔罕茂明安联合旗	3493	1759	1734	17	8	9
包头稀土高新技术产业开发区	18138	9186	8952	138	75	63
乌海市	**1729**	**1118**	**611**	**5**	**5**	
海勃湾区	345	188	157	1	1	
海南区	1153	795	358	3	3	
乌达区	231	135	96	1	1	
赤峰市	**112094**	**55866**	**56228**	**754**	**407**	**347**
红山区	2335	1229	1106	11	8	3
元宝山区	2967	1511	1456	24	9	15
松山区	2468	1292	1176	20	14	6
阿鲁科尔沁旗	10208	5007	5201	53	28	25
巴林左旗	11254	5488	5766	78	40	38
巴林右旗	9102	4499	4603	60	30	30
林西县	11176	5538	5638	69	42	27
克什克腾旗	9411	4690	4721	57	32	25
翁牛特旗	12933	6564	6369	95	49	46
喀喇沁旗	10441	5256	5185	68	36	32
宁城县	15208	7571	7637	104	60	44
敖汉旗	14591	7221	7370	115	59	56

1-3b　续表 1　　　　单位：人

地　区	合　计			0岁		
	合计	男	女	小计	男	女
通辽市	**83496**	**40977**	**42519**	**558**	**294**	**264**
科尔沁区	4458	2272	2186	24	15	9
科尔沁左翼中旗	12163	6042	6121	70	43	27
科尔沁左翼后旗	10145	4979	5166	58	26	32
开鲁县	11898	5808	6090	70	35	35
库伦旗	5636	2820	2816	44	23	21
奈曼旗	12291	5952	6339	96	46	50
扎鲁特旗	11190	5485	5705	81	51	30
通辽经济技术开发区	15683	7601	8082	115	55	60
霍林郭勒市	32	18	14			
鄂尔多斯市	**98891**	**52525**	**46366**	**734**	**375**	**359**
东胜区	297	209	88	3	2	1
康巴什区						
达拉特旗	19905	10151	9754	140	77	63
准格尔旗	25373	13521	11852	183	93	90
鄂托克前旗	5329	2754	2575	44	21	23
鄂托克旗	12197	6511	5686	91	41	50
杭锦旗	6862	3520	3342	58	33	25
乌审旗	9938	5552	4386	81	48	33
伊金霍洛旗	18990	10307	8683	134	60	74
呼伦贝尔市	**68065**	**34230**	**33835**	**384**	**197**	**187**
海拉尔区	136	74	62			
扎赉诺尔区	453	237	216	1	1	
阿荣旗	11678	5750	5928	94	43	51
莫力达瓦达斡尔族自治旗	7612	3777	3835	48	33	15
鄂伦春自治旗	11952	5976	5976	63	33	30
鄂温克族自治旗	10114	5056	5058	69	31	38
陈巴尔虎旗	3680	1897	1783	17	12	5
新巴尔虎左旗	1983	990	993	13	6	7
新巴尔虎右旗	2330	1162	1168	19	13	6
满洲里市	401	215	186	1	1	
牙克石市	10702	5500	5202	21	9	12
扎兰屯市	3088	1535	1553	24	8	16
额尔古纳市	1012	529	483	4	2	2
根河市	2924	1532	1392	10	5	5
巴彦淖尔市	**50247**	**25095**	**25152**	**348**	**148**	**200**
临河区	1274	654	620	11	3	8
五原县	10649	5283	5366	76	33	43
磴口县	4817	2370	2447	34	17	17
乌拉特前旗	13101	6481	6620	76	34	42
乌拉特中旗	5840	2989	2851	34	11	23
乌拉特后旗	3524	1825	1699	30	13	17
杭锦后旗	11042	5493	5549	87	37	50

1-3b 续表 2

单位：人

地　区	合　计			0岁		
	合计	男	女	小计	男	女
乌兰察布市	**50611**	**25204**	**25407**	**275**	**131**	**144**
集宁区	1417	603	814	9	4	5
卓资县	3664	1843	1821	18	5	13
化德县	5483	2754	2729	26	10	16
商都县	8198	4033	4165	34	10	24
兴和县	7104	3483	3621	50	29	21
凉城县	4591	2281	2310	30	12	18
察哈尔右翼前旗	5242	2663	2579	34	20	14
察哈尔右翼中旗	2963	1496	1467	20	9	11
察哈尔右翼后旗	5168	2575	2593	14	8	6
四子王旗	5936	2911	3025	37	21	16
丰镇市	845	562	283	3	3	
兴安盟	**40430**	**19924**	**20506**	**261**	**132**	**129**
乌兰浩特市	1499	721	778	8	3	5
阿尔山市	1034	524	510	6	4	2
科尔沁右翼前旗	8175	4066	4109	59	28	31
科尔沁右翼中旗	8988	4484	4504	39	19	20
扎赉特旗	13078	6423	6655	85	48	37
突泉县	7656	3706	3950	64	30	34
锡林郭勒盟	**38497**	**19108**	**19389**	**265**	**137**	**128**
二连浩特市	78	62	16			
锡林浩特市	269	199	70			
阿巴嘎旗	2164	1141	1023	10	6	4
苏尼特左旗	1579	775	804	12	5	7
苏尼特右旗	4478	2201	2277	20	12	8
东乌珠穆沁旗	4057	1969	2088	29	14	15
西乌珠穆沁旗	5556	2766	2790	49	23	26
太仆寺旗	4488	2169	2319	28	14	14
镶黄旗	1734	854	880	17	12	5
正镶白旗	2211	1105	1106	4	3	1
正蓝旗	3444	1701	1743	26	13	13
多伦县	6467	3150	3317	56	30	26
乌拉盖管委会	1972	1016	956	14	5	9
阿拉善盟	**20152**	**10358**	**9794**	**175**	**86**	**89**
阿拉善左旗	13928	6978	6950	122	58	64
阿拉善右旗	1635	834	801	18	9	9
额济纳旗	2166	1147	1019	15	8	7
内蒙古阿拉善经济开发区	2423	1399	1024	20	11	9

1-3b　续表 3　　　　单位：人

地　区	1-4岁			5-9岁			10-14岁		
	小计	男	女	小计	男	女	小计	男	女
内蒙古	**28814**	**15000**	**13814**	**38712**	**20264**	**18448**	**34896**	**17892**	**17004**
呼和浩特市	**2250**	**1169**	**1081**	**2856**	**1506**	**1350**	**2500**	**1286**	**1214**
新城区	10	6	4	4	2	2	3	2	1
回民区									
玉泉区									
赛罕区	5	2	3	5	4	1	11	6	5
土默特左旗	410	215	195	488	265	223	504	267	237
托克托县	307	157	150	512	274	238	602	312	290
和林格尔县	294	157	137	476	253	223	422	223	199
清水河县	137	76	61	236	121	115	239	121	118
武川县	172	97	75	259	130	129	266	118	148
呼和浩特经济技术开发区	915	459	456	876	457	419	453	237	216
包头市	**1851**	**917**	**934**	**2413**	**1244**	**1169**	**2184**	**1103**	**1081**
东河区	97	48	49	128	58	70	102	56	46
昆都仑区									
青山区	8	2	6	4	4		3		3
石拐区									
白云鄂博矿区									
九原区	40	12	28	67	39	28	76	46	30
土默特右旗	484	229	255	730	366	364	715	362	353
固阳县	191	101	90	298	163	135	307	133	174
达尔罕茂明安联合旗	135	60	75	176	94	82	139	70	69
包头稀土高新技术产业开发区	896	465	431	1010	520	490	842	436	406
乌海市	**33**	**18**	**15**	**62**	**33**	**29**	**66**	**32**	**34**
海勃湾区	15	8	7	21	12	9	25	13	12
海南区	18	10	8	38	20	18	35	17	18
乌达区				3	1	2	6	2	4
赤峰市	**5126**	**2719**	**2407**	**7138**	**3850**	**3288**	**6866**	**3746**	**3120**
红山区	119	70	49	134	70	64	111	67	44
元宝山区	89	41	48	132	84	48	118	70	48
松山区	95	52	43	157	94	63	155	93	62
阿鲁科尔沁旗	445	239	206	593	298	295	627	312	315
巴林左旗	410	232	178	621	317	304	654	371	283
巴林右旗	418	217	201	520	277	243	565	277	288
林西县	457	226	231	600	306	294	617	315	302
克什克腾旗	462	248	214	540	268	272	463	240	223
翁牛特旗	591	335	256	786	450	336	758	448	310
喀喇沁旗	486	269	217	728	411	317	679	348	331
宁城县	756	396	360	1063	567	496	995	571	424
敖汉旗	798	394	404	1264	708	556	1124	634	490

1-3b 续表 4

单位：人

地区	1-4岁			5-9岁			10-14岁		
	小计	男	女	小计	男	女	小计	男	女
通辽市	**3456**	**1801**	**1655**	**4672**	**2447**	**2225**	**4359**	**2251**	**2108**
科尔沁区	138	75	63	174	97	77	212	104	108
科尔沁左翼中旗	408	219	189	656	346	310	649	343	306
科尔沁左翼后旗	344	188	156	561	300	261	555	282	273
开鲁县	431	224	207	668	344	324	684	368	316
库伦旗	246	131	115	322	179	143	269	142	127
奈曼旗	573	286	287	825	418	407	694	376	318
扎鲁特旗	509	270	239	676	353	323	641	318	323
通辽经济技术开发区	807	408	399	790	410	380	655	318	337
霍林郭勒市									
鄂尔多斯市	**5529**	**2907**	**2622**	**7883**	**4095**	**3788**	**6276**	**3240**	**3036**
东胜区	4	2	2	1	1		4	3	1
康巴什区									
达拉特旗	1032	532	500	1659	848	811	1426	743	683
准格尔旗	1310	689	621	2047	1075	972	1801	910	891
鄂托克前旗	334	187	147	380	194	186	270	145	125
鄂托克旗	691	359	332	940	486	454	665	335	330
杭锦旗	366	185	181	520	249	271	392	194	198
乌审旗	655	352	303	864	487	377	602	334	268
伊金霍洛旗	1137	601	536	1472	755	717	1116	576	540
呼伦贝尔市	**2129**	**1114**	**1015**	**2864**	**1496**	**1368**	**2882**	**1448**	**1434**
海拉尔区	3	1	2	4	2	2	5	2	3
扎赉诺尔区	3	3		4	1	3	6	4	2
阿荣旗	522	277	245	699	370	329	679	338	341
莫力达瓦达斡尔族自治旗	316	158	158	488	269	219	477	257	220
鄂伦春自治旗	358	196	162	506	270	236	512	255	257
鄂温克族自治旗	363	192	171	421	217	204	394	191	203
陈巴尔虎旗	93	45	48	123	68	55	130	65	65
新巴尔虎左旗	87	41	46	101	53	48	105	46	59
新巴尔虎右旗	84	52	32	133	63	70	80	34	46
满洲里市	6	4	2	8	7	1	13	9	4
牙克石市	137	79	58	151	69	82	216	116	100
扎兰屯市	105	45	60	168	78	90	192	93	99
额尔古纳市	19	8	11	4	3	1	14	5	9
根河市	33	13	20	54	26	28	59	33	26
巴彦淖尔市	**2287**	**1188**	**1099**	**2794**	**1454**	**1340**	**2446**	**1182**	**1264**
临河区	31	14	17	31	16	15	36	19	17
五原县	530	293	237	692	376	316	584	259	325
磴口县	199	95	104	205	102	103	185	95	90
乌拉特前旗	604	298	306	803	399	404	672	332	340
乌拉特中旗	226	117	109	299	149	150	246	115	131
乌拉特后旗	191	106	85	181	96	85	155	72	83
杭锦后旗	506	265	241	583	316	267	568	290	278

1-3b　续表 5

单位：人

地　　区	1-4岁			5-9岁			10-14岁		
	小计	男	女	小计	男	女	小计	男	女
乌兰察布市	**1792**	**913**	**879**	**2531**	**1298**	**1233**	**2669**	**1276**	**1393**
集宁区	41	23	18	53	27	26	55	27	28
卓资县	125	60	65	160	82	78	154	70	84
化德县	205	112	93	264	130	134	258	124	134
商都县	310	164	146	435	224	211	440	216	224
兴和县	306	149	157	501	260	241	521	234	287
凉城县	167	93	74	238	123	115	278	144	134
察哈尔右翼前旗	172	83	89	218	123	95	265	126	139
察哈尔右翼中旗	84	44	40	121	70	51	150	77	73
察哈尔右翼后旗	150	68	82	244	116	128	261	125	136
四子王旗	229	117	112	289	140	149	281	129	152
丰镇市	3		3	8	3	5	6	4	2
兴安盟	**1659**	**858**	**801**	**2299**	**1204**	**1095**	**2008**	**1013**	**995**
乌兰浩特市	64	32	32	44	26	18	47	22	25
阿尔山市	25	12	13	20	9	11	22	9	13
科尔沁右翼前旗	414	220	194	422	217	205	297	166	131
科尔沁右翼中旗	349	183	166	560	294	266	437	224	213
扎赉特旗	503	260	243	844	447	397	785	379	406
突泉县	304	151	153	409	211	198	420	213	207
锡林郭勒盟	**1684**	**880**	**804**	**2192**	**1114**	**1078**	**1810**	**882**	**928**
二连浩特市				1	1		2	2	
锡林浩特市	2	1	1	2		2			
阿巴嘎旗	86	49	37	102	64	38	97	49	48
苏尼特左旗	67	31	36	92	48	44	70	40	30
苏尼特右旗	138	69	69	167	86	81	171	83	88
东乌珠穆沁旗	141	75	66	276	130	146	200	91	109
西乌珠穆沁旗	278	153	125	327	160	167	224	110	114
太仆寺旗	197	94	103	217	121	96	226	112	114
镶黄旗	67	34	33	93	51	42	71	35	36
正镶白旗	82	47	35	96	58	38	105	45	60
正蓝旗	157	87	70	204	94	110	158	80	78
多伦县	371	190	181	483	239	244	401	192	209
乌拉盖管委会	98	50	48	132	62	70	85	43	42
阿拉善盟	**1018**	**516**	**502**	**1008**	**523**	**485**	**830**	**433**	**397**
阿拉善左旗	669	349	320	688	352	336	597	308	289
阿拉善右旗	87	47	40	53	24	29	43	24	19
额济纳旗	104	49	55	115	66	49	89	45	44
内蒙古阿拉善经济开发区	158	71	87	152	81	71	101	56	45

1-3b 续表 6

单位：人

地区	15-19岁			20-24岁			25-29岁		
	小计	男	女	小计	男	女	小计	男	女
内蒙古	**30848**	**15859**	**14989**	**23436**	**11761**	**11675**	**41796**	**20929**	**20867**
呼和浩特市	**2779**	**1381**	**1398**	**2914**	**1231**	**1683**	**3155**	**1541**	**1614**
新城区	5	4	1	12	7	5	13	6	7
回民区									
玉泉区									
赛罕区	5	1	4	5	2	3	9	7	2
土默特左旗	792	396	396	635	275	360	669	338	331
托克托县	425	221	204	208	114	94	402	208	194
和林格尔县	685	243	442	1219	407	812	416	205	211
清水河县	220	121	99	76	42	34	155	74	81
武川县	211	124	87	149	68	81	223	101	122
呼和浩特经济技术开发区	436	271	165	610	316	294	1268	602	666
包头市	**2821**	**1627**	**1194**	**2368**	**1352**	**1016**	**2903**	**1472**	**1431**
东河区	99	54	45	105	44	61	159	80	79
昆都仑区	2	1	1	8	8		14	10	4
青山区	13	10	3	39	34	5	57	52	5
石拐区				10	6	4	30	21	9
白云鄂博矿区									
九原区	844	607	237	447	354	93	76	48	28
土默特右旗	829	421	408	800	414	386	730	351	379
固阳县	309	158	151	261	135	126	414	229	185
达尔罕茂明安联合旗	87	52	35	75	36	39	179	78	101
包头稀土高新技术产业开发区	638	324	314	623	321	302	1244	603	641
乌海市	**26**	**17**	**9**	**50**	**33**	**17**	**112**	**84**	**28**
海勃湾区	3	3		8	6	2	25	13	12
海南区	17	12	5	36	23	13	79	65	14
乌达区	6	2	4	6	4	2	8	6	2
赤峰市	**6821**	**3552**	**3269**	**3474**	**1727**	**1747**	**6217**	**3105**	**3112**
红山区	66	39	27	97	48	49	131	71	60
元宝山区	140	82	58	69	42	27	117	73	44
松山区	62	39	23	47	31	16	83	50	33
阿鲁科尔沁旗	517	273	244	340	153	187	680	340	340
巴林左旗	1031	541	490	411	194	217	674	318	356
巴林右旗	407	210	197	278	141	137	557	273	284
林西县	620	317	303	425	205	220	669	339	330
克什克腾旗	391	204	187	288	150	138	515	260	255
翁牛特旗	778	388	390	424	214	210	688	351	337
喀喇沁旗	768	443	325	274	137	137	486	245	241
宁城县	1212	594	618	439	224	215	782	388	394
敖汉旗	829	422	407	382	188	194	835	397	438

1-3b　续表 7　　单位：人

地　区	15-19岁			20-24岁			25-29岁		
	小计	男	女	小计	男	女	小计	男	女
通辽市	**5113**	**2470**	**2643**	**2936**	**1389**	**1547**	**5992**	**2904**	**3088**
科尔沁区	174	97	77	178	93	85	280	148	132
科尔沁左翼中旗	799	388	411	422	206	216	827	414	413
科尔沁左翼后旗	573	273	300	307	152	155	609	294	315
开鲁县	861	431	430	427	202	225	798	383	415
库伦旗	233	119	114	160	80	80	349	162	187
奈曼旗	811	369	442	374	176	198	829	382	447
扎鲁特旗	509	250	259	355	164	191	791	398	393
通辽经济技术开发区	1153	543	610	713	316	397	1509	723	786
霍林郭勒市									
鄂尔多斯市	**3273**	**1727**	**1546**	**3315**	**1913**	**1402**	**7043**	**3822**	**3221**
东胜区	1	1		11	8	3	29	24	5
康巴什区									
达拉特旗	1023	515	508	556	297	259	1080	543	537
准格尔旗	836	463	373	824	460	364	1584	861	723
鄂托克前旗	214	125	89	207	104	103	400	198	202
鄂托克旗	268	147	121	584	371	213	1057	595	462
杭锦旗	217	110	107	192	101	91	490	256	234
乌审旗	275	129	146	326	200	126	915	511	404
伊金霍洛旗	439	237	202	615	372	243	1488	834	654
呼伦贝尔市	**1811**	**1002**	**809**	**2073**	**1110**	**963**	**3937**	**2013**	**1924**
海拉尔区	1	1		3	3		4	1	3
扎赉诺尔区	6	5	1	16	7	9	21	12	9
阿荣旗	515	258	257	359	189	170	856	412	444
莫力达瓦达斡尔族自治旗	178	103	75	274	128	146	501	254	247
鄂伦春自治旗	306	159	147	322	168	154	608	287	321
鄂温克族自治旗	312	222	90	265	154	111	615	318	297
陈巴尔虎旗	67	36	31	111	70	41	230	126	104
新巴尔虎左旗	28	14	14	61	32	29	135	74	61
新巴尔虎右旗	44	19	25	69	37	32	151	73	78
满洲里市	6	2	4	13	8	5	9	5	4
牙克石市	255	134	121	407	213	194	545	305	240
扎兰屯市	67	35	32	85	44	41	149	73	76
额尔古纳市	10	5	5	27	21	6	38	25	13
根河市	16	9	7	61	36	25	75	48	27
巴彦淖尔市	**1892**	**971**	**921**	**1368**	**660**	**708**	**2992**	**1429**	**1563**
临河区	58	50	8	32	13	19	43	17	26
五原县	434	214	220	300	129	171	642	308	334
磴口县	126	61	65	144	64	80	300	138	162
乌拉特前旗	458	238	220	282	142	140	656	305	351
乌拉特中旗	180	91	89	166	94	72	378	203	175
乌拉特后旗	95	47	48	120	56	64	225	114	111
杭锦后旗	541	270	271	324	162	162	748	344	404

1-3b 续表 8

单位：人

地 区	15-19岁			20-24岁			25-29岁		
	小计	男	女	小计	男	女	小计	男	女
乌兰察布市	**2383**	**1125**	**1258**	**1601**	**687**	**914**	**2735**	**1335**	**1400**
集宁区	123	27	96	234	54	180	70	32	38
卓资县	219	90	129	74	29	45	151	75	76
化德县	222	119	103	147	77	70	308	141	167
商都县	468	203	265	282	118	164	451	208	243
兴和县	336	151	185	209	91	118	427	204	223
凉城县	197	111	86	95	40	55	182	103	79
察哈尔右翼前旗	288	143	145	176	87	89	360	189	171
察哈尔右翼中旗	89	53	36	85	44	41	149	72	77
察哈尔右翼后旗	226	115	111	161	80	81	272	131	141
四子王旗	208	112	96	122	57	65	320	148	172
丰镇市	7	1	6	16	10	6	45	32	13
兴安盟	**1916**	**969**	**947**	**1316**	**655**	**661**	**2924**	**1335**	**1589**
乌兰浩特市	39	21	18	69	31	38	115	49	66
阿尔山市	12	7	5	35	20	15	52	27	25
科尔沁右翼前旗	427	213	214	305	163	142	740	352	388
科尔沁右翼中旗	465	247	218	258	142	116	564	259	305
扎赉特旗	614	308	306	384	170	214	905	409	496
突泉县	359	173	186	265	129	136	548	239	309
锡林郭勒盟	**1340**	**656**	**684**	**1146**	**564**	**582**	**2216**	**1065**	**1151**
二连浩特市				1	1		4	4	
锡林浩特市	1	1		3	3		7	4	3
阿巴嘎旗	46	22	24	65	31	34	110	63	47
苏尼特左旗	38	18	20	40	17	23	91	45	46
苏尼特右旗	144	66	78	120	60	60	210	95	115
东乌珠穆沁旗	151	79	72	153	64	89	244	126	118
西乌珠穆沁旗	151	77	74	196	98	98	413	208	205
太仆寺旗	212	119	93	121	56	65	201	71	130
镶黄旗	77	40	37	42	26	16	82	44	38
正镶白旗	72	38	34	61	32	29	105	52	53
正蓝旗	91	41	50	94	48	46	225	104	121
多伦县	308	128	180	196	103	93	396	183	213
乌拉盖管委会	49	27	22	54	25	29	128	66	62
阿拉善盟	**673**	**362**	**311**	**875**	**440**	**435**	**1570**	**824**	**746**
阿拉善左旗	511	269	242	582	272	310	999	510	489
阿拉善右旗	44	27	17	60	29	31	105	55	50
额济纳旗	56	31	25	78	41	37	210	109	101
内蒙古阿拉善经济开发区	62	35	27	155	98	57	256	150	106

1−3b 续表 9 单位：人

地 区	30−34岁			35−39岁			40−44岁		
	小计	男	女	小计	男	女	小计	男	女
内蒙古	**64645**	**32669**	**31976**	**59202**	**30263**	**28939**	**52233**	**26787**	**25446**
呼和浩特市	**5103**	**2568**	**2535**	**4441**	**2334**	**2107**	**3765**	**1920**	**1845**
新城区	11	4	7	9	6	3	13	5	8
回民区									
玉泉区									
赛罕区	12	5	7	14	7	7	16	7	9
土默特左旗	997	505	492	897	478	419	750	384	366
托克托县	663	308	355	862	450	412	829	433	396
和林格尔县	624	314	310	654	318	336	605	302	303
清水河县	294	137	157	279	144	135	301	145	156
武川县	319	149	170	355	173	182	474	229	245
呼和浩特经济技术开发区	2183	1146	1037	1371	758	613	777	415	362
包头市	**4413**	**2276**	**2137**	**4089**	**2128**	**1961**	**3474**	**1770**	**1704**
东河区	235	124	111	206	107	99	195	105	90
昆都仑区	14	13	1	11	9	2	8	8	
青山区	35	21	14	18	10	8	15	11	4
石拐区	44	35	9	34	29	5	27	15	12
白云鄂博矿区									
九原区	123	66	57	95	58	37	103	53	50
土默特右旗	1123	553	570	1239	635	604	963	511	452
固阳县	464	254	210	477	248	229	497	246	251
达尔罕茂明安联合旗	286	150	136	268	136	132	312	152	160
包头稀土高新技术产业开发区	2089	1060	1029	1741	896	845	1354	669	685
乌海市	**155**	**118**	**37**	**148**	**106**	**42**	**179**	**122**	**57**
海勃湾区	24	16	8	31	14	17	36	21	15
海南区	120	91	29	105	80	25	125	92	33
乌达区	11	11		12	12		18	9	9
赤峰市	**10992**	**5421**	**5571**	**10443**	**5112**	**5331**	**8176**	**4021**	**4155**
红山区	197	99	98	178	91	87	155	85	70
元宝山区	185	93	92	178	94	84	184	90	94
松山区	192	98	94	187	94	93	174	80	94
阿鲁科尔沁旗	1106	554	552	1044	498	546	691	367	324
巴林左旗	1027	504	523	1296	618	678	866	383	483
巴林右旗	869	442	427	873	416	457	692	342	350
林西县	1060	525	535	994	495	499	768	375	393
克什克腾旗	1033	508	525	719	341	378	655	341	314
翁牛特旗	1325	671	654	1138	575	563	987	501	486
喀喇沁旗	1093	522	571	989	497	492	706	347	359
宁城县	1553	756	797	1427	711	716	1148	554	594
敖汉旗	1352	649	703	1420	682	738	1150	556	594

1—3b 续表 10

单位：人

地 区	30—34岁			35—39岁			40—44岁		
	小计	男	女	小计	男	女	小计	男	女
通辽市	**8180**	**4111**	**4069**	**7309**	**3668**	**3641**	**6583**	**3338**	**3245**
科尔沁区	342	174	168	309	173	136	291	158	133
科尔沁左翼中旗	1125	559	566	1038	539	499	1008	524	484
科尔沁左翼后旗	858	430	428	874	434	440	863	446	417
开鲁县	1092	526	566	1059	529	530	951	473	478
库伦旗	537	296	241	499	250	249	453	231	222
奈曼旗	1131	562	569	1029	517	512	974	488	486
扎鲁特旗	1107	561	546	1071	529	542	977	495	482
通辽经济技术开发区	1987	1002	985	1429	697	732	1064	521	543
霍林郭勒市	1	1		1		1	2	2	
鄂尔多斯市	**11844**	**6208**	**5636**	**10390**	**5541**	**4849**	**8317**	**4482**	**3835**
东胜区	31	23	8	15	11	4	8	6	2
康巴什区									
达拉特旗	2079	1003	1076	2112	1079	1033	1930	1005	925
准格尔旗	2980	1541	1439	2644	1423	1221	2137	1153	984
鄂托克前旗	623	324	299	444	222	222	466	230	236
鄂托克旗	1540	820	720	1288	691	597	975	546	429
杭锦旗	748	399	349	686	340	346	584	303	281
乌审旗	1461	817	644	1126	636	490	722	408	314
伊金霍洛旗	2382	1281	1101	2075	1139	936	1495	831	664
呼伦贝尔市	**5528**	**2769**	**2759**	**5227**	**2650**	**2577**	**5396**	**2785**	**2611**
海拉尔区	8	6	2	4	3	1	11	7	4
扎赉诺尔区	11	6	5	12	6	6	28	15	13
阿荣旗	1163	537	626	1212	587	625	1030	513	517
莫力达瓦达斡尔族自治旗	702	335	367	747	354	393	730	375	355
鄂伦春自治旗	884	439	445	762	385	377	944	486	458
鄂温克族自治旗	989	497	492	849	433	416	745	377	368
陈巴尔虎旗	277	145	132	306	176	130	301	156	145
新巴尔虎左旗	198	101	97	197	103	94	168	91	77
新巴尔虎右旗	274	147	127	249	130	119	199	107	92
满洲里市	15	6	9	14	8	6	33	16	17
牙克石市	590	337	253	447	246	201	658	349	309
扎兰屯市	267	126	141	271	135	136	262	135	127
额尔古纳市	46	29	17	40	16	24	82	46	36
根河市	104	58	46	117	68	49	205	112	93
巴彦淖尔市	**4986**	**2500**	**2486**	**4543**	**2369**	**2174**	**4367**	**2238**	**2129**
临河区	54	31	23	71	35	36	84	51	33
五原县	1128	556	572	1105	583	522	934	470	464
磴口县	437	225	212	355	179	176	361	201	160
乌拉特前旗	1216	594	622	1089	557	532	1229	596	633
乌拉特中旗	538	281	257	530	277	253	537	293	244
乌拉特后旗	444	229	215	334	191	143	316	162	154
杭锦后旗	1169	584	585	1059	547	512	906	465	441

1-3b 续表 11 单位：人

地区	30-34岁			35-39岁			40-44岁		
	小计	男	女	小计	男	女	小计	男	女
乌兰察布市	**3722**	**1827**	**1895**	**3915**	**1933**	**1982**	**4056**	**1992**	**2064**
集宁区	102	51	51	73	35	38	61	20	41
卓资县	259	131	128	274	137	137	246	130	116
化德县	416	206	210	364	186	178	469	225	244
商都县	481	229	252	703	326	377	762	370	392
兴和县	671	324	347	637	303	334	573	284	289
凉城县	277	125	152	348	168	180	352	175	177
察哈尔右翼前旗	456	232	224	379	203	176	350	170	180
察哈尔右翼中旗	174	87	87	200	95	105	230	107	123
察哈尔右翼后旗	387	187	200	458	227	231	413	208	205
四子王旗	451	214	237	421	204	217	562	274	288
丰镇市	48	41	7	58	49	9	38	29	9
兴安盟	**3941**	**1940**	**2001**	**3773**	**1915**	**1858**	**3194**	**1652**	**1542**
乌兰浩特市	139	79	60	129	72	57	116	56	60
阿尔山市	71	34	37	75	46	29	78	44	34
科尔沁右翼前旗	928	468	460	697	352	345	540	278	262
科尔沁右翼中旗	740	366	374	832	433	399	767	395	372
扎赉特旗	1369	654	715	1329	655	674	1114	586	528
突泉县	694	339	355	711	357	354	579	293	286
锡林郭勒盟	**3602**	**1801**	**1801**	**3322**	**1669**	**1653**	**3062**	**1601**	**1461**
二连浩特市	9	7	2	6	6		5	2	3
锡林浩特市	17	16	1	21	17	4	43	34	9
阿巴嘎旗	192	101	91	193	105	88	157	96	61
苏尼特左旗	120	60	60	136	69	67	114	58	56
苏尼特右旗	335	164	171	336	165	171	331	169	162
东乌珠穆沁旗	384	174	210	340	171	169	343	169	174
西乌珠穆沁旗	673	361	312	469	237	232	434	239	195
太仆寺旗	338	163	175	317	148	169	374	193	181
镶黄旗	162	82	80	126	59	67	142	73	69
正镶白旗	161	72	89	157	79	78	204	104	100
正蓝旗	319	155	164	299	155	144	282	144	138
多伦县	672	323	349	730	356	374	473	232	241
乌拉盖管委会	220	123	97	192	102	90	160	88	72
阿拉善盟	**2179**	**1130**	**1049**	**1602**	**838**	**764**	**1664**	**866**	**798**
阿拉善左旗	1356	670	686	1082	551	531	1203	604	599
阿拉善右旗	145	76	69	108	54	54	141	77	64
额济纳旗	236	127	109	172	89	83	158	82	76
内蒙古阿拉善经济开发区	442	257	185	240	144	96	162	103	59

1-3b 续表 12

单位：人

地区	45-49岁			50-54岁			55-59岁		
	小计	男	女	小计	男	女	小计	男	女
内蒙古	**62964**	**32296**	**30668**	**58671**	**30249**	**28422**	**48862**	**24672**	**24190**
呼和浩特市	**4101**	**2058**	**2043**	**3248**	**1676**	**1572**	**2862**	**1443**	**1419**
新城区	21	10	11	28	13	15	26	15	11
回民区									
玉泉区									
赛罕区	11	6	5	21	13	8	11	6	5
土默特左旗	923	446	477	796	404	392	720	373	347
托克托县	739	385	354	489	251	238	400	198	202
和林格尔县	556	280	276	457	244	213	381	170	211
清水河县	394	194	200	267	138	129	225	118	107
武川县	642	311	331	534	277	257	437	237	200
呼和浩特经济技术开发区	815	426	389	656	336	320	662	326	336
包头市	**4393**	**2287**	**2106**	**3840**	**1987**	**1853**	**3355**	**1750**	**1605**
东河区	225	115	110	175	90	85	158	82	76
昆都仑区	4	4		4	2	2	4	3	1
青山区	24	10	14	21	13	8	9	4	5
石拐区	51	41	10	38	31	7	20	17	3
白云鄂博矿区									
九原区	171	93	78	135	77	58	135	74	61
土默特右旗	1132	571	561	841	425	416	753	373	380
固阳县	616	324	292	585	314	271	484	261	223
达尔罕茂明安联合旗	446	229	217	381	196	185	319	169	150
包头稀土高新技术产业开发区	1724	900	824	1660	839	821	1473	767	706
乌海市	**220**	**147**	**73**	**273**	**165**	**108**	**176**	**116**	**60**
海勃湾区	27	13	14	42	22	20	41	22	19
海南区	156	110	46	192	124	68	112	80	32
乌达区	37	24	13	39	19	20	23	14	9
赤峰市	**10142**	**5041**	**5101**	**9130**	**4533**	**4597**	**8048**	**3897**	**4151**
红山区	250	132	118	220	115	105	200	106	94
元宝山区	271	132	139	358	182	176	312	153	159
松山区	228	117	111	232	128	104	257	134	123
阿鲁科尔沁旗	916	459	457	848	395	453	726	356	370
巴林左旗	1031	473	558	788	392	396	741	355	386
巴林右旗	1031	540	491	732	364	368	666	318	348
林西县	1037	523	514	969	501	468	906	456	450
克什克腾旗	836	428	408	838	416	422	757	365	392
翁牛特旗	1132	578	554	1033	515	518	847	391	456
喀喇沁旗	852	417	435	876	433	443	786	372	414
宁城县	1342	655	687	1174	570	604	1006	491	515
敖汉旗	1216	587	629	1062	522	540	844	400	444

1-3b　续表 13

单位：人

地　区	45-49岁			50-54岁			55-59岁		
	小计	男	女	小计	男	女	小计	男	女
通辽市	**7180**	**3608**	**3572**	**6939**	**3415**	**3524**	**6271**	**3011**	**3260**
科尔沁区	401	207	194	494	244	250	403	199	204
科尔沁左翼中旗	1103	574	529	990	487	503	915	445	470
科尔沁左翼后旗	866	408	458	939	486	453	823	384	439
开鲁县	1039	522	517	981	479	502	858	407	451
库伦旗	459	229	230	517	257	260	479	236	243
奈曼旗	1133	563	570	981	478	503	889	423	466
扎鲁特旗	1074	541	533	902	433	469	790	393	397
通辽经济技术开发区	1099	560	539	1129	547	582	1105	520	585
霍林郭勒市	6	4	2	6	4	2	9	4	5
鄂尔多斯市	**9472**	**5177**	**4295**	**7867**	**4353**	**3514**	**5579**	**2942**	**2637**
东胜区	41	33	8	43	38	5	32	16	16
康巴什区									
达拉特旗	1882	953	929	1428	764	664	1067	542	525
准格尔旗	2531	1369	1162	2027	1116	911	1457	768	689
鄂托克前旗	545	308	237	456	238	218	297	155	142
鄂托克旗	1196	646	550	988	509	479	656	353	303
杭锦旗	657	353	304	603	318	285	403	221	182
乌审旗	895	531	364	739	446	293	494	273	221
伊金霍洛旗	1725	984	741	1583	924	659	1173	614	559
呼伦贝尔市	**7304**	**3740**	**3564**	**7940**	**4090**	**3850**	**6936**	**3542**	**3394**
海拉尔区	16	8	8	20	9	11	21	12	9
扎赉诺尔区	50	31	19	72	30	42	66	39	27
阿荣旗	1052	545	507	853	426	427	807	385	422
莫力达瓦达斡尔族自治旗	710	351	359	624	310	314	598	302	296
鄂伦春自治旗	1280	663	617	1484	738	746	1259	673	586
鄂温克族自治旗	952	473	479	1091	545	546	996	475	521
陈巴尔虎旗	442	240	202	436	215	221	395	199	196
新巴尔虎左旗	222	117	105	195	107	88	166	82	84
新巴尔虎右旗	223	99	124	219	114	105	210	106	104
满洲里市	39	19	20	50	32	18	67	35	32
牙克石市	1321	675	646	1758	927	831	1516	785	731
扎兰屯市	321	172	149	301	165	136	275	133	142
额尔古纳市	160	88	72	192	102	90	150	83	67
根河市	516	259	257	645	370	275	410	233	177
巴彦淖尔市	**5237**	**2616**	**2621**	**4789**	**2415**	**2374**	**3685**	**1836**	**1849**
临河区	149	69	80	152	76	76	155	74	81
五原县	1054	527	527	907	428	479	732	363	369
磴口县	542	273	269	533	261	272	417	193	224
乌拉特前旗	1422	692	730	1300	685	615	929	476	453
乌拉特中旗	601	316	285	596	308	288	417	203	214
乌拉特后旗	387	200	187	347	186	161	236	129	107
杭锦后旗	1082	539	543	954	471	483	799	398	401

1-3b 续表 14

单位：人

地区	45-49岁			50-54岁			55-59岁		
	小计	男	女	小计	男	女	小计	男	女
乌兰察布市	**5374**	**2722**	**2652**	**4957**	**2648**	**2309**	**4158**	**2209**	**1949**
集宁区	122	58	64	109	60	49	130	73	57
卓资县	338	174	164	364	185	179	358	199	159
化德县	624	324	300	609	331	278	449	234	215
商都县	923	465	458	748	402	346	621	309	312
兴和县	640	340	300	550	295	255	517	265	252
凉城县	491	228	263	496	245	251	364	198	166
察哈尔右翼前旗	534	268	266	511	289	222	420	218	202
察哈尔右翼中旗	357	179	178	303	148	155	293	161	132
察哈尔右翼后旗	563	279	284	538	288	250	432	231	201
四子王旗	687	331	356	610	318	292	481	260	221
丰镇市	95	76	19	119	87	32	93	61	32
兴安盟	**3683**	**1862**	**1821**	**3651**	**1855**	**1796**	**3096**	**1487**	**1609**
乌兰浩特市	141	60	81	176	84	92	125	59	66
阿尔山市	125	61	64	166	97	69	138	65	73
科尔沁右翼前旗	712	356	356	703	356	347	655	307	348
科尔沁右翼中旗	874	455	419	863	442	421	668	320	348
扎赉特旗	1195	618	577	1095	560	535	942	462	480
突泉县	636	312	324	648	316	332	568	274	294
锡林郭勒盟	**3758**	**1932**	**1826**	**3835**	**1966**	**1869**	**3211**	**1667**	**1544**
二连浩特市	11	11		13	10	3	10	8	2
锡林浩特市	66	46	20	47	37	10	31	25	6
阿巴嘎旗	218	120	98	238	125	113	207	115	92
苏尼特左旗	173	85	88	143	78	65	143	71	72
苏尼特右旗	480	229	251	573	292	281	426	238	188
东乌珠穆沁旗	427	223	204	427	205	222	331	168	163
西乌珠穆沁旗	510	254	256	518	261	257	479	238	241
太仆寺旗	443	209	234	436	225	211	386	199	187
镶黄旗	137	72	65	195	89	106	149	77	72
正镶白旗	248	129	119	252	129	123	211	105	106
正蓝旗	319	163	156	330	166	164	295	157	138
多伦县	532	285	247	481	248	233	378	191	187
乌拉盖管委会	194	106	88	182	101	81	165	75	90
阿拉善盟	**2100**	**1106**	**994**	**2202**	**1146**	**1056**	**1485**	**772**	**713**
阿拉善左旗	1444	729	715	1512	764	748	1047	542	505
阿拉善右旗	219	119	100	215	108	107	121	65	56
额济纳旗	231	129	102	259	143	116	168	93	75
内蒙古阿拉善经济开发区	206	129	77	216	131	85	149	72	77

1-3b 续表 15

单位：人

地 区	60-64岁			65-69岁			70-74岁		
	小计	男	女	小计	男	女	小计	男	女
内蒙古	**37100**	**18286**	**18814**	**29614**	**13973**	**15641**	**17886**	**8103**	**9783**
呼和浩特市	**2202**	**1133**	**1069**	**1870**	**885**	**985**	**1085**	**554**	**531**
新城区	18	11	7	22	11	11	23	11	12
回民区									
玉泉区									
赛罕区	23	11	12	31	14	17	24	12	12
土默特左旗	431	238	193	408	186	222	206	106	100
托克托县	324	160	164	300	142	158	189	95	94
和林格尔县	333	179	154	264	126	138	155	75	80
清水河县	208	106	102	182	83	99	89	53	36
武川县	323	179	144	269	117	152	225	115	110
呼和浩特经济技术开发区	542	249	293	394	206	188	174	87	87
包头市	**2521**	**1274**	**1247**	**1883**	**926**	**957**	**1100**	**508**	**592**
东河区	163	88	75	115	51	64	67	37	30
昆都仑区									
青山区	14	7	7	3	2	1	2	2	
石拐区	12	5	7	6	5	1	6	4	2
白云鄂博矿区									
九原区	103	54	49	90	43	47	41	20	21
土默特右旗	624	313	311	531	249	282	271	125	146
固阳县	331	155	176	279	144	135	203	94	109
达尔罕茂明安联合旗	228	115	113	183	94	89	126	57	69
包头稀土高新技术产业开发区	1046	537	509	676	338	338	384	169	215
乌海市	**90**	**52**	**38**	**66**	**33**	**33**	**29**	**20**	**9**
海勃湾区	17	9	8	14	6	8	3	2	1
海南区	48	29	19	35	18	17	19	14	5
乌达区	25	14	11	17	9	8	7	4	3
赤峰市	**7087**	**3410**	**3677**	**5308**	**2495**	**2813**	**2987**	**1350**	**1637**
红山区	185	89	96	138	61	77	66	39	27
元宝山区	300	151	149	247	110	137	121	52	69
松山区	235	110	125	154	68	86	102	50	52
阿鲁科尔沁旗	605	289	316	433	196	237	295	126	169
巴林左旗	655	308	347	467	218	249	248	113	135
巴林右旗	498	242	256	457	208	249	245	99	146
林西县	793	361	432	570	279	291	290	124	166
克什克腾旗	711	360	351	537	254	283	294	127	167
翁牛特旗	838	410	428	670	310	360	424	191	233
喀喇沁旗	651	319	332	445	216	229	229	112	117
宁城县	816	396	420	585	285	300	327	156	171
敖汉旗	800	375	425	605	290	315	346	161	185

1-3b 续表 16

单位：人

地区	60-64岁			65-69岁			70-74岁		
	小计	男	女	小计	男	女	小计	男	女
通辽市	**5047**	**2371**	**2676**	**4281**	**1925**	**2356**	**2309**	**1001**	**1308**
科尔沁区	363	169	194	351	174	177	176	77	99
科尔沁左翼中旗	781	357	424	657	293	364	378	169	209
科尔沁左翼后旗	682	339	343	604	258	346	314	134	180
开鲁县	694	333	361	624	278	346	362	159	203
库伦旗	370	178	192	322	137	185	186	87	99
奈曼旗	722	333	389	572	258	314	293	122	171
扎鲁特旗	581	262	319	508	220	288	318	141	177
通辽经济技术开发区	853	399	454	640	306	334	280	111	169
霍林郭勒市	1	1		3	1	2	2	1	1
鄂尔多斯市	**3892**	**2073**	**1819**	**3008**	**1468**	**1540**	**1768**	**839**	**929**
东胜区	30	18	12	17	10	7	8	3	5
康巴什区									
达拉特旗	825	410	415	640	335	305	390	186	204
准格尔旗	1070	619	451	786	380	406	454	219	235
鄂托克前旗	193	98	95	178	74	104	120	59	61
鄂托克旗	433	221	212	356	173	183	185	85	100
杭锦旗	262	140	122	267	118	149	163	69	94
乌审旗	290	149	141	218	109	109	119	56	63
伊金霍洛旗	789	418	371	546	269	277	329	162	167
呼伦贝尔市	**4476**	**2204**	**2272**	**3641**	**1715**	**1926**	**2241**	**949**	**1292**
海拉尔区	9	6	3	12	7	5	7	3	4
扎赉诺尔区	44	20	24	41	21	20	27	13	14
阿荣旗	643	294	349	576	283	293	311	144	167
莫力达瓦达斡尔族自治旗	463	220	243	351	155	196	207	93	114
鄂伦春自治旗	764	382	382	667	321	346	449	177	272
鄂温克族自治旗	749	356	393	588	264	324	313	146	167
陈巴尔虎旗	251	121	130	230	106	124	125	54	71
新巴尔虎左旗	118	49	69	80	34	46	53	18	35
新巴尔虎右旗	161	74	87	106	50	56	60	21	39
满洲里市	41	17	24	46	27	19	14	7	7
牙克石市	826	450	376	613	285	328	430	178	252
扎兰屯市	210	100	110	184	91	93	109	50	59
额尔古纳市	53	31	22	46	20	26	46	19	27
根河市	144	84	60	101	51	50	90	26	64
巴彦淖尔市	**2662**	**1325**	**1337**	**2396**	**1146**	**1250**	**1517**	**684**	**833**
临河区	129	62	67	128	67	61	59	33	26
五原县	503	259	244	427	206	221	284	131	153
磴口县	320	162	158	245	128	117	184	68	116
乌拉特前旗	644	320	324	676	320	356	436	197	239
乌拉特中旗	343	170	173	299	140	159	187	87	100
乌拉特后旗	138	69	69	145	69	76	74	33	41
杭锦后旗	585	283	302	476	216	260	293	135	158

1-3b　续表 17　　单位：人

地　区	60-64岁			65-69岁			70-74岁		
	小计	男	女	小计	男	女	小计	男	女
乌兰察布市	**3358**	**1654**	**1704**	**2707**	**1354**	**1353**	**1900**	**961**	**939**
集宁区	98	54	44	55	25	30	36	18	18
卓资县	282	145	137	269	141	128	167	90	77
化德县	378	167	211	292	137	155	211	117	94
商都县	509	264	245	371	197	174	300	144	156
兴和县	368	170	198	303	157	146	186	87	99
凉城县	310	151	159	297	144	153	191	89	102
察哈尔右翼前旗	368	178	190	277	130	147	178	91	87
察哈尔右翼中旗	240	125	115	169	85	84	137	71	66
察哈尔右翼后旗	333	169	164	273	145	128	174	86	88
四子王旗	384	184	200	315	147	168	257	129	128
丰镇市	88	47	41	86	46	40	63	39	24
兴安盟	**2452**	**1157**	**1295**	**1883**	**858**	**1025**	**1269**	**542**	**727**
乌兰浩特市	113	55	58	71	33	38	50	17	33
阿尔山市	62	32	30	44	19	25	37	14	23
科尔沁右翼前旗	476	233	243	325	150	175	249	100	149
科尔沁右翼中旗	584	269	315	476	218	258	322	133	189
扎赉特旗	692	318	374	570	253	317	342	157	185
突泉县	525	250	275	397	185	212	269	121	148
锡林郭勒盟	**2440**	**1182**	**1258**	**1859**	**837**	**1022**	**1193**	**466**	**727**
二连浩特市	9	6	3	5	3	2	1		1
锡林浩特市	12	7	5	6	3	3	5	2	3
阿巴嘎旗	125	64	61	116	45	71	83	28	55
苏尼特左旗	99	48	51	85	39	46	71	29	42
苏尼特右旗	318	155	163	260	125	135	188	71	117
东乌珠穆沁旗	240	117	123	164	77	87	80	30	50
西乌珠穆沁旗	317	142	175	230	87	143	158	57	101
太仆寺旗	337	160	177	248	116	132	161	68	93
镶黄旗	125	56	69	96	48	48	73	28	45
正镶白旗	139	72	67	126	57	69	82	37	45
正蓝旗	218	108	110	173	79	94	104	39	65
多伦县	368	173	195	283	126	157	146	62	84
乌拉盖管委会	133	74	59	67	32	35	41	15	26
阿拉善盟	**873**	**451**	**422**	**712**	**331**	**381**	**488**	**229**	**259**
阿拉善左旗	645	321	324	536	251	285	373	172	201
阿拉善右旗	82	45	37	74	27	47	49	22	27
额济纳旗	96	52	44	77	40	37	52	28	24
内蒙古阿拉善经济开发区	50	33	17	25	13	12	14	7	7

1-3b 续表 18　　单位：人

地区	75-79岁			80-84岁			85-89岁		
	小计	男	女	小计	男	女	小计	男	女
内蒙古	**11145**	**5039**	**6106**	**7382**	**3322**	**4060**	**3037**	**1428**	**1609**
呼和浩特市	**680**	**332**	**348**	**451**	**226**	**225**	**214**	**120**	**94**
新城区	10	6	4	4	2	2	1		1
回民区									
玉泉区									
赛罕区	9	2	7	6	4	2	3	2	1
土默特左旗	126	58	68	80	37	43	47	27	20
托克托县	129	69	60	82	41	41	43	26	17
和林格尔县	114	60	54	77	43	34	20	11	9
清水河县	84	37	47	43	23	20	28	17	11
武川县	116	53	63	89	38	51	45	25	20
呼和浩特经济技术开发区	92	47	45	70	38	32	27	12	15
包头市	**718**	**308**	**410**	**497**	**221**	**276**	**227**	**120**	**107**
东河区	30	13	17	15	7	8	9	3	6
昆都仑区									
青山区	3	1	2	2	1	1	1	1	
石拐区	1		1	1		1			
白云鄂博矿区									
九原区	23	10	13	16	4	12	8	5	3
土默特右旗	182	88	94	143	61	82	52	28	24
固阳县	130	59	71	82	38	44	42	22	20
达尔罕茂明安联合旗	71	36	35	40	14	26	20	10	10
包头稀土高新技术产业开发区	278	101	177	198	96	102	95	51	44
乌海市	**22**	**9**	**13**	**11**	**6**	**5**	**5**	**2**	**3**
海勃湾区	8	4	4	3	3		1		1
海南区	8	4	4	4	2	2	2	1	1
乌达区	6	1	5	4	1	3	2	1	1
赤峰市	**1660**	**751**	**909**	**1137**	**479**	**658**	**457**	**188**	**269**
红山区	40	22	18	22	10	12	12	6	6
元宝山区	60	29	31	40	13	27	18	10	8
松山区	45	21	24	30	10	20	12	8	4
阿鲁科尔沁旗	152	68	84	98	44	54	30	7	23
巴林左旗	136	61	75	83	35	48	31	11	20
巴林右旗	129	54	75	63	28	35	34	16	18
林西县	143	70	73	125	52	73	52	21	31
克什克腾旗	140	68	72	110	50	60	56	25	31
翁牛特旗	225	106	119	136	58	78	48	19	29
喀喇沁旗	158	70	88	104	40	64	48	15	33
宁城县	218	92	126	160	67	93	70	26	44
敖汉旗	214	90	124	166	72	94	46	24	22

1-3b　续表 19　　单位：人

地　区	75-79岁			80-84岁			85-89岁		
	小计	男	女	小计	男	女	小计	男	女
通辽市	**1194**	**517**	**677**	**731**	**290**	**441**	**293**	**126**	**167**
科尔沁区	84	44	40	40	17	23	17	5	12
科尔沁左翼中旗	166	61	105	123	50	73	39	22	17
科尔沁左翼后旗	179	82	97	86	33	53	34	20	14
开鲁县	154	62	92	89	33	56	46	17	29
库伦旗	97	49	48	62	19	43	23	12	11
奈曼旗	175	76	99	127	58	69	51	17	34
扎鲁特旗	161	63	98	94	30	64	32	8	24
通辽经济技术开发区	178	80	98	110	50	60	50	25	25
霍林郭勒市							1		1
鄂尔多斯市	**1354**	**688**	**666**	**901**	**451**	**450**	**366**	**186**	**180**
东胜区	7	4	3	8	4	4	4	2	2
康巴什区									
达拉特旗	310	154	156	215	109	106	92	44	48
准格尔旗	358	182	176	220	124	96	104	64	40
鄂托克前旗	92	40	52	48	27	21	14	4	10
鄂托克旗	157	84	73	83	32	51	35	15	20
杭锦旗	138	77	61	76	37	39	29	13	16
乌审旗	72	35	37	58	20	38	25	10	15
伊金霍洛旗	220	112	108	193	98	95	63	34	29
呼伦贝尔市	**1596**	**636**	**960**	**1119**	**497**	**622**	**441**	**204**	**237**
海拉尔区	4	1	3	2	1	1	2	1	1
扎赉诺尔区	19	9	10	13	8	5	10	5	5
阿荣旗	174	89	85	91	40	51	34	15	19
莫力达瓦达斡尔族自治旗	105	43	62	58	26	32	29	9	20
鄂伦春自治旗	407	159	248	252	111	141	83	50	33
鄂温克族自治旗	174	69	105	160	67	93	53	25	28
陈巴尔虎旗	74	31	43	46	19	27	20	10	10
新巴尔虎左旗	29	12	17	19	5	14	8	5	3
新巴尔虎右旗	31	15	16	11	6	5	5	2	3
满洲里市	9	2	7	13	7	6	3	3	
牙克石市	338	128	210	297	134	163	135	60	75
扎兰屯市	55	31	24	28	17	11	11	3	8
额尔古纳市	33	9	24	28	9	19	16	5	11
根河市	144	38	106	101	47	54	32	11	21
巴彦淖尔市	**995**	**454**	**541**	**612**	**307**	**305**	**251**	**136**	**115**
临河区	24	10	14	18	9	9	6	3	3
五原县	163	74	89	103	47	56	37	20	17
磴口县	119	53	66	68	34	34	34	17	17
乌拉特前旗	306	145	161	184	89	95	95	54	41
乌拉特中旗	126	58	68	91	52	39	31	14	17
乌拉特后旗	60	27	33	33	22	11	11	4	7
杭锦后旗	197	87	110	115	54	61	37	24	13

1-3b 续表 20　　单位：人

地区	75-79岁			80-84岁			85-89岁		
	小计	男	女	小计	男	女	小计	男	女
乌兰察布市	**1191**	**571**	**620**	**855**	**376**	**479**	**360**	**164**	**196**
集宁区	20	7	13	18	7	11	5	1	4
卓资县	102	54	48	63	29	34	35	13	22
化德县	126	60	66	83	37	46	27	15	12
商都县	177	92	85	133	68	65	41	19	22
兴和县	142	69	73	105	43	62	54	23	31
凉城县	112	60	52	105	49	56	55	22	33
察哈尔右翼前旗	119	59	60	88	35	53	38	16	22
察哈尔右翼中旗	87	36	51	58	23	35	15	10	5
察哈尔右翼后旗	124	54	70	97	38	59	39	18	21
四子王旗	150	68	82	83	35	48	42	21	21
丰镇市	32	12	20	22	12	10	9	6	3
兴安盟	**584**	**255**	**329**	**347**	**157**	**190**	**129**	**55**	**74**
乌兰浩特市	24	7	17	22	10	12	3	3	
阿尔山市	34	9	25	24	11	13	7	3	4
科尔沁右翼前旗	111	55	56	80	35	45	31	15	16
科尔沁右翼中旗	116	55	61	46	20	26	19	5	14
扎赉特旗	155	70	85	92	42	50	45	18	27
突泉县	144	59	85	83	39	44	24	11	13
锡林郭勒盟	**807**	**364**	**443**	**492**	**214**	**278**	**199**	**89**	**110**
二连浩特市	1	1							
锡林浩特市	4	1	3	1	1		1	1	
阿巴嘎旗	78	39	39	26	13	13	12	4	8
苏尼特左旗	56	27	29	22	5	17	6	2	4
苏尼特右旗	132	57	75	84	42	42	36	19	17
东乌珠穆沁旗	73	28	45	41	23	18	10	4	6
西乌珠穆沁旗	69	35	34	42	19	23	11	3	8
太仆寺旗	117	55	62	87	28	59	33	16	17
镶黄旗	35	12	23	25	8	17	16	7	9
正镶白旗	55	23	32	30	15	15	14	7	7
正蓝旗	83	38	45	45	19	26	21	10	11
多伦县	76	37	39	69	33	36	33	14	19
乌拉盖管委会	28	11	17	20	8	12	6	2	4
阿拉善盟	**344**	**154**	**190**	**229**	**98**	**131**	**95**	**38**	**57**
阿拉善左旗	285	131	154	180	82	98	74	30	44
阿拉善右旗	27	12	15	26	9	17	15	5	10
额济纳旗	21	7	14	20	4	16	5	2	3
内蒙古阿拉善经济开发区	11	4	7	3	3		1	1	

1-3b　续表 21　　　　　　　　　　　　　　　　　　　　　　　　　　　单位：人

地　区	90-94岁			95-99岁			100岁及以上		
	小计	男	女	小计	男	女	小计	男	女
内蒙古	**714**	**343**	**371**	**120**	**50**	**70**	**11**	**4**	**7**
呼和浩特市	**42**	**21**	**21**	**9**	**3**	**6**	**1**		**1**
新城区									
回民区									
玉泉区									
赛罕区	2		2						
土默特左旗	10	6	4	4		4			
托克托县	7	4	3	1	1				
和林格尔县	6	2	4	2	1	1	1		1
清水河县	5	2	3	1		1			
武川县	8	5	3						
呼和浩特经济技术开发区	4	2	2	1	1				
包头市	**48**	**31**	**17**	**8**	**7**	**1**	**1**	**1**	
东河区									
昆都仑区									
青山区									
石拐区									
白云鄂博矿区									
九原区	1		1	1	1				
土默特右旗	13	10	3	2	2				
固阳县	6	4	2						
达尔罕茂明安联合旗	4	3	1	1		1			
包头稀土高新技术产业开发区	24	14	10	4	4		1	1	
乌海市	**1**		**1**						
海勃湾区									
海南区	1		1						
乌达区									
赤峰市	**119**	**57**	**62**	**12**	**5**	**7**			
红山区	3	1	2						
元宝山区	4	1	3						
松山区	1	1							
阿鲁科尔沁旗	8	5	3	1		1			
巴林左旗	4	4		2		2			
巴林右旗	7	5	2	1		1			
林西县	11	6	5	1		1			
克什克腾旗	8	4	4	1	1				
翁牛特旗	9	4	5	1		1			
喀喇沁旗	15	7	8						
宁城县	27	8	19	4	4				
敖汉旗	22	11	11	1		1			

1-3b 续表 22

单位：人

地　区	90-94岁			95-99岁			100岁及以上		
	小计	男	女	小计	男	女	小计	男	女
通辽市	**77**	**34**	**43**	**13**	**5**	**8**	**3**	**1**	**2**
科尔沁区	4	2	2	3		3			
科尔沁左翼中旗	7	2	5	2	1	1			
科尔沁左翼后旗	14	10	4	1		1	1		1
开鲁县	8	2	6	2	1	1			
库伦旗	8	3	5				1		1
奈曼旗	11	4	7	1		1			
扎鲁特旗	11	4	7	2	1	1			
通辽经济技术开发区	14	7	7	2	2		1	1	
霍林郭勒市									
鄂尔多斯市	**68**	**34**	**34**	**12**	**4**	**8**			
东胜区									
康巴什区									
达拉特旗	15	10	5	4	2	2			
准格尔旗	18	11	7	2	1	1			
鄂托克前旗	4	1	3						
鄂托克旗	7	1	6	2	1	1			
杭锦旗	9	4	5	2		2			
乌审旗	1	1							
伊金霍洛旗	14	6	8	2		2			
呼伦贝尔市	**118**	**60**	**58**	**21**	**8**	**13**	**1**	**1**	
海拉尔区									
扎赉诺尔区	3	1	2						
阿荣旗	7	5	2	1		1			
莫力达瓦达斡尔族自治旗	5	1	4	1	1				
鄂伦春自治旗	37	22	15	4	1	3	1	1	
鄂温克族自治旗	14	4	10	2		2			
陈巴尔虎旗	5	3	2	1		1			
新巴尔虎左旗									
新巴尔虎右旗	1		1	1		1			
满洲里市	1		1						
牙克石市	32	16	16	9	5	4			
扎兰屯市	3	1	2	1		1			
额尔古纳市	4	3	1						
根河市	6	4	2	1	1				
巴彦淖尔市	**66**	**32**	**34**	**14**	**5**	**9**			
临河区	1	1		2	1	1			
五原县	9	5	4	5	2	3			
磴口县	8	3	5	1	1				
乌拉特前旗	23	7	16	1	1				
乌拉特中旗	14	10	4	1		1			
乌拉特后旗	2		2						
杭锦后旗	9	6	3	4		4			

1－3b　续表 23

单位：人

地　　区	90－94岁			95－99岁			100岁及以上		
	小计	男	女	小计	男	女	小计	男	女
乌兰察布市	**62**	**25**	**37**	**10**	**3**	**7**			
集宁区	1		1	2		2			
卓资县	6	4	2						
化德县	4	2	2	1		1			
商都县	9	5	4						
兴和县	7	4	3	1	1				
凉城县	5	1	4	1		1			
察哈尔右翼前旗	11	3	8						
察哈尔右翼中旗	2		2						
察哈尔右翼后旗	5	1	4	4	1	3			
四子王旗	6	1	5	1	1				
丰镇市	6	4	2						
兴安盟	**38**	**20**	**18**	**6**	**3**	**3**	**1**		**1**
乌兰浩特市	4	2	2						
阿尔山市	1	1							
科尔沁右翼前旗	4	2	2						
科尔沁右翼中旗	7	3	4	2	2				
扎赉特旗	15	8	7	2	1	1	1		1
突泉县	7	4	3	2		2			
锡林郭勒盟	**49**	**17**	**32**	**11**	**4**	**7**	**4**	**1**	**3**
二连浩特市									
锡林浩特市									
阿巴嘎旗	3	2	1						
苏尼特左旗	1		1						
苏尼特右旗	5	2	3	2	1	1	2	1	1
东乌珠穆沁旗	2	1	1	1		1			
西乌珠穆沁旗	5	3	2	3	1	2			
太仆寺旗	6	1	5	2	1	1	1		1
镶黄旗	3	1	2	1		1			
正镶白旗	7	1	6						
正蓝旗	1	1							
多伦县	12	4	8	2	1	1	1		1
乌拉盖管委会	4	1	3						
阿拉善盟	**26**	**12**	**14**	**4**	**3**	**1**			
阿拉善左旗	21	12	9	2	1	1			
阿拉善右旗	3		3						
额济纳旗	2		2	2	2				
内蒙古阿拉善经济开发区									

1－3c 各地区分年龄、性别的人口(乡村)

单位：人

地　区	合　计			0岁		
	合计	男	女	小计	男	女
内蒙古	**780007**	**413604**	**366403**	**5456**	**2828**	**2628**
呼和浩特市	**66250**	**34901**	**31349**	**454**	**229**	**225**
新城区	7382	3868	3514	39	19	20
回民区	1667	887	780	15	6	9
玉泉区	5871	3027	2844	38	17	21
赛罕区	13589	7117	6472	90	52	38
土默特左旗	14256	7465	6791	103	52	51
托克托县	8753	4671	4082	59	27	32
和林格尔县	7291	3846	3445	64	33	31
清水河县	3431	1862	1569	20	7	13
武川县	4010	2158	1852	26	16	10
呼和浩特经济技术开发区						
包头市	**45276**	**24004**	**21272**	**278**	**147**	**131**
东河区	4886	2560	2326	22	10	12
昆都仑区	2760	1419	1341	9	4	5
青山区	1907	978	929	10	5	5
石拐区	536	283	253	6	3	3
白云鄂博矿区						
九原区	5460	2959	2501	41	19	22
土默特右旗	15052	7966	7086	112	67	45
固阳县	11006	5906	5100	51	26	25
达尔罕茂明安联合旗	2975	1584	1391	22	13	9
包头稀土高新技术产业开发区	694	349	345	5		5
乌海市	**2589**	**1684**	**905**	**12**	**6**	**6**
海勃湾区	1621	1061	560	6	3	3
海南区	968	623	345	6	3	3
乌达区						
赤峰市	**195871**	**101169**	**94702**	**1493**	**764**	**729**
红山区	1472	753	719	17	10	7
元宝山区	6655	3441	3214	54	34	20
松山区	27086	13952	13134	270	141	129
阿鲁科尔沁旗	13483	6944	6539	76	42	34
巴林左旗	19293	9846	9447	118	54	64
巴林右旗	5939	3067	2872	47	25	22
林西县	8572	4386	4186	63	34	29
克什克腾旗	8623	4677	3946	50	24	26
翁牛特旗	23834	12293	11541	195	95	100
喀喇沁旗	15621	8064	7557	112	57	55
宁城县	33635	17568	16067	275	143	132
敖汉旗	31658	16178	15480	216	105	111

1-3c 续表 1

单位：人

地 区	合 计			0岁		
	合计	男	女	小计	男	女
通辽市	**141801**	**72786**	**69015**	**932**	**479**	**453**
科尔沁区	23580	12096	11484	141	73	68
科尔沁左翼中旗	30272	15731	14541	193	99	94
科尔沁左翼后旗	19913	10260	9653	118	65	53
开鲁县	18666	9396	9270	145	71	74
库伦旗	8685	4483	4202	56	22	34
奈曼旗	23505	11945	11560	167	95	72
扎鲁特旗	12913	6641	6272	92	44	48
通辽经济技术开发区	3410	1775	1635	16	9	7
霍林郭勒市	857	459	398	4	1	3
鄂尔多斯市	**50677**	**31289**	**19388**	**419**	**226**	**193**
东胜区	2226	1615	611	12	5	7
康巴什区						
达拉特旗	11937	6477	5460	118	60	58
准格尔旗	11285	7413	3872	116	66	50
鄂托克前旗	4113	2571	1542	15	8	7
鄂托克旗	3709	2370	1339	19	9	10
杭锦旗	3911	2102	1809	32	14	18
乌审旗	6921	4357	2564	47	33	14
伊金霍洛旗	6575	4384	2191	60	31	29
呼伦贝尔市	**58047**	**30469**	**27578**	**398**	**198**	**200**
海拉尔区	1000	533	467	4	2	2
扎赉诺尔区						
阿荣旗	13319	6915	6404	95	54	41
莫力达瓦达斡尔族自治旗	14357	7443	6914	99	53	46
鄂伦春自治旗	4385	2327	2058	38	16	22
鄂温克族自治旗	3180	1671	1509	21	7	14
陈巴尔虎旗	1424	809	615	5	3	2
新巴尔虎左旗	1783	942	841	10	4	6
新巴尔虎右旗	1436	921	515	13	1	12
满洲里市						
牙克石市	1865	957	908	5	2	3
扎兰屯市	13746	7136	6610	95	51	44
额尔古纳市	1529	803	726	13	5	8
根河市	23	12	11			
巴彦淖尔市	**59600**	**31686**	**27914**	**361**	**199**	**162**
临河区	16161	8464	7697	107	53	54
五原县	10895	5680	5215	57	35	22
磴口县	3881	2051	1830	22	12	10
乌拉特前旗	12056	6513	5543	66	40	26
乌拉特中旗	4970	2810	2160	42	25	17
乌拉特后旗	1962	1230	732	11	4	7
杭锦后旗	9675	4938	4737	56	30	26

1－3c 续表 2

单位：人

地区	合计			0岁		
	合计	男	女	小计	男	女
乌兰察布市	**63170**	**33598**	**29572**	**362**	**194**	**168**
集宁区	3039	1636	1403	20	11	9
卓资县	4343	2452	1891	16	8	8
化德县	3569	1905	1664	25	13	12
商都县	8640	4471	4169	52	26	26
兴和县	8264	4251	4013	50	23	27
凉城县	6068	3314	2754	37	23	14
察哈尔右翼前旗	6660	3579	3081	45	24	21
察哈尔右翼中旗	5297	2836	2461	18	10	8
察哈尔右翼后旗	4780	2493	2287	20	13	7
四子王旗	6237	3323	2914	36	21	15
丰镇市	6273	3338	2935	43	22	21
兴安盟	**62832**	**32733**	**30099**	**445**	**237**	**208**
乌兰浩特市	3527	1876	1651	27	13	14
阿尔山市	317	188	129	3	3	
科尔沁右翼前旗	18934	9821	9113	129	68	61
科尔沁右翼中旗	10385	5392	4993	75	36	39
扎赉特旗	16712	8741	7971	128	67	61
突泉县	12957	6715	6242	83	50	33
锡林郭勒盟	**28831**	**16070**	**12761**	**272**	**134**	**138**
二连浩特市	191	117	74	1	1	
锡林浩特市	2340	1329	1011	22	13	9
阿巴嘎旗	1732	1021	711	13	9	4
苏尼特左旗	1679	1000	679	24	12	12
苏尼特右旗	1524	819	705	19	13	6
东乌珠穆沁旗	2496	1367	1129	26	15	11
西乌珠穆沁旗	3872	2525	1347	41	20	21
太仆寺旗	5498	2885	2613	37	17	20
镶黄旗	868	464	404	14	6	8
正镶白旗	1835	990	845	10	2	8
正蓝旗	3111	1587	1524	34	14	20
多伦县	3436	1830	1606	29	12	17
乌拉盖管委会	249	136	113	2		2
阿拉善盟	**5063**	**3215**	**1848**	**30**	**15**	**15**
阿拉善左旗	3540	2213	1327	16	9	7
阿拉善右旗	582	357	225	10	4	6
额济纳旗	661	435	226	4	2	2
内蒙古阿拉善经济开发区	280	210	70			

1-3c　续表 3　　　　单位：人

地　区	1-4岁			5-9岁			10-14岁		
	小计	男	女	小计	男	女	小计	男	女
内蒙古	**21754**	**11180**	**10574**	**32560**	**17121**	**15439**	**35788**	**19046**	**16742**
呼和浩特市	**1675**	**851**	**824**	**2471**	**1261**	**1210**	**2659**	**1371**	**1288**
新城区	215	117	98	381	203	178	441	220	221
回民区	79	39	40	65	38	27	56	33	23
玉泉区	210	101	109	262	123	139	310	160	150
赛罕区	408	209	199	605	305	300	607	313	294
土默特左旗	301	162	139	455	228	227	473	249	224
托克托县	223	113	110	298	155	143	336	166	170
和林格尔县	148	67	81	269	131	138	273	144	129
清水河县	42	21	21	59	36	23	92	50	42
武川县	49	22	27	77	42	35	71	36	35
呼和浩特经济技术开发区									
包头市	**1277**	**664**	**613**	**1997**	**1042**	**955**	**1921**	**1010**	**911**
东河区	151	74	77	248	135	113	227	126	101
昆都仑区	89	45	44	157	75	82	128	64	64
青山区	50	30	20	121	64	57	98	48	50
石拐区	6	1	5	8	4	4	7	5	2
白云鄂博矿区									
九原区	165	76	89	255	117	138	280	140	140
土默特右旗	451	240	211	634	334	300	627	347	280
固阳县	307	168	139	481	265	216	462	227	235
达尔罕茂明安联合旗	43	22	21	63	34	29	52	35	17
包头稀土高新技术产业开发区	15	8	7	30	14	16	40	18	22
乌海市	**42**	**22**	**20**	**56**	**30**	**26**	**48**	**27**	**21**
海勃湾区	33	18	15	42	22	20	38	20	18
海南区	9	4	5	14	8	6	10	7	3
乌达区									
赤峰市	**6387**	**3362**	**3025**	**9141**	**4965**	**4176**	**10070**	**5610**	**4460**
红山区	47	24	23	65	30	35	70	41	29
元宝山区	179	93	86	196	95	101	254	148	106
松山区	1141	613	528	1239	694	545	1280	742	538
阿鲁科尔沁旗	328	170	158	538	290	248	647	356	291
巴林左旗	563	308	255	820	424	396	1151	581	570
巴林右旗	173	103	70	201	89	112	267	148	119
林西县	227	116	111	287	151	136	369	188	181
克什克腾旗	227	121	106	256	138	118	291	154	137
翁牛特旗	802	433	369	1084	607	477	1238	705	533
喀喇沁旗	419	217	202	717	396	321	881	483	398
宁城县	1208	616	592	1864	1021	843	1950	1136	814
敖汉旗	1073	548	525	1874	1030	844	1672	928	744

1-3c 续表 4

单位：人

地 区	1-4岁			5-9岁			10-14岁		
	小计	男	女	小计	男	女	小计	男	女
通辽市	**4451**	**2231**	**2220**	**7223**	**3756**	**3467**	**8337**	**4397**	**3940**
科尔沁区	592	300	292	1039	534	505	1245	630	615
科尔沁左翼中旗	961	466	495	1504	775	729	1808	943	865
科尔沁左翼后旗	576	279	297	1062	552	510	1392	755	637
开鲁县	577	279	298	899	494	405	1089	575	514
库伦旗	291	166	125	425	212	213	548	315	233
奈曼旗	892	456	436	1492	791	701	1332	710	622
扎鲁特旗	424	220	204	595	289	306	701	353	348
通辽经济技术开发区	114	57	57	171	85	86	196	101	95
霍林郭勒市	24	8	16	36	24	12	26	15	11
鄂尔多斯市	**1064**	**526**	**538**	**1571**	**862**	**709**	**1493**	**800**	**693**
东胜区	25	14	11	33	17	16	30	13	17
康巴什区									
达拉特旗	237	103	134	492	275	217	445	218	227
准格尔旗	217	110	107	250	124	126	248	145	103
鄂托克前旗	120	61	59	161	90	71	144	84	60
鄂托克旗	79	45	34	79	44	35	82	52	30
杭锦旗	77	43	34	108	59	49	134	67	67
乌审旗	185	92	93	283	162	121	246	135	111
伊金霍洛旗	124	58	66	165	91	74	164	86	78
呼伦贝尔市	**1764**	**924**	**840**	**2775**	**1469**	**1306**	**3058**	**1584**	**1474**
海拉尔区	21	15	6	21	13	8	33	14	19
扎赉诺尔区									
阿荣旗	480	261	219	701	353	348	779	418	361
莫力达瓦达斡尔族自治旗	469	231	238	798	450	348	923	465	458
鄂伦春自治旗	131	69	62	194	105	89	195	102	93
鄂温克族自治旗	77	38	39	139	70	69	97	54	43
陈巴尔虎旗	30	17	13	28	20	8	33	18	15
新巴尔虎左旗	67	36	31	91	51	40	73	35	38
新巴尔虎右旗	36	22	14	38	21	17	28	13	15
满洲里市									
牙克石市	35	17	18	30	18	12	35	13	22
扎兰屯市	389	204	185	703	357	346	814	421	393
额尔古纳市	29	14	15	32	11	21	48	31	17
根河市									
巴彦淖尔市	**1347**	**684**	**663**	**1523**	**773**	**750**	**1650**	**867**	**783**
临河区	402	206	196	399	211	188	484	265	219
五原县	242	133	109	284	145	139	304	155	149
磴口县	78	42	36	75	35	40	83	43	40
乌拉特前旗	263	131	132	380	181	199	375	195	180
乌拉特中旗	104	36	68	101	57	44	112	69	43
乌拉特后旗	40	22	18	42	24	18	36	21	15
杭锦后旗	218	114	104	242	120	122	256	119	137

1-3c　续表 5　　　　单位：人

地　　区	1-4岁			5-9岁			10-14岁		
	小计	男	女	小计	男	女	小计	男	女
乌兰察布市	**747**	**376**	**371**	**1207**	**595**	**612**	**1655**	**826**	**829**
集宁区	50	24	26	77	41	36	77	46	31
卓资县	50	25	25	54	26	28	55	33	22
化德县	25	10	15	48	23	25	68	28	40
商都县	75	37	38	159	82	77	248	115	133
兴和县	100	53	47	168	75	93	286	135	151
凉城县	80	38	42	142	72	70	182	95	87
察哈尔右翼前旗	74	40	34	127	58	69	160	83	77
察哈尔右翼中旗	60	29	31	92	43	49	109	58	51
察哈尔右翼后旗	54	25	29	79	36	43	113	54	59
四子王旗	97	53	44	144	79	65	169	80	89
丰镇市	82	42	40	117	60	57	188	99	89
兴安盟	**1952**	**977**	**975**	**3386**	**1748**	**1638**	**3766**	**1981**	**1785**
乌兰浩特市	105	55	50	143	74	69	193	100	93
阿尔山市	3	2	1	7	1	6	9	7	2
科尔沁右翼前旗	586	264	322	1077	553	524	1115	584	531
科尔沁右翼中旗	376	196	180	581	314	267	687	389	298
扎赉特旗	536	278	258	969	492	477	1024	532	492
突泉县	346	182	164	609	314	295	738	369	369
锡林郭勒盟	**936**	**506**	**430**	**1111**	**564**	**547**	**1049**	**528**	**521**
二连浩特市	6	2	4	5	2	3	9	9	
锡林浩特市	59	27	32	83	47	36	84	42	42
阿巴嘎旗	61	35	26	55	28	27	51	30	21
苏尼特左旗	60	34	26	93	49	44	55	23	32
苏尼特右旗	70	41	29	80	38	42	54	33	21
东乌珠穆沁旗	115	66	49	136	63	73	127	64	63
西乌珠穆沁旗	121	59	62	130	61	69	138	70	68
太仆寺旗	94	47	47	122	61	61	166	86	80
镶黄旗	38	18	20	45	25	20	29	15	14
正镶白旗	54	30	24	42	28	14	54	25	29
正蓝旗	130	74	56	134	62	72	115	48	67
多伦县	121	70	51	179	96	83	160	81	79
乌拉盖管委会	7	3	4	7	4	3	7	2	5
阿拉善盟	**112**	**57**	**55**	**99**	**56**	**43**	**82**	**45**	**37**
阿拉善左旗	81	39	42	70	39	31	71	42	29
阿拉善右旗	14	8	6	18	10	8	5	1	4
额济纳旗	17	10	7	10	6	4	5	1	4
内蒙古阿拉善经济开发区				1	1		1	1	

1-3c 续表 6

单位：人

地区	15-19岁			20-24岁			25-29岁		
	小计	男	女	小计	男	女	小计	男	女
内蒙古	**23566**	**12520**	**11046**	**22504**	**12415**	**10089**	**32672**	**18762**	**13910**
呼和浩特市	**2529**	**1305**	**1224**	**2118**	**1142**	**976**	**2732**	**1524**	**1208**
新城区	386	201	185	342	183	159	410	207	203
回民区	98	52	46	77	40	37	169	85	84
玉泉区	317	138	179	465	227	238	342	186	156
赛罕区	584	282	302	515	280	235	725	415	310
土默特左旗	331	196	135	281	166	115	413	224	189
托克托县	321	165	156	205	121	84	335	197	138
和林格尔县	378	209	169	129	71	58	174	107	67
清水河县	58	34	24	48	25	23	102	64	38
武川县	56	28	28	56	29	27	62	39	23
呼和浩特经济技术开发区									
包头市	**1437**	**733**	**704**	**1552**	**831**	**721**	**1984**	**1113**	**871**
东河区	225	124	101	155	79	76	228	121	107
昆都仑区	88	50	38	126	63	63	131	66	65
青山区	50	24	26	70	34	36	109	58	51
石拐区	56	23	33	13	7	6	19	12	7
白云鄂博矿区									
九原区	127	73	54	205	129	76	240	142	98
土默特右旗	474	237	237	464	242	222	572	347	225
固阳县	373	183	190	444	238	206	579	309	270
达尔罕茂明安联合旗	28	15	13	56	27	29	76	39	37
包头稀土高新技术产业开发区	16	4	12	19	12	7	30	19	11
乌海市	**45**	**33**	**12**	**122**	**96**	**26**	**161**	**125**	**36**
海勃湾区	28	21	7	89	70	19	117	89	28
海南区	17	12	5	33	26	7	44	36	8
乌达区									
赤峰市	**6734**	**3734**	**3000**	**5679**	**3145**	**2534**	**7551**	**4109**	**3442**
红山区	35	21	14	50	34	16	35	17	18
元宝山区	156	106	50	144	82	62	185	114	71
松山区	1108	656	452	716	391	325	1300	697	603
阿鲁科尔沁旗	386	176	210	440	261	179	596	324	272
巴林左旗	838	457	381	784	392	392	819	449	370
巴林右旗	101	57	44	140	86	54	202	109	93
林西县	322	172	150	313	166	147	401	212	189
克什克腾旗	156	83	73	216	135	81	266	159	107
翁牛特旗	762	409	353	719	407	312	1040	572	468
喀喇沁旗	578	336	242	451	250	201	386	205	181
宁城县	986	573	413	897	500	397	1146	635	511
敖汉旗	1306	688	618	809	441	368	1175	616	559

1-3c　续表 7　　　　单位：人

地　　区	15-19岁			20-24岁			25-29岁		
	小计	男	女	小计	男	女	小计	男	女
通辽市	**4974**	**2644**	**2330**	**4809**	**2538**	**2271**	**7221**	**3957**	**3264**
科尔沁区	852	425	427	863	473	390	1270	688	582
科尔沁左翼中旗	1203	631	572	1353	709	644	2065	1160	905
科尔沁左翼后旗	565	312	253	529	284	245	795	427	368
开鲁县	645	333	312	602	316	286	892	489	403
库伦旗	279	170	109	249	118	131	320	170	150
奈曼旗	768	411	357	671	346	325	1100	584	516
扎鲁特旗	445	245	200	376	196	180	554	316	238
通辽经济技术开发区	190	105	85	148	82	66	164	89	75
霍林郭勒市	27	12	15	18	14	4	61	34	27
鄂尔多斯市	**887**	**524**	**363**	**1323**	**936**	**387**	**2599**	**1939**	**660**
东胜区	14	8	6	63	48	15	132	115	17
康巴什区									
达拉特旗	174	97	77	209	121	88	391	241	150
准格尔旗	343	216	127	354	270	84	696	533	163
鄂托克前旗	84	47	37	103	59	44	195	139	56
鄂托克旗	42	26	16	131	94	37	293	222	71
杭锦旗	58	31	27	59	34	25	68	44	24
乌审旗	114	63	51	221	163	58	487	368	119
伊金霍洛旗	58	36	22	183	147	36	337	277	60
呼伦贝尔市	**1991**	**1006**	**985**	**1635**	**836**	**799**	**2853**	**1579**	**1274**
海拉尔区	19	10	9	29	14	15	42	25	17
扎赉诺尔区									
阿荣旗	445	232	213	308	147	161	643	347	296
莫力达瓦达斡尔族自治旗	748	349	399	401	187	214	738	396	342
鄂伦春自治旗	95	55	40	129	69	60	261	153	108
鄂温克族自治旗	88	52	36	100	68	32	160	91	69
陈巴尔虎旗	27	16	11	54	31	23	84	58	26
新巴尔虎左旗	44	22	22	72	49	23	117	67	50
新巴尔虎右旗	38	16	22	58	38	20	87	60	27
满洲里市									
牙克石市	62	38	24	60	30	30	87	50	37
扎兰屯市	381	200	181	355	164	191	567	289	278
额尔古纳市	44	16	28	68	38	30	66	43	23
根河市				1	1		1		1
巴彦淖尔市	**1245**	**619**	**626**	**1509**	**783**	**726**	**1810**	**1110**	**700**
临河区	412	217	195	709	310	399	669	390	279
五原县	201	95	106	196	111	85	236	140	96
磴口县	91	48	43	85	45	40	116	67	49
乌拉特前旗	247	110	137	204	115	89	304	185	119
乌拉特中旗	80	38	42	122	85	37	155	103	52
乌拉特后旗	22	14	8	41	32	9	91	75	16
杭锦后旗	192	97	95	152	85	67	239	150	89

1–3c 续表 8

单位：人

地 区	15–19岁			20–24岁			25–29岁		
	小计	男	女	小计	男	女	小计	男	女
乌兰察布市	**1317**	**660**	**657**	**1111**	**613**	**498**	**1405**	**798**	**607**
集宁区	233	102	131	117	70	47	134	84	50
卓资县	52	26	26	82	53	29	132	92	40
化德县	35	20	15	52	31	21	69	34	35
商都县	138	72	66	122	55	67	120	59	61
兴和县	153	69	84	139	69	70	177	95	82
凉城县	123	68	55	94	56	38	92	49	43
察哈尔右翼前旗	92	47	45	122	71	51	169	97	72
察哈尔右翼中旗	109	63	46	68	35	33	82	42	40
察哈尔右翼后旗	78	39	39	82	43	39	97	56	41
四子王旗	135	63	72	103	58	45	176	97	79
丰镇市	169	91	78	130	72	58	157	93	64
兴安盟	**1567**	**817**	**750**	**1562**	**832**	**730**	**2746**	**1487**	**1259**
乌兰浩特市	84	45	39	115	68	47	190	123	67
阿尔山市	4	2	2	14	11	3	13	9	4
科尔沁右翼前旗	465	229	236	457	235	222	825	435	390
科尔沁右翼中旗	280	155	125	252	128	124	508	269	239
扎赉特旗	446	244	202	408	223	185	727	393	334
突泉县	288	142	146	316	167	149	483	258	225
锡林郭勒盟	**750**	**400**	**350**	**886**	**530**	**356**	**1265**	**787**	**478**
二连浩特市	12	8	4	12	8	4	6	4	2
锡林浩特市	59	31	28	74	42	32	116	68	48
阿巴嘎旗	43	28	15	71	50	21	109	78	31
苏尼特左旗	61	33	28	90	56	34	124	82	42
苏尼特右旗	65	35	30	61	27	34	82	46	36
东乌珠穆沁旗	95	51	44	109	63	46	164	103	61
西乌珠穆沁旗	84	49	35	161	116	45	276	192	84
太仆寺旗	85	42	43	78	48	30	89	50	39
镶黄旗	25	9	16	22	12	10	27	18	9
正镶白旗	49	24	25	47	21	26	39	19	20
正蓝旗	93	40	53	98	51	47	151	92	59
多伦县	76	49	27	61	34	27	74	28	46
乌拉盖管委会	3	1	2	2	2		8	7	1
阿拉善盟	**90**	**45**	**45**	**198**	**133**	**65**	**345**	**234**	**111**
阿拉善左旗	73	37	36	118	80	38	227	159	68
阿拉善右旗	8	2	6	19	15	4	28	18	10
额济纳旗	8	5	3	35	22	13	48	29	19
内蒙古阿拉善经济开发区	1	1		26	16	10	42	28	14

1-3c　续表 9　　　　单位：人

地　区	30-34岁			35-39岁			40-44岁		
	小计	男	女	小计	男	女	小计	男	女
内蒙古	**48848**	**27887**	**20961**	**52681**	**29889**	**22792**	**54343**	**30158**	**24185**
呼和浩特市	**3459**	**1884**	**1575**	**3863**	**2135**	**1728**	**4372**	**2398**	**1974**
新城区	533	262	271	634	335	299	636	331	305
回民区	156	91	65	116	63	53	107	67	40
玉泉区	435	228	207	494	270	224	451	242	209
赛罕区	853	468	385	860	453	407	996	522	474
土默特左旗	542	299	243	627	363	264	792	419	373
托克托县	404	233	171	529	302	227	583	341	242
和林格尔县	312	164	148	390	219	171	448	264	184
清水河县	118	78	40	120	76	44	162	101	61
武川县	106	61	45	93	54	39	197	111	86
呼和浩特经济技术开发区									
包头市	**2875**	**1596**	**1279**	**2856**	**1628**	**1228**	**3010**	**1645**	**1365**
东河区	346	186	160	373	208	165	346	180	166
昆都仑区	220	113	107	222	117	105	190	98	92
青山区	134	67	67	131	63	68	149	81	68
石拐区	21	12	9	13	7	6	21	12	9
白云鄂博矿区									
九原区	373	203	170	377	219	158	413	232	181
土默特右旗	835	490	345	893	543	350	948	535	413
固阳县	821	456	365	707	390	317	711	379	332
达尔罕茂明安联合旗	82	47	35	96	61	35	188	104	84
包头稀土高新技术产业开发区	43	22	21	44	20	24	44	24	20
乌海市	**269**	**199**	**70**	**185**	**140**	**45**	**209**	**145**	**64**
海勃湾区	167	119	48	126	95	31	135	98	37
海南区	102	80	22	59	45	14	74	47	27
乌达区									
赤峰市	**12558**	**6818**	**5740**	**12715**	**6758**	**5957**	**11604**	**6044**	**5560**
红山区	83	40	43	69	36	33	86	48	38
元宝山区	302	166	136	320	167	153	386	204	182
松山区	1994	1047	947	1671	863	808	1608	781	827
阿鲁科尔沁旗	930	523	407	971	560	411	709	385	324
巴林左旗	1203	636	567	1588	844	744	1216	642	574
巴林右旗	374	207	167	428	258	170	361	186	175
林西县	468	245	223	434	229	205	426	223	203
克什克腾旗	542	342	200	440	268	172	504	296	208
翁牛特旗	1617	876	741	1653	873	780	1538	812	726
喀喇沁旗	839	440	399	1007	526	481	936	485	451
宁城县	2461	1366	1095	2189	1155	1034	2038	1070	968
敖汉旗	1745	930	815	1945	979	966	1796	912	884

1-3c 续表 10

单位：人

地区	30-34岁			35-39岁			40-44岁		
	小计	男	女	小计	男	女	小计	男	女
通辽市	**9766**	**5345**	**4421**	**11367**	**6163**	**5204**	**11250**	**6020**	**5230**
科尔沁区	1613	913	700	1634	885	749	1618	869	749
科尔沁左翼中旗	2579	1438	1141	2737	1550	1187	2414	1304	1110
科尔沁左翼后旗	1228	690	538	1792	948	844	1728	929	799
开鲁县	1145	588	557	1329	688	641	1445	748	697
库伦旗	557	293	264	746	419	327	776	417	359
奈曼旗	1526	789	737	1750	927	823	1841	965	876
扎鲁特旗	766	436	330	1073	584	489	1147	637	510
通辽经济技术开发区	273	151	122	233	123	110	232	121	111
霍林郭勒市	79	47	32	73	39	34	49	30	19
鄂尔多斯市	**4242**	**3147**	**1095**	**3681**	**2665**	**1016**	**3849**	**2613**	**1236**
东胜区	230	196	34	219	185	34	179	150	29
康巴什区									
达拉特旗	602	380	222	630	387	243	747	432	315
准格尔旗	1084	835	249	832	651	181	788	580	208
鄂托克前旗	341	262	79	358	257	101	435	286	149
鄂托克旗	396	283	113	309	220	89	325	211	114
杭锦旗	146	94	52	198	118	80	305	175	130
乌审旗	762	556	206	607	423	184	513	366	147
伊金霍洛旗	681	541	140	528	424	104	557	413	144
呼伦贝尔市	**4138**	**2198**	**1940**	**4552**	**2504**	**2048**	**5046**	**2740**	**2306**
海拉尔区	56	32	24	50	27	23	69	38	31
扎赉诺尔区									
阿荣旗	1038	522	516	1143	616	527	1109	588	521
莫力达瓦达斡尔族自治旗	965	528	437	1176	622	554	1374	758	616
鄂伦春自治旗	324	161	163	316	183	133	361	199	162
鄂温克族自治旗	209	117	92	217	130	87	272	139	133
陈巴尔虎旗	121	77	44	98	63	35	130	73	57
新巴尔虎左旗	140	76	64	183	100	83	174	97	77
新巴尔虎右旗	158	108	50	148	105	43	156	108	48
满洲里市									
牙克石市	114	62	52	70	37	33	125	65	60
扎兰屯市	915	462	453	1039	560	479	1131	607	524
额尔古纳市	97	53	44	111	60	51	140	66	74
根河市	1		1	1	1		5	2	3
巴彦淖尔市	**2714**	**1632**	**1082**	**3045**	**1823**	**1222**	**3885**	**2191**	**1694**
临河区	844	490	354	831	499	332	1005	570	435
五原县	383	222	161	549	306	243	678	352	326
磴口县	143	95	48	193	111	82	232	122	110
乌拉特前旗	547	317	230	619	390	229	825	487	338
乌拉特中旗	249	183	66	300	193	107	428	256	172
乌拉特后旗	140	98	42	139	97	42	190	127	63
杭锦后旗	408	227	181	414	227	187	527	277	250

1-3c　续表 11

单位：人

地　　区	30-34岁			35-39岁			40-44岁		
	小计	男	女	小计	男	女	小计	男	女
乌兰察布市	**1821**	**1072**	**749**	**2123**	**1253**	**870**	**2809**	**1555**	**1254**
集宁区	163	98	65	147	92	55	166	82	84
卓资县	162	126	36	152	107	45	133	83	50
化德县	73	50	23	98	63	35	154	95	59
商都县	180	93	87	235	127	108	405	207	198
兴和县	183	95	88	241	130	111	356	203	153
凉城县	167	92	75	180	110	70	196	100	96
察哈尔右翼前旗	227	137	90	237	152	85	260	150	110
察哈尔右翼中旗	138	74	64	171	87	84	226	133	93
察哈尔右翼后旗	115	66	49	186	103	83	230	126	104
四子王旗	236	130	106	279	163	116	451	246	205
丰镇市	177	111	66	197	119	78	232	130	102
兴安盟	**4471**	**2420**	**2051**	**5624**	**3174**	**2450**	**5304**	**2955**	**2349**
乌兰浩特市	233	137	96	288	158	130	299	173	126
阿尔山市	19	10	9	28	17	11	26	16	10
科尔沁右翼前旗	1311	708	603	1713	972	741	1475	824	651
科尔沁右翼中旗	779	425	354	1074	596	478	971	540	431
扎赉特旗	1382	747	635	1533	859	674	1520	850	670
突泉县	747	393	354	988	572	416	1013	552	461
锡林郭勒盟	**2062**	**1228**	**834**	**2266**	**1355**	**911**	**2485**	**1493**	**992**
二连浩特市	19	14	5	25	16	9	24	12	12
锡林浩特市	181	104	77	187	115	72	217	121	96
阿巴嘎旗	166	103	63	180	114	66	186	105	81
苏尼特左旗	166	104	62	176	119	57	161	100	61
苏尼特右旗	119	70	49	139	77	62	161	100	61
东乌珠穆沁旗	266	153	113	251	145	106	248	144	104
西乌珠穆沁旗	429	307	122	446	294	152	453	322	131
太仆寺旗	133	65	68	175	95	80	250	143	107
镶黄旗	56	24	32	76	43	33	84	56	28
正镶白旗	123	68	55	131	72	59	172	102	70
正蓝旗	237	124	113	225	118	107	286	159	127
多伦县	156	87	69	237	139	98	211	109	102
乌拉盖管委会	11	5	6	18	8	10	32	20	12
阿拉善盟	**473**	**348**	**125**	**404**	**291**	**113**	**520**	**359**	**161**
阿拉善左旗	308	230	78	274	193	81	372	250	122
阿拉善右旗	38	23	15	55	38	17	58	42	16
额济纳旗	83	66	17	49	39	10	64	45	19
内蒙古阿拉善经济开发区	44	29	15	26	21	5	26	22	4

1-3c 续表 12

单位：人

地区	45-49岁			50-54岁			55-59岁		
	小计	男	女	小计	男	女	小计	男	女
内蒙古	**80310**	**42949**	**37361**	**86381**	**45844**	**40537**	**80161**	**40984**	**39177**
呼和浩特市	**6401**	**3238**	**3163**	**6539**	**3440**	**3099**	**6751**	**3530**	**3221**
新城区	869	436	433	680	377	303	618	350	268
回民区	182	83	99	154	80	74	114	65	49
玉泉区	582	291	291	552	296	256	432	232	200
赛罕区	1447	732	715	1352	728	624	1257	668	589
土默特左旗	1303	671	632	1524	760	764	1720	870	850
托克托县	812	421	391	837	440	397	905	488	417
和林格尔县	568	278	290	638	327	311	765	384	381
清水河县	292	154	138	366	180	186	434	208	226
武川县	346	172	174	436	252	184	506	265	241
呼和浩特经济技术开发区									
包头市	**4372**	**2288**	**2084**	**4627**	**2432**	**2195**	**4707**	**2453**	**2254**
东河区	480	256	224	439	225	214	480	246	234
昆都仑区	305	161	144	323	166	157	257	133	124
青山区	223	109	114	242	128	114	180	105	75
石拐区	47	23	24	60	32	28	64	34	30
白云鄂博矿区									
九原区	560	304	256	585	330	255	592	305	287
土默特右旗	1350	681	669	1500	741	759	1597	796	801
固阳县	1006	557	449	1018	559	459	1037	569	468
达尔罕茂明安联合旗	330	169	161	355	194	161	423	224	199
包头稀土高新技术产业开发区	71	28	43	105	57	48	77	41	36
乌海市	**349**	**228**	**121**	**322**	**215**	**107**	**269**	**158**	**111**
海勃湾区	219	142	77	195	131	64	153	92	61
海南区	130	86	44	127	84	43	116	66	50
乌达区									
赤峰市	**18986**	**9902**	**9084**	**21996**	**11360**	**10636**	**21007**	**10369**	**10638**
红山区	147	77	70	176	92	84	158	78	80
元宝山区	725	386	339	858	449	409	864	443	421
松山区	2642	1360	1282	2817	1462	1355	2730	1380	1350
阿鲁科尔沁旗	1415	745	670	1678	813	865	1539	746	793
巴林左旗	1870	945	925	1965	1022	943	2027	1015	1012
巴林右旗	700	373	327	793	405	388	687	339	348
林西县	799	416	383	908	488	420	992	487	505
克什克腾旗	917	508	409	1205	641	564	1050	546	504
翁牛特旗	2138	1142	996	2584	1302	1282	2508	1197	1311
喀喇沁旗	1457	735	722	1759	924	835	1765	868	897
宁城县	3204	1687	1517	3718	1926	1792	3481	1706	1775
敖汉旗	2972	1528	1444	3535	1836	1699	3206	1564	1642

1-3c　续表 13

单位：人

地　区	45-49岁			50-54岁			55-59岁		
	小计	男	女	小计	男	女	小计	男	女
通辽市	**14781**	**7675**	**7106**	**14615**	**7430**	**7185**	**12707**	**6230**	**6477**
科尔沁区	2297	1190	1107	2597	1331	1266	2382	1178	1204
科尔沁左翼中旗	2944	1534	1410	2760	1384	1376	2480	1198	1282
科尔沁左翼后旗	2229	1147	1082	2067	1066	1001	1689	824	865
开鲁县	1955	1005	950	1945	1011	934	1757	842	915
库伦旗	945	486	459	911	455	456	784	399	385
奈曼旗	2369	1242	1127	2404	1216	1188	2050	1004	1046
扎鲁特旗	1615	842	773	1515	744	771	1128	568	560
通辽经济技术开发区	334	181	153	318	166	152	350	171	179
霍林郭勒市	93	48	45	98	57	41	87	46	41
鄂尔多斯市	**5633**	**3647**	**1986**	**5922**	**3731**	**2191**	**5005**	**2776**	**2229**
东胜区	299	227	72	326	241	85	220	144	76
康巴什区									
达拉特旗	1139	607	532	1228	657	571	1368	699	669
准格尔旗	1175	805	370	1273	847	426	1075	646	429
鄂托克前旗	557	388	169	535	345	190	343	187	156
鄂托克旗	526	338	188	463	307	156	325	198	127
杭锦旗	444	250	194	480	247	233	486	245	241
乌审旗	751	496	255	819	535	284	574	303	271
伊金霍洛旗	742	536	206	798	552	246	614	354	260
呼伦贝尔市	**6342**	**3387**	**2955**	**6370**	**3305**	**3065**	**5526**	**2870**	**2656**
海拉尔区	127	73	54	152	78	74	144	74	70
扎赉诺尔区									
阿荣旗	1304	699	605	1353	662	691	1214	604	610
莫力达瓦达斡尔族自治旗	1438	737	701	1385	709	676	1201	626	575
鄂伦春自治旗	496	262	234	475	247	228	444	218	226
鄂温克族自治旗	360	184	176	419	223	196	340	180	160
陈巴尔虎旗	228	120	108	208	122	86	169	96	73
新巴尔虎左旗	237	128	109	188	89	99	152	84	68
新巴尔虎右旗	192	136	56	199	134	65	127	85	42
满洲里市									
牙克石市	234	119	115	288	154	134	260	134	126
扎兰屯市	1489	789	700	1515	792	723	1310	681	629
额尔古纳市	235	138	97	183	93	90	164	87	77
根河市	2	2		5	2	3	1	1	
巴彦淖尔市	**7095**	**3671**	**3424**	**8387**	**4338**	**4049**	**7588**	**3989**	**3599**
临河区	1784	904	880	2165	1091	1074	1907	980	927
五原县	1319	650	669	1533	776	757	1471	769	702
磴口县	508	271	237	604	285	319	509	275	234
乌拉特前旗	1503	784	719	1690	937	753	1493	792	701
乌拉特中旗	635	346	289	688	382	306	634	372	262
乌拉特后旗	317	202	115	286	177	109	214	126	88
杭锦后旗	1029	514	515	1421	690	731	1360	675	685

1-3c　续表 14

单位：人

地　区	45-49岁			50-54岁			55-59岁		
	小计	男	女	小计	男	女	小计	男	女
乌兰察布市	**5279**	**2834**	**2445**	**6516**	**3487**	**3029**	**7269**	**3721**	**3548**
集宁区	315	172	143	296	173	123	278	147	131
卓资县	278	160	118	410	226	184	474	257	217
化德县	303	169	134	423	239	184	451	237	214
商都县	726	399	327	870	460	410	1001	491	510
兴和县	592	299	293	790	414	376	932	458	474
凉城县	488	274	214	629	324	305	688	347	341
察哈尔右翼前旗	525	296	229	649	350	299	819	438	381
察哈尔右翼中旗	477	249	228	625	327	298	682	356	326
察哈尔右翼后旗	395	216	179	453	242	211	565	292	273
四子王旗	708	362	346	790	435	355	733	370	363
丰镇市	472	238	234	581	297	284	646	328	318
兴安盟	**6951**	**3652**	**3299**	**6837**	**3588**	**3249**	**5866**	**2950**	**2916**
乌兰浩特市	378	185	193	384	206	178	371	193	178
阿尔山市	45	30	15	52	27	25	41	25	16
科尔沁右翼前旗	2128	1150	978	2106	1099	1007	1871	939	932
科尔沁右翼中旗	1173	590	583	979	514	465	897	423	474
扎赉特旗	1874	987	887	1786	930	856	1400	717	683
突泉县	1353	710	643	1530	812	718	1286	653	633
锡林郭勒盟	**3431**	**1997**	**1434**	**3483**	**2039**	**1444**	**2903**	**1583**	**1320**
二连浩特市	21	11	10	15	12	3	13	8	5
锡林浩特市	327	197	130	319	181	138	258	155	103
阿巴嘎旗	263	152	111	230	140	90	134	72	62
苏尼特左旗	219	131	88	142	87	55	133	79	54
苏尼特右旗	179	91	88	170	94	76	134	70	64
东乌珠穆沁旗	288	147	141	282	169	113	200	108	92
西乌珠穆沁旗	561	380	181	530	373	157	278	176	102
太仆寺旗	517	265	252	680	390	290	730	381	349
镶黄旗	117	71	46	113	61	52	82	47	35
正镶白旗	213	140	73	207	108	99	193	99	94
正蓝旗	356	205	151	310	162	148	313	156	157
多伦县	329	184	145	450	244	206	403	212	191
乌拉盖管委会	41	23	18	35	18	17	32	20	12
阿拉善盟	**690**	**430**	**260**	**767**	**479**	**288**	**563**	**355**	**208**
阿拉善左旗	475	288	187	518	311	207	391	247	144
阿拉善右旗	100	60	40	96	63	33	64	39	25
额济纳旗	79	52	27	106	64	42	87	53	34
内蒙古阿拉善经济开发区	36	30	6	47	41	6	21	16	5

1-3c　续表 15　　　　单位：人

地　区	60-64岁			65-69岁			70-74岁		
	小计	男	女	小计	男	女	小计	男	女
内蒙古	**70306**	**35670**	**34636**	**61222**	**30881**	**30341**	**34918**	**17885**	**17033**
呼和浩特市	**6379**	**3370**	**3009**	**6354**	**3247**	**3107**	**3551**	**1921**	**1630**
新城区	454	246	208	370	190	180	191	100	91
回民区	106	56	50	98	52	46	37	18	19
玉泉区	367	197	170	311	165	146	162	86	76
赛罕区	1097	604	493	991	492	499	578	282	296
土默特左旗	1609	881	728	1653	825	828	964	507	457
托克托县	833	403	430	970	474	496	491	300	191
和林格尔县	869	438	431	889	472	417	485	273	212
清水河县	485	261	224	442	241	201	255	137	118
武川县	559	284	275	630	336	294	388	218	170
呼和浩特经济技术开发区									
包头市	**4201**	**2213**	**1988**	**3837**	**1924**	**1913**	**2030**	**1106**	**924**
东河区	413	218	195	369	180	189	191	100	91
昆都仑区	215	120	95	144	71	73	75	35	40
青山区	116	63	53	108	47	61	46	26	20
石拐区	65	37	28	62	32	30	26	17	9
白云鄂博矿区									
九原区	471	258	213	368	194	174	203	107	96
土默特右旗	1440	743	697	1483	719	764	795	441	354
固阳县	1024	541	483	876	453	423	496	278	218
达尔罕茂明安联合旗	390	191	199	377	207	170	184	92	92
包头稀土高新技术产业开发区	67	42	25	50	21	29	14	10	4
乌海市	**174**	**92**	**82**	**163**	**90**	**73**	**73**	**34**	**39**
海勃湾区	92	49	43	92	53	39	39	16	23
海南区	82	43	39	71	37	34	34	18	16
乌达区									
赤峰市	**18767**	**9174**	**9593**	**14656**	**7278**	**7378**	**7906**	**3862**	**4044**
红山区	145	71	74	114	51	63	78	33	45
元宝山区	791	389	402	604	296	308	317	142	175
松山区	2401	1138	1263	1936	944	992	992	478	514
阿鲁科尔沁旗	1239	613	626	986	470	516	569	278	291
巴林左旗	1668	806	862	1331	618	713	693	337	356
巴林右旗	617	289	328	429	205	224	242	120	122
林西县	991	482	509	763	375	388	423	226	197
克什克腾旗	960	478	482	763	390	373	423	218	205
翁牛特旗	2264	1101	1163	1709	831	878	921	441	480
喀喇沁旗	1612	810	802	1281	641	640	617	319	298
宁城县	3096	1491	1605	2366	1255	1111	1174	591	583
敖汉旗	2983	1506	1477	2374	1202	1172	1457	679	778

1-3c 续表 16 单位：人

地区	60-64岁			65-69岁			70-74岁		
	小计	男	女	小计	男	女	小计	男	女
通辽市	**10731**	**5337**	**5394**	**9135**	**4325**	**4810**	**5073**	**2386**	**2687**
科尔沁区	2000	1024	976	1751	825	926	892	424	468
科尔沁左翼中旗	2034	1028	1006	1654	791	863	854	405	449
科尔沁左翼后旗	1426	729	697	1326	634	692	709	325	384
开鲁县	1569	746	823	1294	604	690	795	362	433
库伦旗	624	312	312	510	232	278	302	158	144
奈曼旗	1828	902	926	1594	733	861	954	454	500
扎鲁特旗	899	425	474	732	359	373	431	192	239
通辽经济技术开发区	273	135	138	219	121	98	105	52	53
霍林郭勒市	78	36	42	55	26	29	31	14	17
鄂尔多斯市	**4542**	**2435**	**2107**	**3818**	**1997**	**1821**	**1966**	**1079**	**887**
东胜区	163	93	70	123	69	54	63	35	28
康巴什区									
达拉特旗	1392	713	679	1253	651	602	639	374	265
准格尔旗	928	532	396	804	429	375	432	239	193
鄂托克前旗	309	158	151	186	91	95	121	65	56
鄂托克旗	246	134	112	185	95	90	104	50	54
杭锦旗	460	243	217	419	220	199	195	101	94
乌审旗	491	256	235	368	189	179	187	87	100
伊金霍洛旗	553	306	247	480	253	227	225	128	97
呼伦贝尔市	**4122**	**2136**	**1986**	**3606**	**1811**	**1795**	**1984**	**1002**	**982**
海拉尔区	58	34	24	72	38	34	44	15	29
扎赉诺尔区									
阿荣旗	961	493	468	815	420	395	518	276	242
莫力达瓦达斡尔族自治旗	986	494	492	857	437	420	428	227	201
鄂伦春自治旗	339	184	155	265	136	129	152	83	69
鄂温克族自治旗	264	128	136	181	86	95	117	54	63
陈巴尔虎旗	69	39	30	61	21	40	43	20	23
新巴尔虎左旗	95	46	49	80	38	42	28	10	18
新巴尔虎右旗	75	39	36	49	22	27	19	6	13
满洲里市									
牙克石市	176	100	76	117	52	65	51	17	34
扎兰屯市	994	521	473	1029	522	507	533	272	261
额尔古纳市	102	57	45	78	38	40	51	22	29
根河市	3	1	2	2	1	1			
巴彦淖尔市	**5611**	**2903**	**2708**	**5145**	**2674**	**2471**	**3241**	**1672**	**1569**
临河区	1386	705	681	1352	711	641	834	413	421
五原县	1094	580	514	1010	526	484	631	341	290
磴口县	358	202	156	326	169	157	226	108	118
乌拉特前旗	1134	603	531	1056	528	528	663	348	315
乌拉特中旗	448	209	239	421	233	188	221	106	115
乌拉特后旗	154	87	67	101	51	50	73	38	35
杭锦后旗	1037	517	520	879	456	423	593	318	275

1-3c　续表 17　　　　单位：人

地　区	60-64岁			65-69岁			70-74岁		
	小计	男	女	小计	男	女	小计	男	女
乌兰察布市	**8631**	**4466**	**4165**	**8654**	**4693**	**3961**	**5894**	**3258**	**2636**
集宁区	335	167	168	261	147	114	150	87	63
卓资县	613	344	269	704	365	339	483	269	214
化德县	537	265	272	465	243	222	384	218	166
商都县	1209	598	611	1291	716	575	928	473	455
兴和县	1117	583	534	1207	639	568	837	452	385
凉城县	818	452	366	850	488	362	625	356	269
察哈尔右翼前旗	929	469	460	927	507	420	589	334	255
察哈尔右翼中旗	793	432	361	763	412	351	447	249	198
察哈尔右翼后旗	657	327	330	654	343	311	452	245	207
四子王旗	751	403	348	631	333	298	374	219	155
丰镇市	872	426	446	901	500	401	625	356	269
兴安盟	**4623**	**2272**	**2351**	**3859**	**1852**	**2007**	**2116**	**989**	**1127**
乌兰浩特市	268	144	124	219	107	112	117	51	66
阿尔山市	19	11	8	13	7	6	11	5	6
科尔沁右翼前旗	1367	692	675	1152	538	614	636	304	332
科尔沁右翼中旗	702	351	351	491	226	265	304	132	172
扎赉特旗	1133	520	613	980	479	501	494	232	262
突泉县	1134	554	580	1004	495	509	554	265	289
锡林郭勒盟	**2254**	**1120**	**1134**	**1795**	**885**	**910**	**965**	**513**	**452**
二连浩特市	13	5	8	5	3	2	3	1	2
锡林浩特市	170	85	85	91	45	46	57	34	23
阿巴嘎旗	73	37	36	43	20	23	28	8	20
苏尼特左旗	77	46	31	53	27	26	23	11	12
苏尼特右旗	88	46	42	48	18	30	27	10	17
东乌珠穆沁旗	84	41	43	55	23	32	25	8	17
西乌珠穆沁旗	106	56	50	59	31	28	34	11	23
太仆寺旗	798	400	398	719	357	362	424	240	184
镶黄旗	68	28	40	46	21	25	11	8	3
正镶白旗	184	83	101	149	83	66	76	49	27
正蓝旗	231	104	127	207	101	106	94	39	55
多伦县	335	176	159	308	150	158	160	91	69
乌拉盖管委会	27	13	14	12	6	6	3	3	
阿拉善盟	**271**	**152**	**119**	**200**	**105**	**95**	**119**	**63**	**56**
阿拉善左旗	219	115	104	167	90	77	90	50	40
阿拉善右旗	24	16	8	13	6	7	14	5	9
额济纳旗	24	18	6	16	9	7	15	8	7
内蒙古阿拉善经济开发区	4	3	1	4		4			

1-3c 续表 18 单位：人

地区	75-79岁			80-84岁			85-89岁		
	小计	男	女	小计	男	女	小计	男	女
内蒙古	**18279**	**9047**	**9232**	**11702**	**5574**	**6128**	**5228**	**2398**	**2830**
呼和浩特市	**1827**	**975**	**852**	**1284**	**649**	**635**	**677**	**352**	**325**
新城区	95	54	41	51	19	32	33	16	17
回民区	19	12	7	11	5	6	7	2	5
玉泉区	76	35	41	39	23	16	21	7	14
赛罕区	300	155	145	202	93	109	97	53	44
土默特左旗	550	265	285	392	213	179	171	89	82
托克托县	245	142	103	214	105	109	135	66	69
和林格尔县	224	133	91	153	80	73	97	46	51
清水河县	152	89	63	108	54	54	58	36	22
武川县	166	90	76	114	57	57	58	37	21
呼和浩特经济技术开发区									
包头市	**1094**	**552**	**542**	**751**	**382**	**369**	**392**	**205**	**187**
东河区	91	41	50	61	29	32	34	19	15
昆都仑区	40	24	16	26	8	18	13	6	7
青山区	30	10	20	32	14	18	7	1	6
石拐区	21	9	12	12	8	4	7	3	4
白云鄂博矿区									
九原区	108	64	44	63	26	37	29	17	12
土默特右旗	414	217	197	270	148	122	153	75	78
固阳县	277	132	145	203	105	98	114	65	49
达尔罕茂明安联合旗	100	51	49	76	40	36	32	18	14
包头稀土高新技术产业开发区	13	4	9	8	4	4	3	1	2
乌海市	**46**	**28**	**18**	**30**	**12**	**18**	**12**	**3**	**9**
海勃湾区	29	18	11	12	4	8	8	1	7
海南区	17	10	7	18	8	10	4	2	2
乌达区									
赤峰市	**4301**	**2002**	**2299**	**2873**	**1299**	**1574**	**1147**	**489**	**658**
红山区	55	26	29	23	14	9	16	8	8
元宝山区	168	76	92	98	35	63	43	14	29
松山区	616	288	328	407	193	214	171	71	100
阿鲁科尔沁旗	246	117	129	133	50	83	49	21	28
巴林左旗	348	174	174	193	95	98	82	33	49
巴林右旗	94	37	57	55	20	35	23	8	15
林西县	152	70	82	167	74	93	57	27	30
克什克腾旗	169	83	86	130	59	71	48	27	21
翁牛特旗	529	254	275	361	166	195	140	57	83
喀喇沁旗	385	179	206	285	131	154	110	52	58
宁城县	807	358	449	500	224	276	198	83	115
敖汉旗	732	340	392	521	238	283	210	88	122

1-3c　续表 19　　　　单位：人

地　区	75–79岁			80–84岁			85–89岁		
	小计	男	女	小计	男	女	小计	男	女
通辽市	**2334**	**1003**	**1331**	**1372**	**577**	**795**	**563**	**235**	**328**
科尔沁区	425	180	245	254	108	146	88	38	50
科尔沁左翼中旗	390	173	217	220	89	131	94	44	50
科尔沁左翼后旗	351	161	190	211	84	127	102	39	63
开鲁县	329	132	197	174	83	91	59	21	38
库伦旗	177	70	107	123	47	76	45	17	28
奈曼旗	389	167	222	241	99	142	102	45	57
扎鲁特旗	222	101	121	126	58	68	59	27	32
通辽经济技术开发区	40	13	27	18	8	10	13	4	9
霍林郭勒市	11	6	5	5	1	4	1		1
鄂尔多斯市	**1286**	**703**	**583**	**886**	**456**	**430**	**398**	**190**	**208**
东胜区	50	30	20	32	19	13	10	5	5
康巴什区									
达拉特旗	391	208	183	307	172	135	143	70	73
准格尔旗	333	194	139	208	119	89	109	62	47
鄂托克前旗	47	22	25	39	16	23	15	5	10
鄂托克旗	57	28	29	25	5	20	18	8	10
杭锦旗	129	71	58	72	30	42	35	13	22
乌审旗	135	64	71	90	47	43	31	15	16
伊金霍洛旗	144	86	58	113	48	65	37	12	25
呼伦贝尔市	**1016**	**499**	**517**	**549**	**275**	**274**	**236**	**107**	**129**
海拉尔区	30	15	15	19	12	7	6	2	4
扎赉诺尔区									
阿荣旗	236	131	105	113	62	51	45	18	27
莫力达瓦达斡尔族自治旗	195	96	99	114	49	65	44	21	23
鄂伦春自治旗	98	52	46	40	17	23	27	15	12
鄂温克族自治旗	59	22	37	39	19	20	18	7	11
陈巴尔虎旗	20	6	14	10	5	5	4	2	2
新巴尔虎左旗	14	6	8	14	3	11	4	1	3
新巴尔虎右旗	8	4	4	7	3	4			
满洲里市									
牙克石市	60	22	38	36	18	18	17	9	8
扎兰屯市	262	128	134	134	75	59	61	29	32
额尔古纳市	33	16	17	23	12	11	10	3	7
根河市	1	1							
巴彦淖尔市	**1809**	**941**	**868**	**1043**	**531**	**512**	**463**	**232**	**231**
临河区	480	242	238	261	139	122	110	59	51
五原县	353	173	180	208	105	103	111	54	57
磴口县	110	68	42	78	32	46	29	14	15
乌拉特前旗	363	192	171	205	121	84	96	47	49
乌拉特中旗	111	59	52	77	35	42	31	19	12
乌拉特后旗	40	22	18	17	9	8	5	3	2
杭锦后旗	352	185	167	197	90	107	81	36	45

1－3c 续表 20

单位：人

地 区	75－79岁			80－84岁			85－89岁		
	小计	男	女	小计	男	女	小计	男	女
乌兰察布市	**3122**	**1664**	**1458**	**2042**	**999**	**1043**	**1001**	**450**	**551**
集宁区	113	53	60	66	25	41	34	13	21
卓资县	244	124	120	157	86	71	80	36	44
化德县	158	81	77	124	53	71	59	27	32
商都县	464	261	203	276	136	140	121	54	67
兴和县	436	227	209	313	155	158	152	62	90
凉城县	337	193	144	222	115	107	103	56	47
察哈尔右翼前旗	345	180	165	222	96	126	113	39	74
察哈尔右翼中旗	204	112	92	146	80	66	76	42	34
察哈尔右翼后旗	276	145	131	182	86	96	74	31	43
四子王旗	202	97	105	137	71	66	71	36	35
丰镇市	343	191	152	197	96	101	118	54	64
兴安盟	**935**	**438**	**497**	**538**	**246**	**292**	**198**	**82**	**116**
乌兰浩特市	60	19	41	37	17	20	11	7	4
阿尔山市	6	4	2	4	1	3			
科尔沁右翼前旗	281	139	142	160	55	105	55	23	32
科尔沁右翼中旗	128	51	77	89	42	47	34	11	23
扎赉特旗	203	107	96	114	63	51	34	14	20
突泉县	257	118	139	134	68	66	64	27	37
锡林郭勒盟	**456**	**213**	**243**	**305**	**139**	**166**	**129**	**47**	**82**
二连浩特市	2	1	1						
锡林浩特市	19	12	7	14	9	5	3	1	2
阿巴嘎旗	13	7	6	8	2	6	5	3	2
苏尼特左旗	13	2	11	7	3	4	1	1	
苏尼特右旗	12	6	6	10	2	8	4	1	3
东乌珠穆沁旗	12	2	10	7	2	5	5		5
西乌珠穆沁旗	14	6	8	7	2	5	4		4
太仆寺旗	210	109	101	126	61	65	51	25	26
镶黄旗	6		6	6	2	4	3		3
正镶白旗	45	20	25	26	13	13	19	3	16
正蓝旗	39	15	24	44	17	27	10	5	5
多伦县	69	32	37	50	26	24	24	8	16
乌拉盖管委会	2	1	1						
阿拉善盟	**53**	**29**	**24**	**29**	**9**	**20**	**12**	**6**	**6**
阿拉善左旗	35	20	15	21	7	14	9	4	5
阿拉善右旗	10	4	6	6	2	4	2	1	1
额济纳旗	7	4	3	2		2	1	1	
内蒙古阿拉善经济开发区	1	1							

1-3c　续表 21

单位：人

地　区	90-94岁			95-99岁			100岁及以上		
	小计	男	女	小计	男	女	小计	男	女
内蒙古	**1126**	**486**	**640**	**179**	**73**	**106**	**23**	**7**	**16**
呼和浩特市	**129**	**67**	**62**	**24**	**10**	**14**	**2**	**2**	
新城区	3	2	1	1		1			
回民区	1		1						
玉泉区	4	2	2	1	1				
赛罕区	23	9	14	1	1		1	1	
土默特左旗	42	23	19	9	2	7	1	1	
托克托县	14	10	4	4	2	2			
和林格尔县	16	6	10	2		2			
清水河县	15	9	6	3	1	2			
武川县	11	6	5	3	3				
呼和浩特经济技术开发区									
包头市	**64**	**32**	**32**	**11**	**6**	**5**	**3**	**2**	**1**
东河区	6	3	3				1		1
昆都仑区	2		2						
青山区	1	1							
石拐区	1	1		1	1				
白云鄂博矿区									
九原区	4	4		1		1			
土默特右旗	34	19	15	4	2	2	2	2	
固阳县	15	4	11	4	2	2			
达尔罕茂明安联合旗	1		1	1	1				
包头稀土高新技术产业开发区									
乌海市	**1**	**1**					**1**		**1**
海勃湾区							1		1
海南区	1	1							
乌达区									
赤峰市	**259**	**108**	**151**	**40**	**17**	**23**	**1**		**1**
红山区	2	1	1	1	1				
元宝山区	10	2	8	1		1			
松山区	42	11	31	5	2	3			
阿鲁科尔沁旗	8	4	4						
巴林左旗	15	14	1	1		1			
巴林右旗	4	3	1	1		1			
林西县	7	4	3	3	1	2			
克什克腾旗	9	7	2	1		1			
翁牛特旗	26	10	16	6	3	3			
喀喇沁旗	21	9	12	2	1	1	1		1
宁城县	68	27	41	9	5	4			
敖汉旗	47	16	31	10	4	6			

1-3c 续表 22

单位：人

地区	90-94岁			95-99岁			100岁及以上		
	小计	男	女	小计	男	女	小计	男	女
通辽市	**140**	**53**	**87**	**17**	**5**	**12**	**3**		**3**
科尔沁区	21	7	14	5	1	4	1		1
科尔沁左翼中旗	23	10	13	1		1	1		1
科尔沁左翼后旗	18	10	8						
开鲁县	18	9	9	2		2	1		1
库伦旗	16	5	11	1		1			
奈曼旗	32	7	25	3	2	1			
扎鲁特旗	10	4	6	3	1	2			
通辽经济技术开发区	2	1	1	1		1			
霍林郭勒市				1	1				
鄂尔多斯市	**77**	**33**	**44**	**15**	**4**	**11**	**1**		**1**
东胜区	1		1	2	1	1			
康巴什区									
达拉特旗	30	12	18	1		1	1		1
准格尔旗	18	10	8	2		2			
鄂托克前旗	5	1	4						
鄂托克旗	3	1	2	2		2			
杭锦旗	5	3	2	1		1			
乌审旗	7	2	5	3	2	1			
伊金霍洛旗	8	4	4	4	1	3			
呼伦贝尔市	**70**	**33**	**37**	**13**	**5**	**8**	**3**	**1**	**2**
海拉尔区	3	2	1	1		1			
扎赉诺尔区									
阿荣旗	18	11	7	1	1				
莫力达瓦达斡尔族自治旗	15	7	8	2		2	1	1	
鄂伦春自治旗	4	1	3	1		1			
鄂温克族自治旗	1	1		2	1	1			
陈巴尔虎旗	1	1		1	1				
新巴尔虎左旗									
新巴尔虎右旗									
满洲里市									
牙克石市	2		2	1		1			
扎兰屯市	25	10	15	3	2	1	2		2
额尔古纳市	1		1	1		1			
根河市									
巴彦淖尔市	**107**	**43**	**64**	**18**	**10**	**8**	**4**	**1**	**3**
临河区	17	6	11	3	3				
五原县	25	8	17	7	3	4	3	1	2
磴口县	14	6	8	1	1				
乌拉特前旗	21	9	12	2	1	1			
乌拉特中旗	9	3	6	2	1	1			
乌拉特后旗	3	1	2						
杭锦后旗	18	10	8	3	1	2	1		1

1-3c　续表 23　　　　单位：人

地　　区	90-94岁			95-99岁			100岁及以上		
	小计	男	女	小计	男	女	小计	男	女
乌兰察布市	**177**	**75**	**102**	**25**	**9**	**16**	**3**		**3**
集宁区	6	2	4	1		1			
卓资县	11	6	5	1		1			
化德县	15	5	10	2	1	1	1		1
商都县	17	10	7	3		3			
兴和县	29	12	17	6	3	3			
凉城县	12	6	6	2		2	1		1
察哈尔右翼前旗	28	11	17	1		1			
察哈尔右翼中旗	7	1	6	4	2	2			
察哈尔右翼后旗	16	4	12	2	1	1			
四子王旗	14	7	7						
丰镇市	22	11	11	3	2	1	1		1
兴安盟	**74**	**29**	**45**	**10**	**6**	**4**	**2**	**1**	**1**
乌兰浩特市	4	1	3	1		1			
阿尔山市									
科尔沁右翼前旗	24	10	14	1		1			
科尔沁右翼中旗	5	4	1						
扎赉特旗	15	4	11	4	2	2	2	1	1
突泉县	26	10	16	4	4				
锡林郭勒盟	**24**	**9**	**15**	**4**		**4**			
二连浩特市									
锡林浩特市									
阿巴嘎旗									
苏尼特左旗	1	1							
苏尼特右旗	2	1	1						
东乌珠穆沁旗	1		1						
西乌珠穆沁旗									
太仆寺旗	11	3	8	3		3			
镶黄旗									
正镶白旗	2	1	1						
正蓝旗	3	1	2	1		1			
多伦县	4	2	2						
乌拉盖管委会									
阿拉善盟	**4**	**3**	**1**	**2**	**1**	**1**			
阿拉善左旗	4	3	1	1		1			
阿拉善右旗									
额济纳旗				1	1				
内蒙古阿拉善经济开发区									

1-4 全区分年龄、性别的人口

单位：人、%

年 龄	人口数			占总人口比重			性别比
	合计	男	女	合计	男	女	(女=100)
总 计	**2339123**	**1193107**	**1146016**	**100.00**	**51.01**	**48.99**	**104.11**
0-4岁	**103206**	**53254**	**49952**	**4.41**	**2.28**	**2.14**	**106.61**
0	15765	8101	7664	0.67	0.35	0.33	105.70
1	21075	10890	10185	0.90	0.47	0.44	106.92
2	19590	10144	9446	0.84	0.43	0.40	107.39
3	22877	11827	11050	0.98	0.51	0.47	107.03
4	23899	12292	11607	1.02	0.53	0.50	105.90
5-9岁	**118258**	**61972**	**56286**	**5.06**	**2.65**	**2.41**	**110.10**
5	19607	10313	9294	0.84	0.44	0.40	110.96
6	26842	14103	12739	1.15	0.60	0.54	110.71
7	23610	12254	11356	1.01	0.52	0.49	107.91
8	25943	13599	12344	1.11	0.58	0.53	110.17
9	22256	11703	10553	0.95	0.50	0.45	110.90
10-14岁	**112075**	**58358**	**53717**	**4.79**	**2.49**	**2.30**	**108.64**
10	22225	11786	10439	0.95	0.50	0.45	112.90
11	22650	11840	10810	0.97	0.51	0.46	109.53
12	22319	11529	10790	0.95	0.49	0.46	106.85
13	22900	11895	11005	0.98	0.51	0.47	108.09
14	21981	11308	10673	0.94	0.48	0.46	105.95
15-19岁	**98564**	**50798**	**47766**	**4.21**	**2.17**	**2.04**	**106.35**
15	21285	10974	10311	0.91	0.47	0.44	106.43
16	23341	11989	11352	1.00	0.51	0.49	105.61
17	18916	9721	9195	0.81	0.42	0.39	105.72
18	17590	9229	8361	0.75	0.39	0.36	110.38
19	17432	8885	8547	0.75	0.38	0.37	103.95
20-24岁	**97296**	**49440**	**47856**	**4.16**	**2.11**	**2.05**	**103.31**
20	18728	9515	9213	0.80	0.41	0.39	103.28
21	17643	8871	8772	0.75	0.38	0.38	101.13
22	19110	9649	9461	0.82	0.41	0.40	101.99
23	19992	10163	9829	0.85	0.43	0.42	103.40
24	21823	11242	10581	0.93	0.48	0.45	106.25
25-29岁	**136463**	**70366**	**66097**	**5.83**	**3.01**	**2.83**	**106.46**
25	24456	12505	11951	1.05	0.53	0.51	104.64
26	24857	12634	12223	1.06	0.54	0.52	103.36
27	26972	13858	13114	1.15	0.59	0.56	105.67
28	29377	15262	14115	1.26	0.65	0.60	108.13
29	30801	16107	14694	1.32	0.69	0.63	109.62

1-4 续表 1

单位：人、%

年 龄	人 口 数			占总人口比重			性别比
	合计	男	女	合计	男	女	(女=100)
30–34岁	**202841**	**104957**	**97884**	**8.67**	**4.49**	**4.18**	**107.23**
30	42165	21833	20332	1.80	0.93	0.87	107.38
31	41794	21528	20266	1.79	0.92	0.87	106.23
32	38846	20045	18801	1.66	0.86	0.80	106.62
33	41963	21892	20071	1.79	0.94	0.86	109.07
34	38073	19659	18414	1.63	0.84	0.79	106.76
35–39岁	**191689**	**100215**	**91474**	**8.19**	**4.28**	**3.91**	**109.56**
35	35907	18636	17271	1.54	0.80	0.74	107.90
36	39463	20727	18736	1.69	0.89	0.80	110.63
37	36680	19142	17538	1.57	0.82	0.75	109.15
38	42775	22370	20405	1.83	0.96	0.87	109.63
39	36864	19340	17524	1.58	0.83	0.75	110.36
40–44岁	**175028**	**91016**	**84012**	**7.48**	**3.89**	**3.59**	**108.34**
40	34966	18206	16760	1.49	0.78	0.72	108.63
41	35731	18595	17136	1.53	0.79	0.73	108.51
42	34127	17640	16487	1.46	0.75	0.70	106.99
43	32345	16796	15549	1.38	0.72	0.66	108.02
44	37859	19779	18080	1.62	0.85	0.77	109.40
45–49岁	**225953**	**116216**	**109737**	**9.66**	**4.97**	**4.69**	**105.90**
45	40331	20681	19650	1.72	0.88	0.84	105.25
46	45163	23284	21879	1.93	1.00	0.94	106.42
47	45194	23236	21958	1.93	0.99	0.94	105.82
48	46814	24024	22790	2.00	1.03	0.97	105.41
49	48451	24991	23460	2.07	1.07	1.00	106.53
50–54岁	**222310**	**114682**	**107628**	**9.50**	**4.90**	**4.60**	**106.55**
50	50605	26153	24452	2.16	1.12	1.05	106.96
51	44558	23058	21500	1.90	0.99	0.92	107.25
52	48002	24592	23410	2.05	1.05	1.00	105.05
53	37603	19422	18181	1.61	0.83	0.78	106.83
54	41542	21457	20085	1.78	0.92	0.86	106.83
55–59岁	**196935**	**99571**	**97364**	**8.42**	**4.26**	**4.16**	**102.27**
55	42256	21691	20565	1.81	0.93	0.88	105.48
56	43109	21960	21149	1.84	0.94	0.90	103.83
57	47632	24195	23437	2.04	1.03	1.00	103.23
58	37789	18687	19102	1.62	0.80	0.82	97.83
59	26149	13038	13111	1.12	0.56	0.56	99.44
60–64岁	**158381**	**79120**	**79261**	**6.77**	**3.38**	**3.39**	**99.82**
60	34863	17653	17210	1.49	0.75	0.74	102.57
61	29541	14949	14592	1.26	0.64	0.62	102.45
62	30853	15396	15457	1.32	0.66	0.66	99.61
63	32961	16523	16438	1.41	0.71	0.70	100.52
64	30163	14599	15564	1.29	0.62	0.67	93.80

1－4 续表 2 单位：人、%

年 龄	人口数			占总人口比重			性别比
	合计	男	女	合计	男	女	(女=100)
65－69岁	**129607**	**63251**	**66356**	**5.54**	**2.70**	**2.84**	**95.32**
65	30414	15024	15390	1.30	0.64	0.66	97.62
66	28882	14000	14882	1.23	0.60	0.64	94.07
67	25492	12367	13125	1.09	0.53	0.56	94.22
68	23945	11716	12229	1.02	0.50	0.52	95.81
69	20874	10144	10730	0.89	0.43	0.46	94.54
70－74岁	**76221**	**36408**	**39813**	**3.26**	**1.56**	**1.70**	**91.45**
70	19062	9223	9839	0.81	0.39	0.42	93.74
71	17725	8574	9151	0.76	0.37	0.39	93.69
72	13852	6561	7291	0.59	0.28	0.31	89.99
73	14198	6765	7433	0.61	0.29	0.32	91.01
74	11384	5285	6099	0.49	0.23	0.26	86.65
75－79岁	**46100**	**21210**	**24890**	**1.97**	**0.91**	**1.06**	**85.21**
75	10217	4770	5447	0.44	0.20	0.23	87.57
76	10394	4774	5620	0.44	0.20	0.24	84.95
77	8709	4026	4683	0.37	0.17	0.20	85.97
78	8336	3796	4540	0.36	0.16	0.19	83.61
79	8444	3844	4600	0.36	0.16	0.20	83.57
80－84岁	**31282**	**14400**	**16882**	**1.34**	**0.62**	**0.72**	**85.30**
80	7812	3537	4275	0.33	0.15	0.18	82.74
81	6779	3087	3692	0.29	0.13	0.16	83.61
82	6411	3017	3394	0.27	0.13	0.15	88.89
83	5469	2532	2937	0.23	0.11	0.13	86.21
84	4811	2227	2584	0.21	0.10	0.11	86.18
85－89岁	**13187**	**6101**	**7086**	**0.56**	**0.26**	**0.30**	**86.10**
85	3816	1736	2080	0.16	0.07	0.09	83.46
86	3267	1473	1794	0.14	0.06	0.08	82.11
87	2610	1193	1417	0.11	0.05	0.06	84.19
88	2027	976	1051	0.09	0.04	0.04	92.86
89	1467	723	744	0.06	0.03	0.03	97.18
90－94岁	**3171**	**1520**	**1651**	**0.14**	**0.06**	**0.07**	**92.07**
90	1190	597	593	0.05	0.03	0.03	100.67
91	748	336	412	0.03	0.01	0.02	81.55
92	604	277	327	0.03	0.01	0.01	84.71
93	353	162	191	0.02	0.01	0.01	84.82
94	276	148	128	0.01	0.01	0.01	115.63
95－99岁	**504**	**233**	**271**	**0.02**	**0.01**	**0.01**	**85.98**
95	186	95	91	0.01			104.40
96	143	58	85	0.01			68.24
97	84	42	42				100.00
98	51	17	34				50.00
99	40	21	19				110.53
100岁及以上	**52**	**19**	**33**				**57.58**

1-4a　全区分年龄、性别的人口(城市)

单位：人、%

年　龄	人口数			占总人口比重			性别比
	合计	男	女	合计	男	女	(女=100)
总　计	**902670**	**448069**	**454601**	**100.00**	**49.64**	**50.36**	**98.56**
0-4岁	**42824**	**22001**	**20823**	**4.74**	**2.44**	**2.31**	**105.66**
0	5951	3028	2923	0.66	0.34	0.32	103.59
1	9293	4824	4469	1.03	0.53	0.50	107.94
2	8099	4208	3891	0.90	0.47	0.43	108.15
3	9333	4764	4569	1.03	0.53	0.51	104.27
4	10148	5177	4971	1.12	0.57	0.55	104.14
5-9岁	**46986**	**24587**	**22399**	**5.21**	**2.72**	**2.48**	**109.77**
5	7553	3964	3589	0.84	0.44	0.40	110.45
6	10935	5790	5145	1.21	0.64	0.57	112.54
7	9533	4926	4607	1.06	0.55	0.51	106.92
8	10399	5382	5017	1.15	0.60	0.56	107.28
9	8566	4525	4041	0.95	0.50	0.45	111.98
10-14岁	**41391**	**21420**	**19971**	**4.59**	**2.37**	**2.21**	**107.26**
10	8256	4397	3859	0.91	0.49	0.43	113.94
11	8314	4304	4010	0.92	0.48	0.44	107.33
12	8295	4287	4008	0.92	0.47	0.44	106.96
13	8656	4464	4192	0.96	0.49	0.46	106.49
14	7870	3968	3902	0.87	0.44	0.43	101.69
15-19岁	**44150**	**22419**	**21731**	**4.89**	**2.48**	**2.41**	**103.17**
15	8077	4061	4016	0.89	0.45	0.44	101.12
16	9754	4979	4775	1.08	0.55	0.53	104.27
17	7923	4083	3840	0.88	0.45	0.43	106.33
18	8449	4349	4100	0.94	0.48	0.45	106.07
19	9947	4947	5000	1.10	0.55	0.55	98.94
20-24岁	**51356**	**25264**	**26092**	**5.69**	**2.80**	**2.89**	**96.83**
20	11545	5738	5807	1.28	0.64	0.64	98.81
21	10142	4958	5184	1.12	0.55	0.57	95.64
22	9850	4799	5051	1.09	0.53	0.56	95.01
23	9545	4707	4838	1.06	0.52	0.54	97.29
24	10274	5062	5212	1.14	0.56	0.58	97.12
25-29岁	**61995**	**30675**	**31320**	**6.87**	**3.40**	**3.47**	**97.94**
25	11276	5503	5773	1.25	0.61	0.64	95.32
26	11534	5640	5894	1.28	0.62	0.65	95.69
27	12316	6031	6285	1.36	0.67	0.70	95.96
28	13331	6672	6659	1.48	0.74	0.74	100.20
29	13538	6829	6709	1.50	0.76	0.74	101.79

1-4a 续表 1

单位：人、%

年 龄	人 口 数			占总人口比重			性别比
	合计	男	女	合计	男	女	(女=100)
30-34岁	**89348**	**44401**	**44947**	**9.90**	**4.92**	**4.98**	**98.79**
30	18645	9317	9328	2.07	1.03	1.03	99.88
31	18554	9174	9380	2.06	1.02	1.04	97.80
32	17239	8446	8793	1.91	0.94	0.97	96.05
33	18372	9213	9159	2.04	1.02	1.01	100.59
34	16538	8251	8287	1.83	0.91	0.92	99.57
35-39岁	**79806**	**40063**	**39743**	**8.84**	**4.44**	**4.40**	**100.81**
35	15246	7625	7621	1.69	0.84	0.84	100.05
36	16536	8305	8231	1.83	0.92	0.91	100.90
37	15454	7766	7688	1.71	0.86	0.85	101.01
38	17800	8925	8875	1.97	0.99	0.98	100.56
39	14770	7442	7328	1.64	0.82	0.81	101.56
40-44岁	**68452**	**34071**	**34381**	**7.58**	**3.77**	**3.81**	**99.10**
40	13751	6829	6922	1.52	0.76	0.77	98.66
41	13717	6871	6846	1.52	0.76	0.76	100.37
42	13504	6686	6818	1.50	0.74	0.76	98.06
43	12822	6353	6469	1.42	0.70	0.72	98.21
44	14658	7332	7326	1.62	0.81	0.81	100.08
45-49岁	**82679**	**40971**	**41708**	**9.16**	**4.54**	**4.62**	**98.23**
45	14985	7393	7592	1.66	0.82	0.84	97.38
46	16485	8199	8286	1.83	0.91	0.92	98.95
47	16919	8396	8523	1.87	0.93	0.94	98.51
48	17033	8335	8698	1.89	0.92	0.96	95.83
49	17257	8648	8609	1.91	0.96	0.95	100.45
50-54岁	**77258**	**38589**	**38669**	**8.56**	**4.27**	**4.28**	**99.79**
50	18090	9062	9028	2.00	1.00	1.00	100.38
51	15844	7921	7923	1.76	0.88	0.88	99.97
52	16715	8321	8394	1.85	0.92	0.93	99.13
53	12639	6303	6336	1.40	0.70	0.70	99.48
54	13970	6982	6988	1.55	0.77	0.77	99.91
55-59岁	**67912**	**33915**	**33997**	**7.52**	**3.76**	**3.77**	**99.76**
55	14454	7240	7214	1.60	0.80	0.80	100.36
56	15277	7643	7634	1.69	0.85	0.85	100.12
57	16831	8506	8325	1.86	0.94	0.92	102.17
58	12546	6165	6381	1.39	0.68	0.71	96.61
59	8804	4361	4443	0.98	0.48	0.49	98.15
60-64岁	**50975**	**25164**	**25811**	**5.65**	**2.79**	**2.86**	**97.49**
60	11334	5582	5752	1.26	0.62	0.64	97.04
61	9627	4822	4805	1.07	0.53	0.53	100.35
62	10090	5028	5062	1.12	0.56	0.56	99.33
63	10378	5163	5215	1.15	0.57	0.58	99.00
64	9546	4569	4977	1.06	0.51	0.55	91.80

1-4a 续表 2

单位：人、%

年龄	人口数			占总人口比重			性别比
	合计	男	女	合计	男	女	(女=100)
65-69岁	**38771**	**18397**	**20374**	**4.30**	**2.04**	**2.26**	**90.30**
65	9110	4444	4666	1.01	0.49	0.52	95.24
66	8891	4244	4647	0.98	0.47	0.51	91.33
67	7545	3556	3989	0.84	0.39	0.44	89.15
68	7005	3333	3672	0.78	0.37	0.41	90.77
69	6220	2820	3400	0.69	0.31	0.38	82.94
70-74岁	**23417**	**10420**	**12997**	**2.59**	**1.15**	**1.44**	**80.17**
70	5685	2558	3127	0.63	0.28	0.35	81.80
71	5363	2425	2938	0.59	0.27	0.33	82.54
72	4360	1891	2469	0.48	0.21	0.27	76.59
73	4325	1909	2416	0.48	0.21	0.27	79.01
74	3684	1637	2047	0.41	0.18	0.23	79.97
75-79岁	**16676**	**7124**	**9552**	**1.85**	**0.79**	**1.06**	**74.58**
75	3507	1477	2030	0.39	0.16	0.22	72.76
76	3521	1479	2042	0.39	0.16	0.23	72.43
77	3170	1395	1775	0.35	0.15	0.20	78.59
78	3269	1409	1860	0.36	0.16	0.21	75.75
79	3209	1364	1845	0.36	0.15	0.20	73.93
80-84岁	**12198**	**5504**	**6694**	**1.35**	**0.61**	**0.74**	**82.22**
80	3130	1371	1759	0.35	0.15	0.19	77.94
81	2572	1142	1430	0.28	0.13	0.16	79.86
82	2480	1133	1347	0.27	0.13	0.15	84.11
83	2101	961	1140	0.23	0.11	0.13	84.30
84	1915	897	1018	0.21	0.10	0.11	88.11
85-89岁	**4922**	**2275**	**2647**	**0.55**	**0.25**	**0.29**	**85.95**
85	1434	636	798	0.16	0.07	0.09	79.70
86	1200	539	661	0.13	0.06	0.07	81.54
87	981	464	517	0.11	0.05	0.06	89.75
88	731	345	386	0.08	0.04	0.04	89.38
89	576	291	285	0.06	0.03	0.03	102.11
90-94岁	**1331**	**691**	**640**	**0.15**	**0.08**	**0.07**	**107.97**
90	489	264	225	0.05	0.03	0.02	117.33
91	307	151	156	0.03	0.02	0.02	96.79
92	251	119	132	0.03	0.01	0.01	90.15
93	163	80	83	0.02	0.01	0.01	96.39
94	121	77	44	0.01	0.01		175.00
95-99岁	**205**	**110**	**95**	**0.02**	**0.01**	**0.01**	**115.79**
95	83	47	36	0.01	0.01		130.56
96	60	25	35	0.01			71.43
97	35	24	11				218.18
98	16	7	9				77.78
99	11	7	4				175.00
100岁及以上	**18**	**8**	**10**				**80.00**

1-4b 全区分年龄、性别的人口(镇)

单位：人、%

年 龄	人 口 数			占总人口比重			性别比
	合计	男	女	合计	男	女	(女=100)
总 计	**656446**	**331434**	**325012**	**100.00**	**50.49**	**49.51**	**101.98**
0-4岁	**33172**	**17245**	**15927**	**5.05**	**2.63**	**2.43**	**108.28**
0	4358	2245	2113	0.66	0.34	0.32	106.25
1	6651	3477	3174	1.01	0.53	0.48	109.55
2	6494	3328	3166	0.99	0.51	0.48	105.12
3	7774	4089	3685	1.18	0.62	0.56	110.96
4	7895	4106	3789	1.20	0.63	0.58	108.37
5-9岁	**38712**	**20264**	**18448**	**5.90**	**3.09**	**2.81**	**109.84**
5	6448	3444	3004	0.98	0.52	0.46	114.65
6	8780	4613	4167	1.34	0.70	0.63	110.70
7	7766	4022	3744	1.18	0.61	0.57	107.43
8	8491	4473	4018	1.29	0.68	0.61	111.32
9	7227	3712	3515	1.10	0.57	0.54	105.60
10-14岁	**34896**	**17892**	**17004**	**5.32**	**2.73**	**2.59**	**105.22**
10	7028	3723	3305	1.07	0.57	0.50	112.65
11	7115	3663	3452	1.08	0.56	0.53	106.11
12	6905	3456	3449	1.05	0.53	0.53	100.20
13	7007	3596	3411	1.07	0.55	0.52	105.42
14	6841	3454	3387	1.04	0.53	0.52	101.98
15-19岁	**30848**	**15859**	**14989**	**4.70**	**2.42**	**2.28**	**105.80**
15	7084	3647	3437	1.08	0.56	0.52	106.11
16	8335	4240	4095	1.27	0.65	0.62	103.54
17	6684	3405	3279	1.02	0.52	0.50	103.84
18	5008	2633	2375	0.76	0.40	0.36	110.86
19	3737	1934	1803	0.57	0.29	0.27	107.27
20-24岁	**23436**	**11761**	**11675**	**3.57**	**1.79**	**1.78**	**100.74**
20	3734	1906	1828	0.57	0.29	0.28	104.27
21	3765	1894	1871	0.57	0.29	0.29	101.23
22	4553	2271	2282	0.69	0.35	0.35	99.52
23	5316	2613	2703	0.81	0.40	0.41	96.67
24	6068	3077	2991	0.92	0.47	0.46	102.88
25-29岁	**41796**	**20929**	**20867**	**6.37**	**3.19**	**3.18**	**100.30**
25	7099	3527	3572	1.08	0.54	0.54	98.74
26	7449	3657	3792	1.13	0.56	0.58	96.44
27	8215	4117	4098	1.25	0.63	0.62	100.46
28	9189	4642	4547	1.40	0.71	0.69	102.09
29	9844	4986	4858	1.50	0.76	0.74	102.63

1-4b　续表 1

单位：人、%

年　龄	人　口　数			占总人口比重			性别比
	合计	男	女	合计	男	女	(女=100)
30-34岁	**64645**	**32669**	**31976**	**9.85**	**4.98**	**4.87**	**102.17**
30	13390	6733	6657	2.04	1.03	1.01	101.14
31	13301	6664	6637	2.03	1.02	1.01	100.41
32	12486	6391	6095	1.90	0.97	0.93	104.86
33	13393	6794	6599	2.04	1.03	1.01	102.95
34	12075	6087	5988	1.84	0.93	0.91	101.65
35-39岁	**59202**	**30263**	**28939**	**9.02**	**4.61**	**4.41**	**104.58**
35	11144	5592	5552	1.70	0.85	0.85	100.72
36	12440	6404	6036	1.90	0.98	0.92	106.10
37	11155	5691	5464	1.70	0.87	0.83	104.15
38	13066	6740	6326	1.99	1.03	0.96	106.54
39	11397	5836	5561	1.74	0.89	0.85	104.95
40-44岁	**52233**	**26787**	**25446**	**7.96**	**4.08**	**3.88**	**105.27**
40	10546	5457	5089	1.61	0.83	0.78	107.23
41	10870	5565	5305	1.66	0.85	0.81	104.90
42	10227	5180	5047	1.56	0.79	0.77	102.64
43	9534	4890	4644	1.45	0.74	0.71	105.30
44	11056	5695	5361	1.68	0.87	0.82	106.23
45-49岁	**62964**	**32296**	**30668**	**9.59**	**4.92**	**4.67**	**105.31**
45	11645	5981	5664	1.77	0.91	0.86	105.60
46	12689	6470	6219	1.93	0.99	0.95	104.04
47	12568	6464	6104	1.91	0.98	0.93	105.90
48	12792	6558	6234	1.95	1.00	0.95	105.20
49	13270	6823	6447	2.02	1.04	0.98	105.83
50-54岁	**58671**	**30249**	**28422**	**8.94**	**4.61**	**4.33**	**106.43**
50	13705	7088	6617	2.09	1.08	1.01	107.12
51	11676	6071	5605	1.78	0.92	0.85	108.31
52	12905	6576	6329	1.97	1.00	0.96	103.90
53	9702	5019	4683	1.48	0.76	0.71	107.17
54	10683	5495	5188	1.63	0.84	0.79	105.92
55-59岁	**48862**	**24672**	**24190**	**7.44**	**3.76**	**3.68**	**101.99**
55	10712	5537	5175	1.63	0.84	0.79	107.00
56	10904	5573	5331	1.66	0.85	0.81	104.54
57	11676	5856	5820	1.78	0.89	0.89	100.62
58	9270	4567	4703	1.41	0.70	0.72	97.11
59	6300	3139	3161	0.96	0.48	0.48	99.30
60-64岁	**37100**	**18286**	**18814**	**5.65**	**2.79**	**2.87**	**97.19**
60	8145	4075	4070	1.24	0.62	0.62	100.12
61	6939	3449	3490	1.06	0.53	0.53	98.83
62	7401	3602	3799	1.13	0.55	0.58	94.81
63	7708	3832	3876	1.17	0.58	0.59	98.86
64	6907	3328	3579	1.05	0.51	0.55	92.99

1-4b 续表 2

单位：人、%

年 龄	人口数			占总人口比重			性别比
	合计	男	女	合计	男	女	(女=100)
65-69岁	**29614**	**13973**	**15641**	**4.51**	**2.13**	**2.38**	**89.34**
65	7110	3440	3670	1.08	0.52	0.56	93.73
66	6653	3113	3540	1.01	0.47	0.54	87.94
67	5809	2680	3129	0.88	0.41	0.48	85.65
68	5331	2511	2820	0.81	0.38	0.43	89.04
69	4711	2229	2482	0.72	0.34	0.38	89.81
70-74岁	**17886**	**8103**	**9783**	**2.72**	**1.23**	**1.49**	**82.83**
70	4407	2059	2348	0.67	0.31	0.36	87.69
71	4153	1902	2251	0.63	0.29	0.34	84.50
72	3300	1495	1805	0.50	0.23	0.27	82.83
73	3293	1470	1823	0.50	0.22	0.28	80.64
74	2733	1177	1556	0.42	0.18	0.24	75.64
75-79岁	**11145**	**5039**	**6106**	**1.70**	**0.77**	**0.93**	**82.53**
75	2437	1094	1343	0.37	0.17	0.20	81.46
76	2539	1181	1358	0.39	0.18	0.21	86.97
77	2157	955	1202	0.33	0.15	0.18	79.45
78	2006	892	1114	0.31	0.14	0.17	80.07
79	2006	917	1089	0.31	0.14	0.17	84.21
80-84岁	**7382**	**3322**	**4060**	**1.12**	**0.51**	**0.62**	**81.82**
80	1866	811	1055	0.28	0.12	0.16	76.87
81	1620	719	901	0.25	0.11	0.14	79.80
82	1505	712	793	0.23	0.11	0.12	89.79
83	1311	586	725	0.20	0.09	0.11	80.83
84	1080	494	586	0.16	0.08	0.09	84.30
85-89岁	**3037**	**1428**	**1609**	**0.46**	**0.22**	**0.25**	**88.75**
85	890	390	500	0.14	0.06	0.08	78.00
86	738	354	384	0.11	0.05	0.06	92.19
87	610	282	328	0.09	0.04	0.05	85.98
88	475	232	243	0.07	0.04	0.04	95.47
89	324	170	154	0.05	0.03	0.02	110.39
90-94岁	**714**	**343**	**371**	**0.11**	**0.05**	**0.06**	**92.45**
90	267	133	134	0.04	0.02	0.02	99.25
91	176	83	93	0.03	0.01	0.01	89.25
92	143	67	76	0.02	0.01	0.01	88.16
93	74	37	37	0.01	0.01	0.01	100.00
94	54	23	31	0.01			74.19
95-99岁	**120**	**50**	**70**	**0.02**	**0.01**	**0.01**	**71.43**
95	36	18	18	0.01			100.00
96	36	14	22	0.01			63.64
97	25	8	17				47.06
98	12	4	8				50.00
99	11	6	5				120.00
100岁及以上	**11**	**4**	**7**				**57.14**

1-4c　全区分年龄、性别的人口(乡村)

单位：人、%

年　龄	人　口　数			占总人口比重			性别比
	合计	男	女	合计	男	女	(女=100)
总　计	**780007**	**413604**	**366403**	**100.00**	**53.03**	**46.97**	**112.88**
0—4岁	**27210**	**14008**	**13202**	**3.49**	**1.80**	**1.69**	**106.11**
0	5456	2828	2628	0.70	0.36	0.34	107.61
1	5131	2589	2542	0.66	0.33	0.33	101.85
2	4997	2608	2389	0.64	0.33	0.31	109.17
3	5770	2974	2796	0.74	0.38	0.36	106.37
4	5856	3009	2847	0.75	0.39	0.36	105.69
5—9岁	**32560**	**17121**	**15439**	**4.17**	**2.19**	**1.98**	**110.89**
5	5606	2905	2701	0.72	0.37	0.35	107.55
6	7127	3700	3427	0.91	0.47	0.44	107.97
7	6311	3306	3005	0.81	0.42	0.39	110.02
8	7053	3744	3309	0.90	0.48	0.42	113.15
9	6463	3466	2997	0.83	0.44	0.38	115.65
10—14岁	**35788**	**19046**	**16742**	**4.59**	**2.44**	**2.15**	**113.76**
10	6941	3666	3275	0.89	0.47	0.42	111.94
11	7221	3873	3348	0.93	0.50	0.43	115.68
12	7119	3786	3333	0.91	0.49	0.43	113.59
13	7237	3835	3402	0.93	0.49	0.44	112.73
14	7270	3886	3384	0.93	0.50	0.43	114.83
15—19岁	**23566**	**12520**	**11046**	**3.02**	**1.61**	**1.42**	**113.34**
15	6124	3266	2858	0.79	0.42	0.37	114.28
16	5252	2770	2482	0.67	0.36	0.32	111.60
17	4309	2233	2076	0.55	0.29	0.27	107.56
18	4133	2247	1886	0.53	0.29	0.24	119.14
19	3748	2004	1744	0.48	0.26	0.22	114.91
20—24岁	**22504**	**12415**	**10089**	**2.89**	**1.59**	**1.29**	**123.05**
20	3449	1871	1578	0.44	0.24	0.20	118.57
21	3736	2019	1717	0.48	0.26	0.22	117.59
22	4707	2579	2128	0.60	0.33	0.27	121.19
23	5131	2843	2288	0.66	0.36	0.29	124.26
24	5481	3103	2378	0.70	0.40	0.30	130.49
25—29岁	**32672**	**18762**	**13910**	**4.19**	**2.41**	**1.78**	**134.88**
25	6081	3475	2606	0.78	0.45	0.33	133.35
26	5874	3337	2537	0.75	0.43	0.33	131.53
27	6441	3710	2731	0.83	0.48	0.35	135.85
28	6857	3948	2909	0.88	0.51	0.37	135.72
29	7419	4292	3127	0.95	0.55	0.40	137.26

1-4c 续表 1

单位：人、%

年 龄	人口数			占总人口比重			性别比
	合计	男	女	合计	男	女	(女=100)
30-34岁	**48848**	**27887**	**20961**	**6.26**	**3.58**	**2.69**	**133.04**
30	10130	5783	4347	1.30	0.74	0.56	133.03
31	9939	5690	4249	1.27	0.73	0.54	133.91
32	9121	5208	3913	1.17	0.67	0.50	133.09
33	10198	5885	4313	1.31	0.75	0.55	136.45
34	9460	5321	4139	1.21	0.68	0.53	128.56
35-39岁	**52681**	**29889**	**22792**	**6.75**	**3.83**	**2.92**	**131.14**
35	9517	5419	4098	1.22	0.69	0.53	132.24
36	10487	6018	4469	1.34	0.77	0.57	134.66
37	10071	5685	4386	1.29	0.73	0.56	129.62
38	11909	6705	5204	1.53	0.86	0.67	128.84
39	10697	6062	4635	1.37	0.78	0.59	130.79
40-44岁	**54343**	**30158**	**24185**	**6.97**	**3.87**	**3.10**	**124.70**
40	10669	5920	4749	1.37	0.76	0.61	124.66
41	11144	6159	4985	1.43	0.79	0.64	123.55
42	10396	5774	4622	1.33	0.74	0.59	124.92
43	9989	5553	4436	1.28	0.71	0.57	125.18
44	12145	6752	5393	1.56	0.87	0.69	125.20
45-49岁	**80310**	**42949**	**37361**	**10.30**	**5.51**	**4.79**	**114.96**
45	13701	7307	6394	1.76	0.94	0.82	114.28
46	15989	8615	7374	2.05	1.10	0.95	116.83
47	15707	8376	7331	2.01	1.07	0.94	114.25
48	16989	9131	7858	2.18	1.17	1.01	116.20
49	17924	9520	8404	2.30	1.22	1.08	113.28
50-54岁	**86381**	**45844**	**40537**	**11.07**	**5.88**	**5.20**	**113.09**
50	18810	10003	8807	2.41	1.28	1.13	113.58
51	17038	9066	7972	2.18	1.16	1.02	113.72
52	18382	9695	8687	2.36	1.24	1.11	111.60
53	15262	8100	7162	1.96	1.04	0.92	113.10
54	16889	8980	7909	2.17	1.15	1.01	113.54
55-59岁	**80161**	**40984**	**39177**	**10.28**	**5.25**	**5.02**	**104.61**
55	17090	8914	8176	2.19	1.14	1.05	109.03
56	16928	8744	8184	2.17	1.12	1.05	106.84
57	19125	9833	9292	2.45	1.26	1.19	105.82
58	15973	7955	8018	2.05	1.02	1.03	99.21
59	11045	5538	5507	1.42	0.71	0.71	100.56
60-64岁	**70306**	**35670**	**34636**	**9.01**	**4.57**	**4.44**	**102.99**
60	15384	7996	7388	1.97	1.03	0.95	108.23
61	12975	6678	6297	1.66	0.86	0.81	106.05
62	13362	6766	6596	1.71	0.87	0.85	102.58
63	14875	7528	7347	1.91	0.97	0.94	102.46
64	13710	6702	7008	1.76	0.86	0.90	95.63

1-4c　续表 2　　　　单位：人、%

年　龄	人口数			占总人口比重			性别比
	合计	男	女	合计	男	女	(女=100)
65-69岁	**61222**	**30881**	**30341**	**7.85**	**3.96**	**3.89**	**101.78**
65	14194	7140	7054	1.82	0.92	0.90	101.22
66	13338	6643	6695	1.71	0.85	0.86	99.22
67	12138	6131	6007	1.56	0.79	0.77	102.06
68	11609	5872	5737	1.49	0.75	0.74	102.35
69	9943	5095	4848	1.27	0.65	0.62	105.09
70-74岁	**34918**	**17885**	**17033**	**4.48**	**2.29**	**2.18**	**105.00**
70	8970	4606	4364	1.15	0.59	0.56	105.55
71	8209	4247	3962	1.05	0.54	0.51	107.19
72	6192	3175	3017	0.79	0.41	0.39	105.24
73	6580	3386	3194	0.84	0.43	0.41	106.01
74	4967	2471	2496	0.64	0.32	0.32	99.00
75-79岁	**18279**	**9047**	**9232**	**2.34**	**1.16**	**1.18**	**98.00**
75	4273	2199	2074	0.55	0.28	0.27	106.03
76	4334	2114	2220	0.56	0.27	0.28	95.23
77	3382	1676	1706	0.43	0.21	0.22	98.24
78	3061	1495	1566	0.39	0.19	0.20	95.47
79	3229	1563	1666	0.41	0.20	0.21	93.82
80-84岁	**11702**	**5574**	**6128**	**1.50**	**0.71**	**0.79**	**90.96**
80	2816	1355	1461	0.36	0.17	0.19	92.74
81	2587	1226	1361	0.33	0.16	0.17	90.08
82	2426	1172	1254	0.31	0.15	0.16	93.46
83	2057	985	1072	0.26	0.13	0.14	91.88
84	1816	836	980	0.23	0.11	0.13	85.31
85-89岁	**5228**	**2398**	**2830**	**0.67**	**0.31**	**0.36**	**84.73**
85	1492	710	782	0.19	0.09	0.10	90.79
86	1329	580	749	0.17	0.07	0.10	77.44
87	1019	447	572	0.13	0.06	0.07	78.15
88	821	399	422	0.11	0.05	0.05	94.55
89	567	262	305	0.07	0.03	0.04	85.90
90-94岁	**1126**	**486**	**640**	**0.14**	**0.06**	**0.08**	**75.94**
90	434	200	234	0.06	0.03	0.03	85.47
91	265	102	163	0.03	0.01	0.02	62.58
92	210	91	119	0.03	0.01	0.02	76.47
93	116	45	71	0.01	0.01	0.01	63.38
94	101	48	53	0.01	0.01	0.01	90.57
95-99岁	**179**	**73**	**106**	**0.02**	**0.01**	**0.01**	**68.87**
95	67	30	37	0.01			81.08
96	47	19	28	0.01			67.86
97	24	10	14				71.43
98	23	6	17				35.29
99	18	8	10				80.00
100岁及以上	**23**	**7**	**16**				**43.75**

第二部分　长表数据资料

第二卷　民族

2-1　全区各民族分性别、行业的人口

单位：人

民　族	人口数			农、林、牧、渔业			采矿业		
	合计	男	女	小计	男	女	小计	男	女
总　计	**1049846**	**646535**	**403311**	**295428**	**174215**	**121213**	**33376**	**29414**	**3962**
汉　族	828345	520876	307469	208747	124697	84050	30528	26992	3536
蒙古族	186262	104539	81723	79322	45025	34297	2038	1734	304
回　族	9106	5600	3506	976	645	331	220	190	30
藏　族	220	118	102	23	8	15	30	27	3
维吾尔族	27	19	8	2	2				
苗　族	111	64	47	10	2	8	3	3	
彝　族	170	101	69	23	2	21	7	5	2
壮　族	105	48	57	10	2	8	6	4	2
布依族	33	20	13	3		3	3	2	1
朝鲜族	517	281	236	62	37	25	6	5	1
满　族	20187	12139	8048	4900	2931	1969	456	384	72
侗　族	35	23	12	1		1	3	3	
瑶　族	21	9	12	6	2	4	2	1	1
白　族	21	8	13	5	1	4			
土家族	181	108	73	16	4	12	11	9	2
哈尼族	7	1	6	2		2	1		1
哈萨克族	12	8	4	8	5	3			
傣　族	9	4	5	1	1				
黎　族	52	25	27	15	9	6	1	1	
傈僳族	17	4	13	11	2	9			
佤　族	7	2	5	4	1	3			
畲　族	12	8	4	1	1		3	2	1
高山族	1	1		1	1				
拉祜族	12	2	10	7		7			
水　族	5	2	3						
东乡族	36	24	12	1	1		3	2	1
纳西族	3	2	1						
景颇族	1		1						
柯尔克孜族	8	4	4	2	1	1			
土　族	16	12	4	2	1	1	2	2	
达斡尔族	2704	1580	1124	720	494	226	39	34	5
仫佬族	4	2	2						
羌　族	11	8	3	2		2			
布朗族									
撒拉族	6	2	4						
毛南族									
仡佬族	3	2	1				1	1	
锡伯族	151	99	52	25	17	8	3	3	
阿昌族	2	2							
普米族									
塔吉克族									
怒　族									
乌孜别克族									
俄罗斯族	155	85	70	25	19	6	2	2	
鄂温克族	1116	616	500	476	293	183	8	8	
德昂族									
保安族									
裕固族	3	2	1						
京　族									
塔塔尔族									
独龙族									
鄂伦春族	146	81	65	16	10	6			
赫哲族	1	1		1	1				
门巴族									
珞巴族									
基诺族									
未定族称人口	4	3	1	1		1			
入　籍	1		1	1		1			

2-1 续表 1

单位：人

民　　族	制造业			电力、热力、燃气及水生产和供应业			建筑业		
	小计	男	女	小计	男	女	小计	男	女
总　计	**84308**	**61531**	**22777**	**24820**	**18699**	**6121**	**79761**	**68822**	**10939**
汉　族	73130	53881	19249	20823	15807	5016	69749	60461	9288
蒙古族	8293	5544	2749	2998	2180	818	7705	6475	1230
回　族	1046	772	274	280	207	73	413	337	76
藏　族	34	16	18	3	3		41	30	11
维吾尔族	4	4					1	1	
苗　族	27	24	3	1	1		11	8	3
彝　族	35	25	10	5	5		42	31	11
壮　族	12	9	3	4	2	2	9	9	
布依族	6	6		1	1		5	3	2
朝鲜族	41	28	13	19	12	7	36	30	6
满　族	1482	1076	406	586	403	183	1566	1288	278
侗　族	10	10					2	1	1
瑶　族	1	1					2		2
白　族	1	1					3	3	
土家族	37	28	9	3	1	2	24	19	5
哈尼族	1	1							
哈萨克族	3	2	1						
傣　族	1	1					1	1	
黎　族	4	3	1	1	1		5	1	4
傈僳族	3	1	2						
佤　族							1	1	
畲　族	2	2					1		1
高山族									
拉祜族	1		1				1	1	
水　族							1	1	
东乡族	3	3					2	2	
纳西族									
景颇族	1		1						
柯尔克孜族	1	1							
土　族	4	4							
达斡尔族	81	53	28	72	55	17	88	75	13
仫佬族							3	2	1
羌　族	2	2					2	2	
布朗族									
撒拉族									
毛南族									
仡佬族	2	1	1						
锡伯族	9	8	1	4	3	1	13	10	3
阿昌族	2	2							
普米族									
塔吉克族									
怒　族									
乌孜别克族									
俄罗斯族	11	8	3	3	3		5	4	1
鄂温克族	11	9	2	13	11	2	19	18	1
德昂族									
保安族									
裕固族	2	2							
京　族									
塔塔尔族									
独龙族									
鄂伦春族	5	3	2	4	4		10	8	2
赫哲族									
门巴族									
珞巴族									
基诺族									
未定族称人口									
入　籍									

2-1　续表 2　　单位：人

民　族	批发和零售业			交通运输、仓储和邮政业			住宿和餐饮业		
	小计	男	女	小计	男	女	小计	男	女
总　计	**121317**	**60686**	**60631**	**67346**	**57495**	**9851**	**49283**	**23583**	**25700**
汉　族	102135	51997	50138	57451	49394	8057	40002	19274	20728
蒙古族	14801	6594	8207	7567	6193	1374	7031	3178	3853
回　族	1418	708	710	728	616	112	1098	592	506
藏　族	8	1	7	13	12	1	19	4	15
维吾尔族							15	9	6
苗　族	23	10	13	7	3	4	6	3	3
彝　族	12	3	9	5	2	3	9	7	2
壮　族	13	2	11	7	3	4	6	3	3
布依族	5		5	3	3		3	2	1
朝鲜族	68	32	36	29	25	4	39	17	22
满　族	2464	1184	1280	1332	1080	252	841	408	433
侗　族	7	2	5	1	1		4	1	3
瑶　族	6	3	3				1	1	
白　族	2		2	2	2		2		2
土家族	24	10	14	7	7		13	4	9
哈尼族	2		2						
哈萨克族									
傣　族	5	1	4						
黎　族	10	4	6				3		3
傈僳族							2	1	1
佤　族									
畲　族	4	3	1						
高山族									
拉祜族							2	1	1
水　族	2		2						
东乡族	2	1	1	1	1		21	13	8
纳西族									
景颇族									
柯尔克孜族				1	1				
土　族							1		1
达斡尔族	197	86	111	131	107	24	115	45	70
仫佬族	1		1						
羌　族	3	2	1						
布朗族									
撒拉族	1		1				3	1	2
毛南族									
仡佬族									
锡伯族	23	11	12	12	8	4	4	2	2
阿昌族									
普米族									
塔吉克族									
怒　族									
乌孜别克族									
俄罗斯族	22	9	13	14	12	2	2		2
鄂温克族	53	20	33	30	22	8	39	16	23
德昂族									
保安族									
裕固族									
京　族									
塔塔尔族									
独龙族									
鄂伦春族	4	1	3	5	3	2	2	1	1
赫哲族									
门巴族									
珞巴族									
基诺族									
未定族称人口	2	2							
入　籍									

2-1 续表 3 单位：人

民 族	信息传输、软件和信息技术服务业			金融业			房地产业		
	小计	男	女	小计	男	女	小计	男	女
总 计	**11692**	**7185**	**4507**	**20113**	**8907**	**11206**	**17786**	**10191**	**7595**
汉 族	9313	5771	3542	15775	6952	8823	15124	8739	6385
蒙古族	1833	1084	749	3459	1560	1899	2017	1089	928
回 族	163	99	64	216	98	118	206	124	82
藏 族	4	2	2	3	1	2	8	3	5
维吾尔族									
苗 族				2	1	1	1		1
彝 族							1	1	
壮 族	2	1	1	5	2	3	2		2
布依族				1		1			
朝鲜族	12	8	4	15	6	9	6	1	5
满 族	308	189	119	510	225	285	349	201	148
侗 族									
瑶 族	1	1					1		1
白 族									
土家族	3	3		2	1	1	6	2	4
哈尼族									
哈萨克族									
傣 族									
黎 族									
傈僳族									
佤 族									
畲 族									
高山族									
拉祜族									
水 族									
东乡族									
纳西族	1	1							
景颇族									
柯尔克孜族									
土 族	1		1						
达斡尔族	38	20	18	78	41	37	46	21	25
仫佬族									
羌 族									
布朗族									
撒拉族									
毛南族									
仡佬族									
锡伯族	2	2		9	7	2	5	4	1
阿昌族									
普米族									
塔吉克族									
怒 族									
乌孜别克族									
俄罗斯族	2		2	8	2	6	2	1	1
鄂温克族	8	4	4	28	10	18	12	5	7
德昂族									
保安族									
裕固族									
京 族									
塔塔尔族									
独龙族									
鄂伦春族	1		1	2	1	1			
赫哲族									
门巴族									
珞巴族									
基诺族									
未定族称人口									
入 籍									

2-1　续表 4　　　　单位：人

民　族	租赁和商务服务业			科学研究和技术服务业			水利、环境和公共设施管理业		
	小计	男	女	小计	男	女	小计	男	女
总　计	**20507**	**12823**	**7684**	**11146**	**7593**	**3553**	**10098**	**6535**	**3563**
汉　族	17086	10771	6315	9182	6308	2874	8606	5583	3023
蒙古族	2623	1564	1059	1529	992	537	1178	734	444
回　族	238	154	84	127	93	34	105	73	32
藏　族	6		6				1	1	
维吾尔族				1	1				
苗　族	3	2	1	2	2				
彝　族	18	12	6						
壮　族	1		1	3	3				
布依族									
朝鲜族	16	8	8	8	6	2	4	1	3
满　族	429	262	167	241	155	86	165	115	50
侗　族									
瑶　族									
白　族							2	1	1
土家族	2	1	1	2	2		2	2	
哈尼族									
哈萨克族									
傣　族									
黎　族	3	2	1	1		1			
傈僳族									
佤　族	2		2						
畲　族									
高山族									
拉祜族									
水　族				1		1			
东乡族				1	1				
纳西族									
景颇族									
柯尔克孜族									
土　族									
达斡尔族	55	31	24	28	17	11	23	16	7
仫佬族									
羌　族	2	2							
布朗族									
撒拉族									
毛南族									
仡佬族									
锡伯族	2	1	1	7	6	1			
阿昌族									
普米族									
塔吉克族									
怒　族									
乌孜别克族									
俄罗斯族	10	7	3	2	2		1	1	
鄂温克族	9	5	4	8	4	4	8	6	2
德昂族									
保安族									
裕固族									
京　族									
塔塔尔族									
独龙族									
鄂伦春族	2	1	1	3	1	2	3	2	1
赫哲族									
门巴族									
珞巴族									
基诺族									
未定族称人口									
入　籍									

2-1 续表 5

单位：人

民　族	居民服务、修理和其他服务业			教　育			卫生和社会工作		
	小计	男	女	小计	男	女	小计	男	女
总　计	**42471**	**22352**	**20119**	**52508**	**17220**	**35288**	**26838**	**9064**	**17774**
汉　族	35379	18919	16460	38267	12616	25651	19956	6665	13291
蒙古族	5725	2717	3008	12186	3986	8200	5756	2018	3738
回　族	344	174	170	464	147	317	259	81	178
藏　族	6	2	4	7	2	5	1		1
维吾尔族	2		2				1	1	
苗　族	7	1	6	2	1	1	4	1	3
彝　族	1	1		2	1	1	3	1	2
壮　族	4		4	5	2	3	4	1	3
布依族	1	1							
朝鲜族	14	7	7	41	6	35	33	11	22
满　族	812	450	362	1153	352	801	660	239	421
侗　族	1		1	1		1	1	1	
瑶　族							1		1
白　族	1		1	1		1			
土家族	10	5	5	6	1	5	5	2	3
哈尼族	1		1						
哈萨克族									
傣　族	1		1						
黎　族	2	1	1	4	1	3	2	1	1
傈僳族	1		1						
佤　族									
畲　族									
高山族									
拉祜族	1		1						
水　族									
东乡族	1		1	1		1			
纳西族				1		1			
景颇族									
柯尔克孜族	1		1	2		2			
土　族	3	3		1		1			
达斡尔族	110	54	56	251	80	171	94	26	68
仫佬族									
羌　族									
布朗族									
撒拉族	2	1	1						
毛南族									
仡佬族									
锡伯族	5	3	2	13	3	10	4	1	3
阿昌族									
普米族									
塔吉克族									
怒　族									
乌孜别克族									
俄罗斯族	6	2	4	10		10	10	4	6
鄂温克族	27	9	18	77	20	57	39	10	29
德昂族									
保安族									
裕固族									
京　族									
塔塔尔族									
独龙族									
鄂伦春族	2	1	1	13	2	11	5	1	4
赫哲族									
门巴族									
珞巴族									
基诺族									
未定族称人口	1	1							
入　籍									

2-1　续表 6　　单位：人

民　族	文化、体育和娱乐业			公共管理、社会保障和社会组织			国际组织		
	小计	男	女	小计	男	女	小计	男	女
总　计	**7584**	**4099**	**3485**	**73462**	**46120**	**27342**	**2**	**1**	**1**
汉　族	5375	2928	2447	51715	33120	18595	2	1	1
蒙古族	1851	975	876	18350	10897	7453			
回　族	122	66	56	683	424	259			
藏　族	4	1	3	9	5	4			
维吾尔族	1	1							
苗　族				2	2				
彝　族	1	1		6	4	2			
壮　族	1		1	11	5	6			
布依族				2	2				
朝鲜族	6	4	2	62	37	25			
满　族	155	90	65	1778	1107	671			
侗　族				4	4				
瑶　族									
白　族				2		2			
土家族	2	2		6	5	1			
哈尼族									
哈萨克族	1	1							
傣　族									
黎　族				1	1				
傈僳族									
佤　族									
畲　族				1		1			
高山族									
拉祜族									
水　族				1	1				
东乡族									
纳西族				1	1				
景颇族									
柯尔克孜族				1	1				
土　族				2	2				
达斡尔族	43	22	21	495	303	192			
仫佬族									
羌　族									
布朗族									
撒拉族									
毛南族									
仡佬族									
锡伯族	1	1		10	9	1			
阿昌族									
普米族									
塔吉克族									
怒　族									
乌孜别克族									
俄罗斯族	1		1	19	9	10			
鄂温克族	16	6	10	235	140	95			
德昂族									
保安族									
裕固族				1		1			
京　族									
塔塔尔族									
独龙族									
鄂伦春族	4	1	3	65	41	24			
赫哲族									
门巴族									
珞巴族									
基诺族									
未定族称人口									
入　籍									

2-2 全区各民族分性别、职业的人口

单位：人

民族	人口数			党的机关、国家机关、群众团体和社会组织、企事业单位负责人		
	合计	男	女	小计	男	女
总　计	**1049846**	**646535**	**403311**	**22768**	**17097**	**5671**
汉　族	828345	520876	307469	18366	13999	4367
蒙古族	186262	104539	81723	3530	2506	1024
回　族	9106	5600	3506	216	142	74
藏　族	220	118	102			
维吾尔族	27	19	8	1		1
苗　族	111	64	47			
彝　族	170	101	69	1	1	
壮　族	105	48	57	2		2
布依族	33	20	13			
朝鲜族	517	281	236	17	10	7
满　族	20187	12139	8048	516	352	164
侗　族	35	23	12			
瑶　族	21	9	12			
白　族	21	8	13			
土家族	181	108	73	3	3	
哈尼族	7	1	6			
哈萨克族	12	8	4			
傣　族	9	4	5	1		1
黎　族	52	25	27	2	2	
傈僳族	17	4	13			
佤　族	7	2	5			
畲　族	12	8	4			
高山族	1	1				
拉祜族	12	2	10			
水　族	5	2	3			
东乡族	36	24	12	2	2	
纳西族	3	2	1			
景颇族	1		1			
柯尔克孜族	8	4	4			
土　族	16	12	4			
达斡尔族	2704	1580	1124	66	50	16
仫佬族	4	2	2			
羌　族	11	8	3			
布朗族						
撒拉族	6	2	4			
毛南族						
仡佬族	3	2	1			
锡伯族	151	99	52			
阿昌族	2	2				
普米族						
塔吉克族						
怒　族						
乌孜别克族						
俄罗斯族	155	85	70	8	6	2
鄂温克族	1116	616	500	30	21	9
德昂族						
保安族						
裕固族	3	2	1			
京　族						
塔塔尔族						
独龙族						
鄂伦春族	146	81	65	7	3	4
赫哲族	1	1				
门巴族						
珞巴族						
基诺族						
未定族称人口	4	3	1			
入　籍	1		1			

2-2　续表 1

单位：人

民　　族	专业技术人员			办事人员和有关人员			社会生产服务和生活服务人员		
	小计	男	女	小计	男	女	小计	男	女
总　计	**125481**	**54451**	**71030**	**96195**	**61038**	**35157**	**342232**	**199790**	**142442**
汉　族	95790	42836	52954	72488	46811	25677	286406	169323	117083
蒙古族	24722	9641	15081	19343	11537	7806	43348	23299	20049
回　族	1153	457	696	1038	673	365	4192	2450	1742
藏　族	16	6	10	11	5	6	86	41	45
维吾尔族	1	1		2	2		18	11	7
苗　族	10	5	5	5	4	1	47	21	26
彝　族	8	4	4	7	4	3	33	18	15
壮　族	19	9	10	17	7	10	34	12	22
布依族	3	3		3	3		10	3	7
朝鲜族	107	36	71	91	54	37	166	85	81
满　族	2864	1182	1682	2326	1400	926	6639	3864	2775
侗　族	3	2	1	2	2		14	5	9
瑶　族	3	2	1	1	1		8	3	5
白　族	2		2	4	2	2	9	3	6
土家族	26	16	10	19	12	7	61	29	32
哈尼族							4		4
哈萨克族	1	1							
傣　族							6	2	4
黎　族	9	2	7	1	1		17	6	11
傈僳族							4	2	2
佤　族									
畲　族				1		1	6	5	1
高山族									
拉祜族							3	1	2
水　族	1	1		2	1	1	2		2
东乡族	3	2	1				24	14	10
纳西族	1		1	2	2				
景颇族									
柯尔克孜族	3	1	2				1	1	
土　族	1		1	2	2		7	5	2
达斡尔族	478	173	305	514	316	198	740	402	338
仫佬族							1		1
羌　族				1	1		5	4	1
布朗族									
撒拉族							6	2	4
毛南族									
仡佬族	1	1					1		1
锡伯族	36	16	20	18	14	4	51	33	18
阿昌族									
普米族									
塔吉克族									
怒　族									
乌孜别克族									
俄罗斯族	32	3	29	20	12	8	57	32	25
鄂温克族	159	45	114	217	133	84	200	97	103
德昂族									
保安族									
裕固族							1		1
京　族									
塔塔尔族									
独龙族									
鄂伦春族	29	6	23	60	39	21	22	14	8
赫哲族									
门巴族									
珞巴族									
基诺族									
未定族称人口							3	3	
入　籍									

2-2 续表 2

单位：人

民　族	农、林、牧、渔业生产及辅助人员			生产制造及有关人员			不便分类的其他从业人员		
	小计	男	女	小计	男	女	小计	男	女
总　计	**292711**	**172194**	**120517**	**167130**	**139804**	**27326**	**3329**	**2161**	**1168**
汉　族	206350	122906	83444	146314	123266	23048	2631	1735	896
蒙古族	79149	44904	34245	15576	12293	3283	594	359	235
回　族	927	604	323	1554	1255	299	26	19	7
藏　族	21	7	14	85	59	26	1		1
维吾尔族	2	2		3	3				
苗　族	10	2	8	39	32	7			
彝　族	23	2	21	98	72	26			
壮　族	9	2	7	24	18	6			
布依族	3		3	14	11	3			
朝鲜族	61	37	24	74	58	16	1	1	
满　族	4844	2891	1953	2934	2412	522	64	38	26
侗　族	1		1	15	14	1			
瑶　族	5	1	4	4	2	2			
白　族	3		3	3	3				
土家族	15	4	11	57	44	13			
哈尼族	2		2	1	1				
哈萨克族	10	7	3	1		1			
傣　族	1	1		1	1				
黎　族	15	9	6	8	5	3			
傈僳族	11	2	9	2		2			
佤　族	4	1	3	3	1	2			
畲　族	1	1		4	2	2			
高山族	1	1							
拉祜族	7		7	2	1	1			
水　族									
东乡族	1	1		6	5	1			
纳西族									
景颇族				1		1			
柯尔克孜族	2	1	1	2	1	1			
土　族	2	1	1	4	4				
达斡尔族	697	477	220	197	153	44	12	9	3
仫佬族				3	2	1			
羌　族	2		2	3	3				
布朗族									
撒拉族									
毛南族									
仡佬族				1	1				
锡伯族	24	16	8	22	20	2			
阿昌族				2	2				
普米族									
塔吉克族									
怒　族									
乌孜别克族									
俄罗斯族	25	19	6	13	13				
鄂温克族	463	284	179	47	36	11			
德昂族									
保安族									
裕固族				2	2				
京　族									
塔塔尔族									
独龙族									
鄂伦春族	17	10	7	11	9	2			
赫哲族	1	1							
门巴族									
珞巴族									
基诺族									
未定族称人口	1		1						
入　籍	1		1						

2-3　全区各民族分性别、主要生活来源的15岁及以上人口

单位：人

民　族	15岁及以上人口			劳动收入		
	合计	男	女	小计	男	女
总　计	**2005584**	**1019523**	**986061**	**1105086**	**682158**	**422928**
汉　族	1607425	824392	783033	872706	549786	322920
蒙古族	331296	161547	169749	195910	110470	85440
回　族	18246	9202	9044	9315	5737	3578
藏　族	327	155	172	228	124	104
维吾尔族	43	23	20	27	19	8
苗　族	192	91	101	117	65	52
彝　族	272	130	142	180	103	77
壮　族	207	77	130	107	48	59
布依族	55	26	29	33	20	13
朝鲜族	1125	530	595	529	289	240
满　族	36686	18736	17950	21104	12726	8378
侗　族	56	32	24	34	22	12
瑶　族	38	16	22	21	9	12
白　族	52	15	37	23	8	15
土家族	301	148	153	191	113	78
哈尼族	22	3	19	7	1	6
哈萨克族	13	8	5	12	8	4
傣　族	18	6	12	9	4	5
黎　族	77	33	44	52	24	28
傈僳族	36	8	28	14	3	11
佤　族	26	4	22	10	2	8
畲　族	18	8	10	12	8	4
高山族	1	1		1	1	
拉祜族	38	5	33	16	2	14
水　族	10	6	4	6	3	3
东乡族	51	28	23	36	24	12
纳西族	8	3	5	2	1	1
景颇族	4	2	2	3	2	1
柯尔克孜族	13	8	5	8	4	4
土　族	40	18	22	19	14	5
达斡尔族	5746	2744	3002	2708	1586	1122
仫佬族	6	2	4	4	2	2
羌　族	17	10	7	12	9	3
布朗族						
撒拉族	8	2	6	6	2	4
毛南族	1	1				
仡佬族	8	3	5	4	3	1
锡伯族	292	159	133	158	102	56
阿昌族	3	3		2	2	
普米族						
塔吉克族						
怒　族						
乌孜别克族	1		1			
俄罗斯族	363	171	192	172	100	72
鄂温克族	2109	1005	1104	1122	619	503
德昂族						
保安族						
裕固族	4	2	2	3	2	1
京　族	1		1			
塔塔尔族						
独龙族						
鄂伦春族	301	147	154	158	88	70
赫哲族	2	1	1	1	1	
门巴族						
珞巴族						
基诺族	1	1				
未定族称人口	21	10	11	3	2	1
入　籍	4	1	3	1		1

2—3 续表 1

单位：人

民族	离退休金/养老金			最低生活保障金			失业保险金		
	小计	男	女	小计	男	女	小计	男	女
总　计	**254466**	**105226**	**149240**	**85467**	**40991**	**44476**	**486**	**258**	**228**
汉　族	217916	90783	127133	74367	35735	38632	393	208	185
蒙古族	25734	10138	15596	9333	4349	4984	68	36	32
回　族	4432	1777	2655	348	181	167	9	5	4
藏　族	17	7	10	3	1	2			
维吾尔族	3		3	2		2			
苗　族	11	6	5	2	1	1			
彝　族	3	1	2	3	1	2			
壮　族	18	5	13	3	2	1			
布依族	2	1	1						
朝鲜族	261	103	158	32	19	13			
满　族	4704	1912	2792	949	501	448	15	9	6
侗　族	2		2						
瑶　族									
白　族	6	3	3	2	1	1			
土家族	9	2	7	4	2	2			
哈尼族	2	1	1						
哈萨克族									
傣　族				1		1			
黎　族	9	4	5	1		1			
傈僳族				2		2			
佤　族									
畲　族	1		1						
高山族									
拉祜族									
水　族									
东乡族	1	1							
纳西族	1	1							
景颇族									
柯尔克孜族	2	1	1						
土　族	1		1	2		2			
达斡尔族	960	347	613	267	128	139			
仫佬族									
羌　族				1		1			
布朗族									
撒拉族									
毛南族									
仡佬族				1		1			
锡伯族	46	17	29	8	6	2			
阿昌族	1	1							
普米族									
塔吉克族									
怒　族									
乌孜别克族	1		1						
俄罗斯族	98	35	63	7	2	5			
鄂温克族	189	66	123	90	40	50	1		1
德昂族									
保安族									
裕固族									
京　族									
塔塔尔族									
独龙族									
鄂伦春族	36	14	22	39	22	17			
赫哲族									
门巴族									
珞巴族									
基诺族									
未定族称人口									
入　籍									

2-3　续表 2

单位：人

民　族	财产性收入			家庭其他成员供养			其　他		
	小计	男	女	小计	男	女	小计	男	女
总　计	**25120**	**13391**	**11729**	**417029**	**120701**	**296328**	**117930**	**56798**	**61132**
汉　族	18208	9813	8395	329829	92464	237365	94006	45603	48403
蒙古族	5974	3059	2915	73787	24025	49762	20490	9470	11020
回　族	85	46	39	3342	1083	2259	715	373	342
藏　族				70	18	52	9	5	4
维吾尔族				8	2	6	3	2	1
苗　族	1		1	56	18	38	5	1	4
彝　族	1		1	74	20	54	11	5	6
壮　族				70	20	50	9	2	7
布依族				17	3	14	3	2	1
朝鲜族	16	9	7	207	73	134	80	37	43
满　族	492	273	219	7491	2330	5161	1931	985	946
侗　族				16	7	9	4	3	1
瑶　族	3	2	1	12	5	7	2		2
白　族				16	2	14	5	1	4
土家族	1		1	92	29	63	4	2	2
哈尼族				13	1	12			
哈萨克族				1		1			
傣　族				6	1	5	2	1	1
黎　族				14	5	9	1		1
傈僳族				14	4	10	6	1	5
佤　族	1		1	11	1	10	4	1	3
畲　族				5		5			
高山族									
拉祜族	1		1	16	1	15	5	2	3
水　族				3	3		1		1
东乡族	1		1	11	2	9	2	1	1
纳西族				4		4	1	1	
景颇族				1		1			
柯尔克孜族				2	2		1	1	
土　族				17	3	14	1	1	
达斡尔族	219	118	101	1198	377	821	394	188	206
仫佬族				2		2			
羌　族				4	1	3			
布朗族									
撒拉族				2		2			
毛南族				1	1				
仡佬族				2		2	1		1
锡伯族	6	5	1	60	21	39	14	8	6
阿昌族									
普米族									
塔吉克族									
怒　族									
乌孜别克族									
俄罗斯族	4	3	1	68	24	44	14	7	7
鄂温克族	101	62	39	430	140	290	176	78	98
德昂族									
保安族									
裕固族				1		1			
京　族				1		1			
塔塔尔族									
独龙族									
鄂伦春族	5	1	4	44	12	32	19	10	9
赫哲族				1		1			
门巴族									
珞巴族									
基诺族				1	1				
未定族称人口				7	1	6	11	7	4
入　籍	1		1	2	1	1			

2-4 全区各民族分性别、婚姻状况的15岁及以上人口

单位：人

民族	15岁及以上人口			未婚		
	合计	男	女	小计	男	女
总计	**2005584**	**1019523**	**986061**	**302498**	**179972**	**122526**
汉族	1607425	824392	783033	223774	134633	89141
蒙古族	331296	161547	169749	67101	38485	28616
回族	18246	9202	9044	2893	1691	1202
藏族	327	155	172	76	47	29
维吾尔族	43	23	20	11	9	2
苗族	192	91	101	59	37	22
彝族	272	130	142	73	54	19
壮族	207	77	130	57	32	25
布依族	55	26	29	20	13	7
朝鲜族	1125	530	595	190	104	86
满族	36686	18736	17950	6062	3512	2550
侗族	56	32	24	16	13	3
瑶族	38	16	22	7	4	3
白族	52	15	37	8	5	3
土家族	301	148	153	80	53	27
哈尼族	22	3	19	2	1	1
哈萨克族	13	8	5	4	3	1
傣族	18	6	12	8	5	3
黎族	77	33	44	14	9	5
傈僳族	36	8	28	11	7	4
佤族	26	4	22	3	2	1
畲族	18	8	10	3	1	2
高山族	1	1				
拉祜族	38	5	33	7	5	2
水族	10	6	4	6	4	2
东乡族	51	28	23	12	8	4
纳西族	8	3	5			
景颇族	4	2	2			
柯尔克孜族	13	8	5	5	4	1
土族	40	18	22	16	7	9
达斡尔族	5746	2744	3002	1217	752	465
仫佬族	6	2	4	1		1
羌族	17	10	7	5	4	1
布朗族						
撒拉族	8	2	6			
毛南族	1	1		1	1	
仡佬族	8	3	5	2	1	1
锡伯族	292	159	133	59	36	23
阿昌族	3	3		2	2	
普米族						
塔吉克族						
怒族						
乌孜别克族	1		1			
俄罗斯族	363	171	192	75	49	26
鄂温克族	2109	1005	1104	532	327	205
德昂族						
保安族						
裕固族	4	2	2	3	2	1
京族	1		1			
塔塔尔族						
独龙族						
鄂伦春族	301	147	154	67	39	28
赫哲族	2	1	1			
门巴族						
珞巴族						
基诺族	1	1		1	1	
未定族称人口	21	10	11	14	9	5
入籍	4	1	3	1	1	

2–4 续表

单位：人

民 族	有配偶			离 婚			丧 偶		
	小计	男	女	小计	男	女	小计	男	女
总 计	**1528435**	**778630**	**749805**	**59159**	**32463**	**26696**	**115492**	**28458**	**87034**
汉 族	1243443	640342	603101	46038	25604	20434	94170	23813	70357
蒙古族	235617	113654	121963	10446	5511	4935	18132	3897	14235
回 族	13580	6899	6681	763	388	375	1010	224	786
藏 族	242	105	137	7	2	5	2	1	1
维吾尔族	28	12	16	4	2	2			
苗 族	130	53	77	1		1	2	1	1
彝 族	194	75	119	4	1	3	1		1
壮 族	141	42	99	7	2	5	2	1	1
布依族	34	12	22	1	1				
朝鲜族	802	387	415	62	30	32	71	9	62
满 族	27837	14137	13700	1280	678	602	1507	409	1098
侗 族	39	19	20	1		1			
瑶 族	27	11	16	2	1	1	2		2
白 族	42	9	33	1	1		1		1
土家族	210	92	118	6	3	3	5		5
哈尼族	19	2	17	1		1			
哈萨克族	9	5	4						
傣 族	9	1	8	1		1			
黎 族	58	22	36	3	1	2	2	1	1
傈僳族	25	1	24						
佤 族	22	2	20	1		1			
畲 族	14	7	7				1		1
高山族	1	1							
拉祜族	30		30				1		1
水 族	4	2	2						
东乡族	38	20	18				1		1
纳西族	7	3	4	1		1			
景颇族	4	2	2						
柯尔克孜族	7	3	4				1	1	
土 族	22	9	13	1	1		1	1	
达斡尔族	3778	1757	2021	359	159	200	392	76	316
仫佬族	5	2	3						
羌 族	12	6	6						
布朗族									
撒拉族	8	2	6						
毛南族									
仡佬族	6	2	4						
锡伯族	210	115	95	14	7	7	9	1	8
阿昌族	1	1							
普米族									
塔吉克族									
怒 族									
乌孜别克族	1		1						
俄罗斯族	243	114	129	24	6	18	21	2	19
鄂温克族	1322	605	717	108	52	56	147	21	126
德昂族									
保安族									
裕固族	1		1						
京 族	1		1						
塔塔尔族									
独龙族									
鄂伦春族	200	95	105	23	13	10	11		11
赫哲族	2	1	1						
门巴族									
珞巴族									
基诺族									
未定族称人口	7	1	6						
入 籍	3		3						

2–5 全区各民族分性别、初婚年龄的人口

单位：人

民　族	合　计			15岁以下		
	合计	男	女	小计	男	女
总　计	**1703086**	**839551**	**863535**	**2442**	**413**	**2029**
汉　族	1383651	689759	693892	2087	344	1743
蒙古族	264195	123062	141133	306	62	244
回　族	15353	7511	7842	10	2	8
藏　族	251	108	143			
维吾尔族	32	14	18			
苗　族	133	54	79			
彝　族	199	76	123			
壮　族	150	45	105			
布依族	35	13	22			
朝鲜族	935	426	509			
满　族	30624	15224	15400	28	5	23
侗　族	40	19	21	1		1
瑶　族	31	12	19			
白　族	44	10	34			
土家族	221	95	126			
哈尼族	20	2	18			
哈萨克族	9	5	4			
傣　族	10	1	9			
黎　族	63	24	39			
傈僳族	25	1	24			
佤　族	23	2	21			
畲　族	15	7	8			
高山族	1	1				
拉祜族	31		31			
水　族	4	2	2			
东乡族	39	20	19	1		1
纳西族	8	3	5			
景颇族	4	2	2			
柯尔克孜族	8	4	4			
土　族	24	11	13			
达斡尔族	4529	1992	2537	7		7
仫佬族	5	2	3			
羌　族	12	6	6			
布朗族						
撒拉族	8	2	6	1		1
毛南族						
仡佬族	6	2	4			
锡伯族	233	123	110			
阿昌族	1	1				
普米族						
塔吉克族						
怒　族						
乌孜别克族	1		1			
俄罗斯族	288	122	166			
鄂温克族	1577	678	899	1		1
德昂族						
保安族						
裕固族	1		1			
京　族	1		1			
塔塔尔族						
独龙族						
鄂伦春族	234	108	126			
赫哲族	2	1	1			
门巴族						
珞巴族						
基诺族						
未定族称人口	7	1	6			
入　籍	3		3			

2-5　续表 1

单位：人

民　族	15岁			16岁		
	小计	男	女	小计	男	女
总　计	**11230**	**1966**	**9264**	**21899**	**3616**	**18283**
汉　族	9534	1662	7872	18587	3025	15562
蒙古族	1404	248	1156	2829	495	2334
回　族	98	16	82	167	29	138
藏　族	4	1	3	4	1	3
维吾尔族				1		1
苗　族						
彝　族	4		4	5		5
壮　族	1		1	1		1
布依族	1		1			
朝鲜族	7	1	6	4	2	2
满　族	136	31	105	219	56	163
侗　族						
瑶　族	1		1			
白　族				1		1
土家族	2	1	1			
哈尼族						
哈萨克族						
傣　族				1		1
黎　族				1	1	
傈僳族	1		1			
佤　族						
畲　族						
高山族						
拉祜族	2		2	1		1
水　族						
东乡族	1		1	1	1	
纳西族	1		1			
景颇族						
柯尔克孜族						
土　族						
达斡尔族	22	4	18	58	4	54
仫佬族						
羌　族						
布朗族						
撒拉族				1		1
毛南族						
仡佬族						
锡伯族	1		1	2		2
阿昌族						
普米族						
塔吉克族						
怒　族						
乌孜别克族						
俄罗斯族	1	1				
鄂温克族	6		6	15	2	13
德昂族						
保安族						
裕固族						
京　族						
塔塔尔族						
独龙族						
鄂伦春族	3	1	2	1		1
赫哲族						
门巴族						
珞巴族						
基诺族						
未定族称人口						
入　籍						

2-5 续表 2 单位：人

民族	17岁			18岁			19岁		
	小计	男	女	小计	男	女	小计	男	女
总计	**39796**	**7455**	**32341**	**67738**	**16374**	**51364**	**111541**	**34459**	**77082**
汉族	33308	6217	27091	55548	13346	42202	91404	27876	63528
蒙古族	5488	1015	4473	10293	2556	7737	17042	5577	11465
回族	284	51	233	526	103	423	741	216	525
藏族	3		3	14	2	12	13	4	9
维吾尔族	1	1					5		5
苗族				3		3	10	2	8
彝族	9	1	8	11	4	7	18	5	13
壮族	1		1	4		4	6	1	5
布依族	1		1	1		1	3	1	2
朝鲜族	17	2	15	27	6	21	43	13	30
满族	513	141	372	1030	305	725	1802	640	1162
侗族							1		1
瑶族	1		1	1		1	1	1	
白族	1		1	1		1	1		1
土家族	5		5	6	1	5	10	5	5
哈尼族	1		1				2		2
哈萨克族							1		1
傣族				1		1			
黎族	2		2	2		2	9	3	6
傈僳族				5		5			
佤族	1		1	3		3	2		2
畲族							2	2	
高山族									
拉祜族	3		3	2		2			
水族				1		1			
东乡族	3	1	2	3	1	2	5	2	3
纳西族									
景颇族	1		1						
柯尔克孜族							1		1
土族	1		1	2		2	1		1
达斡尔族	102	21	81	170	30	140	302	83	219
仫佬族									
羌族							1		1
布朗族									
撒拉族							1		1
毛南族									
仡佬族	2	1	1						
锡伯族	5	1	4	5	1	4	11	2	9
阿昌族									
普米族									
塔吉克族									
怒族									
乌孜别克族									
俄罗斯族	4		4	11		11	11	1	10
鄂温克族	37	3	34	63	17	46	82	20	62
德昂族									
保安族									
裕固族									
京族									
塔塔尔族									
独龙族									
鄂伦春族	2		2	5	2	3	10	5	5
赫哲族									
门巴族									
珞巴族									
基诺族									
未定族称人口									
入籍									

2-5 续表 3

单位：人

民族	20岁			21岁			22岁		
	小计	男	女	小计	男	女	小计	男	女
总 计	**161373**	**59138**	**102235**	**192704**	**87381**	**105323**	**217982**	**112698**	**105284**
汉 族	131448	47199	84249	157455	72023	85432	179020	94471	84549
蒙古族	25258	10155	15103	29560	12808	16752	32224	15009	17215
回 族	1117	404	713	1349	561	788	1744	800	944
藏 族	15	4	11	33	13	20	33	14	19
维吾尔族	3	2	1	1		1	2		2
苗 族	15	4	11	9	4	5	13	6	7
彝 族	18	4	14	23	7	16	22	9	13
壮 族	10	2	8	6	2	4	8	2	6
布依族	1		1	1		1	2	1	1
朝鲜族	59	18	41	78	26	52	111	45	66
满 族	2840	1143	1697	3473	1661	1812	4042	2037	2005
侗 族	1		1	2	1	1	1		1
瑶 族	1		1	4		4	1		1
白 族	1	1		6		6	4	1	3
土家族	14	4	10	23	9	14	20	9	11
哈尼族	2	1	1	6		6	1		1
哈萨克族							2	2	
傣 族	2		2	1		1	1	1	
黎 族	4		4	4	1	3	10	4	6
傈僳族	3	1	2	4		4	4		4
佤 族	1		1				4	1	3
畲 族	1		1	1		1	1	1	
高山族	1	1							
拉祜族	6		6	2		2	2		2
水 族									
东乡族	6	6		7	2	5	2	1	1
纳西族	1		1	1		1			
景颇族							1		1
柯尔克孜族									
土 族	3	1	2	2	1	1	3	1	2
达斡尔族	343	123	220	410	152	258	444	176	268
仫佬族	1		1	1		1	2	1	1
羌 族				2	1	1	2	1	1
布朗族									
撒拉族	1		1				2	1	1
毛南族									
仡佬族									
锡伯族	14	4	10	30	21	9	29	14	15
阿昌族									
普米族									
塔吉克族									
怒 族									
乌孜别克族									
俄罗斯族	18	5	13	29	12	17	29	9	20
鄂温克族	138	47	91	154	66	88	170	69	101
德昂族									
保安族									
裕固族									
京 族	1		1						
塔塔尔族									
独龙族									
鄂伦春族	24	9	15	25	9	16	25	12	13
赫哲族	1		1	1	1				
门巴族									
珞巴族									
基诺族									
未定族称人口							1		1
入 籍	1		1	1		1			

2−5 续表 4

单位：人

民族	23岁			24岁			25岁		
	小计	男	女	小计	男	女	小计	男	女
总 计	**195799**	**104765**	**91034**	**168357**	**95288**	**73069**	**138103**	**81596**	**56507**
汉 族	159575	86904	72671	136770	79013	57757	111661	67632	44029
蒙古族	29825	14586	15239	25893	13287	12606	21497	11340	10157
回 族	1861	941	920	1713	946	767	1536	852	684
藏 族	37	18	19	22	15	7	15	6	9
维吾尔族	5	2	3	1		1	2	1	1
苗 族	22	9	13	10	6	4	10	4	6
彝 族	13	6	7	15	11	4	12	7	5
壮 族	20	3	17	16	6	10	20	5	15
布依族	3	1	2	4	2	2	5	3	2
朝鲜族	97	45	52	99	52	47	104	51	53
满 族	3639	1913	1726	3089	1618	1471	2613	1394	1219
侗 族	6	4	2	9	3	6	3	2	1
瑶 族	1	1		3	2	1	3		3
白 族	4	1	3	4	1	3	4	3	1
土家族	25	8	17	20	8	12	17	7	10
哈尼族				2		2	1		1
哈萨克族	1	1		2	1	1	1		1
傣 族				1		1	1		1
黎 族	8	2	6	8	4	4	4	1	3
傈僳族				1		1	1		1
佤 族	3		3	3		3	1	1	
畲 族	5		5	2	1	1			
高山族									
拉祜族	2		2				2		2
水 族				1		1			
东乡族				5	2	3	1	1	
纳西族							2	1	1
景颇族							2	2	
柯尔克孜族				1	1		1	1	
土 族	5	3	2	2	1	1	2	1	1
达斡尔族	428	223	205	433	197	236	376	183	193
仫佬族									
羌 族	2	2							
布朗族									
撒拉族				1	1				
毛南族									
仡佬族							1		1
锡伯族	23	12	11	24	15	9	17	12	5
阿昌族				1	1				
普米族									
塔吉克族									
怒 族									
乌孜别克族									
俄罗斯族	34	13	21	46	20	26	22	11	11
鄂温克族	132	56	76	139	66	73	147	69	78
德昂族									
保安族									
裕固族	1		1						
京 族									
塔塔尔族									
独龙族									
鄂伦春族	21	11	10	16	8	8	18	6	12
赫哲族									
门巴族									
珞巴族									
基诺族									
未定族称人口	1		1	1		1	1		1
入 籍									

2–5 续表 5 单位：人

民族	26岁			27岁			28岁		
	小计	男	女	小计	男	女	小计	男	女
总 计	**101819**	**61948**	**39871**	**72978**	**45786**	**27192**	**50416**	**32082**	**18334**
汉 族	81898	51054	30844	57876	37237	20639	39733	25781	13952
蒙古族	16247	8768	7479	12296	6920	5376	8682	5073	3609
回 族	1150	692	458	856	532	324	568	364	204
藏 族	11	5	6	11	5	6	5	3	2
维吾尔族				3	3				
苗 族	9	6	3	4	2	2	4	2	2
彝 族	13	7	6	9	5	4	3	3	
壮 族	20	8	12	12	5	7	5	4	1
布依族	4	1	3	2	1	1	1	1	
朝鲜族	70	38	32	50	31	19	42	23	19
满 族	1899	1104	795	1382	806	576	1059	646	413
侗 族	4	2	2	5	3	2	2	2	
瑶 族	3	1	2	3	1	2	1	1	
白 族	5	1	4	3		3	2		2
土家族	19	10	9	17	9	8	9	6	3
哈尼族				2	1	1			
哈萨克族				1		1			
傣 族									
黎 族	3	2	1				1		1
傈僳族				2		2			
佤 族									
畲 族							1	1	
高山族									
拉祜族	1		1	1		1	1		1
水 族	1	1							
东乡族	1		1	2	2				
纳西族				1		1	1	1	
景颇族									
柯尔克孜族	2	1	1	1		1	1	1	
土 族				1	1		1	1	
达斡尔族	301	168	133	276	137	139	188	101	87
仫佬族									
羌 族									
布朗族									
撒拉族									
毛南族									
仡佬族	1	1							
锡伯族	18	9	9	20	11	9	6	4	2
阿昌族									
普米族									
塔吉克族									
怒 族									
乌孜别克族				1		1			
俄罗斯族	25	19	6	13	5	8	8	6	2
鄂温克族	91	41	50	105	56	49	80	51	29
德昂族									
保安族									
裕固族									
京 族									
塔塔尔族									
独龙族									
鄂伦春族	22	9	13	22	13	9	11	6	5
赫哲族									
门巴族									
珞巴族									
基诺族									
未定族称人口	1		1				1	1	
入 籍				1		1			

2−5 续表 6

单位：人

民　族	29岁			30岁			31岁		
	小计	男	女	小计	男	女	小计	男	女
总　计	**34786**	**22475**	**12311**	**24524**	**15747**	**8777**	**17495**	**11183**	**6312**
汉　族	27225	17955	9270	19151	12498	6653	13594	8833	4761
蒙古族	6170	3693	2477	4444	2677	1767	3185	1915	1270
回　族	386	240	146	233	159	74	186	113	73
藏　族	4	2	2	7	4	3	3	1	2
维吾尔族	2	1	1	3	1	2	1	1	
苗　族	8	4	4	2	2		2	2	
彝　族	4	2	2	6	3	3	5	1	4
壮　族	4		4	4	2	2	4	3	1
布依族	2	1	1	2	1	1			
朝鲜族	31	16	15	23	13	10	15	10	5
满　族	712	432	280	471	279	192	359	222	137
侗　族				1	1		2	1	1
瑶　族	1		1						
白　族	4	1	3	1	1				
土家族	8	7	1	3	1	2	5	4	1
哈尼族	2		2						
哈萨克族				1	1				
傣　族									
黎　族	1	1		1	1		1	1	
傈僳族	1		1						
佤　族	1		1				1		1
畲　族									
高山族									
拉祜族	2		2						
水　族									
东乡族	1	1							
纳西族									
景颇族									
柯尔克孜族									
土　族									
达斡尔族	156	86	70	114	66	48	99	60	39
仫佬族									
羌　族				1		1	2	2	
布朗族									
撒拉族									
毛南族									
仡佬族	1		1						
锡伯族	5	1	4	5	5		4	3	1
阿昌族									
普米族									
塔吉克族									
怒　族									
乌孜别克族									
俄罗斯族	4	4		5	4	1	3		3
鄂温克族	47	27	20	40	23	17	19	8	11
德昂族									
保安族									
裕固族									
京　族									
塔塔尔族									
独龙族									
鄂伦春族	4	1	3	6	5	1	5	3	2
赫哲族									
门巴族									
珞巴族									
基诺族									
未定族称人口									
入　籍									

2–5　续表 7

单位：人

民　族	32岁			33岁			34岁		
	小计	男	女	小计	男	女	小计	男	女
总　计	**13652**	**8721**	**4931**	**10227**	**6518**	**3709**	**8200**	**5152**	**3048**
汉　族	10676	6924	3752	8014	5181	2833	6441	4106	2335
蒙古族	2428	1472	956	1764	1086	678	1423	858	565
回　族	159	91	68	135	72	63	99	58	41
藏　族	4	2	2	3	2	1	2	1	1
维吾尔族	1	1							
苗　族	1	1		1		1	1		1
彝　族	1		1	2		2	1		1
壮　族	2		2	1	1		1		1
布依族									
朝鲜族	11	7	4	9	4	5	10	7	3
满　族	277	171	106	214	122	92	154	86	68
侗　族				1		1			
瑶　族	1		1				2	2	
白　族							1		1
土家族	2	1	1	2	1	1	5		5
哈尼族									
哈萨克族									
傣　族									
黎　族									
傈僳族				1		1			
佤　族	1		1						
畲　族									
高山族									
拉祜族	2		2	1		1	1		1
水　族									
东乡族									
纳西族				1	1				
景颇族									
柯尔克孜族	1		1						
土　族									
达斡尔族	54	30	24	47	33	14	34	22	12
仫佬族	1	1							
羌　族									
布朗族									
撒拉族									
毛南族									
仡佬族									
锡伯族	2	2		4	2	2	2	2	
阿昌族									
普米族									
塔吉克族									
怒　族									
乌孜别克族									
俄罗斯族	6	6		4	2	2	4		4
鄂温克族	19	10	9	21	11	10	19	10	9
德昂族									
保安族									
裕固族									
京　族									
塔塔尔族									
独龙族									
鄂伦春族	3	2	1	2		2			
赫哲族									
门巴族									
珞巴族									
基诺族									
未定族称人口									
入　籍									

2−5 续表 8

单位：人

民族	35岁			36岁			37岁		
	小计	男	女	小计	男	女	小计	男	女
总　计	**6324**	**4023**	**2301**	**5052**	**3201**	**1851**	**4064**	**2557**	**1507**
汉　族	5022	3237	1785	3971	2565	1406	3266	2069	1197
蒙古族	1044	622	422	859	500	359	680	416	264
回　族	75	52	23	62	32	30	38	23	15
藏　族	1		1	2	2		2	1	1
维吾尔族									
苗　族				1		1			
彝　族				1		1			
壮　族	2		2	1	1				
布依族									
朝鲜族	7	4	3	4	1	3	2	1	1
满　族	120	79	41	105	73	32	49	34	15
侗　族				1		1			
瑶　族	2	2		1	1				
白　族									
土家族	3	1	2	3	3		1		1
哈尼族									
哈萨克族									
傣　族							1		1
黎　族				1	1		1	1	
傈僳族	1		1						
佤　族	1		1						
畲　族	1	1							
高山族									
拉祜族									
水　族							1	1	
东乡族									
纳西族									
景颇族									
柯尔克孜族									
土　族									
达斡尔族	29	19	10	25	14	11	16	8	8
仫佬族									
羌　族	1		1						
布朗族									
撒拉族				1		1			
毛南族									
仡佬族	1		1						
锡伯族				1	1				
阿昌族									
普米族									
塔吉克族									
怒　族									
乌孜别克族									
俄罗斯族				1	1		2	1	1
鄂温克族	11	4	7	11	5	6	5	2	3
德昂族									
保安族									
裕固族									
京　族									
塔塔尔族									
独龙族									
鄂伦春族	3	2	1	1	1				
赫哲族									
门巴族									
珞巴族									
基诺族									
未定族称人口									
入　籍									

2–5　续表 9　　　　单位：人

民　　族	38岁			39岁			40岁及以上		
	小计	男	女	小计	男	女	小计	男	女
总　计	**3355**	**2080**	**1275**	**2914**	**1861**	**1053**	**18316**	**11068**	**7248**
汉　族	2688	1699	989	2355	1524	831	15344	9384	5960
蒙古族	530	303	227	455	273	182	2369	1348	1021
回　族	36	29	7	25	15	10	199	118	81
藏　族				1	1		2	1	1
维吾尔族							1	1	
苗　族	4		4				4		4
彝　族	1		1				3	1	2
壮　族							1		1
布依族				1		1	1		1
朝鲜族	4	2	2	1	1		10	7	3
满　族	66	33	33	50	31	19	283	162	121
侗　族									
瑶　族									
白　族				1		1			
土家族	1		1				1		1
哈尼族	1		1						
哈萨克族									
傣　族							1		1
黎　族	1		1				1	1	
傈僳族				1		1			
佤　族							1		1
畲　族							1	1	
高山族									
拉祜族									
水　族									
东乡族									
纳西族									
景颇族									
柯尔克孜族									
土　族				1	1				
达斡尔族	15	10	5	16	10	6	64	32	32
仫佬族									
羌　族							1		1
布朗族									
撒拉族									
毛南族									
仡佬族									
锡伯族							5	1	4
阿昌族									
普米族									
塔吉克族									
怒　族									
乌孜别克族									
俄罗斯族	2		2				6	2	4
鄂温克族	6	4	2	7	5	2	12	6	6
德昂族									
保安族									
裕固族									
京　族									
塔塔尔族									
独龙族									
鄂伦春族							5	3	2
赫哲族									
门巴族									
珞巴族									
基诺族									
未定族称人口							1		1
入　籍									

2-6 全区按民族、生育孩次分的育龄妇女人数
(2019.11.1-2020.10.31)

单位：人

民族	合计	生男孩的妇女人数	生女孩的妇女人数	一孩			二孩		
				小计	男	女	小计	男	女
总计	**18428**	**9465**	**8963**	**9734**	**5005**	**4729**	**7958**	**4058**	**3900**
汉族	13950	7134	6816	7314	3760	3554	6103	3083	3020
蒙古族	3718	1941	1777	2015	1036	979	1544	816	728
回族	149	76	73	72	35	37	66	34	32
藏族	3	2	1	3	2	1			
维吾尔族									
苗族	4	4		2	2		2	2	
彝族	3	3		1	1		1	1	
壮族	5	2	3	3	1	2	1	1	
布依族	1		1	1		1			
朝鲜族	16	8	8	11	6	5	5	2	3
满族	428	219	209	229	117	112	179	92	87
侗族	2	2		1	1		1	1	
瑶族									
白族	1		1	1		1			
土家族	7	6	1	3	2	1	3	3	
哈尼族	2		2				1		1
哈萨克族									
傣族									
黎族	1		1						
傈僳族	1		1				1		1
佤族	4	1	3	2		2	2	1	1
畲族									
高山族									
拉祜族	2	1	1	2	1	1			
水族									
东乡族	1	1					1	1	
纳西族									
景颇族									
柯尔克孜族									
土族									
达斡尔族	80	38	42	42	21	21	32	15	17
仫佬族									
羌族									
布朗族									
撒拉族									
毛南族									
仡佬族	3	3		1	1		1	1	
锡伯族	3	1	2	2	1	1	1		1
阿昌族									
普米族									
塔吉克族									
怒族									
乌孜别克族									
俄罗斯族	8	4	4	5	4	1	3		3
鄂温克族	31	16	15	21	12	9	9	4	5
德昂族									
保安族									
裕固族									
京族									
塔塔尔族									
独龙族									
鄂伦春族	5	3	2	3	2	1	2	1	1
赫哲族									
门巴族									
珞巴族									
基诺族									
未定族称人口									
入籍									

2-6　续表　　　　　　　　　　　　　　　　　　　　单位：人

民　族	三　孩			四　孩			五孩及以上		
	小计	男	女	小计	男	女	小计	男	女
总　计	**653**	**366**	**287**	**71**	**27**	**44**	**12**	**9**	**3**
汉　族	478	269	209	47	16	31	8	6	2
蒙古族	138	79	59	18	8	10	3	2	1
回　族	10	6	4	1	1				
藏　族									
维吾尔族									
苗　族									
彝　族				1	1				
壮　族	1		1						
布依族									
朝鲜族									
满　族	18	10	8	2		2			
侗　族									
瑶　族									
白　族									
土家族							1	1	
哈尼族	1		1						
哈萨克族									
傣　族									
黎　族	1		1						
傈僳族									
佤　族									
畲　族									
高山族									
拉祜族									
水　族									
东乡族									
纳西族									
景颇族									
柯尔克孜族									
土　族									
达斡尔族	4	1	3	2	1	1			
仫佬族									
羌　族									
布朗族									
撒拉族									
毛南族									
仡佬族	1	1							
锡伯族									
阿昌族									
普米族									
塔吉克族									
怒　族									
乌孜别克族									
俄罗斯族									
鄂温克族	1		1						
德昂族									
保安族									
裕固族									
京　族									
塔塔尔族									
独龙族									
鄂伦春族									
赫哲族									
门巴族									
珞巴族									
基诺族									
未定族称人口									
入　籍									

2-7 全区各民族15-64岁妇女平均活产子女数和平均存活子女数

单位：人、%

民　族	15-64岁妇女人数	活产子女总数			存活子女总数			存活子女数占活产子女数的百分比	妇女平均活产子女数	妇女平均存活子女数
		小计	男	女	小计	男	女			
总　计	**829079**	**1025776**	**539041**	**486735**	**997359**	**521998**	**475361**	**97.23**	**1.24**	**1.20**
汉　族	648134	808080	425910	382170	786676	413098	373578	97.35	1.25	1.21
蒙古族	151592	183309	95232	88077	177218	91560	85658	96.68	1.21	1.17
回　族	7582	8759	4601	4158	8515	4451	4064	97.21	1.16	1.12
藏　族	170	199	115	84	191	109	82	95.98	1.17	1.12
维吾尔族	19	27	15	12	25	14	11	92.59	1.42	1.32
苗　族	98	103	54	49	103	54	49	100.00	1.05	1.05
彝　族	142	221	122	99	212	119	93	95.93	1.56	1.49
壮　族	125	120	54	66	113	50	63	94.17	0.96	0.90
布依族	29	36	10	26	35	10	25	97.22	1.24	1.21
朝鲜族	479	509	241	268	493	231	262	96.86	1.06	1.03
满　族	16100	19062	9911	9151	18602	9629	8973	97.59	1.18	1.16
侗　族	24	27	13	14	27	13	14	100.00	1.13	1.13
瑶　族	22	30	17	13	29	17	12	96.67	1.36	1.32
白　族	36	41	22	19	37	20	17	90.24	1.14	1.03
土家族	149	177	95	82	166	89	77	93.79	1.19	1.11
哈尼族	19	27	15	12	27	15	12	100.00	1.42	1.42
哈萨克族	5	8	5	3	8	5	3	100.00	1.60	1.60
傣　族	12	11	7	4	11	7	4	100.00	0.92	0.92
黎　族	40	51	27	24	49	26	23	96.08	1.28	1.23
傈僳族	28	41	19	22	36	15	21	87.80	1.46	1.29
佤　族	22	32	16	16	30	15	15	93.75	1.45	1.36
畲　族	9	10	4	6	10	4	6	100.00	1.11	1.11
高山族										
拉祜族	33	37	14	23	37	14	23	100.00	1.12	1.12
水　族	4	2	2		2	2		100.00	0.50	0.50
东乡族	23	40	22	18	37	20	17	92.50	1.74	1.61
纳西族	5	4	2	2	4	2	2	100.00	0.80	0.80
景颇族	2	4	2	2	4	2	2	100.00	2.00	2.00
柯尔克孜族	4	3	1	2	3	1	2	100.00	0.75	0.75
土　族	22	17	10	7	17	10	7	100.00	0.77	0.77
达斡尔族	2661	3147	1635	1512	3046	1573	1473	96.79	1.18	1.14
仫佬族	4	7	3	4	7	3	4	100.00	1.75	1.75
羌　族	6	6	2	4	6	2	4	100.00	1.00	1.00
布朗族										
撒拉族	6	8	6	2	8	6	2	100.00	1.33	1.33
毛南族										
仡佬族	5	5	3	2	5	3	2	100.00	1.00	1.00
锡伯族	123	127	62	65	126	62	64	99.21	1.03	1.02
阿昌族										
普米族										
塔吉克族										
怒　族										
乌孜别克族	1	1		1	1		1	100.00	1.00	1.00
俄罗斯族	171	179	97	82	176	94	82	98.32	1.05	1.03
鄂温克族	1011	1150	589	561	1111	568	543	96.61	1.14	1.10
德昂族										
保安族										
裕固族	2	1		1	1		1	100.00	0.50	0.50
京　族	1	1		1	1		1	100.00	1.00	1.00
塔塔尔族										
独龙族										
鄂伦春族	146	144	78	66	141	77	64	97.92	0.99	0.97
赫哲族										
门巴族										
珞巴族										
基诺族										
未定族称人口	10	9	5	4	9	5	4	100.00	0.90	0.90
入　籍	3	4	3	1	4	3	1	100.00	1.33	1.33

第二部分 长表数据资料

第三卷 教育

3-1　全区分学业完成情况、性别、受教育程度的3岁及以上人口

单位：人

学业完成情况	合计			小学		
	合计	男	女	小计	男	女
总　计	**2127178**	**1103694**	**1023484**	**541373**	**251798**	**289575**
在　校	322796	164571	158225	137919	72151	65768
毕　业	1603119	834928	768191	308088	137425	170663
肄　业	22203	11392	10811	10644	4515	6129
辍　学	82462	42457	40005	44509	19426	25083
其　他	96598	50346	46252	40213	18281	21932

3-1　续表 1

单位：人

学业完成情况	初中			高中			大学专科		
	小计	男	女	小计	男	女	小计	男	女
总　计	**780981**	**427961**	**353020**	**348594**	**189053**	**159541**	**240780**	**130290**	**110490**
在　校	66333	34249	32084	60785	31031	29754	22798	12192	10606
毕　业	633694	346293	287401	270817	147733	123084	212980	115314	97666
肄　业	8919	5275	3644	1929	1206	723	453	264	189
辍　学	32085	19319	12766	5483	3490	1993	315	180	135
其　他	39950	22825	17125	9580	5593	3987	4234	2340	1894

3-1　续表 2

单位：人

学业完成情况	大学本科			硕士研究生			博士研究生		
	小计	男	女	小计	男	女	小计	男	女
总　计	**199402**	**97596**	**101806**	**14916**	**6413**	**8503**	**1132**	**583**	**549**
在　校	31731	13684	18047	2913	1129	1784	317	135	182
毕　业	164892	82501	82391	11843	5217	6626	805	445	360
肄　业	246	127	119	12	5	7			
辍　学	67	39	28	3	3				
其　他	2466	1245	1221	145	59	86	10	3	7

3-1a 全区分学业完成情况、性别、受教育程度的3岁及以上人口(城市)

单位：人

学业完成情况	合计			小学		
	合计	男	女	小计	男	女
总计	**835553**	**416824**	**418729**	**129220**	**58346**	**70874**
在校	141653	71461	70192	53138	27711	25427
毕业	661615	329569	332046	65274	26503	38771
肄业	4355	2151	2204	1560	569	991
辍学	14429	7121	7308	6287	2401	3886
其他	13501	6522	6979	2961	1162	1799

3-1a 续表 1

单位：人

学业完成情况	初中			高中			大学专科		
	小计	男	女	小计	男	女	小计	男	女
总计	**258385**	**132581**	**125804**	**174939**	**88900**	**86039**	**136124**	**71035**	**65089**
在校	24477	12503	11974	26062	13250	12812	14087	7530	6557
毕业	220072	112484	107588	143995	72981	71014	120444	62672	57772
肄业	1916	1061	855	620	373	247	171	97	74
辍学	6367	3668	2699	1637	970	667	106	61	45
其他	5553	2865	2688	2625	1326	1299	1316	675	641

3-1a 续表 2

单位：人

学业完成情况	大学本科			硕士研究生			博士研究生		
	小计	男	女	小计	男	女	小计	男	女
总计	**124474**	**60498**	**63976**	**11484**	**4975**	**6509**	**927**	**489**	**438**
在校	21413	9473	11940	2238	888	1350	238	106	132
毕业	101999	50503	51496	9149	4045	5104	682	381	301
肄业	84	49	35	4	2	2			
辍学	29	18	11	3	3				
其他	949	455	494	90	37	53	7	2	5

3-1b　全区分学业完成情况、性别、受教育程度的3岁及以上人口(镇)

单位：人

学业完成情况	合计			小学		
	合计	男	女	小计	男	女
总　计	**596273**	**304577**	**291696**	**133775**	**60120**	**73655**
在　校	97432	49459	47973	44213	22875	21338
毕　业	450731	231292	219439	71187	29905	41282
肄　业	5001	2474	2527	2035	813	1222
辍　学	19387	9578	9809	9114	3562	5552
其　他	23722	11774	11948	7226	2965	4261

3-1b　续表 1

单位：人

学业完成情况	初中			高中			大学专科		
	小计	男	女	小计	男	女	小计	男	女
总　计	**219764**	**116021**	**103743**	**107828**	**58223**	**49605**	**74185**	**40742**	**33443**
在　校	20563	10501	10062	21898	11154	10744	4296	2344	1952
毕　业	178698	94183	84515	80093	43740	36353	67754	37229	30525
肄　业	2038	1137	901	608	359	249	192	107	85
辍　学	8359	4849	3510	1793	1101	692	109	60	49
其　他	10106	5351	4755	3436	1869	1567	1834	1002	832

3-1b　续表 2

单位：人

学业完成情况	大学本科			硕士研究生			博士研究生		
	小计	男	女	小计	男	女	小计	男	女
总　计	**57797**	**28228**	**29569**	**2766**	**1167**	**1599**	**158**	**76**	**82**
在　校	5986	2412	3574	420	152	268	56	21	35
毕　业	50604	25188	25416	2295	993	1302	100	54	46
肄　业	121	55	66	7	3	4			
辍　学	12	6	6						
其　他	1074	567	507	44	19	25	2	1	1

3-1c 全区分学业完成情况、性别、受教育程度的3岁及以上人口(乡村)

单位：人

学业完成情况	合计			小学		
	合计	男	女	小计	男	女
总计	**695352**	**382293**	**313059**	**278378**	**133332**	**145046**
在校	83711	43651	40060	40568	21565	19003
毕业	490773	274067	216706	171627	81017	90610
肄业	12847	6767	6080	7049	3133	3916
辍学	48646	25758	22888	29108	13463	15645
其他	59375	32050	27325	30026	14154	15872

3-1c 续表 1

单位：人

学业完成情况	初中			高中			大学专科		
	小计	男	女	小计	男	女	小计	男	女
总计	**302832**	**179359**	**123473**	**65827**	**41930**	**23897**	**30471**	**18513**	**11958**
在校	21293	11245	10048	12825	6627	6198	4415	2318	2097
毕业	234924	139626	95298	46729	31012	15717	24782	15413	9369
肄业	4965	3077	1888	701	474	227	90	60	30
辍学	17359	10802	6557	2053	1419	634	100	59	41
其他	24291	14609	9682	3519	2398	1121	1084	663	421

3-1c 续表 2

单位：人

学业完成情况	大学本科			硕士研究生			博士研究生		
	小计	男	女	小计	男	女	小计	男	女
总计	**17131**	**8870**	**8261**	**666**	**271**	**395**	**47**	**18**	**29**
在校	4332	1799	2533	255	89	166	23	8	15
毕业	12289	6810	5479	399	179	220	23	10	13
肄业	41	23	18	1		1			
辍学	26	15	11						
其他	443	223	220	11	3	8	1		1

3-2　全区分年龄、性别、学业完成情况的3岁及以上各种受教育程度人口

单位：人

年龄	合计								
	合计			在校			毕业		
	合计	男	女	小计	男	女	小计	男	女
总计	**2127178**	**1103694**	**1023484**	**322796**	**164571**	**158225**	**1603119**	**834928**	**768191**
3									
4									
5—9岁	**86798**	**45106**	**41692**	**84451**	**43845**	**40606**	**1729**	**961**	**768**
5	1376	715	661	1296	671	625	48	27	21
6	15086	7616	7470	14665	7394	7271	298	162	136
7	22631	11741	10890	22054	11424	10630	430	240	190
8	25633	13439	12194	24978	13083	11895	494	280	214
9	22072	11595	10477	21458	11273	10185	459	252	207
10—14岁	**111471**	**58022**	**53449**	**107453**	**55824**	**51629**	**3150**	**1713**	**1437**
10	22075	11690	10385	21427	11343	10084	501	270	231
11	22525	11774	10751	21826	11401	10425	538	286	252
12	22216	11471	10745	21400	11012	10388	668	372	296
13	22795	11846	10949	21935	11348	10587	674	383	291
14	21860	11241	10619	20865	10720	10145	769	402	367
15—19岁	**98286**	**50638**	**47648**	**91013**	**46114**	**44899**	**5914**	**3662**	**2252**
15	21225	10942	10283	20742	10639	10103	297	191	106
16	23281	11952	11329	22494	11453	11041	559	345	214
17	18859	9689	9170	17626	8919	8707	962	603	359
18	17548	9209	8339	15678	8079	7599	1567	954	613
19	17373	8846	8527	14473	7024	7449	2529	1569	960
20—24岁	**96959**	**49249**	**47710**	**36042**	**16952**	**19090**	**57432**	**30221**	**27211**
20	18671	9482	9189	14235	6856	7379	3980	2335	1645
21	17585	8840	8745	10431	4870	5561	6627	3644	2983
22	19033	9607	9426	6507	2979	3528	11850	6239	5611
23	19929	10118	9811	3155	1446	1709	15951	8206	7745
24	21741	11202	10539	1714	801	913	19024	9797	9227
25—29岁	**136032**	**70130**	**65902**	**2647**	**1199**	**1448**	**125962**	**64719**	**61243**
25	24370	12452	11918	1107	475	632	22065	11283	10782
26	24784	12594	12190	682	307	375	22791	11556	11235
27	26886	13811	13075	391	176	215	25061	12829	12232
28	29283	15212	14071	276	137	139	27375	14132	13243
29	30709	16061	14648	191	104	87	28670	14919	13751
30—34岁	**202088**	**104564**	**97524**	**464**	**232**	**232**	**188708**	**97161**	**91547**
30	42018	21757	20261	165	79	86	39339	20239	19100
31	41643	21449	20194	110	57	53	38983	19970	19013
32	38714	19976	18738	74	40	34	36184	18581	17603
33	41810	21816	19994	62	32	30	38999	20267	18732
34	37903	19566	18337	53	24	29	35203	18104	17099
35—39岁	**190668**	**99727**	**90941**	**204**	**113**	**91**	**175068**	**91056**	**84012**
35	35738	18555	17183	56	26	30	32963	16996	15967
36	39275	20639	18636	36	23	13	36105	18852	17253
37	36498	19043	17455	43	20	23	33523	17395	16128
38	42543	22255	20288	36	20	16	39069	20333	18736
39	36614	19235	17379	33	24	9	33408	17480	15928
40—44岁	**173521**	**90379**	**83142**	**131**	**66**	**65**	**157315**	**81650**	**75665**
40	34720	18103	16617	34	15	19	31640	16426	15214
41	35463	18463	17000	21	8	13	32245	16728	15517
42	33845	17529	16316	21	12	9	30717	15860	14857
43	32043	16655	15388	25	12	13	28973	14998	13975
44	37450	19629	17821	30	19	11	33740	17638	16102
45—49岁	**222613**	**115116**	**107497**	**107**	**53**	**54**	**198771**	**102750**	**96021**
45	39876	20519	19357	21	10	11	35656	18323	17333
46	44608	23079	21529	19	13	6	39896	20590	19306
47	44549	23046	21503	22	10	12	39876	20639	19237
48	45947	23744	22203	25	12	13	41009	21147	19862
49	47633	24728	22905	20	8	12	42334	22051	20283
50岁及以上	**808742**	**420763**	**387979**	**284**	**173**	**111**	**689070**	**361035**	**328035**

3-2 续表 1

单位：人

年 龄	合计								
	肄业			辍学			其他		
	小计	男	女	小计	男	女	小计	男	女
总 计	**22203**	**11392**	**10811**	**82462**	**42457**	**40005**	**96598**	**50346**	**46252**
3									
4									
5-9岁	**36**	**19**	**17**	**33**	**15**	**18**	**549**	**266**	**283**
5	2	1	1				30	16	14
6	5	3	2	4	1	3	114	56	58
7	9	6	3	14	8	6	124	63	61
8	11	6	5	6	3	3	144	67	77
9	9	3	6	9	3	6	137	64	73
10-14岁	**65**	**42**	**23**	**145**	**93**	**52**	**658**	**350**	**308**
10	9	6	3	11	6	5	127	65	62
11	12	4	8	9	5	4	140	78	62
12	10	9	1	18	13	5	120	65	55
13	14	10	4	39	25	14	133	80	53
14	20	13	7	68	44	24	138	62	76
15-19岁	**150**	**105**	**45**	**666**	**440**	**226**	**543**	**317**	**226**
15	20	17	3	91	54	37	75	41	34
16	27	18	9	118	80	38	83	56	27
17	27	19	8	133	82	51	111	66	45
18	34	21	13	148	92	56	121	63	58
19	42	30	12	176	132	44	153	91	62
20-24岁	**379**	**223**	**156**	**1164**	**760**	**404**	**1942**	**1093**	**849**
20	48	28	20	184	129	55	224	134	90
21	56	37	19	186	124	62	285	165	120
22	68	42	26	231	149	82	377	198	179
23	94	43	51	267	176	91	462	247	215
24	113	73	40	296	182	114	594	349	245
25-29岁	**807**	**474**	**333**	**2437**	**1499**	**938**	**4179**	**2239**	**1940**
25	150	103	47	371	223	148	677	368	309
26	142	81	61	438	287	151	731	363	368
27	162	92	70	451	280	171	821	434	387
28	169	101	68	548	319	229	915	523	392
29	184	97	87	629	390	239	1035	551	484
30-34岁	**1430**	**778**	**652**	**4686**	**2757**	**1929**	**6800**	**3636**	**3164**
30	264	146	118	902	557	345	1348	736	612
31	267	154	113	906	546	360	1377	722	655
32	292	151	141	895	518	377	1269	686	583
33	320	166	154	997	585	412	1432	766	666
34	287	161	126	986	551	435	1374	726	648
35-39岁	**1771**	**988**	**783**	**5898**	**3358**	**2540**	**7727**	**4212**	**3515**
35	322	180	142	1012	588	424	1385	765	620
36	355	218	137	1186	684	502	1593	862	731
37	335	178	157	1092	619	473	1505	831	674
38	420	231	189	1314	749	565	1704	922	782
39	339	181	158	1294	718	576	1540	832	708
40-44岁	**1695**	**951**	**744**	**6489**	**3596**	**2893**	**7891**	**4116**	**3775**
40	336	196	140	1215	698	517	1495	768	727
41	325	183	142	1258	686	572	1614	858	756
42	313	168	145	1294	722	572	1500	767	733
43	317	186	131	1249	695	554	1479	764	715
44	404	218	186	1473	795	678	1803	959	844
45-49岁	**2452**	**1276**	**1176**	**10011**	**5232**	**4779**	**11272**	**5805**	**5467**
45	434	227	207	1768	964	804	1997	995	1002
46	481	264	217	1969	1037	932	2243	1175	1068
47	450	234	216	1960	1009	951	2241	1154	1087
48	556	291	265	2014	1071	943	2343	1223	1120
49	531	260	271	2300	1151	1149	2448	1258	1190
50岁及以上	**13418**	**6536**	**6882**	**50933**	**24707**	**26226**	**55037**	**28312**	**26725**

3-2　续表 2

单位：人

年　龄	小学 合计 合计	小学 合计 男	小学 合计 女	小学 在校 小计	小学 在校 男	小学 在校 女	小学 毕业 小计	小学 毕业 男	小学 毕业 女
总　计	**541373**	**251798**	**289575**	**137919**	**72151**	**65768**	**308088**	**137425**	**170663**
3									
4									
5–9岁	**86093**	**44740**	**41353**	**83835**	**43527**	**40308**	**1659**	**923**	**736**
5	1376	715	661	1296	671	625	48	27	21
6	14981	7557	7424	14576	7345	7231	284	154	130
7	22482	11663	10819	21922	11358	10564	421	233	188
8	25419	13329	12090	24791	12984	11807	473	271	202
9	21835	11476	10359	21250	11169	10081	433	238	195
10–14岁	**55762**	**29570**	**26192**	**53844**	**28517**	**25327**	**1457**	**791**	**666**
10	21699	11490	10209	21077	11157	9920	480	258	222
11	21193	11116	10077	20571	10774	9797	478	261	217
12	9881	5337	4544	9482	5113	4369	306	166	140
13	2213	1215	998	2057	1123	934	112	65	47
14	776	412	364	657	350	307	81	41	40
15–19岁	**624**	**333**	**291**	**116**	**48**	**68**	**344**	**185**	**159**
15	108	55	53	56	23	33	27	17	10
16	90	57	33	22	11	11	38	27	11
17	114	55	59	16	7	9	69	33	36
18	129	66	63	15	7	8	75	38	37
19	183	100	83	7		7	135	70	65
20–24岁	**1468**	**843**	**625**	**23**	**10**	**13**	**1150**	**654**	**496**
20	207	123	84	10	4	6	154	92	62
21	258	162	96	7	5	2	195	119	76
22	255	152	103	4	1	3	197	126	71
23	352	184	168	1		1	286	148	138
24	396	222	174	1		1	318	169	149
25–29岁	**4031**	**2170**	**1861**	**4**	**4**		**3275**	**1740**	**1535**
25	515	297	218	1	1		404	229	175
26	577	313	264	1	1		465	249	216
27	778	411	367				641	337	304
28	958	505	453	1	1		779	406	373
29	1203	644	559	1	1		986	519	467
30–34岁	**12241**	**6142**	**6099**	**4**	**3**	**1**	**10110**	**5049**	**5061**
30	1855	964	891	1	1		1544	797	747
31	2281	1138	1143	1	1		1855	917	938
32	2418	1211	1207				2019	1018	1001
33	2853	1435	1418				2342	1176	1166
34	2834	1394	1440	2	1	1	2350	1141	1209
35–39岁	**17534**	**8627**	**8907**	**6**	**2**	**4**	**14351**	**6955**	**7396**
35	2882	1449	1433	2	1	1	2342	1141	1201
36	3280	1645	1635	1	1		2698	1328	1370
37	3290	1616	1674				2700	1308	1392
38	4193	2049	2144	2		2	3436	1661	1775
39	3889	1868	2021	1		1	3175	1517	1658
40–44岁	**23998**	**11292**	**12706**	**7**	**3**	**4**	**19334**	**8972**	**10362**
40	4167	2024	2143	1	1		3397	1624	1773
41	4638	2158	2480	1		1	3788	1736	2052
42	4637	2125	2512				3691	1677	2014
43	4697	2188	2509	2	1	1	3797	1746	2051
44	5859	2797	3062	3	1	2	4661	2189	2472
45–49岁	**43504**	**19665**	**23839**	**11**	**5**	**6**	**34287**	**15482**	**18805**
45	6911	3173	3738	2	1	1	5447	2504	2943
46	8272	3780	4492	1		1	6543	2959	3584
47	8562	3892	4670	3	2	1	6789	3093	3696
48	9313	4209	5104	5	2	3	7323	3298	4025
49	10446	4611	5835				8185	3628	4557
50岁及以上	**296118**	**128416**	**167702**	**69**	**32**	**37**	**222121**	**96674**	**125447**

3-2 续表 3 单位：人

年龄	小学								
	肄业			辍学			其他		
	小计	男	女	小计	男	女	小计	男	女
总计	**10644**	**4515**	**6129**	**44509**	**19426**	**25083**	**40213**	**18281**	**21932**
3									
4									
5-9岁	**35**	**19**	**16**	**32**	**15**	**17**	**532**	**256**	**276**
5	2	1	1				30	16	14
6	5	3	2	4	1	3	112	54	58
7	8	6	2	14	8	6	117	58	59
8	11	6	5	5	3	2	139	65	74
9	9	3	6	9	3	6	134	63	71
10-14岁	**36**	**22**	**14**	**58**	**36**	**22**	**367**	**204**	**163**
10	9	6	3	10	6	4	123	63	60
11	12	4	8	8	4	4	124	73	51
12	6	6		12	9	3	75	43	32
13	4	2	2	10	6	4	30	19	11
14	5	4	1	18	11	7	15	6	9
15-19岁	**12**	**5**	**7**	**88**	**60**	**28**	**64**	**35**	**29**
15	1	1		11	6	5	13	8	5
16	3		3	17	11	6	10	8	2
17	2	1	1	15	9	6	12	5	7
18	3		3	21	17	4	15	4	11
19	3	3		24	17	7	14	10	4
20-24岁	**37**	**22**	**15**	**142**	**87**	**55**	**116**	**70**	**46**
20	7	1	6	22	15	7	14	11	3
21	5	4	1	31	21	10	20	13	7
22	5	2	3	27	14	13	22	9	13
23	10	5	5	28	16	12	27	15	12
24	10	10		34	21	13	33	22	11
25-29岁	**71**	**32**	**39**	**360**	**221**	**139**	**321**	**173**	**148**
25	12	7	5	50	34	16	48	26	22
26	9	5	4	57	39	18	45	19	26
27	11	6	5	57	32	25	69	36	33
28	19	9	10	85	46	39	74	43	31
29	20	5	15	111	70	41	85	49	36
30-34岁	**221**	**114**	**107**	**979**	**501**	**478**	**927**	**475**	**452**
30	40	23	17	148	78	70	122	65	57
31	44	26	18	183	97	86	198	97	101
32	35	19	16	191	92	99	173	82	91
33	52	22	30	240	125	115	219	112	107
34	50	24	26	217	109	108	215	119	96
35-39岁	**352**	**191**	**161**	**1452**	**762**	**690**	**1373**	**717**	**656**
35	57	36	21	240	131	109	241	140	101
36	73	42	31	251	133	118	257	141	116
37	58	32	26	270	146	124	262	130	132
38	94	48	46	350	173	177	311	167	144
39	70	33	37	341	179	162	302	139	163
40-44岁	**508**	**266**	**242**	**2220**	**1130**	**1090**	**1929**	**921**	**1008**
40	86	49	37	354	191	163	329	159	170
41	101	56	45	399	206	193	349	160	189
42	88	40	48	463	234	229	395	174	221
43	114	61	53	441	213	228	343	167	176
44	119	60	59	563	286	277	513	261	252
45-49岁	**987**	**438**	**549**	**4513**	**2039**	**2474**	**3706**	**1701**	**2005**
45	172	76	96	711	336	375	579	256	323
46	175	82	93	845	404	441	708	335	373
47	178	79	99	899	394	505	693	324	369
48	236	104	132	935	431	504	814	374	440
49	226	97	129	1123	474	649	912	412	500
50岁及以上	**8385**	**3406**	**4979**	**34665**	**14575**	**20090**	**30878**	**13729**	**17149**

3-2　续表 4

单位：人

年　龄	初中								
	合　计			在　校			毕　业		
	合计	男	女	小计	男	女	小计	男	女
总　计	**780981**	**427961**	**353020**	**66333**	**34249**	**32084**	**633694**	**346293**	**287401**
3									
4									
5–9岁	**704**	**366**	**338**	**615**	**318**	**297**	**70**	**38**	**32**
5									
6	105	59	46	89	49	40	14	8	6
7	149	78	71	132	66	66	9	7	2
8	214	110	104	187	99	88	21	9	12
9	236	119	117	207	104	103	26	14	12
10–14岁	**54223**	**27760**	**26463**	**52203**	**26657**	**25546**	**1628**	**887**	**741**
10	375	200	175	349	186	163	21	12	9
11	1332	658	674	1255	627	628	60	25	35
12	12333	6134	6199	11916	5899	6017	362	206	156
13	20332	10512	9820	19653	10119	9534	542	308	234
14	19851	10256	9595	19030	9826	9204	643	336	307
15–19岁	**16832**	**9420**	**7412**	**13328**	**7161**	**6167**	**2886**	**1849**	**1037**
15	9455	5116	4339	9110	4900	4210	216	139	77
16	3188	1759	1429	2693	1444	1249	394	244	150
17	1480	870	610	806	415	391	557	380	177
18	1354	815	539	481	282	199	751	454	297
19	1355	860	495	238	120	118	968	632	336
20–24岁	**12676**	**7486**	**5190**	**63**	**39**	**24**	**11139**	**6526**	**4613**
20	1458	910	548	20	12	8	1251	771	480
21	1858	1096	762	21	12	9	1616	946	670
22	2431	1425	1006	10	5	5	2144	1246	898
23	3030	1801	1229	6	6		2679	1584	1095
24	3899	2254	1645	6	4	2	3449	1979	1470
25–29岁	**32992**	**18396**	**14596**	**19**	**13**	**6**	**29384**	**16262**	**13122**
25	4904	2783	2121	2	1	1	4377	2468	1909
26	5564	3112	2452	2	2		4927	2747	2180
27	6434	3575	2859	7	6	1	5729	3155	2574
28	7453	4149	3304	5	3	2	6662	3684	2978
29	8637	4777	3860	3	1	2	7689	4208	3481
30–34岁	**67607**	**36101**	**31506**	**14**	**9**	**5**	**60374**	**31956**	**28418**
30	12535	6853	5682	3	1	2	11172	6031	5141
31	13032	7019	6013	3	1	2	11631	6216	5415
32	12771	6832	5939	1	1		11386	6038	5348
33	14733	7795	6938	3	2	1	13206	6918	6288
34	14536	7602	6934	4	4		12979	6753	6226
35–39岁	**87814**	**46753**	**41061**	**9**	**3**	**6**	**78390**	**41399**	**36991**
35	15072	7924	7148	1		1	13464	7010	6454
36	17589	9399	8190	2	2		15643	8290	7353
37	16963	8988	7975	2		2	15141	7938	7203
38	20325	10862	9463	3	1	2	18236	9670	8566
39	17865	9580	8285	1		1	15906	8491	7415
40–44岁	**85369**	**45446**	**39923**	**11**	**5**	**6**	**76129**	**40332**	**35797**
40	16975	8941	8034	3	2	1	15139	7930	7209
41	17533	9295	8238	2		2	15636	8251	7385
42	16526	8825	7701	2	2		14779	7836	6943
43	15788	8448	7340	1		1	14041	7485	6556
44	18547	9937	8610	3	1	2	16534	8830	7704
45–49岁	**108356**	**57804**	**50552**	**9**	**3**	**6**	**96268**	**51076**	**45192**
45	19723	10466	9257	2		2	17426	9193	8233
46	21834	11590	10244	1	1		19372	10222	9150
47	21565	11460	10105				19217	10158	9059
48	22367	11935	10432	3	1	2	19927	10559	9368
49	22867	12353	10514	3	1	2	20326	10944	9382
50岁及以上	**314408**	**178429**	**135979**	**62**	**41**	**21**	**277426**	**155968**	**121458**

3-2 续表 5

单位：人

年龄	初中								
	肄业			辍学			其他		
	小计	男	女	小计	男	女	小计	男	女
总计	**8919**	**5275**	**3644**	**32085**	**19319**	**12766**	**39950**	**22825**	**17125**
3									
4									
5-9岁	**1**		**1**	**1**		**1**	**17**	**10**	**7**
5									
6							2	2	
7	1		1				7	5	2
8				1		1	5	2	3
9							3	1	2
10-14岁	**28**	**20**	**8**	**85**	**55**	**30**	**279**	**141**	**138**
10				1		1	4	2	2
11				1	1		16	5	11
12	4	3	1	6	4	2	45	22	23
13	9	8	1	28	18	10	100	59	41
14	15	9	6	49	32	17	114	53	61
15-19岁	**74**	**52**	**22**	**336**	**230**	**106**	**208**	**128**	**80**
15	16	13	3	66	40	26	47	24	23
16	12	7	5	63	44	19	26	20	6
17	16	11	5	61	40	21	40	24	16
18	13	9	4	66	43	23	43	27	16
19	17	12	5	80	63	17	52	33	19
20-24岁	**165**	**108**	**57**	**593**	**391**	**202**	**716**	**422**	**294**
20	17	14	3	85	62	23	85	51	34
21	22	14	8	93	61	32	106	63	43
22	35	25	10	113	72	41	129	77	52
23	39	23	16	148	102	46	158	86	72
24	52	32	20	154	94	60	238	145	93
25-29岁	**391**	**245**	**146**	**1415**	**889**	**526**	**1783**	**987**	**796**
25	72	50	22	194	119	75	259	145	114
26	63	35	28	256	167	89	316	161	155
27	82	52	30	270	177	93	346	185	161
28	72	45	27	315	184	131	399	233	166
29	102	63	39	380	242	138	463	263	200
30-34岁	**804**	**445**	**359**	**2861**	**1739**	**1122**	**3554**	**1952**	**1602**
30	132	78	54	561	362	199	667	381	286
31	137	78	59	557	346	211	704	378	326
32	173	89	84	553	332	221	658	372	286
33	182	96	86	579	350	229	763	429	334
34	180	104	76	611	349	262	762	392	370
35-39岁	**1103**	**612**	**491**	**3765**	**2183**	**1582**	**4547**	**2556**	**1991**
35	203	112	91	632	369	263	772	433	339
36	220	132	88	790	459	331	934	516	418
37	221	118	103	704	414	290	895	518	377
38	245	139	106	829	492	337	1012	560	452
39	214	111	103	810	449	361	934	529	405
40-44岁	**958**	**551**	**407**	**3776**	**2169**	**1607**	**4495**	**2389**	**2106**
40	205	122	83	762	441	321	866	446	420
41	174	99	75	766	424	342	955	521	434
42	183	103	80	731	430	301	831	454	377
43	163	96	67	714	424	290	869	443	426
44	233	131	102	803	450	353	974	525	449
45-49岁	**1213**	**682**	**531**	**4913**	**2843**	**2070**	**5953**	**3200**	**2753**
45	223	128	95	958	568	390	1114	577	537
46	244	143	101	1008	567	441	1209	657	552
47	226	127	99	921	535	386	1201	640	561
48	262	148	114	970	570	400	1205	657	548
49	258	136	122	1056	603	453	1224	669	555
50岁及以上	**4182**	**2560**	**1622**	**14340**	**8820**	**5520**	**18398**	**11040**	**7358**

3-2　续表 6

单位：人

年　龄	高　　中								
	合　　计			在　　校			毕　　业		
	合计	男	女	小计	男	女	小计	男	女
总　计	**348594**	**189053**	**159541**	**60785**	**31031**	**29754**	**270817**	**147733**	**123084**
3									
4									
5—9岁	**1**		**1**	**1**		**1**			
5									
6									
7									
8									
9	1		1	1		1			
10—14岁	**1485**	**692**	**793**	**1405**	**650**	**755**	**65**	**35**	**30**
10	1		1	1		1			
11									
12	2		2	2		2			
13	249	119	130	224	106	118	20	10	10
14	1233	573	660	1178	544	634	45	25	20
15—19岁	**60095**	**30901**	**29194**	**57620**	**29372**	**28248**	**1986**	**1225**	**761**
15	11505	5685	5820	11426	5636	5790	47	29	18
16	19615	9920	9695	19401	9787	9614	119	70	49
17	16113	8191	7922	15718	7966	7752	280	155	125
18	9600	5170	4430	8890	4738	4152	589	366	223
19	3262	1935	1327	2185	1245	940	951	605	346
20—24岁	**12307**	**7436**	**4871**	**1682**	**966**	**716**	**9808**	**5959**	**3849**
20	2204	1340	864	824	475	349	1249	778	471
21	1932	1194	738	402	231	171	1398	877	521
22	2351	1444	907	220	121	99	1967	1215	752
23	2643	1544	1099	135	77	58	2326	1368	958
24	3177	1914	1263	101	62	39	2868	1721	1147
25—29岁	**22409**	**12704**	**9705**	**28**	**17**	**11**	**20763**	**11753**	**9010**
25	3591	2075	1516	7	4	3	3308	1909	1399
26	4023	2299	1724	13	8	5	3725	2125	1600
27	4359	2481	1878	6	4	2	4025	2290	1735
28	4972	2828	2144	1	1		4609	2602	2007
29	5464	3021	2443	1		1	5096	2827	2269
30—34岁	**32854**	**17719**	**15135**	**12**	**3**	**9**	**30764**	**16527**	**14237**
30	7108	3798	3310	2		2	6637	3541	3096
31	7039	3822	3217	5		5	6613	3575	3038
32	6307	3333	2974	3	2	1	5916	3115	2801
33	6680	3667	3013	2	1	1	6257	3419	2838
34	5720	3099	2621				5341	2877	2464
35—39岁	**27991**	**14962**	**13029**	**4**	**3**	**1**	**26234**	**13941**	**12293**
35	5169	2770	2399	1	1		4824	2570	2254
36	5571	3008	2563	1		1	5208	2790	2418
37	5227	2761	2466				4886	2573	2313
38	6394	3373	3021	2	2		6012	3159	2853
39	5630	3050	2580				5304	2849	2455
40—44岁	**28774**	**15121**	**13653**	**5**	**4**	**1**	**27279**	**14261**	**13018**
40	5610	2977	2633	1		1	5317	2801	2516
41	5861	3092	2769	1	1		5544	2904	2640
42	5617	2949	2668	1	1		5336	2802	2534
43	5429	2830	2599	1	1		5164	2667	2497
44	6257	3273	2984	1	1		5918	3087	2831
45—49岁	**37153**	**19597**	**17556**	**5**	**4**	**1**	**35328**	**18528**	**16800**
45	6691	3454	3237	2	2		6367	3269	3098
46	7553	3964	3589	1		1	7171	3747	3424
47	7593	4033	3560	2	2		7185	3794	3391
48	7565	3997	3568				7207	3773	3434
49	7751	4149	3602				7398	3945	3453
50岁及以上	**125525**	**69921**	**55604**	**23**	**12**	**11**	**118590**	**65504**	**53086**

3-2 续表 7 单位：人

年 龄	高中								
	肄 业			辍 学			其 他		
	小计	男	女	小计	男	女	小计	男	女
总 计	**1929**	**1206**	**723**	**5483**	**3490**	**1993**	**9580**	**5593**	**3987**
3									
4									
5-9岁									
5									
6									
7									
8									
9									
10-14岁	**1**		**1**	**2**	**2**		**12**	**5**	**7**
10									
11									
12									
13	1		1	1	1		3	2	1
14				1	1		9	3	6
15-19岁	**57**	**41**	**16**	**227**	**144**	**83**	**205**	**119**	**86**
15	3	3		14	8	6	15	9	6
16	12	11	1	37	24	13	46	28	18
17	8	6	2	54	32	22	53	32	21
18	16	10	6	56	31	25	49	25	24
19	18	11	7	66	49	17	42	25	17
20-24岁	**86**	**47**	**39**	**341**	**229**	**112**	**390**	**235**	**155**
20	16	9	7	58	44	14	57	34	23
21	13	8	5	51	35	16	68	43	25
22	16	10	6	74	53	21	74	45	29
23	20	7	13	68	42	26	94	50	44
24	21	13	8	90	55	35	97	63	34
25-29岁	**210**	**125**	**85**	**582**	**343**	**239**	**826**	**466**	**360**
25	37	27	10	109	60	49	130	75	55
26	38	24	14	107	72	35	140	70	70
27	49	26	23	106	58	48	173	103	70
28	45	28	17	134	82	52	183	115	68
29	41	20	21	126	71	55	200	103	97
30-34岁	**265**	**159**	**106**	**772**	**471**	**301**	**1041**	**559**	**482**
30	54	32	22	173	104	69	242	121	121
31	53	34	19	156	95	61	212	118	94
32	61	32	29	137	85	52	190	99	91
33	56	35	21	163	101	62	202	111	91
34	41	26	15	143	86	57	195	110	85
35-39岁	**206**	**122**	**84**	**645**	**393**	**252**	**902**	**503**	**399**
35	38	17	21	127	77	50	179	105	74
36	38	26	12	139	88	51	185	104	81
37	36	19	17	115	59	56	190	110	80
38	57	33	24	126	81	45	197	98	99
39	37	27	10	138	88	50	151	86	65
40-44岁	**171**	**99**	**72**	**475**	**289**	**186**	**844**	**468**	**376**
40	29	16	13	95	63	32	168	97	71
41	40	23	17	89	55	34	187	109	78
42	34	19	15	97	57	40	149	70	79
43	28	21	7	91	57	34	145	84	61
44	40	20	20	103	57	46	195	108	87
45-49岁	**195**	**121**	**74**	**561**	**340**	**221**	**1064**	**604**	**460**
45	29	20	9	95	59	36	198	104	94
46	55	33	22	113	65	48	213	119	94
47	35	22	13	134	78	56	237	137	100
48	41	28	13	103	66	37	214	130	84
49	35	18	17	116	72	44	202	114	88
50岁及以上	**738**	**492**	**246**	**1878**	**1279**	**599**	**4296**	**2634**	**1662**

3-2 续表 8

单位：人

年 龄	大学专科								
	合 计			在 校			毕 业		
	合计	男	女	小计	男	女	小计	男	女
总 计	**240780**	**130290**	**110490**	**22798**	**12192**	**10606**	**212980**	**115314**	**97666**
3									
4									
5–9岁									
5									
6									
7									
8									
9									
10–14岁	**1**		**1**	**1**		**1**			
10									
11									
12									
13	1		1	1		1			
14									
15–19岁	**10904**	**5784**	**5120**	**10257**	**5408**	**4849**	**580**	**338**	**242**
15	144	80	64	139	76	63	5	4	1
16	361	207	154	352	203	149	7	3	4
17	767	420	347	712	385	327	45	28	17
18	3382	1804	1578	3238	1713	1525	129	85	44
19	6250	3273	2977	5816	3031	2785	394	218	176
20–24岁	**33214**	**17522**	**15692**	**11634**	**6279**	**5355**	**21021**	**10935**	**10086**
20	7113	3785	3328	5906	3149	2757	1133	593	540
21	6113	3216	2897	3343	1803	1540	2698	1371	1327
22	6342	3376	2966	1493	823	670	4725	2496	2229
23	6615	3460	3155	597	337	260	5894	3052	2842
24	7031	3685	3346	295	167	128	6571	3423	3148
25–29岁	**38649**	**20047**	**18602**	**517**	**281**	**236**	**37268**	**19308**	**17960**
25	7697	3975	3722	189	97	92	7332	3782	3550
26	7149	3659	3490	120	71	49	6873	3509	3364
27	7764	4051	3713	98	46	52	7491	3910	3581
28	7986	4153	3833	58	36	22	7762	4026	3736
29	8053	4209	3844	52	31	21	7810	4081	3729
30–34岁	**45997**	**23994**	**22003**	**120**	**64**	**56**	**44961**	**23463**	**21498**
30	10739	5615	5124	43	22	21	10458	5463	4995
31	10179	5249	4930	29	15	14	9961	5136	4825
32	8889	4626	4263	21	13	8	8677	4518	4159
33	8818	4621	4197	16	9	7	8632	4533	4099
34	7372	3883	3489	11	5	6	7233	3813	3420
35–39岁	**26683**	**14142**	**12541**	**82**	**52**	**30**	**26012**	**13783**	**12229**
35	5947	3164	2783	21	10	11	5787	3082	2705
36	6025	3192	2833	15	13	2	5884	3108	2776
37	5038	2672	2366	21	11	10	4915	2615	2300
38	5316	2840	2476	11	7	4	5187	2773	2414
39	4357	2274	2083	14	11	3	4239	2205	2034
40–44岁	**18548**	**9902**	**8646**	**59**	**33**	**26**	**18066**	**9642**	**8424**
40	3894	2075	1819	13	7	6	3782	2019	1763
41	3871	2089	1782	6	4	2	3776	2039	1737
42	3682	1916	1766	11	4	7	3592	1870	1722
43	3359	1798	1561	16	7	9	3260	1741	1519
44	3742	2024	1718	13	11	2	3656	1973	1683
45–49岁	**19230**	**10458**	**8772**	**50**	**25**	**25**	**18765**	**10199**	**8566**
45	3659	1912	1747	7	5	2	3567	1867	1700
46	3938	2170	1768	7	5	2	3850	2113	1737
47	3975	2172	1803	14	5	9	3882	2130	1752
48	3882	2129	1753	11	5	6	3782	2067	1715
49	3776	2075	1701	11	5	6	3684	2022	1662
50岁及以上	**47554**	**28441**	**19113**	**78**	**50**	**28**	**46307**	**27646**	**18661**

3-2 续表 9 单位：人

年 龄	大学专科								
	肄 业			辍 学			其 他		
	小计	男	女	小计	男	女	小计	男	女
总 计	**453**	**264**	**189**	**315**	**180**	**135**	**4234**	**2340**	**1894**
3									
4									
5－9岁									
5									
6									
7									
8									
9									
10－14岁									
10									
11									
12									
13									
14									
15－19岁	**7**	**7**		**11**	**5**	**6**	**49**	**26**	**23**
15									
16				1	1		1		1
17	1	1		3	1	2	6	5	1
18	2	2		4	1	3	9	3	6
19	4	4		3	2	1	33	18	15
20－24岁	**53**	**31**	**22**	**70**	**40**	**30**	**436**	**237**	**199**
20	6	4	2	15	7	8	53	32	21
21	13	9	4	10	6	4	49	27	22
22	7	3	4	16	9	7	101	45	56
23	10	2	8	14	8	6	100	61	39
24	17	13	4	15	10	5	133	72	61
25－29岁	**89**	**51**	**38**	**64**	**36**	**28**	**711**	**371**	**340**
25	22	16	6	16	9	7	138	71	67
26	21	10	11	10	4	6	125	65	60
27	9	5	4	17	12	5	149	78	71
28	23	13	10	11	5	6	132	73	59
29	14	7	7	10	6	4	167	84	83
30－34岁	**92**	**39**	**53**	**62**	**40**	**22**	**762**	**388**	**374**
30	22	6	16	16	11	5	200	113	87
31	22	10	12	9	7	2	158	81	77
32	18	8	10	12	7	5	161	80	81
33	20	11	9	13	8	5	137	60	77
34	10	4	6	12	7	5	106	54	52
35－39岁	**59**	**32**	**27**	**30**	**15**	**15**	**500**	**260**	**240**
35	13	7	6	9	7	2	117	58	59
36	16	12	4	6	4	2	104	55	49
37	9	5	4	3		3	90	41	49
38	11	3	8	9	3	6	98	54	44
39	10	5	5	3	1	2	91	52	39
40－44岁	**28**	**19**	**9**	**17**	**8**	**9**	**378**	**200**	**178**
40	9	6	3	4	3	1	86	40	46
41	6	3	3	4	1	3	79	42	37
42	4	3	1	3	1	2	72	38	34
43	7	5	2	3	1	2	73	44	29
44	2	2		3	2	1	68	36	32
45－49岁	**36**	**21**	**15**	**22**	**10**	**12**	**357**	**203**	**154**
45	5	1	4	4	1	3	76	38	38
46	4	4		3	1	2	74	47	27
47	8	4	4	6	2	4	65	31	34
48	13	9	4	5	4	1	71	44	27
49	6	3	3	4	2	2	71	43	28
50岁及以上	**89**	**64**	**25**	**39**	**26**	**13**	**1041**	**655**	**386**

3-2 续表 10

单位：人

年 龄	大学本科								
	合 计			在 校			毕 业		
	合计	男	女	小计	男	女	小计	男	女
总 计	**199402**	**97596**	**101806**	**31731**	**13684**	**18047**	**164892**	**82501**	**82391**
3									
4									
5—9岁									
5									
6									
7									
8									
9									
10—14岁									
10									
11									
12									
13									
14									
15—19岁	**9823**	**4198**	**5625**	**9685**	**4123**	**5562**	**117**	**65**	**52**
15	13	6	7	11	4	7	2	2	
16	27	9	18	26	8	18	1	1	
17	385	153	232	374	146	228	11	7	4
18	3081	1353	1728	3052	1338	1714	23	11	12
19	6317	2677	3640	6222	2627	3595	80	44	36
20—24岁	**35459**	**15306**	**20153**	**20988**	**9045**	**11943**	**14142**	**6105**	**8037**
20	7684	3323	4361	7470	3215	4255	193	101	92
21	7379	3159	4220	6617	2806	3811	716	331	385
22	7339	3093	4246	4476	1919	2557	2806	1149	1657
23	6620	2903	3717	1798	808	990	4720	2046	2674
24	6437	2828	3609	627	297	330	5707	2478	3229
25—29岁	**34363**	**15605**	**18758**	**742**	**343**	**399**	**33064**	**15002**	**18062**
25	6762	3022	3740	330	161	169	6328	2807	3521
26	6687	2943	3744	192	72	120	6381	2816	3565
27	6897	3084	3813	99	44	55	6709	3005	3704
28	7280	3366	3914	66	32	34	7082	3269	3813
29	6737	3190	3547	55	34	21	6564	3105	3459
30—34岁	**39704**	**19206**	**20498**	**151**	**74**	**77**	**39016**	**18862**	**20154**
30	8939	4239	4700	50	25	25	8761	4150	4611
31	8352	3935	4417	32	18	14	8207	3864	4343
32	7636	3702	3934	27	14	13	7522	3636	3886
33	7990	4007	3983	20	10	10	7857	3945	3912
34	6787	3323	3464	22	7	15	6669	3267	3402
35—39岁	**27472**	**13757**	**13715**	**53**	**31**	**22**	**26992**	**13527**	**13465**
35	6030	2977	3053	16	9	7	5928	2929	2999
36	6117	3088	3029	9	5	4	5997	3035	2962
37	5338	2709	2629	10	8	2	5254	2667	2587
38	5660	2812	2848	10	5	5	5557	2757	2800
39	4327	2171	2156	8	4	4	4256	2139	2117
40—44岁	**15331**	**7828**	**7503**	**40**	**18**	**22**	**15035**	**7666**	**7369**
40	3656	1875	1781	12	3	9	3592	1843	1749
41	3236	1658	1578	8	3	5	3182	1629	1553
42	3072	1552	1520	6	4	2	3013	1517	1496
43	2557	1291	1266	5	3	2	2505	1262	1243
44	2810	1452	1358	9	5	4	2743	1415	1328
45—49岁	**13353**	**7002**	**6351**	**26**	**15**	**11**	**13121**	**6880**	**6241**
45	2688	1406	1282	5	1	4	2651	1385	1266
46	2791	1456	1335	8	7	1	2742	1430	1312
47	2638	1365	1273	3	1	2	2589	1341	1248
48	2613	1351	1262	5	4	1	2567	1328	1239
49	2623	1424	1199	5	2	3	2572	1396	1176
50岁及以上	**23897**	**14694**	**9203**	**46**	**35**	**11**	**23405**	**14394**	**9011**

3-2 续表 11

单位：人

年龄	大学本科								
	肄业			辍学			其他		
	小计	男	女	小计	男	女	小计	男	女
总计	**246**	**127**	**119**	**67**	**39**	**28**	**2466**	**1245**	**1221**
3									
4									
5-9岁									
5									
6									
7									
8									
9									
10-14岁									
10									
11									
12									
13									
14									
15-19岁				**4**	**1**	**3**	**17**	**9**	**8**
15									
16									
17									
18				1		1	5	4	1
19				3	1	2	12	5	7
20-24岁	**37**	**15**	**22**	**18**	**13**	**5**	**274**	**128**	**146**
20	2		2	4	1	3	15	6	9
21	3	2	1	1	1		42	19	23
22	5	2	3	1	1		51	22	29
23	15	6	9	9	8	1	78	35	43
24	12	5	7	3	2	1	88	46	42
25-29岁	**42**	**20**	**22**	**14**	**8**	**6**	**501**	**232**	**269**
25	7	3	4	2	1	1	95	50	45
26	9	6	3	7	4	3	98	45	53
27	11	3	8				78	32	46
28	8	6	2	3	2	1	121	57	64
29	7	2	5	2	1	1	109	48	61
30-34岁	**45**	**20**	**25**	**12**	**6**	**6**	**480**	**244**	**236**
30	14	7	7	4	2	2	110	55	55
31	11	6	5	1	1		101	46	55
32	4	2	2	2	2		81	48	33
33	10	2	8	2	1	1	101	49	52
34	6	3	3	3		3	87	46	41
35-39岁	**50**	**30**	**20**	**6**	**5**	**1**	**371**	**164**	**207**
35	11	8	3	4	4		71	27	44
36	7	5	2				104	43	61
37	11	4	7				63	30	33
38	13	8	5				80	42	38
39	8	5	3	2	1	1	53	22	31
40-44岁	**28**	**15**	**13**	**1**		**1**	**227**	**129**	**98**
40	7	3	4				45	26	19
41	4	2	2				42	24	18
42	4	3	1				49	28	21
43	4	2	2				43	24	19
44	9	5	4	1		1	48	27	21
45-49岁	**20**	**13**	**7**	**2**		**2**	**184**	**94**	**90**
45	4	1	3				28	19	9
46	3	2	1				38	17	21
47	3	2	1				43	21	22
48	4	2	2	1		1	36	17	19
49	6	6		1		1	39	20	19
50岁及以上	**24**	**14**	**10**	**10**	**6**	**4**	**412**	**245**	**167**

3-2　续表 12　　　　单位：人

年　龄	硕士研究生								
	合　计			在　校			毕　业		
	合计	男	女	小计	男	女	小计	男	女
总　计	**14916**	**6413**	**8503**	**2913**	**1129**	**1784**	**11843**	**5217**	**6626**
3									
4									
5–9岁									
5									
6									
7									
8									
9									
10–14岁									
10									
11									
12									
13									
14									
15–19岁	**7**	**2**	**5**	**6**	**2**	**4**	**1**		**1**
15									
16									
17									
18	2	1	1	2	1	1			
19	5	1	4	4	1	3	1		1
20–24岁	**1792**	**638**	**1154**	**1612**	**595**	**1017**	**169**	**42**	**127**
20	4		4	4		4			
21	44	12	32	40	12	28	4		4
22	310	116	194	300	109	191	10	7	3
23	654	217	437	604	209	395	45	8	37
24	780	293	487	664	265	399	110	27	83
25–29岁	**3340**	**1108**	**2232**	**1137**	**456**	**681**	**2161**	**639**	**1522**
25	849	284	565	532	196	336	310	87	223
26	729	246	483	304	131	173	415	110	305
27	619	191	428	153	61	92	459	129	330
28	572	184	388	97	44	53	467	138	329
29	571	203	368	51	24	27	510	175	335
30–34岁	**3468**	**1301**	**2167**	**115**	**56**	**59**	**3316**	**1226**	**2090**
30	775	257	518	44	21	23	723	235	488
31	721	263	458	27	13	14	690	248	442
32	662	258	404	17	9	8	638	243	395
33	699	279	420	15	7	8	674	267	407
34	611	244	367	12	6	6	591	233	358
35–39岁	**2946**	**1368**	**1578**	**33**	**14**	**19**	**2882**	**1343**	**1539**
35	599	251	348	8	4	4	587	245	342
36	660	288	372	6	1	5	646	285	361
37	588	274	314	7		7	577	272	305
38	602	290	312	6	3	3	590	286	304
39	497	265	232	6	6		482	255	227
40–44岁	**1352**	**703**	**649**	**3**	**2**	**1**	**1331**	**691**	**640**
40	381	189	192	2	2		378	187	191
41	290	153	137	1		1	287	151	136
42	276	143	133				272	140	132
43	194	90	104				189	87	102
44	211	128	83				205	126	79
45–49岁	**919**	**533**	**386**	**2**	**1**	**1**	**908**	**528**	**380**
45	180	97	83	1	1		176	94	82
46	199	107	92	1		1	197	107	90
47	194	107	87				192	106	86
48	190	115	75				187	114	73
49	156	107	49				156	107	49
50岁及以上	**1092**	**760**	**332**	**5**	**3**	**2**	**1075**	**748**	**327**

3-2 续表 13

单位：人

年龄	硕士研究生								
	肄业			辍学			其他		
	小计	男	女	小计	男	女	小计	男	女
总计	**12**	**5**	**7**	**3**	**3**		**145**	**59**	**86**
3									
4									
5-9岁									
5									
6									
7									
8									
9									
10-14岁									
10									
11									
12									
13									
14									
15-19岁									
15									
16									
17									
18									
19									
20-24岁	**1**		**1**				**10**	**1**	**9**
20									
21									
22									
23							5		5
24	1		1				5	1	4
25-29岁	**4**	**1**	**3**	**2**	**2**		**36**	**10**	**26**
25							7	1	6
26	2	1	1	1	1		7	3	4
27				1	1		6		6
28	2		2				6	2	4
29							10	4	6
30-34岁	**3**	**1**	**2**				**34**	**18**	**16**
30	2		2				6	1	5
31							4	2	2
32	1	1					6	5	1
33							10	5	5
34							8	5	3
35-39岁	**1**	**1**					**30**	**10**	**20**
35							4	2	2
36	1	1					7	1	6
37							4	2	2
38							6	1	5
39							9	4	5
40-44岁	**2**	**1**	**1**				**16**	**9**	**7**
40							1		1
41							2	2	
42							4	3	1
43	1	1					4	2	2
44	1		1				5	2	3
45-49岁	**1**	**1**					**8**	**3**	**5**
45	1	1					2	1	1
46							1		1
47							2	1	1
48							3	1	2
49									
50岁及以上				**1**	**1**		**11**	**8**	**3**

3-2　续表 14　　　　　　　　　　　　　　　　　　　　　　　　单位：人

年　龄	博士研究生								
	合　　计			在　　校			毕　　业		
	合计	男	女	小计	男	女	小计	男	女
总　计	**1132**	**583**	**549**	**317**	**135**	**182**	**805**	**445**	**360**
3									
4									
5–9岁									
5									
6									
7									
8									
9									
10–14岁									
10									
11									
12									
13									
14									
15–19岁	**1**		**1**	**1**		**1**			
15									
16									
17									
18									
19	1		1	1		1			
20–24岁	**43**	**18**	**25**	**40**	**18**	**22**	**3**		**3**
20	1	1		1	1				
21	1	1		1	1				
22	5	1	4	4	1	3	1		1
23	15	9	6	14	9	5	1		1
24	21	6	15	20	6	14	1		1
25–29岁	**248**	**100**	**148**	**200**	**85**	**115**	**47**	**15**	**32**
25	52	16	36	46	15	31	6	1	5
26	55	22	33	50	22	28	5		5
27	35	18	17	28	15	13	7	3	4
28	62	27	35	48	20	28	14	7	7
29	44	17	27	28	13	15	15	4	11
30–34岁	**217**	**101**	**116**	**48**	**23**	**25**	**167**	**78**	**89**
30	67	31	36	22	9	13	44	22	22
31	39	23	16	13	9	4	26	14	12
32	31	14	17	5	1	4	26	13	13
33	37	12	25	6	3	3	31	9	22
34	43	21	22	2	1	1	40	20	20
35–39岁	**228**	**118**	**110**	**17**	**8**	**9**	**207**	**108**	**99**
35	39	20	19	7	1	6	31	19	12
36	33	19	14	2	1	1	29	16	13
37	54	23	31	3	1	2	50	22	28
38	53	29	24	2	2		51	27	24
39	49	27	22	3	3		46	24	22
40–44岁	**149**	**87**	**62**	**6**	**1**	**5**	**141**	**86**	**55**
40	37	22	15	2		2	35	22	13
41	34	18	16	2		2	32	18	14
42	35	19	16	1	1		34	18	16
43	19	10	9				17	10	7
44	24	18	6	1		1	23	18	5
45–49岁	**98**	**57**	**41**	**4**		**4**	**94**	**57**	**37**
45	24	11	13	2		2	22	11	11
46	21	12	9				21	12	9
47	22	17	5				22	17	5
48	17	8	9	1		1	16	8	8
49	14	9	5	1		1	13	9	4
50岁及以上	**148**	**102**	**46**	**1**		**1**	**146**	**101**	**45**

3-2 续表 15

单位：人

年龄	博士研究生								
	肄业			辍学			其他		
	小计	男	女	小计	男	女	小计	男	女
总计							**10**	**3**	**7**
3									
4									
5-9岁									
5									
6									
7									
8									
9									
10-14岁									
10									
11									
12									
13									
14									
15-19岁									
15									
16									
17									
18									
19									
20-24岁									
20									
21									
22									
23									
24									
25-29岁							**1**		**1**
25									
26									
27									
28									
29							1		1
30-34岁							**2**		**2**
30							1		1
31									
32									
33									
34							1		1
35-39岁							**4**	**2**	**2**
35							1		1
36							2	2	
37							1		1
38									
39									
40-44岁							**2**		**2**
40									
41									
42									
43							2		2
44									
45-49岁									
45									
46									
47									
48									
49									
50岁及以上							**1**	**1**	

3−2a　全区分年龄、性别、学业完成情况的3岁及以上各种受教育程度人口(城市)

单位：人

年龄	合计								
	合计			在校			毕业		
	合计	男	女	小计	男	女	小计	男	女
总计	**835553**	**416824**	**418729**	**141653**	**71461**	**70192**	**661615**	**329569**	**332046**
3									
4									
5−9岁	**34747**	**17966**	**16781**	**33850**	**17477**	**16373**	**781**	**439**	**342**
5	410	219	191	386	205	181	19	12	7
6	6309	3162	3147	6138	3072	3066	140	76	64
7	9232	4761	4471	9001	4633	4368	206	116	90
8	10294	5335	4959	10037	5200	4837	226	122	104
9	8502	4489	4013	8288	4367	3921	190	113	77
10−14岁	**41211**	**21313**	**19898**	**39713**	**20528**	**19185**	**1344**	**709**	**635**
10	8203	4364	3839	7948	4231	3717	228	121	107
11	8278	4284	3994	8032	4156	3876	216	112	104
12	8270	4271	3999	7952	4095	3857	298	167	131
13	8626	4449	4177	8302	4275	4027	288	151	137
14	7834	3945	3889	7479	3771	3708	314	158	156
15−19岁	**44072**	**22376**	**21696**	**41550**	**20835**	**20715**	**2148**	**1316**	**832**
15	8063	4055	4008	7935	3974	3961	91	56	35
16	9740	4970	4770	9494	4811	4683	171	110	61
17	7908	4072	3836	7519	3831	3688	310	196	114
18	8433	4344	4089	7752	3942	3810	586	357	229
19	9928	4935	4993	8850	4277	4573	990	597	393
20−24岁	**51279**	**25221**	**26058**	**24250**	**11542**	**12708**	**26222**	**13196**	**13026**
20	11532	5731	5801	9732	4723	5009	1685	935	750
21	10127	4950	5177	7104	3351	3753	2906	1531	1375
22	9837	4791	5046	4310	2026	2284	5376	2670	2706
23	9528	4696	4832	2005	929	1076	7329	3653	3676
24	10255	5053	5202	1099	513	586	8926	4407	4519
25−29岁	**61930**	**30644**	**31286**	**1690**	**776**	**914**	**58723**	**29036**	**29687**
25	11261	5496	5765	710	312	398	10306	5047	5259
26	11521	5634	5887	451	210	241	10774	5257	5517
27	12304	6027	6277	245	106	139	11775	5783	5992
28	13317	6665	6652	174	86	88	12824	6395	6429
29	13527	6822	6705	110	62	48	13044	6554	6490
30−34岁	**89225**	**44332**	**44893**	**270**	**128**	**142**	**86498**	**42890**	**43608**
30	18618	9303	9315	94	44	50	18070	8993	9077
31	18530	9161	9369	66	33	33	17993	8867	9126
32	17218	8434	8784	41	20	21	16676	8165	8511
33	18347	9201	9146	35	17	18	17762	8923	8839
34	16512	8233	8279	34	14	20	15997	7942	8055
35−39岁	**79670**	**40010**	**39660**	**109**	**56**	**53**	**76700**	**38469**	**38231**
35	15214	7615	7599	32	16	16	14687	7323	7364
36	16510	8293	8217	18	10	8	15872	7948	7924
37	15428	7757	7671	26	12	14	14867	7484	7383
38	17771	8913	8858	16	8	8	17119	8576	8543
39	14747	7432	7315	17	10	7	14155	7138	7017
40−44岁	**68219**	**34000**	**34219**	**73**	**34**	**39**	**65368**	**32546**	**32822**
40	13718	6817	6901	22	8	14	13200	6560	6640
41	13669	6855	6814	13	4	9	13135	6583	6552
42	13467	6679	6788	10	6	4	12878	6372	6506
43	12770	6336	6434	10	5	5	12211	6048	6163
44	14595	7313	7282	18	11	7	13944	6983	6961
45−49岁	**82098**	**40810**	**41288**	**57**	**25**	**32**	**78118**	**38834**	**39284**
45	14909	7363	7546	13	5	8	14211	7005	7206
46	16397	8172	8225	9	6	3	15606	7774	7832
47	16791	8368	8423	13	4	9	15990	7969	8021
48	16893	8304	8589	11	4	7	16088	7908	8180
49	17108	8603	8505	11	6	5	16223	8178	8045
50岁及以上	**283102**	**140152**	**142950**	**91**	**60**	**31**	**265713**	**132134**	**133579**

3-2a 续表 1 单位：人

年龄	合计								
	肄业			辍学			其他		
	小计	男	女	小计	男	女	小计	男	女
总计	**4355**	**2151**	**2204**	**14429**	**7121**	**7308**	**13501**	**6522**	**6979**
3									
4									
5-9岁	**10**	**6**	**4**	**5**	**2**	**3**	**101**	**42**	**59**
5							5	2	3
6	2	1	1	1		1	28	13	15
7	4	4		1	1		20	7	13
8	1		1	2		2	28	13	15
9	3	1	2	1	1		20	7	13
10-14岁	**12**	**6**	**6**	**30**	**19**	**11**	**112**	**51**	**61**
10	2	1	1	2		2	23	11	12
11	3	1	2	2	1	1	25	14	11
12	2	2		3	2	1	15	5	10
13	3	1	2	11	8	3	22	14	8
14	2	1	1	12	8	4	27	7	20
15-19岁	**40**	**26**	**14**	**193**	**124**	**69**	**141**	**75**	**66**
15	6	5	1	20	14	6	11	6	5
16	3	2	1	40	29	11	32	18	14
17	8	5	3	39	23	16	32	17	15
18	12	7	5	46	22	24	37	16	21
19	11	7	4	48	36	12	29	18	11
20-24岁	**109**	**70**	**39**	**295**	**199**	**96**	**403**	**214**	**189**
20	7	5	2	58	41	17	50	27	23
21	14	10	4	46	31	15	57	27	30
22	23	14	9	48	35	13	80	46	34
23	29	17	12	70	45	25	95	52	43
24	36	24	12	73	47	26	121	62	59
25-29岁	**212**	**125**	**87**	**571**	**363**	**208**	**734**	**344**	**390**
25	39	25	14	81	48	33	125	64	61
26	43	26	17	118	81	37	135	60	75
27	40	19	21	116	69	47	128	50	78
28	48	33	15	119	74	45	152	77	75
29	42	22	20	137	91	46	194	93	101
30-34岁	**394**	**212**	**182**	**996**	**553**	**443**	**1067**	**549**	**518**
30	67	45	22	181	108	73	206	113	93
31	73	45	28	191	105	86	207	111	96
32	74	32	42	206	108	98	221	109	112
33	92	41	51	219	114	105	239	106	133
34	88	49	39	199	118	81	194	110	84
35-39岁	**444**	**240**	**204**	**1243**	**661**	**582**	**1174**	**584**	**590**
35	79	48	31	208	120	88	208	108	100
36	96	55	41	268	149	119	256	131	125
37	88	42	46	220	116	104	227	103	124
38	94	51	43	289	159	130	253	119	134
39	87	44	43	258	117	141	230	123	107
40-44岁	**364**	**200**	**164**	**1295**	**683**	**612**	**1119**	**537**	**582**
40	75	48	27	232	116	116	189	85	104
41	67	36	31	236	126	110	218	106	112
42	67	30	37	287	160	127	225	111	114
43	75	45	30	258	139	119	216	99	117
44	80	41	39	282	142	140	271	136	135
45-49岁	**484**	**235**	**249**	**1859**	**944**	**915**	**1580**	**772**	**808**
45	87	49	38	314	176	138	284	128	156
46	99	45	54	354	184	170	329	163	166
47	91	41	50	377	196	181	320	158	162
48	111	51	60	366	177	189	317	164	153
49	96	49	47	448	211	237	330	159	171
50岁及以上	**2286**	**1031**	**1255**	**7942**	**3573**	**4369**	**7070**	**3354**	**3716**

3-2a　续表 2　　　　单位：人

年　龄	小学								
	合　计			在　校			毕　业		
	合计	男	女	小计	男	女	小计	男	女
总　计	**129220**	**58346**	**70874**	**53138**	**27711**	**25427**	**65274**	**26503**	**38771**
3									
4									
5-9岁	**34452**	**17815**	**16637**	**33591**	**17347**	**16244**	**748**	**420**	**328**
5	410	219	191	386	205	181	19	12	7
6	6261	3140	3121	6098	3054	3044	132	72	60
7	9168	4725	4443	8942	4600	4342	202	114	88
8	10207	5292	4915	9960	5161	4799	217	118	99
9	8406	4439	3967	8205	4327	3878	178	104	74
10-14岁	**20187**	**10716**	**9471**	**19494**	**10341**	**9153**	**617**	**336**	**281**
10	8069	4296	3773	7826	4169	3657	216	115	101
11	7801	4037	3764	7586	3920	3666	187	102	85
12	3527	1958	1569	3370	1866	1504	144	85	59
13	603	325	278	556	303	253	40	18	22
14	187	100	87	156	83	73	30	16	14
15-19岁	**145**	**80**	**65**	**37**	**15**	**22**	**84**	**50**	**34**
15	30	13	17	22	8	14	7	5	2
16	20	14	6	5	4	1	11	9	2
17	30	16	14	5	3	2	21	10	11
18	32	15	17	3		3	22	12	10
19	33	22	11	2		2	23	14	9
20-24岁	**269**	**162**	**107**	**8**	**3**	**5**	**227**	**134**	**93**
20	44	30	14	7	3	4	33	23	10
21	39	24	15	1		1	35	22	13
22	42	26	16				40	25	15
23	66	38	28				54	30	24
24	78	44	34				65	34	31
25-29岁	**723**	**395**	**328**	**1**	**1**		**637**	**344**	**293**
25	98	53	45				83	44	39
26	104	57	47				88	46	42
27	135	77	58				127	73	54
28	180	90	90	1	1		153	73	80
29	206	118	88				186	108	78
30-34岁	**2340**	**1137**	**1203**	**2**	**2**		**2078**	**1013**	**1065**
30	306	158	148	1	1		266	133	133
31	441	215	226	1	1		390	191	199
32	465	218	247				406	195	211
33	575	280	295				521	258	263
34	553	266	287				495	236	259
35-39岁	**3160**	**1472**	**1688**	**1**		**1**	**2841**	**1325**	**1516**
35	510	242	268				465	221	244
36	673	303	370				600	271	329
37	595	291	304				548	266	282
38	693	332	361	1		1	614	290	324
39	689	304	385				614	277	337
40-44岁	**4435**	**1907**	**2528**				**3898**	**1666**	**2232**
40	739	326	413				650	284	366
41	856	358	498				760	319	441
42	817	366	451				710	316	394
43	929	377	552				806	330	476
44	1094	480	614				972	417	555
45-49岁	**7885**	**3380**	**4505**	**1**		**1**	**6730**	**2897**	**3833**
45	1286	548	738				1110	468	642
46	1507	635	872				1305	551	754
47	1527	655	872				1294	561	733
48	1723	748	975	1		1	1481	646	835
49	1842	794	1048				1540	671	869
50岁及以上	**55624**	**21282**	**34342**	**3**	**2**	**1**	**47414**	**18318**	**29096**

3—2a 续表 3 单位：人

年 龄	小学								
	肄业			辍学			其他		
	小计	男	女	小计	男	女	小计	男	女
总 计	**1560**	**569**	**991**	**6287**	**2401**	**3886**	**2961**	**1162**	**1799**
3									
4									
5—9岁	**10**	**6**	**4**	**4**	**2**	**2**	**99**	**40**	**59**
5							5	2	3
6	2	1	1	1		1	28	13	15
7	4	4		1	1		19	6	13
8	1		1	1		1	28	13	15
9	3	1	2	1	1		19	6	13
10—14岁	**8**	**3**	**5**	**10**	**6**	**4**	**58**	**30**	**28**
10	2	1	1	2		2	23	11	12
11	3	1	2	2	1	1	23	13	10
12	1	1		2	2		10	4	6
13	2		2	3	2	1	2	2	
14				1	1				
15—19岁	**2**	**1**	**1**	**16**	**11**	**5**	**6**	**3**	**3**
15				1		1			
16	1		1	2	1	1	1		1
17	1	1		3	2	1			
18				4	2	2	3	1	2
19				6	6		2	2	
20—24岁	**6**	**5**	**1**	**18**	**13**	**5**	**10**	**7**	**3**
20				2	2		2	2	
21	1	1		2	1	1			
22				1	1		1		1
23	4	3	1	5	3	2	3	2	1
24	1	1		8	6	2	4	3	1
25—29岁	**12**	**6**	**6**	**49**	**36**	**13**	**24**	**8**	**16**
25	4	1	3	10	8	2	1		1
26	1	1		10	9	1	5	1	4
27	1	1		5	3	2	2		2
28	4	3	1	15	9	6	7	4	3
29	2		2	9	7	2	9	3	6
30—34岁	**46**	**19**	**27**	**153**	**70**	**83**	**61**	**33**	**28**
30	5	5		22	12	10	12	7	5
31	9	5	4	31	14	17	10	4	6
32	8	3	5	38	15	23	13	5	8
33	13	2	11	31	15	16	10	5	5
34	11	4	7	31	14	17	16	12	4
35—39岁	**58**	**36**	**22**	**178**	**75**	**103**	**82**	**36**	**46**
35	7	5	2	23	9	14	15	7	8
36	12	7	5	46	19	27	15	6	9
37	9	7	2	22	11	11	16	7	9
38	15	8	7	45	23	22	18	11	7
39	15	9	6	42	13	29	18	5	13
40—44岁	**69**	**32**	**37**	**344**	**151**	**193**	**124**	**58**	**66**
40	14	10	4	53	20	33	22	12	10
41	12	8	4	63	23	40	21	8	13
42	10		10	72	40	32	25	10	15
43	17	7	10	80	31	49	26	9	17
44	16	7	9	76	37	39	30	19	11
45—49岁	**165**	**66**	**99**	**739**	**318**	**421**	**250**	**99**	**151**
45	25	13	12	111	52	59	40	15	25
46	27	7	20	130	63	67	45	14	31
47	31	13	18	152	58	94	50	23	27
48	38	15	23	150	64	86	53	23	30
49	44	18	26	196	81	115	62	24	38
50岁及以上	**1184**	**395**	**789**	**4776**	**1719**	**3057**	**2247**	**848**	**1399**

3-2a　续表 4　　　　单位：人

年　龄	初　中								
	合　计			在　校			毕　业		
	合计	男	女	小计	男	女	小计	男	女
总　计	**258385**	**132581**	**125804**	**24477**	**12503**	**11974**	**220072**	**112484**	**107588**
3									
4									
5—9岁	**295**	**151**	**144**	**259**	**130**	**129**	**33**	**19**	**14**
5									
6	48	22	26	40	18	22	8	4	4
7	64	36	28	59	33	26	4	2	2
8	87	43	44	77	39	38	9	4	5
9	96	50	46	83	40	43	12	9	3
10—14岁	**20473**	**10349**	**10124**	**19709**	**9957**	**9752**	**690**	**357**	**333**
10	134	68	66	122	62	60	12	6	6
11	477	247	230	446	236	210	29	10	19
12	4743	2313	2430	4582	2229	2353	154	82	72
13	7896	4062	3834	7633	3916	3717	234	127	107
14	7223	3659	3564	6926	3514	3412	261	132	129
15—19岁	**5452**	**3036**	**2416**	**4455**	**2384**	**2071**	**862**	**566**	**296**
15	3238	1741	1497	3150	1686	1464	63	37	26
16	951	527	424	826	442	384	102	68	34
17	405	242	163	218	113	105	157	111	46
18	431	258	173	154	89	65	243	152	91
19	427	268	159	107	54	53	297	198	99
20—24岁	**3619**	**2113**	**1506**	**24**	**16**	**8**	**3332**	**1922**	**1410**
20	437	280	157	8	6	2	390	246	144
21	535	320	215	7	3	4	488	289	199
22	691	391	300	2		2	639	356	283
23	829	490	339	5	5		764	444	320
24	1127	632	495	2	2		1051	587	464
25—29岁	**8850**	**4929**	**3921**	**9**	**7**	**2**	**8286**	**4579**	**3707**
25	1337	755	582	2	1	1	1261	710	551
26	1536	850	686	1	1		1434	789	645
27	1778	970	808	4	3	1	1663	903	760
28	1906	1086	820	1	1		1796	1014	782
29	2293	1268	1025	1	1		2132	1163	969
30—34岁	**19048**	**9892**	**9156**	**4**	**3**	**1**	**17915**	**9250**	**8665**
30	3446	1859	1587	1		1	3248	1738	1510
31	3539	1853	1686				3325	1722	1603
32	3637	1879	1758	1	1		3406	1750	1656
33	4215	2151	2064	1	1		3949	2017	1932
34	4211	2150	2061	1	1		3987	2023	1964
35—39岁	**25941**	**13276**	**12665**	**1**		**1**	**24305**	**12394**	**11911**
35	4468	2275	2193				4198	2119	2079
36	5104	2611	2493				4756	2419	2337
37	5023	2569	2454				4712	2408	2304
38	6132	3123	3009				5758	2921	2837
39	5214	2698	2516	1		1	4881	2527	2354
40—44岁	**26231**	**13247**	**12984**	**4**	**1**	**3**	**24708**	**12425**	**12283**
40	5039	2476	2563				4766	2337	2429
41	5200	2625	2575	1		1	4913	2469	2444
42	5101	2589	2512	1	1		4784	2411	2373
43	5047	2590	2457	1		1	4751	2421	2330
44	5844	2967	2877	1		1	5494	2787	2707
45—49岁	**33802**	**16938**	**16864**	**4**	**1**	**3**	**31813**	**15905**	**15908**
45	6049	3078	2971	1		1	5678	2876	2802
46	6677	3345	3332				6272	3137	3135
47	6880	3435	3445				6494	3230	3264
48	6993	3436	3557				6592	3233	3359
49	7203	3644	3559	3	1	2	6777	3429	3348
50岁及以上	**114674**	**58650**	**56024**	**8**	**4**	**4**	**108128**	**55067**	**53061**

3-2a 续表 5

单位：人

年龄	初中								
	肄业			辍学			其他		
	小计	男	女	小计	男	女	小计	男	女
总计	**1916**	**1061**	**855**	**6367**	**3668**	**2699**	**5553**	**2865**	**2688**
3									
4									
5-9岁				**1**		**1**	**2**	**2**	
5									
6									
7							1	1	
8				1		1			
9							1	1	
10-14岁	**4**	**3**	**1**	**20**	**13**	**7**	**50**	**19**	**31**
10									
11							2	1	1
12	1	1		1		1	5	1	4
13	1	1		8	6	2	20	12	8
14	2	1	1	11	7	4	23	5	18
15-19岁	**18**	**12**	**6**	**93**	**61**	**32**	**24**	**13**	**11**
15	5	4	1	15	12	3	5	2	3
16	1	1		20	15	5	2	1	1
17	6	4	2	18	10	8	6	4	2
18	5	2	3	22	11	11	7	4	3
19	1	1		18	13	5	4	2	2
20-24岁	**42**	**31**	**11**	**142**	**95**	**47**	**79**	**49**	**30**
20	4	3	1	26	19	7	9	6	3
21	5	4	1	26	18	8	9	6	3
22	9	7	2	22	17	5	19	11	8
23	10	8	2	35	23	12	15	10	5
24	14	9	5	33	18	15	27	16	11
25-29岁	**81**	**54**	**27**	**307**	**201**	**106**	**167**	**88**	**79**
25	17	13	4	34	19	15	23	12	11
26	15	7	8	56	40	16	30	13	17
27	15	10	5	65	40	25	31	14	17
28	14	11	3	63	40	23	32	20	12
29	20	13	7	89	62	27	51	29	22
30-34岁	**187**	**96**	**91**	**589**	**338**	**251**	**353**	**205**	**148**
30	28	16	12	100	60	40	69	45	24
31	30	18	12	111	67	44	73	46	27
32	43	22	21	118	66	52	69	40	29
33	39	15	24	137	72	65	89	46	43
34	47	25	22	123	73	50	53	28	25
35-39岁	**284**	**146**	**138**	**822**	**449**	**373**	**529**	**287**	**242**
35	52	32	20	137	81	56	81	43	38
36	61	30	31	167	91	76	120	71	49
37	63	31	32	142	81	61	106	49	57
38	55	32	23	203	113	90	116	57	59
39	53	21	32	173	83	90	106	67	39
40-44岁	**208**	**122**	**86**	**784**	**442**	**342**	**527**	**257**	**270**
40	45	28	17	148	80	68	80	31	49
41	36	19	17	145	85	60	105	52	53
42	41	21	20	177	100	77	98	56	42
43	40	27	13	148	92	56	107	50	57
44	46	27	19	166	85	81	137	68	69
45-49岁	**234**	**119**	**115**	**937**	**516**	**421**	**814**	**397**	**417**
45	48	29	19	177	108	69	145	65	80
46	49	22	27	189	100	89	167	86	81
47	46	20	26	177	108	69	163	77	86
48	53	24	29	180	95	85	168	84	84
49	38	24	14	214	105	109	171	85	86
50岁及以上	**858**	**478**	**380**	**2672**	**1553**	**1119**	**3008**	**1548**	**1460**

3-2a　续表 6　　　　　　　　　　　　　　　　　　　　　　　　　　　　　单位：人

年　龄	高　　中								
	合　　计			在　　校			毕　　业		
	合计	男	女	小计	男	女	小计	男	女
总　计	**174939**	**88900**	**86039**	**26062**	**13250**	**12812**	**143995**	**72981**	**71014**
3									
4									
5-9岁									
5									
6									
7									
8									
9									
10-14岁	**551**	**248**	**303**	**510**	**230**	**280**	**37**	**16**	**21**
10									
11									
12									
13	127	62	65	113	56	57	14	6	8
14	424	186	238	397	174	223	23	10	13
15-19岁	**25788**	**13173**	**12615**	**24753**	**12558**	**12195**	**851**	**509**	**342**
15	4698	2253	2445	4667	2233	2434	20	13	7
16	8513	4296	4217	8413	4235	4178	53	31	22
17	6841	3506	3335	6695	3425	3270	105	59	46
18	4360	2327	2033	4066	2157	1909	248	149	99
19	1376	791	585	912	508	404	425	257	168
20-24岁	**5397**	**3154**	**2243**	**762**	**440**	**322**	**4410**	**2567**	**1843**
20	992	585	407	383	226	157	573	336	237
21	834	475	359	187	103	84	618	352	266
22	1017	604	413	103	57	46	866	513	353
23	1158	672	486	53	34	19	1047	606	441
24	1396	818	578	36	20	16	1306	760	546
25-29岁	**9919**	**5423**	**4496**	**14**	**9**	**5**	**9489**	**5184**	**4305**
25	1578	859	719	3	2	1	1509	819	690
26	1824	1014	810	6	3	3	1730	958	772
27	1904	1024	880	4	3	1	1820	980	840
28	2212	1220	992	1	1		2125	1168	957
29	2401	1306	1095				2305	1259	1046
30-34岁	**15404**	**7973**	**7431**	**5**	**2**	**3**	**14826**	**7664**	**7162**
30	3171	1646	1525	1		1	3052	1582	1470
31	3278	1711	1567	2		2	3162	1649	1513
32	2967	1490	1477	1	1		2856	1436	1420
33	3215	1661	1554	1	1		3092	1604	1488
34	2773	1465	1308				2664	1393	1271
35-39岁	**14476**	**7299**	**7177**	**4**	**3**	**1**	**13966**	**7023**	**6943**
35	2562	1317	1245	1	1		2470	1263	1207
36	2799	1429	1370	1		1	2694	1361	1333
37	2775	1394	1381				2665	1343	1322
38	3392	1658	1734	2	2		3282	1603	1679
39	2948	1501	1447				2855	1453	1402
40-44岁	**15684**	**7668**	**8016**	**1**		**1**	**15205**	**7433**	**7772**
40	2942	1456	1486	1		1	2860	1416	1444
41	3117	1531	1586				3023	1479	1544
42	3100	1499	1601				3000	1455	1545
43	3010	1467	1543				2925	1420	1505
44	3515	1715	1800				3397	1663	1734
45-49岁	**20204**	**10048**	**10156**	**3**	**3**		**19655**	**9739**	**9916**
45	3621	1735	1886	1	1		3528	1687	1841
46	4094	2054	2040				3974	1983	1991
47	4230	2127	2103	2	2		4104	2054	2050
48	4110	2040	2070				4007	1980	2027
49	4149	2092	2057				4042	2035	2007
50岁及以上	**67516**	**33914**	**33602**	**10**	**5**	**5**	**65556**	**32846**	**32710**

3-2a 续表 7 单位：人

年龄	高中								
	肄业			辍学			其他		
	小计	男	女	小计	男	女	小计	男	女
总计	**620**	**373**	**247**	**1637**	**970**	**667**	**2625**	**1326**	**1299**
3									
4									
5—9岁									
5									
6									
7									
8									
9									
10—14岁							**4**	**2**	**2**
10									
11									
12									
13									
14							4	2	2
15—19岁	**17**	**10**	**7**	**79**	**50**	**29**	**88**	**46**	**42**
15	1	1		4	2	2	6	4	2
16	1	1		17	12	5	29	17	12
17	1		1	17	11	6	23	11	12
18	6	4	2	19	9	10	21	8	13
19	8	4	4	22	16	6	9	6	3
20—24岁	**22**	**13**	**9**	**112**	**77**	**35**	**91**	**57**	**34**
20				21	16	5	15	7	8
21	1	1		16	10	6	12	9	3
22	6	4	2	23	16	7	19	14	5
23	7	3	4	24	14	10	27	15	12
24	8	5	3	28	21	7	18	12	6
25—29岁	**63**	**33**	**30**	**189**	**112**	**77**	**164**	**85**	**79**
25	9	6	3	33	18	15	24	14	10
26	15	10	5	43	29	14	30	14	16
27	13	4	9	41	22	19	26	15	11
28	15	8	7	36	23	13	35	20	15
29	11	5	6	36	20	16	49	22	27
30—34岁	**109**	**70**	**39**	**228**	**125**	**103**	**236**	**112**	**124**
30	24	17	7	52	31	21	42	16	26
31	23	17	6	47	22	25	44	23	21
32	15	4	11	44	23	21	51	26	25
33	27	17	10	44	21	23	51	18	33
34	20	15	5	41	28	13	48	29	19
35—39岁	**66**	**36**	**30**	**223**	**126**	**97**	**217**	**111**	**106**
35	13	6	7	39	22	17	39	25	14
36	13	9	4	53	37	16	38	22	16
37	12	3	9	54	24	30	44	24	20
38	17	10	7	37	23	14	54	20	34
39	11	8	3	40	20	20	42	20	22
40—44岁	**63**	**32**	**31**	**161**	**89**	**72**	**254**	**114**	**140**
40	8	5	3	30	16	14	43	19	24
41	14	7	7	27	18	9	53	27	26
42	13	7	6	37	19	18	50	18	32
43	13	8	5	28	16	12	44	23	21
44	15	5	10	39	20	19	64	27	37
45—49岁	**65**	**39**	**26**	**176**	**107**	**69**	**305**	**160**	**145**
45	10	6	4	25	16	9	57	25	32
46	20	13	7	35	21	14	65	37	28
47	9	5	4	46	29	17	69	37	32
48	15	11	4	34	17	17	54	32	22
49	11	4	7	36	24	12	60	29	31
50岁及以上	**215**	**140**	**75**	**469**	**284**	**185**	**1266**	**639**	**627**

3-2a 续表 8

单位：人

年 龄	大学专科								
	合 计			在 校			毕 业		
	合计	男	女	小计	男	女	小计	男	女
总 计	**136124**	**71035**	**65089**	**14087**	**7530**	**6557**	**120444**	**62672**	**57772**
3									
4									
5-9岁									
5									
6									
7									
8									
9									
10-14岁									
10									
11									
12									
13									
14									
15-19岁	**6521**	**3406**	**3115**	**6206**	**3232**	**2974**	**292**	**160**	**132**
15	93	47	46	92	46	46	1	1	
16	245	129	116	239	126	113	5	2	3
17	428	231	197	401	215	186	23	14	9
18	1866	994	872	1798	953	845	63	39	24
19	3889	2005	1884	3676	1892	1784	200	104	96
20-24岁	**18164**	**9425**	**8739**	**7501**	**4089**	**3412**	**10511**	**5258**	**5253**
20	4635	2457	2178	4025	2161	1864	587	284	303
21	3620	1899	1721	2211	1198	1013	1387	691	696
22	3208	1661	1547	835	485	350	2345	1165	1180
23	3180	1652	1528	298	172	126	2855	1461	1394
24	3521	1756	1765	132	73	59	3337	1657	1680
25-29岁	**19818**	**10041**	**9777**	**202**	**115**	**87**	**19358**	**9806**	**9552**
25	3833	1964	1869	75	42	33	3709	1895	1814
26	3638	1815	1823	53	33	20	3537	1762	1775
27	3970	2006	1964	32	12	20	3888	1974	1914
28	4197	2123	2074	21	15	6	4124	2084	2040
29	4180	2133	2047	21	13	8	4100	2091	2009
30-34岁	**25448**	**12805**	**12643**	**49**	**25**	**24**	**25119**	**12641**	**12478**
30	5744	2940	2804	18	9	9	5671	2897	2774
31	5551	2767	2784	11	5	6	5487	2736	2751
32	4980	2467	2513	5	4	1	4907	2434	2473
33	4937	2502	2435	8	4	4	4870	2470	2400
34	4236	2129	2107	7	3	4	4184	2104	2080
35-39岁	**15927**	**8091**	**7836**	**40**	**22**	**18**	**15691**	**7980**	**7711**
35	3399	1729	1670	11	6	5	3342	1697	1645
36	3537	1799	1738	8	7	1	3489	1773	1716
37	3049	1545	1504	12	5	7	3007	1531	1476
38	3303	1696	1607	4	2	2	3256	1679	1577
39	2639	1322	1317	5	2	3	2597	1300	1297
40-44岁	**11043**	**5638**	**5405**	**29**	**17**	**12**	**10882**	**5558**	**5324**
40	2328	1193	1135	7	3	4	2288	1173	1115
41	2224	1166	1058	3	2	1	2196	1153	1043
42	2234	1113	1121	4	1	3	2200	1098	1102
43	2039	1027	1012	5	2	3	2009	1013	996
44	2218	1139	1079	10	9	1	2189	1121	1068
45-49岁	**11177**	**5754**	**5423**	**26**	**8**	**18**	**10998**	**5656**	**5342**
45	2161	1077	1084	4	2	2	2120	1057	1063
46	2271	1194	1077	1		1	2238	1172	1066
47	2323	1200	1123	8	1	7	2290	1186	1104
48	2284	1170	1114	7	2	5	2245	1148	1097
49	2138	1113	1025	6	3	3	2105	1093	1012
50岁及以上	**28026**	**15875**	**12151**	**34**	**22**	**12**	**27593**	**15613**	**11980**

3-2a 续表 9　　单位：人

年 龄	大学专科								
	肄 业			辍 学			其 他		
	小计	男	女	小计	男	女	小计	男	女
总 计	**171**	**97**	**74**	**106**	**61**	**45**	**1316**	**675**	**641**
3									
4									
5-9岁									
5									
6									
7									
8									
9									
10-14岁									
10									
11									
12									
13									
14									
15-19岁	**3**	**3**		**4**	**2**	**2**	**16**	**9**	**7**
15									
16				1	1				
17				1		1	3	2	1
18	1	1		1		1	3	1	2
19	2	2		1	1		10	6	4
20-24岁	**22**	**14**	**8**	**17**	**10**	**7**	**113**	**54**	**59**
20	3	2	1	7	4	3	13	6	7
21	5	3	2	2	2		15	5	10
22	4	1	3	2	1	1	22	9	13
23	2	1	1	2	1	1	23	17	6
24	8	7	1	4	2	2	40	17	23
25-29岁	**35**	**21**	**14**	**20**	**10**	**10**	**203**	**89**	**114**
25	7	4	3	3	2	1	39	21	18
26	7	4	3	6	1	5	35	15	20
27	6	3	3	4	3	1	40	14	26
28	9	7	2	4	2	2	39	15	24
29	6	3	3	3	2	1	50	24	26
30-34岁	**33**	**16**	**17**	**21**	**16**	**5**	**226**	**107**	**119**
30	4	2	2	5	4	1	46	28	18
31	7	3	4	1	1		45	22	23
32	8	3	5	5	3	2	55	23	32
33	9	6	3	6	5	1	44	17	27
34	5	2	3	4	3	1	36	17	19
35-39岁	**24**	**11**	**13**	**14**	**6**	**8**	**158**	**72**	**86**
35	4	2	2	5	4	1	37	20	17
36	6	5	1	2	2		32	12	20
37	4	1	3	2		2	24	8	16
38	5		5	4		4	34	15	19
39	5	3	2	1		1	31	17	14
40-44岁	**11**	**8**	**3**	**5**	**1**	**4**	**116**	**54**	**62**
40	6	4	2	1		1	26	13	13
41	3	2	1	1		1	21	9	12
42				1	1		29	13	16
43	2	2		2		2	21	10	11
44							19	9	10
45-49岁	**16**	**7**	**9**	**6**	**3**	**3**	**131**	**80**	**51**
45	3		3	1		1	33	18	15
46	2	2					30	20	10
47	4	2	2	2	1	1	19	10	9
48	5	1	4	1	1		26	18	8
49	2	2		2	1	1	23	14	9
50岁及以上	**27**	**17**	**10**	**19**	**13**	**6**	**353**	**210**	**143**

3-2a　续表 10　　　　单位：人

年　龄	大学本科								
	合　计			在　校			毕　业		
	合计	男	女	小计	男	女	小计	男	女
总　计	**124474**	**60498**	**63976**	**21413**	**9473**	**11940**	**101999**	**50503**	**51496**
3									
4									
5–9岁									
5									
6									
7									
8									
9									
10–14岁									
10									
11									
12									
13									
14									
15–19岁	**6163**	**2681**	**3482**	**6097**	**2646**	**3451**	**58**	**31**	**27**
15	4	1	3	4	1	3			
16	11	4	7	11	4	7			
17	204	77	127	200	75	125	4	2	2
18	1744	750	994	1731	743	988	10	5	5
19	4200	1849	2351	4151	1823	2328	44	24	20
20–24岁	**22445**	**9852**	**12593**	**14689**	**6507**	**8182**	**7626**	**3287**	**4339**
20	5422	2378	3044	5307	2326	2981	102	46	56
21	5068	2225	2843	4671	2040	2631	374	177	197
22	4651	2022	2629	3149	1401	1748	1479	607	872
23	3789	1670	2119	1172	548	624	2580	1108	1472
24	3515	1557	1958	390	192	198	3091	1349	1742
25–29岁	**20012**	**8967**	**11045**	**431**	**216**	**215**	**19403**	**8671**	**10732**
25	3764	1648	2116	192	102	90	3536	1528	2008
26	3845	1686	2159	106	44	62	3702	1623	2079
27	4044	1804	2240	61	31	30	3953	1765	2188
28	4363	1987	2376	38	16	22	4283	1951	2332
29	3996	1842	2154	34	23	11	3929	1804	2125
30–34岁	**24230**	**11468**	**12762**	**88**	**40**	**48**	**23946**	**11329**	**12617**
30	5337	2483	2854	27	14	13	5269	2446	2823
31	5147	2389	2758	21	11	10	5087	2359	2728
32	4665	2184	2481	16	7	9	4615	2161	2454
33	4858	2394	2464	10	4	6	4806	2373	2433
34	4223	2018	2205	14	4	10	4169	1990	2179
35–39岁	**17647**	**8706**	**8941**	**29**	**15**	**14**	**17439**	**8607**	**8832**
35	3790	1849	1941	10	6	4	3741	1825	1916
36	3875	1931	1944	3	1	2	3824	1908	1916
37	3465	1721	1744	7	6	1	3425	1701	1724
38	3721	1840	1881	4		4	3688	1824	1864
39	2796	1365	1431	5	2	3	2761	1349	1412
40–44岁	**9540**	**4868**	**4672**	**31**	**13**	**18**	**9413**	**4803**	**4610**
40	2315	1190	1125	11	3	8	2285	1176	1109
41	2000	1031	969	6	2	4	1975	1020	955
42	1953	976	977	4	3	1	1927	960	967
43	1552	782	770	4	3	1	1533	774	759
44	1720	889	831	6	2	4	1693	873	820
45–49岁	**8192**	**4212**	**3980**	**18**	**12**	**6**	**8094**	**4162**	**3932**
45	1626	839	787	4	1	3	1613	833	780
46	1663	849	814	7	6	1	1634	836	798
47	1657	855	802	3	1	2	1635	842	793
48	1609	805	804	2	2		1592	797	795
49	1637	864	773	2	2		1620	854	766
50岁及以上	**16245**	**9744**	**6501**	**30**	**24**	**6**	**16020**	**9613**	**6407**

3－2a 续表 11 单位：人

年 龄	大学本科								
	肄 业			辍 学			其 他		
	小计	男	女	小计	男	女	小计	男	女
总 计	**84**	**49**	**35**	**29**	**18**	**11**	**949**	**455**	**494**
3									
4									
5－9岁									
5									
6									
7									
8									
9									
10－14岁									
10									
11									
12									
13									
14									
15－19岁				**1**		**1**	**7**	**4**	**3**
15									
16									
17									
18							3	2	1
19				1		1	4	2	2
20－24岁	**17**	**7**	**10**	**6**	**4**	**2**	**107**	**47**	**60**
20				2		2	11	6	5
21	2	1	1				21	7	14
22	4	2	2				19	12	7
23	6	2	4	4	4		27	8	19
24	5	2	3				29	14	15
25－29岁	**18**	**10**	**8**	**4**	**2**	**2**	**156**	**68**	**88**
25	2	1	1	1	1		33	16	17
26	3	3		2	1	1	32	15	17
27	5	1	4				25	7	18
28	5	4	1	1		1	36	16	20
29	3	1	2				30	14	16
30－34岁	**19**	**11**	**8**	**5**	**4**	**1**	**172**	**84**	**88**
30	6	5	1	2	1	1	33	17	16
31	4	2	2	1	1		34	16	18
32				1	1		33	15	18
33	4	1	3	1	1		37	15	22
34	5	3	2				35	21	14
35－39岁	**12**	**11**	**1**	**6**	**5**	**1**	**161**	**68**	**93**
35	3	3		4	4		32	11	21
36	4	4					44	18	26
37							33	14	19
38	2	1	1				27	15	12
39	3	3		2	1	1	25	10	15
40－44岁	**12**	**5**	**7**	**1**		**1**	**83**	**47**	**36**
40	2	1	1				17	10	7
41	2		2				17	9	8
42	3	2	1				19	11	8
43	2		2				13	5	8
44	3	2	1	1		1	17	12	5
45－49岁	**4**	**4**		**1**		**1**	**75**	**34**	**41**
45	1	1					8	4	4
46	1	1					21	6	15
47	1	1					18	11	7
48				1		1	14	6	8
49	1	1					14	7	7
50岁及以上	**2**	**1**	**1**	**5**	**3**	**2**	**188**	**103**	**85**

3-2a　续表 12

单位：人

年　龄	硕士研究生								
	合　计			在　校			毕　业		
	合计	男	女	小计	男	女	小计	男	女
总　计	**11484**	**4975**	**6509**	**2238**	**888**	**1350**	**9149**	**4045**	**5104**
3									
4									
5–9岁									
5									
6									
7									
8									
9									
10–14岁									
10									
11									
12									
13									
14									
15–19岁	**2**		**2**	**1**		**1**	**1**		**1**
15									
16									
17									
18									
19	2		2	1		1	1		1
20–24岁	**1358**	**502**	**856**	**1240**	**474**	**766**	**115**	**28**	**87**
20	1		1	1		1			
21	30	6	24	26	6	20	4		4
22	228	87	141	221	83	138	7	4	3
23	497	168	329	468	164	304	29	4	25
24	602	241	361	524	221	303	75	20	55
25–29岁	**2426**	**811**	**1615**	**878**	**360**	**518**	**1523**	**442**	**1081**
25	616	205	411	406	154	252	205	50	155
26	530	192	338	243	109	134	281	79	202
27	449	133	316	123	46	77	321	86	235
28	411	138	273	72	36	36	335	100	235
29	420	143	277	34	15	19	381	127	254
30–34岁	**2578**	**972**	**1606**	**84**	**37**	**47**	**2476**	**927**	**1549**
30	564	194	370	30	13	17	531	181	350
31	541	206	335	20	8	12	520	198	322
32	479	184	295	14	6	8	465	178	287
33	516	202	314	10	5	5	498	192	306
34	478	186	292	10	5	5	462	178	284
35–39岁	**2332**	**1070**	**1262**	**25**	**11**	**14**	**2283**	**1050**	**1233**
35	461	190	271	7	3	4	451	185	266
36	494	204	290	4	1	3	484	202	282
37	475	218	257	6		6	466	217	249
38	483	238	245	3	2	1	476	235	241
39	419	220	199	5	5		406	211	195
40–44岁	**1147**	**590**	**557**	**3**	**2**	**1**	**1130**	**580**	**550**
40	319	154	165	2	2		316	152	164
41	243	128	115	1		1	241	127	114
42	227	117	110				223	114	109
43	176	85	91				172	82	90
44	182	106	76				178	105	73
45–49岁	**751**	**428**	**323**	**2**	**1**	**1**	**744**	**425**	**319**
45	144	76	68	1	1		142	74	68
46	167	86	81	1		1	165	86	79
47	154	81	73				153	81	72
48	158	97	61				156	96	60
49	128	88	40				128	88	40
50岁及以上	**890**	**602**	**288**	**5**	**3**	**2**	**877**	**593**	**284**

3-2a 续表 13　　　　单位：人

年 龄	硕士研究生								
	肄 业			辍 学			其 他		
	小计	男	女	小计	男	女	小计	男	女
总 计	**4**	**2**	**2**	**3**	**3**		**90**	**37**	**53**
3									
4									
5-9岁									
5									
6									
7									
8									
9									
10-14岁									
10									
11									
12									
13									
14									
15-19岁									
15									
16									
17									
18									
19									
20-24岁							**3**		**3**
20									
21									
22									
23									
24							3		3
25-29岁	**3**	**1**	**2**	**2**	**2**		**20**	**6**	**14**
25							5	1	4
26	2	1	1	1	1		3	2	1
27				1	1		4		4
28	1		1				3	2	1
29							5	1	4
30-34岁							**18**	**8**	**10**
30							3		3
31							1		1
32									
33							8	5	3
34							6	3	3
35-39岁							**24**	**9**	**15**
35							3	2	1
36							6	1	5
37							3	1	2
38							4	1	3
39							8	4	4
40-44岁	**1**	**1**					**13**	**7**	**6**
40							1		1
41							1	1	
42							4	3	1
43	1	1					3	2	1
44							4	1	3
45-49岁							**5**	**2**	**3**
45							1	1	
46							1		1
47							1		1
48							2	1	1
49									
50岁及以上				**1**	**1**		**7**	**5**	**2**

3-2a　续表 14　　　　　　　　　　　　　　　　　　　　　　　　　　单位：人

年　龄	博士研究生								
	合　计			在　校			毕　业		
	合计	男	女	小计	男	女	小计	男	女
总　计	**927**	**489**	**438**	**238**	**106**	**132**	**682**	**381**	**301**
3									
4									
5-9岁									
5									
6									
7									
8									
9									
10-14岁									
10									
11									
12									
13									
14									
15-19岁	**1**		**1**	**1**		**1**			
15									
16									
17									
18									
19	1		1	1		1			
20-24岁	**27**	**13**	**14**	**26**	**13**	**13**	**1**		**1**
20	1	1		1	1				
21	1	1		1	1				
22									
23	9	6	3	9	6	3			
24	16	5	11	15	5	10	1		1
25-29岁	**182**	**78**	**104**	**155**	**68**	**87**	**27**	**10**	**17**
25	35	12	23	32	11	21	3	1	2
26	44	20	24	42	20	22	2		2
27	24	13	11	21	11	10	3	2	1
28	48	21	27	40	16	24	8	5	3
29	31	12	19	20	10	10	11	2	9
30-34岁	**177**	**85**	**92**	**38**	**19**	**19**	**138**	**66**	**72**
30	50	23	27	16	7	9	33	16	17
31	33	20	13	11	8	3	22	12	10
32	25	12	13	4	1	3	21	11	10
33	31	11	20	5	2	3	26	9	17
34	38	19	19	2	1	1	36	18	18
35-39岁	**187**	**96**	**91**	**9**	**5**	**4**	**175**	**90**	**85**
35	24	13	11	3		3	20	13	7
36	28	16	12	2	1	1	25	14	11
37	46	19	27	1	1		44	18	26
38	47	26	21	2	2		45	24	21
39	42	22	20	1	1		41	21	20
40-44岁	**139**	**82**	**57**	**5**	**1**	**4**	**132**	**81**	**51**
40	36	22	14	1		1	35	22	13
41	29	16	13	2		2	27	16	11
42	35	19	16	1	1		34	18	16
43	17	8	9				15	8	7
44	22	17	5	1		1	21	17	4
45-49岁	**87**	**50**	**37**	**3**		**3**	**84**	**50**	**34**
45	22	10	12	2		2	20	10	10
46	18	9	9				18	9	9
47	20	15	5				20	15	5
48	16	8	8	1		1	15	8	7
49	11	8	3				11	8	3
50岁及以上	**127**	**85**	**42**	**1**		**1**	**125**	**84**	**41**

3-2a 续表 15

单位：人

年 龄	博士研究生								
	肄 业			辍 学			其 他		
	小计	男	女	小计	男	女	小计	男	女
总 计							**7**	**2**	**5**
3									
4									
5-9岁									
5									
6									
7									
8									
9									
10-14岁									
10									
11									
12									
13									
14									
15-19岁									
15									
16									
17									
18									
19									
20-24岁									
20									
21									
22									
23									
24									
25-29岁									
25									
26									
27									
28									
29									
30-34岁							**1**		**1**
30							1		1
31									
32									
33									
34									
35-39岁							**3**	**1**	**2**
35							1		1
36							1	1	
37							1		1
38									
39									
40-44岁							**2**		**2**
40									
41									
42									
43							2		2
44									
45-49岁									
45									
46									
47									
48									
49									
50岁及以上							**1**	**1**	

3-2b 全区分年龄、性别、学业完成情况的3岁及以上各种受教育程度人口(镇)

单位：人

年 龄	合 计								
	合 计			在 校			毕 业		
	合计	男	女	小计	男	女	小计	男	女
总 计	**596273**	**304577**	**291696**	**97432**	**49459**	**47973**	**450731**	**231292**	**219439**
3									
4									
5-9岁	**28055**	**14484**	**13571**	**27273**	**14052**	**13221**	**551**	**307**	**244**
5	363	193	170	340	179	161	10	6	4
6	4677	2331	2346	4546	2259	2287	87	51	36
7	7425	3840	3585	7239	3735	3504	135	74	61
8	8410	4430	3980	8188	4303	3885	160	94	66
9	7180	3690	3490	6960	3576	3384	159	82	77
10-14岁	**34708**	**17796**	**16912**	**33474**	**17136**	**16338**	**980**	**519**	**461**
10	6988	3695	3293	6799	3594	3205	149	79	70
11	7078	3645	3433	6836	3522	3314	188	95	93
12	6877	3444	3433	6606	3297	3309	220	118	102
13	6966	3581	3385	6698	3426	3272	212	120	92
14	6799	3431	3368	6535	3297	3238	211	107	104
15-19岁	**30795**	**15827**	**14968**	**29107**	**14769**	**14338**	**1375**	**858**	**517**
15	7072	3640	3432	6957	3563	3394	66	48	18
16	8322	4230	4092	8147	4123	4024	137	81	56
17	6675	3399	3276	6386	3219	3167	228	143	85
18	5000	2630	2370	4557	2374	2183	372	211	161
19	3726	1928	1798	3060	1490	1570	572	375	197
20-24岁	**23363**	**11723**	**11640**	**6648**	**3048**	**3600**	**15818**	**8176**	**7642**
20	3716	1893	1823	2625	1240	1385	990	594	396
21	3759	1891	1868	1920	868	1052	1701	936	765
22	4532	2261	2271	1169	506	663	3203	1664	1539
23	5304	2606	2698	602	274	328	4478	2219	2259
24	6052	3072	2980	332	160	172	5446	2763	2683
25-29岁	**41693**	**20873**	**20820**	**547**	**241**	**306**	**38852**	**19407**	**19445**
25	7076	3513	3563	231	94	137	6475	3223	3252
26	7433	3646	3787	129	54	75	6916	3395	3521
27	8194	4106	4088	82	38	44	7687	3840	3847
28	9166	4632	4534	60	29	31	8600	4316	4284
29	9824	4976	4848	45	26	19	9174	4633	4541
30-34岁	**64484**	**32599**	**31885**	**128**	**66**	**62**	**60252**	**30344**	**29908**
30	13360	6721	6639	44	20	24	12507	6263	6244
31	13264	6646	6618	28	14	14	12418	6198	6220
32	12464	6382	6082	24	13	11	11678	5941	5737
33	13358	6778	6580	19	12	7	12476	6301	6175
34	12038	6072	5966	13	7	6	11173	5641	5532
35-39岁	**58969**	**30161**	**28808**	**65**	**38**	**27**	**54360**	**27746**	**26614**
35	11107	5570	5537	20	9	11	10274	5149	5125
36	12396	6385	6011	16	12	4	11457	5895	5562
37	11116	5674	5442	12	5	7	10205	5190	5015
38	13019	6721	6298	9	5	4	11986	6165	5821
39	11331	5811	5520	8	7	1	10438	5347	5091
40-44岁	**51887**	**26662**	**25225**	**33**	**17**	**16**	**47255**	**24269**	**22986**
40	10488	5437	5051	10	5	5	9589	4965	4624
41	10818	5539	5279	2	1	1	9849	5037	4812
42	10157	5153	5004	8	4	4	9241	4706	4535
43	9466	4859	4607	7	3	4	8602	4398	4204
44	10958	5674	5284	6	4	2	9974	5163	4811
45-49岁	**62198**	**32059**	**30139**	**36**	**19**	**17**	**56340**	**29112**	**27228**
45	11542	5949	5593	6	3	3	10453	5410	5043
46	12565	6424	6141	8	6	2	11396	5830	5566
47	12431	6430	6001	6	4	2	11275	5837	5438
48	12576	6488	6088	10	6	4	11401	5893	5508
49	13084	6768	6316	6		6	11815	6142	5673
50岁及以上	**200121**	**102393**	**97728**	**121**	**73**	**48**	**174948**	**90554**	**84394**

3-2b 续表 1

单位：人

年 龄	合计								
	肄业			辍学			其他		
	小计	男	女	小计	男	女	小计	男	女
总 计	**5001**	**2474**	**2527**	**19387**	**9578**	**9809**	**23722**	**11774**	**11948**
3									
4									
5-9岁	**8**	**5**	**3**	**9**	**5**	**4**	**214**	**115**	**99**
5							13	8	5
6				1		1	43	21	22
7	3	1	2	3	3		45	27	18
8	3	3		2	1	1	57	29	28
9	2	1	1	3	1	2	56	30	26
10-14岁	**20**	**14**	**6**	**31**	**22**	**9**	**203**	**105**	**98**
10	3	3		3	3		34	16	18
11	5	2	3	3	2	1	46	24	22
12	3	2	1	6	5	1	42	22	20
13	4	4		6	3	3	46	28	18
14	5	3	2	13	9	4	35	15	20
15-19岁	**35**	**22**	**13**	**159**	**108**	**51**	**119**	**70**	**49**
15	4	4		25	14	11	20	11	9
16	11	6	5	17	12	5	10	8	2
17	2	1	1	35	22	13	24	14	10
18	7	4	3	34	25	9	30	16	14
19	11	7	4	48	35	13	35	21	14
20-24岁	**94**	**44**	**50**	**324**	**204**	**120**	**479**	**251**	**228**
20	17	10	7	44	28	16	40	21	19
21	10	4	6	57	34	23	71	49	22
22	16	11	5	64	41	23	80	39	41
23	23	5	18	69	46	23	132	62	70
24	28	14	14	90	55	35	156	80	76
25-29岁	**226**	**125**	**101**	**716**	**423**	**293**	**1352**	**677**	**675**
25	41	26	15	112	67	45	217	103	114
26	36	17	19	119	74	45	233	106	127
27	41	23	18	129	72	57	255	133	122
28	50	31	19	169	104	65	287	152	135
29	58	28	30	187	106	81	360	183	177
30-34岁	**387**	**198**	**189**	**1486**	**858**	**628**	**2231**	**1133**	**1098**
30	77	36	41	285	171	114	447	231	216
31	77	38	39	283	171	112	458	225	233
32	80	40	40	276	171	105	406	217	189
33	84	47	37	311	180	131	468	238	230
34	69	37	32	331	165	166	452	222	230
35-39岁	**512**	**265**	**247**	**1703**	**921**	**782**	**2329**	**1191**	**1138**
35	105	47	58	286	152	134	422	213	209
36	89	51	38	356	183	173	478	244	234
37	102	58	44	345	191	154	452	230	222
38	116	60	56	372	214	158	536	277	259
39	100	49	51	344	181	163	441	227	214
40-44岁	**470**	**251**	**219**	**1883**	**1022**	**861**	**2246**	**1103**	**1143**
40	92	54	38	347	203	144	450	210	240
41	84	40	44	399	206	193	484	255	229
42	88	43	45	368	189	179	452	211	241
43	86	45	41	369	209	160	402	204	198
44	120	69	51	400	215	185	458	223	235
45-49岁	**571**	**299**	**272**	**2516**	**1259**	**1257**	**2735**	**1370**	**1365**
45	109	56	53	483	240	243	491	240	251
46	109	60	49	494	243	251	558	285	273
47	107	56	51	505	251	254	538	282	256
48	129	71	58	470	250	220	566	268	298
49	117	56	61	564	275	289	582	295	287
50岁及以上	**2678**	**1251**	**1427**	**10560**	**4756**	**5804**	**11814**	**5759**	**6055**

3-2b　续表 2

单位：人

年　龄	小学								
	合　计			在　校			毕　业		
	合计	男	女	小计	男	女	小计	男	女
总　计	**133775**	**60120**	**73655**	**44213**	**22875**	**21338**	**71187**	**29905**	**41282**
3									
4									
5—9岁	**27851**	**14384**	**13467**	**27096**	**13962**	**13134**	**533**	**301**	**232**
5	363	193	170	340	179	161	10	6	4
6	4649	2316	2333	4521	2245	2276	84	50	34
7	7382	3819	3563	7201	3718	3483	133	72	61
8	8342	4397	3945	8131	4274	3857	154	92	62
9	7115	3659	3456	6903	3546	3357	152	81	71
10—14岁	**17628**	**9184**	**8444**	**17024**	**8871**	**8153**	**462**	**230**	**232**
10	6886	3641	3245	6700	3542	3158	146	77	69
11	6724	3471	3253	6504	3357	3147	172	86	86
12	3136	1622	1514	3009	1561	1448	93	41	52
13	648	330	318	603	305	298	33	18	15
14	234	120	114	208	106	102	18	8	10
15—19岁	**142**	**69**	**73**	**38**	**14**	**24**	**73**	**39**	**34**
15	22	10	12	14	5	9	3	2	1
16	20	9	11	9	3	6	6	3	3
17	23	11	12	4	1	3	12	7	5
18	30	15	15	8	5	3	15	7	8
19	47	24	23	3		3	37	20	17
20—24岁	**379**	**201**	**178**	**9**	**5**	**4**	**309**	**166**	**143**
20	54	32	22	2	1	1	46	27	19
21	57	38	19	3	3		42	26	16
22	59	30	29	3	1	2	45	24	21
23	104	49	55	1		1	86	44	42
24	105	52	53				90	45	45
25—29岁	**1115**	**546**	**569**	**3**	**3**		**951**	**462**	**489**
25	130	77	53	1	1		107	62	45
26	165	83	82	1	1		142	73	69
27	218	97	121				188	85	103
28	259	122	137				223	102	121
29	343	167	176	1	1		291	140	151
30—34岁	**3887**	**1833**	**2054**	**1**		**1**	**3352**	**1593**	**1759**
30	572	297	275				508	267	241
31	738	348	390				615	293	322
32	783	375	408				685	325	360
33	901	427	474				775	371	404
34	893	386	507	1		1	769	337	432
35—39岁	**5022**	**2313**	**2709**	**4**	**2**	**2**	**4274**	**1959**	**2315**
35	818	376	442	2	1	1	703	312	391
36	889	445	444	1	1		760	382	378
37	929	403	526				785	333	452
38	1255	583	672				1060	498	562
39	1131	506	625	1		1	966	434	532
40—44岁	**6423**	**2871**	**3552**	**3**	**2**	**1**	**5268**	**2335**	**2933**
40	1112	513	599	1	1		921	419	502
41	1309	597	712				1092	491	601
42	1250	541	709				1007	444	563
43	1234	541	693	1	1		1012	430	582
44	1518	679	839	1		1	1236	551	685
45—49岁	**10024**	**4374**	**5650**	**7**	**3**	**4**	**8135**	**3601**	**4534**
45	1719	762	957	2	1	1	1395	639	756
46	1933	844	1089	1		1	1579	695	884
47	2067	934	1133	2	1	1	1683	765	918
48	2020	877	1143	2	1	1	1645	716	929
49	2285	957	1328				1833	786	1047
50岁及以上	**61304**	**24345**	**36959**	**28**	**13**	**15**	**47830**	**19219**	**28611**

3-2b 续表 3

单位：人

年 龄	小学								
	肄 业			辍 学			其 他		
	小计	男	女	小计	男	女	小计	男	女
总 计	**2035**	**813**	**1222**	**9114**	**3562**	**5552**	**7226**	**2965**	**4261**
3									
4									
5-9岁	**7**	**5**	**2**	**9**	**5**	**4**	**206**	**111**	**95**
5							13	8	5
6				1		1	43	21	22
7	2	1	1	3	3		43	25	18
8	3	3		2	1	1	52	27	25
9	2	1	1	3	1	2	55	30	25
10-14岁	**13**	**10**	**3**	**14**	**10**	**4**	**115**	**63**	**52**
10	3	3		3	3		34	16	18
11	5	2	3	3	2	1	40	24	16
12	2	2		4	3	1	28	15	13
13	1	1		1		1	10	6	4
14	2	2		3	2	1	3	2	1
15-19岁	**3**		**3**	**15**	**8**	**7**	**13**	**8**	**5**
15				2	1	1	3	2	1
16	1		1	3	2	1	1	1	
17	1		1	2	1	1	4	2	2
18	1		1	3	2	1	3	1	2
19				5	2	3	2	2	
20-24岁	**6**	**2**	**4**	**37**	**21**	**16**	**18**	**7**	**11**
20				3	2	1	3	2	1
21	1	1		8	6	2	3	2	1
22				9	5	4	2		2
23	4		4	7	3	4	6	2	4
24	1	1		10	5	5	4	1	3
25-29岁	**15**	**7**	**8**	**82**	**41**	**41**	**64**	**33**	**31**
25	2	1	1	11	6	5	9	7	2
26	2	1	1	10	7	3	10	1	9
27	3		3	14	4	10	13	8	5
28	5	3	2	22	13	9	9	4	5
29	3	2	1	25	11	14	23	13	10
30-34岁	**36**	**22**	**14**	**244**	**108**	**136**	**254**	**110**	**144**
30	5	3	2	36	17	19	23	10	13
31	8	5	3	50	23	27	65	27	38
32	6	3	3	46	25	21	46	22	24
33	6	5	1	56	21	35	64	30	34
34	11	6	5	56	22	34	56	21	35
35-39岁	**78**	**26**	**52**	**357**	**173**	**184**	**309**	**153**	**156**
35	10	3	7	54	32	22	49	28	21
36	10	3	7	62	30	32	56	29	27
37	17	8	9	69	34	35	58	28	30
38	21	7	14	96	41	55	78	37	41
39	20	5	15	76	36	40	68	31	37
40-44岁	**133**	**68**	**65**	**576**	**271**	**305**	**443**	**195**	**248**
40	19	9	10	94	49	45	77	35	42
41	27	12	15	103	54	49	87	40	47
42	20	8	12	120	49	71	103	40	63
43	33	20	13	112	55	57	76	35	41
44	34	19	15	147	64	83	100	45	55
45-49岁	**217**	**89**	**128**	**1035**	**420**	**615**	**630**	**261**	**369**
45	42	19	23	178	65	113	102	38	64
46	36	13	23	185	78	107	132	58	74
47	41	16	25	232	98	134	109	54	55
48	58	28	30	186	82	104	129	50	79
49	40	13	27	254	97	157	158	61	97
50岁及以上	**1527**	**584**	**943**	**6745**	**2505**	**4240**	**5174**	**2024**	**3150**

3-2b 续表 4

单位：人

年 龄	初中								
	合 计			在 校			毕 业		
	合计	男	女	小计	男	女	小计	男	女
总 计	**219764**	**116021**	**103743**	**20563**	**10501**	**10062**	**178698**	**94183**	**84515**
3									
4									
5–9岁	**203**	**100**	**103**	**176**	**90**	**86**	**18**	**6**	**12**
5									
6	28	15	13	25	14	11	3	1	2
7	43	21	22	38	17	21	2	2	
8	68	33	35	57	29	28	6	2	4
9	64	31	33	56	30	26	7	1	6
10–14岁	**16594**	**8385**	**8209**	**15988**	**8052**	**7936**	**500**	**277**	**223**
10	102	54	48	99	52	47	3	2	1
11	354	174	180	332	165	167	16	9	7
12	3741	1822	1919	3597	1736	1861	127	77	50
13	6249	3221	3028	6031	3094	2937	174	99	75
14	6148	3114	3034	5929	3005	2924	180	90	90
15–19岁	**5108**	**2833**	**2275**	**4322**	**2311**	**2011**	**649**	**426**	**223**
15	3034	1623	1411	2954	1569	1385	46	33	13
16	978	542	436	869	472	397	97	62	35
17	423	242	181	269	137	132	130	89	41
18	362	219	143	169	100	69	167	98	69
19	311	207	104	61	33	28	209	144	65
20 24岁	**3202**	**1815**	**1387**	**17**	**11**	**6**	**2844**	**1608**	**1236**
20	343	202	141	4	2	2	303	179	124
21	448	255	193	5	3	2	392	224	168
22	595	333	262	4	3	1	532	292	240
23	794	454	340	1	1		706	404	302
24	1022	571	451	3	2	1	911	509	402
25–29岁	**9956**	**5178**	**4778**	**6**	**3**	**3**	**8995**	**4645**	**4350**
25	1402	726	676				1271	652	619
26	1617	850	767	1	1		1452	765	687
27	1942	1014	928	1	1		1751	905	846
28	2291	1195	1096	2	1	1	2083	1077	1006
29	2704	1393	1311	2		2	2438	1246	1192
30–34岁	**21273**	**10860**	**10413**	**5**	**3**	**2**	**19126**	**9665**	**9461**
30	3856	1995	1861				3459	1762	1697
31	4077	2101	1976	2		2	3684	1888	1796
32	4080	2109	1971				3682	1884	1798
33	4616	2314	2302	1	1		4156	2055	2101
34	4644	2341	2303	2	2		4145	2076	2069
35–39岁	**27920**	**14296**	**13624**	**7**	**3**	**4**	**25219**	**12852**	**12367**
35	4688	2349	2339	1		1	4211	2104	2107
36	5699	2911	2788	2	2		5148	2624	2524
37	5393	2776	2617	2		2	4837	2470	2367
38	6458	3362	3096	2	1	1	5874	3030	2844
39	5682	2898	2784				5149	2624	2525
40–44岁	**25590**	**13339**	**12251**	**3**	**2**	**1**	**23028**	**11989**	**11039**
40	5171	2726	2445	2	1	1	4647	2447	2200
41	5291	2739	2552				4734	2451	2283
42	5057	2581	2476				4552	2322	2230
43	4661	2441	2220				4193	2195	1998
44	5410	2852	2558	1	1		4902	2574	2328
45–49岁	**29979**	**15690**	**14289**	**5**	**2**	**3**	**26971**	**14042**	**12929**
45	5637	2963	2674	1		1	5051	2645	2406
46	6096	3147	2949	1	1		5462	2802	2660
47	5929	3126	2803				5365	2807	2558
48	6140	3206	2934	3	1	2	5538	2885	2653
49	6177	3248	2929				5555	2903	2652
50岁及以上	**79939**	**43525**	**36414**	**34**	**24**	**10**	**71348**	**38673**	**32675**

3-2b 续表 5

单位：人

年龄	初中								
	肄业			辍学			其他		
	小计	男	女	小计	男	女	小计	男	女
总 计	**2038**	**1137**	**901**	**8359**	**4849**	**3510**	**10106**	**5351**	**4755**
3									
4									
5-9岁	**1**		**1**				**8**	**4**	**4**
5									
6									
7	1		1				2	2	
8							5	2	3
9							1		1
10-14岁	**7**	**4**	**3**	**16**	**11**	**5**	**83**	**41**	**42**
10									
11							6		6
12	1		1	2	2		14	7	7
13	3	3		5	3	2	36	22	14
14	3	1	2	9	6	3	27	12	15
15-19岁	**14**	**9**	**5**	**83**	**60**	**23**	**40**	**27**	**13**
15	3	3		17	9	8	14	9	5
16	3		3	6	5	1	3	3	
17				18	13	5	6	3	3
18	2	2		15	12	3	9	7	2
19	6	4	2	27	21	6	8	5	3
20-24岁	**35**	**20**	**15**	**165**	**107**	**58**	**141**	**69**	**72**
20	6	6		20	14	6	10	1	9
21	5	1	4	26	15	11	20	12	8
22	6	6		34	22	12	19	10	9
23	8	3	5	43	31	12	36	15	21
24	10	4	6	42	25	17	56	31	25
25-29岁	**81**	**46**	**35**	**413**	**257**	**156**	**461**	**227**	**234**
25	14	9	5	61	38	23	56	27	29
26	10	4	6	76	45	31	78	35	43
27	15	10	5	75	47	28	100	51	49
28	15	9	6	85	57	28	106	51	55
29	27	14	13	116	70	46	121	63	58
30-34岁	**201**	**105**	**96**	**883**	**532**	**351**	**1058**	**555**	**503**
30	35	22	13	170	112	58	192	99	93
31	35	14	21	164	100	64	192	99	93
32	39	16	23	164	101	63	195	108	87
33	50	27	23	180	108	72	229	123	106
34	42	26	16	205	111	94	250	126	124
35-39岁	**315**	**175**	**140**	**1101**	**606**	**495**	**1278**	**660**	**618**
35	69	32	37	181	92	89	226	121	105
36	57	35	22	239	123	116	253	127	126
37	64	41	23	236	136	100	254	129	125
38	66	36	30	225	141	84	291	154	137
39	59	31	28	220	114	106	254	129	125
40-44岁	**251**	**134**	**117**	**1133**	**646**	**487**	**1175**	**568**	**607**
40	53	36	17	220	128	92	249	114	135
41	43	21	22	260	136	124	254	131	123
42	55	26	29	214	120	94	236	113	123
43	42	18	24	219	129	90	207	99	108
44	58	33	25	220	133	87	229	111	118
45-49岁	**273**	**163**	**110**	**1285**	**727**	**558**	**1445**	**756**	**689**
45	52	30	22	270	152	118	263	136	127
46	60	39	21	272	142	130	301	163	138
47	49	32	17	225	130	95	290	157	133
48	52	30	22	250	146	104	297	144	153
49	60	32	28	268	157	111	294	156	138
50岁及以上	**860**	**481**	**379**	**3280**	**1903**	**1377**	**4417**	**2444**	**1973**

3–2b　续表 6

单位：人

年　龄	高中								
	合　计			在　校			毕　业		
	合计	男	女	小计	男	女	小计	男	女
总　计	**107828**	**58223**	**49605**	**21898**	**11154**	**10744**	**80093**	**43740**	**36353**
3									
4									
5–9岁	**1**		**1**	**1**		**1**			
5									
6									
7									
8									
9	1		1	1		1			
10–14岁	**486**	**227**	**259**	**462**	**213**	**249**	**18**	**12**	**6**
10									
11									
12									
13	69	30	39	64	27	37	5	3	2
14	417	197	220	398	186	212	13	9	4
15–19岁	**21567**	**11007**	**10560**	**20965**	**10646**	**10319**	**483**	**289**	**194**
15	3987	1988	1999	3965	1975	1990	12	8	4
16	7259	3638	3621	7206	3608	3598	32	15	17
17	6005	3029	2976	5907	2976	2931	73	40	33
18	3295	1738	1557	3112	1636	1476	152	83	69
19	1021	614	407	775	451	324	214	143	71
20–24岁	**3397**	**2040**	**1357**	**446**	**282**	**164**	**2729**	**1632**	**1097**
20	571	356	215	226	141	85	309	193	116
21	528	346	182	102	68	34	384	252	132
22	630	387	243	57	36	21	534	327	207
23	728	405	323	35	22	13	655	365	290
24	940	546	394	26	15	11	847	495	352
25–29岁	**7354**	**4048**	**3306**	**10**	**7**	**3**	**6724**	**3701**	**3023**
25	1098	634	464	3	2	1	996	579	417
26	1252	686	566	7	5	2	1150	631	519
27	1413	795	618				1294	730	564
28	1711	934	777				1565	845	720
29	1880	999	881				1719	916	803
30–34岁	**10936**	**5726**	**5210**	**5**	**1**	**4**	**10120**	**5282**	**4838**
30	2424	1235	1189	1		1	2228	1140	1088
31	2349	1229	1120	1		1	2182	1134	1048
32	2092	1099	993	2	1	1	1942	1014	928
33	2184	1180	1004	1		1	2018	1080	938
34	1887	983	904				1750	914	836
35–39岁	**8660**	**4641**	**4019**				**8024**	**4285**	**3739**
35	1647	855	792				1520	793	727
36	1800	977	823				1664	902	762
37	1513	784	729				1389	716	673
38	1965	1067	898				1829	990	839
39	1735	958	777				1622	884	738
40–44岁	**8617**	**4594**	**4023**	**1**	**1**		**8078**	**4290**	**3788**
40	1725	916	809				1621	854	767
41	1764	934	830				1643	870	773
42	1667	915	752				1573	865	708
43	1614	843	771	1	1		1517	784	733
44	1847	986	861				1724	917	807
45–49岁	**11049**	**5915**	**5134**				**10409**	**5556**	**4853**
45	2025	1093	932				1902	1023	879
46	2187	1144	1043				2062	1077	985
47	2210	1165	1045				2070	1091	979
48	2236	1195	1041				2107	1120	987
49	2391	1318	1073				2268	1245	1023
50岁及以上	**35761**	**20025**	**15736**	**8**	**4**	**4**	**33508**	**18693**	**14815**

3-2b 续表 7

单位：人

年龄	高中								
	肄业			辍学			其他		
	小计	男	女	小计	男	女	小计	男	女
总计	**608**	**359**	**249**	**1793**	**1101**	**692**	**3436**	**1869**	**1567**
3									
4									
5-9岁									
5									
6									
7									
8									
9									
10-14岁				**1**	**1**		**5**	**1**	**4**
10									
11									
12									
13									
14				1	1		5	1	4
15-19岁	**17**	**12**	**5**	**57**	**38**	**19**	**45**	**22**	**23**
15	1	1		6	4	2	3		3
16	7	6	1	8	5	3	6	4	2
17				14	7	7	11	6	5
18	4	2	2	13	10	3	14	7	7
19	5	3	2	16	12	4	11	5	6
20-24岁	**27**	**12**	**15**	**95**	**62**	**33**	**100**	**52**	**48**
20	9	4	5	17	12	5	10	6	4
21	2		2	17	10	7	23	16	7
22	6	3	3	17	12	5	16	9	7
23	2		2	13	9	4	23	9	14
24	8	5	3	31	19	12	28	12	16
25-29岁	**78**	**46**	**32**	**199**	**111**	**88**	**343**	**183**	**160**
25	13	8	5	34	19	15	52	26	26
26	9	5	4	30	20	10	56	25	31
27	18	12	6	34	17	17	67	36	31
28	16	12	4	57	31	26	73	46	27
29	22	9	13	44	24	20	95	50	45
30-34岁	**84**	**45**	**39**	**336**	**206**	**130**	**391**	**192**	**199**
30	17	7	10	74	39	35	104	49	55
31	17	10	7	66	46	20	83	39	44
32	23	14	9	61	41	20	64	29	35
33	16	10	6	73	49	24	76	41	35
34	11	4	7	62	31	31	64	34	30
35-39岁	**69**	**40**	**29**	**234**	**137**	**97**	**333**	**179**	**154**
35	14	5	9	49	26	23	64	31	33
36	15	10	5	51	28	23	70	37	33
37	12	6	6	39	21	18	73	41	32
38	15	9	6	48	31	17	73	37	36
39	13	10	3	47	31	16	53	33	20
40-44岁	**58**	**34**	**24**	**170**	**103**	**67**	**310**	**166**	**144**
40	14	7	7	32	25	7	58	30	28
41	9	4	5	35	16	19	77	44	33
42	9	6	3	33	20	13	52	24	28
43	7	5	2	37	24	13	52	29	23
44	19	12	7	33	18	15	71	39	32
45-49岁	**52**	**30**	**22**	**183**	**107**	**76**	**405**	**222**	**183**
45	9	5	4	35	23	12	79	42	37
46	11	7	4	34	22	12	80	38	42
47	11	5	6	44	22	22	85	47	38
48	11	7	4	31	20	11	87	48	39
49	10	6	4	39	20	19	74	47	27
50岁及以上	**223**	**140**	**83**	**518**	**336**	**182**	**1504**	**852**	**652**

3-2b 续表 8

单位：人

年龄	大学专科								
	合计			在校			毕业		
	合计	男	女	小计	男	女	小计	男	女
总计	**74185**	**40742**	**33443**	**4296**	**2344**	**1952**	**67754**	**37229**	**30525**
3									
4									
5-9岁									
5									
6									
7									
8									
9									
10-14岁									
10									
11									
12									
13									
14									
15-19岁	**2033**	**1125**	**908**	**1880**	**1028**	**852**	**132**	**84**	**48**
15	24	15	9	21	12	9	3	3	
16	54	37	17	53	37	16	1		1
17	144	88	56	130	78	52	9	5	4
18	641	357	284	606	336	270	30	20	10
19	1170	628	542	1070	565	505	89	56	33
20-24岁	**8099**	**4296**	**3803**	**2128**	**1157**	**971**	**5793**	**3037**	**2756**
20	1339	728	611	1044	558	486	275	158	117
21	1274	679	595	589	326	263	664	339	325
22	1583	862	721	288	157	131	1256	683	573
23	1861	929	932	127	67	60	1690	840	850
24	2042	1098	944	80	49	31	1908	1017	891
25-29岁	**12270**	**6243**	**6027**	**150**	**78**	**72**	**11804**	**6007**	**5797**
25	2313	1130	1183	55	24	31	2187	1073	1114
26	2248	1122	1126	25	15	10	2161	1075	1086
27	2426	1260	1166	36	18	18	2340	1213	1127
28	2581	1346	1235	22	12	10	2497	1302	1195
29	2702	1385	1317	12	9	3	2619	1344	1275
30-34岁	**15015**	**7820**	**7195**	**45**	**23**	**22**	**14603**	**7609**	**6994**
30	3526	1816	1710	15	9	6	3420	1755	1665
31	3371	1722	1649	10	4	6	3272	1671	1601
32	2871	1531	1340	13	6	7	2783	1485	1298
33	2898	1496	1402	4	3	1	2831	1467	1364
34	2349	1255	1094	3	1	2	2297	1231	1066
35-39岁	**8317**	**4459**	**3858**	**25**	**18**	**7**	**8017**	**4297**	**3720**
35	1929	1025	904	7	3	4	1858	993	865
36	1920	1013	907	6	5	1	1857	975	882
37	1557	846	711	5	4	1	1502	819	683
38	1553	854	699	2	1	1	1494	820	674
39	1358	721	637	5	5		1306	690	616
40-44岁	**5908**	**3205**	**2703**	**18**	**8**	**10**	**5684**	**3087**	**2597**
40	1226	655	571	5	3	2	1175	633	542
41	1315	703	612	1		1	1266	676	590
42	1144	607	537	6	3	3	1101	583	518
43	1040	585	455	4	1	3	992	557	435
44	1183	655	528	2	1	1	1150	638	512
45-49岁	**6416**	**3576**	**2840**	**15**	**11**	**4**	**6217**	**3473**	**2744**
45	1201	635	566	2	2		1166	620	546
46	1308	731	577	5	4	1	1271	710	561
47	1321	743	578	4	3	1	1277	722	555
48	1267	727	540	2	2		1225	702	523
49	1319	740	579	2		2	1278	719	559
50岁及以上	**16127**	**10018**	**6109**	**35**	**21**	**14**	**15504**	**9635**	**5869**

3-2b 续表 9

单位：人

年龄	大学专科								
	肄业			辍学			其他		
	小计	男	女	小计	男	女	小计	男	女
总 计	**192**	**107**	**85**	**109**	**60**	**49**	**1834**	**1002**	**832**
3									
4									
5-9岁									
5									
6									
7									
8									
9									
10-14岁									
10									
11									
12									
13									
14									
15-19岁	**1**	**1**		**3**	**2**	**1**	**17**	**10**	**7**
15									
16									
17	1	1		1	1		3	3	
18				2	1	1	3		3
19							11	7	4
20-24岁	**13**	**5**	**8**	**26**	**13**	**13**	**139**	**84**	**55**
20	1		1	4		4	15	12	3
21	1	1		6	3	3	14	10	4
22	3	2	1	4	2	2	32	18	14
23	4		4	6	3	3	34	19	15
24	4	2	2	6	5	1	44	25	19
25-29岁	**34**	**19**	**15**	**19**	**12**	**7**	**263**	**127**	**136**
25	9	7	2	6	4	2	56	22	34
26	11	5	6	2	2		49	25	24
27	1		1	6	4	2	43	25	18
28	10	5	5	3	1	2	49	26	23
29	3	2	1	2	1	1	66	29	37
30-34岁	**43**	**18**	**25**	**19**	**11**	**8**	**305**	**159**	**146**
30	12	3	9	5	3	2	74	46	28
31	11	6	5	3	2	1	75	39	36
32	7	4	3	4	3	1	64	33	31
33	9	4	5	2	2		52	20	32
34	4	1	3	5	1	4	40	21	19
35-39岁	**26**	**14**	**12**	**11**	**5**	**6**	**238**	**125**	**113**
35	8	4	4	2	2		54	23	31
36	4	2	2	4	2	2	49	29	20
37	4	3	1	1		1	45	20	25
38	6	3	3	3	1	2	48	29	19
39	4	2	2	1		1	42	24	18
40-44岁	**12**	**6**	**6**	**4**	**2**	**2**	**190**	**102**	**88**
40	1		1	1	1		44	18	26
41	3	1	2	1		1	44	26	18
42	3	2	1	1		1	33	19	14
43	3	1	2	1	1		40	25	15
44	2	2					29	14	15
45-49岁	**13**	**8**	**5**	**12**	**5**	**7**	**159**	**79**	**80**
45	2	1	1				31	12	19
46				3	1	2	29	16	13
47	4	2	2	4	1	3	32	15	17
48	4	4		3	2	1	33	17	16
49	3	1	2	2	1	1	34	19	15
50岁及以上	**50**	**36**	**14**	**15**	**10**	**5**	**523**	**316**	**207**

3-2b 续表 10

单位：人

年 龄	大学本科								
	合 计			在 校			毕 业		
	合计	男	女	小计	男	女	小计	男	女
总 计	**57797**	**28228**	**29569**	**5986**	**2412**	**3574**	**50604**	**25188**	**25416**
3									
4									
5-9岁									
5									
6									
7									
8									
9									
10-14岁									
10									
11									
12									
13									
14									
15-19岁	**1943**	**792**	**1151**	**1900**	**769**	**1131**	**38**	**20**	**18**
15	5	4	1	3	2	1	2	2	
16	11	4	7	10	3	7	1	1	
17	80	29	51	76	27	49	4	2	2
18	672	301	371	662	297	365	8	3	5
19	1175	454	721	1149	440	709	23	12	11
20-24岁	**8013**	**3288**	**4725**	**3808**	**1514**	**2294**	**4115**	**1730**	**2385**
20	1408	575	833	1348	538	810	57	37	20
21	1442	568	874	1211	463	748	219	95	124
22	1620	634	986	773	295	478	835	337	498
23	1718	736	982	351	151	200	1333	566	767
24	1825	775	1050	125	67	58	1671	695	976
25-29岁	**10291**	**4629**	**5662**	**186**	**77**	**109**	**9876**	**4439**	**5437**
25	1980	896	1084	87	38	49	1848	836	1012
26	1995	864	1131	48	15	33	1905	828	1077
27	2055	889	1166	21	6	15	2000	869	1131
28	2195	999	1196	16	10	6	2125	960	1165
29	2066	981	1085	14	8	6	1998	946	1052
30-34岁	**12573**	**6070**	**6503**	**44**	**23**	**21**	**12295**	**5931**	**6364**
30	2804	1330	1474	14	6	8	2731	1297	1434
31	2566	1193	1373	8	5	3	2512	1166	1346
32	2469	1199	1270	7	4	3	2425	1171	1254
33	2595	1293	1302	9	5	4	2537	1263	1274
34	2139	1055	1084	6	3	3	2090	1034	1056
35-39岁	**8465**	**4176**	**4289**	**17**	**11**	**6**	**8261**	**4084**	**4177**
35	1890	907	983	6	3	3	1852	891	961
36	1938	967	971	5	4	1	1883	942	941
37	1613	811	802	2	1	1	1585	799	786
38	1676	807	869	3	2	1	1621	780	841
39	1348	684	664	1	1		1320	672	648
40-44岁	**5158**	**2549**	**2609**	**7**	**4**	**3**	**5010**	**2465**	**2545**
40	1199	598	601	1		1	1171	583	588
41	1093	541	552	1	1		1068	524	544
42	992	485	507	2	1	1	961	468	493
43	900	443	457	1		1	872	426	446
44	974	482	492	2	2		938	464	474
45-49岁	**4565**	**2403**	**2162**	**8**	**3**	**5**	**4448**	**2341**	**2107**
45	925	476	449	1		1	906	464	442
46	1008	535	473	1	1		989	523	466
47	867	439	428				844	430	414
48	884	468	416	3	2	1	858	455	403
49	881	485	396	3		3	851	469	382
50岁及以上	**6789**	**4321**	**2468**	**16**	**11**	**5**	**6561**	**4178**	**2383**

3-2b　续表 11

单位：人

年　龄	大学本科								
	肄　业			辍　学			其　他		
	小计	男	女	小计	男	女	小计	男	女
总　计	**121**	**55**	**66**	**12**	**6**	**6**	**1074**	**567**	**507**
3									
4									
5—9岁									
5									
6									
7									
8									
9									
10—14岁									
10									
11									
12									
13									
14									
15—19岁				**1**		**1**	**4**	**3**	**1**
15									
16									
17									
18				1		1	1	1	
19							3	2	1
20—24岁	**13**	**5**	**8**	**1**	**1**		**76**	**38**	**38**
20	1		1				2		2
21	1	1					11	9	2
22	1		1				11	2	9
23	5	2	3				29	17	12
24	5	2	3	1	1		23	10	13
25—29岁	**17**	**7**	**10**	**3**	**2**	**1**	**209**	**104**	**105**
25	3	1	2				42	21	21
26	4	2	2	1		1	37	19	18
27	4	1	3				30	13	17
28	3	2	1	2	2		49	25	24
29	3	1	2				51	26	25
30—34岁	**20**	**7**	**13**	**4**	**1**	**3**	**210**	**108**	**102**
30	6	1	5				53	26	27
31	6	3	3				40	19	21
32	4	2	2	1	1		32	21	11
33	3	1	2				46	24	22
34	1		1	3		3	39	18	21
35—39岁	**23**	**9**	**14**				**164**	**72**	**92**
35	4	3	1				28	10	18
36	2		2				48	21	27
37	5		5				21	11	10
38	8	5	3				44	20	24
39	4	1	3				23	10	13
40—44岁	**15**	**9**	**6**				**126**	**71**	**55**
40	5	2	3				22	13	9
41	2	2					22	14	8
42	1	1					28	15	13
43	1	1					26	16	10
44	6	3	3				28	13	15
45—49岁	**15**	**8**	**7**	**1**		**1**	**93**	**51**	**42**
45	3		3				15	12	3
46	2	1	1				16	10	6
47	2	1	1				21	8	13
48	4	2	2				19	9	10
49	4	4		1		1	22	12	10
50岁及以上	**18**	**10**	**8**	**2**	**2**		**192**	**120**	**72**

3-2b　续表 12　　　　单位：人

年　龄	硕士研究生								
	合　计			在　校			毕　业		
	合计	男	女	小计	男	女	小计	男	女
总　计	**2766**	**1167**	**1599**	**420**	**152**	**268**	**2295**	**993**	**1302**
3									
4									
5—9岁									
5									
6									
7									
8									
9									
10—14岁									
10									
11									
12									
13									
14									
15—19岁	**2**	**1**	**1**	**2**	**1**	**1**			
15									
16									
17									
18									
19	2	1	1	2	1	1			
20—24岁	**265**	**80**	**185**	**232**	**76**	**156**	**28**	**3**	**25**
20	1		1	1		1			
21	10	5	5	10	5	5			
22	44	15	29	43	14	29	1	1	
23	97	31	66	85	31	54	8		8
24	113	29	84	93	26	67	19	2	17
25—29岁	**662**	**213**	**449**	**160**	**60**	**100**	**489**	**150**	**339**
25	142	47	95	76	26	50	64	21	43
26	149	39	110	41	15	26	105	23	82
27	130	46	84	18	9	9	110	37	73
28	120	34	86	15	5	10	103	29	74
29	121	47	74	10	5	5	107	40	67
30—34岁	**772**	**280**	**492**	**20**	**13**	**7**	**737**	**257**	**480**
30	170	45	125	9	4	5	158	40	118
31	158	51	107	5	4	1	150	45	105
32	165	67	98	2	2		157	60	97
33	158	67	91	3	2	1	154	65	89
34	121	50	71	1	1		118	47	71
35—39岁	**548**	**257**	**291**	**6**	**2**	**4**	**535**	**253**	**282**
35	121	51	70	1	1		119	50	69
36	145	69	76	2		2	141	68	73
37	104	51	53	1		1	102	50	52
38	106	45	61	2	1	1	102	44	58
39	72	41	31				71	41	30
40—44岁	**183**	**100**	**83**				**180**	**99**	**81**
40	54	29	25				54	29	25
41	43	24	19				43	24	19
42	47	24	23				47	24	23
43	15	4	11				14	4	10
44	24	19	5				22	18	4
45—49岁	**154**	**94**	**60**				**150**	**92**	**58**
45	33	19	14				31	18	13
46	30	20	10				30	20	10
47	35	21	14				34	20	14
48	28	15	13				27	15	12
49	28	19	9				28	19	9
50岁及以上	**180**	**142**	**38**				**176**	**139**	**37**

3-2b 续表 13

单位：人

年 龄	硕士研究生								
	肄 业			辍 学			其 他		
	小计	男	女	小计	男	女	小计	男	女
总 计	**7**	**3**	**4**				**44**	**19**	**25**
3									
4									
5-9岁									
5									
6									
7									
8									
9									
10-14岁									
10									
11									
12									
13									
14									
15-19岁									
15									
16									
17									
18									
19									
20-24岁							**5**	**1**	**4**
20									
21									
22									
23							4		4
24							1	1	
25-29岁	**1**		**1**				**12**	**3**	**9**
25							2		2
26							3	1	2
27							2		2
28	1		1				1		1
29							4	2	2
30-34岁	**3**	**1**	**2**				**12**	**9**	**3**
30	2		2				1	1	
31							3	2	1
32	1	1					5	4	1
33							1		1
34							2	2	
35-39岁	**1**	**1**					**6**	**1**	**5**
35							1		1
36	1	1					1		1
37							1	1	
38							2		2
39							1		1
40-44岁	**1**		**1**				**2**	**1**	**1**
40									
41									
42									
43							1		1
44	1		1				1	1	
45-49岁	**1**	**1**					**3**	**1**	**2**
45	1	1					1		1
46									
47							1	1	
48							1		1
49									
50岁及以上							**4**	**3**	**1**

3-2b　续表 14

单位：人

年　龄	博士研究生								
	合　　计			在　　校			毕　　业		
	合计	男	女	小计	男	女	小计	男	女
总　计	**158**	**76**	**82**	**56**	**21**	**35**	**100**	**54**	**46**
3									
4									
5-9岁									
5									
6									
7									
8									
9									
10-14岁									
10									
11									
12									
13									
14									
15-19岁									
15									
16									
17									
18									
19									
20-24岁	**8**	**3**	**5**	**8**	**3**	**5**			
20									
21									
22	1		1	1		1			
23	2	2		2	2				
24	5	1	4	5	1	4			
25-29岁	**45**	**16**	**29**	**32**	**13**	**19**	**13**	**3**	**10**
25	11	3	8	9	3	6	2		2
26	7	2	5	6	2	4	1		1
27	10	5	5	6	4	2	4	1	3
28	9	2	7	5	1	4	4	1	3
29	8	4	4	6	3	3	2	1	1
30-34岁	**28**	**10**	**18**	**8**	**3**	**5**	**19**	**7**	**12**
30	8	3	5	5	1	4	3	2	1
31	5	2	3	2	1	1	3	1	2
32	4	2	2				4	2	2
33	6	1	5	1	1		5		5
34	5	2	3				4	2	2
35-39岁	**37**	**19**	**18**	**6**	**2**	**4**	**30**	**16**	**14**
35	14	7	7	3	1	2	11	6	5
36	5	3	2				4	2	2
37	7	3	4	2		2	5	3	2
38	6	3	3				6	3	3
39	5	3	2	1	1		4	2	2
40-44岁	**8**	**4**	**4**	**1**		**1**	**7**	**4**	**3**
40	1		1	1		1			
41	3	1	2				3	1	2
42									
43	2	2					2	2	
44	2	1	1				2	1	1
45-49岁	**11**	**7**	**4**	**1**		**1**	**10**	**7**	**3**
45	2	1	1				2	1	1
46	3	3					3	3	
47	2	2					2	2	
48	1		1				1		1
49	3	1	2	1		1	2	1	1
50岁及以上	**21**	**17**	**4**				**21**	**17**	**4**

3-2b 续表 15

单位：人

年龄	博士研究生								
	肄业			辍学			其他		
	小计	男	女	小计	男	女	小计	男	女
总计							**2**	**1**	**1**
3									
4									
5-9岁									
5									
6									
7									
8									
9									
10-14岁									
10									
11									
12									
13									
14									
15-19岁									
15									
16									
17									
18									
19									
20-24岁									
20									
21									
22									
23									
24									
25-29岁									
25									
26									
27									
28									
29									
30-34岁							**1**		**1**
30									
31									
32									
33									
34							1		1
35-39岁							**1**	**1**	
35									
36							1	1	
37									
38									
39									
40-44岁									
40									
41									
42									
43									
44									
45-49岁									
45									
46									
47									
48									
49									
50岁及以上									

3–2c 全区分年龄、性别、学业完成情况的3岁及以上各种受教育程度人口(乡村)

单位：人

年龄	合计								
	合计			在校			毕业		
	合计	男	女	小计	男	女	小计	男	女
总计	**695352**	**382293**	**313059**	**83711**	**43651**	**40060**	**490773**	**274067**	**216706**
3									
4									
5–9岁	**23996**	**12656**	**11340**	**23328**	**12316**	**11012**	**397**	**215**	**182**
5	603	303	300	570	287	283	19	9	10
6	4100	2123	1977	3981	2063	1918	71	35	36
7	5974	3140	2834	5814	3056	2758	89	50	39
8	6929	3674	3255	6753	3580	3173	108	64	44
9	6390	3416	2974	6210	3330	2880	110	57	53
10–14岁	**35552**	**18913**	**16639**	**34266**	**18160**	**16106**	**826**	**485**	**341**
10	6884	3631	3253	6680	3518	3162	124	70	54
11	7169	3845	3324	6958	3723	3235	134	79	55
12	7069	3756	3313	6842	3620	3222	150	87	63
13	7203	3816	3387	6935	3647	3288	174	112	62
14	7227	3865	3362	6851	3652	3199	244	137	107
15–19岁	**23419**	**12435**	**10984**	**20356**	**10510**	**9846**	**2391**	**1488**	**903**
15	6090	3247	2843	5850	3102	2748	140	87	53
16	5219	2752	2467	4853	2519	2334	251	154	97
17	4276	2218	2058	3721	1869	1852	424	264	160
18	4115	2235	1880	3369	1763	1606	609	386	223
19	3719	1983	1736	2563	1257	1306	967	597	370
20–24岁	**22317**	**12305**	**10012**	**5144**	**2362**	**2782**	**15392**	**8849**	**6543**
20	3423	1858	1565	1878	893	985	1305	806	499
21	3699	1999	1700	1407	651	756	2020	1177	843
22	4664	2555	2109	1028	447	581	3271	1905	1366
23	5097	2816	2281	548	243	305	4144	2334	1810
24	5434	3077	2357	283	128	155	4652	2627	2025
25–29岁	**32409**	**18613**	**13796**	**410**	**182**	**228**	**28387**	**16276**	**12111**
25	6033	3443	2590	166	69	97	5284	3013	2271
26	5830	3314	2516	102	43	59	5101	2904	2197
27	6388	3678	2710	64	32	32	5599	3206	2393
28	6800	3915	2885	42	22	20	5951	3421	2530
29	7358	4263	3095	36	16	20	6452	3732	2720
30–34岁	**48379**	**27633**	**20746**	**66**	**38**	**28**	**41958**	**23927**	**18031**
30	10040	5733	4307	27	15	12	8762	4983	3779
31	9849	5642	4207	16	10	6	8572	4905	3667
32	9032	5160	3872	9	7	2	7830	4475	3355
33	10105	5837	4268	8	3	5	8761	5043	3718
34	9353	5261	4092	6	3	3	8033	4521	3512
35–39岁	**52029**	**29556**	**22473**	**30**	**19**	**11**	**44008**	**24841**	**19167**
35	9417	5370	4047	4	1	3	8002	4524	3478
36	10369	5961	4408	2	1	1	8776	5009	3767
37	9954	5612	4342	5	3	2	8451	4721	3730
38	11753	6621	5132	11	7	4	9964	5592	4372
39	10536	5992	4544	8	7	1	8815	4995	3820
40–44岁	**53415**	**29717**	**23698**	**25**	**15**	**10**	**44692**	**24835**	**19857**
40	10514	5849	4665	2	2		8851	4901	3950
41	10976	6069	4907	6	3	3	9261	5108	4153
42	10221	5697	4524	3	2	1	8598	4782	3816
43	9807	5460	4347	8	4	4	8160	4552	3608
44	11897	6642	5255	6	4	2	9822	5492	4330
45–49岁	**78317**	**42247**	**36070**	**14**	**9**	**5**	**64313**	**34804**	**29509**
45	13425	7207	6218	2	2		10992	5908	5084
46	15646	8483	7163	2	1	1	12894	6986	5908
47	15327	8248	7079	3	2	1	12611	6833	5778
48	16478	8952	7526	4	2	2	13520	7346	6174
49	17441	9357	8084	3	2	1	14296	7731	6565
50岁及以上	**325519**	**178218**	**147301**	**72**	**40**	**32**	**248409**	**138347**	**110062**

3-2c 续表 1

单位：人

年龄	合计								
	肄业			辍学			其他		
	小计	男	女	小计	男	女	小计	男	女
总计	**12847**	**6767**	**6080**	**48646**	**25758**	**22888**	**59375**	**32050**	**27325**
3									
4									
5-9岁	**18**	**8**	**10**	**19**	**8**	**11**	**234**	**109**	**125**
5	2	1	1				12	6	6
6	3	2	1	2	1	1	43	22	21
7	2	1	1	10	4	6	59	29	30
8	7	3	4	2	2		59	25	34
9	4	1	3	5	1	4	61	27	34
10-14岁	**33**	**22**	**11**	**84**	**52**	**32**	**343**	**194**	**149**
10	4	2	2	6	3	3	70	38	32
11	4	1	3	4	2	2	69	40	29
12	5	5		9	6	3	63	38	25
13	7	5	2	22	14	8	65	38	27
14	13	9	4	43	27	16	76	40	36
15-19岁	**75**	**57**	**18**	**314**	**208**	**106**	**283**	**172**	**111**
15	10	8	2	46	26	20	44	24	20
16	13	10	3	61	39	22	41	30	11
17	17	13	4	59	37	22	55	35	20
18	15	10	5	68	45	23	54	31	23
19	20	16	4	80	61	19	89	52	37
20-24岁	**176**	**109**	**67**	**545**	**357**	**188**	**1060**	**628**	**432**
20	24	13	11	82	60	22	134	86	48
21	32	23	9	83	59	24	157	89	68
22	29	17	12	119	73	46	217	113	104
23	42	21	21	128	85	43	235	133	102
24	49	35	14	133	80	53	317	207	110
25-29岁	**369**	**224**	**145**	**1150**	**713**	**437**	**2093**	**1218**	**875**
25	70	52	18	178	108	70	335	201	134
26	63	38	25	201	132	69	363	197	166
27	81	50	31	206	139	67	438	251	187
28	71	37	34	260	141	119	476	294	182
29	84	47	37	305	193	112	481	275	206
30-34岁	**649**	**368**	**281**	**2204**	**1346**	**858**	**3502**	**1954**	**1548**
30	120	65	55	436	278	158	695	392	303
31	117	71	46	432	270	162	712	386	326
32	138	79	59	413	239	174	642	360	282
33	144	78	66	467	291	176	725	422	303
34	130	75	55	456	268	188	728	394	334
35-39岁	**815**	**483**	**332**	**2952**	**1776**	**1176**	**4224**	**2437**	**1787**
35	138	85	53	518	316	202	755	444	311
36	170	112	58	562	352	210	859	487	372
37	145	78	67	527	312	215	826	498	328
38	210	120	90	653	376	277	915	526	389
39	152	88	64	692	420	272	869	482	387
40-44岁	**861**	**500**	**361**	**3311**	**1891**	**1420**	**4526**	**2476**	**2050**
40	169	94	75	636	379	257	856	473	383
41	174	107	67	623	354	269	912	497	415
42	158	95	63	639	373	266	823	445	378
43	156	96	60	622	347	275	861	461	400
44	204	108	96	791	438	353	1074	600	474
45-49岁	**1397**	**742**	**655**	**5636**	**3029**	**2607**	**6957**	**3663**	**3294**
45	238	122	116	971	548	423	1222	627	595
46	273	159	114	1121	610	511	1356	727	629
47	252	137	115	1078	562	516	1383	714	669
48	316	169	147	1178	644	534	1460	791	669
49	318	155	163	1288	665	623	1536	804	732
50岁及以上	**8454**	**4254**	**4200**	**32431**	**16378**	**16053**	**36153**	**19199**	**16954**

3-2c　续表 2　　　　单位：人

年　龄	小　学								
	合　计			在　校			毕　业		
	合计	男	女	小计	男	女	小计	男	女
总　计	**278378**	**133332**	**145046**	**40568**	**21565**	**19003**	**171627**	**81017**	**90610**
3									
4									
5—9岁	**23790**	**12541**	**11249**	**23148**	**12218**	**10930**	**378**	**202**	**176**
5	603	303	300	570	287	283	19	9	10
6	4071	2101	1970	3957	2046	1911	68	32	36
7	5932	3119	2813	5779	3040	2739	86	47	39
8	6870	3640	3230	6700	3549	3151	102	61	41
9	6314	3378	2936	6142	3296	2846	103	53	50
10—14岁	**17947**	**9670**	**8277**	**17326**	**9305**	**8021**	**378**	**225**	**153**
10	6744	3553	3191	6551	3446	3105	118	66	52
11	6668	3608	3060	6481	3497	2984	119	73	46
12	3218	1757	1461	3103	1686	1417	69	40	29
13	962	560	402	898	515	383	39	29	10
14	355	192	163	293	161	132	33	17	16
15—19岁	**337**	**184**	**153**	**41**	**19**	**22**	**187**	**96**	**91**
15	56	32	24	20	10	10	17	10	7
16	50	34	16	8	4	4	21	15	6
17	61	28	33	7	3	4	36	16	20
18	67	36	31	4	2	2	38	19	19
19	103	54	49	2		2	75	36	39
20—24岁	**820**	**480**	**340**	**6**	**2**	**4**	**614**	**354**	**260**
20	109	61	48	1		1	75	42	33
21	162	100	62	3	2	1	118	71	47
22	154	96	58	1		1	112	77	35
23	182	97	85				146	74	72
24	213	126	87	1		1	163	90	73
25—29岁	**2193**	**1229**	**964**				**1687**	**934**	**753**
25	287	167	120				214	123	91
26	308	173	135				235	130	105
27	425	237	188				326	179	147
28	519	293	226				403	231	172
29	654	359	295				509	271	238
30—34岁	**6014**	**3172**	**2842**	**1**	**1**		**4680**	**2443**	**2237**
30	977	509	468				770	397	373
31	1102	575	527				850	433	417
32	1170	618	552				928	498	430
33	1377	728	649				1046	547	499
34	1388	742	646	1	1		1086	568	518
35—39岁	**9352**	**4842**	**4510**	**1**		**1**	**7236**	**3671**	**3565**
35	1554	831	723				1174	608	566
36	1718	897	821				1338	675	663
37	1766	922	844				1367	709	658
38	2245	1134	1111	1		1	1762	873	889
39	2069	1058	1011				1595	806	789
40—44岁	**13140**	**6514**	**6626**	**4**	**1**	**3**	**10168**	**4971**	**5197**
40	2316	1185	1131				1826	921	905
41	2473	1203	1270	1		1	1936	926	1010
42	2570	1218	1352				1974	917	1057
43	2534	1270	1264	1		1	1979	986	993
44	3247	1638	1609	2	1	1	2453	1221	1232
45—49岁	**25595**	**11911**	**13684**	**3**	**2**	**1**	**19422**	**8984**	**10438**
45	3906	1863	2043				2942	1397	1545
46	4832	2301	2531				3659	1713	1946
47	4968	2303	2665	1	1		3812	1767	2045
48	5570	2584	2986	2	1	1	4197	1936	2261
49	6319	2860	3459				4812	2171	2641
50岁及以上	**179190**	**82789**	**96401**	**38**	**17**	**21**	**126877**	**59137**	**67740**

3–2c 续表 3 单位：人

年龄	小学								
	肄业			辍学			其他		
	小计	男	女	小计	男	女	小计	男	女
总计	**7049**	**3133**	**3916**	**29108**	**13463**	**15645**	**30026**	**14154**	**15872**
3									
4									
5–9岁	**18**	**8**	**10**	**19**	**8**	**11**	**227**	**105**	**122**
5	2	1	1				12	6	6
6	3	2	1	2	1	1	41	20	21
7	2	1	1	10	4	6	55	27	28
8	7	3	4	2	2		59	25	34
9	4	1	3	5	1	4	60	27	33
10–14岁	**15**	**9**	**6**	**34**	**20**	**14**	**194**	**111**	**83**
10	4	2	2	5	3	2	66	36	30
11	4	1	3	3	1	2	61	36	25
12	3	3		6	4	2	37	24	13
13	1	1		6	4	2	18	11	7
14	3	2	1	14	8	6	12	4	8
15–19岁	**7**	**4**	**3**	**57**	**41**	**16**	**45**	**24**	**21**
15	1	1		8	5	3	10	6	4
16	1		1	12	8	4	8	7	1
17				10	6	4	8	3	5
18	2		2	14	13	1	9	2	7
19	3	3		13	9	4	10	6	4
20–24岁	**25**	**15**	**10**	**87**	**53**	**34**	**88**	**56**	**32**
20	7	1	6	17	11	6	9	7	2
21	3	2	1	21	14	7	17	11	6
22	5	2	3	17	8	9	19	9	10
23	2	2		16	10	6	18	11	7
24	8	8		16	10	6	25	18	7
25–29岁	**44**	**19**	**25**	**229**	**144**	**85**	**233**	**132**	**101**
25	6	5	1	29	20	9	38	19	19
26	6	3	3	37	23	14	30	17	13
27	7	5	2	38	25	13	54	28	26
28	10	3	7	48	24	24	58	35	23
29	15	3	12	77	52	25	53	33	20
30–34岁	**139**	**73**	**66**	**582**	**323**	**259**	**612**	**332**	**280**
30	30	15	15	90	49	41	87	48	39
31	27	16	11	102	60	42	123	66	57
32	21	13	8	107	52	55	114	55	59
33	33	15	18	153	89	64	145	77	68
34	28	14	14	130	73	57	143	86	57
35–39岁	**216**	**129**	**87**	**917**	**514**	**403**	**982**	**528**	**454**
35	40	28	12	163	90	73	177	105	72
36	51	32	19	143	84	59	186	106	80
37	32	17	15	179	101	78	188	95	93
38	58	33	25	209	109	100	215	119	96
39	35	19	16	223	130	93	216	103	113
40–44岁	**306**	**166**	**140**	**1300**	**708**	**592**	**1362**	**668**	**694**
40	53	30	23	207	122	85	230	112	118
41	62	36	26	233	129	104	241	112	129
42	58	32	26	271	145	126	267	124	143
43	64	34	30	249	127	122	241	123	118
44	69	34	35	340	185	155	383	197	186
45–49岁	**605**	**283**	**322**	**2739**	**1301**	**1438**	**2826**	**1341**	**1485**
45	105	44	61	422	219	203	437	203	234
46	112	62	50	530	263	267	531	263	268
47	106	50	56	515	238	277	534	247	287
48	140	61	79	599	285	314	632	301	331
49	142	66	76	673	296	377	692	327	365
50岁及以上	**5674**	**2427**	**3247**	**23144**	**10351**	**12793**	**23457**	**10857**	**12600**

3-2c　续表 4　　　　　　　　　　　　　　　　　　　　　　　　　　　　单位：人

年龄	初中								
	合计			在校			毕业		
	合计	男	女	小计	男	女	小计	男	女
总　计	**302832**	**179359**	**123473**	**21293**	**11245**	**10048**	**234924**	**139626**	**95298**
3									
4									
5–9岁	**206**	**115**	**91**	**180**	**98**	**82**	**19**	**13**	**6**
5									
6	29	22	7	24	17	7	3	3	
7	42	21	21	35	16	19	3	3	
8	59	34	25	53	31	22	6	3	3
9	76	38	38	68	34	34	7	4	3
10–14岁	**17156**	**9026**	**8130**	**16506**	**8648**	**7858**	**438**	**253**	**185**
10	139	78	61	128	72	56	6	4	2
11	501	237	264	477	226	251	15	6	9
12	3849	1999	1850	3737	1934	1803	81	47	34
13	6187	3229	2958	5989	3109	2880	134	82	52
14	6480	3483	2997	6175	3307	2868	202	114	88
15–19岁	**6272**	**3551**	**2721**	**4551**	**2466**	**2085**	**1375**	**857**	**518**
15	3183	1752	1431	3006	1645	1361	107	69	38
16	1259	690	569	998	530	468	195	114	81
17	652	386	266	319	165	154	270	180	90
18	561	338	223	158	93	65	341	204	137
19	617	385	232	70	33	37	462	290	172
20–24岁	**5855**	**3558**	**2297**	**22**	**12**	**10**	**4963**	**2996**	**1967**
20	678	428	250	8	4	4	558	346	212
21	875	521	354	9	6	3	736	433	303
22	1145	701	444	4	2	2	973	598	375
23	1407	857	550				1209	736	473
24	1750	1051	699	1		1	1487	883	604
25–29岁	**14186**	**8289**	**5897**	**4**	**3**	**1**	**12103**	**7038**	**5065**
25	2165	1302	863				1845	1106	739
26	2411	1412	999				2041	1193	848
27	2714	1591	1123	2	2		2315	1347	968
28	3256	1868	1388	2	1	1	2783	1593	1190
29	3640	2116	1524				3119	1799	1320
30–34岁	**27286**	**15349**	**11937**	**5**	**3**	**2**	**23333**	**13041**	**10292**
30	5233	2999	2234	2	1	1	4465	2531	1934
31	5416	3065	2351	1	1		4622	2606	2016
32	5054	2844	2210				4298	2404	1894
33	5902	3330	2572	1		1	5101	2846	2255
34	5681	3111	2570	1	1		4847	2654	2193
35–39岁	**33953**	**19181**	**14772**	**1**		**1**	**28866**	**16153**	**12713**
35	5916	3300	2616				5055	2787	2268
36	6786	3877	2909				5739	3247	2492
37	6547	3643	2904				5592	3060	2532
38	7735	4377	3358	1		1	6604	3719	2885
39	6969	3984	2985				5876	3340	2536
40–44岁	**33548**	**18860**	**14688**	**4**	**2**	**2**	**28393**	**15918**	**12475**
40	6765	3739	3026	1	1		5726	3146	2580
41	7042	3931	3111	1		1	5989	3331	2658
42	6368	3655	2713	1	1		5443	3103	2340
43	6080	3417	2663				5097	2869	2228
44	7293	4118	3175	1		1	6138	3469	2669
45–49岁	**44575**	**25176**	**19399**				**37484**	**21129**	**16355**
45	8037	4425	3612				6697	3672	3025
46	9061	5098	3963				7638	4283	3355
47	8756	4899	3857				7358	4121	3237
48	9234	5293	3941				7797	4441	3356
49	9487	5461	4026				7994	4612	3382
50岁及以上	**119795**	**76254**	**43541**	**20**	**13**	**7**	**97950**	**62228**	**35722**

3-2c 续表 5 单位：人

年 龄	初中								
	肄业			辍学			其他		
	小计	男	女	小计	男	女	小计	男	女
总 计	**4965**	**3077**	**1888**	**17359**	**10802**	**6557**	**24291**	**14609**	**9682**
3									
4									
5-9岁							**7**	**4**	**3**
5									
6							2	2	
7							4	2	2
8									
9							1		1
10-14岁	**17**	**13**	**4**	**49**	**31**	**18**	**146**	**81**	**65**
10				1		1	4	2	2
11				1	1		8	4	4
12	2	2		3	2	1	26	14	12
13	5	4	1	15	9	6	44	25	19
14	10	7	3	29	19	10	64	36	28
15-19岁	**42**	**31**	**11**	**160**	**109**	**51**	**144**	**88**	**56**
15	8	6	2	34	19	15	28	13	15
16	8	6	2	37	24	13	21	16	5
17	10	7	3	25	17	8	28	17	11
18	6	5	1	29	20	9	27	16	11
19	10	7	3	35	29	6	40	26	14
20-24岁	**88**	**57**	**31**	**286**	**189**	**97**	**496**	**304**	**192**
20	7	5	2	39	29	10	66	44	22
21	12	9	3	41	28	13	77	45	32
22	20	12	8	57	33	24	91	56	35
23	21	12	9	70	48	22	107	61	46
24	28	19	9	79	51	28	155	98	57
25-29岁	**229**	**145**	**84**	**695**	**431**	**264**	**1155**	**672**	**483**
25	41	28	13	99	62	37	180	106	74
26	38	24	14	124	82	42	208	113	95
27	52	32	20	130	90	40	215	120	95
28	43	25	18	167	87	80	261	162	99
29	55	36	19	175	110	65	291	171	120
30-34岁	**416**	**244**	**172**	**1389**	**869**	**520**	**2143**	**1192**	**951**
30	69	40	29	291	190	101	406	237	169
31	72	46	26	282	179	103	439	233	206
32	91	51	40	271	165	106	394	224	170
33	93	54	39	262	170	92	445	260	185
34	91	53	38	283	165	118	459	238	221
35-39岁	**504**	**291**	**213**	**1842**	**1128**	**714**	**2740**	**1609**	**1131**
35	82	48	34	314	196	118	465	269	196
36	102	67	35	384	245	139	561	318	243
37	94	46	48	326	197	129	535	340	195
38	124	71	53	401	238	163	605	349	256
39	102	59	43	417	252	165	574	333	241
40-44岁	**499**	**295**	**204**	**1859**	**1081**	**778**	**2793**	**1564**	**1229**
40	107	58	49	394	233	161	537	301	236
41	95	59	36	361	203	158	596	338	258
42	87	56	31	340	210	130	497	285	212
43	81	51	30	347	203	144	555	294	261
44	129	71	58	417	232	185	608	346	262
45-49岁	**706**	**400**	**306**	**2691**	**1600**	**1091**	**3694**	**2047**	**1647**
45	123	69	54	511	308	203	706	376	330
46	135	82	53	547	325	222	741	408	333
47	131	75	56	519	297	222	748	406	342
48	157	94	63	540	329	211	740	429	311
49	160	80	80	574	341	233	759	428	331
50岁及以上	**2464**	**1601**	**863**	**8388**	**5364**	**3024**	**10973**	**7048**	**3925**

3-2c　续表 6

单位：人

年　龄	高　中								
	合　计			在　校			毕　业		
	合计	男	女	小计	男	女	小计	男	女
总　计	**65827**	**41930**	**23897**	**12825**	**6627**	**6198**	**46729**	**31012**	**15717**
3									
4									
5–9岁									
5									
6									
7									
8									
9									
10–14岁	**448**	**217**	**231**	**433**	**207**	**226**	**10**	**7**	**3**
10	1		1	1		1			
11									
12	2		2	2		2			
13	53	27	26	47	23	24	1	1	
14	392	190	202	383	184	199	9	6	3
15–19岁	**12740**	**6721**	**6019**	**11902**	**6168**	**5734**	**652**	**427**	**225**
15	2820	1444	1376	2794	1428	1366	15	8	7
16	3843	1986	1857	3782	1944	1838	34	24	10
17	3267	1656	1611	3116	1565	1551	102	56	46
18	1945	1105	840	1712	945	767	189	134	55
19	865	530	335	498	286	212	312	205	107
20–24岁	**3513**	**2242**	**1271**	**474**	**244**	**230**	**2669**	**1760**	**909**
20	641	399	242	215	108	107	367	249	118
21	570	373	197	113	60	53	396	273	123
22	704	453	251	60	28	32	567	375	192
23	757	467	290	47	21	26	624	397	227
24	841	550	291	39	27	12	715	466	249
25–29岁	**5136**	**3233**	**1903**	**4**	**1**	**3**	**4550**	**2868**	**1682**
25	915	582	333	1		1	803	511	292
26	947	599	348				845	536	309
27	1042	662	380	2	1	1	911	580	331
28	1049	674	375				919	589	330
29	1183	716	467	1		1	1072	652	420
30–34岁	**6514**	**4020**	**2494**	**2**		**2**	**5818**	**3581**	**2237**
30	1513	917	596				1357	819	538
31	1412	882	530	2		2	1269	792	477
32	1248	744	504				1118	665	453
33	1281	826	455				1147	735	412
34	1060	651	409				927	570	357
35–39岁	**4855**	**3022**	**1833**				**4244**	**2633**	**1611**
35	960	598	362				834	514	320
36	972	602	370				850	527	323
37	939	583	356				832	514	318
38	1037	648	389				901	566	335
39	947	591	356				827	512	315
40–44岁	**4473**	**2859**	**1614**	**3**	**3**		**3996**	**2538**	**1458**
40	943	605	338				836	531	305
41	980	627	353	1	1		878	555	323
42	850	535	315	1	1		763	482	281
43	805	520	285				722	463	259
44	895	572	323	1	1		797	507	290
45–49岁	**5900**	**3634**	**2266**	**2**	**1**	**1**	**5264**	**3233**	**2031**
45	1045	626	419	1	1		937	559	378
46	1272	766	506	1		1	1135	687	448
47	1153	741	412				1011	649	362
48	1219	762	457				1093	673	420
49	1211	739	472				1088	665	423
50岁及以上	**22248**	**15982**	**6266**	**5**	**3**	**2**	**19526**	**13965**	**5561**

3-2c 续表 7 单位：人

年龄	高中								
	肄业			辍学			其他		
	小计	男	女	小计	男	女	小计	男	女
总计	**701**	**474**	**227**	**2053**	**1419**	**634**	**3519**	**2398**	**1121**
3									
4									
5-9岁									
5									
6									
7									
8									
9									
10-14岁	**1**		**1**	**1**	**1**		**3**	**2**	**1**
10									
11									
12									
13	1		1	1	1		3	2	1
14									
15-19岁	**23**	**19**	**4**	**91**	**56**	**35**	**72**	**51**	**21**
15	1	1		4	2	2	6	5	1
16	4	4		12	7	5	11	7	4
17	7	6	1	23	14	9	19	15	4
18	6	4	2	24	12	12	14	10	4
19	5	4	1	28	21	7	22	14	8
20-24岁	**37**	**22**	**15**	**134**	**90**	**44**	**199**	**126**	**73**
20	7	5	2	20	16	4	32	21	11
21	10	7	3	18	15	3	33	18	15
22	4	3	1	34	25	9	39	22	17
23	11	4	7	31	19	12	44	26	18
24	5	3	2	31	15	16	51	39	12
25-29岁	**69**	**46**	**23**	**194**	**120**	**74**	**319**	**198**	**121**
25	15	13	2	42	23	19	54	35	19
26	14	9	5	34	23	11	54	31	23
27	18	10	8	31	19	12	80	52	28
28	14	8	6	41	28	13	75	49	26
29	8	6	2	46	27	19	56	31	25
30-34岁	**72**	**44**	**28**	**208**	**140**	**68**	**414**	**255**	**159**
30	13	8	5	47	34	13	96	56	40
31	13	7	6	43	27	16	85	56	29
32	23	14	9	32	21	11	75	44	31
33	13	8	5	46	31	15	75	52	23
34	10	7	3	40	27	13	83	47	36
35-39岁	**71**	**46**	**25**	**188**	**130**	**58**	**352**	**213**	**139**
35	11	6	5	39	29	10	76	49	27
36	10	7	3	35	23	12	77	45	32
37	12	10	2	22	14	8	73	45	28
38	25	14	11	41	27	14	70	41	29
39	13	9	4	51	37	14	56	33	23
40-44岁	**50**	**33**	**17**	**144**	**97**	**47**	**280**	**188**	**92**
40	7	4	3	33	22	11	67	48	19
41	17	12	5	27	21	6	57	38	19
42	12	6	6	27	18	9	47	28	19
43	8	8		26	17	9	49	32	17
44	6	3	3	31	19	12	60	42	18
45-49岁	**78**	**52**	**26**	**202**	**126**	**76**	**354**	**222**	**132**
45	10	9	1	35	20	15	62	37	25
46	24	13	11	44	22	22	68	44	24
47	15	12	3	44	27	17	83	53	30
48	15	10	5	38	29	9	73	50	23
49	14	8	6	41	28	13	68	38	30
50岁及以上	**300**	**212**	**88**	**891**	**659**	**232**	**1526**	**1143**	**383**

3-2c　续表 8　　　　单位：人

年　龄	大学专科								
	合　计			在　校			毕　业		
	合计	男	女	小计	男	女	小计	男	女
总　计	**30471**	**18513**	**11958**	**4415**	**2318**	**2097**	**24782**	**15413**	**9369**
3									
4									
5—9岁									
5									
6									
7									
8									
9									
10—14岁	**1**		**1**	**1**		**1**			
10									
11									
12									
13	1		1	1		1			
14									
15—19岁	**2350**	**1253**	**1097**	**2171**	**1148**	**1023**	**156**	**94**	**62**
15	27	18	9	26	18	8	1		1
16	62	41	21	60	40	20	1	1	
17	195	101	94	181	92	89	13	9	4
18	875	453	422	834	424	410	36	26	10
19	1191	640	551	1070	574	496	105	58	47
20—24岁	**6951**	**3801**	**3150**	**2005**	**1033**	**972**	**4717**	**2640**	**2077**
20	1139	600	539	837	430	407	271	151	120
21	1219	638	581	543	279	264	647	341	306
22	1551	853	698	370	181	189	1124	648	476
23	1574	879	695	172	98	74	1349	751	598
24	1468	831	637	83	45	38	1326	749	577
25—29岁	**6561**	**3763**	**2798**	**165**	**88**	**77**	**6106**	**3495**	**2611**
25	1551	881	670	59	31	28	1436	814	622
26	1263	722	541	42	23	19	1175	672	503
27	1368	785	583	30	16	14	1263	723	540
28	1208	684	524	15	9	6	1141	640	501
29	1171	691	480	19	9	10	1091	646	445
30—34岁	**5534**	**3369**	**2165**	**26**	**16**	**10**	**5239**	**3213**	**2026**
30	1469	859	610	10	4	6	1367	811	556
31	1257	760	497	8	6	2	1202	729	473
32	1038	628	410	3	3		987	599	388
33	983	623	360	4	2	2	931	596	335
34	787	499	288	1	1		752	478	274
35—39岁	**2439**	**1592**	**847**	**17**	**12**	**5**	**2304**	**1506**	**798**
35	619	410	209	3	1	2	587	392	195
36	568	380	188	1	1		538	360	178
37	432	281	151	4	2	2	406	265	141
38	460	290	170	5	4	1	437	274	163
39	360	231	129	4	4		336	215	121
40—44岁	**1597**	**1059**	**538**	**12**	**8**	**4**	**1500**	**997**	**503**
40	340	227	113	1	1		319	213	106
41	332	220	112	2	2		314	210	104
42	304	196	108	1		1	291	189	102
43	280	186	94	7	4	3	259	171	88
44	341	230	111	1	1		317	214	103
45—49岁	**1637**	**1128**	**509**	**9**	**6**	**3**	**1550**	**1070**	**480**
45	297	200	97	1	1		281	190	91
46	359	245	114	1	1		341	231	110
47	331	229	102	2	1	1	315	222	93
48	331	232	99	2	1	1	312	217	95
49	319	222	97	3	2	1	301	210	91
50岁及以上	**3401**	**2548**	**853**	**9**	**7**	**2**	**3210**	**2398**	**812**

3-2c 续表 9 单位：人

年龄	大学专科								
	肄业			辍学			其他		
	小计	男	女	小计	男	女	小计	男	女
总计	**90**	**60**	**30**	**100**	**59**	**41**	**1084**	**663**	**421**
3									
4									
5—9岁									
5									
6									
7									
8									
9									
10—14岁									
10									
11									
12									
13									
14									
15—19岁	**3**	**3**		**4**	**1**	**3**	**16**	**7**	**9**
15									
16							1		1
17				1		1			
18	1	1		1		1	3	2	1
19	2	2		2	1	1	12	5	7
20—24岁	**18**	**12**	**6**	**27**	**17**	**10**	**184**	**99**	**85**
20	2	2		4	3	1	25	14	11
21	7	5	2	2	1	1	20	12	8
22				10	6	4	47	18	29
23	4	1	3	6	4	2	43	25	18
24	5	4	1	5	3	2	49	30	19
25—29岁	**20**	**11**	**9**	**25**	**14**	**11**	**245**	**155**	**90**
25	6	5	1	7	3	4	43	28	15
26	3	1	2	2	1	1	41	25	16
27	2	2		7	5	2	66	39	27
28	4	1	3	4	2	2	44	32	12
29	5	2	3	5	3	2	51	31	20
30—34岁	**16**	**5**	**11**	**22**	**13**	**9**	**231**	**122**	**109**
30	6	1	5	6	4	2	80	39	41
31	4	1	3	5	4	1	38	20	18
32	3	1	2	3	1	2	42	24	18
33	2	1	1	5	1	4	41	23	18
34	1	1		3	3		30	16	14
35—39岁	**9**	**7**	**2**	**5**	**4**	**1**	**104**	**63**	**41**
35	1	1		2	1	1	26	15	11
36	6	5	1				23	14	9
37	1	1					21	13	8
38				2	2		16	10	6
39	1		1	1	1		18	11	7
40—44岁	**5**	**5**		**8**	**5**	**3**	**72**	**44**	**28**
40	2	2		2	2		16	9	7
41				2	1	1	14	7	7
42	1	1		1		1	10	6	4
43	2	2					12	9	3
44				3	2	1	20	13	7
45—49岁	**7**	**6**	**1**	**4**	**2**	**2**	**67**	**44**	**23**
45				3	1	2	12	8	4
46	2	2					15	11	4
47							14	6	8
48	4	4		1	1		12	9	3
49	1		1				14	10	4
50岁及以上	**12**	**11**	**1**	**5**	**3**	**2**	**165**	**129**	**36**

3-2c　续表 10　　　　单位：人

年　龄	大学本科								
	合　计			在　校			毕　业		
	合计	男	女	小计	男	女	小计	男	女
总　计	**17131**	**8870**	**8261**	**4332**	**1799**	**2533**	**12289**	**6810**	**5479**
3									
4									
5-9岁									
5									
6									
7									
8									
9									
10-14岁									
10									
11									
12									
13									
14									
15-19岁	**1717**	**725**	**992**	**1688**	**708**	**980**	**21**	**14**	**7**
15	4	1	3	4	1	3			
16	5	1	4	5	1	4			
17	101	47	54	98	44	54	3	3	
18	665	302	363	659	298	361	5	3	2
19	942	374	568	922	364	558	13	8	5
20-24岁	**5001**	**2166**	**2835**	**2491**	**1024**	**1467**	**2401**	**1088**	**1313**
20	854	370	484	815	351	464	34	18	16
21	869	366	503	735	303	432	123	59	64
22	1068	437	631	554	223	331	492	205	287
23	1113	497	616	275	109	166	807	372	435
24	1097	496	601	112	38	74	945	434	511
25-29岁	**4060**	**2009**	**2051**	**125**	**50**	**75**	**3785**	**1892**	**1893**
25	1018	478	540	51	21	30	944	443	501
26	847	393	454	38	13	25	774	365	409
27	798	391	407	17	7	10	756	371	385
28	722	380	342	12	6	6	674	358	316
29	675	367	308	7	3	4	637	355	282
30-34岁	**2901**	**1668**	**1233**	**19**	**11**	**8**	**2775**	**1602**	**1173**
30	798	426	372	9	5	4	761	407	354
31	639	353	286	3	2	1	608	339	269
32	502	319	183	4	3	1	482	304	178
33	537	320	217	1	1		514	309	205
34	425	250	175	2		2	410	243	167
35-39岁	**1360**	**875**	**485**	**7**	**5**	**2**	**1292**	**836**	**456**
35	350	221	129				335	213	122
36	304	190	114	1		1	290	185	105
37	260	177	83	1	1		244	167	77
38	263	165	98	3	3		248	153	95
39	183	122	61	2	1	1	175	118	57
40-44岁	**633**	**411**	**222**	**2**	**1**	**1**	**612**	**398**	**214**
40	142	87	55				136	84	52
41	143	86	57	1		1	139	85	54
42	127	91	36				125	89	36
43	105	66	39				100	62	38
44	116	81	35	1	1		112	78	34
45-49岁	**596**	**387**	**209**				**579**	**377**	**202**
45	137	91	46				132	88	44
46	120	72	48				119	71	48
47	114	71	43				110	69	41
48	120	78	42				117	76	41
49	105	75	30				101	73	28
50岁及以上	**863**	**629**	**234**				**824**	**603**	**221**

3-2c 续表 11 单位：人

年龄	大学本科								
	肄业			辍学			其他		
	小计	男	女	小计	男	女	小计	男	女
总计	**41**	**23**	**18**	**26**	**15**	**11**	**443**	**223**	**220**
3									
4									
5-9岁									
5									
6									
7									
8									
9									
10-14岁									
10									
11									
12									
13									
14									
15-19岁				**2**	**1**	**1**	**6**	**2**	**4**
15									
16									
17									
18							1	1	
19				2	1	1	5	1	4
20-24岁	**7**	**3**	**4**	**11**	**8**	**3**	**91**	**43**	**48**
20	1		1	2	1	1	2		2
21				1	1		10	3	7
22				1	1		21	8	13
23	4	2	2	5	4	1	22	10	12
24	2	1	1	2	1	1	36	22	14
25-29岁	**7**	**3**	**4**	**7**	**4**	**3**	**136**	**60**	**76**
25	2	1	1	1		1	20	13	7
26	2	1	1	4	3	1	29	11	18
27	2	1	1				23	12	11
28							36	16	20
29	1		1	2	1	1	28	8	20
30-34岁	**6**	**2**	**4**	**3**	**1**	**2**	**98**	**52**	**46**
30	2	1	1	2	1	1	24	12	12
31	1	1					27	11	16
32							16	12	4
33	3		3	1		1	18	10	8
34							13	7	6
35-39岁	**15**	**10**	**5**				**46**	**24**	**22**
35	4	2	2				11	6	5
36	1	1					12	4	8
37	6	4	2				9	5	4
38	3	2	1				9	7	2
39	1	1					5	2	3
40-44岁	**1**	**1**					**18**	**11**	**7**
40							6	3	3
41							3	1	2
42							2	2	
43	1	1					4	3	1
44							3	2	1
45-49岁	**1**	**1**					**16**	**9**	**7**
45							5	3	2
46							1	1	
47							4	2	2
48							3	2	1
49	1	1					3	1	2
50岁及以上	**4**	**3**	**1**	**3**	**1**	**2**	**32**	**22**	**10**

3-2c 续表 12　　　　单位：人

年 龄	硕士研究生								
	合 计			在 校			毕 业		
	合计	男	女	小计	男	女	小计	男	女
总 计	**666**	**271**	**395**	**255**	**89**	**166**	**399**	**179**	**220**
3									
4									
5-9岁									
5									
6									
7									
8									
9									
10-14岁									
10									
11									
12									
13									
14									
15-19岁	**3**	**1**	**2**	**3**	**1**	**2**			
15									
16									
17									
18	2	1	1	2	1	1			
19	1		1	1		1			
20-24岁	**169**	**56**	**113**	**140**	**45**	**95**	**26**	**11**	**15**
20	2		2	2		2			
21	4	1	3	4	1	3			
22	38	14	24	36	12	24	2	2	
23	60	18	42	51	14	37	8	4	4
24	65	23	42	47	18	29	16	5	11
25-29岁	**252**	**84**	**168**	**99**	**36**	**63**	**149**	**47**	**102**
25	91	32	59	50	16	34	41	16	25
26	50	15	35	20	7	13	29	8	21
27	40	12	28	12	6	6	28	6	22
28	41	12	29	10	3	7	29	9	20
29	30	13	17	7	4	3	22	8	14
30-34岁	**118**	**49**	**69**	**11**	**6**	**5**	**103**	**42**	**61**
30	41	18	23	5	4	1	34	14	20
31	22	6	16	2	1	1	20	5	15
32	18	7	11	1	1		16	5	11
33	25	10	15	2		2	22	10	12
34	12	8	4	1		1	11	8	3
35-39岁	**66**	**41**	**25**	**2**	**1**	**1**	**64**	**40**	**24**
35	17	10	7				17	10	7
36	21	15	6				21	15	6
37	9	5	4				9	5	4
38	13	7	6	1		1	12	7	5
39	6	4	2	1	1		5	3	2
40-44岁	**22**	**13**	**9**				**21**	**12**	**9**
40	8	6	2				8	6	2
41	4	1	3				3		3
42	2	2					2	2	
43	3	1	2				3	1	2
44	5	3	2				5	3	2
45-49岁	**14**	**11**	**3**				**14**	**11**	**3**
45	3	2	1				3	2	1
46	2	1	1				2	1	1
47	5	5					5	5	
48	4	3	1				4	3	1
49									
50岁及以上	**22**	**16**	**6**				**22**	**16**	**6**

3-2c 续表 13

单位：人

年 龄	硕士研究生								
	肄 业			辍 学			其 他		
	小计	男	女	小计	男	女	小计	男	女
总 计	**1**		**1**				**11**	**3**	**8**
3									
4									
5-9岁									
5									
6									
7									
8									
9									
10-14岁									
10									
11									
12									
13									
14									
15-19岁									
15									
16									
17									
18									
19									
20-24岁	**1**		**1**				**2**		**2**
20									
21									
22									
23							1		1
24	1		1				1		1
25-29岁							**4**	**1**	**3**
25									
26							1		1
27									
28							2		2
29							1	1	
30-34岁							**4**	**1**	**3**
30							2		2
31									
32							1	1	
33							1		1
34									
35-39岁									
35									
36									
37									
38									
39									
40-44岁							**1**	**1**	
40									
41							1	1	
42									
43									
44									
45-49岁									
45									
46									
47									
48									
49									
50岁及以上									

3-2c　续表 14　　单位：人

年　龄	博士研究生								
	合　　计			在　　校			毕　　业		
	合计	男	女	小计	男	女	小计	男	女
总　计	**47**	**18**	**29**	**23**	**8**	**15**	**23**	**10**	**13**
3									
4									
5-9岁									
5									
6									
7									
8									
9									
10-14岁									
10									
11									
12									
13									
14									
15-19岁									
15									
16									
17									
18									
19									
20-24岁	**8**	**2**	**6**	**6**	**2**	**4**	**2**		**2**
20									
21									
22	4	1	3	3	1	2	1		1
23	4	1	3	3	1	2	1		1
24									
25-29岁	**21**	**6**	**15**	**13**	**4**	**9**	**7**	**2**	**5**
25	6	1	5	5	1	4	1		1
26	4		4	2		2	2		2
27	1		1	1		1			
28	5	4	1	3	3		2	1	1
29	5	1	4	2		2	2	1	1
30-34岁	**12**	**6**	**6**	**2**	**1**	**1**	**10**	**5**	**5**
30	9	5	4	1	1		8	4	4
31	1	1					1	1	
32	2		2	1		1	1		1
33									
34									
35-39岁	**4**	**3**	**1**	**2**	**1**	**1**	**2**	**2**	
35	1		1	1		1			
36									
37	1	1					1	1	
38									
39	2	2		1	1		1	1	
40-44岁	**2**	**1**	**1**				**2**	**1**	**1**
40									
41	2	1	1				2	1	1
42									
43									
44									
45-49岁									
45									
46									
47									
48									
49									
50岁及以上									

3-2c 续表 15 单位：人

年 龄	博士研究生								
	肄 业			辍 学			其 他		
	小计	男	女	小计	男	女	小计	男	女
总 计							**1**		**1**
3									
4									
5-9岁									
5									
6									
7									
8									
9									
10-14岁									
10									
11									
12									
13									
14									
15-19岁									
15									
16									
17									
18									
19									
20-24岁									
20									
21									
22									
23									
24									
25-29岁							**1**		**1**
25									
26									
27									
28									
29							1		1
30-34岁									
30									
31									
32									
33									
34									
35-39岁									
35									
36									
37									
38									
39									
40-44岁									
40									
41									
42									
43									
44									
45-49岁									
45									
46									
47									
48									
49									
50岁及以上									

第二部分 长表数据资料

第四卷 就业

4-1　各地区分性别、年龄的就业人口

单位：人

地　区 性　别	合计	16-19岁	20-24岁	25-29岁	30-34岁	35-39岁	40-44岁
内蒙古	**1049550**	**4271**	**41476**	**99978**	**153799**	**144086**	**129746**
呼和浩特市	**133341**	**514**	**6223**	**15527**	**22124**	**20877**	**17112**
新城区	26954	88	1301	3167	4649	4851	3790
回民区	17693	101	1079	2475	2869	2695	2359
玉泉区	21798	120	1328	3054	3839	3338	2809
赛罕区	33552	115	1488	4032	6268	5766	4333
土默特左旗	9000	30	256	688	971	948	929
托克托县	7009	18	207	528	759	1005	957
和林格尔县	5904	13	174	421	701	762	727
清水河县	2680	5	57	163	273	279	321
武川县	3220	3	69	155	261	276	355
呼和浩特经济技术开发区	5531	21	264	844	1534	957	532
包头市	**122003**	**538**	**5439**	**12276**	**18734**	**17393**	**15617**
东河区	19873	50	901	2034	3096	2849	2584
昆都仑区	34088	125	1546	3614	5827	5381	4697
青山区	22831	127	1224	2526	3563	3533	3152
石拐区	1009	2	47	113	129	86	91
白云鄂博矿区	1227	1	54	102	196	120	139
九原区	10114	42	474	1135	1634	1426	1244
土默特右旗	13351	107	487	939	1445	1551	1454
固阳县	7709	27	266	674	881	797	818
达尔罕茂明安联合旗	2810	4	64	173	262	244	342
包头稀土高新技术产业开发区	8991	53	376	966	1701	1406	1096
乌海市	**25277**	**84**	**1219**	**2763**	**4168**	**3371**	**3396**
海勃湾区	15604	50	708	1824	2697	2136	2052
海南区	4529	15	222	436	674	573	634
乌达区	5144	19	289	503	797	662	710
赤峰市	**193336**	**773**	**6721**	**14860**	**26265**	**24400**	**20577**
红山区	18262	90	1024	2228	3826	2826	2217
元宝山区	9583	33	323	793	1240	1253	1203
松山区	31632	104	1279	3167	5337	4145	3452
阿鲁科尔沁旗	11204	32	377	889	1523	1479	1044
巴林左旗	18772	104	679	1293	2027	2658	1925
巴林右旗	8220	18	198	552	983	1048	846
林西县	9543	49	355	771	1180	1101	937
克什克腾旗	8338	20	257	562	1214	867	878
翁牛特旗	15689	68	486	1074	1965	1908	1737
喀喇沁旗	13327	56	405	641	1464	1554	1367
宁城县	24990	86	709	1451	3140	2886	2557
敖汉旗	23776	113	629	1439	2366	2675	2414

4-1 续表 1

单位：人

地区 性别	合计	16-19岁	20-24岁	25-29岁	30-34岁	35-39岁	40-44岁
通辽市	**126498**	**801**	**5219**	**12290**	**17650**	**18030**	**16398**
科尔沁区	28662	191	1477	3238	4381	4295	3487
科尔沁左翼中旗	16936	171	880	1818	2426	2453	2243
科尔沁左翼后旗	15955	109	492	1068	1722	2202	2130
开鲁县	15178	65	578	1269	1720	1906	1909
库伦旗	8272	42	244	565	940	1090	1098
奈曼旗	14945	100	508	1285	1845	1945	1959
扎鲁特旗	12051	57	381	1018	1495	1775	1747
通辽经济技术开发区	8268	45	351	1224	1796	1298	978
霍林郭勒市	6231	21	308	805	1325	1066	847
鄂尔多斯市	**112957**	**452**	**4839**	**11955**	**19274**	**16575**	**13770**
东胜区	28220	162	1555	3525	5219	4667	3690
康巴什区	5197	22	222	624	1161	1035	667
达拉特旗	16219	41	456	1150	2009	2021	2045
准格尔旗	17822	56	727	1808	3133	2611	2143
鄂托克前旗	5381	33	200	501	841	620	733
鄂托克旗	9744	47	551	1144	1672	1351	1129
杭锦旗	5703	8	137	439	721	672	699
乌审旗	10420	28	398	1201	1914	1494	1080
伊金霍洛旗	14251	55	593	1563	2604	2104	1584
呼伦贝尔市	**84913**	**254**	**3010**	**8195**	**12353**	**11364**	**11639**
海拉尔区	14223	44	608	1689	2597	2011	1698
扎赉诺尔区	2631	4	89	309	395	310	362
阿荣旗	9318	41	308	906	1341	1478	1364
莫力达瓦达斡尔族自治旗	7713	42	279	687	961	1093	1296
鄂伦春自治旗	5597	13	196	512	733	659	777
鄂温克族自治旗	5651	11	179	587	948	857	765
陈巴尔虎旗	2391	10	91	225	280	299	296
新巴尔虎左旗	1934	1	66	177	255	280	271
新巴尔虎右旗	2140	4	75	177	346	328	292
满洲里市	6329	16	210	597	1020	958	905
牙克石市	8223	17	285	720	1075	823	1086
扎兰屯市	13598	42	459	1193	1840	1789	1864
额尔古纳市	2701	5	98	259	375	306	374
根河市	2464	4	67	157	187	173	289
巴彦淖尔市	**71492**	**243**	**2344**	**5679**	**8848**	**8506**	**8667**
临河区	26750	112	1152	2728	3935	3612	3334
五原县	10202	24	271	608	1045	1188	1160
磴口县	4509	27	144	331	460	424	462
乌拉特前旗	12270	29	262	670	1232	1228	1547
乌拉特中旗	6093	12	179	424	601	649	755
乌拉特后旗	3148	6	92	250	479	395	429
杭锦后旗	8520	33	244	668	1096	1010	980

4-1　续表 2　　　　单位：人

地　区 性　别	合计	16—19岁	20—24岁	25—29岁	30—34岁	35—39岁	40—44岁
乌兰察布市	**60391**	**148**	**1877**	**4906**	**6895**	**6587**	**6638**
集宁区	17790	43	787	2009	2919	2494	2163
卓资县	2733	6	75	200	309	292	261
化德县	3104	5	92	238	323	313	390
商都县	6121	11	141	319	388	528	682
兴和县	3488	13	106	285	418	398	411
凉城县	3694	4	69	172	283	323	313
察哈尔右翼前旗	5125	13	147	405	491	425	419
察哈尔右翼中旗	3164	6	64	171	209	233	289
察哈尔右翼后旗	3436	12	105	244	336	409	394
四子王旗	5135	11	102	368	468	457	665
丰镇市	6601	24	189	495	751	715	651
兴安盟	**55656**	**228**	**2070**	**5362**	**7934**	**8662**	**7527**
乌兰浩特市	13517	55	669	1667	2343	2354	1844
阿尔山市	1433	4	62	159	196	168	167
科尔沁右翼前旗	12696	50	414	1150	1687	1864	1524
科尔沁右翼中旗	8227	39	258	713	1072	1365	1238
扎赉特旗	11265	55	349	1018	1666	1745	1672
突泉县	8518	25	318	655	970	1166	1082
锡林郭勒盟	**49719**	**180**	**1834**	**4570**	**7288**	**6601**	**6612**
二连浩特市	3709	14	130	332	517	519	539
锡林浩特市	15423	51	631	1739	2642	2054	2091
阿巴嘎旗	2197	5	74	181	282	319	291
苏尼特左旗	1904	11	91	187	253	276	254
苏尼特右旗	2720	7	77	201	340	338	371
东乌珠穆沁旗	3420	23	132	307	505	476	473
西乌珠穆沁旗	5383	22	234	538	906	747	725
太仆寺旗	3222	13	86	182	291	269	374
镶黄旗	1316	2	32	81	177	157	177
正镶白旗	1841	3	54	107	195	204	262
正蓝旗	3207	10	100	275	394	396	421
多伦县	4231	17	150	327	590	688	471
乌拉盖管委会	1146	2	43	113	196	158	163
阿拉善盟	**13967**	**56**	**681**	**1595**	**2266**	**1720**	**1793**
阿拉善左旗	9394	36	409	1020	1431	1167	1297
阿拉善右旗	1163	3	40	102	151	131	156
额济纳旗	1611	8	78	218	258	182	177
内蒙古阿拉善经济开发区	1799	9	154	255	426	240	163

4−1 续表 3

单位：人

地区 性别	合计	16−19岁	20−24岁	25−29岁	30−34岁	35−39岁	40−44岁
男	**646349**	**2869**	**24001**	**59112**	**93001**	**87261**	**77315**
呼和浩特市	**81670**	**342**	**3272**	**8791**	**12890**	**12474**	**10238**
新城区	15782	66	648	1649	2557	2707	2147
回民区	10693	69	555	1382	1667	1624	1366
玉泉区	13421	72	676	1742	2348	2057	1690
赛罕区	19438	67	769	2223	3375	3255	2472
土默特左旗	6031	24	162	448	649	639	601
托克托县	4904	15	144	367	502	689	687
和林格尔县	3861	9	89	273	436	488	482
清水河县	1812	3	29	105	193	198	214
武川县	2118	3	39	88	167	175	236
呼和浩特经济技术开发区	3610	14	161	514	996	642	343
包头市	**76883**	**367**	**3072**	**7118**	**11428**	**10657**	**9276**
东河区	12655	37	490	1198	1876	1760	1517
昆都仑区	21152	92	871	2019	3461	3176	2758
青山区	13749	72	662	1412	2059	1997	1763
石拐区	696	1	28	72	96	68	50
白云鄂博矿区	821	1	32	57	129	78	87
九原区	6644	32	293	690	1046	934	781
土默特右旗	8533	75	283	608	961	1086	944
固阳县	5236	18	166	427	612	545	539
达尔罕茂明安联合旗	1740	3	35	89	169	155	202
包头稀土高新技术产业开发区	5657	36	212	546	1019	858	635
乌海市	**16446**	**63**	**730**	**1669**	**2590**	**2120**	**2122**
海勃湾区	9778	36	416	1049	1578	1261	1247
海南区	3190	10	140	315	479	403	423
乌达区	3478	17	174	305	533	456	452
赤峰市	**113356**	**498**	**3890**	**8881**	**15832**	**14297**	**11595**
红山区	11113	57	561	1294	2288	1713	1263
元宝山区	6464	22	183	526	849	824	753
松山区	18646	65	738	1863	3246	2403	1885
阿鲁科尔沁旗	6650	20	229	530	927	897	628
巴林左旗	9946	66	342	706	1093	1408	977
巴林右旗	4805	11	126	331	599	629	490
林西县	5745	34	208	472	705	652	537
克什克腾旗	5183	13	171	365	746	530	541
翁牛特旗	9172	43	291	670	1188	1122	992
喀喇沁旗	7940	42	249	398	893	965	776
宁城县	14390	56	425	886	1893	1660	1421
敖汉旗	13302	69	367	840	1405	1494	1332

4-1　续表 4　　　　单位：人

地区 性别	合计	16-19岁	20-24岁	25-29岁	30-34岁	35-39岁	40-44岁
通辽市	**73460**	**515**	**3053**	**7114**	**10295**	**10251**	**9259**
科尔沁区	16792	118	868	1836	2481	2408	1997
科尔沁左翼中旗	10147	121	516	1094	1457	1484	1308
科尔沁左翼后旗	8984	67	285	597	982	1219	1190
开鲁县	8355	40	341	733	945	1028	1012
库伦旗	4610	34	135	305	541	615	598
奈曼旗	8550	61	282	729	1066	1099	1075
扎鲁特旗	7084	36	221	614	909	1012	1017
通辽经济技术开发区	4797	31	209	675	1045	702	510
霍林郭勒市	4141	7	196	531	869	684	552
鄂尔多斯市	**74505**	**338**	**3108**	**7696**	**12428**	**10905**	**9031**
东胜区	17647	112	897	2096	3124	2861	2270
康巴什区	3010	12	106	340	597	611	395
达拉特旗	10436	34	273	721	1308	1369	1346
准格尔旗	13065	46	536	1286	2228	1903	1560
鄂托克前旗	3491	21	115	310	558	414	456
鄂托克旗	6408	35	396	783	1080	877	725
杭锦旗	3491	7	84	270	456	405	425
乌审旗	6980	22	280	847	1309	996	727
伊金霍洛旗	9977	49	421	1043	1768	1469	1127
呼伦贝尔市	**53473**	**158**	**1771**	**4807**	**7319**	**6797**	**6893**
海拉尔区	8413	33	329	919	1422	1139	938
扎赉诺尔区	1719		49	171	239	185	222
阿荣旗	5997	19	183	570	833	916	828
莫力达瓦达斡尔族自治旗	4957	26	159	438	596	667	825
鄂伦春自治旗	3657	12	123	314	452	413	476
鄂温克族自治旗	3454	7	125	335	553	500	456
陈巴尔虎旗	1606	8	62	146	186	199	182
新巴尔虎左旗	1146	1	44	113	147	160	157
新巴尔虎右旗	1418	3	47	113	229	206	193
满洲里市	3836	10	128	336	579	552	510
牙克石市	5419	10	157	415	664	485	643
扎兰屯市	8384	23	251	686	1088	1065	1078
额尔古纳市	1766	3	69	157	228	202	203
根河市	1701	3	45	94	103	108	182
巴彦淖尔市	**43326**	**178**	**1335**	**3412**	**5459**	**5257**	**5142**
临河区	15891	80	618	1590	2337	2154	1972
五原县	6167	18	150	376	656	753	661
磴口县	2666	20	76	181	290	256	271
乌拉特前旗	7715	21	156	417	797	814	939
乌拉特中旗	3753	10	129	271	393	412	470
乌拉特后旗	2068	6	62	169	307	265	263
杭锦后旗	5066	23	144	408	679	603	566

4-1 续表 5

单位：人

地区 性别	合计	16-19岁	20-24岁	25-29岁	30-34岁	35-39岁	40-44岁
乌兰察布市	**39942**	**94**	**1059**	**2954**	**4366**	**4319**	**4201**
集宁区	11079	30	434	1128	1690	1517	1252
卓资县	1936	4	46	144	226	209	174
化德县	2066	4	63	137	213	199	237
商都县	3998	6	68	188	249	343	438
兴和县	2589	7	53	190	314	297	315
凉城县	2485	2	41	114	180	224	215
察哈尔右翼前旗	3455	11	94	257	330	308	270
察哈尔右翼中旗	2082	3	34	98	137	147	181
察哈尔右翼后旗	2381	7	62	153	220	268	257
四子王旗	3311	5	56	214	300	303	413
丰镇市	4560	15	108	331	507	504	449
兴安盟	**33660**	**149**	**1194**	**3039**	**4635**	**5182**	**4487**
乌兰浩特市	7928	33	362	924	1301	1324	1057
阿尔山市	925	4	39	92	116	97	102
科尔沁右翼前旗	7754	35	251	673	1006	1156	907
科尔沁右翼中旗	4818	25	155	393	613	793	711
扎赉特旗	7117	34	203	596	1021	1093	1067
突泉县	5118	18	184	361	578	719	643
锡林郭勒盟	**30939**	**129**	**1102**	**2683**	**4379**	**3964**	**4001**
二连浩特市	2393	9	82	205	306	316	321
锡林浩特市	9484	35	362	975	1569	1234	1226
阿巴嘎旗	1404	5	49	128	176	202	181
苏尼特左旗	1214	7	58	118	159	179	150
苏尼特右旗	1652	6	40	107	204	195	229
东乌珠穆沁旗	2069	18	85	195	291	281	276
西乌珠穆沁旗	3565	16	165	345	593	462	495
太仆寺旗	2109	9	48	89	184	167	240
镶黄旗	784	1	21	53	94	87	105
正镶白旗	1104	2	27	61	107	115	161
正蓝旗	1873	7	58	159	226	230	245
多伦县	2552	13	85	183	344	391	268
乌拉盖管委会	736	1	22	65	126	105	104
阿拉善盟	**8689**	**38**	**415**	**948**	**1380**	**1038**	**1070**
阿拉善左旗	5714	25	236	601	847	688	755
阿拉善右旗	740	2	25	59	94	79	96
额济纳旗	1008	6	48	126	173	111	103
内蒙古阿拉善经济开发区	1227	5	106	162	266	160	116

4-1　续表 6　　　　单位：人

地区 性别	合计	16-19岁	20-24岁	25-29岁	30-34岁	35-39岁	40-44岁
女	**403201**	**1402**	**17475**	**40866**	**60798**	**56825**	**52431**
呼和浩特市	**51671**	**172**	**2951**	**6736**	**9234**	**8403**	**6874**
新城区	11172	22	653	1518	2092	2144	1643
回民区	7000	32	524	1093	1202	1071	993
玉泉区	8377	48	652	1312	1491	1281	1119
赛罕区	14114	48	719	1809	2893	2511	1861
土默特左旗	2969	6	94	240	322	309	328
托克托县	2105	3	63	161	257	316	270
和林格尔县	2043	4	85	148	265	274	245
清水河县	868	2	28	58	80	81	107
武川县	1102		30	67	94	101	119
呼和浩特经济技术开发区	1921	7	103	330	538	315	189
包头市	**45120**	**171**	**2367**	**5158**	**7306**	**6736**	**6341**
东河区	7218	13	411	836	1220	1089	1067
昆都仑区	12936	33	675	1595	2366	2205	1939
青山区	9082	55	562	1114	1504	1536	1389
石拐区	313	1	19	41	33	18	41
白云鄂博矿区	406		22	45	67	42	52
九原区	3470	10	181	445	588	492	463
土默特右旗	4818	32	204	331	484	465	510
固阳县	2473	9	100	247	269	252	279
达尔罕茂明安联合旗	1070	1	29	84	93	89	140
包头稀土高新技术产业开发区	3334	17	164	420	682	548	461
乌海市	**8831**	**21**	**489**	**1094**	**1578**	**1251**	**1274**
海勃湾区	5826	14	292	775	1119	875	805
海南区	1339	5	82	121	195	170	211
乌达区	1666	2	115	198	264	206	258
赤峰市	**79980**	**275**	**2831**	**5979**	**10433**	**10103**	**8982**
红山区	7149	33	463	934	1538	1113	954
元宝山区	3119	11	140	267	391	429	450
松山区	12986	39	541	1304	2091	1742	1567
阿鲁科尔沁旗	4554	12	148	359	596	582	416
巴林左旗	8826	38	337	587	934	1250	948
巴林右旗	3415	7	72	221	384	419	356
林西县	3798	15	147	299	475	449	400
克什克腾旗	3155	7	86	197	468	337	337
翁牛特旗	6517	25	195	404	777	786	745
喀喇沁旗	5387	14	156	243	571	589	591
宁城县	10600	30	284	565	1247	1226	1136
敖汉旗	10474	44	262	599	961	1181	1082

4−1 续表 7 单位：人

地 区 性 别	合计	16−19岁	20−24岁	25−29岁	30−34岁	35−39岁	40−44岁
通辽市	**53038**	**286**	**2166**	**5176**	**7355**	**7779**	**7139**
科尔沁区	11870	73	609	1402	1900	1887	1490
科尔沁左翼中旗	6789	50	364	724	969	969	935
科尔沁左翼后旗	6971	42	207	471	740	983	940
开鲁县	6823	25	237	536	775	878	897
库伦旗	3662	8	109	260	399	475	500
奈曼旗	6395	39	226	556	779	846	884
扎鲁特旗	4967	21	160	404	586	763	730
通辽经济技术开发区	3471	14	142	549	751	596	468
霍林郭勒市	2090	14	112	274	456	382	295
鄂尔多斯市	**38452**	**114**	**1731**	**4259**	**6846**	**5670**	**4739**
东胜区	10573	50	658	1429	2095	1806	1420
康巴什区	2187	10	116	284	564	424	272
达拉特旗	5783	7	183	429	701	652	699
准格尔旗	4757	10	191	522	905	708	583
鄂托克前旗	1890	12	85	191	283	206	277
鄂托克旗	3336	12	155	361	592	474	404
杭锦旗	2212	1	53	169	265	267	274
乌审旗	3440	6	118	354	605	498	353
伊金霍洛旗	4274	6	172	520	836	635	457
呼伦贝尔市	**31440**	**96**	**1239**	**3388**	**5034**	**4567**	**4746**
海拉尔区	5810	11	279	770	1175	872	760
扎赉诺尔区	912	4	40	138	156	125	140
阿荣旗	3321	22	125	336	508	562	536
莫力达瓦达斡尔族自治旗	2756	16	120	249	365	426	471
鄂伦春自治旗	1940	1	73	198	281	246	301
鄂温克族自治旗	2197	4	54	252	395	357	309
陈巴尔虎旗	785	2	29	79	94	100	114
新巴尔虎左旗	788		22	64	108	120	114
新巴尔虎右旗	722	1	28	64	117	122	99
满洲里市	2493	6	82	261	441	406	395
牙克石市	2804	7	128	305	411	338	443
扎兰屯市	5214	19	208	507	752	724	786
额尔古纳市	935	2	29	102	147	104	171
根河市	763	1	22	63	84	65	107
巴彦淖尔市	**28166**	**65**	**1009**	**2267**	**3389**	**3249**	**3525**
临河区	10859	32	534	1138	1598	1458	1362
五原县	4035	6	121	232	389	435	499
磴口县	1843	7	68	150	170	168	191
乌拉特前旗	4555	8	106	253	435	414	608
乌拉特中旗	2340	2	50	153	208	237	285
乌拉特后旗	1080		30	81	172	130	166
杭锦后旗	3454	10	100	260	417	407	414

4-1　续表 8　　　　单位：人

地　区 性　别	合计	16-19岁	20-24岁	25-29岁	30-34岁	35-39岁	40-44岁
乌兰察布市	**20449**	**54**	**818**	**1952**	**2529**	**2268**	**2437**
集宁区	6711	13	353	881	1229	977	911
卓资县	797	2	29	56	83	83	87
化德县	1038	1	29	101	110	114	153
商都县	2123	5	73	131	139	185	244
兴和县	899	6	53	95	104	101	96
凉城县	1209	2	28	58	103	99	98
察哈尔右翼前旗	1670	2	53	148	161	117	149
察哈尔右翼中旗	1082	3	30	73	72	86	108
察哈尔右翼后旗	1055	5	43	91	116	141	137
四子王旗	1824	6	46	154	168	154	252
丰镇市	2041	9	81	164	244	211	202
兴安盟	**21996**	**79**	**876**	**2323**	**3299**	**3480**	**3040**
乌兰浩特市	5589	22	307	743	1042	1030	787
阿尔山市	508		23	67	80	71	65
科尔沁右翼前旗	4942	15	163	477	681	708	617
科尔沁右翼中旗	3409	14	103	320	459	572	527
扎赉特旗	4148	21	146	422	645	652	605
突泉县	3400	7	134	294	392	447	439
锡林郭勒盟	**18780**	**51**	**732**	**1887**	**2909**	**2637**	**2611**
二连浩特市	1316	5	48	127	211	203	218
锡林浩特市	5939	16	269	764	1073	820	865
阿巴嘎旗	793		25	53	106	117	110
苏尼特左旗	690	4	33	69	94	97	104
苏尼特右旗	1068	1	37	94	136	143	142
东乌珠穆沁旗	1351	5	47	112	214	195	197
西乌珠穆沁旗	1818	6	69	193	313	285	230
太仆寺旗	1113	4	38	93	107	102	134
镶黄旗	532	1	11	28	83	70	72
正镶白旗	737	1	27	46	88	89	101
正蓝旗	1334	3	42	116	168	166	176
多伦县	1679	4	65	144	246	297	203
乌拉盖管委会	410	1	21	48	70	53	59
阿拉善盟	**5278**	**18**	**266**	**647**	**886**	**682**	**723**
阿拉善左旗	3680	11	173	419	584	479	542
阿拉善右旗	423	1	15	43	57	52	60
额济纳旗	603	2	30	92	85	71	74
内蒙古阿拉善经济开发区	572	4	48	93	160	80	47

4-1 续表 9

单位：人

地区 性别	45-49岁	50-54岁	55-59岁	60-64岁	65-69岁	70-74岁	75岁及以上
内蒙古	**161902**	**137066**	**95412**	**46104**	**25541**	**7599**	**2570**
呼和浩特市	**18696**	**14057**	**10303**	**4414**	**2525**	**707**	**262**
新城区	3891	2690	1761	470	206	63	27
回民区	2500	1852	1168	386	148	47	14
玉泉区	3004	2129	1391	506	222	43	15
赛罕区	4603	3368	2399	753	334	64	29
土默特左旗	1342	1254	1168	698	499	154	63
托克托县	1049	850	699	447	328	116	46
和林格尔县	788	706	643	510	353	78	28
清水河县	430	351	334	232	163	53	19
武川县	521	505	458	303	215	79	20
呼和浩特经济技术开发区	568	352	282	109	57	10	1
包头市	**19494**	**15479**	**9832**	**3937**	**2320**	**711**	**233**
东河区	3222	2549	1699	522	273	72	22
昆都仑区	5757	4142	2157	555	197	61	29
青山区	3772	2946	1511	305	134	35	3
石拐区	155	159	124	52	38	9	4
白云鄂博矿区	273	192	99	32	10	6	3
九原区	1500	1199	835	406	164	41	14
土默特右旗	1852	1683	1511	1062	862	300	98
固阳县	1119	1070	878	602	396	134	47
达尔罕茂明安联合旗	518	456	367	180	155	34	11
包头稀土高新技术产业开发区	1326	1083	651	221	91	19	2
乌海市	**4545**	**3420**	**1765**	**405**	**109**	**18**	**14**
海勃湾区	2697	2036	1085	247	57	7	8
海南区	850	666	342	87	24	4	2
乌达区	998	718	338	71	28	7	4
赤峰市	**28586**	**26877**	**21068**	**13146**	**7211**	**2073**	**779**
红山区	2505	1857	1150	350	149	33	7
元宝山区	1770	1616	852	325	135	30	10
松山区	4471	3878	2913	1692	910	222	62
阿鲁科尔沁旗	1722	1678	1301	699	338	97	25
巴林左旗	2685	2400	2188	1582	911	236	84
巴林右旗	1427	1201	941	545	297	111	53
林西县	1417	1345	1169	748	359	92	20
克什克腾旗	1315	1322	951	558	292	84	18
翁牛特旗	2264	2255	1869	1212	657	136	58
喀喇沁旗	1917	2043	1725	1192	705	197	61
宁城县	3654	3640	3053	2058	1203	376	177
敖汉旗	3439	3642	2956	2185	1255	459	204

4-1 续表 10

单位：人

地区 性别	45-49岁	50-54岁	55-59岁	60-64岁	65-69岁	70-74岁	75岁及以上
通辽市	**19031**	**16008**	**11534**	**5718**	**2851**	**771**	**197**
科尔沁区	4080	3356	2428	1009	545	148	27
科尔沁左翼中旗	2457	1966	1436	685	312	65	24
科尔沁左翼后旗	2571	2304	1607	949	571	164	66
开鲁县	2310	2108	1651	1039	474	131	18
库伦旗	1264	1180	915	527	297	81	29
奈曼旗	2357	2004	1530	857	401	130	24
扎鲁特旗	2196	1738	1047	413	146	30	8
通辽经济技术开发区	991	747	592	156	70	19	1
霍林郭勒市	805	605	328	83	35	3	
鄂尔多斯市	**16125**	**12982**	**8415**	**4684**	**2676**	**874**	**336**
东胜区	4005	2763	1639	633	258	74	30
康巴什区	605	416	299	107	26	10	3
达拉特旗	2330	1978	1691	1274	882	276	66
准格尔旗	2610	2207	1337	673	350	113	54
鄂托克前旗	875	758	399	266	107	33	15
鄂托克旗	1445	1117	655	353	196	62	22
杭锦旗	870	804	586	369	268	86	44
乌审旗	1419	1251	769	445	275	97	49
伊金霍洛旗	1966	1688	1040	564	314	123	53
呼伦贝尔市	**14994**	**12367**	**7442**	**1977**	**962**	**262**	**94**
海拉尔区	2390	1819	1123	145	76	12	11
扎赉诺尔区	506	439	177	25	12	2	1
阿荣旗	1396	1098	762	349	179	74	22
莫力达瓦达斡尔族自治旗	1164	985	648	320	160	56	22
鄂伦春自治旗	1007	893	552	167	55	23	10
鄂温克族自治旗	931	758	464	96	41	12	2
陈巴尔虎旗	474	378	256	60	17	3	2
新巴尔虎左旗	366	273	164	49	26	6	
新巴尔虎右旗	319	313	201	62	20	1	2
满洲里市	1115	840	500	108	53	4	3
牙克石市	1752	1549	801	78	30	5	2
扎兰屯市	2372	1963	1277	456	268	60	15
额尔古纳市	577	400	241	44	19	3	
根河市	625	659	276	18	6	1	2
巴彦淖尔市	**11644**	**10581**	**7570**	**3850**	**2478**	**822**	**260**
临河区	4158	3466	2305	1000	650	209	89
五原县	1658	1585	1292	741	441	154	35
磴口县	782	792	560	285	175	54	13
乌拉特前旗	2162	2079	1461	786	567	196	51
乌拉特中旗	991	971	723	404	275	81	28
乌拉特后旗	571	445	276	122	58	20	5
杭锦后旗	1322	1243	953	512	312	108	39

4-1 续表 11 单位：人

地区 性别	45-49岁	50-54岁	55-59岁	60-64岁	65-69岁	70-74岁	75岁及以上
乌兰察布市	**9446**	**8906**	**6955**	**4124**	**2696**	**943**	**270**
集宁区	2861	2310	1541	426	190	35	12
卓资县	401	426	349	214	129	62	9
化德县	511	522	366	190	106	34	14
商都县	964	940	811	654	482	159	42
兴和县	515	504	410	208	137	71	12
凉城县	538	602	524	400	302	115	49
察哈尔右翼前旗	743	749	705	501	362	129	36
察哈尔右翼中旗	527	532	485	355	222	56	15
察哈尔右翼后旗	537	518	409	250	167	42	13
四子王旗	877	850	632	400	213	66	26
丰镇市	972	953	723	526	386	174	42
兴安盟	**8807**	**7421**	**4890**	**1769**	**777**	**161**	**48**
乌兰浩特市	1950	1461	903	192	65	9	5
阿尔山市	248	252	142	29	2	2	2
科尔沁右翼前旗	2111	1838	1300	499	208	38	13
科尔沁右翼中旗	1368	1058	715	279	91	28	3
扎赉特旗	1808	1492	926	319	169	34	12
突泉县	1322	1320	904	451	242	50	13
锡林郭勒盟	**8280**	**6929**	**4559**	**1770**	**805**	**226**	**65**
二连浩特市	650	535	299	112	49	12	1
锡林浩特市	2676	1878	1166	342	120	28	5
阿巴嘎旗	397	349	200	61	26	8	4
苏尼特左旗	333	224	179	64	24	5	3
苏尼特右旗	466	473	284	104	44	10	5
东乌珠穆沁旗	562	486	310	91	43	7	5
西乌珠穆沁旗	858	774	413	105	39	16	6
太仆寺旗	523	504	471	267	172	58	12
镶黄旗	219	225	143	72	27	3	1
正镶白旗	329	285	202	118	59	16	7
正蓝旗	499	456	364	170	86	26	10
多伦县	587	594	434	224	109	34	6
乌拉盖管委会	181	146	94	40	7	3	
阿拉善盟	**2254**	**2039**	**1079**	**310**	**131**	**31**	**12**
阿拉善左旗	1537	1376	753	225	110	24	9
阿拉善右旗	264	208	82	21	2	3	
额济纳旗	244	254	143	35	7	4	3
内蒙古阿拉善经济开发区	209	201	101	29	12		

4-1 续表 12

单位：人

地区 性别	45-49岁	50-54岁	55-59岁	60-64岁	65-69岁	70-74岁	75岁及以上
男	**95589**	**87921**	**65041**	**29744**	**17203**	**5482**	**1810**
呼和浩特市	**10980**	**9176**	**7639**	**3187**	**1916**	**562**	**203**
新城区	2270	1776	1391	340	164	46	21
回民区	1442	1215	908	299	120	36	10
玉泉区	1767	1402	1049	385	187	34	12
赛罕区	2532	2093	1802	527	251	49	23
土默特左旗	804	828	808	521	373	127	47
托克托县	710	593	511	310	249	93	34
和林格尔县	482	467	424	353	268	67	23
清水河县	288	232	224	161	110	39	16
武川县	329	331	315	208	149	62	16
呼和浩特经济技术开发区	356	239	207	83	45	9	1
包头市	**11644**	**10727**	**7458**	**2757**	**1632**	**568**	**179**
东河区	1906	1855	1379	373	190	58	16
昆都仑区	3421	2964	1733	432	155	48	22
青山区	2143	2054	1217	229	110	28	3
石拐区	101	108	95	38	29	7	3
白云鄂博矿区	156	156	87	26	7	4	1
九原区	941	829	631	294	132	30	11
土默特右旗	1097	1008	912	677	559	244	79
固阳县	749	731	628	408	272	107	34
达尔罕茂明安联合旗	307	285	247	109	106	25	8
包头稀土高新技术产业开发区	823	737	529	171	72	17	2
乌海市	**2787**	**2473**	**1443**	**332**	**91**	**14**	**12**
海勃湾区	1584	1445	894	208	48	6	6
海南区	555	500	278	64	19	2	2
乌达区	648	528	271	60	24	6	4
赤峰市	**16140**	**15866**	**12560**	**7520**	**4463**	**1339**	**475**
红山区	1444	1229	880	245	106	28	5
元宝山区	1139	1170	629	233	105	22	9
松山区	2536	2362	1832	944	572	154	46
阿鲁科尔沁旗	985	945	788	415	203	65	18
巴林左旗	1355	1302	1180	816	496	149	56
巴林右旗	833	678	554	290	162	69	33
林西县	828	828	713	446	249	62	11
克什克腾旗	779	809	616	345	196	59	13
翁牛特旗	1313	1254	1044	710	426	84	35
喀喇沁旗	1070	1189	1018	705	452	141	42
宁城县	2008	2083	1714	1146	756	234	108
敖汉旗	1850	2017	1592	1225	740	272	99

4-1 续表 13 单位：人

地区 性别	45-49岁	50-54岁	55-59岁	60-64岁	65-69岁	70-74岁	75岁及以上
通辽市	**10509**	**9423**	**7171**	**3487**	**1747**	**509**	**127**
科尔沁区	2255	2085	1656	621	346	103	18
科尔沁左翼中旗	1400	1160	898	452	194	43	20
科尔沁左翼后旗	1352	1319	915	578	339	105	36
开鲁县	1245	1162	900	577	281	80	11
库伦旗	664	648	534	309	158	49	20
奈曼旗	1299	1155	902	522	250	94	16
扎鲁特旗	1225	989	676	259	103	18	5
通辽经济技术开发区	571	461	420	108	49	15	1
霍林郭勒市	498	444	270	61	27	2	
鄂尔多斯市	**10494**	**8938**	**5826**	**3122**	**1754**	**621**	**244**
东胜区	2454	1874	1212	476	186	61	24
康巴什区	361	255	222	77	24	8	2
达拉特旗	1426	1271	1044	786	590	212	56
准格尔旗	1890	1667	1032	528	258	83	48
鄂托克前旗	600	501	261	160	65	21	9
鄂托克旗	924	742	450	226	116	41	13
杭锦旗	526	478	362	229	161	60	28
乌审旗	943	880	482	251	157	58	28
伊金霍洛旗	1370	1270	761	389	197	77	36
呼伦贝尔市	**9081**	**8554**	**5725**	**1403**	**699**	**200**	**66**
海拉尔区	1304	1248	913	101	54	5	8
扎赉诺尔区	345	336	143	21	6	1	1
阿荣旗	912	718	557	250	135	58	18
莫力达瓦达斡尔族自治旗	726	653	474	224	113	39	17
鄂伦春自治旗	632	624	427	124	36	19	5
鄂温克族自治旗	562	488	333	59	27	9	
陈巴尔虎旗	308	267	194	38	12	3	1
新巴尔虎左旗	205	161	110	28	16	4	
新巴尔虎右旗	205	216	150	39	16		1
满洲里市	649	561	383	82	42	3	1
牙克石市	1075	1193	682	62	26	5	2
扎兰屯市	1406	1273	922	327	204	51	10
额尔古纳市	367	295	197	35	8	2	
根河市	385	521	240	13	4	1	2
巴彦淖尔市	**6548**	**6235**	**4815**	**2461**	**1661**	**617**	**206**
临河区	2307	2009	1509	652	442	154	67
五原县	934	907	777	492	298	117	28
磴口县	435	431	346	184	124	41	11
乌拉特前旗	1240	1297	943	517	377	154	43
乌拉特中旗	558	575	451	223	181	60	20
乌拉特后旗	351	307	197	81	42	13	5
杭锦后旗	723	709	592	312	197	78	32

4-1　续表 14　　单位：人

地　区 性　别	45-49岁	50-54岁	55-59岁	60-64岁	65-69岁	70-74岁	75岁及以　上
乌兰察布市	**6042**	**6049**	**5062**	**2839**	**1989**	**749**	**219**
集宁区	1685	1552	1261	335	157	30	8
卓资县	265	294	261	162	97	49	5
化德县	335	358	267	132	82	30	9
商都县	631	627	525	426	349	115	33
兴和县	379	368	327	154	114	59	12
凉城县	360	390	347	263	220	91	38
察哈尔右翼前旗	485	506	476	328	258	99	33
察哈尔右翼中旗	333	340	342	243	167	43	14
察哈尔右翼后旗	375	374	297	190	131	37	10
四子王旗	538	562	422	276	147	54	21
丰镇市	656	678	537	330	267	142	36
兴安盟	**5050**	**4641**	**3340**	**1229**	**567**	**115**	**32**
乌兰浩特市	1082	941	696	150	48	6	4
阿尔山市	136	195	117	22	1	2	2
科尔沁右翼前旗	1211	1105	846	363	162	30	9
科尔沁右翼中旗	768	648	443	188	61	17	3
扎赉特旗	1091	966	663	227	127	23	6
突泉县	762	786	575	279	168	37	8
锡林郭勒盟	**4975**	**4506**	**3212**	**1188**	**592**	**169**	**39**
二连浩特市	410	372	236	80	44	11	1
锡林浩特市	1567	1248	890	260	94	21	3
阿巴嘎旗	237	226	136	41	15	6	2
苏尼特左旗	198	145	127	49	19	4	1
苏尼特右旗	258	300	205	73	26	6	3
东乌珠穆沁旗	321	309	200	59	27	6	1
西乌珠穆沁旗	558	537	290	68	25	8	3
太仆寺旗	319	350	325	194	131	45	8
镶黄旗	130	130	98	42	21	2	
正镶白旗	207	167	134	62	42	13	6
正蓝旗	294	262	225	85	60	16	6
多伦县	363	361	280	148	82	29	5
乌拉盖管委会	113	99	66	27	6	2	
阿拉善盟	**1339**	**1333**	**790**	**219**	**92**	**19**	**8**
阿拉善左旗	882	877	553	151	79	15	5
阿拉善右旗	158	139	66	18	2	2	
额济纳旗	148	156	103	26	3	2	3
内蒙古阿拉善经济开发区	151	161	68	24	8		

4–1 续表 15 单位：人

地　区 性　别	45–49岁	50–54岁	55–59岁	60–64岁	65–69岁	70–74岁	75岁及以　上
女	**66313**	**49145**	**30371**	**16360**	**8338**	**2117**	**760**
呼和浩特市	**7716**	**4881**	**2664**	**1227**	**609**	**145**	**59**
新城区	1621	914	370	130	42	17	6
回民区	1058	637	260	87	28	11	4
玉泉区	1237	727	342	121	35	9	3
赛罕区	2071	1275	597	226	83	15	6
土默特左旗	538	426	360	177	126	27	16
托克托县	339	257	188	137	79	23	12
和林格尔县	306	239	219	157	85	11	5
清水河县	142	119	110	71	53	14	3
武川县	192	174	143	95	66	17	4
呼和浩特经济技术开发区	212	113	75	26	12	1	
包头市	**7850**	**4752**	**2374**	**1180**	**688**	**143**	**54**
东河区	1316	694	320	149	83	14	6
昆都仑区	2336	1178	424	123	42	13	7
青山区	1629	892	294	76	24	7	
石拐区	54	51	29	14	9	2	1
白云鄂博矿区	117	36	12	6	3	2	2
九原区	559	370	204	112	32	11	3
土默特右旗	755	675	599	385	303	56	19
固阳县	370	339	250	194	124	27	13
达尔罕茂明安联合旗	211	171	120	71	49	9	3
包头稀土高新技术产业开发区	503	346	122	50	19	2	
乌海市	**1758**	**947**	**322**	**73**	**18**	**4**	**2**
海勃湾区	1113	591	191	39	9	1	2
海南区	295	166	64	23	5	2	
乌达区	350	190	67	11	4	1	
赤峰市	**12446**	**11011**	**8508**	**5626**	**2748**	**734**	**304**
红山区	1061	628	270	105	43	5	2
元宝山区	631	446	223	92	30	8	1
松山区	1935	1516	1081	748	338	68	16
阿鲁科尔沁旗	737	733	513	284	135	32	7
巴林左旗	1330	1098	1008	766	415	87	28
巴林右旗	594	523	387	255	135	42	20
林西县	589	517	456	302	110	30	9
克什克腾旗	536	513	335	213	96	25	5
翁牛特旗	951	1001	825	502	231	52	23
喀喇沁旗	847	854	707	487	253	56	19
宁城县	1646	1557	1339	912	447	142	69
敖汉旗	1589	1625	1364	960	515	187	105

4-1 续表 16

单位：人

地区 性别	45-49岁	50-54岁	55-59岁	60-64岁	65-69岁	70-74岁	75岁及以上
通辽市	**8522**	**6585**	**4363**	**2231**	**1104**	**262**	**70**
科尔沁区	1825	1271	772	388	199	45	9
科尔沁左翼中旗	1057	806	538	233	118	22	4
科尔沁左翼后旗	1219	985	692	371	232	59	30
开鲁县	1065	946	751	462	193	51	7
库伦旗	600	532	381	218	139	32	9
奈曼旗	1058	849	628	335	151	36	8
扎鲁特旗	971	749	371	154	43	12	3
通辽经济技术开发区	420	286	172	48	21	4	
霍林郭勒市	307	161	58	22	8	1	
鄂尔多斯市	**5631**	**4044**	**2589**	**1562**	**922**	**253**	**92**
东胜区	1551	889	427	157	72	13	6
康巴什区	244	161	77	30	2	2	1
达拉特旗	904	707	647	488	292	64	10
准格尔旗	720	540	305	145	92	30	6
鄂托克前旗	275	257	138	106	42	12	6
鄂托克旗	521	375	205	127	80	21	9
杭锦旗	344	326	224	140	107	26	16
乌审旗	476	371	287	194	118	39	21
伊金霍洛旗	596	418	279	175	117	46	17
呼伦贝尔市	**5913**	**3813**	**1717**	**574**	**263**	**62**	**28**
海拉尔区	1086	571	210	44	22	7	3
扎赉诺尔区	161	103	34	4	6	1	
阿荣旗	484	380	205	99	44	16	4
莫力达瓦达斡尔族自治旗	438	332	174	96	47	17	5
鄂伦春自治旗	375	269	125	43	19	4	5
鄂温克族自治旗	369	270	131	37	14	3	2
陈巴尔虎旗	166	111	62	22	5		1
新巴尔虎左旗	161	112	54	21	10	2	
新巴尔虎右旗	114	97	51	23	4	1	1
满洲里市	466	279	117	26	11	1	2
牙克石市	677	356	119	16	4		
扎兰屯市	966	690	355	129	64	9	5
额尔古纳市	210	105	44	9	11	1	
根河市	240	138	36	5	2		
巴彦淖尔市	**5096**	**4346**	**2755**	**1389**	**817**	**205**	**54**
临河区	1851	1457	796	348	208	55	22
五原县	724	678	515	249	143	37	7
磴口县	347	361	214	101	51	13	2
乌拉特前旗	922	782	518	269	190	42	8
乌拉特中旗	433	396	272	181	94	21	8
乌拉特后旗	220	138	79	41	16	7	
杭锦后旗	599	534	361	200	115	30	7

4－1 续表 17

单位：人

地 区 性 别	45－49岁	50－54岁	55－59岁	60－64岁	65－69岁	70－74岁	75岁及以 上
乌兰察布市	**3404**	**2857**	**1893**	**1285**	**707**	**194**	**51**
集宁区	1176	758	280	91	33	5	4
卓资县	136	132	88	52	32	13	4
化德县	176	164	99	58	24	4	5
商都县	333	313	286	228	133	44	9
兴和县	136	136	83	54	23	12	
凉城县	178	212	177	137	82	24	11
察哈尔右翼前旗	258	243	229	173	104	30	3
察哈尔右翼中旗	194	192	143	112	55	13	1
察哈尔右翼后旗	162	144	112	60	36	5	3
四子王旗	339	288	210	124	66	12	5
丰镇市	316	275	186	196	119	32	6
兴安盟	**3757**	**2780**	**1550**	**540**	**210**	**46**	**16**
乌兰浩特市	868	520	207	42	17	3	1
阿尔山市	112	57	25	7	1		
科尔沁右翼前旗	900	733	454	136	46	8	4
科尔沁右翼中旗	600	410	272	91	30	11	
扎赉特旗	717	526	263	92	42	11	6
突泉县	560	534	329	172	74	13	5
锡林郭勒盟	**3305**	**2423**	**1347**	**582**	**213**	**57**	**26**
二连浩特市	240	163	63	32	5	1	
锡林浩特市	1109	630	276	82	26	7	2
阿巴嘎旗	160	123	64	20	11	2	2
苏尼特左旗	135	79	52	15	5	1	2
苏尼特右旗	208	173	79	31	18	4	2
东乌珠穆沁旗	241	177	110	32	16	1	4
西乌珠穆沁旗	300	237	123	37	14	8	3
太仆寺旗	204	154	146	73	41	13	4
镶黄旗	89	95	45	30	6	1	1
正镶白旗	122	118	68	56	17	3	1
正蓝旗	205	194	139	85	26	10	4
多伦县	224	233	154	76	27	5	1
乌拉盖管委会	68	47	28	13	1	1	
阿拉善盟	**915**	**706**	**289**	**91**	**39**	**12**	**4**
阿拉善左旗	655	499	200	74	31	9	4
阿拉善右旗	106	69	16	3		1	
额济纳旗	96	98	40	9	4	2	
内蒙古阿拉善经济开发区	58	40	33	5	4		

4-1a　各地区分性别、年龄的就业人口(城市)

单位：人

地区 性别	合计	16-19岁	20-24岁	25-29岁	30-34岁	35-39岁	40-44岁
内蒙古	**388709**	**1477**	**18741**	**46683**	**70127**	**61812**	**51901**
呼和浩特市	**88703**	**357**	**4655**	**11671**	**16387**	**15358**	**11937**
新城区	24014	71	1146	2915	4327	4464	3419
回民区	16882	93	1027	2354	2759	2608	2272
玉泉区	19585	104	1210	2826	3575	3044	2536
赛罕区	28222	89	1272	3576	5726	5242	3710
包头市	**79485**	**313**	**3783**	**8735**	**13357**	**12359**	**10801**
东河区	16256	33	767	1751	2660	2425	2158
昆都仑区	32854	122	1477	3514	5673	5222	4572
青山区	21556	122	1140	2377	3436	3415	3005
石拐区	509	2	28	65	72	43	47
白云鄂博矿区	1227	1	54	102	196	120	139
九原区	7083	33	317	926	1320	1134	880
乌海市	**22534**	**70**	**1078**	**2526**	**3782**	**3076**	**3069**
海勃湾区	14329	43	626	1701	2523	1993	1905
海南区	3178	8	168	330	471	430	468
乌达区	5027	19	284	495	788	653	696
赤峰市	**39752**	**157**	**2037**	**4862**	**8332**	**6308**	**5024**
红山区	16727	85	957	2116	3643	2668	2046
元宝山区	6434	19	223	603	985	949	885
松山区	16591	53	857	2143	3704	2691	2093
通辽市	**22658**	**100**	**1204**	**2995**	**4320**	**3964**	**3035**
科尔沁区	16775	79	909	2228	3056	2945	2223
霍林郭勒市	5883	21	295	767	1264	1019	812
鄂尔多斯市	**31570**	**176**	**1714**	**3999**	**6143**	**5488**	**4188**
东胜区	26328	154	1492	3370	4975	4447	3518
康巴什区	5197	22	222	624	1161	1035	667
鄂托克旗	45			5	7	6	3
呼伦贝尔市	**35448**	**87**	**1325**	**3943**	**5988**	**4848**	**4668**
海拉尔区	13719	44	591	1658	2553	1975	1634
扎赉诺尔区	2518	4	84	294	389	303	349
满洲里市	6191	16	200	591	1007	950	886
牙克石市	4470	6	133	409	690	549	660
扎兰屯市	5649	12	226	695	968	778	761
额尔古纳市	1639	3	53	184	271	210	227
根河市	1262	2	38	112	110	83	151
巴彦淖尔市	**18640**	**62**	**840**	**2190**	**3278**	**2983**	**2614**
临河区	18640	62	840	2190	3278	2983	2614
乌兰察布市	**20249**	**52**	**801**	**2237**	**3342**	**2895**	**2518**
集宁区	16393	36	681	1863	2732	2343	2030
丰镇市	3856	16	120	374	610	552	488
兴安盟	**12458**	**50**	**601**	**1574**	**2236**	**2179**	**1670**
乌兰浩特市	11630	47	572	1462	2111	2086	1577
阿尔山市	828	3	29	112	125	93	93
锡林郭勒盟	**17212**	**53**	**703**	**1951**	**2962**	**2354**	**2377**
二连浩特市	3492	9	121	323	489	488	512
锡林浩特市	13720	44	582	1628	2473	1866	1865

4-1a 续表 1

单位：人

地区 性别	合计	16-19岁	20-24岁	25-29岁	30-34岁	35-39岁	40-44岁
男	**235077**	**956**	**10065**	**26118**	**40501**	**36165**	**30015**
呼和浩特市	**51724**	**229**	**2327**	**6312**	**9085**	**8765**	**6794**
新城区	13734	54	554	1493	2340	2443	1893
回民区	10166	65	529	1307	1586	1566	1302
玉泉区	11902	60	604	1586	2162	1852	1508
赛罕区	15922	50	640	1926	2997	2904	2091
包头市	**49206**	**206**	**2071**	**4899**	**7918**	**7293**	**6255**
东河区	10302	23	416	1014	1585	1465	1244
昆都仑区	20282	90	826	1951	3354	3069	2675
青山区	12921	67	603	1308	1974	1930	1674
石拐区	337	1	16	39	49	33	25
白云鄂博矿区	821	1	32	57	129	78	87
九原区	4543	24	178	530	827	718	550
乌海市	**14327**	**52**	**613**	**1473**	**2282**	**1884**	**1872**
海勃湾区	8813	30	346	951	1446	1156	1131
海南区	2122	5	97	223	312	281	297
乌达区	3392	17	170	299	524	447	444
赤峰市	**24291**	**95**	**1099**	**2821**	**5048**	**3787**	**2860**
红山区	10143	53	517	1225	2170	1614	1159
元宝山区	4278	12	114	380	664	617	546
松山区	9870	30	468	1216	2214	1556	1155
通辽市	**13564**	**59**	**700**	**1704**	**2477**	**2268**	**1773**
科尔沁区	9676	52	514	1200	1652	1618	1246
霍林郭勒市	3888	7	186	504	825	650	527
鄂尔多斯市	**19138**	**118**	**952**	**2304**	**3510**	**3285**	**2517**
东胜区	16092	106	846	1960	2907	2669	2120
康巴什区	3010	12	106	340	597	611	395
鄂托克旗	36			4	6	5	2
呼伦贝尔市	**21327**	**53**	**713**	**2137**	**3376**	**2766**	**2593**
海拉尔区	8064	33	316	896	1391	1112	896
扎赉诺尔区	1636		46	161	235	180	210
满洲里市	3750	10	121	333	574	546	499
牙克石市	2717	3	70	216	408	301	365
扎兰屯市	3348	5	103	368	554	441	419
额尔古纳市	1012	1	33	103	158	137	119
根河市	800	1	24	60	56	49	85
巴彦淖尔市	**10950**	**41**	**442**	**1247**	**1888**	**1737**	**1515**
临河区	10950	41	442	1247	1888	1737	1515
乌兰察布市	**12750**	**37**	**430**	**1271**	**1960**	**1774**	**1498**
集宁区	10109	27	369	1035	1569	1404	1168
丰镇市	2641	10	61	236	391	370	330
兴安盟	**7214**	**29**	**309**	**847**	**1218**	**1206**	**947**
乌兰浩特市	6709	26	293	784	1142	1159	894
阿尔山市	505	3	16	63	76	47	53
锡林郭勒盟	**10586**	**37**	**409**	**1103**	**1739**	**1400**	**1391**
二连浩特市	2242	6	75	197	285	294	308
锡林浩特市	8344	31	334	906	1454	1106	1083

4-1a　续表 2　　单位：人

地　区 性　别	合计	16-19岁	20-24岁	25-29岁	30-34岁	35-39岁	40-44岁
女	**153632**	**521**	**8676**	**20565**	**29626**	**25647**	**21886**
呼和浩特市	**36979**	**128**	**2328**	**5359**	**7302**	**6593**	**5143**
新城区	10280	17	592	1422	1987	2021	1526
回民区	6716	28	498	1047	1173	1042	970
玉泉区	7683	44	606	1240	1413	1192	1028
赛罕区	12300	39	632	1650	2729	2338	1619
包头市	**30279**	**107**	**1712**	**3836**	**5439**	**5066**	**4546**
东河区	5954	10	351	737	1075	960	914
昆都仑区	12572	32	651	1563	2319	2153	1897
青山区	8635	55	537	1069	1462	1485	1331
石拐区	172	1	12	26	23	10	22
白云鄂博矿区	406		22	45	67	42	52
九原区	2540	9	139	396	493	416	330
乌海市	**8207**	**18**	**465**	**1053**	**1500**	**1192**	**1197**
海勃湾区	5516	13	280	750	1077	837	774
海南区	1056	3	71	107	159	149	171
乌达区	1635	2	114	196	264	206	252
赤峰市	**15461**	**62**	**938**	**2041**	**3284**	**2521**	**2164**
红山区	6584	32	440	891	1473	1054	887
元宝山区	2156	7	109	223	321	332	339
松山区	6721	23	389	927	1490	1135	938
通辽市	**9094**	**41**	**504**	**1291**	**1843**	**1696**	**1262**
科尔沁区	7099	27	395	1028	1404	1327	977
霍林郭勒市	1995	14	109	263	439	369	285
鄂尔多斯市	**12432**	**58**	**762**	**1695**	**2633**	**2203**	**1671**
东胜区	10236	48	646	1410	2068	1778	1398
康巴什区	2187	10	116	284	564	424	272
鄂托克旗	9			1	1	1	1
呼伦贝尔市	**14121**	**34**	**612**	**1806**	**2612**	**2082**	**2075**
海拉尔区	5655	11	275	762	1162	863	738
扎赉诺尔区	882	4	38	133	154	123	139
满洲里市	2441	6	79	258	433	404	387
牙克石市	1753	3	63	193	282	248	295
扎兰屯市	2301	7	123	327	414	337	342
额尔古纳市	627	2	20	81	113	73	108
根河市	462	1	14	52	54	34	66
巴彦淖尔市	**7690**	**21**	**398**	**943**	**1390**	**1246**	**1099**
临河区	7690	21	398	943	1390	1246	1099
乌兰察布市	**7499**	**15**	**371**	**966**	**1382**	**1121**	**1020**
集宁区	6284	9	312	828	1163	939	862
丰镇市	1215	6	59	138	219	182	158
兴安盟	**5244**	**21**	**292**	**727**	**1018**	**973**	**723**
乌兰浩特市	4921	21	279	678	969	927	683
阿尔山市	323		13	49	49	46	40
锡林郭勒盟	**6626**	**16**	**294**	**848**	**1223**	**954**	**986**
二连浩特市	1250	3	46	126	204	194	204
锡林浩特市	5376	13	248	722	1019	760	782

4-1a 续表 3

单位：人

地区 性别	45-49岁	50-54岁	55-59岁	60-64岁	65-69岁	70-74岁	75岁及以上
内蒙古	**59944**	**43632**	**25413**	**5935**	**2288**	**539**	**217**
呼和浩特市	**12123**	**8438**	**5562**	**1424**	**579**	**147**	**65**
新城区	3376	2287	1454	340	147	43	25
回民区	2369	1751	1109	351	130	45	14
玉泉区	2669	1824	1195	391	167	33	11
赛罕区	3709	2576	1804	342	135	26	15
包头市	**13195**	**9834**	**5324**	**1176**	**439**	**121**	**48**
东河区	2704	2107	1307	232	92	13	7
昆都仑区	5556	3954	2029	481	169	56	29
青山区	3565	2743	1374	245	102	29	3
石拐区	72	80	70	17	11	1	1
白云鄂博矿区	273	192	99	32	10	6	3
九原区	1025	758	445	169	55	16	5
乌海市	**4091**	**2964**	**1477**	**303**	**74**	**15**	**9**
海勃湾区	2493	1839	963	198	34	7	4
海南区	622	430	190	42	14	4	1
乌达区	976	695	324	63	26	4	4
赤峰市	**5740**	**4286**	**2281**	**507**	**178**	**29**	**11**
红山区	2251	1638	971	240	93	16	3
元宝山区	1233	1040	398	66	24	6	3
松山区	2256	1608	912	201	61	7	5
通辽市	**3141**	**2159**	**1381**	**242**	**96**	**19**	**2**
科尔沁区	2395	1598	1085	170	69	16	2
霍林郭勒市	746	561	296	72	27	3	
鄂尔多斯市	**4299**	**2867**	**1750**	**632**	**230**	**66**	**18**
东胜区	3692	2445	1447	520	198	55	15
康巴什区	605	416	299	107	26	10	3
鄂托克旗	2	6	4	5	6	1	
呼伦贝尔市	**6406**	**4854**	**2706**	**382**	**192**	**31**	**18**
海拉尔区	2298	1720	1044	120	62	10	10
扎赉诺尔区	474	416	169	21	12	2	1
满洲里市	1085	817	477	105	51	3	3
牙克石市	937	677	354	34	16	3	2
扎兰屯市	987	704	403	69	34	11	1
额尔古纳市	310	221	118	26	14	2	
根河市	315	299	141	7	3		1
巴彦淖尔市	**2926**	**2085**	**1162**	**323**	**124**	**29**	**24**
临河区	2926	2085	1162	323	124	29	24
乌兰察布市	**3243**	**2696**	**1737**	**463**	**205**	**47**	**13**
集宁区	2619	2135	1404	352	159	30	9
丰镇市	624	561	333	111	46	17	4
兴安盟	**1813**	**1342**	**804**	**133**	**44**	**7**	**5**
乌兰浩特市	1671	1205	727	118	43	7	4
阿尔山市	142	137	77	15	1		1
锡林郭勒盟	**2967**	**2107**	**1229**	**350**	**127**	**28**	**4**
二连浩特市	618	509	276	94	41	11	1
锡林浩特市	2349	1598	953	256	86	17	3

4-1a　续表 4　　　　单位：人

地　区 性　别	45-49岁	50-54岁	55-59岁	60-64岁	65-69岁	70-74岁	75岁及以　上
男	**34687**	**29598**	**20155**	**4489**	**1750**	**419**	**159**
呼和浩特市	**6872**	**5395**	**4310**	**1029**	**450**	**107**	**49**
新城区	1936	1485	1149	230	109	29	19
回民区	1375	1149	866	272	105	34	10
玉泉区	1557	1199	906	294	139	26	9
赛罕区	2004	1562	1389	233	97	18	11
包头市	**7698**	**7069**	**4396**	**916**	**354**	**95**	**36**
东河区	1570	1582	1132	183	70	13	5
昆都仑区	3275	2834	1638	372	133	43	22
青山区	2026	1924	1121	183	86	22	3
石拐区	43	50	54	14	11	1	1
白云鄂博矿区	156	156	87	26	7	4	1
九原区	628	523	364	138	47	12	4
乌海市	**2461**	**2137**	**1217**	**254**	**63**	**12**	**7**
海勃湾区	1442	1302	800	170	31	6	2
海南区	386	321	156	31	10	2	1
乌达区	633	514	261	53	22	4	4
赤峰市	**3370**	**2923**	**1766**	**367**	**124**	**25**	**6**
红山区	1294	1092	759	177	67	15	1
元宝山区	786	772	315	48	17	5	2
松山区	1290	1059	692	142	40	5	3
通辽市	**1753**	**1469**	**1107**	**180**	**59**	**14**	**1**
科尔沁区	1292	1060	864	126	39	12	1
霍林郭勒市	461	409	243	54	20	2	
鄂尔多斯市	**2565**	**1870**	**1295**	**478**	**172**	**57**	**15**
东胜区	2202	1610	1070	396	145	48	13
康巴什区	361	255	222	77	24	8	2
鄂托克旗	2	5	3	5	3	1	
呼伦贝尔市	**3669**	**3370**	**2202**	**279**	**135**	**22**	**12**
海拉尔区	1242	1181	859	83	43	5	7
扎赉诺尔区	322	320	136	18	6	1	1
满洲里市	634	541	367	81	41	2	1
牙克石市	538	475	299	25	12	3	2
扎兰屯市	572	475	329	48	25	9	
额尔古纳市	182	156	96	19	6	2	
根河市	179	222	116	5	2		1
巴彦淖尔市	**1625**	**1242**	**844**	**243**	**93**	**17**	**16**
临河区	1625	1242	844	243	93	17	16
乌兰察布市	**1942**	**1827**	**1427**	**370**	**162**	**42**	**10**
集宁区	1522	1424	1142	285	131	27	6
丰镇市	420	403	285	85	31	15	4
兴安盟	**995**	**887**	**635**	**102**	**30**	**5**	**4**
乌兰浩特市	921	788	574	90	30	5	3
阿尔山市	74	99	61	12			1
锡林郭勒盟	**1737**	**1409**	**956**	**271**	**108**	**23**	**3**
二连浩特市	388	351	220	69	38	10	1
锡林浩特市	1349	1058	736	202	70	13	2

4-1a 续表 5 单位：人

地 区 性 别	45-49岁	50-54岁	55-59岁	60-64岁	65-69岁	70-74岁	75岁及以 上
女	**25257**	**14034**	**5258**	**1446**	**538**	**120**	**58**
呼和浩特市	**5251**	**3043**	**1252**	**395**	**129**	**40**	**16**
新城区	1440	802	305	110	38	14	6
回民区	994	602	243	79	25	11	4
玉泉区	1112	625	289	97	28	7	2
赛罕区	1705	1014	415	109	38	8	4
包头市	**5497**	**2765**	**928**	**260**	**85**	**26**	**12**
东河区	1134	525	175	49	22		2
昆都仑区	2281	1120	391	109	36	13	7
青山区	1539	819	253	62	16	7	
石拐区	29	30	16	3			
白云鄂博矿区	117	36	12	6	3	2	2
九原区	397	235	81	31	8	4	1
乌海市	**1630**	**827**	**260**	**49**	**11**	**3**	**2**
海勃湾区	1051	537	163	28	3	1	2
海南区	236	109	34	11	4	2	
乌达区	343	181	63	10	4		
赤峰市	**2370**	**1363**	**515**	**140**	**54**	**4**	**5**
红山区	957	546	212	63	26	1	2
元宝山区	447	268	83	18	7	1	1
松山区	966	549	220	59	21	2	2
通辽市	**1388**	**690**	**274**	**62**	**37**	**5**	**1**
科尔沁区	1103	538	221	44	30	4	1
霍林郭勒市	285	152	53	18	7	1	
鄂尔多斯市	**1734**	**997**	**455**	**154**	**58**	**9**	**3**
东胜区	1490	835	377	124	53	7	2
康巴什区	244	161	77	30	2	2	1
鄂托克旗		1	1		3		
呼伦贝尔市	**2737**	**1484**	**504**	**103**	**57**	**9**	**6**
海拉尔区	1056	539	185	37	19	5	3
扎赉诺尔区	152	96	33	3	6	1	
满洲里市	451	276	110	24	10	1	2
牙克石市	399	202	55	9	4		
扎兰屯市	415	229	74	21	9	2	1
额尔古纳市	128	65	22	7	8		
根河市	136	77	25	2	1		
巴彦淖尔市	**1301**	**843**	**318**	**80**	**31**	**12**	**8**
临河区	1301	843	318	80	31	12	8
乌兰察布市	**1301**	**869**	**310**	**93**	**43**	**5**	**3**
集宁区	1097	711	262	67	28	3	3
丰镇市	204	158	48	26	15	2	
兴安盟	**818**	**455**	**169**	**31**	**14**	**2**	**1**
乌兰浩特市	750	417	153	28	13	2	1
阿尔山市	68	38	16	3	1		
锡林郭勒盟	**1230**	**698**	**273**	**79**	**19**	**5**	**1**
二连浩特市	230	158	56	25	3	1	
锡林浩特市	1000	540	217	54	16	4	1

4-1b　各地区分性别、年龄的就业人口(镇)

单位：人

地区 性别	合计	16-19岁	20-24岁	25-29岁	30-34岁	35-39岁	40-44岁
内蒙古	**284363**	**943**	**10812**	**30040**	**48036**	**43454**	**38063**
呼和浩特市	**18603**	**48**	**688**	**2125**	**3560**	**3073**	**2463**
新城区	74		6	6	7	7	6
回民区							
玉泉区							
赛罕区	49		1	3	3	9	5
土默特左旗	3724	9	135	448	648	563	457
托克托县	3242	8	103	299	479	630	579
和林格尔县	2783	6	95	297	483	485	414
清水河县	1345	2	36	102	196	198	218
武川县	1855	2	48	126	210	224	252
呼和浩特经济技术开发区	5531	21	264	844	1534	957	532
包头市	**20244**	**89**	**835**	**2123**	**3373**	**3018**	**2622**
东河区	1047	1	49	116	184	139	149
昆都仑区	67		8	14	14	11	8
青山区	185	1	38	53	28	14	13
石拐区	266		10	30	43	34	26
白云鄂博矿区							
九原区	546	2	24	46	66	56	59
土默特右旗	5309	27	205	524	831	880	736
固阳县	2609	5	98	275	325	327	345
达尔罕茂明安联合旗	1545	1	36	122	210	179	218
包头稀土高新技术产业开发区	8670	52	367	943	1672	1378	1068
乌海市	**1132**	**5**	**38**	**94**	**138**	**125**	**156**
海勃湾区	206		5	20	21	26	30
海南区	809	5	28	66	108	90	112
乌达区	117		5	8	9	9	14
赤峰市	**50153**	**159**	**1643**	**4534**	**8389**	**8059**	**6377**
红山区	1030	2	45	91	135	114	108
元宝山区	964	6	36	78	100	122	110
松山区	1157	9	27	54	133	140	135
阿鲁科尔沁旗	4347	6	149	472	825	739	492
巴林左旗	6358	22	239	593	946	1210	803
巴林右旗	4074	10	122	385	641	637	503
林西县	4969	15	174	482	823	756	593
克什克腾旗	3876	8	135	365	787	528	502
翁牛特旗	5282	18	200	456	926	790	723
喀喇沁旗	4597	13	134	344	785	732	572
宁城县	7153	28	221	620	1288	1197	938
敖汉旗	6346	22	161	594	1000	1094	898

4-1b 续表 1

单位：人

地区 性别	合计	16-19岁	20-24岁	25-29岁	30-34岁	35-39岁	40-44岁
通辽市	**35540**	**155**	**1435**	**4263**	**6212**	**5516**	**4909**
科尔沁区	1778	11	95	181	230	215	185
科尔沁左翼中旗	4761	22	194	536	767	728	707
科尔沁左翼后旗	4173	13	136	407	655	630	616
开鲁县	5323	18	257	587	842	833	738
库伦旗	2729	9	82	283	444	402	384
奈曼旗	5134	28	199	581	847	756	736
扎鲁特旗	4847	26	195	563	833	813	742
通辽经济技术开发区	6793	28	277	1125	1594	1139	801
霍林郭勒市	2						
鄂尔多斯市	**48691**	**187**	**2149**	**5641**	**9378**	**7980**	**6333**
东胜区	213	1	10	29	30	13	8
康巴什区							
达拉特旗	9208	26	340	840	1565	1561	1447
准格尔旗	11237	42	441	1188	2173	1907	1486
鄂托克前旗	2753	17	128	332	541	353	386
鄂托克旗	6722	38	440	865	1277	1056	817
杭锦旗	3339	4	110	387	607	511	457
乌审旗	5465	16	234	744	1204	944	612
伊金霍洛旗	9754	43	446	1256	1981	1635	1120
呼伦贝尔市	**25252**	**63**	**909**	**2455**	**3668**	**3506**	**3533**
海拉尔区	50		2	3	7	1	10
扎赉诺尔区	113		5	15	6	7	13
阿荣旗	4353	20	171	542	751	784	682
莫力达瓦达斡尔族自治旗	2673	10	118	288	391	438	464
鄂伦春自治旗	3904	7	135	353	548	462	557
鄂温克族自治旗	4265	9	123	468	786	692	569
陈巴尔虎旗	1551	6	60	158	188	219	193
新巴尔虎左旗	975	1	26	94	150	153	135
新巴尔虎右旗	1112		39	101	209	196	149
满洲里市	138		10	6	13	8	19
牙克石市	3208	8	129	261	322	239	367
扎兰屯市	1314		45	99	182	193	191
额尔古纳市	399		17	22	38	24	48
根河市	1197	2	29	45	77	90	136
巴彦淖尔市	**23383**	**70**	**763**	**2174**	**3664**	**3399**	**3364**
临河区	747	4	23	32	43	63	72
五原县	4783	11	168	451	811	806	700
磴口县	2310	11	84	240	342	282	289
乌拉特前旗	5990	17	160	458	858	788	952
乌拉特中旗	2802	6	93	298	398	404	399
乌拉特后旗	1819	3	65	175	365	275	268
杭锦后旗	4932	18	170	520	847	781	684

4-1b　续表 2　　　　单位：人

地区 性别	合计	16-19岁	20-24岁	25-29岁	30-34岁	35-39岁	40-44岁
乌兰察布市	**18616**	**40**	**553**	**1782**	**2450**	**2463**	**2498**
集宁区	423		25	52	76	51	32
卓资县	1413	2	34	103	198	196	176
化德县	2068	2	64	197	271	247	302
商都县	2791	7	93	257	292	403	460
兴和县	1963	5	55	212	340	306	277
凉城县	1616	2	39	121	187	227	207
察哈尔右翼前旗	2260	8	82	272	342	265	244
察哈尔右翼中旗	1106	1	32	113	118	123	135
察哈尔右翼后旗	2040	8	66	180	269	307	271
四子王旗	2437	5	49	235	314	285	364
丰镇市	499		14	40	43	53	30
兴安盟	**15919**	**36**	**676**	**1968**	**2702**	**2566**	**2224**
乌兰浩特市	537		31	71	95	87	68
阿尔山市	479	1	24	38	60	64	59
科尔沁右翼前旗	3691	5	171	555	729	533	414
科尔沁右翼中旗	3645	12	140	387	562	618	566
扎赉特旗	4650	11	162	562	785	769	714
突泉县	2917	7	148	355	471	495	403
锡林郭勒盟	**16347**	**50**	**586**	**1590**	**2638**	**2374**	**2205**
二连浩特市	68		1	4	9	6	4
锡林浩特市	222	1	2	7	16	18	42
阿巴嘎旗	979	1	32	81	141	157	121
苏尼特左旗	703	5	21	71	97	110	96
苏尼特右旗	1798	1	45	132	242	223	234
东乌珠穆沁旗	1819	5	61	169	275	256	255
西乌珠穆沁旗	2474	14	115	293	503	346	322
太仆寺旗	1501	4	47	136	229	179	238
镶黄旗	746	1	23	61	128	93	102
正镶白旗	913	2	30	81	111	113	136
正蓝旗	1407	3	47	162	212	203	183
多伦县	2751	11	121	288	488	528	338
乌拉盖管委会	966	2	41	105	187	142	134
阿拉善盟	**10483**	**41**	**537**	**1291**	**1864**	**1375**	**1379**
阿拉善左旗	6944	24	322	823	1161	926	986
阿拉善右旗	826	3	30	82	123	89	118
额济纳旗	1173	6	55	173	195	145	136
内蒙古阿拉善经济开发区	1540	8	130	213	385	215	139

4-1b 续表 3

单位：人

地区 性别	合计	16-19岁	20-24岁	25-29岁	30-34岁	35-39岁	40-44岁
男	**177589**	**648**	**6294**	**17691**	**29124**	**26412**	**22905**
呼和浩特市	**12253**	**36**	**404**	**1309**	**2283**	**2018**	**1619**
新城区	53		2	5	4	6	4
回民区							
玉泉区							
赛罕区	30			1	3	5	3
土默特左旗	2473	7	84	279	434	377	305
托克托县	2197	7	66	196	292	427	397
和林格尔县	1772	5	44	183	293	292	267
清水河县	905	1	18	61	130	134	134
武川县	1213	2	29	70	131	135	166
呼和浩特经济技术开发区	3610	14	161	514	996	642	343
包头市	**13186**	**65**	**493**	**1284**	**2125**	**1958**	**1624**
东河区	688	1	26	77	118	98	100
昆都仑区	57		8	10	13	9	8
青山区	152	1	34	50	21	9	11
石拐区	203		6	21	35	29	14
白云鄂博矿区							
九原区	386	2	20	39	45	39	37
土默特右旗	3464	20	114	310	531	600	484
固阳县	1814	4	60	186	228	222	229
达尔罕茂明安联合旗	977	1	19	60	134	111	126
包头稀土高新技术产业开发区	5445	36	206	531	1000	841	615
乌海市	**868**	**4**	**27**	**77**	**115**	**102**	**117**
海勃湾区	138		3	13	16	14	21
海南区	644	4	20	58	90	79	88
乌达区	86		4	6	9	9	8
赤峰市	**29808**	**102**	**914**	**2678**	**4942**	**4670**	**3619**
红山区	665	1	27	58	90	74	69
元宝山区	667	4	26	63	64	81	70
松山区	718	6	19	39	88	83	69
阿鲁科尔沁旗	2675	4	80	277	500	435	305
巴林左旗	3257	14	111	300	499	610	373
巴林右旗	2547	7	74	236	400	381	312
林西县	3070	8	101	293	487	456	341
克什克腾旗	2413	5	86	224	454	307	305
翁牛特旗	3230	10	109	286	580	467	425
喀喇沁旗	2822	10	75	215	478	471	325
宁城县	4050	19	118	343	714	670	513
敖汉旗	3694	14	88	344	588	635	512

4-1b　续表 4　　　　单位：人

地区 性别	合计	16-19岁	20-24岁	25-29岁	30-34岁	35-39岁	40-44岁
通辽市	**20581**	**102**	**792**	**2342**	**3567**	**3074**	**2710**
科尔沁区	1071	6	56	108	125	130	113
科尔沁左翼中旗	2800	16	110	297	437	415	399
科尔沁左翼后旗	2443	8	74	226	366	359	352
开鲁县	2950	15	143	324	463	445	389
库伦旗	1571	6	50	147	268	219	204
奈曼旗	2973	18	96	315	490	435	407
扎鲁特旗	2888	16	105	321	498	463	429
通辽经济技术开发区	3883	17	158	604	920	608	417
霍林郭勒市	2						
鄂尔多斯市	**32121**	**148**	**1379**	**3550**	**5911**	**5154**	**4119**
东胜区	172	1	7	24	23	11	6
康巴什区							
达拉特旗	5949	21	195	503	956	1019	948
准格尔旗	7803	35	287	772	1431	1292	1028
鄂托克前旗	1675	13	69	186	317	209	215
鄂托克旗	4334	27	312	565	794	659	518
杭锦旗	2104	3	67	235	374	303	274
乌审旗	3584	11	148	488	775	596	386
伊金霍洛旗	6500	37	294	777	1241	1065	744
呼伦贝尔市	**16286**	**43**	**569**	**1461**	**2188**	**2080**	**2153**
海拉尔区	34		2	1	5	1	7
扎赉诺尔区	83		3	10	4	5	12
阿荣旗	2697	11	105	313	441	465	404
莫力达瓦达斡尔族自治旗	1614	7	65	169	217	243	273
鄂伦春自治旗	2559	7	88	202	335	282	338
鄂温克族自治旗	2582	6	80	266	449	391	338
陈巴尔虎旗	1053	4	41	96	121	146	122
新巴尔虎左旗	578	1	16	58	84	86	78
新巴尔虎右旗	668		23	56	127	110	90
满洲里市	86		7	3	5	6	11
牙克石市	2297	5	73	170	216	159	238
扎兰屯市	853		29	65	112	117	118
额尔古纳市	284		16	18	25	10	28
根河市	898	2	21	34	47	59	96
巴彦淖尔市	**14114**	**48**	**415**	**1245**	**2229**	**2085**	**1946**
临河区	421	2	9	14	30	35	47
五原县	2909	8	82	265	492	511	395
磴口县	1355	6	43	126	203	164	175
乌拉特前旗	3677	11	88	262	534	500	545
乌拉特中旗	1702	5	58	178	237	242	244
乌拉特后旗	1129	3	38	102	219	175	150
杭锦后旗	2921	13	97	298	514	458	390

4-1b 续表 5 单位：人

地区 性别	合计	16-19岁	20-24岁	25-29岁	30-34岁	35-39岁	40-44岁
乌兰察布市	**12517**	**21**	**297**	**1075**	**1585**	**1616**	**1611**
集宁区	277		11	28	45	33	18
卓资县	929		15	61	124	128	113
化德县	1338	2	43	112	174	155	175
商都县	1869	2	42	148	184	252	306
兴和县	1429	3	24	141	254	224	203
凉城县	1094	1	20	85	110	144	142
察哈尔右翼前旗	1504	7	50	171	219	181	154
察哈尔右翼中旗	731		19	63	73	76	80
察哈尔右翼后旗	1381	5	38	106	168	196	173
四子王旗	1572	1	25	130	195	180	222
丰镇市	393		10	30	39	47	25
兴安盟	**9523**	**22**	**373**	**1039**	**1560**	**1502**	**1289**
乌兰浩特市	320		18	37	66	54	34
阿尔山市	318	1	15	22	32	42	37
科尔沁右翼前旗	2167	3	95	306	416	310	233
科尔沁右翼中旗	2148	6	84	198	306	357	315
扎赉特旗	2857	8	84	297	461	453	440
突泉县	1713	4	77	179	279	286	230
锡林郭勒盟	**10068**	**34**	**323**	**896**	**1556**	**1373**	**1326**
二连浩特市	58		1	4	7	6	2
锡林浩特市	180	1	2	4	16	15	33
阿巴嘎旗	631	1	16	55	86	95	82
苏尼特左旗	421	3	10	38	55	61	52
苏尼特右旗	1120	1	24	68	142	131	143
东乌珠穆沁旗	1109	3	34	107	152	150	145
西乌珠穆沁旗	1494	9	67	173	300	190	198
太仆寺旗	928	3	23	57	138	108	152
镶黄旗	458		16	39	75	47	57
正镶白旗	567	1	16	47	59	65	83
正蓝旗	855	2	24	84	126	123	108
多伦县	1625	9	70	162	279	285	186
乌拉盖管委会	622	1	20	58	121	97	85
阿拉善盟	**6264**	**23**	**308**	**735**	**1063**	**780**	**772**
阿拉善左旗	4017	13	170	456	631	509	532
阿拉善右旗	502	2	15	45	75	50	67
额济纳旗	712	4	32	100	118	81	77
内蒙古阿拉善经济开发区	1033	4	91	134	239	140	96

4-1b　续表 6

单位：人

地区 性别	合计	16-19岁	20-24岁	25-29岁	30-34岁	35-39岁	40-44岁
女	**106774**	**295**	**4518**	**12349**	**18912**	**17042**	**15158**
呼和浩特市	**6350**	**12**	**284**	**816**	**1277**	**1055**	**844**
新城区	21		4	1	3	1	2
回民区							
玉泉区							
赛罕区	19		1	2		4	2
土默特左旗	1251	2	51	169	214	186	152
托克托县	1045	1	37	103	187	203	182
和林格尔县	1011	1	51	114	190	193	147
清水河县	440	1	18	41	66	64	84
武川县	642		19	56	79	89	86
呼和浩特经济技术开发区	1921	7	103	330	538	315	189
包头市	**7058**	**24**	**342**	**839**	**1248**	**1060**	**998**
东河区	359		23	39	66	41	49
昆都仑区	10			4	1	2	
青山区	33		4	3	7	5	2
石拐区	63		4	9	8	5	12
白云鄂博矿区							
九原区	160		4	7	21	17	22
土默特右旗	1845	7	91	214	300	280	252
固阳县	795	1	38	89	97	105	116
达尔罕茂明安联合旗	568		17	62	76	68	92
包头稀土高新技术产业开发区	3225	16	161	412	672	537	453
乌海市	**264**	**1**	**11**	**17**	**23**	**23**	**39**
海勃湾区	68		2	7	5	12	9
海南区	165	1	8	8	18	11	24
乌达区	31		1	2			6
赤峰市	**20345**	**57**	**729**	**1856**	**3447**	**3389**	**2758**
红山区	365	1	18	33	45	40	39
元宝山区	297	2	10	15	36	41	40
松山区	439	3	8	15	45	57	66
阿鲁科尔沁旗	1672	2	69	195	325	304	187
巴林左旗	3101	8	128	293	447	600	430
巴林右旗	1527	3	48	149	241	256	191
林西县	1899	7	73	189	336	300	252
克什克腾旗	1463	3	49	141	333	221	197
翁牛特旗	2052	8	91	170	346	323	298
喀喇沁旗	1775	3	59	129	307	261	247
宁城县	3103	9	103	277	574	527	425
敖汉旗	2652	8	73	250	412	459	386

4-1b 续表 7

单位：人

地区 性别	合计	16-19岁	20-24岁	25-29岁	30-34岁	35-39岁	40-44岁
通辽市	**14959**	**53**	**643**	**1921**	**2645**	**2442**	**2199**
科尔沁区	707	5	39	73	105	85	72
科尔沁左翼中旗	1961	6	84	239	330	313	308
科尔沁左翼后旗	1730	5	62	181	289	271	264
开鲁县	2373	3	114	263	379	388	349
库伦旗	1158	3	32	136	176	183	180
奈曼旗	2161	10	103	266	357	321	329
扎鲁特旗	1959	10	90	242	335	350	313
通辽经济技术开发区	2910	11	119	521	674	531	384
霍林郭勒市							
鄂尔多斯市	**16570**	**39**	**770**	**2091**	**3467**	**2826**	**2214**
东胜区	41		3	5	7	2	2
康巴什区							
达拉特旗	3259	5	145	337	609	542	499
准格尔旗	3434	7	154	416	742	615	458
鄂托克前旗	1078	4	59	146	224	144	171
鄂托克旗	2388	11	128	300	483	397	299
杭锦旗	1235	1	43	152	233	208	183
乌审旗	1881	5	86	256	429	348	226
伊金霍洛旗	3254	6	152	479	740	570	376
呼伦贝尔市	**8966**	**20**	**340**	**994**	**1480**	**1426**	**1380**
海拉尔区	16			2	2		3
扎赉诺尔区	30		2	5	2	2	1
阿荣旗	1656	9	66	229	310	319	278
莫力达瓦达斡尔族自治旗	1059	3	53	119	174	195	191
鄂伦春自治旗	1345		47	151	213	180	219
鄂温克族自治旗	1683	3	43	202	337	301	231
陈巴尔虎旗	498	2	19	62	67	73	71
新巴尔虎左旗	397		10	36	66	67	57
新巴尔虎右旗	444		16	45	82	86	59
满洲里市	52		3	3	8	2	8
牙克石市	911	3	56	91	106	80	129
扎兰屯市	461		16	34	70	76	73
额尔古纳市	115		1	4	13	14	20
根河市	299		8	11	30	31	40
巴彦淖尔市	**9269**	**22**	**348**	**929**	**1435**	**1314**	**1418**
临河区	326	2	14	18	13	28	25
五原县	1874	3	86	186	319	295	305
磴口县	955	5	41	114	139	118	114
乌拉特前旗	2313	6	72	196	324	288	407
乌拉特中旗	1100	1	35	120	161	162	155
乌拉特后旗	690		27	73	146	100	118
杭锦后旗	2011	5	73	222	333	323	294

4-1b　续表 8　　　　单位：人

地区 性别	合计	16-19岁	20-24岁	25-29岁	30-34岁	35-39岁	40-44岁
乌兰察布市	**6099**	**19**	**256**	**707**	**865**	**847**	**887**
集宁区	146		14	24	31	18	14
卓资县	484	2	19	42	74	68	63
化德县	730		21	85	97	92	127
商都县	922	5	51	109	108	151	154
兴和县	534	2	31	71	86	82	74
凉城县	522	1	19	36	77	83	65
察哈尔右翼前旗	756	1	32	101	123	84	90
察哈尔右翼中旗	375	1	13	50	45	47	55
察哈尔右翼后旗	659	3	28	74	101	111	98
四子王旗	865	4	24	105	119	105	142
丰镇市	106		4	10	4	6	5
兴安盟	**6396**	**14**	**303**	**929**	**1142**	**1064**	**935**
乌兰浩特市	217		13	34	29	33	34
阿尔山市	161		9	16	28	22	22
科尔沁右翼前旗	1524	2	76	249	313	223	181
科尔沁右翼中旗	1497	6	56	189	256	261	251
扎赉特旗	1793	3	78	265	324	316	274
突泉县	1204	3	71	176	192	209	173
锡林郭勒盟	**6279**	**16**	**263**	**694**	**1082**	**1001**	**879**
二连浩特市	10				2		2
锡林浩特市	42			3		3	9
阿巴嘎旗	348		16	26	55	62	39
苏尼特左旗	282	2	11	33	42	49	44
苏尼特右旗	678		21	64	100	92	91
东乌珠穆沁旗	710	2	27	62	123	106	110
西乌珠穆沁旗	980	5	48	120	203	156	124
太仆寺旗	573	1	24	79	91	71	86
镶黄旗	288	1	7	22	53	46	45
正镶白旗	346	1	14	34	52	48	53
正蓝旗	552	1	23	78	86	80	75
多伦县	1126	2	51	126	209	243	152
乌拉盖管委会	344	1	21	47	66	45	49
阿拉善盟	**4219**	**18**	**229**	**556**	**801**	**595**	**607**
阿拉善左旗	2927	11	152	367	530	417	454
阿拉善右旗	324	1	15	37	48	39	51
额济纳旗	461	2	23	73	77	64	59
内蒙古阿拉善经济开发区	507	4	39	79	146	75	43

4-1b 续表 9

单位：人

地区 性别	45-49岁	50-54岁	55-59岁	60-64岁	65-69岁	70-74岁	75岁及以上
内蒙古	**44321**	**34956**	**21475**	**7515**	**3443**	**952**	**353**
呼和浩特市	**2684**	**1849**	**1313**	**474**	**242**	**66**	**18**
新城区	11	11	12	6	2		
回民区							
玉泉区							
赛罕区	8	8	4	5	2	1	
土默特左旗	550	428	318	94	53	16	5
托克托县	521	313	184	64	45	14	3
和林格尔县	392	296	184	81	32	13	5
清水河县	264	158	110	38	19	2	2
武川县	370	283	219	77	32	10	2
呼和浩特经济技术开发区	568	352	282	109	57	10	1
包头市	**3189**	**2412**	**1550**	**610**	**328**	**74**	**21**
东河区	149	109	77	48	23	2	1
昆都仑区	4	4	4				
青山区	20	14	3	1			
石拐区	51	37	20	9	5	1	
白云鄂博矿区							
九原区	93	67	71	38	20	3	1
土默特右旗	856	548	374	189	108	25	6
固阳县	427	377	245	93	65	16	11
达尔罕茂明安联合旗	304	238	150	45	32	9	1
包头稀土高新技术产业开发区	1285	1018	606	187	75	18	1
乌海市	**180**	**210**	**128**	**37**	**15**	**3**	**3**
海勃湾区	21	36	26	10	9		2
海南区	137	151	88	19	4		1
乌达区	22	23	14	8	2	3	
赤峰市	**7807**	**5965**	**4078**	**1889**	**886**	**258**	**109**
红山区	167	136	107	75	35	13	2
元宝山区	149	171	109	60	20	3	
松山区	177	164	151	105	42	19	1
阿鲁科尔沁旗	662	492	317	125	44	19	5
巴林左旗	944	644	471	307	135	30	14
巴林右旗	773	463	334	100	63	22	21
林西县	777	640	451	163	75	20	
克什克腾旗	612	471	302	116	39	7	4
翁牛特旗	814	618	380	201	113	25	18
喀喇沁旗	664	611	420	187	95	34	6
宁城县	1116	820	564	208	109	28	16
敖汉旗	952	735	472	242	116	38	22

4−1b　续表 10

单位：人

地　区 性　别	45−49岁	50−54岁	55−59岁	60−64岁	65−69岁	70−74岁	75岁及以　上
通辽市	**5100**	**3933**	**2578**	**893**	**405**	**105**	**36**
科尔沁区	244	267	173	103	54	15	5
科尔沁左翼中旗	728	515	338	141	65	11	9
科尔沁左翼后旗	624	558	337	100	64	27	6
开鲁县	772	631	407	157	65	15	1
库伦旗	377	346	243	92	48	11	8
奈曼旗	807	558	381	160	64	14	3
扎鲁特旗	779	497	296	73	22	5	3
通辽经济技术开发区	768	561	402	67	23	7	1
霍林郭勒市	1		1				
鄂尔多斯市	**7111**	**5254**	**2914**	**1117**	**452**	**130**	**45**
东胜区	35	40	22	18	3	2	2
康巴什区							
达拉特旗	1406	973	587	268	143	42	10
准格尔旗	1692	1243	684	268	82	23	8
鄂托克前旗	441	327	147	58	17	3	3
鄂托克旗	942	679	352	153	70	22	11
杭锦旗	516	414	217	66	34	11	5
乌审旗	754	540	295	83	29	10	
伊金霍洛旗	1325	1038	610	203	74	17	6
呼伦贝尔市	**4428**	**3853**	**2177**	**424**	**165**	**51**	**20**
海拉尔区	9	10	4	2	2		
扎赉诺尔区	32	23	8	4			
阿荣旗	631	395	242	84	33	11	7
莫力达瓦达斡尔族自治旗	382	289	177	63	34	16	3
鄂伦春自治旗	710	657	369	69	22	9	6
鄂温克族自治旗	672	553	328	43	18	3	1
陈巴尔虎旗	299	238	145	33	9	2	1
新巴尔虎左旗	183	137	76	14	5	1	
新巴尔虎右旗	145	138	101	25	9		
满洲里市	30	23	23	3	2	1	
牙克石市	690	752	395	33	10	2	
扎兰屯市	233	193	121	34	17	5	1
额尔古纳市	102	87	54	6	1		
根河市	310	358	134	11	3	1	1
巴彦淖尔市	**3875**	**3086**	**1792**	**657**	**390**	**112**	**37**
临河区	127	112	111	84	56	15	5
五原县	745	546	344	122	59	18	2
磴口县	413	347	207	62	28	4	1
乌拉特前旗	1044	904	473	159	130	37	10
乌拉特中旗	452	398	199	92	37	14	12
乌拉特后旗	295	212	115	26	20		
杭锦后旗	799	567	343	112	60	24	7

4-1b 续表 11

单位：人

地区 性别	45-49岁	50-54岁	55-59岁	60-64岁	65-69岁	70-74岁	75岁及以上
乌兰察布市	**3233**	**2770**	**1781**	**643**	**276**	**82**	**45**
集宁区	66	47	46	20	7	1	
卓资县	242	225	156	51	20	9	1
化德县	375	332	172	63	27	4	12
商都县	521	395	215	89	41	11	7
兴和县	312	236	167	36	11	4	2
凉城县	281	267	176	64	31	9	5
察哈尔右翼前旗	374	325	213	95	30	6	4
察哈尔右翼中旗	208	160	136	49	22	7	2
察哈尔右翼后旗	330	309	198	61	33	6	2
四子王旗	438	372	233	86	34	13	9
丰镇市	86	102	69	29	20	12	1
兴安盟	**2374**	**1922**	**1092**	**247**	**85**	**22**	**5**
乌兰浩特市	70	75	24	13	1	1	1
阿尔山市	85	93	50	4		1	
科尔沁右翼前旗	538	406	237	68	24	9	2
科尔沁右翼中旗	582	461	245	50	18	3	1
扎赉特旗	681	536	334	62	28	6	
突泉县	418	351	202	50	14	2	1
锡林郭勒盟	**2648**	**2283**	**1410**	**367**	**145**	**40**	**11**
二连浩特市	11	12	10	7	4		
锡林浩特市	59	43	27	4	3		
阿巴嘎旗	166	154	96	20	9	1	
苏尼特左旗	125	93	64	12	5	4	
苏尼特右旗	327	329	182	54	22	6	1
东乌珠穆沁旗	324	258	152	40	19	2	3
西乌珠穆沁旗	348	298	182	36	11	4	2
太仆寺旗	255	210	151	34	14	4	
镶黄旗	109	122	77	23	6	1	
正镶白旗	177	149	85	17	11	1	
正蓝旗	217	200	133	32	10	3	2
多伦县	384	299	186	65	28	12	3
乌拉盖管委会	146	116	65	23	3	2	
阿拉善盟	**1692**	**1419**	**662**	**157**	**54**	**9**	**3**
阿拉善左旗	1149	951	451	101	40	7	3
阿拉善右旗	179	140	48	11	1	2	
额济纳旗	187	171	82	20	3		
内蒙古阿拉善经济开发区	177	157	81	25	10		

4-1b　续表 12　　　　单位：人

地　区 性　别	45-49岁	50-54岁	55-59岁	60-64岁	65-69岁	70-74岁	75岁及以　上
男	**26777**	**23245**	**15865**	**5231**	**2442**	**705**	**250**
呼和浩特市	**1689**	**1277**	**986**	**369**	**192**	**58**	**13**
新城区	8	6	10	6	2		
回民区							
玉泉区							
赛罕区	3	7	3	3	1	1	
土默特左旗	319	295	242	72	43	13	3
托克托县	350	220	142	49	37	12	2
和林格尔县	244	207	130	68	23	12	4
清水河县	177	117	88	29	13	1	2
武川县	232	186	164	59	28	10	1
呼和浩特经济技术开发区	356	239	207	83	45	9	1
包头市	**2022**	**1663**	**1209**	**423**	**242**	**63**	**15**
东河区	101	66	53	29	18	1	
昆都仑区	4	2	3				
青山区	10	13	2	1			
石拐区	41	31	17	4	4	1	
白云鄂博矿区							
九原区	62	49	51	24	14	3	1
土默特右旗	525	384	274	125	72	21	4
固阳县	286	267	196	66	48	14	8
达尔罕茂明安联合旗	191	159	115	29	24	7	1
包头稀土高新技术产业开发区	802	692	498	145	62	16	1
乌海市	**130**	**148**	**103**	**30**	**10**	**2**	**3**
海勃湾区	13	22	20	9	5		2
海南区	102	112	73	14	3		1
乌达区	15	14	10	7	2	2	
赤峰市	**4459**	**3687**	**2748**	**1181**	**575**	**170**	**63**
红山区	99	86	76	48	24	11	2
元宝山区	89	126	81	46	15	2	
松山区	104	103	99	61	30	16	1
阿鲁科尔沁旗	398	312	232	85	30	14	3
巴林左旗	459	360	277	158	75	16	5
巴林右旗	477	292	236	67	38	13	14
林西县	465	421	319	109	56	14	
克什克腾旗	366	315	231	84	31	3	2
翁牛特旗	495	377	253	123	75	18	12
喀喇沁旗	388	373	274	120	63	25	5
宁城县	598	488	368	132	62	15	10
敖汉旗	521	434	302	148	76	23	9

4-1b 续表 13

单位：人

地　区 性　别	45-49岁	50-54岁	55-59岁	60-64岁	65-69岁	70-74岁	75岁及以上
通辽市	**2850**	**2430**	**1799**	**563**	**251**	**72**	**29**
科尔沁区	147	158	112	61	38	13	4
科尔沁左翼中旗	424	315	248	85	40	7	7
科尔沁左翼后旗	335	363	238	68	34	16	4
开鲁县	421	353	257	88	42	10	
库伦旗	196	215	165	60	26	8	7
奈曼旗	446	353	251	108	40	11	3
扎鲁特旗	444	320	223	47	17	2	3
通辽经济技术开发区	436	353	304	46	14	5	1
霍林郭勒市	1		1				
鄂尔多斯市	**4631**	**3712**	**2194**	**851**	**346**	**91**	**35**
东胜区	30	37	15	12	3	1	2
康巴什区							
达拉特旗	874	672	415	194	113	31	8
准格尔旗	1160	925	546	232	72	16	7
鄂托克前旗	286	211	111	41	13	1	3
鄂托克旗	593	440	258	106	43	12	7
杭锦旗	322	268	167	54	24	9	4
乌审旗	491	389	215	54	22	9	
伊金霍洛旗	875	770	467	158	56	12	4
呼伦贝尔市	**2770**	**2800**	**1757**	**298**	**113**	**40**	**14**
海拉尔区	5	7	2	2	2		
扎赉诺尔区	23	16	7	3			
阿荣旗	407	270	188	56	23	8	6
莫力达瓦达斡尔族自治旗	229	196	144	39	19	11	2
鄂伦春自治旗	449	469	311	52	15	8	3
鄂温克族自治旗	404	358	247	29	12	2	
陈巴尔虎旗	202	170	120	23	5	2	1
新巴尔虎左旗	102	86	54	9	3	1	
新巴尔虎右旗	74	89	74	18	7		
满洲里市	15	20	16	1	1	1	
牙克石市	445	617	335	27	10	2	
扎兰屯市	142	137	88	26	14	4	1
额尔古纳市	67	67	48	5			
根河市	206	298	123	8	2	1	1
巴彦淖尔市	**2160**	**1899**	**1248**	**451**	**273**	**85**	**30**
临河区	63	65	58	46	36	12	4
五原县	430	337	240	92	42	13	2
磴口县	221	206	140	44	22	4	1
乌拉特前旗	592	564	337	116	92	27	9
乌拉特中旗	256	240	133	62	27	10	10
乌拉特后旗	164	152	94	18	14		
杭锦后旗	434	335	246	73	40	19	4

4-1b　续表 14　　单位：人

地　区 性　别	45-49岁	50-54岁	55-59岁	60-64岁	65-69岁	70-74岁	75岁及以上
乌兰察布市	**2137**	**1965**	**1388**	**491**	**226**	**69**	**36**
集宁区	45	35	43	12	6	1	
卓资县	151	150	123	37	18	8	1
化德县	234	233	130	46	24	3	7
商都县	342	293	174	74	37	9	6
兴和县	224	175	135	29	11	4	2
凉城县	184	180	142	48	26	7	5
察哈尔右翼前旗	243	235	146	67	22	5	4
察哈尔右翼中旗	134	106	112	42	19	5	2
察哈尔右翼后旗	234	222	156	47	28	6	2
四子王旗	274	257	178	69	25	10	6
丰镇市	72	79	49	20	10	11	1
兴安盟	**1373**	**1259**	**850**	**170**	**64**	**18**	**4**
乌兰浩特市	36	42	21	9	1	1	1
阿尔山市	46	77	42	3		1	
科尔沁右翼前旗	294	264	177	45	16	7	1
科尔沁右翼中旗	344	297	186	37	14	3	1
扎赉特旗	416	365	267	40	21	5	
突泉县	237	214	157	36	12	1	1
锡林郭勒盟	**1577**	**1482**	**1072**	**281**	**109**	**32**	**7**
二连浩特市	11	10	8	6	3		
锡林浩特市	45	36	24	2	2		
阿巴嘎旗	99	99	76	15	6	1	
苏尼特左旗	71	61	54	10	3	3	
苏尼特右旗	185	219	147	42	13	4	1
东乌珠穆沁旗	196	166	109	30	14	2	1
西乌珠穆沁旗	199	186	131	28	8	3	2
太仆寺旗	147	145	113	26	12	4	
镶黄旗	63	73	61	21	6		
正镶白旗	106	98	70	10	11	1	
正蓝旗	126	124	101	25	8	3	1
多伦县	238	183	132	48	21	10	2
乌拉盖管委会	91	82	46	18	2	1	
阿拉善盟	**979**	**923**	**511**	**123**	**41**	**5**	**1**
阿拉善左旗	636	604	353	77	31	4	1
阿拉善右旗	107	88	41	10	1	1	
额济纳旗	112	108	64	15	1		
内蒙古阿拉善经济开发区	124	123	53	21	8		

4-1b 续表 15

单位：人

地区 性别	45-49岁	50-54岁	55-59岁	60-64岁	65-69岁	70-74岁	75岁及以上
女	**17544**	**11711**	**5610**	**2284**	**1001**	**247**	**103**
呼和浩特市	**995**	**572**	**327**	**105**	**50**	**8**	**5**
新城区	3	5	2				
回民区							
玉泉区							
赛罕区	5	1	1	2	1		
土默特左旗	231	133	76	22	10	3	2
托克托县	171	93	42	15	8	2	1
和林格尔县	148	89	54	13	9	1	1
清水河县	87	41	22	9	6	1	
武川县	138	97	55	18	4		1
呼和浩特经济技术开发区	212	113	75	26	12	1	
包头市	**1167**	**749**	**341**	**187**	**86**	**11**	**6**
东河区	48	43	24	19	5	1	1
昆都仑区		2	1				
青山区	10	1	1				
石拐区	10	6	3	5	1		
白云鄂博矿区							
九原区	31	18	20	14	6		
土默特右旗	331	164	100	64	36	4	2
固阳县	141	110	49	27	17	2	3
达尔罕茂明安联合旗	113	79	35	16	8	2	
包头稀土高新技术产业开发区	483	326	108	42	13	2	
乌海市	**50**	**62**	**25**	**7**	**5**	**1**	
海勃湾区	8	14	6	1	4		
海南区	35	39	15	5	1		
乌达区	7	9	4	1		1	
赤峰市	**3348**	**2278**	**1330**	**708**	**311**	**88**	**46**
红山区	68	50	31	27	11	2	
元宝山区	60	45	28	14	5	1	
松山区	73	61	52	44	12	3	
阿鲁科尔沁旗	264	180	85	40	14	5	2
巴林左旗	485	284	194	149	60	14	9
巴林右旗	296	171	98	33	25	9	7
林西县	312	219	132	54	19	6	
克什克腾旗	246	156	71	32	8	4	2
翁牛特旗	319	241	127	78	38	7	6
喀喇沁旗	276	238	146	67	32	9	1
宁城县	518	332	196	76	47	13	6
敖汉旗	431	301	170	94	40	15	13

4-1b　续表 16　　　　单位：人

地区 性别	45-49岁	50-54岁	55-59岁	60-64岁	65-69岁	70-74岁	75岁及以上
通辽市	**2250**	**1503**	**779**	**330**	**154**	**33**	**7**
科尔沁区	97	109	61	42	16	2	1
科尔沁左翼中旗	304	200	90	56	25	4	2
科尔沁左翼后旗	289	195	99	32	30	11	2
开鲁县	351	278	150	69	23	5	1
库伦旗	181	131	78	32	22	3	1
奈曼旗	361	205	130	52	24	3	
扎鲁特旗	335	177	73	26	5	3	
通辽经济技术开发区	332	208	98	21	9	2	
霍林郭勒市							
鄂尔多斯市	**2480**	**1542**	**720**	**266**	**106**	**39**	**10**
东胜区	5	3	7	6		1	
康巴什区							
达拉特旗	532	301	172	74	30	11	2
准格尔旗	532	318	138	36	10	7	1
鄂托克前旗	155	116	36	17	4	2	
鄂托克旗	349	239	94	47	27	10	4
杭锦旗	194	146	50	12	10	2	1
乌审旗	263	151	80	29	7	1	
伊金霍洛旗	450	268	143	45	18	5	2
呼伦贝尔市	**1658**	**1053**	**420**	**126**	**52**	**11**	**6**
海拉尔区	4	3	2				
扎赉诺尔区	9	7	1	1			
阿荣旗	224	125	54	28	10	3	1
莫力达瓦达斡尔族自治旗	153	93	33	24	15	5	1
鄂伦春自治旗	261	188	58	17	7	1	3
鄂温克族自治旗	268	195	81	14	6	1	1
陈巴尔虎旗	97	68	25	10	4		
新巴尔虎左旗	81	51	22	5	2		
新巴尔虎右旗	71	49	27	7	2		
满洲里市	15	3	7	2	1		
牙克石市	245	135	60	6			
扎兰屯市	91	56	33	8	3	1	
额尔古纳市	35	20	6	1	1		
根河市	104	60	11	3	1		
巴彦淖尔市	**1715**	**1187**	**544**	**206**	**117**	**27**	**7**
临河区	64	47	53	38	20	3	1
五原县	315	209	104	30	17	5	
磴口县	192	141	67	18	6		
乌拉特前旗	452	340	136	43	38	10	1
乌拉特中旗	196	158	66	30	10	4	2
乌拉特后旗	131	60	21	8	6		
杭锦后旗	365	232	97	39	20	5	3

4-1b 续表 17

单位：人

地 区 性 别	45-49岁	50-54岁	55-59岁	60-64岁	65-69岁	70-74岁	75岁及以 上
乌兰察布市	**1096**	**805**	**393**	**152**	**50**	**13**	**9**
集宁区	21	12	3	8	1		
卓资县	91	75	33	14	2	1	
化德县	141	99	42	17	3	1	5
商都县	179	102	41	15	4	2	1
兴和县	88	61	32	7			
凉城县	97	87	34	16	5	2	
察哈尔右翼前旗	131	90	67	28	8	1	
察哈尔右翼中旗	74	54	24	7	3	2	
察哈尔右翼后旗	96	87	42	14	5		
四子王旗	164	115	55	17	9	3	3
丰镇市	14	23	20	9	10	1	
兴安盟	**1001**	**663**	**242**	**77**	**21**	**4**	**1**
乌兰浩特市	34	33	3	4			
阿尔山市	39	16	8	1			
科尔沁右翼前旗	244	142	60	23	8	2	1
科尔沁右翼中旗	238	164	59	13	4		
扎赉特旗	265	171	67	22	7	1	
突泉县	181	137	45	14	2	1	
锡林郭勒盟	**1071**	**801**	**338**	**86**	**36**	**8**	**4**
二连浩特市		2	2	1	1		
锡林浩特市	14	7	3	2	1		
阿巴嘎旗	67	55	20	5	3		
苏尼特左旗	54	32	10	2	2	1	
苏尼特右旗	142	110	35	12	9	2	
东乌珠穆沁旗	128	92	43	10	5		2
西乌珠穆沁旗	149	112	51	8	3	1	
太仆寺旗	108	65	38	8	2		
镶黄旗	46	49	16	2		1	
正镶白旗	71	51	15	7			
正蓝旗	91	76	32	7	2		1
多伦县	146	116	54	17	7	2	1
乌拉盖管委会	55	34	19	5	1	1	
阿拉善盟	**713**	**496**	**151**	**34**	**13**	**4**	**2**
阿拉善左旗	513	347	98	24	9	3	2
阿拉善右旗	72	52	7	1		1	
额济纳旗	75	63	18	5	2		
内蒙古阿拉善经济开发区	53	34	28	4	2		

4-1c 各地区分性别、年龄的就业人口(乡村)

单位：人

地区 性别	合计	16-19岁	20-24岁	25-29岁	30-34岁	35-39岁	40-44岁
内蒙古	**376478**	**1851**	**11923**	**23255**	**35636**	**38820**	**39782**
呼和浩特市	**26035**	**109**	**880**	**1731**	**2177**	**2446**	**2712**
新城区	2866	17	149	246	315	380	365
回民区	811	8	52	121	110	87	87
玉泉区	2213	16	118	228	264	294	273
赛罕区	5281	26	215	453	539	515	618
土默特左旗	5276	21	121	240	323	385	472
托克托县	3767	10	104	229	280	375	378
和林格尔县	3121	7	79	124	218	277	313
清水河县	1335	3	21	61	77	81	103
武川县	1365	1	21	29	51	52	103
呼和浩特经济技术开发区							
包头市	**22274**	**136**	**821**	**1418**	**2004**	**2016**	**2194**
东河区	2570	16	85	167	252	285	277
昆都仑区	1167	3	61	86	140	148	117
青山区	1090	4	46	96	99	104	134
石拐区	234		9	18	14	9	18
白云鄂博矿区							
九原区	2485	7	133	163	248	236	305
土默特右旗	8042	80	282	415	614	671	718
固阳县	5100	22	168	399	556	470	473
达尔罕茂明安联合旗	1265	3	28	51	52	65	124
包头稀土高新技术产业开发区	321	1	9	23	29	28	28
乌海市	**1611**	**9**	**103**	**143**	**248**	**170**	**171**
海勃湾区	1069	7	77	103	153	117	117
海南区	542	2	26	40	95	53	54
乌达区							
赤峰市	**103431**	**457**	**3041**	**5464**	**9544**	**10033**	**9176**
红山区	505	3	22	21	48	44	63
元宝山区	2185	8	64	112	155	182	208
松山区	13884	42	395	970	1500	1314	1224
阿鲁科尔沁旗	6857	26	228	417	698	740	552
巴林左旗	12414	82	440	700	1081	1448	1122
巴林右旗	4146	8	76	167	342	411	343
林西县	4574	34	181	289	357	345	344
克什克腾旗	4462	12	122	197	427	339	376
翁牛特旗	10407	50	286	618	1039	1118	1014
喀喇沁旗	8730	43	271	297	679	822	795
宁城县	17837	58	488	831	1852	1689	1619
敖汉旗	17430	91	468	845	1366	1581	1516

4-1c 续表 1

单位：人

地区 性别	合计	16-19岁	20-24岁	25-29岁	30-34岁	35-39岁	40-44岁
通辽市	**68300**	**546**	**2580**	**5032**	**7118**	**8550**	**8454**
科尔沁区	10109	101	473	829	1095	1135	1079
科尔沁左翼中旗	12175	149	686	1282	1659	1725	1536
科尔沁左翼后旗	11782	96	356	661	1067	1572	1514
开鲁县	9855	47	321	682	878	1073	1171
库伦旗	5543	33	162	282	496	688	714
奈曼旗	9811	72	309	704	998	1189	1223
扎鲁特旗	7204	31	186	455	662	962	1005
通辽经济技术开发区	1475	17	74	99	202	159	177
霍林郭勒市	346		13	38	61	47	35
鄂尔多斯市	**32696**	**89**	**976**	**2315**	**3753**	**3107**	**3249**
东胜区	1679	7	53	126	214	207	164
康巴什区							
达拉特旗	7011	15	116	310	444	460	598
准格尔旗	6585	14	286	620	960	704	657
鄂托克前旗	2628	16	72	169	300	267	347
鄂托克旗	2977	9	111	274	388	289	309
杭锦旗	2364	4	27	52	114	161	242
乌审旗	4955	12	164	457	710	550	468
伊金霍洛旗	4497	12	147	307	623	469	464
呼伦贝尔市	**24213**	**104**	**776**	**1797**	**2697**	**3010**	**3438**
海拉尔区	454		15	28	37	35	54
扎赉诺尔区							
阿荣旗	4965	21	137	364	590	694	682
莫力达瓦达斡尔族自治旗	5040	32	161	399	570	655	832
鄂伦春自治旗	1693	6	61	159	185	197	220
鄂温克族自治旗	1386	2	56	119	162	165	196
陈巴尔虎旗	840	4	31	67	92	80	103
新巴尔虎左旗	959		40	83	105	127	136
新巴尔虎右旗	1028	4	36	76	137	132	143
满洲里市							
牙克石市	545	3	23	50	63	35	59
扎兰屯市	6635	30	188	399	690	818	912
额尔古纳市	663	2	28	53	66	72	99
根河市	5						2
巴彦淖尔市	**29469**	**111**	**741**	**1315**	**1906**	**2124**	**2689**
临河区	7363	46	289	506	614	566	648
五原县	5419	13	103	157	234	382	460
磴口县	2199	16	60	91	118	142	173
乌拉特前旗	6280	12	102	212	374	440	595
乌拉特中旗	3291	6	86	126	203	245	356
乌拉特后旗	1329	3	27	75	114	120	161
杭锦后旗	3588	15	74	148	249	229	296

4−1c　续表 2　　单位：人

地区 性别	合计	16−19岁	20−24岁	25−29岁	30−34岁	35−39岁	40−44岁
乌兰察布市	**21526**	**56**	**523**	**887**	**1103**	**1229**	**1622**
集宁区	974	7	81	94	111	100	101
卓资县	1320	4	41	97	111	96	85
化德县	1036	3	28	41	52	66	88
商都县	3330	4	48	62	96	125	222
兴和县	1525	8	51	73	78	92	134
凉城县	2078	2	30	51	96	96	106
察哈尔右翼前旗	2865	5	65	133	149	160	175
察哈尔右翼中旗	2058	5	32	58	91	110	154
察哈尔右翼后旗	1396	4	39	64	67	102	123
四子王旗	2698	6	53	133	154	172	301
丰镇市	2246	8	55	81	98	110	133
兴安盟	**27279**	**142**	**793**	**1820**	**2996**	**3917**	**3633**
乌兰浩特市	1350	8	66	134	137	181	199
阿尔山市	126		9	9	11	11	15
科尔沁右翼前旗	9005	45	243	595	958	1331	1110
科尔沁右翼中旗	4582	27	118	326	510	747	672
扎赉特旗	6615	44	187	456	881	976	958
突泉县	5601	18	170	300	499	671	679
锡林郭勒盟	**16160**	**77**	**545**	**1029**	**1688**	**1873**	**2030**
二连浩特市	149	5	8	5	19	25	23
锡林浩特市	1481	6	47	104	153	170	184
阿巴嘎旗	1218	4	42	100	141	162	170
苏尼特左旗	1201	6	70	116	156	166	158
苏尼特右旗	922	6	32	69	98	115	137
东乌珠穆沁旗	1601	18	71	138	230	220	218
西乌珠穆沁旗	2909	8	119	245	403	401	403
太仆寺旗	1721	9	39	46	62	90	136
镶黄旗	570	1	9	20	49	64	75
正镶白旗	928	1	24	26	84	91	126
正蓝旗	1800	7	53	113	182	193	238
多伦县	1480	6	29	39	102	160	133
乌拉盖管委会	180		2	8	9	16	29
阿拉善盟	**3484**	**15**	**144**	**304**	**402**	**345**	**414**
阿拉善左旗	2450	12	87	197	270	241	311
阿拉善右旗	337		10	20	28	42	38
额济纳旗	438	2	23	45	63	37	41
内蒙古阿拉善经济开发区	259	1	24	42	41	25	24

4-1c 续表 3 单位：人

地区 性别	合计	16-19岁	20-24岁	25-29岁	30-34岁	35-39岁	40-44岁
男	**233683**	**1265**	**7642**	**15303**	**23376**	**24684**	**24395**
呼和浩特市	**17693**	**77**	**541**	**1170**	**1522**	**1691**	**1825**
新城区	1995	12	92	151	213	258	250
回民区	527	4	26	75	81	58	64
玉泉区	1519	12	72	156	186	205	182
赛罕区	3486	17	129	296	375	346	378
土默特左旗	3558	17	78	169	215	262	296
托克托县	2707	8	78	171	210	262	290
和林格尔县	2089	4	45	90	143	196	215
清水河县	907	2	11	44	63	64	80
武川县	905	1	10	18	36	40	70
呼和浩特经济技术开发区							
包头市	**14491**	**96**	**508**	**935**	**1385**	**1406**	**1397**
东河区	1665	13	48	107	173	197	173
昆都仑区	813	2	37	58	94	98	75
青山区	676	4	25	54	64	58	78
石拐区	156		6	12	12	6	11
白云鄂博矿区							
九原区	1715	6	95	121	174	177	194
土默特右旗	5069	55	169	298	430	486	460
固阳县	3422	14	106	241	384	323	310
达尔罕茂明安联合旗	763	2	16	29	35	44	76
包头稀土高新技术产业开发区	212		6	15	19	17	20
乌海市	**1251**	**7**	**90**	**119**	**193**	**134**	**133**
海勃湾区	827	6	67	85	116	91	95
海南区	424	1	23	34	77	43	38
乌达区							
赤峰市	**59257**	**301**	**1877**	**3382**	**5842**	**5840**	**5116**
红山区	305	3	17	11	28	25	35
元宝山区	1519	6	43	83	121	126	137
松山区	8058	29	251	608	944	764	661
阿鲁科尔沁旗	3975	16	149	253	427	462	323
巴林左旗	6689	52	231	406	594	798	604
巴林右旗	2258	4	52	95	199	248	178
林西县	2675	26	107	179	218	196	196
克什克腾旗	2770	8	85	141	292	223	236
翁牛特旗	5942	33	182	384	608	655	567
喀喇沁旗	5118	32	174	183	415	494	451
宁城县	10340	37	307	543	1179	990	908
敖汉旗	9608	55	279	496	817	859	820

4-1c 续表 4

单位：人

地区 性别	合计	16-19岁	20-24岁	25-29岁	30-34岁	35-39岁	40-44岁
通辽市	**39315**	**354**	**1561**	**3068**	**4251**	**4909**	**4776**
科尔沁区	6045	60	298	528	704	660	638
科尔沁左翼中旗	7347	105	406	797	1020	1069	909
科尔沁左翼后旗	6541	59	211	371	616	860	838
开鲁县	5405	25	198	409	482	583	623
库伦旗	3039	28	85	158	273	396	394
奈曼旗	5577	43	186	414	576	664	668
扎鲁特旗	4196	20	116	293	411	549	588
通辽经济技术开发区	914	14	51	71	125	94	93
霍林郭勒市	251		10	27	44	34	25
鄂尔多斯市	**23246**	**72**	**777**	**1842**	**3007**	**2466**	**2395**
东胜区	1383	5	44	112	194	181	144
康巴什区							
达拉特旗	4487	13	78	218	352	350	398
准格尔旗	5262	11	249	514	797	611	532
鄂托克前旗	1816	8	46	124	241	205	241
鄂托克旗	2038	8	84	214	280	213	205
杭锦旗	1387	4	17	35	82	102	151
乌审旗	3396	11	132	359	534	400	341
伊金霍洛旗	3477	12	127	266	527	404	383
呼伦贝尔市	**15860**	**62**	**489**	**1209**	**1755**	**1951**	**2147**
海拉尔区	315		11	22	26	26	35
扎赉诺尔区							
阿荣旗	3300	8	78	257	392	451	424
莫力达瓦达斡尔族自治旗	3343	19	94	269	379	424	552
鄂伦春自治旗	1098	5	35	112	117	131	138
鄂温克族自治旗	872	1	45	69	104	109	118
陈巴尔虎旗	553	4	21	50	65	53	60
新巴尔虎左旗	568		28	55	63	74	79
新巴尔虎右旗	750	3	24	57	102	96	103
满洲里市							
牙克石市	405	2	14	29	40	25	40
扎兰屯市	4183	18	119	253	422	507	541
额尔古纳市	470	2	20	36	45	55	56
根河市	3						1
巴彦淖尔市	**18262**	**89**	**478**	**920**	**1342**	**1435**	**1681**
临河区	4520	37	167	329	419	382	410
五原县	3258	10	68	111	164	242	266
磴口县	1311	14	33	55	87	92	96
乌拉特前旗	4038	10	68	155	263	314	394
乌拉特中旗	2051	5	71	93	156	170	226
乌拉特后旗	939	3	24	67	88	90	113
杭锦后旗	2145	10	47	110	165	145	176

4-1c 续表 5

单位：人

地区 性别	合计	16-19岁	20-24岁	25-29岁	30-34岁	35-39岁	40-44岁
乌兰察布市	**14675**	**36**	**332**	**608**	**821**	**929**	**1092**
集宁区	693	3	54	65	76	80	66
卓资县	1007	4	31	83	102	81	61
化德县	728	2	20	25	39	44	62
商都县	2129	4	26	40	65	91	132
兴和县	1160	4	29	49	60	73	112
凉城县	1391	1	21	29	70	80	73
察哈尔右翼前旗	1951	4	44	86	111	127	116
察哈尔右翼中旗	1351	3	15	35	64	71	101
察哈尔右翼后旗	1000	2	24	47	52	72	84
四子王旗	1739	4	31	84	105	123	191
丰镇市	1526	5	37	65	77	87	94
兴安盟	**16923**	**98**	**512**	**1153**	**1857**	**2474**	**2251**
乌兰浩特市	899	7	51	103	93	111	129
阿尔山市	102		8	7	8	8	12
科尔沁右翼前旗	5587	32	156	367	590	846	674
科尔沁右翼中旗	2670	19	71	195	307	436	396
扎赉特旗	4260	26	119	299	560	640	627
突泉县	3405	14	107	182	299	433	413
锡林郭勒盟	**10285**	**58**	**370**	**684**	**1084**	**1191**	**1284**
二连浩特市	93	3	6	4	14	16	11
锡林浩特市	960	3	26	65	99	113	110
阿巴嘎旗	773	4	33	73	90	107	99
苏尼特左旗	793	4	48	80	104	118	98
苏尼特右旗	532	5	16	39	62	64	86
东乌珠穆沁旗	960	15	51	88	139	131	131
西乌珠穆沁旗	2071	7	98	172	293	272	297
太仆寺旗	1181	6	25	32	46	59	88
镶黄旗	326	1	5	14	19	40	48
正镶白旗	537	1	11	14	48	50	78
正蓝旗	1018	5	34	75	100	107	137
多伦县	927	4	15	21	65	106	82
乌拉盖管委会	114		2	7	5	8	19
阿拉善盟	**2425**	**15**	**107**	**213**	**317**	**258**	**298**
阿拉善左旗	1697	12	66	145	216	179	223
阿拉善右旗	238		10	14	19	29	29
额济纳旗	296	2	16	26	55	30	26
内蒙古阿拉善经济开发区	194	1	15	28	27	20	20

4-1c　续表 6　　　　单位：人

地　区 性　别	合计	16-19岁	20-24岁	25-29岁	30-34岁	35-39岁	40-44岁
女	**142795**	**586**	**4281**	**7952**	**12260**	**14136**	**15387**
呼和浩特市	**8342**	**32**	**339**	**561**	**655**	**755**	**887**
新城区	871	5	57	95	102	122	115
回民区	284	4	26	46	29	29	23
玉泉区	694	4	46	72	78	89	91
赛罕区	1795	9	86	157	164	169	240
土默特左旗	1718	4	43	71	108	123	176
托克托县	1060	2	26	58	70	113	88
和林格尔县	1032	3	34	34	75	81	98
清水河县	428	1	10	17	14	17	23
武川县	460		11	11	15	12	33
呼和浩特经济技术开发区							
包头市	**7783**	**40**	**313**	**483**	**619**	**610**	**797**
东河区	905	3	37	60	79	88	104
昆都仑区	354	1	24	28	46	50	42
青山区	414		21	42	35	46	56
石拐区	78		3	6	2	3	7
白云鄂博矿区							
九原区	770	1	38	42	74	59	111
土默特右旗	2973	25	113	117	184	185	258
固阳县	1678	8	62	158	172	147	163
达尔罕茂明安联合旗	502	1	12	22	17	21	48
包头稀土高新技术产业开发区	109	1	3	8	10	11	8
乌海市	**360**	**2**	**13**	**24**	**55**	**36**	**38**
海勃湾区	242	1	10	18	37	26	22
海南区	118	1	3	6	18	10	16
乌达区							
赤峰市	**44174**	**156**	**1164**	**2082**	**3702**	**4193**	**4060**
红山区	200		5	10	20	19	28
元宝山区	666	2	21	29	34	56	71
松山区	5826	13	144	362	556	550	563
阿鲁科尔沁旗	2882	10	79	164	271	278	229
巴林左旗	5725	30	209	294	487	650	518
巴林右旗	1888	4	24	72	143	163	165
林西县	1899	8	74	110	139	149	148
克什克腾旗	1692	4	37	56	135	116	140
翁牛特旗	4465	17	104	234	431	463	447
喀喇沁旗	3612	11	97	114	264	328	344
宁城县	7497	21	181	288	673	699	711
敖汉旗	7822	36	189	349	549	722	696

4-1c 续表 7

单位：人

地区 性别	合计	16-19岁	20-24岁	25-29岁	30-34岁	35-39岁	40-44岁
通辽市	**28985**	**192**	**1019**	**1964**	**2867**	**3641**	**3678**
科尔沁区	4064	41	175	301	391	475	441
科尔沁左翼中旗	4828	44	280	485	639	656	627
科尔沁左翼后旗	5241	37	145	290	451	712	676
开鲁县	4450	22	123	273	396	490	548
库伦旗	2504	5	77	124	223	292	320
奈曼旗	4234	29	123	290	422	525	555
扎鲁特旗	3008	11	70	162	251	413	417
通辽经济技术开发区	561	3	23	28	77	65	84
霍林郭勒市	95		3	11	17	13	10
鄂尔多斯市	**9450**	**17**	**199**	**473**	**746**	**641**	**854**
东胜区	296	2	9	14	20	26	20
康巴什区							
达拉特旗	2524	2	38	92	92	110	200
准格尔旗	1323	3	37	106	163	93	125
鄂托克前旗	812	8	26	45	59	62	106
鄂托克旗	939	1	27	60	108	76	104
杭锦旗	977		10	17	32	59	91
乌审旗	1559	1	32	98	176	150	127
伊金霍洛旗	1020		20	41	96	65	81
呼伦贝尔市	**8353**	**42**	**287**	**588**	**942**	**1059**	**1291**
海拉尔区	139		4	6	11	9	19
扎赉诺尔区							
阿荣旗	1665	13	59	107	198	243	258
莫力达瓦达斡尔族自治旗	1697	13	67	130	191	231	280
鄂伦春自治旗	595	1	26	47	68	66	82
鄂温克族自治旗	514	1	11	50	58	56	78
陈巴尔虎旗	287		10	17	27	27	43
新巴尔虎左旗	391		12	28	42	53	57
新巴尔虎右旗	278	1	12	19	35	36	40
满洲里市							
牙克石市	140	1	9	21	23	10	19
扎兰屯市	2452	12	69	146	268	311	371
额尔古纳市	193		8	17	21	17	43
根河市	2						1
巴彦淖尔市	**11207**	**22**	**263**	**395**	**564**	**689**	**1008**
临河区	2843	9	122	177	195	184	238
五原县	2161	3	35	46	70	140	194
磴口县	888	2	27	36	31	50	77
乌拉特前旗	2242	2	34	57	111	126	201
乌拉特中旗	1240	1	15	33	47	75	130
乌拉特后旗	390		3	8	26	30	48
杭锦后旗	1443	5	27	38	84	84	120

4-1c　续表 8　　　　单位：人

地区 性别	合计	16-19岁	20-24岁	25-29岁	30-34岁	35-39岁	40-44岁
乌兰察布市	**6851**	**20**	**191**	**279**	**282**	**300**	**530**
集宁区	281	4	27	29	35	20	35
卓资县	313		10	14	9	15	24
化德县	308	1	8	16	13	22	26
商都县	1201		22	22	31	34	90
兴和县	365	4	22	24	18	19	22
凉城县	687	1	9	22	26	16	33
察哈尔右翼前旗	914	1	21	47	38	33	59
察哈尔右翼中旗	707	2	17	23	27	39	53
察哈尔右翼后旗	396	2	15	17	15	30	39
四子王旗	959	2	22	49	49	49	110
丰镇市	720	3	18	16	21	23	39
兴安盟	**10356**	**44**	**281**	**667**	**1139**	**1443**	**1382**
乌兰浩特市	451	1	15	31	44	70	70
阿尔山市	24		1	2	3	3	3
科尔沁右翼前旗	3418	13	87	228	368	485	436
科尔沁右翼中旗	1912	8	47	131	203	311	276
扎赉特旗	2355	18	68	157	321	336	331
突泉县	2196	4	63	118	200	238	266
锡林郭勒盟	**5875**	**19**	**175**	**345**	**604**	**682**	**746**
二连浩特市	56	2	2	1	5	9	12
锡林浩特市	521	3	21	39	54	57	74
阿巴嘎旗	445		9	27	51	55	71
苏尼特左旗	408	2	22	36	52	48	60
苏尼特右旗	390	1	16	30	36	51	51
东乌珠穆沁旗	641	3	20	50	91	89	87
西乌珠穆沁旗	838	1	21	73	110	129	106
太仆寺旗	540	3	14	14	16	31	48
镶黄旗	244		4	6	30	24	27
正镶白旗	391		13	12	36	41	48
正蓝旗	782	2	19	38	82	86	101
多伦县	553	2	14	18	37	54	51
乌拉盖管委会	66			1	4	8	10
阿拉善盟	**1059**		**37**	**91**	**85**	**87**	**116**
阿拉善左旗	753		21	52	54	62	88
阿拉善右旗	99			6	9	13	9
额济纳旗	142		7	19	8	7	15
内蒙古阿拉善经济开发区	65		9	14	14	5	4

4-1c 续表 9

单位：人

地区 性别	45-49岁	50-54岁	55-59岁	60-64岁	65-69岁	70-74岁	75岁及以上
内蒙古	**57637**	**58478**	**48524**	**32654**	**19810**	**6108**	**2000**
呼和浩特市	**3889**	**3770**	**3428**	**2516**	**1704**	**494**	**179**
新城区	504	392	295	124	57	20	2
回民区	131	101	59	35	18	2	
玉泉区	335	305	196	115	55	10	4
赛罕区	886	784	591	406	197	37	14
土默特左旗	792	826	850	604	446	138	58
托克托县	528	537	515	383	283	102	43
和林格尔县	396	410	459	429	321	65	23
清水河县	166	193	224	194	144	51	17
武川县	151	222	239	226	183	69	18
呼和浩特经济技术开发区							
包头市	**3110**	**3233**	**2958**	**2151**	**1553**	**516**	**164**
东河区	369	333	315	242	158	57	14
昆都仑区	197	184	124	74	28	5	
青山区	187	189	134	59	32	6	
石拐区	32	42	34	26	22	7	3
白云鄂博矿区							
九原区	382	374	319	199	89	22	8
土默特右旗	996	1135	1137	873	754	275	92
固阳县	692	693	633	509	331	118	36
达尔罕茂明安联合旗	214	218	217	135	123	25	10
包头稀土高新技术产业开发区	41	65	45	34	16	1	1
乌海市	**274**	**246**	**160**	**65**	**20**		**2**
海勃湾区	183	161	96	39	14		2
海南区	91	85	64	26	6		
乌达区							
赤峰市	**15039**	**16626**	**14709**	**10750**	**6147**	**1786**	**659**
红山区	87	83	72	35	21	4	2
元宝山区	388	405	345	199	91	21	7
松山区	2038	2106	1850	1386	807	196	56
阿鲁科尔沁旗	1060	1186	984	574	294	78	20
巴林左旗	1741	1756	1717	1275	776	206	70
巴林右旗	654	738	607	445	234	89	32
林西县	640	705	718	585	284	72	20
克什克腾旗	703	851	649	442	253	77	14
翁牛特旗	1450	1637	1489	1011	544	111	40
喀喇沁旗	1253	1432	1305	1005	610	163	55
宁城县	2538	2820	2489	1850	1094	348	161
敖汉旗	2487	2907	2484	1943	1139	421	182

4-1c 续表 10

单位：人

地区 性别	45-49岁	50-54岁	55-59岁	60-64岁	65-69岁	70-74岁	75岁及以上
通辽市	**10790**	**9916**	**7575**	**4583**	**2350**	**647**	**159**
科尔沁区	1441	1491	1170	736	422	117	20
科尔沁左翼中旗	1729	1451	1098	544	247	54	15
科尔沁左翼后旗	1947	1746	1270	849	507	137	60
开鲁县	1538	1477	1244	882	409	116	17
库伦旗	887	834	672	435	249	70	21
奈曼旗	1550	1446	1149	697	337	116	21
扎鲁特旗	1417	1241	751	340	124	25	5
通辽经济技术开发区	223	186	190	89	47	12	
霍林郭勒市	58	44	31	11	8		
鄂尔多斯市	**4715**	**4861**	**3751**	**2935**	**1994**	**678**	**273**
东胜区	278	278	170	95	57	17	13
康巴什区							
达拉特旗	924	1005	1104	1006	739	234	56
准格尔旗	918	964	653	405	268	90	46
鄂托克前旗	434	431	252	208	90	30	12
鄂托克旗	501	432	299	195	120	39	11
杭锦旗	354	390	369	303	234	75	39
乌审旗	665	711	474	362	246	87	49
伊金霍洛旗	641	650	430	361	240	106	47
呼伦贝尔市	**4160**	**3660**	**2559**	**1171**	**605**	**180**	**56**
海拉尔区	83	89	75	23	12	2	1
扎赉诺尔区							
阿荣旗	765	703	520	265	146	63	15
莫力达瓦达斡尔族自治旗	782	696	471	257	126	40	19
鄂伦春自治旗	297	236	183	98	33	14	4
鄂温克族自治旗	259	205	136	53	23	9	1
陈巴尔虎旗	175	140	111	27	8	1	1
新巴尔虎左旗	183	136	88	35	21	5	
新巴尔虎右旗	174	175	100	37	11	1	2
满洲里市							
牙克石市	125	120	52	11	4		
扎兰屯市	1152	1066	753	353	217	44	13
额尔古纳市	165	92	69	12	4	1	
根河市		2	1				
巴彦淖尔市	**4843**	**5410**	**4616**	**2870**	**1964**	**681**	**199**
临河区	1105	1269	1032	593	470	165	60
五原县	913	1039	948	619	382	136	33
磴口县	369	445	353	223	147	50	12
乌拉特前旗	1118	1175	988	627	437	159	41
乌拉特中旗	539	573	524	312	238	67	16
乌拉特后旗	276	233	161	96	38	20	5
杭锦后旗	523	676	610	400	252	84	32

4-1c 续表 11

单位：人

地区 性别	45-49岁	50-54岁	55-59岁	60-64岁	65-69岁	70-74岁	75岁及以上
乌兰察布市	**2970**	**3440**	**3437**	**3018**	**2215**	**814**	**212**
集宁区	176	128	91	54	24	4	3
卓资县	159	201	193	163	109	53	8
化德县	136	190	194	127	79	30	2
商都县	443	545	596	565	441	148	35
兴和县	203	268	243	172	126	67	10
凉城县	257	335	348	336	271	106	44
察哈尔右翼前旗	369	424	492	406	332	123	32
察哈尔右翼中旗	319	372	349	306	200	49	13
察哈尔右翼后旗	207	209	211	189	134	36	11
四子王旗	439	478	399	314	179	53	17
丰镇市	262	290	321	386	320	145	37
兴安盟	**4620**	**4157**	**2994**	**1389**	**648**	**132**	**38**
乌兰浩特市	209	181	152	61	21	1	
阿尔山市	21	22	15	10	1	1	1
科尔沁右翼前旗	1573	1432	1063	431	184	29	11
科尔沁右翼中旗	786	597	470	229	73	25	2
扎赉特旗	1127	956	592	257	141	28	12
突泉县	904	969	702	401	228	48	12
锡林郭勒盟	**2665**	**2539**	**1920**	**1053**	**533**	**158**	**50**
二连浩特市	21	14	13	11	4	1	
锡林浩特市	268	237	186	82	31	11	2
阿巴嘎旗	231	195	104	41	17	7	4
苏尼特左旗	208	131	115	52	19	1	3
苏尼特右旗	139	144	102	50	22	4	4
东乌珠穆沁旗	238	228	158	51	24	5	2
西乌珠穆沁旗	510	476	231	69	28	12	4
太仆寺旗	268	294	320	233	158	54	12
镶黄旗	110	103	66	49	21	2	1
正镶白旗	152	136	117	101	48	15	7
正蓝旗	282	256	231	138	76	23	8
多伦县	203	295	248	159	81	22	3
乌拉盖管委会	35	30	29	17	4	1	
阿拉善盟	**562**	**620**	**417**	**153**	**77**	**22**	**9**
阿拉善左旗	388	425	302	124	70	17	6
阿拉善右旗	85	68	34	10	1	1	
额济纳旗	57	83	61	15	4	4	3
内蒙古阿拉善经济开发区	32	44	20	4	2		

4-1c　续表 12　　　　单位：人

地区 性别	45-49岁	50-54岁	55-59岁	60-64岁	65-69岁	70-74岁	75岁及以上
男	**34125**	**35078**	**29021**	**20024**	**13011**	**4358**	**1401**
呼和浩特市	**2419**	**2504**	**2343**	**1789**	**1274**	**397**	**141**
新城区	326	285	232	104	53	17	2
回民区	67	66	42	27	15	2	
玉泉区	210	203	143	91	48	8	3
赛罕区	525	524	410	291	153	30	12
土默特左旗	485	533	566	449	330	114	44
托克托县	360	373	369	261	212	81	32
和林格尔县	238	260	294	285	245	55	19
清水河县	111	115	136	132	97	38	14
武川县	97	145	151	149	121	52	15
呼和浩特经济技术开发区							
包头市	**1924**	**1995**	**1853**	**1418**	**1036**	**410**	**128**
东河区	235	207	194	161	102	44	11
昆都仑区	142	128	92	60	22	5	
青山区	107	117	94	45	24	6	
石拐区	17	27	24	20	14	5	2
白云鄂博矿区							
九原区	251	257	216	132	71	15	6
土默特右旗	572	624	638	552	487	223	75
固阳县	463	464	432	342	224	93	26
达尔罕茂明安联合旗	116	126	132	80	82	18	7
包头稀土高新技术产业开发区	21	45	31	26	10	1	1
乌海市	**196**	**188**	**123**	**48**	**18**		**2**
海勃湾区	129	121	74	29	12		2
海南区	67	67	49	19	6		
乌达区							
赤峰市	**8311**	**9256**	**8046**	**5972**	**3764**	**1144**	**406**
红山区	51	51	45	20	15	2	2
元宝山区	264	272	233	139	73	15	7
松山区	1142	1200	1041	741	502	133	42
阿鲁科尔沁旗	587	633	556	330	173	51	15
巴林左旗	896	942	903	658	421	133	51
巴林右旗	356	386	318	223	124	56	19
林西县	363	407	394	337	193	48	11
克什克腾旗	413	494	385	261	165	56	11
翁牛特旗	818	877	791	587	351	66	23
喀喇沁旗	682	816	744	585	389	116	37
宁城县	1410	1595	1346	1014	694	219	98
敖汉旗	1329	1583	1290	1077	664	249	90

4-1c 续表 13 单位：人

地区 性别	45-49岁	50-54岁	55-59岁	60-64岁	65-69岁	70-74岁	75岁及以上
通辽市	**5906**	**5524**	**4265**	**2744**	**1437**	**423**	**97**
科尔沁区	816	867	680	434	269	78	13
科尔沁左翼中旗	976	845	650	367	154	36	13
科尔沁左翼后旗	1017	956	677	510	305	89	32
开鲁县	824	809	643	489	239	70	11
库伦旗	468	433	369	249	132	41	13
奈曼旗	853	802	651	414	210	83	13
扎鲁特旗	781	669	453	212	86	16	2
通辽经济技术开发区	135	108	116	62	35	10	
霍林郭勒市	36	35	26	7	7		
鄂尔多斯市	**3298**	**3356**	**2337**	**1793**	**1236**	**473**	**194**
东胜区	222	227	127	68	38	12	9
康巴什区							
达拉特旗	552	599	629	592	477	181	48
准格尔旗	730	742	486	296	186	67	41
鄂托克前旗	314	290	150	119	52	20	6
鄂托克旗	329	297	189	115	70	28	6
杭锦旗	204	210	195	175	137	51	24
乌审旗	452	491	267	197	135	49	28
伊金霍洛旗	495	500	294	231	141	65	32
呼伦贝尔市	**2642**	**2384**	**1766**	**826**	**451**	**138**	**40**
海拉尔区	57	60	52	16	9		1
扎赉诺尔区							
阿荣旗	505	448	369	194	112	50	12
莫力达瓦达斡尔族自治旗	497	457	330	185	94	28	15
鄂伦春自治旗	183	155	116	72	21	11	2
鄂温克族自治旗	158	130	86	30	15	7	
陈巴尔虎旗	106	97	74	15	7	1	
新巴尔虎左旗	103	75	56	19	13	3	
新巴尔虎右旗	131	127	76	21	9		1
满洲里市							
牙克石市	92	101	48	10	4		
扎兰屯市	692	661	505	253	165	38	9
额尔古纳市	118	72	53	11	2		
根河市		1	1				
巴彦淖尔市	**2763**	**3094**	**2723**	**1767**	**1295**	**515**	**160**
临河区	619	702	607	363	313	125	47
五原县	504	570	537	400	256	104	26
磴口县	214	225	206	140	102	37	10
乌拉特前旗	648	733	606	401	285	127	34
乌拉特中旗	302	335	318	161	154	50	10
乌拉特后旗	187	155	103	63	28	13	5
杭锦后旗	289	374	346	239	157	59	28

4-1c 续表 14

单位：人

地区 性别	45-49岁	50-54岁	55-59岁	60-64岁	65-69岁	70-74岁	75岁及以上
乌兰察布市	**1963**	**2257**	**2247**	**1978**	**1601**	**638**	**173**
集宁区	118	93	76	38	20	2	2
卓资县	114	144	138	125	79	41	4
化德县	101	125	137	86	58	27	2
商都县	289	334	351	352	312	106	27
兴和县	155	193	192	125	103	55	10
凉城县	176	210	205	215	194	84	33
察哈尔右翼前旗	242	271	330	261	236	94	29
察哈尔右翼中旗	199	234	230	201	148	38	12
察哈尔右翼后旗	141	152	141	143	103	31	8
四子王旗	264	305	244	207	122	44	15
丰镇市	164	196	203	225	226	116	31
兴安盟	**2682**	**2495**	**1855**	**957**	**473**	**92**	**24**
乌兰浩特市	125	111	101	51	17		
阿尔山市	16	19	14	7	1	1	1
科尔沁右翼前旗	917	841	669	318	146	23	8
科尔沁右翼中旗	424	351	257	151	47	14	2
扎赉特旗	675	601	396	187	106	18	6
突泉县	525	572	418	243	156	36	7
锡林郭勒盟	**1661**	**1615**	**1184**	**636**	**375**	**114**	**29**
二连浩特市	11	11	8	5	3	1	
锡林浩特市	173	154	130	56	22	8	1
阿巴嘎旗	138	127	60	26	9	5	2
苏尼特左旗	127	84	73	39	16	1	1
苏尼特右旗	73	81	58	31	13	2	2
东乌珠穆沁旗	125	143	91	29	13	4	
西乌珠穆沁旗	359	351	159	40	17	5	1
太仆寺旗	172	205	212	168	119	41	8
镶黄旗	67	57	37	21	15	2	
正镶白旗	101	69	64	52	31	12	6
正蓝旗	168	138	124	60	52	13	5
多伦县	125	178	148	100	61	19	3
乌拉盖管委会	22	17	20	9	4	1	
阿拉善盟	**360**	**410**	**279**	**96**	**51**	**14**	**7**
阿拉善左旗	246	273	200	74	48	11	4
阿拉善右旗	51	51	25	8	1	1	
额济纳旗	36	48	39	11	2	2	3
内蒙古阿拉善经济开发区	27	38	15	3			

4-1c 续表 15

单位：人

地区 性别	45-49岁	50-54岁	55-59岁	60-64岁	65-69岁	70-74岁	75岁及以上
女	**23512**	**23400**	**19503**	**12630**	**6799**	**1750**	**599**
呼和浩特市	**1470**	**1266**	**1085**	**727**	**430**	**97**	**38**
新城区	178	107	63	20	4	3	
回民区	64	35	17	8	3		
玉泉区	125	102	53	24	7	2	1
赛罕区	361	260	181	115	44	7	2
土默特左旗	307	293	284	155	116	24	14
托克托县	168	164	146	122	71	21	11
和林格尔县	158	150	165	144	76	10	4
清水河县	55	78	88	62	47	13	3
武川县	54	77	88	77	62	17	3
呼和浩特经济技术开发区							
包头市	**1186**	**1238**	**1105**	**733**	**517**	**106**	**36**
东河区	134	126	121	81	56	13	3
昆都仑区	55	56	32	14	6		
青山区	80	72	40	14	8		
石拐区	15	15	10	6	8	2	1
白云鄂博矿区							
九原区	131	117	103	67	18	7	2
土默特右旗	424	511	499	321	267	52	17
固阳县	229	229	201	167	107	25	10
达尔罕茂明安联合旗	98	92	85	55	41	7	3
包头稀土高新技术产业开发区	20	20	14	8	6		
乌海市	**78**	**58**	**37**	**17**	**2**		
海勃湾区	54	40	22	10	2		
海南区	24	18	15	7			
乌达区							
赤峰市	**6728**	**7370**	**6663**	**4778**	**2383**	**642**	**253**
红山区	36	32	27	15	6	2	
元宝山区	124	133	112	60	18	6	
松山区	896	906	809	645	305	63	14
阿鲁科尔沁旗	473	553	428	244	121	27	5
巴林左旗	845	814	814	617	355	73	19
巴林右旗	298	352	289	222	110	33	13
林西县	277	298	324	248	91	24	9
克什克腾旗	290	357	264	181	88	21	3
翁牛特旗	632	760	698	424	193	45	17
喀喇沁旗	571	616	561	420	221	47	18
宁城县	1128	1225	1143	836	400	129	63
敖汉旗	1158	1324	1194	866	475	172	92

4-1c　续表 16　　单位：人

地　区 性　别	45-49岁	50-54岁	55-59岁	60-64岁	65-69岁	70-74岁	75岁及以　上
通辽市	**4884**	**4392**	**3310**	**1839**	**913**	**224**	**62**
科尔沁区	625	624	490	302	153	39	7
科尔沁左翼中旗	753	606	448	177	93	18	2
科尔沁左翼后旗	930	790	593	339	202	48	28
开鲁县	714	668	601	393	170	46	6
库伦旗	419	401	303	186	117	29	8
奈曼旗	697	644	498	283	127	33	8
扎鲁特旗	636	572	298	128	38	9	3
通辽经济技术开发区	88	78	74	27	12	2	
霍林郭勒市	22	9	5	4	1		
鄂尔多斯市	**1417**	**1505**	**1414**	**1142**	**758**	**205**	**79**
东胜区	56	51	43	27	19	5	4
康巴什区							
达拉特旗	372	406	475	414	262	53	8
准格尔旗	188	222	167	109	82	23	5
鄂托克前旗	120	141	102	89	38	10	6
鄂托克旗	172	135	110	80	50	11	5
杭锦旗	150	180	174	128	97	24	15
乌审旗	213	220	207	165	111	38	21
伊金霍洛旗	146	150	136	130	99	41	15
呼伦贝尔市	**1518**	**1276**	**793**	**345**	**154**	**42**	**16**
海拉尔区	26	29	23	7	3	2	
扎赉诺尔区							
阿荣旗	260	255	151	71	34	13	3
莫力达瓦达斡尔族自治旗	285	239	141	72	32	12	4
鄂伦春自治旗	114	81	67	26	12	3	2
鄂温克族自治旗	101	75	50	23	8	2	1
陈巴尔虎旗	69	43	37	12	1		1
新巴尔虎左旗	80	61	32	16	8	2	
新巴尔虎右旗	43	48	24	16	2	1	1
满洲里市							
牙克石市	33	19	4	1			
扎兰屯市	460	405	248	100	52	6	4
额尔古纳市	47	20	16	1	2	1	
根河市		1					
巴彦淖尔市	**2080**	**2316**	**1893**	**1103**	**669**	**166**	**39**
临河区	486	567	425	230	157	40	13
五原县	409	469	411	219	126	32	7
磴口县	155	220	147	83	45	13	2
乌拉特前旗	470	442	382	226	152	32	7
乌拉特中旗	237	238	206	151	84	17	6
乌拉特后旗	89	78	58	33	10	7	
杭锦后旗	234	302	264	161	95	25	4

4-1c 续表 17

单位：人

地　区 性　别	45-49岁	50-54岁	55-59岁	60-64岁	65-69岁	70-74岁	75岁及以　上
乌兰察布市	**1007**	**1183**	**1190**	**1040**	**614**	**176**	**39**
集宁区	58	35	15	16	4	2	1
卓资县	45	57	55	38	30	12	4
化德县	35	65	57	41	21	3	
商都县	154	211	245	213	129	42	8
兴和县	48	75	51	47	23	12	
凉城县	81	125	143	121	77	22	11
察哈尔右翼前旗	127	153	162	145	96	29	3
察哈尔右翼中旗	120	138	119	105	52	11	1
察哈尔右翼后旗	66	57	70	46	31	5	3
四子王旗	175	173	155	107	57	9	2
丰镇市	98	94	118	161	94	29	6
兴安盟	**1938**	**1662**	**1139**	**432**	**175**	**40**	**14**
乌兰浩特市	84	70	51	10	4	1	
阿尔山市	5	3	1	3			
科尔沁右翼前旗	656	591	394	113	38	6	3
科尔沁右翼中旗	362	246	213	78	26	11	
扎赉特旗	452	355	196	70	35	10	6
突泉县	379	397	284	158	72	12	5
锡林郭勒盟	**1004**	**924**	**736**	**417**	**158**	**44**	**21**
二连浩特市	10	3	5	6	1		
锡林浩特市	95	83	56	26	9	3	1
阿巴嘎旗	93	68	44	15	8	2	2
苏尼特左旗	81	47	42	13	3		2
苏尼特右旗	66	63	44	19	9	2	2
东乌珠穆沁旗	113	85	67	22	11	1	2
西乌珠穆沁旗	151	125	72	29	11	7	3
太仆寺旗	96	89	108	65	39	13	4
镶黄旗	43	46	29	28	6		1
正镶白旗	51	67	53	49	17	3	1
正蓝旗	114	118	107	78	24	10	3
多伦县	78	117	100	59	20	3	
乌拉盖管委会	13	13	9	8			
阿拉善盟	**202**	**210**	**138**	**57**	**26**	**8**	**2**
阿拉善左旗	142	152	102	50	22	6	2
阿拉善右旗	34	17	9	2			
额济纳旗	21	35	22	4	2	2	
内蒙古阿拉善经济开发区	5	6	5	1	2		

4-2 各地区分性别、受教育程度的就业人口

单位：人

地区 性别	合计	未上过学	学前教育	小学	初中	高中	大学专科	大学本科	硕士研究生	博士研究生
内蒙古	**1049550**	**14595**	**170**	**166872**	**400135**	**160043**	**157152**	**138862**	**10927**	**794**
呼和浩特市	**133341**	**1481**	**14**	**12503**	**38238**	**21162**	**27133**	**28244**	**4098**	**468**
新城区	26954	100	2	1434	5642	4347	6391	7832	1096	110
回民区	17693	94	1	1211	5265	3768	4122	2918	274	40
玉泉区	21798	142	4	1925	7519	3919	4475	3454	325	35
赛罕区	33552	166	3	1857	6126	4350	7402	11179	2200	269
土默特左旗	9000	241	1	1873	4331	1133	950	456	13	2
托克托县	7009	221		1245	3090	1042	860	536	15	
和林格尔县	5904	267		1216	2335	776	766	504	34	6
清水河县	2680	132	2	638	917	374	304	301	12	
武川县	3220	81		708	1330	485	384	223	7	2
呼和浩特经济技术开发区	5531	37	1	396	1683	968	1479	841	122	4
包头市	**122003**	**1226**	**19**	**12828**	**41795**	**22941**	**21142**	**20197**	**1722**	**133**
东河区	19873	105	6	1523	7711	4432	3351	2584	156	5
昆都仑区	34088	85	3	2101	9397	7591	7238	6942	658	73
青山区	22831	77	1	1293	5697	4450	5207	5534	539	33
石拐区	1009	25		155	490	174	102	58	5	
白云鄂博矿区	1227	5		78	271	434	241	196	2	
九原区	10114	108	4	1303	4353	1475	1390	1385	93	3
土默特右旗	13351	507	3	2903	6579	1502	973	846	36	2
固阳县	7709	132	2	1822	3507	1193	619	423	11	
达尔罕茂明安联合旗	2810	64		648	1104	350	317	323	4	
包头稀土高新技术产业开发区	8991	118		1002	2686	1340	1704	1906	218	17
乌海市	**25277**	**201**	**2**	**1956**	**8896**	**4976**	**5290**	**3691**	**262**	**3**
海勃湾区	15604	107	1	992	4581	3079	3682	2914	245	3
海南区	4529	61	1	547	2138	906	563	308	5	
乌达区	5144	33		417	2177	991	1045	469	12	
赤峰市	**193336**	**2226**	**55**	**45784**	**80605**	**25713**	**21206**	**16877**	**828**	**42**
红山区	18262	56		1481	5533	4492	3662	2827	199	12
元宝山区	9583	31	2	969	4136	1731	1511	1164	39	
松山区	31632	290	3	5406	11084	4718	5135	4619	360	17
阿鲁科尔沁旗	11204	77	1	2964	5143	1143	890	960	26	
巴林左旗	18772	114	10	5082	8373	2425	1620	1119	26	3
巴林右旗	8220	132	1	2276	3361	967	859	593	31	
林西县	9543	111	3	2740	3716	1363	997	597	15	1
克什克腾旗	8338	178	5	2134	2780	1324	1096	800	21	
翁牛特旗	15689	285	8	4652	6845	1575	1209	1083	27	5
喀喇沁旗	13327	309	5	3694	6121	1514	934	719	29	2
宁城县	24990	349	6	5900	12888	2440	1840	1531	34	2
敖汉旗	23776	294	11	8486	10625	2021	1453	865	21	

4−2 续表 1

单位：人

地区 性别	合计	未上过学	学前教育	小学	初中	高中	大学专科	大学本科	硕士研究生	博士研究生
通辽市	**126498**	**1082**	**13**	**22369**	**62361**	**16268**	**12265**	**11344**	**734**	**62**
科尔沁区	28662	133	3	2618	12966	5353	3900	3370	289	30
科尔沁左翼中旗	16936	247	1	3442	9343	1637	1194	1042	27	3
科尔沁左翼后旗	15955	196	2	4074	8416	1647	841	752	27	
开鲁县	15178	82		3012	8999	1262	958	833	31	1
库伦旗	8272	93		1960	4158	923	512	604	22	
奈曼旗	14945	119	4	3558	7718	1371	1193	937	42	3
扎鲁特旗	12051	192	2	2714	5717	1479	1006	889	49	3
通辽经济技术开发区	8268	9	1	531	2906	1185	1479	1924	212	21
霍林郭勒市	6231	11		460	2138	1411	1182	993	35	1
鄂尔多斯市	**112957**	**2969**	**27**	**16934**	**35370**	**17843**	**19982**	**18540**	**1263**	**29**
东胜区	28220	282	3	2771	8728	4691	5599	5736	401	9
康巴什区	5197	29		317	859	532	1125	1990	340	5
达拉特旗	16219	694	6	3252	6222	2300	2074	1609	61	1
准格尔旗	17822	295	3	2825	5786	2713	3167	2893	139	1
鄂托克前旗	5381	200	1	1035	1772	851	868	634	19	1
鄂托克旗	9744	292	1	1527	3315	1836	1737	986	48	2
杭锦旗	5703	293	1	1391	1709	718	845	712	33	1
乌审旗	10420	363		1902	2844	1776	2019	1471	43	2
伊金霍洛旗	14251	521	12	1914	4135	2426	2548	2509	179	7
呼伦贝尔市	**84913**	**354**	**4**	**9451**	**36770**	**12880**	**13970**	**10932**	**532**	**20**
海拉尔区	14223	14		489	4373	2824	3281	3024	208	10
扎赉诺尔区	2631	3	1	108	1096	482	580	350	11	
阿荣旗	9318	51	1	1616	5160	881	917	675	17	
莫力达瓦达斡尔族自治旗	7713	85	1	1762	3875	632	740	596	22	
鄂伦春自治旗	5597	47	1	702	2509	840	942	545	11	
鄂温克族自治旗	5651	13		417	1633	1090	1169	1218	106	5
陈巴尔虎旗	2391	13		268	1081	406	384	236	3	
新巴尔虎左旗	1934	8		364	761	296	291	209	5	
新巴尔虎右旗	2140	15		439	816	323	274	262	11	
满洲里市	6329	5		169	3106	1052	1067	881	48	1
牙克石市	8223	4		220	3631	1463	1705	1158	38	4
扎兰屯市	13598	85		2677	6675	1749	1426	954	32	
额尔古纳市	2701	10		170	1082	424	596	408	11	
根河市	2464	1		50	972	418	598	416	9	
巴彦淖尔市	**71492**	**1998**	**9**	**10314**	**29570**	**12346**	**9940**	**6935**	**370**	**10**
临河区	26750	563	1	2716	9673	5112	4775	3624	281	5
五原县	10202	334	3	2096	4659	1452	1030	615	13	
磴口县	4509	190	1	670	1925	771	569	374	8	1
乌拉特前旗	12270	469	1	2228	5516	1937	1362	741	14	2
乌拉特中旗	6093	192		1178	2431	958	726	589	18	1
乌拉特后旗	3148	54		349	1327	541	469	390	18	
杭锦后旗	8520	196	3	1077	4039	1575	1009	602	18	1

4-2　续表 2　　　　单位：人

地　区 性　别	合　计	未上过学	学前教育	小　学	初　中	高　中	大学专科	大学本科	硕　士 研究生	博　士 研究生
乌兰察布市	**60391**	**1599**	**18**	**11903**	**21962**	**8599**	**9342**	**6573**	**387**	**8**
集宁区	17790	92	1	1455	5559	3231	3817	3337	291	7
卓资县	2733	51		489	1045	414	456	271	7	
化德县	3104	71		720	1187	398	480	241	7	
商都县	6121	240	6	1832	2343	719	664	311	6	
兴和县	3488	114	1	825	1436	430	452	223	7	
凉城县	3694	267	1	1049	1234	401	418	314	10	
察哈尔右翼前旗	5125	154	3	1371	2019	648	579	340	10	1
察哈尔右翼中旗	3164	112		886	1098	386	384	291	7	
察哈尔右翼后旗	3436	83	2	702	1295	546	529	270	9	
四子王旗	5135	98		1083	2247	636	645	407	19	
丰镇市	6601	317	4	1491	2499	790	918	568	14	
兴安盟	**55656**	**737**	**7**	**12950**	**22794**	**6594**	**6410**	**5874**	**285**	**5**
乌兰浩特市	13517	48		1320	4546	2421	2496	2541	142	3
阿尔山市	1433	1		79	544	241	297	256	15	
科尔沁右翼前旗	12696	200	3	3812	5217	1168	1060	1165	70	1
科尔沁右翼中旗	8227	179	2	2119	3457	955	875	610	29	1
扎赉特旗	11265	275	1	3548	4706	923	1011	785	16	
突泉县	8518	34	1	2072	4324	886	671	517	13	
锡林郭勒盟	**49719**	**578**	**1**	**8487**	**17426**	**8170**	**7819**	**6903**	**324**	**11**
二连浩特市	3709	26		559	1387	677	527	511	22	
锡林浩特市	15423	63		1432	5028	2795	3057	2855	185	8
阿巴嘎旗	2197	29		557	728	316	278	280	9	
苏尼特左旗	1904	25		496	586	306	269	217	5	
苏尼特右旗	2720	23		509	969	489	424	296	10	
东乌珠穆沁旗	3420	50		865	1268	460	414	353	9	1
西乌珠穆沁旗	5383	67		1038	1871	1041	704	644	18	
太仆寺旗	3222	120		754	1187	406	408	337	10	
镶黄旗	1316	16		229	453	210	189	206	13	
正镶白旗	1841	40		377	668	259	289	202	6	
正蓝旗	3207	45		656	1141	515	459	379	11	1
多伦县	4231	61	1	845	1706	539	610	453	15	1
乌拉盖管委会	1146	13		170	434	157	191	170	11	
阿拉善盟	**13967**	**144**	**1**	**1393**	**4348**	**2551**	**2653**	**2752**	**122**	**3**
阿拉善左旗	9394	107		936	3020	1622	1605	2003	98	3
阿拉善右旗	1163	6		145	342	185	241	241	3	
额济纳旗	1611	18	1	161	467	323	347	283	11	
内蒙古阿拉善经济开发区	1799	13		151	519	421	460	225	10	

4−2 续表 3

单位：人

地区 性别	合计	未上过学	学前教育	小学	初中	高中	大学专科	大学本科	硕士研究生	博士研究生
男	**646349**	**5031**	**81**	**94207**	**266237**	**108063**	**94957**	**72417**	**4915**	**441**
呼和浩特市	**81670**	**513**	**9**	**7662**	**26640**	**14105**	**15813**	**14823**	**1850**	**255**
新城区	15782	43	1	906	3843	2826	3594	3982	526	61
回民区	10693	33	1	710	3526	2441	2372	1477	117	16
玉泉区	13421	46	2	1174	5122	2535	2605	1792	127	18
赛罕区	19438	63	1	1113	4062	2777	4265	6010	993	154
土默特左旗	6031	87	1	1179	3098	833	595	233	5	
托克托县	4904	81		807	2339	809	556	306	6	
和林格尔县	3861	92		752	1685	546	482	291	9	4
清水河县	1812	22	2	373	760	292	191	166	6	
武川县	2118	30		407	979	360	229	109	3	1
呼和浩特经济技术开发区	3610	16	1	241	1226	686	924	457	58	1
包头市	**76883**	**441**	**11**	**7776**	**29196**	**15431**	**12628**	**10544**	**766**	**90**
东河区	12655	48	4	969	5283	2983	1973	1333	57	5
昆都仑区	21152	38	1	1347	6504	4995	4255	3660	301	51
青山区	13749	25		758	3785	2939	3109	2874	241	18
石拐区	696	12		95	367	126	68	27	1	
白云鄂博矿区	821			50	193	304	162	110	2	
九原区	6644	36	3	822	3158	1019	837	725	41	3
土默特右旗	8533	148	2	1633	4630	1068	610	428	13	1
固阳县	5236	58	1	1103	2577	873	395	223	6	
达尔罕茂明安联合旗	1740	20		370	767	228	202	152	1	
包头稀土高新技术产业开发区	5657	56		629	1932	896	1017	1012	103	12
乌海市	**16446**	**88**	**1**	**1283**	**6409**	**3417**	**3266**	**1861**	**119**	**2**
海勃湾区	9778	43		632	3239	2065	2228	1453	116	2
海南区	3190	26	1	365	1590	666	373	167	2	
乌达区	3478	19		286	1580	686	665	241	1	
赤峰市	**113356**	**601**	**21**	**23049**	**50513**	**17199**	**12795**	**8822**	**339**	**17**
红山区	11113	19		890	3588	2902	2178	1449	82	5
元宝山区	6464	22	2	590	2978	1280	962	613	17	
松山区	18646	70	1	2624	7060	3148	3107	2472	157	7
阿鲁科尔沁旗	6650	25		1569	3230	759	579	480	8	
巴林左旗	9946	31	2	2302	4729	1466	871	536	8	1
巴林右旗	4805	32		1220	2063	626	531	321	12	
林西县	5745	37		1516	2382	904	608	292	5	1
克什克腾旗	5183	40	2	1157	1860	985	691	438	10	
翁牛特旗	9172	77	2	2351	4269	1086	779	600	7	1
喀喇沁旗	7940	65	3	1950	3892	1072	562	381	14	1
宁城县	14390	104	3	2872	7894	1609	1100	796	11	1
敖汉旗	13302	79	6	4008	6568	1362	827	444	8	

4-2 续表 4

单位：人

地区 性别	合计	未上过学	学前教育	小学	初中	高中	大学专科	大学本科	硕士研究生	博士研究生
通辽市	**73460**	**460**	**5**	**11843**	**37492**	**10516**	**7129**	**5694**	**289**	**32**
科尔沁区	16792	61	1	1492	7855	3345	2215	1683	125	15
科尔沁左翼中旗	10147	125		1994	5809	1040	684	484	8	3
科尔沁左翼后旗	8984	86	1	2118	4852	1069	501	348	9	
开鲁县	8355	29		1469	5078	808	541	422	8	
库伦旗	4610	29		948	2409	596	307	315	6	
奈曼旗	8550	39	1	1799	4677	880	687	450	16	1
扎鲁特旗	7084	81	2	1410	3583	980	578	431	18	1
通辽经济技术开发区	4797	3		323	1760	771	851	995	83	11
霍林郭勒市	4141	7		290	1469	1027	765	566	16	1
鄂尔多斯市	**74505**	**830**	**12**	**9970**	**26304**	**13096**	**13272**	**10343**	**661**	**17**
东胜区	17647	93	1	1672	6160	3163	3352	2995	206	5
康巴什区	3010	10		197	593	353	664	1017	173	3
达拉特旗	10436	167	3	1845	4558	1664	1353	820	25	1
准格尔旗	13065	96	1	1881	4730	2173	2295	1808	80	1
鄂托克前旗	3491	70		526	1305	639	578	362	11	
鄂托克旗	6408	93	1	857	2423	1300	1155	558	20	1
杭锦旗	3491	70		755	1204	510	570	362	19	1
乌审旗	6980	99		999	2049	1353	1489	962	28	1
伊金霍洛旗	9977	132	6	1238	3282	1941	1816	1459	99	4
呼伦贝尔市	**53473**	**182**	**3**	**5926**	**24893**	**8422**	**8279**	**5535**	**223**	**10**
海拉尔区	8413	5		322	2851	1748	1901	1497	86	3
扎赉诺尔区	1719	3	1	68	776	322	365	178	6	
阿荣旗	5997	23		979	3496	600	553	338	8	
莫力达瓦达斡尔族自治旗	4957	45	1	1135	2624	417	438	289	8	
鄂伦春自治旗	3657	23	1	436	1781	595	549	266	6	
鄂温克族自治旗	3454	6		259	1067	718	702	653	45	4
陈巴尔虎旗	1606	7		174	804	272	227	120	2	
新巴尔虎左旗	1146	6		212	453	192	164	117	2	
新巴尔虎右旗	1418	11		303	578	211	170	140	5	
满洲里市	3836	3		111	2004	660	596	444	17	1
牙克石市	5419	2		161	2602	1009	1042	589	12	2
扎兰屯市	8384	41		1610	4298	1134	835	450	16	
额尔古纳市	1766	6		119	777	267	372	220	5	
根河市	1701	1		37	782	277	365	234	5	
巴彦淖尔市	**43326**	**608**	**5**	**5956**	**19375**	**8063**	**5755**	**3363**	**196**	**5**
临河区	15891	177		1564	6257	3242	2740	1763	146	2
五原县	6167	102	2	1214	3031	965	574	273	6	
磴口县	2666	58	1	374	1205	507	345	170	5	1
乌拉特前旗	7715	137	1	1321	3782	1317	779	370	6	2
乌拉特中旗	3753	50		686	1580	652	454	318	13	
乌拉特后旗	2068	23		232	918	385	299	202	9	
杭锦后旗	5066	61	1	565	2602	995	564	267	11	

4-2 续表 5

单位：人

地区 性别	合计	未上过学	学前教育	小学	初中	高中	大学专科	大学本科	硕士 研究生	博士 研究生
乌兰察布市	**39942**	**565**	**9**	**7359**	**16207**	**6224**	**5903**	**3526**	**145**	**4**
集宁区	11079	43		849	3795	2204	2353	1723	108	4
卓资县	1936	23		307	810	321	322	151	2	
化德县	2066	27		464	848	288	301	136	2	
商都县	3998	72	3	1053	1753	542	412	159	4	
兴和县	2589	48		606	1168	337	297	131	2	
凉城县	2485	100	1	665	955	313	278	169	4	
察哈尔右翼前旗	3455	43	1	854	1509	480	365	199	4	
察哈尔右翼中旗	2082	32		530	832	290	248	147	3	
察哈尔右翼后旗	2381	32		464	995	406	337	145	2	
四子王旗	3311	42		597	1587	456	396	227	6	
丰镇市	4560	103	4	970	1955	587	594	339	8	
兴安盟	**33660**	**401**	**3**	**7620**	**14620**	**4355**	**3715**	**2814**	**130**	**2**
乌兰浩特市	7928	32		852	2828	1528	1396	1225	66	1
阿尔山市	925			57	380	168	174	137	9	
科尔沁右翼前旗	7754	96	2	2248	3379	780	649	566	33	1
科尔沁右翼中旗	4818	88		1155	2132	649	518	267	9	
扎赉特旗	7117	168		2163	3171	622	601	384	8	
突泉县	5118	17	1	1145	2730	608	377	235	5	
锡林郭勒盟	**30939**	**279**	**1**	**4960**	**11686**	**5475**	**4734**	**3651**	**146**	**7**
二连浩特市	2393	17		340	973	454	315	285	9	
锡林浩特市	9484	29		890	3338	1830	1815	1500	78	4
阿巴嘎旗	1404	11		336	488	221	184	158	6	
苏尼特左旗	1214	15		288	416	216	177	99	3	
苏尼特右旗	1652	12		271	658	319	246	144	2	
东乌珠穆沁旗	2069	26		479	829	300	254	176	4	1
西乌珠穆沁旗	3565	28		563	1310	800	480	371	13	
太仆寺旗	2109	59		496	897	267	227	158	5	
镶黄旗	784	9		129	289	125	112	113	7	
正镶白旗	1104	20		221	408	170	174	109	2	
正蓝旗	1873	17		340	692	331	266	220	6	1
多伦县	2552	27	1	500	1087	337	359	231	9	1
乌拉盖管委会	736	9		107	301	105	125	87	2	
阿拉善盟	**8689**	**63**	**1**	**803**	**2902**	**1760**	**1668**	**1441**	**51**	
阿拉善左旗	5714	47		532	2000	1090	988	1017	40	
阿拉善右旗	740	3		93	227	128	149	139	1	
额济纳旗	1008	8	1	85	311	225	220	153	5	
内蒙古阿拉善经济开发区	1227	5		93	364	317	311	132	5	

4-2　续表 6

单位：人

地区 性别	合计	未上过学	学前教育	小学	初中	高中	大学专科	大学本科	硕士研究生	博士研究生
女	**403201**	**9564**	**89**	**72665**	**133898**	**51980**	**62195**	**66445**	**6012**	**353**
呼和浩特市	**51671**	**968**	**5**	**4841**	**11598**	**7057**	**11320**	**13421**	**2248**	**213**
新城区	11172	57	1	528	1799	1521	2797	3850	570	49
回民区	7000	61		501	1739	1327	1750	1441	157	24
玉泉区	8377	96	2	751	2397	1384	1870	1662	198	17
赛罕区	14114	103	2	744	2064	1573	3137	5169	1207	115
土默特左旗	2969	154		694	1233	300	355	223	8	2
托克托县	2105	140		438	751	233	304	230	9	
和林格尔县	2043	175		464	650	230	284	213	25	2
清水河县	868	110		265	157	82	113	135	6	
武川县	1102	51		301	351	125	155	114	4	1
呼和浩特经济技术开发区	1921	21		155	457	282	555	384	64	3
包头市	**45120**	**785**	**8**	**5052**	**12599**	**7510**	**8514**	**9653**	**956**	**43**
东河区	7218	57	2	554	2428	1449	1378	1251	99	
昆都仑区	12936	47	2	754	2893	2596	2983	3282	357	22
青山区	9082	52	1	535	1912	1511	2098	2660	298	15
石拐区	313	13		60	123	48	34	31	4	
白云鄂博矿区	406	5		28	78	130	79	86		
九原区	3470	72	1	481	1195	456	553	660	52	
土默特右旗	4818	359	1	1270	1949	434	363	418	23	1
固阳县	2473	74	1	719	930	320	224	200	5	
达尔罕茂明安联合旗	1070	44		278	337	122	115	171	3	
包头稀土高新技术产业开发区	3334	62		373	754	444	687	894	115	5
乌海市	**8831**	**113**	**1**	**673**	**2487**	**1559**	**2024**	**1830**	**143**	**1**
海勃湾区	5826	64	1	360	1342	1014	1454	1461	129	1
海南区	1339	35		182	548	240	190	141	3	
乌达区	1666	14		131	597	305	380	228	11	
赤峰市	**79980**	**1625**	**34**	**22735**	**30092**	**8514**	**8411**	**8055**	**489**	**25**
红山区	7149	37		591	1945	1590	1484	1378	117	7
元宝山区	3119	9		379	1158	451	549	551	22	
松山区	12986	220	2	2782	4024	1570	2028	2147	203	10
阿鲁科尔沁旗	4554	52	1	1395	1913	384	311	480	18	
巴林左旗	8826	83	8	2780	3644	959	749	583	18	2
巴林右旗	3415	100	1	1056	1298	341	328	272	19	
林西县	3798	74	3	1224	1334	459	389	305	10	
克什克腾旗	3155	138	3	977	920	339	405	362	11	
翁牛特旗	6517	208	6	2301	2576	489	430	483	20	4
喀喇沁旗	5387	244	2	1744	2229	442	372	338	15	1
宁城县	10600	245	3	3028	4994	831	740	735	23	1
敖汉旗	10474	215	5	4478	4057	659	626	421	13	

4-2 续表 7

单位：人

地区 性别	合计	未上过学	学前教育	小学	初中	高中	大学专科	大学本科	硕士研究生	博士研究生
通辽市	**53038**	**622**	**8**	**10526**	**24869**	**5752**	**5136**	**5650**	**445**	**30**
科尔沁区	11870	72	2	1126	5111	2008	1685	1687	164	15
科尔沁左翼中旗	6789	122	1	1448	3534	597	510	558	19	
科尔沁左翼后旗	6971	110	1	1956	3564	578	340	404	18	
开鲁县	6823	53		1543	3921	454	417	411	23	1
库伦旗	3662	64		1012	1749	327	205	289	16	
奈曼旗	6395	80	3	1759	3041	491	506	487	26	2
扎鲁特旗	4967	111		1304	2134	499	428	458	31	2
通辽经济技术开发区	3471	6	1	208	1146	414	628	929	129	10
霍林郭勒市	2090	4		170	669	384	417	427	19	
鄂尔多斯市	**38452**	**2139**	**15**	**6964**	**9066**	**4747**	**6710**	**8197**	**602**	**12**
东胜区	10573	189	2	1099	2568	1528	2247	2741	195	4
康巴什区	2187	19		120	266	179	461	973	167	2
达拉特旗	5783	527	3	1407	1664	636	721	789	36	
准格尔旗	4757	199	2	944	1056	540	872	1085	59	
鄂托克前旗	1890	130	1	509	467	212	290	272	8	1
鄂托克旗	3336	199		670	892	536	582	428	28	1
杭锦旗	2212	223	1	636	505	208	275	350	14	
乌审旗	3440	264		903	795	423	530	509	15	1
伊金霍洛旗	4274	389	6	676	853	485	732	1050	80	3
呼伦贝尔市	**31440**	**172**	**1**	**3525**	**11877**	**4458**	**5691**	**5397**	**309**	**10**
海拉尔区	5810	9		167	1522	1076	1380	1527	122	7
扎赉诺尔区	912			40	320	160	215	172	5	
阿荣旗	3321	28	1	637	1664	281	364	337	9	
莫力达瓦达斡尔族自治旗	2756	40		627	1251	215	302	307	14	
鄂伦春自治旗	1940	24		266	728	245	393	279	5	
鄂温克族自治旗	2197	7		158	566	372	467	565	61	1
陈巴尔虎旗	785	6		94	277	134	157	116	1	
新巴尔虎左旗	788	2		152	308	104	127	92	3	
新巴尔虎右旗	722	4		136	238	112	104	122	6	
满洲里市	2493	2		58	1102	392	471	437	31	
牙克石市	2804	2		59	1029	454	663	569	26	2
扎兰屯市	5214	44		1067	2377	615	591	504	16	
额尔古纳市	935	4		51	305	157	224	188	6	
根河市	763			13	190	141	233	182	4	
巴彦淖尔市	**28166**	**1390**	**4**	**4358**	**10195**	**4283**	**4185**	**3572**	**174**	**5**
临河区	10859	386	1	1152	3416	1870	2035	1861	135	3
五原县	4035	232	1	882	1628	487	456	342	7	
磴口县	1843	132		296	720	264	224	204	3	
乌拉特前旗	4555	332		907	1734	620	583	371	8	
乌拉特中旗	2340	142		492	851	306	272	271	5	1
乌拉特后旗	1080	31		117	409	156	170	188	9	
杭锦后旗	3454	135	2	512	1437	580	445	335	7	1

4-2　续表 8　　　　单位：人

地区 性别	合计	未上过学	学前教育	小学	初中	高中	大学专科	大学本科	硕士研究生	博士研究生
乌兰察布市	**20449**	**1034**	**9**	**4544**	**5755**	**2375**	**3439**	**3047**	**242**	**4**
集宁区	6711	49	1	606	1764	1027	1464	1614	183	3
卓资县	797	28		182	235	93	134	120	5	
化德县	1038	44		256	339	110	179	105	5	
商都县	2123	168	3	779	590	177	252	152	2	
兴和县	899	66	1	219	268	93	155	92	5	
凉城县	1209	167		384	279	88	140	145	6	
察哈尔右翼前旗	1670	111	2	517	510	168	214	141	6	1
察哈尔右翼中旗	1082	80		356	266	96	136	144	4	
察哈尔右翼后旗	1055	51	2	238	300	140	192	125	7	
四子王旗	1824	56		486	660	180	249	180	13	
丰镇市	2041	214		521	544	203	324	229	6	
兴安盟	**21996**	**336**	**4**	**5330**	**8174**	**2239**	**2695**	**3060**	**155**	**3**
乌兰浩特市	5589	16		468	1718	893	1100	1316	76	2
阿尔山市	508	1		22	164	73	123	119	6	
科尔沁右翼前旗	4942	104	1	1564	1838	388	411	599	37	
科尔沁右翼中旗	3409	91	2	964	1325	306	357	343	20	1
扎赉特旗	4148	107	1	1385	1535	301	410	401	8	
突泉县	3400	17		927	1594	278	294	282	8	
锡林郭勒盟	**18780**	**299**		**3527**	**5740**	**2695**	**3085**	**3252**	**178**	**4**
二连浩特市	1316	9		219	414	223	212	226	13	
锡林浩特市	5939	34		542	1690	965	1242	1355	107	4
阿巴嘎旗	793	18		221	240	95	94	122	3	
苏尼特左旗	690	10		208	170	90	92	118	2	
苏尼特右旗	1068	11		238	311	170	178	152	8	
东乌珠穆沁旗	1351	24		386	439	160	160	177	5	
西乌珠穆沁旗	1818	39		475	561	241	224	273	5	
太仆寺旗	1113	61		258	290	139	181	179	5	
镶黄旗	532	7		100	164	85	77	93	6	
正镶白旗	737	20		156	260	89	115	93	4	
正蓝旗	1334	28		316	449	184	193	159	5	
多伦县	1679	34		345	619	202	251	222	6	
乌拉盖管委会	410	4		63	133	52	66	83	9	
阿拉善盟	**5278**	**81**		**590**	**1446**	**791**	**985**	**1311**	**71**	**3**
阿拉善左旗	3680	60		404	1020	532	617	986	58	3
阿拉善右旗	423	3		52	115	57	92	102	2	
额济纳旗	603	10		76	156	98	127	130	6	
内蒙古阿拉善经济开发区	572	8		58	155	104	149	93	5	

4-2a 各地区分性别、受教育程度的就业人口(城市)

单位：人

地区 性别	合计	未上过学	学前教育	小学	初中	高中	大学专科	大学本科	硕士研究生	博士研究生
内蒙古	**388709**	**1367**	**25**	**22280**	**110677**	**76016**	**85288**	**83947**	**8434**	**675**
呼和浩特市	**88703**	**327**	**6**	**4205**	**18638**	**14873**	**21398**	**24945**	**3861**	**450**
新城区	24014	76	2	910	3999	3988	6140	7706	1084	109
回民区	16882	84	1	1095	4905	3617	4009	2857	274	40
玉泉区	19585	103	2	1449	6396	3611	4284	3387	319	34
赛罕区	28222	64	1	751	3338	3657	6965	10995	2184	267
包头市	**79485**	**228**	**9**	**4505**	**22732**	**17279**	**16793**	**16386**	**1439**	**114**
东河区	16256	45	3	825	5727	3976	3074	2452	149	5
昆都仑区	32854	74	3	1854	8754	7405	7125	6909	657	73
青山区	21556	60		1028	5055	4269	5084	5491	536	33
石拐区	509	8		61	234	87	67	47	5	
白云鄂博矿区	1227	5		78	271	434	241	196	2	
九原区	7083	36	3	659	2691	1108	1202	1291	90	3
乌海市	**22534**	**136**	**2**	**1471**	**7524**	**4518**	**5029**	**3592**	**259**	**3**
海勃湾区	14329	78	1	738	3976	2874	3550	2866	243	3
海南区	3178	27	1	343	1429	669	448	257	4	
乌达区	5027	31		390	2119	975	1031	469	12	
赤峰市	**39752**	**53**	**1**	**2437**	**11372**	**8717**	**8771**	**7819**	**554**	**28**
红山区	16727	27		1079	4780	4278	3565	2791	196	11
元宝山区	6434	4	1	297	2395	1355	1273	1071	38	
松山区	16591	22		1061	4197	3084	3933	3957	320	17
通辽市	**22658**	**25**	**2**	**847**	**6993**	**5724**	**4608**	**4115**	**314**	**30**
科尔沁区	16775	18	2	442	4979	4424	3456	3146	279	29
霍林郭勒市	5883	7		405	2014	1300	1152	969	35	1
鄂尔多斯市	**31570**	**263**	**2**	**2765**	**8739**	**4896**	**6531**	**7623**	**737**	**14**
东胜区	26328	230	2	2441	7849	4363	5405	5632	397	9
康巴什区	5197	29		317	859	532	1125	1990	340	5
鄂托克旗	45	4		7	31	1	1	1		
呼伦贝尔市	**35448**	**21**	**1**	**1194**	**12963**	**6800**	**7678**	**6434**	**343**	**14**
海拉尔区	13719	8		428	4058	2764	3232	3011	208	10
扎赉诺尔区	2518	3	1	96	1038	463	563	343	11	
满洲里市	6191	3		149	3024	1044	1050	872	48	1
牙克石市	4470			84	1595	874	1039	845	30	3
扎兰屯市	5649	6		333	2265	1185	1043	786	31	
额尔古纳市	1639	1		86	563	267	413	301	8	
根河市	1262			18	420	203	338	276	7	
巴彦淖尔市	**18640**	**110**		**800**	**5755**	**4077**	**4173**	**3444**	**276**	**5**
临河区	18640	110		800	5755	4077	4173	3444	276	5
乌兰察布市	**20249**	**120**	**2**	**1663**	**6449**	**3627**	**4394**	**3691**	**296**	**7**
集宁区	16393	81	1	1231	4975	3039	3593	3183	283	7
丰镇市	3856	39	1	432	1474	588	801	508	13	
兴安盟	**12458**	**31**		**864**	**3972**	**2325**	**2501**	**2614**	**148**	**3**
乌兰浩特市	11630	30		832	3685	2183	2328	2432	137	3
阿尔山市	828	1		32	287	142	173	182	11	
锡林郭勒盟	**17212**	**53**		**1529**	**5540**	**3180**	**3412**	**3284**	**207**	**7**
二连浩特市	3492	13		489	1305	651	512	500	22	
锡林浩特市	13720	40		1040	4235	2529	2900	2784	185	7

4-2a 续表 1 单位：人

地区 性别	合 计	未上过学	学前教育	小 学	初 中	高 中	大学专科	大学本科	硕士 研究生	博士 研究生
男	**235077**	**550**	**15**	**13632**	**73951**	**49438**	**50009**	**43306**	**3798**	**378**
呼和浩特市	**51724**	**117**	**3**	**2455**	**12366**	**9511**	**12245**	**13033**	**1748**	**246**
新城区	13734	31	1	540	2650	2564	3448	3920	519	61
回民区	10166	30	1	639	3274	2341	2304	1444	117	16
玉泉区	11902	31	1	861	4311	2318	2486	1752	125	17
赛罕区	15922	25		415	2131	2288	4007	5917	987	152
包头市	**49206**	**95**	**6**	**2845**	**15632**	**11451**	**9929**	**8536**	**635**	**77**
东河区	10302	24	2	551	3941	2656	1810	1259	54	5
昆都仑区	20282	32	1	1177	6032	4862	4187	3639	301	51
青山区	12921	20		604	3359	2812	3021	2849	238	18
石拐区	337	4		37	173	58	43	21	1	
白云鄂博矿区	821			50	193	304	162	110	2	
九原区	4543	15	3	426	1934	759	706	658	39	3
乌海市	**14327**	**61**	**1**	**954**	**5312**	**3052**	**3048**	**1780**	**117**	**2**
海勃湾区	8813	30		467	2753	1912	2122	1413	114	2
海南区	2122	13	1	221	1020	468	271	126	2	
乌达区	3392	18		266	1539	672	655	241	1	
赤峰市	**24291**	**18**	**1**	**1398**	**7526**	**5743**	**5267**	**4089**	**237**	**12**
红山区	10143	9		653	3099	2750	2117	1428	82	5
元宝山区	4278	1	1	178	1721	1003	800	557	17	
松山区	9870	8		567	2706	1990	2350	2104	138	7
通辽市	**13564**	**12**	**1**	**524**	**4342**	**3695**	**2697**	**2141**	**136**	**16**
科尔沁区	9676	8	1	269	2965	2755	1956	1587	120	15
霍林郭勒市	3888	4		255	1377	940	741	554	16	1
鄂尔多斯市	**19138**	**91**	**1**	**1653**	**6000**	**3222**	**3858**	**3930**	**375**	**8**
东胜区	16092	78	1	1453	5380	2868	3193	2912	202	5
康巴什区	3010	10		197	593	353	664	1017	173	3
鄂托克旗	36	3		3	27	1	1	1		
呼伦贝尔市	**21327**	**12**	**1**	**787**	**8461**	**4234**	**4483**	**3202**	**141**	**6**
海拉尔区	8064	2		283	2633	1700	1869	1488	86	3
扎赉诺尔区	1636	3	1	61	727	310	353	175	6	
满洲里市	3750	2		101	1946	654	590	439	17	1
牙克石市	2717			60	1030	570	624	422	9	2
扎兰屯市	3348	5		211	1426	729	601	360	16	
额尔古纳市	1012			59	391	151	247	161	3	
根河市	800			12	308	120	199	157	4	
巴彦淖尔市	**10950**	**42**		**514**	**3700**	**2521**	**2372**	**1656**	**143**	**2**
临河区	10950	42		514	3700	2521	2372	1656	143	2
乌兰察布市	**12750**	**53**	**1**	**984**	**4448**	**2492**	**2720**	**1939**	**109**	**4**
集宁区	10109	37		694	3347	2073	2215	1637	102	4
丰镇市	2641	16	1	290	1101	419	505	302	7	
兴安盟	**7214**	**23**		**567**	**2455**	**1452**	**1381**	**1265**	**70**	**1**
乌兰浩特市	6709	23		545	2278	1353	1281	1164	64	1
阿尔山市	505			22	177	99	100	101	6	
锡林郭勒盟	**10586**	**26**		**951**	**3709**	**2065**	**2009**	**1735**	**87**	**4**
二连浩特市	2242	7		298	912	435	304	277	9	
锡林浩特市	8344	19		653	2797	1630	1705	1458	78	4

4-2a 续表 2　　单位：人

地区 性别	合计	未上过学	学前教育	小学	初中	高中	大学专科	大学本科	硕士 研究生	博士 研究生
女	**153632**	**817**	**10**	**8648**	**36726**	**26578**	**35279**	**40641**	**4636**	**297**
呼和浩特市	**36979**	**210**	**3**	**1750**	**6272**	**5362**	**9153**	**11912**	**2113**	**204**
新城区	10280	45	1	370	1349	1424	2692	3786	565	48
回民区	6716	54		456	1631	1276	1705	1413	157	24
玉泉区	7683	72	1	588	2085	1293	1798	1635	194	17
赛罕区	12300	39	1	336	1207	1369	2958	5078	1197	115
包头市	**30279**	**133**	**3**	**1660**	**7100**	**5828**	**6864**	**7850**	**804**	**37**
东河区	5954	21	1	274	1786	1320	1264	1193	95	
昆都仑区	12572	42	2	677	2722	2543	2938	3270	356	22
青山区	8635	40		424	1696	1457	2063	2642	298	15
石拐区	172	4		24	61	29	24	26	4	
白云鄂博矿区	406	5		28	78	130	79	86		
九原区	2540	21		233	757	349	496	633	51	
乌海市	**8207**	**75**	**1**	**517**	**2212**	**1466**	**1981**	**1812**	**142**	**1**
海勃湾区	5516	48	1	271	1223	962	1428	1453	129	1
海南区	1056	14		122	409	201	177	131	2	
乌达区	1635	13		124	580	303	376	228	11	
赤峰市	**15461**	**35**		**1039**	**3846**	**2974**	**3504**	**3730**	**317**	**16**
红山区	6584	18		426	1681	1528	1448	1363	114	6
元宝山区	2156	3		119	674	352	473	514	21	
松山区	6721	14		494	1491	1094	1583	1853	182	10
通辽市	**9094**	**13**	**1**	**323**	**2651**	**2029**	**1911**	**1974**	**178**	**14**
科尔沁区	7099	10	1	173	2014	1669	1500	1559	159	14
霍林郭勒市	1995	3		150	637	360	411	415	19	
鄂尔多斯市	**12432**	**172**	**1**	**1112**	**2739**	**1674**	**2673**	**3693**	**362**	**6**
东胜区	10236	152	1	988	2469	1495	2212	2720	195	4
康巴什区	2187	19		120	266	179	461	973	167	2
鄂托克旗	9	1		4	4					
呼伦贝尔市	**14121**	**9**		**407**	**4502**	**2566**	**3195**	**3232**	**202**	**8**
海拉尔区	5655	6		145	1425	1064	1363	1523	122	7
扎赉诺尔区	882			35	311	153	210	168	5	
满洲里市	2441	1		48	1078	390	460	433	31	
牙克石市	1753			24	565	304	415	423	21	1
扎兰屯市	2301	1		122	839	456	442	426	15	
额尔古纳市	627	1		27	172	116	166	140	5	
根河市	462			6	112	83	139	119	3	
巴彦淖尔市	**7690**	**68**		**286**	**2055**	**1556**	**1801**	**1788**	**133**	**3**
临河区	7690	68		286	2055	1556	1801	1788	133	3
乌兰察布市	**7499**	**67**	**1**	**679**	**2001**	**1135**	**1674**	**1752**	**187**	**3**
集宁区	6284	44	1	537	1628	966	1378	1546	181	3
丰镇市	1215	23		142	373	169	296	206	6	
兴安盟	**5244**	**8**		**297**	**1517**	**873**	**1120**	**1349**	**78**	**2**
乌兰浩特市	4921	7		287	1407	830	1047	1268	73	2
阿尔山市	323	1		10	110	43	73	81	5	
锡林郭勒盟	**6626**	**27**		**578**	**1831**	**1115**	**1403**	**1549**	**120**	**3**
二连浩特市	1250	6		191	393	216	208	223	13	
锡林浩特市	5376	21		387	1438	899	1195	1326	107	3

4−2b　各地区分性别、受教育程度的就业人口(镇)

单位：人

地区 性别	合计	未上过学	学前教育	小学	初中	高中	大学专科	大学本科	硕士研究生	博士研究生
内蒙古	**284363**	**2101**	**24**	**30120**	**105926**	**47911**	**51669**	**44368**	**2147**	**97**
呼和浩特市	**18603**	**134**	**1**	**1679**	**7026**	**3168**	**3914**	**2474**	**195**	**12**
新城区	74	1		13	38	10	9	3		
回民区										
玉泉区										
赛罕区	49	2		5	30	4	7	1		
土默特左旗	3724	22		425	1627	600	674	362	12	2
托克托县	3242	21		231	1370	601	592	414	13	
和林格尔县	2783	20		259	1068	421	583	397	31	4
清水河县	1345	17		173	431	214	240	259	11	
武川县	1855	14		177	779	350	330	197	6	2
呼和浩特经济技术开发区	5531	37	1	396	1683	968	1479	841	122	4
包头市	**20244**	**198**	**1**	**2360**	**7708**	**3264**	**3191**	**3239**	**265**	**18**
东河区	1047	4	1	148	513	168	131	77	5	
昆都仑区	67			1	11	18	25	12		
青山区	185			5	41	49	69	20	1	
石拐区	266	4		29	148	62	20	3		
白云鄂博矿区										
九原区	546	7		115	294	79	27	24		
土默特右旗	5309	50		589	2474	820	671	671	33	1
固阳县	2609	12		387	1113	528	303	261	5	
达尔罕茂明安联合旗	1545	12		170	591	239	256	273	4	
包头稀土高新技术产业开发区	8670	109		916	2523	1301	1689	1898	217	17
乌海市	**1132**	**31**		**219**	**580**	**177**	**85**	**38**	**2**	
海勃湾区	206	7		64	94	29	8	3	1	
海南区	809	22		128	428	132	63	35	1	
乌达区	117	2		27	58	16	14			
赤峰市	**50153**	**194**	**7**	**7300**	**20156**	**8312**	**7554**	**6449**	**171**	**10**
红山区	1030	17		256	503	156	67	29	2	
元宝山区	964	2		130	514	154	123	41		
松山区	1157	15		323	586	137	68	26	2	
阿鲁科尔沁旗	4347	3		548	1783	637	619	739	18	
巴林左旗	6358	12	3	859	2682	1231	834	719	17	1
巴林右旗	4074	14		539	1602	658	741	492	28	
林西县	4969	11		853	1838	927	819	509	11	1
克什克腾旗	3876	17	1	470	1180	762	814	617	15	
翁牛特旗	5282	39	3	947	1996	730	739	802	21	5
喀喇沁旗	4597	27		596	1923	777	661	587	24	2
宁城县	7153	15		623	2936	1196	1160	1201	21	1
敖汉旗	6346	22		1156	2613	947	909	687	12	

4-2b 续表 1

单位：人

地区 性别	合计	未上过学	学前教育	小学	初中	高中	大学专科	大学本科	硕士研究生	博士研究生
通辽市	**35540**	**136**	**1**	**3153**	**14572**	**5755**	**5590**	**5924**	**381**	**28**
科尔沁区	1778	9		220	1189	202	91	62	5	
科尔沁左翼中旗	4761	22		501	2133	791	685	613	14	2
科尔沁左翼后旗	4173	28		433	1651	820	623	598	20	
开鲁县	5323	14		462	2604	750	743	720	29	1
库伦旗	2729	18		327	991	474	383	517	19	
奈曼旗	5134	12		519	2202	748	861	752	39	1
扎鲁特旗	4847	28		453	1911	879	767	761	45	3
通辽经济技术开发区	6793	5	1	238	1890	1090	1437	1901	210	21
霍林郭勒市	2				1	1				
鄂尔多斯市	**48691**	**682**	**8**	**5569**	**14890**	**8011**	**10015**	**9038**	**466**	**12**
东胜区	213	3		34	84	37	32	21	2	
康巴什区										
达拉特旗	9208	121		942	3437	1544	1719	1392	52	1
准格尔旗	11237	120	1	1395	3403	1687	2225	2285	120	1
鄂托克前旗	2753	38		320	785	413	648	530	18	1
鄂托克旗	6722	158	1	830	2202	1323	1353	810	43	2
杭锦旗	3339	54		378	964	500	749	664	29	1
乌审旗	5465	52		613	1405	980	1261	1118	35	1
伊金霍洛旗	9754	136	6	1057	2610	1527	2028	2218	167	5
呼伦贝尔市	**25252**	**69**		**1690**	**10654**	**4092**	**4842**	**3733**	**166**	**6**
海拉尔区	50	3		3	32	6	5	1		
扎赉诺尔区	113			12	58	19	17	7		
阿荣旗	4353	7		320	2155	602	685	570	14	
莫力达瓦达斡尔族自治旗	2673	18		238	1179	346	472	405	15	
鄂伦春自治旗	3904	10		231	1642	678	849	485	9	
鄂温克族自治旗	4265	4		168	1077	801	1001	1107	102	5
陈巴尔虎旗	1551	5		102	663	296	288	194	3	
新巴尔虎左旗	975	2		89	336	166	226	153	3	
新巴尔虎右旗	1112	4		163	326	191	206	213	9	
满洲里市	138	2		20	82	8	17	9		
牙克石市	3208	4		124	1684	523	573	291	8	1
扎兰屯市	1314	8		170	714	171	157	94		
额尔古纳市	399	1		20	156	70	86	65	1	
根河市	1197	1		30	550	215	260	139	2	
巴彦淖尔市	**23383**	**280**	**2**	**1942**	**9208**	**4758**	**4200**	**2910**	**80**	**3**
临河区	747	50		186	369	86	40	16		
五原县	4783	35		413	2002	949	833	541	10	
磴口县	2310	32		150	817	493	474	335	8	1
乌拉特前旗	5990	85		520	2505	1184	1065	619	11	1
乌拉特中旗	2802	28		280	870	543	554	510	17	
乌拉特后旗	1819	15		107	618	335	385	343	16	
杭锦后旗	4932	35	2	286	2027	1168	849	546	18	1

4-2b　续表 2　　　　单位：人

地区 性别	合计	未上过学	学前教育	小学	初中	高中	大学专科	大学本科	硕士研究生	博士研究生
乌兰察布市	**18616**	**156**	**2**	**2296**	**7144**	**3008**	**3643**	**2291**	**75**	**1**
集宁区	423	2		45	197	65	69	43	2	
卓资县	1413	8		102	516	236	312	232	7	
化德县	2068	9		332	810	292	406	213	6	
商都县	2791	17	1	347	1090	461	580	290	5	
兴和县	1963	12		256	820	306	369	194	6	
凉城县	1616	33		234	520	228	325	267	9	
察哈尔右翼前旗	2260	19		261	895	382	417	276	9	1
察哈尔右翼中旗	1106	11		141	324	178	242	204	6	
察哈尔右翼后旗	2040	17		236	744	379	437	219	8	
四子王旗	2437	18		251	988	401	445	318	16	
丰镇市	499	10	1	91	240	80	41	35	1	
兴安盟	**15919**	**57**	**1**	**1386**	**5906**	**2540**	**3103**	**2799**	**126**	**1**
乌兰浩特市	537	6		72	230	95	75	55	4	
阿尔山市	479			20	185	82	115	74	3	
科尔沁右翼前旗	3691	9	1	226	1111	540	764	974	65	1
科尔沁右翼中旗	3645	16		297	1362	650	750	545	25	
扎赉特旗	4650	25		573	1871	625	856	684	16	
突泉县	2917	1		198	1147	548	543	467	13	
锡林郭勒盟	**16347**	**98**	**1**	**1790**	**5241**	**2858**	**3300**	**2953**	**103**	**3**
二连浩特市	68	2		19	29	15	3			
锡林浩特市	222	2		12	48	74	60	26		
阿巴嘎旗	979	7		121	297	160	172	213	9	
苏尼特左旗	703	6		67	183	112	181	150	4	
苏尼特右旗	1798	6		204	593	367	361	257	10	
东乌珠穆沁旗	1819	15		309	610	283	303	290	8	1
西乌珠穆沁旗	2474	17		260	808	489	422	464	14	
太仆寺旗	1501	6		131	459	251	337	308	9	
镶黄旗	746	6		61	190	132	154	190	13	
正镶白旗	913	9		92	245	157	239	166	5	
正蓝旗	1407	6		112	394	261	336	291	6	1
多伦县	2751	9	1	288	1041	418	546	432	15	1
乌拉盖管委会	966	7		114	344	139	186	166	10	
阿拉善盟	**10483**	**66**		**736**	**2841**	**1968**	**2232**	**2520**	**117**	**3**
阿拉善左旗	6944	42		473	1865	1243	1358	1865	95	3
阿拉善右旗	826	3		53	224	141	196	207	2	
额济纳旗	1173	10		89	327	232	273	232	10	
内蒙古阿拉善经济开发区	1540	11		121	425	352	405	216	10	

4−2b 续表 3

单位：人

地区 性别	合计	未上过学	学前教育	小学	初中	高中	大学专科	大学本科	硕士研究生	博士研究生
男	**177589**	**811**	**13**	**18198**	**71105**	**32213**	**31355**	**22891**	**950**	**53**
呼和浩特市	**12253**	**48**	**1**	**1067**	**5032**	**2260**	**2427**	**1330**	**83**	**5**
新城区	53			11	26	7	6	3		
回民区										
玉泉区										
赛罕区	30	1		1	21	3	4			
土默特左旗	2473	8		275	1150	430	420	186	4	
托克托县	2197	7		155	981	449	373	227	5	
和林格尔县	1772	5		165	728	281	361	221	8	3
清水河县	905	7		106	351	154	143	139	5	
武川县	1213	4		113	549	250	196	97	3	1
呼和浩特经济技术开发区	3610	16	1	241	1226	686	924	457	58	1
包头市	**13186**	**92**	**1**	**1495**	**5519**	**2263**	**1988**	**1694**	**121**	**13**
东河区	688	1	1	99	342	121	82	40	2	
昆都仑区	57				9	16	22	10		
青山区	152			2	32	42	61	14	1	
石拐区	203	2		18	116	50	14	3		
白云鄂博矿区										
九原区	386	2		75	214	56	18	21		
土默特右旗	3464	23		365	1752	561	413	338	11	1
固阳县	1814	7		247	823	391	213	130	3	
达尔罕茂明安联合旗	977	4		108	420	157	156	131	1	
包头稀土高新技术产业开发区	5445	53		581	1811	869	1009	1007	103	12
乌海市	**868**	**13**		**148**	**460**	**146**	**71**	**29**	**1**	
海勃湾区	138	2		41	65	19	7	3	1	
海南区	644	10		87	354	113	54	26		
乌达区	86	1		20	41	14	10			
赤峰市	**29808**	**59**	**3**	**4135**	**12444**	**5392**	**4404**	**3306**	**61**	**4**
红山区	665	7		149	338	110	43	18		
元宝山区	667	1		87	366	106	83	24		
松山区	718	3		173	375	103	46	17	1	
阿鲁科尔沁旗	2675	2		333	1175	411	378	369	7	
巴林左旗	3257	3	1	382	1388	703	440	334	6	
巴林右旗	2547	4		332	1034	439	461	266	11	
林西县	3070	4		524	1194	600	490	254	3	1
克什克腾旗	2413	5	1	287	775	543	484	312	6	
翁牛特旗	3230	12	1	556	1276	490	449	439	6	1
喀喇沁旗	2822	8		345	1223	530	395	311	9	1
宁城县	4050	5		334	1696	763	639	605	7	1
敖汉旗	3694	5		633	1604	594	496	357	5	

4-2b 续表 4

单位：人

地区 性别	合计	未上过学	学前教育	小学	初中	高中	大学专科	大学本科	硕士研究生	博士研究生
通辽市	**20581**	**61**		**1791**	**8811**	**3650**	**3206**	**2903**	**145**	**14**
科尔沁区	1071	7		143	711	119	56	32	3	
科尔沁左翼中旗	2800	10		299	1340	490	375	280	4	2
科尔沁左翼后旗	2443	13		247	997	530	363	285	8	
开鲁县	2950	4		226	1479	462	421	350	8	
库伦旗	1571	6		161	599	298	237	264	6	
奈曼旗	2973	5		308	1323	477	492	353	15	
扎鲁特旗	2888	14		260	1228	567	439	361	18	1
通辽经济技术开发区	3883	2		147	1133	706	823	978	83	11
霍林郭勒市	2				1	1				
鄂尔多斯市	**32121**	**222**	**4**	**3433**	**10912**	**5737**	**6585**	**4978**	**243**	**7**
东胜区	172	1		22	72	31	28	16	2	
康巴什区										
达拉特旗	5949	42		580	2483	1068	1085	669	21	1
准格尔旗	7803	42		948	2679	1254	1489	1323	67	1
鄂托克前旗	1675	15		164	529	269	403	285	10	
鄂托克旗	4334	47	1	497	1551	927	866	426	18	1
杭锦旗	2104	19		215	677	351	499	325	17	1
乌审旗	3584	16		337	948	703	855	703	21	1
伊金霍洛旗	6500	40	3	670	1973	1134	1360	1231	87	2
呼伦贝尔市	**16286**	**38**		**1107**	**7470**	**2770**	**2906**	**1920**	**71**	**4**
海拉尔区	34	2		1	22	6	3			
扎赉诺尔区	83			7	49	12	12	3		
阿荣旗	2697	3		190	1420	383	415	279	7	
莫力达瓦达斡尔族自治旗	1614	9		150	755	218	276	199	7	
鄂伦春自治旗	2559	6		166	1184	471	495	233	4	
鄂温克族自治旗	2582	2		111	703	523	600	598	41	4
陈巴尔虎旗	1053	3		74	517	202	162	93	2	
新巴尔虎左旗	578	2		55	202	109	124	85	1	
新巴尔虎右旗	668	2		111	207	118	125	101	4	
满洲里市	86	1		10	58	6	6	5		
牙克石市	2297	2		93	1290	387	367	155	3	
扎兰屯市	853	4		102	473	121	101	52		
额尔古纳市	284	1		13	118	57	54	40	1	
根河市	898	1		24	472	157	166	77	1	
巴彦淖尔市	**14114**	**90**		**1179**	**6058**	**3004**	**2373**	**1363**	**45**	**2**
临河区	421	14		92	228	62	21	4		
五原县	2909	17		278	1311	604	454	241	4	
磴口县	1355	8		95	508	302	284	152	5	1
乌拉特前旗	3677	29		308	1686	765	580	303	5	1
乌拉特中旗	1702	7		171	586	338	326	261	13	
乌拉特后旗	1129	6		70	416	225	240	165	7	
杭锦后旗	2921	9		165	1323	708	468	237	11	

4-2b 续表 5　　单位：人

地　区 性　别	合　计	未上过学	学前教育	小　学	初　中	高　中	大学专科	大学本科	硕　士 研究生	博　士 研究生
乌兰察布市	**12517**	**70**	**2**	**1487**	**5264**	**2145**	**2278**	**1242**	**29**	
集宁区	277	2		37	147	36	36	17	2	
卓资县	929	3		62	381	160	197	124	2	
化德县	1338	3		211	559	197	247	119	2	
商都县	1869	9	1	232	780	334	362	148	3	
兴和县	1429	6		192	646	228	239	116	2	
凉城县	1094	19		151	392	175	213	140	4	
察哈尔右翼前旗	1504	6		153	650	270	258	163	4	
察哈尔右翼中旗	731	5		94	239	132	155	103	3	
察哈尔右翼后旗	1381	5		150	570	270	272	113	1	
四子王旗	1572	7		151	692	277	265	175	5	
丰镇市	393	5	1	54	208	66	34	24	1	
兴安盟	**9523**	**35**	**1**	**835**	**3806**	**1664**	**1808**	**1317**	**56**	**1**
乌兰浩特市	320	2		45	145	60	47	20	1	
阿尔山市	318			15	139	59	66	36	3	
科尔沁右翼前旗	2167	4	1	131	718	350	457	474	31	1
科尔沁右翼中旗	2148	9		164	859	435	433	240	8	
扎赉特旗	2857	19		362	1228	400	506	334	8	
突泉县	1713	1		118	717	360	299	213	5	
锡林郭勒盟	**10068**	**50**	**1**	**1101**	**3515**	**1864**	**1960**	**1526**	**48**	**3**
二连浩特市	58	2		13	26	14	3			
锡林浩特市	180	1		7	39	66	47	20		
阿巴嘎旗	631	2		77	213	106	109	118	6	
苏尼特左旗	421	2		43	126	73	111	64	2	
苏尼特右旗	1120	3		105	427	246	209	128	2	
东乌珠穆沁旗	1109	11		185	411	175	178	145	3	1
西乌珠穆沁旗	1494	6		149	508	331	254	237	9	
太仆寺旗	928	3		95	337	165	183	141	4	
镶黄旗	458	5		41	128	81	90	106	7	
正镶白旗	567	5		67	160	99	146	89	1	
正蓝旗	855	2		72	248	168	187	173	4	1
多伦县	1625	4	1	174	643	249	323	221	9	1
乌拉盖管委会	622	4		73	249	91	120	84	1	
阿拉善盟	**6264**	**33**		**420**	**1814**	**1318**	**1349**	**1283**	**47**	
阿拉善左旗	4017	23		270	1169	797	798	923	37	
阿拉善右旗	502	2		31	145	97	114	113		
额济纳旗	712	4		48	214	158	164	119	5	
内蒙古阿拉善经济开发区	1033	4		71	286	266	273	128	5	

4-2b　续表 6　　　　单位：人

地区 性别	合计	未上过学	学前教育	小学	初中	高中	大学专科	大学本科	硕士研究生	博士研究生
女	**106774**	**1290**	**11**	**11922**	**34821**	**15698**	**20314**	**21477**	**1197**	**44**
呼和浩特市	**6350**	**86**		**612**	**1994**	**908**	**1487**	**1144**	**112**	**7**
新城区	21	1		2	12	3	3			
回民区										
玉泉区										
赛罕区	19	1		4	9	1	3	1		
土默特左旗	1251	14		150	477	170	254	176	8	2
托克托县	1045	14		76	389	152	219	187	8	
和林格尔县	1011	15		94	340	140	222	176	23	1
清水河县	440	10		67	80	60	97	120	6	
武川县	642	10		64	230	100	134	100	3	1
呼和浩特经济技术开发区	1921	21		155	457	282	555	384	64	3
包头市	**7058**	**106**		**865**	**2189**	**1001**	**1203**	**1545**	**144**	**5**
东河区	359	3		49	171	47	49	37	3	
昆都仑区	10			1	2	2	3	2		
青山区	33			3	9	7	8	6		
石拐区	63	2		11	32	12	6			
白云鄂博矿区										
九原区	160	5		40	80	23	9	3		
土默特右旗	1845	27		224	722	259	258	333	22	
固阳县	795	5		140	290	137	90	131	2	
达尔罕茂明安联合旗	568	8		62	171	82	100	142	3	
包头稀土高新技术产业开发区	3225	56		335	712	432	680	891	114	5
乌海市	**264**	**18**		**71**	**120**	**31**	**14**	**9**	**1**	
海勃湾区	68	5		23	29	10	1			
海南区	165	12		41	74	19	9	9	1	
乌达区	31	1		7	17	2	4			
赤峰市	**20345**	**135**	**4**	**3165**	**7712**	**2920**	**3150**	**3143**	**110**	**6**
红山区	365	10		107	165	46	24	11	2	
元宝山区	297	1		43	148	48	40	17		
松山区	439	12		150	211	34	22	9	1	
阿鲁科尔沁旗	1672	1		215	608	226	241	370	11	
巴林左旗	3101	9	2	477	1294	528	394	385	11	1
巴林右旗	1527	10		207	568	219	280	226	17	
林西县	1899	7		329	644	327	329	255	8	
克什克腾旗	1463	12		183	405	219	330	305	9	
翁牛特旗	2052	27	2	391	720	240	290	363	15	4
喀喇沁旗	1775	19		251	700	247	266	276	15	1
宁城县	3103	10		289	1240	433	521	596	14	
敖汉旗	2652	17		523	1009	353	413	330	7	

4-2b 续表 7 单位：人

地区 性别	合计	未上过学	学前教育	小学	初中	高中	大学专科	大学本科	硕士研究生	博士研究生
通辽市	**14959**	**75**	**1**	**1362**	**5761**	**2105**	**2384**	**3021**	**236**	**14**
科尔沁区	707	2		77	478	83	35	30	2	
科尔沁左翼中旗	1961	12		202	793	301	310	333	10	
科尔沁左翼后旗	1730	15		186	654	290	260	313	12	
开鲁县	2373	10		236	1125	288	322	370	21	1
库伦旗	1158	12		166	392	176	146	253	13	
奈曼旗	2161	7		211	879	271	369	399	24	1
扎鲁特旗	1959	14		193	683	312	328	400	27	2
通辽经济技术开发区	2910	3	1	91	757	384	614	923	127	10
霍林郭勒市										
鄂尔多斯市	**16570**	**460**	**4**	**2136**	**3978**	**2274**	**3430**	**4060**	**223**	**5**
东胜区	41	2		12	12	6	4	5		
康巴什区										
达拉特旗	3259	79		362	954	476	634	723	31	
准格尔旗	3434	78	1	447	724	433	736	962	53	
鄂托克前旗	1078	23		156	256	144	245	245	8	1
鄂托克旗	2388	111		333	651	396	487	384	25	1
杭锦旗	1235	35		163	287	149	250	339	12	
乌审旗	1881	36		276	457	277	406	415	14	
伊金霍洛旗	3254	96	3	387	637	393	668	987	80	3
呼伦贝尔市	**8966**	**31**		**583**	**3184**	**1322**	**1936**	**1813**	**95**	**2**
海拉尔区	16	1		2	10		2	1		
扎赉诺尔区	30			5	9	7	5	4		
阿荣旗	1656	4		130	735	219	270	291	7	
莫力达瓦达斡尔族自治旗	1059	9		88	424	128	196	206	8	
鄂伦春自治旗	1345	4		65	458	207	354	252	5	
鄂温克族自治旗	1683	2		57	374	278	401	509	61	1
陈巴尔虎旗	498	2		28	146	94	126	101	1	
新巴尔虎左旗	397			34	134	57	102	68	2	
新巴尔虎右旗	444	2		52	119	73	81	112	5	
满洲里市	52	1		10	24	2	11	4		
牙克石市	911	2		31	394	136	206	136	5	1
扎兰屯市	461	4		68	241	50	56	42		
额尔古纳市	115			7	38	13	32	25		
根河市	299			6	78	58	94	62	1	
巴彦淖尔市	**9269**	**190**	**2**	**763**	**3150**	**1754**	**1827**	**1547**	**35**	**1**
临河区	326	36		94	141	24	19	12		
五原县	1874	18		135	691	345	379	300	6	
磴口县	955	24		55	309	191	190	183	3	
乌拉特前旗	2313	56		212	819	419	485	316	6	
乌拉特中旗	1100	21		109	284	205	228	249	4	
乌拉特后旗	690	9		37	202	110	145	178	9	
杭锦后旗	2011	26	2	121	704	460	381	309	7	1

4-2b　续表 8　　单位：人

地　区 性　别	合　计	未上过学	学前教育	小　学	初　中	高　中	大学专科	大学本科	硕　士 研究生	博　士 研究生
乌兰察布市	**6099**	**86**		**809**	**1880**	**863**	**1365**	**1049**	**46**	**1**
集宁区	146			8	50	29	33	26		
卓资县	484	5		40	135	76	115	108	5	
化德县	730	6		121	251	95	159	94	4	
商都县	922	8		115	310	127	218	142	2	
兴和县	534	6		64	174	78	130	78	4	
凉城县	522	14		83	128	53	112	127	5	
察哈尔右翼前旗	756	13		108	245	112	159	113	5	1
察哈尔右翼中旗	375	6		47	85	46	87	101	3	
察哈尔右翼后旗	659	12		86	174	109	165	106	7	
四子王旗	865	11		100	296	124	180	143	11	
丰镇市	106	5		37	32	14	7	11		
兴安盟	**6396**	**22**		**551**	**2100**	**876**	**1295**	**1482**	**70**	
乌兰浩特市	217	4		27	85	35	28	35	3	
阿尔山市	161			5	46	23	49	38		
科尔沁右翼前旗	1524	5		95	393	190	307	500	34	
科尔沁右翼中旗	1497	7		133	503	215	317	305	17	
扎赉特旗	1793	6		211	643	225	350	350	8	
突泉县	1204			80	430	188	244	254	8	
锡林郭勒盟	**6279**	**48**		**689**	**1726**	**994**	**1340**	**1427**	**55**	
二连浩特市	10			6	3	1				
锡林浩特市	42	1		5	9	8	13	6		
阿巴嘎旗	348	5		44	84	54	63	95	3	
苏尼特左旗	282	4		24	57	39	70	86	2	
苏尼特右旗	678	3		99	166	121	152	129	8	
东乌珠穆沁旗	710	4		124	199	108	125	145	5	
西乌珠穆沁旗	980	11		111	300	158	168	227	5	
太仆寺旗	573	3		36	122	86	154	167	5	
镶黄旗	288	1		20	62	51	64	84	6	
正镶白旗	346	4		25	85	58	93	77	4	
正蓝旗	552	4		40	146	93	149	118	2	
多伦县	1126	5		114	398	169	223	211	6	
乌拉盖管委会	344	3		41	95	48	66	82	9	
阿拉善盟	**4219**	**33**		**316**	**1027**	**650**	**883**	**1237**	**70**	**3**
阿拉善左旗	2927	19		203	696	446	560	942	58	3
阿拉善右旗	324	1		22	79	44	82	94	2	
额济纳旗	461	6		41	113	74	109	113	5	
内蒙古阿拉善经济开发区	507	7		50	139	86	132	88	5	

4-2c 各地区分性别、受教育程度的就业人口(乡村)

单位：人

地区 性别	合计	未上过学	学前教育	小学	初中	高中	大学专科	大学本科	硕士研究生	博士研究生
内蒙古	**376478**	**11127**	**121**	**114472**	**183532**	**36116**	**20195**	**10547**	**346**	**22**
呼和浩特市	**26035**	**1020**	**7**	**6619**	**12574**	**3121**	**1821**	**825**	**42**	**6**
新城区	2866	23		511	1605	349	242	123	12	1
回民区	811	10		116	360	151	113	61		
玉泉区	2213	39	2	476	1123	308	191	67	6	1
赛罕区	5281	100	2	1101	2758	689	430	183	16	2
土默特左旗	5276	219	1	1448	2704	533	276	94	1	
托克托县	3767	200		1014	1720	441	268	122	2	
和林格尔县	3121	247		957	1267	355	183	107	3	2
清水河县	1335	115	2	465	486	160	64	42	1	
武川县	1365	67		531	551	135	54	26	1	
呼和浩特经济技术开发区										
包头市	**22274**	**800**	**9**	**5963**	**11355**	**2398**	**1158**	**572**	**18**	**1**
东河区	2570	56	2	550	1471	288	146	55	2	
昆都仑区	1167	11		246	632	168	88	21	1	
青山区	1090	17	1	260	601	132	54	23	2	
石拐区	234	13		65	108	25	15	8		
白云鄂博矿区										
九原区	2485	65	1	529	1368	288	161	70	3	
土默特右旗	8042	457	3	2314	4105	682	302	175	3	1
固阳县	5100	120	2	1435	2394	665	316	162	6	
达尔罕茂明安联合旗	1265	52		478	513	111	61	50		
包头稀土高新技术产业开发区	321	9		86	163	39	15	8	1	
乌海市	**1611**	**34**		**266**	**792**	**281**	**176**	**61**	**1**	
海勃湾区	1069	22		190	511	176	124	45	1	
海南区	542	12		76	281	105	52	16		
乌达区										
赤峰市	**103431**	**1979**	**47**	**36047**	**49077**	**8684**	**4881**	**2609**	**103**	**4**
红山区	505	12		146	250	58	30	7	1	1
元宝山区	2185	25	1	542	1227	222	115	52	1	
松山区	13884	253	3	4022	6301	1497	1134	636	38	
阿鲁科尔沁旗	6857	74	1	2416	3360	506	271	221	8	
巴林左旗	12414	102	7	4223	5691	1194	786	400	9	2
巴林右旗	4146	118	1	1737	1759	309	118	101	3	
林西县	4574	100	3	1887	1878	436	178	88	4	
克什克腾旗	4462	161	4	1664	1600	562	282	183	6	
翁牛特旗	10407	246	5	3705	4849	845	470	281	6	
喀喇沁旗	8730	282	5	3098	4198	737	273	132	5	
宁城县	17837	334	6	5277	9952	1244	680	330	13	1
敖汉旗	17430	272	11	7330	8012	1074	544	178	9	

4-2c　续表 1　　　　单位：人

地区 性别	合计	未上过学	学前教育	小学	初中	高中	大学专科	大学本科	硕士 研究生	博士 研究生
通辽市	**68300**	**921**	**10**	**18369**	**40796**	**4789**	**2067**	**1305**	**39**	**4**
科尔沁区	10109	106	1	1956	6798	727	353	162	5	1
科尔沁左翼中旗	12175	225	1	2941	7210	846	509	429	13	1
科尔沁左翼后旗	11782	168	2	3641	6765	827	218	154	7	
开鲁县	9855	68		2550	6395	512	215	113	2	
库伦旗	5543	75		1633	3167	449	129	87	3	
奈曼旗	9811	107	4	3039	5516	623	332	185	3	2
扎鲁特旗	7204	164	2	2261	3806	600	239	128	4	
通辽经济技术开发区	1475	4		293	1016	95	42	23	2	
霍林郭勒市	346	4		55	123	110	30	24		
鄂尔多斯市	**32696**	**2024**	**17**	**8600**	**11741**	**4936**	**3436**	**1879**	**60**	**3**
东胜区	1679	49	1	296	795	291	162	83	2	
康巴什区										
达拉特旗	7011	573	6	2310	2785	756	355	217	9	
准格尔旗	6585	175	2	1430	2383	1026	942	608	19	
鄂托克前旗	2628	162	1	715	987	438	220	104	1	
鄂托克旗	2977	130		690	1082	512	383	175	5	
杭锦旗	2364	239	1	1013	745	218	96	48	4	
乌审旗	4955	311		1289	1439	796	758	353	8	1
伊金霍洛旗	4497	385	6	857	1525	899	520	291	12	2
呼伦贝尔市	**24213**	**264**	**3**	**6567**	**13153**	**1988**	**1450**	**765**	**23**	
海拉尔区	454	3		58	283	54	44	12		
扎赉诺尔区										
阿荣旗	4965	44	1	1296	3005	279	232	105	3	
莫力达瓦达斡尔族自治旗	5040	67	1	1524	2696	286	268	191	7	
鄂伦春自治旗	1693	37	1	471	867	162	93	60	2	
鄂温克族自治旗	1386	9		249	556	289	168	111	4	
陈巴尔虎旗	840	8		166	418	110	96	42		
新巴尔虎左旗	959	6		275	425	130	65	56	2	
新巴尔虎右旗	1028	11		276	490	132	68	49	2	
满洲里市										
牙克石市	545			12	352	66	93	22		
扎兰屯市	6635	71		2174	3696	393	226	74	1	
额尔古纳市	663	8		64	363	87	97	42	2	
根河市	5			2	2			1		
巴彦淖尔市	**29469**	**1608**	**7**	**7572**	**14607**	**3511**	**1567**	**581**	**14**	**2**
临河区	7363	403	1	1730	3549	949	562	164	5	
五原县	5419	299	3	1683	2657	503	197	74	3	
磴口县	2199	158	1	520	1108	278	95	39		
乌拉特前旗	6280	384	1	1708	3011	753	297	122	3	1
乌拉特中旗	3291	164		898	1561	415	172	79	1	1
乌拉特后旗	1329	39		242	709	206	84	47	2	
杭锦后旗	3588	161	1	791	2012	407	160	56		

4-2c 续表 2　　单位：人

地区 性别	合计	未上过学	学前教育	小学	初中	高中	大学专科	大学本科	硕士研究生	博士研究生
乌兰察布市	**21526**	**1323**	**14**	**7944**	**8369**	**1964**	**1305**	**591**	**16**	
集宁区	974	9		179	387	127	155	111	6	
卓资县	1320	43		387	529	178	144	39		
化德县	1036	62		388	377	106	74	28	1	
商都县	3330	223	5	1485	1253	258	84	21	1	
兴和县	1525	102	1	569	616	124	83	29	1	
凉城县	2078	234	1	815	714	173	93	47	1	
察哈尔右翼前旗	2865	135	3	1110	1124	266	162	64	1	
察哈尔右翼中旗	2058	101		745	774	208	142	87	1	
察哈尔右翼后旗	1396	66	2	466	551	167	92	51	1	
四子王旗	2698	80		832	1259	235	200	89	3	
丰镇市	2246	268	2	968	785	122	76	25		
兴安盟	**27279**	**649**	**6**	**10700**	**12916**	**1729**	**806**	**461**	**11**	**1**
乌兰浩特市	1350	12		416	631	143	93	54	1	
阿尔山市	126			27	72	17	9		1	
科尔沁右翼前旗	9005	191	2	3586	4106	628	296	191	5	
科尔沁右翼中旗	4582	163	2	1822	2095	305	125	65	4	1
扎赉特旗	6615	250	1	2975	2835	298	155	101		
突泉县	5601	33	1	1874	3177	338	128	50		
锡林郭勒盟	**16160**	**427**		**5168**	**6645**	**2132**	**1107**	**666**	**14**	**1**
二连浩特市	149	11		51	53	11	12	11		
锡林浩特市	1481	21		380	745	192	97	45		1
阿巴嘎旗	1218	22		436	431	156	106	67		
苏尼特左旗	1201	19		429	403	194	88	67	1	
苏尼特右旗	922	17		305	376	122	63	39		
东乌珠穆沁旗	1601	35		556	658	177	111	63	1	
西乌珠穆沁旗	2909	50		778	1063	552	282	180	4	
太仆寺旗	1721	114		623	728	155	71	29	1	
镶黄旗	570	10		168	263	78	35	16		
正镶白旗	928	31		285	423	102	50	36	1	
正蓝旗	1800	39		544	747	254	123	88	5	
多伦县	1480	52		557	665	121	64	21		
乌拉盖管委会	180	6		56	90	18	5	4	1	
阿拉善盟	**3484**	**78**	**1**	**657**	**1507**	**583**	**421**	**232**	**5**	
阿拉善左旗	2450	65		463	1155	379	247	138	3	
阿拉善右旗	337	3		92	118	44	45	34	1	
额济纳旗	438	8	1	72	140	91	74	51	1	
内蒙古阿拉善经济开发区	259	2		30	94	69	55	9		

4-2c　续表 3　　　　单位：人

地区 性别	合计	未上过学	学前教育	小学	初中	高中	大学专科	大学本科	硕士研究生	博士研究生
男	**233683**	**3670**	**53**	**62377**	**121181**	**26412**	**13593**	**6220**	**167**	**10**
呼和浩特市	**17693**	**348**	**5**	**4140**	**9242**	**2334**	**1141**	**460**	**19**	**4**
新城区	1995	12		355	1167	255	140	59	7	
回民区	527	3		71	252	100	68	33		
玉泉区	1519	15	1	313	811	217	119	40	2	1
赛罕区	3486	37	1	697	1910	486	254	93	6	2
土默特左旗	3558	79	1	904	1948	403	175	47	1	
托克托县	2707	74		652	1358	360	183	79	1	
和林格尔县	2089	87		587	957	265	121	70	1	1
清水河县	907	15	2	267	409	138	48	27	1	
武川县	905	26		294	430	110	33	12		
呼和浩特经济技术开发区										
包头市	**14491**	**254**	**4**	**3436**	**8045**	**1717**	**711**	**314**	**10**	
东河区	1665	23	1	319	1000	206	81	34	1	
昆都仑区	813	6		170	463	117	46	11		
青山区	676	5		152	394	85	27	11	2	
石拐区	156	6		40	78	18	11	3		
白云鄂博矿区										
九原区	1715	19		321	1010	204	113	46	2	
土默特右旗	5069	125	2	1268	2878	507	197	90	2	
固阳县	3422	51	1	856	1754	482	182	93	3	
达尔罕茂明安联合旗	763	16		262	347	71	46	21		
包头稀土高新技术产业开发区	212	3		48	121	27	8	5		
乌海市	**1251**	**14**		**181**	**637**	**219**	**147**	**52**	**1**	
海勃湾区	827	11		124	421	134	99	37	1	
海南区	424	3		57	216	85	48	15		
乌达区										
赤峰市	**59257**	**524**	**17**	**17516**	**30543**	**6064**	**3124**	**1427**	**41**	**1**
红山区	305	3		88	151	42	18	3		
元宝山区	1519	20	1	325	891	171	79	32		
松山区	8058	59	1	1884	3979	1055	711	351	18	
阿鲁科尔沁旗	3975	23		1236	2055	348	201	111	1	
巴林左旗	6689	28	1	1920	3341	763	431	202	2	1
巴林右旗	2258	28		888	1029	187	70	55	1	
林西县	2675	33		992	1188	304	118	38	2	
克什克腾旗	2770	35	1	870	1085	442	207	126	4	
翁牛特旗	5942	65	1	1795	2993	596	330	161	1	
喀喇沁旗	5118	57	3	1605	2669	542	167	70	5	
宁城县	10340	99	3	2538	6198	846	461	191	4	
敖汉旗	9608	74	6	3375	4964	768	331	87	3	

4-2c 续表 4 单位：人

地区 性别	合计	未上过学	学前教育	小学	初中	高中	大学专科	大学本科	硕士研究生	博士研究生
通辽市	**39315**	**387**	**4**	**9528**	**24339**	**3171**	**1226**	**650**	**8**	**2**
科尔沁区	6045	46		1080	4179	471	203	64	2	
科尔沁左翼中旗	7347	115		1695	4469	550	309	204	4	1
科尔沁左翼后旗	6541	73	1	1871	3855	539	138	63	1	
开鲁县	5405	25		1243	3599	346	120	72		
库伦旗	3039	23		787	1810	298	70	51		
奈曼旗	5577	34	1	1491	3354	403	195	97	1	1
扎鲁特旗	4196	67	2	1150	2355	413	139	70		
通辽经济技术开发区	914	1		176	627	65	28	17		
霍林郭勒市	251	3		35	91	86	24	12		
鄂尔多斯市	**23246**	**517**	**7**	**4884**	**9392**	**4137**	**2829**	**1435**	**43**	**2**
东胜区	1383	14		197	708	264	131	67	2	
康巴什区										
达拉特旗	4487	125	3	1265	2075	596	268	151	4	
准格尔旗	5262	54	1	933	2051	919	806	485	13	
鄂托克前旗	1816	55		362	776	370	175	77	1	
鄂托克旗	2038	43		357	845	372	288	131	2	
杭锦旗	1387	51		540	527	159	71	37	2	
乌审旗	3396	83		662	1101	650	634	259	7	
伊金霍洛旗	3477	92	3	568	1309	807	456	228	12	2
呼伦贝尔市	**15860**	**132**	**2**	**4032**	**8962**	**1418**	**890**	**413**	**11**	
海拉尔区	315	1		38	196	42	29	9		
扎赉诺尔区										
阿荣旗	3300	20		789	2076	217	138	59	1	
莫力达瓦达斡尔族自治旗	3343	36	1	985	1869	199	162	90	1	
鄂伦春自治旗	1098	17	1	270	597	124	54	33	2	
鄂温克族自治旗	872	4		148	364	195	102	55	4	
陈巴尔虎旗	553	4		100	287	70	65	27		
新巴尔虎左旗	568	4		157	251	83	40	32	1	
新巴尔虎右旗	750	9		192	371	93	45	39	1	
满洲里市										
牙克石市	405			8	282	52	51	12		
扎兰屯市	4183	32		1297	2399	284	133	38		
额尔古纳市	470	5		47	268	59	71	19	1	
根河市	3			1	2					
巴彦淖尔市	**18262**	**476**	**5**	**4263**	**9617**	**2538**	**1010**	**344**	**8**	**1**
临河区	4520	121		958	2329	659	347	103	3	
五原县	3258	85	2	936	1720	361	120	32	2	
磴口县	1311	50	1	279	697	205	61	18		
乌拉特前旗	4038	108	1	1013	2096	552	199	67	1	1
乌拉特中旗	2051	43		515	994	314	128	57		
乌拉特后旗	939	17		162	502	160	59	37	2	
杭锦后旗	2145	52	1	400	1279	287	96	30		

4-2c　续表 5　　　　单位：人

地区 性别	合计	未上过学	学前教育	小学	初中	高中	大学专科	大学本科	硕士研究生	博士研究生
乌兰察布市	**14675**	**442**	**6**	**4888**	**6495**	**1587**	**905**	**345**	**7**	
集宁区	693	4		118	301	95	102	69	4	
卓资县	1007	20		245	429	161	125	27		
化德县	728	24		253	289	91	54	17		
商都县	2129	63	2	821	973	208	50	11	1	
兴和县	1160	42		414	522	109	58	15		
凉城县	1391	81	1	514	563	138	65	29		
察哈尔右翼前旗	1951	37	1	701	859	210	107	36		
察哈尔右翼中旗	1351	27		436	593	158	93	44		
察哈尔右翼后旗	1000	27		314	425	136	65	32	1	
四子王旗	1739	35		446	895	179	131	52	1	
丰镇市	1526	82	2	626	646	102	55	13		
兴安盟	**16923**	**343**	**2**	**6218**	**8359**	**1239**	**526**	**232**	**4**	
乌兰浩特市	899	7		262	405	115	68	41	1	
阿尔山市	102			20	64	10	8			
科尔沁右翼前旗	5587	92	1	2117	2661	430	192	92	2	
科尔沁右翼中旗	2670	79		991	1273	214	85	27	1	
扎赉特旗	4260	149		1801	1943	222	95	50		
突泉县	3405	16	1	1027	2013	248	78	22		
锡林郭勒盟	**10285**	**203**		**2908**	**4462**	**1546**	**765**	**390**	**11**	
二连浩特市	93	8		29	35	5	8	8		
锡林浩特市	960	9		230	502	134	63	22		
阿巴嘎旗	773	9		259	275	115	75	40		
苏尼特左旗	793	13		245	290	143	66	35	1	
苏尼特右旗	532	9		166	231	73	37	16		
东乌珠穆沁旗	960	15		294	418	125	76	31	1	
西乌珠穆沁旗	2071	22		414	802	469	226	134	4	
太仆寺旗	1181	56		401	560	102	44	17	1	
镶黄旗	326	4		88	161	44	22	7		
正镶白旗	537	15		154	248	71	28	20	1	
正蓝旗	1018	15		268	444	163	79	47	2	
多伦县	927	23		326	444	88	36	10		
乌拉盖管委会	114	5		34	52	14	5	3	1	
阿拉善盟	**2425**	**30**	**1**	**383**	**1088**	**442**	**319**	**158**	**4**	
阿拉善左旗	1697	24		262	831	293	190	94	3	
阿拉善右旗	238	1		62	82	31	35	26	1	
额济纳旗	296	4	1	37	97	67	56	34		
内蒙古阿拉善经济开发区	194	1		22	78	51	38	4		

4-2c 续表 6

单位：人

地区 性别	合 计	未上过学	学前教育	小 学	初 中	高 中	大学专科	大学本科	硕 士 研究生	博 士 研究生
女	**142795**	**7457**	**68**	**52095**	**62351**	**9704**	**6602**	**4327**	**179**	**12**
呼和浩特市	**8342**	**672**	**2**	**2479**	**3332**	**787**	**680**	**365**	**23**	**2**
新城区	871	11		156	438	94	102	64	5	1
回民区	284	7		45	108	51	45	28		
玉泉区	694	24	1	163	312	91	72	27	4	
赛罕区	1795	63	1	404	848	203	176	90	10	
土默特左旗	1718	140		544	756	130	101	47		
托克托县	1060	126		362	362	81	85	43	1	
和林格尔县	1032	160		370	310	90	62	37	2	1
清水河县	428	100		198	77	22	16	15		
武川县	460	41		237	121	25	21	14	1	
呼和浩特经济技术开发区										
包头市	**7783**	**546**	**5**	**2527**	**3310**	**681**	**447**	**258**	**8**	**1**
东河区	905	33	1	231	471	82	65	21	1	
昆都仑区	354	5		76	169	51	42	10	1	
青山区	414	12	1	108	207	47	27	12		
石拐区	78	7		25	30	7	4	5		
白云鄂博矿区										
九原区	770	46	1	208	358	84	48	24	1	
土默特右旗	2973	332	1	1046	1227	175	105	85	1	1
固阳县	1678	69	1	579	640	183	134	69	3	
达尔罕茂明安联合旗	502	36		216	166	40	15	29		
包头稀土高新技术产业开发区	109	6		38	42	12	7	3	1	
乌海市	**360**	**20**		**85**	**155**	**62**	**29**	**9**		
海勃湾区	242	11		66	90	42	25	8		
海南区	118	9		19	65	20	4	1		
乌达区										
赤峰市	**44174**	**1455**	**30**	**18531**	**18534**	**2620**	**1757**	**1182**	**62**	**3**
红山区	200	9		58	99	16	12	4	1	1
元宝山区	666	5		217	336	51	36	20	1	
松山区	5826	194	2	2138	2322	442	423	285	20	
阿鲁科尔沁旗	2882	51	1	1180	1305	158	70	110	7	
巴林左旗	5725	74	6	2303	2350	431	355	198	7	1
巴林右旗	1888	90	1	849	730	122	48	46	2	
林西县	1899	67	3	895	690	132	60	50	2	
克什克腾旗	1692	126	3	794	515	120	75	57	2	
翁牛特旗	4465	181	4	1910	1856	249	140	120	5	
喀喇沁旗	3612	225	2	1493	1529	195	106	62		
宁城县	7497	235	3	2739	3754	398	219	139	9	1
敖汉旗	7822	198	5	3955	3048	306	213	91	6	

4-2c　续表 7　　　　　　　　　　　　　　　　　　　　　　　　　单位：人

地　区 性　别	合　计	未上过学	学前教育	小　学	初　中	高　中	大学专科	大学本科	硕　士 研究生	博　士 研究生
通辽市	**28985**	**534**	**6**	**8841**	**16457**	**1618**	**841**	**655**	**31**	**2**
科尔沁区	4064	60	1	876	2619	256	150	98	3	1
科尔沁左翼中旗	4828	110	1	1246	2741	296	200	225	9	
科尔沁左翼后旗	5241	95	1	1770	2910	288	80	91	6	
开鲁县	4450	43		1307	2796	166	95	41	2	
库伦旗	2504	52		846	1357	151	59	36	3	
奈曼旗	4234	73	3	1548	2162	220	137	88	2	1
扎鲁特旗	3008	97		1111	1451	187	100	58	4	
通辽经济技术开发区	561	3		117	389	30	14	6	2	
霍林郭勒市	95	1		20	32	24	6	12		
鄂尔多斯市	**9450**	**1507**	**10**	**3716**	**2349**	**799**	**607**	**444**	**17**	**1**
东胜区	296	35	1	99	87	27	31	16		
康巴什区										
达拉特旗	2524	448	3	1045	710	160	87	66	5	
准格尔旗	1323	121	1	497	332	107	136	123	6	
鄂托克前旗	812	107	1	353	211	68	45	27		
鄂托克旗	939	87		333	237	140	95	44	3	
杭锦旗	977	188	1	473	218	59	25	11	2	
乌审旗	1559	228		627	338	146	124	94	1	1
伊金霍洛旗	1020	293	3	289	216	92	64	63		
呼伦贝尔市	**8353**	**132**	**1**	**2535**	**4191**	**570**	**560**	**352**	**12**	
海拉尔区	139	2		20	87	12	15	3		
扎赉诺尔区										
阿荣旗	1665	24	1	507	929	62	94	46	2	
莫力达瓦达斡尔族自治旗	1697	31		539	827	87	106	101	6	
鄂伦春自治旗	595	20		201	270	38	39	27		
鄂温克族自治旗	514	5		101	192	94	66	56		
陈巴尔虎旗	287	4		66	131	40	31	15		
新巴尔虎左旗	391	2		118	174	47	25	24	1	
新巴尔虎右旗	278	2		84	119	39	23	10	1	
满洲里市										
牙克石市	140			4	70	14	42	10		
扎兰屯市	2452	39		877	1297	109	93	36	1	
额尔古纳市	193	3		17	95	28	26	23	1	
根河市	2			1				1		
巴彦淖尔市	**11207**	**1132**	**2**	**3309**	**4990**	**973**	**557**	**237**	**6**	**1**
临河区	2843	282	1	772	1220	290	215	61	2	
五原县	2161	214	1	747	937	142	77	42	1	
磴口县	888	108		241	411	73	34	21		
乌拉特前旗	2242	276		695	915	201	98	55	2	
乌拉特中旗	1240	121		383	567	101	44	22	1	1
乌拉特后旗	390	22		80	207	46	25	10		
杭锦后旗	1443	109		391	733	120	64	26		

4－2c 续表 8

单位：人

地区 性别	合计	未上过学	学前教育	小学	初中	高中	大学专科	大学本科	硕士 研究生	博士 研究生
乌兰察布市	**6851**	**881**	**8**	**3056**	**1874**	**377**	**400**	**246**	**9**	
集宁区	281	5		61	86	32	53	42	2	
卓资县	313	23		142	100	17	19	12		
化德县	308	38		135	88	15	20	11	1	
商都县	1201	160	3	664	280	50	34	10		
兴和县	365	60	1	155	94	15	25	14	1	
凉城县	687	153		301	151	35	28	18	1	
察哈尔右翼前旗	914	98	2	409	265	56	55	28	1	
察哈尔右翼中旗	707	74		309	181	50	49	43	1	
察哈尔右翼后旗	396	39	2	152	126	31	27	19		
四子王旗	959	45		386	364	56	69	37	2	
丰镇市	720	186		342	139	20	21	12		
兴安盟	**10356**	**306**	**4**	**4482**	**4557**	**490**	**280**	**229**	**7**	**1**
乌兰浩特市	451	5		154	226	28	25	13		
阿尔山市	24			7	8	7	1		1	
科尔沁右翼前旗	3418	99	1	1469	1445	198	104	99	3	
科尔沁右翼中旗	1912	84	2	831	822	91	40	38	3	1
扎赉特旗	2355	101	1	1174	892	76	60	51		
突泉县	2196	17		847	1164	90	50	28		
锡林郭勒盟	**5875**	**224**		**2260**	**2183**	**586**	**342**	**276**	**3**	**1**
二连浩特市	56	3		22	18	6	4	3		
锡林浩特市	521	12		150	243	58	34	23		1
阿巴嘎旗	445	13		177	156	41	31	27		
苏尼特左旗	408	6		184	113	51	22	32		
苏尼特右旗	390	8		139	145	49	26	23		
东乌珠穆沁旗	641	20		262	240	52	35	32		
西乌珠穆沁旗	838	28		364	261	83	56	46		
太仆寺旗	540	58		222	168	53	27	12		
镶黄旗	244	6		80	102	34	13	9		
正镶白旗	391	16		131	175	31	22	16		
正蓝旗	782	24		276	303	91	44	41	3	
多伦县	553	29		231	221	33	28	11		
乌拉盖管委会	66	1		22	38	4		1		
阿拉善盟	**1059**	**48**		**274**	**419**	**141**	**102**	**74**	**1**	
阿拉善左旗	753	41		201	324	86	57	44		
阿拉善右旗	99	2		30	36	13	10	8		
额济纳旗	142	4		35	43	24	18	17	1	
内蒙古阿拉善经济开发区	65	1		8	16	18	17	5		

4-3　全区分年龄、性别、受教育程度的就业人口

单位：人

年龄组 性别	合计	未上过学	学前教育	小学	初中	高中	大学专科	大学本科	硕士 研究生	博士 研究生
总　计	**1049550**	**14595**	**170**	**166872**	**400135**	**160043**	**157152**	**138862**	**10927**	**794**
16-19岁	4271	8	1	170	1909	1590	480	112	1	
20-24岁	41476	32	9	773	8176	7342	15640	9407	95	2
25-29岁	99978	80	6	2441	22185	15827	29443	28133	1816	47
30-34岁	153799	169	12	7802	46502	23865	36774	35302	3206	167
35-39岁	144086	340	9	11609	61320	20789	21890	25106	2812	211
40-44岁	129746	655	3	15862	60281	21437	15743	14315	1306	144
45-49岁	161902	1543	16	28556	74676	27072	16550	12517	880	92
50-54岁	137066	1871	25	33777	60048	19761	12045	8962	510	67
55-59岁	95412	2215	18	25475	40782	14469	7515	4592	288	58
60-64岁	46104	3514	30	20083	15337	6093	739	294	9	5
65-69岁	25541	2820	29	14311	6652	1425	224	76	3	1
70-74岁	7599	887	7	4603	1749	248	76	28	1	
75岁及以上	2570	461	5	1410	518	125	33	18		
男	**646349**	**5031**	**81**	**94207**	**266237**	**108063**	**94957**	**72417**	**4915**	**441**
16-19岁	2869	5		113	1362	1038	285	66		
20-24岁	24001	21	3	515	5684	5002	8504	4245	27	
25-29岁	59112	43	6	1622	15279	10822	17327	13443	552	18
30-34岁	93001	107	7	4926	30834	15623	22080	18131	1215	78
35-39岁	87261	190	6	6955	39436	13206	12946	13079	1330	113
40-44岁	77315	315	1	8917	37641	13082	9131	7461	681	86
45-49岁	95589	578	9	15273	46388	16499	9600	6676	512	54
50-54岁	87921	661	10	18287	40873	14465	7911	5320	349	45
55-59岁	65041	576	9	13110	29291	11802	6304	3671	237	41
60-64岁	29744	967	14	11049	11889	4983	596	232	9	5
65-69岁	17203	934	12	9201	5591	1219	186	57	2	1
70-74岁	5482	401	3	3252	1528	214	61	22	1	
75岁及以上	1810	233	1	987	441	108	26	14		
女	**403201**	**9564**	**89**	**72665**	**133898**	**51980**	**62195**	**66445**	**6012**	**353**
16-19岁	1402	3	1	57	547	552	195	46	1	
20-24岁	17475	11	6	258	2492	2340	7136	5162	68	2
25-29岁	40866	37		819	6906	5005	12116	14690	1264	29
30-34岁	60798	62	5	2876	15668	8242	14694	17171	1991	89
35-39岁	56825	150	3	4654	21884	7583	8944	12027	1482	98
40-44岁	52431	340	2	6945	22640	8355	6612	6854	625	58
45-49岁	66313	965	7	13283	28288	10573	6950	5841	368	38
50-54岁	49145	1210	15	15490	19175	5296	4134	3642	161	22
55-59岁	30371	1639	9	12365	11491	2667	1211	921	51	17
60-64岁	16360	2547	16	9034	3448	1110	143	62		
65-69岁	8338	1886	17	5110	1061	206	38	19	1	
70-74岁	2117	486	4	1351	221	34	15	6		
75岁及以上	760	228	4	423	77	17	7	4		

4-3a 全区分年龄、性别、受教育程度的就业人口(城市)

单位：人

年龄组 性别	合计	未上过学	学前教育	小学	初中	高中	大学专科	大学本科	硕士 研究生	博士 研究生
总计	**388709**	**1367**	**25**	**22280**	**110677**	**76016**	**85288**	**83947**	**8434**	**675**
16-19岁	1477	2		40	588	588	223	35	1	
20-24岁	18741	6	3	140	2408	3228	7876	5023	56	1
25-29岁	46683	11	2	447	6074	7060	15272	16502	1286	29
30-34岁	70127	23	3	1420	13181	11233	20260	21491	2378	138
35-39岁	61812	30	2	1999	17876	10650	12878	15974	2227	176
40-44岁	51901	81		2805	18340	11525	9133	8772	1110	135
45-49岁	59944	254	1	4985	22642	14379	9335	7549	717	82
50-54岁	43632	262	3	5080	16557	9777	6128	5368	401	56
55-59岁	25413	222	5	2707	9457	5968	3780	2975	247	52
60-64岁	5935	281	4	1530	2365	1281	275	186	8	5
65-69岁	2288	149	2	855	890	251	92	46	2	1
70-74岁	539	34		202	216	46	25	15	1	
75岁及以上	217	12		70	83	30	11	11		
男	**235077**	**550**	**15**	**13632**	**73951**	**49438**	**50009**	**43306**	**3798**	**378**
16-19岁	956	1		30	428	361	114	22		
20-24岁	10065	3	1	98	1619	2083	4028	2219	14	
25-29岁	26118	4	2	313	4256	4661	8745	7740	384	13
30-34岁	40501	16	2	945	8807	7096	11825	10839	905	66
35-39岁	36165	13	1	1251	11640	6461	7408	8257	1041	93
40-44岁	30015	31		1562	11338	6665	5162	4604	572	81
45-49岁	34687	95	1	2757	13764	8428	5215	3969	411	47
50-54岁	29598	107	1	3043	11741	7300	3992	3116	262	36
55-59岁	20155	77	3	1746	7456	5077	3215	2346	199	36
60-64岁	4489	104	4	1035	1927	1049	210	147	8	5
65-69岁	1750	66		649	733	200	70	30	1	1
70-74岁	419	25		152	179	34	18	10	1	
75岁及以上	159	8		51	63	23	7	7		
女	**153632**	**817**	**10**	**8648**	**36726**	**26578**	**35279**	**40641**	**4636**	**297**
16-19岁	521	1		10	160	227	109	13	1	
20-24岁	8676	3	2	42	789	1145	3848	2804	42	1
25-29岁	20565	7		134	1818	2399	6527	8762	902	16
30-34岁	29626	7	1	475	4374	4137	8435	10652	1473	72
35-39岁	25647	17	1	748	6236	4189	5470	7717	1186	83
40-44岁	21886	50		1243	7002	4860	3971	4168	538	54
45-49岁	25257	159		2228	8878	5951	4120	3580	306	35
50-54岁	14034	155	2	2037	4816	2477	2136	2252	139	20
55-59岁	5258	145	2	961	2001	891	565	629	48	16
60-64岁	1446	177		495	438	232	65	39		
65-69岁	538	83	2	206	157	51	22	16	1	
70-74岁	120	9		50	37	12	7	5		
75岁及以上	58	4		19	20	7	4	4		

4-3b　全区分年龄、性别、受教育程度的就业人口(镇)

单位：人

年龄组 性别	合计	未上过学	学前教育	小学	初中	高中	大学专科	大学本科	硕士 研究生	博士 研究生
总计	**284363**	**2101**	**24**	**30120**	**105926**	**47911**	**51669**	**44368**	**2147**	**97**
16-19岁	943	1		39	415	372	90	26		
20-24岁	10812	5	3	182	1934	1937	4124	2614	13	
25-29岁	30040	14		627	6343	4983	9218	8434	410	11
30-34岁	48036	28	2	2309	13873	7718	12051	11302	734	19
35-39岁	43454	63		2990	18609	6357	6968	7906	528	33
40-44岁	38063	139		3849	17325	6409	5211	4947	176	7
45-49岁	44321	326	2	5927	19741	7995	5758	4413	149	10
50-54岁	34956	349	8	5853	14555	6042	4838	3203	97	11
55-59岁	21475	331	2	3554	8876	4258	3009	1401	38	6
60-64岁	7515	424	4	2494	2820	1400	290	82	1	
65-69岁	3443	296	2	1664	1055	333	69	23	1	
70-74岁	952	73	1	482	295	56	33	12		
75岁及以上	353	52		150	85	51	10	5		
男	**177589**	**811**	**13**	**18198**	**71105**	**32213**	**31355**	**22891**	**950**	**53**
16-19岁	648			22	307	247	58	14		
20-24岁	6294	3	1	119	1362	1349	2316	1141	3	
25-29岁	17691	10		417	4310	3427	5410	3990	124	3
30-34岁	29124	16		1515	9307	5041	7209	5760	269	7
35-39岁	26412	35		1870	12066	4070	4099	4002	252	18
40-44岁	22905	63		2269	11055	3955	3000	2462	97	4
45-49岁	26777	128	1	3387	12524	4951	3346	2343	90	7
50-54岁	23245	145	5	3493	10226	4243	3113	1933	78	9
55-59岁	15865	109	1	2044	6594	3450	2480	1147	35	5
60-64岁	5231	133	4	1512	2169	1118	232	62	1	
65-69岁	2442	113	1	1108	870	272	56	21	1	
70-74岁	705	32		344	246	45	27	11		
75岁及以上	250	24		98	69	45	9	5		
女	**106774**	**1290**	**11**	**11922**	**34821**	**15698**	**20314**	**21477**	**1197**	**44**
16-19岁	295	1		17	108	125	32	12		
20-24岁	4518	2	2	63	572	588	1808	1473	10	
25-29岁	12349	4		210	2033	1556	3808	4444	286	8
30-34岁	18912	12	2	794	4566	2677	4842	5542	465	12
35-39岁	17042	28		1120	6543	2287	2869	3904	276	15
40-44岁	15158	76		1580	6270	2454	2211	2485	79	3
45-49岁	17544	198	1	2540	7217	3044	2412	2070	59	3
50-54岁	11711	204	3	2360	4329	1799	1725	1270	19	2
55-59岁	5610	222	1	1510	2282	808	529	254	3	1
60-64岁	2284	291		982	651	282	58	20		
65-69岁	1001	183	1	556	185	61	13	2		
70-74岁	247	41	1	138	49	11	6	1		
75岁及以上	103	28		52	16	6	1			

4-3c 全区分年龄、性别、受教育程度的就业人口(乡村)

单位：人

年龄组 性 别	合 计	未上过学	学前教育	小 学	初 中	高 中	大学专科	大学本科	硕 士 研究生	博 士 研究生
总 计	**376478**	**11127**	**121**	**114472**	**183532**	**36116**	**20195**	**10547**	**346**	**22**
16-19岁	1851	5	1	91	906	630	167	51		
20-24岁	11923	21	3	451	3834	2177	3640	1770	26	1
25-29岁	23255	55	4	1367	9768	3784	4953	3197	120	7
30-34岁	35636	118	7	4073	19448	4914	4463	2509	94	10
35-39岁	38820	247	7	6620	24835	3782	2044	1226	57	2
40-44岁	39782	435	3	9208	24616	3503	1399	596	20	2
45-49岁	57637	963	13	17644	32293	4698	1457	555	14	
50-54岁	58478	1260	14	22844	28936	3942	1079	391	12	
55-59岁	48524	1662	11	19214	22449	4243	726	216	3	
60-64岁	32654	2809	22	16059	10152	3412	174	26		
65-69岁	19810	2375	25	11792	4707	841	63	7		
70-74岁	6108	780	6	3919	1238	146	18	1		
75岁及以上	2000	397	5	1190	350	44	12	2		
男	**233683**	**3670**	**53**	**62377**	**121181**	**26412**	**13593**	**6220**	**167**	**10**
16-19岁	1265	4		61	627	430	113	30		
20-24岁	7642	15	1	298	2703	1570	2160	885	10	
25-29岁	15303	29	4	892	6713	2734	3172	1713	44	2
30-34岁	23376	75	5	2466	12720	3486	3046	1532	41	5
35-39岁	24684	142	5	3834	15730	2675	1439	820	37	2
40-44岁	24395	221	1	5086	15248	2462	969	395	12	1
45-49岁	34125	355	7	9129	20100	3120	1039	364	11	
50-54岁	35078	409	4	11751	18906	2922	806	271	9	
55-59岁	29021	390	5	9320	15241	3275	609	178	3	
60-64岁	20024	730	6	8502	7793	2816	154	23		
65-69岁	13011	755	11	7444	3988	747	60	6		
70-74岁	4358	344	3	2756	1103	135	16	1		
75岁及以上	1401	201	1	838	309	40	10	2		
女	**142795**	**7457**	**68**	**52095**	**62351**	**9704**	**6602**	**4327**	**179**	**12**
16-19岁	586	1	1	30	279	200	54	21		
20-24岁	4281	6	2	153	1131	607	1480	885	16	1
25-29岁	7952	26		475	3055	1050	1781	1484	76	5
30-34岁	12260	43	2	1607	6728	1428	1417	977	53	5
35-39岁	14136	105	2	2786	9105	1107	605	406	20	
40-44岁	15387	214	2	4122	9368	1041	430	201	8	1
45-49岁	23512	608	6	8515	12193	1578	418	191	3	
50-54岁	23400	851	10	11093	10030	1020	273	120	3	
55-59岁	19503	1272	6	9894	7208	968	117	38		
60-64岁	12630	2079	16	7557	2359	596	20	3		
65-69岁	6799	1620	14	4348	719	94	3	1		
70-74岁	1750	436	3	1163	135	11	2			
75岁及以上	599	196	4	352	41	4	2			

4-4　各地区分性别、行业大类的就业人口

单位：人

地区 性别	合计	农、林、牧、渔业						采矿业	
		小计	农业	林业	畜牧业	渔业	农、林、牧、渔专业及辅助性活动	小计	煤炭开采和洗选业
内蒙古	**1049550**	**295346**	**220395**	**3059**	**66571**	**301**	**5020**	**33374**	**23343**
呼和浩特市	**133341**	**12915**	**10630**	**213**	**1778**	**23**	**271**	**466**	**239**
新城区	26954	267	117	51	70	3	26	76	40
回民区	17693	106	60	6	33		7	31	22
玉泉区	21798	421	277	30	74	6	34	89	50
赛罕区	33552	1594	1351	36	156	2	49	106	64
土默特左旗	9000	3714	3224	48	408	6	28	21	11
托克托县	7009	2108	1831	5	185	5	82	9	8
和林格尔县	5904	2155	1725	8	400		22	2	
清水河县	2680	835	680	19	121		15	91	29
武川县	3220	1373	1111	7	251		4	20	5
呼和浩特经济技术开发区	5531	342	254	3	80	1	4	21	10
包头市	**122003**	**14948**	**12313**	**155**	**2226**	**21**	**233**	**2994**	**884**
东河区	19873	1649	1495	14	124	2	14	154	95
昆都仑区	34088	558	284	65	108	10	91	600	159
青山区	22831	196	99	10	77	3	7	158	108
石拐区	1009	109	85	1	21		2	27	24
白云鄂博矿区	1227	16	5		7		4	699	1
九原区	10114	1007	726	23	220	5	33	242	73
土默特右旗	13351	6843	6493	33	303		14	213	191
固阳县	7709	3300	2609	2	669		20	412	21
达尔罕茂明安联合旗	2810	1035	365		635		35	200	2
包头稀土高新技术产业开发区	8991	235	152	7	62	1	13	289	210
乌海市	**25277**	**399**	**252**	**6**	**128**	**4**	**9**	**2886**	**2748**
海勃湾区	15604	235	147	4	74	4	6	1158	1126
海南区	4529	122	80	2	37		3	1013	915
乌达区	5144	42	25		17			715	707
赤峰市	**193336**	**85305**	**69594**	**303**	**14167**	**33**	**1208**	**3828**	**1553**
红山区	18262	765	618	25	93	3	26	118	59
元宝山区	9583	1232	911	18	284	4	15	1299	1233
松山区	31632	9387	8650	20	650	2	65	339	100
阿鲁科尔沁旗	11204	5887	3147	14	2295	2	429	69	8
巴林左旗	18772	8491	6903	42	1402	2	142	450	34
巴林右旗	8220	4361	1761	18	2401		181	64	5
林西县	9543	3835	3072	10	728	1	24	365	16
克什克腾旗	8338	3410	1471	65	1809	14	51	539	6
翁牛特旗	15689	9636	8227	26	1323	1	59	84	18
喀喇沁旗	13327	7812	7134	14	650	1	13	118	28
宁城县	24990	14268	12636	24	1438	1	169	156	39
敖汉旗	23776	16221	15064	27	1094	2	34	227	7

4-4 续表 1

单位：人

地区 性别	合计	农、林、牧、渔业						采矿业	
		小计	农业	林业	畜牧业	渔业	农、林、牧、渔专业及辅助性活动	小计	煤炭开采和洗选业
通辽市	**126498**	**62144**	**50470**	**100**	**10995**	**38**	**541**	**1136**	**801**
科尔沁区	28662	7469	6491	13	875	6	84	84	19
科尔沁左翼中旗	16936	9617	8210	13	1286	26	82	56	32
科尔沁左翼后旗	15955	11891	9224	5	2635		27	101	66
开鲁县	15178	9929	8862	3	931	1	132	11	4
库伦旗	8272	5988	4401	18	1560		9	42	1
奈曼旗	14945	9257	8205	17	917	2	116	27	1
扎鲁特旗	12051	6908	4260	20	2560	2	66	151	46
通辽经济技术开发区	8268	979	777	6	181	1	14	21	11
霍林郭勒市	6231	106	40	5	50		11	643	621
鄂尔多斯市	**112957**	**17891**	**11241**	**96**	**6237**	**35**	**282**	**14518**	**13010**
东胜区	28220	643	372	12	231	3	25	2603	2548
康巴什区	5197	41	19	4	17		1	517	497
达拉特旗	16219	5438	4485	14	872	11	56	689	659
准格尔旗	17822	1725	1315	18	353	6	33	3462	3087
鄂托克前旗	5381	1781	956	2	762	2	59	857	845
鄂托克旗	9744	1880	300	5	1563	1	11	1082	998
杭锦旗	5703	2198	1055	6	1122	2	13	110	58
乌审旗	10420	2594	1657	5	895	1	36	1879	1102
伊金霍洛旗	14251	1591	1082	30	422	9	48	3319	3216
呼伦贝尔市	**84913**	**24398**	**15446**	**1833**	**5746**	**63**	**1310**	**2382**	**1733**
海拉尔区	14223	524	235	23	198	7	61	329	296
扎赉诺尔区	2631	117	15		59	25	18	587	574
阿荣旗	9318	4377	3627	57	630	2	61	20	4
莫力达瓦达斡尔族自治旗	7713	4429	3973	27	390	2	37	6	
鄂伦春自治旗	5597	2244	1302	667	196	2	77	57	5
鄂温克族自治旗	5651	1148	28	109	931		80	446	441
陈巴尔虎旗	2391	841	203	2	615	1	20	139	134
新巴尔虎左旗	1934	911	10	5	874		22	43	
新巴尔虎右旗	2140	768	4	1	753		10	81	
满洲里市	6329	86	30	1	42	6	7	162	44
牙克石市	8223	1067	296	479	143	13	136	252	218
扎兰屯市	13598	6313	5363	41	690	2	217	71	6
额尔古纳市	2701	792	356	46	214	2	174	37	11
根河市	2464	781	4	375	11	1	390	152	
巴彦淖尔市	**71492**	**23910**	**19210**	**126**	**4004**	**61**	**509**	**1378**	**246**
临河区	26750	5063	4034	18	878	10	123	100	38
五原县	10202	4560	3941	15	527	1	76	44	36
磴口县	4509	1890	1499	19	307	1	64	9	3
乌拉特前旗	12270	5616	4860	26	577	42	111	441	29
乌拉特中旗	6093	2790	1760	4	1003		23	315	110
乌拉特后旗	3148	735	424	2	293		16	414	4
杭锦后旗	8520	3256	2692	42	419	7	96	55	26

4-4　续表 2

单位：人

地区 性别	合计	农、林、牧、渔业						采矿业	
		小计	农业	林业	畜牧业	渔业	农、林、牧、渔专业及辅助性活动	小计	煤炭开采和洗选业
乌兰察布市	**60391**	**13784**	**7729**	**77**	**5728**	**6**	**244**	**345**	**53**
集宁区	17790	311	191	12	97		11	33	11
卓资县	2733	545	246	2	288		9	25	
化德县	3104	587	259	3	310	1	14	7	
商都县	6121	2512	771	6	1686		49	27	5
兴和县	3488	736	424	4	301		7	12	8
凉城县	3694	1574	1261	16	285	2	10	12	1
察哈尔右翼前旗	5125	1315	667	11	618	2	17	44	6
察哈尔右翼中旗	3164	1518	991	6	494		27	73	1
察哈尔右翼后旗	3436	781	318	12	437		14	15	
四子王旗	5135	2280	1449		750		81	76	4
丰镇市	6601	1625	1152	5	462	1	5	21	17
兴安盟	**55656**	**24492**	**21512**	**87**	**2703**	**14**	**176**	**388**	**236**
乌兰浩特市	13517	1238	1072	8	125	6	27	23	9
阿尔山市	1433	52	23	2	23	1	3	4	1
科尔沁右翼前旗	12696	7441	6183	12	1219	5	22	57	3
科尔沁右翼中旗	8227	4524	3859	15	577		73	37	27
扎赉特旗	11265	6587	6158	16	391	1	21	42	8
突泉县	8518	4650	4217	34	368	1	30	225	188
锡林郭勒盟	**49719**	**13400**	**1265**	**40**	**11885**	**3**	**207**	**2385**	**1442**
二连浩特市	3709	150	18		130		2	45	1
锡林浩特市	15423	1255	109	11	1080	3	52	665	382
阿巴嘎旗	2197	1112			1110		2	110	51
苏尼特左旗	1904	940			939		1	98	15
苏尼特右旗	2720	888	11	1	876			92	2
东乌珠穆沁旗	3420	1548	10	4	1485		49	215	5
西乌珠穆沁旗	5383	1797	6	3	1777		11	837	764
太仆寺旗	3222	1235	436	6	784		9	29	3
镶黄旗	1316	533	2	4	523		4	72	43
正镶白旗	1841	867	67		788		12	11	
正蓝旗	3207	1550	78	2	1465		5	13	
多伦县	4231	1220	502	8	685		25	71	56
乌拉盖管委会	1146	305	26	1	243		35	127	120
阿拉善盟	**13967**	**1760**	**733**	**23**	**974**		**30**	**668**	**398**
阿拉善左旗	9394	1335	640	13	673		9	459	311
阿拉善右旗	1163	229	32	7	174		16	75	46
额济纳旗	1611	189	60	2	126		1	92	13
内蒙古阿拉善经济开发区	1799	7	1	1	1		4	42	28

4–4 续表 3

单位：人

地区 性别	合计	农、林、牧、渔业						采矿业	
		小计	农业	林业	畜牧业	渔业	农、林、牧、渔专业及辅助性活动	小计	煤炭开采和洗选业
男	**646349**	**174159**	**127036**	**2415**	**40795**	**241**	**3672**	**29412**	**20841**
呼和浩特市	**81670**	**8739**	**7069**	**171**	**1282**	**18**	**199**	**406**	**206**
新城区	15782	191	78	41	49	3	20	61	32
回民区	10693	83	44	5	28		6	28	20
玉泉区	13421	301	184	28	60	3	26	72	41
赛罕区	19438	1066	880	26	122	2	36	89	54
土默特左旗	6031	2532	2169	40	294	5	24	20	10
托克托县	4904	1451	1251	4	139	4	53	9	8
和林格尔县	3861	1455	1155	6	278		16	1	
清水河县	1812	504	401	13	80		10	87	27
武川县	2118	910	723	5	178		4	19	5
呼和浩特经济技术开发区	3610	246	184	3	54	1	4	20	9
包头市	**76883**	**9272**	**7503**	**113**	**1473**	**15**	**168**	**2474**	**750**
东河区	12655	1021	906	10	90	2	13	138	86
昆都仑区	21152	379	186	44	81	6	62	468	123
青山区	13749	136	72	5	53	2	4	131	93
石拐区	696	70	52	1	15		2	24	21
白云鄂博矿区	821	14	4		7		3	531	1
九原区	6644	636	432	19	157	4	24	211	59
土默特右旗	8533	4104	3858	26	206		14	191	175
固阳县	5236	2159	1692	2	447		18	365	20
达尔罕茂明安联合旗	1740	610	219		371		20	181	2
包头稀土高新技术产业开发区	5657	143	82	6	46	1	8	234	170
乌海市	**16446**	**262**	**157**	**4**	**91**	**3**	**7**	**2414**	**2303**
海勃湾区	9778	155	93	2	52	3	5	955	929
海南区	3190	80	47	2	29		2	833	753
乌达区	3478	27	17		10			626	621
赤峰市	**113356**	**46406**	**36900**	**236**	**8469**	**30**	**771**	**3387**	**1440**
红山区	11113	449	342	19	64	3	21	102	51
元宝山区	6464	744	513	15	205	3	8	1215	1152
松山区	18646	5052	4563	15	427	2	45	290	89
阿鲁科尔沁旗	6650	3308	1783	11	1263	2	249	65	8
巴林左旗	9946	4295	3435	27	746	2	85	371	30
巴林右旗	4805	2394	959	10	1310		115	57	4
林西县	5745	2123	1641	9	454	1	18	307	14
克什克腾旗	5183	1940	776	60	1051	12	41	464	6
翁牛特旗	9172	5321	4440	21	815	1	44	75	16
喀喇沁旗	7940	4319	3852	8	448	1	10	105	27
宁城县	14390	7742	6664	21	948	1	108	137	37
敖汉旗	13302	8719	7932	20	738	2	27	199	6

4−4　续表 4　　　　单位：人

地区 性别	合计	农、林、牧、渔业 小计	农业	林业	畜牧业	渔业	农、林、牧、渔专业及辅助性活动	采矿业 小计	煤炭开采和洗选业
通辽市	**73460**	**35010**	**28062**	**79**	**6450**	**32**	**387**	**1002**	**711**
科尔沁区	16792	4284	3600	10	603	5	66	62	18
科尔沁左翼中旗	10147	5704	4841	12	771	23	57	49	26
科尔沁左翼后旗	8984	6618	5129	4	1461		24	88	59
开鲁县	8355	5318	4655	2	578	1	82	9	3
库伦旗	4610	3257	2369	14	866		8	39	1
奈曼旗	8550	5165	4495	11	583	1	75	23	1
扎鲁特旗	7084	4010	2496	19	1435	2	58	142	40
通辽经济技术开发区	4797	576	448	3	117		8	16	10
霍林郭勒市	4141	78	29	4	36		9	574	553
鄂尔多斯市	**74505**	**10413**	**6462**	**72**	**3638**	**29**	**212**	**13102**	**11744**
东胜区	17647	434	232	8	173	1	20	2314	2272
康巴什区	3010	29	12	3	13		1	409	394
达拉特旗	10436	3232	2589	11	579	8	45	641	615
准格尔旗	13065	1112	821	14	245	6	26	3192	2842
鄂托克前旗	3491	996	537	1	418	2	38	817	806
鄂托克旗	6408	1035	178	2	845	1	9	914	834
杭锦旗	3491	1245	598	2	634	1	10	103	53
乌审旗	6980	1397	889	5	473	1	29	1682	987
伊金霍洛旗	9977	933	606	26	258	9	34	3030	2941
呼伦贝尔市	**53473**	**16617**	**10374**	**1463**	**3658**	**46**	**1076**	**2120**	**1582**
海拉尔区	8413	378	176	20	137	5	40	269	244
扎赉诺尔区	1719	82	9		41	19	13	558	549
阿荣旗	5997	2969	2423	52	442	2	50	18	4
莫力达瓦达斡尔族自治旗	4957	3044	2730	22	259	1	32	6	
鄂伦春自治旗	3657	1640	909	530	129	2	70	52	5
鄂温克族自治旗	3454	723	20	78	550		75	416	411
陈巴尔虎旗	1606	561	174	2	372	1	12	129	125
新巴尔虎左旗	1146	557	5	4	535		13	33	
新巴尔虎右旗	1418	491	3		482		6	75	
满洲里市	3836	52	14	1	27	5	5	127	42
牙克石市	5419	861	231	402	108	8	112	219	188
扎兰屯市	8384	3997	3366	28	445	1	157	59	5
额尔古纳市	1766	620	312	34	124	1	149	27	9
根河市	1701	642	2	290	7	1	342	132	
巴彦淖尔市	**43326**	**14356**	**11253**	**89**	**2587**	**48**	**379**	**1217**	**204**
临河区	15891	3032	2324	13	600	8	87	89	34
五原县	6167	2720	2282	9	370	1	58	34	28
磴口县	2666	1113	870	9	187	1	46	8	3
乌拉特前旗	7715	3530	3001	19	397	32	81	409	29
乌拉特中旗	3753	1620	1018	2	581		19	267	85
乌拉特后旗	2068	422	240	2	167		13	364	4
杭锦后旗	5066	1919	1518	35	285	6	75	46	21

4-4 续表 5

单位：人

地区 性别	合计	农、林、牧、渔业						采矿业	
		小计	农业	林业	畜牧业	渔业	农、林、牧、渔专业及辅助性活动	小计	煤炭开采和洗选业
乌兰察布市	**39942**	**9023**	**4978**	**65**	**3801**	**4**	**175**	**306**	**50**
集宁区	11079	238	138	11	80		9	30	11
卓资县	1936	389	178	2	202		7	22	
化德县	2066	376	158	2	206	1	9	6	
商都县	3998	1536	513	4	986		33	26	5
兴和县	2589	550	291	4	249		6	12	8
凉城县	2485	1021	791	10	211	1	8	11	1
察哈尔右翼前旗	3455	837	390	10	424	1	12	36	5
察哈尔右翼中旗	2082	993	640	6	326		21	68	1
察哈尔右翼后旗	2381	558	228	12	308		10	13	
四子王旗	3311	1489	945		488		56	62	3
丰镇市	4560	1036	706	4	321	1	4	20	16
兴安盟	**33660**	**15054**	**13096**	**73**	**1740**	**14**	**131**	**352**	**220**
乌兰浩特市	7928	792	682	6	83	6	15	21	9
阿尔山市	925	36	15	2	15	1	3	3	1
科尔沁右翼前旗	7754	4596	3778	11	784	5	18	44	3
科尔沁右翼中旗	4818	2651	2257	10	330		54	30	20
扎赉特旗	7117	4276	3965	14	276	1	20	41	7
突泉县	5118	2703	2399	30	252	1	21	213	180
锡林郭勒盟	**30939**	**7959**	**753**	**33**	**7024**	**2**	**147**	**2087**	**1311**
二连浩特市	2393	93	11		80		2	39	
锡林浩特市	9484	776	75	9	650	2	40	561	333
阿巴嘎旗	1404	650			649		1	106	49
苏尼特左旗	1214	558			557		1	94	14
苏尼特右旗	1652	505	7		498			65	1
东乌珠穆沁旗	2069	908	8	3	869		28	178	5
西乌珠穆沁旗	3565	1022	3	2	1008		9	766	714
太仆寺旗	2109	840	271	6	555		8	23	3
镶黄旗	784	287	1	4	279		3	61	36
正镶白旗	1104	493	44		442		7	8	
正蓝旗	1873	865	42	2	818		3	12	
多伦县	2552	765	270	6	470		19	60	48
乌拉盖管委会	736	197	21	1	149		26	114	108
阿拉善盟	**8689**	**1048**	**429**	**17**	**582**		**20**	**545**	**320**
阿拉善左旗	5714	790	369	10	404		7	379	247
阿拉善右旗	740	142	20	5	106		11	65	43
额济纳旗	1008	111	39	1	71			69	9
内蒙古阿拉善经济开发区	1227	5	1	1	1		2	32	21

4-4　续表 6

单位：人

地区 性别	合计	农、林、牧、渔业						采矿业	
		小计	农业	林业	畜牧业	渔业	农、林、牧、渔专业及辅助性活动	小计	煤炭开采和洗选业
女	**403201**	**121187**	**93359**	**644**	**25776**	**60**	**1348**	**3962**	**2502**
呼和浩特市	**51671**	**4176**	**3561**	**42**	**496**	**5**	**72**	**60**	**33**
新城区	11172	76	39	10	21		6	15	8
回民区	7000	23	16	1	5		1	3	2
玉泉区	8377	120	93	2	14	3	8	17	9
赛罕区	14114	528	471	10	34		13	17	10
土默特左旗	2969	1182	1055	8	114	1	4	1	1
托克托县	2105	657	580	1	46	1	29		
和林格尔县	2043	700	570	2	122		6	1	
清水河县	868	331	279	6	41		5	4	2
武川县	1102	463	388	2	73			1	
呼和浩特经济技术开发区	1921	96	70		26			1	1
包头市	**45120**	**5676**	**4810**	**42**	**753**	**6**	**65**	**520**	**134**
东河区	7218	628	589	4	34		1	16	9
昆都仑区	12936	179	98	21	27	4	29	132	36
青山区	9082	60	27	5	24	1	3	27	15
石拐区	313	39	33		6			3	3
白云鄂博矿区	406	2	1				1	168	
九原区	3470	371	294	4	63	1	9	31	14
土默特右旗	4818	2739	2635	7	97			22	16
固阳县	2473	1141	917		222		2	47	1
达尔罕茂明安联合旗	1070	425	146		264		15	19	
包头稀土高新技术产业开发区	3334	92	70	1	16		5	55	40
乌海市	**8831**	**137**	**95**	**2**	**37**	**1**	**2**	**472**	**445**
海勃湾区	5826	80	54	2	22	1	1	203	197
海南区	1339	42	33		8		1	180	162
乌达区	1666	15	8		7			89	86
赤峰市	**79980**	**38899**	**32694**	**67**	**5698**	**3**	**437**	**441**	**113**
红山区	7149	316	276	6	29		5	16	8
元宝山区	3119	488	398	3	79	1	7	84	81
松山区	12986	4335	4087	5	223		20	49	11
阿鲁科尔沁旗	4554	2579	1364	3	1032		180	4	
巴林左旗	8826	4196	3468	15	656		57	79	4
巴林右旗	3415	1967	802	8	1091		66	7	1
林西县	3798	1712	1431	1	274		6	58	2
克什克腾旗	3155	1470	695	5	758	2	10	75	
翁牛特旗	6517	4315	3787	5	508		15	9	2
喀喇沁旗	5387	3493	3282	6	202		3	13	1
宁城县	10600	6526	5972	3	490		61	19	2
敖汉旗	10474	7502	7132	7	356		7	28	1

4-4 续表 7

单位：人

地区 性别	合计	农、林、牧、渔业						采矿业	
		小计	农业	林业	畜牧业	渔业	农、林、牧、渔专业及辅助性活动	小计	煤炭开采和洗选业
通辽市	**53038**	**27134**	**22408**	**21**	**4545**	**6**	**154**	**134**	**90**
科尔沁区	11870	3185	2891	3	272	1	18	22	1
科尔沁左翼中旗	6789	3913	3369	1	515	3	25	7	6
科尔沁左翼后旗	6971	5273	4095	1	1174		3	13	7
开鲁县	6823	4611	4207	1	353		50	2	1
库伦旗	3662	2731	2032	4	694		1	3	
奈曼旗	6395	4092	3710	6	334	1	41	4	
扎鲁特旗	4967	2898	1764	1	1125		8	9	6
通辽经济技术开发区	3471	403	329	3	64	1	6	5	1
霍林郭勒市	2090	28	11	1	14		2	69	68
鄂尔多斯市	**38452**	**7478**	**4779**	**24**	**2599**	**6**	**70**	**1416**	**1266**
东胜区	10573	209	140	4	58	2	5	289	276
康巴什区	2187	12	7	1	4			108	103
达拉特旗	5783	2206	1896	3	293	3	11	48	44
准格尔旗	4757	613	494	4	108		7	270	245
鄂托克前旗	1890	785	419	1	344		21	40	39
鄂托克旗	3336	845	122	3	718		2	168	164
杭锦旗	2212	953	457	4	488	1	3	7	5
乌审旗	3440	1197	768		422		7	197	115
伊金霍洛旗	4274	658	476	4	164		14	289	275
呼伦贝尔市	**31440**	**7781**	**5072**	**370**	**2088**	**17**	**234**	**262**	**151**
海拉尔区	5810	146	59	3	61	2	21	60	52
扎赉诺尔区	912	35	6		18	6	5	29	25
阿荣旗	3321	1408	1204	5	188		11	2	
莫力达瓦达斡尔族自治旗	2756	1385	1243	5	131	1	5		
鄂伦春自治旗	1940	604	393	137	67		7	5	
鄂温克族自治旗	2197	425	8	31	381		5	30	30
陈巴尔虎旗	785	280	29		243		8	10	9
新巴尔虎左旗	788	354	5	1	339		9	10	
新巴尔虎右旗	722	277	1	1	271		4	6	
满洲里市	2493	34	16		15	1	2	35	2
牙克石市	2804	206	65	77	35	5	24	33	30
扎兰屯市	5214	2316	1997	13	245	1	60	12	1
额尔古纳市	935	172	44	12	90	1	25	10	2
根河市	763	139	2	85	4		48	20	
巴彦淖尔市	**28166**	**9554**	**7957**	**37**	**1417**	**13**	**130**	**161**	**42**
临河区	10859	2031	1710	5	278	2	36	11	4
五原县	4035	1840	1659	6	157		18	10	8
磴口县	1843	777	629	10	120		18	1	
乌拉特前旗	4555	2086	1859	7	180	10	30	32	
乌拉特中旗	2340	1170	742	2	422		4	48	25
乌拉特后旗	1080	313	184		126		3	50	
杭锦后旗	3454	1337	1174	7	134	1	21	9	5

4-4　续表 8

单位：人

地　区 性　别	合计	农、林、牧、渔业						采矿业	
		小计	农业	林业	畜牧业	渔业	农、林、牧、渔专业及辅助性活动	小计	煤炭开采和洗选业
乌兰察布市	**20449**	**4761**	**2751**	**12**	**1927**	**2**	**69**	**39**	**3**
集宁区	6711	73	53	1	17		2	3	
卓资县	797	156	68		86		2	3	
化德县	1038	211	101	1	104		5	1	
商都县	2123	976	258	2	700		16	1	
兴和县	899	186	133		52		1		
凉城县	1209	553	470	6	74	1	2	1	
察哈尔右翼前旗	1670	478	277	1	194	1	5	8	1
察哈尔右翼中旗	1082	525	351		168		6	5	
察哈尔右翼后旗	1055	223	90		129		4	2	
四子王旗	1824	791	504		262		25	14	1
丰镇市	2041	589	446	1	141		1	1	1
兴安盟	**21996**	**9438**	**8416**	**14**	**963**		**45**	**36**	**16**
乌兰浩特市	5589	446	390	2	42		12	2	
阿尔山市	508	16	8		8			1	
科尔沁右翼前旗	4942	2845	2405	1	435		4	13	
科尔沁右翼中旗	3409	1873	1602	5	247		19	7	7
扎赉特旗	4148	2311	2193	2	115		1	1	1
突泉县	3400	1947	1818	4	116		9	12	8
锡林郭勒盟	**18780**	**5441**	**512**	**7**	**4861**	**1**	**60**	**298**	**131**
二连浩特市	1316	57	7		50			6	1
锡林浩特市	5939	479	34	2	430	1	12	104	49
阿巴嘎旗	793	462			461		1	4	2
苏尼特左旗	690	382			382			4	1
苏尼特右旗	1068	383	4	1	378			27	1
东乌珠穆沁旗	1351	640	2	1	616		21	37	
西乌珠穆沁旗	1818	775	3	1	769		2	71	50
太仆寺旗	1113	395	165		229		1	6	
镶黄旗	532	246	1		244		1	11	7
正镶白旗	737	374	23		346		5	3	
正蓝旗	1334	685	36		647		2	1	
多伦县	1679	455	232	2	215		6	11	8
乌拉盖管委会	410	108	5		94		9	13	12
阿拉善盟	**5278**	**712**	**304**	**6**	**392**		**10**	**123**	**78**
阿拉善左旗	3680	545	271	3	269		2	80	64
阿拉善右旗	423	87	12	2	68		5	10	3
额济纳旗	603	78	21	1	55		1	23	4
内蒙古阿拉善经济开发区	572	2					2	10	7

4−4 续表 9　　单位：人

地　区 性　别	采矿业						制造业		
	石油和天然气开采业	黑色金属矿采选业	有色金属矿采选业	非金属矿采选业	开采专业及辅助性活动	其他采矿业	小计	农副食品加工业	食品制造业
内蒙古	**924**	**2564**	**3267**	**1464**	**1453**	**359**	**84303**	**6986**	**7945**
呼和浩特市	**20**	**25**	**40**	**75**	**55**	**12**	**10306**	**661**	**2432**
新城区	8	4	4	6	11	3	1251	54	183
回民区		1	1	4	2	1	951	43	214
玉泉区	7		3	18	5	6	1740	136	342
赛罕区	3	6	9	8	14	2	2295	111	385
土默特左旗				6	4		767	91	194
托克托县					1		1057	100	154
和林格尔县	1				1		721	34	432
清水河县	1	4	15	30	12		255	8	12
武川县		8	6	1			157	24	17
呼和浩特经济技术开发区		2	2	2	5		1112	60	499
包头市	**14**	**1362**	**424**	**128**	**100**	**82**	**16772**	**599**	**677**
东河区	1	11	14	7	21	5	2516	155	107
昆都仑区	6	201	105	29	52	48	5736	144	160
青山区		21	15	7	1	6	4333	78	160
石拐区		2		1			403	3	4
白云鄂博矿区		575	123				47		
九原区	2	35	108	9	5	10	1256	59	77
土默特右旗	3	3	3	7	2	4	494	69	57
固阳县	1	376		12	2		490	25	34
达尔罕茂明安联合旗		116	34	47	1		158	10	13
包头稀土高新技术产业开发区	1	22	22	9	16	9	1339	56	65
乌海市	**2**	**8**	**2**	**100**	**22**	**4**	**5501**	**29**	**99**
海勃湾区	2	3	1	25	1		2405	19	66
海南区		3	1	71	21	2	1427	5	13
乌达区		2		4		2	1669	5	20
赤峰市	**17**	**393**	**1421**	**301**	**71**	**72**	**9848**	**1378**	**725**
红山区	3	9	25	11	9	2	2022	171	81
元宝山区	3	4	34	14	6	5	1254	152	123
松山区	1	8	159	34	22	15	1434	150	115
阿鲁科尔沁旗	2	30	18	6		5	396	115	47
巴林左旗		62	344	5	4	1	601	77	48
巴林右旗	1	4	11	40	3		205	19	18
林西县	2	21	283	20		23	483	120	42
克什克腾旗	1	217	275	31	2	7	410	57	23
翁牛特旗	2	3	32	15	8	6	483	101	105
喀喇沁旗		3	36	48	3		643	44	18
宁城县	1	17	11	73	8	7	1419	258	79
敖汉旗	1	15	193	4	6	1	498	114	26

4-4 续表 10

单位：人

地 区 性 别	采矿业						制造业		
	石油和天然气开采业	黑色金属矿采选业	有色金属矿采选业	非金属矿采选业	开采专业及辅助性活动	其他采矿业	小计	农副食品加工业	食品制造业
通辽市	**9**	**7**	**46**	**145**	**122**	**6**	**7399**	**965**	**1087**
科尔沁区	1	1	20	29	13	1	2057	305	763
科尔沁左翼中旗	3	3	1	11	6		978	101	68
科尔沁左翼后旗			1	33	1		325	77	30
开鲁县	1			1	5		690	140	36
库伦旗				41			138	27	12
奈曼旗	3	2		12	5	4	472	64	22
扎鲁特旗		1	15	10	79		396	113	38
通辽经济技术开发区	1		1	4	3	1	769	113	99
霍林郭勒市			8	4	10		1574	25	19
鄂尔多斯市	**543**	**7**	**9**	**135**	**774**	**40**	**10432**	**282**	**415**
东胜区	4	1	4	16	28	2	2089	67	102
康巴什区	2			4	10	4	289	3	25
达拉特旗	1	2	4	21	2		1697	60	142
准格尔旗	2	3		51	292	27	1506	48	29
鄂托克前旗	5			1	6		241	9	20
鄂托克旗	21		1	35	27		2172	24	21
杭锦旗	31			1	18	2	544	23	37
乌审旗	470			1	303	3	1055	12	17
伊金霍洛旗	7	1		5	88	2	839	36	22
呼伦贝尔市	**54**	**6**	**464**	**48**	**57**	**20**	**4822**	**534**	**843**
海拉尔区	8	1	2	4	14	4	831	112	98
扎赉诺尔区		2	2	1	5	3	253	19	8
阿荣旗			2	7	2	5	441	78	74
莫力达瓦达斡尔族自治旗			1	5			135	39	21
鄂伦春自治旗	1		50		1		130	18	12
鄂温克族自治旗	1		4				134	38	16
陈巴尔虎旗		2	2		1		94	10	7
新巴尔虎左旗	39				4		34	6	7
新巴尔虎右旗			70	1	8	2	169	7	1
满洲里市	1		112	4	1		976	29	29
牙克石市	3	1	1	9	17	3	376	45	27
扎兰屯市	1		58	5	1		1041	78	509
额尔古纳市			9	12	2	3	145	44	28
根河市			151		1		63	11	6
巴彦淖尔市	**17**	**483**	**421**	**89**	**46**	**76**	**5888**	**1121**	**651**
临河区		7	20	12	18	5	2527	633	152
五原县		3	1		2	2	552	202	40
磴口县	1	1		3	1		545	56	297
乌拉特前旗		354	20	20	12	6	772	79	49
乌拉特中旗	10	80	70	35	8	2	239	22	10
乌拉特后旗	5	29	305	12		59	517	5	10
杭锦后旗	1	9	5	7	5	2	736	124	93

4-4 续表 11

单位：人

地区 性别	采矿业						制造业		
	石油和天然气开采业	黑色金属矿采选业	有色金属矿采选业	非金属矿采选业	开采专业及辅助性活动	其他采矿业	小计	农副食品加工业	食品制造业
乌兰察布市		**100**	**30**	**137**	**15**	**10**	**5604**	**444**	**390**
集宁区		3	5	7	7		863	97	156
卓资县		4	5	9		7	405	16	9
化德县		2	1	4			623	30	20
商都县				20	2		358	63	43
兴和县		1		2	1		305	37	8
凉城县			3	3	4	1	107	26	16
察哈尔右翼前旗		33	3	2			841	92	48
察哈尔右翼中旗		45	2	25			158	22	8
察哈尔右翼后旗		2	2	9		2	591	15	13
四子王旗		9	9	54			204	16	22
丰镇市		1		2	1		1149	30	47
兴安盟	**2**	**10**	**46**	**83**	**9**	**2**	**2302**	**360**	**176**
乌兰浩特市		3	2	6	3		1231	118	99
阿尔山市		3					31	8	
科尔沁右翼前旗	1	1	29	20	2	1	393	82	33
科尔沁右翼中旗		2	4	3		1	181	32	9
扎赉特旗	1	1	2	27	3		266	64	17
突泉县			9	27	1		200	56	18
锡林郭勒盟	**220**	**113**	**300**	**97**	**178**	**35**	**3272**	**596**	**392**
二连浩特市		36	1	4	3		243	17	11
锡林浩特市	135	14	12	8	93	21	1028	300	142
阿巴嘎旗			56	1	2		69	16	7
苏尼特左旗	1		35	4	43		105	30	4
苏尼特右旗	49	5	26	9		1	295	32	15
东乌珠穆沁旗	30	53	78	29	20		141	50	11
西乌珠穆沁旗			64	3	2	4	359	14	31
太仆寺旗	1	1		20	2	2	257	65	29
镶黄旗	4		20	5			58	2	8
正镶白旗			8	2	1		77	9	13
正蓝旗		1		9	2	1	149	30	49
多伦县		1		3	5	6	471	31	67
乌拉盖管委会		2			5		20		5
阿拉善盟	**26**	**50**	**64**	**126**	**4**		**2157**	**17**	**58**
阿拉善左旗	26	12	37	69	4		940	9	46
阿拉善右旗		12	3	14			127	1	1
额济纳旗		26	24	29			36	5	8
内蒙古阿拉善经济开发区				14			1054	2	3

4-4　续表 12　　　　单位：人

地区 性别	采矿业						制造业		
	石油和天然气开采业	黑色金属矿采选业	有色金属矿采选业	非金属矿采选业	开采专业及辅助性活动	其他采矿业	小计	农副食品加工业	食品制造业
男	**782**	**2186**	**2732**	**1272**	**1299**	**300**	**61527**	**4548**	**4611**
呼和浩特市	**18**	**23**	**37**	**67**	**45**	**10**	**7150**	**435**	**1525**
新城区	7	4	2	6	7	3	824	36	113
回民区		1	1	3	2	1	683	30	135
玉泉区	7		3	14	3	4	1164	90	220
赛罕区	2	5	8	7	11	2	1565	70	215
土默特左旗				6	4		521	59	118
托克托县					1		818	72	108
和林格尔县	1						490	23	275
清水河县	1	4	15	28	12		197	6	8
武川县		7	6	1			121	17	10
呼和浩特经济技术开发区		2	2	2	5		767	32	323
包头市	**9**	**1109**	**348**	**114**	**83**	**61**	**12886**	**385**	**343**
东河区	1	10	11	7	19	4	1938	107	62
昆都仑区	3	152	86	24	44	36	4430	90	70
青山区		15	13	6	1	3	3289	42	83
石拐区		2		1			310		3
白云鄂博矿区		444	86				40		
九原区	2	32	96	9	3	10	989	38	48
土默特右旗	1	3	3	5	2	2	404	43	31
固阳县	1	332		10	2		411	20	14
达尔罕茂明安联合旗		102	33	43	1		123	7	6
包头稀土高新技术产业开发区	1	17	20	9	11	6	952	38	26
乌海市	**1**	**4**	**2**	**87**	**15**	**2**	**4090**	**20**	**54**
海勃湾区	1	2	1	21	1		1817	15	40
海南区		2	1	62	14	1	1049	3	3
乌达区				4		1	1224	2	11
赤峰市	**16**	**356**	**1193**	**258**	**63**	**61**	**6950**	**888**	**372**
红山区	3	7	22	8	9	2	1453	111	37
元宝山区	2	4	32	14	6	5	885	107	73
松山区	1	7	137	28	17	11	1017	97	53
阿鲁科尔沁旗	2	29	15	6		5	293	84	30
巴林左旗		53	278	5	4	1	384	39	14
巴林右旗	1	3	9	37	3		137	9	11
林西县	2	19	236	18		18	351	81	24
克什克腾旗	1	200	224	26	1	6	311	39	7
翁牛特旗	2	3	29	13	6	6	329	60	66
喀喇沁旗		3	31	41	3		466	27	8
宁城县	1	15	10	59	8	7	961	155	40
敖汉旗	1	13	170	3	6		363	79	9

4-4 续表 13

单位：人

地区 性别	采矿业						制造业		
	石油和天然气开采业	黑色金属矿采选业	有色金属矿采选业	非金属矿采选业	开采专业及辅助性活动	其他采矿业	小计	农副食品加工业	食品制造业
通辽市	**8**	**6**	**35**	**126**	**110**	**6**	**5200**	**592**	**610**
科尔沁区		1	10	23	9	1	1339	189	449
科尔沁左翼中旗	3	3		11	6		656	62	37
科尔沁左翼后旗			1	27	1		211	46	15
开鲁县	1			1	4		489	89	12
库伦旗				38			85	15	7
奈曼旗	3	1		10	4	4	356	48	9
扎鲁特旗		1	15	10	76		266	66	20
通辽经济技术开发区	1		1	2	1	1	495	65	53
霍林郭勒市			8	4	9		1303	12	8
鄂尔多斯市	**473**	**7**	**7**	**122**	**712**	**37**	**7818**	**196**	**229**
东胜区	2	1	4	13	20	2	1391	48	45
康巴什区	2			3	7	3	196	2	10
达拉特旗	1	2	2	19	2		1306	42	98
准格尔旗	1	3		47	274	25	1241	33	17
鄂托克前旗	4			1	6		176	5	10
鄂托克旗	21		1	32	26		1584	14	10
杭锦旗	29			1	18	2	414	16	22
乌审旗	407			1	284	3	840	7	7
伊金霍洛旗	6	1		5	75	2	670	29	10
呼伦贝尔市	**42**	**3**	**390**	**40**	**47**	**16**	**3435**	**350**	**551**
海拉尔区	7	1	2	2	10	3	606	76	46
扎赉诺尔区		1	2	1	3	2	162	12	4
阿荣旗			2	6	2	4	302	46	38
莫力达瓦达斡尔族自治旗			1	5			91	26	11
鄂伦春自治旗	1		45		1		93	13	7
鄂温克族自治旗	1		4				93	24	8
陈巴尔虎旗		1	2		1		76	5	5
新巴尔虎左旗	29				4		17	3	2
新巴尔虎右旗			67	1	5	2	138	5	
满洲里市	1		79	4	1		684	24	16
牙克石市	2		1	8	17	3	253	29	14
扎兰屯市	1		48	4	1		780	49	382
额尔古纳市			6	9	1	2	98	33	15
根河市			131		1		42	5	3
巴彦淖尔市	**17**	**439**	**367**	**78**	**42**	**70**	**4093**	**746**	**356**
临河区		6	18	9	17	5	1648	427	77
五原县		3	1		1	1	399	135	22
磴口县	1	1		3			354	35	178
乌拉特前旗		324	20	19	11	6	619	57	26
乌拉特中旗	10	76	56	30	8	2	183	12	3
乌拉特后旗	5	23	267	11		54	406	3	4
杭锦后旗	1	6	5	6	5	2	484	77	46

4-4　续表 14　　　　单位：人

地区 性别	采矿业						制造业		
	石油和天然气开采业	黑色金属矿采选业	有色金属矿采选业	非金属矿采选业	开采专业及辅助性活动	其他采矿业	小计	农副食品加工业	食品制造业
乌兰察布市		**91**	**20**	**121**	**14**	**10**	**4336**	**315**	**230**
集宁区		3	4	6	6		594	68	88
卓资县		4	3	8		7	340	11	6
化德县		2	1	3			444	19	11
商都县				19	2		280	51	28
兴和县		1		2	1		258	29	5
凉城县			3	2	4	1	82	22	10
察哈尔右翼前旗		28	1	2			650	65	32
察哈尔右翼中旗		43	1	23			114	9	5
察哈尔右翼后旗			2	9		2	482	11	8
四子王旗		9	5	45			162	10	13
丰镇市		1		2	1		930	20	24
兴安盟	**1**	**8**	**34**	**79**	**8**	**2**	**1679**	**258**	**93**
乌兰浩特市		2	2	5	3		910	88	53
阿尔山市		2					22	5	
科尔沁右翼前旗		1	18	19	2	1	274	59	17
科尔沁右翼中旗		2	4	3		1	132	19	5
扎赉特旗	1	1	2	27	3		195	48	9
突泉县			8	25			146	39	9
锡林郭勒盟	**173**	**97**	**242**	**82**	**157**	**25**	**2284**	**355**	**209**
二连浩特市		32	1	4	2		183	10	7
锡林浩特市	109	10	8	7	78	16	711	174	82
阿巴嘎旗			54	1	2		51	10	4
苏尼特左旗	1		32	4	43		78	21	1
苏尼特右旗	35	4	19	6			217	17	5
东乌珠穆沁旗	24	47	59	24	19		79	30	5
西乌珠穆沁旗			46	2	1	3	244	9	15
太仆寺旗	1	1		15	2	1	201	46	18
镶黄旗	3		17	5			44	1	1
正镶白旗			6	2			53	5	6
正蓝旗		1		9	1	1	87	16	22
多伦县		1		3	4	4	323	16	40
乌拉盖管委会		1			5		13		3
阿拉善盟	**24**	**43**	**57**	**98**	**3**		**1606**	**8**	**39**
阿拉善左旗	24	10	35	60	3		725	4	30
阿拉善右旗		10	2	10			95		1
额济纳旗		23	20	17			28	3	6
内蒙古阿拉善经济开发区				11			758	1	2

4－4 续表 15

单位：人

地区 性别	采矿业						制造业		
	石油和天然气开采业	黑色金属矿采选业	有色金属矿采选业	非金属矿采选业	开采专业及辅助性活动	其他采矿业	小计	农副食品加工业	食品制造业
女	**142**	**378**	**535**	**192**	**154**	**59**	**22776**	**2438**	**3334**
呼和浩特市	**2**	**2**	**3**	**8**	**10**	**2**	**3156**	**226**	**907**
新城区	1		2		4		427	18	70
回民区				1			268	13	79
玉泉区				4	2	2	576	46	122
赛罕区	1	1	1	1	3		730	41	170
土默特左旗							246	32	76
托克托县							239	28	46
和林格尔县					1		231	11	157
清水河县				2			58	2	4
武川县		1					36	7	7
呼和浩特经济技术开发区							345	28	176
包头市	**5**	**253**	**76**	**14**	**17**	**21**	**3886**	**214**	**334**
东河区		1	3		2	1	578	48	45
昆都仑区	3	49	19	5	8	12	1306	54	90
青山区		6	2	1		3	1044	36	77
石拐区							93	3	1
白云鄂博矿区		131	37				7		
九原区		3	12		2		267	21	29
土默特右旗	2			2		2	90	26	26
固阳县		44		2			79	5	20
达尔罕茂明安联合旗		14	1	4			35	3	7
包头稀土高新技术产业开发区		5	2		5	3	387	18	39
乌海市	**1**	**4**		**13**	**7**	**2**	**1411**	**9**	**45**
海勃湾区	1	1		4			588	4	26
海南区		1		9	7	1	378	2	10
乌达区		2				1	445	3	9
赤峰市	**1**	**37**	**228**	**43**	**8**	**11**	**2898**	**490**	**353**
红山区		2	3	3			569	60	44
元宝山区	1		2				369	45	50
松山区		1	22	6	5	4	417	53	62
阿鲁科尔沁旗		1	3				103	31	17
巴林左旗		9	66				217	38	34
巴林右旗		1	2	3			68	10	7
林西县		2	47	2		5	132	39	18
克什克腾旗		17	51	5	1	1	99	18	16
翁牛特旗			3	2	2		154	41	39
喀喇沁旗			5	7			177	17	10
宁城县		2	1	14			458	103	39
敖汉旗		2	23	1		1	135	35	17

4-4　续表 16　　　　单位：人

地　区 性　别	采矿业						制造业		
	石油和天然气开采业	黑色金属矿采选业	有色金属矿采选业	非金属矿采选业	开采专业及辅助性活动	其他采矿业	小计	农副食品加工业	食品制造业
通辽市	**1**	**1**	**11**	**19**	**12**		**2199**	**373**	**477**
科尔沁区	1		10	6	4		718	116	314
科尔沁左翼中旗			1				322	39	31
科尔沁左翼后旗				6			114	31	15
开鲁县					1		201	51	24
库伦旗				3			53	12	5
奈曼旗		1		2	1		116	16	13
扎鲁特旗					3		130	47	18
通辽经济技术开发区				2	2		274	48	46
霍林郭勒市					1		271	13	11
鄂尔多斯市	**70**		**2**	**13**	**62**	**3**	**2614**	**86**	**186**
东胜区	2			3	8		698	19	57
康巴什区				1	3	1	93	1	15
达拉特旗			2	2			391	18	44
准格尔旗	1			4	18	2	265	15	12
鄂托克前旗	1						65	4	10
鄂托克旗				3	1		588	10	11
杭锦旗	2						130	7	15
乌审旗	63				19		215	5	10
伊金霍洛旗	1				13		169	7	12
呼伦贝尔市	**12**	**3**	**74**	**8**	**10**	**4**	**1387**	**184**	**292**
海拉尔区	1			2	4	1	225	36	52
扎赉诺尔区		1			2	1	91	7	4
阿荣旗				1		1	139	32	36
莫力达瓦达斡尔族自治旗							44	13	10
鄂伦春自治旗			5				37	5	5
鄂温克族自治旗							41	14	8
陈巴尔虎旗		1					18	5	2
新巴尔虎左旗	10						17	3	5
新巴尔虎右旗			3		3		31	2	1
满洲里市			33				292	5	13
牙克石市	1	1		1			123	16	13
扎兰屯市			10	1			261	29	127
额尔古纳市			3	3	1	1	47	11	13
根河市			20				21	6	3
巴彦淖尔市		**44**	**54**	**11**	**4**	**6**	**1795**	**375**	**295**
临河区		1	2	3	1		879	206	75
五原县					1	1	153	67	18
磴口县					1		191	21	119
乌拉特前旗		30		1	1		153	22	23
乌拉特中旗		4	14	5			56	10	7
乌拉特后旗		6	38	1		5	111	2	6
杭锦后旗		3		1			252	47	47

4－4 续表 17

单位：人

地 区 性 别	采矿业						制造业		
	石油和天然气开采业	黑色金属矿采选业	有色金属矿采选业	非金属矿采选业	开采专业及辅助性活动	其他采矿业	小计	农副食品加工业	食品制造业
乌兰察布市		**9**	**10**	**16**	**1**		**1268**	**129**	**160**
集宁区			1	1	1		269	29	68
卓资县			2	1			65	5	3
化德县				1			179	11	9
商都县				1			78	12	15
兴和县							47	8	3
凉城县				1			25	4	6
察哈尔右翼前旗		5	2				191	27	16
察哈尔右翼中旗		2	1	2			44	13	3
察哈尔右翼后旗		2					109	4	5
四子王旗			4	9			42	6	9
丰镇市							219	10	23
兴安盟	**1**	**2**	**12**	**4**	**1**		**623**	**102**	**83**
乌兰浩特市		1		1			321	30	46
阿尔山市		1					9	3	
科尔沁右翼前旗	1		11	1			119	23	16
科尔沁右翼中旗							49	13	4
扎赉特旗							71	16	8
突泉县			1	2	1		54	17	9
锡林郭勒盟	**47**	**16**	**58**	**15**	**21**	**10**	**988**	**241**	**183**
二连浩特市		4			1		60	7	4
锡林浩特市	26	4	4	1	15	5	317	126	60
阿巴嘎旗			2				18	6	3
苏尼特左旗			3				27	9	3
苏尼特右旗	14	1	7	3		1	78	15	10
东乌珠穆沁旗	6	6	19	5	1		62	20	6
西乌珠穆沁旗			18	1	1	1	115	5	16
太仆寺旗				5		1	56	19	11
镶黄旗	1		3				14	1	7
正镶白旗			2		1		24	4	7
正蓝旗					1		62	14	27
多伦县					1	2	148	15	27
乌拉盖管委会		1					7		2
阿拉善盟	**2**	**7**	**7**	**28**	**1**		**551**	**9**	**19**
阿拉善左旗	2	2	2	9	1		215	5	16
阿拉善右旗		2	1	4			32	1	
额济纳旗		3	4	12			8	2	2
内蒙古阿拉善经济开发区				3			296	1	1

4-4　续表 18

单位：人

地　区 性　别	制造业								
	酒、饮料和精制茶制造业	烟　草制品业	纺织业	纺织服装、服饰业	皮革、毛皮、羽毛及其制品和制鞋业	木材加工和木、竹、藤、棕、草制品业	家　具制造业	造纸和纸制品业	印刷和记录媒介复制业
内蒙古	**1905**	**278**	**1530**	**1816**	**436**	**2167**	**984**	**532**	**905**
呼和浩特市	**201**	**152**	**226**	**399**	**32**	**123**	**156**	**183**	**256**
新城区	23	8	26	78	9	17	27	6	52
回民区	19	8	29	44	1	9	4	7	23
玉泉区	30	39	60	149	6	36	55	14	48
赛罕区	45	96	45	83	7	9	25	20	109
土默特左旗	18		24	11		16	25	45	1
托克托县	7		3	6		9	3	1	3
和林格尔县	29		5	5		21	1	62	2
清水河县	1		2	1	1		1		1
武川县	8			2	1	3	1		1
呼和浩特经济技术开发区	21	1	32	20	7	3	14	28	16
包头市	**282**	**4**	**149**	**213**	**33**	**115**	**152**	**59**	**143**
东河区	61		68	86	8	25	33	6	21
昆都仑区	95	2	29	48	11	31	37	3	57
青山区	41	1	23	36	3	12	34	2	26
石拐区	1			3					1
白云鄂博矿区			1						1
九原区	36	1	16	17	3	24	23	2	13
土默特右旗	19		1	8	1	10	4	14	3
固阳县	3		1	3	6	3	1	3	2
达尔罕茂明安联合旗				2		1			
包头稀土高新技术产业开发区	26		10	10	1	9	20	29	19
乌海市	**39**	**2**	**16**	**26**	**3**	**12**	**20**	**3**	**26**
海勃湾区	23		9	24		6	16	2	24
海南区	4		5		1	4	2	1	
乌达区	12	2	2	2	2	2	2		2
赤峰市	**333**	**7**	**201**	**252**	**62**	**334**	**165**	**45**	**159**
红山区	69	1	69	60	20	16	46	1	32
元宝山区	32		25	24	1	127	7	4	12
松山区	65	4	20	24	15	27	27	13	28
阿鲁科尔沁旗	7		7	14	2	12	8		3
巴林左旗	24		6	26	3	46	9	1	30
巴林右旗	11		2	4	1	17	2	3	5
林西县	5		17	7		11	15		4
克什克腾旗	4		3	4	4	2	3	2	7
翁牛特旗	5		12	12	1	8	6	2	9
喀喇沁旗	9	1	24	5	3	24	13	3	4
宁城县	91	1	11	51	10	31	23	10	22
敖汉旗	11		5	21	2	13	6	6	3

4−4 续表 19　　单位：人

地　区 性　别	制造业								
	酒、饮料和精制茶制造业	烟　草制品业	纺织业	纺织服装、服饰业	皮革、毛皮、羽毛及其制品和制鞋业	木材加工和木、竹、藤、棕、草制品业	家　具制造业	造纸和纸制品业	印刷和记录媒介复制业
通辽市	**212**	**5**	**56**	**113**	**162**	**197**	**158**	**44**	**66**
科尔沁区	91	3	17	13	60	41	56	11	17
科尔沁左翼中旗	13	1	12	37	15	34	48	15	4
科尔沁左翼后旗	7	1		17	4	5	2	1	10
开鲁县	57		5	8	4	15	4	4	8
库伦旗	3		4	9	1	5			1
奈曼旗	6		7	6	1	44	5	2	8
扎鲁特旗	13		6	11	1	30	4		
通辽经济技术开发区	16		3	8	76	17	31	11	15
霍林郭勒市	6		2	4		6	8		3
鄂尔多斯市	**140**	**7**	**447**	**257**	**25**	**62**	**50**	**6**	**58**
东胜区	66	6	375	173	12	21	32	5	33
康巴什区	8		1	5		2			1
达拉特旗	21	1	40	17	1	12	6		2
准格尔旗	26		8	2	1	6	3	1	3
鄂托克前旗			1	13	1	4	1		
鄂托克旗	4		14	3	2	1	4		5
杭锦旗	1		1	11	4	2	2		3
乌审旗	4		5	16	4	2			3
伊金霍洛旗	10		2	17		12	2		8
呼伦贝尔市	**157**	**3**	**35**	**61**	**20**	**1065**	**92**	**83**	**33**
海拉尔区	44	1	11	7	7	20	7	1	12
扎赉诺尔区	1	1	2	1	2	103	5	1	3
阿荣旗	7		4	7		20	7		6
莫力达瓦达斡尔族自治旗	10		1	8		3	5		1
鄂伦春自治旗	7		3	4	1	16	5	1	
鄂温克族自治旗	5			1	1	5	1	1	1
陈巴尔虎旗	1		1	2		4			1
新巴尔虎左旗	1		1	2		4			2
新巴尔虎右旗			3	4	3	1			
满洲里市		1		3	1	783	47	2	1
牙克石市	28		6	10	2	51	2	5	2
扎兰屯市	49		2	11	2	25	11	71	3
额尔古纳市	2		1		1	6	2		
根河市	2			1		24		1	1
巴彦淖尔市	**201**	**5**	**246**	**135**	**34**	**98**	**37**	**62**	**43**
临河区	66	4	197	87	17	41	19	19	23
五原县	6	1	13	14	2	12	2	3	3
磴口县	19			3	1	4	1	23	4
乌拉特前旗	4		18	7	5	15	5	1	5
乌拉特中旗	6		2	11	8	3			4
乌拉特后旗	3		4	1					1
杭锦后旗	97		12	12	1	23	10	16	3

4-4 续表 20

单位：人

地 区 性 别	制造业								
	酒、饮料和精制茶制造业	烟 草制品业	纺织业	纺织服装、服饰业	皮革、毛皮、羽毛及其制品和制鞋业	木材加工和木、竹、藤、棕、草制品业	家 具制造业	造纸和纸制品业	印刷和记录媒介复制业
乌兰察布市	**80**		**61**	**180**	**49**	**35**	**74**	**27**	**25**
集宁区	24		23	30	23	2	11	2	14
卓资县	1		2	4	6	6	3	1	2
化德县	9		12	93					1
商都县	4		4	7	1	1	3	5	1
兴和县	1		5	11		1	5	1	1
凉城县	15		2	6	1		2		
察哈尔右翼前旗	1		1	2	14	15	36	12	
察哈尔右翼中旗			1	6		4	1	1	
察哈尔右翼后旗	1		4	7	2	1	5	3	
四子王旗	1		5	3	2	1	2		1
丰镇市	23		2	11		4	6	2	5
兴安盟	**126**	**89**	**23**	**52**	**4**	**41**	**31**	**12**	**61**
乌兰浩特市	52	84	12	15	1	13	11	5	49
阿尔山市	15					2			
科尔沁右翼前旗	47	5	3	9	1	7	6	5	3
科尔沁右翼中旗	7			7	1	4	7		2
扎赉特旗	3		4	14		9	4		6
突泉县	2		4	7	1	6	3	2	1
锡林郭勒盟	**107**	**3**	**50**	**123**	**10**	**82**	**42**	**8**	**30**
二连浩特市			9	16	1	46	3	2	1
锡林浩特市	7	2	20	30	6	6	14	5	11
阿巴嘎旗	1		1	6		1			
苏尼特左旗			2	6					2
苏尼特右旗			3	10	1	1	1		2
东乌珠穆沁旗		1	3	13	2				2
西乌珠穆沁旗	2		2	20		6	4		
太仆寺旗	82		3	1		3	9	1	
镶黄旗			1	2					3
正镶白旗	3		3	1			1		1
正蓝旗	3		2	7		8	2		3
多伦县	7		1	11		11	6		2
乌拉盖管委会	2						2		3
阿拉善盟	**27**	**1**	**20**	**5**	**2**	**3**	**7**		**5**
阿拉善左旗	21	1	18	1	2	3	7		4
阿拉善右旗	2		2	1					1
额济纳旗	3			1					
内蒙古阿拉善经济开发区	1			2					

4-4 续表 21 单位：人

地区 性别	制造业								
	酒、饮料和精制茶制造业	烟草制品业	纺织业	纺织服装、服饰业	皮革、毛皮、羽毛及其制品和制鞋业	木材加工和木、竹、藤、棕、草制品业	家具制造业	造纸和纸制品业	印刷和记录媒介复制业
男	**1212**	**195**	**590**	**455**	**181**	**1532**	**706**	**342**	**485**
呼和浩特市	**126**	**113**	**86**	**110**	**14**	**92**	**107**	**124**	**148**
新城区	16	7	7	27	3	8	18	4	31
回民区	13	4	10	11	1	8	3	6	16
玉泉区	20	34	24	31	4	29	40	10	26
赛罕区	27	67	20	32	2	6	16	9	58
土默特左旗	11		9			12	15	29	1
托克托县	6		1	1		7	3		2
和林格尔县	17		3			17	1	43	1
清水河县			1	1	1		1		
武川县	5			1		3	1		
呼和浩特经济技术开发区	11	1	11	6	3	2	9	23	13
包头市	**187**	**2**	**62**	**65**	**18**	**95**	**103**	**38**	**85**
东河区	45		25	27	6	20	24	2	12
昆都仑区	55	1	16	11	7	22	22	2	32
青山区	25		11	15	1	9	27		18
石拐区	1			2					1
白云鄂博矿区			1						
九原区	23	1	5	7	1	21	14		9
土默特右旗	15			2	1	10	2	13	3
固阳县	3				1	3	1	1	
达尔罕茂明安联合旗						1			
包头稀土高新技术产业开发区	20		4	1	1	9	13	20	10
乌海市	**22**	**2**	**6**	**6**	**1**	**9**	**18**	**2**	**15**
海勃湾区	14		3	5		4	14	2	14
海南区	1		2		1	3	2		
乌达区	7	2	1	1		2	2		1
赤峰市	**192**	**6**	**72**	**53**	**22**	**227**	**124**	**23**	**85**
红山区	44		25	13	7	13	37		20
元宝山区	13		9	2	1	89	5	1	3
松山区	42	4	12	4	2	21	20	7	18
阿鲁科尔沁旗	5		4	4	1	9	5		1
巴林左旗	12		1	8	3	19	7	1	14
巴林右旗	7			1		10	1	2	2
林西县	3		3	2		6	12		3
克什克腾旗	1		1	1	2	2	2	1	3
翁牛特旗	2		6	1	1	7	5	1	2
喀喇沁旗	6	1	7	2	1	14	7	3	3
宁城县	53	1	3	10	3	25	18	4	14
敖汉旗	4		1	5	1	12	5	3	2

4-4 续表 22 单位：人

地区 性别	制造业								
	酒、饮料和精制茶制造业	烟草制品业	纺织业	纺织服装、服饰业	皮革、毛皮、羽毛及其制品和制鞋业	木材加工和木、竹、藤、棕、草制品业	家具制造业	造纸和纸制品业	印刷和记录媒介复制业
通辽市	**143**	**2**	**26**	**34**	**52**	**135**	**109**	**23**	**25**
科尔沁区	61	1	6	3	15	30	41	7	7
科尔沁左翼中旗	8		9	15	10	23	31	9	2
科尔沁左翼后旗	5	1		3	2	4	2	1	4
开鲁县	44		2	2	3	11	3	1	3
库伦旗	1		1	2		4			
奈曼旗	3		3	1		27	3	1	4
扎鲁特旗	9		2	2	1	19	3		
通辽经济技术开发区	10		2	4	21	11	21	4	4
霍林郭勒市	2		1	2		6	5		1
鄂尔多斯市	**94**	**2**	**166**	**71**	**15**	**47**	**35**	**2**	**31**
东胜区	47	2	138	51	8	16	23	2	19
康巴什区	5		1	1		1			1
达拉特旗	9		15	4	1	9	3		
准格尔旗	19		3	2	1	5	2		1
鄂托克前旗				2	1	3	1		
鄂托克旗	3		7	1	1	1	3		2
杭锦旗				4	1	2	1		
乌审旗	2		1	2	2	2			1
伊金霍洛旗	9		1	4		8	2		7
呼伦贝尔市	**96**	**3**	**13**	**18**	**12**	**730**	**67**	**66**	**16**
海拉尔区	30	1	3	3	4	16	7		7
扎赉诺尔区	1	1			2	55	5	1	2
阿荣旗	3		2	2		14	4		3
莫力达瓦达斡尔族自治旗	6			3		3	4		
鄂伦春自治旗	4		2			13	3		
鄂温克族自治旗	3				1	3	1	1	
陈巴尔虎旗			1			4			
新巴尔虎左旗						4			2
新巴尔虎右旗			2		1	1			
满洲里市		1			1	544	33	2	1
牙克石市	14		2	5	1	34	1	4	
扎兰屯市	34		1	5	1	19	7	58	
额尔古纳市					1	2	2		
根河市	1					18			1
巴彦淖尔市	**114**	**4**	**85**	**29**	**11**	**70**	**28**	**33**	**18**
临河区	39	3	69	19	6	31	13	12	9
五原县	5	1	5	2		10	2	1	2
磴口县	10					3	1	12	2
乌拉特前旗	1		8	2	1	9	4	1	2
乌拉特中旗	5		1	2	3	3			2
乌拉特后旗	3								
杭锦后旗	51		2	4	1	14	8	7	1

4−4 续表 23

单位：人

地 区 性 别	制造业								
	酒、饮料和精制茶制造业	烟 草制品业	纺织业	纺织服装、服饰业	皮革、毛皮、羽毛及其制品和制鞋业	木材加工和木、竹、藤、棕、草制品业	家 具制造业	造纸和纸制品业	印刷和记录媒介复制业
乌兰察布市	**53**		**26**	**33**	**24**	**27**	**51**	**19**	**14**
集宁区	13		10	8	10	2	8	2	7
卓资县	1		1	1	2	6	1		2
化德县	7		2	11					1
商都县	3		2		1	1	2	3	
兴和县	1		3	6		1	4	1	1
凉城县	10		1		1		2		
察哈尔右翼前旗	1		1	1	7	10	22	9	
察哈尔右翼中旗			1	1		3	1	1	
察哈尔右翼后旗	1		2	2	2	1	5	2	
四子王旗	1		2		1	1	1		
丰镇市	15		1	3		2	5	1	3
兴安盟	**83**	**58**	**12**	**14**	**4**	**32**	**24**	**7**	**31**
乌兰浩特市	32	55	6	4	1	11	11	4	26
阿尔山市	12					1			
科尔沁右翼前旗	29	3	1	3	1	6	2	3	1
科尔沁右翼中旗	6			2	1	3	6		1
扎赉特旗	2		3	4		8	3		3
突泉县	2		2	1	1	3	2		
锡林郭勒盟	**87**	**3**	**27**	**21**	**7**	**66**	**34**	**5**	**16**
二连浩特市			5	5	1	37	2	2	1
锡林浩特市	4	2	14	6	5	5	11	3	6
阿巴嘎旗	1			1		1			
苏尼特左旗			1	1					1
苏尼特右旗			1	2		1	1		1
东乌珠穆沁旗		1	1		1				1
西乌珠穆沁旗	1		1	2		6	3		
太仆寺旗	70		1	1		2	9		
镶黄旗				1					2
正镶白旗	2		2						
正蓝旗	1			2		6	2		2
多伦县	6		1			8	4		1
乌拉盖管委会	2						2		1
阿拉善盟	**15**		**9**	**1**	**1**	**2**	**6**		**1**
阿拉善左旗	11		8		1	2	6		1
阿拉善右旗	1		1						
额济纳旗	2								
内蒙古阿拉善经济开发区	1			1					

4-4　续表 24

单位：人

地　区 性　别	制造业								
	酒、饮料和精制茶制造业	烟　草制品业	纺织业	纺织服装、服饰业	皮革、毛皮、羽毛及其制品和制鞋业	木材加工和木、竹、藤、棕、草制品业	家　具制造业	造纸和纸制品业	印刷和记录媒介复制业
女	**693**	**83**	**940**	**1361**	**255**	**635**	**278**	**190**	**420**
呼和浩特市	**75**	**39**	**140**	**289**	**18**	**31**	**49**	**59**	**108**
新城区	7	1	19	51	6	9	9	2	21
回民区	6	4	19	33		1	1	1	7
玉泉区	10	5	36	118	2	7	15	4	22
赛罕区	18	29	25	51	5	3	9	11	51
土默特左旗	7		15	11		4	10	16	
托克托县	1		2	5		2		1	1
和林格尔县	12		2	5		4		19	1
清水河县	1		1						1
武川县	3			1	1				1
呼和浩特经济技术开发区	10		21	14	4	1	5	5	3
包头市	**95**	**2**	**87**	**148**	**15**	**20**	**49**	**21**	**58**
东河区	16		43	59	2	5	9	4	9
昆都仑区	40	1	13	37	4	9	15	1	25
青山区	16	1	12	21	2	3	7	2	8
石拐区				1					
白云鄂博矿区									1
九原区	13		11	10	2	3	9	2	4
土默特右旗	4		1	6			2	1	
固阳县			1	3	5			2	2
达尔罕茂明安联合旗				2					
包头稀土高新技术产业开发区	6		6	9			7	9	9
乌海市	**17**		**10**	**20**	**2**	**3**	**2**	**1**	**11**
海勃湾区	9		6	19		2	2		10
海南区	3		3			1		1	
乌达区	5		1	1	2				1
赤峰市	**141**	**1**	**129**	**199**	**40**	**107**	**41**	**22**	**74**
红山区	25	1	44	47	13	3	9	1	12
元宝山区	19		16	22		38	2	3	9
松山区	23		8	20	13	6	7	6	10
阿鲁科尔沁旗	2		3	10	1	3	3		2
巴林左旗	12		5	18		27	2		16
巴林右旗	4		2	3	1	7	1	1	3
林西县	2		14	5		5	3		1
克什克腾旗	3		2	3	2		1	1	4
翁牛特旗	3		6	11		1	1	1	7
喀喇沁旗	3		17	3	2	10	6		1
宁城县	38		8	41	7	6	5	6	8
敖汉旗	7		4	16	1	1	1	3	1

4-4 续表 25

单位：人

地 区 性 别	制造业								
	酒、饮料和精制茶制造业	烟 草制品业	纺织业	纺织服装、服饰业	皮革、毛皮、羽毛及其制品和制鞋业	木材加工和木、竹、藤、棕、草制品业	家 具制造业	造纸和纸制品业	印刷和记录媒介复制业
通辽市	**69**	**3**	**30**	**79**	**110**	**62**	**49**	**21**	**41**
科尔沁区	30	2	11	10	45	11	15	4	10
科尔沁左翼中旗	5	1	3	22	5	11	17	6	2
科尔沁左翼后旗	2			14	2	1			6
开鲁县	13		3	6	1	4	1	3	5
库伦旗	2		3	7	1	1			1
奈曼旗	3		4	5	1	17	2	1	4
扎鲁特旗	4		4	9		11	1		
通辽经济技术开发区	6		1	4	55	6	10	7	11
霍林郭勒市	4		1	2			3		2
鄂尔多斯市	**46**	**5**	**281**	**186**	**10**	**15**	**15**	**4**	**27**
东胜区	19	4	237	122	4	5	9	3	14
康巴什区	3			4		1			
达拉特旗	12	1	25	13		3	3		2
准格尔旗	7		5			1	1	1	2
鄂托克前旗			1	11		1			
鄂托克旗	1		7	2	1		1		3
杭锦旗	1		1	7	3		1		3
乌审旗	2		4	14	2				2
伊金霍洛旗	1		1	13		4			1
呼伦贝尔市	**61**		**22**	**43**	**8**	**335**	**25**	**17**	**17**
海拉尔区	14		8	4	3	4		1	5
扎赉诺尔区			2	1		48			1
阿荣旗	4		2	5		6	3		3
莫力达瓦达斡尔族自治旗	4		1	5			1		1
鄂伦春自治旗	3		1	4	1	3	2	1	
鄂温克族自治旗	2			1		2			1
陈巴尔虎旗	1			2					1
新巴尔虎左旗	1		1	2					
新巴尔虎右旗			1	4	2				
满洲里市				3		239	14		
牙克石市	14		4	5	1	17	1	1	2
扎兰屯市	15		1	6	1	6	4	13	3
额尔古纳市	2		1			4			
根河市	1			1		6		1	
巴彦淖尔市	**87**	**1**	**161**	**106**	**23**	**28**	**9**	**29**	**25**
临河区	27	1	128	68	11	10	6	7	14
五原县	1		8	12	2	2		2	1
磴口县	9			3	1	1		11	2
乌拉特前旗	3		10	5	4	6	1		3
乌拉特中旗	1		1	9	5				2
乌拉特后旗			4	1					1
杭锦后旗	46		10	8		9	2	9	2

4-4 续表 26

单位：人

地 区 性 别	制造业								
	酒、饮料和精制茶制造业	烟 草制品业	纺织业	纺织服装、服饰业	皮革、毛皮、羽毛及其制品和制鞋业	木材加工和木、竹、藤、棕、草制品业	家 具制造业	造纸和纸制品业	印刷和记录媒介复制业
乌兰察布市	**27**		**35**	**147**	**25**	**8**	**23**	**8**	**11**
集宁区	11		13	22	13		3		7
卓资县			1	3	4		2	1	
化德县	2		10	82					
商都县	1		2	7			1	2	1
兴和县			2	5			1		
凉城县	5		1	6					
察哈尔右翼前旗				1	7	5	14	3	
察哈尔右翼中旗				5		1			
察哈尔右翼后旗			2	5				1	
四子王旗			3	3	1		1		1
丰镇市	8		1	8		2	1	1	2
兴安盟	**43**	**31**	**11**	**38**		**9**	**7**	**5**	**30**
乌兰浩特市	20	29	6	11		2		1	23
阿尔山市	3					1			
科尔沁右翼前旗	18	2	2	6		1	4	2	2
科尔沁右翼中旗	1			5		1	1		1
扎赉特旗	1		1	10		1	1		3
突泉县			2	6		3	1	2	1
锡林郭勒盟	**20**		**23**	**102**	**3**	**16**	**8**	**3**	**14**
二连浩特市			4	11		9	1		
锡林浩特市	3		6	24	1	1	3	2	5
阿巴嘎旗			1	5					
苏尼特左旗			1	5					1
苏尼特右旗			2	8	1				1
东乌珠穆沁旗			2	13	1				1
西乌珠穆沁旗	1		1	18			1		
太仆寺旗	12		2			1		1	
镶黄旗			1	1					1
正镶白旗	1		1	1			1		1
正蓝旗	2		2	5		2			1
多伦县	1			11		3	2		1
乌拉盖管委会									2
阿拉善盟	**12**	**1**	**11**	**4**	**1**	**1**	**1**		**4**
阿拉善左旗	10	1	10	1	1	1	1		3
阿拉善右旗	1		1	1					1
额济纳旗	1			1					
内蒙古阿拉善经济开发区				1					

4-4 续表 27

单位：人

地区 性别	制造业								
	文教、工美、体育和娱乐用品制造业	石油、煤炭及其他燃料加工业	化学原料和化学制品制造业	医药制造业	化学纤维制造业	橡胶和塑料制品业	非金属矿物制品业	黑色金属冶炼和压延加工业	有色金属冶炼和压延加工业
内蒙古	**587**	**4507**	**9498**	**2644**	**53**	**1516**	**6670**	**6720**	**6052**
呼和浩特市	**87**	**366**	**599**	**687**	**5**	**116**	**669**	**86**	**223**
新城区	17	14	62	41	1	23	80	5	7
回民区	10	3	82	66		12	68	6	4
玉泉区	33	23	65	99	1	23	111	8	22
赛罕区	18	156	174	93	2	13	81	6	26
土默特左旗	1		16	26		14	75	10	14
托克托县	1	121	58	293	1	7	23	15	132
和林格尔县	1	1	20	9		7	29	4	8
清水河县		47	69	1		2	75	11	
武川县		1		10			39	14	1
呼和浩特经济技术开发区	6		53	49		15	88	7	9
包头市	**90**	**378**	**502**	**128**	**9**	**230**	**763**	**2755**	**2171**
东河区	14	35	44	42		48	121	111	790
昆都仑区	35	207	184	20	5	75	239	1643	557
青山区	5	44	50	19	1	30	74	187	182
石拐区	1	37	20	1		7	12	288	9
白云鄂博矿区			6				1	20	1
九原区	10	17	91	11	2	37	91	115	194
土默特右旗	14	15	47	5	1	12	52	19	18
固阳县	2	1	2	3		1	60	161	123
达尔罕茂明安联合旗	2		4	1			32	65	16
包头稀土高新技术产业开发区	7	22	54	26		20	81	146	281
乌海市	**8**	**1460**	**2015**	**36**	**1**	**57**	**606**	**578**	**47**
海勃湾区	6	649	473	9	1	15	350	442	13
海南区		476	480	9		29	193	104	25
乌达区	2	335	1062	18		13	63	32	9
赤峰市	**93**	**183**	**453**	**520**	**5**	**206**	**1003**	**473**	**961**
红山区	20	8	38	255	1	25	146	225	234
元宝山区	3	59	185	42	3	12	126	19	87
松山区	20	14	49	117		30	171	98	83
阿鲁科尔沁旗	3	2	7	5		2	63	5	2
巴林左旗	10	1	43	9		6	63	2	97
巴林右旗	15			4		9	26		
林西县			6	14		8	72	4	62
克什克腾旗	2	40	8	2		2	47	8	95
翁牛特旗	1	2	5	11		19	48	7	6
喀喇沁旗	1	31	40	33		4	93	8	213
宁城县	14	23	52	13		81	104	93	11
敖汉旗	4	3	20	15	1	8	44	4	71

4-4　续表 28　　　　　　　　　　　　　　　　　　　　　　单位：人

地　区 性　别	制造业								
	文教、工美、体育和娱乐用品制造业	石油、煤炭及其他燃料加工业	化学原料和化学制品制造业	医　药制造业	化学纤维制造业	橡胶和塑　料制品业	非金属矿　物制品业	黑色金属冶炼和压延加工业	有色金属冶炼和压延加工业
通辽市	**52**	**142**	**154**	**287**	**2**	**147**	**626**	**51**	**1316**
科尔沁区	7	41	43	59		22	136	5	62
科尔沁左翼中旗	18	8	29	14	1	50	80	14	19
科尔沁左翼后旗	4	1	6	27		3	39	2	5
开鲁县	1		18	142	1	35	53	1	3
库伦旗	1		1	21			23	1	
奈曼旗	3		10	2		4	81	12	59
扎鲁特旗	8	2	6	3		3	31	3	28
通辽经济技术开发区	8	77	32	19		17	61	5	15
霍林郭勒市	2	13	9			13	122	8	1125
鄂尔多斯市	**48**	**1359**	**2659**	**45**	**25**	**418**	**890**	**513**	**412**
东胜区	9	80	62	12	2	17	147	6	15
康巴什区	7	89	17	1		1	24		
达拉特旗	8	15	512	8	1	77	310	19	213
准格尔旗	8	204	638			17	118	15	20
鄂托克前旗	2	74	3	3		45	27		
鄂托克旗	5	279	716	1	18	231	107	453	135
杭锦旗	1	49	286	20		5	41		
乌审旗	3	358	395			20	43	2	
伊金霍洛旗	5	211	30		4	5	73	18	29
呼伦贝尔市	**28**	**20**	**316**	**119**		**70**	**316**	**16**	**118**
海拉尔区	6	7	124	12		20	101	3	75
扎赉诺尔区	1	7	5	1		2	25	3	2
阿荣旗	1		87	6		13	60	1	
莫力达瓦达斡尔族自治旗			5	1		4	9	4	
鄂伦春自治旗	2		1			4	7		1
鄂温克族自治旗			7	7		1	5		
陈巴尔虎旗		1	45				1		
新巴尔虎左旗	2	1	1			1			
新巴尔虎右旗	3		6				4		38
满洲里市	1	1	11	2			15		1
牙克石市	5	1	1	61		7	18		
扎兰屯市	3	1	19	26		13	56	5	1
额尔古纳市	1	1	3	1		5	12		
根河市	3		1	2			3		
巴彦淖尔市	**63**	**188**	**247**	**638**	**2**	**86**	**340**	**139**	**451**
临河区	18	12	64	619		38	127	11	32
五原县	4	7	14	5	1	6	32	2	11
磴口县	1	6	25	6		12	18	1	1
乌拉特前旗	38	42	77	2		21	70	75	87
乌拉特中旗		31	7				22	18	25
乌拉特后旗		80	41				35	19	256
杭锦后旗	2	10	19	6	1	9	36	13	39

4-4 续表 29

单位：人

地 区 性 别	制造业								
	文教、工美、体育和娱乐用品制造业	石油、煤炭及其他燃料加工业	化学原料和化学制品制造业	医 药制造业	化学纤维制造业	橡胶和塑 料制品业	非金属矿 物制品业	黑色金属冶炼和压延加工业	有色金属冶炼和压延加工业
乌兰察布市	**18**	**21**	**848**	**53**	**3**	**86**	**749**	**1700**	**46**
集宁区	2	7	15	37		32	107	26	4
卓资县	8	1	167	2		4	79	32	4
化德县	1	7	3			5	20	390	4
商都县			4			8	103	59	8
兴和县	2	1	2	1			115	81	1
凉城县			3	1		1	11	2	1
察哈尔右翼前旗	2	1	43	9		20	82	380	8
察哈尔右翼中旗		1	11			4	15	51	1
察哈尔右翼后旗	1	1	385	2	3	8	102	2	
四子王旗	2		107	1		3	12	1	1
丰镇市		2	108			1	103	676	14
兴安盟	**26**	**12**	**196**	**55**		**51**	**256**	**221**	**17**
乌兰浩特市	12	10	160	41		19	120	197	8
阿尔山市	1		1						
科尔沁右翼前旗	5	1	30	10		15	21	18	1
科尔沁右翼中旗	5			2		4	31	2	7
扎赉特旗	2		1	1		11	51	4	
突泉县	1	1	4	1		2	33		1
锡林郭勒盟	**58**	**63**	**379**	**8**	**1**	**37**	**224**	**79**	**253**
二连浩特市	9	5	4	1		9	20	3	1
锡林浩特市	18	43	18			11	73	2	6
阿巴嘎旗	4						1		
苏尼特左旗	1		38				3		
苏尼特右旗	1	2	72	1		1	8	55	58
东乌珠穆沁旗	9	2	2				3		16
西乌珠穆沁旗	4		11	2			33	1	164
太仆寺旗	1		5	3		5	10	6	
镶黄旗	1	1					34	2	
正镶白旗	3		1				8	8	6
正蓝旗	4	1		1			8	2	2
多伦县	3	7	228		1	10	22		
乌拉盖管委会		2				1	1		
阿拉善盟	**16**	**315**	**1130**	**68**		**12**	**228**	**109**	**37**
阿拉善左旗	16	243	290	4		4	170	6	36
阿拉善右旗		2	63	5			14	27	
额济纳旗			4				5		
内蒙古阿拉善经济开发区		70	773	59		8	39	76	1

4-4　续表 30　　　　单位：人

地　区 性　别	制造业								
	文教、工美、体育和娱乐用品制造业	石油、煤炭及其他燃料加工业	化学原料和化学制品制造业	医　药制造业	化学纤维制造业	橡胶和塑　料制品业	非金属矿　物制品业	黑色金属冶炼和压延加工业	有色金属冶炼和压延加工业
男	**335**	**3592**	**7227**	**1719**	**36**	**1080**	**5351**	**5452**	**5058**
呼和浩特市	**40**	**290**	**456**	**445**	**3**	**84**	**531**	**75**	**183**
新城区	5	7	41	24	1	17	70	4	5
回民区	7	3	64	49		10	53	6	4
玉泉区	14	16	46	61		20	85	6	17
赛罕区	9	111	137	49	1	10	63	4	17
土默特左旗	1		11	17		8	54	10	8
托克托县		107	51	201	1	5	19	13	118
和林格尔县		1	20	5		4	23	4	8
清水河县		44	44				58	11	
武川县		1		4			33	12	1
呼和浩特经济技术开发区	4		42	35		10	73	5	5
包头市	**55**	**304**	**407**	**81**	**8**	**167**	**620**	**2223**	**1805**
东河区	8	26	34	28		32	95	101	676
昆都仑区	21	170	136	11	4	63	186	1316	450
青山区	1	30	37	11	1	18	65	157	138
石拐区		33	19			4	11	215	8
白云鄂博矿区			5				1	19	1
九原区	6	14	82	10	2	26	74	97	172
土默特右旗	13	14	44	3	1	11	48	19	16
固阳县	1	1	2	2			57	137	117
达尔罕茂明安联合旗	1		2				27	52	16
包头稀土高新技术产业开发区	4	16	46	16		13	56	110	211
乌海市	**6**	**1122**	**1429**	**25**		**37**	**466**	**459**	**35**
海勃湾区	5	507	321	7		9	278	349	11
海南区		367	339	4		17	137	82	20
乌达区	1	248	769	14		11	51	28	4
赤峰市	**45**	**148**	**335**	**339**	**4**	**141**	**776**	**387**	**833**
红山区	10	7	23	166	1	15	117	185	209
元宝山区		47	139	28	2	8	94	15	72
松山区	10	11	39	74		18	142	84	73
阿鲁科尔沁旗	3	1	4	1		2	56	5	2
巴林左旗	6	1	35	5		4	44	2	87
巴林右旗	7			2		5	20		
林西县			4	9		7	60	4	54
克什克腾旗	1	39	8	2		2	40	6	74
翁牛特旗		2	3	9		16	35	5	4
喀喇沁旗		21	31	21		4	55	7	185
宁城县	6	17	35	10		54	74	72	8
敖汉旗	2	2	14	12	1	6	39	2	65

4−4 续表 31 单位：人

地　区 性　别	制造业								
	文教、工美、体育和娱乐用品制造业	石油、煤炭及其他燃料加工业	化学原料和化学制品制造业	医　药制造业	化学纤维制造业	橡胶和塑　料制品业	非金属矿　物制品业	黑色金属冶炼和压延加工业	有色金属冶炼和压延加工业
通辽市	**37**	**116**	**113**	**185**	**1**	**99**	**499**	**39**	**1123**
科尔沁区	5	34	28	27		12	116	4	51
科尔沁左翼中旗	13	6	23	5		39	53	12	16
科尔沁左翼后旗	3		4	17		2	31	1	4
开鲁县			16	115	1	21	44	1	2
库伦旗			1	9			21	1	
奈曼旗	3		9	1		3	66	9	50
扎鲁特旗	6	2	5	1		2	22	2	23
通辽经济技术开发区	6	65	23	10		9	48	3	12
霍林郭勒市	1	9	4			11	98	6	965
鄂尔多斯市	**26**	**1088**	**2087**	**29**	**16**	**293**	**723**	**379**	**335**
东胜区	4	66	43	9	1	13	119	6	14
康巴什区	5	70	11			1	21		
达拉特旗	5	13	402	6	1	58	254	16	177
准格尔旗	5	173	522			13	93	12	16
鄂托克前旗		56	3	3		37	21		
鄂托克旗	3	196	530		11	153	87	329	105
杭锦旗		42	230	11		2	33		
乌审旗	2	290	324			13	36	1	
伊金霍洛旗	2	182	22		3	3	59	15	23
呼伦贝尔市	**16**	**15**	**241**	**77**		**54**	**259**	**14**	**96**
海拉尔区	4	7	93	7		15	89	3	59
扎赉诺尔区	1	3	2	1		2	18	2	1
阿荣旗			69	5		7	49	1	
莫力达瓦达斡尔族自治旗			1	1		4	8	4	
鄂伦春自治旗	2					3	4		1
鄂温克族自治旗			5	3		1	4		
陈巴尔虎旗			42				1		
新巴尔虎左旗		1	1			1			
新巴尔虎右旗	3		4				2		33
满洲里市	1	1	8	1			13		1
牙克石市	1	1	1	45		6	15		
扎兰屯市	2	1	12	12		12	46	4	1
额尔古纳市		1	2			3	8		
根河市	2		1	2			2		
巴彦淖尔市	**47**	**167**	**197**	**420**	**1**	**61**	**269**	**113**	**375**
临河区	12	12	51	407		23	100	8	27
五原县	3	5	11	2	1	4	28	2	10
磴口县		4	20	6		10	14		1
乌拉特前旗	31	39	61	2		19	57	63	81
乌拉特中旗		26	7				20	16	22
乌拉特后旗		72	32				26	13	201
杭锦后旗	1	9	15	3		5	24	11	33

4-4 续表 32

单位：人

地区 性别	制造业								
	文教、工美、体育和娱乐用品制造业	石油、煤炭及其他燃料加工业	化学原料和化学制品制造业	医药制造业	化学纤维制造业	橡胶和塑料制品业	非金属矿物制品业	黑色金属冶炼和压延加工业	有色金属冶炼和压延加工业
乌兰察布市	**10**	**20**	**699**	**39**	**2**	**66**	**642**	**1428**	**36**
集宁区	2	7	13	28		25	88	21	4
卓资县	1	1	145	1		2	74	29	2
化德县	1	6	2			2	16	340	3
商都县			3			5	86	50	5
兴和县	1	1	1				101	73	1
凉城县			3	1		1	10	1	1
察哈尔右翼前旗	2	1	34	6		18	65	303	8
察哈尔右翼中旗		1	8			3	14	39	1
察哈尔右翼后旗	1	1	312	2	2	6	89	1	
四子王旗	2		93	1		3	9	1	1
丰镇市		2	85			1	90	570	10
兴安盟	**15**	**9**	**162**	**27**		**43**	**199**	**197**	**11**
乌兰浩特市	7	7	131	18		18	86	175	3
阿尔山市									
科尔沁右翼前旗	4	1	27	8		11	16	16	1
科尔沁右翼中旗	3					4	25	2	6
扎赉特旗	1		1			8	43	4	
突泉县		1	3	1		2	29		1
锡林郭勒盟	**30**	**52**	**277**	**5**	**1**	**24**	**183**	**64**	**191**
二连浩特市	4	4	2	1		5	19	3	1
锡林浩特市	8	36	9			8	58	2	4
阿巴嘎旗	3						1		
苏尼特左旗	1		32				2		
苏尼特右旗		2	55	1			7	42	52
东乌珠穆沁旗	5	1					3		11
西乌珠穆沁旗	2		8				26	1	116
太仆寺旗	1		3	2		3	9	5	
镶黄旗	1	1					31	2	
正镶白旗	3		1				5	7	6
正蓝旗	2	1		1			6	2	1
多伦县		5	167		1	7	16		
乌拉盖管委会		2				1			
阿拉善盟	**8**	**261**	**824**	**47**		**11**	**184**	**74**	**35**
阿拉善左旗	8	210	211	2		3	139	5	35
阿拉善右旗		2	51	2			13	18	
额济纳旗			4				5		
内蒙古阿拉善经济开发区		49	558	43		8	27	51	

4-4 续表 33

单位：人

地区 性别	制造业								
	文教、工美、体育和娱乐用品制造业	石油、煤炭及其他燃料加工业	化学原料和化学制品制造业	医药制造业	化学纤维制造业	橡胶和塑料制品业	非金属矿物制品业	黑色金属冶炼和压延加工业	有色金属冶炼和压延加工业
女	**252**	**915**	**2271**	**925**	**17**	**436**	**1319**	**1268**	**994**
呼和浩特市	**47**	**76**	**143**	**242**	**2**	**32**	**138**	**11**	**40**
新城区	12	7	21	17		6	10	1	2
回民区	3		18	17		2	15		
玉泉区	19	7	19	38	1	3	26	2	5
赛罕区	9	45	37	44	1	3	18	2	9
土默特左旗			5	9		6	21		6
托克托县	1	14	7	92		2	4	2	14
和林格尔县	1			4		3	6		
清水河县		3	25	1		2	17		
武川县				6			6	2	
呼和浩特经济技术开发区	2		11	14		5	15	2	4
包头市	**35**	**74**	**95**	**47**	**1**	**63**	**143**	**532**	**366**
东河区	6	9	10	14		16	26	10	114
昆都仑区	14	37	48	9	1	12	53	327	107
青山区	4	14	13	8		12	9	30	44
石拐区	1	4	1	1		3	1	73	1
白云鄂博矿区			1					1	
九原区	4	3	9	1		11	17	18	22
土默特右旗	1	1	3	2		1	4		2
固阳县	1			1		1	3	24	6
达尔罕茂明安联合旗	1		2	1			5	13	
包头稀土高新技术产业开发区	3	6	8	10		7	25	36	70
乌海市	**2**	**338**	**586**	**11**	**1**	**20**	**140**	**119**	**12**
海勃湾区	1	142	152	2	1	6	72	93	2
海南区		109	141	5		12	56	22	5
乌达区	1	87	293	4		2	12	4	5
赤峰市	**48**	**35**	**118**	**181**	**1**	**65**	**227**	**86**	**128**
红山区	10	1	15	89		10	29	40	25
元宝山区	3	12	46	14	1	4	32	4	15
松山区	10	3	10	43		12	29	14	10
阿鲁科尔沁旗		1	3	4			7		
巴林左旗	4		8	4		2	19		10
巴林右旗	8			2		4	6		
林西县			2	5		1	12		8
克什克腾旗	1	1					7	2	21
翁牛特旗	1		2	2		3	13	2	2
喀喇沁旗	1	10	9	12			38	1	28
宁城县	8	6	17	3		27	30	21	3
敖汉旗	2	1	6	3		2	5	2	6

4-4　续表 34　　　　单位：人

地区 性别	制造业								
	文教、工美、体育和娱乐用品制造业	石油、煤炭及其他燃料加工业	化学原料和化学制品制造业	医药制造业	化学纤维制造业	橡胶和塑料制品业	非金属矿物制品业	黑色金属冶炼和压延加工业	有色金属冶炼和压延加工业
通辽市	**15**	**26**	**41**	**102**	**1**	**48**	**127**	**12**	**193**
科尔沁区	2	7	15	32		10	20	1	11
科尔沁左翼中旗	5	2	6	9	1	11	27	2	3
科尔沁左翼后旗	1	1	2	10		1	8	1	1
开鲁县	1		2	27		14	9		1
库伦旗	1			12			2		
奈曼旗			1	1		1	15	3	9
扎鲁特旗	2		1	2		1	9	1	5
通辽经济技术开发区	2	12	9	9		8	13	2	3
霍林郭勒市	1	4	5			2	24	2	160
鄂尔多斯市	**22**	**271**	**572**	**16**	**9**	**125**	**167**	**134**	**77**
东胜区	5	14	19	3	1	4	28		1
康巴什区	2	19	6	1			3		
达拉特旗	3	2	110	2		19	56	3	36
准格尔旗	3	31	116			4	25	3	4
鄂托克前旗	2	18				8	6		
鄂托克旗	2	83	186	1	7	78	20	124	30
杭锦旗	1	7	56	9		3	8		
乌审旗	1	68	71			7	7	1	
伊金霍洛旗	3	29	8		1	2	14	3	6
呼伦贝尔市	**12**	**5**	**75**	**42**		**16**	**57**	**2**	**22**
海拉尔区	2		31	5		5	12		16
扎赉诺尔区		4	3				7	1	1
阿荣旗	1		18	1		6	11		
莫力达瓦达斡尔族自治旗			4				1		
鄂伦春自治旗			1			1	3		
鄂温克族自治旗			2	4			1		
陈巴尔虎旗		1	3						
新巴尔虎左旗	2								
新巴尔虎右旗			2				2		5
满洲里市			3	1			2		
牙克石市	4			16		1	3		
扎兰屯市	1		7	14		1	10	1	
额尔古纳市	1		1	1		2	4		
根河市	1						1		
巴彦淖尔市	**16**	**21**	**50**	**218**	**1**	**25**	**71**	**26**	**76**
临河区	6		13	212		15	27	3	5
五原县	1	2	3	3		2	4		1
磴口县	1	2	5			2	4	1	
乌拉特前旗	7	3	16			2	13	12	6
乌拉特中旗		5					2	2	3
乌拉特后旗		8	9				9	6	55
杭锦后旗	1	1	4	3	1	4	12	2	6

4-4 续表 35

单位：人

地 区 性 别	制造业								
	文教、工美、体育和娱乐用品制造业	石油、煤炭及其他燃料加工业	化学原料和化学制品制造业	医 药制造业	化学纤维制造业	橡胶和塑 料制品业	非金属矿 物制品业	黑色金属冶炼和压延加工业	有色金属冶炼和压延加工业
乌兰察布市	**8**	**1**	**149**	**14**	**1**	**20**	**107**	**272**	**10**
集宁区			2	9		7	19	5	
卓资县	7		22	1		2	5	3	2
化德县		1	1			3	4	50	1
商都县			1			3	17	9	3
兴和县	1		1	1			14	8	
凉城县							1	1	
察哈尔右翼前旗			9	3		2	17	77	
察哈尔右翼中旗			3			1	1	12	
察哈尔右翼后旗			73		1	2	13	1	
四子王旗			14				3		
丰镇市			23				13	106	4
兴安盟	**11**	**3**	**34**	**28**		**8**	**57**	**24**	**6**
乌兰浩特市	5	3	29	23		1	34	22	5
阿尔山市	1		1						
科尔沁右翼前旗	1		3	2		4	5	2	
科尔沁右翼中旗	2			2			6		1
扎赉特旗	1			1		3	8		
突泉县	1		1				4		
锡林郭勒盟	**28**	**11**	**102**	**3**		**13**	**41**	**15**	**62**
二连浩特市	5	1	2			4	1		
锡林浩特市	10	7	9			3	15		2
阿巴嘎旗	1								
苏尼特左旗			6				1		
苏尼特右旗	1		17			1	1	13	6
东乌珠穆沁旗	4	1	2						5
西乌珠穆沁旗	2		3	2			7		48
太仆寺旗			2	1		2	1	1	
镶黄旗							3		
正镶白旗							3	1	
正蓝旗	2						2		1
多伦县	3	2	61			3	6		
乌拉盖管委会							1		
阿拉善盟	**8**	**54**	**306**	**21**		**1**	**44**	**35**	**2**
阿拉善左旗	8	33	79	2		1	31	1	1
阿拉善右旗			12	3			1	9	
额济纳旗									
内蒙古阿拉善经济开发区		21	215	16			12	25	1

4-4　续表 36

单位：人

地　区 性　别	制造业								
	金　属 制品业	通用设备 制造业	专用设备 制造业	汽　车 制造业	铁路、船舶、航空航天和其他运输设备制造业	电气机械和器材制造业	计算机、通信和其他电子设备制造业	仪器仪表 制造业	其　他 制造业
内蒙古	**6254**	**2455**	**1847**	**853**	**714**	**1601**	**1363**	**229**	**1880**
呼和浩特市	**551**	**278**	**224**	**44**	**289**	**480**	**315**	**46**	**39**
新城区	78	48	45	13	112	40	81	11	10
回民区	70	66	36	6	14	56	14	3	3
玉泉区	109	58	48	5	14	41	61	15	18
赛罕区	106	41	56	8	140	252	112	9	6
土默特左旗	49	25	15	3	4	44	18	1	
托克托县	43	10	8	5		3	4	3	1
和林格尔县	25	5			1	9	1	1	
清水河县	7	3	4					1	1
武川县	25		3	2		1	1	1	
呼和浩特经济技术开发区	39	22	9	2	4	34	23	1	
包头市	**1883**	**909**	**491**	**478**	**153**	**507**	**363**	**72**	**1705**
东河区	213	143	66	118	10	61	33	12	14
昆都仑区	904	303	203	30	47	93	85	31	63
青山区	438	319	117	300	80	263	95	14	1599
石拐区	4	4	3	1		2			
白云鄂博矿区	3	1	2						1
九原区	154	54	25	11	4	43	31	5	7
土默特右旗	29	23	11	3	3	9	14	5	2
固阳县	28	10	3		1	1		3	1
达尔罕茂明安联合旗	6	2				3			
包头稀土高新技术产业开发区	104	50	61	15	8	32	105	2	18
乌海市	**124**	**87**	**60**	**53**	**4**	**10**	**9**	**6**	**5**
海勃湾区	85	49	32	43	1	7	7	3	
海南区	11	25	13	8	1		1		1
乌达区	28	13	15	2	2	3	1	3	4
赤峰市	**1059**	**245**	**191**	**42**	**43**	**136**	**163**	**27**	**36**
红山区	188	58	41	10	8	27	63	11	9
元宝山区	85	40	24	1	2	14	12	1	3
松山区	160	35	44	2	2	27	25	7	3
阿鲁科尔沁旗	38	7	10	4	4	4	8		2
巴林左旗	60	8	5	4	3	4	10		
巴林右旗	50	2	4	1		4	1		
林西县	37	14	8	2	4	8	4		2
克什克腾旗	39	10	7	2	2	4	2		2
翁牛特旗	57	12	9	1	4	11	4		2
喀喇沁旗	29	12	7	1	2	12		5	
宁城县	248	35	31	7	7	19	26	2	13
敖汉旗	68	12	1	7	5	2	8	1	

4-4 续表 37

单位：人

地区 性别	制造业 金属制品业	通用设备制造业	专用设备制造业	汽车制造业	铁路、船舶、航空航天和其他运输设备制造业	电气机械和器材制造业	计算机、通信和其他电子设备制造业	仪器仪表制造业	其他制造业
通辽市	**558**	**206**	**94**	**62**	**123**	**93**	**122**	**13**	**21**
科尔沁区	122	30	17	1	6	7	58	7	5
科尔沁左翼中旗	121	26	27	26	94	17	38	2	9
科尔沁左翼后旗	25	11	8	6	3	16	2		5
开鲁县	54	22	12	2	12	34	7		1
库伦旗	24		3	1	1				
奈曼旗	53	42	9	1	4	7	8	1	
扎鲁特旗	49	15	4	1		2	4		1
通辽经济技术开发区	47	39	8	3	1	8	5	3	
霍林郭勒市	63	21	6	21	2	2			
鄂尔多斯市	**446**	**330**	**323**	**118**	**19**	**77**	**199**	**33**	**12**
东胜区	115	189	76	94	3	49	173	11	2
康巴什区	6	7	13	8	2	1	12		1
达拉特旗	97	25	15	5	2	16	5	4	2
准格尔旗	59	28	69	2	10	6	6	9	4
鄂托克前旗	17	8	2	1		1		1	1
鄂托克旗	35	21	30	2		2	1		2
杭锦旗	24	8	2				1		
乌审旗	30	25	29		2	1		5	
伊金霍洛旗	63	19	87	6		1	1	3	
呼伦贝尔市	**302**	**89**	**203**	**15**	**32**	**30**	**35**	**4**	**9**
海拉尔区	63	17	38	2		6	3		
扎赉诺尔区	21	7	5				3		
阿荣旗	23	10	9	5	5	3	4		
莫力达瓦达斡尔族自治旗	7	3	1	2	4		4		2
鄂伦春自治旗	17	8	6	1	2		4		3
鄂温克族自治旗	15	1	11	1		2	1		
陈巴尔虎旗	14	1	2			1	1		
新巴尔虎左旗	1		1				2		
新巴尔虎右旗	6	5	85				1		
满洲里市	40	1			1	1	3		
牙克石市	24	11	32		9		2	1	2
扎兰屯市	53	20	11	4	11	14	5	1	2
额尔古纳市	18	5	2			3	2	1	
根河市								1	
巴彦淖尔市	**549**	**81**	**121**	**8**	**3**	**31**	**29**	**10**	**29**
临河区	198	17	27	5	1	4	15	1	11
五原县	83	16	22	1	1	1	2	3	1
磴口县	35	8	4	1		7			
乌拉特前旗	83	12	17	1		10	5	4	12
乌拉特中旗	43	6	2			3			
乌拉特后旗	3	3	20						1
杭锦后旗	104	19	29		1	6	7	2	4

4-4　续表 38　　　　单位：人

地区 性别	制造业								
	金属制品业	通用设备制造业	专用设备制造业	汽车制造业	铁路、船舶、航空航天和其他运输设备制造业	电气机械和器材制造业	计算机、通信和其他电子设备制造业	仪器仪表制造业	其他制造业
乌兰察布市	**286**	**63**	**53**	**9**	**18**	**45**	**92**	**4**	**7**
集宁区	86	17	12	1		22	79	1	
卓资县	14	2	22			2	1		2
化德县	8	3		1	3		4		1
商都县	25	2	1	2	1	2	1	2	1
兴和县	7	12		1	2	6		1	
凉城县	7		1			1			1
察哈尔右翼前旗	48			1	12	3	4		2
察哈尔右翼中旗	17	4	2			1			
察哈尔右翼后旗	21	1	2			1	1		
四子王旗	13	4	1	1		2			
丰镇市	40	18	12	2		5	2		
兴安盟	**218**	**47**	**27**	**10**	**9**	**115**	**14**	**3**	**1**
乌兰浩特市	88	27	10	2	4	60	6		
阿尔山市	3	1							
科尔沁右翼前旗	30	4	5		2	43			
科尔沁右翼中旗	28	6	1	3	2	6	3		
扎赉特旗	29	8	9	3	1	4	5	2	1
突泉县	40	1	2	2		2		1	
锡林郭勒盟	**243**	**108**	**50**	**14**	**19**	**73**	**20**	**11**	**14**
二连浩特市	45	7	3	1	11		1		
锡林浩特市	85	73	16	4	6	46	14	5	3
阿巴嘎旗	14								
苏尼特左旗	2	1	1						7
苏尼特右旗	10	1	2			16			
东乌珠穆沁旗	10	6	6					1	
西乌珠穆沁旗	13	6	10			1		3	
太仆寺旗	21	3	3			2	1		
镶黄旗	3								
正镶白旗	7		1		1	4	2		
正蓝旗	11	3	2		1	1			1
多伦县	21	7	5	9		3	1	2	3
乌拉盖管委会	1	1	1				1		
阿拉善盟	**35**	**12**	**10**		**2**	**4**	**2**		**2**
阿拉善左旗	32	5	3				2		
阿拉善右旗	1	4							2
额济纳旗	1		3			3			
内蒙古阿拉善经济开发区	1	3	4		2	1			

4-4 续表 39　　　　单位：人

地　区 性　别	制造业								
	金　属 制品业	通用设备 制造业	专用设备 制造业	汽　车 制造业	铁路、船舶、 航空航天和 其他运输 设备制造业	电气机械 和器材 制造业	计算机、 通信和其 他电子设 备制造业	仪器仪表 制造业	其　他 制造业
男	**5321**	**2085**	**1398**	**675**	**556**	**1311**	**981**	**185**	**1427**
呼和浩特市	**471**	**238**	**170**	**35**	**216**	**397**	**244**	**33**	**26**
新城区	58	38	33	7	78	33	52	8	5
回民区	59	56	29	6	12	45	9	3	2
玉泉区	95	51	35	4	12	34	51	10	14
赛罕区	94	33	39	7	106	217	89	5	3
土默特左旗	44	22	12	3	3	33	16	1	
托克托县	40	9	7	4		2	3	2	1
和林格尔县	21	5			1	7	1	1	
清水河县	7	3	4					1	1
武川县	24		2	2		1	1	1	
呼和浩特经济技术开发区	29	21	9	2	4	25	22	1	
包头市	**1558**	**741**	**347**	**375**	**129**	**421**	**254**	**58**	**1304**
东河区	177	118	52	90	8	54	24	12	13
昆都仑区	747	251	137	27	40	73	60	25	43
青山区	352	252	84	232	66	226	78	9	1224
石拐区	4	3	1	1		2			
白云鄂博矿区	2	1							
九原区	132	45	19	8	4	32	17	2	5
土默特右旗	26	23	9	3	3	8	12	5	2
固阳县	26	8	3		1	1		3	1
达尔罕茂明安联合旗	6	1				3			
包头稀土高新技术产业开发区	86	39	42	14	7	22	63	2	16
乌海市	**109**	**67**	**52**	**48**	**3**	**7**	**6**	**6**	**4**
海勃湾区	74	36	29	39		5	5	3	
海南区	10	21	12	7	1		1		1
乌达区	25	10	11	2	2	2		3	3
赤峰市	**895**	**210**	**133**	**37**	**38**	**106**	**110**	**22**	**28**
红山区	168	48	22	7	7	18	46	9	8
元宝山区	73	34	18		2	12	7	1	2
松山区	132	29	33	2	1	20	13	5	2
阿鲁科尔沁旗	33	7	8	4	4	3	4		1
巴林左旗	49	7	3	4	3	3	7		
巴林右旗	46	2	2	1		4			
林西县	32	13	7	2	2	6	2		2
克什克腾旗	31	9	4	2	2	4	1		1
翁牛特旗	47	11	8	1	4	10	2		1
喀喇沁旗	28	12	5		2	9		4	
宁城县	202	29	22	7	7	15	20	2	11
敖汉旗	54	9	1	7	4	2	8	1	

4-4 续表 40

单位：人

地区 性别	制造业 金属制品业	通用设备制造业	专用设备制造业	汽车制造业	铁路、船舶、航空航天和其他运输设备制造业	电气机械和器材制造业	计算机、通信和其他电子设备制造业	仪器仪表制造业	其他制造业
通辽市	**455**	**177**	**65**	**47**	**76**	**75**	**87**	**11**	**12**
科尔沁区	102	27	11	1	5	7	44	5	3
科尔沁左翼中旗	97	19	16	19	56	14	23	2	6
科尔沁左翼后旗	19	11	5	5	2	14	2		2
开鲁县	41	20	9	1	6	27	5		1
库伦旗	18		3	1	1				
奈曼旗	45	37	7	1	4	6	5	1	
扎鲁特旗	42	13	3			2	3		
通辽经济技术开发区	40	35	5	3	1	4	5	3	
霍林郭勒市	51	15	6	16	1	1			
鄂尔多斯市	**392**	**296**	**263**	**95**	**18**	**61**	**158**	**27**	**7**
东胜区	101	175	60	76	3	38	141	8	1
康巴什区	4	5	9	5	1	1	7		
达拉特旗	88	24	11	4	2	12	4	3	1
准格尔旗	56	24	57	2	10	6	5	8	3
鄂托克前旗	14	8	2			1		1	1
鄂托克旗	30	20	26	2		1			1
杭锦旗	21	5	1						
乌审旗	27	21	25		2	1		5	
伊金霍洛旗	51	14	72	6		1	1	2	
呼伦贝尔市	**254**	**77**	**165**	**8**	**29**	**22**	**28**	**4**	**8**
海拉尔区	57	13	31	1		4	3		
扎赉诺尔区	16	7	4				2		
阿荣旗	21	8	9	1	4	2	4		
莫力达瓦达斡尔族自治旗	6	3	1	1	3		4		2
鄂伦春自治旗	15	7	5		2		2		3
鄂温克族自治旗	13	1	10	1		2			
陈巴尔虎旗	13	1				1	1		
新巴尔虎左旗	1		1				1		
新巴尔虎右旗	5	5	74				1		
满洲里市	30	1			1		2		
牙克石市	17	9	18		9		2	1	1
扎兰屯市	46	17	10	4	10	10	5	1	2
额尔古纳市	14	5	2			3	1	1	
根河市								1	
巴彦淖尔市	**497**	**72**	**96**	**6**	**3**	**29**	**19**	**9**	**19**
临河区	179	16	22	4	1	4	8	1	8
五原县	76	14	18		1	1	2	3	
磴口县	32	6	3	1		7			
乌拉特前旗	77	11	17	1		10	4	3	6
乌拉特中旗	38	6	1			2			
乌拉特后旗	3	3	20						1
杭锦后旗	92	16	15		1	5	5	2	4

4－4 续表 41

单位：人

地区 性别	制造业								
	金属制品业	通用设备制造业	专用设备制造业	汽车制造业	铁路、船舶、航空航天和其他运输设备制造业	电气机械和器材制造业	计算机、通信和其他电子设备制造业	仪器仪表制造业	其他制造业
乌兰察布市	**252**	**58**	**45**	**7**	**18**	**37**	**52**	**4**	**6**
集宁区	76	16	7	1		16	43	1	
卓资县	12	2	21			2	1		2
化德县	7	3		1	3		1		
商都县	23	2	1	1	1	2	1	2	1
兴和县	7	10		1	2	5		1	
凉城县	6		1			1			1
察哈尔右翼前旗	39			1	12	3	3		2
察哈尔右翼中旗	12	4	2			1			
察哈尔右翼后旗	20	1	2			1	1		
四子王旗	12	4	1	1		2			
丰镇市	38	16	10	1		4	2		
兴安盟	**187**	**42**	**18**	**7**	**7**	**88**	**8**	**2**	**1**
乌兰浩特市	76	25	9	2	3	49	3		
阿尔山市	3	1							
科尔沁右翼前旗	26	2	4		1	28			
科尔沁右翼中旗	21	6	1	2	2	5	2		
扎赉特旗	26	7	3	2	1	4	3	1	1
突泉县	35	1	1	1		2		1	
锡林郭勒盟	**218**	**96**	**35**	**10**	**17**	**65**	**13**	**9**	**12**
二连浩特市	41	7	1	1	10		1		
锡林浩特市	75	67	12	3	5	40	11	4	3
阿巴嘎旗	13								
苏尼特左旗	2	1	1						6
苏尼特右旗	9	1	1			16			
东乌珠穆沁旗	9	6	2					1	
西乌珠穆沁旗	11	5	9			1		2	
太仆寺旗	19	3	3			2			
镶黄旗	3								
正镶白旗	7		1		1	3			
正蓝旗	11	2	1		1				1
多伦县	17	3	4	6		3	1	2	2
乌拉盖管委会	1	1							
阿拉善盟	**33**	**11**	**9**		**2**	**3**	**2**		
阿拉善左旗	30	4	3				2		
阿拉善右旗	1	4							
额济纳旗	1		3			2			
内蒙古阿拉善经济开发区	1	3	3		2	1			

4-4　续表 42

单位：人

地　区 性　别	制造业								
	金　属 制品业	通用设备 制造业	专用设备 制造业	汽　车 制造业	铁路、船舶、 航空航天和 其他运输 设备制造业	电气机械 和器材 制造业	计算机、 通信和其 他电子设 备制造业	仪器仪表 制造业	其　他 制造业
女	**933**	**370**	**449**	**178**	**158**	**290**	**382**	**44**	**453**
呼和浩特市	**80**	**40**	**54**	**9**	**73**	**83**	**71**	**13**	**13**
新城区	20	10	12	6	34	7	29	3	5
回民区	11	10	7		2	11	5		1
玉泉区	14	7	13	1	2	7	10	5	4
赛罕区	12	8	17	1	34	35	23	4	3
土默特左旗	5	3	3		1	11	2		
托克托县	3	1	1	1		1	1	1	
和林格尔县	4					2			
清水河县									
武川县	1		1						
呼和浩特经济技术开发区	10	1				9	1		
包头市	**325**	**168**	**144**	**103**	**24**	**86**	**109**	**14**	**401**
东河区	36	25	14	28	2	7	9		1
昆都仑区	157	52	66	3	7	20	25	6	20
青山区	86	67	33	68	14	37	17	5	375
石拐区		1	2						
白云鄂博矿区	1		2						1
九原区	22	9	6	3		11	14	3	2
土默特右旗	3		2			1	2		
固阳县	2	2							
达尔罕茂明安联合旗		1							
包头稀土高新技术产业开发区	18	11	19	1	1	10	42		2
乌海市	**15**	**20**	**8**	**5**	**1**	**3**	**3**		**1**
海勃湾区	11	13	3	4	1	2	2		
海南区	1	4	1	1					
乌达区	3	3	4			1	1		1
赤峰市	**164**	**35**	**58**	**5**	**5**	**30**	**53**	**5**	**8**
红山区	20	10	19	3	1	9	17	2	1
元宝山区	12	6	6	1		2	5		1
松山区	28	6	11		1	7	12	2	1
阿鲁科尔沁旗	5		2			1	4		1
巴林左旗	11	1	2			1	3		
巴林右旗	4		2				1		
林西县	5	1	1		2	2	2		
克什克腾旗	8	1	3				1		1
翁牛特旗	10	1	1			1	2		1
喀喇沁旗	1		2	1		3		1	
宁城县	46	6	9			4	6		2
敖汉旗	14	3			1				

4-4 续表 43

单位：人

地区 性别	制造业								
	金属制品业	通用设备制造业	专用设备制造业	汽车制造业	铁路、船舶、航空航天和其他运输设备制造业	电气机械和器材制造业	计算机、通信和其他电子设备制造业	仪器仪表制造业	其他制造业
通辽市	**103**	**29**	**29**	**15**	**47**	**18**	**35**	**2**	**9**
科尔沁区	20	3	6		1		14	2	2
科尔沁左翼中旗	24	7	11	7	38	3	15		3
科尔沁左翼后旗	6		3	1	1	2			3
开鲁县	13	2	3	1	6	7	2		
库伦旗	6								
奈曼旗	8	5	2			1	3		
扎鲁特旗	7	2	1	1			1		1
通辽经济技术开发区	7	4	3			4			
霍林郭勒市	12	6		5	1	1			
鄂尔多斯市	**54**	**34**	**60**	**23**	**1**	**16**	**41**	**6**	**5**
东胜区	14	14	16	18		11	32	3	1
康巴什区	2	2	4	3	1		5		1
达拉特旗	9	1	4	1		4	1	1	1
准格尔旗	3	4	12				1	1	1
鄂托克前旗	3			1					
鄂托克旗	5	1	4			1	1		1
杭锦旗	3	3	1				1		
乌审旗	3	4	4						
伊金霍洛旗	12	5	15					1	
呼伦贝尔市	**48**	**12**	**38**	**7**	**3**	**8**	**7**		**1**
海拉尔区	6	4	7	1		2			
扎赉诺尔区	5		1				1		
阿荣旗	2	2		4	1	1			
莫力达瓦达斡尔族自治旗	1			1	1				
鄂伦春自治旗	2	1	1	1			2		
鄂温克族自治旗	2		1				1		
陈巴尔虎旗	1		2						
新巴尔虎左旗							1		
新巴尔虎右旗	1		11						
满洲里市	10					1	1		
牙克石市	7	2	14						1
扎兰屯市	7	3	1		1	4			
额尔古纳市	4						1		
根河市									
巴彦淖尔市	**52**	**9**	**25**	**2**		**2**	**10**	**1**	**10**
临河区	19	1	5	1			7		3
五原县	7	2	4	1					1
磴口县	3	2	1						
乌拉特前旗	6	1					1	1	6
乌拉特中旗	5		1			1			
乌拉特后旗									
杭锦后旗	12	3	14			1	2		

4-4　续表 44　　　　单位：人

地　区 性　别	制造业								
	金　属 制品业	通用设备 制造业	专用设备 制造业	汽　车 制造业	铁路、船舶、 航空航天和 其他运输 设备制造业	电气机械 和器材 制造业	计算机、 通信和其 他电子设 备制造业	仪器仪表 制造业	其　他 制造业
乌兰察布市	**34**	**5**	**8**	**2**		**8**	**40**		**1**
集宁区	10	1	5			6	36		
卓资县	2		1						
化德县	1						3		1
商都县	2			1					
兴和县		2				1			
凉城县	1								
察哈尔右翼前旗	9						1		
察哈尔右翼中旗	5								
察哈尔右翼后旗	1								
四子王旗	1								
丰镇市	2	2	2	1		1			
兴安盟	**31**	**5**	**9**	**3**	**2**	**27**	**6**	**1**	
乌兰浩特市	12	2	1		1	11	3		
阿尔山市									
科尔沁右翼前旗	4	2	1		1	15			
科尔沁右翼中旗	7			1		1	1		
扎赉特旗	3	1	6	1			2	1	
突泉县	5		1	1					
锡林郭勒盟	**25**	**12**	**15**	**4**	**2**	**8**	**7**	**2**	**2**
二连浩特市	4		2		1				
锡林浩特市	10	6	4	1	1	6	3	1	
阿巴嘎旗	1								
苏尼特左旗									1
苏尼特右旗	1		1						
东乌珠穆沁旗	1		4						
西乌珠穆沁旗	2	1	1					1	
太仆寺旗	2						1		
镶黄旗									
正镶白旗						1	2		
正蓝旗		1	1			1			
多伦县	4	4	1	3					1
乌拉盖管委会			1				1		
阿拉善盟	**2**	**1**	**1**			**1**			**2**
阿拉善左旗	2	1							
阿拉善右旗									2
额济纳旗						1			
内蒙古阿拉善经济开发区			1						

4–4 续表 45

单位：人

地区 性别	制造业		电力、热力、燃气及水生产和供应业				建筑业		
	废弃资源综合利用业	金属制品、机械和设备修理业	小计	电力、热力生产和供应业	燃气生产和供应业	水的生产和供应业	小计	房屋建筑业	土木工程建筑业
内蒙古	**1163**	**2213**	**24820**	**19844**	**2428**	**2548**	**79750**	**39119**	**10858**
呼和浩特市	**137**	**244**	**4046**	**3203**	**371**	**472**	**13994**	**6806**	**1572**
新城区	39	41	691	500	92	99	3071	1269	464
回民区	15	16	555	399	72	84	2187	1111	223
玉泉区	40	31	703	557	67	79	3172	1391	275
赛罕区	9	52	1413	1205	76	132	2559	1305	354
土默特左旗	13	14	122	93	11	18	840	469	61
托克托县	15	28	235	189	20	26	706	436	42
和林格尔县	4	5	102	78	14	10	441	224	44
清水河县		7	53	39	8	6	224	178	14
武川县	2		75	65	2	8	103	57	12
呼和浩特经济技术开发区		50	97	78	9	10	691	366	83
包头市	**267**	**492**	**3152**	**2395**	**374**	**383**	**11302**	**5429**	**1390**
东河区	24	47	441	350	46	45	1693	745	245
昆都仑区	96	299	738	467	125	146	3523	1677	371
青山区	51	49	1083	868	89	126	2132	1006	247
石拐区	1	1	13	7	2	4	28	6	11
白云鄂博矿区	2	8	27	18	3	6	21	9	3
九原区	48	35	163	130	20	13	1479	797	230
土默特右旗	12	14	327	263	54	10	647	193	118
固阳县	2	7	101	88	9	4	409	338	23
达尔罕茂明安联合旗		1	50	45	1	4	104	33	35
包头稀土高新技术产业开发区	31	31	209	159	25	25	1266	625	107
乌海市	**16**	**44**	**897**	**676**	**94**	**127**	**1978**	**903**	**275**
海勃湾区	7	24	637	484	68	85	1526	692	198
海南区	6	10	99	73	10	16	222	110	38
乌达区	3	10	161	119	16	26	230	101	39
赤峰市	**180**	**168**	**3078**	**2233**	**564**	**281**	**17308**	**10866**	**1589**
红山区	48	41	515	416	32	67	1933	1017	183
元宝山区	10	19	356	300	13	43	952	567	135
松山区	29	30	697	604	45	48	4174	2638	394
阿鲁科尔沁旗	4	11	82	57	8	17	883	561	61
巴林左旗	1	5	140	99	23	18	1718	1203	73
巴林右旗	2	5	135	119	5	11	473	244	107
林西县	9	8	104	85	8	11	1365	759	111
克什克腾旗	18	11	518	108	399	11	471	239	93
翁牛特旗	15	8	137	114	11	12	1251	821	101
喀喇沁旗	4		92	78	1	13	1123	863	64
宁城县	27	26	160	134	7	19	1775	1231	173
敖汉旗	13	4	142	119	12	11	1190	723	94

4-4 续表 46

单位：人

地区 性别	制造业		电力、热力、燃气及水生产和供应业				建筑业		
	废弃资源综合利用业	金属制品、机械和设备修理业	小计	电力、热力生产和供应业	燃气生产和供应业	水的生产和供应业	小计	房屋建筑业	土木工程建筑业
通辽市	**65**	**200**	**2082**	**1763**	**110**	**209**	**5576**	**2706**	**451**
科尔沁区	11	41	686	572	36	78	1759	714	186
科尔沁左翼中旗	9	28	127	107	12	8	768	489	47
科尔沁左翼后旗	2	6	100	81	7	12	202	83	14
开鲁县	2	9	116	100	9	7	460	285	23
库伦旗			50	45	3	2	177	56	8
奈曼旗		11	132	112	4	16	702	432	45
扎鲁特旗	13	7	128	97	12	19	452	212	23
通辽经济技术开发区	17	15	310	273	13	24	693	354	52
霍林郭勒市	11	83	433	376	14	43	363	81	53
鄂尔多斯市	**175**	**582**	**3707**	**2833**	**510**	**364**	**8263**	**2861**	**2226**
东胜区	72	63	690	502	113	75	2680	965	464
康巴什区	1	54	304	267	16	21	351	185	73
达拉特旗	47	14	478	380	28	70	947	374	231
准格尔旗	37	129	779	703	18	58	1633	470	542
鄂托克前旗		7	220	112	96	12	253	68	109
鄂托克旗	3	53	482	382	72	28	327	93	45
杭锦旗	2	21	122	77	38	7	191	51	60
乌审旗	7	72	278	148	90	40	698	235	256
伊金霍洛旗	6	169	354	262	39	53	1183	420	446
呼伦贝尔市	**57**	**117**	**2041**	**1801**	**70**	**170**	**4388**	**1506**	**772**
海拉尔区	6	28	431	372	18	41	1014	273	105
扎赉诺尔区	3	22	134	111	6	17	94	21	18
阿荣旗	3	8	93	72	11	10	638	390	33
莫力达瓦达斡尔族自治旗		1	86	75		11	263	120	27
鄂伦春自治旗		7	156	147	3	6	116	29	37
鄂温克族自治旗		14	354	346		8	274	83	92
陈巴尔虎旗		2	44	38	3	3	183	13	145
新巴尔虎左旗	2		28	24	1	3	36	11	2
新巴尔虎右旗	1	1	25	22	2	1	214	14	88
满洲里市		3	158	135	6	17	333	78	46
牙克石市	9	15	241	210	10	21	409	91	83
扎兰屯市	25	10	146	120	7	19	661	343	59
额尔古纳市	3	4	72	60	2	10	87	23	13
根河市	5	2	73	69	1	3	66	17	24
巴彦淖尔市	**107**	**133**	**1317**	**1010**	**161**	**146**	**4333**	**1662**	**713**
临河区	16	53	590	470	69	51	2326	991	282
五原县	32	10	119	90	11	18	385	135	61
磴口县	5	7	140	97	25	18	219	92	36
乌拉特前旗	13	15	198	135	37	26	529	207	118
乌拉特中旗	5	11	126	105	8	13	166	48	49
乌拉特后旗	30	5	55	47		8	232	47	92
杭锦后旗	6	32	89	66	11	12	476	142	75

4-4 续表 47

单位：人

地区 性别	制造业		电力、热力、燃气及水生产和供应业				建筑业		
	废弃资源综合利用业	金属制品、机械和设备修理业	小计	电力、热力生产和供应业	燃气生产和供应业	水的生产和供应业	小计	房屋建筑业	土木工程建筑业
乌兰察布市	**48**	**90**	**1553**	**1351**	**67**	**135**	**5600**	**3389**	**524**
集宁区	5	28	579	515	11	53	2179	1176	201
卓资县		15	118	103	6	9	296	194	28
化德县	6	2	51	36	5	10	334	196	78
商都县		7	55	47	2	6	275	160	18
兴和县	1	2	87	67	12	8	388	307	19
凉城县		10	92	80	2	10	339	253	19
察哈尔右翼前旗	2	3	48	38	5	5	660	451	50
察哈尔右翼中旗		8	59	53		6	148	92	12
察哈尔右翼后旗	7	3	65	55	7	3	262	163	15
四子王旗		3	84	69	9	6	225	109	21
丰镇市	27	9	315	288	8	19	494	288	63
兴安盟	**15**	**34**	**826**	**704**	**24**	**98**	**3280**	**1603**	**514**
乌兰浩特市	1	7	358	307	10	41	1241	584	120
阿尔山市			29	23		6	91	14	26
科尔沁右翼前旗		7	103	88	3	12	635	308	152
科尔沁右翼中旗	7	5	140	128	5	7	312	143	65
扎赉特旗	5	8	87	57	4	26	461	273	44
突泉县	2	7	109	101	2	6	540	281	107
锡林郭勒盟	**75**	**100**	**1690**	**1529**	**40**	**121**	**2808**	**944**	**623**
二连浩特市	13	4	77	56	4	17	268	139	32
锡林浩特市	39	23	658	613	16	29	1196	381	260
阿巴嘎旗		18	90	88		2	90	14	51
苏尼特左旗	1	7	36	34	1	1	116	10	92
苏尼特右旗		3	66	59	1	6	108	71	9
东乌珠穆沁旗	4		59	53		6	106	43	29
西乌珠穆沁旗	3	29	226	208	4	14	215	33	45
太仆寺旗	1	3	72	56	5	11	152	73	10
镶黄旗	1		30	27		3	65	13	43
正镶白旗	3	2	65	55	2	8	48	22	9
正蓝旗	3	5	196	191	1	4	52	17	12
多伦县	7	6	93	74	5	14	316	94	29
乌拉盖管委会			22	15	1	6	76	34	2
阿拉善盟	**21**	**9**	**431**	**346**	**43**	**42**	**920**	**444**	**209**
阿拉善左旗	15	2	270	228	17	25	629	318	115
阿拉善右旗		1	38	37		1	60	37	7
额济纳旗	3		44	31	8	5	158	55	77
内蒙古阿拉善经济开发区	3	6	79	50	18	11	73	34	10

4-4　续表 48　　　　单位：人

地　区 性　别	制造业		电力、热力、燃气及水生产和供应业				建筑业		
	废弃资源综合利用业	金属制品、机械和设备修理业	小计	电力、热力生产和供应业	燃气生产和供应业	水的生产和供应业	小计	房屋建筑业	土木工程建筑业
男	**903**	**1978**	**18699**	**15283**	**1767**	**1649**	**68813**	**33620**	**9464**
呼和浩特市	**114**	**219**	**2818**	**2275**	**251**	**292**	**12091**	**5880**	**1272**
新城区	31	37	438	325	59	54	2533	1073	361
回民区	15	14	388	288	51	49	1886	932	194
玉泉区	34	31	512	406	48	58	2756	1197	214
赛罕区	6	43	963	836	48	79	2158	1101	274
土默特左旗	11	13	92	75	6	11	770	426	53
托克托县	11	24	178	140	17	21	662	406	38
和林格尔县	4	5	79	64	9	6	410	207	40
清水河县		6	39	32	5	2	200	157	13
武川县	2		54	50		4	93	51	10
呼和浩特经济技术开发区		46	75	59	8	8	623	330	75
包头市	**205**	**441**	**2289**	**1806**	**252**	**231**	**9711**	**4636**	**1184**
东河区	17	43	344	286	31	27	1490	653	221
昆都仑区	77	265	510	345	78	87	3002	1414	311
青山区	34	43	755	622	58	75	1793	863	194
石拐区	1	1	11	5	2	4	23	6	9
白云鄂博矿区	2	8	18	13	3	2	15	8	1
九原区	40	35	115	94	11	10	1280	690	194
土默特右旗	10	14	256	206	47	3	611	183	113
固阳县	1	7	88	78	7	3	298	239	20
达尔罕茂明安联合旗		1	41	38	1	2	86	24	29
包头稀土高新技术产业开发区	23	24	151	119	14	18	1113	556	92
乌海市	**14**	**40**	**648**	**499**	**67**	**82**	**1686**	**760**	**234**
海勃湾区	6	22	447	349	47	51	1289	583	161
海南区	5	10	78	58	6	14	203	101	35
乌达区	3	8	123	92	14	17	194	76	38
赤峰市	**143**	**156**	**2488**	**1839**	**453**	**196**	**14557**	**9093**	**1403**
红山区	40	40	418	342	26	50	1619	849	155
元宝山区	9	19	288	249	9	30	854	514	125
松山区	22	27	556	485	42	29	3433	2163	328
阿鲁科尔沁旗	3	9	62	45	5	12	722	456	51
巴林左旗	1	5	101	74	16	11	1350	928	71
巴林右旗	1	4	114	104	4	6	408	217	94
林西县	6	7	78	67	4	7	1037	536	98
克什克腾旗	15	11	425	94	324	7	407	199	90
翁牛特旗	12	8	109	97	7	5	1055	689	87
喀喇沁旗	3		80	67	1	12	1047	819	59
宁城县	21	23	144	121	7	16	1623	1125	159
敖汉旗	10	3	113	94	8	11	1002	598	86

4−4 续表 49

单位：人

地区 性别	制造业		电力、热力、燃气及水生产和供应业				建筑业		
	废弃资源综合利用业	金属制品、机械和设备修理业	小计	电力、热力生产和供应业	燃气生产和供应业	水的生产和供应业	小计	房屋建筑业	土木工程建筑业
通辽市	**52**	**180**	**1608**	**1414**	**72**	**122**	**4710**	**2318**	**381**
科尔沁区	9	39	532	462	25	45	1471	613	153
科尔沁左翼中旗	5	26	102	89	9	4	664	419	46
科尔沁左翼后旗	2	4	76	64	4	8	179	77	13
开鲁县	1	8	90	80	6	4	390	241	22
库伦旗			36	34	2		148	51	7
奈曼旗		10	107	93	3	11	603	367	44
扎鲁特旗	11	7	98	78	8	12	395	194	19
通辽经济技术开发区	14	14	241	217	8	16	563	287	34
霍林郭勒市	10	72	326	297	7	22	297	69	43
鄂尔多斯市	**127**	**510**	**2786**	**2153**	**394**	**239**	**7343**	**2491**	**2018**
东胜区	53	61	526	397	90	39	2348	858	390
康巴什区	1	34	216	192	12	12	289	160	54
达拉特旗	31	13	364	287	24	53	847	322	207
准格尔旗	29	124	600	548	12	40	1499	415	509
鄂托克前旗		7	165	78	79	8	222	52	103
鄂托克旗	3	45	371	297	55	19	284	83	38
杭锦旗	2	21	98	60	33	5	173	48	55
乌审旗	3	66	199	105	65	29	642	204	246
伊金霍洛旗	5	139	247	189	24	34	1039	349	416
呼伦贝尔市	**43**	**103**	**1601**	**1427**	**50**	**124**	**3752**	**1297**	**703**
海拉尔区	3	24	325	279	15	31	812	214	83
扎赉诺尔区	2	18	113	94	4	15	82	17	16
阿荣旗	3	7	69	56	7	6	570	351	30
莫力达瓦达斡尔族自治旗			71	63		8	215	95	22
鄂伦春自治旗		7	123	119	2	2	109	29	36
鄂温克族自治旗		12	275	272		3	241	72	86
陈巴尔虎旗		2	34	29	2	3	176	12	143
新巴尔虎左旗			24	21		3	29	9	1
新巴尔虎右旗	1	1	19	17	1	1	202	13	83
满洲里市		3	114	99	5	10	259	63	39
牙克石市	8	15	192	167	7	18	338	78	79
扎兰屯市	20	9	123	103	5	15	588	309	51
额尔古纳市	2	3	57	49	1	7	73	19	13
根河市	4	2	62	59	1	2	58	16	21
巴彦淖尔市	**83**	**116**	**969**	**758**	**108**	**103**	**3754**	**1429**	**623**
临河区	14	46	420	335	46	39	1984	847	229
五原县	23	10	86	72	5	9	347	118	55
磴口县	3	6	105	79	14	12	184	75	34
乌拉特前旗	12	14	159	110	28	21	472	178	109
乌拉特中旗	4	10	93	80	6	7	153	44	46
乌拉特后旗	21	4	37	33		4	202	42	81
杭锦后旗	6	26	69	49	9	11	412	125	69

4-4　续表 50　　　　单位：人

地　区 性　别	制造业		电力、热力、燃气及水生产和供应业				建筑业		
	废弃资源综合利用业	金属制品、机械和设备修理业	小计	电力、热力生产和供应业	燃气生产和供应业	水的生产和供应业	小计	房屋建筑业	土木工程建筑业
乌兰察布市	**38**	**85**	**1186**	**1052**	**48**	**86**	**5143**	**3112**	**469**
集宁区	4	26	432	389	10	33	1989	1081	179
卓资县		14	92	82	4	6	282	182	27
化德县	6	2	41	32	3	6	296	178	65
商都县		6	42	39	1	2	256	148	16
兴和县	1	2	73	59	9	5	357	281	17
凉城县		10	77	70	1	6	325	240	18
察哈尔右翼前旗	2	3	37	29	3	5	584	396	47
察哈尔右翼中旗		8	45	40		5	136	82	11
察哈尔右翼后旗	6	3	54	47	6	1	244	154	13
四子王旗		3	60	51	5	4	205	97	18
丰镇市	19	8	233	214	6	13	469	273	58
兴安盟	**11**	**29**	**656**	**570**	**16**	**70**	**2849**	**1401**	**450**
乌兰浩特市		7	279	246	6	27	1065	511	95
阿尔山市			26	21		5	80	12	24
科尔沁右翼前旗		4	84	71	3	10	565	277	137
科尔沁右翼中旗	5	5	118	111	4	3	279	127	60
扎赉特旗	4	6	67	43	2	22	403	238	41
突泉县	2	7	82	78	1	3	457	236	93
锡林郭勒盟	**61**	**91**	**1337**	**1229**	**30**	**78**	**2449**	**839**	**555**
二连浩特市	11	2	58	45	3	10	244	125	30
锡林浩特市	32	22	509	482	10	17	1004	333	220
阿巴嘎旗		17	81	80		1	85	14	50
苏尼特左旗	1	7	23	21	1	1	110	10	88
苏尼特右旗		3	55	50	1	4	100	65	9
东乌珠穆沁旗	2		48	44		4	98	40	26
西乌珠穆沁旗	1	25	186	174	3	9	195	31	40
太仆寺旗	1	3	61	47	4	10	141	65	10
镶黄旗	1		24	22		2	53	12	33
正镶白旗	3	1	51	42	2	7	45	22	8
正蓝旗	2	5	158	155	1	2	45	16	10
多伦县	7	6	68	56	4	8	268	78	29
乌拉盖管委会			15	11	1	3	61	28	2
阿拉善盟	**12**	**8**	**313**	**261**	**26**	**26**	**768**	**364**	**172**
阿拉善左旗	8	2	202	176	9	17	521	260	94
阿拉善右旗		1	26	25		1	54	33	6
额济纳旗	2		30	22	5	3	130	44	64
内蒙古阿拉善经济开发区	2	5	55	38	12	5	63	27	8

4-4 续表 51

单位：人

地区 性别	制造业		电力、热力、燃气及水生产和供应业				建筑业		
	废弃资源综合利用业	金属制品、机械和设备修理业	小计	电力、热力生产和供应业	燃气生产和供应业	水的生产和供应业	小计	房屋建筑业	土木工程建筑业
女	**260**	**235**	**6121**	**4561**	**661**	**899**	**10937**	**5499**	**1394**
呼和浩特市	**23**	**25**	**1228**	**928**	**120**	**180**	**1903**	**926**	**300**
新城区	8	4	253	175	33	45	538	196	103
回民区		2	167	111	21	35	301	179	29
玉泉区	6		191	151	19	21	416	194	61
赛罕区	3	9	450	369	28	53	401	204	80
土默特左旗	2	1	30	18	5	7	70	43	8
托克托县	4	4	57	49	3	5	44	30	4
和林格尔县			23	14	5	4	31	17	4
清水河县		1	14	7	3	4	24	21	1
武川县			21	15	2	4	10	6	2
呼和浩特经济技术开发区		4	22	19	1	2	68	36	8
包头市	**62**	**51**	**863**	**589**	**122**	**152**	**1591**	**793**	**206**
东河区	7	4	97	64	15	18	203	92	24
昆都仑区	19	34	228	122	47	59	521	263	60
青山区	17	6	328	246	31	51	339	143	53
石拐区			2	2			5		2
白云鄂博矿区			9	5		4	6	1	2
九原区	8		48	36	9	3	199	107	36
土默特右旗	2		71	57	7	7	36	10	5
固阳县	1		13	10	2	1	111	99	3
达尔罕茂明安联合旗			9	7		2	18	9	6
包头稀土高新技术产业开发区	8	7	58	40	11	7	153	69	15
乌海市	**2**	**4**	**249**	**177**	**27**	**45**	**292**	**143**	**41**
海勃湾区	1	2	190	135	21	34	237	109	37
海南区	1		21	15	4	2	19	9	3
乌达区		2	38	27	2	9	36	25	1
赤峰市	**37**	**12**	**590**	**394**	**111**	**85**	**2751**	**1773**	**186**
红山区	8	1	97	74	6	17	314	168	28
元宝山区	1		68	51	4	13	98	53	10
松山区	7	3	141	119	3	19	741	475	66
阿鲁科尔沁旗	1	2	20	12	3	5	161	105	10
巴林左旗			39	25	7	7	368	275	2
巴林右旗	1	1	21	15	1	5	65	27	13
林西县	3	1	26	18	4	4	328	223	13
克什克腾旗	3		93	14	75	4	64	40	3
翁牛特旗	3		28	17	4	7	196	132	14
喀喇沁旗	1		12	11		1	76	44	5
宁城县	6	3	16	13		3	152	106	14
敖汉旗	3	1	29	25	4		188	125	8

4-4 续表 52

单位：人

地区 性别	制造业		电力、热力、燃气及水生产和供应业				建筑业		
	废弃资源综合利用业	金属制品、机械和设备修理业	小计	电力、热力生产和供应业	燃气生产和供应业	水的生产和供应业	小计	房屋建筑业	土木工程建筑业
通辽市	**13**	**20**	**474**	**349**	**38**	**87**	**866**	**388**	**70**
科尔沁区	2	2	154	110	11	33	288	101	33
科尔沁左翼中旗	4	2	25	18	3	4	104	70	1
科尔沁左翼后旗		2	24	17	3	4	23	6	1
开鲁县	1	1	26	20	3	3	70	44	1
库伦旗			14	11	1	2	29	5	1
奈曼旗		1	25	19	1	5	99	65	1
扎鲁特旗	2		30	19	4	7	57	18	4
通辽经济技术开发区	3	1	69	56	5	8	130	67	18
霍林郭勒市	1	11	107	79	7	21	66	12	10
鄂尔多斯市	**48**	**72**	**921**	**680**	**116**	**125**	**920**	**370**	**208**
东胜区	19	2	164	105	23	36	332	107	74
康巴什区		20	88	75	4	9	62	25	19
达拉特旗	16	1	114	93	4	17	100	52	24
准格尔旗	8	5	179	155	6	18	134	55	33
鄂托克前旗			55	34	17	4	31	16	6
鄂托克旗		8	111	85	17	9	43	10	7
杭锦旗			24	17	5	2	18	3	5
乌审旗	4	6	79	43	25	11	56	31	10
伊金霍洛旗	1	30	107	73	15	19	144	71	30
呼伦贝尔市	**14**	**14**	**440**	**374**	**20**	**46**	**636**	**209**	**69**
海拉尔区	3	4	106	93	3	10	202	59	22
扎赉诺尔区	1	4	21	17	2	2	12	4	2
阿荣旗		1	24	16	4	4	68	39	3
莫力达瓦达斡尔族自治旗		1	15	12		3	48	25	5
鄂伦春自治旗			33	28	1	4	7		1
鄂温克族自治旗		2	79	74		5	33	11	6
陈巴尔虎旗			10	9	1		7	1	2
新巴尔虎左旗	2		4	3	1		7	2	1
新巴尔虎右旗			6	5	1		12	1	5
满洲里市			44	36	1	7	74	15	7
牙克石市	1		49	43	3	3	71	13	4
扎兰屯市	5	1	23	17	2	4	73	34	8
额尔古纳市	1	1	15	11	1	3	14	4	
根河市	1		11	10		1	8	1	3
巴彦淖尔市	**24**	**17**	**348**	**252**	**53**	**43**	**579**	**233**	**90**
临河区	2	7	170	135	23	12	342	144	53
五原县	9		33	18	6	9	38	17	6
磴口县	2	1	35	18	11	6	35	17	2
乌拉特前旗	1	1	39	25	9	5	57	29	9
乌拉特中旗	1	1	33	25	2	6	13	4	3
乌拉特后旗	9	1	18	14		4	30	5	11
杭锦后旗		6	20	17	2	1	64	17	6

4-4 续表 53　　单位：人

地区 性别	制造业		电力、热力、燃气及水生产和供应业				建筑业		
	废弃资源综合利用业	金属制品、机械和设备修理业	小计	电力、热力生产和供应业	燃气生产和供应业	水的生产和供应业	小计	房屋建筑业	土木工程建筑业
乌兰察布市	**10**	**5**	**367**	**299**	**19**	**49**	**457**	**277**	**55**
集宁区	1	2	147	126	1	20	190	95	22
卓资县		1	26	21	2	3	14	12	1
化德县			10	4	2	4	38	18	13
商都县		1	13	8	1	4	19	12	2
兴和县			14	8	3	3	31	26	2
凉城县			15	10	1	4	14	13	1
察哈尔右翼前旗			11	9	2		76	55	3
察哈尔右翼中旗			14	13		1	12	10	1
察哈尔右翼后旗	1		11	8	1	2	18	9	2
四子王旗			24	18	4	2	20	12	3
丰镇市	8	1	82	74	2	6	25	15	5
兴安盟	**4**	**5**	**170**	**134**	**8**	**28**	**431**	**202**	**64**
乌兰浩特市	1		79	61	4	14	176	73	25
阿尔山市			3	2		1	11	2	2
科尔沁右翼前旗		3	19	17		2	70	31	15
科尔沁右翼中旗	2		22	17	1	4	33	16	5
扎赉特旗	1	2	20	14	2	4	58	35	3
突泉县			27	23	1	3	83	45	14
锡林郭勒盟	**14**	**9**	**353**	**300**	**10**	**43**	**359**	**105**	**68**
二连浩特市	2	2	19	11	1	7	24	14	2
锡林浩特市	7	1	149	131	6	12	192	48	40
阿巴嘎旗		1	9	8		1	5		1
苏尼特左旗			13	13			6		4
苏尼特右旗			11	9		2	8	6	
东乌珠穆沁旗	2		11	9		2	8	3	3
西乌珠穆沁旗	2	4	40	34	1	5	20	2	5
太仆寺旗			11	9	1	1	11	8	
镶黄旗			6	5		1	12	1	10
正镶白旗		1	14	13		1	3		1
正蓝旗	1		38	36		2	7	1	2
多伦县			25	18	1	6	48	16	
乌拉盖管委会			7	4		3	15	6	
阿拉善盟	**9**	**1**	**118**	**85**	**17**	**16**	**152**	**80**	**37**
阿拉善左旗	7		68	52	8	8	108	58	21
阿拉善右旗			12	12			6	4	1
额济纳旗	1		14	9	3	2	28	11	13
内蒙古阿拉善经济开发区	1	1	24	12	6	6	10	7	2

4-4　续表 54　　　　单位：人

地区 性别	建筑业		批发和零售业			交通运输、仓储和邮政业			
	建筑安装业	建筑装饰、装修和其他建筑业	小计	批发业	零售业	小计	铁路运输业	道路运输业	水上运输业
内蒙古	**4776**	**24997**	**121307**	**30328**	**90979**	**67344**	**10137**	**40313**	**88**
呼和浩特市	**857**	**4759**	**19946**	**4893**	**15053**	**10089**	**1792**	**5582**	**8**
新城区	158	1180	4250	970	3280	2580	817	1076	2
回民区	181	672	3874	724	3150	1806	522	961	3
玉泉区	213	1293	4278	1147	3131	1525	127	998	2
赛罕区	115	785	4500	1365	3135	1741	226	880	
土默特左旗	34	276	739	129	610	582	23	367	
托克托县	78	150	653	207	446	487	20	375	
和林格尔县	32	141	430	57	373	346	15	218	
清水河县	2	30	148	40	108	288	3	234	
武川县	5	29	274	73	201	250	3	144	1
呼和浩特经济技术开发区	39	203	800	181	619	484	36	329	
包头市	**690**	**3793**	**18789**	**5436**	**13353**	**10497**	**1690**	**6096**	**20**
东河区	97	606	3939	1013	2926	2732	915	1377	3
昆都仑区	254	1221	6393	2247	4146	2671	362	1678	8
青山区	121	758	3604	730	2874	1393	152	861	4
石拐区		11	88	21	67	67		45	
白云鄂博矿区	5	4	77	12	65	26	4	12	
九原区	90	362	1386	390	996	1031	77	652	2
土默特右旗	39	297	1138	377	761	856	32	679	2
固阳县	11	37	545	92	453	989	9	342	
达尔罕茂明安联合旗	7	29	258	113	145	83	1	56	
包头稀土高新技术产业开发区	66	468	1361	441	920	649	138	394	1
乌海市	**138**	**662**	**3133**	**772**	**2361**	**2218**	**364**	**1458**	**8**
海勃湾区	102	534	2262	552	1710	1491	324	868	5
海南区	15	59	312	78	234	388	17	328	2
乌达区	21	69	559	142	417	339	23	262	1
赤峰市	**735**	**4118**	**18545**	**4159**	**14386**	**8135**	**782**	**5407**	**17**
红山区	104	629	3740	934	2806	1484	193	935	5
元宝山区	64	186	928	255	673	640	56	448	1
松山区	152	990	3812	962	2850	1391	78	976	6
阿鲁科尔沁旗	36	225	910	184	726	434	52	236	
巴林左旗	62	380	2197	438	1759	858	29	656	2
巴林右旗	16	106	628	82	546	568	262	152	
林西县	35	460	808	146	662	422	41	297	
克什克腾旗	31	108	551	152	399	294	22	196	
翁牛特旗	49	280	1007	169	838	335	10	249	
喀喇沁旗	38	158	871	195	676	360	7	260	
宁城县	73	298	1820	361	1459	855	21	663	1
敖汉旗	75	298	1273	281	992	494	11	339	2

4–4 续表 55　　单位：人

地区 性别	建筑业		批发和零售业			交通运输、仓储和邮政业			
	建筑安装业	建筑装饰、装修和其他建筑业	小计	批发业	零售业	小计	铁路运输业	道路运输业	水上运输业
通辽市	**405**	**2014**	**11111**	**2460**	**8651**	**6286**	**1060**	**3468**	**8**
科尔沁区	139	720	4146	791	3355	2418	789	1171	2
科尔沁左翼中旗	40	192	1098	215	883	676	23	322	2
科尔沁左翼后旗	13	92	755	168	587	459	9	193	1
开鲁县	35	117	1011	263	748	383	37	239	1
库伦旗	17	96	368	86	282	129	3	90	
奈曼旗	43	182	1038	357	681	501	29	283	1
扎鲁特旗	27	190	911	209	702	522	17	342	1
通辽经济技术开发区	58	229	1143	259	884	602	131	351	
霍林郭勒市	33	196	641	112	529	596	22	477	
鄂尔多斯市	**574**	**2602**	**12697**	**4165**	**8532**	**7938**	**872**	**5672**	**2**
东胜区	184	1067	5203	1536	3667	2099	246	1434	
康巴什区	14	79	464	160	304	186	20	117	
达拉特旗	74	268	1654	460	1194	1376	82	1088	
准格尔旗	98	523	1711	728	983	1572	384	1036	2
鄂托克前旗	19	57	359	99	260	232	14	158	
鄂托克旗	32	157	887	389	498	648	54	509	
杭锦旗	22	58	443	109	334	327	10	245	
乌审旗	38	169	719	221	498	549	11	416	
伊金霍洛旗	93	224	1257	463	794	949	51	669	
呼伦贝尔市	**283**	**1827**	**9241**	**2006**	**7235**	**5915**	**1299**	**2985**	**7**
海拉尔区	46	590	2429	527	1902	1609	621	671	2
扎赉诺尔区	9	46	291	60	231	218	28	139	
阿荣旗	43	172	855	173	682	398	1	291	
莫力达瓦达斡尔族自治旗	21	95	581	125	456	258	1	181	4
鄂伦春自治旗	6	44	467	125	342	328	51	193	
鄂温克族自治旗	11	88	560	122	438	268	24	142	1
陈巴尔虎旗	9	16	124	12	112	135	6	112	
新巴尔虎左旗	1	22	102	11	91	101	6	79	
新巴尔虎右旗	18	94	146	48	98	82		55	
满洲里市	18	191	1152	243	909	908	302	249	
牙克石市	39	196	947	271	676	691	135	357	
扎兰屯市	51	208	1193	207	986	678	82	366	
额尔古纳市	8	43	245	61	184	133		105	
根河市	3	22	149	21	128	108	42	45	
巴彦淖尔市	**454**	**1504**	**8992**	**2739**	**6253**	**4362**	**426**	**2936**	**12**
临河区	220	833	4229	1121	3108	2012	339	1211	3
五原县	36	153	1377	591	786	576	11	442	
磴口县	25	66	379	80	299	172	10	115	
乌拉特前旗	47	157	1297	379	918	498	25	362	
乌拉特中旗	23	46	464	130	334	446	22	345	
乌拉特后旗	55	38	213	44	169	124	1	78	
杭锦后旗	48	211	1033	394	639	534	18	383	9

4-4　续表 56　　　　单位：人

地区 性别	建筑业		批发和零售业			交通运输、仓储和邮政业			
	建筑安装业	建筑装饰、装修和其他建筑业	小计	批发业	零售业	小计	铁路运输业	道路运输业	水上运输业
乌兰察布市	**208**	**1479**	**6562**	**1036**	**5526**	**5261**	**1154**	**2677**	**2**
集宁区	91	711	2845	383	2462	2431	919	1051	1
卓资县	11	63	219	46	173	180	29	104	
化德县	14	46	330	60	270	152	31	67	
商都县	9	88	563	93	470	385	42	166	
兴和县	8	54	356	46	310	424	8	350	
凉城县	7	60	264	27	237	178	19	105	1
察哈尔右翼前旗	27	132	430	81	349	307	31	182	
察哈尔右翼中旗	5	39	198	46	152	111		56	
察哈尔右翼后旗	11	73	317	45	272	242	14	137	
四子王旗	12	83	493	117	376	339	3	126	
丰镇市	13	130	547	92	455	512	58	333	
兴安盟	**166**	**997**	**5155**	**1069**	**4086**	**2052**	**154**	**1308**	**2**
乌兰浩特市	77	460	2177	479	1698	910	64	582	2
阿尔山市		51	80	34	46	110	5	77	
科尔沁右翼前旗	30	145	818	199	619	258	28	170	
科尔沁右翼中旗	26	78	591	148	443	253	40	137	
扎赉特旗	23	121	738	76	662	287	10	190	
突泉县	10	142	751	133	618	234	7	152	
锡林郭勒盟	**218**	**1023**	**5695**	**1328**	**4367**	**3739**	**444**	**2102**	**2**
二连浩特市	19	78	1001	370	631	551	111	251	
锡林浩特市	97	458	2230	570	1660	1638	186	936	
阿巴嘎旗	7	18	129	11	118	92	15	33	
苏尼特左旗	2	12	93	9	84	77	17	23	
苏尼特右旗	5	23	262	45	217	204	30	108	
东乌珠穆沁旗	12	22	257	45	212	131	4	93	
西乌珠穆沁旗	33	104	379	52	327	371	17	274	
太仆寺旗	11	58	272	51	221	173	9	94	1
镶黄旗	1	8	99	17	82	33		18	
正镶白旗	1	16	147	30	117	70	16	35	
正蓝旗	5	18	237	23	214	126	32	69	1
多伦县	22	171	509	89	420	203	2	132	
乌拉盖管委会	3	37	80	16	64	70	5	36	
阿拉善盟	**48**	**219**	**1441**	**265**	**1176**	**852**	**100**	**622**	
阿拉善左旗	21	175	1064	142	922	581	29	457	
阿拉善右旗	8	8	100	23	77	62		51	
额济纳旗		26	189	67	122	150	70	61	
内蒙古阿拉善经济开发区	19	10	88	33	55	59	1	53	

4-4 续表 57

单位：人

地区 性别	建筑业		批发和零售业			交通运输、仓储和邮政业			
	建筑安装业	建筑装饰、装修和其他建筑业	小计	批发业	零售业	小计	铁路运输业	道路运输业	水上运输业
男	**4368**	**21361**	**60679**	**20204**	**40475**	**57494**	**8463**	**35622**	**70**
呼和浩特市	**786**	**4153**	**10199**	**3133**	**7066**	**8298**	**1374**	**4843**	**6**
新城区	141	958	2126	612	1514	1994	607	858	1
回民区	167	593	1933	481	1452	1491	421	808	3
玉泉区	198	1147	2163	725	1438	1306	102	887	2
赛罕区	101	682	2363	850	1513	1334	163	737	
土默特左旗	33	258	378	76	302	502	19	338	
托克托县	72	146	398	160	238	454	16	358	
和林格尔县	31	132	185	39	146	309	14	204	
清水河县	2	28	77	29	48	270	3	223	
武川县	5	27	147	49	98	231	2	135	
呼和浩特经济技术开发区	36	182	429	112	317	407	27	295	
包头市	**622**	**3269**	**9623**	**3574**	**6049**	**8998**	**1357**	**5462**	**15**
东河区	92	524	2060	669	1391	2294	732	1215	3
昆都仑区	222	1055	3238	1469	1769	2269	295	1470	4
青山区	107	629	1746	477	1269	1174	121	741	3
石拐区		8	59	17	42	55		40	
白云鄂博矿区	3	3	36	9	27	20	4	11	
九原区	85	311	739	254	485	907	60	601	2
土默特右旗	36	279	592	253	339	807	29	663	2
固阳县	11	28	278	67	211	850	5	321	
达尔罕茂明安联合旗	6	27	121	60	61	77	1	55	
包头稀土高新技术产业开发区	60	405	754	299	455	545	110	345	1
乌海市	**129**	**563**	**1501**	**527**	**974**	**1850**	**315**	**1228**	**6**
海勃湾区	95	450	1078	373	705	1236	280	714	4
海南区	14	53	158	56	102	336	15	287	2
乌达区	20	60	265	98	167	278	20	227	
赤峰市	**676**	**3385**	**8819**	**2603**	**6216**	**6971**	**666**	**4794**	**13**
红山区	96	519	1849	565	1284	1253	167	809	3
元宝山区	58	157	474	173	301	565	49	414	1
松山区	137	805	1916	621	1295	1167	61	847	4
阿鲁科尔沁旗	33	182	439	112	327	389	44	226	
巴林左旗	54	297	838	249	589	732	26	581	2
巴林右旗	16	81	304	57	247	483	222	131	
林西县	28	375	397	89	308	361	36	259	
克什克腾旗	28	90	260	95	165	251	20	167	
翁牛特旗	45	234	489	107	382	287	8	226	
喀喇沁旗	37	132	425	127	298	313	6	229	
宁城县	73	266	814	224	590	746	17	597	1
敖汉旗	71	247	614	184	430	424	10	308	2

4-4 续表 58

单位：人

地区 性别	建筑业		批发和零售业			交通运输、仓储和邮政业			
	建筑安装业	建筑装饰、装修和其他建筑业	小计	批发业	零售业	小计	铁路运输业	道路运输业	水上运输业
通辽市	**354**	**1657**	**5094**	**1523**	**3571**	**5382**	**940**	**3055**	**8**
科尔沁区	119	586	1915	491	1424	2073	707	1026	2
科尔沁左翼中旗	37	162	535	142	393	584	20	289	2
科尔沁左翼后旗	13	76	345	105	240	371	9	163	1
开鲁县	32	95	441	158	283	333	33	208	1
库伦旗	11	79	180	57	123	116	2	81	
奈曼旗	40	152	482	209	273	429	25	252	1
扎鲁特旗	25	157	416	148	268	447	16	297	1
通辽经济技术开发区	49	193	558	150	408	496	108	305	
霍林郭勒市	28	157	222	63	159	533	20	434	
鄂尔多斯市	**534**	**2300**	**6951**	**3090**	**3861**	**6883**	**730**	**5063**	**2**
东胜区	172	928	2728	1133	1595	1779	203	1252	
康巴什区	11	64	244	112	132	147	14	102	
达拉特旗	70	248	864	341	523	1237	74	991	
准格尔旗	88	487	1084	592	492	1419	336	960	2
鄂托克前旗	18	49	190	62	128	187	6	137	
鄂托克旗	29	134	515	291	224	571	46	455	
杭锦旗	22	48	217	68	149	277	5	209	
乌审旗	35	157	364	148	216	454	9	358	
伊金霍洛旗	89	185	745	343	402	812	37	599	
呼伦贝尔市	**255**	**1497**	**4488**	**1331**	**3157**	**4990**	**1123**	**2573**	**7**
海拉尔区	36	479	1171	341	830	1344	540	558	2
扎赉诺尔区	9	40	106	38	68	189	20	130	
阿荣旗	39	150	373	111	262	358	1	267	
莫力达瓦达斡尔族自治旗	19	79	293	86	207	222	1	166	4
鄂伦春自治旗	6	38	237	88	149	275	37	169	
鄂温克族自治旗	10	73	293	102	191	205	22	106	1
陈巴尔虎旗	8	13	53	8	45	118	5	102	
新巴尔虎左旗	1	18	45	5	40	77	3	59	
新巴尔虎右旗	16	90	71	29	42	70		47	
满洲里市	16	141	606	149	457	747	260	209	
牙克石市	36	145	510	183	327	597	121	309	
扎兰屯市	48	180	545	136	409	582	75	321	
额尔古纳市	8	33	110	40	70	115		93	
根河市	3	18	75	15	60	91	38	37	
巴彦淖尔市	**423**	**1279**	**4652**	**1915**	**2737**	**3799**	**360**	**2626**	**8**
临河区	204	704	2139	769	1370	1721	286	1057	3
五原县	35	139	771	438	333	521	7	406	
磴口县	23	52	187	52	135	150	8	103	
乌拉特前旗	45	140	656	262	394	460	24	342	
乌拉特中旗	23	40	242	95	147	375	20	294	
乌拉特后旗	49	30	103	29	74	113	1	73	
杭锦后旗	44	174	554	270	284	459	14	351	5

4–4 续表 59 单位：人

地区 性别	建筑业		批发和零售业			交通运输、仓储和邮政业			
	建筑安装业	建筑装饰、装修和其他建筑业	小计	批发业	零售业	小计	铁路运输业	道路运输业	水上运输业
乌兰察布市	**192**	**1370**	**3299**	**732**	**2567**	**4646**	**990**	**2430**	**2**
集宁区	84	645	1297	269	1028	2112	788	916	1
卓资县	11	62	124	29	95	157	26	96	
化德县	12	41	189	45	144	130	22	62	
商都县	8	84	293	73	220	343	38	155	
兴和县	7	52	219	34	185	398	8	335	
凉城县	7	60	142	20	122	154	17	100	1
察哈尔右翼前旗	24	117	222	52	170	268	26	159	
察哈尔右翼中旗	5	38	114	35	79	100		53	
察哈尔右翼后旗	10	67	163	30	133	222	11	127	
四子王旗	11	79	270	83	187	292	1	115	
丰镇市	13	125	266	62	204	470	53	312	
兴安盟	**159**	**839**	**2490**	**730**	**1760**	**1725**	**138**	**1142**	**1**
乌兰浩特市	72	387	999	327	672	762	59	503	1
阿尔山市		44	43	20	23	84	5	60	
科尔沁右翼前旗	29	122	431	143	288	233	28	155	
科尔沁右翼中旗	25	67	269	93	176	216	38	117	
扎赉特旗	23	101	354	50	304	243	3	170	
突泉县	10	118	394	97	297	187	5	137	
锡林郭勒盟	**191**	**864**	**2860**	**863**	**1997**	**3221**	**379**	**1866**	**2**
二连浩特市	18	71	583	267	316	487	96	226	
锡林浩特市	81	370	1075	359	716	1378	152	818	
阿巴嘎旗	6	15	70	8	62	85	15	32	
苏尼特左旗	2	10	46	8	38	72	17	22	
苏尼特右旗	5	21	132	24	108	176	28	91	
东乌珠穆沁旗	11	21	120	29	91	115	1	85	
西乌珠穆沁旗	29	95	165	29	136	333	17	253	
太仆寺旗	10	56	149	33	116	145	5	80	1
镶黄旗	1	7	49	9	40	25		15	
正镶白旗	1	14	78	18	60	63	14	31	
正蓝旗	5	14	111	14	97	113	29	60	1
多伦县	20	141	240	52	188	170		120	
乌拉盖管委会	2	29	42	13	29	59	5	33	
阿拉善盟	**47**	**185**	**703**	**183**	**520**	**731**	**91**	**540**	
阿拉善左旗	20	147	500	96	404	494	27	393	
阿拉善右旗	8	7	46	14	32	56		48	
额济纳旗		22	106	51	55	130	63	52	
内蒙古阿拉善经济开发区	19	9	51	22	29	51	1	47	

4-4　续表 60　　　　　　　　　　　　　　　　　　　　　　　　　　单位：人

地　区 性　别	建筑业		批发和零售业			交通运输、仓储和邮政业			
	建筑安装业	建筑装饰、装修和其他建筑业	小计	批发业	零售业	小计	铁路运输业	道路运输业	水上运输业
女	**408**	**3636**	**60628**	**10124**	**50504**	**9850**	**1674**	**4691**	**18**
呼和浩特市	**71**	**606**	**9747**	**1760**	**7987**	**1791**	**418**	**739**	**2**
新城区	17	222	2124	358	1766	586	210	218	1
回民区	14	79	1941	243	1698	315	101	153	
玉泉区	15	146	2115	422	1693	219	25	111	
赛罕区	14	103	2137	515	1622	407	63	143	
土默特左旗	1	18	361	53	308	80	4	29	
托克托县	6	4	255	47	208	33	4	17	
和林格尔县	1	9	245	18	227	37	1	14	
清水河县		2	71	11	60	18		11	
武川县		2	127	24	103	19	1	9	1
呼和浩特经济技术开发区	3	21	371	69	302	77	9	34	
包头市	**68**	**524**	**9166**	**1862**	**7304**	**1499**	**333**	**634**	**5**
东河区	5	82	1879	344	1535	438	183	162	
昆都仑区	32	166	3155	778	2377	402	67	208	4
青山区	14	129	1858	253	1605	219	31	120	1
石拐区		3	29	4	25	12		5	
白云鄂博矿区	2	1	41	3	38	6		1	
九原区	5	51	647	136	511	124	17	51	
土默特右旗	3	18	546	124	422	49	3	16	
固阳县		9	267	25	242	139	4	21	
达尔罕茂明安联合旗	1	2	137	53	84	6		1	
包头稀土高新技术产业开发区	6	63	607	142	465	104	28	49	
乌海市	**9**	**99**	**1632**	**245**	**1387**	**368**	**49**	**230**	**2**
海勃湾区	7	84	1184	179	1005	255	44	154	1
海南区	1	6	154	22	132	52	2	41	
乌达区	1	9	294	44	250	61	3	35	1
赤峰市	**59**	**733**	**9726**	**1556**	**8170**	**1164**	**116**	**613**	**4**
红山区	8	110	1891	369	1522	231	26	126	2
元宝山区	6	29	454	82	372	75	7	34	
松山区	15	185	1896	341	1555	224	17	129	2
阿鲁科尔沁旗	3	43	471	72	399	45	8	10	
巴林左旗	8	83	1359	189	1170	126	3	75	
巴林右旗		25	324	25	299	85	40	21	
林西县	7	85	411	57	354	61	5	38	
克什克腾旗	3	18	291	57	234	43	2	29	
翁牛特旗	4	46	518	62	456	48	2	23	
喀喇沁旗	1	26	446	68	378	47	1	31	
宁城县		32	1006	137	869	109	4	66	
敖汉旗	4	51	659	97	562	70	1	31	

4-4 续表 61

单位：人

地区 性别	建筑业		批发和零售业			交通运输、仓储和邮政业			
	建筑安装业	建筑装饰、装修和其他建筑业	小计	批发业	零售业	小计	铁路运输业	道路运输业	水上运输业
通辽市	**51**	**357**	**6017**	**937**	**5080**	**904**	**120**	**413**	
科尔沁区	20	134	2231	300	1931	345	82	145	
科尔沁左翼中旗	3	30	563	73	490	92	3	33	
科尔沁左翼后旗		16	410	63	347	88		30	
开鲁县	3	22	570	105	465	50	4	31	
库伦旗	6	17	188	29	159	13	1	9	
奈曼旗	3	30	556	148	408	72	4	31	
扎鲁特旗	2	33	495	61	434	75	1	45	
通辽经济技术开发区	9	36	585	109	476	106	23	46	
霍林郭勒市	5	39	419	49	370	63	2	43	
鄂尔多斯市	**40**	**302**	**5746**	**1075**	**4671**	**1055**	**142**	**609**	
东胜区	12	139	2475	403	2072	320	43	182	
康巴什区	3	15	220	48	172	39	6	15	
达拉特旗	4	20	790	119	671	139	8	97	
准格尔旗	10	36	627	136	491	153	48	76	
鄂托克前旗	1	8	169	37	132	45	8	21	
鄂托克旗	3	23	372	98	274	77	8	54	
杭锦旗		10	226	41	185	50	5	36	
乌审旗	3	12	355	73	282	95	2	58	
伊金霍洛旗	4	39	512	120	392	137	14	70	
呼伦贝尔市	**28**	**330**	**4753**	**675**	**4078**	**925**	**176**	**412**	
海拉尔区	10	111	1258	186	1072	265	81	113	
扎赉诺尔区		6	185	22	163	29	8	9	
阿荣旗	4	22	482	62	420	40		24	
莫力达瓦达斡尔族自治旗	2	16	288	39	249	36		15	
鄂伦春自治旗		6	230	37	193	53	14	24	
鄂温克族自治旗	1	15	267	20	247	63	2	36	
陈巴尔虎旗	1	3	71	4	67	17	1	10	
新巴尔虎左旗		4	57	6	51	24	3	20	
新巴尔虎右旗	2	4	75	19	56	12		8	
满洲里市	2	50	546	94	452	161	42	40	
牙克石市	3	51	437	88	349	94	14	48	
扎兰屯市	3	28	648	71	577	96	7	45	
额尔古纳市		10	135	21	114	18		12	
根河市		4	74	6	68	17	4	8	
巴彦淖尔市	**31**	**225**	**4340**	**824**	**3516**	**563**	**66**	**310**	**4**
临河区	16	129	2090	352	1738	291	53	154	
五原县	1	14	606	153	453	55	4	36	
磴口县	2	14	192	28	164	22	2	12	
乌拉特前旗	2	17	641	117	524	38	1	20	
乌拉特中旗		6	222	35	187	71	2	51	
乌拉特后旗	6	8	110	15	95	11		5	
杭锦后旗	4	37	479	124	355	75	4	32	4

4-4　续表 62　　　　单位：人

地区 性别	建筑业		批发和零售业			交通运输、仓储和邮政业			
	建筑安装业	建筑装饰、装修和其他建筑业	小计	批发业	零售业	小计	铁路运输业	道路运输业	水上运输业
乌兰察布市	**16**	**109**	**3263**	**304**	**2959**	**615**	**164**	**247**	
集宁区	7	66	1548	114	1434	319	131	135	
卓资县		1	95	17	78	23	3	8	
化德县	2	5	141	15	126	22	9	5	
商都县	1	4	270	20	250	42	4	11	
兴和县	1	2	137	12	125	26		15	
凉城县			122	7	115	24	2	5	
察哈尔右翼前旗	3	15	208	29	179	39	5	23	
察哈尔右翼中旗		1	84	11	73	11		3	
察哈尔右翼后旗	1	6	154	15	139	20	3	10	
四子王旗	1	4	223	34	189	47	2	11	
丰镇市		5	281	30	251	42	5	21	
兴安盟	**7**	**158**	**2665**	**339**	**2326**	**327**	**16**	**166**	**1**
乌兰浩特市	5	73	1178	152	1026	148	5	79	1
阿尔山市		7	37	14	23	26		17	
科尔沁右翼前旗	1	23	387	56	331	25		15	
科尔沁右翼中旗	1	11	322	55	267	37	2	20	
扎赉特旗		20	384	26	358	44	7	20	
突泉县		24	357	36	321	47	2	15	
锡林郭勒盟	**27**	**159**	**2835**	**465**	**2370**	**518**	**65**	**236**	
二连浩特市	1	7	418	103	315	64	15	25	
锡林浩特市	16	88	1155	211	944	260	34	118	
阿巴嘎旗	1	3	59	3	56	7		1	
苏尼特左旗		2	47	1	46	5		1	
苏尼特右旗		2	130	21	109	28	2	17	
东乌珠穆沁旗	1	1	137	16	121	16	3	8	
西乌珠穆沁旗	4	9	214	23	191	38		21	
太仆寺旗	1	2	123	18	105	28	4	14	
镶黄旗		1	50	8	42	8		3	
正镶白旗		2	69	12	57	7	2	4	
正蓝旗		4	126	9	117	13	3	9	
多伦县	2	30	269	37	232	33	2	12	
乌拉盖管委会	1	8	38	3	35	11		3	
阿拉善盟	**1**	**34**	**738**	**82**	**656**	**121**	**9**	**82**	
阿拉善左旗	1	28	564	46	518	87	2	64	
阿拉善右旗		1	54	9	45	6		3	
额济纳旗		4	83	16	67	20	7	9	
内蒙古阿拉善经济开发区		1	37	11	26	8		6	

4－4 续表 63

单位：人

地　区 性　别	交通运输、仓储和邮政业					住宿和餐饮业		
	航　空 运输业	管　道 运输业	多式联运 和运输 代理业	装卸搬运 和仓储业	邮政业	小计	住宿业	餐饮业
内蒙古	**1105**	**45**	**858**	**9040**	**5758**	**49248**	**5665**	**43583**
呼和浩特市	**488**	**6**	**125**	**879**	**1209**	**8627**	**979**	**7648**
新城区	152	2	58	174	299	1707	206	1501
回民区	18		15	102	185	1435	195	1240
玉泉区	39	4	23	142	190	1863	180	1683
赛罕区	258		14	94	269	2012	271	1741
土默特左旗	1		2	77	112	404	13	391
托克托县			1	69	22	301	41	260
和林格尔县	2		3	70	38	298	32	266
清水河县			2	37	12	112	9	103
武川县	1			93	8	155	11	144
呼和浩特经济技术开发区	17		7	21	74	340	21	319
包头市	**107**	**8**	**212**	**1608**	**756**	**6778**	**553**	**6225**
东河区	35	1	45	194	162	1230	68	1162
昆都仑区	28	6	105	259	225	1942	167	1775
青山区	19		16	174	167	1521	179	1342
石拐区	1			6	15	30		30
白云鄂博矿区				5	5	42	2	40
九原区	8		13	213	66	564	27	537
土默特右旗	3		22	78	40	480	28	452
固阳县	2	1	1	615	19	316	16	300
达尔罕茂明安联合旗			1	11	14	122	14	108
包头稀土高新技术产业开发区	11		9	53	43	531	52	479
乌海市	**23**	**2**	**14**	**223**	**126**	**1139**	**137**	**1002**
海勃湾区	21		3	185	85	740	97	643
海南区	2		1	29	9	177	16	161
乌达区		2	10	9	32	222	24	198
赤峰市	**47**	**4**	**115**	**933**	**830**	**6296**	**777**	**5519**
红山区	11	2	52	107	179	1070	140	930
元宝山区	3	1	5	68	58	303	33	270
松山区	15		25	110	181	1206	171	1035
阿鲁科尔沁旗	3		3	107	33	346	53	293
巴林左旗	2		3	82	84	797	87	710
巴林右旗	1		3	125	25	284	76	208
林西县			1	52	31	289	31	258
克什克腾旗	1		7	44	24	309	44	265
翁牛特旗		1	1	31	43	348	31	317
喀喇沁旗	3		1	41	48	328	37	291
宁城县	2		9	78	81	541	34	507
敖汉旗	6		5	88	43	475	40	435

4-4　续表 64　　　　单位：人

地　区 性　别	交通运输、仓储和邮政业					住宿和餐饮业		
	航　空 运输业	管　道 运输业	多式联运 和运输 代理业	装卸搬运 和仓储业	邮政业	小计	住宿业	餐饮业
通辽市	**45**	**6**	**25**	**1059**	**615**	**4714**	**555**	**4159**
科尔沁区	23	3	6	162	262	1562	166	1396
科尔沁左翼中旗	8			227	94	852	70	782
科尔沁左翼后旗		1	2	228	25	351	59	292
开鲁县		1	7	53	45	343	35	308
库伦旗				19	17	187	23	164
奈曼旗	1			139	48	376	46	330
扎鲁特旗				123	39	362	51	311
通辽经济技术开发区	3	1	2	56	58	376	43	333
霍林郭勒市	10		8	52	27	305	62	243
鄂尔多斯市	**124**	**11**	**97**	**769**	**391**	**5291**	**567**	**4724**
东胜区	16	2	37	207	157	1704	217	1487
康巴什区	18		1	8	22	310	46	264
达拉特旗	4		13	146	43	659	41	618
准格尔旗	4		13	78	55	808	55	753
鄂托克前旗	21	5	1	20	13	189	23	166
鄂托克旗	1		2	58	24	409	46	363
杭锦旗			1	58	13	216	28	188
乌审旗		2	22	76	22	395	47	348
伊金霍洛旗	60	2	7	118	42	601	64	537
呼伦贝尔市	**115**	**3**	**117**	**854**	**535**	**4288**	**700**	**3588**
海拉尔区	59		12	98	146	950	218	732
扎赉诺尔区			10	21	20	147	22	125
阿荣旗				72	34	360	33	327
莫力达瓦达斡尔族自治旗	5			41	26	249	18	231
鄂伦春自治旗				47	37	253	39	214
鄂温克族自治旗	7			53	41	297	43	254
陈巴尔虎旗	1		1		15	89	9	80
新巴尔虎左旗	1		1	11	3	93	11	82
新巴尔虎右旗		2	1	20	4	101	16	85
满洲里市	17		54	249	37	407	98	309
牙克石市	7	1	21	95	75	486	55	431
扎兰屯市	17		13	127	73	633	87	546
额尔古纳市			3	16	9	124	20	104
根河市	1		1	4	15	99	31	68
巴彦淖尔市	**38**	**1**	**60**	**513**	**376**	**3309**	**274**	**3035**
临河区	11		35	207	206	1450	115	1335
五原县	3		3	85	32	365	38	327
磴口县			5	22	20	183	17	166
乌拉特前旗	4		8	63	36	549	42	507
乌拉特中旗			2	56	21	215	24	191
乌拉特后旗			1	32	12	113	7	106
杭锦后旗	20	1	6	48	49	434	31	403

4-4 续表 65　　　　单位：人

地区 性别	交通运输、仓储和邮政业					住宿和餐饮业		
	航空运输业	管道运输业	多式联运和运输代理业	装卸搬运和仓储业	邮政业	小计	住宿业	餐饮业
乌兰察布市	**25**		**8**	**1067**	**328**	**3115**	**292**	**2823**
集宁区	23		4	299	134	1174	97	1077
卓资县				28	19	160	12	148
化德县				37	17	157	16	141
商都县				148	29	223	24	199
兴和县				54	12	154	14	140
凉城县				37	16	150	15	135
察哈尔右翼前旗				75	19	255	41	214
察哈尔右翼中旗			1	48	6	87	8	79
察哈尔右翼后旗	1			76	14	191	11	180
四子王旗			3	182	25	247	30	217
丰镇市	1			83	37	317	24	293
兴安盟	**42**		**21**	**272**	**253**	**2330**	**288**	**2042**
乌兰浩特市	24		11	105	122	800	78	722
阿尔山市	11		1	6	10	114	40	74
科尔沁右翼前旗	6		5	15	34	389	57	332
科尔沁右翼中旗	1		3	49	23	352	49	303
扎赉特旗			1	61	25	391	42	349
突泉县				36	39	284	22	262
锡林郭勒盟	**36**	**4**	**56**	**820**	**275**	**2457**	**402**	**2055**
二连浩特市	14		13	139	23	242	52	190
锡林浩特市	14	3	38	328	133	903	127	776
阿巴嘎旗				37	7	62	11	51
苏尼特左旗				25	12	58	5	53
苏尼特右旗				53	13	161	21	140
东乌珠穆沁旗				24	10	114	32	82
西乌珠穆沁旗			1	68	11	161	32	129
太仆寺旗	1		1	56	11	129	27	102
镶黄旗	4		2	4	5	70	7	63
正镶白旗				13	6	76	11	65
正蓝旗			1	8	15	126	19	107
多伦县	2	1		39	27	286	49	237
乌拉盖管委会	1			26	2	69	9	60
阿拉善盟	**15**		**8**	**43**	**64**	**904**	**141**	**763**
阿拉善左旗	11		3	29	52	613	74	539
阿拉善右旗	2			5	4	65	11	54
额济纳旗	2		5	6	6	147	41	106
内蒙古阿拉善经济开发区				3	2	79	15	64

4-4 续表 66

单位：人

地 区 性 别	交通运输、仓储和邮政业					住宿和餐饮业		
	航 空 运输业	管 道 运输业	多式联运 和运输 代理业	装卸搬运 和仓储业	邮政业	小计	住宿业	餐饮业
男	**688**	**35**	**692**	**7824**	**4100**	**23559**	**2085**	**21474**
呼和浩特市	**301**	**6**	**98**	**789**	**881**	**4522**	**441**	**4081**
新城区	93	2	46	160	227	922	97	825
回民区	12		13	94	140	770	90	680
玉泉区	26	4	17	129	139	1014	75	939
赛罕区	158		12	74	190	1053	127	926
土默特左旗	1		2	62	80	187	5	182
托克托县				66	14	138	21	117
和林格尔县	1		3	65	22	125	12	113
清水河县			2	33	9	50	2	48
武川县	1			87	6	70	4	66
呼和浩特经济技术开发区	9		3	19	54	193	8	185
包头市	**62**	**7**	**172**	**1375**	**548**	**3422**	**198**	**3224**
东河区	23	1	34	173	113	608	19	589
昆都仑区	16	5	86	227	166	1006	61	945
青山区	11		13	156	129	778	71	707
石拐区				5	10	12		12
白云鄂博矿区				4	1	16		16
九原区	4		12	178	50	272	9	263
土默特右旗	1		17	70	25	259	9	250
固阳县	2	1	1	503	17	163	6	157
达尔罕茂明安联合旗			1	10	10	55	4	51
包头稀土高新技术产业开发区	5		8	49	27	253	19	234
乌海市	**15**		**11**	**203**	**72**	**527**	**40**	**487**
海勃湾区	15		2	168	53	350	32	318
海南区			1	27	4	76	2	74
乌达区			8	8	15	101	6	95
赤峰市	**31**	**3**	**98**	**789**	**577**	**2905**	**287**	**2618**
红山区	7	1	46	85	135	552	54	498
元宝山区	2	1	4	60	34	128	16	112
松山区	11		21	91	132	604	59	545
阿鲁科尔沁旗	1		1	95	22	161	20	141
巴林左旗	1		3	59	60	308	32	276
巴林右旗			3	110	17	131	25	106
林西县			1	42	23	119	12	107
克什克腾旗	1		6	39	18	126	12	114
翁牛特旗		1	1	26	25	153	13	140
喀喇沁旗	3		1	37	37	149	14	135
宁城县	1		8	69	53	249	11	238
敖汉旗	4		3	76	21	225	19	206

4-4 续表 67

单位：人

地区 性别	交通运输、仓储和邮政业					住宿和餐饮业		
	航空运输业	管道运输业	多式联运和运输代理业	装卸搬运和仓储业	邮政业	小计	住宿业	餐饮业
通辽市	**29**	**3**	**20**	**881**	**446**	**2236**	**194**	**2042**
科尔沁区	17	1	4	129	187	795	61	734
科尔沁左翼中旗	4			203	66	403	27	376
科尔沁左翼后旗		1	2	178	17	168	24	144
开鲁县		1	4	50	36	173	14	159
库伦旗				17	16	87	9	78
奈曼旗				113	38	164	16	148
扎鲁特旗				105	28	164	22	142
通辽经济技术开发区	1		2	38	42	188	9	179
霍林郭勒市	7		8	48	16	94	12	82
鄂尔多斯市	**77**	**9**	**88**	**661**	**253**	**2566**	**239**	**2327**
东胜区	6	1	33	176	108	897	100	797
康巴什区	10		1	5	15	171	19	152
达拉特旗	2		12	135	23	296	14	282
准格尔旗	1		13	71	36	366	21	345
鄂托克前旗	21	5	1	12	5	84	5	79
鄂托克旗			1	53	16	178	24	154
杭锦旗			1	53	9	107	9	98
乌审旗		1	21	52	13	163	18	145
伊金霍洛旗	37	2	5	104	28	304	29	275
呼伦贝尔市	**76**	**3**	**84**	**719**	**405**	**1899**	**244**	**1655**
海拉尔区	38		9	85	112	458	78	380
扎赉诺尔区			8	18	13	68	4	64
阿荣旗				61	29	163	11	152
莫力达瓦达斡尔族自治旗	4			30	17	109	4	105
鄂伦春自治旗				43	26	99	10	89
鄂温克族自治旗	5			44	27	113	9	104
陈巴尔虎旗	1		1		9	35	3	32
新巴尔虎左旗			1	11	3	37	5	32
新巴尔虎右旗		2	1	16	4	49	4	45
满洲里市	11		32	203	32	188	42	146
牙克石市	6	1	19	78	63	223	28	195
扎兰屯市	10		10	112	54	268	26	242
额尔古纳市			3	14	5	49	7	42
根河市	1			4	11	40	13	27
巴彦淖尔市	**20**	**1**	**48**	**469**	**267**	**1510**	**75**	**1435**
临河区	7		28	181	159	718	36	682
五原县	3		1	80	24	161	9	152
磴口县			4	21	14	71	2	69
乌拉特前旗	3		7	60	24	234	8	226
乌拉特中旗			1	52	8	84	6	78
乌拉特后旗			1	31	7	49	3	46
杭锦后旗	7	1	6	44	31	193	11	182

4-4　续表 68

单位：人

地区 性别	交通运输、仓储和邮政业					住宿和餐饮业		
	航空运输业	管道运输业	多式联运和运输代理业	装卸搬运和仓储业	邮政业	小计	住宿业	餐饮业
乌兰察布市	**16**		**8**	**970**	**230**	**1451**	**101**	**1350**
集宁区	15		4	291	97	533	23	510
卓资县				24	11	78	5	73
化德县				33	13	65	3	62
商都县				128	22	96	8	88
兴和县				48	7	81	6	75
凉城县				28	8	77	6	71
察哈尔右翼前旗				69	14	124	24	100
察哈尔右翼中旗			1	44	2	39	3	36
察哈尔右翼后旗	1			75	8	83	3	80
四子王旗			3	152	21	117	13	104
丰镇市				78	27	158	7	151
兴安盟	**23**		**14**	**226**	**181**	**1016**	**88**	**928**
乌兰浩特市	12		7	89	91	370	25	345
阿尔山市	7			6	6	41	10	31
科尔沁右翼前旗	3		3	14	30	167	16	151
科尔沁右翼中旗	1		3	42	15	140	13	127
扎赉特旗			1	52	17	178	14	164
突泉县				23	22	120	10	110
锡林郭勒盟	**26**	**3**	**44**	**705**	**196**	**1097**	**139**	**958**
二连浩特市	10		8	132	15	93	20	73
锡林浩特市	10	2	32	266	98	429	37	392
阿巴嘎旗				35	3	24	4	20
苏尼特左旗				24	9	29	2	27
苏尼特右旗				47	10	74	8	66
东乌珠穆沁旗				22	7	43	9	34
西乌珠穆沁旗			1	55	7	74	12	62
太仆寺旗	1		1	48	9	61	9	52
镶黄旗	2		1	3	4	32	4	28
正镶白旗				13	5	35	3	32
正蓝旗			1	8	14	57	7	50
多伦县	2	1		34	13	113	18	95
乌拉盖管委会	1			18	2	33	6	27
阿拉善盟	**12**		**7**	**37**	**44**	**408**	**39**	**369**
阿拉善左旗	8		2	27	37	284	17	267
阿拉善右旗	2			4	2	29	6	23
额济纳旗	2		5	4	4	73	14	59
内蒙古阿拉善经济开发区				2	1	22	2	20

4－4 续表 69

单位：人

地区 性别	交通运输、仓储和邮政业					住宿和餐饮业		
	航空运输业	管道运输业	多式联运和运输代理业	装卸搬运和仓储业	邮政业	小计	住宿业	餐饮业
女	**417**	**10**	**166**	**1216**	**1658**	**25689**	**3580**	**22109**
呼和浩特市	**187**		**27**	**90**	**328**	**4105**	**538**	**3567**
新城区	59		12	14	72	785	109	676
回民区	6		2	8	45	665	105	560
玉泉区	13		6	13	51	849	105	744
赛罕区	100		2	20	79	959	144	815
土默特左旗				15	32	217	8	209
托克托县			1	3	8	163	20	143
和林格尔县	1			5	16	173	20	153
清水河县				4	3	62	7	55
武川县				6	2	85	7	78
呼和浩特经济技术开发区	8		4	2	20	147	13	134
包头市	**45**	**1**	**40**	**233**	**208**	**3356**	**355**	**3001**
东河区	12		11	21	49	622	49	573
昆都仑区	12	1	19	32	59	936	106	830
青山区	8		3	18	38	743	108	635
石拐区	1			1	5	18		18
白云鄂博矿区				1	4	26	2	24
九原区	4		1	35	16	292	18	274
土默特右旗	2		5	8	15	221	19	202
固阳县				112	2	153	10	143
达尔罕茂明安联合旗				1	4	67	10	57
包头稀土高新技术产业开发区	6		1	4	16	278	33	245
乌海市	**8**	**2**	**3**	**20**	**54**	**612**	**97**	**515**
海勃湾区	6		1	17	32	390	65	325
海南区	2			2	5	101	14	87
乌达区		2	2	1	17	121	18	103
赤峰市	**16**	**1**	**17**	**144**	**253**	**3391**	**490**	**2901**
红山区	4	1	6	22	44	518	86	432
元宝山区	1		1	8	24	175	17	158
松山区	4		4	19	49	602	112	490
阿鲁科尔沁旗	2		2	12	11	185	33	152
巴林左旗	1			23	24	489	55	434
巴林右旗	1			15	8	153	51	102
林西县				10	8	170	19	151
克什克腾旗			1	5	6	183	32	151
翁牛特旗				5	18	195	18	177
喀喇沁旗				4	11	179	23	156
宁城县	1		1	9	28	292	23	269
敖汉旗	2		2	12	22	250	21	229

4-4 续表 70

单位：人

地 区 性 别	交通运输、仓储和邮政业					住宿和餐饮业		
	航 空 运输业	管 道 运输业	多式联运 和运输 代理业	装卸搬运 和仓储业	邮政业	小计	住宿业	餐饮业
通辽市	**16**	**3**	**5**	**178**	**169**	**2478**	**361**	**2117**
科尔沁区	6	2	2	33	75	767	105	662
科尔沁左翼中旗	4			24	28	449	43	406
科尔沁左翼后旗				50	8	183	35	148
开鲁县			3	3	9	170	21	149
库伦旗				2	1	100	14	86
奈曼旗	1			26	10	212	30	182
扎鲁特旗				18	11	198	29	169
通辽经济技术开发区	2	1		18	16	188	34	154
霍林郭勒市	3			4	11	211	50	161
鄂尔多斯市	**47**	**2**	**9**	**108**	**138**	**2725**	**328**	**2397**
东胜区	10	1	4	31	49	807	117	690
康巴什区	8			3	7	139	27	112
达拉特旗	2		1	11	20	363	27	336
准格尔旗	3			7	19	442	34	408
鄂托克前旗				8	8	105	18	87
鄂托克旗	1		1	5	8	231	22	209
杭锦旗				5	4	109	19	90
乌审旗		1	1	24	9	232	29	203
伊金霍洛旗	23		2	14	14	297	35	262
呼伦贝尔市	**39**		**33**	**135**	**130**	**2389**	**456**	**1933**
海拉尔区	21		3	13	34	492	140	352
扎赉诺尔区			2	3	7	79	18	61
阿荣旗				11	5	197	22	175
莫力达瓦达斡尔族自治旗	1			11	9	140	14	126
鄂伦春自治旗				4	11	154	29	125
鄂温克族自治旗	2			9	14	184	34	150
陈巴尔虎旗					6	54	6	48
新巴尔虎左旗	1					56	6	50
新巴尔虎右旗				4		52	12	40
满洲里市	6		22	46	5	219	56	163
牙克石市	1		2	17	12	263	27	236
扎兰屯市	7		3	15	19	365	61	304
额尔古纳市				2	4	75	13	62
根河市			1		4	59	18	41
巴彦淖尔市	**18**		**12**	**44**	**109**	**1799**	**199**	**1600**
临河区	4		7	26	47	732	79	653
五原县			2	5	8	204	29	175
磴口县			1	1	6	112	15	97
乌拉特前旗	1		1	3	12	315	34	281
乌拉特中旗			1	4	13	131	18	113
乌拉特后旗				1	5	64	4	60
杭锦后旗	13			4	18	241	20	221

4-4 续表 71

单位：人

地　区 性　别	交通运输、仓储和邮政业					住宿和餐饮业		
	航　空 运输业	管　道 运输业	多式联运 和运输 代理业	装卸搬运 和仓储业	邮政业	小计	住宿业	餐饮业
乌兰察布市	**9**			**97**	**98**	**1664**	**191**	**1473**
集宁区	8			8	37	641	74	567
卓资县				4	8	82	7	75
化德县				4	4	92	13	79
商都县				20	7	127	16	111
兴和县				6	5	73	8	65
凉城县				9	8	73	9	64
察哈尔右翼前旗				6	5	131	17	114
察哈尔右翼中旗				4	4	48	5	43
察哈尔右翼后旗				1	6	108	8	100
四子王旗				30	4	130	17	113
丰镇市	1			5	10	159	17	142
兴安盟	**19**		**7**	**46**	**72**	**1314**	**200**	**1114**
乌兰浩特市	12		4	16	31	430	53	377
阿尔山市	4		1		4	73	30	43
科尔沁右翼前旗	3		2	1	4	222	41	181
科尔沁右翼中旗				7	8	212	36	176
扎赉特旗				9	8	213	28	185
突泉县				13	17	164	12	152
锡林郭勒盟	**10**	**1**	**12**	**115**	**79**	**1360**	**263**	**1097**
二连浩特市	4		5	7	8	149	32	117
锡林浩特市	4	1	6	62	35	474	90	384
阿巴嘎旗				2	4	38	7	31
苏尼特左旗				1	3	29	3	26
苏尼特右旗				6	3	87	13	74
东乌珠穆沁旗				2	3	71	23	48
西乌珠穆沁旗				13	4	87	20	67
太仆寺旗				8	2	68	18	50
镶黄旗	2		1	1	1	38	3	35
正镶白旗					1	41	8	33
正蓝旗					1	69	12	57
多伦县				5	14	173	31	142
乌拉盖管委会				8		36	3	33
阿拉善盟	**3**		**1**	**6**	**20**	**496**	**102**	**394**
阿拉善左旗	3		1	2	15	329	57	272
阿拉善右旗				1	2	36	5	31
额济纳旗				2	2	74	27	47
内蒙古阿拉善经济开发区				1	1	57	13	44

4-4　续表 72　　　　单位：人

地　区 性　别	信息传输、软件和信息技术服务业				金融业				
	小计	电信、广播电视和卫星传输服务	互联网和相关服务	软件和信息技术服务业	小计	货币金融服务	资本市场服务	保险业	其他金融业
内蒙古	**11692**	**5775**	**2640**	**3277**	**20112**	**11619**	**646**	**6849**	**998**
呼和浩特市	**3240**	**1386**	**642**	**1212**	**4564**	**2496**	**267**	**1473**	**328**
新城区	890	389	168	333	1280	662	90	407	121
回民区	386	140	84	162	480	234	27	176	43
玉泉区	498	162	117	219	516	224	25	218	49
赛罕区	1121	532	171	418	1727	1029	104	497	97
土默特左旗	77	31	33	13	106	61	2	37	6
托克托县	39	31	6	2	98	70		28	
和林格尔县	83	43	22	18	74	54	1	16	3
清水河县	19	15	4		43	35		8	
武川县	28	15	9	4	59	40		19	
呼和浩特经济技术开发区	99	28	28	43	181	87	18	67	9
包头市	**1503**	**538**	**465**	**500**	**2743**	**1455**	**120**	**945**	**223**
东河区	189	66	64	59	340	162	21	133	24
昆都仑区	510	177	115	218	822	355	40	317	110
青山区	419	143	160	116	800	474	43	244	39
石拐区	8		5	3	4	3		1	
白云鄂博矿区	8	5	3		13	10		3	
九原区	118	32	54	32	192	106	7	68	11
土默特右旗	74	35	17	22	156	108		46	2
固阳县	37	19	6	12	81	52	1	28	
达尔罕茂明安联合旗	17	15	2		48	33		8	7
包头稀土高新技术产业开发区	123	46	39	38	287	152	8	97	30
乌海市	**312**	**198**	**56**	**58**	**524**	**334**	**15**	**161**	**14**
海勃湾区	266	172	47	47	438	287	14	127	10
海南区	20	11	6	3	38	22	1	14	1
乌达区	26	15	3	8	48	25		20	3
赤峰市	**1488**	**650**	**392**	**446**	**2631**	**1355**	**69**	**1075**	**132**
红山区	295	135	60	100	503	218	28	220	37
元宝山区	83	41	16	26	143	76	3	59	5
松山区	429	163	144	122	766	357	27	327	55
阿鲁科尔沁旗	53	32	9	12	95	58	1	34	2
巴林左旗	101	47	23	31	186	86		95	5
巴林右旗	32	23	5	4	80	41	2	35	2
林西县	50	23	14	13	94	55	3	35	1
克什克腾旗	55	36	8	11	96	64	2	24	6
翁牛特旗	78	22	18	38	138	90	1	42	5
喀喇沁旗	74	31	22	21	121	75		45	1
宁城县	154	55	56	43	246	143		98	5
敖汉旗	84	42	17	25	163	92	2	61	8

4-4 续表 73

单位：人

地区 性别	信息传输、软件和信息技术服务业				金融业				
	小计	电信、广播电视和卫星传输服务	互联网和相关服务	软件和信息技术服务业	小计	货币金融服务	资本市场服务	保险业	其他金融业
通辽市	**875**	**512**	**191**	**172**	**1531**	**876**	**39**	**579**	**37**
科尔沁区	328	197	68	63	596	330	9	245	12
科尔沁左翼中旗	137	51	51	35	107	55	3	42	7
科尔沁左翼后旗	42	27	9	6	78	45	1	30	2
开鲁县	36	19	11	6	139	75	4	57	3
库伦旗	27	20	2	5	61	45		16	
奈曼旗	64	43	13	8	119	75	1	40	3
扎鲁特旗	56	42	4	10	101	64	3	33	1
通辽经济技术开发区	139	85	25	29	250	144	11	86	9
霍林郭勒市	46	28	8	10	80	43	7	30	
鄂尔多斯市	**997**	**457**	**192**	**348**	**1980**	**1261**	**57**	**584**	**78**
东胜区	428	230	84	114	910	536	25	308	41
康巴什区	78	34	19	25	135	103	14	15	3
达拉特旗	73	40	20	13	211	122	3	79	7
准格尔旗	106	46	24	36	205	131	5	52	17
鄂托克前旗	21	15	3	3	74	52	2	19	1
鄂托克旗	35	24	9	2	77	43	2	31	1
杭锦旗	25	15	5	5	75	59		15	1
乌审旗	149	24	2	123	99	76	2	19	2
伊金霍洛旗	82	29	26	27	194	139	4	46	5
呼伦贝尔市	**935**	**595**	**217**	**123**	**1637**	**1034**	**18**	**541**	**44**
海拉尔区	348	220	87	41	528	330	9	186	3
扎赉诺尔区	22	11	7	4	50	28	1	20	1
阿荣旗	37	24	6	7	122	76	1	44	1
莫力达瓦达斡尔族自治旗	44	28	15	1	95	64		31	
鄂伦春自治旗	46	36	8	2	75	43		30	2
鄂温克族自治旗	82	67	1	14	90	59		28	3
陈巴尔虎旗	14	9	4	1	24	11		12	1
新巴尔虎左旗	14	12		2	20	16		3	1
新巴尔虎右旗	9	5	2	2	17	7	1	2	7
满洲里市	66	37	25	4	198	158	3	36	1
牙克石市	105	49	28	28	143	94	1	35	13
扎兰屯市	79	32	33	14	179	75		96	8
额尔古纳市	23	22	1		48	30	1	14	3
根河市	46	43		3	48	43	1	4	
巴彦淖尔市	**620**	**382**	**129**	**109**	**1366**	**735**	**15**	**564**	**52**
临河区	365	227	72	66	704	367	8	296	33
五原县	54	30	15	9	160	79	1	79	1
磴口县	30	24	1	5	55	42		13	
乌拉特前旗	64	47	13	4	180	99	3	74	4
乌拉特中旗	24	12	7	5	99	69	1	24	5
乌拉特后旗	24	19	3	2	41	31		10	
杭锦后旗	59	23	18	18	127	48	2	68	9

4−4 续表 74

单位：人

地区 性别	信息传输、软件和信息技术服务业				金融业				
	小计	电信、广播电视和卫星传输服务	互联网和相关服务	软件和信息技术服务业	小计	货币金融服务	资本市场服务	保险业	其他金融业
乌兰察布市	**676**	**340**	**187**	**149**	**1122**	**786**	**15**	**305**	**16**
集宁区	441	214	130	97	545	336	10	191	8
卓资县	14	2	6	6	78	67		9	2
化德县	20	11	7	2	51	40		11	
商都县	26	13	7	6	68	54		14	
兴和县	26	18	6	2	50	40		9	1
凉城县	18	15	2	1	41	30		11	
察哈尔右翼前旗	30	10	7	13	50	38	1	10	1
察哈尔右翼中旗	14	9	1	4	44	41		3	
察哈尔右翼后旗	28	14	8	6	46	30	1	15	
四子王旗	21	15	3	3	76	59	3	13	1
丰镇市	38	19	10	9	73	51		19	3
兴安盟	**367**	**250**	**73**	**44**	**824**	**505**	**13**	**292**	**14**
乌兰浩特市	176	131	26	19	413	227	9	170	7
阿尔山市	14	11	2	1	25	20		5	
科尔沁右翼前旗	47	22	18	7	123	75	3	42	3
科尔沁右翼中旗	46	36	6	4	80	63	1	14	2
扎赉特旗	42	25	10	7	95	60		33	2
突泉县	42	25	11	6	88	60		28	
锡林郭勒盟	**488**	**320**	**78**	**90**	**868**	**577**	**15**	**227**	**49**
二连浩特市	46	25	7	14	90	71	2	17	
锡林浩特市	226	139	39	48	421	228	10	141	42
阿巴嘎旗	7	7			26	23		3	
苏尼特左旗	13	12	1		23	20	1	2	
苏尼特右旗	23	20	3		41	34		7	
东乌珠穆沁旗	25	15	5	5	26	21		5	
西乌珠穆沁旗	42	24	4	14	36	22		14	
太仆寺旗	32	22	7	3	45	35	1	8	1
镶黄旗	4	3	1		19	15	1	1	2
正镶白旗	18	17	1		25	20		5	
正蓝旗	21	14	5	2	53	46		7	
多伦县	20	13	3	4	51	34		13	4
乌拉盖管委会	11	9	2		12	8		4	
阿拉善盟	**191**	**147**	**18**	**26**	**322**	**205**	**3**	**103**	**11**
阿拉善左旗	148	119	13	16	274	165	2	96	11
阿拉善右旗	10	9	1		19	15		4	
额济纳旗	21	16	3	2	24	22		2	
内蒙古阿拉善经济开发区	12	3	1	8	5	3	1	1	

4–4 续表 75

单位：人

地区 性别	信息传输、软件和信息技术服务业				金融业				
	小计	电信、广播电视和卫星传输服务	互联网和相关服务	软件和信息技术服务业	小计	货币金融服务	资本市场服务	保险业	其他金融业
男	**7185**	**3064**	**1783**	**2338**	**8907**	**5571**	**340**	**2460**	**536**
呼和浩特市	**1972**	**698**	**419**	**855**	**2096**	**1209**	**143**	**574**	**170**
新城区	506	184	94	228	605	341	40	163	61
回民区	257	83	59	115	206	111	16	54	25
玉泉区	318	86	75	157	228	107	16	87	18
赛罕区	671	256	116	299	798	462	62	222	52
土默特左旗	55	20	28	7	56	36	1	13	6
托克托县	22	16	4	2	44	37		7	
和林格尔县	52	25	12	15	37	32	1	2	2
清水河县	14	10	4		20	19		1	
武川县	19	10	6	3	22	17		5	
呼和浩特经济技术开发区	58	8	21	29	80	47	7	20	6
包头市	**948**	**269**	**325**	**354**	**1168**	**635**	**68**	**350**	**115**
东河区	120	36	41	43	140	70	13	46	11
昆都仑区	316	88	76	152	325	135	19	118	53
青山区	258	61	117	80	341	197	29	91	24
石拐区	7		5	2	2	2			
白云鄂博矿区	4	3	1		6	5		1	
九原区	79	17	41	21	79	50	3	21	5
土默特右旗	49	19	14	16	73	59		12	2
固阳县	25	9	5	11	43	27	1	15	
达尔罕茂明安联合旗	12	10	2		29	22		3	4
包头稀土高新技术产业开发区	78	26	23	29	130	68	3	43	16
乌海市	**185**	**99**	**41**	**45**	**213**	**152**	**8**	**47**	**6**
海勃湾区	157	87	34	36	183	130	8	40	5
海南区	13	6	5	2	12	10		2	
乌达区	15	6	2	7	18	12		5	1
赤峰市	**894**	**340**	**238**	**316**	**1241**	**683**	**34**	**446**	**78**
红山区	158	59	36	63	245	100	17	102	26
元宝山区	49	22	8	19	64	32	3	25	4
松山区	267	92	87	88	341	180	8	125	28
阿鲁科尔沁旗	36	21	4	11	47	33	1	13	
巴林左旗	54	22	10	22	90	45		40	5
巴林右旗	25	17	5	3	32	20		11	1
林西县	29	12	7	10	48	30	1	16	1
克什克腾旗	32	19	5	8	50	36	2	11	1
翁牛特旗	55	14	11	30	79	51	1	22	5
喀喇沁旗	48	15	16	17	51	39		12	
宁城县	92	27	38	27	111	66		41	4
敖汉旗	49	20	11	18	83	51	1	28	3

4-4　续表 76

单位：人

地　区 性　别	信息传输、软件和信息技术服务业				金融业				
	小计	电信、广播电视和卫星传输服务	互联网和相关服务	软件和信息技术服务业	小计	货币金融服　务	资本市场服　务	保险业	其　他金融业
通辽市	**556**	**302**	**137**	**117**	**730**	**463**	**24**	**220**	**23**
科尔沁区	208	111	52	45	272	166	5	95	6
科尔沁左翼中旗	96	34	37	25	49	30	2	14	3
科尔沁左翼后旗	25	16	5	4	43	30	1	10	2
开鲁县	23	12	8	3	63	31	3	27	2
库伦旗	17	11	2	4	35	27		8	
奈曼旗	43	28	9	6	64	46	1	14	3
扎鲁特旗	33	25	3	5	49	39	1	8	1
通辽经济技术开发区	86	52	16	18	127	74	6	41	6
霍林郭勒市	25	13	5	7	28	20	5	3	
鄂尔多斯市	**633**	**222**	**139**	**272**	**766**	**540**	**25**	**159**	**42**
东胜区	263	121	62	80	344	224	10	88	22
康巴什区	53	19	13	21	48	38	6	3	1
达拉特旗	40	20	11	9	73	50	1	19	3
准格尔旗	57	13	19	25	69	50	2	9	8
鄂托克前旗	11	5	3	3	39	32	2	5	
鄂托克旗	19	14	5		32	19	2	10	1
杭锦旗	14	7	4	3	42	35		6	1
乌审旗	122	11	1	110	51	45	1	3	2
伊金霍洛旗	54	12	21	21	68	47	1	16	4
呼伦贝尔市	**590**	**351**	**150**	**89**	**722**	**524**	**7**	**165**	**26**
海拉尔区	236	136	68	32	233	153	3	75	2
扎赉诺尔区	15	8	5	2	19	11		7	1
阿荣旗	24	15	4	5	59	48		10	1
莫力达瓦达斡尔族自治旗	23	11	11	1	45	37		8	
鄂伦春自治旗	26	21	4	1	31	25		6	
鄂温克族自治旗	46	35	1	10	37	28		6	3
陈巴尔虎旗	9	5	4		11	6		4	1
新巴尔虎左旗	9	7		2	14	12		1	1
新巴尔虎右旗	7	4	1	2	9	2	1	1	5
满洲里市	37	19	14	4	89	77	2	10	
牙克石市	66	29	18	19	65	46	1	10	8
扎兰屯市	43	15	19	9	68	44		21	3
额尔古纳市	17	16	1		21	15		5	1
根河市	32	30		2	21	20		1	
巴彦淖尔市	**357**	**193**	**87**	**77**	**534**	**344**	**8**	**153**	**29**
临河区	202	111	48	43	280	158	6	99	17
五原县	25	15	4	6	59	46		12	1
磴口县	19	14	1	4	22	20		2	
乌拉特前旗	36	22	10	4	76	52	1	21	2
乌拉特中旗	18	8	6	4	44	34		5	5
乌拉特后旗	17	12	3	2	13	11		2	
杭锦后旗	40	11	15	14	40	23	1	12	4

4-4 续表 77

单位：人

地 区 性 别	信息传输、软件和信息技术服务业				金融业				
	小计	电信、广播电视和卫星传输服务	互联网和相关服务	软件和信息技术服务业	小计	货币金融服务	资本市场服务	保险业	其他金融业
乌兰察布市	**413**	**187**	**135**	**91**	**497**	**381**	**8**	**101**	**7**
集宁区	273	115	100	58	244	166	7	69	2
卓资县	9	2	3	4	40	33		5	2
化德县	11	6	3	2	22	20		2	
商都县	14	7	4	3	25	20		5	
兴和县	15	10	5		23	20		2	1
凉城县	13	10	2	1	23	19		4	
察哈尔右翼前旗	15	5	3	7	16	13		3	
察哈尔右翼中旗	9	6	1	2	24	22		2	
察哈尔右翼后旗	13	4	5	4	18	16		2	
四子王旗	14	9	2	3	32	29	1	1	1
丰镇市	27	13	7	7	30	23		6	1
兴安盟	**235**	**151**	**47**	**37**	**392**	**266**	**8**	**114**	**4**
乌兰浩特市	106	73	15	18	195	125	4	65	1
阿尔山市	13	11	1	1	10	7		3	
科尔沁右翼前旗	30	14	11	5	57	36	3	17	1
科尔沁右翼中旗	30	23	5	2	47	41	1	4	1
扎赉特旗	28	15	7	6	50	35		14	1
突泉县	28	15	8	5	33	22		11	
锡林郭勒盟	**299**	**180**	**48**	**71**	**402**	**275**	**7**	**90**	**30**
二连浩特市	32	13	6	13	36	32		4	
锡林浩特市	144	86	23	35	191	104	5	58	24
阿巴嘎旗					13	13			
苏尼特左旗	10	10			11	11			
苏尼特右旗	16	13	3		15	13		2	
东乌珠穆沁旗	12	4	4	4	11	9		2	
西乌珠穆沁旗	29	14	1	14	15	10		5	
太仆寺旗	15	13	2		22	17	1	4	
镶黄旗	3	2	1		13	9	1	1	2
正镶白旗	8	7	1		14	11		3	
正蓝旗	14	8	4	2	28	25		3	
多伦县	9	5	1	3	29	19		6	4
乌拉盖管委会	7	5	2		4	2		2	
阿拉善盟	**103**	**72**	**17**	**14**	**146**	**99**		**41**	**6**
阿拉善左旗	82	61	12	9	123	77		40	6
阿拉善右旗	6	5	1		11	10		1	
额济纳旗	10	5	3	2	10	10			
内蒙古阿拉善经济开发区	5	1	1	3	2	2			

4-4　续表 78　　　　单位：人

地区 性别	信息传输、软件和信息技术服务业				金融业				
	小计	电信、广播电视和卫星传输服务	互联网和相关服务	软件和信息技术服务业	小计	货币金融服务	资本市场服务	保险业	其他金融业
女	**4507**	**2711**	**857**	**939**	**11205**	**6048**	**306**	**4389**	**462**
呼和浩特市	**1268**	**688**	**223**	**357**	**2468**	**1287**	**124**	**899**	**158**
新城区	384	205	74	105	675	321	50	244	60
回民区	129	57	25	47	274	123	11	122	18
玉泉区	180	76	42	62	288	117	9	131	31
赛罕区	450	276	55	119	929	567	42	275	45
土默特左旗	22	11	5	6	50	25	1	24	
托克托县	17	15	2		54	33		21	
和林格尔县	31	18	10	3	37	22		14	1
清水河县	5	5			23	16		7	
武川县	9	5	3	1	37	23		14	
呼和浩特经济技术开发区	41	20	7	14	101	40	11	47	3
包头市	**555**	**269**	**140**	**146**	**1575**	**820**	**52**	**595**	**108**
东河区	69	30	23	16	200	92	8	87	13
昆都仑区	194	89	39	66	497	220	21	199	57
青山区	161	82	43	36	459	277	14	153	15
石拐区	1			1	2	1		1	
白云鄂博矿区	4	2	2		7	5		2	
九原区	39	15	13	11	113	56	4	47	6
土默特右旗	25	16	3	6	83	49		34	
固阳县	12	10	1	1	38	25		13	
达尔罕茂明安联合旗	5	5			19	11		5	3
包头稀土高新技术产业开发区	45	20	16	9	157	84	5	54	14
乌海市	**127**	**99**	**15**	**13**	**311**	**182**	**7**	**114**	**8**
海勃湾区	109	85	13	11	255	157	6	87	5
海南区	7	5	1	1	26	12	1	12	1
乌达区	11	9	1	1	30	13		15	2
赤峰市	**594**	**310**	**154**	**130**	**1390**	**672**	**35**	**629**	**54**
红山区	137	76	24	37	258	118	11	118	11
元宝山区	34	19	8	7	79	44		34	1
松山区	162	71	57	34	425	177	19	202	27
阿鲁科尔沁旗	17	11	5	1	48	25		21	2
巴林左旗	47	25	13	9	96	41		55	
巴林右旗	7	6		1	48	21	2	24	1
林西县	21	11	7	3	46	25	2	19	
克什克腾旗	23	17	3	3	46	28		13	5
翁牛特旗	23	8	7	8	59	39		20	
喀喇沁旗	26	16	6	4	70	36		33	1
宁城县	62	28	18	16	135	77		57	1
敖汉旗	35	22	6	7	80	41	1	33	5

4−4 续表 79

单位：人

地区 性别	信息传输、软件和信息技术服务业				金融业				
	小计	电信、广播电视和卫星传输服务	互联网和相关服务	软件和信息技术服务业	小计	货币金融服务	资本市场服务	保险业	其他金融业
通辽市	**319**	**210**	**54**	**55**	**801**	**413**	**15**	**359**	**14**
科尔沁区	120	86	16	18	324	164	4	150	6
科尔沁左翼中旗	41	17	14	10	58	25	1	28	4
科尔沁左翼后旗	17	11	4	2	35	15		20	
开鲁县	13	7	3	3	76	44	1	30	1
库伦旗	10	9		1	26	18		8	
奈曼旗	21	15	4	2	55	29		26	
扎鲁特旗	23	17	1	5	52	25	2	25	
通辽经济技术开发区	53	33	9	11	123	70	5	45	3
霍林郭勒市	21	15	3	3	52	23	2	27	
鄂尔多斯市	**364**	**235**	**53**	**76**	**1214**	**721**	**32**	**425**	**36**
东胜区	165	109	22	34	566	312	15	220	19
康巴什区	25	15	6	4	87	65	8	12	2
达拉特旗	33	20	9	4	138	72	2	60	4
准格尔旗	49	33	5	11	136	81	3	43	9
鄂托克前旗	10	10			35	20		14	1
鄂托克旗	16	10	4	2	45	24		21	
杭锦旗	11	8	1	2	33	24		9	
乌审旗	27	13	1	13	48	31	1	16	
伊金霍洛旗	28	17	5	6	126	92	3	30	1
呼伦贝尔市	**345**	**244**	**67**	**34**	**915**	**510**	**11**	**376**	**18**
海拉尔区	112	84	19	9	295	177	6	111	1
扎赉诺尔区	7	3	2	2	31	17	1	13	
阿荣旗	13	9	2	2	63	28	1	34	
莫力达瓦达斡尔族自治旗	21	17	4		50	27		23	
鄂伦春自治旗	20	15	4	1	44	18		24	2
鄂温克族自治旗	36	32		4	53	31		22	
陈巴尔虎旗	5	4		1	13	5		8	
新巴尔虎左旗	5	5			6	4		2	
新巴尔虎右旗	2	1	1		8	5		1	2
满洲里市	29	18	11		109	81	1	26	1
牙克石市	39	20	10	9	78	48		25	5
扎兰屯市	36	17	14	5	111	31		75	5
额尔古纳市	6	6			27	15	1	9	2
根河市	14	13		1	27	23	1	3	
巴彦淖尔市	**263**	**189**	**42**	**32**	**832**	**391**	**7**	**411**	**23**
临河区	163	116	24	23	424	209	2	197	16
五原县	29	15	11	3	101	33	1	67	
磴口县	11	10		1	33	22		11	
乌拉特前旗	28	25	3		104	47	2	53	2
乌拉特中旗	6	4	1	1	55	35	1	19	
乌拉特后旗	7	7			28	20		8	
杭锦后旗	19	12	3	4	87	25	1	56	5

4-4 续表 80

单位：人

地区 性别	信息传输、软件和信息技术服务业				金融业				
	小计	电信、广播电视和卫星传输服务	互联网和相关服务	软件和信息技术服务业	小计	货币金融服务	资本市场服务	保险业	其他金融业
乌兰察布市	**263**	**153**	**52**	**58**	**625**	**405**	**7**	**204**	**9**
集宁区	168	99	30	39	301	170	3	122	6
卓资县	5		3	2	38	34		4	
化德县	9	5	4		29	20		9	
商都县	12	6	3	3	43	34		9	
兴和县	11	8	1	2	27	20		7	
凉城县	5	5			18	11		7	
察哈尔右翼前旗	15	5	4	6	34	25	1	7	1
察哈尔右翼中旗	5	3		2	20	19		1	
察哈尔右翼后旗	15	10	3	2	28	14	1	13	
四子王旗	7	6	1		44	30	2	12	
丰镇市	11	6	3	2	43	28		13	2
兴安盟	**132**	**99**	**26**	**7**	**432**	**239**	**5**	**178**	**10**
乌兰浩特市	70	58	11	1	218	102	5	105	6
阿尔山市	1		1		15	13		2	
科尔沁右翼前旗	17	8	7	2	66	39		25	2
科尔沁右翼中旗	16	13	1	2	33	22		10	1
扎赉特旗	14	10	3	1	45	25		19	1
突泉县	14	10	3	1	55	38		17	
锡林郭勒盟	**189**	**140**	**30**	**19**	**466**	**302**	**8**	**137**	**19**
二连浩特市	14	12	1	1	54	39	2	13	
锡林浩特市	82	53	16	13	230	124	5	83	18
阿巴嘎旗	7	7			13	10		3	
苏尼特左旗	3	2	1		12	9	1	2	
苏尼特右旗	7	7			26	21		5	
东乌珠穆沁旗	13	11	1	1	15	12		3	
西乌珠穆沁旗	13	10	3		21	12		9	
太仆寺旗	17	9	5	3	23	18		4	1
镶黄旗	1	1			6	6			
正镶白旗	10	10			11	9		2	
正蓝旗	7	6	1		25	21		4	
多伦县	11	8	2	1	22	15		7	
乌拉盖管委会	4	4			8	6		2	
阿拉善盟	**88**	**75**	**1**	**12**	**176**	**106**	**3**	**62**	**5**
阿拉善左旗	66	58	1	7	151	88	2	56	5
阿拉善右旗	4	4			8	5		3	
额济纳旗	11	11			14	12		2	
内蒙古阿拉善经济开发区	7	2		5	3	1	1	1	

4-4 续表 81

单位：人

地区 性别	房地产业		租赁和商务服务业			科学研究和技术服务业			
	小计	房地产业	小计	租赁业	商务服务业	小计	研究和试验发展	专业技术服务业	科技推广和应用服务业
内蒙古	**17786**	**17786**	**20506**	**1767**	**18739**	**11145**	**964**	**8714**	**1467**
呼和浩特市	**4287**	**4287**	**4381**	**273**	**4108**	**3144**	**375**	**2335**	**434**
新城区	1075	1075	1236	67	1169	795	84	592	119
回民区	688	688	545	43	502	276	22	235	19
玉泉区	806	806	811	52	759	493	75	330	88
赛罕区	1241	1241	1333	54	1279	1378	181	1016	181
土默特左旗	105	105	96	11	85	43	1	34	8
托克托县	69	69	68	21	47	19	1	16	2
和林格尔县	74	74	120	8	112	28	3	19	6
清水河县	12	12	25	1	24	9		9	
武川县	14	14	24	4	20	12		10	2
呼和浩特经济技术开发区	203	203	123	12	111	91	8	74	9
包头市	**2850**	**2850**	**3547**	**230**	**3317**	**1867**	**280**	**1364**	**223**
东河区	510	510	441	32	409	198	14	155	29
昆都仑区	865	865	1698	72	1626	912	126	682	104
青山区	668	668	581	37	544	391	89	266	36
石拐区	22	22	31	2	29	12		12	
白云鄂博矿区	5	5	12	4	8	14	5	9	
九原区	291	291	275	24	251	121	15	85	21
土默特右旗	146	146	123	20	103	60	3	43	14
固阳县	35	35	65	14	51	10		10	
达尔罕茂明安联合旗	8	8	18	1	17	8	1	5	2
包头稀土高新技术产业开发区	300	300	303	24	279	141	27	97	17
乌海市	**406**	**406**	**386**	**39**	**347**	**252**	**9**	**215**	**28**
海勃湾区	303	303	302	33	269	191	3	168	20
海南区	57	57	40	4	36	24	1	21	2
乌达区	46	46	44	2	42	37	5	26	6
赤峰市	**2219**	**2219**	**2524**	**262**	**2262**	**1340**	**92**	**1066**	**182**
红山区	538	538	542	35	507	274	18	218	38
元宝山区	103	103	130	24	106	68		63	5
松山区	784	784	632	73	559	539	47	429	63
阿鲁科尔沁旗	71	71	113	8	105	23	1	16	6
巴林左旗	225	225	225	26	199	78	6	61	11
巴林右旗	24	24	40	12	28	11		8	3
林西县	52	52	105	13	92	42	4	35	3
克什克腾旗	52	52	123	16	107	63	1	58	4
翁牛特旗	87	87	153	14	139	50	1	37	12
喀喇沁旗	77	77	63	4	59	41	3	38	
宁城县	106	106	187	22	165	93	4	72	17
敖汉旗	100	100	211	15	196	58	7	31	20

4-4　续表 82　　　　　　　　　　　　　　　　　　　　单位：人

地　区 性　别	房地产业		租赁和商务服务业			科学研究和技术服务业			
	小计	房地产业	小计	租赁业	商　务 服务业	小计	研究和 试验发展	专业技术 服务业	科技推广 和应用 服务业
通辽市	**1311**	**1311**	**1344**	**120**	**1224**	**670**	**41**	**526**	**103**
科尔沁区	560	560	475	48	427	201	15	158	28
科尔沁左翼中旗	93	93	187	14	173	53	5	40	8
科尔沁左翼后旗	72	72	70	6	64	28	1	22	5
开鲁县	60	60	101	11	90	48	2	28	18
库伦旗	16	16	40	1	39	19	1	14	4
奈曼旗	78	78	124	10	114	49	1	36	12
扎鲁特旗	74	74	55	4	51	68	4	53	11
通辽经济技术开发区	283	283	184	12	172	140	11	116	13
霍林郭勒市	75	75	108	14	94	64	1	59	4
鄂尔多斯市	**2377**	**2377**	**3034**	**362**	**2672**	**1244**	**47**	**1090**	**107**
东胜区	1130	1130	993	122	871	476	17	423	36
康巴什区	318	318	176	11	165	80	6	64	10
达拉特旗	182	182	237	46	191	85	2	67	16
准格尔旗	189	189	612	68	544	203	8	173	22
鄂托克前旗	77	77	43	2	41	15		15	
鄂托克旗	52	52	133	11	122	67	3	63	1
杭锦旗	50	50	75	9	66	50	3	44	3
乌审旗	55	55	241	23	218	136		130	6
伊金霍洛旗	324	324	524	70	454	132	8	111	13
呼伦贝尔市	**1309**	**1309**	**1676**	**76**	**1600**	**785**	**29**	**653**	**103**
海拉尔区	463	463	485	33	452	282	8	245	29
扎赉诺尔区	28	28	49	2	47	23		19	4
阿荣旗	67	67	135	3	132	47	3	36	8
莫力达瓦达斡尔族自治旗	65	65	65	3	62	10		9	1
鄂伦春自治旗	21	21	47		47	19		15	4
鄂温克族自治旗	164	164	138	6	132	70		58	12
陈巴尔虎旗	15	15	26	1	25	13		8	5
新巴尔虎左旗	3	3	6	2	4	5		3	2
新巴尔虎右旗	8	8	26		26	17		12	5
满洲里市	145	145	172	5	167	36	2	32	2
牙克石市	118	118	267	4	263	160	7	138	15
扎兰屯市	105	105	105	10	95	67	3	51	13
额尔古纳市	16	16	136	5	131	27	3	21	3
根河市	91	91	19	2	17	9	3	6	
巴彦淖尔市	**967**	**967**	**1225**	**132**	**1093**	**572**	**34**	**408**	**130**
临河区	628	628	561	47	514	319	23	247	49
五原县	89	89	129	21	108	86		28	58
磴口县	21	21	75	12	63	17	3	11	3
乌拉特前旗	97	97	132	15	117	33	3	22	8
乌拉特中旗	26	26	73	6	67	42		42	
乌拉特后旗	24	24	23	8	15	8		7	1
杭锦后旗	82	82	232	23	209	67	5	51	11

4-4 续表 83 单位：人

地区 性别	房地产业		租赁和商务服务业			科学研究和技术服务业			
	小计	房地产业	小计	租赁业	商务服务业	小计	研究和试验发展	专业技术服务业	科技推广和应用服务业
乌兰察布市	**744**	**744**	**681**	**82**	**599**	**328**	**24**	**265**	**39**
集宁区	481	481	360	28	332	177	18	143	16
卓资县	19	19	25	5	20	7		7	
化德县	21	21	29	7	22	13		12	1
商都县	15	15	36	7	29	14		11	3
兴和县	26	26	22	4	18	21		21	
凉城县	8	8	17	3	14	10		10	
察哈尔右翼前旗	88	88	49	11	38	25		22	3
察哈尔右翼中旗	7	7	19		19	16		14	2
察哈尔右翼后旗	19	19	14	1	13	6	2	1	3
四子王旗	22	22	53	4	49	19	3	9	7
丰镇市	38	38	57	12	45	20	1	15	4
兴安盟	**546**	**546**	**476**	**47**	**429**	**322**	**11**	**278**	**33**
乌兰浩特市	306	306	233	24	209	197	5	185	7
阿尔山市	6	6	24		24	6	1	4	1
科尔沁右翼前旗	111	111	54	8	46	55	3	48	4
科尔沁右翼中旗	42	42	54	10	44	24	1	11	12
扎赉特旗	57	57	92	5	87	26		20	6
突泉县	24	24	19		19	14	1	10	3
锡林郭勒盟	**602**	**602**	**852**	**87**	**765**	**423**	**20**	**335**	**68**
二连浩特市	46	46	73	1	72	24	2	22	
锡林浩特市	349	349	492	44	448	244	15	188	41
阿巴嘎旗	9	9	8	1	7	6		5	1
苏尼特左旗	8	8	9	2	7	15		6	9
苏尼特右旗	15	15	9	1	8	11		11	
东乌珠穆沁旗	15	15	18		18	10		10	
西乌珠穆沁旗	39	39	63	13	50	44	1	37	6
太仆寺旗	31	31	25	4	21	20	1	15	4
镶黄旗	1	1	17		17	1		1	
正镶白旗	6	6	5	1	4	9		8	1
正蓝旗	23	23	26	3	23	12		10	2
多伦县	48	48	84	14	70	23	1	18	4
乌拉盖管委会	12	12	23	3	20	4		4	
阿拉善盟	**168**	**168**	**380**	**57**	**323**	**198**	**2**	**179**	**17**
阿拉善左旗	122	122	262	16	246	142	2	133	7
阿拉善右旗	6	6	21	3	18	11		10	1
额济纳旗	22	22	39	8	31	29		24	5
内蒙古阿拉善经济开发区	18	18	58	30	28	16		12	4

4-4 续表 84

单位：人

地区 性别	房地产业		租赁和商务服务业			科学研究和技术服务业			
	小计	房地产业	小计	租赁业	商务服务业	小计	研究和试验发展	专业技术服务业	科技推广和应用服务业
男	**10191**	**10191**	**12822**	**1563**	**11259**	**7593**	**621**	**6014**	**958**
呼和浩特市	**2597**	**2597**	**2572**	**231**	**2341**	**2049**	**237**	**1546**	**266**
新城区	657	657	714	52	662	499	55	376	68
回民区	427	427	317	39	278	188	14	160	14
玉泉区	487	487	466	43	423	343	48	232	63
赛罕区	754	754	756	43	713	871	109	660	102
土默特左旗	63	63	76	10	66	34	1	27	6
托克托县	26	26	55	21	34	16	1	13	2
和林格尔县	42	42	87	8	79	17	1	13	3
清水河县	10	10	12	1	11	6		6	
武川县	9	9	15	3	12	11		9	2
呼和浩特经济技术开发区	122	122	74	11	63	64	8	50	6
包头市	**1703**	**1703**	**2146**	**199**	**1947**	**1238**	**184**	**898**	**156**
东河区	321	321	282	31	251	144	12	109	23
昆都仑区	543	543	1004	58	946	594	79	446	69
青山区	398	398	343	30	313	248	58	167	23
石拐区	11	11	15	2	13	10		10	
白云鄂博矿区	1	1	8	3	5	11	4	7	
九原区	151	151	169	22	147	80	9	54	17
土默特右旗	88	88	93	19	74	43	1	32	10
固阳县	19	19	48	14	34	9		9	
达尔罕茂明安联合旗	6	6	14	1	13	7	1	4	2
包头稀土高新技术产业开发区	165	165	170	19	151	92	20	60	12
乌海市	**200**	**200**	**242**	**32**	**210**	**172**	**6**	**150**	**16**
海勃湾区	156	156	183	26	157	131	3	118	10
海南区	22	22	29	4	25	16		14	2
乌达区	22	22	30	2	28	25	3	18	4
赤峰市	**1259**	**1259**	**1630**	**233**	**1397**	**970**	**56**	**787**	**127**
红山区	316	316	346	32	314	201	8	164	29
元宝山区	59	59	92	24	68	54		50	4
松山区	441	441	388	60	328	377	30	304	43
阿鲁科尔沁旗	45	45	71	7	64	18		14	4
巴林左旗	113	113	132	24	108	61	6	47	8
巴林右旗	12	12	27	10	17	7		6	1
林西县	27	27	73	11	62	28	2	24	2
克什克腾旗	31	31	83	16	67	43		40	3
翁牛特旗	52	52	105	13	92	36	1	27	8
喀喇沁旗	52	52	40	4	36	31	2	29	
宁城县	62	62	131	19	112	70	2	57	11
敖汉旗	49	49	142	13	129	44	5	25	14

4-4 续表 85　　　　单位：人

地区 性别	房地产业		租赁和商务服务业			科学研究和技术服务业			
	小计	房地产业	小计	租赁业	商务服务业	小计	研究和试验发展	专业技术服务业	科技推广和应用服务业
通辽市	**687**	**687**	**838**	**105**	**733**	**471**	**31**	**376**	**64**
科尔沁区	325	325	296	40	256	128	9	103	16
科尔沁左翼中旗	54	54	117	12	105	41	2	32	7
科尔沁左翼后旗	39	39	46	6	40	19	1	15	3
开鲁县	18	18	58	11	47	33	2	21	10
库伦旗	9	9	25	1	24	15	1	10	4
奈曼旗	38	38	87	8	79	33	1	25	7
扎鲁特旗	42	42	34	3	31	53	4	41	8
通辽经济技术开发区	139	139	112	11	101	100	10	84	6
霍林郭勒市	23	23	63	13	50	49	1	45	3
鄂尔多斯市	**1315**	**1315**	**2026**	**333**	**1693**	**884**	**30**	**781**	**73**
东胜区	654	654	653	106	547	309	10	276	23
康巴什区	193	193	96	8	88	49	4	37	8
达拉特旗	87	87	168	43	125	53		43	10
准格尔旗	86	86	434	68	366	161	6	139	16
鄂托克前旗	42	42	30	2	28	9		9	
鄂托克旗	23	23	77	11	66	48	3	45	
杭锦旗	28	28	53	7	46	42	3	36	3
乌审旗	24	24	168	22	146	115		111	4
伊金霍洛旗	178	178	347	66	281	98	4	85	9
呼伦贝尔市	**731**	**731**	**1091**	**63**	**1028**	**543**	**17**	**455**	**71**
海拉尔区	246	246	302	27	275	180	4	156	20
扎赉诺尔区	14	14	35	2	33	17		14	3
阿荣旗	31	31	100	3	97	35	2	25	8
莫力达瓦达斡尔族自治旗	35	35	37	2	35	5		5	
鄂伦春自治旗	16	16	32		32	11		7	4
鄂温克族自治旗	79	79	95	5	90	48		42	6
陈巴尔虎旗	10	10	20	1	19	8		7	1
新巴尔虎左旗			2	1	1	4		2	2
新巴尔虎右旗	4	4	20		20	14		10	4
满洲里市	72	72	89	4	85	21		20	1
牙克石市	77	77	181	3	178	130	5	113	12
扎兰屯市	64	64	75	9	66	48	2	37	9
额尔古纳市	13	13	93	5	88	15	3	11	1
根河市	70	70	10	1	9	7	1	6	
巴彦淖尔市	**544**	**544**	**736**	**122**	**614**	**391**	**22**	**288**	**81**
临河区	360	360	317	43	274	214	13	169	32
五原县	50	50	82	19	63	54		22	32
磴口县	11	11	47	11	36	13	2	8	3
乌拉特前旗	54	54	94	15	79	20	3	13	4
乌拉特中旗	13	13	53	6	47	40		40	
乌拉特后旗	10	10	13	6	7	6		5	1
杭锦后旗	46	46	130	22	108	44	4	31	9

4-4 续表 86 单位：人

地区 性别	房地产业		租赁和商务服务业			科学研究和技术服务业			
	小计	房地产业	小计	租赁业	商务服务业	小计	研究和试验发展	专业技术服务业	科技推广和应用服务业
乌兰察布市	**439**	**439**	**475**	**76**	**399**	**217**	**16**	**173**	**28**
集宁区	284	284	242	24	218	110	12	88	10
卓资县	12	12	17	5	12	5		5	
化德县	17	17	20	7	13	9		9	
商都县	10	10	29	7	22	10		8	2
兴和县	11	11	17	4	13	16		16	
凉城县	3	3	13	3	10	3		3	
察哈尔右翼前旗	50	50	39	9	30	18		16	2
察哈尔右翼中旗	6	6	8		8	11		10	1
察哈尔右翼后旗	9	9	8	1	7	5	1	1	3
四子王旗	15	15	41	4	37	15	2	7	6
丰镇市	22	22	41	12	29	15	1	10	4
兴安盟	**287**	**287**	**303**	**41**	**262**	**224**	**6**	**194**	**24**
乌兰浩特市	152	152	139	20	119	129	3	121	5
阿尔山市	5	5	15		15	6	1	4	1
科尔沁右翼前旗	64	64	39	7	32	42	2	37	3
科尔沁右翼中旗	22	22	40	10	30	18		10	8
扎赉特旗	30	30	60	4	56	19		14	5
突泉县	14	14	10		10	10		8	2
锡林郭勒盟	**338**	**338**	**543**	**75**	**468**	**300**	**14**	**242**	**44**
二连浩特市	27	27	49	1	48	14		14	
锡林浩特市	195	195	293	36	257	168	12	127	29
阿巴嘎旗	4	4	7	1	6	3		3	
苏尼特左旗	5	5	7	2	5	9		6	3
苏尼特右旗	11	11	7	1	6	7		7	
东乌珠穆沁旗	7	7	10		10	10		10	
西乌珠穆沁旗	29	29	47	12	35	37	1	33	3
太仆寺旗	12	12	17	4	13	18	1	13	4
镶黄旗	1	1	14		14	1		1	
正镶白旗	2	2	3	1	2	7		6	1
正蓝旗	13	13	17	3	14	8		7	1
多伦县	28	28	56	11	45	14		11	3
乌拉盖管委会	4	4	16	3	13	4		4	
阿拉善盟	**91**	**91**	**220**	**53**	**167**	**134**	**2**	**124**	**8**
阿拉善左旗	66	66	135	15	120	96	2	91	3
阿拉善右旗	2	2	12	2	10	8		8	
额济纳旗	13	13	29	7	22	20		18	2
内蒙古阿拉善经济开发区	10	10	44	29	15	10		7	3

4-4 续表 87　　单位：人

地区 性别	房地产业		租赁和商务服务业			科学研究和技术服务业			
	小计	房地产业	小计	租赁业	商务服务业	小计	研究和试验发展	专业技术服务业	科技推广和应用服务业
女	**7595**	**7595**	**7684**	**204**	**7480**	**3552**	**343**	**2700**	**509**
呼和浩特市	**1690**	**1690**	**1809**	**42**	**1767**	**1095**	**138**	**789**	**168**
新城区	418	418	522	15	507	296	29	216	51
回民区	261	261	228	4	224	88	8	75	5
玉泉区	319	319	345	9	336	150	27	98	25
赛罕区	487	487	577	11	566	507	72	356	79
土默特左旗	42	42	20	1	19	9		7	2
托克托县	43	43	13		13	3		3	
和林格尔县	32	32	33		33	11	2	6	3
清水河县	2	2	13		13	3		3	
武川县	5	5	9	1	8	1		1	
呼和浩特经济技术开发区	81	81	49	1	48	27		24	3
包头市	**1147**	**1147**	**1401**	**31**	**1370**	**629**	**96**	**466**	**67**
东河区	189	189	159	1	158	54	2	46	6
昆都仑区	322	322	694	14	680	318	47	236	35
青山区	270	270	238	7	231	143	31	99	13
石拐区	11	11	16		16	2		2	
白云鄂博矿区	4	4	4	1	3	3	1	2	
九原区	140	140	106	2	104	41	6	31	4
土默特右旗	58	58	30	1	29	17	2	11	4
固阳县	16	16	17		17	1		1	
达尔罕茂明安联合旗	2	2	4		4	1		1	
包头稀土高新技术产业开发区	135	135	133	5	128	49	7	37	5
乌海市	**206**	**206**	**144**	**7**	**137**	**80**	**3**	**65**	**12**
海勃湾区	147	147	119	7	112	60		50	10
海南区	35	35	11		11	8	1	7	
乌达区	24	24	14		14	12	2	8	2
赤峰市	**960**	**960**	**894**	**29**	**865**	**370**	**36**	**279**	**55**
红山区	222	222	196	3	193	73	10	54	9
元宝山区	44	44	38		38	14		13	1
松山区	343	343	244	13	231	162	17	125	20
阿鲁科尔沁旗	26	26	42	1	41	5	1	2	2
巴林左旗	112	112	93	2	91	17		14	3
巴林右旗	12	12	13	2	11	4		2	2
林西县	25	25	32	2	30	14	2	11	1
克什克腾旗	21	21	40		40	20	1	18	1
翁牛特旗	35	35	48	1	47	14		10	4
喀喇沁旗	25	25	23		23	10	1	9	
宁城县	44	44	56	3	53	23	2	15	6
敖汉旗	51	51	69	2	67	14	2	6	6

4-4 续表 88

单位：人

地区 性别	房地产业		租赁和商务服务业			科学研究和技术服务业			
	小计	房地产业	小计	租赁业	商务服务业	小计	研究和试验发展	专业技术服务业	科技推广和应用服务业
通辽市	**624**	**624**	**506**	**15**	**491**	**199**	**10**	**150**	**39**
科尔沁区	235	235	179	8	171	73	6	55	12
科尔沁左翼中旗	39	39	70	2	68	12	3	8	1
科尔沁左翼后旗	33	33	24		24	9		7	2
开鲁县	42	42	43		43	15		7	8
库伦旗	7	7	15		15	4		4	
奈曼旗	40	40	37	2	35	16		11	5
扎鲁特旗	32	32	21	1	20	15		12	3
通辽经济技术开发区	144	144	72	1	71	40	1	32	7
霍林郭勒市	52	52	45	1	44	15		14	1
鄂尔多斯市	**1062**	**1062**	**1008**	**29**	**979**	**360**	**17**	**309**	**34**
东胜区	476	476	340	16	324	167	7	147	13
康巴什区	125	125	80	3	77	31	2	27	2
达拉特旗	95	95	69	3	66	32	2	24	6
准格尔旗	103	103	178		178	42	2	34	6
鄂托克前旗	35	35	13		13	6		6	
鄂托克旗	29	29	56		56	19		18	1
杭锦旗	22	22	22	2	20	8		8	
乌审旗	31	31	73	1	72	21		19	2
伊金霍洛旗	146	146	177	4	173	34	4	26	4
呼伦贝尔市	**578**	**578**	**585**	**13**	**572**	**242**	**12**	**198**	**32**
海拉尔区	217	217	183	6	177	102	4	89	9
扎赉诺尔区	14	14	14		14	6		5	1
阿荣旗	36	36	35		35	12	1	11	
莫力达瓦达斡尔族自治旗	30	30	28	1	27	5		4	1
鄂伦春自治旗	5	5	15		15	8		8	
鄂温克族自治旗	85	85	43	1	42	22		16	6
陈巴尔虎旗	5	5	6		6	5		1	4
新巴尔虎左旗	3	3	4	1	3	1		1	
新巴尔虎右旗	4	4	6		6	3		2	1
满洲里市	73	73	83	1	82	15	2	12	1
牙克石市	41	41	86	1	85	30	2	25	3
扎兰屯市	41	41	30	1	29	19	1	14	4
额尔古纳市	3	3	43		43	12		10	2
根河市	21	21	9	1	8	2	2		
巴彦淖尔市	**423**	**423**	**489**	**10**	**479**	**181**	**12**	**120**	**49**
临河区	268	268	244	4	240	105	10	78	17
五原县	39	39	47	2	45	32		6	26
磴口县	10	10	28	1	27	4	1	3	
乌拉特前旗	43	43	38		38	13		9	4
乌拉特中旗	13	13	20		20	2		2	
乌拉特后旗	14	14	10	2	8	2		2	
杭锦后旗	36	36	102	1	101	23	1	20	2

4–4 续表 89

单位：人

地　区 性　别	房地产业		租赁和商务服务业			科学研究和技术服务业			
	小计	房地产业	小计	租赁业	商　务 服务业	小计	研究和 试验发展	专业技术 服务业	科技推广 和应用 服务业
乌兰察布市	**305**	**305**	**206**	**6**	**200**	**111**	**8**	**92**	**11**
集宁区	197	197	118	4	114	67	6	55	6
卓资县	7	7	8		8	2		2	
化德县	4	4	9		9	4		3	1
商都县	5	5	7		7	4		3	1
兴和县	15	15	5		5	5		5	
凉城县	5	5	4		4	7		7	
察哈尔右翼前旗	38	38	10	2	8	7		6	1
察哈尔右翼中旗	1	1	11		11	5		4	1
察哈尔右翼后旗	10	10	6		6	1	1		
四子王旗	7	7	12		12	4	1	2	1
丰镇市	16	16	16		16	5		5	
兴安盟	**259**	**259**	**173**	**6**	**167**	**98**	**5**	**84**	**9**
乌兰浩特市	154	154	94	4	90	68	2	64	2
阿尔山市	1	1	9		9				
科尔沁右翼前旗	47	47	15	1	14	13	1	11	1
科尔沁右翼中旗	20	20	14		14	6	1	1	4
扎赉特旗	27	27	32	1	31	7		6	1
突泉县	10	10	9		9	4	1	2	1
锡林郭勒盟	**264**	**264**	**309**	**12**	**297**	**123**	**6**	**93**	**24**
二连浩特市	19	19	24		24	10	2	8	
锡林浩特市	154	154	199	8	191	76	3	61	12
阿巴嘎旗	5	5	1		1	3		2	1
苏尼特左旗	3	3	2		2	6			6
苏尼特右旗	4	4	2		2	4		4	
东乌珠穆沁旗	8	8	8		8				
西乌珠穆沁旗	10	10	16	1	15	7		4	3
太仆寺旗	19	19	8		8	2		2	
镶黄旗			3		3				
正镶白旗	4	4	2		2	2		2	
正蓝旗	10	10	9		9	4		3	1
多伦县	20	20	28	3	25	9	1	7	1
乌拉盖管委会	8	8	7		7				
阿拉善盟	**77**	**77**	**160**	**4**	**156**	**64**		**55**	**9**
阿拉善左旗	56	56	127	1	126	46		42	4
阿拉善右旗	4	4	9	1	8	3		2	1
额济纳旗	9	9	10	1	9	9		6	3
内蒙古阿拉善经济开发区	8	8	14	1	13	6		5	1

4-4 续表 90

单位：人

地区 性别	水利、环境和公共设施管理业					居民服务、修理和其他服务业			
	小计	水利管理业	生态保护和环境治理业	公共设施管理业	土地管理业	小计	居民服务业	机动车、电子产品和日用产品修理业	其他服务业
内蒙古	**10098**	**831**	**1023**	**8074**	**170**	**42441**	**25194**	**10842**	**6405**
呼和浩特市	**2054**	**136**	**161**	**1690**	**67**	**5865**	**3651**	**1240**	**974**
新城区	438	40	30	351	17	1338	829	226	283
回民区	312	4	30	275	3	947	656	223	68
玉泉区	366	21	19	319	7	1157	731	211	215
赛罕区	584	44	53	462	25	1357	841	228	288
土默特左旗	97	5	5	83	4	279	153	86	40
托克托县	71	17	1	52	1	203	127	65	11
和林格尔县	73	2	9	55	7	172	99	41	32
清水河县	39		8	28	3	67	16	38	13
武川县	22	1		21		103	52	40	11
呼和浩特经济技术开发区	52	2	6	44		242	147	82	13
包头市	**1190**	**81**	**107**	**996**	**6**	**5796**	**3491**	**1293**	**1012**
东河区	174	12	9	151	2	986	669	206	111
昆都仑区	369	13	39	315	2	1752	983	361	408
青山区	208	14	13	180	1	1123	798	187	138
石拐区	20		2	18		29	18	4	7
白云鄂博矿区	20	2	12	6		45	23	11	11
九原区	122	5	6	111		575	267	164	144
土默特右旗	107	23	7	77		453	256	163	34
固阳县	23		2	21		278	150	66	62
达尔罕茂明安联合旗	17	4		13		172	101	21	50
包头稀土高新技术产业开发区	130	8	17	104	1	383	226	110	47
乌海市	**416**	**16**	**38**	**359**	**3**	**1272**	**654**	**358**	**260**
海勃湾区	296	11	23	259	3	700	494	182	24
海南区	33	4	5	24		188	61	106	21
乌达区	87	1	10	76		384	99	70	215
赤峰市	**1219**	**105**	**158**	**937**	**19**	**7527**	**4460**	**1820**	**1247**
红山区	282	16	21	244	1	1163	733	262	168
元宝山区	118	3	11	104		508	252	114	142
松山区	243	29	13	194	7	1185	739	324	122
阿鲁科尔沁旗	60	3	9	47	1	483	160	134	189
巴林左旗	95	3	15	74	3	984	641	216	127
巴林右旗	44		25	19		213	94	65	54
林西县	51	6	10	34	1	465	298	95	72
克什克腾旗	85	15	15	54	1	224	108	81	35
翁牛特旗	44	5	2	37		365	162	89	114
喀喇沁旗	46	4	4	37	1	325	173	112	40
宁城县	69	6	10	51	2	898	605	181	112
敖汉旗	82	15	23	42	2	714	495	147	72

4-4 续表 91

单位：人

地区 性别	水利、环境和公共设施管理业					居民服务、修理和其他服务业			
	小计	水利管理业	生态保护和环境治理业	公共设施管理业	土地管理业	小计	居民服务业	机动车、电子产品和日用产品修理业	其他服务业
通辽市	**716**	**94**	**57**	**555**	**10**	**4138**	**2588**	**1186**	**364**
科尔沁区	291	38	14	237	2	1572	1119	322	131
科尔沁左翼中旗	78	6	7	62	3	465	273	132	60
科尔沁左翼后旗	30	3	5	22		282	164	101	17
开鲁县	42	5	5	31	1	345	197	127	21
库伦旗	16	3	4	9		149	76	66	7
奈曼旗	81	25	5	50	1	332	185	112	35
扎鲁特旗	40	7	9	22	2	340	187	142	11
通辽经济技术开发区	62	6	2	53	1	377	229	99	49
霍林郭勒市	76	1	6	69		276	158	85	33
鄂尔多斯市	**1480**	**66**	**173**	**1225**	**16**	**4252**	**2327**	**1370**	**555**
东胜区	548	18	51	475	4	1331	787	394	150
康巴什区	138	8	9	121		134	78	14	42
达拉特旗	120	10	15	89	6	505	276	198	31
准格尔旗	165	11	41	109	4	714	299	305	110
鄂托克前旗	33	2	5	26		145	71	57	17
鄂托克旗	82	6	6	70		359	185	128	46
杭锦旗	53	4	24	25		364	256	65	43
乌审旗	78	1	13	64		268	145	85	38
伊金霍洛旗	263	6	9	246	2	432	230	124	78
呼伦贝尔市	**691**	**41**	**144**	**498**	**8**	**3772**	**2237**	**908**	**627**
海拉尔区	130	9	16	105		637	439	159	39
扎赉诺尔区	31	1	1	29		105	69	28	8
阿荣旗	49	7	1	41		402	170	118	114
莫力达瓦达斡尔族自治旗	1				1	186	110	70	6
鄂伦春自治旗	29	5	3	20	1	430	96	69	265
鄂温克族自治旗	52	3	9	40		207	121	51	35
陈巴尔虎旗	10	1	1	8		218	183	20	15
新巴尔虎左旗	16	1	8	7		91	61	18	12
新巴尔虎右旗	24	1	5	18		60	36	12	12
满洲里市	67		2	63	2	265	174	80	11
牙克石市	75	3	19	52	1	616	444	130	42
扎兰屯市	82	6	9	64	3	431	265	127	39
额尔古纳市	73	1	34	38		80	41	17	22
根河市	52	3	36	13		44	28	9	7
巴彦淖尔市	**663**	**169**	**46**	**427**	**21**	**2791**	**1529**	**728**	**534**
临河区	286	72	14	188	12	1066	663	291	112
五原县	103	30	7	61	5	539	248	100	191
磴口县	61	13	10	36	2	125	69	45	11
乌拉特前旗	80	26	7	46	1	436	247	104	85
乌拉特中旗	53	6	3	44		197	65	83	49
乌拉特后旗	23	2	1	19	1	90	46	24	20
杭锦后旗	57	20	4	33		338	191	81	66

4-4　续表 92　　　　单位：人

地　区 性　别	水利、环境和公共设施管理业					居民服务、修理和其他服务业			
	小计	水　利 管理业	生态保护 和环境 治理业	公共设施 管理业	土　地 管理业	小计	居　民 服务业	机动车、 电子产品 和日用产 品修理业	其　他 服务业
乌兰察布市	**569**	**17**	**42**	**506**	**4**	**2607**	**1760**	**599**	**248**
集宁区	221	6	7	207	1	680	467	173	40
卓资县	29	3	2	23	1	104	49	24	31
化德县	12		4	8		110	59	37	14
商都县	26	2	1	23		637	575	48	14
兴和县	22	1	3	18		136	67	68	1
凉城县	34		2	31	1	156	114	29	13
察哈尔右翼前旗	91		3	88		141	71	48	22
察哈尔右翼中旗	12			12		67	45	21	1
察哈尔右翼后旗	29	2	10	17		230	140	27	63
四子王旗	18	2	4	12		115	61	36	18
丰镇市	75	1	6	67	1	231	112	88	31
兴安盟	**475**	**63**	**34**	**365**	**13**	**1772**	**1137**	**535**	**100**
乌兰浩特市	200	20	6	166	8	732	486	203	43
阿尔山市	78	1	4	72	1	35	17	14	4
科尔沁右翼前旗	41	6	3	32		318	226	85	7
科尔沁右翼中旗	74	22	15	33	4	231	144	77	10
扎赉特旗	47	7	4	36		251	147	87	17
突泉县	35	7	2	26		205	117	69	19
锡林郭勒盟	**474**	**32**	**43**	**396**	**3**	**2204**	**1144**	**608**	**452**
二连浩特市	71			71		151	84	48	19
锡林浩特市	164	15	14	133	2	885	505	221	159
阿巴嘎旗	7	1	1	5		46	13	32	1
苏尼特左旗	8	1		7		35	10	16	9
苏尼特右旗	11	1	1	9		79	40	33	6
东乌珠穆沁旗	23		1	22		223	182	32	9
西乌珠穆沁旗	55	4	13	38		155	64	64	27
太仆寺旗	22		5	17		106	52	33	21
镶黄旗	6			6		36	15	11	10
正镶白旗	14	1	2	11		57	21	15	21
正蓝旗	19	2	3	14		192	65	35	92
多伦县	55	6	3	45	1	200	75	52	73
乌拉盖管委会	19	1		18		39	18	16	5
阿拉善盟	**151**	**11**	**20**	**120**		**445**	**216**	**197**	**32**
阿拉善左旗	93	5	8	80		305	159	126	20
阿拉善右旗	10			10		16	8	8	
额济纳旗	21	6	3	12		69	29	39	1
内蒙古阿拉善经济开发区	27		9	18		55	20	24	11

4-4 续表 93

单位：人

地区 性别	水利、环境和公共设施管理业					居民服务、修理和其他服务业			
	小计	水利管理业	生态保护和环境治理业	公共设施管理业	土地管理业	小计	居民服务业	机动车、电子产品和日用产品修理业	其他服务业
男	**6535**	**594**	**786**	**5050**	**105**	**22329**	**9671**	**9308**	**3350**
呼和浩特市	**1348**	**94**	**117**	**1100**	**37**	**2974**	**1439**	**1098**	**437**
新城区	284	25	21	228	10	668	344	204	120
回民区	218	2	19	194	3	462	235	195	32
玉泉区	236	16	16	202	2	584	276	182	126
赛罕区	375	27	39	299	10	631	335	189	107
土默特左旗	64	4	5	53	2	164	68	80	16
托克托县	54	16		37	1	110	46	61	3
和林格尔县	50	2	7	34	7	84	36	34	14
清水河县	24		7	15	2	52	9	38	5
武川县	18	1		17		64	19	38	7
呼和浩特经济技术开发区	25	1	3	21		155	71	77	7
包头市	**758**	**52**	**80**	**622**	**4**	**2906**	**1268**	**1136**	**502**
东河区	128	8	7	111	2	531	286	184	61
昆都仑区	231	5	27	197	2	846	334	307	205
青山区	114	9	6	99		498	269	161	68
石拐区	12		1	11		19	11	4	4
白云鄂博矿区	15	1	12	2		31	14	8	9
九原区	81	2	4	75		300	80	150	70
土默特右旗	71	19	5	47		269	100	152	17
固阳县	15		2	13		123	48	60	15
达尔罕茂明安联合旗	12	2		10		110	58	18	34
包头稀土高新技术产业开发区	79	6	16	57		179	68	92	19
乌海市	**262**	**11**	**27**	**222**	**2**	**768**	**271**	**307**	**190**
海勃湾区	182	7	16	157	2	372	209	153	10
海南区	21	3	5	13		122	22	93	7
乌达区	59	1	6	52		274	40	61	173
赤峰市	**771**	**79**	**126**	**554**	**12**	**3643**	**1541**	**1517**	**585**
红山区	167	11	16	139	1	631	321	221	89
元宝山区	70	3	11	56		293	109	96	88
松山区	148	21	11	113	3	593	267	274	52
阿鲁科尔沁旗	43	2	7	33	1	291	68	112	111
巴林左旗	52	3	13	34	2	323	126	171	26
巴林右旗	29		16	13		126	46	53	27
林西县	34	3	7	24		236	122	84	30
克什克腾旗	65	13	13	38	1	116	35	65	16
翁牛特旗	23	2	2	19		194	53	71	70
喀喇沁旗	35	3	4	27	1	160	53	99	8
宁城县	46	5	9	31	1	379	197	150	32
敖汉旗	59	13	17	27	2	301	144	121	36

4-4 续表 94

单位：人

地区 性别	水利、环境和公共设施管理业					居民服务、修理和其他服务业			
	小计	水利管理业	生态保护和环境治理业	公共设施管理业	土地管理业	小计	居民服务业	机动车、电子产品和日用产品修理业	其他服务业
通辽市	**455**	**68**	**43**	**337**	**7**	**2139**	**991**	**976**	**172**
科尔沁区	188	27	11	149	1	844	503	269	72
科尔沁左翼中旗	52	5	4	41	2	255	113	112	30
科尔沁左翼后旗	19	3	4	12		120	42	74	4
开鲁县	32	4	5	22	1	166	59	101	6
库伦旗	10	3	2	5		80	27	51	2
奈曼旗	48	15	4	29		175	66	97	12
扎鲁特旗	26	6	7	11	2	181	60	114	7
通辽经济技术开发区	39	4	1	33	1	174	72	82	20
霍林郭勒市	41	1	5	35		144	49	76	19
鄂尔多斯市	**944**	**45**	**135**	**755**	**9**	**2302**	**804**	**1204**	**294**
东胜区	351	12	37	300	2	645	239	340	66
康巴什区	85	3	6	76		55	20	11	24
达拉特旗	84	8	11	62	3	268	79	174	15
准格尔旗	122	7	37	75	3	451	101	286	64
鄂托克前旗	18	1	4	13		81	23	51	7
鄂托克旗	38	4	3	31		216	77	115	24
杭锦旗	38	4	17	17		220	137	54	29
乌审旗	38	1	12	25		137	46	70	21
伊金霍洛旗	170	5	8	156	1	229	82	103	44
呼伦贝尔市	**451**	**25**	**112**	**310**	**4**	**2102**	**952**	**751**	**399**
海拉尔区	92	5	13	74		299	157	124	18
扎赉诺尔区	10	1		9		56	31	22	3
阿荣旗	27	4	1	22		236	50	108	78
莫力达瓦达斡尔族自治旗						92	26	63	3
鄂伦春自治旗	20	3	3	14		284	26	58	200
鄂温克族自治旗	34	1	7	26		107	55	39	13
陈巴尔虎旗	9	1	1	7		148	123	16	9
新巴尔虎左旗	11	1	5	5		46	28	14	4
新巴尔虎右旗	16	1	4	11		28	14	9	5
满洲里市	39		2	37		135	67	63	5
牙克石市	52	1	14	36	1	396	270	100	26
扎兰屯市	49	4	4	38	3	210	82	111	17
额尔古纳市	54	1	26	27		44	14	16	14
根河市	38	2	32	4		21	9	8	4
巴彦淖尔市	**459**	**124**	**38**	**280**	**17**	**1480**	**516**	**641**	**323**
临河区	199	51	13	127	8	530	212	256	62
五原县	72	21	6	40	5	313	109	89	115
磴口县	44	13	8	21	2	59	15	37	7
乌拉特前旗	62	18	6	37	1	242	90	91	61
乌拉特中旗	30	3	2	25		119	14	77	28
乌拉特后旗	12	1	1	9	1	51	14	21	16
杭锦后旗	40	17	2	21		166	62	70	34

4−4 续表 95 单位：人

地区 性别	水利、环境和公共设施管理业					居民服务、修理和其他服务业			
	小计	水利管理业	生态保护和环境治理业	公共设施管理业	土地管理业	小计	居民服务业	机动车、电子产品和日用产品修理业	其他服务业
乌兰察布市	**365**	**13**	**34**	**315**	**3**	**1613**	**940**	**542**	**131**
集宁区	135	4	4	127		328	160	153	15
卓资县	19	3	1	14	1	63	25	22	16
化德县	10		4	6		73	31	31	11
商都县	15	1	1	13		470	418	45	7
兴和县	15	1	3	11		90	26	64	
凉城县	18		1	16	1	104	70	24	10
察哈尔右翼前旗	56		2	54		74	22	43	9
察哈尔右翼中旗	7			7		40	21	19	
察哈尔右翼后旗	23	2	10	11		154	94	27	33
四子王旗	14	1	2	11		67	22	34	11
丰镇市	53	1	6	45	1	150	51	80	19
兴安盟	**338**	**53**	**27**	**250**	**8**	**898**	**396**	**453**	**49**
乌兰浩特市	130	16	2	106	6	326	138	170	18
阿尔山市	54	1	3	50		18	4	12	2
科尔沁右翼前旗	26	5	2	19		197	120	73	4
科尔沁右翼中旗	61	20	14	25	2	113	46	62	5
扎赉特旗	40	7	4	29		136	49	77	10
突泉县	27	4	2	21		108	39	59	10
锡林郭勒盟	**288**	**22**	**33**	**231**	**2**	**1250**	**484**	**516**	**250**
二连浩特市	39			39		78	29	42	7
锡林浩特市	98	8	10	79	1	498	222	186	90
阿巴嘎旗	5	1	1	3		29	2	26	1
苏尼特左旗	6	1		5		20	5	13	2
苏尼特右旗	7	1	1	5		39	10	25	4
东乌珠穆沁旗	12		1	11		134	101	28	5
西乌珠穆沁旗	35	3	9	23		87	17	53	17
太仆寺旗	16		5	11		66	19	30	17
镶黄旗	6			6		24	6	10	8
正镶白旗	7		1	6		39	11	13	15
正蓝旗	12	1	3	8		118	37	29	52
多伦县	36	6	2	27	1	92	17	45	30
乌拉盖管委会	9	1		8		26	8	16	2
阿拉善盟	**96**	**8**	**14**	**74**		**254**	**69**	**167**	**18**
阿拉善左旗	54	2	5	47		170	53	108	9
阿拉善右旗	7			7		10	4	6	
额济纳旗	15	6	1	8		38	5	33	
内蒙古阿拉善经济开发区	20		8	12		36	7	20	9

4-4 续表 96

单位：人

地区 性别	水利、环境和公共设施管理业					居民服务、修理和其他服务业			
	小计	水利管理业	生态保护和环境治理业	公共设施管理业	土地管理业	小计	居民服务业	机动车、电子产品和日用产品修理业	其他服务业
女	**3563**	**237**	**237**	**3024**	**65**	**20112**	**15523**	**1534**	**3055**
呼和浩特市	**706**	**42**	**44**	**590**	**30**	**2891**	**2212**	**142**	**537**
新城区	154	15	9	123	7	670	485	22	163
回民区	94	2	11	81		485	421	28	36
玉泉区	130	5	3	117	5	573	455	29	89
赛罕区	209	17	14	163	15	726	506	39	181
土默特左旗	33	1		30	2	115	85	6	24
托克托县	17	1	1	15		93	81	4	8
和林格尔县	23		2	21		88	63	7	18
清水河县	15		1	13	1	15	7		8
武川县	4			4		39	33	2	4
呼和浩特经济技术开发区	27	1	3	23		87	76	5	6
包头市	**432**	**29**	**27**	**374**	**2**	**2890**	**2223**	**157**	**510**
东河区	46	4	2	40		455	383	22	50
昆都仑区	138	8	12	118		906	649	54	203
青山区	94	5	7	81	1	625	529	26	70
石拐区	8		1	7		10	7		3
白云鄂博矿区	5	1		4		14	9	3	2
九原区	41	3	2	36		275	187	14	74
土默特右旗	36	4	2	30		184	156	11	17
固阳县	8			8		155	102	6	47
达尔罕茂明安联合旗	5	2		3		62	43	3	16
包头稀土高新技术产业开发区	51	2	1	47	1	204	158	18	28
乌海市	**154**	**5**	**11**	**137**	**1**	**504**	**383**	**51**	**70**
海勃湾区	114	4	7	102	1	328	285	29	14
海南区	12	1		11		66	39	13	14
乌达区	28		4	24		110	59	9	42
赤峰市	**448**	**26**	**32**	**383**	**7**	**3884**	**2919**	**303**	**662**
红山区	115	5	5	105		532	412	41	79
元宝山区	48			48		215	143	18	54
松山区	95	8	2	81	4	592	472	50	70
阿鲁科尔沁旗	17	1	2	14		192	92	22	78
巴林左旗	43		2	40	1	661	515	45	101
巴林右旗	15		9	6		87	48	12	27
林西县	17	3	3	10	1	229	176	11	42
克什克腾旗	20	2	2	16		108	73	16	19
翁牛特旗	21	3		18		171	109	18	44
喀喇沁旗	11	1		10		165	120	13	32
宁城县	23	1	1	20	1	519	408	31	80
敖汉旗	23	2	6	15		413	351	26	36

4-4 续表 97

单位：人

地区 性别	水利、环境和公共设施管理业					居民服务、修理和其他服务业			
	小计	水利管理业	生态保护和环境治理业	公共设施管理业	土地管理业	小计	居民服务业	机动车、电子产品和日用产品修理业	其他服务业
通辽市	**261**	**26**	**14**	**218**	**3**	**1999**	**1597**	**210**	**192**
科尔沁区	103	11	3	88	1	728	616	53	59
科尔沁左翼中旗	26	1	3	21	1	210	160	20	30
科尔沁左翼后旗	11		1	10		162	122	27	13
开鲁县	10	1		9		179	138	26	15
库伦旗	6		2	4		69	49	15	5
奈曼旗	33	10	1	21	1	157	119	15	23
扎鲁特旗	14	1	2	11		159	127	28	4
通辽经济技术开发区	23	2	1	20		203	157	17	29
霍林郭勒市	35		1	34		132	109	9	14
鄂尔多斯市	**536**	**21**	**38**	**470**	**7**	**1950**	**1523**	**166**	**261**
东胜区	197	6	14	175	2	686	548	54	84
康巴什区	53	5	3	45		79	58	3	18
达拉特旗	36	2	4	27	3	237	197	24	16
准格尔旗	43	4	4	34	1	263	198	19	46
鄂托克前旗	15	1	1	13		64	48	6	10
鄂托克旗	44	2	3	39		143	108	13	22
杭锦旗	15		7	8		144	119	11	14
乌审旗	40		1	39		131	99	15	17
伊金霍洛旗	93	1	1	90	1	203	148	21	34
呼伦贝尔市	**240**	**16**	**32**	**188**	**4**	**1670**	**1285**	**157**	**228**
海拉尔区	38	4	3	31		338	282	35	21
扎赉诺尔区	21		1	20		49	38	6	5
阿荣旗	22	3		19		166	120	10	36
莫力达瓦达斡尔族自治旗	1				1	94	84	7	3
鄂伦春自治旗	9	2		6	1	146	70	11	65
鄂温克族自治旗	18	2	2	14		100	66	12	22
陈巴尔虎旗	1			1		70	60	4	6
新巴尔虎左旗	5		3	2		45	33	4	8
新巴尔虎右旗	8		1	7		32	22	3	7
满洲里市	28			26	2	130	107	17	6
牙克石市	23	2	5	16		220	174	30	16
扎兰屯市	33	2	5	26		221	183	16	22
额尔古纳市	19		8	11		36	27	1	8
根河市	14	1	4	9		23	19	1	3
巴彦淖尔市	**204**	**45**	**8**	**147**	**4**	**1311**	**1013**	**87**	**211**
临河区	87	21	1	61	4	536	451	35	50
五原县	31	9	1	21		226	139	11	76
磴口县	17		2	15		66	54	8	4
乌拉特前旗	18	8	1	9		194	157	13	24
乌拉特中旗	23	3	1	19		78	51	6	21
乌拉特后旗	11	1		10		39	32	3	4
杭锦后旗	17	3	2	12		172	129	11	32

4-4　续表 98

单位：人

地　区 性　别	水利、环境和公共设施管理业					居民服务、修理和其他服务业			
	小计	水　利 管理业	生态保护 和环境 治理业	公共设施 管理业	土　地 管理业	小计	居　民 服务业	机动车、 电子产品 和日用产 品修理业	其　他 服务业
乌兰察布市	**204**	**4**	**8**	**191**	**1**	**994**	**820**	**57**	**117**
集宁区	86	2	3	80	1	352	307	20	25
卓资县	10		1	9		41	24	2	15
化德县	2			2		37	28	6	3
商都县	11	1		10		167	157	3	7
兴和县	7			7		46	41	4	1
凉城县	16		1	15		52	44	5	3
察哈尔右翼前旗	35		1	34		67	49	5	13
察哈尔右翼中旗	5			5		27	24	2	1
察哈尔右翼后旗	6			6		76	46		30
四子王旗	4	1	2	1		48	39	2	7
丰镇市	22			22		81	61	8	12
兴安盟	**137**	**10**	**7**	**115**	**5**	**874**	**741**	**82**	**51**
乌兰浩特市	70	4	4	60	2	406	348	33	25
阿尔山市	24		1	22	1	17	13	2	2
科尔沁右翼前旗	15	1	1	13		121	106	12	3
科尔沁右翼中旗	13	2	1	8	2	118	98	15	5
扎赉特旗	7			7		115	98	10	7
突泉县	8	3		5		97	78	10	9
锡林郭勒盟	**186**	**10**	**10**	**165**	**1**	**954**	**660**	**92**	**202**
二连浩特市	32			32		73	55	6	12
锡林浩特市	66	7	4	54	1	387	283	35	69
阿巴嘎旗	2			2		17	11	6	
苏尼特左旗	2			2		15	5	3	7
苏尼特右旗	4			4		40	30	8	2
东乌珠穆沁旗	11			11		89	81	4	4
西乌珠穆沁旗	20	1	4	15		68	47	11	10
太仆寺旗	6			6		40	33	3	4
镶黄旗						12	9	1	2
正镶白旗	7	1	1	5		18	10	2	6
正蓝旗	7	1		6		74	28	6	40
多伦县	19		1	18		108	58	7	43
乌拉盖管委会	10			10		13	10		3
阿拉善盟	**55**	**3**	**6**	**46**		**191**	**147**	**30**	**14**
阿拉善左旗	39	3	3	33		135	106	18	11
阿拉善右旗	3			3		6	4	2	
额济纳旗	6		2	4		31	24	6	1
内蒙古阿拉善经济开发区	7		1	6		19	13	4	2

4–4 续表 99

单位：人

地区 性别	教育		卫生和社会工作			文化、体育和娱乐业				
	小计	教育	小计	卫生	社会工作	小计	新闻和出版业	广播、电视、电影和录音制作业	文化艺术业	体育
内蒙古	**52399**	**52399**	**26836**	**26063**	**773**	**7581**	**839**	**1185**	**1968**	**891**
呼和浩特市	**8915**	**8915**	**4181**	**4070**	**111**	**1907**	**289**	**379**	**490**	**234**
新城区	2170	2170	879	855	24	484	76	96	127	45
回民区	1150	1150	648	624	24	284	15	95	35	55
玉泉区	1206	1206	666	649	17	318	27	43	87	46
赛罕区	2934	2934	1368	1336	32	648	161	127	182	69
土默特左旗	349	349	168	161	7	33	1	3	10	3
托克托县	270	270	156	155	1	33		2	15	1
和林格尔县	269	269	79	78	1	23	3	3	8	1
清水河县	107	107	57	55	2	10	1		8	
武川县	163	163	80	79	1	20	1	2	7	1
呼和浩特经济技术开发区	297	297	80	78	2	54	4	8	11	13
包头市	**6531**	**6531**	**3432**	**3313**	**119**	**983**	**73**	**130**	**225**	**135**
东河区	997	997	696	667	29	147	13	23	25	16
昆都仑区	2069	2069	1160	1135	25	345	33	40	67	62
青山区	1639	1639	807	774	33	268	15	43	56	33
石拐区	23	23	8	7	1	2			1	
白云鄂博矿区	29	29	25	21	4	4			4	
九原区	513	513	229	215	14	44	3	6	13	5
土默特右旗	432	432	163	161	2	62	2	2	25	7
固阳县	183	183	90	90		22		3	11	
达尔罕茂明安联合旗	104	104	69	66	3	19	3	3	7	1
包头稀土高新技术产业开发区	542	542	185	177	8	70	4	10	16	11
乌海市	**1127**	**1127**	**633**	**614**	**19**	**165**	**21**	**19**	**33**	**20**
海勃湾区	819	819	500	481	19	133	20	17	26	18
海南区	136	136	50	50		13		2	3	
乌达区	172	172	83	83		19	1		4	2
赤峰市	**8328**	**8328**	**4453**	**4335**	**118**	**800**	**82**	**109**	**222**	**103**
红山区	1057	1057	828	815	13	191	14	34	51	21
元宝山区	614	614	280	275	5	40	1	6	6	8
松山区	1819	1819	982	952	30	196	41	30	40	23
阿鲁科尔沁旗	412	412	228	226	2	21	5	1	7	
巴林左旗	695	695	301	288	13	62	3	8	18	8
巴林右旗	337	337	165	157	8	37	1	1	18	4
林西县	358	358	200	196	4	13	3		4	2
克什克腾旗	331	331	184	178	6	41	1		14	3
翁牛特旗	637	637	236	227	9	51	3	6	14	12
喀喇沁旗	415	415	219	216	3	52	1	10	18	9
宁城县	853	853	517	497	20	64	8	11	17	8
敖汉旗	800	800	313	308	5	32	1	2	15	5

4-4 续表 100

单位：人

地区 性别	教育		卫生和社会工作			文化、体育和娱乐业				
	小计	教育	小计	卫生	社会工作	小计	新闻和出版业	广播、电视、电影和录音制作业	文化艺术业	体育
通辽市	**5775**	**5775**	**2842**	**2795**	**47**	**583**	**59**	**86**	**120**	**82**
科尔沁区	1559	1559	1039	1026	13	219	29	33	36	28
科尔沁左翼中旗	620	620	315	313	2	61	2	6	13	13
科尔沁左翼后旗	478	478	142	141	1	33	2	1	7	6
开鲁县	579	579	247	241	6	38	1	8	8	9
库伦旗	296	296	144	144		31	3	5	7	1
奈曼旗	707	707	287	276	11	44	3	11	11	2
扎鲁特旗	568	568	191	190	1	36	2	8	6	6
通辽经济技术开发区	688	688	342	331	11	84	15	11	20	15
霍林郭勒市	280	280	135	133	2	37	2	3	12	2
鄂尔多斯市	**5504**	**5504**	**2226**	**2153**	**73**	**767**	**83**	**87**	**204**	**94**
东胜区	1737	1737	836	796	40	281	22	23	50	52
康巴什区	480	480	207	202	5	95	13	23	25	12
达拉特旗	682	682	259	252	7	74	3	9	20	10
准格尔旗	879	879	294	286	8	85	14	11	19	7
鄂托克前旗	244	244	88	86	2	25	4	2	10	1
鄂托克旗	330	330	112	108	4	46	1	2	14	3
杭锦旗	259	259	96	95	1	13	2		3	
乌审旗	357	357	117	115	2	28		2	16	1
伊金霍洛旗	536	536	217	213	4	120	24	15	47	8
呼伦贝尔市	**4452**	**4452**	**2741**	**2652**	**89**	**761**	**76**	**143**	**178**	**83**
海拉尔区	856	856	662	639	23	207	23	44	32	31
扎赉诺尔区	133	133	92	92		26	4	5	5	2
阿荣旗	423	423	205	202	3	51	12	2	8	4
莫力达瓦达斡尔族自治旗	434	434	170	166	4	20	2	9	3	
鄂伦春自治旗	344	344	157	157		46	5	9	13	3
鄂温克族自治旗	378	378	167	158	9	94	8	27	32	12
陈巴尔虎旗	90	90	61	59	2	19	2	2	11	1
新巴尔虎左旗	94	94	49	45	4	18	3	2	9	
新巴尔虎右旗	82	82	29	29		18	2	4	6	2
满洲里市	322	322	159	155	4	53	4	9	16	2
牙克石市	504	504	455	435	20	87	7	19	8	15
扎兰屯市	491	491	374	359	15	79	2	5	22	10
额尔古纳市	130	130	69	64	5	26	1	1	9	
根河市	171	171	92	92		17	1	5	4	1
巴彦淖尔市	**2915**	**2915**	**1858**	**1805**	**53**	**401**	**40**	**43**	**106**	**42**
临河区	1353	1353	923	899	24	221	25	32	50	25
五原县	353	353	221	220	1	38	2	3	13	3
磴口县	125	125	108	96	12	19	3	2	4	
乌拉特前旗	456	456	275	267	8	53	3	4	15	10
乌拉特中旗	179	179	105	103	2	25	5		10	
乌拉特后旗	100	100	51	51		7			2	
杭锦后旗	349	349	175	169	6	38	2	2	12	4

4−4 续表 101

单位：人

地 区 性 别	教育		卫生和社会工作			文化、体育和娱乐业				
	小计	教育	小计	卫生	社会工作	小计	新闻和出版业	广播、电视、电影和录音制作业	文 化艺术业	体育
乌兰察布市	**3091**	**3091**	**1485**	**1431**	**54**	**352**	**37**	**49**	**117**	**34**
集宁区	1188	1188	643	618	25	165	19	30	49	25
卓资县	151	151	56	55	1	19	1		10	
化德县	146	146	76	76		11	1	1	4	
商都县	227	227	120	118	2	32	2	4	11	1
兴和县	163	163	78	75	3	11		1	2	3
凉城县	163	163	77	67	10	17	3	1	6	3
察哈尔右翼前旗	204	204	58	54	4	15	1	1	5	1
察哈尔右翼中旗	166	166	56	55	1	7		2	2	
察哈尔右翼后旗	157	157	55	53	2	19	6	2	6	
四子王旗	222	222	119	114	5	23	1	2	13	1
丰镇市	304	304	147	146	1	33	3	5	9	
兴安盟	**2881**	**2881**	**1553**	**1506**	**47**	**340**	**31**	**61**	**92**	**22**
乌兰浩特市	886	886	609	590	19	168	22	45	44	5
阿尔山市	59	59	24	24		16	1	1	4	
科尔沁右翼前旗	667	667	265	251	14	49	3	5	9	7
科尔沁右翼中旗	421	421	211	210	1	31	1	1	13	2
扎赉特旗	512	512	265	263	2	35	3	3	7	3
突泉县	336	336	179	168	11	41	1	6	15	5
锡林郭勒盟	**2309**	**2309**	**1128**	**1094**	**34**	**368**	**32**	**51**	**128**	**29**
二连浩特市	163	163	43	42	1	37	3	6	8	1
锡林浩特市	955	955	525	507	18	162	22	27	49	16
阿巴嘎旗	59	59	47	46	1	23		1	10	1
苏尼特左旗	63	63	27	27		9		1	6	
苏尼特右旗	114	114	51	50	1	11		3	5	
东乌珠穆沁旗	121	121	45	43	2	17			2	6
西乌珠穆沁旗	153	153	73	68	5	32	2	4	14	
太仆寺旗	201	201	89	86	3	16		2	5	
镶黄旗	55	55	43	43		13		1	11	
正镶白旗	68	68	31	30	1	6	1	2	2	
正蓝旗	107	107	56	56		14	1	3	7	2
多伦县	194	194	70	68	2	15	1	1	6	3
乌拉盖管委会	56	56	28	28		13	2		3	
阿拉善盟	**571**	**571**	**304**	**295**	**9**	**154**	**16**	**28**	**53**	**13**
阿拉善左旗	447	447	231	225	6	125	16	23	35	13
阿拉善右旗	40	40	24	24		6		1	5	
额济纳旗	42	42	36	33	3	14		4	10	
内蒙古阿拉善经济开发区	42	42	13	13		9			3	

4-4　续表 102

单位：人

地　区 性　别	教育		卫生和社会工作			文化、体育和娱乐业				
	小计	教育	小计	卫生	社会工作	小计	新闻和出版业	广播、电视、电影和录音制作业	文化艺术业	体育
男	**17165**	**17165**	**9063**	**8771**	**292**	**4098**	**406**	**653**	**972**	**502**
呼和浩特市	**3013**	**3013**	**1366**	**1322**	**44**	**1033**	**157**	**195**	**240**	**138**
新城区	749	749	262	251	11	245	44	44	59	23
回民区	378	378	206	198	8	159	6	47	15	33
玉泉区	377	377	204	194	10	175	12	28	44	28
赛罕区	993	993	448	439	9	348	87	65	90	40
土默特左旗	133	133	65	61	4	20	1	1	6	3
托克托县	99	99	60	60		19		1	9	1
和林格尔县	107	107	37	36	1	14	2	2	5	
清水河县	39	39	21	20	1	5	1		3	
武川县	60	60	34	34		13	1	1	3	1
呼和浩特经济技术开发区	78	78	29	29		35	3	6	6	9
包头市	**1974**	**1974**	**1091**	**1051**	**40**	**558**	**32**	**76**	**123**	**76**
东河区	294	294	209	198	11	81	7	12	16	8
昆都仑区	625	625	366	356	10	182	15	19	34	34
青山区	485	485	246	235	11	156	7	27	29	17
石拐区	6	6	3	2	1	2			1	
白云鄂博矿区	11	11	7	7		1			1	
九原区	165	165	65	61	4	26		4	7	3
土默特右旗	136	136	73	72	1	40	1	1	17	7
固阳县	66	66	43	43		16		3	7	
达尔罕茂明安联合旗	34	34	22	22		12		3	4	1
包头稀土高新技术产业开发区	152	152	57	55	2	42	2	7	7	6
乌海市	**272**	**272**	**170**	**165**	**5**	**82**	**8**	**8**	**15**	**11**
海勃湾区	201	201	136	131	5	65	7	7	13	10
海南区	27	27	14	14		8		1	1	
乌达区	44	44	20	20		9	1		1	1
赤峰市	**2899**	**2899**	**1600**	**1560**	**40**	**455**	**37**	**67**	**113**	**65**
红山区	345	345	257	252	5	121	7	20	31	15
元宝山区	183	183	78	78		20		3	2	3
松山区	597	597	333	323	10	98	18	17	14	16
阿鲁科尔沁旗	158	158	90	89	1	11	2	1	4	
巴林左旗	256	256	108	105	3	35		5	11	4
巴林右旗	112	112	65	62	3	24		1	11	3
林西县	121	121	78	76	2	7	2		2	
克什克腾旗	121	121	68	65	3	26			7	2
翁牛特旗	268	268	106	104	2	33	3	4	7	9
喀喇沁旗	140	140	97	95	2	28		5	9	5
宁城县	309	309	193	189	4	36	5	9	9	5
敖汉旗	289	289	127	122	5	16		2	6	3

4-4 续表 103

单位：人

地区 性别	教育		卫生和社会工作			文化、体育和娱乐业				
	小计	教育	小计	卫生	社会工作	小计	新闻和出版业	广播、电视、电影和录音制作业	文化艺术业	体育
通辽市	**1974**	**1974**	**1055**	**1035**	**20**	**321**	**30**	**50**	**63**	**45**
科尔沁区	539	539	347	342	5	126	15	22	17	19
科尔沁左翼中旗	200	200	123	123		40	2	3	9	9
科尔沁左翼后旗	179	179	60	59	1	19		1	3	3
开鲁县	212	212	100	99	1	21	1	5	6	3
库伦旗	127	127	67	67		16	2	4	3	
奈曼旗	234	234	117	111	6	20	1	5	5	1
扎鲁特旗	191	191	66	65	1	19	2	4	4	2
通辽经济技术开发区	225	225	134	129	5	45	7	5	9	8
霍林郭勒市	67	67	41	40	1	15		1	7	
鄂尔多斯市	**1549**	**1549**	**767**	**742**	**25**	**411**	**34**	**47**	**97**	**47**
东胜区	489	489	273	259	14	159	13	15	22	26
康巴什区	138	138	65	61	4	48	7	8	9	8
达拉特旗	169	169	107	104	3	37	1	4	12	4
准格尔旗	248	248	94	93	1	44	2	4	12	5
鄂托克前旗	85	85	38	38		16	2	2	6	
鄂托克旗	87	87	48	45	3	28		2	8	1
杭锦旗	82	82	36	36		7	2			
乌审旗	106	106	40	40		13			9	
伊金霍洛旗	145	145	66	66		59	7	12	19	3
呼伦贝尔市	**1500**	**1500**	**818**	**782**	**36**	**392**	**34**	**82**	**77**	**42**
海拉尔区	244	244	178	168	10	109	8	26	18	13
扎赉诺尔区	30	30	23	23		12	3	1	3	
阿荣旗	150	150	60	58	2	25	8	1	2	2
莫力达瓦达斡尔族自治旗	178	178	67	65	2	8		5	1	
鄂伦春自治旗	129	129	51	51		23	1	7	4	1
鄂温克族自治旗	125	125	43	40	3	51	3	20	11	8
陈巴尔虎旗	36	36	16	15	1	6	1		3	
新巴尔虎左旗	33	33	18	15	3	12	2	2	6	
新巴尔虎右旗	26	26	10	10		9	1	2	2	2
满洲里市	87	87	53	53		26	1	5	8	2
牙克石市	168	168	140	132	8	51	5	8	5	8
扎兰屯市	185	185	111	107	4	42		2	11	5
额尔古纳市	41	41	27	24	3	9		1	2	
根河市	68	68	21	21		9	1	2	1	1
巴彦淖尔市	**886**	**886**	**595**	**573**	**22**	**219**	**20**	**21**	**52**	**29**
临河区	403	403	288	280	8	124	14	13	28	18
五原县	103	103	74	74		18		3	2	2
磴口县	40	40	31	25	6	10	2		2	
乌拉特前旗	140	140	90	86	4	29	2	4	5	8
乌拉特中旗	57	57	40	38	2	12	1		6	
乌拉特后旗	31	31	16	16		4			1	
杭锦后旗	112	112	56	54	2	22	1	1	8	1

4-4　续表 104　　　　单位：人

地　区 性　别	教育		卫生和社会工作			文化、体育和娱乐业				
	小计	教育	小计	卫生	社会工作	小计	新闻和出版业	广播、电视、电影和录音制作业	文化艺术业	体育
乌兰察布市	**1172**	**1172**	**573**	**552**	**21**	**172**	**16**	**25**	**50**	**12**
集宁区	405	405	213	207	6	75	9	14	17	9
卓资县	62	62	26	26		12			5	
化德县	61	61	30	30		4			1	
商都县	99	99	50	50		14	1	2	3	1
兴和县	70	70	38	36	2	7		1	2	1
凉城县	73	73	39	33	6	9	1	1	4	
察哈尔右翼前旗	84	84	25	23	2	9	1		3	1
察哈尔右翼中旗	71	71	27	26	1	4		2		
察哈尔右翼后旗	45	45	18	17	1	9	3	1	3	
四子王旗	73	73	49	47	2	13		2	7	
丰镇市	129	129	58	57	1	16	1	2	5	
兴安盟	**989**	**989**	**542**	**522**	**20**	**180**	**17**	**36**	**49**	**12**
乌兰浩特市	275	275	191	183	8	92	12	25	26	3
阿尔山市	11	11	8	8		8	1	1	2	
科尔沁右翼前旗	228	228	95	90	5	27	2	4	4	5
科尔沁右翼中旗	158	158	80	80		18	1	1	8	1
扎赉特旗	187	187	95	94	1	16	1	1	3	
突泉县	130	130	73	67	6	19		4	6	3
锡林郭勒盟	**748**	**748**	**392**	**375**	**17**	**195**	**13**	**32**	**70**	**18**
二连浩特市	42	42	15	15		21	1	6	6	
锡林浩特市	327	327	171	162	9	86	8	18	26	10
阿巴嘎旗	22	22	16	16		11			5	1
苏尼特左旗	20	20	6	6		3			2	
苏尼特右旗	32	32	18	18		7		2	3	
东乌珠穆沁旗	35	35	17	16	1	10			1	5
西乌珠穆沁旗	60	60	28	25	3	15		2	8	
太仆寺旗	64	64	36	33	3	10		2	2	
镶黄旗	20	20	20	20		7			7	
正镶白旗	24	24	13	13		3	1	1	1	
正蓝旗	32	32	19	19		8	1	1	5	1
多伦县	55	55	25	24	1	6			2	1
乌拉盖管委会	15	15	8	8		8	2		2	
阿拉善盟	**189**	**189**	**94**	**92**	**2**	**80**	**8**	**14**	**23**	**7**
阿拉善左旗	152	152	70	68	2	66	8	12	15	7
阿拉善右旗	18	18	9	9		2			2	
额济纳旗	8	8	11	11		7		2	5	
内蒙古阿拉善经济开发区	11	11	4	4		5			1	

4-4 续表 105

单位：人

地区 性别	教育		卫生和社会工作			文化、体育和娱乐业				
	小计	教育	小计	卫生	社会工作	小计	新闻和出版业	广播、电视、电影和录音制作业	文化艺术业	体育
女	**35234**	**35234**	**17773**	**17292**	**481**	**3483**	**433**	**532**	**996**	**389**
呼和浩特市	**5902**	**5902**	**2815**	**2748**	**67**	**874**	**132**	**184**	**250**	**96**
新城区	1421	1421	617	604	13	239	32	52	68	22
回民区	772	772	442	426	16	125	9	48	20	22
玉泉区	829	829	462	455	7	143	15	15	43	18
赛罕区	1941	1941	920	897	23	300	74	62	92	29
土默特左旗	216	216	103	100	3	13		2	4	
托克托县	171	171	96	95	1	14		1	6	
和林格尔县	162	162	42	42		9	1	1	3	1
清水河县	68	68	36	35	1	5			5	
武川县	103	103	46	45	1	7		1	4	
呼和浩特经济技术开发区	219	219	51	49	2	19	1	2	5	4
包头市	**4557**	**4557**	**2341**	**2262**	**79**	**425**	**41**	**54**	**102**	**59**
东河区	703	703	487	469	18	66	6	11	9	8
昆都仑区	1444	1444	794	779	15	163	18	21	33	28
青山区	1154	1154	561	539	22	112	8	16	27	16
石拐区	17	17	5	5						
白云鄂博矿区	18	18	18	14	4	3			3	
九原区	348	348	164	154	10	18	3	2	6	2
土默特右旗	296	296	90	89	1	22	1	1	8	
固阳县	117	117	47	47		6			4	
达尔罕茂明安联合旗	70	70	47	44	3	7	3		3	
包头稀土高新技术产业开发区	390	390	128	122	6	28	2	3	9	5
乌海市	**855**	**855**	**463**	**449**	**14**	**83**	**13**	**11**	**18**	**9**
海勃湾区	618	618	364	350	14	68	13	10	13	8
海南区	109	109	36	36		5		1	2	
乌达区	128	128	63	63		10			3	1
赤峰市	**5429**	**5429**	**2853**	**2775**	**78**	**345**	**45**	**42**	**109**	**38**
红山区	712	712	571	563	8	70	7	14	20	6
元宝山区	431	431	202	197	5	20	1	3	4	5
松山区	1222	1222	649	629	20	98	23	13	26	7
阿鲁科尔沁旗	254	254	138	137	1	10	3		3	
巴林左旗	439	439	193	183	10	27	3	3	7	4
巴林右旗	225	225	100	95	5	13	1		7	1
林西县	237	237	122	120	2	6	1		2	2
克什克腾旗	210	210	116	113	3	15	1		7	1
翁牛特旗	369	369	130	123	7	18		2	7	3
喀喇沁旗	275	275	122	121	1	24	1	5	9	4
宁城县	544	544	324	308	16	28	3	2	8	3
敖汉旗	511	511	186	186		16	1		9	2

4-4 续表 106

单位：人

地区 性别	教育		卫生和社会工作			文化、体育和娱乐业				
	小计	教育	小计	卫生	社会工作	小计	新闻和出版业	广播、电视、电影和录音制作业	文化艺术业	体育
通辽市	**3801**	**3801**	**1787**	**1760**	**27**	**262**	**29**	**36**	**57**	**37**
科尔沁区	1020	1020	692	684	8	93	14	11	19	9
科尔沁左翼中旗	420	420	192	190	2	21		3	4	4
科尔沁左翼后旗	299	299	82	82		14	2		4	3
开鲁县	367	367	147	142	5	17		3	2	6
库伦旗	169	169	77	77		15	1	1	4	1
奈曼旗	473	473	170	165	5	24	2	6	6	1
扎鲁特旗	377	377	125	125		17		4	2	4
通辽经济技术开发区	463	463	208	202	6	39	8	6	11	7
霍林郭勒市	213	213	94	93	1	22	2	2	5	2
鄂尔多斯市	**3955**	**3955**	**1459**	**1411**	**48**	**356**	**49**	**40**	**107**	**47**
东胜区	1248	1248	563	537	26	122	9	8	28	26
康巴什区	342	342	142	141	1	47	6	15	16	4
达拉特旗	513	513	152	148	4	37	2	5	8	6
准格尔旗	631	631	200	193	7	41	12	7	7	2
鄂托克前旗	159	159	50	48	2	9	2		4	1
鄂托克旗	243	243	64	63	1	18	1		6	2
杭锦旗	177	177	60	59	1	6			3	
乌审旗	251	251	77	75	2	15		2	7	1
伊金霍洛旗	391	391	151	147	4	61	17	3	28	5
呼伦贝尔市	**2952**	**2952**	**1923**	**1870**	**53**	**369**	**42**	**61**	**101**	**41**
海拉尔区	612	612	484	471	13	98	15	18	14	18
扎赉诺尔区	103	103	69	69		14	1	4	2	2
阿荣旗	273	273	145	144	1	26	4	1	6	2
莫力达瓦达斡尔族自治旗	256	256	103	101	2	12	2	4	2	
鄂伦春自治旗	215	215	106	106		23	4	2	9	2
鄂温克族自治旗	253	253	124	118	6	43	5	7	21	4
陈巴尔虎旗	54	54	45	44	1	13	1	2	8	1
新巴尔虎左旗	61	61	31	30	1	6	1		3	
新巴尔虎右旗	56	56	19	19		9	1	2	4	
满洲里市	235	235	106	102	4	27	3	4	8	
牙克石市	336	336	315	303	12	36	2	11	3	7
扎兰屯市	306	306	263	252	11	37	2	3	11	5
额尔古纳市	89	89	42	40	2	17	1		7	
根河市	103	103	71	71		8		3	3	
巴彦淖尔市	**2029**	**2029**	**1263**	**1232**	**31**	**182**	**20**	**22**	**54**	**13**
临河区	950	950	635	619	16	97	11	19	22	7
五原县	250	250	147	146	1	20	2		11	1
磴口县	85	85	77	71	6	9	1	2	2	
乌拉特前旗	316	316	185	181	4	24	1		10	2
乌拉特中旗	122	122	65	65		13	4		4	
乌拉特后旗	69	69	35	35		3			1	
杭锦后旗	237	237	119	115	4	16	1	1	4	3

4-4　续表 107　　　　　　　　　　　　　　　　　　　　　　　　　　　　单位：人

地　区 性　别	教育		卫生和社会工作			文化、体育和娱乐业				
	小计	教育	小计	卫生	社会工作	小计	新闻和出版业	广播、电视、电影和录音制作业	文　化艺术业	体育
乌兰察布市	**1919**	**1919**	**912**	**879**	**33**	**180**	**21**	**24**	**67**	**22**
集宁区	783	783	430	411	19	90	10	16	32	16
卓资县	89	89	30	29	1	7	1		5	
化德县	85	85	46	46		7	1	1	3	
商都县	128	128	70	68	2	18	1	2	8	
兴和县	93	93	40	39	1	4				2
凉城县	90	90	38	34	4	8	2		2	3
察哈尔右翼前旗	120	120	33	31	2	6		1	2	
察哈尔右翼中旗	95	95	29	29		3			2	
察哈尔右翼后旗	112	112	37	36	1	10	3	1	3	
四子王旗	149	149	70	67	3	10	1		6	1
丰镇市	175	175	89	89		17	2	3	4	
兴安盟	**1892**	**1892**	**1011**	**984**	**27**	**160**	**14**	**25**	**43**	**10**
乌兰浩特市	611	611	418	407	11	76	10	20	18	2
阿尔山市	48	48	16	16		8			2	
科尔沁右翼前旗	439	439	170	161	9	22	1	1	5	2
科尔沁右翼中旗	263	263	131	130	1	13			5	1
扎赉特旗	325	325	170	169	1	19	2	2	4	3
突泉县	206	206	106	101	5	22	1	2	9	2
锡林郭勒盟	**1561**	**1561**	**736**	**719**	**17**	**173**	**19**	**19**	**58**	**11**
二连浩特市	121	121	28	27	1	16	2		2	1
锡林浩特市	628	628	354	345	9	76	14	9	23	6
阿巴嘎旗	37	37	31	30	1	12		1	5	
苏尼特左旗	43	43	21	21		6		1	4	
苏尼特右旗	82	82	33	32	1	4		1	2	
东乌珠穆沁旗	86	86	28	27	1	7			1	1
西乌珠穆沁旗	93	93	45	43	2	17	2	2	6	
太仆寺旗	137	137	53	53		6			3	
镶黄旗	35	35	23	23		6		1	4	
正镶白旗	44	44	18	17	1	3		1	1	
正蓝旗	75	75	37	37		6		2	2	1
多伦县	139	139	45	44	1	9	1	1	4	2
乌拉盖管委会	41	41	20	20		5			1	
阿拉善盟	**382**	**382**	**210**	**203**	**7**	**74**	**8**	**14**	**30**	**6**
阿拉善左旗	295	295	161	157	4	59	8	11	20	6
阿拉善右旗	22	22	15	15		4		1	3	
额济纳旗	34	34	25	22	3	7		2	5	
内蒙古阿拉善经济开发区	31	31	9	9		4			2	

4-4 续表 108

单位：人

地区 性别	娱乐业	公共管理、社会保障和社会组织 小计	中国共产党机关	国家机构	人民政协、民主党派	社会保障	群众团体、社会团体和其他成员组织	基层群众自治组织	国际组织 小计	国际组织
内蒙古	**2698**	**73460**	**2186**	**62621**	**307**	**474**	**1856**	**6016**	**2**	**2**
呼和浩特市	**515**	**10414**	**258**	**8743**	**42**	**56**	**262**	**1053**		
新城区	140	2476	41	2194	14	11	69	147		
回民区	84	1032	13	778	1	5	30	205		
玉泉区	115	1170	8	924	5	8	50	175		
赛罕区	109	3641	138	3173	13	9	75	233		
土默特左旗	16	458	7	390		11	1	49		
托克托县	15	427	9	323	4	9	8	74		
和林格尔县	8	414	21	328	1	3	9	52		
清水河县	1	286	6	226			7	47		
武川县	9	288	7	218	3		4	56		
呼和浩特经济技术开发区	18	222	8	189	1		9	15		
包头市	**420**	**6329**	**138**	**5335**	**21**	**39**	**214**	**582**		
东河区	70	841	35	680	2	11	29	84		
昆都仑区	143	1425	48	1155	7	12	63	140		
青山区	121	1507	7	1323	3	12	61	101		
石拐区	1	85	3	70			1	11		
白云鄂博矿区		97	3	79	1		3	11		
九原区	17	506	10	410		1	20	65		
土默特右旗	26	577	9	487	2	3	15	61		
固阳县	8	323	7	273	4		5	34		
达尔罕茂明安联合旗	5	320	7	291	2		8	12		
包头稀土高新技术产业开发区	29	648	9	567			9	63		
乌海市	**72**	**1633**	**58**	**1336**	**12**	**20**	**45**	**162**		
海勃湾区	52	1202	39	1037	11	10	37	68		
海南区	8	170	3	117		8	3	39		
乌达区	12	261	16	182	1	2	5	55		
赤峰市	**284**	**8464**	**171**	**6952**	**30**	**112**	**241**	**958**		
红山区	71	942	13	801	3	10	41	74		
元宝山区	19	532	2	402	3	11	19	95		
松山区	62	1617	45	1349	9	22	44	148		
阿鲁科尔沁旗	8	638	5	524	1	11	29	68		
巴林左旗	25	568	14	433		11	14	96		
巴林右旗	13	519	26	458	2	1	5	27		
林西县	4	442	6	362	2	8	9	55		
克什克腾旗	23	582	7	450	2	5	44	74		
翁牛特旗	16	569	12	508	1	2	8	38		
喀喇沁旗	14	547	7	449	5	9	7	70		
宁城县	20	809	22	673	1	4	15	94		
敖汉旗	9	699	12	543	1	18	6	119		

4-4 续表 109

单位：人

地区 性别	娱乐业	公共管理、社会保障和社会组织						国际组织	
		小计	中国共产党机关	国家机构	人民政协、民主党派	社会保障	群众团体、社会团体和其他成员组织	基层群众自治组织	小计	国际组织
通辽市	**236**	**6264**	**207**	**5272**	**26**	**32**	**128**	**599**	**1**	**1**
科尔沁区	93	1640	35	1399	4	9	42	151	1	1
科尔沁左翼中旗	27	648	20	533	1	2	15	77		
科尔沁左翼后旗	17	516	19	440	1	4	9	43		
开鲁县	12	600	18	491	2	5	9	75		
库伦旗	15	394	21	324	5	3	8	33		
奈曼旗	17	555	13	442	2	2	11	85		
扎鲁特旗	14	692	14	592	1		7	78		
通辽经济技术开发区	23	826	42	727	7	5	15	30		
霍林郭勒市	18	393	25	324	3	2	12	27		
鄂尔多斯市	**299**	**8359**	**255**	**7351**	**21**	**25**	**230**	**477**		
东胜区	134	1839	26	1677	4	1	48	83		
康巴什区	22	894	39	809	9		20	17		
达拉特旗	32	853	19	733	3	8	15	75		
准格尔旗	34	1174	32	949		7	52	134		
鄂托克前旗	8	484	17	422	1	1	15	28		
鄂托克旗	26	564	34	498	2		14	16		
杭锦旗	8	492	21	444			17	10		
乌审旗	9	725	24	657			14	30		
伊金霍洛旗	26	1334	43	1162	2	8	35	84		
呼伦贝尔市	**281**	**8678**	**223**	**7589**	**29**	**66**	**203**	**568**	**1**	**1**
海拉尔区	77	1508	60	1336	5	11	38	58		
扎赉诺尔区	10	231	7	198	1	3	9	13		
阿荣旗	25	598	7	520	1		10	60		
莫力达瓦达斡尔族自治旗	6	616	13	522		7	3	71		
鄂伦春自治旗	16	632	32	496	1	8	22	73		
鄂温克族自治旗	15	728	24	621	9	14	25	35		
陈巴尔虎旗	3	252	2	232			8	10		
新巴尔虎左旗	4	269	2	253	1		6	7	1	1
新巴尔虎右旗	4	264	5	212	2		14	31		
满洲里市	22	664	21	593	2	3	14	31		
牙克石市	38	1224	11	1150	2	12	19	30		
扎兰屯市	40	870	31	729	3	5	8	94		
额尔古纳市	15	438	6	389		3	15	25		
根河市	6	384	2	338	2		12	30		
巴彦淖尔市	**170**	**4625**	**178**	**4057**	**24**	**15**	**134**	**217**		
临河区	89	2027	61	1817	8	9	49	83		
五原县	17	452	14	377	1	2	18	40		
磴口县	10	336	1	308	3		8	16		
乌拉特前旗	21	564	27	500	1		15	21		
乌拉特中旗	10	509	22	455	4		12	16		
乌拉特后旗	5	354	14	304	3	1	10	22		
杭锦后旗	18	383	39	296	4	3	22	19		

4-4　续表 110　　　　单位：人

地区 性别	娱乐业	公共管理、社会保障和社会组织							国际组织	
		小计	中国共产党机关	国家机构	人民政协、民主党派	社会保障	群众团体、社会团体和其他成员组织	基层群众自治组织	小计	国际组织
乌兰察布市	**115**	**6912**	**292**	**5744**	**41**	**46**	**120**	**669**		
集宁区	42	2474	111	2212	14	8	37	92		
卓资县	8	283	3	221	2	7	3	47		
化德县	5	374	22	314	4		6	28		
商都县	14	522	13	417	1	6	7	78		
兴和县	5	471	9	362	1	4	8	87		
凉城县	4	437	20	386	2	5	6	18		
察哈尔右翼前旗	7	474	15	328		5	10	116		
察哈尔右翼中旗	3	404	23	305	4	6	11	55		
察哈尔右翼后旗	5	369	10	307	1		12	39		
四子王旗	6	499	35	389	4	1	15	55		
丰镇市	16	605	31	503	8	4	5	54		
兴安盟	**134**	**5275**	**184**	**4554**	**27**	**31**	**82**	**397**		
乌兰浩特市	52	1619	76	1390	13	23	26	91		
阿尔山市	10	635	5	618	5	2	4	1		
科尔沁右翼前旗	25	872	14	741	3		12	102		
科尔沁右翼中旗	14	623	18	542	3	6	8	46		
扎赉特旗	19	984	40	836	1		24	83		
突泉县	14	542	31	427	2		8	74		
锡林郭勒盟	**128**	**4557**	**159**	**3954**	**23**	**22**	**122**	**277**		
二连浩特市	19	388	24	335	1		7	21		
锡林浩特市	48	1427	54	1215	11	9	50	88		
阿巴嘎旗	11	205	13	181	2		8	1		
苏尼特左旗	2	171	10	146		4	3	8		
苏尼特右旗	3	279	7	253			3	16		
东乌珠穆沁旗	9	326	2	302	1	1	4	16		
西乌珠穆沁旗	12	346	11	312		1	10	12		
太仆寺旗	9	316	11	262	2	1	6	34		
镶黄旗	1	161	4	140	1	2	10	4		
正镶白旗	1	241	8	216			5	12		
正蓝旗	1	235	3	212		1	5	14		
多伦县	4	302	4	237	5	3	11	42		
乌拉盖管委会	8	160	8	143				9		
阿拉善盟	**44**	**1950**	**63**	**1734**	**11**	**10**	**75**	**57**		
阿拉善左旗	38	1354	38	1212	7	6	50	41		
阿拉善右旗		244	13	199	1	4	17	10		
额济纳旗		289	12	262	2		8	5		
内蒙古阿拉善经济开发区	6	63		61	1			1		

4–4 续表 111

单位：人

地区 性别	娱乐业	公共管理、社会保障和社会组织 小计	中国共产党机关	国家机构	人民政协、民主党派	社会保障	群众团体、社会团体和其他成员组织	基层群众自治组织	国际组织 小计	国际组织
男	**1565**	**46118**	**1410**	**40450**	**205**	**221**	**933**	**2899**	**1**	**1**
呼和浩特市	**303**	**6427**	**167**	**5588**	**32**	**26**	**138**	**476**		
新城区	75	1504	28	1368	11	1	37	59		
回民区	58	613	8	526	1	1	18	59		
玉泉区	63	715	6	601	3	4	29	72		
赛罕区	66	2202	92	1961	9	7	30	103		
土默特左旗	9	299	5	258		7	1	28		
托克托县	8	291	4	230	4	4	6	43		
和林格尔县	5	280	10	227	1	2	6	34		
清水河县	1	185	4	143			4	34		
武川县	7	208	6	165	3		1	33		
呼和浩特经济技术开发区	11	130	4	109			6	11		
包头市	**251**	**3718**	**91**	**3273**	**17**	**17**	**95**	**225**		
东河区	38	512	23	446	2	6	10	25		
昆都仑区	80	818	37	697	5	5	31	43		
青山区	76	860	6	788	2	4	26	34		
石拐区	1	45	2	35				8		
白云鄂博矿区		36	1	32	1		1	1		
九原区	12	300	7	252			10	31		
土默特右旗	14	374	3	330	2	2	7	30		
固阳县	6	217	5	184	4		2	22		
达尔罕茂明安联合旗	4	188	4	173	1		3	7		
包头稀土高新技术产业开发区	20	368	3	336			5	24		
乌海市	**40**	**902**	**28**	**804**	**6**	**10**	**19**	**35**		
海勃湾区	28	685	22	625	5	5	16	12		
海南区	6	93	1	75		5	1	11		
乌达区	6	124	5	104	1		2	12		
赤峰市	**173**	**5511**	**123**	**4677**	**23**	**57**	**141**	**490**		
红山区	48	631	10	561	3	6	22	29		
元宝山区	12	349	1	282	3	3	14	46		
松山区	33	1028	35	890	8	10	21	64		
阿鲁科尔沁旗	4	401	3	333	1	4	23	37		
巴林左旗	15	343	10	279		6	8	40		
巴林右旗	9	318	16	283	2		2	15		
林西县	3	291	5	243	1	8	6	28		
克什克腾旗	17	364	3	292	1	2	27	39		
翁牛特旗	10	403	9	366		1	4	23		
喀喇沁旗	9	354	6	296	3	6	5	38		
宁城县	8	545	15	463		3	5	59		
敖汉旗	5	484	10	389	1	8	4	72		

4-4 续表 112

单位：人

地区 性别	娱乐业	公共管理、社会保障和社会组织							国际组织	
		小计	中国共产党机关	国家机构	人民政协、民主党派	社会保障	群众团体、社会团体和其他成员组织	基层群众自治组织	小计	国际组织
通辽市	**133**	**3992**	**139**	**3427**	**12**	**17**	**69**	**328**		
科尔沁区	53	1048	25	923	1	5	25	69		
科尔沁左翼中旗	17	423	12	349	1	1	7	53		
科尔沁左翼后旗	12	359	13	311	1	4	5	25		
开鲁县	6	386	11	325	1	2	6	41		
库伦旗	7	261	15	214	2		6	24		
奈曼旗	8	362	6	294	1	2	9	50		
扎鲁特旗	7	452	11	394			3	44		
通辽经济技术开发区	16	483	31	432	4	3	4	9		
霍林郭勒市	7	218	15	185	1		4	13		
鄂尔多斯市	**186**	**5046**	**166**	**4499**	**14**	**13**	**113**	**241**		
东胜区	83	1090	17	1014	3		23	33		
康巴什区	16	479	23	441	4		5	6		
达拉特旗	16	563	11	498	3	4	7	40		
准格尔旗	21	786	21	646		3	30	86		
鄂托克前旗	6	285	9	256	1	1	5	13		
鄂托克旗	17	340	16	306	1		9	8		
杭锦旗	5	295	17	261			13	4		
乌审旗	4	425	17	385			8	15		
伊金霍洛旗	18	783	35	692	2	5	13	36		
呼伦贝尔市	**157**	**5630**	**136**	**5131**	**19**	**25**	**101**	**218**	**1**	**1**
海拉尔区	44	931	35	852	2	5	20	17		
扎赉诺尔区	5	128	3	119	1	1	4			
阿荣旗	12	428	3	380	1		6	38		
莫力达瓦达斡尔族自治旗	2	416	9	368		2	1	36		
鄂伦春自治旗	10	406	22	345		3	10	26		
鄂温克族自治旗	9	430	13	385	7	6	9	10		
陈巴尔虎旗	2	151		138			7	6		
新巴尔虎左旗	2	177	1	172	1		2	1	1	1
新巴尔虎右旗	2	160	4	137	1		6	12		
满洲里市	10	411	12	387	2	1	5	4		
牙克石市	25	900	8	867	2	4	10	9		
扎兰屯市	24	547	21	476	1	1	3	45		
额尔古纳市	6	283	3	264		2	10	4		
根河市	4	262	2	241	1		8	10		
巴彦淖尔市	**97**	**2775**	**107**	**2497**	**12**	**9**	**52**	**98**		
临河区	51	1223	36	1119	4	6	19	39		
五原县	11	278	12	234			10	22		
磴口县	6	198	1	186	2		1	8		
乌拉特前旗	10	333	15	307	1		5	5		
乌拉特中旗	5	310	17	286	1		2	4		
乌拉特后旗	3	199	7	173	1	1	5	12		
杭锦后旗	11	234	19	192	3	2	10	8		

4-4 续表 113

单位：人

地区 性别	娱乐业	公共管理、社会保障和社会组织						国际组织	
		小计	中国共产党机关	国家机构	人民政协、民主党派	社会保障	群众团体、社会团体和其他成员组织	基层群众自治组织	小计	国际组织
乌兰察布市	**69**	**4616**	**213**	**3901**	**29**	**26**	**65**	**382**		
集宁区	26	1545	79	1412	10	4	14	26		
卓资县	7	187	3	151	1	2	3	27		
化德县	3	262	15	224	4		3	16		
商都县	7	390	9	315	1	3	4	58		
兴和县	3	339	8	271	1	2	5	52		
凉城县	3	298	16	260		5	4	13		
察哈尔右翼前旗	4	311	11	223		3	7	67		
察哈尔右翼中旗	2	266	14	207	3	4	5	33		
察哈尔右翼后旗	2	260	7	216	1		7	29		
四子王旗	4	321	27	255	4	1	9	25		
丰镇市	8	437	24	367	4	2	4	36		
兴安盟	**66**	**3451**	**102**	**3045**	**20**	**11**	**40**	**233**		
乌兰浩特市	26	995	39	889	8	9	10	40		
阿尔山市	4	442	2	432	5		3			
科尔沁右翼前旗	12	555	7	483	3		6	56		
科尔沁右翼中旗	7	396	6	351	3	2	3	31		
扎赉特旗	11	699	29	603	1		12	54		
突泉县	6	364	19	287			6	52		
锡林郭勒盟	**62**	**2890**	**103**	**2566**	**12**	**6**	**60**	**143**		
二连浩特市	8	260	16	235	1		1	7		
锡林浩特市	24	870	38	758	8	1	26	39		
阿巴嘎旗	5	142	5	131	1		5			
苏尼特左旗	1	107	5	99		2	1			
苏尼特右旗	2	169	6	154			1	8		
东乌珠穆沁旗	4	222	2	208			3	9		
西乌珠穆沁旗	5	198	5	182		1	6	4		
太仆寺旗	6	212	8	177			2	25		
镶黄旗		100	3	87	1	1	7	1		
正镶白旗		158	8	142			2	6		
正蓝旗		156	2	138			3	13		
多伦县	3	195	2	165	1	1	3	23		
乌拉盖管委会	4	101	3	90				8		
阿拉善盟	**28**	**1160**	**35**	**1042**	**9**	**4**	**40**	**30**		
阿拉善左旗	24	805	19	728	6	4	27	21		
阿拉善右旗		142	6	120	1		10	5		
额济纳旗		170	10	152	1		3	4		
内蒙古阿拉善经济开发区	4	43		42	1					

4-4　续表 114　　　　单位：人

地区 性别	娱乐业	公共管理、社会保障和社会组织 小计	中国共产党机关	国家机构	人民政协、民主党派	社会保障	群众团体、社会团体和其他成员组织	基层群众自治组织	国际组织 小计	国际组织
女	**1133**	**27342**	**776**	**22171**	**102**	**253**	**923**	**3117**	**1**	**1**
呼和浩特市	**212**	**3987**	**91**	**3155**	**10**	**30**	**124**	**577**		
新城区	65	972	13	826	3	10	32	88		
回民区	26	419	5	252		4	12	146		
玉泉区	52	455	2	323	2	4	21	103		
赛罕区	43	1439	46	1212	4	2	45	130		
土默特左旗	7	159	2	132		4		21		
托克托县	7	136	5	93		5	2	31		
和林格尔县	3	134	11	101		1	3	18		
清水河县		101	2	83			3	13		
武川县	2	80	1	53			3	23		
呼和浩特经济技术开发区	7	92	4	80	1		3	4		
包头市	**169**	**2611**	**47**	**2062**	**4**	**22**	**119**	**357**		
东河区	32	329	12	234		5	19	59		
昆都仑区	63	607	11	458	2	7	32	97		
青山区	45	647	1	535	1	8	35	67		
石拐区		40	1	35			1	3		
白云鄂博矿区		61	2	47			2	10		
九原区	5	206	3	158		1	10	34		
土默特右旗	12	203	6	157		1	8	31		
固阳县	2	106	2	89			3	12		
达尔罕茂明安联合旗	1	132	3	118	1		5	5		
包头稀土高新技术产业开发区	9	280	6	231			4	39		
乌海市	**32**	**731**	**30**	**532**	**6**	**10**	**26**	**127**		
海勃湾区	24	517	17	412	6	5	21	56		
海南区	2	77	2	42		3	2	28		
乌达区	6	137	11	78		2	3	43		
赤峰市	**111**	**2953**	**48**	**2275**	**7**	**55**	**100**	**468**		
红山区	23	311	3	240		4	19	45		
元宝山区	7	183	1	120		8	5	49		
松山区	29	589	10	459	1	12	23	84		
阿鲁科尔沁旗	4	237	2	191		7	6	31		
巴林左旗	10	225	4	154		5	6	56		
巴林右旗	4	201	10	175		1	3	12		
林西县	1	151	1	119	1		3	27		
克什克腾旗	6	218	4	158	1	3	17	35		
翁牛特旗	6	166	3	142	1	1	4	15		
喀喇沁旗	5	193	1	153	2	3	2	32		
宁城县	12	264	7	210	1	1	10	35		
敖汉旗	4	215	2	154		10	2	47		

4－4　续表 115　　　　单位：人

地区 性别	娱乐业	公共管理、社会保障和社会组织							国际组织	
		小计	中国共产党机关	国家机构	人民政协、民主党派	社会保障	群众团体、社会团体和其他成员组织	基层群众自治组织	小计	国际组织
通辽市	**103**	**2272**	**68**	**1845**	**14**	**15**	**59**	**271**	**1**	**1**
科尔沁区	40	592	10	476	3	4	17	82	1	1
科尔沁左翼中旗	10	225	8	184		1	8	24		
科尔沁左翼后旗	5	157	6	129			4	18		
开鲁县	6	214	7	166	1	3	3	34		
库伦旗	8	133	6	110	3	3	2	9		
奈曼旗	9	193	7	148	1		2	35		
扎鲁特旗	7	240	3	198	1		4	34		
通辽经济技术开发区	7	343	11	295	3	2	11	21		
霍林郭勒市	11	175	10	139	2	2	8	14		
鄂尔多斯市	**113**	**3313**	**89**	**2852**	**7**	**12**	**117**	**236**		
东胜区	51	749	9	663	1	1	25	50		
康巴什区	6	415	16	368	5		15	11		
达拉特旗	16	290	8	235		4	8	35		
准格尔旗	13	388	11	303		4	22	48		
鄂托克前旗	2	199	8	166			10	15		
鄂托克旗	9	224	18	192	1		5	8		
杭锦旗	3	197	4	183			4	6		
乌审旗	5	300	7	272			6	15		
伊金霍洛旗	8	551	8	470		3	22	48		
呼伦贝尔市	**124**	**3048**	**87**	**2458**	**10**	**41**	**102**	**350**		
海拉尔区	33	577	25	484	3	6	18	41		
扎赉诺尔区	5	103	4	79		2	5	13		
阿荣旗	13	170	4	140			4	22		
莫力达瓦达斡尔族自治旗	4	200	4	154		5	2	35		
鄂伦春自治旗	6	226	10	151	1	5	12	47		
鄂温克族自治旗	6	298	11	236	2	8	16	25		
陈巴尔虎旗	1	101	2	94			1	4		
新巴尔虎左旗	2	92	1	81			4	6		
新巴尔虎右旗	2	104	1	75	1		8	19		
满洲里市	12	253	9	206		2	9	27		
牙克石市	13	324	3	283		8	9	21		
扎兰屯市	16	323	10	253	2	4	5	49		
额尔古纳市	9	155	3	125		1	5	21		
根河市	2	122		97	1		4	20		
巴彦淖尔市	**73**	**1850**	**71**	**1560**	**12**	**6**	**82**	**119**		
临河区	38	804	25	698	4	3	30	44		
五原县	6	174	2	143	1	2	8	18		
磴口县	4	138		122	1		7	8		
乌拉特前旗	11	231	12	193			10	16		
乌拉特中旗	5	199	5	169	3		10	12		
乌拉特后旗	2	155	7	131	2		5	10		
杭锦后旗	7	149	20	104	1	1	12	11		

4-4 续表 116 单位：人

地区 性别	娱乐业	公共管理、社会保障和社会组织							国际组织	
		小计	中国共产党机关	国家机构	人民政协、民主党派	社会保障	群众团体、社会团体和其他成员组织	基层群众自治组织	小计	国际组织
乌兰察布市	**46**	**2296**	**79**	**1843**	**12**	**20**	**55**	**287**		
集宁区	16	929	32	800	4	4	23	66		
卓资县	1	96		70	1	5		20		
化德县	2	112	7	90			3	12		
商都县	7	132	4	102		3	3	20		
兴和县	2	132	1	91		2	3	35		
凉城县	1	139	4	126	2		2	5		
察哈尔右翼前旗	3	163	4	105		2	3	49		
察哈尔右翼中旗	1	138	9	98	1	2	6	22		
察哈尔右翼后旗	3	109	3	91			5	10		
四子王旗	2	178	8	134			6	30		
丰镇市	8	168	7	136	4	2	1	18		
兴安盟	**68**	**1824**	**82**	**1509**	**7**	**20**	**42**	**164**		
乌兰浩特市	26	624	37	501	5	14	16	51		
阿尔山市	6	193	3	186		2	1	1		
科尔沁右翼前旗	13	317	7	258			6	46		
科尔沁右翼中旗	7	227	12	191		4	5	15		
扎赉特旗	8	285	11	233			12	29		
突泉县	8	178	12	140	2		2	22		
锡林郭勒盟	**66**	**1667**	**56**	**1388**	**11**	**16**	**62**	**134**		
二连浩特市	11	128	8	100			6	14		
锡林浩特市	24	557	16	457	3	8	24	49		
阿巴嘎旗	6	63	8	50	1		3	1		
苏尼特左旗	1	64	5	47		2	2	8		
苏尼特右旗	1	110	1	99			2	8		
东乌珠穆沁旗	5	104		94	1	1	1	7		
西乌珠穆沁旗	7	148	6	130			4	8		
太仆寺旗	3	104	3	85	2	1	4	9		
镶黄旗	1	61	1	53		1	3	3		
正镶白旗	1	83		74			3	6		
正蓝旗	1	79	1	74		1	2	1		
多伦县	1	107	2	72	4	2	8	19		
乌拉盖管委会	4	59	5	53				1		
阿拉善盟	**16**	**790**	**28**	**692**	**2**	**6**	**35**	**27**		
阿拉善左旗	14	549	19	484	1	2	23	20		
阿拉善右旗		102	7	79		4	7	5		
额济纳旗		119	2	110	1		5	1		
内蒙古阿拉善经济开发区	2	20		19				1		

4-4a 各地区分性别、行业大类的就业人口(城市)

单位：人

地区 性别	合计	农、林、牧、渔业						采矿业	
		小计	农业	林业	畜牧业	渔业	农、林、牧、渔专业及辅助性活动	小计	煤炭开采和洗选业
内蒙古	**388709**	**6806**	**3457**	**565**	**1967**	**93**	**724**	**10169**	**7936**
呼和浩特市	**88703**	**738**	**360**	**84**	**187**	**9**	**98**	**288**	**171**
新城区	24014	192	92	24	52	3	21	74	39
回民区	16882	89	48	5	29		7	30	21
玉泉区	19585	217	109	28	43	4	33	85	50
赛罕区	28222	240	111	27	63	2	37	99	61
包头市	**79485**	**986**	**520**	**101**	**247**	**15**	**103**	**1686**	**418**
东河区	16256	190	125	12	45	1	7	119	65
昆都仑区	32854	479	249	62	97	7	64	567	156
青山区	21556	135	70	9	47	3	6	156	108
石拐区	509	9	5		4			23	21
白云鄂博矿区	1227	16	5		7		4	699	1
九原区	7083	157	66	18	47	4	22	122	67
乌海市	**22534**	**144**	**70**	**4**	**60**	**3**	**7**	**2253**	**2159**
海勃湾区	14329	100	51	2	38	3	6	966	934
海南区	3178	23	12	2	8		1	585	531
乌达区	5027	21	7		14			702	694
赤峰市	**39752**	**857**	**566**	**36**	**206**	**5**	**44**	**1354**	**1182**
红山区	16727	334	237	21	56	2	18	107	57
元宝山区	6434	211	111	12	75	2	11	1090	1060
松山区	16591	312	218	3	75	1	15	157	65
通辽市	**22658**	**446**	**270**	**15**	**130**	**1**	**30**	**641**	**589**
科尔沁区	16775	362	242	10	89	1	20	40	10
霍林郭勒市	5883	84	28	5	41		10	601	579
鄂尔多斯市	**31570**	**388**	**213**	**15**	**144**	**3**	**13**	**2141**	**2067**
东胜区	26328	327	175	11	126	3	12	1624	1570
康巴什区	5197	41	19	4	17		1	517	497
鄂托克旗	45	20	19		1				
呼伦贝尔市	**35448**	**1462**	**561**	**270**	**277**	**46**	**308**	**1141**	**943**
海拉尔区	13719	259	118	22	87	7	25	315	284
扎赉诺尔区	2518	112	13		56	25	18	563	550
满洲里市	6191	37	6	1	22	3	5	148	31
牙克石市	4470	245	93	75	20	10	47	88	67
扎兰屯市	5649	285	196	18	31		40	10	3
额尔古纳市	1639	254	131	15	56		52	17	8
根河市	1262	270	4	139	5	1	121		
巴彦淖尔市	**18640**	**610**	**383**	**13**	**175**	**4**	**35**	**90**	**34**
临河区	18640	610	383	13	175	4	35	90	34
乌兰察布市	**20249**	**309**	**195**	**9**	**95**		**10**	**51**	**26**
集宁区	16393	221	132	7	72		10	33	11
丰镇市	3856	88	63	2	23			18	15
兴安盟	**12458**	**376**	**254**	**9**	**85**	**4**	**24**	**14**	**5**
乌兰浩特市	11630	362	250	7	78	4	23	13	4
阿尔山市	828	14	4	2	7		1	1	1
锡林郭勒盟	**17212**	**490**	**65**	**9**	**361**	**3**	**52**	**510**	**342**
二连浩特市	3492	36	2		32		2	22	1
锡林浩特市	13720	454	63	9	329	3	50	488	341

4-4a　续表 1　　　　　　　　　　　　　　　　　　　　　　　　　　　　单位：人

地　区 性　别	合计	农、林、牧、渔业						采矿业	
		小计	农业	林业	畜牧业	渔业	农、林、牧、渔专业及辅助性活动	小计	煤炭开采和洗选业
男	**235077**	**4881**	**2360**	**433**	**1469**	**69**	**550**	**8613**	**6863**
呼和浩特市	**51724**	**550**	**251**	**65**	**151**	**7**	**76**	**238**	**143**
新城区	13734	130	60	16	35	3	16	59	31
回民区	10166	73	38	4	25		6	27	19
玉泉区	11902	169	77	26	39	2	25	68	41
赛罕区	15922	178	76	19	52	2	29	84	52
包头市	**49206**	**683**	**348**	**69**	**188**	**11**	**67**	**1325**	**344**
东河区	10302	131	80	8	35	1	7	105	57
昆都仑区	20282	318	161	41	73	5	38	442	121
青山区	12921	96	53	4	33	2	4	129	93
石拐区	337	5	3		2			20	18
白云鄂博矿区	821	14	4		7		3	531	1
九原区	4543	119	47	16	38	3	15	98	54
乌海市	**14327**	**102**	**48**	**3**	**44**	**2**	**5**	**1846**	**1776**
海勃湾区	8813	73	37	1	28	2	5	772	746
海南区	2122	15	6	2	7			459	420
乌达区	3392	14	5		9			615	610
赤峰市	**24291**	**574**	**349**	**27**	**164**	**4**	**30**	**1247**	**1100**
红山区	10143	217	146	15	41	2	13	94	49
元宝山区	4278	138	64	9	58	1	6	1022	994
松山区	9870	219	139	3	65	1	11	131	57
通辽市	**13564**	**288**	**164**	**12**	**90**	**1**	**21**	**570**	**527**
科尔沁区	9676	224	141	8	61	1	13	31	9
霍林郭勒市	3888	64	23	4	29		8	539	518
鄂尔多斯市	**19138**	**279**	**144**	**10**	**113**	**1**	**11**	**1824**	**1768**
东胜区	16092	235	118	7	99	1	10	1415	1374
康巴什区	3010	29	12	3	13		1	409	394
鄂托克旗	36	15	14		1				
呼伦贝尔市	**21327**	**1103**	**411**	**214**	**192**	**34**	**252**	**1000**	**851**
海拉尔区	8064	198	91	20	63	5	19	256	233
扎赉诺尔区	1636	78	8		38	19	13	534	525
满洲里市	3750	26	3	1	16	2	4	113	29
牙克石市	2717	186	66	61	13	7	39	73	54
扎兰屯市	3348	186	125	11	22		28	10	3
额尔古纳市	1012	206	116	11	37		42	14	7
根河市	800	223	2	110	3	1	107		
巴彦淖尔市	**10950**	**450**	**278**	**8**	**136**	**3**	**25**	**79**	**30**
临河区	10950	450	278	8	136	3	25	79	30
乌兰察布市	**12750**	**243**	**143**	**9**	**83**		**8**	**47**	**25**
集宁区	10109	173	98	7	60		8	30	11
丰镇市	2641	70	45	2	23			17	14
兴安盟	**7214**	**264**	**176**	**8**	**61**	**4**	**15**	**13**	**5**
乌兰浩特市	6709	254	174	6	56	4	14	12	4
阿尔山市	505	10	2	2	5		1	1	1
锡林郭勒盟	**10586**	**345**	**48**	**8**	**247**	**2**	**40**	**424**	**294**
二连浩特市	2242	28	2		24		2	18	
锡林浩特市	8344	317	46	8	223	2	38	406	294

4－4a 续表 2　　　　单位：人

地区 性别	合计	农、林、牧、渔业						采矿业	
		小计	农业	林业	畜牧业	渔业	农、林、牧、渔专业及辅助性活动	小计	煤炭开采和洗选业
女	**153632**	**1925**	**1097**	**132**	**498**	**24**	**174**	**1556**	**1073**
呼和浩特市	**36979**	**188**	**109**	**19**	**36**	**2**	**22**	**50**	**28**
新城区	10280	62	32	8	17		5	15	8
回民区	6716	16	10	1	4		1	3	2
玉泉区	7683	48	32	2	4	2	8	17	9
赛罕区	12300	62	35	8	11		8	15	9
包头市	**30279**	**303**	**172**	**32**	**59**	**4**	**36**	**361**	**74**
东河区	5954	59	45	4	10			14	8
昆都仑区	12572	161	88	21	24	2	26	125	35
青山区	8635	39	17	5	14	1	2	27	15
石拐区	172	4	2		2			3	3
白云鄂博矿区	406	2	1				1	168	
九原区	2540	38	19	2	9	1	7	24	13
乌海市	**8207**	**42**	**22**	**1**	**16**	**1**	**2**	**407**	**383**
海勃湾区	5516	27	14	1	10	1	1	194	188
海南区	1056	8	6		1		1	126	111
乌达区	1635	7	2		5			87	84
赤峰市	**15461**	**283**	**217**	**9**	**42**	**1**	**14**	**107**	**82**
红山区	6584	117	91	6	15		5	13	8
元宝山区	2156	73	47	3	17	1	5	68	66
松山区	6721	93	79		10		4	26	8
通辽市	**9094**	**158**	**106**	**3**	**40**		**9**	**71**	**62**
科尔沁区	7099	138	101	2	28		7	9	1
霍林郭勒市	1995	20	5	1	12		2	62	61
鄂尔多斯市	**12432**	**109**	**69**	**5**	**31**	**2**	**2**	**317**	**299**
东胜区	10236	92	57	4	27	2	2	209	196
康巴什区	2187	12	7	1	4			108	103
鄂托克旗	9	5	5						
呼伦贝尔市	**14121**	**359**	**150**	**56**	**85**	**12**	**56**	**141**	**92**
海拉尔区	5655	61	27	2	24	2	6	59	51
扎赉诺尔区	882	34	5		18	6	5	29	25
满洲里市	2441	11	3		6	1	1	35	2
牙克石市	1753	59	27	14	7	3	8	15	13
扎兰屯市	2301	99	71	7	9		12		
额尔古纳市	627	48	15	4	19		10	3	1
根河市	462	47	2	29	2		14		
巴彦淖尔市	**7690**	**160**	**105**	**5**	**39**	**1**	**10**	**11**	**4**
临河区	7690	160	105	5	39	1	10	11	4
乌兰察布市	**7499**	**66**	**52**		**12**		**2**	**4**	**1**
集宁区	6284	48	34		12		2	3	
丰镇市	1215	18	18					1	1
兴安盟	**5244**	**112**	**78**	**1**	**24**		**9**	**1**	
乌兰浩特市	4921	108	76	1	22		9	1	
阿尔山市	323	4	2		2				
锡林郭勒盟	**6626**	**145**	**17**	**1**	**114**	**1**	**12**	**86**	**48**
二连浩特市	1250	8			8			4	1
锡林浩特市	5376	137	17	1	106	1	12	82	47

4-4a 续表 3

单位：人

地区 性别	采矿业：石油和天然气开采业	采矿业：黑色金属矿采选业	采矿业：有色金属矿采选业	采矿业：非金属矿采选业	采矿业：开采专业及辅助性活动	采矿业：其他采矿业	制造业：小计	制造业：农副食品加工业	制造业：食品制造业
内蒙古	**92**	**891**	**523**	**257**	**324**	**146**	**38609**	**2335**	**3194**
呼和浩特市	**17**	**11**	**17**	**30**	**30**	**12**	**5303**	**270**	**996**
新城区	8	4	4	6	10	3	1109	44	173
回民区		1	1	4	2	1	887	42	204
玉泉区	6		3	16	4	6	1430	109	286
赛罕区	3	6	9	4	14	2	1877	75	333
包头市	**8**	**811**	**262**	**46**	**77**	**64**	**12563**	**371**	**444**
东河区	1	8	14	7	20	4	2226	133	91
昆都仑区	5	190	94	26	51	45	5347	136	149
青山区		20	15	6	1	6	4047	61	142
石拐区		1		1			114		4
白云鄂博矿区		575	123				47		
九原区	2	17	16	6	5	9	782	41	58
乌海市	**2**	**8**	**2**	**60**	**18**	**4**	**4450**	**24**	**94**
海勃湾区	2	3	1	25	1		1840	16	64
海南区		3	1	31	17	2	964	3	10
乌达区		2		4		2	1646	5	20
赤峰市	**6**	**15**	**69**	**33**	**28**	**21**	**3451**	**317**	**218**
红山区	2	8	24	5	9	2	1783	148	66
元宝山区	3	1	8	9	5	4	756	89	85
松山区	1	6	37	19	14	15	912	80	67
通辽市	**1**	**1**	**12**	**16**	**21**	**1**	**2457**	**226**	**198**
科尔沁区	1	1	4	12	11	1	930	202	179
霍林郭勒市			8	4	10		1527	24	19
鄂尔多斯市	**6**	**1**	**4**	**19**	**38**	**6**	**2281**	**65**	**118**
东胜区	4	1	4	15	28	2	1984	62	93
康巴什区	2			4	10	4	289	3	25
鄂托克旗							8		
呼伦贝尔市	**10**	**4**	**122**	**18**	**32**	**12**	**3132**	**255**	**601**
海拉尔区	8	1	1	4	13	4	780	106	93
扎赉诺尔区		2	2	1	5	3	228	19	6
满洲里市			112	4	1		963	29	29
牙克石市	1	1	1	4	11	3	210	22	17
扎兰屯市	1		3	3			791	41	430
额尔古纳市			3	2	2	2	110	32	20
根河市							50	6	6
巴彦淖尔市		**6**	**19**	**12**	**14**	**5**	**1396**	**316**	**113**
临河区		6	19	12	14	5	1396	316	113
乌兰察布市		**4**	**5**	**9**	**7**		**1429**	**99**	**187**
集宁区		3	5	7	7		762	81	147
丰镇市		1		2			667	18	40
兴安盟		**3**	**2**	**3**	**1**		**989**	**104**	**93**
乌兰浩特市		3	2	3	1		971	99	93
阿尔山市							18	5	
锡林郭勒盟	**42**	**27**	**9**	**11**	**58**	**21**	**1158**	**288**	**132**
二连浩特市		13	1	4	3		220	14	11
锡林浩特市	42	14	8	7	55	21	938	274	121

4-4a 续表 4

单位：人

地区 性别	采矿业						制造业		
	石油和天然气开采业	黑色金属矿采选业	有色金属矿采选业	非金属矿采选业	开采专业及辅助性活动	其他采矿业	小计	农副食品加工业	食品制造业
男	**71**	**688**	**404**	**220**	**252**	**115**	**28061**	**1534**	**1885**
呼和浩特市	**15**	**10**	**14**	**25**	**21**	**10**	**3556**	**177**	**610**
新城区	7	4	2	6	6	3	716	30	108
回民区		1	1	3	2	1	635	29	129
玉泉区	6		3	12	2	4	943	72	182
赛罕区	2	5	8	4	11	2	1262	46	191
包头市	**5**	**625**	**196**	**41**	**65**	**49**	**9649**	**237**	**240**
东河区	1	8	11	7	18	3	1718	94	56
昆都仑区	2	143	77	22	43	34	4131	85	66
青山区		14	13	5	1	3	3067	32	78
石拐区		1		1			89		3
白云鄂博矿区		444	86				40		
九原区	2	15	9	6	3	9	604	26	37
乌海市	**1**	**4**	**2**	**50**	**11**	**2**	**3264**	**16**	**52**
海勃湾区	1	2	1	21	1		1372	12	39
海南区		2	1	25	10	1	686	2	2
乌达区				4		1	1206	2	11
赤峰市	**5**	**13**	**61**	**28**	**23**	**17**	**2472**	**214**	**116**
红山区	2	7	21	4	9	2	1281	95	29
元宝山区	2	1	7	9	5	4	535	66	54
松山区	1	5	33	15	9	11	656	53	33
通辽市		**1**	**10**	**15**	**16**	**1**	**1907**	**139**	**122**
科尔沁区		1	2	11	7	1	641	127	114
霍林郭勒市			8	4	9		1266	12	8
鄂尔多斯市	**4**	**1**	**4**	**15**	**27**	**5**	**1521**	**47**	**50**
东胜区	2	1	4	12	20	2	1319	45	40
康巴什区	2			3	7	3	196	2	10
鄂托克旗							6		
呼伦贝尔市	**8**	**2**	**88**	**16**	**25**	**10**	**2234**	**177**	**405**
海拉尔区	7	1	1	2	9	3	572	72	44
扎赉诺尔区		1	2	1	3	2	145	12	3
满洲里市			79	4	1		675	24	16
牙克石市			1	4	11	3	136	14	7
扎兰屯市	1		3	3			594	26	321
额尔古纳市			2	2	1	2	80	27	11
根河市							32	2	3
巴彦淖尔市		**5**	**17**	**9**	**13**	**5**	**889**	**219**	**61**
临河区		5	17	9	13	5	889	219	61
乌兰察布市		**4**	**4**	**8**	**6**		**1040**	**67**	**103**
集宁区		3	4	6	6		518	57	82
丰镇市		1		2			522	10	21
兴安盟		**2**	**2**	**3**	**1**		**722**	**76**	**50**
乌兰浩特市		2	2	3	1		711	74	50
阿尔山市							11	2	
锡林郭勒盟	**33**	**21**	**6**	**10**	**44**	**16**	**807**	**165**	**76**
二连浩特市		11	1	4	2		163	8	7
锡林浩特市	33	10	5	6	42	16	644	157	69

4-4a 续表 5

单位：人

地区 性别	采矿业						制造业		
	石油和天然气开采业	黑色金属矿采选业	有色金属矿采选业	非金属矿采选业	开采专业及辅助性活动	其他采矿业	小计	农副食品加工业	食品制造业
女	**21**	**203**	**119**	**37**	**72**	**31**	**10548**	**801**	**1309**
呼和浩特市	**2**	**1**	**3**	**5**	**9**	**2**	**1747**	**93**	**386**
新城区	1		2		4		393	14	65
回民区				1			252	13	75
玉泉区				4	2	2	487	37	104
赛罕区	1	1	1		3		615	29	142
包头市	**3**	**186**	**66**	**5**	**12**	**15**	**2914**	**134**	**204**
东河区			3		2	1	508	39	35
昆都仑区	3	47	17	4	8	11	1216	51	83
青山区		6	2	1		3	980	29	64
石拐区							25		1
白云鄂博矿区		131	37				7		
九原区		2	7		2		178	15	21
乌海市	**1**	**4**		**10**	**7**	**2**	**1186**	**8**	**42**
海勃湾区	1	1		4			468	4	25
海南区		1		6	7	1	278	1	8
乌达区		2				1	440	3	9
赤峰市	**1**	**2**	**8**	**5**	**5**	**4**	**979**	**103**	**102**
红山区		1	3	1			502	53	37
元宝山区	1		1				221	23	31
松山区		1	4	4	5	4	256	27	34
通辽市	**1**		**2**	**1**	**5**		**550**	**87**	**76**
科尔沁区	1		2	1	4		289	75	65
霍林郭勒市					1		261	12	11
鄂尔多斯市	**2**			**4**	**11**	**1**	**760**	**18**	**68**
东胜区	2			3	8		665	17	53
康巴什区				1	3	1	93	1	15
鄂托克旗							2		
呼伦贝尔市	**2**	**2**	**34**	**2**	**7**	**2**	**898**	**78**	**196**
海拉尔区	1			2	4	1	208	34	49
扎赉诺尔区		1			2	1	83	7	3
满洲里市			33				288	5	13
牙克石市	1	1					74	8	10
扎兰屯市							197	15	109
额尔古纳市			1		1		30	5	9
根河市							18	4	3
巴彦淖尔市		**1**	**2**	**3**	**1**		**507**	**97**	**52**
临河区		1	2	3	1		507	97	52
乌兰察布市			**1**	**1**	**1**		**389**	**32**	**84**
集宁区			1	1	1		244	24	65
丰镇市							145	8	19
兴安盟		**1**					**267**	**28**	**43**
乌兰浩特市		1					260	25	43
阿尔山市							7	3	
锡林郭勒盟	**9**	**6**	**3**	**1**	**14**	**5**	**351**	**123**	**56**
二连浩特市		2			1		57	6	4
锡林浩特市	9	4	3	1	13	5	294	117	52

4-4a 续表 6

单位：人

地区 性别	制造业								
	酒、饮料和精制茶制造业	烟草制品业	纺织业	纺织服装、服饰业	皮革、毛皮、羽毛及其制品和制鞋业	木材加工和木、竹、藤、棕、草制品业	家具制造业	造纸和纸制品业	印刷和记录媒介复制业
内蒙古	**881**	**248**	**949**	**981**	**152**	**1263**	**422**	**165**	**587**
呼和浩特市	**110**	**144**	**134**	**301**	**20**	**44**	**67**	**32**	**219**
新城区	23	7	24	59	9	16	24	5	50
回民区	18	8	26	44	1	9	2	6	22
玉泉区	29	38	46	124	5	17	24	10	47
赛罕区	40	91	38	74	5	2	17	11	100
包头市	**218**	**4**	**128**	**179**	**25**	**79**	**98**	**10**	**116**
东河区	55		66	79	8	21	26	4	20
昆都仑区	93	2	28	48	11	29	37	3	57
青山区	40	1	22	35	3	12	22	2	26
石拐区				3					1
白云鄂博矿区			1						1
九原区	30	1	11	14	3	17	13	1	11
乌海市	**34**	**2**	**11**	**25**	**3**	**10**	**19**	**3**	**26**
海勃湾区	22		6	23		5	15	2	24
海南区	4		3		1	3	2	1	
乌达区	8	2	2	2	2	2	2		2
赤峰市	**137**	**3**	**95**	**84**	**21**	**93**	**61**	**6**	**59**
红山区	65	1	65	53	15	9	38	1	32
元宝山区	27		18	14		68	5	1	9
松山区	45	2	12	17	6	16	18	4	18
通辽市	**61**	**3**	**11**	**15**	**14**	**21**	**27**	**4**	**17**
科尔沁区	55	3	9	11	14	15	20	4	14
霍林郭勒市	6		2	4		6	7		3
鄂尔多斯市	**74**	**6**	**372**	**177**	**12**	**23**	**22**	**5**	**34**
东胜区	66	6	371	172	12	21	22	5	33
康巴什区	8		1	5		2			1
鄂托克旗									
呼伦贝尔市	**97**	**3**	**17**	**20**	**14**	**919**	**70**	**77**	**20**
海拉尔区	38	1	11	6	7	19	6	1	12
扎赉诺尔区	1	1	2	1	2	89	5	1	3
满洲里市		1		3	1	774	47	2	1
牙克石市	14		3	2	2	4	1	3	1
扎兰屯市	40		1	7	1	14	9	69	2
额尔古纳市	2				1	1	2		
根河市	2			1		18		1	1
巴彦淖尔市	**50**	**4**	**119**	**82**	**14**	**13**	**14**	**15**	**20**
临河区	50	4	119	82	14	13	14	15	20
乌兰察布市	**47**		**25**	**39**	**21**	**4**	**16**	**3**	**18**
集宁区	24		23	29	21	2	10	2	13
丰镇市	23		2	10		2	6	1	5
兴安盟	**46**	**77**	**11**	**13**	**1**	**13**	**11**	**5**	**46**
乌兰浩特市	36	77	11	13	1	11	11	5	46
阿尔山市	10					2			
锡林郭勒盟	**7**	**2**	**26**	**46**	**7**	**44**	**17**	**5**	**12**
二连浩特市			8	16	1	38	3	1	1
锡林浩特市	7	2	18	30	6	6	14	4	11

4-4a　续表 7　　　　单位：人

地　区 性　别	制造业								
	酒、饮料和精制茶制造业	烟　草制品业	纺织业	纺织服装、服饰业	皮革、毛皮、羽毛及其制品和制鞋业	木材加工和木、竹、藤、棕、草制品业	家　具制造业	造纸和纸制品业	印刷和记录媒介复制业
男	**567**	**175**	**369**	**280**	**77**	**886**	**307**	**114**	**326**
呼和浩特市	**70**	**107**	**49**	**91**	**10**	**31**	**42**	**21**	**122**
新城区	16	6	6	19	3	8	16	3	29
回民区	12	4	9	11	1	8	2	6	15
玉泉区	19	33	17	30	4	13	15	7	25
赛罕区	23	64	17	31	2	2	9	5	53
包头市	**142**	**2**	**56**	**60**	**15**	**59**	**68**	**4**	**70**
东河区	43		25	25	6	16	18	2	11
昆都仑区	54	1	15	11	7	20	22	2	32
青山区	25		11	15	1	9	20		18
石拐区				2					1
白云鄂博矿区			1						
九原区	20	1	4	7	1	14	8		8
乌海市	**19**	**2**	**4**	**6**	**1**	**7**	**17**	**2**	**15**
海勃湾区	14		2	5		3	13	2	14
海南区	1		1		1	2	2		
乌达区	4	2	1	1		2	2		1
赤峰市	**86**	**2**	**40**	**16**	**8**	**71**	**47**	**2**	**32**
红山区	44		25	11	7	7	30		20
元宝山区	12		6	2		50	3		2
松山区	30	2	9	3	1	14	14	2	10
通辽市	**41**	**1**	**4**	**5**	**5**	**18**	**21**	**3**	**7**
科尔沁区	39	1	3	3	5	12	16	3	6
霍林郭勒市	2		1	2		6	5		1
鄂尔多斯市	**52**	**2**	**139**	**52**	**8**	**17**	**16**	**2**	**20**
东胜区	47	2	138	51	8	16	16	2	19
康巴什区	5		1	1		1			1
鄂托克旗									
呼伦贝尔市	**64**	**3**	**4**	**7**	**9**	**623**	**51**	**62**	**11**
海拉尔区	27	1	3	3	4	15	6		7
扎赉诺尔区	1	1			2	46	5	1	2
满洲里市		1			1	537	33	2	1
牙克石市	6			1	1	3		2	
扎兰屯市	29		1	3		9	5	57	
额尔古纳市					1		2		
根河市	1					13			1
巴彦淖尔市	**30**	**3**	**40**	**19**	**4**	**10**	**9**	**8**	**8**
临河区	30	3	40	19	4	10	9	8	8
乌兰察布市	**28**		**11**	**10**	**10**	**4**	**12**	**3**	**10**
集宁区	13		10	8	10	2	7	2	7
丰镇市	15		1	2		2	5	1	3
兴安盟	**31**	**51**	**6**	**3**	**1**	**11**	**11**	**4**	**24**
乌兰浩特市	23	51	6	3	1	10	11	4	24
阿尔山市	8					1			
锡林郭勒盟	**4**	**2**	**16**	**11**	**6**	**35**	**13**	**3**	**7**
二连浩特市			4	5	1	30	2	1	1
锡林浩特市	4	2	12	6	5	5	11	2	6

4-4a 续表 8 单位：人

地区 性别	制造业								
	酒、饮料和精制茶制造业	烟草制品业	纺织业	纺织服装、服饰业	皮革、毛皮、羽毛及其制品和制鞋业	木材加工和木、竹、藤、棕、草制品业	家具制造业	造纸和纸制品业	印刷和记录媒介复制业
女	**314**	**73**	**580**	**701**	**75**	**377**	**115**	**51**	**261**
呼和浩特市	**40**	**37**	**85**	**210**	**10**	**13**	**25**	**11**	**97**
新城区	7	1	18	40	6	8	8	2	21
回民区	6	4	17	33		1			7
玉泉区	10	5	29	94	1	4	9	3	22
赛罕区	17	27	21	43	3		8	6	47
包头市	**76**	**2**	**72**	**119**	**10**	**20**	**30**	**6**	**46**
东河区	12		41	54	2	5	8	2	9
昆都仑区	39	1	13	37	4	9	15	1	25
青山区	15	1	11	20	2	3	2	2	8
石拐区				1					
白云鄂博矿区									1
九原区	10		7	7	2	3	5	1	3
乌海市	**15**		**7**	**19**	**2**	**3**	**2**	**1**	**11**
海勃湾区	8		4	18		2	2		10
海南区	3		2			1		1	
乌达区	4		1	1	2				1
赤峰市	**51**	**1**	**55**	**68**	**13**	**22**	**14**	**4**	**27**
红山区	21	1	40	42	8	2	8	1	12
元宝山区	15		12	12		18	2	1	7
松山区	15		3	14	5	2	4	2	8
通辽市	**20**	**2**	**7**	**10**	**9**	**3**	**6**	**1**	**10**
科尔沁区	16	2	6	8	9	3	4	1	8
霍林郭勒市	4		1	2			2		2
鄂尔多斯市	**22**	**4**	**233**	**125**	**4**	**6**	**6**	**3**	**14**
东胜区	19	4	233	121	4	5	6	3	14
康巴什区	3			4		1			
鄂托克旗									
呼伦贝尔市	**33**		**13**	**13**	**5**	**296**	**19**	**15**	**9**
海拉尔区	11		8	3	3	4		1	5
扎赉诺尔区			2	1		43			1
满洲里市				3		237	14		
牙克石市	8		3	1	1	1	1	1	1
扎兰屯市	11			4	1	5	4	12	2
额尔古纳市	2					1			
根河市	1			1		5		1	
巴彦淖尔市	**20**	**1**	**79**	**63**	**10**	**3**	**5**	**7**	**12**
临河区	20	1	79	63	10	3	5	7	12
乌兰察布市	**19**		**14**	**29**	**11**		**4**		**8**
集宁区	11		13	21	11		3		6
丰镇市	8		1	8			1		2
兴安盟	**15**	**26**	**5**	**10**		**2**		**1**	**22**
乌兰浩特市	13	26	5	10		1		1	22
阿尔山市	2					1			
锡林郭勒盟	**3**		**10**	**35**	**1**	**9**	**4**	**2**	**5**
二连浩特市			4	11		8	1		
锡林浩特市	3		6	24	1	1	3	2	5

4-4a 续表 9

单位：人

地区 性别	制造业								
	文教、工美、体育和娱乐用品制造业	石油、煤炭及其他燃料加工业	化学原料和化学制品制造业	医药制造业	化学纤维制造业	橡胶和塑料制品业	非金属矿物制品业	黑色金属冶炼和压延加工业	有色金属冶炼和压延加工业
内蒙古	**275**	**2041**	**3198**	**1209**	**17**	**462**	**2359**	**3075**	**3114**
呼和浩特市	**73**	**192**	**341**	**277**	**4**	**53**	**271**	**23**	**50**
新城区	16	13	61	40	1	18	59	5	7
回民区	10	2	80	64		9	64	6	4
玉泉区	30	22	62	89	1	18	87	7	18
赛罕区	17	155	138	84	2	8	61	5	21
包头市	**63**	**285**	**313**	**89**	**8**	**163**	**444**	**1927**	**1476**
东河区	12	27	39	39		41	94	87	730
昆都仑区	35	200	175	19	5	73	230	1499	479
青山区	5	42	44	19	1	26	65	183	172
石拐区	1	2	3	1		4	5	75	4
白云鄂博矿区			6				1	20	1
九原区	10	14	46	11	2	19	49	63	90
乌海市	**8**	**1207**	**1862**	**33**	**1**	**49**	**390**	**291**	**32**
海勃湾区	6	557	458	9	1	10	250	183	13
海南区		317	357	6		26	78	76	10
乌达区	2	333	1047	18		13	62	32	9
赤峰市	**34**	**56**	**204**	**363**	**2**	**47**	**288**	**286**	**266**
红山区	19	8	34	246		22	129	212	181
元宝山区	2	36	137	29	2	10	65	6	23
松山区	13	12	33	88		15	94	68	62
通辽市	**8**	**49**	**30**	**53**		**23**	**200**	**12**	**1144**
科尔沁区	6	38	21	53		10	81	4	53
霍林郭勒市	2	11	9			13	119	8	1091
鄂尔多斯市	**16**	**166**	**82**	**13**	**2**	**16**	**144**	**7**	**15**
东胜区	9	77	60	12	2	15	120	6	15
康巴什区	7	89	17	1		1	24		
鄂托克旗			5					1	
呼伦贝尔市	**18**	**18**	**152**	**90**		**39**	**211**	**9**	**73**
海拉尔区	6	7	115	11		20	100	3	69
扎赉诺尔区	1	7	5	1		2	20	3	2
满洲里市	1	1	11	2			15		1
牙克石市	5	1		57		5	15		
扎兰屯市	3	1	17	17		7	46	3	1
额尔古纳市		1	3	1		5	12		
根河市	2		1	1			3		
巴彦淖尔市	**14**	**9**	**42**	**232**		**12**	**80**	**7**	**26**
临河区	14	9	42	232		12	80	7	26
乌兰察布市	**2**	**8**	**98**	**24**		**25**	**155**	**323**	**17**
集宁区	2	7	15	24		24	86	23	4
丰镇市		1	83			1	69	300	13
兴安盟	**12**	**8**	**54**	**34**		**19**	**95**	**185**	**8**
乌兰浩特市	12	8	53	34		19	95	185	8
阿尔山市			1						
锡林郭勒盟	**27**	**43**	**20**	**1**		**16**	**81**	**5**	**7**
二连浩特市	9	2	4	1		7	18	3	1
锡林浩特市	18	41	16			9	63	2	6

4−4a　续表 10　　　　单位：人

地　区 性　别	制造业								
	文教、工美、体育和娱乐用品制造业	石油、煤炭及其他燃料加工工业	化学原料和化学制品制造业	医　药制造业	化学纤维制造业	橡胶和塑　料制品业	非金属矿　物制品业	黑色金属冶炼和压延加工业	有色金属冶炼和压延加工业
男	**145**	**1572**	**2295**	**762**	**11**	**340**	**1895**	**2520**	**2601**
呼和浩特市	**35**	**134**	**253**	**167**	**2**	**42**	**211**	**18**	**34**
新城区	5	6	40	23	1	12	49	4	5
回民区	7	2	63	47		8	51	6	4
玉泉区	14	15	43	53		16	65	5	13
赛罕区	9	111	107	44	1	6	46	3	12
包头市	**35**	**224**	**241**	**58**	**7**	**121**	**357**	**1575**	**1218**
东河区	7	19	30	27		27	72	80	622
昆都仑区	21	164	131	10	4	61	178	1210	383
青山区	1	28	33	11	1	16	58	153	129
石拐区		2	3			3	5	58	4
白云鄂博矿区			5				1	19	1
九原区	6	11	39	10	2	14	43	55	79
乌海市	**6**	**923**	**1308**	**24**		**31**	**304**	**230**	**22**
海勃湾区	5	443	310	7		6	195	143	11
海南区		234	240	3		14	59	59	7
乌达区	1	246	758	14		11	50	28	4
赤峰市	**16**	**47**	**148**	**239**	**1**	**31**	**235**	**235**	**232**
红山区	10	7	21	161		14	106	173	159
元宝山区		30	103	19	1	6	49	5	20
松山区	6	10	24	59		11	80	57	53
通辽市	**5**	**40**	**20**	**24**		**15**	**167**	**9**	**979**
科尔沁区	4	32	16	24		4	71	3	44
霍林郭勒市	1	8	4			11	96	6	935
鄂尔多斯市	**9**	**133**	**58**	**9**	**1**	**12**	**121**	**7**	**14**
东胜区	4	63	43	9	1	11	100	6	14
康巴什区	5	70	11			1	21		
鄂托克旗			4					1	
呼伦贝尔市	**10**	**14**	**110**	**58**		**31**	**175**	**7**	**59**
海拉尔区	4	7	87	6		15	88	3	56
扎赉诺尔区	1	3	2	1		2	14	2	1
满洲里市	1	1	8	1			13		1
牙克石市	1	1		41		4	12		
扎兰屯市	2	1	10	8		7	38	2	1
额尔古纳市		1	2			3	8		
根河市	1		1	1			2		
巴彦淖尔市	**8**	**9**	**31**	**149**		**7**	**65**	**5**	**21**
临河区	8	9	31	149		7	65	5	21
乌兰察布市	**2**	**8**	**73**	**17**		**21**	**130**	**265**	**14**
集宁区	2	7	13	17		20	69	19	4
丰镇市		1	60			1	61	246	10
兴安盟	**7**	**5**	**43**	**16**		**18**	**65**	**164**	**3**
乌兰浩特市	7	5	43	16		18	65	164	3
阿尔山市									
锡林郭勒盟	**12**	**35**	**10**	**1**		**11**	**65**	**5**	**5**
二连浩特市	4	1	2	1		4	17	3	1
锡林浩特市	8	34	8			7	48	2	4

4-4a　续表 11　　　　　　　　　　　　　　　　　　　　　　　　　　　　单位：人

地　区 性　别	制造业								
	文教、工美、体育和娱乐用品制造业	石油、煤炭及其他燃料加工业	化学原料和化学制品制造业	医　药制造业	化学纤维制造业	橡胶和塑　料制品业	非金属矿　物制品业	黑色金属冶炼和压延加工业	有色金属冶炼和压延加工业
女	**130**	**469**	**903**	**447**	**6**	**122**	**464**	**555**	**513**
呼和浩特市	**38**	**58**	**88**	**110**	**2**	**11**	**60**	**5**	**16**
新城区	11	7	21	17		6	10	1	2
回民区	3		17	17		1	13		
玉泉区	16	7	19	36	1	2	22	2	5
赛罕区	8	44	31	40	1	2	15	2	9
包头市	**28**	**61**	**72**	**31**	**1**	**42**	**87**	**352**	**258**
东河区	5	8	9	12		14	22	7	108
昆都仑区	14	36	44	9	1	12	52	289	96
青山区	4	14	11	8		10	7	30	43
石拐区	1			1		1		17	
白云鄂博矿区			1					1	
九原区	4	3	7	1		5	6	8	11
乌海市	**2**	**284**	**554**	**9**	**1**	**18**	**86**	**61**	**10**
海勃湾区	1	114	148	2	1	4	55	40	2
海南区		83	117	3		12	19	17	3
乌达区	1	87	289	4		2	12	4	5
赤峰市	**18**	**9**	**56**	**124**	**1**	**16**	**53**	**51**	**34**
红山区	9	1	13	85		8	23	39	22
元宝山区	2	6	34	10	1	4	16	1	3
松山区	7	2	9	29		4	14	11	9
通辽市	**3**	**9**	**10**	**29**		**8**	**33**	**3**	**165**
科尔沁区	2	6	5	29		6	10	1	9
霍林郭勒市	1	3	5			2	23	2	156
鄂尔多斯市	**7**	**33**	**24**	**4**	**1**	**4**	**23**		**1**
东胜区	5	14	17	3	1	4	20		1
康巴什区	2	19	6	1			3		
鄂托克旗			1						
呼伦贝尔市	**8**	**4**	**42**	**32**		**8**	**36**	**2**	**14**
海拉尔区	2		28	5		5	12		13
扎赉诺尔区		4	3				6	1	1
满洲里市			3	1			2		
牙克石市	4			16		1	3		
扎兰屯市	1		7	9			8	1	
额尔古纳市			1	1		2	4		
根河市	1						1		
巴彦淖尔市	**6**		**11**	**83**		**5**	**15**	**2**	**5**
临河区	6		11	83		5	15	2	5
乌兰察布市			**25**	**7**		**4**	**25**	**58**	**3**
集宁区			2	7		4	17	4	
丰镇市			23				8	54	3
兴安盟	**5**	**3**	**11**	**18**		**1**	**30**	**21**	**5**
乌兰浩特市	5	3	10	18		1	30	21	5
阿尔山市			1						
锡林郭勒盟	**15**	**8**	**10**			**5**	**16**		**2**
二连浩特市	5	1	2			3	1		
锡林浩特市	10	7	8			2	15		2

4-4a 续表 12

单位：人

地 区 性 别	制造业								
	金 属 制品业	通用设备 制造业	专用设备 制造业	汽 车 制造业	铁路、船舶、 航空航天和 其他运输 设备制造业	电气机械 和器材 制造业	计算机、 通信和其 他电子设 备制造业	仪器仪表 制造业	其 他 制造业
内蒙古	**3044**	**1555**	**910**	**644**	**443**	**869**	**858**	**131**	**1733**
呼和浩特市	**258**	**166**	**165**	**30**	**248**	**321**	**248**	**30**	**30**
新城区	63	44	41	12	112	34	79	5	9
回民区	65	54	27	5	14	53	13	3	2
玉泉区	87	36	42	5	14	37	59	14	14
赛罕区	43	32	55	8	108	197	97	8	5
包头市	**1542**	**781**	**385**	**436**	**138**	**324**	**207**	**60**	**1665**
东河区	185	133	57	104	10	55	28	11	13
昆都仑区	839	295	201	30	47	89	63	31	61
青山区	426	304	101	290	78	153	92	14	1585
石拐区	2	4	3	1					
白云鄂博矿区	3	1	2						1
九原区	87	44	21	11	3	27	24	4	5
乌海市	**101**	**79**	**37**	**28**	**4**	**10**	**8**	**6**	**5**
海勃湾区	63	46	10	18	1	7	6	3	
海南区	10	20	12	8	1		1		1
乌达区	28	13	15	2	2	3	1	3	4
赤峰市	**318**	**101**	**88**	**11**	**12**	**46**	**81**	**12**	**14**
红山区	166	51	40	9	8	24	56	8	8
元宝山区	48	26	14	1	2	5	9	1	3
松山区	104	24	34	1	2	17	16	3	3
通辽市	**113**	**39**	**11**	**21**	**5**	**4**	**17**	**3**	**3**
科尔沁区	54	18	5		3	2	17	3	3
霍林郭勒市	59	21	6	21	2	2			
鄂尔多斯市	**114**	**196**	**88**	**102**	**5**	**50**	**185**	**11**	**3**
东胜区	106	189	75	94	3	49	173	11	2
康巴什区	6	7	13	8	2	1	12		1
鄂托克旗	2								
呼伦贝尔市	**177**	**40**	**63**	**3**	**9**	**18**	**13**	**3**	**2**
海拉尔区	59	17	31	2		6	3		
扎赉诺尔区	21	6	4				3		
满洲里市	37	1				1	3		
牙克石市	16	6	19		3			1	
扎兰屯市	27	5	8	1	6	9	3		2
额尔古纳市	17	5	1			2	1	1	
根河市								1	
巴彦淖尔市	**108**	**15**	**22**	**3**	**1**	**3**	**10**		**8**
临河区	108	15	22	3	1	3	10		8
乌兰察布市	**110**	**34**	**22**	**3**		**25**	**70**	**1**	
集宁区	76	16	12	1		20	68	1	
丰镇市	34	18	10	2		5	2		
兴安盟	**79**	**24**	**10**	**2**	**4**	**25**	**5**		
乌兰浩特市	79	24	10	2	4	25	5		
阿尔山市									
锡林郭勒盟	**124**	**80**	**19**	**5**	**17**	**43**	**14**	**5**	**3**
二连浩特市	42	7	3	1	11		1		
锡林浩特市	82	73	16	4	6	43	13	5	3

4−4a　续表 13　　　　　　　　　　　　　　　　　　　　　　　　单位：人

地　区 性　别	制造业								
	金　属 制品业	通用设备 制造业	专用设备 制造业	汽　车 制造业	铁路、船舶、航空航天和其他运输设备制造业	电气机械和器材制造业	计算机、通信和其他电子设备制造业	仪器仪表 制造业	其　他 制造业
男	**2546**	**1304**	**652**	**507**	**349**	**704**	**628**	**100**	**1320**
呼和浩特市	**209**	**136**	**119**	**22**	**185**	**273**	**182**	**21**	**19**
新城区	44	34	29	6	78	27	50	5	4
回民区	55	47	20	5	12	42	8	3	1
玉泉区	76	31	31	4	12	31	49	9	11
赛罕区	34	24	39	7	83	173	75	4	3
包头市	**1263**	**635**	**269**	**345**	**115**	**256**	**153**	**46**	**1273**
东河区	151	109	44	84	8	49	20	11	12
昆都仑区	695	245	135	27	40	70	44	25	41
青山区	341	240	73	225	64	120	75	9	1216
石拐区	2	3	1	1					
白云鄂博矿区	2	1							
九原区	72	37	16	8	3	17	14	1	4
乌海市	**89**	**61**	**32**	**24**	**3**	**7**	**6**	**6**	**4**
海勃湾区	55	35	10	15		5	5	3	
海南区	9	16	11	7	1		1		1
乌达区	25	10	11	2	2	2		3	3
赤峰市	**275**	**85**	**54**	**7**	**10**	**32**	**56**	**9**	**11**
红山区	149	42	21	6	7	16	43	6	7
元宝山区	41	23	9		2	4	5	1	2
松山区	85	20	24	1	1	12	8	2	2
通辽市	**92**	**32**	**8**	**16**	**4**	**3**	**14**	**2**	**1**
科尔沁区	43	17	2		3	2	14	2	1
霍林郭勒市	49	15	6	16	1	1			
鄂尔多斯市	**98**	**180**	**68**	**81**	**4**	**39**	**148**	**8**	**1**
东胜区	93	175	59	76	3	38	141	8	1
康巴什区	4	5	9	5	1	1	7		
鄂托克旗	1								
呼伦贝尔市	**148**	**34**	**47**	**2**	**9**	**13**	**11**	**3**	**2**
海拉尔区	53	13	25	1		4	3		
扎赉诺尔区	16	6	3				2		
满洲里市	29	1					2		
牙克石市	12	4	11		3			1	
扎兰屯市	25	5	7	1	6	7	3		2
额尔古纳市	13	5	1			2	1	1	
根河市								1	
巴彦淖尔市	**95**	**14**	**18**	**2**	**1**	**3**	**6**		**6**
临河区	95	14	18	2	1	3	6		6
乌兰察布市	**99**	**31**	**15**	**2**		**18**	**38**	**1**	
集宁区	67	15	7	1		14	36	1	
丰镇市	32	16	8	1		4	2		
兴安盟	**67**	**22**	**9**	**2**	**3**	**23**	**3**		
乌兰浩特市	67	22	9	2	3	23	3		
阿尔山市									
锡林郭勒盟	**111**	**74**	**13**	**4**	**15**	**37**	**11**	**4**	**3**
二连浩特市	38	7	1	1	10		1		
锡林浩特市	73	67	12	3	5	37	10	4	3

4-4a 续表 14　　　　单位：人

地　区 性　别	制造业								
	金　属 制品业	通用设备 制造业	专用设备 制造业	汽　车 制造业	铁路、船舶、航空航天和其他运输设备制造业	电气机械 和器材 制造业	计算机、通信和其他电子设备制造业	仪器仪表 制造业	其　他 制造业
女	**498**	**251**	**258**	**137**	**94**	**165**	**230**	**31**	**413**
呼和浩特市	**49**	**30**	**46**	**8**	**63**	**48**	**66**	**9**	**11**
新城区	19	10	12	6	34	7	29		5
回民区	10	7	7		2	11	5		1
玉泉区	11	5	11	1	2	6	10	5	3
赛罕区	9	8	16	1	25	24	22	4	2
包头市	**279**	**146**	**116**	**91**	**23**	**68**	**54**	**14**	**392**
东河区	34	24	13	20	2	6	8		1
昆都仑区	144	50	66	3	7	19	19	6	20
青山区	85	64	28	65	14	33	17	5	369
石拐区		1	2						
白云鄂博矿区	1		2						1
九原区	15	7	5	3		10	10	3	1
乌海市	**12**	**18**	**5**	**4**	**1**	**3**	**2**		**1**
海勃湾区	8	11		3	1	2	1		
海南区	1	4	1	1					
乌达区	3	3	4			1	1		1
赤峰市	**43**	**16**	**34**	**4**	**2**	**14**	**25**	**3**	**3**
红山区	17	9	19	3	1	8	13	2	1
元宝山区	7	3	5	1		1	4		1
松山区	19	4	10		1	5	8	1	1
通辽市	**21**	**7**	**3**	**5**	**1**	**1**	**3**	**1**	**2**
科尔沁区	11	1	3				3	1	2
霍林郭勒市	10	6		5	1	1			
鄂尔多斯市	**16**	**16**	**20**	**21**	**1**	**11**	**37**	**3**	**2**
东胜区	13	14	16	18		11	32	3	1
康巴什区	2	2	4	3	1		5		1
鄂托克旗	1								
呼伦贝尔市	**29**	**6**	**16**	**1**		**5**	**2**		
海拉尔区	6	4	6	1		2			
扎赉诺尔区	5		1				1		
满洲里市	8					1	1		
牙克石市	4	2	8						
扎兰屯市	2		1			2			
额尔古纳市	4								
根河市									
巴彦淖尔市	**13**	**1**	**4**	**1**			**4**		**2**
临河区	13	1	4	1			4		2
乌兰察布市	**11**	**3**	**7**	**1**		**7**	**32**		
集宁区	9	1	5			6	32		
丰镇市	2	2	2	1		1			
兴安盟	**12**	**2**	**1**		**1**	**2**	**2**		
乌兰浩特市	12	2	1		1	2	2		
阿尔山市									
锡林郭勒盟	**13**	**6**	**6**	**1**	**2**	**6**	**3**	**1**	
二连浩特市	4		2		1				
锡林浩特市	9	6	4	1	1	6	3	1	

4-4a 续表 15

单位：人

地区 性别	制造业		电力、热力、燃气及水生产和供应业				建筑业		
	废弃资源综合利用业	金属制品、机械和设备修理业	小计	电力、热力生产和供应业	燃气生产和供应业	水的生产和供应业	小计	房屋建筑业	土木工程建筑业
内蒙古	**465**	**1030**	**13212**	**10663**	**1042**	**1507**	**36194**	**16146**	**4655**
呼和浩特市	**66**	**120**	**3234**	**2560**	**297**	**377**	**8651**	**3697**	**1208**
新城区	21	35	667	477	92	98	2240	835	430
回民区	15	15	544	392	72	80	2078	1067	210
玉泉区	25	28	666	533	58	75	2635	1053	259
赛罕区	5	42	1357	1158	75	124	1698	742	309
包头市	**168**	**417**	**2375**	**1769**	**274**	**332**	**7684**	**3639**	**928**
东河区	18	40	401	318	40	43	1411	626	207
昆都仑区	88	295	730	461	124	145	3346	1552	362
青山区	33	48	1073	860	88	125	1862	856	239
石拐区	1		11	7	2	2	22	5	8
白云鄂博矿区	2	8	27	18	3	6	21	9	3
九原区	26	26	133	105	17	11	1022	591	109
乌海市	**12**	**36**	**874**	**663**	**89**	**122**	**1788**	**833**	**217**
海勃湾区	4	18	630	482	66	82	1415	636	179
海南区	5	9	84	62	7	15	160	96	15
乌达区	3	9	160	119	16	25	213	101	23
赤峰市	**53**	**75**	**1313**	**1103**	**68**	**142**	**4899**	**2711**	**552**
红山区	32	37	487	399	28	60	1735	889	172
元宝山区	5	16	306	259	8	39	502	288	64
松山区	16	22	520	445	32	43	2662	1534	316
通辽市	**16**	**109**	**1028**	**867**	**43**	**118**	**1442**	**454**	**209**
科尔沁区	5	28	610	506	29	75	1122	380	156
霍林郭勒市	11	81	418	361	14	43	320	74	53
鄂尔多斯市	**47**	**111**	**986**	**766**	**121**	**99**	**2947**	**1136**	**524**
东胜区	46	57	677	499	105	73	2596	951	451
康巴什区	1	54	304	267	16	21	351	185	73
鄂托克旗			5			5			
呼伦贝尔市	**32**	**69**	**1090**	**932**	**42**	**116**	**2223**	**664**	**271**
海拉尔区	3	28	426	371	15	40	991	261	103
扎赉诺尔区	1	22	121	98	6	17	90	19	18
满洲里市		3	155	133	6	16	320	77	37
牙克石市	6	7	150	127	9	14	215	40	52
扎兰屯市	14	7	122	100	4	18	487	231	44
额尔古纳市	3		47	37	2	8	79	22	11
根河市	5	2	69	66		3	41	14	6
巴彦淖尔市	**6**	**38**	**477**	**373**	**62**	**42**	**1921**	**813**	**247**
临河区	6	38	477	373	62	42	1921	813	247
乌兰察布市	**22**	**31**	**778**	**693**	**16**	**69**	**2250**	**1217**	**237**
集宁区	5	26	504	443	9	52	1904	1031	184
丰镇市	17	5	274	250	7	17	346	186	53
兴安盟	**1**	**4**	**356**	**302**	**10**	**44**	**1107**	**501**	**88**
乌兰浩特市	1	4	341	291	10	40	1075	500	83
阿尔山市			15	11		4	32	1	5
锡林郭勒盟	**42**	**20**	**701**	**635**	**20**	**46**	**1282**	**481**	**174**
二连浩特市	13	4	72	51	4	17	245	138	12
锡林浩特市	29	16	629	584	16	29	1037	343	162

4-4a 续表 16

单位：人

地区 性别	制造业		电力、热力、燃气及水生产和供应业				建筑业		
	废弃资源综合利用业	金属制品、机械和设备修理业	小计	电力、热力生产和供应业	燃气生产和供应业	水的生产和供应业	小计	房屋建筑业	土木工程建筑业
男	**377**	**913**	**9624**	**7963**	**725**	**936**	**30713**	**13787**	**3821**
呼和浩特市	**57**	**107**	**2192**	**1769**	**197**	**226**	**7269**	**3113**	**946**
新城区	19	31	417	305	59	53	1803	699	331
回民区	15	13	380	282	51	47	1791	896	182
玉泉区	20	28	479	384	40	55	2289	910	199
赛罕区	3	35	916	798	47	71	1386	608	234
包头市	**132**	**373**	**1682**	**1308**	**176**	**198**	**6580**	**3124**	**778**
东河区	14	36	310	259	26	25	1235	548	185
昆都仑区	71	261	503	339	78	86	2852	1311	303
青山区	23	42	748	616	57	75	1566	732	187
石拐区	1		9	5	2	2	18	5	6
白云鄂博矿区	2	8	18	13	3	2	15	8	1
九原区	21	26	94	76	10	8	894	520	96
乌海市	**10**	**33**	**631**	**489**	**64**	**78**	**1518**	**701**	**182**
海勃湾区	3	17	443	348	46	49	1194	538	144
海南区	4	9	66	49	4	13	146	87	15
乌达区	3	7	122	92	14	16	178	76	23
赤峰市	**44**	**71**	**1039**	**887**	**58**	**94**	**4070**	**2247**	**461**
红山区	29	36	394	328	23	43	1458	747	146
元宝山区	4	16	244	213	5	26	434	253	56
松山区	11	19	401	346	30	25	2178	1247	259
通辽市	**13**	**97**	**782**	**690**	**28**	**64**	**1169**	**377**	**167**
科尔沁区	3	27	467	404	21	42	905	313	124
霍林郭勒市	10	70	315	286	7	22	264	64	43
鄂尔多斯市	**36**	**89**	**736**	**586**	**95**	**55**	**2559**	**1005**	**432**
东胜区	35	55	515	394	83	38	2270	845	378
康巴什区	1	34	216	192	12	12	289	160	54
鄂托克旗			5			5			
呼伦贝尔市	**24**	**61**	**846**	**724**	**33**	**89**	**1825**	**549**	**231**
海拉尔区	1	24	322	278	13	31	791	204	81
扎赉诺尔区	1	18	101	82	4	15	78	15	16
满洲里市		3	111	97	5	9	249	62	33
牙克石市	5	7	113	95	6	12	183	33	49
扎兰屯市	11	7	104	86	4	14	422	203	36
额尔古纳市	2		37	30	1	6	66	18	11
根河市	4	2	58	56		2	36	14	5
巴彦淖尔市	**6**	**32**	**332**	**259**	**41**	**32**	**1633**	**694**	**197**
临河区	6	32	332	259	41	32	1633	694	197
乌兰察布市	**19**	**29**	**565**	**508**	**14**	**43**	**2058**	**1117**	**213**
集宁区	4	24	363	323	8	32	1729	939	165
丰镇市	15	5	202	185	6	11	329	178	48
兴安盟		**4**	**278**	**242**	**6**	**30**	**947**	**436**	**69**
乌兰浩特市		4	264	231	6	27	919	435	65
阿尔山市			14	11		3	28	1	4
锡林郭勒盟	**36**	**17**	**541**	**501**	**13**	**27**	**1085**	**424**	**145**
二连浩特市	11	2	54	41	3	10	223	124	12
锡林浩特市	25	15	487	460	10	17	862	300	133

4-4a　续表 17

单位：人

地　区 性　别	制造业		电力、热力、燃气及水生产和供应业				建筑业		
	废弃资源综合利用业	金属制品、机械和设备修理业	小计	电力、热力生产和供应业	燃气生产和供应业	水的生产和供应业	小计	房屋建筑业	土木工程建筑业
女	**88**	**117**	**3588**	**2700**	**317**	**571**	**5481**	**2359**	**834**
呼和浩特市	**9**	**13**	**1042**	**791**	**100**	**151**	**1382**	**584**	**262**
新城区	2	4	250	172	33	45	437	136	99
回民区		2	164	110	21	33	287	171	28
玉泉区	5		187	149	18	20	346	143	60
赛罕区	2	7	441	360	28	53	312	134	75
包头市	**36**	**44**	**693**	**461**	**98**	**134**	**1104**	**515**	**150**
东河区	4	4	91	59	14	18	176	78	22
昆都仑区	17	34	227	122	46	59	494	241	59
青山区	10	6	325	244	31	50	296	124	52
石拐区			2	2			4		2
白云鄂博矿区			9	5		4	6	1	2
九原区	5		39	29	7	3	128	71	13
乌海市	**2**	**3**	**243**	**174**	**25**	**44**	**270**	**132**	**35**
海勃湾区	1	1	187	134	20	33	221	98	35
海南区	1		18	13	3	2	14	9	
乌达区		2	38	27	2	9	35	25	
赤峰市	**9**	**4**	**274**	**216**	**10**	**48**	**829**	**464**	**91**
红山区	3	1	93	71	5	17	277	142	26
元宝山区	1		62	46	3	13	68	35	8
松山区	5	3	119	99	2	18	484	287	57
通辽市	**3**	**12**	**246**	**177**	**15**	**54**	**273**	**77**	**42**
科尔沁区	2	1	143	102	8	33	217	67	32
霍林郭勒市	1	11	103	75	7	21	56	10	10
鄂尔多斯市	**11**	**22**	**250**	**180**	**26**	**44**	**388**	**131**	**92**
东胜区	11	2	162	105	22	35	326	106	73
康巴什区		20	88	75	4	9	62	25	19
鄂托克旗									
呼伦贝尔市	**8**	**8**	**244**	**208**	**9**	**27**	**398**	**115**	**40**
海拉尔区	2	4	104	93	2	9	200	57	22
扎赉诺尔区		4	20	16	2	2	12	4	2
满洲里市			44	36	1	7	71	15	4
牙克石市	1		37	32	3	2	32	7	3
扎兰屯市	3		18	14		4	65	28	8
额尔古纳市	1		10	7	1	2	13	4	
根河市	1		11	10		1	5		1
巴彦淖尔市		**6**	**145**	**114**	**21**	**10**	**288**	**119**	**50**
临河区		6	145	114	21	10	288	119	50
乌兰察布市	**3**	**2**	**213**	**185**	**2**	**26**	**192**	**100**	**24**
集宁区	1	2	141	120	1	20	175	92	19
丰镇市	2		72	65	1	6	17	8	5
兴安盟	**1**		**78**	**60**	**4**	**14**	**160**	**65**	**19**
乌兰浩特市	1		77	60	4	13	156	65	18
阿尔山市			1			1	4		1
锡林郭勒盟	**6**	**3**	**160**	**134**	**7**	**19**	**197**	**57**	**29**
二连浩特市	2	2	18	10	1	7	22	14	
锡林浩特市	4	1	142	124	6	12	175	43	29

4-4a 续表 18

单位：人

地 区 性 别	建筑业		批发和零售业			交通运输、仓储和邮政业			
	建 筑 安装业	建筑装 饰、装修 和其他 建筑业	小计	批发业	零售业	小计	铁 路 运输业	道 路 运输业	水 上 运输业
内蒙古	**2326**	**13067**	**66973**	**16605**	**50368**	**34829**	**7656**	**19160**	**46**
呼和浩特市	**582**	**3164**	**15462**	**3835**	**11627**	**6832**	**1664**	**3395**	**6**
新城区	120	855	3899	926	2973	2293	810	904	2
回民区	174	627	3671	669	3002	1731	518	909	2
玉泉区	194	1129	3988	1064	2924	1369	124	869	2
赛罕区	94	553	3904	1176	2728	1439	212	713	
包头市	**498**	**2619**	**14453**	**4134**	**10319**	**7064**	**1483**	**4054**	**16**
东河区	83	495	3462	878	2584	2369	894	1096	3
昆都仑区	248	1184	6250	2200	4050	2590	362	1617	8
青山区	103	664	3472	712	2760	1243	152	784	4
石拐区		9	71	15	56	45		30	
白云鄂博矿区	5	4	77	12	65	26	4	12	
九原区	59	263	1121	317	804	791	71	515	1
乌海市	**119**	**619**	**2997**	**728**	**2269**	**2080**	**352**	**1357**	**6**
海勃湾区	91	509	2193	529	1664	1424	323	816	4
海南区	8	41	251	58	193	317	6	279	1
乌达区	20	69	553	141	412	339	23	262	1
赤峰市	**240**	**1396**	**7043**	**1781**	**5262**	**2885**	**300**	**1906**	**10**
红山区	95	579	3547	845	2702	1399	186	880	5
元宝山区	31	119	688	182	506	467	54	319	1
松山区	114	698	2808	754	2054	1019	60	707	4
通辽市	**113**	**666**	**3946**	**668**	**3278**	**2490**	**802**	**1277**	
科尔沁区	85	501	3333	566	2767	1977	781	876	
霍林郭勒市	28	165	613	102	511	513	21	401	
鄂尔多斯市	**197**	**1090**	**5548**	**1615**	**3933**	**2239**	**266**	**1519**	
东胜区	183	1011	5083	1454	3629	2049	246	1399	
康巴什区	14	79	464	160	304	186	20	117	
鄂托克旗			1	1		4		3	
呼伦贝尔市	**138**	**1150**	**5617**	**1195**	**4422**	**3815**	**1136**	**1672**	**2**
海拉尔区	44	583	2393	518	1875	1586	617	658	2
扎赉诺尔区	9	44	282	59	223	212	27	134	
满洲里市	17	189	1148	243	905	892	296	248	
牙克石市	24	99	636	169	467	410	88	220	
扎兰屯市	35	177	879	147	732	514	75	285	
额尔古纳市	7	39	189	42	147	114		90	
根河市	2	19	90	17	73	87	33	37	
巴彦淖尔市	**187**	**674**	**3529**	**840**	**2689**	**1736**	**328**	**1039**	**3**
临河区	187	674	3529	840	2689	1736	328	1039	3
乌兰察布市	**76**	**720**	**3133**	**436**	**2697**	**2704**	**966**	**1232**	**1**
集宁区	65	624	2682	361	2321	2298	913	966	1
丰镇市	11	96	451	75	376	406	53	266	
兴安盟	**68**	**450**	**2096**	**462**	**1634**	**914**	**64**	**582**	**2**
乌兰浩特市	68	424	2044	440	1604	847	60	540	2
阿尔山市		26	52	22	30	67	4	42	
锡林郭勒盟	**108**	**519**	**3149**	**911**	**2238**	**2070**	**295**	**1127**	
二连浩特市	18	77	988	359	629	548	111	250	
锡林浩特市	90	442	2161	552	1609	1522	184	877	

4-4a 续表 19

单位：人

地区 性别	建筑业		批发和零售业			交通运输、仓储和邮政业			
	建筑安装业	建筑装饰、装修和其他建筑业	小计	批发业	零售业	小计	铁路运输业	道路运输业	水上运输业
男	**2096**	**11009**	**33126**	**10861**	**22265**	**29100**	**6359**	**16488**	**34**
呼和浩特市	**524**	**2686**	**7828**	**2409**	**5419**	**5392**	**1275**	**2804**	**5**
新城区	104	669	1971	588	1383	1730	602	698	1
回民区	160	553	1807	436	1371	1427	419	762	2
玉泉区	179	1001	2008	669	1339	1159	100	765	2
赛罕区	81	463	2042	716	1326	1076	154	579	
包头市	**442**	**2236**	**7343**	**2719**	**4624**	**5962**	**1191**	**3557**	**11**
东河区	78	424	1811	585	1226	1970	715	960	3
昆都仑区	217	1021	3161	1438	1723	2199	295	1416	4
青山区	89	558	1689	465	1224	1036	121	667	3
石拐区		7	50	14	36	38		28	
白云鄂博矿区	3	3	36	9	27	20	4	11	
九原区	55	223	596	208	388	699	56	475	1
乌海市	**111**	**524**	**1426**	**499**	**927**	**1722**	**304**	**1131**	**4**
海勃湾区	84	428	1043	358	685	1176	279	664	3
海南区	8	36	123	44	79	268	5	240	1
乌达区	19	60	260	97	163	278	20	227	
赤峰市	**221**	**1141**	**3458**	**1102**	**2356**	**2432**	**259**	**1654**	**7**
红山区	88	477	1752	513	1239	1179	162	759	3
元宝山区	29	96	332	119	213	410	49	291	1
松山区	104	568	1374	470	904	843	48	604	3
通辽市	**94**	**531**	**1722**	**399**	**1323**	**2132**	**719**	**1107**	
科尔沁区	70	398	1512	343	1169	1677	700	744	
霍林郭勒市	24	133	210	56	154	455	19	363	
鄂尔多斯市	**182**	**940**	**2881**	**1176**	**1705**	**1893**	**217**	**1330**	
东胜区	171	876	2637	1064	1573	1742	203	1225	
康巴什区	11	64	244	112	132	147	14	102	
鄂托克旗						4		3	
呼伦贝尔市	**123**	**922**	**2707**	**763**	**1944**	**3202**	**982**	**1429**	**2**
海拉尔区	34	472	1148	333	815	1323	536	546	2
扎赉诺尔区	9	38	102	37	65	184	19	126	
满洲里市	15	139	604	149	455	733	254	208	
牙克石市	22	79	336	108	228	349	75	190	
扎兰屯市	34	149	392	100	292	444	68	250	
额尔古纳市	7	30	80	25	55	98		80	
根河市	2	15	45	11	34	71	30	29	
巴彦淖尔市	**173**	**569**	**1762**	**580**	**1182**	**1474**	**276**	**900**	**3**
临河区	173	569	1762	580	1182	1474	276	900	3
乌兰察布市	**72**	**656**	**1430**	**299**	**1131**	**2368**	**831**	**1087**	**1**
集宁区	61	564	1216	249	967	1995	783	840	1
丰镇市	11	92	214	50	164	373	48	247	
兴安盟	**63**	**379**	**958**	**311**	**647**	**758**	**59**	**498**	**1**
乌兰浩特市	63	356	933	301	632	707	55	464	1
阿尔山市		23	25	10	15	51	4	34	
锡林郭勒盟	**91**	**425**	**1611**	**604**	**1007**	**1765**	**246**	**991**	
二连浩特市	17	70	574	258	316	485	96	225	
锡林浩特市	74	355	1037	346	691	1280	150	766	

4-4a 续表 20 单位：人

地区 性别	建筑业		批发和零售业			交通运输、仓储和邮政业			
	建筑安装业	建筑装饰、装修和其他建筑业	小计	批发业	零售业	小计	铁路运输业	道路运输业	水上运输业
女	**230**	**2058**	**33847**	**5744**	**28103**	**5729**	**1297**	**2672**	**12**
呼和浩特市	**58**	**478**	**7634**	**1426**	**6208**	**1440**	**389**	**591**	**1**
新城区	16	186	1928	338	1590	563	208	206	1
回民区	14	74	1864	233	1631	304	99	147	
玉泉区	15	128	1980	395	1585	210	24	104	
赛罕区	13	90	1862	460	1402	363	58	134	
包头市	**56**	**383**	**7110**	**1415**	**5695**	**1102**	**292**	**497**	**5**
东河区	5	71	1651	293	1358	399	179	136	
昆都仑区	31	163	3089	762	2327	391	67	201	4
青山区	14	106	1783	247	1536	207	31	117	1
石拐区		2	21	1	20	7		2	
白云鄂博矿区	2	1	41	3	38	6		1	
九原区	4	40	525	109	416	92	15	40	
乌海市	**8**	**95**	**1571**	**229**	**1342**	**358**	**48**	**226**	**2**
海勃湾区	7	81	1150	171	979	248	44	152	1
海南区		5	128	14	114	49	1	39	
乌达区	1	9	293	44	249	61	3	35	1
赤峰市	**19**	**255**	**3585**	**679**	**2906**	**453**	**41**	**252**	**3**
红山区	7	102	1795	332	1463	220	24	121	2
元宝山区	2	23	356	63	293	57	5	28	
松山区	10	130	1434	284	1150	176	12	103	1
通辽市	**19**	**135**	**2224**	**269**	**1955**	**358**	**83**	**170**	
科尔沁区	15	103	1821	223	1598	300	81	132	
霍林郭勒市	4	32	403	46	357	58	2	38	
鄂尔多斯市	**15**	**150**	**2667**	**439**	**2228**	**346**	**49**	**189**	
东胜区	12	135	2446	390	2056	307	43	174	
康巴什区	3	15	220	48	172	39	6	15	
鄂托克旗			1	1					
呼伦贝尔市	**15**	**228**	**2910**	**432**	**2478**	**613**	**154**	**243**	
海拉尔区	10	111	1245	185	1060	263	81	112	
扎赉诺尔区		6	180	22	158	28	8	8	
满洲里市	2	50	544	94	450	159	42	40	
牙克石市	2	20	300	61	239	61	13	30	
扎兰屯市	1	28	487	47	440	70	7	35	
额尔古纳市		9	109	17	92	16		10	
根河市		4	45	6	39	16	3	8	
巴彦淖尔市	**14**	**105**	**1767**	**260**	**1507**	**262**	**52**	**139**	
临河区	14	105	1767	260	1507	262	52	139	
乌兰察布市	**4**	**64**	**1703**	**137**	**1566**	**336**	**135**	**145**	
集宁区	4	60	1466	112	1354	303	130	126	
丰镇市		4	237	25	212	33	5	19	
兴安盟	**5**	**71**	**1138**	**151**	**987**	**156**	**5**	**84**	**1**
乌兰浩特市	5	68	1111	139	972	140	5	76	1
阿尔山市		3	27	12	15	16		8	
锡林郭勒盟	**17**	**94**	**1538**	**307**	**1231**	**305**	**49**	**136**	
二连浩特市	1	7	414	101	313	63	15	25	
锡林浩特市	16	87	1124	206	918	242	34	111	

4-4a　续表 21

单位：人

地区 性别	交通运输、仓储和邮政业					住宿和餐饮业		
	航空运输业	管道运输业	多式联运和运输代理业	装卸搬运和仓储业	邮政业	小计	住宿业	餐饮业
内蒙古	**826**	**26**	**615**	**3255**	**3245**	**24493**	**2998**	**21495**
呼和浩特市	**442**	**6**	**104**	**392**	**823**	**6097**	**759**	**5338**
新城区	150	2	54	124	247	1505	187	1318
回民区	18		15	90	179	1385	189	1196
玉泉区	39	4	22	127	182	1684	167	1517
赛罕区	235		13	51	215	1523	216	1307
包头市	**88**	**6**	**170**	**656**	**591**	**4904**	**418**	**4486**
东河区	33	1	45	147	150	1073	62	1011
昆都仑区	27	5	99	254	218	1878	166	1712
青山区	19		16	114	154	1432	167	1265
石拐区	1			2	12	25		25
白云鄂博矿区				5	5	42	2	40
九原区	8		10	134	52	454	21	433
乌海市	**19**	**2**	**14**	**207**	**123**	**1067**	**132**	**935**
海勃湾区	17		3	179	82	709	94	615
海南区	2		1	19	9	138	14	124
乌达区		2	10	9	32	220	24	196
赤峰市	**26**	**3**	**77**	**204**	**359**	**2141**	**296**	**1845**
红山区	11	2	51	96	168	1023	140	883
元宝山区	3	1	5	39	45	241	26	215
松山区	12		21	69	146	877	130	747
通辽市	**30**	**3**	**11**	**144**	**223**	**1491**	**201**	**1290**
科尔沁区	20	3	3	98	196	1199	140	1059
霍林郭勒市	10		8	46	27	292	61	231
鄂尔多斯市	**34**	**2**	**38**	**200**	**180**	**1981**	**260**	**1721**
东胜区	16	2	37	192	157	1669	213	1456
康巴什区	18		1	8	22	310	46	264
鄂托克旗					1	2	1	1
呼伦贝尔市	**96**	**1**	**102**	**469**	**337**	**2342**	**452**	**1890**
海拉尔区	59		12	95	143	934	216	718
扎赉诺尔区			10	21	20	143	21	122
满洲里市	16		54	241	37	404	96	308
牙克石市	5	1	11	29	56	289	33	256
扎兰屯市	15		11	69	59	423	59	364
额尔古纳市			3	12	9	89	12	77
根河市	1		1	2	13	60	15	45
巴彦淖尔市	**10**		**33**	**141**	**182**	**1201**	**85**	**1116**
临河区	10		33	141	182	1201	85	1116
乌兰察布市	**23**		**3**	**324**	**155**	**1349**	**111**	**1238**
集宁区	22		3	268	125	1093	89	1004
丰镇市	1			56	30	256	22	234
兴安盟	**30**		**12**	**105**	**119**	**832**	**113**	**719**
乌兰浩特市	21		11	101	112	744	75	669
阿尔山市	9		1	4	7	88	38	50
锡林郭勒盟	**28**	**3**	**51**	**413**	**153**	**1088**	**171**	**917**
二连浩特市	14		13	137	23	239	52	187
锡林浩特市	14	3	38	276	130	849	119	730

4－4a 续表 22

单位：人

地区 性别	交通运输、仓储和邮政业					住宿和餐饮业		
	航空运输业	管道运输业	多式联运和运输代理业	装卸搬运和仓储业	邮政业	小计	住宿业	餐饮业
男	**511**	**18**	**490**	**2841**	**2359**	**12383**	**1155**	**11228**
呼和浩特市	**272**	**6**	**84**	**348**	**598**	**3306**	**355**	**2951**
新城区	91	2	44	111	181	829	92	737
回民区	12		13	82	137	745	88	657
玉泉区	26	4	16	114	132	923	72	851
赛罕区	143		11	41	148	809	103	706
包头市	**51**	**5**	**138**	**574**	**435**	**2509**	**155**	**2354**
东河区	21	1	34	131	105	535	18	517
昆都仑区	15	4	82	223	160	975	61	914
青山区	11		13	100	121	753	69	684
石拐区				2	8	9		9
白云鄂博矿区				4	1	16		16
九原区	4		9	114	40	221	7	214
乌海市	**12**		**11**	**189**	**71**	**497**	**38**	**459**
海勃湾区	12		2	164	52	336	31	305
海南区			1	17	4	61	1	60
乌达区			8	8	15	100	6	94
赤峰市	**18**	**2**	**66**	**166**	**260**	**1088**	**116**	**972**
红山区	7	1	45	75	127	529	54	475
元宝山区	2	1	4	34	28	107	13	94
松山区	9		17	57	105	452	49	403
通辽市	**22**	**1**	**10**	**116**	**157**	**735**	**68**	**667**
科尔沁区	15	1	2	74	141	644	56	588
霍林郭勒市	7		8	42	16	91	12	79
鄂尔多斯市	**16**	**1**	**34**	**171**	**124**	**1050**	**118**	**932**
东胜区	6	1	33	166	108	877	98	779
康巴什区	10		1	5	15	171	19	152
鄂托克旗					1	2	1	1
呼伦贝尔市	**64**	**1**	**71**	**394**	**259**	**1075**	**161**	**914**
海拉尔区	38		9	83	109	452	77	375
扎赉诺尔区			8	18	13	67	4	63
满洲里市	11		32	196	32	186	41	145
牙克石市	4	1	10	23	46	139	16	123
扎兰屯市	10		9	62	45	173	17	156
额尔古纳市			3	10	5	35	2	33
根河市	1			2	9	23	4	19
巴彦淖尔市	**6**		**26**	**123**	**140**	**619**	**26**	**593**
临河区	6		26	123	140	619	26	593
乌兰察布市	**15**		**3**	**316**	**115**	**628**	**30**	**598**
集宁区	15		3	261	92	500	23	477
丰镇市				55	23	128	7	121
兴安盟	**15**		**7**	**89**	**89**	**379**	**34**	**345**
乌兰浩特市	10		7	85	85	348	25	323
阿尔山市	5			4	4	31	9	22
锡林郭勒盟	**20**	**2**	**40**	**355**	**111**	**497**	**54**	**443**
二连浩特市	10		8	131	15	91	20	71
锡林浩特市	10	2	32	224	96	406	34	372

4-4a 续表 23

单位：人

地区 性别	交通运输、仓储和邮政业					住宿和餐饮业		
	航空运输业	管道运输业	多式联运和运输代理业	装卸搬运和仓储业	邮政业	小计	住宿业	餐饮业
女	**315**	**8**	**125**	**414**	**886**	**12110**	**1843**	**10267**
呼和浩特市	**170**		**20**	**44**	**225**	**2791**	**404**	**2387**
新城区	59		10	13	66	676	95	581
回民区	6		2	8	42	640	101	539
玉泉区	13		6	13	50	761	95	666
赛罕区	92		2	10	67	714	113	601
包头市	**37**	**1**	**32**	**82**	**156**	**2395**	**263**	**2132**
东河区	12		11	16	45	538	44	494
昆都仑区	12	1	17	31	58	903	105	798
青山区	8		3	14	33	679	98	581
石拐区	1				4	16		16
白云鄂博矿区				1	4	26	2	24
九原区	4		1	20	12	233	14	219
乌海市	**7**	**2**	**3**	**18**	**52**	**570**	**94**	**476**
海勃湾区	5		1	15	30	373	63	310
海南区	2			2	5	77	13	64
乌达区		2	2	1	17	120	18	102
赤峰市	**8**	**1**	**11**	**38**	**99**	**1053**	**180**	**873**
红山区	4	1	6	21	41	494	86	408
元宝山区	1		1	5	17	134	13	121
松山区	3		4	12	41	425	81	344
通辽市	**8**	**2**	**1**	**28**	**66**	**756**	**133**	**623**
科尔沁区	5	2	1	24	55	555	84	471
霍林郭勒市	3			4	11	201	49	152
鄂尔多斯市	**18**	**1**	**4**	**29**	**56**	**931**	**142**	**789**
东胜区	10	1	4	26	49	792	115	677
康巴什区	8			3	7	139	27	112
鄂托克旗								
呼伦贝尔市	**32**		**31**	**75**	**78**	**1267**	**291**	**976**
海拉尔区	21		3	12	34	482	139	343
扎赉诺尔区			2	3	7	76	17	59
满洲里市	5		22	45	5	218	55	163
牙克石市	1		1	6	10	150	17	133
扎兰屯市	5		2	7	14	250	42	208
额尔古纳市				2	4	54	10	44
根河市			1		4	37	11	26
巴彦淖尔市	**4**		**7**	**18**	**42**	**582**	**59**	**523**
临河区	4		7	18	42	582	59	523
乌兰察布市	**8**			**8**	**40**	**721**	**81**	**640**
集宁区	7			7	33	593	66	527
丰镇市	1			1	7	128	15	113
兴安盟	**15**		**5**	**16**	**30**	**453**	**79**	**374**
乌兰浩特市	11		4	16	27	396	50	346
阿尔山市	4		1		3	57	29	28
锡林郭勒盟	**8**	**1**	**11**	**58**	**42**	**591**	**117**	**474**
二连浩特市	4		5	6	8	148	32	116
锡林浩特市	4	1	6	52	34	443	85	358

4-4a 续表 24

单位：人

地区 性别	信息传输、软件和信息技术服务业				金融业				
	小计	电信、广播电视和卫星传输服务	互联网和相关服务	软件和信息技术服务业	小计	货币金融服务	资本市场服务	保险业	其他金融业
内蒙古	**7632**	**3677**	**1669**	**2286**	**12790**	**7122**	**522**	**4400**	**746**
呼和浩特市	**2810**	**1196**	**515**	**1099**	**3885**	**2093**	**237**	**1252**	**303**
新城区	860	385	153	322	1245	647	87	390	121
回民区	376	134	82	160	470	230	26	172	42
玉泉区	486	156	113	217	498	218	24	210	46
赛罕区	1088	521	167	400	1672	998	100	480	94
包头市	**1174**	**414**	**353**	**407**	**2125**	**1096**	**108**	**743**	**178**
东河区	167	65	52	50	318	154	19	124	21
昆都仑区	506	176	114	216	813	353	40	310	110
青山区	401	140	151	110	794	473	42	241	38
石拐区	7		5	2	4	3		1	
白云鄂博矿区	8	5	3		13	10		3	
九原区	85	28	28	29	183	103	7	64	9
乌海市	**307**	**196**	**55**	**56**	**521**	**333**	**15**	**159**	**14**
海勃湾区	263	170	46	47	435	286	14	125	10
海南区	18	11	6	1	38	22	1	14	1
乌达区	26	15	3	8	48	25		20	3
赤峰市	**712**	**299**	**191**	**222**	**1270**	**597**	**56**	**534**	**83**
红山区	291	134	59	98	486	215	28	210	33
元宝山区	72	36	13	23	129	71	3	50	5
松山区	349	129	119	101	655	311	25	274	45
通辽市	**337**	**205**	**66**	**66**	**639**	**364**	**14**	**249**	**12**
科尔沁区	293	179	58	56	560	321	7	220	12
霍林郭勒市	44	26	8	10	79	43	7	29	
鄂尔多斯市	**505**	**264**	**102**	**139**	**1045**	**639**	**39**	**323**	**44**
东胜区	427	230	83	114	910	536	25	308	41
康巴什区	78	34	19	25	135	103	14	15	3
鄂托克旗									
呼伦贝尔市	**599**	**359**	**162**	**78**	**1126**	**728**	**15**	**362**	**21**
海拉尔区	347	220	87	40	527	330	9	185	3
扎赉诺尔区	20	11	6	3	50	28	1	20	1
满洲里市	65	36	25	4	197	158	3	35	1
牙克石市	70	36	16	18	124	85	1	29	9
扎兰屯市	64	25	28	11	150	69		76	5
额尔古纳市	14	14			40	24	1	13	2
根河市	19	17		2	38	34		4	
巴彦淖尔市	**343**	**219**	**60**	**64**	**663**	**359**	**8**	**265**	**31**
临河区	343	219	60	64	663	359	8	265	31
乌兰察布市	**398**	**227**	**97**	**74**	**596**	**376**	**10**	**199**	**11**
集宁区	364	210	87	67	529	329	10	182	8
丰镇市	34	17	10	7	67	47		17	3
兴安盟	**182**	**137**	**25**	**20**	**415**	**239**	**9**	**160**	**7**
乌兰浩特市	171	129	23	19	395	222	9	157	7
阿尔山市	11	8	2	1	20	17		3	
锡林郭勒盟	**265**	**161**	**43**	**61**	**505**	**298**	**11**	**154**	**42**
二连浩特市	45	25	6	14	90	71	2	17	
锡林浩特市	220	136	37	47	415	227	9	137	42

4-4a 续表 25 单位：人

地区 性别	信息传输、软件和信息技术服务业				金融业				
	小计	电信、广播电视和卫星传输服务	互联网和相关服务	软件和信息技术服务业	小计	货币金融服务	资本市场服务	保险业	其他金融业
男	**4626**	**1913**	**1108**	**1605**	**5582**	**3276**	**281**	**1642**	**383**
呼和浩特市	**1694**	**597**	**323**	**774**	**1791**	**994**	**130**	**514**	**153**
新城区	482	183	81	218	596	335	39	161	61
回民区	253	82	57	114	202	108	16	53	25
玉泉区	311	83	72	156	223	106	16	84	17
赛罕区	648	249	113	286	770	445	59	216	50
包头市	**728**	**200**	**244**	**284**	**877**	**456**	**62**	**271**	**88**
东河区	104	36	31	37	132	67	12	44	9
昆都仑区	313	88	75	150	322	135	19	115	53
青山区	246	58	111	77	338	197	28	90	23
石拐区	7		5	2	2	2			
白云鄂博矿区	4	3	1		6	5		1	
九原区	54	15	21	18	77	50	3	21	3
乌海市	**183**	**98**	**41**	**44**	**212**	**152**	**8**	**46**	**6**
海勃湾区	156	86	34	36	182	130	8	39	5
海南区	12	6	5	1	12	10		2	
乌达区	15	6	2	7	18	12		5	1
赤峰市	**404**	**143**	**111**	**150**	**587**	**282**	**27**	**226**	**52**
红山区	155	58	35	62	234	97	17	97	23
元宝山区	41	18	7	16	60	30	3	23	4
松山区	208	67	69	72	293	155	7	106	25
通辽市	**206**	**112**	**49**	**45**	**286**	**181**	**10**	**89**	**6**
科尔沁区	182	100	44	38	258	161	5	86	6
霍林郭勒市	24	12	5	7	28	20	5	3	
鄂尔多斯市	**315**	**140**	**74**	**101**	**392**	**262**	**16**	**91**	**23**
东胜区	262	121	61	80	344	224	10	88	22
康巴什区	53	19	13	21	48	38	6	3	1
鄂托克旗									
呼伦贝尔市	**386**	**215**	**113**	**58**	**489**	**349**	**6**	**124**	**10**
海拉尔区	235	136	68	31	233	153	3	75	2
扎赉诺尔区	14	8	4	2	19	11		7	1
满洲里市	37	19	14	4	89	77	2	10	
牙克石市	43	20	10	13	53	40	1	7	5
扎兰屯市	35	11	17	7	59	39		19	1
额尔古纳市	9	9			18	12		5	1
根河市	13	12		1	18	17		1	
巴彦淖尔市	**186**	**107**	**38**	**41**	**263**	**153**	**6**	**87**	**17**
临河区	186	107	38	41	263	153	6	87	17
乌兰察布市	**240**	**123**	**75**	**42**	**266**	**184**	**7**	**72**	**3**
集宁区	217	112	68	37	239	164	7	66	2
丰镇市	23	11	7	5	27	20		6	1
兴安盟	**112**	**80**	**13**	**19**	**195**	**128**	**4**	**62**	**1**
乌兰浩特市	102	72	12	18	188	122	4	61	1
阿尔山市	10	8	1	1	7	6		1	
锡林郭勒盟	**172**	**98**	**27**	**47**	**224**	**135**	**5**	**60**	**24**
二连浩特市	31	13	5	13	36	32		4	
锡林浩特市	141	85	22	34	188	103	5	56	24

4-4a 续表 26 单位：人

地区 性别	信息传输、软件和信息技术服务业				金融业				
	小计	电信、广播电视和卫星传输服务	互联网和相关服务	软件和信息技术服务业	小计	货币金融服务	资本市场服务	保险业	其他金融业
女	**3006**	**1764**	**561**	**681**	**7208**	**3846**	**241**	**2758**	**363**
呼和浩特市	**1116**	**599**	**192**	**325**	**2094**	**1099**	**107**	**738**	**150**
新城区	378	202	72	104	649	312	48	229	60
回民区	123	52	25	46	268	122	10	119	17
玉泉区	175	73	41	61	275	112	8	126	29
赛罕区	440	272	54	114	902	553	41	264	44
包头市	**446**	**214**	**109**	**123**	**1248**	**640**	**46**	**472**	**90**
东河区	63	29	21	13	186	87	7	80	12
昆都仑区	193	88	39	66	491	218	21	195	57
青山区	155	82	40	33	456	276	14	151	15
石拐区					2	1		1	
白云鄂博矿区	4	2	2		7	5		2	
九原区	31	13	7	11	106	53	4	43	6
乌海市	**124**	**98**	**14**	**12**	**309**	**181**	**7**	**113**	**8**
海勃湾区	107	84	12	11	253	156	6	86	5
海南区	6	5	1		26	12	1	12	1
乌达区	11	9	1	1	30	13		15	2
赤峰市	**308**	**156**	**80**	**72**	**683**	**315**	**29**	**308**	**31**
红山区	136	76	24	36	252	118	11	113	10
元宝山区	31	18	6	7	69	41		27	1
松山区	141	62	50	29	362	156	18	168	20
通辽市	**131**	**93**	**17**	**21**	**353**	**183**	**4**	**160**	**6**
科尔沁区	111	79	14	18	302	160	2	134	6
霍林郭勒市	20	14	3	3	51	23	2	26	
鄂尔多斯市	**190**	**124**	**28**	**38**	**653**	**377**	**23**	**232**	**21**
东胜区	165	109	22	34	566	312	15	220	19
康巴什区	25	15	6	4	87	65	8	12	2
鄂托克旗									
呼伦贝尔市	**213**	**144**	**49**	**20**	**637**	**379**	**9**	**238**	**11**
海拉尔区	112	84	19	9	294	177	6	110	1
扎赉诺尔区	6	3	2	1	31	17	1	13	
满洲里市	28	17	11		108	81	1	25	1
牙克石市	27	16	6	5	71	45		22	4
扎兰屯市	29	14	11	4	91	30		57	4
额尔古纳市	5	5			22	12	1	8	1
根河市	6	5		1	20	17		3	
巴彦淖尔市	**157**	**112**	**22**	**23**	**400**	**206**	**2**	**178**	**14**
临河区	157	112	22	23	400	206	2	178	14
乌兰察布市	**158**	**104**	**22**	**32**	**330**	**192**	**3**	**127**	**8**
集宁区	147	98	19	30	290	165	3	116	6
丰镇市	11	6	3	2	40	27		11	2
兴安盟	**70**	**57**	**12**	**1**	**220**	**111**	**5**	**98**	**6**
乌兰浩特市	69	57	11	1	207	100	5	96	6
阿尔山市	1		1		13	11		2	
锡林郭勒盟	**93**	**63**	**16**	**14**	**281**	**163**	**6**	**94**	**18**
二连浩特市	14	12	1	1	54	39	2	13	
锡林浩特市	79	51	15	13	227	124	4	81	18

4-4a 续表 27 单位：人

地区 性别	房地产业		租赁和商务服务业			科学研究和技术服务业			
	小计	房地产业	小计	租赁业	商务服务业	小计	研究和试验发展	专业技术服务业	科技推广和应用服务业
内蒙古	**11784**	**11784**	**12128**	**829**	**11299**	**7675**	**786**	**5962**	**927**
呼和浩特市	**3436**	**3436**	**3584**	**179**	**3405**	**2860**	**356**	**2110**	**394**
新城区	970	970	1093	48	1045	766	81	572	113
回民区	653	653	509	41	468	265	21	225	19
玉泉区	742	742	752	44	708	474	74	317	83
赛罕区	1071	1071	1230	46	1184	1355	180	996	179
包头市	**2244**	**2244**	**2860**	**151**	**2709**	**1589**	**242**	**1167**	**180**
东河区	477	477	394	27	367	184	13	144	27
昆都仑区	853	853	1646	70	1576	893	126	668	99
青山区	642	642	564	31	533	389	89	264	36
石拐区	20	20	22	2	20	9		9	
白云鄂博矿区	5	5	12	4	8	14	5	9	
九原区	247	247	222	17	205	100	9	73	18
乌海市	**396**	**396**	**362**	**38**	**324**	**243**	**9**	**207**	**27**
海勃湾区	301	301	289	33	256	187	3	164	20
海南区	49	49	29	3	26	19	1	17	1
乌达区	46	46	44	2	42	37	5	26	6
赤峰市	**1223**	**1223**	**1096**	**90**	**1006**	**760**	**54**	**612**	**94**
红山区	527	527	511	32	479	261	18	207	36
元宝山区	80	80	102	8	94	54		51	3
松山区	616	616	483	50	433	445	36	354	55
通辽市	**566**	**566**	**497**	**55**	**442**	**250**	**16**	**203**	**31**
科尔沁区	492	492	394	41	353	187	15	145	27
霍林郭勒市	74	74	103	14	89	63	1	58	4
鄂尔多斯市	**1417**	**1417**	**1088**	**133**	**955**	**542**	**23**	**473**	**46**
东胜区	1099	1099	911	121	790	462	17	409	36
康巴什区	318	318	176	11	165	80	6	64	10
鄂托克旗			1	1					
呼伦贝尔市	**817**	**817**	**1009**	**57**	**952**	**511**	**24**	**437**	**50**
海拉尔区	457	457	472	30	442	279	8	242	29
扎赉诺尔区	26	26	47	2	45	22		18	4
满洲里市	145	145	172	5	167	36	2	32	2
牙克石市	70	70	124	3	121	95	6	83	6
扎兰屯市	95	95	84	10	74	53	3	43	7
额尔古纳市	10	10	98	5	93	19	3	14	2
根河市	14	14	12	2	10	7	2	5	
巴彦淖尔市	**565**	**565**	**482**	**26**	**456**	**291**	**21**	**224**	**46**
临河区	565	565	482	26	456	291	21	224	46
乌兰察布市	**444**	**444**	**373**	**31**	**342**	**180**	**19**	**143**	**18**
集宁区	416	416	328	26	302	165	18	131	16
丰镇市	28	28	45	5	40	15	1	12	2
兴安盟	**294**	**294**	**237**	**24**	**213**	**195**	**6**	**181**	**8**
乌兰浩特市	290	290	223	24	199	191	5	179	7
阿尔山市	4	4	14		14	4	1	2	1
锡林郭勒盟	**382**	**382**	**540**	**45**	**495**	**254**	**16**	**205**	**33**
二连浩特市	46	46	72	1	71	24	2	22	
锡林浩特市	336	336	468	44	424	230	14	183	33

4－4a　续表 28　　　　单位：人

地　区 性　别	房地产业		租赁和商务服务业			科学研究和技术服务业			
	小计	房地产业	小计	租赁业	商　务 服务业	小计	研究和 试验发展	专业技术 服务业	科技推广 和应用 服务业
男	**6852**	**6852**	**7189**	**696**	**6493**	**5052**	**495**	**3960**	**597**
呼和浩特市	**2088**	**2088**	**2010**	**144**	**1866**	**1838**	**221**	**1379**	**238**
新城区	588	588	609	36	573	477	52	361	64
回民区	408	408	298	37	261	180	13	153	14
玉泉区	448	448	426	36	390	327	48	220	59
赛罕区	644	644	677	35	642	854	108	645	101
包头市	**1360**	**1360**	**1702**	**127**	**1575**	**1045**	**158**	**763**	**124**
东河区	302	302	248	26	222	136	12	102	22
昆都仑区	538	538	973	56	917	579	79	435	65
青山区	383	383	333	25	308	247	58	166	23
石拐区	9	9	11	2	9	8		8	
白云鄂博矿区	1	1	8	3	5	11	4	7	
九原区	127	127	129	15	114	64	5	45	14
乌海市	**195**	**195**	**223**	**31**	**192**	**166**	**6**	**145**	**15**
海勃湾区	155	155	174	26	148	129	3	116	10
海南区	18	18	19	3	16	12		11	1
乌达区	22	22	30	2	28	25	3	18	4
赤峰市	**693**	**693**	**678**	**78**	**600**	**541**	**32**	**442**	**67**
红山区	309	309	325	30	295	193	8	157	28
元宝山区	45	45	65	8	57	43		41	2
松山区	339	339	288	40	248	305	24	244	37
通辽市	**306**	**306**	**298**	**46**	**252**	**170**	**10**	**141**	**19**
科尔沁区	284	284	237	33	204	122	9	97	16
霍林郭勒市	22	22	61	13	48	48	1	44	3
鄂尔多斯市	**827**	**827**	**672**	**115**	**557**	**344**	**14**	**299**	**31**
东胜区	634	634	575	106	469	295	10	262	23
康巴什区	193	193	96	8	88	49	4	37	8
鄂托克旗			1	1					
呼伦贝尔市	**447**	**447**	**622**	**47**	**575**	**340**	**14**	**293**	**33**
海拉尔区	243	243	291	24	267	178	4	154	20
扎赉诺尔区	13	13	33	2	31	16		13	3
满洲里市	72	72	89	4	85	21		20	1
牙克石市	46	46	74	2	72	73	4	65	4
扎兰屯市	58	58	64	9	55	38	2	31	5
额尔古纳市	7	7	66	5	61	8	3	5	
根河市	8	8	5	1	4	6	1	5	
巴彦淖尔市	**318**	**318**	**266**	**24**	**242**	**196**	**12**	**154**	**30**
临河区	318	318	266	24	242	196	12	154	30
乌兰察布市	**256**	**256**	**252**	**27**	**225**	**112**	**13**	**87**	**12**
集宁区	240	240	221	22	199	102	12	80	10
丰镇市	16	16	31	5	26	10	1	7	2
兴安盟	**148**	**148**	**142**	**20**	**122**	**131**	**4**	**121**	**6**
乌兰浩特市	145	145	133	20	113	127	3	119	5
阿尔山市	3	3	9		9	4	1	2	1
锡林郭勒盟	**214**	**214**	**324**	**37**	**287**	**169**	**11**	**136**	**22**
二连浩特市	27	27	48	1	47	14		14	
锡林浩特市	187	187	276	36	240	155	11	122	22

4-4a 续表 29

单位：人

地区 性别	房地产业		租赁和商务服务业			科学研究和技术服务业			
	小计	房地产业	小计	租赁业	商务服务业	小计	研究和试验发展	专业技术服务业	科技推广和应用服务业
女	**4932**	**4932**	**4939**	**133**	**4806**	**2623**	**291**	**2002**	**330**
呼和浩特市	**1348**	**1348**	**1574**	**35**	**1539**	**1022**	**135**	**731**	**156**
新城区	382	382	484	12	472	289	29	211	49
回民区	245	245	211	4	207	85	8	72	5
玉泉区	294	294	326	8	318	147	26	97	24
赛罕区	427	427	553	11	542	501	72	351	78
包头市	**884**	**884**	**1158**	**24**	**1134**	**544**	**84**	**404**	**56**
东河区	175	175	146	1	145	48	1	42	5
昆都仑区	315	315	673	14	659	314	47	233	34
青山区	259	259	231	6	225	142	31	98	13
石拐区	11	11	11		11	1		1	
白云鄂博矿区	4	4	4	1	3	3	1	2	
九原区	120	120	93	2	91	36	4	28	4
乌海市	**201**	**201**	**139**	**7**	**132**	**77**	**3**	**62**	**12**
海勃湾区	146	146	115	7	108	58		48	10
海南区	31	31	10		10	7	1	6	
乌达区	24	24	14		14	12	2	8	2
赤峰市	**530**	**530**	**418**	**12**	**406**	**219**	**22**	**170**	**27**
红山区	218	218	186	2	184	68	10	50	8
元宝山区	35	35	37		37	11		10	1
松山区	277	277	195	10	185	140	12	110	18
通辽市	**260**	**260**	**199**	**9**	**190**	**80**	**6**	**62**	**12**
科尔沁区	208	208	157	8	149	65	6	48	11
霍林郭勒市	52	52	42	1	41	15		14	1
鄂尔多斯市	**590**	**590**	**416**	**18**	**398**	**198**	**9**	**174**	**15**
东胜区	465	465	336	15	321	167	7	147	13
康巴什区	125	125	80	3	77	31	2	27	2
鄂托克旗									
呼伦贝尔市	**370**	**370**	**387**	**10**	**377**	**171**	**10**	**144**	**17**
海拉尔区	214	214	181	6	175	101	4	88	9
扎赉诺尔区	13	13	14		14	6		5	1
满洲里市	73	73	83	1	82	15	2	12	1
牙克石市	24	24	50	1	49	22	2	18	2
扎兰屯市	37	37	20	1	19	15	1	12	2
额尔古纳市	3	3	32		32	11		9	2
根河市	6	6	7	1	6	1	1		
巴彦淖尔市	**247**	**247**	**216**	**2**	**214**	**95**	**9**	**70**	**16**
临河区	247	247	216	2	214	95	9	70	16
乌兰察布市	**188**	**188**	**121**	**4**	**117**	**68**	**6**	**56**	**6**
集宁区	176	176	107	4	103	63	6	51	6
丰镇市	12	12	14		14	5		5	
兴安盟	**146**	**146**	**95**	**4**	**91**	**64**	**2**	**60**	**2**
乌兰浩特市	145	145	90	4	86	64	2	60	2
阿尔山市	1	1	5		5				
锡林郭勒盟	**168**	**168**	**216**	**8**	**208**	**85**	**5**	**69**	**11**
二连浩特市	19	19	24		24	10	2	8	
锡林浩特市	149	149	192	8	184	75	3	61	11

4-4a 续表 30 单位：人

地区 性别	水利、环境和公共设施管理业					居民服务、修理和其他服务业			
	小计	水利管理业	生态保护和环境治理业	公共设施管理业	土地管理业	小计	居民服务业	机动车、电子产品和日用产品修理业	其他服务业
内蒙古	**5244**	**388**	**435**	**4326**	**95**	**19341**	**12412**	**4344**	**2585**
呼和浩特市	**1340**	**108**	**109**	**1075**	**48**	**4034**	**2683**	**745**	**606**
新城区	315	40	22	239	14	1040	663	183	194
回民区	289	4	26	257	2	908	634	208	66
玉泉区	307	20	11	269	7	1050	680	186	184
赛罕区	429	44	50	310	25	1036	706	168	162
包头市	**780**	**44**	**73**	**659**	**4**	**4010**	**2534**	**792**	**684**
东河区	150	12	9	127	2	841	587	161	93
昆都仑区	332	12	32	287	1	1682	968	332	382
青山区	175	13	13	148	1	1020	722	167	131
石拐区	14		2	12		15	12	1	2
白云鄂博矿区	20	2	12	6		45	23	11	11
九原区	89	5	5	79		407	222	120	65
乌海市	**393**	**14**	**38**	**338**	**3**	**1178**	**628**	**321**	**229**
海勃湾区	283	10	23	247	3	670	482	167	21
海南区	28	3	5	20		149	48	84	17
乌达区	82	1	10	71		359	98	70	191
赤峰市	**493**	**41**	**36**	**410**	**6**	**2265**	**1454**	**512**	**299**
红山区	245	16	21	207	1	1043	682	238	123
元宝山区	83	2	6	75		367	205	67	95
松山区	165	23	9	128	5	855	567	207	81
通辽市	**298**	**28**	**18**	**250**	**2**	**1322**	**908**	**298**	**116**
科尔沁区	227	27	13	185	2	1056	756	215	85
霍林郭勒市	71	1	5	65		266	152	83	31
鄂尔多斯市	**665**	**26**	**60**	**576**	**3**	**1451**	**861**	**400**	**190**
东胜区	527	18	51	455	3	1314	782	384	148
康巴什区	138	8	9	121		134	78	14	42
鄂托克旗						3	1	2	
呼伦贝尔市	**380**	**19**	**54**	**301**	**6**	**1722**	**1192**	**399**	**131**
海拉尔区	126	9	15	102		628	436	156	36
扎赉诺尔区	30	1	1	28		102	69	25	8
满洲里市	60		2	56	2	263	173	79	11
牙克石市	32	3	9	19	1	321	241	58	22
扎兰屯市	70	4	8	55	3	309	218	62	29
额尔古纳市	36		8	28		62	32	12	18
根河市	26	2	11	13		37	23	7	7
巴彦淖尔市	**225**	**71**	**14**	**129**	**11**	**883**	**583**	**225**	**75**
临河区	225	71	14	129	11	883	583	225	75
乌兰察布市	**236**	**6**	**9**	**219**	**2**	**808**	**534**	**219**	**55**
集宁区	184	6	7	170	1	637	447	159	31
丰镇市	52		2	49	1	171	87	60	24
兴安盟	**222**	**16**	**10**	**188**	**8**	**697**	**461**	**194**	**42**
乌兰浩特市	172	16	6	142	8	672	448	183	41
阿尔山市	50		4	46		25	13	11	1
锡林郭勒盟	**212**	**15**	**14**	**181**	**2**	**971**	**574**	**239**	**158**
二连浩特市	69			69		147	83	45	19
锡林浩特市	143	15	14	112	2	824	491	194	139

4-4a　续表 31　　　　单位：人

地区 性别	水利、环境和公共设施管理业					居民服务、修理和其他服务业			
	小计	水利管理业	生态保护和环境治理业	公共设施管理业	土地管理业	小计	居民服务业	机动车、电子产品和日用产品修理业	其他服务业
男	**3344**	**249**	**312**	**2731**	**52**	**9703**	**4622**	**3724**	**1357**
呼和浩特市	**881**	**69**	**74**	**716**	**22**	**1953**	**1011**	**651**	**291**
新城区	200	25	13	154	8	499	250	164	85
回民区	203	2	16	183	2	437	224	183	30
玉泉区	200	15	9	174	2	532	264	163	105
赛罕区	278	27	36	205	10	485	273	141	71
包头市	**496**	**24**	**52**	**417**	**3**	**1962**	**925**	**691**	**346**
东河区	110	8	7	93	2	442	253	142	47
昆都仑区	207	4	23	179	1	801	329	283	189
青山区	99	9	6	84		469	255	147	67
石拐区	8		1	7		8	6	1	1
白云鄂博矿区	15	1	12	2		31	14	8	9
九原区	57	2	3	52		211	68	110	33
乌海市	**248**	**9**	**27**	**210**	**2**	**708**	**258**	**277**	**173**
海勃湾区	175	6	16	151	2	357	204	143	10
海南区	17	2	5	10		94	15	73	6
乌达区	56	1	6	49		257	39	61	157
赤峰市	**297**	**28**	**30**	**235**	**4**	**1183**	**591**	**432**	**160**
红山区	150	11	16	122	1	555	294	197	64
元宝山区	53	2	6	45		205	86	59	60
松山区	94	15	8	68	3	423	211	176	36
通辽市	**182**	**19**	**14**	**148**	**1**	**666**	**354**	**250**	**62**
科尔沁区	144	18	10	115	1	527	307	176	44
霍林郭勒市	38	1	4	33		139	47	74	18
鄂尔多斯市	**426**	**15**	**43**	**367**	**1**	**691**	**257**	**345**	**89**
东胜区	341	12	37	291	1	634	237	332	65
康巴什区	85	3	6	76		55	20	11	24
鄂托克旗						2		2	
呼伦贝尔市	**234**	**10**	**38**	**182**	**4**	**862**	**474**	**323**	**65**
海拉尔区	89	5	12	72		293	156	121	16
扎赉诺尔区	10	1		9		54	31	20	3
满洲里市	37		2	35		134	66	63	5
牙克石市	20	1	8	10	1	198	139	47	12
扎兰屯市	39	2	3	31	3	133	65	55	13
额尔古纳市	25		4	21		33	10	11	12
根河市	14	1	9	4		17	7	6	4
巴彦淖尔市	**157**	**50**	**13**	**87**	**7**	**431**	**190**	**197**	**44**
临河区	157	50	13	87	7	431	190	197	44
乌兰察布市	**155**	**4**	**6**	**144**	**1**	**411**	**190**	**195**	**26**
集宁区	116	4	4	108		305	151	143	11
丰镇市	39		2	36	1	106	39	52	15
兴安盟	**145**	**13**	**5**	**121**	**6**	**309**	**131**	**161**	**17**
乌兰浩特市	111	13	2	90	6	297	128	152	17
阿尔山市	34		3	31		12	3	9	
锡林郭勒盟	**123**	**8**	**10**	**104**	**1**	**527**	**241**	**202**	**84**
二连浩特市	38			38		74	28	39	7
锡林浩特市	85	8	10	66	1	453	213	163	77

4-4a 续表 32

单位：人

地区 性别	水利、环境和公共设施管理业					居民服务、修理和其他服务业			
	小计	水利管理业	生态保护和环境治理业	公共设施管理业	土地管理业	小计	居民服务业	机动车、电子产品和日用产品修理业	其他服务业
女	**1900**	**139**	**123**	**1595**	**43**	**9638**	**7790**	**620**	**1228**
呼和浩特市	**459**	**39**	**35**	**359**	**26**	**2081**	**1672**	**94**	**315**
新城区	115	15	9	85	6	541	413	19	109
回民区	86	2	10	74		471	410	25	36
玉泉区	107	5	2	95	5	518	416	23	79
赛罕区	151	17	14	105	15	551	433	27	91
包头市	**284**	**20**	**21**	**242**	**1**	**2048**	**1609**	**101**	**338**
东河区	40	4	2	34		399	334	19	46
昆都仑区	125	8	9	108		881	639	49	193
青山区	76	4	7	64	1	551	467	20	64
石拐区	6		1	5		7	6		1
白云鄂博矿区	5	1		4		14	9	3	2
九原区	32	3	2	27		196	154	10	32
乌海市	**145**	**5**	**11**	**128**	**1**	**470**	**370**	**44**	**56**
海勃湾区	108	4	7	96	1	313	278	24	11
海南区	11	1		10		55	33	11	11
乌达区	26		4	22		102	59	9	34
赤峰市	**196**	**13**	**6**	**175**	**2**	**1082**	**863**	**80**	**139**
红山区	95	5	5	85		488	388	41	59
元宝山区	30			30		162	119	8	35
松山区	71	8	1	60	2	432	356	31	45
通辽市	**116**	**9**	**4**	**102**	**1**	**656**	**554**	**48**	**54**
科尔沁区	83	9	3	70	1	529	449	39	41
霍林郭勒市	33		1	32		127	105	9	13
鄂尔多斯市	**239**	**11**	**17**	**209**	**2**	**760**	**604**	**55**	**101**
东胜区	186	6	14	164	2	680	545	52	83
康巴什区	53	5	3	45		79	58	3	18
鄂托克旗						1	1		
呼伦贝尔市	**146**	**9**	**16**	**119**	**2**	**860**	**718**	**76**	**66**
海拉尔区	37	4	3	30		335	280	35	20
扎赉诺尔区	20		1	19		48	38	5	5
满洲里市	23			21	2	129	107	16	6
牙克石市	12	2	1	9		123	102	11	10
扎兰屯市	31	2	5	24		176	153	7	16
额尔古纳市	11		4	7		29	22	1	6
根河市	12	1	2	9		20	16	1	3
巴彦淖尔市	**68**	**21**	**1**	**42**	**4**	**452**	**393**	**28**	**31**
临河区	68	21	1	42	4	452	393	28	31
乌兰察布市	**81**	**2**	**3**	**75**	**1**	**397**	**344**	**24**	**29**
集宁区	68	2	3	62	1	332	296	16	20
丰镇市	13			13		65	48	8	9
兴安盟	**77**	**3**	**5**	**67**	**2**	**388**	**330**	**33**	**25**
乌兰浩特市	61	3	4	52	2	375	320	31	24
阿尔山市	16		1	15		13	10	2	1
锡林郭勒盟	**89**	**7**	**4**	**77**	**1**	**444**	**333**	**37**	**74**
二连浩特市	31			31		73	55	6	12
锡林浩特市	58	7	4	46	1	371	278	31	62

4–4a　续表 33　　　　　　　　　　　　　　　　　　　　　　　　单位：人

地　区 性　别	教育		卫生和社会工作			文化、体育和娱乐业				
	小计	教育	小计	卫生	社会工作	小计	新闻和出版业	广播、电视、电影和录音制作业	文　化艺术业	体育
内蒙古	**27001**	**27001**	**15174**	**14775**	**399**	**4805**	**616**	**864**	**1124**	**582**
呼和浩特市	**7166**	**7166**	**3392**	**3323**	**69**	**1662**	**279**	**359**	**418**	**202**
新城区	2090	2090	835	812	23	455	76	95	125	45
回民区	1103	1103	629	616	13	275	15	95	35	52
玉泉区	1157	1157	642	626	16	304	27	42	83	43
赛罕区	2816	2816	1286	1269	17	628	161	127	175	62
包头市	**5095**	**5095**	**2822**	**2735**	**87**	**780**	**63**	**112**	**158**	**113**
东河区	922	922	644	621	23	135	12	23	23	15
昆都仑区	2045	2045	1151	1127	24	344	33	40	66	62
青山区	1620	1620	789	764	25	265	15	43	55	33
石拐区	19	19	6	5	1					
白云鄂博矿区	29	29	25	21	4	4			4	
九原区	460	460	207	197	10	32	3	6	10	3
乌海市	**1112**	**1112**	**627**	**609**	**18**	**160**	**21**	**19**	**33**	**20**
海勃湾区	814	814	496	478	18	128	20	17	26	18
海南区	127	127	49	49		13		2	3	
乌达区	171	171	82	82		19	1		4	2
赤峰市	**3023**	**3023**	**1827**	**1799**	**28**	**394**	**53**	**65**	**95**	**43**
红山区	1026	1026	815	803	12	189	14	34	51	20
元宝山区	550	550	246	242	4	33		5	6	6
松山区	1447	1447	766	754	12	172	39	26	38	17
通辽市	**1653**	**1653**	**1061**	**1048**	**13**	**233**	**31**	**34**	**47**	**26**
科尔沁区	1374	1374	932	921	11	198	29	31	35	24
霍林郭勒市	279	279	129	127	2	35	2	3	12	2
鄂尔多斯市	**2209**	**2209**	**1040**	**997**	**43**	**374**	**35**	**46**	**75**	**63**
东胜区	1729	1729	833	795	38	279	22	23	50	51
康巴什区	480	480	207	202	5	95	13	23	25	12
鄂托克旗										
呼伦贝尔市	**2154**	**2154**	**1664**	**1606**	**58**	**449**	**40**	**84**	**94**	**51**
海拉尔区	843	843	660	637	23	207	23	44	32	31
扎赉诺尔区	131	131	87	87		26	4	5	5	2
满洲里市	316	316	157	153	4	53	4	9	16	2
牙克石市	321	321	353	339	14	62	6	16	6	8
扎兰屯市	349	349	304	292	12	67	2	4	22	7
额尔古纳市	96	96	42	37	5	18	1	1	9	
根河市	98	98	61	61		16		5	4	1
巴彦淖尔市	**1243**	**1243**	**853**	**831**	**22**	**200**	**25**	**32**	**46**	**23**
临河区	1243	1243	853	831	22	200	25	32	46	23
乌兰察布市	**1376**	**1376**	**734**	**708**	**26**	**184**	**22**	**35**	**55**	**20**
集宁区	1112	1112	620	595	25	155	19	30	47	20
丰镇市	264	264	114	113	1	29	3	5	8	
兴安盟	**864**	**864**	**604**	**586**	**18**	**173**	**22**	**45**	**48**	**5**
乌兰浩特市	838	838	585	567	18	162	22	44	44	5
阿尔山市	26	26	19	19		11		1	4	
锡林郭勒盟	**1106**	**1106**	**550**	**533**	**17**	**196**	**25**	**33**	**55**	**16**
二连浩特市	161	161	43	42	1	37	3	6	8	1
锡林浩特市	945	945	507	491	16	159	22	27	47	15

4－4a　续表 34　　　　　　　　　　　　　　　　　　　　　　　　　　　　　　单位：人

地　区 性　别	教育		卫生和社会工作			文化、体育和娱乐业				
	小计	教育	小计	卫生	社会工作	小计	新闻和出版业	广播、电视、电影和录音制作业	文　化艺术业	体育
男	**8445**	**8445**	**4676**	**4527**	**149**	**2566**	**305**	**457**	**550**	**326**
呼和浩特市	**2409**	**2409**	**1066**	**1036**	**30**	**879**	**149**	**182**	**200**	**116**
新城区	724	724	250	240	10	228	44	43	58	23
回民区	361	361	203	195	8	154	6	47	15	32
玉泉区	363	363	197	188	9	165	12	27	42	26
赛罕区	961	961	416	413	3	332	87	65	85	35
包头市	**1528**	**1528**	**872**	**840**	**32**	**425**	**28**	**62**	**82**	**60**
东河区	270	270	194	185	9	72	6	12	15	8
昆都仑区	616	616	365	355	10	182	15	19	34	34
青山区	480	480	242	233	9	153	7	27	28	17
石拐区	5	5	3	2	1					
白云鄂博矿区	11	11	7	7		1			1	
九原区	146	146	61	58	3	17		4	4	1
乌海市	**268**	**268**	**169**	**164**	**5**	**79**	**8**	**8**	**15**	**11**
海勃湾区	200	200	136	131	5	62	7	7	13	10
海南区	24	24	13	13		8		1	1	
乌达区	44	44	20	20		9	1		1	1
赤峰市	**959**	**959**	**567**	**560**	**7**	**224**	**24**	**37**	**46**	**29**
红山区	334	334	251	246	5	120	7	20	31	15
元宝山区	160	160	68	68		20		3	2	3
松山区	465	465	248	246	2	84	17	14	13	11
通辽市	**536**	**536**	**332**	**327**	**5**	**127**	**15**	**23**	**24**	**15**
科尔沁区	469	469	293	289	4	114	15	22	17	15
霍林郭勒市	67	67	39	38	1	13		1	7	
鄂尔多斯市	**622**	**622**	**336**	**319**	**17**	**207**	**20**	**23**	**31**	**34**
东胜区	484	484	271	258	13	159	13	15	22	26
康巴什区	138	138	65	61	4	48	7	8	9	8
鄂托克旗										
呼伦贝尔市	**651**	**651**	**465**	**442**	**23**	**230**	**16**	**43**	**46**	**25**
海拉尔区	238	238	177	167	10	109	8	26	18	13
扎赉诺尔区	30	30	21	21		12	3	1	3	
满洲里市	86	86	52	52		26	1	5	8	2
牙克石市	102	102	104	98	6	35	4	7	3	6
扎兰屯市	127	127	81	77	4	33		1	11	3
额尔古纳市	27	27	16	13	3	7		1	2	
根河市	41	41	14	14		8		2	1	1
巴彦淖尔市	**360**	**360**	**261**	**254**	**7**	**111**	**14**	**13**	**26**	**16**
临河区	360	360	261	254	7	111	14	13	26	16
乌兰察布市	**483**	**483**	**242**	**235**	**7**	**85**	**10**	**16**	**21**	**8**
集宁区	376	376	205	199	6	72	9	14	17	8
丰镇市	107	107	37	36	1	13	1	2	4	
兴安盟	**265**	**265**	**187**	**179**	**8**	**94**	**12**	**26**	**28**	**3**
乌兰浩特市	259	259	180	172	8	88	12	25	26	3
阿尔山市	6	6	7	7		6		1	2	
锡林郭勒盟	**364**	**364**	**179**	**171**	**8**	**105**	**9**	**24**	**31**	**9**
二连浩特市	42	42	15	15		21	1	6	6	
锡林浩特市	322	322	164	156	8	84	8	18	25	9

4-4a　续表 35　　　　单位：人

地区 性别	教育		卫生和社会工作			文化、体育和娱乐业				
	小计	教育	小计	卫生	社会工作	小计	新闻和出版业	广播、电视、电影和录音制作业	文化艺术业	体育
女	**18556**	**18556**	**10498**	**10248**	**250**	**2239**	**311**	**407**	**574**	**256**
呼和浩特市	**4757**	**4757**	**2326**	**2287**	**39**	**783**	**130**	**177**	**218**	**86**
新城区	1366	1366	585	572	13	227	32	52	67	22
回民区	742	742	426	421	5	121	9	48	20	20
玉泉区	794	794	445	438	7	139	15	15	41	17
赛罕区	1855	1855	870	856	14	296	74	62	90	27
包头市	**3567**	**3567**	**1950**	**1895**	**55**	**355**	**35**	**50**	**76**	**53**
东河区	652	652	450	436	14	63	6	11	8	7
昆都仑区	1429	1429	786	772	14	162	18	21	32	28
青山区	1140	1140	547	531	16	112	8	16	27	16
石拐区	14	14	3	3						
白云鄂博矿区	18	18	18	14	4	3			3	
九原区	314	314	146	139	7	15	3	2	6	2
乌海市	**844**	**844**	**458**	**445**	**13**	**81**	**13**	**11**	**18**	**9**
海勃湾区	614	614	360	347	13	66	13	10	13	8
海南区	103	103	36	36		5		1	2	
乌达区	127	127	62	62		10			3	1
赤峰市	**2064**	**2064**	**1260**	**1239**	**21**	**170**	**29**	**28**	**49**	**14**
红山区	692	692	564	557	7	69	7	14	20	5
元宝山区	390	390	178	174	4	13		2	4	3
松山区	982	982	518	508	10	88	22	12	25	6
通辽市	**1117**	**1117**	**729**	**721**	**8**	**106**	**16**	**11**	**23**	**11**
科尔沁区	905	905	639	632	7	84	14	9	18	9
霍林郭勒市	212	212	90	89	1	22	2	2	5	2
鄂尔多斯市	**1587**	**1587**	**704**	**678**	**26**	**167**	**15**	**23**	**44**	**29**
东胜区	1245	1245	562	537	25	120	9	8	28	25
康巴什区	342	342	142	141	1	47	6	15	16	4
鄂托克旗										
呼伦贝尔市	**1503**	**1503**	**1199**	**1164**	**35**	**219**	**24**	**41**	**48**	**26**
海拉尔区	605	605	483	470	13	98	15	18	14	18
扎赉诺尔区	101	101	66	66		14	1	4	2	2
满洲里市	230	230	105	101	4	27	3	4	8	
牙克石市	219	219	249	241	8	27	2	9	3	2
扎兰屯市	222	222	223	215	8	34	2	3	11	4
额尔古纳市	69	69	26	24	2	11	1		7	
根河市	57	57	47	47		8		3	3	
巴彦淖尔市	**883**	**883**	**592**	**577**	**15**	**89**	**11**	**19**	**20**	**7**
临河区	883	883	592	577	15	89	11	19	20	7
乌兰察布市	**893**	**893**	**492**	**473**	**19**	**99**	**12**	**19**	**34**	**12**
集宁区	736	736	415	396	19	83	10	16	30	12
丰镇市	157	157	77	77		16	2	3	4	
兴安盟	**599**	**599**	**417**	**407**	**10**	**79**	**10**	**19**	**20**	**2**
乌兰浩特市	579	579	405	395	10	74	10	19	18	2
阿尔山市	20	20	12	12		5			2	
锡林郭勒盟	**742**	**742**	**371**	**362**	**9**	**91**	**16**	**9**	**24**	**7**
二连浩特市	119	119	28	27	1	16	2		2	1
锡林浩特市	623	623	343	335	8	75	14	9	22	6

4-4a 续表 36 单位：人

地 区 性 别	娱乐业	公共管理、社会保障和社会组织							国际组织	
		小计	中国共产党机关	国家机构	人民政协、民主党派	社会保障	群众团体、社会团体和其他成员组织	基层群众自治组织	小计	国际组织
内蒙古	**1619**	**33849**	**1023**	**29560**	**165**	**223**	**886**	**1992**	**1**	**1**
呼和浩特市	**404**	**7929**	**194**	**6834**	**31**	**32**	**218**	**620**		
新城区	114	2366	41	2124	14	11	66	110		
回民区	78	990	13	748	1	5	30	193		
玉泉区	109	1099	8	887	5	7	50	142		
赛罕区	103	3474	132	3075	11	9	72	175		
包头市	**334**	**4291**	**103**	**3640**	**13**	**36**	**167**	**332**		
东河区	62	773	32	642	2	11	24	62		
昆都仑区	143	1402	48	1148	7	12	63	124		
青山区	119	1477	7	1313	3	12	58	84		
石拐区		73	3	62			1	7		
白云鄂博矿区		97	3	79	1		3	11		
九原区	10	469	10	396		1	18	44		
乌海市	**67**	**1582**	**56**	**1302**	**12**	**20**	**45**	**147**		
海勃湾区	47	1186	39	1028	11	10	37	61		
海南区	8	137	1	94		8	3	31		
乌达区	12	259	16	180	1	2	5	55		
赤峰市	**138**	**2746**	**54**	**2342**	**14**	**41**	**87**	**208**		
红山区	70	918	13	784	3	10	39	69		
元宝山区	16	457	2	376	3	10	13	53		
松山区	52	1371	39	1182	8	21	35	86		
通辽市	**95**	**1860**	**58**	**1633**	**7**	**10**	**47**	**105**	**1**	**1**
科尔沁区	79	1488	34	1319	4	8	36	87	1	1
霍林郭勒市	16	372	24	314	3	2	11	18		
鄂尔多斯市	**155**	**2723**	**65**	**2479**	**13**	**1**	**68**	**97**		
东胜区	133	1828	26	1669	4	1	48	80		
康巴什区	22	894	39	809	9		20	17		
鄂托克旗		1		1						
呼伦贝尔市	**180**	**4195**	**134**	**3760**	**15**	**31**	**93**	**162**		
海拉尔区	77	1489	60	1332	5	11	34	47		
扎赉诺尔区	10	226	7	193	1	3	9	13		
满洲里市	22	660	21	591	2	3	14	29		
牙克石市	26	655	8	611	2	8	15	11		
扎兰屯市	32	593	31	525	3	4	6	24		
额尔古纳市	7	305	5	274		2	10	14		
根河市	6	267	2	234	2		5	24		
巴彦淖尔市	**74**	**1932**	**61**	**1755**	**8**	**8**	**39**	**61**		
临河区	74	1932	61	1755	8	8	39	61		
乌兰察布市	**52**	**2917**	**139**	**2607**	**22**	**12**	**42**	**95**		
集宁区	39	2386	108	2136	14	8	37	83		
丰镇市	13	531	31	471	8	4	5	12		
兴安盟	**53**	**1891**	**81**	**1683**	**18**	**23**	**25**	**61**		
乌兰浩特市	47	1534	76	1338	13	23	23	61		
阿尔山市	6	357	5	345	5		2			
锡林郭勒盟	**67**	**1783**	**78**	**1525**	**12**	**9**	**55**	**104**		
二连浩特市	19	388	24	335	1		7	21		
锡林浩特市	48	1395	54	1190	11	9	48	83		

4-4a 续表 37

单位：人

地区 性别	娱乐业	公共管理、社会保障和社会组织							国际组织	
		小计	中国共产党机关	国家机构	人民政协、民主党派	社会保障	群众团体、社会团体和其他成员组织	基层群众自治组织	小计	国际组织
男	**928**	**20541**	**663**	**18649**	**111**	**92**	**414**	**612**		
呼和浩特市	**232**	**4784**	**130**	**4302**	**24**	**12**	**110**	**206**		
新城区	60	1426	28	1315	11	1	34	37		
回民区	54	582	8	503	1	1	18	51		
玉泉区	58	672	6	579	3	3	29	52		
赛罕区	60	2104	88	1905	9	7	29	66		
包头市	**193**	**2478**	**73**	**2204**	**10**	**15**	**75**	**101**		
东河区	31	477	20	423	2	6	10	16		
昆都仑区	80	805	37	691	5	5	31	36		
青山区	74	847	6	784	2	4	24	27		
石拐区		38	2	31				5		
白云鄂博矿区		36	1	32	1		1	1		
九原区	8	275	7	243			9	16		
乌海市	**37**	**870**	**27**	**779**	**6**	**10**	**19**	**29**		
海勃湾区	25	678	22	621	5	5	16	9		
海南区	6	69		55		5	1	8		
乌达区	6	123	5	103	1		2	12		
赤峰市	**88**	**1778**	**43**	**1590**	**13**	**18**	**48**	**66**		
红山区	47	613	10	548	3	6	21	25		
元宝山区	12	296	1	262	3	3	8	19		
松山区	29	869	32	780	7	9	19	22		
通辽市	**50**	**1150**	**38**	**1047**	**2**	**4**	**25**	**34**		
科尔沁区	45	945	24	868	1	4	21	27		
霍林郭勒市	5	205	14	179	1		4	7		
鄂尔多斯市	**99**	**1563**	**40**	**1450**	**7**		**28**	**38**		
东胜区	83	1083	17	1008	3		23	32		
康巴什区	16	479	23	441	4		5	6		
鄂托克旗		1		1						
呼伦贝尔市	**100**	**2609**	**81**	**2432**	**9**	**12**	**42**	**33**		
海拉尔区	44	916	35	848	2	5	16	10		
扎赉诺尔区	5	125	3	116	1	1	4			
满洲里市	10	410	12	386	2	1	5	4		
牙克石市	15	454	6	434	2	3	7	2		
扎兰屯市	18	356	21	322	1	1	2	9		
额尔古纳市	4	180	2	172		1	5			
根河市	4	168	2	154	1		3	8		
巴彦淖尔市	**42**	**1163**	**36**	**1081**	**4**	**5**	**14**	**23**		
临河区	42	1163	36	1081	4	5	14	23		
乌兰察布市	**30**	**1869**	**100**	**1709**	**14**	**6**	**18**	**22**		
集宁区	24	1492	76	1369	10	4	14	19		
丰镇市	6	377	24	340	4	2	4	3		
兴安盟	**25**	**1167**	**41**	**1078**	**13**	**9**	**9**	**17**		
乌兰浩特市	22	931	39	850	8	9	8	17		
阿尔山市	3	236	2	228	5		1			
锡林郭勒盟	**32**	**1110**	**54**	**977**	**9**	**1**	**26**	**43**		
二连浩特市	8	260	16	235	1		1	7		
锡林浩特市	24	850	38	742	8	1	25	36		

4－4a 续表 38 单位：人

地区 性别	娱乐业	公共管理、社会保障和社会组织							国际组织	
		小计	中国共产党机关	国家机构	人民政协、民主党派	社会保障	群众团体、社会团体和其他成员组织	基层群众自治组织	小计	国际组织
女	**691**	**13308**	**360**	**10911**	**54**	**131**	**472**	**1380**	**1**	**1**
呼和浩特市	**172**	**3145**	**64**	**2532**	**7**	**20**	**108**	**414**		
新城区	54	940	13	809	3	10	32	73		
回民区	24	408	5	245		4	12	142		
玉泉区	51	427	2	308	2	4	21	90		
赛罕区	43	1370	44	1170	2	2	43	109		
包头市	**141**	**1813**	**30**	**1436**	**3**	**21**	**92**	**231**		
东河区	31	296	12	219		5	14	46		
昆都仑区	63	597	11	457	2	7	32	88		
青山区	45	630	1	529	1	8	34	57		
石拐区		35	1	31			1	2		
白云鄂博矿区		61	2	47			2	10		
九原区	2	194	3	153		1	9	28		
乌海市	**30**	**712**	**29**	**523**	**6**	**10**	**26**	**118**		
海勃湾区	22	508	17	407	6	5	21	52		
海南区	2	68	1	39		3	2	23		
乌达区	6	136	11	77		2	3	43		
赤峰市	**50**	**968**	**11**	**752**	**1**	**23**	**39**	**142**		
红山区	23	305	3	236		4	18	44		
元宝山区	4	161	1	114		7	5	34		
松山区	23	502	7	402	1	12	16	64		
通辽市	**45**	**710**	**20**	**586**	**5**	**6**	**22**	**71**	**1**	**1**
科尔沁区	34	543	10	451	3	4	15	60	1	1
霍林郭勒市	11	167	10	135	2	2	7	11		
鄂尔多斯市	**56**	**1160**	**25**	**1029**	**6**	**1**	**40**	**59**		
东胜区	50	745	9	661	1	1	25	48		
康巴什区	6	415	16	368	5		15	11		
鄂托克旗										
呼伦贝尔市	**80**	**1586**	**53**	**1328**	**6**	**19**	**51**	**129**		
海拉尔区	33	573	25	484	3	6	18	37		
扎赉诺尔区	5	101	4	77		2	5	13		
满洲里市	12	250	9	205		2	9	25		
牙克石市	11	201	2	177		5	8	9		
扎兰屯市	14	237	10	203	2	3	4	15		
额尔古纳市	3	125	3	102		1	5	14		
根河市	2	99		80	1		2	16		
巴彦淖尔市	**32**	**769**	**25**	**674**	**4**	**3**	**25**	**38**		
临河区	32	769	25	674	4	3	25	38		
乌兰察布市	**22**	**1048**	**39**	**898**	**8**	**6**	**24**	**73**		
集宁区	15	894	32	767	4	4	23	64		
丰镇市	7	154	7	131	4	2	1	9		
兴安盟	**28**	**724**	**40**	**605**	**5**	**14**	**16**	**44**		
乌兰浩特市	25	603	37	488	5	14	15	44		
阿尔山市	3	121	3	117			1			
锡林郭勒盟	**35**	**673**	**24**	**548**	**3**	**8**	**29**	**61**		
二连浩特市	11	128	8	100			6	14		
锡林浩特市	24	545	16	448	3	8	23	47		

4-4b　各地区分性别、行业大类的就业人口(镇)

单位：人

地区 性别	合计	农、林、牧、渔业					采矿业	
		小计	农业	林业	畜牧业	渔业	农、林、牧、渔专业及辅助性活动	小计	煤炭开采和洗选业
内蒙古	**284363**	**37035**	**25536**	**1814**	**7855**	**79**	**1751**	**10035**	**6579**
呼和浩特市	**18603**	**1695**	**1386**	**33**	**230**	**4**	**42**	**90**	**34**
新城区	74	5	5						
回民区									
玉泉区									
赛罕区	49	15	14		1				
土默特左旗	3724	335	282	2	44	1	6	13	8
托克托县	3242	293	235	5	33	2	18	8	7
和林格尔县	2783	227	178	6	33		10	2	
清水河县	1345	108	89	10	9			33	5
武川县	1855	370	329	7	30		4	13	4
呼和浩特经济技术开发区	5531	342	254	3	80	1	4	21	10
包头市	**20244**	**2159**	**1839**	**17**	**267**		**36**	**707**	**343**
东河区	1047	149	137		8		4	15	11
昆都仑区	67	1					1		
青山区	185								
石拐区	266	11	11						
白云鄂博矿区									
九原区	546	91	84	1	5		1	10	1
土默特右旗	5309	987	929	8	44		6	123	112
固阳县	2609	568	487	2	72		7	158	9
达尔罕茂明安联合旗	1545	180	83		93		4	117	1
包头稀土高新技术产业开发区	8670	172	108	6	45		13	284	209
乌海市	**1132**	**94**	**76**		**18**			**337**	**300**
海勃湾区	206	53	42		11				
海南区	809	20	16		4			324	287
乌达区	117	21	18		3			13	13
赤峰市	**50153**	**8831**	**7004**	**134**	**1372**	**10**	**311**	**1112**	**197**
红山区	1030	241	214		23	1	3	4	
元宝山区	964	145	69	1	73		2	117	109
松山区	1157	623	573	2	37		11	46	5
阿鲁科尔沁旗	4347	650	407	5	214		24	26	2
巴林左旗	6358	806	611	16	134	1	44	147	12
巴林右旗	4074	592	356	18	83		135	41	4
林西县	4969	738	525	7	193	1	12	290	12
克什克腾旗	3876	313	145	45	91	7	25	169	5
翁牛特旗	5282	1160	988	19	136		17	52	17
喀喇沁旗	4597	1140	997	3	137		3	32	11
宁城县	7153	1002	853	5	124		20	62	15
敖汉旗	6346	1421	1266	13	127		15	126	5

4-4b 续表 1　　　　　　　　　　　　　　　　　　　　单位：人

地区 性别	合计	农、林、牧、渔业						采矿业	
		小计	农业	林业	畜牧业	渔业	农、林、牧、渔专业及辅助性活动	小计	煤炭开采和洗选业
通辽市	**35540**	**7155**	**5548**	**54**	**1394**	**4**	**155**	**127**	**47**
科尔沁区	1778	672	549		108		15	12	2
科尔沁左翼中旗	4761	1379	1144	3	199	1	32	8	4
科尔沁左翼后旗	4173	972	763	3	198		8	30	3
开鲁县	5323	1409	1236		156	1	16	8	4
库伦旗	2729	872	584	13	269		6	2	
奈曼旗	5134	1029	857	16	121	2	33	11	1
扎鲁特旗	4847	651	316	13	287		35	34	21
通辽经济技术开发区	6793	170	99	6	56		9	21	11
霍林郭勒市	2	1					1	1	1
鄂尔多斯市	**48691**	**3026**	**1745**	**54**	**1042**	**17**	**168**	**5064**	**4268**
东胜区	213	41	35		6			126	126
康巴什区									
达拉特旗	9208	826	612	8	163	4	39	251	232
准格尔旗	11237	313	209	13	74	2	15	1744	1625
鄂托克前旗	2753	399	260	1	81	2	55	191	185
鄂托克旗	6722	545	152	5	378	1	9	561	535
杭锦旗	3339	252	118	2	122		10	61	34
乌审旗	5465	314	134	4	161	1	14	698	164
伊金霍洛旗	9754	336	225	21	57	7	26	1432	1367
呼伦贝尔市	**25252**	**5240**	**2204**	**1347**	**1062**	**9**	**618**	**838**	**584**
海拉尔区	50	13	2	1	10			1	
扎赉诺尔区	113	5	2		3			24	24
阿荣旗	4353	751	628	24	76		23	10	2
莫力达瓦达斡尔族自治旗	2673	561	497	14	42	1	7	2	
鄂伦春自治旗	3904	1152	434	606	49		63	11	4
鄂温克族自治旗	4265	341	16	98	190		37	358	353
陈巴尔虎旗	1551	213	71	2	124	1	15	137	134
新巴尔虎左旗	975	164	6		153		5	5	
新巴尔虎右旗	1112	215			205		10	3	
满洲里市	138	49	24		20	3	2	14	13
牙克石市	3208	646	151	329	81	2	83	67	54
扎兰屯市	1314	523	367	11	76		69	54	
额尔古纳市	399	100	6	26	30	2	36		
根河市	1197	507		236	3		268	152	
巴彦淖尔市	**23383**	**3621**	**2749**	**75**	**567**	**29**	**201**	**560**	**110**
临河区	747	417	366		47		4		
五原县	4783	641	496	12	99		34	30	23
磴口县	2310	248	165	5	45	1	32	9	3
乌拉特前旗	5990	1156	941	21	131	23	40	173	23
乌拉特中旗	2802	253	120	3	116		14	126	40
乌拉特后旗	1819	110	61	2	39		8	183	3
杭锦后旗	4932	796	600	32	90	5	69	39	18

4-4b　续表 2　　　　单位：人

地区 性别	合计	农、林、牧、渔业						采矿业	
		小计	农业	林业	畜牧业	渔业	农、林、牧、渔专业及辅助性活动	小计	煤炭开采和洗选业
乌兰察布市	**18616**	**1404**	**1001**	**26**	**296**	**4**	**77**	**64**	**14**
集宁区	423	6	2		4				
卓资县	1413	46	25	1	16		4	7	
化德县	2068	105	77	1	22		5	5	
商都县	2791	168	126	2	34		6	12	4
兴和县	1963	51	32	1	15		3	6	4
凉城县	1616	170	119	9	38	2	2	6	1
察哈尔右翼前旗	2260	61	29	4	17	2	9	3	2
察哈尔右翼中旗	1106	181	154	4	18		5	2	1
察哈尔右翼后旗	2040	106	53	4	38		11	4	
四子王旗	2437	419	319		68		32	19	2
丰镇市	499	91	65		26				
兴安盟	**15919**	**2037**	**1603**	**37**	**342**	**2**	**53**	**90**	**61**
乌兰浩特市	537	76	65		10		1	4	2
阿尔山市	479	13	1		9	1	2	3	
科尔沁右翼前旗	3691	335	228	6	95	1	5	7	2
科尔沁右翼中旗	3645	457	337	8	95		17	17	12
扎赉特旗	4650	942	825	12	97		8	11	1
突泉县	2917	214	147	11	36		20	48	44
锡林郭勒盟	**16347**	**1368**	**209**	**22**	**1060**		**77**	**718**	**409**
二连浩特市	68							23	
锡林浩特市	222	2			2			131	
阿巴嘎旗	979	122			120		2	54	48
苏尼特左旗	703	55			54		1	5	3
苏尼特右旗	1798	89	8	1	80			69	2
东乌珠穆沁旗	1819	243	7	4	226		6	44	4
西乌珠穆沁旗	2474	236	6	3	216		11	200	193
太仆寺旗	1501	70	36	1	30		3	6	3
镶黄旗	746	54		4	46		4	7	
正镶白旗	913	42	4		37		1	3	
正蓝旗	1407	138	24	2	108		4	7	
多伦县	2751	177	104	6	54		13	42	36
乌拉盖管委会	966	140	20	1	87		32	127	120
阿拉善盟	**10483**	**405**	**172**	**15**	**205**		**13**	**328**	**212**
阿拉善左旗	6944	248	125	7	110		6	209	170
阿拉善右旗	826	72	6	7	53		6	37	19
额济纳旗	1173	83	40		42		1	47	2
内蒙古阿拉善经济开发区	1540	2	1	1				35	21

4-4b 续表 3

单位：人

地区 性别	合计	农、林、牧、渔业						采矿业	
		小计	农业	林业	畜牧业	渔业	农、林、牧、渔专业及辅助性活动	小计	煤炭开采和洗选业
男	**177589**	**24084**	**15914**	**1430**	**5321**	**67**	**1352**	**8793**	**5809**
呼和浩特市	**12253**	**1238**	**996**	**26**	**178**	**4**	**34**	**87**	**32**
新城区	53	5	5						
回民区									
玉泉区									
赛罕区	30	9	8		1				
土默特左旗	2473	253	209	1	37	1	5	12	7
托克托县	2197	212	167	4	26	2	13	8	7
和林格尔县	1772	169	128	5	28		8	1	
清水河县	905	78	61	8	9			33	5
武川县	1213	266	234	5	23		4	13	4
呼和浩特经济技术开发区	3610	246	184	3	54	1	4	20	9
包头市	**13186**	**1378**	**1153**	**15**	**181**		**29**	**608**	**288**
东河区	688	92	82		6		4	13	10
昆都仑区	57	1					1		
青山区	152								
石拐区	203	6	6						
白云鄂博矿区									
九原区	386	48	45		2		1	10	1
土默特右旗	3464	624	576	8	34		6	106	98
固阳县	1814	387	331	2	47		7	142	9
达尔罕茂明安联合旗	977	111	53		56		2	108	1
包头稀土高新技术产业开发区	5445	109	60	5	36		8	229	169
乌海市	**868**	**59**	**49**		**10**			**295**	**261**
海勃湾区	138	34	28		6				
海南区	644	12	9		3			284	250
乌达区	86	13	12		1			11	11
赤峰市	**29808**	**5115**	**3876**	**105**	**911**	**10**	**213**	**960**	**182**
红山区	665	132	113		15	1	3	3	
元宝山区	667	87	37	1	48		1	108	100
松山区	718	342	306	2	27		7	39	5
阿鲁科尔沁旗	2675	418	271	5	124		18	24	2
巴林左旗	3257	421	303	10	76	1	31	120	11
巴林右旗	2547	367	215	10	60		82	35	3
林西县	3070	430	282	6	131	1	10	240	11
克什克腾旗	2413	223	86	41	69	7	20	147	5
翁牛特旗	3230	684	555	15	101		13	49	15
喀喇沁旗	2822	669	580	2	84		3	31	11
宁城县	4050	552	448	3	87		14	52	14
敖汉旗	3694	790	680	10	89		11	112	5

4-4b　续表 4　　　　单位：人

地　区 性　别	合计	农、林、牧、渔业						采矿业	
		小计	农业	林业	畜牧业	渔业	农、林、牧、渔专业及辅助性活动	小计	煤炭开采和洗选业
通辽市	**20581**	**4300**	**3253**	**39**	**884**	**3**	**121**	**111**	**44**
科尔沁区	1071	409	327		69		13	10	2
科尔沁左翼中旗	2800	864	709	2	127	1	25	8	4
科尔沁左翼后旗	2443	600	464	2	127		7	26	3
开鲁县	2950	767	652		102	1	12	6	3
库伦旗	1571	485	325	10	145		5	2	
奈曼旗	2973	609	486	10	88	1	24	9	1
扎鲁特旗	2888	463	233	12	189		29	33	20
通辽经济技术开发区	3883	102	57	3	37		5	16	10
霍林郭勒市	2	1					1	1	1
鄂尔多斯市	**32121**	**1980**	**1130**	**41**	**674**	**15**	**120**	**4461**	**3761**
东胜区	172	26	20		6			114	114
康巴什区									
达拉特旗	5949	560	402	7	119	2	30	232	217
准格尔旗	7803	235	154	9	56	2	14	1582	1475
鄂托克前旗	1675	253	164		53	2	34	169	163
鄂托克旗	4334	321	90	2	221	1	7	435	411
杭锦旗	2104	167	79		80		8	55	30
乌审旗	3584	195	81	4	97	1	12	606	136
伊金霍洛旗	6500	223	140	19	42	7	15	1268	1215
呼伦贝尔市	**16286**	**3926**	**1589**	**1072**	**739**	**7**	**519**	**766**	**546**
海拉尔区	34	8	1		7			1	
扎赉诺尔区	83	4	1		3			24	24
阿荣旗	2697	556	461	21	59		15	9	2
莫力达瓦达斡尔族自治旗	1614	389	343	12	26	1	7	2	
鄂伦春自治旗	2559	920	337	485	39		59	10	4
鄂温克族自治旗	2582	231	13	67	119		32	334	329
陈巴尔虎旗	1053	152	56	2	84	1	9	128	125
新巴尔虎左旗	578	109	3		103		3	5	
新巴尔虎右旗	668	147			141		6	2	
满洲里市	86	26	11		11	3	1	14	13
牙克石市	2297	534	119	280	67	1	67	61	49
扎兰屯市	853	361	239	7	61		54	44	
额尔古纳市	284	73	5	18	17	1	32		
根河市	898	416		180	2		234	132	
巴彦淖尔市	**14114**	**2394**	**1764**	**50**	**399**	**24**	**157**	**487**	**93**
临河区	421	226	196		27		3		
五原县	2909	449	335	7	79		28	23	18
磴口县	1355	151	98	1	30	1	21	8	3
乌拉特前旗	3677	822	663	14	94	19	32	157	23
乌拉特中旗	1702	167	75	1	78		13	112	32
乌拉特后旗	1129	72	42	2	21		7	154	3
杭锦后旗	2921	507	355	25	70	4	53	33	14

4-4b 续表 5

单位：人

地区 性别	合计	农、林、牧、渔业						采矿业	
		小计	农业	林业	畜牧业	渔业	农、林、牧、渔专业及辅助性活动	小计	煤炭开采和洗选业
乌兰察布市	**12517**	**1059**	**738**	**23**	**243**	**2**	**53**	**53**	**13**
集宁区	277	6	2		4				
卓资县	929	34	18	1	12		3	5	
化德县	1338	76	51	1	20		4	4	
商都县	1869	139	105	2	27		5	12	4
兴和县	1429	45	27	1	15		2	6	4
凉城县	1094	125	84	6	32	1	2	6	1
察哈尔右翼前旗	1504	44	20	4	13	1	6	3	2
察哈尔右翼中旗	731	136	112	4	16		4	2	1
察哈尔右翼后旗	1381	83	41	4	31		7	3	
四子王旗	1572	315	242		53		20	12	1
丰镇市	393	56	36		20				
兴安盟	**9523**	**1422**	**1110**	**29**	**242**	**2**	**39**	**81**	**55**
乌兰浩特市	320	48	43		5			4	2
阿尔山市	318	9			6	1	2	2	
科尔沁右翼前旗	2167	233	154	5	69	1	4	6	2
科尔沁右翼中旗	2148	307	225	5	64		13	15	10
扎赉特旗	2857	676	588	10	70		8	11	1
突泉县	1713	149	100	9	28		12	43	40
锡林郭勒盟	**10068**	**946**	**147**	**17**	**725**		**57**	**614**	**361**
二连浩特市	58							21	
锡林浩特市	180	2			2			112	
阿巴嘎旗	631	78			77		1	52	46
苏尼特左旗	421	37			36		1	5	3
苏尼特右旗	1120	60	5		55			50	1
东乌珠穆沁旗	1109	171	6	3	157		5	36	4
西乌珠穆沁旗	1494	160	3	2	146		9	171	168
太仆寺旗	928	57	27	1	26		3	6	3
镶黄旗	458	32		4	25		3	6	
正镶白旗	567	30	4		25		1	2	
正蓝旗	855	90	13	2	73		2	6	
多伦县	1625	133	74	4	46		9	33	28
乌拉盖管委会	622	96	15	1	57		23	114	108
阿拉善盟	**6264**	**267**	**109**	**13**	**135**		**10**	**270**	**173**
阿拉善左旗	4017	164	75	7	77		5	170	136
阿拉善右旗	502	48	4	5	34		5	31	18
额济纳旗	712	53	29		24			41	2
内蒙古阿拉善经济开发区	1033	2	1	1				28	17

4-4b　续表 6　　　　单位：人

地　区 性　别	合计	农、林、牧、渔业						采矿业	
		小计	农业	林业	畜牧业	渔业	农、林、牧、渔专业及辅助性活动	小计	煤炭开采和洗选业
女	**106774**	**12951**	**9622**	**384**	**2534**	**12**	**399**	**1242**	**770**
呼和浩特市	**6350**	**457**	**390**	**7**	**52**		**8**	**3**	**2**
新城区	21								
回民区									
玉泉区									
赛罕区	19	6	6						
土默特左旗	1251	82	73	1	7		1	1	1
托克托县	1045	81	68	1	7		5		
和林格尔县	1011	58	50	1	5		2	1	
清水河县	440	30	28	2					
武川县	642	104	95	2	7				
呼和浩特经济技术开发区	1921	96	70		26			1	1
包头市	**7058**	**781**	**686**	**2**	**86**		**7**	**99**	**55**
东河区	359	57	55		2			2	1
昆都仑区	10								
青山区	33								
石拐区	63	5	5						
白云鄂博矿区									
九原区	160	43	39	1	3				
土默特右旗	1845	363	353		10			17	14
固阳县	795	181	156		25			16	
达尔罕茂明安联合旗	568	69	30		37		2	9	
包头稀土高新技术产业开发区	3225	63	48	1	9		5	55	40
乌海市	**264**	**35**	**27**		**8**			**42**	**39**
海勃湾区	68	19	14		5				
海南区	165	8	7		1			40	37
乌达区	31	8	6		2			2	2
赤峰市	**20345**	**3716**	**3128**	**29**	**461**		**98**	**152**	**15**
红山区	365	109	101		8			1	
元宝山区	297	58	32		25		1	9	9
松山区	439	281	267		10		4	7	
阿鲁科尔沁旗	1672	232	136		90		6	2	
巴林左旗	3101	385	308	6	58		13	27	1
巴林右旗	1527	225	141	8	23		53	6	1
林西县	1899	308	243	1	62		2	50	1
克什克腾旗	1463	90	59	4	22		5	22	
翁牛特旗	2052	476	433	4	35		4	3	2
喀喇沁旗	1775	471	417	1	53			1	
宁城县	3103	450	405	2	37		6	10	1
敖汉旗	2652	631	586	3	38		4	14	

4-4b 续表 7

单位：人

地区 性别	合计	农、林、牧、渔业						采矿业	
		小计	农业	林业	畜牧业	渔业	农、林、牧、渔专业及辅助性活动	小计	煤炭开采和洗选业
通辽市	**14959**	**2855**	**2295**	**15**	**510**	**1**	**34**	**16**	**3**
科尔沁区	707	263	222		39		2	2	
科尔沁左翼中旗	1961	515	435	1	72		7		
科尔沁左翼后旗	1730	372	299	1	71		1	4	
开鲁县	2373	642	584		54		4	2	1
库伦旗	1158	387	259	3	124		1		
奈曼旗	2161	420	371	6	33	1	9	2	
扎鲁特旗	1959	188	83	1	98		6	1	1
通辽经济技术开发区	2910	68	42	3	19		4	5	1
霍林郭勒市									
鄂尔多斯市	**16570**	**1046**	**615**	**13**	**368**	**2**	**48**	**603**	**507**
东胜区	41	15	15					12	12
康巴什区									
达拉特旗	3259	266	210	1	44	2	9	19	15
准格尔旗	3434	78	55	4	18		1	162	150
鄂托克前旗	1078	146	96	1	28		21	22	22
鄂托克旗	2388	224	62	3	157		2	126	124
杭锦旗	1235	85	39	2	42		2	6	4
乌审旗	1881	119	53		64		2	92	28
伊金霍洛旗	3254	113	85	2	15		11	164	152
呼伦贝尔市	**8966**	**1314**	**615**	**275**	**323**	**2**	**99**	**72**	**38**
海拉尔区	16	5	1	1	3				
扎赉诺尔区	30	1	1						
阿荣旗	1656	195	167	3	17		8	1	
莫力达瓦达斡尔族自治旗	1059	172	154	2	16				
鄂伦春自治旗	1345	232	97	121	10		4	1	
鄂温克族自治旗	1683	110	3	31	71		5	24	24
陈巴尔虎旗	498	61	15		40		6	9	9
新巴尔虎左旗	397	55	3		50		2		
新巴尔虎右旗	444	68			64		4	1	
满洲里市	52	23	13		9		1		
牙克石市	911	112	32	49	14	1	16	6	5
扎兰屯市	461	162	128	4	15		15	10	
额尔古纳市	115	27	1	8	13	1	4		
根河市	299	91		56	1		34	20	
巴彦淖尔市	**9269**	**1227**	**985**	**25**	**168**	**5**	**44**	**73**	**17**
临河区	326	191	170		20		1		
五原县	1874	192	161	5	20		6	7	5
磴口县	955	97	67	4	15		11	1	
乌拉特前旗	2313	334	278	7	37	4	8	16	
乌拉特中旗	1100	86	45	2	38		1	14	8
乌拉特后旗	690	38	19		18		1	29	
杭锦后旗	2011	289	245	7	20	1	16	6	4

4-4b 续表 8

单位：人

地区 性别	合计	农、林、牧、渔业						采矿业	
		小计	农业	林业	畜牧业	渔业	农、林、牧、渔专业及辅助性活动	小计	煤炭开采和洗选业
乌兰察布市	**6099**	**345**	**263**	**3**	**53**	**2**	**24**	**11**	**1**
集宁区	146								
卓资县	484	12	7		4		1	2	
化德县	730	29	26		2		1	1	
商都县	922	29	21		7		1		
兴和县	534	6	5				1		
凉城县	522	45	35	3	6	1			
察哈尔右翼前旗	756	17	9		4	1	3		
察哈尔右翼中旗	375	45	42		2		1		
察哈尔右翼后旗	659	23	12		7		4	1	
四子王旗	865	104	77		15		12	7	1
丰镇市	106	35	29		6				
兴安盟	**6396**	**615**	**493**	**8**	**100**		**14**	**9**	**6**
乌兰浩特市	217	28	22		5		1		
阿尔山市	161	4	1		3			1	
科尔沁右翼前旗	1524	102	74	1	26		1	1	
科尔沁右翼中旗	1497	150	112	3	31		4	2	2
扎赉特旗	1793	266	237	2	27				
突泉县	1204	65	47	2	8		8	5	4
锡林郭勒盟	**6279**	**422**	**62**	**5**	**335**		**20**	**104**	**48**
二连浩特市	10							2	
锡林浩特市	42							19	
阿巴嘎旗	348	44			43		1	2	2
苏尼特左旗	282	18			18				
苏尼特右旗	678	29	3	1	25			19	1
东乌珠穆沁旗	710	72	1	1	69		1	8	
西乌珠穆沁旗	980	76	3	1	70		2	29	25
太仆寺旗	573	13	9		4				
镶黄旗	288	22			21		1	1	
正镶白旗	346	12			12			1	
正蓝旗	552	48	11		35		2	1	
多伦县	1126	44	30	2	8		4	9	8
乌拉盖管委会	344	44	5		30		9	13	12
阿拉善盟	**4219**	**138**	**63**	**2**	**70**		**3**	**58**	**39**
阿拉善左旗	2927	84	50		33		1	39	34
阿拉善右旗	324	24	2	2	19		1	6	1
额济纳旗	461	30	11		18		1	6	
内蒙古阿拉善经济开发区	507							7	4

4−4b 续表 9

单位：人

地区 性别	采矿业						制造业		
	石油和天然气开采业	黑色金属矿采选业	有色金属矿采选业	非金属矿采选业	开采专业及辅助性活动	其他采矿业	小计	农副食品加工业	食品制造业
内蒙古	**502**	**688**	**1139**	**487**	**552**	**88**	**26103**	**2564**	**2938**
呼和浩特市	**1**	**11**	**7**	**17**	**20**		**2900**	**211**	**1022**
新城区							6	3	
回民区									
玉泉区									
赛罕区							8		1
土默特左旗				3	2		434	45	115
托克托县					1		664	66	111
和林格尔县	1				1		416	17	278
清水河县		4	1	12	11		137	4	6
武川县		5	4				123	16	12
呼和浩特经济技术开发区		2	2	2	5		1112	60	499
包头市	**2**	**263**	**46**	**21**	**20**	**12**	**2709**	**114**	**143**
东河区		3			1		138	13	5
昆都仑区							65		
青山区							114		
石拐区							248		
白云鄂博矿区									
九原区		4	2	3			139	1	1
土默特右旗		3	1	2	2	3	284	31	43
固阳县	1	146		2			313	13	23
达尔罕茂明安联合旗		85	25	5	1		129	4	10
包头稀土高新技术产业开发区	1	22	18	9	16	9	1279	52	61
乌海市				**37**			**268**		**3**
海勃湾区							48		
海南区				37			197		3
乌达区							23		
赤峰市	**5**	**125**	**616**	**109**	**22**	**38**	**3051**	**552**	**295**
红山区				4			184	21	12
元宝山区		3	2	2		1	157	30	14
松山区			40	1			51	10	9
阿鲁科尔沁旗		18	3	2		1	199	55	17
巴林左旗		2	128	1	3	1	222	21	20
巴林右旗	1	3	7	23	3		172	19	14
林西县	2	17	230	8		21	352	105	35
克什克腾旗		71	67	20	2	4	319	55	23
翁牛特旗	1	1	12	11	5	5	312	65	78
喀喇沁旗		1	9	8	3		323	17	15
宁城县		5	7	28	3	4	536	105	45
敖汉旗	1	4	111	1	3	1	224	49	13

4-4b　续表 10

单位：人

地　区 性　别	采矿业						制造业		
	石油和天然气开采业	黑色金属矿采选业	有色金属矿采选业	非金属矿采选业	开采专业及辅助性活　动	其　他采矿业	小计	农副食品加工业	食　品制造业
通辽市	**5**	**2**	**10**	**52**	**10**	**1**	**2619**	**475**	**420**
科尔沁区			5	5			306	24	213
科尔沁左翼中旗	2				2		224	32	19
科尔沁左翼后旗			1	26			243	68	20
开鲁县				1	3		494	106	29
库伦旗				2			111	21	9
奈曼旗	2	1		6	1		321	26	15
扎鲁特旗		1	3	8	1		307	106	29
通辽经济技术开发区	1		1	4	3	1	613	92	86
霍林郭勒市									
鄂尔多斯市	**324**	**4**	**5**	**65**	**374**	**24**	**5565**	**159**	**203**
东胜区							6	1	
康巴什区									
达拉特旗		1	4	13	1		1329	36	95
准格尔旗	2	2		26	71	18	724	27	21
鄂托克前旗				1	5		169	7	20
鄂托克旗	1		1	18	6		1491	23	21
杭锦旗	7			1	17	2	473	22	16
乌审旗	314			1	216	3	693	10	13
伊金霍洛旗		1		5	58	1	680	33	17
呼伦贝尔市	**7**	**1**	**218**	**10**	**16**	**2**	**977**	**182**	**124**
海拉尔区					1		7	2	
扎赉诺尔区							25		2
阿荣旗			2	3	2	1	302	49	58
莫力达瓦达斡尔族自治旗			1	1			72	24	15
鄂伦春自治旗	1		5		1		98	16	10
鄂温克族自治旗	1		4				99	27	6
陈巴尔虎旗		1	1		1		46	9	3
新巴尔虎左旗	2				3		28	5	5
新巴尔虎右旗				1	1	1	37	6	1
满洲里市	1						13		
牙克石市	2			5	6		153	21	10
扎兰屯市			54				72	15	12
额尔古纳市							12	3	2
根河市			151		1		13	5	
巴彦淖尔市	**3**	**217**	**167**	**39**	**19**	**5**	**2103**	**300**	**312**
临河区							47	16	5
五原县		2	1		2	2	313	95	27
磴口县	1	1		3	1		314	40	146
乌拉特前旗		121	4	16	8	1	381	58	36
乌拉特中旗	1	64	9	6	5	1	128	20	8
乌拉特后旗		23	148	9			371	3	10
杭锦后旗	1	6	5	5	3	1	549	68	80

4-4b 续表 11

单位：人

地 区 性 别	采矿业						制造业		
	石油和天然气开采业	黑色金属矿采选业	有色金属矿采选业	非金属矿采选业	开采专业及辅助性活动	其他采矿业	小计	农副食品加工业	食品制造业
乌兰察布市		**7**	**17**	**19**	**6**	**1**	**2204**	**186**	**132**
集宁区							22	5	1
卓资县		1	4	2			95	7	3
化德县		2	1	2			398	20	20
商都县				6	2		207	24	30
兴和县				1	1		150	14	6
凉城县			1		3	1	60	20	11
察哈尔右翼前旗				1			330	65	36
察哈尔右翼中旗		1					93	14	7
察哈尔右翼后旗		1	2	1			420	4	3
四子王旗		2	9	6			105	10	15
丰镇市							324	3	
兴安盟	**1**	**4**	**5**	**14**	**5**		**691**	**138**	**57**
乌兰浩特市					2		66	8	4
阿尔山市		3					12	3	
科尔沁右翼前旗	1			4			199	31	16
科尔沁右翼中旗			3	2			145	31	7
扎赉特旗		1		7	2		163	36	15
突泉县			2	1	1		106	29	15
锡林郭勒盟	**153**	**29**	**17**	**49**	**56**	**5**	**1572**	**232**	**195**
二连浩特市		23					22	3	
锡林浩特市	93				38		4		
阿巴嘎旗			3	1	2		49	16	7
苏尼特左旗				2			57	27	4
苏尼特右旗	49	2	6	9		1	239	31	15
东乌珠穆沁旗	6	1	7	23	3		121	48	11
西乌珠穆沁旗			1	2	2	2	292	14	30
太仆寺旗	1			1	1		150	37	14
镶黄旗	4			3			56	2	7
正镶白旗				2	1		49	8	13
正蓝旗		1		3	2	1	110	23	38
多伦县				3	2	1	405	23	52
乌拉盖管委会		2			5		18		4
阿拉善盟	**1**	**25**	**31**	**55**	**4**		**1444**	**15**	**32**
阿拉善左旗	1	4	4	26	4		460	9	20
阿拉善右旗		2	3	13			86	1	1
额济纳旗		19	24	2			29	3	8
内蒙古阿拉善经济开发区				14			869	2	3

4-4b　续表 12　　　　单位：人

地　　区 性　　别	采矿业						制造业		
	石油和天然气开采业	黑色金属矿采选业	有色金属矿采选业	非金属矿采选业	开采专业及辅助性活　　动	其　他采矿业	小计	农副食品加工业	食　品制造业
男	**414**	**612**	**963**	**426**	**498**	**71**	**18800**	**1624**	**1669**
呼和浩特市	**1**	**11**	**7**	**17**	**19**		**2034**	**130**	**661**
新城区							4	2	
回民区									
玉泉区									
赛罕区							6		1
土默特左旗				3	2		298	27	77
托克托县					1		503	43	73
和林格尔县	1						278	13	176
清水河县		4	1	12	11		87	3	4
武川县		5	4				91	10	7
呼和浩特经济技术开发区		2	2	2	5		767	32	323
包头市	**2**	**232**	**44**	**20**	**15**	**7**	**2080**	**77**	**65**
东河区		2			1		99	6	2
昆都仑区							55		
青山区							108		
石拐区							194		
白云鄂博矿区									
九原区		4	2	3			116	1	
土默特右旗		3	1	1	2	1	232	23	23
固阳县	1	130		2			265	11	9
达尔罕茂明安联合旗		76	25	5	1		99	2	5
包头稀土高新技术产业开发区	1	17	16	9	11	6	912	34	26
乌海市				**34**			**208**		**1**
海勃湾区							37		
海南区				34			153		1
乌达区							18		
赤峰市	**5**	**112**	**514**	**94**	**21**	**32**	**2121**	**348**	**149**
红山区				3			141	15	8
元宝山区		3	2	2		1	110	19	8
松山区			33	1			32	5	5
阿鲁科尔沁旗		17	2	2		1	140	37	9
巴林左旗		1	103	1	3	1	142	10	6
巴林右旗	1	2	5	21	3		116	9	8
林西县	2	15	189	7		16	249	72	20
克什克腾旗		64	56	17	1	4	231	37	7
翁牛特旗	1	1	12	10	5	5	207	41	47
喀喇沁旗		1	8	8	3		242	11	7
宁城县		4	6	21	3	4	354	58	19
敖汉旗	1	4	98	1	3		157	34	5

4－4b 续表 13

单位：人

地区 性别	采矿业						制造业		
	石油和天然气开采业	黑色金属矿采选业	有色金属矿采选业	非金属矿采选业	开采专业及辅助性活动	其他采矿业	小计	农副食品加工业	食品制造业
通辽市	**5**	**1**	**10**	**43**	**7**	**1**	**1745**	**283**	**220**
科尔沁区			5	3			185	14	118
科尔沁左翼中旗	2				2		159	19	11
科尔沁左翼后旗			1	22			151	39	10
开鲁县				1	2		348	65	9
库伦旗				2			68	12	5
奈曼旗	2			5	1		245	20	6
扎鲁特旗		1	3	8	1		197	62	14
通辽经济技术开发区	1		1	2	1	1	392	52	47
霍林郭勒市									
鄂尔多斯市	**270**	**4**	**3**	**59**	**342**	**22**	**4255**	**109**	**119**
东胜区							5	1	
康巴什区									
达拉特旗		1	2	11	1		1022	26	66
准格尔旗	1	2		24	64	16	585	18	12
鄂托克前旗				1	5		121	4	10
鄂托克旗	1		1	16	6		1075	13	10
杭锦旗	5			1	17	2	363	15	10
乌审旗	263			1	203	3	543	5	5
伊金霍洛旗		1		5	46	1	541	27	6
呼伦贝尔市	**7**	**1**	**187**	**8**	**15**	**2**	**663**	**111**	**65**
海拉尔区					1		6	1	
扎赉诺尔区							17		1
阿荣旗			2	2	2	1	195	27	30
莫力达瓦达斡尔族自治旗			1	1			51	16	7
鄂伦春自治旗	1		4		1		73	12	6
鄂温克族自治旗	1		4				66	16	1
陈巴尔虎旗		1	1		1		35	5	2
新巴尔虎左旗	2				3		13	2	2
新巴尔虎右旗				1		1	24	4	
满洲里市	1						9		
牙克石市	2			4	6		108	14	7
扎兰屯市			44				51	9	8
额尔古纳市							5	2	1
根河市			131		1		10	3	
巴彦淖尔市	**3**	**193**	**142**	**36**	**16**	**4**	**1467**	**194**	**158**
临河区							38	12	2
五原县		2	1		1	1	216	58	13
磴口县	1	1		3			203	27	80
乌拉特前旗		107	4	15	7	1	289	42	18
乌拉特中旗	1	61	7	5	5	1	86	11	2
乌拉特后旗		18	125	8			285	2	4
杭锦后旗	1	4	5	5	3	1	350	42	39

4-4b 续表 14

单位：人

地区 性别	采矿业						制造业		
	石油和天然气开采业	黑色金属矿采选业	有色金属矿采选业	非金属矿采选业	开采专业及辅助性活动	其他采矿业	小计	农副食品加工业	食品制造业
乌兰察布市		**6**	**11**	**16**	**6**	**1**	**1677**	**134**	**86**
集宁区							17	3	1
卓资县		1	2	2			73	5	2
化德县		2	1	1			256	13	11
商都县				6	2		156	18	19
兴和县				1	1		120	10	4
凉城县			1		3	1	47	17	8
察哈尔右翼前旗				1			243	47	25
察哈尔右翼中旗		1					69	7	5
察哈尔右翼后旗			2	1			341	3	2
四子王旗		2	5	4			80	8	9
丰镇市							275	3	
兴安盟		**3**	**5**	**14**	**4**		**476**	**92**	**30**
乌兰浩特市					2		41	5	2
阿尔山市		2					10	3	
科尔沁右翼前旗				4			137	21	9
科尔沁右翼中旗			3	2			103	18	3
扎赉特旗		1		7	2		117	28	8
突泉县			2	1			68	17	8
锡林郭勒盟	**121**	**26**	**14**	**40**	**50**	**2**	**1052**	**139**	**93**
二连浩特市		21					19	2	
锡林浩特市	76				36		4		
阿巴嘎旗			3	1	2		32	10	4
苏尼特左旗				2			38	18	1
苏尼特右旗	35	2	6	6			168	17	5
东乌珠穆沁旗	6	1	5	18	2		65	29	5
西乌珠穆沁旗				1	1	1	189	9	15
太仆寺旗	1			1	1		113	24	8
镶黄旗	3			3			43	1	1
正镶白旗				2			32	5	6
正蓝旗		1		3	1	1	63	12	18
多伦县				3	2		275	12	28
乌拉盖管委会		1			5		11		2
阿拉善盟		**23**	**26**	**45**	**3**		**1022**	**7**	**22**
阿拉善左旗		4	4	23	3		315	4	13
阿拉善右旗		2	2	9			63		1
额济纳旗		17	20	2			22	2	6
内蒙古阿拉善经济开发区				11			622	1	2

4−4b 续表 15

单位：人

地区 性别	采矿业						制造业		
	石油和天然气开采业	黑色金属矿采选业	有色金属矿采选业	非金属矿采选业	开采专业及辅助性活动	其他采矿业	小计	农副食品加工业	食品制造业
女	**88**	**76**	**176**	**61**	**54**	**17**	**7303**	**940**	**1269**
呼和浩特市					**1**		**866**	**81**	**361**
新城区							2	1	
回民区									
玉泉区									
赛罕区							2		
土默特左旗							136	18	38
托克托县							161	23	38
和林格尔县					1		138	4	102
清水河县							50	1	2
武川县							32	6	5
呼和浩特经济技术开发区							345	28	176
包头市		**31**	**2**	**1**	**5**	**5**	**629**	**37**	**78**
东河区		1					39	7	3
昆都仑区							10		
青山区							6		
石拐区							54		
白云鄂博矿区									
九原区							23		1
土默特右旗				1		2	52	8	20
固阳县		16					48	2	14
达尔罕茂明安联合旗		9					30	2	5
包头稀土高新技术产业开发区		5	2		5	3	367	18	35
乌海市				**3**			**60**		**2**
海勃湾区							11		
海南区				3			44		2
乌达区							5		
赤峰市		**13**	**102**	**15**	**1**	**6**	**930**	**204**	**146**
红山区				1			43	6	4
元宝山区							47	11	6
松山区			7				19	5	4
阿鲁科尔沁旗		1	1				59	18	8
巴林左旗		1	25				80	11	14
巴林右旗		1	2	2			56	10	6
林西县		2	41	1		5	103	33	15
克什克腾旗		7	11	3	1		88	18	16
翁牛特旗				1			105	24	31
喀喇沁旗			1				81	6	8
宁城县		1	1	7			182	47	26
敖汉旗			13			1	67	15	8

4-4b 续表 16

单位：人

地 区 性 别	采矿业 石油和天然气开采业	采矿业 黑色金属矿采选业	采矿业 有色金属矿采选业	采矿业 非金属矿采选业	采矿业 开采专业及辅助性活动	采矿业 其他采矿业	制造业 小计	制造业 农副食品加工业	制造业 食品制造业
通辽市		**1**		**9**	**3**		**874**	**192**	**200**
科尔沁区				2			121	10	95
科尔沁左翼中旗							65	13	8
科尔沁左翼后旗				4			92	29	10
开鲁县					1		146	41	20
库伦旗							43	9	4
奈曼旗		1		1			76	6	9
扎鲁特旗							110	44	15
通辽经济技术开发区				2	2		221	40	39
霍林郭勒市									
鄂尔多斯市	**54**		**2**	**6**	**32**	**2**	**1310**	**50**	**84**
东胜区							1		
康巴什区									
达拉特旗			2	2			307	10	29
准格尔旗	1			2	7	2	139	9	9
鄂托克前旗							48	3	10
鄂托克旗				2			416	10	11
杭锦旗	2						110	7	6
乌审旗	51				13		150	5	8
伊金霍洛旗					12		139	6	11
呼伦贝尔市			**31**	**2**	**1**		**314**	**71**	**59**
海拉尔区							1	1	
扎赉诺尔区							8		1
阿荣旗				1			107	22	28
莫力达瓦达斡尔族自治旗							21	8	8
鄂伦春自治旗			1				25	4	4
鄂温克族自治旗							33	11	5
陈巴尔虎旗							11	4	1
新巴尔虎左旗							15	3	3
新巴尔虎右旗					1		13	2	1
满洲里市							4		
牙克石市				1			45	7	3
扎兰屯市			10				21	6	4
额尔古纳市							7	1	1
根河市			20				3	2	
巴彦淖尔市		**24**	**25**	**3**	**3**	**1**	**636**	**106**	**154**
临河区							9	4	3
五原县					1	1	97	37	14
磴口县					1		111	13	66
乌拉特前旗		14		1	1		92	16	18
乌拉特中旗		3	2	1			42	9	6
乌拉特后旗		5	23	1			86	1	6
杭锦后旗		2					199	26	41

4-4b 续表 17

单位：人

地区 性别	采矿业						制造业		
	石油和天然气开采业	黑色金属矿采选业	有色金属矿采选业	非金属矿采选业	开采专业及辅助性活动	其他采矿业	小计	农副食品加工业	食品制造业
乌兰察布市		**1**	**6**	**3**			**527**	**52**	**46**
集宁区							5	2	
卓资县			2				22	2	1
化德县				1			142	7	9
商都县							51	6	11
兴和县							30	4	2
凉城县							13	3	3
察哈尔右翼前旗							87	18	11
察哈尔右翼中旗							24	7	2
察哈尔右翼后旗		1					79	1	1
四子王旗			4	2			25	2	6
丰镇市							49		
兴安盟	**1**	**1**			**1**		**215**	**46**	**27**
乌兰浩特市							25	3	2
阿尔山市		1					2		
科尔沁右翼前旗	1						62	10	7
科尔沁右翼中旗							42	13	4
扎赉特旗							46	8	7
突泉县					1		38	12	7
锡林郭勒盟	**32**	**3**	**3**	**9**	**6**	**3**	**520**	**93**	**102**
二连浩特市		2					3	1	
锡林浩特市	17				2				
阿巴嘎旗							17	6	3
苏尼特左旗							19	9	3
苏尼特右旗	14			3		1	71	14	10
东乌珠穆沁旗			2	5	1		56	19	6
西乌珠穆沁旗			1	1	1	1	103	5	15
太仆寺旗							37	13	6
镶黄旗	1						13	1	6
正镶白旗					1		17	3	7
正蓝旗					1		47	11	20
多伦县						1	130	11	24
乌拉盖管委会		1					7		2
阿拉善盟	**1**	**2**	**5**	**10**	**1**		**422**	**8**	**10**
阿拉善左旗	1			3	1		145	5	7
阿拉善右旗			1	4			23	1	
额济纳旗		2	4				7	1	2
内蒙古阿拉善经济开发区				3			247	1	1

4-4b 续表 18

单位：人

地 区 性 别	制造业								
	酒、饮料和精制茶制造业	烟 草制品业	纺织业	纺织服装、服饰业	皮革、毛皮、羽毛及其制品和制鞋业	木材加工和木、竹、藤、棕、草制品业	家 具制造业	造纸和纸制品业	印刷和记录媒介复制业
内蒙古	**704**	**19**	**322**	**546**	**141**	**424**	**243**	**196**	**240**
呼和浩特市	**60**	**1**	**49**	**38**	**8**	**13**	**25**	**94**	**24**
新城区				1					
回民区									
玉泉区									
赛罕区									
土默特左旗	6		12	9		2	6	28	1
托克托县	3		1	5		1	3	1	3
和林格尔县	23		2	1		4	1	37	2
清水河县	1		2						1
武川县	6			2	1	3	1		1
呼和浩特经济技术开发区	21	1	32	20	7	3	14	28	16
包头市	**45**		**14**	**24**	**7**	**18**	**31**	**29**	**20**
东河区	1		2	4		1	6		
昆都仑区									
青山区	1								
石拐区									
白云鄂博矿区									
九原区			2	1		1	4		
土默特右旗	15			6	1	6	3		
固阳县	2		1	2	5	3	1	2	1
达尔罕茂明安联合旗				2		1			
包头稀土高新技术产业开发区	26		9	9	1	6	17	27	19
乌海市	**5**		**4**						
海勃湾区	1		2						
海南区			2						
乌达区	4								
赤峰市	**89**	**1**	**70**	**95**	**14**	**70**	**41**	**13**	**62**
红山区	4		2	5	2	6	8		
元宝山区	1					10		2	3
松山区	2		2	1		1		1	1
阿鲁科尔沁旗	6		5	11	1	7	3		3
巴林左旗	14		3	13		7	2		20
巴林右旗	11		2	4	1	7	2	3	5
林西县	4		15	6		7	7		3
克什克腾旗	3		3	2	3	2	1		7
翁牛特旗	3		11	10		3	2	1	5
喀喇沁旗	2		19	2	3	4	6	1	
宁城县	30	1	4	25	2	11	7	5	12
敖汉旗	9		4	16	2	5	3		3

4-4b 续表 19　　单位：人

地区 性别	制造业								
	酒、饮料和精制茶制造业	烟草制品业	纺织业	纺织服装、服饰业	皮革、毛皮、羽毛及其制品和制鞋业	木材加工和木、竹、藤、棕、草制品业	家具制造业	造纸和纸制品业	印刷和记录媒介复制业
通辽市	**104**	**1**	**23**	**51**	**71**	**89**	**49**	**17**	**44**
科尔沁区	5		2		4	7	4	2	1
科尔沁左翼中旗	6		1	5	1	6	10	2	2
科尔沁左翼后旗	5	1		14	3	2	2	1	10
开鲁县	55		3	5		7	2	4	8
库伦旗	3		4	8	1	3			1
奈曼旗	2		7	2		27	2	2	8
扎鲁特旗	13		5	10	1	26	1		
通辽经济技术开发区	15		1	7	61	11	28	6	14
霍林郭勒市									
鄂尔多斯市	**54**	**1**	**45**	**68**	**9**	**26**	**14**	**1**	**24**
东胜区									
康巴什区									
达拉特旗	15	1	22	14		6	3		2
准格尔旗	25		7	2	1	6	3	1	3
鄂托克前旗			1	12	1	4	1		
鄂托克旗	4		7	3	2	1	4		5
杭锦旗	1		1	11	4	2	2		3
乌审旗	3		5	13	1	1			3
伊金霍洛旗	6		2	13		6	1		8
呼伦贝尔市	**35**		**12**	**25**	**2**	**122**	**15**	**2**	**10**
海拉尔区									
扎赉诺尔区						14			
阿荣旗	4		1	5		14	6		5
莫力达瓦达斡尔族自治旗	6			1			2		
鄂伦春自治旗	6		2	3		15	4		
鄂温克族自治旗	5			1	1	3	1		1
陈巴尔虎旗			1	1		3			1
新巴尔虎左旗	1		1	2		3			2
新巴尔虎右旗			3	3	1	1			
满洲里市						9			
牙克石市	9		3	8		46	1	2	1
扎兰屯市	4			1		3	1		
额尔古纳市			1			5			
根河市						6			
巴彦淖尔市	**125**	**1**	**40**	**39**	**15**	**38**	**14**	**26**	**16**
临河区						6			
五原县	6	1	11	9	2	6		3	2
磴口县	18			3	1	2	1	9	4
乌拉特前旗	2		13	6	3	7	3	1	3
乌拉特中旗	6		2	11	8	3			3
乌拉特后旗	3		4	1					1
杭锦后旗	90		10	9	1	14	10	13	3

4-4b　续表 20　　　　单位：人

地　区 性　别	制造业								
	酒、饮料和精制茶制造业	烟　草制品业	纺织业	纺织服装、服饰业	皮革、毛皮、羽毛及其制品和制鞋业	木材加工和木、竹、藤、棕、草制品业	家　具制造业	造纸和纸制品业	印刷和记录媒介复制业
乌兰察布市	**11**		**22**	**108**	**8**	**6**	**24**	**10**	**5**
集宁区									1
卓资县			1	3		3	2		2
化德县	8		9	77					1
商都县	1		2	7	1		3	4	
兴和县			4	8		1	2	1	1
凉城县	1		2	4	1		2		
察哈尔右翼前旗	1			2	3	1	9	3	
察哈尔右翼中旗			1	3		1	1	1	
察哈尔右翼后旗				2	1		3	1	
四子王旗			3	2	2		2		
丰镇市									
兴安盟	**67**	**12**	**7**	**25**	**2**	**9**	**11**	**3**	**12**
乌兰浩特市	14	7	1						2
阿尔山市	5								
科尔沁右翼前旗	39	5	1	3		2	3	2	2
科尔沁右翼中旗	6			7	1	3	6		2
扎赉特旗	2		2	8		3	1		5
突泉县	1		3	7	1	1	1	1	1
锡林郭勒盟	**82**	**1**	**20**	**68**	**3**	**30**	**12**	**1**	**18**
二连浩特市			1			8		1	
锡林浩特市									
阿巴嘎旗	1		1	6		1			
苏尼特左旗			2	5					2
苏尼特右旗			3	10	1	1	1		2
东乌珠穆沁旗		1	3	12	2				2
西乌珠穆沁旗	2		2	18		6	3		
太仆寺旗	68		3	1		3	1		
镶黄旗			1	2					3
正镶白旗	1		2	1			1		1
正蓝旗	3		1	4		5	2		3
多伦县	5		1	9		6	2		2
乌拉盖管委会	2						2		3
阿拉善盟	**27**	**1**	**16**	**5**	**2**	**3**	**7**		**5**
阿拉善左旗	21	1	14	1	2	3	7		4
阿拉善右旗	2		2	1					1
额济纳旗	3			1					
内蒙古阿拉善经济开发区	1			2					

4-4b 续表 21

单位：人

地 区 性 别	制造业								
	酒、饮料和精制茶制造业	烟 草制品业	纺织业	纺织服装、服饰业	皮革、毛皮、羽毛及其制品和制鞋业	木材加工和木、竹、藤、棕、草制品业	家 具制造业	造纸和纸制品业	印刷和记录媒介复制业
男	**453**	**12**	**113**	**106**	**47**	**309**	**173**	**122**	**114**
呼和浩特市	**36**	**1**	**17**	**8**	**3**	**11**	**19**	**64**	**17**
新城区									
回民区									
玉泉区									
赛罕区									
土默特左旗	4		4			1	5	16	1
托克托县	3			1		1	3		2
和林格尔县	14		1			4	1	25	1
清水河县			1						
武川县	4			1		3	1		
呼和浩特经济技术开发区	11	1	11	6	3	2	9	23	13
包头市	**34**		**5**	**3**	**3**	**18**	**20**	**19**	**10**
东河区				1		1	5		
昆都仑区									
青山区									
石拐区									
白云鄂博矿区									
九原区			1			1	2		
土默特右旗	12			1	1	6	1		
固阳县	2				1	3	1	1	
达尔罕茂明安联合旗						1			
包头稀土高新技术产业开发区	20		4	1	1	6	11	18	10
乌海市	**3**		**2**						
海勃湾区			1						
海南区			1						
乌达区	3								
赤峰市	**50**	**1**	**21**	**22**	**3**	**50**	**29**	**6**	**31**
红山区				2		5	7		
元宝山区						8		1	1
松山区	2		1					1	1
阿鲁科尔沁旗	4		3	4		6	1		1
巴林左旗	7			4		1	2		10
巴林右旗	7			1		5	1	2	2
林西县	2		3	2		4	6		2
克什克腾旗	1		1		1	2			3
翁牛特旗	1		5	1		3	2		1
喀喇沁旗	2		7		1	3	2	1	
宁城县	21	1	1	5		9	5	1	8
敖汉旗	3			3	1	4	3		2

4-4b　续表 22　　　　单位：人

地　区 性　别	制造业								
	酒、饮料和精制茶制造业	烟　草制品业	纺织业	纺织服装、服饰业	皮革、毛皮、羽毛及其制品和制鞋业	木材加工和木、竹、藤、棕、草制品业	家　具制造业	造纸和纸制品业	印刷和记录媒介复制业
通辽市	**75**	**1**	**10**	**14**	**21**	**57**	**32**	**7**	**15**
科尔沁区	3		1		1	4	3	1	
科尔沁左翼中旗	4		1	3		6	5	1	
科尔沁左翼后旗	4	1		2	1	1	2	1	4
开鲁县	42		1	2		5	1	1	3
库伦旗	1		1	2		3			
奈曼旗	2		3			15	2	1	4
扎鲁特旗	9		2	1	1	15	1		
通辽经济技术开发区	10		1	4	18	8	18	2	4
霍林郭勒市									
鄂尔多斯市	**33**		**15**	**15**	**4**	**20**	**9**		**11**
东胜区									
康巴什区									
达拉特旗	5		8	1		4	1		
准格尔旗	18		3	2	1	5	2		1
鄂托克前旗				2	1	3	1		
鄂托克旗	3		2	1	1	1	3		2
杭锦旗				4	1	2	1		
乌审旗	2		1	2		1			1
伊金霍洛旗	5		1	3		4	1		7
呼伦贝尔市	**19**		**6**	**5**	**1**	**87**	**11**	**2**	**4**
海拉尔区									
扎赉诺尔区						9			
阿荣旗	2			1		10	3		2
莫力达瓦达斡尔族自治旗	4						2		
鄂伦春自治旗	3		1			12	3		
鄂温克族自治旗	3				1	2	1		
陈巴尔虎旗			1			3			
新巴尔虎左旗						3			2
新巴尔虎右旗			2			1			
满洲里市						7			
牙克石市	6		2	4		30	1	2	
扎兰屯市	1					3	1		
额尔古纳市						2			
根河市						5			
巴彦淖尔市	**71**	**1**	**12**	**7**	**4**	**26**	**12**	**15**	**7**
临河区						4			
五原县	5	1	4	1		5		1	1
磴口县	10					2	1	7	2
乌拉特前旗	1		5	2		4	3	1	1
乌拉特中旗	5		1	2	3	3			2
乌拉特后旗	3								
杭锦后旗	47		2	2	1	8	8	6	1

4－4b 续表 23　　　　单位：人

地区 性别	制造业								
	酒、饮料和精制茶制造业	烟草制品业	纺织业	纺织服装、服饰业	皮革、毛皮、羽毛及其制品和制鞋业	木材加工和木、竹、藤、棕、草制品业	家具制造业	造纸和纸制品业	印刷和记录媒介复制业
乌兰察布市	**8**		**7**	**14**	**4**	**5**	**18**	**7**	**4**
集宁区									
卓资县				1		3	1		2
化德县	6		1	5					1
商都县	1		1		1		2	3	
兴和县			2	5		1	2	1	1
凉城县			1		1		2		
察哈尔右翼前旗	1			1			6	1	
察哈尔右翼中旗			1			1	1	1	
察哈尔右翼后旗				2	1		3	1	
四子王旗			1		1		1		
丰镇市									
兴安盟	**40**	**7**	**2**	**8**	**2**	**7**	**8**	**1**	**5**
乌兰浩特市	7	4							1
阿尔山市	4								
科尔沁右翼前旗	22	3		2		2	1	1	1
科尔沁右翼中旗	5			2	1	2	5		1
扎赉特旗	1		1	3		3	1		2
突泉县	1		1	1	1		1		
锡林郭勒盟	**69**	**1**	**9**	**9**	**1**	**26**	**9**	**1**	**9**
二连浩特市			1			7		1	
锡林浩特市									
阿巴嘎旗	1			1		1			
苏尼特左旗			1	1					1
苏尼特右旗			1	2		1	1		1
东乌珠穆沁旗		1	1		1				1
西乌珠穆沁旗	1		1	2		6	2		
太仆寺旗	59		1	1		2	1		
镶黄旗				1					2
正镶白旗	1		2						
正蓝旗	1			1		4	2		2
多伦县	4		1			5	1		1
乌拉盖管委会	2						2		1
阿拉善盟	**15**		**7**	**1**	**1**	**2**	**6**		**1**
阿拉善左旗	11		6		1	2	6		1
阿拉善右旗	1		1						
额济纳旗	2								
内蒙古阿拉善经济开发区	1			1					

4-4b 续表 24

单位：人

地区 性别	制造业								
	酒、饮料和精制茶制造业	烟草制品业	纺织业	纺织服装、服饰业	皮革、毛皮、羽毛及其制品和制鞋业	木材加工和木、竹、藤、棕、草制品业	家具制造业	造纸和纸制品业	印刷和记录媒介复制业
女	**251**	**7**	**209**	**440**	**94**	**115**	**70**	**74**	**126**
呼和浩特市	**24**		**32**	**30**	**5**	**2**	**6**	**30**	**7**
新城区				1					
回民区									
玉泉区									
赛罕区									
土默特左旗	2		8	9		1	1	12	
托克托县			1	4				1	1
和林格尔县	9		1	1				12	1
清水河县	1		1						1
武川县	2			1	1				1
呼和浩特经济技术开发区	10		21	14	4	1	5	5	3
包头市	**11**		**9**	**21**	**4**		**11**	**10**	**10**
东河区	1		2	3			1		
昆都仑区									
青山区	1								
石拐区									
白云鄂博矿区									
九原区			1	1			2		
土默特右旗	3			5			2		
固阳县			1	2	4			1	1
达尔罕茂明安联合旗				2					
包头稀土高新技术产业开发区	6		5	8			6	9	9
乌海市	**2**		**2**						
海勃湾区	1		1						
海南区			1						
乌达区	1								
赤峰市	**39**		**49**	**73**	**11**	**20**	**12**	**7**	**31**
红山区	4		2	3	2	1	1		
元宝山区	1					2		1	2
松山区			1	1		1			
阿鲁科尔沁旗	2		2	7	1	1	2		2
巴林左旗	7		3	9		6			10
巴林右旗	4		2	3	1	2	1	1	3
林西县	2		12	4		3	1		1
克什克腾旗	2		2	2	2		1		4
翁牛特旗	2		6	9				1	4
喀喇沁旗			12	2	2	1	4		
宁城县	9		3	20	2	2	2	4	4
敖汉旗	6		4	13	1	1			1

4−4b 续表 25

单位：人

地区 性别	制造业								
	酒、饮料和精制茶制造业	烟草制品业	纺织业	纺织服装、服饰业	皮革、毛皮、羽毛及其制品和制鞋业	木材加工和木、竹、藤、棕、草制品业	家具制造业	造纸和纸制品业	印刷和记录媒介复制业
通辽市	**29**		**13**	**37**	**50**	**32**	**17**	**10**	**29**
科尔沁区	2		1		3	3	1	1	1
科尔沁左翼中旗	2			2	1		5	1	2
科尔沁左翼后旗	1			12	2	1			6
开鲁县	13		2	3		2	1	3	5
库伦旗	2		3	6	1				1
奈曼旗			4	2		12		1	4
扎鲁特旗	4		3	9		11			
通辽经济技术开发区	5			3	43	3	10	4	10
霍林郭勒市									
鄂尔多斯市	**21**	**1**	**30**	**53**	**5**	**6**	**5**	**1**	**13**
东胜区									
康巴什区									
达拉特旗	10	1	14	13		2	2		2
准格尔旗	7		4			1	1	1	2
鄂托克前旗			1	10		1			
鄂托克旗	1		5	2	1		1		3
杭锦旗	1		1	7	3		1		3
乌审旗	1		4	11	1				2
伊金霍洛旗	1		1	10		2			1
呼伦贝尔市	**16**		**6**	**20**	**1**	**35**	**4**		**6**
海拉尔区									
扎赉诺尔区						5			
阿荣旗	2		1	4		4	3		3
莫力达瓦达斡尔族自治旗	2			1					
鄂伦春自治旗	3		1	3		3	1		
鄂温克族自治旗	2			1		1			1
陈巴尔虎旗				1					1
新巴尔虎左旗	1		1	2					
新巴尔虎右旗			1	3	1				
满洲里市						2			
牙克石市	3		1	4		16			1
扎兰屯市	3			1					
额尔古纳市			1			3			
根河市						1			
巴彦淖尔市	**54**		**28**	**32**	**11**	**12**	**2**	**11**	**9**
临河区						2			
五原县	1		7	8	2	1		2	1
磴口县	8			3	1			2	2
乌拉特前旗	1		8	4	3	3			2
乌拉特中旗	1		1	9	5				1
乌拉特后旗			4	1					1
杭锦后旗	43		8	7		6	2	7	2

4-4b　续表 26　　单位：人

地　区 性　别	制造业								
	酒、饮料和精制茶制造业	烟　草制品业	纺织业	纺织服装、服饰业	皮革、毛皮、羽毛及其制品和制鞋业	木材加工和木、竹、藤、棕、草制品业	家　具制造业	造纸和纸制品业	印刷和记录媒介复制业
乌兰察布市	**3**		**15**	**94**	**4**	**1**	**6**	**3**	**1**
集宁区									1
卓资县			1	2			1		
化德县	2		8	72					
商都县			1	7			1	1	
兴和县			2	3					
凉城县	1		1	4					
察哈尔右翼前旗				1	3	1	3	2	
察哈尔右翼中旗				3					
察哈尔右翼后旗									
四子王旗			2	2	1		1		
丰镇市									
兴安盟	**27**	**5**	**5**	**17**		**2**	**3**	**2**	**7**
乌兰浩特市	7	3	1						1
阿尔山市	1								
科尔沁右翼前旗	17	2	1	1			2	1	1
科尔沁右翼中旗	1			5		1	1		1
扎赉特旗	1		1	5					3
突泉县			2	6		1		1	1
锡林郭勒盟	**13**		**11**	**59**	**2**	**4**	**3**		**9**
二连浩特市						1			
锡林浩特市									
阿巴嘎旗			1	5					
苏尼特左旗			1	4					1
苏尼特右旗			2	8	1				1
东乌珠穆沁旗			2	12	1				1
西乌珠穆沁旗	1		1	16			1		
太仆寺旗	9		2			1			
镶黄旗			1	1					1
正镶白旗				1			1		1
正蓝旗	2		1	3		1			1
多伦县	1			9		1	1		1
乌拉盖管委会									2
阿拉善盟	**12**	**1**	**9**	**4**	**1**	**1**	**1**		**4**
阿拉善左旗	10	1	8	1	1	1	1		3
阿拉善右旗	1		1	1					1
额济纳旗	1			1					
内蒙古阿拉善经济开发区				1					

4−4b 续表 27 单位：人

地区 性别	制造业								
	文教、工美、体育和娱乐用品制造业	石油、煤炭及其他燃料加工业	化学原料和化学制品制造业	医药制造业	化学纤维制造业	橡胶和塑料制品业	非金属矿物制品业	黑色金属冶炼和压延加工业	有色金属冶炼和压延加工业
内蒙古	**198**	**1328**	**4108**	**680**	**27**	**568**	**2182**	**1982**	**1880**
呼和浩特市	**9**	**48**	**164**	**268**	**1**	**34**	**246**	**32**	**115**
新城区									
回民区									
玉泉区									
赛罕区								1	
土默特左旗	1		6	11		9	48	8	6
托克托县	1	44	42	196	1	4	20	3	94
和林格尔县	1	1	2	2		5	11	2	5
清水河县		2	61			1	46	1	
武川县		1		10			33	10	1
呼和浩特经济技术开发区	6		53	49		15	88	7	9
包头市	**21**	**66**	**123**	**32**	**1**	**41**	**218**	**561**	**463**
东河区	2		4	1		4	6	8	30
昆都仑区								38	27
青山区		1							3
石拐区		33	14				3	193	5
白云鄂博矿区									
九原区			26			15	18	25	12
土默特右旗	12	11	21	3	1	4	41	11	7
固阳县			1	2			52	79	102
达尔罕茂明安联合旗	2		3	1			22	63	10
包头稀土高新技术产业开发区	5	21	54	25		18	76	144	267
乌海市		**76**	**80**			**3**	**46**	**39**	**6**
海勃湾区		13	7			1	3	21	
海南区		61	58			2	42	18	6
乌达区		2	15				1		
赤峰市	**29**	**32**	**108**	**66**	**2**	**76**	**254**	**80**	**404**
红山区			4	5	1	3	11	5	46
元宝山区		10	22	4			18	7	7
松山区			1	4		4	5		1
阿鲁科尔沁旗	3	2	3	1		1	35	2	1
巴林左旗	2		27	3		3	16		37
巴林右旗	13			4		4	22		
林西县			6	12		3	19	3	60
克什克腾旗		6	5	1		2	37	8	81
翁牛特旗		1	2	3		15	25	4	2
喀喇沁旗	1	5	9	22		2	28	6	146
宁城县	8	5	17	5		36	30	42	4
敖汉旗	2	3	12	2	1	3	8	3	19

4-4b 续表 28　　　　单位：人

地　区 性　别	制造业								
	文教、工美、体育和娱乐用品制造业	石油、煤炭及其他燃料加工业	化学原料和化学制品制造业	医　药制造业	化学纤维制造业	橡胶和塑　料制品业	非金属矿　物制品业	黑色金属冶炼和压延加工业	有色金属冶炼和压延加工业
通辽市	**22**	**62**	**69**	**190**		**55**	**230**	**21**	**67**
科尔沁区			1	1		2	10		
科尔沁左翼中旗	5	3	11	4		18	9	3	2
科尔沁左翼后旗		1	5	26		1	25		5
开鲁县			9	118		21	25	1	3
库伦旗	1			21			21		
奈曼旗	3		7	1		1	72	11	37
扎鲁特旗	6	1	5			1	25	3	5
通辽经济技术开发区	7	57	31	19		11	43	3	15
霍林郭勒市									
鄂尔多斯市	**29**	**821**	**1624**	**24**	**18**	**234**	**475**	**353**	**373**
东胜区							4		
康巴什区									
达拉特旗	7	10	462	5		55	233	12	200
准格尔旗	7	50	201			11	69	15	10
鄂托克前旗	1	69	3	3		4	16		
鄂托克旗	5	224	393	1	18	146	61	314	135
杭锦旗	1	48	270	15		3	23		
乌审旗	3	242	267			13	29	2	
伊金霍洛旗	5	178	28			2	40	10	28
呼伦贝尔市	**8**	**2**	**84**	**20**		**21**	**81**	**2**	**3**
海拉尔区				1					2
扎赉诺尔区							5		
阿荣旗	1		66	3		11	47		
莫力达瓦达斡尔族自治旗			1			3	7	2	
鄂伦春自治旗	2					1	6		1
鄂温克族自治旗			7	6		1	5		
陈巴尔虎旗		1	8				1		
新巴尔虎左旗	2	1				1			
新巴尔虎右旗	2						4		
满洲里市									
牙克石市			1	4		2	2		
扎兰屯市			1	5		2	4		
额尔古纳市									
根河市	1			1					
巴彦淖尔市	**20**	**111**	**113**	**12**	**1**	**24**	**116**	**41**	**279**
临河区	1					1	2	1	
五原县	3	6	9	4	1	2	22	1	7
磴口县	1	3	13	4		7	15	1	
乌拉特前旗	13	21	56	1		9	40	13	18
乌拉特中旗		11	2				3	6	4
乌拉特后旗		63	22				10	10	218
杭锦后旗	2	7	11	3		5	24	9	32

4-4b 续表 29

单位：人

地 区 性 别	制造业								
	文教、工美、体育和娱乐用品制造业	石油、煤炭及其他燃料加工业	化学原料和化学制品制造业	医 药制造业	化学纤维制造业	橡胶和塑 料制品业	非金属矿 物制品业	黑色金属冶炼和压延加工业	有色金属冶炼和压延加工业
乌兰察布市	**7**	**10**	**447**	**10**	**3**	**29**	**244**	**721**	**17**
集宁区				3		2	3		
卓资县	1	1	25	1			12	7	3
化德县	1	6	1			4	7	220	4
商都县			4			4	50	42	5
兴和县	2	1	2	1			63	24	
凉城县			1	1			7		
察哈尔右翼前旗		1	26	4		9	31	108	3
察哈尔右翼中旗		1	8			2	5	31	1
察哈尔右翼后旗	1		326		3	6	45	2	
四子王旗	2		39			2	8	1	1
丰镇市			15				13	286	
兴安盟	**10**	**2**	**29**	**12**		**24**	**76**	**26**	
乌兰浩特市		1	5	3			4	9	
阿尔山市	1								
科尔沁右翼前旗	2	1	21	8		11	6	13	
科尔沁右翼中旗	4			1		4	26	1	
扎赉特旗	2		1			9	24	3	
突泉县	1		2				16		
锡林郭勒盟	**28**	**14**	**304**	**4**	**1**	**16**	**104**	**60**	**151**
二连浩特市		2				2	2		
锡林浩特市									
阿巴嘎旗	4						1		
苏尼特左旗	1		5				2		
苏尼特右旗	1	2	72	1		1	7	54	5
东乌珠穆沁旗	9	2	2				2		1
西乌珠穆沁旗	4		2	2			28	1	145
太仆寺旗			4	1		4	1	1	
镶黄旗	1	1					33	2	
正镶白旗	2		1				1		
正蓝旗	4						5	2	
多伦县	2	6	218		1	8	21		
乌拉盖管委会		1				1	1		
阿拉善盟	**15**	**84**	**963**	**42**		**11**	**92**	**46**	**2**
阿拉善左旗	15	31	224	4		4	49	6	1
阿拉善右旗		2	54	5			1	10	
额济纳旗			4				3		
内蒙古阿拉善经济开发区		51	681	33		7	39	30	1

4-4b　续表 30

单位：人

地　区 性　别	制造业								
	文教、工美、体育和娱乐用品制造业	石油、煤炭及其他燃料加工业	化学原料和化学制品制造业	医　药制造业	化学纤维制造业	橡胶和塑　料制品业	非金属矿　物制品业	黑色金属冶炼和压延加工业	有色金属冶炼和压延加工业
男	**116**	**1066**	**3121**	**454**	**19**	**403**	**1759**	**1552**	**1533**
呼和浩特市	**5**	**44**	**118**	**187**	**1**	**20**	**189**	**27**	**100**
新城区									
回民区									
玉泉区									
赛罕区								1	
土默特左旗	1		3	7		5	35	8	4
托克托县		41	35	140	1	2	17	2	85
和林格尔县		1	2	1		3	8	2	5
清水河县		1	36				29	1	
武川县		1		4			27	8	1
呼和浩特经济技术开发区	4		42	35		10	73	5	5
包头市	**16**	**57**	**108**	**17**	**1**	**31**	**180**	**435**	**382**
东河区	1		3			3	5	5	26
昆都仑区								29	26
青山区		1							3
石拐区		30	13				3	144	4
白云鄂博矿区									
九原区			25			11	13	20	12
土默特右旗	11	11	19	1	1	4	39	11	6
固阳县			1	1			49	67	96
达尔罕茂明安联合旗	1		1				18	51	10
包头稀土高新技术产业开发区	3	15	46	15		13	53	108	199
乌海市		**61**	**63**			**3**	**35**	**29**	**5**
海勃湾区		10	6			1	3	16	
海南区		49	46			2	31	13	5
乌达区		2	11				1		
赤峰市	**13**	**23**	**79**	**38**	**2**	**62**	**203**	**65**	**347**
红山区			2	3	1	1	9	5	45
元宝山区		6	16	2			13	5	7
松山区			1	1		2	5		1
阿鲁科尔沁旗	3	1	1			1	31	2	1
巴林左旗	1		23	2		3	13		33
巴林右旗	6			2		3	18		
林西县			4	8		3	16	3	52
克什克腾旗		6	5	1		2	31	6	61
翁牛特旗		1	1	3		12	16	2	1
喀喇沁旗		2	7	13		2	21	6	124
宁城县	2	5	10	2		30	22	34	4
敖汉旗	1	2	9	1	1	3	8	2	18

4-4b 续表 31　　　　单位：人

地区 性别	制造业								
	文教、工美、体育和娱乐用品制造业	石油、煤炭及其他燃料加工业	化学原料和化学制品制造业	医药制造业	化学纤维制造业	橡胶和塑料制品业	非金属矿物制品业	黑色金属冶炼和压延加工业	有色金属冶炼和压延加工业
通辽市	**15**	**52**	**52**	**130**		**39**	**184**	**16**	**56**
科尔沁区			1	1		2	10		
科尔沁左翼中旗	3	2	8			14	6	3	2
科尔沁左翼后旗			3	16		1	18		4
开鲁县			8	94		13	25	1	2
库伦旗				9			19		
奈曼旗	3		6			1	58	8	31
扎鲁特旗	4	1	4			1	16	2	5
通辽经济技术开发区	5	49	22	10		7	32	2	12
霍林郭勒市									
鄂尔多斯市	**15**	**650**	**1267**	**14**	**11**	**154**	**391**	**252**	**300**
东胜区							3		
康巴什区									
达拉特旗	4	9	357	3		43	193	9	165
准格尔旗	4	43	155			9	55	12	8
鄂托克前旗		54	3	3		3	13		
鄂托克旗	3	155	295		11	90	48	222	105
杭锦旗		41	218	8		1	17		
乌审旗	2	196	219			7	25	1	
伊金霍洛旗	2	152	20			1	37	8	22
呼伦贝尔市	**5**	**1**	**63**	**12**		**15**	**63**	**2**	**3**
海拉尔区				1					2
扎赉诺尔区							4		
阿荣旗			49	2		6	37		
莫力达瓦达斡尔族自治旗						3	6	2	
鄂伦春自治旗	2					1	3		1
鄂温克族自治旗			5	3		1	4		
陈巴尔虎旗			7				1		
新巴尔虎左旗		1				1			
新巴尔虎右旗	2						2		
满洲里市									
牙克石市			1	4		2	2		
扎兰屯市			1	1		1	4		
额尔古纳市									
根河市	1			1					
巴彦淖尔市	**11**	**97**	**86**	**7**	**1**	**20**	**92**	**31**	**224**
临河区	1					1	2	1	
五原县	2	4	6	1	1	2	19	1	7
磴口县		1	11	4		6	12		
乌拉特前旗	7	20	45	1		8	32	11	16
乌拉特中旗		9	2				3	5	3
乌拉特后旗		56	14				9	6	171
杭锦后旗	1	7	8	1		3	15	7	27

4-4b 续表 32　　　　单位：人

地区 性别	制造业								
	文教、工美、体育和娱乐用品制造业	石油、煤炭及其他燃料加工业	化学原料和化学制品制造业	医药制造业	化学纤维制造业	橡胶和塑料制品业	非金属矿物制品业	黑色金属冶炼和压延加工业	有色金属冶炼和压延加工业
乌兰察布市	**6**	**9**	**357**	**7**	**2**	**22**	**204**	**592**	**12**
集宁区				2		1	3		
卓资县	1	1	19	1			7	7	1
化德县	1	5	1			2	6	184	3
商都县			3			3	39	36	3
兴和县	1	1	1				52	20	
凉城县			1	1			7		
察哈尔右翼前旗		1	21	3		7	27	75	3
察哈尔右翼中旗		1	6			2	4	25	1
察哈尔右翼后旗	1		259		2	5	40	1	
四子王旗	2		31			2	6	1	1
丰镇市			15				13	243	
兴安盟	**6**	**2**	**23**	**6**		**18**	**64**	**23**	
乌兰浩特市		1	2				4	8	
阿尔山市									
科尔沁右翼前旗	2	1	19	6		8	4	11	
科尔沁右翼中旗	3					4	22	1	
扎赉特旗	1		1			6	20	3	
突泉县			1				14		
锡林郭勒盟	**16**	**11**	**223**	**2**	**1**	**9**	**84**	**48**	**103**
二连浩特市		2				1	2		
锡林浩特市									
阿巴嘎旗	3						1		
苏尼特左旗	1		4				2		
苏尼特右旗		2	55	1			7	42	3
东乌珠穆沁旗	5	1					2		
西乌珠穆沁旗	2		2				21	1	100
太仆寺旗			2	1		2	1	1	
镶黄旗	1	1					30	2	
正镶白旗	2		1						
正蓝旗	2						3	2	
多伦县		4	159		1	5	15		
乌拉盖管委会		1				1			
阿拉善盟	**8**	**59**	**682**	**34**		**10**	**70**	**32**	**1**
阿拉善左旗	8	22	153	2		3	40	5	1
阿拉善右旗		2	43	2				7	
额济纳旗			4				3		
内蒙古阿拉善经济开发区		35	482	30		7	27	20	

4-4b 续表 33 单位：人

地区 性别	制造业								
	文教、工美、体育和娱乐用品制造业	石油、煤炭及其他燃料加工业	化学原料和化学制品制造业	医药制造业	化学纤维制造业	橡胶和塑料制品业	非金属矿物制品业	黑色金属冶炼和压延加工业	有色金属冶炼和压延加工业
女	**82**	**262**	**987**	**226**	**8**	**165**	**423**	**430**	**347**
呼和浩特市	**4**	**4**	**46**	**81**		**14**	**57**	**5**	**15**
新城区									
回民区									
玉泉区									
赛罕区									
土默特左旗			3	4		4	13		2
托克托县	1	3	7	56		2	3	1	9
和林格尔县	1			1		2	3		
清水河县		1	25			1	17		
武川县				6			6	2	
呼和浩特经济技术开发区	2		11	14		5	15	2	4
包头市	**5**	**9**	**15**	**15**		**10**	**38**	**126**	**81**
东河区	1		1	1		1	1	3	4
昆都仑区								9	1
青山区									
石拐区		3	1					49	1
白云鄂博矿区									
九原区			1			4	5	5	
土默特右旗	1		2	2			2		1
固阳县				1			3	12	6
达尔罕茂明安联合旗	1		2	1			4	12	
包头稀土高新技术产业开发区	2	6	8	10		5	23	36	68
乌海市		**15**	**17**				**11**	**10**	**1**
海勃湾区		3	1					5	
海南区		12	12				11	5	1
乌达区			4						
赤峰市	**16**	**9**	**29**	**28**		**14**	**51**	**15**	**57**
红山区			2	2		2	2		1
元宝山区		4	6	2			5	2	
松山区				3		2			
阿鲁科尔沁旗		1	2	1			4		
巴林左旗	1		4	1			3		4
巴林右旗	7			2		1	4		
林西县			2	4			3		8
克什克腾旗							6	2	20
翁牛特旗			1			3	9	2	1
喀喇沁旗	1	3	2	9			7		22
宁城县	6		7	3		6	8	8	
敖汉旗	1	1	3	1				1	1

4-4b 续表 34

单位：人

地 区 性 别	制造业								
	文教、工美、体育和娱乐用品制造业	石油、煤炭及其他燃料加工业	化学原料和化学制品制造业	医 药制造业	化学纤维制造业	橡胶和塑 料制品业	非金属矿 物制品业	黑色金属冶炼和压延加工业	有色金属冶炼和压延加工业
通辽市	**7**	**10**	**17**	**60**		**16**	**46**	**5**	**11**
科尔沁区									
科尔沁左翼中旗	2	1	3	4		4	3		
科尔沁左翼后旗		1	2	10			7		1
开鲁县			1	24		8			1
库伦旗	1			12			2		
奈曼旗			1	1			14	3	6
扎鲁特旗	2		1				9	1	
通辽经济技术开发区	2	8	9	9		4	11	1	3
霍林郭勒市									
鄂尔多斯市	**14**	**171**	**357**	**10**	**7**	**80**	**84**	**101**	**73**
东胜区							1		
康巴什区									
达拉特旗	3	1	105	2		12	40	3	35
准格尔旗	3	7	46			2	14	3	2
鄂托克前旗	1	15				1	3		
鄂托克旗	2	69	98	1	7	56	13	92	30
杭锦旗	1	7	52	7		2	6		
乌审旗	1	46	48			6	4	1	
伊金霍洛旗	3	26	8			1	3	2	6
呼伦贝尔市	**3**	**1**	**21**	**8**		**6**	**18**		
海拉尔区									
扎赉诺尔区							1		
阿荣旗	1		17	1		5	10		
莫力达瓦达斡尔族自治旗			1				1		
鄂伦春自治旗							3		
鄂温克族自治旗			2	3			1		
陈巴尔虎旗		1	1						
新巴尔虎左旗	2								
新巴尔虎右旗							2		
满洲里市									
牙克石市									
扎兰屯市				4		1			
额尔古纳市									
根河市									
巴彦淖尔市	**9**	**14**	**27**	**5**		**4**	**24**	**10**	**55**
临河区									
五原县	1	2	3	3			3		
磴口县	1	2	2			1	3	1	
乌拉特前旗	6	1	11			1	8	2	2
乌拉特中旗		2						1	1
乌拉特后旗		7	8				1	4	47
杭锦后旗	1		3	2		2	9	2	5

4-4b 续表 35 单位：人

地区 性别	制造业								
	文教、工美、体育和娱乐用品制造业	石油、煤炭及其他燃料加工业	化学原料和化学制品制造业	医药制造业	化学纤维制造业	橡胶和塑料制品业	非金属矿物制品业	黑色金属冶炼和压延加工业	有色金属冶炼和压延加工业
乌兰察布市	**1**	**1**	**90**	**3**	**1**	**7**	**40**	**129**	**5**
集宁区				1		1			
卓资县			6				5		2
化德县		1				2	1	36	1
商都县			1			1	11	6	2
兴和县	1		1	1			11	4	
凉城县									
察哈尔右翼前旗			5	1		2	4	33	
察哈尔右翼中旗			2				1	6	
察哈尔右翼后旗			67		1	1	5	1	
四子王旗			8				2		
丰镇市								43	
兴安盟	**4**		**6**	**6**		**6**	**12**	**3**	
乌兰浩特市			3	3				1	
阿尔山市	1								
科尔沁右翼前旗			2	2		3	2	2	
科尔沁右翼中旗	1			1			4		
扎赉特旗	1					3	4		
突泉县	1		1				2		
锡林郭勒盟	**12**	**3**	**81**	**2**		**7**	**20**	**12**	**48**
二连浩特市						1			
锡林浩特市									
阿巴嘎旗	1								
苏尼特左旗			1						
苏尼特右旗	1		17			1		12	2
东乌珠穆沁旗	4	1	2						1
西乌珠穆沁旗	2			2			7		45
太仆寺旗			2			2			
镶黄旗							3		
正镶白旗							1		
正蓝旗	2						2		
多伦县	2	2	59			3	6		
乌拉盖管委会							1		
阿拉善盟	**7**	**25**	**281**	**8**		**1**	**22**	**14**	**1**
阿拉善左旗	7	9	71	2		1	9	1	
阿拉善右旗			11	3			1	3	
额济纳旗									
内蒙古阿拉善经济开发区		16	199	3			12	10	1

4-4b　续表 36　　　　　　单位：人

地　区 性　别	制造业								
	金　属 制品业	通用设备 制造业	专用设备 制造业	汽　车 制造业	铁路、船舶、 航空航天和 其他运输 设备制造业	电气机械 和器材 制造业	计算机、 通信和其 他电子设 备制造业	仪器仪表 制造业	其　他 制造业
内蒙古	**1718**	**533**	**472**	**92**	**81**	**430**	**254**	**51**	**66**
呼和浩特市	**120**	**54**	**33**	**9**	**7**	**68**	**38**	**6**	**1**
新城区						1		1	
回民区									
玉泉区									
赛罕区					1	1			
土默特左旗	23	20	12	2	2	28	13	1	
托克托县	23	6	6	3		2	1	1	1
和林格尔县	13	4				1		1	
清水河县	3	2	3					1	
武川县	19		3	2		1	1		
呼和浩特经济技术开发区	39	22	9	2	4	34	23	1	
包头市	**166**	**78**	**73**	**29**	**10**	**161**	**114**	**6**	**18**
东河区	16	3	7	10		4	4		
昆都仑区									
青山区		2	1	2	1	103			
石拐区									
白云鄂博矿区									
九原区	15	2	1			12	2		
土默特右旗	16	17	5	2	1	7	7	3	
固阳县	16	2	2					1	
达尔罕茂明安联合旗	5	2				3			
包头稀土高新技术产业开发区	98	50	57	15	8	32	101	2	18
乌海市	**1**	**2**							
海勃湾区									
海南区	1	2							
乌达区									
赤峰市	**342**	**78**	**48**	**12**	**17**	**41**	**32**	**3**	**7**
红山区	18	5	1	1		3	2	3	
元宝山区	11	9	3			4	2		
松山区	5		1			1	1		
阿鲁科尔沁旗	20	4	4	1	2		6		
巴林左旗	22	3	1		2		3		
巴林右旗	46	2	4	1			1		
林西县	22	11	7		3	8	3		1
克什克腾旗	37	4	4	2	2	4	1		2
翁牛特旗	38	9	3		1	9	3		1
喀喇沁旗	16	8	3	1	2	2			
宁城县	67	17	16	2	2	8	5		3
敖汉旗	40	6	1	4	3	2	5		

4-4b 续表 37

单位：人

地区 性别	制造业								
	金属制品业	通用设备制造业	专用设备制造业	汽车制造业	铁路、船舶、航空航天和其他运输设备制造业	电气机械和器材制造业	计算机、通信和其他电子设备制造业	仪器仪表制造业	其他制造业
通辽市	**228**	**92**	**43**	**8**	**13**	**58**	**19**	**6**	**8**
科尔沁区	11	1	5		1	1	1	2	1
科尔沁左翼中旗	43	4	1	3	6	1	4	1	4
科尔沁左翼后旗	16	7	8	2		14	2		1
开鲁县	34	15	7		2	32	3		1
库伦旗	16		1		1				
奈曼旗	41	28	9		2	3	3	1	
扎鲁特旗	40	7	4			1	1		1
通辽经济技术开发区	27	30	8	3	1	6	5	2	
霍林郭勒市									
鄂尔多斯市	**256**	**93**	**149**	**13**	**6**	**23**	**13**	**17**	**6**
东胜区	1								
康巴什区									
达拉特旗	64	16	12	3	2	14	5	4	2
准格尔旗	43	26	22	2	4	5	5	9	2
鄂托克前旗	17	6	2					1	
鄂托克旗	28	16	28	2		2	1		2
杭锦旗	20	5	2				1		
乌审旗	27	8	14			1		1	
伊金霍洛旗	56	16	69	6		1	1	2	
呼伦贝尔市	**83**	**24**	**38**	**6**	**12**	**4**	**13**		**5**
海拉尔区	2								
扎赉诺尔区		1	1						
阿荣旗	13	6	2	2			1		
莫力达瓦达斡尔族自治旗	3	2		1	3		1		1
鄂伦春自治旗	13	3	4	1	1		2		2
鄂温克族自治旗	13	1	9	1		2	1		
陈巴尔虎旗	11	1	2			1	1		
新巴尔虎左旗			1				2		
新巴尔虎右旗	5	4	4				1		
满洲里市	3				1				
牙克石市	8	3	13		6		2		2
扎兰屯市	12	3	2	1	1	1	1		
额尔古纳市							1		
根河市									
巴彦淖尔市	**219**	**43**	**51**	**3**	**2**	**15**	**9**	**6**	**9**
临河区	13	1							
五原县	50	8	12	1	1	1	1	1	1
磴口县	27	7	3	1		3			
乌拉特前旗	31	7	5	1		4	3	3	5
乌拉特中旗	25	2	2			3			
乌拉特后旗	2	3	1						
杭锦后旗	71	15	28		1	4	5	2	3

4-4b　续表 38　　　　单位：人

地　区 性　别	制造业								
	金　属 制品业	通用设备 制造业	专用设备 制造业	汽　车 制造业	铁路、船舶、 航空航天和 其他运输 设备制造业	电气机械 和器材 制造业	计算机、 通信和其 他电子设 备制造业	仪器仪表 制造业	其　他 制造业
乌兰察布市	**105**	**22**	**3**	**1**	**6**	**12**	**6**	**2**	**5**
集宁区	3					2			
卓资县	13	2	1			1	1		1
化德县	8	2			3		3		
商都县	16	1		1	1	2		2	1
兴和县	5	9			2	3			
凉城县	5								1
察哈尔右翼前旗	20					2	2		2
察哈尔右翼中旗	10	3	1			1			
察哈尔右翼后旗	12	1	1						
四子王旗	12	4				1			
丰镇市	1								
兴安盟	**86**	**12**	**10**	**3**	**4**	**19**	**4**		**1**
乌兰浩特市	5	1					1		
阿尔山市	2	1							
科尔沁右翼前旗	13	1	1		2	13			
科尔沁右翼中旗	21	5	1	1	2	4	1		
扎赉特旗	21	4	8	2		2	2		1
突泉县	24								
锡林郭勒盟	**85**	**24**	**18**	**8**	**2**	**26**	**4**	**5**	**6**
二连浩特市	3								
锡林浩特市									
阿巴嘎旗	11								
苏尼特左旗	1	1	1						4
苏尼特右旗	10	1	2			16			
东乌珠穆沁旗	10	5	6					1	
西乌珠穆沁旗	9	5	2			1		3	
太仆寺旗	6	2				1	1		
镶黄旗	3								
正镶白旗	7		1		1	4	1		
正蓝旗	7	3	1		1	1			
多伦县	17	6	4	8		3	1	1	2
乌拉盖管委会	1	1	1				1		
阿拉善盟	**27**	**11**	**6**		**2**	**3**	**2**		
阿拉善左旗	24	4	2				2		
阿拉善右旗	1	4							
额济纳旗	1					3			
内蒙古阿拉善经济开发区	1	3	4		2				

4-4b 续表 39

单位：人

地区 性别	制造业								
	金属制品业	通用设备制造业	专用设备制造业	汽车制造业	铁路、船舶、航空航天和其他运输设备制造业	电气机械和器材制造业	计算机、通信和其他电子设备制造业	仪器仪表制造业	其他制造业
男	**1483**	**466**	**352**	**69**	**72**	**366**	**172**	**45**	**56**
呼和浩特市	**101**	**50**	**29**	**9**	**6**	**51**	**34**	**6**	**1**
新城区						1		1	
回民区									
玉泉区									
赛罕区					1				
土默特左旗	18	18	10	2	1	22	11	1	
托克托县	21	5	5	3		1		1	1
和林格尔县	12	4				1		1	
清水河县	3	2	3					1	
武川县	18		2	2		1	1		
呼和浩特经济技术开发区	29	21	9	2	4	25	22	1	
包头市	**144**	**66**	**53**	**20**	**9**	**145**	**73**	**6**	**16**
东河区	15	3	7	3		3	4		
昆都仑区									
青山区		2	1	1	1	99			
石拐区									
白云鄂博矿区									
九原区	14	2				12	1		
土默特右旗	14	17	3	2	1	6	7	3	
固阳县	15	2	2					1	
达尔罕茂明安联合旗	5	1				3			
包头稀土高新技术产业开发区	81	39	40	14	7	22	61	2	16
乌海市	**1**	**2**							
海勃湾区									
海南区	1	2							
乌达区									
赤峰市	**288**	**66**	**38**	**11**	**14**	**37**	**19**	**3**	**6**
红山区	15	4	1	1		2	1	3	
元宝山区	9	6	3			4	2		
松山区	4		1			1			
阿鲁科尔沁旗	16	4	3	1	2		4		
巴林左旗	17	3			2		2		
巴林右旗	42	2	2	1					
林西县	17	10	7		1	6	1		1
克什克腾旗	30	4	2	2	2	4			1
翁牛特旗	31	9	2		1	9	2		1
喀喇沁旗	16	8	3		2	2			
宁城县	58	12	13	2	2	7	2		3
敖汉旗	33	4	1	4	2	2	5		

4-4b　续表 40

单位：人

地　区 性　别	制造业								
	金　属 制品业	通用设备 制造业	专用设备 制造业	汽　车 制造业	铁路、船舶、 航空航天和 其他运输 设备制造业	电气机械 和器材 制造业	计算机、 通信和其 他电子设 备制造业	仪器仪表 制造业	其　他 制造业
通辽市	**193**	**82**	**32**	**4**	**10**	**48**	**12**	**5**	**6**
科尔沁区	9	1	4		1	1	1	1	1
科尔沁左翼中旗	40	3	1		4	1	2	1	3
科尔沁左翼后旗	12	7	5	1		13	2		1
开鲁县	24	14	6		1	26	1		1
库伦旗	14		1		1				
奈曼旗	37	25	7		2	3		1	
扎鲁特旗	34	6	3			1	1		
通辽经济技术开发区	23	26	5	3	1	3	5	2	
霍林郭勒市									
鄂尔多斯市	**222**	**79**	**118**	**12**	**6**	**18**	**9**	**14**	**4**
东胜区	1								
康巴什区									
达拉特旗	57	15	9	2	2	10	4	3	1
准格尔旗	40	22	14	2	4	5	4	8	2
鄂托克前旗	14	6	2					1	
鄂托克旗	24	16	24	2		1			1
杭锦旗	18	3	1						
乌审旗	24	6	12			1		1	
伊金霍洛旗	44	11	56	6		1	1	1	
呼伦贝尔市	**69**	**23**	**27**	**3**	**12**	**4**	**10**		**4**
海拉尔区	2								
扎赉诺尔区		1	1						
阿荣旗	11	5	2				1		
莫力达瓦达斡尔族自治旗	3	2		1	3		1		1
鄂伦春自治旗	11	3	4		1		2		2
鄂温克族自治旗	11	1	8	1		2			
陈巴尔虎旗	11	1				1	1		
新巴尔虎左旗			1				1		
新巴尔虎右旗	4	4	2				1		
满洲里市	1				1				
牙克石市	5	3	7		6		2		1
扎兰屯市	10	3	2	1	1	1	1		
额尔古纳市									
根河市									
巴彦淖尔市	**199**	**35**	**33**	**2**	**2**	**13**	**7**	**5**	**8**
临河区	13	1							
五原县	46	6	10		1	1	1	1	
磴口县	26	5	2	1		3			
乌拉特前旗	28	6	5	1		4	3	2	5
乌拉特中旗	21	2	1			2			
乌拉特后旗	2	3	1						
杭锦后旗	63	12	14		1	3	3	2	3

4-4b 续表 41

单位：人

地 区 性 别	制造业								
	金 属 制品业	通用设备 制造业	专用设备 制造业	汽 车 制造业	铁路、船舶、 航空航天和 其他运输 设备制造业	电气机械 和器材 制造业	计算机、 通信和其 他电子设 备制造业	仪器仪表 制造业	其 他 制造业
乌兰察布市	**92**	**22**	**3**		**6**	**11**	**4**	**2**	**5**
集宁区	3					2			
卓资县	11	2	1			1	1		1
化德县	7	2			3		1		
商都县	15	1			1	2		2	1
兴和县	5	9			2	2			
凉城县	4								1
察哈尔右翼前旗	17					2	2		2
察哈尔右翼中旗	7	3	1			1			
察哈尔右翼后旗	11	1	1						
四子王旗	11	4				1			
丰镇市	1								
兴安盟	**73**	**12**	**4**	**2**	**3**	**13**	**1**		**1**
乌兰浩特市	5	1							
阿尔山市	2	1							
科尔沁右翼前旗	12	1	1		1	8			
科尔沁右翼中旗	15	5	1	1	2	3			
扎赉特旗	19	4	2	1		2	1		1
突泉县	20								
锡林郭勒盟	**75**	**19**	**10**	**6**	**2**	**24**	**1**	**4**	**5**
二连浩特市	3								
锡林浩特市									
阿巴嘎旗	10								
苏尼特左旗	1	1	1						4
苏尼特右旗	9	1	1			16			
东乌珠穆沁旗	9	5	2					1	
西乌珠穆沁旗	7	4	1			1		2	
太仆寺旗	5	2				1			
镶黄旗	3								
正镶白旗	7		1		1	3			
正蓝旗	7	2			1				
多伦县	13	3	4	6		3	1	1	1
乌拉盖管委会	1	1							
阿拉善盟	**26**	**10**	**5**		**2**	**2**	**2**		
阿拉善左旗	23	3	2				2		
阿拉善右旗	1	4							
额济纳旗	1					2			
内蒙古阿拉善经济开发区	1	3	3		2				

4-4b　续表 42　　　　单位：人

地　区 性　别	制造业								
	金　属 制品业	通用设备 制造业	专用设备 制造业	汽　车 制造业	铁路、船舶、航空航天和其他运输设备制造业	电气机械和器材制造业	计算机、通信和其他电子设备制造业	仪器仪表 制造业	其　他 制造业
女	**235**	**67**	**120**	**23**	**9**	**64**	**82**	**6**	**10**
呼和浩特市	**19**	**4**	**4**		**1**	**17**	**4**		
新城区									
回民区									
玉泉区									
赛罕区						1			
土默特左旗	5	2	2		1	6	2		
托克托县	2	1	1			1	1		
和林格尔县	1								
清水河县									
武川县	1		1						
呼和浩特经济技术开发区	10	1				9	1		
包头市	**22**	**12**	**20**	**9**	**1**	**16**	**41**		**2**
东河区	1			7		1			
昆都仑区									
青山区				1		4			
石拐区									
白云鄂博矿区									
九原区	1		1				1		
土默特右旗	2		2			1			
固阳县	1								
达尔罕茂明安联合旗		1							
包头稀土高新技术产业开发区	17	11	17	1	1	10	40		2
乌海市									
海勃湾区									
海南区									
乌达区									
赤峰市	**54**	**12**	**10**	**1**	**3**	**4**	**13**		**1**
红山区	3	1				1	1		
元宝山区	2	3							
松山区	1						1		
阿鲁科尔沁旗	4		1				2		
巴林左旗	5		1				1		
巴林右旗	4		2				1		
林西县	5	1			2	2	2		
克什克腾旗	7		2				1		1
翁牛特旗	7		1				1		
喀喇沁旗				1					
宁城县	9	5	3			1	3		
敖汉旗	7	2			1				

4-4b 续表 43

单位：人

地 区 性 别	制造业								
	金 属 制品业	通用设备 制造业	专用设备 制造业	汽 车 制造业	铁路、船舶、航空航天和其他运输设备制造业	电气机械和器材制造业	计算机、通信和其他电子设备制造业	仪器仪表 制造业	其 他 制造业
通辽市	**35**	**10**	**11**	**4**	**3**	**10**	**7**	**1**	**2**
科尔沁区	2		1					1	
科尔沁左翼中旗	3	1		3	2		2		1
科尔沁左翼后旗	4		3	1		1			
开鲁县	10	1	1		1	6	2		
库伦旗	2								
奈曼旗	4	3	2				3		
扎鲁特旗	6	1	1						1
通辽经济技术开发区	4	4	3			3			
霍林郭勒市									
鄂尔多斯市	**34**	**14**	**31**	**1**		**5**	**4**	**3**	**2**
东胜区									
康巴什区									
达拉特旗	7	1	3	1		4	1	1	1
准格尔旗	3	4	8				1	1	
鄂托克前旗	3								
鄂托克旗	4		4			1	1		1
杭锦旗	2	2	1				1		
乌审旗	3	2	2						
伊金霍洛旗	12	5	13					1	
呼伦贝尔市	**14**	**1**	**11**	**3**			**3**		**1**
海拉尔区									
扎赉诺尔区									
阿荣旗	2	1		2					
莫力达瓦达斡尔族自治旗									
鄂伦春自治旗	2			1					
鄂温克族自治旗	2		1				1		
陈巴尔虎旗			2						
新巴尔虎左旗							1		
新巴尔虎右旗	1		2						
满洲里市	2								
牙克石市	3		6						1
扎兰屯市	2								
额尔古纳市							1		
根河市									
巴彦淖尔市	**20**	**8**	**18**	**1**		**2**	**2**	**1**	**1**
临河区									
五原县	4	2	2	1					1
磴口县	1	2	1						
乌拉特前旗	3	1						1	
乌拉特中旗	4		1			1			
乌拉特后旗									
杭锦后旗	8	3	14			1	2		

4-4b 续表 44

单位：人

地 区 性 别	制造业								
	金 属 制品业	通用设备 制造业	专用设备 制造业	汽 车 制造业	铁路、船舶、航空航天和其他运输设备制造业	电气机械和器材制造业	计算机、通信和其他电子设备制造业	仪器仪表 制造业	其 他 制造业
乌兰察布市	**13**			**1**		**1**	**2**		
集宁区									
卓资县	2								
化德县	1						2		
商都县	1			1					
兴和县						1			
凉城县	1								
察哈尔右翼前旗	3								
察哈尔右翼中旗	3								
察哈尔右翼后旗	1								
四子王旗	1								
丰镇市									
兴安盟	**13**		**6**	**1**	**1**	**6**	**3**		
乌兰浩特市							1		
阿尔山市									
科尔沁右翼前旗	1				1	5			
科尔沁右翼中旗	6					1	1		
扎赉特旗	2		6	1			1		
突泉县	4								
锡林郭勒盟	**10**	**5**	**8**	**2**		**2**	**3**	**1**	**1**
二连浩特市									
锡林浩特市									
阿巴嘎旗	1								
苏尼特左旗									
苏尼特右旗	1		1						
东乌珠穆沁旗	1		4						
西乌珠穆沁旗	2	1	1					1	
太仆寺旗	1						1		
镶黄旗									
正镶白旗						1	1		
正蓝旗		1	1			1			
多伦县	4	3		2					1
乌拉盖管委会			1				1		
阿拉善盟	**1**	**1**	**1**			**1**			
阿拉善左旗	1	1							
阿拉善右旗									
额济纳旗						1			
内蒙古阿拉善经济开发区			1						

4-4b 续表 45

单位：人

地区 性别	制造业		电力、热力、燃气及水生产和供应业				建筑业		
	废弃资源综合利用业	金属制品、机械和设备修理业	小计	电力、热力生产和供应业	燃气生产和供应业	水的生产和供应业	小计	房屋建筑业	土木工程建筑业
内蒙古	**354**	**762**	**7721**	**6294**	**593**	**834**	**24197**	**12173**	**3158**
呼和浩特市	**24**	**78**	**483**	**374**	**47**	**62**	**2096**	**1128**	**184**
新城区			2	2			10	7	1
回民区									
玉泉区									
赛罕区	1	3					6	2	3
土默特左旗	12	8	83	61	8	14	567	305	42
托克托县	9	13	117	87	12	18	332	153	24
和林格尔县	2	1	72	56	8	8	258	131	15
清水河县		3	47	34	8	5	151	122	8
武川县			65	56	2	7	81	42	8
呼和浩特经济技术开发区		50	97	78	9	10	691	366	83
包头市	**35**	**48**	**517**	**420**	**55**	**42**	**2028**	**942**	**228**
东河区	1	6	13	7	5	1	118	70	7
昆都仑区			1			1			
青山区							13	5	1
石拐区									
白云鄂博矿区									
九原区	1		6	6			104	74	10
土默特右旗	3	7	183	156	17	10	399	115	66
固阳县		3	74	63	7	4	69	45	8
达尔罕茂明安联合旗		1	35	32	1	2	94	32	31
包头稀土高新技术产业开发区	30	31	205	156	25	24	1231	601	105
乌海市	**1**	**2**	**12**	**10**		**2**	**101**	**49**	**26**
海勃湾区							37	37	
海南区	1	1	11	10		1	47	12	10
乌达区		1	1			1	17		16
赤峰市	**75**	**43**	**894**	**683**	**97**	**114**	**6080**	**3818**	**522**
红山区	15	1	22	11	4	7	151	101	5
元宝山区			31	25	5	1	90	66	5
松山区		1	11	9		2	100	79	2
阿鲁科尔沁旗	3	3	69	45	8	16	589	345	47
巴林左旗	1	2	70	49	9	12	645	439	20
巴林右旗	2	5	127	113	4	10	434	223	95
林西县	7	5	75	59	6	10	918	507	84
克什克腾旗	15	9	135	82	42	11	398	215	63
翁牛特旗	11	7	87	69	7	11	799	498	63
喀喇沁旗	3		68	59		9	540	395	34
宁城县	13	9	101	83	3	15	689	511	45
敖汉旗	5	1	98	79	9	10	727	439	59

4-4b　续表 46　　　　单位：人

地　区 性　别	制造业		电力、热力、燃气及水生产和供应业				建筑业		
	废弃资源综合利用业	金属制品、机械和设备修理业	小计	电力、热力生产和供应业	燃气生产和供应业	水的生产和供应业	小计	房屋建筑业	土木工程建筑业
通辽市	**32**	**52**	**780**	**657**	**44**	**79**	**2208**	**1071**	**137**
科尔沁区	2	5	11	9		2	75	27	5
科尔沁左翼中旗	5	13	71	60	5	6	174	87	11
科尔沁左翼后旗		4	88	70	6	12	152	56	12
开鲁县		4	76	65	7	4	249	119	13
库伦旗			47	42	3	2	141	51	5
奈曼旗		11	104	87	2	15	474	273	30
扎鲁特旗	13	3	98	71	8	19	365	169	12
通辽经济技术开发区	12	12	285	253	13	19	578	289	49
霍林郭勒市									
鄂尔多斯市	**67**	**367**	**1797**	**1406**	**182**	**209**	**3834**	**1390**	**905**
东胜区			2	2					
康巴什区									
达拉特旗	20	9	271	200	25	46	711	245	186
准格尔旗	33	114	493	433	10	50	1093	404	176
鄂托克前旗		1	119	85	22	12	129	57	18
鄂托克旗	3	42	336	295	19	22	286	89	28
杭锦旗	2	21	105	64	35	6	184	50	60
乌审旗	7	30	185	111	44	30	439	187	70
伊金霍洛旗	2	150	286	216	27	43	992	358	367
呼伦贝尔市	**14**	**28**	**817**	**752**	**15**	**50**	**1382**	**508**	**328**
海拉尔区							3		
扎赉诺尔区	2		13	13			4	2	
阿荣旗	3	5	68	53	6	9	436	256	28
莫力达瓦达斡尔族自治旗			64	53		11	134	64	7
鄂伦春自治旗		6	143	136	2	5	84	20	28
鄂温克族自治旗		8	330	322		8	237	58	87
陈巴尔虎旗		2	42	36	3	3	148	12	112
新巴尔虎左旗	2		26	23		3	33	11	2
新巴尔虎右旗	1	1	18	15	2	1	44	14	5
满洲里市			3	2		1	13	1	9
牙克石市	3	6	83	75	1	7	185	50	28
扎兰屯市	3		9	8		1	34	17	4
额尔古纳市			14	13		1	2		
根河市			4	3	1		25	3	18
巴彦淖尔市	**44**	**59**	**548**	**413**	**50**	**85**	**1454**	**527**	**238**
临河区		1	2	2			8	1	
五原县	10	10	94	71	7	16	293	102	51
磴口县	2	3	118	79	21	18	175	67	27
乌拉特前旗	12	7	136	102	10	24	395	175	62
乌拉特中旗	1	8	88	69	6	13	137	37	34
乌拉特后旗	16	4	42	35		7	73	24	13
杭锦后旗	3	26	68	55	6	7	373	121	51

4-4b 续表 47

单位：人

地区 性别	制造业		电力、热力、燃气及水生产和供应业				建筑业		
	废弃资源综合利用业	金属制品、机械和设备修理业	小计	电力、热力生产和供应业	燃气生产和供应业	水的生产和供应业	小计	房屋建筑业	土木工程建筑业
乌兰察布市	**15**	**27**	**452**	**365**	**39**	**48**	**1996**	**1317**	**116**
集宁区		2	10	9	1		85	57	2
卓资县		5	86	75	2	9	174	119	7
化德县	2	2	35	24	4	7	254	169	32
商都县		6	42	34	2	6	189	110	8
兴和县		1	65	47	12	6	243	184	9
凉城县		4	52	45	2	5	204	149	5
察哈尔右翼前旗		2	26	18	5	3	425	287	19
察哈尔右翼中旗		2	28	24		4	73	41	5
察哈尔右翼后旗	7	2	39	31	6	2	179	118	14
四子王旗		1	58	47	5	6	152	69	14
丰镇市	6		11	11			18	14	1
兴安盟	**12**	**18**	**362**	**313**	**13**	**36**	**1325**	**696**	**204**
乌兰浩特市		1	8	7		1	67	42	2
阿尔山市			11	9		2	25	13	1
科尔沁右翼前旗		3	83	70	2	11	341	149	93
科尔沁右翼中旗	6	5	132	121	5	6	282	122	63
扎赉特旗	4	8	62	47	4	11	300	174	9
突泉县	2	1	66	59	2	5	310	196	36
锡林郭勒盟	**18**	**32**	**704**	**622**	**14**	**68**	**947**	**350**	**146**
二连浩特市							3	1	
锡林浩特市		4	11	11			5	1	2
阿巴嘎旗		1	54	52		2	59	9	25
苏尼特左旗	1	1	35	33	1	1	22	10	
苏尼特右旗		3	64	57	1	6	107	71	9
东乌珠穆沁旗	4		56	50		6	76	41	3
西乌珠穆沁旗	3	12	94	78	4	12	77	22	11
太仆寺旗	1	1	39	28	1	10	104	47	7
镶黄旗	1		30	27		3	65	13	43
正镶白旗	2	2	48	38	2	8	46	20	9
正蓝旗	3	4	174	171		3	40	13	9
多伦县	3	4	77	62	4	11	267	68	26
乌拉盖管委会			22	15	1	6	76	34	2
阿拉善盟	**17**	**8**	**355**	**279**	**37**	**39**	**746**	**377**	**124**
阿拉善左旗	11	1	233	195	16	22	566	291	88
阿拉善右旗		1	32	31		1	32	15	6
额济纳旗	3		36	24	7	5	103	53	25
内蒙古阿拉善经济开发区	3	6	54	29	14	11	45	18	5

4-4b　续表 48　　　　单位：人

地　区 性　别	制造业		电力、热力、燃气及水生产和供应业				建筑业		
	废弃资源综合利用业	金属制品、机械和设备修理业	小计	电力、热力生产和供应业	燃气生产和供应业	水的生产和供应业	小计	房屋建筑业	土木工程建筑业
男	**268**	**686**	**5846**	**4881**	**419**	**546**	**21070**	**10496**	**2849**
呼和浩特市	**20**	**69**	**359**	**284**	**34**	**41**	**1919**	**1023**	**167**
新城区			2	2			10	7	1
回民区									
玉泉区									
赛罕区	1	2					5	1	3
土默特左旗	10	7	63	49	5	9	508	269	37
托克托县	7	10	87	60	11	16	318	147	22
和林格尔县	2	1	53	44	5	4	242	121	15
清水河县		3	34	28	5	1	138	110	7
武川县			45	42		3	75	38	7
呼和浩特经济技术开发区		46	75	59	8	8	623	330	75
包头市	**26**	**41**	**397**	**331**	**40**	**26**	**1793**	**823**	**204**
东河区		6	12	7	4	1	109	64	7
昆都仑区			1			1			
青山区							11	5	1
石拐区									
白云鄂博矿区									
九原区	1		6	6			81	53	10
土默特右旗	2	7	139	121	15	3	376	108	63
固阳县		3	62	53	6	3	54	36	6
达尔罕茂明安联合旗		1	28	26	1	1	78	23	27
包头稀土高新技术产业开发区	23	24	149	118	14	17	1084	534	90
乌海市	**1**	**2**	**10**	**8**		**2**	**87**	**41**	**22**
海勃湾区							29	29	
海南区	1	1	9	8		1	42	12	7
乌达区		1	1			1	16		15
赤峰市	**57**	**40**	**721**	**561**	**79**	**81**	**5116**	**3192**	**474**
红山区	10	1	18	8	3	7	122	80	5
元宝山区			28	23	4	1	80	56	5
松山区		1	11	9		2	89	69	2
阿鲁科尔沁旗	2	3	49	33	5	11	486	290	40
巴林左旗	1	2	48	34	7	7	501	338	20
巴林右旗	1	4	107	98	3	6	378	201	84
林西县	5	4	56	47	3	6	704	365	74
克什克腾旗	13	9	117	72	38	7	340	178	60
翁牛特旗	8	7	68	58	6	4	673	413	56
喀喇沁旗	2		56	48		8	509	382	32
宁城县	10	8	88	73	3	12	624	462	43
敖汉旗	5	1	75	58	7	10	610	358	53

4-4b 续表 49

单位：人

地区 性别	制造业		电力、热力、燃气及水生产和供应业				建筑业		
	废弃资源综合利用业	金属制品、机械和设备修理业	小计	电力、热力生产和供应业	燃气生产和供应业	水的生产和供应业	小计	房屋建筑业	土木工程建筑业
通辽市	**26**	**48**	**591**	**516**	**27**	**48**	**1862**	**908**	**115**
科尔沁区	2	5	11	9		2	66	25	5
科尔沁左翼中旗	3	13	56	49	4	3	156	77	11
科尔沁左翼后旗		3	66	55	3	8	132	51	11
开鲁县		3	52	47	4	1	211	101	13
库伦旗			34	32	2		117	46	4
奈曼旗		10	84	73	1	10	400	226	29
扎鲁特旗	11	3	70	53	5	12	318	153	10
通辽经济技术开发区	10	11	218	198	8	12	462	229	32
霍林郭勒市									
鄂尔多斯市	**52**	**332**	**1298**	**1035**	**126**	**137**	**3394**	**1191**	**820**
东胜区			2	2					
康巴什区									
达拉特旗	16	9	200	145	21	34	641	217	166
准格尔旗	26	110	367	327	6	34	976	351	152
鄂托克前旗		1	80	58	14	8	104	41	17
鄂托克旗	3	39	249	225	11	13	244	79	22
杭锦旗	2	21	81	47	30	4	167	47	55
乌审旗	3	29	127	76	32	19	390	159	64
伊金霍洛旗	2	123	192	155	12	25	872	297	344
呼伦贝尔市	**11**	**25**	**650**	**605**	**11**	**34**	**1208**	**446**	**310**
海拉尔区							3		
扎赉诺尔区	1		12	12			4	2	
阿荣旗	3	4	52	42	4	6	386	230	25
莫力达瓦达斡尔族自治旗			50	42		8	109	50	6
鄂伦春自治旗		6	113	110	2	1	78	20	27
鄂温克族自治旗		6	257	254		3	207	48	82
陈巴尔虎旗		2	32	27	2	3	143	11	112
新巴尔虎左旗			23	20		3	27	9	1
新巴尔虎右旗	1	1	13	11	1	1	38	13	4
满洲里市			3	2		1	10	1	6
牙克石市	3	6	72	65	1	6	147	44	27
扎兰屯市	3		8	7		1	32	16	4
额尔古纳市			11	10		1	2		
根河市			4	3	1		22	2	16
巴彦淖尔市	**35**	**52**	**396**	**309**	**33**	**54**	**1271**	**454**	**218**
临河区		1					7	1	
五原县	8	10	65	55	3	7	264	89	45
磴口县	1	2	86	63	11	12	148	55	27
乌拉特前旗	11	7	108	81	8	19	350	151	57
乌拉特中旗	1	8	61	49	5	7	126	33	33
乌拉特后旗	11	3	25	22		3	57	20	9
杭锦后旗	3	21	51	39	6	6	319	105	47

4-4b　续表 50　　　　单位：人

地　区 性　别	制造业		电力、热力、燃气及水生产和供应业				建筑业		
	废弃资源综合利用业	金属制品、机械和设备修理业	小计	电力、热力生产和供应业	燃气生产和供应业	水的生产和供应业	小计	房屋建筑业	土木工程建筑业
乌兰察布市	**8**	**26**	**343**	**287**	**27**	**29**	**1828**	**1200**	**105**
集宁区		2	9	8	1		80	55	2
卓资县		5	66	58	2	6	165	111	7
化德县	2	2	26	20	2	4	228	153	29
商都县		5	29	26	1	2	177	101	7
兴和县		1	54	41	9	4	224	169	8
凉城县		4	44	40	1	3	197	142	5
察哈尔右翼前旗		2	19	13	3	3	367	245	18
察哈尔右翼中旗		2	18	15		3	67	37	4
察哈尔右翼后旗	6	2	28	23	5		167	112	12
四子王旗		1	39	32	3	4	139	62	12
丰镇市			11	11			17	13	1
兴安盟	**9**	**14**	**283**	**250**	**9**	**24**	**1146**	**601**	**184**
乌兰浩特市		1	7	7			59	36	2
阿尔山市			10	8		2	22	11	1
科尔沁右翼前旗		1	65	54	2	9	301	131	86
科尔沁右翼中旗	4	5	111	104	4	3	252	109	58
扎赉特旗	3	6	46	36	2	8	257	152	7
突泉县	2	1	44	41	1	2	255	162	30
锡林郭勒盟	**13**	**30**	**550**	**491**	**13**	**46**	**833**	**315**	**129**
二连浩特市							3	1	
锡林浩特市		4	8	8			5	1	2
阿巴嘎旗		1	47	46		1	54	9	24
苏尼特左旗	1	1	22	20	1	1	20	10	
苏尼特右旗		3	54	49	1	4	99	65	9
东乌珠穆沁旗	2		46	42		4	72	38	3
西乌珠穆沁旗	1	11	72	61	3	8	67	20	8
太仆寺旗	1	1	33	23	1	9	99	44	7
镶黄旗	1		24	22		2	53	12	33
正镶白旗	2	1	35	26	2	7	43	20	8
正蓝旗	2	4	138	137		1	35	13	7
多伦县	3	4	56	46	4	6	222	54	26
乌拉盖管委会			15	11	1	3	61	28	2
阿拉善盟	**10**	**7**	**248**	**204**	**20**	**24**	**613**	**302**	**101**
阿拉善左旗	6	1	169	146	8	15	463	235	70
阿拉善右旗		1	20	19		1	28	13	5
额济纳旗	2		23	16	4	3	85	42	22
内蒙古阿拉善经济开发区	2	5	36	23	8	5	37	12	4

4-4b 续表 51

单位：人

地区 性别	制造业		电力、热力、燃气及水生产和供应业				建筑业		
	废弃资源综合利用业	金属制品、机械和设备修理业	小计	电力、热力生产和供应业	燃气生产和供应业	水的生产和供应业	小计	房屋建筑业	土木工程建筑业
女	**86**	**76**	**1875**	**1413**	**174**	**288**	**3127**	**1677**	**309**
呼和浩特市	**4**	**9**	**124**	**90**	**13**	**21**	**177**	**105**	**17**
新城区									
回民区									
玉泉区									
赛罕区		1					1	1	
土默特左旗	2	1	20	12	3	5	59	36	5
托克托县	2	3	30	27	1	2	14	6	2
和林格尔县			19	12	3	4	16	10	
清水河县			13	6	3	4	13	12	1
武川县			20	14	2	4	6	4	1
呼和浩特经济技术开发区		4	22	19	1	2	68	36	8
包头市	**9**	**7**	**120**	**89**	**15**	**16**	**235**	**119**	**24**
东河区	1		1		1		9	6	
昆都仑区									
青山区							2		
石拐区									
白云鄂博矿区									
九原区							23	21	
土默特右旗	1		44	35	2	7	23	7	3
固阳县			12	10	1	1	15	9	2
达尔罕茂明安联合旗			7	6		1	16	9	4
包头稀土高新技术产业开发区	7	7	56	38	11	7	147	67	15
乌海市			**2**	**2**			**14**	**8**	**4**
海勃湾区							8	8	
海南区			2	2			5		3
乌达区							1		1
赤峰市	**18**	**3**	**173**	**122**	**18**	**33**	**964**	**626**	**48**
红山区	5		4	3	1		29	21	
元宝山区			3	2	1		10	10	
松山区							11	10	
阿鲁科尔沁旗	1		20	12	3	5	103	55	7
巴林左旗			22	15	2	5	144	101	
巴林右旗	1	1	20	15	1	4	56	22	11
林西县	2	1	19	12	3	4	214	142	10
克什克腾旗	2		18	10	4	4	58	37	3
翁牛特旗	3		19	11	1	7	126	85	7
喀喇沁旗	1		12	11		1	31	13	2
宁城县	3	1	13	10		3	65	49	2
敖汉旗			23	21	2		117	81	6

4-4b　续表 52　　　　单位：人

地　区 性　别	制造业		电力、热力、燃气及水生产和供应业				建筑业		
	废弃资源综合利用业	金属制品、机械和设备修理业	小计	电力、热力生产和供应业	燃气生产和供应业	水的生产和供应业	小计	房屋建筑业	土木工程建筑业
通辽市	**6**	**4**	**189**	**141**	**17**	**31**	**346**	**163**	**22**
科尔沁区							9	2	
科尔沁左翼中旗	2		15	11	1	3	18	10	
科尔沁左翼后旗		1	22	15	3	4	20	5	1
开鲁县		1	24	18	3	3	38	18	
库伦旗			13	10	1	2	24	5	1
奈曼旗		1	20	14	1	5	74	47	1
扎鲁特旗	2		28	18	3	7	47	16	2
通辽经济技术开发区	2	1	67	55	5	7	116	60	17
霍林郭勒市									
鄂尔多斯市	**15**	**35**	**499**	**371**	**56**	**72**	**440**	**199**	**85**
东胜区									
康巴什区									
达拉特旗	4		71	55	4	12	70	28	20
准格尔旗	7	4	126	106	4	16	117	53	24
鄂托克前旗			39	27	8	4	25	16	1
鄂托克旗		3	87	70	8	9	42	10	6
杭锦旗			24	17	5	2	17	3	5
乌审旗	4	1	58	35	12	11	49	28	6
伊金霍洛旗		27	94	61	15	18	120	61	23
呼伦贝尔市	**3**	**3**	**167**	**147**	**4**	**16**	**174**	**62**	**18**
海拉尔区									
扎赉诺尔区	1		1	1					
阿荣旗		1	16	11	2	3	50	26	3
莫力达瓦达斡尔族自治旗			14	11		3	25	14	1
鄂伦春自治旗			30	26		4	6		1
鄂温克族自治旗		2	73	68		5	30	10	5
陈巴尔虎旗			10	9	1		5	1	
新巴尔虎左旗	2		3	3			6	2	1
新巴尔虎右旗			5	4	1		6	1	1
满洲里市							3		3
牙克石市			11	10		1	38	6	1
扎兰屯市			1	1			2	1	
额尔古纳市			3	3					
根河市							3	1	2
巴彦淖尔市	**9**	**7**	**152**	**104**	**17**	**31**	**183**	**73**	**20**
临河区			2	2			1		
五原县	2		29	16	4	9	29	13	6
磴口县	1	1	32	16	10	6	27	12	
乌拉特前旗	1		28	21	2	5	45	24	5
乌拉特中旗			27	20	1	6	11	4	1
乌拉特后旗	5	1	17	13		4	16	4	4
杭锦后旗		5	17	16		1	54	16	4

4—4b 续表 53

单位：人

地 区 性 别	制造业		电力、热力、燃气及水生产和供应业				建筑业		
	废弃资源综合利用业	金属制品、机械和设备修理业	小计	电力、热力生产和供应业	燃气生产和供应业	水的生产和供应业	小计	房屋建筑业	土木工程建筑业
乌兰察布市	**7**	**1**	**109**	**78**	**12**	**19**	**168**	**117**	**11**
集宁区			1	1			5	2	
卓资县			20	17		3	9	8	
化德县			9	4	2	3	26	16	3
商都县		1	13	8	1	4	12	9	1
兴和县			11	6	3	2	19	15	1
凉城县			8	5	1	2	7	7	
察哈尔右翼前旗			7	5	2		58	42	1
察哈尔右翼中旗			10	9		1	6	4	1
察哈尔右翼后旗	1		11	8	1	2	12	6	2
四子王旗			19	15	2	2	13	7	2
丰镇市	6						1	1	
兴安盟	**3**	**4**	**79**	**63**	**4**	**12**	**179**	**95**	**20**
乌兰浩特市			1			1	8	6	
阿尔山市			1	1			3	2	
科尔沁右翼前旗		2	18	16		2	40	18	7
科尔沁右翼中旗	2		21	17	1	3	30	13	5
扎赉特旗	1	2	16	11	2	3	43	22	2
突泉县			22	18	1	3	55	34	6
锡林郭勒盟	**5**	**2**	**154**	**131**	**1**	**22**	**114**	**35**	**17**
二连浩特市									
锡林浩特市			3	3					
阿巴嘎旗			7	6		1	5		1
苏尼特左旗			13	13			2		
苏尼特右旗			10	8		2	8	6	
东乌珠穆沁旗	2		10	8		2	4	3	
西乌珠穆沁旗	2	1	22	17	1	4	10	2	3
太仆寺旗			6	5		1	5	3	
镶黄旗			6	5		1	12	1	10
正镶白旗		1	13	12		1	3		1
正蓝旗	1		36	34		2	5		2
多伦县			21	16		5	45	14	
乌拉盖管委会			7	4		3	15	6	
阿拉善盟	**7**	**1**	**107**	**75**	**17**	**15**	**133**	**75**	**23**
阿拉善左旗	5		64	49	8	7	103	56	18
阿拉善右旗			12	12			4	2	1
额济纳旗	1		13	8	3	2	18	11	3
内蒙古阿拉善经济开发区	1	1	18	6	6	6	8	6	1

4-4b　续表 54　　　　单位：人

地区 性别	建筑业		批发和零售业			交通运输、仓储和邮政业			
	建筑安装业	建筑装饰、装修和其他建筑业	小计	批发业	零售业	小计	铁路运输业	道路运输业	水上运输业
内蒙古	**1504**	**7362**	**37177**	**8285**	**28892**	**21837**	**1925**	**14266**	**18**
呼和浩特市	**149**	**635**	**2273**	**446**	**1827**	**1713**	**77**	**1181**	**1**
新城区		2	6	1	5	3			
回民区									
玉泉区									
赛罕区	1		5	3	2	5		3	
土默特左旗	17	203	464	65	399	354	15	237	
托克托县	66	89	378	79	299	288	9	220	
和林格尔县	20	92	308	42	266	234	12	147	
清水河县	1	20	102	27	75	157	2	131	
武川县	5	26	210	48	162	188	3	114	1
呼和浩特经济技术开发区	39	203	800	181	619	484	36	329	
包头市	**118**	**740**	**2674**	**754**	**1920**	**1888**	**188**	**1151**	**2**
东河区	8	33	197	54	143	143	15	101	
昆都仑区									
青山区		7	14	2	12	10		8	
石拐区			2		2	2		2	
白云鄂博矿区									
九原区	9	11	54	14	40	40	1	20	
土默特右旗	26	192	728	191	537	583	32	451	1
固阳县	3	13	215	39	176	435	3	149	
达尔罕茂明安联合旗	6	25	149	30	119	70	1	47	
包头稀土高新技术产业开发区	66	459	1315	424	891	605	136	373	1
乌海市	**8**	**18**	**77**	**18**	**59**	**61**	**5**	**40**	**1**
海勃湾区			20	2	18	19		13	
海南区	7	18	51	15	36	42	5	27	1
乌达区	1		6	1	5				
赤峰市	**276**	**1464**	**7071**	**1185**	**5886**	**3309**	**397**	**2096**	
红山区	4	41	130	44	86	61	5	38	
元宝山区	4	15	100	27	73	82		55	
松山区	2	17	93	11	82	44	1	36	
阿鲁科尔沁旗	23	174	631	98	533	296	41	159	
巴林左旗	34	152	1379	203	1176	526	17	397	
巴林右旗	15	101	547	73	474	535	257	140	
林西县	24	303	646	108	538	274	32	190	
克什克腾旗	25	95	456	111	345	251	21	173	
翁牛特旗	33	205	631	86	545	207	3	153	
喀喇沁旗	24	87	558	112	446	237	4	172	
宁城县	36	97	1105	159	946	482	11	366	
敖汉旗	52	177	795	153	642	314	5	217	

4−4b 续表 55

单位：人

地区 性别	建筑业		批发和零售业			交通运输、仓储和邮政业			
	建筑安装业	建筑装饰、装修和其他建筑业	小计	批发业	零售业	小计	铁路运输业	道路运输业	水上运输业
通辽市	**181**	**819**	**4977**	**1113**	**3864**	**2505**	**224**	**1455**	**3**
科尔沁区	8	35	217	57	160	83	1	46	1
科尔沁左翼中旗	15	61	625	119	506	321	15	167	
科尔沁左翼后旗	9	75	576	130	446	384	9	164	
开鲁县	30	87	748	179	569	292	35	174	
库伦旗	15	70	294	66	228	107	1	77	
奈曼旗	30	141	705	174	531	347	27	205	1
扎鲁特旗	23	161	776	173	603	440	16	311	1
通辽经济技术开发区	51	189	1036	215	821	531	120	311	
霍林郭勒市									
鄂尔多斯市	**283**	**1256**	**5731**	**1827**	**3904**	**4446**	**461**	**3245**	**2**
东胜区			5	3	2	11		11	
康巴什区									
达拉特旗	61	219	1346	361	985	1051	47	838	
准格尔旗	66	447	1236	403	833	1212	344	737	2
鄂托克前旗	9	45	301	86	215	176	14	122	
鄂托克旗	24	145	840	375	465	540	6	462	
杭锦旗	22	52	381	86	295	294	7	226	
乌审旗	28	154	581	167	414	409	5	310	
伊金霍洛旗	73	194	1041	346	695	753	38	539	
呼伦贝尔市	**88**	**458**	**2651**	**526**	**2125**	**1612**	**145**	**1006**	**1**
海拉尔区	2	1	3		3	3	1	1	
扎赉诺尔区		2	9	1	8	6	1	5	
阿荣旗	25	127	639	126	513	289	1	216	
莫力达瓦达斡尔族自治旗	11	52	375	72	303	161	1	109	
鄂伦春自治旗	4	32	368	91	277	273	49	160	
鄂温克族自治旗	10	82	447	74	373	238	19	128	1
陈巴尔虎旗	9	15	110	9	101	127	5	105	
新巴尔虎左旗	1	19	77	8	69	77	4	60	
新巴尔虎右旗	4	21	109	18	91	78		52	
满洲里市	1	2	4		4	16	6	1	
牙克石市	13	94	282	92	190	263	46	125	
扎兰屯市	6	7	151	25	126	49	3	26	
额尔古纳市	1	1	18	6	12	11		10	
根河市	1	3	59	4	55	21	9	8	
巴彦淖尔市	**152**	**537**	**3740**	**1100**	**2640**	**1839**	**58**	**1354**	**5**
临河区	3	4	89	39	50	28	2	13	
五原县	30	110	996	340	656	467	7	359	
磴口县	22	59	315	62	253	131	8	84	
乌拉特前旗	30	128	997	258	739	392	22	278	
乌拉特中旗	22	44	401	116	285	311	2	254	
乌拉特后旗	7	29	176	25	151	95	1	62	
杭锦后旗	38	163	766	260	506	415	16	304	5

4-4b 续表 56 单位：人

地区 性别	建筑业		批发和零售业			交通运输、仓储和邮政业			
	建筑安装业	建筑装饰、装修和其他建筑业	小计	批发业	零售业	小计	铁路运输业	道路运输业	水上运输业
乌兰察布市	**76**	**487**	**2352**	**366**	**1986**	**1738**	**145**	**994**	**1**
集宁区	3	23	66	5	61	52	3	26	
卓资县	5	43	163	35	128	133	25	79	
化德县	13	40	243	27	216	135	28	61	
商都县	6	65	430	65	365	319	40	132	
兴和县	7	43	225	26	199	338	7	289	
凉城县	6	44	212	22	190	108	10	67	1
察哈尔右翼前旗	24	95	257	38	219	183	19	112	
察哈尔右翼中旗	3	24	118	30	88	51		28	
察哈尔右翼后旗	4	43	232	28	204	171	11	110	
四子王旗	5	64	394	89	305	238	2	86	
丰镇市		3	12	1	11	10		4	
兴安盟	**68**	**357**	**2214**	**402**	**1812**	**859**	**81**	**550**	
乌兰浩特市	5	18	73	22	51	43	2	34	
阿尔山市		11	26	12	14	41	1	33	
科尔沁右翼前旗	17	82	469	100	369	158	25	95	
科尔沁右翼中旗	23	74	507	125	382	226	38	125	
扎赉特旗	19	98	579	64	515	223	9	145	
突泉县	4	74	560	79	481	168	6	118	
锡林郭勒盟	**67**	**384**	**2138**	**361**	**1777**	**1164**	**94**	**662**	**2**
二连浩特市	1	1	11	11		2			
锡林浩特市		2	14	7	7	14		14	
阿巴嘎旗	7	18	110	8	102	78	9	32	
苏尼特左旗	1	11	85	7	78	58	1	22	
苏尼特右旗	4	23	254	45	209	199	30	103	
东乌珠穆沁旗	12	20	240	44	196	124	3	88	
西乌珠穆沁旗	6	38	346	49	297	174	2	93	
太仆寺旗	10	40	183	34	149	93	5	63	1
镶黄旗	1	8	94	17	77	32		17	
正镶白旗	1	16	135	30	105	66	14	34	
正蓝旗	2	16	176	20	156	91	23	51	1
多伦县	19	154	410	73	337	166	2	112	
乌拉盖管委会	3	37	80	16	64	67	5	33	
阿拉善盟	**38**	**207**	**1279**	**187**	**1092**	**703**	**50**	**532**	
阿拉善左旗	20	167	968	113	855	488	8	388	
阿拉善右旗	3	8	97	22	75	57		46	
额济纳旗		25	127	19	108	99	41	45	
内蒙古阿拉善经济开发区	15	7	87	33	54	59	1	53	

4-4b 续表 57

单位：人

地区 性别	建筑业		批发和零售业			交通运输、仓储和邮政业			
	建筑安装业	建筑装饰、装修和其他建筑业	小计	批发业	零售业	小计	铁路运输业	道路运输业	水上运输业
男	**1387**	**6338**	**18202**	**5522**	**12680**	**19010**	**1639**	**12845**	**14**
呼和浩特市	**142**	**587**	**1175**	**290**	**885**	**1529**	**62**	**1104**	
新城区		2	4	1	3	3			
回民区									
玉泉区									
赛罕区	1		2	1	1	4		3	
土默特左旗	16	186	235	36	199	315	14	221	
托克托县	63	86	213	62	151	267	6	210	
和林格尔县	20	86	127	26	101	209	11	138	
清水河县	1	20	55	20	35	150	2	129	
武川县	5	25	110	32	78	174	2	108	
呼和浩特经济技术开发区	36	182	429	112	317	407	27	295	
包头市	**108**	**658**	**1381**	**497**	**884**	**1664**	**152**	**1065**	**2**
东河区	8	30	100	33	67	127	12	92	
昆都仑区									
青山区		5	4	1	3	9		8	
石拐区						1		1	
白云鄂博矿区									
九原区	9	9	29	10	19	35		19	
土默特右旗	23	182	349	127	222	546	29	439	1
固阳县	3	9	105	29	76	376	1	136	
达尔罕茂明安联合旗	5	23	65	13	52	65	1	46	
包头稀土高新技术产业开发区	60	400	729	284	445	505	109	324	1
乌海市	**7**	**17**	**43**	**11**	**32**	**58**	**5**	**39**	**1**
海勃湾区			8	1	7	17		13	
海南区	6	17	30	9	21	41	5	26	1
乌达区	1		5	1	4				
赤峰市	**255**	**1195**	**3110**	**720**	**2390**	**2845**	**337**	**1860**	
红山区	3	34	60	23	37	52	3	33	
元宝山区	4	15	53	18	35	71		52	
松山区	2	16	51	8	43	41		36	
阿鲁科尔沁旗	21	135	302	65	237	263	33	152	
巴林左旗	28	115	473	109	364	450	15	352	
巴林右旗	15	78	264	50	214	457	219	120	
林西县	19	246	328	65	263	242	27	171	
克什克腾旗	22	80	209	69	140	215	19	147	
翁牛特旗	31	173	289	52	237	173	3	134	
喀喇沁旗	24	71	261	69	192	203	4	148	
宁城县	36	83	459	97	362	414	9	323	
敖汉旗	50	149	361	95	266	264	5	192	

4-4b　续表 58　　　　　　　　　　　　　　　　　　　　　　　　单位：人

地　区 性　别	建筑业		批发和零售业			交通运输、仓储和邮政业			
	建　筑 安装业	建筑装 饰、装修 和其他 建筑业	小计	批发业	零售业	小计	铁　路 运输业	道　路 运输业	水　上 运输业
通辽市	**159**	**680**	**2249**	**684**	**1565**	**2136**	**196**	**1270**	**3**
科尔沁区	7	29	103	33	70	73	1	45	1
科尔沁左翼中旗	15	53	288	75	213	279	13	147	
科尔沁左翼后旗	9	61	258	78	180	317	9	138	
开鲁县	27	70	309	110	199	252	32	151	
库伦旗	10	57	142	45	97	97	1	69	
奈曼旗	27	118	304	102	202	301	23	184	1
扎鲁特旗	21	134	347	118	229	380	15	269	1
通辽经济技术开发区	43	158	498	123	375	437	102	267	
霍林郭勒市									
鄂尔多斯市	**258**	**1125**	**3096**	**1316**	**1780**	**3889**	**392**	**2925**	**2**
东胜区			3	2	1	6		6	
康巴什区									
达拉特旗	57	201	688	264	424	947	42	768	
准格尔旗	56	417	698	299	399	1093	300	689	2
鄂托克前旗	8	38	153	54	99	146	6	109	
鄂托克旗	21	122	486	279	207	484	6	419	
杭锦旗	22	43	189	57	132	248	5	190	
乌审旗	25	142	283	111	172	333	4	267	
伊金霍洛旗	69	162	596	250	346	632	29	477	
呼伦贝尔市	**81**	**371**	**1278**	**363**	**915**	**1375**	**124**	**881**	**1**
海拉尔区	2	1	2		2	3	1	1	
扎赉诺尔区		2	4	1	3	5	1	4	
阿荣旗	23	108	275	81	194	262	1	199	
莫力达瓦达斡尔族自治旗	11	42	181	45	136	138	1	101	
鄂伦春自治旗	4	27	186	66	120	226	35	139	
鄂温克族自治旗	9	68	225	61	164	180	17	95	1
陈巴尔虎旗	8	12	47	6	41	111	4	96	
新巴尔虎左旗	1	16	35	3	32	66	2	51	
新巴尔虎右旗	3	18	49	9	40	66		44	
满洲里市	1	2	2		2	14	6	1	
牙克石市	12	64	156	67	89	230	45	107	
扎兰屯市	5	7	75	15	60	44	3	26	
额尔古纳市	1	1	11	5	6	10		9	
根河市	1	3	30	4	26	20	8	8	
巴彦淖尔市	**143**	**456**	**1903**	**773**	**1130**	**1630**	**50**	**1243**	**2**
临河区	3	3	49	26	23	25	1	12	
五原县	30	100	537	262	275	424	5	331	
磴口县	20	46	153	42	111	112	6	75	
乌拉特前旗	28	114	478	168	310	360	21	261	
乌拉特中旗	22	38	203	83	120	264	2	224	
乌拉特后旗	6	22	82	16	66	86	1	59	
杭锦后旗	34	133	401	176	225	359	14	281	2

4-4b 续表 59 单位：人

地区 性别	建筑业		批发和零售业			交通运输、仓储和邮政业			
	建筑安装业	建筑装饰、装修和其他建筑业	小计	批发业	零售业	小计	铁路运输业	道路运输业	水上运输业
乌兰察布市	**70**	**453**	**1269**	**260**	**1009**	**1550**	**121**	**927**	**1**
集宁区	2	21	33	5	28	47	2	25	
卓资县	5	42	92	21	71	112	22	72	
化德县	11	35	132	19	113	113	19	56	
商都县	6	63	216	51	165	282	36	122	
兴和县	6	41	140	21	119	317	7	276	
凉城县	6	44	114	16	98	96	9	63	1
察哈尔右翼前旗	22	82	132	22	110	162	16	99	
察哈尔右翼中旗	3	23	71	22	49	47		26	
察哈尔右翼后旗	4	39	117	19	98	156	9	102	
四子王旗	5	60	214	64	150	213	1	83	
丰镇市		3	8		8	5		3	
兴安盟	**66**	**295**	**1080**	**268**	**812**	**728**	**71**	**480**	
乌兰浩特市	5	16	36	15	21	40	2	32	
阿尔山市		10	17	10	7	31	1	24	
科尔沁右翼前旗	16	68	247	68	179	141	25	85	
科尔沁右翼中旗	22	63	231	80	151	193	36	105	
扎赉特旗	19	79	271	42	229	185	2	129	
突泉县	4	59	278	53	225	138	5	105	
锡林郭勒盟	**61**	**328**	**1030**	**222**	**808**	**1002**	**82**	**586**	**2**
二连浩特市	1	1	9	9		1			
锡林浩特市		2	8	5	3	14		14	
阿巴嘎旗	6	15	59	6	53	71	9	31	
苏尼特左旗	1	9	42	6	36	54	1	21	
苏尼特右旗	4	21	128	24	104	172	28	87	
东乌珠穆沁旗	11	20	111	28	83	108		80	
西乌珠穆沁旗	6	33	146	28	118	144	2	80	
太仆寺旗	9	39	97	20	77	78	3	53	1
镶黄旗	1	7	45	9	36	24		14	
正镶白旗	1	14	72	18	54	59	12	30	
正蓝旗	2	13	82	13	69	84	22	45	1
多伦县	17	125	189	43	146	136		100	
乌拉盖管委会	2	29	42	13	29	57	5	31	
阿拉善盟	**37**	**173**	**588**	**118**	**470**	**604**	**47**	**465**	
阿拉善左旗	19	139	438	71	367	412	6	335	
阿拉善右旗	3	7	44	13	31	51		43	
额济纳旗		21	56	12	44	90	40	40	
内蒙古阿拉善经济开发区	15	6	50	22	28	51	1	47	

4-4b 续表 60 单位：人

地区 性别	建筑业		批发和零售业			交通运输、仓储和邮政业			
	建筑安装业	建筑装饰、装修和其他建筑业	小计	批发业	零售业	小计	铁路运输业	道路运输业	水上运输业
女	**117**	**1024**	**18975**	**2763**	**16212**	**2827**	**286**	**1421**	**4**
呼和浩特市	**7**	**48**	**1098**	**156**	**942**	**184**	**15**	**77**	**1**
新城区			2		2				
回民区									
玉泉区									
赛罕区			3	2	1	1			
土默特左旗	1	17	229	29	200	39	1	16	
托克托县	3	3	165	17	148	21	3	10	
和林格尔县		6	181	16	165	25	1	9	
清水河县			47	7	40	7		2	
武川县		1	100	16	84	14	1	6	1
呼和浩特经济技术开发区	3	21	371	69	302	77	9	34	
包头市	**10**	**82**	**1293**	**257**	**1036**	**224**	**36**	**86**	
东河区		3	97	21	76	16	3	9	
昆都仑区									
青山区		2	10	1	9	1			
石拐区			2		2	1		1	
白云鄂博矿区									
九原区		2	25	4	21	5	1	1	
土默特右旗	3	10	379	64	315	37	3	12	
固阳县		4	110	10	100	59	2	13	
达尔罕茂明安联合旗	1	2	84	17	67	5		1	
包头稀土高新技术产业开发区	6	59	586	140	446	100	27	49	
乌海市	**1**	**1**	**34**	**7**	**27**	**3**		**1**	
海勃湾区			12	1	11	2			
海南区	1	1	21	6	15	1		1	
乌达区			1		1				
赤峰市	**21**	**269**	**3961**	**465**	**3496**	**464**	**60**	**236**	
红山区	1	7	70	21	49	9	2	5	
元宝山区			47	9	38	11		3	
松山区		1	42	3	39	3	1		
阿鲁科尔沁旗	2	39	329	33	296	33	8	7	
巴林左旗	6	37	906	94	812	76	2	45	
巴林右旗		23	283	23	260	78	38	20	
林西县	5	57	318	43	275	32	5	19	
克什克腾旗	3	15	247	42	205	36	2	26	
翁牛特旗	2	32	342	34	308	34		19	
喀喇沁旗		16	297	43	254	34		24	
宁城县		14	646	62	584	68	2	43	
敖汉旗	2	28	434	58	376	50		25	

4-4b 续表 61

单位：人

地区 性别	建筑业		批发和零售业			交通运输、仓储和邮政业			
	建筑安装业	建筑装饰、装修和其他建筑业	小计	批发业	零售业	小计	铁路运输业	道路运输业	水上运输业
通辽市	**22**	**139**	**2728**	**429**	**2299**	**369**	**28**	**185**	
科尔沁区	1	6	114	24	90	10		1	
科尔沁左翼中旗		8	337	44	293	42	2	20	
科尔沁左翼后旗		14	318	52	266	67		26	
开鲁县	3	17	439	69	370	40	3	23	
库伦旗	5	13	152	21	131	10		8	
奈曼旗	3	23	401	72	329	46	4	21	
扎鲁特旗	2	27	429	55	374	60	1	42	
通辽经济技术开发区	8	31	538	92	446	94	18	44	
霍林郭勒市									
鄂尔多斯市	**25**	**131**	**2635**	**511**	**2124**	**557**	**69**	**320**	
东胜区			2	1	1	5		5	
康巴什区									
达拉特旗	4	18	658	97	561	104	5	70	
准格尔旗	10	30	538	104	434	119	44	48	
鄂托克前旗	1	7	148	32	116	30	8	13	
鄂托克旗	3	23	354	96	258	56		43	
杭锦旗		9	192	29	163	46	2	36	
乌审旗	3	12	298	56	242	76	1	43	
伊金霍洛旗	4	32	445	96	349	121	9	62	
呼伦贝尔市	**7**	**87**	**1373**	**163**	**1210**	**237**	**21**	**125**	
海拉尔区			1		1				
扎赉诺尔区			5		5	1		1	
阿荣旗	2	19	364	45	319	27		17	
莫力达瓦达斡尔族自治旗		10	194	27	167	23		8	
鄂伦春自治旗		5	182	25	157	47	14	21	
鄂温克族自治旗	1	14	222	13	209	58	2	33	
陈巴尔虎旗	1	3	63	3	60	16	1	9	
新巴尔虎左旗		3	42	5	37	11	2	9	
新巴尔虎右旗	1	3	60	9	51	12		8	
满洲里市			2		2	2			
牙克石市	1	30	126	25	101	33	1	18	
扎兰屯市	1		76	10	66	5			
额尔古纳市			7	1	6	1		1	
根河市			29		29	1	1		
巴彦淖尔市	**9**	**81**	**1837**	**327**	**1510**	**209**	**8**	**111**	**3**
临河区		1	40	13	27	3	1	1	
五原县		10	459	78	381	43	2	28	
磴口县	2	13	162	20	142	19	2	9	
乌拉特前旗	2	14	519	90	429	32	1	17	
乌拉特中旗		6	198	33	165	47		30	
乌拉特后旗	1	7	94	9	85	9		3	
杭锦后旗	4	30	365	84	281	56	2	23	3

4-4b　续表 62　　　　单位：人

地区 性别	建筑业		批发和零售业			交通运输、仓储和邮政业			
	建筑安装业	建筑装饰、装修和其他建筑业	小计	批发业	零售业	小计	铁路运输业	道路运输业	水上运输业
乌兰察布市	**6**	**34**	**1083**	**106**	**977**	**188**	**24**	**67**	
集宁区	1	2	33		33	5	1	1	
卓资县		1	71	14	57	21	3	7	
化德县	2	5	111	8	103	22	9	5	
商都县		2	214	14	200	37	4	10	
兴和县	1	2	85	5	80	21		13	
凉城县			98	6	92	12	1	4	
察哈尔右翼前旗	2	13	125	16	109	21	3	13	
察哈尔右翼中旗		1	47	8	39	4		2	
察哈尔右翼后旗		4	115	9	106	15	2	8	
四子王旗		4	180	25	155	25	1	3	
丰镇市			4	1	3	5		1	
兴安盟	**2**	**62**	**1134**	**134**	**1000**	**131**	**10**	**70**	
乌兰浩特市		2	37	7	30	3		2	
阿尔山市		1	9	2	7	10		9	
科尔沁右翼前旗	1	14	222	32	190	17		10	
科尔沁右翼中旗	1	11	276	45	231	33	2	20	
扎赉特旗		19	308	22	286	38	7	16	
突泉县		15	282	26	256	30	1	13	
锡林郭勒盟	**6**	**56**	**1108**	**139**	**969**	**162**	**12**	**76**	
二连浩特市			2	2		1			
锡林浩特市			6	2	4				
阿巴嘎旗	1	3	51	2	49	7		1	
苏尼特左旗		2	43	1	42	4		1	
苏尼特右旗		2	126	21	105	27	2	16	
东乌珠穆沁旗	1		129	16	113	16	3	8	
西乌珠穆沁旗		5	200	21	179	30		13	
太仆寺旗	1	1	86	14	72	15	2	10	
镶黄旗		1	49	8	41	8		3	
正镶白旗		2	63	12	51	7	2	4	
正蓝旗		3	94	7	87	7	1	6	
多伦县	2	29	221	30	191	30	2	12	
乌拉盖管委会	1	8	38	3	35	10		2	
阿拉善盟	**1**	**34**	**691**	**69**	**622**	**99**	**3**	**67**	
阿拉善左旗	1	28	530	42	488	76	2	53	
阿拉善右旗		1	53	9	44	6		3	
额济纳旗		4	71	7	64	9	1	5	
内蒙古阿拉善经济开发区		1	37	11	26	8		6	

4-4b 续表 63 单位：人

地区 性别	交通运输、仓储和邮政业					住宿和餐饮业		
	航空运输业	管道运输业	多式联运和运输代理业	装卸搬运和仓储业	邮政业	小计	住宿业	餐饮业
内蒙古	**209**	**9**	**163**	**3540**	**1707**	**16517**	**1923**	**14594**
呼和浩特市	**19**		**10**	**244**	**181**	**1135**	**84**	**1051**
新城区				1	2	8		8
回民区								
玉泉区								
赛罕区					2	1		1
土默特左旗			1	53	48	219	8	211
托克托县				44	15	175	20	155
和林格尔县	1		2	44	28	196	25	171
清水河县				19	5	71	5	66
武川县	1			62	7	125	5	120
呼和浩特经济技术开发区	17		7	21	74	340	21	319
包头市	**14**		**30**	**404**	**99**	**1115**	**96**	**1019**
东河区	2			18	7	58	4	54
昆都仑区								
青山区					2	3		3
石拐区						1		1
白云鄂博矿区								
九原区			1	17	1	16	3	13
土默特右旗	2		20	50	27	304	21	283
固阳县				274	9	126	5	121
达尔罕茂明安联合旗			1	9	12	89	11	78
包头稀土高新技术产业开发区	10		8	36	41	518	52	466
乌海市	**4**			**9**	**2**	**38**	**1**	**37**
海勃湾区	4				2	10		10
海南区				9		26	1	25
乌达区						2		2
赤峰市	**13**	**1**	**26**	**464**	**312**	**2518**	**333**	**2185**
红山区			1	9	8	38		38
元宝山区				19	8	25	2	23
松山区	1			4	2	47	4	43
阿鲁科尔沁旗	3		2	71	20	227	39	188
巴林左旗			3	50	59	460	49	411
巴林右旗	1		2	110	25	251	76	175
林西县			1	27	24	194	27	167
克什克腾旗			7	31	19	229	32	197
翁牛特旗		1	1	18	31	219	26	193
喀喇沁旗				21	40	219	30	189
宁城县	2		6	53	44	291	17	274
敖汉旗	6		3	51	32	318	31	287

4-4b　续表 64　　　　单位：人

地区 性别	交通运输、仓储和邮政业					住宿和餐饮业		
	航空运输业	管道运输业	多式联运和运输代理业	装卸搬运和仓储业	邮政业	小计	住宿业	餐饮业
通辽市	**5**	**1**	**11**	**570**	**236**	**1940**	**248**	**1692**
科尔沁区			1	17	17	84	7	77
科尔沁左翼中旗	1			103	35	281	20	261
科尔沁左翼后旗			2	189	20	257	54	203
开鲁县		1	6	43	33	262	26	236
库伦旗				14	15	141	19	122
奈曼旗	1			80	33	273	39	234
扎鲁特旗				81	31	302	45	257
通辽经济技术开发区	3		2	43	52	340	38	302
霍林郭勒市								
鄂尔多斯市	**89**	**4**	**30**	**419**	**196**	**2610**	**238**	**2372**
东胜区						6		6
康巴什区								
达拉特旗	4		10	112	40	521	27	494
准格尔旗	4		9	63	53	573	36	537
鄂托克前旗	21	2	1	3	13	162	22	140
鄂托克旗	1		2	48	21	373	43	330
杭锦旗			1	50	10	185	25	160
乌审旗			5	70	19	294	35	259
伊金霍洛旗	59	2	2	73	40	496	50	446
呼伦贝尔市	**12**	**1**	**14**	**275**	**158**	**1415**	**189**	**1226**
海拉尔区					1	8	1	7
扎赉诺尔区						4	1	3
阿荣旗				45	27	243	22	221
莫力达瓦达斡尔族自治旗	3			29	19	151	15	136
鄂伦春自治旗				35	29	191	34	157
鄂温克族自治旗	7			45	38	246	40	206
陈巴尔虎旗	1		1		15	76	7	69
新巴尔虎左旗			1	10	2	56	8	48
新巴尔虎右旗		1	1	20	4	97	16	81
满洲里市	1			8		3	2	1
牙克石市			10	66	16	178	20	158
扎兰屯市			1	14	5	106	3	103
额尔古纳市				1		17	4	13
根河市				2	2	39	16	23
巴彦淖尔市	**22**	**1**	**22**	**231**	**146**	**1505**	**136**	**1369**
临河区				11	2	41	4	37
五原县	3		3	69	26	274	32	242
磴口县			5	15	19	139	13	126
乌拉特前旗	3		8	49	32	423	35	388
乌拉特中旗			2	33	20	191	23	168
乌拉特后旗				21	11	91	6	85
杭锦后旗	16	1	4	33	36	346	23	323

4-4b 续表 65

单位：人

地区 性别	交通运输、仓储和邮政业					住宿和餐饮业		
	航空运输业	管道运输业	多式联运和运输代理业	装卸搬运和仓储业	邮政业	小计	住宿业	餐饮业
乌兰察布市			**4**	**473**	**121**	**1198**	**131**	**1067**
集宁区				18	5	35	1	34
卓资县				14	15	106	5	101
化德县				30	16	135	16	119
商都县				124	23	179	22	157
兴和县				32	10	114	10	104
凉城县				20	10	94	11	83
察哈尔右翼前旗				43	9	158	31	127
察哈尔右翼中旗			1	18	4	43	6	37
察哈尔右翼后旗				38	12	144	7	137
四子王旗			3	130	17	180	22	158
丰镇市				6		10		10
兴安盟	**9**		**7**	**119**	**93**	**1078**	**142**	**936**
乌兰浩特市				3	4	33	2	31
阿尔山市	2			2	3	22	1	21
科尔沁右翼前旗	6		3	7	22	228	39	189
科尔沁右翼中旗	1		3	40	19	294	44	250
扎赉特旗			1	49	19	298	36	262
突泉县				18	26	203	20	183
锡林郭勒盟	**7**	**1**	**5**	**294**	**99**	**1165**	**193**	**972**
二连浩特市				2		2		2
锡林浩特市						11	1	10
阿巴嘎旗				30	7	55	8	47
苏尼特左旗				25	10	46	5	41
苏尼特右旗				53	13	159	21	138
东乌珠穆沁旗				23	10	108	31	77
西乌珠穆沁旗			1	67	11	150	26	124
太仆寺旗	1		1	15	7	83	17	66
镶黄旗	4		2	4	5	66	7	59
正镶白旗				13	5	72	11	61
正蓝旗			1	7	8	93	15	78
多伦县	1	1		29	21	251	42	209
乌拉盖管委会	1			26	2	69	9	60
阿拉善盟	**15**		**4**	**38**	**64**	**800**	**132**	**668**
阿拉善左旗	11		3	26	52	549	71	478
阿拉善右旗	2			5	4	53	10	43
额济纳旗	2		1	4	6	122	36	86
内蒙古阿拉善经济开发区				3	2	76	15	61

4-4b　续表 66　　单位：人

地区 性别	交通运输、仓储和邮政业					住宿和餐饮业		
	航空运输业	管道运输业	多式联运和运输代理业	装卸搬运和仓储业	邮政业	小计	住宿业	餐饮业
男	**131**	**9**	**131**	**3079**	**1162**	**7412**	**679**	**6733**
呼和浩特市	**11**		**6**	**217**	**129**	**548**	**29**	**519**
新城区				1	2	4		4
回民区								
玉泉区								
赛罕区					1			
土默特左旗			1	42	37	97	2	95
托克托县				41	10	74	6	68
和林格尔县	1		2	41	16	93	10	83
清水河县				16	3	32		32
武川县	1			57	6	55	3	52
呼和浩特经济技术开发区	9		3	19	54	193	8	185
包头市	**8**		**24**	**348**	**65**	**546**	**34**	**512**
东河区	2			15	6	25	1	24
昆都仑区								
青山区					1	1		1
石拐区						1		1
白云鄂博矿区								
九原区			1	14	1	7	1	6
土默特右旗	1		15	45	16	159	6	153
固阳县				231	8	66	3	63
达尔罕茂明安联合旗			1	9	8	40	4	36
包头稀土高新技术产业开发区	5		7	34	25	247	19	228
乌海市	**3**			**9**	**1**	**14**		**14**
海勃湾区	3				1	5		5
海南区				9		8		8
乌达区						1		1
赤峰市	**6**	**1**	**20**	**410**	**211**	**1083**	**125**	**958**
红山区			1	8	7	18		18
元宝山区				17	2	11	1	10
松山区				4	1	21	2	19
阿鲁科尔沁旗	1			63	14	103	15	88
巴林左旗			3	36	44	172	17	155
巴林右旗			2	99	17	114	25	89
林西县			1	25	18	73	10	63
克什克腾旗			6	29	14	91	9	82
翁牛特旗		1	1	15	19	94	13	81
喀喇沁旗				20	31	106	13	93
宁城县	1		5	47	29	135	6	129
敖汉旗	4		1	47	15	145	14	131

4-4b 续表 67

单位：人

地区 性别	交通运输、仓储和邮政业					住宿和餐饮业		
	航空运输业	管道运输业	多式联运和运输代理业	装卸搬运和仓储业	邮政业	小计	住宿业	餐饮业
通辽市	**1**	**1**	**8**	**486**	**171**	**906**	**87**	**819**
科尔沁区			1	14	11	31		31
科尔沁左翼中旗				96	23	128	6	122
科尔沁左翼后旗			2	155	13	125	23	102
开鲁县		1	3	40	25	130	9	121
库伦旗				13	14	67	8	59
奈曼旗				67	26	115	13	102
扎鲁特旗				73	22	139	19	120
通辽经济技术开发区	1		2	28	37	171	9	162
霍林郭勒市								
鄂尔多斯市	**60**	**4**	**28**	**358**	**120**	**1191**	**99**	**1092**
东胜区						5		5
康巴什区								
达拉特旗	2		9	105	21	235	11	224
准格尔旗	1		9	56	36	256	16	240
鄂托克前旗	21	2	1	2	5	69	4	65
鄂托克旗			1	44	14	160	23	137
杭锦旗			1	45	7	88	7	81
乌审旗			5	46	11	121	14	107
伊金霍洛旗	36	2	2	60	26	257	24	233
呼伦贝尔市	**8**	**1**	**12**	**230**	**118**	**595**	**65**	**530**
海拉尔区					1	4	1	3
扎赉诺尔区						1		1
阿荣旗				38	24	106	7	99
莫力达瓦达斡尔族自治旗	2			21	13	66	4	62
鄂伦春自治旗				32	20	73	9	64
鄂温克族自治旗	5			36	26	94	9	85
陈巴尔虎旗	1		1		9	29	2	27
新巴尔虎左旗			1	10	2	24	4	20
新巴尔虎右旗		1	1	16	4	46	4	42
满洲里市				7		2	1	1
牙克石市			9	55	14	77	10	67
扎兰屯市				12	3	49	2	47
额尔古纳市				1		7	3	4
根河市				2	2	17	9	8
巴彦淖尔市	**11**	**1**	**17**	**215**	**91**	**641**	**35**	**606**
临河区				10	2	15	3	12
五原县	3		1	65	19	119	7	112
磴口县			4	14	13	56	1	55
乌拉特前旗	2		7	46	23	184	7	177
乌拉特中旗			1	30	7	73	6	67
乌拉特后旗				20	6	38	3	35
杭锦后旗	6	1	4	30	21	156	8	148

4-4b　续表 68

单位：人

地　区 性　别	交通运输、仓储和邮政业					住宿和餐饮业		
	航　空 运输业	管　道 运输业	多式联运 和运输 代理业	装卸搬运 和仓储业	邮政业	小计	住宿业	餐饮业
乌兰察布市			**4**	**416**	**81**	**558**	**56**	**502**
集宁区				17	3	14		14
卓资县				11	7	51	2	49
化德县				26	12	55	3	52
商都县				107	17	74	8	66
兴和县				27	7	60	5	55
凉城县				18	5	48	4	44
察哈尔右翼前旗				41	6	82	18	64
察哈尔右翼中旗			1	18	2	22	3	19
察哈尔右翼后旗				38	7	63	2	61
四子王旗			3	111	15	84	11	73
丰镇市				2		5		5
兴安盟	**6**		**5**	**103**	**63**	**464**	**43**	**421**
乌兰浩特市				3	3	15		15
阿尔山市	2			2	2	8	1	7
科尔沁右翼前旗	3		1	7	20	100	12	88
科尔沁右翼中旗	1		3	35	13	118	11	107
扎赉特旗			1	41	12	136	11	125
突泉县				15	13	87	8	79
锡林郭勒盟	**5**	**1**	**4**	**254**	**68**	**509**	**70**	**439**
二连浩特市				1		1		1
锡林浩特市						4		4
阿巴嘎旗				28	3	21	2	19
苏尼特左旗				24	8	21	2	19
苏尼特右旗				47	10	73	8	65
东乌珠穆沁旗				21	7	42	9	33
西乌珠穆沁旗			1	54	7	71	9	62
太仆寺旗	1		1	14	5	40	6	34
镶黄旗	2		1	3	4	29	4	25
正镶白旗				13	4	32	3	29
正蓝旗			1	7	8	40	5	35
多伦县	1	1		24	10	102	16	86
乌拉盖管委会	1			18	2	33	6	27
阿拉善盟	**12**		**3**	**33**	**44**	**357**	**36**	**321**
阿拉善左旗	8		2	24	37	251	17	234
阿拉善右旗	2			4	2	23	5	18
额济纳旗	2		1	3	4	63	12	51
内蒙古阿拉善经济开发区				2	1	20	2	18

4-4b 续表 69

单位：人

地区 性别	交通运输、仓储和邮政业					住宿和餐饮业		
	航空运输业	管道运输业	多式联运和运输代理业	装卸搬运和仓储业	邮政业	小计	住宿业	餐饮业
女	**78**		**32**	**461**	**545**	**9105**	**1244**	**7861**
呼和浩特市	**8**		**4**	**27**	**52**	**587**	**55**	**532**
新城区						4		4
回民区								
玉泉区								
赛罕区					1	1		1
土默特左旗				11	11	122	6	116
托克托县				3	5	101	14	87
和林格尔县				3	12	103	15	88
清水河县				3	2	39	5	34
武川县				5	1	70	2	68
呼和浩特经济技术开发区	8		4	2	20	147	13	134
包头市	**6**		**6**	**56**	**34**	**569**	**62**	**507**
东河区				3	1	33	3	30
昆都仑区								
青山区					1	2		2
石拐区								
白云鄂博矿区								
九原区				3		9	2	7
土默特右旗	1		5	5	11	145	15	130
固阳县				43	1	60	2	58
达尔罕茂明安联合旗					4	49	7	42
包头稀土高新技术产业开发区	5		1	2	16	271	33	238
乌海市	**1**				**1**	**24**	**1**	**23**
海勃湾区	1				1	5		5
海南区						18	1	17
乌达区						1		1
赤峰市	**7**		**6**	**54**	**101**	**1435**	**208**	**1227**
红山区				1	1	20		20
元宝山区				2	6	14	1	13
松山区	1				1	26	2	24
阿鲁科尔沁旗	2		2	8	6	124	24	100
巴林左旗				14	15	288	32	256
巴林右旗	1			11	8	137	51	86
林西县				2	6	121	17	104
克什克腾旗			1	2	5	138	23	115
翁牛特旗				3	12	125	13	112
喀喇沁旗				1	9	113	17	96
宁城县	1		1	6	15	156	11	145
敖汉旗	2		2	4	17	173	17	156

4-4b 续表 70

单位：人

地区 性别	交通运输、仓储和邮政业					住宿和餐饮业		
	航空运输业	管道运输业	多式联运和运输代理业	装卸搬运和仓储业	邮政业	小计	住宿业	餐饮业
通辽市	**4**		**3**	**84**	**65**	**1034**	**161**	**873**
科尔沁区				3	6	53	7	46
科尔沁左翼中旗	1			7	12	153	14	139
科尔沁左翼后旗				34	7	132	31	101
开鲁县			3	3	8	132	17	115
库伦旗				1	1	74	11	63
奈曼旗	1			13	7	158	26	132
扎鲁特旗				8	9	163	26	137
通辽经济技术开发区	2			15	15	169	29	140
霍林郭勒市								
鄂尔多斯市	**29**		**2**	**61**	**76**	**1419**	**139**	**1280**
东胜区						1		1
康巴什区								
达拉特旗	2		1	7	19	286	16	270
准格尔旗	3			7	17	317	20	297
鄂托克前旗				1	8	93	18	75
鄂托克旗	1		1	4	7	213	20	193
杭锦旗				5	3	97	18	79
乌审旗				24	8	173	21	152
伊金霍洛旗	23			13	14	239	26	213
呼伦贝尔市	**4**		**2**	**45**	**40**	**820**	**124**	**696**
海拉尔区						4		4
扎赉诺尔区						3	1	2
阿荣旗				7	3	137	15	122
莫力达瓦达斡尔族自治旗	1			8	6	85	11	74
鄂伦春自治旗				3	9	118	25	93
鄂温克族自治旗	2			9	12	152	31	121
陈巴尔虎旗					6	47	5	42
新巴尔虎左旗						32	4	28
新巴尔虎右旗				4		51	12	39
满洲里市	1			1		1	1	
牙克石市			1	11	2	101	10	91
扎兰屯市			1	2	2	57	1	56
额尔古纳市						10	1	9
根河市						22	7	15
巴彦淖尔市	**11**		**5**	**16**	**55**	**864**	**101**	**763**
临河区				1		26	1	25
五原县			2	4	7	155	25	130
磴口县			1	1	6	83	12	71
乌拉特前旗	1		1	3	9	239	28	211
乌拉特中旗			1	3	13	118	17	101
乌拉特后旗				1	5	53	3	50
杭锦后旗	10			3	15	190	15	175

4-4b 续表 71

单位：人

地区 性别	交通运输、仓储和邮政业					住宿和餐饮业		
	航空运输业	管道运输业	多式联运和运输代理业	装卸搬运和仓储业	邮政业	小计	住宿业	餐饮业
乌兰察布市				**57**	**40**	**640**	**75**	**565**
集宁区				1	2	21	1	20
卓资县				3	8	55	3	52
化德县				4	4	80	13	67
商都县				17	6	105	14	91
兴和县				5	3	54	5	49
凉城县				2	5	46	7	39
察哈尔右翼前旗				2	3	76	13	63
察哈尔右翼中旗					2	21	3	18
察哈尔右翼后旗					5	81	5	76
四子王旗				19	2	96	11	85
丰镇市				4		5		5
兴安盟	**3**		**2**	**16**	**30**	**614**	**99**	**515**
乌兰浩特市					1	18	2	16
阿尔山市					1	14		14
科尔沁右翼前旗	3		2		2	128	27	101
科尔沁右翼中旗				5	6	176	33	143
扎赉特旗				8	7	162	25	137
突泉县				3	13	116	12	104
锡林郭勒盟	**2**		**1**	**40**	**31**	**656**	**123**	**533**
二连浩特市				1		1		1
锡林浩特市						7	1	6
阿巴嘎旗				2	4	34	6	28
苏尼特左旗				1	2	25	3	22
苏尼特右旗				6	3	86	13	73
东乌珠穆沁旗				2	3	66	22	44
西乌珠穆沁旗				13	4	79	17	62
太仆寺旗				1	2	43	11	32
镶黄旗	2		1	1	1	37	3	34
正镶白旗					1	40	8	32
正蓝旗						53	10	43
多伦县				5	11	149	26	123
乌拉盖管委会				8		36	3	33
阿拉善盟	**3**		**1**	**5**	**20**	**443**	**96**	**347**
阿拉善左旗	3		1	2	15	298	54	244
阿拉善右旗				1	2	30	5	25
额济纳旗				1	2	59	24	35
内蒙古阿拉善经济开发区				1	1	56	13	43

4-4b 续表 72

单位：人

地区 性别	信息传输、软件和信息技术服务业				金融业				
	小计	电信、广播电视和卫星传输服务	互联网和相关服务	软件和信息技术服务业	小计	货币金融服务	资本市场服务	保险业	其他金融业
内蒙古	**3027**	**1786**	**606**	**635**	**6238**	**3994**	**99**	**1944**	**201**
呼和浩特市	**289**	**139**	**80**	**70**	**494**	**307**	**19**	**151**	**17**
新城区	2	1		1	1			1	
回民区									
玉泉区									
赛罕区					1	1			
土默特左旗	61	25	26	10	82	49	1	27	5
托克托县	26	24	2		72	51		21	
和林格尔县	58	33	12	13	66	49		14	3
清水河县	16	13	3		37	31		6	
武川县	27	15	9	3	54	39		15	
呼和浩特经济技术开发区	99	28	28	43	181	87	18	67	9
包头市	**223**	**108**	**60**	**55**	**527**	**322**	**9**	**154**	**42**
东河区	12	1	5	6	11	5	1	2	3
昆都仑区									
青山区	2	1	1		2			1	1
石拐区									
白云鄂博矿区									
九原区	4	2	1	1					
土默特右旗	49	29	10	10	132	96		35	1
固阳县	21	16	4	1	54	41		13	
达尔罕茂明安联合旗	16	14	2		42	28		7	7
包头稀土高新技术产业开发区	119	45	37	37	286	152	8	96	30
乌海市	**1**			**1**					
海勃湾区									
海南区	1			1					
乌达区									
赤峰市	**451**	**257**	**106**	**88**	**1040**	**629**	**10**	**368**	**33**
红山区	3		1	2	14	2		8	4
元宝山区	4	1	2	1	7	3		4	
松山区	8	4	1	3	5	4			1
阿鲁科尔沁旗	31	24	6	1	84	55		28	1
巴林左旗	50	34	6	10	126	62		60	4
巴林右旗	30	21	5	4	78	41	2	33	2
林西县	36	18	11	7	71	43	3	24	1
克什克腾旗	52	35	8	9	91	61	2	22	6
翁牛特旗	44	16	13	15	121	84	1	32	4
喀喇沁旗	47	26	11	10	97	61		36	
宁城县	94	45	32	17	207	128		76	3
敖汉旗	52	33	10	9	139	85	2	45	7

4-4b 续表 73

单位：人

地区 性别	信息传输、软件和信息技术服务业				金融业				
	小计	电信、广播电视和卫星传输服务	互联网和相关服务	软件和信息技术服务业	小计	货币金融服务	资本市场服务	保险业	其他金融业
通辽市	**397**	**257**	**70**	**70**	**780**	**476**	**21**	**266**	**17**
科尔沁区	10	7	1	2	6	2	1	3	
科尔沁左翼中旗	67	36	20	11	70	45		22	3
科尔沁左翼后旗	31	21	6	4	69	43	1	25	
开鲁县	29	16	8	5	117	69	4	43	1
库伦旗	25	18	2	5	60	44		16	
奈曼旗	48	37	4	7	114	71	1	39	3
扎鲁特旗	50	39	4	7	97	60	3	33	1
通辽经济技术开发区	137	83	25	29	247	142	11	85	9
霍林郭勒市									
鄂尔多斯市	**473**	**188**	**84**	**201**	**902**	**598**	**17**	**257**	**30**
东胜区									
康巴什区									
达拉特旗	68	38	18	12	203	117	3	77	6
准格尔旗	101	45	23	33	203	130	5	52	16
鄂托克前旗	20	14	3	3	71	49	2	19	1
鄂托克旗	35	24	9	2	73	39	2	31	1
杭锦旗	23	15	4	4	71	56		15	
乌审旗	146	23	2	121	92	71	1	18	2
伊金霍洛旗	80	29	25	26	189	136	4	45	4
呼伦贝尔市	**280**	**210**	**37**	**33**	**435**	**276**	**3**	**136**	**20**
海拉尔区									
扎赉诺尔区	2		1	1					
阿荣旗	17	15		2	110	69	1	39	1
莫力达瓦达斡尔族自治旗	37	26	10	1	75	56		19	
鄂伦春自治旗	39	32	5	2	68	39		27	2
鄂温克族自治旗	79	64	1	14	83	57		24	2
陈巴尔虎旗	11	7	3	1	23	11		11	1
新巴尔虎左旗	14	12		2	18	15		2	1
新巴尔虎右旗	9	5	2	2	17	7	1	2	7
满洲里市	1	1			1			1	
牙克石市	32	13	12	7	17	8		5	4
扎兰屯市	5	3	2		9	3		5	1
额尔古纳市	7	6	1		4	2		1	1
根河市	27	26		1	10	9	1		
巴彦淖尔市	**226**	**143**	**52**	**31**	**604**	**341**	**6**	**242**	**15**
临河区	2		2		11	3		8	
五原县	47	29	13	5	139	74	1	63	1
磴口县	30	24	1	5	54	42		12	
乌拉特前旗	51	40	10	1	157	84	2	68	3
乌拉特中旗	23	12	7	4	93	65	1	23	4
乌拉特后旗	24	19	3	2	39	29		10	
杭锦后旗	49	19	16	14	111	44	2	58	7

4-4b　续表 74　　　　　　　　　　　　　　　　　　　　　　　　单位：人

地　区 性　别	信息传输、软件和信息技术服务业				金融业				
	小计	电信、广播电视和卫星传输服务	互联网和相关服务	软件和信息技术服务业	小计	货币金融服务	资本市场服务	保险业	其他金融业
乌兰察布市	**149**	**90**	**31**	**28**	**428**	**340**	**5**	**80**	**3**
集宁区	7	2	3	2	6	4		2	
卓资县	12	2	4	6	64	57		7	
化德县	18	10	6	2	46	36		10	
商都县	21	12	3	6	63	51		12	
兴和县	20	15	4	1	46	36		9	1
凉城县	14	12	1	1	25	19		6	
察哈尔右翼前旗	15	7	3	5	44	34	1	8	1
察哈尔右翼中旗	9	6		3	32	29		3	
察哈尔右翼后旗	17	11	6		36	23	1	12	
四子王旗	15	12	1	2	66	51	3	11	1
丰镇市	1	1							
兴安盟	**160**	**102**	**38**	**20**	**374**	**243**	**4**	**121**	**6**
乌兰浩特市	3		3		13	3		10	
阿尔山市	3	3			5	3		2	
科尔沁右翼前旗	41	19	16	6	106	63	3	38	2
科尔沁右翼中旗	41	34	4	3	75	59	1	13	2
扎赉特旗	36	22	8	6	89	56		31	2
突泉县	36	24	7	5	86	59		27	
锡林郭勒盟	**193**	**151**	**30**	**12**	**339**	**263**	**2**	**67**	**7**
二连浩特市	1		1						
锡林浩特市									
阿巴嘎旗	7	7			24	21		3	
苏尼特左旗	11	10	1		21	19		2	
苏尼特右旗	23	20	3		41	34		7	
东乌珠穆沁旗	25	15	5	5	26	21		5	
西乌珠穆沁旗	29	24	4	1	35	21		14	
太仆寺旗	30	22	6	2	40	31	1	7	1
镶黄旗	4	3	1		18	14	1	1	2
正镶白旗	17	16	1		24	19		5	
正蓝旗	17	13	3	1	50	43		7	
多伦县	18	12	3	3	49	33		12	4
乌拉盖管委会	11	9	2		11	7		4	
阿拉善盟	**185**	**141**	**18**	**26**	**315**	**199**	**3**	**102**	**11**
阿拉善左旗	143	114	13	16	269	161	2	95	11
阿拉善右旗	9	8	1		19	15		4	
额济纳旗	21	16	3	2	22	20		2	
内蒙古阿拉善经济开发区	12	3	1	8	5	3	1	1	

4-4b 续表 75

单位：人

地区 性别	信息传输、软件和信息技术服务业				金融业				
	小计	电信、广播电视和卫星传输服务	互联网和相关服务	软件和信息技术服务业	小计	货币金融服务	资本市场服务	保险业	其他金融业
男	**1830**	**954**	**411**	**465**	**2839**	**2023**	**46**	**646**	**124**
呼和浩特市	**183**	**75**	**58**	**50**	**226**	**166**	**7**	**40**	**13**
新城区	1			1					
回民区									
玉泉区									
赛罕区									
土默特左旗	45	17	22	6	41	27		9	5
托克托县	12	11	1		34	29		5	
和林格尔县	38	21	5	12	33	29		2	2
清水河县	11	8	3		18	17		1	
武川县	18	10	6	2	20	17		3	
呼和浩特经济技术开发区	58	8	21	29	80	47	7	20	6
包头市	**141**	**58**	**42**	**41**	**253**	**164**	**4**	**61**	**24**
东河区	8		4	4	4	1	1		2
昆都仑区									
青山区	2	1	1		1				1
石拐区									
白云鄂博矿区									
九原区	4	2	1	1					
土默特右旗	29	14	8	7	65	54		10	1
固阳县	12	7	4	1	28	22		6	
达尔罕茂明安联合旗	11	9	2		25	19		2	4
包头稀土高新技术产业开发区	75	25	22	28	130	68	3	43	16
乌海市									
海勃湾区									
海南区									
乌达区									
赤峰市	**264**	**137**	**64**	**63**	**506**	**336**	**5**	**144**	**21**
红山区	2		1	1	9	2		4	3
元宝山区	2	1		1	2	1		1	
松山区	4	2		2	3	2			1
阿鲁科尔沁旗	19	15	3	1	41	31		10	
巴林左旗	25	16	3	6	57	32		21	4
巴林右旗	23	15	5	3	31	20		10	1
林西县	20	10	5	5	36	25	1	9	1
克什克腾旗	31	18	5	8	49	35	2	11	1
翁牛特旗	26	9	6	11	69	47	1	17	4
喀喇沁旗	30	13	8	9	45	34		11	
宁城县	51	21	21	9	96	60		33	3
敖汉旗	31	17	7	7	68	47	1	17	3

4-4b　续表 76　　单位：人

地区 性别	信息传输、软件和信息技术服务业				金融业				
	小计	电信、广播电视和卫星传输服务	互联网和相关服务	软件和信息技术服务业	小计	货币金融服务	资本市场服务	保险业	其他金融业
通辽市	**243**	**152**	**46**	**45**	**391**	**260**	**12**	**107**	**12**
科尔沁区	7	4	1	2	2	1		1	
科尔沁左翼中旗	42	22	12	8	33	24		7	2
科尔沁左翼后旗	17	11	3	3	38	28	1	9	
开鲁县	17	10	5	2	51	28	3	20	
库伦旗	15	9	2	4	34	26		8	
奈曼旗	32	23	4	5	62	44	1	14	3
扎鲁特旗	28	22	3	3	47	37	1	8	1
通辽经济技术开发区	85	51	16	18	124	72	6	40	6
霍林郭勒市									
鄂尔多斯市	**303**	**78**	**60**	**165**	**351**	**263**	**8**	**65**	**15**
东胜区									
康巴什区									
达拉特旗	36	18	10	8	69	49	1	17	2
准格尔旗	52	12	18	22	68	50	2	9	7
鄂托克前旗	10	4	3	3	37	30	2	5	
鄂托克旗	19	14	5		29	16	2	10	1
杭锦旗	13	7	3	3	38	32		6	
乌审旗	121	11	1	109	45	40		3	2
伊金霍洛旗	52	12	20	20	65	46	1	15	3
呼伦贝尔市	**164**	**117**	**25**	**22**	**207**	**157**	**1**	**36**	**13**
海拉尔区									
扎赉诺尔区	1		1						
阿荣旗	10	8		2	55	44		10	1
莫力达瓦达斡尔族自治旗	18	9	8	1	39	32		7	
鄂伦春自治旗	21	18	2	1	27	22		5	
鄂温克族自治旗	44	33	1	10	36	28		6	2
陈巴尔虎旗	7	4	3		11	6		4	1
新巴尔虎左旗	9	7		2	12	11			1
新巴尔虎右旗	7	4	1	2	9	2	1	1	5
满洲里市									
牙克石市	20	9	8	3	11	5		3	3
扎兰屯市	2	2			3	3			
额尔古纳市	6	5	1		1	1			
根河市	19	18		1	3	3			
巴彦淖尔市	**135**	**76**	**35**	**24**	**234**	**169**	**2**	**54**	**9**
临河区	1		1		5	2		3	
五原县	20	14	3	3	54	42		11	1
磴口县	19	14	1	4	22	20		2	
乌拉特前旗	28	19	8	1	63	41	1	20	1
乌拉特中旗	17	8	6	3	40	31		5	4
乌拉特后旗	17	12	3	2	13	11		2	
杭锦后旗	33	9	13	11	37	22	1	11	3

4-4b 续表 77

单位：人

地区 性别	信息传输、软件和信息技术服务业				金融业				
	小计	电信、广播电视和卫星传输服务	互联网和相关服务	软件和信息技术服务业	小计	货币金融服务	资本市场服务	保险业	其他金融业
乌兰察布市	**89**	**53**	**19**	**17**	**184**	**159**	**1**	**22**	**2**
集宁区	5	2	2	1	3	2		1	
卓资县	7	2	1	4	33	28		5	
化德县	10	6	2	2	18	16		2	
商都县	12	6	3	3	21	18		3	
兴和县	11	8	3		21	18		2	1
凉城县	10	8	1	1	13	11		2	
察哈尔右翼前旗	8	4	2	2	15	12		3	
察哈尔右翼中旗	7	5		2	18	16		2	
察哈尔右翼后旗	7	3	4		13	12		1	
四子王旗	11	8	1	2	29	26	1	1	1
丰镇市	1	1							
兴安盟	**106**	**64**	**27**	**15**	**179**	**124**	**4**	**48**	**3**
乌兰浩特市	3		3		4	2		2	
阿尔山市	3	3			3	1		2	
科尔沁右翼前旗	25	11	10	4	49	29	3	16	1
科尔沁右翼中旗	26	21	3	2	44	38	1	4	1
扎赉特旗	26	15	6	5	46	32		13	1
突泉县	23	14	5	4	33	22		11	
锡林郭勒盟	**104**	**77**	**18**	**9**	**166**	**130**	**2**	**28**	**6**
二连浩特市	1		1						
锡林浩特市									
阿巴嘎旗					11	11			
苏尼特左旗	8	8			11	11			
苏尼特右旗	16	13	3		15	13		2	
东乌珠穆沁旗	12	4	4	4	11	9		2	
西乌珠穆沁旗	16	14	1	1	14	9		5	
太仆寺旗	15	13	2		19	14	1	4	
镶黄旗	3	2	1		13	9	1	1	2
正镶白旗	7	6	1		13	10		3	
正蓝旗	11	8	2	1	27	24		3	
多伦县	8	4	1	3	29	19		6	4
乌拉盖管委会	7	5	2		3	1		2	
阿拉善盟	**98**	**67**	**17**	**14**	**142**	**95**		**41**	**6**
阿拉善左旗	78	57	12	9	121	75		40	6
阿拉善右旗	5	4	1		11	10		1	
额济纳旗	10	5	3	2	8	8			
内蒙古阿拉善经济开发区	5	1	1	3	2	2			

4-4b 续表 78

单位：人

地区 性别	信息传输、软件和信息技术服务业				金融业				
	小计	电信、广播电视和卫星传输服务	互联网和相关服务	软件和信息技术服务业	小计	货币金融服务	资本市场服务	保险业	其他金融业
女	**1197**	**832**	**195**	**170**	**3399**	**1971**	**53**	**1298**	**77**
呼和浩特市	**106**	**64**	**22**	**20**	**268**	**141**	**12**	**111**	**4**
新城区	1	1			1			1	
回民区									
玉泉区									
赛罕区					1	1			
土默特左旗	16	8	4	4	41	22	1	18	
托克托县	14	13	1		38	22		16	
和林格尔县	20	12	7	1	33	20		12	1
清水河县	5	5			19	14		5	
武川县	9	5	3	1	34	22		12	
呼和浩特经济技术开发区	41	20	7	14	101	40	11	47	3
包头市	**82**	**50**	**18**	**14**	**274**	**158**	**5**	**93**	**18**
东河区	4	1	1	2	7	4		2	1
昆都仑区									
青山区					1			1	
石拐区									
白云鄂博矿区									
九原区									
土默特右旗	20	15	2	3	67	42		25	
固阳县	9	9			26	19		7	
达尔罕茂明安联合旗	5	5			17	9		5	3
包头稀土高新技术产业开发区	44	20	15	9	156	84	5	53	14
乌海市	**1**			**1**					
海勃湾区									
海南区	1			1					
乌达区									
赤峰市	**187**	**120**	**42**	**25**	**534**	**293**	**5**	**224**	**12**
红山区	1			1	5			4	1
元宝山区	2		2		5	2		3	
松山区	4	2	1	1	2	2			
阿鲁科尔沁旗	12	9	3		43	24		18	1
巴林左旗	25	18	3	4	69	30		39	
巴林右旗	7	6		1	47	21	2	23	1
林西县	16	8	6	2	35	18	2	15	
克什克腾旗	21	17	3	1	42	26		11	5
翁牛特旗	18	7	7	4	52	37		15	
喀喇沁旗	17	13	3	1	52	27		25	
宁城县	43	24	11	8	111	68		43	
敖汉旗	21	16	3	2	71	38	1	28	4

4-4b 续表 79

单位：人

地区 性别	信息传输、软件和信息技术服务业				金融业				
	小计	电信、广播电视和卫星传输服务	互联网和相关服务	软件和信息技术服务业	小计	货币金融服务	资本市场服务	保险业	其他金融业
通辽市	**154**	**105**	**24**	**25**	**389**	**216**	**9**	**159**	**5**
科尔沁区	3	3			4	1	1	2	
科尔沁左翼中旗	25	14	8	3	37	21		15	1
科尔沁左翼后旗	14	10	3	1	31	15		16	
开鲁县	12	6	3	3	66	41	1	23	1
库伦旗	10	9		1	26	18		8	
奈曼旗	16	14		2	52	27		25	
扎鲁特旗	22	17	1	4	50	23	2	25	
通辽经济技术开发区	52	32	9	11	123	70	5	45	3
霍林郭勒市									
鄂尔多斯市	**170**	**110**	**24**	**36**	**551**	**335**	**9**	**192**	**15**
东胜区									
康巴什区									
达拉特旗	32	20	8	4	134	68	2	60	4
准格尔旗	49	33	5	11	135	80	3	43	9
鄂托克前旗	10	10			34	19		14	1
鄂托克旗	16	10	4	2	44	23		21	
杭锦旗	10	8	1	1	33	24		9	
乌审旗	25	12	1	12	47	31	1	15	
伊金霍洛旗	28	17	5	6	124	90	3	30	1
呼伦贝尔市	**116**	**93**	**12**	**11**	**228**	**119**	**2**	**100**	**7**
海拉尔区									
扎赉诺尔区	1			1					
阿荣旗	7	7			55	25	1	29	
莫力达瓦达斡尔族自治旗	19	17	2		36	24		12	
鄂伦春自治旗	18	14	3	1	41	17		22	2
鄂温克族自治旗	35	31		4	47	29		18	
陈巴尔虎旗	4	3		1	12	5		7	
新巴尔虎左旗	5	5			6	4		2	
新巴尔虎右旗	2	1	1		8	5		1	2
满洲里市	1	1			1			1	
牙克石市	12	4	4	4	6	3		2	1
扎兰屯市	3	1	2		6			5	1
额尔古纳市	1	1			3	1		1	1
根河市	8	8			7	6	1		
巴彦淖尔市	**91**	**67**	**17**	**7**	**370**	**172**	**4**	**188**	**6**
临河区	1		1		6	1		5	
五原县	27	15	10	2	85	32	1	52	
磴口县	11	10		1	32	22		10	
乌拉特前旗	23	21	2		94	43	1	48	2
乌拉特中旗	6	4	1	1	53	34	1	18	
乌拉特后旗	7	7			26	18		8	
杭锦后旗	16	10	3	3	74	22	1	47	4

4-4b　续表 80　　　　单位：人

地　区 性　别	信息传输、软件和信息技术服务业				金融业				
	小计	电信、广播电视和卫星传输服务	互联网和相关服务	软件和信息技术服务业	小计	货币金融服　务	资本市场服　务	保险业	其　他金融业
乌兰察布市	**60**	**37**	**12**	**11**	**244**	**181**	**4**	**58**	**1**
集宁区	2		1	1	3	2		1	
卓资县	5		3	2	31	29		2	
化德县	8	4	4		28	20		8	
商都县	9	6		3	42	33		9	
兴和县	9	7	1	1	25	18		7	
凉城县	4	4			12	8		4	
察哈尔右翼前旗	7	3	1	3	29	22	1	5	1
察哈尔右翼中旗	2	1		1	14	13		1	
察哈尔右翼后旗	10	8	2		23	11	1	11	
四子王旗	4	4			37	25	2	10	
丰镇市									
兴安盟	**54**	**38**	**11**	**5**	**195**	**119**		**73**	**3**
乌兰浩特市					9	1		8	
阿尔山市					2	2			
科尔沁右翼前旗	16	8	6	2	57	34		22	1
科尔沁右翼中旗	15	13	1	1	31	21		9	1
扎赉特旗	10	7	2	1	43	24		18	1
突泉县	13	10	2	1	53	37		16	
锡林郭勒盟	**89**	**74**	**12**	**3**	**173**	**133**		**39**	**1**
二连浩特市									
锡林浩特市									
阿巴嘎旗	7	7			13	10		3	
苏尼特左旗	3	2	1		10	8		2	
苏尼特右旗	7	7			26	21		5	
东乌珠穆沁旗	13	11	1	1	15	12		3	
西乌珠穆沁旗	13	10	3		21	12		9	
太仆寺旗	15	9	4	2	21	17		3	1
镶黄旗	1	1			5	5			
正镶白旗	10	10			11	9		2	
正蓝旗	6	5	1		23	19		4	
多伦县	10	8	2		20	14		6	
乌拉盖管委会	4	4			8	6		2	
阿拉善盟	**87**	**74**	**1**	**12**	**173**	**104**	**3**	**61**	**5**
阿拉善左旗	65	57	1	7	148	86	2	55	5
阿拉善右旗	4	4			8	5		3	
额济纳旗	11	11			14	12		2	
内蒙古阿拉善经济开发区	7	2		5	3	1	1	1	

4-4b 续表 81

单位：人

地区 性别	房地产业		租赁和商务服务业			科学研究和技术服务业			
	小计	房地产业	小计	租赁业	商务服务业	小计	研究和试验发展	专业技术服务业	科技推广和应用服务业
内蒙古	**4210**	**4210**	**5706**	**629**	**5077**	**2306**	**122**	**1855**	**329**
呼和浩特市	**406**	**406**	**341**	**42**	**299**	**171**	**12**	**136**	**23**
新城区			6		6	1		1	
回民区									
玉泉区									
赛罕区	2	2	1		1				
土默特左旗	89	89	46	8	38	27	1	21	5
托克托县	44	44	39	11	28	12	1	9	2
和林格尔县	46	46	88	7	81	23	2	16	5
清水河县	9	9	19	1	18	6		6	
武川县	13	13	19	3	16	11		9	2
呼和浩特经济技术开发区	203	203	123	12	111	91	8	74	9
包头市	**461**	**461**	**450**	**47**	**403**	**180**	**28**	**127**	**25**
东河区	15	15	24	2	22	3		2	1
昆都仑区									
青山区	7	7	3	2	1	1		1	
石拐区									
白云鄂博矿区									
九原区	7	7	8		8				
土默特右旗	117	117	75	16	59	25	2	18	5
固阳县	17	17	24	3	21	7		7	
达尔罕茂明安联合旗	7	7	14		14	6		4	2
包头稀土高新技术产业开发区	291	291	302	24	278	138	26	95	17
乌海市	**7**	**7**	**14**	**1**	**13**	**6**		**5**	**1**
海勃湾区			3		3	1		1	
海南区	7	7	11	1	10	5		4	1
乌达区									
赤峰市	**600**	**600**	**867**	**105**	**762**	**302**	**14**	**240**	**48**
红山区	10	10	22	2	20	4		4	
元宝山区	10	10	15	9	6	5		5	
松山区	6	6	7		7	6	1	5	
阿鲁科尔沁旗	59	59	77	6	71	11		8	3
巴林左旗	161	161	115	16	99	36	1	31	4
巴林右旗	23	23	38	12	26	8		5	3
林西县	41	41	80	11	69	30	4	24	2
克什克腾旗	48	48	103	16	87	55	1	50	4
翁牛特旗	58	58	106	8	98	33		24	9
喀喇沁旗	37	37	31	3	28	22	1	21	
宁城县	79	79	98	13	85	52	3	40	9
敖汉旗	68	68	175	9	166	40	3	23	14

4-4b 续表 82

单位：人

地区 性别	房地产业		租赁和商务服务业			科学研究和技术服务业			
	小计	房地产业	小计	租赁业	商务服务业	小计	研究和试验发展	专业技术服务业	科技推广和应用服务业
通辽市	**570**	**570**	**566**	**46**	**520**	**315**	**17**	**245**	**53**
科尔沁区	12	12	16	1	15	3		3	
科尔沁左翼中旗	30	30	78	5	73	23	1	17	5
科尔沁左翼后旗	68	68	52	5	47	23	1	18	4
开鲁县	45	45	76	10	66	38	1	22	15
库伦旗	14	14	35	1	34	16	1	12	3
奈曼旗	65	65	90	8	82	34	1	28	5
扎鲁特旗	71	71	49	4	45	41	1	32	8
通辽经济技术开发区	265	265	170	12	158	137	11	113	13
霍林郭勒市									
鄂尔多斯市	**714**	**714**	**1465**	**180**	**1285**	**473**	**23**	**409**	**41**
东胜区						7		7	
康巴什区									
达拉特旗	162	162	196	38	158	71	2	57	12
准格尔旗	126	126	494	49	445	131	8	109	14
鄂托克前旗	36	36	38		38	14		14	
鄂托克旗	47	47	120	8	112	43	3	39	1
杭锦旗	46	46	56	6	50	25	2	23	
乌审旗	43	43	140	16	124	72		68	4
伊金霍洛旗	254	254	421	63	358	110	8	92	10
呼伦贝尔市	**429**	**429**	**513**	**12**	**501**	**215**	**4**	**172**	**39**
海拉尔区	2	2	2	2					
扎赉诺尔区	2	2	2		2	1		1	
阿荣旗	57	57	110	2	108	31	2	23	6
莫力达瓦达斡尔族自治旗	45	45	45	1	44	4		4	
鄂伦春自治旗	17	17	36		36	15		11	4
鄂温克族自治旗	154	154	117	5	112	63		53	10
陈巴尔虎旗	15	15	25	1	24	12		8	4
新巴尔虎左旗	3	3	4		4	5		3	2
新巴尔虎右旗	8	8	22		22	13		10	3
满洲里市									
牙克石市	41	41	116	1	115	62	1	52	9
扎兰屯市	4	4	3		3	3		2	1
额尔古纳市	4	4	24		24	4		4	
根河市	77	77	7		7	2	1	1	
巴彦淖尔市	**274**	**274**	**538**	**62**	**476**	**153**	**11**	**111**	**31**
临河区	4	4	9		9				
五原县	67	67	81	10	71	37		25	12
磴口县	20	20	67	11	56	16	3	11	2
乌拉特前旗	73	73	102	12	90	24	3	15	6
乌拉特中旗	21	21	62	4	58	13		13	
乌拉特后旗	20	20	21	7	14	8		7	1
杭锦后旗	69	69	196	18	178	55	5	40	10

4-4b 续表 83

单位：人

地区 性别	房地产业		租赁和商务服务业			科学研究和技术服务业			
	小计	房地产业	小计	租赁业	商务服务业	小计	研究和试验发展	专业技术服务业	科技推广和应用服务业
乌兰察布市	**195**	**195**	**182**	**28**	**154**	**108**	**5**	**88**	**15**
集宁区	19	19	4		4	6		6	
卓资县	9	9	15	4	11	6		6	
化德县	17	17	25	5	20	11		11	
商都县	14	14	25	6	19	12		10	2
兴和县	22	22	18	3	15	14		14	
凉城县	8	8	10	1	9	6		6	
察哈尔右翼前旗	70	70	28	5	23	20		17	3
察哈尔右翼中旗	6	6	13		13	12		10	2
察哈尔右翼后旗	17	17	5		5	6	2	1	3
四子王旗	13	13	38	3	35	15	3	7	5
丰镇市			1	1					
兴安盟	**223**	**223**	**194**	**21**	**173**	**96**	**3**	**74**	**19**
乌兰浩特市	14	14	7		7	5		5	
阿尔山市	2	2	9		9	2		2	
科尔沁右翼前旗	97	97	43	7	36	37	1	32	4
科尔沁右翼中旗	38	38	46	9	37	16	1	8	7
扎赉特旗	54	54	72	5	67	25		20	5
突泉县	18	18	17		17	11	1	7	3
锡林郭勒盟	**174**	**174**	**252**	**33**	**219**	**113**	**3**	**92**	**18**
二连浩特市									
锡林浩特市			1		1	1		1	
阿巴嘎旗	9	9	7	1	6	5		4	1
苏尼特左旗	7	7	8	2	6	10		5	5
苏尼特右旗	15	15	8	1	7	11		11	
东乌珠穆沁旗	14	14	14		14	8		8	
西乌珠穆沁旗	22	22	55	7	48	19	1	15	3
太仆寺旗	28	28	16	4	12	16	1	13	2
镶黄旗	1	1	16		16	1		1	
正镶白旗	6	6	5	1	4	8		7	1
正蓝旗	19	19	23	3	20	8		6	2
多伦县	41	41	78	11	67	22	1	17	4
乌拉盖管委会	12	12	21	3	18	4		4	
阿拉善盟	**157**	**157**	**324**	**52**	**272**	**174**	**2**	**156**	**16**
阿拉善左旗	121	121	212	14	198	129	2	121	6
阿拉善右旗	5	5	21	3	18	11		10	1
额济纳旗	15	15	34	5	29	18		13	5
内蒙古阿拉善经济开发区	16	16	57	30	27	16		12	4

4-4b 续表 84 单位：人

地区 性别	房地产业		租赁和商务服务业			科学研究和技术服务业			
	小计	房地产业	小计	租赁业	商务服务业	小计	研究和试验发展	专业技术服务业	科技推广和应用服务业
男	**2250**	**2250**	**3726**	**581**	**3145**	**1633**	**90**	**1323**	**220**
呼和浩特市	**231**	**231**	**226**	**39**	**187**	**127**	**11**	**99**	**17**
新城区			6		6	1		1	
回民区									
玉泉区									
赛罕区	1	1	1		1				
土默特左旗	51	51	33	7	26	24	1	19	4
托克托县	15	15	29	11	18	9	1	6	2
和林格尔县	27	27	64	7	57	15	1	11	3
清水河县	7	7	8	1	7	4		4	
武川县	8	8	11	2	9	10		8	2
呼和浩特经济技术开发区	122	122	74	11	63	64	8	50	6
包头市	**259**	**259**	**275**	**41**	**234**	**121**	**20**	**84**	**17**
东河区	9	9	15	2	13	1		1	
昆都仑区									
青山区	6	6	2	2					
石拐区									
白云鄂博矿区									
九原区	5	5	7		7				
土默特右旗	67	67	57	15	42	18	1	14	3
固阳县	10	10	15	3	12	7		7	
达尔罕茂明安联合旗	5	5	10		10	6		4	2
包头稀土高新技术产业开发区	157	157	169	19	150	89	19	58	12
乌海市	**3**	**3**	**11**	**1**	**10**	**4**		**3**	**1**
海勃湾区			1		1				
海南区	3	3	10	1	9	4		3	1
乌达区									
赤峰市	**323**	**323**	**559**	**93**	**466**	**217**	**9**	**174**	**34**
红山区	7	7	14	1	13	2		2	
元宝山区	7	7	14	9	5	4		4	
松山区	6	6	6		6	6	1	5	
阿鲁科尔沁旗	35	35	47	5	42	10		8	2
巴林左旗	83	83	60	14	46	28	1	24	3
巴林右旗	11	11	25	10	15	5		4	1
林西县	19	19	54	9	45	18	2	15	1
克什克腾旗	28	28	68	16	52	36		33	3
翁牛特旗	33	33	70	7	63	23		16	7
喀喇沁旗	24	24	19	3	16	14		14	
宁城县	41	41	65	10	55	39	2	31	6
敖汉旗	29	29	117	9	108	32	3	18	11

4-4b 续表 85　　单位：人

地区 性别	房地产业		租赁和商务服务业			科学研究和技术服务业			
	小计	房地产业	小计	租赁业	商务服务业	小计	研究和试验发展	专业技术服务业	科技推广和应用服务业
通辽市	**268**	**268**	**358**	**42**	**316**	**223**	**16**	**176**	**31**
科尔沁区	7	7	10	1	9	1		1	
科尔沁左翼中旗	11	11	51	5	46	20	1	15	4
科尔沁左翼后旗	35	35	33	5	28	15	1	12	2
开鲁县	11	11	48	10	38	26	1	17	8
库伦旗	7	7	23	1	22	13	1	9	3
奈曼旗	31	31	62	6	56	23	1	19	3
扎鲁特旗	39	39	30	3	27	27	1	21	5
通辽经济技术开发区	127	127	101	11	90	98	10	82	6
霍林郭勒市									
鄂尔多斯市	**364**	**364**	**978**	**172**	**806**	**329**	**15**	**288**	**26**
东胜区						7		7	
康巴什区									
达拉特旗	75	75	134	35	99	44		36	8
准格尔旗	66	66	340	49	291	95	6	80	9
鄂托克前旗	21	21	27		27	8		8	
鄂托克旗	18	18	70	8	62	25	3	22	
杭锦旗	25	25	39	5	34	17	2	15	
乌审旗	19	19	96	15	81	57		54	3
伊金霍洛旗	140	140	272	60	212	76	4	66	6
呼伦贝尔市	**248**	**248**	**365**	**11**	**354**	**164**	**2**	**132**	**30**
海拉尔区			2	2					
扎赉诺尔区	1	1	2		2	1		1	
阿荣旗	27	27	82	2	80	24	1	17	6
莫力达瓦达斡尔族自治旗	24	24	24	1	23	2		2	
鄂伦春自治旗	13	13	27		27	9		5	4
鄂温克族自治旗	73	73	75	4	71	42		37	5
陈巴尔虎旗	10	10	19	1	18	8		7	1
新巴尔虎左旗			1		1	4		2	2
新巴尔虎右旗	4	4	18		18	12		9	3
满洲里市									
牙克石市	27	27	90	1	89	55	1	46	8
扎兰屯市	3	3	2		2	3		2	1
额尔古纳市	4	4	18		18	3		3	
根河市	62	62	5		5	1		1	
巴彦淖尔市	**141**	**141**	**329**	**58**	**271**	**105**	**9**	**75**	**21**
临河区	2	2	4		4				
五原县	34	34	50	10	40	26		20	6
磴口县	11	11	42	10	32	12	2	8	2
乌拉特前旗	38	38	72	12	60	15	3	8	4
乌拉特中旗	11	11	45	4	41	11		11	
乌拉特后旗	8	8	11	5	6	6		5	1
杭锦后旗	37	37	105	17	88	35	4	23	8

4-4b　续表 86　　　　　　　　　　　　　　　　　　　　　　　　　　　　　单位：人

地　区 性　别	房地产业		租赁和商务服务业			科学研究和技术服务业			
	小计	房地产业	小计	租赁业	商　务 服务业	小计	研究和 试验发展	专业技术 服务业	科技推广 和应用 服务业
乌兰察布市	**115**	**115**	**134**	**27**	**107**	**78**	**3**	**63**	**12**
集宁区	13	13	3		3	5		5	
卓资县	6	6	10	4	6	4		4	
化德县	14	14	18	5	13	9		9	
商都县	9	9	20	6	14	9		7	2
兴和县	9	9	13	3	10	10		10	
凉城县	3	3	8	1	7	1		1	
察哈尔右翼前旗	40	40	23	4	19	15		13	2
察哈尔右翼中旗	5	5	6		6	9		8	1
察哈尔右翼后旗	8	8	3		3	5	1	1	3
四子王旗	8	8	29	3	26	11	2	5	4
丰镇市			1	1					
兴安盟	**122**	**122**	**125**	**19**	**106**	**67**	**1**	**53**	**13**
乌兰浩特市	6	6	3		3	2		2	
阿尔山市	2	2	5		5	2		2	
科尔沁右翼前旗	56	56	30	6	24	26	1	22	3
科尔沁右翼中旗	20	20	33	9	24	11		7	4
扎赉特旗	28	28	45	4	41	18		14	4
突泉县	10	10	9		9	8		6	2
锡林郭勒盟	**92**	**92**	**175**	**30**	**145**	**82**	**2**	**70**	**10**
二连浩特市									
锡林浩特市			1		1	1		1	
阿巴嘎旗	4	4	6	1	5	2		2	
苏尼特左旗	5	5	7	2	5	7		5	2
苏尼特右旗	11	11	6	1	5	7		7	
东乌珠穆沁旗	7	7	8		8	8		8	
西乌珠穆沁旗	15	15	39	6	33	13	1	11	1
太仆寺旗	10	10	11	4	7	14	1	11	2
镶黄旗	1	1	14		14	1		1	
正镶白旗	2	2	3	1	2	6		5	1
正蓝旗	10	10	14	3	11	6		5	1
多伦县	23	23	51	9	42	13		10	3
乌拉盖管委会	4	4	15	3	12	4		4	
阿拉善盟	**84**	**84**	**191**	**48**	**143**	**116**	**2**	**106**	**8**
阿拉善左旗	65	65	111	13	98	86	2	81	3
阿拉善右旗	2	2	12	2	10	8		8	
额济纳旗	8	8	25	4	21	12		10	2
内蒙古阿拉善经济开发区	9	9	43	29	14	10		7	3

4-4b 续表 87　　单位：人

地区 性别	房地产业		租赁和商务服务业			科学研究和技术服务业			
	小计	房地产业	小计	租赁业	商务服务业	小计	研究和试验发展	专业技术服务业	科技推广和应用服务业
女	**1960**	**1960**	**1980**	**48**	**1932**	**673**	**32**	**532**	**109**
呼和浩特市	**175**	**175**	**115**	**3**	**112**	**44**	**1**	**37**	**6**
新城区									
回民区									
玉泉区									
赛罕区	1	1							
土默特左旗	38	38	13	1	12	3		2	1
托克托县	29	29	10		10	3		3	
和林格尔县	19	19	24		24	8	1	5	2
清水河县	2	2	11		11	2		2	
武川县	5	5	8	1	7	1		1	
呼和浩特经济技术开发区	81	81	49	1	48	27		24	3
包头市	**202**	**202**	**175**	**6**	**169**	**59**	**8**	**43**	**8**
东河区	6	6	9		9	2		1	1
昆都仑区									
青山区	1	1	1		1	1		1	
石拐区									
白云鄂博矿区									
九原区	2	2	1		1				
土默特右旗	50	50	18	1	17	7	1	4	2
固阳县	7	7	9		9				
达尔罕茂明安联合旗	2	2	4		4				
包头稀土高新技术产业开发区	134	134	133	5	128	49	7	37	5
乌海市	**4**	**4**	**3**		**3**	**2**		**2**	
海勃湾区			2		2	1		1	
海南区	4	4	1		1	1		1	
乌达区									
赤峰市	**277**	**277**	**308**	**12**	**296**	**85**	**5**	**66**	**14**
红山区	3	3	8	1	7	2		2	
元宝山区	3	3	1		1	1		1	
松山区			1		1				
阿鲁科尔沁旗	24	24	30	1	29	1			1
巴林左旗	78	78	55	2	53	8		7	1
巴林右旗	12	12	13	2	11	3		1	2
林西县	22	22	26	2	24	12	2	9	1
克什克腾旗	20	20	35		35	19	1	17	1
翁牛特旗	25	25	36	1	35	10		8	2
喀喇沁旗	13	13	12		12	8	1	7	
宁城县	38	38	33	3	30	13	1	9	3
敖汉旗	39	39	58		58	8		5	3

4-4b　续表 88　　　　单位：人

地区 性别	房地产业		租赁和商务服务业			科学研究和技术服务业			
	小计	房地产业	小计	租赁业	商务服务业	小计	研究和试验发展	专业技术服务业	科技推广和应用服务业
通辽市	**302**	**302**	**208**	**4**	**204**	**92**	**1**	**69**	**22**
科尔沁区	5	5	6		6	2		2	
科尔沁左翼中旗	19	19	27		27	3		2	1
科尔沁左翼后旗	33	33	19		19	8		6	2
开鲁县	34	34	28		28	12		5	7
库伦旗	7	7	12		12	3		3	
奈曼旗	34	34	28	2	26	11		9	2
扎鲁特旗	32	32	19	1	18	14		11	3
通辽经济技术开发区	138	138	69	1	68	39	1	31	7
霍林郭勒市									
鄂尔多斯市	**350**	**350**	**487**	**8**	**479**	**144**	**8**	**121**	**15**
东胜区									
康巴什区									
达拉特旗	87	87	62	3	59	27	2	21	4
准格尔旗	60	60	154		154	36	2	29	5
鄂托克前旗	15	15	11		11	6		6	
鄂托克旗	29	29	50		50	18		17	1
杭锦旗	21	21	17	1	16	8		8	
乌审旗	24	24	44	1	43	15		14	1
伊金霍洛旗	114	114	149	3	146	34	4	26	4
呼伦贝尔市	**181**	**181**	**148**	**1**	**147**	**51**	**2**	**40**	**9**
海拉尔区	2	2							
扎赉诺尔区	1	1							
阿荣旗	30	30	28		28	7	1	6	
莫力达瓦达斡尔族自治旗	21	21	21		21	2		2	
鄂伦春自治旗	4	4	9		9	6		6	
鄂温克族自治旗	81	81	42	1	41	21		16	5
陈巴尔虎旗	5	5	6		6	4		1	3
新巴尔虎左旗	3	3	3		3	1		1	
新巴尔虎右旗	4	4	4		4	1		1	
满洲里市									
牙克石市	14	14	26		26	7		6	1
扎兰屯市	1	1	1		1				
额尔古纳市			6		6	1		1	
根河市	15	15	2		2	1	1		
巴彦淖尔市	**133**	**133**	**209**	**4**	**205**	**48**	**2**	**36**	**10**
临河区	2	2	5		5				
五原县	33	33	31		31	11		5	6
磴口县	9	9	25	1	24	4	1	3	
乌拉特前旗	35	35	30		30	9		7	2
乌拉特中旗	10	10	17		17	2		2	
乌拉特后旗	12	12	10	2	8	2		2	
杭锦后旗	32	32	91	1	90	20	1	17	2

4-4b 续表 89

单位：人

地区 性别	房地产业		租赁和商务服务业			科学研究和技术服务业			
	小计	房地产业	小计	租赁业	商务服务业	小计	研究和试验发展	专业技术服务业	科技推广和应用服务业
乌兰察布市	**80**	**80**	**48**	**1**	**47**	**30**	**2**	**25**	**3**
集宁区	6	6	1		1	1		1	
卓资县	3	3	5		5	2		2	
化德县	3	3	7		7	2		2	
商都县	5	5	5		5	3		3	
兴和县	13	13	5		5	4		4	
凉城县	5	5	2		2	5		5	
察哈尔右翼前旗	30	30	5	1	4	5		4	1
察哈尔右翼中旗	1	1	7		7	3		2	1
察哈尔右翼后旗	9	9	2		2	1	1		
四子王旗	5	5	9		9	4	1	2	1
丰镇市									
兴安盟	**101**	**101**	**69**	**2**	**67**	**29**	**2**	**21**	**6**
乌兰浩特市	8	8	4		4	3		3	
阿尔山市			4		4				
科尔沁右翼前旗	41	41	13	1	12	11		10	1
科尔沁右翼中旗	18	18	13		13	5	1	1	3
扎赉特旗	26	26	27	1	26	7		6	1
突泉县	8	8	8		8	3	1	1	1
锡林郭勒盟	**82**	**82**	**77**	**3**	**74**	**31**	**1**	**22**	**8**
二连浩特市									
锡林浩特市									
阿巴嘎旗	5	5	1		1	3		2	1
苏尼特左旗	2	2	1		1	3			3
苏尼特右旗	4	4	2		2	4		4	
东乌珠穆沁旗	7	7	6		6				
西乌珠穆沁旗	7	7	16	1	15	6		4	2
太仆寺旗	18	18	5		5	2		2	
镶黄旗			2		2				
正镶白旗	4	4	2		2	2		2	
正蓝旗	9	9	9		9	2		1	1
多伦县	18	18	27	2	25	9	1	7	1
乌拉盖管委会	8	8	6		6				
阿拉善盟	**73**	**73**	**133**	**4**	**129**	**58**		**50**	**8**
阿拉善左旗	56	56	101	1	100	43		40	3
阿拉善右旗	3	3	9	1	8	3		2	1
额济纳旗	7	7	9	1	8	6		3	3
内蒙古阿拉善经济开发区	7	7	14	1	13	6		5	1

4-4b 续表 90

单位：人

地区 性别	水利、环境和公共设施管理业					居民服务、修理和其他服务业			
	小计	水利管理业	生态保护和环境治理业	公共设施管理业	土地管理业	小计	居民服务业	机动车、电子产品和日用产品修理业	其他服务业
内蒙古	**2981**	**314**	**369**	**2239**	**59**	**15090**	**8599**	**4233**	**2258**
呼和浩特市	**243**	**17**	**16**	**197**	**13**	**785**	**459**	**254**	**72**
新城区	4			4		7	7		
回民区									
玉泉区									
赛罕区	1			1		2		1	1
土默特左旗	54	4	1	46	3	193	112	58	23
托克托县	42	10		31	1	112	81	28	3
和林格尔县	49	1	6	35	7	113	60	30	23
清水河县	27		3	22	2	37	11	22	4
武川县	14			14		79	41	33	5
呼和浩特经济技术开发区	52	2	6	44		242	147	82	13
包头市	**232**	**32**	**23**	**176**	**1**	**974**	**539**	**285**	**150**
东河区	5			5		45	28	16	1
昆都仑区									
青山区	1			1		6	2	4	
石拐区									
白云鄂博矿区									
九原区	3			3		45	9	17	19
土默特右旗	75	20	4	51		262	142	101	19
固阳县	14		2	12		98	50	27	21
达尔罕茂明安联合旗	15	4		11		147	87	16	44
包头稀土高新技术产业开发区	119	8	17	93	1	371	221	104	46
乌海市	**11**			**11**		**68**	**16**	**28**	**24**
海勃湾区	2			2		9	3	6	
海南区	4			4		34	12	22	
乌达区	5			5		25	1		24
赤峰市	**392**	**42**	**74**	**267**	**9**	**3227**	**1877**	**753**	**597**
红山区	20			20		83	43	19	21
元宝山区	14	1	2	11		87	26	26	35
松山区	1			1		43	16	24	3
阿鲁科尔沁旗	34	2	6	25	1	273	104	84	85
巴林左旗	45	2	7	35	1	573	356	130	87
巴林右旗	42		25	17		199	88	59	52
林西县	30	5	5	19	1	319	198	59	62
克什克腾旗	62	4	9	48	1	183	100	58	25
翁牛特旗	28	5	1	22		267	115	63	89
喀喇沁旗	26	4	3	18	1	212	114	67	31
宁城县	37	5	3	27	2	603	462	89	52
敖汉旗	53	14	13	24	2	385	255	75	55

4-4b 续表 91 单位：人

地区 性别	水利、环境和公共设施管理业					居民服务、修理和其他服务业			
	小计	水利管理业	生态保护和环境治理业	公共设施管理业	土地管理业	小计	居民服务业	机动车、电子产品和日用产品修理业	其他服务业
通辽市	**251**	**34**	**31**	**178**	**8**	**1830**	**1079**	**610**	**141**
科尔沁区	6			6		167	129	27	11
科尔沁左翼中旗	30	1	7	19	3	210	116	71	23
科尔沁左翼后旗	22	2	4	16		226	128	85	13
开鲁县	28	3	2	22	1	267	153	102	12
库伦旗	14	2	3	9		114	60	49	5
奈曼旗	62	13	5	43	1	232	133	74	25
扎鲁特旗	33	7	8	16	2	280	157	114	9
通辽经济技术开发区	56	6	2	47	1	334	203	88	43
霍林郭勒市									
鄂尔多斯市	**648**	**36**	**57**	**544**	**11**	**2301**	**1258**	**739**	**304**
东胜区	2			2		3		3	
康巴什区									
达拉特旗	97	9	7	75	6	402	241	138	23
准格尔旗	105	10	12	79	4	549	239	220	90
鄂托克前旗	32	2	5	25		122	60	48	14
鄂托克旗	77	5	6	66		343	177	121	45
杭锦旗	43	3	19	21		322	231	53	38
乌审旗	61	1	3	57		216	117	65	34
伊金霍洛旗	231	6	5	219	1	344	193	91	60
呼伦贝尔市	**259**	**11**	**81**	**165**	**2**	**1521**	**792**	**372**	**357**
海拉尔区	1			1		1	1		
扎赉诺尔区	1			1		3		3	
阿荣旗	32	2	1	29		263	112	81	70
莫力达瓦达斡尔族自治旗	1				1	118	72	42	4
鄂伦春自治旗	25	3	2	19	1	314	71	53	190
鄂温克族自治旗	48	3	9	36		189	110	46	33
陈巴尔虎旗	8	1		7		185	158	15	12
新巴尔虎左旗	15	1	8	6		75	48	17	10
新巴尔虎右旗	21		4	17		49	30	11	8
满洲里市	7			7		2	1	1	
牙克石市	39		9	30		250	160	70	20
扎兰屯市	3			3		53	20	27	6
额尔古纳市	32		23	9		12	4	4	4
根河市	26	1	25			7	5	2	
巴彦淖尔市	**287**	**85**	**22**	**173**	**7**	**1263**	**694**	**308**	**261**
临河区	10			9	1	35	18	9	8
五原县	66	27	4	33	2	346	177	68	101
磴口县	47	11	9	25	2	105	61	38	6
乌拉特前旗	60	22	3	34	1	320	197	70	53
乌拉特中旗	43	5	3	35		139	56	44	39
乌拉特后旗	16	2	1	12	1	72	44	18	10
杭锦后旗	45	18	2	25		246	141	61	44

4-4b　续表 92　　　　单位：人

地区 性别	水利、环境和公共设施管理业					居民服务、修理和其他服务业			
	小计	水利管理业	生态保护和环境治理业	公共设施管理业	土地管理业	小计	居民服务业	机动车、电子产品和日用产品修理业	其他服务业
乌兰察布市	**143**	**8**	**10**	**123**	**2**	**989**	**670**	**244**	**75**
集宁区	5			5		17	11	3	3
卓资县	19	3	1	14	1	60	30	11	19
化德县	8			8		75	46	26	3
商都县	10	1	1	8		332	283	40	9
兴和县	8	1		7		83	41	42	
凉城县	21		2	18	1	61	32	22	7
察哈尔右翼前旗	34		1	33		85	40	37	8
察哈尔右翼中旗	5			5		34	25	9	
察哈尔右翼后旗	17	2	2	13		155	114	22	19
四子王旗	12	1	1	10		82	45	30	7
丰镇市	4		2	2		5	3	2	
兴安盟	**172**	**25**	**19**	**123**	**5**	**752**	**496**	**219**	**37**
乌兰浩特市	12			12		31	21	9	1
阿尔山市	24	1		22	1	7	3	3	1
科尔沁右翼前旗	19	4	1	14		154	118	34	2
科尔沁右翼中旗	56	8	14	30	4	195	130	57	8
扎赉特旗	30	6	3	21		214	129	69	16
突泉县	31	6	1	24		151	95	47	9
锡林郭勒盟	**205**	**13**	**16**	**175**	**1**	**992**	**511**	**266**	**215**
二连浩特市	2			2		2		2	
锡林浩特市						10	4	5	1
阿巴嘎旗	5	1	1	3		45	13	31	1
苏尼特左旗	8	1		7		29	10	10	9
苏尼特右旗	11	1	1	9		74	40	28	6
东乌珠穆沁旗	21			21		209	170	30	9
西乌珠穆沁旗	41		4	37		128	59	46	23
太仆寺旗	14		2	12		79	43	23	13
镶黄旗	6			6		35	14	11	10
正镶白旗	12	1	2	9		52	18	14	20
正蓝旗	16	2	3	11		120	56	15	49
多伦县	50	6	3	40	1	170	66	35	69
乌拉盖管委会	19	1		18		39	18	16	5
阿拉善盟	**138**	**11**	**20**	**107**		**388**	**208**	**155**	**25**
阿拉善左旗	83	5	8	70		266	153	97	16
阿拉善右旗	7			7		14	6	8	
额济纳旗	21	6	3	12		55	29	26	
内蒙古阿拉善经济开发区	27		9	18		53	20	24	9

4-4b 续表 93

单位：人

地　区 性　别	水利、环境和公共设施管理业					居民服务、修理和其他服务业			
	小计	水　利 管理业	生态保护 和环境 治理业	公共设施 管理业	土　地 管理业	小计	居　民 服务业	机动车、 电子产品 和日用产 品修理业	其　他 服务业
男	**1923**	**238**	**291**	**1353**	**41**	**8109**	**3322**	**3601**	**1186**
呼和浩特市	**157**	**14**	**11**	**122**	**10**	**460**	**191**	**240**	**29**
新城区	3			3		2	2		
回民区									
玉泉区									
赛罕区	1			1		1		1	
土默特左旗	32	3	1	27	1	114	50	56	8
托克托县	34	9		24	1	57	29	27	1
和林格尔县	34	1	4	22	7	54	20	25	9
清水河县	16		3	12	1	30	6	22	2
武川县	12			12		47	13	32	2
呼和浩特经济技术开发区	25	1	3	21		155	71	77	7
包头市	**156**	**25**	**21**	**110**		**512**	**192**	**248**	**72**
东河区	5			5		28	11	16	1
昆都仑区									
青山区	1			1		3		3	
石拐区									
白云鄂博矿区									
九原区	2			2		28	2	14	12
土默特右旗	55	17	3	35		146	47	92	7
固阳县	10		2	8		43	16	24	3
达尔罕茂明安联合旗	10	2		8		93	50	13	30
包头稀土高新技术产业开发区	73	6	16	51		171	66	86	19
乌海市	**8**			**8**		**48**	**9**	**23**	**16**
海勃湾区	2			2		4	1	3	
海南区	3			3		27	7	20	
乌达区	3			3		17	1		16
赤峰市	**249**	**30**	**55**	**157**	**7**	**1492**	**626**	**611**	**255**
红山区	10			10		55	24	19	12
元宝山区	7	1	2	4		54	14	19	21
松山区	1			1		28	6	20	2
阿鲁科尔沁旗	24	1	5	17	1	165	44	72	49
巴林左旗	23	2	6	14	1	191	81	95	15
巴林右旗	27		16	11		117	43	49	25
林西县	18	2	3	13		159	83	51	25
克什克腾旗	47	3	8	35	1	88	31	46	11
翁牛特旗	13	2	1	10		141	35	51	55
喀喇沁旗	18	3	3	11	1	100	38	57	5
宁城县	24	4	3	16	1	232	151	71	10
敖汉旗	37	12	8	15	2	162	76	61	25

4-4b　续表 94　　单位：人

地区 性别	水利、环境和公共设施管理业					居民服务、修理和其他服务业			
	小计	水利管理业	生态保护和环境治理业	公共设施管理业	土地管理业	小计	居民服务业	机动车、电子产品和日用产品修理业	其他服务业
通辽市	**157**	**26**	**22**	**103**	**6**	**931**	**388**	**484**	**59**
科尔沁区	2			2		101	70	23	8
科尔沁左翼中旗	21	1	4	14	2	114	43	58	13
科尔沁左翼后旗	13	2	3	8		99	34	61	4
开鲁县	20	3	2	14	1	129	48	77	4
库伦旗	8	2	1	5		61	22	38	1
奈曼旗	35	8	4	23		115	48	62	5
扎鲁特旗	23	6	7	8	2	150	54	91	5
通辽经济技术开发区	35	4	1	29	1	162	69	74	19
霍林郭勒市									
鄂尔多斯市	**395**	**28**	**43**	**318**	**6**	**1279**	**459**	**654**	**166**
东胜区						3		3	
康巴什区									
达拉特旗	68	7	4	54	3	202	73	120	9
准格尔旗	71	7	10	51	3	325	68	207	50
鄂托克前旗	17	1	4	12		73	21	45	7
鄂托克旗	35	4	3	28		207	74	109	24
杭锦旗	32	3	15	14		187	119	43	25
乌审旗	25	1	3	21		108	37	53	18
伊金霍洛旗	147	5	4	138		174	67	74	33
呼伦贝尔市	**179**	**7**	**68**	**104**		**923**	**378**	**304**	**241**
海拉尔区	1			1		1	1		
扎赉诺尔区						2		2	
阿荣旗	14	1	1	12		146	28	71	47
莫力达瓦达斡尔族自治旗						59	20	38	1
鄂伦春自治旗	17	2	2	13		216	21	44	151
鄂温克族自治旗	33	1	7	25		94	48	34	12
陈巴尔虎旗	7	1		6		131	112	13	6
新巴尔虎左旗	10	1	5	4		38	22	13	3
新巴尔虎右旗	14		4	10		25	14	8	3
满洲里市	2			2		1	1		
牙克石市	30		6	24		164	99	51	14
扎兰屯市	2			2		35	9	24	2
额尔古纳市	25		20	5		7	1	4	2
根河市	24	1	23			4	2	2	
巴彦淖尔市	**197**	**63**	**18**	**109**	**7**	**649**	**229**	**262**	**158**
临河区	8			7	1	19	6	7	6
五原县	45	18	4	21	2	191	69	60	62
磴口县	36	11	7	16	2	47	15	30	2
乌拉特前旗	45	16	3	25	1	168	69	60	39
乌拉特中旗	23	2	2	19		70	10	39	21
乌拉特后旗	9	1	1	6	1	36	12	15	9
杭锦后旗	31	15	1	15		118	48	51	19

4-4b 续表 95 单位：人

地 区 性 别	水利、环境和公共设施管理业					居民服务、修理和其他服务业			
	小计	水 利 管理业	生态保护 和环境 治理业	公共设施 管理业	土 地 管理业	小计	居 民 服务业	机动车、 电子产品 和日用产 品修理业	其 他 服务业
乌兰察布市	**90**	**7**	**7**	**74**	**2**	**657**	**393**	**225**	**39**
集宁区	4			4		8	5	2	1
卓资县	12	3	1	7	1	35	17	9	9
化德县	6			6		49	22	24	3
商都县	8		1	7		248	206	38	4
兴和县	4	1		3		54	13	41	
凉城县	12		1	10	1	35	13	17	5
察哈尔右翼前旗	15			15		45	11	33	1
察哈尔右翼中旗	2			2		21	12	9	
察哈尔右翼后旗	13	2	2	9		110	78	22	10
四子王旗	10	1		9		49	15	28	6
丰镇市	4		2	2		3	1	2	
兴安盟	**123**	**19**	**19**	**83**	**2**	**378**	**171**	**189**	**18**
乌兰浩特市	6			6		13	4	9	
阿尔山市	16	1		15		5	1	3	1
科尔沁右翼前旗	10	3	1	6		81	49	32	
科尔沁右翼中旗	44	6	14	22	2	90	42	44	4
扎赉特旗	24	6	3	15		111	42	60	9
突泉县	23	3	1	19		78	33	41	4
锡林郭勒盟	**124**	**11**	**13**	**99**	**1**	**569**	**220**	**231**	**118**
二连浩特市	1			1		2		2	
锡林浩特市						10	4	5	1
阿巴嘎旗	3	1	1	1		28	2	25	1
苏尼特左旗	6	1		5		16	5	9	2
苏尼特右旗	7	1	1	5		36	10	22	4
东乌珠穆沁旗	10			10		127	96	26	5
西乌珠穆沁旗	26		3	23		70	15	40	15
太仆寺旗	8		2	6		48	17	20	11
镶黄旗	6			6		24	6	10	8
正镶白旗	6		1	5		35	9	12	14
正蓝旗	10	1	3	6		72	33	12	27
多伦县	32	6	2	23	1	75	15	32	28
乌拉盖管委会	9	1		8		26	8	16	2
阿拉善盟	**88**	**8**	**14**	**66**		**211**	**66**	**130**	**15**
阿拉善左旗	49	2	5	42		138	51	80	7
阿拉善右旗	4			4		9	3	6	
额济纳旗	15	6	1	8		29	5	24	
内蒙古阿拉善经济开发区	20		8	12		35	7	20	8

4-4b　续表 96　　　　单位：人

地　区 性　别	水利、环境和公共设施管理业					居民服务、修理和其他服务业			
	小计	水　利 管理业	生态保护 和环境 治理业	公共设施 管理业	土　地 管理业	小计	居　民 服务业	机动车、 电子产品 和日用产 品修理业	其　他 服务业
女	**1058**	**76**	**78**	**886**	**18**	**6981**	**5277**	**632**	**1072**
呼和浩特市	**86**	**3**	**5**	**75**	**3**	**325**	**268**	**14**	**43**
新城区	1			1		5	5		
回民区									
玉泉区									
赛罕区						1			1
土默特左旗	22	1		19	2	79	62	2	15
托克托县	8	1		7		55	52	1	2
和林格尔县	15		2	13		59	40	5	14
清水河县	11			10	1	7	5		2
武川县	2			2		32	28	1	3
呼和浩特经济技术开发区	27	1	3	23		87	76	5	6
包头市	**76**	**7**	**2**	**66**	**1**	**462**	**347**	**37**	**78**
东河区						17	17		
昆都仑区									
青山区						3	2	1	
石拐区									
白云鄂博矿区									
九原区	1			1		17	7	3	7
土默特右旗	20	3	1	16		116	95	9	12
固阳县	4			4		55	34	3	18
达尔罕茂明安联合旗	5	2		3		54	37	3	14
包头稀土高新技术产业开发区	46	2	1	42	1	200	155	18	27
乌海市	**3**			**3**		**20**	**7**	**5**	**8**
海勃湾区						5	2	3	
海南区	1			1		7	5	2	
乌达区	2			2		8			8
赤峰市	**143**	**12**	**19**	**110**	**2**	**1735**	**1251**	**142**	**342**
红山区	10			10		28	19		9
元宝山区	7			7		33	12	7	14
松山区						15	10	4	1
阿鲁科尔沁旗	10	1	1	8		108	60	12	36
巴林左旗	22		1	21		382	275	35	72
巴林右旗	15		9	6		82	45	10	27
林西县	12	3	2	6	1	160	115	8	37
克什克腾旗	15	1	1	13		95	69	12	14
翁牛特旗	15	3		12		126	80	12	34
喀喇沁旗	8	1		7		112	76	10	26
宁城县	13	1		11	1	371	311	18	42
敖汉旗	16	2	5	9		223	179	14	30

4－4b 续表 97 单位：人

地区 性别	水利、环境和公共设施管理业					居民服务、修理和其他服务业			
	小计	水利管理业	生态保护和环境治理业	公共设施管理业	土地管理业	小计	居民服务业	机动车、电子产品和日用产品修理业	其他服务业
通辽市	**94**	**8**	**9**	**75**	**2**	**899**	**691**	**126**	**82**
科尔沁区	4			4		66	59	4	3
科尔沁左翼中旗	9		3	5	1	96	73	13	10
科尔沁左翼后旗	9		1	8		127	94	24	9
开鲁县	8			8		138	105	25	8
库伦旗	6		2	4		53	38	11	4
奈曼旗	27	5	1	20	1	117	85	12	20
扎鲁特旗	10	1	1	8		130	103	23	4
通辽经济技术开发区	21	2	1	18		172	134	14	24
霍林郭勒市									
鄂尔多斯市	**253**	**8**	**14**	**226**	**5**	**1022**	**799**	**85**	**138**
东胜区	2			2					
康巴什区									
达拉特旗	29	2	3	21	3	200	168	18	14
准格尔旗	34	3	2	28	1	224	171	13	40
鄂托克前旗	15	1	1	13		49	39	3	7
鄂托克旗	42	1	3	38		136	103	12	21
杭锦旗	11		4	7		135	112	10	13
乌审旗	36			36		108	80	12	16
伊金霍洛旗	84	1	1	81	1	170	126	17	27
呼伦贝尔市	**80**	**4**	**13**	**61**	**2**	**598**	**414**	**68**	**116**
海拉尔区									
扎赉诺尔区	1			1		1		1	
阿荣旗	18	1		17		117	84	10	23
莫力达瓦达斡尔族自治旗	1				1	59	52	4	3
鄂伦春自治旗	8	1		6	1	98	50	9	39
鄂温克族自治旗	15	2	2	11		95	62	12	21
陈巴尔虎旗	1			1		54	46	2	6
新巴尔虎左旗	5		3	2		37	26	4	7
新巴尔虎右旗	7			7		24	16	3	5
满洲里市	5			5		1		1	
牙克石市	9		3	6		86	61	19	6
扎兰屯市	1			1		18	11	3	4
额尔古纳市	7		3	4		5	3		2
根河市	2		2			3	3		
巴彦淖尔市	**90**	**22**	**4**	**64**		**614**	**465**	**46**	**103**
临河区	2			2		16	12	2	2
五原县	21	9		12		155	108	8	39
磴口县	11		2	9		58	46	8	4
乌拉特前旗	15	6		9		152	128	10	14
乌拉特中旗	20	3	1	16		69	46	5	18
乌拉特后旗	7	1		6		36	32	3	1
杭锦后旗	14	3	1	10		128	93	10	25

4-4b 续表 98

单位：人

地区 性别	水利、环境和公共设施管理业					居民服务、修理和其他服务业			
	小计	水利管理业	生态保护和环境治理业	公共设施管理业	土地管理业	小计	居民服务业	机动车、电子产品和日用产品修理业	其他服务业
乌兰察布市	**53**	**1**	**3**	**49**		**332**	**277**	**19**	**36**
集宁区	1			1		9	6	1	2
卓资县	7			7		25	13	2	10
化德县	2			2		26	24	2	
商都县	2	1		1		84	77	2	5
兴和县	4			4		29	28	1	
凉城县	9		1	8		26	19	5	2
察哈尔右翼前旗	19		1	18		40	29	4	7
察哈尔右翼中旗	3			3		13	13		
察哈尔右翼后旗	4			4		45	36		9
四子王旗	2		1	1		33	30	2	1
丰镇市						2	2		
兴安盟	**49**	**6**		**40**	**3**	**374**	**325**	**30**	**19**
乌兰浩特市	6			6		18	17		1
阿尔山市	8			7	1	2	2		
科尔沁右翼前旗	9	1		8		73	69	2	2
科尔沁右翼中旗	12	2		8	2	105	88	13	4
扎赉特旗	6			6		103	87	9	7
突泉县	8	3		5		73	62	6	5
锡林郭勒盟	**81**	**2**	**3**	**76**		**423**	**291**	**35**	**97**
二连浩特市	1			1					
锡林浩特市									
阿巴嘎旗	2			2		17	11	6	
苏尼特左旗	2			2		13	5	1	7
苏尼特右旗	4			4		38	30	6	2
东乌珠穆沁旗	11			11		82	74	4	4
西乌珠穆沁旗	15		1	14		58	44	6	8
太仆寺旗	6			6		31	26	3	2
镶黄旗						11	8	1	2
正镶白旗	6	1	1	4		17	9	2	6
正蓝旗	6	1		5		48	23	3	22
多伦县	18		1	17		95	51	3	41
乌拉盖管委会	10			10		13	10		3
阿拉善盟	**50**	**3**	**6**	**41**		**177**	**142**	**25**	**10**
阿拉善左旗	34	3	3	28		128	102	17	9
阿拉善右旗	3			3		5	3	2	
额济纳旗	6		2	4		26	24	2	
内蒙古阿拉善经济开发区	7		1	6		18	13	4	1

4-4b 续表 99

单位：人

地区 性别	教育		卫生和社会工作			文化、体育和娱乐业				
	小计	教育	小计	卫生	社会工作	小计	新闻和出版业	广播、电视、电影和录音制作业	文化艺术业	体育
内蒙古	**20081**	**20081**	**8800**	**8581**	**219**	**2166**	**207**	**263**	**709**	**206**
呼和浩特市	**1193**	**1193**	**481**	**469**	**12**	**144**	**10**	**15**	**48**	**18**
新城区	2	2	1	1						
回民区										
玉泉区										
赛罕区			2	2						
土默特左旗	243	243	115	108	7	24	1	2	6	3
托克托县	196	196	109	109		26		1	13	1
和林格尔县	220	220	61	61		15	3	2	5	1
清水河县	95	95	45	43	2	8	1		6	
武川县	140	140	68	67	1	17	1	2	7	
呼和浩特经济技术开发区	297	297	80	78	2	54	4	8	11	13
包头市	**1127**	**1127**	**426**	**411**	**15**	**155**	**9**	**16**	**51**	**15**
东河区	43	43	15	13	2	6			2	1
昆都仑区										
青山区	3	3	3	1	2					
石拐区	1	1								
白云鄂博矿区										
九原区	11	11	4	3	1					
土默特右旗	327	327	113	112	1	52	2	2	20	4
固阳县	109	109	54	54		13		2	6	
达尔罕茂明安联合旗	96	96	54	53	1	15	3	2	7	
包头稀土高新技术产业开发区	537	537	183	175	8	69	4	10	16	10
乌海市	**9**	**9**	**1**	**1**		**2**				
海勃湾区	1	1				2				
海南区	7	7								
乌达区	1	1	1	1						
赤峰市	**3787**	**3787**	**1810**	**1759**	**51**	**257**	**23**	**23**	**97**	**29**
红山区	21	21	6	5	1					
元宝山区	34	34	14	14		2		1		1
松山区	25	25	21	15	6					
阿鲁科尔沁旗	346	346	179	177	2	15	5	1	5	
巴林左旗	410	410	187	180	7	32	1	2	12	3
巴林右旗	301	301	136	128	8	31	1	1	13	4
林西县	310	310	172	169	3	11	3		4	2
克什克腾旗	294	294	170	166	4	34	1		14	2
翁牛特旗	498	498	159	151	8	35	3	3	10	6
喀喇沁旗	342	342	166	164	2	39	1	10	15	6
宁城县	637	637	363	357	6	44	7	4	15	4
敖汉旗	569	569	237	233	4	14	1	1	9	1

4-4b　续表 100　　　　　　　　　　　　　　　　　　　　单位：人

地　区 性　别	教育		卫生和社会工作			文化、体育和娱乐业				
	小计	教育	小计	卫生	社会工作	小计	新闻和出版业	广播、电视、电影和录音制作业	文　化艺术业	体育
通辽市	**3192**	**3192**	**1333**	**1309**	**24**	**267**	**25**	**42**	**57**	**39**
科尔沁区	38	38	22	22		4				
科尔沁左翼中旗	437	437	201	201		28	1	5	2	3
科尔沁左翼后旗	386	386	110	109	1	30	1	1	7	5
开鲁县	461	461	166	162	4	35	1	6	8	8
库伦旗	239	239	130	130		24	2	4	6	1
奈曼旗	507	507	222	212	10	36	3	7	11	2
扎鲁特旗	467	467	154	153	1	31	2	8	5	5
通辽经济技术开发区	657	657	328	320	8	79	15	11	18	15
霍林郭勒市										
鄂尔多斯市	**3019**	**3019**	**1093**	**1071**	**22**	**368**	**47**	**38**	**125**	**26**
东胜区						1				
康巴什区										
达拉特旗	633	633	233	227	6	64	3	8	19	6
准格尔旗	768	768	270	266	4	78	13	9	18	7
鄂托克前旗	220	220	81	79	2	24	4	2	9	1
鄂托克旗	326	326	107	104	3	44	1	2	14	3
杭锦旗	250	250	89	88	1	13	2		3	
乌审旗	310	310	107	105	2	27		2	15	1
伊金霍洛旗	512	512	206	202	4	117	24	15	47	8
呼伦贝尔市	**1836**	**1836**	**802**	**778**	**24**	**274**	**32**	**50**	**79**	**26**
海拉尔区	2	2	1	1						
扎赉诺尔区	2	2	5	5						
阿荣旗	346	346	147	145	2	47	11	2	7	4
莫力达瓦达斡尔族自治旗	271	271	88	85	3	11	1	5	2	
鄂伦春自治旗	313	313	143	143		40	5	6	13	2
鄂温克族自治旗	331	331	145	138	7	91	8	26	31	11
陈巴尔虎旗	78	78	48	46	2	18	1	2	11	1
新巴尔虎左旗	82	82	39	35	4	16	2	2	8	
新巴尔虎右旗	79	79	27	27		17	2	4	5	2
满洲里市	6	6	2	2						
牙克石市	159	159	91	85	6	23	1	3	2	6
扎兰屯市	71	71	23	23		4				
额尔古纳市	24	24	12	12		6				
根河市	72	72	31	31		1	1			
巴彦淖尔市	**1364**	**1364**	**776**	**757**	**19**	**158**	**15**	**9**	**51**	**13**
临河区	21	21	11	10	1	1				
五原县	288	288	185	185		32	2	1	12	3
磴口县	108	108	91	86	5	19	3	2	4	
乌拉特前旗	387	387	214	207	7	45	3	4	14	7
乌拉特中旗	168	168	96	94	2	23	5		10	
乌拉特后旗	97	97	47	47		4			1	
杭锦后旗	295	295	132	128	4	34	2	2	10	3

4-4b 续表 101

单位：人

地区 性别	教育		卫生和社会工作			文化、体育和娱乐业				
	小计	教育	小计	卫生	社会工作	小计	新闻和出版业	广播、电视、电影和录音制作业	文化艺术业	体育
乌兰察布市	**1345**	**1345**	**527**	**515**	**12**	**109**	**15**	**11**	**44**	**6**
集宁区	40	40	13	13		3				1
卓资县	133	133	39	38	1	8	1		6	
化德县	140	140	64	64		9	1	1	4	
商都县	216	216	93	92	1	23	2	3	10	1
兴和县	132	132	57	57		7		1	1	2
凉城县	132	132	59	52	7	11	3	1	3	1
察哈尔右翼前旗	162	162	40	39	1	11	1	1	3	1
察哈尔右翼中旗	91	91	33	32	1	4		1	1	
察哈尔右翼后旗	125	125	40	39	1	17	6	2	5	
四子王旗	168	168	88	88		16	1	1	11	
丰镇市	6	6	1	1						
兴安盟	**1588**	**1588**	**769**	**749**	**20**	**136**	**9**	**14**	**40**	**11**
乌兰浩特市	37	37	13	13		3		1		
阿尔山市	33	33	4	4		5	1			
科尔沁右翼前旗	458	458	202	192	10	34	3	3	9	4
科尔沁右翼中旗	368	368	186	185	1	24	1	1	9	
扎赉特旗	431	431	225	224	1	34	3	3	7	3
突泉县	261	261	139	131	8	36	1	6	15	4
锡林郭勒盟	**1092**	**1092**	**487**	**475**	**12**	**153**	**6**	**17**	**66**	**10**
二连浩特市										
锡林浩特市	1	1	6	6						
阿巴嘎旗	57	57	35	34	1	22		1	10	
苏尼特左旗	57	57	24	24		8		1	5	
苏尼特右旗	103	103	47	46	1	11		3	5	
东乌珠穆沁旗	111	111	44	42	2	16			2	5
西乌珠穆沁旗	148	148	66	62	4	30	1	4	14	
太仆寺旗	177	177	74	71	3	11		2	2	
镶黄旗	53	53	39	39		13		1	11	
正镶白旗	65	65	28	27	1	6	1	2	2	
正蓝旗	83	83	41	41		12	1	2	6	2
多伦县	181	181	56	56		14	1	1	6	3
乌拉盖管委会	56	56	27	27		10	2		3	
阿拉善盟	**529**	**529**	**295**	**287**	**8**	**143**	**16**	**28**	**51**	**13**
阿拉善左旗	411	411	224	219	5	115	16	23	34	13
阿拉善右旗	37	37	24	24		6		1	5	
额济纳旗	39	39	34	31	3	13		4	9	
内蒙古阿拉善经济开发区	42	42	13	13		9			3	

4-4b 续表 102

单位：人

地区 性别	教育		卫生和社会工作			文化、体育和娱乐业				
	小计	教育	小计	卫生	社会工作	小计	新闻和出版业	广播、电视、电影和录音制作业	文化艺术业	体育
男	**6653**	**6653**	**3068**	**2975**	**93**	**1147**	**96**	**153**	**341**	**105**
呼和浩特市	**407**	**407**	**171**	**166**	**5**	**85**	**8**	**8**	**25**	**13**
新城区			1	1						
回民区										
玉泉区										
赛罕区										
土默特左旗	91	91	37	33	4	14	1		4	3
托克托县	70	70	36	36		14			7	1
和林格尔县	83	83	25	25		8	2	1	3	
清水河县	35	35	14	13	1	4	1		2	
武川县	50	50	29	29		10	1	1	3	
呼和浩特经济技术开发区	78	78	29	29		35	3	6	6	9
包头市	**339**	**339**	**148**	**143**	**5**	**93**	**3**	**12**	**28**	**10**
东河区	13	13	2	1	1	4			1	
昆都仑区										
青山区	1	1	1		1					
石拐区										
白云鄂博矿区										
九原区	5	5	1		1					
土默特右旗	99	99	45	45		30	1	1	12	4
固阳县	37	37	26	26		9		2	4	
达尔罕茂明安联合旗	32	32	17	17		8		2	4	
包头稀土高新技术产业开发区	152	152	56	54	2	42	2	7	7	6
乌海市	**2**	**2**				**1**				
海勃湾区						1				
海南区	2	2								
乌达区										
赤峰市	**1342**	**1342**	**661**	**641**	**20**	**137**	**12**	**12**	**51**	**13**
红山区	7	7	1	1						
元宝山区	8	8	5	5						
松山区	12	12	10	7	3					
阿鲁科尔沁旗	133	133	63	62	1	7	2	1	2	
巴林左旗	147	147	65	63	2	18			7	1
巴林右旗	98	98	53	50	3	21		1	9	3
林西县	106	106	64	62	2	6	2		2	
克什克腾旗	101	101	58	57	1	19			7	1
翁牛特旗	192	192	66	64	2	21	3	1	6	4
喀喇沁旗	110	110	67	66	1	18		5	7	2
宁城县	227	227	119	118	1	21	5	3	7	2
敖汉旗	201	201	90	86	4	6		1	4	

4-4b 续表 103

单位：人

地　区 性　别	教育		卫生和社会工作			文化、体育和娱乐业				
	小计	教育	小计	卫生	社会工作	小计	新闻和出版业	广播、电视、电影和录音制作业	文化艺术业	体育
通辽市	**1068**	**1068**	**515**	**502**	**13**	**148**	**13**	**24**	**30**	**17**
科尔沁区	15	15	11	11		3				
科尔沁左翼中旗	137	137	89	89		19	1	3	2	2
科尔沁左翼后旗	144	144	40	39	1	18		1	3	2
开鲁县	161	161	58	58		20	1	4	6	3
库伦旗	98	98	60	60		14	1	4	3	
奈曼旗	157	157	79	73	6	16	1	3	5	1
扎鲁特旗	144	144	50	49	1	16	2	4	3	1
通辽经济技术开发区	212	212	128	123	5	42	7	5	8	8
霍林郭勒市										
鄂尔多斯市	**836**	**836**	**373**	**368**	**5**	**189**	**14**	**21**	**62**	**11**
东胜区										
康巴什区										
达拉特旗	159	159	91	88	3	31	1	3	11	2
准格尔旗	208	208	78	78		40	2	2	11	5
鄂托克前旗	76	76	32	32		15	2	2	5	
鄂托克旗	85	85	44	42	2	27		2	8	1
杭锦旗	78	78	33	33		7	2			
乌审旗	93	93	36	36		12			8	
伊金霍洛旗	137	137	59	59		57	7	12	19	3
呼伦贝尔市	**672**	**672**	**249**	**237**	**12**	**145**	**17**	**34**	**30**	**13**
海拉尔区	1	1								
扎赉诺尔区			2	2						
阿荣旗	120	120	40	38	2	23	7	1	2	2
莫力达瓦达斡尔族自治旗	115	115	34	32	2	7		4	1	
鄂伦春自治旗	116	116	45	45		19	1	5	4	
鄂温克族自治旗	110	110	38	36	2	49	3	19	11	7
陈巴尔虎旗	31	31	12	11	1	6	1		3	
新巴尔虎左旗	28	28	13	10	3	11	2	2	5	
新巴尔虎右旗	25	25	9	9		9	1	2	2	2
满洲里市	1	1	1	1						
牙克石市	55	55	32	30	2	16	1	1	2	2
扎兰屯市	32	32	8	8		3				
额尔古纳市	11	11	8	8		1				
根河市	27	27	7	7		1	1			
巴彦淖尔市	**409**	**409**	**240**	**230**	**10**	**80**	**6**	**6**	**22**	**8**
临河区	9	9	6	5	1					
五原县	79	79	61	61		14		1	2	2
磴口县	34	34	25	22	3	10	2		2	
乌拉特前旗	119	119	62	59	3	26	2	4	5	6
乌拉特中旗	52	52	35	33	2	10	1		6	
乌拉特后旗	30	30	13	13		1				
杭锦后旗	86	86	38	37	1	19	1	1	7	

4-4b　续表 104　　　　　　　　　　　　　　　　　　　　　　　　单位：人

地区 性别	教育		卫生和社会工作			文化、体育和娱乐业				
	小计	教育	小计	卫生	社会工作	小计	新闻和出版业	广播、电视、电影和录音制作业	文化艺术业	体育
乌兰察布市	**518**	**518**	**187**	**182**	**5**	**51**	**6**	**6**	**18**	**3**
集宁区	11	11	2	2		1				
卓资县	54	54	15	15		3			2	
化德县	59	59	21	21		2			1	
商都县	94	94	29	29		10	1	1	3	1
兴和县	53	53	24	24		5		1	1	1
凉城县	58	58	27	23	4	6	1	1	2	
察哈尔右翼前旗	68	68	12	12		6	1		1	1
察哈尔右翼中旗	33	33	16	15	1	3		1		
察哈尔右翼后旗	32	32	10	10		7	3	1	2	
四子王旗	53	53	30	30		8		1	6	
丰镇市	3	3	1	1						
兴安盟	**546**	**546**	**268**	**258**	**10**	**66**	**5**	**8**	**17**	**4**
乌兰浩特市	11	11	4	4		2				
阿尔山市	5	5	1	1		2	1			
科尔沁右翼前旗	149	149	66	62	4	17	2	2	4	2
科尔沁右翼中旗	133	133	69	69		12	1	1	4	
扎赉特旗	157	157	74	73	1	16	1	1	3	
突泉县	91	91	54	49	5	17		4	6	2
锡林郭勒盟	**341**	**341**	**166**	**160**	**6**	**78**	**4**	**8**	**36**	**6**
二连浩特市										
锡林浩特市	1	1	2	2						
阿巴嘎旗	21	21	10	10		10			5	
苏尼特左旗	18	18	4	4		3			2	
苏尼特右旗	29	29	18	18		7		2	3	
东乌珠穆沁旗	32	32	16	15	1	9			1	4
西乌珠穆沁旗	57	57	22	20	2	14		2	8	
太仆寺旗	55	55	28	25	3	8		2	1	
镶黄旗	19	19	18	18		7			7	
正镶白旗	24	24	12	12		3	1	1	1	
正蓝旗	22	22	12	12		7	1	1	4	1
多伦县	48	48	17	17		5			2	1
乌拉盖管委会	15	15	7	7		5	2		2	
阿拉善盟	**173**	**173**	**90**	**88**	**2**	**74**	**8**	**14**	**22**	**7**
阿拉善左旗	138	138	66	64	2	60	8	12	14	7
阿拉善右旗	16	16	9	9		2			2	
额济纳旗	8	8	11	11		7		2	5	
内蒙古阿拉善经济开发区	11	11	4	4		5			1	

4—4b 续表 105

单位：人

地 区 性 别	教育		卫生和社会工作			文化、体育和娱乐业				
	小计	教育	小计	卫生	社会工作	小计	新闻和出版业	广播、电视、电影和录音制作业	文 化艺术业	体育
女	**13428**	**13428**	**5732**	**5606**	**126**	**1019**	**111**	**110**	**368**	**101**
呼和浩特市	**786**	**786**	**310**	**303**	**7**	**59**	**2**	**7**	**23**	**5**
新城区	2	2								
回民区										
玉泉区										
赛罕区			2	2						
土默特左旗	152	152	78	75	3	10		2	2	
托克托县	126	126	73	73		12		1	6	
和林格尔县	137	137	36	36		7	1	1	2	1
清水河县	60	60	31	30	1	4			4	
武川县	90	90	39	38	1	7		1	4	
呼和浩特经济技术开发区	219	219	51	49	2	19	1	2	5	4
包头市	**788**	**788**	**278**	**268**	**10**	**62**	**6**	**4**	**23**	**5**
东河区	30	30	13	12	1	2			1	1
昆都仑区										
青山区	2	2	2	1	1					
石拐区	1	1								
白云鄂博矿区										
九原区	6	6	3	3						
土默特右旗	228	228	68	67	1	22	1	1	8	
固阳县	72	72	28	28		4			2	
达尔罕茂明安联合旗	64	64	37	36	1	7	3		3	
包头稀土高新技术产业开发区	385	385	127	121	6	27	2	3	9	4
乌海市	**7**	**7**	**1**	**1**		**1**				
海勃湾区	1	1				1				
海南区	5	5								
乌达区	1	1	1	1						
赤峰市	**2445**	**2445**	**1149**	**1118**	**31**	**120**	**11**	**11**	**46**	**16**
红山区	14	14	5	4	1					
元宝山区	26	26	9	9		2		1		1
松山区	13	13	11	8	3					
阿鲁科尔沁旗	213	213	116	115	1	8	3		3	
巴林左旗	263	263	122	117	5	14	1	2	5	2
巴林右旗	203	203	83	78	5	10	1		4	1
林西县	204	204	108	107	1	5	1		2	2
克什克腾旗	193	193	112	109	3	15	1		7	1
翁牛特旗	306	306	93	87	6	14		2	4	2
喀喇沁旗	232	232	99	98	1	21	1	5	8	4
宁城县	410	410	244	239	5	23	2	1	8	2
敖汉旗	368	368	147	147		8	1		5	1

4-4b　续表 106

单位：人

地　区 性　别	教育		卫生和社会工作			文化、体育和娱乐业				
	小计	教育	小计	卫生	社会工作	小计	新闻和出版业	广播、电视、电影和录音制作业	文化艺术业	体育
通辽市	**2124**	**2124**	**818**	**807**	**11**	**119**	**12**	**18**	**27**	**22**
科尔沁区	23	23	11	11		1				
科尔沁左翼中旗	300	300	112	112		9		2		1
科尔沁左翼后旗	242	242	70	70		12	1		4	3
开鲁县	300	300	108	104	4	15		2	2	5
库伦旗	141	141	70	70		10	1		3	1
奈曼旗	350	350	143	139	4	20	2	4	6	1
扎鲁特旗	323	323	104	104		15		4	2	4
通辽经济技术开发区	445	445	200	197	3	37	8	6	10	7
霍林郭勒市										
鄂尔多斯市	**2183**	**2183**	**720**	**703**	**17**	**179**	**33**	**17**	**63**	**15**
东胜区						1				
康巴什区										
达拉特旗	474	474	142	139	3	33	2	5	8	4
准格尔旗	560	560	192	188	4	38	11	7	7	2
鄂托克前旗	144	144	49	47	2	9	2		4	1
鄂托克旗	241	241	63	62	1	17	1		6	2
杭锦旗	172	172	56	55	1	6			3	
乌审旗	217	217	71	69	2	15		2	7	1
伊金霍洛旗	375	375	147	143	4	60	17	3	28	5
呼伦贝尔市	**1164**	**1164**	**553**	**541**	**12**	**129**	**15**	**16**	**49**	**13**
海拉尔区	1	1	1	1						
扎赉诺尔区	2	2	3	3						
阿荣旗	226	226	107	107		24	4	1	5	2
莫力达瓦达斡尔族自治旗	156	156	54	53	1	4	1	1	1	
鄂伦春自治旗	197	197	98	98		21	4	1	9	2
鄂温克族自治旗	221	221	107	102	5	42	5	7	20	4
陈巴尔虎旗	47	47	36	35	1	12		2	8	1
新巴尔虎左旗	54	54	26	25	1	5			3	
新巴尔虎右旗	54	54	18	18		8	1	2	3	
满洲里市	5	5	1	1						
牙克石市	104	104	59	55	4	7		2		4
扎兰屯市	39	39	15	15		1				
额尔古纳市	13	13	4	4		5				
根河市	45	45	24	24						
巴彦淖尔市	**955**	**955**	**536**	**527**	**9**	**78**	**9**	**3**	**29**	**5**
临河区	12	12	5	5		1				
五原县	209	209	124	124		18	2		10	1
磴口县	74	74	66	64	2	9	1	2	2	
乌拉特前旗	268	268	152	148	4	19	1		9	1
乌拉特中旗	116	116	61	61		13	4		4	
乌拉特后旗	67	67	34	34		3			1	
杭锦后旗	209	209	94	91	3	15	1	1	3	3

4—4b 续表 107

单位：人

地区 性别	教育		卫生和社会工作			文化、体育和娱乐业				
	小计	教育	小计	卫生	社会工作	小计	新闻和出版业	广播、电视、电影和录音制作业	文化艺术业	体育
乌兰察布市	**827**	**827**	**340**	**333**	**7**	**58**	**9**	**5**	**26**	**3**
集宁区	29	29	11	11		2				1
卓资县	79	79	24	23	1	5	1		4	
化德县	81	81	43	43		7	1	1	3	
商都县	122	122	64	63	1	13	1	2	7	
兴和县	79	79	33	33		2				1
凉城县	74	74	32	29	3	5	2		1	1
察哈尔右翼前旗	94	94	28	27	1	5		1	2	
察哈尔右翼中旗	58	58	17	17		1			1	
察哈尔右翼后旗	93	93	30	29	1	10	3	1	3	
四子王旗	115	115	58	58		8	1		5	
丰镇市	3	3								
兴安盟	**1042**	**1042**	**501**	**491**	**10**	**70**	**4**	**6**	**23**	**7**
乌兰浩特市	26	26	9	9		1		1		
阿尔山市	28	28	3	3		3				
科尔沁右翼前旗	309	309	136	130	6	17	1	1	5	2
科尔沁右翼中旗	235	235	117	116	1	12			5	
扎赉特旗	274	274	151	151		18	2	2	4	3
突泉县	170	170	85	82	3	19	1	2	9	2
锡林郭勒盟	**751**	**751**	**321**	**315**	**6**	**75**	**2**	**9**	**30**	**4**
二连浩特市										
锡林浩特市			4	4						
阿巴嘎旗	36	36	25	24	1	12		1	5	
苏尼特左旗	39	39	20	20		5		1	3	
苏尼特右旗	74	74	29	28	1	4		1	2	
东乌珠穆沁旗	79	79	28	27	1	7			1	1
西乌珠穆沁旗	91	91	44	42	2	16	1	2	6	
太仆寺旗	122	122	46	46		3			1	
镶黄旗	34	34	21	21		6		1	4	
正镶白旗	41	41	16	15	1	3		1	1	
正蓝旗	61	61	29	29		5		1	2	1
多伦县	133	133	39	39		9	1	1	4	2
乌拉盖管委会	41	41	20	20		5			1	
阿拉善盟	**356**	**356**	**205**	**199**	**6**	**69**	**8**	**14**	**29**	**6**
阿拉善左旗	273	273	158	155	3	55	8	11	20	6
阿拉善右旗	21	21	15	15		4		1	3	
额济纳旗	31	31	23	20	3	6		2	4	
内蒙古阿拉善经济开发区	31	31	9	9		4			2	

4-4b　续表 108　　　　单位：人

地区 性别	娱乐业	公共管理、社会保障和社会组织							国际组织	
		小计	中国共产党机关	国家机构	人民政协、民主党派	社会保障	群众团体、社会团体和其他成员组织	基层群众自治组织	小计	国际组织
内蒙古	**781**	**33136**	**1074**	**29207**	**131**	**222**	**754**	**1748**		
呼和浩特市	**53**	**1671**	**54**	**1428**	**8**	**19**	**35**	**127**		
新城区		10		9				1		
回民区										
玉泉区										
赛罕区										
土默特左旗	12	321	6	290		9		16		
托克托县	11	309	9	259	3	8	7	23		
和林格尔县	4	331	18	276	1	2	8	26		
清水河县	1	240	6	211			7	16		
武川县	7	238	7	194	3		4	30		
呼和浩特经济技术开发区	18	222	8	189	1		9	15		
包头市	**64**	**1692**	**27**	**1505**	**6**	**1**	**33**	**120**		
东河区	3	37	1	26			3	7		
昆都仑区										
青山区		3		1			1	1		
石拐区		1		1						
白云鄂博矿区										
九原区		4		2				2		
土默特右旗	24	491	9	438	2	1	11	30		
固阳县	5	240	2	221	2		4	11		
达尔罕茂明安联合旗	3	270	6	251	2		5	6		
包头稀土高新技术产业开发区	29	646	9	565			9	63		
乌海市	**2**	**25**	**2**	**20**				**3**		
海勃湾区	2	1		1						
海南区		22	2	17				3		
乌达区		2		2						
赤峰市	**85**	**4554**	**101**	**3962**	**14**	**62**	**111**	**304**		
红山区		16		14			1	1		
元宝山区		25		11			1	13		
松山区		20	1	11				8		
阿鲁科尔沁旗	4	551	4	479	1	11	17	39		
巴林左旗	14	368	11	312		7	10	28		
巴林右旗	12	489	26	439	2	1	5	16		
林西县	2	382	5	334	1	7	7	28		
克什克腾旗	17	514	7	412	2	5	43	45		
翁牛特旗	13	466	7	440	1	1	5	12		
喀喇沁旗	7	461	7	409	5	9	4	27		
宁城县	14	671	21	600	1	3	12	34		
敖汉旗	2	591	12	501	1	18	6	53		

4－4b 续表 109 单位：人

地区 性别	娱乐业	公共管理、社会保障和社会组织 小计	中国共产党机关	国家机构	人民政协、民主党派	社会保障	群众团体、社会团体和其他成员组织	基层群众自治组织	国际组织 小计	国际组织
通辽市	**104**	**3728**	**142**	**3284**	**19**	**20**	**62**	**201**		
科尔沁区	4	34		24		1	1	8		
科尔沁左翼中旗	17	504	19	444	1	2	11	27		
科尔沁左翼后旗	16	454	18	405	1	4	8	18		
开鲁县	12	523	17	456	2	5	9	34		
库伦旗	11	343	21	295	5	3	4	15		
奈曼旗	13	460	11	396	2		7	44		
扎鲁特旗	11	601	14	546	1		7	33		
通辽经济技术开发区	20	809	42	718	7	5	15	22		
霍林郭勒市										
鄂尔多斯市	**132**	**5162**	**186**	**4564**	**8**	**21**	**135**	**248**		
东胜区	1	3		3						
康巴什区										
达拉特旗	28	773	17	694	3	8	10	41		
准格尔旗	31	1024	32	855		7	41	89		
鄂托克前旗	8	449	17	400	1	1	14	16		
鄂托克旗	24	535	32	473	2		13	15		
杭锦旗	8	466	21	427			13	5		
乌审旗	9	638	24	587			11	16		
伊金霍洛旗	23	1274	43	1125	2	5	33	66		
呼伦贝尔市	**87**	**3756**	**86**	**3338**	**12**	**32**	**90**	**198**		
海拉尔区		3		1			1	1		
扎赉诺尔区		5		5						
阿荣旗	23	455	7	422			8	18		
莫力达瓦达斡尔族自治旗	3	458	11	408		6	3	30		
鄂伦春自治旗	14	574	32	475	1	8	13	45		
鄂温克族自治旗	15	669	24	575	9	14	25	22		
陈巴尔虎旗	3	229	2	211			6	10		
新巴尔虎左旗	4	238	2	226	1		5	4		
新巴尔虎右旗	4	249	5	205	1		13	25		
满洲里市		4		2				2		
牙克石市	11	521	3	497		4	3	14		
扎兰屯市	4	138		121			2	15		
额尔古纳市	6	96		86			4	6		
根河市		117		104			7	6		
巴彦淖尔市	**70**	**2370**	**104**	**2100**	**15**	**6**	**64**	**81**		
临河区	1	11		7			2	2		
五原县	14	387	12	351		2	7	15		
磴口县	10	304	1	290	3		6	4		
乌拉特前旗	17	504	22	451	1		12	18		
乌拉特中旗	8	486	20	437	4		11	14		
乌拉特后旗	3	330	13	289	3	1	9	15		
杭锦后旗	17	348	36	275	4	3	17	13		

4-4b　续表 110

单位：人

地区 性别	娱乐业	公共管理、社会保障和社会组织							国际组织	
		小计	中国共产党机关	国家机构	人民政协、民主党派	社会保障	群众团体、社会团体和其他成员组织	基层群众自治组织	小计	国际组织
乌兰察布市	**33**	**3033**	**132**	**2635**	**18**	**30**	**55**	**163**		
集宁区	2	27		26				1		
卓资县	1	238	1	205	2	7	2	21		
化德县	3	345	22	307	4		4	8		
商都县	7	436	13	385	1	5	6	26		
兴和县	3	364	9	316	1	3	7	28		
凉城县	3	363	16	332	1	5	5	4		
察哈尔右翼前旗	5	308	15	257		5	9	22		
察哈尔右翼中旗	2	278	17	231	4	5	5	16		
察哈尔右翼后旗	4	310	9	277	1		9	14		
四子王旗	3	359	30	297	4		8	20		
丰镇市		5		2				3		
兴安盟	**62**	**2799**	**101**	**2503**	**9**	**8**	**39**	**139**		
乌兰浩特市	2	29		22			1	6		
阿尔山市	4	232		227		2	2	1		
科尔沁右翼前旗	15	680	13	631	3		9	24		
科尔沁右翼中旗	13	540	18	474	3	6	7	32		
扎赉特旗	18	862	39	763	1		16	43		
突泉县	10	456	31	386	2		4	33		
锡林郭勒盟	**54**	**2571**	**77**	**2293**	**11**	**13**	**58**	**119**		
二连浩特市										
锡林浩特市		11		11						
阿巴嘎旗	11	182	13	159	2		7	1		
苏尼特左旗	2	157	7	135		4	3	8		
苏尼特右旗	3	274	7	249			3	15		
东乌珠穆沁旗	9	319	2	297	1	1	4	14		
西乌珠穆沁旗	11	332	11	302		1	8	10		
太仆寺旗	7	288	11	248	2	1	6	20		
镶黄旗	1	156	4	136	1	2	9	4		
正镶白旗	1	229	8	210			5	6		
正蓝旗	1	189	2	174		1	3	9		
多伦县	3	277	4	229	5	3	10	26		
乌拉盖管委会	5	157	8	143				6		
阿拉善盟	**35**	**1775**	**62**	**1575**	**11**	**10**	**72**	**45**		
阿拉善左旗	29	1250	38	1118	7	6	47	34		
阿拉善右旗		207	12	166	1	4	17	7		
额济纳旗		255	12	230	2		8	3		
内蒙古阿拉善经济开发区	6	63		61	1			1		

4−4b 续表 111

单位：人

地　区 性　别	娱乐业	公共管理、社会保障和社会组织							国际组织	
		小计	中国共产党机关	国家机构	人民政协、民主党派	社会保障	群众团体、社会团体和其他成员组织	基层群众自治组织	小计	国际组织
男	**452**	**21194**	**685**	**19147**	**89**	**111**	**386**	**776**		
呼和浩特市	**31**	**1091**	**32**	**951**	**7**	**10**	**21**	**70**		
新城区		7		6				1		
回民区										
玉泉区										
赛罕区										
土默特左旗	6	210	4	191		6		9		
托克托县	6	205	4	180	3	3	5	10		
和林格尔县	2	219	10	188	1	1	5	14		
清水河县	1	151	4	133			4	10		
武川县	5	169	6	144	3		1	15		
呼和浩特经济技术开发区	11	130	4	109			6	11		
包头市	**40**	**1042**	**12**	**964**	**5**	**1**	**12**	**48**		
东河区	3	22	1	18				3		
昆都仑区										
青山区		2		1				1		
石拐区		1		1						
白云鄂博矿区										
九原区		2		1				1		
土默特右旗	12	322	3	301	2	1	4	11		
固阳县	3	160	2	149	2		1	6		
达尔罕茂明安联合旗	2	166	3	158	1		2	2		
包头稀土高新技术产业开发区	20	367	3	335			5	24		
乌海市	**1**	**17**	**1**	**16**						
海勃湾区	1									
海南区		16	1	15						
乌达区		1		1						
赤峰市	**49**	**2987**	**70**	**2668**	**9**	**35**	**69**	**136**		
红山区		12		11			1			
元宝山区		16		9			1	6		
松山区		16		8				8		
阿鲁科尔沁旗	2	346	3	307	1	4	14	17		
巴林左旗	10	233	7	208		5	6	7		
巴林右旗	8	298	16	272	2		2	6		
林西县	2	248	5	222	1	7	4	9		
克什克腾旗	11	315	3	266	1	2	26	17		
翁牛特旗	7	339	5	324		1	3	6		
喀喇沁旗	4	300	6	268	3	6	4	13		
宁城县	4	457	15	415		2	4	21		
敖汉旗	1	407	10	358	1	8	4	26		

4-4b 续表 112

单位：人

地区 性别	娱乐业	公共管理、社会保障和社会组织							国际组织	
		小计	中国共产党机关	国家机构	人民政协、民主党派	社会保障	群众团体、社会团体和其他成员组织	基层群众自治组织	小计	国际组织
通辽市	**64**	**2379**	**95**	**2145**	**10**	**11**	**30**	**88**		
科尔沁区	3	24		17		1	1	5		
科尔沁左翼中旗	11	325	11	295	1	1	4	13		
科尔沁左翼后旗	12	316	12	285	1	4	4	10		
开鲁县	6	334	10	301	1	2	6	14		
库伦旗	6	226	15	197	2		3	9		
奈曼旗	6	294	5	263	1		5	20		
扎鲁特旗	6	387	11	362			3	11		
通辽经济技术开发区	14	473	31	425	4	3	4	6		
霍林郭勒市										
鄂尔多斯市	**81**	**3160**	**126**	**2843**	**7**	**10**	**66**	**108**		
东胜区		1		1						
康巴什区										
达拉特旗	14	515	11	476	3	4	5	16		
准格尔旗	20	668	21	572		3	23	49		
鄂托克前旗	6	264	9	243	1	1	4	6		
鄂托克旗	16	321	16	289	1		8	7		
杭锦旗	5	277	17	250			9	1		
乌审旗	4	374	17	346			5	6		
伊金霍洛旗	16	740	35	666	2	2	12	23		
呼伦贝尔市	**51**	**2509**	**52**	**2324**	**9**	**12**	**47**	**65**		
海拉尔区		2		1			1			
扎赉诺尔区		3		3						
阿荣旗	11	315	3	299			6	7		
莫力达瓦达斡尔族自治旗	2	306	7	284		2	1	12		
鄂伦春自治旗	9	370	22	330		3	5	10		
鄂温克族自治旗	9	394	13	354	7	6	9	5		
陈巴尔虎旗	2	134		123			5	6		
新巴尔虎左旗	2	150	1	145	1		2	1		
新巴尔虎右旗	2	151	4	131	1		6	9		
满洲里市		1		1						
牙克石市	10	412	2	402		1	2	5		
扎兰屯市	3	96		90			1	5		
额尔古纳市	1	81		74			4	3		
根河市		94		87			5	2		
巴彦淖尔市	**38**	**1406**	**60**	**1283**	**8**	**3**	**26**	**26**		
临河区		7		4			1	2		
五原县	9	238	10	217			5	6		
磴口县	6	180	1	175	2			2		
乌拉特前旗	9	293	10	275	1		5	2		
乌拉特中旗	3	296	15	275	1		2	3		
乌拉特后旗	1	186	7	163	1	1	5	9		
杭锦后旗	10	206	17	174	3	2	8	2		

4-4b 续表 113

单位：人

地 区 性 别	娱乐业	公共管理、社会保障和社会组织 小计	中国共产党机关	国家机构	人民政协、民主党派	社会保障	群众团体、社会团体和其他成员组织	基层群众自治组织	国际组织 小计	国际组织
乌兰察布市	**18**	**2077**	**96**	**1841**	**15**	**18**	**32**	**75**		
集宁区	1	16		15				1		
卓资县	1	152	1	137	1	2	2	9		
化德县	1	242	15	219	4		2	2		
商都县	4	324	9	293	1	3	3	15		
兴和县	2	259	8	233	1	2	4	11		
凉城县	2	244	12	222		5	3	2		
察哈尔右翼前旗	3	205	11	177		3	6	8		
察哈尔右翼中旗	2	179	10	156	3	3	2	5		
察哈尔右翼后旗	1	215	6	192	1		5	11		
四子王旗	1	238	24	195	4		5	10		
丰镇市		3		2				1		
兴安盟	**32**	**1863**	**60**	**1696**	**7**	**2**	**18**	**80**		
乌兰浩特市	2	16		13				3		
阿尔山市	1	165		163			2			
科尔沁右翼前旗	7	428	7	406	3		4	8		
科尔沁右翼中旗	6	336	6	301	3	2	3	21		
扎赉特旗	11	613	28	552	1		7	25		
突泉县	5	305	19	261			2	23		
锡林郭勒盟	**24**	**1635**	**46**	**1495**	**3**	**5**	**28**	**58**		
二连浩特市										
锡林浩特市		8		8						
阿巴嘎旗	5	122	5	112	1		4			
苏尼特左旗	1	97	3	91		2	1			
苏尼特右旗	2	164	6	150			1	7		
东乌珠穆沁旗	4	218	2	205			3	8		
西乌珠穆沁旗	4	188	5	175		1	4	3		
太仆寺旗	5	189	8	166			2	13		
镶黄旗		96	3	84	1	1	6	1		
正镶白旗		151	8	140			2	1		
正蓝旗		126	1	115			2	8		
多伦县	2	178	2	159	1	1	3	12		
乌拉盖管委会	1	98	3	90				5		
阿拉善盟	**23**	**1028**	**35**	**921**	**9**	**4**	**37**	**22**		
阿拉善左旗	19	723	19	653	6	4	24	17		
阿拉善右旗		116	6	96	1		10	3		
额济纳旗		146	10	130	1		3	2		
内蒙古阿拉善经济开发区	4	43		42	1					

4-4b 续表 114 单位：人

地区 性别	娱乐业	公共管理、社会保障和社会组织							国际组织	
		小计	中国共产党机关	国家机构	人民政协、民主党派	社会保障	群众团体、社会团体和其他成员组织	基层群众自治组织	小计	国际组织
女	**329**	**11942**	**389**	**10060**	**42**	**111**	**368**	**972**		
呼和浩特市	**22**	**580**	**22**	**477**	**1**	**9**	**14**	**57**		
新城区		3		3						
回民区										
玉泉区										
赛罕区										
土默特左旗	6	111	2	99		3		7		
托克托县	5	104	5	79		5	2	13		
和林格尔县	2	112	8	88		1	3	12		
清水河县		89	2	78			3	6		
武川县	2	69	1	50			3	15		
呼和浩特经济技术开发区	7	92	4	80	1		3	4		
包头市	**24**	**650**	**15**	**541**	**1**		**21**	**72**		
东河区		15		8			3	4		
昆都仑区										
青山区		1					1			
石拐区										
白云鄂博矿区										
九原区		2		1				1		
土默特右旗	12	169	6	137			7	19		
固阳县	2	80		72			3	5		
达尔罕茂明安联合旗	1	104	3	93	1		3	4		
包头稀土高新技术产业开发区	9	279	6	230			4	39		
乌海市	**1**	**8**	**1**	**4**				**3**		
海勃湾区	1	1		1						
海南区		6	1	2				3		
乌达区		1		1						
赤峰市	**36**	**1567**	**31**	**1294**	**5**	**27**	**42**	**168**		
红山区		4		3				1		
元宝山区		9		2				7		
松山区		4	1	3						
阿鲁科尔沁旗	2	205	1	172		7	3	22		
巴林左旗	4	135	4	104		2	4	21		
巴林右旗	4	191	10	167		1	3	10		
林西县		134		112			3	19		
克什克腾旗	6	199	4	146	1	3	17	28		
翁牛特旗	6	127	2	116	1		2	6		
喀喇沁旗	3	161	1	141	2	3		14		
宁城县	10	214	6	185	1	1	8	13		
敖汉旗	1	184	2	143		10	2	27		

4-4b 续表 115

单位：人

地区 性别	娱乐业	公共管理、社会保障和社会组织							国际组织	
		小计	中国共产党机关	国家机构	人民政协、民主党派	社会保障	群众团体、社会团体和其他成员组织	基层群众自治组织	小计	国际组织
通辽市	**40**	**1349**	**47**	**1139**	**9**	**9**	**32**	**113**		
科尔沁区	1	10		7				3		
科尔沁左翼中旗	6	179	8	149		1	7	14		
科尔沁左翼后旗	4	138	6	120			4	8		
开鲁县	6	189	7	155	1	3	3	20		
库伦旗	5	117	6	98	3	3	1	6		
奈曼旗	7	166	6	133	1		2	24		
扎鲁特旗	5	214	3	184	1		4	22		
通辽经济技术开发区	6	336	11	293	3	2	11	16		
霍林郭勒市										
鄂尔多斯市	**51**	**2002**	**60**	**1721**	**1**	**11**	**69**	**140**		
东胜区	1	2		2						
康巴什区										
达拉特旗	14	258	6	218		4	5	25		
准格尔旗	11	356	11	283		4	18	40		
鄂托克前旗	2	185	8	157			10	10		
鄂托克旗	8	214	16	184	1		5	8		
杭锦旗	3	189	4	177			4	4		
乌审旗	5	264	7	241			6	10		
伊金霍洛旗	7	534	8	459		3	21	43		
呼伦贝尔市	**36**	**1247**	**34**	**1014**	**3**	**20**	**43**	**133**		
海拉尔区		1						1		
扎赉诺尔区		2		2						
阿荣旗	12	140	4	123			2	11		
莫力达瓦达斡尔族自治旗	1	152	4	124		4	2	18		
鄂伦春自治旗	5	204	10	145	1	5	8	35		
鄂温克族自治旗	6	275	11	221	2	8	16	17		
陈巴尔虎旗	1	95	2	88			1	4		
新巴尔虎左旗	2	88	1	81			3	3		
新巴尔虎右旗	2	98	1	74			7	16		
满洲里市		3		1				2		
牙克石市	1	109	1	95		3	1	9		
扎兰屯市	1	42		31			1	10		
额尔古纳市	5	15		12				3		
根河市		23		17			2	4		
巴彦淖尔市	**32**	**964**	**44**	**817**	**7**	**3**	**38**	**55**		
临河区	1	4		3			1			
五原县	5	149	2	134		2	2	9		
磴口县	4	124		115	1		6	2		
乌拉特前旗	8	211	12	176			7	16		
乌拉特中旗	5	190	5	162	3		9	11		
乌拉特后旗	2	144	6	126	2		4	6		
杭锦后旗	7	142	19	101	1	1	9	11		

4-4b　续表 116　　　　单位：人

地　区 性　别	娱乐业	公共管理、社会保障和社会组织							国际组织	
		小计	中国共产党机关	国家机构	人民政协、民主党派	社会保障	群众团体、社会团体和其他成员组织	基层群众自治组织	小计	国际组织
乌兰察布市	**15**	**956**	**36**	**794**	**3**	**12**	**23**	**88**		
集宁区	1	11		11						
卓资县		86		68	1	5		12		
化德县	2	103	7	88			2	6		
商都县	3	112	4	92		2	3	11		
兴和县	1	105	1	83		1	3	17		
凉城县	1	119	4	110	1		2	2		
察哈尔右翼前旗	2	103	4	80		2	3	14		
察哈尔右翼中旗		99	7	75	1	2	3	11		
察哈尔右翼后旗	3	95	3	85			4	3		
四子王旗	2	121	6	102			3	10		
丰镇市		2						2		
兴安盟	**30**	**936**	**41**	**807**	**2**	**6**	**21**	**59**		
乌兰浩特市		13		9			1	3		
阿尔山市	3	67		64		2		1		
科尔沁右翼前旗	8	252	6	225			5	16		
科尔沁右翼中旗	7	204	12	173		4	4	11		
扎赉特旗	7	249	11	211			9	18		
突泉县	5	151	12	125	2		2	10		
锡林郭勒盟	**30**	**936**	**31**	**798**	**8**	**8**	**30**	**61**		
二连浩特市										
锡林浩特市		3		3						
阿巴嘎旗	6	60	8	47	1		3	1		
苏尼特左旗	1	60	4	44		2	2	8		
苏尼特右旗	1	110	1	99			2	8		
东乌珠穆沁旗	5	101		92	1	1	1	6		
西乌珠穆沁旗	7	144	6	127			4	7		
太仆寺旗	2	99	3	82	2	1	4	7		
镶黄旗	1	60	1	52		1	3	3		
正镶白旗	1	78		70			3	5		
正蓝旗	1	63	1	59		1	1	1		
多伦县	1	99	2	70	4	2	7	14		
乌拉盖管委会	4	59	5	53				1		
阿拉善盟	**12**	**747**	**27**	**654**	**2**	**6**	**35**	**23**		
阿拉善左旗	10	527	19	465	1	2	23	17		
阿拉善右旗		91	6	70		4	7	4		
额济纳旗		109	2	100	1		5	1		
内蒙古阿拉善经济开发区	2	20		19				1		

4-4c 各地区分性别、行业大类的就业人口(乡村)

单位：人

地区 性别	合计	农、林、牧、渔业						采矿业	
		小计	农业	林业	畜牧业	渔业	农、林、牧、渔专业及辅助性活动	小计	煤炭开采和洗选业
内蒙古	**376478**	**251505**	**191402**	**680**	**56749**	**129**	**2545**	**13170**	**8828**
呼和浩特市	**26035**	**10482**	**8884**	**96**	**1361**	**10**	**131**	**88**	**34**
新城区	2866	70	20	27	18		5	2	1
回民区	811	17	12	1	4			1	1
玉泉区	2213	204	168	2	31	2	1	4	
赛罕区	5281	1339	1226	9	92		12	7	3
土默特左旗	5276	3379	2942	46	364	5	22	8	3
托克托县	3767	1815	1596		152	3	64	1	1
和林格尔县	3121	1928	1547	2	367		12		
清水河县	1335	727	591	9	112		15	58	24
武川县	1365	1003	782		221			7	1
呼和浩特经济技术开发区									
包头市	**22274**	**11803**	**9954**	**37**	**1712**	**6**	**94**	**601**	**123**
东河区	2570	1310	1233	2	71	1	3	20	19
昆都仑区	1167	78	35	3	11	3	26	33	3
青山区	1090	61	29	1	30		1	2	
石拐区	234	89	69	1	17		2	4	3
白云鄂博矿区									
九原区	2485	759	576	4	168	1	10	110	5
土默特右旗	8042	5856	5564	25	259		8	90	79
固阳县	5100	2732	2122		597		13	254	12
达尔罕茂明安联合旗	1265	855	282		542		31	83	1
包头稀土高新技术产业开发区	321	63	44	1	17	1		5	1
乌海市	**1611**	**161**	**106**	**2**	**50**	**1**	**2**	**296**	**289**
海勃湾区	1069	82	54	2	25	1		192	192
海南区	542	79	52		25		2	104	97
乌达区									
赤峰市	**103431**	**75617**	**62024**	**133**	**12589**	**18**	**853**	**1362**	**174**
红山区	505	190	167	4	14		5	7	2
元宝山区	2185	876	731	5	136	2	2	92	64
松山区	13884	8452	7859	15	538	1	39	136	30
阿鲁科尔沁旗	6857	5237	2740	9	2081	2	405	43	6
巴林左旗	12414	7685	6292	26	1268	1	98	303	22
巴林右旗	4146	3769	1405		2318		46	23	1
林西县	4574	3097	2547	3	535		12	75	4
克什克腾旗	4462	3097	1326	20	1718	7	26	370	1
翁牛特旗	10407	8476	7239	7	1187	1	42	32	1
喀喇沁旗	8730	6672	6137	11	513	1	10	86	17
宁城县	17837	13266	11783	19	1314	1	149	94	24
敖汉旗	17430	14800	13798	14	967	2	19	101	2

4-4c　续表 1　　　　单位：人

地　区 性　别	合计	农、林、牧、渔业						采矿业	
		小计	农业	林业	畜牧业	渔业	农、林、牧、渔专业及辅助性活动	小计	煤炭开采和洗选业
通辽市	**68300**	**54543**	**44652**	**31**	**9471**	**33**	**356**	**368**	**165**
科尔沁区	10109	6435	5700	3	678	5	49	32	7
科尔沁左翼中旗	12175	8238	7066	10	1087	25	50	48	28
科尔沁左翼后旗	11782	10919	8461	2	2437		19	71	63
开鲁县	9855	8520	7626	3	775		116	3	
库伦旗	5543	5116	3817	5	1291		3	40	1
奈曼旗	9811	8228	7348	1	796		83	16	
扎鲁特旗	7204	6257	3944	7	2273	2	31	117	25
通辽经济技术开发区	1475	809	678		125	1	5		
霍林郭勒市	346	21	12		9			41	41
鄂尔多斯市	**32696**	**14477**	**9283**	**27**	**5051**	**15**	**101**	**7313**	**6675**
东胜区	1679	275	162	1	99		13	853	852
康巴什区									
达拉特旗	7011	4612	3873	6	709	7	17	438	427
准格尔旗	6585	1412	1106	5	279	4	18	1718	1462
鄂托克前旗	2628	1382	696	1	681		4	666	660
鄂托克旗	2977	1315	129		1184		2	521	463
杭锦旗	2364	1946	937	4	1000	2	3	49	24
乌审旗	4955	2280	1523	1	734		22	1181	938
伊金霍洛旗	4497	1255	857	9	365	2	22	1887	1849
呼伦贝尔市	**24213**	**17696**	**12681**	**216**	**4407**	**8**	**384**	**403**	**206**
海拉尔区	454	252	115		101		36	13	12
扎赉诺尔区									
阿荣旗	4965	3626	2999	33	554	2	38	10	2
莫力达瓦达斡尔族自治旗	5040	3868	3476	13	348	1	30	4	
鄂伦春自治旗	1693	1092	868	61	147	2	14	46	1
鄂温克族自治旗	1386	807	12	11	741		43	88	88
陈巴尔虎旗	840	628	132		491		5	2	
新巴尔虎左旗	959	747	4	5	721		17	38	
新巴尔虎右旗	1028	553	4	1	548			78	
满洲里市									
牙克石市	545	176	52	75	42	1	6	97	97
扎兰屯市	6635	5505	4800	12	583	2	108	7	3
额尔古纳市	663	438	219	5	128		86	20	3
根河市	5	4			3		1		
巴彦淖尔市	**29469**	**19679**	**16078**	**38**	**3262**	**28**	**273**	**728**	**102**
临河区	7363	4036	3285	5	656	6	84	10	4
五原县	5419	3919	3445	3	428	1	42	14	13
磴口县	2199	1642	1334	14	262		32		
乌拉特前旗	6280	4460	3919	5	446	19	71	268	6
乌拉特中旗	3291	2537	1640	1	887		9	189	70
乌拉特后旗	1329	625	363		254		8	231	1
杭锦后旗	3588	2460	2092	10	329	2	27	16	8

4-4c 续表 2　　单位：人

地区 性别	合计	农、林、牧、渔业						采矿业	
		小计	农业	林业	畜牧业	渔业	农、林、牧、渔专业及辅助性活动	小计	煤炭开采和洗选业
乌兰察布市	**21526**	**12071**	**6533**	**42**	**5337**	**2**	**157**	**230**	**13**
集宁区	974	84	57	5	21		1		
卓资县	1320	499	221	1	272		5	18	
化德县	1036	482	182	2	288	1	9	2	
商都县	3330	2344	645	4	1652		43	15	1
兴和县	1525	685	392	3	286		4	6	4
凉城县	2078	1404	1142	7	247		8	6	
察哈尔右翼前旗	2865	1254	638	7	601		8	41	4
察哈尔右翼中旗	2058	1337	837	2	476		22	71	
察哈尔右翼后旗	1396	675	265	8	399		3	11	
四子王旗	2698	1861	1130		682		49	57	2
丰镇市	2246	1446	1024	3	413	1	5	3	2
兴安盟	**27279**	**22079**	**19655**	**41**	**2276**	**8**	**99**	**284**	**170**
乌兰浩特市	1350	800	757	1	37	2	3	6	3
阿尔山市	126	25	18		7				
科尔沁右翼前旗	9005	7106	5955	6	1124	4	17	50	1
科尔沁右翼中旗	4582	4067	3522	7	482		56	20	15
扎赉特旗	6615	5645	5333	4	294	1	13	31	7
突泉县	5601	4436	4070	23	332	1	10	177	144
锡林郭勒盟	**16160**	**11542**	**991**	**9**	**10464**		**78**	**1157**	**691**
二连浩特市	149	114	16		98				
锡林浩特市	1481	799	46	2	749		2	46	41
阿巴嘎旗	1218	990			990			56	3
苏尼特左旗	1201	885			885			93	12
苏尼特右旗	922	799	3		796			23	
东乌珠穆沁旗	1601	1305	3		1259		43	171	1
西乌珠穆沁旗	2909	1561			1561			637	571
太仆寺旗	1721	1165	400	5	754		6	23	
镶黄旗	570	479	2		477			65	43
正镶白旗	928	825	63		751		11	8	
正蓝旗	1800	1412	54		1357		1	6	
多伦县	1480	1043	398	2	631		12	29	20
乌拉盖管委会	180	165	6		156		3		
阿拉善盟	**3484**	**1355**	**561**	**8**	**769**		**17**	**340**	**186**
阿拉善左旗	2450	1087	515	6	563		3	250	141
阿拉善右旗	337	157	26		121		10	38	27
额济纳旗	438	106	20	2	84			45	11
内蒙古阿拉善经济开发区	259	5			1		4	7	7

4-4c　续表 3　　　　单位：人

地区 性别	合计	农、林、牧、渔业						采矿业	
		小计	农业	林业	畜牧业	渔业	农、林、牧、渔专业及辅助性活动	小计	煤炭开采和洗选业
男	**233683**	**145194**	**108762**	**552**	**34005**	**105**	**1770**	**12006**	**8169**
呼和浩特市	**17693**	**6951**	**5822**	**80**	**953**	**7**	**89**	**81**	**31**
新城区	1995	56	13	25	14		4	2	1
回民区	527	10	6	1	3			1	1
玉泉区	1519	132	107	2	21	1	1	4	
赛罕区	3486	879	796	7	69		7	5	2
土默特左旗	3558	2279	1960	39	257	4	19	8	3
托克托县	2707	1239	1084		113	2	40	1	1
和林格尔县	2089	1286	1027	1	250		8		
清水河县	907	426	340	5	71		10	54	22
武川县	905	644	489		155			6	1
呼和浩特经济技术开发区									
包头市	**14491**	**7211**	**6002**	**29**	**1104**	**4**	**72**	**541**	**118**
东河区	1665	798	744	2	49	1	2	20	19
昆都仑区	813	60	25	3	8	1	23	26	2
青山区	676	40	19	1	20			2	
石拐区	156	59	43	1	13		2	4	3
白云鄂博矿区									
九原区	1715	469	340	3	117	1	8	103	4
土默特右旗	5069	3480	3282	18	172		8	85	77
固阳县	3422	1772	1361		400		11	223	11
达尔罕茂明安联合旗	763	499	166		315		18	73	1
包头稀土高新技术产业开发区	212	34	22	1	10	1		5	1
乌海市	**1251**	**101**	**60**	**1**	**37**	**1**	**2**	**273**	**266**
海勃湾区	827	48	28	1	18	1		183	183
海南区	424	53	32		19		2	90	83
乌达区									
赤峰市	**59257**	**40717**	**32675**	**104**	**7394**	**16**	**528**	**1180**	**158**
红山区	305	100	83	4	8		5	5	2
元宝山区	1519	519	412	5	99	2	1	85	58
松山区	8058	4491	4118	10	335	1	27	120	27
阿鲁科尔沁旗	3975	2890	1512	6	1139	2	231	41	6
巴林左旗	6689	3874	3132	17	670	1	54	251	19
巴林右旗	2258	2027	744		1250		33	22	1
林西县	2675	1693	1359	3	323		8	67	3
克什克腾旗	2770	1717	690	19	982	5	21	317	1
翁牛特旗	5942	4637	3885	6	714	1	31	26	1
喀喇沁旗	5118	3650	3272	6	364	1	7	74	16
宁城县	10340	7190	6216	18	861	1	94	85	23
敖汉旗	9608	7929	7252	10	649	2	16	87	1

4-4c 续表 4

单位：人

地区 性别	合计	农、林、牧、渔业						采矿业	
		小计	农业	林业	畜牧业	渔业	农、林、牧、渔专业及辅助性活动	小计	煤炭开采和洗选业
通辽市	**39315**	**30422**	**24645**	**28**	**5476**	**28**	**245**	**321**	**140**
科尔沁区	6045	3651	3132	2	473	4	40	21	7
科尔沁左翼中旗	7347	4840	4132	10	644	22	32	41	22
科尔沁左翼后旗	6541	6018	4665	2	1334		17	62	56
开鲁县	5405	4551	4003	2	476		70	3	
库伦旗	3039	2772	2044	4	721		3	37	1
奈曼旗	5577	4556	4009	1	495		51	14	
扎鲁特旗	4196	3547	2263	7	1246	2	29	109	20
通辽经济技术开发区	914	474	391		80		3		
霍林郭勒市	251	13	6		7			34	34
鄂尔多斯市	**23246**	**8154**	**5188**	**21**	**2851**	**13**	**81**	**6817**	**6215**
东胜区	1383	173	94	1	68		10	785	784
康巴什区									
达拉特旗	4487	2672	2187	4	460	6	15	409	398
准格尔旗	5262	877	667	5	189	4	12	1610	1367
鄂托克前旗	1816	743	373	1	365		4	648	643
鄂托克旗	2038	699	74		623		2	479	423
杭锦旗	1387	1078	519	2	554	1	2	48	23
乌审旗	3396	1202	808	1	376		17	1076	851
伊金霍洛旗	3477	710	466	7	216	2	19	1762	1726
呼伦贝尔市	**15860**	**11588**	**8374**	**177**	**2727**	**5**	**305**	**354**	**185**
海拉尔区	315	172	84		67		21	12	11
扎赉诺尔区									
阿荣旗	3300	2413	1962	31	383	2	35	9	2
莫力达瓦达斡尔族自治旗	3343	2655	2387	10	233		25	4	
鄂伦春自治旗	1098	720	572	45	90	2	11	42	1
鄂温克族自治旗	872	492	7	11	431		43	82	82
陈巴尔虎旗	553	409	118		288		3	1	
新巴尔虎左旗	568	448	2	4	432		10	28	
新巴尔虎右旗	750	344	3		341			73	
满洲里市									
牙克石市	405	141	46	61	28		6	85	85
扎兰屯市	4183	3450	3002	10	362	1	75	5	2
额尔古纳市	470	341	191	5	70		75	13	2
根河市	3	3			2		1		
巴彦淖尔市	**18262**	**11512**	**9211**	**31**	**2052**	**21**	**197**	**651**	**81**
临河区	4520	2356	1850	5	437	5	59	10	4
五原县	3258	2271	1947	2	291	1	30	11	10
磴口县	1311	962	772	8	157		25		
乌拉特前旗	4038	2708	2338	5	303	13	49	252	6
乌拉特中旗	2051	1453	943	1	503		6	155	53
乌拉特后旗	939	350	198		146		6	210	1
杭锦后旗	2145	1412	1163	10	215	2	22	13	7

4-4c　续表 5

单位：人

地区 性别	合计	农、林、牧、渔业						采矿业	
		小计	农业	林业	畜牧业	渔业	农、林、牧、渔专业及辅助性活动	小计	煤炭开采和洗选业
乌兰察布市	**14675**	**7721**	**4097**	**33**	**3475**	**2**	**114**	**206**	**12**
集宁区	693	59	38	4	16		1		
卓资县	1007	355	160	1	190		4	17	
化德县	728	300	107	1	186	1	5	2	
商都县	2129	1397	408	2	959		28	14	1
兴和县	1160	505	264	3	234		4	6	4
凉城县	1391	896	707	4	179		6	5	
察哈尔右翼前旗	1951	793	370	6	411		6	33	3
察哈尔右翼中旗	1351	857	528	2	310		17	66	
察哈尔右翼后旗	1000	475	187	8	277		3	10	
四子王旗	1739	1174	703		435		36	50	2
丰镇市	1526	910	625	2	278	1	4	3	2
兴安盟	**16923**	**13368**	**11810**	**36**	**1437**	**8**	**77**	**258**	**160**
乌兰浩特市	899	490	465		22	2	1	5	3
阿尔山市	102	17	13		4				
科尔沁右翼前旗	5587	4363	3624	6	715	4	14	38	1
科尔沁右翼中旗	2670	2344	2032	5	266		41	15	10
扎赉特旗	4260	3600	3377	4	206	1	12	30	6
突泉县	3405	2554	2299	21	224	1	9	170	140
锡林郭勒盟	**10285**	**6668**	**558**	**8**	**6052**		**50**	**1049**	**656**
二连浩特市	93	65	9		56				
锡林浩特市	960	457	29	1	425		2	43	39
阿巴嘎旗	773	572			572			54	3
苏尼特左旗	793	521			521			89	11
苏尼特右旗	532	445	2		443			15	
东乌珠穆沁旗	960	737	2		712		23	142	1
西乌珠穆沁旗	2071	862			862			595	546
太仆寺旗	1181	783	244	5	529		5	17	
镶黄旗	326	255	1		254			55	36
正镶白旗	537	463	40		417		6	6	
正蓝旗	1018	775	29		745		1	6	
多伦县	927	632	196	2	424		10	27	20
乌拉盖管委会	114	101	6		92		3		
阿拉善盟	**2425**	**781**	**320**	**4**	**447**		**10**	**275**	**147**
阿拉善左旗	1697	626	294	3	327		2	209	111
阿拉善右旗	238	94	16		72		6	34	25
额济纳旗	296	58	10	1	47			28	7
内蒙古阿拉善经济开发区	194	3			1		2	4	4

4-4c 续表 6

单位：人

地区 性别	合计	农、林、牧、渔业						采矿业	
		小计	农业	林业	畜牧业	渔业	农、林、牧、渔专业及辅助性活动	小计	煤炭开采和洗选业
女	**142795**	**106311**	**82640**	**128**	**22744**	**24**	**775**	**1164**	**659**
呼和浩特市	**8342**	**3531**	**3062**	**16**	**408**	**3**	**42**	**7**	**3**
新城区	871	14	7	2	4		1		
回民区	284	7	6		1				
玉泉区	694	72	61		10	1			
赛罕区	1795	460	430	2	23		5	2	1
土默特左旗	1718	1100	982	7	107	1	3		
托克托县	1060	576	512		39	1	24		
和林格尔县	1032	642	520	1	117		4		
清水河县	428	301	251	4	41		5	4	2
武川县	460	359	293		66			1	
呼和浩特经济技术开发区									
包头市	**7783**	**4592**	**3952**	**8**	**608**	**2**	**22**	**60**	**5**
东河区	905	512	489		22		1		
昆都仑区	354	18	10		3	2	3	7	1
青山区	414	21	10		10		1		
石拐区	78	30	26		4				
白云鄂博矿区									
九原区	770	290	236	1	51		2	7	1
土默特右旗	2973	2376	2282	7	87			5	2
固阳县	1678	960	761		197		2	31	1
达尔罕茂明安联合旗	502	356	116		227		13	10	
包头稀土高新技术产业开发区	109	29	22		7				
乌海市	**360**	**60**	**46**	**1**	**13**			**23**	**23**
海勃湾区	242	34	26	1	7			9	9
海南区	118	26	20		6			14	14
乌达区									
赤峰市	**44174**	**34900**	**29349**	**29**	**5195**	**2**	**325**	**182**	**16**
红山区	200	90	84		6			2	
元宝山区	666	357	319		37		1	7	6
松山区	5826	3961	3741	5	203		12	16	3
阿鲁科尔沁旗	2882	2347	1228	3	942		174	2	
巴林左旗	5725	3811	3160	9	598		44	52	3
巴林右旗	1888	1742	661		1068		13	1	
林西县	1899	1404	1188		212		4	8	1
克什克腾旗	1692	1380	636	1	736	2	5	53	
翁牛特旗	4465	3839	3354	1	473		11	6	
喀喇沁旗	3612	3022	2865	5	149		3	12	1
宁城县	7497	6076	5567	1	453		55	9	1
敖汉旗	7822	6871	6546	4	318		3	14	1

4-4c 续表 7

单位：人

地区 性别	合计	农、林、牧、渔业						采矿业	
		小计	农业	林业	畜牧业	渔业	农、林、牧、渔专业及辅助性活动	小计	煤炭开采和洗选业
通辽市	**28985**	**24121**	**20007**	**3**	**3995**	**5**	**111**	**47**	**25**
科尔沁区	4064	2784	2568	1	205	1	9	11	
科尔沁左翼中旗	4828	3398	2934		443	3	18	7	6
科尔沁左翼后旗	5241	4901	3796		1103		2	9	7
开鲁县	4450	3969	3623	1	299		46		
库伦旗	2504	2344	1773	1	570			3	
奈曼旗	4234	3672	3339		301		32	2	
扎鲁特旗	3008	2710	1681		1027		2	8	5
通辽经济技术开发区	561	335	287		45	1	2		
霍林郭勒市	95	8	6		2			7	7
鄂尔多斯市	**9450**	**6323**	**4095**	**6**	**2200**	**2**	**20**	**496**	**460**
东胜区	296	102	68		31		3	68	68
康巴什区									
达拉特旗	2524	1940	1686	2	249	1	2	29	29
准格尔旗	1323	535	439		90		6	108	95
鄂托克前旗	812	639	323		316			18	17
鄂托克旗	939	616	55		561			42	40
杭锦旗	977	868	418	2	446	1	1	1	1
乌审旗	1559	1078	715		358		5	105	87
伊金霍洛旗	1020	545	391	2	149		3	125	123
呼伦贝尔市	**8353**	**6108**	**4307**	**39**	**1680**	**3**	**79**	**49**	**21**
海拉尔区	139	80	31		34		15	1	1
扎赉诺尔区									
阿荣旗	1665	1213	1037	2	171		3	1	
莫力达瓦达斡尔族自治旗	1697	1213	1089	3	115	1	5		
鄂伦春自治旗	595	372	296	16	57		3	4	
鄂温克族自治旗	514	315	5		310			6	6
陈巴尔虎旗	287	219	14		203		2	1	
新巴尔虎左旗	391	299	2	1	289		7	10	
新巴尔虎右旗	278	209	1	1	207			5	
满洲里市									
牙克石市	140	35	6	14	14	1		12	12
扎兰屯市	2452	2055	1798	2	221	1	33	2	1
额尔古纳市	193	97	28		58		11	7	1
根河市	2	1			1				
巴彦淖尔市	**11207**	**8167**	**6867**	**7**	**1210**	**7**	**76**	**77**	**21**
临河区	2843	1680	1435		219	1	25		
五原县	2161	1648	1498	1	137		12	3	3
磴口县	888	680	562	6	105		7		
乌拉特前旗	2242	1752	1581		143	6	22	16	
乌拉特中旗	1240	1084	697		384		3	34	17
乌拉特后旗	390	275	165		108		2	21	
杭锦后旗	1443	1048	929		114		5	3	1

4-4c 续表 8 单位：人

地区 性别	合计	农、林、牧、渔业						采矿业	
		小计	农业	林业	畜牧业	渔业	农、林、牧、渔专业及辅助性活动	小计	煤炭开采和洗选业
乌兰察布市	**6851**	**4350**	**2436**	**9**	**1862**		**43**	**24**	**1**
集宁区	281	25	19	1	5				
卓资县	313	144	61		82		1	1	
化德县	308	182	75	1	102		4		
商都县	1201	947	237	2	693		15	1	
兴和县	365	180	128		52				
凉城县	687	508	435	3	68		2	1	
察哈尔右翼前旗	914	461	268	1	190		2	8	1
察哈尔右翼中旗	707	480	309		166		5	5	
察哈尔右翼后旗	396	200	78		122			1	
四子王旗	959	687	427		247		13	7	
丰镇市	720	536	399	1	135		1		
兴安盟	**10356**	**8711**	**7845**	**5**	**839**		**22**	**26**	**10**
乌兰浩特市	451	310	292	1	15		2	1	
阿尔山市	24	8	5		3				
科尔沁右翼前旗	3418	2743	2331		409		3	12	
科尔沁右翼中旗	1912	1723	1490	2	216		15	5	5
扎赉特旗	2355	2045	1956		88		1	1	1
突泉县	2196	1882	1771	2	108		1	7	4
锡林郭勒盟	**5875**	**4874**	**433**	**1**	**4412**		**28**	**108**	**35**
二连浩特市	56	49	7		42				
锡林浩特市	521	342	17	1	324			3	2
阿巴嘎旗	445	418			418			2	
苏尼特左旗	408	364			364			4	1
苏尼特右旗	390	354	1		353			8	
东乌珠穆沁旗	641	568	1		547		20	29	
西乌珠穆沁旗	838	699			699			42	25
太仆寺旗	540	382	156		225		1	6	
镶黄旗	244	224	1		223			10	7
正镶白旗	391	362	23		334		5	2	
正蓝旗	782	637	25		612				
多伦县	553	411	202		207		2	2	
乌拉盖管委会	66	64			64				
阿拉善盟	**1059**	**574**	**241**	**4**	**322**		**7**	**65**	**39**
阿拉善左旗	753	461	221	3	236		1	41	30
阿拉善右旗	99	63	10		49		4	4	2
额济纳旗	142	48	10	1	37			17	4
内蒙古阿拉善经济开发区	65	2					2	3	3

4-4c　续表 9　　　　单位：人

地　区 性　别	采矿业						制造业		
	石油和天然气开采业	黑色金属矿采选业	有色金属矿采选业	非金属矿采选业	开采专业及辅助性活　动	其　他采矿业	小计	农副食品加工业	食　品制造业
内蒙古	**330**	**985**	**1605**	**720**	**577**	**125**	**19591**	**2087**	**1813**
呼和浩特市	**2**	**3**	**16**	**28**	**5**		**2103**	**180**	**414**
新城区					1		136	7	10
回民区							64	1	10
玉泉区	1			2	1		310	27	56
赛罕区				4			410	36	51
土默特左旗				3	2		333	46	79
托克托县							393	34	43
和林格尔县							305	17	154
清水河县	1		14	18	1		118	4	6
武川县		3	2	1			34	8	5
呼和浩特经济技术开发区									
包头市	**4**	**288**	**116**	**61**	**3**	**6**	**1500**	**114**	**90**
东河区						1	152	9	11
昆都仑区	1	11	11	3	1	3	324	8	11
青山区		1		1			172	17	18
石拐区		1					41	3	
白云鄂博矿区									
九原区		14	90			1	335	17	18
土默特右旗	3		2	5		1	210	38	14
固阳县		230		10	2		177	12	11
达尔罕茂明安联合旗		31	9	42			29	6	3
包头稀土高新技术产业开发区			4				60	4	4
乌海市				**3**	**4**		**783**	**5**	**2**
海勃湾区							517	3	2
海南区				3	4		266	2	
乌达区									
赤峰市	**6**	**253**	**736**	**159**	**21**	**13**	**3346**	**509**	**212**
红山区	1	1	1	2			55	2	3
元宝山区			24	3	1		341	33	24
松山区		2	82	14	8		471	60	39
阿鲁科尔沁旗	2	12	15	4		4	197	60	30
巴林左旗		60	216	4	1		379	56	28
巴林右旗		1	4	17			33		4
林西县		4	53	12		2	131	15	7
克什克腾旗	1	146	208	11		3	91	2	
翁牛特旗	1	2	20	4	3	1	171	36	27
喀喇沁旗		2	27	40			320	27	3
宁城县	1	12	4	45	5	3	883	153	34
敖汉旗		11	82	3	3		274	65	13

4-4c 续表 10 单位：人

地区 性别	采矿业						制造业		
	石油和天然气开采业	黑色金属矿采选业	有色金属矿采选业	非金属矿采选业	开采专业及辅助性活动	其他采矿业	小计	农副食品加工业	食品制造业
通辽市	**3**	**4**	**24**	**77**	**91**	**4**	**2323**	**264**	**469**
科尔沁区			11	12	2		821	79	371
科尔沁左翼中旗	1	3	1	11	4		754	69	49
科尔沁左翼后旗				7	1		82	9	10
开鲁县	1				2		196	34	7
库伦旗				39			27	6	3
奈曼旗	1	1		6	4	4	151	38	7
扎鲁特旗			12	2	78		89	7	9
通辽经济技术开发区							156	21	13
霍林郭勒市							47	1	
鄂尔多斯市	**213**	**2**		**51**	**362**	**10**	**2586**	**58**	**94**
东胜区				1			99	4	9
康巴什区									
达拉特旗	1	1		8	1		368	24	47
准格尔旗		1		25	221	9	782	21	8
鄂托克前旗	5				1		72	2	
鄂托克旗	20			17	21		673	1	
杭锦旗	24				1		71	1	21
乌审旗	156				87		362	2	4
伊金霍洛旗	7				30	1	159	3	5
呼伦贝尔市	**37**	**1**	**124**	**20**	**9**	**6**	**713**	**97**	**118**
海拉尔区			1				44	4	5
扎赉诺尔区									
阿荣旗				4		4	139	29	16
莫力达瓦达斡尔族自治旗				4			63	15	6
鄂伦春自治旗			45				32	2	2
鄂温克族自治旗							35	11	10
陈巴尔虎旗		1	1				48	1	4
新巴尔虎左旗	37				1		6	1	2
新巴尔虎右旗			70		7	1	132	1	
满洲里市									
牙克石市							13	2	
扎兰屯市			1	2	1		178	22	67
额尔古纳市			6	10		1	23	9	6
根河市									
巴彦淖尔市	**14**	**260**	**235**	**38**	**13**	**66**	**2389**	**505**	**226**
临河区		1	1		4		1084	301	34
五原县		1					239	107	13
磴口县							231	16	151
乌拉特前旗		233	16	4	4	5	391	21	13
乌拉特中旗	9	16	61	29	3	1	111	2	2
乌拉特后旗	5	6	157	3		59	146	2	
杭锦后旗		3		2	2	1	187	56	13

4-4c 续表 11

单位：人

地区 性别	采矿业						制造业		
	石油和天然气开采业	黑色金属矿采选业	有色金属矿采选业	非金属矿采选业	开采专业及辅助性活动	其他采矿业	小计	农副食品加工业	食品制造业
乌兰察布市		**89**	**8**	**109**	**2**	**9**	**1971**	**159**	**71**
集宁区							79	11	8
卓资县		3	1	7		7	310	9	6
化德县				2			225	10	
商都县				14			151	39	13
兴和县		1		1			155	23	2
凉城县			2	3	1		47	6	5
察哈尔右翼前旗		33	3	1			511	27	12
察哈尔右翼中旗		44	2	25			65	8	1
察哈尔右翼后旗		1		8		2	171	11	10
四子王旗		7		48			99	6	7
丰镇市					1		158	9	7
兴安盟	**1**	**3**	**39**	**66**	**3**	**2**	**622**	**118**	**26**
乌兰浩特市				3			194	11	2
阿尔山市							1		
科尔沁右翼前旗		1	29	16	2	1	194	51	17
科尔沁右翼中旗		2	1	1		1	36	1	2
扎赉特旗	1		2	20	1		103	28	2
突泉县			7	26			94	27	3
锡林郭勒盟	**25**	**57**	**274**	**37**	**64**	**9**	**542**	**76**	**65**
二连浩特市							1		
锡林浩特市			4	1			86	26	21
阿巴嘎旗			53				20		
苏尼特左旗	1		35	2	43		48	3	
苏尼特右旗		3	20				56	1	
东乌珠穆沁旗	24	52	71	6	17		20	2	
西乌珠穆沁旗			63	1		2	67		1
太仆寺旗		1		19	1	2	107	28	15
镶黄旗			20	2			2		1
正镶白旗			8				28	1	
正蓝旗				6			39	7	11
多伦县		1			3	5	66	8	15
乌拉盖管委会							2		1
阿拉善盟	**25**	**25**	**33**	**71**			**713**	**2**	**26**
阿拉善左旗	25	8	33	43			480		26
阿拉善右旗		10		1			41		
额济纳旗		7		27			7	2	
内蒙古阿拉善经济开发区							185		

4-4c 续表 12

单位：人

地区 性别	采矿业						制造业		
	石油和天然气开采业	黑色金属矿采选业	有色金属矿采选业	非金属矿采选业	开采专业及辅助性活动	其他采矿业	小计	农副食品加工业	食品制造业
男	**297**	**886**	**1365**	**626**	**549**	**114**	**14666**	**1390**	**1057**
呼和浩特市	**2**	**2**	**16**	**25**	**5**		**1560**	**128**	**254**
新城区					1		104	4	5
回民区							48	1	6
玉泉区	1			2	1		221	18	38
赛罕区				3			297	24	23
土默特左旗				3	2		223	32	41
托克托县							315	29	35
和林格尔县							212	10	99
清水河县	1		14	16	1		110	3	4
武川县		2	2	1			30	7	3
呼和浩特经济技术开发区									
包头市	**2**	**252**	**108**	**53**	**3**	**5**	**1157**	**71**	**38**
东河区						1	121	7	4
昆都仑区	1	9	9	2	1	2	244	5	4
青山区		1		1			114	10	5
石拐区		1					27		
白云鄂博矿区									
九原区		13	85			1	269	11	11
土默特右旗	1		2	4		1	172	20	8
固阳县		202		8	2		146	9	5
达尔罕茂明安联合旗		26	8	38			24	5	1
包头稀土高新技术产业开发区			4				40	4	
乌海市				**3**	**4**		**618**	**4**	**1**
海勃湾区							408	3	1
海南区				3	4		210	1	
乌达区									
赤峰市	**6**	**231**	**618**	**136**	**19**	**12**	**2357**	**326**	**107**
红山区	1		1	1			31	1	
元宝山区			23	3	1		240	22	11
松山区		2	71	12	8		329	39	15
阿鲁科尔沁旗	2	12	13	4		4	153	47	21
巴林左旗		52	175	4	1		242	29	8
巴林右旗		1	4	16			21		3
林西县		4	47	11		2	102	9	4
克什克腾旗	1	136	168	9		2	80	2	
翁牛特旗	1	2	17	3	1	1	122	19	19
喀喇沁旗		2	23	33			224	16	1
宁城县	1	11	4	38	5	3	607	97	21
敖汉旗		9	72	2	3		206	45	4

4-4c　续表 13　　　　单位：人

地　区 性　别	采矿业						制造业		
	石油和天然气开采业	黑色金属矿采选业	有色金属矿采选业	非金属矿采选业	开采专业及辅助性活动	其他采矿业	小计	农副食品加工业	食品制造业
通辽市	**3**	**4**	**15**	**68**	**87**	**4**	**1548**	**170**	**268**
科尔沁区			3	9	2		513	48	217
科尔沁左翼中旗	1	3		11	4		497	43	26
科尔沁左翼后旗				5	1		60	7	5
开鲁县	1				2		141	24	3
库伦旗				36			17	3	2
奈曼旗	1	1		5	3	4	111	28	3
扎鲁特旗			12	2	75		69	4	6
通辽经济技术开发区							103	13	6
霍林郭勒市							37		
鄂尔多斯市	**199**	**2**		**48**	**343**	**10**	**2042**	**40**	**60**
东胜区				1			67	2	5
康巴什区									
达拉特旗	1	1		8	1		284	16	32
准格尔旗		1		23	210	9	656	15	5
鄂托克前旗	4				1		55	1	
鄂托克旗	20			16	20		503	1	
杭锦旗	24				1		51	1	12
乌审旗	144				81		297	2	2
伊金霍洛旗	6				29	1	129	2	4
呼伦贝尔市	**27**		**115**	**16**	**7**	**4**	**538**	**62**	**81**
海拉尔区			1				28	3	2
扎赉诺尔区									
阿荣旗				4		3	107	19	8
莫力达瓦达斡尔族自治旗				4			40	10	4
鄂伦春自治旗			41				20	1	1
鄂温克族自治旗							27	8	7
陈巴尔虎旗			1				41		3
新巴尔虎左旗	27				1		4	1	
新巴尔虎右旗			67		5	1	114	1	
满洲里市									
牙克石市							9	1	
扎兰屯市			1	1	1		135	14	53
额尔古纳市			4	7			13	4	3
根河市									
巴彦淖尔市	**14**	**241**	**208**	**33**	**13**	**61**	**1737**	**333**	**137**
临河区		1	1		4		721	196	14
五原县		1					183	77	9
磴口县							151	8	98
乌拉特前旗		217	16	4	4	5	330	15	8
乌拉特中旗	9	15	49	25	3	1	97	1	1
乌拉特后旗	5	5	142	3		54	121	1	
杭锦后旗		2		1	2	1	134	35	7

4−4c 续表 14　　单位：人

地区 性别	采矿业						制造业		
	石油和天然气开采业	黑色金属矿采选业	有色金属矿采选业	非金属矿采选业	开采专业及辅助性活动	其他采矿业	小计	农副食品加工业	食品制造业
乌兰察布市		**81**	**5**	**97**	**2**	**9**	**1619**	**114**	**41**
集宁区							59	8	5
卓资县		3	1	6		7	267	6	4
化德县				2			188	6	
商都县				13			124	33	9
兴和县		1		1			138	19	1
凉城县			2	2	1		35	5	2
察哈尔右翼前旗		28	1	1			407	18	7
察哈尔右翼中旗		42	1	23			45	2	
察哈尔右翼后旗				8		2	141	8	6
四子王旗		7		41			82	2	4
丰镇市					1		133	7	3
兴安盟	**1**	**3**	**27**	**62**	**3**	**2**	**481**	**90**	**13**
乌兰浩特市				2			158	9	1
阿尔山市							1		
科尔沁右翼前旗		1	18	15	2	1	137	38	8
科尔沁右翼中旗		2	1	1		1	29	1	2
扎赉特旗	1		2	20	1		78	20	1
突泉县			6	24			78	22	1
锡林郭勒盟	**19**	**50**	**222**	**32**	**63**	**7**	**425**	**51**	**40**
二连浩特市							1		
锡林浩特市			3	1			63	17	13
阿巴嘎旗			51				19		
苏尼特左旗	1		32	2	43		40	3	
苏尼特右旗		2	13				49		
东乌珠穆沁旗	18	46	54	6	17		14	1	
西乌珠穆沁旗			46	1		2	55		
太仆寺旗		1		14	1	1	88	22	10
镶黄旗			17	2			1		
正镶白旗			6				21		
正蓝旗				6			24	4	4
多伦县		1			2	4	48	4	12
乌拉盖管委会							2		1
阿拉善盟	**24**	**20**	**31**	**53**			**584**	**1**	**17**
阿拉善左旗	24	6	31	37			410		17
阿拉善右旗		8		1			32		
额济纳旗		6		15			6	1	
内蒙古阿拉善经济开发区							136		

4-4c 续表 15

单位：人

地区 性别	采矿业						制造业		
	石油和天然气开采业	黑色金属矿采选业	有色金属矿采选业	非金属矿采选业	开采专业及辅助性活动	其他采矿业	小计	农副食品加工业	食品制造业
女	**33**	**99**	**240**	**94**	**28**	**11**	**4925**	**697**	**756**
呼和浩特市		**1**		**3**			**543**	**52**	**160**
新城区							32	3	5
回民区							16		4
玉泉区							89	9	18
赛罕区				1			113	12	28
土默特左旗							110	14	38
托克托县							78	5	8
和林格尔县							93	7	55
清水河县				2			8	1	2
武川县		1					4	1	2
呼和浩特经济技术开发区									
包头市	**2**	**36**	**8**	**8**		**1**	**343**	**43**	**52**
东河区							31	2	7
昆都仑区		2	2	1		1	80	3	7
青山区							58	7	13
石拐区							14	3	
白云鄂博矿区									
九原区		1	5				66	6	7
土默特右旗	2			1			38	18	6
固阳县		28		2			31	3	6
达尔罕茂明安联合旗		5	1	4			5	1	2
包头稀土高新技术产业开发区							20		4
乌海市							**165**	**1**	**1**
海勃湾区							109		1
海南区							56	1	
乌达区									
赤峰市		**22**	**118**	**23**	**2**	**1**	**989**	**183**	**105**
红山区		1		1			24	1	3
元宝山区			1				101	11	13
松山区			11	2			142	21	24
阿鲁科尔沁旗			2				44	13	9
巴林左旗		8	41				137	27	20
巴林右旗				1			12		1
林西县			6	1			29	6	3
克什克腾旗		10	40	2		1	11		
翁牛特旗			3	1	2		49	17	8
喀喇沁旗			4	7			96	11	2
宁城县		1		7			276	56	13
敖汉旗		2	10	1			68	20	9

4-4c 续表 16

单位：人

地区 性别	采矿业						制造业		
	石油和天然气开采业	黑色金属矿采选业	有色金属矿采选业	非金属矿采选业	开采专业及辅助性活动	其他采矿业	小计	农副食品加工业	食品制造业
通辽市			**9**	**9**	**4**		**775**	**94**	**201**
科尔沁区			8	3			308	31	154
科尔沁左翼中旗			1				257	26	23
科尔沁左翼后旗				2			22	2	5
开鲁县							55	10	4
库伦旗				3			10	3	1
奈曼旗				1	1		40	10	4
扎鲁特旗					3		20	3	3
通辽经济技术开发区							53	8	7
霍林郭勒市							10	1	
鄂尔多斯市	**14**			**3**	**19**		**544**	**18**	**34**
东胜区							32	2	4
康巴什区									
达拉特旗							84	8	15
准格尔旗				2	11		126	6	3
鄂托克前旗	1						17	1	
鄂托克旗				1	1		170		
杭锦旗							20		9
乌审旗	12				6		65		2
伊金霍洛旗	1				1		30	1	1
呼伦贝尔市	**10**	**1**	**9**	**4**	**2**	**2**	**175**	**35**	**37**
海拉尔区							16	1	3
扎赉诺尔区									
阿荣旗						1	32	10	8
莫力达瓦达斡尔族自治旗							23	5	2
鄂伦春自治旗			4				12	1	1
鄂温克族自治旗							8	3	3
陈巴尔虎旗		1					7	1	1
新巴尔虎左旗	10						2		2
新巴尔虎右旗			3		2		18		
满洲里市									
牙克石市							4	1	
扎兰屯市				1			43	8	14
额尔古纳市			2	3		1	10	5	3
根河市									
巴彦淖尔市		**19**	**27**	**5**		**5**	**652**	**172**	**89**
临河区							363	105	20
五原县							56	30	4
磴口县							80	8	53
乌拉特前旗		16					61	6	5
乌拉特中旗		1	12	4			14	1	1
乌拉特后旗		1	15			5	25	1	
杭锦后旗		1		1			53	21	6

4-4c 续表 17

单位：人

地区 性别	采矿业						制造业		
	石油和天然气开采业	黑色金属矿采选业	有色金属矿采选业	非金属矿采选业	开采专业及辅助性活动	其他采矿业	小计	农副食品加工业	食品制造业
乌兰察布市		**8**	**3**	**12**			**352**	**45**	**30**
集宁区							20	3	3
卓资县				1			43	3	2
化德县							37	4	
商都县				1			27	6	4
兴和县							17	4	1
凉城县				1			12	1	3
察哈尔右翼前旗		5	2				104	9	5
察哈尔右翼中旗		2	1	2			20	6	1
察哈尔右翼后旗		1					30	3	4
四子王旗				7			17	4	3
丰镇市							25	2	4
兴安盟			**12**	**4**			**141**	**28**	**13**
乌兰浩特市				1			36	2	1
阿尔山市									
科尔沁右翼前旗			11	1			57	13	9
科尔沁右翼中旗							7		
扎赉特旗							25	8	1
突泉县			1	2			16	5	2
锡林郭勒盟	**6**	**7**	**52**	**5**	**1**	**2**	**117**	**25**	**25**
二连浩特市									
锡林浩特市			1				23	9	8
阿巴嘎旗			2				1		
苏尼特左旗			3				8		
苏尼特右旗		1	7				7	1	
东乌珠穆沁旗	6	6	17				6	1	
西乌珠穆沁旗			17				12		1
太仆寺旗				5		1	19	6	5
镶黄旗			3				1		1
正镶白旗			2				7	1	
正蓝旗							15	3	7
多伦县					1	1	18	4	3
乌拉盖管委会									
阿拉善盟	**1**	**5**	**2**	**18**			**129**	**1**	**9**
阿拉善左旗	1	2	2	6			70		9
阿拉善右旗		2					9		
额济纳旗		1		12			1	1	
内蒙古阿拉善经济开发区							49		

4-4c 续表 18 单位：人

地区 性别	制造业								
	酒、饮料和精制茶制造业	烟草制品业	纺织业	纺织服装、服饰业	皮革、毛皮、羽毛及其制品和制鞋业	木材加工和木、竹、藤、棕、草制品业	家具制造业	造纸和纸制品业	印刷和记录媒介复制业
内蒙古	**320**	**11**	**259**	**289**	**143**	**480**	**319**	**171**	**78**
呼和浩特市	**31**	**7**	**43**	**60**	**4**	**66**	**64**	**57**	**13**
新城区		1	2	18		1	3	1	2
回民区	1		3				2	1	1
玉泉区	1	1	14	25	1	19	31	4	1
赛罕区	5	5	7	9	2	7	8	9	9
土默特左旗	12		12	2		14	19	17	
托克托县	4		2	1		8			
和林格尔县	6		3	4		17		25	
清水河县				1	1		1		
武川县	2								
呼和浩特经济技术开发区									
包头市	**19**		**7**	**10**	**1**	**18**	**23**	**20**	**7**
东河区	5			3		3	1	2	1
昆都仑区	2		1			2			
青山区			1	1			12		
石拐区	1								
白云鄂博矿区									
九原区	6		3	2		6	6	1	2
土默特右旗	4		1	2		4	1	14	3
固阳县	1			1	1			1	1
达尔罕茂明安联合旗									
包头稀土高新技术产业开发区			1	1		3	3	2	
乌海市			**1**	**1**		**2**	**1**		
海勃湾区			1	1		1	1		
海南区						1			
乌达区									
赤峰市	**107**	**3**	**36**	**73**	**27**	**171**	**63**	**26**	**38**
红山区			2	2	3	1			
元宝山区	4		7	10	1	49	2	1	
松山区	18	2	6	6	9	10	9	8	9
阿鲁科尔沁旗	1		2	3	1	5	5		
巴林左旗	10		3	13	3	39	7	1	10
巴林右旗						10			
林西县	1		2	1		4	8		1
克什克腾旗	1			2	1		2	2	
翁牛特旗	2		1	2	1	5	4	1	4
喀喇沁旗	7	1	5	3		20	7	2	4
宁城县	61		7	26	8	20	16	5	10
敖汉旗	2		1	5		8	3	6	

4-4c 续表 19

单位：人

地 区 性 别	制造业								
	酒、饮料和精制茶制造业	烟 草制品业	纺织业	纺织服装、服饰业	皮革、毛皮、羽毛及其制品和制鞋业	木材加工和木、竹、藤、棕、草制品业	家 具制造业	造纸和纸制品业	印刷和记录媒介复制业
通辽市	**47**	**1**	**22**	**47**	**77**	**87**	**82**	**23**	**5**
科尔沁区	31		6	2	42	19	32	5	2
科尔沁左翼中旗	7	1	11	32	14	28	38	13	2
科尔沁左翼后旗	2			3	1	3			
开鲁县	2		2	3	4	8	2		
库伦旗				1		2			
奈曼旗	4			4	1	17	3		
扎鲁特旗			1	1		4	3		
通辽经济技术开发区	1		2	1	15	6	3	5	1
霍林郭勒市							1		
鄂尔多斯市	**12**		**30**	**12**	**4**	**13**	**14**		
东胜区			4	1			10		
康巴什区									
达拉特旗	6		18	3	1	6	3		
准格尔旗	1		1						
鄂托克前旗				1					
鄂托克旗			7						
杭锦旗									
乌审旗	1			3	3	1			
伊金霍洛旗	4			4		6	1		
呼伦贝尔市	**25**		**6**	**16**	**4**	**24**	**7**	**4**	**3**
海拉尔区	6			1		1	1		
扎赉诺尔区									
阿荣旗	3		3	2		6	1		1
莫力达瓦达斡尔族自治旗	4		1	7		3	3		1
鄂伦春自治旗	1		1	1	1	1	1	1	
鄂温克族自治旗						2		1	
陈巴尔虎旗	1			1		1			
新巴尔虎左旗						1			
新巴尔虎右旗				1	2				
满洲里市									
牙克石市	5					1			
扎兰屯市	5		1	3	1	8	1	2	1
额尔古纳市									
根河市									
巴彦淖尔市	**26**		**87**	**14**	**5**	**47**	**9**	**21**	**7**
临河区	16		78	5	3	22	5	4	3
五原县			2	5		6	2		1
磴口县	1					2		14	
乌拉特前旗	2		5	1	2	8	2		2
乌拉特中旗									1
乌拉特后旗									
杭锦后旗	7		2	3		9		3	

4−4c 续表 20

单位：人

地区 性别	制造业								
	酒、饮料和精制茶制造业	烟草制品业	纺织业	纺织服装、服饰业	皮革、毛皮、羽毛及其制品和制鞋业	木材加工和木、竹、藤、棕、草制品业	家具制造业	造纸和纸制品业	印刷和记录媒介复制业
乌兰察布市	**22**		**14**	**33**	**20**	**25**	**34**	**14**	**2**
集宁区				1	2		1		
卓资县	1		1	1	6	3	1	1	
化德县	1		3	16					
商都县	3		2			1		1	1
兴和县	1		1	3			3		
凉城县	14			2					
察哈尔右翼前旗			1		11	14	27	9	
察哈尔右翼中旗				3		3			
察哈尔右翼后旗	1		4	5	1	1	2	2	
四子王旗	1		2	1		1			1
丰镇市				1		2		1	
兴安盟	**13**		**5**	**14**	**1**	**19**	**9**	**4**	**3**
乌兰浩特市	2			2		2			1
阿尔山市									
科尔沁右翼前旗	8		2	6	1	5	3	3	1
科尔沁右翼中旗	1					1	1		
扎赉特旗	1		2	6		6	3		1
突泉县	1		1			5	2	1	
锡林郭勒盟	**18**		**4**	**9**		**8**	**13**	**2**	
二连浩特市									
锡林浩特市			2					1	
阿巴嘎旗									
苏尼特左旗				1					
苏尼特右旗									
东乌珠穆沁旗				1					
西乌珠穆沁旗				2			1		
太仆寺旗	14						8	1	
镶黄旗									
正镶白旗	2		1						
正蓝旗			1	3		3			
多伦县	2			2		5	4		
乌拉盖管委会									
阿拉善盟			**4**						
阿拉善左旗			4						
阿拉善右旗									
额济纳旗									
内蒙古阿拉善经济开发区									

4-4c　续表 21　　　　单位：人

地　区 性　别	制造业								
	酒、饮料和精制茶制造业	烟　草制品业	纺织业	纺织服装、服饰业	皮革、毛皮、羽毛及其制品和制鞋业	木材加工和木、竹、藤、棕、草制品业	家　具制造业	造纸和纸制品业	印刷和记录媒介复制业
男	**192**	**8**	**108**	**69**	**57**	**337**	**226**	**106**	**45**
呼和浩特市	**20**	**5**	**20**	**11**	**1**	**50**	**46**	**39**	**9**
新城区		1	1	8			2	1	2
回民区	1		1				1		1
玉泉区	1	1	7	1		16	25	3	1
赛罕区	4	3	3	1		4	7	4	5
土默特左旗	7		5			11	10	13	
托克托县	3		1			6			
和林格尔县	3		2			13		18	
清水河县				1	1		1		
武川县	1								
呼和浩特经济技术开发区									
包头市	**11**		**1**	**2**		**18**	**15**	**15**	**5**
东河区	2			1		3	1		1
昆都仑区	1		1			2			
青山区							7		
石拐区	1								
白云鄂博矿区									
九原区	3					6	4		1
土默特右旗	3			1		4	1	13	3
固阳县	1								
达尔罕茂明安联合旗									
包头稀土高新技术产业开发区						3	2	2	
乌海市						**2**	**1**		
海勃湾区						1	1		
海南区						1			
乌达区									
赤峰市	**56**	**3**	**11**	**15**	**11**	**106**	**48**	**15**	**22**
红山区						1			
元宝山区	1		3		1	31	2		
松山区	10	2	2	1	1	7	6	4	7
阿鲁科尔沁旗	1		1		1	3	4		
巴林左旗	5		1	4	3	18	5	1	4
巴林右旗						5			
林西县	1					2	6		1
克什克腾旗				1	1		2	1	
翁牛特旗	1		1		1	4	3	1	1
喀喇沁旗	4	1		2		11	5	2	3
宁城县	32		2	5	3	16	13	3	6
敖汉旗	1		1	2		8	2	3	

4−4c 续表 22　　单位：人

地区 性别	制造业 酒、饮料和精制茶制造业	烟草制品业	纺织业	纺织服装、服饰业	皮革、毛皮、羽毛及其制品和制鞋业	木材加工和木、竹、藤、棕、草制品业	家具制造业	造纸和纸制品业	印刷和记录媒介复制业
通辽市	**27**		**12**	**15**	**26**	**60**	**56**	**13**	**3**
科尔沁区	19		2		9	14	22	3	1
科尔沁左翼中旗	4		8	12	10	17	26	8	2
科尔沁左翼后旗	1			1	1	3			
开鲁县	2		1		3	6	2		
库伦旗						1			
奈曼旗	1			1		12	1		
扎鲁特旗				1		4	2		
通辽经济技术开发区			1		3	3	3	2	
霍林郭勒市									
鄂尔多斯市	**9**		**12**	**4**	**3**	**10**	**10**		
东胜区							7		
康巴什区									
达拉特旗	4		7	3	1	5	2		
准格尔旗	1								
鄂托克前旗									
鄂托克旗			5						
杭锦旗									
乌审旗					2	1			
伊金霍洛旗	4			1		4	1		
呼伦贝尔市	**13**		**3**	**6**	**2**	**20**	**5**	**2**	**1**
海拉尔区	3					1	1		
扎赉诺尔区									
阿荣旗	1		2	1		4	1		1
莫力达瓦达斡尔族自治旗	2			3		3	2		
鄂伦春自治旗	1		1			1			
鄂温克族自治旗						1		1	
陈巴尔虎旗						1			
新巴尔虎左旗						1			
新巴尔虎右旗					1				
满洲里市									
牙克石市	2					1			
扎兰屯市	4			2	1	7	1	1	
额尔古纳市									
根河市									
巴彦淖尔市	**13**		**33**	**3**	**3**	**34**	**7**	**10**	**3**
临河区	9		29		2	17	4	4	1
五原县			1	1		5	2		1
磴口县						1		5	
乌拉特前旗			3		1	5	1		1
乌拉特中旗									
乌拉特后旗									
杭锦后旗	4			2		6		1	

4-4c　续表 23　　　　　　　　　　　　　　　　　　　　　　单位：人

地　区 性　别	制造业								
	酒、饮料和精制茶制造业	烟　草制品业	纺织业	纺织服装、服饰业	皮革、毛皮、羽毛及其制品和制鞋业	木材加工和木、竹、藤、棕、草制品业	家　具制造业	造纸和纸制品业	印刷和记录媒介复制业
乌兰察布市	**17**		**8**	**9**	**10**	**18**	**21**	**9**	
集宁区							1		
卓资县	1		1		2	3			
化德县	1		1	6					
商都县	2		1			1			
兴和县	1		1	1			2		
凉城县	10								
察哈尔右翼前旗			1		7	10	16	8	
察哈尔右翼中旗				1		2			
察哈尔右翼后旗	1		2		1	1	2	1	
四子王旗	1		1			1			
丰镇市				1					
兴安盟	**12**		**4**	**3**	**1**	**14**	**5**	**2**	**2**
乌兰浩特市	2			1		1			1
阿尔山市									
科尔沁右翼前旗	7		1	1	1	4	1	2	
科尔沁右翼中旗	1					1	1		
扎赉特旗	1		2	1		5	2		1
突泉县	1		1			3	1		
锡林郭勒盟	**14**		**2**	**1**		**5**	**12**	**1**	
二连浩特市									
锡林浩特市			2					1	
阿巴嘎旗									
苏尼特左旗									
苏尼特右旗									
东乌珠穆沁旗									
西乌珠穆沁旗							1		
太仆寺旗	11						8		
镶黄旗									
正镶白旗	1								
正蓝旗				1		2			
多伦县	2					3	3		
乌拉盖管委会									
阿拉善盟			**2**						
阿拉善左旗			2						
阿拉善右旗									
额济纳旗									
内蒙古阿拉善经济开发区									

4-4c 续表 24

单位：人

地区 性别	制造业								
	酒、饮料和精制茶制造业	烟草制品业	纺织业	纺织服装、服饰业	皮革、毛皮、羽毛及其制品和制鞋业	木材加工和木、竹、藤、棕、草制品业	家具制造业	造纸和纸制品业	印刷和记录媒介复制业
女	**128**	**3**	**151**	**220**	**86**	**143**	**93**	**65**	**33**
呼和浩特市	**11**	**2**	**23**	**49**	**3**	**16**	**18**	**18**	**4**
新城区			1	10		1	1		
回民区			2				1	1	
玉泉区			7	24	1	3	6	1	
赛罕区	1	2	4	8	2	3	1	5	4
土默特左旗	5		7	2		3	9	4	
托克托县	1		1	1		2			
和林格尔县	3		1	4		4		7	
清水河县									
武川县	1								
呼和浩特经济技术开发区									
包头市	**8**		**6**	**8**	**1**		**8**	**5**	**2**
东河区	3			2				2	
昆都仑区	1								
青山区			1	1			5		
石拐区									
白云鄂博矿区									
九原区	3		3	2			2	1	1
土默特右旗	1		1	1				1	
固阳县				1	1			1	1
达尔罕茂明安联合旗									
包头稀土高新技术产业开发区			1	1			1		
乌海市			**1**	**1**					
海勃湾区			1	1					
海南区									
乌达区									
赤峰市	**51**		**25**	**58**	**16**	**65**	**15**	**11**	**16**
红山区			2	2	3				
元宝山区	3		4	10		18		1	
松山区	8		4	5	8	3	3	4	2
阿鲁科尔沁旗			1	3		2	1		
巴林左旗	5		2	9		21	2		6
巴林右旗						5			
林西县			2	1		2	2		
克什克腾旗	1			1				1	
翁牛特旗	1			2		1	1		3
喀喇沁旗	3		5	1		9	2		1
宁城县	29		5	21	5	4	3	2	4
敖汉旗	1			3			1	3	

4-4c　续表 25　　　　单位：人

地　区 性　别	制造业								
	酒、饮料和精制茶制造业	烟　草制品业	纺织业	纺织服装、服饰业	皮革、毛皮、羽毛及其制品和制鞋业	木材加工和木、竹、藤、棕、草制品业	家　具制造业	造纸和纸制品业	印刷和记录媒介复制业
通辽市	**20**	**1**	**10**	**32**	**51**	**27**	**26**	**10**	**2**
科尔沁区	12		4	2	33	5	10	2	1
科尔沁左翼中旗	3	1	3	20	4	11	12	5	
科尔沁左翼后旗	1			2					
开鲁县			1	3	1	2			
库伦旗				1		1			
奈曼旗	3			3	1	5	2		
扎鲁特旗			1				1		
通辽经济技术开发区	1		1	1	12	3		3	1
霍林郭勒市							1		
鄂尔多斯市	**3**		**18**	**8**	**1**	**3**	**4**		
东胜区			4	1			3		
康巴什区									
达拉特旗	2		11			1	1		
准格尔旗			1						
鄂托克前旗				1					
鄂托克旗			2						
杭锦旗									
乌审旗	1			3	1				
伊金霍洛旗				3		2			
呼伦贝尔市	**12**		**3**	**10**	**2**	**4**	**2**	**2**	**2**
海拉尔区	3			1					
扎赉诺尔区									
阿荣旗	2		1	1		2			
莫力达瓦达斡尔族自治旗	2		1	4			1		1
鄂伦春自治旗				1	1		1	1	
鄂温克族自治旗						1			
陈巴尔虎旗	1			1					
新巴尔虎左旗									
新巴尔虎右旗				1	1				
满洲里市									
牙克石市	3								
扎兰屯市	1		1	1		1		1	1
额尔古纳市									
根河市									
巴彦淖尔市	**13**		**54**	**11**	**2**	**13**	**2**	**11**	**4**
临河区	7		49	5	1	5	1		2
五原县			1	4		1			
磴口县	1					1		9	
乌拉特前旗	2		2	1	1	3	1		1
乌拉特中旗									1
乌拉特后旗									
杭锦后旗	3		2	1		3		2	

4-4c 续表 26

单位：人

地区 性别	制造业								
	酒、饮料和精制茶制造业	烟草制品业	纺织业	纺织服装、服饰业	皮革、毛皮、羽毛及其制品和制鞋业	木材加工和木、竹、藤、棕、草制品业	家具制造业	造纸和纸制品业	印刷和记录媒介复制业
乌兰察布市	**5**		**6**	**24**	**10**	**7**	**13**	**5**	**2**
集宁区				1	2				
卓资县				1	4		1	1	
化德县			2	10					
商都县	1		1					1	1
兴和县				2			1		
凉城县	4			2					
察哈尔右翼前旗					4	4	11	1	
察哈尔右翼中旗				2		1			
察哈尔右翼后旗			2	5				1	
四子王旗			1	1					1
丰镇市						2		1	
兴安盟	**1**		**1**	**11**		**5**	**4**	**2**	**1**
乌兰浩特市				1		1			
阿尔山市									
科尔沁右翼前旗	1		1	5		1	2	1	1
科尔沁右翼中旗									
扎赉特旗				5		1	1		
突泉县						2	1	1	
锡林郭勒盟	**4**		**2**	**8**		**3**	**1**	**1**	
二连浩特市									
锡林浩特市									
阿巴嘎旗									
苏尼特左旗				1					
苏尼特右旗									
东乌珠穆沁旗				1					
西乌珠穆沁旗				2					
太仆寺旗	3							1	
镶黄旗									
正镶白旗	1		1						
正蓝旗			1	2		1			
多伦县				2		2	1		
乌拉盖管委会									
阿拉善盟			**2**						
阿拉善左旗			2						
阿拉善右旗									
额济纳旗									
内蒙古阿拉善经济开发区									

4-4c　续表 27　　　　单位：人

地　区 性　别	制造业								
	文教、工美、体育和娱乐用品制造业	石油、煤炭及其他燃料加工业	化学原料和化学制品制造业	医　药制造业	化学纤维制造业	橡胶和塑　料制品业	非金属矿　物制品业	黑色金属冶炼和压延加工业	有色金属冶炼和压延加工业
内蒙古	**114**	**1138**	**2192**	**755**	**9**	**486**	**2129**	**1663**	**1058**
呼和浩特市	**5**	**126**	**94**	**142**		**29**	**152**	**31**	**58**
新城区	1	1	1	1		5	21		
回民区		1	2	2		3	4		
玉泉区	3	1	3	10		5	24	1	4
赛罕区	1	1	36	9		5	20		5
土默特左旗			10	15		5	27	2	8
托克托县		77	16	97		3	3	12	38
和林格尔县			18	7		2	18	2	3
清水河县		45	8	1		1	29	10	
武川县							6	4	
呼和浩特经济技术开发区									
包头市	**6**	**27**	**66**	**7**		**26**	**101**	**267**	**232**
东河区		8	1	2		3	21	16	30
昆都仑区		7	9	1		2	9	106	51
青山区		1	6			4	9	4	7
石拐区		2	3			3	4	20	
白云鄂博矿区									
九原区		3	19			3	24	27	92
土默特右旗	2	4	26	2		8	11	8	11
固阳县	2	1	1	1		1	8	82	21
达尔罕茂明安联合旗			1				10	2	6
包头稀土高新技术产业开发区	2	1		1		2	5	2	14
乌海市		**177**	**73**	**3**		**5**	**170**	**248**	**9**
海勃湾区		79	8			4	97	238	
海南区		98	65	3		1	73	10	9
乌达区									
赤峰市	**30**	**95**	**141**	**91**	**1**	**83**	**461**	**107**	**291**
红山区	1			4			6	8	7
元宝山区	1	13	26	9	1	2	43	6	57
松山区	7	2	15	25		11	72	30	20
阿鲁科尔沁旗			4	4		1	28	3	1
巴林左旗	8	1	16	6		3	47	2	60
巴林右旗	2					5	4		
林西县				2		5	53	1	2
克什克腾旗	2	34	3	1			10		14
翁牛特旗	1	1	3	8		4	23	3	4
喀喇沁旗		26	31	11		2	65	2	67
宁城县	6	18	35	8		45	74	51	7
敖汉旗	2		8	13		5	36	1	52

4—4c 续表 28

单位：人

地 区 性 别	制造业								
	文教、工美、体育和娱乐用品制造业	石油、煤炭及其他燃料加工业	化学原料和化学制品制造业	医 药制造业	化学纤维制造业	橡胶和塑 料制品业	非金属矿 物制品业	黑色金属冶炼和压延加工业	有色金属冶炼和压延加工业
通辽市	**22**	**31**	**55**	**44**	**2**	**69**	**196**	**18**	**105**
科尔沁区	1	3	21	5		10	45	1	9
科尔沁左翼中旗	13	5	18	10	1	32	71	11	17
科尔沁左翼后旗	4		1	1		2	14	2	
开鲁县	1		9	24	1	14	28		
库伦旗			1				2	1	
奈曼旗			3	1		3	9	1	22
扎鲁特旗	2	1	1	3		2	6		23
通辽经济技术开发区	1	20	1			6	18	2	
霍林郭勒市		2					3		34
鄂尔多斯市	**3**	**372**	**953**	**8**	**5**	**168**	**271**	**153**	**24**
东胜区		3	2			2	23		
康巴什区									
达拉特旗	1	5	50	3	1	22	77	7	13
准格尔旗	1	154	437			6	49		10
鄂托克前旗	1	5				41	11		
鄂托克旗		55	318			85	46	138	
杭锦旗		1	16	5		2	18		
乌审旗		116	128			7	14		
伊金霍洛旗		33	2		4	3	33	8	1
呼伦贝尔市	**2**		**80**	**9**		**10**	**24**	**5**	**42**
海拉尔区			9				1		4
扎赉诺尔区									
阿荣旗			21	3		2	13	1	
莫力达瓦达斡尔族自治旗			4	1		1	2	2	
鄂伦春自治旗			1			3	1		
鄂温克族自治旗				1					
陈巴尔虎旗			37						
新巴尔虎左旗			1						
新巴尔虎右旗	1		6						38
满洲里市									
牙克石市							1		
扎兰屯市			1	4		4	6	2	
额尔古纳市	1								
根河市									
巴彦淖尔市	**29**	**68**	**92**	**394**	**1**	**50**	**144**	**91**	**146**
临河区	3	3	22	387		25	45	3	6
五原县	1	1	5	1		4	10	1	4
磴口县		3	12	2		5	3		1
乌拉特前旗	25	21	21	1		12	30	62	69
乌拉特中旗		20	5				19	12	21
乌拉特后旗		17	19				25	9	38
杭锦后旗		3	8	3	1	4	12	4	7

4-4c 续表 29 单位：人

地 区 性 别	制造业								
	文教、工美、体育和娱乐用品制造业	石油、煤炭及其他燃料加工业	化学原料和化学制品制造业	医 药制造业	化学纤维制造业	橡胶和塑 料制品业	非金属矿 物制品业	黑色金属冶炼和压延加工业	有色金属冶炼和压延加工业
乌兰察布市	**9**	**3**	**303**	**19**		**32**	**350**	**656**	**12**
集宁区				10		6	18	3	
卓资县	7		142	1		4	67	25	1
化德县		1	2			1	13	170	
商都县						4	53	17	3
兴和县							52	57	1
凉城县			2			1	4	2	1
察哈尔右翼前旗	2		17	5		11	51	272	5
察哈尔右翼中旗			3			2	10	20	
察哈尔右翼后旗		1	59	2		2	57		
四子王旗			68	1		1	4		
丰镇市		1	10				21	90	1
兴安盟	**4**	**2**	**113**	**9**		**8**	**85**	**10**	**9**
乌兰浩特市		1	102	4			21	3	
阿尔山市									
科尔沁右翼前旗	3		9	2		4	15	5	1
科尔沁右翼中旗	1			1			5	1	7
扎赉特旗				1		2	27	1	
突泉县		1	2	1		2	17		1
锡林郭勒盟	**3**	**6**	**55**	**3**		**5**	**39**	**14**	**95**
二连浩特市		1							
锡林浩特市		2	2			2	10		
阿巴嘎旗									
苏尼特左旗			33				1		
苏尼特右旗							1	1	53
东乌珠穆沁旗							1		15
西乌珠穆沁旗			9				5		19
太仆寺旗	1		1	2		1	9	5	
镶黄旗							1		
正镶白旗	1						7	8	6
正蓝旗		1		1			3		2
多伦县	1	1	10			2	1		
乌拉盖管委会		1							
阿拉善盟	**1**	**231**	**167**	**26**		**1**	**136**	**63**	**35**
阿拉善左旗	1	212	66				121		35
阿拉善右旗			9				13	17	
额济纳旗							2		
内蒙古阿拉善经济开发区		19	92	26		1		46	

4-4c 续表 30 单位：人

地区 性别	制造业								
	文教、工美、体育和娱乐用品制造业	石油、煤炭及其他燃料加工业	化学原料和化学制品制造业	医药制造业	化学纤维制造业	橡胶和塑料制品业	非金属矿物制品业	黑色金属冶炼和压延加工业	有色金属冶炼和压延加工业
男	**74**	**954**	**1811**	**503**	**6**	**337**	**1697**	**1380**	**924**
呼和浩特市		**112**	**85**	**91**		**22**	**131**	**30**	**49**
新城区		1	1	1		5	21		
回民区		1	1	2		2	2		
玉泉区		1	3	8		4	20	1	4
赛罕区			30	5		4	17		5
土默特左旗			8	10		3	19	2	4
托克托县		66	16	61		3	2	11	33
和林格尔县			18	4		1	15	2	3
清水河县		43	8				29	10	
武川县							6	4	
呼和浩特经济技术开发区									
包头市	**4**	**23**	**58**	**6**		**15**	**83**	**213**	**205**
东河区		7	1	1		2	18	16	28
昆都仑区		6	5	1		2	8	77	41
青山区		1	4			2	7	4	6
石拐区		1	3			1	3	13	
白云鄂博矿区									
九原区		3	18			1	18	22	81
土默特右旗	2	3	25	2		7	9	8	10
固阳县	1	1	1	1			8	70	21
达尔罕茂明安联合旗			1				9	1	6
包头稀土高新技术产业开发区	1	1		1			3	2	12
乌海市		**138**	**58**	**1**		**3**	**127**	**200**	**8**
海勃湾区		54	5			2	80	190	
海南区		84	53	1		1	47	10	8
乌达区									
赤峰市	**16**	**78**	**108**	**62**	**1**	**48**	**338**	**87**	**254**
红山区				2			2	7	5
元宝山区		11	20	7	1	2	32	5	45
松山区	4	1	14	14		5	57	27	19
阿鲁科尔沁旗			3	1		1	25	3	1
巴林左旗	5	1	12	3		1	31	2	54
巴林右旗	1					2	2		
林西县				1		4	44	1	2
克什克腾旗	1	33	3	1			9		13
翁牛特旗		1	2	6		4	19	3	3
喀喇沁旗		19	24	8		2	34	1	61
宁城县	4	12	25	8		24	52	38	4
敖汉旗	1		5	11		3	31		47

4-4c　续表 31　　　　单位：人

地　区 性　别	制造业 文教、工美、体育和娱乐用品制造业	石油、煤炭及其他燃料加工业	化学原料和化学制品制造业	医　药制造业	化学纤维制造业	橡胶和塑　料制品业	非金属矿　物制品业	黑色金属冶炼和压延加工业	有色金属冶炼和压延加工业
通辽市	**17**	**24**	**41**	**31**	**1**	**45**	**148**	**14**	**88**
科尔沁区	1	2	11	2		6	35	1	7
科尔沁左翼中旗	10	4	15	5		25	47	9	14
科尔沁左翼后旗	3		1	1		1	13	1	
开鲁县			8	21	1	8	19		
库伦旗			1				2	1	
奈曼旗			3	1		2	8	1	19
扎鲁特旗	2	1	1	1		1	6		18
通辽经济技术开发区	1	16	1			2	16	1	
霍林郭勒市		1					2		30
鄂尔多斯市	**2**	**305**	**762**	**6**	**4**	**127**	**211**	**120**	**21**
东胜区		3				2	16		
康巴什区									
达拉特旗	1	4	45	3	1	15	61	7	12
准格尔旗	1	130	367			4	38		8
鄂托克前旗		2				34	8		
鄂托克旗		41	231			63	39	106	
杭锦旗		1	12	3		1	16		
乌审旗		94	105			6	11		
伊金霍洛旗		30	2		3	2	22	7	1
呼伦贝尔市	**1**		**68**	**7**		**8**	**21**	**5**	**34**
海拉尔区			6				1		1
扎赉诺尔区									
阿荣旗			20	3		1	12	1	
莫力达瓦达斡尔族自治旗			1	1		1	2	2	
鄂伦春自治旗						2	1		
鄂温克族自治旗									
陈巴尔虎旗			35						
新巴尔虎左旗			1						
新巴尔虎右旗	1		4						33
满洲里市									
牙克石市							1		
扎兰屯市			1	3		4	4	2	
额尔古纳市									
根河市									
巴彦淖尔市	**28**	**61**	**80**	**264**		**34**	**112**	**77**	**130**
临河区	3	3	20	258		15	33	2	6
五原县	1	1	5	1		2	9	1	3
磴口县		3	9	2		4	2		1
乌拉特前旗	24	19	16	1		11	25	52	65
乌拉特中旗		17	5				17	11	19
乌拉特后旗		16	18				17	7	30
杭锦后旗		2	7	2		2	9	4	6

4−4c 续表 32 单位：人

地　区 性　别	制造业								
	文教、工美、体育和娱乐用品制造业	石油、煤炭及其他燃料加工业	化学原料和化学制品制造业	医　药制造业	化学纤维制造业	橡胶和塑　料制品业	非金属矿　物制品业	黑色金属冶炼和压延加工业	有色金属冶炼和压延加工业
乌兰察布市	**2**	**3**	**269**	**15**		**23**	**308**	**571**	**10**
集宁区				9		4	16	2	
卓资县			126			2	67	22	1
化德县		1	1				10	156	
商都县						2	47	14	2
兴和县							49	53	1
凉城县			2			1	3	1	1
察哈尔右翼前旗	2		13	3		11	38	228	5
察哈尔右翼中旗			2			1	10	14	
察哈尔右翼后旗		1	53	2		1	49		
四子王旗			62	1		1	3		
丰镇市		1	10				16	81	
兴安盟	**2**	**2**	**96**	**5**		**7**	**70**	**10**	**8**
乌兰浩特市		1	86	2			17	3	
阿尔山市									
科尔沁右翼前旗	2		8	2		3	12	5	1
科尔沁右翼中旗							3	1	6
扎赉特旗						2	23	1	
突泉县		1	2	1		2	15		1
锡林郭勒盟	**2**	**6**	**44**	**2**		**4**	**34**	**11**	**83**
二连浩特市		1							
锡林浩特市		2	1			1	10		
阿巴嘎旗									
苏尼特左旗			28						
苏尼特右旗									49
东乌珠穆沁旗							1		11
西乌珠穆沁旗			6				5		16
太仆寺旗	1		1	1		1	8	4	
镶黄旗							1		
正镶白旗	1						5	7	6
正蓝旗		1		1			3		1
多伦县		1	8			2	1		
乌拉盖管委会		1							
阿拉善盟		**202**	**142**	**13**		**1**	**114**	**42**	**34**
阿拉善左旗		188	58				99		34
阿拉善右旗			8				13	11	
额济纳旗							2		
内蒙古阿拉善经济开发区		14	76	13		1		31	

4-4c　续表 33　　　　单位：人

地　区 性　别	制造业								
	文教、工美、体育和娱乐用品制造业	石油、煤炭及其他燃料加工业	化学原料和化学制品制造业	医　药制造业	化学纤维制造业	橡胶和塑　料制品业	非金属矿　物制品业	黑色金属冶炼和压延加工业	有色金属冶炼和压延加工业
女	**40**	**184**	**381**	**252**	**3**	**149**	**432**	**283**	**134**
呼和浩特市	**5**	**14**	**9**	**51**		**7**	**21**	**1**	**9**
新城区	1								
回民区			1			1	2		
玉泉区	3			2		1	4		
赛罕区	1	1	6	4		1	3		
土默特左旗			2	5		2	8		4
托克托县		11		36			1	1	5
和林格尔县				3		1	3		
清水河县		2		1		1			
武川县									
呼和浩特经济技术开发区									
包头市	**2**	**4**	**8**	**1**		**11**	**18**	**54**	**27**
东河区		1		1		1	3		2
昆都仑区		1	4				1	29	10
青山区			2			2	2		1
石拐区		1				2	1	7	
白云鄂博矿区									
九原区			1			2	6	5	11
土默特右旗		1	1			1	2		1
固阳县	1					1		12	
达尔罕茂明安联合旗							1	1	
包头稀土高新技术产业开发区	1					2	2		2
乌海市		**39**	**15**	**2**		**2**	**43**	**48**	**1**
海勃湾区		25	3			2	17	48	
海南区		14	12	2			26		1
乌达区									
赤峰市	**14**	**17**	**33**	**29**		**35**	**123**	**20**	**37**
红山区	1			2			4	1	2
元宝山区	1	2	6	2			11	1	12
松山区	3	1	1	11		6	15	3	1
阿鲁科尔沁旗			1	3			3		
巴林左旗	3		4	3		2	16		6
巴林右旗	1					3	2		
林西县				1		1	9		
克什克腾旗	1	1					1		1
翁牛特旗	1		1	2			4		1
喀喇沁旗		7	7	3			31	1	6
宁城县	2	6	10			21	22	13	3
敖汉旗	1		3	2		2	5	1	5

4－4c 续表 34　　单位：人

地　区 性　别	制造业								
	文教、工美、体育和娱乐用品制造业	石油、煤炭及其他燃料加工业	化学原料和化学制品制造业	医　药制造业	化学纤维制造业	橡胶和塑　料制品业	非金属矿　物制品业	黑色金属冶炼和压延加工业	有色金属冶炼和压延加工业
通辽市	**5**	**7**	**14**	**13**	**1**	**24**	**48**	**4**	**17**
科尔沁区		1	10	3		4	10		2
科尔沁左翼中旗	3	1	3	5	1	7	24	2	3
科尔沁左翼后旗	1					1	1	1	
开鲁县	1		1	3		6	9		
库伦旗									
奈曼旗						1	1		3
扎鲁特旗				2		1			5
通辽经济技术开发区		4				4	2	1	
霍林郭勒市		1					1		4
鄂尔多斯市	**1**	**67**	**191**	**2**	**1**	**41**	**60**	**33**	**3**
东胜区			2				7		
康巴什区									
达拉特旗		1	5			7	16		1
准格尔旗		24	70			2	11		2
鄂托克前旗	1	3				7	3		
鄂托克旗		14	87			22	7	32	
杭锦旗			4	2		1	2		
乌审旗		22	23			1	3		
伊金霍洛旗		3			1	1	11	1	
呼伦贝尔市	**1**		**12**	**2**		**2**	**3**		**8**
海拉尔区			3						3
扎赉诺尔区									
阿荣旗			1			1	1		
莫力达瓦达斡尔族自治旗			3						
鄂伦春自治旗			1			1			
鄂温克族自治旗				1					
陈巴尔虎旗			2						
新巴尔虎左旗									
新巴尔虎右旗			2						5
满洲里市									
牙克石市									
扎兰屯市				1			2		
额尔古纳市	1								
根河市									
巴彦淖尔市	**1**	**7**	**12**	**130**	**1**	**16**	**32**	**14**	**16**
临河区			2	129		10	12	1	
五原县						2	1		1
磴口县			3			1	1		
乌拉特前旗	1	2	5			1	5	10	4
乌拉特中旗		3					2	1	2
乌拉特后旗		1	1				8	2	8
杭锦后旗		1	1	1	1	2	3		1

4-4c 续表 35

单位：人

地 区 性 别	制造业								
	文教、工美、体育和娱乐用品制造业	石油、煤炭及其他燃料加工业	化学原料和化学制品制造业	医 药制造业	化学纤维制造业	橡胶和塑 料制品业	非金属矿 物制品业	黑色金属冶炼和压延加工业	有色金属冶炼和压延加工业
乌兰察布市	**7**		**34**	**4**		**9**	**42**	**85**	**2**
集宁区				1		2	2	1	
卓资县	7		16	1		2		3	
化德县			1			1	3	14	
商都县						2	6	3	1
兴和县							3	4	
凉城县							1	1	
察哈尔右翼前旗			4	2			13	44	
察哈尔右翼中旗			1			1		6	
察哈尔右翼后旗			6			1	8		
四子王旗			6				1		
丰镇市							5	9	1
兴安盟	**2**		**17**	**4**		**1**	**15**		**1**
乌兰浩特市			16	2			4		
阿尔山市									
科尔沁右翼前旗	1		1			1	3		
科尔沁右翼中旗	1			1			2		1
扎赉特旗				1			4		
突泉县							2		
锡林郭勒盟	**1**		**11**	**1**		**1**	**5**	**3**	**12**
二连浩特市									
锡林浩特市			1			1			
阿巴嘎旗									
苏尼特左旗			5				1		
苏尼特右旗							1	1	4
东乌珠穆沁旗									4
西乌珠穆沁旗			3						3
太仆寺旗				1			1	1	
镶黄旗									
正镶白旗							2	1	
正蓝旗									1
多伦县	1		2						
乌拉盖管委会									
阿拉善盟	**1**	**29**	**25**	**13**			**22**	**21**	**1**
阿拉善左旗	1	24	8				22		1
阿拉善右旗			1					6	
额济纳旗									
内蒙古阿拉善经济开发区		5	16	13				15	

4-4c 续表 36　　　　单位：人

地区 性别	制造业								
	金属制品业	通用设备制造业	专用设备制造业	汽车制造业	铁路、船舶、航空航天和其他运输设备制造业	电气机械和器材制造业	计算机、通信和其他电子设备制造业	仪器仪表制造业	其他制造业
内蒙古	**1492**	**367**	**465**	**117**	**190**	**302**	**251**	**47**	**81**
呼和浩特市	**173**	**58**	**26**	**5**	**34**	**91**	**29**	**10**	**8**
新城区	15	4	4	1		5	2	5	1
回民区	5	12	9	1		3	1		1
玉泉区	22	22	6			4	2	1	4
赛罕区	63	9	1		31	54	15	1	1
土默特左旗	26	5	3	1	2	16	5		
托克托县	20	4	2	2		1	3	2	
和林格尔县	12	1			1	8	1		
清水河县	4	1	1						1
武川县	6							1	
呼和浩特经济技术开发区									
包头市	**175**	**50**	**33**	**13**	**5**	**22**	**42**	**6**	**22**
东河区	12	7	2	4		2	1	1	1
昆都仑区	65	8	2			4	22		2
青山区	12	13	15	8	1	7	3		14
石拐区	2					2			
白云鄂博矿区									
九原区	52	8	3		1	4	5	1	2
土默特右旗	13	6	6	1	2	2	7	2	2
固阳县	12	8	1		1	1		2	1
达尔罕茂明安联合旗	1								
包头稀土高新技术产业开发区	6		4				4		
乌海市	**22**	**6**	**23**	**25**			**1**		
海勃湾区	22	3	22	25			1		
海南区		3	1						
乌达区									
赤峰市	**399**	**66**	**55**	**19**	**14**	**49**	**50**	**12**	**15**
红山区	4	2					5		1
元宝山区	26	5	7			5	1		
松山区	51	11	9	1		9	8	4	
阿鲁科尔沁旗	18	3	6	3	2	4	2		2
巴林左旗	38	5	4	4	1	4	7		
巴林右旗	4					4			
林西县	15	3	1	2	1		1		1
克什克腾旗	2	6	3				1		
翁牛特旗	19	3	6	1	3	2	1		1
喀喇沁旗	13	4	4			10		5	
宁城县	181	18	15	5	5	11	21	2	10
敖汉旗	28	6		3	2		3	1	

4-4c 续表 37

单位：人

地区 性别	制造业								
	金属制品业	通用设备制造业	专用设备制造业	汽车制造业	铁路、船舶、航空航天和其他运输设备制造业	电气机械和器材制造业	计算机、通信和其他电子设备制造业	仪器仪表制造业	其他制造业
通辽市	**217**	**75**	**40**	**33**	**105**	**31**	**86**	**4**	**10**
科尔沁区	57	11	7	1	2	4	40	2	1
科尔沁左翼中旗	78	22	26	23	88	16	34	1	5
科尔沁左翼后旗	9	4		4	3	2			4
开鲁县	20	7	5	2	10	2	4		
库伦旗	8		2	1					
奈曼旗	12	14		1	2	4	5		
扎鲁特旗	9	8		1		1	3		
通辽经济技术开发区	20	9				2		1	
霍林郭勒市	4								
鄂尔多斯市	**76**	**41**	**86**	**3**	**8**	**4**	**1**	**5**	**3**
东胜区	8		1						
康巴什区									
达拉特旗	33	9	3	2		2			
准格尔旗	16	2	47		6	1	1		2
鄂托克前旗		2		1		1			1
鄂托克旗	5	5	2						
杭锦旗	4	3							
乌审旗	3	17	15		2			4	
伊金霍洛旗	7	3	18					1	
呼伦贝尔市	**42**	**25**	**102**	**6**	**11**	**8**	**9**	**1**	**2**
海拉尔区	2		7						
扎赉诺尔区									
阿荣旗	10	4	7	3	5	3	3		
莫力达瓦达斡尔族自治旗	4	1	1	1	1		3		1
鄂伦春自治旗	4	5	2		1		2		1
鄂温克族自治旗	2		2						
陈巴尔虎旗	3								
新巴尔虎左旗	1								
新巴尔虎右旗	1	1	81						
满洲里市									
牙克石市		2							
扎兰屯市	14	12	1	2	4	4	1	1	
额尔古纳市	1		1			1			
根河市									
巴彦淖尔市	**222**	**23**	**48**	**2**		**13**	**10**	**4**	**12**
临河区	77	1	5	2		1	5	1	3
五原县	33	8	10				1	2	
磴口县	8	1	1			4			
乌拉特前旗	52	5	12			6	2	1	7
乌拉特中旗	18	4							
乌拉特后旗	1		19						1
杭锦后旗	33	4	1			2	2		1

4-4c　续表 38　　　　单位：人

地区 性别	制造业								
	金属制品业	通用设备制造业	专用设备制造业	汽车制造业	铁路、船舶、航空航天和其他运输设备制造业	电气机械和器材制造业	计算机、通信和其他电子设备制造业	仪器仪表制造业	其他制造业
乌兰察布市	**71**	**7**	**28**	**5**	**12**	**8**	**16**	**1**	**2**
集宁区	7	1					11		
卓资县	1		21			1			1
化德县		1		1			1		1
商都县	9	1	1	1			1		
兴和县	2	3		1		3		1	
凉城县	2		1			1			
察哈尔右翼前旗	28			1	12	1	2		
察哈尔右翼中旗	7	1	1						
察哈尔右翼后旗	9		1			1	1		
四子王旗	1		1	1		1			
丰镇市	5		2						
兴安盟	**53**	**11**	**7**	**5**	**1**	**71**	**5**	**3**	
乌兰浩特市	4	2				35			
阿尔山市	1								
科尔沁右翼前旗	17	3	4			30			
科尔沁右翼中旗	7	1		2		2	2		
扎赉特旗	8	4	1	1	1	2	3	2	
突泉县	16	1	2	2		2		1	
锡林郭勒盟	**34**	**4**	**13**	**1**		**4**	**2**	**1**	**5**
二连浩特市									
锡林浩特市	3					3	1		
阿巴嘎旗	3								
苏尼特左旗	1								3
苏尼特右旗									
东乌珠穆沁旗		1							
西乌珠穆沁旗	4	1	8						
太仆寺旗	15	1	3			1			
镶黄旗									
正镶白旗							1		
正蓝旗	4		1						1
多伦县	4	1	1	1				1	1
乌拉盖管委会									
阿拉善盟	**8**	**1**	**4**			**1**			**2**
阿拉善左旗	8	1	1						
阿拉善右旗									2
额济纳旗			3						
内蒙古阿拉善经济开发区						1			

4-4c　续表 39

单位：人

地　区 性　别	制造业								
	金　属 制品业	通用设备 制造业	专用设备 制造业	汽　车 制造业	铁路、船舶、 航空航天和 其他运输 设备制造业	电气机械 和器材 制造业	计算机、 通信和其 他电子设 备制造业	仪器仪表 制造业	其　他 制造业
男	**1292**	**315**	**394**	**99**	**135**	**241**	**181**	**40**	**51**
呼和浩特市	**161**	**52**	**22**	**4**	**25**	**73**	**28**	**6**	**6**
新城区	14	4	4	1		5	2	2	1
回民区	4	9	9	1		3	1		1
玉泉区	19	20	4			3	2	1	3
赛罕区	60	9			22	44	14	1	
土默特左旗	26	4	2	1	2	11	5		
托克托县	19	4	2	1		1	3	1	
和林格尔县	9	1			1	6	1		
清水河县	4	1	1						1
武川县	6							1	
呼和浩特经济技术开发区									
包头市	**151**	**40**	**25**	**10**	**5**	**20**	**28**	**6**	**15**
东河区	11	6	1	3		2		1	1
昆都仑区	52	6	2			3	16		2
青山区	11	10	10	6	1	7	3		8
石拐区	2					2			
白云鄂博矿区									
九原区	46	6	3		1	3	2	1	1
土默特右旗	12	6	6	1	2	2	5	2	2
固阳县	11	6	1		1	1		2	1
达尔罕茂明安联合旗	1								
包头稀土高新技术产业开发区	5		2				2		
乌海市	**19**	**4**	**20**	**24**					
海勃湾区	19	1	19	24					
海南区		3	1						
乌达区									
赤峰市	**332**	**59**	**41**	**19**	**14**	**37**	**35**	**10**	**11**
红山区	4	2					2		1
元宝山区	23	5	6			4			
松山区	43	9	8	1		7	5	3	
阿鲁科尔沁旗	17	3	5	3	2	3			1
巴林左旗	32	4	3	4	1	3	5		
巴林右旗	4					4			
林西县	15	3		2	1		1		1
克什克腾旗	1	5	2				1		
翁牛特旗	16	2	6	1	3	1			
喀喇沁旗	12	4	2			7		4	
宁城县	144	17	9	5	5	8	18	2	8
敖汉旗	21	5		3	2		3	1	

4−4c 续表 40 单位：人

地区 性别	制造业								
	金属制品业	通用设备制造业	专用设备制造业	汽车制造业	铁路、船舶、航空航天和其他运输设备制造业	电气机械和器材制造业	计算机、通信和其他电子设备制造业	仪器仪表制造业	其他制造业
通辽市	**170**	**63**	**25**	**27**	**62**	**24**	**61**	**4**	**5**
科尔沁区	50	9	5	1	1	4	29	2	1
科尔沁左翼中旗	57	16	15	19	52	13	21	1	3
科尔沁左翼后旗	7	4		4	2	1			1
开鲁县	17	6	3	1	5	1	4		
库伦旗	4		2	1					
奈曼旗	8	12		1	2	3	5		
扎鲁特旗	8	7				1	2		
通辽经济技术开发区	17	9				1		1	
霍林郭勒市	2								
鄂尔多斯市	**72**	**37**	**77**	**2**	**8**	**4**	**1**	**5**	**2**
东胜区	7		1						
康巴什区									
达拉特旗	31	9	2	2		2			
准格尔旗	16	2	43		6	1	1		1
鄂托克前旗		2				1			1
鄂托克旗	5	4	2						
杭锦旗	3	2							
乌审旗	3	15	13		2			4	
伊金霍洛旗	7	3	16					1	
呼伦贝尔市	**37**	**20**	**91**	**3**	**8**	**5**	**7**	**1**	**2**
海拉尔区	2		6						
扎赉诺尔区									
阿荣旗	10	3	7	1	4	2	3		
莫力达瓦达斡尔族自治旗	3	1	1				3		1
鄂伦春自治旗	4	4	1		1				1
鄂温克族自治旗	2		2						
陈巴尔虎旗	2								
新巴尔虎左旗	1								
新巴尔虎右旗	1	1	72						
满洲里市									
牙克石市		2							
扎兰屯市	11	9	1	2	3	2	1	1	
额尔古纳市	1		1			1			
根河市									
巴彦淖尔市	**203**	**23**	**45**	**2**		**13**	**6**	**4**	**5**
临河区	71	1	4	2		1	2	1	2
五原县	30	8	8				1	2	
磴口县	6	1	1			4			
乌拉特前旗	49	5	12			6	1	1	1
乌拉特中旗	17	4							
乌拉特后旗	1		19						1
杭锦后旗	29	4	1			2	2		1

4-4c 续表 41

单位：人

地区 性别	制造业								
	金属制品业	通用设备制造业	专用设备制造业	汽车制造业	铁路、船舶、航空航天和其他运输设备制造业	电气机械和器材制造业	计算机、通信和其他电子设备制造业	仪器仪表制造业	其他制造业
乌兰察布市	**61**	**5**	**27**	**5**	**12**	**8**	**10**	**1**	**1**
集宁区	6	1					7		
卓资县	1		20			1			1
化德县		1		1					
商都县	8	1	1	1			1		
兴和县	2	1		1		3		1	
凉城县	2		1			1			
察哈尔右翼前旗	22			1	12	1	1		
察哈尔右翼中旗	5	1	1						
察哈尔右翼后旗	9		1			1	1		
四子王旗	1		1	1		1			
丰镇市	5		2						
兴安盟	**47**	**8**	**5**	**3**	**1**	**52**	**4**	**2**	
乌兰浩特市	4	2				26			
阿尔山市	1								
科尔沁右翼前旗	14	1	3			20			
科尔沁右翼中旗	6	1		1		2	2		
扎赉特旗	7	3	1	1	1	2	2	1	
突泉县	15	1	1	1		2		1	
锡林郭勒盟	**32**	**3**	**12**			**4**	**1**	**1**	**4**
二连浩特市									
锡林浩特市	2					3	1		
阿巴嘎旗	3								
苏尼特左旗	1								2
苏尼特右旗									
东乌珠穆沁旗		1							
西乌珠穆沁旗	4	1	8						
太仆寺旗	14	1	3			1			
镶黄旗									
正镶白旗									
正蓝旗	4		1						1
多伦县	4							1	1
乌拉盖管委会									
阿拉善盟	**7**	**1**	**4**			**1**			
阿拉善左旗	7	1	1						
阿拉善右旗									
额济纳旗			3						
内蒙古阿拉善经济开发区						1			

4-4c 续表 42

单位：人

地区 性别	制造业								
	金属制品业	通用设备制造业	专用设备制造业	汽车制造业	铁路、船舶、航空航天和其他运输设备制造业	电气机械和器材制造业	计算机、通信和其他电子设备制造业	仪器仪表制造业	其他制造业
女	**200**	**52**	**71**	**18**	**55**	**61**	**70**	**7**	**30**
呼和浩特市	**12**	**6**	**4**	**1**	**9**	**18**	**1**	**4**	**2**
新城区	1							3	
回民区	1	3							
玉泉区	3	2	2			1			1
赛罕区	3		1		9	10	1		1
土默特左旗		1	1			5			
托克托县	1			1				1	
和林格尔县	3					2			
清水河县									
武川县									
呼和浩特经济技术开发区									
包头市	**24**	**10**	**8**	**3**		**2**	**14**		**7**
东河区	1	1	1	1			1		
昆都仑区	13	2				1	6		
青山区	1	3	5	2					6
石拐区									
白云鄂博矿区									
九原区	6	2				1	3		1
土默特右旗	1						2		
固阳县	1	2							
达尔罕茂明安联合旗									
包头稀土高新技术产业开发区	1		2				2		
乌海市	**3**	**2**	**3**	**1**			**1**		
海勃湾区	3	2	3	1			1		
海南区									
乌达区									
赤峰市	**67**	**7**	**14**			**12**	**15**	**2**	**4**
红山区							3		
元宝山区	3		1			1	1		
松山区	8	2	1			2	3	1	
阿鲁科尔沁旗	1		1			1	2		1
巴林左旗	6	1	1			1	2		
巴林右旗									
林西县			1						
克什克腾旗	1	1	1						
翁牛特旗	3	1				1	1		1
喀喇沁旗	1		2			3		1	
宁城县	37	1	6			3	3		2
敖汉旗	7	1							

4-4c　续表 43　　　　单位：人

地　区 性　别	制造业								
	金　属 制品业	通用设备 制造业	专用设备 制造业	汽　车 制造业	铁路、船舶、航空航天和其他运输设备制造业	电气机械和器材制造业	计算机、通信和其他电子设备制造业	仪器仪表 制造业	其　他 制造业
通辽市	**47**	**12**	**15**	**6**	**43**	**7**	**25**		**5**
科尔沁区	7	2	2		1		11		
科尔沁左翼中旗	21	6	11	4	36	3	13		2
科尔沁左翼后旗	2				1	1			3
开鲁县	3	1	2	1	5	1			
库伦旗	4								
奈曼旗	4	2				1			
扎鲁特旗	1	1		1			1		
通辽经济技术开发区	3					1			
霍林郭勒市	2								
鄂尔多斯市	**4**	**4**	**9**	**1**					**1**
东胜区	1								
康巴什区									
达拉特旗	2		1						
准格尔旗			4						1
鄂托克前旗				1					
鄂托克旗		1							
杭锦旗	1	1							
乌审旗		2	2						
伊金霍洛旗			2						
呼伦贝尔市	**5**	**5**	**11**	**3**	**3**	**3**	**2**		
海拉尔区			1						
扎赉诺尔区									
阿荣旗		1		2	1	1			
莫力达瓦达斡尔族自治旗	1			1	1				
鄂伦春自治旗		1	1				2		
鄂温克族自治旗									
陈巴尔虎旗	1								
新巴尔虎左旗									
新巴尔虎右旗			9						
满洲里市									
牙克石市									
扎兰屯市	3	3			1	2			
额尔古纳市									
根河市									
巴彦淖尔市	**19**		**3**				**4**		**7**
临河区	6		1				3		1
五原县	3		2						
磴口县	2								
乌拉特前旗	3						1		6
乌拉特中旗	1								
乌拉特后旗									
杭锦后旗	4								

4—4c 续表 44 单位：人

地区 性别	制造业								
	金属制品业	通用设备制造业	专用设备制造业	汽车制造业	铁路、船舶、航空航天和其他运输设备制造业	电气机械和器材制造业	计算机、通信和其他电子设备制造业	仪器仪表制造业	其他制造业
乌兰察布市	**10**	**2**	**1**				**6**		**1**
集宁区	1						4		
卓资县			1						
化德县							1		1
商都县	1								
兴和县		2							
凉城县									
察哈尔右翼前旗	6						1		
察哈尔右翼中旗	2								
察哈尔右翼后旗									
四子王旗									
丰镇市									
兴安盟	**6**	**3**	**2**	**2**		**19**	**1**	**1**	
乌兰浩特市						9			
阿尔山市									
科尔沁右翼前旗	3	2	1			10			
科尔沁右翼中旗	1			1					
扎赉特旗	1	1					1	1	
突泉县	1		1	1					
锡林郭勒盟	**2**	**1**	**1**	**1**			**1**		**1**
二连浩特市									
锡林浩特市	1								
阿巴嘎旗									
苏尼特左旗									1
苏尼特右旗									
东乌珠穆沁旗									
西乌珠穆沁旗									
太仆寺旗	1								
镶黄旗									
正镶白旗							1		
正蓝旗									
多伦县		1	1	1					
乌拉盖管委会									
阿拉善盟	**1**								**2**
阿拉善左旗	1								
阿拉善右旗									2
额济纳旗									
内蒙古阿拉善经济开发区									

4-4c　续表 45　　　　单位：人

地区 性别	制造业		电力、热力、燃气及水生产和供应业				建筑业		
	废弃资源综合利用业	金属制品、机械和设备修理业	小计	电力、热力生产和供应业	燃气生产和供应业	水的生产和供应业	小计	房屋建筑业	土木工程建筑业
内蒙古	**344**	**421**	**3887**	**2887**	**793**	**207**	**19359**	**10800**	**3045**
呼和浩特市	**47**	**46**	**329**	**269**	**27**	**33**	**3247**	**1981**	**180**
新城区	18	6	22	21		1	821	427	33
回民区		1	11	7		4	109	44	13
玉泉区	15	3	37	24	9	4	537	338	16
赛罕区	3	7	56	47	1	8	855	561	42
土默特左旗	1	6	39	32	3	4	273	164	19
托克托县	6	15	118	102	8	8	374	283	18
和林格尔县	2	4	30	22	6	2	183	93	29
清水河县		4	6	5		1	73	56	6
武川县	2		10	9		1	22	15	4
呼和浩特经济技术开发区									
包头市	**64**	**27**	**260**	**206**	**45**	**9**	**1590**	**848**	**234**
东河区	5	1	27	25	1	1	164	49	31
昆都仑区	8	4	7	6	1		177	125	9
青山区	18	1	10	8	1	1	257	145	7
石拐区		1	2			2	6	1	3
白云鄂博矿区									
九原区	21	9	24	19	3	2	353	132	111
土默特右旗	9	7	144	107	37		248	78	52
固阳县	2	4	27	25	2		340	293	15
达尔罕茂明安联合旗			15	13		2	10	1	4
包头稀土高新技术产业开发区	1		4	3		1	35	24	2
乌海市	**3**	**6**	**11**	**3**	**5**	**3**	**89**	**21**	**32**
海勃湾区	3	6	7	2	2	3	74	19	19
海南区			4	1	3		15	2	13
乌达区									
赤峰市	**52**	**50**	**871**	**447**	**399**	**25**	**6329**	**4337**	**515**
红山区	1	3	6	6			47	27	6
元宝山区	5	3	19	16		3	360	213	66
松山区	13	7	166	150	13	3	1412	1025	76
阿鲁科尔沁旗	1	8	13	12		1	294	216	14
巴林左旗		3	70	50	14	6	1073	764	53
巴林右旗			8	6	1	1	39	21	12
林西县	2	3	29	26	2	1	447	252	27
克什克腾旗	3	2	383	26	357		73	24	30
翁牛特旗	4	1	50	45	4	1	452	323	38
喀喇沁旗	1		24	19	1	4	583	468	30
宁城县	14	17	59	51	4	4	1086	720	128
敖汉旗	8	3	44	40	3	1	463	284	35

4-4c 续表 46

单位：人

地区 性别	制造业		电力、热力、燃气及水生产和供应业				建筑业		
	废弃资源综合利用业	金属制品、机械和设备修理业	小计	电力、热力生产和供应业	燃气生产和供应业	水的生产和供应业	小计	房屋建筑业	土木工程建筑业
通辽市	**17**	**39**	**274**	**239**	**23**	**12**	**1926**	**1181**	**105**
科尔沁区	4	8	65	57	7	1	562	307	25
科尔沁左翼中旗	4	15	56	47	7	2	594	402	36
科尔沁左翼后旗	2	2	12	11	1		50	27	2
开鲁县	2	5	40	35	2	3	211	166	10
库伦旗			3	3			36	5	3
奈曼旗			28	25	2	1	228	159	15
扎鲁特旗		4	30	26	4		87	43	11
通辽经济技术开发区	5	3	25	20		5	115	65	3
霍林郭勒市		2	15	15			43	7	
鄂尔多斯市	**61**	**104**	**924**	**661**	**207**	**56**	**1482**	**335**	**797**
东胜区	26	6	11	1	8	2	84	14	13
康巴什区									
达拉特旗	27	5	207	180	3	24	236	129	45
准格尔旗	4	15	286	270	8	8	540	66	366
鄂托克前旗		6	101	27	74		124	11	91
鄂托克旗		11	141	87	53	1	41	4	17
杭锦旗			17	13	3	1	7	1	
乌审旗		42	93	37	46	10	259	48	186
伊金霍洛旗	4	19	68	46	12	10	191	62	79
呼伦贝尔市	**11**	**20**	**134**	**117**	**13**	**4**	**783**	**334**	**173**
海拉尔区	3		5	1	3	1	20	12	2
扎赉诺尔区									
阿荣旗		3	25	19	5	1	202	134	5
莫力达瓦达斡尔族自治旗		1	22	22			129	56	20
鄂伦春自治旗		1	13	11	1	1	32	9	9
鄂温克族自治旗		6	24	24			37	25	5
陈巴尔虎旗			2	2			35	1	33
新巴尔虎左旗			2	1	1		3		
新巴尔虎右旗			7	7			170		83
满洲里市									
牙克石市		2	8	8			9	1	3
扎兰屯市	8	3	15	12	3		140	95	11
额尔古纳市		4	11	10		1	6	1	2
根河市									
巴彦淖尔市	**57**	**36**	**292**	**224**	**49**	**19**	**958**	**322**	**228**
临河区	10	14	111	95	7	9	397	177	35
五原县	22		25	19	4	2	92	33	10
磴口县	3	4	22	18	4		44	25	9
乌拉特前旗	1	8	62	33	27	2	134	32	56
乌拉特中旗	4	3	38	36	2		29	11	15
乌拉特后旗	14	1	13	12		1	159	23	79
杭锦后旗	3	6	21	11	5	5	103	21	24

4-4c　续表 47　　　　　　　　　　　　　　　　　　　　　　　　　　单位：人

地　区 性　别	制造业		电力、热力、燃气及水生产和供应业				建筑业		
	废弃资源综合利用业	金属制品、机械和设备修理业	小计	电力、热力生产和供应业	燃气生产和供应业	水的生产和供应业	小计	房屋建筑业	土木工程建筑业
乌兰察布市	**11**	**32**	**323**	**293**	**12**	**18**	**1354**	**855**	**171**
集宁区			65	63	1	1	190	88	15
卓资县		10	32	28	4		122	75	21
化德县	4		16	12	1	3	80	27	46
商都县		1	13	13			86	50	10
兴和县	1	1	22	20		2	145	123	10
凉城县		6	40	35		5	135	104	14
察哈尔右翼前旗	2	1	22	20		2	235	164	31
察哈尔右翼中旗		6	31	29		2	75	51	7
察哈尔右翼后旗		1	26	24	1	1	83	45	1
四子王旗		2	26	22	4		73	40	7
丰镇市	4	4	30	27	1	2	130	88	9
兴安盟	**2**	**12**	**108**	**89**	**1**	**18**	**848**	**406**	**222**
乌兰浩特市		2	9	9			99	42	35
阿尔山市			3	3			34		20
科尔沁右翼前旗		4	20	18	1	1	294	159	59
科尔沁右翼中旗	1		8	7		1	30	21	2
扎赉特旗	1		25	10		15	161	99	35
突泉县		6	43	42		1	230	85	71
锡林郭勒盟	**15**	**48**	**285**	**272**	**6**	**7**	**579**	**113**	**303**
二连浩特市			5	5			20		20
锡林浩特市	10	3	18	18			154	37	96
阿巴嘎旗		17	36	36			31	5	26
苏尼特左旗		6	1	1			94		92
苏尼特右旗			2	2			1		
东乌珠穆沁旗			3	3			30	2	26
西乌珠穆沁旗		17	132	130		2	138	11	34
太仆寺旗		2	33	28	4	1	48	26	3
镶黄旗									
正镶白旗	1		17	17			2	2	
正蓝旗		1	22	20	1	1	12	4	3
多伦县	4	2	16	12	1	3	49	26	3
乌拉盖管委会									
阿拉善盟	**4**	**1**	**76**	**67**	**6**	**3**	**174**	**67**	**85**
阿拉善左旗	4	1	37	33	1	3	63	27	27
阿拉善右旗			6	6			28	22	1
额济纳旗			8	7	1		55	2	52
内蒙古阿拉善经济开发区			25	21	4		28	16	5

4-4c 续表 48 单位：人

地区 性别	制造业		电力、热力、燃气及水生产和供应业				建筑业		
	废弃资源综合利用业	金属制品、机械和设备修理业	小计	电力、热力生产和供应业	燃气生产和供应业	水的生产和供应业	小计	房屋建筑业	土木工程建筑业
男	**258**	**379**	**3229**	**2439**	**623**	**167**	**17030**	**9337**	**2794**
呼和浩特市	**37**	**43**	**267**	**222**	**20**	**25**	**2903**	**1744**	**159**
新城区	12	6	19	18		1	720	367	29
回民区		1	8	6		2	95	36	12
玉泉区	14	3	33	22	8	3	467	287	15
赛罕区	2	6	47	38	1	8	767	492	37
土默特左旗	1	6	29	26	1	2	262	157	16
托克托县	4	14	91	80	6	5	344	259	16
和林格尔县	2	4	26	20	4	2	168	86	25
清水河县		3	5	4		1	62	47	6
武川县	2		9	8		1	18	13	3
呼和浩特经济技术开发区									
包头市	**47**	**27**	**210**	**167**	**36**	**7**	**1338**	**689**	**202**
东河区	3	1	22	20	1	1	146	41	29
昆都仑区	6	4	6	6			150	103	8
青山区	11	1	7	6	1		216	126	6
石拐区		1	2			2	5	1	3
白云鄂博矿区									
九原区	18	9	15	12	1	2	305	117	88
土默特右旗	8	7	117	85	32		235	75	50
固阳县	1	4	26	25	1		244	203	14
达尔罕茂明安联合旗			13	12		1	8	1	2
包头稀土高新技术产业开发区			2	1		1	29	22	2
乌海市	**3**	**5**	**7**	**2**	**3**	**2**	**81**	**18**	**30**
海勃湾区	3	5	4	1	1	2	66	16	17
海南区			3	1	2		15	2	13
乌达区									
赤峰市	**42**	**45**	**728**	**391**	**316**	**21**	**5371**	**3654**	**468**
红山区	1	3	6	6			39	22	4
元宝山区	5	3	16	13		3	340	205	64
松山区	11	7	144	130	12	2	1166	847	67
阿鲁科尔沁旗	1	6	13	12		1	236	166	11
巴林左旗		3	53	40	9	4	849	590	51
巴林右旗			7	6	1		30	16	10
林西县	1	3	22	20	1	1	333	171	24
克什克腾旗	2	2	308	22	286		67	21	30
翁牛特旗	4	1	41	39	1	1	382	276	31
喀喇沁旗	1		24	19	1	4	538	437	27
宁城县	11	15	56	48	4	4	999	663	116
敖汉旗	5	2	38	36	1	1	392	240	33

4-4c 续表 49

单位：人

地 区 性 别	制造业		电力、热力、燃气及水生产和供应业				建筑业		
	废弃资源综合利用业	金属制品、机械和设备修理业	小计	电力、热力生产和供应业	燃气生产和供应业	水的生产和供应业	小计	房屋建筑业	土木工程建筑业
通辽市	**13**	**35**	**235**	**208**	**17**	**10**	**1679**	**1033**	**99**
科尔沁区	4	7	54	49	4	1	500	275	24
科尔沁左翼中旗	2	13	46	40	5	1	508	342	35
科尔沁左翼后旗	2	1	10	9	1		47	26	2
开鲁县	1	5	38	33	2	3	179	140	9
库伦旗			2	2			31	5	3
奈曼旗			23	20	2	1	203	141	15
扎鲁特旗		4	28	25	3		77	41	9
通辽经济技术开发区	4	3	23	19		4	101	58	2
霍林郭勒市		2	11	11			33	5	
鄂尔多斯市	**39**	**89**	**752**	**532**	**173**	**47**	**1390**	**295**	**766**
东胜区	18	6	9	1	7	1	78	13	12
康巴什区									
达拉特旗	15	4	164	142	3	19	206	105	41
准格尔旗	3	14	233	221	6	6	523	64	357
鄂托克前旗		6	85	20	65		118	11	86
鄂托克旗		6	117	72	44	1	40	4	16
杭锦旗			17	13	3	1	6	1	
乌审旗		37	72	29	33	10	252	45	182
伊金霍洛旗	3	16	55	34	12	9	167	52	72
呼伦贝尔市	**8**	**17**	**105**	**98**	**6**	**1**	**719**	**302**	**162**
海拉尔区	2		3	1	2		18	10	2
扎赉诺尔区									
阿荣旗		3	17	14	3		184	121	5
莫力达瓦达斡尔族自治旗			21	21			106	45	16
鄂伦春自治旗		1	10	9		1	31	9	9
鄂温克族自治旗		6	18	18			34	24	4
陈巴尔虎旗			2	2			33	1	31
新巴尔虎左旗			1	1			2		
新巴尔虎右旗			6	6			164		79
满洲里市									
牙克石市		2	7	7			8	1	3
扎兰屯市	6	2	11	10	1		134	90	11
额尔古纳市		3	9	9			5	1	2
根河市									
巴彦淖尔市	**42**	**32**	**241**	**190**	**34**	**17**	**850**	**281**	**208**
临河区	8	13	88	76	5	7	344	152	32
五原县	15		21	17	2	2	83	29	10
磴口县	2	4	19	16	3		36	20	7
乌拉特前旗	1	7	51	29	20	2	122	27	52
乌拉特中旗	3	2	32	31	1		27	11	13
乌拉特后旗	10	1	12	11		1	145	22	72
杭锦后旗	3	5	18	10	3	5	93	20	22

4－4c　续表 50

单位：人

地区 性别	制造业		电力、热力、燃气及水生产和供应业				建筑业		
	废弃资源综合利用业	金属制品、机械和设备修理业	小计	电力、热力生产和供应业	燃气生产和供应业	水的生产和供应业	小计	房屋建筑业	土木工程建筑业
乌兰察布市	**11**	**30**	**278**	**257**	**7**	**14**	**1257**	**795**	**151**
集宁区			60	58	1	1	180	87	12
卓资县		9	26	24	2		117	71	20
化德县	4		15	12	1	2	68	25	36
商都县		1	13	13			79	47	9
兴和县	1	1	19	18		1	133	112	9
凉城县		6	33	30		3	128	98	13
察哈尔右翼前旗	2	1	18	16		2	217	151	29
察哈尔右翼中旗		6	27	25		2	69	45	7
察哈尔右翼后旗		1	26	24	1	1	77	42	1
四子王旗		2	21	19	2		66	35	6
丰镇市	4	3	20	18		2	123	82	9
兴安盟	**2**	**11**	**95**	**78**	**1**	**16**	**756**	**364**	**197**
乌兰浩特市		2	8	8			87	40	28
阿尔山市			2	2			30		19
科尔沁右翼前旗		3	19	17	1	1	264	146	51
科尔沁右翼中旗	1		7	7			27	18	2
扎赉特旗	1		21	7		14	146	86	34
突泉县		6	38	37		1	202	74	63
锡林郭勒盟	**12**	**44**	**246**	**237**	**4**	**5**	**531**	**100**	**281**
二连浩特市			4	4			18		18
锡林浩特市	7	3	14	14			137	32	85
阿巴嘎旗		16	34	34			31	5	26
苏尼特左旗		6	1	1			90		88
苏尼特右旗			1	1			1		
东乌珠穆沁旗			2	2			26	2	23
西乌珠穆沁旗		14	114	113		1	128	11	32
太仆寺旗		2	28	24	3	1	42	21	3
镶黄旗									
正镶白旗	1		16	16			2	2	
正蓝旗		1	20	18	1	1	10	3	3
多伦县	4	2	12	10		2	46	24	3
乌拉盖管委会									
阿拉善盟	**2**	**1**	**65**	**57**	**6**	**2**	**155**	**62**	**71**
阿拉善左旗	2	1	33	30	1	2	58	25	24
阿拉善右旗			6	6			26	20	1
额济纳旗			7	6	1		45	2	42
内蒙古阿拉善经济开发区			19	15	4		26	15	4

4－4c　续表 51

单位：人

地　区 性　别	制造业		电力、热力、燃气及水生产和供应业				建筑业		
	废弃资源综合利用业	金属制品、机械和设备修理业	小计	电力、热力生产和供应业	燃气生产和供应业	水的生产和供应业	小计	房屋建筑业	土木工程建筑业
女	**86**	**42**	**658**	**448**	**170**	**40**	**2329**	**1463**	**251**
呼和浩特市	**10**	**3**	**62**	**47**	**7**	**8**	**344**	**237**	**21**
新城区	6		3	3			101	60	4
回民区			3	1		2	14	8	1
玉泉区	1		4	2	1	1	70	51	1
赛罕区	1	1	9	9			88	69	5
土默特左旗			10	6	2	2	11	7	3
托克托县	2	1	27	22	2	3	30	24	2
和林格尔县			4	2	2		15	7	4
清水河县		1	1	1			11	9	
武川县			1	1			4	2	1
呼和浩特经济技术开发区									
包头市	**17**		**50**	**39**	**9**	**2**	**252**	**159**	**32**
东河区	2		5	5			18	8	2
昆都仑区	2		1		1		27	22	1
青山区	7		3	2		1	41	19	1
石拐区							1		
白云鄂博矿区									
九原区	3		9	7	2		48	15	23
土默特右旗	1		27	22	5		13	3	2
固阳县	1		1		1		96	90	1
达尔罕茂明安联合旗			2	1		1	2		2
包头稀土高新技术产业开发区	1		2	2			6	2	
乌海市		**1**	**4**	**1**	**2**	**1**	**8**	**3**	**2**
海勃湾区		1	3	1	1	1	8	3	2
海南区			1		1				
乌达区									
赤峰市	**10**	**5**	**143**	**56**	**83**	**4**	**958**	**683**	**47**
红山区							8	5	2
元宝山区			3	3			20	8	2
松山区	2		22	20	1	1	246	178	9
阿鲁科尔沁旗		2					58	50	3
巴林左旗			17	10	5	2	224	174	2
巴林右旗			1			1	9	5	2
林西县	1		7	6	1		114	81	3
克什克腾旗	1		75	4	71		6	3	
翁牛特旗			9	6	3		70	47	7
喀喇沁旗							45	31	3
宁城县	3	2	3	3			87	57	12
敖汉旗	3	1	6	4	2		71	44	2

4–4c　续表 52

单位：人

地区 性别	制造业		电力、热力、燃气及水生产和供应业				建筑业		
	废弃资源综合利用业	金属制品、机械和设备修理业	小计	电力、热力生产和供应业	燃气生产和供应业	水的生产和供应业	小计	房屋建筑业	土木工程建筑业
通辽市	**4**	**4**	**39**	**31**	**6**	**2**	**247**	**148**	**6**
科尔沁区		1	11	8	3		62	32	1
科尔沁左翼中旗	2	2	10	7	2	1	86	60	1
科尔沁左翼后旗		1	2	2			3	1	
开鲁县	1		2	2			32	26	1
库伦旗			1	1			5		
奈曼旗			5	5			25	18	
扎鲁特旗			2	1	1		10	2	2
通辽经济技术开发区	1		2	1		1	14	7	1
霍林郭勒市			4	4			10	2	
鄂尔多斯市	**22**	**15**	**172**	**129**	**34**	**9**	**92**	**40**	**31**
东胜区	8		2		1	1	6	1	1
康巴什区									
达拉特旗	12	1	43	38		5	30	24	4
准格尔旗	1	1	53	49	2	2	17	2	9
鄂托克前旗			16	7	9		6		5
鄂托克旗		5	24	15	9		1		1
杭锦旗							1		
乌审旗		5	21	8	13		7	3	4
伊金霍洛旗	1	3	13	12		1	24	10	7
呼伦贝尔市	**3**	**3**	**29**	**19**	**7**	**3**	**64**	**32**	**11**
海拉尔区	1		2		1	1	2	2	
扎赉诺尔区									
阿荣旗			8	5	2	1	18	13	
莫力达瓦达斡尔族自治旗		1	1	1			23	11	4
鄂伦春自治旗			3	2	1		1		
鄂温克族自治旗			6	6			3	1	1
陈巴尔虎旗							2		2
新巴尔虎左旗			1		1		1		
新巴尔虎右旗			1	1			6		4
满洲里市									
牙克石市			1	1			1		
扎兰屯市	2	1	4	2	2		6	5	
额尔古纳市		1	2	1		1	1		
根河市									
巴彦淖尔市	**15**	**4**	**51**	**34**	**15**	**2**	**108**	**41**	**20**
临河区	2	1	23	19	2	2	53	25	3
五原县	7		4	2	2		9	4	
磴口县	1		3	2	1		8	5	2
乌拉特前旗		1	11	4	7		12	5	4
乌拉特中旗	1	1	6	5	1		2		2
乌拉特后旗	4		1	1			14	1	7
杭锦后旗		1	3	1	2		10	1	2

4-4c　续表 53　　　　单位：人

地　区 性　别	制造业		电力、热力、燃气及水生产和供应业				建筑业		
	废弃资源综合利用业	金属制品、机械和设备修理业	小计	电力、热力生产和供应业	燃气生产和供应业	水的生产和供应业	小计	房屋建筑业	土木工程建筑业
乌兰察布市		**2**	**45**	**36**	**5**	**4**	**97**	**60**	**20**
集宁区			5	5			10	1	3
卓资县		1	6	4	2		5	4	1
化德县			1			1	12	2	10
商都县							7	3	1
兴和县			3	2		1	12	11	1
凉城县			7	5		2	7	6	1
察哈尔右翼前旗			4	4			18	13	2
察哈尔右翼中旗			4	4			6	6	
察哈尔右翼后旗							6	3	
四子王旗			5	3	2		7	5	1
丰镇市		1	10	9	1		7	6	
兴安盟		**1**	**13**	**11**		**2**	**92**	**42**	**25**
乌兰浩特市			1	1			12	2	7
阿尔山市			1	1			4		1
科尔沁右翼前旗		1	1	1			30	13	8
科尔沁右翼中旗			1			1	3	3	
扎赉特旗			4	3		1	15	13	1
突泉县			5	5			28	11	8
锡林郭勒盟	**3**	**4**	**39**	**35**	**2**	**2**	**48**	**13**	**22**
二连浩特市			1	1			2		2
锡林浩特市	3		4	4			17	5	11
阿巴嘎旗		1	2	2					
苏尼特左旗							4		4
苏尼特右旗			1	1					
东乌珠穆沁旗			1	1			4		3
西乌珠穆沁旗		3	18	17		1	10		2
太仆寺旗			5	4	1		6	5	
镶黄旗									
正镶白旗			1	1					
正蓝旗			2	2			2	1	
多伦县			4	2	1	1	3	2	
乌拉盖管委会									
阿拉善盟	**2**		**11**	**10**		**1**	**19**	**5**	**14**
阿拉善左旗	2		4	3		1	5	2	3
阿拉善右旗							2	2	
额济纳旗			1	1			10		10
内蒙古阿拉善经济开发区			6	6			2	1	1

4-4c 续表 54　　　　单位：人

地区 性别	建筑业		批发和零售业			交通运输、仓储和邮政业			
	建筑安装业	建筑装饰、装修和其他建筑业	小计	批发业	零售业	小计	铁路运输业	道路运输业	水上运输业
内蒙古	**946**	**4568**	**17157**	**5438**	**11719**	**10678**	**556**	**6887**	**24**
呼和浩特市	**126**	**960**	**2211**	**612**	**1599**	**1544**	**51**	**1006**	**1**
新城区	38	323	345	43	302	284	7	172	
回民区	7	45	203	55	148	75	4	52	1
玉泉区	19	164	290	83	207	156	3	129	
赛罕区	20	232	591	186	405	297	14	164	
土默特左旗	17	73	275	64	211	228	8	130	
托克托县	12	61	275	128	147	199	11	155	
和林格尔县	12	49	122	15	107	112	3	71	
清水河县	1	10	46	13	33	131	1	103	
武川县		3	64	25	39	62		30	
呼和浩特经济技术开发区									
包头市	**74**	**434**	**1662**	**548**	**1114**	**1545**	**19**	**891**	**2**
东河区	6	78	280	81	199	220	6	180	
昆都仑区	6	37	143	47	96	81		61	
青山区	18	87	118	16	102	140		69	
石拐区		2	15	6	9	20		13	
白云鄂博矿区									
九原区	22	88	211	59	152	200	5	117	1
土默特右旗	13	105	410	186	224	273		228	1
固阳县	8	24	330	53	277	554	6	193	
达尔罕茂明安联合旗	1	4	109	83	26	13		9	
包头稀土高新技术产业开发区		9	46	17	29	44	2	21	
乌海市	**11**	**25**	**59**	**26**	**33**	**77**	**7**	**61**	**1**
海勃湾区	11	25	49	21	28	48	1	39	1
海南区			10	5	5	29	6	22	
乌达区									
赤峰市	**219**	**1258**	**4431**	**1193**	**3238**	**1941**	**85**	**1405**	**7**
红山区	5	9	63	45	18	24	2	17	
元宝山区	29	52	140	46	94	91	2	74	
松山区	36	275	911	197	714	328	17	233	2
阿鲁科尔沁旗	13	51	279	86	193	138	11	77	
巴林左旗	28	228	818	235	583	332	12	259	2
巴林右旗	1	5	81	9	72	33	5	12	
林西县	11	157	162	38	124	148	9	107	
克什克腾旗	6	13	95	41	54	43	1	23	
翁牛特旗	16	75	376	83	293	128	7	96	
喀喇沁旗	14	71	313	83	230	123	3	88	
宁城县	37	201	715	202	513	373	10	297	1
敖汉旗	23	121	478	128	350	180	6	122	2

4-4c　续表 55　　　　单位：人

地　区 性　别	建筑业		批发和零售业			交通运输、仓储和邮政业			
	建　筑 安装业	建筑装 饰、装修 和其他 建筑业	小计	批发业	零售业	小计	铁　路 运输业	道　路 运输业	水　上 运输业
通辽市	**111**	**529**	**2188**	**679**	**1509**	**1291**	**34**	**736**	**5**
科尔沁区	46	184	596	168	428	358	7	249	1
科尔沁左翼中旗	25	131	473	96	377	355	8	155	2
科尔沁左翼后旗	4	17	179	38	141	75		29	1
开鲁县	5	30	263	84	179	91	2	65	1
库伦旗	2	26	74	20	54	22	2	13	
奈曼旗	13	41	333	183	150	154	2	78	
扎鲁特旗	4	29	135	36	99	82	1	31	
通辽经济技术开发区	7	40	107	44	63	71	11	40	
霍林郭勒市	5	31	28	10	18	83	1	76	
鄂尔多斯市	**94**	**256**	**1418**	**723**	**695**	**1253**	**145**	**908**	
东胜区	1	56	115	79	36	39		24	
康巴什区									
达拉特旗	13	49	308	99	209	325	35	250	
准格尔旗	32	76	475	325	150	360	40	299	
鄂托克前旗	10	12	58	13	45	56		36	
鄂托克旗	8	12	46	13	33	104	48	44	
杭锦旗		6	62	23	39	33	3	19	
乌审旗	10	15	138	54	84	140	6	106	
伊金霍洛旗	20	30	216	117	99	196	13	130	
呼伦贝尔市	**57**	**219**	**973**	**285**	**688**	**488**	**18**	**307**	**4**
海拉尔区		6	33	9	24	20	3	12	
扎赉诺尔区									
阿荣旗	18	45	216	47	169	109		75	
莫力达瓦达斡尔族自治旗	10	43	206	53	153	97		72	4
鄂伦春自治旗	2	12	99	34	65	55	2	33	
鄂温克族自治旗	1	6	113	48	65	30	5	14	
陈巴尔虎旗		1	14	3	11	8	1	7	
新巴尔虎左旗		3	25	3	22	24	2	19	
新巴尔虎右旗	14	73	37	30	7	4		3	
满洲里市									
牙克石市	2	3	29	10	19	18	1	12	
扎兰屯市	10	24	163	35	128	115	4	55	
额尔古纳市		3	38	13	25	8		5	
根河市									
巴彦淖尔市	**115**	**293**	**1723**	**799**	**924**	**787**	**40**	**543**	**4**
临河区	30	155	611	242	369	248	9	159	
五原县	6	43	381	251	130	109	4	83	
磴口县	3	7	64	18	46	41	2	31	
乌拉特前旗	17	29	300	121	179	106	3	84	
乌拉特中旗	1	2	63	14	49	135	20	91	
乌拉特后旗	48	9	37	19	18	29		16	
杭锦后旗	10	48	267	134	133	119	2	79	4

4-4c 续表 56

单位：人

地区 性别	建筑业		批发和零售业			交通运输、仓储和邮政业			
	建筑安装业	建筑装饰、装修和其他建筑业	小计	批发业	零售业	小计	铁路运输业	道路运输业	水上运输业
乌兰察布市	**56**	**272**	**1077**	**234**	**843**	**819**	**43**	**451**	
集宁区	23	64	97	17	80	81	3	59	
卓资县	6	20	56	11	45	47	4	25	
化德县	1	6	87	33	54	17	3	6	
商都县	3	23	133	28	105	66	2	34	
兴和县	1	11	131	20	111	86	1	61	
凉城县	1	16	52	5	47	70	9	38	
察哈尔右翼前旗	3	37	173	43	130	124	12	70	
察哈尔右翼中旗	2	15	80	16	64	60		28	
察哈尔右翼后旗	7	30	85	17	68	71	3	27	
四子王旗	7	19	99	28	71	101	1	40	
丰镇市	2	31	84	16	68	96	5	63	
兴安盟	**30**	**190**	**845**	**205**	**640**	**279**	**9**	**176**	
乌兰浩特市	4	18	60	17	43	20	2	8	
阿尔山市		14	2		2	2		2	
科尔沁右翼前旗	13	63	349	99	250	100	3	75	
科尔沁右翼中旗	3	4	84	23	61	27	2	12	
扎赉特旗	4	23	159	12	147	64	1	45	
突泉县	6	68	191	54	137	66	1	34	
锡林郭勒盟	**43**	**120**	**408**	**56**	**352**	**505**	**55**	**313**	
二连浩特市			2		2	1		1	
锡林浩特市	7	14	55	11	44	102	2	45	
阿巴嘎旗			19	3	16	14	6	1	
苏尼特左旗	1	1	8	2	6	19	16	1	
苏尼特右旗	1		8		8	5		5	
东乌珠穆沁旗		2	17	1	16	7	1	5	
西乌珠穆沁旗	27	66	33	3	30	197	15	181	
太仆寺旗	1	18	89	17	72	80	4	31	
镶黄旗			5		5	1		1	
正镶白旗			12		12	4	2	1	
正蓝旗	3	2	61	3	58	35	9	18	
多伦县	3	17	99	16	83	37		20	
乌拉盖管委会						3		3	
阿拉善盟	**10**	**12**	**162**	**78**	**84**	**149**	**50**	**90**	
阿拉善左旗	1	8	96	29	67	93	21	69	
阿拉善右旗	5		3	1	2	5		5	
额济纳旗		1	62	48	14	51	29	16	
内蒙古阿拉善经济开发区	4	3	1		1				

4-4c　续表 57

单位：人

地　区 性　别	建筑业		批发和零售业			交通运输、仓储和邮政业			
	建　筑 安装业	建筑装饰、装修和其他建筑业	小计	批发业	零售业	小计	铁　路 运输业	道　路 运输业	水　上 运输业
男	**885**	**4014**	**9351**	**3821**	**5530**	**9384**	**465**	**6289**	**22**
呼和浩特市	**120**	**880**	**1196**	**434**	**762**	**1377**	**37**	**935**	**1**
新城区	37	287	151	23	128	261	5	160	
回民区	7	40	126	45	81	64	2	46	1
玉泉区	19	146	155	56	99	147	2	122	
赛罕区	19	219	319	133	186	254	9	155	
土默特左旗	17	72	143	40	103	187	5	117	
托克托县	9	60	185	98	87	187	10	148	
和林格尔县	11	46	58	13	45	100	3	66	
清水河县	1	8	22	9	13	120	1	94	
武川县		2	37	17	20	57		27	
呼和浩特经济技术开发区									
包头市	**72**	**375**	**899**	**358**	**541**	**1372**	**14**	**840**	**2**
东河区	6	70	149	51	98	197	5	163	
昆都仑区	5	34	77	31	46	70		54	
青山区	18	66	53	11	42	129		66	
石拐区		1	9	3	6	16		11	
白云鄂博矿区									
九原区	21	79	114	36	78	173	4	107	1
土默特右旗	13	97	243	126	117	261		224	1
固阳县	8	19	173	38	135	474	4	185	
达尔罕茂明安联合旗	1	4	56	47	9	12		9	
包头稀土高新技术产业开发区		5	25	15	10	40	1	21	
乌海市	**11**	**22**	**32**	**17**	**15**	**70**	**6**	**58**	**1**
海勃湾区	11	22	27	14	13	43	1	37	1
海南区			5	3	2	27	5	21	
乌达区									
赤峰市	**200**	**1049**	**2251**	**781**	**1470**	**1694**	**70**	**1280**	**6**
红山区	5	8	37	29	8	22	2	17	
元宝山区	25	46	89	36	53	84		71	
松山区	31	221	491	143	348	283	13	207	1
阿鲁科尔沁旗	12	47	137	47	90	126	11	74	
巴林左旗	26	182	365	140	225	282	11	229	2
巴林右旗	1	3	40	7	33	26	3	11	
林西县	9	129	69	24	45	119	9	88	
克什克腾旗	6	10	51	26	25	36	1	20	
翁牛特旗	14	61	200	55	145	114	5	92	
喀喇沁旗	13	61	164	58	106	110	2	81	
宁城县	37	183	355	127	228	332	8	274	1
敖汉旗	21	98	253	89	164	160	5	116	2

4-4c 续表 58

单位：人

地 区 性 别	建筑业		批发和零售业			交通运输、仓储和邮政业			
	建筑安装业	建筑装饰、装修和其他建筑业	小计	批发业	零售业	小计	铁路运输业	道路运输业	水上运输业
通辽市	**101**	**446**	**1123**	**440**	**683**	**1114**	**25**	**678**	**5**
科尔沁区	42	159	300	115	185	323	6	237	1
科尔沁左翼中旗	22	109	247	67	180	305	7	142	2
科尔沁左翼后旗	4	15	87	27	60	54		25	1
开鲁县	5	25	132	48	84	81	1	57	1
库伦旗	1	22	38	12	26	19	1	12	
奈曼旗	13	34	178	107	71	128	2	68	
扎鲁特旗	4	23	69	30	39	67	1	28	
通辽经济技术开发区	6	35	60	27	33	59	6	38	
霍林郭勒市	4	24	12	7	5	78	1	71	
鄂尔多斯市	**94**	**235**	**974**	**598**	**376**	**1101**	**121**	**808**	
东胜区	1	52	88	67	21	31		21	
康巴什区									
达拉特旗	13	47	176	77	99	290	32	223	
准格尔旗	32	70	386	293	93	326	36	271	
鄂托克前旗	10	11	37	8	29	41		28	
鄂托克旗	8	12	29	12	17	83	40	33	
杭锦旗		5	28	11	17	29		19	
乌审旗	10	15	81	37	44	121	5	91	
伊金霍洛旗	20	23	149	93	56	180	8	122	
呼伦贝尔市	**51**	**204**	**503**	**205**	**298**	**413**	**17**	**263**	**4**
海拉尔区		6	21	8	13	18	3	11	
扎赉诺尔区									
阿荣旗	16	42	98	30	68	96		68	
莫力达瓦达斡尔族自治旗	8	37	112	41	71	84		65	4
鄂伦春自治旗	2	11	51	22	29	49	2	30	
鄂温克族自治旗	1	5	68	41	27	25	5	11	
陈巴尔虎旗		1	6	2	4	7	1	6	
新巴尔虎左旗		2	10	2	8	11	1	8	
新巴尔虎右旗	13	72	22	20	2	4		3	
满洲里市									
牙克石市	2	2	18	8	10	18	1	12	
扎兰屯市	9	24	78	21	57	94	4	45	
额尔古纳市		2	19	10	9	7		4	
根河市									
巴彦淖尔市	**107**	**254**	**987**	**562**	**425**	**695**	**34**	**483**	**3**
临河区	28	132	328	163	165	222	9	145	
五原县	5	39	234	176	58	97	2	75	
磴口县	3	6	34	10	24	38	2	28	
乌拉特前旗	17	26	178	94	84	100	3	81	
乌拉特中旗	1	2	39	12	27	111	18	70	
乌拉特后旗	43	8	21	13	8	27		14	
杭锦后旗	10	41	153	94	59	100		70	3

4-4c　续表 59

单位：人

地区 性别	建筑业		批发和零售业			交通运输、仓储和邮政业			
	建筑安装业	建筑装饰、装修和其他建筑业	小计	批发业	零售业	小计	铁路运输业	道路运输业	水上运输业
乌兰察布市	**50**	**261**	**600**	**173**	**427**	**728**	**38**	**416**	
集宁区	21	60	48	15	33	70	3	51	
卓资县	6	20	32	8	24	45	4	24	
化德县	1	6	57	26	31	17	3	6	
商都县	2	21	77	22	55	61	2	33	
兴和县	1	11	79	13	66	81	1	59	
凉城县	1	16	28	4	24	58	8	37	
察哈尔右翼前旗	2	35	90	30	60	106	10	60	
察哈尔右翼中旗	2	15	43	13	30	53		27	
察哈尔右翼后旗	6	28	46	11	35	66	2	25	
四子王旗	6	19	56	19	37	79		32	
丰镇市	2	30	44	12	32	92	5	62	
兴安盟	**30**	**165**	**452**	**151**	**301**	**239**	**8**	**164**	
乌兰浩特市	4	15	30	11	19	15	2	7	
阿尔山市		11	1		1	2		2	
科尔沁右翼前旗	13	54	184	75	109	92	3	70	
科尔沁右翼中旗	3	4	38	13	25	23	2	12	
扎赉特旗	4	22	83	8	75	58	1	41	
突泉县	6	59	116	44	72	49		32	
锡林郭勒盟	**39**	**111**	**219**	**37**	**182**	**454**	**51**	**289**	
二连浩特市						1		1	
锡林浩特市	7	13	30	8	22	84	2	38	
阿巴嘎旗			11	2	9	14	6	1	
苏尼特左旗	1	1	4	2	2	18	16	1	
苏尼特右旗	1		4		4	4		4	
东乌珠穆沁旗		1	9	1	8	7	1	5	
西乌珠穆沁旗	23	62	19	1	18	189	15	173	
太仆寺旗	1	17	52	13	39	67	2	27	
镶黄旗			4		4	1		1	
正镶白旗			6		6	4	2	1	
正蓝旗	3	1	29	1	28	29	7	15	
多伦县	3	16	51	9	42	34		20	
乌拉盖管委会						2		2	
阿拉善盟	**10**	**12**	**115**	**65**	**50**	**127**	**44**	**75**	
阿拉善左旗	1	8	62	25	37	82	21	58	
阿拉善右旗	5		2	1	1	5		5	
额济纳旗		1	50	39	11	40	23	12	
内蒙古阿拉善经济开发区	4	3	1		1				

4－4c 续表 60

单位：人

地区 性别	建筑业		批发和零售业			交通运输、仓储和邮政业			
	建筑安装业	建筑装饰、装修和其他建筑业	小计	批发业	零售业	小计	铁路运输业	道路运输业	水上运输业
女	**61**	**554**	**7806**	**1617**	**6189**	**1294**	**91**	**598**	**2**
呼和浩特市	**6**	**80**	**1015**	**178**	**837**	**167**	**14**	**71**	
新城区	1	36	194	20	174	23	2	12	
回民区		5	77	10	67	11	2	6	
玉泉区		18	135	27	108	9	1	7	
赛罕区	1	13	272	53	219	43	5	9	
土默特左旗		1	132	24	108	41	3	13	
托克托县	3	1	90	30	60	12	1	7	
和林格尔县	1	3	64	2	62	12		5	
清水河县		2	24	4	20	11		9	
武川县		1	27	8	19	5		3	
呼和浩特经济技术开发区									
包头市	**2**	**59**	**763**	**190**	**573**	**173**	**5**	**51**	
东河区		8	131	30	101	23	1	17	
昆都仑区	1	3	66	16	50	11		7	
青山区		21	65	5	60	11		3	
石拐区		1	6	3	3	4		2	
白云鄂博矿区									
九原区	1	9	97	23	74	27	1	10	
土默特右旗		8	167	60	107	12		4	
固阳县		5	157	15	142	80	2	8	
达尔罕茂明安联合旗			53	36	17	1			
包头稀土高新技术产业开发区		4	21	2	19	4	1		
乌海市		**3**	**27**	**9**	**18**	**7**	**1**	**3**	
海勃湾区		3	22	7	15	5		2	
海南区			5	2	3	2	1	1	
乌达区									
赤峰市	**19**	**209**	**2180**	**412**	**1768**	**247**	**15**	**125**	**1**
红山区		1	26	16	10	2			
元宝山区	4	6	51	10	41	7	2	3	
松山区	5	54	420	54	366	45	4	26	1
阿鲁科尔沁旗	1	4	142	39	103	12		3	
巴林左旗	2	46	453	95	358	50	1	30	
巴林右旗		2	41	2	39	7	2	1	
林西县	2	28	93	14	79	29		19	
克什克腾旗		3	44	15	29	7		3	
翁牛特旗	2	14	176	28	148	14	2	4	
喀喇沁旗	1	10	149	25	124	13	1	7	
宁城县		18	360	75	285	41	2	23	
敖汉旗	2	23	225	39	186	20	1	6	

4-4c　续表 61　　　　单位：人

地　区 性　别	建筑业		批发和零售业			交通运输、仓储和邮政业			
	建　筑 安装业	建筑装饰、装修和其他建筑业	小计	批发业	零售业	小计	铁　路 运输业	道　路 运输业	水　上 运输业
通辽市	**10**	**83**	**1065**	**239**	**826**	**177**	**9**	**58**	
科尔沁区	4	25	296	53	243	35	1	12	
科尔沁左翼中旗	3	22	226	29	197	50	1	13	
科尔沁左翼后旗		2	92	11	81	21		4	
开鲁县		5	131	36	95	10	1	8	
库伦旗	1	4	36	8	28	3	1	1	
奈曼旗		7	155	76	79	26		10	
扎鲁特旗		6	66	6	60	15		3	
通辽经济技术开发区	1	5	47	17	30	12	5	2	
霍林郭勒市	1	7	16	3	13	5		5	
鄂尔多斯市		**21**	**444**	**125**	**319**	**152**	**24**	**100**	
东胜区		4	27	12	15	8		3	
康巴什区									
达拉特旗		2	132	22	110	35	3	27	
准格尔旗		6	89	32	57	34	4	28	
鄂托克前旗		1	21	5	16	15		8	
鄂托克旗			17	1	16	21	8	11	
杭锦旗		1	34	12	22	4	3		
乌审旗			57	17	40	19	1	15	
伊金霍洛旗		7	67	24	43	16	5	8	
呼伦贝尔市	**6**	**15**	**470**	**80**	**390**	**75**	**1**	**44**	
海拉尔区			12	1	11	2		1	
扎赉诺尔区									
阿荣旗	2	3	118	17	101	13		7	
莫力达瓦达斡尔族自治旗	2	6	94	12	82	13		7	
鄂伦春自治旗		1	48	12	36	6		3	
鄂温克族自治旗		1	45	7	38	5		3	
陈巴尔虎旗			8	1	7	1		1	
新巴尔虎左旗		1	15	1	14	13	1	11	
新巴尔虎右旗	1	1	15	10	5				
满洲里市									
牙克石市		1	11	2	9				
扎兰屯市	1		85	14	71	21		10	
额尔古纳市		1	19	3	16	1		1	
根河市									
巴彦淖尔市	**8**	**39**	**736**	**237**	**499**	**92**	**6**	**60**	**1**
临河区	2	23	283	79	204	26		14	
五原县	1	4	147	75	72	12	2	8	
磴口县		1	30	8	22	3		3	
乌拉特前旗		3	122	27	95	6		3	
乌拉特中旗			24	2	22	24	2	21	
乌拉特后旗	5	1	16	6	10	2		2	
杭锦后旗		7	114	40	74	19	2	9	1

4−4c 续表 62

单位：人

地 区 性 别	建筑业		批发和零售业			交通运输、仓储和邮政业			
	建 筑 安装业	建筑装饰、装修和其他建筑业	小计	批发业	零售业	小计	铁 路 运输业	道 路 运输业	水 上 运输业
乌兰察布市	**6**	**11**	**477**	**61**	**416**	**91**	**5**	**35**	
集宁区	2	4	49	2	47	11		8	
卓资县			24	3	21	2		1	
化德县			30	7	23				
商都县	1	2	56	6	50	5		1	
兴和县			52	7	45	5		2	
凉城县			24	1	23	12	1	1	
察哈尔右翼前旗	1	2	83	13	70	18	2	10	
察哈尔右翼中旗			37	3	34	7		1	
察哈尔右翼后旗	1	2	39	6	33	5	1	2	
四子王旗	1		43	9	34	22	1	8	
丰镇市		1	40	4	36	4		1	
兴安盟		**25**	**393**	**54**	**339**	**40**	**1**	**12**	
乌兰浩特市		3	30	6	24	5		1	
阿尔山市		3	1		1				
科尔沁右翼前旗		9	165	24	141	8		5	
科尔沁右翼中旗			46	10	36	4			
扎赉特旗		1	76	4	72	6		4	
突泉县		9	75	10	65	17	1	2	
锡林郭勒盟	**4**	**9**	**189**	**19**	**170**	**51**	**4**	**24**	
二连浩特市			2		2				
锡林浩特市		1	25	3	22	18		7	
阿巴嘎旗			8	1	7				
苏尼特左旗			4		4	1			
苏尼特右旗			4		4	1		1	
东乌珠穆沁旗		1	8		8				
西乌珠穆沁旗	4	4	14	2	12	8		8	
太仆寺旗		1	37	4	33	13	2	4	
镶黄旗			1		1				
正镶白旗			6		6				
正蓝旗		1	32	2	30	6	2	3	
多伦县		1	48	7	41	3			
乌拉盖管委会						1		1	
阿拉善盟			**47**	**13**	**34**	**22**	**6**	**15**	
阿拉善左旗			34	4	30	11		11	
阿拉善右旗			1		1				
额济纳旗			12	9	3	11	6	4	
内蒙古阿拉善经济开发区									

4-4c 续表 63

单位：人

地 区 性 别	交通运输、仓储和邮政业					住宿和餐饮业		
	航 空 运输业	管 道 运输业	多式联运 和运输 代理业	装卸搬运 和仓储业	邮政业	小计	住宿业	餐饮业
内蒙古	**70**	**10**	**80**	**2245**	**806**	**8238**	**744**	**7494**
呼和浩特市	**27**		**11**	**243**	**205**	**1395**	**136**	**1259**
新城区	2		4	49	50	194	19	175
回民区				12	6	50	6	44
玉泉区			1	15	8	179	13	166
赛罕区	23		1	43	52	488	55	433
土默特左旗	1		1	24	64	185	5	180
托克托县			1	25	7	126	21	105
和林格尔县	1		1	26	10	102	7	95
清水河县			2	18	7	41	4	37
武川县				31	1	30	6	24
呼和浩特经济技术开发区								
包头市	**5**	**2**	**12**	**548**	**66**	**759**	**39**	**720**
东河区				29	5	99	2	97
昆都仑区	1	1	6	5	7	64	1	63
青山区				60	11	86	12	74
石拐区				4	3	4		4
白云鄂博矿区								
九原区			2	62	13	94	3	91
土默特右旗	1		2	28	13	176	7	169
固阳县	2	1	1	341	10	190	11	179
达尔罕茂明安联合旗				2	2	33	3	30
包头稀土高新技术产业开发区	1		1	17	2	13		13
乌海市				**7**	**1**	**34**	**4**	**30**
海勃湾区				6	1	21	3	18
海南区				1		13	1	12
乌达区								
赤峰市	**8**		**12**	**265**	**159**	**1637**	**148**	**1489**
红山区				2	3	9		9
元宝山区				10	5	37	5	32
松山区	2		4	37	33	282	37	245
阿鲁科尔沁旗			1	36	13	119	14	105
巴林左旗	2			32	25	337	38	299
巴林右旗			1	15		33		33
林西县				25	7	95	4	91
克什克腾旗	1			13	5	80	12	68
翁牛特旗				13	12	129	5	124
喀喇沁旗	3		1	20	8	109	7	102
宁城县			3	25	37	250	17	233
敖汉旗			2	37	11	157	9	148

4–4c 续表 64　　　　单位：人

地区 性别	交通运输、仓储和邮政业					住宿和餐饮业		
	航空运输业	管道运输业	多式联运和运输代理业	装卸搬运和仓储业	邮政业	小计	住宿业	餐饮业
通辽市	**10**	**2**	**3**	**345**	**156**	**1283**	**106**	**1177**
科尔沁区	3		2	47	49	279	19	260
科尔沁左翼中旗	7			124	59	571	50	521
科尔沁左翼后旗		1		39	5	94	5	89
开鲁县			1	10	12	81	9	72
库伦旗				5	2	46	4	42
奈曼旗				59	15	103	7	96
扎鲁特旗				42	8	60	6	54
通辽经济技术开发区		1		13	6	36	5	31
霍林郭勒市				6		13	1	12
鄂尔多斯市	**1**	**5**	**29**	**150**	**15**	**700**	**69**	**631**
东胜区				15		29	4	25
康巴什区								
达拉特旗			3	34	3	138	14	124
准格尔旗			4	15	2	235	19	216
鄂托克前旗		3		17		27	1	26
鄂托克旗				10	2	34	2	32
杭锦旗				8	3	31	3	28
乌审旗		2	17	6	3	101	12	89
伊金霍洛旗	1		5	45	2	105	14	91
呼伦贝尔市	**7**	**1**	**1**	**110**	**40**	**531**	**59**	**472**
海拉尔区				3	2	8	1	7
扎赉诺尔区								
阿荣旗				27	7	117	11	106
莫力达瓦达斡尔族自治旗	2			12	7	98	3	95
鄂伦春自治旗				12	8	62	5	57
鄂温克族自治旗				8	3	51	3	48
陈巴尔虎旗						13	2	11
新巴尔虎左旗	1			1	1	37	3	34
新巴尔虎右旗		1				4		4
满洲里市								
牙克石市	2				3	19	2	17
扎兰屯市	2		1	44	9	104	25	79
额尔古纳市				3		18	4	14
根河市								
巴彦淖尔市	**6**		**5**	**141**	**48**	**603**	**53**	**550**
临河区	1		2	55	22	208	26	182
五原县				16	6	91	6	85
磴口县				7	1	44	4	40
乌拉特前旗	1			14	4	126	7	119
乌拉特中旗				23	1	24	1	23
乌拉特后旗			1	11	1	22	1	21
杭锦后旗	4		2	15	13	88	8	80

4-4c　续表 65　　　　单位：人

地　区 性　别	交通运输、仓储和邮政业					住宿和餐饮业		
	航　空 运输业	管　道 运输业	多式联运 和运输 代理业	装卸搬运 和仓储业	邮政业	小计	住宿业	餐饮业
乌兰察布市	**2**		**1**	**270**	**52**	**568**	**50**	**518**
集宁区	1		1	13	4	46	7	39
卓资县				14	4	54	7	47
化德县				7	1	22		22
商都县				24	6	44	2	42
兴和县				22	2	40	4	36
凉城县				17	6	56	4	52
察哈尔右翼前旗				32	10	97	10	87
察哈尔右翼中旗				30	2	44	2	42
察哈尔右翼后旗	1			38	2	47	4	43
四子王旗				52	8	67	8	59
丰镇市				21	7	51	2	49
兴安盟	**3**		**2**	**48**	**41**	**420**	**33**	**387**
乌兰浩特市	3			1	6	23	1	22
阿尔山市						4	1	3
科尔沁右翼前旗			2	8	12	161	18	143
科尔沁右翼中旗				9	4	58	5	53
扎赉特旗				12	6	93	6	87
突泉县				18	13	81	2	79
锡林郭勒盟	**1**			**113**	**23**	**204**	**38**	**166**
二连浩特市						1		1
锡林浩特市				52	3	43	7	36
阿巴嘎旗				7		7	3	4
苏尼特左旗					2	12		12
苏尼特右旗						2		2
东乌珠穆沁旗				1		6	1	5
西乌珠穆沁旗				1		11	6	5
太仆寺旗				41	4	46	10	36
镶黄旗						4		4
正镶白旗					1	4		4
正蓝旗				1	7	33	4	29
多伦县	1			10	6	35	7	28
乌拉盖管委会								
阿拉善盟			**4**	**5**		**104**	**9**	**95**
阿拉善左旗				3		64	3	61
阿拉善右旗						12	1	11
额济纳旗			4	2		25	5	20
内蒙古阿拉善经济开发区						3		3

4-4c 续表 66 单位：人

地区 性别	交通运输、仓储和邮政业					住宿和餐饮业		
	航空运输业	管道运输业	多式联运和运输代理业	装卸搬运和仓储业	邮政业	小计	住宿业	餐饮业
男	**46**	**8**	**71**	**1904**	**579**	**3764**	**251**	**3513**
呼和浩特市	**18**		**8**	**224**	**154**	**668**	**57**	**611**
新城区	2		2	48	44	89	5	84
回民区				12	3	25	2	23
玉泉区			1	15	7	91	3	88
赛罕区	15		1	33	41	244	24	220
土默特左旗	1		1	20	43	90	3	87
托克托县				25	4	64	15	49
和林格尔县			1	24	6	32	2	30
清水河县			2	17	6	18	2	16
武川县				30		15	1	14
呼和浩特经济技术开发区								
包头市	**3**	**2**	**10**	**453**	**48**	**367**	**9**	**358**
东河区				27	2	48		48
昆都仑区	1	1	4	4	6	31		31
青山区				56	7	24	2	22
石拐区				3	2	2		2
白云鄂博矿区								
九原区			2	50	9	44	1	43
土默特右旗			2	25	9	100	3	97
固阳县	2	1	1	272	9	97	3	94
达尔罕茂明安联合旗				1	2	15		15
包头稀土高新技术产业开发区			1	15	2	6		6
乌海市				**5**		**16**	**2**	**14**
海勃湾区				4		9	1	8
海南区				1		7	1	6
乌达区								
赤峰市	**7**		**12**	**213**	**106**	**734**	**46**	**688**
红山区				2	1	5		5
元宝山区				9	4	10	2	8
松山区	2		4	30	26	131	8	123
阿鲁科尔沁旗			1	32	8	58	5	53
巴林左旗	1			23	16	136	15	121
巴林右旗			1	11		17		17
林西县				17	5	46	2	44
克什克腾旗	1			10	4	35	3	32
翁牛特旗				11	6	59		59
喀喇沁旗	3		1	17	6	43	1	42
宁城县			3	22	24	114	5	109
敖汉旗			2	29	6	80	5	75

4-4c　续表 67　　　　　　　　　　　　　　　　　　　　　　　　　　　　单位：人

地　区 性　别	交通运输、仓储和邮政业					住宿和餐饮业		
	航　空 运输业	管　道 运输业	多式联运 和运输 代理业	装卸搬运 和仓储业	邮政业	小计	住宿业	餐饮业
通辽市	**6**	**1**	**2**	**279**	**118**	**595**	**39**	**556**
科尔沁区	2		1	41	35	120	5	115
科尔沁左翼中旗	4			107	43	275	21	254
科尔沁左翼后旗		1		23	4	43	1	42
开鲁县			1	10	11	43	5	38
库伦旗				4	2	20	1	19
奈曼旗				46	12	49	3	46
扎鲁特旗				32	6	25	3	22
通辽经济技术开发区				10	5	17		17
霍林郭勒市				6		3		3
鄂尔多斯市	**1**	**4**	**26**	**132**	**9**	**325**	**22**	**303**
东胜区				10		15	2	13
康巴什区								
达拉特旗			3	30	2	61	3	58
准格尔旗			4	15		110	5	105
鄂托克前旗		3		10		15	1	14
鄂托克旗				9	1	16		16
杭锦旗				8	2	19	2	17
乌审旗		1	16	6	2	42	4	38
伊金霍洛旗	1		3	44	2	47	5	42
呼伦贝尔市	**4**	**1**	**1**	**95**	**28**	**229**	**18**	**211**
海拉尔区				2	2	2		2
扎赉诺尔区								
阿荣旗				23	5	57	4	53
莫力达瓦达斡尔族自治旗	2			9	4	43		43
鄂伦春自治旗				11	6	26	1	25
鄂温克族自治旗				8	1	19		19
陈巴尔虎旗						6	1	5
新巴尔虎左旗				1	1	13	1	12
新巴尔虎右旗		1				3		3
满洲里市								
牙克石市	2				3	7	2	5
扎兰屯市			1	38	6	46	7	39
额尔古纳市				3		7	2	5
根河市								
巴彦淖尔市	**3**		**5**	**131**	**36**	**250**	**14**	**236**
临河区	1		2	48	17	84	7	77
五原县				15	5	42	2	40
磴口县				7	1	15	1	14
乌拉特前旗	1			14	1	50	1	49
乌拉特中旗				22	1	11		11
乌拉特后旗			1	11	1	11		11
杭锦后旗	1		2	14	10	37	3	34

4-4c 续表 68

单位：人

地区 性别	交通运输、仓储和邮政业					住宿和餐饮业		
	航空运输业	管道运输业	多式联运和运输代理业	装卸搬运和仓储业	邮政业	小计	住宿业	餐饮业
乌兰察布市	**1**		**1**	**238**	**34**	**265**	**15**	**250**
集宁区			1	13	2	19		19
卓资县				13	4	27	3	24
化德县				7	1	10		10
商都县				21	5	22		22
兴和县				21		21	1	20
凉城县				10	3	29	2	27
察哈尔右翼前旗				28	8	42	6	36
察哈尔右翼中旗				26		17		17
察哈尔右翼后旗	1			37	1	20	1	19
四子王旗				41	6	33	2	31
丰镇市				21	4	25		25
兴安盟	**2**		**2**	**34**	**29**	**173**	**11**	**162**
乌兰浩特市	2			1	3	7		7
阿尔山市						2		2
科尔沁右翼前旗			2	7	10	67	4	63
科尔沁右翼中旗				7	2	22	2	20
扎赉特旗				11	5	42	3	39
突泉县				8	9	33	2	31
锡林郭勒盟	**1**			**96**	**17**	**91**	**15**	**76**
二连浩特市						1		1
锡林浩特市				42	2	19	3	16
阿巴嘎旗				7		3	2	1
苏尼特左旗					1	8		8
苏尼特右旗						1		1
东乌珠穆沁旗				1		1		1
西乌珠穆沁旗				1		3	3	
太仆寺旗				34	4	21	3	18
镶黄旗						3		3
正镶白旗					1	3		3
正蓝旗				1	6	17	2	15
多伦县	1			10	3	11	2	9
乌拉盖管委会								
阿拉善盟			**4**	**4**		**51**	**3**	**48**
阿拉善左旗				3		33		33
阿拉善右旗						6	1	5
额济纳旗			4	1		10	2	8
内蒙古阿拉善经济开发区						2		2

4-4c 续表 69 单位：人

地区 性别	交通运输、仓储和邮政业					住宿和餐饮业		
	航空运输业	管道运输业	多式联运和运输代理业	装卸搬运和仓储业	邮政业	小计	住宿业	餐饮业
女	**24**	**2**	**9**	**341**	**227**	**4474**	**493**	**3981**
呼和浩特市	**9**		**3**	**19**	**51**	**727**	**79**	**648**
新城区			2	1	6	105	14	91
回民区					3	25	4	21
玉泉区					1	88	10	78
赛罕区	8			10	11	244	31	213
土默特左旗				4	21	95	2	93
托克托县			1		3	62	6	56
和林格尔县	1			2	4	70	5	65
清水河县				1	1	23	2	21
武川县				1	1	15	5	10
呼和浩特经济技术开发区								
包头市	**2**		**2**	**95**	**18**	**392**	**30**	**362**
东河区				2	3	51	2	49
昆都仑区			2	1	1	33	1	32
青山区				4	4	62	10	52
石拐区				1	1	2		2
白云鄂博矿区								
九原区				12	4	50	2	48
土默特右旗	1			3	4	76	4	72
固阳县				69	1	93	8	85
达尔罕茂明安联合旗				1		18	3	15
包头稀土高新技术产业开发区	1			2		7		7
乌海市				**2**	**1**	**18**	**2**	**16**
海勃湾区				2	1	12	2	10
海南区						6		6
乌达区								
赤峰市	**1**			**52**	**53**	**903**	**102**	**801**
红山区					2	4		4
元宝山区				1	1	27	3	24
松山区				7	7	151	29	122
阿鲁科尔沁旗				4	5	61	9	52
巴林左旗	1			9	9	201	23	178
巴林右旗				4		16		16
林西县				8	2	49	2	47
克什克腾旗				3	1	45	9	36
翁牛特旗				2	6	70	5	65
喀喇沁旗				3	2	66	6	60
宁城县				3	13	136	12	124
敖汉旗				8	5	77	4	73

4-4c 续表 70　　单位：人

地　区 性　别	交通运输、仓储和邮政业					住宿和餐饮业		
	航　空 运输业	管　道 运输业	多式联运 和运输 代理业	装卸搬运 和仓储业	邮政业	小计	住宿业	餐饮业
通辽市	**4**	**1**	**1**	**66**	**38**	**688**	**67**	**621**
科尔沁区	1		1	6	14	159	14	145
科尔沁左翼中旗	3			17	16	296	29	267
科尔沁左翼后旗				16	1	51	4	47
开鲁县					1	38	4	34
库伦旗				1		26	3	23
奈曼旗				13	3	54	4	50
扎鲁特旗				10	2	35	3	32
通辽经济技术开发区		1		3	1	19	5	14
霍林郭勒市						10	1	9
鄂尔多斯市		**1**	**3**	**18**	**6**	**375**	**47**	**328**
东胜区				5		14	2	12
康巴什区								
达拉特旗				4	1	77	11	66
准格尔旗					2	125	14	111
鄂托克前旗				7		12		12
鄂托克旗				1	1	18	2	16
杭锦旗					1	12	1	11
乌审旗		1	1		1	59	8	51
伊金霍洛旗			2	1		58	9	49
呼伦贝尔市	**3**			**15**	**12**	**302**	**41**	**261**
海拉尔区				1		6	1	5
扎赉诺尔区								
阿荣旗				4	2	60	7	53
莫力达瓦达斡尔族自治旗				3	3	55	3	52
鄂伦春自治旗				1	2	36	4	32
鄂温克族自治旗					2	32	3	29
陈巴尔虎旗						7	1	6
新巴尔虎左旗	1					24	2	22
新巴尔虎右旗						1		1
满洲里市								
牙克石市						12		12
扎兰屯市	2			6	3	58	18	40
额尔古纳市						11	2	9
根河市								
巴彦淖尔市	**3**			**10**	**12**	**353**	**39**	**314**
临河区				7	5	124	19	105
五原县				1	1	49	4	45
磴口县						29	3	26
乌拉特前旗					3	76	6	70
乌拉特中旗				1		13	1	12
乌拉特后旗						11	1	10
杭锦后旗	3			1	3	51	5	46

4-4c　续表 71　　　　　　　　　　　　单位：人

地　区 性　别	交通运输、仓储和邮政业					住宿和餐饮业		
	航　空 运输业	管　道 运输业	多式联运 和运输 代理业	装卸搬运 和仓储业	邮政业	小计	住宿业	餐饮业
乌兰察布市	**1**			**32**	**18**	**303**	**35**	**268**
集宁区	1				2	27	7	20
卓资县				1		27	4	23
化德县						12		12
商都县				3	1	22	2	20
兴和县				1	2	19	3	16
凉城县				7	3	27	2	25
察哈尔右翼前旗				4	2	55	4	51
察哈尔右翼中旗				4	2	27	2	25
察哈尔右翼后旗				1	1	27	3	24
四子王旗				11	2	34	6	28
丰镇市					3	26	2	24
兴安盟	**1**			**14**	**12**	**247**	**22**	**225**
乌兰浩特市	1				3	16	1	15
阿尔山市						2	1	1
科尔沁右翼前旗				1	2	94	14	80
科尔沁右翼中旗				2	2	36	3	33
扎赉特旗				1	1	51	3	48
突泉县				10	4	48		48
锡林郭勒盟				**17**	**6**	**113**	**23**	**90**
二连浩特市								
锡林浩特市				10	1	24	4	20
阿巴嘎旗						4	1	3
苏尼特左旗					1	4		4
苏尼特右旗						1		1
东乌珠穆沁旗						5	1	4
西乌珠穆沁旗						8	3	5
太仆寺旗				7		25	7	18
镶黄旗						1		1
正镶白旗						1		1
正蓝旗					1	16	2	14
多伦县					3	24	5	19
乌拉盖管委会								
阿拉善盟				**1**		**53**	**6**	**47**
阿拉善左旗						31	3	28
阿拉善右旗						6		6
额济纳旗				1		15	3	12
内蒙古阿拉善经济开发区						1		1

4-4c 续表 72 单位：人

地区 性别	信息传输、软件和信息技术服务业				金融业				
	小计	电信、广播电视和卫星传输服务	互联网和相关服务	软件和信息技术服务业	小计	货币金融服务	资本市场服务	保险业	其他金融业
内蒙古	**1033**	**312**	**365**	**356**	**1084**	**503**	**25**	**505**	**51**
呼和浩特市	**141**	**51**	**47**	**43**	**185**	**96**	**11**	**70**	**8**
新城区	28	3	15	10	34	15	3	16	
回民区	10	6	2	2	10	4	1	4	1
玉泉区	12	6	4	2	18	6	1	8	3
赛罕区	33	11	4	18	54	30	4	17	3
土默特左旗	16	6	7	3	24	12	1	10	1
托克托县	13	7	4	2	26	19		7	
和林格尔县	25	10	10	5	8	5	1	2	
清水河县	3	2	1		6	4		2	
武川县	1			1	5	1		4	
呼和浩特经济技术开发区									
包头市	**106**	**16**	**52**	**38**	**91**	**37**	**3**	**48**	**3**
东河区	10		7	3	11	3	1	7	
昆都仑区	4	1	1	2	9	2		7	
青山区	16	2	8	6	4	1	1	2	
石拐区	1			1					
白云鄂博矿区									
九原区	29	2	25	2	9	3		4	2
土默特右旗	25	6	7	12	24	12		11	1
固阳县	16	3	2	11	27	11	1	15	
达尔罕茂明安联合旗	1	1			6	5		1	
包头稀土高新技术产业开发区	4	1	2	1	1			1	
乌海市	**4**	**2**	**1**	**1**	**3**	**1**		**2**	
海勃湾区	3	2	1		3	1		2	
海南区	1			1					
乌达区									
赤峰市	**325**	**94**	**95**	**136**	**321**	**129**	**3**	**173**	**16**
红山区	1	1			3	1		2	
元宝山区	7	4	1	2	7	2		5	
松山区	72	30	24	18	106	42	2	53	9
阿鲁科尔沁旗	22	8	3	11	11	3	1	6	1
巴林左旗	51	13	17	21	60	24		35	1
巴林右旗	2	2			2			2	
林西县	14	5	3	6	23	12		11	
克什克腾旗	3	1		2	5	3		2	
翁牛特旗	34	6	5	23	17	6		10	1
喀喇沁旗	27	5	11	11	24	14		9	1
宁城县	60	10	24	26	39	15		22	2
敖汉旗	32	9	7	16	24	7		16	1

4-4c　续表 73　　　　单位：人

地　区 性　别	信息传输、软件和信息技术服务业				金融业				
	小计	电信、广播电视和卫星传输服务	互联网和相关服务	软件和信息技术服务业	小计	货币金融服务	资本市场服务	保险业	其他金融业
通辽市	**141**	**50**	**55**	**36**	**112**	**36**	**4**	**64**	**8**
科尔沁区	25	11	9	5	30	7	1	22	
科尔沁左翼中旗	70	15	31	24	37	10	3	20	4
科尔沁左翼后旗	11	6	3	2	9	2		5	2
开鲁县	7	3	3	1	22	6		14	2
库伦旗	2	2			1	1			
奈曼旗	16	6	9	1	5	4		1	
扎鲁特旗	6	3		3	4	4			
通辽经济技术开发区	2	2			3	2		1	
霍林郭勒市	2	2			1			1	
鄂尔多斯市	**19**	**5**	**6**	**8**	**33**	**24**	**1**	**4**	**4**
东胜区	1		1						
康巴什区									
达拉特旗	5	2	2	1	8	5		2	1
准格尔旗	5	1	1	3	2	1			1
鄂托克前旗	1	1			3	3			
鄂托克旗					4	4			
杭锦旗	2		1	1	4	3			1
乌审旗	3	1		2	7	5	1	1	
伊金霍洛旗	2		1	1	5	3		1	1
呼伦贝尔市	**56**	**26**	**18**	**12**	**76**	**30**		**43**	**3**
海拉尔区	1			1	1			1	
扎赉诺尔区									
阿荣旗	20	9	6	5	12	7		5	
莫力达瓦达斡尔族自治旗	7	2	5		20	8		12	
鄂伦春自治旗	7	4	3		7	4		3	
鄂温克族自治旗	3	3			7	2		4	1
陈巴尔虎旗	3	2	1		1			1	
新巴尔虎左旗					2	1		1	
新巴尔虎右旗									
满洲里市									
牙克石市	3			3	2	1		1	
扎兰屯市	10	4	3	3	20	3		15	2
额尔古纳市	2	2			4	4			
根河市									
巴彦淖尔市	**51**	**20**	**17**	**14**	**99**	**35**	**1**	**57**	**6**
临河区	20	8	10	2	30	5		23	2
五原县	7	1	2	4	21	5		16	
磴口县					1			1	
乌拉特前旗	13	7	3	3	23	15	1	6	1
乌拉特中旗	1			1	6	4		1	1
乌拉特后旗					2	2			
杭锦后旗	10	4	2	4	16	4		10	2

4-4c 续表 74 单位：人

地区 性别	信息传输、软件和信息技术服务业				金融业				
	小计	电信、广播电视和卫星传输服务	互联网和相关服务	软件和信息技术服务业	小计	货币金融服务	资本市场服务	保险业	其他金融业
乌兰察布市	**129**	**23**	**59**	**47**	**98**	**70**		**26**	**2**
集宁区	70	2	40	28	10	3		7	
卓资县	2		2		14	10		2	2
化德县	2	1	1		5	4		1	
商都县	5	1	4		5	3		2	
兴和县	6	3	2	1	4	4			
凉城县	4	3	1		16	11		5	
察哈尔右翼前旗	15	3	4	8	6	4		2	
察哈尔右翼中旗	5	3	1	1	12	12			
察哈尔右翼后旗	11	3	2	6	10	7		3	
四子王旗	6	3	2	1	10	8		2	
丰镇市	3	1		2	6	4		2	
兴安盟	**25**	**11**	**10**	**4**	**35**	**23**		**11**	**1**
乌兰浩特市	2	2			5	2		3	
阿尔山市									
科尔沁右翼前旗	6	3	2	1	17	12		4	1
科尔沁右翼中旗	5	2	2	1	5	4		1	
扎赉特旗	6	3	2	1	6	4		2	
突泉县	6	1	4	1	2	1		1	
锡林郭勒盟	**30**	**8**	**5**	**17**	**24**	**16**	**2**	**6**	
二连浩特市									
锡林浩特市	6	3	2	1	6	1	1	4	
阿巴嘎旗					2	2			
苏尼特左旗	2	2			2	1	1		
苏尼特右旗									
东乌珠穆沁旗									
西乌珠穆沁旗	13			13	1	1			
太仆寺旗	2		1	1	5	4		1	
镶黄旗					1	1			
正镶白旗	1	1			1	1			
正蓝旗	4	1	2	1	3	3			
多伦县	2	1		1	2	1		1	
乌拉盖管委会					1	1			
阿拉善盟	**6**	**6**			**7**	**6**		**1**	
阿拉善左旗	5	5			5	4		1	
阿拉善右旗	1	1							
额济纳旗					2	2			
内蒙古阿拉善经济开发区									

4-4c　续表 75

单位：人

地　区 性　别	信息传输、软件和信息技术服务业				金融业				
	小计	电信、广播电视和卫星传输服务	互联网和相关服务	软件和信息技术服务业	小计	货币金融服　务	资本市场服　务	保险业	其　他金融业
男	**729**	**197**	**264**	**268**	**486**	**272**	**13**	**172**	**29**
呼和浩特市	**95**	**26**	**38**	**31**	**79**	**49**	**6**	**20**	**4**
新城区	23	1	13	9	9	6	1	2	
回民区	4	1	2	1	4	3		1	
玉泉区	7	3	3	1	5	1		3	1
赛罕区	23	7	3	13	28	17	3	6	2
土默特左旗	10	3	6	1	15	9	1	4	1
托克托县	10	5	3	2	10	8		2	
和林格尔县	14	4	7	3	4	3	1		
清水河县	3	2	1		2	2			
武川县	1			1	2			2	
呼和浩特经济技术开发区									
包头市	**79**	**11**	**39**	**29**	**38**	**15**	**2**	**18**	**3**
东河区	8		6	2	4	2		2	
昆都仑区	3		1	2	3			3	
青山区	10	2	5	3	2		1	1	
石拐区									
白云鄂博矿区									
九原区	21		19	2	2				2
土默特右旗	20	5	6	9	8	5		2	1
固阳县	13	2	1	10	15	5	1	9	
达尔罕茂明安联合旗	1	1			4	3		1	
包头稀土高新技术产业开发区	3	1	1	1					
乌海市	**2**	**1**		**1**	**1**			**1**	
海勃湾区	1	1			1			1	
海南区	1			1					
乌达区									
赤峰市	**226**	**60**	**63**	**103**	**148**	**65**	**2**	**76**	**5**
红山区	1	1			2	1		1	
元宝山区	6	3	1	2	2	1		1	
松山区	55	23	18	14	45	23	1	19	2
阿鲁科尔沁旗	17	6	1	10	6	2	1	3	
巴林左旗	29	6	7	16	33	13		19	1
巴林右旗	2	2			1			1	
林西县	9	2	2	5	12	5		7	
克什克腾旗	1	1			1	1			
翁牛特旗	29	5	5	19	10	4		5	1
喀喇沁旗	18	2	8	8	6	5		1	
宁城县	41	6	17	18	15	6		8	1
敖汉旗	18	3	4	11	15	4		11	

4-4c　续表 76　　　　单位：人

地区 性别	信息传输、软件和信息技术服务业				金融业				
	小计	电信、广播电视和卫星传输服务	互联网和相关服务	软件和信息技术服务业	小计	货币金融服务	资本市场服务	保险业	其他金融业
通辽市	**107**	**38**	**42**	**27**	**53**	**22**	**2**	**24**	**5**
科尔沁区	19	7	7	5	12	4		8	
科尔沁左翼中旗	54	12	25	17	16	6	2	7	1
科尔沁左翼后旗	8	5	2	1	5	2		1	2
开鲁县	6	2	3	1	12	3		7	2
库伦旗	2	2			1	1			
奈曼旗	11	5	5	1	2	2			
扎鲁特旗	5	3		2	2	2			
通辽经济技术开发区	1	1			3	2		1	
霍林郭勒市	1	1							
鄂尔多斯市	**15**	**4**	**5**	**6**	**23**	**15**	**1**	**3**	**4**
东胜区	1		1						
康巴什区									
达拉特旗	4	2	1	1	4	1		2	1
准格尔旗	5	1	1	3	1				1
鄂托克前旗	1	1			2	2			
鄂托克旗					3	3			
杭锦旗	1		1		4	3			1
乌审旗	1			1	6	5	1		
伊金霍洛旗	2		1	1	3	1		1	1
呼伦贝尔市	**40**	**19**	**12**	**9**	**26**	**18**		**5**	**3**
海拉尔区	1			1					
扎赉诺尔区									
阿荣旗	14	7	4	3	4	4			
莫力达瓦达斡尔族自治旗	5	2	3		6	5		1	
鄂伦春自治旗	5	3	2		4	3		1	
鄂温克族自治旗	2	2			1				1
陈巴尔虎旗	2	1	1						
新巴尔虎左旗					2	1		1	
新巴尔虎右旗									
满洲里市									
牙克石市	3			3	1	1			
扎兰屯市	6	2	2	2	6	2		2	2
额尔古纳市	2	2			2	2			
根河市									
巴彦淖尔市	**36**	**10**	**14**	**12**	**37**	**22**		**12**	**3**
临河区	15	4	9	2	12	3		9	
五原县	5	1	1	3	5	4		1	
磴口县									
乌拉特前旗	8	3	2	3	13	11		1	1
乌拉特中旗	1			1	4	3			1
乌拉特后旗									
杭锦后旗	7	2	2	3	3	1		1	1

4-4c 续表 77

单位：人

地 区 性 别	信息传输、软件和信息技术服务业				金融业				
	小计	电信、广播电视和卫星传输服务	互联网和相关服务	软件和信息技术服务业	小计	货币金融服务	资本市场服务	保险业	其他金融业
乌兰察布市	**84**	**11**	**41**	**32**	**47**	**38**		**7**	**2**
集宁区	51	1	30	20	2			2	
卓资县	2		2		7	5			2
化德县	1		1		4	4			
商都县	2	1	1		4	2		2	
兴和县	4	2	2		2	2			
凉城县	3	2	1		10	8		2	
察哈尔右翼前旗	7	1	1	5	1	1			
察哈尔右翼中旗	2	1	1		6	6			
察哈尔右翼后旗	6	1	1	4	5	4		1	
四子王旗	3	1	1	1	3	3			
丰镇市	3	1		2	3	3			
兴安盟	**17**	**7**	**7**	**3**	**18**	**14**		**4**	
乌兰浩特市	1	1			3	1		2	
阿尔山市									
科尔沁右翼前旗	5	3	1	1	8	7		1	
科尔沁右翼中旗	4	2	2		3	3			
扎赉特旗	2		1	1	4	3		1	
突泉县	5	1	3	1					
锡林郭勒盟	**23**	**5**	**3**	**15**	**12**	**10**		**2**	
二连浩特市									
锡林浩特市	3	1	1	1	3	1		2	
阿巴嘎旗					2	2			
苏尼特左旗	2	2							
苏尼特右旗									
东乌珠穆沁旗									
西乌珠穆沁旗	13			13	1	1			
太仆寺旗					3	3			
镶黄旗									
正镶白旗	1	1			1	1			
正蓝旗	3		2	1	1	1			
多伦县	1	1							
乌拉盖管委会					1	1			
阿拉善盟	**5**	**5**			**4**	**4**			
阿拉善左旗	4	4			2	2			
阿拉善右旗	1	1							
额济纳旗					2	2			
内蒙古阿拉善经济开发区									

4-4c 续表 78

单位：人

地区 性别	信息传输、软件和信息技术服务业				金融业				
	小计	电信、广播电视和卫星传输服务	互联网和相关服务	软件和信息技术服务业	小计	货币金融服务	资本市场服务	保险业	其他金融业
女	**304**	**115**	**101**	**88**	**598**	**231**	**12**	**333**	**22**
呼和浩特市	**46**	**25**	**9**	**12**	**106**	**47**	**5**	**50**	**4**
新城区	5	2	2	1	25	9	2	14	
回民区	6	5		1	6	1	1	3	1
玉泉区	5	3	1	1	13	5	1	5	2
赛罕区	10	4	1	5	26	13	1	11	1
土默特左旗	6	3	1	2	9	3		6	
托克托县	3	2	1		16	11		5	
和林格尔县	11	6	3	2	4	2		2	
清水河县					4	2		2	
武川县					3	1		2	
呼和浩特经济技术开发区									
包头市	**27**	**5**	**13**	**9**	**53**	**22**	**1**	**30**	
东河区	2		1	1	7	1	1	5	
昆都仑区	1	1			6	2		4	
青山区	6		3	3	2	1		1	
石拐区	1			1					
白云鄂博矿区									
九原区	8	2	6		7	3		4	
土默特右旗	5	1	1	3	16	7		9	
固阳县	3	1	1	1	12	6		6	
达尔罕茂明安联合旗					2	2			
包头稀土高新技术产业开发区	1		1		1			1	
乌海市	**2**	**1**	**1**		**2**	**1**		**1**	
海勃湾区	2	1	1		2	1		1	
海南区									
乌达区									
赤峰市	**99**	**34**	**32**	**33**	**173**	**64**	**1**	**97**	**11**
红山区					1			1	
元宝山区	1	1			5	1		4	
松山区	17	7	6	4	61	19	1	34	7
阿鲁科尔沁旗	5	2	2	1	5	1		3	1
巴林左旗	22	7	10	5	27	11		16	
巴林右旗					1			1	
林西县	5	3	1	1	11	7		4	
克什克腾旗	2			2	4	2		2	
翁牛特旗	5	1		4	7	2		5	
喀喇沁旗	9	3	3	3	18	9		8	1
宁城县	19	4	7	8	24	9		14	1
敖汉旗	14	6	3	5	9	3		5	1

4-4c 续表 79

单位：人

地区 性别	信息传输、软件和信息技术服务业				金融业				
	小计	电信、广播电视和卫星传输服务	互联网和相关服务	软件和信息技术服务业	小计	货币金融服务	资本市场服务	保险业	其他金融业
通辽市	**34**	**12**	**13**	**9**	**59**	**14**	**2**	**40**	**3**
科尔沁区	6	4	2		18	3	1	14	
科尔沁左翼中旗	16	3	6	7	21	4	1	13	3
科尔沁左翼后旗	3	1	1	1	4			4	
开鲁县	1	1			10	3		7	
库伦旗									
奈曼旗	5	1	4		3	2		1	
扎鲁特旗	1			1	2	2			
通辽经济技术开发区	1	1							
霍林郭勒市	1	1			1			1	
鄂尔多斯市	**4**	**1**	**1**	**2**	**10**	**9**		**1**	
东胜区									
康巴什区									
达拉特旗	1		1		4	4			
准格尔旗					1	1			
鄂托克前旗					1	1			
鄂托克旗					1	1			
杭锦旗	1			1					
乌审旗	2	1		1	1			1	
伊金霍洛旗					2	2			
呼伦贝尔市	**16**	**7**	**6**	**3**	**50**	**12**		**38**	
海拉尔区					1			1	
扎赉诺尔区									
阿荣旗	6	2	2	2	8	3		5	
莫力达瓦达斡尔族自治旗	2		2		14	3		11	
鄂伦春自治旗	2	1	1		3	1		2	
鄂温克族自治旗	1	1			6	2		4	
陈巴尔虎旗	1	1			1			1	
新巴尔虎左旗									
新巴尔虎右旗									
满洲里市									
牙克石市					1			1	
扎兰屯市	4	2	1	1	14	1		13	
额尔古纳市					2	2			
根河市									
巴彦淖尔市	**15**	**10**	**3**	**2**	**62**	**13**	**1**	**45**	**3**
临河区	5	4	1		18	2		14	2
五原县	2		1	1	16	1		15	
磴口县					1			1	
乌拉特前旗	5	4	1		10	4	1	5	
乌拉特中旗					2	1		1	
乌拉特后旗					2	2			
杭锦后旗	3	2		1	13	3		9	1

4-4c 续表 80

单位：人

地区 性别	信息传输、软件和信息技术服务业				金融业				
	小计	电信、广播电视和卫星传输服务	互联网和相关服务	软件和信息技术服务业	小计	货币金融服务	资本市场服务	保险业	其他金融业
乌兰察布市	**45**	**12**	**18**	**15**	**51**	**32**		**19**	
集宁区	19	1	10	8	8	3		5	
卓资县					7	5		2	
化德县	1	1			1			1	
商都县	3		3		1	1			
兴和县	2	1		1	2	2			
凉城县	1	1			6	3		3	
察哈尔右翼前旗	8	2	3	3	5	3		2	
察哈尔右翼中旗	3	2		1	6	6			
察哈尔右翼后旗	5	2	1	2	5	3		2	
四子王旗	3	2	1		7	5		2	
丰镇市					3	1		2	
兴安盟	**8**	**4**	**3**	**1**	**17**	**9**		**7**	**1**
乌兰浩特市	1	1			2	1		1	
阿尔山市									
科尔沁右翼前旗	1		1		9	5		3	1
科尔沁右翼中旗	1			1	2	1		1	
扎赉特旗	4	3	1		2	1		1	
突泉县	1		1		2	1		1	
锡林郭勒盟	**7**	**3**	**2**	**2**	**12**	**6**	**2**	**4**	
二连浩特市									
锡林浩特市	3	2	1		3		1	2	
阿巴嘎旗									
苏尼特左旗					2	1	1		
苏尼特右旗									
东乌珠穆沁旗									
西乌珠穆沁旗									
太仆寺旗	2		1	1	2	1		1	
镶黄旗					1	1			
正镶白旗									
正蓝旗	1	1			2	2			
多伦县	1			1	2	1		1	
乌拉盖管委会									
阿拉善盟	**1**	**1**			**3**	**2**		**1**	
阿拉善左旗	1	1			3	2		1	
阿拉善右旗									
额济纳旗									
内蒙古阿拉善经济开发区									

4-4c　续表 81　　　　单位：人

地　区 性　别	房地产业		租赁和商务服务业			科学研究和技术服务业			
	小计	房地产业	小计	租赁业	商　务 服务业	小计	研究和 试验发展	专业技术 服务业	科技推广 和应用 服务业
内蒙古	**1792**	**1792**	**2672**	**309**	**2363**	**1164**	**56**	**897**	**211**
呼和浩特市	**445**	**445**	**456**	**52**	**404**	**113**	**7**	**89**	**17**
新城区	105	105	137	19	118	28	3	19	6
回民区	35	35	36	2	34	11	1	10	
玉泉区	64	64	59	8	51	19	1	13	5
赛罕区	168	168	102	8	94	23	1	20	2
土默特左旗	16	16	50	3	47	16		13	3
托克托县	25	25	29	10	19	7		7	
和林格尔县	28	28	32	1	31	5	1	3	1
清水河县	3	3	6		6	3		3	
武川县	1	1	5	1	4	1		1	
呼和浩特经济技术开发区									
包头市	**145**	**145**	**237**	**32**	**205**	**98**	**10**	**70**	**18**
东河区	18	18	23	3	20	11	1	9	1
昆都仑区	12	12	52	2	50	19		14	5
青山区	19	19	14	4	10	1		1	
石拐区	2	2	9		9	3		3	
白云鄂博矿区									
九原区	37	37	45	7	38	21	6	12	3
土默特右旗	29	29	48	4	44	35	1	25	9
固阳县	18	18	41	11	30	3		3	
达尔罕茂明安联合旗	1	1	4	1	3	2	1	1	
包头稀土高新技术产业开发区	9	9	1		1	3	1	2	
乌海市	**3**	**3**	**10**		**10**	**3**		**3**	
海勃湾区	2	2	10		10	3		3	
海南区	1	1							
乌达区									
赤峰市	**396**	**396**	**561**	**67**	**494**	**278**	**24**	**214**	**40**
红山区	1	1	9	1	8	9		7	2
元宝山区	13	13	13	7	6	9		7	2
松山区	162	162	142	23	119	88	10	70	8
阿鲁科尔沁旗	12	12	36	2	34	12	1	8	3
巴林左旗	64	64	110	10	100	42	5	30	7
巴林右旗	1	1	2		2	3		3	
林西县	11	11	25	2	23	12		11	1
克什克腾旗	4	4	20		20	8		8	
翁牛特旗	29	29	47	6	41	17	1	13	3
喀喇沁旗	40	40	32	1	31	19	2	17	
宁城县	27	27	89	9	80	41	1	32	8
敖汉旗	32	32	36	6	30	18	4	8	6

4-4c 续表 82　　　　单位：人

地区 性别	房地产业		租赁和商务服务业			科学研究和技术服务业			
	小计	房地产业	小计	租赁业	商务服务业	小计	研究和试验发展	专业技术服务业	科技推广和应用服务业
通辽市	**175**	**175**	**281**	**19**	**262**	**105**	**8**	**78**	**19**
科尔沁区	56	56	65	6	59	11		10	1
科尔沁左翼中旗	63	63	109	9	100	30	4	23	3
科尔沁左翼后旗	4	4	18	1	17	5		4	1
开鲁县	15	15	25	1	24	10	1	6	3
库伦旗	2	2	5		5	3		2	1
奈曼旗	13	13	34	2	32	15		8	7
扎鲁特旗	3	3	6		6	27	3	21	3
通辽经济技术开发区	18	18	14		14	3		3	
霍林郭勒市	1	1	5		5	1		1	
鄂尔多斯市	**246**	**246**	**481**	**49**	**432**	**229**	**1**	**208**	**20**
东胜区	31	31	82	1	81	7		7	
康巴什区									
达拉特旗	20	20	41	8	33	14		10	4
准格尔旗	63	63	118	19	99	72		64	8
鄂托克前旗	41	41	5	2	3	1		1	
鄂托克旗	5	5	12	2	10	24		24	
杭锦旗	4	4	19	3	16	25	1	21	3
乌审旗	12	12	101	7	94	64		62	2
伊金霍洛旗	70	70	103	7	96	22		19	3
呼伦贝尔市	**63**	**63**	**154**	**7**	**147**	**59**	**1**	**44**	**14**
海拉尔区	4	4	11	1	10	3		3	
扎赉诺尔区									
阿荣旗	10	10	25	1	24	16	1	13	2
莫力达瓦达斡尔族自治旗	20	20	20	2	18	6		5	1
鄂伦春自治旗	4	4	11		11	4		4	
鄂温克族自治旗	10	10	21	1	20	7		5	2
陈巴尔虎旗			1		1	1			1
新巴尔虎左旗			2	2					
新巴尔虎右旗			4		4	4		2	2
满洲里市									
牙克石市	7	7	27		27	3		3	
扎兰屯市	6	6	18		18	11		6	5
额尔古纳市	2	2	14		14	4		3	1
根河市									
巴彦淖尔市	**128**	**128**	**205**	**44**	**161**	**128**	**2**	**73**	**53**
临河区	59	59	70	21	49	28	2	23	3
五原县	22	22	48	11	37	49		3	46
磴口县	1	1	8	1	7	1			1
乌拉特前旗	24	24	30	3	27	9		7	2
乌拉特中旗	5	5	11	2	9	29		29	
乌拉特后旗	4	4	2	1	1				
杭锦后旗	13	13	36	5	31	12		11	1

4-4c 续表 83

单位：人

地 区 性 别	房地产业		租赁和商务服务业			科学研究和技术服务业			
	小计	房地产业	小计	租赁业	商务服务业	小计	研究和试验发展	专业技术服务业	科技推广和应用服务业
乌兰察布市	**105**	**105**	**126**	**23**	**103**	**40**		**34**	**6**
集宁区	46	46	28	2	26	6		6	
卓资县	10	10	10	1	9	1		1	
化德县	4	4	4	2	2	2		1	1
商都县	1	1	11	1	10	2		1	1
兴和县	4	4	4	1	3	7		7	
凉城县			7	2	5	4		4	
察哈尔右翼前旗	18	18	21	6	15	5		5	
察哈尔右翼中旗	1	1	6		6	4		4	
察哈尔右翼后旗	2	2	9	1	8				
四子王旗	9	9	15	1	14	4		2	2
丰镇市	10	10	11	6	5	5		3	2
兴安盟	**29**	**29**	**45**	**2**	**43**	**31**	**2**	**23**	**6**
乌兰浩特市	2	2	3		3	1		1	
阿尔山市			1		1				
科尔沁右翼前旗	14	14	11	1	10	18	2	16	
科尔沁右翼中旗	4	4	8	1	7	8		3	5
扎赉特旗	3	3	20		20	1			1
突泉县	6	6	2		2	3		3	
锡林郭勒盟	**46**	**46**	**60**	**9**	**51**	**56**	**1**	**38**	**17**
二连浩特市			1		1				
锡林浩特市	13	13	23		23	13	1	4	8
阿巴嘎旗			1		1	1		1	
苏尼特左旗	1	1	1		1	5		1	4
苏尼特右旗			1		1				
东乌珠穆沁旗	1	1	4		4	2		2	
西乌珠穆沁旗	17	17	8	6	2	25		22	3
太仆寺旗	3	3	9		9	4		2	2
镶黄旗			1		1				
正镶白旗						1		1	
正蓝旗	4	4	3		3	4		4	
多伦县	7	7	6	3	3	1		1	
乌拉盖管委会			2		2				
阿拉善盟	**11**	**11**	**56**	**5**	**51**	**24**		**23**	**1**
阿拉善左旗	1	1	50	2	48	13		12	1
阿拉善右旗	1	1							
额济纳旗	7	7	5	3	2	11		11	
内蒙古阿拉善经济开发区	2	2	1		1				

4−4c 续表 84 单位：人

地区 性别	房地产业		租赁和商务服务业			科学研究和技术服务业			
	小计	房地产业	小计	租赁业	商务服务业	小计	研究和试验发展	专业技术服务业	科技推广和应用服务业
男	**1089**	**1089**	**1907**	**286**	**1621**	**908**	**36**	**731**	**141**
呼和浩特市	**278**	**278**	**336**	**48**	**288**	**84**	**5**	**68**	**11**
新城区	69	69	99	16	83	21	3	14	4
回民区	19	19	19	2	17	8	1	7	
玉泉区	39	39	40	7	33	16		12	4
赛罕区	109	109	78	8	70	17	1	15	1
土默特左旗	12	12	43	3	40	10		8	2
托克托县	11	11	26	10	16	7		7	
和林格尔县	15	15	23	1	22	2		2	
清水河县	3	3	4		4	2		2	
武川县	1	1	4	1	3	1		1	
呼和浩特经济技术开发区									
包头市	**84**	**84**	**169**	**31**	**138**	**72**	**6**	**51**	**15**
东河区	10	10	19	3	16	7		6	1
昆都仑区	5	5	31	2	29	15		11	4
青山区	9	9	8	3	5	1		1	
石拐区	2	2	4		4	2		2	
白云鄂博矿区									
九原区	19	19	33	7	26	16	4	9	3
土默特右旗	21	21	36	4	32	25		18	7
固阳县	9	9	33	11	22	2		2	
达尔罕茂明安联合旗	1	1	4	1	3	1	1		
包头稀土高新技术产业开发区	8	8	1		1	3	1	2	
乌海市	**2**	**2**	**8**		**8**	**2**		**2**	
海勃湾区	1	1	8		8	2		2	
海南区	1	1							
乌达区									
赤峰市	**243**	**243**	**393**	**62**	**331**	**212**	**15**	**171**	**26**
红山区			7	1	6	6		5	1
元宝山区	7	7	13	7	6	7		5	2
松山区	96	96	94	20	74	66	5	55	6
阿鲁科尔沁旗	10	10	24	2	22	8		6	2
巴林左旗	30	30	72	10	62	33	5	23	5
巴林右旗	1	1	2		2	2		2	
林西县	8	8	19	2	17	10		9	1
克什克腾旗	3	3	15		15	7		7	
翁牛特旗	19	19	35	6	29	13	1	11	1
喀喇沁旗	28	28	21	1	20	17	2	15	
宁城县	21	21	66	9	57	31		26	5
敖汉旗	20	20	25	4	21	12	2	7	3

4-4c 续表 85

单位：人

地区 性别	房地产业		租赁和商务服务业			科学研究和技术服务业			
	小计	房地产业	小计	租赁业	商务服务业	小计	研究和试验发展	专业技术服务业	科技推广和应用服务业
通辽市	**113**	**113**	**182**	**17**	**165**	**78**	**5**	**59**	**14**
科尔沁区	34	34	49	6	43	5		5	
科尔沁左翼中旗	43	43	66	7	59	21	1	17	3
科尔沁左翼后旗	4	4	13	1	12	4		3	1
开鲁县	7	7	10	1	9	7	1	4	2
库伦旗	2	2	2		2	2		1	1
奈曼旗	7	7	25	2	23	10		6	4
扎鲁特旗	3	3	4		4	26	3	20	3
通辽经济技术开发区	12	12	11		11	2		2	
霍林郭勒市	1	1	2		2	1		1	
鄂尔多斯市	**124**	**124**	**376**	**46**	**330**	**211**	**1**	**194**	**16**
东胜区	20	20	78		78	7		7	
康巴什区									
达拉特旗	12	12	34	8	26	9		7	2
准格尔旗	20	20	94	19	75	66		59	7
鄂托克前旗	21	21	3	2	1	1		1	
鄂托克旗	5	5	6	2	4	23		23	
杭锦旗	3	3	14	2	12	25	1	21	3
乌审旗	5	5	72	7	65	58		57	1
伊金霍洛旗	38	38	75	6	69	22		19	3
呼伦贝尔市	**36**	**36**	**104**	**5**	**99**	**39**	**1**	**30**	**8**
海拉尔区	3	3	9	1	8	2		2	
扎赉诺尔区									
阿荣旗	4	4	18	1	17	11	1	8	2
莫力达瓦达斡尔族自治旗	11	11	13	1	12	3		3	
鄂伦春自治旗	3	3	5		5	2		2	
鄂温克族自治旗	6	6	20	1	19	6		5	1
陈巴尔虎旗			1		1				
新巴尔虎左旗			1	1					
新巴尔虎右旗			2		2	2		1	1
满洲里市									
牙克石市	4	4	17		17	2		2	
扎兰屯市	3	3	9		9	7		4	3
额尔古纳市	2	2	9		9	4		3	1
根河市									
巴彦淖尔市	**85**	**85**	**141**	**40**	**101**	**90**	**1**	**59**	**30**
临河区	40	40	47	19	28	18	1	15	2
五原县	16	16	32	9	23	28		2	26
磴口县			5	1	4	1			1
乌拉特前旗	16	16	22	3	19	5		5	
乌拉特中旗	2	2	8	2	6	29		29	
乌拉特后旗	2	2	2	1	1				
杭锦后旗	9	9	25	5	20	9		8	1

4−4c 续表 86 单位：人

地区 性别	房地产业		租赁和商务服务业			科学研究和技术服务业			
	小计	房地产业	小计	租赁业	商务服务业	小计	研究和试验发展	专业技术服务业	科技推广和应用服务业
乌兰察布市	**68**	**68**	**89**	**22**	**67**	**27**		**23**	**4**
集宁区	31	31	18	2	16	3		3	
卓资县	6	6	7	1	6	1		1	
化德县	3	3	2	2					
商都县	1	1	9	1	8	1		1	
兴和县	2	2	4	1	3	6		6	
凉城县			5	2	3	2		2	
察哈尔右翼前旗	10	10	16	5	11	3		3	
察哈尔右翼中旗	1	1	2		2	2		2	
察哈尔右翼后旗	1	1	5	1	4				
四子王旗	7	7	12	1	11	4		2	2
丰镇市	6	6	9	6	3	5		3	2
兴安盟	**17**	**17**	**36**	**2**	**34**	**26**	**1**	**20**	**5**
乌兰浩特市	1	1	3		3				
阿尔山市			1		1				
科尔沁右翼前旗	8	8	9	1	8	16	1	15	
科尔沁右翼中旗	2	2	7	1	6	7		3	4
扎赉特旗	2	2	15		15	1			1
突泉县	4	4	1		1	2		2	
锡林郭勒盟	**32**	**32**	**44**	**8**	**36**	**49**	**1**	**36**	**12**
二连浩特市			1		1				
锡林浩特市	8	8	16		16	12	1	4	7
阿巴嘎旗			1		1	1		1	
苏尼特左旗						2		1	1
苏尼特右旗			1		1				
东乌珠穆沁旗			2		2	2		2	
西乌珠穆沁旗	14	14	8	6	2	24		22	2
太仆寺旗	2	2	6		6	4		2	2
镶黄旗									
正镶白旗						1		1	
正蓝旗	3	3	3		3	2		2	
多伦县	5	5	5	2	3	1		1	
乌拉盖管委会			1		1				
阿拉善盟	**7**	**7**	**29**	**5**	**24**	**18**		**18**	
阿拉善左旗	1	1	24	2	22	10		10	
阿拉善右旗									
额济纳旗	5	5	4	3	1	8		8	
内蒙古阿拉善经济开发区	1	1	1		1				

4-4c 续表 87

单位：人

地区 性别	房地产业		租赁和商务服务业			科学研究和技术服务业			
	小计	房地产业	小计	租赁业	商务服务业	小计	研究和试验发展	专业技术服务业	科技推广和应用服务业
女	**703**	**703**	**765**	**23**	**742**	**256**	**20**	**166**	**70**
呼和浩特市	**167**	**167**	**120**	**4**	**116**	**29**	**2**	**21**	**6**
新城区	36	36	38	3	35	7		5	2
回民区	16	16	17		17	3		3	
玉泉区	25	25	19	1	18	3	1	1	1
赛罕区	59	59	24		24	6		5	1
土默特左旗	4	4	7		7	6		5	1
托克托县	14	14	3		3				
和林格尔县	13	13	9		9	3	1	1	1
清水河县			2		2	1		1	
武川县			1		1				
呼和浩特经济技术开发区									
包头市	**61**	**61**	**68**	**1**	**67**	**26**	**4**	**19**	**3**
东河区	8	8	4		4	4	1	3	
昆都仑区	7	7	21		21	4		3	1
青山区	10	10	6	1	5				
石拐区			5		5	1		1	
白云鄂博矿区									
九原区	18	18	12		12	5	2	3	
土默特右旗	8	8	12		12	10	1	7	2
固阳县	9	9	8		8	1		1	
达尔罕茂明安联合旗						1		1	
包头稀土高新技术产业开发区	1	1							
乌海市	**1**	**1**	**2**		**2**	**1**		**1**	
海勃湾区	1	1	2		2	1		1	
海南区									
乌达区									
赤峰市	**153**	**153**	**168**	**5**	**163**	**66**	**9**	**43**	**14**
红山区	1	1	2		2	3		2	1
元宝山区	6	6				2		2	
松山区	66	66	48	3	45	22	5	15	2
阿鲁科尔沁旗	2	2	12		12	4	1	2	1
巴林左旗	34	34	38		38	9		7	2
巴林右旗						1		1	
林西县	3	3	6		6	2		2	
克什克腾旗	1	1	5		5	1		1	
翁牛特旗	10	10	12		12	4		2	2
喀喇沁旗	12	12	11		11	2		2	
宁城县	6	6	23		23	10	1	6	3
敖汉旗	12	12	11	2	9	6	2	1	3

4-4c 续表 88　　　　单位：人

地区 性别	房地产业		租赁和商务服务业			科学研究和技术服务业			
	小计	房地产业	小计	租赁业	商务服务业	小计	研究和试验发展	专业技术服务业	科技推广和应用服务业
通辽市	**62**	**62**	**99**	**2**	**97**	**27**	**3**	**19**	**5**
科尔沁区	22	22	16		16	6		5	1
科尔沁左翼中旗	20	20	43	2	41	9	3	6	
科尔沁左翼后旗			5		5	1		1	
开鲁县	8	8	15		15	3		2	1
库伦旗			3		3	1		1	
奈曼旗	6	6	9		9	5		2	3
扎鲁特旗			2		2	1		1	
通辽经济技术开发区	6	6	3		3	1		1	
霍林郭勒市			3		3				
鄂尔多斯市	**122**	**122**	**105**	**3**	**102**	**18**		**14**	**4**
东胜区	11	11	4	1	3				
康巴什区									
达拉特旗	8	8	7		7	5		3	2
准格尔旗	43	43	24		24	6		5	1
鄂托克前旗	20	20	2		2				
鄂托克旗			6		6	1		1	
杭锦旗	1	1	5	1	4				
乌审旗	7	7	29		29	6		5	1
伊金霍洛旗	32	32	28	1	27				
呼伦贝尔市	**27**	**27**	**50**	**2**	**48**	**20**		**14**	**6**
海拉尔区	1	1	2		2	1		1	
扎赉诺尔区									
阿荣旗	6	6	7		7	5		5	
莫力达瓦达斡尔族自治旗	9	9	7	1	6	3		2	1
鄂伦春自治旗	1	1	6		6	2		2	
鄂温克族自治旗	4	4	1		1	1			1
陈巴尔虎旗						1			1
新巴尔虎左旗			1	1					
新巴尔虎右旗			2		2	2		1	1
满洲里市									
牙克石市	3	3	10		10	1		1	
扎兰屯市	3	3	9		9	4		2	2
额尔古纳市			5		5				
根河市									
巴彦淖尔市	**43**	**43**	**64**	**4**	**60**	**38**	**1**	**14**	**23**
临河区	19	19	23	2	21	10	1	8	1
五原县	6	6	16	2	14	21		1	20
磴口县	1	1	3		3				
乌拉特前旗	8	8	8		8	4		2	2
乌拉特中旗	3	3	3		3				
乌拉特后旗	2	2							
杭锦后旗	4	4	11		11	3		3	

4-4c　续表 89　　单位：人

地区 性别	房地产业		租赁和商务服务业			科学研究和技术服务业			
	小计	房地产业	小计	租赁业	商务服务业	小计	研究和试验发展	专业技术服务业	科技推广和应用服务业
乌兰察布市	**37**	**37**	**37**	**1**	**36**	**13**		**11**	**2**
集宁区	15	15	10		10	3		3	
卓资县	4	4	3		3				
化德县	1	1	2		2	2		1	1
商都县			2		2	1			1
兴和县	2	2				1		1	
凉城县			2		2	2		2	
察哈尔右翼前旗	8	8	5	1	4	2		2	
察哈尔右翼中旗			4		4	2		2	
察哈尔右翼后旗	1	1	4		4				
四子王旗	2	2	3		3				
丰镇市	4	4	2		2				
兴安盟	**12**	**12**	**9**		**9**	**5**	**1**	**3**	**1**
乌兰浩特市	1	1				1		1	
阿尔山市									
科尔沁右翼前旗	6	6	2		2	2	1	1	
科尔沁右翼中旗	2	2	1		1	1			1
扎赉特旗	1	1	5		5				
突泉县	2	2	1		1	1		1	
锡林郭勒盟	**14**	**14**	**16**	**1**	**15**	**7**		**2**	**5**
二连浩特市									
锡林浩特市	5	5	7		7	1			1
阿巴嘎旗									
苏尼特左旗	1	1	1		1	3			3
苏尼特右旗									
东乌珠穆沁旗	1	1	2		2				
西乌珠穆沁旗	3	3				1			1
太仆寺旗	1	1	3		3				
镶黄旗			1		1				
正镶白旗									
正蓝旗	1	1				2		2	
多伦县	2	2	1	1					
乌拉盖管委会			1		1				
阿拉善盟	**4**	**4**	**27**		**27**	**6**		**5**	**1**
阿拉善左旗			26		26	3		2	1
阿拉善右旗	1	1							
额济纳旗	2	2	1		1	3		3	
内蒙古阿拉善经济开发区	1	1							

4-4c 续表 90 单位：人

地区 性别	水利、环境和公共设施管理业					居民服务、修理和其他服务业			
	小计	水利管理业	生态保护和环境治理业	公共设施管理业	土地管理业	小计	居民服务业	机动车、电子产品和日用产品修理业	其他服务业
内蒙古	**1873**	**129**	**219**	**1509**	**16**	**8010**	**4183**	**2265**	**1562**
呼和浩特市	**471**	**11**	**36**	**418**	**6**	**1046**	**509**	**241**	**296**
新城区	119		8	108	3	291	159	43	89
回民区	23		4	18	1	39	22	15	2
玉泉区	59	1	8	50		107	51	25	31
赛罕区	154		3	151		319	135	59	125
土默特左旗	43	1	4	37	1	86	41	28	17
托克托县	29	7	1	21		91	46	37	8
和林格尔县	24	1	3	20		59	39	11	9
清水河县	12		5	6	1	30	5	16	9
武川县	8	1		7		24	11	7	6
呼和浩特经济技术开发区									
包头市	**178**	**5**	**11**	**161**	**1**	**812**	**418**	**216**	**178**
东河区	19			19		100	54	29	17
昆都仑区	37	1	7	28	1	70	15	29	26
青山区	32	1		31		97	74	16	7
石拐区	6			6		14	6	3	5
白云鄂博矿区									
九原区	30		1	29		123	36	27	60
土默特右旗	32	3	3	26		191	114	62	15
固阳县	9			9		180	100	39	41
达尔罕茂明安联合旗	2			2		25	14	5	6
包头稀土高新技术产业开发区	11			11		12	5	6	1
乌海市	**12**	**2**		**10**		**26**	**10**	**9**	**7**
海勃湾区	11	1		10		21	9	9	3
海南区	1	1				5	1		4
乌达区									
赤峰市	**334**	**22**	**48**	**260**	**4**	**2035**	**1129**	**555**	**351**
红山区	17			17		37	8	5	24
元宝山区	21		3	18		54	21	21	12
松山区	77	6	4	65	2	287	156	93	38
阿鲁科尔沁旗	26	1	3	22		210	56	50	104
巴林左旗	50	1	8	39	2	411	285	86	40
巴林右旗	2			2		14	6	6	2
林西县	21	1	5	15		146	100	36	10
克什克腾旗	23	11	6	6		41	8	23	10
翁牛特旗	16		1	15		98	47	26	25
喀喇沁旗	20		1	19		113	59	45	9
宁城县	32	1	7	24		295	143	92	60
敖汉旗	29	1	10	18		329	240	72	17

4-4c　续表 91　　　　　　　　　　　　　　　　　　　　单位：人

地　区 性　别	水利、环境和公共设施管理业					居民服务、修理和其他服务业			
	小计	水　利 管理业	生态保护 和环境 治理业	公共设施 管理业	土　地 管理业	小计	居　民 服务业	机动车、 电子产品 和日用产 品修理业	其　他 服务业
通辽市	**167**	**32**	**8**	**127**		**986**	**601**	**278**	**107**
科尔沁区	58	11	1	46		349	234	80	35
科尔沁左翼中旗	48	5		43		255	157	61	37
科尔沁左翼后旗	8	1	1	6		56	36	16	4
开鲁县	14	2	3	9		78	44	25	9
库伦旗	2	1	1			35	16	17	2
奈曼旗	19	12		7		100	52	38	10
扎鲁特旗	7		1	6		60	30	28	2
通辽经济技术开发区	6			6		43	26	11	6
霍林郭勒市	5		1	4		10	6	2	2
鄂尔多斯市	**167**	**4**	**56**	**105**	**2**	**500**	**208**	**231**	**61**
东胜区	19			18	1	14	5	7	2
康巴什区									
达拉特旗	23	1	8	14		103	35	60	8
准格尔旗	60	1	29	30		165	60	85	20
鄂托克前旗	1			1		23	11	9	3
鄂托克旗	5	1		4		13	7	5	1
杭锦旗	10	1	5	4		42	25	12	5
乌审旗	17		10	7		52	28	20	4
伊金霍洛旗	32		4	27	1	88	37	33	18
呼伦贝尔市	**52**	**11**	**9**	**32**		**529**	**253**	**137**	**139**
海拉尔区	3		1	2		8	2	3	3
扎赉诺尔区									
阿荣旗	17	5		12		139	58	37	44
莫力达瓦达斡尔族自治旗						68	38	28	2
鄂伦春自治旗	4	2	1	1		116	25	16	75
鄂温克族自治旗	4			4		18	11	5	2
陈巴尔虎旗	2		1	1		33	25	5	3
新巴尔虎左旗	1			1		16	13	1	2
新巴尔虎右旗	3	1	1	1		11	6	1	4
满洲里市									
牙克石市	4		1	3		45	43	2	
扎兰屯市	9	2	1	6		69	27	38	4
额尔古纳市	5	1	3	1		6	5	1	
根河市									
巴彦淖尔市	**151**	**13**	**10**	**125**	**3**	**645**	**252**	**195**	**198**
临河区	51	1		50		148	62	57	29
五原县	37	3	3	28	3	193	71	32	90
磴口县	14	2	1	11		20	8	7	5
乌拉特前旗	20	4	4	12		116	50	34	32
乌拉特中旗	10	1		9		58	9	39	10
乌拉特后旗	7			7		18	2	6	10
杭锦后旗	12	2	2	8		92	50	20	22

4-4c 续表 92 单位：人

地区 性别	水利、环境和公共设施管理业					居民服务、修理和其他服务业			
	小计	水利管理业	生态保护和环境治理业	公共设施管理业	土地管理业	小计	居民服务业	机动车、电子产品和日用产品修理业	其他服务业
乌兰察布市	**190**	**3**	**23**	**164**		**810**	**556**	**136**	**118**
集宁区	32			32		26	9	11	6
卓资县	10		1	9		44	19	13	12
化德县	4		4			35	13	11	11
商都县	16	1		15		305	292	8	5
兴和县	14		3	11		53	26	26	1
凉城县	13			13		95	82	7	6
察哈尔右翼前旗	57		2	55		56	31	11	14
察哈尔右翼中旗	7			7		33	20	12	1
察哈尔右翼后旗	12		8	4		75	26	5	44
四子王旗	6	1	3	2		33	16	6	11
丰镇市	19	1	2	16		55	22	26	7
兴安盟	**81**	**22**	**5**	**54**		**323**	**180**	**122**	**21**
乌兰浩特市	16	4		12		29	17	11	1
阿尔山市	4			4		3	1		2
科尔沁右翼前旗	22	2	2	18		164	108	51	5
科尔沁右翼中旗	18	14	1	3		36	14	20	2
扎赉特旗	17	1	1	15		37	18	18	1
突泉县	4	1	1	2		54	22	22	10
锡林郭勒盟	**57**	**4**	**13**	**40**		**241**	**59**	**103**	**79**
二连浩特市						2	1	1	
锡林浩特市	21			21		51	10	22	19
阿巴嘎旗	2			2		1		1	
苏尼特左旗						6		6	
苏尼特右旗						5		5	
东乌珠穆沁旗	2		1	1		14	12	2	
西乌珠穆沁旗	14	4	9	1		27	5	18	4
太仆寺旗	8		3	5		27	9	10	8
镶黄旗						1	1		
正镶白旗	2			2		5	3	1	1
正蓝旗	3			3		72	9	20	43
多伦县	5			5		30	9	17	4
乌拉盖管委会									
阿拉善盟	**13**			**13**		**57**	**8**	**42**	**7**
阿拉善左旗	10			10		39	6	29	4
阿拉善右旗	3			3		2	2		
额济纳旗						14		13	1
内蒙古阿拉善经济开发区						2			2

4-4c 续表 93

单位：人

地区 性别	水利、环境和公共设施管理业					居民服务、修理和其他服务业			
	小计	水利管理业	生态保护和环境治理业	公共设施管理业	土地管理业	小计	居民服务业	机动车、电子产品和日用产品修理业	其他服务业
男	**1268**	**107**	**183**	**966**	**12**	**4517**	**1727**	**1983**	**807**
呼和浩特市	**310**	**11**	**32**	**262**	**5**	**561**	**237**	**207**	**117**
新城区	81		8	71	2	167	92	40	35
回民区	15		3	11	1	25	11	12	2
玉泉区	36	1	7	28		52	12	19	21
赛罕区	96		3	93		145	62	47	36
土默特左旗	32	1	4	26	1	50	18	24	8
托克托县	20	7		13		53	17	34	2
和林格尔县	16	1	3	12		30	16	9	5
清水河县	8		4	3	1	22	3	16	3
武川县	6	1		5		17	6	6	5
呼和浩特经济技术开发区									
包头市	**106**	**3**	**7**	**95**	**1**	**432**	**151**	**197**	**84**
东河区	13			13		61	22	26	13
昆都仑区	24	1	4	18	1	45	5	24	16
青山区	14			14		26	14	11	1
石拐区	4			4		11	5	3	3
白云鄂博矿区									
九原区	22		1	21		61	10	26	25
土默特右旗	16	2	2	12		123	53	60	10
固阳县	5			5		80	32	36	12
达尔罕茂明安联合旗	2			2		17	8	5	4
包头稀土高新技术产业开发区	6			6		8	2	6	
乌海市	**6**	**2**		**4**		**12**	**4**	**7**	**1**
海勃湾区	5	1		4		11	4	7	
海南区	1	1				1			1
乌达区									
赤峰市	**225**	**21**	**41**	**162**	**1**	**968**	**324**	**474**	**170**
红山区	7			7		21	3	5	13
元宝山区	10		3	7		34	9	18	7
松山区	53	6	3	44		142	50	78	14
阿鲁科尔沁旗	19	1	2	16		126	24	40	62
巴林左旗	29	1	7	20	1	132	45	76	11
巴林右旗	2			2		9	3	4	2
林西县	16	1	4	11		77	39	33	5
克什克腾旗	18	10	5	3		28	4	19	5
翁牛特旗	10		1	9		53	18	20	15
喀喇沁旗	17		1	16		60	15	42	3
宁城县	22	1	6	15		147	46	79	22
敖汉旗	22	1	9	12		139	68	60	11

4-4c 续表 94

单位：人

地区 性别	水利、环境和公共设施管理业					居民服务、修理和其他服务业			
	小计	水利管理业	生态保护和环境治理业	公共设施管理业	土地管理业	小计	居民服务业	机动车、电子产品和日用产品修理业	其他服务业
通辽市	**116**	**23**	**7**	**86**		**542**	**249**	**242**	**51**
科尔沁区	42	9	1	32		216	126	70	20
科尔沁左翼中旗	31	4		27		141	70	54	17
科尔沁左翼后旗	6	1	1	4		21	8	13	
开鲁县	12	1	3	8		37	11	24	2
库伦旗	2	1	1			19	5	13	1
奈曼旗	13	7		6		60	18	35	7
扎鲁特旗	3			3		31	6	23	2
通辽经济技术开发区	4			4		12	3	8	1
霍林郭勒市	3		1	2		5	2	2	1
鄂尔多斯市	**123**	**2**	**49**	**70**	**2**	**332**	**88**	**205**	**39**
东胜区	10			9	1	8	2	5	1
康巴什区									
达拉特旗	16	1	7	8		66	6	54	6
准格尔旗	51		27	24		126	33	79	14
鄂托克前旗	1			1		8	2	6	
鄂托克旗	3			3		7	3	4	
杭锦旗	6	1	2	3		33	18	11	4
乌审旗	13		9	4		29	9	17	3
伊金霍洛旗	23		4	18	1	55	15	29	11
呼伦贝尔市	**38**	**8**	**6**	**24**		**317**	**100**	**124**	**93**
海拉尔区	2		1	1		5		3	2
扎赉诺尔区									
阿荣旗	13	3		10		90	22	37	31
莫力达瓦达斡尔族自治旗						33	6	25	2
鄂伦春自治旗	3	1	1	1		68	5	14	49
鄂温克族自治旗	1			1		13	7	5	1
陈巴尔虎旗	2		1	1		17	11	3	3
新巴尔虎左旗	1			1		8	6	1	1
新巴尔虎右旗	2	1		1		3		1	2
满洲里市									
牙克石市	2			2		34	32	2	
扎兰屯市	8	2	1	5		42	8	32	2
额尔古纳市	4	1	2	1		4	3	1	
根河市									
巴彦淖尔市	**105**	**11**	**7**	**84**	**3**	**400**	**97**	**182**	**121**
临河区	34	1		33		80	16	52	12
五原县	27	3	2	19	3	122	40	29	53
磴口县	8	2	1	5		12		7	5
乌拉特前旗	17	2	3	12		74	21	31	22
乌拉特中旗	7	1		6		49	4	38	7
乌拉特后旗	3			3		15	2	6	7
杭锦后旗	9	2	1	6		48	14	19	15

4-4c 续表 95

单位：人

地 区 性 别	水利、环境和公共设施管理业					居民服务、修理和其他服务业			
	小计	水 利 管理业	生态保护 和环境 治理业	公共设施 管理业	土 地 管理业	小计	居 民 服务业	机动车、 电子产品 和日用产 品修理业	其 他 服务业
乌兰察布市	**120**	**2**	**21**	**97**		**545**	**357**	**122**	**66**
集宁区	15			15		15	4	8	3
卓资县	7			7		28	8	13	7
化德县	4		4			24	9	7	8
商都县	7	1		6		222	212	7	3
兴和县	11		3	8		36	13	23	
凉城县	6			6		69	57	7	5
察哈尔右翼前旗	41		2	39		29	11	10	8
察哈尔右翼中旗	5			5		19	9	10	
察哈尔右翼后旗	10		8	2		44	16	5	23
四子王旗	4		2	2		18	7	6	5
丰镇市	10	1	2	7		41	11	26	4
兴安盟	**70**	**21**	**3**	**46**		**211**	**94**	**103**	**14**
乌兰浩特市	13	3		10		16	6	9	1
阿尔山市	4			4		1			1
科尔沁右翼前旗	16	2	1	13		116	71	41	4
科尔沁右翼中旗	17	14		3		23	4	18	1
扎赉特旗	16	1	1	14		25	7	17	1
突泉县	4	1	1	2		30	6	18	6
锡林郭勒盟	**41**	**3**	**10**	**28**		**154**	**23**	**83**	**48**
二连浩特市						2	1	1	
锡林浩特市	13			13		35	5	18	12
阿巴嘎旗	2			2		1		1	
苏尼特左旗						4		4	
苏尼特右旗						3		3	
东乌珠穆沁旗	2		1	1		7	5	2	
西乌珠穆沁旗	9	3	6			17	2	13	2
太仆寺旗	8		3	5		18	2	10	6
镶黄旗									
正镶白旗	1			1		4	2	1	1
正蓝旗	2			2		46	4	17	25
多伦县	4			4		17	2	13	2
乌拉盖管委会									
阿拉善盟	**8**			**8**		**43**	**3**	**37**	**3**
阿拉善左旗	5			5		32	2	28	2
阿拉善右旗	3			3		1	1		
额济纳旗						9		9	
内蒙古阿拉善经济开发区						1			1

4-4c 续表 96　　　　单位：人

地区 性别	水利、环境和公共设施管理业					居民服务、修理和其他服务业			
	小计	水利管理业	生态保护和环境治理业	公共设施管理业	土地管理业	小计	居民服务业	机动车、电子产品和日用产品修理业	其他服务业
女	**605**	**22**	**36**	**543**	**4**	**3493**	**2456**	**282**	**755**
呼和浩特市	**161**		**4**	**156**	**1**	**485**	**272**	**34**	**179**
新城区	38			37	1	124	67	3	54
回民区	8		1	7		14	11	3	
玉泉区	23		1	22		55	39	6	10
赛罕区	58			58		174	73	12	89
土默特左旗	11			11		36	23	4	9
托克托县	9		1	8		38	29	3	6
和林格尔县	8			8		29	23	2	4
清水河县	4		1	3		8	2		6
武川县	2			2		7	5	1	1
呼和浩特经济技术开发区									
包头市	**72**	**2**	**4**	**66**		**380**	**267**	**19**	**94**
东河区	6			6		39	32	3	4
昆都仑区	13		3	10		25	10	5	10
青山区	18	1		17		71	60	5	6
石拐区	2			2		3	1		2
白云鄂博矿区									
九原区	8			8		62	26	1	35
土默特右旗	16	1	1	14		68	61	2	5
固阳县	4			4		100	68	3	29
达尔罕茂明安联合旗						8	6		2
包头稀土高新技术产业开发区	5			5		4	3		1
乌海市	**6**			**6**		**14**	**6**	**2**	**6**
海勃湾区	6			6		10	5	2	3
海南区						4	1		3
乌达区									
赤峰市	**109**	**1**	**7**	**98**	**3**	**1067**	**805**	**81**	**181**
红山区	10			10		16	5		11
元宝山区	11			11		20	12	3	5
松山区	24		1	21	2	145	106	15	24
阿鲁科尔沁旗	7		1	6		84	32	10	42
巴林左旗	21		1	19	1	279	240	10	29
巴林右旗						5	3	2	
林西县	5		1	4		69	61	3	5
克什克腾旗	5	1	1	3		13	4	4	5
翁牛特旗	6			6		45	29	6	10
喀喇沁旗	3			3		53	44	3	6
宁城县	10		1	9		148	97	13	38
敖汉旗	7		1	6		190	172	12	6

4-4c　续表 97　　　　单位：人

地区 性别	水利、环境和公共设施管理业					居民服务、修理和其他服务业			
	小计	水利管理业	生态保护和环境治理业	公共设施管理业	土地管理业	小计	居民服务业	机动车、电子产品和日用产品修理业	其他服务业
通辽市	**51**	**9**	**1**	**41**		**444**	**352**	**36**	**56**
科尔沁区	16	2		14		133	108	10	15
科尔沁左翼中旗	17	1		16		114	87	7	20
科尔沁左翼后旗	2			2		35	28	3	4
开鲁县	2	1		1		41	33	1	7
库伦旗						16	11	4	1
奈曼旗	6	5		1		40	34	3	3
扎鲁特旗	4		1	3		29	24	5	
通辽经济技术开发区	2			2		31	23	3	5
霍林郭勒市	2			2		5	4		1
鄂尔多斯市	**44**	**2**	**7**	**35**		**168**	**120**	**26**	**22**
东胜区	9			9		6	3	2	1
康巴什区									
达拉特旗	7		1	6		37	29	6	2
准格尔旗	9	1	2	6		39	27	6	6
鄂托克前旗						15	9	3	3
鄂托克旗	2	1		1		6	4	1	1
杭锦旗	4		3	1		9	7	1	1
乌审旗	4		1	3		23	19	3	1
伊金霍洛旗	9			9		33	22	4	7
呼伦贝尔市	**14**	**3**	**3**	**8**		**212**	**153**	**13**	**46**
海拉尔区	1			1		3	2		1
扎赉诺尔区									
阿荣旗	4	2		2		49	36		13
莫力达瓦达斡尔族自治旗						35	32	3	
鄂伦春自治旗	1	1				48	20	2	26
鄂温克族自治旗	3			3		5	4		1
陈巴尔虎旗						16	14	2	
新巴尔虎左旗						8	7		1
新巴尔虎右旗	1		1			8	6		2
满洲里市									
牙克石市	2		1	1		11	11		
扎兰屯市	1			1		27	19	6	2
额尔古纳市	1		1			2	2		
根河市									
巴彦淖尔市	**46**	**2**	**3**	**41**		**245**	**155**	**13**	**77**
临河区	17			17		68	46	5	17
五原县	10		1	9		71	31	3	37
磴口县	6			6		8	8		
乌拉特前旗	3	2	1			42	29	3	10
乌拉特中旗	3			3		9	5	1	3
乌拉特后旗	4			4		3			3
杭锦后旗	3		1	2		44	36	1	7

4-4c 续表 98 单位：人

地区 性别	水利、环境和公共设施管理业					居民服务、修理和其他服务业			
	小计	水利管理业	生态保护和环境治理业	公共设施管理业	土地管理业	小计	居民服务业	机动车、电子产品和日用产品修理业	其他服务业
乌兰察布市	**70**	**1**	**2**	**67**		**265**	**199**	**14**	**52**
集宁区	17			17		11	5	3	3
卓资县	3		1	2		16	11		5
化德县						11	4	4	3
商都县	9			9		83	80	1	2
兴和县	3			3		17	13	3	1
凉城县	7			7		26	25		1
察哈尔右翼前旗	16			16		27	20	1	6
察哈尔右翼中旗	2			2		14	11	2	1
察哈尔右翼后旗	2			2		31	10		21
四子王旗	2	1	1			15	9		6
丰镇市	9			9		14	11		3
兴安盟	**11**	**1**	**2**	**8**		**112**	**86**	**19**	**7**
乌兰浩特市	3	1		2		13	11	2	
阿尔山市						2	1		1
科尔沁右翼前旗	6		1	5		48	37	10	1
科尔沁右翼中旗	1		1			13	10	2	1
扎赉特旗	1			1		12	11	1	
突泉县						24	16	4	4
锡林郭勒盟	**16**	**1**	**3**	**12**		**87**	**36**	**20**	**31**
二连浩特市									
锡林浩特市	8			8		16	5	4	7
阿巴嘎旗									
苏尼特左旗						2		2	
苏尼特右旗						2		2	
东乌珠穆沁旗						7	7		
西乌珠穆沁旗	5	1	3	1		10	3	5	2
太仆寺旗						9	7		2
镶黄旗						1	1		
正镶白旗	1			1		1	1		
正蓝旗	1			1		26	5	3	18
多伦县	1			1		13	7	4	2
乌拉盖管委会									
阿拉善盟	**5**			**5**		**14**	**5**	**5**	**4**
阿拉善左旗	5			5		7	4	1	2
阿拉善右旗						1	1		
额济纳旗						5		4	1
内蒙古阿拉善经济开发区						1			1

4-4c 续表 99

单位：人

地 区 性 别	教育		卫生和社会工作			文化、体育和娱乐业				
	小计	教育	小计	卫生	社会工作	小计	新闻和出版业	广播、电视、电影和录音制作业	文 化 艺术业	体育
内蒙古	**5317**	**5317**	**2862**	**2707**	**155**	**610**	**16**	**58**	**135**	**103**
呼和浩特市	**556**	**556**	**308**	**278**	**30**	**101**		**5**	**24**	**14**
新城区	78	78	43	42	1	29		1	2	
回民区	47	47	19	8	11	9				3
玉泉区	49	49	24	23	1	14		1	4	3
赛罕区	118	118	80	65	15	20			7	7
土默特左旗	106	106	53	53		9		1	4	
托克托县	74	74	47	46	1	7		1	2	
和林格尔县	49	49	18	17	1	8		1	3	
清水河县	12	12	12	12		2			2	
武川县	23	23	12	12		3				1
呼和浩特经济技术开发区										
包头市	**309**	**309**	**184**	**167**	**17**	**48**	**1**	**2**	**16**	**7**
东河区	32	32	37	33	4	6	1			
昆都仑区	24	24	9	8	1	1			1	
青山区	16	16	15	9	6	3			1	
石拐区	3	3	2	2		2			1	
白云鄂博矿区										
九原区	42	42	18	15	3	12			3	2
土默特右旗	105	105	50	49	1	10			5	3
固阳县	74	74	36	36		9		1	5	
达尔罕茂明安联合旗	8	8	15	13	2	4		1		1
包头稀土高新技术产业开发区	5	5	2	2		1				1
乌海市	**6**	**6**	**5**	**4**	**1**	**3**				
海勃湾区	4	4	4	3	1	3				
海南区	2	2	1	1						
乌达区										
赤峰市	**1518**	**1518**	**816**	**777**	**39**	**149**	**6**	**21**	**30**	**31**
红山区	10	10	7	7		2				1
元宝山区	30	30	20	19	1	5	1			1
松山区	347	347	195	183	12	24	2	4	2	6
阿鲁科尔沁旗	66	66	49	49		6			2	
巴林左旗	285	285	114	108	6	30	2	6	6	5
巴林右旗	36	36	29	29		6			5	
林西县	48	48	28	27	1	2				
克什克腾旗	37	37	14	12	2	7				1
翁牛特旗	139	139	77	76	1	16		3	4	6
喀喇沁旗	73	73	53	52	1	13			3	3
宁城县	216	216	154	140	14	20	1	7	2	4
敖汉旗	231	231	76	75	1	18		1	6	4

4-4c 续表 100

单位：人

地区 性别	教育		卫生和社会工作			文化、体育和娱乐业				
	小计	教育	小计	卫生	社会工作	小计	新闻和出版业	广播、电视、电影和录音制作业	文化艺术业	体育
通辽市	**930**	**930**	**448**	**438**	**10**	**83**	**3**	**10**	**16**	**17**
科尔沁区	147	147	85	83	2	17		2	1	4
科尔沁左翼中旗	183	183	114	112	2	33	1	1	11	10
科尔沁左翼后旗	92	92	32	32		3	1			1
开鲁县	118	118	81	79	2	3		2		1
库伦旗	57	57	14	14		7	1	1	1	
奈曼旗	200	200	65	64	1	8		4		
扎鲁特旗	101	101	37	37		5			1	1
通辽经济技术开发区	31	31	14	11	3	5			2	
霍林郭勒市	1	1	6	6		2				
鄂尔多斯市	**276**	**276**	**93**	**85**	**8**	**25**	**1**	**3**	**4**	**5**
东胜区	8	8	3	1	2	1				1
康巴什区										
达拉特旗	49	49	26	25	1	10		1	1	4
准格尔旗	111	111	24	20	4	7	1	2	1	
鄂托克前旗	24	24	7	7		1			1	
鄂托克旗	4	4	5	4	1	2				
杭锦旗	9	9	7	7						
乌审旗	47	47	10	10		1			1	
伊金霍洛旗	24	24	11	11		3				
呼伦贝尔市	**462**	**462**	**275**	**268**	**7**	**38**	**4**	**9**	**5**	**6**
海拉尔区	11	11	1	1						
扎赉诺尔区										
阿荣旗	77	77	58	57	1	4	1		1	
莫力达瓦达斡尔族自治旗	163	163	82	81	1	9	1	4	1	
鄂伦春自治旗	31	31	14	14		6		3		1
鄂温克族自治旗	47	47	22	20	2	3		1	1	1
陈巴尔虎旗	12	12	13	13		1	1			
新巴尔虎左旗	12	12	10	10		2	1		1	
新巴尔虎右旗	3	3	2	2		1			1	
满洲里市										
牙克石市	24	24	11	11		2				1
扎兰屯市	71	71	47	44	3	8		1		3
额尔古纳市	10	10	15	15		2				
根河市	1	1								
巴彦淖尔市	**308**	**308**	**229**	**217**	**12**	**43**		**2**	**9**	**6**
临河区	89	89	59	58	1	20			4	2
五原县	65	65	36	35	1	6		2	1	
磴口县	17	17	17	10	7					
乌拉特前旗	69	69	61	60	1	8			1	3
乌拉特中旗	11	11	9	9		2				
乌拉特后旗	3	3	4	4		3			1	
杭锦后旗	54	54	43	41	2	4			2	1

4–4c　续表 101

单位：人

地区 性别	教育		卫生和社会工作			文化、体育和娱乐业				
	小计	教育	小计	卫生	社会工作	小计	新闻和出版业	广播、电视、电影和录音制作业	文化艺术业	体育
乌兰察布市	**370**	**370**	**224**	**208**	**16**	**59**		**3**	**18**	**8**
集宁区	36	36	10	10		7			2	4
卓资县	18	18	17	17		11			4	
化德县	6	6	12	12		2				
商都县	11	11	27	26	1	9		1	1	
兴和县	31	31	21	18	3	4			1	1
凉城县	31	31	18	15	3	6			3	2
察哈尔右翼前旗	42	42	18	15	3	4			2	
察哈尔右翼中旗	75	75	23	23		3		1	1	
察哈尔右翼后旗	32	32	15	14	1	2			1	
四子王旗	54	54	31	26	5	7		1	2	1
丰镇市	34	34	32	32		4			1	
兴安盟	**429**	**429**	**180**	**171**	**9**	**31**		**2**	**4**	**6**
乌兰浩特市	11	11	11	10	1	3				
阿尔山市			1	1						
科尔沁右翼前旗	209	209	63	59	4	15		2		3
科尔沁右翼中旗	53	53	25	25		7			4	2
扎赉特旗	81	81	40	39	1	1				
突泉县	75	75	40	37	3	5				1
锡林郭勒盟	**111**	**111**	**91**	**86**	**5**	**19**	**1**	**1**	**7**	**3**
二连浩特市	2	2								
锡林浩特市	9	9	12	10	2	3			2	1
阿巴嘎旗	2	2	12	12		1				1
苏尼特左旗	6	6	3	3		1			1	
苏尼特右旗	11	11	4	4						
东乌珠穆沁旗	10	10	1	1		1				1
西乌珠穆沁旗	5	5	7	6	1	2	1			
太仆寺旗	24	24	15	15		5			3	
镶黄旗	2	2	4	4						
正镶白旗	3	3	3	3						
正蓝旗	24	24	15	15		2		1	1	
多伦县	13	13	14	12	2	1				
乌拉盖管委会			1	1		3				
阿拉善盟	**42**	**42**	**9**	**8**	**1**	**11**			**2**	
阿拉善左旗	36	36	7	6	1	10			1	
阿拉善右旗	3	3								
额济纳旗	3	3	2	2		1			1	
内蒙古阿拉善经济开发区										

4-4c 续表 102

单位：人

地区 性别	教育		卫生和社会工作			文化、体育和娱乐业				
	小计	教育	小计	卫生	社会工作	小计	新闻和出版业	广播、电视、电影和录音制作业	文化艺术业	体育
男	**2067**	**2067**	**1319**	**1269**	**50**	**385**	**5**	**43**	**81**	**71**
呼和浩特市	**197**	**197**	**129**	**120**	**9**	**69**		**5**	**15**	**9**
新城区	25	25	11	10	1	17		1	1	
回民区	17	17	3	3		5				1
玉泉区	14	14	7	6	1	10		1	2	2
赛罕区	32	32	32	26	6	16			5	5
土默特左旗	42	42	28	28		6		1	2	
托克托县	29	29	24	24		5		1	2	
和林格尔县	24	24	12	11	1	6		1	2	
清水河县	4	4	7	7		1			1	
武川县	10	10	5	5		3				1
呼和浩特经济技术开发区										
包头市	**107**	**107**	**71**	**68**	**3**	**40**	**1**	**2**	**13**	**6**
东河区	11	11	13	12	1	5	1			
昆都仑区	9	9	1	1						
青山区	4	4	3	2	1	3			1	
石拐区	1	1				2			1	
白云鄂博矿区										
九原区	14	14	3	3		9			3	2
土默特右旗	37	37	28	27	1	10			5	3
固阳县	29	29	17	17		7		1	3	
达尔罕茂明安联合旗	2	2	5	5		4		1		1
包头稀土高新技术产业开发区			1	1						
乌海市	**2**	**2**	**1**	**1**		**2**				
海勃湾区	1	1				2				
海南区	1	1	1	1						
乌达区										
赤峰市	**598**	**598**	**372**	**359**	**13**	**94**	**1**	**18**	**16**	**23**
红山区	4	4	5	5		1				
元宝山区	15	15	5	5						
松山区	120	120	75	70	5	14	1	3	1	5
阿鲁科尔沁旗	25	25	27	27		4			2	
巴林左旗	109	109	43	42	1	17		5	4	3
巴林右旗	14	14	12	12		3			2	
林西县	15	15	14	14		1				
克什克腾旗	20	20	10	8	2	7				1
翁牛特旗	76	76	40	40		12		3	1	5
喀喇沁旗	30	30	30	29	1	10			2	3
宁城县	82	82	74	71	3	15		6	2	3
敖汉旗	88	88	37	36	1	10		1	2	3

4-4c 续表 103

单位：人

地区 性别	教育		卫生和社会工作			文化、体育和娱乐业				
	小计	教育	小计	卫生	社会工作	小计	新闻和出版业	广播、电视、电影和录音制作业	文化艺术业	体育
通辽市	**370**	**370**	**208**	**206**	**2**	**46**	**2**	**3**	**9**	**13**
科尔沁区	55	55	43	42	1	9				4
科尔沁左翼中旗	63	63	34	34		21	1		7	7
科尔沁左翼后旗	35	35	20	20		1				1
开鲁县	51	51	42	41	1	1		1		
库伦旗	29	29	7	7		2	1			
奈曼旗	77	77	38	38		4		2		
扎鲁特旗	47	47	16	16		3			1	1
通辽经济技术开发区	13	13	6	6		3			1	
霍林郭勒市			2	2		2				
鄂尔多斯市	**91**	**91**	**58**	**55**	**3**	**15**		**3**	**4**	**2**
东胜区	5	5	2	1	1					
康巴什区										
达拉特旗	10	10	16	16		6		1	1	2
准格尔旗	40	40	16	15	1	4		2	1	
鄂托克前旗	9	9	6	6		1			1	
鄂托克旗	2	2	4	3	1	1				
杭锦旗	4	4	3	3						
乌审旗	13	13	4	4		1			1	
伊金霍洛旗	8	8	7	7		2				
呼伦贝尔市	**177**	**177**	**104**	**103**	**1**	**17**	**1**	**5**	**1**	**4**
海拉尔区	5	5	1	1						
扎赉诺尔区										
阿荣旗	30	30	20	20		2	1			
莫力达瓦达斡尔族自治旗	63	63	33	33		1		1		
鄂伦春自治旗	13	13	6	6		4		2		1
鄂温克族自治旗	15	15	5	4	1	2		1		1
陈巴尔虎旗	5	5	4	4						
新巴尔虎左旗	5	5	5	5		1			1	
新巴尔虎右旗	1	1	1	1						
满洲里市										
牙克石市	11	11	4	4						
扎兰屯市	26	26	22	22		6		1		2
额尔古纳市	3	3	3	3		1				
根河市										
巴彦淖尔市	**117**	**117**	**94**	**89**	**5**	**28**		**2**	**4**	**5**
临河区	34	34	21	21		13			2	2
五原县	24	24	13	13		4		2		
磴口县	6	6	6	3	3					
乌拉特前旗	21	21	28	27	1	3				2
乌拉特中旗	5	5	5	5		2				
乌拉特后旗	1	1	3	3		3			1	
杭锦后旗	26	26	18	17	1	3			1	1

4-4c 续表 104

单位：人

地区 性别	教育		卫生和社会工作			文化、体育和娱乐业				
	小计	教育	小计	卫生	社会工作	小计	新闻和出版业	广播、电视、电影和录音制作业	文化艺术业	体育
乌兰察布市	**171**	**171**	**144**	**135**	**9**	**36**		**3**	**11**	**1**
集宁区	18	18	6	6		2				1
卓资县	8	8	11	11		9			3	
化德县	2	2	9	9		2				
商都县	5	5	21	21		4		1		
兴和县	17	17	14	12	2	2			1	
凉城县	15	15	12	10	2	3			2	
察哈尔右翼前旗	16	16	13	11	2	3			2	
察哈尔右翼中旗	38	38	11	11		1		1		
察哈尔右翼后旗	13	13	8	7	1	2			1	
四子王旗	20	20	19	17	2	5		1	1	
丰镇市	19	19	20	20		3			1	
兴安盟	**178**	**178**	**87**	**85**	**2**	**20**		**2**	**4**	**5**
乌兰浩特市	5	5	7	7		2				
阿尔山市										
科尔沁右翼前旗	79	79	29	28	1	10		2		3
科尔沁右翼中旗	25	25	11	11		6			4	1
扎赉特旗	30	30	21	21						
突泉县	39	39	19	18	1	2				1
锡林郭勒盟	**43**	**43**	**47**	**44**	**3**	**12**			**3**	**3**
二连浩特市										
锡林浩特市	4	4	5	4	1	2			1	1
阿巴嘎旗	1	1	6	6		1				1
苏尼特左旗	2	2	2	2						
苏尼特右旗	3	3								
东乌珠穆沁旗	3	3	1	1		1				1
西乌珠穆沁旗	3	3	6	5	1	1				
太仆寺旗	9	9	8	8		2			1	
镶黄旗	1	1	2	2						
正镶白旗			1	1						
正蓝旗	10	10	7	7		1			1	
多伦县	7	7	8	7	1	1				
乌拉盖管委会			1	1		3				
阿拉善盟	**16**	**16**	**4**	**4**		**6**			**1**	
阿拉善左旗	14	14	4	4		6			1	
阿拉善右旗	2	2								
额济纳旗										
内蒙古阿拉善经济开发区										

4-4c　续表 105

单位：人

地区 性别	教育		卫生和社会工作			文化、体育和娱乐业				
	小计	教育	小计	卫生	社会工作	小计	新闻和出版业	广播、电视、电影和录音制作业	文化艺术业	体育
女	**3250**	**3250**	**1543**	**1438**	**105**	**225**	**11**	**15**	**54**	**32**
呼和浩特市	**359**	**359**	**179**	**158**	**21**	**32**			**9**	**5**
新城区	53	53	32	32		12			1	
回民区	30	30	16	5	11	4				2
玉泉区	35	35	17	17		4			2	1
赛罕区	86	86	48	39	9	4			2	2
土默特左旗	64	64	25	25		3			2	
托克托县	45	45	23	22	1	2				
和林格尔县	25	25	6	6		2			1	
清水河县	8	8	5	5		1			1	
武川县	13	13	7	7						
呼和浩特经济技术开发区										
包头市	**202**	**202**	**113**	**99**	**14**	**8**			**3**	**1**
东河区	21	21	24	21	3	1				
昆都仑区	15	15	8	7	1	1			1	
青山区	12	12	12	7	5					
石拐区	2	2	2	2						
白云鄂博矿区										
九原区	28	28	15	12	3	3				
土默特右旗	68	68	22	22						
固阳县	45	45	19	19		2			2	
达尔罕茂明安联合旗	6	6	10	8	2					
包头稀土高新技术产业开发区	5	5	1	1		1				1
乌海市	**4**	**4**	**4**	**3**	**1**	**1**				
海勃湾区	3	3	4	3	1	1				
海南区	1	1								
乌达区										
赤峰市	**920**	**920**	**444**	**418**	**26**	**55**	**5**	**3**	**14**	**8**
红山区	6	6	2	2		1				1
元宝山区	15	15	15	14	1	5	1			1
松山区	227	227	120	113	7	10	1	1	1	1
阿鲁科尔沁旗	41	41	22	22		2				
巴林左旗	176	176	71	66	5	13	2	1	2	2
巴林右旗	22	22	17	17		3			3	
林西县	33	33	14	13	1	1				
克什克腾旗	17	17	4	4						
翁牛特旗	63	63	37	36	1	4			3	1
喀喇沁旗	43	43	23	23		3			1	
宁城县	134	134	80	69	11	5	1	1		1
敖汉旗	143	143	39	39		8			4	1

4-4c 续表 106

单位：人

地 区 性 别	教育		卫生和社会工作			文化、体育和娱乐业				
	小计	教育	小计	卫生	社会工作	小计	新闻和出版业	广播、电视、电影和录音制作业	文化艺术业	体育
通辽市	**560**	**560**	**240**	**232**	**8**	**37**	**1**	**7**	**7**	**4**
科尔沁区	92	92	42	41	1	8		2	1	
科尔沁左翼中旗	120	120	80	78	2	12		1	4	3
科尔沁左翼后旗	57	57	12	12		2	1			
开鲁县	67	67	39	38	1	2		1		1
库伦旗	28	28	7	7		5		1	1	
奈曼旗	123	123	27	26	1	4		2		
扎鲁特旗	54	54	21	21		2				
通辽经济技术开发区	18	18	8	5	3	2			1	
霍林郭勒市	1	1	4	4						
鄂尔多斯市	**185**	**185**	**35**	**30**	**5**	**10**	**1**			**3**
东胜区	3	3	1		1	1				1
康巴什区										
达拉特旗	39	39	10	9	1	4				2
准格尔旗	71	71	8	5	3	3	1			
鄂托克前旗	15	15	1	1						
鄂托克旗	2	2	1	1		1				
杭锦旗	5	5	4	4						
乌审旗	34	34	6	6						
伊金霍洛旗	16	16	4	4		1				
呼伦贝尔市	**285**	**285**	**171**	**165**	**6**	**21**	**3**	**4**	**4**	**2**
海拉尔区	6	6								
扎赉诺尔区										
阿荣旗	47	47	38	37	1	2			1	
莫力达瓦达斡尔族自治旗	100	100	49	48	1	8	1	3	1	
鄂伦春自治旗	18	18	8	8		2		1		
鄂温克族自治旗	32	32	17	16	1	1			1	
陈巴尔虎旗	7	7	9	9		1	1			
新巴尔虎左旗	7	7	5	5		1	1			
新巴尔虎右旗	2	2	1	1		1			1	
满洲里市										
牙克石市	13	13	7	7		2				1
扎兰屯市	45	45	25	22	3	2				1
额尔古纳市	7	7	12	12		1				
根河市	1	1								
巴彦淖尔市	**191**	**191**	**135**	**128**	**7**	**15**			**5**	**1**
临河区	55	55	38	37	1	7			2	
五原县	41	41	23	22	1	2			1	
磴口县	11	11	11	7	4					
乌拉特前旗	48	48	33	33		5			1	1
乌拉特中旗	6	6	4	4						
乌拉特后旗	2	2	1	1						
杭锦后旗	28	28	25	24	1	1			1	

4-4c　续表 107　　　　单位：人

地　区 性　别	教育		卫生和社会工作			文化、体育和娱乐业				
	小计	教育	小计	卫生	社会工作	小计	新闻和出版业	广播、电视、电影和录音制作业	文　化艺术业	体育
乌兰察布市	**199**	**199**	**80**	**73**	**7**	**23**			**7**	**7**
集宁区	18	18	4	4		5			2	3
卓资县	10	10	6	6		2			1	
化德县	4	4	3	3						
商都县	6	6	6	5	1	5			1	
兴和县	14	14	7	6	1	2				1
凉城县	16	16	6	5	1	3			1	2
察哈尔右翼前旗	26	26	5	4	1	1				
察哈尔右翼中旗	37	37	12	12		2			1	
察哈尔右翼后旗	19	19	7	7						
四子王旗	34	34	12	9	3	2			1	1
丰镇市	15	15	12	12		1				
兴安盟	**251**	**251**	**93**	**86**	**7**	**11**				**1**
乌兰浩特市	6	6	4	3	1	1				
阿尔山市			1	1						
科尔沁右翼前旗	130	130	34	31	3	5				
科尔沁右翼中旗	28	28	14	14		1				1
扎赉特旗	51	51	19	18	1	1				
突泉县	36	36	21	19	2	3				
锡林郭勒盟	**68**	**68**	**44**	**42**	**2**	**7**	**1**	**1**	**4**	
二连浩特市	2	2								
锡林浩特市	5	5	7	6	1	1			1	
阿巴嘎旗	1	1	6	6						
苏尼特左旗	4	4	1	1		1			1	
苏尼特右旗	8	8	4	4						
东乌珠穆沁旗	7	7								
西乌珠穆沁旗	2	2	1	1		1	1			
太仆寺旗	15	15	7	7		3			2	
镶黄旗	1	1	2	2						
正镶白旗	3	3	2	2						
正蓝旗	14	14	8	8		1		1		
多伦县	6	6	6	5	1					
乌拉盖管委会										
阿拉善盟	**26**	**26**	**5**	**4**	**1**	**5**			**1**	
阿拉善左旗	22	22	3	2	1	4				
阿拉善右旗	1	1								
额济纳旗	3	3	2	2		1			1	
内蒙古阿拉善经济开发区										

4-4c 续表 108

单位：人

地区 性别	娱乐业	公共管理、社会保障和社会组织 小计	中国共产党机关	国家机构	人民政协、民主党派	社会保障	群众团体、社会团体和其他成员组织	基层群众自治组织	国际组织 小计	国际组织
内蒙古	**298**	**6475**	**89**	**3854**	**11**	**29**	**216**	**2276**	**1**	**1**
呼和浩特市	**58**	**814**	**10**	**481**	**3**	**5**	**9**	**306**		
新城区	26	100		61			3	36		
回民区	6	42		30				12		
玉泉区	6	71		37		1		33		
赛罕区	6	167	6	98	2		3	58		
土默特左旗	4	137	1	100		2	1	33		
托克托县	4	118		64	1	1	1	51		
和林格尔县	4	83	3	52		1	1	26		
清水河县		46		15				31		
武川县	2	50		24				26		
呼和浩特经济技术开发区										
包头市	**22**	**346**	**8**	**190**	**2**	**2**	**14**	**130**		
东河区	5	31	2	12			2	15		
昆都仑区		23		7				16		
青山区	2	27		9			2	16		
石拐区	1	11		7				4		
白云鄂博矿区										
九原区	7	33		12			2	19		
土默特右旗	2	86		49		2	4	31		
固阳县	3	83	5	52	2		1	23		
达尔罕茂明安联合旗	2	50	1	40			3	6		
包头稀土高新技术产业开发区		2		2						
乌海市	**3**	**26**		**14**				**12**		
海勃湾区	3	15		8				7		
海南区		11		6				5		
乌达区										
赤峰市	**61**	**1164**	**16**	**648**	**2**	**9**	**43**	**446**		
红山区	1	8		3			1	4		
元宝山区	3	50		15		1	5	29		
松山区	10	226	5	156	1	1	9	54		
阿鲁科尔沁旗	4	87	1	45			12	29		
巴林左旗	11	200	3	121		4	4	68		
巴林右旗	1	30		19				11		
林西县	2	60	1	28	1	1	2	27		
克什克腾旗	6	68		38			1	29		
翁牛特旗	3	103	5	68		1	3	26		
喀喇沁旗	7	86		40			3	43		
宁城县	6	138	1	73		1	3	60		
敖汉旗	7	108		42				66		

4-4c 续表 109

单位：人

地区 性别	娱乐业	公共管理、社会保障和社会组织							国际组织	
		小计	中国共产党机关	国家机构	人民政协、民主党派	社会保障	群众团体、社会团体和其他成员组织	基层群众自治组织	小计	国际组织
通辽市	**37**	**676**	**7**	**355**		**2**	**19**	**293**		
科尔沁区	10	118	1	56			5	56		
科尔沁左翼中旗	10	144	1	89			4	50		
科尔沁左翼后旗	1	62	1	35			1	25		
开鲁县		77	1	35				41		
库伦旗	4	51		29			4	18		
奈曼旗	4	95	2	46		2	4	41		
扎鲁特旗	3	91		46				45		
通辽经济技术开发区	3	17		9				8		
霍林郭勒市	2	21	1	10			1	9		
鄂尔多斯市	**12**	**474**	**4**	**308**		**3**	**27**	**132**		
东胜区		8		5				3		
康巴什区										
达拉特旗	4	80	2	39			5	34		
准格尔旗	3	150		94			11	45		
鄂托克前旗		35		22			1	12		
鄂托克旗	2	28	2	24			1	1		
杭锦旗		26		17			4	5		
乌审旗		87		70			3	14		
伊金霍洛旗	3	60		37		3	2	18		
呼伦贝尔市	**14**	**727**	**3**	**491**	**2**	**3**	**20**	**208**	**1**	**1**
海拉尔区		16		3			3	10		
扎赉诺尔区										
阿荣旗	2	143		98	1		2	42		
莫力达瓦达斡尔族自治旗	3	158	2	114		1		41		
鄂伦春自治旗	2	58		21			9	28		
鄂温克族自治旗		59		46				13		
陈巴尔虎旗		23		21			2			
新巴尔虎左旗		31		27			1	3	1	1
新巴尔虎右旗		15		7	1		1	6		
满洲里市										
牙克石市	1	48		42			1	5		
扎兰屯市	4	139		83		1		55		
额尔古纳市	2	37	1	29		1	1	5		
根河市										
巴彦淖尔市	**26**	**323**	**13**	**202**	**1**	**1**	**31**	**75**		
临河区	14	84		55		1	8	20		
五原县	3	65	2	26	1		11	25		
磴口县		32		18			2	12		
乌拉特前旗	4	60	5	49			3	3		
乌拉特中旗	2	23	2	18			1	2		
乌拉特后旗	2	24	1	15			1	7		
杭锦后旗	1	35	3	21			5	6		

4–4c 续表 110

单位：人

地　区 性　别		公共管理、社会保障和社会组织							国际组织	
	娱乐业	小计	中国共产党机关	国家机构	人民政协、民主党派	社会保障	群众团体、社会团体和其他成员组织	基层群众自治组织	小计	国际组织
乌兰察布市	**30**	**962**	**21**	**502**	**1**	**4**	**23**	**411**		
集宁区	1	61	3	50				8		
卓资县	7	45	2	16			1	26		
化德县	2	29		7			2	20		
商都县	7	86		32		1	1	52		
兴和县	2	107		46		1	1	59		
凉城县	1	74	4	54	1		1	14		
察哈尔右翼前旗	2	166		71			1	94		
察哈尔右翼中旗	1	126	6	74		1	6	39		
察哈尔右翼后旗	1	59	1	30			3	25		
四子王旗	3	140	5	92		1	7	35		
丰镇市	3	69		30				39		
兴安盟	**19**	**585**	**2**	**368**			**18**	**197**		
乌兰浩特市	3	56		30			2	24		
阿尔山市		46		46						
科尔沁右翼前旗	10	192	1	110			3	78		
科尔沁右翼中旗	1	83		68			1	14		
扎赉特旗	1	122	1	73			8	40		
突泉县	4	86		41			4	41		
锡林郭勒盟	**7**	**203**	**4**	**136**			**9**	**54**		
二连浩特市										
锡林浩特市		21		14			2	5		
阿巴嘎旗		23		22			1			
苏尼特左旗		14	3	11						
苏尼特右旗		5		4				1		
东乌珠穆沁旗		7		5				2		
西乌珠穆沁旗	1	14		10			2	2		
太仆寺旗	2	28		14				14		
镶黄旗		5		4			1			
正镶白旗		12		6				6		
正蓝旗		46	1	38			2	5		
多伦县	1	25		8			1	16		
乌拉盖管委会	3	3						3		
阿拉善盟	**9**	**175**	**1**	**159**			**3**	**12**		
阿拉善左旗	9	104		94			3	7		
阿拉善右旗		37	1	33				3		
额济纳旗		34		32				2		
内蒙古阿拉善经济开发区										

4−4c　续表 111

单位：人

地　区 性　别	娱乐业	公共管理、社会保障和社会组织							国际组织	
		小计	中国共产党机关	国家机构	人民政协、民主党派	社会保障	群众团体、社会团体和其他成员组织	基层群众自治组织	小计	国际组织
男	**185**	**4383**	**62**	**2654**	**5**	**18**	**133**	**1511**	**1**	**1**
呼和浩特市	**40**	**552**	**5**	**335**	**1**	**4**	**7**	**200**		
新城区	15	71		47			3	21		
回民区	4	31		23				8		
玉泉区	5	43		22		1		20		
赛罕区	6	98	4	56			1	37		
土默特左旗	3	89	1	67		1	1	19		
托克托县	2	86		50	1	1	1	33		
和林格尔县	3	61		39		1	1	20		
清水河县		34		10				24		
武川县	2	39		21				18		
呼和浩特经济技术开发区										
包头市	**18**	**198**	**6**	**105**	**2**	**1**	**8**	**76**		
东河区	4	13	2	5				6		
昆都仑区		13		6				7		
青山区	2	11		3			2	6		
石拐区	1	6		3				3		
白云鄂博矿区										
九原区	4	23		8			1	14		
土默特右旗	2	52		29		1	3	19		
固阳县	3	57	3	35	2		1	16		
达尔罕茂明安联合旗	2	22	1	15			1	5		
包头稀土高新技术产业开发区		1		1						
乌海市	**2**	**15**		**9**				**6**		
海勃湾区	2	7		4				3		
海南区		8		5				3		
乌达区										
赤峰市	**36**	**746**	**10**	**419**	**1**	**4**	**24**	**288**		
红山区	1	6		2				4		
元宝山区		37		11			5	21		
松山区	4	143	3	102	1	1	2	34		
阿鲁科尔沁旗	2	55		26			9	20		
巴林左旗	5	110	3	71		1	2	33		
巴林右旗	1	20		11				9		
林西县	1	43		21		1	2	19		
克什克腾旗	6	49		26			1	22		
翁牛特旗	3	64	4	42			1	17		
喀喇沁旗	5	54		28			1	25		
宁城县	4	88		48		1	1	38		
敖汉旗	4	77		31				46		

4-4c 续表 112

单位：人

地区 性别	娱乐业	公共管理、社会保障和社会组织 小计	中国共产党机关	国家机构	人民政协、民主党派	社会保障	群众团体、社会团体和其他成员组织	基层群众自治组织	国际组织 小计	国际组织
通辽市	**19**	**463**	**6**	**235**		**2**	**14**	**206**		
科尔沁区	5	79	1	38			3	37		
科尔沁左翼中旗	6	98	1	54			3	40		
科尔沁左翼后旗		43	1	26			1	15		
开鲁县		52	1	24				27		
库伦旗	1	35		17			3	15		
奈曼旗	2	68	1	31		2	4	30		
扎鲁特旗	1	65		32				33		
通辽经济技术开发区	2	10		7				3		
霍林郭勒市	2	13	1	6				6		
鄂尔多斯市	**6**	**323**		**206**		**3**	**19**	**95**		
东胜区		6		5				1		
康巴什区										
达拉特旗	2	48		22			2	24		
准格尔旗	1	118		74			7	37		
鄂托克前旗		21		13			1	7		
鄂托克旗	1	18		16			1	1		
杭锦旗		18		11			4	3		
乌审旗		51		39			3	9		
伊金霍洛旗	2	43		26		3	1	13		
呼伦贝尔市	**6**	**512**	**3**	**375**	**1**	**1**	**12**	**120**	**1**	**1**
海拉尔区		13		3			3	7		
扎赉诺尔区										
阿荣旗	1	113		81	1			31		
莫力达瓦达斡尔族自治旗		110	2	84				24		
鄂伦春自治旗	1	36		15			5	16		
鄂温克族自治旗		36		31				5		
陈巴尔虎旗		17		15			2			
新巴尔虎左旗		27		27					1	1
新巴尔虎右旗		9		6				3		
满洲里市										
牙克石市		34		31			1	2		
扎兰屯市	3	95		64				31		
额尔古纳市	1	22	1	18		1	1	1		
根河市										
巴彦淖尔市	**17**	**206**	**11**	**133**		**1**	**12**	**49**		
临河区	9	53		34		1	4	14		
五原县	2	40	2	17			5	16		
磴口县		18		11			1	6		
乌拉特前旗	1	40	5	32				3		
乌拉特中旗	2	14	2	11				1		
乌拉特后旗	2	13		10				3		
杭锦后旗	1	28	2	18			2	6		

4-4c 续表 113

单位：人

地 区 性 别	娱乐业	公共管理、社会保障和社会组织							国际组织	
		小计	中国共产党机关	国家机构	人民政协、民主党派	社会保障	群众团体、社会团体和其他成员组织	基层群众自治组织	小计	国际组织
乌兰察布市	**21**	**670**	**17**	**351**		**2**	**15**	**285**		
集宁区	1	37	3	28				6		
卓资县	6	35	2	14			1	18		
化德县	2	20		5			1	14		
商都县	3	66		22			1	43		
兴和县	1	80		38			1	41		
凉城县	1	54	4	38			1	11		
察哈尔右翼前旗	1	106		46			1	59		
察哈尔右翼中旗		87	4	51		1	3	28		
察哈尔右翼后旗	1	45	1	24			2	18		
四子王旗	3	83	3	60		1	4	15		
丰镇市	2	57		25				32		
兴安盟	**9**	**421**	**1**	**271**			**13**	**136**		
乌兰浩特市	2	48		26			2	20		
阿尔山市		41		41						
科尔沁右翼前旗	5	127		77			2	48		
科尔沁右翼中旗	1	60		50				10		
扎赉特旗		86	1	51			5	29		
突泉县	1	59		26			4	29		
锡林郭勒盟	**6**	**145**	**3**	**94**			**6**	**42**		
二连浩特市										
锡林浩特市		12		8			1	3		
阿巴嘎旗		20		19			1			
苏尼特左旗		10	2	8						
苏尼特右旗		5		4				1		
东乌珠穆沁旗		4		3				1		
西乌珠穆沁旗	1	10		7			2	1		
太仆寺旗	1	23		11				12		
镶黄旗		4		3			1			
正镶白旗		7		2				5		
正蓝旗		30	1	23			1	5		
多伦县	1	17		6				11		
乌拉盖管委会	3	3						3		
阿拉善盟	**5**	**132**		**121**			**3**	**8**		
阿拉善左旗	5	82		75			3	4		
阿拉善右旗		26		24				2		
额济纳旗		24		22				2		
内蒙古阿拉善经济开发区										

4-4c 续表 114

单位：人

地区 性别	娱乐业	公共管理、社会保障和社会组织							国际组织	
		小计	中国共产党机关	国家机构	人民政协、民主党派	社会保障	群众团体、社会团体和其他成员组织	基层群众自治组织	小计	国际组织
女	**113**	**2092**	**27**	**1200**	**6**	**11**	**83**	**765**		
呼和浩特市	**18**	**262**	**5**	**146**	**2**	**1**	**2**	**106**		
新城区	11	29		14				15		
回民区	2	11		7				4		
玉泉区	1	28		15				13		
赛罕区		69	2	42	2		2	21		
土默特左旗	1	48		33		1		14		
托克托县	2	32		14				18		
和林格尔县	1	22	3	13				6		
清水河县		12		5				7		
武川县		11		3				8		
呼和浩特经济技术开发区										
包头市	**4**	**148**	**2**	**85**		**1**	**6**	**54**		
东河区	1	18		7			2	9		
昆都仑区		10		1				9		
青山区		16		6				10		
石拐区		5		4				1		
白云鄂博矿区										
九原区	3	10		4			1	5		
土默特右旗		34		20		1	1	12		
固阳县		26	2	17				7		
达尔罕茂明安联合旗		28		25			2	1		
包头稀土高新技术产业开发区		1		1						
乌海市	**1**	**11**		**5**				**6**		
海勃湾区	1	8		4				4		
海南区		3		1				2		
乌达区										
赤峰市	**25**	**418**	**6**	**229**	**1**	**5**	**19**	**158**		
红山区		2		1			1			
元宝山区	3	13		4		1		8		
松山区	6	83	2	54			7	20		
阿鲁科尔沁旗	2	32	1	19			3	9		
巴林左旗	6	90		50		3	2	35		
巴林右旗		10		8				2		
林西县	1	17	1	7	1			8		
克什克腾旗		19		12				7		
翁牛特旗		39	1	26		1	2	9		
喀喇沁旗	2	32		12			2	18		
宁城县	2	50	1	25			2	22		
敖汉旗	3	31		11				20		

4-4c 续表 115

单位：人

地 区 性 别	娱乐业	公共管理、社会保障和社会组织							国际组织	
		小计	中国共产党机关	国家机构	人民政协、民主党派	社会保障	群众团体、社会团体和其他成员组织	基层群众自治组织	小计	国际组织
通辽市	**18**	**213**	**1**	**120**			**5**	**87**		
科尔沁区	5	39		18			2	19		
科尔沁左翼中旗	4	46		35			1	10		
科尔沁左翼后旗	1	19		9				10		
开鲁县		25		11				14		
库伦旗	3	16		12			1	3		
奈曼旗	2	27	1	15				11		
扎鲁特旗	2	26		14				12		
通辽经济技术开发区	1	7		2				5		
霍林郭勒市		8		4			1	3		
鄂尔多斯市	**6**	**151**	**4**	**102**			**8**	**37**		
东胜区		2						2		
康巴什区										
达拉特旗	2	32	2	17			3	10		
准格尔旗	2	32		20			4	8		
鄂托克前旗		14		9				5		
鄂托克旗	1	10	2	8						
杭锦旗		8		6				2		
乌审旗		36		31				5		
伊金霍洛旗	1	17		11			1	5		
呼伦贝尔市	**8**	**215**		**116**	**1**	**2**	**8**	**88**		
海拉尔区		3						3		
扎赉诺尔区										
阿荣旗	1	30		17			2	11		
莫力达瓦达斡尔族自治旗	3	48		30		1		17		
鄂伦春自治旗	1	22		6			4	12		
鄂温克族自治旗		23		15				8		
陈巴尔虎旗		6		6						
新巴尔虎左旗		4					1	3		
新巴尔虎右旗		6		1	1		1	3		
满洲里市										
牙克石市	1	14		11				3		
扎兰屯市	1	44		19		1		24		
额尔古纳市	1	15		11				4		
根河市										
巴彦淖尔市	**9**	**117**	**2**	**69**	**1**		**19**	**26**		
临河区	5	31		21			4	6		
五原县	1	25		9	1		6	9		
磴口县		14		7			1	6		
乌拉特前旗	3	20		17			3			
乌拉特中旗		9		7			1	1		
乌拉特后旗		11	1	5			1	4		
杭锦后旗		7	1	3			3			

4-4c 续表 116 单位：人

地区 性别	娱乐业	公共管理、社会保障和社会组织						国际组织	
		小计	中国共产党机关	国家机构	人民政协、民主党派	社会保障	群众团体、社会团体和其他成员组织	基层群众自治组织	小计	国际组织
乌兰察布市	**9**	**292**	**4**	**151**	**1**	**2**	**8**	**126**		
集宁区		24		22				2		
卓资县	1	10		2				8		
化德县		9		2			1	6		
商都县	4	20		10		1		9		
兴和县	1	27		8		1		18		
凉城县		20		16	1			3		
察哈尔右翼前旗	1	60		25				35		
察哈尔右翼中旗	1	39	2	23			3	11		
察哈尔右翼后旗		14		6			1	7		
四子王旗		57	2	32			3	20		
丰镇市	1	12		5				7		
兴安盟	**10**	**164**	**1**	**97**			**5**	**61**		
乌兰浩特市	1	8		4				4		
阿尔山市		5		5						
科尔沁右翼前旗	5	65	1	33			1	30		
科尔沁右翼中旗		23		18			1	4		
扎赉特旗	1	36		22			3	11		
突泉县	3	27		15				12		
锡林郭勒盟	**1**	**58**	**1**	**42**			**3**	**12**		
二连浩特市										
锡林浩特市		9		6			1	2		
阿巴嘎旗		3		3						
苏尼特左旗		4	1	3						
苏尼特右旗										
东乌珠穆沁旗		3		2				1		
西乌珠穆沁旗		4		3				1		
太仆寺旗	1	5		3				2		
镶黄旗		1		1						
正镶白旗		5		4				1		
正蓝旗		16		15			1			
多伦县		8		2			1	5		
乌拉盖管委会										
阿拉善盟	**4**	**43**	**1**	**38**				**4**		
阿拉善左旗	4	22		19				3		
阿拉善右旗		11	1	9				1		
额济纳旗		10		10						
内蒙古阿拉善经济开发区										